ISBN 978-7-5198-7302-8

9 787519 873028 >

定价：498.00元

China Electric Power Yearbook

2023中国电力年鉴

《中国电力年鉴》编辑委员会

中国电力出版社
CHINA ELECTRIC POWER PRESS

本年鉴连续三届荣获中央级年鉴
评比一等奖

图书在版编目（CIP）数据

2023 中国电力年鉴 /《中国电力年鉴》编辑委员会编. —北京：中国电力出版社，2024.2
ISBN 978-7-5198-7302-8

Ⅰ. ①2… Ⅱ. ①中… Ⅲ. ①电力工业–中国–2023–年鉴 Ⅳ. ①F426.61-54

中国国家版本馆 CIP 数据核字（2024）第 053171 号

出版发行：中国电力出版社
地　　址：北京市东城区北京站西街 19 号（邮政编码 100005）
网　　址：http://www.cepp.sgcc.com.cn
责任编辑：穆智勇（010-63412336）　柳　璐
责任校对：黄　蓓　常燕昆　王海南　朱丽芳　于　维
装帧设计：张俊霞
责任印制：石　雷

印　　刷：三河市万龙印装有限公司
版　　次：2024 年 2 月第一版
印　　次：2024 年 2 月北京第一次印刷
开　　本：787 毫米×1092 毫米　16 开本
印　　张：57.5　　插页　27
字　　数：2147 千字
定　　价：498.00 元

2022年1月10日，南网碳资产管理（广州）有限公司在广州揭牌成立。

（南方电网公司　提供）

2022年1月25日，新疆首个智慧用能及能效服务数字物理混合仿真实验室在国网新疆电力建成。

（周广科　摄）

2022年1月27日，国家能源局党组书记、局长章建华（左四）赴京能集团清洁能源京阳热电，检查调研冬奥能源保供工作。

（京能集团　提供）

2022年8月3—4日，国家能源局党组书记、局长章建华（前排右二）带队赴内蒙古自治区调研能源改革发展工作。

（国家能源局　提供）

2022年3月8—9日，由南网科研院承担的“梯次利用动力电池规模化工程应用关键技术”“电力系统终端嵌入式组件和控制单元安全防护技术”和“配电网广域测量控制技术研究与应用”3个国家重点研发计划项目顺利通过验收。（南网科研院　提供）

2022年3月10日，京能集团联合华北电力大学、北京工业大学共同创建北京碳中和学会。

（京能集团　提供）

2022年5月7日，大渡河智慧企业展示中心正式获评全国水电科普教育基地。

（国家能源集团　提供）

2022年5月7日，南网科研院研发的“1000m深井接地极装置”和“220kV、110kV自主可控高压电缆可交联聚乙烯绝缘材料”成功上榜国家能源局2021年度能源领域首台（套）重大技术装备（项目）认定名单。

（南网科研院　提供）

2022年5月21日，“电力之光”全国科技周活动启动仪式在贵州电网公司安顺供电局节能展示厅内举行，向市民集中展示安顺电力科技成果。

（贵州电网公司　提供）

2022年6月14日，国务院国资委党委委员、副主任翁杰明（前排中间）到中国华电专题督导调研“稳增长、防风险、促改革、强党建”工作。

（中国华电　提供）

2022年6月17日，新疆电网首个智慧示范台区在库尔勒市和什力克乡上和牧业队建成投运，标志着新疆配电网数字化转型工作取得新进展，图为配网指挥中心。

（周广科　摄）

2022年6月25日—7月29日，国网青海电力成功组织“绿电5周”全清洁能源供电，并召开新闻发布会。

（国网青海电力　提供）

2022年7月14日，南网科研院首次成功举办国家级高水平国际学术会议“中英工程技术合作脱碳技术专题研讨会——海上风电专场会议”。

（南网科研院　提供）

2022年7月23日，南方电网公司与国家能源局南方监管局联合主办的南方区域电力市场试运行启动会在北京召开。

（赖增鹏　摄）

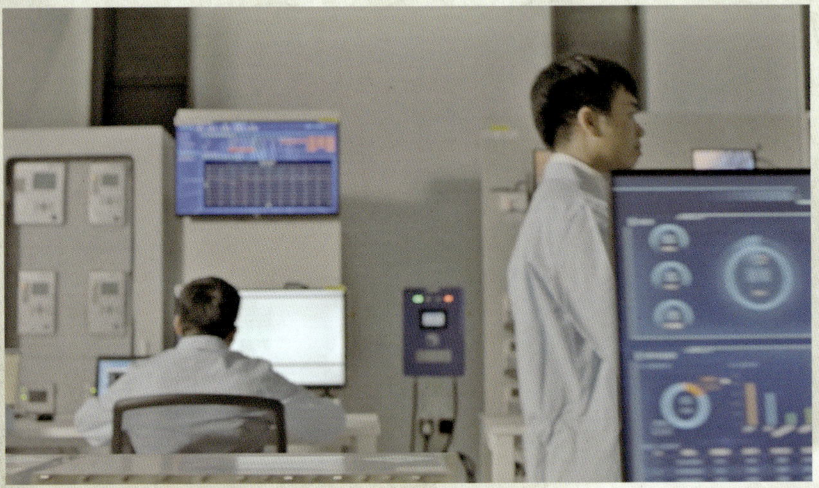

2022年7月26日，南网科研院“用于并行冗余协议网络中的时钟输出控制方法和系统”获第二十三届中国专利金奖。

（南网科研院　提供）

2022年7月26日，中电联、上海市人民政府以“守护万家灯火、赋能美好生活”为主题，联合举办了2022年“中国电力主题日”活动，活动上发布了2022年度“最美电力人”。

（中电联　提供）

2022年7月29日，国家电投、上海电气、申能集团采取线上线下结合、京沪两地“云连线”的形式，共同主办“绿色电力　美好生活”高峰论坛暨纪念中国有电140周年活动。

（国家电投　提供）

2022年8月4日，中电联电动交通与储能分会组织召开“第二届电动汽车充电设施技术创新大会”。

（中电联　提供）

2022年8月26日，深圳虚拟电厂管理中心揭牌成立。

（南方电网公司　提供）

2022年8月31日，由中电联法律分会与德国国际合作机构（GIZ）实施的中德能源与能效合作伙伴项目、中德法律合作项目共同主办的“能源转型背景下的中德能源法律政策”研讨会在北京举行。

（中电联　提供）

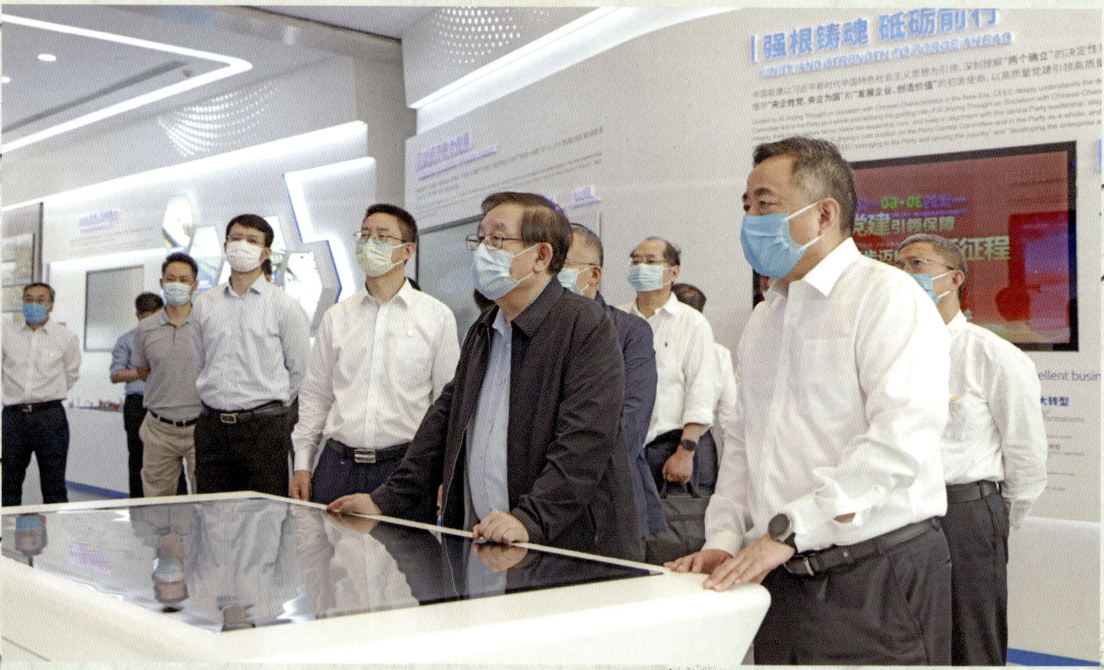

2022年9月8日，全国政协副主席、中国科协主席万钢（前排右二）到北京朝阳中国能建大厦参加“双碳背景下能源电力科技创新调研会议”，中国能建党委书记、董事长宋海良（前排右一）陪同。

（中国能建　提供）

2022年9月26日，川渝一体化电力调峰辅助服务市场启动仪式举行。

（马思琪　摄）

2022年10月27日，中电联电动交通与储能分会组织召开国家电化学储能电站安全监测信息平台发布会。

（中电联　提供）

2022年10月31日，全国首个乡村氢能生态示范工程——丽水缙云水光氢生物质近零碳示范工程投运。

（楼拓斌　摄）

2022年11月3日，国务院国资委党委委员、副主任翁杰明（前排左二）到中国能建调研，中国能建党委书记、董事长宋海良（前排左一）陪同。

（中国能建　提供）

2022年11月10日，2022年工作会议暨首届中国电力企业法治合规建设论坛在海南省海口市举行。会议发布了中电联法律分会编写的首份《中国电力行业法治合规报告2022》。

（中电联　提供）

2022年11月23日，2022世界智能制造大会在江苏南京召开。南瑞集团董事长、党委书记冷俊参加大会，并做了题为《强化数字技术赋能，助力能源转型创新发展》的主旨演讲。

（南瑞集团　提供）

2022年12月1日，2022全国电力工程造价与定额管理工作会议在北京召开。

（中电联　提供）

2022年12月1日，第七届中国储能西部论坛在西安召开。来自政府机构、电网公司、发电集团以及储能产业界的29名专家学者及企业代表集聚云上，以“大规模新能源应用与储能协同发展机制研讨”为主题，围绕储能应用、关键技术、市场机制等方面，共同探讨西部储能发展问题，推动储能在西北区域健康发展。

（国网西北分部　提供）

2022年1月24日，由中国电建所属华东院承担总承包的阿曼最大可再生能源项目——阿曼益贝利607MW光伏发电项目竣工。

（中国电建华东院　提供）

2022年4月12日，由中国电建所属华东院承担总承包的全球最大半浸没式光伏电站——越南油汀500MW光伏发电工程荣获2020—2021年度中国建设工程鲁班奖（境外工程）。

（中国电建华东院　提供）

2022年5月18日，中国电建所属核电公司建设的印尼宏发韦立氧化铝公司热电厂2×30MW+4×25MW机组总承包工程竣工。

（丁长雨　摄）

2022年7月1日，中国电建所属中南院承建的越南朔庄一期30MW海上风电项目顺利移交。

（钟彬　摄）

2022年7月19日，中国电建所属水电三局承建的老挝和泰国联合开发重点项目老挝南屯1水电站主体结构施工完成。

（中国电建水电三局　提供）

2022年9月7日，中国电建水电十六局参建的喀麦隆曼维莱水电站荣获2022年国际工程绿色供应链管理杰出项目奖。

（郭天龙　摄）

当地时间2022年10月3日，国家电投上海电力土耳其胡努特鲁项目2号机组（660MW）正式进入商业运行，该项目是中国“一带一路”倡议和土耳其“中间走廊”战略相对接的重点项目。

（国家电投　提供）

2022年9月26日，中国电建所属贵州工程公司承建的卡塔尔800MW光伏项目全容量并网，成为卡塔尔有史以来首个全容量并网的大型地面光伏电站。

（柏先群　摄）

2022年10月8日，中国电建所属核电公司建设的东南亚最大海上风电工程越南金瓯350MW海上风电项目完成风机吊装。

（薛冰　摄）

2022年10月20日，南非总统马塔梅拉·西里尔·拉马福萨（左四）视察中国电建所属山东电建三公司承建的南非红石100MW塔式光热电站项目。

（位争强　摄）

2022年11月13日，苏里南共和国副总统布林斯韦克（右五）出席中国电建江西电建公司承建的苏里南村庄微电网光伏项目二期（4.16MW+13.2MW储能）开工仪式。

（甘元俊　摄）

2022年12月1日，在中国和南非建交25周年之际，龙源电力与南中经贸协会、人民网南非公司联合主办“彩虹向未来”中国—南非企业“云开放日”主题活动。

（国家能源集团　提供）

当地时间2022年12月3日，马里、塞内加尔、毛里塔尼亚、几内亚四国总理出席中国电建马里古伊那水电站项目（装机容量140MW）竣工仪式。

（中国电建国际公司　提供）

2022年6月20日，中国电建所属上海电建公司承建的山西神头“上大压小”二期2×1000MW扩建工程4号机组顺利通过168h试运行并移交生产。

（中国电建上海电建公司　提供）

2022年6月30日，中国电建所属山东电建一公司承建的大唐东营2×1000MW新建工程荣获2022年度中国电力优质工程奖。

（中国电建山东电建一公司　提供）

2022年7月9日，中国电建集团所属山东电建三公司承建的内蒙古鄂尔多斯市国电双维电厂2×1000MW新建工程项目2号机组顺利完成168h试运行。

（李金泉　摄）

2022年9月29日，国家电投湖北分公司荆门绿动燃机电厂2号机组成功实现30%掺氢燃烧改造和运行，这是中国首次在重型燃机商业机组上实施高比例掺氢燃烧改造试验和科研攻关。

（国家电投　提供）

2022年3月18日，中国电建所属水电十二局参建的四川省甘孜州雅江县两河口水电站6台机组全部投产发电（总装机容量3000MW）。

（中国电建水电十二局　提供）

2022年6月28日，中国电建所属昆明院设计，西北院监理，水电十四局承建，水电一局、三局、四局、八局参建的黄登水电站（4×475MW）获评2022年度中国电力优质工程奖。

（中国电建水电十四局　提供）

2022年6月28日，中国电建所属西北院设计、水电十四局以施工总承包模式承建的云南澜沧江里底水电站（3×140MW）获评2022年度中国电力优质工程奖（中小型）。

（中国电建水电十四局　提供）

2022年10月20日，国家电投内蒙古公司白音华热电2×350MW机组全容量投产运行，“低热值褐煤-坑口电厂-电解铝及铝后深加工”一体化循环经济全面贯通。

（国家电投　提供）

2022年11月30日，中国电建设计承建的金沙江苏洼龙水电站全部机组投产，电站装机容量1200MW。项目由北京院设计，水电一局、三局、四局、十局施工，贵阳院监理，昆明院安全监测。

（中国电建水电三局　提供）

2022年12月20日，由中国电建所属华东院承担全过程勘测设计的世界在建规模最大、技术难度最高的水电工程——金沙江白鹤滩水电站全部机组投产发电。

（中国电建华东院　提供）

2022年2月7日，中国电建所属华东院海上风电“新型桩–桶复合基础研发及其工程应用”成果入选2021年度中国十大海洋科技进展。

（中国电建华东院　提供）

2022年3月15日，由中国电建所属电建新能源集团投资、华东院设计和EPC总承包的浙江衢州开化龙翔（50MW）农林光互补地面光伏发电项目全容量并网发电。

（吕阳洋　摄）

2022年4月9日，由中国电建所属电建新能源集团投资、西北院设计和EPC总承包、华东院监理的甘肃酒泉安北第一风电场一期（B区）200MW工程项目全容量并网发电。

（徐思涵　摄）

2022年5月30日，由中国电建所属华东院承担总承包的国内首座潮光互补型光伏电站——浙江温岭100MW潮光互补智能电站全容量并网发电。

（中国电建华东院　提供）

2022年6月26日，国家电投青海海南州光伏园区（装机容量8430MW）获最大装机容量的光伏发电园区吉尼斯世界纪录认证，国家电投为园区内装机规模最大的企业。
（国家电投　提供）

2022年6月28日，中国电建所属河南工程公司承建的大唐滑县枣村300MW风电场工程荣获2022年度中国电力优质工程奖。该项目属内陆平原风电场。
（中国电建河南工程公司　提供）

2022年6月28日，中国电建所属河南工程公司承建的华能濮阳县500MW风电场工程荣获2022年度中国电力优质工程奖。
（中国电建河南工程公司　提供）

2022年6月28日，中国电建所属水电五局参建的山西河曲100MW风电工程荣获2022年度中国电力优质工程奖。

（中国电建水电五局　提供）

2022年7月24日，大唐吉林发电公司晟源洮南向阳150MW风光互补光伏项目并网发电，标志着中国北方最大风光储一体化项目建成投产。

（中国大唐　提供）

2022年7月31日，龙滩电厂梧州西江机场光伏电站（50MW）建成。这是国内在已运营的机场周围开工建设的、容量最大的光伏电站。

（中国大唐　提供）

2022年10月29日，中国电建所属中南院承建501MW山东能源渤中海上风电A场址工程首批机组并网发电。

（丁琦　摄）

2022年12月17日，由中国电建所属电建新能源集团投资、水电六局EPC总承包的河北沙河册井农光互补光伏项目（装机规模150MW）正式开工建设。

（叶伟　摄）

2022年12月26日，由电建集团所属电建新能源集团投资、中南院设计和总承包的海南万宁百万千瓦漂浮式海上风电项目（项目规模100万kW）举行开工仪式。

（陈乐棉　摄）

2022年3月26日，由中国电建西北院牵头、水电三局与水电十五局联营体共同承建的总承包项目阜康抽水蓄能电站上、下水库大坝填筑顺利封顶。

（中国电建西北院 提供）

2022年3月29日，中国电建所属北京院勘测设计，水电一局、四局、十四局施工，浙江华东工程咨询有限公司监理的总装机容量1200MW的山东沂蒙抽水蓄能电站全面投产发电。

（中国电建北京院 提供）

2022年4月26日，中国电建所属北京院勘测设计，水电二局、六局、十一局、十四局施工，西北咨询公司监理的总装机容量1400MW的吉林敦化抽水蓄能电站全面投产发电。

（中国电建北京院　提供）

2022年5月15日，中国电建所属上海电建公司承建的世界首台非补燃压缩空气储能发电系统国家示范项目——江苏金坛盐穴储能项目实现整套设备连续4个储能发电周期满负荷、满时长试运行。

（中国电建上海电建公司　提供）

2022年6月29日，由中国电建所属电建新能源集团投资建设的甘肃酒泉北大桥（50MW）风光储一体化项目全容量并网发电。
（郭芮　摄）

2022年6月30日，由中国电建所属华东院承担勘测设计的华东地区最大、已投运机组额定水头最高抽水蓄能电站——浙江长龙山抽水蓄能电站（总装机容量2100MW）全部机组投产发电。
（中国电建华东院　提供）

2022年9月23日，中国电建水电七局承建全球最大水光互补电站、雅砻江两河口水电站水光互补一期项目——1000MW柯拉一期光伏项目Ⅱ标段正式开工。
（中国电建水电七局　提供）

2022年10月27日，中国电建西北院勘察设计的甘肃张掖盘道山、皇城抽水蓄能项目集中开工活动在甘肃省张掖市举行。

（中国电建西北院　提供）

2022年12月28日，大唐华银耒阳200MW/400MWh电化学储能电站全容量投产并网，一举成为湖南省单站容量最大，也是国内一次建成规模最大的电化学储能电站。

（中国大唐　提供）

2022年3月24日，云南送变电公司在海拔3000m的220kV岩乐输变电工程采用重载无人机运输塔材，在国内首次将重载无人机应用于高海拔电力施工。

（云南电网公司　提供）

2022年5月16日，中国电建所属福建院设计的张北柔性直流电网试验示范工程换流站工程获2021年度电力行业优秀工程设计一等奖。

（罗晓东　摄）

2022年5月16日，中国电建所属福建院设计的福建厦门金辉（集美）500kV变电站工程获2021年度电力行业优秀工程设计一等奖。

（罗晓东　摄）

2022年5月16日，国神公司府谷电厂二期工程喜获2021年度电力行业优秀工程设计一等奖。

（国家能源集团　提供）

2022年5月21日，粤港澳大湾区直流背靠背电网工程竣工投运。图为夜色中的东莞工程。

（陈振良　摄）

2022年6月28日，中国电建所属水电十四局、江西水电公司参建的乌东德电站送电广东广西特高压多端直流示范工程（昆柳龙直流工程）获评2022年度中国电力优质工程奖；12月30日，荣获2021—2022年度国家优质工程金奖。

（中国电建水电十四局　提供）

2022年7月1日，国家“西电东送”重点工程白鹤滩—江苏±800kV特高压直流工程竣工投产。南瑞集团承担了±400kV直流可控自恢复消能装置、送端安全稳定控制系统、柔性直流换流阀、阀控、阀冷设备、系列高压保护系统等多项核心技术和设备的研制工作。图为南瑞集团工程人员在白鹤滩—江苏±800kV姑苏换流站开展阀塔检查工作。

（南瑞集团　提供）

2022年7月27日，由国网特高压公司管理，山东送变电工程有限公司承建的1000kV南阳—荆门—长沙特高压螺山长江大跨越工程，完成铁塔组立转序验收，图为星空下的工程南岸（湖南侧）跨越塔。

（徐可　摄）

2022年9月25日，中国电建所属重庆工程公司承建的白鹤滩—浙江±800kV特高压直流工程浙北换流站土建B包项目带电投运。

（王春雨　摄）

2022年9月30日，中国南方电网有限责任公司董事长、党组书记孟振平（左）在广州参加闽粤联网工程竣工投产仪式。

（南方电网公司　提供）

2022年12月22日，荆门—武汉1000kV特高压交流输变电工程正式投产送电。

（邹小明　摄）

2022年12月23日，世界首个大容量柔性低频输电示范工程220kV亭山换频站在杭州富阳投运。

（王振　摄）

用电服务与保障

2022年1月29日，国家电网有限公司董事长、党组书记辛保安视频连线国网西北分部等十家单位，听取春节保电和冬奥保电工作安排，并慰问坚守岗位的干部职工。

（国网西北分部　提供）

2022年2月3日，贵州电网公司毕节供电局工作人员在贵州“屋脊”韭菜坪观测线路覆冰情况，保障电力供应。

（贵州电网公司　提供）

2022年2月20日，国网山西电力员工正在巡视线路，做好北京冬奥保电工作。

（国网山西电力　提供）

2022年2月20日晚，北京冬奥会闭幕式落下帷幕，国网华北分部圆满完成保电力供应、保绿色冬奥、保民生供热任务。

（国网华北分部　提供）

2022年2月23日，国网拉萨供电公司共产党员服务队对老城区进行藏历新年特巡。

（闫昱翰　摄）

2022年3月18日，±1100kV昌吉换流站开启年度首检。

（国网新疆电力　提供）

2022年3月15日，国家电投“氢腾”高质量完成北京冬奥会、冬残奥会保障任务，中关村延庆园加氢、充电站为692辆次氢燃料电池客车加氢7.68t；各风光场站累计发电4.7亿kWh；“御风”系统气象监测到报率和及时率均为100%；“灵雀-H”等无人机累计巡检30余架次。

（国家电投　提供）

2022年6月5日，国网哈尔滨供电公司智能巡检中心员工利用无人机开展220kV线路巡视测温工作。

（国网黑龙江电力　提供）

2022年5月13日，国网东营供电公司彩虹党员服务队走访新能源企业，检查光伏板发电运行情况。

（国网山东电力　提供）

2022年6月6日，国网陕西宝鸡供电公司工作人员巡视线路，护航三夏用电。

（国网陕西电力　提供）

2022年6月22日，国网黑龙江电力带电作业中心人员在哈尔滨市南岗区街道应用不停电作业处理老街区上供电安全隐患。

（国网黑龙江电力　提供）

2022年6月22日，贵州省首家“电酿酒”绿色低碳示范基地在遵义成立。

（贵州电网公司　提供）

2022年8月10日，国网黑龙江电力工作人员在2022年世界5G大会开幕式所在地检查会场用电设施。

（国网黑龙江电力 提供）

2022年8月15日，为期3天的“2022中国贵州国际能源产业博览交易会”在贵阳落下帷幕。贵州电网公司精心准备，全力做好会议保障。

（贵州电网公司 提供）

2022年10月29日，国网西藏电力基建应急基干队在500kV左波线进行抢修施工。

（赵清鹏 摄）

2022年11月6日，国网桐乡市供电公司工作人员利用无人机对乌镇区域重要保电线路开展巡视，护航世界互联网大会乌镇峰会顺利召开。

（王海燕　摄）

2022年11月22—24日，首届长沙市旅游发展大会在望城区举办，国网望城供电公司员工全力做好大会保电工作。

（国网湖南电力　提供）

2022年春节前，陕西送变电公司施工人员冒大雪抢修±800kV祁韶直流特高压线路。

（高浪舟　摄）

2022年1月10日，贵州电网六盘水盘州供电局刘官供电所共产党员服务队走进盘州市刘官街道中心小学开展冬季安全用电宣传活动。

（贵州电网公司　提供）

2022年4月3日，国网林芝供电公司共产党员服务队赴嘎拉村桃花源景区进行线路巡视检查。

（闫昱翰　摄）

2022年5月27日，国网浙江电力开展“喜迎二十大 永远跟党走 奋进新征程”主题党日活动。

（陈聪　摄）

2022年9月5日，泸定6.8级地震发生后，“中国大唐水上救援队”在黄金救援的72h内，转运被困群众及救援人员近200人。

（中国大唐　提供）

2022年9月8日，国网黑龙江电力共产党员服务队前往北大荒集团“七彩农业”高粱经济作物区开展供电线路巡视。

（国网黑龙江电力　提供）

2022年9月27日，南方电网公司党组管理干部培训班参与“红色引领，绿色发展”碳达峰碳中和体验式教学，参观中芬能源合作项目。

（南网党校　提供）

2022年10月，国网新疆电力员工左热古丽·尼亚孜当选中国共产党全国代表大会代表并参加党的二十大。
（国网新疆电力 提供）

2022年10月20日，国网大兴供电公司共产党员突击队在党的二十大供电保障期间守护重点保障线路。
（马丁宸 摄）

2022年10月21日，南网培训中心党委组织干部党员及学员认真学习贯彻党的二十大精神。
（南网党校 提供）

2022年11月8日，国网城区供电公司员工向居民讲解前门草厂区域数字化低碳社区配电网建设情况。

（林峰　摄）

2022年11月23日，国网伊犁伊河供电公司组织党员集中学习党的二十大精神。

（王玉娥　摄）

重温入党誓词。

（山西监管办　提供）

《中国电力年鉴》编委会

刘　雷	中国华电集团资本控股有限公司董事长、党委书记
刘光明	中国大唐集团新能源股份有限公司党委书记、董事长、总经理
衣立东	国网四川省电力有限公司董事长、党委书记
阮前途	国网福建省电力有限公司董事长、党委书记
孙长平	中国长江三峡集团有限公司科学技术研究院院长
孙宝东	国能经济技术研究院有限责任公司党委书记、董事长
花恒一	南网党校（领导力学院）常务副校长（院长），培训中心党委书记、主任
苏立新	西安热工研究院有限公司董事长、党委书记
杜将武	华电煤业集团有限公司党委书记、董事长
李　昇	水电水利规划设计总院有限公司党委书记、董事长
李　凯	广西桂冠电力股份有限公司党委书记、董事长、总经理
李　强	国网信息通信产业集团有限公司董事长、党委书记
李立新	中国华电集团有限公司副总工程师，华电电力科学研究院党委书记、董事长
李永莱	国家电网有限公司副总工程师兼国网西北分部主任、党委书记
李灼贤	广东省能源集团有限公司董事长、党委书记
李国华	中国大唐集团科学技术研究总院有限公司党委书记、董事长、院长
李国庆	东北电力大学党委书记

李和兴	上海电力大学副书记、校长
李霄飞	中国大唐集团技术经济研究院有限责任公司党委书记、执行董事、总经理
杨　勤	国能大渡河流域水电开发有限公司党委书记、董事长
杨宏强	国家能源集团科学技术研究院有限公司党委书记、董事长
杨勇平	华北电力大学校长、党委副书记
杨惠新	华电江苏能源有限公司党委书记、董事长
时雷鸣	中国电建集团华东勘测设计研究院有限公司党委副书记、总经理
吴宝英	南方电网科学研究院有限责任公司党委书记、董事长
何永胜	国网重庆市电力公司党委委员、副总经理
何彦锋	中国电建集团成都勘测设计研究院有限公司党委书记、董事长
冷　俊	南瑞集团有限公司（国网电力科学研究院有限公司）董事长党委书记
宋　领	葛洲坝集团股份有限公司党委书记、董事长
宋新明	海南电网有限责任公司董事长、党委书记
张成松	国网内蒙古东部电力有限公司董事长、党委书记
张洪梅	中国电建集团山东电力建设第一工程有限公司党委书记、董事长
张薛鸿	国网陕西省电力有限公司董事长、党委副书记
陈安伟	国网浙江省电力有限公司董事长、党委书记

陈红军	国网宁夏电力有限公司总经理、党委副书记
陈　晔	贵州电网有限责任公司董事长、党委书记
林一凡	国网甘肃省电力公司董事长、党委书记
罗嘉进	（香港）中电控股有限公司中国区总裁
周孝武	中电建路桥集团有限公司党委书记、董事长
郑　林	英大传媒投资集团有限公司党委书记、董事长
赵　亮	国网天津市电力公司董事长、党委书记
赵　喆	国家能源集团北京低碳清洁能源研究院院长、党委副书记
郝英杰	中国电力企业联合会党委委员、秘书长
胡　帆	广西电网有限责任公司董事长、党委书记
胡仲明	浙江省能源集团有限公司董事长、党委书记
姜　帆	北京能源集团有限责任公司董事长、党委书记
姚小彦	黄河上游水电开发有限责任公司党委书记、董事长
姚格平	国网江西省电力有限公司董事长、党委书记
贺子波	大唐华银电力股份有限公司党委书记、董事长
袁志勇	国网河北省电力有限公司副总经理
贾彦兵	国电电力发展股份有限公司总经理、党委副书记
贾振国	内蒙古电力（集团）有限责任公司董事长、党委书记
钱庆林	国网青海省电力公司董事、总经理、党委副书记
郭铭群	国网经济技术研究院有限公司董事长（院长）、党委书记
席　浩	中国水力发电工程学会常务副秘书长
唐　坚	龙源电力集团股份有限公司党委书记、董事长

黄良宝	国网上海市电力公司党委副书记、副总经理
龚东昌	国网西藏电力有限公司董事长、党委书记
梁永磐	大唐国际发电股份有限公司党委书记、董事长、总经理
梁华权	澳门电力股份有限公司执行委员会主席
彭刚平	中国华电科工集团有限公司党委副书记、董事、总经理、总法律顾问
蒋　斌	国网山东省电力公司董事长、党委书记
蒋　琨	中国南方电网有限责任公司超高压输电公司副总经理
舒福平	华电福新能源发展有限公司党委书记、董事长
鲁海威	国网黑龙江省电力有限公司董事长、党委书记
褚景春	国家能源集团新能源技术研究院有限公司董事长、党委书记
廖建平	广东电网有限责任公司董事长、党委书记
樊剑英	中国能源传媒集团有限公司党委书记、董事长
戴　军	华电国际电力股份有限公司董事长、党委书记

《2023中国电力年鉴》

《中国电力年鉴》编辑部

特约撰稿人（按姓氏笔画排列）

丁　静	于　汀	于松泰	于晓洋	马云高	马海洋	王　宁
王　栋	王　剑	王　莹	王　健	王　爽	王　曼	王　琪
王　媛	王　颖	王　瑾	王　赞	王小春	王生龙	王宁华
王庆杰	王坚毅	王秀龙	王金宇	王珊丹	王庭军	王振华
王桂峰	王晓茜	王敏涛	王维娟	王登峰	王锦瑞	韦晓丹
毛亚林	孔德玮	甘洪亮	石　霖	龙　云	龙　颖	卢　喆
田　超	史学海	包丹阳	冯　晔	冯延苹	冯颖惠	宁　昕
邢　蕊	毕鹏翔	曲宗凯	吕　晨	朱　文	朱　筠	朱皇儒
任天羿	任健聪	任家兴	刘　伟	刘　杉	刘　沙	刘　茜
刘　胜	刘　琪	刘　超	刘　鹜	刘天然	刘丹青	刘书南
刘亚南	刘丽君	刘盈斐	刘逸群	刘葳蕤	刘雁斌	刘雯静
刘智益	关　键	安　华	安锐坚	祁晓枫	孙　田	孙　超
孙立时	孙杨涛	孙建锋	孙春雨	纪　鹏	杜彦明	李　刚
李　庆	李　杨	李　明	李　征	李　涛	李　曼	李　斌
李　雷	李　鹏	李天航	李冬明	李亚飞	李红艳	李志强
李青春	李晓晗	李清恩	杨　芳	杨天颖	杨文芬	杨旭涛
杨军飞	杨桂君	杨程程	杨鹏云	杨鹏博	郦颂东	肖　磊
肖佳慧	吴文超	吴兴波	邱小川	何　川	何运鹏	余国太
余冠霖	冷裕波	沈　亮	宋　卓	宋士豹	张　申	张　民
张　宇	张　虎	张　妮	张　荐	张　根	张　峰	张　涵
张　琦	张　楠	张兴辉	张宇超	张志伟	张泽尧	张怡然
张学礼	张晓东	张晓亮	张朝阳	张耀坤	陈　杰	陈　亮
陈　晖	陈　耀	陈天一	陈予欣	陈春福	陈星任	陈原子

苑　帅　范　凡　范金锋　罗　叶　罗大勇　罗超群　岳　媛
金　焱　金一丁　周　俊　周志杰　周星龙　周起凡　郑旭波
郑星辰　郑雪胜　郑媛媛　郑路遥　郑慧敏　孟友瑞　赵　峥
赵　晔　赵红梅　赵海翔　赵雪骞　郝悍勇　胡　波　胡星明
胡脩实　柳　伟　柳晓萌　侯　伟　俞　果　姜乔耀　姜宇颖
祝　寅　秦诗琼　都俊超　贯焯越　夏　雪　顾明杰　钱　冰
徐俊波　徐皓鹏　高　阳　高　澈　高理想　郭　辉　郭一辉
郭伟锋　郭振天　郭崇军　涂文琪　姬联涛　黄　怡　黄　博
黄　睿　黄一岚　黄坤昌　黄晓天　曹　冉　曹　祎　曹英慧
曹爱民　曹婷婷　曹鹏飞　盛　兴　常方圆　崔晓文　章　奔
梁明宇　彭方正　彭希韵　彭雪芳　葛　栋　董盈艳　董晓亮
蒋　炜　韩　勇　韩月琪　韩永权　景　龑　童　敏　童梅云
曾　康　谢恩哲　雷　颖　雷定演　詹续海　褚立杰　褚宇宁
蔡启煌　蔡靖波　廖丽莎　翟　斌　樊　昊　薛洋企　薛恒宇
魏冠元

编 辑 说 明

1.《中国电力年鉴》(简称《年鉴》)于 1993 年创刊，已连续出版 29 期，是一本融史实性、资料性为一体的专业年鉴，也是一本全面实用，文、图、表并茂的综合性大型年刊。其主要服务对象为从事电力科研、生产、建设、经营管理的有关人员，以及与电力相关的政府和企事业单位的有关人员。

2. 本《年鉴》的编纂指导思想为：围绕电力工业改革与发展的主线，全面记载电力工业发展与改革、规划与建设、科技进步、国际合作等各方面的成就和工作。

3. 本《年鉴》是在国家能源局的领导和中国电力企业联合会的支持下，由中国电力发展促进会组织国家电网有限公司、中国南方电网有限责任公司、中国华能集团有限公司、中国大唐集团有限公司、中国华电集团有限公司、国家电力投资集团有限公司、国家能源投资集团有限责任公司等共同编写的。《年鉴》编委会由国家能源局、中国电力企业联合会、两大电网公司、五大发电集团公司、两个建设集团公司，以及其他电力相关企业的主要负责人组成，并作为《中国电力年鉴》的领导机构，决定《年鉴》编辑出版的指导思想和主要内容。

4. 本期《年鉴》主要收录了 2022 年中国电力工业各方面所取得的成绩，重点反映了 2022 年电力工业发展与改革、电力建设、科技创新、国际合作、社会责任等内容。本期《年鉴》在框架结构上做了适当调整，调整的篇目和栏目情况如下：“特载”篇目增设“新型电力系统建设”栏目，“产业政策”栏目名称改为“电力政策”，“电力服务乡村振兴”栏目移至“社会责任”篇目；“电力会议”篇目取消“专题会议”类条目和栏目划分。

5. 本期《年鉴》的框架结构由篇目、栏目、条目3个层次组成，设有特载，电力发展与改革，电力建设，科技创新，国际合作，社会责任，行业管理，电力会议，学术团体与行业学协会，科研、教育与新闻出版，电力企业，地区电力，大事记，文献，统计资料等篇目。本期《年鉴》仍采用文章和条目两种体裁，以条目为主，并配有具有史料价值的彩图110余幅。为方便读者检索和查阅，本《年鉴》正文前有中文目录和彩图目录，正文后有内容索引。

6. 本《年鉴》实行文责自负。《年鉴》框架设计及文章类条目均由编委会审定，条目内容、数据、彩图等均由撰稿单位校核及审定。需说明的是，本《年鉴》统计资料及有关全国数据的图表等一般未包括我国台湾省和港澳地区的数据。

篇 目

目　录

编辑说明

电力建设

社会责任

学术团体与行业学协会

科研、教育与新闻出版

电力企业

大事记

文　献

统计资料

附录

索引

企业风采

彩 图 目 录

重要电力事件

2022 年 1 月 10 日，南网碳资产管理（广州）有限公司在广州揭牌成立。

（南方电网公司　提供）

2022 年 1 月 25 日，新疆首个智慧用能及能效服务数字物理混合仿真实验室在国网新疆电力建成。

（周广科　摄）

2022 年 1 月 27 日，国家能源局党组书记、局长章建华（左四）赴京能集团清洁能源京阳热电，检查调研冬奥能源保供工作。

（京能集团　提供）

2022 年 8 月 3—4 日，国家能源局党组书记、局长章建华（前排右二）带队赴内蒙古自治区调研能源改革发展工作。

（国家能源局　提供）

2022 年 3 月 8—9 日，由南网科研院承担的“梯次利用动力电池规模化工程应用关键技术”“电力系统终端嵌入式组件和控制单元安全防护技术”和“配电网广域测量控制技术研究与应用”3 个国家重点研发计划项目顺利通过验收。

（南网科研院　提供）

2022 年 3 月 10 日，京能集团联合华北电力大学、北京工业大学共同创建北京碳中和学会。

（京能集团　提供）

2022 年 5 月 7 日，大渡河智慧企业展示中心正式获评全国水电科普教育基地。

（国家能源集团　提供）

2022 年 5 月 7 日，南网科研院研发的“1000m 深井接地极装置”和“220kV、110kV 自主可控高压电缆可交联聚乙烯绝缘材料”成功上榜国家能源局 2021 年度能源领域首台（套）重大技术装备（项目）认定名单。

（南网科研院　提供）

2022 年 5 月 21 日，“电力之光”全国科技周活动启动仪式在贵州电网公司安顺供电局节能展示厅内举行，向市民集中展示安顺电力科技成果。

（贵州电网公司　提供）

2022 年 6 月 14 日，国务院国资委党委委员、副主任翁杰明（前排中间）到中国华电专题督导调研“稳增长、防风险、促改革、强党建”工作。

（中国华电　提供）

2022 年 6 月 17 日，新疆电网首个智慧示范台区在库尔勒市和什力克乡上和牧业队建成投运，标志着新疆配电网数字化转型工作取得新进展，图为配网指挥中心。

（周广科　摄）

2022 年 6 月 25 日—7 月 29 日，国网青海电力成功组织“绿电 5 周”全清洁能源供电，并召开新闻发布会。

（国网青海电力　提供）

2022 年 7 月 14 日，南网科研院首次成功举办国家级高水平国际学术会议“中英工程技术合作脱碳技术专题研讨会——海上风电专场会议”。

（南网科研院　提供）

2022 年 7 月 23 日，南方电网公司与国家能源局南方监管局联合主办的南方区域电力市场试运行启动会在北京召开。

（赖增鹏　摄）

2022 年 7 月 26 日，南网科研院“用于并行冗余协议网络中的时钟输出控制方法和系统”获第二十三届中国专利金奖。

（南网科研院　提供）

2022 年 7 月 26 日，中电联、上海市人民政府以“守护万家灯火、赋能美好生活”为主题，联合举办了 2022 年“中国电力主题日”活动，活动上发布了 2022 年度“最美电力人”。

（中电联　提供）

2022 年 7 月 29 日，国家电投、上海电气、申能集团采取线上线下结合、京沪两地“云连线”的形式，共同主办“绿色电力　美好生活”高峰论坛暨纪念中国有电 140 周年活动。

（国家电投　提供）

2022 年 8 月 4 日，中电联电动交通与储能分会组织召开“第二届电动汽车充电设施技术创新大会”。

（中电联　提供）

2022 年 8 月 26 日，深圳虚拟电厂管理中心揭牌成立。

（南方电网公司　提供）

2022 年 8 月 31 日，由中电联法律分会与德国国际合作机构（GIZ）实施的中德能源与能效合作伙伴项目、中德法律合作项目共同主办的“能源转型背景下的中德能源法律政策”研讨会在北京举行。

（中电联　提供）

2022 年 9 月 8 日，全国政协副主席、中国科协主席万钢（前排右二）到北京朝阳中国能建大厦参加“双碳背景下能源电力科技创新调研会议”，中国能建党委书记、董事长宋海良（前排右一）陪同。

（中国能建　提供）

2022 年 9 月 26 日，川渝一体化电力调峰辅助服务市场启动仪式举行。

（马思琪　摄）

2022 年 10 月 27 日，中电联电动交通与储能分会组织召开国家电化学储能电站安全监测信息平台发布会。

（中电联　提供）

2022 年 10 月 31 日，全国首个乡村氢能生态示范工程——丽水缙云水光氢生物质近零碳示范工程投运。

（楼拓斌　摄）

2022 年 11 月 3 日，国务院国资委党委委员、副主任翁杰明（前排左二）到中国能建调研，中国能建党委书记、董事长宋海良（前排左一）陪同。

（中国能建　提供）

2022 年 11 月 10 日，2022 年工作会议暨首届中国电力企业法治合规建设论坛在海南省海口市举行。会议发布了中电联法律分会编写的首份《中国电力行业法治合规报告 2022》。

（中电联　提供）

2022 年 11 月 23 日，2022 世界智能制造大会在江苏南京召开。南瑞集团董事长、党委书记冷俊参加大会，并做了题为《强化数字技术赋能，助力能源转型创新发展》的主旨演讲。

（南瑞集团　提供）

2022 年 12 月 1 日，2022 全国电力工程造价与定额管理工作会议在北京召开。

（中电联　提供）

2022 年 12 月 1 日，第七届中国储能西部论坛在西安召开。来自政府机构、电网公司、发电集团以及储能产业界的 29 名专家学者及企业代表集聚云上，以“大规模新能源应用与储能协同发展机制研讨”为主题，围绕储能应用、关键技术、市场机制等方面，共同探讨西部储能发展问题，推动储能在西北区域健康发展。

（国网西北分部　提供）

国际合作与交流

2022 年 1 月 24 日，由中国电建所属华东院承担总承包的阿曼最大可再生能源项目——阿曼益贝利 607MW 光伏发电项目竣工。

（中国电建华东院　提供）

2022 年 4 月 12 日，由中国电建所属华东院承担总承包的全球最大半浸没式光伏电站——越南油汀 500MW 光伏发电工程荣获 2020—2021 年度中国建设工程鲁班奖（境外工程）。

（中国电建华东院　提供）

2022 年 5 月 18 日，中国电建所属核电公司建设的印尼宏发韦立氧化铝公司热电厂 2×30MW+4×25MW 机组总承包工程竣工。

（丁长雨　摄）

2022 年 7 月 1 日，中国电建所属中南院承建的越南朔庄一期 30MW 海上风电项目顺利移交。

（钟彬　摄）

2022 年 7 月 19 日，中国电建所属水电三局承建的老挝和泰国联合开发重点项目老挝南屯 1 水电站主体结构施工完成。

（中国电建水电三局　提供）

2022 年 9 月 7 日，中国电建水电十六局参建的喀麦隆曼维莱水电站荣获 2022 年国际工程绿色供应链管理杰出项目奖。

（郭天龙　摄）

当地时间 2022 年 10 月 3 日，国家电投上海电力土耳其胡努特鲁项目 2 号机组（660MW）正式进入商业运行，该项目是中国“一带一路”倡议和土耳其“中间走廊”战略相对接的重点项目。

（国家电投　提供）

2022 年 9 月 26 日，中国电建所属贵州工程公司承建的卡塔尔 800MW 光伏项目全容量并网，成为卡塔尔有史以来首个全容量并网的大型地面光伏电站。

（柏先群　摄）

2022 年 10 月 8 日，中国电建所属核电公司建设的东南亚最大海上风电工程越南金瓯 350MW 海上风电项目完成风机吊装。

（薛冰　摄）

2022 年 10 月 20 日，南非总统马塔梅拉·西里尔·拉马福萨（左四）视察中国电建所属山东电建三公司承建的南非红石 100MW 塔式光热电站项目。

（位争强　摄）

2022 年 11 月 13 日，苏里南共和国副总统布林斯韦克（右五）出席中国电建江西电建公司承建的苏里南村庄微电网光伏项目二期（4.16MW+13.2MW 储能）

开工仪式。

（甘元俊　摄）

2022年12月1日，在中国和南非建交25周年之际，龙源电力与南中经贸协会、人民网南非公司联合主办“彩虹向未来”中国—南非企业“云开放日”主题活动。

（国家能源集团　提供）

当地时间2022年12月3日，马里、塞内加尔、毛里塔尼亚、几内亚四国总理出席中国电建马里古伊那水电站项目（装机容量140MW）竣工仪式。

（中国电建国际公司　提供）

发电·火力发电

2022年6月20日，中国电建所属上海电建公司承建的山西神头“上大压小”二期2×1000MW扩建工程4号机组顺利通过168h试运行并移交生产。

（中国电建上海电建公司　提供）

2022年6月30日，中国电建所属山东电建一公司承建的大唐东营2×1000MW新建工程荣获2022年度中国电力优质工程奖。

（中国电建山东电建一公司　提供）

2022年7月9日，中国电建集团所属山东电建三公司承建的内蒙古鄂尔多斯市国电双维电厂2×1000MW新建工程项目2号机组顺利完成168h试运行。

（李全泉　摄）

2022年9月29日，国家电投湖北分公司荆门绿动燃机电厂2号机组成功实现30%掺氢燃烧改造和运行，这是中国首次在重型燃机商业机组上实施高比例掺氢燃烧改造试验和科研攻关。

（国家电投　提供）

发电·水力发电

2022年3月18日，中国电建所属水电十二局参建的四川省甘孜州雅江县两河口水电站6台机组全部投产发电（总装机容量3000MW）。

（中国电建水电十二局　提供）

2022年6月28日，中国电建所属昆明院设计，西北院监理，水电十四局承建，水电一局、三局、四局、八局参建的黄登水电站（4×475MW）获评2022年度中国电力优质工程奖。

（中国电建水电十四局　提供）

2022年6月28日，中国电建所属西北院设计，水电十四局以施工总承包模式承建的云南澜沧江里底水电站（3×140MW）获评2022年度中国电力优质工程奖（中小型）。

（中国电建水电十四局　提供）

2022年10月20日，国家电投内蒙古公司白音华热电2×350MW机组全容量投产运行，“低热值褐煤–坑口电厂–电解铝及铝后深加工”一体化循环经济全面贯通。

（国家电投　提供）

2022年11月30日，中国电建设计承建的金沙江苏洼龙水电站全部机组投产，电站装机容量1200MW。项目由北京院设计，水电一局、三局、四局、十局施工，贵阳院监理，昆明院安全监测。

（中国电建水电三局　提供）

2022年12月20日，由中国电建所属华东院承担全过程勘测设计的世界在建规模最大、技术难度最高的水电工程——金沙江白鹤滩水电站全部机组投产发电。

（中国电建华东院　提供）

发电·核能及新能源发电

2022年2月7日，中国电建所属华东院海上风电“新型桩–桶复合基础研发及其工程应用”成果入选2021年度中国十大海洋科技进展。

（中国电建华东院　提供）

2022年3月15日，由中国电建所属电建新能源集团投资、华东院设计和EPC总承包的浙江衢州开化龙翔（50MW）农林光互补地面光伏发电项目全容量并网发电。

（吕阳洋　摄）

2022年4月9日，由中国电建所属电建新能源集团投资、西北院设计和EPC总承包、华东院监理的甘肃酒泉安北第一风电场一期（B区）200MW工程项目全容量并网发电。

（徐思涵　摄）

2022年5月30日，由中国电建所属华东院承担总承包的国内首座潮光互补型光伏电站——浙江温岭100MW潮光互补智能电站全容量并网发电。

（中国电建华东院　提供）

2022年6月26日，国家电投青海海南州光伏园区（装机容量8430MW）获最大装机容量的光伏发电园区吉尼斯世界纪录认证，国家电投为园区内装机规模最大的企业。

（国家电投　提供）

2022年6月28日，中国电建所属河南工程公司承建的大唐滑县枣村300MW风电场工程荣获2022年度中国电力优质工程奖。该项目属内陆平原风电场。

（中国电建河南工程公司　提供）

2022年6月28日，中国电建所属河南工程公司承建的华能濮阳县500MW风电场工程荣获2022年度中国电力优质工程奖。

（中国电建河南工程公司　提供）

2022年6月28日，中国电建所属水电五局参建的山西河曲 100MW 风电工程荣获 2022 年度中国电力优质工程奖。

（中国电建水电五局　提供）

2022 年 7 月 24 日，大唐吉林发电公司晟源洮南向阳 150MW 风光互补光伏项目并网发电，标志着中国北方最大风光储一体化项目建成投产。

（中国大唐　提供）

2022 年 7 月 31 日，龙滩电厂梧州西江机场光伏电站（50MW）建成。这是国内在已运营的机场周围开工建设的、容量最大的光伏电站。

（中国大唐　提供）

2022 年 10 月 29 日，中国电建所属中南院承建 501MW 山东能源渤中海上风电 A 场址工程首批机组并网发电。

（丁琦　摄）

2022 年 12 月 17 日，由中国电建所属电建新能源集团投资、水电六局 EPC 总承包的河北沙河册井农光互补光伏项目（装机规模 150MW）正式开工建设。

（叶伟　摄）

2022 年 12 月 26 日，由电建集团所属电建新能源集团投资、中南院设计和总承包的海南万宁百万千瓦漂浮式海上风电项目（项目规模 100 万 kW）举行开工仪式。

（陈乐棉　摄）

发电·储能

2022 年 3 月 26 日，由中国电建西北院牵头、水电三局与水电十五局联营体共同承建的总承包项目阜康抽水蓄能电站上、下水库大坝填筑顺利封顶。

（中国电建西北院　提供）

2022 年 3 月 29 日，中国电建所属北京院勘测设计，水电一局、四局、十四局施工，浙江华东工程咨询有限公司监理的总装机容量1200MW 的山东沂蒙抽水蓄能电站全面投产发电。

（中国电建北京院　提供）

2022 年 4 月 26 日，中国电建所属北京院勘测设计，水电二局、六局、十一局、十四局施工，西北咨询公司监理的总装机容量 1400MW 的吉林敦化抽水蓄能电站全面投产发电。

（中国电建北京院　提供）

2022 年 5 月 15 日，中国电建所属上海电建公司承建的世界首台非补燃压缩空气储能发电系统国家示范项目——江苏金坛盐穴储能项目实现整套设备连续 4 个储能发电周期满负荷、满时长试运行。

（中国电建上海电建公司　提供）

2022 年 6 月 29 日，由中国电建所属电建新能源集团投资建设的甘肃酒泉北大桥（50MW）风光储一体化项目全容量并网发电。

（郭芮　摄）

2022 年 6 月 30 日，由中国电建所属华东院承担勘测设计的华东地区最大、已投运机组额定水头最高抽水蓄能电站——浙江长龙山抽水蓄能电站（总装机容量 2100MW）全部机组投产发电。

（中国电建华东院　提供）

2022 年 9 月 23 日，中国电建水电七局承建全球最大水光互补电站、雅砻江两河口水电站水光互补一期项目——1000MW 柯拉一期光伏项目Ⅱ标段正式开工。

（中国电建水电七局　提供）

2022 年 10 月 27 日，中国电建西北院勘察设计的甘肃张掖盘道山、皇城抽水蓄能项目集中开工活动在甘肃省张掖市举行。

（中国电建西北院　提供）

2022 年 12 月 28 日，大唐华银耒阳 200MW/400MWh 电化学储能电站全容量投产并网，一举成为湖南省单站容量最大，也是国内一次建成规模最大的电化学储能电站。

（中国大唐　提供）

输变电工程

2022 年 3 月 24 日，云南送变电公司在海拔 3000m 的 220kV 岩乐输变电工程采用重载无人机运输塔材，在国内首次将重载无人机应用于高海拔电力施工。

（云南电网公司　提供）

2022 年 5 月 16 日，中国电建所属福建院设计的张北柔性直流电网试验示范工程换流站工程获 2021 年度电力行业优秀工程设计一等奖。

（罗晓东　摄）

2022 年 5 月 16 日，中国电建所属福建院设计的福建厦门金辉（集美）500kV 变电站工程获 2021 年度电力行业优秀工程设计一等奖。

（罗晓东　摄）

2022 年 5 月 16 日，国神公司府谷电厂二期工程喜获 2021 年度电力行业优秀工程设计一等奖。

（国家能源集团　提供）

2022 年 5 月 21 日，粤港澳大湾区直流背靠背电网工程竣工投运。图为夜色中的东莞工程。

（陈振良　摄）

2022 年 6 月 28 日，中国电建所属水电十四局、江西水电公司参建的乌东德电站送电广东广西特高压多端直流示范工程（昆柳龙直流工程）获评 2022 年度中国电力优质工程奖；12 月 30 日，荣获 2021—2022 年度国家优质工程金奖。

（中国电建水电十四局　提供）

2022 年 7 月 1 日，国家“西电东送”重点工程白鹤滩—江苏±800kV 特高压直流工程竣工投产。南瑞集团承担了±400kV 直流可控自恢复消能装置、送端安全稳定控制系统、柔性直流换流阀、阀控、阀冷设备、系列高压保护系统等多项核心技术和设备的研制工作。图为南瑞集团工程人员在白鹤滩—江苏±800kV 姑苏换流站开展阀塔检查工作。

（南瑞集团　提供）

2022 年 7 月 27 日，由国网特高压公司管理，山东送变电工程有限公司承建的 1000kV 南阳—荆门—长沙特高压螺山长江大跨越工程，完成铁塔组立转序验收，图为星空下的工程南岸（湖南侧）跨越塔。

（徐可　摄）

2022 年 9 月 25 日，中国电建所属重庆工程公司承建的白鹤滩—浙江±800kV 特高压直流工程浙北换流站土建 B 包项目带电投运。

（王春雨　摄）

2022 年 9 月 30 日，中国南方电网有限责任公司董事长、党组书记孟振平（左）在广州参加闽粤联网工程竣工投产仪式。

（南方电网公司　提供）

2022 年 12 月 22 日，荆门—武汉 1000kV 特高压交流输变电工程正式投产送电。

（邹小明　摄）

2022 年 12 月 23 日，世界首个大容量柔性低频输电示范工程 220kV 亭山换频站在杭州富阳投运。

（王振　摄）

用电服务与保障

2022 年 1 月 29 日，国家电网有限公司董事长、党组书记辛保安视频连线国网西北分部等十家单位，听取春节保电和冬奥保电工作安排，并慰问坚守岗位的干部职工。

（国网西北分部　提供）

2022 年 2 月 3 日，贵州电网公司毕节供电局工作人员在贵州“屋脊”韭菜坪观测线路覆冰情况，保障电力供应。

（贵州电网公司　提供）

2022 年 2 月 20 日，国网山西电力员工正在巡视线路，做好北京冬奥保电工作。

（国网山西电力　提供）

2022 年 2 月 20 日晚，北京冬奥会闭幕式落下帷幕，国网华北分部圆满完成保电力供应、保绿色冬奥、保民生供热任务。

（国网华北分部　提供）

2022 年 2 月 23 日，国网拉萨供电公司共产党员服务队对老城区进行藏历新年特巡。

（闫昱翰　摄）

2022 年 3 月 18 日，±1100kV 昌吉换流站开启年度首检。

（国网新疆电力　提供）

2022 年 3 月 15 日，国家电投“氢腾”高质量完成北京冬奥会、冬残奥会保障任务，中关村延庆园加氢、充电站为 692 辆次氢燃料电池客车加氢 7.68t；各风光场站累计发电 4.7 亿 kWh；“御风”系统气象监测到报率和及时率均为 100%；“灵雀－H”等无人机累计巡检 30 余架次。

（国家电投　提供）

2022 年 6 月 5 日，国网哈尔滨供电公司智能巡检中心员工利用无人机开展 220kV 线路巡视测温工作。

（国网黑龙江电力　提供）

2022 年 5 月 13 日，国网东营供电公司彩虹党员服务队走访新能源企业，检查光伏板发电运行情况。

（国网山东电力　提供）

2022 年 6 月 6 日，国网陕西宝鸡供电公司工作人员巡视线路，护航三夏用电。

（国网陕西电力　提供）

2022 年 6 月 22 日，国网黑龙江电力带电作业中心人员在哈尔滨市南岗区街道应用不停电作业处理老街区上供电安全隐患。

（国网黑龙江电力　提供）

2022 年 6 月 22 日，贵州省首家“电酿酒”绿色低碳示范基地在遵义成立。

（贵州电网公司　提供）

2022 年 8 月 10 日，国网黑龙江电力工作人员在 2022 年世界 5G 大会开幕式所在地检查会场用电设施。

（国网黑龙江电力　提供）

2022 年 8 月 15 日，为期 3 天的“2022 中国贵州国际能源产业博览交易会”在贵阳落下帷幕。贵州电网公司精心准备，全力做好会议保障。

（贵州电网公司　提供）

2022 年 10 月 29 日，国网西藏电力基建应急基干队在 500kV 左波线进行抢修施工。

（赵清鹏　摄）

2022 年 11 月 6 日，国网桐乡市供电公司工作人员利用无人机对乌镇区域重要保电线路开展巡视，护航世界互联网大会乌镇峰会顺利召开。

（王海燕　摄）

2022 年 11 月 22—24 日，首届长沙市旅游发展大会在望城区举办，国网望城供电公司员工全力做好大会保电工作。

（国网湖南电力　提供）

2022 年春节前，陕西送变电公司施工人员冒大雪抢修±800kV 祁韶直流特高压线路。

（高浪舟　摄）

党的建设与精神文明建设

2022 年 1 月 10 日，贵州电网六盘水盘州供电局刘官供电所共产党员服务队走进盘州市刘官街道中心小学开展冬季安全用电宣传活动。

（贵州电网公司　提供）

2022 年 4 月 3 日，国网林芝供电公司共产党员服务队赴嘎拉村桃花源景区进行线路巡视检查。

（闫昱翰　摄）

2022 年 5 月 27 日，国网浙江电力开展“喜迎二十大　永远跟党走　奋进新征程”主题党日活动。

（陈聪　摄）

2022 年 9 月 5 日，泸定 6.8 级地震发生后，“中国大唐水上救援队”在黄金救援的 72h 内，转运被困群众及救援人员近 200 人。

（中国大唐　提供）

2022 年 9 月 8 日，国网黑龙江电力共产党员服务队前往北大荒集团“七彩农业”高粱经济作物区开展供电线路巡视。

（国网黑龙江电力　提供）

2022 年 9 月 27 日，南方电网公司党组管理干部培训班参与“红色引领，绿色发展”碳达峰碳中和体验式教学，参观中芬能源合作项目。

（南网党校　提供）

2022 年 10 月，国网新疆电力员工左热古丽·尼亚孜当选中国共产党全国代表大会代表并参加党的二十大。

（国网新疆电力　提供）

2022 年 10 月 20 日，国网大兴供电公司共产党员突击队在党的二十大供电保障期间守护重点保障线路。

（马丁宸　摄）

2022 年 10 月 21 日，南网培训中心党委组织干部党员及学员认真学习贯彻党的二十大精神。

（南网党校　提供）

2022 年 11 月 8 日，国网城区供电公司员工向居民讲解前门草厂区域数字化低碳社区配电网建设情况。

（林峰　摄）

2022 年 11 月 23 日，国网伊犁伊河供电公司组织党员集中学习党的二十大精神。

（王玉娥　摄）

重温入党誓词。

（山西监管办　提供）

特　载

党和国家领导人关注电力

习近平在党的二十大报告中指出加快规划建设新型能源体系

10 月 16 日，习近平在中国共产党第二十次全国代表大会上作报告，对积极稳妥推进碳达峰碳中和作出部署，明确指出加快规划建设新型能源体系。报告中提出："立足我国能源资源禀赋，坚持先立后破，有计划分步骤实施碳达峰行动。完善能源消耗总量和强度调控，重点控制化石能源消费，逐步转向碳排放总量和强度'双控'制度。推动能源清洁低碳高效利用，推进工业、建筑、交通等领域清洁低碳转型。深入推进能源革命，加强煤炭清洁高效利用，加大油气资源勘探开发和增储上产力度，加快规划建设新型能源体系，统筹水电开发和生态保护，积极安全有序发展核电，加强能源产供储销体系建设，确保能源安全。完善碳排放统计核算制度，健全碳排放权市场交易制度。提升生态系统碳汇能力。积极参与应对气候变化全球治理。"

习近平提出加大力度规划建设新能源供给消纳体系

1 月 24 日，中共中央政治局就努力实现碳达峰碳中和目标进行第三十六次集体学习。中共中央总书记习近平在主持学习时发表了重要讲话。他指出，党的十八大以来，党中央贯彻新发展理念，坚定不移走生态优先、绿色低碳发展道路，着力推动经济社会发展全面绿色转型，取得了显著成效。我们建立健全绿色低碳循环发展经济体系，持续推动产业结构和能源结构调整，启动全国碳市场交易，宣布不再新建境外煤电项目，加快构建"双碳"政策体系，积极参与气候变化国际谈判，展现了负责任大国的担当。

习近平指出，推动能源革命，要立足国家能源资源禀赋，坚持先立后破、通盘谋划，传统能源逐步退出必须建立在新能源安全可靠的替代基础上。要加大力度规划建设以大型风光电基地为基础、以其周边清洁高效先进节能的煤电为支撑、以稳定安全可靠的特高压输变电线路为载体的新能源供给消纳体系。要坚决控制化石能源消费，尤其是严格合理控制煤炭消费增长，有序减量替代，大力推动煤电节能降碳改造、灵活性改造、供热改造"三改联动"。要夯实国内能源生产基础，保障煤炭供应安全，保持原油、天然气产能稳定增长，加强煤气油储备能力建设，推进先进储能技术规模化应用。要把促进新能源和清洁能源发展放在更加突出的位置，积极有序发展光能源、硅能源、氢能源、可再生能源。要推动能源技术与现代信息、新材料和先进制造技术深度融合，探索能源生产和消费新模式。要加快发展有规模有效益的风能、太阳能、生物质能、地热能、海洋能、氢能等新能源，统筹水电开发和生态保护，积极安全有序发展核电。

李克强连续两次主持召开国务院常务会议部署电价政策

4 月 27 日和 5 月 5 日，国务院总理李克强连续两次主持召开国务院常务会议，均对电价作出部署。4 月 27 日，国务院常务会议指出，支持地方对特困行业用电实行阶段性优惠，继续给予中小微企业宽带和专线资费优惠，为线上就业创业、居家办公降成本。5 月 5 日，国务院常务会议指出，鼓励地方对小微企业和个体工商户实行阶段性优惠电价和用水用电用气"欠费不停供"、6 个月内补缴。

李克强视察中国长江三峡集团有限公司昆明调控中心

5 月 18 日下午，中共中央政治局常委、国务院总理李克强视察中国长江三峡集团有限公司（简称中国三峡集团）昆明调控中心，视频连线白鹤滩电厂，详细了解一线电力生产人员工作生活情况，充分肯定中国三峡集团在能源保供、防洪度汛等方面所作的贡献，希望中国三峡集团为保障能源安全、促进能源绿色低碳转型作出更大贡献。

韩正出席第四届中俄能源商务论坛开幕式

11 月 29 日，第四届中俄能源商务论坛以线下与线上相结合的方式在北京和莫斯科两地举行。国务院副总理韩正出席论坛开幕式，宣读习近平主席贺信并致辞。

韩正表示，能源安全是各国实现经济发展、社会稳定的重要基础。在两国元首战略引领下，中俄能源合作稳步推进，取得了一系列新成果。当前，全球能源体系正发生深刻变革，产业链供应链安全稳定面临诸多风险挑战。中国将继续加强资源统筹和政策支持，扎实做好能源安全保供，确保人民群众温暖过冬。中俄双方要落实好两国元首的重要共识，打造更加紧密的能源合作伙伴关系，为增进两国人民福祉、促进全球能源安全与可持续发展作出更大贡献。

韩正就深化中俄能源合作提出三点建议。一是着力优化营商环境，确保能源贸易持续稳定发展，按计划有序推进重大项目合作。二是支持能源生产国、过境国、消费国加强协作，畅通国际能源产业链供应链，维护全球能源市场安全稳定。三是构建绿色低碳的全球能源治理格局，积极推动建立全球清洁能源合作伙伴关系，共同应对气候变化挑战。

俄罗斯联邦政府副总理诺瓦克，俄罗斯总统能源发展战略和生态安全委员会秘书长、俄罗斯石油公司总裁谢钦出席开幕式。谢钦宣读俄罗斯总统普京贺信并致辞，诺瓦克作致辞。

来自中俄双方有关部门和能源企业、金融机构、研究机构、行业协会的300多名代表参加论坛开幕式。

韩正到国家电网有限公司调研并主持召开座谈会

8月17日，中共中央政治局常委、国务院副总理韩正到国家电网有限公司调研并主持召开座谈会，认真贯彻习近平总书记有关重要讲话精神，研究进一步做好能源电力供应保障工作。

韩正指出，能源电力安全保供是经济社会稳定运行的基础保障。年初以来，各地区各有关部门单位深入贯彻落实党中央、国务院决策部署，能源电力保供工作取得明显成效，各类电力装机应发尽发，电煤供给和库存充足，能源电力安全保供稳价形势总体平稳。当前全国电力供需屡创历史新高，部分地区遭受极端高温干旱天气影响，迎峰度夏能源电力保供正处于关键时期。要进一步提高思想认识，强化底线思维，狠抓工作落实，采取有效应对措施，保证能源电力安全保供不出任何闪失，为巩固经济回升向好态势、稳物价保民生提供坚实支撑。

韩正强调，要加强全国统筹协调、全网统一调度，完善分级用电负荷管理，强化重点地区保障，确保电力安全保供。继续做深做实有序用电方案，确保民生、公共服务和重点行业安全用电，坚决防止拉闸限电。要发挥市场机制作用，完善和加强政府调控，确保一次能源价格稳定。要加快推进重点工程建设，充分调动地方和企业积极性，大力推进煤电联营和煤电与可再生能源联营。加强政策支持，多措并举帮助煤电企业缓解实际困难。要始终把安全生产放在第一位，坚决守好安全生产底线。

座谈会前，韩正来到国家电力调度控制中心，详细了解电力供应保障、电网调度运行等情况。

电　力　政　策

国务院办公厅转发国家发展改革委、国家能源局《关于促进新时代新能源高质量发展实施方案的通知》

5月14日，国务院办公厅转发国家发展改革委、国家能源局《关于促进新时代新能源高质量发展的实施方案》（国办函〔2022〕39号，简称《实施方案》），旨在锚定到2030年全国风电、太阳能发电总装机容量达到12亿kW以上的目标，加快构建清洁低碳、安全高效的能源体系。

《实施方案》指出，近年来，全国以风电、光伏发电为代表的新能源发展成效显著，装机规模稳居全球首位，发电量占比稳步提升，成本快速下降，已基本进入平价无补贴发展的新阶段。同时，新能源开发利用仍存在电力系统对大规模高比例新能源接网和消纳的适应性不足、土地资源约束明显等制约因素。《实施方案》要求，必须坚持以习近平新时代中国特色社会主义思想为指导，完整、准确、全面贯彻新发展理念，统筹发展和安全，坚持先立后破、通盘谋划，更好发挥新能源在能源保供增供方面的作用，助力扎实做好碳达峰、碳中和工作。

《实施方案》提出了7方面21项具体政策举措。一是创新新能源开发利用模式，加快推进以沙漠、戈壁、荒漠地区为重点的大型风电光伏基地建设，促进新能源开发利用与乡村振兴融合发展，推动新能源在工业和建筑领域应用，引导全社会消费新能源等绿色电力。二是加快构建适应新能源占比逐渐提高的新型电力系统，全面提升电力系统调节能力和灵活性，着力提高配电网接纳分布式新能源的能力，稳妥推进新能源参与电力市场交易，完善可再生能源电力消纳责任权重制度。三是深化新能源领域“放管服”改革，持续提高项目审批效率，优化新能源项目接网流程，健全新能源相关公共服务体系。四是支持引导新能源产业健康有序发展，推进科技创新与产业升级，保障产业链供应链安全，提高新能源产业国际化水平。五是保障新能源发展合理空间需求，完善新能源项目用地管制规则，提高国土空间资源利用效率。六是充分发挥新能源的生态环境保护效益，大力推广生态修复类新能源项目，促进农村清洁取暖、农业清洁生产，助力农村人居环境整治提升。七是完善支持新能源发展的财政金融政策，优化财政资金使用，完善金融相关支持措施，丰富绿色金融产品服务。

国家发展改革委、国家能源局印发《关于加快建设全国统一电力市场体系的指导意见》

1月18日，国家发展改革委、国家能源局正式印发《关于加快建设全国统一电力市场体系的指导意见》（发改体改〔2022〕118号，简称《指导意见》）。

《指导意见》明确提出电力市场建设的总体目标：到2025年，全国统一电力市场体系初步建成，国家市场与省（区、市）/区域市场协同运行，电力中长期、现货、辅助服务市场一体化设计、联合运营，跨省跨区资源市场化配置和绿色电力交易规模显著提高，有利于新能源、储能等发展的市场交易和价格机制初步形成。到2030年，全国统一电力市场体系基本建成，适应新型电力系统要求，国家市场与省（区、市）/区域市场联合运行，新能源全面参与市场交易，市场主体平等竞争、自主选择，电力资源在全国范围内得到进一步优化配置。

《指导意见》提出健全多层次统一电力市场体系：一是加快建设国家电力市场，根据电力基础设施建设布局和互联互通情况，研究推动适时组建全国电力交易中心。二是稳步推进省（区、市）/区域电力市场建设，提高省域内电力资源配置效率。三是引导各层次电力市场协同运行，条件成熟时支持省（区、市）市场与国家市场融合发展，或多省（区、市）联合形成区域市场后再与国家市场融合发展。四是有序推进跨省跨区市场间开放合作，分类放开跨省跨区优先发电计划，推动将国家送电计划、地方政府送电协议转化为政府授权的中长期合同。

在完善统一电力市场体系的功能方面，《指导意见》提出了四个方面的具体要求：一是持续推动电力中长期市场建设，进一步发挥中长期市场在平衡长期供需、稳定市场预期的基础作用；二是积极稳妥推进电力现货市场建设，引导现货市场更好发现电力实时价格，准确反映电能供需关系；三是持续完善电力辅助服务市场，建立健全调频、备用等辅助服务市场，完善成本分摊和收益共享机制；四是培育多元竞争的市场主体，引导社会资本有序参与售电业务，引导用户侧可调负荷资源、储能、分布式能源、新能源汽车等新型市场主体参与市场交易。

《指导意见》在健全统一电力市场体系的交易机制方面提出了四点意见：一是规范统一市场基本交易规则和技术标准，推动交易中心之间在技术和数据标准方面有效衔接；二是完善电价形成机制，统一规范各地电力市场价格规则，妥善处理政策性交叉补贴；三是做好市场化交易与调度运行的高效衔接，健全完善电网企业相关业务流程和制度标准，加强电力交易中心与电网企业业务协同；四是加强信息共享和披露，推动全国电力市场主体注册信息共享，建设统一信息披露平台，健全信息安全保障机制。

《指导意见》提出加强电力统筹规划和科学监管：一是健全适应市场化环境的电力规划体系，统筹可再生能源和常规电源规划布局，注重发挥市场价格信号对电力规划建设的引导作用；二是完善现代电力市场监管体制，加强监测预警，强化电力交易机构和调度机构的运营监控和风险防控责任；三是健全电力市场信用体系，构建以信用为基础的新型监管机制；四是完善电力应急保供机制，健全市场应急处置机制。

《指导意见》提出构建适应新型电力系统的市场机制，从四个方面做出工作部署：一是提升电力市场对高比例新能源的适应性，有序推动新能源参与电力市场交易，以市场化收益吸引社会资本，促进新能源可持续投资；二是因地制宜建立发电容量成本回收机制，保障电源固定成本回收和长期电力供应安全；三是开展绿色电力交易，做好绿色电力交易与绿证交易、碳排放权交易的有效衔接；四是健全分布式发电市场化交易机制，鼓励分布式光伏、分散式风电等主体与周边用户直接交易。

国家发展改革委、国家能源局印发《关于完善能源绿色低碳转型体制机制和政策措施的意见》

1月30日，国家发展改革委、国家能源局印发《关于完善能源绿色低碳转型体制机制和政策措施的意见》（发改能源〔2022〕206号，简称《意见》）。

《意见》提出，“十四五”时期，基本建立推进能源绿色低碳发展的制度框架，形成比较完善的政策、标准、市场和监管体系，构建以能耗“双控”和非化石能源目标制度为引领的能源绿色低碳转型推进机制。到2030年，基本建立完整的能源绿色低碳发展基本制度和政策体系，形成非化石能源既基本满足能源需求增量又规模化替代化石能源存量、能源安全保障能力得到全面增强的能源生产消费格局。

《意见》共提出十方面35条具体措施。一是完善国家能源战略和规划实施的协同推进机制；二是完善引导绿色能源消费的制度和政策体系；三是建立绿色低碳为导向的能源开发利用新机制；四是完善新型电力系统建设和运行机制；五是完善化石能源清洁高效开发利用机制；六是健全能源绿色低碳转型安全保供体系；七是建立支撑能源绿色低碳转型的科技创新体系；八是建立支撑能源绿色低碳转型的财政金融政策保障机制；九是促进能源绿色低碳转型国际合作；十是完善能源绿色低碳发展相关治理机制。

国家发展改革委印发《电力可靠性管理办法（暂行）》

4月16日，国家发展改革委印发《电力可靠性管理办法（暂行）》（中华人民共和国国家发展和改革委员会令第50号，简称《办法》）。《办法》于2021年11月23日经国家发展改革委第19次委务会议审议通过，自2022年6月1日起施行，原《电力可靠性监督管理办法》（国家电力监管委员会令第24号）同时废止。

《办法》全文共分为十一章六十四条。其中第一部分（第一章，第一～八条）为总则，阐述目的和依据、概念和意义、原则要求；第二部分（第二～七章，第九～四十四条）为电力系统、发电、输变电、供电、用户、网络安全方面可靠性管理的措施和职责；第三部分（第八章，第四十五～五十二条）为信息报送、信息系统建设、信息使用、指标发布的相关规定；第四部分（第九章，第五十三～五十九条）为电力可靠性监督管理及检查、投诉举报的相关规定；第五部分（第十、十一章，第六十～六十四条）为鼓励机制、行政处罚、诚信体系建设和实施日期等。

国家发展改革委、国家能源局要求进一步推动新型储能参与电力市场和调度运用

5月24日，国家发展改革委办公厅、国家能源局综合司发布《关于进一步推动新型储能参与电力市场和调度运用的通知》（发改办运行〔2022〕475号，简称《通知》）。

《通知》要求，要建立完善适应储能参与的市场机制，鼓励新型储能自主选择参与电力市场，坚持以市场化方式形成价格，持续完善调度运行机制，发挥储能技术优势，提升储能总体利用水平，保障储能合理收益，促进行业健康发展。

《通知》指出，新型储能可作为独立储能参与电力市场。具备独立计量、控制等技术条件，接入调度自动化系统可被电网监控和调度，符合相关标准规范和电力市场运营机构等有关方面要求，具有法人资格的新型储能项目，可转为独立储能，作为独立主体参与电力市场。

《通知》提出，鼓励配建新型储能与所属电源联合参与电力市场，加快推动独立储能参与电力市场配合电网调峰，充分发挥独立储能技术优势提供辅助服务，建立电网侧储能价格机制，优化储能调度运行机制，进一步支持用户侧储能发展。同时，修订完善相关政策规则，加强技术支持和组织领导，做好监督管理。

国家发展改革委、国家能源局要求促进光伏产业链健康发展

10月28日，国家发展改革委办公厅、国家能源局综合司正式公布《关于促进光伏产业链健康发展有关事项的通知》（发改办运行〔2022〕788号，9月13日成文）。通知要求，多措并举保障多晶硅合理产量，创造条件支持多晶硅先进产能按期达产，鼓励多晶硅企业合理控制产品价格水平，充分保障多晶硅生产企业电力需求，鼓励光伏产业制造环节加大绿电消纳，完善产业链综合支持措施，同时要加强行业监管，合理引导行业预期。

通知提出，支持多晶硅企业加强技术创新研发，提升生产线自动化、数字化、信息化、智能化水平，降低能耗水平，提高生产效率与产品优良率。鼓励上下游一体化、战略合作、互相参股、签订长单，支持建设光伏产业园区。鼓励国有、民营等各类资本参与产业链各环节，有效限制低端产能无序扩张。

新型电力系统建设

新型电力系统技术创新联盟成立

4月22日，中国新型电力系统技术创新联盟成立大会在京举办。在国家发展改革委、科技部、国务院国资委、国家能源局等政府部门指导下，由国家电网公司发起，发电企业、石油石化企业、装备制造企业、规划设计企业、新能源企业、高等院校、社会团体等31家单位携手组建创新联盟，旨在集聚优势科研力量，建立协同创新网络，共同开展前沿基础理论研究，联合攻克关键共性技术难题，统筹联动推进新型电力系统构建，为能源电力领域加快实现高质量发展和高水平自立自强作出积极贡献。

大会发布了《新型电力系统重大技术联合创新框架（草案）》，相关成员单位围绕新型电力系统构建过程中共同关注的发展方向、发展路径、技术攻关、市场机制和示范应用等五大合作方向，签署合作意向书，全面启动新型电力系统实施路径研究、大型风光电基地输电通道电源优化和示范研究、服务新型电力系统构建的电力市场设计关键技术研究、大规模清洁能源并网送出关键技术研究、新型电力系统源网荷储协同规划技术研究、新型电力系统碳排放追踪与减排技术研究、主动支撑型新能源发电及组网运行技术研究、新型电力系统网络安全防护研究等八大创新示范项目。

国家电网有限公司确定新型电力系统科技攻关十大重点项目

5月19日，国家电网有限公司（简称国家电网公司）新型电力系统科技攻关行动计划2022专项重大科技项目责任状签订视频会议在北京召开。会议指出，推进重大科技项目攻关，是加快构建新型电力系统的迫切需要。国家电网公司统筹发展和安全，兼顾当前和长远，确定了十大重点科技项目，安排研发投资2亿元，通过签订责任状部署实施。重大科技项目内容覆盖煤电与新能源发电协调优化调度、提升电力系统应急保供能力等关键核心技术领域，整合汇聚国家电网公司系统30家单位和高等院校、发电企业、新能源企业等16家外部单位的创新资源，合力推进技术攻关。

国家电网有限公司发布《新型电力系统数字技术支撑体系白皮书》

7月23日，国家电网公司在第五届数字中国建设峰会上发布《新型电力系统数字技术支撑体系白皮书》（简称白皮书），从背景意义、目标原则和体系框架全面阐述新型电力系统技术支撑体系，展示国家电网公司以数字技术支撑新型电力系统建设的路径方案。

白皮书显示，新型电力系统数字技术支撑体系以数字技术为驱动力，以企业统筹为抓手，以数据为核心要素，以精准反映、状态及时、全域计算、协同联动为特征，坚持架构中台化、数据价值化、业务智能化，统筹新型电力系统各环节感知与连接，实现感知设备共建共享，推动各类业务应用贯通与灵活构建，实现设备、数据、应用透明化，构建形成数字智能电网，高质量推进新型电力系统建设。

白皮书指出，新型电力系统数字技术支撑体系分为“三区四层”，即生产控制大区、管理信息大区和互联网大区“三区”以及数据的采、传、存、用“四层”。旨在强化共建共享共用，融合数字系统计算分析，提升电网可观、可测、可调、可控能力。数字技术支撑体系建设遵从业务必要性、技术可行性、经济合理性和安全可靠性原则，遵循实体电网和数字系统融合，控制系统与信息系统并举、电碳并重、数字赋能与管理优化并进的设计思路。在技术路线上，坚持统筹基础设施、感知管理、数据汇聚、支撑平台、应用构建，围绕主网、配网两个层级，聚焦电、非电、碳三大类数据，对各层级关系和数据采传存用进行设计，形成完备的新型电力系统技术体系。

中国南方电网有限责任公司发布行业首个新型电力系统技术标准体系表和行动路线图

6月27日，中国南方电网有限责任公司（简称南方电网公司）发布行业首个《新型电力系统技术标准体系表》和《新型电力系统技术标准编制行动路线图》，以标准化支撑新型电力系统建设。

体系表共收录各层级标准共计8896项，将为新型电力系统建设提供有力的标准化支撑。行动路线图对新型电力系统的标准化需求进行了全面梳理，对新型电力系统各专业领域标准缺失情况进行了深入分析，提出标准编制三年行动计划，可为未来新型电力系统技术标准规划与布局提供重要指导和参考。

《南方电网公司碳达峰行动方案》印发，推进25项新型电力系统示范项目建设

3月，《南方电网公司碳达峰行动方案》（简称《方案》）印发。《方案》聚焦2030年前碳达峰，实施支撑能源生产绿色低碳转型行动、推动能源消费节能降碳增效行动、电网转型升级行动、抽水蓄能与新型储能协同发展行动、科技创新行动、体制机制创新行动、国际合作深化行动、企业主动引领行动等“八大行动”共29项重点举措。提出到2030年，南方五省区、港澳地区能源电力行业和南方电网公司自身碳排放率先达峰，服务支撑南方五省区非化石能源消费占一次能源消费比重超过42%；非化石能源装机占比达到65%，非化石能源发电量占比达到61%；电能占终端能源消费比重达到38%以上。

南方电网公司提出，将全面推进新型电力系统建设，全力服务支撑南方五省区及港澳地区2030年前实现碳达峰。立足南方五省区地域、资源、电网等方面优势和特点，遴选25项地市、县区、园区及镇村项目作为示范，因地制宜、分层分类开展新型电力系统示范区建设。

江苏新一代调度技术支持系统上线运行，支撑新型电力系统建设

1月20日，国网江苏省电力有限公司（简称国网江苏电力）打造的新一代调度技术支持系统正式上线运行，将全面支撑新型电力系统建设，有效保障电网安全运行。

近年来，江苏电网的发电主体由单一的燃煤发电，转变为风、光等新能源发电和煤电并存的态势，以新能源发电为主体的新型电力系统在加速构建，需要一个能够匹配多元化电源发展趋势的“电网大脑”，国网江苏电力打造的新一代调度技术支持系统应运而生。

新系统在传统调度控制系统的基础上，将数据采集范围、系统运算能力、省市协同效率、基础调度功能等方面进行了全面升级。新系统采集范围更广、计算精度更准、响应速度更快。采集范围由原来的监测3200条220kV以上的电力线路，拓展到全省78000多条10kV以上的线路，采集线路数量拓展了约24.5倍。新系统还增加了“预调度”功能，可以根据气象预测、新能源大点预测等数据信息进行模拟推演，实现未来10h内的气象灾害、设备临时检修等潜在风险的预警，并在线自动生成故障处置预案，提升电网故障恢复响应能力。新系统还引入了人工智能技术，在发生故障后，能够自动定位故障点，预判故障风险，并自动出具故障处置方案，提高了故障处置效率和智能化水平。

除了升级换代，新系统的“新”还体现在支撑以新能源为主体的新型电力系统建设上。针对新能源发电的特点，新系统开发了实时“电网画像”功能，通过在线滚动计算当前电网的动态输送能力，实时调控火力发电厂的发电量，让电网多利用新能源，也能避免极端情况下发用电不平衡而危及电网安全运行的情况。

华东电网新一代调度技术支持系统自动控制完成闭环试运行

9月28日，华东电网新一代电网调度技术支持系统自动发电控制（AGC）与自动电压控制（AVC）闭环试运行完成，标志着华东新一代系统监控核心功能具备切主并列运行条件。

9月27日9:00，本次闭环试运行正式开始，华东电网的自动发电控制功能、自动电压控制功能从D5000系统切换到新一代调度技术支持系统。试运行期间，电网频率、联络线功率、机组跟踪控制等功能和相关指标均保持正常水平。在负荷高峰和低谷转换期间，调度员应用自动电压控制功能开展超前预防控制，将华东电网电压控制在合格范围内，并有效降低了电压波动水平。

电网调度肩负着维持电力平衡、保障安全运行的重任，随着新型电力系统建设的推进，传统的电力调度体系将面临诸多挑战，及时进行适应性升级，是电力企业当前的重要任务。后续，国网华东分部将在国家电力调度控制中心的指导下加快推进新一代调度技术支持系统试点建设，为华东电网安全、稳定、经济运行提供技术支撑。

宁夏在全国省域范围内开展新型电力系统先行先试

4月14日，国网宁夏电力有限公司（简称国网宁夏电力）以“云会议”方式召开《宁夏新型电力系统、

新能源供给消纳体系技术实施方案》（简称《方案》）专家评审会议，邀请院士、专家问诊把脉，争取宁夏率先建成新型电力系统和新能源供给消纳体系。中国工程院院士、中国电力科学研究院名誉院长郭剑波，中国电力科学研究院院士、南瑞集团有限公司副总经理郑玉平，清华大学教授、能源互联网智库研究中心主任夏清，华北电力大学副校长、新能源电力系统国家重点实验室常务副主任毕天姝等十余名院士、专家线上出席会议，并对技术实施方案内容进行了点评，认可国网宁夏电力为推进宁夏新型电力系统和新能源供给消纳体系建设付出的努力和取得的成果，提出了具有前瞻性、建设性的建议和意见。

《方案》在总结“十三五”期间宁夏电网发展现状的基础上，深入分析了“十四五”“十五五”期间宁夏电网将面临的挑战，梳理出 27 个亟待解决的具体问题，并提出了构建新型电力系统和新能源供给消纳体系的 26 项技术措施及 21 项保障措施。

在构建新型电力系统方面，《方案》提出，基于坚强智能电网的枢纽平台作用，以电网安全运行为根本，以电力可靠供应为前提，以新能源高效利用为目标，宁夏通过源网荷储协同互动和多能互补，深度融合低碳能源技术、先进信息通信技术与运行控制技术，建成具有“清洁低碳、安全高效、智慧共享、坚强送端”基本特征的新型电力系统。

在建设新能源供给消纳体系方面，宁夏已建成 12 个百万千瓦级风光基地，正在围绕“宁电入湘”工程规划建设大型沙漠风光基地。《方案》提出，要以清洁高效的煤电为支撑，以稳定可靠的超特高压直流群为载体，以抽水蓄能、各类新型储能和可控负荷灵活调节为手段，打造宁夏新能源高质量就地消纳和大范围优化配置的“双样板”，建成满足区内绿色低碳发展、跨区清洁能源输送需求的新能源供给消纳体系。

云南电网有限责任公司印发建设新型电力系统行动方案

2022 年初，《云南电网公司建设新型电力系统行动方案》（简称《行动方案》）印发。《行动方案》提出，在确保能源电力安全的基础上，全力推动以新能源为主体的可再生能源足额消纳，助推云南省创建国家级新型电力系统示范区。

自党中央提出构建新型电力系统以来，2022 年初云南省政府与南方电网公司共同向国家申请将云南省列为国家级新型电力系统先行示范区。云南电网公司落实省委省政府和南方电网公司的决策部署，绘制发展蓝图，印发《统行动方案》，为新型电力系统建设指明方向。

贵州电网有限责任公司出台 26 项举措推进水风光火协同新型电力系统建设

5 月，贵州电网有限责任公司出台《贵州水风光火协同新型电力系统建设方案（2022—2025 年）》（简称《方案》），推进贵州水风光火协同新型电力系统建设，支撑贵州经济社会发展和“双碳”目标实现。《方案》提出，到 2025 年，贵州省将全面建成数字电网，基本形成多能协同互补、网源荷储互动、用能需求智控的新型电力系统形态。

《方案》聚焦加快推动多能互补电源体系建设、加快提升系统调节能力、加快数字电网建设、推动能源消费转型、完善市场机制建设、加强科技支撑能力、打造贵州新型电力系统及示范等七个方面，明确了 26 项重点举措，着力建设贵州水风光火协同新型电力系统。

《方案》提出，在主网方面，贵州电网将加快构建“三横两联一中心”500kV 主网架，各市州、贵安新区 220kV 电网形成“环网为主、链式为辅”的结构，持续提升电网消纳新能源能力及电网安全稳定运行水平。到 2025 年，具备支撑新能源总装机 4200 万 kW 的接入消纳能力。“十四五”期间，将推动贵阳石厂坝蓄能电站、黔南黄丝蓄能电站等抽水蓄能项目开工；将建设数字孪生电网，打通源网荷储各环节，提升发输变配用各环节数字化、智能化水平。参与南方电网公有云建设运营和南方能源数据中心建设，融入和服务“东数西算”工程。大力推进充换电设施建设，力争 2025 年全省建成充电枪约 2 万支；到 2025 年，贵州电能占终端能源消费的比重从 2021 年的 28.7%提升至 32.8%。

电力发展与改革

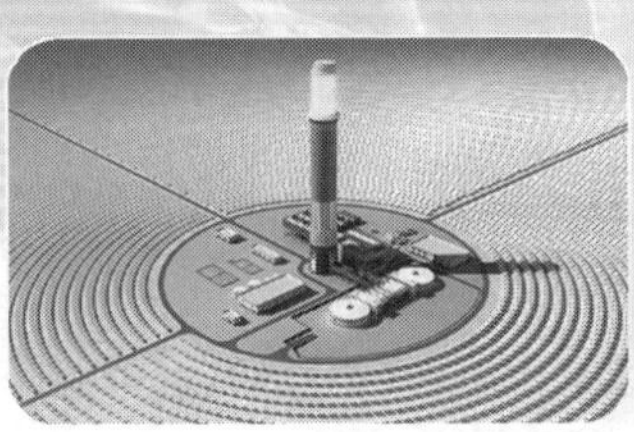

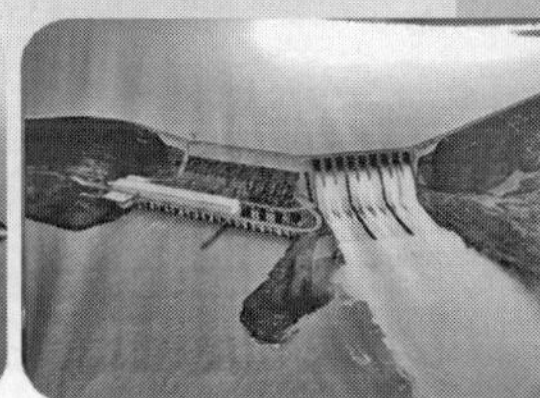

概　况

2022 年中国电力工业综述

2022 年，电力行业坚持以习近平新时代中国特色社会主义思想为指导，全面贯彻党的二十大精神，认真落实党中央、国务院决策部署，深入贯彻能源安全新战略，积极稳妥推进碳达峰碳中和工作，推动构建新型电力系统，助力规划建设新型能源体系，积极参与应对气候变化全球治理，协同作战、攻坚克难，全力保供电、促转型、强创新、谋改革，与时俱进推动电力高质量发展新实践。综合施策确保电力供应安全，坚持政企协同联动、源网荷储协同发力，有效缓解了迎峰度夏和迎峰度冬期间部分地区供电紧张局面，守牢了民生用电安全底线。牢牢把握碳达峰碳中和这一重大任务，深入推进电力绿色低碳转型，终端用能电气化水平不断提升，推动煤电与新能源优化组合，电力投资加快释放，一批重大项目建成投运，推动能源生产和消费方式深刻变革。发挥创新驱动效能，加快推进电力科技自立自强，在海上风电、新型储能、特高压输电等领域创造了一批重大科技创新成果，推动电力产业链供应链现代化水平不断提升。坚持市场化改革总方向，建设统一电力市场体系取得重要进展，市场交易规模加速扩大，绿电交易需求稳步增长，推动电力体制改革走深走实。积极开创电力国际合作新局面，加强与“一带一路”沿线国家绿色电力合作，电力境外投资低碳化态势清晰显现，建立多个高端合作交流平台，推动中国在国际电力舞台的影响力不断提升。2022 年恰逢中国有电 140 周年，电力行业弘扬“忠诚担当、求实创新、追求卓越、奉献光明”的电力精神，努力走出一条具有中国特色的电力发展之路，以强大的精神力量引领行业高质量发展，为全面建设社会主义现代化国家提供坚强电力保障。

一、电力消费与生产供应

2022 年，全国全社会用电量 86369 亿 kWh[1]，比 2021 年增长 3.6%，增速比 2021 年回落 6.7 个百分点；全国人均用电量 6116kWh/人，比 2021 年增加 217kWh/人。第一产业用电量 1147 亿 kWh，占全社会用电量的 1.3%，比 2021 年提高 0.1 个百分点；第二产业用电量 56991 亿 kWh，占全社会用电量的 66.0%，比 2021 年降低 1.5 个百分点；第三产业用电量 14862 亿 kWh，占全社会用电量的 17.2%，比 2021 年提高 0.1 个百分点；城乡居民生活用电量 13369 亿 kWh，占全社会用电量的 15.5%，比 2021 年提高 1.3 个百分点。2013—2022 年全国全社会用电量及其增速见图 1。

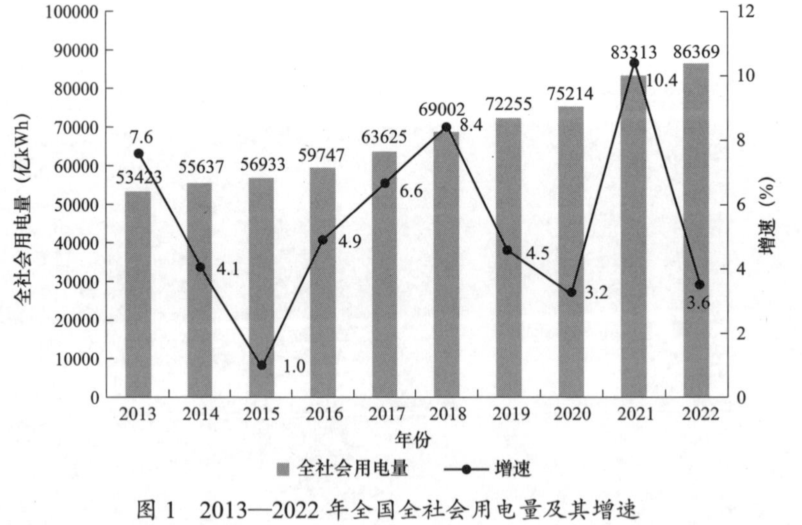

图 1　2013—2022 年全国全社会用电量及其增速

[1] 本文 2022 年电力数据均来自中国电力企业联合会 2022 年度统计数据（简称“年报数据”），数据因四舍五入的原因存在总计与分项合计不等的情况。

截至2022年底，全国全口径发电装机容量256794万kW，比2021年增长8.0%，增速比2021年提升0.2个百分点。其中，水电41406万kW，比2021年增长5.9%（抽水蓄能4579万kW，比2021年增长25.8%）；火电133329万kW，比2021年增长2.8%（煤电112434万kW，比2021年增长1.3%；气电11565万kW，比2021年增长6.2%）；核电5553万kW，比2021年增长4.3%；并网风电36564万kW，比2021年增长11.2%（陆上风电装机容量33518万kW，比2021年增长10.9%；海上风电装机容量3046万kW，比2021年增长15.4%）；并网太阳能发电39268万kW，比2021年增长28.1%（分布式光伏发电装机容量15840万kW，比2021年增长47.4%；集中式光伏发电装机容量23370万kW，比2021年增长17.7%；光热发电装机容量57万kW，增速与2021年基本持平）。2013—2022年全国发电装机容量及增速情况见图2。

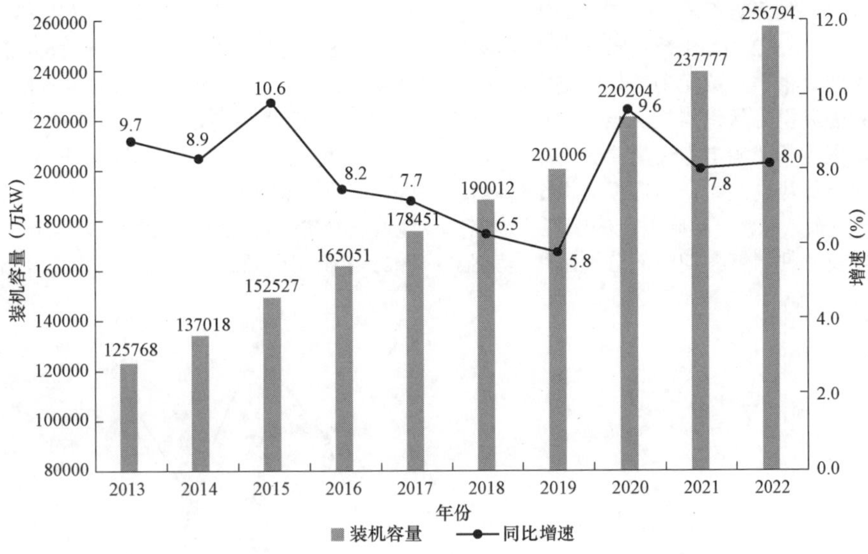

图2　2013—2022年全国发电装机容量及增速情况

2022年，全国发电量88487亿kWh，比2021年增长3.7%。其中，水电13522亿kWh，比2021年增长1.0%，占发电量的15.3%；火电58888亿kWh，比2021年增长1.4%；核电4178亿kWh，比2021年增长2.5%，占发电量的4.7%；风电7627亿kWh，受海上风电发电增长较快的影响，比2021年增长16.2%，占发电量的8.6%；太阳能发电4273亿kWh，比2021年增长31.2%，占发电量的4.8%。2013—2022年全国发电量及增速情况见图3。

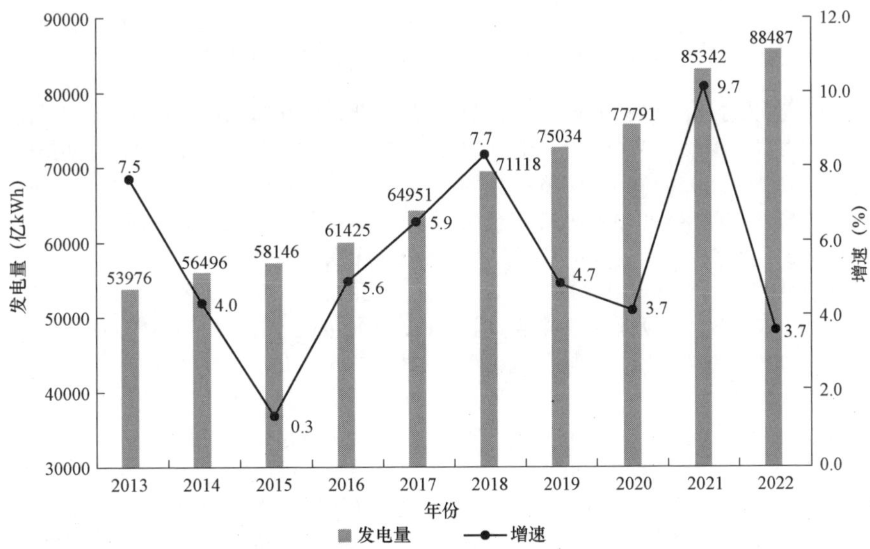

图3　2013—2022年全国发电量及增速情况

初步统计，截至 2022 年年底，全国电网 220kV 及以上输电线路回路长度 88 万 km，比 2021 年增长 2.6%；全国电网 220kV 及以上公用变电设备容量 51 亿 kVA，比 2021 年增长 3.4%；全国跨区输电能力达到 18815 万 kW，比 2021 年增长 9.3%。2022 年，全国跨区送电量完成 7674 亿 kWh，比 2021 年增长 7.3%。

2022 年 2 月，少数省份在部分用电高峰时段电力供需平衡偏紧；7—8 月，全国有 21 个省级电网用电负荷创新高，电力保供形势严峻，全国日最大错避峰负荷超过 5000 万 kW；12 月，少数省份电力供需形势较为紧张，其中四川供需形势尤为严峻。国家高度重视并出台一系列能源电力保供措施，电力行业全面深入贯彻党中央、国务院能源电力保供要求，坚持政企协同联动、源网荷储协同发力，通过提升机组顶峰发电能力、加强省间余缺互济、实施负荷侧管理等措施，有效缓解迎峰度夏和迎峰度冬期间部分地区供电紧张局面，守牢民生用电安全底线，为经济社会发展和人民美好生活提供坚强电力保障。

二、电力投资与建设

2022 年，全国主要电力企业合计完成投资 12470 亿元，比 2021 年增长 15.6%。全国电源工程建设完成投资 7464 亿元，比 2021 年增长 27.2%。其中，水电投资 872 亿元，比 2021 年下降 25.7%，白鹤滩水电站全部机组投产发电、金沙江下游水电基地全面建成，拉高了 2021 年同期对比基数，导致水电投资下降；火电投资 895 亿元，比 2021 年增长 26.4%；核电投资 785 亿元，比 2021 年增长 45.7%；风电投资 2011 亿元，比 2021 年下降 22.3%，中央财政补贴取消带动海上风电逐步转向市场化竞配、平价上网的新发展阶段，短期内对产业投资产生抑制作用，导致风电投资下降；太阳能发电投资 2865 亿元，比 2021 年增长 232.7%。2013—2022 年全国电源工程建设完成投资及增速见图 4。

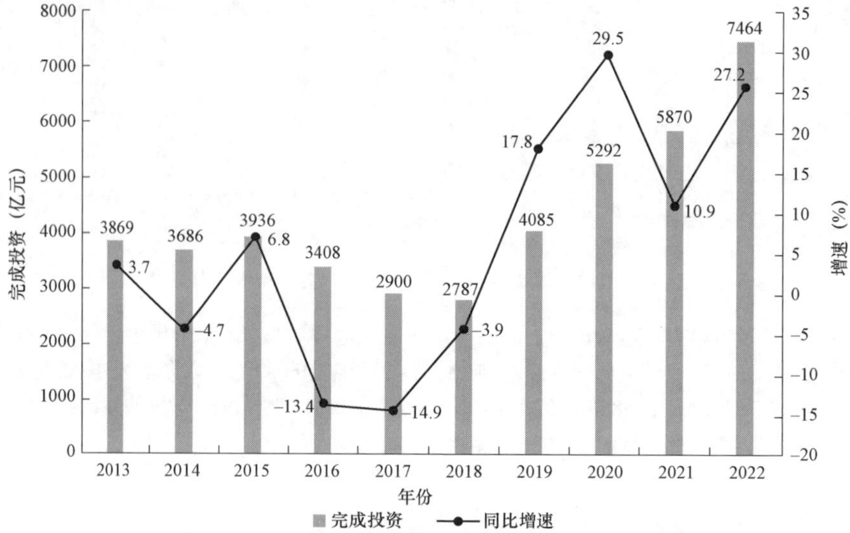

图 4　2013—2022 年全国电源工程建设完成投资及增速

全国电网工程建设完成投资 5006 亿元，比 2021 年增长 1.8%。其中，直流工程投资 316 亿元，比 2021 年下降 17.0%；交流工程投资 4505 元，比 2021 年增长 3.7%，占电网总投资的 90.0%。2013—2022 年全国电网投资及增速见图 5。

2022 年，全国新增发电装机容量 20298 万 kW，比 2021 年增长 13.3%。其中风电和太阳能发电合计新增装机继续突破 1 亿 kW，占全部新增发电装机比重 62.5%。分电源类型看，水电 2371 万 kW（抽水蓄能 880 万 kW），比 2021 年增长 1.0%；火电 4568 万 kW（煤电 2920 万 kW，气电 649 万 kW），比 2021 年下降 7.5%；核电 228 万 kW，比 2021 年下降 32.9%；风电 3861 万 kW，比 2021 年下降 19.0%，新增风电装机以集中式风电为绝对主体，主要集中在风资源条件良好的华北、西北和东南沿海地区；太阳能发电 8821 万 kW，比 2021 年增长 61.7%，创历史新高，其中分布式光伏发电新增装机容量 5111 万 kW，占光伏发电新增装机容量的 60%左右，新增户用光伏发电装机主要分布在农村地区。

2022 年，全国新增交流 110kV 及以上输电线路长度 60170km，比 2021 年增长 15.7%，新增变电设备容量 35320 万 kVA，比 2021 年增长 4.9%，华中特高压网架加快构建，川渝特高压交流工程开工建设，适应城乡负荷增长和新能源快速发展的 220kV 及以下电网建设持续推进；全国新投产直流输电线路 2223km，新投产换流容量 1800 万 kW，分别比 2021 年下降 21.7% 和 43.8%，建成白鹤滩—江苏、白鹤滩—浙江特高压直流输电工程。

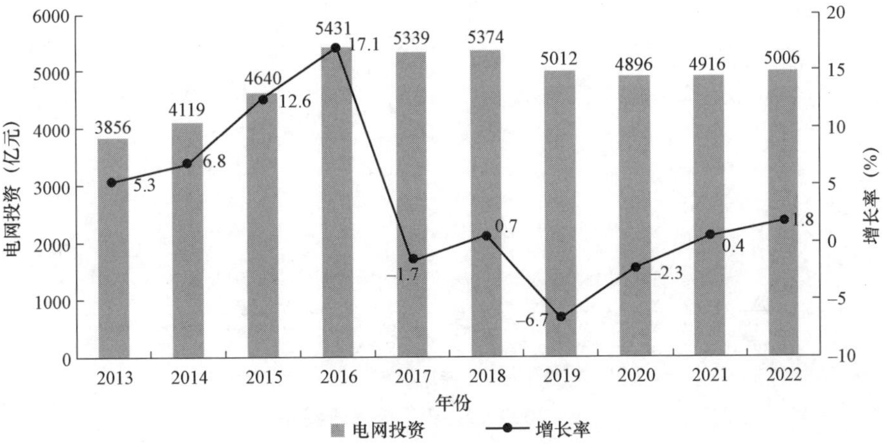

图 5　2013—2022 年全国电网投资及增速

三、电力绿色发展

截至 2022 年底，全国全口径非化石能源发电装机容量 127601 万 kW，比 2021 年增长 14.1%，增速比 2021 年提升 0.6 个百分点，非化石能源发电占发电总装机容量比重 49.7%，比 2021 年提高 2.7 个百分点。煤电占发电总装机容量比重 43.8%，比 2021 年降低 2.9 个百分点。全国达到超低排放限值的煤电机组约 10.5 亿 kW，占煤电总装机容量比重约 94%。

2022 年，全国 6000kW 及以上火电厂供电标准煤耗 300.7g/kWh，比 2021 年降低 1.0g/kWh；全国 6000kW 及以上电厂厂用电率 4.49%，比 2021 年增加 0.13 个百分点；全国线损率 4.82%，比 2021 年降低 0.43 个百分点。2000—2022 年全国 6000kW 及以上火电厂供电标准煤耗见图 6，2000—2022 年全国 6000kW 及以上电厂厂用电率见图 7，2000—2022 年全国线损率见图 8。

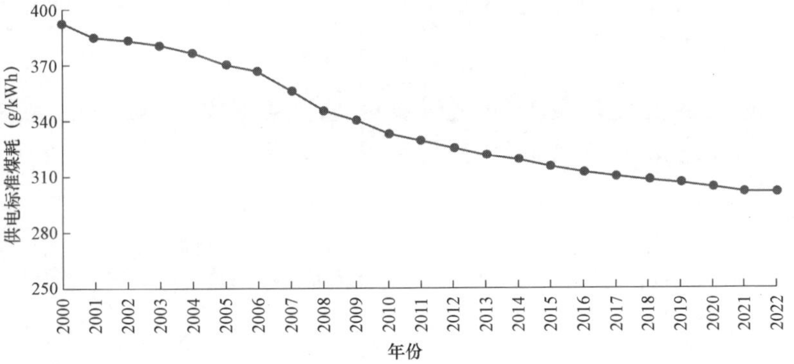

图 6　2000—2022 年全国 6000kW 及以上火电厂供电标准煤耗

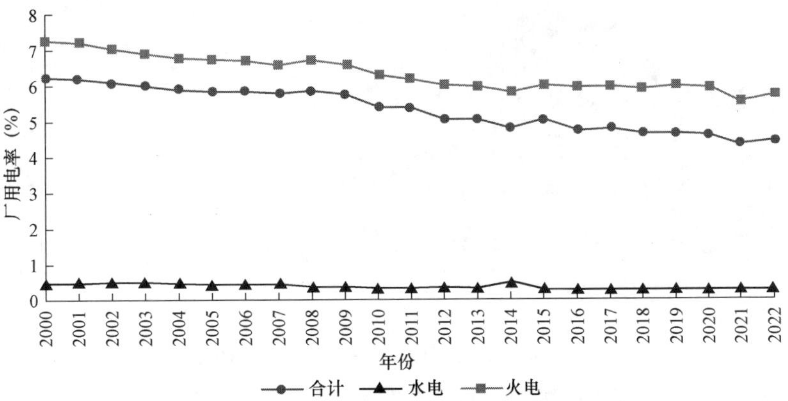

图 7　2000—2022 年全国 6000kW 及以上电厂厂用电率

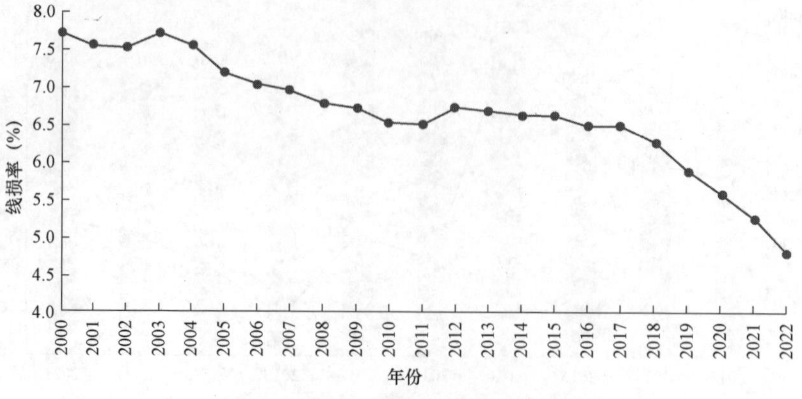

图 8　2000—2022 年全国线损率

2022 年，全国电力烟尘、二氧化硫、氮氧化物排放量分别约 9.9 万、47.6 万、76.2 万 t，分别比 2021 年降低 19.4%、13.0%、11.6%；全国单位火电发电量烟尘、二氧化硫、氮氧化物排放量分别约为 17、83、133mg/kWh。2000—2022 年全国火电烟尘排放情况见图 9。

2000—2022 年火电二氧化硫排放情况见图 10。

2005—2022 年火电氮氧化物排放情况见图 11。

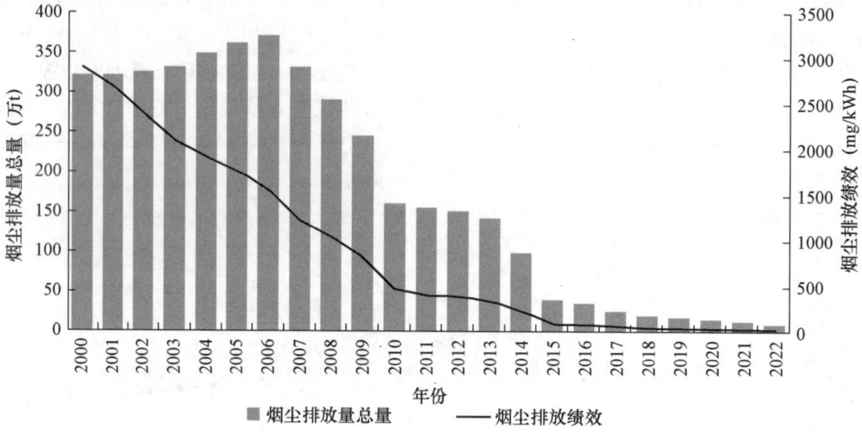

图 9　2000—2022 年全国火电烟尘排放情况

注：烟尘排放量统计范围为全国装机容量 6000kW 及以上火电厂。

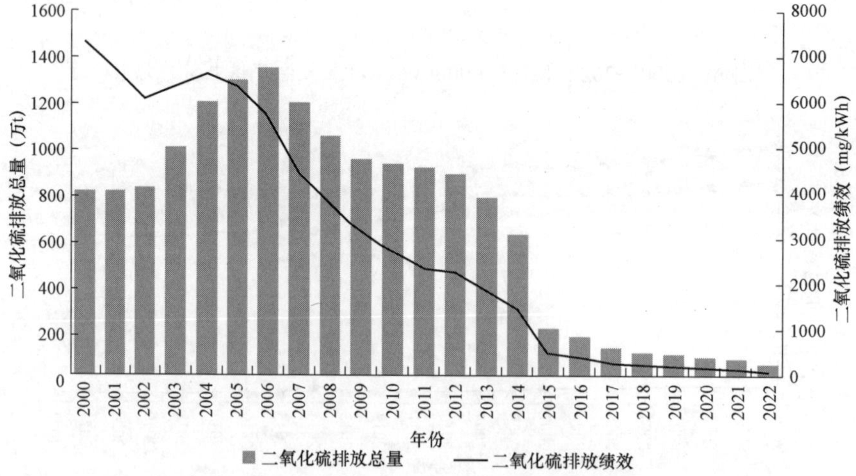

图 10　2000—2022 年火电二氧化硫排放情况

注：电力二氧化硫排放量统计范围为全国装机容量 6000kW 及以上火电厂。

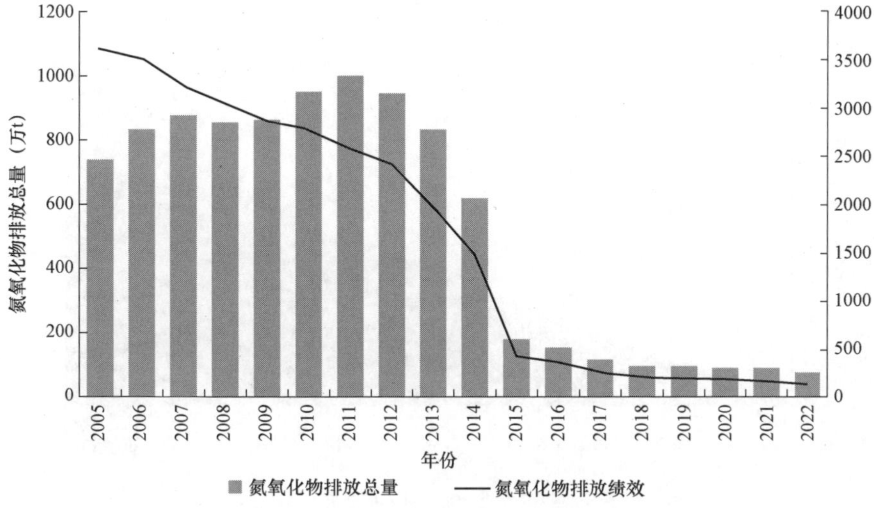

图 11　2005—2022 年火电氮氧化物排放情况

注：电力氮氧化物排放量统计范围为全国装机容量 6000kW 及以上火电厂。

2022 年，全国单位火电发电量二氧化碳排放约 824g/kWh，比 2005 年降低 21.4%；全国单位发电量二氧化碳排放约 541g/kWh，比 2005 年降低 36.9%。以 2005 年为基准年，2006—2022 年，通过发展非化石能源，降低供电煤耗和线损率等措施，电力行业累计减少二氧化碳排放量约 247.3 亿 t。其中，非化石能源发展、降低供电煤耗、降低线损率减排贡献率分别达到 57.3%、40.5%、2.2%。2005—2022 年电力二氧化碳排放强度见图 12，2006—2022 年各种措施减少二氧化碳排放情况（以 2005 年为基准年）见图 13。

截至 2022 年底，全国碳排放权交易市场（发电行业）碳排放配额（CEA）累计成交量 2.30 亿 t，累计成交额超过 104.75 亿元。其中，2022 年合计成交量 0.51 亿 t，合计成交额超过 28.1 亿元，综合成交均价 55.30 元/t。

四、电力企业发展与经营

截至 2022 年底，16 家大型电力企业职工总数 211.90 万人，同比增长 1.11%。

截至 2022 年底，国家电网公司、南方电网公司和内蒙古电力集团三家电网企业资产总额合计 6.17 万亿元，比 2021 年增长 5.2%；中国华能、中国大唐、中国华电、国家能源集团、国家电投五大发电集团资产总额合计 6.84 万亿元，比 2021 年增长 5.2%。2022 年，三家电网企业主营业务收入合计 4.39 万亿元，比 2021 年增长 19.2%，平均资产负债率为 56.5%，比 2021 年降低 0.4 个百分点；五大发电集团电力业务收入 1.51 万亿元，比 2021 年增长 14.6%，电力业务利润总额 132 亿元，比 2021 年增长 553 亿元。2022 年三家电网公

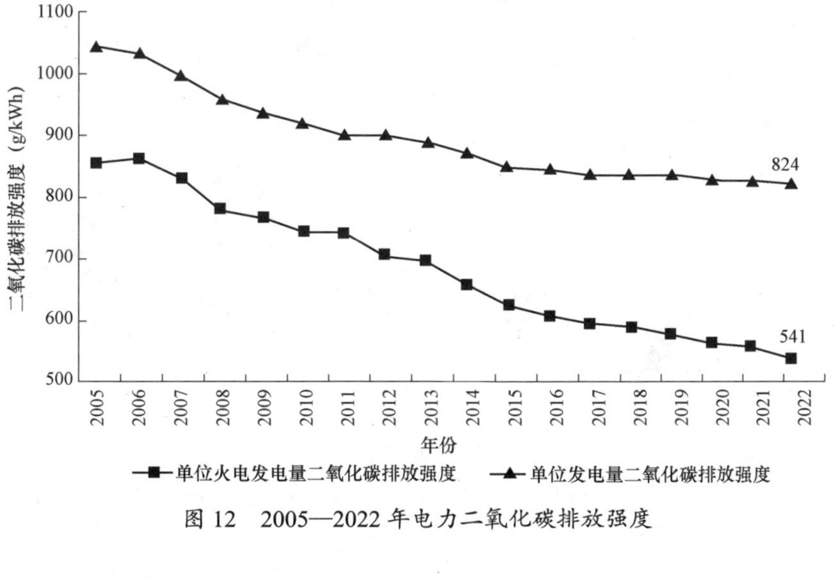

图 12　2005—2022 年电力二氧化碳排放强度

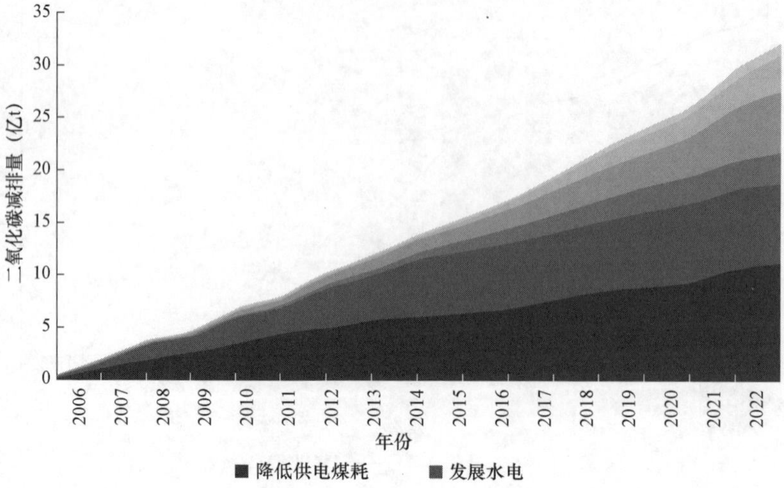

图 13　2006—2022 年各种措施减少二氧化碳排放情况（以 2005 年为基准年）

司主要经营数据见图 14，2021—2021 年年底五大发电集团资产总额见图 15，2021—2022 年五大发电集团电力业务收入见图 16，电力建设施工企业年度营业收入情况见图 17。

2022 年，电力建设施工企业总营业收入 5889.6.5 亿元，比 2021 年减少 6.77%。2022 年，电力建设施工企业利润总额 125.2 亿元，比 2021 年减少 9.28%。2022 年，电力建设施工企业总负债率 78.8%，比 2021 年增长 1.1 个百分点。2022 年，电力建设施工企业新签合同额 21288 亿元，比 2021 年增长 91.30%。

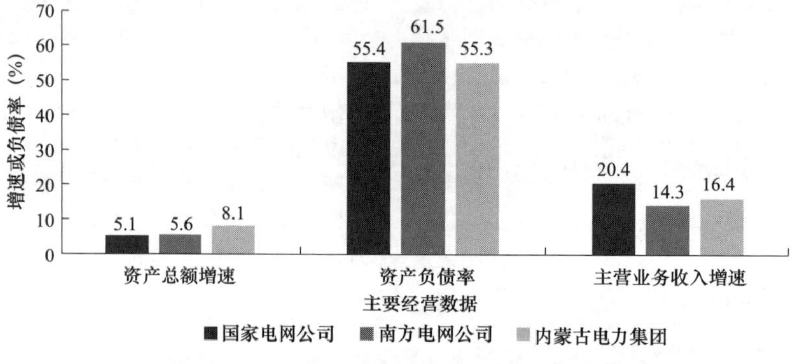

图 14　2022 年三家电网公司主要经营数据

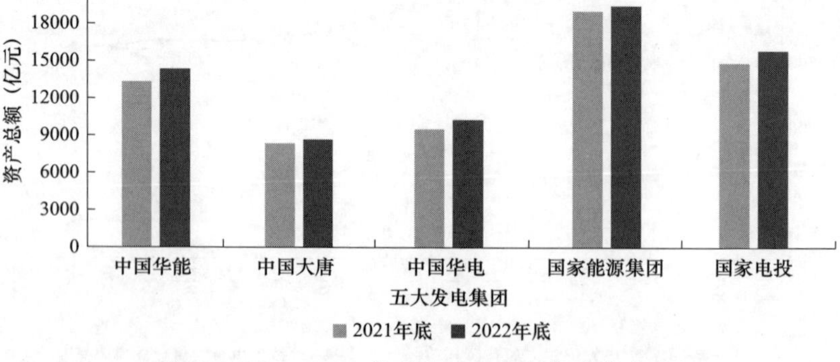

图 15　2021—2021 年年底五大发电集团资产总额

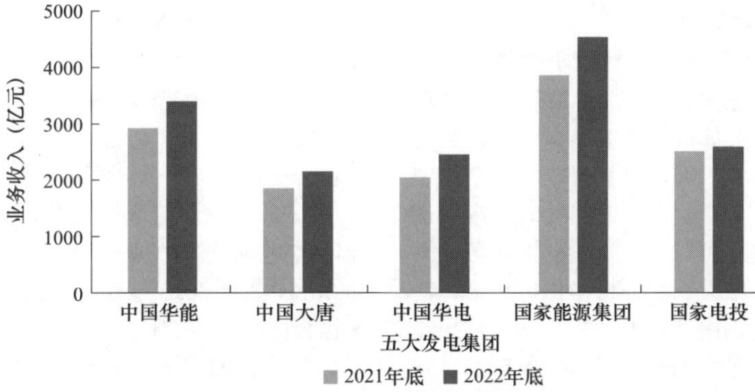

图 16 2021—2022 年五大发电集团电力业务收入

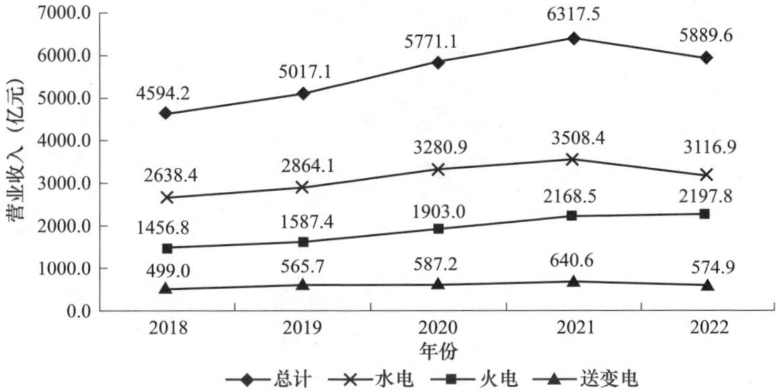

图 17 电力建设施工企业年度营业收入情况

五、电力市场化改革

2022 年，经过持续深化电力市场建设，已基本建成了“统一市场、协同运作”的电力市场基本架构，形成了衔接省间、省内，覆盖全国范围、全类型周期、不同交易品种的市场体系。中长期市场启动连续运营，稳定市场预期的基础作用得到有效发挥，各省中长期交易电量同比持续增长，占总交易电量的比重维持在 90%以上，成交价格基本稳定在基准电价上浮 8%～20%；现货市场建设稳步推进，首批 8 个电力现货试点均已启动连续结算试运行，第二批 6 个试点也陆续开展了模拟试运行，初步建立反映实时电力供需的价格机制；辅助服务市场逐步完善，全国各电网区域实现辅助服务市场全覆盖，普遍建设运行了区域内调峰辅助服务市场，部分区域开展了区域备用辅助服务市场。绿电交易需求稳步增长，绿电交易规范有序开展。

2022 年，煤电机组计划全面放开，工商业用户通过直接从市场购电或由电网公司代理购电方式全部进入市场，带动电力市场交易规模迅速扩大，全国各电力交易中心累计组织完成市场交易电量 52543 亿 kWh，比 2021 年增长 39.0%，占全社会用电量的 60.8%，比 2021 年提高 15.4 个百分点。其中，省内市场交易电量合计为 42181 亿 kWh，比 2021 年增长 37.1%；省间市场交易电量（中长期和现货）合计为 10362 亿 kWh，比 2021 年增长 47.5%；全国燃煤发电机组市场平均交易价格达到 0.449 元/kWh，较全国平均基准电价上浮约 18.3%。截至 2022 年底，在电力交易机构注册的市场主体数量 61 万家，比 2021 年增长 30.6%。全国各电力交易中心组织的省内市场交易电量构成图见图 18。

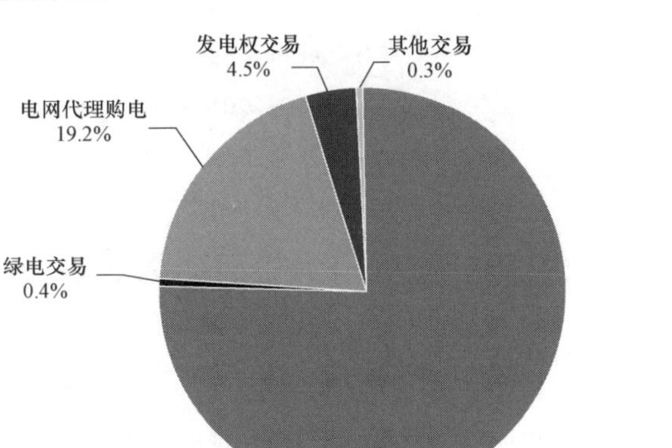

图 18 全国各电力交易中心组织的省内市场交易电量构成图

六、电力科技与数字化

2022 年，在新能源领域，全球单机容量最大的 16MW 海上风电机组“率先号”下线，揭阳神泉二海上风电项目全球商用最大单机容量 11MW 风电机组实现并网发电。在新型储能领域，世界首座非补燃压缩空气储能电站——江苏金坛盐穴压缩空气储能国家试验示范项目投产。在电网领域，高端输变电装备、柔性直流输电关键技术、电力系统分析与保护技术、新能源发电主动支撑技术、国产电力芯片技术、超导输电技术等领域取得系列重大创新成果；中国自主研发生产的世界最大规模的新能源分布式调相机群——青豫直流特高压工程一期配套电源点 21 台 50Mvar 分布式调相机项目全部并网投运。2022 年，电力行业获得中国专利奖金奖 6 项，电力创新奖（技术类）174 项，获得电力科学技术奖 139 项。

2022 年，电力行业加快数字化转型，加强数字基础设施建设，实施关键核心数字技术攻关，推动电力信息技术创新应用，激活数据要素潜能，加快推进数字技术与电力全业务、各环节深度融合。2022 年，电力行业主要电力企业数字化投入为 373.3 亿元，比 2021 年增长 22.3%。

七、电力国际合作

2022 年，中国主要电力企业年度新签订境外工程承包合同项目 191 个，合同金额 327.71 亿美元，比 2021 年增长 5.1%。新签境外工程承包项目涉及 58 个国家和地区，主要分布在亚洲和非洲，项目占比分别为 49% 和 26%。截至 2022 年底，中国主要电力企业对外工程承包合同额 3759.71 亿美元。

截至 2022 年底，中国主要电力企业对外直接投资项目共 24 个，投资总金额 33.81 亿美元，同比下降 51.4%。中国主要电力企业对外投资主要涉及太阳能发电、风电、水电、气电、矿产资源、交通基础设施等领域。从项目数量看，新能源是对外投资项目数量最多的领域，占比约 58%，其中太阳能发电占比 33%，风电占比 25%。

2016—2022 年中国主要电力企业对外合作总体情况见图 19。

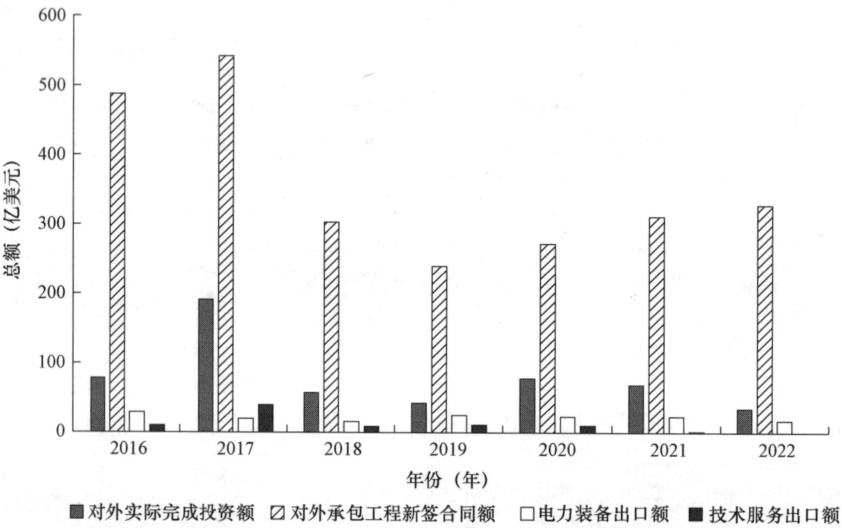

图 19　2016—2022 年中国主要电力企业对外合作总体情况

2022 年度全国电力供需形势分析

一、电煤市场与价格

2022 年，在国家有关部门指导推动下，2022 年煤炭中长期合同签订覆盖面和履约率进一步提高，对保障煤电企业基本用煤需求、稳定市场价格发挥积极作用。《国家发展改革委关于进一步完善煤炭市场价格形成机制的通知》（发改价格〔2022〕303 号）自 5 月 1 日起执行，明确了秦皇岛港下水煤（5500kcal，1kcal = 4.186kJ）中长期交易价格 570～770 元/t（含税），并对晋陕蒙相应煤炭出矿环节中长期交易价格合理区间进行了限定；随后出台的《关于明确煤炭领域经营者哄抬价格行为的公告》（中华人民共和国国家发展改革委员会公告 2022 年第 4 号）进一步明确厂现货市场价格合理区间和内贸动力煤经营者哄抬价格行为及监管红线，为煤炭价格运行在合理区间提供政策保障和执行依据。

2022 年，电煤市场供需较 2021 年下半年明显缓和，但受疫情、国际市场突变、水电出力不足等因素影响，市场供需关系阶段性紧张情况仍存在，价格整体处于高位波动。中长期合同方面，2022 年电煤中长期合同 5500kcal 北方港平仓价平均价格 722 元/t，同比上涨 73 元/t。现货市场方面，市场成交价格中枢上移，波动幅度收窄。根据 CECI 沿海指数统计，2022 年，5500kcal 现货成交价平均为 1281 元/t，比 2021 年上涨 273 元/t；全年最高为 3 月中旬的 1707 元/t，最低为年初的 711 元/t，全年波动幅度较 2021 年收窄 436 元/t，受多因素影响，呈现“旺季不旺，淡季不淡”的特征。总体来说，电煤采购成本仍高于发电企业承受能力。2021、2022 年 CECI 沿海指数 5500kcal 现货、综合价格走势见图 1。

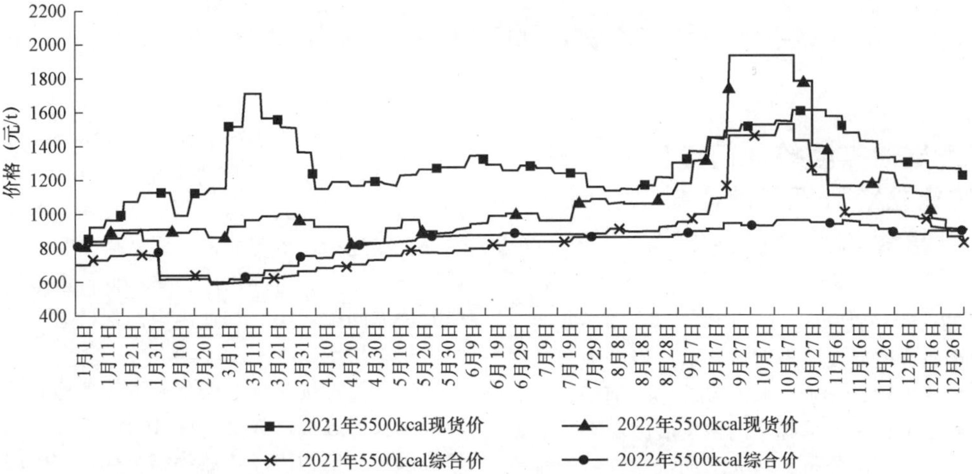

图 1　2021、2022 年 CECI 沿海指数 5500kcal 现货、综合价格走势

二、电力供需

2022 年，电力行业认真贯彻落实党中央、国务院能源电力保供要求，采取有力有效措施，全力以赴保障电力安全可靠供应。上半年，全国电力供需总体平衡，其中 2 月下旬全国多次出现大范围雨雪天气过程，江西、湖南、四川、重庆、上海、贵州等地在部分用电高峰时段电力供需平衡偏紧。7、8 月，中国出现了近几十年来持续时间最长、影响范围最广的极端高温少雨天气，叠加经济恢复增长，拉动用电负荷快速增长，全国有 21 个省级电网用电负荷创新高，电力保供形势严峻，全国日最大错避峰负荷超过 5000 万 kW；华中、华东等区域电力供需形势紧张，尤其是四川因来水严重偏枯导致的缺电问题引起了社会广泛关注。12 月，贵州、云南等少数省份受前期来水偏枯导致水电蓄能持续下滑等因素影响，叠加寒潮天气期间取暖负荷快速攀升，电力供需形势较为紧张，通过加强省间余缺互济、实施负荷侧管理等措施，有力保障了电力供应平稳有序，守牢了民生用电安全底线。分区域看：

华北区域电力供需总体平衡。夏季煤电机组非停、受阻率降至近年来最低水平，有效保障了度夏期间电力供应。山东夏季部分时段电力供需形势偏紧，通过开展省间互济后，在部分时段采取了需求响应措施；蒙西电网电力供需形势偏紧，在部分时段采取了需求响应措施。

东北区域电力供需总体平衡有余。电煤库存持续高位运行，机组非停、受阻容量同比下降，同时，主要流域降水比常年偏多，本区域电力供需总体平衡有余。吉林春秋季供热机组集中检修，可调机组不足；迎峰度冬期间，用电负荷达到全年最高峰，受煤电机组煤质及供热受阻较大影响，在风电小发期间，需要通过省间互济支援满足尖峰电力平衡。

华东区域夏季电力供需形势紧张。受持续高温天气拉动降温负荷快速增加、西南地区降水严重偏枯影响外来电、天然气供应量受限等因素叠加影响，浙江、江苏、安徽、上海夏季电力供需形势紧张，在部分时段采取了负荷管理措施。

华中区域夏季电力供需形势紧张。夏季四川、重庆等地遭遇了近几十年来的最高温度、最少水电、最大负荷、最长时间“四最”叠加的挑战，四川、重庆、湖北、湖南、河南、江西电力供需形势紧张，在部分时段采取了负荷管控措施，其中四川供需形势尤为严峻。此外，2 月下旬受持续低温雨雪天气影响，用电负荷快速攀升，叠加风机大面积覆冰停运等因素，江西、湖南电力供需偏紧，其中江西在个别用电高峰时段采取了负荷管控措施，保障了电网平稳运行。

西北区域电力供需总体平衡。夏季陕西遭遇长时间、大范围的罕见极端高温天气，电网负荷十创历史新高，日用电量九创历史新高，因关中北部电网负荷中心受电断面持续重载，8 月部分时段采取负荷管控措施。

南方区域夏季和冬季电力供需形势紧张。夏季受高温及来水偏枯等因素叠加影响，广东、广西、云南、贵州均启动多轮次需求响应。冬季贵州、云南受前期来水偏枯导致水电蓄能持续下滑，以及电煤供应一直低于预期、煤质差问题突出导致部分火电机组非计划停运等因素影响，叠加寒潮天气期间取暖负荷快速攀升，电力供需形势较为紧张，电网企业通过加强省间电力余缺互济、采取负荷管控等措施，保障电力供应平稳有序。

电力体制机制改革

国家发展改革委等部门印发《关于加快建立统一规范的碳排放统计核算体系实施方案》

4 月 22 日，为贯彻落实《中共中央 国务院关于完整准确全面贯彻新发展理念做好碳达峰碳中和工作的意见》和《2030 年前碳达峰行动方案》有关部署，夯实碳达峰碳中和工作基础，国家发展改革委、国家统计局、生态环境部公布了《关于加快建立统一规范的碳排放统计核算体系实施方案》（发改环资〔2022〕622 号，简称《方案》）。

《方案》提出，到 2023 年，职责清晰、分工明确、衔接顺畅的部门协作机制基本建立，相关统计基础进一步加强，各行业碳排放统计核算工作稳步开展，碳排放数据对碳达峰碳中和各项工作支撑能力显著增强，统一规范的碳排放统计核算体系初步建成。到 2025 年，统一规范的碳排放统计核算体系进一步完善，碳排放统计基础更加扎实，核算方法更加科学，技术手段更加先进，数据质量全面提高，为碳达峰碳中和工作提供全面、科学、可靠数据支持。

《方案》明确建立全国及地方碳排放统计核算制度、完善行业企业碳排放核算机制、建立健全重点产品碳排放核算方法、完善国家温室气体清单编制机制等四项重点任务，提出夯实统计基础、建立排放因子库、应用先进技术、开展方法学研究、完善支持政策等五项保障措施，并提出加强组织协调、严格数据管理及加强成果应用等三方面工作要求。

国家发展改革委办公厅要求进一步做好电网企业代理购电工作

12 月 23 日，国家发展改革委办公厅发布《关于进一步做好电网企业代理购电工作的通知》（发改办价格〔2022〕1047 号），通知就进一步做好电网企业代理购电工作提出三方面的要求：

一、保障用户安全可靠用电。电网企业要落实《关于组织开展电网企业代理购电工作有关事项的通知》（发改办价格〔2021〕809 号）的要求，保障代理购电制度平稳运行，确保居民、农业用户和代理购电工商业用户电力安全可靠供应；坚持低价电量（含偏差电费）优先匹配居民、农业用电，保持居民、农业用电价格基本稳定。

二、逐步优化代理购电制度。各地要适应当地电力市场发展进程，鼓励支持 10kV 及以上的工商业用户直接参与电力市场，逐步缩小代理购电用户范围。优化代理购电市场化采购方式，完善集中竞价交易和挂牌交易制度，规范挂牌交易价格形成机制。

三、加强事中事后监管。各地、各相关单位要严格按照国家政策要求，切实执行好电网企业代理购电制度，不得对代理购电用户电价形成进行不当干预。

国家发展改革委等部门要求进一步做好新增可再生能源消费不纳入能源消费总量控制有关工作

8 月 15 日，为落实《“十四五”节能减排综合工作方案》有关要求，国家发展改革委、国家统计局、国家能源局联合发布《关于进一步做好新增可再生能源消费不纳入能源消费总量控制有关工作的通知》（发改运行〔2022〕1258 号，简称《通知》）。《通知》指出，新增可再生能源电力消费量不纳入能源消费总量控制，是完善能源消费强度和总量双控制度的重要举措，对推动能源清洁低碳转型、保障高质量发展合理用能需求具有重要意义。

《通知》要求准确界定新增可再生能源电力消费量范围，指出不纳入能源消费总量的可再生能源，现阶段主要包括风电、太阳能发电、水电、生物质发电、地热能发电等可再生能源。要以各地区 2020 年可再生能源电力消费量为基数，“十四五”期间每年较上一年新增的可再生能源电力消费量，在全国和地方能源消费总量考核时予以扣除。

《通知》提出，以绿证作为可再生能源电力消费量认定的基本凭证。绿证原则上可转让，绿证转让按照有关规定执行。积极推进绿证交易市场建设，推动可再生能源参与绿证交易。

《通知》要求完善可再生能源消费数据统计核算体系，夯实可再生能源消费统计基础，开展国家与地方层面数据核算。还要求科学实施节能目标责任评价考核，并从三方面做好组织实施工作：规范数据报送与核算、切实加强绿证管理、建立健全支撑体系。

国家能源局印发《防止电力建设工程施工安全事故三十项重点要求》

为切实做好电力建设工程施工安全监管，有效防范电力建设工程施工安全事故，国家能源局组织电力行业有关单位、协会及专家，根据2005—2020年近十五年间电力建设施工领域各类事故的案例分析以及经验教训，结合已颁布的标准规范，提炼出在电力建设施工中需要重点关注的一些措施和要求，形成了《防止电力建设工程施工安全事故三十项重点要求》(参照行业习惯称谓，简称《施工反措》)，于6月18日予以印发。

《施工反措》既坚持内容的合规性和适用性，同时保证有较强的针对性、可操作性，有利于推动电力建设工程安全管理水平提升，促进企业班组安全管理活动的开展，规范从业人员作业行为，达到防范化解风险、及时消除安全隐患、有效遏制电力建设工程施工安全事故的目的。

《施工反措》明确了“建设单位不得对工程总承包单位、施工单位等提出违反安全生产法律法规和强制性标准的要求，严禁擅自压缩合同约定的工期。”“严禁工程总承包单位、施工单位超资质、超经营范围承揽工程项目。”等17项总体要求，细化了高处坠落、坍塌、起重伤害、触电、火灾、场内车辆伤害等29项电力建设工程施工过程中常见事故的一般规定和防范措施。

国家能源局要求加强电化学储能电站安全管理

4月26日，国家能源局发布《关于加强电化学储能电站安全管理的通知》(国能综通安全〔2022〕37号，简称《通知》)。《通知》从高度重视电化学储能电站安全管理、加强电化学储能电站规划设计安全管理、做好电化学储能电站设备选型、严格电化学储能电站施工验收、严格电化学储能电站并网验收、加强电化学储能电站运行维护安全管理、提升电化学储能电站应急消防处置能力七个方面对电化学储能电站安全提出了具体要求，坚决遏制电化学储能电站安全事故发生。

《通知》指出，要提高思想认识，落实主体责任。业主（项目法人）是电化学储能电站安全运行的责任主体，要将纳入备案管理的接入10kV及以上电压等级公用电网的电化学储能电站安全管理纳入企业安全管理体系，健全安全生产保证体系和监督体系，落实全员安全生产责任制，健全风险分级管控和隐患排查治理双重预防机制，依法承担安全责任。其他电化学储能电站也要按照相关规定加强安全管理。

《通知》强调，要严格设备把关，加强到货抽检。要坚持质量第一，选用的设备及系统应当符合有关法律法规、国家（行业）标准要求，并通过具备储能专业检测检验资质的机构检验合格。要根据相关技术要求，优选安全、可靠、环保的产品。

《通知》要求，电化学储能电站建设应当依法委托具备相应资质等级的施工单位。要按照有关法律法规、国家（行业）标准保障电站安全建设投入，规范安全生产费用提取和使用。要加强施工现场管理，对重点部位、重点环节加强监控，定期组织开展施工现场消防安全检查。电化学储能电站投产前，要组织开展工程竣工验收，应当按照国家相关规定办理工程质量监督手续，通过电站消防验收。并网验收前，要完成电站主要设备及系统的型式试验、整站调试试验和并网检测。电网企业要积极配合开展电化学储能电站的并网和验收工作，对不符合国家（行业）并网技术标准要求的电站，杜绝“带病并网”。应当优化调度运行方案，在并网调度协议中明确电站安全调度区间，并严格执行。

《通知》还要求，在运行维护安全管理、应急消防处置等方面，要明确责任、强化日常管理、加强人员培训，落实消防责任、开展应急演练、建立联动机制等。

国家能源局进一步明确电网企业与发电企业电费结算有关要求

9月19日，国家能源局印发《关于进一步明确电网企业与发电企业电费结算有关要求的通知》(国能综通法改〔2022〕92号)，目的是贯彻党中央、国务院关于深化“放管服”改革决策部署，落实《优化营商环境条例》《保障中小企业款项支付条例》《电力监管条例》有关规定，维护电力市场秩序，保障电费结算公平及时，进一步规范电网企业与发电企业电费结算行为。

通知要求，电网企业与发电企业签订购售电合同未事先明确约定使用非现金结算支付的，应使用现金结算支付，不得使用承兑汇票（包括银行承兑汇票、财务公司承兑汇票、商业承兑汇票）、国内信用证，以及业务规则、业务形式、应用场景与票据类似的应收账款电子凭证等企业自设电子债务凭证工具延期支付。

电网企业如确需使用承兑汇票等非现金支付工具延期支付电费的，应采取买方付息等方式承担资金成本和兑付风险，由双方协商一致以书面形式明确支付条件，并遵守《发电企业与电网企业电费结算办法》（国能发监管〔2020〕79 号）第十八条有关规定。

国家能源局印发《光伏电站开发建设管理办法》

11 月 30 日，为规范光伏电站开发建设管理，促进光伏发电持续健康高质量发展，国家能源局印发修订后的《光伏电站开发建设管理办法》(简称《办法》)。

《办法》共 7 章 32 条：除第一章“总则”和第七章“附则”外，第二～六章明确了光伏电站的管理思路与要求，既涵盖国家与地方行业管理部门、国家能源局派出机构、光伏企业、电网企业等行业涉及的各类主体的职责要求，也覆盖光伏电站从规划、开工、建设、运行、改造升级、退役等各阶段的全生命周期管理要求，并重点从以下方面予以明确：

对于政府部门管理，体现市场机制主导、政府优化服务的原则。明确国家能源局负责的事项：编制全国可再生能源发展规划，组织建档立卡，加强行业全过程监测，及时完善行业政策、规范和标准等，深化“放管服”改革。明确地方能源主管部门负责的事项：落实好全国可再生能源发展规划，制定年度开发建设方案，确定项目清单，具体实施本地光伏电站的开发建设，优化营商环境。

对于项目建设，明确光伏电站实行备案管理，备案容量原则上为交流侧容量（即逆变器额定输出功率之和），并明确项目单位的前期工作准备、建设条件、建设要求等。

对于电网接入管理，聚焦接网关键环节和重点问题，要求压实电网企业责任，从改善企业内部流程入手，明确电网企业提升接网服务水平及效率、优化规划设计及建设运行等方面的相关举措；同时明确光伏电站项目单位在接网、并网管理等有关方面的要求，以及需配合电网企业开展的相关工作，加强网源协调发展。

对于运行监测，明确光伏电站安全生产、信息管理、消纳分析、改造升级、回收处理等方面的要求。

电　力　规　划

“十四五”现代能源体系规划（摘要）

能源是人类文明进步的重要物质基础和动力，攸关国计民生和国家安全。当今世界，新冠肺炎疫情影响广泛深远，百年未有之大变局加速演进，新一轮科技革命和产业变革深入发展，全球气候治理呈现新局面，新能源和信息技术紧密融合，生产生活方式加快转向低碳化、智能化，能源体系和发展模式正在进入非化石能源主导的崭新阶段。加快构建现代能源体系是保障国家能源安全，力争如期实现碳达峰、碳中和的内在要求，也是推动实现经济社会高质量发展的重要支撑。本规划根据《中华人民共和国国民经济和社会发展第十四个五年规划和 2035 年远景目标纲要》编制，主要阐明我国能源发展方针、主要目标和任务举措，是“十四五”时期加快构建现代能源体系、推动能源高质量发展的总体蓝图和行动纲领。

第一章　发展环境与形势

经过多年发展，世界能源转型已由起步蓄力期转向全面加速期，正在推动全球能源和工业体系加快演变重构。我国能源革命方兴未艾，能源结构持续优化，形成了多轮驱动的供应体系，核电和可再生能源发展处于世界前列，具备加快能源转型发展的基础和优势；但发展不平衡不充分问题仍然突出，供应链安全和产业链现代化水平有待提升，构建现代能源体系面临新的机遇和挑战。

一、全球能源体系深刻变革

能源结构低碳化转型加速推进。本世纪以来，全球能源结构加快调整，新能源技术水平和经济性大幅提升，风能和太阳能利用实现跃升发展，规模增长了数十倍。全球应对气候变化开启新征程，《巴黎协定》得到国际社会广泛支持和参与，近五年来可再生能源提供了全球新增发电量的约 60%。中国、欧盟、美国、日本等 130 多个国家和地区提出了碳中和目标，世界主要经济体积极推动经济绿色复苏，绿色产业已成为重要投资领域，清洁低碳能源发展迎来新机遇。

能源系统多元化迭代蓬勃演进。能源系统形态加速变革，分散化、扁平化、去中心化的趋势特征日益明显，分布式能源快速发展，能源生产逐步向集中式与分散式并重转变，系统模式由大基地大网络为主逐步向与微电网、智能微网并行转变，推动新能源利用效率提升和经济成本下降。新型储能和氢能有望规模化发展并带动能源系统形态根本性变革，构建新能源占比逐渐提高的新型电力系统蓄势待发，能源转型技术路线和发展模式趋于多元化。

能源产业智能化升级进程加快。互联网、大数据、人工智能等现代信息技术加快与能源产业深度融合。智慧电厂、智能电网、智能机器人勘探开采等应用快速推广，无人值守、故障诊断等能源生产运行技术信息化智能化水平持续提升。工业园区、城镇社区、公共建筑等领域综合能源服务、智慧用能模式大量涌现，能源系统向智能灵活调节、供需实时互动方向发展，推动能源生产消费方式深刻变革。

能源供需多极化格局深入演变。全球能源供需版图深度调整，进一步呈现消费重心东倾、生产重心西移的态势，近十年来亚太地区能源消费占全球的比重不断提高，北美地区原油、天然气生产增量分别达到全球增量的80%和30%以上。能源低碳转型推动全球能源格局重塑，众多国家积极发展新能源，加快化石能源清洁替代，带来全球能源供需新变化。

二、我国步入构建现代能源体系的新阶段

能源安全保障进入关键攻坚期。能源供应保障基础不断夯实，资源配置能力明显提升，连续多年保持供需总体平衡有余。“十三五”以来，国内原油产量稳步回升，天然气产量较快增长，年均增量超过100亿m^3，油气管道总里程达到17.5万km，发电装机容量达到22亿kW，西电东送能力达到2.7亿kW，有力保障了经济社会发展和民生用能需求。但同时，能源安全新旧风险交织，“十四五”时期能源安全保障将进入固根基、扬优势、补短板、强弱项的新阶段。

能源低碳转型进入重要窗口期。“十三五”时期，我国能源结构持续优化，低碳转型成效显著，非化石能源消费比重达到15.9%，煤炭消费比重下降至56.8%，常规水电、风电、太阳能发电、核电装机容量分别达到3.4亿、2.8亿、2.5亿、0.5亿kW，非化石能源发电装机容量稳居世界第一。“十四五”时期是为力争在2030年前实现碳达峰、2060年前实现碳中和打好基础的关键时期，必须协同推进能源低碳转型与供给保障，加快能源系统调整以适应新能源大规模发展，推动形成绿色发展方式和生活方式。

现代能源产业进入创新升级期。能源科技创新能力显著提升，产业发展能力持续增强，新能源和电力装备制造能力全球领先，低风速风力发电技术、光伏电池转换效率等不断取得新突破，全面掌握三代核电技术，煤制油气、中俄东线天然气管道、±500kV柔性直流电网、±1100kV直流输电等重大项目投产，超大规模电网运行控制实践经验不断丰富，总体看，我国能源技术装备形成了一定优势。围绕做好碳达峰、碳中和工作，能源系统面临全新变革需要，迫切要求进一步增强科技创新引领和战略支撑作用，全面提高能源产业基础高级化和产业链现代化水平。

能源普遍服务进入巩固提升期。“十三五”时期，能源惠民利民成果丰硕，能源普遍服务水平显著提升，“人人享有电力”得到有力保障，全面完成新一轮农网改造升级，大电网覆盖范围内贫困村通动力电比例达到100%，农网供电可靠率总体达到99.8%，建成光伏扶贫电站装机约2600万kW，“获得电力”服务水平大幅提升，用能成本持续降低，营商环境不断优化。北方地区清洁取暖率达到65%以上。但同时，能源基础设施和服务水平的城乡差距依然明显，供能品质有待进一步提高。要聚焦更好满足人民日益增长的美好生活需要，助力巩固拓展脱贫攻坚成果同乡村振兴有效衔接，进一步提升能源发展共享水平。

第二章　指导方针和主要目标

三、指导思想（略）

四、基本原则（略）

五、发展目标

“十四五”时期现代能源体系建设的主要目标是：

——能源保障更加安全有力。到2025年，国内能源年综合生产能力达到46亿t标准煤以上，原油年产量回升并稳定在2亿t水平，天然气年产量达到2300亿m^3以上，发电装机总容量达到约30亿kW，能源储备体系更加完善，能源自主供给能力进一步增强。重点城市、核心区域、重要用户电力应急安全保障能力明显提升。

——能源低碳转型成效显著。单位GDP二氧化碳排放五年累计下降18%。到2025年，非化石能源消费比重提高到20%左右，非化石能源发电量比重达到39%左右，电气化水平持续提升，电能占终端用能比重达到30%左右。

——能源系统效率大幅提高。节能降耗成效显著，单位GDP能耗五年累计下降13.5%。能源资源配置更加合理，就近高效开发利用规模进一步扩大，输配效

率明显提升。电力协调运行能力不断加强，到2025年，灵活调节电源占比达到24%左右，电力需求侧响应能力达到最大用电负荷的3%～5%。

——创新发展能力显著增强。新能源技术水平持续提升，新型电力系统建设取得阶段性进展，安全高效储能、氢能技术创新能力显著提高，减污降碳技术加快推广应用。能源产业数字化初具成效，智慧能源系统建设取得重要进展。“十四五”期间能源研发经费投入年均增长7%以上，新增关键技术突破领域达到50个左右。

——普遍服务水平持续提升。人民生产生活用能便利度和保障能力进一步增强，电、气、冷、热等多样化清洁能源可获得率显著提升，人均年生活用电量达到1000kWh左右，天然气管网覆盖范围进一步扩大。城乡供能基础设施均衡发展，乡村清洁能源供应能力不断增强，城乡供电质量差距明显缩小。

展望2035年，能源高质量发展取得决定性进展，基本建成现代能源体系。能源安全保障能力大幅提升，绿色生产和消费模式广泛形成，非化石能源消费比重在2030年达到25%的基础上进一步大幅提高，可再生能源发电成为主体电源，新型电力系统建设取得实质性成效，碳排放总量达峰后稳中有降。

第三章　增强能源供应链稳定性和安全性

强化底线思维，坚持立足国内、补齐短板、多元保障、强化储备，完善产供储销体系，不断增强风险应对能力，保障产业链供应链稳定和经济平稳发展。

六、强化战略安全保障

增强油气供应能力。加大国内油气勘探开发，坚持常非并举、海陆并重，强化重点盆地和海域油气基础地质调查和勘探，夯实资源接续基础。加快推进储量动用，抓好已开发油田“控递减”和“提高采收率”，推动老油气田稳产，加大新区产能建设力度，保障持续稳产增产。积极扩大非常规资源勘探开发，加快页岩油、页岩气、煤层气开发力度。石油产量稳中有升，力争2022年回升到2亿t水平并较长时期稳产。天然气产量快速增长，力争2025年达到2300亿m^3以上。

加强安全战略技术储备。做好煤制油气战略基地规划布局和管控，在统筹考虑环境承载能力等前提下，稳妥推进已列入规划项目有序实施，建立产能和技术储备，研究推进内蒙古鄂尔多斯、陕西榆林、山西晋北、新疆准东、新疆哈密等煤制油气战略基地建设。按照不与粮争地、不与人争粮的原则，提升燃料乙醇综合效益，大力发展纤维素燃料乙醇、生物柴油、生物航空煤油等非粮生物燃料。

七、提升运行安全水平

加强煤炭安全托底保障。优化煤炭产能布局，建设山西、蒙西、蒙东、陕北、新疆五大煤炭供应保障基地，完善煤炭跨区域运输通道和集疏运体系，增强煤炭跨区域供应保障能力。持续优化煤炭生产结构，以发展先进产能为重点，布局一批资源条件好、竞争能力强、安全保障程度高的大型现代化煤矿，强化智能化和安全高效矿井建设，禁止建设高危矿井，加快推动落后产能、无效产能和不具备安全生产条件的煤矿关闭退出。建立健全以企业社会责任储备为主体、地方政府储备为补充、产品储备与产能储备有机结合的煤炭储备体系。

发挥煤电支撑性调节性作用。统筹电力保供和减污降碳，根据发展需要合理建设先进煤电，保持系统安全稳定运行必需的合理裕度，加快推进煤电由主体性电源向提供可靠容量、调峰调频等辅助服务的基础保障性和系统调节性电源转型，充分发挥现有煤电机组应急调峰能力，有序推进支撑性、调节性电源建设。

提升天然气储备和调节能力。统筹推进地下储气库、液化天然气（LNG）接收站等储气设施建设。构建供气企业、国家管网、城镇燃气企业和地方政府四方协同履约新机制，推动各方落实储气责任。同步提高管存调节能力、地下储气库采气调节能力和LNG气化外输调节能力，提升天然气管网保供季调峰水平。全面实行天然气购销合同管理，坚持合同化保供，加强供需市场调节，强化居民用气保障力度，优化天然气使用方向，新增天然气量优先保障居民生活需要和北方地区冬季清洁取暖。到2025年，全国集约布局的储气能力达到550亿～600亿m^3，占天然气消费量的比重约13%。

维护能源基础设施安全。加强重要能源设施安全防护和保护，完善联防联控机制，重点确保核电站、水电站、枢纽变电站、重要换流站、重要输电通道、大型能源化工项目等设施安全，加强油气管道保护。全面加强核电安全管理，实行最严格的安全标准和最严格的监管，始终把“安全第一、质量第一”的方针贯穿于核电建设、运行、退役的各个环节，将全链条安全责任落实到人，持续提升在运在建机组安全水平，确保万无一失。继续通过中央预算内投资专项支持煤矿安全改造，提升煤矿安全保障能力。

八、加强应急安全管控

强化重点区域电力安全保障。按照“重点保障、局部坚韧、快速恢复”的原则，以直辖市、省会城市、计划单列市为重点，提升电力应急供应和事故恢复能力。统筹本地电网结构优化和互联输电通道建设，合理提高核心区域和重要用户的相关线路、变电站建设标准，加强事故状态下的电网互济支撑。推进本地应急保障电源建设，鼓励具备条件的重要用户发展分布式电源和微电网，完善用户应急自备电源配置，统筹安排城市黑启动电源和公用应急移动电源建设。“十四五”期间，在重点城市布局一批坚强局部电网。

提升能源网络安全管控水平。完善电力监控系统安全防控体系，加强电力、油气行业关键信息基础设施安全保护能力建设。推进北斗全球卫星导航系统等在能源行业的应用。加强网络安全关键技术研究，推动建立能源行业、企业网络安全态势感知和监测预警平台，提高风险分析研判和预警能力。

加强风险隐患治理和应急管控。开展重要设施、重点环节隐患排查治理，强化设备监测和巡视维护，提高对地震地质灾害、极端天气、火灾等安全风险的预测预警和防御应对能力。推进电力应急体系建设，强化地方政府、企业的主体责任，建立电力安全应急指挥平台、培训演练基地、抢险救援队伍和专家库。完善应急预案体系，编制紧急情况下应急处置方案，开展实战型应急演练，提高快速响应能力。建立健全电化学储能、氢能等建设标准，强化重点监管，提升产品本质安全水平和应急处置能力。合理提升能源领域安全防御标准，健全电力设施保护、安全防护和反恐怖防范等制度标准。

第四章　加快推动能源绿色低碳转型

坚持生态优先、绿色发展，壮大清洁能源产业，实施可再生能源替代行动，推动构建新型电力系统，促进新能源占比逐渐提高，推动煤炭和新能源优化组合。坚持全国一盘棋，科学有序推进实现碳达峰、碳中和目标，不断提升绿色发展能力。

九、大力发展非化石能源

加快发展风电、太阳能发电。全面推进风电和太阳能发电大规模开发和高质量发展，优先就地就近开发利用，加快负荷中心及周边地区分散式风电和分布式光伏建设，推广应用低风速风电技术。在风能和太阳能资源禀赋较好、建设条件优越、具备持续整装开发条件、符合区域生态环境保护等要求的地区，有序推进风电和光伏发电集中式开发，加快推进以沙漠、戈壁、荒漠地区为重点的大型风电光伏基地项目建设，积极推进黄河上游、新疆、冀北等多能互补清洁能源基地建设。积极推动工业园区、经济开发区等屋顶光伏开发利用，推广光伏发电与建筑一体化应用。开展风电、光伏发电制氢示范。鼓励建设海上风电基地，推进海上风电向深水远岸区域布局。积极发展太阳能热发电。

因地制宜开发水电。坚持生态优先、统筹考虑、适度开发、确保底线，积极推进水电基地建设，推动金沙江上游、雅砻江中游、黄河上游等河段水电项目开工建设。实施雅鲁藏布江下游水电开发等重大工程。实施小水电清理整改，推进绿色改造和现代化提升。推动西南地区水电与风电、太阳能发电协同互补。到2025年，常规水电装机容量达到3.8亿kW左右。

积极安全有序发展核电。在确保安全的前提下，积极有序推动沿海核电项目建设，保持平稳建设节奏，合理布局新增沿海核电项目。开展核能综合利用示范，积极推动高温气冷堆、快堆、模块化小型堆、海上浮动堆等先进堆型示范工程，推动核能在清洁供暖、工业供热、海水淡化等领域的综合利用。切实做好核电厂址资源保护。到2025年，核电运行装机容量达到7000万kW左右。

因地制宜发展其他可再生能源。推进生物质能多元化利用，稳步发展城镇生活垃圾焚烧发电，有序发展农林生物质发电和沼气发电，因地制宜发展生物质能清洁供暖，在粮食主产区和畜禽养殖集中区统筹规划建设生物天然气工程，促进先进生物液体燃料产业化发展。积极推进地热能供热制冷，在具备高温地热资源条件的地区有序开展地热能发电示范。因地制宜开发利用海洋能，推动海洋能发电在近海岛屿供电、深远海开发、海上能源补给等领域应用。

十、推动构建新型电力系统

推动电力系统向适应大规模高比例新能源方向演进。统筹高比例新能源发展和电力安全稳定运行，加快电力系统数字化升级和新型电力系统建设迭代发展，全面推动新型电力技术应用和运行模式创新，深化电力体制改革。以电网为基础平台，增强电力系统资源优化配置能力，提升电网智能化水平，推动电网主动适应大规模集中式新能源和量大面广的分布式能源发展。加大力度规划建设以大型风光电基地为基础、以其周边清洁高效先进节能的煤电为支撑、以稳定安全可靠的特高压输变电线路为载体的新能源供给消纳体系。建设智能高效的调度运行体系，探索电力、热力、天然气等多种能源联合调度机制，促进协调运行。以用户为中心，加强供需双向互动，积极推动源网荷储一体化发展。

创新电网结构形态和运行模式。加快配电网改造升级，推动智能配电网、主动配电网建设，提高配电网接纳新能源和多元化负荷的承载力和灵活性，促进新能源优先就地就近开发利用。积极发展以消纳新能源为主的智能微电网，实现与大电网兼容互补。完善区域电网主网架结构，推动电网之间柔性可控互联，构建规模合理、分层分区、安全可靠的电力系统，提升电网适应新能源的动态稳定水平。科学推进新能源电力跨省跨区输送，稳步推广柔性直流输电，优化输电曲线和价格机制，加强送受端电网协同调峰运行，提高全网消纳新能源能力。

增强电源协调优化运行能力。提高风电和光伏发电功率预测水平，完善并网标准体系，建设系统友好型新能源场站。全面实施煤电机组灵活性改造，优先提升30万kW级煤电机组深度调峰能力，推进企业燃煤自备电厂参与系统调峰。因地制宜建设天然气调峰电站和发展储热型太阳能热发电，推动气电、太阳能热发电与风电、光伏发电融合发展、联合运行。加快推进抽水蓄能电站建设，实施全国新一轮抽水蓄能中长期发展规划，推动已纳入规划、条件成熟的大型抽水蓄能电站开工建设。优化电源侧多能互补调度运行方式，充分挖掘电源调峰潜力。力争到2025年，煤电机组灵活性改造规模累计超过2亿kW，抽水蓄能装机容量达到6200万kW以上、在建装机容量达到6000万kW左右。

加快新型储能技术规模化应用。大力推进电源侧储能发展，合理配置储能规模，改善新能源场站出力特性，支持分布式新能源合理配置储能系统。优化布局电网侧储能，发挥储能消纳新能源、削峰填谷、增强电网稳定性和应急供电等多重作用。积极支持用户侧储能多元化发展，提高用户供电可靠性，鼓励电动汽车、不间断电源等用户侧储能参与系统调峰调频。拓宽储能应用场景，推动电化学储能、梯级电站储能、压缩空气储能、飞轮储能等技术多元化应用，探索储能聚合利用、共享利用等新模式新业态。

大力提升电力负荷弹性。加强电力需求侧响应能力建设，整合分散需求响应资源，引导用户优化储用电模式，高比例释放居民、一般工商业用电负荷的弹性。引导大工业负荷参与辅助服务市场，鼓励电解铝、铁合金、多晶硅等电价敏感型高载能负荷改善生产工艺和流程，发挥可中断负荷、可控负荷等功能。开展工业可调节负荷、楼宇空调负荷、大数据中心负荷、用户侧储能、新能源汽车与电网（V2G）能量互动等各类资源聚合的虚拟电厂示范。力争到2025年，电力需求侧响应能力达到最大负荷的3%～5%，其中华东、华中、南方等地区达到最大负荷的5%左右。

十一、减少能源产业碳足迹

推进化石能源开发生产环节碳减排。推动化石能源绿色低碳开采，强化煤炭绿色开采和洗选加工，加大油气田甲烷采收利用力度，加快二氧化碳驱油技术推广应用。到2025年，煤矿瓦斯利用量达到60亿m^3，原煤入选率达到80%。推广能源开采先进技术装备，加快对燃油、燃气、燃煤设备的电气化改造，提高海上油气平台供能中的电力占比。

促进能源加工储运环节提效降碳。推进炼化产业转型升级，严控新增炼油产能，有序推动落后和低效产能退出，延伸产业链，增加高附加值产品比重，提升资源综合利用水平，加快绿色炼厂、智能炼厂建设。推进煤炭分质分级梯级利用。有序淘汰煤电落后产能，“十四五”期间淘汰（含到期退役机组）3000万kW。新建煤矿项目优先采用铁路、水运等清洁化煤炭运输方式。加强能源加工储运设施节能及余能回收利用，推广余热余压、LNG冷能等余能综合利用技术。

推动能源产业和生态治理协同发展。加强矿区生态环境治理修复，开展煤矸石综合利用。创新矿区循环经济发展模式，探索利用采煤沉陷区、露天矿排土场、废弃露天矿坑、关停高污染矿区发展风电、光伏发电、生态碳汇等产业。因地制宜发展“光伏＋”综合利用模式，推动光伏治沙、林光互补、农光互补、牧光互补、渔光互补，实现太阳能发电与生态修复、农林牧渔业等协同发展。

十二、更大力度强化节能降碳

完善能耗“双控”与碳排放控制制度。严格控制能耗强度，能耗强度目标在“十四五”规划期内统筹考核，并留有适当弹性，新增可再生能源和原料用能不纳入能源消费总量控制。加强产业布局和能耗“双控”政策衔接，推动地方落实用能预算管理制度，严格实施节能评估和审查制度，坚决遏制高耗能高排放低水平项目盲目发展，优先保障居民生活、现代服务业、高技术产业和先进制造业等用能需求。加快全国碳排放权交易市场建设，推动能耗“双控”向碳排放总量和强度“双控”转变。

大力推动煤炭清洁高效利用。“十四五”时期严格合理控制煤炭消费增长。严格控制钢铁、化工、水泥等主要用煤行业煤炭消费。大力推动煤电节能降碳改造、灵活性改造、供热改造“三改联动”，“十四五”期间节能改造规模不低于3.5亿kW。新增煤电机组全部按照超低排放标准建设、煤耗标准达到国际先进水平。持续推进北方地区冬季清洁取暖，推广热电联产改造和工业余热余压综合利用，逐步淘汰供热管网覆盖范围内的燃煤小锅炉和散煤，鼓励公共机构、居民使用非燃煤高效供暖产品。力争到2025年，大气污染防治重点区域散煤基本清零，基本淘汰35t/h以下燃煤锅炉。

实施重点行业领域节能降碳行动。加强工业领域节能和能效提升，深入实施节能监察、节能诊断，推广节能低碳工艺技术装备，推动重点行业节能改造，加快工业节能与绿色制造标准制修订，开展能效对标达标和能效“领跑者”行动，推进绿色制造。持续提高新建建筑节能标准，加快推进超低能耗、近零能耗、低碳建筑规模化发展，大力推进城镇既有建筑和市政基础设施节能改造。加快推进建筑用能电气化和低碳化，推进太阳能、地热能、空气能、生物质能等可再生能源应用。构建绿色低碳交通运输体系，优化调整运输结构，大力发展多式联运，推动大宗货物中长距离运输“公转铁”“公转水”，鼓励重载卡车、船舶领域使用LNG等清洁燃料替代，加强交通运输行业清洁能源供应保障。实施公共机构能效提升工程。推进数据中心、5G通信基站等新型基础设施领域节能和能效提升，推动绿色数据中心建设。积极推进南方地区集中供冷、长江流域冷热联供。避免“一刀切”限电限产或运动式“减碳”。

提升终端用能低碳化电气化水平。全面深入拓展电能替代，推动工业生产领域扩大电锅炉、电窑炉、电动力等应用，加强与落后产能置换的衔接。积极发展电力排灌、农产品加工、养殖等农业生产加工方式。因地制宜推广空气源热泵、水源热泵、蓄热电锅炉等新型电采暖设备。推广商用电炊具、智能家电等设施，提高餐饮服务业、居民生活等终端用能领域电气化水平。实施港口岸电、空港陆电改造。积极推动新能源汽车在城市公交等领域应用，到2025年，新能源汽车新车销量占比达到20%左右。优化充电基础设施布局，全面推动车桩协同发展，推进电动汽车与智能电网间的能量和信息双向互动，开展光、储、充、换相结合的新型充换电场站试点示范。

实施绿色低碳全民行动。在全社会倡导节约用能，增强全民节约意识、环保意识、生态意识，引导形成简约适度、绿色低碳的生活方式，坚决遏制不合理能源消费。深入开展绿色低碳社会行动示范创建，营造绿色低碳生活新时尚。大力倡导自行车、公共交通工具等绿色出行方式。大力发展绿色消费，推广绿色低碳产品，完善节能低碳产品认证与标识制度。完善节能家电、高效照明产品等推广机制，以京津冀、长三角、粤港澳等区域为重点，鼓励建立家庭用能智慧化管理系统。

第五章　优化能源发展布局

统筹生态保护和高质量发展，加强区域能源供需衔接，优化能源开发利用布局，提高资源配置效率，推动农村能源转型变革，促进乡村振兴。

十三、合理配置能源资源

完善能源生产供应格局。发挥能源富集地区战略安全支撑作用，加强能源资源综合开发利用基地建设，提升国内能源供给保障水平。加大能源就近开发利用力度，积极发展分布式能源，鼓励风电和太阳能发电优先本地消纳。优化能源输送格局，减少能源流向交叉和迂回，提高输送通道利用率。有序推进大型清洁能源基地电力外送，提高存量通道输送可再生能源电量比例，新建通道输送可再生能源电量比例原则上不低于50%，优先规划输送可再生能源电量比例更高的通道。加强重点区域能源供给保障和互济能力建设，着力解决东北和“两湖一江”（湖北、湖南、江西）等地区煤炭、电力时段性供需紧张问题。

加强电力和油气跨省跨区输送通道建设。稳步推进资源富集区电力外送，加快已建通道的配套电源投产，重点建设金沙江上下游、雅砻江流域、黄河上游和“几”字弯、新疆、河西走廊等清洁能源基地输电通道，完善送受端电网结构，提高交流电网对直流输电通道的支撑。“十四五”期间，存量通道输电能力提升4000万kW以上，新增开工建设跨省跨区输电通道6000万kW以上，跨省跨区直流输电通道平均利用小时数力争达到4500h以上。完善原油和成品油长输管道建设，优化东部沿海地区炼厂原油供应，完善成品油管道布局，提高成品油管输比例。加快天然气长输管道及区域天然气管网建设，推进管网互联互通，完善LNG储运体系。到2025年，全国油气管网规模达到21万km左右。

十四、统筹提升区域能源发展水平

推进西部清洁能源基地绿色高效开发。推动黄河流域和新疆等资源富集区煤炭、油气绿色开采和清洁高效利用，合理控制黄河流域煤炭开发强度与规模。以长江经济带上游四川、云南和西藏等地区为重点，坚持生态优先，优化大型水电开发布局，推进西电东送接续水电项目建设。积极推进多能互补的清洁能源基地建设，科学优化电源规模配比，优先利用存量常规电源实施“风光水（储）”“风光火（储）”等多能互补工程，大力发展风电、太阳能发电等新能源，最大化利用可再生能源。“十四五”期间，西部清洁能源基地年综合生产能力增加3.5亿t标准煤以上。

提升东部和中部地区能源清洁低碳发展水平。以京津冀及周边地区、长三角、粤港澳大湾区等为重点，充分发挥区域比较优势，加快调整能源结构，开展能源生产消费绿色转型示范。安全有序推动沿海地区核电项目建设，统筹推动海上风电规模化开发，积极发展风能、太阳能、生物质能、地热能等新能源。大力发展源网荷储一体化。加强电力、天然气等清洁能源供应保障，稳步扩大区外输入规模。严格控制大气污染防治重点区域煤炭消费，在严控炼油产能规模基础上优化产能结构。“十四五”期间，东部和中部地区新增非化石能源年生产能力1.5亿t标准煤以上。

十五、积极推动乡村能源变革

加快完善农村和边远地区能源基础设施。提升农村能源基础设施和公共服务水平，实施农村电网巩固提升工程，持续加强脱贫地区农村电网建设，提高农村电力保障水平，推动农村用能电气化升级。提升向边远地区输配电能力，在具备条件的农村地区、边远地区探索建设高可靠性可再生能源微电网。在气源有保障、经济可承受的情况下，有序推动供气设施向农村延伸。支持革命老区重大能源基础设施项目具备条件后按程序尽快启动建设。

加强乡村清洁能源保障。提高农村绿电供应能力，实施千家万户沐光行动、千乡万村驭风行动，积极推动屋顶光伏、农光互补、渔光互补等分布式光伏和分散式风电建设，因地制宜开发利用生物质能和地热能，推动形成新能源富民产业。坚持因地制宜推进北方地区农村冬季清洁取暖，加大电、气、生物质锅炉等清洁供暖方式推广应用力度，在分散供暖的农村地区，就地取材推广户用生物成型燃料炉具供暖。

实施乡村减污降碳行动。积极推动农村生产生活方式绿色转型，推广农用节能技术和产品，加快农业生产、农产品加工、生活取暖、炊事等领域用能的清洁替代。加强农村生产生活垃圾、畜禽粪污的资源化利用，全面实施秸秆综合利用，改善农村人居环境和生态空间。积极稳妥推进散煤治理，加强煤炭清洁化利用。以县域为单位开展绿色低碳发展示范区建设，探索建设“零碳村庄”等示范工程。

第六章　提升能源产业链现代化水平

加快能源领域关键核心技术和装备攻关，推动绿色低碳技术重大突破，加快能源全产业链数字化智能化升级，统筹推进补短板和锻长板，加快构筑支撑能源转型变革的先发优势。

十六、增强能源科技创新能力

锻造能源创新优势长板。巩固非化石能源领域技术装备优势，持续提升风电、太阳能发电、生物质能、地热能、海洋能等开发利用的技术水平和经济性，开展三代核电技术优化研究，加强高比例可再生能源系统技术创新和应用。立足绿色低碳技术发展基础和优势，加快推动新型电力系统、新一代先进核能等方面技术突破。提高化石能源清洁高效利用技术水平，加强煤炭智能绿色开采、灵活高效燃煤发电、现代煤化工和生态环境保护技术研究，实施陆上常规油气高效勘探开发和炼化技术攻关。

强化储能、氢能等前沿科技攻关。开展新型储能关键技术集中攻关，加快实现储能核心技术自主化，推动储能成本持续下降和规模化应用，完善储能技术标准和管理体系，提升安全运行水平。适度超前部署一批氢能项目，着力攻克可再生能源制氢和氢能储运、应用及燃料电池等核心技术，力争氢能全产业链关键技术取得突破，推动氢能技术发展和示范应用。加强前沿技术研究，加快推广应用减污降碳技术。

实施科技创新示范工程。依托我国能源市场空间大、工程实践机会多等优势，加大资金和政策扶持力度，重点在先进可再生能源发电和综合利用、小堆及核能综合利用、陆上常规和非常规及海洋油气高效勘探开发、燃气轮机、煤炭清洁高效开发利用等关键核心技术领域建设一批创新示范工程。瞄准新型电力系统、安全高效储能、氢能、新一代核能体系、二氧化碳捕集利用与封存、天然气水合物等前沿领域，实施一批具有前瞻性、战略性的国家重大科技示范项目。

十七、加快能源产业数字化智能化升级

推动能源基础设施数字化。加快信息技术和能源产业融合发展，推动能源产业数字化升级，加强新一代信息技术、人工智能、云计算、区块链、物联网、大数据等新技术在能源领域的推广应用。积极开展电厂、电网、油气田、油气管网、油气储备库、煤矿、终端用能等领域设备设施、工艺流程的智能化升级，提高能源系统灵活感知和高效生产运行能力。适应数字化、自动化、网络化能源基础设施发展要求，建设智能调度体系，实现源网荷储互动、多能协同互补及用能需求智能调控。

建设智慧能源平台和数据中心。面向能源供需衔接、生产服务等业务，支持各类市场主体发展企业级平台，因地制宜推进园区级、城市级、行业级平台建设，强化共性技术的平台化服务及商业模式创新，促进各级各类平台融合发展。鼓励建设各级各类能源数据中心，制定数据资源确权、开放、流通、交易相关制度，完善数据产权保护制度，加强能源数据资源开放共享，发挥能源大数据在行业管理和社会治理中的服务支撑作用。

实施智慧能源示范工程。以多能互补的清洁能源基地、源网荷储一体化项目、综合能源服务、智能微网、虚拟电厂等新模式新业态为依托，开展智能调度、能效管理、负荷智能调控等智慧能源系统技术示范。推广电力设备状态检修、厂站智能运行、作业机器人替代、大数据辅助决策等技术应用，加快“智能风机”“智能光伏”等产业创新升级和行业特色应用，推进“智慧风电”“智慧光伏”建设，推进电站数字化与无人化管理，开展新一代调度自动化系统示范。实施煤矿系统优化工程，因地制宜开展煤矿智能化示范工程建设，建设一批少人、无人示范煤矿。加强油气智能完井工艺攻关，加快智能地震解释、智能地质建模与油藏模拟等关键场景核心技术开发与应用示范。建设能源大数据、数字化管理示范平台。

十八、完善能源科技和产业创新体系

整合优化科技资源配置。以国家战略性需求为导向推进创新体系优化组合，加强能源技术创新平台建设，加快构建能源领域国家实验室，重组国家重点实验室，优化国家能源研发创新平台建设管理。推进科研院所、高等院校和企业科研力量优化配置和资源共享，深化军民科技协同创新。充分发挥社会主义市场

经济条件下的新型举国体制优势，深入落实攻关任务“揭榜挂帅”等机制。提升能源核心关键技术产品产业化能力，完善技术要素市场，加强创新链和产业链对接，完善重大自主可控核心技术成果推广应用机制，推动首台（套）重大技术装备示范和推广，促进能源新技术产业化规模化应用。

激发企业和人才创新活力。完善能源技术创新市场导向机制，强化企业创新主体地位，发挥大企业引领支撑作用，构建以企业为主体、市场为导向、产学研用深度融合的技术创新体系。健全知识产权保护运用体制，实施严格的知识产权保护制度。健全能源领域科技人才评价体系，完善充分体现创新要素价值的收益分配机制，全方位为科研人员松绑，优化能源创新创业生态，激发能源行业创新活力。

第七章　增强能源治理效能

深化电力、油气体制机制改革，持续深化能源领域“放管服”改革，加强事中事后监管，加快现代能源市场建设，完善能源法律法规和政策，更多依靠市场机制促进节能减排降碳，提升能源服务水平。

十九、激发能源市场主体活力

放宽能源市场准入。落实外商投资法律法规和市场准入负面清单制度，修订能源领域相关法规文件。支持各类市场主体依法平等进入负面清单以外的能源领域。推进油气勘探开发领域市场化，实行勘查区块竞争出让制度和更加严格的区块退出机制，加快油田服务市场建设。积极稳妥深化能源领域国有企业混合所有制改革，进一步吸引社会投资进入能源领域。

优化能源产业组织结构。建设具有创造创新活力的能源企业。进一步深化电网企业主辅分离、厂网分离改革，推进抽水蓄能电站投资主体多元化。推进油气领域装备制造、工程建设、技术研发、信息服务等竞争性业务市场化改革。深化油气管网建设运营机制改革，引导地方管网以市场化方式融入国家管网公司，支持各类社会资本投资油气管网等基础设施，制定完善管网运行调度规则，促进形成全国“一张网”。推进油气管网设施向第三方市场主体公平开放，提高油气集约输送和公平服务能力，压实各方保供责任。

支持新模式新业态发展。健全分布式电源发展新机制，推动电网公平接入。培育壮大综合能源服务商、电储能企业、负荷集成商等新兴市场主体。破除能源新模式新业态在市场准入、投资运营、参与市场交易等方面存在的体制机制壁垒。创新电力源网荷储一体化和多能互补项目规划建设管理机制，推动项目规划、建设实施、运行调节和管理一体化。培育发展二氧化碳捕集利用与封存新模式。

二十、建设现代能源市场

优化能源资源市场化配置。深化电力体制改革，加快构建和完善中长期市场、现货市场和辅助服务市场有机衔接的电力市场体系。按照支持省域、鼓励区域、推动构建全国统一市场体系的方向推动电力市场建设。深化配售电改革，进一步向社会资本放开售电和增量配电业务，激发存量供电企业活力。创新有利于非化石能源发电消纳的电力调度和交易机制，推动非化石能源发电有序参与电力市场交易，通过市场化方式拓展消纳空间，试点开展绿色电力交易。引导支持储能设施、需求侧资源参与电力市场交易，促进提升系统灵活性。加快完善天然气市场顶层设计，构建有序竞争、高效保供的天然气市场体系，完善天然气交易平台。完善原油期货市场，适时推动成品油、天然气等期货交易。推动全国性和区域性煤炭交易中心协调发展，加快建设统一开放、层次分明、功能齐全、竞争有序的现代煤炭市场体系。

深化价格形成机制市场化改革。进一步完善省级电网、区域电网、跨省跨区专项工程、增量配电网价格形成机制，加快理顺输配电价结构。持续深化燃煤发电、燃气发电、水电、核电等上网电价市场化改革，完善风电、光伏发电、抽水蓄能价格形成机制，建立新型储能价格机制。建立健全电网企业代理购电机制，有序推动工商业用户直接参与电力市场，完善居民阶梯电价制度。研究完善成品油价格形成机制。稳步推进天然气价格市场化改革，减少配气层级。落实清洁取暖电价、气价、热价等政策。

二十一、加强能源治理制度建设

依法推进能源治理。健全能源法律法规体系，建立以能源法为统领，以煤炭、电力、石油天然气、可再生能源等领域单项法律法规为支撑，以相关配套规章为补充的能源法律法规体系。加强能源新型标准体系建设，制修订支撑引领能源低碳转型的重点领域标准和技术规范，提升能源标准国际化水平，组织开展能源资源计量及其碳排放核算服务示范。深化能源行业执法体制改革，进一步整合执法队伍，创新执法方式，规范自由裁量权，提高执法效能和水平。

强化政策协同保障。立足推动能源绿色低碳发展、安全保障、科技创新等重点任务实施，健全政策制定和实施机制，完善和落实财税、金融等支持政策。落实相关税收优惠政策，加大对可再生能源和节能降碳、创新技术研发应用、低品位难动用油气储量、致密油气田、页岩油、尾矿勘探开发利用等支持力度。落实重大技术装备进口免税政策。构建绿色金融体系，加大对节能环保、新能源、二氧化碳捕集利用与封存等的金融支持力度，完善绿色金融激励机制。加强能源生态环境保护政策引领，依法开展能源基地开发建设规划、重点项目等环境影响评价，完善用地用海政策，严格落实区域“三线一单”（生态保护红线、环境质量底线、资源利用上线和环境准入负面清单）生态环境分区管控要求。建立可再生能源消纳责任权重引导机制，实行消纳责任考核，研究制定可再生能源消纳增量激励政策，推广绿色电力证书交易，加强可再生能源电力消纳保障。

加强能源监管。优化能源市场监管，加大行政执法力度，维护市场主体合法权益，促进市场竞争公平、交易规范和信息公开，持续优化营商环境。强化能源行业监管，保障国家能源规划、政策、标准和项目有效落地。健全电力安全监管执法体系，推进理顺监管体制，构建监管长效机制，加强项目建设施工和运行安全监管。健全能源行业自然垄断环节监管体制机制，加强公平开放、运行调度、服务价格、社会责任等方面的监管。创新监管方式，构建统一规范、信息共享、协同联动的监管体系，全面实施“双随机、一公开”监管模式，推动构建以信用为基础的新型监管机制。

第八章　构建开放共赢能源国际合作新格局

以共建“一带一路”为引领，积极参与全球能源治理，坚持绿色低碳转型发展，加强应对气候变化国际合作，实施更大范围、更宽领域、更深层次能源开放合作，实现开放条件下的能源安全。

二十二、拓展多元合作新局面

巩固拓展海外能源资源保障能力。完善海外主要油气产区合作，优化资产配置。持续巩固推动与重点油气资源国的合作，加强与重点油气消费国的交流，促进海外油气项目健康可持续发展，以油气领域务实合作促进与资源国共同发展。

增强进口多元化和安全保障能力。巩固和拓展与油气等能源资源出口大国互利共赢合作。增强油气国际贸易运营能力。加强跨国油气通道运营与设施联通，确保油气安全稳定供应与平稳运行。与相关国家加强沟通协调，共同维护能源市场安全。

二十三、深度参与全球能源转型变革

推进能源变革与低碳合作。建设绿色丝绸之路，深化与发展中国家绿色产能合作，积极推动风电、太阳能发电、储能、智慧电网等领域合作。与周边国家和地区在电网互联及升级改造方面加强合作。推动核电国际合作。大力支持发展中国家能源绿色低碳发展，不再新建境外煤电项目。积极探索与发达国家、东道国和跨国公司开展三方、多方合作的有效途径，建成一批经济效益好、示范效应强的绿色能源最佳实践项目。

加强科技创新合作。加强与有关国家在先进能源技术和解决方案等方面的务实合作，重点在高效低成本新能源发电、先进核电、氢能、储能、节能、二氧化碳捕集利用与封存等先进技术领域开展合作。积极参与能源国际标准制定，加快我国能源技术、标准的国际融合。

二十四、积极参与全球能源治理体系改革和建设

推动完善全球能源治理体系。运营好“一带一路”能源合作伙伴关系合作平台，办好国际能源变革论坛。在中国—阿盟、中国—非盟、中国—中东欧、中国—东盟等相关能源合作平台和亚太经合组织（APEC）可持续能源中心指导下，加强联合研究，拓展培训交流。加强与国际能源署、国际可再生能源署、石油输出国组织（OPEC）、国际能源论坛、清洁能源部长会议等国际组织和机制合作，积极参与并引导在联合国、二十国集团（G20）、APEC、金砖国家、上合组织等多边框架下的能源合作。

加强能源领域应对气候变化国际合作。坚持共同但有区别的责任原则，推动中美清洁能源合作，深化中欧能源技术创新合作，形成能源领域应对气候变化和推动绿色发展合力，推动落实《联合国气候变化框架公约》及其《巴黎协定》。积极开展能源领域气候变化南南合作，进一步加强与其他发展中国家能源绿色发展合作，支持发展中国家落实联合国2030年可持续发展议程，提升能源领域应对气候变化能力，彰显我积极参与全球气候治理的大国担当。

第九章　加强规划实施与管理

加强对本规划实施的组织、协调和督导，建立健全规划实施监测评估、考核监督机制。

二十五、加强组织领导

加强党的全面领导，增强“四个意识”、坚定“四个自信”、做到“两个维护”，全面贯彻落实党中央、国务院决策部署，强化督导落实、工作统筹和协同联动。加强能源规划与经济社会发展及其他规划的衔接，统筹自然保护地、生态保护红线与能源开发布局，切实发挥国家能源规划对全国能源发展、重大项目布局、公共资源配置、社会资本投向的战略导向作用，完善规划引导约束机制。

二十六、落实责任分工

按照党中央、国务院统一部署，建立健全国家能源委员会统筹协调、有关部门协同推动、各省级政府和重点能源企业细化落实的规划实施工作机制。国家发展改革委、国家能源局要制定本规划实施方案，确定年度目标并加强年度综合平衡。各地区要根据国家规划确定的重要目标、重点任务、重大工程、重点项目，制定具体工作方案，细化时间表、路线图、优先序，提出分年滚动工作计划安排。各有关部门要根据

职责分工细化任务举措，加强资金、用地等对重大能源项目的支持保障力度，及时研究解决实施中遇到的问题。国家能源委员会办公室要切实履行职责，确保规划有力推进、有效实施。

二十七、加强监测评估

国家发展改革委、国家能源局牵头组织开展规划实施情况的年度监测分析、中期评估和总结评估。建立规划动态评估机制和重大情况报告制度，严格评估程序，通过委托第三方机构开展评估等方式，对规划滚动实施提出建议，及时总结经验、分析问题、制定对策。加强规划实施情况评估成果应用，健全规划调整修订机制。重要情况及时向国务院报告。

“十四五”可再生能源发展规划（摘要）

一、发展基础和发展形势

（一）可再生能源发展取得显著成就

“十三五”期间，我国可再生能源实现跨越式发展，装机规模、利用水平、技术装备、产业竞争力迈上新台阶，取得了举世瞩目的成就，为可再生能源进一步高质量发展奠定了坚实基础。

开发规模持续扩大。截至 2020 年底，我国可再生能源发电装机容量达到 9.34 亿 kW，占发电总装机容量的 42.5%，风电、光伏发电、水电、生物质发电装机容量分别达到 2.8 亿、2.5 亿、3.4 亿、0.3 亿 kW，连续多年稳居世界第一。

利用水平显著提升。2020 年我国可再生能源利用总量达 6.8 亿 t 标准煤，占一次能源消费总量的 13.6%。其中，可再生能源发电量 2.2 万亿 kWh，占全部发电量的 29.1%，主要流域水电、风电、光伏发电利用率分别达到 97%、97%、98%；可再生能源非电利用量约 5000 万 t 标准煤。

技术水平不断提高。水电具备百万千瓦级水轮机组自主设计制造能力，特高坝和大型地下洞室设计施工能力世界领先。陆上低风速风电技术国际一流，海上大容量风电机组技术保持国际同步。光伏技术快速迭代，多次刷新电池转换效率世界纪录，量产单晶硅、多晶硅电池平均转换效率分别达到 22.8%和 20.8%。

产业优势持续增强。水电产业优势明显，我国已成为全球水电建设的中坚力量。风电产业链完整，7 家风电整机制造企业位列全球前十。光伏产业占据全球主导地位，多晶硅、硅片、电池片和组件分别占全球产量的 76%、96%、83%和 76%。全产业链集成制造有力推动我国可再生能源装备制造成本持续下降、国际竞争力持续增强。

政策体系日益完善。以可再生能源法为基础，可再生能源发电全额保障性收购管理办法出台，可再生能源电力消纳保障机制稳步实施，市场化竞争性配置有序推进，监测预警机制逐步完善，事中事后监管进一步加强，稳定了市场预期，调动了各类市场主体的积极性。

但也应该看到，虽然可再生能源发电增长较快，但在能源消费增量中的比重还低于国际平均水平；可再生能源规模化发展和高效消纳利用的矛盾仍然突出，新型电力系统亟待加快构建；制造成本下降较快，但非技术成本仍相对较高；可再生能源非电利用发展相对滞后；保障可再生能源高质量发展的体制机制有待进一步健全完善。

（二）可再生能源发展面临新形势

“十四五”及今后一段时期是世界能源转型的关键期，全球能源将加速向低碳、零碳方向演进，可再生能源将逐步成长为支撑经济社会发展的主力能源；我国将坚决落实碳达峰、碳中和目标任务，大力推进能源革命向纵深发展，我国可再生能源发展正处于大有可为的战略机遇期。

从国际看，大力发展可再生能源成为全球能源革命和应对气候变化的主导方向和一致行动。全球能源转型进程明显加快，以风电、光伏发电为代表的新能源呈现性能快速提高、经济性持续提升、应用规模加速扩张态势，形成了加快替代传统化石能源的世界潮流。过去五年，全球新增发电装机中可再生能源约占 70%，全球新增发电量中可再生能源约占 60%。各主要国家和地区纷纷提高应对气候变化自主贡献力度，进一步催生可再生能源大规模阶跃式发展新动能，推动可再生能源成为全球能源低碳转型的主导方向，预计 2050 年全球 80%左右的电力消费来自可再生能源。科技创新高度活跃，新一代信息技术、新材料技术为可再生能源高效发展提供有力支撑，储能技术、精准天气预测技术、柔性输电技术、可中断工业负荷技术等持续进步，可再生能源与信息、交通、建筑等领域交叉融合，为可再生能源发展开辟了更加广阔的前景。能源系统形态加速迭代演进，分散化、扁平化、去中心化的趋势特征日益明显，传统能源生产和消费之间的界限逐步打破，为可再生能源营造了更加开放多元的发展环境。

从国内看，我国可再生能源发展面临新任务新要求，机遇前所未有，高质量跃升发展任重道远。我国经济长期向好，能源需求仍将持续增长，发展可再生能源是增强国家能源安全保障能力、逐步实现能源独立的必然选择。按照 2035 年生态环境根本好转、美丽中国建设目标基本实现的远景目标，发展可再生能源是我国生态文明建设、可持续发展的客观要求。我国承诺二氧化碳排放力争于2030年前达到峰值、努力争取2060年前实现碳中和，明确2030年风电和太阳能发电总装机容量达到12亿kW以上，对可再生能源发展提出了新任务、新要求。作为碳减排的重要举措，我国可再生能源将加快步入跃升发展新阶段，实现对化石能源的加速替代，成为积极应对气候变化、构建人类命运共同体的主导力量。我国风电和光伏发电技术持续进步、竞争力不断提升，正处于平价上网的历史性拐点，迎来成本优势凸显的重大机遇，将全面进入无补贴平价甚至低价市场化发展新时期。同时，我国可再生能源发展面临既要大规模开发、又要高水平消纳、更要保障电力安全可靠供应等多重挑战，必须加大力度解决高比例消纳、关键技术创新、稳定性可靠性等关键问题，可再生能源高质量发展的任务艰巨而繁重。

综合判断，“十四五”时期我国可再生能源将进入高质量跃升发展新阶段，呈现新特征：一是大规模发展，在跨越式发展基础上，进一步加快提高发电装机占比；二是高比例发展，由能源电力消费增量补充转为增量主体，在能源电力消费中的占比快速提升；三是市场化发展，由补贴支撑发展转为平价低价发展，由政策驱动发展转为市场驱动发展；四是高质量发展，既大规模开发、也高水平消纳、更保障电力稳定可靠供应。我国可再生能源将进一步引领能源生产和消费革命的主流方向，发挥能源绿色低碳转型的主导作用，为实现碳达峰、碳中和目标提供主力支撑。

二、指导方针和发展目标

（一）指导思想（略）

（二）基本原则（略）

（三）发展目标

1. 2035年远景目标

展望2035年，我国将基本实现社会主义现代化，碳排放达峰后稳中有降，在2030年非化石能源消费占比达到25%左右和风电、太阳能发电总装机容量达到12亿kW以上的基础上，上述指标均进一步提高。可再生能源加速替代化石能源，新型电力系统取得实质性成效，可再生能源产业竞争力进一步巩固提升，基本建成清洁低碳、安全高效的能源体系。

2. “十四五”可再生能源发展主要目标

锚定碳达峰、碳中和与2035年远景目标，按照2025年非化石能源消费占比20%左右任务要求，大力推动可再生能源发电开发利用，积极扩大可再生能源非电利用规模，“十四五”主要发展目标是：

——可再生能源总量目标。2025年，可再生能源消费总量达到10亿t标准煤左右。“十四五”期间，可再生能源在一次能源消费增量中占比超过50%。

——可再生能源发电目标。2025年，可再生能源年发电量达到3.3万亿kWh左右。“十四五”期间，可再生能源发电量增量在全社会用电量增量中的占比超过50%，风电和太阳能发电量实现翻倍。

——可再生能源电力消纳目标。2025年，全国可再生能源电力总量消纳责任权重达到33%左右，可再生能源电力非水电消纳责任权重达到18%左右，可再生能源利用率保持在合理水平。

——可再生能源非电利用目标。2025年，地热能供暖、生物质供热、生物质燃料、太阳能热利用等非电利用规模达到6000万t标准煤以上。

三、优化发展方式，大规模开发可再生能源

坚持生态优先、因地制宜、多元融合发展，在“三北”地区优化推动风电和光伏发电基地化规模化开发，在西南地区统筹推进水风光综合开发，在中东南部地区重点推动风电和光伏发电就地就近开发，在东部沿海地区积极推进海上风电集群化开发，稳步推动生物质能多元化开发，积极推动地热能规模化开发，稳妥推进海洋能示范化开发。

（一）大力推进风电和光伏发电基地化开发

在风能和太阳能资源禀赋较好、建设条件优越、具备持续规模化开发条件的地区，着力提升新能源就地消纳和外送能力，重点建设新疆、黄河上游、河西走廊、黄河几字弯、冀北、松辽、黄河下游新能源基地和海上风电基地集群。

统筹推进陆上风电和光伏发电基地建设。发挥区域市场优势，主要依托省级和区域电网消纳能力提升，创新开发利用方式，推进松辽、冀北、黄河下游等以就地消纳为主的大型风电和光伏发电基地建设。利用省内省外两个市场，依托既有和新增跨省跨区输电通道、火电“点对网”外送通道，推动光伏治沙、可再生能源制氢和多能互补开发，重点建设新疆、黄河上游、河西走廊、黄河几字弯等新能源基地。

加快推进以沙漠、戈壁、荒漠地区为重点的大型风电太阳能发电基地。以风光资源为依托、以区域电网为支撑、以输电通道为牵引、以高效消纳为目标，统筹优化风电光伏布局和支撑调节电源，在内蒙古、青海、甘肃等西部北部沙漠、戈壁、荒漠地区，加快建设一批生态友好、经济优越、体现国家战略和国家意志的大型风电光伏基地项目。依托已建跨省区输电通道和火电“点对网”输电通道，重点提升存量输电通道输电能力和新能源电量占比，多措并举增配风电光伏基地。依托“十四五”期间建成投产和开工建设的重点输电通道，按照新增通道中可再生能源电量占比不低于50%的要求，配套建设风电光伏基地。依托“十四五”期间研究论证输电通道，规划建设风电光伏基地。创新发展方式和应用模式，建设一批就地消纳的风电光伏项目。发挥区域电网内资源时空互济能力，

统筹区域电网调峰资源，打破省际电网消纳边界，加强送受两端协调，保障大型风电光伏基地消纳。

有序推进海上风电基地建设。开展省级海上风电规划制修订，同步开展规划环评，优化近海海上风电布局，鼓励地方政府出台支持政策，积极推动近海海上风电规模化发展。开展深远海海上风电规划，完善深远海海上风电开发建设管理，推动深远海海上风电技术创新和示范应用，探索集中送出和集中运维模式，积极推进深远海海上风电降本增效，开展深远海海上风电平价示范。探索推进具有海上能源资源供给转换枢纽特征的海上能源岛建设示范，建设海洋能、储能、制氢、海水淡化等多种能源资源转换利用一体化设施。加快推动海上风电集群化开发，重点建设山东半岛、长三角、闽南、粤东和北部湾五大海上风电基地。

（二）积极推进风电和光伏发电分布式开发

积极推动风电分布式就近开发。在工业园区、经济开发区、油气矿区及周边地区，积极推进风电分散式开发。重点推广应用低风速风电技术，合理利用荒山丘陵、沿海滩涂等土地资源，在符合区域生态环境保护要求的前提下，因地制宜推进中东南部风电就地就近开发。创新风电投资建设模式和土地利用机制，实施“千乡万村驭风行动”，大力推进乡村风电开发。积极推进资源优质地区老旧风电机组升级改造，提升风能利用效率。

大力推动光伏发电多场景融合开发。全面推进分布式光伏开发，重点推进工业园区、经济开发区、公共建筑等屋顶光伏开发利用行动，在新建厂房和公共建筑积极推进光伏建筑一体化开发，实施“千家万户沐光行动”，规范有序推进整县（区）屋顶分布式光伏开发，建设光伏新村。积极推进“光伏＋”综合利用行动，鼓励农（牧）光互补、渔光互补等复合开发模式，推动光伏发电与5G基站、大数据中心等信息产业融合发展，推动光伏在新能源汽车充电桩、铁路沿线设施、高速公路服务区及沿线等交通领域应用，因地制宜开展光伏廊道示范。推进光伏电站开发建设，优先利用采煤沉陷区、矿山排土场等工矿废弃土地及油气矿区建设光伏电站。积极推动老旧光伏电站技改升级行动，提升发电效益。

（三）统筹推进水风光综合基地一体化开发

科学有序推进大型水电基地建设。推进前期工作，实施雅鲁藏布江下游水电开发。做好金沙江中上游等主要河流战略性工程和控制性水库的勘测设计工作，按照生态优先、统筹考虑、适度开发、确保底线原则，进一步优化工程建设方案。积极推动金沙江岗托、奔子栏、龙盘，雅砻江牙根二级，大渡河丹巴等水电站前期工作。推动工程建设，实现金沙江乌东德、白鹤滩，雅砻江两河口等水电站按期投产；推进金沙江拉哇、大渡河双江口等水电站建设；重点开工建设金沙江旭龙、雅砻江孟底沟、黄河羊曲等水电站。落实网源衔接，推进白鹤滩送电江苏、浙江输电通道建成投产，推进金沙江上游送电湖北等水电基地外送输电通道开工建设。加强四川等地的电网网架结构，提升丰水期通道输电能力，保障水电丰水期送出。

积极推进大型水电站优化升级，发挥水电调节潜力。充分发挥水电既有调峰潜力，在保护生态的前提下，进一步提升水电灵活调节能力，支撑风电和光伏发电大规模开发。在中东部及西部地区，适应新能源的大规模发展，对已建、在建水电机组进行增容改造。科学推进金沙江、雅砻江、大渡河、乌江、红水河、黄河上游等主要水电基地扩机。

做好生态环境保护与移民安置。继续做好水电规划环境影响评价和项目环境影响评价，加强保护措施效果跟踪监测，推进环境影响跟踪评价，持续改进和提升生态环境保护措施及其运行效果。建立健全移民、地方、企业共享水电开发利益的长效机制，充分发挥水电开发的经济效益和社会效益，推动库区发展、移民收益与电站效益结合，增强库区发展动力，构筑水电开发共建、共享、共赢的新局面。

依托西南水电基地统筹推进水风光综合基地开发建设。做好主要流域周边风能、太阳能资源勘查，依托已建成水电、“十四五”期间新投产水电调节能力和水电外送通道，推进“十四五”期间水风光综合基地统筹开发。针对前期和规划水电项目，按照建设水风光综合基地为导向，统筹进行水风光综合开发前期工作。统筹水电和新能源开发时序，做好风电和光伏发电开发及电网接入，明确风电和光伏发电消纳市场，完善水风光综合基地的资源开发、市场交易和调度运行机制，推进川滇黔桂、藏东南水风光综合基地开发建设。

（四）稳步推进生物质能多元化开发

稳步发展生物质发电。优化生物质发电开发布局，稳步发展城镇生活垃圾焚烧发电，有序发展农林生物质发电和沼气发电，探索生物质发电与碳捕集、利用与封存相结合的发展潜力和示范研究。有序发展生物质热电联产，因地制宜加快生物质发电向热电联产转型升级，为具备资源条件的县城、人口集中的乡村提供民用供暖，为中小工业园区集中供热。开展生物质发电市场化示范，完善区域垃圾焚烧处理收费制度，还原生物质发电环境价值。

积极发展生物质能清洁供暖。合理发展以农林生物质、生物质成型燃料等为主的生物质锅炉供暖，鼓励采用大中型锅炉，在城镇等人口聚集区进行集中供暖，开展农林生物质供暖供热示范。在大气污染防治非重点地区乡村，可按照就地取材原则，因地制宜推广户用成型燃料炉具供暖。

加快发展生物天然气。在粮食主产区、林业三剩物富集区、畜禽养殖集中区等种植养殖大县，以县域为单元建立产业体系，积极开展生物天然气示范。统筹规划建设年产千万立方米级的生物天然气工程，形成并入城市燃气管网以及车辆用气、锅炉燃料、发电等多元应用模式。

大力发展非粮生物质液体燃料。积极发展纤维素等非粮燃料乙醇，鼓励开展醇、电、气、肥等多联产示范。支持生物柴油、生物航空煤油等领域先进技术装备研发和推广使用。

（五）积极推进地热能规模化开发

积极推进中深层地热能供暖制冷。结合资源情况和市场需求，在北方地区大力推进中深层地热能供暖，因地制宜选择“取热不耗水、完全同层回灌”或“密封式、井下换热”技术，最大程度减少对地下土壤、岩层和水体的干扰。探索新型管理技术和市场运营模式，鼓励采取地热区块整体开发方式，推广“地热能＋”多能互补的供暖形式。推动中深层地热能供暖集中规划、统一开发，鼓励开展地热能与旅游业、种养殖业及工业等产业的综合利用。加强中深层地热能制冷研究，积极探索东南沿海中深层地热能制冷技术应用。全面推进浅层地热能开发。重点在具有供暖制冷双需求的华北平原、长江经济带等地区，优先发展土壤源热泵，积极发展再生水源热泵，适度发展地表水源热泵，扩大浅层地热能开发利用规模。满足南方地区不断增长的供暖需求，大力推进云贵等高寒地区地热能开发利用。

有序推动地热能发电发展。在西藏、青海、四川等地区推动高温地热能发电发展，支持干热岩与增强型地热能发电等先进技术示范。在东中部等中低温地热资源富集地区，因地制宜推进中低温地热能发电。支持地热能发电与其他可再生能源一体化发展。

（六）稳妥推进海洋能示范化开发

稳步发展潮汐能发电。优先支持具有一定工作基础、站址优良的潮汐能电站建设，推动万千瓦级潮汐能示范电站建设。开展潟湖式、动态潮汐能技术等环境友好型新型潮汐能技术示范，开展具备综合利用前景的潮汐能综合开发工程示范。

开展潮流能和波浪能示范。继续实施潮流能示范工程，积极推进兆瓦级潮流能发电机组应用，开展潮流能独立供电示范应用。探索推进波浪能发电示范工程建设，推动多种形式的波浪能发电装置应用。

探索开发海岛可再生能源。结合“生态岛礁”工程，选择有电力需求、可再生能源资源丰富的海岛，开展海岛可再生能源多能互补示范，探索海洋能在海岛多能互补电力系统的推广应用。

四、促进存储消纳，高比例利用可再生能源

加快建设可再生能源存储调节设施，强化多元化智能化电网基础设施支撑，提升新型电力系统对高比例可再生能源的适应能力。加强可再生能源发电终端直接利用，扩大可再生能源多元化非电利用规模，推动可再生能源规模化制氢利用，促进乡村可再生能源综合利用，多措并举提升可再生能源利用水平。

（一）提升可再生能源存储能力

加快推进抽水蓄能电站建设。开展各省（区、市）抽水蓄能电站需求论证，积极开展省级抽水蓄能资源调查行动，明确抽水蓄能电站的建设规模和布局，编制全国新一轮抽水蓄能中长期规划。大力推动项目建设，实现丰宁、长龙山等在建抽水蓄能电站按期投产；加快已纳入规划、条件成熟的大型抽水蓄能电站开工建设；加快纳入全国抽水蓄能电站中长期规划项目前期工作并力争开工。在新能源快速发展地区，因地制宜开展灵活分散的中小型抽水蓄能电站示范，扩大抽水蓄能发展规模。

推进黄河上游梯级电站大型储能试点项目建设。开展黄河上游梯级电站大型储能项目研究，解决工程技术问题，提升开发建设经济性。探索新能源发电抽水与梯级储能电站、流域梯级水电站的联合运行，创新运行机制。充分利用黄河上游已建成梯级水电站调节库容，推进龙羊峡-拉西瓦河段百万千瓦级梯级电站大型储能试点项目建设，支撑青海省新能源消纳和外送。

有序推进长时储热型太阳能热发电发展。推进关键核心技术攻关，推动太阳能热发电成本明显下降。在青海、甘肃、新疆、内蒙古、吉林等资源优质区域，发挥太阳能热发电储能调节能力和系统支撑能力，建设长时储热型太阳能热发电项目，推动太阳能热发电与风电、光伏发电基地一体化建设运行，提升新能源发电的稳定性可靠性。

推动其他新型储能规模化应用。明确新型储能独立市场主体地位，完善储能参与各类电力市场的交易机制和技术标准，发挥储能调峰调频、应急备用、容量支撑等多元功能，促进储能在电源侧、电网侧和用户侧多场景应用。创新储能发展商业模式，明确储能价格形成机制，鼓励储能为可再生能源发电和电力用户提供各类调节服务。创新协同运行模式，有序推动储能与可再生能源协同发展，提升可再生能源消纳利用水平。

（二）促进可再生能源就地就近消纳

加强电网基础设施建设及智能化升级，提升电网对可再生能源的支撑保障能力。加强可再生能源富集地区电网配套工程及主网架建设，提升关键局部断面

送出能力，支撑可再生能源在区域内统筹消纳。推动配电网扩容改造和智能化升级，提升配电网柔性开放接入能力、灵活控制能力和抗扰动能力，增强电网就地就近平衡能力，构建适应大规模分布式可再生能源并网和多元负荷需要的智能配电网。

提升可再生能源就地消纳能力。积极推进煤电灵活性改造，推动自备电厂主动参与调峰，在新能源资源富集地区合理布局一批天然气调峰电站，充分提升系统调节能力。优化电力调度运行，合理安排系统开机方式，动态调整各类电源发电计划，探索推进多种电源联合调度。引导区域电网内共享调峰和备用资源，创新调度运行与市场机制，促进可再生能源在区域电网内就地消纳。

（三）推动可再生能源外送消纳

加强送受端电网支撑，提升“三北”地区既有特高压输电通道新能源外送规模。强化送受端地区网架结构，提升电网基础设施支撑能力，推动“三北”地区既有特高压交直流通道输电能力尽快达到设计水平。统筹配套一批风电和光伏发电基地，充分提升输电通道中新能源电量占比，扩大跨省跨区可再生能源消纳规模，持续提升存量特高压通道可再生能源电量输送比例。

提升基础设施利用率，推动既有火电“点对网”专用输电通道外送新能源。利用上都、托克托、锦界、府谷等火电“点对网”专用输电通道，就近布局风电和光伏发电项目，通过火电专用通道外送，推动传统单一煤电基地向风光火（储）一体化综合能源基地转型。

优化新建通道布局，推动可再生能源跨省跨区消纳。加快建设白鹤滩至华东、金沙江上游至湖北特高压输电通道，在确保水电外送的基础上，扩大风电和光伏发电外送规模。加快建设陕北至湖北、哈密至重庆、陇东至山东等特高压直流输电通道建设，提升配套火电深度调峰能力，在送端区域内统筹布局风电和光伏发电基地，可再生能源电量占比原则上不低于50%。

（四）加强可再生能源多元直接利用

推动可再生能源发电在终端直接应用。在工业园区、大型生产企业和大数据中心等周边地区，因地制宜开展新能源电力专线供电，建设新能源自备电站，推动绿色电力直接供应和对燃煤自备电厂替代，建设一批绿色直供电示范工厂和示范园区，开展发供用高比例新能源示范。结合增量配电网试点，积极发展以可再生能源为主的微电网、直流配电网，扩大分布式可再生能源终端直接应用规模。在边远地区，结合新型储能，构建基于高比例可再生能源的独立供电系统，推动可再生能源直接应用。

扩大可再生能源非电直接利用规模。做好区域可再生能源供暖与国土空间规划、城市规划等的衔接，在北方清洁供暖中因地制宜优先利用可再生能源供暖，在具备条件的地区开展规模化可再生能源供暖行动。在城镇新区推动可再生能源供暖与天然气、电力等其他清洁供暖方式的耦合集成，示范建设以可再生能源供暖为主的多能互补供暖体系。持续推进燃料乙醇、生物柴油等清洁液体燃料商业化应用，在科学研究动力和安全性能的基础上，扩大在重型道路交通、航空和航运中对汽油柴油的规模化替代。提高燃气、热力管网等基础设施对可再生能源应用的兼容性，加快完善相关标准，探索推动地热能集中供暖纳入城镇供热管网、生物天然气并入城乡燃气管网。

开展高比例可再生能源应用示范。在学校医院、机场车站、工业园区等区域，推动可再生能源与终端冷热水电气等集成耦合利用，促进可再生能源技术融合、应用方式和体制机制等创新，建设高度自平衡的可再生能源局域能源网，实现高比例可再生能源自产自用。在可再生能源资源富集、体制机制创新先行先试地区等，扩大分布式能源接入和应用规模，以县域为单位统筹可再生能源开发利用，创新可再生能源全产业链开发利用合作模式，因地制宜创建绿色能源示范县（园）。继续推进清洁能源示范省建设，推动可再生能源资源丰富地区率先实现碳达峰，并在支撑全国能源清洁低碳转型中发挥更大作用，推动中东部能源消费集中的地区显著提升可再生能源消费比重。

（五）推动可再生能源规模化制氢利用

开展规模化可再生能源制氢示范。在可再生能源发电成本低、氢能储输用产业发展条件较好的地区，推进可再生能源发电制氢产业化发展，打造规模化的绿氢生产基地。

推进化工、煤矿、交通等重点领域绿氢替代。推广燃料电池在工矿区、港区、船舶、重点产业园区等示范应用，统筹推进绿氢终端供应设施和能力建设，提高交通领域绿氢使用比例。在可再生能源资源丰富、现代煤化工或石油化工产业基础好的地区，重点开展能源化工基地绿氢替代。积极探索氢气在冶金化工领域的替代应用，降低冶金化工领域化石能源消耗。

（六）扩大乡村可再生能源综合利用

加快构建以可再生能源为基础的乡村清洁能源利用体系。利用建筑屋顶、院落空地、田间地头、设施农业、集体闲置土地等推进风电和光伏发电分布式发展，提升乡村就地绿色供电能力。继续实施北方地区清洁取暖工程，因地制宜推动生物质能、地热能、太阳能、电能供暖，完善产业基础，构建县域内城乡融合的多能互补清洁供暖体系。提高农林废弃物、畜禽粪便的资源化利用率，发展生物天然气和沼气，助力农村人居环境整治提升。推动乡村能源技术和体制创新，促进乡村可再生能源充分开发和就地消纳，建立经济可持续的乡村清洁能源开发利用模式。开展村镇新能源微能网示范，扩大乡村绿色能源消费市场，提升乡村用能清洁化、电气化水平，支撑生态宜居美丽乡村建设。

持续推进农村电网巩固提升。加大农村电网基础设施投入，加快实施农村电网巩固提升工程，聚焦脱贫地区等农村电网薄弱环节，加快消除农村电力基础设施短板，提升农村电网供电可靠性。全面提升乡村电气化水平，建设满足大规模分布式可再生能源接入、电动汽车下乡等发展需要的县域内城乡互联配电网，筑牢乡村振兴电气化基础。

提升乡村可再生能源普遍服务水平。统筹乡村可再生能源发展与乡村集体经济，通过集体土地作价入股、收益共享等机制，培育乡村能源合作社等新型集体经济模式，支持乡村振兴。强化县域可再生能源开发利用综合服务能力，积极开展乡村能源站行动，建设具备分布式可再生能源诊断检修、电动汽车充换电服务、生物质成型燃料加工等能力的乡村能源站，培养专业化服务队伍，提高乡村能源公共服务能力。结合数字乡村建设工程，推动城乡可再生能源数字化、智能化水平同步发展，推进可再生能源与农业农村生产经营深度融合，提升乡村智慧用能水平。积极探索能源服务商业模式和运行机制，引导鼓励社会主体参与，壮大乡村能源队伍，构建功能齐全、上下联动、自我发展的乡村可再生能源服务体系。

五、坚持创新驱动，高质量发展可再生能源

布局前沿方向，激发创新活力，完善可再生能源创新链，加大可再生能源关键技术攻关力度，加快培育新模式新业态，提高产业链现代化水平，提升供应链弹性韧性，持续巩固提升我国可再生能源产业竞争力。

（一）加大可再生能源技术创新攻关力度

推行“揭榜挂帅”“赛马制”等创新机制，提升新型电力系统稳定性可靠性。改善新能源发电涉网性能，提高风能、太阳能资源预报准确度和风电、光伏发电功率预测精度，提升风电、光伏发电主动支撑能力和适应电力系统扰动的能力。加大新型电力系统关键技术研究与推广应用，提升系统智能化水平，创新高比例可再生能源、高比例电力电子装置的电力系统稳定理论、规划方法和运行控制技术，提升系统安全稳定运行水平。研究建立电力应急保障体系，合理配置长时新型储能，优化系统风光水火储发展结构，提高多元互济能力，提高气象灾害预警精度，提升电力可靠供应裕度和应急保障能力。

加强可再生能源前沿技术和核心技术装备攻关。加强前瞻性研究，加快可再生能源前沿性、颠覆性开发利用技术攻关。重点开展超大型海上风电机组研制、高海拔大功率风电机组关键技术研究，开展光伏发电户外实证示范，掌握钙钛矿等新一代高效低成本光伏电池制备及产业化生产技术，突破适用于可再生能源灵活制氢的电解水制氢设备关键技术，研发储备钠离子电池、液态金属电池、固态锂离子电池、金属空气电池、锂硫电池等高能量密度储能技术。推进大容量风电机组创新突破；突破生物天然气原料预处理、消化、利用等全产业链关键技术；推进适用于可再生能源制氢的新型电解水设备研制；加快大容量、高密度、高安全、低成本新型储能装置研制。

持续推进可再生能源工程技术创新及应用。以重大工程为依托，推动水电特殊地质条件地区地基处理与筑坝技术研究，突破高水头大容量水轮发电机组制造技术。重点推进深远海海域海上风电勘察、施工、输电、运维新技术研究和应用。推进光热发电工程施工技术与配套装备创新，研发光热电站集成技术。支持干热岩开发技术、高温地热发电技术的研究与应用，开展中深层地热供暖技术创新。

（二）培育可再生能源发展新模式新业态

推动可再生能源智慧化发展。推动可再生能源与人工智能、物联网、区块链等新兴技术深度融合，发展智能化、联网化、共享化的可再生能源生产和消费新模式。推广新能源云平台应用，汇聚能源全产业链信息，推动能源领域数字经济发展。

大力发展综合能源服务。依托智能配电网、城镇燃气网、热力管网等能源网络，综合可再生能源、储能、柔性网络等先进能源技术和互联通信技术，推动分布式可再生能源高效灵活接入与生产消费一体化，建设冷热水电气一体供应的区域综合能源系统。发展与大规模分布式可再生能源相适应的专业化、网格化运行维护服务体系，通过移动用户终端等方式实现分布式能源设备运行状态监测、故障检修的快速响应，培养一批高专业化水平的新能源“店小二”。

推动可再生能源与电动汽车融合发展。利用大数据和智能控制等新技术，将波动性可再生能源与电动汽车充放电互动匹配，实现车电互联。采用现代信息技术与智能管理技术，整合分散的电动汽车充电设施，通过电力市场交易等促进可再生能源与电动汽车互动发展。

创新推动光伏治沙规模化发展。开展光伏治沙示范应用，因地制宜科学选择治理模式、种植作物等，探索形成不同条件下合理的光伏治沙建设方案。重点在内蒙古西部的库布其、乌兰布和、巴丹吉林、腾格里沙漠地区，新疆南部塔里木盆地，青海西部柴达木盆地，甘肃河西走廊北部，陕西北部等地区，统筹资

源条件和消纳能力，建设一批光伏治沙新能源发电基地。带动沙漠治理、耐旱作物种植、观光旅游等相关产业发展，形成沙漠治理、生态修复、生态经济、沙漠产业多位一体、治用并行、平衡发展的体系。

（三）提升可再生能源产业链供应链现代化水平

锻造产业链供应链长板。推动可再生能源产业优化升级，加强制造设备升级和新产品规模化应用，实施可再生能源产业智能制造和绿色制造工程，推动产业高端化、智能化、绿色化发展。

补齐产业链供应链短板。推动可再生能源产业基础再造，加快重要产业技术工程化攻关。推动退役风电机组、光伏组件回收处理技术与新产业链发展，补齐风电、光伏发电绿色产业链最后一环，实现全生命周期绿色闭环式发展。发展可再生能源发电、供热、制气等先进适用技术，推动可再生能源产业链供应链多元化。

完善产业标准认证体系。健全可再生能源技术装备标准、检测、认证和质量监督组织体系，完善可再生能源设备生产、项目建设和运营管理。鼓励国内企业积极参与国际可再生能源领域标准制定，推进标准体系、合格评定体系与国际接轨，促进认证结果国际互认。

（四）完善可再生能源创新链

加强科技创新支撑。加大对能源研发创新平台支持力度，重点支持可再生能源、新型电力系统、规模化储能、氢能等技术领域，整合资源、组织力量对核心技术方向实施重大科技协同研究和重大工程技术协同创新。加大高水平人才培养与引进力度，鼓励各类院校开设可再生能源专业学科并与企业开展人才培养合作，完善可再生能源领域高端人才引进机制，完善人才评价和激励机制，造就一批具有国际竞争力的科技人才与创新团队。

打通科技成果转化通道。发展大容量风电机组及其关键零部件测试技术与平台，建设典型气候条件下光伏发电技术实证公共服务平台，加快推动新技术实证验证与工程转化。加强知识产权保护，推进创新创业机构改革，建设专业化市场化技术转移机构和技术经理人队伍，促进科技成果转化，通过产学研展洽会等多种形式，加强国内外先进科技成果转化对接。

六、健全体制机制，市场化发展可再生能源

深化能源体制和“放管服”改革，推进能源低碳转型，激发市场主体活力，完善可再生能源电力消纳保障机制，健全可再生能源市场化发展体制机制，健全绿色能源消费机制，充分发挥市场在资源配置中的决定性作用，更好发挥政府作用，为可再生能源发展营造良好环境。

（一）深化可再生能源行业“放管服”改革

加大简政放权力度。落实政府权责清单制度，持续优化可再生能源市场化法治化营商环境。实施市场准入负面清单制度，破除清单之外隐性准入壁垒，进一步放宽准入限制。完善投资管理机制，对不涉及国家安全、全国重大生产力布局和战略性资源开发的可再生能源项目，推动核准改备案，鼓励实施企业投资项目承诺制。优化可再生能源项目核准和备案流程，规范风电和光伏发电增容更新、延寿运行等管理，进一步简化分布式可再生能源投资管理程序。

完善监督管理机制。构建有利于可再生能源发展的协同监管机制，加强可再生能源规划、产业政策、开发建设、电网接入、调度交易、消纳利用等监管，确保国家规划政策有效实施。对可再生能源新产业新业态实施包容审慎监管。推进可再生能源行业信用体系建设，大力推进信用监管，建立市场主体信用评级制度，健全守信激励和失信惩戒机制。

提升政务服务水平。创新政务服务方式，构建能源与自然资源、生态环境等多部门联动审批机制，推行项目核准（备案）“一站式”服务。深入开展“互联网+政务服务”，促进政务服务标准化规范化，推动政务服务质量和效能全面提升。建立可再生能源开发利用多部门协调机制，优化相关权证办理流程，推动落实项目建设条件，营造良好发展环境。

（二）健全可再生能源电力消纳保障机制

强化可再生能源电力消纳责任权重引导。建立以可再生能源利用为导向的开发建设管理机制，明确可再生能源电力消纳责任权重目标并逐年提升，逐步缩小各地权重目标差异，引导各地加强可再生能源开发利用，推动跨省跨区可再生能源电力交易。强化权重目标分解落实，促进各类市场主体公平合理共担可再生能源电力消纳责任，推动自备电厂、市场化电力用户等积极消纳利用可再生能源。

加强可再生能源电力消纳责任权重评价考核。加强对省级行政区域消纳责任权重完成情况监测评价，推动纳入地方政府考核体系，强化对电网、市场主体消纳量完成情况考核，压实地方责任。完善激励机制，建立完善鼓励消纳、优先利用可再生能源的政策机制，扩大可再生能源消纳利用规模。

建立健全可再生能源电力消纳长效机制。科学制定可再生能源合理利用率指标，形成有利于可再生能源发展和系统整体优化的动态调整机制。统筹电源侧、电网侧、负荷侧资源，完善调度运行机制，多维度提升电力系统调节能力。推动源网荷共担消纳责任，构建由电网保障消纳、市场化自主消纳、分布式发电交易消纳共同组成的多元并网消纳机制。

（三）完善可再生能源市场化发展机制

健全可再生能源开发建设管理机制。完善风电、光伏发电项目开发建设管理办法，建立以市场化竞争配置为主、竞争配置和市场自主相结合的项目开发管理机制。开展生物质发电项目竞争性配置，逐步形成有效的市场化开发机制，推动生物质发电补贴逐步退坡。探索水风光综合基地市场化开发管理机制，推动各类投资主体积极参与水风光综合开发。加强风电、太阳能、生物质能、地热能项目开发建设统计和非电利用生产运行信息统计，推进可再生能源行业统计体系全覆盖。发挥全国统一电力市场体系价格信号引导作用，通过市场机制优化可再生能源开发建设布局。

完善可再生能源全额保障性收购制度。落实可再生能源法，进一步完善全额保障性收购制度，做好可再生能源电力保障性收购与市场化交易的衔接。逐步扩大可再生能源参与市场化交易比重，对保障小时数以外电量，鼓励参与市场实现充分消纳。

完善可再生能源价格形成和补偿机制。完善风电和光伏发电市场化价格形成机制，促进技术进步和成本下降，稳定投资预期。建立完善有利于分布式发电发展、可再生能源消纳利用的输配电价机制。完善抽水蓄能电站价格形成机制，提升抽水蓄能电站开发建设积极性，促进抽水蓄能大规模、高质量发展。建立完善地热能发电、生物质发电价格机制。

构建可再生能源参与市场交易机制。完善可再生能源参与电力市场交易规则，破除市场和行政壁垒，形成充分反映可再生能源环境价值、与传统电源公平竞争的市场机制。推动可再生能源与电力消纳责任主体签订多年长期购售电协议，推动受端市场用户直接参与可再生能源跨省交易。完善可再生能源参与现货市场相关机制，充分发挥日内、实时市场作用。完善电力辅助服务补偿和分摊机制，体现调峰气电、储能等灵活性调节资源的市场价值，促进区域电网内调峰和备用资源的共享。完善分布式发电市场化交易机制，规范交易流程，扩大交易规模。

（四）建立健全绿色能源消费机制

完善绿色电力证书机制。强化绿证的绿色电力消费属性标识功能，拓展绿证核发范围，推动绿证价格由市场形成，鼓励平价项目积极开展绿证交易。做好绿证与可再生能源电力消纳保障机制的衔接。做好绿证交易与碳交易的衔接，进一步体现可再生能源的生态环境价值。

建立绿色能源消费评价、认证与标识体系。在统一的绿色产品标识与认证体系下，推动建立绿色能源消费评价体系，逐步建立基于绿证的绿色能源消费认证标准、制度和标识体系，激发绿证交易活力，以评价、认证为手段促进科学、灵活的绿色能源消费体系构建。

积极引导绿色能源消费。发挥媒体作用，深入开展绿色能源消费公益宣传和教育，加大对使用可再生能源的企业、服务、活动等消费主体和消费行为的认证力度。加大绿色能源消费产品认证力度，鼓励新能源设备制造、汽车、IT 等企业提高绿色能源使用比例，生产绿色产品。提高工业、建筑、交通等领域和公共机构绿色用能要求，运用政府采购政策支持可再生能源消费。

七、坚持开放融入，深化可再生能源国际合作

加强应对气候变化国际合作，积极参与全球能源转型变革，深层次推进可再生能源产业国际合作。

（一）持续参与全球绿色低碳能源体系建设

持续完善国际合作交流机制和平台。用好“一带一路”能源部长会平台，打造绿色、包容的“一带一路”能源合作伙伴关系，凝聚“一带一路”绿色发展共识。办好国际能源变革论坛及相关活动。加强与重要国际组织和国家间的可再生能源政策对话及合作，深入开展规划引领、政策设计、技术交流、融资互动、经验分享等全方位对接，发出中国声音、讲好中国故事。

积极参与全球能源与气候治理。强化与其他发展中国家能源绿色发展合作，提高发展中国家能源领域应对气候变化能力。为有需要的国家提供能力建设、低碳转型等支持，务实推动全球能源转型。

（二）深化推进国际技术与产能合作

加强可再生能源与新能源技术创新合作。围绕构建新型电力系统，加强与相关国家在高效低成本新能源发电技术、储能、氢能等先进技术上的务实合作。鼓励可再生能源领域国际技术创新交流，积极融入全球可再生能源创新网络。

推进可再生能源产业国际化和国际产能合作。充分把握国际国内市场差异化特点，发挥国内市场规模大、应用场景多等优势，积极探索与国外先进企业合作的新模式、新途径。鼓励制造业企业开展包括装备、技术、标准、品牌在内的可再生能源优质产业走出去。

（三）积极参与可再生能源国际标准体系建设

加大可再生能源技术标准的交流合作与互认，积极参与国际电工委员会等可再生能源合格评定互认体系，支持国内企业和机构参与国际标准的制修订，提升我国在国际认证、认可、检测等领域的贡献度。

八、保障措施

强化政策协同保障，开展可再生能源资源详查与储量评估，完善可再生能源发展相关土地、财政、金融等政策，为可再生能源快速发展提供保障。

（一）完善可再生能源资源评估和服务体系

加强可再生能源开发生态环境保护关键技术研究。重点针对水电、风电等开发过程中对生态环境造成的影响，开展水生生态、陆生生态影响基础研究及相关环境影响减缓技术研究。

加强可再生能源资源开发储量评估。会同自然资源、气象等管理部门共同开展地热能利用、风电和光伏发电开发资源量评估，对全国可利用的风电和光伏发电资源进行全面勘查评价，按照资源禀赋、土地用途、生态保护、城乡建设等情况，准确识别各县域单元具备开发利用条件的资源潜力，建立全国风电和光伏发电可开发资源数据库，并及时将可再生能源资源的可开发利用范围等空间信息纳入同级国土空间基础信息平台和国土空间规划一张图，对重要的新能源开发基地、储备基地、抽水蓄能站点等进行前瞻性布局。会同建筑管理部门开展建筑附加和建筑一体化太阳能资源评估。会同农业农村管理部门开展农村生物质能等新能源资源评估，明确可再生能源发展空间。

构建资源详查评估服务体系。发挥各级公共机构和各类企业优势，健全网格化、立体式新能源资源详查评估服务体系，通过政府组织等方式，实现各类新能源资源共享，科学引导新能源产业投资与项目开发。

（二）加强可再生能源土地和环境支持保障

依据国土空间规划，完善可再生能源空间用途管制规则，出台可再生能源空间布局专项规划，保障可再生能源开发利用合理的用地用海空间需求。统一土地性质认定，明确不同地类的用地标准，优化土地用途和生态环境保护管理，完善复合用地政策，降低不合理的土地使用成本。全面评估秸秆综合利用、畜禽粪污资源化利用、垃圾焚烧等的环境保护价值，强化生物质能利用与大气污染物排放标准等环境保护要求和政策的协同，加强生物质能的资源化利用，推进生物质成型燃料及专用设备标准制定。

（三）加强可再生能源财政政策支持

加大可再生能源发展基金征收力度，央地联动，根据“以收定支”的原则，研究完善深远海风电、生物质能、地热能等对于碳达峰有重要作用的可再生能源支持政策。

（四）完善可再生能源绿色金融体系

完善绿色金融标准体系，实施金融支持绿色低碳发展专项政策，把可再生能源领域融资按规定纳入地方政府贴息等激励计划，建立支持终端分布式可再生能源的资金扶持机制。丰富绿色金融产品和市场体系，开展水电、风电、太阳能、抽水蓄能电站基础设施不动产投资信托基金等试点，进一步加大绿色债券、绿色信贷对符合条件新能源项目的支持力度。鼓励社会资本按照市场化原则，多渠道筹资，设立投资基金，支持可再生能源产业发展。

九、规划实施

（一）加强规划衔接

以国家发展规划为统领，以国土空间规划为基础，强化可再生能源发展规划与中长期能源规划、现代能源体系规划和各分领域能源规划的衔接。建立健全能源领域规划会商与协调机制，协调可再生能源开发规模、布局、时序与系统调节能力、跨省跨区输电通道建设，保障可再生能源规划重点任务、重大工程实施。

（二）细化任务落实

更好发挥国家规划对地方规划的导向作用，各省级政府应将本规划确定的主要目标、重点任务和重大工程等列入本地区能源发展规划及相关专项规划，明确责任主体、进度要求和考核机制。

（三）加强国家统筹

对纳入国家基地的项目，坚持自上而下、上下结合、国家统筹、省负总责，建立国家和省两级协调，在现有投资管理体制下，以省为主体统筹开展基地开发建设，各类企业平等竞争，开发企业、电网企业和项目所在地方政府具体落实。国家对基地项目实行统一规划、统一布局、明确标准和要求，对纳入国家基地项目协调落实土地、环保、送出消纳、并网运行等建设条件。

（四）加强监测评估

坚持对规划实施情况进行动态监测、中期评估和总结评估，严格评估程序，适时开展评估工作，及时总结经验、分析问题、制订对策，对规划滚动实施提出建议，规划确需调整的，由国家能源局按程序修订后公布。建立可再生能源发电项目开发建设月度调度机制，及时掌握项目建设运行情况、协调解决重大问题。

十、环境影响分析

可再生能源开发利用可替代大量化石能源消耗、减少温室气体和污染物排放、显著增加新的就业岗位，对环境和社会发展起到重要且积极作用。可再生能源上游装备制造业绿色发展趋势明确，业内主流的风电、光伏发电设备制造企业纷纷做出 100%使用可再生能源、大幅提前实现企业碳中和等公开承诺，产能不断向可再生能源资源丰富区域优化布局，降低生产过程碳排放等环境影响。水电、风电、太阳能发电、太阳能热利用在能源生产过程中不排放污染物和温室气体，可显著减少各类化石能源消耗，同时降低煤炭开采的生态破坏和燃煤发电的水资源消耗。农林生物质从生长到最终利用的全生命周期内不增加二氧化碳排放，生物质发电排放的二氧化硫、氮氧化物和烟尘等污染物也远少于燃煤发电。可再生能源尤其是风电、光伏发电设备批量退役与回收处理问题将制定具体的管理办法。随着全生命周期碳排放管理、全生命周期环境影响评价体系的建立和完善，可再生能源产业将积极构建全生命周期绿色闭环式发展体系。同时，对于可再生能源大规模开发的重点地区，将根据有关法规要求，做好区域资源环境承载能力分析和生态环境影响预测评估，分析重大项目建设的环境影响，提出预防或减轻不良环境影响的政策、管理、技术措施，进一步促进可再生能源开发利用与生态环境保护协调发展。

2025 年，全国可再生能源年利用量折合 10 亿 t 标准煤，届时可再生能源年利用量相当于减少二氧化碳排放量约 26 亿 t，减少二氧化硫排放量约 50 万 t，减少氮氧化物排放约 60 万 t，减少烟尘排放约 10 万 t，年节约用水约 40 亿 m^3，环境效益显著。

“十四五”新型储能发展实施方案（摘要）

新型储能是构建新型电力系统的重要技术和基础装备，是实现碳达峰碳中和目标的重要支撑，也是催生国内能源新业态、抢占国际战略新高地的重要领域。“十三五”以来，我国新型储能行业整体处于由研发示范向商业化初期的过渡阶段，在技术装备研发、示范项目建设、商业模式探索、政策体系构建等方面取得了实质性进展，市场应用规模稳步扩大，对能源转型的支撑作用初步显现。按照《中华人民共和国国民经济和社会发展第十四个五年规划和 2035 年远景目标纲要》和《国家发展改革委　国家能源局关于加快推动新型储能发展的指导意见》要求，为推动新型储能规模化、产业化、市场化发展，现制定以下实施方案。

一、总体要求

（一）指导思想（略）

（二）基本原则（略）

（三）发展目标

到 2025 年，新型储能由商业化初期步入规模化发展阶段，具备大规模商业化应用条件。新型储能技术创新能力显著提高，核心技术装备自主可控水平大幅提升，标准体系基本完善，产业体系日趋完备，市场环境和商业模式基本成熟。其中，电化学储能技术性能进一步提升，系统成本降低 30%以上；火电与核电机组抽汽蓄能等依托常规电源的新型储能技术、百兆瓦级压缩空气储能技术实现工程化应用；兆瓦级飞轮储能等机械储能技术逐步成熟；氢储能、热（冷）储能等长时间尺度储能技术取得突破。

到 2030 年，新型储能全面市场化发展。新型储能核心技术装备自主可控，技术创新和产业水平稳居全球前列，市场机制、商业模式、标准体系成熟健全，与电力系统各环节深度融合发展，基本满足构建新型电力系统需求，全面支撑能源领域碳达峰目标如期实现。

二、强化技术攻关，构建新型储能创新体系

发挥政府引导和市场能动双重作用，加强储能技术创新战略性布局和系统性谋划，积极开展新型储能关键技术研发，采用“揭榜挂帅”机制开展储能新材料、新技术、新装备攻关，加速实现核心技术自主化，推动产学研用各环节有机融合，加快创新成果转化，提升新型储能领域创新能力。

（一）加大关键技术装备研发力度

推动多元化技术开发。开展钠离子电池、新型锂离子电池、铅炭电池、液流电池、压缩空气、氢（氨）储能、热（冷）储能等关键核心技术、装备和集成优化设计研究，集中攻关超导、超级电容等储能技术，研发储备液态金属电池、固态锂离子电池、金属空气电池等新一代高能量密度储能技术。

突破全过程安全技术。突破电池本质安全控制、电化学储能系统安全预警、系统多级防护结构及关键材料、高效灭火及防复燃、储能电站整体安全性设计等关键技术，支撑大规模储能电站安全运行。突破储能电池循环寿命快速检测和老化状态评价技术，研发退役电池健康评估、分选、修复等梯次利用相关技术，研究多元新型储能接入电网系统的控制保护与安全防御技术。

创新智慧调控技术。集中攻关规模化储能系统集群智能协同控制关键技术，开展分布式储能系统协同聚合研究，着力破解高比例新能源接入带来的电网控制难题。依托大数据、云计算、人工智能、区块链等技术，开展储能多功能复用、需求侧响应、虚拟电厂、云储能、市场化交易等领域关键技术研究。

（二）积极推动产学研用融合发展

支持产学研用体系和平台建设。支持以“揭榜挂帅”等方式调动企业、高校及科研院所等各方面力量，推进国家级储能重点实验室以及国家储能技术产教融合创新平台建设，促进教育链、人才链和产业链的有机衔接和深度融合。鼓励地方政府、企业、金融机构、技术机构等联合组建新型储能发展基金和创新联盟，优化创新资源分配，推动技术和商业模式创新。

加强学科建设和人才培养。落实《储能技术专业学科发展行动计划（2020—2024）》要求，完善新型储能技术人才培养专业学科体系，深化新型储能专业人才和复合人才培养。支持依托新型储能研发创新平台，申报国家或省部级科技项目，培养优秀新型储能科研人才。

（三）健全技术创新体系

加快建立以企业为主体、市场为导向、产学研用

相结合的绿色储能技术创新体系，强化新型储能研发创新平台的跟踪和管理。支持相关企业、科研机构、高等院校等持续开展新型储能技术创新、应用布局、商业模式、政策机制、标准体系等方面的研究工作，加强对新型储能行业发展的科学决策支撑。

三、积极试点示范，稳妥推进新型储能产业化进程

聚焦各类应用场景，关注多元化技术路线，以稳步推进、分批实施的原则开展新型储能试点示范，加强示范项目跟踪评估。加快重点区域试点示范，鼓励各地先行先试。通过示范应用带动新型储能技术进步和产业升级，完善产业链，增强产业竞争力。

（一）加快多元化技术示范应用

加快重大技术创新示范。积极开展首台（套）重大技术装备示范、科技创新（储能）试点示范。加强试点示范项目的跟踪监测与分析评估，为新技术、新产品、新方案实际应用效果提供科学数据支撑，为国家制定产业政策和技术标准提供科学依据。推动国家级新型储能实证基地建设，为各类新型储能设备研发、标准制定、运行管理、效益分析等提供验证平台。

开展不同技术路线分类试点示范。重点建设更大容量的液流电池、飞轮、压缩空气等储能技术试点示范项目，推动火电机组抽汽蓄能等试点示范，研究开展钠离子电池、固态锂离子电池等新一代高能量密度储能技术试点示范。拓展氢（氨）储能、热（冷）储能等应用领域，开展依托可再生能源制氢（氨）的氢（氨）储能、利用废弃矿坑储能等试点示范。结合系统需求推动多种储能技术联合应用，开展复合型储能试点示范。

推动多时间尺度新型储能技术试点示范。针对负荷跟踪、系统调频、惯量支撑、爬坡、无功支持及机械能回收等秒级和分钟级应用需求，推动短时高频储能技术示范。针对新能源消纳和系统调峰问题，推动大容量、中长时间尺度储能技术示范。重点试点示范压缩空气、液流电池、高效储热等日到周、周到季时间尺度储能技术，以及可再生能源制氢、制氨等更长周期储能技术，满足多时间尺度应用需求。

（二）推进不同场景及区域试点示范

深化不同应用场景试点示范。聚焦新型储能在电源侧、电网侧、用户侧各类应用场景，遴选一批新型储能示范试点项目，结合不同应用场景制定差异化支持政策。结合试点示范项目，深化不同应用场景下储能装备、系统集成、规划设计、调度运行、安全防护、测试评价等方面的关键技术研究。

加快重点区域试点示范。积极开展区域性储能示范区建设，鼓励各地因地制宜开展新型储能政策机制改革试点，推动重点区域新型储能试点示范项目建设。结合以沙漠、戈壁、荒漠地区为重点的大型风电光伏基地建设开展新型储能试点示范；加快青海省国家储能发展先行示范区建设；加强河北、广东、福建、江苏等地首批科技创新（储能）试点示范项目跟踪评估；统筹推进张家口可再生能源示范区新型储能发展。鼓励各地在具备先进技术、人才队伍和资金支持的前提下，大胆先行先试，开展技术创新、模式创新以及体制机制创新试点示范和应用。

（三）发展壮大新型储能产业

完善上下游产业链条。培育和延伸新型储能上下游产业，依托具有自主知识产权和核心竞争力骨干企业，积极推动新型储能全产业链发展。吸引更多人才、技术、信息等高端要素向新型储能产业集聚，着力培育和打造储能战略性新兴产业集群。

建设高新技术产业基地。结合资源禀赋、技术优势、产业基础、人力资源等条件，推动建设一批国家储能高新技术产业化基地，促进新型储能产业实现规模化、市场化高质量发展。

四、推动规模化发展，支撑构建新型电力系统

持续优化建设布局，促进新型储能与电力系统各环节融合发展，支撑新型电力系统建设。推动新型储能与新能源、常规电源协同优化运行，充分挖掘常规电源储能潜力，提高系统调节能力和容量支撑能力。合理布局电网侧新型储能，着力提升电力安全保障水平和系统综合效率。实现用户侧新型储能灵活多样发展，探索储能融合发展新场景，拓展新型储能应用领域和应用模式。

（一）加大力度发展电源侧新型储能

推动系统友好型新能源电站建设。在新能源资源富集地区，如内蒙古、新疆、甘肃、青海等，以及其他新能源高渗透率地区，重点布局一批配置合理新型储能的系统友好型新能源电站，推动高精度长时间尺度功率预测、智能调度控制等创新技术应用，保障新能源高效消纳利用，提升新能源并网友好性和容量支撑能力。

支撑高比例可再生能源基地外送。依托存量和“十四五”新增跨省跨区输电通道，在东北、华北、西北、西南等地区充分发挥大规模新型储能作用，通过“风光水火储一体化”多能互补模式，促进大规模新能源跨省区外送消纳，提升通道利用率和可再生能源电量占比。

促进沙漠戈壁荒漠大型风电光伏基地开发消纳。配合沙漠、戈壁、荒漠等地区大型风电光伏基地开发，研究新型储能的配置技术、合理规模和运行方式，探索利用可再生能源制氢，支撑大规模新能源外送。

促进大规模海上风电开发消纳。结合广东、福建、

江苏、浙江、山东等地区大规模海上风电基地开发，开展海上风电配置新型储能研究，降低海上风电汇集输电通道的容量需求，提升海上风电消纳利用水平和容量支撑能力。

提升常规电源调节能力。推动煤电合理配置新型储能，开展抽汽蓄能示范，提升运行特性和整体效益。探索开展新型储能配合核电调峰调频及多场景应用。探索利用退役火电机组既有厂址和输变电设施建设新型储能或风光储设施。

（二）因地制宜发展电网侧新型储能

提高电网安全稳定运行水平。在负荷密集接入、大规模新能源汇集、大容量直流馈入、调峰调频困难和电压支撑能力不足的关键电网节点合理布局新型储能，充分发挥其调峰、调频、调压、事故备用、爬坡、黑启动等多种功能，作为提升系统抵御突发事件和故障后恢复能力的重要措施。

增强电网薄弱区域供电保障能力。在供电能力不足的偏远地区，如新疆、内蒙古、西藏等地区的电网末端，合理布局电网侧新型储能或风光储电站，提高供电保障能力。在电网未覆盖地区，通过新型储能支撑太阳能、风能等可再生能源开发利用，满足当地用能需求。

延缓和替代输变电设施投资。在输电走廊资源和变电站站址资源紧张地区，如负荷中心地区、临时性负荷增加地区、阶段性供电可靠性需求提高地区等，支持电网侧新型储能建设，延缓或替代输变电设施升级改造，降低电网基础设施综合建设成本。

提升系统应急保障能力。围绕政府、医院、数据中心等重要电力用户，在安全可靠前提下，建设一批移动式或固定式新型储能作为应急备用电源，研究极端情况下对包括电动汽车在内的储能设施集中调用机制，提升系统应急供电保障能力。

（三）灵活多样发展用户侧新型储能

支撑分布式供能系统建设。围绕大数据中心、5G基站、工业园区、公路服务区等终端用户，以及具备条件的农村用户，依托分布式新能源、微电网、增量配网等配置新型储能，探索电动汽车在分布式供能系统中应用，提高用能质量，降低用能成本。

提供定制化用能服务。针对工业、通信、金融、互联网等用电量大且对供电可靠性、电能质量要求高的电力用户，根据优化商业模式和系统运行模式需要配置新型储能，支撑高品质用电，提高综合用能效率效益。

提升用户灵活调节能力。积极推动不间断电源、充换电设施等用户侧分散式储能设施建设，探索推广电动汽车、智慧用电设施等双向互动智能充放电技术应用，提升用户灵活调节能力和智能高效用电水平。

（四）开展新型储能多元化应用

推进源网荷储一体化协同发展。通过优化整合本地电源侧、电网侧、用户侧资源，合理配置各类储能，探索不同技术路径和发展模式，鼓励源网荷储一体化项目开展内部联合调度。

加快跨领域融合发展。结合国家新型基础设施建设，积极推动新型储能与智慧城市、乡村振兴、智慧交通等领域的跨界融合，不断拓展新型储能应用模式。

拓展多种储能形式应用。结合各地区资源条件，以及对不同形式能源需求，推动长时间电储能、氢储能、热（冷）储能等新型储能项目建设，促进多种形式储能发展，支撑综合智慧能源系统建设。

五、完善体制机制，加快新型储能市场化步伐

加快推进电力市场体系建设，明确新型储能独立市场主体地位，营造良好市场环境。研究建立新型储能价格机制，研究合理的成本分摊和疏导机制。创新新型储能商业模式，探索共享储能、云储能、储能聚合等商业模式应用。

（一）营造良好市场环境

推动新型储能参与各类电力市场。加快推进电力中长期交易市场、电力现货市场、辅助服务市场等建设进度，推动储能作为独立主体参与各类电力市场。研究新型储能参与电力市场的准入条件、交易机制和技术标准，明确相关交易、调度、结算细则。

完善适合新型储能的辅助服务市场机制。推动新型储能以独立电站、储能聚合商、虚拟电厂等多种形式参与辅助服务，因地制宜完善“按效果付费”的电力辅助服务补偿机制，丰富辅助服务交易品种，研究开展备用、爬坡等辅助服务交易。

（二）合理疏导新型储能成本

加大“新能源+储能”支持力度。在新能源装机占比高、系统调峰运行压力大的地区，积极引导新能源电站以市场化方式配置新型储能。对于配套建设新型储能或以共享模式落实新型储能的新能源发电项目，结合储能技术水平和系统效益，可在竞争性配置、项目核准、并网时序、保障利用小时数、电力服务补偿考核等方面优先考虑。

完善电网侧储能价格疏导机制。以支撑系统安全稳定高效运行为原则，合理确定电网侧储能的发展规模。建立电网侧独立储能电站容量电价机制，逐步推动储能电站参与电力市场。科学评估新型储能输变电设施投资替代效益，探索将电网替代性储能设施成本收益纳入输配电价回收。

完善鼓励用户侧储能发展的价格机制。加快落实分时电价政策，建立尖峰电价机制，拉大峰谷价差，引导电力市场价格向用户侧传导，建立与电力现货市

场相衔接的需求侧响应补偿机制，增加用户侧储能的收益渠道。鼓励用户采用储能技术减少接入电力系统的增容投资，发挥储能在减少配电网基础设施投资上的积极作用。

（三）拓展新型储能商业模式

探索推广共享储能模式。鼓励新能源电站以自建、租用或购买等形式配置储能，发挥储能“一站多用”的共享作用。积极支持各类主体开展共享储能、云储能等创新商业模式的应用示范，试点建设共享储能交易平台和运营监控系统。

研究开展储能聚合应用。鼓励不间断电源、电动汽车、充换电设施等用户侧分散式储能设施的聚合利用，通过大规模分散小微主体聚合，发挥负荷削峰填谷作用，参与需求侧响应，创新源荷双向互动模式。

创新投资运营模式。鼓励发电企业、独立储能运营商联合投资新型储能项目，通过市场化方式合理分配收益。建立源网荷储一体化和多能互补项目协调运营、利益共享机制。积极引导社会资本投资新型储能项目，建立健全社会资本建设新型储能公平保障机制。

六、做好政策保障，健全新型储能管理体系

鼓励各地结合现有政策机制，加大新型储能技术创新和项目建设支持力度。强化标准的规范引领和安全保障作用，积极建立健全新型储能全产业链标准体系，加快制定新型储能安全相关标准，开展不同应用场景储能标准制修订。加快建立新型储能项目管理机制，规范行业管理，强化安全风险防范。

（一）健全标准体系

完善全产业链标准体系。按照国家能源局、应急管理部、市场监管总局联合印发的《关于加强储能标准化工作的实施方案》要求，充分发挥储能标准化平台作用，建立涵盖新型储能基础通用、规划设计、设备试验、施工验收、并网运行、检测监测、运行维护、安全应急等专业领域，各环节相互支撑、协同发展的标准体系。加强储能标准体系与现行能源电力系统相关标准的有效衔接。深度参与新型储能国际标准制定，提高行业影响力。

加快制定安全相关标准。针对不同技术路线的新型储能设施，研究制定覆盖电气安全、组件安全、电磁兼容、功能安全、网络安全、能量管理、运输安全、安装安全、运行安全、退役管理等全方位安全标准。加快制定电化学储能模组/系统安全设计和评测、电站安全管理和消防灭火等相关标准。细化储能电站接入电网和应用场景类型，完善接入电网系统的安全设计、测试验收、应急管理等标准。

创新多元化应用技术标准。结合新型储能技术创新和应用场景拓展，及时开展各类标准的制修订工作，统筹技术进步和标准应用的兼容度，兼顾标准创新性和实用性。聚焦新能源配套储能，加快开展储能系统技术要求及并网性能要求等标准制修订，规范新增风电、光伏配置储能要求。研究制定规模化储能集群智慧调控和分布式储能聚合调控的相关标准，提高储能运行效率和系统价值。

（二）完善支持政策

结合首台（套）技术装备示范应用、绿色技术创新体系支持政策，积极推动各地加大支持力度。鼓励各地根据实际需要对新型储能项目投资建设、并网调度、运行考核等方面给予政策支持。有效利用现有资金渠道，积极支持新型储能关键技术装备产业化及应用项目。支持将新型储能纳入绿色金融体系，推动设立储能发展基金，健全社会资本融资手段。

（三）建立项目管理机制

强化安全风险防范。推动健全新型储能安全生产法律法规和标准规范，完善管理体系，明确产业上下游各环节安全责任主体，强化安全责任落实。针对新型储能项目，尤其是大规模电化学储能电站，加强项目准入、生产与质量控制、设计咨询、施工验收、并网调度、运行维护、退役管理、应急管理与事故处置等环节安全管控和监督，筑牢安全底线。

规范项目建设和运行管理。落实《新型储能项目管理规范（暂行）》，明确新型储能项目备案管理职能，优化备案流程和管理细则。完善新型储能项目建设单位资质资格、设备检测认证机制，提升质量管理水平。推动建立新型储能用地、环保、安全、消防等方面管理机制。督促电网企业明确接网程序，优化调度运行机制，充分发挥储能系统效益。研究与新能源、微电网、综合智慧能源、能源互联网项目配套建设的新型储能项目管理机制。

七、推进国际合作，提升新型储能竞争优势

深入推进新型储能领域国际能源合作，完善合作机制，搭建合作平台，拓展合作领域，实现新型储能技术和产业的高质量引进来和高水平走出去。

（一）完善国际合作机制

按照优势互补、互利共赢的原则，充分发挥政府间多、双边能源合作机制作用，强化与世界银行等国际金融机构合作，搭建新型储能国际合作平台，推进与重点国家新型储能领域合作。

（二）推动技术和产业国际合作

在新型储能前沿领域开展科技研发国际合作，加强国际技术交流和信息共享，探索先进技术引进、产业链供应链合作的共赢机制，研究国内外企业合作新模式，推动国内先进储能技术、标准、装备“走出去”。

八、保障措施

建立健全新型储能多部门协调机制，国家发展改革委、国家能源局加强与有关部门协调，做好与国家

能源及各专项规划的统筹衔接，推动建设国家级新型储能大数据平台，提升实施监测和行业管理信息化水平。制定新型储能落实工作方案和政策措施，各省级能源主管部门编制本地区新型储能发展方案，明确进度安排和考核机制，科学有序推进各项任务，并将进展情况抄送国家能源局及派出机构。加强实施情况监督评估，国家能源局派出机构要密切跟踪落实情况，及时总结经验、分析问题，提出滚动修订的意见建议。国家能源局根据监督评估情况对实施方案进行适时调整和优化。

能源碳达峰碳中和标准化提升行动计划（摘要）

推动能源绿色低碳转型是贯彻落实党中央、国务院关于碳达峰、碳中和重大战略决策的关键举措，标准是能源绿色低碳转型的技术支撑和基础性制度。为贯彻落实《中共中央 国务院关于完整准确全面贯彻新发展理念做好碳达峰碳中和工作的意见》《国务院关于印发2030年前碳达峰行动方案的通知》《中共中央 国务院关于印发〈国家标准化发展纲要〉的通知》，进一步提升能源标准化水平，有力支撑能源碳达峰、碳中和，制定本行动计划。

一、总体要求

（一）指导思想（略）

（二）工作原则（略）

（三）工作目标

到2025年，初步建立起较为完善、可有力支撑和引领能源绿色低碳转型的能源标准体系，能源标准从数量规模型向质量效益型转变，标准组织体系进一步完善，能源标准与技术创新和产业发展良好互动，有效推动能源绿色低碳转型、节能降碳、技术创新、产业链碳减排。

——建立完善以光伏、风电为主的可再生能源标准体系，研究建立支撑新型电力系统建设的标准体系，加快完善新型储能标准体系，有力支撑大型风电光伏基地、分布式能源等开发建设、并网运行和消纳利用。

——制定一批新兴技术和产业链碳减排相关技术标准，健全相关标准组织体系，实现能源领域碳达峰产业链相关环节标准全覆盖。

——修订一批常规能源生产转化和输送利用能效相关标准，提升标准要求和水平，助推和规范资源综合利用、能效提升。

到2030年，建立起结构优化、先进合理的能源标准体系，能源标准与技术创新和产业转型紧密协同发展，能源标准化有力支撑和保障能源领域碳达峰、碳中和。

二、重点任务

（一）大力推进非化石能源标准化

加快完善风电、光伏等可再生能源标准。抓紧完善沙漠、戈壁、荒漠地区大型风电光伏基地建设有关技术标准，加快制定海上风电开发及多种能源综合利用技术标准，推动分散式风电、分布式光伏、户用光伏等就近开发利用相关标准制修订，建立完善光伏发电、光热发电标准体系。制定风电机组、光伏组件退役回收与再利用相关标准。

完善水电和抽水蓄能相关标准体系。围绕重大水电工程进一步完善升级相关技术标准，加快推进高水头、大容量水电开发相关技术标准储备，持续完善水电智能建造、信息化和数字化、水电机组设备更新改造、增效节能等方面的技术标准。加快推动流域梯级综合调度与安全应急、水电可持续发展后评估相关标准制定。完善抽水蓄能及水电梯级融合改造技术标准。结合水风光综合能源开发利用需求推进相关标准制修订。

推动各类可再生能源综合利用标准制修订。继续推动生物质能源（含生物质发电、生物制气、纤维素燃料乙醇、生物柴油、生物航煤、生物成型燃料等）转化利用、地热能开发利用、海洋能开发利用等技术标准制修订，开展生物质能、太阳能、热泵、清洁炉具等清洁供暖标准研制。

进一步完善核电标准体系。打造先进三代压水堆核电标准体系并推进自主标准应用实施，开展高温气冷堆、快堆等具有四代特征核电技术以及模块化小型堆、海上浮动式核动力平台等技术标准体系研究，重点提升核安全相关技术标准水平。

（二）加强新型电力系统标准体系建设

开展新型电力系统安全稳定运行标准需求和现有标准的适应性研究，持续完善涵盖新型电力系统分析认知、规划设计、运行控制、故障防御、网源协调等重点领域标准，加强新能源发电涉网安全标准建设。

进一步优化完善特高压交、直流标准体系建设，为主干网架和跨省区输电通道建设提供标准支撑。大力推进智能配电网标准化，完善分布式电源就地消纳与多元化负荷灵活接入等标准，提升配电网智能调控和双向互动能力。加紧完善以消纳新能源为主的微电网标准，加强多能互补、多能转化及综合利用、源网荷储协同控制等标准制定。推动构网型柔性直流技术标准体系建设，开展构网型直流性能及检测等方面核心标准研制。

持续推动电力需求侧资源开发、应用等配套标准研制，有效拓展电力系统调节资源。建立和完善虚拟电厂标准体系，推进虚拟电厂领域重点标准制修订。

推动电动汽车、换电站等可控充电负荷纳入电网优化控制，推进电动汽车充电等灵活性调节标准制修订。持续推进能源消费终端电气化水平提升，推动用能侧电气化标准制定，助推建筑、交通等领域电气化协同发展。

推进电力市场标准体系建设，推进电力市场基础及通用标准、市场接入技术标准、电力市场业务技术标准、电力市场运营技术标准等重点标准制定。

（三）加快完善新型储能技术标准

完善新型储能标准管理体系，结合新型电力系统建设需求，根据新能源发电并网配置和源网荷储一体化需要，抓紧建立涵盖新型储能项目建设、生产运行全流程以及安全环保、技术管理等专业技术内容的标准体系。

细化储能电站接入电网和应用场景类型，完善接入电网系统的安全设计、测试验收等标准。加快推动储能用锂电池安全、储能电站安全等新型储能安全强制性国家标准制定。

结合新型储能技术创新和应用场景拓展，及时开展相关标准制修订，全面推动各类新型储能技术研发、示范应用和标准制定协同发展。

（四）加快完善氢能技术标准

进一步推动氢能产业发展标准化管理，加快完善氢能标准顶层设计和标准体系。开展氢制备、氢储存、氢输运、氢加注、氢能多元化应用等技术标准研制，支撑氢能“制储输用”全产业链发展。

重点围绕可再生能源制氢、电氢耦合、燃料电池及系统等领域，增加标准有效供给。建立健全氢能质量、氢能检测评价等基础标准。

（五）进一步提升能效相关标准

组织推进煤炭、石油和天然气绿色高效生产转化和利用相关标准制修订。重点推动煤炭清洁高效生产、利用和石油炼化等领域节能降碳相关标准提升，进一步提升煤电、煤炭深加工能效相关标准，完善和提升石油炼化能效相关标准。

进一步提升煤炭和油气相关资源综合利用标准水平，完善煤矸石、粉煤灰和尾矿综合利用相关技术标准，加强煤炭和油气开发、转化、储运等环节余热、余压和冷能等资源回收利用相关标准要求。推动完善煤炭和油气开发生态环境治理相关标准。

进一步完善和提升电力输送能效标准，结合新型电力系统标准体系研究，推动一批新型节能环保电力设备和材料相关标准制修订，进一步提升电力输送关键设备的能效标准。推动负荷侧再电气化能效标准提升。

加快推动综合能源服务标准体系建设及基础性标准研制，重点推动综合能源服务规划设计、能源综合利用、能源服务、能效监测与诊断、能源托管与运营、系统运行质量、服务质量评价及能源与多领域融合等标准研制。

（六）健全完善能源产业链碳减排标准

与国家标准协调加快构建能源领域碳减排标准化管理、顶层设计和标准体系。研究制定能源分行业产业链碳足迹核算标准，完善能源领域碳排放核算核查、碳减排量化评估、减污降碳控制监测等标准，研究开展能源装备重要产品全生命周期碳足迹标准研制。服务建立国家碳市场机制需求，加快能源企业碳交易、抵消机制等关键标准研制。

围绕能源领域二氧化碳捕集利用与封存（CCUS）有关技术研发和项目建设需求，加快推进相关标准管理体系和标准体系完善，推进二氧化碳捕集、输送、封存监测、泄漏预警、驱油等关键环节标准制修订。

加快完善能源产业链数字化相关技术标准体系，推进能源各领域数字孪生、能源大数据、智能化等技术标准制修订。

三、组织实施

（一）加强组织实施。设立能源领域碳达峰、碳中和标准化领导小组和专家咨询委，准确把握和科学高效推进能源领域碳达峰、碳中和标准化工作。针对涉及面较广的重点领域标准制修订，由国家能源局牵头成立跨标委会的标准工作组，切实加强相关标委会间的沟通协调。各能源标准化管理机构根据分工职责，组织相关标委会制定各领域碳达峰、碳中和标准化工作落实方案，细化明确责任分工和工作要求。鼓励并充分吸纳能源企业、科研机构、高等院校依托能源建设项目、重大科研项目等参与标准制修订和示范。

（二）加大政策支持。加大能源领域碳达峰、碳中和标准供给，年度标准立项数量向相关领域标准重点倾斜。各领域标准化相关行业、企业要进一步加大标准化经费支持力度，重点工程和科研项目根据实际需求列支标准化经费，统筹政府标准工作经费，加大相关领域标准经费支持力度。加快重点标准制修订，有关标准制修订周期缩短至 18 个月以内。对能源领域“双碳”优秀标准和人才表彰奖励。

（三）开展标准示范。围绕各专项行动任务，依托有关工程项目设立示范，采用“揭榜挂帅”形式，组织项目业主、研发制造单位和标准化机构联合，开展先进适用标准试点示范。根据实际情况，经报能源行业主管部门批准，有关示范项目享受能源领域首台（套）重大技术装备示范应用有关支持政策。切实加强工程策划、设计、建设、验收、运行全阶段与相关标准制修订的紧密协同，推动技术研发、项目建设、产业发展和标准化联动发展。

（四）强化统筹协调。加强与国家标准、团体标准的衔接协调，推动形成国标、行标、团标有机衔接的新型标准体系。深化能源领域标准国际合作，拓宽标准国际化渠道，提高与国际相关标准体系的对接与兼容度，推动重点标准走出去，提升标准国际化水平。

（五）加强监督评估。建立标准实施信息反馈和评估机制，加强能源领域标准实施情况统计分析，开展动态评估，及时掌握情况、发现问题，根据反馈和评估情况加强标准制修订和复审。加强标准有关示范项目过程监管和验收，有关示范项目需制定明确工作计划，并在投运1年后组织验收。

电力市场

2022年全国电力交易市场信息

1—12月，全国各电力交易中心累计组织完成市场交易电量52543.4亿kWh，同比增长39%，占全社会用电量比重为60.8%，同比提高15.4个百分点。其中，全国电力市场中长期电力直接交易电量合计为41407.5亿kWh，同比增长36.2%；跨省跨区市场化交易电量超1万亿kWh，同比增长近50%。在电力交易机构注册的市场主体数量超过60万家，同比增长29%。全国燃煤发电机组市场平均交易价格达0.449元/kWh，较全国平均基准电价上浮约18.3%。

绿色电力证书交易：2022年，全年核发绿证2060万个，对应电量206亿kWh，较2021年增长135%；交易数量达到969万个，对应电量96.9亿kWh，较2021年增长15.8倍。截至2022年底，全国累计核发绿证约5954万个，累计交易数量1031万个。

1. 全国各电力交易中心交易情况

1—12月，全国各电力交易中心累计组织完成市场交易电量52543.4亿kWh，同比增长39%，占全社会用电量比重为60.8%，同比提高15.4个百分点。省内交易电量合计为42181.3亿kWh，其中电力直接交易40141亿kWh（含绿电交易227.8亿kWh、电网代理购电8086.2亿kWh）、发电权交易1908.4亿kWh、抽水电量交易9.6亿kWh、其他交易122.4亿kWh。省间交易电量合计为10362.1亿kWh，其中省间电力直接交易1266.7亿kWh、省间外送交易8999.8亿kWh、发电权交易95.7亿kWh。

1—12月，国家电网区域各电力交易中心累计组织完成市场交易电量41618.2亿kWh，同比增长42.7%，占该区域全社会用电量的比重为60.8%，其中北京电力交易中心组织完成省间交易电量合计为9609亿kWh，同比增长50.6%；南方电网区域各电力交易中心累计组织完成市场交易电量8536.3亿kWh，同比增长27.4%，占该区域全社会用电量的比重为58.3%，其中广州电力交易中心组织完成省间交易电量合计为753.1亿kWh，同比增长27.6%；内蒙古电力交易中心累计组织完成市场交易电量2388.9亿kWh，同比增长24.9%，占该区域全社会用电量的比重为71.9%。

2. 全国电力市场中长期电力直接交易情况

1—12月，全国电力市场中长期电力直接交易电量合计为41407.5亿kWh，同比增长36.2%。其中，省内电力直接交易（含绿电、电网代购）电量合计为40141亿kWh，省间电力直接交易（外受）电量合计为1266.5亿kWh。

1—12月，国家电网区域中长期电力直接交易电量合计为31995.3亿kWh，同比增长38.5%；南方电网区域中长期电力直接交易电量合计为7367.5亿kWh，同比增长28.3%；蒙西电网区域中长期电力直接交易电量合计为2044.7亿kWh，同比增长31%。

3. 跨省跨区市场试运行情况

（1）川渝一体化辅助服务市场试运行情况。川渝一体化调峰市场共计促进消纳四川省低谷富裕水电电量451.5万kWh，跨区支援最大调峰电力20万kW。重庆市火电获得补偿费用104.54万元，四川水电获得发电费用75.15万元，电网企业增加输电费收益33.37万元。

（2）南方区域电力市场试运行情况。首次组织海南发电企业与广东售电公司“点对点”中长期交易0.2亿kWh；区域调频市场规模总费用约11.1亿元，累计带动火储联合调频项目投运29个；区域现货市场于2022年7月23日启动不结算试运行，并于12月份开展了连续2天调电运行，实现了区域电力现货交易与电力生产运行有序衔接。

北京电力交易中心开会发布3项规则办法修订情况

4月26日，北京电力交易中心市场管理委员会召开2022年第一次全体会议。国家电网公司副总经理、党组成员陈国平主持会议并讲话。国家发展改革委、国家能源局有关司局负责人，北京冬奥组委相关部门负责人及在京成员单位代表在主会场参会，京外成员单位代表以视频方式在分会场参会。

会议审议表决通过了《北京电力交易中心跨区跨省电力中长期交易实施细则》《北京电力交易中心绿色电力交易实施细则》《售电公司市场注册与运营服务规范指引》等三项规则修订稿。会议介绍了北京电力交易中心省间中长期市场连续运营工作方案及试运行情况。

会上，北京电力交易中心向北京冬奥组委颁发了国内首张绿色电力消费凭证。北京电力交易中心践行“绿色办奥”理念，通过绿电交易方式，实现冬奥场馆100%绿电供应，获得国际奥委会高度称赞和肯定，成为绿电交易成功的典型案例。

会议指出，市场管理委员会在市场规则编制、信息披露等方面的工作机制充分发挥了其协商议事职能和平台作用。前期各市场管理委员会成员通力合作，积极推动市场建设和机制完善，取得了积极成效。未来，要持续深化电力市场建设，在“促转型、保供应”中发挥积极作用。要开展新型电力系统联合攻关研究，形成市场建设合力，提出具有中国特色的市场机制设计。要继续完善管委会议事工作机制，坚持“开门建市场”，凝聚共识，促进电力市场健康发展。

《北京电力交易中心绿色电力交易实施细则》发布

5月23日，北京电力交易中心发布《北京电力交易中心绿色电力交易实施细则》（简称《实施细则》），就绿电交易的定义、规则、机制等进行了明确。《实施细则》共11章59条，包括总则、市场成员、交易品种和交易组织、价格机制、安全校核、合同签订与执行、计量与结算、绿色电力认证、信息披露、绿色电力交易平台、附则。

《实施细则》指出，参与绿色电力交易的市场成员包括发电企业、电力用户、售电公司等市场主体，以及电网企业、电力交易机构、电力调度机构、国家可再生能源信息管理中心等。参与绿色电力交易的发电企业初期主要为风电和光伏等新能源企业。绿色电力交易优先组织未纳入国家可再生能源电价附加补助政策范围内的风电和光伏电量（简称无补贴新能源）参与交易；已纳入国家可再生能源电价附加补助政策范围内的风电和光伏电量（简称带补贴新能源）可自愿参与绿色电力交易，其绿色电力交易电量不计入合理利用小时数，不领取补贴；分布式新能源可通过聚合的方式参与绿色电力交易。

绿色电力交易主要包括省内绿色电力交易和省间绿色电力交易。其中：省内绿色电力交易是指由电力用户或售电公司通过电力直接交易的方式向本省发电企业购买绿色电力产品。省间绿色电力交易是指电力用户或售电公司向其他省发电企业购买符合条件的绿色电力产品，初期由电网企业汇总省内绿色电力交易需求，跨区跨省购买绿色电力产品，结合电力市场建设进展和发用电计划放开程度，建立多元市场主体参与跨省跨区交易机制，有序推动发电企业与售电公司、用户参与省间绿电交易。

绿色电力交易的组织方式主要包括双边协商、挂牌等，可根据市场需要进一步拓展，应实现绿色电力产品可追踪溯源。其中：双边协商交易，市场主体自主协商交易电量（电力）、价格，通过绿色电力交易平台申报、确认、出清。挂牌交易，市场主体一方通过绿色电力交易平台申报交易电量（电力）、价格等挂牌信息，另一方市场主体摘牌、确认、出清。

价格方面，绿色电力交易价格由市场主体通过双边协商、挂牌交易等方式形成。绿色电力交易价格应充分体现绿色电力的电能价值和环境价值，原则上市场主体应分别明确电能量价格与绿色环境权益价格。

参与绿色电力交易的电力用户、售电公司，其购电价格由绿色电力交易价格、输配电价、辅助服务费用、政府性基金及附加等构成。输配电价、辅助服务费用、政府性基金及附加按照国家有关规定执行。参与绿色电力交易的电力用户应公平承担为保障居民农业等优购用户电价稳定产生的新增损益分摊费用。绿色电力交易试点初期，按照平稳起步的原则，可参考绿色电力产品供需情况合理设置交易价格上、下限，待市场成熟后逐步取消。

中国主导的首个绿电交易领域的国际标准成功立项

6月28日，由北京电力交易中心联合国网数科控股公司（国网雄安金科公司）在电气电子工程学会标准化协会（IEEE－SA）提交的国际标准提案《基于区块链的绿色电力标识应用标准》获批立项。该标准聚焦能源消费侧，围绕绿色能源消费标识体系提出区块链技术应用指导和方案，是由中国主导立项的首个绿电交易领域国际标准。

北京电力交易中心从能源消费侧出发，适应新型电力系统市场机制，拓展区块链技术在绿电交易、绿电溯源等业务领域的深度应用，建设的绿色电力交易区块链溯源认证系统有力支撑了全国绿色电力交易试点工作，实现为绿色能源市场主体出具“绿色电力消费凭证”。基于能源区块链丰富的研究成果和实践经验，北京电力交易中心着眼绿色电力消费标识体系建设，组建“区块链+绿色电力标识”国际标准工作小组，开展区块链在绿色电力标识领域的技术应用标准研究。该标准将提出基于区块链的绿色电力标识应用模型和技术框架，规定绿色电力标识核发的技术要求和运行管理要求，为电力消费方、供应链管理方、市场监管方、标识服务提供方等绿电交易利益相关方提供区块链技术指导和依据。

广州电力交易中心发布《南方区域跨区跨省电力中长期交易规则》

为落实西电东送战略，促进清洁能源消纳、保障电力有序供应，进一步规范南方区域跨区跨省中长期市场交易机制，经国家能源局复函批准，1月10日，广州电力交易中心发布《南方区域跨区跨省电力中长期交易规则》（简称《交易规则》）。《交易规则》共14章108条，包括总则、市场成员、市场准入/注册与退出、交易品种、价格机制、交易组织、安全校核、交易执行、计量、偏差电量处理、结算、信息披露、市场监控和风险防控、附则等。

《交易规则》明确电网公司参与南方区域跨区跨省市场方式为落实国家指令性计划、政府间协议、国家下达的年度跨区跨省优先送受电计划，签订和履行电力交易合同；预测优先购电用户及代理购电用户的电力、电量需求等；结合电力市场建设进展和发用电计划放开程度，代理暂未直接从电力市场购电和已直接参与市场交易又退出的电力用户购电；保障供应居民（含执行居民电价的学校、社会福利机构、社区服务中心等公益性事业用户）、农业用电。

《交易规则》明确交易标的为电能量，分电量交易和合同交易两种。电量交易分为协议电量交易和增量电量交易，协议电量交易是指根据国家指令性计划、地方政府框架协议确定的电量，增量电量交易是指协议电量之外，利用省间输电通道富余能力增送的电量，电量交易类型分为外送交易和直接交易。合同交易包括送电合同交易、发电合同交易和用电合同交易，合同交易类型分为转让交易、置换交易。

《交易规则》明确南方区域跨区跨省电力交易应坚持优先保障电力有序供应、优先保障清洁能源消纳、优先保障西电东送战略的基本原则。首先通过市场交易落实跨区跨省协议，形成交易计划。跨区跨省协议计划确定后，原则上按照送端省区、西电东送（增量）、受端省区的次序依次开展年度、季度、月度、月内、周交易，结合电力市场建设进展及需求开展多日交易，实现跨区跨省中长期交易连续开市，逐步实现省间市场交易与送（受）端省份中长期交易协同开展。在明确跨区跨省市场化交易规模并预留输电能力的前提下，也可以由相关交易机构分别组织送端、受端省内市场化交易和跨区跨省市场化交易，不区分先后次序。

《交易规则》指出，南方区域跨区跨省偏差电量包括计划偏差和执行偏差。计划偏差出现负电量，若导致协议电量无法足额执行时，可在月度交易中根据市场主体协商一致意见进行滚动调整。若负偏差电量导致增量电量无法足额执行时，月结月清，不再滚动调整。计划偏差出现正电量时，预招标电量根据调度出具的实际调用情况和预招标交易确定的价格结算；预招标电量外的计划偏差，优先按照购售电双方协商一致或合同约定的价格结算。若双方协商不一致情况下，根据偏差原因，分别按保障清洁能源消纳和保障电力有序供应价格机制进行结算。执行偏差按该送电类别的各类交易加权平均价格结算。

《交易规则》明确南方区域跨区跨省电力中长期交易结算原则上以月度为周期进行结算、年度清算，根据市场需要逐步过渡至按“日清分、月结算、年清算”的模式。电力中长期交易电量分割顺序为合同交易电量，直接交易电量、优先计划电量、其他市场化交易电量、预招标电量。

南方区域电力交易机构联合印发绿色电力交易规则

1月25日，广州电力交易中心会同广东、广西、昆明、贵州、海南五家电力交易中心联合发布《南方区域绿色电力交易规则（试行）》（简称《规则》）。《规则》由南方区域各电力交易中心联合编制，目的是积极推进南方区域绿色电力交易机制建设。《规则》共10章75条，包括总则、市场成员、注册登记、绿色电力交易、交易执行、计量、结算、绿证管理、市场服务、附则等。

《规则》指出，南方区域绿色电力交易的市场成员包括电网企业、发电企业、售电公司、电力用户等市场主体和电力交易机构、电力调度机构、国家可再生能源信息管理中心等市场运营机构。参与绿色电力交易的售电主体主要是符合绿证发放条件的风电、光伏等可再生能源发电企业，现阶段主要是集中式陆上风电、光伏；参与绿色电力交易的购电主体是电力用户或售电公司；参与绿色电力交易的输电主体为各省区省级电网企业，跨区跨省开展绿色电力交易的，输电主体还包括南方电网超高压输电公司。

《规则》指出，绿色电力交易分为直接交易和认购交易两种形式。其中：直接交易是指电力用户或售电公司直接与发电企业依据规则开展交易、形成交易结果的过程；认购交易是指由电网企业代理购电的电力用户在绿色电力供应范围内、通过电网企业供电或代理购电的方式、与发电企业建立认购关系获得绿色电力的过程。

按照交易范围不同，绿色电力交易分为跨区跨省交易、省内交易。跨区跨省开展绿色电力交易的，应充分考虑送受端省区的送电协议计划或交易合同，以及非水电可再生能源电力消纳权重完成情况。

《规则》指出，绿色电力价格由电能量价格和环境溢价组成，分别体现绿色电力的生产运营成本、环境属性价值。绿色电力交易价格根据市场主体申报情况通过市场化方式形成。按照保障收益的原则，参考绿色电力供需情况，合理设置绿色电力交易价格的上、下限。输配电价格、政府性基金及附加依据国家有关规定、现行市场规则执行。辅助服务费用依据辅助服务市场（补偿机制）相关规则执行。

绿色电力交易的交易方式包括协商、挂牌、竞价等，为确保绿色电力全生命周期的追踪溯源，绿色电力交易结果应明确购、售电主体的对应关系。其中：协商交易，市场主体之间自主协商交易标的的数量、价格等交易初步意向，通过交易平台进行申报确认成交，形成交易结果。挂牌交易，市场主体通过交易平台申报交易标的的数量、价格等挂牌信息，其他市场主体摘牌确认成交，形成交易结果。竞价交易。市场主体通过交易平台申报交易标的数量、价格等信息，根据出清规则形成交易结果。

绿色电力直接交易价格根据市场主体绿色电力电能量价格和环境溢价的整体价格申报情况通过市场化方式形成。直接交易的环境溢价原则上应为电力用户所在省区电网企业收购绿色电力价格水平上的溢价，等于绿色电力成交价格减去电力用户所在省区电网企业收购绿色电力价格后的差值。电力用户所在省区电网企业收购绿色电力价格水平原则上应是绿色电力的基准价格或者竞争性配置形成的上网电价。现阶段，开展绿色电力直接交易可选择协商、挂牌、竞价等交易方式。

绿色电力认购交易价格包括电能量价格和环境溢价。认购交易的电能量价格默认为电力用户所在省区电网企业代理购电的价格；环境溢价原则上应为电力用户所在省区电网企业代理购电价格水平上的溢价。现阶段，开展绿色电力认购交易可选择协商、挂牌等交易方式。

全国首个市场化碳普惠交易体系正式启动

11月16日，苏州工业园区碳普惠体系正式启用，这是全国首个实现自愿减排交易的市场化碳普惠体系，为工业园区内的企业提供家门口的碳减排量认证和交易服务，推动绿色低碳生产方式转型。

为落实“双碳”目标，全国碳排放权交易市场于2021年7月正式上线启动，由于全国碳市场是一个强制性市场，无法对重点排放单位以外的组织和个人的减排行为进行管理。此外，国家层面的温室气体自愿减排交易（CCER 市场）主要针对大型减排项目，且2017年也暂停了一级市场的减排量签发。因此，国内大量的中小型减排项目与个人减排行为产生的减排量无法认证为碳资产。

碳普惠交易体系启动前，苏州分布式光伏单体项目有7915个，合计分布式光伏装机容量达2300MW，年发电量约19亿kWh。

碳普惠作为中国多层次碳市场体系的重要补充，是一种面向企业实施的中小型减排项目和市民节能减碳行为的激励机制，对于推动全社会绿色低碳发展具有重要意义。近年来，多地在积极开展碳普惠体系建设工作。2021年5月，长三角三省一市领导人签署《长三角区域碳普惠机制联动建设工作备忘录》；2022年4月，江苏省发布《“十四五”应对气候变化规划》，提出推动建设覆盖全省的碳普惠体系。

在此背景下，苏州工业园区管委会联合国网苏州供电公司和上海环境能源交易所，探索创新，以分布式光伏为切入点，围绕碳减排量的认证、交易与使用，打造园区碳普惠体系，建立起一套区域级的市场化自愿减排交易体系，为碳减排量供需双方架起桥梁。

苏州工业园区管委会专门研究编制并发布了碳普惠体系实施方案和管理办法2个核心文件，明确碳普惠管理体系、碳普惠减排项目和市场交易体系等核心内容，并由国网苏州市工业园区供电公司牵头组建碳普惠（苏州工业园区）运营中心，标准化、规范化开展方法学管理，减排项目管理和减排量管理等日常运营工作。

相比于全国碳交易市场，碳普惠最大的优势在于减排量认定和交易的门槛低、成本低，可以利用互联网技术，搭建友好的服务平台，让所有有意企业都能够自愿参与碳交易，通过“零售”模式基本实现碳交易“零门槛”。为了推动市场的形成，该体系配套开发上线了“苏州碳普惠智能服务平台”，并将碳普惠平台和苏州市能源大数据中心数据实现贯通，依托电网企业电力大数据优势，将分布式光伏企业的“发电量”快速核证为有效的“碳减排量”，为企业提供在线减排量核证服务，降低企业碳减排量核证成本。同时，碳普惠平台整合了上海环境能源交易所以及多家权威第三方核查机构，为园区碳普惠体系的市场参与主体提供一站式全数字化的减排量核查、交易辅助和碳中和评定服务，缩短企业碳交易、碳中和认证的时间周期。

截至 16 日，苏州已有 15 家光伏企业加入碳普惠平台，同时已有博格华纳、赛峰飞机发动机等 20 余家企业明确了碳减排量的购买意向，潜在年碳减排量需求超过 20 万 t。

苏州还将推动分布式储能、电动车出行、港口岸电以及标准化个人等减排场景纳入项目体系中，探索发展碳金融产品与服务，并加强与其他城市碳普惠机制互认、平台互联、数据互通，实现长三角或更大范围的碳普惠联建。

南方区域电力市场建设联席会机制正式运转

2 月 28 日，南方电网公司与国家能源局南方监管局联合召开 2022 年第一次南方区域电力市场建设联席会，凝聚各方力量，加快市场建设推进速度。会议审议并通过了南方区域电力市场建设联席会议制度和工作专班规则。南方电网公司党组成员、副总经理刘启宏，国家能源局南方监管局一级巡视员高玉樵出席会议并讲话。

会议指出，进一步推动南方区域电力市场建设，是坚决贯彻落实党和国家关于电力市场化改革要求的必要举措，也是南方五省区保障国家重大战略贯彻落实、更好支持经济社会发展的重要实践，责任重大，使命光荣。

会议要求，各方要求同存异，凝聚共识，形成合力，共同加快构建南方区域多层次统一电力市场体系，不断深化电力市场化建设，务求实效。

会上，广东、广西、云南、贵州、海南五省区能源监管部门相关负责人、相关发电企业代表分别发言。各方表示，将全力支持南方区域电力市场建设，积极为电力市场化改革贡献力量和智慧。

南方区域电力交易机构联合颁发首批绿色电力“双证”

6 月 24 日，广州电力交易中心联合广东、广西、昆明、贵州、海南电力交易中心以“服务双碳目标，绿电见‘证’未来”为主题，在南方区域共同举办颁证仪式，为万国数据、海南博鳌论坛酒店、南宁红狮水泥、云铝股份等参与绿色电力交易的 15 家电力用户颁发绿色电力“双证”——绿色电力证书和绿色电力消费凭证，相关省区能源主管部门、能源监管机构、电网公司，以及广东能源集团、中广核、中国华能等新能源发电企业，华润电力、大唐桂冠、云南慧能等售电公司共同见证仪式。本次证书颁发标志着南方区域绿色电力交易机制各流程的全面贯通，为深化绿色电力交易试点工作奠定了坚实的基础。

2021 年以来，根据国家发展改革委、国家能源局部署要求，广州电力交易中心组织南方区域电力交易机构积极推进绿色电力交易试点工作，共同出台了统一的绿色电力交易规则，面向电网代购电用户建立了绿电认购交易机制，满足了中小企业绿色电力消费需求，推动南方区域实现绿色电力交易常态化开展。作为试点工作的重要内容，广州电力交易中心加强与国家可再生能源信息管理中心、北京电力交易中心等单位合作，打通了营销、计量、交易、绿证等环节交互渠道，建立了统一的绿色电力证书与绿色电力消费凭证核发机制，为电力用户提供绿色电力查证服务，实现了绿色电力消费全生命周期溯源。

巴斯夫、壳牌能源、广州供电局、贵龙饭店等企业表示，这次颁发的绿色电力消费凭证，完整展示了消费绿色电力的全过程信息，同时支持二维码溯源查询，能够为企业查询绿色电力消费提供便捷，可以提升产品的竞争力和品牌形象，有利于进一步激发全社会绿色电力消费意愿。

南方区域电力市场启动试运行

7 月 23 日，南方区域电力市场启动试运行，标志着全国统一电力市场体系率先在南方区域落地。当天，云南、贵州、广东合计超过 157 家电厂和用户通过南方区域电力市场交易平台，达成南方区域首次跨省现货交易，全天市场化电量合计达 27 亿 kWh。

南方区域电力市场覆盖广东、广西、云南、贵州、海南等南方五省区，包括电力中长期市场、现货市场和辅助服务市场。南方区域电力市场启动试运行后，中长期交易周期将全面覆盖年、月、周；现货交易将由广东拓展到云南、贵州、广西、海南，实现南方五省区的电力现货跨区跨省交易；辅助服务市场的品种与补偿机制将进一步完善。2022 年全年，南方区域电力市场累计市场化交易电量将达到 1.11 万亿 kWh，接近广东、云南、贵州三省 2021 年全社会用电量总和。到 2023 年，南方区域电力市场将形成跨区跨省与省内联合运营的统一大平台，开展多品种、高频率的跨区跨省电力交易，市场化交易电量占比将达到 80% 左右。

南方区域电力市场启动试运行，是国家电力市场化改革取得的阶段性重要成果，依托这一平台，各市场主体可以通过中长期、现货等多种方式参与电力交易，推动电力资源在更大范围内的共享互济和优化配置，促进绿色能源消纳，更好地服务国家西部大开发战略，助推东西部协同并进、地区互补发展。

启动仪式以视频连线方式在北京主会场以及广东、广西、云南、贵州、海南五省区分会场举行。

国家电力投资集团有限公司完成香港国际碳市场首笔人民币交易

11 月 24 日，香港交易及结算所有限公司（简称香港交易所）举行香港国际碳市场启动庆祝典礼。国家电力投资集团有限公司（简称国家电投）作为内地唯一受邀能源电力企业，携所属碳资产管理公司、香港财资公司参加庆典。国家电投获香港国际碳市场委员会首批会员纪念奖杯，国家电投碳资产管理公司和香港财资公司获香港国际碳市场首批参与机构纪念奖杯。

在 10 月 28 日正式启用的香港国际碳市场 Core Climate 平台上，国家电投碳资产管理公司代表国家电投完成首笔以人民币结算的场内绿色权益交易，交易产品为国家电投碳资产管理公司自主开发的符合核证减排标准 VCS（verified carbon standard）水电类项目。这是该公司探索在环境权益产品跨境贸易中使用人民币的首次尝试。这项交易为进一步推动电力行业参与香港国际碳交易中心建设，推动碳业务国际化发展奠定了基础。

国家电投碳资产管理公司表示，此笔交易是推动国家电投协同香港交易所共同建设背靠内地、立足亚洲、放眼世界的领先国际碳交易中心的重要一步，有利于协助内地企业充分了解国际碳减排机制产品开发设计、定价机制、场内外交易模式等关键环节。在粤港澳大湾区建设蓬勃开展的背景下，香港国际碳市场是大湾区创新绿色低碳发展模式的重要抓手，也是香港打造大湾区绿色金融中心的重要举措，必将具有广阔的发展前景。下一步，国家电投碳资产管理公司将继续携手香港国际碳市场委员会成员单位，积极参与香港国际碳市场建设，共同探索区域碳市场的发展新机遇，为践行“双碳”目标作出更大贡献。

香港国际碳市场 Core Climate 平台是目前全球首个并且唯一为国际碳信用产品交易提供人民币和港币结算的碳市场。平台自启用以来，已有来自亚洲、南美、西非等地区的 30 余个碳项目参与交易，类型包括林业碳汇、风电、水电、太阳能和生物质发电等，所有上市项目均经认证并符合核证减排标准 VCS。该平台有助于香港进一步发挥国际金融中心优势，打造国际领先碳市场，推动构建可持续发展新格局。

南方区域电力现货市场首次开展调电试运行

12 月中旬，南方区域电力现货市场首次开展调电试运行（不结算）并取得成功。试运行期间，电网运行安全稳定，跨省现货交易组织有序，出清结果执行有效，实现电力现货交易与电力生产运行有序接轨，标志着南方区域电力市场建设迈出重要一步。

12 月 13—14 日，南方电网总调度首次通过市场报价方式安排机组启停，按照现货市场计算结果。本次调电试运行共有 185 个电厂合计 392 台（套）交易单元及 6 个跨省交易成分参与优化，市场申报、边界准备、数据校验、出清结果发布等业务环节组织顺畅，检验了各业务流程的有效运转，市场出清结果对外发布时间在 17:30 前，达到了预期目标。

调电试运行期间，日前出清结果无断面越限，满足电力供应与系统安全稳定要求，验证了市场模型与规则的有效性。区域现货出清结果实现了与广东现货、区域调频市场的顺畅衔接，南方（以广东起步）电力现货市场运转正常。

南方电网总调度表示，自 7 月南方区域电力市场启动试运行以来，南方区域电力现货市场工作稳步推进。下一步，将认真听取各方意见建议，加强关键问题研究，完善市场机制设计，积极稳妥推动南方区域电力市场建设取得更多实质性突破。

北京冬奥会冬残奥会张家口赛区场馆完成绿电认证

4 月 20 日，北京冬奥会冬残奥会张家口赛区场馆绿电认证仪式在石家庄举行，对张家口赛区冬奥场馆绿色采购情况进行认证。此前，2022 年北京冬奥会和冬残奥会张家口赛区已完成冬奥绿电交易服务保障工作，在奥运历史上首次实现场馆用电全部采用可再生能源。

华北能源监管局、张家口市政府、国网冀北电力有限公司、北京电力交易中心、冀北电力交易中心、新能源企业、冬奥场馆代表等相关单位，通过“现场＋线上”的方式参加绿电认证仪式。河北省发展改革委相关负责人表示，张家口冬奥绿电交易是河北省深入贯彻“四个革命、一个合作”能源安全新战略的具体实践，是河北省发展改革委创新推动新型电力系统市场机制建立，及时搭建发挥全省新能源绿电供应优势和满足冬奥场馆绿电消费需求市场体系，探索出的一条“双碳”目标在全省落地实施的可行路径。具体来说，张家口冬奥绿电交易实现了绿色低碳。张家口冬奥场馆及训练基地累计使用新能源电量 1.19 亿 kWh，外送北京冬奥场馆和河北南网冬奥训练基地 1.78 亿 kWh，实现了张家口冬奥场馆全生命周期使用绿色电能，同时实现了“张北的风点亮北京的灯”。相当于节约标煤 9.8 万 t，减排二氧化碳 23.52 万 t。实现了绿色共赢。始终坚持市场化原则，推动了有效市场和有为政府更好结合。新能源企业提高收益，冬奥场馆使用绿色电量，电网公司回收电网建设投资成本，实现了多方共赢。

中国华电集团有限公司完成海南省首笔绿电交易　将向博鳌亚洲论坛供电

4 月 13 日，在习近平总书记“4·13”重要讲话发表四周年和再次到海南考察调研的重要日子，在博鳌亚洲论坛 2022 年年会即将召开之际，中国华电集团有限公司海南有限公司（简称华电海南公司）与中远海运博鳌有限公司博鳌亚洲论坛大酒店完成海南电力交易中心组织的海南省首笔绿色电力交易，为博鳌亚洲论坛场址首次启用绿色电力运营提供保障，在服务博鳌论坛绿色办会理念中彰显中国华电的央企担当。

本次交易的绿电来源为华电海南公司首个并网的自建项目——海南华林文昌 100MW 农（渔）光互补项目，该项目也是海南省“十四五”首批并网的集中式平价光伏项目。

云南黑启动辅助服务市场首次模拟试运行

10 月 19 日，国家能源局云南监管办公室（简称云南能源监管办）正式印发《云南黑启动辅助服务市场交易规则（试行）》，并同步启动黑启动辅助服务市场模拟试运行。

针对云南电网与南方电网主网异步联网的运行特性，以及清洁能源占比高、西电东送占比高、电力电子设备占比高、单一大用户负荷占比高、单一元件故障导致的事故风险等级高的电网“五高”特性，2022 年初，云南能源监管办启动了黑启动辅助服务市场建设，以激励各类电源及新型储能提供优质而经济的应急恢复辅助服务，提升电力系统供电恢复能力，强化能源供应保障和应急处置能力。

云南黑启动辅助服务市场紧扣云南电网运行实际，合理设置了不同类型机组申报价格范围，鼓励新型储能参与市场化交易，同时引入了市场力检测及缓解的概念，避免具有市场力的市场主体操纵市场价格。后续云南黑启动辅助服务市场将持续开展模拟试运行，以检验交易流程、交易规则和技术支持系统在市场运行中的有效性。

陕西完成首场大规模绿电交易

10 月 19 日，陕西首场大规模绿色电力交易在陕西电力交易中心完成，成交电量达 1 亿 kWh。本次绿色电力交易是陕西电力建设落实碳达峰、碳中和目标的重要举措，标志着陕西正式开启绿电消费新模式。

本次绿色电力交易是继陕西省内开展绿色电力交易试点交易后，国网陕西电力有限公司首次正式组织全省有意向购买并附带绿色消费证明的绿色电力用户与发电企业开展的交易。交易完成后共有 14 家省内平价光伏发电企业与 13 家售电公司和其代理的 53 家电力用户达成双边协商交易，绿色电力成交量远远超过北京电力交易中心下达的 2022 年陕西省绿色电力交易电量 0.1 亿 kWh 的年度指标。

在“双碳”目标大背景下，2021 年 9 月国家发展改革委开展绿色电力交易试点，推动构建以新能源为主体的新型电力系统，向清洁低碳转型。2022 年，陕西电力交易中心推动绿色电力交易在陕西市场落地，年初通过陕西电力市场管理委员会审议，并向省发展改革委和西北能监局报备，编制发布《陕西省 2022 年绿色电力（绿证）交易实施方案》，明确区内绿电交易的具体实施措施，为交易的顺利开展提供制度保障。

四川首张清洁能源消纳凭证颁发

8 月 1 日，在乐山市五通桥区“中国绿色硅谷”新型工业园区里，国网四川省电力公司乐山供电公司受四川电力交易中心委托，将四川省第一张清洁能源消纳凭证颁发给四川永祥新能源有限公司。

清洁能源消纳凭证是四川电力交易中心经四川省级政府部门授权出具，具有公信力的清洁能源电力消费凭证。清洁能源消纳凭证以电力市场化交易合同数据和结算数据为依据，可对工商业用电企业使用包含水电、风电、太阳能发电、生物质发电、燃气发电在内的清洁能源电力进行溯源，精确反映企业使用清洁能源电力规模和来源，对企业减少外贸出口碳关税、完成碳配额指标、提升国际和国内市场竞争力具有重要作用。

近年来，国网四川省电力公司按照“强电网、快建设、优服务”工作主线，为包括永祥新能源有限公司在内的乐山“中国绿色硅谷”建设提供了坚强的电力要素保障。此次清洁能源消纳凭证的颁发，更让硅谷“绿色”有据可依，有迹可循。

8月起，凡是参与四川省电力市场化交易的企业均可在四川电力交易平台申请领取清洁能源消纳凭证，四川电力交易中心将按照相关规定，给符合申请要求的企业发放该凭证为企业绿色低碳发展保驾护航，为国家“双碳”目标实现注入新活力。

青海绿色电力行动成果发布暨绿色电力交易市场启动仪式举行

7月24日，青海绿色电力行动成果发布暨绿色电力交易市场启动仪式在青海西宁举行，发布青海2022年“绿电5周”全清洁能源供电活动成果，并正式启动青海绿色电力交易市场。这是在“双碳”目标背景下，青海加快构建新型电力系统的又一实践。

此次“绿电5周”活动于6月25日启动，7月29日结束，连续35天为青海全省提供绿色电力供应。这是青海电网第6次开展全清洁能源供电实践。2017—2021年，青海已连续5年开展绿电活动，刷新并保持全清洁能源供电的世界纪录。

国网青海省电力公司深化绿色电力交易、峰谷电价调整、省间电力余缺互济三项机制，应用新一代调度控制、多能互补调控、源网荷储互动、线路动态增容、碳排放监测五项技术，调动源网荷储各方力量深入参与绿电实践，推动绿电更广泛消纳。

此外，国网青海电力升级碳监测平台，创新发布《基于电力高频数据的规上企业碳账户监测模型》报告，为全省114家规模以上企业构建专属电-碳模型，搭建省域、地区碳排放监测和核算分析服务体系，为企业节能减排提供测碳服务，为政府决策提供参考。

青海绿色电力交易市场启动是2022年“绿电5周”活动的一项重要内容。启动仪式上，青海省内23家新能源发电企业与42家电力用户签订2022—2027年绿色电力交易框架协议，总交易电量62.7亿kWh。“绿电5周”活动期间，青海省绿色电力试点交易完成，8家新能源发电企业与2家电力用户达成绿电交易电量6000万kWh，相当于减排二氧化碳4.3万t。

浙江首次开展跨区电力置换互济

7月17日，三峡电站与溪洛渡左岸电站电力置换互济工作成功实施，达成置换电量3.9亿kWh，增加浙江迎峰度夏高峰受入电力约20万kW。

本次跨区电力置换互济由国网浙江省电力有限公司会同国网重庆市电力公司联合推动，这是浙江首次以跨区电力置换互济的方式开展省外电力增购，将进一步保障浙江用电高峰期间电力受入水平，有力保障电力安全可靠供应。

参加本次跨区电力置换互济的主要是三峡电力的增发电量，该部分电量系三峡电力年度基础电量值超出部分，根据国家能源局安排，2022年起由湖北和重庆定向消纳。但由于鄂渝间输电通道原因，重庆无法足额消纳三峡电力增发电量；浙江虽有富余三峡送浙通道，却无增发送电指标。根据此次跨区电力置换互济安排，在7、8月用电高峰期间，浙渝双方以1:1.25的电力比开展溪洛渡左岸电站与三峡电站电力置换，并约定浙江9月返还此间多送部分电量。此次跨区电力置换互济还开展了交易结果校核、结算等工作，整个置换过程于9月底完成。

江苏完成电力现货市场第一次结算试运行

7月1—7日，江苏省完成首次电力现货市场结算试运行，是全国第二批电力现货试点中首个启动结算试运行的省份。江苏启动结算试运行是省级电力现货市场建设的重要里程碑，标志着第二批电力现货试点基本具备试运行条件，省级电力现货市场覆盖范围进一步扩大，对推动全国多层次统一电力市场体系建设意义重大。

2021年，国家发展改革委、国家能源局选择辽宁、上海、江苏、安徽、河南、湖北作为第二批现货试点。国网江苏省电力有限公司在政府主管部门和国家电网公司相关部门的指导下，结合江苏省情、网情，借鉴第一批现货试点建设经验，积极稳妥有序推动江苏电力现货市场建设，自2022年1月起陆续开展了3次模拟试运行，是第二批电力现货试点中首家完成模拟试运行和调电试运行的单位，也为本次结算试运行积累了运行经验。6月22日，江苏省发展改革委印发现货市场规则，并于7月1日启动为期一周的结算试运行。本次结算试运行采用“全电量集中竞价+中长期差价结算”的市场模式。发电侧136台统调公用燃煤和核电机组参与，用户侧3家批发用户及56家售电公司参与。试运行期间，电力现货市场健康活跃，运营规范有序，电网运行平稳。

天津首笔省内绿电交易完成

7月20日，天津首笔市内716万kWh绿电交易完成。此次绿电交易由天津电力交易中心联合北京电力交易中心依据天津市工业和信息化局颁布的《天津绿电交易工作方案》及《北京电力交易中心绿色电力交易实施细则》有关规定组织实施，共有天津地区7家用电企业、4家售电公司参与，由2家天津新能源发电企业提供绿电产品。

按照天津地区省内电力交易组织流程，参与绿电交易的市场主体向天津电力交易中心提交绿电交易申请，交易中心在绿色电力交易平台发布交易公告，市场主体在规定时段进行交易申报确认，经电力调控中心安全校核后确定交易结果，并形成“交易公告+交易承诺书+交易结果”形式的电子合同。绿色电力交易价格体现电能量价值和绿色环境权益价值，交易合同享有优先结算待遇，并按照月清月结原则结算。售电公司依据与其代理用电企业的约定，提供交易服务并收取服务费。用电企业通过绿电交易平台获得具有唯一代码标识的绿色电力证书。

蒙西电力现货市场正式启动连续结算试运行

6月1日，蒙西电力现货市场正式启动连续结算试运行，成为继2019年启动模拟试运行，建立以“中长期为主，现货交易为辅”具有蒙西特色的市场模式后又一破冰之举。

2006年内蒙古电力交易中心成立，在全国最早开启电力市场化改革探索，2010年全国首个内蒙古电力多边交易市场正式启动，全国首创“多方参与，双向竞价，价差传导”的市场模式；2015年10月，作为全国第一个省级电网输配电价改革试点，率先实现输配电价从“顶层设计”到“落地执行”，2021年进一步释放输配电价改革红利，自治区“电价洼地”在全国优势明显；2017年被列为全国首批电力现货市场试点之一，2019年6月蒙西电力现货市场启动模拟试运行。历经一周、两周、全月、长周期模拟试运行，2021年12月，蒙西电力现货市场常态化开展调电试运行；2022年5月10日，启动全业务、全流程调电试运行及模拟结算工作。

内蒙古电网首次参与省间现货市场交易

6月27日，内蒙古电网首次参与省间日前现货市场，灵活送出网内富余电力，成为内蒙古电网电力市场建设发展又一重要里程碑。

本次交易成交电量12.5万kWh，最大增发电力4.8万kW。中标发电企业通过市场化手段实现电力增发，于午间时段将电能送至江苏省，推动网内各市场主体持续深入参与市场交易，向实现全国统一电力市场迈出坚实一步。

6月1日，2022年省内现货市场连续结算试运行正式启动。运行期间，全网电力供应充足、新能源消纳良好、断面安全可控，基本实现现货市场发现电力价格预期目标。6月8日，国调中心召开专题会议启动蒙西参与省间现货市场工作，调控公司第一时间成立工作小组，完善规则体系和系统功能，实现两级市场有序衔接。网内各发电企业将通过省间现货市场，充分发挥自身优势，积极参与市场竞争，推动新能源消纳水平及电力保供能力提质增效。

粤港澳大湾区首次用虚拟电厂精准削峰

4月29日14:30，大湾区首次利用网地一体虚拟电厂实行精准削峰，提升新型电力系统灵活性和电力保障能力，助力新型电力系统构建和“双碳”目标达成。

4月29日14:30，位于深圳龙华区民兴苑的V2G（新能源汽车与电网能量互动）充电站收到了来自南方电网公司深圳供电局（简称深圳供电局）调度台的指令，并在1min内迅速将充电功率降为零，同时，将车载电能返送回电网，实现了电动汽车与电网互动的迅速调节。

虚拟电厂好比“看不见的电厂”，是一种通过能源互联网技术，把散落在用户端的充电桩、空调、储能等电力负荷整合起来并实现协调优化，以作为特殊电厂参与电网运行和电力市场的电源协调管理系统。

在此次虚拟电厂精准削峰行动中，深圳供电局在4月28日前向虚拟电厂平台下发10MW向下调节需求，一天内7家负荷聚合商在指定区域内最大削减负荷5.344MW，相当于满足4000户家庭的空调使用需求。4月29日，深圳供电局调度台再一次向虚拟电厂平台下达 1000kW 的实时精准削峰需求，虚拟电厂平台随即将指令分解下发至不同负荷聚合商，并由这些聚合商进一步分解指令，自动降低电动汽车充电桩、建筑楼宇等用电负荷。

2021 年，深圳供电局、南方电网科学研究院联合研发了国内首个网地一体虚拟电厂运营管理平台。2022 年，该平台接入负荷资源超过 500MW，相当于约 9 万户家庭的用电报装容量，并接入分布式光伏容量 300MW。

广西完成首场绿电交易　将减少二氧化碳排放量近 6 万 t

4 月 13—20 日，广西首场绿色电力交易完成，成交电量 6562.85 万 kWh，将降低二氧化碳排放量 5.8 万 t。此次交易的顺利开展，标志着广西开启了绿电消费新模式，发挥了市场作用激发供需两侧绿电消纳潜力，是落实碳达峰、碳中和的重要举措。1—4 月，广西直接交易电量 632.15 亿 kWh，其中用户直接交易电量 589.58 亿 kWh，同比增长 4.05%。

参与此次绿色电力交易的共有 10 家发电企业，其中风电企业 9 家、光伏发电企业 1 家，交易标的涵盖 5 月绿色电力消费需求，平均交易价格为 48.5 分/kWh，其中绿证交易价格为 6.43 分/kWh。

通常，常规电能量交易、绿色电力交易、可再生能源消纳量交易是相辅相成的，绿色电力交易是在现有中长期交易框架下设立的独立交易品种。绿色电力在电力市场交易和电网调度运行中优先组织、优先安排、优先执行、优先结算，通过相关政策措施调动用电侧购买绿色电力的积极性。

在“双碳”目标大背景下，9 月国家发展改革委开展绿色电力交易试点，推动构建以新能源为主体的新型电力系统，向清洁低碳转型，广西区内市场初步达成 5 对交易意向。2022 年，广西正式组织绿色电力交易，3 月份南方区域各电力交易机构联合编制印发了《南方区域绿色电力交易规则（试行）》，广西壮族自治区工业和信息化厅正式印发了《2022 年广西绿色电力市场化交易实施方案》，明确了区内绿电交易的具体实施措施，为交易的顺利开展提供了制度保障。

华润广西售电公司是本次交易的首笔成交方，该公司为华润怡宝饮料（南宁）有限公司、广西伊利冷冻食品有限公司等全国型优质用户购买 5 月绿色电力 500 万 kWh，有效提高企业绿电消费比重，实现了经济、社会、环境效益的高度统一。

宁夏电力达成全国首批省间中长期连续试运营交易

2022 年，受煤价高企、电力供需紧张等影响，宁夏年度外送电规模较 2021 年有所下降，对此国网宁夏电力采取“长短结合+能送尽送”方式全力扩大宁夏外送电规模。3 月 22 日，国网宁夏电力与四川、湖北、陕西等购电省达成 3 月第四周共 5 批次累计 5 亿 kWh 增量外送交易，这也成为 3 月 21 日省间中长期市场连续试运营正式启动后的全国首批重磅交易订单，扩大宁夏 3 月外送电规模的同时，发挥宁夏在全国电力保供攻坚战中“顶梁柱”作用。

为贯彻落实《关于加快建设全国统一电力市场体系的指导意见》（发改体改〔2022〕118 号）工作要求，国网宁夏电力完善省间中长期市场运营机制，提高市场运营效率，灵活响应电力平衡、新能源消纳及市场主体交易需求，全国省间中长期市场连续试运营正式启动。宁夏作为“西电东送”重要基地之一，建立适应能源低碳清洁转型的交易模式将有效促进多能源角色转换和协同发展。省间中长期市场连续运营通过逐步缩短交易周期、增加交易频次、丰富交易品种等方式，实现中长期交易连续开市，有效提高省间交易组织效率，为中长期交易与现货交易统筹衔接打下基础。3 月 21 日省间中长期市场连续试运营启动后，国网宁夏电力迅速响应、积极与购电省协商洽谈，发挥“西电东送”直流送端群优势，通过建立省间送购统筹小组，滚动测算宁夏电力供需平衡情况，积极组织参与各类省间中长期交易，实现全国大范围资源优化配置。

电力建设

电源建设工程

火力发电

【华能石洞口一厂 5 号机组正式投产运行】12 月 31 日 16:00，华能国际电力股份有限公司所属华能上海石洞口第一电厂 5 号机组通过 168h 满负荷试运行，标志着全国首个等容量替代示范性项目正式迈入商业运营阶段。

作为全国首个等容量替代示范性项目、上海市能源保障重大建设项目，该项目在上海石洞口第一电厂原厂区内新建 2 台 650MW 高参数、高效率、低排放、二次再热超超临界燃煤机组（5、6 号机组），替代 4 台 325MW 老旧燃煤机组（1～4 号机组）。项目于 2020 年 12 月 9 日正式开工建设。

【华能大连热电厂 3、4 号机组投入商运】12 月 7 日，华能大连热电厂 4 号超临界抽凝热电联产机组通过 168h 满负荷试运行，正式投产，至此这座热电厂的 4 台大型燃煤机组实现了全面投产。

华能大连热电厂新建 3、4 号机组为 35 万 kW 抽凝热电联产机组，是辽宁省“十四五”重点规划项目和大连市重点建设的城市配套项目。其中 3 号机组于 6 月 1 日通过 168h 满负荷试运行，正式投入商业运营。

作为新型地标性城市热电厂，华能大连热电厂新建 3、4 号机组采用多项绿色环保与高效节能技术，使机组环保指标接近燃气机组；首次在国内火电厂采用 64m 燃料垂直提升技术，减少空气粉尘污染的同时，节省地面空间；机组还应用了华能自主研制的 100% 全国产化 DCS 控制系统，有效提升机组安全自主可控水平。

【大唐万宁燃气电厂 2 号机组正式并网投产】4 月 2 日 8:00，大唐万宁燃气电厂 2 号机组通过 168h 试运，正式投入商业运行，标志着中央企业支持海南五网基础设施建设第一个开工的大型电源项目全部投产运行。

大唐万宁 2×46 万 kW 天然气发电项目，建设 2 台 9F 级燃气–蒸汽联合循环发电机组，是海南自贸港建设重点项目，具有保障海南电力供应和陵水气田天然气消纳双调峰的重要作用。其中，1 号机组于 2021 年 10 月 22 日投产。项目于 2019 年 3 月 18 日正式开工。

大唐万宁燃气电厂工程 2 台机组的全部投产，年发电量约 26 亿 kWh，可消纳天然气约 5 亿 m^3，与煤机相比，每年可减排二氧化碳约 192 万 t。

【大唐海口 2×460MW 天然气发电项目 1 号机组正式并网发电】11 月 9 日 18:00，大唐海口 2×460MW 9F 级天然气发电项目 1 号机组通过 168h 满负荷试运行，正式投入商业运营。

该项目是海口市首个大型清洁能源支撑项目，建成后可实现年发电量约 25 亿 kWh，年产值约 14 亿元，年节约标准煤约 25 万 t，年减排氮氧化物约 570t。项目于 2021 年 2 月 28 日正式开工建设。

大唐海口天然气电厂是海南首个建设在都市里的绿色智慧电厂。该电厂生产过程中氮氧化物排放浓度小于 10mg/m^3，达到国际最优值。同时，这也是海南首家“5G+”智慧电厂，全程实现数字化、智能化管控。

【大唐佛山热电冷联产项目实现年内双投】11 月 25 日，大唐佛山热电有限责任公司 2 号机组通过 168h 满负荷试运，正式投入商业运行，标志着大唐佛山热电冷联产项目实现年内双投。

广东大唐国际佛山热电冷联产项目建设 2 台 400MW 燃气–蒸汽联合循环机组，机组采用“一拖一”多轴配置型式，单套机组出力 490.4MW，同期建设配套热网，总投资 33 亿元。其中，1 号机组 7 月 11 日投产。2020 年 11 月 28 日，大唐佛山热电冷联产项目主厂房浇筑第一罐混凝土，标志着项目正式开工。

项目建成投产后，年发电量约 30 亿 kWh，每年可减少二氧化碳排放 242 万 t，节约标准煤 95 万 t，创造工业产值约 20 亿元，可满足区域电力快速增长和周边 20km 内用热企业需求。

【华电平江一期 2×1000MW 煤电项目 1 号机组投产发电】12 月 17 日，湖南华电平江一期 2×1000MW 煤电项目 1 号机组通过 168h 满负荷试运行，正式投入商业运营。

该项目位于岳阳市平江县，规划容量为 4×1000MW 超超临界燃煤发电机组，总投资近 75 亿元，年发电量约 96 亿 kWh。该项目一期建设 2×1000MW 超超临界燃煤发电机组，于 2020 年 12 月 5 日开工建设。

【华电青岛天然气热电联产工程项目主体开工】4 月 22 日，山东省首台套重型燃气机组示范工程暨华电青岛天然气热电联产项目开工仪式在青岛市举行。

华电青岛天然气热电联产项目是 2022 年山东省能源保障网行动计划重型燃气机组示范工程，项目拟建设两台 F 级分轴燃气–蒸汽联合循环热电联产机组（单机容量达 505.54MW），计划于 2023 年实现投产发电。

项目投产后，预计年发电 35 亿 kWh，新增清洁供热面积 1600 万 m^2，可拉动上游天然气管线和下游供热管线投资近 60 亿元。与同等装机规模的超净燃煤机组相比，每年可减少 150 万 t 标准煤消耗量，减排二氧化硫 114t 以上。

【国家电投内蒙古白音华热电 2×350MW 机组工程项目投产】 2022 年全国保供重点项目，建设 2 台 35 万 kW 超临界直接空冷燃煤供热机组。内蒙古白音华自备电厂发电机组投运后，将进一步构建白音华地区用煤发电、用电炼铝、以铝带电、以电促煤，“煤－电－铝－铝后加工”一体化发展的产业集群。同时，也将加强内蒙古锡林郭勒盟地区无功电源支撑能力，提高电网新能源消纳和运行稳定性。

【国家电投中电常熟燃机热电联产项目投产】 位于江苏省常熟市高新技术产业开发区，建设 2×100MW 燃气－蒸汽联合循环热电联产机组，是苏州市防污攻坚建设重点工程项目，投产后将成为常熟市高新技术产业开发区内唯一热源点，替代区域内燃煤集中供热热源和分散小锅炉，满足区域内电能、热能等能源终端一体化需求，具有良好的节能环保效益和社会效益。

【国家电投广东揭东燃机热电联产项目投产】 该项目是广东省 2022 年重点电力保供项目，位于广东省揭阳市揭东区埔田镇东面的揭东经济开发区新型工业园内，建设 2×100MW 燃气－蒸汽联合循环热电联产机组。

【国家电投上海试验电站保障机组开工】 该项目是重型燃气轮机试验电站重要组成部分，是国家“十四五”规划、上海市能源发展“十四五”规划的重要内容。根据项目规划，将分别建设 1 台 F 级、1 台 H 级商业机组，总装机容量达 1170MW。

【国家电投内蒙古通辽 2×350MW 智慧热电联产机组项目开工】 该项目位于内蒙古通辽发电厂三期扩建端，是该厂 4 台 200MW 机组关停等容量替代煤电项目，建设 2 台 35 万 kW 超超临界直接空冷热电联产机组，计划 2024 年实现双机投产发电，投产后可满足通辽市新老城区集中采暖及通辽经济技术开发区工业热负荷需求。

【国家能源集团山东博兴电厂 2×1000MW 项目开工】 项目位于山东省滨州市，建设两台超超临界二次再热机组，为山东省 2022—2025 年重点实施的保障性能源项目、山东省重点基础设施工程。项目 2015 年 12 月核准，2022 年 11 月 27 日开工建设。1 号机组计划 2024 年 11 月投产，2 号机组计划 2024 年 12 月投产。

【国家能源集团浙江舟山电厂三期 2×660MW 项目开工】 项目位于浙江省舟山市，建设两台超超临界二次再热机组，项目建成后将有效改善“十四五”期间浙江区域、舟山市供电能力紧张局面。项目 2022 年 1 月核准，12 月 28 日开工建设。3 号机组计划 2024 年 8 月投产，4 号机组计划 2024 年 10 月投产。

【国家能源集团广东惠州电厂二期 2×500MW 项目开工】 项目位于广东省惠州市大亚湾石化区，建设两台（F）级燃气-蒸汽联合循环热电联产机组，建成后将为园区产业发展提供电、热、冷、除盐水等清洁可靠的综合能源，为粤港澳大湾区经济社会发展和民生保障提供坚强能源支撑。项目 2021 年 11 月核准，2022 年 9 月 28 日开工建设。3 号机组计划 2024 年 3 月投产，4 号机组计划 2024 年 4 月投产。

【国家能源集团广东肇庆电厂二期 2×500MW 项目开工】 项目位于广东省肇庆大旺高新技术产业开发区，建设两台（F）级燃气-蒸汽联合循环热电联产机组，该项目致力于融入城市绿色发展，打造肇庆高新区综合能源供应商和智慧能源站示范基地。项目 2021 年 9 月核准，2022 年 9 月 28 日开工建设。3 号机组计划 2024 年 3 月投产，4 号机组计划 2024 年 4 月投产。

【国家能源集团内蒙古上海庙 4×1000MW 项目投产】 项目位于内蒙古上海庙能源化工基地，是内蒙古上海庙—山东临沂±800kV 特高压直流输电工程送端配套电源点之一，规划建设 4×1000MW 超超临界间接空冷燃煤机组，分两期建设。一期项目 2016 年 7 月核准，2019 年 6 月开工建设。二期项目 2019 年 12 月核准，2020 年 10 月开工建设。1 号机组 2021 年 12 月 27 日投产，2 号机组 2022 年 7 月 9 日投产，3 号机组 2022 年 12 月 31 日投产，4 号机组计划 2023 年 5 月投产。

【国家能源集团福建罗源湾电厂 2×1000MW 项目投产】 项目位于福建省福州市连江县境内罗源湾南岸的可门作业区 1～3 号码头腹地，是国家能源局批复的全国首个百万千瓦煤电机组节能减排升级与改造示范项目，也是福建省重点建设工程之一。项目 2013 年 12 月核准，2021 年 2 月复工建设。1 号机组 2021 年 12 月 13 日投产，2 号机组 2022 年 4 月 26 日投产。

【国家能源集团广西北海电厂 2×1000MW 项目投产】 项目位于广西壮族自治区北海市铁山港工业园区，是广西能源发展“十四五”规划重点支持的沿海优质煤电项目，属省内能源保供重点工程。项目 2014 年 12 月核准，2020 年 10 月复工建设。1 号机组 2022 年 10 月 1 日投产，2 号机组 2022 年 12 月 26 日投产。

【国家能源集团重庆电厂 2×660MW 项目投产】 项目位于重庆市万盛经济技术开发区关坝镇循环经济产业园区内，建设两台超超临界一次再热机组，是重庆市重大项目和重点能源保供项目。项目 2015 年 3 月核准，2021 年 3 月复工建设。1 号机组 2022 年 12 月 31 日投产，2 号机组计划 2023 年 5 月投产。

【国家能源集团清远电厂二期 2×1000MW 扩建

工程正式开工】12月26日，随着国家能源集团2022年第三批重点项目集中开工仪式的成功举办，广东公司清远电厂二期2×1000MW扩建工程正式开工。

清远电厂二期项目是广东省重点建设项目，总投资约72亿元，采用超超临界二次再热技术建设两台1000MW燃煤发电机组。

【山西中电神头“上大压小”二期2×100万kW扩建工程实现双机投产】6月20日，山西中电神头第二发电有限责任公司“上大压小”二期2×100万kW扩建工程4号机组完成168h试运行。至此，项目两台机组全部投产，正式投入商运。其中，3号机组于1月5日实现投产。

神头二期项目2016年5月15日主体工程正式开工，建设2台100万kW超超临界间接空冷汽轮发电机组。该项目是山西省“十二五”电力工业发展规划重点项目，由中国能建山西院设计、安徽电建一公司承建。

【中国能建投资建设的广西崇左电厂2×660MW项目开工】8月18日，中国能建投资建设的广西崇左电厂2×660MW工程项目开工活动在扶绥举行。该项目拟建2台660MW超超临界燃煤发电机组，同步建设烟气脱硫、脱硝等装置及相关配套设施，总投资52.59亿元，计划2024年6月首台机组投产，2024年8月第二台机组投产。

【哈密—重庆特高压直流工程配套煤电项目正式开工】9月28日，“疆电入渝”工程重要项目——哈密—重庆特高压直流工程配套煤电项目，在新疆哈密巴里坤县三塘湖矿区正式开工。该工程将建设4×100万kW高效超超临界间接空冷燃煤机组，以及升压站、主厂房等配套设施，总投资约145亿元。

“疆电入渝”工程涉及总投资约1000亿元，包括配套煤电项目、配套新能源项目以及哈密—重庆±800kV特高压直流输电工程建设，配套煤电、新能源分别为400万、1020万kW，其中风电、光伏发电、光热发电分别为700万、300万、20万kW，另配建10%～20%装机规模的储能装置。

【浙能六横电厂二期项目开工建设】6月28日，浙能六横电厂二期项目参加浙江省重大项目集中开工活动，正式开工建设。其场平工程于6月18日举行开工仪式，桩基工程于7月27日开工建设。

浙能六横电厂二期项目是浙江省“十四五”期间重大投资项目、重大支撑性煤电项目和清洁煤电重点项目。项目位于舟山市普陀区六横岛，共建设2台装机容量100万kW的超超临界二次再热高效机组，年发电量约110亿kWh，项目总投资73亿元。首台机组计划于2024年12月底建成投产。

【浙能镇海天然气发电公司燃机搬迁改造项目开工】厂址位于宁波石化经济技术开发区内紧邻镇海燃气热电公司东侧。项目为2套430MW级燃气-蒸汽联合循环机组，具备对外供热能力。该项目坚持“安全第一、质量为本、科学规范、高效环保”的建设管理方针，致力于建设“低碳清洁、高效先进、安全节能的绿色智慧型电厂”。项目于2022年4月核准，2022年8月桩基工程开工，计划2025年投产。

【浙能镇海联合发电公司燃机异地迁建改造项目新建工程开工】厂址位于浙江省金华市白龙桥镇。项目为1套491MW燃气-蒸汽联合循环发电机组，同步建设烟气脱硝装置。该项目将低碳环保、高效智能、清洁循环的设计理念融入其中，致力于建设“安全优质、清洁高效、绿色低碳的一流燃气电厂”。项目于2022年4月核准，2022年10月开工建设，计划2024年投产。

【蒙能集团科右中发电1号机组（660MW超超临界机组）正式投产】12月17日，内蒙古能源集团科右中发电有限公司2×660MW一号机组完成168h满负荷试运行，实现投产发电。

内蒙古能源集团科右中发电有限公司2×660MW机组工程为新建工程，是内蒙古自治区兴安盟地区最大的工业建设项目，是扎鲁特—青州特高压直流外送线路重要的电源支撑点。

【资阳燃气电站新建工程项目开工】4月2日，资阳燃气电站新建工程项目签约暨开工仪式在四川省资阳市安岳县举行。现场，安岳县与川投（资阳）燃气发电有限公司双方签署项目投资框架协议，并宣布资阳燃气电站项目建设顺利开工。

资阳燃气电站是四川省“十四五”电力规划四个天然气发电项目之一，总投资约60亿元。此次开工建设的一期项目由2台70万kW级燃气–蒸汽联合循环发电机组组成，计划投资35亿元。项目计划2024年上半年实现两台机组投产发电。

【中堂燃气热电联产项目二期工程全面建成投产】5月24日，广东东莞中堂二期2号机组通过168h试运，正式投入商业运行。试至此，中堂一、二期4台机组全部投产。

东莞市中堂燃气热电联产二期项目2×460MW机组工程为蒸汽联合循环发电供热机组，是全国首例采用背压机组的9F级热电项目，其中2号机组为全背压机组。

水 力 发 电

【苏洼龙水电站全容量投产发电】11月30日，金沙江上游清洁能源基地开工建设的首座电站西藏首个百万千瓦级水电站——苏洼龙水电站最后一台机组正式投产发电。至此，苏洼龙水电站4台机组共120万kW全部投产，金沙江上游清洁能源基地建设取得重大标志性进展。

苏洼龙水电站位于四川巴塘县和西藏芒康县交界的金沙江干流上，由中国电建设计施工，中国电建所属北京院全过程勘测设计，水电一局、三局、四局、十局施工建设，贵阳院监理。于2015年11月开工建设，2022年7月首台机组投产发电。苏洼龙水电站全部机组投产后，年均发电量约55亿kWh，可节约标准煤180万t，减少二氧化碳排放430万t。

电站建设秉承生态优先、绿色发展的理念，在流域规划阶段，创造了中国水电开发与生态环境协同发展的“金上模式”。投资1.07亿元建成苏洼龙鱼类增殖站，2018年以来累计放流鱼苗210万尾，建设了金沙江上游流域第一个升鱼机组合系统和集运鱼系统，鱼儿可以坐上“电梯”实现洄游。

【白鹤滩水电站全面投产发电】 12月20日，随着右岸地下厂房9号机组完成72h试运行，正式投入商业运行，由中国电建全过程勘测设计并承担主要施工任务、中国能建葛洲坝参建的世界在建规模最大、技术难度最高的水电工程——金沙江白鹤滩水电站全部机组投产发电，此举也标志着中国金沙江下游水电基地全面建成。

金沙江白鹤滩水电站位于四川省宁南县和云南省巧家县交界的金沙江下游河段，为金沙江下游四个梯级中的第二个梯级，是中国“西电东送”的骨干工程，电站装机容量1600万kW，年均发电量约624亿kWh是世界第二大水电站，能够满足7500万人一年的生活用电需求。电站采用世界最大单机容量100万kW的水轮发电机组，全部实现国产化研制生产，百万千瓦水轮发电机组入选国家能源局2021年能源领域首台（套）重大技术装备成果清单。

2022年，白鹤滩水电站主体工程完建，工程安全受控，质量全面精品。实现正常蓄水位825m目标，机组全部投产发电。在蓄水至825m质量监督报告中，给予“质量优良”的总体评价。

白鹤滩水电站电站左岸8台机组由中国电建安装调试，实现了全球首台百万千瓦水电机组转子吊装、首批机组安全投产发电、2/3号机组“零配重”投运、5/6号机组“4日两投”、8台机组全部符合精品机组标准等优异成绩。

白鹤滩水电站以发电为主，兼有拦沙、防洪、航运、灌溉等综合效益。建成后每年可节约标准煤1968万t，减排二氧化碳5160万t。同时，与长江干流乌东德、溪洛渡、向家坝、三峡、葛洲坝五座电站共同构成世界最大的清洁能源走廊，助力国家“双碳”目标，成为推动新时代中国高质量发展的强大绿色引擎。

【李家峡水电站5号机组扩机工程项目开工】 3月1日，国家电投李家峡水电站5号机组扩机工程项目正式开工，项目安装单机容量40万kW水轮发电机组一台。该机组采用新型国产化蒸发冷却工质，将进一步提高机组运行维护的自动化水平，计划于2023年8月并网发电。届时，李家峡水电站将实现200万kW全容量投产。

李家峡水电站位于青海省尖扎县和化隆县交界处的黄河干流李家峡河谷中段，是黄河上游龙青段规划中的第三座大型梯级水电站。电站单机容量40万kW，总装机容量200万kW。

【金沙江旭龙水电项目开工】 项目位于云南省德钦县与四川省得荣县交界的金沙江干流上游河段，总装机容量2400MW，年发电量105.14亿kWh，是国家能源集团在建最大水电项目。项目建成后，将为属地经济社会发展、生态环境优化、防洪防汛带来巨大的综合效益。项目2022年6月核准，10月主体工程开工，计划2023年汛后截流，2029年6月首台机组投产，2029年8月全容量投产。

【雅砻江两河口水电站全部机组投产发电】 3月18日，中国电建设计建设的中国已建第一、世界第二高土石坝——雅砻江两河口水电站最后一台机（1号机组）结束72h试运行投入商运。至此，该电站6台机全部投产发电。

两河口水电站装机容量300万kW，砾石土心墙堆石坝坝高295m，是中国藏区开工建设规模和投资规模最大的水电项目，也是中国海拔最高的百万千瓦级水电站。由中国电建成都院规划论证和全阶段勘测设计，水电五局、十二局、十四局、十六局等单位承担了70%以上的施工任务。作为中国第一座施工全过程用智能化技术建设的300m级超高土石坝，两河口水电站填补了高寒地区超高土石坝建设的技术空白，实现了大坝建设由数字化向智能化的新跨越。

两河口工程于2022年7月开始第三阶段蓄水抬升，水库蓄满后，将与锦屏一级水电站、二滩水电站高坝大库联合，形成总量近150亿m^3的调节库容，使雅砻江成为全国调节能力最好的大型河流，可大大减轻长江中下游洪涝危害，并可为雅砻江中下游、金沙江下游和长江干流电站增加枯水期年发电量340亿kWh左右。

核 能 发 电

【国家电投海阳核电3号机组开工】 该项目位于山东省海阳市，为山东海阳核电一期扩建工程，建设2台第三代核电技术CAP1000压水堆核电机组，单机容量 125 万 kW。海阳核电是山东首座建成投产的核电站，由山东核电有限公司投资建设。一期 1、2 号机组是国家三代核电自主化依托首批项目，分别于 2018 年底、2019 年初建成商运，总装机容量 250 万 kW。二期项目计划于 2027 年全面建成投运。届时，海阳核电将拥有 4 台在运机组，年发电量约 400 亿 kWh。

【国家电投海阳核电二期工程 3 号机组开工】7 月 14 日，国家电投海阳核电二期工程 3 号机组开工。

海阳核电二期工程包括 3、4 号两台机组，采用自主设计、国产化制造的 CAP1000 三代非能动核电技术，单台机组额定容量为 125.3 万 kW，机组设计运行寿命 60 年。二期工程建成投运后，海阳核电共有 4 台机组运行，总装机规模达到 500 万 kW 以上，年发电量约为 400 亿 kWh。

海阳核电一期工程 1 号机组于 2009 年 9 月开工，1、2 号机组分别于 2018 年底、2019 年初投入商运。

【“华龙一号”堆型工程并网发电】1 月 1 日，中核集团福清核电 6 号机组首次并网发电，成为全球第三台、中国第二台“华龙一号”并网发电机组。3 月 25 日，中核集团福清核电 6 号机组具备投入商业运行条件，标志着中国自主三代核电“华龙一号”示范工程全面建成。

【中核集团三门核电二期工程 3 号机组开工】6 月 28 日，中核集团三门核电站 3 号机组浇筑核岛第一罐混凝土(FCD)，这标志着三门核电二期工程正式开工。

三门核电二期工程包括 3、4 号共两台核电机组，单机额定容量为 125.1 万 kW，均采用 CAP1000 型反应堆装置，机组设计寿命为 60 年。

三门核电站位于浙江省台州市三门县，规划建设 6 台百万千瓦级先进压水堆核电机组，分三期建设，一期工程 2009 年轻月正式开工建设，1、2 号机组分别于 2018 年 9 月和 11 月投入商运。

【浙江海盐核能工业供热示范项目投运】7 月 15 日，浙江海盐核能工业供热示范项目正式开工建设，12 月 15 日项目建成投运，标志着中国首个核能工业供热示范平台搭建完成，为工业产业园区清洁能源替代提供“海盐方案”，是中国核能综合利用的又一个里程碑，具有重大意义。江苏核电于 2022 年 5 月 27 日正式开工田湾核电站蒸汽供能项目建设，本项目对外供工业蒸汽 600t/h，年供汽量约 480 万 t，具有明显的环境效益。

【广东陆丰核电 5 号机组正式开工】9 月 8 日，位于广东省陆丰市的中广核陆丰核电项目 5 号机组正式开工，陆丰核电项目 5 号机组采用的技术为三代核电机组“华龙一号”，总投资近 200 亿元人民币。

4 月 20 日召开的国务院常务会议核准浙江三门、山东海阳、广东陆丰 3 个核电新建机组项目。其中，中广核广东陆丰核电项目核准建设 5、6 号机组，单台机组容量为 1200MW。

中广核陆丰核电项目位于广东省汕尾市，规划建设容量为 6 台百万千瓦级核电机组。

【辽宁红沿河核电站全面建成投产】6 月 23 日，辽宁红沿河核电站 6 号机组完成 168h 试运行，正式具备商业运行条件，这也标志着该核电站一期和二期工程共 6 台机组全面投产，总装机容量超过 671 万 kW，成为中国在运装机容量最大的核电站。

辽宁红沿河核电站位于大连市瓦房店红沿河镇，于 2007 年 8 月开工建设，一期工程 4 台机组采用中广核具有自主知识产权的 CPR1000 核电技术，1 号机组于 2013 年 6 月正式投运，2016 年一期工程全部建成投产；二期工程 5、6 号机组采用中广核全面升级的 ACPR1000 核电技术，分别于 2015 年 3 月和 7 月开工建设，5 号机组于 2021 年 7 月 31 日投运。

辽宁红沿河核电站 6 台机组年发电量可达 480 亿 kWh，与同等规模燃煤电厂相比，等效于减少标准煤消耗约 1452 万 t，减排二氧化碳约 3993 万 t。

风 力 发 电

【中国华能汕头勒门海上风电项目开工】12 月 15 日，华能粤东千万千瓦级“风光水火储一体化”能源基地的标志性工程——华能汕头勒门海上风电项目，在汕头濠江举行开工仪式。

华能粤东“风光水火储一体化”能源基地融合了海上风电、光伏发电、清洁火电、储能等板块，总装机规模超 2000 万 kW，总投资超 1800 亿元，同步建设粤东首个海陆一体化能源基地控制中心，推动绿色能源、化学储能有机结合，“风、光、水、火、储”统一调度，源网互动。

华能汕头勒门海上风电项目是中国华能在粤东投资开发建设的首个海上风电项目，是广东省“十四五”重点项目。项目位于汕头南澳岛南侧海域，总投资约 82 亿元，规划装机总容量约 60 万 kW，安装 54 台 11MW 风电机组，计划于 2023 年 9 月前实现全容量并网。

【中国华能大安 50 万 kW 风电项目并网投产】12 月 25 日，中国华能大安“吉电入鲁”50 万 kW 风电项目并网投产。该项目位于吉林省大安市，是扎鲁特—青州特高压直流输电工程送端配套风电项目，也是中国华能山东分公司跨省域开发的首个基地型新能源项目。项目于 2021 年 9 月 1 日开工建设。

【大唐平鲁 300MW 风电项目实现并网发电目标】大唐平鲁 300MW 风电项目采用金风科技 9 台直

驱GW171－3.85MW和53台半直驱GWH191－5.0MW发电机组，设计年利用小时达2998.6h，5MW风机的叶轮直径为191m，创国内当期陆上风机叶轮直径之最。该项目2021年12月开工，2022年6月实现并网发电目标，荣获中国大唐“风电工期样板工程”称号，为山西省内近两年投产容量最大的风电项目。

【中国华电乌鲁木齐百万千瓦风光电基地项目开工】中国华电乌鲁木齐百万千瓦风光电基地项目位于乌鲁木齐市达坂城区、乌鲁木齐县，于2022年3月17日正式开工建设，是国家第一批大型风电光伏基地项目。项目总装机容量100万kW，其中风电80万kW，光伏20万kW，总投资约65亿元。

项目投产后每年可新增“绿电”25亿kWh以上，年节约标准煤超过83万t，减少二氧化碳排放超过210万t。

项目充分利用戈壁、荒漠，积极引入光伏治沙及“沙漠土壤化”生态恢复技术，开展风电光伏治沙、防风、固草，系统保护和修复沙漠、戈壁、荒漠地区，改善当地生态环境和人居环境，实现新能源与生态融合发展、友好发展。

【国家电投辽宁锦州黑山400MW风电项目投产】是辽宁省“十四五”时期的重大清洁能源工程，建设80台单机容量5MW的风力发电机组和一座220kV升压站，全面配备了国内技术领先的机组智能净空安全控制系统，可对风电机组发电效率和安全状态进行实时监测和最优控制，是具有行业示范效应的标杆工程。2022年实现首批风机并网发电。

【国家电投内蒙古锡盟阿巴嘎旗别力古台500MW风电基地项目开工】该项目是国家规划建设12条大气污染防治输电通道中锡盟—山东特高压交流通道、锡盟—泰州特高压直流通道配套的二期400万kW基地项目的一部分。纳入国家第一批以沙漠、戈壁、荒漠地区为重点的大型风电光伏基地清单，建设容量50万kW，86台风机。

【国家电投山东半岛南V场址500MW海上风电项目全容量投产】项目位于山东省海阳市南侧海域，场址中心离岸约26km，施工水深18～28m，总投资60亿元，总装机规模500MW，项目于5月20日开工，12月9日实现全容量并网发电。项目率先在国内建设模块化预装式升压站，有效缩短升压站制造调试周期60余天，节省工程造价20%；首创海水淡化供水方案，实现升压站全天候生活、生产、消防等用水自给自足；个性化定制北方海域10MW样机，预计每千瓦时电成本降低5%。

【国家电投广东揭阳神泉二海上风电项目全容量并网】项目是全球批量应用单机容量最大的海上风电项目，也是国内首批平价上网海上风电项目之一，总装机容量502MW，安装34台11MW风机和16台8MW风机，配套建设1座220kV海上升压站。项目实现项目当年开工、当年全容量并网目标，创造了500MW以上风场最短工期的世界纪录。

【国家电投辽宁锦州黑山400MW风电项目实现首批风机并网发电】项目是辽宁省“十四五”时期的重大清洁能源工程，建设80台单机容量5MW的风力发电机组和一座220kV升压站，全面配备了国内技术领先的机组智能净空安全控制系统，可对风电机组发电效率和安全状态进行实时监测和最优控制，是具有行业示范效应的标杆工程。

【国家能源集团国华渤中B2项目海上风电项目开工】项目位于山东省东营市河口区北部海域，场址中心离岸约19km，总装机容量501.5MW，共安装59台单机容量8.5MW的风力发电机组，同时配套新建一座220kV海上升压站，以2回220kV海缆接入陆上集控中心。项目是山东省海上风电规模化发展的重点工程之一，2022年9月开工建设，12月31日实现首批风机并网，计划2023年6月全容量投产。

【国家能源集团浙江象山1号海上风电场（二期）项目开工】项目位于浙江省象山县石浦镇东南海域，场区中心离岸距离约25km，总装机容量504MW，共安装56台单机容量9MW风力发电机组，同时配套建设1座220kV海上升压站，以2回220kV海缆接入陆上集控中心。项目所处海域具有“大涌浪、厚淤泥、强台风”特征，是现阶段国内综合施工难度最大的海上风电项目之一。项目2022年12月开工建设，计划2023年12月底全容量投产。

【国家能源集团国华投资山东发展投资（乾安）500MW风电项目投产】项目位于吉林省松原市乾安县，是吉林省利用“鲁固直流”特高压外送3000MW风电项目的重要工程之一。项目总装机容量500MW，安装125台单机容量4.0MW的风力发电机组，配套建设2座220kV升压站，通过鲁固±800kV特高压外送山东省消纳。项目2021年10月开工建设，2022年12月投产。

【中国三峡集团300MW海上风电与海洋牧场融合试验示范项目全容量并网发电】昌邑市海洋牧场与三峡300MW海上风电融合试验示范项目位于山东省潍坊市昌邑市北部莱州湾海域，为《山东省千万千瓦级风电基地规划报告》中LZW3号海上风电场，离岸距离14～18km。项目装机容量30万kW，布置50台6MW的风电机组，场区内建设一座220kV海上升压站，通过2回220kV海底电缆接至海缆登陆点，海缆登陆后经220kV架空线路接至三峡新能源柳疃风电场220kV升压站，并以220kV电压等级接入山东电网。

项目于2022年6月18日开工，同年12月16日全容量并网发电；每年可提供约9.4亿kWh的清洁电能，可满足约38万户家庭一年用电量，每年可节约标煤约28万t，减排二氧化碳约76万t，经济效益和节能减排效益显著。2022年12月14日，海洋牧场完成首批礁石投放；2023年2月1日，全国首个海上风电生态环境监测观测站在昌邑挂牌成立。

该项目是山东省首个海洋牧场与平价海上风电融合示范项目，也是山东省新旧动能转换重大工程。

【云南弥勒西55万kW风电项目首批机组并网】云南弥勒西55万kW风电项目位于云南省红河州弥勒市，是国内单机容量最大的山地风电项目，达产运行后将成为西南地区装机规模最大的风电项目，被列入《云南省2022年度省级重大项目清单》和《云南省2022年度“重中之重”项目清单》。

项目共安装风电机组88台，其中6.7MW风机60台、5.0MW风机20台、6.0MW风机8台。其中，采用的6.7MW风机机组，为目前国内山地风电单机容量之最。风机叶轮直径191m，轮毂高度为110、120m两种型号。

项目于2022年4月25日开工，9月4日完成首台风机吊装，12月29日实现首批机组并网发电。截至2022年末，项目累计投运28.4MW。全容量并网后，年上网电量将超14亿kWh，可满足近60万个三口之家一年的生活用电需求，每年可节约标准煤约45万t，减排二氧化碳约118万t。

【三峡能源安徽阜阳南部120万kW风光储基地项目首批机组并网】安徽阜阳南部120万kW风光储基地项目是中国第一批以沙漠、戈壁、荒漠地区为重点的大型风电光伏基地项目，也是长三角地区首个新能源大型风光基地项目，采用风电、光伏、储能、塌陷区治理有机结合的新能源基地化开发模式，将风光资源高效利用与采煤沉陷区综合治理深度融合，对推动中国资源型城市生态综合治理和转型发展具有重要意义。

项目包括65万kW光伏电站和55万kW风电场，配建一座300MW/600MWh储能电站。其中光伏电站规划用地全部为采煤沉陷区闲置水面，以“以光养水，净水养绿，水光互补”为原则，通过合理布局抑制藻类过快繁殖，在常规发电收益基础上结合“渔光互补”模式发展渔业养殖，实现水体环境改造，构建具有自我调节能力的浅水湖泊水生态系统。

项目于2021年10月22日正式开工建设，共涵盖古城项目、颍上二期项目、颍上风电项目和阜南风电项目等四个子项目。开工以来，建设团队克服工期紧、任务重、原材料价格持续上涨等诸多困难，于2022年12月19日实现古城项目首批机组并网。

项目全部建成后，年平均发电量可达19亿kWh，每年可节约标准煤约60万t，减少二氧化碳排放约157万t，将持续为安徽省能源结构绿色转型注入强劲动能。

【库布齐沙漠鄂尔多斯中北部新能源基地项目先导工程开工】12月28日，国内首批首个千万千瓦级“沙戈荒”风光火储新能源基地项目——库布齐沙漠鄂尔多斯中北部新能源基地项目先导工程在达拉特旗举行开工仪式。

库布齐沙漠鄂尔多斯中北部新能源基地项目是在沙漠、戈壁、荒漠地区开发建设的全球最大规模风电光伏基地项目，于2022年8月3日成功获批，成为国家“沙戈荒”基地首批首个项目。项目以打造“绿色能源+生态治理”一体化基地为核心目标，建设集发电、治沙、种植于一体的立体绿色生态系统，可在保障沙漠地区新能源设备可靠发电的同时，提升基地生态效益，推动产业融合发展。项目所发电力将依托“十四五”全国电力规划中拟建的蒙西至京津冀直流输电通道，以风光火储一体化方式外送到京津冀地区，每年可输送清洁电能440亿kWh。项目规划总装机规模1600万kW，包括光伏发电800万kW和风电容量400万kW，配套改扩建先进高效煤电装机容量400万kW，配置储能300万～500万kWh。

当天开工的项目先导工程由内蒙古能源规划设计研究院有限公司负责EPC总承包，规划建设100万kW光伏发电，并配置相应储能。项目场址位于达拉特旗昭君镇，投产初期拟采用过渡外送方案，配套建设2座220kV升压站，就近接入500kV响沙湾变电站，终期调整至与库布齐基地项目集中外送。

【吉林通榆50万kW陆上风电项目并网投产】1月25日，由山东省属企业水发集团投资建设的“吉电入鲁”通榆县50万kW陆上风电项目并网投产。

作为“吉电入鲁”工程重点配套项目，通榆县50万kW风电项目由山东、吉林两省能源局共同牵头，水发集团水发能源（通榆县）有限公司作为项目实施主体推进项目施工建设。项目建设仅用时9个月，于2021年3月25日开工建设。

【吉林长岭50万kW风电项目并网投产】12月27日，由国家电投山东院总承包建设的长岭50万kW风电项目实现全容量并网发电。

长岭50万kW风电项目，是“吉电入鲁”工程重要配套项目。项目位于吉林省松原市长岭县，风场总占地面积300km^2，总装机容量50万kW，安装125台4.0MW风力发电机组。项目于2021年3月开工建设。

【中广核兴安盟300万kW一期100万kW风电项目投运】6月29日，中广核内蒙古兴安盟300万kW风电项目一期100万kW并网发电，标志着国内首个单体百万千瓦级陆上风电基地正式投产。

中广核兴安盟300万kW风电基地系革命老区风电产业帮扶项目，位于内蒙古自治区兴安盟科尔沁右翼前旗和中旗境内，其中科右前旗规划建设100万kW，科右中旗规划建设200万kW。本次投产的一期100万kW项目横跨桃合木苏木、乌兰毛都苏木、阿力得尔苏木及阿力得尔牧场，属山地丘陵风电场。每年等效满负荷利用小时可达3058h，年上网电量超过30亿kWh。项目于2020年开工建设。

【中广核汕尾甲子90万kW海上风电场正式实现全容量并网发电】 12月20日，随着中广核汕尾甲子二40万kW海上风电项目最后一台风电机组并网发电，中广核汕尾甲子90万kW海上风电场正式实现全容量并网发电，标志着广东省汕尾市近海浅水区140万kW海上风电项目全面建成投产，也即全国最大的平价海上风电场建成投运。

作为粤东首个超百万千瓦级海上风电基地，中广核汕尾海上风电场总装机容量140万kW，包括汕尾后湖项目50万kW、汕尾甲子一项目50万kW、汕尾甲子二项目40万kW。其中，汕尾后湖项目已于2021年建成，汕尾甲子一项目于2022年11月建成投运。

中广核汕尾甲子海上风电场场区中心离岸距离约25km，水深30m到37m之间，布置78台6.45MW和50台8MW海上风电机组，配套建设2座220kV海上升压站及一座500kV陆上升压站。汕尾甲子二项目于2022年6月海上主体开工，用时半年实现全容量并网发电。

【中国电建海南万宁百万千瓦漂浮式海上风电项目正式开工】 12月26日，中电建海南万宁百万千瓦漂浮式海上风电项目开工仪式在万宁举行，标志着全国首个规模化深远海海上风电项目正式开工建设，该项目也是海南省海上风电“十四五”重点实施工程。

该项目场址平均水深为100m，场址中心离岸距离为22km，规划面积160km²，是全国首个开工建设的规模化深远海海上风电项目，项目规划装机容量100万kW，计划总投资额230亿元，分两期建设，一期装机规模约为20万kW，安装12台单机容量16MW以上的风机，计划于2025年底全部建成并网；二期工程装机容量80万kW，计划于2027年底全部建成并网。

【山东能源渤中海上风电A场址工程正式开工】 4月16日，由中国电建中南院总承包实施的山东能源渤中海上风电A场址工程第一根桩基缓缓沉桩，标志着该项目正式进入全面建设阶段。

项目场址位于山东省东营市北部海域，由山东能源集团开发建设，总投资约66.85亿元，总装机容量为501MW，布置60台单机容量8.35MW型风力发电机组，配套建设一座220kV海上升压站和陆上集控中心。2022年2月，渤中海上风电A场址工程项目取得核准。2022年10月29日，首批机组实现并网发电。

【浙能台州1号300MW平价海上风电项目开工】 3月24日，总投资42亿元的临海风光储一体化项目——浙能台州1号海上风电场正式开工。

浙能台州1号海上风电场工程位于临海市雀儿岙岛北侧，属于近海风电场，其中涉海面积26.3km²。项目建设总装机容量300MW的海上风电发电机组（共40台7.5MW风机），配套建设1座220kV海上升压站和一座陆上集控站。项目计划2023年全面投产发电。

【浙能宁东基地光伏产业园150MW光伏复合发电项目开工】 项目位于宁夏回族自治区灵武市宁东镇，建设规模为150MW，工程一次全部建成，配套建设1座110kV升压变电站，光伏电站共39个光伏发电单元。项目于2022年5月开工。

太 阳 能 发 电

【中国大唐华银娄底生态治理百万千瓦光伏示范项目开工】 1月11日，国家第一批大型风电光伏基地项目之一——大唐华银娄底生态治理光伏示范项目在湖南省冷水江市锡矿山举行开工仪式，这是全国第一批以沙漠、戈壁、荒漠地区为重点的大型风电、光伏基地建设项目。该项目一期规划容量100万kW，总投资约60亿元。

冷水江锡矿山开采历史达120年，有“世界锑都”的美誉，该项目开发采取“光伏+生态治理”模式。该项目利用采矿塌陷区、石漠化区的灰场边坡、闲散废弃地建设，不占用耕地林地指标，采取在每个光伏板下安装集雨装置的方式，雨水收集起来可以灌溉土壤，有效改善矿山生态环境，将成为促进地方经济由资源枯竭型向绿色低碳转型发展的示范样板。

【中国华电滕州滨湖350MW光伏发电项目正式进入施工阶段】 3月4日，华电滕州滨湖350MW光伏发电项目正式进入施工阶段。该项目规划装机容量350MW，总投资20亿元，架设太阳能板80余万块，利用采煤塌陷地、坑塘水面等，按照“宜农则农，宜渔则渔”的原则，采取“板上发电，板下种植或养殖”复合用地方式，建设技术领先的光伏发电系统和特色农（渔）业。

【中国华电莱州土山一期60万kW光伏发电项目】 6月14日，华电莱州土山一期60万kW光伏发电项目在莱州银海化工园区举行开工仪式，标志着山东区域内在建单体规模最大的光伏电站项目正式开工建设。

莱州土山光伏发电项目规划容量为100万kW，

一期建设 60 万 kW，于 2022 年 12 月 26 日先期投产 20 万 kW，计划 2024 年实现全容量并网投产。项目采用光储融合技术，有效提升新能源项目参与电网调峰能力，同时采用行业领先的 PERC 双面光伏组件建设。

【中国华电德令哈首批 70 万 kW 光伏项目并网发电】12 月 28 日 10:56，中国首批大型光伏发电项目——华电德令哈大基地 50 万 kW 和华电德令哈揭榜挂帅首批 20 万 kW 光伏项目成功并网发电，标志着华电青海区域装机容量突破 100 万 kW，清洁绿能源源不断输送到千家万户。

青海华电德令哈 100 万 kW 光储氢项目位于青海省海西州德令哈市西出口光伏光热产业园区，规划装机容量 100 万 kW，分别由“国家第一批大基地”50 万 kW 光伏工程和“国家揭榜挂帅”50 万 kW 光伏工程构成，同步建设一座 3MW 光伏制氢站。项目计划至 2023 年分批实现并网发电，全容量投产后年均发电量 17.8 亿 kWh，每年可节约标准煤 54.39 万 t 煤，相应每年可减排温室效应气体二氧化碳约 148.43 万 t，在实现生态效益的同时，对推动当地经济建设、带动氢能产业发展、助力乡村振兴有着重要的现实价值。

【国家电投河北沽源 400MW“光伏 + 储能”示范项目二期 220MW 工程全容量并网发电】6 月 29 日国家电投中国电力河北沽源 400MW“光伏 + 储能”示范项目二期 220MW 工程全容量并网发电。

河北沽源县 400MW“光伏 + 储能”示范项目分两期建设，由国家电投所属中国电力投资开发，中国电力旗下芜湖发电承接建设、运营、管理工作。项目位于河北省张家口市沽源县九连城镇西部，一期工程光伏装机规模 180MW，配置 7.5MW/7.5MWh 储能，于 2021 年 12 月 31 日投产，助力 2022 年北京冬奥会实现 100%清洁能源供电。二期工程光伏装机规模 220MW，配套 7.5MW/7.5MWh 储能，于 2021 年 7 月开始施工，2022 年 4 月 1 日实质开工建设。

【国家电投四川甘孜州正斗光伏实证实验基地项目投产】建设规模 400MW，是中国首个超高海拔光伏实证基地项目。项目共设置了光伏组件、逆变器、支架、储能装置、综合对比 5 个实证试验区，采取 127 种对比方案，对光伏、储能产品和新技术开展实证实验。电站投运后将填补中国光伏实证基地在超高海拔、中纬度地区的空白，为川藏高原以及全国范围内相似场景地区的光伏建设提供参考。

【国家电投湖北麻城市多能互补百万千瓦光伏基地一期 400MW 项目投产】该项目利用湖北大别山电厂调峰能力、送出通道实现消纳，并按照国务院《关于推进农村一二三产业融合发展的指导意见》，打造“农光互补”发电三产融合示范区，对带动麻城地区农民致富和经济增长具有重要意义。也是湖北省构建新型电力系统进程中首提“多能互补”理念并率先落地的项目。

【国家电投海南基地共和县 100 万 kW 光伏项目开工】该项目位于青海省海南州，纳入国家第一批以沙漠、戈壁、荒漠地区为重点的大型风电光伏基地，2022 年开工建设，首批 50 万 kW 已实现并网发电。

【国家电投青豫直流二期外送通道 2 标段 90 万 kW 光伏项目开工】该项目位于青海省海南州，为青豫直流二期配套电源，纳入国家第一批以沙漠、戈壁、荒漠地区为重点的大型风电光伏基地清单。项目建成后可实现“光光互补、光储互补”。同时，可通过光伏治沙等模式，实现新能源与生态友好发展，推动青海能源绿色低碳转型，有利于推动风电光伏大规模、高比例发展，为经济社会发展提供优质的绿电支撑。

【国家电投四川兴川实证光伏电站全容量并网发电】12 月 28 日，全球首个超高海拔光伏实证基地——四川甘孜兴川实证光伏电站全容量并网发电。作为四川省清洁能源发展重大项目，该基地由国家电投集团四川电力有限公司建设，位于海拔 3900～4500m 的甘孜州乡城县正斗乡顶贡大草原。

该基地总投资约 32 亿元，于 2021 年 12 月 14 日启动建设，2022 年 10 月 14 日首批发电单元并网发电，12 月 28 日实现全容量并网发电。该基地总装机容量 60 万 kW，每年约可提供 12.68 亿 kWh 的绿电，相当于每年可节约标准煤 39 万 t、减少二氧化碳排放约 107 万 t，是国家第一批大型风电光伏基地项目和成渝双城清洁能源重点工程，也是四川省已建成投产发电单体规模最大的光伏发电项目。

不同于单纯的光伏电站，四川甘孜兴川实证光伏电站专设了光伏组件、逆变器、支架、储能装置、综合对比 5 个实证实验区，采取 127 种对比方策，对光伏、储能产品、新技术开展实证实验。除了技术组合方面的实证，该基地还将针对川藏高原呈现出的超高海拔、高辐照度、低温、生态脆弱、山地、中纬度等特点，开展多种光伏设备、技术路线、储能设备以及大数据、物联网等新技术在超高海拔新能源领域的创新应用实证，填补国内光伏实证基地在超高海拔、中纬度地区的空白。

【国家能源集团龙源宁夏中卫配套新能源基地一期光伏项目开工】项目位于宁夏回族自治区中卫市腾格里沙漠区域，总装机容量 1000MW。配套建设 1 座 330kV 升压站和 1 座 100MW/200MWh 储能电站，送出线路采用单回路 330kV 线架设，全长 51km。项目是国内首个沙漠、戈壁、荒漠新能源基地项目，也是宁夏回族自治区重点工程之一。项目 2022 年 10 月 12 日开工，计划 2023 年 3 月全容量投产。

【国家能源集团国能宁东 1500MW 复合光伏基地

项目部分投产】项目位于宁夏回族自治区宁东能源化工基地采矿沉陷区，总装机容量 1500MW，配套建设 2 座 110kV 和 2 座 330kV 升压站。该项目是习近平总书记在《生物多样性公约》第十五次缔约方大会上宣布的首批 1 亿 kW 大型风电光伏基地项目之一，也是宁夏灵绍直流“西电东送”的重要绿色能源基地项目。项目 2021 年 10 月开工建设，2022 年 12 月 31 日投产 1000MW，计划 2023 年 8 月 30 日全容量投产。

【国家能源集团青海公司大柴旦 1000MW 源网荷储清洁供暖光伏项目一期项目投产】项目位于青海省海西蒙古族藏族自治州大柴旦行委马海光热电新能源区，总装机容量 500MW，配套建设 1 座 330kV 升压站，送出线路采用单回路架设，总长度 104.2km。该项目是青海省打造国家清洁能源产业高地的重点工程，是国家能源集团和青海省战略合作、推进属地清洁供暖的重要新能源项目。项目 2022 年 7 月 18 日开工，12 月 28 日投产。

【凉山州会理市 33 万 kW 光伏发电项目开工】12 月 28 日，中国三峡集团在四川的两个新能源项目凉山州会理市 33 万 kW 光伏发电项目、甘孜州道孚县亚日 50 万 kW 光伏发电项目开工建设。项目总投资 42.3 亿元，总装机 83 万 kW。

会理市 33 万 kW 光伏发电项目总投资约 16.3 亿元，是金沙江下游水风光储一体化清洁能源开发基地四川侧开工建设的首个基地类光伏发电项目。金沙江下游水风光储一体化清洁能源开发基地涉及四川和云南两省 26 个县（市、区），是国家“十四五”规划的 9 个清洁能源基地之一，规划新建风电、光伏项目的总装机规模预计超 1500 万 kW，预计总投资超 900 亿元。基地建成后，将与溪洛渡、向家坝、乌东德、白鹤滩 4 座水电站形成世界上规模最大的绿色清洁可再生能源走廊。

【中广核德令哈 200 万 kW 光热储一体化项目开工】3 月 23 日，中广核德令哈 200 万 kW 光热储一体化项目举行开工活动，标志着国内储能配比率最高的光热储多能互补项目正式开工。项目位于青海海西州德令哈市光伏（光热）产业园区，规划面积约 5.3 万亩，总装机容量 200 万 kW，其中光伏 160 万 kW、光热熔盐储能 40 万 kW，储能配比率 25%、储能时长 6h。项目采用了光伏发电、光热熔盐储能相结合的可再生能源发电技术，建成投产后年上网电量可达 36.5 亿 kWh。

【中澜·云锡尾矿库光伏电站群项目开工】3 月 29 日，云南省首个最大规模的分布式电站群、首个利用尾矿库建设“光伏+生态修复”的大型新能源项目——中澜·云锡尾矿库光伏电站群项目正式开工。

中澜·云锡尾矿库光伏电站群项目由云锡控股公司携手中澜环保科技有限公司和中国电建打造，由云南红河州中澜环保科技有限公司全额投资兴建。一期项目利用云锡多年形成的牛坝荒、小凹塘、阿西寨、木登硐、长冲等五座已闭库尾矿库工矿用地建设，总投资近 8 亿元，总装机容量为 161.04MW。项目二期计划建成总投资超 50 亿元，装机容量约 1000MW，年发电量超过 12 亿 kWh 的新能源产业基地。

【广东能源集团佛山三水南山镇光伏复合项目并网发电】11 月 18 日，广东能源集团佛山三水南山镇光伏复合项目成功并网发电。

三水南山镇光伏复合项目位于佛山市三水区南山镇，项目总规划容量为 700MW，总投资约 35 亿元，本期（一期）建设规模 300MW，配置容量 10%、1h 的储能系统（30MW/30MWh）。

【广东能源集团友好五一农光互补光伏复合项目并网发电】12 月 26 日，广东能源集团友好五一农光互补光伏复合项目成功并网发电，项目总装机规模 550MW，为广东省单体容量最大的光伏电站。

友好五一光伏项目是广东能源集团所属广东省电力开发有限公司投资建设的广东省重点建设项目，投产后每年可提供清洁电能约 6.6 亿 kWh，可满足约 36.7 万户普通家庭一年的用电需求。

友好五一光伏项目位于湛江市徐闻县友好农场、五一农场，项目通过在光伏板下种植菠萝、南药、良姜等农作物，大幅提升农光复合的土地资源利用效率，同期配套毗邻“菠萝的海”外围景区，打造“农业种植+文旅体验场”等“光伏+”产业。项目于 2022 年 4 月开工。

【甘孜州道孚县 150 万 kW“1+*N*”光伏发电项目开工】9 月 28 日，总投资 75 亿元的甘孜州道孚县 150 万 kW“1+*N*”光伏项目举行集中开工仪式。

道孚县“1+*N*”光伏项目共计 3 个，分别是道孚县亚日“1+*N*”项目Ⅰ标 500MW 光伏电站、道孚县亚日“1+*N*”项目Ⅱ标 500MW 光伏电站、道孚县龚吕 500MW“1+*N*”光伏项目，总装机容量 150 万 kW，分别位于色卡乡亚日光伏场址、龙灯乡龚吕场址，分别由华能道孚新能源有限公司、三峡川能（道孚）新能源有限公司、华润电力（道孚）有限公司投资建设。

3 个光伏项目均采用“光伏+乡村振兴”“光伏+旅游”“光伏+产业带动”“光伏+生态治理”为理念的“1+*N*”开发模式，以清洁能源为基础，延伸产业发展，带动群众就近就地就业，促进村集体经济发展壮大。

【雅砻江柯拉光伏电站开工】7 月 8 日，全球最大的水光互补电站、雅砻江两河口水电站水光互补一期项目——柯拉光伏电站在雅江县柯拉乡正式开工建设。

柯拉光伏电站是两河口水电站的水光互补一期项目，电站位于甘孜州雅江县柯拉乡，场址海拔 4000～

4600m，总投资超53亿元，装机规模达100万kW，年利用小时1735h，年平均发电量20亿kWh，计划2023年全容量并网发电。

【浙江温岭100MW潮光互补智能电站全容量发电】 中国电建所属华东院总承包的中国首座潮光互补型光伏电站——浙江温岭100MW潮光互补智能电站，实现全容量并网发电。这是中国首次将太阳能和潮汐能互补开发，标志着中国在海洋能源综合利用领域取得新成效。

位于浙江温岭的江厦潮汐试验电站，是华东院20世纪80年代设计的中国最大、世界第四大潮汐电站，利用潮水涨落双向发电，是世界最先进的潮汐发电工程之一。浙江温岭潮光互补智能电站，总装机容量为100MW。项目充分利用潮汐电站的库区水面，通过在2000亩（1亩=$6.6667\times10^2m^2$）的水面上安装18.5万余块光伏发电组件，实现光伏发电与潮汐发电互补，在提高总体电量输出的同时，通过控制潮汐发电的时段和功率有效平抑光伏发电波动，提升电站输出品质，打造潮汐与光伏协调运行的新模式，形成“日月同辉齐发力、水上水下齐发电”的壮观场景。

电站年均发电量超1亿kWh，可满足约3万户家庭一年的用电需求，每年可节约标准煤3.5万t，减少排放二氧化碳7.2万t。

储　能

【浙江桐庐抽水蓄能电站项目开工】 11月20日，浙江桐庐抽水蓄能电站开工仪式在杭州市桐庐县举行。

桐庐抽水蓄能电站项目位于桐庐县富春江镇境内，总装机容量140万kW，年发电量16.8亿kWh，额定水头531m，工程总投资约100亿元（含项目相关配套工程费用）。工程施工总工期68个月，首台机组发电工期58个月。

电站2021提列入国家能源局发布的《抽水蓄能中长期发展规划（2021—2035年）》，是浙江省“十四五”重点实施项目。

【浙江泰顺抽水蓄能电站项目开工】 3月17日，浙江泰顺、江西奉新抽水蓄能电站项目开工动员大会在北京召开，现场宣布工程开工。

泰顺抽水蓄能电站项目是“十四五”期间国家电网公司在浙江开工建设的首个抽水蓄能电站。项目位于温州市泰顺县司前畲族镇，距泰顺县城20km，与丽水、温州直线距离均约88km，装机容量120万kW，安装4台单机容量30万kW机组，以2回500kV线路接入浙江电网，设计年平均发电利用小时数1000h，年抽水利用小时数1333h，工程投资71.34亿元，于2021年11月获得核准，计划于2029年首台机组投产。

【江西奉新抽水蓄能电站项目开工】 3月17日，浙江泰顺、江西奉新抽水蓄能电站项目开工动员大会在北京召开，现场宣布工程开工。

奉新抽水蓄能电站位于宜春市奉新县罗市镇、会埠镇境内，装机容量120万kW，安装4台单机容量30万kW机组，以2回500kV线路接入江西电网。该抽水蓄能工程总投资76.39亿元，由国家电网公司、中国华能、国家电投三家央企和江西省投资集团共同投资建设，预计2030年机组全部投产发电。该项目于2021年3月获得核准，计划于2029年首台机组投产。

奉新抽水蓄能电站下水库位于会埠镇，下水库坝址距奉新县城公路里程约32km，主要建筑物有大坝、库盆、溢洪道及导流泄放洞等。下水库大坝采用混凝土面板堆石坝，坝顶高程267.5m，最大坝高77.5m，坝顶长度571m，坝顶宽度8m。

【辽宁庄河抽水蓄能电站项目开工】 9月8日，辽宁庄河抽水蓄能电站项目在大连市庄河桂云花乡正式开工。项目总投资67.98亿元，总装机容量100万kW，设计年发电量12.05亿kWh、抽水电量16.07亿kWh。该项目是国网新源控股有限公司和大连市、庄河市政府合作的成果。

庄河抽水蓄能电站项目是国家“十四五”规划102个重大项目之一，是辽宁省“十四五”时期首个核准并开工建设的抽水蓄能项目。电站计划安装4台25万kW抽水蓄能机组，以2回500kV出线接入辽宁电网。项目于2020年12月获得核准，计划2029年首台机组投产。

【湖北紫云山抽水蓄能电站项目开工】 11月4日，湖北省在黄梅县举行紫云山抽水蓄能电站项目开工活动。

紫云山抽水蓄能电站位于湖北省黄冈市黄梅县境内，装机容量140万kW，安装4台单机容量35万kW机组，电站设计满发利用小时数为6h，设计年发电量15.6亿kWh。电站上水库大坝采用混凝土面板堆石坝，最大坝高68m，库容806万m^3。下水库大坝采用混凝土面板堆石坝，最大坝高76m，库容803万m^3。

该项目是国家抽水蓄能中长期发展规划“十四五”重点项目，总投资约为85.8亿元，2022年9月27日获得湖北省发展改革委核准，计划2029年首台机组投产发电。

【河南嵩县抽水蓄能电站项目开工】 12月29日，嵩县抽水蓄能电站项目开工仪式在洛阳市嵩县车村镇黄柏村举行。

嵩县抽水蓄能电站位于河南省洛阳市嵩县境内，装机容量180万kW，安装6台单机容量30万kW机组。电站上水库大坝采用钢筋混凝土面板堆石坝，最大坝高 94m，库容 1184 万 m^3。下水库大坝采用混凝土面板堆石坝，最大坝高 112m，库容 1190 万 m^3。电站设计年发电量 20.46 亿 kWh，年抽水电量 27.28 亿 kWh，以两回 500kV 等级电压出线接入河南电网。

该项目是国家抽水蓄能中长期发展规划“十四五”重点项目，总投资 114.95 亿元，于 2022 年 12 月 27 日获得核准，计划 2029 年首台机组投产发电。

【河北丰宁抽水蓄能电站 8 号机组投产发电】12 月 16 日，国网新源河北丰宁抽水蓄能电站 8 号机组投产发电。至此，该电站累计投产机组数量达到 7 台，投产容量为 210 万 kW。2022 年投产机组数量为 5 台，分别为 7 月 30 日 2 号机组投产，8 月 30 日 3 号机组投产，9 月 5 日 9 号机组投产，11 月 22 日 4 号机组投产，12 月 16 日 8 号机组投产。

丰宁抽水蓄能电站是中国自主设计和建设的世界在建最大抽水蓄能电站，创造了抽水蓄能电站四项“第一”：装机容量世界第一，共安装 12 台 30 万 kW 单级可逆式水泵水轮发电电动机组，总装机容量 360 万 kW，为世界抽水蓄能电站之最；储能能力世界第一，12 台机组满发利用小时数达到 10.8h，是华北地区唯一具有周调节性能的抽水蓄能电站；地下厂房规模世界第一，地下厂房单体总长度 414m，高度 54.5m，跨度 25m，是最大的抽蓄地下厂房；地下洞室群规模世界第一，电站地下洞室多达 190 条，总长度 50.14km。

该电站总投资 192.37 亿元，分两期开发，各安装 6 台单机容量 30 万 kW 机组。一期工程 2012 年 8 月核准，2013 年 5 月开工；二期工程 2015 年 7 月核准，2015 年 9 月开工。于 2013 年 5 月开工建设，年设计发电量 66.12 亿 kWh，年抽水电量 87.16 亿 kWh。

【安徽金寨抽水蓄能电站全面投产发电】12 月 26 日，位于大别山革命老区的安徽金寨抽水蓄能电站 4 台抽水蓄能机组实现全部投产发电。

金寨抽水蓄能电站总装机容量 120 万 kW，安装 4 台单机容量为 30 万 kW 的混流可逆式抽水蓄能机组，设计年发电量 20.1 亿 kWh，年抽水电量 26.8 亿 kWh，以 500kV 出线接入安徽电网。该电站位于安徽省六安市金寨县，工程总投资约 75 亿元，于 2014 年 8 月获得核准，2015 年 6 月筹建期工程开工，2017 年 2 月主体工程开工。2022 年 7 月 29 日首台机组投产发电。10 月 6 日，2 号机组投入商业运行。12 月 6 日，3 号机组投入商业运行。12 月 26 日，4 号机组投入商业运行，电站实现全面投产。

【沂蒙抽水蓄能电站全面投产发电】3 月 23 日，沂蒙抽水蓄能电站 4 号机组投入商业运行，电站实现全面投产。

沂蒙抽水蓄能电站位于山东省临沂市费县薛庄镇，装机容量 120 万 kW，安装 4 台单机容量为 30 万 kW 的单级混流可逆式水泵水轮发电电动机组，设计年发电量为 20.08 亿 kWh，年抽水电量 26.77 亿 kWh，以 500kV 出线接入山东电网。

电站工程总投资 73.7 亿元，于 2014 年 9 月获得核准，2015 年 6 月开工。1 号和 2 号机组于 2021 年 10 月投产发电，2022 年 1 月 15 日，3 号机组投产发电。

【宁夏牛首山抽水蓄能电站项目开工】3 月 18 日，2022 年宁夏回族自治区第一批重大项目集中开工现场推进会吴忠市分会场开工仪式在宁夏牛首山抽水蓄能电站项目现场举行。

牛首山抽水蓄能电站项目是宁夏回族自治区“十大工程项目”之一，建设地点位于黄河青铜峡水库右岸牛首山西麓，由国网新能源公司建设。项目总投资 78.5 亿元，总装机容量 100 万 kW（4×25 万 kW），设计年发电量 11.48 亿 kWh、年抽水用电量 15.31 亿 kWh，建设工期 78 个月。

【湖南安化抽水蓄能电站项目开工】6 月 29 日，湖南安化抽水蓄能电站项目在益阳市安化县仙溪镇开工。

该项目设计装机容量 240 万 kW，安装 8 台单机容量 30 万 kW 的水泵水轮发电机组，设计年发电量 26 亿 kWh，装机规模居全国第二、华中第一。项目位于湖南省益阳市安化县仙溪镇，由国网新源控股有限公司、国网湖南省电力有限公司、中国建筑第五工程局等 5 家单位共同实施，工程建设工期 78 个月，枢组工程主要包括上水库、输水系统、发电厂房系统及下水库 4 部分。

安化抽水蓄能电站项目是国家和湖南省“十四五”规划重点能源建设项目，项目总投资 151.4 亿元，于 2022 年 6 月 24 日获得核准，计划 2029 年首台机组投产。

【湖南炎陵抽水蓄能电站项目开工】9 月 21 日，湖南炎陵抽水蓄能电站项目开工仪式在炎陵县中村瑶族乡举行。

该电站的主要任务是承担湖南电网的调峰、填谷、储能、调频、调相和紧急事故备用等功能。上水库位于炎陵县下村乡清溪村，下水库位于中村瑶族乡，装机规模 120 万 kW，安装 4 台单机容量 30 万 kW 的发电机组，投产后，年发电量 12.76 亿 kWh。项目由中国电建和国网湖南省电力有限公司合作投资开发，总投资 82.3 亿元，是湖南省“十四五”重点实施的 13 个抽水蓄能项目之一。

【黑龙江尚志抽水蓄能电站项目开工】7 月 5 日，国家电网公司黑龙江尚志抽水蓄能电站项目开工。

尚志抽水蓄能电站，位于革命老区黑龙江省尚志市，是黑龙江省第二个大型抽水蓄能电站，也是黑龙江省“十四五”期间首个核准并开工建设的抽水蓄能电站项目。电站总装机容量 120 万 kW，安装 4 台 30

万 kW 抽水蓄能机组，以 2 回 500kV 线路接入黑龙江省网，总投资 83.58 亿元，于 2021 年 12 月获得核准，计划 2029 年首台投产发电。

【黑龙江荒沟抽水蓄能电站全面投产】6 月 29 日，国网新源黑龙江荒沟抽水蓄能电站 4 号机组正式投入商业运行，标志着黑龙江省首座抽水蓄能电站全面投产发电。

荒沟抽水蓄能电站位于牡丹江海林市三道河子镇，总投资 58.03 亿元，枢纽工程由上水库、下水库、水道系统、地下厂房和地面开关站等组成，总装机容量 120 万 kW，安装 4 台单机容量 30 万 kW 机组，通过 500kV 线路接入东北电网。电站于 2014 年 5 月开工，2021 年 12 月首台机组投产发电。

【吉林敦化抽水蓄能电站全面投产】4 月 26 日，吉林敦化抽水蓄能电站 4 号机组正式投入商业运行，标志着“十四五”期间吉林省最大的抽水蓄能电站全面投产发电。

敦化抽水蓄能电站位于吉林省敦化市北部，距敦化市 111km，总装机容量 140 万 kW，安装 4 台单机容量为 35 万 kW 的可逆式水泵水轮发电电动机组，设计年发电量为 23.42 亿 kWh，年抽水电量 31.23 亿 kWh，以 500kV 出线接入吉林电网。电站枢纽工程由上水库、下水库、水道系统、地下厂房和地面开关站等部分组成。电站总投资 77.89 亿元，于 2013 年 10 月开工，2021 年 6 月首台机组投产发电。

【梅州抽水蓄能电站一期工程全面建成投产】5 月 28 日，梅州抽水蓄能电站一期第 4 台机组正式投产发电，标志着该电站一期工程全面建成投产。

该电站位于梅州市五华县龙村镇黄狮村，规划装机容量 240 万 kW，总投资 120 亿元。项目分两期建设，其中一期工程装机容量 120 万 kW（4×30 万 kW），总投资 70.52 亿元，年设计发电量约 15.7 亿 kWh。梅州抽水蓄能电站一期工程于 2015 年 7 月核准，2018 年 6 月主体工程开工。

梅州抽水蓄能电站上、下水库库容均超过 4000 万 m^3，总库容位居全国第二。

南方电网公司建设的广东梅州、阳江两座百万千瓦级抽水蓄能电站，同时投产发电。

【梅州抽水蓄能电站二期工程开工】9 月 19 日，梅州抽水蓄能电站二期工程开工。

梅州抽水蓄能电站由中国电建中南院承担全阶段勘察设计工作，项目位于广东省梅州市五华县，电站规划装机容量 240 万 kW，分两期建设，两期装机均为 120 万 kW。二期工程总投资约 47 亿元。

梅州抽水蓄能电站上、下水库及二期进出水口在一期一次建成，额定水头 400m。一期工程于 5 月 28 日全面投产发电。

【广东阳江抽水蓄能电站投产】5 月 28 日，广东阳江抽水蓄能电站投产发电，与梅州抽水蓄能电站一期工程同日投产。

阳江抽水蓄能电站规划总装机容量 240 万 kW，其中一期建设 3 台 40 万 kW 机组，装机总容量 120 万 kW，动态投资 76.27 亿元，项目设计年发电量 12 亿 kWh，年抽水耗电 16 亿 kWh。电站 2017 年 7 月主体工程开工，2021 年 12 月 28 日首台机组正式移交生产。

该电站位于广东省阳江市阳春八甲山区，是国家“十三五”水电发展规划中 40 万 kW 级设备自主化的依托项目。阳江抽水蓄能电站是国内已投运单机容量最大的抽水蓄能电站。

【惠州中洞抽水蓄能电站全面开工】12 月 23 日，惠州中洞抽水蓄能电站全面开工。

惠州中洞抽水蓄能电站位于惠州市惠东县高潭镇中洞村境内，总装机容量 120 万 kW，安装 3 台 40 万 kW 机组，其中 1 台机组为变速机组，计划 2025 年底前投产发电。项目主要建设内容为上水库、下水库、输水发电系统、开关站等，概算投资 83.7 亿元，建成后年设计发电量 15.6 亿 kWh。

【南宁抽水蓄能电站全面开工】7 月 15 日，国家“十四五”能源重大工程、广西壮族自治区首个抽水蓄能电站——广西南宁抽水蓄能电站举行主体工程开工动员会，标志着该电站进入全面开工建设阶段。

南宁抽水蓄能电站位于南宁市武鸣区，装机容量 120 万 kW，总投资约 80 亿元，2021 年正式获得核准进入前期工程施工，计划于 2025 年投产发电。

【华电福建周宁抽水蓄能电站全面投产发电】8 月 28 日 13:30，中国华电福建周宁抽水蓄能电站 4 号机组正式投入商业运行，标志着中国华电首座、“十四五”期间福建省首个抽水蓄能电站全面投产发电。电站投产为保障当地电力供应、促进新能源消纳、助力构建新型电力系统发挥重要作用。

周宁抽水蓄能电站位于福建省宁德市，是福建省“十三五”重点建设项目。电站为日调节纯抽水蓄能电站，枢纽建筑物由上水库、下水库、输水系统和地下厂房等组成，总装机容量 120 万 kW，年发电量 12 亿 kWh，年抽水电量 16 亿 kWh。每年可节约标准煤约 20.79 万 t，减少二氧化碳排放 41.58 万 t，氮氧化合物约 1040t、二氧化硫约 2765t，具有较大的节能减排效应。自首台机组投产发电以来，电站已投运机组各项关键指标优异，累计发电量 7.57 亿 kWh。

电站由中国电建设计承建，其中华东勘测设计院承担电站设计，水电十六局、水电四局、水电十二局承建部分工，中南勘测设计院承担电站工程监理。

【湖北松滋抽水蓄能电站项目开工】12 月 26 日，国家“十四五”抽水蓄能规划重点实施项目之一，湖北松滋抽水蓄能电站项目举行开工仪式。

该电站位于湖北省荆州市松滋市卸甲坪土家族乡境内，上水库位于凤凰垴，下水库位于红岩河。电站装机容量 120 万 kW，由国家能源集团投资 81.98 亿元建设，计划于 2029 年投产发电。

【中核集团福建云霄抽水蓄能电站主体工程开工】 11 月 9 日，中核集团"核蓄一体化"抽水蓄能项目——福建云霄抽水蓄能电站主体工程开工。

云霄抽水蓄能电站位于漳州市云霄县火田镇，是福建省在建装机规模最大的抽水蓄能电站，设计装机容量为 180 万 kW，安装 6 台 30 万 kW 混流可逆式蓄能机组。项目总投资约 100 亿元，由中国电建水电十四局承担主体工程建设，总工期约为 70 个月。

【中国三峡长龙山抽水蓄能电站全部机组投产发电】 长龙山抽水蓄能电站位于"绿水青山就是金山银山"理念发源地浙江省安吉县，地处华东电网负荷中心，是华东电网主力调峰电源之一。电站共安装 6 台单机容量为 35 万 kW 的立轴单级混流可逆式水泵水轮发电机组，总装机容量 210 万 kW，装机规模位居国内已建抽水蓄能电站前 3 位。电站平均年发电量 24.35 亿 kWh。从工程技术特性来讲，长龙山电站有最大发电水头（756m）世界第一、可逆式机组高额定转速（600r/min）下单机容量（35 万 kW）世界第一、高压钢岔管 *HD* 值（4800m^2）世界第一。

截至 2022 年 12 月 31 日，长龙山抽水蓄能电站累计生产运行安全记录 745 天，全年安全运行 365 天。发电运行共 2007 次，累计发电时长 6751.94h，抽水运行共 1667 次，累计抽水时长 8262.47h，年上网发电量 22.63 亿 kWh，完成年计划发电量目标的 119%，为华东区域能源保供和电网稳定贡献重要力量。

【天台抽水蓄能电站主体工程开工】 天台抽水蓄能电站位于浙江省台州市天台县坦头镇泳溪乡境内。电站为日调节纯抽水蓄能电站，总装机容量 170 万 kW，厂内安装 4 台 42.5 万 kW 可逆式水轮发电机组，单机容量国内最大，额定水头（724m）世界第一，年发电量 17 万 kWh。建成后承担浙江电网的调峰、填谷、调频、调相、储能及紧急事故备用等，并为华东电网提供灵活调度能力。天台抽水蓄能电站是中国三峡集团"十四五"期间首个开工建设抽水蓄能项目。

2022 年 6 月，电站主体工程开工。至 2022 年底，通风兼安全洞、进厂交通洞、2 号施工支洞开挖支护完成，主副厂房开挖至第三层，启动 1 号引水下斜井定向钻施工；右岸竖井式溢洪道开挖支护完成、左岸导流泄放洞完成开挖支护 278m；35kV 中心变电站建成投运。

【湖北罗田平坦原抽水蓄能电站项目开工】 2 月 14 日，罗田平坦原抽水蓄能电站正式开工，电站规划装机容量 140 万 kW。

该项目由中国三峡集团所属湖北能源集团投资，总投资约为 94.08 亿元，是湖北省"十四五"重大能源项目。计划建设周期 6 年，预计 2027 年第一台机组建成并网发电，2028 年全部建成投产。罗田平坦原抽水蓄能电站位于黄冈市罗田县九资河镇大地坳村，下水库位于天堂河二级电站坝址下游，平均水头 597m。设计年发电量 14.7 亿 kWh，年抽水电量 19.6 亿 kWh。

【湖北长阳清江抽水蓄能项目开工】 11 月 10 日，长阳清江抽水蓄能项目暨配套工程正式开工。

该项目由中国三峡集团所属湖北能源集团投资建设，总投资 88.69 亿元，是国家"十四五"重点实施项目，也是湖北省"十四五"重点建设项目。电站位于长阳县城龙舟坪镇，设计装机容量 120 万 kW，预计年发电量 12.3 亿 kWh。项目总工期 75 个月（不含筹备期两年），计划 2028 年首台机组发电，2029 年全部机组投产。

【湖北远安抽水蓄能电站项目开工】 11 月 10 日，中国三峡集团所属三峡建工湖北远安抽水蓄能电站开工。

远安抽水蓄能电站位于湖北省宜昌市远安县花林寺镇境内，是国家"十四五"重点实施项目，也是湖北省"十四五"重点建设项目，工程总投资 86.26 亿元。电站总装机容量 120 万 kW，计划安装 4 台单机容量 30 万 kW 的单级混流可逆式水泵水轮机组，建成后预计年发电量 12.3 亿 kWh。电站计划 2029 年首台机组投产发电，2030 年全部建成投产。

【甘肃省张掖盘道山、肃南皇城抽水蓄能电站开工】 10 月 27 日，张掖盘道山、肃南皇城抽水蓄能电站集中开工活动在张掖市举行。

张掖盘道山、肃南皇城两座抽水蓄能电站为国家"十四五"重点实施项目，也是甘肃首批开工建设的抽水蓄能电站。两座抽水蓄能电站总装机规模 280 万 kW，投资约 210 亿元，计划"十五五"中期建成投运。两座电站装机容量均为 140 万 kW，设计年发电量均为 16.37 亿 kWh，年抽水电量均为 21.83 亿 kWh。

【雅砻江两河口混合式抽水蓄能项目正式开工】 12 月 29 日，雅砻江两河口混合式抽水蓄能项目正式开工建设。

两河口混合式抽水蓄能项目位于四川省甘孜州雅江县，依托两河口水电站水库为上库，下游衔接梯级水电站牙根一级水电站水库为下库，扩建可逆式机组，形成两河口混合式抽水蓄能电站。

两河口混合式抽水蓄能项目场址海拔 3000m，拟安装 4 台 30 万 kW 可逆式机组，加上已建成的两河口水电站 300 万 kW 装机作为常规机组，总装机达 420 万 kW，是全球最大的混合式抽水蓄能项目，也是国内海拔最高的大型抽水蓄能项目。两河口混合式抽水蓄能项目总投资约85亿元。

【重庆云阳抽水蓄能电站项目开工】 8月19日，重庆云阳抽水蓄能电站项目开工。

云阳抽水蓄能电站为重庆市“十四五”规划重点实施项目，工程总投资91亿元，规划建设总装机容量为120万kW，装设4台300MW的混流可逆式水泵水轮发电机组，工程施工总工期为6年6个月（不含筹建期）。

云阳抽水蓄能电站位于长江支流小江左岸支流双河洞沟，上水库位于云阳县高阳镇桂林村和金惠村之间的石河堰水库，下水库位于高阳镇建全村和海坝村之间的双河口水库。

【浙江建德抽水蓄能电站筹备工程开工】 9月15日，浙江建德抽水蓄能电站筹备工程在建德开工。

建德抽水蓄能电站占地面积约161.44hm^2，总投资达140.5亿元，由协鑫能源科技股份有限公司投建，规划建设6台40万kW抽水蓄能机组，总装机容量240万kW，装机规模为华东地区最大，计划于2029年投产发电。电站设计年发电量预计24亿kWh，年抽水电量32亿kWh。电站2021提列入国家能源局发布的《抽水蓄能中长期发展规划（2021—2035年）》，是“十四五”重点实施项目。

电站上水库位于富春江上游左岸、乌龙山最高峰北坡的山顶谷地，站址天然成库条件好，自然落差大，投资成本低；下水库则利用已建的富春江水库，水源充足，水质优良，可节约投资20多亿元。

【乌海抽水蓄能电站项目开工】 5月23日，乌海抽水蓄能电站项目开工。

乌海抽水蓄能电站项目总投资约83.39亿元，装机总容量120万kW，安装4台单机容量为30万kW的立轴单级混流可逆式水泵水轮机，额定发电水头411m。

电站位于内蒙古自治区乌海市海勃湾区境内，距乌海市区直线距离8km，由上水库、输水系统、地下厂房系统、下水库四大枢纽组成，其中上水库位于甘德尔山中北部的骆驼峰东侧，下水库位于白石头沟内。电站由中国能建葛洲坝集团、中国电建水电十一局等施工建设。

【华能金坛盐穴压缩空气储能项目投产】 5月26日，江苏金坛盐穴压缩空气储能国家试验示范项目投产仪式在常州举行。

金坛盐穴压缩空气储能项目是国内压缩空气储能领域唯一国家示范项目，也是世界首个非补燃压缩空气储能电站，系统主设备均为国产首台套。该项目由中国华能、中盐集团和清华大学三方共同开发，由华能江苏公司承担项目建设、调试和运维。

金坛盐穴压缩空气储能项目于2017年获国家能源局立项，2018年12月25日奠基，2020年8月18日主体工程开工。项目一期工程储能、发电装机均为60MW，一个储能周期可存储电量30万kWh，项目远期建设规模为1000MW。

【湖北应城300MW级非补燃压缩空气储能示范工程开工】 7月26日，中国能建主体投资的300MW级非补燃压缩空气储能示范工程，在湖北省应城市开工。2022年12月开始主体工程施工。该工程总投资18亿元，建成后将在非补燃压缩空气储能领域实现单机功率世界第一，储能规模世界第一，转换效率世界第一，预计年发电量可达5亿kWh。

该项目一期工程建设周期为18个月，规划建设一台300MW/1500MWh压缩空气发电机组及配套建设储能发电生产区、辅助生产区及附属基础设施。

【山东泰安2×300MW级压缩空气储能创新示范工程开工】 9月28日，山东泰安2×300MW级压缩空气储能创新示范工程举行开工仪式。该项目一期工程为全球最大规模350MW盐穴压缩空气储能项目，采用全球首创低熔点熔融盐高温绝热压缩技术。

泰安2×300MW级压缩空气储能创新示范工程，位于泰安市岱岳区，由中国能建、泰安市泰山新能源发展有限公司等单位共同投资建设。一期工程计划投资22.3亿元，采用325℃熔融盐储热高温绝热压缩系统方案，建设一台由压缩空气系统、储气系统、储换热系统、膨胀做功系统等组成的350MW/1400MWh机组，设计储能/充电时间8h，释能/放电时间4h，系统综合转换效率达70%以上。

【辽宁朝阳300MW压缩空气储能电站示范工程开工】 12月21日，中国能建朝阳300MW压缩空气储能电站示范工程开工奠基仪式在辽宁朝阳举行。该项目与同日开工的甘肃酒泉300MW压缩空气储能电站项目均为全球首次采用人工硐室作为储气系统的300MW级压缩空气储能示范工程。

该项目位于朝阳柳城经济开发区，距离朝阳市区约30km，项目总投资约24亿元，规划建设1台300MW/1800MWh非补燃式压缩空气储能电站，同时配套建设约20万m^{3}地下人工硐室作为储气库。

【甘肃酒泉300MW压缩空气储能电站示范工程开工】 12月21日，中国能建甘肃酒泉300MW压缩空气储能电站示范工程开工奠基仪式在甘肃酒泉玉门市举行。该项目与同日开工的辽宁朝阳300MW压缩空气储能电站项目均为全球首次采用人工硐室作为储气系统的300MW级压缩空气储能示范工程。

该项目位于甘肃酒泉玉门市，项目总投资约24.7亿元，规划建设1台300MW/1800MWh非补燃式压缩空气储能电站。项目每日储能时长8h，发电时长6h，年运行天数 330 天，年上网发电量约为 5.9 亿 kWh。

【国际首套百兆瓦先进压缩空气储能国家示范项目在河北张家口并网发电】9 月 30 日，国际首套百兆瓦先进压缩空气储能国家示范项目在河北张家口并网发电。

该项目总规模为 100MW/400MWh，系统设计效率 70.4%，核心装备自主化率 100%，每年可发电 1.32 亿 kWh 以上。该示范项目技术由中国科学院工程热物理研究所提供，投资方为巨人集团张北巨人能源有限公司，设备提供方为中储国能（北京）技术有限公司，工程总承包方为中国电建水电四局。

该项目于 2018 年立项，2020 年 10 月开工建设，2021 年 8 月完成电站主体土建施工，2021 年 12 月完成主要设备安装及系统集成并于 12 月 31 日送电成功，进入系统带电调度阶段。

【南宁平陆储能电站并网运行】12 月 16 日，平陆储能电站在广西南宁市武鸣县并网试运行，这是广东、广西、云南、贵州、海南等南方五省区范围内首个市场化独立运行的大容量共享储能电站。该项目从开工建设到并网试运行建设工期仅为 120 天。

平陆储能电站规模为 50MW/100MWh，是广西壮族自治区和南方电网公司的“双标杆”项目，由南方电网公司投资 2.2 亿元建设，可满足南宁、玉林等地区新能源并网消纳需要，年调峰能力在 5000 万 kWh 以上。

【广东佛山南海电网侧独立电池储能项目启动】12 月 27 日，南方电网储能股份有限公司广东佛山南海电网侧独立电池储能项目正式启动。该项目为广东省能源局和南方电网的示范项目，位于广东省佛山市南海区狮山镇新境村，建设规模 300MW/ 600MWh，总投资约 17 亿元，项目由南方电网储能股份有限公司全资子公司南方电网调峰调频（广东）储能科技公司投资建设，计划 2023 年建成投产。

该项目是全国首个采用多技术路线的储能站点，将对不同电池、冷却方式等进行对比验证。

【大唐龙感湖 100MW/200MWh 储能示范项目正式并网发电】12 月 23 日，大唐龙感湖 100MW/200MWh 储能示范项目正式并网发电。

该项目是湖北省内单体最大集中（共享式）储能电站，也是投产时中国大唐最大容量电化学储能项目。项目由大唐湖北能源开发有限公司投资建设，总装机容量 100MW/200MWh。该项目采用低压并联技术路线，单体电芯为 300Ah 磷酸铁锂电池，储能系统分为 30 个储能单元，储能单元由储能电池及储能变流升压一体机构成。项目于 6 月 30 日正式开工。

【大唐华银耒阳 200MW/400MWh 电化学储能电站全容量投产并网】12 月 28 日，大唐华银耒阳 200MW/400MWh 电化学储能电站全容量投产并网。

耒阳电化学储能电站是湖南省 2022 年重点工程，总投资 7.59 亿元，由国网湖南经研院湖南经研电力设计有限公司 EPC 牵头，湖南省超高压电力建设股份有限公司施工，于 2022 年 5 月备案、7 月开工建设。

项目选址位于耒阳电厂原三期项目扩建端，按照电网侧储能项目建设，装机容量 200MW/400MWh。采用磷酸铁锂电池，循环次数不低于 6000 次，全寿命周期剩余容量不低于 80%，系统综合效率不低于 85%，具备一次调频功能。

【中核同心泉眼 100MW/200MWh 储能电站并网投运】12 月 7 日，中核同心泉眼 100MW/200MWh 储能电站成功并网，标志着中核集团首个电网侧大型共享储能项目正式进入生产运行阶段。

该电站是宁夏地区首批电网侧大型共享储能项目，也是宁夏首个并网的此类储能项目。该项目 2022 年 6 月 1 日开工，是宁夏 2022 年重点工程项目，位于吴忠市同心县韦州镇，总投资约 4 亿元，共建设 30 套 3.45MW/6.7MWh 储能系统，蓄电池采用磷酸铁锂电池，年平均放电量 5000 万 kWh。

【浙能萧山电厂电化学储能系统投运】8 月 29 日，浙能集团所属萧山电厂储能系统在通过 72h 全容量试运行后进入商业运行，标志着浙江省首个大型电网侧独立储能示范项目正式投运。

该项目利用萧山电厂退役燃煤机组场地和配电设施，采用磷酸铁锂电池储能系统，总装机规模 100MW/200MWh（发电功率 100MW、电池组容量 200MWh），分两阶段建设，此次建设规模 50MW/100MWh，是一座站房式布置、集中调控、独立统调的大型电化学储能示范电站。

该项目是浙江省首个“十四五”新型储能电网侧示范项目，也是华东地区首台电源侧独立大型集中式电化学储能电站，由中国能建浙江火电承建、浙江院设计。

【大连液流电池储能调峰电站投产】10 月 30 日，首个国家级大型化学储能示范项目——大连液流电池储能调峰电站正式并网发电。该电站是迄今为止全球功率最大、容量最大的液流电池储能调峰电站。

该项目位于辽宁大连市沙河口区，是国家能源局批准建设的首个国家级大型化学储能示范项目，总建设规模为 200MW/800MWh，总投资约 38 亿元。此次并网的是该电站的一期工程，规模为 100MW/400MWh，一期工程投资约 19 亿元。

【新华发电宁夏新型储能项目投运】 新华发电宁夏储能技术服务有限公司 2×100MW/200MWh 共享储能项目作为宁夏回族自治区新型储能试点项目，于 2022 年底全容量并网运行。该项目将为新华发电在宁夏新能源项目消纳提供有力支撑，有效弥补风光发电的间接性，增强项目辅助服务能力。

【中国华能浙江虚拟电厂1号机组投产】 11月25日，中国华能浙江虚拟电厂1号机组完成72h试运行，标志着全国首台（套）接入调度系统参与实时响应调节的虚拟电厂正式投产。

华能浙江虚拟电厂是中国华能十大科技示范项目、浙江省首批新型电力系统试点项目。该项目可通过智慧管控平台，聚集浙江省内各地的分布式电源、新型储能、充换电站、楼宇空调等多元化需求侧资源，采用秒级快速响应的协调控制技术，参与电网实时调度，实现“源随荷动”向“源荷互动”转变。

该虚拟电厂项目配备两台机组，2号机组正在建设调试中，1号机组投运时总可调容量为8.38万kW。当可调容量达到30万kW时，其调节能力相当于42万kW传统燃煤机组，每年可促进新能源消纳23.3亿kWh，节省原煤98.2万t，降低二氧化碳排放187万t。

电网建设工程

【荆门—武汉1000kV特高压交流输变电工程正式投运】 12月28日，荆门—武汉1000kV特高压交流输变电工程正式投运。

该工程是陕北—湖北特高压直流工程的配套工程，工程动态总投资65.35亿元，由国家电网公司出资建设，于2020年12月获得核准，2021年3月30正式开工。

荆门—武汉1000kV特高压交流工程线路工程起点为荆门1000kV交流变电站，终点为武汉1000kV交流变电站。线路途经湖北省荆门市、天门市、孝感市、武汉市、黄冈市，新建线路全长2×236km，全线双回路架设。新建武汉1000kV变电站，位于湖北省武汉市新洲区仓埠镇。

【南阳—荆门—长沙1000kV特高压交流输变电工程正式投运】 10月21日南阳—荆门—长沙1000kV特高压交流输变电工程正式投入运行。

该工程额定电压1000kV，输送容量4000～6000MW，起于河南省南阳市方城县1000kV南阳变电站，经湖北省荆门市沙洋县1000kV荆门变电站，止于湖南省长沙市长沙县1000kV长沙变电站。变电工程方面，荆门1000kV变电站南阳长沙间隔扩建3回1000kV出线；长沙1000kV变电站本期扩建2回1000kV出线。线路工程方面，新建南阳—荆门单回1000kV线路286.183km（含沿山头汉江大跨越2.958km）、荆门—长沙双回1000kV线路2×339.682km（含螺山长江大跨越2×3.9km），采用单、双回路架设。该工程动态总投资81.65亿元，于2021年4月12日获得国家发展改革委核准，2021年5月31日开工建设。

【驻马店—武汉1000kV特高压交流输变电工程开工】 3月24日，驻马店—武汉1000kV特高压交流输变电工程开工建设。该工程于2021年11月获得国家发展改革委核准，计划2023年11月建成投运。

工程起于河南省驻马店市上蔡县1000kV交流变电站，止于湖北省武汉市新洲区1000kV武汉变电站，途经河南省驻马店市、信阳市，湖北省黄冈市、武汉市，新建同塔双回线路全长2×283.9km，总投资约37.2亿元，由国家电网有限公司出资建设。

【武汉—南昌1000kV特高压交流输变电工程开工】 9月22日，武汉—南昌1000kV特高压交流输变电工程正式开工。该工程是国家电力发展“十四五”规划的重点工程之一，于2022年6月14日获得国家发展改革委核准，计划2024年10月全部投产运行。

该工程扩建南昌1000kV变电站，站址位于江西省南昌市进贤县，本期扩建2回1000kV出线间隔，至黄石1000kV变电站；新建黄石1000kV变电站，站址位于黄石市阳新县，本期新建2组3000MVA主变压器。线路起点为武汉1000kV变电站，终点为南昌1000kV变电站，途经黄石1000kV变电站。线路途经湖北省武汉市、黄冈市、黄石市、江西省九江市、南昌市，新建线路路径长度2×451.745km（含鲍家林长江大跨越1000/500kV混压4回2.864km、赣江南支大跨越2×2.36km）。工程核准动态总投资90.82亿元，由国家电网有限公司出资建设。

【福州—厦门1000kV特高压工程开工】 3月24日，福州—厦门1000kV特高压交流输变电工程开工建设。该工程于2020年4月被国家能源局列为电网主网架完善重点项目，2022年1月获得福建省发展改革委核准，计划2023年12月建成投运。

该工程新建长泰1000kV变电站、扩建福州1000kV变电站及厦门集美500kV变电站，新建福州—厦门双回1000kV线路长度2×238km，线路全线位于福建省境内，途经福州市闽侯县、闽清县、永泰县、泉州市德化县、永春县、安溪县和漳州市长泰区共7个县（区）。工程总投资约71.21亿元，由国家电网有限公司出资。

【白鹤滩—浙江±800kV 特高压直流输电工程正式投运】12 月 30 日，中国能建参与设计、建设的白鹤滩—浙江±800kV 特高压直流输电工程竣工投运。

白鹤滩—浙江±800kV 特高压直流输电工程是“十四五”期间开工的首个特高压直流输电工程，于 2021 年 7 月 27 日获得国家发展改革委核准，同年 10 月正式开工建设。此次投运为双极低端投运，计划于 2023 年 6 月双极高端投运，工程全面投产。中国能建参与设计、建设。

该工程总投资 292.4 亿元，工程额定电压±800kV，输送容量 8000MW，工程起于四川省凉山州白鹤滩二期换流站，止于浙江省杭州市浙北换流站。直流线路长度 2120.8km，途经四川、重庆、湖北、安徽、浙江 5 省（直辖市），全线按双极架设。新建四川白鹤滩二期、浙江浙北 2 座换流站。其中，高端双极额定容量 4000MW，低端双极额定容量 4000MW。

白鹤滩—江苏、白鹤滩—浙江±800kV 特高压直流输电工程是混合级联特高压直流工程，在世界上首次研发使用“常规直流+柔性直流”的混合级联特高压直流输电技术，集成特高压直流输电大容量、远距离、低损耗，以及柔性直流输电控制灵活、系统支撑能力强的优势，具有示范引领意义。

【白鹤滩—江苏±800kV 特高压直流输电工程全面投运】7 月 1 日，国家电网公司召开白鹤滩—江苏±800kV 特高压直流输电工程竣工投运大会（“送低受高”投运）；12 月 10 日，白鹤滩—江苏±800kV 特高压直流输电工程“送高受低”投运后，工程全面投运。

该工程是国家“十三五”电力发展规划重点工程，是世界上首个采用常规直流和柔性直流混合级联技术的工程。工程送端换流站与白鹤滩—浙江工程送端换流站合建，两回工程将白鹤滩水电站 1600 万 kW 水电送出，填补华东地区电力缺额。工程两端换流站和重庆、江苏两省（市）直流线路于 2020 年 11 月 3 日获得国家核准，工程四川、湖北、安徽段直流线路于 2021 年 2 月 3 日获得国家发展改革委核准，同年 12 月 10 日开工建设。

该工程总投资约 307.4 亿元，输送容量 8000MW，起于四川省凉山州布拖换流站，止于江苏省苏州市虞城换流站，航空直线距离 1778.7km，直流线路全长 2079km，途经四川、重庆、湖北、安徽、江苏 5 省（市），全线按双极架设。新建四川布拖、江苏虞城 2 座换流站，其中受端虞城换流站采用混合级联柔性直流技术。

【陕北—湖北特高压输电工程正式投运】4 月 16 日，武汉±800kV 换流站双极四换流器 168h 试运行结束，直流双极全压运行正常，标志着陕北—湖北特高压输电工程正式投运。

陕北—湖北特高压输电工程是国家重点建设工程，是“西电东送”“北电南供”的能源大通道，总投资约 185 亿元，于 2020 年 2 月启动。工程起于陕西省榆林市的陕北换流站，止于湖北省武汉市的武汉换流站，途经陕西、山西、河南、湖北 4 省，线路全长 1137km，额定电压±800kV，额定输送容量 800 万 kW。

【闽粤联网工程全面建成投产】闽粤联网工程采用高压直流技术，在福建省漳州市云霄县马铺乡建设 500kV 背靠背换流变电站一座，额定容量 200 万 kW，换流站向西接入广东电网 500kV 嘉应变电站，向东接入福建电网 500kV 东林变电站。线路全长 303km，途经福建省漳州市、广东省梅州市，其中广东段长 158km。该工程 2020 年 12 月 1 日获得国家发展改革委核准，于 2021 年 4 月 23 日开工建设，2022 年 9 月 30 日，工程全面竣工投产。

该工程动态投资 32.17 亿元，其中换流站工程动态投资 23.67 亿元，由国网福建省电力有限公司与南方电网公司所属广东电网有限责任公司按 55%、45%比例出资成立的闽粤联网电力运营有限公司出资建设，两侧配套 500kV 变电站扩建、线路工程由国网福建电力有限公司、广东电网有限责任公司分别出资建设。

闽粤联网工程是纳入国家“十四五”规划中的现代能源体系建设工程，是首个真正意义上实现国家电网和南方电网互联互通的项目，由南方电网公司和国家电网公司共同成立的闽粤联网公司负责投资建设及运营。

【青海郭隆—甘肃武胜第三回 750kV 线路工程投运】7 月 21 日，青海郭隆—甘肃武胜第三回 750kV 线路工程正式投运。

该工程起于青海省海东市互助县佑宁寺西南侧已建郭隆 750kV 变电站，终于甘肃省兰州市永登县武胜驿镇西侧已建武胜 750kV 变电站，途经青海、甘肃 2 省 2 市 3 县（区），线路全长 146km，新建铁塔 273 基。

青海郭隆—甘肃武胜第三回 750kV 线路工程是国家确定的“加大基础设施补短板力度，提升电力供应保障能力”重要项目。该工程总投资 8.08 亿元，于 2021 年 5 月获得核准，2021 年 8 月开工建设。

【粤港澳大湾区直流背靠背电网工程建成投运】粤港澳大湾区直流背靠背电网工程主要分为两个部分：一是广州工程，连接珠西北区域电网、珠东北区域电网；二是东莞工程，连接珠西南区域电网、珠东南区域电网。

广州工程位于广州市增城区，总投资约 42.5 亿元，于 2020 年 12 月 30 日开工建设，2022 年 3 月 29 日正式投运。东莞工程位于东莞市沙田镇，总投资约 41.2 亿元，项目于 2020 年 6 月 17 日完成可行性研究批复，2022 年 5 月 25 日正式投运。

大湾区直流背靠背电网工程是广东省总体规划的能源类建设项目和国家能源局电网规划的重点工程，

是广东目标网架的关键工程。

以粤港澳大湾区直流背靠背电网工程为代表的广东电网目标网架系列工程建成后，将提升大湾区消纳清洁能源水平，并显著提升广东电网电力供应和配置能力，粤港澳大湾区的供电能力将提升 80%。2022 年支撑西电东送电量不低于 1883 亿 kWh，广东省东西部电力交换能力由 410 万 kW 提升至 1000 万 kW，为粤港澳大湾区发展提供助力。

获 奖 项 目

国家电投换电重卡项目获第五届 APEC ESCI 最佳实践奖

5 月，第五届 APEC ESCI 最佳实践奖结果揭晓，国家电投“换电重卡 – 正在推动中国重型卡车运输的智慧低碳转型”项目从来自澳大利亚、加拿大、美国等 17 个经济体的 65 个项目中脱颖而出，一举荣获智慧交通金奖。ESCI 最佳实践奖是 APEC 能源工作组下设唯一的项目奖，此次获奖进一步打响了国家电投“绿色交通”国际影响力，用“走出去”的中国技术，中国方案，为更多行业提供绿色交通可能性。

国家电投再创两项吉尼斯世界纪录

6 月 26 日，国家电投青海海南州光伏园区荣获最大装机容量的光伏发电园区吉尼斯世界纪录称号，同日国家电投所属龙羊峡水光互补发电站荣获最大装机容量的水光互补发电站吉尼斯世界纪录称号。结合此前已通过吉尼斯世界纪录认证的达拉特旗的“骏马”光伏电站，国家电投共计获得三项吉尼斯世界纪录认证。

第七届中国工业大奖电力行业相关获奖企业和项目

一、大奖项目

国家电网有限公司：张北柔性直流电网试验示范工程。

二、表彰奖企业和项目

（一）企业

西安热工研究院有限公司。

（二）项目

特变电工新疆新能源股份有限公司：特高压多端柔性直流核心技术研发及产业化示范应用。

三、提名奖企业和项目

（一）企业

国家能源集团宁夏煤业有限责任公司、福建福清核电有限公司、国能龙源环保有限公司。

（二）项目

中国三峡建工（集团）有限公司：800MW 级水轮发电机组关键技术及应用。

国能大渡河流域水电开发有限公司：大渡河流域梯级水电站群智能自主运行。

2022—2023 年度国家优质工程奖电力行业工程项目（第一批）

序号	工程名称	施工单位（建设、监理、参建等）
国家优质工程金奖		
1	乌东德电站送电广东广西特高压多端直流示范工程	中国南方电网有限责任公司超高压输电公司、广东天广能源科技发展有限公司、云南电力建设监理咨询有限责任公司、中国电力建设工程咨询有限公司、广东创成建设监理咨询有限公司、广东天安项目管理有限公司、山东诚信工程建设监理有限公司、甘肃光明电力工程咨询监理有限责任公司、广东电网能源发展有限公司、广西送变电建设有限责任公司、云南送变电工程有限公司、贵州送变电有限责任公司、中国电建集团江西省水电工程局有限公司、河南送变电建设有限公司、中国能源建设集团广东火电工程有限公司、国网湖北送变电工程有限公司、中国水利水电第十四工程局有限公司、吉林省送变电工程有限公司、湖南省送变电工程有限公司、华东送变电工程有限公司、甘肃送变电工程有限公司、中国能源建设集团天津电力建设有限公司、新疆送变电有限公司

续表

序号	工程名称	施工单位（建设、监理、参建等）
2	准东—华东（皖南）±1100kV特高压直流工程	国家电网有限公司特高压建设分公司、国网安徽省电力有限公司、国网河南省电力公司、国网陕西省电力有限公司、国网宁夏电力有限公司、国网甘肃省电力公司、国网新疆电力有限公司、国家电网有限公司信息通信分公司、国家电网有限公司直流技术中心、安徽送变电工程有限公司、甘肃送变电工程有限公司、宁夏送变电工程有限公司、陕西送变电工程有限公司、河南送变电建设有限公司、国网四川电力送变电建设有限公司、新疆送变电有限公司、中国能源建设集团安徽电力建设第二工程有限公司、中国能源建设集团天津电力建设有限公司、上海电力建筑工程有限公司、上海送变电工程有限公司、湖南省送变电工程有限公司、中能建建筑集团有限公司、国网黑龙江省送变电工程有限公司、辽宁省送变电工程有限公司、国网湖北省电力有限公司电力科学研究院、北京电力工程有限公司、中国电力科学研究院有限公司
3	陕西国华锦界电厂三期扩建项目	国能锦界能源有限责任公司、上海电力监理咨询有限公司、中国电力工程顾问集团西北电力设计院有限公司、中国能源建设集团东北电力第一工程有限公司、中国能源建设集团江苏省电力建设第一工程有限公司、浙江菲达环保科技股份有限公司、中能建西北城市建设有限公司、中铁十九局集团第一工程有限公司、西安热工研究院有限公司、北京新能建电力工程咨询有限公司、河北双诚建筑工程检测有限公司
4	青海省海南州特高压外送基地电源配置项目海南州塔拉滩一标段1000MW光伏电站项目	青海黄河上游水电开发有限责任公司、青海黄河上游水电开发有限责任公司新能源工程建设分公司、青海禹天监理咨询有限公司、西北电力建设工程监理有限责任公司、中国水利水电第三工程局有限公司、黄河电力检修工程有限公司、中国能源建设集团浙江火电建设有限公司
5	云南澜沧江黄登水电站	华能澜沧江水电股份有限公司、华能澜沧江水电股份有限公司黄登·大华桥水电工程建设管理局、中国水利水电建设工程咨询西北有限公司、长江勘测规划设计研究有限责任公司、长江三峡技术经济发展有限公司、中国水利水电第四工程局有限公司、中国水利水电第十四工程局有限公司、中国水利水电第八工程局有限公司
6	深圳市东部环保电厂	深圳市深能环保东部有限公司、广东天安项目管理有限公司、深圳市工勘岩土集团有限公司、深圳市市政工程总公司、中国能源建设集团东北电力第一工程有限公司、上海电力安装第二工程有限公司、中建三局第一建设工程有限责任公司、中国机械工业建设集团有限公司、上海迈联建筑技术有限公司、深圳市楷腾建业有限公司、北京新能建电力工程咨询有限公司
7	国家能源集团印尼爪哇2×1050MW燃煤发电工程	神华国华（印尼）爪哇发电有限公司、中国能源建设集团广东省电力设计研究院有限公司、中南电力项目管理咨询（湖北）有限公司、中国能源建设集团浙江火电建设有限公司、山东电力工程咨询院有限公司、中交第四航务工程勘察设计院有限公司、中国能源建设集团浙江火电建设有限公司、山东电力工程咨询院有限公司（山东鲁电国贸）、中交第四航务工程勘察设计院有限公司、山东电力工程咨询院有限公司、中国能源建设集团广东省电力设计研究院有限公司、中南电力项目管理咨询（湖北）有限公司、杭州意能电力技术有限公司、北京新能建电力工程咨询有限公司
国家优质工程奖		
1	托克托工业园区500kV变电站工程	内蒙古电力（集团）有限责任公司内蒙古超高压供电分公司、内蒙古电力（集团）有限责任公司信息通信分公司、内蒙古康远工程建设监理有限责任公司、江苏省苏中建设集团股份有限公司、内蒙古送变电有限责任公司、内蒙古电力（集团）有限责任公司内蒙古电力科学研究院分公司
2	无锡南500kV变电站工程	国网江苏省电力有限公司建设分公司、国网江苏省电力工程咨询有限公司、徐州送变电有限公司
3	甬港500kV变电站工程	国网浙江省电力有限公司建设分公司、浙江电力建设工程咨询有限公司、浙江省送变电工程有限公司、国网浙江省电力有限公司宁波供电公司
4	500kV丹霞（犁市）变电站工程	广东电网有限责任公司韶关供电局、广东创成建设监理咨询有限公司、广东电网能源发展有限公司

续表

序号	工程名称	施工单位（建设、监理、参建等）
5	云贵互联通道工程	中国南方电网有限责任公司超高压输电公司、广东天广能源科技发展有限公司、云南电力建设监理咨询有限责任公司、贵州电力建设监理咨询有限责任公司、广东天安项目管理有限公司、云南送变电工程有限公司、贵州送变电有限责任公司、湖南省送变电工程有限公司、青海送变电工程有限公司、华东送变电工程有限公司、广西送变电建设有限责任公司、吉林省送变电工程有限公司、广东电网能源发展有限公司
6	珠海市钰海天然气热电联产工程项目	珠海市钰海电力有限公司、中国能源建设集团广东省电力设计研究院有限公司、中南电力项目管理咨询（湖北）有限公司、中国能源建设集团广东火电工程有限公司、中国建筑一局（集团）有限公司、广州粤能电力科技开发有限公司
7	华电广州增城燃气冷热电三联供工程	华电福新广州能源有限公司、广东创成建设监理咨询有限公司、中国能源建设集团广东火电工程有限公司、山东电力建设第三工程有限公司、华电重工股份有限公司
8	晋能保德 2×660MW 超超临界低热值煤发电工程	苏晋保德煤电有限公司、北京国电德胜工程项目管理有限公司、国网山西省电力公司电力科学研究院、国电科学技术研究院有限公司、中国能源建设集团山西电力建设有限公司、中能建建筑集团有限公司、山西机械化建设集团有限公司、江苏峰业科技环保集团股份有限公司
9	焦作丹河电厂异地扩建 2×100 万 kW 机组上大压小工程	国家电投集团河南电力有限公司沁阳发电分公司、河南九龙环保有限公司沁阳分公司、上海睦诚工程监理有限公司、中国能源建设集团安徽电力建设第二工程有限公司、中能建建筑集团有限公司、中国能源建设集团浙江火电建设有限公司、河南四建集团股份有限公司、国家电投集团远达环保工程有限公司、润电能源科学技术有限公司
10	宁夏卫钢新能源有限公司沙坡头 200MW 光伏复合项目	金开新能科技有限公司、宁夏兴电工程监理有限责任公司、上海市机电设计研究院有限公司、上海华明电力设备工程有限公司、宁夏天利翔电力工程有限公司
11	华能濮阳县 500MW 风电场项目	华能河南濮阳清洁能源有限责任公司、浙江华东工程咨询有限公司、中国能源建设集团广东火电工程有限公司、中国能源建设集团云南火电建设有限公司、中国电建集团河南工程有限公司、河南省第二建设集团有限公司、中电建宁夏工程有限公司、中国能源建设集团东北电力第一工程有限公司、德京集团股份有限公司、中国电建集团核电工程有限公司、河北双诚建筑工程检测有限公司、濮阳龙源电力集团有限公司、洛阳业丰建设工程服务有限公司、许继电气股份有限公司、上海电力建设有限责任公司、河南省豫电土建工程质量检测中心有限公司
12	华能江苏大丰 400MW 海上风电项目	华能盐城大丰新能源发电有限责任公司、浙江华东工程咨询有限公司、中国能源建设集团江苏省电力建设第一工程有限公司、中国石油集团海洋工程有限公司、中交第一航务工程局有限公司、天津港航工程有限公司、上海凯波水下工程有限公司、上海源威建设工程有限公司、江苏方天电力技术有限公司、远景能源有限公司、重庆海装风电工程技术有限公司
13	中广核阳江南鹏岛海上风电场工程	中广核阳江海上风力发电有限公司、浙江华东工程咨询有限公司、中广核工程有限公司、中交第三航务工程局有限公司、交通运输部上海打捞局、中国电建集团核电工程有限公司、江苏龙源振华海洋工程有限公司、中石化胜利油建工程有限公司、上海市基础工程集团有限公司
14	金沙江梨园水电站	云南华电金沙江中游水电开发有限公司梨园发电分公司、中国水利水电建设工程咨询西北有限公司、中国安能集团第一工程局有限公司、中国水利水电第七工程局有限公司、中国水利水电第十一工程局有限公司、中国水电基础局有限公司、中国水利水电第一工程局有限公司、中国水利水电第十四工程局有限公司、华安工程技术有限公司、中国水利水电第八工程局有限公司
15	太原市循环经济环卫产业示范基地生活垃圾焚烧发电项目	太原康恒再生能源有限公司、中国城市建设研究院有限公司、山西省安装集团股份有限公司
16	老挝东萨宏水利水电枢纽工程	DONSAHONGPOWERCOMPANYLTD 东萨宏电力公司、中国水电建设集团国际工程有限公司、中国水电建设集团十五工程局有限公司、中国水利水电第十工程局有限公司

2022—2023年度中国建设工程鲁班奖（国家优质工程）电力行业工程项目（第一批）

序号	工程名称	承建单位	参建单位
1	金山500kV变电站新建工程	重庆市送变电工程有限公司	
2	青海—河南±800kV特高压直流输电及其配套工程（特高压豫南换流变电站）	河南送变电建设有限公司	上海电力建筑工程有限公司、北京送变电有限公司、郑州一建集团有限公司
3	华电顺德清远（英德）经济合作区热电联产（2×9F级）项目	中国能源建设集团江苏省电力建设第一工程有限公司	上海电力建设有限责任公司
4	莆田市生活垃圾焚烧发电厂三期扩建项目	河北省第二建筑工程有限公司	重庆钢铁集团建设工程有限公司
5	儋州市生活垃圾焚烧发电项目	浙江省二建建设集团有限公司	金悦建筑工程有限公司、嘉兴市玉玺建设有限公司、江西雄宇（集团）有限公司、盛安建设集团有限公司

2021—2022年度中国安装工程优质奖（中国安装之星）电力行业工程项目（第二批）

序号	工程名称	承建单位	参建单位
1	丰满水电站全面治理（重建）工程机电设备安装工程	中国水利水电第六工程局有限公司	松花江水力发电有限公司丰满大坝重建工程建设局
2	田湾核电站4号机组核岛安装工程	中国核工业二三建设有限公司	江苏核电有限公司、中国核电工程有限公司、中核工程咨询有限公司
3	华电莱州发电有限公司二期2×1000MW超超临界机组工程钢板灰库及渣棚工程	山东正泰工业设备安装有限公司	
4	西藏DG水电站机电设备安装工程（1、2号机组及附属设备）	中国水利水电第七工程局有限公司、华电西藏能源有限公司大古水电分公司	中国电建集团华东勘测设计研究院有限公司、中国电建集团贵阳勘测设计研究院有限公司
5	西安鄠邑区生活垃圾无害化处理焚烧热电联产项目安装工程	湖南省工业设备安装有限公司	中节能（西安）环保能源有限公司、中国启源工程设计研究院有限公司、甘肃蓝野建设监理有限公司
6	吉安市生活垃圾焚烧发电项目	中国电建集团山东电力建设第一工程有限公司	光大环保能源（吉安）有限公司、江苏苏安电力工程管理有限公司、河南省安装集团有限责任公司、浙江省二建建设集团有限公司、中国轻工业广州工程有限公司
7	中节能（曲周）环保能源有限公司曲周县垃圾综合处理发电项目安装工程	苏华建设集团有限公司	中节能（曲周）环保能源有限公司、中国恩菲工程技术有限公司、新隆基项目管理有限公司
8	中节能（临沂）环保能源有限公司第二垃圾焚烧发电项目设备安装工程	兴润建设集团有限公司	中节能（临沂）环保能源有限公司兰山分公司
9	武清区生活垃圾焚烧发电项目一期工程安装工程	迪尔集团有限公司	天津雍泰生活垃圾处理有限公司、中国水利水电第六工程局有限公司
10	内蒙古京能苏尼特风力发电有限公司30万kW风电项目	内蒙古京能苏尼特风力发电有限公司	中国水利水电建设工程咨询北京有限公司、宁夏天利翔电力工程有限公司、山东军辉建设集团有限公司、天津蓝巢特种吊装工程有限公司

续表

序号	工程名称	承建单位	参建单位
11	天津华电军粮城六期 650MW 燃气+350MW 燃煤热电联产项目安装工程	天津军粮城发电有限公司	中国电力工程顾问集团东北电力设计院有限公司、华电和祥工程咨询有限公司、中国能源建设集团天津电力建设有限公司、中国建筑第六工程局有限公司、中国华电科工集团有限公司、华电重工股份有限公司
12	河北建投康保永丰风电场	河北建投张家口风能有限公司	中国电建集团河北省电力勘测设计研究院有限公司、内蒙古蒙能建设工程监理有限责任公司、山东电力建设第三工程有限公司、中国电建集团河北工程有限公司
13	阿巴嘎旗绿能新能源有限公司别力古台风电场一期 225MW 风电项目	阿巴嘎旗绿能新能源有限公司	上海能源科技发展有限公司
14	国家电投尉氏 120MW 风电项目	山东电力工程咨询院有限公司	尉氏风顺新能源有限公司、国电投河南电力工程有限公司、山东丰润电力工程有限公司
15	浑源县驼峰乡一期 50MW 风电项目	润世达工程有限公司	浑源斯能新能源有限公司、北京东冉电力设计有限公司、华电和祥工程咨询有限公司
16	江苏如东 H14 号海上风电场项目	如东广恒新能源有限公司	中国电建集团华东勘测设计研究院有限公司、山东诚信工程建设监理有限公司、中交第三航务工程局有限公司、上海源威建设工程有限公司、山东电力建设第三工程有限公司
17	京能秦皇岛开发区 2×35 万 kW 热电联产工程	京能秦皇岛热电有限公司	中国电力工程顾问集团华北电力设计院有限公司、北京国电德胜工程项目管理有限公司、中国能源建设集团东北电力第一工程有限公司、中国电建集团河北工程有限公司、江苏峰业科技环保集团股份有限公司、华北电力科学研究院有限责任公司
18	江苏竹根沙（H2 号）300MW 海上风电场工程	中国电建集团华东勘测设计研究院有限公司	东台双创新能源开发有限公司、上海东华建设管理有限公司
19	深圳能源单县 50MW 风力发电项目	单县深能清洁能源有限公司	山东电力工程咨询院有限公司、福建省宏闽电力工程监理有限公司、山东电力工程咨询院有限公司（总承包单位）、中国水利水电第四工程局有限公司
20	山西国京风力发电有限公司河曲 10 万 kW 风电项目（安装工程）	中国电建集团北京勘测设计研究院有限公司	山西国京风力发电有限公司、中国水利水电建设工程咨询北京有限公司、中国电建集团山东电力建设第一工程有限公司、山西建筑工程集团有限公司、中电建宁夏工程有限公司、中国水利水电第五工程局有限公司
21	深能扬州小纪镇风电场项目	中国电建集团华东勘测设计研究院有限公司	深能扬州江都风力发电有限公司、福建省宏闽电力工程监理有限公司、江苏永荣建设工程有限公司、江苏鑫鹏电力工程有限公司、浙江华东工程建设管理有限公司、中国电建集团华东勘测设计研究有限公司
22	唐山乐亭菩提岛海上风电场 300MW 示范工程	河北建投海上风电有限公司	上海勘测设计研究院有限公司、河北电力工程监理有限公司、广州华申建设工程管理有限公司、中交第三航务工程局有限公司、中交第一航务工程局有限公司、华电重工股份有限公司、中石化胜利油建工程有限公司、上海电气风电集团股份有限公司
23	青海省海南州千万千瓦级清洁能源基地 1000MW 风电工程	中国能源建设集团浙江火电建设有限公司	青海黄河上游水电开发有限责任公司、青海黄河上游水电开发有限责任公司工程建设分公司、中国电建集团西北勘测设计研究院有限公司、北京国电德胜工程项目管理有限公司、四川二滩国际工程咨询有限责任公司、四川赛德工程管理有限责任公司、中国水利水电建设工程咨询北京有限公司、中国能源建设集团天津电力建设有限公司、湖南中泰设备工程有限公司、陕西送变电工程有限公司、中国电建集团核电工程有限公司、中铁一局集团电务工程有限公司

续表

序号	工程名称	承建单位	参建单位
24	青海省海南州特高压外送基地电源配置项目海南州塔拉滩一标段 1000MW 光伏电站项目	青海黄河上游水电开发有限责任公司	青海黄河上游水电开发有限责任公司新能源工程建设分公司、国家电投集团黄河上游水电开发有限责任公司、青海黄河光伏系统设计咨询有限公司、山东电力工程咨询院有限公司、青海禹天监理咨询有限公司、西北电力建设工程监理有限责任公司、黄河电力检修工程有限公司、中国水利水电第三工程局有限公司
25	新疆立新能源吉木萨尔 100MW 并网光伏发电项目安装工程	中国核工业华兴建设有限公司	吉木萨尔县立新光电有限公司、睿群工程咨询有限公司
26	神华新能源有限责任公司国华磴口 100MW 光伏治沙储能竞价项目	国能（巴彦淖尔）新能源有限公司	内蒙古蒙能建设工程监理有限责任公司、内蒙古电力建设（集团）有限公司
27	龙源彬州大佛寺 50MW 农光互补光伏发电安装工程	陕西龙源新能源有限公司	
28	盛京 500kV 变电站工程	辽宁省送变电工程有限公司	国网辽宁省电力有限公司建设分公司、中国电力工程顾问集团东北电力设计院有限公司、辽宁电力建设监理有限公司
29	观龙 500kV 变电站	山东送变电工程有限公司	国网山东省电力公司建设公司、山东智源电力设计咨询有限公司、山东广大工程咨询有限公司、青岛电气工程安装有限公司
30	南昌东 500kV 变电站新建工程	国网江西省电力有限公司建设分公司	中国能源建设集团江苏省电力设计院有限公司、江西诚达工程咨询监理有限公司、江西省送变电工程有限公司
31	安徽六安金寨 500kV 变电站新建工程	安徽送变电工程有限公司	国网安徽省电力有限公司建设分公司、中国能源建设集团安徽省电力设计院有限公司、安徽电力工程监理有限公司
32	湖南望城 500kV 变电站工程	国网湖南省电力有限公司建设分公司	国网湖南省电力有限公司、中国能源建设集团湖南省电力设计院有限公司、湖南电力工程咨询有限公司、湖南省送变电工程有限公司、国网湖南省电力有限公司物资公司
33	鄂州 500kV 变电站新建工程	国网湖北省电力有限公司中超建设管理公司	湖北省电力勘测设计院有限公司、湖北鄂电建设监理有限责任公司、国网湖北送变电工程有限公司
34	廊坊大城 500kV 输变电工程	北京送变电有限公司	国网冀北电力有限公司工程管理分公司、中国能源建设集团江苏省电力设计院有限公司、中国电建集团河北省电力勘测设计研究院有限公司、北京华联电力工程监理有限公司
35	晋中东 500kV 变电站新建工程	国网山西送变电工程有限公司	国网山西省电力公司建设分公司、中国能源建设集团江苏省电力设计院有限公司、山西锦通工程项目管理咨询有限公司
36	海南（合乐）750kV 变电站工程	青海送变电工程有限公司	国网青海省电力公司建设公司、中国电力工程顾问集团西北电力设计院有限公司、青海智鑫电力监理咨询有限公司
37	秀水（如意总部）220kV 输变电工程	内蒙古电力（集团）有限责任公司呼和浩特供电分公司	中国电力工程顾问集团华北电力设计院有限公司、内蒙古康远工程建设监理有限责任公司、中国电建集团河北工程有限公司、内蒙古送变电有限责任公司
38	乌海如意 220kV 变电站工程	广州市电力工程有限公司	内蒙古电力(集团)有限责任公司乌海供电分公司、内蒙古电力勘测设计院有限责任公司、内蒙古康远工程建设监理有限责任公司

续表

序号	工程名称	承建单位	参建单位
39	乌兰察布红海（玉岭Ⅱ站）220kV 输变电工程—变电工程	内蒙古送变电有限责任公司	内蒙古电力（集团）有限责任公司乌兰察布供电分公司、内蒙古电力勘测设计院有限责任公司、内蒙古康远工程建设监理有限责任公司
40	500kV 崇焕（沙田）变电站工程	广东电网能源发展有限公司	广东电网有限责任公司东莞供电局、中国能源建设集团广东省电力设计研究院有限公司、广东创成建设监理咨询有限公司
41	交直流混合的分布式可再生能源技术国家重点专项东莞示范工程	广东电网有限责任公司东莞供电局	东莞电力设计院有限公司、广东创成建设监理咨询有限公司、深圳市威彦达电力工程监理有限公司、东莞市输变电工程建设有限责任公司、南方电网电力科技股份有限公司
42	江门 220kV 牛山（泡步）输变电工程	广东电网有限责任公司江门供电局	江门电力设计院有限公司、广东创成建设监理咨询有限公司、江门市电力工程输变电有限公司
43	广州 220kV 瓜岭变电站工程	广东电网有限责任公司广州供电局	广州市电力工程设计院有限公司、广州电力工程监理有限公司、广东能洋电力建设有限公司
44	珠海 220kV 南屏站户内 GIS 改造工程	广东电网有限责任公司珠海供电局	珠海电力设计院有限公司、珠海电力工程监理有限责任公司、中国能源建设集团广东火电工程有限公司
45	东莞 220kV 伯治（麻涌）变电站工程	东莞市输变电工程建设有限责任公司	广东电网有限责任公司东莞供电局、中国能源建设集团广东省电力设计研究院有限公司、广东诚誉工程咨询监理有限公司
46	乌东德电站送电广东广西特高压多端直流示范工程送端 500kV 交流配套工程	云南电网有限责任公司建设分公司	中国电力工程顾问集团西南电力设计院有限公司、中国能源建设集团云南省电力设计院有限公司、中国能源建设集团广东省电力设计研究院有限公司、云南电力建设监理咨询有限责任公司、昆明凯诚达电力工程监理咨询有限公司、昆明先行监理有限责任公司、广东天广工程监理咨询有限公司、云南送变电工程有限公司、国网山西送变电工程有限公司、贵州送变电有限责任公司、中国能源建设集团云南火电建设有限公司、广东威恒输变电工程有限公司、湖南省送变电工程有限公司、中国电建集团江西省水电工程局有限公司、广东电网能源发展有限公司
47	中老铁路 220kV 外部供电工程（中国段）	云南电网有限责任公司西双版纳供电局	云南电网有限责任公司普洱供电局、云南电网有限责任公司玉溪供电局、中国能源建设集团云南省电力设计院有限公司、云南欣博工程咨询有限公司、云南玉溪玉电电力设计院有限公司、中国能源建设集团广东省电力设计研究院有限公司、文山文电设计有限公司、云南电力建设监理咨询有限责任公司、云南淳汇工程监理咨询有限公司、湖南中天工程监理有限公司、云南送变电工程有限公司、云南建源电力工程有限公司、中国能源建设集团云南火电建设有限公司、云南天星实业有限公司、昭通浩鑫工程有限公司、曲靖晋源实业有限公司
48	500kV 白邑变电站工程	中国能源建设集团云南火电建设有限公司	云南电网有限责任公司建设分公司、中国能源建设集团云南省电力设计院有限公司、云南电力建设监理咨询有限责任公司
49	广州万博中央商务区分布式能源站项目设备安装工程	中国华电科工集团有限公司	广州大学城华电新能源有限公司、中国电力工程顾问集团中南电力设计院有限公司、北京国电德胜工程项目管理有限公司
50	贵阳五里 220kV 变电站安装工程	贵州送变电有限责任公司	贵州电网有限责任公司贵阳供电局、广州鑫广源电力设计有限公司、贵州电力建设监理咨询有限责任公司

续表

序号	工程名称	承建单位	参建单位
51	隆兴 500kV 串补站新建工程	国网四川电力送变电建设有限公司	国网四川省电力公司建设分公司、中国电力工程顾问集团西南电力设计院有限公司、国网四川电力建设工程咨询有限公司
52	孟加拉帕亚拉（2×660MW）燃煤电站一期工程（安装工程）	中国能源建设集团东北电力第一工程有限公司	中国能源工程股份有限公司、中国电建集团福建省电力勘测设计院有限公司、山东电力工程咨询院有限公司、广东天安项目管理有限公司、辽宁东科电力有限公司调整试验研究所

2022 年度中国电力优质工程获奖项目

序号	工程名称	建设单位	施工单位（总承包）
1	乌东德电站送电广东广西特高压多端直流示范工程	中国南方电网有限责任公司超高压输电公司	广东电网能源发展有限公司、广西送变电建设有限责任公司、云南送变电工程有限公司、贵州送变电有限责任公司、中国电建集团江西省水电工程局有限公司、河南送变电建设有限公司、中国能源建设集团广东火电工程有限公司、国网湖北送变电工程有限公司、中国水利水电第十四工程局有限公司、吉林省送变电工程有限公司、湖南省送变电工程有限公司、中国能源建设集团天津电力建设有限公司、华东送变电工程有限公司、甘肃送变电工程有限公司、新疆送变电有限公司
2	准东—华东（皖南）±1100kV 特高压直流工程	国家电网有限公司特高压建设分公司、国网新疆电力有限公司、国网甘肃省电力公司、国网宁夏电力有限公司、国网陕西省电力有限公司、国网河南省电力公司、国网安徽省电力有限公司、国家电网有限公司信息通信分公司、国网物资有限公司、国家电网有限公司直流技术中心	上海电力建筑工程有限公司、中国能源建设集团安徽电力建设第一工程有限公司、国网黑龙江省送变电工程有限公司、辽宁省送变电工程有限公司、中国能源建设集团天津电力建设有限公司、中国能源建设集团安徽电力建设第二工程有限公司、新疆送变电有限公司、湖南省送变电工程有限公司、上海送变电工程有限公司、河南送变电建设有限公司、宁夏送变电工程有限公司、安徽送变电工程有限公司、甘肃送变电工程有限公司、陕西送变电工程有限公司、国网四川电力送变电建设有限公司
3	青海省海南州特高压外送基地电源配置项目海南州塔拉滩一标段 1000MW 光伏电站项目	青海黄河上游水电开发有限责任公司、青海黄河上游水电开发有限责任公司、新能源工程建设分公司	黄河电力检修工程有限公司、中国水利水电第三工程局有限公司、中国能源建设集团浙江火电建设有限公司、山东电力建设第三工程有限公司
4	晋能保德 2×660MW 超超临界低热值煤发电工程	苏晋保德煤电有限公司	中国能源建设集团山西电力建设有限公司、中国能源建设集团安徽电力建设第一工程有限公司、山西机械化建设集团公司、江苏峰业科技环保集团股份有限公司
5	焦作丹河电厂异地扩建 2×100 万 kW 机组上大压小工程	国家电投集团河南电力有限公司沁阳发电分公司、河南九龙环保有限公司沁阳分公司	中国能源建设集团安徽电力建设第二工程有限公司、中国能源建设集团浙江火电建设有限公司、河南四建集团股份有限公司、中国能源建设集团安徽电力建设第一工程有限公司、国家电投集团远达环保工程有限公司
6	金山 500kV 变电站新建工程	国网重庆市电力公司建设分公司	重庆市送变电工程有限公司
7	华电广州增城燃气冷热电三联供工程	华电福新广州能源有限公司	中国能源建设集团广东火电工程有限公司、中国电力建设集团山东电力建设第三工程有限公司、河北建设勘察研究院有限公司、华电重工股份有限公司
8	博州 750kV 变电站新建工程	国网新疆电力有限公司、国网新疆电力有限公司建设分公司	新疆送变电有限公司
9	珠海市钰海天然气热电联产工程项目	珠海市钰海电力有限公司	中国能源建设集团广东火电工程有限公司、中国建筑一局（集团）有限公司

续表

序号	工程名称	建设单位	施工单位（总承包）
10	乌兰察布巨宝庄500kV输变电工程	内蒙古电力（集团）有限责任公司内蒙古超高压供电分公司、内蒙古电力（集团）有限责任公司信息通信分公司	江苏省苏中建设集团股份有限公司、河北省送变电有限公司
11	廊坊大城500kV输变电工程	国网冀北电力有限公司工程管理分公司	北京送变电有限公司
12	京能秦皇岛开发区2×35万kW热电联产工程	京能秦皇岛热电有限公司	中国能源建设集团东北电力第一工程有限公司、中国电建集团河北工程有限公司
13	云贵互联通道工程	中国南方电网有限责任公司超高压输电公司	云南送变电工程有限公司、贵州送变电有限责任公司、广东电网能源发展有限公司、广西送变电建设有限责任公司、湖南省送变电工程有限公司、青海送变电工程有限公司、华东送变电工程有限公司、吉林省送变电工程有限公司
14	乌东德电站送电广东广西输电工程（特高压多端直流示范工程）送端电站侧交流配套工程	云南电网有限责任公司建设分公司	云南送变电工程有限公司、国网山西送变电工程有限公司、贵州送变电有限责任公司、中国能源建设集团云南火电建设有限公司、广东威恒输变电工程有限公司、湖南省送变工程有限公司、广东电网能源发展有限公司
15	内蒙古京能苏尼特风力发电有限公司30万kW风电项目	内蒙古京能苏尼特风力发电有限公司	宁夏天利翔电力工程有限公司、北京八达岭金宸建筑有限公司、中国能源建设集团湖南火电建设有限公司、八冶建设集团有限公司、中国能源建设集团西北电力建设工程有限公司、中国能源建设集团西北电力建设甘肃工程有限公司、山东军辉建设集团有限公司、天津蓝巢特种吊装工程有限公司
16	500kV丹霞（犁市）变电站工程	广东电网有限责任公司韶关供电局	广东电网能源发展有限公司
17	南昌东500kV变电站新建工程	国网江西省电力有限公司建设分公司	江西省送变电工程有限公司
18	鄂州500kV变电站新建工程	国网湖北省电力有限公司中超建设管理公司	国网湖北送变电工程有限公司
19	大唐东营2×1000MW新建工程	大唐东营发电有限公司	中国电建集团核电工程有限公司、中国电建集团山东电力建设第一工程有限公司、中国铁建港航局集团有限公司、中铁三局集团有限公司、大唐（北京）水务工程技术有限公司、大唐环境产业集团股份有限公司、大唐集团科技工程有限公司、河北双诚建筑工程检测有限公司、南京南大岩土工程技术有限公司
20	儋州市生活垃圾焚烧发电项目	光大环保能源（儋州）有限公司	盛安建设集团有限公司、江西雄宇（集团）有限公司
21	青海—河南±800kV特高压直流输电及其配套工程（特高压豫南换流变电站）	国网河南省电力公司、国网河南省电力公司建设分公司、国家电网有限公司信息通信分公司	河南送变电建设有限公司、上海电力建筑工程有限公司、北京送变电有限公司、安徽送变电工程有限公司、郑州一建集团有限公司、武汉南方建设工程有限责任公司、中冀建勘集团有限公司
22	华能濮阳县500MW风电场项目	华能河南濮阳清洁能源有限责任公司	河南省第二建设集团有限公司、德京集团股份有限公司、中国电建集团核电工程有限公司、上海电力建设有限责任公司、许继电气股份有限公司、中国能源建设集团广东火电工程有限公司、中国电建集团河南工程有限公司、中电建宁夏工程有限公司、中国能源建设集团云南火电建设有限公司、中国能源建设集团东北电力第一工程有限公司、濮阳龙源电力集团有限公司、河北双诚建筑工程检测有限公司、洛阳业丰建设工程服务有限公司、河南省豫电土建工程质量检测中心有限公司
23	盛京500kV变电站工程	国网辽宁省电力有限公司建设分公司	辽宁省送变电工程有限公司

续表

序号	工程名称	建设单位	施工单位（总承包）
24	珠海市环保生物质热电工程二期项目	珠海康恒环保有限公司	湖南省工业设备安装有限公司
25	甬港 500kV 变电站工程	国网浙江省电力有限公司、国网浙江省电力有限公司建设分公司	浙江省送变电工程有限公司
26	观龙 500kV 变电站	国网山东省电力公司建设公司	山东送变电工程有限公司、青岛电气工程安装有限公司
27	无锡南 500kV 变电站工程	国网江苏省电力有限公司建设分公司	徐州送变电有限公司
28	湖南望城 500kV 变电站新建工程	国网湖南省电力有限公司、国网湖南省电力有限公司建设分公司	湖南省送变电工程有限公司
29	内蒙古盛鲁电厂一期 2×1000MW 超超临界间接空冷机组发电工程	山东能源内蒙古盛鲁电力有限公司	中国能源建设集团安徽电力建设第二工程有限公司、中国电建集团山东电力建设第一工程有限公司、北京清新环境技术股份有限公司
30	陕西国华锦界电厂三期扩建项目	国能锦界能源有限责任公司	中国能源建设集团东北电力第一工程有限公司、中国能源建设集团江苏省电力建设第一工程有限公司、浙江菲达环保科技股份有限公司、中能建西北城市建设有限公司
31	500kV 崇焕（沙田）变电站工程	广东电网有限责任公司东莞供电局	广东电网能源发展有限公司
32	托克托工业园区 500kV 变电站工程	内蒙古电力（集团）有限责任公司内蒙古超高压供电分公司、内蒙古电力（集团）有限责任公司信息通信分公司	江苏省苏中建设集团股份有限公司、内蒙古送变电有限责任公司
33	安徽六安金寨 500kV 变电站工程	国网安徽省电力有限公司建设分公司、国网安徽省电力有限公司六安供电公司、国网安徽省电力有限公司金寨供电公司	安徽送变电工程有限公司、安徽创兴电力工程有限公司、安徽劦力建筑装饰有限责任公司
34	江苏如东 H14 号海上风电场项目	如东广恒新能源有限公司	中交第三航务工程局有限公司、中国石油集团海洋工程有限公司、上海源威建设工程有限公司、山东电力建设第三工程有限公司
35	阿巴嘎旗绿能新能源有限公司别力古台风电场一期 225MW 风电项目	阿巴嘎旗绿能新能源有限公司	中电建湖北电力建设有限公司
36	江苏竹根沙（H2 号）300MW 海上风电场项目	东台双创新能源开发有限公司	德京集团股份有限公司、南通海洋水建工程有限公司
37	天津华电军粮城六期 650MW 燃气＋350MW 燃煤热电联产项目	天津军粮城发电有限公司	中国能源建设集团天津电力建设有限公司、中国建筑第六工程局有限公司、中国华电科工集团有限公司、华电重工股份有限公司
38	华电顺德清远（英德）经济合作区热电联产（2×9F 级）项目	广东华电清远能源有限公司	中国能源建设集团江苏省电力建设第一工程有限公司、上海电力建设有限责任公司
39	云南澜沧江黄登水电站	华能澜沧江水电股份有限公司黄登·大华桥水电工程建设管理局	中国水利水电第四工程局有限公司、中国水利水电第十四工程局有限公司、中国水利水电第八工程局有限公司
40	陕西商洛发电有限公司 2×660MW 工程	陕西商洛发电有限公司	中国十五冶金建设集团有限公司、河南省第二建设集团有限公司、中国电建集团山东电力建设第一工程公司、中国能源建设集团广东火电工程有限公司、西北电力建设第三工程有限公司

续表

序号	工程名称	建设单位	施工单位（总承包）
41	神华神东电力准东五彩湾二期电厂	华电新疆准东五彩湾发电有限公司	中国能源建设集团安徽电力建设第二工程有限公司、中国能源建设集团天津电力建设有限公司、东北电力烟塔工程有限公司
42	青海省海南州千万千瓦级清洁能源基地1000MW风电工程	青海黄河上游水电开发有限责任公司、青海黄河上游水电开发有限责任公司工程建设分公司	中国水利水电第四工程局有限公司、中国能源建设集团浙江火电建设有限公司、西北水利水电工程有限责任公司、中国电建集团核电工程有限公司、湖南中泰设备工程有限公司、中国能源建设集团天津电力建设有限公司、陕西送变电工程有限公司、中国水利水电第十一工程局有限公司、中铁一局集团电务工程有限公司
43	中广核阳江南鹏岛海上风电项目	中广核阳江海上风力发电有限公司	中广核工程有限公司、中交第三航务工程局有限公司、交通运输部上海打捞局、中国电建集团核电工程有限公司、江苏龙源振华海洋工程有限公司、中石化胜利油建工程有限公司、上海市基础工程集团有限公司
44	乌东德电站送电广东广西特高压多端直流示范工程送端电网侧500kV交流配套工程	云南电网有限责任公司建设分公司	中国能源建设集团云南火电建设有限公司、贵州送变电有限责任公司、云南送变电工程有限公司、中国电建集团江西省水电工程局有限公司、广东电网能源发展有限公司
45	山西国京风力发电有限公司河曲10万kW风电项目	山西国京风力发电有限公司	山西建筑工程集团有限公司、中电建宁夏工程有限公司、中国电建集团山东电力建设第一工程有限公司、中国水利水电第五工程局有限公司
46	张家口生活垃圾焚烧发电项目	光大城洁环保能源（张家口）有限公司	山东淄建集团有限公司
47	江西兴国大水山风电场项目、莲花山风电场项目	江西中电投新能源发电有限公司	山东电力建设第三工程有限公司、中国能源建设集团西北电力建设工程有限公司、中国电建集团江西省水电工程局有限公司、中国电建集团江西省电力建设有限公司、江西盛晖建设有限公司、中国能源建设集团江苏省电力建设第三工程有限公司
48	宁夏卫钢新能源有限公司沙坡头区200MW光伏复合项目	金开新能科技有限公司	上海华明电力设备工程有限公司
49	神华新能源有限责任公司国华磴口100MW光伏治沙储能竞价项目	国能（巴彦淖尔）新能源有限公司	内蒙古电力建设（集团）有限公司
50	青海省海南州特高压外送基地电源配置项目海西州诺木洪一标段100MW风电场项目	陕西黄河能源有限责任公司	中国铁建电气化局集团有限公司、中国水利水电第七工程局有限公司、中国安能集团第二工程局有限公司、保定悦达风力发电设备安装有限公司
51	吉安市生活垃圾焚烧发电项目	光大环保能源（吉安）有限公司	中国电建集团山东电力建设第一工程有限公司、浙江省二建建设集团有限公司
52	晋中东500kV变电站新建工程	国网山西省电力公司建设分公司	国网山西送变电工程有限公司
53	新疆准东五彩湾北二电厂1、2号机组工程	中电投新疆能源化工集团五彩湾发电有限责任公司	中国能源建设集团江苏省电力建设第三工程有限公司、中国能源建设集团江苏省电力建设第一工程有限公司、中国能源建设集团安徽电力建设第二工程有限公司、中国能源建设集团湖南火电建设有限公司、浙江菲达环保科技股份有限公司
54	张北柔直北京换流站—昌平500kV配套送出工程	国网北京市电力公司电力建设工程咨询分公司	北京电力工程有限公司
55	射阳海上南区40万kW风电项目	射阳龙源风力发电有限公司	中国能源建设集团江苏省电力建设第三工程有限公司、江苏龙源振华海洋工程有限公司、南通市海洋水建工程有限公司、上海市基础工程集团有限公司、江苏安信电气工程有限公司
56	500kV白邑变电站工程	云南电网有限责任公司建设分公司	

续表

序号	工程名称	建设单位	施工单位（总承包）
57	沙湖—平罗电厂双回750kV线路工程	国网宁夏电力有限公司建设分公司	宁夏送变电工程有限公司
58	瓜州县安北第二风电场C区200MW项目	北京天润新能投资有限公司	宁夏上善建设工程有限公司
59	龙源尚义陈所梁300MW风电项目	龙源（张家口）风力发电有限公司	中国电建集团河北工程有限公司、山西金峰建设工程有限公司
60	陕西德源府谷电厂二期2×660MW扩建工程	陕西德源府谷能源有限公司	中国能源建设集团天津电力建设有限公司、中国能源建设集团江苏省电力建设第三工程有限公司
61	国家电投沙洋王坪70MW农光互补发电项目	沙洋绿动光伏发电有限公司	上海宝冶集团有限公司
62	隆兴500kV串补站新建工程	国网四川省电力公司建设分公司	国网四川电力送变电建设有限公司
63	深圳市东部环保电厂	深圳市深能环保东部有限公司	中国能源建设集团东北电力第一工程有限公司、上海电力安装第二工程有限公司、中国机械工业建设集团有限公司、中建三局第一建设工程有限责任公司、深圳市市政工程总公司、上海迈联建筑技术有限公司、深圳市勘察研究院有限公司、深圳市楷腾建业有限公司、深圳远鹏装饰集团有限公司、深圳市建筑装饰（集团）有限公司、深圳市工勘岩土集团有限公司、深圳市华辉装饰工程有限公司
64	国家电投尉氏120MW风电项目	尉氏风顺新能源有限公司	新疆海为新能电力工程有限公司、河南吉诚电力工程有限公司、山东丰润电力工程有限公司、河南宝泰电力工程有限公司、山东海湾吊装工程股份有限公司
65	河北建投康保永丰风电场	河北建投张家口风能有限公司	山东电力建设第三工程有限公司、中国电建集团河北工程有限公司
66	国电定边新能源有限公司定边新庄风电场工程项目	国能定边新能源有限公司	西北水利水电工程有限责任公司、内蒙古电力建设（集团）有限公司、陕西众森建筑安装工程有限公司、陕西建工机械施工集团有限公司、甘肃省安装建设集团公司、宁夏百川电力股份有限公司
67	景峡第五风电场B区100MW工程	国投哈密风电有限公司	中国水利水电第七工程局有限公司
68	广州万博中央商务区分布式能源站项目	广州大学城华电新能源有限公司	中国电建集团四川工程有限公司、华电重工股份有限公司
69	灵武兴黔风电项目	灵武市兴黔新能源有限公司	四川沃霖新源实业有限公司
70	贞丰县挽澜窑上农业光伏电站项目	贞丰清源光伏科技有限公司	中国电建集团重庆工程有限公司
71	大唐滑县枣村风电场工程	大唐滑县风力发电有限责任公司	中国能源建设集团广东火电工程有限公司、江苏金海新能源科技有限公司与中核机械工程有限公司联合体、中国电建集团山东电力建设第一工程有限公司、河南省昊鼎建筑基础工程有限公司、新疆三宝和吊装工程有限公司、中国电建集团河南工程有限公司
72	国家能源集团印尼爪哇2×1050MW燃煤发电工程	神华国华（印尼）爪哇发电有限公司	中国能源建设集团浙江火电建设有限公司、中交第四航务工程勘察设计院有限公司
73	越南永新燃煤电厂一期BOT项目	越南永新一期电力有限公司	中国能源建设集团广东火电工程有限公司、中建三局第二建设工程有限责任公司、中国建筑第二工程局有限公司与中国建筑（东南亚）有限公司联合体、中国港湾工程有限责任公司
74	孟加拉帕亚拉（2×660MW）燃煤电站一期工程	中国能源工程股份有限公司	中国能源建设集团东北电力第一工程有限公司
75	越南DAMI 47.5MW光伏发电工程	DAMI Hydro Power Joint Stock Company	浙江江能建设有限公司

续表

序号	工程名称	建设单位	施工单位（总承包）
76	老挝巴色 500kV 输电线路项目	色边—色南诺依电力股份有限公司	中国葛洲坝集团电力有限责任公司
		中小型工程项目	
1	云南澜沧江里底水电站	华能澜沧江水电股份有限公司乌弄龙·里底水电工程建设管理局	中国水利水电第十四工程局有限公司
2	110kV 碧莲（龙城）送变电工程	广西电网有限责任公司桂林供电局	广西漓昇电力建设有限责任公司
3	厦门市轨道交通 3 号线工程 110kV 蔡厝主变电所工程	厦门轨道交通集团有限公司	厦门电力工程集团有限公司、厦门吉睿兴建设工程有限公司
4	交直流混合的分布式可再生能源技术国家重点专项东莞示范工程	广东电网有限责任公司东莞供电局	东莞市输变电工程建设有限责任公司
5	广州 220kV 瓜岭变电站工程	广东电网有限责任公司广州供电局	广东能洋电力建设有限公司
6	110kV 猎桥变电站工程	广东电网有限责任公司广州供电局	广东省第一建筑工程有限公司
7	乌海如意 220kV 输变电工程	内蒙古电力（集团）有限责任公司乌海供电分公司	内蒙古电力建设（集团）有限公司（土建施工）、广州市电力工程有限公司（电气安装）
8	东莞 220kV 伯治（麻涌）变电站工程	广东电网有限责任公司东莞供电局	东莞市输变电工程建设有限责任公司
9	珠海 220kV 南屏站户内 GIS 改造工程	广东电网有限责任公司珠海供电局	中国能源建设集团广东火电工程有限公司
10	肇庆 220kV 庆南变电站工程	广东电网有限责任公司肇庆供电局	广东电网能源发展有限公司
11	中老铁路 220kV 外部供电工程（中国段）	云南电网有限责任公司西双版纳供电局、云南电网有限责任公司普洱供电局、云南电网有限责任公司玉溪供电局	云南送变电工程有限公司、云南建源电力工程有限公司、云南天星实业有限公司、中国能源建设集团云南火电建设有限公司、昭通浩鑫工程有限公司、曲靖晋源实业有限公司
12	江门 220kV 牛山（泡步）输变电工程	广东电网有限责任公司江门供电局	江门市电力工程输变电有限公司
13	泊头西 220kV 变电站新建工程	国网河北省电力有限公司沧州供电分公司	河北省送变电有限公司
14	孝感孝昌闵集 220kV 变电站工程	国网湖北省电力有限公司孝感供电公司	孝感市光源电力集团有限责任公司
15	天津宝坻莲子营 110kV 输变电工程	国网天津市电力公司宝坻供电分公司	中国能源建设集团天津电力建设有限公司
16	福建宁德寿宁下党 35kV 变电站工程	国网福建省电力有限公司宁德供电公司、国网福建省电力有限公司寿宁县供电公司	宁德市昌达输变电工程有限公司
17	五圣 220kV 变电站工程	国网浙江电力有限公司嘉兴供电公司	嘉兴市恒光电力建设有限责任公司
18	日照韩家 110kV 变电站工程	国网山东省电力公司日照供电公司	日照阳光合源电力工程有限公司
19	福建南平鼎盛至寨里 110kV 线路工程（含间隔）	国网福建省电力有限公司南平供电公司	福建省南平闽延电力建设有限公司
20	汉中明珠 110kV 变电站工程	国网陕西省电力有限公司汉中供电公司	汉中汉源电力（集团）有限公司建筑分公司

续表

序号	工程名称	建设单位	施工单位（总承包）
21	青海海东前河110kV变电站工程	国网青海省电力公司海东供电公司	海东天润实业有限责任公司
22	朝阳安家（昌隆）220kV输变电工程	国网辽宁省电力有限公司朝阳供电公司	辽宁省送变电有限公司
23	襄阳保康段江35kV变电站新建工程	国网湖北省电力有限公司襄阳供电公司	襄阳电力集团有限公司
24	镇安220kV变电站新建工程	国网重庆市电力公司建设分公司	重庆市送变电工程有限公司
25	安徽宿州泗北220kV变电站工程	国网安徽省电力有限公司	安徽送变电工程有限公司
26	正定朱河110kV变电站新建工程	国网河北省电力有限公司建设公司	河北省送变电有限公司
27	永兴路（张岗子）110kV输变电工程	国网天津市电力公司滨海供电公司	天津送变电工程有限公司
28	贵阳五里220kV变电站新建工程	贵州电网有限责任公司贵阳供电局	贵州送变电有限责任公司
29	错那110kV输变电工程	国网西藏电力有有限公司山南供电公司	四川省送变电建设有限责任公司
30	商丘市生活垃圾焚烧发电项目	商丘中电环保发电有限公司	中国电建集团核电工程有限公司、中国能源建设集团浙江火电建设有限公司、武汉天源环保股份有限公司、山东电力工程咨询院有限公司
31	贞丰县长田下布克二期农业光伏电站项目	贞丰清源光伏科技有限公司	中国电建集团重庆工程有限公司
32	华润新能源胶州风电场一、二期工程	润电风能（青岛）有限公司	山东电力建设第三工程有限公司、中国电建集团核电工程有限公司、中国能源建设集团安徽电力建设第一工程有限公司
33	木垒县浦类海木垒老君庙风区99MW（一、二期）风力发电项目	木垒县浦类海能源发展有限公司	中国核工业华兴建设有限公司
34	福清兴化湾海上风电场一期项目	福清海峡发电有限公司	中铁大桥局集团有限公司、许继电气股份有限公司、福建省送变电工程有限公司
35	中广核仪封风电场工程	兰考中广核新能源有限公司	中国水利水电第四工程局有限公司、深圳市蛇口建筑安装工程有限公司、河南宝泰电力工程有限公司、山东泰开电力工程有限公司、中电大型设备安装工程有限公司、方正县畅达安装工程有限公司
36	五凌电力江永县铜山岭风电场项目	国家电投五凌电力江永晟华能源开发有限公司	江苏汉皇安装集团有限公司
37	会昌盘古嶂风电场工程	会昌中电建新能源发电有限公司	中国十七冶集团有限公司
38	华能永州回龙圩风电场一期工程	华能新能源回龙圩发电有限公司	中国电建集团江西省水电工程局有限公司、中国能源建设集团湖南火电建设有限公司、岳阳市通盛路桥工程建设有限公司
39	深圳能源单县50MW风力发电项目	单县深能清洁能源有限公司	中国水利水电第四工程局有限公司、山东国恒机电配套有限公司、铜山县淮海输变电水暖安装工程处
40	天润灵璧县平原风电场项目	北京天润新能投资有限公司	中铁建电气化局集团第一工程有限公司
41	深能扬州小纪镇风电场项目	深能扬州江都风力发电有限公司	江苏永荣建设工程有限公司、江苏鑫鹏电力工程有限公司、浙江华东工程建设管理有限公司

科技创新

重点科技项目

【国家电网公司“高速电力线载波架起能源互联网通信高速路”项目获 2022 年 IET 工程技术创新奖金奖】当地时间 11 月 10 日，全球工程技术领域最高奖项之一的英国工程技术学会（IET）工程技术创新奖颁奖典礼在英国伦敦召开，中国电力科学研究院有限公司申报的“高速电力线载波架起能源互联网通信高速路”项目荣获“最具创新的通信及信息技术解决方案”领域 IET 工程技术创新奖金奖。奖励委员会对该项目的颁奖词为“该创新保证了电力基础设施的稳定可靠通信”。这是国家电网有限公司第一次，也是国内电力企业第一次荣获该项国际大奖。

该项目由国网营销部指导、中国电科院计量研究所高速电力线载波研究团队完成。研究团队针对传统电力线载波容易受到噪声干扰和信号衰落的痛点问题，着重攻关时频分集拷贝、时序优化、多网络协调等关键技术，提升了电力线载波通信系统的分集增益，解决了多径和衰落信道中的高速数据传输问题，满足了用电信息采集系统本地物联通信需求。依托项目成果，研究团队发布美国电气和电子工程师协会（IEEE）国际标准 2 项、获国内和欧盟授权发明专利 14 项，HPLC 通信单元已在国内 3 亿只电能表上应用，覆盖国内 60%以上的电力用户，并在瑞典、孟加拉国等国完成海外试点应用。

IET 为欧洲规模最大、全球规模第二大的国际学术组织。IET 工程技术创新奖截至 2022 年已经评选了 18 届。

【由中国发起立项的 ChaoJi 直流充电接口标准在 IEC 全票获得通过】2022 年 7 月，由中国联合日本发起的 IEC PAS 63454《电动汽车传导充电 GG 类型直流车辆耦合器（IEC PAS 63454 ED1：Conductive Charging of Electric Vehicles – DC Vehicle Coupler Configuration GG）》在 IEC SC23H 获得全票通过，ChaoJi 充电接口技术方案成为国际标准，为产业化应用铺平了道路。

该标准基于中国率先提出的研发代号为 ChaoJi 的新一代直流充电车辆耦合器，描述了基于 ChaoJi 设计的充电耦合器的技术参数、设计规格和试验验证方法，是国际上几种区域性直流充电接口后的新一代连接方式。ChaoJi 直流充电接口技术由中国电力企业联合会、国家电网会同汽车、充电设备、连接器和电池等产业链上下游企业联合攻关，历经 5 年科学系统的研究、多轮次样机试制和实车验证，吸取了国际上四大直流充电接口系统的优点，改进了原有系统的缺陷，兼容各种区域性充电接口标准，还满足未来产业发展需求。

ChaoJi 充电标准有望成为下一代直流充电技术的全球唯一方案。此次投票获得了包括德国、日本、美国、韩国、法国、意大利等汽车制造强国大国的一致赞成，标志着 ChaoJi 具有的后发技术优势和产业发展方向获得国际认可。此次批准发布的 IEC PAS 63454 接口标准，正在编制中的 IEC 62196－7 直流充电适配器标准，以及将在 IEC TC69 ahG17 和 MT5 中讨论的下一代导引电路、安全要求和控制时序等标准将共同构成完整的 ChaoJi 国际标准体系。

【国内首台套自同步电压源型新能源控制系统成功运行】9 月 7 日，南瑞集团成功研制国内首台套无储能支撑光伏自同步电压源及其场站控制系统，并在张北国家风光储输示范电站成功示范运行。

当前“大新能源基地、大直流送出”格局下，电网整体惯量水平和调频调压能力明显下降。在常规运行方式下，新能源并网缺乏可靠的惯性、电压、频率等响应能力，导致电网安全稳定问题突出。自同步电压源型新能源发电技术从“源”端入手，通过并网控制技术的变革，极大提高了新能源发电的电网支撑能力，是破解新能源高比例并网难题的有效途径之一。

此次示范成功完成了光伏发电单元主动支撑构网控制、多机集群自主构网与协调控制等全工况试验，全面测试与验证了具备主体电源特性的自同步电压源控制技术在支撑电网运行稳定性的优异性能，为构建新型电力系统提供技术与装备支撑，引领了国内新能源主动支撑控制技术的自主创新。

南瑞研究院牵头承担的国家电网公司重大科技项目“高比例新能源电力系统的自同步电压源型新能源发电关键技术研究”、江苏省重点研发计划（“双碳”专项）“新能源发电自组网运行与控制关键技术研发”等，在风电、光伏自同步电压源并网技术方面取得重大进展。7 月 19 日，南瑞集团联合国网甘肃电力、上海交通大学、金风科技等单位，研制的国内首台自同步电压源型风电机组完成了试点建设、并网实证与现场测试。

在风电机组相关技术突破的同时，南瑞集团在世界首台套虚拟同步机研制基础上，成功研制 500kW 自同步电压源型光伏逆变器、自同步电压源新能源场站控制系统等新能源构网核心装备，联合张北风光储公司建成了涵盖 10 台 500kW 光伏自同步电压源、多台传统电流源型光伏发电单元和新能源场站控制系统等实证试验环境。

项目团队制定了周密完善的试验方案，现场验证了光伏自同步电压源电压频率暂态支撑、高/低电压穿越、带馈线全黑启动等能力，并通过复现锦苏单极闭锁、青豫直流双极闭锁故障等典型电压频率故障场景，世界首次实现了多机独立构网、电压源与电流源混合构网、冲击负载大扰动下集群协调控制等功能。

【“用于并行冗余协议网络中的时钟输出控制方法和系统”获得第23届中国专利金奖】 7月22日，由南方电网公司自主研发的国内首款电力主控芯片相关专利——“用于并行冗余协议网络中的时钟输出控制方法和系统”获得第23届中国专利金奖，这是南方电网公司首次获得中国专利金奖。

芯片是电网稳定运行的“地基”。本次金奖专利由南方电网公司数字电网领域首席专业技术专家李鹏及其团队发明，专利权人为南网科研院。该专利创造性提出了冗余网络中的精确对时方案，发明了双通道高精度比较等系列原创性算法和技术，首次研制了冗余网络对时IP和全面国产能源工控“伏羲”系列芯片。这一系列化的国产芯片和电网核心控制装备，不仅解决了中国能源工控通信对时核心器件长期依赖进口、知识产权依赖引进的问题，还在电网发、输、变、配、用以及石化工矿企业规模化应用。“伏羲”芯片入选2021年度央企“十大国之重器”。

【中国首台兆瓦级漂浮式波浪能发电装置试运行】 6月14日，广东电网公司牵头研制的中国自主研发的首台兆瓦级漂浮式波浪能发电装置“南鲲”号在广东珠海投入试运行，这标志着中国兆瓦级波浪能发电技术正式进入工程应用阶段。

装置平面面积超过3500m^2，相当于7个篮球场大小，质量达到6000t。每天最多可发电2.4万kWh，相当于3500户家庭一天的用电量。

【中国华能自主研发COAP技术首套验证工程开工】 9月28日，中国华能135MW级机组COAP技术（低温法污染物一体化脱除技术）首套验证工程在临沂电厂开工建设。

COAP技术是“国际首创、华能原创”的颠覆性技术，采用低温氧化吸附工艺，可实现烟气多污染物一体化脱除，于2021年5月在华能岳阳电厂通过中试验收。该工程由华能清能院自主设计、华能山东分公司建设，依托临沂电厂7号机组对COAP技术进行工业验证，建成后将成为国际首套低温法污染物一体化近零排放工程。

与常规技术相比，COAP技术无需消耗石灰石、尿素、脱硝催化剂，而且还可以回收硫和烟气中的水分，实现烟气余热深度利用，是环境友好型技术。该技术具有技术路线新、脱除效率高、综合效益高等显著特点，具有重大经济和社会价值，除可应用于大型燃煤电站锅炉外，还可用于垃圾焚烧、焦炉窑炉、工业尾气等烟气污染物的脱除处理，具有广泛适应性。根据中试系统数据测算，COAP技术与常规超低排放技术运行成本基本持平。

【世界首台2.7MW串列式双风轮风机下线】 10月30日，世界首台2.7MW高效紧凑串列式双风轮风电机组华能“赛瑞号”于正式下线。

“赛瑞号”由中国华能集团清洁能源技术研究院有限公司研制，首次突破了风电机组多级叶轮协同捕能、高效梯次利用的技术难题，解决了长期限制风电机组的风能捕获效率低、叶片尺寸过大等瓶颈。

与传统风电机组相比，双风轮机组可实现单机效率提高15%，风机叶轮尺寸缩小近一倍，成本降低10%以上，额定功率下等效单位扫风面积风能捕获功率提升至传统机组的2倍左右，这意味着在同样面积的风电场，机位数和整场效益可大幅提升50%以上，大大节省国土与能源资源。同时，机组对材料、制造、运输、安装、运维的要求更低，成本也随之降低。

【中国华电实现国内首套嵌入式全栈国产化控制系统】 12月16日13:10，由国电南自、华电浙江新能、中国电科联合研发的国内首套嵌入式全栈国产化控制系统，在华电弁山风电场投运。

此次投运是中国华电、中国电科联合开展关键核心技术攻关的又一重大成果。系统采用基于IPC技术自主研制的SA92C嵌入式控制器平台，搭载了中国电科自主研制的锐华（ReWorks）安全可信嵌入式操作系统和国产嵌入式处理器，实现了从SOC芯片、操作系统、组态软件到控制逻辑的全栈核心技术自主可控。相较于上一代产品，其在中断响应时间、任务切换时间、软件安全性、扫描周期和运行温度范围等关键性能指标上获得大幅提升。

【中国华电自主研制的国内首套F级燃气轮机控制系统在江苏华电戚墅堰电厂2号机组成功投运】 3月11日10:47，中国华电自主研制的国内首套F级燃气轮机控制系统（TCS）在江苏华电戚墅堰电厂2号机组投运。这是继2021年投运国内首套E级燃机TCS之后，中国华电再次取得燃机控制领域关键核心技术的重大突破，实现了从E级到F级的新跨越。

F级燃机是目前国内燃气发电的主流机型。相较于E级燃机，F级燃机容量更大、系统更复杂、控制要求更高，控制技术长期被国外极少数厂家垄断。中国华电在成功实现E级燃机TCS国产化和自主可控的基础上，组织下属国电南自、华电电科院、江苏公司及戚墅堰电厂等单位联合攻关，全力加快F级燃机TCS的国产化、自主化、产业化进程。

该攻关项目研制了基于国产先进 CPU 和操作系统等核心软硬件的全套芯片级一体化控制平台，并从 F 级燃机的热力学理论和控制理论、数据分析、机理研究等多角度出发，设计了基于燃机数字孪生雏形的应力计算、温升速率、温度匹配等核心模块，开发了集闭环控制回路、启停顺序控制逻辑、燃烧模式切换、保护回路等为一体的燃机控制策略，有效解决了信息交互系统通信协议兼容性、燃机–汽机同轴配置牵连控制等一系列技术难题，打通了主控系统与静态启动装置（SFC）等其他关键部件之间的通信壁垒，掌握了燃机–汽机同轴联合循环机组控制的核心技术，从而实现了 F 级燃机 TCS 的自主可控。

【首台全国产化 F 级 50MW 重型燃气轮机首次点火成功】12 月 31 日 02:16，被誉为“新时代争气机”的首台全国产化 F 级 50MW 重型燃气轮机发电机组在广东华电清远华侨园燃气分布式能源站项目点火成功，填补了中国自主燃气轮机应用的空白，标志着中国在自主重型燃气轮机领域步入运行阶段。

中国华电创新运用华电睿蓝控制系统、全国产化中高温脱硝催化剂、国产化大容量发电机出口断路器，真正实现了燃气电厂重要主辅机全方位“中国造”，推动形成中国自主 F 级重型燃机设计、施工、调试、试验、运行维护等方面的标准体系和工艺规范，为清洁能源领域提供自主可控全链条的“中国方案”。项目投产后将为所在园区提供冷、热、电等多种高品质能源服务，替代园区分散小锅炉，每年可减少标准煤 5.82 万 t，减少二氧化碳 15.48 万 t、二氧化硫 22.56t、氮氧化物 27.95t、粉尘 6.15t，极大改善大气、水资源环境，提高园区综合竞争力，带动园区上下游产业发展。

【中国华电首次实现燃气机组控制系统全站 100%国产化】 5 月 27 日，华电龙游公司 1 号燃气机组及配套汽轮机组完成控制系统国产化改造顺利并网发电，标志着中国华电在国内首次实现了燃气–蒸汽联合循环发电机组全站控制系统 100%国产化。

华电龙游公司建有 2×20 万 kW 级燃气蒸汽联合循环热电联产机组，配置 2 台 9E 级燃气轮发电机组、2 台余热锅炉、1 台抽凝式汽轮发电机组、1 台背压式汽轮发电机组。原燃机控制系统（TCS）、分散控制系统（DCS）、数字电液调节系统（DEH）等机组核心控制系统均为进口系统。2021 年上半年完成 2 号燃气机组 TCS 国产化改造，实现了国内首台套应用。2022 年以来全面加快全站控制系统国产化改造，进一步将该厂 1 号机组燃机 TCS 以及两台汽轮机 DEH、两台余热锅炉 DCS、调压站 PLC 等进口系统统一改造为“华电睿蓝”自主可控系统，实现了全站控制国产化和一体化，取得了系统调试运维的自主权，突破了不同系统间的通信壁垒，为进一步开展优化控制，提升机组性能创造了有利条件。

【“华电睿”系列电力工控系统入选“2022 年国有企业数字技术十大典型成果”】7 月 23 日，第五届数字中国建设峰会在福州盛大开幕，中国华电关键核心技术攻关成果——“华电睿”系列电力工控系统成功入选“2022 年国有企业数字技术十大典型成果”，并在峰会上重磅发布。

“华电睿”系列是中国华电聚焦能源电力关键核心技术“卡脖子”问题构建的国产化电力工控系统，包括“睿蓝”分散控制系统、“睿信”水电智能监控系统、“睿风”风电主控及监控系统、“睿思”新能源远程集控系统、“睿智”智能变电站自动化装备，整体技术达到国际先进水平，部分技术国际领先。其中，“睿蓝”重型燃气轮机控制系统（TCS）成功突破设计、生产、调试、运维等全过程关键核心技术，形成了对进口重型燃气机组控制系统实施全功能、全方位国产化替代的能力，有效提升了中国能源领域重大技术装备自主可控水平。

截至目前，“睿信”已在 18 个水电站、2 个集控中心实现规模化应用；“睿风”已在宁夏、福建、陕西、甘肃、内蒙古等区域 77 台风电机组实现推广应用；“睿思”继完成河南区域示范应用后，正在广西、四川、宁夏等区域加快推广；“睿智”已完成全国 20 个省市 68 座变电站的推广应用，实现 35～1000kV 各电压等级全覆盖；“睿蓝”已在近 20 台燃煤、燃气机组成功应用，实现 330、660、1000MW 燃煤机组全覆盖应用和 E 级、F 级燃机首台套应用。

【国家电投拥有自主知识产权的“容和一号®”铁–铬液流电池堆量化生产线投产】每条生产线每年可生产 5000 台 30kW“容和一号®”电池堆，标志着量化供货的最后堵点已彻底打通。铁–铬液流电池储能技术从实验室迈入商业应用，为电力行业大规模、长时间储能提供了新的解决方案，对推动中国能源绿色转型、保障能源安全、推动清洁能源高质量发展、应对气候变化等目标的实现具有重要意义。

【国家电投“封头模块、大型容器及两者的制造方法”获得中国专利奖金奖】该专利首创了一种超大型容器的封头模块结构，以及封头模块和超大型容器的制造方法，开发了封头瓣片中温模压成形等先进技术，解决了大型、薄壁、高精度容器建造的难题，实现了世界首台三代非能动压水堆核电站 AP1000 在中国的成功建设和高效运行。

【国家电投荆门绿动 2 号燃机实现 30%掺氢燃烧运行】9 月 29 日，国家电投湖北分公司荆门绿动燃机电厂 2 号机组成功实现 30%掺氢燃烧改造和运行，这是继 2021 年 12 月成功实现 15%掺氢运行后的又一重大技术突破，是中国首次在重型燃机商业机组上实施高比例掺氢燃烧改造试验和科研攻关，也是全球范围内首个在天然气联合循环、热电联供商业机组中进行高比例掺氢燃烧的示范项目，为加速国内自主氢燃机开发、运行积累了宝贵的经验。

【国家能源集团“大电量高功率磁悬浮储能飞轮关键技术研究与应用”达国际先进水平】11月4日，由国家能源集团宁夏电力公司牵头完成的“大电量高功率磁悬浮储能飞轮关键技术研究与应用”科技成果，通过工业和信息化部工业信息安全发展研究中心组织的成果鉴定，整体水平达到国际先进。

该成果创造性地提出了传统火电与新型飞轮技术联合调频协调控制方法，填补了十吨级重型转子五自由度径向超低功耗永磁偏置混合磁轴承及其控制技术和自阻尼轴向永磁被动本质稳定支撑技术空白，攻克了飞轮储能系统高速大功率一体化同级型实心转子混合励磁电机设计、分析及冷却难题，达到国际领先水平。

成果应用于灵武公司2×600MW热电联产机组，以其为核心关键技术建设22MW/4.5MWh全球容量最大磁悬浮飞轮储能系统。成果鉴定时，已完成12台飞轮全部调试工作并投入试运行，有效减少机械设备频繁动作带来的设备磨损，降低机组负荷波动频次，机组各项参数更容易控制，蒸汽品质、煤耗水平、环保参数更加优秀，进一步提升机组安全性和经济性。

【世界首个高压大容量低频换频站通电投运】12月18日，国内首个高压大容量低频换频站——220kV亭山换频站在杭州市富阳区富春湾新城启动带电（23日正式通电投运），在世界上首次实现了交流220kV电压等级电气量的频率可控转换。作为杭州220kV柔性低频输电工程重要组成部分，该换频站全球首次实现交流220kV电压等级电气量的频率可控转换，为2023年整个柔性低频输电项目整体投运迈出了关键一步。

作为世界首个500kV供区异步互联，杭州220kV柔性低频输电工程是当前国际上电压等级最高、输送容量最大的柔性低频输电工程，为柔性低频输电设备与系统提供全面技术验证。

【“大规模风/光互补制氢关键技术研究与示范”通过国家验收】12月25日，科技部高技术中心组织召开由国家能源集团牵头承担的国家重点研发计划专项“大规模风/光互补制氢关键技术研究及示范”项目综合绩效评价会议。评审专家组听取了项目负责人汇报，观看了视频演示，审阅了相关文档和资料，经质询和讨论，认为项目高质量完成了任务书规定的研究内容，达到了预期目标和考核指标要求，一致同意通过项目验收。

该项目由国家能源集团牵头，实施期为2019—2022年，下设5个课题，分别由同济大学、中国电科院、苏州竞立以及国家能源集团下属低碳院、国华投资等单位承担，并由国电电力、国华投资在张家口开展工程示范，服务绿色冬奥。历时三年科研攻关，项目团队突破了“宽波动电解制氢、低压大电流直流变换、快速加氢及多能源监控保护”等多项关键技术，开发了最大的单台产氢量1200m³/h电解槽、全球功率最大的5.7MW DC-DC直流制氢电源、国内首个70MPa移动加氢站等一系列重要装备，建立了国内首套氢气“制储加运”一体化监控平台，建成了全球容量最大的8MW风光耦合可再生能源制氢加氢示范工程，成功构建了从系统优化集成、关键装备设计制造、全环节综合监控与安全防护的风光耦合制氢全链条技术体系。项目实施为北京冬奥会提高了绿氢供应保障。

项目申请发明专利64项，参与制定国家标准4项，行业和地方标准1项，授权软件著作权3项，发表学术论文53篇，掌握了掌握一批自主知识产权技术，培养了一批氢能专业人才。

【全球单机容量最大16MW海上风电机组在福建三峡海上风电国际产业园下线】11月23日，16MW海上风电机组在福建三峡海上风电产业园下线。该机组是全球单机容量最大、叶片最长的海上风电机组，其发电机、叶片、数字化控制系统等主要部件完全实现国产化。

此次下线的海上风电机组由中国三峡集团、金风科技联合研发，单机容量16MW海上风电机组，叶轮直径252m，叶轮扫风面积约5万m²，约相当于7个标准足球场大；轮毂高度达146m，约相当于一座50层大楼的高度。根据多年平均发电量设计值，单台机组每年可输出超过6600万kWh的清洁电能，能够满足3.6万户三口之家一年的生活用电。

机组具有数字化、大容量、高可靠性、强抗台风能力、高国产化率等特点，标志着中国海上风电装备制造产业发展从“跟跑”“并跑”到新发展阶段的“领跑”地位。

福建三峡海上风电产业园自建成以来，已陆续引进海上风电整机、电机、结构件、叶片等一批产业链上下游国内外知名企业，形成国内最先进的海上风电全产业链研发基地、制造基地、检测基地、出口基地、运维基地、培训基地。经过数年时间，自主研发的6.7、8、10、13、13.6MW海上风电机组相继在产业园生产下线。

【“规模化储能系统集群智能协同控制关键技术研究及应用”项目启动】6月22日，“规模化储能系统集群智能协同控制关键技术研究及应用”项目启动会在北京召开。该项目是国家重点研发计划“储能与智能电网”专项项目，项目牵头单位为中国三峡集团。

会议听取了项目总体实施方案和各课题情况的汇

报。与会专家和代表一致认为，项目对支撑国家实现“双碳”目标和新型电力系统建设具有重大意义。项目总体实施方案符合指南和任务书要求，技术路线清晰，任务分工明确，进度计划合理，组织管理机制健全，风险应对措施有效。工业和信息化部产业发展促进中心相关负责人对项目技术研发准备及组织管理工作给予高度肯定，并希望在实施过程中要持续总结其先进性、原创性成果，适时开展推广应用。

在以新能源为主体的新型电力系统构建背景下，该项目围绕储能支撑系统平衡与稳定运行的规划配置、协同调控、分析评估等核心问题开展研究，并基于三峡乌兰察布新一代电网友好绿色电站示范项目和内蒙古区域电网进行示范验证。其成果将有利于提高电力系统安全稳定运行水平，为国内新能源开发和能源转型提供技术支撑和实践范例。

【中国电建1000MW等级超超临界火电机组100%容量锅炉给水泵组研制成功】 该产品采用全抽芯式整体芯包、刚性转子、阶梯式主轴结构，满足系统快速启动要求，便于维护检修；开发出大流量、高扬程、高效水力模型，可提高泵组运行效率；研制出补偿角度偏转和窜动的安全型推力轴承，采用平衡鼓+推力轴承结构可有效平衡轴向力，提高泵组可靠性；优化了轴端密封冷却室组件结构，增强了冷却效果。

研制过程中中国电建掌握了PIV测试平台水力模型特性研究、三维全流道有限元仿真、轴承–密封转子动力学及故障诊断等核心技术，解决了关键设备“卡脖子”问题，真正实现核心技术自主可控，为“碳达峰、碳中和”目标背景下国家能源安全保障作出了贡献。成功研制国内首台套具有完全自主知识产权的100%容量锅炉给水泵组产品，通过了中国通用机械工业协会组织的鉴定，获得“填补了国内空白、其综合性能指标达到国际同类产品先进水平”的评价。

【中国电建大型超超临界机组配套风机投入使用】 该项目自主研发完成了一套适用于大型动叶可调轴流风机的气动、结构设计方法及防腐耐磨的工艺，突破了风机高效气动设计、宽工况变速设计、防腐设计及高可靠高精度动叶调节系统设计重要关键技术，成功应用于全球单机容量最大的安徽平山1350MW超超临界机组，实现了大型动叶可调轴流风机的国产自主可控。研究成果提出了进气箱翼型筒优化、通流快速设计、性能预测的一体化轴流风机气动优化设计方法，建立了风机性能预测模型，构建了大容量火电机组配套风机高效气动设计技术体系。开发了叶片及轴系的变转速安全可靠设计技术，建立了转子动力学仿真模型，采用了三维有限元数值仿真、应变检测无线传输等技术，提高了叶片频率预测精度，解决了轴系变速共振及失稳等技术难题。发明了轴流风机动叶调节装置、叶片控制系统和方法，研发了一用一备冗余自动集成控制系统，攻克了叶片调节高精度高可靠性控制的技术难题，简化了现场调试工序，降低了非计划停机故障处理风险。针对电厂超低排放烟气磨损腐蚀严重的技术难题，研制了引风机设备耐腐、耐磨、抗冲刷系列高性能防腐新材料，提高了叶片抗腐耐磨能力，延长了叶片的使用寿命，降低了维护成本。

【火力发电厂灵活性改造技术】 中国能建首次系统性地提出了火力发电厂深度调峰、热电解耦、快速负荷响应、联合储能调频和调节控制优化等灵活性改造技术整体解决方案，机组的最小负荷可降至20%额定负荷，冷态启动可缩短3～4h以上。建立了火电储能联合调频的多介质混合储能方案及功率能量型混合储能配置模型、火电机组储能联合调频项目选址规划方案及选择模型，提出了储能联合调频的关键问题解决方案。技术成果可有效提高火力发电机组的调峰和调频能力，为现阶段中国正在推进的能源结构调整、可再生能源的高比例消纳提供技术支持。该成果获得中国电力规划设计协会科技进步奖一等奖。

重 大 奖 项

2022年度中国电力技术发明奖获奖项目

序号	等级	获奖项目	受奖人
1	一等奖	大规模新能源汇集送出系统的保护技术及应用	毕天姝（华北电力大学）、贾科（华北电力大学）、韩俊飞（内蒙古电力（集团）有限责任公司）、张健康（国家电网有限公司西北分部）、秦红霞（北京四方继保自动化股份有限公司）、丁晓兵（中国南方电网电力调度控制中心）

续表

序号	等级	获奖项目	受奖人
2	二等奖	绝缘栅双极型晶体管（IGBT）数字驱动关键技术及应用	贺之渊（国网智能电网研究院有限公司）、客金坤（国网智能电网研究院有限公司）、白建成（国网智能电网研究院有限公司）、许航宇（国网智能电网研究院有限公司）、王新颖（国网智能电网研究院有限公司）、关兆亮（国网智能电网研究院有限公司）
3	二等奖	新型电力系统直控式负荷多层级协同调控关键技术及系统装备	徐箭（武汉大学）、孙元章（武汉大学）、廖思阳（武汉大学）、柯德平（武汉大学）、姚良忠（武汉大学）、黎雄（武汉大学）

2022 年度电力科学技术进步奖获奖项目

序号	等级	获奖项目	受奖单位	受奖人
1	一等奖	大型核电站国和一号蒸汽发生器研制及应用	上海核工程研究设计院有限公司、上海电气核电设备有限公司、东方电气（广州）重型机器有限公司、中核武汉核电运行技术股份有限公司、上海交通大学、中国第一重型机械股份公司、上海电气上重铸锻有限公司	郑明光、林绍萱、和广庆、刘远彬、应秉斌、张　锴、冯　靖、刘　莉、景　益、顾国兴、任利国、矫　明、周　全、张智峰、王永东
2	一等奖	我国首个千万千瓦级海上风电友好并网运行关键技术及装备	国网江苏省电力有限公司、国家电网有限公司华东分部、新疆金风科技股份有限公司、深圳市禾望电气股份有限公司、国网山东省电力公司、南方电网电力科技股份有限公司、国电南瑞南京控制系统有限公司、南京理工大学、国网福建省电力有限公司	李　群、李海峰、张宁宇、李　强、周党生、李建华、殷明慧、杨志千、韩华春、程　艳、杜胜磊、成月良、刘建坤、祁万春、陈　兵
3	一等奖	百万千瓦水轮发电机组关键技术研究与应用	中国三峡建工（集团）有限公司、东方电气集团东方电机有限公司、哈尔滨电机厂有限责任公司、中国电建集团华东勘测设计研究院有限公司、长江勘测规划设计研究有限责任公司	张成平、覃大清、张春生、张天鹏、王华军、程永权、胡伟明、王钊宁、刘平安、李胜兵、李志国、刘　洁、康永林、陶星明、宋　敏
4	一等奖	高压大容量柔性直流电网关键技术、成套装备及工程应用	国家电网有限公司、国网经济技术研究院有限公司、中国电力科学研究院有限公司、国网智能电网研究院有限公司、南京南瑞继保电气有限公司、株洲中车时代半导体有限公司、许继集团有限公司、华中科技大学、清华大学、国家电网有限公司华北分部	辛保安、刘泽洪、汤广福、李　探、张　进、田　杰、郭贤珊、李光辉、曾　嵘、訾　鹏、王绍武、万超群、王姗姗、郭铭群、贺之渊
5	一等奖	高蒸汽参数生物质循环流化床锅炉关键技术与应用	清华大学、太原锅炉集团有限公司、大唐环境产业集团股份有限公司、中国特种设备检测研究院、北京华能长江环保科技研究院有限公司、上海理工大学	吕俊复、贺辉宝、申　镇、岳光溪、郭学茂、张　缨、张一珍、齐国利、张建春、吴玉新、张守玉、刘雪敏、杨海瑞、赵晓星、刘爱成
6	一等奖	保障新能源电力系统安全的继电保护技术研究及应用	清华大学、国网冀北电力有限公司、国电南京自动化股份有限公司、许继电气股份有限公司、明阳智慧能源集团股份公司、国网智能电网研究院有限公司、国网安徽省电力有限公司、国家电网有限公司华北分部、北京衡天北斗科技有限公司、北京清源继保科技有限公司	董新洲、王　宾、施慎行、高　旭、钱国明、李宝伟、唐彬伟、孔　明、陈福锋、王浩宗、黄天啸、薛明军、谢　民、李文忠、郑少明
7	一等奖	高比例电力电子大电网电压支撑强度提升与安全防控技术及应用	中国电力科学研究院有限公司、国家电网公司华中分部、国家电网有限公司华东分部、清华大学、南京南瑞继保工程技术有限公司、新疆金风科技股份有限公司、国家电网有限公司西北分部、国电南瑞科技股份有限公司、华锐风电科技（集团）股份有限公司	孙华东、赵　兵、徐式蕴、易　俊、李文锋、陈松林、郭　强、邵德军、耿　华、郑　超、李建华、杨志千、吴　萍、王　琦、张　健

续表

序号	等级	获奖项目	受奖单位	受奖人
8	一等奖	电力物联共性关键技术研究及推广应用	国网江苏省电力有限公司、国网湖南省电力有限公司、国电南瑞科技股份有限公司、国网信息通信产业集团有限公司、深圳供电局有限公司、国家电网有限公司信息通信分公司、国网辽宁省电力有限公司、中通服咨询设计研究院有限公司、南京大学、北京邮电大学	魏晓菁、缪巍巍、韦　磊、刘鸿斌、崔恒志、田建伟、张素香、范金锋、钱柱中、李温静、吴　谦、侯继鑫、邵苏杰、黄　进、武卫东
9	一等奖	苏通长江隧道特高压气体绝缘金属封闭输电线路工程关键技术及应用	国家电网有限公司、中国电力科学研究院有限公司、国网江苏省电力有限公司、平高集团有限公司、中国电力工程顾问集团华东电力设计院有限公司、西安交通大学、中铁第四勘察设计院集团有限公司、山东电工电气集团有限公司、中铁十四局集团有限公司、清华大学	韩先才、张鹏飞、钟建英、乐党救、刘　浩、徐家忠、王承玉、孙　岗、陈　鹏、彭宗仁、崔博源、王宁华、黄宝莹、陆东生、毛继兵
10	一等奖	广域协同新能源智慧运维系统研发及应用	中国华能集团有限公司、西安热工研究院有限公司、中国华能集团清洁能源技术研究院有限公司、北京华能新锐控制技术有限公司、华能新能源股份有限公司、华北电力大学、中电智能科技有限公司	舒印彪、李来龙、曾卫东、房　方、林　刚、许世森、王力军、李国庆、褚孝国、赵　勇、任　鑫、曹　治、林　昇、宋黎定、胡　阳
11	一等奖	面向源荷储互动的新型热泵/中温集热系统及电热协同控制成套装备	国网江苏省电力有限公司、东南大学、国网经济技术研究院有限公司、国网电力科学研究院有限公司、国网江苏省电力有限公司常州供电分公司、河海大学、江苏河海新能源股份有限公司、常州金坛金能电力有限公司	孙　立、黄世芳、袁俊球、袁　黎、田雪沁、臧海祥、王振宇、阮文骏、郭玉杰、张小松、庄　重、易文飞、张俊礼、王晨清、郑　鑫
12	一等奖	发电机组漆膜故障检测、诊断、处理关键技术及成套装置研发	南方电网电力科技股份有限公司、西安热工研究院有限公司、广东电网有限责任公司、东南大学、长沙理工大学、武汉沃尔德电力工程技术有限公司	刘　石、钱艺华、张　楚、杨　毅、王笑微、高庆水、王　青、冯永新、宋景慧、王　娟、赵耀洪、杨建刚、付龙飞、何　速、汪红梅
13	一等奖	多送出场景下新能源发电集群振荡与过电压分析及抑制技术	中国电力科学研究院有限公司、南京南瑞继保电气有限公司、南京航空航天大学、深圳市禾望电气股份有限公司、新疆金风科技股份有限公司、国网冀北电力有限公司超高压分公司、华为技术有限公司	王伟胜、李光辉、何国庆、卢　宇、汪海蛟、陈　新、刘　纯、孙艳霞、马俊华、张　兴、张　悦、周党生、李振动、刘云峰、艾斯卡尔
14	一等奖	面向电力物联网数字化感知的智能传感关键技术、装置及应用	中国电力科学研究院有限公司、中国科学院上海微系统与信息技术研究所、北京智芯微电子科技有限公司、中国科学院沈阳自动化研究所、西安交通大学、国网天津市电力公司、浙江维思无线网络技术有限公司、国网重庆市电力公司、广东跃昉科技有限公司	王继业、仝　杰、雷煜卿、李　伟、张树华、甄　岩、焦　飞、杨爱军、张明皓、马世乾、彭国政、崔世界、谈元鹏、曾翔君、何可嘉
15	一等奖	面向多功能复用的储能电站优化配置与控制关键技术及应用	国网浙江省电力有限公司、浙江大学、中国电力科学研究院有限公司、北京交通大学、东北电力大学、国网北京市电力公司电力科学研究院、国网四川省电力公司电力科学研究院、浙江南都能源互联网有限公司、阳光储能技术有限公司、南京南瑞继保工程技术有限公司	赵　波、韦　巍、林　达、张琳静、李相俊、李军徽、李志浩、叶清泉、张雪松、吴贤章、孙昕炜、张彩萍、刘秀兰、夏杨红、葛晓慧
16	一等奖	双碳背景下燃煤机组安全经济灵活运行关键技术研究与应用	国家能源集团科学技术研究院有限公司、国能南京电力试验研究有限公司、国家能源集团泰州发电有限公司、华北电力大学、国能锅炉压力容器检验有限公司、东方电气集团东方汽轮机有限公司、哈尔滨汽轮机厂有限责任公司、哈尔滨锅炉厂有限责任公司	李秋白、谭　锐、康朝斌、崔　崇、于修林、戈志华、陈　辉、王　兴、何新荣、殷　戈、赵卫军、赫广迅、徐　卫、徐彦辉、常　青
17	二等奖	自主化智能用电操作系统、芯片、装备关键技术研究与应用	南方电网电力科技股份有限公司、南方电网科学研究院有限责任公司、华南理工大学、浙江大学、广东电网有限责任公司、华大半导体有限公司、广州市奔流电力科技有限公司	林国营、张晓平、肖　勇、张勇军、叶承晋、招景明、邓　凯、王　鹏、梁少峰、李向锋

续表

序号	等级	获奖项目	受奖单位	受奖人
18	二等奖	智能微电网群协调控制关键技术及工程示范	国网山东省电力公司电力科学研究院、国网上海能源互联网研究院有限公司、天津大学、上海交通大学、广东电网有限责任公司广州供电局、国网山东省电力公司烟台供电公司、中国大唐集团科学技术研究总院有限公司	孙树敏、于　芃、李霞林、左新斌、程　艳、刘一欣、吴　鸣、张　用、刘明林、余志文
19	二等奖	多场景“光储直柔”供电关键技术、装备与应用	深圳供电局有限公司、清华大学、湖南大学、深圳市建筑科学研究院股份有限公司、北京交通大学、清华四川能源互联网研究院、西安交通大学	鲁宗相、赵宇明、帅智康、刘国伟、王　静、李海波、李雨桐、谢　宏、李　杨、吴学智
20	二等奖	促进可再生能源消纳的跨区省间现货市场关键技术及应用	中国电力科学研究院有限公司、国网能源研究院有限公司、国网甘肃省电力公司、国网浙江省电力有限公司、国网山西省电力公司、国网江苏省电力有限公司、国网四川省电力公司	孙大雁、王德林、李立新、罗治强、关　立、于　钊、陶洪铸、胡超凡、崔　晖、杨晓楠
21	二等奖	输电线路山火直升机防蒸发高效不停电带电灭火关键技术及装备	国网湖南省电力有限公司防灾减灾中心、湖南防灾科技有限公司、国网通用航空有限公司、湖南省湘电试研技术有限公司、湖南省森林消防航空护林站、广东聚翔通用航空有限责任公司、湖南翔为通用航空有限公司	陆佳政、周特军、李　波、吴传平、徐勋建、王海跃、刘　毓、易　宏、陈宝辉、王　弋
22	二等奖	直流高电压国家计量标准装置和现场校验系统关键技术及工程应用	国网浙江省电力有限公司、中国电力科学研究院有限公司、广东电网有限责任公司计量中心、国网冀北电力有限公司计量中心、国网湖北省电力有限公司营销服务中心（计量中心）、国网安徽省电力有限公司营销服务中心、武汉大学	周　峰、李　熊、雷　民、姚　力、潘　峰、李登云、许灵洁、岳长喜、秦　亮、陈　骁
23	二等奖	多端直流集成设计关键技术研究及工程应用	南方电网科学研究院有限责任公司、中国南方电网有限责任公司超高压输电公司、华北电力大学、西安西电电力系统有限公司、许继电气股份有限公司	李　岩、董言乐、赵晓斌、黄　莹、刘　涛、辛清明、卢毓欣、李凌飞、任成林、郭　铸
24	二等奖	高压交流快速真空开关技术及应用	国网宁夏电力有限公司电力科学研究院、西安交通大学、南京南瑞继保电气有限公司、安徽徽电科技股份有限公司、武汉大学、重庆大学、国网电力科学研究院武汉南瑞有限责任公司	艾绍贵、姚晓飞、樊益平、吕　玮、黄永宁、张　爽、刘志远、黎　炜、文习山、杨　帆
25	二等奖	省地一体化配电网智能运行驾驶关键技术研究与工程应用	广东电网有限责任公司、天津大学、中国南方电网电力调度控制中心、烟台海颐软件股份有限公司、东方电子股份有限公司、国电南瑞南京控制系统有限公司、积成电子股份有限公司	卢建刚、贾宏杰、赵瑞锋、周华锋、侯　恺、郭文鑫、吴龙腾、李　波、孔祥玉、何锡祺
26	二等奖	多元异构电力负荷精准辨识与时空协同控制关键技术	长沙理工大学、国网湖南省电力有限公司经济技术研究院、华北电力大学、湖南经研电力设计有限公司	徐志强、杨洪明、李　琴、黄婧杰、项　胜、齐增清、肖振锋、张惠芳、许　昭、周任军
27	二等奖	电网运行监控系统广域协同安全可信主动防御关键技术研究与应用	中国南方电网电力调度控制中心、南方电网数字电网研究院有限公司、深圳供电局有限公司电力调度控制中心、北京可信华泰信息技术有限公司、北京旋极安辰计算科技有限公司	陶文伟、吴金宇、赖宇阳、胡　荣、吴　昊、孙　瑜、苏　扬、李文华、庞晓健、冯国聪
28	二等奖	省地域协同的分散灵活资源聚合调控关键技术及应用	国网江苏省电力有限公司、中国电力科学研究院有限公司、东南大学、河海大学、国电南瑞科技股份有限公司、中国能源建设集团江苏省电力设计院有限公司	周　济、龙　寰、陆　晓、夏俊荣、周　挺、代　鹏、陈　胜、李　晨、杨梓俊、荆江平
29	二等奖	90%占比可再生能源电力系统的多能互补灵活性调控技术	云南电网有限责任公司、云南电网有限责任公司昆明供电局、清华大学、大连理工大学	朱　涛、李文云、甘　霖、李秀峰、王　彬、王珍意、刘本希、赵　川、路学刚、蒋　燕

续表

序号	等级	获奖项目	受奖单位	受奖人
30	二等奖	面向大规模复杂配电网运行状态演化的数字诊断关键技术及其应用	国网江苏省电力有限公司、浙江大学、国电南瑞科技股份有限公司、北京智芯微电子科技有限公司、东南大学、南京大全自动化科技有限公司、青岛鼎信通讯股份有限公司	陈锦铭、郭雅娟、陈　烨、焦　昊、董树锋、曾　飞、赵新冬、韦　磊、方　鑫、刘　伟
31	二等奖	输电线路故障精确定位新技术及应用	中国南方电网有限责任公司超高压输电公司检修试验中心、山东科汇电力自动化股份有限公司、昆明理工大学、山东山大电力技术股份有限公司、中国南方电网电力调度控制中心	张怿宁、束洪春、孟令军、徐丙垠、史泽兵、李录照、方　苏、田鑫萃、王越杨、李晋伟
32	二等奖	西南特大流域梯级水电安全高效发电调度技术及应用	大连理工大学、云南电网有限责任公司、贵州电网有限责任公司、国家电网有限公司华东分部、国网浙江省电力有限公司、广西电网有限责任公司、贵州乌江水电开发有限责任公司	程春田、廖胜利、冯仲恺、武新宇、赵志鹏、申建建、李秀峰、苏华英、陆建宇、张　俊
33	二等奖	水利水电工程流域库岸变形监测新技术及应用	华能澜沧江水电股份有限公司、武汉大学、中国电建集团昆明勘测设计研究院有限公司、中国科学院精密测量科学与技术创新研究院、贵州省水利水电勘测设计研究院有限公司	周　伟、肖海斌、马洪琪、张宗亮、程　翔、陈鸿杰、周志伟、潘　斌、段延松、马　刚
34	二等奖	特高拱坝混凝土施工智能化建设关键技术	中国长江三峡集团有限公司、中国三峡建工（集团）有限公司、中国电建集团成都勘测设计研究院有限公司、中国葛洲坝集团三峡建设工程有限公司、中国水利水电第四工程局有限公司、中国水利水电第八工程局有限公司、中国水利水电建设工程咨询西北有限公司	周绍武、尹习双、杨宗立、陈文夫、杨　宁、张志伟、乔　雨、徐建江、谭尧升、冯　奕
35	二等奖	1000MW 级水电机组绝缘系统研究与工程实践	中国三峡建工（集团）有限公司、哈尔滨电机厂有限责任公司、东方电气集团东方电机有限公司	邹祖冰、黄绍波、张秋寒、程永权、张成平、王　伟、梁智明、刘　洁、潘延明、李志国
36	二等奖	巨型水轮发电机组主中引出线关键技术	长江勘测规划设计研究有限责任公司、中国三峡建工（集团）有限公司、中国长江电力股份有限公司、华中科技大学、长江水利委员会长江科学院	梁　波、朱　钊、刘亚青、崔　磊、邹祖冰、熊为军、王　伟、饶　波、罗　熠、罗金文
37	二等奖	大容量全空冷调相机关键技术研究与应用	哈尔滨电机厂有限责任公司、中国电力科学研究院有限公司、华北电力大学	黄　浩、朱志佳、满旭波、陈景易、李伟刚、李志强、许国瑞、胡　刚、秦光宇、兰　波
38	二等奖	超（超）临界锅炉关键部件服役安全控制技术	国网湖南省电力有限公司电力科学研究院、湖南省湘电锅炉压力容器检验中心有限公司、北方工业大学、华能湖南岳阳发电有限责任公司	谢国胜、龙会国、彭碧草、朱远志、刘云龙、王　鹏、龙　毅、沈丁杰、熊　亮、胡加瑞
39	二等奖	深度调峰火电机组的调频安全与性能优化关键技术、装备与应用	华北电力科学研究院有限责任公司、华北电力大学、北京京能电力股份有限公司、南京科远智慧科技集团股份有限公司、苏晋朔州煤矸石发电有限公司、华润电力（唐山曹妃甸）有限公司	刘　磊、董　泽、杨振勇、王　立、秦天牧、孙燕平、王　鹏、孙　鹏、高明帅、康静秋
40	二等奖	基于氯元素减量及过程控制的火电厂节水减排关键技术研究与应用	华能长江环保科技有限公司、西安西热水务环保有限公司	姜　琪、毛　进、王　璟、苏　艳、刘亚鹏、王正江、李亚娟、王雷雷、吴　迅、米立海
41	二等奖	新型超超临界二次再热机组关键技术研发、系统集成与工程应用	中国电力工程顾问集团有限公司、中国电力工程顾问集团华东电力设计院有限公司、华北电力大学、上海电气集团股份有限公司、哈尔滨锅炉厂有限责任公司、东方电气股份有限公司、中国能源建设集团广东省电力设计研究院有限公司	罗必雄、叶勇健、段立强、施刚夜、林　磊、黄庆华、于　强、莫春鸿、侯新建、罗建松

续表

序号	等级	获奖项目	受奖单位	受奖人
42	二等奖	废 SCR 脱硝催化剂高效循环利用技术研发及应用	中国华能集团有限公司、西安热工研究院有限公司、国电环境保护研究院有限公司、华中科技大学、江苏龙净科杰环保技术有限公司、江苏龙清环境技术有限公司、苏州西热节能环保技术有限公司	许世森、朱法华、孔凡海、王乐乐、邓立锋、苏　胜、张发捷、王利国、朱建兵、李　扬
43	二等奖	燃煤固定污染源烟气超低排放在线监测关键技术及应用	东南大学、南京国电环保科技有限公司、国家能源集团江苏电力有限公司、南京市计量监督检测院、江苏啸峰环保科技股份有限公司、常熟市矿山机电器材有限公司	许传龙、汤光华、范永胜、周　宾、李　舒、姚鸿熙、苗　丰、李　健、范人杰、张　彪
44	二等奖	超低背压六缸六排汽清洁高效燃煤发电技术研究及工程示范	中国大唐集团科学技术研究总院有限公司、大唐山东发电有限公司、大唐东营发电有限公司、大唐东北电力试验研究院有限公司、上海电气电站集团、中国电力工程顾问集团东北电力设计院有限公司	蒋寻寒、付振春、赵永力、陈永顺、李明成、陈增辉、李　帅、张元生、刘　刚、李立波
45	二等奖	高效超超临界锅炉研制及应用	哈尔滨锅炉厂有限责任公司、新疆准东特变能源有限责任公司、国网黑龙江省电力有限公司	夏良伟、杨晓东、于泽忠、于　强、张　宇、戴日俊、叶　欢、王永杰、王　硕、梁宝琦
46	二等奖	基于低温回水的高效热电联产集中供暖系统的构建与应用	中国能源建设集团山西省电力勘测设计院有限公司、清华大学、中国电力工程顾问集团华北电力设计院有限公司、太原市热力集团有限责任公司、北京华源泰盟节能设备有限公司、山西兴能发电有限责任公司、中国市政工程华北设计研究总院有限公司	付　林、刘　冲、赵耀华、李建刚、吴彦廷、王新平、许国春、孙永斌、石光辉、刘德来
47	二等奖	燃煤机组深度调峰全工况低能耗 NO_x 控制技术及应用	华电电力科学研究院有限公司、浙江大学、华中科技大学、中国华电科工集团有限公司、杭州华电能源工程有限公司、浙江大学能源工程设计研究院有限公司、沃森能源技术（廊坊）有限公司	杜　振、张　杨、吴卫红、许　凯、冯前伟、郭　栋、江建平、郑成航、向　军、高　翔
48	二等奖	华龙一号核电厂主参数提升和安全系统改进研究和应用	中广核研究院有限公司、深圳中广核工程设计有限公司	卢向晖、王　鑫、胡艺嵩、林支康、牛文华、胡友森、欧阳勇、朱建敏、单玉忠、李昌莹
49	二等奖	CPR1000 堆芯三维在线监测与运行支持系统研发与应用	中广核研究院有限公司、大亚湾核电运营管理有限责任公司、福建宁德核电有限公司、辽宁红沿河核电有限公司	王军令、张香菊、郭远熊、卢皓亮、李文淮、易　林、王万章、郭　建、王子兴、李　文
50	二等奖	三代核电厂熔融物传热机理及严重事故应对系统研发与应用	中广核研究院有限公司	陈　鹏、展德奎、贺东钰、卢向晖、夏少雄、符　卉、曹建华、赵鑫海、吴梓杰、张雯成
51	二等奖	光储充一体化电站关键技术与应用	国网上海市电力公司、复旦大学、中国电力科学研究院有限公司、上海交通大学、平高集团储能科技有限公司、上海空间电源研究所、福建时代星云科技有限公司	张　宇、孙耀杰、时珊珊、解晶莹、方　陈、冯冬涵、魏新迟、王育飞、胡安平、田刚领
52	二等奖	复杂环境下大功率海上风机建设与集约送出关键技术及应用	国网福建省电力有限公司经济技术研究院、国网上海市电力公司、长江三峡集团福建能源投资有限公司、西安交通大学、福建永福电力设计股份有限公司、江苏金风科技有限公司、上海绿色环保能源有限公司	黄阮明、叶　荣、李　智、王秀丽、费　斐、唐雨晨、游先辉、林章岁、张开华、李荣富
53	二等奖	全自主先进大功率燃料电池电堆关键技术及其批量化制造	国家电投集团氢能科技发展有限公司	柴茂荣、陆　维、李鹏飞、耿　珺、杨培勇、刘元宇、张银广、周明正、杨　凯、宋耀颖

2022年度电力科学技术人物奖杰出贡献奖获奖名单

序号	奖种	获奖人	工作单位
1	电力科学技术杰出贡献奖	荣命哲	西安交通大学
2	电力科学技术杰出贡献奖	和敬涵	北京交通大学
3	电力科学技术杰出贡献奖	江国进	北京广利核系统工程有限公司
4	电力科学技术杰出贡献奖	习　伟	南方电网数字电网集团有限公司南方电网人工智能科技公司
5	电力科学技术杰出贡献奖	李卫东	中国华能集团清洁能源技术研究院有限公司
6	电力科学技术杰出贡献奖	陆　超	清华大学
7	电力科学技术杰出贡献奖	薛　峰	南瑞集团有限公司
8	电力科学技术杰出贡献奖	孙华东	国网智能电网研究院有限公司
9	电力科学技术杰出贡献奖	吴　云	中国能源建设集团有限公司
10	电力科学技术杰出贡献奖	单治钢	中国电建集团华东勘测设计研究院有限公司

2022年度水力发电科学技术奖获奖项目

序号	等级	项目名称	完成单位	完成人
1	一等奖	白鹤滩水电站超长无压泄洪洞群水力安全关键技术及应用	中国电建集团华东勘测设计研究院有限公司、水利部交通运输部国家能源局南京水利科学研究院、河海大学、中国三峡建工（集团）有限公司、四川大学、中国水利水电第五工程局有限公司	张春生、徐建荣、彭　育、赵建钧、马　飞、辜晋德、薛　阳、王孝海、田　忠、吴建华、石守津、都　辉、刘　凡、高　昂、王　宇
2	一等奖	大型水利水电工程设计施工一体化管理体系与数字化建造关键技术	中国水利水电第七工程局有限公司、中国电建集团华东勘测设计研究院有限公司、清华大学、中国水利水电科学研究院	李东林、张春生、陈雁高、侯　靖、刘　军、强茂山、徐建军、周　强、高　峰、张　磊、胡赛华、祝显图、殷　亮、黄从钢、张　帅
3	一等奖	最大可信地震高混凝土坝安全评价理论、技术与应用	清华大学、北京工业大学、南华大学、中国电建集团成都勘测设计研究院有限公司、中国电建集团华东勘测设计研究院有限公司、中国华能集团有限公司、水电水利规划设计总院	王进廷、张楚汉、潘坚文、金　峰、徐艳杰、周元德、金　浏、武明鑫、陈振富、李小军、江　汇、贺春晖、汪　强、张　磊、王向超
4	一等奖	水利水电工程流域库岸变形监测新技术及应用	华能澜沧江水电股份有限公司、武汉大学、中国电建集团昆明勘测设计研究院有限公司、水电水利规划设计总院、清华大学、河海大学、中国科学院精密测量科学与技术创新研究院	周　伟、肖海斌、马洪琪、张宗亮、程　翔、曹学兴、周志伟、潘　斌、段延松、马　刚、徐文杰、赵兰浩、位　伟、周兴波、罗天文
5	一等奖	大规模分布式光伏接入电网广域监测及分析评估关键技术研究及应用	中国电力科学研究院有限公司、国网江苏省电力有限公司、东南大学、东北电力大学	裴哲义、吴福保、雷　震、梁志峰、周　昶、孙檬檬、吴　骥、郝雨辰、边　竞、徐青山、李登宣、丁　杰、程　序、许晓慧、王会超

续表

序号	等级	项目名称	完成单位	完成人
6	一等奖	金沙江乌东德水电站工程	中国三峡建工（集团）有限公司、长江勘测规划设计研究有限责任公司、中国葛洲坝集团三峡建设工程有限公司、中国水利水电第六工程局有限公司、长江三峡勘测研究院有限公司（武汉）	杨宗立、钮新强、翁永红、顾功开、王汉辉、杨　宁、黄孝泉、张建山、刘　科、漆祖芳、聂文俊、王　翔、陈东斌、彭　波、李国建
7	一等奖	流域水文气象测报和梯级水库群多目标智能管控关键技术与应用	水电水利规划设计总院、中国电力建设股份有限公司	晏志勇、彭　程、周建平、顾洪宾、彭才德、杨百银、李　昇、赵增海、彭烁君、高　洁、尹华政、李　洋、韩益民、翁兆东、周建新
8	一等奖	700m 级 350MW 抽水蓄能机组关键技术与应用	国网新源控股有限公司、吉林敦化抽水蓄能有限公司、中国电建集团北京勘测设计研究院有限公司、东方电气集团东方电机有限公司、哈尔滨电机厂有限责任公司	马龙彪、易忠有、刘德民、陈元林、马信武、于　辉、佟德利、李　冰、骆　林、周　波、胡清娟、李　宁、王兆辉、石清华、曲　扬
9	一等奖	边坡预应力锚索阻滑力学效应与延寿服役关键技术	中国水利水电科学研究院	汪小刚、赵宇飞、王玉杰、孙兴松、林兴超、姜　龙、刘立鹏、张　强、皮　进、凌永玉、孙　平、段庆伟、曹瑞琅、尹　韬、聂　勇
10	一等奖	复杂环境条件下海上风电机组地基基础设计关键技术及应用	上海勘测设计研究院有限公司、中国三峡新能源（集团）股份有限公司、中国科学院力学研究所、同济大学、天津大学	林毅峰、陆忠民、王武斌、周济福、黄茂松、黄　淼、黄　俊、乐治济、宋　础、姜　娟、范　可、陈能玉、陈　立、田会元、校建东
11	一等奖	基于自主可控软硬件的水电站群智能一体化系统关键技术研究与应用	国电南京自动化股份有限公司、中国华电集团有限公司、中国南方电网电力调度控制中心、河海大学、麒麟软件有限公司、贵州乌江水电开发有限责任公司、南京河海南自水电自动化有限公司	李书明、王凤蛟、方国华、庞　敏、胡亚平、吴　玮、吴元东、戴建炜、王晓亮、李文朝、李朝新、韩　兵、单　良、谌　波、李金阳
12	一等奖	特高拱坝结构性态数字孪生与智能监控关键技术	中国水利水电科学研究院、中国三峡建工（集团）有限公司、中国葛洲坝集团三峡建设工程有限公司、中国水利水电建设工程咨询西北有限公司、中国水利水电第四工程局有限公司、中国水利水电第八工程局有限公司、长沙亚星数控技术有限公司	张国新、陈文夫、刘　毅、杨　宁、杨宗立、周孟夏、刘有志、周秋景、乔　雨、谭尧升、程　恒、辛建达、邱永荣、雷峥琦、裴　磊
13	一等奖	滑坡致灾力学机理及灾害链演化研究与工程应用	河海大学、中国电建集团昆明勘测设计研究院有限公司、中国电建集团贵阳勘测设计研究院有限公司	王环玲、徐卫亚、朱国金、王如宾、吴述彧、宁　宇、闫　龙、刘士奇、黄青富、程瑞林、马行生、姜自华、王　震、杨兰兰、杨　玲
14	一等奖	海外复杂条件长隧洞“设计－施工－装备”一体化 TBM 建造关键技术与应用	黄河勘测规划设计研究院有限公司、中国水利水电第十四工程局有限公司、武汉大学、海瑞克（广州）隧道设备有限公司北京分公司、Technoproject S.A de C.V	谢遵党、字继权、尹德文、邢建营、陈晓年、苏　凯、杨元红、齐三红、吕小龙、汪雪英、杨天吉、金长文、王美斋、肖　豫、杨春宝
15	二等奖	深厚覆盖层上高面板坝建设与长效性能评估关键技术及实践	中国电建集团西北勘测设计研究院有限公司、河海大学、南京水利科学研究院、中国水电基础局有限公司	周　恒、甘　磊、陆　希、苗　喆、赵明华、李树武、李学强、沈振中、张中流、肖恩尚
16	二等奖	高参数塔式太阳能热发电三岛集成与性能优化关键技术	中国电建集团西北勘测设计研究院有限公司、西安交通大学	陈　康、彭怀午、周　治、王　晓、陈鹏飞、王跃社、雷贤良、文　龙、牛东圣、郜振鑫

续表

序号	等级	项目名称	完成单位	完成人
17	二等奖	南水北调中线干线特殊地质段变形控制技术及应用	三峡大学、中国葛洲坝集团路桥工程有限公司、中国南水北调集团中线有限公司、中国葛洲坝集团市政工程有限公司	刘　杰、冯　钧、高　森、赵二平、王瑞红、李建林、王乐华、孙旭曙、程　曦、张景昱
18	二等奖	抽水蓄能地下洞室群 TBM 应用设计关键技术研究	中国电建集团北京勘测设计研究院有限公司、国网新源控股有限公司、山东文登抽水蓄能有限公司、河北抚宁抽水蓄能有限公司	王　可、严旭东、吴朝月、李　冰、李富春、王　涛、张怀芝、杜贤军、杨文利、尚海龙
19	二等奖	水电站蜗壳组合结构受力调控理论及应用	长江水利委员会长江科学院、武汉大学、中国电建集团成都勘测设计研究院有限公司、长江勘测规划设计研究有限责任公司、中国电建集团中南勘测设计研究院有限公司	张启灵、伍鹤皋、胡　蕾、肖平西、李小进、颉志强、孙海清、傅　丹、石长征、黄小艳
20	二等奖	锦屏一级水电站大坝混凝土碱–骨料反应长期安全性评价	雅砻江流域水电开发有限公司、水利部交通运输部国家能源局南京水利科学研究院、中国电建集团成都勘测设计研究院有限公司、长江水利委员会长江科学院、清华大学	王继敏、白　银、郭绪元、丁建彤、李鹏翔、李光伟、蔡跃波、潘坚文、张　敬、周济芳
21	二等奖	水利水电工程鱼道优化与生境调控关键技术及应用	河海大学、中国长江三峡集团有限公司、中国水利水电科学研究院、三峡大学	戴会超、孙双科、陈永柏、毛劲乔、陈　磊、郑铁刚、戎贵文、柳海涛、高　勇、蒋定国
22	二等奖	高比例水电送出系统阻尼控制关键技术研究与实践	中国南方电网电力调度控制中心、南方电网科学研究院有限责任公司、华能澜沧江水电股份有限公司糯扎渡水电厂、华能龙开口水电有限公司、华能澜沧江水电股份有限公司小湾水电厂	陈　刚、江出阳、张建新、赵　勇、邱　建、谢惠藩、马云华、黄献生、钟　智、蔡东阳
23	二等奖	抽水蓄能电站水泵水轮机6+6长短叶片转轮研发及工程应用	东方电气集团东方电机有限公司、湖南黑麋峰抽水蓄能有限公司、中国电建集团中南勘测设计研究院有限公司	梁权伟、尹国军、凡家异、刘　平、郑建兴、向　明、曾明富、林方舟、郑津生、胡江艺
24	二等奖	热带雨林复杂地质条件下碾压混凝土高坝关键技术与应用	长江勘测规划设计研究有限责任公司、长江三峡技术经济发展有限公司、长江水利委员会长江科学院、中国水利水电第八工程局有限公司	崔玉柱、胡兴丹、肖浩波、万　勇、石教豪、杨启贵、付建平、丁建新、段　寅、沈晓明
25	二等奖	基于最小能量耗散的深埋大跨度地下洞室群设计新方法及应用	中国电建集团华东勘测设计研究院有限公司、浙江中科依泰斯卡岩石工程研发有限公司	褚卫江、张　洋、陈建林、吴家耀、曹爱武、刘加进、封　磊、孟国涛、周　勇、陈平志
26	二等奖	智能水力发电关键技术、装备研发及应用	华电电力科学研究院有限公司、华中科技大学、中国华电集团有限公司、华电西藏能源有限公司、中国电建集团华东勘测设计研究院有限公司	严新荣、周建中、白光辉、李正平、蒋晓明、王　磊、郑　波、许颜贺、晏国顺、覃　晖
27	二等奖	乌东德水电站复杂地质特大洞井群安全高效施工技术	中国水利水电第六工程局有限公司	王长城、聂文俊、黄　为、蒋森林、江钧雄、高文涛、井发坤、赵　俊、卢佳耀、杜宇杰
28	二等奖	长江中下游洲滩生态治理的理论、关键技术及应用	武汉大学、长江生态环保集团有限公司、长江航道规划设计研究院、长江水利委员会长江科学院、长江航道局	杨中华、惠二青、王致维、李　明、王家生、槐文信、张　为、代　娟、周成成、程　锐
29	二等奖	基于主动免疫的国产自主可信水电站计算机监控系统	中国长江电力股份有限公司三峡水力发电厂、北京中水科水电科技开发有限公司	谢秋华、杨　云、艾远高、陈　辉、罗仁彩、黄家志、邓小刚、孙监湖、张卫君、张　鹏

续表

序号	等级	项目名称	完成单位	完成人
30	二等奖	150m 级软岩料高混凝土面板堆石坝筑坝关键技术	中国电建集团海外投资有限公司、天津大学、中国水电建设集团十五工程局有限公司、中国水利水电科学研究院、中国电建集团昆明勘测设计研究院有限公司	盛玉明、张国来、张社荣、白存忠、周建新、马文振、罗明清、陈　辉、王　超、宣李刚
31	二等奖	防汛抗旱应急能力建设“十四五”规划研究	水电水利规划设计总院、中国电建集团中南勘测设计研究院有限公司、中国电建集团成都勘测设计研究院有限公司、中国电建集团北京勘测设计研究院有限公司、中国水利水电建设工程咨询有限公司	周兴波、杜效鹄、彭土标、朱　哲、杨子儒、夏　勇、张国宝、陈　隆、王　涛、杨新星
32	二等奖	三峡水库全周期生态全要素综合调控关键技术	中国长江三峡集团有限公司、中国水利水电科学研究院、湖北工业大学、长江水资源保护科学研究所、长江勘测规划设计研究有限责任公司	姚金忠、廖卫红、胡　挺、马　骏、肖扬帆、雷俊山、蔡思宇、卢程伟、黄宇波、汤正阳
33	二等奖	水利水电工程大流量渗漏应急处置关键技术与应用	中国安能集团第三工程局有限公司、成都理工大学、中国电建集团贵阳勘测设计研究院有限公司、华能四川能源开发有限公司、华电金沙江上游水电开发有限公司	宋　洋、叶长文、王向鹏、张细和、钟汶均、郑顺祥、左　坤、于广斌、庄志凯、梁　越

2022 年中国标准创新贡献奖电力行业获奖名单

（一）标准项目奖

序号	项目名称	主要完成单位	主要完成人
		一等奖	
1	GB/T 31464—2015《电网运行准则》	国家电网有限公司、中国南方电网有限责任公司、中国华能集团有限公司、国家能源投资集团有限责任公司、国家电力投资集团有限公司、中国大唐集团有限公司、中国电力科学研究院有限公司、国网电力科学研究院有限公司、中国电力工程顾问集团西北电力设计院有限公司	辛耀中、冷喜武、罗建裕、孙维真、赵自刚、段来越、吕跃春、张明亮、韩　刚、任志刚、王　毅、刘　纯、丁　杰、李　勇、李　翔
		二等奖	
2	GB/T 36498—2018《柔性直流换流站绝缘配合导则》	国网经济技术研究院有限公司、南方电网科学研究院有限责任公司、西安高压电器研究院有限责任公司、西安西电避雷器有限责任公司、中国电力科学研究院有限公司武汉分院、国网陕西省电力公司电力科学研究院、西安交通大学	陈　东、赵　峥、乐　波、赵晓斌、崔　东、王　亭、危　鹏、张晋波、何计谋、何慧雯

（二）组织奖

国家电网有限公司。

第二十四届中国专利奖电力行业获奖项目

序号	专利名称	专利权人	发明人
		金奖	
1	一种多级分流再生的二氧化碳捕集系统与工艺	中国华能集团清洁能源技术研究院有限公司	许世森、牛红伟、郜时旺、刘练波、王金意、郭东方

续表

序号	专利名称	专利权人	发明人
2	一种堆芯三维功率分布的在线测量方法	中广核研究院有限公司、中国广核集团有限公司、中国广核电力股份有限公司	李文淮、张香菊、王军令、李　晓、王　超、卢皓亮、厉井钢、蔡　利
银奖			
3	风电机组的次同步振荡抑制方法及装置	华北电力科学研究院有限责任公司、国网冀北电力有限公司电力科学研究院、国家电网公司、国电南瑞科技股份有限公司	李蕴红、刘　辉、宁文元、吴林林、洪　丹、过　亮、孙素娟
4	一种建立柔性直流换流器阻抗模型方法与装置	南方电网科学研究院有限责任公司、中国南方电网有限责任公司	邹常跃、许树楷、尹聪琦、谢小荣、赵晓斌、李　岩、陈　俊、辛清明

国际合作

战略合作

【金砖国家能源部长会举行】9月22日，第七届金砖国家能源部长会议在北京以视频形式举行。中国国家能源局局长章建华主持会议。

章建华表示，金砖国家携手走过16年的光辉路程，一路走来，金砖国家相互砥砺，已成为影响国际格局演变的关键力量，在全球治理中的话语权和影响力稳步提升。能源合作是金砖国家务实合作的重要领域。金砖国家携手应对风险挑战，推动建立可靠、稳定、可负担的能源供应系统，共同维护开放、透明、高效的国际能源市场，对全球经济具有十分重要的意义。

与会各方交流分享了各国能源发展情况，共议金砖能源研究合作平台未来发展方向，就进一步深化金砖国家能源合作、推动能源绿色低碳转型、深入参与全球能源议题等达成了广泛共识。会议通过了《第七届金砖国家能源部长会议公报》，发布了《金砖国家能源报告2022》《金砖国家可再生能源报告2022》和《金砖国家智能电网报告2022》。

巴西联邦共和国矿产和能源部部长、俄罗斯联邦能源部部长、印度共和国电力部和重工业部国务部长、南非共和国矿产资源和能源部部长代表参会。

【全球能源互联网发展合作组织召开会员大会】9月16日，全球能源互联网发展合作组织（简称合作组织）召开会员大会，审议第一届理事会工作报告、财务报告、换届表决和选举办法，审议并表决第二届主席、副主席人选，审议并选举第二届理事会理事。

经表决选举，国家电网有限公司董事长、中国电力企业联合会理事长辛保安当选合作组织第二届主席，国家电网有限公司原副总经理刘泽洪当选合作组织第二届驻会副主席，合作组织现任副主席兼东欧–中亚区域委员会主席、世界能源理事会原副主席、俄罗斯电网公司原总经理布达尔金与合作组织西亚–北非区域委员会主席、非盟原基础设施与能源事务委员、埃及电力能源部原副部长易卜拉欣当选合作组织第二届副主席，辛保安、中国农业银行股份有限公司、非洲电力公用事业协会、中国电力企业联合会、俄罗斯电网公司、西门子能源股份公司等22家单位及个人当选合作组织第二届理事会理事。

合作组织第一届主席刘振亚出席大会并讲话。刘振亚指出，2015年9月，中国国家主席习近平在联合国发展峰会提出全球能源互联网倡议，为推动世界能源转型和人类可持续发展提供了重要方案。为团结各方共同推动这一宏伟倡议，合作组织于2016年3月正式成立，从零起步、艰苦奋斗、拼搏进取，用六年多时间走过了很多国际组织需要十几年甚至几十年才能走完的历程，综合实力大幅提升，成为推动国际能源合作与绿色低碳发展的重要力量。刘振亚向六年多来给予合作组织工作支持的各理事单位、会员单位以及社会各界朋友表示衷心的感谢。

刘振亚强调，当今世界正经历百年未有之大变局，气候变化、环境污染、资源紧缺、贫困疾病等全球性问题日益严峻，如何应对这些威胁人类生存与发展的重大挑战是摆在我们面前的艰巨任务。时间和实践已经证明并将继续证明，以特高压电网推动世界电力革命，以全球能源互联网推动世界能源革命，以能源、交通、信息三网融合发展推动人类经济社会革命，是应对上述挑战的根本途径。构建全球能源互联网，打造清洁主导、电为中心、互联互通的现代能源体系，加快推进清洁替代和电能替代，以绿色低碳方式满足全球能源和电力需求，为促进人类可持续发展提供了技术可行、经济性好、可操作、可复制的系统方案。面向未来，我们要站在破解全球危机、增进人类福祉的全局高度，深入学习领会习近平主席关于全球能源互联网倡议的思想内涵和巨大价值，坚定信心和决心，以命运与共的胸怀和格局，加快推动全球能源互联网事业创新发展，在促进世界能源转型和服务人类可持续发展中展现新担当、新作为。

合作组织新任主席辛保安在讲话中表示，合作组织成立六年多来，取得丰硕成果，赢得广泛赞誉，成为活跃在世界能源领域有重要影响的力量。当前，世界百年未有之大变局加速演进，能源作为经济社会发展的重要物质基础和动力源泉，也迎来了百年未有之大变局，能源供需格局和能源发展呈现新变化、新趋势，能源体系正在经历着一场前所未有的系统性、根本性变革，能源安全压力加大、能源转型步伐加快、能源产业升级演变。随着能源革命加速推进，全球能源合作将不断深化。合作组织作为能源领域的国际性组织，发展前景十分广阔，必将大有可为。

辛保安强调，站在新的起点上，我们要始终以习近平主席的倡议为根本遵循，始终牢记“构建全球能源互联网，推动以清洁和绿色方式满足全球电力需求”的宗旨，站在增进人类福祉、推动构建人类命运共同体的高度，深刻把握能源革命的大趋势大方向，以宽广的世界胸怀和全球视野，与时俱进、守正创新，更好地发挥能源智库、创新高地、合作平台的作用，进一步提高综合实力和全球影响力，全力推动构建全球能源互联网，在促进全球能源清洁低碳转型、应对气候变化、实现人类可持续发展上展现新作为、作出新贡献。一是持续推动绿色发展，助力建设更加美好的地球家园。坚持以清洁低碳为方向，以推动能源转型为己任，持之以恒构建全球能源互联网，推动世界能源革命。二是持续扩大开放合作，助力构建人类命运共同体。不断拓展全球网络，扩大成员数量，打造覆盖更广、辐射更强、效能更高的国际合作平台。三是持续强化价值创造，助力全球能源互联互通。联合各方加强能源互联网重大理论研究和实践创新，积极服务有关国家和地区能源电力规划和项目实施。四是持续加强自身建设，加快建设世界一流国际组织。增强服务能力，强化开放创新，加强队伍建设，实现更加科学有序、安全健康的发展。

自2016年3月成立以来，合作组织以推动构建全球能源互联网、促进世界能源转型与人类可持续发展为使命宗旨，推动全球能源互联网和合作组织“两个发展”不断迈上新台阶。全球能源互联网纳入联合国落实《2030年可持续发展议程》、促进《巴黎协定》实施、推动全球环境治理、解决无电贫困健康问题以及“一带一路”建设、中阿合作、中非合作等工作框架；提出了“两个替代、一个提高、一个回归、一个转化”“三网融合”等创新理念，研究形成全球能源互联网规划方案、市场机制、发展模式等，全球能源互联网顶层设计总体完成；与联合国及其五大区域分支机构，经合组织、非盟、阿盟、东盟、欧盟等国际组织，五大洲100多个国家的政府、企业、机构、高校等建立密切合作关系，签署48项合作协议和备忘录，打造了共商、共建、共享的国际合作网络；会员总数达到1302家、国别141个，涵盖能源、电力、交通、信息、金融、科技、气象、环保等多个领域；在全球设立7个区域办公室、65个国家代表处，建成6个区域委员会和20个国家委员会，形成了开放、协同、高效的全球工作体系。

合作组织会员单位代表1217人通过线上线下参加会议。国家电网有限公司副总经理陈国平，中国电力企业联合会常务副理事长杨昆，中国华能集团有限公司副总经理李向良，中国大唐集团有限公司副总经理曲波，中国华电集团有限公司副总经理苟伟，国家电力投资集团有限公司副总经理徐树彪，国家能源投资集团有限责任公司董事、党组副书记王敏，中国长江三峡集团有限公司副总经理吕庭彦，中国电力建设集团有限公司副总经理徐鹏程等现场出席会议。

【中国国家电网公司与丹麦国家电网公司签署合作协议】3月22日，中国国家电网公司与丹麦国家电网公司签署了一份为期三年的框架协议。当日，中国国家电网公司总经理张智刚在位于北京的公司总部会见丹麦驻华大使马磊，代表中国国家电网公司与丹麦国家电网公司线上续签合作协议并致辞。

张智刚欢迎马磊一行莅临，并介绍公司最新发展情况。他说，中国国家电网公司深入贯彻习近平主席提出的“四个革命、一个合作”能源安全新战略，积极服务“双碳”目标，制定实施碳达峰、碳中和行动方案，加强电网建设和技术进步，实施电能替代计划，大力发展以抽水蓄能为主的储能系统，加快推动电网向能源互联网跨越升级，争当能源转型的推动者、先行者、引领者。自2017年6月中国国家电网公司与丹麦国家电网公司签署合作协议以来，取得了丰硕的合作成果。以本次合作协议续签为契机，希望丹麦驻华大使馆继续关心和支持公司工作，期待与丹麦国家电网公司在提升电网灵活性、高压直流技术、新能源并网等7个领域深化交流，努力打造中丹能源合作典范。

马磊高度评价中国国家电网公司在应对气候变化方面作出的重要贡献。他说，中国国家电网公司是全球最大的公用事业企业，在电力安全可靠供应、新能源开发利用、特高压工程建设等方面积累了丰富经验。丹麦驻华大使馆将一如既往支持丹麦国家电网公司与中国国家电网公司加强务实合作，实现技术和管理创新，共同推动能源绿色低碳转型。

丹麦国家电网公司首席执行官易博在线上致辞中说，丹麦制定了2050年实现气候中和的目标，丹麦国家电网公司充分发挥在执行国家气候政策方面的重要作用，在行业融合、大型海上风电、市场条件下的太阳能和风能以及社会合作等领域持续探索。希望与中国国家电网公司深化合作，加强知识与经验共享，实现互利共赢。

会谈前，马磊一行参观了中国国家电网公司运营监测大厅。签约仪式由中国国家电网公司副总工程师兼国际部主任朱光超主持。丹麦驻华大使馆商务参赞及有关人员，中国国家电网公司有关部门负责人参加活动。

【中国南方电网公司与老挝国家电力公司签署交流合作谅解备忘录】11月18日，中国南方电网公司与老挝国家电力公司以视频形式签署交流合作谅解备忘录。中国南方电网公司总经理王宏志、老挝国家电力公司总经理占塔本·苏阿伦分别致辞并代表双方签署谅解备忘录。中国南方电网公司副总经理唐屹峰主持签署仪式，老挝国家电力公司副总经理丰巴西·沛希苏、维拉鹏·维孙纳拉出席签署仪式。

王宏志表示，中国南方电网公司始终把与老挝国家电力公司的合作视为推进澜湄电力合作的重中之重，秉持共商共建共享原则，与老挝国家电力公司开展了广泛深入的交流与合作。双方共同推动两国领导人见签项目落实落地，清洁能源跨区域优化配置水平不断提升，互利共赢合作走深走实，为中老命运共同体建设不断注入新动能。

王宏志表示，中国南方电网公司将以本次签署谅解备忘录为契机，全面深化互利共赢合作，为推动构建中老命运共同体作出新的更大贡献。王宏志提出三项倡议：一是加强战略协同，共同推动澜湄区域更大规模电网互联互通；二是加强需求对接，共同推动交流合作取得新成果；三是加强机制建设，共同推动双多边交流合作行稳致远。

占塔本·苏阿伦表示，老挝国家电力公司与中国南方电网公司有十余年的合作历史，期间双方通过电网互联互通实现互帮互助。老挝国家电力公司将以本次签署谅解备忘录为契机，与中国南方电网公司围绕更多领域开展深入合作，充分发挥两国清洁能源优势，加快推进老挝国家输电网项目和老中 500kV 联网项目，不断推动两国电力互联互通，最大限度为两国人民创造福祉。

根据谅解备忘录，双方将深化各层级沟通联络，围绕电力技术及管理经验交流、人才培养等方面开展全方位的交流合作。

签署仪式设广州、万象、昆明会场。双方有关部门，中国南方电网公司有关单位负责人参加签署仪式。

【2022 中国—东盟电力合作与发展论坛在南宁召开】9 月 16 日，2022 中国—东盟电力合作与发展论坛在南宁开幕。作为第十九届中国—东盟博览会的重要活动之一，本届论坛聚焦区域全面经济伙伴关系协定（RCEP）机制下“碳达峰、碳中和”主题，交流中国—东盟能源电力可持续发展，探讨双方清洁能源和绿色产业合作。

中国国家能源局副局长林山青、广西壮族自治区政协副主席费志荣、中国电力企业联合会专职副理事长安洪光、中国南方电网有限责任公司副总经理陈允鹏和东盟能源中心政策研究与分析部主任贝尼·苏亚迪出席论坛并致辞。

本届论坛由广西壮族自治区人民政府和中国电力企业联合会共同主办、中国南方电网有限责任公司联合主办，来自中外有关政府部门、东盟国家驻华使领馆、电力及相关行业企业及研究机构代表近 300 人出席。

论坛发言嘉宾一致认为 RCEP 的实施让中国东盟合作未来更加令人期待，并结合各自专业领域为能源电力合作建言献策，交流内容涉及能源电力发展前景、政策制定、产业规划、项目投资、咨询服务、平台建设等各个方面。本届论坛首次增加现场签约环节，防城港市海上风电项目、钦州市海上风电项目、宁明县抽水蓄能项目、鹿寨县抽水蓄能项目、海洋能源装备制造项目等一批项目签约落地广西。

【中老双向电力贸易开启】12 月在中老两国领导人会晤见证下，南方电网公司与老挝国家电力公司签署中老 500kV 电力贸易框架协议。在中老能源工作组第二次会议上，与老挝国家电力公司签署 115kV 联网购售电协议，完成中老 115kV 联网线路升级改造和老挝南塔河 1 号水电站向国内送电，首次实现中老双向电力贸易，为周边电力互联互通和跨境电力贸易探索了新模式。

【南网国际公司与沙特国际电力和水务公司交换框架协议】12 月 8 日，南网国际公司应邀赴沙特利雅得与沙特国际电力和水务公司（简称 ACWA）举行绿色能源与新型电力系统合作框架协议交换仪式。

在 ACWA 董事长阿布纳扬与其股东沙特主权基金（PIF）秘书阿拉扎兹女士见证下，南网国际公司驻迪拜代表处（西亚区域开发部）项目总经理蒋登峰和 ACWA 首席资产管理总监卡西夫·拉那代表双方交换协议。根据协议，双方将在清洁能源开发、基于新能源的智慧城市离网输配、新型电力系统建设等领域深化合作，在中东、北非、中亚区域和中国开展电力及海水淡化领域广泛合作。

ACWA 是中东、北非知名的发电与海水淡化开发商、投资运营商，截至 2021 年底，总资产 122 亿美元，业务分布在沙特、阿联酋、埃及、乌兹别克斯坦等 13 个国家。

国际工程项目

【巴西 500kV 席尔瓦尼亚输电特许权项目开始全面施工】当地时间 5 月 12 日，国家电网巴西控股公司 500kV 席尔瓦尼亚输电特许权项目（简称 STE 项目）在项目建设现场举行施工启动会，标志着项目进入全面施工阶段。

STE 项目位于巴西中部戈伊亚斯州，工程范围包括新建 500kV 输电线路 156km、新建 500kV 变电站 1 座、扩建 500kV 变电站 1 座等，建设工期 48 个月，特许权期限 30 年。其中，项目新建变电站为巴西规划的连接东北部新能源基地与首都巴西利亚负荷中心、总长约 1500km 的第三回±800kV 特高压直流项目的落点交流变电站。该项目由国家电网巴西控股公司负责投资和运营，中国电力技术装备有限公司和新疆送变电有限公司负责工程总承包（EPC）建设。

自2021年5月项目中标以来，国家电网巴西控股公司克服疫情影响，与巴西环保署等政府部门紧密沟通，及时提交环境调查报告和环境影响诊断评估报告，提出地理环境保护、动植物保护等7个方案，为项目提前开工打下了坚实基础。

【国网智研院、南瑞集团等组成的联合体中标德国海上风电柔性直流输电工程】德国当地时间2月14日，欧洲输电网运营商Tennet发出中标通知，确认由国网智能电网研究院有限公司、美国McDermott、南瑞集团中电普瑞电力工程有限公司组成的联合体为Borwin6海上风电柔性直流输电工程的EPC总包商。此次中标标志着中国高端输电技术首次进入欧洲，将有力带动国内半导体器件、高端电力装备、海上风电等相关产业高质量发展。

Borwin6海上风电柔性直流输电工程额定电压±320kV，额定容量980MW，风电场离岸距离100km以上，将欧洲北海的海上风电输送到德国，计划于2027年底投运。国网智能电网研究院有限公司在工程建设中将负责HVDC系统设计、柔性直流换流阀设计及研制、工程系统联调等核心工作。

Tennet公司是欧洲最大的电力运营公司之一，承建了欧洲约70%的高压大容量海上风电柔直工程，已先后建设了8个吉瓦级海上风电柔直工程，2030年前还将陆续建设累计约17GW的海上风电柔直工程。

【巴西米拉格拉斯2号变电站扩建项目投运】当地时间11月16日，国家电网巴西控股公司负责的米拉格拉斯2号变电站扩建项目投入商业运营，较巴西电监局规定的投运时间提前了4个月。至此，国家电网巴西控股公司2022年3个扩建项目全部提前投运。

米拉格拉斯2号变电站扩建项目位于巴西塞阿拉州米拉格里斯市，于2021年8月开工建设，新架设两条500kV单回线路，新建3个500kV间隔，迁移4台电抗器。该项目是巴西电监局首次推出的31个紧急项目之一，旨在缓解巴西部分地区电力紧张局面，对促进巴西电力系统安全稳定运行和当地经济社会发展具有重要作用。该项目建成后，国家电网巴西控股公司可获得巴西电监局批准的额外年度监管收入和奖励，实现良好项目收益。

受巴西国家电力调度中心环保运行许可条件变化、当地新能源发电高峰期允许停电时间减少、项目设备调试停电工作量大等因素影响，米拉格拉斯2号变电站扩建项目的停电施工申请难度较大。国家电网巴西控股公司与巴西环保署等政府部门加强沟通，尽量缩短环评取证时间，为工程尽快开工创造条件；严格把控项目进度，高效协调各方资源，紧急调动该公司运维团队承担部分停电施工任务，协助承包商加强现场管理，最终高效完成全部停电施工任务，实现项目提前高质量建成投运。

【国家电投中电国际签署收购巴西73.8万kW光伏项目股权协议】6月2日，国家电投巴西能源公司与阿特斯新能源控股有限公司（NASDAQ：CSIQ）签署协议，收购位于巴西东北地区Marangatu和Panati项目70%的股份。此次合作，两家公司将投资超过20亿雷亚尔，用于建造总装机容量为73.8万kW的光伏电站，计划2022年第三季度开工，2023年底投入商运。

此次合作是国家电投董事长钱智民与阿特斯集团董事长瞿晓铧会晤后的首个境外合作项目签约，为双方构建全球性战略伙伴关系奠定坚实基础。此次合作项目是作为全球第一大光伏运营商的国家电投在巴西光伏市场的第一笔重要投资，将有效推动国家电投国际化发展目标实现，并“以点带面，滚动开发”，未来与巴西东北部新能源集群项目协同发展，持续挖掘东北部新能源项目潜力，最终形成基地化开发规模。

除传统新能源项目之外，中电国际还在积极探索综合智慧能源、新能源+电解铝、新能源制氢、储能、电动汽车、电力交易等三新业务，目标是采用并购和绿地开发、发电业务和电力增值业务相结合的方式，逐步形成以可再生能源+可调度能源为主，兼有电力交易平台的多元化、抗风险能力优异的差异化资产组合，力争“十四五”期间，将巴西打造成国家电投第一个可控装机容量超过500万kW的境外区域市场。

【国家电投巴西GNA二期燃气发电项目举行奠基仪式】巴西时间1月31日，巴西里约州阿苏港举办基础设施投资系列活动，巴西时任总统博索纳罗现场参加并发表演讲，盛赞GNA项目“将成为整个南美洲最大的燃气发电项目之一，使巴西成为电力强国”。GNA二期项目总装机容量1681MW，计划于2025年1月商运。项目建设期间，将为当地创造超过1万个就业岗位。建成后，将成为巴西容量最大、效率最高的燃气电站，满足800万户当地家庭的用电需求。

【中国电建签约巴西最大垃圾发电项目】12月20日，中国电建山东电建一公司与奥里让集团在巴西圣保罗顺利签署巴西首个垃圾发电项目——巴鲁埃里垃圾发电项目EPC合同。

巴鲁埃里垃圾发电项目位于巴西圣保罗州巴鲁埃里垃圾处理厂附近，是巴西首个也是南美最大的固废转电能项目，装机容量为19.1MW。项目建成后，一天的固体垃圾处理量将达到870t，在解决城市固废对环境污染的同时生产清洁能源，为32万人口提供电力服务，为巴西乃至拉美区域的城市垃圾处理提供新的解决方案。

【布隆迪胡济巴济水电站全部投产】6月5日，布隆迪胡济巴济水电站最后一台机组完成72h试运行，至此，电站三台机组全部实现并网发电目标，全部建成投产。

胡济巴济水电站是中国援外在建的最大水电站项目，电站位于布隆迪首都布琼布拉市南部的胡济巴济河下游段，距布首都布琼布拉市约43km，采用径流引水式开发，安装3台单机容量5MW的卧轴水斗式水轮发电机组，装机容量1.5万kW。项目由中国电建设计施工，所属中南院负责项目监管，水电十四局以施工总承包模式承建，成都院和水电规划总院分别参与电站设计、验收工作。

胡济巴济水电站有布隆迪"三峡"之称，电站全部投产发电后，将为布隆迪增加约1/3的电力供应，极大缓解国家电力短缺的困局，并对提高当地工业生产、促进布隆迪国民经济发展、改善居民生活水平等方面起到重要作用。

【墨西哥佩尼亚斯科光伏电站二区项目开工】 项目位于墨西哥北部佩尼亚斯科港附近的沙漠地区，装机规模为300MW，项目业主为墨西哥国家电力公司，中国能建与墨西哥ASELEC公司组成联营体实施该项目，主要负责光伏及储能工程部分。项目于2022年9月2日开工，目前各项工作正有序推进，项目建成后将有效缓解墨西哥北部下加州区域和周边地区的电力紧缺问题。

"一带一路"项目

【国家电网公司签约印尼高级智能计量系统项目】 12月22日，印尼高级智能计量系统项目签约仪式以视频方式在中印尼两地举行。中国国家电网有限公司董事长辛保安，印尼国家电力公司总裁帕拉梭佐视频出席签约仪式并致辞。印尼国家电力公司售电及商业董事斯里穆良蒂、可再生能源董事库斯德维哈托、配网董事普里扬托，中国国家电网公司总经理助理、副总工程师等有关负责人参加签约仪式。

印尼高级智能计量系统项目由印尼国家电力公司以BOOT模式向服务提供商提供特许经营权实施，国家电网公司负责项目融资并按计划完成系统设计、智能表计终端及主站系统的开发和部署、站勘、采购、安装、测试和调试工作。

【土耳其凡城600MW背靠背换流站工程投运】 当地时间11月1日，国家电网公司所属中国电力技术装备有限公司总承包建设的土耳其凡城600MW背靠背换流站工程完成28天试运行，正式投入运行。这是中国企业在土耳其建成投运的首个直流工程，为"一带一路"建设再添硕果。

土耳其凡城项目于2018年开工建设，在土耳其东部凡城建设一座600MW背靠背换流站，与当地变电站相连并入土耳其电网。项目可有效提高当地居民用电的可靠性，改善频繁停电状况，并为当地工业发展提供充足的电力供应，切实改善民生、促进经济发展，还能强化土耳其整体电网网架架构，提高电网运行的可靠性和安全性。

项目于2021年完成机械竣工，2022年9月完成全部系统调试工作，10月4日投入试运行。项目采用中国直流输电技术标准，主要设备均由中国企业制造提供，带动国内高端电工技术服务和装备出口超3亿元。项目填补了土耳其直流输电技术领域的空白，通过向业主土耳其国家输电公司运维技术团队提供培训和指导，助力土耳其首批直流输电技术高端人才培养，对土耳其直流输电技术发展具有重要意义。

土耳其凡城项目是中土两国能源电力领域合作共赢的成功典范，也是两国人民增进相互了解和培养深厚友谊的坚实平台，为促进中土民心相通、推动中土友好关系不断发展作出了贡献。

【埃塞俄比亚—肯尼亚±500kV直流输电工程投入试运行】 当地时间11月17日，埃塞俄比亚—肯尼亚±500kV直流输电工程（简称"埃肯直流输电工程"）完成带电调试，进入试运行阶段，标志着埃塞俄比亚开始向肯尼亚出口电能。

埃肯直流输电工程被称为"东非电力高速公路"。工程建设填补了非洲高压直流输电建设领域的空白，将有力推动东非区域电网互联进程，实现东非电力基础设施与电网互联协调发展，促进北非与南非电力互联。工程投运后，将成为埃塞俄比亚清洁能源输出的重要通道，输送高达2000MW电力，带动埃塞俄比亚富余电能出口创汇，为肯尼亚提供稳定和充足的电力，极大促进埃肯两国经济社会发展及民生改善。

埃肯直流输电工程是埃塞俄比亚与肯尼亚两国政府间规划的重点项目，由世界银行和非洲开发银行提供融资支持，是非洲大陆首条跨国直流输电联网工程，也是东部非洲电力互联规划主干线路。其中，埃塞俄比亚境内445km输电线路及两个中继站等配套设施标段由国家电网公司所属中国电力技术装备有限公司承建。该段工程于2016年8月1日开工建设，2018年2月按期完成工程建设，按照世界银行环境、安全、健康、社会（ESHS）管理体系要求建设，采用中国直流输电技术标准，主要设备均由中国企业制造提供，带动国内高端电工技术服务和装备出口超4亿元。

换流站及肯尼亚段输电线路完工后，整体工程于2022年10月启动调试工作。调试期间，由中国电力技术装备有限公司承建的线路一次带电成功，状态良好，未发生故障及停运情况，展现了“中国制造”和“中国建设”的过硬实力。

【南网国际联合体中标菲律宾STATCOM站总承包项目】2月7日，南方电网国际有限公司与中国能建广东电力设计研究院有限公司组成联合体，中标菲律宾首个静止无功补偿站（STATCOM）项目——三宝颜省（Zamboanga）STATCOM总承包项目。该STATCOM工程无功补偿规模为200Mvar，可实现快速无功控制，对防止系统电压崩溃、维护三宝颜省乃至整个棉兰老岛的电网稳定起到重要作用。

6月7日，菲律宾国家电网公司正式通知，由南网国际公司与西安西电国际工程公司组成的联合体成功中标菲律宾维萨亚斯STATCOM站总承包项目。这是南网国际公司继2月成功中标菲律宾三宝颜STATCOM总承包项目后的第二个STATCOM总承包项目。

【中国华电柬埔寨西港项目全面投产】12月16日8:00，华电海外投资有限公司所属柬埔寨西哈努克港燃煤电站2号机组通过试运行，正式投产发电，标志着柬埔寨总装机容量最大的发电项目全部建成投产，至此中国华电在柬装机总量将达到103.8万kW，成为柬埔寨最大的发电运营商。该项目于2020年8月18日主体工程开工，历时27个月全面投产。

华电西港项目位于柬埔寨西哈努克市东北磅逊湾，装机容量2×35万kW，采用中国标准、中国技术和中国设备，是柬埔寨装机容量最大、指标最先进、环保水平最高的燃煤发电项目。该项目的全面投产，对于改善柬埔寨电源结构、完善柬埔寨电力基础设施具有重要意义，对于增进中柬人民友谊、深化两国经济技术合作、促进当地经济社会快速发展将起到重要作用。

【国家电投土耳其胡努特鲁项目全面投产】 土耳其胡努特鲁电厂项目由EMBA发电有限公司（简称EMBA公司）负责开发、投资、建设、运营，隶属于国家电投所属上海电力股份有限公司（简称上海电力）。项目位于土耳其阿达纳（ADANA）省尤穆塔勒克（YUMURTALIK）县胡努特鲁（HUNUTLU）村，建设2台660MW超超临界燃煤发电机组，配套建设脱硫脱硝装置及专用煤码头。主机及主要辅机选用优质国产设备，中国设备供货率超过90%，实现中国设计、设备、技术、管理和服务的全方位“走出去”。胡努特鲁项目是中土两国建交以来中国在土耳其金额最大的直接投资，也是中国“一带一路”倡议和土耳其“中间走廊”战略相对接的重要项目，受到两国政府高度关注。业主为中土合资的EMBA公司，中国能建作为设计和施工分包商，主要承担发电厂主体工程勘察设计工作和两台机组主体工程及全厂BOP施工工作。项目于2019年9月22日正式开工，胡努特鲁电厂两台机组已于2022年6月18日、10月3日分别投产，进入商运阶段，比原计划提前三个月进入商业运行，年发电量超过85亿kWh。

【国家电投沙特红海综合智慧能源项目启动】 沙特红海综合智慧能源项目是沙特“2030愿景”下三个“千兆计划”之一“红海计划”国际观光度假区的专项配套基础设施项目，将为红海度假区提供综合智慧能源一体化解决方案。项目位于沙特西海岸乌姆卢日和沃季赫城镇间，由光伏+储能供电、海水淡化、污水处理、固废处理、区域制冷五部分组成。横向涵盖“电、水、冷”“光、储”等多品种能源协同供应，纵向实现“源–网–荷–储–用”环节之间互动优化，是以电力为主的低碳循环综合智慧能源项目。项目以BOT模式开发，25年特许经营权，由沙特公共投资基金（“PIF”）提供支付担保。黄河公司参股该项目35%股权，沙特企业ACWA Power以50%股权为项目控股方。截至2022年12月底，项目总体施工进度达74.46%。计划2023年底完工，2024年一季度商运。项目作为沙特“2030愿景”重点支持项目之一，是中沙两国可再生能源合作谅解备忘录落地的重要成果。项目发电侧为全清洁能源供电，是全球标志性零碳可持续循环绿色能源项目。项目建成后，每年可减少二氧化碳排放约56.7万t，助力绿色可持续发展。

【中巴经济走廊首个水电投资项目——巴基斯坦卡洛特水电站全面投入商业运营】 卡洛特水电站项目位于巴基斯坦旁遮普省杰赫勒姆河上，是杰赫勒姆河规划5级开发方案的第4级，上游梯级为阿扎德帕坦（AzadPattan）水电站，下游为曼格拉（Mangla）水电站（已建）。项目总装机容量72万kW，是中国三峡集团在巴基斯坦第一个绿地水电投资项目，项目开发模式为BOOT，建设工期5年，运营期为30年。该项目被列为“中巴经济走廊”优先实施能源合作项目，是首个被载入《中巴关于建立全天候战略合作伙伴关系的联合声明》的水电投资项目。

卡洛特水电站项目总投资17.4亿美元，2015年4月，国家主席习近平访巴期间，与巴基斯坦国家领导人共同见证项目动工；2016年12月，项目主体工程全面开工建设；2017年2月22日，实现融资关闭；2018年9月22日，实现大江截流；2021年11月，完成下闸蓄水；2022年6月29日，卡洛特项目正式实现全面投产发电。

项目投产后每年将为巴基斯坦提供逾 32 亿 kWh 清洁能源，将有效缓解用电难题，带动当地电力配套行业协同发展和产业升级，有利于经济发展和民生改善；预计每年可节约标准煤约 140 万 t，减少二氧化碳排放约 350 万 t。

【中广核马来西亚 EMPP 燃气发电项目全面投产】3 月 31 日，中广核马来西亚 EMPP 电厂全面投产。马来西亚 EMPP 燃气发电项目是东南亚规模最大的联合循环燃气发电项目，总装机容量 224.2 万 kW，发电效率超过 60%，可满足马来西亚半岛约 12%的总电力需求。

EMPP 电厂是马来西亚 2021—2039 年半岛发电发展计划的重点项目，由中广核埃德拉公司负责建设与运营，共有 3 台机组，于 2017 年 12 月 29 日正式开工建设，2022 年 2 月 28 日 3 号机组投入商业运行。

中广核埃德拉公司以发展天然气清洁能源项目为主，主要业务分布于马来西亚、埃及、孟加拉国、阿联酋、巴基斯坦等多个“一带一路”相关国家，控股在运装机容量达到 726 万 kW，是东南亚领先的独立发电商。

【中国电建签约老挝孟松风电二期项目】当地时间 11 月 14 日，中国电建与老挝孟松风电有限公司在泰国曼谷举行签约仪式，双方正式签署老挝孟松 600MW 风电项目 EPC 总承包合同和孟松风电二期项目合作协议。

孟松风电项目位于老挝南部色贡省及阿速坡省，工程主要内容包括 600MW 风电场、升压站及送出线路等。该项目是老挝第一个风电项目，也是中国电建目前在海外承建的最大的风电项目。项目建成后，主要向越南输送电力，这是老挝首次实现新能源电力的跨境输送，将有效缓解越南中部地区用电紧张情况，助力老挝进一步打造“东南亚蓄电池”愿景。项目生命周期内预计可实现碳减排 3500 万 t。

【中国电建承建尼泊尔最大水电站全面投产】3 月 19 日，由中国电建承建的上塔马克西水电站全面投产，尼泊尔总理德乌帕出席投产仪式，向为工程建设做出突出贡献的机构和个人表示感谢，尼泊尔能源部部长布萨尔等数百人在现场参加仪式。

尼泊尔有着丰富的水力资源，作为该国迄今为止政府投资最多、装机容量最大的水电站，上塔马克西水电站堪称“国之荣耀”，尼泊尔多位国家领导人先后对工程进行过实地考察。

该电站由中国电建所属水电十一局牵头与水电六局组成联营体施工建设，总装机 456MW，占全国供电量的 36%，设计安装 6 台水轮发电机组，主要通过 8km 引水洞，利用 822m 落差进行发电，最大有效库容为 220 万 m^3，最大蓄水高度 17m，首台机组于 2021 年 7 月 5 日并网发电。

【巴林阿杜二期项目投入商业运行】6 月 19 日，巴林阿杜二期项目商业运行庆典在项目现场隆重举行，沙特国际电力和水务公司、日本三井中东非洲项目投资和发展有限公司、项目业主 Haya 公司、中国电建所属山东电建三公司等单位相关人员共同出席了本次庆典活动。

巴林阿杜二期 1540MW 燃机电站位于巴林南方省阿杜地区，是巴林“2030 年经济发展愿景”的战略规划重点项目，机组容量占比巴林国家总量的 25%。2019 年 1 月，项目正式开工建设，2022 年 6 月 1 日，项目接受巴林电网调度，按期进入商业运行，如期完成项目移交工作。

【中国电建布隆迪胡济巴济水电站竣工投产】该项目是中国援外在建的最大水电站项目，位于布隆迪首都布琼布拉市南部的胡济巴济河下游段，合同金额 4.28 亿元人民币。项目采用径流引水式开发，安装 3 台卧轴水斗式水轮发电机组，总装机容量 15MW。2022 年 6 月 30 日，项目完成内部竣工验收并移交，比约定工期提前了 3 个多月。9 月 6 日，布隆迪共和国总统恩达伊施米耶出席了项目竣工典礼。

【中国电建 EPC 总承包卡塔尔 800MW 光伏电站项目并网发电】该项目位于卡塔尔首都多哈以西 80km 的荒漠中，是 2022 年世界第三大单体光伏发电站，合同金额 4.17 亿美元。2022 年 9 月 26 日，项目并网成功，成为卡塔尔首个全容量并网的大型地面光伏电站，有力支撑了卡塔尔举办“碳平衡”世界杯的承诺。10 月 18 日，卡塔尔埃米尔（国家元首）塔米姆、首相兼内政大臣哈立德、能源事务国务大臣卡比等出席投产仪式。

【中国电建在海外投资的首座燃气电站——缅甸皎漂燃气电站实现三机同时并网发电】该项目是中国电建在缅甸的第一个燃气电站投资项目，电站采用燃气–蒸汽联合循环发电技术，电厂由 2 套燃机发电机组+2 台余热锅炉+1 套纯凝式汽轮机发电机组组成，装机容量约为 135MW，年发电量 10 亿 kWh，是“一带一路”倡议在缅甸最重要的支点，也是中缅“人字形”经济走廊的重要建设区域。2022 年 12 月 7 日，电站 2 号燃机发电机并网一次成功，随后汽轮发电机和 1 号燃机发电机相继并网，首次实现 3 台发电机同时并网发电。

【孟加拉国巴瑞萨燃煤电站项目并网发电】该项目是中国电建在孟加拉国控股投资建设的首个 IPP 电力项目，电站全面采用中国方案、中国技术和中国设备，污染物排放指标均优于世界银行环境准则和孟加拉国环境标准要求，总装机容量 350MW，投产后每年可为孟加拉国国家电网输送 22.75 亿 kWh 安全、清洁、稳定的电力，满足当地500余万人口所需。2022年10月29日，电站并网发电一次成功，各系统运行平稳，主要运行参数优良，为当地经济社会发展注入强大动能，成为中孟电力能源领域合作新标杆。

【中国电建哈萨克斯坦谢列克风电项目投产发电】 该项目位于哈萨克斯坦南部阿拉木图州，是中国电建在中亚地区控股投资的第一个可再生能源项目，也是中哈产能合作重点项目之一。项目由中国电建与哈萨克斯坦萨姆鲁克能源公司合作投资开发。项目总装机规模60MW，包括24台2.5MW风力发电机组，年发电量可达2.28亿kWh。2022年6月30日，项目首批发电机组并网发电；9月12日，项目举行发电仪式。

【中国电建承建的马里古伊那水电站投产发电】 该项目位于马里境内的塞内加尔河上，由塞内加尔河流域组织开发，中国进出口银行提供融资，合同金额4.37亿美元，项目投产发电后年发电量可达6.21亿kWh。2022年12月3日，项目竣工并举行典礼。马里过渡总理马伊加，塞内加尔总理阿马杜·巴，毛里塔尼亚总理穆罕默德·比拉勒，几内亚代总理伯纳德·古穆出席竣工典礼。

【中国能建承建新加坡裕廊岛储能项目正式投运】 当地时间12月8日，由中国能建山西院总承包建设的新加坡裕廊岛储能项目正式投运。

该项目位于新加坡裕廊岛，是东南亚容量最大的储能项目，总规划容量为200MW/200MWh，分为Banyan和Sakra两个站址建设，并新建两座66kV升压站。

该项目于2022年6月15日签订总承包合同，中国能建山西院历经5个半月的建设，使两个站址分别于11月20日和11月24日实现全容量并网，项目整体于11月30日前通过新加坡能源局系统性能测试验收，具备商业运行条件。

【中国能建沙特阿尔舒巴赫2.6GW光伏电站项目全面启动】 当地时间11月13日，中国能建沙特阿尔舒巴赫2.6吉瓦光伏电站项目举行临建工程开工仪式，标志着项目全面启动，进入履约快车道。

项目业主ACWA Power项目公司首席执行官Thamer出席开工仪式并讲话，中国能建国际工程公司副总经理熊高峡主持仪式。

沙特阿尔舒巴赫2.6GW光伏电站项目位于沙特麦加省吉达市阿尔舒巴赫地区，由中国能建国际集团、广东火电和西北院共同承建。项目采用全球最先进的N型双面光伏组件和平单轴自动跟踪式支架，是全球最大的在建光伏电站。

【中国能建承建的伊拉克萨拉哈丁电站项目投产】 当地时间11月21日，由中国能建西北院设计、东电一公司承建的伊拉克萨拉哈丁2×630MW燃油气电站项目2号机组顺利通过了720h可靠性试验考核，正式投产发电，这是该项目继1号机组6月19日高标准投产后的又一重要成果。至此，萨拉哈丁电站项目成功实现一年“双投”目标。

萨拉哈丁电站项目位于伊拉克国首都巴格达以北186km处，建设规模为两台630MW燃油气机组的交钥匙工程，是伊拉克国内在建的单机容量最大的电站项目。该项目2012年8月14日正式动工，建设一度因伊拉克国内局势紧张被迫中止。2016年，项目重新启动。

【中国能建承建的印度尼西亚第一座抽水蓄能电站——上西索凯抽水蓄能电站开工】 9月22日，对中国能建葛洲坝集团承建的印度尼西亚第一座抽水蓄能电站——上西索凯抽水蓄能电站举行开工仪式。

上西索凯电站是印度尼西亚首座抽水蓄能电站，位于印度尼西亚爪哇岛西索凯河上游流域，距首都雅加达190km。电站设4台260MW发电机组，总装机容量1040MW。

印尼上西索凯抽水蓄能电站项目由中国能建葛洲坝集团作为牵头方，与韩国DL E&C以及印尼本地国企WIKA公司组成联营体，葛洲坝三峡建设公司组建项目部负责项目建设，对工程施工进度、成本、质量、安全、环保等全面负责。2022年7月7日，中国能建葛洲坝国际公司与印尼国家电力公司签署印尼上西索堪抽水蓄能电站建设项目合同。

【乌兹别克斯坦巴什和赞克尔迪风电项目开工】 项目位于乌兹别克斯坦巴什和赞克尔迪区域，主要建设内容为两座500MW风电站和外送线路等，总装机规模为1000MW。项目由沙特ACWA Power公司开发，中国能建作为项目EPC总承包商负责全部设计、采购和建安工作。项目于2022年12月7日开工，目前各项工作按计划有序推进，建成后每年可向当地电网提供35亿kWh左右电，惠及当地百万居民。

【巴基斯坦卡拉奇K2/K3核电项目投运】 项目是中国具有自主知识产权的三代核电技术“华龙一号”ACP1000核电技术在海外的首堆工程,装机容量为2×1100MW，项目业主为巴基斯坦原子能委员会，中国能建作为设计和施工分包商，主要承担常规岛及BOP设计和土建安装工作。项目K2机组于2015年8月20日开工，于2021年5月20日投入商运；K3机组于2016年5月开工，于2022年4月18日投入商运，至此“华龙一号”海外首个工程两台机组全面建成投产。

【中企承建的阿联酋迪拜光热项目槽式1号机组并网】 当地时间11月29日，迪拜700MW光热和250MW光伏太阳能电站项目槽式1号机组实现并网发电。机组各项技术参数优良，主辅设备运行稳定，为当地提供了太阳能光热发电的首度绿电。

该项目是迪拜水电局在马克图姆太阳能公园开发的第四期太阳能光热光伏电厂项目，由上海电气集团股份有限公司EPC总承包，中国能建湖南火电承建，中国电建江西电建公司负责调试运维。项目采用了世界领先的槽式和塔式光热发电技术，解决了常规光伏电站夜间无法发电的弊端，是践行国家“一带一路”倡议和实现全球“碳中和”目标的典型示范。

该项目光热部分共700MW，由100MW塔式和3台200MW槽式光热机组组成；光伏250MW分散在各厂区闲余位置，实现了场地应用最大化。该项目是世界上装机容量最大、投资规模最大、熔盐储备热量最大的光热发电项目。

社会责任

社会责任报告

【中国南方电网有限责任公司社会责任报告（摘要）】

一、电力供应

南方电网公司依托重大工程带动产业链供应链畅通循环，全力以赴实现电力保供与安全生产“双平稳”，切实做到保电网安全、保经济增长、保民生用电、保社会稳定，坚决防止拉闸限电，为经济社会持续健康发展提供坚强电力保障。

1. 构建现代供电服务体系

南方电网公司坚持人民至上，以满足人民群众追求美好生活的能源电力需要为己任，创新提出“解放用户”理念，以用户需求为中心，不断提升基础供电服务质量，向外拓展服务半径，着力建设现代供电服务体系，为用户提供“可靠、便捷、高效、智慧”的供电服务。

践行“解放用户”理念。南方电网公司深入践行“解放用户”理念，把用户需求作为出发点，始终紧密聚焦用户需求，全面开展实践创新，形成与用户价值共创的新模式。

优化用电营商环境。南方电网公司全力落实优化用电营商环境政策要求，在更高层次、更大范围开展用电服务改革创新，着力打造东部地区“获得电力”先进示范，缩小西部地区发展不平衡不充分差距，努力打造一流用电用能服务品质，助力南方五省区经济高质量发展。

2. 建设本质安全型企业

南方电网公司坚决贯彻党中央、国务院及上级部委关于安全生产的决策部署，坚持“人民至上，生命至上”，加快本质安全型企业建设，压紧压实安全生产责任，扎实开展安全生产专项整治三年行动和提升年专项行动，实现连续三年系统内人身“零死亡”，全力确保电网安全稳定运行。

3. 建设高质量电网工程

加快现代化电网建设，推动保障电力供应工程提前投产，为南方五省区电力供应提供基础保障。扎实推进融入服务区域协调发展重点任务落地，不断取得南方电网重大工程项目建设新进展、新突破。电网建设投资 895 亿元。

4. 打造国家战略科技力量

南方电网公司深刻认识坚持创新驱动发展是胸怀“两个大局”、掌握战略主动的必然要求，打造原创技术策源地是国有企业推进科技自立自强的职责使命，科技体制改革攻坚是新形势下推进自主创新的关键举措。

二、绿色环保

南方电网公司深入贯彻习近平生态文明思想，将绿色低碳发展理念全面融入南方电网公司发展各方面和全过程，积极推进新型电力系统建设，促进电网全产业链绿色低碳发展，建立健全低碳循环发展经济体系，努力建设人与自然和谐共生的现代化。

1. 稳妥推进实现“双碳”目标

南方电网公司积极融入能源变革，制定实施《南方电网公司碳达峰行动方案》，把碳达峰、碳中和贯穿于企业发展的各方面与全过程，充分发挥电网支撑平台作用，加快构建新型电力系统，更好服务南方五省区及港澳地区实现“双碳”目标。

构建新型电力系统。2022 年，南方电网公司立足南方五省区地域、资源、电网等方面优势和特点，因地制宜制订各省级新型电力系统建设方案，以信息化、数字化为要素构建新型电力系统，全面布局并形成了一批示范性建设成果。

支持低碳新业态发展。南方电网公司加大内外部资源和业务整合力度，围绕“碳服务、碳实业、碳金融”等业态领域，积极开展业务布局，进一步支撑绿色低碳转型行动，加快“双碳”目标实现进程。

2. 构建清洁能源体系

南方电网公司坚定落实西电东送国家战略，依托重点工程的实践和探索，大力实施清洁能源调度，全力保障可再生能源消纳，积极构建清洁低碳、安全高效的能源体系，为南方五省区经济高质量发展注入强劲的绿色动能。

落实西电东送战略。南方电网公司通过优化系统运行方式，大力挖掘西电东送潜能，稳定跨区跨境送电规模，在充分消纳清洁能源的同时，保障南方五省区电力有序供应，做到送电通道随时可用，以实际行动端牢能源饭碗。

促进清洁能源消纳。南方电网公司积极落实国家可再生能源电力消纳保障机制，大力支持光伏、风电等新能源及时接入和足额消纳，积极推进节能发电调度、绿色电力市场化交易等能源转型战略，不断提升清洁能源占比，努力让每一度电更加清洁。

3. 深入践行绿色低碳转型

南方电网公司坚持以美丽中国建设为目标，促进人与自然和谐共生。在电网工程建设过程中，深入践行绿色发展理念，创新构建“资源消耗”“污染防治”“气候变化”三项环境指标，带动生物多样性保护、能源转型和区域协调发展，统筹推进工程建设节能减排，进一步落实“双碳”目标。

4. 共建绿色低碳社会

南方电网公司积极引领绿色生产生活方式，以新能源和电动汽车产业为切入点，全面促进更多元的绿色发展业态，为助力全社会走绿色、低碳、循环、可持续发展之路贡献南网智慧。

三、经营效率

南方电网公司坚持以习近平新时代中国特色社会主义思想武装南网、认识南网、发展南网，全面落实新时代新征程使命任务，完整准确全面贯彻新发展理念，服务构建新发展格局，推动高质量发展，加快做强做优做大，加快提升企业核心竞争力，加快建设世界一流企业，为全面建设社会主义现代化国家作出新的更大贡献。连续16年获得国务院国资委经营业绩考核A级。

1. 筑牢发展基石

南方电网公司坚持把推动高质量发展摆在首位，以稳求进、以进固稳，坚持依法合规经营，加强内部运作控制，提高运营透明度，多措并举有效保障国有资产保值增值。

2. 深化电力体制改革

南方电网公司切实加强电力体制改革工作的组织领导，科学谋划、统筹推进，强化改革举措执行的监督检查，在电力市场建设、交易机构规范运行、装备制造等竞争业务改革、能源绿色低碳转型等方面取得积极进展。

3. 多元协同发展

南方电网公司围绕主责主业确立了管制、新兴、国际、金融、共享服务五大战略单元业务布局，坚持全网一盘棋，持续推进资产整合和专业化重组，有力带动产业链协同发展。

新兴业务。着力优化新兴产业布局，强化战略统筹和规划引领，完成新兴业务12大业务领域、31个产业、67项业务的产业布局，按“一业务一方案”原则，明确各业务领域发展指引，推动新兴业务发展持续向好。

产业金融。南方电网公司不断加强资本运作，聚焦以融促产、以融强产，持续拓展绿色金融、供应链金融、普惠金融业务，全面提升金融服务主责主业能力。

国际业务。南方电网公司坚持服务高质量共建“一带一路”，加快与周边国家电网互联互通，不断加强国际业务管理，着力提升外事管理与服务水平，持续保持国际业务平稳有序发展。

4. 供应链管理

南方电网公司坚持发挥能源电力产业链供应链的引领作用，全力推动产业链供应链上下游企业数据贯通、资源共享和业务协同，汇聚生态合作伙伴，打造以供应链共享服务平台为支撑，覆盖上下游企业的能源电力产业链供应链生态圈。

5. 服务区域经济发展

南方电网公司坚持系统观念，加强前瞻性思考、全局性谋划，将落实国家要求、服务地方需求与促进公司发展统筹起来，自觉服务和融入新发展格局，助力南方五省区和港澳地区经济社会高质量发展，在服务区域协调发展中彰显央企担当。

四、社会和谐

南方电网公司坚持以人民为中心的发展思想，始终站稳人民立场，把企业高质量发展和员工全面发展统一起来，积极服务乡村振兴，投身公益事业彰显责任与担当，以实际行动践行“人民电业为人民”的企业宗旨，持续增强人民群众获得感、安全感和幸福感。连续6年获得中央单位帮扶工作考核最高评价“好”。

1. 实施人才强企战略

南方电网公司切实维护员工合法权益，畅通员工发展渠道，着力构建科学规范、开放包容、运行高效、具有世界一流企业特征的人才发展体系，悉心关怀员工健康，在新起点上实施新时代人才强企战略，为推进高质量发展、加快建设世界一流企业奠定坚实基础。

2. 投身社会公益

南方电网公司积极发挥所长，参与公益慈善事业，在海内外开展志愿服务活动，促进地区经济、社会发展，展现国有企业的社会责任感和使命担当。

海外共建。国之交在于民相亲，民相亲在于心相通。南方电网公司主动融入当地社会，着眼当地民生福祉，组织实施“小而美”民生工程，持续开展澜湄国家电力技术人才培养，推动共建国家人民“心联通”。

社会公益。南方电网公司充分发挥自身优势，围绕文化教育、健康医疗、抢险救灾等公益慈善领域，积极开展志愿活动，深化“知行书屋”“蓝公益”公益品牌项目，以实际行动诠释责任担当。

责任治理。南方电网公司坚持将社会责任与提升企业核心竞争力紧密结合，专门设立社会责任总监，建立了由党建工作部（企业文化部）归口管理，上至公司总部、下至各分子公司的网、省、地三级联动的社会责任组织体系。加强顶层设计，制定社会责任工作管理办法，对公司社会责任工作提出了明确规范和要求，将责任治理全面融入到公司日常运营管理中，着力打造践行高质量可持续理念、积极履行社会责任、拥有全球知名品牌形象的典范企业。

责任研究与交流。南方电网公司立足全球视野，坚持理论研究与实地调研、“走出去”与“请进来”并重，对标全球先进企业，学习借鉴社会责任管理先进做法与经验，持续提升公司社会责任管理水平，致力于加快建设具有全球竞争力的世界一流企业。

责任荣誉。社会责任报告连续11年获得中国社科院企业社会责任报告五星级评价，首次获得“五星佳”级评价，连续10年获“金蜜蜂”优秀报告“长青奖”，社会责任报告编制案例入选《金蜜蜂中国企业社会责任报告研究（2022）》。

责任沟通。南方电网公司运用“请进来”“走出去”相结合的沟通方式，聚焦各方关切、倾听各方心声，积极探索社会责任沟通新渠道，通过年度社会责任报告、官网“社会责任”专栏、官方微信公众号等方式对外展现公司的履责实践，保持常态化的交流与互动，及时了解利益相关方的期望和诉求。依托立体化、全方位的企业开放平台，主动面向社会公众、媒体、专家学者和合作伙伴等进行广泛传播，让利益相关方进一步了解公司履行社会责任的进展和生动实践，为企业高质量发展保驾护航。

【中国华能集团有限公司社会责任报告（摘要）】

2022年是中国华能集团有限公司发展史上极不平凡的一年，公司着眼党和国家事业大局，深刻认识新时代、新征程的企业使命与担当，在以习近平同志为核心的党中央坚强领导下，主动作为、应变克难，展现出不畏困难、勇往直前的精气神，加快建设世界一流企业的各项事业在这一年取得蓬勃发展和长足进步。

公司作为发电行业排头兵，圆满完成重要时段和重大活动期间能源保供任务，受到国家有关部委和各地省委省政府的充分肯定，彰显华能政治担当。公司全年累计完成国内发电量 7911 亿 kWh、供热量 4.87 亿 GJ，分别同比增长 2.13%、7.36%，再创历史新高，切实发挥央企顶梁柱、压舱石的关键作用。

公司坚持服务国家战略需求，以敢为人先的开拓精神持续引领行业进步，专利质量排名和获奖数量均居行业首位，成为唯一一家进入国资委专利质量评价A档的发电企业，一批关键核心技术攻关取得新突破，科技成果转化取得新成效，华能睿渥 DCS 系统在 13 台火电和 5 台水电机组及公用系统实施推广应用、建成投运中国首个采用全国产控制和信息系统（DCS/DEH+SIS）的大型智慧电厂、华能浙江虚拟电厂成为全国首个投产运营的电网直接调度、参与实时响应调节的虚拟电厂……科技创新活力明显增强，助力国家战略科技力量建设迈出坚实步伐。

为绿色低碳转型贡献华能智慧。公司聚焦国家“双碳”目标，积极推进能源结构调整，清洁能源产业成为利润主要来源和关键支撑，新能源核准（备案）突破 7000 万 kW，投产近 1300 万 kW，创历史最好水平；持续优化传统能源发展，加大力度完成设备环保升级改造，减少资源能源消耗，坚决打好污染防治攻坚，主要能耗指标、污染物排放绩效实现行业领先，全口径度电碳排放强度同比降低 1.89%；秉承“在保护中开发，在开发中保护”的理念，牢固树立生态红线意识，打造一批与环境和谐共生的绿色电力项目。公司凭借在推进绿色低碳转型中的卓越实践与突出贡献，获评中国工业经济联合会首届“中国工业碳达峰领跑者企业”称号。

为和谐社会构建提供华能方案。公司高度重视职工技能培养与健康安全，高质量组织参加劳动竞赛、职业技能竞赛，打造出多名“华能工匠”“大国工匠”，获得国家在技能人才培育方面的最高表彰——“国家技能人才培育工作突出贡献单位”荣誉称号；持续开展安全教育培训和班组安全管理水平“双提升”活动，确保各领域总体安全。在做强做优自身经营的同时积极发挥带动效应，与政府、企业、境外机构等在更大范围、更宽领域开放合作，支持国家“三群两流域一港”区域重大战略推进，定点帮扶工作连续六年获得国家考核最高等级评价，为行业发展、地方发展及国际化发展作出贡献。

为现代企业治理发挥华能力量。公司建立健全中国特色现代企业制度，持续完善市场化经营机制，进一步增强企业活力，董事会连续两年获国资委考核“优秀”等次，国企改革三年行动实现高质量收官，获评国资委改革重点任务考核 A 级。公司全面完成对标一流管理提升重点任务，获国家级管理创新成果奖 35 项，西安热工院、清洁能源技术研究院、澜沧江公司 3 家企业入选国资委“创建世界一流示范企业和专精特新示范企业名单”。公司经营业绩在逆境中持续增长，完成营业收入 4245 亿元，同比增长 10%，利润总额 227 亿元、同比增长 71%，净利润 161 亿元，同比增长 78%，国有资产实现保值增值新突破。

在未来，公司将更加紧密团结在以习近平同志为核心的党中央周围，全面把握新时代新征程党和国家事业发展新要求、央企新使命，以高质量发展为首要任务，全力奋进领跑中国电力、争创世界一流的新征程，为全面建设社会主义现代化国家作出新的更大贡献。

【中国大唐集团有限公司社会责任报告（摘要）】

2022 年，新时代的中国大唐完整、准确、全面贯彻落实党的二十大精神，以习近平新时代中国特色社会主义思想为指导，坚持稳字当头、稳中求进，全员站在一起、想在一起、干在一起，打赢打好“四大攻坚战”、抓细抓实“六大工程”，保供增效、绿色转型、深化改革、科技创新、风险防控、管理提升、党的建设……向上向前的大唐力量喷薄于生机勃勃华夏大地之上。

实干笃行，保供增效使命担当。矢志践行“四个革命、一个合作”能源安全新战略，面对能源保供严峻复杂形势和发电成本严重倒挂经营压力，心怀“国之大者”，将保供增效作为首要责任，圆满完成北京冬奥会冬残奥会、党的二十大、迎峰度夏、迎峰度冬等重大保供任务；提质增效持续加速，逐季开展劳动竞赛，经营局面稳中向好，完成发电量 5885 亿 kWh，供热量 30896 万 GJ，综合融资成本率降至 3.75%，节约财务费用 61.9 亿元。

聚焦双碳，产业结构向新调优。致力于成为美丽中国建设的领军企业，新能源项目投资管控流程精益高效，与 26 家产业链头部企业战略合作，“绿水青山”向“金山银山”深刻转化。绿色低碳转型提档加速，新能源年度开工突破千万千瓦，发电装机规模突破 1.7 亿 kW，清洁能源占比达 42%。煤炭清洁高效利用集聚集约，超低排放煤电占比 98.8%，东营电厂世界首台单轴“六缸六排汽”燃煤发电机组供电煤耗名列全国前茅。新兴产业拓维升级，在吉林建成我国北方最大风光储一体化项目，在湘、鄂两省建成单站容量最大集中式电化学储能电站，托克托“风光火储”耦合发展示范工程成为国内首个以清洁高效先进煤电为支撑多能互补项目，每年可新增 50 亿 kWh 绿电进京，减少碳排放 400 万 t。

求变图强，深化改革唯勇者进。国企改革三年行动高质量收官，中国特色现代企业制度和市场化经营机制不断完善，国有经济竞争力、创新力、控制力、影响力、抗风险能力持续增强，改革与运营质效同增，生产经营、燃料物资采购、煤化工、煤炭体制机制等专项改革走深走实，物资采购“管办”分离，市场营销“统一策略，集中报价”管理模式从底层核心促进现货、零售业务长足发展。所属 3 家“双百企业”“科改示范企业”专项考核成绩为两个“标杆”、一个“优秀”。

锐意进取，大国重器砥柱中流。实施科技创新工程，完善科技创新“224”体系，组建科技咨询委员会，健全科技创新考核评价指标体系“方法论”，创造更多“从 0 到 1”原创成果。西藏扎拉水电关键核心技术列入国家首台（套）重大技术装备科研项目，“揭榜挂帅”宁夏中卫大规模压缩空气储能工程稳步推进，托电多能耦合大基地送出攻关项目纳入“新型电力系统技术创新联盟”攻坚项目。

多措并举，从容御险赢得主动。深化“五个突出整治”，实施安全生产素质提升行动，安全生产基础稳固，设备可靠性提升显著。确立“锡多克”煤电化一体化发展战略，煤化工投产十年来首次整体盈利。资产负债率低于年度预算目标 5.77 个百分点，压降带息负债规模，较年度控制目标减少 806 亿元。

托举梦想，乡村振兴共同富裕。始终把持续推进乡村振兴作为重大政治任务，实践打造“三扶三真，五位一体”特色帮扶体系，投入无偿帮扶资金 8401 万元，开创“组团式”教育帮扶模式、打造产业赋能乡村振兴路径、拓展建设和美乡村和消费帮扶途径、拓宽脱贫群众就业通道、奠定党建引领乡村振兴基础，推动形成帮扶地区田野尽丰景、乡村气象新、乡亲日子美的全域、全员、全方位乡村振兴新图景。

二十载，登高望远谋发展；光阴迫，只争朝夕图新篇。2023 年是全面贯彻落实党的二十大精神开局之年，也是中国大唐“两年打基础、三年促发展”转折之年。中国大唐将高举习近平新时代中国特色社会主义思想伟大旗帜，全面学习、把握、落实党的二十大精神，持续增强“中国最好、世界一流”志气、底气和骨气，毫不动摇坚持党的领导、加强党的建设，坚持高质量发展，坚持绿色低碳转型，坚持全面深化改革，抢抓机遇，顺势而为，稳中求进，进中提质，踔厉奋发，勇毅前行，奋力谱写“二次创业”新篇章，在以中国式现代化推进中华民族伟大复兴进程中贡献大唐力量。

【中国华电集团有限公司社会责任报告（摘要）】

中国华电是中央直管的国有重要骨干企业。公司控股 6 家上市公司，现有职工 9.3 万人，截至 2022 年底，资产总额 10272 亿元。主要业务有发电、煤炭、科工、金融四大产业板块。中国华电发电总装机 1.91 亿 kW，清洁能源装机占比 47.2%，是国内最大的天然气发电运营商，拥有同类型企业中最多的水电和分布式发电装机。煤炭产业产能 5428 万 t/年，拥有 4 个千万吨级煤矿。科工产业拥有国家级火力发电检测、分布式能源技术等多个科技创新平台，在国内率先构筑起覆盖火电、水电、风电的华电“睿”系列电力自主可控工控产品系列。

一、可持续发展管理

中国华电，度度关爱。中国华电秉承社会责任理念，在国内和海外项目中高度重视可持续发展管理，积极履行社会责任，不断完善可持续发展管理机制，通过可持续管理和体系建设，践行人类命运共同体的价值观念。

1. 可持续发展理念

2013 年，中国华电首次提出“中国华电 度度关爱”社会责任理念，表达公司承担社会责任的初衷、意愿和态度。“度”是电力热力的计量、时间空间的延转、合作共赢的共享。每一度电，都是一种责任，中国华电践行度度关爱，时刻创造能源，全面担当责任，矢志可持续发展。

2016 年，结合公司发展战略与核心议题，中国华电将社会责任理念与公司战略相融合，赋予完整的体系架构，形成更加具体的“中国华电 度度关爱”责任品牌实施战略和责任品牌“4C”计划，这也是央企第一次提出社会责任品牌实施战略和行动计划。

2019年，中国华电在《华电文化纲要》中提出了“奉献清洁能源 创造美好生活”的公司使命，并通过核心价值、安全环保观、员工守则等体现出中国华电将责任理念深植于心灵、融汇于战略、体现于制度、外化于行动的央企担当。

2022年，中国华电发布首份越南可持续发展报告，详细阐述了中国华电根植当地、促进当地经济社会繁荣发展与民生福祉改善的责任行动与成效，向全球伙伴展现了中国华电构建人类命运共同体的靓丽缩影、传递了以中国华电为代表的中央企业致力全球可持续发展的理念与实践。

2. 可持续发展体系

中国华电积极构建企业可持续发展管理长效机制，以完善的组织保障持续推进可持续发展工作开展。成立社会责任领导小组，由公司主要领导担任领导小组组长，总部各部门领导担任成员，负责公司社会责任工作的组织领导，制定公司社会责任工作的战略，建设公司社会责任管理体系，部署公司重大社会责任活动，决定社会责任报告发布等有关事宜。社会责任领导小组下设办公室，党建工作部归口管理，接受公司社会责任工作领导小组的领导，负责社会责任工作的日常管理和组织实施以及社会责任报告的编制和发布工作。总部各部室设置社会责任联络人，负责具体推进社会责任工作。

3. 可持续发展沟通

中国华电拓展多元沟通渠道，持续保持与利益相关方的沟通。公司官网“社会责任”专栏定期更新公司关于可持续发展的最新动态和年度可持续发展暨ESG报告；持续举办“中国华电·度度关爱”社会责任月主题活动；推动“双碳”知识进政府、进企业、进学校，公司领导带队，举办《“碳达峰”和“碳中和”的形势与应对策略》等知识讲座，打造“中国华电·度度关爱”责任品牌。

二、献力“双碳”目标

党的二十大报告明确提出，要“积极稳妥推进碳达峰碳中和”。聚焦“双碳”唱主调，担当绿色使命“碳”索未来，中国华电坚决贯彻国家碳达峰碳中和重大战略决策，制定、完善碳达峰行动方案，推进清洁发展，加大科技投入，创新降碳途径，凝聚降碳力量，2022年，万元产值碳排放较2020年下降14.17%；排名“中国能源企业低碳发展贡献力50强榜单”第一。

1. 加强降碳管理

中国华电坚决贯彻国家碳达峰碳中和重大战略决策，根据《中共中央 国务院关于完整准确全面贯彻新发展理念做好碳达峰碳中和工作的意见》和国务院《2030年前碳达峰行动方案》等文件，持续精益碳达峰行动方案，按照“目标导向，统筹推进，创新驱动，重点突破，因地制宜，有序达峰”原则，制定中国华电碳达峰五项实施路径和八大专项行动，延续以碳市场为抓手、以降碳减排和绿色低碳转型为目标的碳排放管理工作思路，持续推进降碳管理。

2. 优化发电结构

助力清洁用电，中国华电以构建新型电力系统为目标，着力构建清洁低碳、安全高效能源体系，全面落实“四个革命、一个合作”能源安全新战略，推进绿色转型，持续发展水电，大力推进风光电“基地式、规模化”发展，有序推进天然气发电。2022年，风光电投资同比增长71.6%，风光电核准4642万kW、取得建设规模5311万kW、新增开工2625万kW、投产705万kW，均创历史最高水平；内蒙古、甘肃两个1000万kW级国家大基地以及“疆电外送”三通道新疆侧配套电源项目取得重大进展。

3. 聚焦数智降碳

中国华电不断提升低碳技术及数智化水平，全面布局碳监测、捕集与利用，生物质利用及固废掺烧等关键技术研发，2022年，“火电企业碳排放监测与全过程管控关键技术及应用”项目获得首个碳排放管理领域“电力科技创新大奖”和“2021年度电力科技创新奖一等奖”；牵头编制的首个碳监测行业标准《火电厂烟气二氧化碳排放连续监测技术规范》（DL/T 2376—2021）正式发布，填补火电行业碳排放连续监测技术标准空白；持续深化数字华电建设，将碳排放管理先进理念、策略与先进信息技术交融，开展“区块链+碳资产管理”信息平台建设，实现碳排放、碳资产交易履约等工作全流程数字化管控，推动碳排放数智化水平再上新台阶。

4. 发展绿色金融

中国华电积极发展绿色金融，深化产融结合，2022年，制定《绿色金融发展专项实施方案》，明确“十四五”绿色金融发展“7111”目标，构建多层次绿色金融体系；变更设立华电启程合伙企业，作为GP参与管理能源保供债特别基金，规模超150亿元；金融产业为主业提供资金1292亿元，支持系统内绿色发展资金420亿元。

5. 全球气候治理

中国华电推动构建全球气候治理体系，积极参与气候变化相关活动代表中国企业发声，受国际能源署、世界银行、亚洲开发银行、国际碳行动伙伴组织、国务院发展研究中心、国家应对气候变化战略中心、中国电力企业联合会等国内外相关机构邀请参与碳市场建设研讨、经验分享、报告评审、合作科研等活动，分享参与碳市场实践历程，共享绿色发展经验。2022

年，代表中国能源企业参加联合国气候大会中国角边会，传递华电绿色品牌价值；华电碳资产公司加入中国绿色碳汇基金会第三届理事会，为企业开展林业碳汇，实现碳中和持续赋能。

6. 扎实环境管理

中国华电持续加强党对生态环保工作的领导，2022年，开展习近平总书记生态环保重要指示批示精神再学习再落实活动，宣贯国家最新生态环保政策法规43项、生态环保相关典型案例166个，切实提高各级领导干部政治站位和业务能力；坚持做好环保工作顶层规划，科学谋划出台《集团公司“十四五”生态环境保护规划》；修订《生态环保奖惩管理办法》《生态环保综合评价办法》等制度，增强生态环保制度适应性，强化制度性约束能力；高度重视项目的环境与社会影响，所有新建项目前期严格按照《中华人民共和国环境影响评价法》开展和完成环境影响评价工作、取得政府相关部门批复后方可开工建设；持续执行《中国华电集团有限公司建设项目环境影响评价和水土保持前期工作管理办法》，明确建设项目环境评估的内容及报批流程，督促各单位严格按照相关法律法规和标准规范要求开展环境评估工作；印发水电、风光电、科工项目生态环保综合评价标准，实现集团公司生态环保评价标准产业全覆盖；做好电站建设移民安置和补偿，集团9个大型水电站完成移民竣工专项验收，涉及搬迁安置人口约12.4万人，移民生活条件大幅改善；升级打造智慧高效的环保信息化平台，推动环保远程培训考试、生态环保“一本台账”管理、年度五大计划月报填报和湿度、烟气量异常报警等功能开发，提升在线监控管理水平；组织开展新能源项目生态环保专项培训，公司系统850余人通过直播形式参加培训，有效提升新能源环保管理人员业务能力和素质；全年未发生较大及以上环保事件。

三、精益绿色运营

中国华电持续开展节能减排工作，重视污染排放管理，建设环境友好型、资源节约型企业。

1. 深耕节能降耗

中国华电不断完善能效对标体系建设，扎实推进风电可靠性和能效管理等专项行动；加强煤矿低碳开采，开展矿用设备节能技改，努力加快绿色矿山建设，探索矿山近零排放或负排放发展路径，大力推进煤电机组节能减排升级改造；持续探索余能回收，挖掘废热经济，实现能源梯级利用效率再优化；践行绿色办公，印发《中国华电集团有限公司总部无纸化会议系统运行管理规范（试行）》，节约办公耗材。2022年，企业单位产值综合能耗 3.05t/万元，单位发电油耗8.06t/亿 kWh，发电水耗率 8800kg/kWh，全年能源消耗总量79306363t标准煤。

2. 管理污染排放

中国华电深入推动污染防治攻坚行动，2022年，梳理集团公司《打好污染防治攻坚战三年实施计划（2018—2020年）》完成情况，54个污染防治项目转入“十四五”生态环保规划继续推进实施；下达《2022年生态环保年度计划》《直属单位2022年主要污染物排放目标》，修订《排污许可管理手册》，加强过程监管，主要污染物排放水平持续向好，火电机组脱硫装备率100%，火电机组脱硝装备率100%，废水排放量18629952.13t、减排量3410050t；组织开展废水排放口、“一废两场”、水电生态流量下泄等排查，排查到的140项问题全部纳入生态环保“一本台账”推动整改；鼓励各企业在满足排污许可管理要求的前提下结合当地发展需要，最大限度开展企业炉灰、炉渣、粉煤灰及脱硫石膏等固废的综合利用；圆满完成冬奥会冬残奥会、党的二十大等重大活动期间空气质量保障工作，生态环境部专函致谢。

四、护佑如墨青山

2022年，中国华电开展大基地治沙固沙和生态恢复治理研究，为建设高标准生态文明示范工程奠定坚实基础；指导华电煤业制定《煤炭产业“十四五”生态环境保护规划》，完成采煤塌陷区 480hm^{2}生态恢复治理；全力落实国家国土绿化行动，响应西藏自治区创建国家生态文明高地战略，完成西藏拉萨南北山绿化工程59.7万株苗木种植；积极响应生态环境部“保护生物多样性，共建清洁美丽世界”活动主题与倡议，圆满完成“‘6·5’世界环境日鱼类增殖放流联合行动”，全年累计放流特有珍稀鱼类约520万尾；高度重视水土流失治理，保护表土资源，苏洼龙水电站环境保护和水土保持投资约5.9亿元，收集表土约39万m^3，项目水土流失总治理度大于95%，金上公司连续获评四川省水土保持先进单位。

五、服务和谐社区

民生无小事，枝叶总关情。中国华电积极服务社区建设，以高度的责任感全力保供能源，开展爱心送考等一系列志愿服务，积极服务国家战略，在助力乡村振兴、服务建设海外社区中发挥重要作用，厚植民生福祉，充分彰显央企担当。

1. 热心公益慈善

中国华电坚守公益初心，扎实开展“我为群众办实事”实践活动，组织开展公益捐赠、爱心助学、学雷锋、公众开放日等系列公益志愿活动，以善行传递爱心和文明；积极投身疫情防控工作，热心捐赠防疫物资，传递华电公益情怀，携手各利益相关方创享更加美好的生活。

2. 乡村振兴

投入4607万元在各帮扶点精准实施乡村特色种

养业培育、"自发自用、余电上网"村级光伏电站建设、农光互补"板下经济"发展、村集体经济扶持等产业帮扶项目；创新实施"金太阳"沐光行动计划，在阿图什市和乌恰县 24 个村建设分布式光伏发电及清洁用能项目，为村集体增加稳定收入来源；持续打造乌恰县"葱岭牧人""云尚巴音"、阿图什市"瓦克瓦克""绿林果园"等农特品牌，引进深加工企业和专业平台，夯实特色农牧业可持续发展基础；积极联系国药集团研究探索定点帮扶县菊芋种植和中草药产业发展。

加大对基层干部、技术人员和乡村振兴带头人技能和管理培训力度，将课堂集中培训调整为农田、牧区、蔬菜大棚现场分散式培训，聘请林果专家深入田间地头进行实践培训，为帮扶点培育一批"土专家""田秀才"。2022 年，培训定点帮扶县基层干部和技术人员 4792 人次。

发挥援建的村民广场、党建驿站和便民服务中心文化宣传交流作用，丰富农民群众文化生活需求。在西藏昌都市江达县大力扶持国家级非物质文化遗产"波罗古泽刻版制作技艺"产业化发展，打响藏式木刻文化产业品牌。在新疆阿图什市瓦克瓦克村华电桃花源组织"花开桃花岛，桃醉瓦克瓦克村"桃花节、采摘节、丰收节等活动，打造特色民俗乡村旅游文化品牌。

积极参与拉萨市南北山绿化工程造林，承担造林任务 4430 亩、43 万余株，助力西藏自治区建设国家生态文明高地。在乌恰县高山牧区实施光伏提灌及草场喷洒项目，持续推进"华电三力果园"建设，探索"盐碱地快速脱盐种植果树"技术，助力农村荒漠化土地加快复绿步伐。因地制宜开展农村人居环境整治、农村厕所改造和污水处理、红色美丽村庄试点建设，引导农牧民开展庭院整治、庭院美化，助力打造美丽乡村。

不断加大消费帮扶工作力度，常态化组织采购帮销脱贫地区农产品，推动形成"人人皆可为、人人皆愿为、人人皆能为"的消费帮扶全覆盖氛围。积极参与国家发展改革委"消费帮扶新春行动"、国家能源局"能源行业消费帮扶行动"、国务院国资委"央企富民兴疆消费帮扶行动"等活动，通过组织脱贫地区农副产品上架华电商城助力乡村振兴专区（上架 187 款产品）和央企消费帮扶平台（上架定点帮扶县和对口支援县 44 款产品）、第一书记直播带货、参加农产品展销会等途径，想方设法拓展帮扶点农副产品销售渠道，千方百计帮助解决农产品滞销问题；引进国内知名生鲜运营商"本来生活网"专业团队赴定点帮扶县考察筛选优质农特产品、制定产业链打造方案、搭建专属购买平台，帮助强化联农带农利益共享机制，提升定点帮扶县产品市场竞争力。2022 年，公司系统累计采购和帮助销售脱贫地区农副产品 8322 万元，完成年度计划的 145%。

六、唱响"一带一路"

万里丝路通古今，四海携手向未来。中国华电深入学习贯彻习近平总书记在"一带一路"建设座谈会上的重要讲话精神，按照党的二十大所提出的"推动共建'一带一路'高质量发展"要求，围绕高标准、可持续、惠民生的"一带一路"建设目标，坚持"四轮驱动"发展模式，充分发挥自身优势，积极稳妥推进海外项目，助推当地经济发展，积极开展形式多样、领域广泛的公共外交和文化交流，共同打造政治互信、经济融合、文化包容的利益共同体、命运共同体和责任共同体。

作为国家"一带一路"倡议的积极践行者，中国华电加快推进绿色低碳转型，全力开拓国际市场。成立华电"一带一路"能源学院，积极推进项目投资、工程承包、技术服务、国际贸易，以"四轮驱动"推动"合力出海"，强化境外资本运作，巩固和发展东南亚、南亚等海外电力市场，不断增强企业竞争力。控股在运在建境外电站装机规模 503 万 kW，储备前期项目约 800 万 kW，获得三大评级机构高级别信用评级，以负责任的态度、以高品质的工程建设在海外塑造了良好形象。

【国家能源投资集团有限责任公司社会责任报告（摘要）】 国家能源集团是集央企联合重组、国有资本投资公司改革、创建世界一流示范企业、国有企业公司治理示范企业"四个试点"于一身的中央企业，拥有煤炭、电力、运输、化工等全产业链业务，产业分布在全国 31 个省区市以及美国、加拿大等 10 多个国家和地区，是全球规模最大的煤炭生产公司、火力发电公司、风力发电公司和煤制油煤化工公司。

2022 年，国家能源集团将"国家能源，责任动力（CE・CE）"作为推动稳健增长和可持续发展一以贯之的行动宗哲，服务国家发展大局，取得年度经营业绩、年度党建责任制、三年任期、改革三年行动、三项制度改革考核 A 级，董事会考核优秀和任期科技创新突出贡献企业的"五 A 一优一贡献"优秀业绩，在中组部组织的中管企业领导班子任期综合考核评价中荣获优秀。世界 500 强排名提升至第 85 位。

1. 砥砺风雨已五年引领超越谱新篇

统筹发展与安全，持续增强一体化保供能力。以不到全国 11%装机贡献全国约 14%发电量，实现供热总量全国第一；圆满完成国资委"两利四率"考核目标，贯彻"两个一以贯之"，高质量完成国企改革三年行动 74 项任务；RISE 品牌战略和 CE・CE 社会责任指标体系成功发布，集团品牌价值同比增长 25%；建成 12 个国家级科研平台。

2. 力能扛鼎 赋能更久续的经营

不断发挥“煤电化运”全产业链优势，国家能源集团和中国神华入选国资委“国有企业公司治理示范企业”；煤炭产量6亿t、销量7.9亿t，煤炭产销量占全国约18%；发电装机容量28796万kW，同比增长6.3%；持续深化“1+2+3+N”科研体系改革；高质量完成“两奥”“两会”、党的二十大等重要时段保供任务。

3. 向高而攀，改革强体争创一流示范

强化顶层设计，深化落实“1+4+N”改革体系，统筹战略性重组、国有资本投资公司改革、创建世界一流示范企业和公司治理示范企业等四项试点，国企改革三年行动整体任务全部完成，改革发展收获“五A一优一贡献”的优异成绩。

4. 力任其难 赋能更久治的生态

全产业链绿色转型，稳步实施煤电“三改联动”；高效灵活二次再热发电机组工程示范项目助推“双碳”转型；黄骅港国内首家获得“中华环境优秀奖”称号港口企业；搭建国内首个全产业链监控平台；印发《关于做好2022年生态环境保护工作的决定》《“十四五”能源节约与生态环境保护专项规划》，构建生态环境治理新格局；建成省级以上绿色矿山53座，矿区工业绿化率83.37%。

5. 向美而行，能源转型铸就“双碳”标杆

建设“水光蓄储”千万千瓦级多能互补一体化基地；建设全球首个海上潮间带试验风电项目；《大渡河流域珍稀鱼类保护中心建设》入选联合国《生物多样性公约》宣传案例集；牵头发起成立中国氢能联盟高效运营；《智能风电场技术导则》成为国内风电场智能化领域发布的首个行业标准；《新能源区域公司智慧企业建设标准》填补国内新能源发电领域智慧企业建设标准空白。

6. 力从心发 赋能更久安的社会

牢记企业社会责任，安全生产专项整治三年行动圆满收官，全年未发生较大及以上生产安全事故；智慧运输、智慧物流多式联运演示系统向社会提供全球领先的技术与服务；国际工程荣获最高等级（AAA）信用评价；全员劳动合同签订率100%，社保覆盖率100%；全集团104个单位获得省、市级健康企业称号；累计投入无偿帮扶资金3.04亿元；公益基金会开展医疗救助、助教助学、定点帮扶等公益项目累计支出40.38亿元。

7. 向远而进，深耕海外打造履责样板

准能集团矿区生态修复案例入选世界经济论坛《新自然经济报告》；锦界公司CCUS示范工程、湖北公司燃煤生物质耦合发电项目入选国际能源署年度报告《低排放煤炭技术助力零碳亚洲未来》；龙源南非公司德阿风电项目是南非首个也是唯一一个成功注册的大型可再生能源自愿碳减排项目，被誉为金砖国家能源合作典范；德阿风电开发运营团队被评为“央企楷模”先进集体。

【中国核工业集团有限公司社会责任报告（摘要）】 中核集团主动践行央企担当，积极履行社会责任，推进核知识科普教育，提高公众核科学素养。协调各方资源大力推进定点帮扶工作，连续四年获得“好”的最高等次评价。参与灾害救助、爱心捐赠、义诊宣教等多种公益志愿活动，传递公益爱心。积极履行海外社会责任，树立良好的企业形象和口碑，营造和睦、和谐的发展关系。

一、聚焦核科普宣传

公众沟通及科普工作直接关系到核工业的可持续发展，中核集团高度重视公众沟通及科普工作，坚持做、用心做、久久为功。2022年，中核集团以“系统化、分众化、品牌化”为工作主线开展科普工作，做好顶层设计、打好科普基础、实现精准传播，为“双碳”下核能的快速发展蓄积充足底气。

中核集团、秦山核电科协被评为2022年全国科普日优秀组织单位。“核你在一起”科普开放周、全国高校学生课外“核+X”创意大赛、“魅力之光”核科普系列活动、“强国有我‘核’你一起”志愿宣讲活动等7项活动被评为2022年全国科普日优秀活动。

二、“核”力推进乡村振兴

中核集团深刻认识实施乡村振兴战略的重大意义，持续加大对定点帮扶县支持力度，不断创新帮扶方式、深化帮扶成效，为全面推进乡村振兴贡献中核力量。

一是强化组织领导，压实帮扶责任。中核集团在集团公司层面设置由主要负责同志担任组长的乡村振兴及定点帮扶工作领导小组，集团党组领导分别赴定点帮扶县调研指导，以上率下推动各项工作落地实施。在总部成立乡村振兴处，创新建立定点帮扶工作对口联络机制，并在此基础上签订乡村振兴承诺书，充分整合内部帮扶资源，进一步畅通对上、对内、对外和对四个定点帮扶县综合协调的定点帮扶工作新格局。

二是多措并举帮扶，助力共同富裕中核集团按照“产业兴旺、生态宜居、乡风文明、治理有效、生活富裕”的总要求，加大资金、项目、人才支持力度，全面推动产业振兴、教育帮扶、党建引领、生态振兴和消费帮扶，用核之动力、核之能量助推乡村全面振兴。

2022年中核集团向4个定点帮扶县投入无偿帮扶资金6049.26万元，投入帮扶项目资金11.97亿元，引进帮扶资金4358万元，培训乡村振兴人才2.8万人次，购买定点帮扶县农产品金额3632.86万元，帮助销售定点帮扶县农产品金额1432.81万元。

三、投身公益志愿行动

中核集团积极在灾害救助、爱心捐赠、义诊宣教等多个领域开展志愿服务活动，传递公益爱心。2022年中核集团支持四川甘孜州泸定县地震救灾工作捐款33604万元，注册志愿者2000人，志愿活动时长47319h，用实际行动践行“我为群众办实事”的生动内涵和“强核报国，创新奉献”的新时代核工业精神。

四、融入海外共建共享

中核集团积极履行海外社会责任，与“一带一路”沿线国家共享发展成果，在国际核能合作中坚持本地化方针，有效带动有关国家装备制造业发展和扩大就业，广泛开展公益实践，为建设更加美好的世界贡献中核力量。

中核集团成功收购纳米比亚罗辛铀矿后，积极改善当地公共设施质量，投身教育事业，开展面向农村中小学教学管理能力提升培训，帮助纳米比亚偏远地区学校提高教学质量，每年出资200万纳元（约合90万人民币）支持40名纳米比亚大学生完成学业，同时积极联合当地政府组织青少年参加海洋环境保护、海鸟生态保护等公益行动，助力非洲社会发展，赢得了国际社会和所在国的广泛赞誉。

【中国长江三峡集团有限公司社会责任报告（摘要）】2022年，中国三峡集团深入学习贯彻党的二十大精神，认真贯彻落实习近平总书记对三峡集团重要讲话指示批示精神，深入践行新发展理念，以可持续发展为目标，以绿色发展为主线，围绕完善公司治理、深化改革创新、奉献清洁能源、保护生态环境、助力共同富裕等方面，积极履行社会责任，充分发挥“六大作用”，奋力实施清洁能源和长江生态环保“两翼齐飞”，坚决当好绿色水电开发引领者、绿色能源基地建设者、绿色环保产业带动者、绿色“一带一路”贡献者、绿色低碳转型促进者。

公司治理，强化价值创造。中国三峡集团坚持把加强党的领导融入公司治理，推动形成权责法定、权责透明、协调运转、有效制衡的公司治理机制。持续完善公司董事会建设，全面实现董事会应建尽建、配齐建强、落实职权。持续完善董事会制度体系和管理流程，形成董事会授权、行权、监督、评估的管理闭环。建立首席合规官与合规专员工作机制，进一步健全合规管理制度体系、运行体系。深入开展所属企业依法合规经营专项检查，聚焦压减法人户数、优化集团管控、完善公司治理、加强重点领域管控等重点事项，“一企一表”推动经营合规问题整改。持续加强境内外重点领域、高风险业务和内部控制关键环节审计监督，推动各项监督检查向基层、重点项目和境外延伸，并穿透至三级及以下子企业。

改革创新，培育内生动力。中国三峡集团坚决贯彻党中央关于深化改革重大决策部署，自觉做改革的推动者。国企改革三年行动圆满收官，基本实现制度健全、动作到位、效果显著。“双百行动”“科改示范行动”获得“3标杆1优秀”。深入开展对标世界一流管理提升行动，建立“点、线、面”相结合的对标工作体系。深化总部机构和在京直属机构调整改革，重构总部职能管理体系，创新实施事业部制管理模式。优化调整区域机构管理机制，加强区域公司与专业化公司业务协同，明确新业务新业态范围、决策机制、管控要求。优化完善投资管理体系，规范资源获取、项目开发建设和投资并购工作。建立绿色通道机制，提升重大项目投资决策效率。推进经理层任期制和契约化管理全覆盖，建立科技型企业“存量激励加增量激励”混合模式岗位分红激励制度。

清洁能源，夯实战略基础。中国三峡集团聚焦主责主业，持续巩固大水电地位，大力推进陆上、海上风电开发、太阳能等多元化开发，推动清洁能源业务高质量发展。世界最大清洁能源走廊全面建成，白鹤滩水电站全面投产发电。乌东德水电站荣获“菲迪克工程项目奖”，向家坝水电站荣获第三届高混凝土坝国际里程碑工程奖。持续提升梯级水库联合调度能力，充分发挥三峡、葛洲坝、向家坝、溪洛渡等水电工程防洪、航运、发电、补水、生态等社会综合效益。长江干流6座梯级电站投产机组共110台，全年发电量2622.49亿kWh。新能源年度新增投产装机容量358万kW，总装机容量约3200万kW。承担的国家首批新能源大基地项目全面开工，金沙江下游水风光储国家级示范基地云南侧首个光伏项目建成投产，全球单体规模最大的水面漂浮式光伏电站首批机组并网。我国首个千万千瓦级“沙戈荒”基地先导工程在内蒙古库布齐沙漠开工。优化能源产业布局，大力推进抽蓄项目建设，基本形成“投产一批、开工一批、储备一批”滚动开发格局。浙江长龙山抽蓄电站全面投产，创造3项世界第一、4项国内第一。持续开拓海外新能源市场，巴西首个新能源绿地光伏项目阿里努斯（Arinos）正式开工建设，西班牙3个光伏项目顺利交割，海外新能源装机容量达270万kW，位居央企前列。

生态环保，擦亮生态底色。中国三峡集团深入贯彻落实习近平总书记关于共抓长江大保护系列重要指示批示精神，全力推进长江大保护工作。坚持深化水环境全域系统治理，在“厂网一体”的基础上，复制推广“城市智慧水管家”模式。坚持以问题为导向，全力以赴打好管网攻坚战，2022年新增雨污管网长度5700km，新增污水处理能力147万m^3/d。以推进城镇污水处理提质增效为目标，持续打造污水全收集、收集全处理、处理全达标的“三全”示范标杆。持续加强长江流域珍稀特有动植物多样化保护，全年放流中华鲟等长江珍稀特有鱼类230万尾，保护珍稀植物总数达1380种。中国三峡集团成为我国首家在联合国生物多样性公约官方平台展示自主承诺的中央企业。

美好与共，助力共同富裕。中国三峡集团深入学习践行习近平总书记关于“三农”工作的重要论述，积极履行央企社会责任，努力在巩固脱贫攻坚成果与乡村振兴有效衔接中发挥表率作用。严格按照“四个不摘”和“三个转向”要求，以产业振兴为重点协同推进“五大振兴”，向四个定点帮扶县投入帮扶资金4亿元，全面完成国资委考核各项目标任务。不断加大援疆援藏援青帮扶力度，全年实施教育、医疗、生态、基础设施、素质能力提升等援扶项目20个，多层次、全方位助力民族融合和边疆繁荣稳定。高标准、高质量统筹做好库区移民帮扶后续工作，全年投入资金1.7947亿元，助力建设宜居宜业和美库区。全年购买和帮销农产品9660.15万元，有效遏制农户因疫致贫返贫风险。积极投身社会公益，第一时间捐赠5000万元支援四川泸定抗震救灾，先后向内蒙古自治区、贵州省、武汉市、兰州市等地捐赠4788万元支持打赢疫情防控阻击战。全年实施履责项目333项，惠及全国102个县（市、区）。2022年，中国三峡集团先后荣获第十七届人民企业社会责任奖、首届内蒙古慈善奖、责任金牛奖等奖项。

（黄晓天）

【中国电力建设集团有限公司社会责任报告（摘要）】 高标准履行社会责任，是中央企业深入贯彻落实党的二十大精神，服务推进中国式现代化的必然要求，也是加快建设世界一流企业的必然选择。2022年以来，中国电建全面贯彻习近平新时代中国特色社会主义思想，坚持统筹自身担负的政治责任、经济责任与社会责任，围绕加快高质量发展、建设世界一流企业，聚焦“水、能、砂、城、数”战略转型和绿色低碳产业发展，着力提升在科技创新、乡村振兴、“一带一路”建设、疫情防控、抢险救援等领域的社会责任贡献率，以行动诠释担当，用真情书写奉献，社会责任管理的体系进一步健全、理念进一步深化、制度进一步完善、实践进一步丰富，在履行社会责任方面作出了电建表率，树立了电建形象。

一、牢记“国之大者”，主动服务重大国家战略勇担当

中国电建心怀“国之大者”，提高政治站位，主动服务国家战略，展示央企担当，有力发挥中央企业定盘星、压舱石、顶梁柱作用。

（一）践行创新驱动取得新成果

主动承揽国家、行业核心技术攻关和协同创新平台建设任务，着力突破一批“卡脖子”关键核心技术，勇当原创技术“策源地”和现代产业链“链长”。策源地建设步伐加快，成功获批5项重大专项攻关任务，数量位居同类央企前列；主持3项国家重点研发计划，牵头获批国家最高等级科技项目数量再创新高；深远海风电、氢能、骨干水网建设等产业发展科研项目稳步实施；积极参与国家实验室体系和现代产业链建设，先后牵头成立西藏自治区水风光储能源技术创新中心、中国水力发电学会抽水蓄能行业分会，发布《抽水蓄能产业发展报告2021》；两项重点攻关任务入选工信部“人工智能产业创新任务揭榜挂帅”榜单。目前，中国电建成立了由33位院士组成的科学技术高级顾问委员会，拥有9个国家级研发机构，9个院士工作站，12个博士后工作站，先后荣获国家科技进步奖、詹天佑奖等国家级科技奖励1000余项。

（二）助力乡村振兴获得新成效

发挥自身优势和专长，助力定点帮扶县打造特色产业，形成行之有效的中国电建“产业投资引领”帮扶模式。向剑川县捐资3000万元资本金，通过“1+6产业帮扶模式”，筹资5.5亿元建设万头奶牛养殖及10万亩饲草饲料种植项目；采取“龙头企业+合作社+养殖户”模式，捐资2550万元助力建设民丰县多胎羊特色肉羊养殖基地项目；采用“国外品牌+石龙村乡村旅游合作社+村集体+脱贫户”模式，捐赠460万元打造半山酒店知名品牌加农村民宿旅游圈，带动村集体经济收入增加和脱贫户的稳定就业。中国电建定点帮扶工作成效多次被国资委点名表扬，荣获上市公司乡村振兴最佳实践案例，连续四年获得国家主管部门考核“好”的评价。

（三）融入区域协调发展展现新作为

推动西部大开发形成新格局，编制《“十四五”西部区域发展规划》，2022年西部区域累计新签合同4638个，签约合同总额超过2283亿元。高标准高质量建设雄安新区，雄安·电建智汇城率先开园运营。推进粤港澳大湾区建设，融入长三角一体化发展，南方区域总部2022年新签合同突破2000亿元。

（四）共建“一带一路”实现新突破

2022年，参与投资承建的雅万高铁项目中地质条件最复杂、施工难度最大的2号隧道工程完工，习近平主席和印尼领导人现场共同观摩高铁试验运行；我国援外在建最大水电站——布隆迪胡济巴济水电站全部投产运营；习近平主席见证签约的南亚地区最大单体污水处理厂——孟加拉国达舍尔甘地污水处理项目正式建成投产。在中亚投资的首个新能源项目——哈萨克斯斯坦谢列克风电项目投产发电，二期项目正加速推进。在中东欧、北非、东南亚等“一带一路”沿线国家储备了一批规模达100万kW的优质新能源投资项目。

（五）践行“双碳”战略迈上新台阶

推动绿色发展，全年获取新能源建设指标项目156个，装机规模2122万kW；新开工境内新能源项目78个，装机规模1128万kW。签署投资开发抽水蓄能项目协议110个，装机规模达1.33亿kW；批复开展投资建设和前期工作项目26个，装机规模3320万kW。制定发布抽水蓄能、水电、风电、光伏等企业定额标准、范本37套，推动部分定额逐步上升为行业定额，初步建立公司清洁能源企业定额体系。投资开发的首座百万千瓦级抽水蓄能电站——重庆云阳建全抽水蓄能电站、全球最大商业化漂浮式海上风电项目——中电建海南万宁百万千瓦漂浮式海上风电项目开工建设。

二、坚持守正创新，全面推动高质量发展显成效

中国电建以“建设清洁能源，营造绿色环境，服务智慧城市”为使命，聚焦“水、能、砂、城、数”核心主业，集成投建营全产业链一体化，推进全球化发展，通过打造原创技术策源地、建设现代产业链链长、培育“专精特新”冠军企业，成为优势领域的全球引领者和龙头企业，推动工程建设行业技术变革和绿色发展。

（一）做强水资源环境业务

积极参与国家水网建设，长江、黄河等流域系统治理，智慧水利建设，海岛生态修复、海岸环境治理，深挖水领域价值链，巩固增强用水、治水优势，着力形成供水、兴水新优势，成为水资源环境业务的引领者。2022年，中国电建水资源与环境业务新签合同1780亿元，同比增长14.5%。

（二）做优能源电力业务

中国电建充分发挥传统水电和新能源领域专业优势，抢占抽水蓄能、光伏、风电以及地热能、生物质能、氢能、储能、综合能源市场，积极参与智慧能源、智慧电网建设，推动能源清洁低碳转型，成为推动实现“碳达峰碳中和”目标的主力军。2022年，能源电力业务实现新签合同5232亿元，同比增长15.4%。

（三）做大绿色砂石业务

中国电建作为绿色机制砂石技术的开创者和行业标准的制定者，坚持生态优先、绿色发展，将绿色低碳发展作为企业转型升级、实现高质量发展的关键一招，坚持创新驱动发展，发挥专业优势，致力于绿色建筑材料的集约化、规模化开发、生产和应用，持续向基础设施供应链上游的建筑材料领域发力，在重点战略区域以及重要城市群、都市圈周边区域，加大绿色砂石业务布局，打造绿色砂石产业链，推进绿色建材业务投建营一体化发展。2022年度，获取砂石项目采矿权共计19个，已获砂石资源储量84亿t，同比2021年增长181.96%，设计产能4.65亿t/年，已基本完成在珠三角大湾区、长江中下游沿岸城市群的布局。截至2022年底，中国电建进入运营期的绿色砂石骨料项目有7个，设计产能1.34亿t/年，已投运产能1.07亿t/年，中国电建正逐步打造高标准矿山品牌，树立集团品牌形象和领军地位。

（四）做精城市与基础设施业务

围绕“深耕城市、运营城市、服务城市”创新商业思维和商业模式，在城市建设与城市更新过程中，加强系统性、前瞻性布局，大力拓展城市综合开发业务，积极参与川藏铁路、国家综合立体交通网、新型基础设施建设，将城市与基础设施建设打造成重要增长极。2022年，城市基础设施业务新签合同3695亿元，同比增长10.2%。

（五）做专工程数字化业务

秉持“数字电建、智创未来”的战略愿景，聚焦“水、能、砂、城、数”战略布局，推动数字化与建造方式、经营理念、市场形态和行业管理的深度融合，实现工程交付产品的全面数字化转型，建成一批智慧水务、智慧能源、绿色建造、智慧城市平台产品，以数字化助推城乡发展和治理模式创新，推动数字经济健康发展。

三、彰显电建形象，切实提升企业社会价值有作为

中国电建坚决落实党中央、国务院决策部署，牢记央企责任使命，按照市场规律，秉持平等、尊重、诚信的原则，不断提升履约能力与产品质量，全力构建相互支持、互惠互利、多方共赢的良好伙伴关系。

（一）建强治理体系

认真贯彻落实“两个一以贯之”，结合公司实际修订“三重一大”决策制度。纳入应建范围的86家子企业均已实现董事会应建尽建、配齐建强、外部董事占多数，董事会授权管理制度全面建立。推动“双百企业”“科改示范企业”用好用足“政策包”“工具箱”，发挥先行先试、示范引领作用。公开选聘、竞争上岗比例大幅提升。分类分层稳妥推进混合所有制改革，3家子企业纳入国家发展改革委混合所有制改革试点，现有混合所有制企业138家，引入非国有资本140.7亿元。医疗机构改革工作实质性完成。出台特别贡献（重大专项）奖管理办法，极大增强了公司上下获取资源、抢抓订单、提质增效、处置风险及完成重大专项工作的动力活力。

（二）坚持合规经营

持续加强风险防控能力建设，认真落实中央、国资委关于依法治企、合规经营等方面的政策要求，深入贯彻落实《中央企业合规管理办法》，持续抓好重大经营风险管控和海外疫情防控，充分发挥法律合规管理、审计监督在风险防控中的重要作用。在全公司范

围内开展了全级次、全领域、全方位排查，全面梳理合规问题，剖析风险根源，制定工作措施。60 家子企业聘任总法律顾问（25 家专职），63 家子企业设置了法律工作机构，“法治电建”建设成效不断显现。

（三）严抓反腐倡廉

始终保持惩治腐败高压态势，坚持政治巡视定位，高质量完成巡视巡察全覆盖任务。完成总部机关党支部提级巡视。扎实开展“成效评估年”活动，深化巡视整改和成果运用，在党的二十大前基本完成专项巡视整改任务。坚持以“三不腐”一体方略深化正风肃纪反腐，加大对“一把手”和领导班子的监督，统筹推进境外腐败治理和靠企吃企问题综合整治，加大执纪问责力度，严查“四风”背后腐败问题，企业政治生态向上向好。

（四）践行“人才强企”

坚持“人才强企”战略，不断打造素质高、作风硬、本领强的国际化人才队伍。制定实施“百千万”科技人才培养工程实施方案，聘任 2 名首席科学家，评聘 25 名首席技术专家。2022 年 1 人入选国家青年人才计划、3 人入选“大国工匠”、5 人获评全国技术能手，1 家单位获评技能人才培育突出贡献单位。

（五）保障客户权益

坚持提供高质量的服务和产品质量，全力保护客户权益。不断推动建立覆盖生产经营全过程的全生命周期质量管理体系。在日常经营管理中持续总结、修订客户服务体系，不断优化客户服务，提升客户体验。2022 年荣获“国家优质工程金奖”8 项、“国家优质工程奖”14 项、“鲁班奖”7 项，公司品牌熠熠生辉。

（六）落实绿色生产

追求生产运营全过程资源节约和治污减排，加强对重点用能单位、重点耗能生产过程、重点耗能设备的管控；升级环保技术，减少项目全生命周期的污染物排放；严格落实大气污染防治，并委托有资质的第三方监测机构定期进行环境监测；设置污水处理系统，对生产废水进行收集处理，直至满足水污染物排放标准；对固废的收集、贮存、运输和利用全过程进行监督管理与合规转运处理；通过选用低噪设备、安装隔声屏、设置禁鸣标识等，尽可能减小噪声对周边环境的影响；按照减量化、再使用、再循环三原则，尽可能实现资源回收利用最大化。

（七）保护生态环境

不断推动生态环境保护与综合治理，坚持山水林田湖草沙一体化保护和修复，以水系为主线，坚持源头治理、水陆统筹、划片分区、整体推进，构建起良性稳定的生态圈。全面贯彻尊重自然、顺应自然、保护自然的生态理念，通过工程与非工程措施对受损、退化、服务功能下降的生态系统进行整体保护、系统修复、综合治理。组织开展以“节能降碳，绿色发展”和“低碳生活，绿建未来”主题的节能环保宣传，开展义务植树、垃圾清理等环保公益活动，向社会各界传递生态环保理念。

（八）树牢责任品牌

先后向西藏芒康县捐赠价值 150 万元抗疫物资、向四川泸定县地震灾区捐款 2000 万元，支援地方抗疫救灾和灾后重建，用实际行动践行央企担当；南方洪灾和四川震灾发生后，公司第一时间启动应急响应，派出专家组和救援队帮助地方政府科学开展抢险救灾，受到国家应急管理部通报表扬；电建医疗队多次逆行出征，驰援各地及海外项目抗疫，3 个集体及 57 名医护人员被国资委党委通报表彰；积极开展稳岗扩就业行动，招聘高校毕业生近 1.2 万人；连续十年发布社会责任报告，连续第五年获得“五星级（卓越）”评价，逐步形成了独具特色的社会责任品牌。2022 年，中国电建在“中国企业社会责任发展指数”300 家大型企业中位列第 16 名，在“建筑行业社会责任发展指数”中位列第 1 名，荣获中国社会责任百人论坛“2022 责任金牛奖 • 责任企业奖”；股份公司荣膺 2022 年“央企 ESG • 社会价值先锋 50 指数”第 2 名。

【中国能源建设集团有限公司社会责任报告（摘要）】2022 年是党和国家发展历史上极为重要的一年，党的二十大胜利召开，擘画了全面建设社会主义现代化国家、以中国式现代化全面推进中华民族伟大复兴的宏伟蓝图。这一年，对中国能建也是非同寻常的一年，我们紧紧围绕迎接学习贯彻党的二十大精神，深入践行《若干意见》和“1466”战略，加速打造新能源、新基建、新产业“三新”能建，新签合同额突破万亿大关，高质量发展乘势而上，书写了追寻初衷路、逐梦新时代的精彩答卷。

我们牢记“央企姓党、央企为国”的政治初衷，永葆践行国家战略的赤子之心，全力当好中国式现代化建设新征程中的排头兵。中国能建把学深悟透习近平新时代中国特色社会主义思想作为“第一任务”，以科学理论统领全部工作，以思想伟力推动发展之“变”。我们坚持与初心同源、与时代同频、与国家同行，聚焦“30 • 60”系统解决方案“一个中心”和氢能、储能“两个支撑点”，不断创建新模式、策划落地大项目、加速转化新技术、下线列装新装备、开工建设新项目、培育成长新产业，以实打实的成绩牢牢站稳践行“双碳”战略、能源安全新战略的第一方阵。我们加速实体布点、加强方案供给、加大产业导入，为区域协调发展贡献了能建力量。我们锚定打造“三新”能建、建设世界一流企业“两大战略目标”，矢志将政治责任摆在首位，将经济责任扛在肩上，将社会责任记在心里，稳步开创全面奋进、全面拓展、全面向好、全面蓄能的崭新局面。

我们牢记“国之大者、使命担当”的发展初衷，尽展工程铁军的硬核风采，全力当好能源电力与基础设施建设领域的国家队。“白鹤”舞金沙，“华龙”耀东方，3000t 吊装“巨无霸”力拔穹顶，大湾区直流背靠背工程建成投产，南水北调中线穿黄工程通过验收……全体能建人在精益求精、勇攀高峰的路上再接再厉、勇毅前行，一个个中国之最、世界首个超级工程、精品工程，树起了“大国重器”的能建丰碑，向全球展现“大国工匠”“中国建造”的硬核风范。我们坚持把科技创新摆在突出位置，组建系列研发平台，持续加大研发投入，完成多项关键“卡脖子”技术攻关，首批“揭榜挂帅”重大科技项目取得阶段性成果，国家重大技术装备名单榜上有名，发布的 IEC 国际标准填补了世界空白。2022 年，中国能建荣获国家级优质工程奖 21 项、省部级优质工程奖 153 项，获省部级、行业级科技奖 230 项。

我们牢记“发展企业、创造价值”的经济初衷，以改革创新释放发展新潜力，坚持当好让价值创造成为检验各项工作唯一标准的笃行者。中国能建始终坚持科学管理，追求以价值创造为核心的三大使命，追求做正确的事并产生价值；追求管理的有效性，产生更大价值；追求打造具有生命体特征的卓越组织，持续创造价值。我们深入推进落实两个“一以贯之”，加强制度建设、规范机制运作，企业治理体系进一步健全，治理能力稳步提升，成功入选国有企业公司治理示范企业。我们圆满完成国企改革三年行动任务，在中央企业改革三年行动重点任务考核中获评 A 级，全面深化系统改革，实现了全方位变革、系统性重塑、整体性重构，发展活力竞相迸发。我们优化经营体系，构筑产业联盟，扬帆“一带一路”，融合发展理念模式落地生根，新能源及综合智慧能源高歌猛进，新能源、新基建、新产业“三新”能建动力澎湃，世界 500 强排名跃升至 256 位。

我们牢记“关键小事、民生大事”的幸福初衷，共享发展成果促进共同富裕，奋力争当把人民对美好生活的向往变成现实的守护者。中国能建坚持以人民为中心的发展思想，接续助力乡村振兴，2022 年无偿投入定点帮扶资金超过 1500 万元；全面落实援疆援藏重点任务，对口支援西藏八宿县等工作扎实推进，累计在疆在藏投资建设项目 400 余个，项目投资额 330 亿元。我们积极参与社会公益事业，全力做好抢险救灾应急处置，向四川泸定地震等捐款 3000 余万元，扎实做好疫情防控工作，最大程度保护职工群众生命安全和身体健康。我们始终将职工放在心中最高位置，福利保障体系持续完善，职工薪酬待遇稳步提升，职业发展通道不断优化；常态化开展“我为群众办实事”实践活动，累计解决各类问题 2600 余项，职工群众的获得感、幸福感、安全感更加充实。

历史川流不息，发展永无止境。中国能建将始终坚持以习近平新时代中国特色社会主义思想为指引，立足新发展阶段，贯彻新发展理念，融入新发展格局，以时不我待、只争朝夕的责任感、紧迫感和使命感，勇担时代重任，勇挑发展重担，勇立时代潮头，在开创高质量发展与建设世界一流企业崭新局面的新征程中奋楫扬帆、奔腾向前。

电力服务乡村振兴

【国家能源局研究安排 2022 年能源行业推进乡村振兴重点任务】 3 月 28 日，国家能源局召开乡村振兴工作领导小组 2022 年第一次会议，深入落实党中央关于 2022 年乡村振兴工作的重要部署，审议《国家能源局 2022 年乡村振兴定点帮扶和对口支援工作要点》等文件，研究安排 2022 年能源行业推进乡村振兴的重点任务。

会议强调，要深入学习贯彻习近平总书记关于实施乡村振兴战略的重要论述，坚持以人民为中心的发展思想，立足新发展阶段，贯彻新发展理念，深入落实《加快农村能源转型 发展助力乡村振兴的实施意见》，高质量实施乡村清洁能源建设工程，巩固拓展脱贫攻坚成果，夯实乡村振兴能源基础。要持续做好定点帮扶和对口支援工作，尽力而为、量力而行，突出能源特色，拓展帮扶渠道，切实提高帮扶成效。

【国家电网有限公司 2022 年助力乡村振兴工作】 2022 年，国家电网公司推动巩固拓展脱贫攻坚成果助力乡村振兴工作取得成效，连续五年在中央单位定点帮扶考核中评价为“好”，18 家单位在本省乡村振兴相关考核中全部评价为“好”。

组织领导体系运转有序。国家电网公司党组始终把助力乡村振兴工作作为重大政治任务，召开乡村振兴领导小组会议，印发 2022 年工作要点，安排部署十个方面 34 项重点工作。国家电网公司向帮扶地区选派挂职干部、驻村第一书记等超过 3300 人。广大干部完成相关帮扶任务，得到国家乡村振兴局，甘肃、西藏、新疆等高度评价。

帮扶工作质效提升。2022 年，国家电网公司向定点帮扶、对口支援、驻村帮扶地区投入帮扶资金 1.66 亿元，落地产业、教育、医疗等帮扶项目 902 项，其中定点县 4664 万元，帮扶项目 99 项。坚持“一县一品”，推动神农架“全电绿色景区”、玛多畜产品屠宰加工项目建设，支持秭归脐橙、巴东椪柑、长阳高山蔬菜等产业发展，带动村集体和群众增收 2100 万元。运营央企消费帮扶平台，当年完成消费帮扶 5.9 亿元。建成“电力爱心超市”325 座，以劳积分、以分换物、以物励志，引导村民参加公益劳动、做好人好事。打造 100 个助力乡村振兴示范村，集中展示国家电网公司助力乡村振兴突出成效。2022 年，协助对口支援新罗区储备招商项目 6 项，签署落地 2 项，竣工投产 7 项。截至 2022 年底，香港亿隆科技等 12 家企业入驻新罗区能源互联网产业园，投资总额 50 亿元。联合新罗区政府、龙岩投资集团成立龙岩鑫达基金，基金实缴到资规模 7 亿元，已扶持德尔科技、凝思软件等重点项目 10 项，金额 4.1 亿元。

农村电力保障能力增强。2022 年，完成农网巩固提升工程投资 1314 亿元，农村综合电压合格率完成 99.808%，供电可靠率完成 99.897%，年户均停电时间降至 9.03h，较 2021 年同期缩短 3.56h。开展农村电网老旧设备、“三线搭挂”专项治理，排查、整改“三线”违规搭挂隐患 2.14 万处，清理废旧杆塔 1.7 万根，提升农村安全用电水平和用电环境。竣工投产白鹤滩—浙江等重点工程，竣工投产山东沂蒙、安徽金寨等 5 座抽水蓄能电站，组织甘肃、青海、四川、新疆、西藏等西部省区电力外送 3624 亿 kWh，其中清洁能源 1594 亿 kWh。开展农时专项保电行动，出动抢修及服务人员 28 万人次，消除粮食生产相关供电设备隐患 7.4 万处。优化农村电力营商环境，城乡 160kW 及以下小微企业“三零”服务全覆盖，实现企业“一证办”、居民“刷脸办”，服务便利度、规范度、透明度不断提升。落实国家“低保户”“五保户”电费减免政策，2022 年减免电费 93 亿元。

支撑农村清洁能源发展。落实“雨露计划+”就业促进行动，建立招生、学习培养、就业指导等全过程扶助机制，2022 年，定向培养“雨露计划+”及防止返贫监测对象家庭学生 3395 人，招聘录用 801 人。持续开展结对帮扶，组织系统内基层党组织与地方结对共建、联建联创，各单位参与结对共建党组织 526 个，实施结对帮扶“暖心行动”等党建帮扶项目 37 项。开展“青春光明行”志愿服务，实施“光明驿站”“留守学生之家”等志愿服务项目，组织秋收用电义诊、电力先锋守护大粮仓等主题活动。电力大数据助力乡村振兴，推广防返贫监测预警模型，辅助政府及时消除返贫风险，覆盖湖南、甘肃、辽宁等 11 个省超 1200 万脱贫群众。构建易地扶贫搬迁入住率等分析模型，覆盖河南、河北、山西等 5 个省 22.8 万搬迁群众。

（胡永朋）

【国家电网有限公司发布 2022 年巩固拓展脱贫攻坚成果助力乡村振兴工作要点】3 月，国家电网公司对照中央一号文件的部署安排，印发《2022 年巩固拓展脱贫攻坚成果助力乡村振兴工作要点》，确定了 10 方面 34 项重点工作，提出坚持以习近平新时代中国特色社会主义思想为指导，深入学习贯彻习近平总书记关于乡村振兴的重要论述，认真落实中央农村工作会议精神和《中共中央、国务院关于做好 2022 年全面推进乡村振兴重点工作的意见》，落实国家电网公司党组决策部署，持续巩固拓展脱贫攻坚成果，全面服务乡村“五个振兴”，即产业振兴、人才振兴、文化振兴、生态振兴和组织振兴，深入实施农网巩固提升工程，进一步增强农村地区供电保障能力，优化农村供电服务，促进农村地区能源绿色转型发展，扎实做好定点、驻村帮扶和对口支援工作，探索中央企业支持乡村振兴新路径。

工作目标主要包括：实施农网巩固提升工程，农村地区综合电压合格率达到 99.805%，供电可靠率达到 99.864%；完成 160kW 及以下小微企业“三零”服务城乡全覆盖，全过程办电时间不超过 15 个工作日；实现中央单位定点帮扶考核评价为“好”，投入和引进帮扶资金，与地方共建 300 个电力爱心超市；购买和帮助销售国家电网公司定点帮扶县（区）、各单位帮扶村和其他乡村振兴重点地区特色农产品；选树 100 个国家电网助力乡村振兴示范点等。

【国家电网有限公司五个案例、国家能源集团有限责任公司两个案例入选第三届全球减贫案例征集活动获奖案例】11 月 11 日，由中国国际扶贫中心、国际农业发展基金、联合国粮食及农业组织、联合国世界粮食计划署和中国互联网新闻中心主办的 2022 年全球减贫伙伴研讨会以线上线下相结合的形式在北京会议中心举行。会议发布了第三届全球减贫案例征集活动获奖案例。国家电网公司 5 个案例入选获奖案例，数量居央企首位；国家能源集团两个案例入选最佳案例。

国家电网公司入选的 5 个获奖案例分别为：国网浙江电力的“‘寓建光伏’助脱贫，绿色能源促发展——浙江省宁波市海曙区龙观乡光伏产业发展”、国网青海电力的“三江源地区农村能源转型助力脱贫攻坚的创新实践——青海省互助土族自治县班彦新村农村能源转型扶贫”、国网巴西控股公司的“授人以渔，促进果汁产业化发展——国家电网海外中国式扶贫成功实践”“点亮希望之光——国家电网巴西抗疫助学减贫”和国网巴西 CPFL 公司的“以公益拓展企业和社区伙伴关系——国网巴西 CPFL 公司新能源风场减贫”。

国家能源集团两个入选的最佳案例为："苹果挂面小产业 打通乡村'致富路'——国家能源投资集团有限责任公司的帮扶案例"和"消费帮扶'组合拳'，倒逼高海拔牧区畜牧业推进全产业链现代化——国家能源集团帮扶青海省刚察县牧民提高牛羊肉附加值案例"。

研讨会上还发布了《全球减贫案例集 2022》。国家电网公司在第二届全球减贫案例征集活动中获奖的"供电公益工程点亮偏远乡村原住民生活——国家电网菲律宾'光明乡村'能源基础设施扶贫"和"音乐改变贫民窟青少年命运——国网巴西控股公司帮扶马累交响乐团"2 个案例入选。

【中国南方电网有限责任公司印发 2022 年服务乡村振兴重点工作计划】 2022 年 3 月，南方电网公司印发《南方电网公司 2022 年服务乡村振兴重点工作计划》（简称《工作计划》），明确南方电网公司 2022 年服务乡村振兴 8 个方面的工作任务，共 28 项工作内容，扎扎实实、踏踏实实服务乡村振兴工作。

《工作计划》明确提出巩固拓展帮扶工作格局、巩固提升脱贫地区特色产业、持续深化消费帮扶三项工作任务，做好《南方电网公司关于实现巩固拓展脱贫攻坚成果同乡村振兴有效衔接的实施意见》的落实；试点开展帮扶点"十四五"帮扶规划编制；抓好南方电网公司与广西东兰县、云南迪庆藏族自治州定点帮扶合作框架协议落地，压实定点帮扶责任；建成省域帮扶平台公司并实体化运作；组织各单位梳理近年来典型的帮扶产业项目，促进经验交流，助力提升帮扶产业项目质量；优化南网商城、赫兹乐购功能，持续丰富上线帮扶产品种类，抓好上线产品质量和售后服务；加强与央视消费帮扶平台、能源行业消费帮扶等合作；切实履行好与帮扶点签订的中长期协议等具体工作内容。

《计划》还提出加快现代化农村电网建设、提升县级供电企业服务乡村振兴能力两项任务，以推动农村电网基础设施提档升级，推进现代化农村电网示范建设，助力农村能源转型，并进一步加强县级供电企业管理。

为了更有效地衔接乡村全面振兴工作，《计划》提出持续推进"南网知行"教育帮扶行动、加强帮扶干部队伍建设、强化党建引领等 3 项工作任务，要求充分发挥"南网知行"教育发展基金作用，建好、管好、用好"南网知行"书屋，助力脱贫地区提升教育水平；按照乡村人才振兴要求，丰富当地干部和技术人员的培训形式和内容；强化帮扶干部的培训与交流；抓好公司进一步关心关爱帮扶干部若干措施的落实；开展监督检查，督促加强帮扶长效机制建设；开展南网党建帮扶行动，加强对农村基层党员培养；深入开展支部结对共建活动，助力帮扶基层党组织和党员队伍建设；抓好南方电网公司工会与迪庆藏族自治州总工会对口援助协议落实；围绕服务乡村振兴工作，讲好南网故事、传递南网声音。

【中国南方电网有限责任公司服务乡村振兴工作】 2022 年，南方电网公司把巩固拓展脱贫攻坚成果放在突出位置，保持帮扶措施、资金支持、帮扶力量总体稳定，圆满完成年度目标任务。帮扶工作获得各方认可，连续第 5 年获得中央单位定点帮扶（扶贫）工作考核最高评价"好"，连续第 7 年获得广东省扶贫济困红棉杯"金杯"。

一、强化组织，帮扶工作格局进一步巩固

（1）率先垂范，公司领导带头落实乡村振兴责任。南方电网公司总经理王宏志、时任副总经理陈允鹏等领导先后带队赴广西东兰县、云南维西县、广东新兴县太平镇等帮扶点调研，全面了解帮扶情况，协调解决困难和问题，有效推动责任落实和工作开展。

（2）强化统筹，确保年度重点工作落实到位。2022 年 3 月召开南方电网公司乡村振兴工作领导小组第一次会议，传达学习 2022 年中央一号文精神，研究部署巩固拓展脱贫攻坚成果同乡村振兴有效衔接工作，下达年度重点工作计划。全年先后召开 5 次定点帮扶专题会，及时督导工作落实。

（3）多措并举，加强帮扶干部队伍建设。采用线上形式举办南方电网公司 2022 年乡村振兴帮扶干部培训班，覆盖南方电网公司各级乡村振兴管理人员及全部帮扶干部共 770 人，并为所有参培人员配发国家乡村振兴局主编的《巩固拓展脱贫攻坚成果同乡村振兴有效衔接政策解读》，有效提升其履职能力。关心关爱帮扶干部，为所有帮扶干部购买保险，全面覆盖意外伤害、意外住院津贴、健康管理服务等方面。安排健康体检，及时足额发放工作补贴，属地单位扎实配合做好帮扶干部生活和交通安全等后勤保障。春节前夕，组织各派出单位对全部帮扶干部及其家属进行慰问，关心关怀帮扶干部家庭生活，激励担当作为、干事创业的热情。

（4）加强监督，确保帮扶工作见行见效。落实国务院国资委要求，全面开展自查，未发现违法占用耕地、未审批先征用耕地、违反安全环保规定等行为。针对 2021 年中央单位定点帮扶工作考核提出的"特色产业市场竞争力和可持续发展能力"问题，制定了 10 项整改提升措施并落实到位，按期完成整改。南方电网公司纪检监察组组织到广西电网公司定点帮扶的南宁上林县云桃村和新电力集团都安供电公司，开展监督调研，了解掌握产业帮扶项目、农网建设等工作情况。南网超高压公司、各省（级）电网公司及南网储能公司等 8 家有帮扶任务单位累计开展专项监督检查

36次，针对帮扶项目进度较慢等发现问题建立台账，督促责任单位（部门）分重点、分阶段开展销号式整改，举一反三完善相关制度机制。

二、开拓创新，打造乡村振兴南网样板

（1）强化规划引领，推动乡村振兴行稳致远。在东兰、维西县等13个帮扶点试点开展“十四五”帮扶工作规划编制，结合地方帮扶需求和资源禀赋，明确未来3年帮扶工作的方向和重点举措，建立帮扶项目库，进一步促进帮扶工作的体系化、组织化，促进帮扶产业的规模化、可持续发展，加快建设乡村振兴帮扶示范点。

（2）振兴特色产业，助力脱贫人口就业和持续增收。全年安排产业帮扶项目139个，资金总额4462万元，占总帮扶资金近一半，进一步巩固发展帮扶点特色产业。因地制宜打造了肉牛、百香果、茶叶等种养殖项目63个，建成了生态大米精加工、水产冷冻烘干等农特产品生产线项目15个，助农益农效果逐步凸显。各省域帮扶平台实现实体化运作，为帮扶点提供产业产品整合、品牌建设、售后服务提升及外部市场开拓等全产业链条服务，累计销售帮扶产品4630万元，占南方电网公司消费帮扶金额的52%以上，成为消费帮扶新增长点。首次完成维西特色农业扶贫开发公司营销副总经理市场化人才引进，提升企业市场化运营水平。

（3）拓宽销售渠道，持续深化消费帮扶。印发南方电网公司帮扶产品电商化运营管理工作指引，进一步规范南网商城（赫兹乐购）益农帮扶平台运营管理，畅通帮扶产品销售渠道，累计上线脱贫地区农产品8个品类、803种，较上一年度增加一倍，涵盖东兰、维西县全部帮扶产品。支持国家能源局和其他兄弟央企上线帮扶产品，互通有无，形成消费帮扶工作合力。南方电网公司全年消费帮扶8776万元，同比继续保持增长。

（4）创新防返贫互助基金，支撑完善监测帮扶机制。在东兰县索坡村、维西县永安村等帮扶点依托光伏发电等产业帮扶项目，从项目收益中提取部分资金建立防返贫互助基金，制定基金管理制度，支持帮扶点主动出击、快速响应，及时帮助脱贫人员摆脱返贫风险，配合地方政府完善了监测帮扶机制。南方电网公司在广东省云浮市太平镇建立的防返贫互助基金入选广东省“千企帮千镇 万企兴万村”典型案例。

（5）提升南网知行品牌影响力，持续深化教育帮扶行动。2022年，南网知行教育发展基金投入2980万元，在南方五省区脱贫地区建设108间南网知行书屋，累计建成260间书屋。举办南网知行书屋“世界读书日”、乡村小学阅读状况调查报告网络发布会、知行儿童读书节等系列活动，线上收看均超过10万人次，受到国家有关部委、广大师生、地方教体部门等的热烈欢迎，得到新华网、人民网、国资小新等主流媒体集中报道。开展南网知行老科学家进校园活动，累计为近2000名学生举办10场科普讲座。南网知行教育帮扶行动品牌影响力进一步提升，南网知行书屋项目入选国家乡村振兴局社会帮扶助力巩固脱贫攻坚成果同乡村振兴有效衔接第一批典型案例，中央单位中仅10家央企入选。

（6）提炼典型示范，营造全力服务乡村振兴良好氛围。南方电网公司深入挖掘乡村振兴工作中的有效经验、典型人物和突出事迹，及时开展系列总结宣传活动，累计在中央媒体刊登乡村振兴报道210篇，地方各级媒体1838篇，讲好南网故事、展现南网担当。在国务院国资委创办的《中央企业社会责任（援扶工作专刊）》连续两期刊发南方电网公司助力乡村人才振兴、学习贯彻党的二十大精神主题文章，有力提升公司援扶工作影响力。

（7）发挥党建引领，助力基层干部素质能力提升。在维西县建设农村党员和实用人才实训基地，在东兰县组织开展离任驻村工作队员“回头看、回头访、回头帮”活动，推动帮扶村人才队伍建设。依托南方电网公司党校优秀的师资和广州丰富的红色资源，继续为维西县34名基层干部举办培训班，帮助其拓展视野，提升履职能力。帮助东兰县、维西县培养乡村基层干部、乡村振兴带头人、各类专业技术人才1131人次，同比大幅增长89%。

三、凝心聚力，全面完成年度重点任务

（1）高质量完成定点帮扶任务。2022年，南方电网公司聚焦助力产业振兴、人才振兴、文化振兴、生态振兴及组织振兴，全力推进各级单位定点帮扶工作，共计投入定点帮扶资金10553万元，同比增长10%。投入东兰、维西县帮扶资金3794万元，同比保持增长，其中，产业帮扶资金1760万元，同比增长近30%。通过实施万亩油茶示范基地、糯山药标准化种植等11个产业项目，帮助培育新型农业经营主体14个，转移就业449人次，帮助东兰、维西县脱贫人口实现人均纯收入13652元、16009元，同比增长13%、16%，均超过全县人均增幅。各项帮扶任务指标较2021年均有一定幅度的增长。南方电网公司系统帮扶点没有出现规模性返贫现象，有力巩固拓展脱贫攻坚成果。

（2）持续做好南方电网公司内部东西部协作。召开深圳供电局全面帮扶迪庆供电局工作领导小组第一次会议，制定全面结对帮扶年度工作计划，明确166项工作任务，加快推进全面结对帮扶规划（2021—2025年）及专项实施方案落实。组织深圳供电局派遣8个专业35位干部和业务骨干赴迪庆局指导工作，举办6场工作经验交流座谈会，推动制定6个工作方案，完

善3项工作机制，结对共建2个职工创新工作室。2022年，迪庆供电局电费回收率达到100%，同比提升0.01个百分点，第三方客户满意度达到81分，同比提升2分，中压用户平均停电时间达到22.95h，同比下降26.13h，电压合格率达到99.153%，同比提升0.387个百分点，全面帮扶成效显现。

（3）全面保障乡村振兴电力需求。全年完成乡村振兴电网投资713.7亿元，其中农网投资314.53亿元，脱贫地区电网建设投资129.38亿元，乡村振兴重点帮扶县电网建设投资82.27亿元，“三区三州”地区电网建设投资3.9亿元。农村电网关键指标稳步提升，农村地区客户年均停电时间10.36h，同比下降1.27h；综合电压合格率达到99.742%，同比提升0.352%；户均配变容量达2.4kVA，同比提升0.05kVA。贵州实现220kV电网县域全覆盖。云南独龙江乡35kV联网工程建成投运并入选央企十大超级工程。

（4）农村用电营商环境持续改善。2022年，南方电网公司低压非居民业扩报装全流程平均用时2.2个工作日，同比下降12%；高压单电源业扩报装各环节平均用时4.8个工作日，同比下降8%；办电服务时限达标率分别为99%、97%。全面实现160～200kW小微企业接电“零投资”，延伸投资120.5亿元。新能源实现“应并尽并”，可再生能源消纳率99.84%，再创新高。电能替代电量440亿kWh，同比增长22.6%。新能源汽车充电设施乡镇覆盖率达到91%。第三方客户满意度85.5分，同比提升0.5分，群众和企业的电力“获得感”不断提升。

【中国大唐集团有限公司2022年乡村振兴工作】 2022年，中国大唐坚持以习近平新时代中国特色社会主义思想为指导，全面贯彻落实党中央、国务院决策部署，把乡村振兴作为重大政治任务，深化推进“三扶三真，五位一体”大唐特色帮扶体系，全面完成定点帮扶广西大化和陕西澄城两县、对口支援青海兴海县、25个省区70个村的帮扶任务。派出挂职干部176人，投入无偿帮扶资金8401万元，购买和帮助购买脱贫地区农产品4344万元，打造各类示范村（点）31个。18名同志和10个驻村集体荣获地方政府表彰。

一、坚持责任驱动，健全巩固拓展脱贫攻坚成果同乡村振兴有效衔接的落实机制

建立“议事定事”领导体系。按照管理链条压实责任链条，中国大唐及时调整工作领导小组，担负帮扶任务的25家分子公司均成立“一把手”挂帅的工作领导小组，下属一线电厂成立“一把手”负责的工作团队，形成“会议传达、研究部署、督导落实、检查考核”的工作闭环。

建立“架构齐全”组织体系。推动乡村振兴工作专业化，按照“集团公司－分子公司－基层单位－派驻干部”组织线条，集团公司统一领导、抓统筹设计，分子公司贯通基层、抓部署推动，基层单位资金支持、抓创新融合，派驻干部服务乡村、抓贯彻实施。

建立“常态长效”制度体系。坚持把制度建设贯穿乡村振兴工作全过程，制定《关于扎实推进乡村振兴 做深做实做好“三扶三真、五位一体”大唐特色帮扶体系的指导意见》，明确7个方面、26条保障措施和责任分工，构建问题督导、定期调度、宣传引导“三个机制”。

建立“贯通有力”工作体系。构建责任明晰、有机衔接的督导工作机制，中国大唐领导先后拜访会见了广西壮族自治区、河池市和大化县主要领导，现场督导调研大化县定点帮扶工作，汇报交流意见建议。中国大唐与河池市签署战略合作协议，通过产业发展助力乡村振兴。

建立“增添活力”激励体系。把乡村振兴工作作为培养锻炼干部的广阔舞台，选派包括到河池市挂职副市长，到大化县、澄城县、兴海县挂职副县长，到定点帮扶村挂职第一书记和驻村队员共176名干部，打造有“温度”的帮扶队伍。中国大唐党组对5家先进单位、10个先进集体、10名先进个人予以表彰。

二、坚持系统施策，推动巩固拓展脱贫攻坚成果同乡村振兴有效衔接的帮扶工作

（一）探索教育帮扶新路径，打造“组团式”教育振兴典范。以定点帮扶广西河池市大化县为试点，与北师大签署战略合作协议、教育帮扶协议和大化高中托管协议，中国大唐投入资金扶持、北师大提供专业支持，共同探索“组团式”教育帮扶模式，合力为大化县打造优质的教育资源集群，着力解决当地教育重视不够、学校学位不足、职高发展落后、学生视野偏窄、师资力量薄弱等诸多教育短板问题，助力“办好人民满意的教育”，推动乡村振兴走深走实。

（二）开创产业帮扶新局面，激活区域产业发展关键要素。探索产业带动区域经济发展新路径，在大化县援建板兰村700kW分布式光伏项目投运，每年为村集体带来收益20万元以上。在澄城县投资9.5亿元建成10万kW光伏和5万kW风电项目，每年为当地增加税收1500万元。在兴海县援助623万元建成3.58m^2的清洁供暖项目，使兴海民族高级中学冬季供暖得到改善。积极发展劳动密集型特色产业，在大化县投入600万元援建年产300万羽七百弄鸡繁育基地，产业链辐射直接与间接惠及3000户1.5万人创收；推动助农示范“科技小院”落地，持续提升种养产业“造血”能力。在澄城县援建培育百康农业合作社，村集体年分红15万元以上；援建的“和家楼红薯粉条”厂，年产值100万元以上；援建的唐威服装厂，中国大唐给予订单兜底，解决当地128名留守妇女就业，人均年收入接近4万元。

（三）实现民生帮扶新突破，解决群众所需所盼。消费帮扶方面，构建“工会采购+食堂采购+职工购买+社会推广”帮扶模式，通过一系列消费帮扶举措，购买和帮助购买帮扶地区农产品价值4344万元。技能培训方面，在大化县，联合北师大开展“组团式”教育帮扶，强师在线对大化县全体教师免费开放；举办农村电子商务技能培训班，对种植大户、农业技术人员、返乡创业青年、农户电商等开展多轮次培训。在澄城县，聚焦“头雁”效应，组织县、镇、村三级乡村振兴干部和新农民共48人在北师大珠海乡长学院开展了为期一周的“中国大唐·聚力赋能”助推乡村振兴专题培训。民生工程方面，在大化县，成立红水河中游水电梯级珍稀特有鱼类增殖放流中心站，有力保障红水河流域生物多样性；新建“微景观”60余处，修缮候车亭3个，水柜75个；在定点帮扶板兰村、安兰村完成厕所、厨房改造70户，改变“脏、乱、差”面貌。在澄城县，常态化开展“三堆三乱”清理整治，加快农村生活污水治理，铺设乡道4000m左右，栽种绿植500余株，喷绘墙体1000m^{2}左右；援建寺前学校塑胶操场投用；改造和家楼村一部两中心，新设垃圾处理站2座，修缮渠道150m，实施农村危房改造9处。

（四）展现就业帮扶新担当，巩固教育帮扶成果。在学生就业方面，2022年招聘大学生帮扶地区和藏区、新疆等地区毕业生62人。在农民就业方面，桂冠电力通过招用厂区绿化、保洁及保安等方式招用大化县脱贫群众185人，设立26个乡村公益性岗位及17个护林员岗位。陕西公司为澄城县脱贫户争取15个乡村公益性岗位和2个护林员岗位，帮助80名移民搬迁户和农村剩余劳动力就近务工。

（五）积聚党建帮扶新优势，提升乡村治理水平。突出党组织对乡村振兴引领作用和抓基层、强基层、固基本的工作导向，在定点帮扶县村共建党支部数量107个，开展共建活动142次。在大化县打造“先锋桂冠·情暖瑶乡”党建品牌。与16个乡镇党委开展“五基三化行动·五联五促共建·助力乡村振兴”党建联建活动，在板兰、安兰两村同步实施“两年强基、三年提升”党建专项行动，制定涵盖13方面33项党建帮扶措施，推进两村党支部标准化建设；构建“支部联小组、小组联党员、党员联群众”的组织体系，打通党员联系服务群众“最后一公里”，通过联建结对监测脱贫户3091户，消除风险户2092户，实现控辍保学、住房安全保障、农村供水问题动态清零。在澄城县打造“大唐红·无限能”党建品牌。推出“党建结对·共谋发展”主题活动，11家大唐基层企业党委与11个镇街、经开区党委结对，共同开展交流座谈、实地考察、主题党日、党课共享等活动17次，共话振兴之策，共商党建之计，共谋发展之路，营造良好共建共赢氛围。通过举办“党建结对·共同富裕”主题活动，完成了全县139户防返贫监测户的走访慰问，制定了防返贫工作措施，推动乡村振兴走深走实。

三、坚持协同推进，加强帮扶地区精神文明建设，助力帮扶地区文化振兴

（一）开展文明主题活动，丰富群众文化生活。在大化县板兰村、安兰村完善“一约四会”体系（建立村规民约，设立村民议事会、道德评议会、红白理事会、禁毒禁赌会），推进移风易俗，组织开展乡风文明主题宣传活动4场，发放倡议书6000余份，辐射群众超3000人次。以“画好服务群众同心圆”为主题，开展了民族美食节展演、民族团结进步文艺演出、卫生清洁示范户创建宣传、民族团结专题党课、瑶族民族节日活动等活动。

（二）设立“爱心超市”，提升村民自治能力。在帮扶地区引导村民通过参与乡村振兴、基层治理等获得积分，凭积分兑换物品，有效调动村民参与乡村治理的积极性、主动性。

（三）深挖澄城资源，弘扬红色文化、传承传统文化。资助“共和国勋章”获得者张富清老英雄战斗旧址——壶梯山爱国主义教育基地，布展“红色长廊”，赓续红色基因。在传统文化研学基地开展面花、剪纸等地方特色非遗手工工艺培训、推广工作，开发农文科创产品，引流部分消费客群。

【中国华电集团有限公司服务乡村振兴工作】

2022年，中国华电认真学习习近平总书记关于乡村振兴的重要讲话和重要指示批示精神，将定点帮扶和对口支援作为重大政治任务，摆上重要议事日程。保持帮扶工作机构稳定，继续由两位主要负责同志任乡村振兴工作领导小组“双组长”。党组书记、董事长江毅将巩固拓展脱贫攻坚成果同乡村振兴有效衔接作为“一把手”工程，以“时时放心不下”的责任感经常关心指导，党组副书记、董事、总经理叶向东强调抓好帮扶工作落实，高位推动帮扶工作落实落地。一是切实提高政治站位，高质量推动帮扶责任全面落实。坚持高位推进，持续强化组织领导，坚持统筹谋划，持续优化工作措施，坚持问题导向，持续深化督促指导。二是精准把握工作重点，高质量推进帮扶目标全面完成。深化定点帮扶新疆克州阿图什市和乌恰县，对口支援新疆喀什地区喀什市和青海海西州都兰县，在西藏昌都市、山南市、四川甘孜州、阿坝州等藏区开展帮扶工作。三是充分发挥自身优势，高质量助力乡村振兴全面推进。坚决守住不发生规模性返贫底线，巩固脱贫成果，积极助力产业振兴、人才振兴、文化振兴、生态振兴、组织振兴，深化消费帮扶，尽力采购帮销。中国华电全年投入帮扶资金 1.6 亿元，其中，向定点帮扶的新疆阿图什市和乌恰县投入无偿帮扶资金 3221 万元、向对口支援的新疆喀什市和青海都兰县投入无偿帮扶资金 1050 万元；采购和帮助销售脱贫地区农副产品 8322 万元，是年度计划的 145%，其中在两个定点帮扶县消费帮扶 1799 万元，是年度计划的 116%；选派挂职和驻村帮扶干部 105 名，在 25 个省（市、自治区）的 110 个县（市）开展帮扶工作，重点围绕特色产业发展、民生设施改善、基层人才培养、内生动力提升等方面补短板、固成果、夯基础、促振兴，持续推进脱贫地区发展和群众生活改善，完成国家和地方政府安排的各项帮扶任务。工作成效得到各级党委政府和群众肯定，连续四年获评中央单位定点帮扶工作成效考核最优等次“好”；6 个集体、12 位驻村干部获得省级帮扶工作先进荣誉，13 个乡村振兴案例入选 2022 年电力建设行业优秀案例。

【国家电力投资集团有限公司 2022 年乡村振兴工作】 党的十九大以来，国家电投党组深刻学习领会习近平总书记重要指示精神，坚决贯彻落实党中央、国务院、国资委脱贫攻坚决策部署，以高度的政治责任感和历史使命感全心投入脱贫攻坚，高质量完成了承担的国家脱贫攻坚任务，取得了卓有成效的脱贫攻坚成果。国家电投扶贫援助工作共涉及全国 18 个省区 58 个县 100 个村，其中国家级定点帮扶县（四川美姑、河南商城和陕西延川）3 个，对口援青县 1 个（青海贵南），另有所属各单位承担地方政府的对口帮扶村 100 个。扶贫援助工作重点地区主要位于陕西延川、河南商城等革命老区，四川凉山、云南怒江、青海藏区、新疆和田等深贫地区，以及贵州纳雍、江西上犹、河北丰宁等集中连片特困地区。截至 2022 年底，累计投入资金 92.35 亿元，实施帮扶项目 150 余个，惠及贫困人口 51 万余人。无电区建设投入 1.11 亿元，无偿拨付援藏资金 1.5 亿元，出资 3 亿元参加央企乡村振兴产业投资基金，光伏帮扶项目投入 81.8 亿元，惠及贫困人口约 11 万余人。派遣帮扶干部、第一书记、驻村工作人员累计 350 余人次，培训基层干部 2167 余人次、技术人员 6827 余人次。购买帮扶地区农产品 6301 万元，帮助销售农产品 3073 万元。持续开展远方助学活动，五年来共资助近 3000 名学生远方助学金约 1500 万元。

国家电投充分发挥清洁能源产业优势，将主业发展与乡村振兴紧密结合，已形成特色鲜明、优势明显的“绿色电力帮扶、特色产业帮扶、教育帮扶、消费帮扶”等模式，社会责任得到充分体现，品牌知名度和美誉度得到充分认可。2022 年，贵州金元“农光互补+合作社”促进共同增收项目、黄河公司以新能源产业发展带动地方经济建设案例入选第三届全球最佳减贫案例。

【国家能源集团有限责任公司服务乡村振兴工作】 2022 年，国家能源集团切实做到帮扶力度不减，积极推动帮扶举措创新，协同各县坚守不发生规模性返贫底线，扎实推进定点帮扶和对口支援 9 县“五大振兴”。根据中央工作要求，国家能源集团深入分析各县发展现状和帮扶需求，研究制定年度工作的总体思路、工作原则与计划目标，明确重点任务与具体要求，按照预期指标和工作方向做好全年帮扶任务。

（一）加强调研考察和现场督导

制定帮扶县调研计划，克服疫情不利影响，开展考察调研 44 人次，党组成员赴 7 个定点帮扶县实地调研工作，实现定点帮扶 7 县全覆盖。专门制定《乡村振兴督查实务操作指南》，组织开展对 9 县帮扶资金和项目的管理情况督查，形成《国家能源集团 2022 年乡村振兴督查报告》，提出督查建议 34 项。强化组长单位定期检查、挂职干部日常督查机制，实地解决项目推进过程中的问题。

（二）组织召开乡村振兴工作专题会议

党组召开党组理论学习中心组学习会，集中学习习近平《论“三农”工作》；召开 2022 年乡村振兴工作专题会议、抓党建促乡村振兴推进会，落实中央工作精神，对集团公司乡村振兴全年工作进行再部署、再安排、再推进；在董事长专题会上，审定年度工作计划、帮扶项目计划等重点事项，对全年工作进行周密部署。

（三）优化完善乡村振兴工作体系

国家能源集团进一步强化“党组统一领导、总部统筹协调、子分公司主责、挂职干部落实”的工作组织体系，充分发挥乡村振兴工作领导小组领导统筹作用，推动各帮扶主责单位更好地开展工作，领导小组办公室和人事、党建、督查、群团、宣传 5 个工作小组积极协调，全力配合，统筹协调，确保全年工作顺利推进。

（四）制定乡村振兴工作年度计划

根据中央工作要求，深入分析各县发展现状和帮扶需求，研究制定《2022 年乡村振兴工作计划》，提出年度工作的总体思路、工作原则与计划目标，明确重点任务与具体要求。同时，按照“总量控制、成熟一批、下达一批”的原则，分两批下达帮扶项目及资金计划，及时全额拨付帮扶资金，保证了帮扶项目顺利实施。全年共向 9 个县投入帮扶资金 3.04 亿元，保持帮扶力度总体稳定。

（五）推动帮扶项目实施

坚持巩固“两不愁三保障”成果，在教育、医疗领域持续投入，驰援防疫物资，助力疫情防控工作；科学推进产业帮扶，打造现代设施农业，培育帮扶地区自我发展能力；不断强化人才振兴，组织开展培训，培育多方面专业人才；持续开展文化振兴，在彝区、藏区深入实施移风易俗、文化建设等振兴举措；大力推进生态振兴，继续实施黄河流域生态保护项目，推动农村“厕所革命”整村示范，完善农村基础设施建设。

（六）大力开展消费帮扶

组织参与“消费帮扶新春行动”“能源行业消费帮扶合作行动”“央企消费帮扶兴农周活动”，帮助曲麻莱县解决牛羊肉销售受阻困难。发挥“慧采商城”“国能 e 购”帮扶电商平台的采购帮销作用，打造高山草莓、米脂小米、吴堡青梨、宁城番茄等系列地理标识品牌产品。组织挂职干部积极参加各类访谈和直播带货活动。全年购买帮扶地区农产品 1.35 亿元，帮助销售农产品 1950 万元，有力带动帮扶县相关产业发展，促进乡村振兴。

（七）探索能源转型战略落地

充分发挥自身优势，在各帮扶县积极探索新能源发展。在9县取得新能源项目意向开发容量510万kW，项目总投资 290 亿元。在右玉、布拖、聂荣 3 县投运新能源项目 12 万 kW。实施米脂县高西沟村分布式光伏项目、刚察县高原光伏建筑一体化（BIPV）试验推广项目、聂荣县尼玛乡桑瓦玉则“零碳”美丽乡村建设，积极谋划曲麻莱县清洁供暖和“零碳县”建设，推动新能源产业与乡村振兴工作融合发展。

（八）充分发挥党建引领作用

印发《国家能源集团基层党支部与定点帮扶对口支援县党支部结对共建指导方案》，指导总部部门、组长单位与各帮扶县对接联系。组织 31 个党支部与 23 个脱贫村开展结对共建活动，通过主题党日、讲授党课、组织爱心捐款、举办农民夜校等活动，充分发挥党建引领作用，实现企业机关党建与农村基层党组织互进互促、共同发展。

（九）广泛宣传帮扶成效成果

充分发挥国家能源集团传媒公司、各组长单位宣传资源，系统策划，重点推进。在新华网、中央农网、学习强国、中国电力报、国资报告、能源杂志、中国煤炭网等主流媒体刊登宣传报道，展示企业良好形象，两个案例入选第三届“全球减贫案例征集活动”最佳案例，充分发挥引领和鼓励作用。

【国家能源集团有限责任公司积极探索企业绿色低碳转型与助力乡村振兴有效结合模式】国家能源集团国电电力立足于山西右玉县、青海刚察县等脱贫地区能源资源禀赋，开展了新能源发展有偿投资、提供新能源项目实际方案等不同形式的帮扶实践，取得了良好效果。

（一）山西右玉县高家堡风电场投资项目

国电电力山西新能源右玉高家堡风电场，自首台风机 2011 年 5 月 9 日实现并网以来，结合省、市、县发展规划，围绕一个升压站连续五期开发建设，以“产业融合”充分发挥右玉县资源优势，形成单体规模 23.8 万 kW 的风电场，有力地支持了地方经济发展。截至 2022 年底，该风场已累计完成发电量 39.38 亿 kWh，实现利税 9.79 亿元。五期4万kW扩容风电项目于2022年开工建设 2023 年投产运行，投入有偿帮扶资金 2.58 亿元，预计每年可实现发电量 7600 万 kWh，每年新增利税 1568 万元；将劳务用工岗位优先向脱贫人员和困难群众提供，招录当地脱贫人员 2 人，并积极动员外部相关企业聘用，促进脱贫地区转移就业。

国电电力山西新能源通过“产业融合、党建融合、生活圈融合”，将企业资金优势、专业技术优势和当地生态资源优势、帮扶需求相结合，积极弘扬右玉精神，坚持一张蓝图绘到底，大力开发建设新能源项目，助力右玉县打造践行习近平总书记“两山”理论示范区，共享清洁能源发展成果，有力助推了当地经济长效高质量发展。

（二）青海刚察县新能源建设方案

2022 年 1 月，国电电力锦界公司着眼青海省“发展分散式风电，扩大分布式清洁能源就地开发、就地消纳”的能源发展规划，主动与对口帮扶单位刚察县热水产业园就农村能源发展进行了深入交流，对方反馈需要在风光资源、工程设想、场地分析、光伏上网电量及消纳估算、环境保护、财务评价等方面给予支持和指导。锦界公司充分发挥企业新能源开发实践经验、技术人才等优势，与刚察县热水产业园达成跨区域光伏产业结对帮扶意向，主持制定《青海省海北藏族自治州刚察县哈尔盖镇亚秀麻村 2MW 屋顶分布式光伏项目建议书》，给出了项目整体盈利能力较好，有利于长期壮大村集体经济和增加牧民人均收入的结论，提出了落实项目接入情况、尽快进行项目申报建设和村集体向当地政府申请税收优惠政策或者免税条款，以税收政策支持当地牧民快速致富的建设性建议。目前，该建议书已被刚察县政府采纳，并纳入该县乡村振兴项目库。国电电力在助力乡村振兴实践中探索出了结对帮扶新模式，为农村能源发展提供了“国电电力方案”。

国家能源集团在“新能源+”乡村振兴方面深入探索，大胆实践，取得了良好成效，得到各级政府和社会的认可和赞赏。通过国电电力具体实施，在脱贫地区充分挖掘可利用能源资源，投入有偿帮扶资金开发新能源项目，最终有力带动了地方经济发展，促进了农民就业增收；新能源项目发展建议书，直接为农村新能源发展提供了可行性方案，提高了可再生低碳能源比例，促进了农村能源转型。同时，通过“新能源+”等项目的实施，加快了新能源项目开发进展，截至2022年6月新能源装机容量896.98万kW，新能源占比提升至8.94%，有效促进了企业转型升级，实现了地企双方合作共赢、共同发展。

【国家能源集团有限责任公司两乡村振兴案例入选第三届“全球减贫案例征集活动”最佳案例】 11月11日，2022全球减贫伙伴研讨会以线上线下相结合的形式在北京会议中心举行。研讨会发布了由中国国际扶贫中心、中国互联网新闻中心、世界银行、联合国粮食及农业组织、国际农业发展基金、联合国世界粮食计划署、亚洲开发银行联合发起的第三届全球减贫案例征集活动104个获奖案例名单。其中，国家能源集团“苹果挂面小产业打通乡村‘致富路’——国家能源投资集团有限责任公司的帮扶案例”“消费帮扶‘组合拳’，倒逼高海拔牧区畜牧业推进全产业链现代化——国家能源集团帮扶青海省刚察县牧民提高牛羊肉附加值案例”两个案例入选第三届“全球减贫案例征集活动”最佳案例。这两个项目，分别反映了国家能源集团近年来在种养殖、农产品加工、消费帮扶等方面的突出成果与成效，体现了国家能源集团坚决落实中央巩固拓展脱贫攻坚成果、推进乡村振兴决策部署的执行力和能动性，对下一步更好地开展帮扶工作起到了很大的引领和鼓励的作用。

【国家能源集团有限责任公司召开2022年乡村振兴工作专题会议】6月28日，国家能源集团召开2022年乡村振兴工作专题会议，深入学习贯彻习近平总书记重要指示批示精神和中央农村工作会议精神，落实国务院国资委助力乡村振兴工作要求，对国家能源集团2022年乡村振兴工作进行再部署、再安排、再推进。国家能源集团党组书记、董事长王祥喜出席会议并讲话，党组副书记王敏主持会议，党组成员、副总经理冯树臣宣读2021年度中央单位定点帮扶工作考核评价结果，传达习近平总书记重要指示和上级关于乡村振兴工作有关部署要求。

【中国广核集团有限公司服务乡村振兴工作】 2022年是“十四五”规划承上启下之年，也是推进巩固拓展脱贫攻坚成果同乡村振兴有效衔接的关键之年。中广核坚决贯彻落实党中央、国务院、国资委决策部署，把乡村振兴帮扶作为重要政治任务和社会责任扛在肩上，扎实推进产业帮扶项目相继落地，以可持续发展模式为新时代乡村振兴事业开创新路径、贡献新力量。

在内蒙古，2022年6月29日，兴安盟革命老区风电项目一期100万kW并网投运。截至2022年12月31日，项目一期实现上网电量17.73亿kWh，营收4.7亿元，贡献地方利税超1亿元。该项目是中国首个单体百万千瓦级陆上风电基地，也是引入中央企业乡村产业投资基金建设的重大项目，项目的投产将有力促进兴安盟区域经济社会发展，持续支持革命老区乡村振兴事业，取得良好的经济效益、社会效益和生态效益。2022年11月16日，项目一期荣获国际项目管理协会颁发的全球卓越项目管理大奖银奖(Global Project Excellence Award)，属国内新能源行业首个获此殊荣的项目。此外，中广核捐资1亿元在兴安盟高标准高要求建设一座理念一流、设施一流、队伍一流、管理一流的现代化学校——白鹭学校，通过高质量教育帮扶项目为革命老区学子创造良好的教育条件。白鹭学校于2020年12月22日落成揭牌，目前在校生1202人，到2025年将达到开设36个小学班和12个初中班的规模，可容纳约2220名学生就读。

在广西，2022年10月14日，“央企入桂”重大项目——中广核乐业17.2万kW风电帮扶项目一期、二期全容量投运。截至12月31日，项目累计发电量3.064亿kWh，营收1.18亿元。项目具有四大亮点。一是帮扶模式新。项目创新采用“入股分红+赠股分红+保底收益”模式，以长效机制和兜底保障帮助乐业县长期稳定脱贫和可持续发展。二是带动能力强。项目每年可向乐业县贡献税收约2000万元。项目打造了千亩“风车花海”生态景观，为乐业旅游业发展增添新活力。项目帮扶周边村庄实施道路硬化惠民工程，方便群众出行。项目推动了乐业县电网配套设施建设，保证了供电稳定性，为乐业县经济发展提供了电力支撑，让乐业告别了经常性停电的历史。三是覆盖范围广。项目惠及乐业县63个村11万人，新能源单个项目帮扶贫困人口数创行业新高。四是实践成效好。项目投运后，发电效益超预期，2022年9月16日，项目一期首年分红458万元，平均每个村集体增收超7万元，有效推动乡村资源增值。2022年11月11日，项目荣获第三届全球减贫案例征集活动“最佳减贫案例”奖。

在西藏，2022年，中广核积极落实援藏建藏要求，大力推进建设阿里雪域高原“零碳”光储热电示范项目，替代原有煤电机组。项目容量15万kW，其中10万kW光伏已于2022年12月15日建成投运，5万kW光热在建。项目10万kW光伏是西藏自治区2022年核准带电的电力保供项目，5万kW光热投产后可保障狮泉河镇居民150万m^2的供暖需求，项目对阿里地区供电、供暖、保障民生基本需求具有重要意义。

在甘肃，中广核在国家能源局定点帮扶县通渭县投资建设尖岗山20万kW风电项目。项目于2021年8月15日开工建设，2021年12月31日建成投运。截至2022年12月31日，项目实现上网电量2.3亿kWh，营收6600万元。同时，中广核积极承担国家能源局帮扶任务，累计为 13 名通渭籍应届大学生提供就业岗位，向通渭县捐赠 50 万元建成国家能源局定点扶贫成果展暨孟河村村史馆，展馆于 2021 年 12 月 17 日建成验收合格后免费对外开放。项目为巩固拓展脱贫攻坚成果同乡村振兴有效衔接，支持通渭县经济社会可持续发展作出重要贡献。

在河北，2020 年 12 月 17 日，中广核在国务院国资委机关定点帮扶县平乡县投资建设的 40MW 光伏农业复合项目并网投运。项目按照“光伏发电+农业种植”方案建设，引领周边农业科技化水平提升，充分利用农业大棚棚顶上的闲置空间，提高土地利用率，形成一地多用，从而实现农业发展与新能源发电两不误，绿色低碳和乡村振兴协同发展，为乡村振兴帮扶提供了新方案，拓展了新路径。截至 2022 年 12 月 31 日，项目累计上网电量 9523 万 kWh，营收 3134.46 万元。2022 年，农业大棚年收益 140 万元，农业大棚外种植矮高粱年产 193t，收益 48.25 万元。

【中国电力建设集团有限公司乡村振兴工作】 中国电建党委学习贯彻习近平总书记关于乡村振兴重要论述，认真贯彻落实党的二十大关于“扎实推动乡村产业、人才、文化、生态、组织振兴”的指示精神，制定《中国电力建设集团有限公司 2022 年助力乡村振兴定点帮扶实施方案》《中国电力建设集团有限公司“十四五”对口支援西藏自治区芒康县经济社会发展规划》以及《中国电力建设集团有限公司 2022 年对口支援西藏自治区芒康县工作实施方案》，落实组织机构和责任部门，明确年度工作目标任务以及保障措施，有效助力云南剑川县、新疆民丰县以及西藏自治区芒康县乡村振兴发展。

中国电建全口径投入无偿帮扶总额共 6826 万元，其中总部定点投入无偿帮扶资金 3360 万元；对口支援无偿帮扶资金 1500 万元（含规划设计等折合资金 750 万元）；成员企业投入无偿帮扶资金 1966 万元。

完成 2022 年度助力乡村振兴 4 方面 18 项全部考核任务，助力乡村振兴工作再创佳绩，连续第四年获得国家主管部门考核“好”的评价；获得中国上市公司协会 2022 年颁发的“上市公司乡村振兴最佳实践案例”表彰；中共新疆维吾尔自治区委员会农村工作领导小组暨乡村振兴领导小组发来感谢信。国资委《央企消费帮扶电商平台动态》（第 10 期）充分肯定了中国电建消费帮扶工作。国家能源局发来《感谢信》，对中国电建消费帮扶工作给予高度赞许。

行业管理

电力监管

国家能源局印发《2022 年能源监管重点任务清单》

1 月 12 日，国家能源局印发《2022 年能源监管重点任务清单》（国能发监管〔2022〕5 号），具体任务清单如下：

2022 年能源监管重点任务清单

一、综合监管

序号	监管名称	监管依据	监管内容	监管地区	监管（监督）对象	时间安排	责任单位
1	电力驻点综合监管	《电力监管条例》《关于建立健全可再生能源电力消纳保障机制的通知》（发改能源〔2019〕807 号）《电力中长期交易基本规则》（发改能源规〔2020〕889 号）《关于全面提升“获得电力”服务水平持续优化用电营商环境的意见》（发改能源规〔2020〕1479 号）《关于组织开展电网企业代理购电工作有关事项的通知》（发改办价格〔2021〕809 号）等	电力规划及相关产业政策落实情况；“获得电力”服务水平提升情况；电力调度交易与市场秩序情况；电力价格政策执行情况；可再生能源电力消纳保障机制落实情况等	全国选取 2～4 个重点省份	电网企业、供电企业、发电企业、电力调度交易机构、地方政府有关部门	2022 年 4 月启动，每个省集中 2 个月时间全面开展现场监管，10 月形成监管报告	监管司牵头，法改司、电力司、新能源司，相关派出机构参与

二、专项监管

序号	监管名称	监管依据	监管内容	监管地区	监管（监督）对象	时间安排	责任单位
2	国家“十四五”能源规划重点任务年度落实情况专项监管	《能源规划管理办法》（国能发规划〔2019〕87 号）《能源规划工作实施细则》（国能发规划〔2019〕88 号）以及“十四五”现代能源体系规划等	2022 年各省（区、市）组织实施国家“十四五”能源规划重点任务情况	全国	省级能源主管部门、重点能源企业	2022 年 4 月启动，2023 年 2 月形成监管报告	规划司牵头，相关司，各派出机构参与
3	乙醇汽油推广专项监管	《可再生能源法》《关于扩大生物燃料乙醇生产和推广使用乙醇汽油的实施方案》《全国生物燃料乙醇产业总体布局方案》及其他相关法律法规及政策	上一年度监管问题整改情况；燃料乙醇项目建设情况；燃料乙醇企业生产经营情况；石油销售企业乙醇汽油经营情况；地方乙醇汽油推广落实情况等	乙醇汽油推广区域	乙醇汽油推广区域、生物燃料乙醇企业、石油销售企业	2022 年 4 月启动，10 月形成监管报告	科技司牵头，监管司，相关派出机构参与
4	重点煤电气电规划建设专项监管	习近平总书记等中央领导同志关于能源电力保供批示指示精神以及电力发展相关规划和产业政策等	外送输电通道配套电源和重点支撑性煤电项目建设进度情况	全国	地方政府主管部门、相关企业	2022 年 3 月启动，10 月形成监管报告	电力司牵头，各派出机构参与
5	北方地区清洁取暖专项监管	习近平总书记等中央领导同志关于北方地区清洁取暖批示指示精神以及北方地区冬季清洁取暖相关规划政策等	北方地区冬季清洁取暖实施、运行情况	北京、天津、河北、山西等 14 个省（区、市）及河南部分地区	地方政府主管部门、有关企业	2022 年 10 月启动，2023 年 5 月形成监管报告	电力司牵头，相关司，华北、东北、西北监管局，山西、山东、甘肃、新疆、河南监管办参与

续表

序号	监管名称	监管依据	监管内容	监管地区	监管（监督）对象	时间安排	责任单位
6	煤层气（煤矿瓦斯）开发利用重点任务推进情况专项监管	“十四五”煤炭、煤层气规划及相关产业政策等	煤层气勘探开发情况；煤矿瓦斯综合治理重点任务推进情况等	山西、陕西、新疆、内蒙古等13个省（区）	地方主管部门、重点企业	2022年4月启动，10月形成监管报告	煤炭司牵头，相关派出机构参与
7	天然气发电合同履约保障专项监管	《天然气基础设施建设与运营管理办法》（发展改革委令第8号）《油气管网设施公平开放监管办法》（发改能源规〔2019〕916号）以及天然气相关产业政策等	天然气发电项目进展情况；气源合同签订落实情况；电厂运行情况；“气电协同”机制落实情况；天然气与可再生能源融合发展项目推进情况等	广东、江苏、浙江、青海	天然气发电厂供用气双方、地方政府相关部门	2022年4月启动，10月形成监管报告	油气司牵头，电力司、监管司、新能源司，西北、南方监管局，江苏、浙江监管办参与
8	第一批以沙漠、戈壁、荒漠地区为重点的大型风电光伏基地建设情况专项监管	《国家发展改革委办公厅 国家能源局综合司关于印发第一批以沙漠、戈壁、荒漠地区为重点的大型风电光伏基地建设项目清单的通知》（发改办能源〔2021〕926号）等	基地风电光伏项目、配套调峰措施、送出工程的建设情况	基地项目所在省份	承担第一批以沙漠、戈壁、荒漠地区为重点的大型风电光伏基地的开发企业、电网企业、有关部门	2022年6月启动，12月形成监管报告	新能源司牵头，科技司、电力司、监管司，有关派出机构参与
9	新能源安全专项监管	《安全生产法》《电力安全生产专项整治三年行动方案》《防止电力生产事故的二十五项重点要求》等	结合风电、光伏发电安全事故分析，开展新能源发电项目安全监管，做好政策储备，超前防范新能源快速发展带来的安全风险，深入排查隐患，保证行业健康可持续发展	全国	新能源发电企业	2022年3月启动，12月形成监管报告	安全司牵头，全国电力安委会相关成员单位参与
10	班组安全建设专项监管	《安全生产法》《电力行业班组安全建设现场核查参考清单》等	制定《关于加强电力企业班组安全建设的指导意见》，聚焦反“三违”开展班组安全专项监管，发挥先进班组典型示范作用，提高生产现场安全管理水平	全国	电力企业	2022年3月启动，12月形成监管报告	安全司牵头，全国电力安委会相关成员单位参与
11	电力业务资质许可信用专项监管	《电力业务许可证管理规定》《承装（修、试）电力设施许可证管理办法》《国家能源局关于实施电力业务许可信用监管的通知》（国能发资质〔2019〕79号）	部分可再生能源项目电力业务许可制度执行情况；部分在建电网工程、用户受电工程及可再生能源项目涉网工程承装（修、试）电力设施许可制度执行情况	陕西、湖北、湖南、新疆、浙江、福建、四川、贵州	可再生能源发电企业及相关电网企业；有关承装（修、试）电力设施企业	2022年4月启动，11月形成监管报告	资质中心牵头，华中、西北监管局，新疆、浙江、福建、湖南、四川、贵州监管办参与
			三、重点监管				
12	裕龙岛炼化一体化项目重点监管	《国家发展改革委公告2018年第16号》等	落后产能淘汰情况；裕龙岛炼化一体化项目建设情况	山东	地方有关部门、相关企业	2022年5月启动，10月形成监管报告	在科技司指导下，山东监管办负责
13	火电机组出力受阻及非停情况重点监管	习近平总书记等中央领导同志关于能源电力保供批示指示精神以及电力发展相关规划和产业政策等	火电机组出力受阻、非计划停运情况，以及对省级电网电力供应保障能力的影响，特别对迎峰度夏（冬）期间开展重点监管	辽宁	相关电力企业	2022年4月启动，12月形成监管报告	在电力司指导下，东北监管局负责

续表

序号	监管名称	监管依据	监管内容	监管地区	监管（监督）对象	时间安排	责任单位
14	火电机组顶峰能力情况重点监管	《电力监管条例》《关于加强和改进发电运行调节管理的指导意见》（发改运行〔2014〕985号）《关于开展全国煤电机组改造升级的通知》（发改运行〔2021〕1519号）等	火电机组参与调峰辅助服务情况；火电机组灵活性改造情况；火电机组可发电力情况；火电机组提供顶峰情况	贵州	相关电力企业	2022年6月启动，10月形成监管报告	在电力司指导下，贵州监管办负责
15	燃煤发电上网电价市场化情况重点监管	《关于进一步深化燃煤发电上网电价市场化改革的通知》（发改价格〔2021〕1439号）等	燃煤发电上网电价调整、市场准入、交易执行、行政干预等情况	天津、内蒙古	相关电力企业、地方政府	2022年4月启动，10月形成监管报告	在电力司指导下，华北监管局负责
16	12398热线投诉举报突出问题重点监管	《关于全面提升“获得电力”服务水平 持续优化用电营商环境的意见》（发改能源规〔2020〕1479号）等相关规定	企业和群众反映集中的问题，特别是接入受限、违规加价收费、“三指定”等突出问题	湖北、江西、重庆、西藏	有关电力企业	2022年4月启动，11月形成监管报告	在监管司指导下，华中监管局负责

国家能源局印发《2022年电力安全监管重点任务》

1月12日，为确保电力系统安全稳定运行和电力可靠供应，推动全国电力安全生产形势持续稳定向好，国家能源局综合司印发《2022年电力安全监管重点任务》（国能综通安全〔2022〕16号）。《2022年电力安全监管重点任务》包括五个方面二十三项，全文如下：

2022年电力安全监管重点任务

2022年电力安全监管工作的指导思想和工作目标是：以习近平新时代中国特色社会主义思想为指导，全面贯彻党的十九大和十九届历次全会精神，深入贯彻习近平总书记总体国家安全观和能源安全新战略，严格落实党中央、国务院关于安全生产的重大决策部署以及中央经济工作会议、全国能源工作会议精神，统筹发展和安全，以“安全是技术，安全是管理，安全是文化，安全是责任”的治理理念为引领，以《电力安全生产“十四五”行动计划》实施为主线，健全政策法规、齐抓共管、双重预防三个工作体系，推进安全指标、安全标准化、安全技术、安全培训、安全审计五个专项行动，开展重要通道、新能源安全、班组安全三个专项监管，努力推动电力安全治理体系和治理能力现代化，维护电力安全生产形势持续稳定，杜绝重大以上电力人身伤亡责任事故、杜绝重大以上电力安全事故、杜绝大坝垮坝漫坝事故，确保电力系统安全稳定运行和电力可靠供应，努力实现事故起数和伤亡人数双下降，为党的二十大胜利召开营造安全稳定的电力供应环境。重点抓好以下五个方面工作：

一、认真学习贯彻习近平总书记关于安全生产重要论述

（一）学深悟透习近平总书记重要论述核心要义。继续将观看学习《生命重于泰山——学习习近平总书记关于安全生产重要论述》电视专题片纳入各级党委（党组）学习计划和干部员工教育培训计划，及时组织开展习近平总书记关于安全生产重要指示批示精神学习，筑牢电力安全工作思想基础，进一步强化电力安全监管的职责使命。

（二）全面贯彻习近平总书记重要论述。深入践行以人民为中心的发展思想，将习近平总书记重要论述学习成果转化为推动电力安全监管工作的思路和措施，坚持党建工作和电力安全监管工作同谋划、同部署、同推进。持续推进安全生产责任落实到各级党组织，用好“党员责任区”“党员服务队”等载体，引导党员在安全生产工作中发挥先锋模范带头作用。

（三）坚定落实统筹发展和安全的新要求。组织开展《电力安全生产“十四五”行动计划》《电力行业网络与信息安全“十四五”行动计划》宣贯培训，建立电力行业协同推进行动计划实施的工作机制，定期开展行动计划实施情况动态评估，推动“十四五”电力高质量发展与高水平安全相互促进。

二、健全电力安全监管体系

（四）完善政策法规体系。结合安全生产法贯彻实施，推进电力安全监管有关法规的修订研究。颁布《电力可靠性管理办法（暂行）》，研究制定电力可靠性管理配套文件。完成《电力建设工程质量监督暂行规定》《二次系统安全管理规定》等规范性文件的制定、修订。

研究支持新技术创新配套安全政策措施。

（五）完善齐抓共管工作体系。加强国家能源局安全生产工作领导小组对电力安全监管工作的统筹协调和把关定向，进一步规范全国电力安委会工作，发挥并网电厂涉网安全管理联席会、电力行业网络与信息安全联席会等平台作用，推动地方能源主管等部门与派出能源监管机构协调联动，逐步构建横向到边、纵向到底的齐抓共管工作体系。

（六）完善双重预防体系。落实国务院安委会安全生产年度考核工作要求，扎实推进安全生产专项整治三年行动重点攻坚与整体提升。深化“季会周报”电力安全风险管控机制，开展重大风险隐患挂牌督办。适应能源转型新要求，研究加强新型电力安全风险管控。推进电力重大基础设施安全风险评估，制订出台评估实施细则，启动重大基础设施首次登记及评估工作。

三、推进电力安全专项行动

（七）安全指标专项行动。建立电力安全生产监督管理量化指标体系，试点开展电力安全量化指标评价应用，推进电力安全生产监督管理从定性向定量转变。

（八）安全标准化专项行动。逐步建立电力安全生产标准化工作体系、机制，研究建立电力行业安全生产标准化建设工作机制，修订发电、电网、电力建设企业安全生产标准化建设规范，开展企业安全生产标准化试点建设。

（九）安全技术专项行动。倡导依托技术保障安全，推动完善电力安全生产技术标准，运用技术思维和技术方法，破解安全生产难题。推动人身安全防护、电网及设备运行安全、大坝安全、应急能力提升等新技术的研究应用，推广“智慧工地”“智慧运维”等技术手段。

（十）安全培训专项行动。健全安全教育培训体系，完善分层分类培训管理标准和工作机制，利用信息化技术整合分享培训资源、丰富培训手段。落实《新时期产业工人队伍建设改革方案》，推动电力行业建设领域产业工人培育工作。研究电力安全文化评估方法，试点开展班组安全文化建设成效评估。

（十一）安全审计专项行动。研究制定电力安全审计规范和工作指引，探索第三方审计模式，构建安全审计工作机制。对安全生产事故事件多发或发生较大以上事故企业，试点开展电力企业安全审计工作，强化企业主要负责人及相关负责人安全责任意识。

四、开展电力安全专项监管

（十二）重要通道专项监管。开展重要输电通道安全专项监管，监督检查重要输电通道联防联控工作机制建立和“一道一策”风险管控措施落实情况，加强新建重要输电通道风险管控。

（十三）新能源安全专项监管。结合风电、光伏发电安全事故分析，开展新能源发电项目安全专项监管，做好政策储备，超前防范新能源快速发展带来的安全风险，深入排查隐患，保证行业健康可持续发展。

（十四）班组安全专项监管。制定《关于加强电力企业班组安全建设的指导意见》，聚焦反“三违”开展班组安全专项监管，发挥先进班组典型示范作用，提高生产现场安全管理水平。

五、做好电力安全日常监管

（十五）电网安全方面。开展年度电力系统运行方式分析，重点加强密集输电通道、枢纽变电站等重大风险管控和电力保供期间电网运行安全风险管控。研究“双高”电力系统特性，探索源网荷储安全共治的技术路径，推进新能源并网安全评估工作。开展多回直流闭锁等重大系统性安全风险机理及防控措施研究，形成电力系统运行重大安全边界。

（十六）发电安全方面。加强发电领域检修安全监管，强化检修作业风险管控。积极探索新能源安全管理新思路，开展新能源发电项目区域集中管控模式研究，推动完善新能源发电安全技术标准体系。加强电力保供期间煤电机组非计划停运和出力受阻监管。

（十七）大坝安全方面。开展大坝安全注册和定期检查，做好防汛度汛工作，确保大坝安全。加强大坝在线监测，督促企业排查治理重大安全隐患。研究建立重点区域大坝安全会商协调机制，解决高坝大库密集区重大安全问题。

（十八）电力建设安全方面。继续开展在建重点工程施工安全“四不两直”专项督查，发布实施《防止电力建设工程施工安全事故三十项重点要求》，建立重大建设工程外部安全专家定期巡查制度。

（十九）电力建设工程质量监督管理方面。强化对电力质监机构的指导和监督，研究制订《电力建设工程质量监督机构考核管理办法》。加强电力建设工程质量监督检查，开展火电、风电、光伏发电、输变电工程质监大纲制修订工作。

（二十）网络安全方面。推进“明目”“赋能”“强基”三大行动，加快网络安全态势感知平台建设，组织开展网络安全实战演习，评估遴选一批电力行业网络安全分靶场，组织开展关键信息基础设施安全保护监督检查，建立电力行业网络安全等级保护体系。推进北斗系统、国产密码、IPv6 等技术在电力行业关键领域深入应用。

（二十一）电力可靠性管理方面。开展电力可靠性管理法规政策宣贯，完善电力可靠性组织管理和工作机制。探索开展电力系统可靠性管理，加强电力供应充裕性的监测预警和评价评估。

（二十二）应急管理方面。开展电力应急能力建设专项督查整改落实情况“回头看”。推进电力应急指挥中心建设，提升应急管理数字化水平。推进省、市、县三级政府大面积停电事件应急演练，切实增强应急处突能力。督促指导电力企业科学开展应急能力建设评估，提高突发事件应对能力。

（二十三）重大活动保电方面。突出抓好党的二十大和北京冬奥会、全国“两会”电力安全保障工作，扎实做好杭州亚运会、成都大运会等重大活动及节假日重要时段的保电工作。

国家能源局印发《2022 年电力行业班组安全建设专项监管工作方案》

5 月 27 日，为进一步加强电力行业班组安全建设，提升电网、发电、施工等班组人员的安全意识和履职能力，夯实安全生产工作基础，国家能源局综合司印发通知（国能综通安全〔2022〕54 号），决定 2022 年继续在电力行业组织开展班组安全建设专项监管工作。《2022 年电力行业班组安全建设专项监管工作方案》全文摘要如下：

2022 年电力行业班组安全建设专项监管工作方案（摘要）

为进一步提升电网、发电、施工等班组人员的安全意识和履职能力，夯实电力安全生产工作基础，国家能源局决定在电力行业组织开展班组安全建设专项监管工作。为保证工作有序推进，现制定如下工作方案。

一、指导思想（略）

二、工作依据（略）

三、重点工作内容

（一）加强班组安全技术建设

推动电力企业加强班组安全技术建设，利用技术创新提升安全生产水平；结合实际有针对性地加强班组员工技能培训，提升岗位履职能力；推广基于物联网等技术的智能安全工器具和实时在线防止电气误操作系统应用，利用视频和大数据进行人员身份识别、行为识别、定位识别，加强作业现场管控，最大程度杜绝或减少违章行为。

（二）加强班组安全管理

推动电力企业建立健全各项安全规章制度体系，重点强化生产、施工反事故措施等有关规定和要求在班组层面的落实；持续推进以安全风险分级管控和隐患排查治理双重预防机制为核心的本质安全建设，强化对电力安全生产隐患整治的分级分类督办；将外协队伍、劳务派遣和实习人员纳入班组统一管理，开展全员安全生产教育和培训；加强班组安全工作绩效考核，促进各项管理制度有效落实。

（三）加强班组安全文化建设

推动电力企业大力弘扬“和谐守规”电力安全生产文化，将“人民至上、生命至上”理念深度融入班组安全文化建设；开展安全文化大讨论，牢固树立“事故可防可控”观念；推进电力安全文化制度建设、品牌企业创建等重点工作；探索利用工业互联网、大数据、人工智能技术，形成与新技术融合的电力安全文化新形态。

（四）强化班组安全责任落实

推动电力企业建立健全全员安全生产责任制，明确班组各岗位的责任人员、责任范围和考核标准等内容，将企业安全目标落实到班组，将安全责任落实到具体岗位、具体人员；结合国家法律法规和企业实际，建立动态的安全履职责任清单和权力清单，完善电力事故事件责任追究制度，以严格的监督考核保证班组安全生产责任制的落实。

四、工作安排

（一）企业推进阶段

电力企业参照安全生产有关法律法规要求，以电力行业生产、施工反事故措施的落实为主要抓手，结合企业实际，组织开展电力安全建设示范班组创建、安全生产人员岗位履职能力测评、安全知识培训与竞赛等相关工作。

（二）现场核查阶段

国家能源局各派出机构和地方政府电力管理部门结合年度安全生产检查等工作，以适当的方式对电力企业班组安全建设工作进行现场核查；国家能源局将会同电力企业集团总部相关部门组成督查组，以“四不两直”的方式对电力企业班组安全建设工作进行现场督查。

（三）总结提高阶段

1. 各电力企业和国家能源局各派出机构、各省级电力管理部门于 10 月 14 日前分别将工作开展情况和现场核查情况总结报国家能源局。

2. 根据各单位工作开展情况和现场核查情况，国家能源局组织编制《2022 年度电力行业班组安全建设工作情况通报》。

五、工作要求

（一）电力企业在班组安全建设工作中，要注意贴近实际，结合生产、施工反事故措施中对于班组作业的有关规定和要求，有针对性地开展班组安全建设，不断提升本单位的安全管理水平，提升员工的履职能力。

（二）地方政府电力管理部门和国家能源局各派出机构要结合本地区实际，加强指导；要客观、如实地反映各单位班组安全创建工作取得的成效以及存在的问题和短板，督促电力企业切实把班组安全建设落到实处，抓出实效。

（三）相关行业协会可建立企业间班组安全建设交流平台，交流和推广各单位班组安全建设典型经验和做法，促进行业整体水平的提升。

（四）专项监管工作开展中应严格遵守当地政府关于疫情防控的相关要求。

国家能源局印发《能源行业市场主体信用数据清单（2022 年版）》和《能源行业市场主体信用行为清单（2022 年版）》

为推进能源行业信用体系建设高质量发展，7 月 16 日，国家能源局严格对照《全国公共信用信息基础目录（2021 年版）》和《全国失信惩戒措施基础清单（2021 年版）》，坚持最小必要、清单管理原则，全面修订完善信用数据清单和行为清单，以国能发资质规〔2022〕75 号文印发通知，实施《能源行业市场主体信用数据清单（2022 年版）》和《能源行业市场主体信用行为清单（2022 年版）》，以进一步规范能源行业市场主体信用信息归集和共享，推进信用分级分类监管。《能源行业市场主体信用数据清单（2022 年版）》和《能源行业市场主体信用行为清单（2022 年版）》主要内容摘要如下：

能源行业市场主体信用数据清单（2022 年版）（摘要）

信源单位		主体类别	信息类别	信息项名称		数据项名称	公开属性	共享范围
一	国家能源局核电司	法人	基本信息	1	核电厂建设工程消防设计、验收审批信息	企业名称	公开	无条件共享
						统一社会信用代码/组织机构代码	公开	无条件共享
						项目名称	公开	无条件共享
						审批文号	公开	无条件共享
						审批日期	公开	无条件共享
						审批机关	公开	无条件共享
二	国家能源局市场监管司	法人	不良信息	1	行政处罚信息	企业名称	公开	无条件共享
						统一社会信用代码/组织机构代码	公开	无条件共享
						处罚决定书文号	公开	无条件共享
						处罚类别	公开	无条件共享
						处罚事由	公开	无条件共享
						失信行为事项	公开	无条件共享
						失信行为处罚标准	公开	无条件共享
						处罚内容	公开	无条件共享
						处罚日期	公开	无条件共享
						处罚执行情况	公开	无条件共享
						处罚机关	公开	无条件共享
						失信行为类别	公开	无条件共享
		自然人	不良信息	2	行政处罚信息	姓名	不公开	有条件共享
						个人证件号码	不公开	有条件共享
						处罚决定书文号	不公开	有条件共享
						处罚类别	不公开	有条件共享
						处罚事由	不公开	有条件共享
						失信行为事项	不公开	有条件共享
						失信行为处罚标准	不公开	有条件共享
						处罚内容	不公开	有条件共享
						处罚日期	不公开	有条件共享
						处罚执行情况	不公开	有条件共享
						处罚机关	不公开	有条件共享
						失信行为类别	不公开	有条件共享

续表

信源单位		主体类别	信息类别	信息项名称		数据项名称	公开属性	共享范围
二	国家能源局市场监管司	法人	不良信息	3	行政监督检查信息	企业名称	不公开	无条件共享
						统一社会信用代码/组织机构代码	不公开	无条件共享
						文书文号	不公开	无条件共享
						检查处理类别	不公开	无条件共享
						检查内容	不公开	无条件共享
						主要问题	不公开	无条件共享
						处理情况	不公开	无条件共享
						整改情况	不公开	无条件共享
						处理日期	不公开	无条件共享
						处理机关	不公开	无条件共享
						失信行为类别	不公开	无条件共享
		法人	不良信息	4	行政裁决信息	裁决被告人名称	不公开	无条件共享
						统一社会信用代码/组织机构代码	不公开	无条件共享
						裁决种类	不公开	无条件共享
						是否终局裁决	不公开	无条件共享
						裁决内容	不公开	无条件共享
						裁决事由	不公开	无条件共享
						裁决执行情况	不公开	无条件共享
						法律依据	不公开	无条件共享
						裁决日期	不公开	无条件共享
						裁决机构名称	不公开	无条件共享
						失信行为类别	不公开	无条件共享
		法人	优良信息	5	行政奖励信息	企业名称	不公开	有条件共享
						统一社会信用代码/组织机构代码	不公开	有条件共享
						奖励名称	不公开	有条件共享
						奖励事项	不公开	有条件共享
						奖励级别	不公开	有条件共享
						奖励授予日期	不公开	有条件共享
						授奖机构	不公开	有条件共享
						认定文书（文函）号	不公开	有条件共享
						奖励标准	不公开	有条件共享
		自然人	优良信息	6	行政奖励信息	姓名	不公开	有条件共享
						个人证件号码	不公开	有条件共享
						奖励名称	不公开	有条件共享
						奖励事项	不公开	有条件共享
						奖励级别	不公开	有条件共享
						奖励授予日期	不公开	有条件共享

续表

信源单位		主体类别	信息类别	信息项名称		数据项名称	公开属性	共享范围
二	国家能源局市场监管司	自然人	优良信息	6	行政奖励信息	授奖机构	不公开	有条件共享
						认定文书（文函）号	不公开	有条件共享
						奖励标准	不公开	有条件共享
						所在企业名称	不公开	有条件共享
						统一社会信用代码/组织机构代码	不公开	有条件共享
三	国家能源局电力安全监管司	法人	不良信息	1	行政处罚信息	企业名称	公开	无条件共享
						统一社会信用代码/组织机构代码	公开	无条件共享
						处罚决定书文号	公开	无条件共享
						处罚类别	公开	无条件共享
						处罚事由	公开	无条件共享
						失信行为事项	公开	无条件共享
						失信行为处罚标准	公开	无条件共享
						处罚内容	公开	无条件共享
						处罚日期	公开	无条件共享
						处罚执行情况	公开	无条件共享
						处罚机关	公开	无条件共享
						失信行为类别	公开	无条件共享
		自然人	不良信息	2	行政处罚信息	姓名	不公开	有条件共享
						个人证件号码	不公开	有条件共享
						处罚决定书文号	不公开	有条件共享
						处罚类别	不公开	有条件共享
						处罚事由	不公开	有条件共享
						失信行为事项	不公开	有条件共享
						失信行为处罚标准	不公开	有条件共享
						处罚内容	不公开	有条件共享
						处罚日期	不公开	有条件共享
						处罚执行情况	不公开	有条件共享
						处罚机关	不公开	有条件共享
						失信行为类别	不公开	有条件共享
		法人	不良信息	3	行政监督检查信息	企业名称	不公开	无条件共享
						统一社会信用代码/组织机构代码	不公开	无条件共享
						文书文号	不公开	无条件共享
						检查处理类别	不公开	无条件共享
						检查内容	不公开	无条件共享
						主要问题	不公开	无条件共享
						处理情况	不公开	无条件共享
						整改情况	不公开	无条件共享
						处理日期	不公开	无条件共享
						处理机关	不公开	无条件共享
						失信行为类别	不公开	无条件共享

续表

信源单位		主体类别	信息类别	信息项名称		数据项名称	公开属性	共享范围
四	国家能源局电力业务资质管理中心	法人	不良信息	1	行政处罚信息	企业名称	公开	无条件共享
						统一社会信用代码/组织机构代码	公开	无条件共享
						处罚决定书文号	公开	无条件共享
						处罚类别	公开	无条件共享
						处罚事由	公开	无条件共享
						失信行为事项	公开	无条件共享
						失信行为处罚标准	公开	无条件共享
						处罚内容	公开	无条件共享
						处罚日期	公开	无条件共享
						处罚执行情况	公开	无条件共享
						处罚机关	公开	无条件共享
						失信行为类别	公开	无条件共享
		自然人	不良信息	2	行政处罚信息	姓名	不公开	有条件共享
						个人证件号码	不公开	有条件共享
						处罚决定书文号	不公开	有条件共享
						处罚类别	不公开	有条件共享
						处罚事由	不公开	有条件共享
						失信行为事项	不公开	有条件共享
						失信行为处罚标准	不公开	有条件共享
						处罚内容	不公开	有条件共享
						处罚日期	不公开	有条件共享
						处罚执行情况	不公开	有条件共享
						处罚机关	不公开	有条件共享
						失信行为类别	不公开	有条件共享
		法人	不良信息	3	行政监督检查信息	企业名称	不公开	无条件共享
						统一社会信用代码/组织机构代码	不公开	无条件共享
						文书文号	不公开	无条件共享
						检查处理类别	不公开	无条件共享
						检查内容	不公开	无条件共享
						主要问题	不公开	无条件共享
						处理情况	不公开	无条件共享
						整改情况	不公开	无条件共享
						处理日期	不公开	无条件共享
						处理机关	不公开	无条件共享
						失信行为类别	不公开	无条件共享

续表

信源单位		主体类别	信息类别	信息项名称		数据项名称	公开属性	共享范围
五	国家能源局大坝安全监察中心	法人	基本信息	1	水电站大坝安全注册登记信息	企业名称	公开	无条件共享
						统一社会信用代码/组织机构代码	公开	无条件共享
						大坝名称	公开	无条件共享
						安全注册级别	公开	无条件共享
						有效起始日期	公开	无条件共享
						有效到期日期	公开	无条件共享
六	国家能源局电力可靠性管理和工程质量监督中心	法人	不良信息	1	行政监督检查信息	企业名称	不公开	无条件共享
						统一社会信用代码/组织机构代码	不公开	无条件共享
						文书文号	不公开	无条件共享
						检查处理类别	不公开	无条件共享
						检查内容	不公开	无条件共享
						主要问题	不公开	无条件共享
						处理情况	不公开	无条件共享
						整改情况	不公开	无条件共享
						处理日期	不公开	无条件共享
						处理机关	不公开	无条件共享
						失信行为类别	不公开	无条件共享
七	国家能源局派出机构	法人	基本信息	1	企业基本信息	企业名称	公开	无条件共享
						统一社会信用代码/组织机构代码	公开	无条件共享
						企业所属行业类别	公开	无条件共享
						企业类型	公开	无条件共享
						企业所在区域	公开	无条件共享
						企业住所	公开	无条件共享
						注册资金	公开	无条件共享
						注册日期	公开	无条件共享
		自然人	基本信息	2	电力企业法定代表人基本信息	所在企业名称	不公开	有条件共享
						统一社会信用代码/组织机构代码	不公开	有条件共享
						姓名	不公开	有条件共享
						个人证件类型	不公开	有条件共享
						个人证件号码	不公开	有条件共享
						性别	不公开	有条件共享
						职称和职业资格信息	不公开	有条件共享
		自然人	基本信息	3	电力企业技术负责人信息	姓名	不公开	有条件共享
						个人证件类型	不公开	有条件共享
						个人证件号码	不公开	有条件共享
						性别	不公开	有条件共享
						证书类别	不公开	有条件共享

续表

信源单位		主体类别	信息类别	信息项名称		数据项名称	公开属性	共享范围
七	国家能源局派出机构	自然人	基本信息	3	电力企业技术负责人信息	证书编号	不公开	有条件共享
						职业注册日期	不公开	有条件共享
						有效起始日期	不公开	有条件共享
						有效到期日期	不公开	有条件共享
						执业机构名称	不公开	有条件共享
						统一社会信用代码/组织机构代码	不公开	有条件共享
		自然人	基本信息	4	电力企业生产运行负责人信息	姓名	不公开	有条件共享
						个人证件类型	不公开	有条件共享
						个人证件号码	不公开	有条件共享
						性别	不公开	有条件共享
						证书类别	不公开	有条件共享
						证书编号	不公开	有条件共享
						职业注册日期	不公开	有条件共享
						有效起始日期	不公开	有条件共享
						有效到期日期	不公开	有条件共享
						执业机构名称	不公开	有条件共享
						统一社会信用代码/组织机构代码	不公开	有条件共享
		自然人	基本信息	5	电力企业安全负责人信息	姓名	不公开	有条件共享
						个人证件类型	不公开	有条件共享
						个人证件号码	不公开	有条件共享
						性别	不公开	有条件共享
						证书类别	不公开	有条件共享
						证书编号	不公开	有条件共享
						职业注册日期	不公开	有条件共享
						有效起始日期	不公开	有条件共享
						有效到期日期	不公开	有条件共享
						执业机构名称	不公开	有条件共享
						统一社会信用代码/组织机构代码	不公开	有条件共享
		自然人	基本信息	6	电力企业财务负责人信息	姓名	不公开	有条件共享
						个人证件类型	不公开	有条件共享
						个人证件号码	不公开	有条件共享
						性别	不公开	有条件共享
						证书类别	不公开	有条件共享
						证书编号	不公开	有条件共享
						职业注册日期	不公开	有条件共享
						有效起始日期	不公开	有条件共享
						有效到期日期	不公开	有条件共享
						执业机构名称	不公开	有条件共享
						统一社会信用代码/组织机构代码	不公开	有条件共享

续表

信源单位		主体类别	信息类别	信息项名称		数据项名称	公开属性	共享范围
七	国家能源局派出机构	法人	基本信息	7	电力业务许可证信息	企业名称	公开	无条件共享
						统一社会信用代码/组织机构代码	公开	无条件共享
						许可类别	公开	无条件共享
						许可证编号	公开	无条件共享
						有效起始日期	公开	无条件共享
						有效到期日期	公开	无条件共享
						许可证核发日期	公开	无条件共享
						许可证核发机关	公开	无条件共享
						许可证书状态	公开	无条件共享
		法人	基本信息	8	承装（修、试）电力设施许可证信息	企业名称	公开	无条件共享
						统一社会信用代码/组织机构代码	公开	无条件共享
						许可类别和等级	公开	无条件共享
						许可证编号	公开	无条件共享
						有效起始日期	公开	无条件共享
						有效到期日期	公开	无条件共享
						许可证核发日期	公开	无条件共享
						许可证核发机关	公开	无条件共享
						许可证书状态	公开	无条件共享
		法人	基本信息	9	电力安全生产备案信息	企业名称	公开	无条件共享
						统一社会信用代码/组织机构代码	公开	无条件共享
						项目名称	公开	无条件共享
						项目类别	公开	无条件共享
						备案情况	公开	无条件共享
						备案日期	公开	无条件共享
						备案机关	公开	无条件共享
		法人	基本信息	10	售电公司注册备案信息	企业名称	公开	无条件共享
						统一社会信用代码/组织机构代码	公开	无条件共享
						售电公司类型	公开	无条件共享
						备案主体	公开	无条件共享
						备案内容	公开	无条件共享
						备案日期	公开	无条件共享
						备案机关	公开	无条件共享
		法人	不良信息	11	行政处罚信息	企业名称	公开	无条件共享
						统一社会信用代码/组织机构代码	公开	无条件共享
						处罚决定书文号	公开	无条件共享
						处罚类别	公开	无条件共享
						处罚事由	公开	无条件共享

续表

信源单位		主体类别	信息类别	信息项名称		数据项名称	公开属性	共享范围
七	国家能源局派出机构	法人	不良信息	11	行政处罚信息	失信行为事项	公开	无条件共享
						失信行为处罚标准	公开	无条件共享
						处罚内容	公开	无条件共享
						处罚日期	公开	无条件共享
						处罚执行情况	公开	无条件共享
						处罚机关	公开	无条件共享
						失信行为类别	公开	无条件共享
		自然人	不良信息	12	行政处罚信息	姓名	不公开	有条件共享
						个人证件号码	不公开	有条件共享
						处罚决定书文号	不公开	有条件共享
						处罚类别	不公开	有条件共享
						处罚事由	不公开	有条件共享
						失信行为事项	不公开	有条件共享
						失信行为处罚标准	不公开	有条件共享
						处罚内容	不公开	有条件共享
						处罚日期	不公开	有条件共享
						处罚执行情况	不公开	有条件共享
						处罚机关	不公开	有条件共享
						失信行为类别	不公开	有条件共享
		法人	不良信息	13	行政监督检查信息	企业名称	不公开	无条件共享
						统一社会信用代码/组织机构代码	不公开	无条件共享
						文书文号	不公开	无条件共享
						检查处理类别	不公开	无条件共享
						检查内容	不公开	无条件共享
						主要问题	不公开	无条件共享
						处理情况	不公开	无条件共享
						整改情况	不公开	无条件共享
						处理日期	不公开	无条件共享
						处理机关	不公开	无条件共享
						失信行为类别	不公开	无条件共享
		法人	不良信息	14	行政裁决信息	当事人名称	不公开	无条件共享
						统一社会信用代码/组织机构代码	不公开	无条件共享
						裁决种类	不公开	无条件共享
						是否终局裁决	不公开	无条件共享
						裁决内容	不公开	无条件共享
						裁决事由	不公开	无条件共享
						裁决执行情况	不公开	无条件共享

续表

信源单位		主体类别	信息类别	信息项名称		数据项名称	公开属性	共享范围
七	国家能源局派出机构	法人	不良信息	14	行政裁决信息	法律依据	不公开	无条件共享
						裁决日期	不公开	无条件共享
						裁决机构名称	不公开	无条件共享
						失信行为类别	不公开	无条件共享
		法人	不良信息	15	信用承诺及其未履行情况信息	企业名称	公开	无条件共享
						统一社会信用代码/组织机构代码	公开	无条件共享
						办理事项	公开	无条件共享
						失信行为处罚决定文号	公开	无条件共享
						处罚类别	公开	无条件共享
						处罚事由	公开	无条件共享
						失信行为处罚标准	公开	无条件共享
						违反信用承诺行为描述	公开	无条件共享
						处罚日期	公开	无条件共享
						处罚执行情况	公开	无条件共享
						处罚机关	公开	无条件共享
						失信行为类别	公开	无条件共享
		自然人	不良信息	16	信用承诺及其未履行情况信息	姓名	不公开	有条件共享
						个人证件号码	不公开	有条件共享
						办理事项	不公开	有条件共享
						失信行为处罚决定文号	不公开	有条件共享
						处罚类别	不公开	有条件共享
						处罚事由	不公开	有条件共享
						失信行为处罚标准	不公开	有条件共享
						违反信用承诺行为描述	不公开	有条件共享
						处罚日期	不公开	有条件共享
						处罚执行情况	不公开	有条件共享
						处罚机关	不公开	有条件共享
						失信行为类别	不公开	有条件共享
		法人	优良信息	17	行政奖励信息	企业名称	不公开	有条件共享
						统一社会信用代码/组织机构代码	不公开	有条件共享
						奖励名称	不公开	有条件共享
						奖励事项	不公开	有条件共享
						奖励级别	不公开	有条件共享
						奖励授予日期	不公开	有条件共享
						授奖机构	不公开	有条件共享
						认定文书（文函）号	不公开	有条件共享
						奖励标准	不公开	有条件共享

续表

信源单位		主体类别	信息类别	信息项名称		数据项名称	公开属性	共享范围
七	国家能源局派出机构	自然人	优良信息	18	行政奖励信息	姓名	不公开	有条件共享
						个人证件号码	不公开	有条件共享
						奖励名称	不公开	有条件共享
						奖励事项	不公开	有条件共享
						奖励级别	不公开	有条件共享
						奖励授予日期	不公开	有条件共享
						授奖机构	不公开	有条件共享
						认定文书（文函）号	不公开	有条件共享
						奖励标准	不公开	有条件共享
						所在企业名称	不公开	有条件共享
						统一社会信用代码/组织机构代码	不公开	有条件共享

能源行业市场主体信用行为清单（2022 年版）（摘要）

一、信用行为清单（法人）

类别	序号	违法违规事项	行政处罚标准	信用行为分类	法规政策依据
（一）电力安全类	1	生产经营单位的决策机构、主要负责人或者个人经营的投资人不依照本法规定保证安全生产所必需的资金投入，致使生产经营单位不具备安全生产条件的	责令限期改正，提供必需的资金； 逾期未改正的，责令生产经营单位停产停业整顿	较重失信	《安全生产法》第九十三条
	2	生产经营单位有下列行为之一的： （一）未按照规定设置安全生产管理机构或者配备安全生产管理人员、注册安全工程师的； （二）危险物品的生产、经营、储存、装卸单位以及矿山、金属冶炼、建筑施工、运输单位的主要负责人和安全生产管理人员未按照规定经考核合格的； （三）未按照规定对从业人员、被派遣劳动者、实习学生进行安全生产教育和培训，或者未按照规定如实告知有关的安全生产事项的； （四）未如实记录安全生产教育和培训情况的； （五）未将事故隐患排查治理情况如实记录或者未向从业人员通报的； （六）未按照规定制定生产安全事故应急救援预案或者未定期组织演练的； （七）特种作业人员未按照规定经专门的安全作业培训并取得相应资格，上岗作业的	责令限期改正，处 10 万元以下的罚款	轻微失信	《安全生产法》第九十七条
			逾期未改正的，责令停产停业整顿，并处 10 万元以上 20 万元以下的罚款	较重失信	
	3	生产经营单位有下列行为之一的： （一）未在有较大危险因素的生产经营场所和有关设施、设备上设置明显的安全警示标志的； （二）安全设备的安装、使用、检测、改造和报废不符合国家标准或者行业标准的；	责令限期改正，处 5 万元以下的罚款	轻微失信	《安全生产法》第九十九条

续表

类别	序号	违法违规事项	行政处罚标准	信用行为分类	法规政策依据
（一）电力安全类	3	（三）未对安全设备进行经常性维护、保养和定期检测的； （四）关闭、破坏直接关系生产安全的监控、报警、防护、救生设备、设施，或者篡改、隐瞒、销毁其相关数据、信息的； （五）未为从业人员提供符合国家标准或者行业标准的劳动防护用品的； （六）危险物品的容器、运输工具，以及涉及人身安全、危险性较大的海洋石油开采特种设备和矿山井下特种设备未经具有专业资质的机构检测、检验合格，取得安全使用证或者安全标志，投入使用的； （七）使用应当淘汰的危及生产安全的工艺、设备的	逾期未改正的，处5万元以上20万元以下的罚款	较重失信	《安全生产法》第九十九条
			情节严重的，责令停产停业整顿		
	4	生产经营单位有下列行为之一的： （一）生产、经营、运输、储存、使用危险物品或者处置废弃危险物品，未建立专门安全管理制度、未采取可靠的安全措施的； （二）对重大危险源未登记建档，未进行定期检测、评估、监控，未制定应急预案，或者未告知应急措施的； （三）进行爆破、吊装、动火、临时用电以及国务院应急管理部门会同国务院有关部门规定的其他危险作业，未安排专门人员进行现场安全管理的； （四）未建立安全风险分级管控制度或者未按照安全风险分级采取相应管控措施的； （五）未建立事故隐患排查治理制度，或者重大事故隐患排查治理情况未按照规定报告的	责令限期改正，处10万元以下的罚款	轻微失信	《安全生产法》第一百零一条
			逾期未改正的，责令停产停业整顿，并处10万元以上20万元以下的罚款	较重失信	
	5	生产经营单位未采取措施消除事故隐患的	责令立即消除或者限期消除，处5万元以下的罚款	轻微失信	《安全生产法》第一百零二条
			生产经营单位拒不执行的，责令停产停业整顿	较重失信	
	6	生产经营单位将生产经营项目、场所、设备发包或者出租给不具备安全生产条件或者相应资质的单位或者个人	责令限期改正，没收违法所得； 没有违法所得或者违法所得不足10万元的，单处或者并处10万元以上20万元以下的罚款；导致发生生产安全事故给他人造成损害的，与承包方、承租方承担连带赔偿责任； 违法所得10万元以上的，并处违法所得2倍以上5倍以下的罚款	较重失信	《安全生产法》第一百零三条
	7	生产经营单位存在以下行为： 未与承包单位、承租单位签订专门的安全生产管理协议；未在承包合同、租赁合同中明确各自的安全生产管理职责；未对承包单位、承租单位的安全生产统一协调、管理	责令限期改正，处5万元以下的罚款	轻微失信	《安全生产法》第一百零三条
			逾期未改正的，责令停产停业整顿	较重失信	
	8	两个以上生产经营单位在同一作业区域内进行可能危及对方安全生产的生产经营活动，未签订安全生产管理协议或者未指定专职安全生产管理人员进行安全检查与协调的	责令限期改正，处5万元以下的罚款	轻微失信	《安全生产法》第一百零四条
			逾期未改正的，责令停产停业	较重失信	

续表

<table>
<tr><th>类别</th><th>序号</th><th>违法违规事项</th><th>行政处罚标准</th><th>信用行为分类</th><th>法规政策依据</th></tr>
<tr><td rowspan="23">(一)电力安全类</td><td rowspan="2">9</td><td rowspan="2">生产经营单位有下列行为之一的：
(一)生产、经营、储存、使用危险物品的车间、商店、仓库与员工宿舍在同一座建筑内，或者与员工宿舍的距离不符合安全要求的；
(二)生产经营场所和员工宿舍未设有符合紧急疏散需要、标志明显、保持畅通的出口、疏散通道，或者占用、锁闭、封堵生产经营场所或者员工宿舍出口、疏散通道的</td><td>责令限期改正，处5万元以下的罚款</td><td>轻微失信</td><td rowspan="2">《安全生产法》第一百零五条</td></tr>
<tr><td>逾期未改正的，责令停产停业整顿</td><td>较重失信</td></tr>
<tr><td>10</td><td>违反本法规定，生产经营单位拒绝、阻碍负有安全生产监督管理职责的部门依法实施监督检查的</td><td>责令改正，拒不改正的，处2万元以上20万元以下的罚款</td><td>较重失信</td><td>《安全生产法》第一百零八条</td></tr>
<tr><td rowspan="2">11</td><td rowspan="2">高危行业、领域的生产经营单位未按照国家规定投保安全生产责任保险的</td><td>责令限期改正，处5万元以上10万元以下的罚款</td><td>轻微失信</td><td rowspan="2">《安全生产法》第一百零九条</td></tr>
<tr><td>逾期未改正的，处10万元以上20万元以下的罚款</td><td>较重失信</td></tr>
<tr><td>12</td><td>生产经营单位违反本法规定，被责令改正且受到罚款处罚，拒不改正的</td><td>负有安全生产监督管理职责的部门可以自作出责令改正之日的次日起，按照原处罚数额按日连续处罚</td><td>较重失信</td><td>《安全生产法》第一百一十二条</td></tr>
<tr><td rowspan="4">13</td><td rowspan="4">发生生产安全事故，对负有责任的生产经营单位除要求其依法承担相应的赔偿等责任外，由应急管理部门依照下列规定处以罚款</td><td>发生一般事故的，处30万元以上100万元以下的罚款</td><td>轻微失信</td><td rowspan="4">《安全生产法》第一百一十四条第一百一十五条</td></tr>
<tr><td>发生较大事故的，处100万元以上200万元以下的罚款</td><td>较重失信</td></tr>
<tr><td>发生重大事故的，处200万元以上1000万元以下的罚款</td><td rowspan="2">严重失信</td></tr>
<tr><td>发生特别重大事故的，处1000万元以上2000万元以下的罚款</td></tr>
<tr><td>14</td><td>发生事故的电力企业谎报或者瞒报事故</td><td rowspan="4">由电力监管机构对电力企业处100万元以上500万元以下的罚款</td><td rowspan="4">严重失信</td><td rowspan="4">《电力安全事故应急处置和调查处理条例》第二十八条</td></tr>
<tr><td>15</td><td>发生事故的电力企业伪造或者故意破坏事故现场</td></tr>
<tr><td>16</td><td>发生事故的电力企业转移、隐匿资金、财产，或者销毁有关证据、资料</td></tr>
<tr><td>17</td><td>发生事故的电力企业拒绝接受调查或者拒绝提供有关情况和资料</td></tr>
<tr><td>18</td><td>发生事故的电力企业在事故调查中作伪证或者指使他人作伪证</td><td rowspan="2">由电力监管机构对电力企业处100万元以上500万元以下的罚款</td><td rowspan="2">严重失信</td><td rowspan="2">《电力安全事故应急处置和调查处理条例》第二十八条</td></tr>
<tr><td>19</td><td>发生事故的电力企业在事故发生后逃匿</td></tr>
<tr><td rowspan="4">20</td><td rowspan="4">电力企业对事故发生负有责任</td><td>发生一般事故的，处10万元以上20万元以下的罚款</td><td>轻微失信</td><td rowspan="4">《电力安全事故应急处置和调查处理条例》第二十九条</td></tr>
<tr><td>发生较大事故的，处20万元以上50万元以下的罚款</td><td>较重失信</td></tr>
<tr><td>发生重大事故的，处50万元以上200万元以下的罚款</td><td>严重失信</td></tr>
<tr><td>发生特别重大事故的，处200万元以上500万元以下的罚款</td><td>严重失信</td></tr>
</table>

续表

类别	序号	违法违规事项	行政处罚标准	信用行为分类	法规政策依据
（一）电力安全类	21	建设单位将建设工程肢解发包	责令改正，处工程合同价款 0.5%以上1%以下的罚款；对全部或者部分使用国有资金的项目，并可以暂停项目执行或者暂停资金拨付	较重失信	《建设工程质量管理条例》第五十五条
	22	建设单位迫使承包方以低于成本的价格竞标	责令改正，处 20 万元以上 50 万元以下的罚款	较重失信	《建设工程质量管理条例》第五十六条
	23	建设单位施工图设计文件未经审查或者审查不合格，擅自施工			
	24	建设单位建设项目必须实行工程监理而未实行工程监理			
	25	建设单位未按照国家规定办理工程质量监督手续			
	26	建设单位明示或者暗示施工单位使用不合格的建筑材料、建筑构配件和设备			
	27	建设单位未组织竣工验收，擅自交付使用	责令改正，处工程合同价款 2%以上 4%以下的罚款	较重失信	《建设工程质量管理条例》第五十八条
	28	建设单位验收不合格，擅自交付使用			
	29	建设单位对不合格的建设工程按照合格工程验收			
	30	违反本条例规定，勘察、设计、施工、工程监理单位超越本单位资质等级承揽工程的	责令停止违法行为，对勘察、设计单位或者工程监理单位处合同约定的勘察费、设计费或者监理酬金 1 倍以上 2 倍以下的罚款；对施工单位处工程合同价款 2%以上 4%以下的罚款	较重失信	《建设工程质量管理条例》第六十条
			可以责令停业整顿，降低资质等级	较重失信	
			情节严重的，吊销资质证书；有违法所得的，予以没收	严重失信	
	31	勘察、设计、施工、工程监理单位未取得资质证书承揽工程的	予以取缔，依照前款规定处以罚款；有违法所得的，予以没收	轻微失信	
	32	勘察、设计、施工、工程监理单位以欺骗手段取得资质证书承揽工程的	吊销资质证书，依照本条第一款规定处以罚款；有违法所得的，予以没收	严重失信	
	33	勘察、设计、施工、工程监理单位允许其他单位或者个人以本单位名义承揽工程	责令改正，没收违法所得，对勘察、设计单位和工程监理单位处合同约定的勘察费、设计费和监理酬金 1 倍以上 2 倍以下的罚款；对施工单位处工程合同价款 2%以上 4%以下的罚款	较重失信	《建设工程质量管理条例》第六十一条
			可以责令停业整顿，降低资质等级	较重失信	
			情节严重的，吊销资质证书	严重失信	
	34	承包单位将承包的工程转包或者违法分包	责令改正，没收违法所得，对勘察、设计单位和工程监理单位处合同约定的勘察费、设计费和监理酬金 1 倍以上 2 倍以下的罚款；对施工单位处工程合同价款 2%以上 4%以下的罚款	较重失信	《建设工程质量管理条例》第六十二条
			可以责令停业整顿，降低资质等级	较重失信	
			情节严重的，吊销资质证书	严重失信	

续表

类别	序号	违法违规事项	行政处罚标准	信用行为分类	法规政策依据
（一）电力安全类	35	设计单位指定建筑材料、建筑构配件的生产厂、供应商	责令改正，处10万元以上30万元以下的罚款	较重失信	《建设工程质量管理条例》第六十三条
			造成工程质量事故的，责令停业整顿，降低资质等级	较重失信	
			情节严重的，吊销资质证书	严重失信	
	36	施工单位在施工中偷工减料的，使用不合格的建筑材料、建筑构配件和设备的，或者有不按照工程设计图纸或者施工技术标准施工的其他行为	责令改正，处工程合同价款2%以上4%以下的罚款，造成建设工程质量不符合规定的质量标准的，负责返工、修理	较重失信	《建设工程质量管理条例》第六十四条
			情节严重的，责令停业整顿，降低资质等级	较重失信	
			情节严重的，吊销资质证书	严重失信	
	37	建设单位对勘察、设计、施工、工程监理等单位提出不符合安全生产法律、法规和强制性标准规定的要求	责令限期改正，处20万元以上50万元以下的罚款，造成损失的，依法承担赔偿责任	较重失信	《建设工程安全生产管理条例》第五十五条
	38	建设单位要求施工单位压缩合同约定的工期			
	39	建设单位将拆除工程发包给不具有相应资质等级的施工单位			
	40	勘察单位、设计单位未按照法律、法规和工程建设强制性标准进行勘察、设计	责令限期改正，处10万元以上30万元以下的罚款；造成损失的，依法承担赔偿责任	较重失信	《建设工程安全生产管理条例》第五十六条
			情节严重的，降低资质等级	较重失信	
			情节严重的，直至吊销资质证书	严重失信	
	41	勘察单位、设计单位采用新结构、新材料、新工艺的建设工程和特殊结构的建设工程，设计单位未在设计中提出保障施工作业人员安全和预防生产安全事故的措施建议	责令限期改正，处10万元以上30万元以下的罚款；造成损失的，依法承担赔偿责任	较重失信	
			情节严重的，降低资质等级	较重失信	
			情节严重的，直至吊销资质证书	严重失信	
	42	工程监理单位未对施工组织设计中的安全技术措施或者专项施工方案进行审查	责令限期改正，逾期未改正的，责令停业整顿，并处10万元以上30万元以下的罚款	较重失信	《建设工程安全生产管理条例》第五十七条
			情节严重的，降低资质等级	较重失信	
			情节严重的，直至吊销资质证书	严重失信	
	43	工程监理单位发现安全事故隐患未及时要求施工单位整改或者暂时停止施工	责令限期改正，逾期未改正的，责令停业整顿，并处10万元以上30万元以下的罚款	较重失信	
			情节严重的，降低资质等级	较重失信	
			情节严重的，直至吊销资质证书	严重失信	
	44	施工单位拒不整改或者不停止施工，工程监理单位未及时向有关主管部门报告	责令限期改正，逾期未改正的，责令停业整顿，并处10万元以上30万元以下的罚款	较重失信	
			情节严重的，降低资质等级	较重失信	
			情节严重的，直至吊销资质证书	严重失信	

续表

<table>
<tr><th>类别</th><th>序号</th><th>违法违规事项</th><th>行政处罚标准</th><th>信用行为分类</th><th>法规政策依据</th></tr>
<tr><td rowspan="20">（一）电力安全类</td><td rowspan="3">45</td><td rowspan="3">工程监理单位未依照法律、法规和工程建设强制性标准实施监理</td><td>责令限期改正，逾期未改正的，责令停业整顿，并处10万元以上30万元以下的罚款</td><td>较重失信</td><td rowspan="3">《建设工程安全生产管理条例》第五十七条</td></tr>
<tr><td>情节严重的，降低资质等级</td><td>较重失信</td></tr>
<tr><td>情节严重的，直至吊销资质证书</td><td>严重失信</td></tr>
<tr><td>46</td><td>施工单位未设立安全生产管理机构、配备专职安全生产管理人员或者分部分项工程施工时无专职安全生产管理现场监督</td><td rowspan="6">责令限期改正，逾期未改正的，责令停业整顿，依照《中华人民共和国安全生产法》的有关规定处以罚款</td><td rowspan="6">较重失信</td><td rowspan="6">《建设工程安全生产管理条例》第六十二条</td></tr>
<tr><td>47</td><td>施工单位的主要负责人、项目负责人、专职安全生产管理人员、作业人员或者特种作业人员，未经安全教育培训或者经考核不合格即从事相关工作</td></tr>
<tr><td>48</td><td>施工单位未在施工现场的危险部位设置明显的安全警示标志，或者未按照国家有关规定在施工现场设置消防通道、消防水源、配备消防设施和灭火器材</td></tr>
<tr><td>49</td><td>施工单位未向作业人员提供安全防护用具和安全防护服装</td></tr>
<tr><td>50</td><td>施工单位未按照规定在施工起重机械和整体提升脚手架、模板等自升式架设设施验收合格后登记</td></tr>
<tr><td>51</td><td>施工单位使用国家明令淘汰、禁止使用的危及施工安全的工艺、设备、材料</td></tr>
<tr><td>52</td><td>施工单位挪用列入建设工程概算的安全生产作业环境及安全施工措施所需费用</td><td>责令限期改正，处挪用费用20%以上50%以下的罚款；造成损失的，依法承担赔偿责任</td><td>轻微失信</td><td>《建设工程安全生产管理条例》第六十三条</td></tr>
<tr><td>53</td><td>毁坏大坝或者观测、通信、动力、照明、交通、消防等管理设施</td><td rowspan="6">由大坝主管部门责令其停止违法行为，赔偿损失，采取补救措施，可以并处罚款</td><td rowspan="6">轻微失信</td><td rowspan="6">《水库大坝安全管理条例》第二十九条</td></tr>
<tr><td>54</td><td>在大坝管理和保护范围内进行爆破、打井、采石、采矿、取土、挖沙、修坟等危害大坝安全活动</td></tr>
<tr><td>55</td><td>擅自操作大坝的泄洪闸门、输水闸门以及其他设施，破坏大坝正常运行</td></tr>
<tr><td>56</td><td>在库区围垦</td></tr>
<tr><td>57</td><td>在坝体修建码头、渠道或者堆放杂物、晾晒粮草</td></tr>
<tr><td>58</td><td>擅自在大坝管理和保护范围内修建码头、鱼塘</td></tr>
<tr><td rowspan="2">59</td><td rowspan="2">电力企业大坝安全设施未与主体工程同时设计、同时施工、实施投入运行</td><td>派出机构责令停止建设或停产停业整顿，限期整改</td><td>较重失信</td><td rowspan="4">《水电站大坝运行安全监督管理规定》第三十四条《安全生产法》第三十一条</td></tr>
<tr><td>逾期未改正的，将其列入安全生产不良信用记录和安全生产诚信“黑名单”，处以50万元以上100万元以下的罚款</td><td>严重失信</td></tr>
<tr><td rowspan="2">60</td><td rowspan="2">电力企业未按照规定组织蓄水安全鉴定和竣工安全鉴定</td><td>派出机构责令停止建设或停产停业整顿，限期整改</td><td>较重失信</td></tr>
<tr><td>逾期未改正的，将其列入安全生产不良信用记录和安全生产诚信“黑名单”，处以50万元以上100万元以下的罚款</td><td>严重失信</td></tr>
</table>

续表

类别	序号	违法违规事项	行政处罚标准	信用行为分类	法规政策依据
（一）电力安全类	61	电力企业未按照规定开展大坝安全定期检查	派出机构责令停止建设或停产停业整顿，限期整改	较重失信	《水电站大坝运行安全监督管理规定》第三十四条《安全生产法》第三十一条
			逾期未改正的，将其列入安全生产不良信用记录和安全生产诚信“黑名单”，处以 50 万元以上 100 万元以下的罚款	严重失信	
	62	电力企业擅自改变调整水电站原批准功能，擅自进行工程改造或者扩建，擅自降低工程等别或者实施大坝退役	派出机构责令停止建设或停产停业整顿，限期整改	较重失信	
			逾期未改正的，将其列入安全生产不良信用记录和安全生产诚信“黑名单”，处以 50 万元以上 100 万元以下的罚款	严重失信	
	63	电力企业未按照规定及时开展病坝治理、险坝除险加固等重大安全隐患治理和风险管控工作	由派出机构给予警告并且责令限期整改	轻微失信	《水电站大坝运行安全监督管理规定》第三十五条
			拒不整改的，责令停产停业整顿，将其列入安全生产不良信用记录和安全生产诚信“黑名单”，并且处以 10 万元以上 50 万元以下的罚款	严重失信	
	64	电力企业未在规定期限内办理大坝安全注册登记和备案	派出机构责令限期改正，可以处以 10 万元以下罚款	轻微失信	《水电站大坝运行安全监督管理规定》第三十六条
			逾期未改正的，责令停产停业整顿，将其列入安全生产不良信用记录和安全生产诚信“黑名单”，并且处以 10 万元以上 20 万元以下的罚款	严重失信	
	65	电力企业未按照规定制定大坝安全应急预案	派出机构责令限期改正，可以处以 10 万元以下罚款	轻微失信	
			逾期未改正的，责令停产停业整顿，将其列入安全生产不良信用记录和安全生产诚信“黑名单”，并且处以 10 万元以上 20 万元以下的罚款	严重失信	
	66	电力企业未按照规定及时报告大坝险情或者提供虚假报告	由派出机构将其列入安全生产不良信用记录和安全生产诚信“黑名单”	严重失信	《水电站大坝运行安全监督管理规定》第三十七条
	67	电力企业未按照规定开展大坝安全监测、检查、运行维护、年度详查、信息报送和信息化建设	由派出机构给予警告，责令限期改正	轻微失信	《水电站大坝运行安全监督管理规定》第三十八条
			逾期未改正的，可以处以 1 万元的罚款	较重失信	
	68	电力企业未按照规定收集、整理、分析和保存大坝运行资料	由派出机构给予警告，责令限期改正	轻微失信	
			逾期未改正的，可以处以 1 万元的罚款	较重失信	
	69	从事大坝安全分析、监测、测试、检验等专业技术服务的单位，出具虚假材料或者造成事故	依法追究责任，并且将其列入安全生产不良信用记录和安全生产诚信“黑名单”	严重失信	《水电站大坝运行安全监督管理规定》第三十九条
	70	电力企业发生电力安全事件后，迟报、漏报、谎报、瞒报电力安全事件信息的	国家能源局及其派出机构可以责令限期改正，逾期不改正的应当将其列入安全生产不良信用记录和安全生产诚信“黑名单”，并处以 1 万元以下的罚款	严重失信	《电力安全生产监督管理办法》第三十四条
	71	电力企业发生电力安全事件后，不及时组织应急处置的			
	72	电力企业发生电力安全事件后，未按规定对电力安全事件进行调查处理的			
	73	建设单位未按规定提取和使用安全生产费用	责令限期改正，逾期未改正的，责令该建设工程停止施工	较重失信	《电力建设工程施工安全监督管理办法》第四十三条

续表

类别	序号	违法违规事项	行政处罚标准	信用行为分类	法规政策依据
（一）电力安全类	74	电力建设工程参建单位有下列情形之一的： （一）拒绝或者阻碍国家能源局及其派出机构及其从事监管工作的人员依法履行监管职责的； （二）提供虚假或者隐瞒重要事实的文件、资料； （三）未按照国家有关监管规章、规则的规定披露有关信息的	责令改正，拒不改正的，处5万元以上50万元以下的罚款	较重失信	《电力建设工程施工安全监督管理办法》第四十四条
	75	建设单位有下列行为之一的： （一）对电力勘察、设计、施工、调试、监理等单位提出不符合安全生产法律、法规和强制性标准规定的要求的； （二）违规压缩合同约定工期的； （三）将工程发包给不具有相应资质等级的施工单位的	责令限期改正，并处20万元以上50万元以下的罚款	较重失信	《电力建设工程施工安全监督管理办法》第四十五条
	76	电力勘察设计单位有下列行为之一的： （一）未按照法律、法规和工程建设强制性标准进行勘察、设计的； （二）采用新技术、新工艺、新流程、新设备、新材料的电力建设工程和特殊结构的电力建设工程，设计单位未在设计中提出保障施工作业人员安全和预防生产安全事故的措施建议的	责令限期改正，并处10万元以上30万元以下的罚款	较重失信	《电力建设工程施工安全监督管理办法》第四十六条
			情节严重的，责令停业整顿，提请相关部门降低资质等级	较重失信	
			直至吊销资质证书	严重失信	
	77	施工单位有下列行为之一的： （一）未按本办法设立安全生产管理机构、配备专（兼）职安全生产管理人员或者分部分项工程施工时无专（兼）职安全生产管理人员现场监督的； （二）主要负责人、项目负责人、专职安全生产管理人员、特种（殊）作业人员未持证上岗的； （三）使用国家明令淘汰、禁止使用的危及电力施工安全的工艺、设备、材料的； （四）未按照规定在施工起重机械和整体提升脚手架、模板等自升式架设设施验收合格后取得使用登记证书的； （五）未向作业人员提供安全防护用品、用具的； （六）未在施工现场的危险部位设置明显的安全警示标志，或者未按照国家有关规定在施工现场设置消防通道、消防水源、配备消防设施和灭火器材的	责令限期改正；逾期未改正的，责令停业整顿，并处10万元以上30万元以下的罚款	较重失信	《电力建设工程施工安全监督管理办法》第四十七条
			情节严重的，提请相关部门降低资质等级	较重失信	
			情节严重的，直至吊销资质证书	严重失信	
	78	挪用安全生产费用的	责令限期改正，并处挪用费用20%以上50%以下的罚款	轻微失信	《电力建设工程施工安全监督管理办法》第四十八条
	79	监理单位有下列行为之一的： （一）未对重大安全技术措施或者专项施工方案进行审查的； （二）发现安全事故隐患未及时要求施工单位整改或者暂时停止施工的； （三）施工单位拒不整改或者不停止施工，未及时向有关主管部门报告的； （四）未依照法律、法规和工程建设强制性标准实施监理的	责令限期改正，逾期未改正的，责令停业整顿，并处10万元以上30万元以下的罚款	较重失信	《电力建设工程施工安全监督管理办法》第四十九条
			情节严重的，提请相关部门降低资质等级	较重失信	
			情节严重的，直至吊销资质证书	严重失信	
	80	违反本办法的规定，施工单位的主要负责人、项目负责人未履行安全生产管理职责的	责令限期改正，逾期未改正的，责令施工单位停业整顿	较重失信	《电力建设工程施工安全监督管理办法》第五十条

续表

类别	序号	违法违规事项	行政处罚标准	信用行为分类	法规政策依据
（二）电力类	81	电力建设项目使用国家明令淘汰的电力设备和技术	责令停止使用，没收国家明令淘汰的电力设备，并处5万元以下的罚款	轻微失信	《电力法》第六十二条第二款
	82	未经许可，从事供电或者变更供电营业区	由电力管理部门责令改正，没收违法所得	轻微失信	《电力法》第六十三条
			由电力管理部门责令改正，没收违法所得，并处违法所得5倍以下的罚款	较重失信	
	83	危害供电、用电安全或者扰乱供电、用电秩序	由电力管理部门责令改正，给予警告	轻微失信	《电力法》第六十五条
			情节严重或者拒绝改正的，可以中止供电，可以并处5万元以下的罚款	较重失信	
	84	擅自伸入或者跨越供电营业区供电	由电力管理部门责令改正，没收违法所得	轻微失信	《电力供应与使用条例》第三十八条
			由电力管理部门责令改正，没收违法所得，并处违法所得5倍以下的罚款	较重失信	
	85	擅自向外转供电	由电力管理部门责令改正，没收违法所得	轻微失信	《电力供应与使用条例》第三十八条
			由电力管理部门责令改正，没收违法所得，并处违法所得5倍以下的罚款	较重失信	
	86	未取得电力业务许可证擅自经营电力业务	由电力监管机构责令改正，没收违法所得	轻微失信	《电力监管条例》第三十条《电力业务许可证管理规定》第四十条
			由电力监管机构责令改正，没收违法所得，并处违法所得5倍以下的罚款	较重失信	
	87	电力企业不遵守电力市场运行规则	由电力监管机构责令改正，拒不改正的，处10万元以上100万元以下罚款	较重失信	《电力监管条例》第三十一条
			情节严重的，可以吊销电力业务许可证	严重失信	
	88	发电厂并网、电网互联不遵守有关规章、规则	由电力监管机构责令改正，拒不改正的，处10万元以上100万元以下罚款	较重失信	
			情节严重的，可以吊销电力业务许可证	严重失信	
	89	电力企业不向从事电力交易的主体公平、无歧视开放电力市场或者不按照规定公平开放电网	由电力监管机构责令改正，拒不改正的，处10万元以上100万元以下罚款	较重失信	
			情节严重的，可以吊销电力业务许可证	严重失信	
	90	供电企业未按照国家规定的电能质量和供电服务质量标准向用户提供供电服务	由电力监管机构责令改正，给予警告	轻微失信	《电力监管条例》第三十二条
	91	电力调度交易机构不按照电力市场运行规则组织交易	由电力监管机构责令改正，拒不改正的，处10万元以上100万元以下罚款	较重失信	《电力监管条例》第三十三条
	92	电力企业、电力调度交易机构拒绝或者阻碍电力监管机构及其从事监管工作的人员依法履行监管职责	由电力监管机构责令改正，拒不改正的，处5万元以上50万元以下的罚款	较重失信	《电力监管条例》第三十四条
	93	电力企业、电力调度交易机构提供虚假或者隐瞒重要事实的文件、资料			
	94	电力企业、电力调度交易机构未按照国家有关电力监管规章、规则的规定披露有关信息			
	95	供电企业违反《供电监管办法》第六条规定，没有能力对其供电区域内的用户提供供电服务并造成严重后果	电力监管机构可以变更或者吊销电力业务许可证，指定其他供电企业供电	严重失信	《供电监管办法》第三十三条

续表

类别	序号	违法违规事项	行政处罚标准	信用行为分类	法规政策依据
（二）电力类	96	供电企业违反《供电监管办法》第七条、第八条、第九条、第十条、第十一条、第十二条、第十三条、第十四条、第十五条、第十六条、第二十一条、第二十四条规定	由电力监管机构责令改正，给予警告	轻微失信	《供电监管办法》第三十四条
	97	供电企业无正当理由拒绝用户用电申请	由电力监管机构责令改正，拒不改正的，处10万元以上100万元以下罚款	较重失信	《供电监管办法》第三十五条
			情节严重的，可以吊销电力业务许可证	严重失信	
	98	供电企业对趸购转售电企业符合国家规定条件的输配电设施，拒绝或者拖延接入系统	由电力监管机构责令改正，拒不改正的，处10万元以上100万元以下罚款	较重失信	
			情节严重的，可以吊销电力业务许可证	严重失信	
	99	供电企业违反市场竞争规则，以不正当手段损害竞争对手的商业信誉或者排挤竞争对手	由电力监管机构责令改正，拒不改正的，处10万元以上100万元以下罚款	较重失信	
			情节严重的，可以吊销电力业务许可证	严重失信	
	100	供电企业对用户受电工程指定设计单位、施工单位和设备材料供应单位	由电力监管机构责令改正，拒不改正的，处10万元以上100万元以下罚款	较重失信	
			情节严重的，可以吊销电力业务许可证	严重失信	
	101	供电企业有其他违反国家有关公平竞争规定的行为	由电力监管机构责令改正，拒不改正的，处10万元以上100万元以下罚款	较重失信	
			情节严重的，可以吊销电力业务许可证	严重失信	
	102	电网企业、电力调度机构违反规定未建设或者未及时建设可再生能源发电项目接入工程，造成可再生能源发电企业经济损失	电网企业应当承担赔偿责任，并由电力监管机构责令限期改正，拒不改正的，电力监管机构可以处以可再生能源发电企业经济损失额1倍以下的罚款	较重失信	《可再生能源法》第二十九条 《电网企业全额收购可再生能源电量监管办法》第二十条
	103	电网企业、电力调度机构拒绝或者阻碍与可再生能源发电企业签订购售电合同、并网调度协议，造成可再生能源发电企业经济损失			
	104	电网企业、电力调度机构未提供或者未及时提供可再生能源发电上网服务，造成可再生能源发电企业经济损失			
	105	电网企业、电力调度机构未优先调度可再生能源发电，造成可再生能源发电企业经济损失			
	106	因电网企业或者电力调度机构原因造成未能全额收购可再生能源电量，造成可再生能源发电企业经济损失			
	107	电力市场主体未按照规定办理电力市场注册手续	由电力监管机构责令改正，拒不改正的，处10万元以上100万元以下罚款	较重失信	《电力市场监管办法》第三十四条
			情节严重的，可以吊销电力业务许可证	严重失信	
	108	电力市场主体提供虚假注册资料	由电力监管机构责令改正，拒不改正的，处10万元以上100万元以下罚款	较重失信	
			情节严重的，可以吊销电力业务许可证	严重失信	
	109	电力市场主体未履行电力系统安全义务	由电力监管机构责令改正，拒不改正的，处10万元以上100万元以下罚款	较重失信	
			情节严重的，可以吊销电力业务许可证	严重失信	

续表

类别	序号	违法违规事项	行政处罚标准	信用行为分类	法规政策依据
（二）电力类	110	电力市场主体有关设备、设施不符合国家标准、行业标准	由电力监管机构责令改正，拒不改正的，处10万元以上100万元以下罚款	较重失信	《电力市场监管办法》第三十四条
			情节严重的，可以吊销电力业务许可证	严重失信	
	111	电力市场主体行使市场操纵力	由电力监管机构责令改正，拒不改正的，处10万元以上100万元以下罚款	较重失信	
			情节严重的，可以吊销电力业务许可证	严重失信	
	112	电力市场主体有不正当竞争、串通报价等违规交易行为	由电力监管机构责令改正，拒不改正的，处10万元以上100万元以下罚款	较重失信	《电力市场监管办法》第三十四条
			情节严重的，可以吊销电力业务许可证	严重失信	
	113	电力市场主体不执行调度指令	由电力监管机构责令改正，拒不改正的，处10万元以上100万元以下罚款	较重失信	
			情节严重的，可以吊销电力业务许可证	严重失信	
	114	发电厂并网、电网互联不遵守有关规章、规则	由电力监管机构责令改正，拒不改正的，处10万元以上100万元以下罚款	较重失信	
			情节严重的，可以吊销电力业务许可证	严重失信	
	115	电力调度交易机构未按照规定办理电力市场注册	由电力监管机构责令改正，拒不改正的，处10万元以上100万元以下罚款	较重失信	《电力市场监管办法》第三十六条
	116	电力调度交易机构未按照规定公开、公平、公正地实施电力调度			
	117	电力调度交易机构未执行电力调度规则			
	118	电力调度交易机构未按照规定对电力市场进行干预			
	119	电力调度交易机构泄露电力交易内幕信息			
	120	拒绝或者阻碍国家能源局及其派出机构从事电力可靠性监管工作的人员依法履行监管职责的	由电力监管机构责令改正；拒不改正的，处5万元以上50万元以下的罚款	较重失信	《电力可靠性管理办法（暂行）》第六十二条《电力监管条例》第三十四条
	121	提供虚假或者隐瞒重要事实的电力可靠性信息			
	122	供电企业未按照规定定期披露其供电可靠性指标的			
	123	被许可人以欺骗、贿赂等不正当手段获得电力业务许可证	给予警告，处以1万元以下的罚款	轻微失信	《电力业务许可证管理规定》第四十一条
	124	电力业务被许可人超出许可范围或者超出许可期限，从事电力业务	给予警告，责令改正，并向社会公告	轻微失信	《电力业务许可证管理规定》第四十二条
	125	电力业务被许可人未经批准，擅自停业、歇业	给予警告，责令改正，并可向社会公告	轻微失信	《电力业务许可证管理规定》第四十三条
	126	电力业务被许可人未在规定的期限内申请变更			
	127	涂改、倒卖、出租、出借电力业务许可证或者以其他形式非法转让电力业务许可	依法给予行政处罚	较重失信	《电力业务许可证管理规定》第四十五条

续表

类别	序号	违法违规事项	行政处罚标准	信用行为分类	法规政策依据
（二）电力类	128	申请人隐瞒有关情况或者提供虚假申请材料申请承装（修、试）电力设施许可的	派出机构不予受理或者不予许可，并给予警告	轻微失信	《承装（修、试）电力设施许可证管理办法》第三十二条
			情节严重的，一年内不再受理其许可申请	较重失信	
	129	承装（修、试）电力设施单位采取欺骗、贿赂等不正当手段取得许可的	由派出机构撤销许可，给予警告，处1万元以上3万元以下罚款	较重失信	《承装（修、试）电力设施许可证管理办法》第三十三条
			情节严重的，三年内不再受理其许可申请	严重失信	
	130	承装（修、试）电力设施单位转包或违法分包承装（修、试）电力设施业务，涂改、倒卖、出租、出借许可证，或者以其他形式非法转让许可证的	《建设工程质量管理条例》等法律法规对上述违法行为有相关行政处罚规定的，依照其规定执行	较重失信	《承装（修、试）电力设施许可证管理办法》第三十四条
			未作规定的，由派出机构责令其改正，给予警告，并处1万元以上3万元以下罚款	轻微失信	
	131	违反本办法规定未取得许可证或者超越许可范围，非法从事承装、承修、承试电力设施活动的	《无证无照经营查处办法》《建设工程质量管理条例》等法律法规对上述违法行为有相关行政处罚规定的，依照其规定执行	较重失信	《承装（修、试）电力设施许可证管理办法》第三十五条
			未作规定的，由派出机构责令其停止相关经营活动，给予警告，并处1万元以上3万元以下罚款	轻微失信	
	132	承装（修、试）电力设施单位在从事承装、承修、承试电力设施活动中发生重大以上生产安全事故或者重大质量责任事故	由派出机构依法降低许可证等级	较重失信	《承装（修、试）电力设施许可证管理办法》第三十六条
			情节严重的，依法吊销许可证	严重失信	
	133	承装（修、试）电力设施单位未按照本办法规定办理许可证登记事项变更手续	逾期未办理的，处5000元以下罚款	轻微失信	《承装（修、试）电力设施许可证管理办法》第三十七条
	134	电力企业违反国家有关规定，将承装（修、试）电力设施业务发包给未取得许可证或者超越许可范围承揽工程的单位或者个人	由派出机构责令其限期改正，给予警告，并处1万元以上3万元以下罚款	轻微失信	《承装（修、试）电力设施许可证管理办法》第三十八条
	135	电网企业发现未取得许可证或者超越许可范围承揽用户受电工程的单位或者个人，未按照本办法规定及时报告的	由派出机构给予警告，处1万元以上3万元以下罚款	轻微失信	
	136	电力企业、电力调度交易机构未按照本规定披露有关信息或者披露虚假信息的	由电力监管机构给予批评，责令改正，拒不改正的，处5万元以上50万元以下的罚款	较重失信	《电力企业信息披露规定》第十六条
	137	电力企业、电力调度交易机构未按照本规定报送信息的	由电力监管机构责令其改正，情节严重的，给予通报批评	轻微失信	《电力企业信息披露规定》第二十七条
	138	电力企业、电力调度交易机构提供虚假信息或者隐瞒重要事实的	由电力监管机构责令其改正，拒不改正的，处5万元以上50万元以下的罚款	较重失信	《电力企业信息披露规定》第二十八条
（三）煤炭类	139	煤矿企业未按照规定建设配套煤炭洗选设施	由县级以上人民政府能源主管部门责令改正，处10万元以上100万元以下的罚款	轻微失信	《大气污染防治法》第一百零二条
			拒不改正的，报经有批准权的人民政府批准，责令停业、关闭	严重失信	

续表

类别	序号	违法违规事项	行政处罚标准	信用行为分类	法规政策依据
（三）煤炭类	140	生产企业超过省级煤炭行业管理部门安排的产量限额进行生产	由省级煤炭行业管理部门责令限期改正；逾期不改正的，处3万元罚款	轻微失信	《特殊和稀缺煤类开发利用管理暂行规定》第二十二条
	141	生产企业未按照《特殊和稀缺煤类开发利用管理暂行规定》第十七条要求制定处理方案并报审核			
（四）油气类	142	石油销售企业未按照规定将符合国家标准的生物液体燃料纳入其燃料销售体系，造成生物液体燃料生产企业经济损失	应当承担赔偿责任，由国务院能源主管部门或者省级人民政府管理能源工作的部门责令限期改正，拒不改正的，处以生物液体燃料生产企业经济损失额1倍以下的罚款	较重失信	《可再生能源法》第三十一条
	143	未对天然气基础设施运营业务实行独立核算	由国家能源局及其派出机构给予警告，责令限期改正	轻微失信	《天然气基础设施建设与运营管理办法》第三十三条
	144	擅自停止天然气基础设施运营	由天然气主管部门给予警告，责令其尽快恢复运营；造成损失的，依法承担赔偿责任	轻微失信	《天然气基础设施建设与运营管理办法》第三十六条
	145	未履行天然气储备义务	由天然气主管部门给予警告，责令改正；造成损失的，依法承担赔偿责任	轻微失信	《天然气基础设施建设与运营管理办法》第三十七条
（五）其他类	146	行政许可申请人隐瞒有关情况或者提供虚假材料申请行政许可	行政机关不予受理或者不予行政许可，给予警告	轻微失信	《行政许可法》第七十八条
			行政许可申请属于直接关系公共安全、人身健康、生命财产安全事项的，申请人在一年内不得再次申请该行政许可	较重失信	
	147	被许可人以欺骗、贿赂等不正当手段取得行政许可	行政机关应当依法给予行政处罚；取得的行政许可属于直接关系公共安全、人身健康、生命财产安全事项的，申请人在三年内不得再次申请该行政许可	严重失信	《行政许可法》第七十九条
	148	实行核准管理的项目，企业未依照《企业投资项目核准和备案管理条例》规定办理核准手续开工建设或者未按照核准的建设地点、建设规模、建设内容等进行建设的	由核准机关责令停止建设或者责令停产，对企业处项目总投资额1‰以上5‰以下的罚款	较重失信	《企业投资项目核准和备案管理条例》第十八条
	149	实行核准管理的项目，以欺骗、贿赂等不正当手段取得项目核准文件	尚未开工建设的，由核准机关撤销核准文件，处项目总投资额1‰以上5‰以下的罚款	较重失信	
			已经开工建设的，由核准机关责令停止建设或者责令停产，对企业处项目总投资额1‰以上5‰以下的罚款		

二、信用行为清单（自然人）

类别	序号	违法违规事项	行政处罚标准	信用行为分类	法规政策依据
（一）电力安全类	1	生产经营单位的决策机构、主要负责人或者个人经营的投资人不依照本法规定保证安全生产所必需的资金投入，致使生产经营单位不具备安全生产条件的	有前款违法行为，导致发生生产安全事故的，对生产经营单位的主要负责人给予撤职处分，对个人经营的投资人处2万元以上20万元以下的罚款	较重失信	《安全生产法》第九十三条

续表

<table>
<tr><th>类别</th><th>序号</th><th>违法违规事项</th><th>行政处罚标准</th><th>信用行为分类</th><th>法规政策依据</th></tr>
<tr><td rowspan="13">（一）电力安全类</td><td rowspan="2">2</td><td rowspan="2">生产经营单位的主要负责人未履行本法规定的安全生产管理职责的</td><td>生产经营单位的主要负责人有前款违法行为，导致发生生产安全事故的，给予撤职处分；生产经营单位的主要负责人依照前款规定受刑事处罚或者撤职处分的，自刑罚执行完毕或者受处分之日起，五年内不得担任任何生产经营单位的主要负责人</td><td>较重失信</td><td rowspan="2">《安全生产法》第九十四条</td></tr>
<tr><td>对重大、特别重大生产安全事故负有责任的，终身不得担任本行业生产经营单位的主要负责人</td><td>严重失信</td></tr>
<tr><td rowspan="4">3</td><td rowspan="4">生产经营单位的主要负责人未履行本法规定的安全生产管理职责，导致发生生产安全事故的，由应急管理部门依照下列规定处以罚款</td><td>发生一般事故的，处上一年年收入40%的罚款</td><td>轻微失信</td><td rowspan="4">《安全生产法》第九十五条、第一百一十五条</td></tr>
<tr><td>发生较大事故的，处上一年年收入60%的罚款</td><td>较重失信</td></tr>
<tr><td>发生重大事故的，处上一年年收入80%的罚款</td><td rowspan="2">严重失信</td></tr>
<tr><td>发生特别重大事故的，处上一年年收入100%的罚款</td></tr>
<tr><td rowspan="3">4</td><td rowspan="3">生产经营单位的其他负责人和安全生产管理人员未履行本法规定的安全生产管理职责的</td><td>责令限期改正，处1万元以上3万元以下的罚款</td><td>轻微失信</td><td rowspan="3">《安全生产法》第九十六条</td></tr>
<tr><td rowspan="2">导致发生生产安全事故的，暂停或者吊销其与安全生产有关的资格，并处上一年年收入20%以上50%以下的罚款</td><td>较重失信（暂停资格）</td></tr>
<tr><td>严重失信（吊销资格）</td></tr>
<tr><td>5</td><td>生产经营单位有下列行为之一的：
（一）未按照规定设置安全生产管理机构或者配备安全生产管理人员、注册安全工程师的；
（二）危险物品的生产、经营、储存、装卸单位以及矿山、金属冶炼、建筑施工、运输单位的主要负责人和安全生产管理人员未按照规定经考核合格的；
（三）未按照规定对从业人员、被派遣劳动者、实习学生进行安全生产教育和培训，或者未按照规定如实告知有关的安全生产事项的；
（四）未如实记录安全生产教育和培训情况的；
（五）未将事故隐患排查治理情况如实记录或者未向从业人员通报的；
（六）未按照规定制定生产安全事故应急救援预案或者未定期组织演练的；
（七）特种作业人员未按照规定经专门的安全作业培训并取得相应资格，上岗作业的</td><td>对其直接负责的主管人员和其他直接责任人员处2万元以上5万元以下的罚款</td><td>轻微失信</td><td>《安全生产法》第九十七条</td></tr>
<tr><td>6</td><td>生产经营单位有下列行为之一的：
（一）未在有较大危险因素的生产经营场所和有关设施、设备上设置明显的安全警示标志的；
（二）安全设备的安装、使用、检测、改造和报废不符合国家标准或者行业标准的；
（三）未对安全设备进行经常性维护、保养和定期检测的；</td><td>对其直接负责的主管人员和其他直接责任人员处1万元以上2万元以下的罚款</td><td>轻微失信</td><td>《安全生产法》第九十九条</td></tr>
</table>

续表

类别	序号	违法违规事项	行政处罚标准	信用行为分类	法规政策依据
（一）电力安全类	6	（四）关闭、破坏直接关系生产安全的监控、报警、防护、救生设备、设施，或者篡改、隐瞒、销毁其相关数据、信息的； （五）未为从业人员提供符合国家标准或者行业标准的劳动防护用品的； （六）危险物品的容器、运输工具，以及涉及人身安全、危险性较大的海洋石油开采特种设备和矿山井下特种设备未经具有专业资质的机构检测、检验合格，取得安全使用证或者安全标志，投入使用的； （七）使用应当淘汰的危及生产安全的工艺、设备的	对其直接负责的主管人员和其他直接责任人员处 1 万元以上 2 万元以下的罚款	轻微失信	《安全生产法》第九十九条
	7	生产经营单位有下列行为之一的： （一）生产、经营、运输、储存、使用危险物品或者处置废弃危险物品，未建立专门安全管理制度、未采取可靠的安全措施的； （二）对重大危险源未登记建档，未进行定期检测、评估、监控，未制定应急预案，或者未告知应急措施的； （三）进行爆破、吊装、动火、临时用电以及国务院应急管理部门会同国务院有关部门规定的其他危险作业，未安排专门人员进行现场安全管理的； （四）未建立安全风险分级管控制度或者未按照安全风险分级采取相应管控措施的； （五）未建立事故隐患排查治理制度，或者重大事故隐患排查治理情况未按照规定报告的	对其直接负责的主管人员和其他直接责任人员处 2 万元以上 5 万元以下的罚款	轻微失信	《安全生产法》第一百零一条
	8	生产经营单位未采取措施消除事故隐患的，责令立即消除或者限期消除，生产经营单位拒不执行的	对其直接负责的主管人员和其他直接责任人员处 5 万元以上 10 万元以下的罚款	轻微失信	《安全生产法》第一百零二条
	9	生产经营单位将生产经营项目、场所、设备发包或者出租给不具备安全生产条件或者相应资质的单位或者个人	对其直接负责的主管人员和其他直接责任人员处 1 万元以上 2 万元以下的罚款	轻微失信	《安全生产法》第一百零三条
	10	生产经营单位存在以下行为： 未与承包单位、承租单位签订专门的安全生产管理协议；未在承包合同、租赁合同中明确各自的安全生产管理职责；未对承包单位、承租单位的安全生产统一协调、管理	对其直接负责的主管人员和其他直接责任人员处 1 万元以下的罚款	轻微失信	《安全生产法》第一百零三条
	11	两个以上生产经营单位在同一作业区域内进行可能危及对方安全生产的生产经营活动，未签订安全生产管理协议或者未指定专职安全生产管理人员进行安全检查与协调的	对其直接负责的主管人员和其他直接责任人员处 1 万元以下的罚款	轻微失信	《安全生产法》第一百零四条
	12	生产经营单位有下列行为之一的： （一）生产、经营、储存、使用危险物品的车间、商店、仓库与员工宿舍在同一座建筑内，或者与员工宿舍的距离不符合安全要求的； （二）生产经营场所和员工宿舍未设有符合紧急疏散需要、标志明显、保持畅通的出口、疏散通道，或者占用、锁闭、封堵生产经营场所或者员工宿舍出口、疏散通道的	对其直接负责的主管人员和其他直接责任人员处 1 万元以下的罚款	轻微失信	《安全生产法》第一百零五条

续表

<table>
<tr><th>类别</th><th>序号</th><th>违法违规事项</th><th>行政处罚标准</th><th>信用行为分类</th><th>法规政策依据</th></tr>
<tr><td rowspan="20">（一）电力安全类</td><td>13</td><td>生产经营单位与从业人员订立协议，免除或者减轻其对从业人员因生产安全事故伤亡依法应承担的责任的，该协议无效</td><td>对生产经营单位的主要负责人、个人经营的投资人处2万元以上10万元以下的罚款</td><td>轻微失信</td><td>《安全生产法》第一百零六条</td></tr>
<tr><td>14</td><td>违反本法规定，生产经营单位拒绝、阻碍负有安全生产监督管理职责的部门依法实施监督检查的</td><td>对其直接负责的主管人员和其他直接责任人员处1万元以上2万元以下的罚款</td><td>轻微失信</td><td>《安全生产法》第一百零八条</td></tr>
<tr><td>15</td><td>生产经营单位的主要负责人在本单位发生生产安全事故时，不立即组织抢救或者在事故调查处理期间擅离职守或者逃匿的</td><td>给予降级、撤职的处分，并由应急管理部门处上一年年收入60%～100%的罚款</td><td>严重失信</td><td>《安全生产法》第一百一十条、第一百一十五条</td></tr>
<tr><td>16</td><td>依照《建设工程质量管理条例》规定，给予单位罚款处罚同时，也对单位直接负责的主管人员和其他直接责任人员予以罚款的</td><td>给予单位罚款处罚的，对单位直接负责的主管人员和其他直接责任人员处单位罚款数额5%以上10%以下的罚款</td><td>较重失信</td><td>《建设工程质量管理条例》第七十三条</td></tr>
<tr><td>17</td><td>发生事故的电力企业主要负责人不立即组织事故抢救</td><td rowspan="4">由电力监管机构处其上一年年收入40%～80%的罚款</td><td rowspan="4">较重失信</td><td rowspan="4">《电力安全事故应急处置和调查处理条例》第二十七条</td></tr>
<tr><td>18</td><td>发生事故的电力企业主要负责人迟报事故</td></tr>
<tr><td>19</td><td>发生事故的电力企业主要负责人漏报事故</td></tr>
<tr><td>20</td><td>发生事故的电力企业主要负责人在事故调查处理期间擅离职守</td></tr>
<tr><td>21</td><td>发生事故的电力企业有关人员谎报或者瞒报事故</td><td rowspan="6">由电力监管机构对主要负责人、直接负责的主管人员和其他直接责任人员处其上一年年收入60%～100%的罚款</td><td rowspan="6">严重失信</td><td rowspan="6">《电力安全事故应急处置和调查处理条例》第二十八条</td></tr>
<tr><td>22</td><td>发生事故的电力企业有关人员伪造或者故意破坏事故现场</td></tr>
<tr><td>23</td><td>发生事故的电力企业有关人员转移、隐匿资金、财产，或者销毁有关证据、资料</td></tr>
<tr><td>24</td><td>发生事故的电力企业有关人员拒绝接受调查或者拒绝提供有关情况和资料</td></tr>
<tr><td>25</td><td>发生事故的电力企业有关人员在事故调查中作伪证或者指使他人作伪证</td></tr>
<tr><td>26</td><td>发生事故的电力企业有关人员在事故发生后逃匿</td></tr>
<tr><td rowspan="4">27</td><td rowspan="4">电力企业主要负责人未依法履行安全生产管理职责，导致事故发生</td><td>发生一般事故，处其上一年年收入30%的罚款</td><td>轻微失信</td><td rowspan="4">《电力安全事故应急处置和调查处理条例》第三十条</td></tr>
<tr><td>发生较大事故，处其上一年年收入40%的罚款</td><td>较重失信</td></tr>
<tr><td>发生重大事故的，处其上一年年收入60%的罚款</td><td rowspan="2">严重失信</td></tr>
<tr><td>发生特别重大事故的，处其上一年年收入80%的罚款</td></tr>
<tr><td>28</td><td>电力企业大坝安全设施未与主体工程同时设计、同时施工、实施投入运行</td><td rowspan="2">逾期未改正的，对其直接负责的主管人员和其他直接责任人员处以2万元以上5万元以下罚款</td><td rowspan="2">较重失信</td><td rowspan="2">《水电站大坝运行安全监督管理规定》第三十四条</td></tr>
<tr><td>29</td><td>电力企业未按照规定组织蓄水安全鉴定和竣工安全鉴定</td></tr>
</table>

续表

类别	序号	违法违规事项	行政处罚标准	信用行为分类	法规政策依据
(一)电力安全类	30	电力企业未按照规定开展大坝安全定期检查	逾期未改正的，对其直接负责的主管人员和其他直接责任人员处以2万元以上5万元以下罚款	较重失信	《水电站大坝运行安全监督管理规定》第三十四条
	31	电力企业擅自改变调整水电站原批准功能，擅自进行工程改造或者扩建，擅自降低工程等别或者实施大坝退役			
	32	电力企业未按照规定及时开展病坝治理、险坝除险加固等重大安全隐患治理和风险管控工作	拒不整改的，对其直接负责的主管人员和其他直接责任人员处以 2 万元以上 5 万元以下的罚款	较重失信	《水电站大坝运行安全监督管理规定》第三十五条
	33	电力企业未在规定期限内办理大坝安全注册登记和备案	拒不整改的，对其直接负责的主管人员和其他直接责任人员处以 2 万元以上 5 万元以下的罚款	较重失信	《水电站大坝运行安全监督管理规定》第三十六条
	34	电力企业未按照规定制定大坝安全应急预案			
	35	电力企业未按照规定及时报告大坝险情或者提供虚假报告	由派出机构对其主要负责人处以 2 万元以上 5 万元以下的罚款	轻微失信	《水电站大坝运行安全监督管理规定》第三十七条
	36	电力企业未按照规定开展大坝安全监测、检查、运行维护、年度详查、信息报送和信息化建设	逾期未改正的，对其主要负责人处以 1 万元以下的罚款	较重失信	《水电站大坝运行安全监督管理规定》第三十八条
	37	电力企业未按照规定收集、整理、分析和保存大坝运行资料			
	38	电力企业未履行《电力安全生产监督管理办法》第八条规定的，即电力企业应当履行下列电力安全生产管理基本职责： （一）依照国家安全生产法律法规、制度和标准，制定并落实本单位电力安全生产管理制度和规程； （二）建立健全电力安全生产保证体系和监督体系，落实安全生产责任； （三）按照国家有关法律法规设置安全生产管理机构、配备专职安全管理人员； （四）按照规定提取和使用电力安全生产费用，专门用于改善安全生产条件； （五）按照有关规定建立健全电力安全生产隐患排查治理制度和风险预控体系，开展隐患排查及风险辨识、评估和监控工作，并对安全隐患和风险进行治理、管控； （六）开展电力安全生产标准化建设； （七）开展电力安全生产培训宣传教育工作，负责以班组长、新工人、农民工为重点的从业人员安全培训； （八）开展电力可靠性管理工作，建立健全电力可靠性管理工作体系，准确、及时、完整报送电力可靠性信息； （九）建立电力应急管理体系，健全协调联动机制，制定各级各类应急预案并开展应急演练，建设应急救援队伍，完善应急物资储备制度； （十）按照规定报告电力事故和电力安全事件信息并及时开展应急处置，对电力安全事件进行调查处理	由国家能源局及其派出机构责令限期整改，逾期不整改的，对电力企业主要负责人予以警告；情节严重的，由国家能源局及其派出机构对电力企业主要负责人处以 1 万元以下的罚款	较重失信	《电力安全生产监督管理办法》第三十五条

续表

<table>
<tr><th>类别</th><th>序号</th><th>违法违规事项</th><th>行政处罚标准</th><th>信用行为分类</th><th>法规政策依据</th></tr>
<tr><td rowspan="4">（一）电力安全类</td><td rowspan="2">39</td><td rowspan="2">违反《电力安全生产监督管理办法》的规定，施工单位的主要负责人、项目负责人未履行安全生产管理职责的，责令限期改正；逾期未改正的，责令施工单位停业整顿；造成重大安全事故、重大伤亡事故或者其他严重后果，构成犯罪的，依照刑法有关规定追究刑事责任</td><td>施工单位的主要负责人、项目负责人有前款违法行为，尚不够刑事处罚的，处2万元以上20万元以下的罚款或者按照管理权限给予撤职处分</td><td>较重失信</td><td rowspan="2">《电力建设工程施工安全监督管理办法》第五十条</td></tr>
<tr><td>自刑罚执行完毕或者受处分之日起，五年内不得担任任何施工单位的主要负责人、项目负责人</td><td>严重失信</td></tr>
<tr><td rowspan="2">40</td><td rowspan="2">危害供电、用电安全或者扰乱供电、用电秩序</td><td>由电力管理部门责令改正，给予警告</td><td>轻微失信</td><td rowspan="2">《电力法》第六十五条</td></tr>
<tr><td>情节严重或者拒绝改正的，可以中止供电，可以并处5万元以下的罚款</td><td>较重失信</td></tr>
<tr><td rowspan="14">（二）电力类</td><td>41</td><td>电力企业不遵守电力市场运行规则</td><td rowspan="3">对直接负责的主管人员和其他直接责任人员，依法给予处分</td><td rowspan="3">较重失信</td><td rowspan="3">《电力监管条例》第三十一条</td></tr>
<tr><td>42</td><td>发电厂并网、电网互联不遵守有关规章、规则</td></tr>
<tr><td>43</td><td>电力企业不向从事电力交易的主体公平、无歧视开放电力市场或者不按照规定公平开放电网</td></tr>
<tr><td>44</td><td>供电企业未按照国家规定的电能质量和供电服务质量标准向用户提供供电服务</td><td>情节严重的，对直接负责的主管人员和其他直接责任人员，依法给予处分</td><td>较重失信</td><td>《电力监管条例》第三十二条</td></tr>
<tr><td>45</td><td>电力调度交易机构不按照电力市场运行规则组织交易</td><td>对直接负责的主管人员和其他直接责任人员，依法给予处分</td><td>较重失信</td><td rowspan="2">《电力监管条例》第三十三条</td></tr>
<tr><td>46</td><td>电力调度交易机构工作人员泄露电力交易内幕信息</td><td>由电力监管机构责令改正，并依法给予处分</td><td>较重失信</td></tr>
<tr><td>47</td><td>电力企业、电力调度交易机构拒绝或者阻碍电力监管机构及其从事监管工作的人员依法履行监管职责</td><td rowspan="3">对直接负责的主管人员和其他直接责任人员，依法给予处分</td><td rowspan="3">较重失信</td><td rowspan="3">《电力监管条例》第三十四条</td></tr>
<tr><td>48</td><td>电力企业、电力调度交易机构提供虚假或者隐瞒重要事实的文件、资料</td></tr>
<tr><td>49</td><td>电力企业、电力调度交易机构未按照国家有关电力监管规章、规则的规定披露有关信息</td></tr>
<tr><td>50</td><td>供电企业无正当理由拒绝用户用电申请</td><td rowspan="5">由电力监管机构责令改正，拒不改正的，对直接负责的主管人员和其他直接责任人员，依法给予处分</td><td rowspan="5">较重失信</td><td rowspan="5">《供电监管办法》第三十五条</td></tr>
<tr><td>51</td><td>供电企业对趸购转售电企业符合国家规定条件的输配电设施，拒绝或者拖延接入系统</td></tr>
<tr><td>52</td><td>供电企业违反市场竞争规则，以不正当手段损害竞争对手的商业信誉或者排挤竞争对手</td></tr>
<tr><td>53</td><td>供电企业对用户受电工程指定设计单位、施工单位和设备材料供应单位</td></tr>
<tr><td>54</td><td>供电企业有其他违反国家有关公平竞争规定的行为</td></tr>
</table>

续表

类别	序号	违法违规事项	行政处罚标准	信用行为分类	法规政策依据
（二）电力类	55	电力市场主体未按照规定办理电力市场注册手续	由电力监管机构责令改正；拒不改正的，对直接负责的主管人员和其他直接责任人员，依法给予处分	较重失信	《电力市场监管办法》第三十四条
	56	电力市场主体提供虚假注册资料			
	57	电力市场主体未履行电力系统安全义务			
	58	电力市场主体有关设备、设施不符合国家标准、行业标准			
	59	电力市场主体行使市场操纵力			
	60	电力市场主体有不正当竞争、串通报价等违规交易行为			
	61	电力市场主体不执行调度指令			
	62	发电厂并网、电网互联不遵守有关规章、规则			
	63	电力调度交易机构未按照规定办理电力市场注册	由电力监管机构责令改正；拒不改正的，对直接负责的主管人员和其他直接责任人员，依法给予处分	较重失信	《电力市场监管办法》第三十六条
	64	电力调度交易机构未按照规定公开、公平、公正地实施电力调度			
	65	电力调度交易机构未执行电力调度规则			
	66	电力调度交易机构未按照规定对电力市场进行干预			
	67	拒绝或者阻碍国家能源局及其派出机构从事电力可靠性监管工作的人员依法履行监管职责的	由电力监管机构责令改正；拒不改正的，处5万元以上50万元以下的罚款，对直接负责的主管人员和其他直接责任人员，依法给予处分	较重失信	《电力可靠性管理办法（暂行）》第六十二条 《电力监管条例》第三十四条
	68	提供虚假或者隐瞒重要事实的电力可靠性信息			
	69	供电企业未按照规定定期披露其供电可靠性指标的			
	70	电力企业、电力调度交易机构未按照《电力企业信息披露规定》披露有关信息或者披露虚假信息	拒不改正的，对直接负责的主管人员和其他直接责任人员，依法给予处分	较重失信	《电力企业信息披露规定》第十六条
	71	电力企业、电力调度交易机构提供虚假信息或者隐瞒重要事实的	由电力监管机构责令其改正；拒不改正的，对直接负责的主管人员和其他直接责任人员，依法给予处分	较重失信	《电力企业信息报送规定》第二十八条
（三）其他类	72	实行核准管理的项目，企业未按规定办理核准手续开工建设或者未按照核准的建设地点、建设规模、建设内容等进行建设	对直接负责的主管人员和其他直接责任人员处2万元以上5万元以下的罚款；属于国家工作人员的，依法给予处分	轻微失信	《企业投资项目核准和备案管理条例》第十八条
	73	实行核准管理的项目，以欺骗、贿赂等不正当手段取得项目核准文件	尚未开工建设的，由核准机关撤销核准文件，处项目总投资额1‰以上5‰以下的罚款；已经开工建设的，由核准机关责令停止建设或者责令停产，对企业处项目总投资额1‰以上5‰以下的罚款；对直接负责的主管人员和其他直接责任人员处2万元以上5万元以下的罚款	轻微失信	

国家能源局印发通知　进一步加强电力业务资质许可监管

为进一步强化电力业务资质许可监管，国家能源局于7月27日印发《国家能源局关于进一步加强电力业务资质许可监管有关事项的通知》，通知全文如下：

国家能源局关于进一步加强电力业务资质许可监管有关事项的通知

（国能发资质规〔2022〕79号）

各派出机构：

为深入贯彻落实党中央、国务院关于深化“放管服”改革决策部署，进一步加强电力业务资质许可监管，确保放管结合、风险可控，根据《优化营商环境条例》《国务院关于加强和规范事中事后监管的指导意见》以及资质许可管理有关规定要求，结合工作实际，现就有关事项通知如下。

一、依托“互联网+”手段，深化资质许可全链条监管

（一）不断夯实信息数据基础。通过国家能源局资质和信用信息系统（简称系统）政务信息实时共享、持证企业资料完善等功能，及时准确做好许可信息以及许可监管过程中形成的行政处罚、行政检查等相关信息的录入、核实、更新工作，持续提升系统数据质量，为资质许可事前事中事后全链条监管提供有力支撑。

（二）严格把牢事前审查关口。用好系统互联互通功能，在事前审查环节实时获取申请企业信用信息。对信用良好及守信企业，可采取免于现场核查、告知承诺制等便利性措施，压减许可办理时限；对失信及严重失信企业，严格进行许可审查，且在其信用修复前不适用告知承诺制。对于以告知承诺制方式提交的申请材料，应通过系统网络核验功能，对其中涉及的市场主体登记、人员任职及专业资格等申请条件填报信息进行核验；经确认符合法定形式要求的，方能予以受理。

（三）全面落实告知承诺制全覆盖核查。用好系统事中事后核查功能，对以告知承诺制方式办理的新申请、许可事项变更等许可事项，在作出准予许可决定后6个月内，按照《国家能源局全面推行电力业务资质许可告知承诺制实施方案》中明确的事中事后核查工作要求，实现全覆盖核查。相关行政许可决定及告知承诺书应在法定时限内对外公开，广泛接受社会监督。

（四）精准开展信用分级分类监管。用好系统双随机抽查、持证企业问题库等功能，以问题为导向，按照持证企业许可类别、信用等级、所在区域等设定监管任务，常态化开展企业信用与“双随机、一公开”手段相结合的分级分类许可监管；需进行现场检查的，要严格依据相关程序，优化工作流程，避免增加企业和群众负担。

（五）定期监督许可条件保持情况。用好系统许可条件保持功能，定期对智能预警筛查出存在相关问题的持证企业进行跟踪监督；其中，对人员情况发生变化、已不满足许可条件要求的，责令其限期整改；对许可有效期即将届满或机组寿命到期的，督促其及时开展安全评估并申请办理有效期延续、许可事项变更等业务，进一步防范化解风险，增强监管实效。

二、融合信用措施，提升资质许可监管效能

（六）依法进行问题查处。针对在许可事中事后监管中发现的各类不实承诺、以隐瞒或欺骗手段骗取许可等违法违规问题，严格依据许可管理有关规定，采取责令整改、撤销许可决定、行政处罚等措施，加大查处力度。

（七）规范实施失信惩戒。按照能源行业市场主体信用行为清单要求，依据相关市场主体违法违规事项和行政处罚标准，规范界定轻微、较重和严重失信行为。在此基础上，结合市场主体信用状况，及时对失信市场主体进行提醒、警示和约谈，强化市场主体风险意识，并依法依规实施失信惩戒。

（八）认真做好信用修复和异议处理。根据有关法定程序和时限要求，指导失信市场主体积极开展信用修复，作出信用承诺，履行法定义务，提升信用水平。信用修复决定应在受理之日起15个工作日内作出；失信市场主体完成信用修复后及时撤销其信息公示，不再作为失信惩戒依据。异议申请应在受理之日起15个工作日内办结，及时回应相关市场主体合理诉求。

三、加强闭环监督，优化资质许可服务质量

（九）切实强化日常工作监督。进一步发挥本单位行政许可工作监督检查小组作用，重点围绕许可流程是否规范、各环节的办理是否在法定时限内完成、是否擅自扩大（缩小）许可范围或增设（减少）许可条件、是否存在指定中介机构服务、是否存在违规收费的行为、许可结果是否及时主动公开等方面，加强日常行政监督，发现违纪违法问题及时向纪检部门移交。针对资质管理和信用工作季度通报中指出的问题，积极采取整改措施，有效弥补工作短板。

（十）严格遵守标准化规范要求。按照电力业务资质许可流程规范、服务规范、监督与评价规范等许可标准化规范要求，严格落实许可办理程序及时限等规定要求，保证行政许可行为规范公正透明；严格落实信息公开、一次性告知、首问责任、顶岗补位和文明服务等工作制度，全面实现许可办理“一次不用跑”，加强许可管理工作人员业务技能培训，增强服务意识和履职能力；注重用好许可“好差评”工作机制，并对差评问题安排专人核实确认，实名差评回访率应达到100%，切实增强企业和群众对许可服务的获得感和满意度。

国家能源局电力业务资质管理中心要进一步加强对各派出机构落实以上工作要求的监督指导，并重点围绕健全制度体系、优化系统功能、完善监督机制等方面持续发力、双向联动、协同促进，不断提升资质许可管理工作质量和服务水平，助推行业高质量发展。

本通知自印发之日起施行，有效期5年。

国家能源局

2022年7月27日

国家能源局关于印发《水电站大坝工程隐患治理监督管理办法》的通知

国能发安全规〔2022〕93号

各省（自治区、直辖市）能源局，有关省（自治区、直辖市）及新疆生产建设兵团发展改革委、工业和信息化主管部门，北京市城市管理委，各派出机构，大坝中心，全国电力安委会各企业成员单位：

为加强水电站大坝运行安全监督管理，规范水电站大坝工程隐患的排查治理工作，我局对《水电站大坝除险加固管理办法》（电监安全〔2010〕30号）进行了修订，形成《水电站大坝工程隐患治理监督管理办法》。现印发给你们，请遵照执行。

附件：《水电站大坝工程隐患治理监督管理办法》❶（略）

国家能源局

2022年10月19日

国家能源局关于印发《电力安全隐患治理监督管理规定》的通知

国能发安全规〔2022〕116号

各省（自治区、直辖市）能源局，有关省（自治区、直辖市）及新疆生产建设兵团发展改革委、工业和信息化主管部门，北京市城市管理委，各派出机构，大坝中心，全国电力安委会各企业成员单位：

为强化电力安全隐患排查治理和监督管理有关工作，有效防范遏制电力事故事件发生，国家能源局对《电力安全隐患监督管理暂行规定》（电监安全〔2013〕5号）进行了修订，形成《电力安全隐患治理监督管理规定》。现印发你们，请遵照执行。

国家能源局

2022年12月29日

附件：电力安全隐患治理监督管理规定❷（略）

国家能源局发布《电力业务资质管理年度分析报告（2022）》

8月4日，国家能源局公布了《电力业务资质管理年度分析报告（2022）》，报告主要展现了以下四个方面内容：

一是创新许可模式，深化“放管服”改革，电力业务资质许可告知承诺制实施效果明显。作为推动证照分离和简化审批的一项重要改革举措，在全国范围内实现许可事项无差别、同标准“一网通办”和“一网通查”的基础上，2021年国家能源局全面推行电力业务资质许可告知承诺制，以“三减”措施实现“三零”成效，制度成本有效降低，营商环境明显改善。从2021年8月26日至2021年底，全国以告知承诺制方式办理电力业务资质许可的发电、输电、供电及承装（修、试）电力设施企业数量累计达3196家，占当期办理业务总量的41%。

二是持证发电企业数量稳健增长，输电、供电企业数量保持稳定，承装（修、试）电力设施企业数量较快增长。截至2021年底，全国持有电力业务许可证企业共有15722家，其中，持证发电企业12825家，较2020年增加1110个，增长率为9%；持证输电企业40家，较2020年无变化；持证供电企业2857家，较2020年减少15家。全国持证承装（修、试）电力设施企业共有31609家，较2020年增加6079家，增长率为24%，新增持证企业中，民营企业占比达87%。

三是市场主体结构与规模变化各具特色，新能源成为发电装机增长的主力，承装（修、试）电力设施企业综合能力稳步提升。持证发电企业总装机容量为2067237MW，其中1000MW以上的企业占持证发电企业总数的4%，装机容量占总装机容量的49%，与2020年相当。持证可再生能源企业装机占比快速提高，

❶ 《水电站大坝工程隐患治理监督管理办法》详细内容见“文献”篇目。

❷ 《电力安全隐患治理监督管理规定》详细内容见“文献”篇目。

新增持证风电、太阳能装机容量74803MW，已超过火电新增装机容量（57023MW），占持证企业全年新增总装机容量的近50%，许可管理有效促进发电行业持续转型升级。从承装（修、试）电力设施企业许可等级分布看，四级企业占比最大，达60%。承装、承修、承试3个许可类别间的业务关联性较强，同时持有3个类别许可的企业占比达到86%，占比进一步提高。

四是增量配电业务许可工作稳步推进，超期服役机组许可管理工作持续加强。2021年，新增持证增量配电项目36个，全部为试点项目。截至2021年底，增量配电业务累计取证数量为213个，其中，试点项目191个，占比90%；试点外项目22个，占比10%。第一批至第五批增量配电试点项目合计459个，取证试点项目占比达42%。2021年，各派出机构对超期服役机组分类施策，符合产业政策、环保、能耗要求的机组，经安全评估后，准予延续运行，充分发挥其经济性优势；不符合产业政策，环保排放、运行参数不达标的机组及时注销许可证。2021年，各派出机构共许可8191MW机组延续运行，注销1602MW达到设计寿命机组许可证。

国家能源局发布《电力行业信用状况年度分析报告（2022）》

8月4日，国家能源局公布了《电力行业信用状况年度分析报告（2022）》，报告对近6万家电力企业从总体信用状况、持证企业类别、派出机构辖区、电力集团及其所属企业等多个维度进行统计分析。报告指出：

电力行业信用状况总体良好，优良级企业占比高。从信用信息归集情况看，优级和良级企业56540家，占比约95%；差级企业1110家，占比约1.9%。电力主营业务所涉行政处罚、合同违约和严重失信主体名单等不良信息相对较少。行政处罚主要是交通、卫生健康、水务管理、城市管理等记录，占电力行政处罚的49%。合同违约主要是因经济纠纷、劳务纠纷等被法院判定为败诉的记录，约占电力合同违约的78%。严重失信主体名单主要是因欠款、拖欠货款，或未支付工程款、保证金等且有履行能力而拒不履行生效法律文书确定义务，被列为失信被执行人，约占电力严重失信主体名单的99.7%。

相较于电力行业总体水平，持证企业信用状况明显更优。优级和良级企业44466家，约占96%，高于电力行业总体水平1个百分点；差级企业602家，占比1.3%，优于电力行业总体水平0.56个百分点。输电类持证企业全部为优级和良级，没有中级和差级。供电类持证企业优级和良级达到96.4%，仅有93家（约占3.6%）中级企业和1家差级企业（地方供电企业，列入严重失信主体名单）。发电类持证企业和承装（修、试）类持证企业行政处罚数量合计占持证企业行政处罚数量98%。承装（修、试）类持证企业占持证企业总数67%，其合同违约占持证企业合同违约数量近75%；发电类持证企业占持证企业总数近28%，其合同违约占持证企业合同违约数量近24%。发电类持证企业严重失信主体名单信息约占持证企业严重失信主体名单信息的55%，承装（修、试）类持证企业严重失信主体名单信息约占持证企业严重失信主体名单信息的46%（部分企业同时持有电力业务许可证和承装（修、试）电力设施许可证）。

派出机构辖区电力企业总体信用状况良好，集中在优级和良级范围内。优级企业数量较多的为华北监管局、南方监管局和山东监管办辖区；占比较高的为福建监管办、江苏监管办、浙江监管办、山东监管办和华东监管局辖区，均超20%。差级企业数量较多的为东北监管局、华北监管局和华中监管局辖区；占比较高的为贵州监管办、河南监管办和山西监管办辖区，均超2.8%。大型电力集团总部信用状况良好，其所属个别企业存在失信行为。16家电力集团及其所属8356家企业，优级和良级8103家，约占97%，高于电力行业总体水平近2个百分点；差级18家，占比0.22%，优于电力行业总体水平1.64个百分点。集团本部不存在中级和差级状况，而所属企业存在中级和差级状况，涉及1180条不良信用信息。

国家能源局通报2021年度全国可再生能源电力发展监测评价结果

8月27日，为促进可再生能源开发利用，科学评估各地区可再生能源发展状况，国家能源局以国能发新能〔2022〕82号文通报《2021年度全国可再生能源电力发展监测评价报告》。报告全文如下：

2021年度全国可再生能源电力发展监测评价报告

一、全国可再生能源电力发展总体情况

截至2021年底，全国可再生能源发电累计装机容量10.63亿kW，同比增长约13.8%，占全部电力装机的44.8%；其中，水电装机3.91亿kW（抽水蓄能0.36亿kW）、风电装机3.28亿kW、光伏发电装机3.06亿kW、生物质发电装机3798万kW。2021年，全国可再生能源发电量达2.48万亿kWh，占全部发电量的29.7%；其中水电发电量1.34万亿kWh，占全部发电量的

16.0%；风电发电量6556亿kWh，占全部发电量的7.8%；光伏发电量3259亿kWh，占全部发电量的3.9%；生物质发电量1637亿kWh，占全部发电量的2.0%。

二、各省（区、市）可再生能源电力消纳责任权重完成情况

2021年全国可再生能源电力实际消纳量为24446亿kWh，占全社会用电量比重29.4%，同比提高0.6个百分点；全国非水电可再生能源电力消纳量为11398亿kWh，占全社会用电量比重为13.7%，同比增长2.3个百分点。

根据《国家发展改革委 国家能源局关于2021年可再生能源电力消纳责任权重及有关事项的通知》（发改能源〔2021〕704号）公布的2021年各省（区、市）可再生能源电力消纳责任权重，综合考虑各省本地生产、本地利用以及外来电力消纳情况，经核算，除西藏免除考核外，全国28个省（区、市）完成了国家能源主管部门下达的最低总量消纳责任权重，甘肃和新疆可再生能源电力总量消纳实际完成情况较最低消纳责任权重分别低2.6个和1.8个百分点；全国29个省（区、市）完成了国家能源主管部门下达的最低非水电消纳责任权重，新疆非水电可再生能源电力消纳实际完成情况较最低消纳责任权重低0.6个百分点。

据统计，30个省（区、市）中，可再生能源电力消纳占全社会用电量的比重超过80%以上的1个、40%～80%的7个、20%～40%的12个、10%～20%的10个；非水电可再生能源电力消纳占全社会用电量的比重超过20%以上的7个、10%～20%的15个、5%～10%的7个、5%以下的1个。2021年可再生能源电力消纳总量责任权重完成情况见表1，2021年可再生能源电力消纳非水电责任权重完成情况见表2。

表1　2021年可再生能源电力消纳总量责任权重完成情况

省（区、市）	实际消纳量（亿kWh）	实际完成情况	同比增加百分点	下达的最低总量消纳责任权重	实际完成情况超出下达最低权重指标的百分点
四川	2633	80.4%	-1.4	74.0%	6.4
云南	1657	77.5%	-3.1	75.0%	2.5
青海	662	77.1%	-7.6	69.5%	7.6
甘肃	701	46.9%	-5.6	49.5%	-2.6
湖南	1000	46.4%*	-0.7	45.0%	1.4
重庆	610	45.5%	-5.9	43.5%	2.0
广西	964	43.1%	-0.2	43.0%	0.1
湖北	1026	41.5%	-1.7	37.0%	4.5
贵州	629	36.1%	-4.6	35.5%	0.6
上海	558	31.9%	-3.7	31.5%	0.4
吉林	252	29.9%	-0.4	28.0%	1.9
江西	546	29.3%	4.1	26.5%	2.8
河南	1058	29.0%	7.4	21.5%	7.5
广东	2281	29.0%*	-4.1	29.0%	0.0
宁夏	334	28.8%	2.1	24.0%	4.8
陕西	525	26.7%	1.8	25.0%	1.7
山西	649	24.9%	6.1	20.0%	4.9
内蒙古	954	24.1%	3.0	20.5%	3.6
黑龙江	254	23.3%	-0.1	22.0%	1.3
新疆	712	20.2%	-0.3	22.0%	-1.8
北京	244	19.8%	3.4	18.0%	1.8
天津	191	19.5%	3.4	17.0%	2.5
安徽	524	19.3%	1.7	16.0%	3.3
辽宁	492	19.1%	1.9	15.5%	3.6

续表

省（区、市）	实际消纳量（亿 kWh）	实际完成情况	同比增加百分点	下达的最低总量消纳责任权重	实际完成情况超出下达最低权重指标的百分点
福建	539	19.0%*	0.0	19.0%	0.0
浙江	1042	18.9%	−0.7	18.5%	0.4
江苏	1321	18.6%	1.8	16.5%	2.1
河北	756	17.6%	3.4	16.5%	1.1
海南	71	17.5%	1.3	16.0%	1.5
山东	1167	15.8%	3.4	13.0%	2.8
西藏	95	94.1%	7.0	不考核	不考核
全国	24446	29.4%	0.6		

注 1. 湖南计入贵州点对网 45.5 亿 kWh 水电。

2. 福建省加上了安徽省转让的 36 亿 kWh 可再生能源总量超额消纳量。

3. 广东省加上了云南省转让的 49 亿 kWh 可再生能源总量超额消纳量。

表 2　　2021 年可再生能源电力消纳非水电责任权重完成情况

省（区、市）	实际消纳量（亿 kWh）	实际完成情况	同比增加百分点	下达的最低总量消纳责任权重	实际完成情况超出下达最低权重指标的百分点
青海	251	29.3%	3.9	24.5%	4.8
宁夏	303	26.2%	4.8	22.0%	4.2
山西	610	23.4%	6.6	19.0%	4.4
黑龙江	253	23.2%	1.7	20.0%	3.2
内蒙古	890	22.5%	3.0	19.5%	3.0
河南	780	21.4%	7.7	18.0%	3.4
吉林	177	21.0%	−0.3	21.0%	0.0
北京	239	19.4%	3.3	17.5%	1.9
甘肃	283	18.9%	1.1	18.0%	0.9
天津	181	18.4%	3.3	16.0%	2.4
陕西	352	17.9%	4.3	15.0%	2.9
河北	721	16.8%	3.3	16.0%	0.8
安徽	434	16.0%	2.4	14.0%	2.0
云南	321	15.0%*	−0.1	15.0%	0.0
山东	1100	14.9%	3.5	12.5%	2.4
湖南	302	14.0%	2.9	13.5%	0.5
辽宁	361	14.0%	0.4	13.5%	0.5
江西	244	13.1%	2.5	12.0%	1.1
江苏	859	12.1%	3.1	10.5%	1.6
新疆	420	11.9%	1.0	12.5%	−0.6
广西	255	11.4%	2.5	10.0%	1.4
湖北	269	10.9%	1.8	10.0%	0.9
贵州	171	9.8%	2.5	8.5%	1.3

续表

省（区、市）	实际消纳量（亿 kWh）	实际完成情况	同比增加百分点	下达的最低总量消纳责任权重	实际完成情况超出下达最低权重指标的百分点
海南	38	9.4%	2.0	8.0%	1.4
福建	258	9.1%*	1.8	7.5%	1.6
浙江	474	8.6%	1.1	8.5%	0.1
四川	233	7.1%	1.0	6.0%	1.1
广东	448	5.7%	0.3	5.0%	0.7
上海	91	5.2%	0.4	4.0%	1.2
重庆	58	4.3%	0.1	4.0%	0.3
西藏	21	20.8%	−0.8	不考核	不考核
全国	11398	13.7%	2.3		

注 1. 福建省加上了安徽省转让的 30 亿 kWh 非水电可再生能源超额消纳量。

2. 云南省加上了广东省转让的 28 亿 kWh 非水电可再生能源超额消纳量。

三、全国重点地区风电、光伏年可利用小时数情况

2021 年全国风电、光伏重点地区年可利用小时数情况见表 3 和表 4。

表 3　　2021 年全国风电重点地区年利用小时数情况

省（区）	资源区	地区	2020 年实际利用小时数（h）	2021 年实际利用小时数（h）	实际利用小时数增加值（h）
内蒙古	Ⅰ类	除赤峰市、通辽市、兴安盟、呼伦贝尔市以外其他地区	2318	2626	308
	Ⅱ类	赤峰市、通辽市、兴安盟、呼伦贝尔市	2378	2407	29
新疆	Ⅰ类	乌鲁木齐市、伊犁哈萨克族自治州、克拉玛依市、石河子市	2616	2781	165
	Ⅲ类	除乌鲁木齐市、伊犁哈萨克族自治州、克拉玛依市、石河子市以外其他地区	2178	2241	63
甘肃	Ⅱ类	嘉峪关市、酒泉市	2016	2153	137
	Ⅲ类	除嘉峪关市、酒泉市以外其他地区	1638	1861	223
宁夏	Ⅲ类	宁夏	1653	2018	365
黑龙江	Ⅲ类	鸡西市、双鸭山市、七台河市、绥化市、伊春市、大兴安岭地区	2255	2063	−192
	Ⅳ类	黑龙江省其他地区	2270	2254	−16
吉林	Ⅲ类	白城市、松原市	2302	2280	−22
	Ⅳ类	吉林省其他地区	2355	2427	72
辽宁	Ⅳ类	辽宁	2243	2293	50
河北	Ⅱ类	张家口市	2032	1995	−37
山西	Ⅳ类	忻州市、朔州市、大同市	1750	2317	567

表 4　　2021 年全国光伏重点地区年利用小时数情况

省（区）	资源区	地区	2020 年实际利用小时数（h）	2021 年实际利用小时数（h）	实际利用小时数增加值（h）
内蒙古	Ⅰ类	除赤峰市、通辽市、兴安盟、呼伦贝尔市以外其他地区	1626	1568	−58
	Ⅱ类	赤峰市、通辽市、兴安盟、呼伦贝尔市	1619	1562	−57

续表

省（区）	资源区	地区	2020 年实际利用小时数（h）	2021 年实际利用小时数（h）	实际利用小时数增加值（h）
新疆	Ⅰ类	哈密、塔城、阿勒泰、克拉玛依	1655	1597	−58
	Ⅱ类	除Ⅰ类外其他地区	1414	1455	41
甘肃	Ⅰ类	嘉峪关、武威、张掖、酒泉、敦煌、金昌	1535	1562	27
	Ⅱ类	除Ⅰ类外其他地区	1263	1389	126
青海	Ⅰ类	海西	1436	1474	38
	Ⅱ类	除Ⅰ类外其他地区	1387	1248	−139
宁夏	Ⅰ类	宁夏	1390	1471	81
陕西	Ⅱ类	榆林、延安	1466	1455	−11
黑龙江	Ⅱ类	黑龙江	1507	1503	−4
吉林	Ⅱ类	吉林	1477	1537	60
辽宁	Ⅱ类	辽宁	1388	1327	−61
河北	Ⅱ类	承德、张家口、唐山、秦皇岛	1485	1343	−142
山西	Ⅱ类	忻州、朔州、大同	1470	1424	−46

四、全国清洁能源消纳利用情况

2021 年，全国及重点省份清洁能源消纳利用情况良好。2021 年，全国风电平均利用率 96.9%，同比提升 0.4 个百分点；尤其是湖南、甘肃和新疆，风电利用率同比显著提升，湖南风电利用率 99%、甘肃风电利用率 95.9%，新疆风电利用率 92.7%、同比分别提升 4.5、2.3、3.0 个百分点，详见表 5。2021 年，全国光伏发电利用率 98%，与 2020 年基本持平。新疆、西藏等地光伏消纳水平显著提升，光伏利用率同比分别提升 2.8 和 5.6 个百分点，详见表 6。全国主要流域水能利用率约 97.9%，同比提高 1.5 个百分点，详见表 7。

表 5　2021 年全国风电并网消纳情况

省（区、市）	2020 年实际利用率	2021 年实际利用率
全国	96.5%	96.9%
北京	99.7%	100.0%
天津	99.8%	100.0%
河北	95.3%	95.4%
山西	97.0%	97.5%
山东	96.8%	98.5%
蒙西	93.0%	91.1%
蒙东	97.7%	97.6%
辽宁	99.0%	98.0%
吉林	97.6%	97.1%

续表

省（区、市）	2020 年实际利用率	2021 年实际利用率
黑龙江	99.5%	98.1%
上海	100.0%	100.0%
江苏	100.0%	100.0%
浙江	100.0%	100.0%
安徽	100.0%	100.0%
福建	100.0%	100.0%
江西	100.0%	99.9%
河南	99.8%	98.3%
湖北	100.0%	100.0%
湖南	94.5%	99.0%
重庆	100.0%	100.0%
四川	100.0%	100.0%
陕西	96.7%	97.7%
甘肃	93.6%	95.9%
青海	95.3%	89.3%
宁夏	97.8%	97.6%
新疆	89.7%	92.7%
西藏	100.0%	100.0%
广东	100.0%	100.0%

续表

省（区、市）	2020 年实际利用率	2021 年实际利用率
广西	100.0%	100.0%
海南	100.0%	100.0%
贵州	99.7%	99.5%
云南	99.4%	99.9%

表 6　　2021 年全国光伏并网消纳情况

省（区、市）	2020 年实际利用率	2021 年实际利用率
全国	98.0%	98.0%
北京	100.0%	100.0%
天津	100.0%	99.9%
河北	98.7%	98.2%
山西	97.0%	99.1%
山东	99.0%	99.1%
蒙西	96.4%	96.5%
蒙东	99.6%	99.4%
辽宁	100.0%	99.6%
吉林	98.8%	98.9%
黑龙江	100.0%	99.6%
上海	100.0%	100.0%
江苏	100.0%	100.0%
浙江	100.0%	100.0%
安徽	100.0%	100.0%
福建	100.0%	100.0%
江西	100.0%	100.0%
河南	100.0%	99.9%
湖北	100.0%	100.0%
湖南	99.9%	100.0%
重庆	100.0%	100.0%
四川	100.0%	100.0%
陕西	97.1%	98.0%

续表

省（区、市）	2020 年实际利用率	2021 年实际利用率
甘肃	97.8%	98.5%
青海	92.0%	86.2%
宁夏	97.5%	97.5%
新疆	95.4%	98.3%
西藏	74.6%	80.2%
广东	100.0%	100.0%
广西	100.0%	100.0%
海南	100.0%	100.0%
贵州	99.4%	99.6%
云南	99.5%	99.8%

表 7　　2021 年全国主要流域水电利用情况

主要流域	2020 年有效水能利用率	2021 年有效水能利用率
金沙江	99.20%	99.99%
雅砻江	93.54%	96.96%
大渡河	86.81%	92.83%
乌江	98.34%	99.75%
长江干流上游	99.85%	99.97%
黄河干流上游	93.14%	99.73%
南盘江－红水河	99.26%	99.61%
澜沧江	99.88%	99.95%

五、直流特高压线路输送可再生能源情况

2021 年，17 条直流特高压线路年输送电量 4887 亿 kWh，其中可再生能源电量 2871 亿 kWh，同比提高 18.3%，可再生能源电量占全部直流特高压线路总输送电量的 58.7%。国家电网公司运营的 13 条直流特高压线路总输送电量 4048 亿 kWh，其中可再生能源电量 2032 亿 kWh，占总输送电量的 50.2%；南方电网公司运营的 4 条直流特高压线路输送电量 839 亿 kWh，全部为可再生能源电量。2021 年直流特高压线路输送电量情况见表 8。

表 8　　2021 年直流特高压线路输送电量情况

序号	线路名称	年输送电量（亿 kWh）	可再生电量合计（亿 kWh）	可再生能源占比	占比同比增长（百分点）
1	复奉直流	283.0	283.0	100.0%	0.0
2	锦苏直流	361.9	361.9	100.0%	0.0
3	宾金直流	271.6	271.3	99.9%	－0.1
4	天中直流	446.1	159.7	35.8%	－4.9

续表

序号	线路名称	年输送电量（亿 kWh）	可再生电量合计（亿 kWh）	可再生能源占比	占比同比增长（百分点）
5	灵绍直流	504.1	116.4	23.1%	6.0
6	祁韶直流	271.9	70.9	26.1%	−1.2
7	雁淮直流	285.7	50.4	17.6%	3.9
8	锡泰直流	185.9	41.6	22.4%	22.1
9	鲁固直流	265.4	101.0	38.0%	20.9
10	昭沂直流	319.6	107.8	33.7%	−13.8
11	吉泉直流	550.6	172.9	31.4%	13.1
12	青豫直流	151.5	148.9	98.3%	−1.7
13	雅湖直流	150.5	146.0	97.0%	—
14	楚穗直流	217.6	217.6	100.0%	0.0
15	普侨直流	156.2	156.2	100.0%	0.0
16	新东直流	237.9	237.9	100.0%	0.0
17	昆柳龙直流	227.1	227.1	100.0%	0.0
全国		4887	2871	58.7%	12.8

注　1～13 项数据为国家电网报送，14～17 项数据为南方电网公司报送。“—”表示由于线路新投产等原因没有同比数据。

六、国家清洁能源示范省（区）落实情况

浙江。2021 年，全部可再生能源电力消纳量 1042 亿 kWh，占本省全社会用电量的比重为 18.9%，同比降低 0.7 个百分点；非水电可再生能源电力消纳量为 474 亿 kWh，占本省全社会用电量的比重为 8.6%，同比上升 1.1 个百分点。

四川。2021 年，全部可再生能源电力消纳量为 2633 亿 kWh，占本省全社会用电量的比重为 80.4%，同比下降 1.4 个百分点；非水电可再生能源电力消纳量为 233 亿 kWh，占本省全社会用电量的比重为 7.1%，同比上升 1.0 个百分点。

宁夏。2021 年，全部可再生能源电力消纳量为 334 亿 kWh，占本省全社会用电量的比重为 28.8%，同比上升 2.1 个百分点；非水电可再生能源电力消纳量为 303 亿 kWh，占本省全社会用电量的比重为 26.2%，同比上升 4.8 个百分点。

甘肃。2021 年，全部可再生能源电力消纳量为 701 亿 kWh，占本省全社会用电量的比重为 46.9%，同比下降 5.6 个百分点；非水电可再生能源电力消纳量为 283 亿 kWh，占本省全社会用电量的比重为 18.9%，同比上升 1.1 个百分点。

青海。2021 年，全部可再生能源电力消纳量为 662 亿 kWh，占本省全社会用电量的比重为 77.1%，同比下降 7.6 个百分点；非水电可再生能源电力消纳量为 251 亿 kWh，占本省全社会用电量的比重约为 29.3%，同比上升 3.9 个百分点。

行　业　服　务

中国电力企业联合会

【综述】2022 年，中国电力企业联合会（简称中电联）以“三化四优”为发展重点，加快社会化、市场化转型，开展“智库建设年”活动，实现了智库研究与国家战略、行业发展同频共振，智库建设与业务工作、专业服务融合发展，各项工作卓有成效。

（一）以学习宣传贯彻党的二十大精神为主线，加强党的建设

组织“奋进新征程、喜迎二十大”集中轮训班，开展主题征文、主题党日团日等活动。以中心组学习、

专题研讨、宣讲报告会等形式，第一时间深入学习宣传党的二十大精神，学报告、悟思想、开新局。严格落实“第一议题”制度，滚动汇编习近平总书记关于能源电力系列讲话和重要指示精神，推动学习成果转化为工作效能。

6 月，国资委党委对中电联党委进行首次政治巡视，这是对中电联各项工作的“全面体检”。根据巡视组反馈意见，中电联进行了为期三个月的巡视整改，先后召开 11 次党委会，从 36 个方面确定 68 条措施，全面整改，建立长效机制 133 项，得到巡视组充分肯定。

制定“中电联党委代管协会党建工作联系点制度”，得到国资委肯定。创办《党建工作通讯》，开展以“亮身份、树形象、当先锋”为主题的“党员先锋活动月”系列活动，全年新发展党员 8 名，转正党员 16 名。举办“2021 年度党员先锋岗”授牌仪式，发挥示范引领作用，不断提升党组织战斗力。

组织召开全面从严治党专题会议。建立党风廉政建设落实情况监督台账，编制廉洁风险防控手册。持之以恒落实中央八项规定，与 21 个基层党组织签订《党风廉政建设责任书》。编制印发中电联廉洁警示教育活动学习手册，组织开展警示教育活动。全年出具廉政意见书 37 人次，推进政治监督具体化常态化。

（二）服务党和国家工作大局，加大咨政建言力度

开展“智库建设年”活动。加强智库建设顶层设计，出台深化中电联智库建设的指导意见，统一思想，全员参与，智库成果形式多样、硕果累累，智库影响力越来越大、话语权越来越强，中电联工作价值得到政府、社会、行业、企业的普遍认可。

增强行业引领能力。参与党中央国务院、国家有关部门的能源碳达峰、碳中和相关政策文件编制工作。全面参与国家能源局关于“双碳”背景下电力系统转型若干重大问题研究，提出的“绿色低碳、柔性灵活、互动融合、智能高效、安全稳定”新型电力系统内涵特征，被采纳到国家发展改革委、中组部牵头编写的碳达峰碳中和省部级领导干部读本。受国家能源局委托，提出《中华人民共和国能源法》立法建议和《中华人民共和国电力法》修订建议。

发挥建言献策作用。受国家能源局委托，开展能源重点项目投资监测，编制的投资监测报告、燃煤发电价格分析等多次上报至中办、国办。研究提出的完善煤价形成机制、促进煤电协同发展、延长煤电机组服役期限等建议被国家发展改革委采纳到相关文件中。报送的“电煤保供情况”“电煤保供关键是解除对产能的不合理管控”等材料，被国务院办公厅收录到相关督查信息中。全年针对虚拟电厂、电价改革等内容，通过人民日报、新华社、央视报送内参 6 次。加强宏观经济及电力运行情况预测预警，全年向政府部门报送分析预测材料 150 余份，得到国资委通报表彰。

推动行业痛点、难点问题解决。扩大中国电煤采购价格指数（CECI）覆盖面，助力电煤中长期合同签订和履约，推动释放煤炭优质产能、下调煤炭进口关税等政策出台。向国务院研究室、国家发展改革委、人民银行等部门多次反映煤电企业困难、新能源欠补等问题，向工信部、国家能源局等部门反映光伏供应链价格畸高等因素影响产业健康发展，推动相关问题解决。向国家发展改革委、国家能源局报送《关于煤电机组选型和给予容量补偿》等报告，促进国有资本注资、发放专项贷款、暂缓缴纳税费等支持政策出台，部分缓解发电企业的经营困难。

推进国内碳市场建设。深度参与配额分配、核算核查、履约机制等碳市场法规政策制修订，提出“核证自愿减排量”进入市场等建议，反映应对气候变化行业诉求 40 余次。提出 2021—2022 年全国碳排放权交易配额调整意见，被生态环境部采纳。向国家应对气候变化专家委员会、中国气候变化事务特使汇报中电联“双碳”研究成果，得到充分认可。中标国家发展改革委“碳定价机制研究”课题，成为该项目电力行业唯一研究团队。

牵头多项能源领域重大任务。按照党中央、国务院领导关于储能电站安全管理的重要指示批示要求，配合国家发展改革委、国家能源局编制印发《关于加强电化学储能安全管理的通知》，牵头国家电化学储能电站安全监测信息平台建设，发布第一期行业统计数据。牵头开展能源重大基础设施安全风险评估，完成首批 21 家试点单位评估。参加国家发展改革委组织的“三改联动”专班，推动煤电机组改造升级。承担《储能电池全寿命周期的大数据和人工智能分析技术》等四项国家重点研发计划。中电联技经中心入选“国家发展改革委投资咨询评估机构名单”，组织开展 3 项国家重大工程评估工作，跻身能源咨询“国家队”。

围绕新型电力系统调节能力、电煤短缺与电力供应紧张原因分析、新能源参与电力市场、新型电力系统电价机制、黄河流域电力企业生态环保等行业重大问题开展调研。相关成果在年会上一经发布，就得到了政府、行业、会员单位和社会各界的高度肯定和认可。开展专业研究，全年在 *Energy Reports*、《中国电力》等权威学术期刊发表 CSCD、EI、SCI 论文 22 篇。

“1+*N*”系列年度发展报告一体化格局日趋完善。连续 17 年发布《中国电力行业年度发展报告》。拓展报告编制范围，丰富专业内容，发布电力供需、国际

合作、工程建设质量、标准化、可靠性、行业人才、造价管理、电气化、科技创新、数字化等年度报告，已逐渐成为国内最权威的行业系列年度发展报告。

（三）聚焦能源保供和清洁低碳转型，提升专业支撑能力

增强标准引领作用。协助国家能源局编制《能源碳达峰、碳中和标准提升行动计划》《进一步提升煤电能效和灵活性标准》等政策文件。发布中电联促进电力行业高质量发展的实施意见，出台《标准支撑新型电力系统建设行动计划（2022—2025年）》。建设标准化信息管理系统平台，2022年共发布电力标准428项，其中国家标准10项、行业标准239项，中电联标准179项。

提升可靠性管理服务水平。会同国家能源局联合发布2021年度电力可靠性指标，开展发电机组可靠性对标工作。受国家发展改革委委托，开展全国省级能源电力可靠供应评价研究。深化行业电能质量管理研究，大力推进输变电、供电可靠性管理信息系统建设。

完善电力行业统计。编写《电力行业统计工作指南》，形成行业统一的统计规范。不断拓展统计范围，将新疆自备电厂730万kW装机纳入行业统计体系。开展重点城市工业用电量、制造业用户电价、火电行业生产经营情况等专项统计。加快电力公共信息平台建设进程，打破数据的割据、封闭状态，加大行业数据互联互通，数据的资产化初见端倪。

提升行业咨询服务能力。推动定额与造价、能源与经济两大数据平台建设，编制3项定额规范，研究构建电化学储能定额体系。完成“利用退出煤矿建设抽水蓄能电站关键技术及应用研究”等重大项目咨询，完成国内首台套江苏如东重力储能项目评审咨询服务，承担低碳电网企业评价、碳计量、碳评估、储能规划等课题研究工作。

质量监督与检测再上新台阶。完成白鹤滩—江苏特高压工程、闽粤联网工程、南阳—荆门—长沙特高压交流工程等重大项目质监工作。对176项电力工程开展质量监督检测服务，完成454次质量监督检查、127次现场检测，出具检测报告3123份，发现并提出整改问题4.3万条，为提升工程建设质量提供了坚强保障。受国家能源局委托，开展电力系统重点工程安全达标实施细则制订工作。

深化行业科技引领。设立中电联科技创新促进工作委员会，开展电力科技创新常态化监测，推动电力行业科技进步与创新发展。开展2022年电力创新奖评选，共收到申报成果2621项、推荐成果2319项，评出大奖11项、一等奖157项、二等奖314项，项目反映了行业创新发展前沿水平。推进清洁能源发电机组生产运营指标对标工作，煤电机组对标装机容量达到6.4亿kW，风电和光伏发电对标装机容量达到3.2亿kW。开展科技成果评价，推动企业“两化融合”、数字化转型。

行业人才服务取得积极成效。落实中央人才工作会议精神，组织申报的“综合能源服务员”“电力交易员”两个新职业和“电动汽车充电桩运维员”一个新工种，正式纳入2022版《国家职业分类大典》。首次举办大中小企业融通发展论坛、风电技能大师论坛和数字微课大赛，开展电力行业可靠性职业技能竞赛、电力交易员技能竞赛等7项国家级和行业级竞赛，培育电力大国工匠。

（四）服务“一带一路”建设，深化电力国际合作

集全行业之力，组织召开亚太电协CEO会议。会议以“绿色低碳‘电’亮未来”为主题，来自38个国家和地区的嘉宾代表参会。会议展现了中国电力行业的良好形象，展示了亚太地区积极应对气候变化、推动能源转型等方面的成果和共识。现场嘉宾人数超过900人，在线观看超过930万人次。新华社、央视《新闻联播》、韩国韩联社、日本读卖新闻、澳大利亚澳联社等众多国内外媒体进行了相关报道。

发挥《联合国气候变化框架公约》观察员作用，宣传中国低碳发展成就。在联合国气候变化大会第27次缔约方会议期间，主办以“中国电力行业应对气候变化行动与展望”为主题的边会活动，组织中国电力企业参与规则制定、联合研究、商务对接，在联合国应对气候变化工作体系内，代表中国电力行业发声，宣传中国电力绿色可持续发展理念，彰显中国电力行业应对气候变化的坚定决心与责任担当。

深化多边双边合作，推进电力互联互通。与国际能源署、欧电联、日本海外电力调查会等签署谅解备忘录，开展能源电力领域的国际交流与合作。召开中日、中德电动汽车充电设施技术标准交流会。与英国大使馆、美国环保协会等国际机构与组织达成合作意向，联合开展研究并发布相关成果。编写《中国发电企业和世界同类能源企业对标分析报告2022》，助力会员单位世界一流企业建设。推进东北亚区域电力互联互通工作，主办2022中国—东盟电力合作与发展论坛，参与中泰、中菲、RCEP产业委员会等论坛活动。开展印尼、孟加拉国、柬埔寨等海外电力项目造价、质监服务，助力电力企业“走出去”。

（五）总结凝炼发布电力精神，行业凝聚力进一步增强

行业文化建设取得新成果。与电力企业及职工一起，凝炼形成“忠诚担当 求实创新 追求卓越 奉献光明”的电力精神，得到行业内外的肯定。加强行业党建、企业文化优秀成果交流推广，开展“最美电力人”

推荐发布活动，引导激励广大电力干部职工人人争当“最美奋斗者”。

多视角展现行业高质量发展形象。会同上海市人民政府，以“守护万家灯火、赋能美好生活”为主题，联合举办2022年“中国电力主题日”活动，隆重庆祝中国有电140周年，在线观看人数达200万人次。利用中电联期刊、网站、新媒体的平台作用，杂志社开设视频号、抖音号，宣传行业发展成就，融媒体建设成效初显。加强与主流媒体、重要内参报送平台的沟通对接，全年主流媒体报道中电联262次，同比增长86%，其中中央媒体报道78次，同比增长100%；组织策划媒体采访73次，同比增长115%，央视采访报道中电联19次。就电力保供、煤电“三改联动”、虚拟电厂、新型储能等热点问题，发表文章、接受采访，主动回应社会关切。

多维度推动行业健康发展。出台《关于协同推进电力行业信用体系建设高质量发展的实施意见》。加强失信行为专项治理，156家失信主体被列入“重点关注名单”。开展公共信用综合评价、风险监测预警、信用风险研究等征信服务。“信用电力”“电力征信”平台已涵盖企业10万余家。举办第五届“信用电力”知识竞赛，网站访问量突破300万人次，竞答参与人数突破40万人。组织开展电力行业自律建设课题研究，启动编制电力行业自律公约和职业道德准则。司法鉴定中心为各类主体提供鉴定咨询120余件，受理司法鉴定委托7件。纠纷调解中心完成纠纷调解现状及推进方法研究，助力电力行业调解稳步发展。

（六）推动社会化、市场化转型，提高协会治理能力

完善治理体系。召开2022年中电联年会暨临时会员代表大会、2022年中电联第一次理事长会等重要会议，对中电联第七届理事会部分副理事长、常务理事单位、常务理事、理事进行变更调整。监事会组织对科技中心、中电建协、华凯公司等开展调研，提出完善管理的意见建议，促进协会治理更加规范。

彰显协会品牌效应。牵头国资委第十三协作组，开展乡村振兴帮扶工作，在国资委考核中获得“好”的等次。参加民政部组织的协会高质量发展座谈会，作典型发言；参加国资委行业协会党建工作会议并作重点交流发言，入选国家发展改革委“品牌协会成长计划”、民政部全国性行业协会商会先进事迹推介名单。获得由中华全国供销合作总社、财政部、农业农村部、国家乡村振兴局联合颁发的2022年脱贫地区农副产品网络销售平台帮扶助农优秀案例政府采购突出贡献奖。会同清华大学等单位编制中电联“国际一流”行业协会行动计划，国际一流协会目标更加明确。

深化会员服务。发布中电联2022年信息产品服务清单、会员服务指南、会员服务报告、“两会”服务手册、年度社会责任报告。打造多元、精准的会员服务体系，做好会员需求诉求响应，对接落实会员需求350余项。开展“双先”评选工作，共评选出2021—2022年度先进会员企业120家、先进个人200名。

强化内部管理。开展直属单位市场化调研，印发加快中电联社会化、市场化发展的系列文件，完善激励机制。推动事业单位转企改制，中电联科技中心改制为中电联科技服务中心有限公司，成立第一届党委。制定中电联合规管理办法，建立健全合规管理体系，全年制修订各类规章制度106项。防范化解风险，梳理形成中电联及代管协会共864项合规管理风险清单。统筹做好综合计划和财务执行预算管理，规范项目投资和股权投资管理，做好经济责任审计成果的转化和利用，打造财务与资产管控平台。

提质增效取得新成就。吸纳中国电气装备集团、360科技公司、壳牌能源等154家优质企业入会，会员数量比2021年增长13.8%，完成会费指标值110%。本部职能部门市场开拓意识增强，开展市场化技术咨询项目31项，合同额超过2000万元。五个直属单位均超额完成年初制定的经营任务，利润总额完成全年计划指标的164%。会员数量、会费收入、市场化收入均创历史新高，全年累计实现收入同比增长12.6%。

加强人才队伍建设。编制发布中电联人力资源发展规划，招聘、引进高学历、高职称人才，选拔年轻干部。利用内外资源，巩固派驻制，全年会员企业共派驻22人。举办中电联首期青年干部培训班，成立青年员工读书班，全年共开展集中培训12次，2400余人次参加。设立专家委员会办公室，持续完善专家委员会运行机制，专家委员会专家参与本部各项工作超210人次。

（七）分支机构工作有声有色，提升协会专业服务能力

火电分会市场化咨询服务实现突破；水电分会推动开展国际一流大型水电厂试点评价工作；试验分会组织高端学术交流论坛，搭建跨领域合作与交流平台；卫生分会推进电力行业职业健康标准修订工作；装备及供应链分会针对光伏行业痛点问题组织专项调研，并向国家相关部委进行专题汇报；气候分会为火电厂超低排放电费结算争取政策支持，推动清洁生产技术创新；电能替代分会参与《关于进一步推进电能替代的指导意见》等国家重大政策编制修订工作；储能分会发布《电动汽车充电设施服务碳达峰碳中和行动计划》，举办电力储能健康发展论坛、第二届中国电动汽车充电设施技术创新大会；燃料分会开展CECI指数编发分析、电煤市场监测分析等工作，组织举办第三届中国电煤高端论坛；综合能源分会开展综合能源服

务标准体系框架研究；中小企业分会开展电力行业“专精特新”企业评定工作；法律分会推进电力行业法治合规建设，首次编制《中国电力行业法治合规报告2022》；电力市场分会组织编制《全国统一电力市场近中期规划建议》，推进电力交易员职业技能提升相关工作。2022年，新成立太阳能发电分会、风电分会、应急管理分会、电能质量专委会。

【领导班子】

理事长：辛保安

党委书记、常务副理事长：杨昆

党委副书记、专职副理事长：夏忠

党委委员、专职副理事长：于崇德

党委委员、纪委委员、专职副理事长：安洪光

党委委员、专职副理事长：王抒祥

党委委员、秘书长：郝英杰

党委委员、纪委书记：江宇峰

党委委员：王思强

监事会监事长：潘跃龙

纪委委员、副秘书长：沈维春

副秘书长：许松林、丁永福、刘永东、潘荔、俞学豪

【组织机构】

1. 2022年中电联机构设置及人员变动情况

（1）中电联本部设置职能部门11个、直属单位5个。11个职能部门为理事会工作部（党委办公室、监事会办公室）、党群工作部（纪委办公室）、规划发展部（电力行业低碳发展研究中心）、国际合作部（港澳台事务办公室、亚太电协事务办公室）、人力资源部、会员与企业文化建设部、电力工程质量监督管理部（电力工程质量监督站）、计划与财务部、标准化管理中心、可靠性管理中心、统计与数据中心。5个直属单位为电力发展研究院（中国电力企业联合会电力建设技术经济咨询中心、电力工程造价与定额管理总站）、中国电力企业联合会科技服务中心有限责任公司（电力评价咨询院、工业领域电力需求侧管理促进中心）、杂志社（《中国电力企业管理》杂志社）、电力检测技术研究院（北京恒功检测技术研究院有限公司）、人才评价与教育培训中心（电力行业职业技能鉴定指导中心、中电联人才测评中心有限公司）。

（2）人员情况：中电联本部2022年底实有职工总数556人（其中人事关系在中电联的171人，在直属单位的337人，派驻48人）。

2. 会员单位

2021年4月中国电力企业联合会第七届理事会成立，截至目前，共有1196个会员单位，其中315个理事单位（其中常务理事单位51个，包括1个理事长单位、19个副理事长单位）、881个普通会员单位，设立17个专业分会，2个专业委员会，代管11个全国性专业协会，基本形成了功能齐全、分工协作、优势互补、规范有序、覆盖全行业的服务网络。

理事长单位1个：国家电网有限公司。

副理事长单位19个：中国南方电网有限责任公司、中国华能集团有限公司、中国大唐集团有限公司、中国华电集团有限公司、国家能源投资集团有限责任公司、国家电力投资集团有限公司、中国长江三峡集团有限公司、中国核工业集团有限公司、中国广核集团有限公司、中国电力建设集团有限公司、中国能源建设集团有限公司、广东省能源集团有限公司、浙江省能源集团有限公司、华北电力大学、全球能源互联网发展合作组织、协鑫集团有限公司、内蒙古电力（集团）有限责任公司、中国安能建设集团有限公司、中国电气装备集团有限公司。

【电力行业发展规划与电力发展重大课题研究】

1. 开展新型电力系统调节能力提升及政策研究

调研当前中国电力系统调节能力现状及问题，预判新型电力系统调节能力需求及调节措施适用场景，从电源侧提升路径、电网侧提升路径、负荷侧提升路径、新型储能提升路径和政策机制提升路径多维度提出了强化规划引领，推进新能源发展与系统调节能力建设、完善电力辅助服务市场机制，分摊疏导系统性成本，推进电价改革，释放各类资源调节潜力，打破省间壁垒，构建多层次协同、基础功能健全的电力市场体系，以及加强技术攻关、保障电力供应安全的政策建议，形成《新型电力系统调节能力提升及政策研究》报告。报告上报政府有关部门，为政府有关部门决策参考。

2. 开展适应新型电力系统的电价机制研究

调研并系统梳理当前各类电价政策的现状和执行情况，提出电价合理构成的电能量价格+容量价格+辅助服务费用+绿色环境价格+输配电价格+政府性基金和附加六个部分的建议，提出完善中国电价机制的关键措施，并针对当前电价政策机制中存在的主要问题提出有针对性的建议，形成《适应新型电力系统的电价机制研究》报告，供政府主管部门决策参考。

3. 开展新能源参与电力市场的机制及政策研究

调研分析国内新能源发展参与市场现状以及面临的挑战、国外新能源参与市场情况及得到的启示，从体现新能源绿色价值的配套政策，建立完善适应新能源物理特性的市场机制，促进新能源消纳的保障机制等方面，提出机制优化和政策完善的建议，形成《新能源参与电力市场的机制及政策研究》报告，供国家有关主管部门决策参考。

4. 开展发电企业在全国碳市场运行情况调研

在长期追踪全国碳市场建设的基础上，总结发电企业碳交易工作成效并分析全国碳市场运行存在的问题，从政策机制层面、企业层面、行业协会层面提出了相关建议，形成《发电企业在全国碳市场运行情况调研》报告，供政府决策和企业发展参考。

5. 开展黄河流域电力企业生态环保成效及问题分析

通过牵头主要电力企业深入开展黄河流域电力企业生态环境问题调研，在生态保护红线划定、沿黄取水用水、固废危废处理处置、生态环境执法监管等方面提出政策建议，提出促进黄河流域电力企业“在保护中发展、在发展中保护”的意见建议，形成《黄河流域电力企业生态环保成效及问题分析》报告，为政府制定相关政策提供决策参考。

6. 开展电煤与电力供应紧张原因分析及有关建议

在多形式调研的基础上，厘清导致能源电力，尤其电煤供应不足的原因，研判未来发展需求及面临的问题，提出了建立煤炭稳定供应长效机制、确保能源电力安全有针对性的相关建议，形成了《电煤与电力供应紧张原因分析及有关建议》报告，供政府有关部门参考。报告内容多次在部委会议或相关材料中及时反馈和呼吁，意见被采纳，为电煤保供、降低煤炭价格、缓解煤电经营压力发挥作用。

7. 开展新能源配储能运行情况调研

针对新能源配储能存在利用率不高、成本难以消化等问题，在系统归纳总结新能源和储能产业发展、政策要求、技术进展的基础上，分析新能源配置储能设施的运行情况，研究新能源配置储能及储能运行面临的主要困难，从政策、技术、标准、市场等角度提出提升新能源与储能耦合发展的措施建议，形成《新能源配储能运行情况调研报告》。报告上报政府有关部门，为政府制定政策和电力企业规划发展提供参考。

【电力统计与经济运行分析】

1. 电力统计工作

（1）加强统计制度和标准建设，提高统计工作规范性。中电联作为电力行业统计职能单位，发挥统计归口管理作用，印发《2022年电力行业统计工作要点》，要求电力行业各统计职能单位切实履行好电力行业统计工作职能，改进和加强统计调查工作，抓好基层统计工作规范化管理，提高统计数据质量，推动统计体系创新提效，助力电力行业统计工作现代化发展。组织编写并出版《电力行业统计工作指南》（5月，中国统计出版社），提高电力工业统计工作的科学性、规范性，提升电力统计工作专业化水平，夯实电力行业统计基础。为提高电力行业统计数据质量，规范电力固定资产投资统计原则、技术要求和工作流程，根据电力行业标准制修订计划工作安排，开展《电力固定资产投资统计技术导则》立项申报工作，推进电力行业统计工作向着制度化、标准化方向发展。

（2）开展电力行业统计工作，履行电力行业统计职能。贯彻执行现行《电力行业统计调查制度》，完善电力行业统计。扩大统计口径，将新疆现有的大型自备电厂纳入行业统计范围，完善自备电厂统计。提高重点调查单位的覆盖面，将晋控山西电力、中煤集团电力公司等发电企业纳入重点统计单位，提高统计数据代表性。细化统计指标颗粒度，开展分城市行业用电分类统计，并对环渤海经济区、长江经济带和粤港澳大湾区等重点区域用电情况进行统计，围绕重点区域发展战略，挖掘电力数据反映区域经济运行情况的潜能，促进区域协调发展。

（3）拓展统计监测领域，发挥参谋助手作用。承担政府委托，围绕中央关于保障电力工业和推动能源转型等一系列决策部署，发挥行业协会独特优势，在做好常规统计工作的同时，把电力行业统计监测向更深、更细、更新领域拓展。在供给侧开展火电生产经营情况统计监测，在需求侧开展全国重点城市工业用电量、制造业用户电价等统计监测，形成全国火电行业生产经营分析报告和重点城市工业用电分析周报等统计监测成果。

（4）丰富统计数据转化成果，提高行业统计服务水平。在完成各月和年度常规统计工作的基础上，开发数据资源，做好统计数据分析，把握企业痛点和需求，开发相应的数据监测产品，利用中电联网站和电力报等媒体平台，定期发布电力工业运行简况和电力消费情况，监测发现电力运行中苗头性、趋势性、倾向性问题。开展县级供电企业统计工作，编制全国县级供电企业统计报告报并送至有关政府部门和相关电力企业，为政府决策、企业经营管理提供数据支撑。

（5）提升电力行业统计影响力，增强行业统计数据权威性。完成2021年电力统计年报（年度快报）和2022年2—11月全国电力工业统计月报（月快报），并由国家能源局发布月度和年度快报数据，为政府宏观调控、企业生产经营决策提供参考依据。统计的发电装机容量、新增220kV及以上变电设备、电力消费量统计数据被国家统计局直接采用，发布在2022年度统计公报中。统计的发电装机容量和分地区电力消费量的行业数据被《中国统计摘要》直接采用公布。统计的能源消费弹性系数中电力消费数据被《中国统计年鉴》直接采用出版，扩大了中电联行业数据的影响力，增强了中电联统计数据的权威性。另外，中电联按月向国家统计局相关司局报送全国分省分行业全社会用电量、省间交换电量、跨区电力投资数据，按季度报送全国和分省发电量、煤耗等数据，按年度报送火力发电企业温室气体相关数据等，作为国家层面数据的重要参考。

（6）强化基层统计队伍建设，提高统计人员专业化水平。为提高电行业统计与分析人员的科研水平，促进统计科研创新，组织开展全国电力行业统计与分析交流论文征集活动，电力行业共有33家单位共80余篇论文参加评选活动，通过行业专家对参选论文认真审阅，共有40余篇学术价值和创新水平较高的论文作品成功入选论文集，编发《全国电力行业统计优秀论文汇编》，供电力行业统计人员学习交流。11月，中电联召开全国电力行业统计年报及2023年定期报表布置会议暨电力统计培训会议，宣贯《电力生产统计技术导则》，来自全国各省级电网公司、各发电企业、各基层单位的1400余人参加此次会议（线上）。

2. 经济运行分析

（1）加强电力供需形势分析预测，提前对缺电地区进行预判预警。跟踪宏观经济及电力消费、生产供应态势，发现电力运行中的苗头性、倾向性、潜在性问题，将相关分析研究信息和材料报送国家相关部门，服务于政府宏观监测和决策。2022年共完成中央财办、国务院研究室、国家发展改革委、央行货币政策委员会、国务院国资委、工信部、财政部、国家能源局等部门组织召开的形势分析座谈会或报送材料任务80余项，提交的分析工作原创性成果超过45万字。参加国家发展改革委电力供需专班，完成国家发展改革委部署的系列工作。在书面调研、召开专家座谈会、运用预测模型等基础上，加强电力供需形势监测分析和预测预警工作，提高电力供需分析预测工作水平。各季度研究编撰的《全国电力供需形势分析预测报告》上报中央财办、国务院研究室、国家发展改革委、国资委、财政部等多部门，并印发给理事长、副理事长等相关会员单位，为政府和企业决策提供参考。

（2）提前警示国内能源供应的风险点，推动煤炭增产扩产。受俄乌冲突等影响，国际上众多国家开始在全球范围内抢购煤炭等能源资源，导致全球能源紧张，价格大涨，加大了中国能源资源进口难度。2022年多次在国务院研究室、国家发展改革委、国家能源局等相关政府部门的汇报材料中提出，煤电仍是当前中国电力供应的主体电源，煤炭是保障中国能源安全稳定供应的压舱石，煤炭等能源进口难度加大增加了国内能源电力保供的不确定性。建议增加国内煤炭产能和产量，为疫情后能源电力消费需求回升做好能源供应的准备，并为控制国内煤炭等能源价格提供实物量上的支撑。相关建议在国家政策中得到体现，推动国家在扩大煤炭产能、控制煤炭价格等方面陆续出台了相关政策，避免在7、8月水电出力急转直下拉动电煤消费需求高速增长情况下，出现因电煤供应紧张而导致大面积缺电现象。

（3）开展企业经营效益调研，反映企业诉求。定期调研电力企业经营效益情况，调研收集主要电力企业经营效益情况及诉求，将煤电企业持续大面积亏损、煤电企业和新能源企业资金链较为紧张等相关情况融入向政府部门的汇报材料及报送信息中，及时反映行业困难和诉求，推动行业企业健康发展。根据国务院研究室委托，1月召开发电企业困难问题调研座谈会，根据会议内容撰写《中电联关于发电企业困难问题情况的汇报》提交国务院研究室。4月根据国务院研究室要求，提交电煤价格及煤电企业亏损情况材料，成为国家了解发电企业经营困境的重要信息渠道。共同推动国家2022年陆续给发电集团注资、加快给发电企业拨付可再生能源补贴等，缓解发电企业经营困境。7月，根据国务院研究室要求，在向相关发电集团收资的基础上，向国务院研究室提交煤电企业涉税税种及税费政策诉求建议材料，服务于相关政策研究制定。在调研的基础上，各季度编制完成《全国火电行业生产经营报告》，分析火电行业生产经营现状及面临的问题，提出意见建议，研究成果提交国家相关部门。

（4）做好政府部门信息报送工作，服务国家高层决策，取得新成效。跟踪监测宏观经济及电力运行情况，以国家重点关注的能源电力供应保障、疫情冲击下的电力消费新形势等方面为重点，研究撰写报送国资委的信息，部分信息通过国资委上报中办、国办并被采纳，成为国家高层了解电力行业形势和诉求的重要渠道。相关信息报送工作得到国资委通报表彰。

（5）加强电力供需形势分析解读，配合做好新闻宣传工作，提升中电联影响力。将各季度全国电力供需形势分析预测报告新闻稿在中电联官网以及微信公众号上发布，得到中央电视台、人民网、新华网等媒体广泛报道和转载，提升中电联影响力。完成中央电视台等媒体对相关领导的采访材料，对社会关注的电力运行形势、新能源发展与电力转型等方面进行解读。针对2022年夏季中国多地持续遭遇极端高温干旱天气，水电出力明显下降，部分地区电力供应紧张。为避免引起社会面恐慌和过度解读，中电联与中央电视台形成专题采访，回答社会关注热点问题，就供用电形势进行说明，正确引导社会舆论。定期完成中能传媒的约稿工作，对用电形势进行分析解读，向社会公众客观真实反映电力运行情况。完成《中国电力行业年度发展报告》中四分之一篇幅的全国和区域供需情况分析。拓展中电联“1+*N*”年度报告内容，编写《中国电力供需分析报告2022》，反映2021年中国电力供需的基本情况，分析驱动电力增长的宏观和微观各种因素，对中国电力供求关系的现状及将来的发展提出权威的观点和意见。

【电力节能环保低碳】

1. 参与法规政策制修订，反映行业意见与诉求

（1）针对政府出台的政策标准，在组织征求、参考电力企业意见建议的基础上，提出行业意见。向生态环境部报送《中电联关于〈2021—2022 年全国碳排放权交易配额总量设定与分配实施方案（征求意见稿）〉反馈意见的函》（中电联规划发展函〔2022〕70号）；向生态环境部报送《中电联关于报送〈2021—2022年全国碳排放权交易配额总量设定与分配实施方案（发电行业）〉（征求意见稿）意见的函》（中电联规划发展函〔2022〕247 号）；向生态环境部办公厅报送〈中电联理事会工作部关于报送《火电建设项目环境影响评价文件审批原则（征求意见稿）〉意见的函》（中电联理事规划发展〔2022〕22 号）；向生态环境部环境工程评估中心报送《中电联理事会工作部关于报送〈排污单位自动监测数据工况标记规则 火电行业（征求意见稿）〉意见的函》（中电联理事规划发展〔2022〕23号）；向国家能源局反馈《能源碳达峰、碳中和标准提升行动计划》的意见建议。

（2）研究行业低碳节能环保相关问题，围绕政府需求提供政策决策支撑。向生态环境部报送《中电联关于发电企业在全国碳市场运行情况及政策建议的报告》（中电联规划发展函〔2022〕285 号）；向国家能源局发展规划司报送《关于电力行业开展碳排放权交易有关情况的报告》（中电联理事规划发展〔2022〕30号）；向生态环境部报送《中电联关于报送〈燃煤发电企业不同煤种单位热值含碳量缺省值研究〉的函》（中电联规划发展函〔2022〕64 号）；向生态环境部报送《中电联关于发电企业参与全国碳市场情况及政策建议的报告》（中电联规划发展〔2022〕23 号）；向碳达峰、碳中和工作领导小组办公室报送《中电联关于提升全国碳市场（发电行业）数据质量建议的报告》（中电联规划发展函〔2022〕86 号）。

（3）开展低碳标准归口管理工作。国标方面。推进《火力发电厂烟气二氧化碳捕集系统能耗测定技术规范》编制工作，指导召开启动会。行标方面。组织6 项行业标准参加 2022 年度能源行业标准立项评审会，其中，《电力系统碳排放时序模拟及预评估技术》立项计划通过评审，纳入 2022 年度行标制定计划。向各委员及相关单位组织征集 2023 年度电力行业低碳标准制修订计划 23 项和团标 1 项。推进归口管理的 7项标准编制，其中，《电网企业温室气体排放核算指南》完成征求意见稿阶段，其余标准有序推进中。顺利召开 2022 年度电力低碳标准化系统工作组年会。

2. 开展低碳节能环保共性问题研究，为政府决策提供技术支撑

（1）参与全国碳市场（发电行业）的建设运行工作。组织多家发电集团召开碳交易工作组工作会议，交流掌握发电企业参与全国碳市场最新情况和意见建议；组织开展多期电力行业参与全国碳市场的能力培训工作。

（2）开展中国碳市场（发电行业）运行评估研究。针对当前中国的全国碳市场的政策实施效果开展评估。分析中国碳市场第一个履约周期中各项机制运行及电力企业交易运行状况，结合中国电力行业实际，提出有利于落实电力“碳达峰、碳中和”目标、完善全国碳市场的政策建议。

（3）开展“碳达峰、碳中和”目标下电碳市场协同发展研究。分析中国电碳市场协同发展的关键问题和思路，提出符合中国电力实际、有利于落实电力“碳达峰、碳中和”目标的政策建议。

（4）开展中德气候变化合作伙伴项目研究，完成《中国能源行业现状背景报告》与《中德能源部门碳减排合作方案》，展示中国能源行业发展现状，系统梳理中国当前能源政策及其影响，分析在中国气候目标背景下，能源行业低碳发展的机遇和挑战，并结合国情提出中国能源行业发展路径的建议。

（5）开展中国电力减排研究，编制《全国碳市场（发电行业）周年回顾——中国电力减排研究 2022》并出版发行，分析全国碳市场整体运行情况和参与主体的主要行动，总结运行成效与经验，对比国际主要碳市场进展提出促进全国碳市场健康稳定发展的政策建议。

3. 做好并提升火电厂环境与应对气候变化统计分析工作

累计征集 23 家电力集团公司报送的统计数据，统计范围覆盖全国约 70%的火电机组；制定并印发《中国电力企业联合会电力行业环保低碳资源节约数据管理办法》；召开环境统计审查交流会。

【信息交流共享与平台搭建】

（1）电力公共信息平台建设多方面工作取得实质性进展。经过需求深化、详细设计、标准整理、接口规范及私有云构建、软件开发、数据整合、初版迭代等一系列过程，克服了架构设计要求高、数据接入复杂及疫情冲击影响等困难，历经 20 余人 10 个月的协同努力工作，电力公共信息平台于 11 月 29 日面向内部上线试运行。在平台建设过程中，选择高水平的技术、前瞻性的规划、先进的互联网理念，深入各部门（单位）了解对平台的服务需求，邀请相关部门及资深专家组织高水平研讨会和评审会，发布《电力公共信息平台详细设计说明书》评审意见、《电力公共信息平台第三方开发部署规范》等相关文件。

（2）结合平台的内部数据治理和安全工作取得阶段成效。按照2月印发《数据安全及数字化转型专题工作会议纪要》的文件精神要求，开展对《中华人民共和国数据安全法》等有关法律法规，以及中电联数据安全管理办法的宣贯培训，落实数据安全管理责任，增强全员数据安全责任意识，夯实数据安全管理基础。制定并印发《电力公共信息平台（中电联云）数据治理工作方案》《中国电力企业联合会数据脱敏工作管理办法（试行）》《关于电力公共信息平台内部数据接入共享工作的通知》，起草《中电联内部用户数据共享权限规则（征求意见稿）》，从制度上进一步明确数据使用和共享权限。分批次分专业将数据接入平台，目前平台已可提供2019年以来的中电联文档全文检索和共享功能，2019年以来的部分结构化数据检索和线上分析功能。

【电力国际合作管理与服务】

1. 发挥行业协会协调服务优势

（1）完成国际一流行业协会行动计划编制。根据中电联建设"国内领先、国际一流" 行业协会的战略目标，完成编写《中电联"国际一流"行业协会建设行动纲要》，阐明"国际一流"行业协会建设的主要目标和重点任务，建立"国际一流"建设指标体系。

（2）疫情后重新启动对外交往工作。2022年，结合业务需求及全球疫情发展变化，中电联时隔近3年后重新启动了出国境团组外派工作。国际合作部科学评估出行国家潜在的感染风险，制定"活动场所、酒店两点一线，在境外不参加聚餐、聚会，全程佩戴口罩，做好个人防护"等具体防控措施，要求出访团组每日上报境外行程，在稳妥有序重启对外交流工作的同时，确保了出访人员的健康和安全。

2. 发挥行业协会信息服务优势

（1）提升国际合作信息产品质量。加大电力企业国际合作信息数据收集共享工作力度，对信息数据进行整合。邀请中国华能、中国三峡集团、中国能建等作为企业代表加入《中国电力行业国际合作年度发展报告2022》编写组，利用中电联专家库专家资源，提升报告质量。《电力国际信息参考》（电子刊物）跟紧国内外行业动态，深挖国际能源署月报数据，每月定期向电力行业会员单位发送，增强数据信息服务专业性、针对性。完成以日本海电调统计资料为蓝本翻译编印的《国际电力数据手册 2022》，并建立完善相应数据库。《世界部分国家电力企业概览 2022》涵盖世界知名电力企业电力业务、财务、人力资源等数据，提升时效性和参考性。

（2）提高中电联英文网站信息的更新频率与原创信息数量。2022年国际部着力提升对中电联自身的新闻、报告和数据的翻译和发布力度，月均更新原创信息10条以上，全年英文网站共更新信息超过300条。作为对外信息发布的行业窗口，国际同业机构对于中电联英文网站的关注度提升。

（3）结合行业需求，提供投资信息服务。聚焦世界主要国家能源发展战略及政策动向，发布"国际电力资讯速览"信息363条、《风控简报》3期以及《国别电力投资指南》（英国）1份；针对企业境外投资实务，线上举办国别投资促进会议（英国）、电力国际产能合作大讲堂活动，邀请专家介绍英国投资政策、介绍投资经验，就"境外新能源项目'全链条'法律风险管理"进行解读。

3. 发挥行业协会专业服务优势

（1）推进2022—2023年亚太电协活动筹备工作。

1）完成亚太电协CEO会议组织工作。国际合作部克服嘉宾邀请、场地协调、防疫政策调整等困难，于11月9日在海南国际会展中心组织召开亚太电协CEO会议及亚太电协执委会会议暨第47次理事会会议。活动以"绿色低碳 '电'亮未来"为主题，共吸引了来自38个国家和地区的能源电力行业人员通过线上或线下的方式参会。现场参会及列席人员约900人，线上观看会议直播的人员规模超930万人次。

海南省省长冯飞、常务副省长沈丹阳、国家能源局副局长余兵以及国资委等有关政府部门领导出席会议。境内主要电力企业均由高层领导率团出席会议。会议还邀请了知名国际组织负责人，国内外院士专家，亚太电协其他成员国和地区代表，驻华使领馆代表和跨国企业代表通过线上、线下方式参会。世界能源理事会、国际能源署、联合国亚太经社会等国际组织负责人和专家在会上发言。

会议邀请了新华社、央视、人民网、中电传媒、海南日报等12家国内媒体到现场进行报道。人民网、新华网、中能传媒等行业内外权威媒体对会议进行了全天直播。央视《新闻联播》《朝闻天下》和北京日报、中国经济导报、凤凰网、国际能源网及亚太电协多个成员国和地区的知名媒体对会议进行了宣传报道，宣传范围实现亚太区域能源电力行业全覆盖。

2）完成"中国电力行业应对气候变化行动与展望"边会组织工作。在2021年12月份获得《联合国气候变化框架公约》观察员资格后，中电联于2022年11月在埃及沙姆沙伊赫举办的联合国气候变化大会第27次缔约方会议（COP27）期间的"中国角"活动中主办以"中国电力行业应对气候变化行动与展望"为主题的边会活动。边会邀请了国内外政府、企业、研究机构、非政府组织等领域的代表参会，宣传中国电力行业绿色发展的努力和成果，为中国电力企业在联合国应对气候变化工作体系内提供了直接发声的平台，助力中国电力企业参与全球气候治理，提升中国电力行业的国际话语权和影响力。

（2）推进交流合作机制建设。

1）推进重点全球能源治理国际交流合作机制建设。2022 年，中电联加强同亚太电协 18 个成员国和地区的电力行业有关企业和同业机构的紧密联系，完善亚太电协执委会、理事会工作机制，促进区域内电力工业会员组织之间的合作。

2022 年，中电联着力强化参与全球能源和气候治理的能力建设，建立健全国际交流合作机制，与国际同业机构打造更加紧密的能源合作伙伴关系。中电联与国际能源署、欧电联、日本海外电力调查会就开展能源电力领域数据交换、联合研究、应对气候变化、组织联合培训和能力建设活动等方面的合作进行了积极探讨，达成了合作意愿，与三家国际同业机构并分别签署了谅解备忘录。11 月，中电联常务副理事长杨昆一行在法国巴黎访问国际能源署总部，与国际能源署署长法提赫•比罗尔举行会谈，标志着双方交流合作迈出了关键一步。借助中非政府在能源领域共同搭建的中国—非盟能源伙伴关系备忘录这一开放合作平台，中电联联系中国驻非盟使团、非盟发展署，创造更多中非电力行业交流合作机会。

2022 年，中电联与日本煤炭新领域机构（原日本煤炭能源中心）共同成立的中日联合委员会继续聚焦双方企业节能环保、低碳发展需求，在组织形式、交流内容等方面开拓创新，邀请电力行业低碳发展研究中心、中国电力发展促进会参与活动，联合中电联节能环保分会在北京中日创新合作示范区组织双方企业线上技术交流，为中日双方合作项目落地、市场资源对接搭建平台、拓宽渠道。

2022 年，中电联参与东北亚区域电力互联互通工作。派出行业专家参加 ESCAP-GTI 联合研讨会、ESCAP 第 6 次东北亚可持续发展会议、ESCAP 亚太电力互联监管论坛、GTI（大图们）第 10 次能源委员会会议并发言。主办 2022 东北亚电力联网与合作论坛年会，派员主持会议并发言。

2022 年，中电联参与中国—东盟合作机制下相关活动，主办 2022 中国—东盟电力合作与发展论坛。论坛围绕《区域全面经济伙伴关系协定》（RCEP）机制下“碳达峰、碳中和”主题，交流中国—东盟能源电力可持续发展，助力广西地方清洁能源和绿色产业合作。会议上，防城港市 180 万 kW 海上风电项目、钦州市 90 万 kW 海上风电项目、崇左市宁明县 120 万 kW 抽水蓄能项目、柳州市鹿寨县 120 万 kW 抽水蓄能项目等一批项目签约落地广西。

2022 年是中国—东盟全面战略伙伴关系开局之年。中电联派员出席中国—泰国、中国—柬埔寨、中国—老挝、中国—菲律宾合作论坛。在增进睦邻友好中，开发经贸互补性和合作商机，促进贸易投资合作，共同在 RCEP 建设中获得新发展。

2）深度参与国际合作项目研究。① 中欧能源合作项目二期（进行中）：国际合作部与规划发展部共同参与中欧能源合作平台主导的“零碳基础设施投资与技术”研究项目。② 与联合国亚太经社会东北亚和东亚办公室合作项目：中电联专家首次担任由中、俄、蒙、韩等国专家组成的专家组组长，主导完成“东北亚电力联网的能力建设需求评估”项目最终研究报告。③ 与联合国亚太经社会能源司合作项目（进行中）：中电联专家作为专家组成员，负责“亚太区域绿色电力通道”项目中的东北亚及中亚区域的研究工作。

【电力标准管理与服务】

1. 以党建为引领，以党建促业务发展

标准化管理中心党支部高度重视党建工作，坚持以党建为引领，以党建促业务发展，贯彻落实《行业协会 2022 年党建工作要点》，形成支部年度党建计划，并逐项落实。一是狠抓学习落实。召开党的十九届六中全会精神专题学习会、习近平总书记有关能源电力重要讲话和指示专题学习会，完成十九届六中全会精神网络培训，学习贯彻全国“两会”精神和《政府工作报告》。召开标准化中心党支部主题党课活动。党员交流学习心得。二是组织党建活动。开展“清明节追思忆先”活动，分批次在颐和园和陶然亭等地开展学习红色文化主题活动；贯彻十九大和十九届历次全会精神的学习宣传工作，赴樱桃沟一二•九运动纪念地开展主题党日活动。与中国产业用纺织品行业协会开展联合党建活动。三是强化纪律建设。完成支部风险隐患梳理排查，开展廉洁教育，强化支部成员纪律意识、责任意识，完成节日期间纠“四风”树新风工作安排，配合巡视巡察，完成巡视巡察发现问题自查自纠工作，完成中电联党委巡视整改工作表和合规管理风险清单的填报。组织参加“每周一测”线上答题，开展软弱涣散基层党组织排查工作。召开标准化管理中心党支部组织生活会，开展民主评议党员工作。四是加强党员队伍建设，发展入党积极分子。

2. 加强引导，贯彻落实《国家标准化发展纲要》

组织召开研究落实《国家标准化发展纲要》工作座谈会，围绕推动标准化与科技创新互动发展、强化标准实施应用、完善标准必要专利制度、推动标准化工作向数字化、网络化、智能化转型等方面听取意见建议。结合电力行业实际与会员单位标准化工作现状及需求，编制印发《中国电力企业联合会贯彻落实国家标准化发展纲要 促进电力高质量发展的实施意见》《标准支撑新型电力系统建设实施意见 2022—2025 年》，推动标准化与科技创新互动融合，建设高质量电力标准体系，落实标准化改革精神，夯实标准化发展基础。8 月组织召开电力专业标准化技术委员会秘书长工作会议，针对贯彻落实《国家标准化发展纲要》情况、标准支撑新型电力系统行动计划、标准质量管理系列制度、标准化技术组织定位改革阶段性工作总结等内容进行专题报告。

10 月 14 日是第 53 届世界标准日，为贯彻落实《国家标准化发展纲要》精神，中电联通过线上会议的方式开展电力世界标准日宣传活动。会议围绕标准必要专利融合机制、加强制度建设提升电力标准质量、电力国际标准化实践——亚太电协技术委员会WG4等议题进行了分享和交流。

3. 关注重点领域，电力标准制修订取得突出成绩

经有关政府部门和中电联发布标准 428 项，其中国家标准 10 项、行业标准 239 项（中文版 225 项、英文版 14 项）、中电联标准 179 项；完成标准报批 501 项，其中国家标准 38 项、行业标准 284 项、中电联标准 179 项。向国家标准委申报国家标准计划 72 项，向国家能源局申报 2022 年电力行业标准制修订计划项目 542 项；组织开展 2022 年度推荐性国家标准复审工作，完成 28 项推荐性国家标准复审工作，并同步启动复审结论为修订的国标计划立项工作。行业标准《火电厂烟气二氧化碳排放连续监测技术规范》首次发布实施，为发电行业碳排放连续监测技术推广应用提供技术标准支撑，通过微信、宣传文章等进行了标准宣贯。

4. 快速响应，中电联标准数量质量双丰收

召开中国电力企业联合会团体标准工作座谈会，对中电联标准项目和立项计划进行梳理总结；加快中电联标准的编制，共发布 179 项中电联标准，涉及电力信息、电气化学、电力变压器、港口岸电、电力机器人、工程技术经济、电力培训等热点领域，下达 2022 年两批中电联标准计划 288 项。

完成中电联电力区块链标准化技术委员会组建工作；对中国电力企业联合会电力集成电路标准化技术委员会、中国电力企业联合会地理信息应用标准化技术委员会、中国电力企业联合会企业合规管理标准化技术委员会、中电联火力发电企业燃料管理标委会进行换届或调整；筹建中国电力企业联合会工业控制系统标准化工作组。中电联标准在数字电网、岸电、户用光伏、电动汽车充电设施、电力储能、电力系统三维设计等新兴技术领域发挥越来越重要的作用，中电联标准已经成为电力标准体系的重要组成部分。

5. 聚焦政府和会员企业需求，提升标准化专业服务能力

一是推动国家电化学储能电站安全监测平台建设工作。组织召开国家级电化学储能电站安全监测信息平台建设工作座谈会，听取国家电网公司、南方电网公司及各发电集团等对平台技术方案的意见建议并与三峡科技、宁德时代等相关企业需求调研。调研国家电网公司“新能源云”和北理工国家电动汽车安全监管平台。组织编写《电化学储能电站信息交换与管理系统技术规范》系列标准草案。完成国家级平台投运前的安全信息统计数据收集，编制第一期统计报告。召开国家电化学储能电站安全监测信息平台发布会。二是开展重点领域标准课题研究工作。开展《碳达峰碳中和目标下电力系统储能战略及技术路线研究》课题研究工作。组织召开开题会，确定课题大纲，并开展课题初稿收集工作；完成《新型交通能源基础设施协同发展》课题中期稿。三是申报 2022 年度国家重点研发计划“储能与智能电网技术”重点专项，入围国家科技部储能大数据分析课题项目。四是受能源局委托牵头组织直流系统安全专班标准工作组工作，完成标准体系分析报告。五是完成国家标准委标准验证示范点申报工作。六是按照国家能源局要求，开展能源领域碳达峰碳中和标准提升行动计划编制研究。七是关注理事长副理事长单位标准化需求，承担国家电网公司、南方电网公司 2022 年专项服务合同标准化相关内容，完成 2021 年国家能源集团风电领域两项课题研究。推动能源基金会委托储能战略与技术路线研究、国家能源集团课题报告编制。八是发布《中国电力标准化年度发展报告 2022》，报告共计六章，重点描述国家、行业、中电联标准发展、企业标准化、重点领域标准化、国际标准化等方面的主要情况与成果。九是配合国家市场监督管理总局、国家能源局处理政协提案。

6. 加强电力标准化组织建设，推动技术组织定位改革

一是完成全国电网资产管理标准化技术委员会组建工作。同意筹建中电联工业控制系统标准化工作组。二是完成能源行业电力市场标准化技术委员会组建工作并报送国家能源局。三是对能源行业风电并网管理分技术委员会委员、电力行业电站锅炉标准化技术委员会委员、电力行业电力变压器标准化技术委员会、能源行业电力机器人标委会、能源行业电动汽车充电设施标准化技术委员会等标委会进行换届或委员调整。四是为规范专业标准化技术委员会运行及管理，召开 2022 年电力专业标准化技术委员会考核评估专家评审会，对 10 个中电联标委会进行考核评估，其中一级两个、二级 5 个、三级 3 个；印发开展标委会协调合作工作的通知，建立标委会联络员制度。五是召开电力标准化技术委员会秘书长工作会议，总结电力标准化工作，研究部署支撑新型电力系统建设。六是组织召开能源行业风电标委会风电场并网管理分委会 2022 年中工作会议；召开海上风电标准调研暨标准体

系研讨会，电力标准化理论研究研讨会。

7. 拓宽国际化视野，国际标准化工作取得新进展

在柔性直流输电、低压直流配电、新能源、电动汽车充电设施等领域深入参与国际标准制定工作。新发布《电动汽车信息交换　第 2 部分：用例》（IEC 63119－2）、《柔性直流输电系统特性　第 1 部分：稳态条件》（IEC TR 63363－1）等 11 项 IEC 国际标准，立项电动汽车 ChaoJi 直流充电接口、电力机器人术语等 17 项 IEC 国际标准。向国标委提交成立 IEC SEG13 国内技术对口工作组请示。组织中国专家参加 IEC TC69 电动汽车和电动工业车辆用能传输系统委员会、IEC/TC 117 太阳能热发电厂技术委员会、IEC/TC8 电能供应的系统方面技术委员会 2022 年年会，参与相关领域国际标准制修订工作。

区域国际标准化工作取得新突破。在亚太电协技术委员会下设立 WG4 标准化工作组。作为 WG4 牵头单位，确定 WG4 工作组主题和工作报告内容，完成 WG4 工作组成员及分组组长征集，筹备并组织中国专家参加了亚太电协技术委员会 2022 年第一次、第二次会议。参与亚太电协 WG3 充电设施相关工作，完成 WG3 充电设施问卷调查，并发放 15 家工作组成员单位。

开展电动汽车充电设施标准双多变合作。召开中日无线充电标准与技术研讨会。组织召开第七次中日电动汽车 ChaoJi 充电联合工作组会议，中日双方就一年来工作组合作成果、Chaoji 国标进展、Ultra ChaoJi 充电连接组件，与船舶、公交、重卡等兼容技术等议题展开了深入讨论。召开中德电动汽车超大功率充电（MCS）专家组技术研讨会和第九次中德电动汽车标准化工作组会议。

8. 推动标准实施落地，继续开展企业标准化工作

开展企业标准化活动，指导企业标准化建设。印发国网冀北电力有限公司怀来县供电分公司等 29 家电力企业通过“标准化良好行为企业”评价的公告。开展国家电网公司企业标准化良好行为评价示范试点工作，组织开展 2023 年电力企业“标准化良好行为企业”试点单位申报工作。

9. 重视标准数字化趋势，推进标准化信息系统建设

加快标准化信息管理系统平台系统建设，将标准计划管理、标准制修订管理、标准文本管理、标委会管理、基础服务管理、标准知识管理的线上、线下工作融合，实现与能源行业标准管理系统的衔接。受国家能源局委托，运行维护储能标准化信息平台和微信公众号。储能标准化信息平台定位于国家能源局标准化管理平台的补充和延伸，平台作为中国储能领域覆盖范围最全面、参与主体最具代表性、运行机制最为开放的标准化信息平台，为储能标准化工作持续发挥重要作用。

10. 加大新闻宣传力度，提升新闻宣传质效

全年通过中电联官网首页及中电联官微发布新闻 16 篇，通过中电联官网电力标准化栏目发布动态 79 篇；微信公众号电力标准信息关注人数达到 3.5 万人，推送 40 次共 313 篇文章，阅读量达到 15 万人次；创办中电联电动交通与储能分会微信公众号，微信公众号自 8 月开始运营以来，注重原创文稿首发，发挥专业特色。关注人数在较短时间内达到 1700 人左右，推送 35 次共 119 篇文章，阅读量达到 3.1 万人次；“标准大讲堂”2022 年上线标准宣贯视频课程 73 个，参加培训观看人数 4.7 万人次，自 2020 年 3 月上线以来，累计上线宣贯视频 307 个，访问人数 80 余万人次；接受中国电力报、新华网、央视财经频道等新闻媒体采访 7 次。

【电力可靠性管理与服务】

（1）完成年度党建双创工作。开展支部工作创新实践，形成具有可靠性管理中心自身特色、务实有效的党支部标准化规范化建设工作法。2022 年，电力行业可靠性（萤辉）共产党员服务队联合政府和企业基层党支部，汇聚行业专家资源，赴海南、广西开展“星火相传，萤辉相助——走进革命老区，助力乡村振兴”专题服务活动，支持革命老区巩固拓展脱贫攻坚成果。

（2）完成 2021 年度发电机组可靠性对标工作。在燃煤（煤粉锅炉和循环流化床锅炉）、燃机、常规水电、抽水蓄能四个类型参评发电机组中，104 台机组被授予“2021 年度全国发电机组可靠性标杆机组”称号。

（3）举办首次电力可靠性管理员职业技能竞赛。8 月 24—26 日，由国家能源局指导、中国电力企业联合会主办、国家电网公司承办的 2022 年电力行业职业技能竞赛（供电可靠性管理员）在江苏苏州举办。33 家省级电网企业、99 名选手参加正式竞赛，最终 22 名选手获得“电力行业技术能手”称号，21 名选手获得“电力行业优秀技能选手”称号，14 个省级电力公司分获团体一、二、三等奖。

（4）成立中电联首个专委会——电能质量专委会。11 月 2 日，电能质量专委会正式成立，中电联可靠性管理中心承担秘书处日常工作。专委会的工作宗旨是“凝聚行业资源力量、聚焦重点问题、服务会员需求、反映企业诉求、发挥桥梁纽带作用、促进管理技术创新”。专委会聚焦电力行业电能质量专业管理与技术水平提升，通过聚集会员单位的专业、信息、人才等资源优势，打造跨行业电能质量领域政策咨询、信息共享、创新引领的专业服务平台，建设中电联在

电能质量领域促进专业沟通、强化行业自律和推动行业发展的重要支撑力量。

（5）支撑政府开展电力可靠性监督管理工作。配合政府开展《电力可靠性管理办法（暂行）》（简称《办法》）宣贯实施工作。作为《办法》起草和实施工作的参与单位，5 月，可靠性管理中心提出并报送了《办法》落地实施工作建议方案。在《中国电力企业管理杂志》7 月刊策划了《办法》颁布实施专题报道，刊发专访 1 篇，署名文章 5 篇。完成电力可靠性管理信息年度采集、分析、发布任务。在 6 月 24 日召开的 2022 年电力可靠性指标发布会暨《电力可靠性管理办法（暂行）》宣贯会上，与国家能源局联合发布了 2021 年电力可靠性指标。

（6）做好可靠性数据管理工作。开展全国电力可靠性数据采集、统计分析等基础工作，采取多种形式进行数据的发布和反馈，满足政府、企业和社会各方对电力可靠性数据信息的需求。完成 2021 年度全国发电、输、供各专业可靠性数据统计分析工作，编制完成《中国电力行业可靠性年度发展报告（2022）》及可靠性专业分析报告 16 册。

（7）开展重点课题研究推动可靠性管理工作。针对中国新型电力系统建设、能源转型升级中煤电企业面临的节能环保、清洁低碳、安全生产等多重压力，组织开展《燃煤机组灵活性调节运行对机组可靠性影响》课题研究工作。开展《我国分布式光伏规模化开发对配电网电能质量影响研究》专题研究，课题涵盖国家（地方）法律法规分析、国内外标准对比、各单位试点情况与治理工作成果等内容，对分布式光伏规模化开发带来的配电网电压不稳定、谐波干扰、三相不平衡等电能质量问题提出了针对性的意见建议。

（8）推进可靠性标准化体系建设。推进国家、行业及社团标准的协调统一发展，为适应能源电力转型发展的新形势和新型电力系统的新特点，并配合《电力可靠性管理办法（暂行）》落地实施，电力行业可靠性管理标准化技术委员会不断拓展标准领域，在加强新能源发电设备可靠性标准建设的同时，推动标准从设备设施向系统、管理应用的延伸，标准立项、审批规模和进度持续加快，推动标准体系科学构建。由电力行业可靠性管理标准化技术委员会组织制修订的国家标准《输变电设施运行可靠性指标导则》，行业标准《发电设备可靠性评价规程　第 7 部分：光伏发电设备》《直流输电系统可靠性评价规程》等 3 项可靠性相关标准开始实施。

（9）完善培训制度加强可靠性专业队伍建设。印发《电力可靠性管理专业人员能力评价管理办法》《电力可靠性管理专业人员继续教育管理办法》，开展教材、题库建设，搭建电力可靠性管理专业人员教育、管理平台，推动电力行业可靠性管理专业技术人员培训工作规范化开展。组织搭建可靠性管理专业人才评价考试平台，探索“互联网＋”与传统教育培训相结合的新型教育模式，适应常态化疫情防控形势，灵活培训及考评开展模式，在行业层面首次成功组织开展线上考评。

（10）推动行业电能质量管理工作深入开展。充分发挥行业平台优势，组织开展在京单位调研与专业交流，与电能质量及柔性输电标委会、电机工程学会电能质量学组等行业组织建立常态化交流机制，促进行业内电能质量管理技术沟通；组织行业专家团队加强难点、热点问题调查，赴山东等地开展户用光伏电能质量现状调研工作；关注电能质量引起的设备故障纠纷，完成《电力谐波引起设备故障鉴定技术导则》团体标准上报工作，探索电能质量问题责任认定和纠纷解决办法，填补电能质量领域电力司法鉴定标准的空。

【电力行业职业技能鉴定与教育培训管理及服务】

1. 以巡视整改为契机，规范内部管理

按照中电联党委部署，成立迎巡工作组和整改工作组，对工作进行全方位梳理，形成巡视问题清单 33 个，制定 57 项整改措施，开展巡视整改工作。对巡视组指出的问题立行立改，深入剖析问题产生根源，切实堵漏洞、补短板、强弱项，按期完成巡视整改任务，达到以巡促改、以巡促建、以巡促治的目的。

2. 人才生态落地有成效

组织召开首届风电技能大师论坛，设立“电力行业新能源（风电）技能大师共创中心”“新能源卓越工程师办公室”“电力工匠工作室”“新能源产业学院”和“新型电力系统博士后创新基地”，在新能源领域做试点加速推进人才生态构建。申报的综合能源服务员、电力交易员 2 个新职业和电动汽车充电桩运维员 1 个新工种列入国家职业大典。对“碳排放管理员”等紧缺人才开展培训与职业能力评价。推荐中华技能大奖 1 名候选人、全国技术能手行业 3 名。

3. 丰富智库产品

响应并落实中电联智库建设年规划，开展 15 家集团公司 53 家电力企业统计人力资源及教育培训数据统计工作，编制了《2021 年度全国电力行业人力资源及教育培训大数据报告》。编制完成《中国电力行业人才年度发展报告 2022》。参与《职业教育资源与新能源产业匹配建议》调研。与清华海峡研究院和国网厦门供电公司签约设立新型电力系统策划博士后创新基地建设。

4. 技能评价新体系新机制基本成型

初步搭建起国家、行业、企业互促互补的电力行业新的人才评价体系与工作机制。完成《中华人民共和国职业分类大典》（电力部分）的修订工作。发布《电力行业职业能力水平评价目录》。编制13个国家职业标准。将“中电联电力培训标准化技术委员会”更名为“中电联电力人才评价与教育培训标准化技术委员会”，扩大了标委会业务范围。

编制并印发《电力行业职业能力水平评价管理办法》和《电力行业职业能力水平评价目录（2022年版）》以及考务管理、证书管理、考评员管理、督导检查办法、收费标准、评价基地建设标准、印章规范和综合评审等相关配套制度文件。

完成两批技能等级认定94家分支机构人社部备案审批工作。编制完成92个职业的设备设施清单。组织开展首批9家电力行业职业能力评价中心和137家评价基地征集评估工作。

开展质量督导员培训班1期，考评员培训班5期，共完成1500余人培训考核。首次试点举办一期电力交易员（320人）和两期碳排放管理员（189人）职业能力水平评价，组织举办配电线路带电检修工的评价考试。

5. 多元化开展专业能力评价

统一组织在内蒙古自治区（蒙东、蒙西）等13个地区开展评价，评价规模8000余人次。首次利用智能监控及考试系统开展线上开展火电、输变电、新能源等专业初中级可靠性管理人员专业能力评价考试，评价规模1000人次。认证首批35名电力行业专家级培训师。认证8家单位为电力行业企业培训师专业能力评价基地。完成第三次电力行业无人机巡检作业人员专业能力评价实施方案修订，组织开展第二批无人机巡检作业人员评价基地申报及评估工作。共12家申报单位通过评估。

6. 竞赛数量、规模、模式均实现历史突破与创新

全年组织完成变配电运行值班员1项国赛、5项行赛。首次实现竞赛数量由每年一赛到完成七项赛事的突破，并实现收益；电力交易员竞赛三易赛场，首次全社会参与，参赛队和人数创历史之最；首次在异地同期举办四项赛事；首次利用互联网技术开展“云上竞赛”；首次举办数字微课大赛；首次与本部部门协作开展电力交易员、供电可靠性管理员竞赛。编制技能竞赛管理办法、实施细则筹备手册、竞赛出题和组卷规则等制度规范流程。探讨成立电力行业职业技能竞赛工作委员会，共树行业竞赛品牌。

7. 培训服务合作深耕转型

全年组织专业培训31期，其中线下培训22项、线上培训9项，培训规模达到2864人次。组织开展“2021—2022年度工信部中小企业经营管理领军人才‘促进大中小企业融通创新’专题培训——能源电力行业高级研修班”“2021—2022年度能源电力企业双创人才高级研修班”的招生与面试工作。再次获得人社部批准举办2022年度高研班，并完成培训实施工作。

认证国家电网有限公司高级培训中心为首家电力行业人才培养示范基地。规范了79家仿真基地的日常管理工作，新认证调度、垃圾发电仿真等5家基地。编制完成《电力行业仿真培训与考核规范（学生实训实践）集控值班员》等7个规范。

通过各类专业直播平台、真实课堂与线上课堂相结合等多种形式先后组织了多领域线上培训9项，累计培训1000人次，组织20余名行业专家合力打造电力工程造价专业人员继续教育线上课程体系。编制完成网络安全、电力市场交易员、碳排放管理员等12项电力学时银行标准。

8. 平台业务在线化初见成效

电力行业人才发展服务平台支撑中心竞赛、评价、培训、考试、课题申报评审等70多项业务线上开展，服务行业人才13万人次。截至2022年底，平台注册用户数14.4万人，访问量51.9万人次。微信公众号“电力行业人才”关注人数5.6万人。平台汇集专业课程时长近5万分钟，专业题库24.9万道，专业证书25.2万份。首次通过采用线上方式开展高级技师评审。响应教育部等十二部委联合开展的“职业教育活动周”号召，线上组织开展2022年职业教育活动周“电力主题活动”。

【电力工程造价与定额管理及服务】

1. 电力工程计价依据的编制与修订

（1）《20kV及以下配电网工程定额与费用计算规定（2022年版）》报送国家能源局并完成审查工作。为反映智能配电网、充（换）电设施、分布式光伏等新技术发展趋势，组织开展《20kV及以下配电网工程定额与费用计算规定》的修编工作，并通过国家能源局审查。

（2）开展《西藏地区电网工程定额与费用计算规定》修编工作。为满足技术进步、国家有关政策变化、价格水平变化、工程项目管理模式变化对西藏等高海拔地区电网工程科学合理计价的需求，考虑西藏等高海拔地区的特殊地理气候、环境与艰苦施工条件，开展《西藏地区电网工程定额与费用计算规定》的修编工作，分别于5月、8月召开定额修编工作会议，2022年完成初稿编制。

（3）《电力建设工程工期定额（2022年版）》由中国电力企业联合会批准发布。11月15日，《电力建设工程工期定额（2022年版）》由中国电力企业联合会正式发布，该定额传承了2012年版的基本框架和形式，并对定额专业设置、项目设置、计算规则、工期水平等进行创新、优化和调整，对合理确定电力建设工程工期具有重要意义。

（4）推进新型储能项目定额和费用计算规定的编制工作。为响应和落实国家项目定额和费用计算规定，为新型储能项目投资和造价管控提供规范性参考，在广泛调研储能技术发展状况和中国储能项目建设情况的基础上，推进新型储能项目定额和费用计算规定的编制工作。已完成电化学储能电站（锂电池部分）定额和费用计算规定的初稿。

2. 电力工程计价标准制定与应用

（1）发挥组织与平台优势全力推进标准化体系完善。2022 年，中国电力企业联合会电力工程技术经济标准化委员会被中电联评为一级标委会。标委会负责的《分布式光伏项目经济评价规范》等 6 项团体标准经中电联批准发布，并完成“光伏发电工程、海上风电场工程、陆上风电工程对外投资项目造价编制及财务评价导则”等标准的审查和上报工作。

（2）推进国际标准的互译互通。受英国皇家特许测量师学会（RICS）特许电力工程造价与定额管理总站负责第三版《国际成本管理标准》（ICMS）中文翻译及推广工作，通过标准互译，实现国内外信息互通，协助电力企业和造价人员了解国际惯例、参与国际合作，引导造价专业国际化发展。

3. 着力推动电力工程造价管理创新发展

（1）以大数据平台创建为支撑拓展造价管理服务新模式。推进“电力工程造价大数据平台”构建工作，该平台主要功能包括集计价依据辅助编制、材料设备价格信息查询与预测、指标与指数发布等六个模块。6 月，经中国电力企业联合会党委审议，同意项目立项并审批通过项目主要建设内容及建设预算，9 月，电力工程造价与定额管理总站完成该项目建设招标工作。

（2）定期收集整理和发布电力建设工程投资价格指数、设备材料价格信息。跟进工程要素市场价格变化，结合电力工程具体特点，编制和发布年度《电力建设工程投资价格指数报告》并上报国家能源局；编制、出版《电力工程主要设备材料价格信息》《20kV 及以下配网工程设备材料价格信息》。

（3）收集整理和发布现行定额价格水平调整系数。调整和发布各版次“电力建设工程定额”“20kV 及以下配电网工程定额”“电网检修技改工程定额”的价格调整系数，为适应工程造价的市场化计价奠定基础。

4. 课题研究工作

为全面、客观反映电力行业工程造价管理发展现状，定额总站编制并出版发布《中国电力行业造价管理年度发展报告（2022）》。该报告系统梳理了各类电力工程造价水平变化，科学预测电力工程造价指数与发展趋势，并深入解析国家、行业有关造价管理相关法规、政策和制度，凝练工程造价管理创新成果和先进经验，成为展现电力行业工程造价管理工作发展动向的重要参考和依据。

5. 推进专业管理服务质效水平再提升

（1）以合规管理和优质服务助力企业造价管控水平提升。根据国家相关规定和授权，做好各级定额站的事业单位法人年度审核、负责人任免、年度工作计划与预算审查和批复、补充定额审查和批复等工作，理顺电力工程造价与定额管理组织体系和运行机制。

利用平台优势，以信息服务、专家答疑两方面为切入点，深耕企业需求、服务行业发展，提供专业性、前瞻性服务。

（2）响应国家职业资格制度改革以强化人才队伍建设。在国家职业资格制度改革的大背景下，为响应行业和企业需求，电力工程造价与定额管理总站会同中电联人才测评中心有限公司构建以“一套标准”“一系列教材”和“两个办法”为主要内容的电力工程造价专业人才评价与培养体系，为电力行业工程造价专业人才培养、能力评价和继续教育提供新途径。

结合疫情防控和各省（地区）实际，组织内蒙古、浙江等 10 省（地区）电力工程造价从业人员专业能力评价考试工作。截至 2022 年底，共 10000 余人次通过能力评价考试、2286 人符合初始登记条件并取得电力行业专业人员登记证书。

依据相关授权，做好电力行业 1600 余名一级注册造价工程师职业资格管理服务工作。

（3）落实国家行政审批制度改革和专业自律管理。履行对行业内工程造价咨询企业的自律管理。一是推进资质取消后与工程造价咨询企业信用评价平台信息动态衔接的管理工作。2022 年，25 家从事电力工程造价咨询的企业取得工程造价咨询企业信用评价相应等级。二是做好归口管理的工程造价咨询企业 2021 年度统计调查数据分析、核查与报送住房与城乡建设部工作。三是开展归口管理的工程造价咨询企业中国建设工程造价管理协会会员管理及服务等工作。

6. 努力构建行业内外沟通交流与创新学习平台

（1）召开 2022 年全国电力工程造价与定额管理工作会议。12 月 1 日，全国电力工程造价与定额管理工作会议在北京召开。国家能源局电力司行业管理处处长谭洪江，中国电力企业联合会专职副理事长安洪光、监事长潘跃龙，中国建设工程造价管理协会副理事长兼秘书长王中和，国家电网公司电力建设定额站站长张宁，南方电网公司输配电部副总经理叶煜明出席会议并讲话。电力工程造价与定额管理总站站长张天光作工作报告。会议设置主题演讲环节，围绕“双碳”目标、新型电力系统建设、数字化和智能化转型升级等方面发表主题演讲，共同探讨工程造价创新发展的时代话题。

（2）打造学习创新的载体和平台。打造以《中国电力企业管理》期刊中“工程管理”版块为核心的学术交流平台，2022 年度共选发优秀专业论文 70 余篇；完成 2022 年度电力工程造价管理论文及成果征集和综合评价，得到各级定额和造价管理机构的支持和参与，激发电力造价从业人员的创新动能；配合电力行业创新奖评选工作，造价管理类参评项目及获奖率均有所上升，体现电力工程造价专业研究和创新能力的总体提升。

【电力工程质量监督管理与服务】

1. 服务电力保供，全力保障火电工程质监工作

2022 年受历史同期极端天气影响，全国电力供应形势极为紧张，对火电建设提出新要求。质监部分析电力保供形势要求，梳理在监项目建设情况，克服疫情影响，丰富质监手段，保证火电建设的进度和质量。

（1）已投运火电项目在迎峰度夏电力保供中发挥压舱石作用。2022 年迎峰度夏期间，经质监部质监投运的四川神华天明电厂（2×1000MW）、湖南神华永州电厂（2×1000MW）、福建神华罗源湾电厂等 7 个项目 11 台机组在电力保供中发挥作用，平均负荷率保持在 82%以上，尤其是四川神华天明电厂等 3 个新建电厂负荷率均保持在 92%以上。

（2）新投运机组为迎峰度冬提供保障。2022 年度，质监部分析电力供应需求，做好新建机组整套启动前监督检查，协助项目投产，做到投产机组运行稳定、性能良好。2022 年，共完成了 9 个项目 15 台机组共计装机容量 735 万 kW 发电项目的顺利投运，为迎峰度冬电力保供打基础。

（3）做好在建发电项目的质监为电力保供持续发力。一是开展发电项目质监。2022 年，共对 80 个发电项目开展了 230 次质监，派出专家 1162 人次，提出整改问题 22783 条，建议 246 条。均按要求完成了整改，保证了工程建设质量。二是完成项目注册。2022 年，共完成 36 个发电项目质监注册，均为火电项目，合计装机容量 3540.4 万 kW。

2. 服务国家能源战略，服务电网重大工程建设

电网重大工程尤其是特高压工程已成为中国“西电东送、北电南供、水火互济、风光互补”的能源运输“主动脉”，在推动能源转型变革、实现“碳达峰、碳中和”目标和高质量发展发挥着重大作用。质监部将电网工程质监作为品牌项目培植。一是深化专业服务，提升履职能力。围绕“两案四化”，探索质监新模式，创新服务理念，采用差异化、科技化质监，打造高水平专家队伍，协助参建单位提升质量管理水平。二是科学组织，高效质监。2022 年，先后对 4 个电网工程开展 91 次监督检查工作（其中远程质监 31 次），共派出专家 563 人次，发现并提出整改问题 8543 项，提出改进建议 427 条。其中白鹤滩—江苏特高压工程、闽粤联网工程、南阳—荆门—长沙特高压交流工程均已投运。这些项目的投运，对完善电网架构、新能源消纳等起到推动作用。三是先后组织针对工程项目参建单位、质监专家以及员工等不同对象专题培训交流，促进电力建设管理质量的提升，督促专家和员工专业能力和服务能力的提升，提高电网工程建设尤其是特高压工程建设质量。

3. 服务地方经济发展，完成委托项目质监

贯彻落实“三化四优”工作要求，深耕专业能力，延伸服务范围，为地方工业、经济发展做贡献。2022 年以来，受地方政府委托先后对 5 个配套电力涉网项目和 65 个垃圾焚烧发电、余热余气综合利用等发电项目开展了 142 次监督检查，共派出专家 576 人次，发现并提出整改问题 11856 项，提出改进建议 231 条。问题均已整改落实。

4. 打造质监品牌，助力电力企业“走出去”

服务国家“一带一路”倡议，总结质监工作经验，助力中国标准、中国质量“走出去”。2022 年，对承担的柬埔寨西哈努克港 2×350MW 燃煤电站项目共开展了 8 次监督检查，共派出专家 55 人次，发现并提出整改问题 1242 项，提出改进建议 38 条，截至 11 月底，两台机组均投运。

5. 编写完成年度发展报告及大事概览

2022 年是中电联“智库建设年”，质监部利用自身优势，梳理总结 2021 年度电力建设工程质量有关情况，编制完成《中国电力工程建设质量年度发展报告 2022》。报告在 2021 年度的基础上进行再优化，采用统计、调研等方法，采集大量的数据，用图表展现质量发展变化。报告内容包括法规政策与标准规范、工程质量管控、工程质量监督、优质发展、科技创新以及意见和建议等，为电力行业提供资料和技术参考。编制完成《中国电力工程建设大事概览 2021》，主要收录 2021 年国内电力工程建设方面的重要事件，以及国内外企业投建和承建的“一带一路”电力工程建设的重要事件。

6. 建言献策，服务国家能源局质监体系建设

贯彻落实“十四五”时期电力工业高质量发展要求，凝聚专业力量，服务电力质监体系建设。对国家能源局制修订的《电力建设工程质量监督管理暂行规定（征求意见稿）》《电力建设工程质量监督机构考核管理办法》《电力建设工程标准名录》及 4 册质监大纲等进行研究，共提出意见和建议约 400 条，大部分被采纳。

7. 开展业务交流与合作，提升服务能力

加强与政府、质监机构、企业的联系和交流，发挥质监部的专业优势，引领行业的发展。2022 年度，

与国家能源局开展9次交流，涉及质监业务的交流与探索、专业问题的探讨与实践等方面；与核电中心站、石油天然气质监总站、北京市公用工程质监部、中国民航质监总站等4家质监机构进行交流探讨，研究质监问题及质监工作的发展。

8. 贯彻落实“第一议题”，提升政治执行力

质监部党支部以“第一议题”制度为基础，改进工作作风，加强纪律建设，将党建和质监工作紧密结合，引导党员干部增强使命感和责任感，提高支部政治判断力、政治领悟力、政治执行力。一是执行“第一议题”，利用周例会、月度例会等开展学习，掌握习近平总书记关于能源电力行业的最新指示和精神，贯彻落实到质监工作中。二是落实“三会一课”制度，2022年召开党员大会6次，组织生活会1次，开展讲党课4次，开展主题党日活动13次，参与征文4人次，各类答题14人次，廉政专题教育6次。三是按照巡视巡察问题开展自查自纠。对照落实党的路线政策方针和党中央决策部署情况等四个方面的问题，查找出支部存在问题4项，针对问题项制定整改措施。四是开展巡视巡察应知应会学习。按纪检监察室工作部署，开展每周应知应会的学习，了解纪检监察要求和工作部署，组织参加应知应会答题活动20人次。五是根据国资委巡视巡察反馈意见，结合部门工作实际，按计划按要求顺利完成了18项内容的整改。六是贯彻落实党风廉政建设，开展纠“四风”活动。结合质监业务，开展廉政风险点自查，提升风险防控意识。在现场监督检查工作中，开展廉政交底活动，2022年度共开展了423次廉政交底工作。

【会员服务与行业文化建设】

（1）编撰印发《中国电力工业现状与展望（2022）》。中电联连续12年（2011—2022年）为行业两会代表、委员及会员单位编印服务手册，反映国内电力工业发展现状、电力供需形势，分析行业热点焦点难点问题，提出专业性、建设性、前瞻性意见和建议。发挥行业平台及数据资源优势，服务政府、企业决策，让社会各界了解电力、支持电力，推动电力行业高质量发展。

（2）组织2022年“中国电力主题日”活动。以“守护万家灯火　赋能美好生活”为主题，会同上海市人民政府联合举办“中国电力主题日”活动，贯彻能源清洁低碳转型发展战略，强化行业企业责任落实，融入“最美电力人”发布、《中国电力工业史》丛书发布等活动，与各电力企业共同庆贺中国有电140周年纪念日。中电联理事长、国家电网公司董事长、党组书记辛保安，上海市委常委、常务副市长吴清分别发表致辞，中电联党委书记、常务副理事长杨昆以“接续奋斗路、启航新征程”为题作主旨演讲，中电联党委委员、秘书长郝英杰发布《中国电力工业史》丛书。

（3）开展2021—2022年度先进会员企业、先进个人评选工作。修订完善《中电联先进会员企业、先进个人评选管理办法》（中电联会员〔2022〕218号），制定评选工作方案，总结表彰中电联会员企业及员工在电力行业相关重点领域做出的优异成绩和突出贡献。通过评选申报和推荐、初审、专家评审，共计评选先进会员企业120家、先进个人200名，首次结合中电联年会进行表彰。

（4）编制印发《中电联服务指南2022》《中电联会员服务报告2022》《中电联2022年信息产品服务清单》。做好中电联重大活动和重要工作的宣传推广，反映2021年度主要会员服务项目落实情况，介绍2022年度总体工作思路、重点工作计划、会员服务措施等，列举2022年向各层级会员单位提供的各类服务内容、服务形式及发送周期，让更多能源电力企业了解中电联的各项服务并及时参与中电联的各项活动。

（5）完成第七届理事会第二次会议会员组织工作。参会理事单位290家，理事297名，到会比例95%，会议议案投票率超过90%。会议审议通过了关于发展会员的议案，投票增补1家副理事长单位、2家常务理事单位、9家理事单位，增补调整3名副理事长、3名常务理事、10名理事。

（6）完成中电联党委交办的临时会员代表大会各项任务。起草《关于发展会员的议案》《关于第七届理事会部分理事单位、常务理事单位、副理事长单位变更代表的报告》《关于设立中电联电力财经专委会的议案》《关于增补理事单位和理事的议案》《关于增补常务理事单位和常务理事的议案》《关于增补副理事长单位和副理事长有关事项的议案》等6项议案；开展线上和线下会员代表的服务和参会组织工作，组织参会人员1301人（含代表749人），其中现场参会616人，线上参会685人，确保临时会员代表大会参会人数依法合规。

（7）召开中电联2022年理事长、副理事长单位联络部门负责人及联络员座谈会和中电联2022年省级电力行协座谈会。中电联党委委员、秘书长郝英杰，党委委员王思强出席会议并讲话，会议传达七届二次理事会、第一次理事长会议精神，中电联相关业务部门做重点工作介绍，部分会员企业作典型发言。

（8）召开2022年中电联理事单位联络员工作会议。中电联党委委员、秘书长郝英杰出席会议并讲话，会议汇报中电联一年来会员联络与服务工作情况，5家会员单位就管理创新和技术创新成果进行典型经验交流，听取理事单位对中电联会员服务的意见建议。

（9）研究形成电力精神表述及内涵。在电力企业、职工及社会公众的参与和努力下，经资料收集、行业内外调研、专家访谈、问卷调查、网络投票、会议研

讨、征求意见等环节，形成“忠诚担当、求实创新、追求卓越、奉献光明”的电力精神表述及内涵，经中电联常务副理事长办公会议审议并在理事长会议上作报告。先后向国资委、中宣部提交《关于呈报电力精神表述及内涵的请示》《关于批准发布电力精神的请示》，报告电力精神研究过程，申请推进电力精神发布工作。

（10）举办“最美电力人”推荐发布活动。经层层推荐、严格审查、名单公示等环节，确定马一鸣等 10 名年度“最美电力人”，苏依勒图等 5 名提名人选，并在 2022 年“中国电力主题日”活动上发布。通过宣传视频、画册以及媒体报道等举措，宣传“最美电力人”先进事迹，发挥先进典型的精神引领和榜样带动作用。

（11）组织开展新时代电力行业企业文化建设理论和实践研究。编制《新时代电力企业社会责任理论与实践研究报告》，开展新时代电力企业社会责任理论与实践研究课题，开展 2022 年度电力行业企业文化建设典型成果及典型实践单位推荐活动，共计 113 项成果和 26 家单位入选典型成果及典型实践单位，促进电力企业文化建设先进经验的交流推广，发挥企业文化建设的示范引领和辐射带动作用。

（12）组织开展电力行业自律建设软课题研究，总结提炼国内外不同行业自律建设经验和成果，明确电力行业自律工作方向和路径，编制《电力行业自律建设研究报告》，形成电力行业自律公约和员工职业道德准则（送审稿），推动电力行业自律建设，提升行业自律水平。

（13）组织开展中国电力企业公众透明度研究。编制《中国电力企业公众透明度研究报告》，开展“价值、透明、认同”为主题的典型案例征集工作，共计 53 项案例入选典型成果，推动提升企业公众透明度管理水平。

（14）召开中电联分支机构秘书长工作座谈会。围绕发展会员、搭建行业服务平台、开展交流合作、拓展咨询服务业务等进行经验分享，分析当前分支机构运行中存在的问题，对分支机构重点工作进行部署。

（15）召开中电联分支机构规范化管理工作座谈会。中电联党委委员、纪委书记江宇峰出席会议并讲话。会议回顾总结了分支机构 2022 年各项工作开展成效，各分支机构围绕“三化四优”发展重点，就如何提升会员服务、增强行业影响、挖掘市场潜力等进行经验分享与交流，并对分支机构运行与考核中存在的问题给出了意见与建议。

（16）设立中电联太阳能发电分会。召开太阳能发电分会成立大会，推进太阳能发电行业技术交流协作及创新成果转化应用，促进行业健康有序发展。

（17）设立中电联风力发电分会。召开风力发电分会成立大会，拓展中电联专业服务领域，促进风力发电上下游产业融通创新发展，支撑电力行业高质量发展。

（18）设立中电联电能质量专委会。召开电能质量专委会成立大会，以“凝聚行业资源力量，聚焦重点问题，服务会员需求，反映企业诉求，发挥桥梁纽带作用，促进管理技术创新”为宗旨，构建电能质量领域专业管理与会员服务平台，推动电能质量水平的不断提升。

【党群及纪检监察工作】

1. 加强党的政治建设

落实“第一议题”制度，贯彻落实习近平总书记重要指示批示精神工作机制，汇编习近平总书记关于能源电力系列讲话和重要指示批示精神，发放给各级党组织学习，开展多形式、分层次、全覆盖的学习培训。中电联党委以中心组学习、专题研讨等方式，学习领悟习近平总书记的重要讲话精神，坚持“关键少数”，带动“绝大多数”，全年组织党委领导讲党课 3 次，党委理论中心组学习 10 次，推动各级党组织形成了学习研讨的浓厚氛围，全年开展支部书记讲党课 58 次。聚焦政治引领，政治理论学习成效显著。首次将党委理论学习中心组学习计划和职工理论学习计划系统安排、一体部署，印发《中国电力企业联合会 2022 年党建工作要点》《中国电力企业联合会党委 2022 年理论学习计划》，对全年党建工作进行安排，推动各级党组织通过“三会一课”集中学、“特色活动”比着学、“主题党日”交流学等多种形式，形成个人自学、集体研学、领导领学、实践导学相结合的学习体系。

2. 加强党的思想建设

在党的二十大召开之前，开展系列活动。开好党史学习教育总结会，传达习近平总书记重要指示批示精神和中央党史学习教育总结会议精神，总结中电联党史学习教育经验成效，部署持续巩固深化学习教育成果工作。组织党员干部参加国资委行业协会学习党的十九届六中全会精神网络培训班，确保全体党员参加学习并按时结业，提升学习效果。分两期组织开展“奋进新征程、喜迎二十大”集中轮训班，聚焦巡视整改中提到的全面从严治党、基层党组织建设方面的问题，设置培训课程，提升基层党建业务水平；组织开展喜迎党的二十大主题征文、主题团日活动等，为党的二十大胜利召开营造氛围。党的二十大召开前后，下发《关于认真组织收听收看习近平总书记在中国共产党第二十次全国代表大会上的报告的通知》，组织 500 余名党员干部职工收听收看习近平总书记的重要讲话精神；编发《学习宣传党的二十大精神专刊》，掀起学习宣传热潮；组织党员干部职工参加国资委行业协会学习贯彻党的二十大精神网络培训班，开展“学报告、悟思想、开新局”知识答题活动，鼓励党员干部职工深学细悟、常学常新。制定《中电联党委关于认真学习宣传贯彻党的二十大精神的通知》，要求各级党员领导干部带头学习、以上率下，在中电联党员干部中掀起学习党的二十大精神的热潮。

3. 加强党的组织建设

完成党史学习教育专题民主生活会，印发情况通报及查找问题整改清单；根据国资委党委巡视办《关于做好巡视整改有关工作的通知》，组织召开中电联党委巡视整改专题民主生活会。组织21个党（总）支部开展组织生活会，制定工作指引，开展巡回指导，开展民主评议党员。规范党组织设置，构建具有协会特色的党建工作体系，落实国资委协会党建局开展整顿软弱涣散党组织工作要求，对基层党组织进行了摸排和自查，加强基层党组织建设，规范党务工作。推进中电联科技服务中心有限公司成立党委、纪委。开展深入基层党组织开展党建工作调研，明确将基层党组织分为二级党委、党总支、党支部三类管理，修订完善工作指引和模板，开展规范化管理。修订党建考核体系，细化完善党建考核指标，设置党建双创活动加分项，鼓励各级党组织创新党建工作形式和质量。开展党员管理工作，全年完成14名入党积极分子备案，9名预备党员接收和16名预备党员转正工作。完成中组部部署的半年党统和年度党统工作。印发《关于规范党员组织关系转接的通知》，制定《中电联党员组织关系转入申请表》《中电联党员组织关系转出申请表》全面年转入转出党员70余人次。调整支部书记及委员人选，做到党的组织关系无缝衔接。发挥示范作用，选树培育先进典型。开展以“亮身份、树形象、当先锋”为主题的“党员先锋活动月”系列活动。举办“2021年度党员先锋岗”授牌仪式，可靠性管理中心党支部和电力评价咨询院党总支交流先进工作经验和创新成果。印发中电联党建双创工作方案，推动党建与业务深度融合，以行业党建品牌为切入点，培育包括“萤辉党员服务队”“电力建设行业党建创优典型案例”等一批在行业有影响力的党建品牌，配合共产党员服务队积极发挥作用。完成党费和党建工作专项经费工作，完成2021年度党费和党建工作专项经费使用管理情况工作总结、2022年度党费收缴工作，编制2022年度党建工作专项经费预算。申请国资委2022年度党建工作专项经费23.2万元，支持各基层党组织开展党建工作。坚持开展困难党员、老党员、老干部、退休职工慰问工作，开展职工关爱工作，春节、元宵节、端午节等节日慰问，开展3月职工健康关爱月活动。

4. 抓好代管协会建设

落实民政部、国资委关于行业协会有关工作要求，加强代管协会管理，协同人资部组织召开代管协会工作推进会，对代管协会加强党建工作提出明确要求，推动“第一议题”学习制度向8家代管协会全覆盖，向国资委协会党建局报送《关于中电联代管协会“第一议题”制度落实情况的报告》。推进党建工作联系点工作，制定印发《中电联党委代管协会党建工作联系点制度（试行）》，受到巡视组和国资委协会党建局的肯定，深入代管协会指导党建工作20余次。组织中电联党委代管协会党支部书记述职考评会，完成《关于2021年度中电联代管协会党支部书记抓党建述职评议考核工作情况报告》，提升党委对中电联代管协会的管理水平。规范代管协会党组织体系，完成中国电力发展促进会党支部、中国电力技术市场协会党支部、中国电力教育协会党支部代管协会党支部的分设工作，对于不能独立成立党支部的代管协会，通过联合支部方式设立党组织。

5. 加强宣传工作

落实意识形态工作责任制，抓好风险防控。清查整改舆论阵地意识形态问题，组织完成中电联系统所属舆论阵地意识形态问题排查工作和现场迎检工作。制定印发《中电联党建宣传工作方案》，安排党建宣传工作。起草《把党的政治优势组织优势转化为协会治理优势发展优势》，在国资委首次召开的行业协会党建工作会议上，由党委书记、常务副理事长杨昆代表中电联在会上作重点交流发言。借平台展风采，打造宣传新阵地。创办《党建工作通讯》，汇编习近平总书记重要讲话和指示批示精神、党中央国务院、国资委重要工作和各级党组织落实“第一议题”学习情况，促进中电联各支部之间、会员单位之间党建工作充分交流，2022年共编发17期。借助电力行业年度国际盛会——2022亚太电协CEO会议平台，布置党建宣传展览，向亚太电协22个成员国和地区的70余家会员单位展示党建引领能源电力行业发展风采。在中电联网站党群园地推送转发中央精神，全方位立体式反映党的二十大精神。强化经费保障，夯实宣传阵地建设。利用国资委下拨党建经费23万元，支持相关党支部在办公区、走廊等场所悬挂各类党建宣传栏等，营造浓厚学习和庆祝氛围。

6. 持续加强党风廉政建设

压实管党治党责任。组织召开2022年度党建暨纪检工作会议，制定印发中电联2022年纪检工作要点，组织21个基层党组织签订党风廉政建设责任书，建立党风廉政建设责任制落实情况监督台账，推动基层党组织健全完善党风廉政建设体系。强化重大风险隐患防范工作。组织对中电联本部各部门、直属单位、分支机构、代管协会及有关管理单位进行了风险隐患全面梳理排查，编制《中国电力企业联合会防范化解重大风险隐患实施方案》，针对十方面的风险防范，逐项梳理制定30项应对措施。健全完善廉洁风险防控体系建设。开展廉洁风险排查防控工作，对照廉洁纪律负面清单中的八个方面39项清单内容，对工作开展过程中的廉洁风险进行排查，搭建形成中电联廉洁风险防控工作手册。持续强化日常监督。组织纪委委员、纪检工作人员参加监督基层党组织组织生活会9次；加强对“选人用人”的监督，出具党风廉政意见书37人次；加强领导干部任前警示教育，分批次分岗位对新提拔任职的领导干部开展任前廉政谈话28人次。强化廉洁警示教育。汇编近3年电力行业、中电联系统内部发生的典型案例形成《中电联廉洁警示教育活动学习手册》，增强拒腐防变能力。组织开展党规党纪知识测试活动，答题活动参与人数达562人次，其中党员参与人数达359人次。驰而不息纠“四风”树新风。落实中央八项规定精神，强化重要时间节点提醒教育工作，发出廉洁过节的提醒通知，加强监督检查力度，营造风清气正、廉洁过节氛围，2022年期间共计开展监督检查28次。强化监督执纪问责，提升监督质效。制定《中电联关于加强对“一把手”和领导班子监督实施细则（试行）》，加强纪检工作规范化建设，建立中电联纪检工作内部指引框架，处置问题线索3件，谈话函询3人次，强化执纪问责力度，运用第二种形态对有关人员给予党纪处分1人次。强化纪检队伍自身建设，提升纪检队伍履职能力。开展专项业务培训，提高履职能力，开展办案安全培训及线索处置安全自查工作，编制中电联纪检专兼职干部行为规范“十不准”，加强纪检干部队伍作风建设。

7. 加强巡视巡察监督作用

做好国资委党委巡视各项工作。编制109项巡视巡察发现问题自查问题清单，提前自查自改、自我体检，编制印发《中电联内部巡察应知应会学习手册》，配合巡视工作，提前谋划工作方案，保障巡视工作有序开展。聚焦巡视监督重点，编制巡视工作任务分解表，明确巡视期间各项工作要求，从严从实落实巡视工作要求，对巡视组提出的问题立行立改。巡视整改期间，推进巡视整改工作，汇编印发《习近平总书记关于巡视工作的部分重要论述学习材料》，编制印发中电联巡视整改工作机构，对照梳理国资委党委第五巡视组指出的问题和提出的意见建议，制定巡视整改工作方案，制定整改台账。全程从严督导巡视整改，推动各级党组织切实履行巡视整改主体责任，每两周收集汇总一次巡视整改进展情况，组建成立巡视整改督导组，对中电联21个基层党组织开展全覆盖的巡视整改专项督导工作。按要求向国资委党委巡视办报送《中国电力企业联合会党委关于落实国资委党委第五巡视组反馈意见的整改进展情况的报告》及整改台账。做好巡视组移交问题线索的处置工作，登记线索台账，按照监督执纪工作要求，分析研判线索内容，履行线索处置审批流程，依规依纪依法开展问题线索处置工作。强化党内监督，提升巡察监督的质量和效果。深入学习贯彻习近平总书记关于巡视巡察工作的重要论述、中央巡视工作精神和国资委党委巡视工作要求，对巡察中发现问题的主要责任人分别采取诫勉谈话、责令书面检查、批评教育等组织措施6人次。

8. 强化群团建设

组织开展建团100周年系列活动，组织青年收听收看习近平总书记在建团100周年庆祝大会上的重要讲话，举办“奋进新征程、喜迎二十大”主题团日活动。举办“三八”妇女节、春季健步走、“六一”儿童节等一系列职工喜闻乐见的活动，丰富职工文化生活。落实国资委《关于开展2022年“幸福工程——救助困境母亲行动”捐款活动的通知》要求，组织中电联干部583人共计捐款70838元。落实国资委行业协会党建工作推进会会议关于进一步完善健全群团组织的要求，制定《关于中电联机关工会改设为中电联工会的工作方案》《关于成立中电联团委的工作方案》。

【电力发展研究与服务】

1. 电力发展课题研究工作

（1）开展能源电力规划研究。完成“京津冀战略跟踪监测研究”课题，跟踪京津冀区域协同发展战略实施情况，监测区域能源协同发展实施进展，分析研判京津冀能源发展形势，提出强化区域能源安全保障、加快提升区域清洁能源供应能力的政策建议。开展“黄河流域清洁能源开发建设技术经济性研究”，聚焦黄河流域电力流向与输电通道规划，分析黄河流域能源基地开发和外送方式的技术经济性，促进黄河流域充分发挥全国重要能源基地作用。完成“‘十四五’时期京津冀能源协同发展实施方案研究”课题，研究提出京津冀能源协同发展关键路径，为实现京津冀地区绿色低碳发展提供有力支撑。

（2）开展新型电力系统研究。开展多项新型电力相关政府委托研究课题，研究内容涵盖新型电力系统电网形态、技术发展趋势、常规电源定位等内容。完成“化石能源发电转型路径及关键问题研究”“碳达峰碳中和背景下电网发展形态研究”“碳达峰碳中和背景下未来电力系统的要素特征及发展路径研究”等研究课题，参与编制《新型电力系统发展蓝皮书》，为能源电力行业构建新型电力系统提供指引。

（3）开展中国电气化发展2022年度研究。完成《中国电气化年度发展报告2022》，根据中电联电力行业统计与调查数据，以电气化发展指标体系贯穿全文，梳理2021年以来电气化发展相关政策，开展电气化典型指标国际对比，分析主要国家、中国四大地区、重点区域、分省（区、市）电气化进程，重点反映中国在各产业与主要部门电气化、电能替代、能效管理与节能节电、电力需求侧管理、用能用电服务、非化石能源发电、输配电、电力安全供应、电力新业态、农村电气化、电力市场化改革、低碳电力等电气化主要领域的发展情况，分析面临的形势与挑战，并进行未来三年电气化发展趋势展望。研究成果为凝聚社会各界关于电气化发展的共识，推动能源绿色低碳转型，助力实现碳达峰碳中和目标发挥作用。

（4）开展发电企业对标2022年度研究。完成《中国发电企业和世界同类能源企业对标分析报告2022》，瞄准建设具有全球竞争力的世界一流能源企业总体目标和方向，从经营生产、效益效率、绿色创新、国际化四个维度开展国内11家发电企业与国外11家代表性同类能源企业对标，对2021年各分项指标数据进行对比分析，研究国外先进能源企业发展趋势，并对2023年中国发电企业发展进行展望。研究成果为中国发电企业明晰自身位置，完善发展策略、优化产业布局、推动管理提升、实现高质量发展提供参考。

（5）开展电力价格机制类课题研究。完成多项政府和企业委托电价机制课题研究工作，包括“电网企业代理购电制度执行情况评估”“新型电力系统背景下完善两部制电价政策研究”“新型供需关系下辽宁省峰谷分时电价政策研究”“双碳目标下灵活性调节电源电价机制研究”，针对电力体制改革和新型电力系统建设过程中工商业电价、输配电价、灵活调节电源电价等各环节电价机制进行研究，为完善相关价格机制提供支撑。

（6）开展电网投资策略研究。针对能源电力清洁低碳转型形势下，适应监管要求和电力系统灵活调节能力提升目标的电网投资策略开展研究。完成“国网江苏经研院储能系统经济性评价及投资风险评估方法研究”课题，建立储能系统经济性评价及投资风险评估方法，支撑储能布局规划、更新改造和建设运行各阶段经济评价，为电网企业投资储能投资评估方法和决策依据。完成“新形势下政策环境对电网投资经营影响及应对策略研究”课题，根据内蒙古自治区资源特征和电网发展面临的主要任务，分析能源电力转型发展和输配电价改革形势下，影响电网经营发展的关键因素，提出适合内蒙古电力公司的电网投资经营策略。

2. 电力行业服务工作

（1）入选国家发展改革委投资决策咨询评估单位电网工程类别“短名单”。4月，中国电力企业联合会电力建设技术经济咨询入选国家发展改革委投资决策咨询评估单位电网工程类别“短名单”。根据国家发展改革委工作安排，完成“张北—胜利 1000kV 特高压交流工程”和“巴林—奈曼（金沙）—阜新 500kV 跨区域联网工程”2个项目的核准评估报告，开展“青海玉树第二回（唐乃亥—玛多—玉树Ⅱ回）330kV 线路工程可研项目核准评估工作。

（2）拓展清洁能源领域课题研究和咨询。7月，电力发展研究院牵头完成中煤集团委托的“利用退出煤矿建设抽水蓄能电站关键技术及应用研究”。对促进煤炭企业转型发展、助力“碳达峰、碳中和”目标实现具有重要创新和示范意义。

（3）输变电工程三维设计标准化技术委员会推进标准体系持续完善。按照新标准化法和标准化工作改革的要求，中电联电力发展研究院有限公司承担“输变电工程三维设设计标准化技术委员会”秘书处相关工作。根据标准化管理中心要求，发展院具体负责输变电工程三维设计领域的国标、行标和团标的申报立项、审查报批等系列服务及日常管理工作。发展院积极推进中电联输变电工程三维设计标委会各项工作，组织开展3项行标和2项中电联团标的编制工作，6项团标通过立项审查。多次组织召开标准体系研讨会，进一步深化标准体系。组织召开《输变电工程三维设计模型数据交互规范》宣贯会，共计2000多人收看直播，取得了良好的效果。

【电力评价咨询与服务】

1. 科技中心改制工作

1月6日，中电联向财政部报送《关于中国电力企业联合会科技开发服务中心资产清查何评估情况的报告》。

3月9日，财政部向中国电力企业联合会下发《关于审核确认中国电力企业联合会科技开发服务中心资产清查结果的通知》。

5月26日，中电联下发《同意中国电力企业联合会科技开发服务中心转企改制工作方案的批复》。

6月22日，国家市场监督管理总局核准新公司名称为“中国电力企业联合会科技服务中心有限责任公司”。

7月11日，在北京市西城区市场监督管理局完成中国电力企业联合会科技中心有限责任公司注册。

2. 党的建设方面

8月26日，中国共产党中国电力企业联合会科技服务中心有限责任公司（简称科技中心公司）第一次党员大会在北京召开，大会听取并审议通过党建工作报告、大会选举办法，选举产生科技中心公司第一届党委和纪委。中电联党委书记、常务副理事长杨昆出席会议并讲话。

杨昆代表中电联党委肯定了科技中心公司三年来党建工作取得的新进展新成效，他指出，这次大会对公司深入贯彻落实习近平新时代中国特色社会主义思想，全面坚持党的领导和加强党的建设具有重要意义。

蔡义清代表科技中心公司党总支作了题为《强根

铸魂抓党建 凝心聚力促发展 为建设行业一流评价咨询服务机构不懈奋斗》的党建工作报告。

3. 电力行业信用体系建设

（1）加强服务能力建设，组织体系更趋健全。规范各评价咨询中心管理，完善基层信用工作体系。印发《2022 年电力行业信用建设工作计划》，加强行业信用体系与评价工作制度化、规范化和标准化建设，促进各地信用体系建设健康有序发展。年度新增设评价咨询中心 1 家（湖南电力行业评价咨询中心），撤销评价中心 1 家（陕西电能质量学会评价咨询中心）。加强标委会能力建设，完善行业标准体系。结合相关国标行标，完善信用标准体系，形成《涉电力领域信用标准体系（2022 版）》。加强标委会能力建设，提升标准编制质量，强化标准编制与信用建设工作的有效衔接，促使制订的标准能用、有用和好用。召开能源行业涉电力领域信用评价标委会 2022 年年会，总结经验，交流方法，明确 2023 年标准编制的方向和重点。

（2）创新信用工作思路，夯实信用管理基础。把握信用发展方向，编制行业信用建设实施意见。落实《关于推进社会信用体系建设高质量发展促进形成新发展格局的意见》，编制印发《关于协同推进电力行业信用体系建设高质量发展的实施意见》，明确电力行业信用建设的指导思想、工作目标、实施内容、保障机制等，使之成为引领电力行业信用体系建设高质量发展的指南。创新信用工作模式，开展信用电力指数研究与监测。以集团公司为测评主体开展“信用电力指数”研究及监测排名工作，对 520 家集团公司和其所属的二、三级 30888 家企业的信用实时监测和动态评价，提升行业及电力企业信用建设工作水平、信用建设指标横向对比、信用管理、防范化解信用风险能力提升。首次全方位梳理会员企业和主要电力集团研究工作，形成第一份电力企业族谱，对于中电联厘清电力企业构成、提升行业服务能力具有重要意义。提升信用标杆影响，开展行业示范企业推荐遴选。首次开展电力行业信用体系建设示范企业推荐遴选工作。发挥标杆指导、典型引领的示范作用。经集团公司推荐、初审、复审、复核和公示等程序，遴选国网山东省电力公司烟台供电公司等 47 家企业为 2022 年电力行业信用体系建设示范企业。

（3）开展信用标准建设，完善技术支持体系。完成 4 项行业标准、4 项团体标准制修订、报批及 6 项团体标准申请立项草案编制工作。组织开展《涉电力领域市场主体信用评价规范》《涉电力领域市场主体信用评价指标体系分类及代码》《电力行业供应商信用评价规范》《电力行业供应商信用评价指标体系分类及代码》4 项行业标准及《售电公司信用评价规范》《电力建设企业信用评价规范》《电力物资供应链金融服务操作管理规范》《电力行业征信信息平台数据接口技术规范》4 项团体标准的制修订工作，于 12 月成功报批。开展企业信用管理和电力征信相关标准化研究，征集制定涉电力领域标准制修订计划，申请立项行业标准《电力企业信用风险防控规范》《电力企业信用体系建设实施指南》2 项，中电联标准《涉电力领域市场主体失信行为认定规范》《涉电力领域市场主体重点关注名单管理规范》《涉电力领域失信主体信用修复管理规范》《电力征信用电数据隐私计算应用技术规范》4 项，其中 4 项中电联标准已获批立项计划。

（4）强化信用专项服务，推动建立长效机制。多措并举推动行业信用评价。采用“月度评价、季度公示”工作模式，利用远程辅导和线上评价方式优化工作流程、提升工作效率，2022 年完成 556 家企业评价并发布评价结果，其中初评 202 家，复评 354 家。加强失信行为专项治理。开展涉电力领域失信行为征集和专项治理工作，2022 年共征集 566 条失信行为信息，其中 370 家失信主体被列入电力行业“重点关注名单”，收到行业信用风险警示。编制《2022 中国电力行业信用建设年度发展报告》。报告已纳入中电联 1+*N* 系列报告，并正式出版刊发，全面、客观地分析和反映了 2020—2021 年电力行业信用体系建设发展的实际状况和趋势。举办第五届“信用电力”知识竞赛。竞赛网站访问量 328.69 万人次、注册人数 42.81 万人，较第四届增长 37.35%；累计征集论文 856 篇、案例 429 篇，较第四届活动增长 35.5%。开展行业信用宣传。中电联官网首页发布《协同推进行业信用体系建设高质量发展构建信用电力新格局》等新闻稿件；2022 年中国电力企业联合会年会暨临时会员代表大会首次介绍信用电力指数。开展信用培训，人数达 700 余人。编撰《电力行业信用体系建设工作简报》12 期、工作专报 3 期，定期在“信用电力”微信公众号、网站发布行业信用体系建设相关讯息，“信用电力”微信公众号关注人数已突破 38 万人。协同开展信用服务。与会企部合作完成中电联先进会员企业、先进个人信用专项评审工作，配合专项服务费的合同执行。与网信公司在大数据服务、数据产品开发与推广、风险模型建设等方面展开合作，签订战略合作框架协议。为中小企业分会提供“小巨人”企业信用筛选，出具 26 家企业的公共信用信息服务报告。

（5）拓展征信服务，推动征信公司市场化发展。开展具有行业特色的“电力征信”工作。中电联征信公司于 2019 年获得中国人民银行备案资格。顺应大数据时代征信行业的发展方向与发展需要，建立涉电力领域市场主体信用档案，截至 2022 年底，征信平台入库电力企业、供应商达 26 万余家共 4 亿条信息。运用大数据手段开展规范化的监测预警服务，为企业信用画像，判断企业的信用状况，对外提供信用信息和征信信息查询、出具征信报告、商务信用综合评价报告等多种类型的服务，助力政府相关部门做好信用监管和失信惩戒。推进电力征信市场化改革。在中电联与行政机关脱钩改革的背景下，联系有意向的集团公司入股，推进征信公司市场化改革，激发内在活力和发展动力，促进行业协会专业化水平和能力提升，为政府、行业和市场提供智力支撑，促进产业提质增效。

4. 电力需求侧管理服务方面

（1）发挥行业优势，服务政府宏观管理。配合国家发展改革委运行局开展《电力需求侧管理办法》修订工作。组织电能服务机构及工业领域电力需求侧管理示范企业、园区代表开展工作调研并召开座谈研讨会，征求意见，助力《电力需求侧管理办法》修订工作高质量开展。配合工信部开展2022年工业用电情况及相关成本跟踪、2022年制造业要素保障工作支撑研究。重点跟踪2021年以来出台的电价改革相关政策实施情况，按月监测工业企业电价变化和电力市场交易情况、组织地方自评估和电力企业协助调查，结合实地调研和督导检查等方式，及时反映企业用电诉求，加强沟通协调，解决问题；调研重点省份工业用电情况。及时汇总疫情严重省份及用电紧张地区工业用电情况，形成专报上报国务院；组织召开2022年迎峰度冬工业领域煤电油气保供专题调研座谈会，形成《关于今年迎峰度冬煤电油气保供形势情况报告》并上报工信部；开展示范参考评审推荐工作。累计完成六批次211家示范企业、园区评选（包含193家示范企业，18个示范园区），其中国药集团威奇达药业有限公司等22家企业及鞍山市美菱产业转型升级试验区等4家园区入选2022年3月工业和信息化部第六批全国工业领域电力需求侧管理示范企业（园区）名单。累计公布四批共107项参考产品（技术）目录名单，覆盖电力需求侧管理系统、电能监测终端、需求响应终端、智能微电网、余热余压利用、储能（电）技术利用、电能质量治理等内容。

（2）重视人才培养，加强产业培育。开展电力需求侧管理服务机构能力评估工作。累计备案服务机构共计162家，其中，一级机构40家，二级机构122家。举办电力需求侧管理资源调节能力建设、新能源参与电力市场交易、虚拟电厂及综合能源服务专题培训，累计参加学员416人；组织开展电力需求侧管理知识竞赛，累计参加人员721人，提升电力需求侧管理相关人员能力。

（3）完善标准体系，推动实践应用。持续开展电力需求侧管理标准建设，完成《工业领域电力需求侧管理实施指南》1项国家标准报批，开展《电力需求侧管理通用规范　第3部分－资源调节》1项行业标准编制，完成《电力需求侧管理通用规范　第4部分－信息化指南》等2项行业标准立项，发布团体标准《电力行业职业技能标准　电力交易员》。

（4）拓展专业咨询，提升服务能力。一是与世界自然基金会、世界资源研究所等国际组织合作开展绿色电力交易及促进企业绿色电力消费研究工作，发起用电企业绿色电力消费倡议，发布《企业参与绿色电力交易自评价手册》《绿电交易简报》；二是开展上海期货所基于电力市场下的电价机制研究；三是组织开展瓜州县碳达峰、碳中和规划方案、营口市鲅鱼圈吉瓦级源网荷储一体化项目论证、中国矿业大学1.25MW单堆PEM电解槽系统研制与工艺研究等项目评审。

5. 电力行业信息化统计工作

编制《中国电力行业数字化年度发展报告2022》，报告以国内外信息化发展环境为背景，分专业展示“云大物移智链”等新一代信息技术与电力业务深度融合创新发展成果，客观记录电力企业数字化转型的典型应用案例场景，分析电力企业数字化发展面临的机遇与挑战，展望电力行业数字化未来发展。

6. 发电机组能效

（1）全国煤电机组改造升级工作专班工作。贯彻习近平总书记提出的“四个革命、一个合作”的能源安全新战略，落实国家发展改革委运行局、国家能源局工作部署，定期组织召开各省（市）、主要发电集团三改实施工作协调会，协助开展月度实施进度计划督办工作，确保专班高效有序开展各项保障工作。煤电三改联动工作进展资料于11月25日在人民日报社正式刊发，体现中电联专业服务“国家队”为行业建言献策的作用。

（2）全国发电机组能效对标工作。巩固提升、有序拓展为发电机组能效对标品牌服务项目的基本思路，2022年度各专业对标机组规模均实现同比稳步提升。年度60万kW及以上千瓦级和百万千瓦级煤电对标机组容量分别占全国同型机组装机容量的77.77%和79.81%；风电和光伏发电对标机组装机规模达到3.2亿kW，同比增加7000万kW统计容量，对标机组容量占全国同型机组装机容量的60.4%，在推进以新能源为主体的新型电力系统建设进程中，发挥行业协会桥梁纽带以及参谋助手作用。

7. 成果鉴定及科技项目后评价

（1）成果鉴定工作。编制《中国电力行业科技创新年度发展报告（2022）》，介绍中国电力行业2021年在重点领域取得的创新成就以及科技与产业融合发展情况，并以科技统计为基础，汇聚行业专家智慧，系统分析国内外电力科技发展形势和现状、技术创新和管理机制方面存在的短板和挑战，梳理国家、行业科技创新政策，分析电力科技创新支持体系和管理评价体系建设情况，展望中国电力行业科技创新发展趋势。

（2）电力企业科技项目后评价工作。中标中国南方电网有限责任公司、云南电网有限责任公司电力科学研究院以及鄂尔多斯供电公司科技项目后评价项目，累计开展科技项目后评价项目数量超过 380 项，服务成果得到业主单位认可。电力企业科技项目后评价技术服务拓展科技中心公司科技创新服务边界，集合了行业科技专业优势资源，为会员单位提供专项优质服务的创新实践。

8. 电力认证

一是编制《风力发电场运行维护服务管理规范》（标准计划 T/CEC 20213090）标准，填补了风电场在运行维护服务管理领域的空白，为能源行业向清洁能源方面转型做出贡献。二是发布垃圾发电厂企业管理导则，明确垃圾发电厂一体化管理体系策划、支持、运行、改进要求。

【电力检测技术服务】

（1）检测院在吉林长春市成立吉林分公司，并取得吉林省市场监管厅颁发的《检验检测机构资质认定证书》（CMA 证书），新增多个专业共计 23 项参数。

（2）参加由北京市市场监督管理局组织的“2022 年度北京市检验检测机构钢筋保护层厚度检测能力验证”，获得满意结果证书。

（3）首次编写并出版发行《中国电力工程建设检验检测年度发展报告 2022》，为电力行业检验检测专业政策法规、标准规范、企业现状、人才结构、技术发展、存在问题、发展方向和挑战机遇等提供经验借鉴、沟通渠道和交流平台。

（4）完成输变电工程各阶段现场检验检测任务共计 64 次，派出检测人员 327 人次，出具检测报告 1227 份，发现质量问题 87 项；完成发电工程各阶段现场检验检测任务共计 54 次，派出检测人员 435 人次，出具检测报告 1896 份，发现质量问题 158 项。

（5）受国家能源局委托，首次开展电力系统重点工程安全达标实施细则制订工作，并组织召开由能源主管部门、公安相关部门、主要电力央企及相关专家参加的行业研讨会，助力电力系统重点工程安全达标验收工作。

（侯　伟）

中电联分会及代管协会

【火力发电分会】

分会概况　火力发电分会 2003 年 6 月成立，由火力发电企业及相关企业作为会员而组成的自律性行业组织，是中电联的重要组成部分，2012 年中电联五届理事会为提高挂靠企业等级，会长单位调整为中国大唐集团旗下的大唐国际发电股份有限公司，会长为王欣，常务副会长为洪绍斌，副会长共 7 名，由副理事长单位人员及中电联领导担任，其中王彤音负责火力发电分会各项日常管理工作。

主要工作情况

1. 团队建设与管理

完成火力发电分会负责人调整工作，调整方案经中电联党委会研究通过，印发《关于中国电力企业联合会有关分会负责人调整的通知》（中电联会员〔2022〕73 号）、《中电联关于调整火力发电分会、电力市场分会负责人的通知》（中电联会员〔2022〕216 号）、《关于明确中国电力企业联合会火力发电分会秘书处相关岗位职务的通知》（中电联火电分会〔2022〕3 号）三个文件，明确了火力发电分会各层级领导名单和机构配置。

火力发电分会推进分会管理规范化，组织修订并通过了《火力发电分会工作规则（征求意见稿）》和《2022 年度服务清单》；深入开展自查自纠，完成填报“全国性、国际性社会团体分支（代表）机构自查自纠情况表”和“中电联火力发电分会专项整治行动总结”；开展合规管理风险、廉洁风险治理，完成填报“分支机构合规管理风险清单”和“分支机构廉洁风险防控排查表”。

2. 会员服务与沟通

通过现场会议、走访交流和线上沟通等方式，与轮值会长、副会长和会员单位沟通交流，参加 2022 年可靠性工作研讨会、组织召开火力发电分会 2022 年副会长及以上的座谈会，2022 年度工作会及联络员会议暨 2021 年度全国发电机组可靠性对标标杆机组发布会。

火力发电分会 2022 年强化分会常态化信息服务，按期向会员企业整理发送《CECI 指数周报》《电力动态双日刊》《电力改革动态》《电力国际信息参考》等资料。

3. 完善创新意识与能力

围绕中电联智库建设年各项工作要求，明确课题研究重点领域，加快有关课题组织实施。聚焦火电行业在转型发展中面临的热点、难点问题，与企业合作开展《煤电企业设备运行状况研究》专题性课题研究，组织开展专项调研，推动行业共性问题加快解决。

开展市场化咨询服务，与中电联发展院合作开拓市场化项目，并与人才测评中心开展合作，联合组织开展发电可靠性管理专业人员初级培训，开展 2022 年市场化咨询课题项目研究完成分会全年市场化任务指标，高质量完成了课题报告及论文发表工作。

【水力发电分会】

分会概况　水力发电分会设立于 2003 年 6 月，是中电联的专业分支机构，是中电联的重要组成部分，在中电联党委和理事会领导下开展工作，接受中电联党委和理事会的领导和管理。

主要工作情况

（1）完成分会负责人调整，分会工作开启新篇章。2022 年 3 月，中电联印发《关于中国电力企业联合会有关分会负责人调整的通知》（中电联会员〔2022〕73 号）明确了水力发电分会会长及秘书长调整情况；通过水力发电企业征集和推荐等方式，制定水力发电分会企业选取负责人调整方案，2022 年 8 月，经中电联党委会通过后，印发《中电联关于调整水力发电分会、电力装备及供应链负责人的通知》（中电联会员〔2022〕158 号），2022 年 10 月由水力发电分会印发《关于明确中国电力企业联合会水力发电分会秘书处相关岗位职务的通知》（中电联水电分会〔2022〕3 号），明确了水力发电分会各副会长、副秘书长调整情况。

（2）研讨交流，明晰分会发展思路和目标。2022 年 2 月，在电力可靠性管理工作研讨会召开之际，水力发电分会秘书处介绍水力发电分会工作开展计划，安排水力发电分会重点工作，听取企业意见建议。12 月，水力发电分会通过视频方式组织召开“中电联水电分会 2022 年度工作会及联络员会议暨 2021 年度全国发电机组可靠性对标标杆机组（水电）发布会”。秘书处汇报 2022 年水力发电分会工作完成情况及 2023 年工作，介绍《水电分会工作规则（征求意见稿）》编制情况，水力发电分会轮值会长、副会长审议分会工作安排，并结合企业自身经营发展实际，就水电行业在新型电力系统建设中面临的机遇和挑战、安全生产管理、数字化转型等进行交流。发布 2021 年度全国发电机组可靠性对标标杆机组（水电）名单。

（3）推进分会自身建设，提高分会管理与会员服务。水力发电分会组织开展《水电分会工作规则（征求意见稿）》修订工作并提交年度会议审议；按期推送《电力动态双日刊》《电力改革动态》《电力国际信息参考》共 215 期电子刊物；编制印刷《中国水电站》季刊杂志 4 期；推动《国际一流大型水电厂指标体系建设》体系相关水电企业开展试点评价工作。完成填报“全国性、国际性社会团体分支（代表）机构自查自纠情况表”和“中电联水力发电分会专项整治行动总结”；完成填报“分支机构合规管理风险清单”和“分支机构廉洁风险防控排查表”。完善水力发电分会工作体系，轮值会长单位派驻一名员工到岗开展工作。通过加强与基层会员单位的沟通和联系，统筹会费管理，合理编制全年预算，全年会费收缴率 48%。

（4）拓展分会市场化服务，开辟新型服务策略。为东方电气集团提供技术服；与中电联人才测评中心开展密切合作，联合组织开展发电可靠性管理专业人员初级培训班。

【电力试验研究分会】

分会概况 电力试验研究分会现有成员单位 36 家，涵盖隶属国家电网公司的中国电科院、27 家省属电科院及宁夏电力能源科技有限公司，隶属南方电网公司的南网电科院、5 家省属电力科学（技术）研究院，以及隶属内蒙古自治区的内蒙古电科院。分会属于中电联的分支机构，在中电联的领导下开展工作。

主要工作情况 2022 年，电力试验研究分会在中电联党组和第七届理事会的领导下，以习近平新时代中国特色社会主义思想为指导，深入贯彻党的二十大会议精神，落实辛保安理事长历次工作会议上的安排部署，推动分会各项工作再上新台阶。组织会员单位按时参加中电联临时会员代表大会、亚太电协 CEO 会议，支撑中电联智库建设；支撑中电联组织召开“研究落实《国家标准发展纲要》工作座谈会”，编制《能源碳达峰碳中和标准化提升行动计划》等报告；发挥以电力科学研究院为主的技术优势，参与新型电力系统原创技术策源地和新型电力系统技术创新联盟建设；全年会费缴费率实现 100%。

1. 创新意识与能力完善情况

一是参与新型电力系统原创技术策源地和技术创新联盟建设，在会长单位中国电科院带领下，贯彻落实国资委《关于推进国有企业打造原创技术策源地的指导意见》，推动新型电力系统相关核心技术突破和科技成果转化应用。组织编制《新型电力系统重大技术联合创新框架》，承办高端学术交流论坛，发布新型电力系统研究报告、应用案例等系列成果。二是建设运行海上风电友好并网等 4 支创新联合体。依托创新联合体，申报 3 项国家重点研发计划项目，合作建设“温州泛乐清湾分布式储能电站”项目入围国网浙江电力高弹性典型配电网规划优秀案例。发布 8 期氢能国际动态监测快报以及《电氢耦合技术年度发展报告》。

2. 团队建设与管理情况

根据中电联统一工作部署，组织开展全国性社会团体专项整治行动等工作。面向会员单位及时传达中电联工作要求，转发电力动态双日刊、《电力国际信息参考》等行业时讯信息。

3. 会员服务与沟通情况

会长单位中国电科院牵头与中电联发展研究院智库机构开展座谈交流，共同推动高端智库建设，为各会员单位发展决策提供支撑。完成分会微信公众号账号主体迁移，纳入中电联统一合规管理。编发微信公众号 1680 篇，编发《电力试研消息》34 期，刊登稿件 1760 篇，报道各单位技术创新、实验室建设、人才培养等方面的工作成效。

【电力职业安全卫生分会】

分会概况 电力职业安全卫生分会成立于2006年11月28日，是电力相关企业单位和电力行业自愿组织的全国性、行业性社会团体，是中电联管理下的分支机构。2019年11月28日完成电力职业安全卫生分会的第三届理事会的换届工作，新一届的分会秘书处挂靠单位国家电网公司北京电力医院，中电联魏昭峰副理事长任卫生分会会长、国康集团副总经理北京电力医院院长林方才任分会常务副会长，分会按中电联要求继续做好各项工作，发挥行业引领和平台作用，推进新时代电力职业安全卫生事业良性发展。

业务范围包括：行业管理，拓展职业安全卫生方面服务职能，制定行业技术标准，调研了解行业职业安全卫生现状；协调沟通，争取政府主管部门支持，行业间的沟通渠道和合作平台，为会员单位合作提供支撑；业务咨询，做好专业服务工作；专业引领，制（修）订国家行业标准；专题培训，协助做好会员单位卫生培训、队伍建设；成果评审，拓宽专业人员工作视野；规范管理，提升分会管理服务能力。

领导班子

会长：林方才

秘书长：闫焱

秘书处组织成员：王美玲　祃红燕

主要工作情况

（1）按照会员部要求，梳理规范分会日常管理工作。按照《中电联分支机构管理办法》《中电联电力职业安全卫生分会工作规则》推进日常各项工作，完善会员档案管理，掌握会员动态，及时更新会员信息，做好会员发展及会费收缴工作。加强文件资料收集、整理、归档工作，提高档案利用价值和工作效率，规范财务系统报销流程，提升分会财务管理水平。

（2）推进电力行业职业健康标准修订工作。根据《中国电力企业联合会标准管理办法》要求，秘书处通过组织制定职业卫生监测评价、防护控制、应急监护、健康管理类标准，共计51份标准的体系框架。制定标准年度修订任务，推动各会员单位主动承担并提交大健康类标准制修订意向，突出体现电力行业职业健康工作的特点，弥补电力行业职业健康工作的标准空白，提高了职业健康标准化工作水平。

（3）承办电力职工技术创新奖（职业卫生类）评审工作。在中电联理事会工作部及咨询院等的支持和指导下，2013—2022年，承办10届全国电力职工技术创新奖的评审工作。电力职业安全卫生分会严格按照中电联《电力创新奖奖励办法》要求完成电力职工技术创新奖申报、形式审查、线上初评、现场答辩等评审工作。2022年度共申报11家单位40项科研项目。邀请行业内外知名专家比例均衡。整个过程遵守科学、公平、公正的原则完成年度评审工作。

（4）组织《职业病防治法》宣传周活动，提升分会影响力。为贯彻落实《中华人民共和国职业病防治法》等要求，电力职业安全卫生分会牵头组织开展以“一切为了劳动者健康”为宣传主题的《中华人民共和国职业病防治法》宣传周活动。通过多种形式开展“职业病防护知识宣贯”“职业健康专题讲座”等系列活动，使一线劳动者对职业病相关知识更加了解，提高一线职工对职业病危害因素的重视程度。

（5）组织中电联电力职业安全卫生分会年会。为创新工作模式，提供工作质量，加强会员单位管理，通过线上腾讯会议形式组织召开2022年中电联电力职业安全卫生分会年会。

（6）拓展分会服务职能及扩大会员规模。鉴于目前会员规模及业务有限，电力职业安全卫生分会将在原有业务范畴基础上，深化“安全”“健康”两大板块的监督管理与服务平台运作，扩大分会业务范围。在“健康”方面，以健康中国保护15项行动为蓝本，将职业健康、心理健康、运动健康、食品健康、老年健康、女职工保护、慢病防治、传染病防治、健康环境、健康服务、健康产业等纳入“健康”版本，涵盖医疗、卫生、保健、营养、生命科学等领域，践行大健康理念。在“安全”方面，贯彻《中华人民共和国安全生产法》《中华人民共和国劳动法》《中华人民共和国职业病防治法》等要求，落实“管行业必须管安全”，围绕环境安全、作业安全、设备安全、安全风险评估、隐患排查治理、安全标准化等领域，推动安全管理、安全服务、安全技术等的创新提升，健全安全风险防范机制，促进企业安全生产主体责任落实，促进企业健康持续发展，从根本上提升电力行业安全生产水平，保障生命和财产安全。分会将围绕“安全”“健康”两大版本，发展会员，扩大会员规模，探索业务运作模式，搭建服务平台，健全分会职能。

（7）发挥行业协会的桥梁纽带作用。强化服务理念，创新服务方式，坚持以服务会员单位为生存之基、立足之本，继续发挥桥梁纽带作用，加强分会与中电联各部门、其他分会、分会各会员单位的沟通和联系。整合会员单位中医疗健康资源，为电力企业做好职业健康促进、应急保障服务等工作，推动行业健康事业快速发展，提高职业人群的健康意识和自我防护能力。

【电力装备及供应链分会】

分会概况 电力装备及供应链分会是中电联的专业分支机构，前身为电力装备分会，2021年第七次本部理事长办公会议决定，将“电力装备分会”更名为“电力装备及供应链分会”。会员单位由从事电力装备制造、质量提升及供应链管理相关单位组成。

主要工作情况

（1）强化行业意识，搭建政企协同创新平台。针对中国华能、国家能源集团等五大发电集团物资部门提出光伏供应链价格畸高、严重影响光伏产业链健康发展等问题，电力装备及供应链分会组织专项调研，形成专题报告，及时报送工信部、国家能源局、国家发展改革委等部委，得到政府部门重视和好评。工信部、国家发展改革委、国家能源局先后多次组织专题会议，听取专题汇报，研究应对措施。

8 月 24 日，工信部办公厅、市场监管总局办公厅、国家能源局综合司联合下发《关于促进光伏产业链供应链协同发展的通知》，集体约谈部分多晶硅骨干企业。10 月 28 日，国家发展改革委发布《关于促进光伏产业链健康发展有关事项的通知》，对遏制光伏供应链价格畸高，维护行业公平竞争秩序，起到重要作用，光伏供应链硅料价格已回归理性。

（2）开展专项调研，提升电力装备质量水平。开展电力行业融资租赁调研工作，形成《我国电力企业融资租赁业务调研分析报告》，建立融资租赁专家工作组；贯彻落实《市场监管总局、国务院国资委、国家能源局 关于全面加强电力设备产品质量安全治理工作的指导意见》精神，组织开展电力装备质量监造、智能远程“云监造”专题调研。中电联科技服务中心有限责任公司积极加入中国设备监理协会并取得设备监理规范条件资质，构建注册监理师专家智库，为开展设备监理业务奠定基础。

（3）推动标准引领，助力物资供应链创新应用。电力装备及供应链分会与中电联电力物资供应链管理标准化技术委员会工作协同、业务融合，发挥电力物资供应链标准引领作用，2022 年累计完成标准送审 37 项，受理申请立项 53 项团体标准，以标准助推电力装备质量提升及电力物资供应链创新示范应用成效显著。

【应对气候变化与节能环保分会】

分会概况　经民政部批准，2012 年依据电力节能与环保企业特点组成的中电联专业分支机构，秘书处挂靠中电联。为响应国家“碳达峰、碳中和”目标，深化中电联在应对气候变化方面的专业服务功能，2021 年 12 月增加应对气候变化业务领域，经中电联第七届理事会第一次常务理事会批准，由中国电力企业联合会节能环保分会调整为中国电力企业联合会应对气候变化与节能环保分会。应对气候变化与节能环保分会挂靠中电联规划发展部，有副会长单位 17 家，一般会员单位 23 家。秘书处设秘书长 1 名，执行副秘书长 1 名，

主要工作情况

（1）反映企业困难，为产业争取政策支持。针对会员单位反映的燃煤电厂发电量进入市场后，第三方治理企业无法获得超低排放电价的问题，组织召开燃煤电厂超低排放电价结算问题座谈会，听取第三方治理企业反映问题、诉求，形成《关于解决火电厂超低排放电费结算问题的报告》，报送国家能源局。

（2）参与技术标准规范制修订。针对 7 项电力行业标准、5 项国家标准和 5 项团体标准向标准化管理部门反映意见建议共计 159 条，受到标准归口管理部门的认可。完成《火电厂烟气脱硫装置经济性评价导则》英文版的修订。

（3）帮助解决燃煤电厂技术难题。开展燃煤电厂降碳减污协同增效技术调研，组织华电环保、国电智通等会员单位成立调研组，共同开展燃煤电厂降碳减污协同增效技术调研。从挖掘减碳潜力、技术优化组合、加强低碳技术研究及应用、宏观政策保障等方面进行研究、分析、总结，提出建议，为燃煤电厂解决实际问题提供帮助。

（4）搭建交流服务平台，加强技术引导。一是举办 2022 年火力发电厂节能优化运行技术交流会，来自电力集团公司、电力企业、科研院所、分会会员单位超过 300 人参加线上会议。会议对帮助电力企业了解火电厂节能优化运行技术应用起到作用。二是组织会员单位申报电力行业清洁生产先进技术，根据《关于推荐清洁生产先进技术的通知》（环办科财函〔2022〕137 号）要求，组织会员单位申报电力行业清洁生产先进技术。共征集 5 项会员单位申报技术，经组织专家讨论，确定 2 项推荐技术，报送生态环境部。其中，“零泄漏”真空热管耦合低低温电除尘技术列入《国家清洁生产先进技术目录（2022）》。三是参与修订绿色产业指导目录，根据国家发展改革委《关于对绿色产业指导目录（2022 年版）修订工作给予相关支持的通知》要求，参与《绿色产业指导目录（2022 年版）》修订相关工作。

（5）加强与会员单位的沟通联系。一是组织召开中电联应对气候变化与节能环保分会 2022 年度会长会，批准分会更名和负责人调整的通知，审议了 2022 年工作计划和工作规则，讨论了燃煤电厂降碳减污协同增效技术调研工作，听取行业热点问题和服务需求方面的意见建议，确定副会长单位参与分会工作安排。二是组织召开 2022 年度联络员会议，介绍了应对气候变化与节能环保分会 2022 年工作情况及 2023 年重点工作计划，了解会员单位发展现状、服务需求，总结会员单位提出的意见建议。三是全年编制并向会员单位发送《电力行业节能环保低碳信息周报》50 期，向会员单位传递需要的信息，得到广大会员单位的认可。四是做好新会员单位发展工作。通过多渠道与企业沟通，加大气候分会宣传力度，2022 年，共发展大唐东

北电力试验研究院有限公司等 11 家单位入会。

【电能替代产业发展促进分会】

分会概况 下设秘书处，挂靠中国电科院，设秘书长一人，秘书处为常设机构。

主要工作情况

（1）支撑中电联本部工作。一是落实好中电联巡视整改工作任务，加强廉洁风险排查和防范，提高风险防范意识和能力，持续推进廉洁 风险防控机制建设，提升合规化管理水平。二是发挥行业智库作用，参与中电联组织的《中国电气化发展报告 2022》等编制工作，全面深入研判电能替代新形势与重点技术发展方向，总结已有电能替代成效，为推动电能高质量发展打下良好基础。三是落实中电联的工作部署，筹备 2022 年度临时会员代表大会，联系 67 家会员单位，指导各家会员单位完成系统报名以及疑问解答等工作，并及时向本部反馈工作进展情况，超额完成预期目标。

（2）增强会员服务能力。一是推进电能替代产业发展促进分会日常工作，定期发布分享电力动态信息。联络意向单位，发展济南大学、大连理工大学与苏州汇川技术有限公司共 3 家新晋会员单位。二是组织推荐“配电网海量分布式资源信息物理协同调控关键技术及应用”等 2 项成果申报中电联科技创新奖。推荐 2021—2022 年度中电联先进会员企业 2 家，先进个人 1 人。提升会员单位参与度与归属感。三是联合中国能源研究会电能技术专业委员会、中关村智能电力产业技术联盟共同牵头组织了主题为“融合产学研用金介、共筑新型电力系统”的 EPTC“科创杯”构建新型电力系统创新创业大赛暨展示交流会，通过“以赛代评，以赛促转”发现优秀成果及创新企业团队，征集创新导师为成果团队提供技术指导、创新创业指引，为成果转化“最后一公里”搭建供需协同、技术共建的服务平台。四是组建“新型电力系统关键应用技术研究”课题组，面向电力行业上下游企业及科研院所，征集课题牵头单位及参与单位，共同开展应用型科学研究，促进相关行业标准、团体标准立项、试点示范工程推广工作。

（3）助力“碳达峰、碳中和”目标重点工作。一是结合“双碳”新形势，支撑国家发展改革委等十部委编制《关于进一步推进电能替代的指导意见》，为科学有序推进电能替代指明方向；参与国家发展改革委修订《有序用电办法》《电力需求侧管理办法》，结合保供电新形势，助力提升电能替代项目与电网灵活互动能力。二是承办“双碳战略下的重点行业‘科学、有序、安全、高效’电气化研讨会”，就行业间协同发展进行了交流，挖掘行业电气化需求和难题，凝聚发展共识。三是组织行业和专家力量，研判电能替代新形势与重点技术发展方向，总结已有电能替代成效，为推动电能高质量发展打下良好基础。跟踪分析电能替代领域新技术，深入分析电能替代重点行业关键技术，研究农业、钢铁、交通等领域典型技术方案与实施推广路径，编制电气化发展实施路径白皮书。

（4）多种方式宣传倡导电能替代。一是举办《电力需求侧管理》杂志“电能替代专刊”（2022 年第六期），邀请科研机构、高校、综合能源服务企业等机构总结建筑暖通、负荷特性、居民电气化等方面的最新的研究成果和工程经验，为电能替代行业发展提供经验指引。二是参加 2022 年服贸会——全球绿色发展与碳中和主题系列会议、2022 年清洁能源供热技术交流会、泰山科技论坛“智慧城市与电能替代技术”高峰论坛，并做主题演讲，宣传分会在电能替代领域创新研究与实践。三是联合中电联电力发展研究院共同筹备第二届中国电气化发展高端论坛暨第三届电能替代产业发展高峰论坛，邀请业内专家发表观点，与其他专业机构加强沟通联系，联合开展宣传报道。四是与中国节能协会热泵专业委员会联合组织编撰《工业热泵应用发展白皮书》，促进工业热泵在中国的高质量发展，拓展热泵的应用市场，助力电能替代工作推进。

（5）完善标准体系与推进标准制修订。一是联合中电联电能替代标委会编制电能替代标准体系研究工作方案，推动电能替代标准体系研究工作。二是推进《基于项目的温室气体减排量评估技术规范 电能替代项目》国家标准制修订。三是加强与中电赛普检验认证（北京）有限公司等检验认证单位的沟通交流，筹划电能替代绿色认证工作。

【电动交通与储能分会】

分会概况 电动交通与储能分会是中电联的分支机构，经中电联理事会决定成立，执行《中国电力企业联合会章程》。电动交通与储能分会于 2018 年 12 月在北京成立，是由从事电动交通充换电技术、新能源汽车、储能等专业领域的企事业单位和高等院校自愿参加组成的全国性、行业性的社会化组织。业务范围涵盖法规政策研究、标准制（修）订、信息统计与分析、组织技术交流、开展培训与合作、新技术和产品推广等。现有会员 80 余家，国网电动汽车服务有限公司、协鑫（集团）控股有限公司为执行副会长单位，14 家行业领先单位为副会长单位，会员单位涵盖电力、电动汽车、电动自行车、充电设施、储能、研究、投资等领域。

领导班子

会长：王志轩

执行会长：全生明、朱共山

副会长：刘永东、张东晓、方春法、邹大中、吴智泉、张满平、韩波、李一秀、邵丹薇、于德翔、桂

国才、姚为正、王强、张顺克、朱建国

秘书长：刘永东

主要工作情况

（1）加强党的建设，把政治建设放在首位。党建工作与标准化管理中心党支部一体化进行。重视党建工作，坚持以党建为引领以党建促业务发展，贯彻落实《行业协会 2022 年党建工作要点》，形成支部年度党建计划，并逐项落实支部党建工作计划。一是狠抓学习落实。召开党的十九届六中全会精神专题学习会、习近平总书记有关能源电力重要讲话和指示专题学习会，完成十九届六中全会精神网络培训，学习贯彻全国"两会"精神和《政府工作报告》。二是组织开展"清明节追思忆先"活动，分批次在颐和园和陶然亭等地方学习红色文化主题活动；贯彻十九大和十九届历次全会精神的学习宣传工作，赴樱桃沟一二·九运动纪念地开展主题党日活动。与中国纺织工业联合会开展联合党建活动。三是强化纪律建设。完成支部风险隐患梳理排查，开展廉洁教育，强化支部成员纪律意识、责任意识，完成节日期间纠"四风"树新风工作安排。

（2）聚焦技术创新引领，促进行业高质量发展。一是组织召开电动交通与储能分会会长会暨 2022 年度工作会议，总结 2021 年工作情况、讨论 2022 年工作安排、通报分会更名和被评为先进等情况、总结交流会员单位工作开展情况，推动分会工作向纵深发展。二是发布《电动汽车充电设施服务碳达峰碳中和行动计划》；对国家发展改革委、国家能源局印发的《关于进一步提升电动汽车充电基础设施服务保障能力的实施意见》进行解读，促进新能源汽车产业发展、推进新型电力系统建设、为"碳达峰、碳中和"目标实现奠定基础。三是 8 月 4—6 日，由电动交通与储能分会携手能源行业电动汽车充电设施标准化技术委员会主办，以"绿色低碳、安全高效、创新引领"为主题的第二届"中国电动汽车充电设施技术创新大会"在常州召开。大会深度聚焦充电设施领域技术痛点与进步，着眼技术变革，解读充换电领域前沿趋势，共同探讨能源科技挑战与创新举措，推动电力产业转型升级与可持续发展。400 余位代表现场参会，30 余位专家进行演讲或专业分享，超过 2 万名观众在线观看了直播，累计浏览总量突破 100 万。四是 11 月 10 日，以"安全为本 数据引领"为主题的电力储能健康发展论坛在海口召开，通报了国家电化学储能电站安全监测信息平台进展情况及第一期电化学储能电站行业统计数据，交流分享加强储能安全管理、提升电力安全水平的经验。

（3）以课题研究为手段，打造行业智库平台。一是基于新型交通能源大规模发展，新型交通基础设施与新型电力系统在探索创新发展道路中重要性愈加显著的现状，为推动技术进步和应用，促进新型电力系统高质量发展，参与"新型交通能源基础设施协同"课题研究，完成新型交通基础设施与新型电力系统章节，通过课题中期评审会。二是为规范电动车市场经营行为和秩序，预防遏制电动车火灾高发态势。通过调查走访、技术研究，提出开展整治电动自行车锂电池改装行为意见的函，向国家市场监督管理总局发送。三是与清华大学共同开展电动自行车智能云控高安全性电池组研发与示范应用课题申报，体现出分会行业智库重要作用。四是赴北理工电动汽车监控平台开展调研国家级平台建设、运维与标准、制度设计相关内容。五是召开"'碳达峰碳中和'目标下电力系统储能战略及技术路线研究"课题开题暨《电化学储能电站信息交换与管理系统技术规范》标准编制研讨会。六是参加国家能源局组织召开的电化学储能电站安全管理有关工作的会议，对电化学储能电站安全管理、电化学储能电站规划设计安全管理等方面提出建议。七是开展电化学储能电站安全监测信息平台相关工作，完成电化学储能电站安全监测信息平台架构设计、资金筹措方案及建设模式初步设计。召开平台建设工作座谈会，探讨平台建设、运维的相关问题。提升全行业公共充电安全水平。八是国家电化学储能电站安全监测信息平台相关：启动平台建设工作；成立平台机构并召开启动会；与北京城管委、湖南综能公司沟通国家平台与地方性平台的对接；召开国家电化学储能安全监测信息平台发布会。九是参加国家能源局《防止电力生产事故的二十五项重点要求》储能部分专家论证。十是配合国家能源局科技司调研国家标准《电化学储能电站设计规范》征求意见情况，并梳理储能领域标准体系及标准制修订情况。十一是召开国家电化学储能电站安全监测信息报送工作研讨会，完成 2022 年度第二次电化学储能电站安全监测信息报送工作。

（4）以行业标准制定为引领，规范行业健康发展。一是联合能源行业充电设施标准化技术委员会组织针对电动汽车充电安全的系列风险提示活动，起草印发《电动汽车充电风险提示　第 1 部分：采用多接口的直流充电》和《电动汽车充电风险提示　第 2 部分：充电过程风险提示》。二是组织会员单位参与由电动交通与储能分会联合中国电动汽车百人会（百人会）联合主办，中国质量认证中心（CQC）承办的高质量充电行动"星级站"发布会，研讨《电动汽车充电站设施与服务分级评价规范》标准，推动提升充电场站服务水平。三是结合疫情防控要求，举办线上会议与会员单位交流无线充电、电动汽车 ChaoJi 充电、电动汽车换电、电动汽车重卡换电等技术和标准进展，推动产业健康可持续发展。

（5）按照 5A 社团要求，完善提升会员管理结构。一是坚持围绕中电联“立足行业、服务企业、联系政府、沟通社会”的功能定位，实现电动交通与储能上下游企业互利共赢，打造行业协同发展的协调中心。二是按照 5A 社团标准要求，审核及管理会员单位入会材料。整理分会会员单位退会、新入会信息并提交至会员处理事会会议材料。会员单位涵盖电力、汽车、充电设施、储能、电池、投资与科研等多个领域。通过扩大“朋友圈”，吸收行业优秀企业成为分会会员，整理、上报 17 家单位申请材料，与会员单位联手促进汽车、交通、能源协调发展，为实现互利多赢的局面提前布局谋篇。

【燃料分会】

分会概况 燃料分会于 2018 年 11 月成立，现共有 20 家会员单位。燃料分会挂靠中电联本部，采取分会联席会长制，设联席会长 2 名，副会长若干名，秘书长 1 名，常务副秘书长 1 名，副秘书长若干名。

主要工作情况

1. 建言献策，反映行业困难和企业诉求

（1）多次参加国家能源局组织的《煤炭发展形式分析专题研讨会》、国家发展改革委价格司组织的定期会商机制座谈会。在会议中积极反映电煤供应情况和市场形势以及煤电企业存在的困难和问题。

（2）根据国家发展改革委《关于提供有关材料的函》要求，编制材料，分析研判煤炭价格走势，评估对中国宏观经济的影响，形成保供稳价的对策建议进行报送。根据《电煤中长期合同煤质考核导则》征求意见函的要求认真分析、仔细研究后提出意见并复函。

（3）3 月每日参加国家发展改革委关于推进煤炭中长期合同签订履约工作的日例会；收集整理电力央企中长期合同签订及履约情况，汇总存在的问题并书面进行汇报。国家发展改革委办公厅向各省和有关中央企业印发《关于 2022 年煤炭中长期合同签订履约进展情况的通报》，以此提高中长期合同签订和合同履约的合规性。

（4）根据煤电油气运保障工作部际协调机制办公室安排，对照《中央企业煤炭中长期合同签订履约核查工作方案》开展对国家能源集团和中国中煤集团中长期合同签订和履约核查工作，并进行报告汇总编制工作。参加中长期合同签订推进工作讨论会，对核查小组检查情况进行总结，并研究后续中长期合同签订推进工作相关事宜。

（5）根据国家市场监督管理总局价格监督检查和反不正当竞争局来函要求，收集反馈煤炭销售企业，销售电煤价格、数量和履约情况，为国家市场监管总局组织赴山西、内蒙古、陕西开展调查，加强电煤价格监管，明确法律红线，规范电煤价格秩序提供较准确的信息。

（6）按照国家发展改革委价格司要求，每日完成国家发展改革委价格监测预警系统监测数据填报工作。

2. 持续做好 CECI 指数编发及深入分析，发挥指数更大价值作用

克服指数编发数据量大、频度高，精心组织，加强协调，截至 10 月 15 日按期完成 CECI 沿海指数、采购经理人指数和进口指数各 38 期，沿海月度指数 9 期、CECI 曹妃甸指数编制 78 期。并按期在官网、微信公众号上对外发布，内部版发至各 CECI 联合编制单位，指数能真实反映实际价格情况，得到社会各单位认可。

3. 加强电煤市场形势检测分析，提升为会员服务水平

在每周 CECI 指数及燃料统计的基础上，分析 CECI 指数变化趋势特点，并提出合理建议，对稳定煤炭供应和企业采购决策有指导性意见，编发《CECI 指数分析周报》37 期，并形成新闻稿通过中电联网站和微信公众号发布。

4. 持续开展电力燃料统计工作，夯实为会员服务工作基础

在无系统支撑情况下，每天处理数据 600 余条，实现电厂颗粒度条件下编发《电力行业燃料统计日报》。累计处理数据近 20 万余条，形成《电力行业燃料统计日报》215 期，《电力行业燃料统计周报》49 期，完成《电力行业燃料统计月报》煤电版和天然气发电版各 9 期，分析电煤市场形势，支撑中电联大数据建设。

【售电与综合能源服务分会】

分会概况 2018 年 11 月 30 日，中电联第六届理事会第五次常务理事会会议审议通过，成立中国电力企业联合会售电与综合能源服务分会。2019 年 6 月 14 日，中电联临时党委会研究决定：中国电力企业联合会担任分会会长单位，国网综合能源服务集团有限公司（简称国网综能集团）担任分会执行会长单位，中国南方电网综合能源有限责任公司、中国华能集团有限公司、中国电力科学研究院、华为技术公司、ABB（中国）有限公司等 23 家大型企业、科研院所、高校担任副会长单位。秘书处设在国网综能集团。中电联党委书记、常务副理事长杨昆兼任分会会长，国网综能集团党委书记、董事长赖祥生担任分会执行会长。2022 年会员单位达到 94 家，分会联系会员单位 56 家。中电联理事单位 4 家，威胜信息技术股份有限公司年内新升级为理事单位，新发展重庆电力高等专科学院、特斯联科技集团有限公司、浙江浩瀚能源科技有限公司、浙江可胜技术股份有限公司 4 家会员单位。按照要求配合开展国资委第五巡视组巡视审查、中电联 2022 年纪检监察、巡视整改专项督导、梳理排查行业

协会系统风险隐患等工作，规范分会管理。完成中电联第七次会员代表大会、中电联第七届理事会第二次会议、中电联临时会员代表大会暨年会会员单位参会组织工作，组织推荐分会会员30余家入驻“绿色国网”综合能源服务产业互联网平台。在国家节能宣传周期间，组织国网系统内综合能源服务相关单位与优秀会员代表珠海优特电力科技股份有限公司、中国通信建设集团等开展技术交流活动。推荐会员单位参加2021—2022年度先进会员企业及先进个人评选工作，烟台海颐软件股份有限公司和威胜信息技术股份有限公司2家会员单位获得企业创新奖。截至2022年12月底，全年共收取会费41万元，会费收缴率36.6%。

主要工作情况

（1）响应国家政策，契合国家节能宣传工作。在国家节能宣传周期间，组织会员单位及市场优秀企业与国网综能集团及相关省综合能源单位做电网侧节能技术交流研讨会，加强企业核心技术产品支撑能力宣传，促进电网侧节能领域的市场化合作；在组织会员单位参加中电联双碳背景下的综合智慧能源技术发展与管理应用高级研修班培训期间，组织相关省综合单位参与，促进企业高层深度交流，加强属地化深度合作融合。

（2）开展会员单位与行业权威交流研讨，创建会员单位在行业前沿领域培训机会。联合国家发展改革委能源研究所所长戴彦德、中国科学院工程热物理研究所储能研发中心主任纪律等推出“构建多元化清洁能源供应体系”“‘双碳’目标下的压缩空气储能产业发展机遇与挑战”等专题课。

（3）开展综合能源服务标准体系框架研究。通过对综合能源服务所涉及领域现有标准的梳理，开展各技术领域标准需求分析，对今后和未来的标准制修订进行规划。以开放、共享的姿态，聚合与会员单位共同参与，实现共建、共创、共享。

（4）团队建设与管理。完成组织机构调整，更换执行会长、副会长兼秘书长人选，明确秘书处日常分工。组建会员发展及维护柔性团队，负责日常的成员联络工作，确保分会信息的准确传递，以及成员需求的及时响应。建立会员信息库，根据地域、行业、主营业务、产业链功能等进行分类。注重加强秘书处规范管理与能力建设，为提高秘书处工作人员在售电与综合能源服务的专业能力，参加中电联及集团的定期培训，深耕项目运营管理。定期就国家“十四五”规划和2035年远景目标，碳中和目标下电力发展目标、路径、保障措施以及相关专家解读等开展专题学习交流活动，帮助秘书处工作人员了解国家政策方向、提升业务素养。

（5）会员服务与沟通。一是加强与会员单位的沟通联系。为了解会员单位需求，提升会员服务水平，发挥会员单位专长，做到每日至少联系2家会员单位，每日会员单位群里有效沟通，真正做到“大家的分会大家办”的原则。为了解会员单位经营现状、面临困难、未来发展方向等，秘书处走访调研特斯联科技集团有限公司及威胜信息技术股份有限公司。结合属地化特征，促进上下游产业互联互通，秘书处走访中竞同创能源环境科技集团，聚焦校园场景公共机构能源托管开展技术及商业模式交流，及时总结会员单位提出的意见建议，为做好会员服务奠定基础。二是促进会员单位在专业领域的技术交流和深度融合。组织会员单位参加中电联高级研修班培训课程，课后会员单位中国通建集团与京能国际集团就中央国家部委节能诊断、能源托管项目达成初步合作意向，实现成员间互惠互利、优势互补，增强分会行业凝聚力，也为会员单位与政府相关主管部门之间建立市场信息传输渠道。

【中小企业分会】

分会概况　中小企业分会是中国电力企业联合会的分支机构，是促进电力行业中小企业管理提升与发展的综合服务组织。中小企业分会经中国电力企业联合会第七届理事会第一次会议审议通过，于2021年9月16日正式成立。分会立足能源电力行业，服务支撑电源、电网建设与运营发展的上、中、下游企业，反映企业诉求，搭建大、中、小企业融通创新发展的服务平台，助力新型电力系统建设和电力行业高质量发展。

业务范围为：维护会员合法权益，反映会员合理诉求，规范会员行为，协调会员关系，加强会员诚信建设，维护行业秩序；对接政府职能部门，将国家中小企业扶持政策有效落地，推动电力行业中小企业向“专精特新”方向发展；促进中小企业之间的联合创新，为创新产品和服务搭建桥梁，组织行业新产品、新技术的鉴定和推广，开展企业管理研究及成果评审工作，助力中小企业服务新型电力系统建设；加强电力行业上下游企业的交流合作，搭建行业发展服务平台，促进业务合作、股权合作，推动大中小企业融通创新发展；为中小企业拓展融资渠道，提供专业评估支持，为投融资机构提供企业发展前景和信用评估报告；培养中小企业领军人才，提升企业家的战略意识和运营管理能力。为中小企业生产经营和发展决策提供咨询服务和开发数字资源服务；采用行业论坛、大赛、展会等多元化媒体和平台，宣传企业的新产品、新技术、新服务以及企业在节能减排、科技创新等方面的成就和特色，助力电力行业中小企业向国际化发展；完成中电联交办和会员单位委托的相关工作。

组织机构　秘书处设在中电联人才评价与教育培训中心，有副会长单位5家，副秘书长单位4家，一般会员单位27家。分会秘书处设秘书长1名，专职副秘书长 1 名，设有综合管理部、会员服务部、企业评价部、科技合作部、研究咨询部、人才评价部、人才交流部和网络运营部 8 个部门。

主要工作情况

（1）落实国家部署，推动电力行业中小企业向“专精特新”发展。一是受工信部委托，开展全国制造业单项冠军电力行业限定性条件论证工作，收到制造业单项冠军办公室移交企业申报材料 26 份，组织电力行业专家进行论证，形成论证意见报送工信部，论证通过企业经工信部复核后发布名单，最终将享受国家政策补贴。二是发布《电力行业优质中小企业梯度培育规划》，组织专家筹备电力行业“专精特新”企业评价标准的编写工作。三是受工信部委托开展电力行业中小企业政策调查问卷工作，收到问卷百余份，报送工信部。四是调研贵州省电力中小企业发展现状，与贵州大学共同完成《中小企业信用风险研究报告》。五是面向电力行业中小企业广泛征集具备创新性、安全性、可靠性的新技术和新产品，收到电力行业新技术、新产品申报材料 91 份。

（2）举办“电力行业大中小企业融通发展论坛”，工信部、厦门市政府领导、中电联领导及邀请国家电网公司、国家能源集团等大型企业和中小企业代表开展深入交流。围绕着力应对三重压力，推动经济回升向好、“双碳”背景下中小企业发展路径、电力行业优质中小企业梯度培育规划进行主题演讲，推进大中小电力企业以及高等院校、科研院所、金融服务机构开展深入交流对接，发掘产业需求，推动中小企业新技术新产品孵化，探索大中小企业创新合作模式，激发企业发展活力。现场参会人数共计 200 余人，线上参与人员达 4 万人次。

（3）通过电力行业人才发展服务平台为分会会员单位发布了 600 余岗位招聘信息，服务会员企业的人才问题。

（4）赴北京中电兴业技术开发有限公司等 3 家副会长单位和华数（厦门）信息有限公司等 3 家副秘书长单位开展会员服务需求调研，了解企业经营情况、面临困难和服务需求等。

【法律分会】

分会概况 法律分会是中电联的分支机构，于 2021 年 12 月 16 日正式成立，执行《中国电力企业联合会章程》，是电力行业法律领域资源共享、加强沟通、促进交流、非盈利的公益性服务平台。作为中国电力企业联合会的专业分会之一，遵从“政府引导、企业参与；创新引领、机制完善；法律服务、风险防控；统筹规划、协调发展”四项基本原则，致力于促进电力行业法律交流，推进电力行业法治建设，推动电力行业法律发展，职能定位为提供服务，反映诉求，协调沟通，规范行为。

法律分会会员主要包括电力相关企事业、高等院校、科研机构、律师事务所等单位会员，以及律师、专家学者等个人会员。

主要工作情况

（1）组织召开法律分会第一次会长办公会。1 月 20 日，法律分会组织召开第一次会长办公会，研究审议并原则通过法律分会 2022 年工作计划安排、培训工作方案、经费管理办法、发展会员的意见、执行会长单位的提议及副秘书长人选等议题。会议明确法律分会将秉承“政府之库、行业之桥、企业之家”的功能定位，做好全年工作。

（2）受国家能源局委托，研究提出《中华人民共和国能源法》立法建议。受国家能源局委托，为《中华人民共和国能源法》制订提供立法建议。通过采取立法研究、修法调研、专家论证等方式，研究形成《中华人民共和国能源法》（草案）立法建议，为国家出台能源行业基本法律发挥智库作用。

（3）编纂出版《电力行业政策法规汇编》。为加强对电力行业政策法规的宣传和普及，法律分会组织编纂并出版《电力行业政策法规汇编》，全书分为基本法律、电力建设与保护、电力生产运行、电力供应与使用、电价管理、电力市场建设、新能源、电力安全以及电力监管与信息公开等九个领域，涉及 176 个政策法规，共计 69 万余字。该书作为实用性工具类用书，为电力行业企业更好地执行、研究和了解能源电力政策提供帮助，为公司依法合规经营提供有价值的决策参考。

（4）搭建多种形式的工作交流和普法平台。搭建交流合作共享平台，编辑发送电子期刊《电力法治工作动态》，全年共发送 20 期；完成“中国电力企业联合会法律分会”微信公众号注册，并于 8 月 18 日正式运行，2022 年微信公众号共推送各类文章百余篇，总点击量超过 9.6 万次，共邀请 18 位法律专家开设法治合规专栏，使会员单位交流借鉴工作成果，提升工作实效。

（5）承办“能源转型背景下的中德能源法律政策”研讨会。受国家能源局法改司委托，与德国国际合作机构共同承办“能源转型背景下的中德能源法律政策”研讨会。会议聚焦能源转型背景下的政策、法律、法规的制订与调整问题，共同探讨了法律、法规与制度怎样能更好地激励可再生能源发展，支撑能源低碳转型，确保能源安全稳定供给，并于会后就德国能源重大政策、法规制度、最新立法动态及对中国政策改革建议进行梳理分析，形成研究报告，提出可供借鉴的建议。

（6）开展首届中国电力企业法治合规建设主题征

文活动。征集论文内容涵盖电力立法、公司治理、风险管理、合规管理、法律保障、实务经验与涉外法治等 7 个类型共 259 篇专业文章，经专家们综合分析，其中 63 篇优秀之作脱颖而出并入选论文集。通过征文活动，促进电力行业法治合规工作经验交流与分享。

（7）协同开展国家电网公司课题研究。根据国家电网公司法律合规部的委托，会同中电联电力发展研究院有关部门，开展电力企业推进双碳落地相关重点法律合规问题研究，并形成《电力企业推进“双碳”落地有关重点法律合规问题研究报告》。

（8）举办“2022 年工作会议暨首届中国电力企业法治合规建设论坛”。11 月 10 日，法律分会在海南省海口市举办了“2022 年工作会议暨首届中国电力企业法治合规建设论坛”，会议以“聚焦‘双碳’法治合规建设、助力创建一流电力企业”为主题。来自政府部门、高等院校、电力企业和律师事务所的百余人参加。通过此次论坛，法律分会向会员单位分享 2022 年行业法治合规建设取得的重要成果，促进了会员单位法治合规工作经验交流与分享，推动各电力企业持续提升合规经营和法治建设能力。

（9）编撰出版《电力行业法治合规报告 2022》。法律分会组织编撰《中国电力行业法治合规报告 2022》（简称《报告》），这是行业首份法治合规报告。《报告》共分为六章，包括电力行业法治合规工作环境、工作体系、工作成效、新形势与未来展望，共 13 万余字。各会员单位、各电力企业参与《报告》的大纲评审、资料收集、整理编写与研讨评审的各项工作。在全面依法治国、深化法治企业建设的大背景下，《报告》的编制为电力企业加强法治合规工作，提升依法治企的能力和水平提供借鉴。

电力会议

【2023 年全国能源工作会议】12 月 30 日，2023 年全国能源工作会议在北京召开。会议以习近平新时代中国特色社会主义思想为指导，全面贯彻党的二十大精神，认真落实中央经济工作会议部署和全国发展改革工作会议要求，总结 2022 年重点工作和新时代十年发展成就，谋划当前和今后一段时期能源发展思路，部署 2023 年重点任务。国家能源局党组书记、局长章建华出席会议并讲话。

章建华指出，习近平总书记高度重视能源工作，多次作出重要指示批示，科学引领能源发展进入新时代、开创新局面。党的二十大就深入推进能源革命、确保能源安全、推进碳达峰碳中和、规划建设新型能源体系、科技自立自强、积极参与应对气候变化全球治理等作出安排部署，提出新的明确要求。能源行业深入学习贯彻党的二十大精神，要对标对表重大部署要求，与时俱进推动高质量发展新实践。要牢牢把握党的领导这一根本保证，始终保持坚定正确的政治方向；牢牢把握以人民为中心这一发展思想，始终把人民对美好生活的向往作为奋斗目标；牢牢把握保障能源安全这一首要职责，坚决把能源饭碗端在自己手里；牢牢把握碳达峰碳中和这一重大任务，扎实推动绿色低碳转型；牢牢把握推进改革创新这一时代特征，不断激发能源发展内生动力和市场活力，切实把学习成效转化为服务强国建设、保障民族复兴的强大动力。

会议认为，一年来，在以习近平同志为核心的党中央坚强领导下，全国能源系统深刻领悟“两个确立”决定性意义，增强“四个意识”、坚定“四个自信”、做到“两个维护”，重点抓好五件大事，推动能源安全新战略走深走实。坚持把迎接党的二十大胜利召开作为首要政治任务，推动党的二十大精神在能源领域落地生根。扎实抓好能源保供稳价各项工作，确保市场供应安全稳定。深入落实稳经济一揽子政策和接续措施要求，着力推进重大工程建设。紧紧围绕能源发展重大问题组织实施精准有力监管，持续提升能源监管效能。沉着应对复杂多变的国际能源形势，切实维护国家和行业发展利益。

会议指出，能源行业坚持把学习实践“四个革命、一个合作”能源安全新战略作为主题主线，坚定不移推进能源革命，持之以恒转变发展方式，全面构建清洁低碳、安全高效的能源体系，砥砺奋进走过十年非凡历程。积极推动能源消费革命，全面落实“双碳”目标任务，大幅提升能源效率，组织实施煤电节能减排改造、北方地区清洁取暖、油品质量升级等重大行动，为促进生态文明建设提供了更加绿色低碳的能源保障。积极推动能源供给革命，全面推进供给侧结构性改革，大力增强国内资源生产保障能力，持续增加高质量有效供给，非化石能源发展领跑全球，多轮驱动的能源供应体系进一步巩固完善，为经济社会健康持续发展提供了坚强的能源保障。积极推动能源技术革命，深入落实创新驱动发展战略，建立国家能源研发创新平台，扎实开展补短板技术装备攻关，积极推进新兴产业发展，创造了一批重大科技创新成果，为维护产业链供应链安全稳定、促进提升国家战略科技力量发挥了重要作用。积极推动能源体制革命，坚持市场化改革的总取向，推动放管服改革、新一轮电力体制改革、油气体制改革，行业治理方式和发展方式发生重大转变，为深化重点领域改革积累了经验借鉴。积极推动能源国际合作，坚持引进来和走出去更好结合，统筹用好两个市场两种资源，务实推进与重点能源资源国合作，我国在国际能源舞台的话语权影响力大幅提升，为服务构建新发展格局发挥了重要作用。

会议强调，2023 年能源工作要坚持以习近平新时代中国特色社会主义思想为指导，全面贯彻落实党的二十大精神，认真落实中央经济工作会议部署和全国发展改革会议要求，坚持稳中求进工作总基调，完整准确全面贯彻新发展理念，加快构建新发展格局，着力推动高质量发展，突出做好稳增长、稳就业、稳物价有关工作，全面落实能源安全新战略，深入推进能源革命，全力保障能源安全，坚定推进绿色发展，为全面建设社会主义现代化国家提供坚强能源保障。要深入学习宣传贯彻党的二十大精神，积极谋划出台重大政策，统筹推进“十四五”规划实施；要全力提升能源生产供应保障能力，发挥煤炭兜底保障作用，夯实电力供应保障基础，推进跨省区输电通道规划建设，推动油气增产增供，加快油气管网和储备能力建设，加强能源关键信息基础设施安全保护和电网运行安全风险管控；要着力调整优化能源结构，加强风电太阳能发电建设，统筹水电开发和生态保护，积极安全有序发展核电，加强民生用能工程建设；要着力加快科技自立自强，加强补短板锻长板，加强试点示范应用，推进重大创新平台建设，加强标准体系建设；要着力深化重点领域改革，加快全国统一电力市场体系建设，加强能源法治建设；要着力加强能源监管，加强行政执法；要着力加强能源国际合作，构建更高质量的能源国际合作体系；要着力以高质量党建引领能源高质量发展。

国家能源局党组成员，总工程师、监管总监、总经济师出席会议。驻国家发展改革委纪检监察组有关负责同志，国家发展改革委、审计署有关部门负责同志应邀出席会议。各省（自治区、直辖市）和新疆生产建设兵团能源主管部门负责同志，有关能源企业、能源装备制造企业、行业协会负责同志，国家能源局机关各司、各派出机构、各直属事业单位、中能传媒主要负责同志分别在主会场或分会场参加会议。

【2022 年全国电力安全生产电视电话会议】1 月 12 日，国家能源局在北京召开 2022 年全国电力安全生产电视电话会议，贯彻落实党中央、国务院关于安全生产工作决策部署以及中央经济工作会议和全国能源工作会议精神，总结 2021 年电力安全生产工作，分析当前面临形势，部署 2022 年各项重点任务。国家能源局党组书记、局长章建华出席会议并讲话，国家能源局党组成员、副局长余兵主持会议，应急管理部有关负责同志代表国务院安委办出席会议并讲话。

会议指出，2021 年，全国电力行业以习近平新时代中国特色社会主义思想为指导，深入贯彻总体国家安全观和能源安全新战略，严格落实党中央、国务院关于安全生产各项决策部署，秉承“四个安全”治理理念，统筹发展和安全，电力安全保供取得重要阶段性成果，保电和电力应急工作成绩突出，重大电力安全风险得到有效管控，电力安全生产顶层设计日趋完善，电力安全监管各项工作成效明显，保持了全国电力安全生产形势稳定。

会议强调，2022 年是党的二十大召开之年，是“十四五”规划实施的关键之年，做好电力安全生产工作意义重大。具体有五方面重点工作任务。一是以习近平总书记关于安全生产重要论述为指导，进一步扛牢压实电力安全生产责任。二是以落实《电力安全生产“十四五”行动计划》为统揽，推动实现更高水平安全发展。三是以体制机制和法规体系为重点，进一步完善顶层设计。四是以确保大电网安全为底线，助力能源电力系统安全转型。五是以专项监管和专项行动为抓手，不断夯实电力安全基础。

会上，国家电网有限公司、中国华能集团有限公司、国家开发投资集团有限公司、中国电力建设企业协会、吉林省能源局、华东能源监管局 6 家单位做了交流发言。

在京全国电力安全生产委员会成员单位委员在主会场参加会议，京外全国电力安全生产委员会成员单位委员和办公室成员在分会场参加会议。

【2022 年电力可靠性指标发布会暨《电力可靠性管理办法（暂行）》宣贯会】6 月 24 日，国家能源局和中国电力企业联合会在京通过视频会议联合发布 2021 年电力可靠性指标。国家能源局党组成员、副局长余兵和中国电力企业联合会常务副理事长杨昆出席会议并讲话，国家能源局监管总监黄学农主持会议。

会议强调，电力可靠性管理工作要始终坚持以习近平新时代中国特色社会主义思想为指引，贯彻落实构建新型电力系统、建设能源强国、实现碳达峰碳中和等党中央国务院决策部署，服务国家能源安全总体部署，坚持问题导向，精准发力，进一步完善工作体系、监管体系和保障措施，全力维护电力的可靠供应和系统的稳定运行，促进电力工业高质量发展。

会议要求，各部门、各单位要提高政治站位，认真贯彻党中央、国务院的工作部署以及国家发展改革委关于能源电力保供的要求，落实电力保供政治责任，做好电力供需预测，有效发挥大电网作用。要严肃调度纪律，加强设备运行维护，提高设备运行可靠性，减少非计划停运，严禁无正当理由随意停机。要做好电力防汛工作，确保人民群众生命财产安全，及时掌握汛情发展和电力受损情况，加快停电电力设备设施和用户的抢修复电进度，严防发生次生灾害。要做好电力可靠性数据统计核实工作，强化数据质量管理，提高数据质量真实性及准确性。

会上，国家能源局可靠性和质监中心主要负责同志对新修订的《电力可靠性管理办法（暂行）》进行了宣贯，对修订的重要意义、总体思路、主要内容等作了解读，对保障全国电力安全可靠供应、依法履职履责提供了科学指导。

国家能源局相关司、可靠性和质监中心，中国电力企业联合会、中国电力设备管理协会有关负责同志在主会场参加会议；各省电力管理部门、各派出机构、全国电力安委会企业成员单位、有关电力设备制造企业相关负责同志在分会场参加会议。

【国务院国资委召开中央企业迎峰度夏能源电力保供专题会】7 月 27 日，国务院国资委组织召开中央企业迎峰度夏能源电力保供专题会，贯彻落实党中央、国务院关于做好迎峰度夏能源电力保供的决策部署，督促指导中央企业全力奋战迎峰度夏能源电力保供工作。国务院国资委党委委员、副主任袁野出席会议并讲话，总会计师、财管运行局局长赵世堂主持会议。

会议指出，2021 年四季度以来，有关中央企业不折不扣贯彻落实党中央、国务院决策部署和国务院国资委工作要求，把能源电力保供作为一项重要的政治任务来抓，千方百计增产扩销稳供，带头保障能源电力供应，在关键时刻发挥了“压舱石”“顶梁柱”作用。

会议要求，有关中央企业要进一步提高政治站位，强化责任担当，采取有力措施，切实提升能源资源供应保障能力。煤炭企业要加快释放先进产能，发电企业要提升顶峰发电能力，电网企业要加强资源统筹、推动余缺互济，共同打好打赢迎峰度夏能源电力保供攻坚战，同时做好今冬明春能源电力保供备战工作。国务院国资委有关厅局要各司其职、增强合力，支持中央企业全力提升能源电力安全稳定供应保障能力。

国务院国资委有关厅局负责同志参会，国家电网、南方电网、中国华能、中国大唐、中国华电、国家电投、国家能源集团、国投、中煤集团、华润电力等10家企业有关负责同志参加会议。

【国家电网有限公司2023年工作报告（摘要）】

一、2022年工作和新时代公司发展巨大成就

2022年公司全年发展总投入5609亿元；售电量5.44万亿kWh，同比增长5.2%；营业收入3.56万亿元，同比增长19.8%；实现利润792.8亿元、净利润588.1亿元，同比分别增长14.7%和17.0%；资产总额4.91万亿元，同比增长5.1%；资产负债率55.4%，下降0.6个百分点。重点开展了以下七个方面工作。

一是加强组织领导，迅速兴起了学习宣传贯彻党的二十大精神热潮。全面落实党中央关于认真学习宣传贯彻党的二十大精神的决定，努力在全面学习、全面把握、全面落实上下功夫。组织推动有力有序。公司党组第一时间召开扩大会议、组织中心组学习、举办读书班，示范带动各级党委中心组开展集体学习研讨5795次、专题读书班2483期。印发通知，制定方案，明确15个方面50项工作任务，确保上下联动、整体推进、纵深开展。宣传宣讲有声有色。积极邀请宣讲团成员，组织公司系统党的二十大代表和各级领导干部，结合实际开展宣讲，大力推动党的二十大精神进基层、进班组、进现场。公司系统累计开展集中宣讲和专题党课3万余次、辅导培训6400余期。学以致用见行见效。召开公司学习宣传贯彻党的二十大精神工作部署会，明确“八个奋力”“六个确保”的贯彻落实具体措施，切实把党的二十大精神转化为推动公司改革发展的实际行动。

二是胸怀“国之大者”，有力服务了党和国家工作大局。始终在服务国家重大战略部署中站排头、当表率，充分发挥“大国重器”“顶梁柱”作用。积极服务“六稳”“六保”。落实国家稳增长要求，制定实施服务稳住经济26项工作举措，推行电费缓交并免收滞纳金，减免小微企业房屋租金4.78亿元。“电e金服”累计帮助产业链上下游获得金融服务超3800亿元。主动服务稳岗扩就业，全年提供岗位4万余个。积极服务区域协调发展和乡村振兴。与江苏、山东、浙江等16个省（区、市）党委政府会谈会见，与西藏、青海、宁夏、黑龙江、辽宁5省（区）政府签订战略合作协议，召开辽宁、四川重大电网工程项目推进会，加快京津冀、长三角等地区电网发展，制定实施援疆援藏重点任务，为区域重大战略实施注入了强劲动力。落实乡村振兴战略和城市更新行动部署，大力实施农村电网巩固提升工程和城市配网更新改造工程，建成乡村电气化项目3388项、受益群众987万人。公司连续五年在中央单位定点帮扶工作考核中被评价为“好”，各省公司在地方乡村振兴考评中全部被评价为“好”。积极服务“双碳”进程。坚持“全网统筹、量率一体”原则，推动新能源有序发展，经营区新增风光新能源并网装机1.03亿kW，利用率超过97%。推广能效公共服务，向439万高压客户推送能效账单。成立北京可再生能源发展结算服务公司，支付补贴资金2715亿元。发布中央企业首份绿色低碳发展报告，获得世界经济论坛创始人施瓦布先生高度赞誉。优化公司环保管理体系，完成环保风险排查整治三年行动。公司荣获第十一届中华环境奖。积极服务共建“一带一路”。成功举办2022能源电力转型国际论坛，来自五大洲60多个国家和地区的700多位嘉宾出席，引起强烈反响，获得广泛赞誉。主办驻华使节走进国家电网活动。公司承建的土耳其首个直流工程凡城项目、东非电力高速公路埃塞俄比亚—肯尼亚±500kV直流输电工程建成投运。成功中标德国海上风电柔直送出、印尼高级智能计量系统等项目。稳健运营境外资产，国际业务利润同比大幅增长。积极改善电力营商环境。经营区160kW及以下小微企业“三零”服务实现全覆盖，27家省公司实现企业“一证办电”、居民“刷脸办电”。“网上国网”注册客户2.6亿个，办电服务业务接入国家政务服务平台。深入开展“获得电力”综合监管和涉企违规收费自查整改，严肃整治供电服务领域突出问题，不断提升供电服务质量和水平。

三是扛牢首要责任，全力保障了电力安全可靠供应。统筹各方力量和资源，全力以赴保供电、保安全、保稳定。打赢了迎峰度夏保卫战。超前谋划、提前部署，出台电力保供30项工作要点和32项重点措施，坚持政企协同联动、源网荷储协同发力，加大余缺互济和负荷管理力度，成功应对最高温度、最少水电、最大负荷、最长时间“四最”叠加考验，有效缓解了全网特别是川渝地区供电紧张局面，守住了大电网安全和民生用电底线。筑牢了抗疫救灾光明防线。有效开展森林火灾、泸定地震、台风梅花等自然灾害应急抢修恢复供电工作，以最快速度恢复受损电力设施。统筹疫情防控和供电保障，确保定点医院、医药企业等重点单位可靠供电，守护人民群众生命健康。维护了安全生产平稳局面。积极应对高温大负荷、新能源大规模接入等挑战，持续加固“三道防线”，圆满收官专项整治三年行动，电网保持安全稳定运行。成功拦截处置网络高危攻击3.53亿次，连续6届获得国家网络安全实战演习总成绩第一名。圆满完成北京冬奥会、冬残奥会、党的二十大、进博会等重大保电任务。

四是推进重大项目，切实加强了各级电网建设。召开专题推进会，高标准实施“四个一批”重点项目。规划和前期工作取得积极进展。一批重点项目纳入国家和各省（区、市）电力规划。“三交九直”特高压前

期工作全面提速，张北—胜利等 5 项特高压交流、金上—湖北特高压直流获得核准。深化电网发展格局研究，优化沙漠戈壁荒漠大型风电光伏基地、藏东南清洁能源基地开发外送方案。重点工程建设顺利推进。投产 110（66）kV 及以上线路 4.83 万 km、变电（换流）容量 3.08 亿 kVA（kW）。建成白鹤滩—江苏、白鹤滩—浙江特高压直流等一批重点工程；开工川渝联网、武汉—南昌特高压交流等工程。投产山东沂蒙、安徽金寨等 5 座，开工建设浙江泰顺、江西奉新、湖南安化等 6 座抽水蓄能工程。2 项工程获得第二十届全国质量奖卓越项目奖。数字化赋能提速加力。发布新型电力系统数字技术支撑白皮书，完成企业级实时量测中心试点建设。建成两级电网资源业务中台，实现各电压等级“电网一张图”。建成新一代应急指挥、新型电力负荷管理等系统。深化应用移动办公，“i 国网”日使用量最高达 63 万人。推广电力看经济、看环保、助应急等大数据应用，进一步释放数据价值。

五是大力提质增效，持续提升了企业经营业绩。优化经营策略，强化经营管理，经营绩效稳中有进、稳中向好。电网业务挖潜成效明显。发挥集团资信优势，加大统一融资力度，节约财务费用 32 亿元。强化债务管控和亏损企业治理，带息负债规模增幅较年初预算降低 426 亿元，亏损子企业数量同比压降 10%。全面完成“三清理两提高”，三年以上长期挂账工程见底清零，盘活存量资产项目 4 万余项。加强物资集中集约采购，降本增效 264 亿元。建成同期线损系统，综合线损率下降 0.53 个百分点，高损台区数量下降 81%。营销稽查及反窃查违挽回经济损失 38 亿元。金融业务效益稳步提升。实现利润 218.9 亿元，产融协同业务收入 283 亿元，绿色金融业务规模 1920 亿元，融融协同业务规模 3675 亿元。完成广发银行股权划转、华泰保险股权处置和保理业务整合，理顺内部交叉持股，进一步优化金融业务布局。深入推进“五统一”集约化发展，省级金融分支机构基本实现集中集约。战略性新兴产业加快发展。优化新兴产业公司功能定位、核心业务与投资负面清单，盈利能力持续提升，发展运营更加稳健。芯片业务实现利润 14 亿元，能源电商成交额突破 1.1 万亿元。开工建设雄安产业创新中心。风险防控不断加强。扎实开展“合规管理强化年”和“以案促管”专项行动，加强重大案件处置，避免和挽回经济损失近 60 亿元。深入推进“严肃财经纪律、依法合规经营”综合治理专项行动。圆满完成“三审叠加”迎审工作，得到国家审计署充分肯定。

六是深化改革创新，显著增强了企业发展活力动力。大力实施“改革实效年”，聚焦重点任务持续攻坚突破。改革工作取得实效。国企改革三年行动圆满收官，实施建设世界一流企业行动计划。公司董事会获评中央企业优秀董事会。国能生物改革和省管产业深化改革积极稳妥推进。生产管理模式不断优化，安徽、蒙东等 7 家单位完成超高压设备属地化管理试点。深化三项制度改革，全面推行关键岗位聘任制，创新实施宽带岗级工资制度，绩效的激励约束作用进一步凸显。配合完成第三周期输配电成本监审。持续推动电力中长期市场连续运营、现货市场试点建设，市场化交易电量 4.13 万亿 kWh。科技创新成果丰硕。成立新型电力系统技术创新联盟。大力实施新型电力系统科技攻关行动计划，高质量完成首批 4 项重大课题。强化核心技术攻关，完成国资委“1025 专项”一期攻关任务。具有自主知识产权的特高压套管实现规模化应用，继电保护高精度 ADC 芯片实现自主可控，新一代调度技术支持系统正式运行，4500V IGBT 产品研发成功。电网安全实验室纳入首批全国重点实验室建设序列。张北柔直工程获得第七届中国工业大奖。牵头立项国际标准 50 项、发布 19 项，获得第 23 届中国专利奖金奖 1 项、银奖 2 项，中国电力科学技术奖一等奖 11 项，国际 QC 小组活动金奖 35 项。

七是坚持旗帜领航，充分发挥了党建引领保障作用。落实新时代党的建设总要求和新时代党的组织路线，全面提升管党治党水平。党的建设提质登高。深入实施“旗帜领航 • 提质登高”行动计划，持续深化“党建 + ”工程，广大党员在急难险重任务中冲锋在前，始终让党旗在一线高高飘扬。推进党建标准化规范化建设，直属（总部）党委、31 家二级单位党委完成换届选举。公司系统 19 名同志光荣当选党的二十大代表。意识形态工作有效加强。公司意识形态领域主基调自信自强，大环境清新清朗，总体态势向上向好。规范新媒体短视频作品制作，开展电力保供等主题传播，各方点赞国家电网，“张北的风点亮北京的灯”“点亮阿里”等形成公众记忆。健全新闻应急处置机制，没有发生重大舆情事件。全面从严治党纵深推进。党组巡视工作走深走实，完成对 27 家省公司供电服务专项检查，二级单位党委实现对所属单位巡察全覆盖。紧盯“关键少数”强化政治监督，加强个人重大事项报告管理。深化靠企吃企问题整治。坚持严的基调，强化惩治震慑和制度约束，公司系统立案 2215 件，严肃查处姜魁、陈晓林、李富生等职务违法犯罪案件。队伍凝聚力不断增强。深入推进“旗帜领航 • 组织登高”工程，持续加强“四优五过硬”领导班子和干部队伍建设，圆满完成二级单位领导班子和领导人员首个任期综合考核。树立正确选人用人导向，一批敢担当善作为的好干部得到提拔重用。实施人才培养“三大工程”，新评选中国电科院院士 2 名、首席专家 35 名、国网工匠 20 名、青年托举人才 200 名。积极为职工办实事，扎实开展职工心理援助，健全多层次保障体系。7 家单位、23 名同志荣获全国五一劳动奖状、奖章，27 个集体被授予全国工人先锋号。

综合实力实现历史性跃升。电网和金融、国际、支撑、战略性新兴产业协同联动、蓬勃发展，公司发展的平衡性、协调性和可持续性不断增强。营业收入从 1.88 万亿元增长到 3.56 万亿元，增长 89.0%；资产总额从 2.33 万亿元增长到 4.91 万亿元，增长 110.3%；累计实现利润 7788.6 亿元、利税 1.62 万亿元。公司连续 18 年、6 个任期获国资委业绩考核 A 级，连续 10 年获国际三大评级机构国家主权级信用评级，位居《财富》世界 500 强前三甲，公司市场竞争力、行业带动力、抗风险能力、国际影响力显著提升，书写了国家电网发展史上最绚丽的华章。

电网发展实现跨越式升级。国家电网成为全球技术水平最高、配置资源能力最强、并网装机规模最大、安全运行时间最长的交直流混联特大型电网，为经济社会发展提供了坚强支撑。累计完成电网投资 4.55 万亿元，建成特高压工程 31 项，110（66）kV 及以上输电线路长度、变电（换流）容量分别较 2012 年增长 70%和 110%，跨省跨区输电能力 2.6 亿 kW，提高 1.8 倍，并网装机容量 20 亿 kW，提高 1.3 倍。建成川藏、藏中、阿里联网“电力天路”，全面完成新一轮农网改造升级、机井通电、“三区三州”等电网建设任务，助力脱贫攻坚和兴边富民，西藏电力农电部获得全国脱贫攻坚楷模称号。城乡供电质量明显提高，北京、杭州、厦门等城市供电可靠性达到国际先进水平。

能源转型取得重要进展。贯彻“四个革命、一个合作”能源安全新战略，发布实施国内企业首个“双碳”行动方案和构建新型电力系统行动方案，出台了一系列务实举措，着力推动构建清洁低碳、安全高效的能源体系。建成全球最大的“新能源云”平台和智慧车联网平台。在运在建抽水蓄能装机 7069 万 kW，增长 2.7 倍。国家电网并网水电、风电、光伏发电装机均居世界第一，分别是 2012 年的 1.6 倍、6.4 倍和 107 倍，10 年累计消纳清洁能源 14.1 万亿 kWh，为打赢污染防治攻坚战、建设美丽中国作出了积极贡献。

创新能力实现大幅度提升。勇攀科技创新高峰，累计投入研发资金 2789 亿元，在特高压输电、大电网安全控制等领域取得一批引领全球技术发展的重大创新成果。建成昌吉—古泉特高压直流、苏通 GIL 管廊、上海 35kV 公里级超导电缆等一批重大科技示范工程。建成国内领先的集团级数字化系统和现代数智供应链管理体系，成为工信部发布的全国首家数据管理能力成熟度评估最高等级企业。创新建立中国电科院院士等制度，在央企率先实施中长期激励。累计获得国家科学技术奖 55 项（其中特等奖 2 项），中国标准创新贡献奖一等奖 10 项，中国专利奖金奖 10 项，专利拥有量持续位居央企第一，公司成为具有全球影响力的创新型企业。

改革攻坚实现整体性突破。贯彻中央深化改革部署，国企改革、电力改革和内部改革扎实推进，世界一流企业建设走在央企前列。完成了装备制造改革，理顺了陕西电网管理体制，完成了鲁能集团、鲁能体育、医疗疗养机构、退休人员社会化管理等重大改革任务。初步建立科学合理的输配电价体系，基本形成多层次统一电力市场体系，市场化交易电量占比超过 75%，市场配置资源的决定性作用有效发挥。深入推进三项制度、放管服改革，持续优化“战略＋”集团管控体系，加快建设“五强三优”坚强总部，完成“上审下”审计监督体制改革，公司治理现代化水平明显提高。

党的建设得到系统性加强。深入贯彻全国国有企业党建会精神，大力实施“旗帜领航”党建工程，推动党的领导与公司治理深度融合，建立“六大工作体系”，构建了一体化大党建格局。持续开展党内集中教育，广大干部职工深刻领悟“两个确立”的决定性意义，“两个维护”更加坚定自觉。深化共产党员服务队建设，涌现出“时代楷模”张黎明、钱海军，“全国道德模范”周维忠、赵庆祥，“央企楷模”许启金，“大国工匠”王进等一批彰显时代精神的先进典型。持之以恒全面从严治党，推进纪检监察体制改革，正确处理好“三个关系”，做到“三个区分开来”，一体推进不敢腐、不能腐、不想腐，锲而不舍落实中央八项规定精神，始终保持反腐败斗争高压态势，营造了风清气正的良好政治生态。

企业价值得到全方位彰显。积极履行企业三大责任，在电力保供、抗疫保电、抢险救灾等大战大考中不畏艰辛、勇挑重担，谱写了一曲曲人民电业为人民的光明赞歌，成为党和人民群众最可信赖依靠的重要力量。持续改善电力营商环境，我国“获得电力”世行排名大幅提升。建成便捷智能高效的线上服务平台和全球规模最大的用电信息采集系统，服务客户数量从 3.09 亿户增长到 5.77 亿户。经营区全社会用电量从 3.95 万亿 kWh 增长到 6.77 万亿 kWh，为全面建成小康社会提供了坚强电力保障。公司 8 次荣获“中华慈善奖”，连续 7 年位列中国 500 最具价值品牌榜首。

二、心往一处想、劲往一处使，用团结奋斗谱写 2023 年工作新篇章

2023 年工作总的要求是：以习近平新时代中国特色社会主义思想为指导，全面贯彻党的二十大精神，落实中央经济工作会议部署，按照中央企业负责人会议和全国能源工作会议要求，坚持稳中求进工作总基调，完整准确全面贯彻新发展理念，更好统筹发展

和安全，更好统筹保供和转型，坚定信心、守正创新，全力以赴保供电、保安全、保稳定、防风险，多措并举助力稳增长、稳就业、稳物价，一以贯之坚持党的领导加强党的建设，以“一体四翼”高质量发展全面推进具有中国特色国际领先的能源互联网企业建设。

主要目标：发展总投入5876亿元，同比增长4.8%。售电量5.76万亿kWh，同比增长5.9%。营业收入3.49万亿元，同口径增长6.1%。实现利润833亿元，同比增长5.1%。资产总额5.06万亿元，同比增长3.0%。资产负债率55.2%。杜绝大面积停电事故、人身死亡事故、重特大设备事故，严格防范重大网络安全事件、重特大火灾、恶性误操作，确保不发生系统性重大风险，确保不发生严重影响公司品牌形象的各类事件。

重点做好八个方面工作。

（一）以高度的政治担当，全力做好电力保供工作。

（二）牢固树立“时时放心不下”的责任感，筑牢守好安全生产堤坝。

（三）加快各级电网协调发展，充分发挥投资拉动作用。

（四）深入推进提质增效，提高经营效率效益。

（五）攻坚重点改革任务，加快建设世界一流企业。

（六）坚持创新驱动发展，加快实现高水平科技自立自强。

（七）落实全面从严治党责任，全面加强党的建设。

（八）持续加强干部职工队伍建设，营造团结奋进浓厚氛围。

【中国南方电网有限责任公司2023年工作报告（摘要）】

一、2022年公司各项事业取得长足进步

2022年，面对各类风险挑战和超预期因素冲击的严峻形势，公司坚持以习近平新时代中国特色社会主义思想为指导，坚决落实党中央、国务院决策部署，锚定目标拼搏实干，紧盯问题奋力攻坚，打赢了不少大仗硬仗，办成了许多大事难事，全年各项目标任务圆满完成，高质量发展取得新的重大进展，党的领导和党的建设全面加强，为保持平稳健康的经济环境、国泰民安的社会环境、风清气正的政治环境作出了积极贡献，向党和人民交出了一份满意答卷。

（一）以强烈大局意识服务经济稳增长，落实国家战略彰显新担当。将“国之大者”铭于心践于行，确保总书记有指示、中央有部署，公司见行动、落实见成效。制订实施服务经济稳定27条重点举措，完成固定资产投资1250亿元，有力带动产业链协同发展。多措并举助力中小企业纾困解难，降低用电成本10.2亿元，减免房租1.4亿元，“欠费不停供”涉及8.7亿元，无分歧民企欠款实现“零拖欠”。主动服务稳岗扩就业，新提供岗位近6600个。扎实推进融入服务区域协调发展重点任务落地，大湾区直流背靠背工程、闽粤联网工程、粤澳联网第三通道如期投产，梅州、阳江抽蓄电站提前投运，抽蓄电站开工数量和规模创历史新高，建成清洁能源消纳比重最高的世界级湾区电网。积极服务乡村振兴，农网巩固提升工程全面展开，云南独龙江乡35kV联网工程建成投运并入选央企十大超级工程，贵州实现220kV电网县域全覆盖，“知行书屋”入选全国首批帮扶典型案例，公司连续5年获得中央单位帮扶工作考核最高评价“好”。发布公司碳达峰行动方案，制订各省级新型电力系统建设方案，推进35项新型电力系统示范区建设，建成央企绿电消费规模最大的零碳总部基地，依托南网能源院成立广州可再生能源结算服务公司。用电营商环境持续优化，现代供电服务体系基本建成，深圳、广州、佛山、东莞入选“获得电力”标杆城市，粤港澳大湾区供电可靠性国际领先，广州“四办”、深圳“转改直”等典型经验全国推广，“南网在线”增值产品交易额突破30亿元。“一带一路”建设取得新突破，首次实现中老双向电力贸易，中老两国元首见签中老500kV联网、EDL－T项目，云南国际有力推动中缅联网供电框架协议签订，南网国际大力推进智利直流输电项目建设。

（二）以底线思维做足做实应对准备，电力安全保供展现新作为。坚持下好先手棋、打好主动仗，有力应对丰枯急转、供需多变、灾害频发等多重考验，全力确保电网安全稳定运行和电力可靠供应。统筹供给和需求，各省级电网政企联动强化一次能源保障，推动疏导燃煤、燃气发电成本，广东电网形成600万kW市场化需求响应能力，云南电网促成全省启动300万kW能效管理，全网电力供应平稳有序。统筹保供应和促消纳，坚持全网一盘棋，南网总调精心调度，超高压公司全力做好西电东送通道保障，主网实现零弃水，风、光电基本全额消纳。克服困难首次安排江城直流反送，助力缓解川渝、华东电力紧张局面。统筹当前和长远，制订实施“十四五”电力保供一揽子措施，推动增加3100万kW保障性煤电，提出区外送电总体方案，完成藏东南送电大湾区项目可研，全力争取青电送桂纳入国家电力规划。加快建设本质安全型企业，压紧压实安全生产责任，扎实开展安全生产专项整治三年行动和提升年专项行动，强化风险立体防控、联防联控，整治安全隐患8万余项，连续三年系统内“零死亡”。严密防范线路交叉跨越、密集通道故障等重大风险，深化建设坚强局部电网，全面建成保底通信网。有力应对高温、强降水、雨雪冰冻等极端天气，圆满完成党的二十大等13项特级保供电。体系化推进供应链风险管控，有效化解“断供”风险。连续四年“零失分”完成“护网行动”，网络安全保障获中央领导同志批示肯定，公司网络安全靶场被认定为国家级靶场。公司疫情防控平稳有序。

（三）以系统方法论推进战略规划实施，一流企业建设迈出新步伐。坚持战略引领，把战略转化为组织、战术与行动，坚定朝着第二阶段战略目标稳步迈进。从方法论出发制订加快推进世界一流企业建设实施方案，以及向数字电网运营商、能源生态系统服务商转型指导意见，统筹推进公司“1+5+11”发展规划实施，加快形成“5+2+N”业务布局。“四类项目”取得一批新的标志性成果，海南电网基本建成充换电“一张网”，深圳供电局建成高可靠性示范区，广东电网广州供电局投产中芬能源合作南沙示范工程。对标世界一流推动管理提升，标杆企业、标杆项目、标杆模式引领作用有效发挥。管理体系优化升级启动实施，全面质量管理试点开展。积极构建开放共赢新格局，公司与深圳市政府、中信银行、哈电集团、越南电力集团、湄公学院等签订战略合作协议。

（四）以价值创造引领提质增效，经营业绩得到新提升。扎实推动经营稳中有进、进中提质，“两利四率”实现“两增一控三提高”，经营基本盘持续巩固。打好增供扩销组合拳，努力扭转电量下滑势头，广东电网电能替代电量增长超20%，云南电网促成全面取消铝硅用户优惠电价。加大市场开拓力度，新能源、智慧用能、新型储能、充换电等业务蓬勃发展，广西电网投运南方区域首个大容量独立共享储能电站，南网能源夯实分布式光伏头部企业地位，产投集团及各省公司协同推动电动汽车充电设施乡镇覆盖率达91%。以融促产、以融强产成效明显，供应链金融、绿色金融业务规模实现翻番，财务公司积极发挥司库体系执行主体作用，资本控股公司投资50亿元战略入股华润银行，鼎和保险保费规模突破60亿元、市场业务占比达64.4%。统筹存量盘活、增量做优和专业化整合，南网储能实现近五年来A股最大规模重组融资，供应链集团全面整合五省区供应链资源，鼎元资产积极推进工业物业整合。规范成本支出，优化成本结构，保障生产性成本，严控非生产性支出，管理费用同比降低5%，节约融资成本9亿元。积极配合做好定价成本监审，推动科学认定省级电网基期准许成本。云南电网、云南国际扭亏为盈，亏损子企业户数同比降低7.7%，高负债子企业户数同比降低34.5%。依法维权成效显著，挽回经济损失15亿元。

（五）以坚定信心决心攻坚改革深水区，全面深化改革实现新成效。高质量完成改革三年行动，有力促进公司治理、制度、机制、管理、活力之变，形成一批具有南网特色、央企先进的改革标杆示范，改革质量实效稳居央企前列。中国特色现代企业制度更加成熟定型，成功召开具有里程碑意义的公司首次股东会议，首创并全面推广7种不同治理结构公司治理范本，公司和深圳供电局入选首批国有企业公司治理示范企业。市场化经营机制取得新突破，2.2万名管理人员实现签约全覆盖，4万余人次参加内部人才市场选聘，“能下”“能出”比率达8.1%、3.1%，同层级收入差距最高达3.3倍，“三能”指标历史最好。中长期激励增量扩面，“重奖、保障、津贴”多重激励体系更加完善。17户“两非”企业按期保质完成剥离，大集体企业改革持续深化，汕特万丰电厂、番禺厂办大集体等一批难题得到历史性解决。海南电网、南网储能机构改革成效明显。7家“双百”“科改”企业全部评为优秀，6家单位被评为标杆企业；公司入选国务院国企改革领导小组办公室“学先进、抓落实、促改革”典型标杆，19项改革案例得到上级部委肯定和推广，数量央企最多。电力体制改革取得重大进展，南方区域电力市场启动试运行，全国统一电力市场体系率先在南方区域落地，广东现货市场连续结算运行一周年，区域调频市场实现全覆盖。绿电市场体系基本构建，绿电交易达38.3亿kWh，广州电力交易中心建立绿电证书和消费凭证统一核发机制。装备制造等竞争性业务改革基本完成。央地电网融合迈出新步伐，云南电网与云南农垦集团签署合作协议，贵州电网推动兴义地方电网改革破冰。

（六）以科技自立自强塑造发展新动能，创新驱动发展取得新突破。坚持“四个面向”，全面建强创新体系，加快建设原创技术策源地和现代产业链链长。大力攻关战略性引领性技术，新承担国家重点研发计划9项，成功申报国务院国资委关键核心技术二期工程9项，入选能源领域首台（套）重大技术装备6项，“513”工程项目入选国家级示范工程，新发布IEC、ISO标准5项，南网科研院、数字集团首获中国专利金奖。着力集聚创新资源要素，与14家境内外知名高校、科研机构组建联合研究院，与HR国家实验室共建新型电力系统研究中心，直流输电国家重点实验室优化重组扎实推进。积极推动“四链”融合，公司即将获授“数字电网产业链链长企业”，二次自主可控设备实现规模化应用，央企首单开放许可专利达成交易，南网人才30条深入实施，9名高层次人才入选国家人才计划，“三类三级”专家扩增28%。专家委建言献策作用有效发挥。“四位一体”加快数字化转型，数字电网全面纳入五省区政府工作部署，电网管理平台实现业务全维贯通，现代数字供应链体系基本建成，数据管理能力成熟度评估获评最高等级，数据资产凭证全网推广，南网公有云入选首批国资行业云。“南网智瞰”获中国工业互联网大赛领军组第一名，“5G+数字电网”获评央企攻坚工程突出贡献团队，数字集团获“直通乌镇”全球互联网大赛一等奖。

（七）以强根固魂筑牢政治和组织保障，全面从严治党焕发新气象。始终坚持和加强党的全面领导，全力推动党的建设不断走深走实。制订实施落实“两个维护”八项机制、党史学习教育常态化长效化“十个机制”，扎实开展习近平总书记重要指示批示精神再学习再落实再提升，切实做到对党绝对忠诚，与党中央同心同德。研究构建公司党建管理体系，探索党建手段、机制、方法创新，打造重点领域深度融合范本，党组织创造力凝聚力战斗力持续增强。全面加强领导班子和干部队伍建设，动态实现年轻干部配备目标，深化实施“五个一线、五个交流”“百千人才去基层到西部”干部培养与实践锻炼机制，公司选人用人工作总体评价“好”率首次达到100%。统筹推进问题整改与专项治理，中央巡视反馈问题和“靠企吃企”专项整治发现问题基本整改到位，严肃财经纪律综合治理全面收官，国家经济责任审计整改基本完成，特高压审计整改扎实推进。“大监督”格局不断深化，全面从严治党责任向基层延伸专项督查整治深入实施，大集体企业“等同管理”不断强化，巡视巡察实现全覆盖，公司政治生态持续向好。坚持零容忍的震慑不动摇，查处一批严重违纪违法案件，反腐败压倒性胜利不断巩固。扎实开展青年精神素养提升工程，不断提升职工生活品质，员工满意率达97%。《南网党建》创刊发行。南网党校着力加强干部培训主渠道建设，北京分公司有效发挥在京窗口作用，传媒公司全力守牢宣传舆论主阵地。公司6项成果入选中央“奋进新时代”主题成就展，《最美冬夜》首获“中国新闻奖”。公司3名同志当选党的二十大代表，93个集体、89名职工获得省部级以上荣誉称号。

二、扎实做好2023年改革发展各项工作

（一）坚决落实国家重大发展战略，全面融入和服务构建新发展格局。积极助力经济运行整体好转。全面融入全国电力生产力布局。主动服务城乡融合和区域协调发展。深化现代供电服务体系建设。高质量共建“一带一路”。

（二）全力以赴保经济增长，保社会稳定，保民生用电，保电网安全。提升电力供应保障能力。守牢大电网安全稳定“生命线”。精细做好电力负荷管理。

（三）突出核心业务、统筹五大战略单元，全面提升经营增长质量。下大力气挖潜增效。培育壮大发展新动能。全力提升经营韧性。

（四）培育壮大核心竞争力，加快建设世界一流企业。推动战略规划实施落地。加快科技自立自强。强化人才支撑保障。打造现代企业管理体系。加强品牌标准质量建设。

（五）加快数字化绿色化协同转型，推动构建新型电力系统和新型能源体系。大力推动能源绿色低碳转型。更好发挥数字化支撑作用。

（六）更高起点、更大魄力全面深化改革，促进质量动力效率变革。坚持力度不减深化国企改革攻坚。坚持市场化方向深化电力体制改革。

（七）坚持依法治企，确保企业健康发展。全面推进治理现代化。全面加强合规管理与监督控制。全面践行诚信守法。

（八）强化底线思维，有效防范化解重大风险。筑牢全链条安全防线。加强全过程风险防控。

【中国华能集团有限公司2023年工作报告（摘要）】

一、2022年工作回顾

2022年，是党和国家历史上极为重要的一年，也是华能发展史上极不平凡的一年。面对百年变局和世纪疫情相互叠加，全球政治格局和能源供需格局深度调整，以及电煤价格高企带来的严峻挑战，公司上下在以习近平同志为核心的党中央坚强领导下，以迎接宣传贯彻党的二十大为主线，坚决贯彻“疫情要防住、经济要稳住、发展要安全”的重要要求，主动作为、应变克难，全面完成国资委“两利四率”等考核目标，各项工作取得新成效。

一是思想政治引领不断强化。坚持把学习宣传贯彻党的二十大精神作为首要政治任务，公司党组成员带头原原本本学、联系实际学，带头深入基层宣讲，分期分批开展集中轮训，引导广大党员干部深学细悟、笃行实干，切实将党的二十大精神转化为推动企业高质量发展的生动实践。落实党组（党委）“第一议题”等制度，完善推动落实机制，推动总书记重要指示批示精神和党中央决策部署在公司全面落地生根。

二是能源保供彰显华能担当。有效统筹疫情防控和能源保供，圆满完成党的二十大、冬（残）奥会、迎峰度夏等重要时段保障任务，在关键时刻发挥了央企关键作用。全年没有发生较大及以上安全事故，机组可靠性、能效水平，以及水、风、火和综合利用小时行业对标第一；环保排放绩效行业最优。

三是低碳转型迈出新步伐。新能源发展再创历史最好水平，大型基地开发取得新进展，上都风电基地、陇东能源基地加快建设，东部海上风电发展带、沿海三大核电基地、西南三大多能互补基地开发积极推进。

四是提质增效成效显著。清洁能源产业成为公司利润主要来源和关键支撑，风电、光伏、水电单位千瓦盈利水平对标行业领先。煤炭产业年产量突破1亿t。“七个专项治理”取得明显成效。

五是改革三年攻坚圆满收官。各项改革任务全面完成。通过改革，中国特色现代企业制度更加完善，布局优化和结构调整成效明显，市场化经营机制不断健全，企业活力显著增强，公司被选树为央企改革“大典型”。

六是科技创新活力明显增强。坚持服务国家战略需求，石岛湾高温气冷堆示范工程成功实现双堆初始满功率运行。一批关键核心技术攻关取得新突破，自主可控技术加快推广应用。公司国际标准、专利质量排名和获奖数量均居行业首位。

七是党的建设得到新加强。深入推进“党建引领深化年”专项行动，基层基础不断夯实。政治监督全面加强，实现十九届中央任期内巡视巡察全覆盖；中央巡视发现问题已基本整改到位，需深化整改和长期坚持的任务已形成常态化机制。严肃查办“靠企吃企”职务违法犯罪案件。纠“四风”、树新风取得新进展。稳妥推进疏解北京非首都功能相关工作。坚持用事业凝聚人心，开展领导班子和领导人员任期综合考核评价，加快实施新时代人才强企意见，深入推进五大全国引领性劳动竞赛，扎实做好意识形态、统一战线、群团、维稳、保密等工作，凝聚起改革发展强大合力。

二、2023 年工作思路

2023 年是全面贯彻落实党的二十大精神开局之年，也是“十四五”承上启下关键之年，做好各项工作意义重大。中央经济工作会议科学研判国内国际经济形势，系统部署 2023 年经济工作，为我们做好公司工作指明了方向。公司上下要进一步提高认识，切实把思想和行动统一到党中央对形势的判断和决策部署上来，深刻把握“五个坚持”“六个更好统筹”，深刻把握“五大政策”“五个重大问题”，以奋发有为的精神状态，创造性抓好贯彻落实。要更加清醒地认识到，公司经营发展所面临的外部环境依然错综复杂，不确定性因素依然较多，但我们要坚定信心、勇毅前行，在公司新征程上展现新气象、体现新担当、实现新作为。

主要思路是：紧扣一条主线，突出两个重点，做到“六个着力”，全力答好经营改革发展和党的建设“两张答卷”。一条主线，就是奋进新征程、加快建设世界一流企业。两个重点，就是突出转型发展、高质量稳增长。六个着力，就是着力加快绿色发展，着力抓好提质增效，着力推进科技创新，着力深化内部改革，着力抓好安全保供，着力提升党建质量。

三、2023 年重点工作

一是着力加快绿色发展。以新能源为主体，全力争取大基地开发实现更大突破。抓好公司“十四五”规划的中期评估、优化调整、推动落实。

二是着力抓好提质增效。突出“两个重点一个优化”。突出抓火电扭亏增盈，突出抓大成本管控，优化经营业绩考核。

三是着力强化科技创新。重点抓好“两大攻关”。围绕服务国家战略，抓好国家重大科技任务攻关。围绕公司绿色低碳转型，抓好关键核心技术攻关。

四是着力深化企业改革。重点在完善体制机制、增强企业活力上下功夫。构建适应新型电力系统的体制机制。打造“两强”“两高”坚强总部。

五是着力抓好安全保供。以建设本质安全型企业为载体，重点做好“两大保障”。保障电力热力安全稳定供应。保障职工人身安全。

六是着力提升党建质量。突出抓好“三个深化”。深化党的创新理论武装。深化党建引领保障。深化落实管党治党责任，营造风清气正良好政治生态。

中国华能将更加紧密团结在以习近平同志为核心的党中央周围，坚持以习近平新时代中国特色社会主义思想为指导，增强“四个意识”、坚定“四个自信”、做到“两个维护”，凝心聚力、埋头苦干，全力奋进领跑中国电力、争创世界一流新征程，在以中国式现代化全面推进中华民族伟大复兴的进程中作出新的更大贡献！

【中国大唐集团有限公司 2023 年工作报告（摘要）】

一、2022 年工作回顾

2022 年，系统各单位、总部各部门以学习宣传贯彻党的二十大精神为主线，坚持以习近平新时代中国特色社会主义思想为指导，坚决落实党中央关于“疫情要防住、经济要稳住、发展要安全”的部署要求，克服疫情反复冲击、电煤量缺价高等方面挑战，坚持稳字当头、稳中求进，统筹推进保供增效、绿色转型、深化改革、科技创新、风险防控、管理提升、党的建设各方面工作，圆满完成全年各项任务。

（一）圆满完成能源电力保供任务

始终心系“国之大者”，统筹保供与增效，圆满完成北京冬奥会冬残奥会、党的二十大、迎峰度夏、迎峰度冬等重大保供任务；深化提质增效，逐季开展劳动竞赛，经营局面稳中向好，在中央企业效益排序中上升了 35 位。加强组织领导，集团公司领导班子例会每周进行调度，经理层每半月进行协调，重点时段、重大保电任务专题部署，抓实抓细各项保供措施。生产经营系统建立横向联动机制，加强电煤、资金等要素保障。各级领导班子加强统筹，基层干部职工奋战一线，确保电力热力稳定供应。集团公司完成发电量 5885 亿 kWh，供热量 30896 万 GJ。坚持保供增效，集团公司及各级负责人积极协调政府部门、煤炭企业、金融机构，推动落实电煤资源、电价热价、财税政策和信贷资金。集团公司符合价格政策的电煤中长期合同兑现率达到 84.2%。集团公司煤电平均上网电价较基准价上浮 24.32%，集团公司争取能源保供特别债、新能源补贴、国有资本经营预算等资金支持，极大地改善了财务状况。深化提质增效，开展负债规模、融资利率“双降”行动，集团公司综合融资成本率较年初下降 0.38 个百分点。

（二）绿色转型取得重要进展

加快绿色低碳转型，组建以来新能源年度开工首次突破千万千瓦，发电装机规模突破 1.7 亿 kW，清洁能源比重较 2020 年提高了 3.71 个百分点。精准授权放权，强化正向激励，优化新能源项目投资管控流程，将项目立项、投资决策、开工等权限分级分类授权区域公司，激发活力，提高效率。出台发展建设专项奖励制度，对发展成果突出的单位给予累进激励和增幅奖励。新能源发展取得新的突破，集团公司获取建设指标和开工规模再创新高。6 家区域公司获取指标超过 200 万 kW。煤电清洁高效发展有序推进，“两个联营”加快落地，4 个新开工项目全部落实煤电联营方案，重点前期项目同步配置了新能源资源。合理控制燃机投产节奏，245.2 万 kW 项目投产发电。

（三）全面深化改革蹄疾步稳

以国企改革三年行动为牵引，蹄疾步稳推进重点领域改革，改革质效和运营效率稳步提升，集团公司在中央发电企业中营业收入利润率、全员劳动生产率增速最快。扎实推进国企改革三年行动高质量收官，在 2021 年完成 70%任务目标基础上，集团公司先后召开 2 次改革领导小组会议和 2 次全系统推进会，制定印发“一台账、两清单”，建立月度推进、区域协作等工作机制，开展专项督导，上半年如期完成三年行动主体任务，到年底 64 项改革任务和 319 项改革举措全部落实到位，中国特色现代企业制度和市场化经营机制不断完善，各级企业“我要改”的氛围更加浓厚，经营发展动力活力不断增强，改革红利不断释放。重点领域专项改革持续深化，改革生产经营、燃料物资采购、煤化工、煤炭体制机制，推进“管办”分离，促进规范运作。物资采购“管办”分离后，监管力度持续加大，处理不良供应商 1322 家，为 2021 年的 5.4 倍；采购周期逐步压降，同比缩短 29 天。调整市场营销体制机制，区域公司实施“统一策略，集中报价”管理模式，促进了现货、零售业务的发展。深化新能源管理体制改革，构建“集中监控、少人值守、区域运维、专业检修”管理模式。

（四）科技创新取得积极成效

系统实施科技创新工程，召开科技创新会议，健全创新体系，强化科研攻关，加快人才队伍建设，提升科技能力。持续完善科技创新“224”体系，组建集团公司科技咨询委员会，健全科技创新决策支撑保障体系。整合内部创新资源，做强两大支柱研究院，在人才引进、薪酬激励等方面赋予更大自主权。完善投入机制，在营业收入保持较快增长的情况下，研发投入强度实现稳步提升。健全科技创新考核评价指标体系和科技奖励办法，有效激发科技人员积极性创造性。加强与怀柔国家实验室等科研机构、装备制造企业合作，构建开放协同的创新体系。加强创新人才保障，出台党委联系服务专家实施办法，评选集团公司首届首席专家、青年科技拔尖人才，营造尊重知识、尊重人才、尊重创造的浓厚氛围。实施卓越工程师培养计划，在中央组织部工程硕博士培养改革中累计获得招生名额 105 人。落实首批优才计划，为集团总部和二级单位本部储备 20 名优秀毕业生，新入职高校毕业生研究生、本科生占比同比分别提高了 7.2 个和 13.9 个百分点。推进内部科技人才共享。加快推进重点技术攻关，西藏扎拉水电关键核心技术在列入国家首台（套）重大技术装备科研项目后，成为集团公司纳入“央企攻坚工程”的首个项目，目前已完成机组关键部件设计制造工艺方案的编制评审等工作。宁夏中卫大规模压缩空气储能工程作为国家“揭榜挂帅”项目，完成了地下硐室详勘报告与初步设计编制等工作。托电多能耦合大基地送出攻关项目纳入“新型电力系统技术创新联盟”攻坚项目，已完成有关架构设计和适配工作。郓城 630℃超超临界机组国家电力示范项目完成新材料使用可行性专家评审。

（五）守住了不发生系统性风险的底线

坚持统筹发展和安全，抓实重大风险防范化解，一些长期困扰生存、发展的问题逐步得到解决。安全生产基础不断夯实，深化“五个突出整治”，消除安全风险隐患 8000 多项。实施安全生产素质提升行动，集中培训领导干部、安监人员、基层班组长 3500 多人。设备可靠性水平明显提升，机组强制非计划停运同比减少 19 台次，14 台机组在全国电力可靠性优胜机组评比中获奖。安全生产态势明显好转，没有发生较大及以上人身设备事故，一般事故同比减少 5 起。煤化工投产十年来首次整体盈利，集团公司结合形势和条件变化，及时调整煤化工脱困振兴思路，确立“锡多克”煤电化一体化发展战略，努力推进债务重组协议调整优化，积极稳妥为煤炭煤化工提供资金支持。克旗煤制气稳定盈利，锡林浩特煤电、多伦煤化工经营局面继续向好，呼伦贝尔化肥实现复产稳产，胜利东二号矿历经曲折复工复产，阜新项目重组盘活迎来新的机遇。煤炭产业经营发展势头持续向好，利润同比增长 28.38%。龙王沟、宝利煤矿分别核增产能 300 万 t/年、180 万 t/年，孔兑沟煤矿基本具备核准条件。

（六）管理提升稳步推进

坚持以深化问题整改为前提，以合规经营为重点，以制度建设为基础，连续两年实施管理提升工程，中央巡视、国家审计整改任务全部完成，“法治央企”建设深入推进，管理水平稳步提升。持续深化中央巡视和国家审计整改，集团公司党组定期调度，有关部门和企业具体推进，对所有问题全面“起底”，深化整改。国家审计揭示问题的整改和追责工作全面完成，根据中央巡视反馈意见梳理形成的 37 项整改任务均已完成。深入开展综合治理专项行动，成立组织机构，召开动员部署会议，建立分片包干机制，促进严查真改，完善各层级制度 134 项。严肃查处违规煤炭贸易问题，召开燃料物资管理提升工作会议暨警示教育大会，以案促改，以案促治。强化审计监督工作，召开审计工作会议，优化总部审计部职能，配强审计中心力量，人员编制扩充至 100 个。加强基层审计力量，规模较大的 20 家二级企业设立了独立的审计部门，基层企业审计岗位实现"应设尽设"，初步构建集中统一、全面覆盖、权威高效的审计监督体系。强化基础管理，完善集团层面规章制度 193 项。制定建设世界一流企业总体方案，推进对标一流管理提升专项行动，评选内部标杆 40 个。推进数字大唐建设，基本完成方案顶层设计。

（七）党建引领保障作用进一步加强

牢固树立"党建工作做实了就是生产力、做强了就是竞争力、做细了就是凝聚力"的意识，全面推进"两年强基、三年提升"工程，有关做法得到中央组织部充分认可，2021 年中央企业党建责任制考评首获 A 级。深入学习宣传贯彻党的二十大精神，集团公司领导班子深入生产基建一线宣讲 21 次，基层领导干部宣讲 1200 多场次。加强思想政治建设，从严规范执行第一议题制度，开展解放思想、"二次创业"大学习大讨论，持续学深悟透习近平新时代中国特色社会主义思想。召开首次思想政治工作会议，加强对内对外宣传工作。坚持抓基层打基础，完善抓党建"五个体系"，推进基层党委规范化、党支部标准化建设，达标率分别达到 100%和 93.7%。开展"党建引领+"项目 2198 个，促进党建与生产经营深度融合。充分发挥群团组织作用，工会系统组织劳动竞赛 1500 多项，推动 173 家企业亮指标、赛贡献，助力提质增效。召开集团公司首次青年工作会议，实施青年精神素养提升工程，引领广大团员青年在高质量发展一线贡献青春力量。全面从严治党深入推进，首次一贯三级召开会议专题部署巡视巡察工作，推进上下联动和全覆盖，完成 8 家二级党委巡视、378 家基层党委巡察。加强重点领域监督，深入整治安全生产、燃料物资等领域"靠企吃企"问题。坚持不懈治"四风"树新风，开展整治形式主义"回头看"和"转变作风、马上就办"主题实践活动，集中排查整改"躺平""看客""蛮干"三种心态。

（八）有效激发干部干事创业的积极性

深入贯彻落实新时代党的组织路线，召开首次组织工作会议，从事业需要和结构优化出发，从长远规划和制度机制抓起，全面加强干部队伍建设，实现干部管理工作常态化规范化，得到干部职工普遍认同，政治生态逐步向善向好，在今年初开展的 2021 年度"一报告两评议"中，党组选人用人满意度、从严监督管理干部满意率分别达到 97.6%和 100%，较上次评议大幅提升。坚持正确选人用人导向，完善制度 20 余项，细化干部选拔任用流程，在所有央企中流程环节最全。坚持事业为上、公平公正，大力培养使用优秀年轻干部，选优配强各级领导人员。坚持严管与厚爱相结合，加强"一把手"和领导班子政治监督、日常监督、专项监督，建立领导人员选拔任用廉洁从业结论性评价及容错纠错机制，严肃纪律，匡正风气。完善干部异地交流保障措施，统筹考虑干部身体健康、家庭困难等实际情况，使干部切实感受到组织温暖和关怀。

二、2023 年工作要求和重点工作

2023 年，是全面贯彻落实党的二十大精神的开局之年，是实施"十四五"规划承上启下的关键之年，也是集团公司"两年打基础、三年促发展"的转折之年。做好 2023 年工作总体要求是：以习近平新时代中国特色社会主义思想为指导，深入贯彻党的二十大精神，认真贯彻中央经济工作会议部署，落实中央企业负责人会议要求，坚持稳中求进、进中提质，完整准确全面贯彻新发展理念，更好统筹发展和安全，集中打好新能源提速增效、煤电提质增效、煤炭煤化工扩能增效、新产业开发拓展"四大攻坚战"，系统推进本质安全、科技创新、数字智慧、管理升级、人才强企、党建提升"六大工程"，着力推进高质量发展，全面实现质的有效提升和量的合理增长，为全面建设社会主义现代化国家开好局、起好步贡献中国大唐力量。

重点做好以下六个方面工作：抓保供增效，巩固经营向好态势；抓转型发展，优化产业结构布局；抓创新驱动，着力塑造发展新优势；抓数字智慧工程，推动实现管理升级；抓对标提升，建设世界一流企业；抓风险防控，坚决守住红线底线。

三、2023 年党建工作任务

坚持党的领导、把好政治方向，加强党的建设、强化引领保障，求真务实、埋头苦干，创造性地开展工作，把各项部署要求转化为高质量发展的实际成效。

一要讲政治，坚定捍卫"两个确立"、坚决做到"两个维护"。全面学习、全面掌握、全面落实党的二十大精神，准确把握党的二十大关于国有企业、能源电力行业改革发展的重大决策部署，学深悟透、弄通做实，始终在思想上政治上行动上同以习近平同志为核心的党中央保持高度一致，始终坚持以习近平新时代中国特色社会主义思想指引方向，不断提高政治判断力、政治领悟力、政治执行力。

二要强党建，更好发挥党建工作对高质量发展的引领保障作用。按照国务院国资委党委关于实施基层组织、书记、党员、活动、制度、培训、保障"七抓"

工程的部署要求，进一步策划好集团公司党建工作“三年提升”行动，持续深入推进抓党建“五个体系”向基层延伸，促进党建与中心工作深度融合，把各级党组织打造成为推动“四大攻坚战”和“六大工程”、做强做优做大“六种电力”、协同发展“六大产业”的战斗堡垒。

三要敢担当，着力提振干事创业精气神。要强化有解思维，面对困难想到的是能办、应该办，一心一意干好工作。要坚持守正创新，努力克服思维惯性和路径依赖，勇于改革创新，敢于打破常规，善于开疆拓土，积极探索防范化解风险、促进提质增效、推动高质量发展的各种实现途径，培养在复杂环境、多重约束下解决结构、质量、效益问题的能力。要提高执行力，增强责任心和事业心。

四要重实干，奋力实现各项任务目标。领导干部在“实”字上要发挥引领带动作用。要察实情，加强调查研究；要重实绩，树牢正确政绩观，力戒浮躁浮夸，力戒形式主义官僚主义；要踏石留印、抓铁有痕，抓一件是一件、干一件成一件；要重品行，带头廉洁自律，自觉接受监督，守住拒腐防变底线；要坚持严管与厚爱相结合，特别是要把“厚爱”真正落到细处实处，调动和保护好他们的积极性、创造性；要关心关爱基层职工，特别是在当前疫情形势下，要对有基础疾病的干部职工给予更多关照，关心职工身体健康。

【中国华电集团有限公司2023年工作报告（摘要）】

一、2022年工作回顾

2022年是党和国家历史上极为重要的一年。中国华电上下坚持以习近平新时代中国特色社会主义思想为指导，认真学习宣传贯彻党的二十大精神，全面贯彻“疫情要防住、经济要稳住、发展要安全”的重要要求，坚决贯彻党中央、国务院决策部署，认真落实上级部委要求，在公司党组的正确领导和董事会的指导支持下，在全体干部员工的共同努力下，积极应对复杂严峻经营发展形势，按照公司“目标不变、措施加码、力度加强”的工作要求，统筹发展和安全，扎实做好能源保供、转型发展、提质增效、改革创新，持续加强党的建设，加快推动高质量发展，各项工作稳中有进、持续向好，超额完成国资委“两利四率”“两增一控三提高”考核目标。全年实现营业收入同比增长9.7%；利润总额同比增长174.9%；净利润同比增长440.4%；资产负债率69.9%；营业收入利润率6.4%，同比提高4.2个百分点；全员劳动生产率118.7万元/人，同比增加26.3万元/人；研发经费投入强度3%，同比提高0.25个百分点。完成发电量同比增长1.42%；供热量4.42亿GJ，同比增长7.93%；煤炭产量5428万t，同比增长1.3%。完成投资同比增长24.8%；新增发电装机容量1204万kW，其中风光电827万kW；发电总装机容量达到1.91亿kW，其中清洁能源装机占比47.2%，同比提高2.8个百分点。供电煤耗291.6g/kWh，同比降低1.2g/kWh。主要工作体现在六个方面：

（一）能源保供彰显担当。认真学习贯彻习近平总书记关于能源保供和安全生产的重要指示批示精神，坚决贯彻党中央、国务院能源保供决策部署，圆满完成党的二十大、全国两会、北京冬奥会、迎峰度夏等重点时段安全稳定和能源保供任务。一是保供工作成效显著。公司党组加强组织领导，全面动员部署，研究制定保供方案，6个安全保供督导小组和8个协调工作专班高效运转，积极克服疫情影响，统筹抓好电力稳发满发、煤炭增产增供，严格执行调度指令，保证设备稳定运行，火电机组非停次数同比减少36台次，明显好于往年，未发生缺煤停机事件。抓好电煤供应，全年累计采购电煤2.31亿t，创历史新高，长协煤占比同比提高20个百分点，不连沟、肖家洼、兴旺煤矿合计核增产能1140万t/年。认真履行供暖责任，河北、华电能源等公司有力保障了7.82亿m^2面积居民安全取暖。积极应对西南地区高温干旱、四川泸定地震和贵州区域严峻保供形势，全力保障电力供应，彰显央企担当。取得能源保供特别债500亿元、国有资本预算42亿元，收到国家发展改革委、能源局、生态环境部和多个地方党委政府的表扬和感谢信180余份，燃料物流、山东、四川、新疆、华电煤业等公司保供工作成效突出。二是安全稳定局面良好。认真落实国家安全生产“十五条硬措施”，制定落实公司五个领域106项重点举措，深入开展安全生产专项整治巩固提升活动，全年未发生较大及以上安全生产事故，电力、科工板块实现人身零事故。坚持标本兼治，全面开展安全隐患大排查大整治，一体推进环保设施、危化品、自建房、水电站和小散远企业等专项治理，强化反违章和煤炭企业治本攻坚，企业本质安全水平进一步提升。加强金上滑坡体监测分析和预警处置，泸定大坝取得国家能源局大坝甲级注册并经受住了泸定6.8级地震考验，狮子坪大坝、G317隐患治理有序推进。完成煤电机组“三改联动”70项，山东邹县7号机组能耗水平、新疆五彩湾1号机组调峰性能大幅优化。加强新能源生产管理，初步构建形成集约高效的新能源生产管理体系，集团公司荣获2020—2021年度全国“安康杯”竞赛活动优秀组织单位。深入宣贯《信访工作条例》，抓好矛盾纠纷排查，巩固历史积案化解成效，营造了和谐稳定良好氛围。三是生态环保不断加强。高标准完成中央生态环保督察涉及问题整改，制定落实公司“十四五”生态环境保护规划，圆满完成重点时段空气质量保障任务，全年未发生较大及以上环保事件。强化生态环保合规管理，完成采煤塌陷区 480hm^2 生态恢复治理。打造生态文明示范工程，西藏 DG 水电站建成投运世界海拔最高的智慧鱼道，金上流域建成国内第一座水电流域生态环保展示馆。坚持先立后破，制订完善碳达峰行动方案，开展碳排放管理提升专项行动，万元产值碳排放较 2020 年下降 12.8%；牵头编制的碳监测技术规范由国家能源局批准实施，填补了行业标准空白。四是疫情防控精准有效。落实国务院联防联控机制疫情防控优化措施，及时优化公司疫情防控方案，完善应急预案，加强对职工的关心关怀，最大限度减少疫情对生产经营影响。积极履行央企社会责任，向新疆、内蒙古、四川、云南、陕西等地捐助 4216 万元支持疫情防控和抗震救灾。

（二）绿色发展加快推进。深入贯彻“四个革命、一个合作”能源安全新战略和碳达峰碳中和目标，紧紧围绕“十四五”规划发展目标，加快推动绿色低碳转型发展。一是结构调整力度加大。坚持高位推动，与辽宁、内蒙古、新疆、甘肃等 9 个地方政府、中石油等 7 家头部企业签署战略合作协议，营造良好发展环境。修订投资管理办法，优化决策流程，加大授放权力度，加快推动绿色发展。全年核准电源项目 5072 万 kW，其中风光电 4642 万 kW，取得风光电建设规模 5311 万 kW，均创出历史最高水平，其中内蒙古、甘肃、新疆、云南、乌江公司取得建设规模指标均超过 200 万 kW。全力推进沙戈荒风光电大基地开发，牵头开发的内蒙古 1200 万 kW、甘肃 1100 万 kW 两个大基地项目获得国家发展改革委批复，通过竞争优选方式取得“疆电外送”三通道新疆负责的新能源基地项目开发权，配套煤电项目已核准并举行开工仪式。加快发展海上风电，积极参与竞配，海南公司取得 60 万 kW 开发权，浙江公司核准 7.5 万 kW。金上直流送出工程已取得国家发展改革委核准，金中龙盘水电站列入国务院扎实稳住经济一揽子政策措施，完成预可研报告审查，江苏赣榆 LNG 接收站项目取得国家核准批复。二是工程建设全面推进。加大力度推进水电、火电、新能源工程建设，全年开工 2825 万 kW，投产 1082 万 kW。聚焦新能源建设，建立新能源发展协调机制，分区域召开新能源建设座谈会和沙戈荒大基地推进会，组建工程建设工作专班，建立开工与投产激励考核机制，全力推进新能源项目建设。全年新能源开工 2625 万 kW，其中新疆、山东、云南公司开工均超 300 万 kW；投产 705 万 kW，开工与投产容量均创历史最高纪录。发电行业首个百万千瓦抽水蓄能项目福建周宁抽蓄电站提前 5 个月实现全容量投产，金沙江上游清洁能源基地首座电站苏洼龙水电站 4 台机组实现高质量投产，新能源大基地青海德令哈、新疆昌吉项目和西藏最大光伏保供项目那曲色尼光伏电站顺利并网发电，湖南平江首台百万千瓦超超临界燃煤发电机组正式投产。广东清远 9F 燃机工程项目荣获中国建筑工程鲁班奖，云南梨园、广州增城项目获评国家优质工程奖，天津军粮城六期、广州万博分布式能源站等项目获评中国电力优质工程奖，福建尤溪汤川风电项目获国家水土保持示范工程。三是国际业务稳妥有序。坚持以“四轮驱动”推动“合力出海”，加快推进国际业务绿色低碳转型，柬埔寨西港项目实现一年双投，华电成为柬埔寨最大的发电运营商。做好印尼占碑项目退出工作，签署 PPA 补充协议，1 号保函成功收回。积极参与南美风光电项目投标，相关工作取得初步进展。印尼巴厘岛电厂圆满完成 G20 峰会保电工作，受到中国驻印尼大使馆表彰。国际业务实现收入 198.5 亿元，利润 38.1 亿元，营业收入利润率 19.2%。四是产业协同不断强化。强化煤电协同，自产动力煤内销率达到 60%，同比提高 18 个百分点，成立工作专班，加快推进合规手续办理。加强产研融合，科工企业开展助力集团新能源高质量发展专项行动，在服务集团公司沙戈荒大基地资源竞配中取得积极成效。深化产融结合，金融板块支持主业融通资金 1292 亿元，同比增长 5.2%；发布《绿色金融行动方案》，全年向系统新能源企业提供资金支持 300 亿元，同比增长 8.8%。发挥产融结合优势，有效利用保险工具，全年为 1000 多家供应商释放近 5 亿元保证金。

（三）提质增效成效明显。紧紧围绕国资委“两利四率”“两增一控三提高”目标要求，出台提质增效 50 条强化措施，全力服务稳定宏观经济大盘，公司净利润同比增幅、国有资本保值增值率、净资产收益率等指标同业对标前列。提质增效工作经验在国资委提质增效专刊和中央企业财务工作会议上交流。华电煤业、资本控股、华电海投、福建公司净利润超 15 亿元。一是市场开拓积极有为。开展首届“电力营销月”活动，有力推动市场营销工作，发电板块年度中长期市场交易电量达 4200 亿 kWh 时，同比增长 34%，售电公司总代理电量 1660 亿 kWh。加强上下协同，推动煤机电价上浮超过 23%，促成金上流域“点对网”消纳和过渡期价格、新疆跨省区特高压送电价格机制落地。积极争取采暖供热优惠政策，工业供热、煤热、气热价格联动落实到位，供热量增幅位列同行前茅。金上、河北、河南、广西公司在争取和落实税收优惠、绿电交易、电价政策等方面取得较好成效。煤炭板块全力降本增效，连续 2 年保持在百亿元以上。科工板块新签集团外合同额 133.7 亿元，同比增长 3.1%。金融板块多措并举推改革、强服务、控风险，实现净利润同比增长 19.3%。二是成本管控持续深入。狠抓燃料成本管控，增长协、调结构、控节奏，入厂标煤单价优于同类型企业平均值 36.6 元/t。持续推进物资集约化采购，创新开展勘察设计、EPC 施工框架招标，上线新能源物资保供系统，积极推进央企优秀商城建设。加强资金精益化管控，境内资金集约“三率”稳定在 90%以上，积极争取低成本金融资金 911 亿元，到位可再生能源补贴 258 亿元。三是资本运作取得突破。高标准完成提高上市公司质量工作方案编制，获国资委通报表扬。华新项目完成股改、辅导验收、上市申报、反馈意见答复和预披露信息更新等工作，推进速度创多项业内纪录。华紫项目完成锦兴能源控股权注入和配套融资，顺利实现项目收口，成功化解上市公司退市风险，开启煤炭资产证券化进程。深化推动常规发电、煤炭、科工等板块优质资产上市培育，抓好非上市资产盈利改善、权属规范等工作。四是风险防范稳健有力。深化“严肃财经纪律、依法合规经营”综合治理专项行动和“七个专项治理”，全面抓好问题整改，有效防范化解各类风险。狠抓负债率管控，高负债企业户数较年初净压降 17.3%。抓好减亏控亏，煤电亏损面同比下降 7.8 个百分点，山东、新疆、乌江、山西等公司扭亏减亏成效较好。高质量完成新疆区域煤电资源整合、清产核资工作。压减法人企业 32 户，超额完成国资委下达目标。盘活低效无效资产增利 14.6 亿元，减免小微企业和个体工商户房租 8251 万元。

（四）创新驱动深入实施。突出创新主体地位，狠抓核心技术攻关，争当原创技术策源地和现代产业链链长。一是技术攻关稳步开展。主动承担国家重大攻关任务，2 项国家发展改革委“揭榜挂帅”项目、5 项“1025”二期攻关项目、3 项工信部人工智能项目成功获批，2 项国家重点研发计划项目通过科技部验收，圆满完成国家发展改革委 AK 项目攻关任务。成立氢能技术研究中心，推进氢能核心材料产线落地投产，自主设计生产制造的首套 1200 标方每小时的碱性电解槽制氢设备和气体扩散层产品成功下线。自主研发的国内首台（套）新型高效穿越式岸桥全球首发，入选国资委中央企业科技创新成果推荐目录。全年累计获得授权专利 2574 项，其中发明专利 295 项，发布集团公司技术标准 13 项。国电南自“一种基于信息融合的智能变电站数据可靠性识别方法”荣获中国专利金奖。二是协同创新走深走实。深化央企联合攻关，集团公司在中央企业创新联合体工作会议上作典型交流。自主研制的国内首套 F 级燃气轮机 TCS 在江苏戚墅堰电厂成功投运，在国内率先实现燃气－蒸汽联合循环发电机组全站控制系统国产化和一体化。自主知识产权 G50 重型燃机在广东清远公司示范应用并网发电。“华电睿”系列电力工控系统累计实现集团内示范推广应用 132 台（套），签订集团外合同近百个，入选国资委“2022 年国有企业数字技术十大典型成果”，攻关团队获评国资委“突出贡献团队”称号。加强协同创新，加入 5G 和高端分析测试仪器两个创新联合体，推进矿山 5G 应用攻关。三是数字赋能持续强化。深入实施数字化转型行动，完成安全可控区域新能源远程集控系统示范项目建设，“燃机智慧运维云平台”入选工信部 2022 年大数据产业发展试点示范项目，“自主可控区块链技术（长安链）与物资采购电商平台的融合研究应用”获得电力创新大奖，2 项成果入选年度物联网“新技术、新产品、新应用”成果，3 家国家首批智能化示范煤矿通过集团公司内部验收。建设数字工程，开发应用“人防＋技防”的工程建设安全管理“天眼”监控系统。

（五）企业改革成果丰硕。决战决胜国企改革三年行动，对照“三个明显成效”抓收官，加强过程管控、考评检查和宣传引导，不断激发企业高质量发展活力。一是改革三年行动圆满收官。紧盯改革三年行动台账和两个重要时间节点，开展改革专项检查和改革实效“回头看”，各项改革任务全面完成。公司获评 2021 年度国资委国企改革三年行动考核 A 级，并被国资委评为公司治理示范企业，关于董事会建设、构建多元激励体系等改革经验在《国企改革三年行动简报》刊发，3 篇改革典型案例入选国企改革三年行动案例集。“科改示范企业”国电南自和“双百企业”江苏公司、华电重工在国资委 2021 年度专项考核评估中均获评标杆或优秀。市场化经营机制进一步健全，经理层成员任期制和契约化管理实现全覆盖，管理人员竞争上岗、末等调整和不胜任退出、新进员工市场化招聘比例均高于央企平均水平。二是建设世界一流加快推进。对照“产品卓越、品牌卓著、创新领先、治理现代”的世界一流企业总要求，制定加快建设世界一流能源企业实施方案，明确 6 个方面 24 项主要任务、85 项重点工作、215 条具体措施。推进对标世界一流管理提升行动，全面完成对标提升重点任务，命名 12 家直属单位、38 家基层企业为争创一流先进企业，命名 19 家直属单位为对标管理提升标杆企业。印发深化“三型三化 551”世界一流财务体系和能力建设的意见、指引和评价标准。三是企业治理管控规范高效。进一步推动直属单位董事会配齐建强，集团公司派出的外部董事专职化比例达到 87.3%，符合条件的 292 户子企业全部实现外部董事占多数。深化法治华电建设，通过案件处置避免或挽回损失 11.35 亿元，公司系统新发案件数量和金额连续实现“双降”。深入开展“合规管理强化年”工作，强化重点领域合规风险排查治理，创新开展一体化管理信息平台试点建设。积极配合国家审计，抓好立行立改，围绕国资监管要求和公司重点工作任务，有效开展各类内部审计监督，审计质效不断提升。

（六）党的建设持续加强。认真学习宣传贯彻党的二十大精神，着力固根基、抓拓展、促融合、塑品牌，以高质量党建引领保障高质量发展。一是迅速兴起学习宣贯党的二十大精神热潮。制定印发《关于深入学习宣传贯彻党的二十大精神的意见》，明确“四抓三聚五推进”总体安排，以及 22 项具体安排。党组书记带头面向公司系统开展宣讲，实现直属单位和基层企业集中宣讲全覆盖。组织 7800 余名党员干部收听收看国资国企系统宣讲报告会，开展“小板凳”宣讲、黄土地“流动喇叭”、新能源工地课堂等特色宣讲活动，编发《团结奋斗 同心共圆中国梦》党的二十大精神专题学习读本，4.8 万余名职工参加全国职工学习二十大精神知识竞赛。二是不断推动党建工作与生产经营深入融合。坚持服务生产经营不偏离，开展党建联建共建、“岗区队”创建、抓党建促乡村振兴系列活动，深入开展党建工作提质增效行动。守正创新构建具有华电特色的思想政治工作五大体系。召开公司人才工作会议，遴选首批“科技创新领军人才”“科技创新青年领军人才”和“华电工匠”。落实国资委促就业工作会议精神，招录毕业生同比增加 32%。组织“聚绿色动能、助双碳目标”劳动竞赛，开展产业工人队伍建设改革提升行动，完成青年精神素养提升试点工作，举办“赓续血脉 逐梦追光”红色档案展、“喜庆二十大 奋进新征程”文艺演出。巩固拓展脱贫攻坚成果，投入帮扶资金 1.6 亿元，选派帮扶干部 105 人。连续 3 年荣登中国 500 最具价值品牌排行榜。三是落实“一岗双责”加强党风廉政建设。持续深化中央巡视整改，优化“两个清单”，完善长效机制，开展两轮内部巡视。深化以案为鉴、以案促治，进一步加强电煤管理和采购等重点领域廉洁风险防控，开展新能源项目、招标采购、火电生产物资管理、煤炭生产运销、法律合规等 5 个专项整治。持之以恒落实中央八项规定精神，毫不松懈纠“四风”树新风。

二、2023 年重点工作安排

2023 年工作总的要求是：以习近平新时代中国特色社会主义思想为指导，全面贯彻落实党的二十大精神和中央经济工作会议部署，认真落实中央企业负责人会议要求，坚持党的全面领导，坚持稳中求进工作总基调，完整、准确、全面贯彻新发展理念，服务构建新发展格局，以高质量发展为首要任务，更加有力保障能源安全，更加突出绿色低碳发展，提振信心，守正创新，开拓进取，扎实做好保供应、调结构、增效益、抓创新、促改革、防风险、强党建，努力做到稳中快进、稳中优进，全面完成年度目标任务，加快建设世界一流能源企业，为全面建设社会主义现代化国家开好局起好步作出积极贡献。

一是深入抓好安全环保，坚决保障能源供应。坚决落实党的二十大和中央经济工作会议关于能源保供的决策部署，勇担能源央企使命，更好统筹发展和安全，全力以赴保发电、保供热、保民生、保稳定。二是深入抓好结构调整，加快推动绿色转型。坚决落实碳达峰碳中和重大战略决策，坚持非化石能源为主的发展方向不动摇，持续优化结构布局，确保发展任务务期必成。三是深入抓好提质增效，全面提升效益水平。认真落实国家稳增长部署要求，紧盯国资委“一利五率”“一增一稳四提升”目标要求，深化提质增效专项行动，确保高质量完成全年经营目标，充分发挥稳增长“顶梁柱”和“压舱石”作用。四是深入抓好创新驱动，着力塑造竞争优势。坚持科技是第一生产力、人才是第一资源、创新是第一动力，突出企业创新主体地位，集聚创新要素，着力打造原创技术策源地和现代产业链链长，服务高水平科技自立自强。五是深入抓好国企改革，加快建设世界一流。落实国资委新一轮国企改革深化提升行动，巩固深化国企改革三年行动成果，加快世界一流企业建设步伐，推动中国特色现代企业制度和市场化经营机制制度化长效化。六是深入抓好党的建设，组织实施“四力四推”党建工程。全面学习贯彻落实党的二十大精神，组织实施“四力四推”党建工程，按照“一年强基础、两年见成效、三年创一流”的步骤，加强过程管理，严格质量控制，使“四力四推”党建工程融入日常、贯穿平常，成为提升党建工作质量的重要载体和有力抓手。

【国家能源投资集团有限责任公司 2023 年工作报告（摘要）】

一、充分肯定 2022 年工作

2022 年是党和国家历史上极为重要的一年。面对复杂多变的环境挑战，国家能源集团以迎接保障和学习宣贯党的二十大为主线，全面贯彻习近平总书记视察宁夏煤制油、榆林化工等重要讲话和重要指示批示精神，坚决贯彻“疫情要防住、经济要稳住、发展要安全”部署要求，积极服务“六稳”“六保”，深入实施“一个目标、三型五化、七个一流”发展战略，突出“稳健、协同、赋能、提质”工作导向，真抓实干、勇毅前行，高质高效完成各项目标任务，保持了稳中有进、进中向好的良好发展态势。集团公司取得年度经营业绩、党建责任制、三年任期、改革三年行动、三项制度改革考核 A 级，董事会考核优秀和任期科技创新突出贡献企业的“五 A 一优一贡献”优秀业绩，在中组部组织的中管企业领导班子任期综合考核评价中获评优秀。世界 500 强排名提升至第 85 位。

一是全面系统深入学习贯彻党的二十大精神，推动习近平总书记重要指示批示精神有效落地。集团全力抓好政治引领、思想凝聚、组织动员，深入开展“建功新时代、迎接二十大”习近平总书记重要指示批示精神再学习再落实再提升主题活动，制定实施意见，提出“八常”理念要求，明确“六个担当”职责使命，广泛开展“五个一批”活动。健全完善落实习近平总书记重要指示批示精神的传达学习、贯彻落实、跟踪督办、报告反馈工作机制，清单化落实贯彻习近平总书记视察榆林化工重要讲话精神的29条举措和278项任务，化工产业2022—2030年系列规划方案及“六大基地”建设全面推进，400万t/年煤制油示范项目通过竣工验收，世界首套5万t级PGA项目建成投产，20万t/年费托蜡项目实现中交，化工品对外贸易大幅增长。连续六年开展“社会主义是干出来的”岗位建功行动，宁煤主题教育基地入选首批100个央企爱国主义教育基地。

二是认真落实“疫情要防住、经济要稳住、发展要安全”的要求，积极助力稳定宏观经济大盘。集团严格落实中央关于疫情防控各项部署，抓实“四方责任”落地，各级疫情防控工作科学部署、指挥有力，系统各单位压实责任、精准施策，保持了生产经营平稳运行、高效运转，重大项目、重点任务按期推进，全系统未发生影响生产经营的聚集性疫情，有力保障了能源安全稳定供应，有力维护了员工身体健康和生命安全。深入实施落实“一揽子”政策29条措施，煤炭企业增产增供、稳价稳市，电力企业应发尽发、满发多发，运输系统协同高效，化工产业量增质升，巩固提升“产运销储用”一体化优势，实现企业经济责任、政治责任、社会责任同向提升。扩大有效投资，集中开工3批40个、总投资超2100亿元优质项目，服务国家战略，积极践行央企社会责任，9县乡村振兴帮扶项目共投入3亿元，连续第5年获得最高等次评价，向四川泸定地震灾区、新疆、内蒙古等抗疫救灾紧急捐赠1.37亿元。全年事故起数、伤亡人数实现“双下降”，安全环保形势总体稳定。

三是坚决扛起能源保供政治责任，充分发挥稳定器压舱石作用。集团大力推动以煤炭保能源安全，自产煤连续15个月保持5000万t水平，核增优质煤炭产能3600万t/年，煤炭销量达到全国的18%，电煤供应量占全国的四分之一。以煤电保电力安全，以不到全国11%的装机贡献了全国14%的发电量，供热总量全国第一。高质量完成党的二十大、两奥等重大活动，迎峰度夏、迎峰度冬等重要时段，东北、川渝等重点区域能源电力保供任务。一体化供应链辐射范围延伸2500km以上。率先模范执行国家煤炭价格政策，带头签约履行电煤中长期合同“3个100%”，为煤电供热企业大幅让利，多次得到国家主管部委的高度评价。

四是加快转型升级，绿色低碳发展持续深化。集团大力推动煤炭清洁高效开发利用，加快推进井工矿数字化建设和露天矿自营化、重载化、低碳化工作，9处国家首批智能化示范煤矿加快建设，2处通过国家验收。高标准投运571万kW先进清洁煤电机组，稳步实施煤电“三改联动”，供电煤耗同比降低1.1g/kWh。大力推动可再生能源规模化多元化发展，牵头开发宁夏腾格里、甘肃巴丹吉林大基地，海上风电、光伏项目竞配成绩突出，全年新能源投资800亿元，较2021年翻一番。玛尔挡水电站大坝填筑完成82%，旭龙水电站及3个抽水蓄能项目合计720万kW水电获得核准，张家口万全综合加氢站助力绿色冬奥。

五是发展规划持续落地，重点区域合作和重点项目开发全面推进。集团动态完善“十四五”发展规划，制定碳达峰行动方案，出台新能源、氢能、新型储能、抽水蓄能等专项规划。加快培育主动发展能力，与河南、福建、新疆、青岛等重点省区市签署战略合作协议。内蒙古、新疆、宁夏、陕西等重点区域发展取得新突破，新街台格庙矿区总规、探矿权分立、产能置换方案获得批复，鹰骏一矿获得核准，签署塔然高勒煤铀开采互不影响和权益保护协议，内蒙古分部实体运作开局良好；稳妥推进宁夏煤业注资，成功并购西部创业，“宁电入湘”新能源基地300万kW光伏复合项目开工，与榆林市政府签署项目合作开发协议。加大境外资源开发合作，扎舒兰煤矿动工建设，中蒙跨境铁路签订协议，境外新能源储备资源超过280万kW。建设“两高一低”工程，印尼爪哇7号、锦界三期获评国家优质工程金奖，宿迁二次再热项目获“詹天佑奖”。

六是改革三年行动圆满收官，创一流和国有资本投资公司改革加快推进。集团高质量完成国企改革三年行动74项任务，得到中央改革办高度评价。在完善公司治理中加强党的领导，子分公司全部落实党委前置审议要求，508家子公司董事会实现应建尽建。完善职位职级、全员绩效考核、薪酬激励三大体系，双百、科改专项改革获评国资委“双标杆、双优秀”。实施“领先、创先、争先、培先、优化”五个世界一流企业创建专项行动，对标世界一流管理提升获国资委考核满分，集团公司与中国神华入选国有企业公司治理示范企业名单。推进专业化整合和资本布局优化，集团控股上市公司总市值显著增长。RISE品牌战略和CE·CE社会责任指标体系成功发布，集团品牌价值同比增长25%，社会责任管理和ESG创新实践成为央企标杆。

七是服务国家战略需求和产业升级，加大关键核心技术攻关。国家煤炭清洁高效利用科研攻关、原创技术策源地建设、国家级科研攻关任务实施成效显著，9项国家重点研发计划项目通过验收，2项获评优秀。世界首次开发验证40MW燃煤锅炉35%比例混氨燃烧技术，国资委1025专项一期任务70MPa氢气压缩机研制成功，煤矿无人巡视工作面、煤直接液化二代技术等技术取得标志性成果，大规模风光互补制–储–输–用氢系统综合示范工程服务冬奥，与怀柔实验室共建的清洁能源研究院揭牌成立。两家企业成为国家级专精特新“小巨人”。全年获授权专利3809件，同比增加45.6%，新获1项中国专利金奖，主导发布3项国际标准，获省（部）级及行业级科技奖励126项。

八是数字化转型持续深化，全产业链赋能成效明显。集团贯彻落实数字化转型行动计划，煤炭产业智能化建设实现“5个100%”，iDCS火电智能控制系统在25家电厂成功运行，新能源“一区域一集控”在16个省区推行。智慧化工新版规划建设指南发布，20个自主研发建设系统整体上线。铁路机车自动驾驶累计开行54万km，装船机全部实现自动化。迭代升级“基石”系统，财务“数智化转型推进年”成效显著，全面建设产业链生态协作平台，煤炭交易网完成新电商平台功能上线。高质量推动集团级集采工作，全年采购金额4119.6亿元，同比增加42.9%。

九是充分发挥监督体系效能，重大风险有效防范。集团积极配合国家审计署经济责任审计，集团总部和58家子分公司自觉接受检查，强化立行立改和分类整改。子分公司审计覆盖率100%，重大投资项目、境外经营投资项目、资金管理机构、金融子企业审计覆盖率100%，审计整改完成率、内控缺陷整改率97%。压降重大法律案件，加快解决历史遗留问题，避免和挽回损失47.4亿元。深入开展“合规管理强化年”工作，建设内控风险合规监督一体化管理体系，高质量完成巡视“回头看”，实现巡察全覆盖。

十是坚持和加强党的全面领导，党建引领保障企业发展作用充分发挥。集团党组坚持不懈用习近平新时代中国特色社会主义思想凝心铸魂，修订完善党建工作责任制和党组织书记抓党建“述评考”等有关制度，推进基层党建创新三年行动，加强党建统领型总部建设，深化“奋进十四五”党员先锋队、示范岗创建，大渡河公司徐博海在地震中坚守岗位的事迹入选“央企十大热搜”。选优配强子分公司领导班子，完成年轻干部工程三年行动，全系统管理人员末等调整和不胜任退出1196人。加强人才建设顶层谋划，推进首席师评聘，毕业生“稳就业”目标任务超额完成，持续深化“一案三查三推进”。查处“四风”问题22件，处理处分28人。高标准开展“总书记在国能的足迹”主题宣传活动，举办“社会主义是干出来的”党建成就展，参与纪录片《人类碳足迹》在联合国教科文组织展映。

二、2023年重点工作

做好2023年工作总的要求：以习近平新时代中国特色社会主义思想为指导，全面系统深入贯彻党的二十大精神，坚持稳中求进工作总基调，完整、准确、全面贯彻新发展理念，加快构建新发展格局，着力推动高质量发展，深入践行“社会主义是干出来的”伟大号召，坚定实施“一个目标、三型五化、七个一流”发展战略，坚定践行能源基石、转型主力、经济标兵、创新先锋、改革中坚、党建示范“六个担当”，坚持稳健增长和可持续发展，统筹推进保安全、保增长、促转型、促改革、强创新、强党建工作，深化落实国有资本投资公司试点改革措施，加快推进世界一流企业建设，全面加强党的领导和从严治企，为扎实推进中国式现代化、全面建设社会主义现代化国家开好局起好步作出积极贡献。

1. 突出抓实安全环保，在维护安全稳定发展格局上展现新作为。坚持以人民为中心的发展思想，更好统筹发展和安全，以新安全格局保障新发展格局。

2. 突出抓实能源保供，在助力能源强国建设上展现新作为。拓展能源保供常态化长效化成果，切实把能源的饭碗牢牢端在自己手里。

3. 突出抓实提质增效，在助力国民经济稳增长上展现新作为。落实国资委“一利五率”考核导向，实现“两增两稳两提一控”预算目标。

4. 突出抓实可持续发展，在落实“双碳”目标任务上展现新作为。坚定绿色低碳发展大方向，加大力度调结构、转方式，集中精力抓好事关全局、利于长远的大项目。

5. 突出抓实世界一流企业建设，在国企改革深化提升中展现新作为。围绕“产品卓越、品牌卓著、创新领先、治理现代”要求，对标提升、分类施策，开创世界一流企业建设新局面。

6. 突出抓实全面从严治党，在坚持党的领导加强党的建设上展现新作为。以学习宣传贯彻党的二十大精神为主线，巩固完善“大党建”工作格局，全面提升党委领导力、支部战斗力、干部执行力，以高质量党建引领保障高质量发展。

【国家电力投资集团有限公司2023年工作报告（摘要）】

一、2022年的工作回顾

2022年，是党和国家历史上极为重要的一年。党的二十大胜利召开，描绘了全面建设社会主义现代化国家的宏伟蓝图。面对复杂多变的国际环境和艰巨繁重的国内改革发展任务，党中央始终坚持“疫情要防住、经济要稳住、发展要安全”，发扬伟大建党精神，带领全党全国各族人民把新时代中国特色社会主义不断推向前进。2022年，国家电投深入学习贯彻二十大精神，坚定不移落实党中央国务院各项决策部署，迎难而上，经营业绩再创新高，新兴产业加快落地，改革创新持续深化，为极不平凡的2022年递交了一份极为重要的答卷。

（一）质量效益指标全面提升。2022 年国家电投新能源发电量继续保持发电集团前列，资产负债率圆满完成国资委降杠杆管控目标，提前完成“十四五”规划的降负债目标。研发投入持续提升，“两利四率”指标顺利实现“两增一控三提高”，圆满完成国资委考核目标和“稳增长”任务。2022 年《财富》世界 500 强企业位列第 260 位，比 2021 年提升 33 位。

（二）创新见效成果突出。突破了一批国内外领先的核心技术，新兴产业创新成效显著，构筑了覆盖源、网、荷、储各环节坚实技术基础，支撑产业创新取得重要突破。构建了氢能制、储、输、加、用全产业链，“氢腾”品牌在北京冬奥会等重要舞台亮相服务。建设了一批国内领先的创新平台，投运国内首个光伏储能实证实验平台，完成首个整年度户外实证和数据发布。打造粤港澳大湾区国家技术创新中心智慧能源分中心、新型电力系统全国重点实验室分室及清洁能源融通创新发展平台。

（三）融合协同成绩斐然。产业上下游协同方面，与合作伙伴共同发力新型储能新赛道，在储能领域形成了新源智储、融和元储等具有较强综合竞争力的品牌。大客户合作方面，与中国融通、中国中铁、辽宁交投合作取得突破；与中铝集团合作绿色铝产业园项目已成功投运，与恒基兆业联合中标公共建筑智慧能源项目。

（四）改革管理硕果累累。圆满完成国企改革三年行动攻坚任务，名列央企系统考核第一，董事会在国资委考评中首次获评“优秀”等级，所属 3 家“双百企业”、2 家“科改示范企业”专项考核成绩均为标杆或优秀。持续完善与国有资本投资公司相适应的组织体系和运作机制，建立用工计划与工资总额联动机制，促进全员劳产率提升。

（五）积极履行央企社会责任。按照习近平总书记“绝不拉闸限电”重要指示，全力以赴做好能源保供工作，切实扛起能源央企社会责任。创新能源保供新模式，大力实施“雪炭行动”，切实发挥保供作用，核能供暖、风电供暖、生物质供暖等项目为各地保电供暖工作提供了绿色转型发展的成功案例。圆满完成了党的二十大、迎峰度夏、迎峰度冬、冬奥会等重大保电工作，保供关键指标优于国家部委考核目标值，得到了国家发展改革委等有关部委和上海、河北等 24 个地方政府的肯定与表扬。面对疫情防控严峻形势，未发生聚集性疫情，勇担疫情防控期的保供职责，为多个城市的正常运营提供了有力支撑。坚决贯彻落实乡村振兴战略，超额完成中央企业定点帮扶工作任务。

（六）党建引领持续加强。认真学习宣传贯彻党的二十大精神，制定学习宣贯方案和培训专项工作方案，党组成员带头深入基层宣讲，带动全系统形成学习宣贯党的二十大精神的浓厚氛围。探索开展立体式多层次全方位党组织联建共建，总部部门（中心）党支部与二级单位党组织全面开展结对共建，区域牵头单位与区域内各单位、与相关政府职能部门定期开展联建共建。以党建协同助推业务协同，解决企业改革发展重大问题，攻坚卡脖子技术难题，助力项目开工落地。党建工作考核连续三年获评 A 档。

二、2023 年重点工作

2023 年是全面贯彻落实党的二十大精神的开局之年、是实施“十四五”规划承前启后的关键之年，集团公司以习近平新时代中国特色社会主义思想为指导，坚持党的全面领导，深入学习贯彻党的二十大和中央经济工作会议精神，坚持稳字当头、稳中求进工作总基调，完整、准确、全面贯彻新发展理念，加快构建新发展格局，围绕国家“3060”目标，深度融入以构建新能源为主体的新型电力系统大变革中，以全面落实“四个转型”为中心，坚持高质量发展，坚持创新驱动，全力保障“2035 一流战略”第二阶段各项目标实现。

（一）贯彻落实好党中央会议精神和决策部署。学习贯彻宣传党的二十大精神，做好党的二十大精神轮训，做好“2035 一流战略”和“十四五”规划优化落地，加快推进世界一流企业建设，重点在构建“光伏+”发展模式、突破关键核心技术上发力，持续向世界一流光伏产业迈进。全面完成党中央提出的稳增长总体要求，高质量完成国资委考核任务和年度经营业绩任务，贯彻党中央关于能源保供的要求，兜牢信访稳定、安全保密底线。

（二）推进以化石能源为主向清洁能源为主转型。做好核能领域开发、建设、运营和专业人才队伍建设，推动核电向核能、核技术利用拓展。加快清洁能源产业布局，推动大基地梯次开发建设，加快海上风电产业布局，完成海上风电开发建设年度任务，推动水电、抽水蓄能和水风光一体化基地开发建设，加快境外清洁能源发展步伐，做好国际合作战略布局和重点项目建设。推动“煤＋煤电＋新能源”多能联营，推动国能生物的转型发展和“减亏扭亏”工作，充分挖掘存量资产价值。

（三）推进传统发电企业向综合智慧能源企业转型。大力发展用户侧综合智慧能源，推动综合智慧零碳电厂和三网融合加快布局，推动“绿能生态”发展，构建绿色生态能源体系，完成省区光伏治沙规划，积极推进示范项目落地。加快“绿能替代及双碳服务”发展，抢抓“绿电转化”机遇，推动大用户绿能替代和资源合作取得实质性突破，全面推动绿色低碳转型，在“一带一路”、中东北非等地区复制推广综合智慧能源项目，促进能源清洁低碳转型。

（四）推进以投资驱动为主向创新驱动为主转

型。推动原创技术策源地及现代产业链链长建设取得阶段性成果，推动科技创新领域实现新突破，加快创新成果应用及示范落地，加快"数字化"发展，通过管理数字化转型，促进管理平台效率提升，做好数据中台、"工业互联网＋安全生产"平台、统一项目管理平台的建设及ERP推广，赋能创新驱动转型，创新探索融投业务模式，持续开展绿色金融创新。

（五）推进传统生产型企业向国有资本投资公司转型。完成国有资本投资公司年度目标，继续深化国企改革三年行动，完成国资委新下达的改革目标任务。持续优化完善企业治理体系，研究法人治理总体措施，推动集团公司系统所属企业完善法人治理结构。通过市值管理与资本运作增加收益，加大资本运作实现"新价值"。推动管理提升和体制机制创新，持续优化JYKJ等管理体系，开展二级单位体系评价，增强JYKJ等体系的穿透力和影响力。

（六）充分发挥党建优势，强化监督职能。发挥党建引领作用，抓好党组工作方法宣贯推广，加强党建联建共建。以党内监督为统领，发挥"大监督"体系优势，推动各类监督贯通协同。夯实安全生产基础，提升质量和环保管理水平，持续夯实安全生产基础。强化重大风险防控，贯彻落实《中央企业合规管理办法》，完善风险管理机制和信息平台，落实防范化解措施，全面提升集团公司风险防控能力。

【中国长江三峡集团有限公司2023年工作报告（摘要）】

一、2022年工作回顾

1. 开足马力多发电、保民生，基础保障功能体现新担当

能源保供坚强有力。圆满完成北京冬奥、迎峰度夏、党的二十大等重要时期电力保供任务。枢纽作用充分发挥。开展2次抗旱补水及1次压咸潮调度，累计补水约56亿m^3，为缓解流域旱情、压制长江口咸潮作出积极贡献。

2. 聚焦"两翼"强主业、稳投资，主要业务板块取得新发展

水电建设成果丰硕。世界最大清洁能源走廊全面建成，白鹤滩水电站全面投产，乌东德水电站荣获"菲迪克工程项目奖"。新能源业务有效拓展。国家首批新能源大基地项目全面开工，我国首个千万千瓦级"沙戈荒"基地先导工程开工。长江大保护扎实推进。注册成立长江管网平台公司，"城市智慧水管家"模式在六安落地见效，推动宜昌完善污水处理费用征收方式，中国三峡集团成为我国首家在联合国生物多样性公约官方平台展示自主承诺的央企。国际业务逆势增长。巴基斯坦卡洛特水电站全面投产发电，三峡国际被国际评级机构授予相当于我国国家主权级的信用评级。能源产业布局持续优化。浙江长龙山抽水蓄能电站全面投产，7个抽水蓄能项目开工，41个项目纳入全国抽水蓄能中长期规划重点实施项目清单。

3. 蹄疾步稳抓改革、强管控，体制机制释放新活力

国企改革三年行动圆满收官。"双百行动""科改示范行动"获得"3标杆1优秀"，开展对标世界一流管理提升行动，深化总部机构和在京直属机构调整改革。内部管理不断加强。完成"严肃财经纪律、依法合规经营"综合治理专项行动，开展三级及以下子企业依法合规经营专项检查。

4. 集聚力量攀高峰、促创新，科技自立自强迈出新步伐

创新平台建设持续深化。长江经济带生态环境国家工程研究中心架构更加完善，海上风电产业链链长合作组织成立。重大创新成果丰硕。全球领先的16MW海上风机、国内首艘深远海海上风电施工船等创新成果竞相涌现。数字化智能化转型稳步实施。启动数字孪生三峡建设，自主可控工控系统在白鹤滩、三峡电厂成功应用。

5. 多措并举降成本、增效益，稳健经营水平实现新提升

降本增效扎实有力。新增债务融资成本率同比下降38个基点，综合债务融资成本率3.48%，创历史新低。电力营销成绩显著。全面加强巨型水电电能消纳，与江苏、浙江就白鹤滩电站电价机制达成共识。资本金融助推有力。"金沙项目重组"完成交割，长江电力荣获2022年"中国上市公司ESG100强"。

6. 持之以恒防风险、除隐患，安全发展基础得到新巩固

全面推进安全生产专项整治三年行动巩固提升和安全生产十五条措施落实，开展安全生产大检查和5个安全专项整治行动，联合交通部开展三峡枢纽水路交通应急演练。

7. 坚定不移强党建、固根基，党建引领作用得到新彰显

思想政治引领不断强化。开展"建功新时代、喜迎二十大"群众性主题实践活动。宣传群团工作精彩纷呈。被人民日报、新华社、央视等主流媒体报道900余篇次。履行社会责任发挥表率作用。在央企总部率先设立社会责任职能部门，荣获第十七届人民企业社会责任奖"乡村振兴奖"。

二、2023年重点工作

精心组织电力生产，强化成本管理，加大投资力度，确保高质量完成年度生产经营任务。精益运行长江干流梯级枢纽，高效推进水电及抽水蓄能项目建设，大力推进新能源发展，稳健开展国际业务，夯实建设

世界一流企业的战略基础。深入推进水系治理，扎实开展探索创新，擦亮建设世界一流企业的生态底色。纵深推进内部改革，全面加强风险管理，激发建设世界一流企业的内生动力。强化创新驱动，大力推进科技攻关，加大创新要素投入保障，提升数字化智能化水平，培育建设世界一流企业的强劲动力。夯实安全生产基础，提升风险防控能力，筑牢建设世界一流企业的发展底线。加强党的建设，深入推进全面从严治党，不断加强干部人才工作，强化建设世界一流企业的政治保证。

（孟友瑞）

【中国电力建设集团有限公司 2023 年工作报告（摘要）】

（一）抢抓机遇应对挑战，经营发展稳中提质

一是运行质量效益显著提升，全年完成新签合同 11266 亿元、营业收入 6708 亿元，同比增长 11.9%、7.8%；实现利润总额 204.4 亿元、净利润 149.8 亿元，同比增长 13.4%、6.5%。二是重大项目履约进展顺利，承担勘测设计和主要建设任务的白鹤滩水电站全部机组投产发电，投资开发的首座百万千瓦级抽水蓄能电站——重庆云阳建全抽水蓄能电站、全球最大商业化漂浮式海上风电项目——中电建海南万宁百万千瓦漂浮式海上风电项目开工建设。全年荣获“国家优质工程金奖”8 项、“国家优质工程奖”14 项、“鲁班奖”7 项，公司品牌熠熠生辉。

（二）全力获取高质量订单，市场营销成果丰硕

一是业务结构不断优化，全年水资源与环境治理业务新签合同 1780 亿元，占比 15.8%；能源电力业务新签合同 5232 亿元，占比 46.4%；城市基础设施业务新签合同 3695 亿元，占比 32.8%。二是订单质量持续提高，新签高质量订单 4466 亿元，同比增长 26%，较 2021 年增加 2 个百分点。获取国内 100 亿元规模以上项目 13 个、50 亿元规模以上项目 34 个。三是国际业务稳中趋优，全年新签合同 2184.46 亿元，同比增长 3.98%。

（三）投资业务扎实开展，结构转型成效初显

一是“水、能、砂”投资业务快速增长，公司城市供水与水处理产能达到 145 万 t/日；获取新能源建设指标项目 156 个，装机规模 2122 万 kW；签署投资开发抽水蓄能项目协议 110 个，装机规模 1.33 亿 kW；绿色砂石资源获取提前实现公司“十四五”规划的 4 亿 t/年产能目标，获取资源总量 83.91 亿 t。二是投资管控力度持续强化，全年完成投资 1427.29 亿元，投资计划完成率 90%，其中“水、能、砂”业务共计完成投资 601.56 亿元，占比 42.15%，较 2021 年提高 22 个百分点；基础设施、房地产业务分别完成投资 478.99 亿元、309.51 亿元，较 2021 年分别下降 28.4%、28.9%。三是海外投资稳健推进，公司首个跨境电力合作项目——老挝芭莱水电站 77 万 kW 项目已具备实质性投资开发条件；在中亚投资的首个新能源项目——哈萨克斯斯坦谢列克风电项目实现投产发电。在中东欧、北非、东南亚等“一带一路”沿线国家储备了一批规模达 100 万 kW 的优质新能源投资项目。

（四）项目管理不断加强，质量效益稳步提升

一是管理机制持续完善，召开项目管理年会，制定《公司国内重大建设项目管理办法》，成立公司重大项目管理委员会，加强重大项目统筹管理。二是分包管理更加规范，建立拥有近 4.3 万家合格承（分）包商的统一库和分包信息公开机制，实现公司系统分包商征信、履约和评级内部共享。三是数字化转型加快推进，发布《公司“投、建、营”数字化建设指导方案》，培育数据驱动的工程全过程数字化服务能力。

（五）资产资本管理有序开展，内外资源不断集聚

一是全要素资产经营深入推进，处置低效无效负效资产，腾挪发展空间，全年完成资产经营 542.49 亿元，完成年度计划的 108.5%。二是资本运作成效显著，“引擎”项目顺利完成，集团公司核心资产实现整体上市，恢复股份公司资本市场再融资功能。“纳川”项目成功定向增发，募集资金 133.96 亿元。“聚能”项目成效初现，新能源业务重组取得阶段成果，股份制改造完成。

（六）深化改革全面推进，活力动力持续释放

一是国企改革三年行动圆满收官，纳入应建范围的 86 家子企业均已实现董事会应建尽建、配齐建强、外部董事占多数，董事会授权管理制度全面建立。分类分层稳妥推进混合所有制改革，3 家子企业纳入国家发展改革委混合所有制改革试点，累计 17 家企业开展科技型企业岗位分红和股权激励。二是对标世界一流提升行动扎实开展，以加强管理体系和管理能力建设为主线，完成对标世界一流提升清单目标，公司“水、能、砂、城”数字化实践入选中央党校国资委分校干部培训教材实践案例。三是“三项制度”改革持续深化，建立任期考核机制，研究制定特别贡献奖实施细则，建立效益贡献“上不封顶”激励机制；对公司全级次约 2600 名经理层成员 100%实施任期制和契约化管理；严格落实“黄牌”警示、“红牌”退出要求，各级领导人员责任意识、危机意识普遍增强，广大干部职工干事创业精气神不断提振。

（七）科技创新持续发力，发展动能更加强劲

一是圆满完成核心技术攻关任务，4 项首批“1025 专项”攻关任务通过验收，获批 5 项第二批攻关任务。主持新能源、水生态和海水淡化等领域 3 项国家重点

研发计划，成功揭榜 1 项国家发展改革委海上风电开发核心攻关任务。二是做实做优高水平研发平台，先后建立西藏自治区水风光储能源技术创新中心、陕西省风光发电与多元储能工程技术研究中心。三是科技人才队伍建设持续完善，发布《科技体制机制改革三年攻坚实施方案》，召开公司人才工作会议，制定实施公司“百千万”科技人才培养工程实施方案，聘任 2 名首席科学家，评聘 25 名首席技术专家。年内 1 人入选国家青年人才计划、3 人入选“大国工匠”、5 人获评全国技术能手，1 家单位获评技能人才培育突出贡献单位。

（八）提质增效扎实开展，经营基础稳步夯实

一是亏损治理深入推进，建立公司领导、高级管理人员治亏包保工作机制，年内全级次亏损子企业户数 295 户，比 2021 年减少 107 户；全级次亏损子企业报表亏损金额 94.6 亿元，较 2021 年增加 1.95 亿元。二是欠款回收有力开展，全年累计回收逾期应收款 45.1 亿元，回收新能源财政补贴 47.8 亿元，累计实现保函替代保证金回款 4.3 亿元。三是融资成本有效降低，加大高成本融资置换力度，外部银行高息贷款置换融资成本同比降低 50～60BP，完成权益融资工具置换发行 397.5 亿元。四是增值税留抵退税成效显著，全年实现留抵退税 98.21 亿元，较 2021 年同期增加 72.6 亿元。

（九）风险防控不断强化，发展成果持续巩固

一是持续筑牢安全生产和疫情防控屏障，年内未发生较大及以上事故，未发生较大设备物资安全责任事故，未发生较大突发环境事件和重大影响节能环保违法违规事件。二是持续防范化解重大风险，累计化解涉 HD 债权风险 11.8 亿元，完成水电三局锡德拉项目、水电十六局珠海机场项目等重大法律纠纷处置。三是持续降低财务资金风险，完善《公司担保管理办法》，融资性担保余额较 2021 年末减少 166.9 亿元。四是持续深化依法合规经营，开展全级次、全领域、全方位合规风险排查，避免和挽回经济损失 4.53 亿元，对经营业务中存在重大合规问题以及整改不力的 70 余人进行责任追究。

（十）党的建设全面加强，政治保障坚决有力

一是政治引领作用充分发挥，以“建功新时代、喜迎二十大”为主题开展习近平总书记重要指示批示精神再学习再落实再提升主题活动，引导党员干部忠诚拥护“两个确立”、坚决做到“两个维护”。认真学习领会贯彻党的二十大精神，坚定不移把党的二十大精神落到实处。二是党建基础工作持续巩固，组织党支部标准化建设验收并开展“回头看”，4074 个党支部标准化验收全部达标。三是全面从严治党作用持续彰显，深入开展境外腐败治理、“靠企吃企”问题整治“回头看”。深化财务资金问题专项治理，强化经营和招标行为监督。围绕重大项目、新建项目探索推进廉洁项目建设，提升“大监督”管理效能。四是总部作风建设全面加强，印发《关于进一步加强公司各级机关党的建设的实施意见》，持续加强公司系统机关党的建设，全面推进各级总部机关转作风、强服务、提效能。

【中国能源建设集团有限公司 2023 年工作报告（摘要）】

一、奋力拼搏迎难而上，企业焕发勃勃生机与强大活力

（一）落实“三要”要求展现担当作为。坚持以最高站位、最强担当、最实举措，全面落实“三要”要求，全力答好“三张”答卷。一是落实“经济要稳住”步伐坚实。全覆盖穿透式开展减亏治亏专项行动，部分长期失管失控项目得到有效管控，部分困难企业亏损势头见底反弹并呈现向好态势，电建企业“三帮扶一转换”工作取得积极成效；承建的白鹤滩水电站、华龙一号示范工程等一批“国之重器”顺利投产投运，全面彰显能建价值与担当。二是落实“疫情要防住”精准科学。坚持人民至上、生命至上，狠抓疫情常态化防控与科学精准防控，最大程度将疫情影响降到最低，最大程度保护职工群众生命安全和身体健康，全年集团上下未发生聚集性疫情。三是落实“发展要安全”底线稳固。刚性落实“十二个到位”要求，扎实开展“234”工程建设、安全大排查大整治等行动，从严守好冬奥会、冬残奥会、党的二十大等重要时期的安全底线，全年未发生较大及以上生产安全事故，安全生产形势总体稳定，安全基座进一步筑牢。

（二）打造“三新”能建呈现良好态势。始终锚定打造“三新”能建平台，系统施策、精准发力、久久为功。一是“三新”理念牢固树立。坚持把打造“三新”能建作为推动《若干意见》和“1466”战略落地的关键一招，持续对新能建系统画像、立体画像、精准画像，进一步丰富内涵、扩展外延、融合创新，不断凝聚起再造高质量发展新能建的强大合力。二是“三新”品牌全面提升。牵头成立“三新联盟”、储能创新联盟、供应链联盟、海外新能源投资联盟“四大联盟”，广泛利用博鳌、东盟、进博会等高端平台，系统发出“三新”能建声音，持续扩大能建“朋友圈”，全力打造能建新形象。三是“三新”发展加速推进。获取风光新能源开发指标超过前五年总和，海外新能源业务同比大幅增长，成功签约乌兹别克斯坦风电场、沙特光伏电站等一批重大项目，新能源主引擎更加强劲；投资建设的广西崇左一体化能源基地、湖北应城压缩空气储能、甘肃兰州氢能产业园、山东枣菏交能融合等一批战略性、示范性、引领性项目有序落地，“三新”

能建建设加速提档升级。

（三）深化“改革三年行动”实现圆满收官。高质量快节奏打好三年行动攻坚战、收官战，圆满完成改革主体任务，改革经验获得国资委通报表扬，并受到新华社等主流媒体广泛宣传。一是持续优化公司治理。实现董事会应建尽建，进一步明晰各治理主体权责边界，全面提升企业治理效能；深入开展“制度建设年”专项行动，围绕“简约、高效、好用、流程化、表单化”，全年制修订各类制度 3900 余项。二是扎实推进适应性组织建设。一手抓重组整合类企业的产权划转、管理关系调整，一手抓新设平台类企业的动态评估、过程纠偏，合力实现改革质量与效率“双提升”。三是狠抓三项制度改革。实现经理层任期制和契约化管理 100%全覆盖，完成对 736 名干部穿透式考核评价，优化调整 312 人次，累计公开招聘 100 余人，2 人入选“国家海外引才计划”，在央企中首创性选拔 115 名优秀年轻干部赴重振发展企业任职，有效激发企业活力。四是深入实施“3+2”激励机制。积极推广岗位分红、超额利润分享、员工持股、项目跟投等激励措施，广大干部员工干事创业激情空前高涨。

（四）推动“三大变革”取得积极进展。一是企业动力变革更加强劲。大力开展科技创新专项行动，全面深化与中国科协战略合作，成立由 33 位院士专家组成的高级技术咨询委员会，建立“揭榜挂帅”“赛马”等机制，在“30・60”系统解决方案、新型电力系统等领域取得一批重大核心技术成果；大力推进“数字能建”建设，“四大数字化平台”建设取得里程碑进展，集团 BIM 中心等数据样板率先落地，“一张网一朵云”数字基座基本建成。二是企业质量变革初见成效。召开首届人才工作会议，系统谋划人才强企新战略新路径；强化资本赋能，加快推进 A 股再融资工作，易普力成功实现分拆上市；抓实抓细综合治理专项行动，开展穿透式检查，及时化解重大风险，全力抓好问题整改，工作成绩与经验受到国资委通报表扬。三是企业效率变革加速提升。扎实开展对标一流提升行动，大力推进基础“334”工程走深走实，科学制定建筑央企首份供应链专项规划，系统编制发布项目管理手册及内部成本定额标准，完成重点投资产业发展模式与竞争策略研究，狠抓投资项目事前算赢、过程管精、全生命周期管控，加强“合规管理强化年”建设，推动依法合规穿透到底，企业科学管理水平大幅提升。

（五）履行“三大责任”筑牢发展保证。一是履行党委主体责任坚决有力。严格执行“第一议题”制度，坚持用习近平新时代中国特色社会主义思想武装头脑、指导实践、推动工作；开展喜迎党的二十大系列主题活动，深入学习二十大精神，做到第一时间收听收看、第一时间学习领会、第一时间宣传贯彻、第一时间部署落实“四个第一”，举办专题轮训班，党委书记带头讲党课，持续营造浓厚氛围；抓好四大特色党建，深化党建“334”工程，扎实开展“六个一”主题行动，各级党组织广结对子 1462 个，开展联学联建 4373 次，相关经验在中组部进行交流；创新企业文化、品牌宣传、群团等工作，公司新媒体指数长期保持央企第一方阵，大党建引领力、凝聚力、创造力显著提升。二是履行纪委监督责任从严务实。驰而不息抓好党风廉政与反腐败工作，创新开展百名纪检干部蹲点、项目监察员等特色活动，坚持以案为鉴、以案促改、以案促治，持续营造风清气正环境；发挥“大监督”合力，扎实开展两轮政治巡视和经济责任审计、重大决策落实等专项监督，从严抓好问题整改“后半篇文章”，切实打通全面从严治党“最后一公里”。三是履行社会责任积极有效。全年累计向四川泸定地震等捐款 3000 余万元，投资建设的广西田西高速公路、陕西镇巴抽水蓄能电站等工程全面助力乡村振兴，对口支援西藏八宿县等援疆援藏工作扎实推进；深入开展“我为群众办实事”主题活动，累计解决各类问题 2600 余项，职工群众的获得感、幸福感、安全感更加充实。

二、锚定目标狠抓落实，全面开创高质量发展与建设世界一流企业的崭新局面

（一）持续筑牢“战略支点”，全力固根基、促升级。“三新”能建作为公司核心战略支点，必须持续深化细化具体化，为公司稳增长、促转型、谋升级夯实牢固基础。

1.“新能源”要扩增量、提质量。

2.“新基建”要深拓展、快突破。

3.“新产业”要明方向、补短板。

（二）持续破解“发展痛点”，全力解难题、稳增长。聚焦国资委“一利五率”考核目标，准确把握指标调整的内在逻辑，重塑业绩考核体系、优化价值实现形式，全力破解制约发展的瓶颈问题，确保实现“一增一稳四提升”。

1. 有效破解“利润增长”问题。重点在“三个有”上求最大增量。

2. 有效破解“资金瓶颈”问题。

3. 有效破解“头部支撑”问题。

（三）持续攻坚“改革焦点”，全力抓关键、求实效。今年要重点围绕增强改革“四性”做文章。

1. 切实增强改革的适应性。

2. 切实增强改革的穿透性。

3. 切实增强改革的实效性。

4. 切实增强改革的针对性。

（四）持续打通“能力堵点”，全力补短板、强弱项。高质量完成“三大任务”，迫切要求我们系统提升“九大能力”。

1. 大力提升战略牵引能力。
2. 大力提升系统经营能力。
3. 大力提升基础管理能力。
4. 大力提升科技创新与数字化能力。
5. 大力提升资本运作能力。
6. 大力提升项目履约能力。
7. 大力提升资源配置能力。
8. 大力提升干部人才队伍综合能力。
9. 大力提升风险防控能力。

（五）持续打造“党建亮点”，全力强引领、显特色。

1. 在构建“大党建强党建”体系上迈出更大步伐。
2. 在打造品牌文化塑造企业形象上展现更大作为。
3. 在广泛调动资源服务战略落地上凝聚更大合力。
4. 在强化监督保障改进工作作风上取得更大实效。

学术团体与行业学协会

【中国电机工程学会】

单位概况 中国电机工程学会（简称电机学会）是由从事电机工程相关领域的科技工作者及有关单位自愿组成并依法登记成立的全国性、学术性、非营利性社会组织，成立于1934年，办事机构设在北京，挂靠国家电网有限公司，接受社团登记管理机关中华人民共和国民政部和业务主管单位中国科学技术协会的监督管理和业务指导。电机学会的最高权力机构是会员代表大会，日常领导机构是理事会和常务理事会，监督机构是监事会。电机学会设有组织、学术、科普、国际合作、编辑、咨询、青年和教育、名词术语、标准、女科技工作者、国际标准化促进、合格评定12个工作委员会，以及覆盖电机工程各个专业领域的56个专业委员会。学会拥有个人会员13万余人，单位会员400余家，33个省（自治区、直辖市）电机（电力）学会是电机学会的单位会员，在国内成立会员中心14个，在海外成立北美会员中心、欧洲会员中心和英国分会。中国电力科学技术奖励工作办公室、国际大电网委员会（CIGRE）中国国家委员会秘书处、国际供电会议组织（CIRED）中国国家委员会秘书处、全国电力安全专家委员会秘书处、中国科协清洁能源学会联合体秘书处、中国工程教育专业认证协会能源动力类专业认证委员会秘书处也设在电机学会。

领导班子

理事长：舒印彪

名誉理事长：郑宝森

副理事长：张智刚、贺锡强、金耀华、王宏志、刘明胜、王良友、米树华、姚强、吴云、高立刚、刘吉臻、郭剑波、林铭山

秘书长：王刚

监事长：欧阳昌裕

服务创新型国家和社会建设 科技奖励方面，组织2022年度电力科学技术奖推荐与评审工作，评选出授奖项目139项，其中一等奖17项、二等奖39项、三等奖83项。

决策咨询方面，承担中国工程院、国家能源局等委托的重大咨询项目14项。完成中国工程院2035全面绿色低碳转型标准化发展战略研究重大项目课题研究；完成国家能源局《防止电力生产事故的二十五项重点要求》修订，组织编制《电力安全重大隐患判定标准》并发布实施；完成国家市场监管总局委托的开展推动锅炉行业高质量发展有关实施方案的完善论证工作；完成中国科协委托的《新型电力系统导论》和《再电气化导论》图书编写工作；组建新型电力系统决策咨询专家团队，入选中国科协首批决策咨询专家团队试点项目。

团体标准方面，全年发布学会标准83项，立项125项，组织开展标准培训、标准宣贯和标准工作交流会，推进统一潮流控制器、柔性直流电网、海上风电直流送出等系列标准编制工作。

国际标准方面，成立IEC国际标准促进中心（南京），举办首届国际标准化（麒麟）大会，启动IEC全球影响力ESG项目，发布“零碳电力系统”标准战略白皮书，完成多能智慧耦合系统、多源固废耦合发电等白皮书编制工作，完成广东省国际标准化人才骨干培训班、南瑞集团国际标准培训班，培训人员200余名。

科技服务方面，完成科技成果评价315项，3063人次专家（其中院士206人次）参与评价活动；积极服务行业科技成果转化，完成科技成果登记470项；完成2022年度电力科技查新机构资质年检与资质确认，发布《电力科技查新技术规范》CSEE标准。

服务科技经济融合方面，组建“科创中国”能源互联网产业科技服务团，以浙江温州、湖州为重点，开展技术对接、科技成果转化服务，编写51项技术问题研发指南，形成53项科技成果产业化方案和评价意见，签署技术开发合同3份，成果转化合同5份。联合举办2022年“科创中国”峰会；与江苏省科协签署服务创新驱动发展战略合作协议；与浙江温州市乐清市人民政府、国网温州供电公司签订产学研深度合作三方战略合作协议；与浙江湖州市吴兴区人民政府签订“中国电机工程学会湖州（吴兴）科技服务站”共建协议。举办电力行业知识产权应用专题讲座。

工程教育认证方面，承担能源动力类专业认证委员会秘书处工作，组织审核85个专业申请材料、24个专业自评报告，开展11个专业现场考查，3个专业持续改进情况报备，完成11个专业认证报告，获得能源动力类专业积极评价。

组织建设 按期召开理事会、常务理事会、监事会、理事会党委会议等，审议和决策学会重大事项。完善工作委员会、专业委员会、省级学会管理体制和运行机制，根据能源电力发展需要对专业委员会布局进行调整，正式组建电力数字孪生应用等6个专业委员会，完成6个专业委员会换届改选，完成14个专业委员会的委员调整工作。

加强办事机构员工队伍建设，优化人员结构，充实员工队伍，完善薪酬和绩效考核制度。加强资金运营管理，深化业财融合，提升服务水平。完善信息化平台建设，编制《中国电机工程学会业务梳理及优化报告》，对综合业务管理平台、学会网站上云迁移、会员管理系统、会议管理系统、论文评审系统、专家库系统等进行优化升级。编印《中国电机工程学会2022年年报》。

青年人才托举工程 通过中国科协项目资助、学

会资金支持、依托单位配套支撑、导师培养指导相结合的方式，开展第八届“青年人才托举工程”项目，共支持青年人才30人，其中中国科协资助3人、学会自筹资金资助6人、与依托单位联合培养资助21人。持续关注历届托举人科研进展，助力青年科技工作者成长成才。

主办期刊 电机学会及各专业委员会主办、联合主办9种学术期刊。《中国电机工程学报》（简称《学报》）连续20年荣获“百种中国杰出学术期刊”称号，为电气工程学科唯一入选期刊，同时连续20年保持学科综合排名第一。《中国电机工程学会电力与能源系统学报（英文）》（简称《CSEE JPES》）2022年成功被EI数据库收录，SCI影响因子6.014，较2021年增长52.7%，在JCR电气与电子工程学科排名进入前50名，保持Q1分区。《学报》《CSEE JPES》《高电压技术》三刊入选中国科协卓越行动计划。《学报》《CSEE JPES》荣获2022年“中国最具国际影响力学术期刊”，《高电压技术》荣获2022年“中国国际影响力优秀学术期刊”。《中国电力》《热力发电》《农村电气化》《农电管理》《电力安全技术》和《大电机技术》等办刊质量提高，为会员搭建交流平台。

学科发展工程 完善学术报告编撰体系和学术研究成果发布制度，编制完成《CSEE 专业发展报告（2021—2022）》和《CSEE 专题技术报告（2022）》，共18篇报告在2022年学术报告发布会上发布。开展“2022 年度电力领域重大科学问题、工程技术难题和产业技术问题”征集工作。向中国科协推荐2项重大科学问题、6项工程技术难题和3项产业技术问题，其中产业技术问题“如何研制大型可变速抽水蓄能机组”入选中国科协2022年度十大产业问题，学会荣获中国科协“重大科技问题难题征集发布——2022年度优秀推荐单位”。

国际学术会议 围绕碳达峰碳中和、构建新型电力系统等主题，在国内组织召开第十届中国国际供电会议（CICED2022）、国际供电会议组织2022年（上海）技术会议、第十四届中美绿色能源论坛、CSEE&IET联合线上学术活动月、第六届能源互联网与能源系统集成国际会议（EI2），参与组织境外召开的第十四届电力系统技术国际会议（PowerCon2022）、第四届可持续电力与能源国际会议（iSPEC2022）、第二十八届电机工程国际会议（ICEE2022）、第5届国际高压直流会议（HVDC2022），为国内外电力科技工作者提供交流和展示平台。

国内主要学术会议 举办以“科技创新支撑新型能源体系构建”为主题的2022年学术年会，同期举办院士专家论坛、学术报告发布会、清洁高效发电技术协作网年会、女工程师论坛等主题活动，院士、专家、科技工作者及高校师生等通过线上或线下方式参会。举办2022年电气工程学院院（校）长论坛、中国电机工程学会第十七届青年学术会议、CCUS（碳捕集利用与封存）助力碳减排机遇和挑战论坛等专题学术交流活动。举办4期“CSEE网络学术报告厅——能源创新青年论坛”。各专业委员会围绕行业热点难点技术问题组织“中国电机工程学会用电侧低压直流系统专业委员会成立大会暨首届用电侧低压直流系统（LVDC）论坛”“中国电机工程学会直流输电与电力电子专业委员会2022年学术年会（第十一届）”等学术交流活动45场，助力能源电力行业科技进步。

两岸交流 以“建设新型电力系统 服务能源转型发展”为主题，与国网福建省电力有限公司、台湾科技产业协会、福建省电机工程学会等在福建省厦门市联合主办2022年海峡两岸能源电力融合发展论坛。通过搭建海峡两岸能源领域民间技术交流的平台，促进两岸能源电力融合发展。

国际组织任职 电机学会理事长舒印彪任国际电工委员会（IEC）主席。电机学会副秘书长范建斌任国际大电网委员会（CIGRE）理事会成员和指导委员会委员、国际供电会议组织（CIRED）理事会成员。推荐31名专家担任CIGRE专业委员会委员及增选委员，推荐42名专家加入CIGRE工作组，推荐1名专家加入CIRED工作组。

国际交往 与国际电工委员会（IEC）、电气电子工程师学会电力与能源分会（IEEE PES）、国际大电网委员会（CIGRE）、国际供电会议组织（CIRED）、英国工程技术学会（IET）等国际组织加强交流合作，创新形式，服务科技外交大局。

支撑IEC主席舒印彪赴美主持召开第86届IEC旧金山大会、参加G20标准峰会等活动，组织国内专家和学者通过线上方式参加CIGRE指导委员会会议、CIRED理事会会议、IEEE PES年会、CIGRE2022大会、CIRED2022波尔图技术会议等。与IET开展国际注册工程师资质认证，2022年组织60余人参加认证，完成认证培训和申请材料审核。继续推进与巴基斯坦、新加坡等国家的双边互认工作，9位学会工程会员与新加坡工程师等效互认。

科普活动 开展活动方面，联合12家理事长/副理事长单位共同开展2022年第五届“电力之光”中国电力科普日活动，打造“1+N+云”的全国联动电力科普盛事，被中国科协评为“2022年全国科普日优秀活动”并入选《2022年全国科普日活动案例精选》。以“科普扶智+产业振兴”模式，在北京、河南两地举办“电力之光”科普下乡暨乡村振兴活动。组织开展“电力之光大讲堂”线上系列科普讲座共10期。电机学会与中国科协科普部、北京广播电视台联合录制

《科普中国 改变世界的30分钟》——《人造太阳 聚能未来》专题节目，节目总播放量达150余万次。

承接中国科协项目方面，完成中国科协“青少年创新素养和科学挑战项目（结构设计类）”和中国科协“2022年度推动实施全民科学素质行动项目——全国学会科普能力提升项目”，在北京市第八中学组织开展2022年“电力之光”青少年电力创新挑战北京八中邀请赛。

科普资源创作传播方面，联合国家电网有限公司编撰出版《绿电与冬奥》科普丛书，对电力科普和冬奥人文知识进行全新呈现。开展2022年“电力之光”优秀电力科普短视频图文推荐工作，推选出科普图文51个、短视频92个，英大传媒投资集团有限公司等三家单位被评为优秀组织单位。

科普建设方面，新认定电力科普教育基地40家，累计认定162家，其中20家电力科普教育基地被中国科协认定为2021—2025年度第一批“全国科普教育基地”，启动开展《电力科普基地建设规范》团体标准制定工作。开展科技志愿服务工作，学会团队注册志愿者110人，其中推荐的“电力三下乡·青春光明行”活动入选中国科协科技志愿服务先进典型。开展科普专家团队建设，新聘任“电力之光”科学传播专家134名，累计聘任691名，其中包含中国科协首席科学传播专家18名。学会获评中国科协“2022年度全国学会科普工作优秀单位”荣誉称号。

表彰举荐优秀科技工作者 完成2022年度电力科学技术人物奖推荐与评审工作，评选出授奖人110名，其中电力科学技术杰出贡献奖10名，电力优秀科技工作者奖50名，电力优秀青年科技人才奖50名。完成2022年“顾毓琇电机工程奖”评审工作，清华大学吴维韩教授获得2022年“顾毓琇电机工程奖”。积极开展第十七届中国青年科技奖、第十八届中国青年女科学家和未来女科学家计划候选人提名推荐工作。

党建强会 学习贯彻党的二十大精神，举办学习贯彻党的二十大精神宣讲报告会。通过专题学习研讨、组织收听收看中国科协、国资委二十大精神宣讲会、专题培训等多种形式，推动二十大精神学习宣贯。

强化创新理论武装方面，落实“第一议题”和中心组学习制度，跟进学习习近平总书记最新重要讲话文章和指示批示精神。开展纪念建党101周年、“旗帜领航当先锋 党建强会促发展”主题党日等活动，充分利用红色资源组织党员赴北大红楼、中国人民抗日战争纪念馆等地开展现场教学。举办弘扬科学家精神专题讲座，引导广大会员爱党爱国、创新创效。

深化“党建+”方面，开展以“科普暖童心，产业助振兴”为主题的“党建+科普”活动、“党建+科技服务”助力地方经济发展活动，推进“党建+乡村振兴”，让“暖心电”助推绿色发展。

党组织建设方面，履行理事会党委委员调整程序，在4个新成立的专业委员会成立党建工作小组，进一步健全学会三级党组织建设。落实民主集中制和“三重一大”决策机制，做到民主决策、科学决策。落实意识形态工作责任制，抓好意识形态阵地建设和管理。

会员服务 加强会员发展与管理，利用会员系统推进会员规范登记，个人会员累计数为128287人，2022年晋升高级会员421人，增选会士8人、外籍会士9人。

开展电气类工程技术人员工程能力评价，受理340人工程会员申请，完成10门精品继续教育课件设计，承办中国—东盟工程师流动圆桌对话活动。

密切与会员的联系，定期发送《动力与电气工程师》（会刊）、《电信息》以及各项活动信息，开展全国科技工作者日系列主题活动，宣传优秀科技工作者典型事迹，向科技工作者代表赠送主题图书、慰问老科技工作者等。完善数字化图书馆建设并推广应用，为会员提供包括期刊、论文、专著、技术报告、科技成果等23万余条数字信息资源，提升学会服务会员能力。

（刘雁斌）

【中国水力发电工程学会】

单位概况 中国水力发电工程学会（简称水电学会）于1980年成立，是由全国水力发电工程科学技术工作者自愿组成并依法登记的全国性非营利学术团体，是国家发展水力发电工程科技事业的重要社会力量，业务主管单位是中国科学技术协会，2018年获评民政部“社会组织评估”4A等级。

截至2022年底，水电学会有个人会员4万余人，团体会员300余个（其中省级水力发电工程学会22个），下设41个分支机构（包括35个专业委员会、2个工作委员会、2个分会、2个境外代表处）。

水电学会主办的期刊有《水力发电学报》《水电站机电技术》《大坝与安全》三个会刊及《水电能源科学》《岩土工程学报》《小水电》，协办《水电与抽水蓄能》。每年编纂出版《中国水力发电年鉴》。

水电学会发起设立了“潘家铮水电科技基金”，截至2022年底本金规模为5004万元，捐资单位67家、个人11名。基金理财收益主要用于学会设立的若干奖项和有关公益事业活动。

水电学会自有奖项包括水力发电科学技术奖（技术发明奖、科技进步奖、创新团队奖）、潘家铮奖、水电英才奖、张光斗优秀青年科技奖（代评）、中国水力发电工程学会青年人才托举工程。

受中国科协等机构委托，水电学会组织中国科学院和中国工程院院士候选人提名推荐、全国优秀科技工作者和科协高层次人才库入库人选推荐、中国工程科技光华成就奖候选人推荐等工作。

领导班子

理事长：张野

常务副理事长兼秘书长：郑声安

副理事长、名誉副理事长：王良友、王永祥、朱跃龙、向海平、刘金焕、李庆江、李程·丹增尼玛、李云、张宁、安洪光、汪小刚、周小能、赵登峰、郝耀辉、侯学众、晏志勇、黄辉、龚和平

监事长：袁柏松

学会建设 2022 年，水电学会电网调峰与抽水蓄能专业委员会改组成立为抽水蓄能行业分会，新成立堆石混凝土坝专业委员会，电力系统自动化专业委员会、水工及水电站建筑物专业委员会、抗震防灾专业委员会、国际河流水电开发生态环境研究工作委员会等 4 个分支机构完成换届，水电控制设备专业委员会名称变更为水电与新能源控制技术专业委员会。修订《中国水力发电工程学会分支机构管理办法》。

编修“三重一大”决策制度、会议制度、党委工作制度、意识形态管理、舆情监管以及科技管理、合同管理、财务管理、专家管理、评奖管理和育才管理等规章制度近 30 项。修订学会事业发展“十四五”规划，编制学术、科普、国际发展等专项规划，制定年度重点工作计划。监事会将监督职责覆盖学会管理会议、重大活动、内部治理和财务管理等各方面。

启动面向秘书处和分支机构的 OA 办公、财务费控报销、学术会议活动等管理系统和应用平台的建设工作，升级优化评奖管理系统。改版升级学会官方网站，打造国内国际窗口和宣传矩阵。

4 月 12 日，2022 年水电学会分支机构和省级学会秘书长工作会议以线下线上相结合的形式召开，37 家分支机构和 21 家省级水电学会有关负责人、秘书长和管理人员共 130 余人参会。

8 月 30 日，召开水电学会九届二次理事会暨 2022 年年中工作会议，水电学会第九届理事会理事和授权代表、会员单位代表、各分支机构和省级水电学会负责人和代表、监事会监事等 210 余人参加会议。

根据工作需要，全年组织召开九届常务理事会议 4 次。

召开了潘家铮水电科技基金四届三次理事会；开展 2022 年度潘家铮水电奖学金评定，奖励来自 20 所高校和科研院的优秀学生 63 名，在浙江大学举办了第十三届潘家铮水电奖学金颁奖仪式。

学术交流 7 月 28 日，水电学会联合中国电力建设集团有限公司主办以“新时代新水电新使命”为主题的 2022 年中国水电发展论坛，中国工程院院士胡春宏、钮新强、张宗亮分别作主旨报告，设置抽水蓄能发展、水风光互补开发与“双碳”两个热门分论坛，当日在线观看直播 150 余万人次。

1 月 14—15 日，水电学会国际河流水电开发生态环境研究工作委员会 2022 年工作总结及 2023 年计划会暨新形势下跨境河流水电开发面临挑战及对策研讨会在北京召开，来自有关部门和行业单位共 50 余名领导、专家和学者参会。

4 月 13 日，水电学会大坝安全专业委员会 2022 年会暨大坝安全风险与应急管理学术交流会以线上线下相结合的形式召开。来自全国 290 多家单位的 700 余位专家和学者参会。

7 月 31 日，水电学会主办的水电流域开发成就与双碳目标下的科学发展论坛在昆明召开，中国工程院院士马洪琪作主旨报告，来自行业有关部门和单位的 130 多名院士、专家、学者参会。

8 月 19 日，水电学会五届二次施工专委会、碾压混凝土筑坝专委会 2022 年年会暨国家水网建设、水生态治理及水利水电施工新技术学术交流会在深圳召开。中国工程院院士任南琪、陈湘生作主旨报告，来自全国行业单位共 130 余位专家学者参会。

8 月 26 日，新能源电力发展高峰论坛以线上线下相结合的形式在福州举行。论坛由福建省科协、水电学会、福州市人民政府联合主办，福建水力和清洁能源发电工程学会承办。来自全国绿色电力能源领域的 1880 余名代表参会。

8 月 30—31 日，水电学会工程检测与物理探测专业委员会在深圳市召开了 2021—2022 年度学术交流会，来自专委会委员及有关单位技术代表共约 150 余人参会。

9 月 3 日，水电学会主办的 2022 中国水电青年科技论坛在昆明召开，中国工程院院士陈厚群作弘扬科学家精神专题报告，来自全国水电和新能源行业 40 余家单位的 150 多名专家学者和青年科技工作者参会，线上观看人数超过 6000 人次。

9 月 15—17 日，水电学会水库专业委员会、水电水利规划设计总院等共同主办的 2022 年全国水库移民政策技术管理论坛暨水利水电工程建设征地移民安置技术交流会在合肥召开。来自有关部门和单位的代表共 160 多人参会。

11 月 18 日，水电学会水工及水电站建筑物专业委员会主办的 2022 年全国水利水电工程埋地钢管学术交流会议在天津召开。来自全国水利水电行业的 500 多名专家、学者参会通过线下线上参会。

11 月 24—25 日，水电学会主办的第八届全国水工抗震防灾学术交流会暨水利水电基础设施抗震安全研讨会在北京召开，中国工程院院士陈厚群、孔宪京，中国科学院院士张楚汉分别作主旨报告。来自全国水利水电抗震防灾专业领域的 60 余家单位共 300 多名领

导、专家和学者通过线下线上参加会议。

11 月 25 日，水电学会贯流式水电站专业委员会第十六次年会暨技术交流会以线上形式召开，专委会委员、委员单位代表及相关专业技术人员近 110 人参会。

12 月 14 日，水电学会继电保护与励磁专委会 2022 年学术年会召开，有关单位共 900 多人参会。

12 月 15 日，水电学会智能与智慧化专业委员会 2022 年学术年会在广州召开，共 600 余人通过线下线上参会。

12 月 30 日，水电学会清洁能源装备冷却技术专业委员会 2022 年年会暨学术研讨会以视频形式召开，中国工程院院士顾国彪、罗安等 140 余名专家和学者参加会议。

水电学会获评中国科协《重要学术会议指南》（2018—2022）优秀组织单位。

举办清洁能源协同开发与生态环保技术转移转化能力提升高级研修班（第二期）。水电学会及国际河流水电开发和生态环境研究、小水电、水电与新能源运行管理等分支机构协助有关部委组织举办中国—非盟能源伙伴关系框架下第一期能力建设培训、中国—东盟清洁能源能力建设计划 2022 交流项目—水电可持续培训、“一带一路”国家清洁能源应对气候变化研修班、“一带一路”小水电开发技术及绿色生态发展研修班、多米尼加清洁能源开发与建设研修班、水库大坝与水电可持续发展及能力建设培训、在印度尼西亚和巴基斯坦推广水光互补发电技术培训等多个援外和国际培训交流活动。继电保护与励磁专业委员会“云课堂”品牌技术讲座培训全年举办 18 期。

国际交流合作

1. 国际学术会议

10 月 19—21 日，由南京水利科学研究院、国际航运协会共同主办的第 10 届内河航运国际学术会议以线上线下相结合方式在江苏南京举行，这也是该会议首次在欧美以外的国家举办。水电学会作为会议合作伙伴组织了大会分会场，水电学会高坝通航工程专业委员会协办有关分论坛。

9 月 14 日，水电学会协办的中欧水资源交流平台——可持续水电政策线上研讨会在南京召开，线上线下共 220 多人参会。

水电学会与南京水利科学研究院共同举办国家外专引智项目系列学术交流活动之“大坝安全与洪水风险管理”线上交流会。小水电专委会协办全球水安全“小水电绿色发展”国际研讨会。国际河流水电开发生态环境研究工作委员会与柬埔寨矿产能源部共同组织召开水电可持续发展与区域低碳转型研讨会。

2. 国际组织任职

2022 年推荐 6 人到有关国际组织任职：中国水力发电工程学会常务副秘书长席浩担任国际水利与环境工程学会（IAHR）中国分会副主任委员；雅砻江流域水电开发有限公司副总经理、水电学会电力系统自动化专业委员会和智能与智慧专业委员会副主任委员何胜明担任国际水电协会（IHA）董事；清华大学水利水电工程系教授、水电学会堆石混凝土坝专业委员会主任委员金峰担任国际大坝委员会（ICOLD）能力建设委员会委员；上海市离心机械研究所有限公司总经理、董事长、水电学会机械疏浚专业委员会委员屈年凯担任世界疏浚协会（WODA）世界水库清淤工作组专家；长江武汉航道工程局教授级高工、水电学会机械疏浚专业委员会委员张群担任世界疏浚协会（WODA）世界水库清淤工作组专家；天津普友机电设备股份有限公司董事长、水电学会机械疏浚专业委员会委员晏青担任世界疏浚协会（WODA）世界水库清淤工作组专家。

3. 国际交往

8 月 23 日，由中国电力建设集团有限公司支撑设立的学会巴基斯坦代表处在伊斯兰堡中国驻巴基斯坦大使馆举行揭牌仪式。中国驻巴基斯坦大使馆公使衔商务参赞谢国祥，巴基斯坦总理特别助理 Zafaruddin Mahmood，巴基斯坦水利电力发展署董事 Javid Latif，中国水力发电工程学会常务副理事长兼秘书长郑声安、海外分会主任委员兼电建国际公司董事长季晓勇，学会常务副秘书长席浩、海外分会秘书长兼电建国际公司咨询吴文豪，电建国际公司副总经理兼欧亚区域总部总经理刘绍泉以及其他巴方政要、智库领袖、各中资企业代表、学会成员等 50 余人参加活动。9 月 8 日，巴基斯坦代表处协办在伊斯兰堡举办的中巴经济走廊电力成就和未来展望研讨会。

9 月 1 日，由中国华电集团有限公司支撑设立的学会柬埔寨代表处揭牌仪式在中国北京和柬埔寨金边以视频连线方式同步举行。中国驻柬埔寨大使馆商务参赞邬国权，中国水力发电工程学会常务副理事长兼秘书长郑声安、常务副秘书长席浩、海外分会秘书长吴文豪，华电海投董事长方正、总经理田立、副总经理周德华，柬埔寨中国商会会长林士强、秘书长赵金辉，以及在柬中资企业代表和学会成员、华电海投和水电学会代表近 40 人参加了揭牌活动。该代表处以华电海外投资有限公司为具体支撑单位，中国华电额勒赛下游水电项目（柬埔寨）有限公司主要负责人为授权代表开展工作。

小水电专业委员会为埃及锡瓦绿洲“光伏＋抽水蓄能”可行性研究报告提供咨询服务。

海外分会代表学会参加联合国气候变化大会第 27 次缔约方会议（COP27）、2022 年世界水电展望——北美的趋势机遇和创新研讨会等并作主题发言。

国际河流水电开发生态环境研究工作委员会受国家能源局委托，走访了老挝能矿部、湄公河委员会、柬埔寨能矿部、泰国能源部、亚洲理工大学等单位，就东盟区域及澜湄流域“水电可持续”合作开展调研与交流；吸纳老挝能矿部能源工业安全司司长、亚洲理工大学副校长加入委员会。

机械疏浚专业委员会 4 名委员作为世界疏浚协会水库清淤专家工作组专家参与编写《水库清淤工作指南》。

堆石混凝土坝专业委员会代表学会参加国际大坝委员会第 27 届大会暨第 90 届年会并作主旨报告；参加教育部“内地与港澳学生交流培优计划”系列讲座、香港力学学会“杰出学者”讲座、美国土木工程师协会大中华分会杰出讲座并进行报告分享。

风险管理专业委员会吸纳香港科技大学教授担任副主任委员，加强与港澳科技交流合作。

推荐入选海智特聘专家 14 人和海智合作机构 2 个，组织遴选国际互认水利水电工程师 49 人，申报的中阿清洁能源培训中心项目列入中国科协“双边科技人文交流合作三年行动计划（2023—2025）”。

协助国家电网有限公司收集整理中俄能源投资合作指南资料，组织翻译 IHA《2022 世界水电现状报告》，每月编辑一期《国际能源电力简讯》。

决策咨询　在国家能源局指导下，水电学会于 2022 年 4 月成立抽水蓄能行业分会。受国家能源局委托，分会建立抽水蓄能行业重大项目建设用地需求和环评需求统计监测体系和工作机制，组织开展抽水蓄能项目业务开展情况和设计施工能力研究，组织编制抽水蓄能高质量发展指导意见，研究中小型分布式抽水蓄能功能定位等并提出推进策略和方案，开展中小型抽水蓄能项目资源调查和项目初步论证并提出建议名单。开展产业链协调工作，组织有关企业召开抽水蓄能装备制造能力研讨会、抽水蓄能设计能力研讨会。《关于加快风光水互补研究与实践助力实现“双碳”目标的科技工作者建议》并获高层批示。受中国科协委托，配合中央广播电视总台北京总站组织专家对《水力发电领域面临的困难问题与对策建议》内参报告开展调研咨询工作。组建了基于智慧能源开发利用的新型电力系统、水电工程智能建设、抽水蓄能发展 3 个中国科协决策咨询专家团队。向中国科协提交《关于我国利用水风光互补实现“碳中和”体制机制的建议》等 5 篇研究建言报告。

受有关部门委托，工程造价专业委员会组织专家为抽蓄电站容量电价核定等提供决策咨询建议；小水电专业委员会参与水利部对小水电安全生产督查和风险隐患排查；大坝安全专业委员会参与国家能源局有关电站大坝安全监管和地震灾害风险隐患排查治理；水能规划及动能经济专业委员会参与几大流域水风光一体化规划研究和编制示范基地规划；水库专业委员会参与国家大中型水利水电工程建设征地补偿和移民安置条例修订；国际河流水电开发和生态环境研究工作委员会开展澜沧江—湄公河流域开发社会环境影响及应对机制研究、与湄公河委员会（MRC）就联合开展湄公河流域综合监测和干旱影响分析研究达成共识。

组建大型清洁能源基地智能管控专业、水风光多能互补专业、抽水蓄能产业、海上风电产业、水电绿色建造技术专业 5 个中国科协“科创中国”科技服务团。申报的“中国电建华东院创新基地”“抽水蓄能与新型储能创新基地”入选首批“科创中国”创新基地。

受会员单位委托，组织开展南水北调西线调水对“四大水电基地”影响研究等 10 多个咨询课题项目。投资专业委员会开展水电站受疫情影响增加投资的专题评估技术咨询、混凝土面板堆石坝专业委员会参与高面板堆石坝变形控制与面板结构适应技术研究、水工及水电站建筑物专业委员会参与超长多级输水发电系统运行可靠性及关键技术研究、工程检测专业委员会参与贵州省重大科研项目“钻孔置入式地下空洞三维扫描技术和成套设备研制”等。

学科发展研究　水电学会抽水蓄能行业分会联合水电水利规划设计总院编写发布了行业首份《抽水蓄能产业发展报告（2021）》。

水电学会组织编撰的《中国电力工业史　水力发电卷》（140 多万字）正式出版。水电学会牵头组织编撰、唐洪武院士担任主编的中国科协双碳系列丛书之《水风光电力互补导论》有序编写。

编撰出版《中国水力发电年鉴》（第 26 卷）。

科普活动　6 月 1 日，在生态环境部、国家能源局指导下，水电学会与水电水利规划设计总院联合举办以“保护生物多样性，共建清洁美丽世界”为主题的迎接 2022 年世界环境日——水电行业鱼类增殖放流联合行动，8 家央企集团、81 座水电站、2000 多名科技工作者和中小学生参与、公众在线收看 20 余万人次、放流鱼类 83 种共 2000 余万尾。

6 月 10 日，在应急管理部、国家能源局指导下，水电学会联合水电水利规划设计总院举办以“科学开发水电，守护江河安澜”为主题的全国科技工作者日活动——水电开发与防灾减灾科普论坛，会上成立由陈祖煜、张宗亮院士领衔的安全应急科普专家团队。

9 月 18 日，水电学会联合河海大学举办全国科普日活动“喜迎二十大，科普向未来”——水电与碳中和科普论坛。中国工程院院士王浩、张宗亮，学会理事长张野，以及水电和新能源行业有关专家学者、河海大学师生共 630 多人参会。

全国科普日期间，水电学会组织会员单位和分支机构开展探访抽水蓄能的奥秘、“核”您一起共享蓝天——核电厂发电原理科普讲座等系列科普活动。

5月25日，水电学会联合中国水利学会开展以“水利水电与碳中和”为主题的“科技志愿 服务基层”线上讲座，超1.34万人次通过线上平台观看。

8月18日，水电学会联合中国水利学会主办水电绿色低碳发展科普论坛暨黄河流域小水电高质量发展论坛，逾1.1万人次线下线上参会。

水电学会组织为天津大学等高校开展“行业专家大讲堂·水电科普进校园”系列科普讲座，开展2022大学生暑期水电社会实践教育活动，在三峡大学等会员单位支持下成立科技志愿服务团队。

水电学会获评2022年度全国学会科普工作优秀单位。

新认定水电科普教育基地22个，依托基地开展丰富多彩的科普活动。

持续做好“中国科协网上会史馆”平台更新，排名升至第1位。

在中国科协“科普中国”平台新开通学会科普号，在科协发布的全国学会科学传播榜单中最高位列月榜第7位、季榜第10位。

与新华网科普频道联合策划制作“《大国水工》科普中国——重大科技成果解读”系列视频，推荐4名专家参与制作水电与双碳方面的访谈宣传视频。

学术期刊 学会会刊《水力发电学报》全年出版12期，共收到论文稿件765篇，录用刊登165篇，印发6000册。已连续七年均有学报论文入选“中国科协优秀科技论文遴选计划”。学报2022年度影响力指数CI值609.347、学科排序5/77，影响因子2.447、学科排序7/77。

联合主办《水电站机电技术》《水电能源科学》《大坝与安全》《岩土工程学报》《小水电》等5种学术期刊。

施工专委会《水利水电施工》、工程造价专委会《可再生能源发电工程造价信息》《水利水电工程造价》、水力机械专委会《水力机械技术》等内刊正常出版。

科技奖励与人才举荐 2022年度“水力发电科学技术奖”共收到行业单位申报的科技成果179项，评出14项一等奖、19项二等奖、32项三等奖，获奖科技人员500多人。升级完善评奖管理系统，修订水电科技奖励办法、专家库管理办法，设立科学技术专家委员会。

评定第七届潘家铮奖，清华大学金峰、长江设计集团有限公司王小毛、中国能源建设集团有限公司周厚贵等3人获奖。

评定第四届水电英才奖，长江设计集团有限公司胡清义、武汉大学水利水电学院陈杰、中国水利水电科学研究院邓刚、中国电建集团华东勘测设计研究院有限公司褚卫江、中国水利水电第十四工程局有限公司刘芳明、南方电网储能股份有限公司工程建设管理分公司刘涛、中国三峡建工（集团）有限公司刘洁、哈尔滨大电机研究所徐用良、中国长江电力股份有限公司张辉、西北农林科技大学陈帝伊获奖。

代评第七届张光斗优秀青年科技奖，中国电建集团昆明勘测设计研究院有限公司朱国金、中国电建集团成都勘测设计研究院有限公司张志伟、清华大学水利系黄杜若获奖。

推荐中国电建集团北京勘测设计研究院有限公司朱家林获得中国科协第一届中国科技青年论坛三等奖。

召开第四届中国水电青年科技论坛，制定青年人才托举工程管理办法和实施细则，全力推进学会青托工程自主开展、科协青托工程申报工作。

评定2022年度潘家铮水电奖学金，联合浙江大学召开第十三届奖学金颁奖仪式。

标准化工作 培育发展团体标准。水电学会联合水电水利规划设计总院推动压缩空气储能技术团标体系建设，启动了《压缩空气储能电站设计规范》等5项相关团标立项编制工作。全年新发布《水利水电工程师能力评价规范》《水生态区划分技术导则》等团标5项，立项和在编《小型水电站无人值守技术规范》等17项。高坝通航工程、信息化、工程造价、水库等专委会参与《水力式升船机设计规范》《水电工程勘察设计费计算标准》《水电厂自动发电控制及自动电压控制技术规范》《水风光储可再生能源综合开发项目技术规范》等几十项行业标准的编制、修订或翻译工作。运行管理、自动化专委会参与编制的国内首个牵头主导的IEC、IEEE双标国际标准《智能水电厂技术导则》草案（FDIS）获全票通过。

科技成果评价 全年组织院士专家完成来自各会员单位不同专业领域的技术成果鉴定和咨询83项，包括高拱坝坝肩特大斜井岩溶综合治理关键技术、乌东德水电站复杂地质特大洞井群安全高效施工技术、高土石坝筑坝材料力学特性与变形控制理论研究及工程实践、半干旱荒漠区光伏电站生态保护修复与资源综合利用关键技术及应用、水电工程钢闸门数字化设计关键技术及系统开发、高面板堆石坝变形控制体系与技术、高承压水头下坝基深覆盖层帷幕补强灌浆可行性研究、大型风电免灌浆装配式超高钢–混组合塔架关键技术及应用、大体积混凝土智能通水温度控制装备与关键技术、大型水电机组绝缘综合智能监测平台研究与应用、智能水力发电关键技术与装备研发及应用、白鹤滩水电站巨型闸门和启闭机关键技术及工程应用、700m级350MW抽水蓄能机组关键技术研究与应用、南水北调超大型泵站群优化调度和远程集控成套关键技术、海外复杂条件TBM输水隧洞安全高效建造关键技术与应用、大体量混凝土白云岩骨料应用关键技术研究等。

党建强会 学习宣传贯彻党的二十大精神。各级党组织集中收看收听党的二十大开幕大会、学习讨论二十大报告。组织收听收看由中央宣讲团成员、中央政策研究室副主任田培炎宣讲的学习贯彻党的二十大精神宣讲报告会。水电学会党委书记、理事长张野线上宣讲党的二十大精神，继电保护与励磁、智能与智慧化等专委会邀请专家在年会上进行宣讲。制定印发学会系统学习宣贯党的二十大精神工作方案。承办中国科协“领航计划”科技人才团结引领项目——学习贯彻党的二十大精神线上培训班。组织开展“喜迎二十大，赞歌颂祖国”主题党日活动。在官网开辟“学习宣传贯彻党的二十大精神”专栏。组织党员干部参观“奋进新时代”主题成就展。

弘扬科学家精神。承接中国科协“创建科学家精神教育培育基地”项目。举办潘家铮院士逝世十周年纪念活动暨潘家铮水电学术论坛。联合清华大学举办中国著名水力发电学家施嘉炀先生诞辰120周年纪念会。《水力发电学报》图文宣传水利水电泰斗张光斗院士“胸怀祖国、情系江河”的科学家精神。邀请陈厚群院士相继在2022中国水电青年科技论坛上作弘扬科学家精神报告、走进会员单位开展“弘扬科学家精神院士与青年朋友谈心”专题活动。邀请中国科学院大学肖尤丹教授作“《科学技术进步法》第二次修订解读和加强科研诚信作风学风建设”专家讲座。

立足党建强会推动党务业务融合发展。制定意识形态管理制度并落实相关工作责任。党委书记、党支部书记和党员领导干部带头讲党课7次。继续承担科协“党建强会计划”项目，筹备举办青年科技工作者学习沙龙。健全党委（支部）第一议题机制，全年召开党委会议11次，组织中心组学习，前置审议把关“三重一大”事项90多项；秘书处党支部完成换届，落实好“三会一课”制度；组织党员干部赴十三陵水库爱国主义教育基地开展主题教育活动。38家分支机构党的工作小组积极发挥基层党组织战斗堡垒作用。

会员服务 会员发展管理和服务进一步优化。修订水电学会《会员管理办法》，对会员管理系统进行改造升级。完成个人会员更新入库，获评中国科协2022年度全国学会会员入库优秀单位。在会员分级管理、丰富会员服务体系和服务产品、服务会员企业科技创新和成果转化、个人会员成长成才和创优争先等方面积极探索新模式。

通过办好水电科技奖培养科技创新人才；通过评定潘家铮奖、水电英才奖、张光斗优秀青年科技奖、潘家铮水电奖金学等，积极组织向中国科协推荐“两院”院士、全国创新争先奖、中国青年科技奖等候选人，打造阶梯型人才培养机制。

水电学会和各分支机构构筑学术交流平台，打造“学术论坛－论文征集－期刊发表”协同联动机制，为科技工作者学术成长和技术进步搭建更加广阔的舞台。

结合会员企业诉求组织开展岗位技术技能培训和有关专业取证人员继续教育培训等。

推荐优秀水电专家在有关国际组织机构任职，扩大中国水电的国际影响和话语权。

主要事件

1.“迎接2022年世界环境日水电行业鱼类增殖放流联合行动”启动

6月1日，由生态环境部和国家能源局指导，水电水利规划设计总院、中国水力发电工程学会联合主办的“迎接2022年世界环境日水电行业鱼类增殖放流联合行动”正式启动。活动以“保护生物多样性，共建清洁美丽世界”为主题，共计83种国家级保护鱼类、流域特有鱼类或重要经济鱼类共2000余万尾鱼被科学放流。

启动仪式之后，主会场举行了放流活动倡议书视频现场签订仪式，水电水利规划设计总院相关负责人发出活动倡议号召，邀请水电行业各单位切实做好生态环境保护工作，形成生态环境友好、山川风光秀美、人水自然和谐的水电开发格局。中国电建、中国华电、中国华能、中国大唐、国家能源集团、国家电投、中国三峡集团、国投集团各自组织分会场并在现场签订了倡议书。

本次活动在各分会场安排了增殖放流现场活动。共设置8个分会场，各分会场结合流域特点和当地条件，组织学生、教师、志愿者和当地有关主管部门共同开展了增殖放流和相关科普活动。当天共放流各种珍稀保护、流域特有和重要经济鱼类950余万尾。

据了解，国内已有100余座水电站独立或多家联合，持续开展鱼类增殖放流，承担了相关珍稀特有鱼类的人工繁殖及保育等科学研究工作，为保护生物多样性发挥了重要作用。本次活动是生态环境部和国家能源局指导下，行业首次倡议的水电与生态环境和谐发展的大型宣传活动，涉及长江、黄河、金沙江、雅砻江、松花江、大渡河等中国主要水电基地。联合放流活动将持续开展，全年计划放流28种国家珍稀保护鱼类、31种流域特有鱼类、24种重要经济鱼类，合计2100余万尾，活动对恢复珍稀特有鱼类资源，保护水生生物多样性，加深社会公众对水电工程环保工作的认识具有重要意义。

2.潘家铮院士逝世十周年纪念活动暨潘家铮水电学术论坛在杭州举办

7月21日，以“传承科学精神 谱写新时代水电华章”为主题的潘家铮院士逝世十周年纪念活动暨潘家铮水电学术论坛在杭州隆重举行。活动由中国水力发电工程学会、国家电网有限公司、中国长江三峡集团有限公司、中国电力建设集团有限公司、浙江大学联合主办，中国电建集团华东勘测设计研究院有限公司、国网新源控股有限公司、雅砻江流域水电开发有限公司、上海勘测设计研究院有限公司、英大传媒投资集团有限公司共同承办，水电水利规划设计总院等协办。

中国科学院院士张楚汉，中国工程院院士马洪琪、陈厚群、胡春宏、王浩、张建云、孔宪京、王超、许唯临、胡亚安、唐洪武，以及来自40多家行业单位的130余名领导、专家和代表通过线上线下出席论坛，12000余人次在线观看论坛直播。

张建云院士等9位专家进行了精彩的学术报告。会上还播放了《永远的潘家铮》视频，进行了《潘家铮全集》电子书发布仪式。与会代表还参观了潘家铮院士生平展。

会前，与会主要领导嘉宾怀着无比崇敬的心情，在潘家铮院士铜像前举行庄重肃穆的缅怀仪式。

3. 2022年中国水电发展论坛暨水电科技奖颁奖典礼在北京召开

7月28日，由中国水力发电工程学会和中国电力建设集团有限公司联合主办的2022年中国水电发展论坛暨水力发电科学技术奖颁奖典礼在北京召开。大会围绕“新时代、新水电、新使命”主题，共襄年度水电盛典，共话水电新成就，共谋水电新发展。中国水力发电学会理事长张野、中国电力建设集团有限公司党委书记、董事长丁焰章分别代表主办方致辞；水利部总工程师仲志余、国家能源局总工程师向海平、国家应急管理部二级巡视员夏君丽出席论坛并作讲话；中国工程院院士钮新强、胡春宏、张宗亮分别作专题演讲报告。

来自全国水利水电行业100余家单位400多名新老水利水电工作者代表通过线下或云端出席会议，超过百万人次通过多个视频直播平台在线收看大会盛况。

中国工程院钮新强院士《乌东德水电站设计创新与实践》、胡春宏院士《水库淤积与优化调度》、张宗亮院士《澜沧江流域绿色能源创新与可持续发展新使命》的主题演讲报告，从不同角度，展现了中国水电行业所开展的积极工作和取得的创新成果。

大会发布了“2021年中国水电十件大事”宣传片；颁发了2021年水力发电科学技术奖、第三届水电英才奖等奖项；举行了“中国水电会旗”交接仪式，2023年论坛将由中国华电集团有限公司与学会共同主办。

大会还开设了抽水蓄能发展、风光互补开发与“双碳”两个分论坛。中国电建集团总工程师周建平、国家电网公司国家电力调试控制中心原总工程师裴哲义分别在相应分论坛作主旨报告，近10位行业知名专家作分论坛特邀报告，合力打造学会高端学术论坛品牌，用思想交锋激荡科技创新智慧火花，以百家争鸣营造学术交流良好氛围，取得了积极成效。

（雷定演）

【中国电力发展促进会】

单位概况　中国电力发展促进会（简称电促会）由原能源部综合计划司、国家计委投资司、国家能源投资公司计划部、中国华能集团计划部于1992年12月联合发起组建。1993年5月21日民政部准予注册登记。2022年，通过民政部4A级全国性社会团体评估。

2022年新成立集成电路专业委员会、区块链专业委员会，分支机构达14家，会员总数达571家，独资运营北京中电创智科技有限公司，主编《中国电力年鉴》，主办中国电力网。

组织机构　下设办公室（科技奖励办公室、招标采购办公室）、人资与财务部、会员部、能源研究中心（标准化管理办公室、成果评价办公室）、《中国电力年鉴》编辑部、北京中电创智科技有限公司，等本部职能部门，分支机构有可再生能源发电分会、核能分会、电力数字化产业委员会、知识产权分会、人工智能与大数据分会、网络安全专业委员会、网络教育培训与人才开发专业委员会、能源物联网分会、智能电气专业委员会、碳达峰碳中和专业委员会、集成电路专业委员会、区块链专业委员会、低碳用能与智能电力专业委员会。

主要工作情况

1. 出台五年发展规划

出台《中国电力发展促进会“十四五”发展规划》。召开宣贯活动，提出发挥专家智库作用、做精做优各类服务品牌、提升协会业务服务能力三项重点任务，明确把电促会建成“具有跨界融合特色，政府信任度、会员依存度、社会认同度、行业知名度高的国内先进行业协会”的目标。

2. 开展智库建设

印发《中国电力发展促进会专家智库管理办法》。征集360位专家，涵盖电力规划发展、人工智能和大数据、能源物联网、碳达峰碳中和、核能工程、电力数字化等专业领域，针对会员需求，开展咨询服务。

3. 打造专业服务新项目

开展电促会科学技术奖评选工作。印发《电促会科学技术奖励办法》，组建奖励委员会，成立奖励委员会办公室；开发科学技术奖申报和评审系统并上线运行；共计申报成果380项，评选出获奖成果97项。

开展电力数字化转型的标准化建设与服务。组建能源物联网标委会、碳达峰碳中和标委会、核工业标委会，开展《团体标准管理办法（试行）》《专业标准化技术委员会工作条例（试行）》宣贯工作。对《电力企业数字化转型成熟度评价指南》《核电厂交互式电子技术手册（IETM）》《分布式光伏碳排资产聚合开发数据核算方法》等27项团体标准立项公示。

开展电力新技术成果评价工作。印发《中国电力发展促进会电力新科技成果评价管理暂行办法》和工作细则，成立成果评价办公室，研究成果评价信息管理系统，为华电电科院等单位提供成果评价服务。

4. 拓展品牌服务内容

《中国电力年鉴》上线年鉴投稿系统，成立年鉴专家委员会，承接企业史志编撰工作。

中国电力网增加网站栏目，流量较2021年增长50%，开通电力网视频号，开展直播30余场。

品牌论坛成行业交流重要平台。第九届中国电力规划发展论坛、第七届电力大数据与人工智能论坛采用线上线下结合方式召开，与阿里云联合主办“2022云栖大会云上新型电力系统电力峰会”。与中国工业经济联合会合作组织召开“2022年工业互联网融合创新应用·行业推广行动”，征集电力行业工业互联网融合创新应用案例60余项，遴选出电力行业十大典型优秀案例。联合《电力大数据》杂志，征集人工智能与大数据论文159篇，评选出优秀论文66篇。

5. 夯实协会发展基础

开展会员标识与档案建设。召开第四届理事会第六次会议，成立电促会换届筹备工作领导小组。

制定并印发《电促会会长（常务副会长）办公会议议事规则》《采购管理办法》《合同管理办法》《合规管理办法》《国内公务接待管理规定》《办公用房管理办法》《会议管理办法》《投资管理办法》等多个管理办法。

6. 加强分支机构建设

可再生能源发电分会开展风电、储能、氢能等技术培训直播6场，收看超12000人次；申报《垃圾发电厂垃圾仓系统运营规程》等4项标准。

核能分会完成秘书处挂靠单位变更，发布四期《天然铀价格预测报告》，向国家能源局呈报建议函2次，举办4场专业性研讨会；组建电促会核能标准委员会；每月编辑出版《核能观察》。

电力数字化产业委员会筹建专家委员会；更新会员服务手册、宣传材料；开展会员标识管理、会员服务台账管理。

知识产权分会推荐的3项成果中的两项获第二十三届中国专利奖优秀奖，推荐获奖率67%；承办中关村“火花”活动－国网智研院大中小企业融通发展平台科技成果线上推介会。

人工智能与大数据分会成立新型产品服务、新型数字技术和行业应用赋能三个工作组；参与信标委大数据标准、《大数据核心产品基准研究报告》编制；策划人工智能与大数据优秀案例评选。

网络安全专委会开展2022年优秀论文征集工作、2022年“闪电杯”能源行业网络安全实践案例与应用场景征集及评优工作；组织会员单位对接软件测评项目。

网络教育培训与人才开发专委会推进培训教育资源开发，深化证书推广应用；规范开展网络培训项目实施，宣贯相关技术标准。

能源物联网分会组建能源物联网标委会，开展风电、光伏领域的数据模型及数字技术标准的编制，与全国信标委共同主编的《能源物联网白皮书》。

召开“智能电气专委会平台与生态建设”主题交流会。

低碳用能与智能电力专委会联合主办“2022综合智慧能源大会暨优秀项目案例发布会”，参加世界清洁能源大会等多个论坛会议；与中国金融信息中心、中国电子电路行业协会等单位达成合作意向。

碳达峰碳中和专委会完善会员画像体系，成立双碳标委会，申报17项团体标准申请，组织双碳标准立项评审；举办“双碳”主题论坛，直播观看达4651人次。

集成电路专委会研讨电力芯片创新应用平台建设、谋划揭榜挂帅等赛马机制建设。

区块链专委会、智能电气专委会筹备分会成立大会，着手进一步发展会员。

【中国电力建设企业协会】

单位概况 中国电力建设企业协会（简称中电建协）成立于1989年，是由全国电力建设行业及开展电力行业相关业务的企事业单位、科研院校、行业组织与机构及个人自愿结成的全国性、行业性社会团体，至今已历经八届理事会。中电建协的登记管理机关是民政部，党建工作机构是国务院国资委党委。

2022年12月20日完成换届，选举产生以王思强为会长的第八届理事会。截至2022年底，共有会员单位1109家，会长单位1家，副会长单位14家［国家电网有限公司、中国南方电网有限责任公司、中国华能集团有限公司、中国大唐集团有限公司、中国华电集团有限公司、国家电力投资集团有限公司、国家能源投资集团有限责任公司、哈尔滨电气集团有限公司、中国东方电气集团有限公司、中国电力建设集团（股份）有限公司、中国能源建设集团（股份）有限公司、中国安能建设集团有限公司、上海电气集团股份有限公司、内蒙古电力（集团）有限责任公司］。

领导班子

1. 理事会

会长：王思强

常务副会长：王军

副会长：潘敬东（国家电网有限公司党组成员、副总经理）、张文峰（中国南方电网有限责任公司党组成员、副总经理）、樊启祥（中国华能集团有限公司党组成员、副总经理）、彭勇（中国大唐集团有限公司党组成员、副总经理）、王绪祥（中国华电集团有限公司党组成员、副总经理）、徐树彪（国家电力投资集团有限公司党组成员、副总经理）、贾彦兵（国家能源投资集团有限责任公司国电电力董事、总经理、党委副书记）、沈同（哈尔滨电气集团有限公司党委常委、副总经理）、李忠军（中国东方电气集团有限公司党组成员、副总经理）、张满平［中国能源建设集团（股份）有限公司总工程师］、李岳军［中国电力建设集团（股份）有限公司电建新能源公司党委书记、副董事长］、郭建和（中国安能建设集团有限公司党委常委、副总经理）、陈干锦（上海电气集团股份有限公司党委常委、副总裁）、梁景坤［内蒙古电力（集团）有限责任公司副总经理］、尹松（驻会）

秘书长：祝慧萍

副秘书长：白林杰

2. 监事会

监事长：张宁

监事：田晓清、葛泽军

组织机构 中电建协的最高权力机构为会员代表大会，设理事会、常务理事会和监事会。本部常设 6 个职能部门和 1 个办公室：综合部、会员与国际合作部、发展策划部、行业部、技术部、培训部和专家管理委员会办公室；下设 9 个分支机构：火电施工专业委员会、送变电施工专业委员会、水电施工分会、电力监理咨询专业委员会、电力工程调试专业委员会、施工机械专业委员会、绝热耐火防腐分会、风电工程分会、数字化转型协同创新分会；15 个工作委员会：党建共建工作委员会、标准工作委员会、行业统计工作委员会、信用评价工作委员会、行业自律工作委员会、能力评价工作委员会、科技创新工作委员会、质量提升工作委员会、安全技术工作委员会、数字化转型工作委员会、绿色建造工作委员会、电力装备工作委员会、绿色金融工作委员会、职工健康工作委员会、ESG 工作委员会，基本形成覆盖电力建设各领域、全产业链的专业化、体系化服务网络。

主要工作情况

（1）组织召开中国电力建设企业协会第八届会员代表大会暨第八届理事会第一次会议，大会表决通过多项报告、办法、议案、通报，选举产生以王思强为理事会会长的新一届领导集体，提出“奋力建设具有中国电力建设特色的一流行业协会”的发展目标。

（2）组织开展“喜迎二十大，电力建设行业基层党建创优典型案例征集宣传推广”活动，共评审产生最佳案例 48 个、优秀案例 61 个、案例组织工作先进单位 3 家；组织开展“非凡十年·中国电力工程屡创世界之最”推荐活动，展现中国电力建设行业锐意进取、砥砺奋进取得的非凡成就。

（3）当选“新能源、新基建、新产业”联盟副理事长单位，“三新”联盟由联合新能源及基础设施领域相关单位、社团组织、科研院所等 242 家单位组建而成；承担国资委“中央建筑企业数字化转型协同创新平台”秘书处工作，成立数字化转型协同创新分会。

（4）组织召开新闻发布会发布《中国电力建设行业年度发展报告（2022）》；启动“中国电力建设发展指数”“中国清洁能源发展景气指数”课题研究；组织开展“电力建设行业低碳发展路径”研究工作，完成《电力建设行业低碳发展路径研究报告》。

（5）组织开展“电力建设绿色低碳发展论文征集评选活动”，收到论文 42 篇，共评选出一、二、三等优秀论文 16 篇；组织开展电力建设智慧工地管理成果征集评选工作，共征集成果 144 项，评选出一、二、三等和微创新成果 93 项；组织召开首届中国电力建设数字经济发展论坛暨 2021 年中国电力建设统计工作会议。

（6）按照国家能源局安全司的要求，完善电力建设施工安全监管平台顶层设计、拓扑图与管理办法；完成电力建设（火电、输变电）工程智慧工地平台和电力建设决策参考平台建设；开发建设电力施工产业工人信息管理平台。

（7）向中国施工企业管理协会推荐的 20 项电力工程获得国家优质工程奖，其中“乌东德电站送电广东广西特高压多端直流示范工程”等 6 项电力工程获得国家优质工程金奖，其他 14 项获得国家优质工程奖；向中国建筑业协会推荐的“金山 500kV 变电站新建工程”等 3 项电力工程获得中国建设工程鲁班奖；向中国安装协会推荐的“廊坊大城 500kV 输变电工程”等 35 项电力工程获得中国安装工程优质奖（中国安装之星）；向中国土木工程学会推荐“舟山 500kV 联网输变电工程”等 3 项电力工程参加第二十届第一批中国土木工程詹天佑奖评选。

（8）组织开展电力建设科学技术进步奖评审工作，317 项成果获得 2022 年度电力建设科学技术进步奖，其中一等奖 23 项、二等奖 99 项、三等奖 195 项；组织开展中国电力优质工程申报评审工作，共公布中国电力优质工程 76 项、中国电力中小型优质工程 41 项；组织专家对 386 项申报工法进行形式审查、网络审查及打分、评委投票表决，公示公布 212 项电力建设工法。

（9）组织推荐参评第二十三届中国专利奖，中国电力科学研究院等公司的“一种全屏蔽高压隔离型电压互感器”专利成果获国家知识产权局第二十三届中国专利金奖；中国电建集团华东勘测设计研究院有限公司“能自动适应堰体变形的复合土工膜防渗结构及施工方法”的专利成果获第二十三届中国专利优秀奖。

（10）首次组织电力建设企业参加2022年日内瓦国际发明展览会，推荐的16项电力发明成果项目获1项特别嘉许金奖、8项金奖、7项银奖，获金奖率达56.25%。

（11）组织2022年火电标委会年会暨标准审查会，进行标准复审、标准体系修订和维护、标准审查和表决等工作；作为火电标委会秘书处挂靠单位，分析梳理归口管理72项标准（3国标、56行标、13团标），召开标准制修订各阶段会议50余次，参会专家190余人次，共有80多家基层单位参与编写和修订，参编人员500余人次。

（12）组织开展关键技术成果评价工作，召开76场关键技术成果评价会议，聘请资深专家1005人次参加预审及会议评价，完成75项关键技术成果的评价工作（其中国际领先6项，国际先进9项，国内领先33项，国内先进28项）。

（13）组织专家开展电力工程调试、监理、质量评价从业人员参培资料审核工作，共计8998人次；电力工程从业人员网络培训及网络直播授课，累计完成5956人。

【中国电力规划设计协会】

单位概况 中国电力规划设计协会成立于1985年。1999年按照电力体制改革要求，从电力规划总院分立、独立运行。1985年至2002年历经原水利电力部、电力部、经贸委、国家电力公司的领导管理，2002—2011年由中国电力工程顾问集团公司领导管理，2011年协会在国务院国资委和中国电力建设集团、中国能源建设集团领导下，秉持“提供服务、反映诉求、规范行为、和谐发展”理念，以提高电力勘测设计水平和行业数字化发展为己任，集合力量做成了注册电气工程师执业制度、中国电力设计标准国际化工作等众多引领行业发展大事。截至2022年底，拥有会员392家，其中理事87、常务理事35。设立中国电力规划设计协会秘书处党支部，现有正式党员16人，预备党员1人。

组织机构 下设5个分支（代表）机构及15个专家委员会：供用电设计分会、勘测分会、投融资分会、经营管理研究委员会、质量管理研究委员会；机务专委会、数字化专委会、党建与企业文化专委会等。

主要工作情况

1. 加强与行业主管部委的联系

（1）主动与住建部对接，做好行业资质标准改革相关工作，及时汇总反馈行业有关资质标准修订的意见建议，专门召集专家认真研讨，提出电力行业主要人员配备表与规模划分表等相关内容。

（2）落实国家能源局有关工作要求，向会员单位征询《社会信用体系建设法》《电力行业公共信用综合评价标准》等法规的意见，组织行业专家研读并汇总上报修改建议。

（3）参与国家能源局直流系统安全风险管控专班，完成组织行业专家编写宣贯材料等相关工作。

（4）继续做好2022年度注册电气工程师考务和注册工作，受理14748人次的申请注册、更改等服务工作。

（5）配合中国勘察设计协会完成列入国家奖励目录的“优秀勘察设计奖——工业奖”首次评选工作，为行业评优工作建起政策支撑通道。配合中国工程咨询协会完成电力行业专家遴选推荐工作。

（6）联合其他行业协会向国家市场监督管理总局特设局反映压力管道设计审批人员取证考试工作相关问题，多项改进建议获得书面回复。

2. 用心做好传统品牌服务项目

（1）在评优推优方面。组织年度电力、水电行业“四优”评选，邀请326名专家对863个申报项目进行了初评、终评，共评出一等奖103项、二等奖142项、三等奖217项。组织年度电力、水电行业优秀工程咨询成果奖评选，邀请225名专家对821个申报项目进行了评审，共评出一等奖73项、二等奖134项、三等奖227项。组织2022年度电力工程科技进步奖评审，邀请77名专家对135个申报项目进行了专业评审，共评出一等奖10项、二等奖21项、三等奖34项。组织2022年优秀勘察设计奖（工业奖）电力工业设计项目申报和评审，邀请了25名专家对367个申报项目进行了初评。经中国勘察设计协会组织终评，最终23个项目获得一等奖，42个项目获得二等奖，56个项目获得三等奖。组织行业优秀QC活动小组成果评选，从82家单位297项发布成果中，评选出行业一、二、三等奖共计213项。推荐前40名参评电力行业、推荐全部一等奖43项参评中国勘察设计协会有关成果评选工作。

（2）在标准管理方面。编制发布2022年行业标准有效版本清单（13977条）和国际电力工程标准有效版本清单（56个国家国/地区16406条），向会员推送电子版。发布《2022年电力勘测设计行业标准设计制（修）订项目计划》，总计8个标准设计在编。

（3）组织召开标准化专业委员会主任委员会议，统一协会团标发展及工作管理思路。发布《2022年协会团体标准制（修）订项目计划》，新立项28项标准，在编标准共计92项。利用平台全文公开已出版28项团体标准，实现了标准数字化。组织召开数字化专委会工作会，成立微软软件集中采购工作组，推进集采工作。召开行业信息化大会，发布了《电力勘测设计行业"十四五"信息化/数字化工作指导意见》。

（4）组织召开团标编写培训交流会，宣讲了标准编写规则的重要内容，交流了编写中常见问题及注意事项。按照团标补助制度，给予18家会员36项团标共计164万补助。组织《电力工程数字化产品技术规范 输变电部分》宣贯、培训工作。组织编制《电力建设项目工程总承包管理规范实施指南》。

3. 竞赛评审方面

积极筹备、举办第五届中国电力数字工程（EIM）大赛活动，29个设计单位的56个参赛作品参加初赛，16个作品入围决赛。

（1）组织专家对34家会员申报信用等级资信材料进行评审，现场复核1家单位，线上复核1家单位，最终25家获得3A、9家获得2A，及时上传国家能源局"信用能源"网站。协助安排对86家会员的三标认证审核工作，协调行业专家335人次参加外审活动。

（2）全年完成18个会员单位35个软件线上评审，并印发证书。

（3）全年共接收22家会员单位提交了的76项科技成果鉴定申请。对申请材料满足评审要求的成果先后组织会员单位、科研单位、高等院校的专家、教授、全国工程勘察设计大师以及两院院士共约90人次，组织召开11场鉴定会，完成70项成果的鉴定工作。

4. 特色服务方面

汇总分析174家会员填报的统计信息，发布2021年度行业统计年报分析报告和省级及以上单位、水电设计单位、供用电设计单位统计年报和同业对标标杆指标汇总信息。

（1）完成年度电网、新能源、发电、国际业务和非传统业务等5个市场开发交流研讨会，为12批次市场招标做好咨询服务工作。

（2）以线上会议形式组织召开沈阳院数字档案馆验收评审会，并根据线上会议特点调整评审流程和重点工作环节，加强与评审专家及申报单位的提前沟通，沈阳院被评为数字档案馆达标单位。

（3）根据会员需求，与保险公司沟通协调，新增勘察责任保险险种，完成44家会员工程责任险投保工作。

5. 加强人才、文化等软实力建设

（1）在人才服务方面。组织电力行业申报全国勘察设计大师人才库遴选工作会，经中国电力规划设计协会技术委员会评议和实名制投票、公示，评选出30名"电力勘测设计大师"。

（2）组织电力工程行业项目经理资格评价工作，共有27家会员企业的534人参加申报，经评审，共有120人拟获得SPM资格，140人拟获得PM资格，公示后进行公布，并颁发资格证书。

（3）建成国网人才交流中心职称评定通道，共有申报初级职称57人，中级职称8人，副高级职称10人，为会员解决部分受身份限制人员的职称评定问题。

（4）在专业培训方面。为应对疫情常态化的防控要求，专门开通线上网络免费培训课程，举办电站消防设计等2期公开课，线上参与多达上千人。

（5）为满足会员单位的压力管道设计审批人员的换证需求，将行业压力管道设计审批人员换证培训班改为线上网络培训，全年开展5期培训，共有30余家会员单位的417名设计审批人员参加了培训取证。

（6）在行业宣传方面。《电力勘测设计》出刊正刊12期，《电力设计信息》出刊24期，《电力工程财务与审计》出刊5期，协会网站、微信公众号推荐信息1900余条。

（7）在史志工作方面。在行业启动《中国电力勘测设计史（2001—2021）卷》编纂工作，印发编纂工作和征集资料通知。召开编写组会议，明确任务分工。建立工作联络群，确定参编单位纲目设置。

（8）虽然疫情影响巨大，协会在内部治理上，仍按章办事，上半年采用通信方式召开了第九届理事会第3次会议；办理中铁第四勘察设计院集团有限公司等10家单位的入会申请，6家退会审批手续；完成分支机构管理自查、会费自查等工作。

【中国电力技术市场协会】

单位概况 中国电力技术市场协会是由全国电力行业以及为电力行业服务、从事电力技术市场活动的企、事业单位和有关人士组成的全国性、行业性、非营利性的社会组织。1992在中华人民共和国民政部登记注册。党建领导机关为国务院国有资产监督管理委员会，由中国电力企业联合会党委代管。

组织机构 下设10个分支机构：综合智慧能源专委会、工业互联网与智能化专委会、充电技术与设备专委会、储能设备技术专委会、电力安防专委会、轨道交通电力与牵引供电专委会、创新与知识管理专委会、电力市场技术专委会、运维检修分会、智能全景系统专委会。

主要工作情况

1. 加强协会党建引领，促进协会健康发展

提高政治站位，加强党建引领，深刻领悟习近平总书记关于社会组织改革发展和党的建设重要论述，增强抓好协会党建工作的责任感和使命感，按中电联党委部署，年初开始认真结合《巡视巡察有关问题自查自纠工作清单》开展自查自纠。配合做好国资委党委巡视相关系列工作，梳理政治巡视问题清单，对照检查问题，明晰整改方向。以民政部社会组织评估、

专项整治、抽查审计为工作导向，落实中电联党委代管协会工作推进会有关精神，开展问题梳理和整改工作。

在支部会议、协会办公会和协会秘书处每周例会首要议题安排传达学习上级党委有关文件，学习中央有关精神和能源电力行业相关发展政策。支部制订通过了《联合支部工作规则》，由两个协会共同发布实施，共同落实工作机制。在协会新员工招聘环节，将党员作为优选条件，通过招聘新增加一名年轻党员入职。目前，协会已具备设置独立党支部条件，并向中电联党委提出设置中国电力技术市场协会党支部的请示。同时，响应国资委《关于开展2022年幸福工程捐款活动》和扶贫产品采购等通知要求组织开展捐款和定向援助活动。

2. 做好政府和会员单位委托课题研究工作

受政府部门委托，承担国家能源局委托“新型电力系统中煤电发展新定位及市场机制政策研究”课题、国家能源局委托“综合智慧能源管理体制机制创新研究”课题、广州期货交易所委托“我国南方电力期货市场建设研究”课题等政策课题研究工作，目前各项研究均按进度完成验收或节点工作。

完成青铜峡光火储多能互补试点项目和盐池县风光火储多能互补试点项目开发路径研究初稿的编制工作，开展浙江万向集团储能项目的技术咨询服务工作。承接并完成了国家能源集团智深公司“发电领域智能DCS技术发展报告”、江苏坤泽科技股份公司“海上风电淤泥固化土防护技术发展报告”等技术研究课题。

3. 多种方式开展技术交流协作与技术培训

2022年受疫情影响，计划开展的各专业技术交流会议和技术培训工作多难以按计划现场方式开展，协会开展线上技术交流和技术培训，及综合智慧能源云课堂公益培训，举办的电气设备状态监测、电力反措技术、电力计量、电力技术监督专业工程师、电力技术经理人培训班和锅炉防磨防爆技术培训班采用线上线下结合方式举办。疫情期间，通过线上线下方式结合召开中电技协配网与真型试验专业委员会、全景智能系统专业委员会、城市电网专委会成立大会暨技术研讨会，同期开展线上技术交流。举办热工专业、电气专业、化学专业、汽轮机专业、燃料专业以及光伏电站新型快速消弧选线装置创新应用等技术研讨会议，促进会员单位和电力企业间的技术交流协作。

落实电力企业技术监督联席会议机制有关精神，技术监督专业培训和技术交流采用线上线下相结合方式开展，电力行业技术监督系列技术丛书编辑工作密集开展，协会主编的电力技术监督专业系列培训教材之一《电力技术监督：体系、管理与实施》由中国电力出版社出版发行。

4. 开展技术标准研究与转化

加强推动创新技术领域标准研究工作，协会承担的电力行业标准《发电企业安全生产标准化实施指南》完成报批稿正式报批，中电联标准《中压配网单相接地故障消弧选线装置技术要求》报中电联发布，协会标准《发电厂智能化技术评价指标体系》《石膏湿法脱硫及SCR脱硝系统控制技术导则》《交流快速真空断路器技术条件》《综合智慧能源项目评价》《电力企业知识管理技术导则》等技术标准由中国标准出版社出版发行。

《热塑纤维编织增强电缆保护套管技术导则》《架空输电线路无人机应急照明系统技术导则》《售电管理信息化系统技术要求》等技术标准召开线上启动会，注重与国标、行标、中电联标准等的协同促进和有效补充，促进创新型、市场化标准快速转化，加强能源电力科技创新与技术转移标准体系研究，促进电力科技成果转化与技术转移。

5. 开展技术成果培育和技术市场体系建设

响应国家技术转移体系建设和技术市场发展指引， 持续促进电力行业技术要素市场建设，开展创新成果培育转化推广工作，设立的电力科技成果转化“金苹果”奖，组织第二届 “金苹果”奖成果项目的申报培育工作。加大技术市场研究，培育电力技术经理人队伍，促进电力企业科技创新与成果转化能力提升，推动电力企业科技创新人才队伍建设。2022年第一批近60名学员经过线上和线下方式培训考核，获得中国电力技术市场协会电力行业技术经理人培训证书。

6. 加强协会基础建设工作

根据国资委、民政部、中电联有关安排和部署，加强系统性梳理工作，以国资委党委巡视、民政部社团评估、专项整治、抽查审计为工作导向，落实中电联党委代管协会工作推进会有关精神，围绕制度梳理、财务自查、分支机构专项整治、会员服务等领域开展工作，编印《中国电力技术市场协会会员服务手册 2022》。经过多次梳理和讨论，《中国电力技术市场协会管理制度（试行）汇编》编印完成。

在民政部社团评估和抽查审计工作过程中，评估检查组对协会工作成果给予高度评价，同时也对协会基础管理、财务完善、合规建设等方面的薄弱环节提出改进意见。

7. 各专业组织开展丰富多样的技术活动

各专业分会在做好协会日常工作基础上，结合本专业特点和会员需求，开展多样化的技术活动。综合智慧能源专委会在山东烟台举办了“2022 综合智慧能源大会”并发布《综合智慧能源优秀项目案例集》；储能设备与技术专委会组织梯次利用电池储能与环保技术标准研究；工业互联网与智能化专委会举办智能发电技术交流会，同时配合国家产业政策务实助力信创工作开展；电力安防专委会举办电力设施保护和防治窃电专题交流会，组织编制《变电站细水雾涡扇炮灭火系统技术规范》《涡扇炮消防车通用技术条件》等技术标准，推动电力安防与消防技术进步；创新与知识管理专委会通过组织知识管理与科技创新培训及创新与知识管理高峰论坛等方式，宣传推动知识管理助力电力技术创新；轨道交通电力及牵引供电专委会组织专家走访会员单位，开展牵引供电专项技术产品鉴定，并采用线上线下结合方式举办轨道交通供电系统技术交流会；配电与真型试验专委会；电力运维检修分会通过网络采用线上方式举办电力运维检修系列技术培训，组织开展无故障光伏电站运维检修技术推动工作，助力新型电力系统建设。

【中国水利电力质量管理协会】

单位概况 中国水利电力质量管理协会（简称水利电力质协）是水利与电力跨行业的协会，致力于水利电力行业质量管理提升，成立于1983年6月。现党建工作领导机关为国务院国有资产管理委员会，由中国电力企业联合会代管，协会业务接受国家市场监管总局、国资委和国家能源局等政府部门的指导。1983年至今，已历经六届理事会。第六届理事会目前有理事单位146家，常务理事单位11家，副会长单位13家。

主要工作情况

1. 守正创新，多元化开展质量管理活动

2月18日水利电力质协召开了召开质量创新工作委员会工作会议，从顶层设计层面出发，宣贯党中央国务院质量工作方针政策，宣传推广中国质量奖，以高质量创新引领高质量发展，加强会员单位质量管理活动定期交流，促进行业质量管理成果发布推广，探索建立协会质量管理成果集体审定机制。

9月水利电力质协在总结第四届中国质量奖受理推荐基础上，优化顶层设计，加强系统谋划，向国家市场监督管理总局质量发展局去函，做好申报第五届中国质量奖受理推荐资格的各项准备工作。

开展卓越绩效标杆评价工作。9月6—8日按照《卓越绩效评价准则》评选出在电力行业实施卓越绩效模式管理方面取得突出成绩的标杆企业（组织），经电力行业专家委员会确认，共有34家企业通过评审获得电力行业卓越绩效标杆2A级企业。

开展质量管理小组活动及成果交流展示工作。3月1—4日在海口市举办水利电力行业质量管理小组活动人员培训班，来自全国水利电力企业的200余名QC小组活动人员参加了培训。7月5—8日在长春市举办2022年全国水利行业质量管理小组等相关活动培训暨成果交流会，会议就质量管理小组、质量信得过班组建设和水利行业安全隐患排查取得的成果进行了交流分享，与会专家围绕这些成果进行了专业点评。7月7—10日及7月12—15日，在长春市分两批次举办2022年全国电力行业质量管理小组培训暨成果交流会，来自全国电力行业的2300余名代表参加会议，会上1400个小组分别汇报了QC成果，专家围绕成果进行点评，均取得良好效果。

为配合9月全国“安全月”活动的总体部署，水利电力质协组织各会员单位开展宣传活动，通过印发宣传口号、张贴“质量月”宣传画等，宣传党中央关于“三新一高”战略以及水利电力行业高质量发展成就，营造全民、全行业重视高质量发展的良好氛围；开展水利电力行业QC小组推进活动，通过经验交流、学习和推广活动，提升水利电力行业群众性质量管理活动水平。

开展信得过班组建设推进活动。9月6—9日，以线上视频的方式举办2022年电力行业质量信得过班组建设培训暨典型经验交流活动，全国各电力企事业单位的300余位班组代表参加。

2. 细化会员服务，开展课题研究工作

水利电力质协健全会员管理体系，细化会员服务内容，编制2022年服务指南及《优秀质量管理成果2021》《中国水利电力质量管理协会年度报告 2022》并赠送给各会员单位。

为助力“碳达峰、碳中和”目标的如期实现，2月底组织开展“废弃矿区改建为可再生能源综合利用低碳园区可能性”课题研究工作。以山东省枣庄市金庄煤矿为案例，组织完成课题研究工作，调研报告及意见已经呈送枣庄市政府。为研究可再生能源制氢在推进“碳达峰、碳中和”目标、实施能源转型中的重大意义，7月底启动“新能源氢能综合利用示范项目研究”课题，计划在2023年2月底完成课题结题报告。

3. 强化标准化建设工作，规范质量管理活动

3月10日经会长办公会研究决定成立标准化管理部，负责水利电力质协标准化体系建设，组织开展水利标准制修订等工作。

7月14日以通信方式召开中国电力企业联合会电力设备质量管理标准化技术委员会成立大会，秘书处设在水利电力质协本部，会议审议通过了标委会章程、委员名单、秘书处工作细则等文件，以及下阶段开展电力设备质量管理标准体系征求意见、电力设备质量管理领域标准立项申请、制定各级标准、标准宣贯培训等工作。

根据《关于印发2021年第二批中国电力企业联合会标准修订计划的通知》（中电联标准〔2021〕96号）文件要求，水利电力质协承担《电力现场管理实施指南 发供电运行》（T/CEC20212114）等七项中电联团

体标准的主要起草工作。

根据《中电联关于转发国家能源局 2021 年能源领域行业标准制修订计划及外文版翻译计划的通知》（中电联标准〔2021〕 233 号）文件要求，承担能源领域行业标准《电力企业现场管理对标工作　评价与改进》(能源 20210364)、《电力企业卓越绩效标杆　评价与改进》（能源 20210363）的主要起草工作。11 月1—2 日召开两项标准启动会，确定标准编写组清单并形成标准制订的编写计划及职责分工。

4. 坚持党建引领，以党建促发展

学习贯彻习近平新时代中国特色社会主义思想，落实中央精神和国资委党委要求，突出“第一议题”学习制度，用习近平新时代中国特色社会主义思想武装头脑、指导实践、推动工作，以服务推动能源转型和高质量发展为根本任务，增强“四个意识”，坚定“四个自信”，做到“两个维护”。

3 月 29 日，党支部召开 2021 年度组织生活会，要求坚持以习近平新时代中国特色社会主义思想为指导，深入贯彻党的十九届六中全会精神，在国资委党建局、中电联党委的领导下，推进支部各项工作，为协会工作上台阶提供坚强的组织保证。党的二十大胜利召开后，党支部开展学习党的二十大精神活动。

同时，落实国资委党委巡视组进驻中电联开展常规巡视工作，落实水利电力质协党支部巡视整改相关工作。

【中国电力体育协会】

单位概况　中国电力体育协会（简称电力体协）是由全国电力相关企事业单位、电力行业性组织自愿结成的全国性、行业性社会团体。宗旨是：贯彻执行党和国家体育方针、政策，组织电力行业的全民健身运动，积极开展职工喜闻乐见的体育活动，满足广大电力职工日益增长的体育健身需要；通过开展各种职工体育活动促进电力企业之间的交流，提高电力职工身体健康水平，促进电力行业文化建设，为电力行业的全面、协调可持续发展服务。

电力体协成立于 1955 年，随着历史变迁，电力体协名称几经更改，前身曾先后为中国电业体育协会、中国动力体育协会、中国水利电力体育协会、中国电力体育协会、中国电力企业联合会文艺体育分会。2017 年 4 月，电力体协召开第六届会员代表大会，选举产生新一届理事会，秘书处挂靠在中国电力企业联合会会员及企业文化建设部。

主要工作情况

（1）按照 5 月 31 日中电联党委印发的关于国资委党委巡视组巡视中电联党委的巡视工作方案，6—10 月期间，电力体协配合中电联党委开展巡视工作，起草电力体协基本情况材料，梳理巡视问题清单台账，形成电力体协巡视整改意见方案，按期完成问题整改。

（2）按照中电联党委印发的《中国电力企业联合会代管协会两类负责人审核审批工作办法》的通知（中电联党委〔2022〕22 号），电力体协启动了第七届理事会换届筹备工作。6 月 29 日，以通信方式召开电力体协第六届理事会六次会议，审议电力体协第七届理事会换届工作议案，成立第七届理事会换届工作领导小组和换届筹备工作小组；在换届工作领导小组的直接领导下，7 月 15 日—12 月 31 日，协商电力体协会长单位、副会长单位、理事单位，推荐新一届理事会会长、副会长候选人及理事候选人，完成电力体协章程修改草案、第七届理事会选举方案、电力体协候选理事单位和理事候选人产生办法、电力体协第七届理事会副会长候选单位和理事会负责人候选人产生办法（草稿）、电力体协监事产生办法等材料的起草，形成了新一届理事会负责人、理事候选人建议名单和电力体协第七次会员大会监事候选人名单。

（3）8 月 2 日，中电联启动电力体协经济责任审计，8 月 18 日形成电力体协秘书长（法定代表人）张小明离任经济责任审计报告初稿。针对审计报告中提出的不足，电力体协秘书处认真梳理制度体系，起草了电力体协固定资产管理办法、电力体协合同管理办法，优化调整了电力体协财务报销审批权限和管理细则，逐步建立和完善制度体系和工作流程。

（4）8 月 5 日，电力体育协会协商中国企业体育协会同意，申请成为该协会新一届理事会副主席候选单位，待中国企业体育协会换届大会投票选举产生。

（5）10 月，根据中国企业体育协会关于举办“劳动者杯”2022 中国职工乒乓球联赛总决赛的通知、2022（首届）中国职工羽毛球联赛总决赛的通知，电力体协分别组建了乒乓球队、羽毛球队，代表电力行业报名参加两项赛事，后因新冠疫情防控等原因，两项比赛均延期至 2023 年择日举办。

【中国电力教育协会】

单位概述　1994 年 9 月由全国电力企业教育协会和能源部电力高等教育学会合并改组成立后，历经 26 年，已经发展到会员单位 270 多家、理事单位 90 个。

主要工作情况

（1）贯彻落实国资委、中电联巡视巡察、审计工作要求，完善党组织建设，发挥党建引领作用。

1）中国电力教育协会（简称中电教协）与人才中心双向融合发展解决业务发展问题，实施双向派驻制度推动协会组织建设，深入实施“双向派驻、交叉任职、一岗双责”战略，加强自身党组织建设，通过双向派驻方式完善基层党组织，建立协会独立党支部，充分发挥党支部在协会“三重一大”事项的监督指导作用。

2）完成了国资委巡视工作、中电联内部经济责任审计、民政部法人离任审计工作，并就存在的问题进行了全面整改，整改措施 12 条，修订制度 15 项。

（2）加强协会自身建设，保障中电教协规范发展。

1）完成中电教协负责人备案、法人变更审计及年检工作。完成向中电联、国资委、民政部提交中电教协负责人备案材料及填报法人变更申请，取得“民政关于中国电力教育协会章程核准的通知书”，完成协会负责人备案；完成协会法人离任审计工作，法人变更已提交至国资委，进入变更收尾工作。

2）建立健全内部规章制度。2022 年中电教协相继制修订 17 项中国电力教育协会规章制度，加强协会内控管理，内部管理取得了阶段性成果，自身建设能力增强。

3）按照章程规定，办好各类例行会议。一是以线上线下方式召开中电教协四届一次常务理事会，以通信方式召开四届二次理事会、四届二次常务理事会，听取中电教协 2022 年工作总结 2023 年工作计划、审议中电教协电力基金管理委员会调整方案，审议中电教协电力管理培训委员会成立等 8 项议案；二是召开 4 次本部会长办公会，1 次专题会议，讨论研究协会工作计划、财务预算、人员管理等相关议题，审定《中国电力教育协会原教育基金资金使用情况的报告》并提交中电联党委会议进行了审议；三是召开中电教协监事会第一次会议，形成《中国电力教育协会监事会工作规则》；四是以现场会议形式组织召开会长联席会议，共 35 名代表现场参会，会长、各副会长座谈讨论了对协会各项工作的意见建议、中国电力人才发展论坛筹备方案、电力人才发展报告编撰情况报告等内容。

（3）落实第四次会员大会精神，开展各项业务工作。

1）编制并印发《中国电力教育协会 2022 年工作要点》。

2）策划第二届电力行业技术技能培训经验交流会。

3）开展策划“2021 年度电力行业人才培育、教育培训领域影响力事件”征集工作，在《中国电力教育》杂志宣传报道部分典型事件。

4）推动电力行业高等院校创新创业工作。根据国务院办公厅《关于进一步支持大学生创新创业的指导意见》（国办发〔2021〕35 号）文件精神，组织策划电力行业创新创业人才培育工作交流会。

5）做好职业教育、高等教育工作。组织举办高校学生发电机组集控运行技能竞赛；推进高校教师暑期发电设备检修工程实践基地建设；策划首届全国大学生电力创新设计竞赛；开展有关电力行业教育教学成果评审鉴定工作，为推荐国家级教学成果打好基础。

6）组织指导各分支机构开展制度完善和业务开展。进行电力仿真教师培训、基地考核、经验交流活动，召开高校电气类、能源动力类学科教学研修班，制定职业教育智能电力系统产学研专委会工作规则，完成电力职业技能培训专委会换届筹备工作。

7）做好会员发展和会费收缴工作。2022 年，新申请加入常务理事单位 2 家，理事单位 6 家，会员单位 61 家。

【中国国际贸易促进委员会电力行业委员会】

单位概况 中国国际贸易促进委员会电力行业委员会（简称电力贸促会）2006 年经中国国际贸易促进委员会批准，在中电联设立的贸促分支机构，是全国贸促系统的重要组成部分，是全国贸促系统中唯一一家全国性电力行业对外经济贸易投资促进组织，由电力行业有代表性的人士、企事业单位和团体组成。会长为许光滨。

业务职责：发挥政府与企业间的桥梁纽带作用，向政府和有关部门反映电力行业有关情况和意见；协助国内电力企业开拓和扩大对外交流渠道，建立友好合作关系；在境内外主办或组织参加电力行业国际展览会；协助开展电力领域出口贸易、境外项目的招投标、投融资等经贸活动，组织电力技术交流活动，举办境外投资相关法律法规培训；提供贸易和经济技术合作方面的信息和咨询服务；编辑、出版各类刊物；促进电力行业中小企业间的合作提供服务等。

主要工作情况

1. 加强党建工作，突出党建核心引领地位

（1）9 月 17 日，电力贸促会召开 2022 年委员大会，组织学习习近平总书记在庆祝中国贸促会建会 70 周年大会暨全球贸易投资促进峰会上的致辞和中国贸促会会长任鸿斌在《红旗文稿》发表的署名文章《奋力开创新时代中国贸促事业发展新局面》。中国贸促会张慎峰副会长发表视频致辞，中电联党委委员、纪委书记江宇峰出席大会并讲话。会议还组织学习 RCEP 经贸规则和电力贸促会新版工作规则，就如何提升行业贸促工作水平组织委员单位开展交流研讨。

（2）修订工作规则和会长办公会议事规则，加入党建相关内容要求。新的规则中明确涉及重大事项决策时，事先报上级党支部专题研究，并将上级党支部意见作为会长办公会决策的前置条件。

（3）发挥党建引领下的会长办公会领导作用，组织会长办公会议十余次。按照新修订的议事规则，充分讨论、认真研究、科学决策或报上级单位决策电力贸促会有关重大事项，为各项工作顺利开展明确方向并提供坚强有力领导。

（4）组织党员职工参与所在支部的各次学习和活动，并为党组织活动提供必要条件，发挥支部的战

斗堡垒作用和党员的先锋模范作用。

2. 开展调研，反映行业企业诉求

（1）重点开展电力行业营商环境监测工作。电力贸促会根据中国贸促会要求，通过多种渠道在电力行业宣传中国营商环境相关法律法规与政策措施，沟通联络委员单位和有关电力企业组织发放、回收2022年度中国营商环境调查问卷，为中国贸促会编写年度中国营商环境报告提供行业数据支撑。

（2）协助开展电力行业产业链供应链安全稳定调研工作。联络委员单位和有关电力企业，通过多种方式发放电力行业产业链供应链安全稳定调研提纲和调查问卷百余份，为中国贸促会形成《当前我产业链供应链安全稳定面临五方面问题》报告提供基础材料。

（3）组织推动高质量实施RCEP调查工作。在电力行业开展《关于推动高质量实施RCEP工作的调查问卷》发放工作，了解企业利用RCEP过程中的痛点难点和服务需求，组织企业参加RCEP产业合作委员会和中国—东盟商务理事会共同主办的“中国企业抓住RCEP机遇在行动”线上会议，为企业掌握和运用RCEP规则，抢抓RCEP带来的新开放机遇，制定实施相应经营战略和策略提供帮助。

（4）开展外资外贸形势调研工作。按照中国贸促会安排，开展电力行业企业外贸形势季度调研工作，为中国贸促会编写相关调研报告提供第一手材料。

3. 响应需求，优化贸促信息服务

（1）加强移动端宣传平台内容打造。针对目前移动端在宣传推广中的作用不断加强，电力贸促会在2022年增加了微信公众号在信息推广、品牌打造和展会宣传方面的工作力度。截至2022年底，微信公众号共计推送了878篇图文，总阅读次数18551次。关注用户数由2021年的5314人增至5842人，累积增加关注用户528人。

（2）参与完成《国际电力信息参考》（电子刊物）24期电子刊物的编辑与发布。同时，结合会员企业反馈，增加境内外信息收集和共享渠道，开设国际能源署最新月报数据专栏，并首次将国际能源署月报数据作为常设内容每月定期展示。

4. 组织活动，搭建行业优质交流平台

（1）2022东亚及西太平洋电力工业协会CEO会议成功召开。11月9日，由东亚及西太平洋电力工业协会（简称亚太电协）、中电联以及国内主要电力企业联合主办，电力贸促会承办的2022亚太电协CEO会议在海口召开。本次大会以“绿色低碳、电亮未来”为主题，为能源领袖们探讨域内能源未来、分享技术创新和优秀实践、制定合作发展战略搭建交流平台。来自政府部门、亚太电协会员单位、国际组织、驻华使领馆和国内外能源电力企业的代表1000余人应邀出席或列席会议，共同商讨能源务实合作与可持续发展。

亚太电协主席、中电联理事长、国家电网公司董事长辛保安，海南省省长冯飞和南方电网公司董事长孟振平分别代表会议主办方、会议支持单位和电力企业致欢迎辞。国家能源局副局长余兵，亚太电协副主席、新加坡电力集团首席执行官黄天源和世界能源理事会秘书长兼首席执行官安吉拉·威尔金森向会议致贺辞。海南省委常委、常务副省长沈丹阳、海南省政府秘书长符宣朝以及国资委有关领导出席会议。

会议采用数字技术，打破会议和展览空间和人数流量限制，使与会者不受疫情和距离的影响。线上用户通过推送的视频流实时了解和参与线下会议，线下观众通过数字分身的方式参与丰富的线上互动。会议系统全面覆盖亚太电协成员单位所在国家和地区，使亚太电协大家庭跨越时空阻隔，在2022亚太电协CEO会议的云端相聚。线上会议直播浏览量930万人次。

会议同期举办线下展览，全方位展示亚太电协成员单位在绿色低碳和新能源发展方面的实践和成就，展览面积达到13000m²。为展商提供的线上虚拟展示空间持续开放浏览和参观至会议结束。

（2）2022中国—东盟电力合作与发展论坛暨电力展顺利举办。9月16日，由广西壮族自治区人民政府、中电联和南方电网公司主办，电力贸促会承办的2022中国—东盟电力合作与发展论坛暨电力展在南宁召开。作为第十九届中国—东盟博览会的重要活动之一，论坛聚焦区域全面经济伙伴关系协定（RCEP）机制下“碳达峰、碳中和”主题，交流中国与东盟能源电力可持续发展，探讨双方清洁能源和绿色产业合作。

国家能源局副局长林山青、广西壮族自治区政协副主席费志荣、中电联专职副理事长安洪光、南方电网公司副总经理陈允鹏和东盟能源中心政策研究与分析部主任贝尼·苏亚迪出席论坛并致辞。缅甸驻南宁总领馆参赞温美图、越南驻南宁总领馆领事陈金榜应邀出席论坛。

论坛首次增加现场签约环节，助力企业电力合作项目落地广西。论坛结束后，与会代表参观了中国—东盟博览会电力展区，通过现场观摩和沟通。来自中外有关政府部门、东盟国家驻华使领馆、电力及相关行业企业及研究机构代表近300人出席论坛。

（3）多次组织国际会议，务实推动贸易合作。协办2022年迪拜水电部—中资企业CEO圆桌会议，介绍迪拜水电部政府招投标项目的供应商准入机制和参与流程；协办中国广核能源国际控股有限公司全球燃机发电论坛，研讨全球燃机发电的发展趋势、技术革新关键问题、交流分享工程建设和运维管理最佳实践；组织2022中国国际服务贸易交易会“智汇合作，绿创未来——绿色保险助推能源低碳转型”专题论坛，探讨新型电力系统建设背景下的绿色保险赋能低碳转型。

5. 拓展业务空间，承接行业国际产能合作有关工作

按照中电联有关中国电力国际产能合作企业联盟的有关决策，电力贸促会于2022年末正式承接联盟秘书处有关工作。

【中国电力思想政治研究会】

单位概况 中国电力思想政治工作研究会（简称电力政研会）由电力行业企事业单位、社会团体等自愿组成的、从事思想政治工作和行业与企业文化研究的全国性、学术性、非营利性社会组织，具有社会团体法人资格。前身为中国水利电力职工思想政治研究会，成立于1986年5月，1988年完成变更为中国电力思想政治工作研究会。2020年4月，国资委协会党建局发文，党建委托代管关系由中国有色金属协会变更为中国电力企业联合会，至今已历经七届理事会。

主要工作情况

1. 以“三个全面”喜迎党的二十大

一是在全面学习上下功夫，坚持以习近平新时代中国特色社会主义思想为指导，严格落实“三会一课”，坚持“第一议题”制度化，先后开展爱国主义、廉洁警示、党性教育等各类主题活动12次，学习习近平总书记重要讲话、党中央重要会议40余篇，围绕习近平谈治国理政、党的二十大精神等开展专题研讨，切实做到应学尽学、应学立学。二是在全面把握上下功夫，贯彻落实关于新时代加强和改进思想政治工作的意见，深化理论学习，建立“创新+提升”工作机制，牢牢把握新时代新征程党的中心任务，倡导“一次学习、两份成果”，学出成效、学出特色，推进党建工作提质增效。三是在全面落实上下功夫，以巡视整改为契机，一体推进廉洁重大风险防范、软弱涣散党组织整治等重点工作，落实经常性纪律教育，狠抓节日期间廉政建设，推进从严治党纵深发展。

2. 以思政引领赋能行业发展

一是以巩固和发展电力行业思政工作为主线，聚焦《关于新时代加强和改进思想政治工作的意见》文件精神，召开电力政研会副会长单位工作会，总结工作经验，提升工作实效。二是根据中国政研会有关要求，学习贯彻党的十九大精神，为进一步深化加强和改进思想政治工作，向会员单位开展2021年度电力行业优秀研究成果征集推荐工作，最终选出100篇优秀成果，并由中央党校集团出版发行《中国电力思想政治工作优秀研究成果文集2021》，将前5名获奖成果推荐至中国政研会，荣获一类、二类优秀研究成果各一篇的优异成绩。三是组织基层思想政治工作优秀案例征集推荐活动，最终选出30例优秀案例，将前2名推荐至中国政研会，全部荣获中国政研会基层优秀案例，中国政研会评出的60例优秀案例中，有3例突出案例入选央视“记录东方”栏目组以纪录片形式宣传报道，其中电力政研会推荐的“传承百年电力‘光明’红色基因 激发新时代思想政治工作新活力”作为重点案例进行报道。该案例同时经国资委组织，由中国大连高级经理学院录制成网络课程，作为中组部中国干部网络学院企业分院和中国大连高级经理学院国企学习网络学院课件，供国资央企广大思想政治工作者学习借鉴。四是以喜迎二十大、贯彻新发展理念构建新发展格局为背景，围绕“以党建为引领，助推新时代电力企业思想政治工作，守正创新研究”为主题，结合新时代电力行业加强和改进思想政治工作主要做法开展课题研究，总结经验、分析问题，以前瞻性、战略性、应用性为重点，分析新时代思想政治工作新情况新问题，促进创新思路成果转化。五是组织电力行业员工参加“共渡疫情危机”心理健康讲座。使身心在疫情下得到陪伴倾诉和情绪疏导，从危机中成长，提升自身乐观积极和生命韧性等品质，护航职业发展和拥有经营幸福人生的能力。六是与中国乡村发展协会携手走进“精准扶贫”首倡地湖南省花垣县双龙镇十八洞村，与当地干部群众共忆脱贫故事，畅谈振兴之路。电力政研会将持续推进党建理论引领乡村振兴，将基层党建工作与精准扶贫深入对接融合，打造思想上更重视、行动上更坚决、措施上更有效的行业队伍，为推进乡村振兴贡献力量。

3. 以从严从实强化自身建设

一是以落实“三化四优”，推动协会健康发展为重点，根据中电联有关要求，先后开展协会年检、国有资产决算、专项整治、合规管理、风险排查等工作25项，做好巡视巡察各项准备、配合、整改系列工作，开展经济责任、廉洁风险、技术技能、组织建设等方面的巡视自查自纠和重大风险隐患、软弱涣散基层党组织排查等自查自纠工作15次。根据国资工作部署，为加强审计监督，强化财务管理水平，开展2022经济责任审计、2022审计年度内部监督评价，2次审计工作。按照中电联工作部署，以强化自身能力水平建设为重点，编制专家库管理办法、财务管理办法等制度6项。二是规范落实民政部有关改进建议，启动法人、秘书长变更相关工作。三是按照中电联党委工作部署，筹备第八届理事会换届工作，成立换届工作领导小组，起草第八届理事会换届工作方案，修订《中国电力思想政治工作研究会章程》报民政部审核。制定会员代表产生办法等4份文件草案。严格按照换届流程，联络各层级会员单位组织材料审核及中管干部、省管干

部材料报送审批相关工作。四是根据国资委对各直管协会工作要求，开展经济责任审计、内部监督评价审计共 2 次。五是电力政研会微信公众号累计发文 208 篇，关注人数 570 人，本年度发文 73 篇，关注量新增 302 人，传播行业新闻热点，推动思政工作开展，持续树立政研品牌良好形象。六是密切关注疫情防控下会员企业思政工作新举措，探索疫情常态下思政工作新路径，全力克服疫情影响，积极发挥桥梁纽带作用，健全沟通协调工作机制，以实际行动化解会员企业困难与挑战，凝聚行业共识，发挥思政引领作用。

【中国电力文学艺术协会】

单位概况　中国电力文学艺术协会（简称电力文协）是全国电力行业广大职工和电力企事业单位自愿结成的开展文学艺术活动的行业性、全国性、非营利社团组织。

电力文协成立于 1983 年，前身为中国水利电力文学艺术协会。登记管理机关为中华人民共和国民政部，业务主管单位为中国文学艺术界联合会。2017 年 4 月 21 日，电力文协第二届会员代表大会召开，产生了新一届理事会，秘书处挂靠在中国电力企业联合会会员与企业文化建设部。下设 5 个分会，分别为中国电力书法家协会、中国电力美术协会、中国电力摄影家协会、中国电力作家协会、中国电力集邮协会。

主要工作情况

（1）组织开展“迎接党的二十大胜利召开”主题文学活动。“喜迎二十大　永远跟党走”文学征文活动收到应征作品 500 件，获奖作品编辑成书《光明之歌》，发表 98 首诗歌、29 首歌词、16 篇散文、9 篇报告文学。在电力作协会刊《脊梁》开设专题，发表组诗 20 篇、诗歌 25 首、散文 43 篇、短篇小说 16 篇、中篇小说 9 部、报告文学 17 篇，影视剧文学 3 部，讴歌党和党领导下的中国电力成就，展现电力人听党话、跟党走，艰苦奋斗、攻坚克难、爱岗敬业、乐于奉献的精神风貌。

（2）开展“深扎”工作，推出新时代现实题材新成果。3—5 月，电力作协与王啸峰、李晓楠等 50 位小说作家，陈富强、任林举等 30 位报告文学作家，张智锋、姜铁军等 11 位影视剧文学作家，蒲素平、冷冰等 20 位散文作家，赵首先、王俊生等 32 位诗人，共 143 位电力作家，就深扎时间、地点和选题、题材以及作品完成时间等逐一交谈，确定“电力文学重点题材选题立项作品”，落实“新时代文学电力题材攀登计划”，将“深入生活、扎根人民”主题实践活动引向深入，把精品力作“抬上来”。

（3）组织电力文学创作，唱响电力之歌。电力作协组织 100 多位电力作家创作歌词 143 首，择优发表 29 首，其中被谱曲视频演唱的有 52 首。

（4）坚守文学理想，办好《脊梁》文学期刊。2022 年，《脊梁》发表电力题材原创作品在 90%以上，每期 27 万字左右，出版 6 期，共发行 2 万多份，受到文学界的关注和广大读者的好评。策划的三、四、五期《脊梁》“喜迎二十大　永远跟党走”专题，彰显了文学期刊“大型”“核心”的特点。

（5）办好大展，打造“高峰”。

1）举办第八届全国电力行业书法作品展。8 月，与中国电力书协联合主办“发扬优良传统 赓续红色血脉”第八届全国电力行业书法作品展，活动共收到 637 幅作品，评选出 198 幅优秀作品并出版作品集。中书协、中电联网站、电力书协网站、中国电力教育、书法报等专业媒体围绕本次活动展开多角度、多维度的宣传，线上线下同时开展，传播受众 10 万余人次。

2）纪念中国有电 140 周年书法精品展。7 月，举办“弘扬电力精神、践行服务宗旨”——纪念中国有电 140 周年书法精品展活动。活动共收到 463 幅作品，评选出优秀作品 66 幅及特邀作品 25 幅，开展网络投票评选活动，制成宣传视频展播，传播受众 60 万人次。

3）参加“第三届全国书法临帖作品展”。10 月，电力书协向广大电力行业职工征集书法临帖作品，征集作品 496 幅，评选出 23 人 46 幅作品。报送优秀作品参加中国书法家协会主办的第三届全国书法临帖作品展览评选。

（6）南北互动，送福万家。线下线上因地制宜开展活动。在元旦至春节期间开展“送万‘福’进万家”——电力书协走进电力企业”活动，为电力一线职工现场创作并赠送“福”字及春联等书法作品，送上新年祝福。陕西电力书法家协会、甘肃电力书法家协会、电力书法家协会北京主席团结合本地电力行业特点，通过线上、线下等多种形式开展此项活动。“两节”期间共开展活动 82 场，参与 2216 人次，书写福字、春联和书法作品 35260 余幅，营造了浓厚的节日文化气息和祥和氛围。组织开展“虎年大吉”春联网络展，对 198 幅春联作品网络投票，共收到点赞 7104338 票，其中 1000 票以上 50 人。中国书协对“送万福进万家下基层公益活动”先进集体和个人给予表彰，先进单位为中国电力企业联合会党群工作部（工会）、陕西电力书法家协会、中国能源建设集团有限公司党群部，先进个人为陈荣亲、乐长江。

（7）3 月，中国电力集邮协会组织开展“中国电力工业发展 140 周年集邮学术研究活动”，纪念中国有电 140 周年。7 月 26 日，中国电力集邮协会设计制作“中国有电 140 周年纪念”纪念封。

（8）6 月，参加“庆祝中华全国集邮联合会成立 40 周年集邮学术研究论文活动”，中国电力集邮协会报送《发行中国新型自动化邮票的探讨》（姬新平）和《集邮文化与跨界集藏联手相得益彰》（裘柏年）两篇论文，获得鼓励奖。

（9）12月，中国电力集邮协会报送5部展品入选“昆明全国第18届集邮展览”。

（10）7月5日，中国电力摄影家协会华能长兴摄影艺术中心在南太湖之滨的长兴隆重揭幕。是中国电力摄影家协会继山东国家电投荣成核电摄影艺术中心后的又一摄影艺术中心投入使用，也是华能长兴电厂老厂区整体开发建设的一个重要组成部分。得到中国华能集团、华能浙江分公司、华能（浙江）能源开发公司长兴分公司支持。

（11）7月26日，中国电力企业联合会、中国电力文学艺术协会、中国长江三峡集团有限公司联合主办中国有电140周年“新征程、新跨越”全国电力摄影作品展览。在湖北宜昌三峡工程博物馆隆重举行，中国电力企业联合会秘书长郝英杰、中国长江三峡集团有限公司董事、党组副书记李富民、中国电力企业联合会副秘书长、中国电力文学艺术协会副主席、中国电力摄影家协会主席沈维春等相关领导出席开幕仪式，来自全国电力行业各单位的摄影骨干、作品入展作者以及中国三峡集团摄影协会的影友们参加。

（12）中国电力摄影家协会发起以“奋进新时代、喜迎二十大”为主题的百名电力摄影家走进电力企业摄影创作活动，7月26日，首站走进三峡工程现场，开展“中国动力的心脏—三峡工程摄影创作活动”。以此为起点，带领广大电力摄影人走进电力企业，深入一线，用镜头书写中国电力、讴歌中国电力。中国电力企业联合会副秘书长、中国电力文学艺术协会副主席、中国电力摄影家协会主席沈维春给中国三峡集团摄影协会秘书长黎明、陕西电力摄影家协会主席孙向明授活动旗。

科研、教育与新闻出版

科 研 机 构

【中国电力科学研究院有限公司】

单位概况 中国电力科学研究院有限公司（简称中国电科院）成立于 1951 年，是国家电网公司直属科研单位，是中国电力行业多学科、综合性的科研机构，主要从事超/特高压交直流输变电技术、电网规划分析及安全控制技术、输变电工程设计与施工技术、配用电技术以及新能源、储能与电工新技术、信息与通信、能效测评及节能、人工智能、碳中和等技术领域的研究，研究范围涵盖电力科学及其相关领域的各个方面，其中大电网安全分析与运行控制、特高压交直流输电、大规模新能源接入与大规模储能等电网关键技术研究均处于国际领先水平。建有“国家级、公司级、企业级”三级实验室体系共 47 个实验室，其中包括 1 个全国重点实验室、2 个国家重点实验室、1 个国家野外科学观测研究站、3 个国家工程实验室、3 个国家能源研发中心，17 个国家电网公司级（含 7 个省部级）实验室。拥有 2 个国家级、13 个电力行业质检中心和 1 个认证机构，是国家高电压计量站、国网计量中心的依托单位。承担 3 个 IEC（国际电工委员会）技术（分）委员会秘书处、1 个 IEC 技术委员会主席单位、16 个全国标委会、16 个行业标委会、10 个中电联标委会的秘书处工作。

2022 年，中国电科院获国家电网公司及以上科技奖励 245 项（其中中国专利金奖 1 项），获专利授权 865 项（其中发明专利 709 项），申请海外专利 31 项，发表科技论文 527 篇，出版科技专著 44 部，11 项国家标准获批发布，434 项科技项目（其中 27 项政府项目）完成验收，技术服务工作量 21.51 万人天、满意率 100%。企业负责人业绩考核获得 A+评价，排名居运营保障板块首位。

人力资源 截至 2022 年底，中国电科院直签员工 2131 人，其中：博士研究生 484 人，硕士研究生 1354 人；正高级职称 376 人，副高级职称 844 人；平均年龄 38 岁；人才当量密度 1.3397。拥有中国科学院院士 2 人（其中双聘院士 1 人），中国工程院院士 4 人（其中双聘院士 2 人），国家级有突出贡献的中青年专家 2 人，中央直接联系的专家 2 人，“百千万人才工程”国家级人选 3 人，“万人计划”科技创新领军人才 5 人，“万人计划”青年拔尖人才 2 人，“创新人才推进计划”中青年科技创新领军人才 3 人，享受国务院政府特殊津贴的专家 14 人。中国电机工程学会会士 7 人。中国电科院院士 2 人，国家电网公司首席专家 4 人。中国电科院首席技术专家 5 人，中国电科院高级技术专家 53 人，中国电科院优秀技术专家 92 人，中国电科院资深技术专家 7 人。

坚持把学习宣传贯彻党的二十大精神作为首要政治任务，院领导班子带头，各级领导人员示范，通过党委会“第一议题”、中心组专题读书班、“三会一课”、主题党日等多种形式，迅速兴起学习宣贯党的二十大精神热潮，各级党组织集体学习研讨 262 次、专题读书班 11 期。

召开学习宣传贯彻党的二十大精神工作部署会，制定工作方案，细化 5 个方面 39 项具体措施，院领导班子成员带头落实，各基层党组织负责人积极执行，广大员工纷纷响应，系统推进全院 162 个党组织学习任务落实落地。

经营管理 改革工作。国企改革三年行动收官，获评“科改示范企业”标杆。构建“123N”公司治理制度体系，工作经验作为星标优秀案例入选国家电网公司 2022 年子企业董事会建设运行典型案例集。探索“技术+资本”运营模式，推进上海院科创板上市培育。新设立国网南京新电公司等 3 家股权公司，长效释放科研价值。健全中长期激励机制，24 个项目兑现收益分红。

人财物管理。构建“四通道、六序列”员工成长发展体系，334 名员工完成职级晋升。深化“财务无纸化办公”，实现销售业务全链路贯通和员工移动报销业务全覆盖。创新远程评标模式，全年采购不断档。发布 7 个物资管理问答手册，推动物资管理模式从“单向管理”向“双向促进”转变。

基础管理。院区建设规模达历史之最，7 个院区 9 项重大工程按计划推进。完成院区功能及建设优化布局研究。院算力、存储能力提升 40%以上，投运网络基础设施智能运维平台，“数字电科院”建设成效初显。完成“国家护网 2022”等重大活动保障。修订安全生产“两个清单”，创新“实验室四级安全责任制”，推行安全生产标准化，通过 CMMI（软件能力成熟度）五级评估。完成“合规管理强化年”专项工作。做好迎审配合工作，组织完成特高压专项等 4 项迎审任务。

科技创新 自主创新能力。“1025 专项”一期任务通过国资委评估，打破国外技术垄断。海上风电试验平台等 3 项二期攻关任务获批并启动，提升中国电力技术自主可控能力。支撑完成“科技创新 2030”智能电网专项、国重储能与智能电网专项等多项战略支撑任务。发布加强基础前瞻研究10项举措，获批4项国家自然基金项目、1项北京市杰青项目、46项国家电网公司自主立项基础研究项目。加大自筹基础研究投入，实施利润补偿、自然基金配套等举措，完善基础研究保障机制。

重要技术领域。电力系统分析与保护技术领域，突破跨平台数模混合仿真技术，实现上万节点的异步互联电网数模混合实时仿真；提出换流变压器匝间保护新原理。自动化与信息通信技术领域，牵头研发中国首套基于云架构的省间电力现货市场技术支持系统，支撑“统一市场、两级运作”业务体系；完成新型电力系统网络安全保护体系研究并发布成果。高电压与输电线路技术领域，研发国内首条110kV热塑性聚丙烯绝缘电力电缆；特高压套管在工程中批量化应用；突破超高杆塔节点设计与风振控制、变电站构筑物模块化建设、山区大转角放线转向等关键技术。配用电与计量技术领域，研发世界首套复杂有源配电网信息物理融合仿真平台，实现中国配电网仿真理论方法重大跨越和引领；构建1～1000kV国家工频高电压标准装置体系，攻克高电位跨越下隔离互感器高准确度技术难题。新能源与电工技术领域，25MW海上风电机组全尺寸地面试验平台研发取得突破性进展；自主研制的国际首台10kV磁偏置超导限流器样机挂网运行。人工智能与新技术研究领域，突破数据机理融合建模、人机混合增强、群体智能优化等关键技术，建成全模态能源互联网仿真系统；构建算碳、测碳、降碳一体化碳评估体系，完成公司首份电工设备碳足迹评价报告。

科研体系建设。电网安全实验室纳入首批20家全国重点实验室建设序列。获批10个第一批国家电网公司实验室、13支国家电网公司新型电力系统攻关团队。实施揭榜挂帅制、预算成本制、经费包干制等新型机制，180余个项目纳入管理。获批筹建国家计量数据建设应用基地（智慧电力）。组建“中国电机工程学会氢能专业委员会”等5个专委会。

支撑服务 支撑新型电力系统建设。实施“新型电力系统关键核心技术攻关及重大科技支撑计划”，推进新型电力系统科技攻关行动计划18项重大项目并取得阶段成果，2个项目通过国家电网公司验收，新型电力系统实施路径研究成果获国家电网公司批示肯定。支撑完成新型电力系统技术标准体系研究，构建“8个分支、34个领域、120个系列”技术标准体系。主导支撑国家电网公司新型电力系统示范区规划方案、示范工程设计。作为秘书处单位，支撑国家电网公司新型电力系统技术创新联盟建设。

支撑大电网安全运行。牵头组建保障电力安全供应工作专班，发布600余期气象和功率预测专报，为冬奥会、党的二十大等保供电工作提供保障。支撑国家电网公司夏季运行方式计算、在运500kV及以上变压器等设备运行风险评估，保障电网迎峰度夏期间安全稳定运行。自主研发的国调跨省区应急调度系统和新一代电力交易平台上线应用。完成电网安全重大边界、大型清洁能源基地组网和送出、源网荷储协同发展等专项研究。参与特高压豫南站±800kV换流变压器阀侧套管、祁连站换流变压器等故障分析。基于自主可控国产密码技术，建成国家电网公司统一密码基础设施和服务平台，提升电网信息安全管理水平。

支撑电网发展建设。参与白鹤滩—江苏等8交5直特高压工程技术监督工作，严把设备质量关。支撑特高压站国产化芯片应用，组织完成60类设备研制、36类设备通过测试和挂网。首次取得3000m以上特高压变电站、线路间隙、绝缘子串放电特性和导线选型方案等原创性成果，支撑川渝工程建设。完成土耳其凡城背靠背、南阳—荆门—长沙等“两交两直一送出”系统调试。完成福州—厦门等10项工程设备监造及质量管理阶段性任务。

知识产权 探索“研—产—用”协同发展的知识产权运营新模式。首次争取到国家电网公司双创基金，带动40家产业及用户共同参与29个项目孵化。建立科技成果分级分类评价体系与模型，发布国家电网公司首个科技创新成果图谱。利用内外部平台实现61项成果转化落地。全院知识产权运营收益7.43亿元，同比增加19.65%。在能源行业唯一连续六届蝉联中国技术市场协会金桥奖突出贡献集体奖。

检验认证 全院新签检测合同额11.65亿元，出具结果报告22506份、认证证书56份。通过检验机构、检测实验室CNAS认可及资质认定复评审，新增57个检测对象。电动汽车充电设施和电磁兼容实验室获得IECEE认证机构检测实验室资质。做强服务认证品牌，开展配网不停电作业服务认证，支撑国家电网公司完成220kV及以上电力变压器等4类电力设备产品认证制度开发。

国际化工作 葡萄牙研发中心获得5项欧盟及公司海外院科技项目。支撑国家电网公司举办“驻华使节步入国家电网”，获得外交部、国资委高度评价。与国际可再生能源署创新与技术中心首次联合发布电网导则中文报告。支撑国家电网公司中标印尼高级智能计量系统项目。获得IET（英国工程技术学会）工程技术创新奖金奖1项，这是中国电力企业首次获得该项国际大奖。

党的建设和精神文明建设 基层党建。推进落实63项“旗帜领航·提质登高”行动计划工作举措。编制《基层党支部工作百问百答》，强化支部标准化规范化建设。推进“党建+”工程，挖掘55个“党建+”典型案例。开展“我为群众办实事”活动，完成160

项工作任务，形成长效机制15项。严格落实意识形态工作责任制，有效防控舆情风险。

队伍建设。加强年轻干部培养选拔，举办青年干部培训班，提拔三级领导人员21人，其中80后优秀年轻领导人员9人。实施人才培养“三大工程”，1人入选国家级人才，1人当选中国电科院院士，3人当选国家电网公司首席专家，1名专家当选IEEE会士，4名专家获IEC 1906国际大奖，93人获聘院级技术专家。10人获评电力工匠。引进社会成熟人才、毕业生等125人。

党风廉政建设。聚焦科技自立自强、服务“双碳”目标、构建新型电力系统、支撑冬奥保电等重大任务开展监督。开展“靠企吃企”问题专项整治工作，依规依纪受理处置问题线索，全年处置举报线索22件，应用“第一种形态”12人次。深化标本兼治、强化警示教育，通报“四风”典型案例。

群团工作。弘扬劳模工匠精神，成立2个创新工作室，开展“四进四学”，引导职工见贤思齐。推进职工关爱活动，建设“职工身边健身房”，开展“战高温、保供电、送清凉”活动，落实“三慰问三必访”，提升后勤服务水平。开展建团100周年纪念活动，推进“青年精神素养”提升工程，激励青年员工成长成才。

【南瑞集团有限公司】

单位概况 南瑞集团有限公司（国网电力科学研究院有限公司）［简称南瑞集团（国网电科院）］是国家电网公司全资子公司，由1973年成立的电力部南京自动化研究所发展而来，目前已发展成为中国能源电力及工业控制领域领军企业，主要从事电力自动化及保护、电力信息通信、电力电子、发电及水利自动化设备、轨道交通及工业自动化设备、设计、制造、销售、工程服务与总承包业务。现有资产总额超900亿元，用工总量14000余人，拥有2名中国工程院院士、4500余名硕博士以上学历人才。连续二十届入选中国软件企业百强，连续十一届入选软件和信息服务十大领军企业，南瑞集团党委获中共中央授予的“全国先进基层党组织”称号，南瑞集团获全国文明单位、全国五一劳动奖状、全国和谐劳动关系创建示范企业和江苏省文明单位等荣誉。旗下上市公司国电南瑞（股票代码600406）是中国电力自动化和信息通信领域龙头企业，入选“央企ESG·先锋50指数”。

南瑞集团是国家科技部设立的“国家电力自动化工程技术研究中心”和国家发展改革委设立的“电力系统自动化－系统控制和经济运行国家工程研究中心”的依托单位，拥有一个全国重点实验室，是第二批国家创新型企业、国家火炬计划重点高新技术企业和国家认定企业技术中心。特高压输电、柔性输电、大电网安全稳定控制、电网调度、继电保护等领域自主核心技术国际领先，是中国能源电力领域重要的创新策源地。

领导班子

董事长、党委书记：冷俊

董事、总经理（院长）、党委副书记：郑宗强

职工董事、党委委员、工会主席：丁海东

副总经理（副院长）、党委委员：陈刚

总会计师、党委委员：魏蓉

党委委员，国电南瑞科技股份有限公司总经理：张贱明

副总经理（副院长）、党委委员：刘爱华、蒋元晨

党委委员、纪委书记：战广生

副总经理（副院长）、党委委员：华定忠

二级顾问：吴维宁

三级顾问：夏俊、郑玉平、张国辉

组织机构 南瑞集团（国网电科院）下设15个职能部门、4个支撑机构、8个专业机构，拥有下属各层级单位74家。南瑞集团在江苏、北京、广东等13个地区建有研发和产业基地，在巴西、泰国、埃及等18个国家和地区设立了21个驻外机构，产品和服务遍及全球110余个国家和地区。

人力资源 截至2022年底，南瑞集团用工总量14460人，员工平均年龄36.90岁。其中，博士186人，本科及以上占比84.90%；高级专业技术资格2860人，中级及以上专业技术资格占比46.79%。拥有国家级人才49名，包括中国工程院院士2名、国家有突出贡献中青年专家7名、国家重大人才工程人选5人、“创新人才推进计划”中青年科技创新领军人才2名、“百千万人才工程”国家级人选8名、享受国务院政府特殊津贴专家21名、全国青年岗位能手1名、中央直接联系的高级专家3名；省部行业级人才202名，包括省级有突出贡献中青年专家5名、江苏省“333高层次人才培养工程”培养对象151名、江苏省“六大人才高峰”人选17名、江苏省“双创计划”人选11名、江苏省青年岗位能手5名；国家电网公司级人才103名，包括中国电科院院士1名、国家电网公司首席专家4名、国家电网公司青年岗位能手6名、国家电网公司“青年人才托举工程”4名、国家电网公司科技领军人才4名、专业领军人才17名、优秀专家人才及其后备67名。现有博士研究生导师20名，硕士研究生导师205名。

科技创新 牵头承担国家重点研发计划、联合基金重大集成项目、国家电网公司新型电力系统科技攻关行动计划各1项，牵头完成新型电力系统数字技术支撑体系框架设计。特高压换流变有载分接开关核心部件研制完成。世界首台±1100kV直流线路避雷器样机、国内首套省级虚拟电厂运营管控系统、国内首台

变速抽水蓄能全功率变流器、国内首套无储能支撑光伏自同步电压源及其场站控制系统投入运行。碳管理系统行业内首个通过国际权威机构认证。

获国家电网公司及省部级科技奖励 146 项，牵头发布国际标准 5 项、国家和行业标准 14 项。获发明专利授权 515 项，申请 PCT 专利 23 项。2 个实验室获国家电网公司命名，4 个实验室纳入国家电网公司“赛马”和“培育”序列。

产业发展 继电保护、变电自动化、配电自动化、特高压柔性直流装备、信息通信产业等核心产业处于行业龙头。新一代调度、新一代用采、新一代集控系统、新型负荷管理系统、自主可控继电保护设备等产品批量部署应用，市场占有率保持领先。电网资源业务中台、企业级实时量测中心、PMS3.0 批量部署建设，新一代应急指挥系统落地应用。电力保护控制设备被评为国家制造业单项冠军产品。4500V IGBT 压接式器件完成全部试验验证，具备挂网运行条件。12MW 海上风电变流器实现应用，落地 13 个海上风电二次集成项目。

国内市场中标特高压、电网数字化、电源等批次国家电网集招项目，以及重庆等电力现货市场、山西等调控云、江苏等配电主站、浙江抽水蓄能电站二次系统等重大项目。中标南方电网变电站二次设备框架、配网设备框架、海南省调系统等重大项目，承担国能基石项目二期，中国大唐、中国华能年度预制舱框架，7 条轨道交通综合监控、万家寨引黄入晋、农业银行存储设备框架、集通铁路电气化改造、国电投阳泉储能等一批重大项目。柔直换流阀、AMI 整体解决方案实现海外市场零的突破，轨道综合监控、洪水预警等产品进入新市场。巴西 CPFL 16 座变电站投产转资。

助力白鹤滩—江苏、白鹤滩—浙江、闽粤联网等 6 个特高压项目投运，助力山东沂蒙、安徽金寨等 5 个抽水蓄能电站 10 台机组按计划投运。支撑江苏、河北等 13 家网省公司新型电力系统建设方案编制，以整体解决方案支撑太湖智慧园区、正定“双碳”示范县、曹妃甸新型电力系统国际示范区等重大项目建设。落地国家电网公司雄安创新中心智慧零碳园区示范项目。

经营管理 完成“双百”“科改”改革年度任务，各级子企业董事会规范运行，实施经理层成员任期制和契约化管理，南瑞联研员工持股落地。超额利润分成激励机制带动相关单位超额完成目标任务。实施“卓越计划”，签约毕业生同比增加 48%，开展两批次社会公开招聘，引进优秀人才 21 人。加强高层次人才举荐，新增国家级人才 2 名、国家电网公司首席专家 2 名、省部级人才 2 名，新增各层级专家 55 人。

加强各专业、全过程安全风险管控，推进综合治理专项行动。开展“合规管理强化年”专项行动。开展安全隐患大排查大整治、安全生产大检查等专项活动。推进电网生产运行相关业务安全管控体系建设，实施电网安全控制设备专项抽检。加强新型电力系统网络安全防护体系建设，强化核心网络区域纵深防护能力。

党的建设和精神文明建设 执行“第一议题”和中心组学习制度，学习宣传贯彻党的二十大精神。“新起点 再登高”党建专项行动收官，实施“党建+”工程重点项目 354 个，建设 23 支共产党员服务队特色品牌。开展“凡人瑞光·南瑞一线故事”文化品牌传播。

培养选拔优秀年轻干部，开展干部年度轮训。建成“职工之家职工诉求服务中心”。实施员工关爱“十件实事”，实施“守网相助”职工互助保障计划。优化补充医保、体检、疗养、企业年金等待遇体系。推进职工之家建设，开展职工心理援助。1 个班组获评全国工人先锋号，1 人获评国家电网公司特等劳动模范，1 个集体获国家电网公司先进集体，1 个班组获评国家电网公司工人先锋号。

主要事件

1 月 20 日，南瑞集团（国网电科院）第三届职工代表大会第四次会议暨 2022 年工作会议在南京召开。

2 月 22 日，南瑞集团自主研发的电动船舶岸基直流配电系统，助力长江流域最大载重吨位电动货船首航。

2 月 24 日，国家电网公司总经理、党组副书记张智刚赴南瑞集团调研。

5 月 3 日，南瑞集团承建的全国首套全功能新能源场站全景监控系统在甘肃投运。

5 月 13 日，南瑞集团自主研发的国内首台变速抽水蓄能全功率变流器在四川春厂坝投入运行。

5 月 24 日，江苏省委常委、常务副省长费高云到南瑞集团调研复工复产工作。

7 月 1 日，南瑞集团支撑白鹤滩—江苏 ±800kV 特高压直流工程竣工投产。

7 月 2 日，国家电网公司董事长、党组书记辛保安赴南瑞集团调研。

8 月 13 日，“国际工程科技发展战略高端论坛暨第七届紫金论电国际学术研讨会”在南瑞集团召开。

8 月 13 日，南瑞集团自主研发的国内首套无储能支撑光伏自同步电压源及其场站控制系统投入运行。

8 月 17 日，南瑞集团承担的国内首个省级虚拟电厂——山西省虚拟电厂运营管控系统全业务流程数据贯通。

9 月 2 日，南瑞集团自主研发的碳管理系统获 TüV 南德认证，成为中国电力行业首个通过国际权威机构认证的碳排放监测管理数字化系统。

9 月 16 日，南瑞集团获评“全国和谐劳动关系创建示范企业”。

10 月 10 日，南瑞集团自主研发的世界首套±1100kV 直流避雷器在吉泉线试点运行。

11 月 5 日，南瑞集团 29 项技术成果通过中国电机工程学会组织的鉴定，获国际领先评价。

11 月 7 日，学习贯彻党的二十大精神中央宣讲团成员、全国政协经济委员会副主任谢伏瞻到南瑞集团调研并到基层一线宣讲二十大精神。

11 月 8 日，南瑞集团所属上市公司国电南瑞入选“央企 ESG·先锋 50 指数”。

12 月 16 日，南瑞集团获评“2022 中国软件和信息服务业十大领军企业”。

12 月 30 日，南瑞集团主办中文期刊《电力系统自动化》复合影响因子在电气工程学科 126 种期刊中唯一超过 7.0，三年蝉联第一。

（王　栋）

【国网电力科学研究院有限公司】

见南瑞集团有限公司。

【国网经济技术研究院有限公司】

单位概况　国网经济技术研究院有限公司（简称国网经研院）是国家电网公司电网规划和工程设计技术归口单位，为国家电网公司电网发展提供技术和决策支撑，承担电网规划、重大工程设计、项目评审、技术经济及相关标准研究和制定工作，对省级经研院、地市经研院（所）进行业务指导，归口协调外部设计单位，具有工程勘察、设计、咨询三个甲级资质，是国家发展改革委认定的承担国家委托投资咨询评估任务的咨询机构。

国网经研院拥有国家能源特高压直流输电工程成套设计研发（实验）中心、电网形态与源网荷储协同规划实验室、高压直流实时仿真与成套设计实验室、配电网规划运行及优化控制技术实验室 4 个国家和国家电网公司级实验室（平台），具备规划、设计、评审、科研核心业务能力，形成覆盖特高压交直流、配电网、控制保护和信息通信等专业齐备的业务体系。全院设有 6 个职能部门、10 个业务部门、1 个子公司（北京网联直流工程技术有限公司设备监造中心）。

人力资源　截至 2022 年底，全院用工总量 453 人，硕士、博士学位人员占 79%，高级职称以上人员占 43%，拥有 1 名“新世纪百千万人才工程”国家级人选，4 名享受国务院政府特殊津贴专家，各类国家级注册师 124 人。2022 年，接收 5 名省级电力公司青年人才、选派 7 名年轻员工赴国家电网公司总部培养锻炼。畅通社会招聘通道，引进 13 名成熟技术人才。抓实青年人才托举，启动“经研英才”培育工程。突出考核“指挥棒”作用，优化以关键业绩为导向的综合考评体系。兑现 2021 年度岗位分红激励。

战略落地　紧扣国家电网公司“一体四翼”发展布局，服务能源转型和电力保供。牵头推进国家电网公司“十四五”电网规划中期评估及滚动调整，受托承担南方 5 省（区）电网项目纳规评估工作。完成全国电网发展格局研究，论证沙戈荒大型风光基地开发外送规划，深化灵活调节煤电与大规模新能源协同规划，推动新能源供给消纳体系构建。争取承担 29 项国家部委有关司局委托的能源转型重大咨询课题，提出的主网架分区、受端省份外来电合理布局方案等研究成果，获得国家能源主管部门肯定。完成北京冬奥会、冬残奥会重大保电任务，开拓青海哇让抽水蓄能项目全过程咨询服务、在运直流改造“再成套设计”等多项新业务，支撑国家电网公司报送 4 篇专报获得中央领导批示、6 篇专报被中办国办等领导机构采用。

经营管理　2022 年，国网经研院各项工作和业绩指标完成情况良好，签订合同 11 亿元，同比增长 33%；实现利润 1.87 亿元，同比增长 8.9%，连续四年获得国家电网公司企业负责人绩效考核“A 级”评价，在国家电网公司首届任期（2019—2021 年）综合考核评价中获评“优秀”。首次以竞标方式入选国家发展改革委投资咨询机构“短名单”。聚焦主责主业精简优化内设机构，平稳划转徐州勘测设计中心，完成系统规划、数字化等业务优化调整，成立项目评审中心。推动国企改革三年行动收官，实现三年以上陈欠应收账款全面清零，经理层成员全部纳入任期制和契约化管理。制（修）订 13 项组织人事制度，优化绩效考核评价体系，培养使用优秀年轻领导人员，组织开展关键业务岗位公开竞聘，推荐 7 名青年骨干参加国家电网公司总部培养锻炼、1 名中层领导人员赴西部挂职帮扶，选拔 5 名年轻领导人员赴省公司挂职锻炼，评选推荐 11 名各级青年人才托举工程人选。通过社会招聘，引进 13 名成熟技术人才。首次发布经研体系“十大研究课题”和“十大创新示范工程”，举办经研体系“网上电网”创新应用大赛。

电网规划　推动能源转型。牵头开展未来十年逐省电力电量平衡分析，创新概率化供需分析方法，为精准制定保供方案提供支撑。完成配电网发展与管理、二次系统顶层设计等重大专题研究，为配电网转型发展提供决策支撑。落实城市更新行动和乡村振兴战略部署，编制完成坚强局部电网、高层小区双电源改造、高标准农田电网配套建设和终端通信接入网等专项规划。提升保供支撑能力。承接国家电网公司跨省跨区送电计划与购售合同管理支撑工作。完成重满载主变压器运行情况分析，助力国家电网公司打赢迎峰度夏保卫战。

评审咨询　一体推进“三交九直”等特高压工程（预）可研和牵头设计，深化直流输电系统方案论证，突破超高海拔、特重冰区等工程设计难题，助力“五交一直”工程取得核准、陇东—山东工程完成核准评估。成立研究专班，论证藏东南、青海等高比例新能源基地开发外送方案。完成川藏铁路施工供电、攀西电网优化工程初设和施工图设计。完成国家电网公司高速信息骨干网建设、生产专用省际传输网第二平面工程设计。并行推进 9 项特高压直流工程和 7 项在运直流改造工程成套设计，全过程支撑白鹤滩—浙江、白鹤滩—江苏和闽粤联网工程建成投运。创新提出基于 SVG 换相的直流输电技术，为破解高比例新能源 + 弱系统下的直流稳定送出难题提供全新解决方案。设备监造加快转型，推进 6 项特高压工程设备材料监造任务。攻关大型充油设备防爆设计技术并实现试点应用。开展关键设备质量“回头看”，牵头完成柔性直流换流阀可靠性再提升专项工作。赴土耳其支撑凡城直流工程现场调试。

加强评审计划管理，落实预审机制，完成江苏扬州—镇江交改直等一批创新工程和重点项目的可研初设评审。完成电网工程后评价“回头看”。开展设备材料信息价研究，提出差异化费用动态管控策略。建立电网基建项目执行风险管控与预警机制，推动规划项目按期落地。支撑现代设备管理体系和安全管理体系建设走深走实。支撑国家电网公司制定资产管理策略体系框架，构建“资产墙”风险分析预警模型。完成国家电网公司安全管理体系评价机制建设，牵头编制体系评价标准。

科研创新 首次牵头国资委“1025 专项”攻关任务，参与 6 项国家级科技项目，承担总部科技项目 113 项，牵头国家电网公司新型电力系统科技攻关行动计划重大项目 1 项，实现总部科技项目合同 1.88 亿元，同比增长 46%。支撑国家电网公司创立新型电力系统技术创新联盟，签约 1 项联合攻关项目。获得省部级以上奖项 28 项，主导立项 IEEE 标准 1 项、行业标准 5 项，支撑国家电网公司申报第七届中国工业大奖和中华环境奖。承担全国电力系统电网资产管理标委会秘书处职能。自主首创的有源滤波器、幅相校正器、动态电容器强补技术实现落地应用，牵头研发世界首个 5kA 大容量 IGBT 阀片和自主可控直流控保样机，推动直流技术升级。举办“能源转换与经济”年度论坛和 3 期专题论坛。

数字化转型 推进国家电网公司数字化总体架构设计优化，完成国家电网公司“十四五”数字化滚动规划。上线运行特高压大数据系统。支撑 e 基建 2.0 平台加快建设。一体推进数字换流站、变电站建设，推动工程试点建设，初步形成数字化应用生态。助力国产化 BIM 技术开发应用。建立数字经研院专题会议机制，推进“基础资源入云、经营管理整合、业务工作上网、数据价值挖掘、应用机制建设”各项重点任务。完成存量系统“上云”，加快推进经营管理一系统建设。依托“网上电网”平台，创新“零调研”咨询、诊断模式，形成数据赋能业务的新优势。推动生产技改大修项目数据质量监测机制纳入国家电网公司数字化项目需求储备。制定电网建设运行环节数字化移交方案。

党的建设和精神文明建设 召开专题部署会议抓实学习宣传贯彻党的二十大精神，党员代表学习习近平总书记重要讲话精神的感悟体会入选新华社通稿，获《人民日报》《光明日报》等中央媒体转载。推进“旗帜领航·提质登高”行动计划，支撑公司重大工程规划建设，发挥党员突击队作用，提炼形成“一名党员一面旗”等典型经验，获评“国企党建创新优秀案例”。召开党风廉政建设和反腐败工作会议，制定落实全面从严治党主体责任和监督责任清单。一体推进“三不”建设，完成落实中央八项规定精神等专项督查。加强宣传策划和主题传播，在各类媒体刊发宣传报道 130 余篇，《科技创新助力“绿电”长跑》文章获人民日报刊载。

（彭方正）

【国网能源研究院有限公司】

单位概况 国网能源研究院有限公司（简称国网能源院）是国家电网公司的全资子公司，是国家电网公司从事软科学研究及重大决策咨询服务的直属科研单位，是国家电网公司的智库机构，承担着理论创新、战略创新和管理创新的研究职责，为国家电网公司战略决策和运营管理提供智力支撑，同时也为政府政策制定和能源电力行业发展提供咨询服务。

组织机构 设职能部门 5 个：办公室（党委办公室，内设后勤服务中心）、科研发展部、财务资产部、党委组织部（人力资源部）和党委党建部（党委宣传部、纪委办公室、合规审计部、巡察办）。业务部门 9 个：企业战略研究所、能源战略与规划研究所、经济与能源供需研究所、电网发展综合研究所、新能源研究所、管理咨询研究所、财会与审计研究所、能源数字经济研究所、能源互联网研究所。管理国家电网公司科技项目咨询中心和《中国电力》杂志，代管国网人才交流服务中心、参股国网（苏州）城市能源研究院和国网新能源云技术公司。推行“业务所 + 柔性团队”组织方式变革，布局碳达峰碳中和研究、新型电力系统研究、能源电力战略规划研究、能源电力供需研究、能源电力体制改革与电力市场研究、能源电力数字经济研究、企业战略规划研究、企业经营与财务研究、企业运营管理研究、企业治理与风控合规研究、品牌文化与社会责任研究和模型工具及实验室研发等“11 + 1”个研究领域。

国网能源院完善治理体系，推进管理转型，各项工作取得优异成绩，经营考核指标超额完成，连续第九年获得国家电网公司企业负责人业绩考核A级。

人力资源 截至2022年底，国网能源院在编员工308人，其中：研究咨询人员244人，占比79%；博士169人、硕士122人，占比94%；高级职称人员157人；享受国务院政府特殊津贴专家2人。录用高校毕业生18人，招收博士后1人。组织领导人员线上培训1期，党员干部集中培训1期，新员工培训1期，开展各类专家讲座、培训研讨100余次。

经营管理 超额完成年度指标。全年承担项目和在线任务1423项。报送专报内参218篇，同比增长20%；咨询建议被国家电网公司及政府部门采纳80项；为国家电网公司战略例会提供成果258项，同比增长18%；获得各类科研成果奖励88项，同比增长35%；获得专利授权16项，取得计算机软件著作权42项。

完善智库治理体系。完善形成落实国家电网公司战略的"12248"体系，锚定建设世界一流高端智库发展目标，立足国家电网公司和能源电力行业，增强"人才""工具"核心竞争力，当好"智囊团""千里眼""预警机"和"人才库"，统筹实施党建引领、业务聚优、人才培优、绩效促优、质量提升、效率提升、数智提升、合规提升八项工程。智库建设案例入选2022年度中国智库索引（CTTI）示范案例。

改革科研管理机制。明确"战略+任务"导向，聚焦11个研究领域、53个研究方向，跨部门组建"双碳"、新型电力系统、能源电力战略规划等领域团队，设立新型能源体系、虚拟电厂等攻关团队。推进项目负责制，实施重大项目"揭榜挂帅"。推进各业务所主责主业优化调整和定编、定岗、定责权。

提升管理合规水平。修订国网能源院工作规则、决策事项清单等制度，落实重大事项充分论证再决策机制。健全会议和纪要制度。深化绩效管理和岗位管理，完善评优评先办法。推进财务精益管理，实施全成本管控。启动数智化能源院建设，开展内外部调研，梳理分析数智转型基础。

促进"一社两中心"发展质量。《中国电力》入选国际知名数据库，再次入选科技期刊世界影响力指数报告，成立新一届期刊编委会和首届青年编委会。项目中心协助完成科技项目指南发布、审查验收等常态任务，支撑实验室体系优化和科技攻关团队组建。人才中心完成职称评定、专家人才选拔考核、毕业生招聘等任务，继续教育、职称培训等业务实现突破，获评北京地区5A级人力资源服务机构。

课题研究 发挥优势建言献策。完成战略课题，与国网政研室共同撰写专报30篇，获得批示圈阅数量较2021年增长约四成。支撑报送《国家电网专报》91篇，其中14篇获得上级领导批示圈阅，6篇被上级机构全文采用。有关领导在澳大利亚电力现货市场暂停分析专报上作出批示。向国家电网公司领导报送研究专报101篇，获得肯定。

支撑国家电网公司重点工作。研究编制国家电网公司"一体四翼"落地实施方案和任务清单，配合修编国家电网公司"十四五"发展规划和国家电网战略纲要。开展电力市场设计、电力保供预警、配电网形态演进、消费侧"双碳"路径等重大专项研究，提出一、二次能源综合平衡，碳排放核算，虚拟电厂等有关专业观点。服务支撑国家电网公司原创技术策源地打造、新型电力系统产业链链长申报、输配电价成本监审、落实国家重大战略部署专项督察以及援疆援藏等工作。

服务政府政策制订。承担政府课题和研究任务110项，安排多名研究骨干进入政府部门工作专班。承接国家能源局能源监测分析工作，邀请国家发展改革委、国资委相关司局负责同志到院指导。完成中财办新型电力系统等委托任务。向国家发展改革委提交阶梯电价、煤电容量成本补偿等成果。承担国家能源局委托的电力保供、新型能源体系、用户侧电气化等课题，参与编制新型电力系统蓝皮书。承担国资委委托的马克思主义资本理论指导国有经济发展、央企数字化转型路径设计、新国企理论和实践等课题，支撑完成央企碳减排白皮书。

提升智库服务能力。编印《碳达峰碳中和简明知识词典》和《能源电力行业分布式概念简明知识》。改版《能源研究观点·专报》。与国网党校及国网河南、四川电力签订合作协议，推进与清华大学电机系、国家气候中心、中国科学院战略咨询院的合作。接受主流媒体采访50余次，阐释专业观点，凝聚发展共识。

推动国际交流合作。联合举办2022能源电力转型国际论坛"能源低碳转型与能源安全"平行论坛，协助举办APEC能源智库论坛2022。与美国能源基金会、中欧能源合作平台等开展项目合作。与国际可再生能源署联合发布成果。参加全球气候变化大会（COP27）、中俄能源商务论坛等高层次会议并作主题演讲。与国家电网公司驻外办建立常态化沟通合作机制，完成世界经济论坛等相关秘书处工作。

党的建设和精神文明建设 学习宣传贯彻党的二十大精神。国网能源院党委第一时间传达学习、开展中心组学习、举办专题读书班，党委书记和国家电网公司宣讲团成员宣讲党的二十大精神。组织"深入学习宣传贯彻党的二十大精神 推进院'12248'体系落地实施"培训。与国网党校、国网河南电力举办学习宣传贯彻党的二十大精神党建共建研讨会。

党建与业务融合。聚焦中国式现代化主题，超前策划中国特色能源电力等研究成果。开展“党的作风建设与提升智库研究质量”等主题活动。开创国家电网公司二级单位间“青马培养”合作实践。党建引领智库高质量发展新模式获评首届国有企业深化改革实践成果一等奖。“适应‘一体四翼’发展布局的国家电网公司企业文化建设研究”获评国家电网公司思想文化建设优秀成果一等奖。

党风廉政建设。开展党风廉政建设和反腐败斗争，完成党风廉政建设约谈。修订廉政建设监督员工作规定，聘任新一届监督员。开展提升报告质量监督调研。编制重要廉洁风险防控自检手册，获驻国家电网公司纪检监察组肯定。编发警示教育案例库，首次通报科研诚信行为。制定加强新时代廉洁文化建设实施方案，厚植廉洁文化。

企业文化建设。制定实施幸福家园建设“十四五”行动纲要。建立院长联络员管理办法，聘任18名院长联络员，分季度听取意见建议。首次开展职工满意度测评，平等协商签订院第一份集体合同。举办“青年五四奖章”现场评比。揭牌投运能源智库研讨中心。举办职工文化成果展演、运动会、家庭日等活动。院职工作品获评公司文创大赛银奖。

（王珊丹）

【国网智能电网研究院有限公司】

单位概况　国网智能电网研究院有限公司（简称国网智研院）前身为国网智能电网研究院，2016年2月更名为全球能源互联网研究院，2017年10月改制为全球能源互联网研究院有限公司，2021年12月更名为国网智能电网研究院有限公司（全球能源互联网研究院有限公司）。国网智研院是国家电网公司前沿技术创新中心和先进装备研发中心，重点开展新型电力系统基础共性、战略性、前沿性技术研究，新型高端装备、系统、器件、新材料等开发，建设跨领域、跨专业的国际化科研平台，努力打造世界一流的高端技术研发基地、重大成果输出基地和高端人才培养基地。拥有“先进输电技术国家重点实验室”“新型输配电技术国家工程研究中心”“国家能源高压直流输电技术与装备研发中心”3个国家级实验室；拥有“大功率电力电子”“直流电网技术与仿真”2个北京市重点实验室；拥有“电力网络安全防护与监测技术”“电能质量态势感知与控制技术”“电网先进计算及应用技术”和“电力智能传感技术”4个公司实验室。实验室具有国家级计量认证CMA和实验室国家认可CNAS资质。

2022年，国网智研院全年累计获得科技奖励50项，发布标准40项，授权发明专利248项，申请海外PCT 15项。中标德国BorWin6海上风电柔性直流输电工程，主导发布中国首个柔性直流输电领域IEC标准，入选国家“科改示范企业”。获公司企业负责人年度业绩考核A级。

人力资源　设置6个职能部门、2个支撑部门，拥有新型电网技术、电力电子、直流输电技术、电工新材料、电网数字化技术、计算及应用、功率半导体、电力传感技术8个专业机构（研究所），全球能源互联网美国研究院、全球能源互联网欧洲研究院2个海外研究院以及南京分公司。全口径员工总数697人，拥有研究生学位的员工占比86.93%，中国科学院院士1人，中国工程院院士1人，德国工程院院士1人，中央直接联系的高级专家1人，享受国务院政府特殊津贴的专家6人，新世纪百千万人才2人，国家高层次人才特殊支持计划3人，创新人才推进计划专家2人，中国电科院院士1人，国家电网公司首席专家1人，北京市科技新星1人，京华大地上的杰出工程师1人，优秀青年能源科技工作者1人，国家电网公司杰出青年岗位能手1人，国家电网公司青年人才托举工程人选7人。

科技创新　推进“123”科技战略，优化科研任务布局，明确7大专业方向、9项重大突破和20项重点培育任务，融入国家电网公司科技创新体系。远海风电送出、新型换流装备、智能计算、电力传感、网络安全5支国家电网公司首批科技攻关团队全部获批。

科研支撑。首次牵头“远海风电直流汇集”新型电力系统科技攻关行动计划，先进计算、智能传感等研究领域纳入原创技术策源地和现代产业链链长建设方案。±500kV/1200A可控换相换流阀（CLCC）通过型式试验，支撑葛南直流改造工程建设。自主研制电压等级最高、单端口容量最大的110kV/60MW能量路由器，应用于湖北广水100%新能源新型电力系统示范工程。研发世界首个10kV/5MVA全碳化硅电力电子变压器，在雄安智慧驿站示范工程投运。完成北京冬奥和冬残奥会、党的二十大等重大活动网络安全保障，支撑国家电网公司在国家网络安全演习中取得央企第一。牵头完成新型电力系统网络安全防护体系设计，推动实现国家电网公司人工智能“两库一平台”两级贯通。完善大气和土壤腐蚀等级分布图，服务电网设计、建设差异化防腐选型。

关键核心技术攻关。新型电网技术方面，突破海上风电柔直并网主动支撑控制技术，实现有功毫秒级“自发”支撑；攻克快速识别与在线抑制技术，完成国内首台自适应宽频振荡抑制装置样机研制；研发白鹤滩—江苏特高压直流工程自主化实时仿真系统。高端装备研制方面，攻克大电流瞬变应力抑制和主动换相控制保护技术，研制世界首台可控换相换流阀（CLCC）；提出电压源受控振荡新型直流开断方法，完成低成本20kV直流断路器研制；研发大容量交交换流器、快速机械开关等低频输电关键装备。材料器件攻关方面，国内首台252kV SF_6石墨烯电触头高压断路器在宁夏投运；35kV聚丙烯低碳环保电缆在天津实现国内首次挂网运行；自主研发的国产耐热刻痕硅钢配电变压器在浙江金华首座“零碳配电房”实现应用；宽频交直流MEMS自取能传感器纳入国资委“1025专项”攻关任务。数字赋能创新方面，研发电力行业首个自然语言处理大模型，全国产化分布式资源聚合调控系统在上海部署应用；研制具有国际先进水平的气体检测传感器和宽带射频局放检测设备。

科研生态。实验能力方面，电能质量、智能传感、先进计算、网络安全4个国家电网公司第一批实验室获批；建成全套可控换相换流阀及阀控试验专用平台，升级电气量传感、虚拟电厂聚合调控、人工智能大模型训练等试验条件。协同合作方面，参与新型电力系统技术创新联盟建设，与清华大学等成员单位联合开展大规模清洁能源并网送出技术攻关；完成北京智慧能源研究院划转，支撑怀柔实验室建设；首次与中石油合作承担国际科技项目，联合英国卡迪夫大学再次获批欧盟科技项目。

海外工程建设。推动国家电网公司成立BorWin6工程建设领导小组，联合系统内部优势力量，推进成套设计、系统仿真、风险防控等工作。组建柔性管理团队，成立项目公司，构建涵盖17个专业领域的管理体系。完成工程启动和概念设计，启动境外关键设备采购，整体进度满足里程碑计划。完成系统主回路参数设计，提出换流平台轻型化方案，重量减少56%。研制换流阀模块样机，核心指标达到工程要求。

改革经营　改革任务。国企改革三年行动收官，提前完成重点任务。推进科改示范行动，16项重点任务完成年度目标。首次设立青年科技人才专项，完善“揭榜挂帅”等新型攻关机制，配置科研财务助理28名。

激励机制。设立“科技创新特殊贡献奖”。兑现年度项目收益分红，激励总额同比增长381%。深化“三项制度”改革，完成330名员工职业发展通道测评和调整。

知识产权运营。全年新增成果转化12项，深化“一企一策”合资公司运营管控。国家电网公司首期双创孵化培育资金15项成果出孵。通过大中小企业融通发展平台孵化5家北京市“专精特新”企业。

基础管理　管理能力。开展管理提升专项行动，优化工作流程20项，落实特色举措56项。强化研究所综合办规范管理，制修订制度12项。加强计划和预算调控，推进经营目标统筹、指标全过程管控和成本精益化管理。推进美国院关闭处置，完成房产期权协议签订。

数字化建设。制订数字化能力提升三年行动计划，完成信息系统技术升级与功能优化40项。建成移动应用和非结构化数据平台，管理看板、综合业务办理等功能上线应用。

安全生产。收官安全生产专项整治三年行动。建立“未遂事件”管理机制、安全生产评价通报机制。组织开展监督检查17次，问题整改完成。通过SCL安全文化体系3级认证审核。

党的建设和精神文明建设　学习宣传贯彻党的二十大精神。组织集中收听收看党的二十大开幕会，通过党委会、中心组学习、专题读书班、“三会一课”等方式，原原本本深研细读，领会精神实质，把握核心要义。院领导班子成员带头，深入分管领域、联系点单位宣讲，各级党组织开展主题宣讲28次。发挥各类媒体平台作用，结合科研布局优化、科改示范行动等重点工作，宣传展示学习贯彻成果。制定《学习宣传贯彻党的二十大精神工作方案》，细化5个方面48项具体任务。

党建融合。实施“党建＋科技创新”工程，瞄准重点攻关方向，成立9支党员先锋队、4支青年突击队。设立29个党员责任区、68个党员示范岗，组建13对结对共建支部。

从严治党。制定落实全面从严治党主体责任、监督责任重点工作任务，健全领导班子运行监督机制。坚持严的基调，一体推进“三不腐”。开展科研领域廉洁风险防控体系项目研究，强化廉洁文化建设。

队伍建设。深化领导人员能力培养，推进岗位交流、学习深造和派出锻炼。加强领导人员推荐储备，优化干部队伍结构，增强青年干部选用力度。

文化建设。举办十周年院庆、未来科学城大讲堂等系列活动。承办驻华使节“步入央企”首站活动。实施青年精神素养提升工程，建立统战人士“双导师”机制。多项创新成果获人民日报、中央电视台等央级媒体重点宣传。为职工协调解决住房、子女入学等需求，做好疫情防控，保障职工身心健康。

【全球能源互联网研究院有限公司】

见国网智能电网研究院有限公司。

【南方电网科学研究院有限责任公司】

单位概况　南方电网科学研究院有限责任公司（简称南网科研院）是在南方电网技术研究中心的基础上组建而成的，成立于2010年8月6日，是南方电网公司控股子公司，是南方电网公司中央研究院、共享服务平台企业。2010年11月5日完成工商注册，注册资本金1亿元。

基于南方电网公司中央研究院定位，南网科研院致力于建设成为南方电网公司科技创新排头兵、能源电力行业人才高地、电力技术创新高地、创新改革“试验田”，打造具有全球竞争力的世界一流能源电力科学研究院。

南网科研院是国务院国资委“双百标杆”企业和“科改示范”企业，具有国家输变电工程特级调试资质、设备监理甲级资质、科技查新资质，通过ISO9001质量环境职业健康体系认证，先后被授予“国家火炬计划重点高新技术企业”、广东省“高新技术企业”“广州市创新型企业”等称号，企业信用评价AAA级信用企业。

南网科研院坚持走自主创新道路，推进科技高水平自立自强，在复杂大电网安全稳定分析与控制、特高压直流输电、柔性直流输电、电网仿真技术等领域处于世界领先水平，在智能配用电、网络安全、高压设备检测、电网防灾减灾等技术领域均取得了一系列重大自主创新成果。累计获得省部级以上科技奖励200余项，其中国家科技进步特等奖、一等奖、二等奖各1项，中国专利金奖1项，中国专利银奖2项，拥有发明专利近2千件。发布国际标准15项（其中主持发布IEC标准2项）、国家标准95项、行业标准62项。

南网科研院是CIGRE SC B4中国国家代表所在单位，是国标委电力需求侧管理标委会、4个中电联行业标委会秘书处挂靠单位（电力电容器、能源行业电力市场、输变电设备仿真、知识管理标委会），3个中国电机工程学会专委会秘书处挂靠单位（直流输电与电力电子、分布式发电及智能配电、防灾减灾专委会）。现有IEEE会士1人、IET会士2人，中国电机工程学会会士3人，IEEE高级会员6人，中国电机工程学会高级会员20人。共有205人次在国内外学术组织任职，其中有37人次在CIGRE、IEEE、IET等国际学术组织任职。

领导班子

党委书记、董事长：吴宝英

党委副书记、院长、董事：蔡希鹏

党委委员、纪委书记：王磊

党委委员、副院长：李岩

党委委员、副院长：郭琦

组织机构 设办公室（党委办公室、董事会办公室、院长办公室）、计划财务部、组织人事部（企业文化部、工会办公室）、创新战略部、监督部（纪委办公室、巡察办公室）、生产经营部（安全监管部）6个职能部门，新型电力系统研究所、直流输电与电力电子技术研究所、电网仿真与控制技术研究所、高电压技术研究所、配电技术研究所、计量技术研究所6个研究所，南方电网生产技术支持中心、信息安全中心、南方电网科技创新中心、科技成果推广应用事业部、品控技术中心、标准化与技术情报所5个中心，及1个全资子公司（广州南网科研技术有限责任公司）。

人员情况 截至2022年底，共有员工477人，平均年龄34岁，硕博占比超过89%，其中中国工程院院士2名、国家级人才支持计划人选3名、享受国务院政府特殊津贴6人、广东省杰出人才1人、领军人才2人、南方电网公司首席科学家1人、首席专业技术专家2人、战略级专家13人。科研人员占全院人数比超80%。

党的建设 坚持把政治建设摆在首位。严格落实“第一议题”机制，深入学习贯彻习近平新时代中国特色社会主义思想，深刻领悟“两个确立”的决定性意义，增强“四个意识”，坚定“四个自信”，坚决做到“两个维护”，不断提高政治判断力、政治领悟力、政治执行力。时刻同党中央决策部署对标对表，贯彻落实南方电网公司党组“两个维护”八项机制，28项“第一议题”落实举措全部完成。加强党的创新理论武装，落实党员教育培训。推动党史学习教育常态化长效化，形成36项落实举措。开展迎接党的二十大主题活动，创建了一批具有国有科技型企业代表性的高质量成果。围绕南方电网公司“六个专题”要求，制定28项工作安排，掀起系统学习宣传贯彻党的二十大精神的热潮。落实党建工作责任制。把规定动作做到位、出实效，46项年度党建工作全部完成。“党建领航”全面管理体系获评南方电网公司管理提升标杆项目。“为群众办实事”走心贴心，组织开展书记接待日、网格化联系服务员工谈心谈话等活动20余次，解决青年员工住房、子女托管等28项群众急难愁盼问题。加强党建带团建带工建，开展庆祝建团一百周年主题活动，涌现一批先进集体和个人。推进全面从严治党，全面从严治党任务清单55项任务全部完成。党支部参与基层治理落实落地，审计巡察精准定位问题，风清气正政治生态持续巩固，党的建设与改革发展生产经营实现一体部署、一体推进、一体落实。

科技创新 推进实现科技高水平自立自强，科技创新能力持续增强。荣获中国专利金奖1项，荣获行业、省部级奖励19项。承担一批国家级重点项目，牵头获批1项国家重点研发项目、3项国务院国资委关键核心技术攻关任务、3项国家自然科学基金项目，2项自主研发技术产品入选国家能源领域首台（套）重大技术装备（项目）认定名单，4项国家重点研发项目均以“优秀”通过验收。完善创新平台布局，推进直流输电技术国家重点实验室优化重组，获国务院国资委推荐并通过申报答辩。网络安全靶场获国家能源局授牌“国家级电力网络安全靶场”。深化新型电力系统关键技术攻关，成果应用于藏东南送电大湾区工程前期研究、海上风电送出项目、海外工程项目。硬核技术彰显价值，具有完全自主知识产权的DSP软件投入全网并轨应用，推动电网仿真计算主要工具自主化、智能化。提升南网技术影响力，代表南方电网公司在巴黎 CIGRE 大会推介特高压直流输电、海上风电送出等自主技术。

共享服务和工程集成 立足共享服务平台企业定位，全力服务国家重大战略，全方位服务南方电网规划建设、安全生产、供应链、现代供电服务体系、科技情报、管理创新、国际交流等各领域，服务满意度创历史新高。主网设备标准化、重大隐患见底清零、重大工程建设等成效获南方电网公司发文嘉奖。推动南方电网生产指挥中心建设运行。完成北京冬奥会、护网行动、党的二十大等重大网络安全保障任务。建成系统内检测品类最齐全、资质范围最广的自主检测机构，网级自主检测能力和资质覆盖率均超过 50%。做优科技情报咨询，《电力技术情报》《新型电力系统情报速递》等产品辐射力增强。助力南方电网公司与怀柔实验室达成战略合作，促成南方电网公司成为国家 2030 重大项目实施主体。建章立制服务 13 家联合研究院合作，加入 2 个央企攻关协同体。服务南网标准和中国标准“走出去”，服务澜湄区域电力技术标准促进会成功举办。工程集成业务成效显著，拓展青洲五七项目、菲律宾三宝颜项目、智利 KILO 项目等一批海内外工程集成项目，签订南网科研院首个电力集成供货项目。

管理体系和管理能力现代化 坚持战略引领，启动南网科研院发展战略及“十四五”规划修编。启动三定方案优化调整，完善内设机构分工，推进组织架构扁平化，职责定位更加清晰，组织架构更加合理。坚持依法治企、依规经营，超额完成经营目标，营业收入同比增长 21.0%，新签合同额同比增长 102.7%，净利润同比增长 16.8%，全员劳动生产率同比增长 11.34%。法人决策主体依法规范运作，董事会定战略、作决策、防风险能力提升，维护全体股东合法权益。树立“质量第一”理念，制定《南网科研院全面质量管理工作方案》，实施 6 方面 14 项具体举措，产品质量、服务质量和工作质量提升。启动品牌建设专项行动，发挥品牌引导作用，树立良好企业形象。启动科研精神文化建设专项行动，制定 9 大关键任务，培育科研精神文化，提升企业软实力。深化对标世界一流管理提升，入选南方电网公司管理提升标杆企业。修订制度图谱和内控手册，优化制度流程。上线知识共享服务平台、科研人才数字化管理平台等信息系统，启动南网科研院数字化建设提升专项工作。

人才梯队建设 优化人才发展顶层设计，创新人才工作机制，制定《南网科研院党委关于贯彻落实南方电网公司党组新时代人才工作部署的行动方案》，提出 48 条举措，优化专业技术人才职业发展通道。实施内部人才市场，择优选派 3 名干部、9 名人才去基层到西部。高层次人才队伍壮大，新增国家级人才 3 名，柔性引进院士等战略级高层次人才 3 名，入选专业学术组织人才计划 2 名。7 人在新一轮南方电网公司战略级技术专家选拔中脱颖而出，占比近 1/4。自主遴选领军级、拔尖级专家 68 人。人才梯队建设经验做法刊登国务院国资委网站。

全面深化改革攻坚 落实“能快则快、能好更好”改革要求，提前完成南方电网公司改革三年行动全部任务。荣获国务院国资委“双百企业”考核“标杆”称号，改革案例入选国务院国资委改革典型案例集。入选“科改示范行动”企业。推动现代企业制度建设，落实“两个一以贯之”，突出党委在治理结构中的法定地位，构建“1234”国有科技型企业公司治理模式。落实南方电网公司《科技体制机制改革三年行动实施方案》，加快建设现代化创新体系，启动“科改示范行动”，从原创技术布局、成果转化、平台和人才建设等方面系统部署 70 项改革硬任务。健全市场化经营机制，推行干部“能上能下”管理，健全科技创新激励保障机制，实施新一轮岗位分红，用改革激发动能。

（王小春）

【南方电网能源发展研究院有限责任公司】

单位概况 南方电网能源发展研究院有限责任公司（简称南网能源院）是南方电网公司的全资控股子公司，于 2017 年 8 月 21 日发文成立，2017 年 12 月 14 日核准工商登记注册，注册资本金 1 亿元人民币。2019 年 7 月 18 日，增挂“南方电网改革发展研究中心”牌子。2021 年 8 月 2 日，增挂“南方电网澜湄国家能源电力合作研究中心”牌子。2022 年 9 月 6 日，成立可再生能源结算服务中心。2022 年 9 月 29 日，接收广州电力设计院有限公司为全资子公司。代管“南方电网电力定额站”和“南方电力建设工程质量监督中心站”。

南网能源院是南方电网公司智库、共享服务平台企业，成立以来，加快高端智库建设，建立了涵盖能源电力政策研究、能源发展战略研究、改革发展与生产经营研究、投资与财务研究、电力规划研究、电力工程建设管理咨询、新兴业务研究咨询、国际业务研究咨询等具有南网特色智库机构的研究咨询业务体系，成为能源电力行业政策研究重要力量，成为南方电网公司政研体系重要力量，努力打造南方电网公司唯一权威的规划设计平台，成为能源电力规划以及电网、技改、信息、科技、国际化等投资项目咨询重要力量。

南网能源院是中国能源研究会常务理事单位，国务院国资委中央企业智库联盟、中国电力企业联合会等 10 个协会组织的重要成员单位，是中国电机工程学会电力市场专业委员会秘书处、中国电力企业联合会技术经济标准委员会电网基建工程分会秘书处挂靠单位，2019年入选中国智库索引（CTTI）来源智库，2021年通过国家高科技企业认定，2022年获得工程咨询单位乙级资信评价证书。

2022年，南网能源院全年未发生安全事故事件、信访维稳事件、违纪违法事件、疫情破防事件。合并口径下营业收入4.85亿元，同比增长11.12%；净利润4711.53万元，同比增长96.66%；劳动生产率91.35万元/（人·年），同比增长10.92%。全年承担各类课题432项，同比增长13.7%。首次荣获南方电网公司“集体一等功”“集体三等功”“五四红旗团支部”“巾帼建功标兵”，再次荣获南方电网公司“五一劳动奖章”。

领导班子

1. 党委

书记：吴宝英（至2022年5月20日）、张勉荣（2022年6月20日起）

副书记：张良栋

委员：胡志广（至2022年10月10日）、程其云、龚鹤强、左浩

纪委书记：龚鹤强

工会主席：左浩

2. 董事会

董事长：吴宝英（至2022年5月20日）、张勉荣（2022年6月20日起）

董　事：张良栋、于俊岭（至2022年5月12日）、秦华（2022年5月12日起）、庞准、黄家林、赵建华

职工董事：邹贵林

3. 监事

监事：王静辉

4. 经理层

总经理（院长）：张良栋

副总经理（副院长）：胡志广（至2022年10月10日）、程其云、左浩

总会计师：林志文（2022年11月4日起）

组织机构　2022年南网能源院组织机构调整如下：8月30日，监督部（纪委办公室）更名为合规监审部（纪委办公室）；9月6日，成立可再生能源结算服务中心；9月29日，接收广州电力设计院有限公司为全资子公司。

南网能源院设立了党委和以外部董事占多数的董事会，党委成员5名，董事会成员7名，配备监事1名，设置经理层。内部设有办公室（董事会办公室、党委办公室）、计划生产部、人力资源部、财务管理部、党建工作部（工会办公室）、合规监审部（纪委办公室）6个职能部门，5个研究所能源战略与政策研究所、企业管理研究所、投资与财务研究所、新能源研究所、国际合作研究所（澜湄研究中心办公室）5个研究所，电力规划中心、咨询评审中心、技术经济中心（定额站）、工程管理咨询中心（质监站）、可再生能源结算服务中心5个中心及1个直属机构［大数据中心（期刊编辑部）］和1个全资子公司（广州电力设计院有限公司）。

年度工作　2022年，南网能源院完成南方电网公司党组关于“用2到3年建成具有较高知名度的能源行业高端智库”的指示要求，实现“不出事、效益好、创一流”的目标。全年获中央领导同志批示7人次，4项成果转化为国家部委政策文件；发表高水平论文48篇，授权专利12项，获网级及以上奖励61项。与国务院发展研究中心、中国社科院等10家国家高端智库建立稳定合作关系，与清华大学经管学院、国研科技集团、工信部中国电子技术标准化研究院达成战略合作。

课题研究　2022年，南网能源院承担的国家部委、五省区政府部门、央企智库和南方电网公司研究课题228项。

承担国家部委课题45项。其中，中财办3项、国家发展改革委5项、国务院国资委12项、国家能源局25项、国家社会科学基金委1项。首次承接政府间国际组织课题，中标世界银行“中国分布式可再生能源应用推广项目（CDRESP）”。与六家知名智库“背靠背”开展国家能源安全研究，首次成为国家部委重大课题统稿单位。受国家能源局电力安全监管司委托，牵头起草新型电力系统安全治理相关文件。首次参与国家能源局新型电力系统发展蓝皮书编制。首次通过公开竞争中标国家发展改革委2022年度碳达峰碳中和课题，是参与该课题的唯一企业研究机构。

承担五省区政府研究课题12项。其中，广东省发展改革委研究课题2项，广东省能源局、广东省公安厅等研究课题4项，贵州省能源局研究课题4项，云南省能源局研究课题2项。课题研究范围包括碳达峰碳中和实施路径、新型电力系统建设、国际合作等，协助地方政府推进能源消费革命、供给革命和国际合作，推动能源电力行业高质量发展。

承担央企智库联盟等智库研究课题14项。其中，央企智库联盟研究课题10项，中国工程院研究课题1项，中国工程科技发展战略云南研究院研究课题1项，中国能源研究会研究课题1项，中国电力企业联合会研究课题1项。研究涵盖“双碳”、能源发展战略、企业管理、科技创新等，服务范围扩大。

参与重要署名文章和重大文稿起草，承担南方电网公司主要领导调研交流参阅材料编制和《POCA战略管理》《南方电网20年发展报告》编著等专项任务。承担总部研究课题131项、技术服务项目109项，在数字电网建设、管理体系优化等倾注更多研究资源，

开展理论创新和对策研究，42 项成果转化为公司政策文件或制度，获南方电网公司领导批示 31 人次。

承担分子公司软课题、管理创新等研究课题26项。

改革创新 打赢国企改革三年行动收官战。改革完成情况评价位居服务支撑类企业前列，3 篇案例获国资委官网刊登，实现质量、进度“双领先”。完成广州电力设计院产权重组，推进业务融合。发布法人层级权责清单，修订完善22份治理文件。健全“三能”管理制度，“全员任期制契约化”工作经验纳入中央企业改革宣讲课程和南方电网公司改革典型案例，获国资委工作简报刊登。探索划小单元分配、岗位分红、中长期激励等特色做法，健全完善以奋斗者为本的激励机制。探索实践创新团队、开放基金等机制，调动内外部创新资源和力量。发挥电碳领域技术优势，开展电碳耦合领域核心技术攻关，牵头组建中国能源研究会电碳耦合专委会，打造原创技术策源地。启动建设电碳耦合系统研究实验室和电力规划实验室，成为南网能源院首个网级、院级实验室。推进智库数字化转型，提升全员数字化素养，建成政策研究应用系统、电力规划基础数据库，推进平台实用化和工具智能化，利用小工具增强工作实效。

经营管理 在业务承接模式、课题经费配套机制、项目分摊机制、支付方式等方面开展创新性实践，形成技术服务、软课题项目、创新项目、体系支撑服务的业务基本盘，推动智库平稳健康可持续发展。坚持全院一盘棋，围绕数字经济研究等重大任务组建跨部门工作团队，建立协同机制，整合优势力量，取得良好成效。引进并运用“三标一体”管理体系及方法工具，强化过程管控，工作质量和成果质量提升。推进内控体系完善、制度建设等工作，全年制修订管理制度 42 份，企业依法合规经营管理水平提升。引入商务助理，为全院提供投标、合同、项目及成果等流程化、基础性的工作服务，为研究人员松绑减负。

人才队伍建设 南网能源院贯彻落实“南网人才 30 条”，针对高端稀缺的短板，出台《落实南方电网公司党组关于新时代人才工作部署的行动方案》，实施 7 个方面 26 项举措，包括锁定方向全球招募、战略专家跟踪打造、项目领衔优先支持、产教融合构筑生态等配套。策划高潜人才培养计划，实施“首席研究员（PI）负责制”，在电碳耦合、新型电力系统、能源数字经济领域，授权赋能打造 3 个创新研发团队。提升专家影响力，新加入重点关注的国际行业组织 17 人次，国家级、行业及论坛主旨演讲 28 人次，派驻国家部委、南方电网公司总部挂职历练 11 人次。2022 年，战略级专家人数增至 2 人，1 名拟引进人选入选国家人才计划，3 人入选“南网高层次人才特支计划”；领军级以上专家增长 30%，博士学历提升 10%，正高级职称占比提升 23%；本部校招签约人选 985 博士占比 88%；人才当量达 1.75，位列南方电网公司系统前列。2022 年人才工作被人力资源开发研究会评为“中国企业人力资源管理优秀案例”；南网能源院被中电联评为“2021—2022 年度电力人才培养先进企业”。

党的建设 南网能源院坚持将迎接学习贯彻党的二十大作为贯穿全年的重大政治任务。开展习近平总书记重要指示批示精神再学习再落实再提升，坚定理想信念，筑牢思想根基，增强政治自觉。坚持全面学习、全面把握、全面落实，制定实施 8 方面 33 项具体任务安排，迅速掀起学习宣传贯彻热潮。落实“两个维护”八项机制，建立党史学习教育常态化长效化工作机制。连续四年开展“我为群众办实事”实践活动，连续两年全覆盖开展党委委员密切联系群众一对一谈心谈话，员工满意度提升至 98.5 分。开展中心组集中学习研讨和党员理想信念教育，落实意识形态工作责任制，常态对 13 个党支部开展意识形态工作督导检查。加强舆情管理，制定舆情正负面清单及突发新闻事件专项应急预案。强化主题宣传力度，首次制定新闻宣传重点选题计划，累计在主流媒体发表宣传稿件 90 余篇，重点围绕改革三年行动、三项制度改革、党建工作成效等重点工作，策划四篇专题宣传稿件，在人民日报客户端、国资委官网等刊登，编发《南网能源院 e 月刊》12 期。2022 年未发生舆情事件。

坚持以严的基调强化正风肃纪。严格落实中央八项规定精神，坚持纠“四风”树新风，推进“三不”一体落实。全年开展 6 次明察暗访，针对检查发现的 3 项不规范问题，督促相关党支部举一反三、自查整改。健全党委统一领导、全面覆盖、权威高效的监督体系，制定 54 项监督计划，从严开展监督，强化监督资源、信息、成果共享共用。围绕贯彻落实上级重大决策部署强化政治监督，编制政治监督台账，推动政治要件督办任务与年度重点工作有效关联、一体落实。跟进南方电网公司纪检监察组政治监督报告 20 项整改措施落实情况，报告反馈的问题、建议得到解决和落实。推进中央巡视反馈意见、南方电网公司党组第九轮、第十轮巡视发现共性问题和典型问题、经济责任审计整改，开展中央巡视整改和“靠企吃企”专项整治评估问效工作，推进 15 项改进措施，确保在党的二十大召开前，所有问题整改到位。深化“靠企吃企”重点问题治理，制定实施 46 项风险防控措施。开展严肃财经纪律、依法合规经营综合治理专项行动，细化 5 项任务、13 条具体举措，提升财务管理。通过党支部书记述职考核、履责约谈、提醒谈话等多种方式，传导落实责任。制定实施《南网能源院党委加强政治生态建设工作举措》，压实政治生态建设主体责任，全年保持党风廉政零信访举报，未出现干部员工涉“黄赌毒”、酒驾醉驾等情况。

主要事件

1月13日，南网能源院参与的“中央企业研发投入对标研究”“基于电力大数据支持中小微企业发展策略研究”2项管理创新课题研究，首次获南方电网公司嘉奖，分别获得国资委主要领导肯定性批示，中央领导同志批示。

1月14日，南网能源院举办了QC活动、质量认证培训班。本次培训围绕QC项目开展的底层逻辑与流程、ISO质量认证体系相关要求，介绍了QC小组活动头脑风暴和管理技术要点，详细讲解了PDCA各阶段的10个具体步骤，宣贯了质量认证体系的基本要求、文件编写要点等。

1月14日，南网能源院组织开展了题为“关于咨询评审中心工作相关思考”的政策分享沙龙。咨询评审中心4名员工结合个人思想认识和责任担当，围绕中心存在的主要问题以及未来业务发展的工作思考各抒己见畅所欲言，财合评审中心的实际状况，深入思考深刻分析，寻找解决之道。

2月17日，国家能源局组织召开会议，专门听取南网能源院关于新形势下中国能源专题研究成果汇报。

2月28日，南网能源院副总经理左浩带领国际所研究人员，与云南省能源局、云南大学国际关系学院、中国能建集团云南省电力设计院有限责任公司、中国电建集团昆明勘测设计院有限责任公司、南方电网云南国际公司等多家澜湄电力合作一线单位进行交流。

3月2日，中国工程院院士、南方电网公司终身首席专业技术志专家饶宏走进第四十六期“能源院大讲堂”，围绕“我国柔性直流输电技术的实践经验和发展”做了一场精彩的讲座。与会人员与饶宏院士就“柔性直流与产业发展”“柔性直流在配电网中的应用”等问题开展热烈现场沟通交流。

3月2日，南网能源院重点打造推出了面向南方电网公司系统的全新智库产品《热点资讯》。《热点资讯》每周五发布一期，每期摘编3～4文章，形式上从焦点话题的“面”中选取符合南方电网公司发展需求的价值“点”着重分析，不求兼容并包，但求论述清晰，观点鲜明，逐步将其打造为具有独特价值、体现专业水平的政策资讯刊物。

3月25日，南网能源院承担的首个国资委“揭榜挂帅”十大重大课题“国有企业全要素生产率的核算与应用研究”通过结题评审。国务院国资委考核分配局相关领导和北京大学、国投集团、国家电网、中石油经济研究所、中车研究院有关专家参加评审。

4月15日，南网能源院启动智库精神文化示范点建设工作。本次示范点建设以党支部为单位开展，各党支部从南网能源院智库精神文化中选取一项，作为本支部2022年智库精神文化示范点建设重点任务，积极探索有益经验、有效做法、有用载体，推进智库精神文化理念与管理制度、管理工具和管理实践深度融合，转化为南网能源院各项管理工作的价值准则。

4月19日，南网能源院启动2022年书记项目申报工作。党支部书记项目申报模式从支部自选命题转变为“党委命题+支部选答”。设定了依托重点课题集智攻关、全面质量提升、人才培养、智库精神文化建设、提升员工满意度等五个主题，由党支部结合自身实际选择题目，党支部书记牵头、全体党员共答，通过党支部书记项目，引导发挥党支部战斗堡垒作用、党支部书记“头雁作用”、党员先锋模范作用。

4月21日，南网能源院举办2022年第三期“能源院大讲堂”。邀请四川大学建筑与环境学院副教授、中国电子节能技术协会全生命周期绿色管理专委会主任委员王洪涛作主题为“产品生命周期碳足迹与碳标签体系”报告。

4月25日，南网能源院推行党支部组织生活记录电子化，借助信息化手段提升党建工作质量和效率、为党支部和党建工作者减负。这也是南网能源院党委2022年关心关爱员工为群众办实事的举措之一。

4月26日，国家能源局南方监管局张建平局长一行到南网能源院调研。围绕南方区域能源绿色低碳转型、构建现代能源体系和建设能源强国等进行座谈。

4月27日，南网能源院首次开展“杰出青年”评选表彰活动。“杰出青年”评选活动旨在通过典型选树，激励年轻干部和青年员工立足岗位建功立业。

5月10日，南网能源院组织团员青年集中收听收看庆祝中国共产主义青年团成立100周年大会，聆听习近平总书记重要讲话精神。

7月4日，南网能源院庆祝建党101周年主题党日。为深入学习习近平总书记在庆祝中国共产主义青年团成立100周年大会上的重要讲话精神，南网能源院党委精心组织了旨在展示新时代青年听党话，跟党走，担当作为的主题党日活动。

8月5日，南网能源院团支部开展“跟党奋斗、能源强国有我”主题团日暨青年大讨论活动，以“青马课堂”为载体，围绕“同先辈相比，我们身上多了什么”“同先辈相比，我们身上少了什么”“同习近平总书记对新时代中国青年的期望和时代与企业发展要求比，我们还需要充实什么”三个问题开展“青年大讨论”。

8月30日，南网能源院举办“奋进新征程 建功新时代”公文写作技能竞赛，30名员工参加竞赛，这是南网能源院首次举办劳动技能竞赛。

10月16日，南网能源院组织员工集中收看了党的二十大开幕会现场直播，全院设主会场 1 个、各党支部分会场 12 个、团支部分会场 1 个、下属单位分会场 3 个，实现各单位集中收听收看全覆盖。

11 月 13 日，南网能源院团支部开展“学习宣传贯彻党的二十大精神”主题团日，本次主题团日南网能源院团支部创新组织学习方法，将支部 23 名团员们分成自信自强组、勇毅前行组、踔厉奋发组、守正创新组四个学习小组，由支部委员分组领学研讨党的二十大报告，然后进行集中交流分享。

11 月 25 日，南网能源院组织各党支部参观网公司学习宣传贯彻党的二十大精神专题展览。

（彭雪芳）

【西安热工研究院有限公司】

单位概况 西安热工研究院有限公司（简称西安热工院）是中国电力行业国家级热能动力科学技术研究与热力发电技术开发的机构。主要专业于 1951 年在北京创建，1965 年迁址西安成立西安热工研究所。先后隶属燃料工业部、电力工业部、水利电力部、能源部、国家电力公司，期间随国家电力体制改革依次更名为电力工业部热工研究院（1994 年）、国家电力公司热工研究院（1998 年）、国电热工研究院（2001 年）。2003 年，成为中国华能控股，中国大唐、中国华电、中国国电集团公司（后重组为国家能源集团）、中国电力投资集团公司（后重组为国家电投）参股的有限责任公司，并正式更名为西安热工研究院有限公司。

领导班子

董事长、党委书记：苏立新

总经理、党委副书记：王月明

副总经理/副院长、党委委员、工会主席：牟春华

副总经理/副院长、党委委员：吕怀安

纪委书记、党委委员：何敏强

副总经理/副院长、党委委员：曾卫东

总会计师、党委委员：张良

组织机构 职能管理部门略有变动，调整标准化技术部为职能管理部门。目前，职能管部门共 14 个（办公室、科技环保部、市场部、人力资源部、财务与预算部、党建工作部、审计部、安全监管部、纪律检查部、事务部、海外事业部、采购管理部、教育培训部、标准化技术部）。

产业公司略有变动，成立西安西热产品认证检测有限公司，截至 2022 年底，除母公司外，共有二级子公司 16 家（其中全资子公司 5 家，控股子公司 2 家，参股子公司 6 家），有分公司 3 家。

人员情况 2022 年末，在岗职工 1228 人。其中硕士及以上学历人员 897 人（其中博士 136 人）、高级工程师及以上职称资格人员 643 人（其中正高级工程师 172 人）。其中，高级人才方面，西安热工院现有享受国务院特殊津贴专家 6 人，百千万人才工程国家级人选 4 人，国家有突出贡献中青年专家 1 人，享受“三秦人才津贴” 7 人，陕西省创新人才推进计划中青年科技新星 1 人、陕西省高层次人才特殊支持计划青年拔尖人才 2 人、西安市高层次国家级领军人才 2 人，地方级领军人才 6 人。华能集团首席专家 5 人，院首席专家 9 人，院高级专家 14 人，院技术专家 8 人。

科技工作

1. 科研奖项

获 2022 年度陕西省科学技术奖 2 项，其中二等奖 1 项，三等奖 1 项（主持完成 2 项）：气体燃料超净燃烧关键技术及装备研制与应用（二等奖）；背压发电机接入厂用系统保护控制关键技术研究与应用（三等奖）。

获 2022 年度中国电力科学技术奖 11 项，其中一等奖 2 项，二等奖 1 项，三等奖 8 项（主持完成 9 项）：广域协同新能源智慧运维系统研发及应用（一等奖）；发电机组漆膜故障检测、诊断、处理关键技术及成套装置研发（一等奖）；废 SCR 脱硝催化剂高效循环利用技术研发及应用（二等奖）；大型核电弹簧基础汽轮发电机组轴系振动预治理技术研究及工程应用（三等奖）；700℃先进超超临界锅炉选材方案研究及实炉验证（三等奖）；超低排放环保设施运行性能优化关键技术研究及应用（三等奖）；燃煤机组大比例掺烧超低挥发分碳基燃料关键技术（三等奖）；燃气蒸汽联合循环机组 NO_x 深度减排技术研究与应用（三等奖）；高参数火电机组重要复杂金属部件长寿命焊接修复关键技术开发及应用（三等奖）；面向复杂环境的直冷风力发电机结构优化及规模化应用（三等奖）；电站锅炉及其空预器性能评价标准化技术和应用。

获 2022 年度中国电力企业联合会电力创新奖 14 项，其中一等奖 3 项，二等奖 11 项（主持完成 13 项）：全国产 DCS 系统在百万千瓦超超临界二次再热机组的示范应用（一等奖）；适用于深度调峰的汽轮机阀点运行优化技术研究及应用（一等奖）；大型火电机组重要复杂金属部件原位消缺再制造关键技术开发及应用（一等奖）；面向燃煤机组深度调峰的低负荷 SCR 脱硝安全运行技术研究及应用（二等奖）；低挥发分煤粉锅炉改烧烟煤关键技术研究及应用（二等奖）；燃气蒸汽联合循环机组烟气脱硝技术优化研究与应用（二等奖）；一种保证准东煤锅炉安全运行的煤质参数控制方法（二等奖）；基于动态煤流分析的火电机组发电过程煤质自适应控制研究及应用（二等奖）；火力发电厂分散控制系统标准体系建设（二等奖）；基于“O2O”模式的大型火电机组远程诊断关键技术研究及应用（二等奖）；火电机组高温受热面服役安全保障技术与应用

（二等奖）；数据驱动的服役质量综合评估技术研究（二等奖）；一种具有聚焦特性的相控阵线阵探头楔块（二等奖）；高寒地区大规模长距离节能安全供热技术开发及工程应用（二等奖）。

获 2022 年度中国能源研究会能源创新奖 10 项，其中一等奖 2 项，二等奖 5 项，三等奖 3 项（主持完成 10 项）：全国产智能型分散控制系统关键技术研究及应用（一等奖）；电站锅炉燃料燃烧及综合性能评价关键技术研究及应用（一等奖）；海上风电机组选型、制造、运维一体化智能管控关键技术（二等奖）；面向燃煤电厂多样性失活催化剂深度再生技术体系构建及应用（二等奖）；防止发电机组生产事故措施的评价方法研究及应用（二等奖）；超（超）临界机组水汽系统全生命周期防腐防垢关键技术开发及应用（二等奖）；火电机组复杂金属部件消缺再制造关键技术（二等奖）；燃气蒸汽联合循环机组烟气脱硝优化关键技术及应用（三等奖）；火力发电厂热工自动化系统标准体系建设及系列标准制修订（三等奖）；火电机组动态煤流分析与发电过程煤质自适应控制（三等奖）。

获 2022 年度中国电力建设企业协会电力建设科学技术进步奖 18 项，其中一等奖 1 项，二等奖 5 项，三等奖 12 项（主持完成 17 项）：新建超超临界机组的全国产安全智能型 DCS 系统技术创新与集成（一等奖）；海上风电场智慧运维和关键设备性能提升技术（二等奖）；“互联网＋”大型发电机组设备远程诊断关键技术研究及应用（二等奖）；提高凝结水精处理系统安全可靠性的技术开发及应用（二等奖）；煤电节能先进技术集成应用及示范（二等奖）；超厚国产 P92 管道焊接热处理研究及在百万机组的应用（二等奖）；W 火焰机组 SCR 系统分区混合动态精准喷氨关键技术及应用（三等奖）；燃煤机组烟气超低排放环保设施运行优化技术研究与应用（三等奖）；发电厂大口径蒸汽管道超限位移形成机理及防控关键技术及应用（三等奖）；热电联产智慧供热一体化技术研究与应用（三等奖）；对冲燃烧煤粉锅炉全流程精准配风炉膛主动防腐技术及工程应用（三等奖）；灵活调峰火电机组多维度优化运行关键技术及应用（三等奖）；基于燃料全流程在线监测的锅炉智能燃煤掺配及燃烧技术（三等奖）；直冷系统板式蒸发冷凝系统研发及应用（三等奖）；火电机组入炉煤质多模融合分析与发电过程煤质自适应控制（三等奖）；燃煤机组低负荷脱硝关键技术研发及应用（三等奖）；一种实时监测风电机组运行时的功率出力偏差的方法（三等奖）；一种发电厂用辅机统调动力源系统（三等奖）。

获 2022 年度中国核能行业协会 1 项，为二等奖：核电厂汽轮发电机耦合振动溯源分析与治理技术研究及应用。

2022 年，西安热工院共有 22 项科技成果通过技术鉴定（19 项为国际领先水平、3 项为整体国际先进，部分国际领先）：深度调峰机组广义阀点优化关键技术研究及应用、面向燃煤电厂多样性失活催化剂深度再生技术体系构建及应用、高温气冷堆二回路水化学腐蚀控制关键技术研究、高寒地区长距离大流量高效安全供热技术开发及工程应用、全国产 DCS 控制系统在百万千瓦超超临界二次再热机组的示范应用、基于“O2O”模式的大型火电机组远程诊断关键技术研究及应用、火电机组高效启动运行优化关键技术研究及其应用、自主可控厂级监控信息系统研发及应用、废 SCR 脱硝催化剂高效循环利用技术研究与应用、防止发电机组生产事故措施的评价方法研究及应用、灵活性调峰背景下电站风机提效技术研究与应用、700℃先进超超临界锅炉选材方案研究及实炉验证、大型火电机组重要复杂金属部件原位消缺再制造技术开发及应用、广域协同新能源智慧运维系统研发及应用、核电厂汽轮发电机耦合振动治理技术研究与应用、空气压缩机新型干燥系统节能提质技术研究及应用、超临界二氧化碳循环发电关键技术及应用、水电站过流部件导电涂层下裂纹检测方法研究及应用、液态排渣锅炉全烧高碱煤技术研究与应用等为国际领先水平；基于动态煤流分析的火电机组发电过程煤质自适应控制、高温气冷堆二回路清洁结束及工程应用、风电机组自主可控 PLC 及控制系统研发与应用为整体国际先进，部分国际领先。

2. 专利

2022 年，共获得授权国内专利 1707 项、国际专利 36 项。其中，国内发明专利 469 项、实用新型专利 1238 项（名称略）。国际发明专利 3 项；实用新型专利 33 项。2022 年，西安热工院 1 项发明专利“一种风电齿轮油用抗氧抗磨复合添加剂组合物及制备方法”专利技术荣获第二十三届国家专利优秀奖。

3. 软件著作权

2022 年度获得软件著作权 92 项（名称略）。

4. 专著和论文

2022 年，西安热工院专业人员编著技术专著 2 部。在 2022 年度核心期刊及国内一级学会上，西安热工院专业人员共发表论文 138 篇（其中 SCI 论文 19 篇、EI 论文 19 篇）。

5. 纵向科研项目

2022 年获批科技项目 52 项，合同额 7.67 亿元，其中，专项经费 7.47 亿元，其中：国家重点研发计划项目 3 项，专项经费 2200 万元；国家自然科学基金项目 2 项，专项经费 84 万元；省市及部委科技项目 12 项，专项经费 129 万元；中国华能科技项目 33 项，专项经费 7.23 亿元。

2022 年执行科研项目共 381 项，其中：国家级科技项目 26 项，省市科技项目 21 项，中国华能科技项目 107 项，行业标准制修订项目 47 项，院自立研发项目 139 项，众创项目 23 项，其他科技项目 18 项，99 个项目通过验收。

6. 关键核心技术研发

2022 年，西安热工院推进核心技术攻关，取得重大突破。研制出 2 个高温材料阀门验证件，完成年度“1025 专项”军令状任务。燃机自主运维“1025 专项”一阶段 7 项任务进入收尾阶段，开发的 9FA 型燃机及其联合循环机组效能监测与诊断系统在南京燃机成功验证，实现国产化替代；2 片自主知识产权的 F 级燃机第一级动叶片具备了实证挂机条件。研制的国内首套全国产大功率水电调速器、励磁和继电保护系统投运，标志着中国大型水电站核心控制系统软硬件实现完全自主可控。“BDB”“1025 专项”“AK”等重大科技攻关年度任务高质量完成，在 2021 年国资委考核中，西安热工院科技创新成果获得行业最高科技奖励加分，为中国华能在国资委考核中位列发电企业前列、获得年度和任期经营业绩考核“双 A 级”作出贡献。发电侧工控和信息监控系统自主可控、650℃高效燃煤发电两个团队获得国资委“1025 突出贡献团队”。

7. 经营服务类技术项目

2022 年，全年累计签订经营服务类技术项目 3800 余项，火电、风电、水电、光伏发电、核电、煤炭、石化、有色金属以及市政等领域，涵盖国内个 33 个省（市、区），并涉及国外 8 个国家和地区，项目执行情况得到好评，收到来自国内外客户、项目合作方等发来的表扬信、感谢信共百余份。

调试的世界首个非补燃压缩空气储能电站成功投运。状态检修数字化技术在淮阴电厂成功示范。参与石岛湾高温堆燃料装卸系统技术改造，提出的建议得到业主高度评价。参建的陕西国华锦界电厂三期扩建项目获国家优质工程金奖。技术服务部门完成了国内 900 余厂次的现场技术监督、设备监造、材料检测、机组调试、性能试验、化学清洗和核电电气等服务，完成“一带一路”沿线 6 个国家 13 项海外服务，累计签订合同额 18.1 亿元，占横向合同的 53%，展现了经营业绩“压舱石”的责任担当。

绿色转型发展亮点突出。全球首套煤电耦合熔盐储热示范工程在国信靖江电厂成功投运，在提升机组调频调峰性能的同时，保障了机组供汽安全。承担的罗源电厂国内最大超级电容储能科技示范工程试并网。魏家峁煤电国内最大熔盐储热科技示范工程主体设备已完工。榆能集团、松原热电 50MW 超临界 CO_2 循环发电示范工程项目完成预可研和技术经济性分析，正在推进立项手续办理。研制的海上风电水下检测机器人在如东、射阳海上风电场开展水下作业，实现水下检测无人化、智能化。

8. 科研平台和基础设施

2022 年，西安热工院 4MW 燃烧试验台成功投运，参与国家能源实验室组建并牵头开展煤电灵活性提升等重大任务研究；参与组建的高效灵活煤电及 CCUS 全国重点实验室成为首批 20 家“全国重点实验室”；获批国家级电力网络安全靶场、获批“国家区块链创新应用试点”单位。牵头行业科研院所和领军企业，组建发电行业首个基础设施网络安全创新联合体，开展共性技术研究。重大科研立项取得历史性突破，首次获批国家自然科学基金面上项目，实现中国华能系统“零”突破。西安热工院获批电力行业职业能力评价基地。

9. 资质证书

西安热工院的质量、环境、职业健康安全管理体系（三标一体）证书以及工程咨询、电力工程调试、设备监理、特种设备（压力容器）检验、环境工程设计、热喷涂、电力设施承试、节能服务专项资质等各项专业资质有效保持；高新技术企业证书有效保持。其中，“水电、火电、风电、光伏设备”保持甲级，“核电、输变电设备”保持乙级，“水资源设备”新升甲级，“热力及燃气工程设备”新增乙级资质。2022 年，西安热工院获得水利部机电及金属结构设备制造监理资质。

10. 技术报告

2022 年，完成各类技术报告 5000 余份。

国际标准化工作 2022 年，西安热工院发布国际标准 3 项（主导 2 项，参与 1 项），共计 4 项国际标准成功立项。同时，在执行的国际标准项目达到 11 项（主导 10 项，参与 1 项）。

科改示范行动 科改示范行动收官。落实党和国家国企改革工作部署，以国企改革样板和科技创新尖兵的责任担当，推进“科改示范行动”工作，完成国企改革三年目标任务，实现高质量收官，在中央企业 2021 年度专项考核中，西安热工院再获“标杆”评级，成为发电企业中唯一获此殊荣的单位。西安热工院作为全国国企改革典型代表，在国资委国企改革三年行动推进会上交流经验做法。西安热工院国企改革的典型经验分别通过中组部中国干部网络学院“科改示范行动”专题网络培训班课程和国资委“学先进、抓典型、促落实”专项工作简报等形式向全国国有企业示范推广。

其他荣誉 2022 年，西安热工院再度荣获中国华能年度绩效考核、党建考核“双 A 级”、连续 12 年获评中国华能先进企业。另外，荣获“第三届安全科技进步奖”等荣誉。

国际合作与交流 2022年，西安热工院派员赴意大利、美国、巴基斯坦、土耳其、阿联酋、菲律宾、老挝、孟加拉国、澳门等9个国家和地区参加国际会议，开展技术服务，共计16批32人次。

加强对外合作，2022年，签订了缅甸京荣等光伏项目设备监造技术服务合同，实现海外新能源业务零的突破。加强与塞尔维亚潘切沃燃机电站、阿联酋哈斯彦燃煤电站、巴基斯坦卡拉奇核电站以及菲律宾迪格宁燃煤电站等单位的联系与交流，推动老挝、土耳其、澳门等国家电站改造项目前期工作。全年签订境外项目20项，合同额共计1600万元，涉及11个国家和地区，为“一带一路”电力建设提供支持。

党建工作 理论武装水平提升。跟进学习习近平总书记重要讲话和指示批示精神，党委理论中心组全年开展集中学习研讨8次；强化党员教育培训，多维度组织学习近300次，利用“移动课堂”实现在线学习常态化。举办党支部书记轮训班，3个专题共127名党员干部参加培训。

推进党建引领工作。联合中国华能科技部、浙江分公司开展“党建引领+650℃发电项目聚力攻坚”联建共建，以党建共同体带动创新联合体。部署“党建引领+科技创新”深度融合“4321”活动，开展“喜迎二十大 奋进新征程”主题实践，在关键核心技术攻关、重大技术项目研发、重点技术服务项目设立党员攻关组、党员示范岗，开展实验室达标管理劳动竞赛。超临界 CO_2 循环发电团队荣获第四届“华能榜样”。新能源部党支部荣获中国华能“红旗党支部”，燃机部党员攻关组、调试部党员服务队荣获中国华能优秀党员示范“区岗队组”。

全面从严治党纵深推进。围绕贯彻落实科技自立自强、绿色低碳转型、国企改革等“国之大者”开展政治监督。突出抓好“一把手”和领导班子监督，发布监督意见书8份。开展中国华能历次巡视反馈问题自查自纠，举一反三查找共性问题39项，制定整改措施67条并逐项推动整改。一体推进“三不腐”体制机制，深化“靠企吃企”问题整治，处置问题线索，加强内部监督制度建设，提升监督工作质量，开展廉洁文化征文主题活动，营造风清气正良好生态。落实中央八项规定精神，抓早抓小筑牢廉洁自律防线。

加强干部人才队伍。制定“十四五”人力资源发展规划，高标准谋划全院干部人才队伍建设。按照新时期好干部标准，选拔优秀年轻领导干部，全年竞争性选拔基层干部66名。加强干部培养教育，开展首届基层干部培训班和新员工现场实训。做好人才引育，市场化引进高端人才4名，新入职毕业生中博士生占比接近四分之一，推荐5名骨干人才评选国家级领军人才。肖俊峰、杨政厚获国资委“1025突出贡献个人”。袁勇获中国华能劳动模范，徐党旗、邓楠铁获中国华能先进个人。

挂靠的行业学会、质检中心、标委会、硕士点、博士后站、专业期刊 中国电机工程学会五个专业委员会（火力发电专委会、热工自动化专委会、金属材料专委会、清洁低碳发电专委会、电力化学专委会）和中国电力设备管理协会发电设备技术监督专业委员会，均按计划举办学术研讨会、技术交流会等科技活动。

“电力工业热力发电设备及材料质量检验测试中心”“电站工业发电用煤质量监督检验中心”“电力工业热工计量测试中心”等中心的工作有序进行。

一个国际标准化技术委员会秘书处（IEC/TC5），两个国家标准化技术委员会（全国电气化学标委会、全国电站过程监控及信息标委会）和七个电力行业标准化技术委员会（电站锅炉标委会、电站汽轮机标委会、电厂化学标委会、电站金属材料标委会、电站阀门标委会、热工信息与自动化标委会、联合循环发电标委会），均按计划组织开展了标准的制（修）订、审查和宣贯工作；其标准化工作通过国家标准化管理委员会、中国电力企业联合会标准化中心等组织的年度检查。

硕士学位授予点：研究生教育质量提升，与高校联合培养方面继续创新，取得良好效果；招生、教培、科研、学位评定等工作按计划进行。2022年内，研究生毕业并获硕士学位者5人，新招收研究生10人；在读研究生24人。

博士后科研工作站：2022年，出站博士后1人；年内在站博士后3人；科研工作如期进行。

由西安热工院与中国电机工程学会共同主办的专业期刊《热力发电》，全年按计划完成12期出版任务；在专题策划方面发力，影响力指数（CI）连续4年位列能源与动力工程学科56本期刊第1名。2022年，《热力发电》被评为“首届三秦卓越科技期刊发展计划”重点期刊，同时获评2022年度“西牛计划”之“精品中文科技期刊”；刊发论文入选第七届中国科协优秀科技论文。

主要事件

1月11日，西热产品认证公司获得国家认证认可监督管理委员会签发的“认证机构批准证书”。

1月29日，根据陕西省知识产权局《关于确定专利导航服务基地的通知》，西安热工院获批建设陕西省首批专利导航服务基地。

2月16日，西安热工院召开六届一次职工代表大会暨2022年工作会议，西安热工院党委书记、董事长苏立新代表院党委作题为“坚持改革创新 加快成果转化 奋力开创‘三强两优’高质量发展新局面”的工作报告，会议传达了中国华能 2022 年工作会议精神，分析了面临的形势与存在的问题，对 2022 年工作进行了具体部署。会议还表彰了 2021 年度先进集体、优秀项目组、优秀干部和先进个人。

2 月 21 日，中国科协召开 2022“科创中国”年度会议，会上发布了 2021“科创中国”系列榜单以及“科创中国”平台－试点城市（园区）排行，西安热工院子公司浙江西热利华智能传感技术有限公司荣登 2021“科创中国”新锐企业榜单。

3 月 16 日，由西安热工院主持编制的 ISO/TR7655：2022《金属和合金的腐蚀　消毒剂使用时金属腐蚀防护指南》在 ISO 国际标准组织正式发布。这是中国金属和合金领域主导发布的首个消毒剂腐蚀防护国际标准。

3 月 28 日，由西安热工院、西安交通大学联合组建的“新能源电力装备状态评价与电站 2022 年秦创原“科学家＋工程师”队伍智慧运维技术”团队入选陕西省科技厅。团队致力于解决新能源电力装备和电站运维中的实际问题，为行业提供全方位的新能源发电技术服务，提升技术竞争力。

5 月 25 日，根据陕西省知识产权局发布的《2021 年陕西省专利奖拟授奖项目公示》，西安热工院专利成果“一种直接空冷系统运行优化方法（ZL 201610718831.1）”首获陕西省专利奖（二等奖）。

6 月 2 日，根据省科协、省委宣传部、省教育厅、省科技厅《关于推进陕西省科技期刊深化改革高质量发展的意见》，由西安热工院、中国电力企业联合会联合主办的《热力发电》被评为三秦卓越重点类科技期刊。

6 月 13 日，由西安热工院主导的国际标准化组织（ISO）国际标准新项目提案《石油及相关产品　三芳基磷酸酯液压液抗老化性测定方法》（ISO/NP 16675）在国际标准组织石油产品及润滑油技术委员会（ISO/TC 28）“天然或合成的石油及相关产品、燃料和润滑剂标委会”成功立项，该标准填补了相关国际标准空白，为中国油液运维技术进入国际市场提供强有力的支撑。

6 月 24 日，西安热工院 4MW 燃烧试验台（位于阎良科研产业化基地）经过近两年建设，试运行成功，该平台是中国华能火电领域首个综合性中试实验平台，是西安热工院依托中国华能科技项目建设的重点试验台架，用于开展煤电机组节能减碳、环保减排等技术研发和示范，以及生物质掺烧、氢氨类燃料掺烧等碳减排技术研发。

7 月 17 日，由国务院国企改革工作领导小组办公室组织的中央企业所属“双百企业”“科改示范企业”2021 年度专项考核结果公布，西安热工院以第二名的优异成绩再度获得“标杆”评级，成为全国发电行业唯一连续两次获评“标杆”的“科改示范企业”。

7 月 22—23 日，在中国电力企业联合会第一期质量督导员认证培训班上，西安热工院获批“电力行业职业能力评价基地”，具备三、四级电力网络安全员评价资质。

7 月 26 日，根据国家知识产权局公布的《关于第二十三届中国专利奖授奖的决定》，西安热工院 1 项发明专利“一种风电齿轮油用抗氧抗磨复合添加剂组合物及制备方法”荣获中国专利优秀奖，这是西安热工院连续第三年获得该奖项。

8 月 3 日，西安热工院通过了设备监理资质延续和扩项的申请审批，取得了中国设备监理协会颁发的新证书。其中，“水电、火电、风电、光伏设备”保持甲级，“核电、输变电设备”保持乙级，“水资源设备”新升甲级，“热力及燃气工程设备”新增乙级资质。

8 月 10 日，由中国钢研科技集团有限公司牵头、中央网信办会同 15 家国家行业主管监管部门组织的国家科技示范项目（国家区块链创新应用试点）完成立项，西安热工院入围“国家区块链创新应用试点”单位，筹建 CSTM/FC91 能源电力材料区块链技术委员会，并作为该技术委员会秘书处单位。

8 月 12 日，由西安热工院主导的 IEC 国际标准新项目提案《隐极同步发电机状态评价及检修导则》（IEC 2/2101/NP）在 IEC/TC2 旋转电机技术委员会成功立项，是西安热工院主导的首项 IEC 电气领域国际标准，填补相关国际标准空白，将为世界范围广泛使用的隐极同步发电机提供状态评价和状态检修依据。

9 月 6 日，由中国华能牵头的发电领域电力基础设施网络安全创新联合体在北京成立。该联合体由中国华能、西安热工院、西安交通大学、中国电子信息产业集团第六研究所等 15 家科研院所、高校和龙头企业组成，旨在集聚产业链上下游创新资源，就解决发电领域电力基础设施网络安全问题展开联合攻关，共同构建高效强大的共性技术供给体系，实现中国发电领域电力基础设施自主可控、安全可靠，提升国产化软硬件和网络安全产业综合竞争力，保障国家能源安全，实现高水平科技自立自强。

10 月 15—16 日，西安热工院所属苏州节能环保公司中心实验室通过中国合格评定国家认可委员会扩项及复审。

11 月 2 日，由西安热工院牵头制定的 ISO 24239：2022《金属和合金的腐蚀火电厂腐蚀控制工程全生命周期通用要求》在 ISO/TC156/SC1 正式发布。该标准规定了火电厂全生命周期中相关环节、要素以及相应腐蚀风险等腐蚀控制要求，为国内外火电厂相关人员开展腐蚀控制工程提供了依据和技术指导，将有效防止火电厂腐蚀引起的设备损坏、人员伤亡等事故，对提高电厂经济效益、强化电力安全生产具有重要意义。

11月6日，内蒙古上都发电有限责任公司3号机组华能睿渥DCS系统投运，实现华能睿渥DCS系统首次在600MW等级火力发电机组上的应用。至此，华能睿渥全国产DCS系统已应用于50、200、300、600、1000MW等级火力发电机组，实现中国火力发电主力机组全覆盖。

11月16日，由西安热工院撰写的卢森堡国际专利“一种凝结水精处理系统的树脂输送远程监控系统及方法”获得授权并颁发了授权证书。该发明是将精处理树脂输送步序连锁的摄像机弹屏显示，运行人员在化学控制室或集控室可观察到树脂输送步序的树脂是否输送干净，提升了树脂输送过程的可视化管理，实现树脂输送过程无人巡检。

11月25日，由西安热工院研发的供热机组滑温灵活性改造技术在延吉热电1号机组实现国内首次应用，机组电热调节能力增加10%，取得了良好的应用效果。该技术的研发应用丰富和完善了火电机组灵活性提升技术体系，对提升热电机组灵活调节能力、发挥火电机组调节型电源作用有着重大意义。

12月15日，西安热工院自主研发的“与煤电耦合的熔盐储热调频调峰及安全供热技术”在江苏国信靖江发电有限公司示范成功，标志着中国已全面掌握了与大型煤电耦合的熔盐储热调频调峰及安全供热关键核心技术，实现了“从0到1”的跨越。

12月底，西安热工院牵头申报的“清洁低碳超临界流体先进动力系统创新团队”获批立项。这是西安热工院首次获批陕西省科技创新团队。

（刘　沙）

【中国大唐集团科学技术研究总院有限公司】

单位概况　中国大唐集团科学技术研究总院（简称大唐科研总院）成立于2013年，围绕在建在役发电资产开展技术服务，围绕生产、建设中的实际问题开展技术攻关，围绕企业未来转型发展开展技术研发，着力构建区域全覆盖、传统能源领域专业学科齐全的技术保障体系，形成以技术监督和有偿技术服务为基础的滚动发展模式，初步建成了中国大唐的技术监督中心、技术服务中心、科技研发中心和科技信息中心。

领导班子

党委书记、董事长、院长：李国华

党委副书记、副院长、工会主席：高邵峰

总会计师、党委委员：张小春

副院长、党委委员：吕晨光

纪委书记、党委委员：王博

副院长、党委委员：潘定立

组织机构　共设置8个职能部门，分别为办公室（法务风控部、审计部）、人力资源部、安全生产部、科研管理部、财务部、市场开发部、党建工作部、纪委办公室（巡察办公室）；7家分子公司，分别为大唐东北电力试验研究院、大唐华东电力试验研究院、大唐中南电力试验研究院、大唐西北电力试验研究院、大唐华北电力试验研究院、大唐水电科学技术研究院、大唐可再生能源研究院；4个直属机构，分别为科技创新中心、数据中心、新能源研究中心、财务共享中心、大坝安全监督管理中心。

人员构成　共有博士、硕士以及高级职称人才880人，设立院士工作站、博士后科研工作站和研究生工作站，初步形成合理和可持续发展的专业人才梯队。

主要工作　在全系统开展安全隐患大排查大整治活动，梳理安全生产风险，重点排查办公区、实验室、机房、交通安全、外委项目等安全管理情况，针对排查发现的问题明确整改措施。建立生产管理工作日调度机制，掌握设备运行情况，对中国大唐系统271家基层企业的346座场站开展动态检查，发现和解决问题9900项，包括93项严重问题，针对严重问题及时发出预警并跟踪整改，同步开展现场试验、技术咨询、应急服务等13000余项。在新能源技术标准体系建设方面，组织编制《2022年风力发电、太阳能光伏发电技术标准目录》，对风电、光伏专业技术监督规程所引用的1012项标准进行查新，筛选作废及无效标准66项，补充标准清单203项。在新能源技术规范、规程体系建设方面，完成技术监督管理组织机构调整，健全新能源技术监督网络人员及职责，及时修订《太阳能光伏发电站技术监控规程》《风力发电厂技术监督规程》《风电技术监督动态检查重点工作和关键环节》。建立“科研总院直属机构+区域电力试验研究院”两级研发体系，提升各区域院新能源研究能力，建立科技项目管理机制，发布《重点项目管理规定》《种子基金项目管理办法》《对外科技合作管理办法》《科技项目柔性研发团队管理办法》《科技创新团队奖励管理办法》等重要管理制度，按项目任务书持续推进西藏扎拉水电、托克托百万千瓦级新能源打捆外送、宁夏压缩空气储能等6个重大攻关项目。围绕煤电“三改”联动，完成《中国大唐“十四五”煤电机组改造技术指引》的编制，制定张家口、阳城等电厂煤电机组优化升级改造技术方案，为中国大唐推进煤电机组升级改造提供技术支撑。

【中国大唐集团技术经济研究院有限责任公司】

单位概况　中国大唐集团技术经济研究院有限责任公司（简称大唐技经院）成立于2009年，是服务和支撑中国大唐投资决策的咨询机构，负责全产业项技术经济论证、产业政策研究等，业务涉及投资项目前期立项、核准、开工、生产运营各阶段全过程咨询服务。

领导班子

党委书记、执行董事、总经理：李霄飞

党委副书记、纪委书记：翟国寿

党委委员、副总经理、工会主席：夏怀祥

党委委员、总会计师：刘卫程

组织机构 本部共有2个职能管理部门，分别为综合部（党建工作部、纪委办公室）、财务部。

人员组成 现有职工65人，其中，硕士研究生学历21人，本科研究生学历41人，大专学历1人；正高级专业技术资格7人，高级专业技术资格25人，中级专业技术资格15人，初级专业技术资格11人。

年度工作 聚焦服务中国大唐主责主业，投资发展决策支撑作用有效发挥，建立和完善全产业、全过程的评审体系，项目评审、工程咨询工作流程更清晰，评审效率提高，形成了一支能够支撑中国大唐投资发展的专业队伍。加强能力建设，产业政策研究工作取得突破，产业研究体系和产业研究能力初步建立，聚焦投资发展重点方向和重点领域，进行多项专题研究，助力中国大唐战略规划落地落实，编制《投资项目经评管理办法》修订方案、《(共享）储能发展研究报告》。推进改革任务，体制机制迸发活力，通过系列机制改革，达到了人岗适配、择优聘用的效果，为各类人才职业生涯发展搭建了平台，重实干实绩的用人导向和激励导向牢固树立，职工主动性、创造性得以充分激发，确保提质增效各项指标全面完成。

【华电电力科学研究院有限公司】

单位概况 华电电力科学研究院有限公司（简称华电电科院）前身是电力工业部水力发电建设总局机械设计室，于1956年10月在上海建立。2002年，根据国务院有关科研事业单位转制为企业的要求，划归中国华电。2009年，更名为华电电力科学研究院。2016年，成为中国华电直接管理的部门副主任级单位。2017年，由全民所有制企业改制为一人有限责任公司，更名为华电电力科学研究院有限公司。2018年，与中国华电集团科学技术研究总院有限公司整合，成为中国华电直接管理的部门主任级单位。2021年，推动法人治理体系建设，建立董事会。

资产总额12.08亿元，设置职能部门9个，监督板块单位6个，研发板块单位14个，业务板块单位8个。拥有员工949人，平均年龄37岁，世界百强名校留学生24人，211高校526人(其中985高校332人)，博士58人、硕士564人，硕士及以上占比66%，副高级及以上职称人员占比44%；拥有省部级以上及中国华电领军人才28名，地方高层次人才166名。

领导班子

党委书记、董事长：李立新

党委副书记、董事、总经理：严新荣

党委委员、副总经理：申宇

党委委员、副总经理：常浩

党委委员、副总经理：范炜

党委委员、纪委书记：张长胜

领导人员变动情况：2022年10月28日，李立新任中国华电副总工程师；庄荣任中国华电科技信息部副主任，不再担任华电电科院党委副书记、职工董事、副总经理、工会主席。

工作业绩 2022年，超额完成中国华电下达的各项目标任务。全年科研创新屡获突破，一年内实现国家科技部、发展改革委、工信部、国资委重大科技项目全部立项；获得各级科技奖励32项，其中行业一等奖及以上奖励9项；专利授权350项，其中发明专利114项，占中国华电发明专利总数的39%。全年经营质效提高，新签合同11.6亿元，同比增加26%；实现营业收入9.46亿元，同比增加19%；净利润6051万元；资产负债率29.4%，同比下降5.6个百分点；价值创造22.9亿元，同比增加13%。取得火力发电工程设计乙级、信息系统建设和服务能力认证等4项资质。

科技创新 把握中央研究院职责定位，优布局、抢高点、利攻坚、创生态。组织申报14项科技部国家重点研发计划项目，宽负荷快速灵活调峰等5项获批立项，申报及获批数量超过历年总和；获批国家发展改革委“揭榜挂帅”攻关任务1项、工信部人工智能攻关任务1项、国资委“1025”二期攻关任务1项；获批工信部大数据产业发展试点示范项目1项，并立项国资委行业公有云项目。建成行业首个全栈自主可控的燃机智慧运维云平台，整体水平国际先进；自主研发燃机进气系统检测装置和燃烧压力脉动在线监测装置，补齐国产燃机自主运维技术短板；研发多元协同深度节能关键技术，形成燃煤机组全工况节能技术体系；完成水风光互补优化调度关键技术研究，建成北盘江流域集团首个互补调度运行样板；开展综合储能、共享储能等新技术研发与实证，研发电化学储能诊断预警系统在中国华电首个大规模电化学储能电站滕州项目中部署。“多元协同深度节能关键技术”获中电联创新大奖；“高盐废水资源化综合利用技术”获中膜协科技进步奖一等奖；“深度调峰全工况低能耗NO_x控制技术”获中电建协科技进步奖一等奖；新能源远程诊断平台获第四届中国工业互联网大赛领军组二等奖。智能水力发电技术等7项成果鉴定整体达国际领先水平，风电智慧检修关键技术等10项整体达国际先进水平。与清华大学、中科院等国内一流高校、科研院所和企业进行广泛交流，与15家单位签订战略合作协议，与5名院士及63位行业知名专家形成紧密合作，与38家单位达成创新联合体共建意向。

技术保障 发挥安全生产保障“技术兜底”作用，做深做实技术监督基础保障工作，制修订火电、水电、新能源版块37个专业技术监督实施细则，推行“线上+线下”工作模式，推进工作模式创新，提升技术监督工作效率和质量，助力中国华电可靠性指标持续向好；建立保供联动机制，推进事前预防研究，提供日常技术支持，开展机组非停和设备异常应急处理超1500项，支撑党的二十大能源保供等专项行动，获得肯定，收到感谢信382份。深入贯彻国家“双碳”目标，推出规划、设计、建设、运营等一揽子新能源发展解决方案，完成63项风光电技术尽调，协助竞得腾格里沙漠新能源大基地资源，助力新能源项目抢装并网发电。完成生态环境部首批火电碳监测评估试点工作，牵头编制首个碳排放监测行业标准，碳排放监测技术体系获评碳达峰碳中和行动典型案例。深挖煤电转型升级潜力，加快推动煤电机组“三改联动”改造和新型储能技术应用，承担49台机组灵活性改造可研；加快智能水力发电技术研究，开展流域水风光储多能一体化智慧调度运行研究、水电设备安全可靠性提升研究，推进大坝安全风险评估及管控体系建设。开展潮汐潮流发电、抽水蓄能、光能源、虚拟电厂等研究。

经营管理 加大业务拓展，技术服务类合同首超5亿元。强化成本管控，实行关键费用指标总额和年度计划双向控制，五项费用实现同比下降。用好财税政策，获地方政府专项资金补助368万元，实现节税红利约1900万元。加大集约化采购力度，同类项目采购成本同比下降3.2%，招标采购节资率达11.9%。实行融资动态管控机制，优化融资规模，融资成本同比压减49%。抓实资金“六率”，强化资金预算执行刚性控制，超额完成资金限额目标。推进“两金”清理，“一项一策”推进中国华电外长账龄应收账款专项清理，较年初压减29%。

安全环保 以安全生产责任制落实评价为抓手，全年未发生安全生产事故。完善责任体系建设，签订安全生产责任书，推动各岗位人员知责、履责、尽责。推进规范管理，修订安全生产教育培训、考核奖惩等管理办法，固化实践形成的好经验好做法；编制技术服务安全作业指导书，规范项目安全管理；加强安全生产禁令宣贯和交底，促进安全生产禁令落实见效。排查整治隐患，落实国务院安委会安全生产“十五条硬措施”，一体推进反违章、安全生产提升年、外委项目安全隐患排查等专项工作。落实国家和属地有关规定要求，统筹抓好疫情防控与生产经营工作，最大程度保护员工生命安全和身体健康。

改革发展 完善现代企业制度建设，狠抓改革成效，推进改革三年行动高质量收官，总结改革三年行动标志性成果，推进20项成果转为长效机制。推动建立适应“三位一体”发展布局的组织架构，深化分类管理。推进对标一流管理提升行动，完成八大管理领域27项重点任务；优化对标指标体系，加强同类型科研机构常态化对标；强化行业一流科研机构创建工作，深化制定5个维度19项主要任务68条具体措施。落实法治建设第一责任人职责，发布“十四五”法治建设方案，加强法律风险防控能力建设，法治建设水平提升。

党的建设 学习宣传贯彻党的二十大精神，推进全覆盖学习、全方位宣讲、全媒体宣传、全系统组织；开展“回头看”工作，推动重要指示批示精神落地见效。以“五基标准”精准发力，实现示范党支部创建三年全覆盖；完善党建思政课题研究机制，揭榜国资委2022年度研究课题。深化“党旗在一线高高飘扬”活动，创建“岗区队”107个，以党建提质升级促进改革发展提质升级。强化正风肃纪，以“三个一”工作思路聚焦主责主业抓落实；印发监督工作手册，开展基层企业经济责任审计及两轮专项巡察，促进核心竞争力提升。建立党外代表人士建言献策工作室，1篇成果入选国资委优秀调研报告汇编；开展“服务双碳目标，提升价值创造”劳动竞赛，以赛促干；激励员工创新创效，成为中国华电首批工人队伍建设改革示范单位，获得省级及以上成果奖10项，获批浙江省青年文明号和浙江省巾帼科技创新工作室各1个，获评中国华电劳模和“青年五四奖章”各1个。

信息化建设 牵头建设4个集团级平台，“燃机智慧云”入选国资委首批央企行业公有云和工信部大数据产业发展试点示范项目，并荣获IDC中国未来企业大奖优秀奖；推进新能源诊断平台应用，接入机组近万台；推进中国华电数字化电厂建设，完成构皮滩数字电厂综合推广项目可研，开展莱州2号机组数字电厂项目。

【国家能源集团科学技术研究院有限公司】

单位概况 国家能源集团科学技术研究院有限公司（简称国家能源电科院）前身是成立于1980年9月的原电力工业部“火电厂大气环境测试研究中心”，地点在江苏省南京市。2002年随着电力体制改革划归原国电集团。2008年10月，在国电环境保护研究院和原国电集团安全生产技术服务中心基础上组建成立了国电科学技术研究院，2017年随原国电集团、原神华集团合并，划归国家能源集团。2017年底由全民所有制改制为有限责任公司。2020年10月更名为国家能源集团科学技术研究院有限公司。

主营业务范围：一是承担国家能源集团发电企业的安全、节能、环保、燃料监督等评价工作；二是依约实施常规发电技术监督工作；三是针对发电企业的生产技术疑难问题，开展技术专项服务工作；四是完成发电机组的各类性能试验及测试工作；五是做好国家能源集团安全环保技术支持工作和国家能源集团交办的重点任务；六是从事火电环评和环境工程咨询工作。

国家能源电科院拥有国家级研发平台 3 个和省级工程研究中心 4 个，建有全面覆盖电力技术监督服务项目的常规检测实验室 37 个。主要负责发电企业技术监督与技术服务、电力生产过程试验、研究及科技研发、电力建设项目环境影响评价、火电节能减排及环保治理工程技术咨询、技术培训等，围绕国家能源集团发电安全生产、节能减排提供技术支持和保障。

国家能源电科院由国家能源集团 100%持股，截至 2022 年底，电科院资产总额 12.31 亿元；设有 9 个管理部门，3 个直属机构，4 家子公司，6 家分公司；从业人员 738 人。

主要指标 2022 年，国家能源电科院坚持“稳健、协同、赋能、提质”工作导向，锚定“六个着力强化”“六个坚持”目标任务，聚焦“科技创新、监督服务、安全生产、经营管理、改革创效、党的建设”六大方向，守正创新、真抓实干，完成全年各项目标任务，技术监督覆盖国家能源集团装机容量 1.5 亿 kW，科技成果转化收入首次超 5000 万元，全年新签合同额 9.91 亿元，连续六年获评国家能源集团年度考核 A 级荣誉。

科技创新 加强科技创新体系建设。完善科技管理制度，形成“应用基础研究－关键技术研发－工程示范验证”全链条高效协同研发体系。打造科技研发平台。开展全国重点实验室优化重组，成立重点实验室理事会，推进实验室实体化，完成首批实验平台建设，获批国内首个省级“双碳”平台。强化科技人才队伍建设。评聘“首席技术带头人”2 人、“首席工程师”15 人，引进博士后 1 人，2 人荣获电力科学技术人物奖，2 人荣获江苏省“双创博士”人才称号。开展科研项目攻关。牵头承担的煤电“三改联动”相关项目荣获中国电力科学技术进步奖一等奖，为五大发电集团科研院所中唯一获一等奖单位，1 项国家重点研发计划通过验收，全年共获得省部级行业级科技奖励 15 项，发布国家能源集团首个国际标准在内的 18 项标准。申请专利 161 项，授权发明专利 34 项。推进数字化转型赋能。建立安全生产、经营管控等数字化平台，落实“管一级、看一级”要求。

技术监督 履行国家能源集团技术监督中心职责。加强技术监督服务体系建设，优化技术监督队伍，建设技术监督远程诊断系统，优化“线上＋现场”服务新模式，完成年度技术监督与专项评价工作。加强国家能源集团技术服务支撑。开展重点检测项目、隐患排查诊断、协调控制优化、环评技术咨询、机组基建调试、控制系统国产化改造等服务，晋能保德调试项目荣获“2022 年中国电力优质工程奖”，技术服务价值持续彰显。发挥能源保供作用。坚持“零非停”理念，加强发电企业全过程管理，开展“降非停”专项培训，完成所属区域机组非停技术支持 61 次，服务区域全年非停次数同比下降 57%；重视夏季川渝地区抗旱保电工作，成立专班“一机一策”进行专业指导，开展设备检查及异常分析，保障国家能源集团发电机组安全稳定运行。

绿色发展 参与“三改联动”。协助编制国家能源集团“三改联动”技术路线，完成 13 家发电企业 44 台机组的节能评价与能耗诊断工作，承担的国家能源集团首个“三改联动”科技项目，推动 1400 万 kW 容量机组完成灵活性改造。拓展新型能源服务。高标准打造光伏发电检测平台并投入使用，开展储能电池组性能特性评估研究，申报国家能源集团首个独立集中式储能电站科技创新项目。做实做优碳排放业务。碳排放数据质量管理业务获得国家能源集团正式授权，完成 24 家排控企业监察帮扶任务，开展国家能源集团煤电企业实验室 CNAS 认证咨询指导，推动碳排放可信体系建设，打造霍州电厂二氧化碳连续监测项目示范工程，相关成果荣获国家能源集团数字化转型创新创效大赛二等奖。

安全环保 筑牢安全生产基础。牢固树立安全发展理念，压实安全责任，强化安全管理，实现连续安全生产 5175 天。开发安全管控平台，推动项目安全管理数字化、智能化。获评国家能源集团年度安全环保先进企业。安全支撑职能持续发挥。服务国家能源集团一体化管理要求，帮助发电企业防范化解各类安全隐患，完成检修监管、变压器、除尘器等设备隐患排查、生态环境专项检查等工作，保障发电企业安全合规运营。

改革任务 完成改革三年行动。落实 26 项改革措施，加强董事会建设，理顺决策程序，发挥各治理主体作用。深化“三项制度”改革，实施本部新进人员、基层单位技术 T 序列竞争上岗，比例达 61.3%；建立全员绩效考核机制，拉开员工收入倍差达 1.53 倍，激励全员干事创业的积极性。科学编制电科院“十四五”规划，聚焦科技创新、数字赋能、产业培育、人才塑造四大方向持续发力；融入国家能源集团品牌战略，构建电科院“一六六六”四层级特色品牌架构，总结提炼子品牌 28 项。发布国家能源电科院首份社会责任报告。完成“八五”普法年度各项重点任务，采购管理规范有序开展，完成 ERP 物资采购模块上线运行，相关考评指标在国家能源集团系统内排名第一。形成合规管理成果 40 余项，相关管理成果获首届电力企业合规管理成果一等奖。

党建工作 严格落实“第一议题”制度，把学习贯彻习近平总书记重要讲话和重要指示批示精神作为首要政治任务，完善制度体系，建立长效机制。制定党建工作提升方案，梳理党建提升90条具体措施并狠抓落实。加强人才队伍建设。编制“十四五”人才专项规划，推进“领导班子强化工程”“专业发展提升工程”“领军人才培养工程”“青年人才锤炼工程”“柔性团队建设工程”五大人才工程。加强对统战工作的领导，为职工群众办实事55项，连续第八年获评“江苏省文明单位”荣誉称号。深化党建带团建，开展“喜迎二十大、永远跟党走、奋进新征程”等各类主题教育实践活动，引导青年岗位建功。重视巡视“回头看”工作，对照问题细化制定整改措施221条并严抓落地，截至2022年底，整改完成率达90.5%。开展内部巡察，实现9家直属党组织巡察工作全覆盖。

主要事件

1月7日，国家能源电科院武汉分公司牵头完成的“电站锅炉高温受热面安全稳定及延寿关键技术研究与应用”科技项目喜获2021年度电力建设科学技术进步奖二等奖。

1月14日，国家能源电科院获评2019—2021年度江苏省文明单位。

4月19日，低碳灵活新型煤电国家重点实验室理事会成立暨首届理事会第一次会议在南京召开。

5月11日，由国家能源投资集团有限责任公司主管、国家能源集团科学技术研究院有限公司主办的《电力科技与环保》被世界著名检索系统之一——日本科学技术振兴机构（JST）数据库收录。

5月13日，江苏省环境科学学会组织对由环保院牵头完成的“燃气发电氮氧化物全流程减排关键技术研究及应用”科技项目成果进行了鉴定，一致同意通过技术成果鉴定，并认为该成果整体达到国际先进水平，部分内容达到国际领先水平。

5月23日，国家能源电科院与中国建筑集团国际城市建设有限公司签订《苏地2021－WG－78号地块（商业）项目——雪世界风洞试验合同》，这是国家能源电科院风洞实验室首次承接大型建筑结构类风洞试验项目。

5月26日，国家能源电科院创新成果“双碳背景下燃煤机组灵活运行安全经济关键技术研究与应用”通过由中国电机工程学会组织的技术鉴定，鉴定委员会认为该项目成果总体技术达到国际先进水平，其中高温承压部件检测评估与控制技术和超低背压运行技术处于国际领先水平。

5月30日，由国家能源电科院环保院牵头申报的“江苏省固定污染源碳排放核算与监测技术公共服务平台建设”项目顺利完成公示，获得2022年度江苏省碳达峰碳中和科技创新专项资金支持，这也是国内首个省级重大基金“双碳”平台项目。

6月23日，由国家能源电科院所属环保院申报的国家工业和信息化部2021年物联网示范项目“基于物联网的百 MW级智慧光伏电站示范项目”正式获批立项，这是自国家物联网新型基础设施建设三年行动计划（2021—2023 年）实施以来，在工信部首批物联网示范征集中唯一申报且获批的智慧光伏电站示范项目。

6月29日，国家能源电科院调试的晋能保德2×660MW超超临界低热值煤发电工程获得“2022年度中国电力优质工程”奖。

7月22日，锅检公司承担的国家能源集团2030重大先导项目“煤电机组新型高温材料状态评估技术研究”通过验收。

7月26日，环保院正式获批国家能源集团“碳排放数据质量专项监察帮扶工作”授权，开拓了碳监察、碳排放数据可信等一系列“减污降碳”新方向。

8月1日，环保院中标南方电网电力科技股份有限公司台山电厂25MW/25MWh＋35MW/35MWh电化学储能总包项目中火储灵活决策协同系统建设标段，形成环保院近5年来最大的系统外部收入合同，成为国家能源集团首家掌握火电配套储能控制运行关键技术并拿到火储联合调频领域合同业绩的产业单位。

8月29日，重点实验室在燃煤电厂挥发性有机物基础研究领域取得重要研究进展，研究论文 *“Research progress on volatile organic compounds emissions from coal-fired power plants”* 发表在环境科学领域SCI一区期刊 *Current Pollution Reports*（影响因子8.097， Q1区），这是国家能源电科院首次以第一作者、第一作者单位在环境科学领域SCI一区期刊上发表论文。

8月31日，国际标准化组织发布了ISO 29461－2: *Air filter intake systems for rotary machinery-Test methods-Part 2: Filter element endurance test in fog and mist environments*（燃气轮机进气过滤器耐水雾性能测试方法），这是由国家能源电科院主持的国家能源集团首个ISO国际标准，也是中国在ISO/TC142主导提出的第一个ISO国际标准，标志着中国在旋转机械通风进气领域的国际标准化工作取得了重要突破。

9月7日，国家自然科学基金委发布《关于2022年国家自然科学基金集中接收申请项目评审结果的通告》，重点实验室与南京大学联合申报的“陆地强风边界层准二维湍流结构生消机制与参数化方案研究”面上项目获批立项资助，这是2022年国家能源电科院获批的首个国家自然科学基金面上项目。

9月26日，国家重点研发计划项目“燃煤电站多污染物协同控制与资源化技术及装备”，通过综合绩效评价，其中课题三“干式炭基催化法多污染物协同控制与资源化工艺”由重点实验室具体承担。

9月29日，国家能源电科院所属电研公司与东屿电厂合作申报的“以电化学独立储能电站为主体的微电网群关键技术及其运营安全经济性研究”科技创新项目，获得国家能源集团浙江公司正式立项。项目将应用于东屿电厂新型100MW/200MWh磷酸铁锂储能电站。

11月2—3日，国家能源局委托机械工业发电设备中心对国家“双碳”领域工作情况及未来规划开展调研，国家能源集团是此次调研工作的第一站，而环保院是国家能源集团内唯一接受调研单位。

11月9日，国家能源电科院重点实验室徐静馨博士、万嘉伟博士入选2022年度江苏省高层次创新创业人才引进计划（双创计划）之“双创博士（企业创新类）”项目。

11月10日，环保院联合低碳院报送的参赛方案“区块链等新型信息技术赋能‘双碳’可信数据生态管理与应用”获得2022年“国家能源杯”智能建设技能大赛——数字化转型创新创效大赛生态协作赛道二等奖。

11月16日，国家能源电科院企管法律部申报的“六项举措建设‘五位一体’合规管理体系”获评首届电力企业合规管理成果一等奖。

11月18日，国家能源电科院参与的2022年国家重点研发计划“燃煤电站烟气非常规污染物短流程高效耦合治理协同碳减排技术装备”项目获得立项，该项目由浙江大学牵头，国家能源电科院承担“煤粉炉全过程污染物高效治理协同降碳技术与示范”课题研发任务。

12月5日，武汉分公司研发的“马氏体耐热钢在超临界高温蒸汽下氧化膜厚度的计算方法”获日本国际发明专利授权。

12月8日，国家能源电科院“一种灵活性切除低压缸的抽汽供热系统及控制方法”获2022年度电力科技创新奖专利成果二等奖。

12月14日，环保院荣膺南京市“2022年度南京市高端研发机构”称号。

12月14日，中国电力行业科技创新最高奖项2022年度中国电力科学技术奖正式发布，国家能源电科院作为第一完成单位牵头完成的“双碳背景下燃煤机组安全经济灵活运行关键技术研究与应用”项目喜获中国电力科学技术进步奖一等奖，这也是2022年国家能源集团唯一的电力科技进步奖一等奖，同时也是电科院连续第四年荣获该奖项。

12月20日，电研公司作为第一完成单位牵头完成的“超超临界二次再热机组安全低碳运行的关键技术及应用”项目荣获中电联2022年度电力科技创新奖一等奖。

12月27日，由国家能源武汉分公司牵头完成的科技项目“1000MW机组关键高温部件寿命评估与延寿技术”通过中国电机工程学会成果鉴定。鉴定委员会认为该项目成果整体处于国际领先水平。

12月30日，成都分公司科技成果“基于吉赫兹级局放检测的大型水轮发电机绝缘状态评价关键技术研究”获得中国电力建设企业协会颁发的2022年度电力建设科学技术进步奖证书。

（卢　喆　薛洋企）

【国家能源集团新能源技术研究院有限公司】

单位概况　国家能源集团新能源技术研究院有限公司（简称国家能源新能源院）成立于2010年7月，注册资本金1亿元，是国家高新技术企业，国家能源集团前沿研究院之一。落实国家能源集团科技创新“聚焦国家战略、行业引领和企业需求，履行高水平科技自立自强使命担当，勇做原创技术‘策源地’、现代产业链‘链长’，推动关键核心技术攻关和成果转化。”要求。目前，国家能源新能源院主要聚焦于新能源、智慧能源、综合能源、CCUS、灵活发电等等原创技术的研发，承担国家能源集团下达的重大共性关键技术攻关和战略新兴技术开发。同时，开展电力技术监督及技术服务相关工作。开展电力技术监督及设计优化。国家能源新能源院面向国家、行业和集团需求，已经形成“科研+服务”的业务格局，具备为科技研发、工程建设和生产运营提供“三位一体”支持工作的核心能力与优势，努力建设国际一流的新能源前沿技术研究院。

领导班子

党委书记、董事长：褚景春

总经理、党委副书记：肖宝玲

党委委员、纪委书记：齐志国

党委委员、副总经理：崔青汝、周正武、卓华

副总经理：何鲲

组织机构　设有6个职能部门和5个中心。6个职能部门为综合管理部（党委办公室、董事会办公室、工会工作部）、组织人事部（党建工作部、人力资源部）、纪委办公室（审计部、党委巡察办公室）、财务经营部、科技管理部（国际合作部）、产业服务管理部。5个中心为新技术新材料研究中心、智能化技术研究中心、碳中和研究中心、设计优化评价中心、技术监督服务中心。

经营管理　加强成本控制，分解预算控制指标，压实主体责任，强化预算执行，确保预算的刚性约束效力，实际成本控制在国家能源集团下达的预算内，

七项费用管控进一步精细化。2022 年全年实现营业总收入 4.48 亿元（科技研发收入 2.80 亿元，产业服务收入 1.18 亿元，房屋租赁收入 0.50 亿元），营业总成本 5.35 亿元。落实国家能源集团“六个扭亏”总体要求，压实治亏责任，坚持治本重于治标，同比减亏 0.46 亿元，完成国资委亏损企业治理目标任务。

科技创新 2022 年，围绕新能源、综合能源、智慧能源、CCUS、灵活发电等领域共开展科技项目 71 项，其中国家级项目 4 项，省部级项目 3 项，国家能源集团十大重点攻关项目 5 项，国家能源集团 2030 先导项目 3 项，国家能源集团十大软课题 4 项，国家能源集团揭榜挂帅项目 1 项。全年共获得科技奖 8 项，其中中国电力科学技术奖二等奖 3 项，中国电力发展促进会科学技术奖二等奖 1 项，电力建设科学技术进步奖二等奖 1 项，中国能源研究会能源创新二等奖 1 项，国家能源集团政研课题优秀成果三等奖 1 项。申请发明专利 38 件，获授权发明专利 14 项，主编申报 2 项国家标准并获批复，其中《火力发电厂烟气二氧化碳捕集系统能耗测定技术规范》是国家能源集团在碳捕集领域的首个国家标准。牵头制定微小试样高温力学、蠕变持久的试验方法的 2 个行业标准获国家能源局批复立项。

完成国家重点研发计划“工业锅炉节能与清洁燃烧技术”项目 6 台示范锅炉建设、改造任务，经中国煤炭工业协会认证，2 项成果分别获评“国际领先水平”和“国际先进水平”。推进国家重点研发计划“低能耗 CO_2 吸收/吸附技术工业示范和验证”课题，通过 72h 连续运行考核，总体成本较传统 MEA 降低 30%。国家重点研发计划课题“中美能源与水－火电厂水资源减量利用（二期）”完成 100t/h 脱硫废水电解制次氯酸钠示范工程建设，顺利通过 168h 试运行，完成专题验收。稳步推进“泰州 50 万 t 二氧化碳捕集利用示范”项目，吸收剂开发、关键设备、工艺系统优化、热力系统耦合等多方面实现创新攻关，掌握 50 万 t/年火电烟气碳捕集核心工艺包。浙江“以集中式储能电站为主体的高可靠高灵活新型虚拟电厂关键技术研究与工程示范”项目开工，项目兼具 4 项国内“首个”头衔，其实施将填补中国集中式储能电站应用技术空白。

能源保供 2022 年为 27 家电厂 81 台机组共 4820 万 kW 机组提供技术服务，发挥安全生产的保障作用。为国家能源集团化工产业板块 8 家热电中心提供技术监督服务，建立技术监督体系。高效开展服务区域内设备故障处理、节能降耗等技术支持工作 550 项。成功处理胜利电厂炉膛结渣、上海庙电厂 1 号锅炉泄漏、廊坊电厂 1 号机组锅炉超温等紧急问题。完成 63 台机组出力受阻及非停技术原因核查，提出专业措施及技术建议，完成党的二十大、迎峰度夏度冬等保供支持任务。

人力资源 截至 2022 年底，国家能源新能源院共有正式员工 214 人，其中科技研发人员 155 人，高级职称 107 人（正高 25、副高 82），硕士学历 100 人，博士学历 55 人。国家高层次人才特殊支持计划 1 人，“百千万人才工程”国家级人选 1 人，国家科技创新领军人才 1 人，科技部中青年创新领军人才 1 人，国家有突出贡献中青年专家 1 人，享受国务院政府津贴专家 1 人，国家科技部能源领域专家 2 人。

党群工作 坚持以党的政治建设为统领，深刻领悟“两个确立”的决定性意义，增强“四个意识”、坚定“四个自信”、做到“两个维护”。深入学习宣传贯彻党的二十大精神，制定重点工作安排，围绕加快实施创新驱动发展战略，加快实现能源领域高水平科技自立自强开展专题研讨，统一思想、凝聚力量。推动党建与业务深度融合，以“四融合四增强”为抓手，完成 5 个研究中心“融合示范党支部”建设，以党建“软实力”助推科技创新“硬发展”。选树表彰国家能源新能源院“两优一先”和“社会主义是干出来的”岗位建功先进集体 4 个，先进个人 31 人。

（曲宗凯）

【国家能源集团技术经济研究院】

单位概况 国家能源集团技术经济研究院（简称国家能源技经院）由原国电技术经济咨询中心与原神华研究院于 2018 年 5 月整合成立。2020 年 5 月，国家能源集团下发“三定”方案，明确国家能源技经院主要承担国家能源集团发展战略研究、投资项目技术经济评价、信息情报研究服务等职能，受托管理国家能源集团档案业务。

国家能源技经院为中央企业智库联盟成员、中关村智库联盟副理事长单位、北京市高新技术企业，拥有电力、煤炭、生态建设与环境工程三个工程咨询甲级专业资信，入选中国社科院评选的核心智榜单，对外以“国能经济技术研究院有限责任公司”（中国神华全资子公司）为运营实体。

组织机构 截至 2022 年底，国家能源技经院设置综合管理、战略研究、项目评价、信息情报 4 类 18 个部门（包括综合管理部、组织人事部、纪委办公室、财务部和科研发展部等 5 个综合管理类部门；企业战略研究部、能源经济研究部、宏观政策研究部（项目后评价部）、能源市场分析研究部和产业政策研究部等 5 个战略研究类部门；煤炭和运输产业评价部、电力产业评价部、煤化工产业评价部、新能源产业评价部、工程造价评审部、综合项目评价部等 6 个项目评价类部门；信息情报部和国家能源集团档案馆（能源大数据中心）等 2 个信息情报类部门）。

人力资源 截至 2022 年底，国家能源技经院有合同制员工 154 人。其中：男 96 人，占 62%，女 58 人，占 38%；中共党员 123 人，占 80%，民主党派 1 人，占 1%，群众 30 人，占 19%；大学本科及以下 40 人，占 26%，硕士 74 人，占 48%，博士 40 人，占 26%；高级职称（正高级、副高级）83 人，占 54%，中级 45 人，占 29%，初级及以下 26 人，占 17%；35 周岁以下 43 人，占 28%，36～40 周岁 37 人，占 24%，41～45 周岁 32 人，占 21%，46～50 周岁 18 人，占 12%，50 周岁以上 24 人，占 15%，平均年龄 41 岁。全年职工平均人数 148 人。

经营管理 一是深化改革与创建一流协同推进取得实效。抢抓“十四五”规划落地开局新契机，将建设一流智库、改革三年行动、提质增效与管理提升、对标世界一流等专项方案协同实施推进，百项举措逐一落地见效。改革三年行动实现“100%完成、100%落地、100%见效”三个 100%的完美收官。改革案例与改革故事不但入选“国家能源集团改革三年行动案例集”，也入选国资委《新时代中央企业新型智库建设研究》案例集。

二是依法合规治企得到巩固。在完善公司治理中加强党的领导，实现董事会规范运作，推动修订完善决策事项权责清单，经理层“谋经营、抓落实、强管理”的作用得到更好发挥。高效推行契约管理，与经理层成员签订聘期合同和绩效合约，与部门及中层管理人员签订考核责任书与聘任协议，做到人人手上有契约、肩上有担子、心中有责任。完善审计监督管理体制机制，实施内部控制体系建设与重大风险动态跟踪监控。落实法治建设与合规经营，全年推动新订、修订规章制度 30 项。

三是推进提质增效管理提升。以部署实施年度提质增项专项行动为抓手，提升经营管理、物资采购、合同签订、财务资金、疫情防控、安全保密、日常办公等管理服务水平。多渠道筹措经营资金，完成外部资金收入占比 0.3%的考核任务。多举措规范采购管理，面对采购数量、数额双增趋势，严格履行采购程序，依法合规选用采购方式，科学合理确定采购预算，做好采购信息保密，从源头规避采购风险。全年召开采购与招标领导小组会议 17 次，审定事项 72 项，合计预算 6775 万元；审核签订各类合同 146 份，涉及金额 3.1 亿元，实现合同线上审核率 100%、考核完成率 100%，未发生违法违纪违规和作风建设等方面问题。多目标确保安全稳定大局，完善保密、质量品牌、安全生产、信访维稳管理制度流程，加强监督检查，全年无失泄密、安全质量、法律纠纷、信访维稳等事件发生。

四是考核激励机制持续强化。与部门签订年度绩效指标考核责任书，与中层管理人员签订岗位聘任协议和绩效考核责任书，浮动工资占比将近 70%，激发员工责任担当的积极性、主动性、创造性。加强正向激励，创设董事长奖励基金、职业资格证书奖励制度，实施省部级奖励配套奖、专题专报、信息报送等多个单项奖励，年内兑现奖金 200 多万元。制定领导人员能上能下管理办法，形成能者上、优者奖、庸者下、劣者汰的风清气正的用人生态。

五是开放合作机制持续深化。坚持开放式办院原则，实现各类优势研究资源的整合协同，构建产学研合作机制，聚力创新谋发展。与国网经研院签订战略合作框架协议，共同探讨对电力产业发展的认知和经验，推动大型能源基地的布局和建设。加入中关村高端智库联盟，并当选为副理事长单位。与国网能源研究院、中石油经研院、新疆大学、武汉大学等央企智库高端、高等院校开展课题联合申报。加入中国水力发电工程学会抽水蓄能行业分会、中国煤炭学会碳减排工程管理专业委员会，加强协同合作创新。

科研成果 2022 年，国家能源技经院作为国家能源集团“1+2+3+*N*”科研体系中唯一的综合性、战略性智库研究机构，立足支撑国家能源集团、引领行业、服务国家的目标定位，构筑起“长短结合、虚实结合、内外结合”的战略研究体系，取得丰硕科研成果。

全年在研各类重大项目 41 项，通过国家能源集团立项审查 15 项，项目经费总额突破 1.6 亿元。其中，5 个项目列入国家“煤炭清洁高效利用”科研攻关方案，新承接国家部委重大项目 7 项，首次联合申报成功国家重点研发计划项目、国家社科基金重大项目。这些重大项目涉及能源重大战略、宏观产业政策、区域产业优化布局、能源市场跟踪研究、战略新型产业发展、技术经济比较分析、模型工具方法开发等，支撑保障国家能源集团履行保能源安全、促低碳转型的双重职责使命。

全年获得省部、国家能源集团各类奖项 26 项，通过接续奋斗、厚积薄发，“基于 CCUS 技术的煤炭低碳转型和能源结构优化研究”获评煤炭工业协会科技进步奖一等奖，实现重大突破。另有 4 项研究成果获评省部级科技类二等奖、三等奖，8 项研究成果获评省部级管理创新类奖项，其中党建类成果实现突破，6 项研究成果获评中央企业智库联盟优秀重点课题。此外，获得先进单位表彰 1 项、创新先进个人表彰 7 人次，3 项成果鉴定为国际领先、3 项成果达到国内领先以上水平。

瞄准国家能源集团发展热点难点问题，全年完成各类重点专项任务 60 余项，全方位支撑国家能源集团“十四五”规划及储能、抽水蓄能、氢能等专项发展规划编制。以承接国家部委重大课题任务为契机，多角度发出国家能源集团强声，完成了国资委监管模式、能源强国、煤炭保供等国资委、发展改革委、国务院参事室专项任务10余项。全年参与中国政协、致公党中央、九三学社、国务院参事室、发展改革委和央行金融稳定局等10余场次调研访谈活动。担任国家能源局牵头的“一带一路”工作组副组长单位，持续巩固深化与东盟能源中心战略合作，形成“东盟+3”能源部长会议下的合作机制，参加3次东盟区域高端论坛及政策对话会议，联合开展“双碳”、转型等国际化热点难点课题研究。

在做好课题研究任务的同时，国家能源技经院全年承接评审项目570项，评审投资额1.6万亿元，同比增加352项和1.15万亿元，增长161%、252%；完成评审项目429项（含中止），评审投资额1.3万亿元，同比增加249项和9319亿元，增长138%、258%，均实现翻一番、翻两番的指数增长；全年为国家能源集团和相关子分公司提供政策信息产品402期（份），政策信息产品推送15.48万人次，撰写政策信息分析30余条，向上级部门、国家能源集团提交信息稿件49篇，撰写150余篇“100万+”的重要讲话、信函、洽谈及交流材料；接收国家能源集团总部移交档案5187卷/件，完成原国电集团10.4万件档案清点及数据迁移，提供档案查阅、业务咨询188人次，涉及资料953卷/件，完成国家能源集团年鉴年报撰写9份，协助国家能源集团开展档案业务建章立制、专家及后备人才库建设等30余项重点任务。

主要事件

1月11日，国家能源集团党组成员、副总经理冯树臣赴技经院调研。

1月14日，国家能源技经院举办“能源智库”学者沙龙第一期活动。

1月26日，国家能源技经院召开一届一次职工大暨2022年工作会议。

1月31日，国家能源技经院“双碳目标下国家能源集团绿色低碳转型系列研究与智慧决策支持系统研发及应用”荣获国家能源集团奖励基金一等奖。

1月，国家能源技经院自主开发评价系统，助力再生能源大发展。

1月，国家能源技经院喜获三个主要专业领域甲级资信。

2月11日，国家能源技经院自主开发“煤基能源建设项目财务评价系统”。

2月24日，国家能源技经院在国家能源集团首届政研课题优秀成果评选中斩获佳绩。

3月2日，国家能源技经院在北京以视频会议形式组织召开“我国煤化工产业发展定位、目标和布局研究”和“国内外大型能源化工企业低碳转型发展战略分析”两项政研课题验收评审会。

3月3日，国家能源技经院推进一流智库智能化平台建设工作。

3月10日，“一带一路”互联互通（电力）工作组（简称工作组）组织召开第一次全体会议。

3月16日，国家能源技经院与东盟能源中心（ACE）召开2022年第一次工作例会。

4月13日，国家能源技经院自主开发的“制氢项目财务评价系统”上线。

4月22日，国家能源技经院参加新型电力系统技术创新联盟成立大会。

4月27日，国家能源技经院组织召开“能源金三角地区煤电CCUS产业化发展的市场机制研究”课题启动暨实施方案研讨会。

5月6日，国家能源技经院承办海外项目开发实战训练营。

5月12日，中国煤炭工业协会鉴定国家能源技经院一项研究成果达到国际领先水平。

5月31日、6月1日，陆上风电项目、光伏发电项目投资评估通用造价指标研究验收通过专家评审。

6月1日，国家能源技经院主持完成的1项科技成果顺利通过成果鉴定，整体达到国际领先水平。

6月30日，国家能源技经院受邀参加第21届“东盟+3”能源高官会议。

7月12日，国家能源技经院与国网经研院签订战略合作框架协议。

7月25日，国家能源技经院赴新疆大学参加国家社科基金重大项目进展交流论证会。

7月27日，国家能源技经院组织召开“国家能源集团一带一路投资机会研究”中期研讨会。

8月10日，受东盟能源中心（ACE）邀请和国家能源局委托，国家能源技经院参加了“东盟煤炭高级别政策对话会议（HLPD）”（线上）。

8月18日，国家能源技经院成为北京市昌平区人民对外友好协会第三届会员单位。

8月23日，国家能源技经院承担的“电力现货市场下国家能源集团对策研究”项目通过国家能源集团验收。

9月7日，国家能源技经院参与的国家能源局“新型电力系统中煤电发展新定位及市场机制政策研究”课题通过结题评审。

9月24日，国家能源集团技术经济研究院当选中关村全球高端智库联盟副理事长单位。

10月12日，国家能源技经院两篇论文分别荣获“2022年（第十届）全国电力企业管理创新论文大赛”一、二等奖。

10月21日，国家能源技经院受邀参加国家发展改革委新型能源体系专题座谈会。

10 月 30 日，国家能源技经院荣获中央企业智库联盟多项优秀成果奖。

11 月 8 日，国家能源技经院荣获 2022 年度中国能源研究会能源创新奖二等奖。

12 月 9 日，国家能源技经院自主开发光伏发电项目造价评审线上系统助力国家能源集团新能源产业发展。

12 月 28 日，国家能源技经院“煤炭清洁高效利用 2030 重大项目”先导项目研究成果获中国煤炭工业协会科学技术奖一等奖。

（周星龙　毛亚林）

【北京低碳清洁能源研究院】

单位概况　北京低碳清洁能源研究院（简称低碳院）成立于 2009 年 12 月，坐落于北京市昌平区未来科学城，肩负着“出机制、出人才、出成果”的重要使命。现有员工 500 余人，50%科研人员具有博士学位，海外引进的高层次人才占比超过 10%。低碳院拥有煤炭开采水资源保护与利用国家重点实验室、国家能源煤炭清洁转换利用技术研发中心（国家能源局）、北京市纳米结构薄膜太阳能电池工程技术研究中心等重点科研平台。

低碳院围绕国家能源集团产业绿色低碳转型需求和战略性新兴产业培育，以重大工程建设和技术升级为依托，通过核心技术自主研发和应用技术集成创新，在氢能、环保、新型储能、先进材料、现代煤化工等领域突破了一批关键核心技术，取得了一批标志性科技成果。自成立以来，累计承担国家项目 50 余项，立项和发布国家、行业、团体技术标准 50 项，申请专利 2300 余件，授权专利 900 余件，15 项原创技术经成果鉴定/评价达到国际一流水平；获得国家级、省（部）级和行业协会奖励 50 余项；SCI、EI 收录高质量论文 240 余篇，其中在《科学》《焦耳》以及《自然》《科学》子刊等多个顶级国际学术期刊发表论文 60 余篇；拥有 30 余项煤炭开采、煤基材料、煤化工、环保、CCUS、氢能、储能等领域技术成果。

领导班子

院长、党委副书记：赵喆

总会计师、党委委员：刘玉平

纪委书记、党委委员：何文强

副院长、党委委员、工会主席：胡道成

党委书记、副院长：庞柒（甘肃酒泉挂职）

组织机构　截至 2022 年底，低碳院下设 6 个职能部门，分别为综合办公室（党委办公室、企业传播部）、人力资源部、党建工作部（党委宣传部、党委统战部、工会工作部、团总支）、纪委办公室、财务资产部和企管法律部（内控审计部）。设有 8 个研发中心，包括先进材料研究中心、新能源技术研究中心、洁净煤技术研究中心、煤化工研究中心、环境保护技术研究中心、IGFC 国家重大专项中心、煤间接液化国家重大专项中心和煤炭开采水资源保护与利用国家重点实验室（能源绿色开发中心）。设有 4 个研发支持保障中心，分别为科研管理中心（技术委员会办公室）、科研保障中心（安健环管理中心）、技术商务中心和分析表征中心。共有 3 个国家能源集团设立机构，分别为国家科研攻关专项管理中心、涉外法律审管中心和《清洁能源》编辑部。共有 3 家下属公司，分别为国家能源欧洲研究院有限公司、神华（北京）新材料科技有限公司和神华（北京）光伏科技研发有限公司。

科技创新及科研成果　低碳院坚持科技创新，推动高质量发展。聚焦国家重大战略需求和行业科技前沿，推进国家重点研发计划项目研究。同时以原始创新为驱动，保障国家能源集团科技创新项目顺利实施。

1. 先进煤间接液化及产品加工成套技术开发

2 月 24 日，由国家能源集团牵头、低碳院具体负责的国家重点研发计划项目“先进煤间接液化及产品加工成套技术开发”，通过了由国家科技部高技术中心组织的综合绩效评价。

该项目由国家能源集团牵头，由国家能源集团宁夏煤业和低碳院联合中科院大化所、清华大学等 13 家单位组成产学研项目组。项目致力于破解煤制油项目运行过程中暴露出的催化剂性能不够理想、单台反应器产能较低、汽柴油产品不合格、提取有机物后合成水变为含盐废水等关键瓶颈问题，以解决关键科学问题开发创新性技术为导向，以实现开发的技术从实验室到工业中试、工业示范、产业化应用为目标，掌握先进的煤间接液化及产品加工成套技术。

项目以 400 万 t/年煤间接液化装置为平台和纽带，实现铁催化剂活性相及反应机理研究新理论重大突破，成功开发 8 项共性关键技术，其中 5 项核心技术实现工业应用，4 项技术在宁夏煤业 400 万 t/年煤间接液化项目实现工业应用，每年为相关单位创造了可观的经济效益和社会效益。

2. 大规模风光互补制氢关键技术研究及示范

12 月 25 日，国家重点研发计划“大规模风光互补制氢关键技术研究及示范”项目通过了国家科技部高技术中心组织的综合绩效评价。

“大规模风光互补制氢关键技术研究及示范”是由国家能源集团牵头，低碳院组织实施的国家重点研发计划专项项目。低碳院作为项目组织方、技术负责部门和核心技术开发任务的承担单位，攻克了“低压大电流直流变换、快速加氢及多能源监控保护”等多项关键技术，研制了全球功率最大的 5.7MW DC－DC 直流制氢电源，开发了国内首个国际认证的 35MPa/70MPa 快速加氢机装备，搭建了国内首套大规模风光互补制－储－输－用一体化集成监控安全保护平台，建成了全球容量最大的 8MW 风光耦合可再生能源制氢加氢示范工程，成功构建了从系统优化集成、关键装备设计制造、全环节综合监控与安全防护的风光耦合制氢全链条技术体系。项目实施为北京冬奥会的绿氢供应提供了坚实保障。

3. 35MPa/70MPa 加氢站关键技术

低碳院开发了 35MPa/70MPa 加氢站整体技术解决方案、加氢站工艺控制系统、加氢站安全系统和 35MPa/70MPa 快速加氢机。10 月 12 日，由低碳院牵头、中国标准化研究院等单位联合起草的国家标准《加氢机》（GB/T 31138—2022）正式颁布实施，全部代替标准 GB/T 31138—2014 汽车用压缩氢气加气机。

低碳院开发的 35MPa 和 70MPa 快速加氢机技术可实现物流车 3～5min、大巴车 5～8min、重型卡车 10min 以内快速加满。35MPa/70MPa 快速加氢机均获得国际知名认证机构 TÜV 南德认证，填补国内加氢站关键装备空白。

4. 全钒液流电池技术

低碳院开发了全钒液流电池电堆技术和全钒液流电池储能模块技术，形成了全钒液流电池成果。10 月 12 日，低碳院参与编制的国标《全钒液流电池设计导则》（GB/T 41986—2022）发布实施。

GB/T 41986—2022 规定了全钒液流电池的设计要求，涵盖通用设计、电池模块设计、电池单元设计、电气设计要求、电池系统布置、通风与空气调节等方面，为电池系统的性能及安全性提供保障。适用于户内或户外用所有类型的固定式全钒液流电池储能系统，对推动全钒液流电池技术储能领域的研发、生产和应用起到重要的促进作用。

低碳院通过提升电极和电解液电化学活性，控制和强化传质过程，有效提升电堆性能，形成具有自主知识产权的全钒液流电池技术。同时基于材料特性和电堆受力特性，开发兼顾高精度、大行程、分步精确控制的电堆装配工艺，研制 15、32kW 等不同规格的全钒液流电池电堆。在电堆技术的基础上，低碳院开发了全钒液流电池储能模块技术，利用模拟仿真等方法优化模块管路设计、辅助设备和运行策略，有效提高系统能量效率。目前已完成 60kW 储能模块和 125kW 储能模块的设计，为中试和产业化打下了坚实的基础。

主要事件

4 月 15 日，国家能源欧洲研究院正式在德国注册成立，位于德国首都柏林。

7 月 26 日，国家知识产权局发布《关于第二十三届中国专利奖授奖的决定》，国家能源集团作为第一专利权人，由神东煤炭和低碳院发明的专利《一种地下水库坝体及其构筑方法》荣获中国专利金奖。

8 月 25 日，低碳院以加氢站和加氢机知识产权入股的中天华氢有限公司注册成立，标志着低碳院加氢站技术正式进入产业化阶段。

（岳　媛）

【中国长江三峡集团有限公司科学技术研究院】

单位概况　中国长江三峡集团有限公司科学技术研究院（简称三峡科研院）是中国三峡集团中央研究院，作为统一科研创新平台。科研院立足自主创新能力培育和提升，以国家战略需求为导向，积极融入国家科技创新体系；以重大工程为载体，自主科研为主体；以解决工程建设运营实际问题为目的，实现科技创新和技术服务“双轮驱动”；以产学用一体化发展为纽带，基础建设迈上新台阶；多渠道引进培养人才，建设科研人才高地。

组织机构　三峡科研院设综合管理部、人力资源部、科研管理部、党群（纪检）工作部等 4 个职能部门，设水电工程技术研究中心、电站运维技术研究中心、水资源高效利用技术研究中心、新能源科技创新中心、信息技术研究中心、综合能源技术研究中心、绿氢技术及应用创新中心等 7 个研究中心，新能源与新型电力系统工程研究中心和水电技术创新中心挂靠于科研院。

人员情况　三峡科研院设院长 1 名、党委书记 1 名、纪委书记 1 名、副院长 5 名，共有员工 200 余人，博士占比接近 70%，高级专业技术职称人数占比 27%，拥有院士领衔、长江学者、行业知名专家等杰出人才组成的“首席科学家”队伍。

科研情况　围绕中国三峡集团战略布局和核心主业开展科技创新研究工作，在水电工程建设运行技术、水资源高效利用、海上风电资源及环境评估、海上风电基础结构研究、风电场运维安全研究、新型光伏电池、大型新能源并网接入及主动支撑技术等领域实现了全面布局；主动对接服务国家重大战略，在海上风电直流送出、工控系统国产化、氢能、潮流能等领域持续发力。2022 年，授权专利 235 项，其中，海外专利 20 项，发明专利 158 项；荣获各类奖励共 24 项。

依托重大项目和工程，深度参与海上风电柔直送出轻型化及国产化关键技术研究，16MW 超大容量海上风力发电样机下线，入选 2022 年度央企十大国之重器；全力推进舟山潮流能示范工程建设项目，助力国内首台桩柱式潮流能双向发电成套设备并网发电，实现了中国潮流能发电技术的突破；10MW 大规模压缩空气储能中试项目各主设备按计划完成研制，实现大规模压缩空气储能系统与关键装备技术的突破；乌兰察布风光储一体化场站项目示范效应显著，完成 6 种储能设备、"源网荷储一体化"能量管理系统的配置和调试，大规模新能源及储能仿真实验室、储能技术检测实验室投入使用；开发的并网友好型风光储场站群智慧集控与运维系统获国家能源局能源领域首台（套）重大技术装备认定。

（杨鹏博）

【水电水利规划设计总院有限公司】

单位概况 水电水利规划设计总院（简称规划总院）的历史可追溯到1950年燃料工业部水利发电工程局，是在国家电力体制改革中保留下来的事业单位。2011年电网企业主辅分离改革及电力设计、施工企业一体化重组中，隶属于中国电力建设集团有限公司。2012年水电顾问集团和规划总院分设，2015年规划总院和水电顾问集团下的咨询公司完成重组，成为新的规划总院。为落实事业单位改革相关政策，于2020年初注册成立不电水利规划设计总院有限公司，与规划总院同时隶属于中国电力集团有限公司管控，均为中国电力建设集团有限公司的二级机构，合署办公。受国家相关部委委托，管理国家可再生能源信息管理中心、可再生能源定额站、国家能源水电工程技术研发中心、可再生能源发电工程质量监督站，是国家能源领域行业十六家标准化管理机构之一，是中国国家能源局设立的首批能源研究咨询基地。

2022年，规划总院发布《水电水利规划设计总院有限公司"十四五"发展规划》并推实施，完成《水电水利规划设计总院推动碳达峰碳中和三年行动方案》编制工作。组织开展金沙江、澜沧江、雅鲁藏布江等重大河流水电规划编制和调整工作，推动新能源基地和海上风电基地规划与建设，支撑国家重点工程技术咨询服务，参与政府框架下的能源合作。

领导班子

党委书记、董事长（执行董事）、法定代表人：李昇

党委副书记、董事、总经理：易跃春

党委委员、副总经理：王忠耀、顾洪宾、龚和平、赵增海

党委副书记、纪委书记、工会主席、监事：何忠

党委委员、总会计师：杨淑芝

党委委员、总工程师：赵全胜

党委委员、总规划师：张益国

专家委员会主任：彭程

咨询：郑声安、彭才德、彭土标

组织机构 2022年，规划总院设职能与综合管理部门9个，包括公司办公室/董事长办公室/总经理工作部、党委工作部/工会办公室/党委宣传部、党委组织部/人力资源部、计划发展部、财务资金部/财务共享中心、技术质量安全部/总工程师办公室、纪委办公室/审计部/法律事务部、科技标准部、国际业务部；业务部门9个，包括规划部、综合能源部、新能源部/军民融合部、水电工程部、水库经济部、环境保护部、工程造价部、可再生能源发电工程质量监督部/质量安全咨询部、信息数据中心。

下属法人单位4个，包括中国水利水电建设工程咨询有限公司、《水力发电》杂志社、哈密智源科技信息技术有限公司和乐山中电建生态环保科技有限公司。此外，中国电建新能源规划研究中心、中国电建技术中心依托规划总院设置。

人员情况 2022年，规划总院在职职工352人，其中专业技术人员264人。

主要经济指标 2022年，规划总院实现净利润51721.48万元，资产负债率56.46%；研发投入强度8.83%，实现利润总额5.61亿，营业收入利润率为31.77%，年末资产总额39.03亿元。经济增加值（EVA）4.95亿元，全员劳动生产率208万元/人。

企业资质、资信 2022年，规划总院具备"电力""水利水电"工程咨询单位甲级资信证书，具备国家能源局第一批研究咨询基地资格。规划总院旗下水电水利规划设计总院有限公司具备"水利水电""电力"和"水文地质、工程测量、岩土工程"工程咨询单位甲级资信证书、中国电力企业联合会信用等级（AAA）证书。其中，旗下中国水利水电建设工程咨询公司拥有"水利水电""电力"和"生态建设和环境工程"工程咨询单位甲级资信证书、工程设计专业等甲级资质，工程造价咨询企业信用证书、中国电力企业联合会信用等级（AAA）证书。

改革发展 2022年，规划总院开展政策研究课题70余项。开展涉及196个蓄能项目的技术审查工作，支撑48个抽水蓄能项目完成核准。推进雅下规划和龙盘、如美等五大水电项目前期工作，开展沙漠戈壁荒漠大型风电光伏基地建设、"三交九直"配套电源基地评估、海上风电基地规划建设、流域水风光一体化基地规划建设等技术服务工作，推动国际可再生能源署（IRENA）中国办公室国际平台落地总院，服务中国—东盟、中国—非盟、中国—阿盟等12项政府多双边合作机制。加强与各级政府、企业的沟通协调，全年签订战略合作协议9份。加强电建集团内部资源整合，发挥新能源规划研究中心平台优势，健全外聘专家合作管理机制。

2022年，规划总院相继发布《"十四五"发展规划》和《水电总院推动碳达峰碳中和三年行动方案》，修订《"三重一大"决策制度实施细则》《党委议事规则》《董事长办公会议事规则》《总经理办公会议事规则》等。首次发布《抽水蓄能行业发展报告2021》，承办第三届六铺炕能源论坛。健全战略考核体系。完成规划总院2022年国家级高新技术企业认定，安全标准化、应急

能力建设 2 项工作通过中国电建评定一等优良。

科技创新 2022 年，规划总院科技投入为 9712 万元，依托国家能源水电工程技术研发中心和国家水能风能研究中心，申请中国电建 2 项科研项目立项。11 月，组织召开国家能源水电工程技术研发中心 2022 年工作会。

2022 年，规划总院牵头和参与立项国家“十四五”重点研发计划 3 项，“典型场景鱼类智能传感器与监测系统研发及应用”项目获批国家重点研发计划“智能传感器”重点专项 2022 年度项目；承担“库坝系统及附属建筑物自然灾害损害快速精准诊断与风险防控”“长江流域鱼类洄游通道综合数据库建设研究”2 项国家重点研发计划项目子课题。中标“长江经济带小水电河流生态系统完整性评估监测与修复”“梯级水库群场景下高坝大库应急放空风险防控技术”国家基金项目 2 项，“深远海海上风电开发利用关键技术研究”中榜国家发展改革委揭榜挂帅项目 1 项，牵头立项中国电建科技项目 8 项，自立规划总院科技项目 29 项。推进《风力发电工程项目规范》《太阳能发电工程项目规范》两项强制性国家标准编制，开展《水电工程设计防火规范》《水力发电工程地质勘察规范》两项强制性国家标准修订工作，制修订完成《混凝土拱坝设计规范》《抽水蓄能电站设计规范》等 34 项标准。

2022 年，规划总院出台、修订《科技和标准工作产值结算办法》等 6 项科技管理制度。2022 获得中国电建科技进步奖一等奖 1 项，获得中国电建科技创新先进集体奖、科技创新先进个人各 1 项，获得中国水力发电工程学会科学技术奖一等奖、二等奖、三等奖各 1 项，获得电力规划设计学会优秀工程咨询成果奖 12 项。获得专利授权 5 项，包括发明专利 3 项和实用新型 2 项，获批软件著作权 21 项。

经营管理 2022 年严格成本费用支出预算管理，成本费用总额增幅低于营业收入增幅。强化税务成本管理，编制修订 14 个财务管理制度。

人力资源管理方面，制修订《员工职业发展通道及岗级体系管理办法》《项目部负责人任职条件及职（岗）级管理办法》等系列管理办法。4 人被聘为中国电建首席技术专家，5 人被聘为规划总院首席技术专家，1 人入选中国水力发电工程学会科学技术专家委员会，1 人入选北京水力发电工程学会优秀青年工程师，1 人获得 2021—2022 年度金沙江流域水电工程建设劳动竞赛优秀建设者称号，1 人获评 2022 年度中国电建十大杰出青年。

信息化建设方面，基本完成全国可再生能源发电项目建档立卡系统，首次实现对全国可再生能源发电项目信息的统一管理。完成西藏可再生能源电子数据库及空间分布系统开发，编制抽水蓄能数字化电站全生命周期技术解决方案，拓展抽水蓄能数字化业务。

走向海外 2022 年，规划总院筹建中国－东盟清洁能源合作中心成立事项写入《第十九届东盟＋3 能源部长联合声明》，筹建 IRENA 中国办公室，与印尼电力公司签订合作谅解备忘录。组织第五届东盟＋3 清洁能源圆桌对话，举办中欧漂浮式海上风电合作论坛，发起中国—非盟能源伙伴关系框架下系列研讨活动，联合沙特阿卜杜拉国王石油研究中心及中国产业发展促进会氢能分会组织召开“中沙氢能务实合作研讨会”，赴柬埔寨执行中国—东盟清洁能源能力建设计划 2022 交流项目，在联合国气候变化大会第 27 次缔约方会议（COP27）期间组织“清洁能源赋能非洲电力可及”中国角活动。

在课题研究方面，完成《缅甸可持续水电开发的水资源总体规划报告》编写，组织编写《金砖国家能源报告 2022》，组织完成援布隆迪胡济巴济水电站第二次中期验收和竣工验收。

重大项目

（1）开展行业发展重大政策研究和标准体系建设工作。开展《水风光储可再生能源综合开发项目技术规范》《风光水火储多能互补容量配置计算规范》等规范编制，编制并发布抽水蓄能行业第一本报告《中国抽水蓄能产业发展报告 2021》，完成《中国水电发展报告 2021》《中国可再生能源发展报告 2021》等七类行业发展年度报告的编写和发布，完成 12 期《全国可再生能源发电预测简报》。

（2）建设水电及新能源规划国家队。开展全国流域水风光一体化规划研究，布局“沙戈荒”基地配套抽水蓄能规划研究。完成《能源央企碳达峰碳中和实现路径研究》《先立后破协同推进能源安全与能源碳达峰碳中和智库意见》等。

（3）推进水电项目。跟踪指导龙盘、如美等重大水电工程前期研究论证和设计优化工作，牵头完成如美可研审查、龙盘可研大纲咨询，古水、奔子栏可研重大专题咨询审查。完成两库五站 40 余项专题技术咨询，同时组织开展 13 项重大技术课题研究。

（4）完善安全应急工作。组织编制《自然灾害防治重点工程综合评估》，成果由应急管理部主要领导在中央财经委会议上向习近平总书记作了汇报。完成《国家能源局电力应急指挥平台顶层规划设计》及平台建设，纳入国家 102 项重大工程。成立国家防汛抗旱应急技术研究中心及国家能源流域水电安全与应急技术研发中心。

（5）提高水电工程质量验收评定规范化、标准化、科学化水平。组织开展国家质量监督、质量安全咨询、科技标准编制等各类工作任务共 4114 项次，主办完成咨询任务 1049 项，承担其中质量监督任务 1246

项次，启动《水电建设工程施工质量验收评定表及填写指导手册》编制工作。

（6）服务集团核心业务。编制中国电建《绿色砂石建材项目投资可行性研究报告编制规程》等企业技术及管理标准，完成中国电建新能源规划研究中心实体化运行，推动中国电建技术中心实体化建立。

党群工作 落实落细“第一议题”制度，深入学习习近平总书记关于国企改革发展和党的建设重要论述，汇编习近平总书记关于本行业本领域重要指示批示。制定印发规划总院《党的二十大精神学习宣传贯彻工作方案》，党委委员深入基层党支部讲授专题党课。围绕“喜迎二十大、建功新时代”主题开展活动20余项，组织发表署名文章12篇并编辑出版《为美丽中国赋“能”》一书，制作专题片一部。开展“双引双建”工作，总结形成“央企智库党建”案例，形成“咨询项目部党建品牌”和“质量监督精品”示范品牌。总结提升“支部差异化考核”工作标准，丰富“3+3+N”的党建工作体系，总结形成规划总院“央企智库党建”案例，获得中国企业文化协会成果二等奖、中国电力规划协会特等奖。规划总院党委在漂浮式海上风电关键技术研究、抽水蓄能预可研技术报告等急难险重任务中组建9支党员突击队（先锋模范突击队）。总结提出“咨询项目部党建品牌”和“质量监督精品”示范品牌。姜昊荣获中国电建第五届十大杰出青年。

企业文化建设 2022年，规划总院策划年度重大选题，组织中央电视台、新华社等对《“十四五”可再生能源发展规划》《国家抽水蓄能中长期发展规划2021—2035》进行系列解读，组织出版或拍摄《为美丽中国赋“能”》专著、专题片。围绕“央企智库沙龙”“中英海上风电”“联合国气候变化大会第27次缔约方会议（cop27）”“中国—东盟清洁能源能力建设计划”、生态放流等行业大型活动开展重点报道。年对内网发布新闻1646篇，微信发稿145篇，对外发稿170余篇，媒体报道规划总院303条，浏览率超3000万次。健全完善舆情预警处置机制，对“十四五”可再生能源规划、抽水蓄能规划、绿色电力证书交易等主要行业热点进行专项或常规监测。全年形成日常舆情监测周报50期，行业舆情监测专报15期。

【中国水利水电科学研究院】

单位概况 中国水利水电科学研究院（简称中国水科院）隶属中华人民共和国水利部，是从事水利水电科学研究的国家级社会公益性科研机构。本部由位于北京海淀区复兴路甲1号（南院）和车公庄西路20号（北院），以及大兴试验基地和延庆试验基地组成。京外有位于呼和浩特市的牧区水利科学研究所和天津市的水利电力机电研究所。

中国水科院历史可追溯到1933年，前身为中国最早的水利科学研究机构——中国第一水工试验所，1958年经国务院规划委员会批准，将国内多家水利水电科研单位合并，组建了水利水电科学研究院，1994年经国家科委批准更名为中国水利水电科学研究院，2000年水利部牧区水利科学研究院和水利部电力工业部机电研究所并入。现任院长匡尚富，历任院长有张子林、张光斗、林秉南、张泽祯、杨德晔、陈炳新、梁瑞驹、高季章。先后拥有中国科学院和中国工程院院士15人，分别是张光斗、黄文熙、钱宁、汪闻韶、林秉南、朱伯芳、陈厚群、吴中如、陈志恺、韩其为、陈祖煜、王浩、缪昌文、胡春宏、杜修力。

截至2022年底，中国水科院在职职工1272人，其中包括硕士以上学历975人（博士616人）、副高级以上职称917人，是科技部创新人才培养示范基地、国家引才引智示范基地、水利部水利科技人才培养基地。

现有13个研究所（中心）、4个科技企业、5个综合事业和1个后勤企业。拥有1个国家重点实验室、5个部级重点实验室、4个国家级研究中心、9个部级研究中心、1个国家野外站。研究领域已覆盖水文水资源、水生态环境、防洪抗旱与减灾、遥感技术及应用、水利史与水文化、泥沙与水土保持、农村水利、牧区水利、水力学、岩土工程、水工结构与材料、工程抗震、水力机械与机电、自动化、工程监测与检测、新能源、水利水电工程管理、水利信息技术等18个学科、103个专业方向。具有工程咨询单位甲级资信证书[水利水电、电力（含火电、水电、核电、新能源）、生态建设和环境工程]、水文水资源调查评价甲级资质证书、水资源论证甲级资质证书、生产建设项目水土保持监测单位水平评价证书（5星）、生产建设项目水土保持方案编制单位水平评价证书（5星）、水利工程质量检测单位甲级资质证书（岩土类、混凝土工程类、量测类、机械电气类、金属结构类）、水利建设市场主体信用评价AAA等级（质量检测类、咨询类、供货类）等证书，通过了国家计量认证、ISO9001质量管理体系认证等，被遴选为国家发展改革委、北京市政府固定资产投资项目咨询评估机构以及水利部水利水电建设工程蓄水安全鉴定、大中型水闸安全评价和水土保持设施验收技术评估单位。

建有1个国家级重点实验室为流域水循环模拟与调控国家重点实验室，5个部级重点实验室分别为水利部水工程建设与安全重点实验室、水利部泥沙科学与北方河流治理重点实验室、水利部数字孪生流域重点实验室、水利部京津冀水安全保障重点实验室、水利部水工程材料重点实验室，另有36个专业实验室，配备大型高速水流减压箱、大型三向六自由度模拟地震振动台、离心模拟试验机、水力机械模型通用试验台、水质色谱–质谱联机仪等许多在规模和性能方面均位于国内外前列的重要仪器设备，以及一大批自主开发的水利水电计算机软件和大型高性能的并行计算平台。拥有4个国家级中心分别为国家节水灌溉北京工程技术研究中心、国家农业灌排设备质量监督检验中心、国家水电可持续发展研究中心和国家能源水能高效利用与大坝安全技术研发中心；9个部级中心分别为水利部防洪抗旱减灾工程技术中心、水利部水资源与水生态工程技术研究中心、水利部水土保持生态工程技术研究中心、水利部水环境监测评价研究中心、水利部遥感技术应用中心、水利部草地水土保持生态研究中心、水利部水工程抗震与应急支持工程技术研究中心、水利部江河水利志收藏馆、水利遗产保护与研究国家文物局重点科研基地，1个国家野外站为内蒙古阴山北麓草原生态水文国家野外科学观测研究站，为科学研究创造了优良的科研条件。

2022年，中国水科院48项成果获得省部级奖励，其中，19项奖励为牵头完成成果。全年发表论文737篇，出版著作78部；授权专利395项；登记软件著作权75件；新编（修编）标准21项。

中国水科院是联合国教科文组织和中国政府合属的国际泥沙研究培训中心的挂靠单位，也是世界泥沙研究学会、世界水土保持学会、国际水利与环境工程学会、国际洪水管理大会、国际大坝委员会、国际灌排委员会、全球水伙伴、国际水电协会、亚洲河流生态修复网络9个大型国际学术组织或会议机制总部及中国委员会秘书处的挂靠单位，先后有10余位专家在国际组织内担任荣誉主席、副主席、秘书长等重要职务，与国外近40余家科研机构、知名大学、国际组织和企业签订了长期合作协议，建立了固定的合作交流机制。

从20世纪50年代起，中国水科院开始培养研究生，是国务院学位办首批授予的“水利工程”一级学科培养单位，中组部指定的水利系统主要承担“西部之光”访问学者的培养单位，设有2个一级学科博士后流动站和8个博士和硕士学位授予专业，分别为岩土工程、水文学及水资源、水力学及河流动力学、水工结构工程、水利水电工程、水环境学、水信息学、水灾害与水安全。2018年获得国际学生招收资质。截至2022年底，本院共有研究生导师313人，其中博士生导师107人（含1名外籍导师）、硕士生导师206人。1978年恢复招生以来，累计招收培养了博士、硕士研究生以及博士后2018人，国际学生12人，“西部之光”访问学者96人。现有国内研究生、博士后、留学生等各类在学人员共计545人。

领导班子

院长：匡尚富

党委书记：彭静

副院长：王建华、李锦秀、丁留谦

纪委书记：宋树芳

组织机构 从体制上划分为研究所（中心）、职能部门、综合事业部门、院属企业等4大部分。其中，现有10个研究所（中心）、8个职能部门、4个综合事业部门、5个院属企业。

研究所（中心）包括水资源研究所、防洪抗旱减灾研究中心、水生态环境研究所、水利研究所、工程抗震研究中心、岩土工程研究所、水电可持续发展研究中心、泥沙研究所、水力学研究所、牧区水利科学研究所（京外）；职能部门包括办公室、党委办公室、人事劳动教育处、科研管理与规划计划处、国际合作处、财务资产管理处、监察与审计处、条件平台处；综合事业部门包括研究生院、标准化研究中心、信息中心、离退休职工处；院属企业包括北京中水科工程集团有限公司、北京中水科水电科技开发有限公司、北京中水科海利工程技术有限公司、天津水科机电有限公司（京外）、北京爱德商务服务有限公司。

党建工作

（1）强化政治建设，走好第一方阵。深入学习宣传贯彻党的二十大精神，组织开展“喜迎二十大、奋进新征程”主题党日活动，讲好“走好第一方阵，我为二十大做贡献”专题党课，印发《学习宣传贯彻党的二十大精神工作方案》，开展“党建引领、科技强国”调研活动，开设专栏、专题网页，营造浓厚学习氛围。做好意识形态工作，推进新闻出版领域专项整治暨党委意识形态督查核查整改工作，完成“学查改”专项工作，开展对牧科所党委政治巡察工作。

（2）强化理论武装，提升思想水平。开展党委中心组示范引领学、青年职工深化拓展学、党建课题专项深入学、宣传阵地引导学等，组织参加水利部“我学我讲新思想”水利青年理论宣讲活动，申报党建课题共11项，获一等奖2项、二等奖3项。

（3）强化组织建设，夯实基层组织基础。开展清查整治突出问题规范党务工作专项活动。完成换届选举工作，选举产生了新一届党委、纪委。落实基层党组织建设质量提升三年行动，中水科技监控党支部、水电中心党支部获得中央和国家机关“四强”党支部称号。

（4）坚持多措并举，强化监督执纪问责。开展学习宣传党的二十大精神、贯彻落实重大决策部署等监督检查。开展公务用车制度改革、制止餐饮浪费、第五次廉政工作会议精神落实情况专项监督，确保执行到位。细化重要节日、干部选拔任用、公务接待等日常监督，制定《院规范用餐“二十条”》，防范违规吃喝现象发生。强化警示教育，组织全体党员观看《零容忍》，发放《违反中央八项规定精神问题典型案例释读》，发挥反面教材的警示震慑作用。坚持挺纪在前，推动执纪问责标准化规范化，严格执行监督执纪工作规则，提升执纪审查质效。

主要工作

1. 科技创新

（1）科研合同额稳中有升。2022 年全院新签合同额较 2021 年增长 12.1%。新签纵向项目 474 项，新签横向科技类项目 1537 项。

（2）重点项目进展显著。重点研发计划项目获得立项 6 项，国家自然科学基金项目获批 30 项，水利部重大科技项目获批 21 项，改善科研条件专项项目获批 6 项，三峡水库库区基金支出项目获批 11 项，中央基建投资项目获批 4 项。推进国际山洪计划、中欧水资源合作平台项目、中丹战略合作项目Ⅱ期、澜湄甘泉行动等多个国际项目。

（3）科技创新成果丰硕。获得省部级奖励 48 项，其中 19 项为牵头完成成果。发表论文 737 篇，出版著作 78 部；授权专利 395 项，其中国内发明专利 259 项，国内实用新型专利 76 项，国内外观设计专利 2 项，国际专利 58 项；登记软件著作权 75 件；主参编发布标准 21 项。

2. 科技支撑

（1）加强多学科交叉融合，服务国家重大战略。

1）服务国家江河战略。以江河为纽带，从推动国土空间布局、抵御自然灾害防线构建、经济带和城市群建设、生态文明和美丽中国建设、清洁能源发展，以及粮食基地、交通运输网络、文化带、国家水网建设等方面，论证贯彻国家江河战略的重点任务与实施路径，向水利部提交研究总报告与 7 个专篇报告。

2）服务黄河流域生态保护与高质量发展。开展水沙关系研究，揭示极端降雨下的黄河典型流域水沙关系演变及其影响因素。加强水资源和生态环境安全研究，提出黄河上游四川段水源涵养功能修复与保护战略。开展滴灌节水增效与地面灌溉压盐关键技术研究，编制《引黄灌区微灌工程技术规范》。加强水土保持和防凌防洪关键技术攻坚，研究黄土高原高标准淤地坝建设和风险防控关键技术、黄河冰凌生消动力学演变机理及冰塞冰坝链生效应，修编内蒙古黄河流域防洪规划。

3）服务长江大保护和经济带发展。重视生态保护机理研究，开展长江深大水库层化水体的多界面微生物地球化学过程及其环境影响调控、上游径流过程与生源要素综合演变规律及适应性调控等研究。加大生态调控研究，承担面向关键水生生境维持的水工程控制断面生态流量、长江流域不同类型过鱼设施布置优化与智造技术、金沙江下游干流枢纽群泥沙动态调控等研究。加强对策措施研究，开展跨流域调水对长江流域的影响与适应、三峡库区和长江中下游影响区生态修复与环境保护重大技术问题、三峡工程后续泥沙问题等研究，承担“三峡枢纽工程运行安全年度评估”工作。

4）服务国家水网和南水北调后续工程高质量发展。加大国家水网研究，提出“双 T”型、黄河“几字弯”水网布局。注重风险研究，承担中线干线工程穿跨邻接工程、区域性地表沉降及所在渠段和建筑物、超标准暴雨洪水条件下工程安全等风险评估研究。注重保障对策研究，开展南水北调中线冬季输水能力提升、重点工程抗震安全精细化数值模拟分析和论证、工程运行过程中出现渠（涵）段区域性沉降问题应对等研究；完成南水北调中线干线工程京津冀段共 160 个站点供电系统的预防性试验。

5）服务“双碳”目标和雅下水电开发。加强国家“双碳”目标实现途径研究，开展水土保持碳汇作用、抽水蓄能清洁能源布局及气候变化应对、淤泥质近海滩涂的新型光伏基础支架结构研究，创新石漠化区农光互补开发模式并在云南等地示范应用。加强生态保护研究，开展雅江下游水沙关系关键问题数值模拟及物理模型试验、面向重要湿地和减脱水河段生态保护的雅下重要水库生态调度等研究。重视抗震安全研究，完成雅江下游水库诱发地震危险性、坝址地震动输入及混凝土坝抗震安全分析与评价等研究。加强防渗材料研究，开展大变形条件下心墙接触黏土层的抗渗能力、沥青混凝土大变形下防渗性能等研究。

6）服务京津冀协同发展。研究揭示海河流域水资源急剧衰减机理、演变归因和发展趋势，界定河湖生态和地下水健康修复目标阈值，创新研发并大规模推广农业适水种植与最优灌溉技术、生活节水器具与设备、地下水压采修复技术以及非常规水利用技术，提出京津冀水网工程新布局与水系统协同调控保障方案等。

（2）加强关键技术研发，服务水利重点工作。

1）支撑水旱灾害防御能力提升。完成四川平武、青海大通等 6 场规模以上山洪灾害，珠江、辽河等流域性洪水复盘及调查分析。持续推进北斗水利综合应用示范项目，自主研制雨水情监测双通道遥测终端等多款北斗水利终端设备。牵头承担的广东省水库大坝安全监测监督平台上线运行。加快数字流域水旱灾害防御“四预”智慧化平台关键技术等研发，支撑淮委、海委数字孪生流域试点建设。开发全国及省级旱情监测预警综合平台，支撑长江流域大旱期间水利部抗旱专题会商。开发内蒙古干旱灾害风险普查系统，建立综合性干旱监测预测评估系统平台。

2）支撑水资源集约节约利用能力提升。持续推进灌区节水研究，参与《水利部办公厅关于推进数字灌区建设的指导意见》等编制工作。开展渠道智能量控一体化闸门、地下滴灌新型变量灌水器及自动冲洗阀等产品研发。申报成为水利行业第一家“绿色产品认证机构”，获批国家农业灌排标准化区域服务与推广平台。开展节水财税金融政策跟踪分析，提出减免企业生产节水专用设备、提供合同节水管理服务的税收优惠等政策建议和实施策略。

3）支撑水资源优化配置能力提升。开展国家水资源供需平衡形势分析，开发水资源综合调配与管理决策支持系统。开展南水北调、引江济淮等长距离调水工程水量水质联合调度技术研究。开展引江济淮、海南水网迈湾大坝工程温控防裂研究，承担内蒙古引绰济辽工程运行智慧管控系统开发工作。

4）支撑大江大河大湖生态保护治理能力提升。建立全国重点河湖生态流量监测预警与调控保障系统，对全国 283 个重点河湖控制断面实现生态流量的实时监测、提前预警、应急调度和统计分析。开展三峡库区典型消落区植被演变及水环境影响动态监测、三峡库区重要支流水环境承载力评估、承载方案及管理建议等研究。研发智慧巡河系统、鱼类智能识别系统等。

5）支撑数字孪生建设。制定院数字孪生流域、孪生水网和孪生工程整套技术方案。参与编制《数字孪生流域建设总体方案》《数字孪生水网建设技术导则（试行）》等。承担的全国土壤侵蚀、泥沙、地下水、流域产汇流和洪水预报、水资源调配等五大模型研发工作取得阶段成果。建成具有自主知识产权百亿级自由度大坝全过程高性能仿真软件，数字孪生万家寨大坝安全分析预警系统上线运行。承担全国首例数字灌区规划可研以及水资源配置与调度模型开发。开展新疆阿尔塔什、广西大藤峡和西藏拉洛水利枢纽数字孪生工程关键技术研究。

（3）强化科技赋能，服务经济社会发展。

1）支撑水利基础设施建设。组织开展环北部湾广东水资源配置工程、广西桂林市长塘水库工程、大陆泽宁晋泊蓄滞洪区防洪工程与安全建设工程等 9 项可行性研究报告咨询，其中 5 个项目获得国家发展改革委批复。全功率变速恒频可逆式抽水蓄能成套设备应用于全球首个梯级水光蓄互补电站四川春厂坝抽水蓄能电站，填补了国内无自主研制变速恒频抽蓄机组的空白。iP9000 智能一体平台持续优化和完善，投运白鹤滩水电站。完成三峡电站 9 台机组升水位稳定性及噪声监测试验。

2）做好援疆援藏及乡村振兴科技帮扶工作。在湖北郧阳开展智慧水利相关建设工作，在四川马边开展防洪排涝规划、城乡供水一体化方案编制工作。编制农村供水工程技术改造规程、监督检查指导手册等标准和规范性文件，开展适宜小型农村供水工程水质净化消毒、高寒地区水处理设备防冻技术研究，支撑农村供水保障水平提升。

3）开展科学技术普及工作。获批“防洪抗旱减灾”“节约用水”两大全国科普教育基地。组织推进科普视听读丛书编制与出版，9 本分册已正式出版。编译出版《水知识读本》柬埔寨语版，组织 6 场柬埔寨、肯尼亚亲子读书会、水科普公开课堂、校园实践课等。开展国家重点实验室开放日活动，举办院“时代杯”第一届科普大赛，参与主办第三届全国水利科普讲解大赛。选送优秀选手参加全国、水利部、北京市科普讲解大赛，均获佳绩。

3. 队伍建设

（1）优化人才结构。全院人才队伍总量 2589 人，其中事业在职职工 1272 人、劳动合同制员工 486 人、在读研究生 493 人、其他支撑人员 338 人。事业在职职工中研究生学历 974 人，博士学位 621 人，分别较 2021 年提高 0.9%、8.2%，提升学历层次；高级职称 920 人，占比 74%。

（2）人才工作亮点频出。根据中央全面深化改革委员会审议通过的试点方案，中国水科院被科技部等八部门列入科技人才评价改革试点单位。推进“五大人才”计划，全职引进水信息学科国际领头人之一菲利普·顾博维尔教授来院开始工作，特聘专家罗杰·福克纳教授喜获中国政府友谊奖。新增光华工程科技奖 1 人、“万人计划”专家 2 人，青年人才托举工程 2 人，全国水旱灾害防御工作先进个人 1 人。

（3）干部队伍选好配强。加强干部梯队建设，新任职部管干部 4 名，提拔处级干部 24 名，涉及 15 个领导班子。做好 3 名部管干部、2 名处级干部退出领导岗位工作。选派 3 名年轻科技业务骨干分别赴新疆、西藏挂职锻炼。

（4）研究生招生培养成效喜人。2022 年度招收国内新生 156 人，其中博士生 67 人、硕士生 89 人，招收博士留学生 4 人，招生规模继续扩大。授予学位 84 人，其中博士 30 人、硕士 54 人。招收“西部之光”访问学者 4 名，2 名“西部之光”访问学者和 1 名少数民族特培学员顺利毕业。进站博士后 16 名，20 名博士后出站。

4. 完善平台建设

（1）优化机构建设。为完善水旱灾害防御技术支持体系，经水利部党组研究通过，在水利部防洪抗旱减灾工程技术研究中心的基础上加挂水旱灾害防御中心牌子，为防御水旱灾害的科学决策、应急响应和水工程调度等提供支撑。

（2）强化重点实验室建设。推进国家重点实验室优化重组工作，申报并获批组建数字孪生流域、水工程材料、京津冀水安全保障等 3 个水利部重点实验室，新建数量在行业科研院所和涉水高校中居于首位。

（3）推进重大科研基础设施平台建设。基本完成大型土工离心机试验研究平台的土建和设备安装、整体调试和试运行。推进长距离大口径 PCCP 管无损检测实验平台、水利部水环境监测评价研究中心水资源监测能力建设等。完成高性能大型地震模拟振动台项目建议书编制。

（4）加快信息化和期刊建设。加强数字水科院建设的统筹谋划和组织协调，成立院领导小组和专项工作组，编制工作方案，拟定分步分阶段任务，推进 5 个试点示范建设。优化完善办公信息化应用及网信基础支撑，加强网络安全隐患排查。学术期刊影响扩大，《水利学报》《中国水科院学报》《国际水土保持研究》《泥沙研究》等影响因子均有较大幅度提升。

5. 加强制度建设

（1）发布《中国水利水电科学研究院章程》，确立中国水科院的制度基础，明确中国水科院使命、定位、价值理念、领导和组织体系及重要管理规范，是中国水科院内部制度规范体系的核心和工作的基本遵循。

（2）完善科研和财务管理制度。修订《科研失信行为调查处理细则》《科学技术委员会章程》，弘扬科研诚信，促进院重大科技决策的科学化和民主化。修订《标准制修订和翻译项目管理办法》，规范标准管理，营造良好政策环境。制定《预算绩效管理实施细则》，修订《职工周转房管理办法》，印发《预算绩效管理工作操作手册》《改善科研条件专项管理手册》等规范性操作指南，细化业务流程，分解管控环节。

（3）完善人才激励和干部管理制度。修订《处级干部选拔任用办法》《职工奖励规定和处分规定》《高层次人才引进办法》，制定《关于院士退出领导岗位尚未退休期间管理方式调整的管理办法》，完善干部队伍、人才引进、奖惩机制等方面人事制度。

（4）完善各项安全和应急管理制度。修订《仪器设备管理实施细则》《安全生产事故应急预案》《科研安全生产风险防控体系卡片》，确保安全生产工作落实落细。编制院网络安全、疫情防控、消防、信访、档案等应急保障预案，做好重点领域、关键环节、重要节点安全保障工作。

6. 合作交流

（1）拓展国内涉水科技合作。与中国华能集团、科大讯飞股份有限公司、中国安能建设集团等单位签订科学技术合作协议。与中国电建成都勘测设计研究院有限公司合作共建西藏自治区水风光储能源技术创新中心。

（2）组织国内学术会议。举办中国水科院第 15 届青年学术交流会、华北地下水超采治理学术研讨会、陈厚群院士科研成就学术研讨会、黄文熙讲座（第 25 讲）学术报告会、中国水利学术大会标准化和检验检测分会等。与台湾大学联合主办第 26 届海峡两岸水利科技交流研讨会、第 11 届海峡两岸水利青年工程交流营。

（3）申请承办国际重要水事活动。主办第 9 届世界水论坛水利系统唯一分会、第 2 届亚洲国际水周分会、高山区土壤侵蚀与河流泥沙国际研讨会，召开全球水安全、水生态保护、水文化、洪水管理、河流泥沙、主席论坛等 20 余场系列会议，召开“世界河流幸福指数报告 2021”发布会。获得第 15 届国际水信息学大会的承办权。推进第 3 届亚洲国际水周、第 4 届世界灌溉论坛、国际大坝委员会第 28 届大会的筹备工作。

（4）搭建全球创新合作平台。深化与 40 多家国际组织、科研机构、知名大学和企业的合作。联合格拉斯哥大学、Wiley 出版社等主办“江河国际论坛”，发布《River》期刊。应世界工程组织联合会（WFEO）邀请，参加世界工程日系列活动，联合挂靠的国际水利与环境工程学会，举办首场“水利青年之声”论坛。

主要事件

2 月，中国水科院获得水利部颁发的水利工程质量检测单位（金属结构类）甲级资质。

3 月 14—16 日，第二届亚洲国际水周在印度尼西亚纳闵巴霍召开。中国水科院参加水周相关活动并主办“水与气候变化”议题下的“气候变化与水利基础设施”和“水－能－粮纽带视角下的用水平衡及微网络应用”两场分会。中国水科院副院长、亚洲水理事会“水与气候变化”特别委员会联合主席王建华主持分会，中国水科院专家在分会作报告并参加专家讨论。

3 月 15 日，由亚洲水理事会（AWC）和印度尼西亚公共工程和住房部共同举办的第二届亚洲国际水周落幕。中国水科院院长匡尚富、副院长彭静等以线上方式出席闭幕式。中国水科院作为第三届亚洲国际水周主办方完成会旗交接。

3 月 21—26 日，第 9 届世界水论坛在塞内加尔首都达喀尔召开。在水利部指导下，中国水科院通过线上、线下、视频录制及展板宣传等多种方式参与论坛活动，牵头主办一场议题分会，协办一场边会和一场分会，并参与世界水展等活动。

3 月 22 日，“世界水日”当天，《世界河流幸福指数报告 2021》发布会在中国水科院举行，发布会由中国水科院、联合国教科文组织、中国水利水电出版传媒集团主办。会上发布了《世界河流幸福指数报告 2021》中英双语版，并对“幸福河流”研究结果进行了解读。中国水科院副院长彭静出席发布会并致辞。

3 月，中国水科院水利部数字孪生流域重点实验室获批筹建。

4 月，由中国科协命名的 2021—2025 年全国科普教育基地第一批认定名单揭晓，中国水科院“防洪抗旱减灾科普教育基地”和“节约用水科普教育基地”两大科普基地成功入选。

6月22日，水利部在中国水科院组织召开了“华北地下水超采治理学术研讨会”，水利部总工程师仲志余出席会议。

7月7日，在罗马尼亚布加勒斯特举办的第14届国际水信息学大会闭幕式上，中国水科院被确立为第15届国际水信息学大会（HIC2024）的承办单位。

7月22日，受院长匡尚富委托，中国水科院院党委书记、副院长彭静率院属单位负责人和专家，赴广东省水利厅、中水珠江规划勘测设计有限公司、广东省水利水电科学研究院等单位调研水利科技工作。

7月30日，Springer Nature副总裁崔晓莹、《自然－水》编辑陈艳华一行来访中国水科院，双方就加强科技合作等事宜进行了交流。

8月3日，中国水科院与中国安能建设集团在京签订科学技术合作协议。

8月24日，中国水科院在北京举办“江河国际论坛”。

8月31日—9月5日，中国水科院参加并主持2022年服贸会“工程创新服务绿色低碳发展高级别研讨会”。

10月3—10日，第24届国际灌排大会暨国际灌溉排水委员会（ICID）第73届国际执行理事会会议在澳大利亚阿德莱德召开。中国水科院副院长丁留谦率中国代表团出席会议，代表第四届世界灌排论坛承办方发表致辞并在会议期间进行交流会谈。

11月14—16日，第十届全国水力学与水利信息学大会在江西省南昌市召开。会议由挂靠中国水科院的中国水利学会水力学专委会、中国水力发电工程学会水工水力学专委会和国际水利与环境工程学会中国分会主办，南昌大学承办，中国水科院和流域水循环模拟与调控国家重点实验室等协办。

11月22日，中国水科院协办“全球水安全：推动实现2030年可持续发展议程涉水目标研讨会”。

11月28日，中国水科院举办第26届海峡两岸水利科技交流研讨会。

12月1日，由中国水科院、联合国教科文组织与四川省都江堰水利发展中心联合主办的第二届水文化国际研讨会成功召开。

12月7日，亚洲河流生态修复网络（ARRN）第16届理事会会议和第18届国际技术论坛成功举办。论坛由ARRN和中国水科院联合主办，主题为“基于自然解决方案的流域生态修复与综合管理（NBS－based Ecological Restoration and Integrated Management of River Basins）”。

（廖丽莎　刘盈斐）

教　育　机　构

【华北电力大学】

单位概况　2022年，华北电力大学占地面积94.72万 m^2，产权校舍建筑面积112.06万 m^2。图书馆建筑面积3.97万 m^2。固定资产总值451245.9万元，其中，教学、科研仪器设备资产值119944.86万元。拥有教室509间，其中，网络多媒体教室188间。拥有图书280.84万册，数字终端21615台。数字资源量中电子图书1854564册、电子期刊441091册、学位论文8215540册、音视频286162.3h。学校由教育部举办，为理工院校，设有北京校部和保定校区，设置电气与电子工程学院、能源动力与机械工程学院、控制与计算机工程学院、经济与管理学院、新能源学院、核科学与工程学院、环境科学与工程学院、水利与水电工程学院、数理学院、人文与社会科学学院、外国语学院、马克思主义学院、能源互联网学院、人工智能学院等14个，教学部1个，另设有国际教育学院、研究生院、继续教育学院、艺术教育中心和工程训练中心。开设57个本科专业，覆盖7个学科门类；具有博士学位一级学科授权点7个、硕士学位一级学科授权点23个、专业学位授权类别16个；博士后科研流动站6个，其中，博士后研究人员出站19人、进站38人、在站118人。“双一流”建设学科1个，国家级一流本科专业建设点21个，北京市级一流本科专业建设点23个，北京高校重点建设一流专业1个，北京高校高精尖学科1个。国家重点实验室1个、国家工程技术研究中心1个、国家工程实验室1个；省、部级设置的研究（院、所、中心）、实验室22个。教职工3146人，其中，专任教师2106人，包括正高级446人、副高级808人；学校有研究生导师2029人。其中博士生导师315人，外聘博士生导师98人；硕士生导师1048人，外聘硕士生导师568人；工程院院士2人。学历教育学生中毕业生13570人，其中，研究生3722人（博士生196人、硕士生3526人）、普通本科生5894人、成人教育本专科生3954人（本科生3185人、专科生769人）。招生15416人，其中，研究生5846人（博士生414人、硕士生5432人）、普通本科生6167人、成人教育本专科生3403人（本科生3047人、专科生356人）。高考北京地区提档线不限选考专业组612分、物理必考专业组 614 分、化学必考专业组 608 分。在校生 50355 人，其中，研究生 16418 人（博士生 1526 人、硕士生 14892 人）、普通本科生 24863 人、成人教育本专科生 8974 人（本科生 7981 人、专科生 993 人）。国际学生毕业 135（博士生 12 人、硕士生 61 人、本科生 62 人）；招生 201 人（博士生 27 人、硕士生 41 人、本科生 133 人）、在校生 1120 人（博士生 199 人、硕士生 257 人、本科生 664 人）。网址：www.ncepu.edu.cn。

领导班子

党委书记：周坚

校长、党委副书记：杨勇平

党委副书记、纪委书记：何华

党委常委、副校长：孙忠权

副校长：王增平

党委副书记：汪庆华（至 2022 年 6 月）、郭孝锋

党委常委、副校长：律方成、檀勤良、毕天姝

党委副书记：孙传新（自 2022 年 6 月）

与 4 家企业签署合作协议 7—10 月，华北电力大学与 4 家企业签署合作协议。与中国建设银行北京分行协议规定，双方在金融服务、人才培养、产学研协同创新和乡村振兴等领域的全面合作。与国网北京市电力公司协议规定，巩固拓展双方既有合作成果，进一步深化合作领域，创新合作机制。双方将携手开展新型电力系统技术攻关，探索新型电力系统技术、管理和运行模式，加快形成需求引领、协同创新、融合发展的生态圈、产业链，提升能源电力科技创新水平，突出首都新型电力系统建设引领作用，打造具有示范作用的校企合作新模式，更好地服务于新时代首都发展。与北京能源集团有限责任公司协议规定，双方将共同构建碳中和发展的新技术、新产品、新业态、新模式的创新平台，打造能源低碳革命“北京样板”。与中国节能环保集团有限公司协议规定，校企双方将发挥各自优势，面向国家清洁低碳安全高效能源体系构建和“碳达峰、碳中和”战略目标，加强在节能环保领域的科研合作，着力破解“卡脖子”技术难题，走出一条立足特色、依托行业、贴近企业的产教融合新路，共同打造具有示范作用的校企合作新模式。

能源电力科研综合楼竣工 12 月，华北电力大学能源电力科研综合楼竣工。该大楼位于北京校部，北侧、西侧为校园道路，南侧为综合教学楼 A 座，东侧为行政办公楼。地上九层，地下二层，高 36m，总建筑面积为 23382m^2，地上建筑面积为 16521m^2，地下建筑面积为 6861m^2。2020 年 6 月开工建设。该项目投入使用后，将优化教学环境，改善师生学习科研环境，为提高学校整体教学质量、增强学校优势专业和核心专业的竞争力奠定基础。

体育中心项目开工建设 10 月 26 日，华北电力大学体育中心破土动工。体育中心采用场馆合一的集约化布局模式，通过地上、地面、地下有机协调、联动布局，在占地不变的情况下，将运动场地面积由现有的 2.02 万 m^2 左右增加至 6.45 万 m^2 左右。项目预计 2025 年上半年建成投入使用。建成后的体育中心将为全校师生提供室内运动场馆、标准田径足球场、风雨跑廊和 300 余个地下停车位，可满足游泳、篮球、羽毛球、排球、乒乓球、健身、武术、跆拳道等各类体育活动以及大型会议、文艺演出等多种需求。

1 研究成果获中国电力科技创新奖特等奖 2022 年，华北电力大学研究成果“风电机组数字孪生技术与系统”获 2022 年度中国电力科技创新奖特等奖，刘吉臻、房方、胡阳等参与该项目。该项目针对当前风电运维面临的监测数据不足、分析方式落后、维修窗口期不定、运维策略后置等问题，基于现代信息技术和新一代人工智能技术，开展以数字孪生技术为核心的多场景实时监测和智能化运维研究。团队在刘吉臻院士带领下，依托新能源电力系统国家重点实验室、中国华能—华北电力大学海上风电联合实验室，在国家自然基金重点项目和中国华能总部科技项目等支持下，开展产学研联合攻关，在数字孪生超感知全景监测、流数据交互及标准化治理、数字孪生体建模及智能迁移应用等关键技术方面取得重要突破，自主设计并率先研发成功风电机组数字孪生系统。项目成果经第三方权威机构测试多项核心功能符合 CMA（中国计量认证）和 CNAS（中国合格评定国家认可委员会）标准。项目成果适用于海上/陆上风电单机、场群智慧运维及智能管控，可满足风电机组全生命周期运行维护需求。项目成果的推广应用，将提升风电行业智慧化运维水平，社会经济效益显著，应用前景广阔。

丁肇豪获 IEEE 工业应用学会青年杰出成就奖 2022 年，丁肇豪因其在分布式需求侧资源调度与控制领域的贡献，被授予 2022 年 IEEE 工业应用学会青年杰出成就奖（2022 IAS Andrew W. Smith Outstanding Young Member Achievement Award）。该奖项由 IEEE 工业应用学会于 1996 年设立，以表彰在电气电子工业应用领域作出杰出技术贡献的 35 岁以下青年学者，每年在全球范围内奖励一人。丁肇豪为该奖项设立以来第二位中国大陆获奖者。丁肇豪长期从事信息 – 物理 – 社会视角下电动汽车、数据中心等分布式需求侧资源聚合响应、灵活调控、交易机制等领域的研究工作，先后承担和参与多项国家自然科学基金、国家重点研发计划、阿里巴巴创新研究计划等科研课题，发表高水平学术论文 70 余篇，入选中国科协青年人才托举工程、北京市优秀人才培养资助计划。

协同打造发电领域电力基础设施网络安全创新联合体 9 月 6 日，发电领域电力基础设施网络安全创

新联合体在北京成立。华北电力大学副校长孙忠权出席大会并代表学校签署创新联合体合作协议，学校将充分发挥高校基础研究主力军和原始创新策源地的作用，与联合体成员单位一起在电力基础设施网络安全全链条核心技术研发与创新应用上紧密合作，推进产学研用一体化。该联合体由中国华能、西安热工研究院有限公司、西安交通大学、华北电力大学、中国电子信息产业集团第六研究所、中国信息通信研究院、飞腾信息技术有限公司、麒麟软件有限公司等15家科研院所、高校和龙头企业组成。联合体将发挥产业链上下游创新资源集聚作用，攻克发电领域电力基础设施网络安全问题，共同构建高效强大的共性技术供给体系，实现中国发电领域电力基础设施自主可控、安全可靠，全面提升国产化软硬件和网络安全产业综合竞争力，助力保障国家能源安全，推动实现高水平科技自立自强。

杨以涵教授逝世　8月17日，华北电力大学终身教授杨以涵，因病医治无效在海南逝世，享年96岁。杨以涵，1927年2月7日出生，辽宁省铁岭市人，无党派爱国人士。1949年东北大学电机系本科毕业，1952年哈尔滨工业大学电机系研究生毕业，1949—1950年在东北大学任教，1952—1961年在哈尔滨工业大学任教，1961年在北京电力学院任教。1962年被聘为副教授，1979年被聘为教授，1981年担任华北电力学院电力工程系主任，1984年被评为水电部特级劳模并被聘为终身教授。杨以涵对中国电力高等教育和科研事业的开创和发展做出了杰出贡献，曾获国家级教学成果二等奖1项，省部级教学成果一等奖1项，省部级优秀教材一等奖一项，省部级科技进步奖10余项。发表国内外期刊论文数百篇，出版高校教材和专著4部。杨以涵是中国电力系统及其自动化专业的开拓者和教育家，培养了60多届毕业生，培养出几代高级技术和管理人才及卓有建树的学科带头人。

主要工作　2022年，华北电力大学加强党对学校工作的全面领导，以迎接教育部党组巡视和巡视整改为契机，巩固风清气正的校园政治生态。完善“一融双高”体制机制，坚持以高水平党建引领高质量发展，基层党建“示范创建”成效彰显。

疫情防控。坚持师生至上、生命至上，多措并举，科学精准做好常态化疫情防控，经受住学生返校、校园封闭管理、学生返乡、返京学生校外隔离、网格化应急管理等多重考验。坚持以快制快、以变应变，第一时间进入战斗状态，300多名党员干部和1300余人次志愿者冲锋在前、坚守一线，全校上下勠力同心，打赢疫情防控阻击战歼灭战。

学科建设。“双一流”建设高校整体建设方案和电气工程一流学科建设方案提交教育部备案，组织开展2021年度“双一流”动态监测数据填报，新一轮“双一流”建设开局良好，第五轮学科评估稳中有升。学科深度交叉融合步伐有力，自主设置“碳管理科学与工程”“国家能源电力安全学”2个交叉学科博士点，成功申报“碳储科学与工程”本科专业，“氢能科学与工程”本科专业全国率先招生，碳中和学科专业体系加快立柱架梁。强化中央专项经费统筹管理，组织贷款财政贴息项目，给予重点学科和领域精准支持。学科国际影响力稳步攀升，ESI“工程学”学科由世界第63位上升至第57位，“能源与燃料”“化学工程”2个学科跻身U.S.News世界学科排名前50位。

教育教学和人才培养。发挥思政课程和课程思政培根铸魂作用，开设习近平新时代中国特色社会主义思想概论课，一大批课程和研究项目成为示范或获批立项，全员育人资源和立德树人合力显著提升。学风、教风建设双向发力，开展学风教风建设大讨论、选树先进典型、狠抓课堂教学质量、推进学生综合评价改革等举措，教育教学内涵持续加强，新增国家级一流专业建设点6个、省部级一流专业建设点9个、省部级优质本科课程5门、省级教学名师4人，获省部级教学成果一等奖6项，首次获批北京市教学创新改革重大项目。研究生教育创新发展，新增1个专业学位博士授权点、4个专项招生类型，招生规模快速增长，首批研究生入驻沙河院区。产教融合、科教融汇走深走实，与国家电网公司等理事单位共同探索新时代卓越工程师培养新模式。出台实施加强新时代体育、美育和劳动教育的工作方案，谱写“五育并举”合奏曲，人才培养体系向更高品质迈进。优化创新创业环境，获批教育部首批“国家级创新创业教育实践基地”，学生揽获“互联网+”大赛金奖2项、全国大学生节能减排社会实践与科技竞赛一等奖5项。生源质量稳定，推免生指标增加，本科深造率创新高，毕业生就业率继续保持在91%以上。

科学研究与科研平台建设。国家级科研平台建设持续突破，新能源电力系统国家重点实验室重组和清洁高效燃煤发电关键技术与装备集成攻关大平台申报取得重要阶段性成果，国家储能技术产教融合创新平台建设积极推进，怀柔实验室建设持续深度参与，服务国家战略科研能力不断增强。获批6个省部级以上重点科研平台。以重大平台项目为依托，强化有组织科研，加强与国家重大科技任务的深度对接，科研工作捷报频传，全年科研合同总经费达到14.61亿元，较2021年增长30%。国家重点研发计划专项项目创历史最好水平，获批国家自然科学基金项目136项，较2021年增长32%。作为主持单位首次获评中国电力技术发明一等奖，牵头获教育部自然科学一等奖等科技奖励27项。

人事人才工作。坚持党管人才，成立党委教师工作委员会，接受教师思想政治与师德师风建设专项检查，构建教职工荣誉体系，评选第三届“我身边的好老师”，以喜迎党的二十大为主题的师德建设月活动成效显著，教师思政和师德师风建设有力加强。实施人才培育引进策略，加速构建人才引育“蓄水池”，成功举办第四届能源电力世界青年学者论坛，广揽“双碳”等领域“高精尖缺”人才。高层次人才队伍进一步壮大，全年引进国家级高层次人才4人，培育或依托学校申报并入选长江、杰青、万人等国家级高层次人才项目7人、省部级项目7人。以教育评价改革为切入点，加快构建人事制度“四梁八柱”，出台或修订绩效奖励实施办法等系列文件，完成新一轮薪酬制度改革和社保制度配套，提升教职工收入水平，通过自筹资金落实保定校区离退休人员属地化生活补贴，将非事业编人员薪酬管理纳入学校统筹，激发教职工创新创造活力。

校企校地合作和社会服务。做强筑实大学理事会平台，大力推进“一企一策”差异化合作新范式，与南方电网共建“智慧能源联合研究院”，与中国华电等开展重大科研合作，与国家能源集团、哈尔滨电气集团、中国节能环保集团、北京能源集团等10余家行业重点企业推进实质性深层次合作。参与北京未来科学城“能源谷”和保定“中国电谷”建设，支撑区域创新发展。推动校友和基金工作规范管理，完成非学历教育“管办分离”改革，推进继续教育转型提质，申报“国家级职业教育‘双师型’教师培训基地”，凝聚社会力量助学助教。探索高校服务乡村振兴的新路径新模式，助力河南确山、河北阜平阔步乡村振兴之路。145名师生志愿者在158天的接续奋斗中圆满完成北京冬奥会、冬残奥会志愿服务任务，学校冬奥志愿服务团队获北京市先进集体。

国际合作。国际合作伙伴网络扩大，与新加坡南洋理工大学、瑞士洛桑联邦理工学院、美国德州大学阿灵顿分校、英国华威大学等世界名校携手开展多领域高水平合作。人才国际化培养实现新突破新增“绿色能源技术经济”和“能源环境”2个领域创新型人才国际合作培养项目。完成“煤的清洁转化与高效利用”创新引智基地验收，获批“氢能的安全高效利用”创新引智基地。开拓中外合作办学项目，同英国利物浦大学联合开展“电气工程”专业硕士培养。结合需求丰富来华留学教育形式，推进与国家电投、特变电工等企业联合培养留学生工作。

制度建设。发布“十四五”规划目标任务清单，着力推进战略规划落地见效。完成大学章程修订及提交审核。推进制度“立改废”，新建规章制度37项，修订50项，废止58项。

条件保障。构建多元筹资渠道，实现年度收入目标推进北京校部东区土地项目规划调整。北京校部体育中心工程正式开工，能源电力科研楼竣工验收。完成全校资产大清查，通过北京市绿色学校创建验收，入选全国首批88所节水型高校建设典型案例。提速智慧校园建设，全覆盖开展校园安全专项整顿，深化实验室安全管理，做好北京冬奥会、冬残奥会、党的二十大等重要节点安稳工作。弘扬“担当实干、敬业服务的优良作风，开展校领导接待日活动，推进师生服务中心建设，开通校内接诉即办平台，完成学生综合洗浴系统、教工宿舍维修等一系列民生工程，用真招实招办好师生“头等大事”“关键小事”。持续提升图书、期刊、档案等服务保障能力，改善师生学习、工作和生活条件，提升民生保障水平。

党建思政。入选教育部第三批全国党建工作“标杆院系”1个、“样板支部”3个，增强党组织政治功能，提升党建引领保障作用。马克思主义学院入选北京市重点建设马院。

主要事件

1月11日，华北电力大学与佛罗伦萨政策学院（Florence School of Regulation）联合在线召开中国—欧盟减碳目标学术研讨会。

1月13日，由华北电力大学牵头承担的国家重点研发计划——中芬政府间国际科技创新合作重点专项“生物质与太阳能互补的零碳区域热电联供关键技术”项目启动。

1月15日，华北电力大学与中国三峡集团联合举办“云端聚首交流·筑梦华电三峡”能源电力国际青年学者论坛。

1月，华北电力大学国家储能技术产教融合创新平台项目获批。

1月，华北电力大学参与申报的国家自然科学基金重大项目“高频高效电机用新型非晶软磁材料的基础问题研究”获立项。

2月25日，华北电力大学召开北京华北电力大学教育基金会理事会换届大会暨第三届第一次会议。

2月，华北电力大学申报的“碳中和能源管理虚拟教研室”项目获批，成为教育部首批认定的虚拟教研室建设试点之一。

2月，电气与电子工程学院先进输电团队崔翔教授指导的博士毕业生柯俊吉的博士学位论文《碳化硅MOSFET芯片并联电气特性及其调控方法研究》，获中国电子教育学会2021年度优秀博士学位论文优秀奖，崔翔教授获优秀指导教师奖。

3月28日，第49届“日内瓦国际发明特别展”评审结果公布，电气与电子工程学院陈艳波教授团队的项目获金奖，成为华北电力大学电气与电子工程学院在日内瓦国际发明展中首获金奖。

3月，吴仲华学院博士生王一峰在 *Journal of Fluid Mechanics* 上发表学术论文 *Scaling laws of the maximum spreading factor for impact of nanodroplets on solid surfaces*（https://doi.org/10.1017/jfm.2022.115）"。*Journal of Fluid Mechanics* 由英国剑桥大学创办，被公认为流体力学领域最权威的期刊，这是华北电力大学首次作为第一单位在该期刊上发表论文。

4月22日，新型电力系统技术创新联盟成立大会在北京举行，华北电力大学校长杨勇平出席会议并致辞。

同日，华北电力大学校长杨勇平会见中国中车股份有限公司副总裁余卫平一行。

4月26日，由华北电力大学能源电力创新研究院刘建国教授作为负责人、国网智研院作为承担单位的国家重点研发计划"氢能技术"重点专项"光伏/风电等波动性电源电解制氢材料和过程基础"采用线上、线下相结合的形式召开项目启动会暨实施方案论证会。

4月28日，徐进良教授获2022年首都劳动奖章。

4月，毕天姝教授主持的"电力电子化电力系统的源网荷全景同步量测系统研制及应用"以评价等级A通过验收。

5月22日，中央电视台科教频道（CCTV10）播出能源动力与机械工程学院梁双印教授参与录制的《透视新科技》清洁能源系列节目《飞轮充电宝》。

5月24日，学校与保定市人民政府举行校区置换建设合作框架协议云签约仪式。

5月30日，刘吉臻院士主编图书《清洁能源与智慧能源导论》在全国科技工作者日主场活动中发布。

6月6日，由华北电力大学承担的"十四五"国家重点研发计划"交通基础设施"重点专项"公路交通自洽能源系统的多能变换与控制技术"项目启动。

6月10日，由华北电力大学联合中国可再生能源学会储能专委会、北京市昌平区科委、北京未来科学城管委会、中关村华电能源电力产业联盟主办的2022年第六期储能技术应用线上研讨会举办，共吸引2200名行业从业者在线观看。

6月22日，华北电力大学氢能科学与工程教研室成立。

6月30日，河北省科学技术厅下发《关于2022年度新建省级研发平台名单的通知》，正式批准华北电力大学"河北省绿色高效电工新材料与设备重点实验室"和"河北省物理学与能源技术重点实验室"纳入河北省学科重点实验室建设计划，标志着华北电力大学实现理工类院系省部级科研平台全覆盖。

6月，华北电力大学电气与电子工程学院硕士生陈刘东获2022年杰出学生奖学金（IEEE Power &Energy Society Outstanding Student Scholarship），成为华北电力大学首位获得该奖项的学生。

6月，华北电力大学马克思主义学院入选第三批北京市重点建设马克思主义学院。

6月，教育部公布2021年度国家级和省级一流本科专业建设点名单，华北电力大学6个专业入选国家级一流本科专业建设点。

7月6日，华北电力大学与中国建设银行股份有限公司北京分行签署战略合作协议，巩固拓展双方在金融服务、人才培养、产学研协同创新和乡村振兴等领域的全面合作。

7月8日，华北电力大学组织召开国家储能技术产教融合创新平台（简称创新平台）建设规划专家论证会。

8月3日，华北电力大学与国网北京市电力公司签署合作协议，巩固拓展双方既有合作成果，进一步深化合作领域，创新合作机制。华北电力大学校长杨勇平，国网北京市电力公司董事长、党委书记王昕伟出席签约仪式。

8月15日，华北电力大学校长杨勇平会见大唐集团科技创新与信息化部主任张勋奎一行。

8月17日8:30，华北电力大学电气与电子工程学院教授、中国电力系统及其自动化学科的奠基人之一杨以涵，因病医治无效，在海南逝世，享年96岁。

8月25日，华北电力大学与北京能源集团有限责任公司签署战略合作框架协议。

8月31日，教育部网站发布《教育部办公厅 国家发展改革委办公厅 国家能源局综合司关于实施储能技术国家急需高层次人才培养专项的通知》。华北电力大学入选实施储能技术国家急需高层次人才培养专项高校名单（全国共10所）。

8月，电气与电子工程学院副教授丁肇豪因其在分布式需求侧资源调度与控制领域的贡献，被授予2022年IEEE工业应用学会青年杰出成就奖。

8月，陈伯旭、李智韬和张洪泰三位学子获全国能源动力类百篇优秀毕业论文论文（设计）。

9月3日，由河南省委组织部、省活动办主办的"中原大讲堂"新能源主题学习报告会在郑州举行，中国工程院院士、新能源电力系统国家重点实验室主任刘吉臻应邀作题为《"双碳"目标下新能源产业发展路径与关键技术》的专题报告。

9月6日，发电领域电力基础设施网络安全创新联合体在北京成立。华北电力大学副校长孙忠权出席大会并代表学校签署创新联合体合作协议。该联合体由中国华能、西安热工研究院有限公司、西安交通大学、华北电力大学、中国电子信息产业集团第六研究所、中国信息通信研究院、飞腾信息技术有限公司、麒麟软件有限公司等15家科研院所、高校和龙头企业组成。

9月21日，华北电力大学入选北京市科协“高校创新联合体”承担单位。

9月，新能源学院李美成教授团队在能源领域国际权威期刊 Joule 上发表《24.8% – efficient planar perovskite solar cells via ligand-engineered TiO_2 deposition》学术论文华北电力大学为第一单位，博士研究生黄浩为第一作者，青年教师崔鹏为共同第一作者，李美成教授为通信作者。该成果的发表标志着学校在新能源领域的科技攻关取得新进展。

10月11日，中国工程院院士刘吉臻教授在华北电力大学主楼礼堂为控制与计算机工程学院2022级全体新生讲授开学第一课”，这也是刘吉臻院士连续第21年为新生讲授开学第一课。刘吉臻以《“双碳”目标下能源转型路径与大学使命》为题，通过列数据、举例子等方法，深入浅出地阐述了中国能源电力发展现状、能源发展面临的挑战及“双碳”目标的提出、中国实现“双碳”目标的路径以及华北电力大学的使命，并对广大师生提出了殷切希望。

10月14日，华北电力大学与中国节能环保集团有限公司签署战略合作框架协议。

10月26日，华北电力大学体育中心开工建设。

11月8—9日，华北电力大学校长杨勇平应邀出席中国电力企业联合会2022年年会和2022亚太电协CEO会议。

11月9—11日，第十七届中国智能交通年会（ITSAC 2022）暨2022中国智能交通大会在成都召开。会议举行中国智能交通年度人物评选，华北电力大学能源交通融合发展研究院院长武平当选“2022中国智能交通年度人物”。

11月，华北电力大学国家大学科技园入选2022年度国家小型微型企业创业创新示范基地。这是华北电力大学继2016年获得国家级小微示范基地认定后，再次获本项国家级平台认定。

12月23日，国际知名学术期刊自然通讯 Nature Communications 杂志发表能源动力与机械工程学院田华军教授团队研究成果，论文题目 *Three-dimensional Zn-based alloys for dendrite-free aqueous Zn battery in dual-cation electrolytes*。华北电力大学为成果完成第一单位，田华军教授为第一作者。

12月27日，由华北电力大学牵头编制的《能源电力科技成果转化评价总则》等4项团体标准，通过全国团体标准信息平台完成公开征求意见并对外发布实施。

（王振华）

【东北电力大学】

单位概况 东北电力大学坐落在风景秀美的吉林省吉林市。学校是吉林省重点大学，始建于1949年，是中国共产党亲手创建的第一所电力工科学校，1958年定名为吉林电力学院，1978年更名为东北电力学院。原隶属电力部、国家电力公司，2000年起，实行“中央与地方共建，以地方管理为主”的管理模式，2005年学校更名为东北电力大学。2012年学校入选为国家“中西部高校基础能力建设工程”重点建设高校。

东北电力大学坚持以人才培养、科学研究、社会服务、文化传承与创新和国际交流合作为己任，适应国家电力工业和吉林省的经济建设需求，形成以电力特色为主，多学科交叉融合，较为完整的学科体系，共有14个学院，51个本科专业，涵盖了工、理、管、文、法、经、教育、艺术8个学科门类。东北电力大学是博士学位授权单位，现有电气工程、动力工程及工程热物理、控制科学与工程3个博士学位授权一级学科，能源动力博士专业学位授权类别，2个博士后流动站；具有硕士研究生推免权，现有15个硕士学位授权一级学科，涵盖62个硕士学位授权二级学科，有10个硕士专业学位授权类别；拥有吉林省特色高水平学科9个，其中一流学科4个、优势特色学科4个、新兴交叉学科1个。东北电力大学现有全日制在校生近23000人。

东北电力大学有教职工1500余人，拥有高级职称人员600余人，其中中国工程院院士3人（双聘），国家“万人计划”第一批人选2人，全国杰出专业技术人才3人，“长江学者奖励计划”特聘教授1人，国家级有突出贡献的中青年专家3人，百千万人才工程国家级人选5人，“长江学者奖励计划”青年学者2人，“国家优秀青年科学基金获得者”1人，国务院政府特殊津贴获得者38人，国家级教学名师1人。拥有“教育部长江学者和创新团队发展计划”创新团队2个，国家级教学团队2个，首批“全国高校黄大年式教师教学团队”1个。

东北电力大学坚持教学工作中心地位不动摇，构筑并优化创新人才培养体系。现有国家级特色专业5个，国家级一流本科专业建设点13个，国家级精品课程4门，国家精品资源共享课4门，国家级实验教学示范中心2个，国家级虚拟仿真实验教学中心1个，吉林省实验教学示范中心10个，获国家级优秀教学成果奖3项。东北电力大学是国家大学生文化素质教育基地、全国社会体育人才培训和科研基地，首批国家级工程实践教育中心建设单位，“卓越工程师教育培养计划”试点高校，国家级专业技术人员继续教育基地。

坚持面向世界科技前沿、面向经济主战场、面向国家重大需求的科技创新方针，提高学术研究水平、科技创新能力。现有国家地方联合工程实验室 2 个，教育部重点实验室（工程研究中心）2 个，国家大学科技园 1 个，吉林省重大需求协同创新中心 5 个，吉林省国际科技合作基地 1 个，吉林省重点实验室、工程研究中心、文科基地等 30 个。近年来，东北电力大学承担以国家重点研发计划、国家科技重大专项、国家重大科学仪器设备开发专项、国家自然科学基金重点项目为代表的各级各类科研项目 2700 余项；获国家科技进步奖二等奖 4 项，吉林省科学技术特殊贡献奖、吉林省成果转化贡献奖等省部级科技奖励 150 余项；授权发明专利近 700 件，为推动科技进步以及电力行业和区域经济建设与发展做贡献。

先后与美国、日本、英国、俄罗斯、韩国、德国等国的高校或科研机构开展了多种形式的科技和学术交流。1998 年获批培养外国留学生。2000 年，国务院学位办批准与美国犹他州立大学合作举办国际经济与贸易专业本科教育项目。2012 年，教育部批准与英国史萃克莱德大学合作举办电气工程及其自动化专业本科教育项目。2011 年，获批为国家留学基金委青年骨干教师出国研修项目实施院校。2013 年，经教育部批准成为中国政府奖学金来华留学生接受院校。

近年来，东北电力大学被授予全国文明单位、全国文明校园、全国厂务公开民主管理先进单位、全国民族团结进步模范集体、全国模范职工之家、“全国毕业生就业典型经验 50 强高校”、吉林省先进基层党组织、吉林省党建示范高校等荣誉称号。涌现出全国先进工作者、全国优秀科技工作者、全国职工职业道德建设先进个人、全国三八红旗手、全国优秀思想政治工作者等一大批先进教师群体和以全国大学生自强之星标兵等为代表的优秀大学生群体。

领导班子

党委书记：李国庆

校长：蔡国伟

党委副书记：詹丽萍

党委副书记：李忱

纪委书记：侯奎岩

党委常委、副校长：王庆洲

党委常委、副校长：孙灵芳

党委常委、副校长：唐逸

党委常委、副校长：陈厚合

党委常委、党委宣传部部长：刘辉

党委常委、党委统战部部长、招生就业处处长：许波

党委常委、党委组织部部长：张志文

组织机构 教学单位：电气工程学院、能源与动力工程学院、自动化工程学院、化学工程学院、经济管理学院、建筑工程学院、计算机学院、机械工程学院、理学院、外国语学院、艺术学院、输变电技术学院、马克思主义学院、体育学院。

非教学单位：其中党政管理部门包括党政办公室、校友工作办公室，党委组织部、党校、组织员办公室，党委统战部，党委宣传部，纪检监察办、党委巡察工作办公室，审计处，学生工作部（处）、心理健康教育与咨询服务中心，工会、妇委会，团委，教务处，科技产业处，党委教师工作部、人才工作办公室、人事处，计划财务处，资产处，招生就业处、学生就业指导服务中心，保卫处，武装部，离退休工作处，档案馆，信息化办公室，党委研究生工作部，研究生院、学科建设办公室，国际合作处、国际交流学院、港澳台办公室，经营性资产管理办公室，教学质量监控与评价中心、教师教学发展中心；教学辅助单位包括继续教育学院、图书馆、学报编辑部、校医院、后勤保障部、工程训练教学中心。省级及以上科研平台、基地：电力系统安全运行与节能技术国家地方联合工程实验室、多能源互补高效供能管理技术国家地方联合工程实验室、现代电力系统仿真控制与绿色电能新技术教育部重点实验室、油页岩综合利用教育部工程研究中心、中国高等院校龙舟室内科研及训练基地、中国龙舟训练科研基地、能源高效洁净开发利用重大需求协同创新中心、新能源发电利用重大需求协同创新中心、热能利用系统节能重大需求协同创新中心、输变电工程安全技术重大需求协同创新中心、能源电力功能材料开发利用吉林省协同创新中心、吉林省油页岩综合利用工程研究中心、吉林省新能源发电联网运行与控制技术工程研究中心、吉林省节能与测控技术工程实验室、吉林省输电工程安全技术工程实验室、吉林省智能电网信息技术工程实验室、吉林省新能源电网智能化运行与控制工程实验室、吉林省人工智能及能源电力应用工程实验室、吉林省油页岩综合利用科技创新中心、吉林省现代电力系统仿真控制与绿色电能新技术重点实验室、电力基础设施安全评估与灾害防治重点实验室、吉林省智能电网和新能源成果转化平台、吉林省火电机组节能减排工程技术研究中心、吉林省电力大数据智能处理工程技术研究中心、吉林省生物质清洁转化与高值化利用科技创新中心、精密驱动智能控制国际联合研究中心、吉林省陆上风光三峡创新战略研究中心、吉林省现代电力系统仿真控制与绿色电能新技术重点实验室、吉林省油页岩综合利用工程研究中心、吉林省电站水处理技术工程研究中心、吉林省油页岩综合开发利用高端科技创新平台、吉林省电力储能与环保材料重点实验室、吉林省能源互联网信息技术实验室、能源大数据分析及智能计算重点实验室、新能源产业吉林省校企联合技术创新实验室、智慧能源先进控制技术实验室、吉林省新型电

力系统联合技术创新实验室、分离纯化环保材料创新实验室（立项培育）、吉林省电力电子产业公共技术研发中心、吉林省金属成型模具产业公共技术研发中心、吉林省服饰文化研究中心、吉林省能源经济发展战略研究中心（智库）、吉林省能源经济研究中心、吉林省高校思想政治工作创新发展中心、吉林省能源发展社会科学重点领域研究基地、吉林省社会科学重点领域（服装领域）研究基地、低碳大数据和能源发展政策实验室。省级及以上普通高校实践基地、实验教学示范中心：电气工程实验教学中心、能源动力工程实验教学中心、电力工业生产过程虚拟仿真实验教学中心、电工电子基础实验教学中心、工程训练中心、水质分析与水处理技术实验教学中心、土木工程实验教学中心、能源与动力工程实验教学中心、IT 实训实验教学中心、热工自动化实验教学示范中心、艺术类实验教学示范中心、经济管理实验教学中心、物理实验教学中心、数值计算及软件开发实践基地、电气工程创新训练中心、东北电力大学科技园、电气工程创新创业教育实践基地。

党建工作与事业发展 坚持以习近平新时代中国特色社会主义思想为指导，贯彻党的教育方针、坚持正确办学方向、落实立德树人根本任务，推进全面从严治党，锚定“一强七高”建设目标，紧扣“快速高质量”发展根本要求，赢得疫情防控与事业发展的“双胜利”。学校综合实力和核心竞争力提升，社会影响力和美誉度扩大，师生幸福感和获得感增强，综合排名始终位居省属高校前列。

党的建设工作有效。认真抓好党的二十大精神学习宣传贯彻落实工作，设立专题学习网站，开展集中宣讲 19 场。推进巡视反馈意见整改落实，取得良好成效。落实省委“基层建设年”工作部署，深入推进党建“双创”，电力工程系党支部入选第三批“全国党建样板支部”培育创建单位、全省“党建引领城乡基层治理百强支部”。入选“全省党建标杆院系”1 个、“全省党建样板支部”2 个。完成基层党支部集中换届工作，教师党支部“双带头人”落实率保持 100%。全面推进乡村振兴工作，学校 3 个包保村全部列入全省“千村示范”村，学校包保帮扶工作连续 6 年被省委组织部考核为“优秀”。

提升师资队伍建设水平。新增教育部“长江学者奖励计划”青年学者 1 人，学校长江学者、青年长江学者累计获评数量居省属高校首位。新增国家优秀青年科学基金获得者 1 人。获批专业技术一级岗位（一级教授）3 人，获批数量居省属高校前列。新增省有突出贡献的中青年专业技术人才 2 人。全年引进和培养具有博士学位教师 36 人，师资队伍博士化率上升至 53.9%。

推进高水平学科体系。在教育部第五轮学科评估中，所有参评学科均实现提档升级。“电气工程”学科入选吉林省世界一流学科培育计划；新增自主设置硕士学位授权二级学科 2 个。获批吉林省研究生精品示范课程 5 门、专业学位研究生教学案例 5 个。获评吉林省优秀博士学位论文 1 篇、优秀硕士学位论文 26 篇。新增博士研究生指导教师 6 人，硕士研究生指导教师 56 人。

深化一流本科教育建设。5 个专业获批国家级一流本科专业建设点，7 个专业获批省级一流本科专业建设点；3 个专业通过工程教育专业认证；获批新专业 1 个。获吉林省教学成果奖 9 项，其中特等奖 1 项，一等奖 1 项。电气工程创新创业教育实践基地入选吉林省首批创新创业教育实践基地。学生参加各类竞赛获省级及以上奖 229 项，其中国家级奖 30 项。

科研工作取得突破。年度获批国家级科研项目 33 项，其中国家自然科学基金项目 28 项，含国家优秀青年科学基金项目 1 项，获批国家自然科学基金项目数量创历史新高，居省属高校首位。获吉林省科学技术奖 11 项，其中一等奖 2 项。教师发表论文入选 ESI 热点论文 24 篇、高被引论文 40 篇。获发明专利授权 191 件，较 2021 年翻一番。联合国网吉林省电力有限公司等 9 家省内能源电力领域企业，建立吉林省碳中和产学研联盟和碳中和创新研究院。

招生与就业工作向好。录取本、专科生 5039 人，其中普通类本科超过“一本线”学生数量占录取总数的 72%；获“2022 年度全国高招服务创新奖”。克服疫情影响，为毕业生提供就业岗位 15000 余个，保障学生高质量就业，学生年终就业率保持在 90%以上，留省就业工作获省委省政府表彰奖励。强化创业就业指导，2 名学生入选“全国大学生就业创业人物事迹名单”。

开展学生思想政治教育工作。提升思政课体系建设水平。做好疫情防控期间学生的教育、管理、关怀工作。提升易班共建水平，获评“全国优秀易班共建案例”1 项；获评“省优秀易班共建高校”。强化思政工作创新，获评全国高校思想政治工作优秀案例三等奖 1 项。强化学风建设，组织开展校长奖学金评选、学风建设月等活动。扎实做好学生资助、心理健康教育工作。

疫情防控工作取得胜利。3 月 8 日突发新冠疫情，东北电力大学党委统揽全局，果断决策，团结带领驻校师生员工，用 5 天时间遏制疫情蔓延势头，用 14 天时间实现校内无新增感染者，“以快制快”打赢疫情防控阻击战歼灭战，保障全校 2 万余名师生身体健康和生命安全。东北电力大学抗疫工作得到教育部、吉林省委肯定，“东电经验”和制定的各项防控工作流程图等多次被省教育厅在全省高校推介。在校园抗疫斗争中铸就和形成了“以爱释道、以行尽责”的“东电抗疫精神”。

办学条件持续改善。综合体育馆、学生第四食堂、储能技术研究中心大楼获批立项。投入资金 3605.57 万元，完成各类修缮工程项目 37 项。推进校园节能增效，被评为“2022 年度省级节水型高校”。平安校园、智慧校园建设水平提升。

主要事件

3 月 8 日，突发新冠疫情。东北电力大学党委统揽全局，果断决策，团结带领驻校师生员工，用 5 天时间遏制疫情蔓延势头，用 14 天时间实现校内无新增感染者，“以快制快”打赢疫情防控阻击战歼灭战。东北电力大学抗疫工作多次得到上级领导肯定，“东电经验”和制定的各项防控工作流程图等多次被省教育厅在全省高校推介。在校园抗疫斗争中铸就和形成了“以爱释道、以行尽责”的“东电抗疫精神”。

2022 年，获批国家自然科学基金项目 28 项，其中国家优秀青年科学基金项目 1 项，获批数量创历史新高，位居省属高校首位。

2022 年，在教育部第五轮学科评估中，东北电力大学所有参评学科均实现提档升级。电气工程学科入选吉林省“世界一流学科培育计划”。

2022 年，电气工程学院电力工程系党支部入选第三批“全国党建样板支部”培育创建单位。

2022 年，获评教育部“长江学者奖励计划”青年学者 1 人，学校长江学者、青年长江学者累计获评数量居省属高校首位。

2022 年，3 名教授获评吉林省第一批专业技术一级岗位（一级教授），东北电力大学获评人数居省属高校前列。

2022 年，东北电力大学校长蔡国伟当选民进吉林省第九届委员会主任委员。

2022 年，建筑环境与能源应用工程、核工程与核技术、环境工程、机械设计制造及其自动化、会计学等 5 个专业获批国家级一流本科专业建设点。计算机科学与技术、软件工程、能源化学工程等 3 个专业通过工程教育专业认证。

2022 年，获得 2022 年吉林省教学成果奖 9 项，其中特等奖 1 项，一等奖 1 项。获得吉林省科学技术奖 12 项，其中一等奖 2 项，二等奖 5 项。

2022 年，综合体育馆、学生第四食堂、储能技术研究中心大楼工程获批立项。

（胡脩实）

【上海电力大学】

单位概况 2022 年，有杨浦、浦东 2 个校区。杨浦校区位于长阳路 2558 号，浦东校区位于沪城环路 1851 号。设能源与机械工程、环境与化学工程、电气工程、自动化工程、计算机科学与技术、电子与信息工程、经济与管理、数理、外国语、体育、马克思主义、人文艺术、继续教育（国际教育）共 13 个学院。

学科科研与产学研合作 顶层谋划，面向“碳达峰、碳中和”重大决策部署，结合“十四五”改革发展规划和学校“三步走”发展战略，聚焦“以新能源为主体的新型电力系统”，围绕“一网两侧”学科体系，在“学科建设攀峰、队伍建设卓越、人才培养创新、国际交流提升、体制机制改革和条件保障”等五方面科学编制 2022 年高水平地方高校项目建设方案。获批“计算机科学与技术”“数学”两个学位点，博士学位点培育工程取得阶段成果。“动力工程及工程热物理”“化学工程与技术”2 个学科进入Ⅳ类高峰学科建设，“电气工程”学科获准申报Ⅲ类高峰学科建设。化学学科进入 ESI 全球学科排名 1%。获批上海市启明星计划 A 类 2 项，扬帆计划 5 项，曙光计划 1 项，晨光计划 3 项。获得省部级科技奖或社会力量科技奖（具有国家奖推荐资格）19 项，较 2021 年增加 12 项。其中，牵头获得上海市科学技术奖 4 项，参与上海市科学技术奖 4 项，参与上海市决策咨询研究成果奖 1 项，参与其他省市科技进步奖 3 项；牵头获得社会力量科技奖 4 项，参与 3 项。在 SCI 一区期刊发表论文 96 篇，较 2021 年增加 12 篇；6 篇论文入选 ESI 论文，其中 1 篇为热点论文。以通讯作者单位发表子刊 1 篇（Nature Communications）。出版学术著作 13 部，其中专著 10 部。参与起草制定技术标准 15 项，较 2021 年增加 8 项。发挥平台基地的科研支撑作用，获批建设“海上风电技术”教育部工程研究中心，开展“上海市新型电力系统前沿科学研究基地”建设，推进“上海智能电网技术研究省部共建协同创新中心”建设，校级综合智慧能源跨学科大平台建设使用。加强科技创新与成果转化的激励相容机制建设，入选首批上海市高校知识产权运营中心。充实科技园区的专家技术团队的力量，吸引创新资源在园区汇聚，推动营造园区开放协同发展生态。

通过武器装备科研生产单位二级保密资格认定现场审查，具备开展秘密级和机密级军工科研项目的资质。在深化与国家电网紧密合作的基础上，推进与南方电网公司、五大发电集团以及相关主要电力装备集团、与能源行业相关的行业大集团科研项目的合作。与特斯拉联合共建未来能源创享中心，完成智慧产教融合创新教坊建设。基于产业学院建设一批产教融合系列课程，结合专业特色，做深“临港大学堂”建设内涵。

教学工作 推进大能源电力应用型本科专业集群建设，优化专业结构，新增“储能科学与工程”“新能源材料与器件”两个本科专业。以一流本科专业“双万计划”为引领，推进工程教育专业认证工作，12个专业提交认证申请或自评报告，1个专业通过ASIIN国际认证，2个专业通过自评报告并接受工程教育认证在线考查。获上海市教学成果奖10项，其中一项特等奖被推荐申报国家教学成果奖。获批教育部虚拟教研室建设点1个，新增上海市一流本科专业建设点7个；获批上海高校市级重点课程建设项目13项；组织申报上海市一流本科课程12门；建设“双碳类”特色课程21门。纵深推进课程思政与思政课程同向同行，落实“习近平新时代中国特色社会主义思想概论”课程进入各专业人才培养方案，开展“课程思政进培养方案、进大纲、进教案”专项工作；课程思政建设立项66门，累计校级课程思政建设立项328门。获得上海课程思政示范课程10门、上海课程思政示范团队7个、上海课程思政教学名师2名。

人才培养 共计39个本科专业(含电气中外合作1个)招收2615名新生。研究生招生与初试组考成功，考点正常、复试顺利。召开线上线下就业督导会45场，推进“书记校长访企拓岗促就业”专项行动，举办13场不同行业的“直播带岗”推介会，搭建“空中双选会”线上平台，举办8场网络双选会，新建校外就业实践基地11家。2022届本科毕业生毕业去向落实率为93.63%，升学率增长1.21%，研究生毕业生就业率为99.36%。

推进大学生日常思想政治教育实施方案和学风建设实施方案，“五育”并举落实协同育人。开展“弘扬伟大建党精神・矢志践行青春使命”“青春献礼二十大・五育并举歌伟业”等主题教育活动。完成奖、助、勤、补、减，细化、完善“一站式”“网格化”学生社区管理，推动学生自我管理、自我服务、自我教育、自我监督。推进征兵工作，全年共征集大学生士兵40名。成立40个线上连队，完成所有军训教学内容。

全年国创计划结题28项，市创计划结题87项。学科竞赛共获奖354项，其中国家级奖项109项，省市级245项。如：“挑战杯”课外学术科技作品竞赛全国二等奖1项、三等奖1项，全国大学生数学建模竞赛国家级一等奖2项、二等奖3项，“互联网+”创新创业大赛市级银奖6项、铜奖3项，“挑战杯”创业计划大赛市赛金奖1项、银奖3项，全国大学生节能减排社会实践与科技竞赛二等奖1项、三等奖3项等。推进“智慧团建”和社会实践工作，三名学生入选西部计划志愿者。“青春SUEP”在中青校媒（上海）星级校园媒体评比获上海市五星级媒体，获优秀学生组织。开展“榜样力量”寻访主题活动，杨昌雷荣获2022年度全市唯一的“中国大学生自强之星标兵”奖学金。做好美育人才培养建设方案，推进以美育人、以文化人，形成“中国文化系列课”“艺术审美素养课”“艺术实践团训课”“网络共享课”四大通识选修课程群。加快建设“体适能健康测试实验室”，成立“学生运动与健康促进研究中心”。校男子手球队在2022年中国大学生手球云上挑战赛中，取得团体总分第三名。关工委融入学校党建、大思政教育工作体系，发挥“夕阳红”第四育人阵地作用。

师资队伍 贯彻落实中央和上海市人才工作会议精神，坚持“人才强校”战略，推进人才揽蓄工作，聚焦“一网两侧”能源电力学科体系精准引才，达到揽蓄A类人才4人，揽蓄B类人才13人，全职引进3位国家级人才和1位企业领军人才。1人获批上海市东方学者特聘教授；协助申报海聚英才，2人进入复赛。组织召开“第二届国际青年学者论坛”，持续提升高层次人才引进海内外影响力。建立以人才培养为工作核心，以师德师风为首要内容，以能力、水平、贡献为导向，规范有序、竞争择优的职称评聘制度。创新团队形成“产教融合，营造创新能力新生态；学科融合，打造人才聚集新高地；科教融合，构建人才培养新平台”的“三融三新”模式经验。以“立德树人”为根本，以“强师德、正师风、重师能、铸师魂”为关键，依托师德师风建设月、教师思政精品项目创建、教职工政治理论学习、骨干教师座谈会等，形成“主题—品牌—学习”的示范效应，创建15个教师思政精品项目，制定印发教职工师德师风考核实施方案，促进教师思政工作规范化、制度化、常态化开展。

公共服务及对外交流 申报三个高等学历继续教育本科（专升本）新专业。学历继续教育报考率同比增长46.7%，通过线上线下混合教学、送教等多种举措，全年举办培训班62个，服务产业经济高素质技术技能人才培训，与特斯拉的产教融合合作模式入选教育部优秀产教融合案例，“一带一路”品牌培训项目以及创办老年大学等特色工作获十多家纸媒、网媒、电视台报道。与美国西弗吉尼亚大学合作举办的“信息管理与信息系统专业本科教育项目”正式获教育部批准，新增10个学分互认高校。完成国际学生招生定量指标，引进2名A类外国专家（2名均为国家“千人计划”），1位B类专家。获批4项国家外专局“高端外国专家项目”，获批4门上海高校国际学生英语授课示范性课程。做好“一带一路”能源电力桥头堡工作，组织召开“一带一路”能源电力高校联盟大会，举办能源电力国际高级研修班（线上）、能源电力商业决策模拟大赛、国际演讲大赛等。为尼日利亚电力管理服务局培训学员，完成津巴布韦旺吉生产准备人员培训。与越南永新电厂签署合作协议，双方同意海外基地挂牌。

校园建设 完成临港校区三期工程项建书报批工

作，三期项目管理制度形成初稿，编制三期可研阶段招标组织方案，初步形成了体现能源特色及学校产学研应用规划方向的三期项目需求方案。完成杨浦校区隆昌路 371 号学生公寓及其附属用房修缮工程，完成杨浦南校区学生公寓（1、2 号）及公共浴室修缮工程出库申报工作，完成两校区建筑单体信息采集及五年校舍维修规划编制。建成“安保智能巡逻机器人＋安防平台”智能安防巡逻机器人管理系统，实现了临港校区安保巡逻机器人的动态巡逻。推进校园网络基础设施建设，重点改善杨浦校区网络环境，为疫情背景下线上教学、科研、学生服务等提供支撑。完成“三码”合一与上海市大数据中心的对接，实现“疫情信息查询平台”“场所码”的运行使用。完成“一网通办”二期建设，形成学校业务系统数据清单、业务系统共享数据清单等，完成“科研创新服务系统”“大型仪器设备综合管理平台”一期建设，促进数据资源的流转和智慧应用。完善基于 ESI 的综合测评体系建设，完成能源电力特色数字资源保障平台建设。

在后勤体制改革方案的基础上，提高后勤管理水平，努力提升后勤服务质量。完成临港校区学生公寓“六 T”标准化公寓建设评审，1、4、8、9 号公寓获得最高级的五星评价。完成杨浦校区三好堂二楼食堂的升级改造，通过校园云餐厅线上预订餐解决封控期间全校师生订餐问题。完成教师公寓预订系统的优化升级。新能源汽车充电桩付费平台（云快充）上线运行。通过教委对学校垃圾分类考核，成绩优秀。开展以服务育人为主题的“上电后勤优质服务展示周”活动，举办首届“上电客饭套餐技能比赛”，建成“上电社区爱心书屋”，完成上海市绿色学校创建工作，节水型案例入选水利部、教育部、国家机关事务管理局联合发布的首批节水型高校典型案例。

精准防控　建立扁平高效指挥机制，落实优化防控措施，加强防疫物资筹措、建设集装箱隔离用房，提升校园疫情防控应急处置能力；做好人员排查、核酸检测、流调溯源、封闭管理、防控保障和关心关爱等工作，全力守住学校疫情防控阵地。科学制定线上线下教学计划、组织学生分批错峰返校，报道抗疫先进典型先进事迹，打造“疫情防控大思政课”。

书记校长访企拓岗促就业　学校开展“书记校长访企拓岗促就业专项行动”系列活动，落实就业工作“一把手”工程，坚持将人才培养目标和用人单位的人才招聘需求相结合，应对疫情带给毕业生就业工作的影响，确保毕业生更充分、更高质量就业。校领导班子全体成员挂帅，与百家名企面对面，通过直播推介为毕业生打通就业新渠道，促进企业与学生就业岗位的精准对接。

师者典范江友华获评上海市“四有”好教师——高尚师德激励上电教师永葆育人初心　江友华当选上海市“四有”好教师（教书育人楷模）。江友华从教十几年，抗癌十年、三度手术，却没有落下过一节课。他的事迹生动体现了新时代人民教师教书育人、为人师表的高尚师德，体现了恪尽职守、淡泊名利的奉献精神。他用自己对教育的忠诚、对学生的热爱、对责任的担当，成为“经师”和“仁师”，传递着师者的力量。9 月起，全校掀起了学习江友华先进事迹的热潮。

获批首个教育部工程研究中心　10 月，学校牵头建设的“海上风电技术教育部工程研究中心”获批立项。在国家“双碳”战略背景下，能源电力行业正在发生有史以来最为深刻的变革，“海上风电技术”工程研究中心历经十余年攻坚，聚焦国家战略与行业需求，协同上海勘测设计研究院有限公司、国网上海市电力公司、上海绿色环保能源有限公司等联合攻关，突破了近海风电建设、运维、产业推广多项卡脖子难题，实现中国海上风电跨越式发展。

“校友之家”启用　“校友之家”正式启用并举办首届“校友论坛”。

组织召开“一带一路”能源电力高校联盟大会，被推举为第一届理事长单位　11 月 25 日，“一带一路”能源电力高校联盟大会举行，来自 10 个国家的 14 所高校在线出席大会。大会审议并表决通过《“一带一路”能源电力高校联盟章程》，选举成立第一届联盟理事会，上海电力大学担任理事长单位。

入选首批十所上海市高校知识产权运营中心　12 月 8 日，上海电力大学入选首批上海市高校知识产权运营中心项目承担单位。知识产权运营中心建设将深度融入高校创新研发全过程、深度融入企业创新发展需求、深度融入全市知识产权运营体系，破解专利转化供需匹配的问题，释放能源电力特色专利技术成果的溢出效应，发挥高校服务经济社会发展作用。

（曹婷婷）

【中共国家电网有限公司党校】

单位概况　中共国家电网有限公司党校（国家电网有限公司领导科学研究院分公司）[简称国网党校（国网领导科研院）]是国家电网公司直属教育培训单位，担负着国家电网公司党组管理的领导人员和优秀年轻领导人员的教育培训、领导科学研究、企业党建理论研究和实践探索、党风廉政建设研究的重任。

作为国家电网公司党组的重要部门、党的政治学校，国网党校（国网领导科研院）坚持履行“领导人员党性教育的主阵地、党建理论研究的制高点、服务国家电网公司党组决策的智力库”功能定位，致力培养造就适应国家电网公司“一体四翼”高质量发展及战略落地的忠诚干净担当的高素质专业化领导人员队伍，持续提升企业党建研究、党风廉政建设研究、领导力开发研究、智库研究与实践的核心能力，为国家电网公司党的建设及领导人员队伍建设提供专业服务支撑。

国网党校从属于中央党校国资委分校序列，前身是成立于1980年10月的中央党校中央国家机关分校电力部班；1994年12月，中共电力工业部党校成立；1998年8月，更名为中共国家电力公司党校；2002年12月，更名为中共国家电网公司党校；2009年12月，国家电网管理学院成立，党校、管理学院、高级培训中心实行一体化管理；2014年1月，党校、管理学院与高培中心分设，独立运作；2020年5月，更名为中共国家电网有限公司党校（国家电网管理学院）；2021年7月，更名为中共国家电网有限公司党校（国家电网有限公司领导科学研究院分公司）。

国网党校（国网领导科研院）坐落在北京市昌平区蟒山南麓，东邻军都山，西邻十三陵水库，校区占地284亩（1亩$=6.6667\times10^2m^2$），建筑面积5.7万m^2。设有236间学员公寓，1个最大可同时容纳700人的报告厅，17间会议室、研修室，图书馆、运动场地等服务设施一应俱全，配备专业音、视频、网络及会议设备，领导力测评、数字化校园等各类信息化系统，为广大学员提供优质的学习环境与便利的学习条件。

人力资源 国网党校（国网领导科研院）实行两块牌子、一套人马、一体化运作，下设9个部门。其中职能部门2个[综合管理部（纪委办公室、巡察办）、财务资产部]，业务部门6个[领导力开发研究中心、教务管理部、培训开发部（党校部）、党委党建部（党委宣传部、企业党建研究中心）、党风廉政建设研究中心、党校智库研究中心]，支撑部门1个（后勤保障部）。

截至2022年底，全口径用工155人，其中长期职工53人（含领导班子成员），短期职工92人，劳务派遣用工10人。长期职工中，中共党员52人，占比98.11%；平均年龄为38.19岁，35岁及以下人员27人，占比50.94%；研究生学历41人（博士17人），占比77.36%。

2022年，国网党校（国网领导科研院）工作获国家电网公司领导批示40次（主要领导批示12次、其他领导批示28次），中央党校、国资委分校领导批示2次，国家电网公司系统发来感谢信14封。1个部门和1个班组分别获国家电网公司先进集体、工人先锋号表彰，2人分别获国家电网公司纪检监察工作嘉奖、优秀共青团员荣誉称号，18人入选国资央企党校系统“名师工程”（教学科研领军人才6人、骨干人才12人）。

经营管理 2022年，75项重点工作任务完成率100%；培训计划完成率100%，培训满意率100%，国家电网公司重要会议服务质量100%，研究及咨询服务满意率98.5%、超出目标值2.5%，国家电网公司系统党校建设任务完成率79.3%、超出目标值19.3%，领导干部在线学习任务完成率216%、超出目标值116%，综合影响力指数28.2、超出目标值88%。

主责主业 筑牢主阵地。设计“党校姓党 旗帜领航”课程体系，创新开展体验式教学，完成国家电网公司党组管理领导人员9期线上线下培训任务。落实“四个结合”，发挥教学委员会质量管控作用，引导规范学员临时党支部工作，实行工作专班、工作日报等机制，形成全封闭管理下的“规范精益、严管厚爱”办班模式，完成春、秋季两期中青班培训任务。举办四讲“云课堂”，确保国家电网公司党组管理领导人员学习党的二十大精神全覆盖。在中青班举办专题讲座、开设系列课程，推动党的二十大精神进教材、进课堂、进头脑。按照国家电网公司党组要求，牵头组建国家电网公司“旗帜领航”宣讲团，开展宣讲活动60余场次，受众达5500余人次，推动党的二十大精神直达基层、直通一线、直抵群众，宣讲活动被人民网、人民论坛网、中国新闻网、电网头条等媒体报道。

建强制高点。领导班子成员带头、全员参与课题研究，发挥好学术委员会作用，优化研究成果质效评估机制，推进17项年度重点课题，完成中组部、驻国家电网公司纪检监察组、党组组织部等重点课题，作为央企四家单位之一参与完成国资委教材《治企有方》读本编写，出版《新时代国有企业党建工作实用指南》等系列教材。做实中青班“两带来”应用，推出研究报告21篇，形成党校理论优势与学员实践优势互补的新态势。

做实智力库。完成国资委智库项目，获2022年中央企业党校智库课题一、二等奖。建立研究专报机制，全年报送《工作参阅》10篇，其中2篇获国家电网公司领导批示肯定，相关建议被总部采纳并转化应用。邀请相关部委领导参与举办学术研讨会12期，组织“旗帜领航向未来”学术沙龙4期，编发《视窗》专刊3期，在《廉政学研究》期刊发表理论文章。

协同发展 制定印发党委1号文件《关于“坚持党校姓党 办好一流企业党校”的意见》，落实国家电网公司年度重点工作。建立向党组书记、董事长、校长及党组组织部等有关部门专报机制，报送专报60份。设计国家电网公司战略课程体系，与总部相关部门合作开展体验式教学、共同设立研究选题。深化“1+N”办学体系，实施“四名工程”，推出“名师名课”40个、“名作”30篇、“名校”20个。加强系统党校工作联络机制，规范企业党建研究分中心和领导力开发研究分中心建设，协同开展课题32项，开发精品案例60篇，评选优秀情景党课20个。完成系统党校建设专项工作调研，提炼系统党校各单位经验成果，筹备系统党校工作会议。制作《我们这五年》《征程》等专题片，彰显系统党校建设成效。与中央党校、国资委分校加强教研合作。与英大传媒集团举办高质量发展共建共享座谈会，构建“党校+传媒”合作模式。与国网信通产业集团签署发展合作协议，在数字化转型升级、智慧党校建设等方面加强业务合作。与国网能源院签署发展合作协议，挂牌成立“旗帜领航争先锋”联合工作室。

精益管理 队伍建设。召开首次干部人才工作会议，修订12项干部人事、15项人力资源管理制度，构建领导人员、职员职级、职业发展、专家人才“四条通道”并行的员工成长体系。开展7期全员专题培训。

管理创新。推进数字技术与党校全要素融合，完成一卡通平台、电子班、无线网络等升级改造，自主开发ERP财务系统，作为国家电网公司第一批试点单位实现物资合同网上签约。召开首次物资和综合计划专题会议，提升物资价值创造力和综合计划管控力。

三期项目。取得三期土地证，完成员工宿舍楼、知识中心楼规划许可证办理，确保按照里程碑计划开工建设。

后勤服务。召开后勤服务保障工作会议，表彰服务之星班组和员工，落实质量提升十项举措，提高后勤管理标准、服务质量、保障能力和队伍素质。建立后勤值班带班工作机制和重要任务动员机制，提升应急响应能力。

党的建设和精神文明建设 学习宣传贯彻党的二十大精神，邀请党的二十大代表、中央党校专家专题辅导，组织为期6天覆盖全员的“学习周”。在《学习时报》《国家电网报》《国家电网杂志》刊发《奋力书写新时代新征程一流企业党校建设新答卷》等3篇署名文章。成立青年理论学习小组，研究党的二十大提出的重大理论和实践问题。发挥党员干部先锋模范作用，实施“旗帜领航·提质登高”行动计划，发挥“五好”党支部建设经验，优化共产党员服务队建设，发挥标杆示范作用。举办“重温誓词 忆初心 旗帜领航向未来”集体宣誓、教职工健步走、“喜迎二十大，永远跟党走”职工文艺创作等活动。推进“学党史，为职工办实事”活动，制定并落实8条举措，解决职工群众突出问题。推进“深化作风建设 争做合格党校人”活动。完成国家电网公司2022年两会、年中会、主体培训班次等重要服务保障工作。组织召开教师节座谈会，选树教师代表和先进典型。发出“创建一流谋发展”倡议，引领带动全体干部职工作表率、争先锋。

（徐俊波）

【国家电网有限公司领导科研院分公司】

见中共国家电网有限公司党校。

【国家电网有限公司高级培训中心】

单位概况 国家电网有限公司高级培训中心（中国共产主义青年团国家电网有限公司团校）(简称国网高培中心）是国家电网公司直属的教育培训单位，是国家电网公司党组在共青团和青年工作领域特色鲜明的政治学校，担负着国家电网公司高素质、复合型、国际化人才培养的重任。

国网高培中心前身为北京电力管理干部学院、中共电力工业部党校；2000年5月，国家电力公司高级培训中心成立；2002年12月更名为国家电网公司高级培训中心；2019年4月国家电网公司发文设立国网大学并挂牌国网团校。2021年7月，国家电网公司发文将单位更名为国家电网有限公司高级培训中心（中国共产主义青年团国家电网有限公司团校）。

国网高培中心多次荣获“国家电网公司文明单位”“首都文明单位”“全国文明单位”“人才发展协会（ATD）卓越实践奖”“国际绩效改进协会（ISPI）绩效改进卓越奖”等荣誉。

国网高培中心坚持以培养符合国家电网公司战略发展要求的高素质专业化的干部人才队伍为宗旨，以建设“四优五过硬”的领导班子和干部人才队伍为目标，深耕教学培训主业，形成了门类齐全、特色鲜明、科学高效的培训课程体系，利用地处首都的区位和人才优势，对接内外部优质高端平台，用好学员师资“两个资源”，建立了一支由知名高校教授、研究机构专家、企业高管、国家电网公司系统内高端师资等组成的一流师资队伍和专家团队。

国网高培中心位于北京市海淀区清河，毗邻北京大学、清华大学等知名高等学府和上地信息产业开发区，占地86亩，建筑面积约7万m^2。拥有配套的教学楼、学员公寓、餐厅和活动场所等，设备完善、设施先进。建有演播教室、教学创新实验室、图书馆、教学机房、保密宣教基地、党性教育主题教室、团史馆等教学实训场景及一体化电化教学、课堂直播点播、电视电话会议、安保监控等系统，建成了覆盖“全员、全层级、全业务、全生命周期”的“云课堂”。打造线上线下相结合的培训模式，提高全终端、全场景、多用户、跨国界的学习服务，构建培训生态，实现培训资源共享互济，满足专业部门、各单位个性化、特色化培训需求。

组织机构 国网高培中心下设综合管理处（党委办公室）、教务管理处、教学研究处、教学培训处、信息技术处、国际交流合作处、案例开发中心、党委党建处（党委宣传处、纪委办公室、合规审计处、巡察办、团校工作处）、财务资产处、后勤保障处10个部门。

人力资源 截至2022年底，国网高培中心共有员工305人。其中：长期职工70人（含领导班子6人），短期职工 197 人，劳务派遣 38 人。

国网高培中心坚持新时期好干部标准和国有企业领导人员“20 字”要求，落实国家电网公司干部人才工作会议部署，按照事业为上、以事择人、人事相宜、人岗相适的原则，把政治过硬、业绩突出、群众公认作为培养使用干部的主要标准，把大战大考作为历练干部的“试金石”，把会干事、能干事、肯干事、不惹事的干部选出来用起来，统筹使用各年龄段干部，选优配强中层干部，大胆使用优秀年轻干部，做到人尽其才、才尽其用。2022 年，1 人被国家电网公司党组提任为二级副职级领导。优化配置中层干部，提拔重用中层干部 8 人，跨部门岗位交流年轻干部 3 人。健全领导职务、专家人才、职员职级三通道并行互通机制，推进“人才培养三大工程”，首次选聘高培中心高级专家，培育青年人才，13 人获得职员职级聘任。选调 3 名人到国家电网公司总部培养锻炼，选派 1 人参加国家电网公司驻外工作。截至 2022 年底，国网高培中心 70 后、80 后中层干部占比分别为 36%、45%，硕博士员工占比近 90%，高级职称员工占比超 40%，劳动模范占比超 10%。

经营管理 2022 年，国网高培中心完成全年工作任务，累计实施线下、线上培训班 459 个，培训量 294.2 万人天，国网高培“云课堂”注册学员超过 96.08 万人。培训计划完成率、重点培训项目完成率、培训资源开发任务完成率均 100%，培训及服务质量、国网学堂应用服务质量、培训创新任务完成率、综合影响力指数、改革创新目标实现率均优于考核指标。

提质增效。服务国网财务部，支撑国家电网公司提质增效“云课堂”活动，聚焦“八机制”开发 100 门提质增效专题精品课程，吸引超 2 万人次点播观看，收获点赞评论近 2000 次。国网高培中心提质增效典型经验做法在国家电网公司提质增效上半年工作总结中予以点名表扬。

综合治理。根据国家电网公司“严肃财经纪律 依法合规经营”综合治理专项行动工作要求，制定本单位专项行动工作方案，成立主要负责人担任组长的工作领导小组，组织召开 6 次专题会议，制定全年任务时间表，列出本单位自查清单，同步开展督导检查，并完成整改，完善规章制度 8 个，优化业务流程 10 个。

税务攻关。完成 2021 年度个税代扣代缴手续费返还 15 万元；享受生活服务业增值税进项税加计抵减 15%税收优惠政策 75 万元；与属地税务所沟通汇报，首次争取到批量代开外聘教师和专家劳务费增值税发票，规避课酬管理环节风险，为企业所得税汇算清缴税前扣除提供合法有效凭证。

资金安全。以“保障资金供应、防范安全风险”为核心定位，应用资金实时监控系统，健全银行账户对账机制；增设外网网银支付限额管理；每月 5 日前出具银行存款余额调节表，严控未达账项，提升资金风险防范和安全保障能力。

财务数字化建设。聚焦精益管理和数字化转型，立足教培专业特色，自主开发多维业财管理系统，打造 6 大类 44 小类报销业务场景，根植预算管理理念，打通业财链路，实现业务数据与财务数据的联动与集成，奠定数据分析基础，深入挖掘数据价值，推动财务管理赋能主责主业发展。

教学研究 实施“一体四翼”“六个一”工程，分类策划“一体四翼”高质量发展培训班，开展“双碳”、新型电力系统相关讲坛，12.9 万人次参加学习。开发国家电网公司两会、“一体四翼”工作方案解读等国家电网公司战略课件 265 门，储备系统内外优秀师资 238 位，运营“一体四翼”线上学习专区，为国家电网公司“一体四翼”各专业人才培养聚力赋能。

紧跟中央决策新部署、国家电网公司党组新要求、行业发展新趋势，更新完善 2022 版课程体系和师资体系，加大资源开发力度，全年新增课程 1318 门，下架线上课程 496 门，新开发师资 495 位，课程更新率始终保持在 35%以上。构建培训观测体系，融合知识图谱工具，打造青干班智能化人才发展系统；对接情报库，自动挖掘时事热点，升级完善方案智能设计系统；开发智能审课工具，提高数字化智能化水平。

举办新型电力系统建设与人才培养专家论坛、电力保供与绿色发展教学研讨会、中央企业青年精神素养提升论坛，组织专家建言献策，3 次专报成果均获得辛保安董事长指示批示，相关新闻在中央主流媒体报道。通过构建师资命运共同体，打造出具有高培特色的智库建设新模式。发挥好国家电网公司战略课题十的牵头指导作用，统筹各方研究合力，形成研究报告。开展中组部党的干部工作读物基础工程重大项目《怎样当好新时代国有企业经营管理者》图书编写工作。聚焦教育培训技术和基础性前瞻性问题，组织开展国网高培中心十大战略课题研究，推动提升干部员工整体研究水平。

作为主要编制单位起草 ISO 国际标准，实现国家电网公司在教育培训领域编制国际标准的首个突破。参与起草国家标准 3 项，主导立项国家标准 1 项，实现国家电网公司培训标准上升为国家标准的历史性突破，值班报告获得辛保安董事长指示批示。获评首家电力行业人才培养示范基地。同时，作为唯一一家培训机构，获评 2021—2022 年中国电力企业联合会先进会员企业称号。

系统总结教育培训创新成果，“中央企业青年人才培养数字赋能实践”获得中电联电力创新奖一等奖，“人力资本视角下培训开发与智能化应用的探索与实践”获得中国电力企业管理创新优秀论文特别奖。在正式期刊发表论文1篇，获得EI论文录用通知书1篇，申报专利6项，通过授权3项。

培训组织 培训工作开展。提高政治站位，开展党的二十大精神宣贯，把学习贯彻党的二十大精神作为各级各类培训班的必修课，推动党的二十大精神进教材、进课堂、进头脑。完成国家电网公司两会国网高培中心分会场的会务工作，及国家电网公司首席专家评选、总部挂职锻炼人员封闭隔离、总部人员集中办公的服务保障工作。围绕发展大局，当好“宣传队”“播种机”“智力库”，推动上级决策部署落到实处。围绕国家电网公司党组决策部署、国家电网公司重点工作等议题组织学员开展学员论坛和课题研究，形成培训成果和研究成果，为国家电网公司高质量发展提供智力支持。

培训创新实践。高标站位，做好党的二十大精神宣贯。围绕党的二十大主题，策划开展班级研讨、学员论坛，引导学员深刻领悟“两个确立”的决定性意义，把思想和行动统一到党中央精神上来。依托重点项目，开展调研式、研讨式、研究式、案例式教学，确保培训精准有效。通过现场教学开展党史教育、党性教育、新中国电力工业史教育，促使学员不忘初心使命、坚定理想信念、牢记宗旨意识。2022年，共计开展多元化教学150余次，形成班刊、读书心得、复盘学习心得、党性分析报告、案例汇编和课题汇编等培训成果和研究成果，支撑总部和兄弟单位专业工作和队伍建设。注重培训创新，打造精品项目。国家电网公司青马班优化特色教学活动，加强宣传推广，在中国第一历史档案馆开展现场教学的新闻被中央媒体、共青团中央和电网头条播放或报道。

教学风险管控。严格培训安全纪律，班主任通过短信提醒、开班、班会等形式向学员宣贯培训纪律要求，尤其是各类安全提醒，与班委协同做好学员安全监督管理工作。确保师资授课政治安全，加强与授课教师沟通和动态跟踪管理，组织教师授课前签署《教师授课规范承诺书》。加强班主任团队解决突发问题、应对复杂情况的能力。

数字化建设 线上业务。坚持线上线下双轮驱动，挖掘需求，更新资源，拓展业务，推进国网学堂、“云课堂”一体化运营，全年共实施培训项目389个，同比增长29.24%；参培学员人次86.55万，培训量291.31万人天，同比增长26.21%；线上培训收入突破9000万元，同比增长33.86%。疫情期间，发挥平台优势，推进国家电网公司党组2022年巡视工作业务培训班等51个线下培训项目线上化。开发共享优质网络课件资源，加强实效性强、可复用专业类课程制作及线下优质资源线上转化，推进优质网络培训资源共享，上传国网学堂课程599门，累计学习225万人次。优化线上培训工作机制，聚焦项目实施、设计策划、质量管理、运营保障四个方面的能力建设，推动线上培训工作流程化、标准化，提升组织效率和项目满意度。

培训业务数字赋能。迭代升级云课堂，深度融入“i国网”，通过“i国网”登录学习人数超54万，访问人次达353.63万。推进数字化技术与教育培训融合创新，融合特色业务系统，打造智能培训助手“小培”。聚焦线上学习有效性，整合内外网数据，贯通业务流程，升级打造具有行业原创性的方案智能设计系统，服务办学核心能力提升。

教学基础设施数字化升级。完成报告厅大屏改造和3号楼演播室建设，以数字化硬件提升教学活动、高端研讨、直播互动体验，服务教学研讨会等重要活动，支撑线上线下相结合教学方式，支持疫情防控下教育培训可持续发展。创新线上线下融合教学方式，打造“线上线下、点面结合”培训新模式，发挥教学设备设施优势，综合利用多平台，服务支撑总部专业部门，组织实施直播授课、互动教学、专题研讨、汇报交流、考试等活动，实现授课现场和学员的双向互动，为专业部门提供个性化培训解决方案，创新跨内外网、跨终端、跨媒体、实时转播等直播形式，以直播方式开展培训项目23个，支撑线下项目同步线上直播21个。

国际交流 国际化培训旗舰品牌。围绕“五突出一标杆”国际化发展战略思路，实施推进“一体四翼”高质量发展国际专业线上培训、境外中方员工安全风险防范线上培训、新选派驻外人员集中培训、驻外办事处人员综合管理线上培训等，覆盖学员超1400人次，已结业培训项目的课程、师资满意率均为100%。在驻外办事处人员综合管理培训班中安排学习贯彻党的二十大精神系列课程，邀请中央党校、习近平外交思想研究中心等权威机构的高端师资系统讲授。

国际业务服务支撑。汇编国际组织机制核心信息摘要，以主题归纳编辑、内容精炼、集体审校等方式，全年完成12期摘要编写，总计234篇信息11.2万字，服务国家电网公司国际业务形势研判和全球发展动态跟踪。信息摘编自7月起由国网国际部以通报形式发至总部各部门、各机构，驻国家电网公司纪检监察组，公司各单位，获得高度评价。完善“国网学堂”国际商务专区、“云课堂”国际专区建设，累积开发制作147门国际化专业课程。将培训方案智能系统首次应用于专业管理类培训，完成驻外人员培训、出国（境）行前培训方案智能设计原型开发和题库开发，强化培训支撑作用。

国际化合作与研究。创新开拓与商务部国际商务官员研修学院的援外项目合作，策划并实施非洲法语国家电力基础设施研修班，面向21位非洲国家能源官员讲授国家电网公司先进技术、服务“一带一路”建设成就等，提升国家电网公司国际品牌形象，作为典型经验纳入国家电网工作动态。与中国社科院经济所合作完成中国电力话语体系——“一带一路”方向研究，系统回顾总结国家电网公司国际业务发展历程和卓越成就，研究成果得到国网国际部、中国社科院等肯定。

案例开发 案例开发成果。围绕党中央国务院重大决策部署，聚焦国家电网公司“一体四翼”发展布局，2022年新开发案例达1181篇，支撑总部开发精品案例数量同比增长近5倍，案例开发总数同比增长21.3%。服务国网发展部开展“一体四翼”案例开发征集、评审工作，共征集分部、省公司、直属单位59家单位案例267篇，完成案例分类汇总和案例评审工作方案制定。支撑国网科技部国有企业科技创新案例开发，提出案例撰写思路、策划案例编写讨论会、提供案例写作模板和案例范本，完成案例开发任务。协助国网宣传部开展国家电网公司未来品牌建设三年计划相关品牌宣传案例开发工作，推动优秀案例进入国家部委、社会宣传和教育培训三个层面。协助国网营销部完成“市场营销工作十大成效——2021典型案例选编”案例集编印，在“云课堂”建设营销案例专栏，宣传推广各单位典型经验。联合社保中心开发社会保障案例并参与专业研讨，形成140余篇社会保障管理案例集。与各省公司保持沟通，开发新型电力系统、青年人才培养、安全专题视频案例共18篇，并在“云课堂”部署。

课题研究。开展中组部党的干部工作读物基础工程重大项目《怎样当好新时代国有企业经营管理者》图书编写工作。联合系统内外高端智库开展课题研究，承担“两大奇迹”“三大方向”五个子课题中“中国电网长期安全稳定运行奇迹”“国家电网调度运行方向”两个子课题研究工作，推动形成1个总报告+5个子报告+1个专报（1+5+1）的课题成果，完成课题结题，该项工作受到新华网、经济日报、国家电网报等中央媒体、行业媒体报道。课题成果获得国网高培中心科技进步奖特等奖。

案例研究基地建设。推动精品案例走出去，对外树立品牌。与国网河南电力联合完成“7.20河南抗洪抢险保供电”案例开发，该案例在中央党校应急管理案例课程中作为案例素材讲授；与国网江苏电力共同推动“国有企业党建工作价值创造路径探索”党建案例进入中国大连高级经理学院、中国浦东干部学院，并在国企干部教育培训中讲授，该案例入选《创新理论指导与中国企业管理实践案例精选》丛书，并出版。梳理国网高培中心近年来案例开发、案例基地建设情况，为获评电力行业人才培养示范基地提供特色亮点内容。

案例标准化研究。案例开发标准化研究成果获得中国能源研究会能源创新奖二等奖。依托案例开发标准化研究成果，申报国家电网公司2023年技术标准项目，并通过国家电网公司基础保障技术标准专业工作组（TC08组）评审。开展案例教学活动，自主开发的“新员工培养”“应急管理”标准化案例课程在重点培训班中讲授。按照课程体系逻辑框架，修编2022年案例体系；梳理案例开发工作历程，形成案例开发工作介绍、案例库建设、精品工作案例、精品教学案例等成果。

安全管理 按照“人员分类，空间分区，互不交叉，确保安全”的原则，制定精准服务方案，实施提级管控，高标管理，做好国调中心、国网华北分部和国网信通公司调度员的服务保障工作。执行北京市和国家电网公司疫情防控规定，制定院区疫情防控应急处置措施，推进新冠病毒疫苗接种，动态排查涉疫人员，严把教务、门岗、前台、班主任“四道关口”，严把“人、物、环境”同防同检关。

推进安全生产专项整治“收官年”各项工作，完成“两个清单”问题整改和安全生产专项整治的验收总结。开展“防风险、保安全、迎二十大”、安全管理提升年等安全专项行动和各专业安全检查，滚动更新隐患清单，将隐患整改与院区日常维修、大修技改等项目统筹安排，确保管理闭环。编制《后勤设备设施分析报告》，执行设备巡视检查和交接班制度，梳理完善院区消防安全巡视路线、巡查内容和标准，利用节假日开展消防设备设施改造和联动测试，提高设备设施管理水平。

加强安全工作的组织领导，组织召开安委会、安全专题会，传达国家电网公司安全工作精神，并遵循“新设备、老班长、责任心”的思路，推进安全生产各项工作有序有效落实。制定年度安全工作要点，印发领导班子成员安全生产“两个清单”、国网高培中心45项全面强化安全责任落实措施和贯彻落实国家电网公司迎峰度夏电力保供电视电话会议精神具体措施等，强化安全责任落实。

开展后勤“业校”培训，采取“岗课赛证融通”的后勤专业人才培养模式，夯实基础、补齐短板，提升后勤保障水平和服务能力。强化员工动态管理，梳理后勤各班组员工情况，编制《后勤员工队伍统计分析报告》，为后勤班组人员需求预测做支撑。

服务国家电网公司安全重点工作，支撑国家电网公司总部员工“安全生产月”线上专题培训班，开设2022年度“一把手”讲安全课专栏，完成312个课件部署等工作，助力国家电网公司系统优质培训资源建设和推广使用，提高安全管理培训质效。

党的建设和精神文明建设 政治建设。坚持教育者先受教育，培训者先受培训，开展党委“第一议题”学习42次、中心组学习12次、专题读书班1次、党支部学习120多次，领导班子成员讲党课6次，组织党员干部原原本本、逐字逐句深研细读党的二十大报告和党章，及时跟进学习习近平总书记最新重要讲话和指示批示精神，推动党史学习教育常态化长效化，引导党员干部忠诚捍卫“两个确立”、坚决做到“两个维护”。

宣贯党的二十大精神。发挥干部教育培训阵地作用，把学习宣贯党的二十大精神纳入各类培训“必修课”，联合中央党校、中央团校，开发权威优质学习资源，第一时间在国网高培中心“云课堂”举办“学习宣传贯彻党的二十大精神”公开班、“党的二十大与新时代党的青年工作”公开班，50万余人参加学习。编制主题微教材，开展“高培讲坛”讲座，运用内外网、宣传栏、展板、道旗、校园广播等载体，宣传党的二十大精神。

党建工作。完成党委纪委换届。配齐配强党支部班子，党支部覆盖率100%。完成民主生活会、组织生活会、民主评议党员，制定党员教育培训计划，开展党支部书记、支部委员和党员培训。深化量化计划管理，实现“三本六盒一证”和党建信息化综合管理系统应用全覆盖。发展党员2名，党员总数达75名。实施“党建+”七大工程，党建与业务深度融合。深化共产党员服务队“六微”载体建设，架起党群连心桥。连续2次获得“国家电网公司优秀共产党员服务队”荣誉称号。走访慰问困难党员和老党员。

宣传工作。落实意识形态工作责任制，守好课堂、论坛、网站等阵地。加大宣传力度，在内外部媒体发稿400余篇，其中央媒发稿14篇。常态化开展员工思想动态调研，实施青年精神素养提升工程，制定并落实“我为青年办实事”清单。召开统战工作座谈会，征集意见建议。弘扬劳模精神、劳动精神、工匠精神，评选表彰国网高培中心“电力工匠”“青年五四奖章”。关心关爱职工，开展书香悦读、兴趣小组等活动，举办“业校”培训，打造“岗课赛证融通”新模式，84人获得专业认证证书，典型经验在《工人日报》刊发。

（曹　祎　王　琪）

【国家电网有限公司技术学院分公司】

单位概况 国家电网有限公司技术学院分公司（简称国网技术学院）成立于2008年12月30日。根据国家电网公司党组决定，2011年12月31日，国网技术学院与山东省电力学校合并，实施一体化运作；2012年8月30日，国网技术学院设立成都、长春、西安三所分院；2014年7月10日，国网技术学院设立苏州分院；2017年1月20日，国网技术学院设立郑州分院，确立“资源共享、优势互补、分工明确、协调发展”的集约化大培训体系。2018年12月21日，国网技术学院完成转企改制工作。

国网技术学院主要承担国家电网公司新入职员工培训、高层次技术技能人才培训、紧缺人才培训、国际化培训、技能等级评价和职业教育，运营管理国网学堂，是国家电网公司技术技能人才培养基地、全产业链培训服务平台、国际合作交流平台、职业教育发展研究中心、技能等级评价指导中心、网络学习服务中心（“一基地、两平台、三中心”）。国网技术学院占地1608.4亩，建成覆盖电网主要专业实训室（场）246个（间）、实训工位7240个、餐位7938个、床位11036个，年培训能力达200万人天。

人力资源 截至2022年底，国网技术学院共有职工545人，其中：专职培训师270人，硕士以上学历270人，副高级以上职称330人，各级各类人才43人，96人获得ATD（全球人才发展协会）国际培训大师资格。完善人才工作机制，畅通员工发展通道，实施“高端引领、名师培育、青年人才托举”三大工程，深化教师“五力”（项目开发能力、教学实施能力、语言应用能力、思想引导能力、现场实践能力）评价及现场锻炼，评聘专家人才23人，选拔青年托举人才5人、电力工匠1人。

战略落地 深入学习贯彻习近平新时代中国特色社会主义思想，制定国网技术学院贯彻落实党中央重大决策部署和习近平总书记重要指示批示精神工作台账，落实“双碳”行动方案和重点任务。策划实施“电网云学－国家电网公司两会精神20讲”。建成国家电网公司劳模工匠展厅，开发劳模工匠研修课程，1.5万名新员工现场接受教育，2.39万人次职工参观数字化展厅，构建全方位、全领域、全过程劳模工匠实践育人体系。统筹推进公司“一体四翼”发展布局落实，建立重点工程集中管控、跟踪监督机制，推动重点部署务期必成。

安全稳定 防控疫情，完成7次校园封闭管理，始终保持培训教学期间零疫情，保证主营业务开展。统筹推进党的二十大维稳安保、安全隐患排查整治行动、班组安全管理标准化建设，坚持严管厚爱相结合，加强思想教育引导、心理健康辅导和网上行为监管，落实“暖心服务”措施，推进“一站式”学生社区建设。

教育培训 举办各类培训班405期，培训17.93万人，培训量219.17万人天，同比增长36.72%；年度培训计划完成率100%，培训质量及服务满意率97.46%。完成职业教育授课9.2万学时，输送毕业生

1230 人。国网学堂登录 4159.75 万人次，在线培训 4461.73 万学时。获评“全国高校黄大年式教师团队”、山东省“五一劳动奖状”等称号；首次获全国职业教育技能大赛教学能力比赛一等奖；获批教育部、工信部、国资委三部委评选的全国职业教育教师企业实践基地。

培训业务。强化系统思维，统筹资源配置，超前研判谋划，完成年度培训评价等任务。实施国家电网公司配电网规划专业骨干培训等重点培训项目，专业培训班期次和培训量创历史新高。创新“线上实操”竞赛方式和“总赛务+分赛场+分赛项”组织模式，完成国家电网公司智能调度、数字化等技能竞赛调考。加强政策研究，完善评价体系，实现国家电网公司特级技师、首席技师评价国家人社部备案。组织完成8181名高级技师评价，指导完成13.2万人技师及以下评价。完善 60 个工种评价标准和题库，完成 10 期高级技师研修、15 期高级考评员培训和 203 名青年人才托举人选培训，拓展“以评促培”空间。

教学业务。贯彻新版《职业教育法》，聚焦高水平高职学校建设，推广课堂革命，推进“第一课堂”评价改革。对接能源电力行业新发展和山东省新旧动能转换新要求，优化人才培养方案和课程标准，首次承办春季高考技能测试，变配电运维专业群入选山东省高水平专业群。实现教师教学比赛国赛一等奖历史性突破的同时，获评省级教学成果特等奖、一等奖各 1 项；获评山东省职业教育教学创新团队 2 个，供用电技术专业国家级教学资源库建设完成教育部验收。在各类学生竞赛中，获评国家级二等奖 1 项、三等奖 2 项，省部级一等奖 7 项。完成 9 个技能证书获教育部学分银行成果认定、4.3 万道考核题库优化、4 期 405 名师资培训认证、20 个考点 3957 人证书考核。毕业生就业率 96.34%，居山东省高校前列。

国际化业务。组织“一带一路”能源电力高管人才研讨、中阿清洁能源培训中心智能电网培训、阿曼国家电网公司电网建设与运营管理培训、阿曼国家电网公司专业工程师线上交流学习、默拉输电公司换流站运维培训等重点项目，与智利 CGE 公司、南非电力公司开展在线技术交流，健全完善国际化业务支撑保障体系，服务国家“一带一路”建设和国家电网公司国际化业务发展。

网络学习服务业务。推动国网学堂平台功能迭代升级，完成人力资源、电网设备等专区特色功能开发，服务国网山东、陕西电力等省直专区运营，实施营销“三新”（新技术、新应用、新模式）大讲堂等专题培训，支撑服务国家电网公司竞赛调考、直播及考试项目，改善线上培训学习服务体验。完成网络学习服务生态矩阵设计，打造形成新型网络学习生态圈。制定精品课程开发审校机制，完成第五届优秀网络学习资源评选，建立国家电网公司网络资源融媒体标准流程，提升网络学习服务水平，获评工信部网络安全领域产业人才基地。

科技创新。围绕新型电力系统建设等重点方向，调整科技攻关布局。聚焦重点领域和关键难题，组建创新团队和专家工作室，开展国网技术学院学术交流 28 次，完成“揭榜挂帅”等重点项目开发，孵化培育科技项目成果 2 项。获批山东省高校新技术研发中心、新旧动能转换实训基地，获全国电力行业设备管理与技术创新一等奖 1 项，全国 QC 小组成果示范级成果奖 2 项，电力行业 QC 小组成果特等奖、一等奖各 1 项。

经营管理 实现收入 6.16 亿元。落实国家电网公司改革部署，国企三年改革行动任务收官。开展“合规管理强化年”专项行动，深化综合治理专项行动，完成省管产业后续审计和校企合作、重点工程项目等内外部专项审计，推进省管产业“促合规、夯基础、提质效”。制定市场运营工作指导意见，建立内部对标、年度考核、市场化考核相结合的运营考核体系，激发内部竞争活力。做好常态化疫情防控期间人员排查、核酸检测、食宿安排、物资保障等后勤服务工作。完成 54 项技改大修项目，建成泰安学区综合教学楼，统筹推进数字化建设，升级业务系统功能，整合核心业务数据资源，助力主营业务数字化赋能。

党的建设和精神文明建设 党的政治建设。推动党建与中心工作深度融合，将党建优势转化为发展优势。抓好党的二十大精神学习培训，深化党建活动，组织开展宣传宣讲，推动全面覆盖、入脑入心。

党建工作。落实“第一议题”制度，跟进学习习近平总书记系列重要讲话和重要指示批示精神，开展党委理论中心组学习 13 次；各党支部学习 510 余次、研讨 1020 余人次。创新思政课模式，学院领导班子带头讲授“思政大课堂”“思政大讲堂”34 讲。组织召开第二次党代会，完成党委纪委和基层党组织换届工作，全力建设“五过硬”党支部，引导党员做到“五个表率”。

党风廉政建设。按程序对 3 个基层党组织开展内部巡察，督促完成问题整改，推动巡察问题整改常态化长效化。梳理院校、部门、岗位三级 60 项廉洁风险点，聚焦招投标等十大领域开展廉政问题专项整治，构建全面覆盖、分级管控、权责清晰的廉洁风险防控体系。实施作风建设专项行动，开展警示教育，弘扬“严真细实快”优良作风。

群团工作。坚持党建带团建，实施青年精神素养和理论学习提升工程，培育青年生力军。落实年度统战重点任务，做好信访、保密等工作。深化职工民主管理，举办职工运动会等文体活动，重点办好关爱职工健康等“五件实事”，做好离退休工作，激发全员干事创业活力。1人获评国家电网公司劳动模范，1个部门获评国家电网公司先进集体。

（李天航）

【中共中国南方电网有限责任公司党校】

单位概况 中共中国南方电网有限责任公司党校（简称南网党校）成立于2011年4月，以“三块牌子，一套人马”模式开始运作（中共中国南方电网有限责任公司党校、中国南方电网有限责任公司干部学院、中国南方电网有限责任公司教育培训评价中心），按分公司管理，并以“中国南方电网有限责任公司教育培训评价中心”进行工商税务登记。2018年5月，按照南方电网公司培训机构改革部署，“中国南方电网有限责任公司教育培训评价中心”更名为“中国南方电网有限责任公司培训与评价中心”。2018年6月，南方电网公司成立“新时代国有企业党的建设研究中心”，研究中心办公室设在南网培训中心，同时南方电网公司党建思想政治工作研究会秘书处职能划入南网培训中心。2020年8月，按照南方电网公司党组加大“管理教育”力度和突出资源整合等要求，将原“干部学院”更名为“领导力学院”，南网党校、南网领导力学院、南网培训中心实施“三位一体”的管理模式，加挂南网工匠大学牌子。2021年10月，南方电网公司调整党建研究有关工作机构，明确南网党校是南方电网公司党建研究工作的执行机构和支撑平台，直接承担南方电网公司党建研究中心工作职责，发挥南方电网公司党建智库作用。

南网党校主要负责培训南方电网公司党员领导干部，开展党的理论教育和党性教育，承担南方电网公司党组管理干部、优秀年轻干部及公司总部三级正、副干部的培训组织工作；负责党建研究、资政、教学，建设新时代国有企业党的建设研究中心。南网领导力学院重点以现代企业经营管理能力和企业管理相关业务知识为主要内容开展管理教育，承担领导力发展体系和领导力模型建设、领导力测评及领导力培养工作。近两年主要围绕管理教育、领导力研究、领导力测评等方面开展了系列工作。南网工匠大学以培育工匠人才、弘扬工匠精神为着力点，重点开展高技能人员的培训与评价。近两年主要从技术技能培训和技术技能评价等方面推进南网工匠大学建设。南网党建研究中心负责党建学科建设，依托课题研究，开展党建教学、研究、资政相关工作，对南方电网公司党组贯彻落实党中央决策部署的经验做法进行总结提炼，对实践问题开展调查研究并提供理论决策参考和教学支撑。南网培训中心作为运作实体，是南网党校、南网领导力学院、南网工匠大学对外登记注册的载体，承担各类专业技术培训和技术资格评定，为公司系统员工招聘、人才甄选工作提供选拔测评与考试服务。协助做好全网培训、评价工作有关顶层设计，统筹高端培训课程、师资等资源建设及使用，对省级培训机构重点培训项目策划实施等工作进行业务指导，促进业务集约化专业化管理和资源共建共享。

领导班子 截至2022年12月31日，南网党校（领导力学院、培训中心）领导班子成员如下：

南网党校校长：刘启宏（南方电网公司董事、党组副书记兼任）

南网党校（领导力学院）常务副校长（院长），培训中心党委书记、主任：花恒一（2022年4月任职）

南网党校（领导力学院）一级职员、副校长（副院长），培训中心一级职员、党委副书记、副主任：郑立春

南网培训中心党委委员、纪委书记：梁欣

南网党校副校长，领导力学院副院长，培训中心党委委员、副主任：王基巩

南网党校副校长，领导力学院副院长，培训中心党委委员、副主任：游林辉（2022年4月任职）

组织机构 2022年，南网党校未调整组织机构。截至12月31日，南网党校组织机构设有办公室（党委办公室）、组织人事部（纪委办公室）、教务部、培训部、网络部、人才评价部、党建教研部、领导力教研部。

人员状况 截至2022年12月31日，共有职工62人，其中，公司专职董事、监事1人，领导班子5人，中心主任助理1人，三级正、副干部17人，部室主任助理3人，主管35人。现有党员62人，占100%；具有大学本科及以上学历占比100%（其中硕士研究生学历占比38.9%），具有高级及以上专业技术资格占比77.8%。主任助理及主管共38人，平均年龄37.35岁，具有大学本科及以上学历占比100%（其中研究生学历占比 60.5%），具有高级及以上专业技术资格占比42%；员工平均年龄43.87岁。

年度工作 2022年，南网党校坚持以习近平新时代中国特色社会主义思想为指导，深入学习贯彻党的二十大精神，坚决落实公司党组决策部署，系统谋划、整体推进，完成全年各项目标任务。

1. 坚持在大局下行动，贯彻上级部署取得新成效

始终将“国之大者”铭于心践于行，全面落实上级决策部署。推动学习宣传贯彻党的二十大精神扎实开展。制定学习宣传贯彻党的二十大精神工作方案并分三阶段逐项落实，坚持做到先学一步、深学一层。

承办南方电网公司学习贯彻党的二十大精神研讨班（读书班），完成南方电网公司党组专题读书班、专题辅导、集中轮训班（第2、3期）等工作。第一时间推出研究成果3篇、落实《“第一议题”周报》4期。推动“两个维护”八项机制落实落地。开展习近平总书记重要指示批示精神再学习再落实再提升，全年开展“第一议题”学习45篇次、中心组学习研讨5次，把总书记重要讲话和重要指示批示精神作为首要政治要件，及时转化为办学治校的新思路、新举措、新机制。常态化将总书记重要指示批示精神纳入干部培训课程，得到国资委干教中心和南方电网公司党组的肯定。推动党史学习教育常态化长效化，制定落实举措23条，为群众办实事10项。推动南方电网公司对党校工作的部署要求执行到位。完成《关于全面加强南网党校建设的意见》各项任务。建立南方电网公司领导对党校工作指示批示落实机制，形成14项督办任务，逐项推进落实。全年共收到南方电网公司总部表扬信、感谢信10次。

2. 聚焦业务体系化规范化，培训评价工作展现新作为

围绕培评业务推进体系建设、流程优化、质量提升，全面拓展业务发展空间。年度培训任务完成。克服疫情防控难度大、培训班次密度高等困难，组织实施各类培训班168期，集中培训量49346.5人天，平均培训满意度9.86分。完成为期三年的党组管理干部理论进修和领导力专题轮训任务。助力南方电网公司服务乡村振兴，承接云南迪庆州三批次共97名党政干部到党校参加培训，获得迪庆州委州政府高度评价。推出融党性教育与“双碳”培训为一体的“红色引领、绿色发展”体验式教学线路。内部师资在校授课455人次，自主教学率43.75%。管理教育工作有力推进。初步形成“经典理论+先进案例+南网实践”5A（全领域 all fields、全阶梯 all stages、全链条 all parts、全类型 all types、全过程 all processes）管理教育体系，迭代更新《南方电网公司经营管理人员培训内容体系》管理教育模块，在南方电网公司管理教育培训班、领导力研讨班深度应用，并在中青班作为独立模块协同应用。引进中国人民大学、中山大学、中欧商学院等知名院校的优质教学资源，开发南方电网公司管理教育特色课程15门。数字化学习深入。上线优质课程158门，年度网络学习总学时突破375万。全新改版“党建网上学院”，系统开展党性教育和展示党建研究成果。开设网上“廉洁学堂”，开辟党风廉政教育新阵地。累计举办“专家大讲坛”网络培训项目12期，学习点击量达63.2万次，日活跃量达2000人。人才评价工作高效开展。完成党组管理干部、总部三级正（副）岗位、主管岗位选聘635人次，战略（杰出）级专家选聘595人次。组织实施南方电网公司高级职称在线评审和政工师考试，其中高级职称申报3793人，政工师考试申报983人。首次在网级层面统筹开展高级技师认定，共2753人申报。完成总部5期共118人次新上岗人员制度测评。培评业务体系持续完善。推动培评资源共建共享，形成网级课程库1377门、师资库1435人、案例库45门。编制党校“1+10”培训评估报告，首次开展南方电网公司二级培训机构质量评估工作。修订南方电网公司职称评定管理细则、职业技能等级认定管理细则，贯通各类评价活动结果，为员工减负。印发涵盖16个职业、27个工种的职业技能等级认定企业评价规范；发布涵盖30个职业、47个工种、总题量约15万道的职业技能等级认定试题库；组织2738名高级考评员依规入库，形成较完整的技能人才评价标准库、试题库、专家库。

3. 加强学术治理和学术能力，研究资政工作迈上新台阶

完善学术体系，突出抓好学科建设、学术队伍和学术产出。组建党建研究、领导力研究和教学研究专委会，新成立2个学术带头人工作室。4人进入南方电网公司党组重要文稿起草和决策支撑服务核心团队，18人入选国资央企党校系统“名师工程”。自主开发“习近平在基层”“三重逻辑：文明视野中的中国现代化”“落实全面从严治党要求，把纪律和规矩挺在前面”等课程。党建研究成果丰硕。全年输出“一刊一参一报一文一题一课”系列成果70多项，《南网党建》创刊发行5期10万册。提交内参周报50期，彰显思想理论阵地作用。支撑南方电网公司政研会工作，承接南方电网公司重点课题5项，3项成果分别获得中国政研会、央企政研会和央企党校智库最高等级奖项。服务南方电网公司党组理论宣传，承接重要文稿撰写11篇，其中4篇理论文章在《人民日报》《党建研究》《学习与研究》等平台发表。推进南方电网公司党建管理人员培训体系建设，提出9个典型培训方案，组织开发10门党建课程。领导力研究取得突破。开发《非职务领导力》《经营管理人员管理能力提升》等5门课程。拓展广州碳排放权交易中心等10家企业访学资源。开展中青年干部“测训练”一体培养。《新时代国有企业党的领导力》一书由中央党校出版社出版，获国企教育培训工作荣誉评选优秀教材成果奖。综合素质测评系统服务南方电网公司人才招聘、内部竞聘等测评需求累计达10万人次，该项实践获中电联管理创新成果二等奖。

4. 直面发展堵点难点，改革创新工作实现新突破

聚焦战略实施、改革工作、数字化转型等重点任务，全力冲刺、奋力攻坚。战略管控更加成熟。绘就

“十四五”时期的路线图和任务书，制定发展战略、“十四五”规划，推出培训体系、党建研究、管理教育、人才评价、业务数字化和人才队伍建设等重点业务三年行动计划，形成“1531”战略管理文件体系。抓实指标、任务、项目三张表管控，战略管控渐入轨道。研究编制“1+4”系列改革方案，系统谋划党校深层次长远性发展。改革三年行动收官。以高强度组织机制推动改革争先进位，指标任务、改革宣传取得实质突破。修订中心治理主体权责清单，完善决策机制，全年召开党委会27次、办公会17次，党委决定重大事项80项、前置研究重大经营管理事项32项，办公会决定重大经营管理事项38项。健全制度体系，全年新增制度6份、修编制度16份，组织全体主管及新上岗人员共45人次参加制度测评，通过率100%。推行中层管理人员契约化管理，以战略为导向的经营业绩考核体系初步建立。聚力三项制度改革，开展2名中层干部岗位、1名主管岗位公开选聘，调整不适宜担任现职的干部，收入差距倍数等大部分指标达到挑战值，相关指标排名同类单位前列。制定全面激励工作方案，推出10项激励措施。数字化转型加速推进。电网管理平台（人资域）培训与评价模块全网上线运行。“数字党校大数据应用矩阵建设”获南方电网公司优秀电力大数据应用与产品评选二等奖。“培训大数据全景可视化”“培训大数据全景感知监控”成为南方电网公司首批上线“云景”平台的应用场景。“千人千面课程智能推荐”入选南方电网公司人工智能重点场景。推进园区智能化数据联通、平台互联。全年未发生网络安全事件。彰显标杆示范效应。“不忘初心、牢记使命”理想信念教育培训项目经验入选国资委央企思想政治工作创新案例和南方电网公司第二批“创先进、树典型”改革经验成果，推进高素质国企领导人员培养经验入选国企党建创新优秀案例、南方电网公司第三批“创先进、树典型”改革经验成果，“在实现碳达峰碳中和目标中彰显电网企业担当”入选中央党校国资委分校教学案例。南方电网公司潜力人才测评工具通过中国心理学会心理测量专委会认证（南方电网公司为首家通过该认证的中央企业）。

5. 坚决落实从严要求，党校自身建设呈现新气象

一体推进党的建设和业务工作，促进从严治党和从严治校有机结合。管党治党责任落实到位。召开政治生态集体谈话和全面从严治党专题座谈会，推动党支部扛稳主体责任。加强党支部建设，组织各党支部制定议事清单，规范开展主题党日12次，开展全员网格化谈心谈话257人次。抓好党风廉政建设和反腐败工作，推动监督体系更加健全完善，开展四轮专项监督，完成“靠企吃企”等专项整治。以规范党务工作为契机，对理想信念教育培训项目进行重点督查，及时纠正存在的偏差问题。推出《清朗校风》8辑，自主完成廉洁教育专题研究。干部员工队伍建设坚强有力。增选党委委员1名、补选纪委委员1名。发现培养年轻干部，选拔使用3名部门主任助理，全覆盖开展年轻干部监督调研。常态化开展干部轮岗交流，派出挂职干部3人、接收挂职干部2人，接收南方电网公司培训管理专业人才培养对象5人。推进学习型党校建设，推出南网党校讲坛、重点课题研究、师资精准培养等举措，形成党校“四级”讲师梯队。巡视审计整改工作扎实推进。完成南方电网公司党组第八轮巡视反馈意见常态化整改和中央巡视整改评估问效。一体推进南方电网公司党组第九轮、第十轮巡视发现共性问题和典型问题自查整改。迎接南方电网公司经济责任审计，推进问题整改，制定（修编）制度10份，完善业务流程7项，挽回损失2.628万元。宣传群团工作发力。建成“百年风华——中国共产党・光明颂”等3条主题文化长廊。全年获国资委官网、国资委干教中心、中国能源报等报道86篇次。开展庆祝建团100周年系列活动、党委书记为青年讲团课活动，召开统一战线和青年工作座谈会。全面加强和改进工会工作，开展“健康校园行”等系列工会活动，员工的凝聚力、向心力增强。

（罗超群）

【中国南方电网有限责任公司领导力学院】

见中共中国南方电网有限责任公司党校。

【中国南方电网有限责任公司培训与评价中心】

见中共中国南方电网有限责任公司党校。

【中共中国大唐集团有限公司党校】

单位概况 中共中国大唐集团有限公司党校（简称大唐党校）成立于2009年，是中国大唐直属党的工作机构，是中央党校教学基地、中央党校国资委分校企业党校。2022年2月，中国大唐对大唐党校管理体制机制进行调整优化，实行部门化管理，与中国大唐集团有限公司教育培训中心合署办公，负责统筹实施中国大唐教育培训工作，同时承担党的建设和思想理论研究、能源行业政策和国资国企改革研究等工作职责，是中国大唐党员干部培训主渠道、思想理论建设主阵地、能源智库建设主平台。

组织机构 大唐党校下设教学研究部、培训管理部和党建研究部3个部门，人员编制11个（不含校领导）。

年度工作 坚持党校姓党根本原则，矢志建设“中央企业一流党校，能源行业一流智库”，深耕细作主责主业，各项工作取得新的成绩和突破。举办“二级企业主要负责人绿色低碳高质量发展培训班”“党校青年干部培训班”“二级企业专职党委副书记党建工作培训

班”“总部经理级人员政治能力提升班”等 7 项重点培训班。建成“大唐云党校”网络培训平台，先后为中国大唐和系统企业举办 7 期培训班，累计培训学员近 4000 人次。开设“大唐云课堂”，为系统企业提供 500 多门免费的优质线上培训课程，内容覆盖党的建设、时政热点、企业管理、领导力等领域，自 5 月开设以来，累计为 71 家系统企业举办培训 91 期，培训学员近 9000 人次。在中央党校《学习时报》、国务院发展研究中心《经济要参》、新华通讯社《经济参考报》以及《中国电力企业管理》等重要媒体发表多篇关于国企改革、能源战略转型的原创文章。独立完成的“日韩财团经济发展模式及对我国企业的启示研究”课题荣获中央企业智库联盟 2019—2021 年度十佳课题成果；“以高质量党建引领央企高质量创新发展研究”课题分别荣获中央企业党校智库优秀课题成果一等奖和中央企业智库联盟优秀课题成果二等奖。参与研究的“央企推动共建‘一带一路’高质量发展研究”课题荣获中央企业智库联盟重点课题优秀成果特等奖。出版《学习与思考》校刊 12 期，发表中国大唐系统党员领导干部原创文章 218 篇，转载优秀理论文章和典型经验文章 102 篇。

【中国大唐集团有限公司教育培训中心】

见中国大唐集团有限公司教育培训中心。

【中共国家能源集团有限公司党校】

单位概况 中共国家能源集团党校（培训中心、党建研究所、神华培训中心有限公司、领导力建设和人才评价中心，简称能源党校），于 2018 年 5 月，由原神华集团党校（管理学院、培训中心）与原国电集团党校（培训中心）合并组建成立，一套人马、五块牌子（党校、培训中心、党建研究所、神华培训中心有限公司、领导力建设和人才评价中心，是国家能源集团党组直属业务机构，负责统筹全集团教育培训资源，在国家能源集团党组的直接领导下开展工作；已纳入中央党校国资委分校管理序列，设有西柏坡、神东、伊春、徐州、大渡河、银川 6 所分校，直接运营管理神华培训中心有限公司。

组织机构 能源党校设有 8 个部门，分别为综合部、党建人事部、领导力建设和人才评价部、财务部、教务部、培训部、在线教育部及党建研究部。组建了校务委员会，形成校务会、常务会、办公会等决策机制，建立了一套较为完备的财务、法律、人力资源管控体系。能源党校机关党总支下设党支部 3 个。

教学管理 坚持以习近平新时代中国特色社会主义思想为指导，以“搭建四维体系、聚焦两支队伍、提高七种能力、打造五大品牌”为目标，全面统筹国家能源集团系统内外优秀教育培训资源，实行“需求调研—教学设计—组织实施—考核评价—改进优化”闭环管理，做到课程标准化、内容规范化，精准匹配课程、师资、教学基地、教学方法等优质教学资源。

干部教育培训 2022 年，能源党校上下坚持以习近平新时代中国特色社会主义思想为指导，以迎接宣传贯彻党的二十大为主线，深入贯彻国家能源集团党组各项决策部署，攻坚克难、稳中求进，各项工作取得新成绩。落实国家能源集团人才工作会议精神，创建领导力建设和人才评价中心；完成培训班次 77 个，培训学员 45374 人次，培训总量 69658 人天，计划完成率 100%；“融智学习”平台总学习时长 1129.53 万 h，首次突破千万小时，累计学习人数 24.72 万；有力推进党建智库建设，全年开展中组部、央企政研会、国家能源课题 14 项。

成绩荣誉 多年来，能源党校获得“最佳企业大学”“第十八届中国企业教育先进单位百强”“中国企业标杆学习平台等多项荣誉称号”；相关研究课题及培训项目荣获第八届中国管理科学奖——专项奖促进奖，2022 年中国企业改革发展优秀成果一等奖，2022 鼎革奖 – 数字化转型先锋榜年度全数据智慧企业奖、年度企业领袖奖以及中央党校国资委分校 2021 年度中央企业分校班优秀组织单位、第十八届中国企业培训最佳学习项目。“国有企业‘三力’党建创新发展研究”获央企政研会一等奖，“世界一流企业竞争力体系建设与路径探索”获央企党校智库一等奖等多项荣誉。

（于晓洋）

【国家能源集团有限公司培训中心】

见中共国家能源集团有限公司党校。

【国家能源集团有限公司党建研究所】

见中共国家能源集团有限公司党校。

【中国电力建设集团有限公司党校】

主要工作 2022 年，中国电建加强培训策划，编制年度公司企业领导人员、基层党支部书记、党务工作者和入党积极分子培训计划。3 月开展《做好党支部书记应具备的能力与素质》专题培训，总部机关及 72 家子企业共 6086 名党支部书记和党务工作者参加培训；12 月举办 2022 年度基层党支部书记、党务工作者培训班，深入学习党的二十大精神，近 2 万名党支部书记和党务工作者通过现场及视频参加培训。利用线上资源开展培训，3.2 万人参加中组部中国干部网络学院、国资委培训中心、中国大连高级经理学院线上培训。

新闻出版

【中国能源传媒集团有限公司】

单位概况 中国能源传媒集团有限公司（原中国电力报社，简称中能传媒），在李鹏同志的关心支持下，于1981年成立，先后隶属于电力部、水利电力部、能源部、电力工业部、国家电力公司、国家电力监管委员会、国家能源局。2012年12月，经党中央和国务院领导批准，正式转企改制并更名为中国电力传媒集团有限公司；2013年3月，国家能源局和国家电力监管委员会重组后，划归国家能源局主管。2021年12月30日，经国家能源局同意，财政部、国家新闻出版署批复，国家市场监管总局批准，正式更名为中国能源传媒集团有限公司。

中能传媒成立40多年来，发展形成了涵盖《中国电力报》《中国电业与能源》《农村电工》《能源决策参考》、中国能源电视台、中国能源新闻网、中国能源普法网等的全媒体传播矩阵，建成了集“策、采、编、播、发”为一体的融媒体高效指挥生产平台，打造了传统媒体和新兴媒体深度融合的“纸媒—网络媒体—音视频—移动终端”的多维融合传播体系。

组织机构 中能传媒内设7个职能管理部门、6个新闻采编部门、5个经营管理部门以及1家直属记者站和28个注册记者站；在全国范围内拥有14家子（分）公司。

企业荣誉 《心舞飞扬》荣获2022年“新春走基层”活动全国性行业类媒体优秀作品；“中能传媒融媒体技术创新应用”荣获2022年中国报业媒体融合“用得好”案例库名录；“电动汽车充电体验调研行”系列报道荣获中国经济新闻奖三等奖；“奋斗百年路 启航新征程——沿着能源通道看中国”大型融媒体报道荣获中国行业媒体融合发展创新案例。

党的建设工作 建立传达学习贯彻习近平总书记重要讲话精神和党中央重大决策部署、学习贯彻局党组决策部署和指示批示精神2个专项台账，全年共传达学习62项重要内容。制定印发《关于深入学习宣传贯彻党的二十大精神实施方案》，坚持把党的二十大精神作为党员干部砥砺党性修养、强化使命担当的“必修课”。以机构改革为契机，将原来多部门（单位）联合组建党支部调整为各部门（单位）独立组建党支部，选优配强支部成员，组织功能明显增强。加强干部队伍特别是优秀年轻干部的选育管用，加大轮岗交流力度，选优配强干部队伍，干部管理规范化、精细化水平进一步提升。

新闻宣传工作 把服务国家能源局党组中心工作摆在重要位置，策划推出“国家能源局司长访谈录”系列报道11篇，全网阅读量近200万次。开展“奋进新征程 建功新时代”重大主题宣传，重点打造“非凡十年·能源高质量发展成就巡礼”报道，刊发20余篇成就巡礼报道，全网阅读人次近530万。推动建立融媒创新工作室和“能源中国”APP，发挥能源安全新战略新闻宣传协作机制作用，加快形成覆盖能源全行业的新闻供给体系。推出中能传媒传播力月报，建立传播力分析模型，提升媒体传播力。打造高质量新闻品牌，举办第二届电力安全管理与文化论坛，100余名央企领导和业内专家现场交流分享，在线观看量达195.65万人次，实现“破圈式”传播新突破。

经营管理工作 开展“合规管理提升年”活动，以策划专题培训、汇编合规手册、开展跟进监督等方式，促进各项内控要求内化于心、外化于行。对标对表法律法规，制定《严禁有偿新闻 推进依法合规经营实施细则》《广告业务管理暂行办法》等分级分类管理制度，加强对签约履约、合同管理、广告发布及招投标市场经营行为的审核管控，依法合规治企能力和水平全面提升。推进组织机构改革落地实施，建立“一部一策”绩效考核实施细则，激发公司发展的内生动力和内在活力。制定、修订党委工作规则、“三重一大”决策实施办法、国有资产管理办法、干部考核管理办法等制度规定30余项，决策科学、执行有力、监督有效、运转规范的公司治理机制基本形成。建立健全公司内控管理体系，加强风险事件的研判报送、应对处置、跟踪监测、警示通报及问责整改等工作，各部门协调联动防范化解风险的能力提升。

（姜宇颖）

【英大传媒投资集团有限公司】

单位概况 英大传媒投资集团有限公司（简称英大传媒集团）于2008年8月由《国家电网报》社和中国电力出版社整合而成，是国家电网公司唯一的直属文化传媒企业，也是中国首家企业传媒集团。

英大传媒集团突出电网特色，以新闻、出版、品牌为核心业务，具有优良的新闻宣传和图书出版资质。旗下拥有《国家电网报》《亮报》两份报纸，《国家电网》《能源评论》《英大金融》《脊梁》《供用电》《水电与抽水蓄能》《电力需求侧管理》七份期刊，国家电网电视频道（SGTV）、《国家电网报》手机报等传统媒体；以电网头条“三微一端”（微信、微博、微视频、客户端）

为旗舰，以国家电网报、闪亮播报、能源评论·首席能源观等微信公众号为支撑的新媒体矩阵；年出版发行电力、电子、教材、建筑机械、经营管理、外语等领域各类图书、音像电子产品 3000 多种；开展影视专题片拍摄、品牌策划、会议展览、广告营销、装帧设计、投资与资产管理及相关咨询业务。同时负责国家电网公司官方网站、官方微信公众号等 20 个互联网平台的运营。

英大传媒集团坚持创建一流新型传媒集团的战略体系，一以贯之坚持融入大局、服务系统、支撑总部的工作定位，聚焦传播力、影响力、竞争力建设，始终做到“五个坚持”（坚持以习近平新时代中国特色社会主义思想为指导，确保正确的政治方向、舆论导向、价值取向；坚持旗帜领航、党建引领，完善企业治理体系，全力服务“一体四翼”高质量发展；坚持把社会效益放在首位，实现社会效益和经济效益相统一，推动可持续发展；坚持新闻出版双轮驱动，推进融合发展，强化数字赋能，实现转型升级，提升核心竞争力；坚持全心全意依靠职工办企业，以人为本、人才强企，推动职工与企业共同发展）、突出“五个强化”（强化政治意识，旗帜鲜明讲政治；强化风险防范，落实意识形态工作责任制；强化融合发展，提升传播力和影响力；强化经营管理，提升实力和发展能力；强化党建引领，培养高素质专业化干部人才）、实现“三个增效”（提质增效、降本增效、转型增效），以“两大工程”（实施正能量传播工程，建成能源电力领域具有权威传播力和影响力的新型主流媒体；实施精品出版工程，打造权威知识服务平台，成为能源电力领域权威的知识服务提供者）为载体，以“六个同步”（顶层设计和重点突破同步开展，新闻业务和出版业务同步策划，社会效益和经济效益同步评价，功能建设和能力建设同步加强，内容建设和平台建设同步规划，内质和外形同步提升）为举措，建设以内容生产品质化、传播方式智能化、融合发展品牌化、经营管理精益化、服务支撑智慧化为目标的一流新型传媒集团。

组织机构 英大传媒集团下辖《国家电网报》社有限公司、中国电力出版社有限公司、国网卓越科技文化（北京）有限公司、英大传媒投资集团南京有限公司、英大传媒投资集团武汉有限公司和英大传媒（上海）有限公司 6 家子公司，参股人民网有限公司、上海第一财经传媒有限公司、体坛传媒集团股份有限公司等社会化传媒企业。英大传媒实行扁平化管理，子公司不设置管理部门，人财物由英大传媒集团统一管理，共设有 8 个管理部门，15 个业务部门，1 个支撑中心，在国家电网公司所属分部、省电力公司及直属单位建立记者站 42 个，在全国设立图书营销站店 41 家。

人力资源 截至 2022 年底，英大传媒集团用工总数 441 人。其中直签员工 403 人，占 91.38%；劳务派遣员工 38 人，占 8.62%。直签员工中，男职工 142 人（占 35.24%），女职工 261 人（占 64.76%）；平均年龄 39.7 岁，人才当量密度 1.2149。博士研究生 4 人；硕士研究生 211 人，占员工总数的 52.36%。专业技术人员中，高级职称 147 人，占员工总数的 36.48%，其中正高级 31 人。中级职称员工 147 人，占员工总数的 36.48%。

英大传媒集团深化“三项制度”改革，发挥绩效“指挥棒”作用，坚持效率效益优先、兼顾公平原则，合理调控、正向激励，建立能充分体现员工知识、技术、能力、贡献等要素的收入分配体系。坚持事业为上，突出群众公认，提拔重用人品好、业绩优、能力强、敢担当、重实干的优秀干部，树立正确的选人用人导向。开办“青年英才计划培训班”和“英大传媒集团干部培训班”，持续增强干部员工能力素质。强化员工队伍管理，加大优秀人才培养力度，成立支撑总部柔性团队等多个柔性团队，激发活力、增强动力、释放潜力，同时畅通“能出”渠道，用工总量逐年减少，人才当量密度上升，职工劳动生产率达到 87.93 万元/（人·年）。

企业管理 英大传媒集团聚焦提质增效、降本增效、转型增效，加强安全和质量管理，提升经营管理精益化水平，提高可持续发展能力，企业经营呈现良好势头。

提升经营质效。强化经营意识，加强对外合作，与国家能源集团传媒公司签订战略合作协议，与国网党校、新源集团、数科公司等单位建立合作机制。召开经济活动分析会和项目采购论证会，“三个增效”30 条具体措施落地见效。树立大营销理念，强化产品营销意识，加强营销团队建设。

完善企业治理结构。制订党委前置研究重大经营管理事项清单。健全规范董事会运行机制，成立董事会专门委员会，制订（修订）英大传媒集团《章程》《董事会议事规则》等制度。外部董事认真履职，加强业务调研，为英大传媒集团改革发展建言献策。召开总经理办公会，研究推进生产经营重点工作。

加强安全生产。制订完善《关于进一步加强新闻宣传管理确保正确舆论导向的规定》等三项规定及《新闻媒体质量管理办法》《图书质量管理办法》等新闻出版管理制度，杜绝政治性差错、政策性差错、技术性差错、认知性差错，编校质量和效率明显提升。举办新闻出版专业培训，编制《新闻出版应知应会知识读本》。开展安全生产专项整治和安全隐患大排查，消除安全风险隐患。

深化改革发展。总结分析国企改革三年行动经验成果，开展卓越科技和世纪东方改革发展研究，推进世纪东方股权改革，逐步搭建支撑英大传媒集团高质量发展的两大平台、坚强两翼。深化三项制度改革，修订岗位绩效工资管理办法，发挥绩效指挥棒作用，对接国家电网公司考核，加强各部门和全员绩效考核，调动干部职工工作的性、主动性、创造性。

新闻宣传 英大传媒集团守正创新、深耕内容，实施正能量传播工程，在服务国家电网公司工作大局中找准坐标，传播好党和国家重大决策部署的落地落实，及时回应社会关注和百姓关切。

开展党的二十大宣传报道，推出“沿着总书记的足迹”等10余项系列主题报道，开设“喜迎党的二十大”“党的二十大代表风采”等20余个专题专栏，制作11期特刊专刊，推出原创稿件200余篇。对照国家电网公司学习宣传贯彻党的二十大精神工作部署会“八个奋力”安排，宣传国家电网公司各单位学习贯彻党的二十大精神的创新举措和生动实践。

做好重大主题传播。加强统筹策划，开展“奋进新征程　建功新时代”“非凡十年——国家电网发展成就”、北京冬奥会和冬残奥会、“新春走基层”、川渝迎峰度夏抗旱保电、全力服务稳住经济八项举措、新型电力系统建设、国企改革三年行动等一系列重大主题传播。纪录片《白鹤亮翅》《点亮阿里》在中国教育电视台等60余家台网面向全国播出。《点亮阿里》成功入选国家外宣项目，摄制组获国家电网公司“工人先锋号”荣誉称号。多部新闻和影视作品获中宣部“新春走基层”、中国经济新闻奖、央视青年融媒体作品大赛、国企好新闻等各类奖项。

深化全媒体传播体系建设。“一盘棋”运作，全媒体联动，组建支撑总部时政报道柔性团队，完成国家电网公司600余项重点报道任务。推广数字报阅读模式，获评2022年（首届）国有企业深化改革实践成果奖。设立国家电网公司平台运营处，专业化、差异化、精益化运营国家电网公司16个宣传平台。制作推出优质融媒体作品超过4.7万篇，新媒体平台总阅读量超过6.8亿次，《张北的风点亮北京的灯》等28个视频成为点击量超千万的爆款，向社会生动讲述新时代国网故事，展现国家电网公司“大国重器”“顶梁柱”的责任央企形象。

图书出版 英大传媒集团坚持正确的政治方向、出版导向和价值取向，加大优质内容供给，实施精品出版工程，推出多部精品力作，把握主基调、唱响主旋律、弘扬正能量。

打造出版精品。开展“出版+智库”建设，完善选题论证机制，加强两院院士等专家队伍汇报沟通。从严从紧把好选题导向关、入口关，立项《碳达峰碳中和能源系统解决方案》等精品选题122个。《中国电力工业史》入选2022年度国家出版基金项目，获得资助120万元。聚焦国家电网公司重点工作，策划出版“国家电网有限公司国企改革三年行动成果系列”和《柔性直流电网技术丛书》《警钟声声（五）》《绿电与冬奥》等一批精品出版物。《大型电力变压器主动保护与安全运行》等18个项目入选2022年度公司电力科技著作出版项目。《发电企业安全生产标准化管理规范》发行8万余册。10种电气专业本科教材和6种能动专业本科教材入选“首批国家级一流本科课程”。

促进出版融合发展。制订推动出版深度融合发展的实施方案，提出4个方面12项举措。融合出版产品占比达到30%，国网安规e考通实现销售，普法小程序平稳运行，《电网安全》电视期刊销量提升。研究中国电力百科网发展思路，搭平台、集资源、拓市场。优化升级书香国网平台功能，引入优质阅读资源，组织开展“职工健康大讲堂”等线上活动。推进标准化全媒体平台建设，标准出版授权工作取得历史性突破，推出“首席专家讲标准”等直播课程。

提升出版精益管理水平。组织开展所属舆论阵地意识形态问题自查、出版物插图质量自查等工作，做好“三审三校”等制度执行情况专项督导检查。开展库存图书营销专项行动，库存规模、报废数量同比均降低。强化营销模式创新，世纪东方经营收入和利润同比增长。建立重点出版物联动宣传机制，《新型电力系统100问》等109种重点出版物在英大传媒集团各媒体平台宣传推广，取得良好传播效果。英大传媒集团图书产品在北京印刷协会印刷质检中获评一等品491种，一本书获得“北京印刷质量知名品牌提名产品”，并被遴选为“中华印刷大奖推荐产品”。

品牌建设 英大传媒集团坚持高标准、高质量、高效率，打造和提升展览展示、会议服务等品牌建设核心服务能力，提升项目实施质量，推进品牌和媒体经营业务。

高质量服务国家电网公司重点项目。全年完成总部展厅和现场活动保障等任务50余次。克服疫情影响，完成2022能源电力转型国际论坛、新型电力系统技术创新联盟成立大会等重大会议服务保障，以及迎接党的二十大“奋进新时代”主题成就展、2022亚太电协会议、首届能源产业创新博览会等重要展览展示项目，提升了英大传媒集团品牌服务知名度和影响力。

深度挖掘市场资源。强化市场经营意识，推动客户资源精耕细作，完成国网宁夏、青海电力及国网物资公司等一批固定展厅项目，推进中国丰满水电博物馆项目。与日立能源、中国电气装备等电力设备企业建立常态化媒体广告业务合作。

加强品牌管理。强化项目顶层策划设计，试行项目经理责任制。加强制度建设，试行《品牌业务项目管理规程》，规范项目供应商招标采购和实施流程管理，严控项目成本，确保项目全过程闭环管理，有效防范经营风险和安全隐患。

党的建设和精神文明建设 截至2022年底，英大传媒集团设党委1个，党支部24个，共有在职党员269人，党员占员工总数的64%，创建共产党员服务队（国家电网英大传媒《国家电网报》共产党员服务队）1个。

强化党的创新理论武装。深入开展习近平新时代中国特色社会主义思想大学习，组织全体干部员工集中收听收看党的二十大开幕会和庆祝中国共产主义青年团成立100周年大会。开展党委会“第一议题”学习和党委理论学习中心组学习，第一时间学习领会习近平总书记重要讲话精神，深刻领悟“两个确立”的决定性意义，增强“四个意识”、坚定“四个自信”、做到“两个维护”，胸怀“国之大者”，不断提高政治判断力、政治领悟力、政治执行力。

提升党建工作质量。党员干部当先锋作表率，领导班子成员赴党建工作联系点、党支部工作联系点、党建带团建工作联系点带头学习、深入调研31人次。推进党史学习教育常态化、长效化，强化“1+1+1”党支部联建联学机制，深化“红色基因、电力传承”特色实践，制度化开展主题党团日活动260余次。大力实施“党建+”转型攻坚、内容创新、技术革新、提质增效四大重点工程，形成特色项目17个。“现场讲+当面评”，高质量开展党支部书记述职评议考核。

深化全面从严治党。开展“对账式”集体廉政约谈，建立权力事项和廉洁风险“两个清单”，健全完善廉洁风险防控体系。推进政治监督具体化、常态化，深化靠企吃企问题专项整治，持之以恒落实中央八项规定精神，坚决防范“四风”问题。组织党员干部集体观看国家电网公司警示教育片《激浊扬清》，营造风清气正、崇廉尚洁的干事氛围。

打造高素质干部人才队伍。深入落实“旗帜领航·组织登高”工程，加强新时代领导人员队伍建设，举办领导干部综合能力提升专题培训班，实施“领导干部上讲台”，提升干部队伍综合素质和专业能力。落实青年素养提升工程要求，实施“青年英才计划”，出台“三强化两完善”20项措施，举办培训班。组建跨部门柔性团队，发挥骨干编辑记者力量，国家电网公司重要新闻报道和科技出版水平明显提升。开展员工轮岗交流，搭建跨部门、跨板块、跨单位人才培养体系，培养复合型人才。

加强企业文化建设。举办中国电力作家协会第四次代表大会，开展喜迎党的二十大“强国复兴有我”群众性主题宣传教育系列活动，举办喜迎党的二十大“翰墨丹青颂盛世”主题书法美术篆刻作品邀请展，举办职工文创大赛，1件作品获国家电网公司首届职工文创大赛金奖。推进“我为群众办实事”，完成单身宿舍和大厦浴室改造等重点项目，改善工作生活环境。

（张　妮）

【南方电网数字传媒科技有限公司】

单位概况 南方电网数字传媒科技有限公司（简称南网传媒公司）成立于2010年9月，是南方电网公司控股的子公司。2021年4月，南方电网公司依托南网传媒公司成立南方电网公司新闻中心，按照“两块牌子、一套人马”模式实行管理。

作为南方电网公司的政治思想、舆论宣传、意识形态专业支撑机构，南网传媒公司以“传递党组声音、讲好南网故事、弘扬知行文化”为职责使命，业务范围涵盖新闻宣传、品牌战略规划、品牌资产运营、品牌策划传播、品牌展示活动、影视策划制作等。负责运营《南方电网报》《南方能源观察》杂志、《南网知行》内刊、《南网新闻》（楼宇电视）、南方电网公司网站、南网50Hz微博微信、手机微网站等南方电网公司级媒体，以及知行南网、青春南网等平台，形成了集报、刊、网、视、微、端于一体的全媒体传播矩阵。作品荣获第32届“中国新闻奖”三等奖，获“国企好新闻”“中国企业新媒体品牌创新奖”“中央企业最具影响力新媒体账号”“中国电力新闻奖”等国家部委级和行业内有影响力的奖项。此外，南网传媒公司还承担广东省岭南文化艺术促进基金会秘书处工作。

南网传媒公司获国家高新技术企业认证，通过ISO9001质量管理体系、ISO14001环境管理体系、ISO27001信息安全管理体系认证，并获得CMMI3、信息系统集成及服务四级等专业资质证书。

领导班子

1. 南方电网公司新闻中心

常务副主任：吕益华

副主任：郭逸晴

2. 南网传媒公司党委成员

党委副书记：吕益华

党委副书记：肖谦

党委委员：焦向阳、雷树华、郭逸晴

党委委员、纪委书记：刘文卿

3. 南网传媒公司董事会成员

董事：吕益华、汤梅子、毛时杰、黄家林、刘勇

职工董事：邱宇

4. 南网传媒公司监事会成员

监事会主席：胡伏秋

监事：王发兴

职工监事：林跃舜

5. 南网传媒公司高级管理人员

总经理：吕益华

副总经理、总法律顾问：焦向阳

副总经理、董事会秘书：雷树华

副总经理：郭逸晴

组织机构 2022年，南网传媒公司部门设置进一步规范。融媒体中心（总编部）更名为融媒体中心（总编室）、客户服务评价委员会（合规运营管理委员会）更名为合规运营管理委员会（客户服务评价委员会）。

年度工作

1. 企业荣誉

南网传媒公司员工2022年获南方电网公司级以上荣誉27项，其中1人荣获“南网劳模”，1个团队荣获“南方电网工人先锋号”，1人作为团队成员荣获“南网一等功”。作品首获中国新闻奖。

南网传媒公司取得6项新型专利和2项美术作品版权，“知行文房”文创产品获国际缪斯设计奖银奖，“环保套装”文创获得IIDA国际设计奖，南水北调综合展厅获南方电网公司2021年价值创新三等奖，影视作品获得亚洲微电影艺术节最佳作品奖。参与研发的网络安全项目获广东省网络安全行业科学技术奖三等奖。

2. 新闻宣传工作

平均两天上一次三大央媒，每个月上一次《新闻联播》，实现南方电网公司成立以来“中国新闻奖”零的突破。在国务院国资委开展的五轮敏感信息排查中实现“零问题”。提级开展舆情管理，党的二十大期间舆情监测无遗漏、无差错。

对接央视《对话》栏目访谈、大型纪录片《征程》《坐标中国　跨越琼峡》等宣传项目，协调联系重点媒体刊发4篇南方电网公司署名文章，南方电网公司作为首批中管企业案例入选《人民日报》、新华社学习贯彻党的二十大精神报道，央视《新闻联播》聚焦南方五省区农村电网巩固提升工程。南方电网公司媒体推出的“南网答卷”“非凡十年”主题策划、“强国复兴有我”主题报道反响热烈。

电力保供服务稳增长、改革三年行动彰显“示范田”效应、数字电网构建新型电力系统、梅蓄阳蓄电站投产助力“双碳”、独龙江联网服务乡村振兴等南方电网特色新闻获三大央媒报道。《人民日报》评论版、《学习时报》头版刊发南方电网公司主要领导署名文章；策划报道并推动“独龙江乡35kV联网工程投运”入选国资委“2022年度央企十大超级工程”；南方电网公司95后女员工林诗敏高空走线报道传播量超过4.6亿；国际传播方面，策划推动中老联网首次双向电力贸易获老挝国家级媒体报道，菲律宾MVIP项目获人民日报海外版报道，中老铁路供电报道入选国资委新闻与央视CGTN“共赢之路”节目。

充实力量建强新闻供应链。加强总部工作组、北京工作组和舆情工作组力量投入，北京工作组正式挂牌，按照“$6+N$”模式选派业务骨干赴京驻点。优化舆情监测管理机制，充实舆情监测队伍，提升短视频等媒介监测水平。

协助开发南方电网公司融媒体技术平台并投入试运行，全网开通账号2100多个。开发“新闻舆论态势感知系统”，应用到南方电网公司所有二级单位。

3. 改革创新工作

着眼南网传媒公司改革发展面临的新形势新要求，推动“二次创业”。开展南网传媒公司发展战略和“十四五”发展规划修编。完成32项改革举措、45项改革任务，完成国企改革三年行动收官任务。瞄准行业先进，南网传媒公司同业对标等级从行业一流提高至行业领先。

设置南网传媒公司总法律顾问、合规官。以内控管理手册等系列文件为基础，建立起“$1+6+n$”内控管理体系。印发南网传媒公司《不相容岗位清单》，明确14个业务领域、37个不相容岗位，推动全域不相容岗位分离。推动版权图片、字体、音视频等素材资源统一采购和集约共享，规避侵权风险。推动制度规范化管理，新增和修编制度30项，开展相关培训宣贯400余人次。

完善南网传媒公司法人治理，制定南网传媒公司治理主体权责清单及授权清单、党委前置研究讨论事项分类清单等系列制度文件。推动南网传媒公司治理主体规范履职，修订完善南网传媒公司章程和各类治理主体议事规则。推进落实董事会六项职权，建立健全相关配套制度。南网传媒公司外部董事监事认真履职尽责。制定法人层级权责清单，理顺《南方电网报》社有限公司、《南方能源观察》杂志社有限公司管控模式。

4. 生产经营及品牌文化建设工作

树立“政治上站位、市场化思维、高品质服务”经营方式，从服务南方电网公司改革发展大局出发谋划品牌文化业务。配合完成南方区域电力市场试运行启动会等10场重大活动现场执行和宣传。配合推进总部企业文化馆及南方电网公司系统党建文化展馆建设，做优南方电网特色文创品牌。办好《南网知行》内刊和《南方能源观察》杂志，履行南方电网公司党组赋予的广东省岭南文化艺术促进基金会秘书处职责。

南网传媒公司首次获得展览陈列工程设计与施工一体化一级、展览工程企业暨展览场馆工程一级两个“双一级”资质，广东省广告协会广告特级资质，工商出版物经营许可证。

5. 传媒智库建设工作

链接政府机构、专家学者、主流媒体资源，做精传媒智库产品。紧扣能源电力行业热点，协助新华社撰写5份内参素材，其中与中老电力合作纾解老挝债务、中国抽水蓄能缺口大制约新能源发展相关的两份内参获批示；协助南方电网公司办公室报送澳大利亚国家电力现货市场暂停事件分析报告获批示；受国家发展改革委委托承接天然气价格改革相关课题，围绕国际传播提出策略建议，获中央有关单位采用；完成博士后培养，研究成果为南方电网国际传播提供决策参考。

6. 人才队伍建设

首次开展“三定”（定责、定岗、定编）工作，摸清业务家底、盘活现有资源、规范岗位设置、优化组织架构。以“实体化运作、虚拟化框架、动态化调整”为思路，加快建设高效的组织运作模式。坚持把政治标准摆在首位，把好用人关、监督关、考评关、培养关，坚持公开竞聘选聘与职级调整退出相结合。修订《南网传媒公司党委管理人员综合考核评价实施细则》等制度，设立专项奖励资金，实现能者上、优者奖、庸者下、劣者汰。实施公开竞聘、选聘，选拔干部6名，评估问效满意率100%。首次开展校园招聘，选聘首批拔尖技术专家4名。

7. 党建工作

制定南网传媒公司党委贯彻落实“两个维护”八项机制工作方案，逐项落实26项措施，深刻领悟“两个确立”的决定性意义，进一步转化为做到“两个维护”的政治自觉、思想自觉和行动自觉。完善学习贯彻习近平总书记重要指示批示精神的政治要件台账，制定贯彻措施75条并督办落实。坚持不懈用习近平新时代中国特色社会主义思想凝心铸魂，以第一时间、第一版面、第一屏幕、第一栏目持续做好宣传，全年转载刊播权威报道约900篇，推动党的创新理论在南方电网传得更开更广更深入。

学以致用不断强化理论武装。运用党委理论学习中心组等载体，围绕党的二十大精神、《习近平谈治国理政》第四卷等开展集中学习研讨，制定并落实学习成果转化备忘录，推动学用结合。提升党支部政治学习质量，推动党史学习教育常态化长效化，指导南网传媒公司党的建设和新闻宣传实践。

推动党的建设与生产经营融合。组织制定党支部议事清单，落实“四个必”，推动党支部在生产经营中参与决策、带头执行、有效监督。与人民日报、新华社、央视在穗机构开展支部主题党日。党建带工建、带团建，收集员工急难愁盼问题32项并创造条件推动解决，获批成立2个南方电网公司级职工创新工作室；带领团员青年深入学习贯彻习近平总书记在庆祝中国共产主义青年团成立100周年大会上的重要讲话精神，落实青年精神素养提升工程，组织青年志愿者在防疫一线贡献力量。

开展“清廉传媒”建设，计划通过三年左右持续努力，推进腐败问题清仓见底，大力弘扬清风正气，营造良好政治生态。纪委深化“三转”职能，把主要精力集中在监督职责上，重点抓好“不敢腐”，协助党委抓好“不能腐、不想腐”。制订实施加强和改进工作作风20条措施，推动队伍作风向严向实。制定经营岗位年度有关事项报告制度，将年度招标采购项目、供应商交往等情况列入报告内容，把“阳光交往”纳入领导干部日常公务安排。建立合作商廉洁提醒谈话机制，对首批13家合作商开展约谈，构建亲清新型政商关系。

（吴兴波）

【南方电网公司新闻中心】

见南方电网数字传媒科技有限公司。

【中国三峡出版传媒有限公司】

单位概况 中国三峡出版传媒有限公司（简称中国三峡传媒）是在中央深化文化体制改革大背景下，为加快中国三峡集团文化传媒产业发展、提升中国三峡集团软实力，经国家新闻出版广电总局核准，由中国三峡出版社按《中华人民共和国公司法》改制，合并重组长江三峡集团传媒有限公司，于2015年7月登记设立的中央级出版传媒企业。2019年12月，中国三峡出版传媒有限公司加挂新闻品牌中心的牌子，与新闻品牌中心合署办公。

中国三峡传媒是中国三峡集团全资子公司，注册资本1亿元，总部在北京，在武汉、成都、宜昌设有全资子（分）公司。中国三峡传媒总部职能部门和业务机构，主营图书与报刊出版、影视制作、新媒体、广告会展、文化传媒产业投资等传媒业务，中国三峡传媒是新闻业务实施主体和专业服务平台，主要负责完成集团各项新闻宣传任务，开展媒体联络、品牌建设与对外传播等工作，并为集团其他子企业提供专业服务，是目前中央企业所属文化企业中业务门类最齐全的国有文化传媒企业之一。

中国三峡传媒的经营范围：出版与销售各类图书、读物、论著、规程与研究成果等；广告策划、设计与代理，利用自有媒体资源发布广告；编辑制作各类画册、书刊等宣传品；策划制作宣传片、专题片、纪录片等宣传品；拍摄与归档管理声像档案；设计、制作与销售文化创意产品、工艺品；承办会议、展览展示与交流咨询等活动；品牌建设与管理、公关活动策划与执行；投资文化传媒产业等。

（涂文琪）

电力企业

国家电网有限公司

【公司概况】国家电网有限公司（简称国家电网公司）成立于2002年12月29日，是根据《中华人民共和国公司法》设立的中央直接管理的国有独资公司，以投资建设运营电网为核心业务，是关系国家能源安全和国民经济命脉的特大型国有重点骨干企业，是全球最大的公用事业企业。国家电网公司经营区域覆盖26个省（自治区、直辖市），供电范围占国土面积的88%，供电人口超过11亿。2022年底，国家电网公司资产总额4.90万亿元，2022年售电量5.44万亿kWh，营业收入3.57万亿元，位列《财富》世界500强第3位。

截至2022年底，国家电网公司系统220kV及以上交流降压变电容量36.47亿kVA；220kV及以上交流输电线路长度65.90万km；换流变压器容量4.08亿kVA；直流输电线路长度3.84万km。累计建成33项特高压输电工程，最远输电距离达3300km，跨区跨省输电能力超2.6亿kW，是世界上输电能力最强、新能源并网规模最大的电网。截至2022年底，国家电网公司经营区域新能源并网装机容量达6.39亿kW，新能源利用率保持在97%以上。

截至2022年底，国家电网公司投资和参与运营10个国家和地区13个能源网项目，境外资产3480亿元，国际工程承包、装备出口累计合同额超过500亿美元。

【领导班子】

董事长、党组书记：辛保安

董事、总经理、党组副书记：张智刚

董事、党组副书记：庞骁刚

中央纪委国家监委驻国家电网有限公司纪检监察组组长、党组成员：黄德安

总会计师、党组成员：朱敏

副总经理、党组成员：陈国平

副总经理、党组成员：潘敬东

副总经理、党组成员：金炜

【组织机构】见2022年国家电网公司组织机构图。

【战略体系】

企业宗旨：人民电业为人民。

公司使命：为美好生活充电，为美丽中国赋能。

战略定位：国民经济保障者，能源革命践行者，美好生活服务者。

企业精神：努力超越、追求卓越。

战略目标：具有中国特色国际领先的能源互联网企业。“具有中国特色”是根本，“国际领先”是追求，“能源互联网”是方向，三者三位一体，彰显国家电网公司的政治本色、行业特色和发展角色，构成指引国家电网公司发展的航标。

战略安排：“三步走”。2025年基本建成具有中国特色国际领先的能源互联网企业；2030年全面建成产品卓越、品牌卓著、创新领先、治理现代的世界一流企业；2035年全面建成具有中国特色国际领先的能源互联网企业。

发展布局：一业为主、四翼齐飞、全要素发力，即“一体四翼”。“一业为主”指电网业务，是国家电网公司的主导产业和主营业务；“四翼齐飞”指沿着电网业务这条产业链，统筹推进金融业务、国际业务、支撑产业、战略性新兴产业发展；“全要素发力”指在加强传统要素投入的同时，更加注重知识、技术、管理、数据等新要素投入。

高质量持续发展“55686”总体要求：坚持“五个不动摇”：坚持党的领导、加强党的建设这个根本保证不动摇，坚持做强做优做大这个战略方向不动摇，坚持引领能源清洁低碳转型这个使命责任不动摇，坚持科技自立自强这个战略支撑不动摇，坚持建设具有中国特色国际领先的能源互联网企业这个目标蓝图不动摇。坚持“五个统筹好”：统筹好政治、经济、社会“三大责任”，统筹好发展和安全“两件大事”，统筹好保供和转型“两大任务”，统筹好监管和非监管“两类业务”，统筹好管好和放活“两个取向”。坚持“六个更加注重”：更加注重聚焦主责主业，更加注重绿色发展，更加注重提质增效，更加注重产业协同，更加注重制度完善，更加注重风险防范。做到“八个始终坚持”：始终坚持服务大局，始终坚持人民至上，始终坚持守正创新，始终坚持稳中求进，始终坚持问题导向，始终坚持系统观念，始终坚持依靠职工，始终坚持精神引领。抓好“六个坚定不移”关键之要：坚定不移捍卫“两个确立”、做到“两个维护”，坚定不移保障电力安全可靠供应，坚定不移推动绿色发展能源革命，坚定不移推进科技强企人才强企，坚定不移推进依法治企，坚定不移全面从严治党。

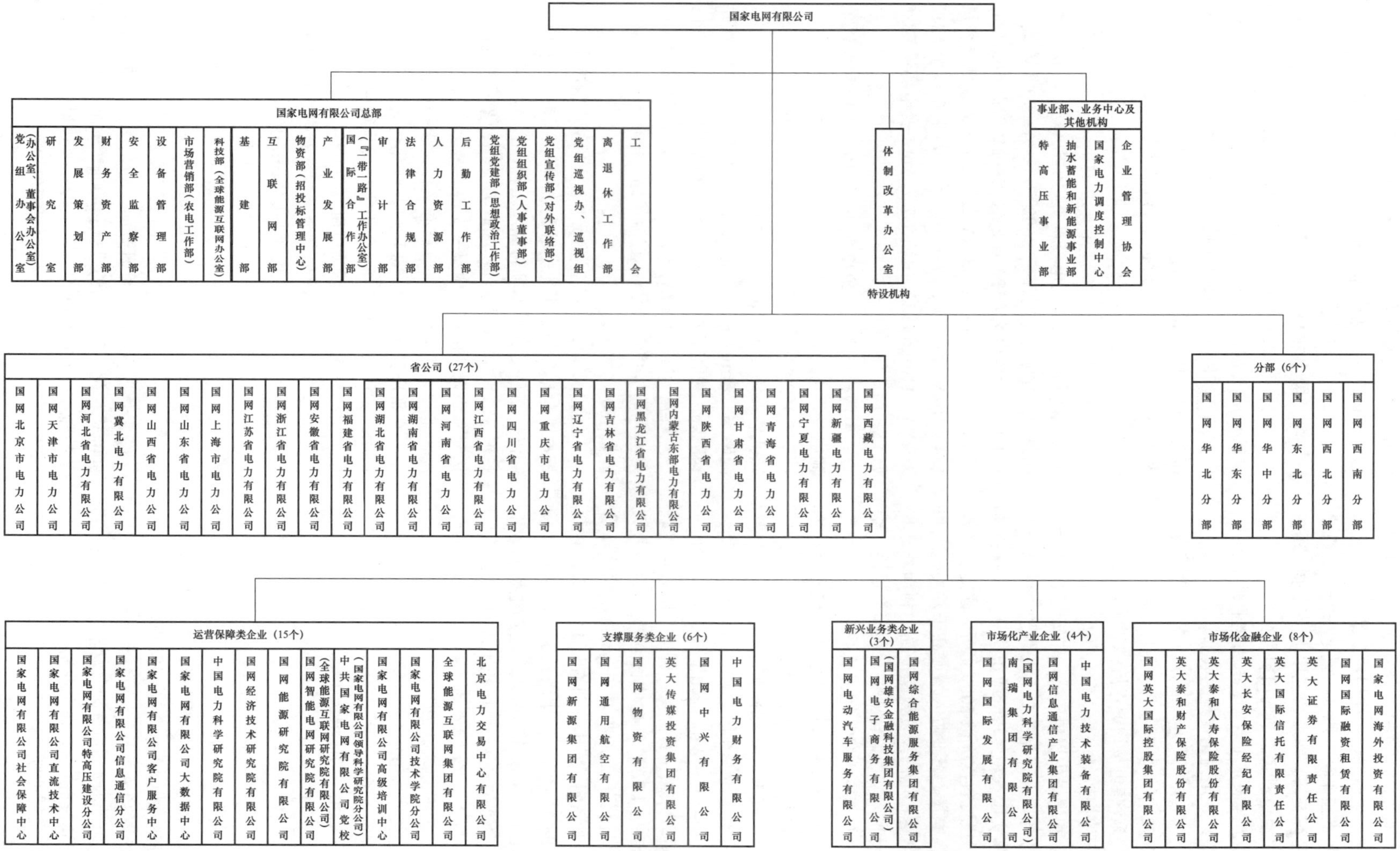

国家电网公司 2022 年组织机构图

做好电力保供“3334”关键之要：树牢“三防线”思维：大电网安全生命线、民生用电底线、不碰拉闸限电红线。坚持“三平衡”原则：就地平衡、就近平衡为要，跨区平衡互济。落实“三用电”要求：需求响应优先、有序用电保底、节约用电助力。突出“四主体”定位：各级政府是主管家、电力企业是主力军、电网企业是排头兵、电力用户是主人翁。

（薛恒宇　曹英慧）

【经营业绩】2022 年，国家电网公司优化经营策略，加强计划执行实施，售电量增速保持在 5%以上，收入、利润等主要指标保持较好增长，经营状况保持良好；守住大电网安全和保民生用电底线，完成北京冬奥会、冬残奥会保电任务，保障党的二十大召开，供电服务等指标提升；落实国家稳经济一揽子措施，发挥投资拉动作用，电网投资首次突破 5000 亿元。固定资产投资保持增长，售电量、营业收入增速高于发展投入和固定资产投资增速，电网投资效率提高；利润总额和净利润增速高于收入增速，营业收入利润率提高；综合线损率、资产负债率下降，经营效益改善；全员劳动生产率等要素指标提高，供电可靠率、电压合格率等服务指标保持较高水平，发展质量提升；“两利四率”业绩指标满足国务院国资委要求。

全年完成售电量 54416 亿 kWh，同比增长 5.2%。省间交易电量 13047 亿 kWh，同比增长 5.0%。线损率 4.96%，同比下降 0.53 个百分点。国家电网公司管理机组发电量 789 亿 kWh，同比增长 0.7%。营业收入 35585 亿元，同比增长 20.69%。利润总额、净利润分别为 793 亿、588 亿元，同比分别增长 14.3%、17.0%。

资产总额 49084 亿元，同比增长 5.1%。资产负债率 55.4%，同比下降 0.6 个百分点。当年电费回收率 99.98%，同比下降 0.02 个百分点。职工人数 87.2 万人，同比增加 0.1 万人。全员劳动生产率 86.7 万元/（人·年），同比增长 3.9%。

全年发展总投入 5609 亿元，同比减少 2.6%。其中，固定资产投资 5164 亿元，同比增长 3.9%；成本类项目投入 419 亿元，同比增长 1.8%；股权投资 26.0 亿元，同比下降 93.0%。分“一体四翼”看，电网业务 5464 亿元、支撑产业 17.9 亿元、战略性新兴产业 110.7 亿元、金融业务 15.0 亿元、国际业务 1.3 亿元。电网建设方面，新开工 110（66）kV 及以上输电线路 45381km、变电（换流）容量 32989 万 kVA（万 kW）。投产 110（66）kV 及以上输电线路 48279km、变电（换流）容量 31025 万 kVA（万 kW）。

2022 年，国家电网公司位列《财富》世界 500 强第 3 位、全球品牌价值 500 强企业第 22 位；连续 18 年获得国务院国资委业绩考核 A 级，连续 10 年获得标准普尔、穆迪、惠誉三大国际评级机构国家主权级信用评级，连续 7 年获得中国 500 最具价值品牌第一名，连续 5 年位居全球公用事业品牌 50 强榜首。

（宋　卓）

【电网发展】2022 年，国家电网公司电网规模继续增长，新投产 220kV 及以上交流输电线路 2.85 万 km（1104 条），同比增长 4.27%；新增交流变电容量 1.99 亿 kVA（398 台），同比增长 5.12%。建苏、金塘、云霄直流及华中特高压“E”字形交流网架建成投运，国家电网跨区直流增至 30 回，直流输电能力提高至 1.36 亿 kW，大范围资源优化配置能力提高。

电网开工规模。2022 年开工 110（66）kV 及以上输电线路 4.5 万 km、变电容量 3.3 亿 kVA。其中：1000kV 线路 3325km，变电容量 3600 万 kVA；750kV 线路 1231km，变电容量 2520 万 kVA；500kV 线路 5638km，变电容量 1.0 亿 kVA；330kV 线路 2563km，变电容量 1749 万 kVA；220kV 线路 1.5 万 km，变电容量 8217 万 kVA；110（66）kV 线路 1.7 万 km，变电容量 6880 万 kVA。

电网投产规模。2022 年投产 110（66）kV 及以上输电线路 4.8 万 km、变电（换流）容量 3.1 亿 kVA（kW）。其中：1000kV 线路 1452km，变电容量 600 万 kVA；750kV 线路 1389km；变电容量 2370 万 kVA；500kV 线路 5872km；变电容量 9105 万 kVA；330kV 线路 1488km；变电容量 909 万 kVA；220kV 线路 1.8 万 km，变电容量 8742 万 kVA；110（66）kV 线路 1.8 万 km，变电容量 7499 万 kVA；直流线路 2080km，直流换流容量 1800 万 kW。

2022 年，完成经营区域“五交”5 项特高压工程核准，包括川渝、张北—胜利、黄石、福州—厦门、武汉—南昌交流等 5 项特高压工程，合计特高压线路长度 3453km，变电容量 4500 万 kVA，累计投资 539 亿元。陇东—山东、宁夏—湖南、金上—湖北 3 项特高压工程完成可研，具备核准条件，上报核准请示；哈密—重庆直流工程完成可研，陕北—安徽、陕西—河南、大同—天津南特高压工程推进预可研工作，甘肃—浙江直流工程启动预可研。

2022 年，国家电网公司全年核准省内 500～750kV 电网项目 121 项，线路长度 11937km，变电容量 16100 万 kVA，总投资 717 亿元。评审 110（66）～220kV 特殊电网项目可研（即可行性研究）共计 79 项，其中变电站新建工程 48 项、改扩建工程 3 项、线路工程 28 项。

重点项目核准和可研方面，7 月、9 月，攀西电网 500kV 优化工程包括的月城Ⅱ500kV 输变电工程和建昌换流站—叙府 500kV 线路工程分别获得核准；11 月，巴林—奈曼（金沙）—阜新 500kV 线路工程获得核准；12 月，新疆煤改电二期（巴州—铁干里克—若羌 750kV

输变电工程）获得国家发展改革委可研批复。完成青海玉树第二回（唐乃亥—玛多—玉树Ⅱ回）、果洛第二回（果洛联网第二回）2 项 330kV 线路工程和西藏拉萨 500kV 输变电工程可研，并上报国家发展改革委可研请示。

加快抽水蓄能发展。截至 2022 年底，国家电网公司经营区域在运抽水蓄能装机容量 3431 万 kW，在建（含核准）电站装机容量 1.1 亿 kW。其中，国家电网公司所属在运抽水蓄能电站 26 座、装机容量 2806 万 kW，在建抽水蓄能电站 32 座、装机容量 4443 万 kW。配合国家优化调整发展规划。2022 年，国家发展改革委、能源局对中长期规划提出的“十四五”重点实施项目进行了调整，国家电网公司经营区域纳入国家规划“十四五”重点实施或核准计划的项目合计装机容量达 2.3 亿 kW；国家电网公司经营区域全年新核准抽水蓄能电站 42 座、装机容量 6120 万 kW，其中，国家电网公司所属 8 个项目取得核准批复，总装机容量 1400 万 kW，3 个项目提交核准申请，总装机容量 400 万 kW；全年新投产抽水蓄能装机容量 770 万 kW，其中国家电网公司所属 4 座抽水蓄能电站和丰宁电站 5 台机组共计 15 台机组投运，总装机容量 455 万 kW；全年开工泰顺、奉新等 6 个抽水蓄能项目，装机容量 840 万 kW。

（刘　杉　陈天一　李　涛　樊　昊　于　汀）

【改革攻坚】完成国企改革三年行动。三年研究制订九大方面、39 个工作专项共计 117 项重点改革任务，2022 年如期完成国务院国资委目标要求，推动取得一大批改革成果，实现三年行动圆满收官。国务院国资委于 2023 年发布了 2022 年度中央企业改革三年行动重点任务考核结果，国家电网公司获评 A 级。

加强党的领导，完善中国特色现代企业制度。建立以公司章程为基础，党组工作规则、董事会议事规则、董事长专题会议规则、总经理办公会议规则、“三重一大”事项决策管理办法和权责清单、党组前置研究讨论清单等构成的“1+*N*”公司治理新制度体系，从制度上机制上保障党组领导作用充分发挥。加强董事会规范运行和董事履职监督指导，制定落实子企业董事会职权工作方案及操作指引，225 家应建子企业全部规范建立董事会，并实现配齐建强和外部董事占多数。

落实“一体四翼”发展布局，全方位推动布局结构优化。强化主责主业，提高跨省跨区输电能力，提升电网本质安全水平。培育战略性新兴产业，打造“电力看经济”“电力助应急”等大数据应用典型成果 800 余项，服务国家发展改革委等 10 余个部委，“电 e 金服”帮助产业链上下游、中小微企业获得普惠金融服务近 3000 亿元。盘活存量资产，清理退出低效无效资产，推动 15 户重点亏损子企业全部实现扭亏为盈，全部完成 18 户低效无效资产企业处置。完成公司直属装备制造企业改革，配合国务院国资委制定中国电气装备集团重组方案，实现“三大三小”装备制造企业平稳移交。开展海外资产并购重组，发展壮大国际业务；推进产业链供应链融合，拓展生态业务。

健全市场化经营机制，优化集团管控模式。实施“战略+”管控模式，推进“放管服”改革，建立自主决策事项负面清单，优化完善市场化产业单位管理体制机制。制定《经理层成员任期制和契约化管理办法》通用制度，国家电网公司所属 3000 余家各级单位、1.3 万余名经理层成员全面实行任期制和契约化管理，选取所属二级子企业面向社会公开选聘总经理和副总经理。印发实施工资总额办法，增大工资增量分配空间，建立“一岗多级、绩效联动”的工资制度体系。推进用工市场化，强化转岗、降岗、待岗管理。

抓好国企改革专项工程，发挥引领示范作用。制定印发《关于印发推动改革专项工程及改革试点争创标杆工作方案的通知》，组织“科改企业”“双百企业”梳理总结改革成绩，剖析不足与问题，推动改革支持政策落地、促进对标提升。国家电网公司参与国务院国资委 2022 年专项考核的企业共 11 家，评级均为“良好”及以上，其中获“标杆”企业由 2021 年的 2 家增至 5 家，获“优秀”由 0 家增至 3 家，标杆优秀率由 2021 年的 33%提高到 73%。

推动世界一流企业建设。落实党中央新要求，公司世界一流企业建设进入新阶段。5 月，党中央、国务院印发加快建设世界一流企业的意见，提出建设产品卓越、品牌卓著、创新领先、治理现代的世界一流企业，提升“五力”的新要求。国家电网公司党组高度重视，制定印发《国家电网有限公司加快建设世界一流企业行动计划》，以“十六字”目标为引领，提出了 2025 年基本建成、2030 年全面建成世界一流企业的两个阶段目标，聚焦提升“五力”制定 5 方面 28 项重点任务，引领公司向着更高质量的世界一流企业奋斗。各单位全面落实公司行动计划，27 家省电力公司、24 家直属单位结合实际制定印发实施方案和工作清单，推进各项工作举措落地落实。完成对标世界一流管理提升行动阶段性目标任务，在国务院国资委对 98 家央企考核评价中排名第三名。以国际先进能源电力企业为对标对象，开展国际对标，在实践中争当先锋表率。2022 年，国家电网公司与法国电力、东京电力等 10 家最具代表性的国际能源电力企业，从 5 个维度开展国际对标。

成立新型电力系统技术创新联盟。在国家发展和改革委、科技部、国资委、国家能源局的指导下，国家电网公司发起倡议，于4月22日，联合31家能源电力行业企业、高校、社会团体等共同成立“新型电力系统技术创新联盟”，构建联合攻关、互惠互利的合作机制，集聚优势科研力量，统筹联动推进新型电力系统建设。8月22日，联盟成员单位扩增至52家。

电力体制改革取得进展。能源资源大范围优化配置在安全保供中作用凸显。2022年，国家电网公司出台迎峰度夏30项工作要点和32项重点举措，全力保安全、保供电、保民生、保重点、保稳定。在四川等省负荷紧张期间，全力协调支援。配合做好电价改革。落实改革要求，放开全部燃煤发电上网电价，取消工商业目录电价，工商业用户全部进入市场，竞争性环节价格基本由市场形成。落实煤电价格上下浮动20%政策，为煤电企业解难纾困。配合政府完成输配电价第三周期成本监审，规范电网业务运行管理，在政府批准的输配电价下，实现投入增加，支撑电网可持续发展。配合国家发展改革委开展高耗能行业阶梯电价、火电容量补偿、应急备用电源容量电价等重点问题研究，逐步完善电价体系。统一电力市场体系建设。印发落实全国统一电力市场体系建设的实施意见，加快推动市场建设。省间省内中长期交易常态化运行，提高交易频次，缩短交易周期，精细开展分时段交易。省间现货市场连续结算试运行，省内现货市场加快推进，国家电网公司经营区域第一批6家省级现货试点全部开展长周期结算试运行，第二批现货试点基本完成结算试运行。2022年，国家电网公司经营区域市场化交易电量4.1万亿kWh，是2015年的6倍，占公司售电量比例达到75.9%；开展绿电交易，首次开展绿证交易，2022年绿电交易量152.2亿kWh，绿证交易145万张，对应电量14.5亿kWh。服务售电公司等各类市场主体，规范建立代理购电机制。2022年国家电网公司经营区域注册市场成员超过47万个，有各类售电公司超过3600家。代理购电稳妥有序实施，除西藏外26家省电力公司全面落地执行。增量配电试点有序推进，国家电网公司经营区域批复378个增量配电试点（占全国总数的78.3%），已确定业主216个，完成区域划分216个，组建公司193个，取得电力业务许可证148个。支持新能源并网消纳，动态优化电网规划，加强项目对接，建设应用“新能源云”平台，推动并网全流程、数字化服务，提高并网接入效能，发挥跨省跨区电网作用。启动绿证市场建设筹备，按照“顶层设计、简单起步”原则，实现绿电交易和绿证交易双轮驱动，满足市场主体购买绿电和绿证需求。

（任健聪　田　超　盛　兴　王　赞　俞　果　王登峰）

【管理创新】国家电网公司健全管理创新工作机制，优化创新方向和路径，提升创新能力。

坚持战略导向，统筹系统谋划。突出“中国特色”，坚持“两个一以贯之”，聚焦党建融合赋能，实施“党建+本质安全”“党建+电网建设”等重点工程，探索国有企业党组发挥领导核心和核心作用，以“把方向、管大局、保落实”为途径，为党的建设与企业经营管理融合贡献国网案例。瞄准“国际领先”，做强做大做优核心业务，推动各类产业转型升级，把握机遇、管控风险，以管理聚力、以创新扩能，树立全球视野、提高全球影响力和竞争力，优化资本结构、提升盈利能力和市场价值。服务能源互联网企业，分类管理、指导和考核，发挥各类产业的优势和潜能，形成以主导产业为根本，互为补充、互为促进的能源互联网产业集群。

明确重点领域，推进两大工程。按照“统领全局、重点突破”的原则，围绕强根铸魂、企业治理、电网升级、科技强企、精益管理、卓越服务、国际拓展、企业生态等重点领域，组织实施100项“管理创新示范项目”，培育成果精品，树立典型经验，发挥示范引领作用。组织实施100项“管理创新推广项目”实现成果共享，发挥成果价值。

服务基层，凝聚创新合力。强化服务意识，按照“放管服”工作要求，精简项目管控、成果对外申报流程，推行部门间、单位间的横向协同，专业部门与基层单位间的纵向协同，公司与外部机构间的内外协同，沟通协调，凝聚共识，汇聚合力，携手加快创新步伐，提升管理创新的科学性、示范性、时效性、影响力。

聚焦基础管理，提升管理质效。修编《国家电网有限公司管理创新工作指引》，阐述战略体系核心要义，明确管理创新总体思路、重点领域，构建管理创新工作体系，指导干部员工参与管理创新工作，夯实管理创新工作基础。

对外申报，展示管理品牌。在“第二十九届全国企业管理现代化创新成果”评选中，国家电网公司共30项成果获奖，其中，“以建设具有中国特色国际领先的能源互联网企业为目标的战略管理体系构建”等4项成果获一等奖；“以安全、绿色、智慧为导向的北京冬奥会电力服务保障管理”等26项成果获二等奖。国家电网公司系统获奖成果总数、等级连续10年位列央企首位。在2022年度中国电力创新奖管理类奖项评审中成绩优异，共74项成果获奖，其中，创新大奖1项、一等奖27项、二等奖46项，获奖数量、等级保持电力行业企业首位。

（刘　胜）

【合规管理】加强党对合规工作的全面领导。国家电网公司党组印发《关于进一步深化法治国网建设的意见》，指明“十四五”期间国家电网公司合规管理的方向和路径。各二级单位党委累计研究法治合规专题278

项，董事会专题研究法治合规工作 121 项，主要负责人对法治合规工作专题部署 805 次。

开展“合规管理强化年”工作。落实国务院国资委部署，服务公司发展战略，一体推进“合规管理强化年”和经营业务合规专项治理工作，完成 7 个方面 33 项工作任务，针对 4 个方面 23 项屡查屡犯问题重点开展督导互查。基本健全合规管理体系，包括组织体系、制度体系、责任体系、保障体系，完备合规管理体系，且运行渐趋高效，正迈向细分领域的合规深化建设阶段。基本摸清公司风险底数。国家电网公司系统建档并上报国务院国资委经营业务违法违规问题 324 项，已全部纳入整改清单，在排雷排险、减损增效、提升管理方面取得成效。

强化基层单位和重点业务领域合规管理。初步建立各单位合规管理档案，并通过问题督导处置，推动各级单位出台或完善制度 135 个，优化管理流程 170 个，避免或挽回损失 1141.58 万元，通过通报批评、绩效考核、约谈等方式，责任追究 487 人次。针对决策、反垄断、国际业务、产业管理等多个重点领域，制定合规管理制度，出台合规指引 14 册，编制《重点岗位履责合规义务清单》《业务流程管控合规管理清单》。国家电网公司系统 28 项成果获首届电力系统合规管理实践成果评选特等奖。

合规文化品牌初步形成。加强习近平法治思想学习，国家电网公司所属各级党委（党组）把学习习近平法治思想作为集体学习、党员干部教育培训重要内容，引领党员干部领会强化合规管理的重大意义。开展全员合规培训，将学习习近平法治思想，强化合规经营理念作为各级管理人员培训的重要内容。开展合规管理培训 4871 次，“以培训促合规”作用得到发挥。推进合规承诺，领导班子带头，总部全体 899 人签署了合规承诺书。各级单位组织总计 116 余万人签署合规承诺书。国家电网公司系统已初步形成国网特色合规品牌，合规管理工作得到各方肯定，国家标准委、中企联、中电联等组织多次邀请国家电网公司参与国家和行业合规标准建设，参与国家合规师培训教材（电力行业）编写。

（杨程程）

【安全生产】贯彻落实党中央、国务院安全生产工作部署和国务院国资委有关要求，服务国家发展大局，扛起安全生产和电力保供责任，推进全年安全生产工作，完成党的二十大、冬奥会和冬残奥会等保电任务，安全生产保持平稳局面。

完成年度安全生产重点工作。围绕重点工作，制定年度安全生产工作意见，落实国务院安委会安全生产“十五条”硬措施和国家电网公司强化安全责任落实 38 项措施，开展安全生产大检查、隐患大排查大整治，推进 9 方面 98 项重点任务。推进专项整治“收官年”任务，开展验收评价，整治问题隐患 6.5 万余项。制定落实迎峰度夏电力保供 30 项工作要点，国家电网公司领导带队开展电力保供安全生产大检查督查。

建立健全安全生产工作机制。推进安全管理体系（SGSMS）建设，形成“1+10”体系文件，推进 4 家单位试点运行和 11 家单位建设。启动《国家电网有限公司安全工作规定》《国家电网有限公司安全生产责任制规定》等制度修订，完成《国家电网有限公司安全生产风险管控管理办法》《国家电网有限公司反违章工作管理办法》等 13 项制度制（修）订，编制 11 类 412 项重大、较大安全隐患排查标准，完善覆盖各专业的双重预防机制。发布领导班子成员安全生产责任清单和安全生产工作清单（简称“两个清单”），组织各单位做好“两个清单”修订备案。

严格安全生产监管。深化安全生产巡查督查，5 家单位巡查发现管理问题 1331 项；加大违章惩处，明确严重违章释义，各级安全督查中心视频查纠违章 7.3 万项，在疫情反复的形势下保证检查覆盖面。优化周风险管控督查例会，启动安全风险管控和隐患排查治理督查，印发反违章周报、风险管控周报共 65 期。制定事故现场调查处理规范，严肃事件调查处理，开展安全履责督查。

推进安全生产标准化建设。分行业组织编制安全生产标准化建设规范和评价标准，依法推进产业单位安全生产标准化建设。建立省公司与直属单位结对共建机制，完成 21 项安全生产结对共建重点任务。完成 10 家发电企业安全性评价专家查评任务，组织开展防洪度汛、保供电、复产复工主题远程视频督查。开展发电企业安全风险隐患排查整治专项行动，集中整治 600 余座“小散远”水电站安全隐患，杜绝“小坝大灾”。开展省管产业“强基础、控风险、促稳定”安全专项活动，落实“同质化”安全管理。

加强网络、消防、危险化学品安全监督。印发《国家电网有限公司关于开展网络安全监督检查工作的通知》，组织各单位全过程开展网络安全监督检查，累计排查整改网络安全问题 2060 项。累计完成 448 家地市级单位信息通信及电力监控安全性评价自查评和专家查评，夯实网络安全基础。深化消防安全监督，组织完成 1369 家市（县）供电公司级单位消防安全性自评价工作，部署开展冬春火灾防控、消防管理合规性专项排查等行动，完成消防专业安全生产三年专项整治任务，累计治理消除消防隐患 9425 项。开展危险化学品安全风险集中治理，完成 609 项隐患整治；强化危险化学品安全监督信息化管理，初步实现 266 种危险化学品“来源可溯、去向可循、过程可控”。

强化安全教育培训监督工作。印发《国家电网有限公司关于做好 2022 年安全教育培训重点工作的通知》，部署教育培训重点任务。组织召开区域安全等级评价工作视频推进会，督促各单位开展等级评价工作。组织分部开展安全教育培训工作专项督查，印发《国家电网有限公司关于安全教育培训工作专项督查的通报》，夯实安全教育培训基础。推进安全教育培训富媒体题库建设，组织各试点单位开展脚本制作、通用题库开发审核验收，丰富培训资源，增强培训效果。印发《国家电网有限公司强化安全教育培训监督工作的意见》，强化安全教育培训监督责任，提高安全教育培训质效。

安全隐患排查治理。各单位落实国家电网公司安全生产部署，健全隐患排查治理机制，逐级对照标准开展隐患排查，逐项落实整改工作要求。2022 年累计排查各类安全隐患 46825 项，其中，按等级划分，重大隐患 69 项、较大隐患 5282 项、一般隐患 41474 项；按专业划分，设备设施 31381 项、人身安全 4437 项、消防安全 3605 项、系统运行 2595 项、安全管理 1781 项、网络安全 1658 项、水电及新能源 355 项、特种设备 309 项、危险化学品 275 项、电化学储能 44 条、通用航空 21 项、其他 364 项，完成整治 41864 项。

应急能力建设。完善应急制度标准。完成《国家电网有限公司预警工作规则》《国家电网有限公司应急响应工作规则》修订和审查，修订《国家电网有限公司应急工作管理规定》《国家电网有限公司应急预案管理办法》。推进新一轮应急预案修订。增加电力保供预案，优化完善应急预案体系框架，由“1+26”变为“1+27”，完成《国家电网有限公司突发事件总体应急预案》《国家电网有限公司人身伤亡事件应急预案》《国家电网有限公司大面积停电事件应急预案》修订，协助配合相关部门修订预案。强化应急技能培训。通过线上、线下结合方式，全年累计开展应急培训 4452 期（应急管理培训 2034 期，应急技能培训 2418 期），累计参加人数约 15.16 万人次。全方位开展应急演练，全年累计开展各类演练 13275 场（自然灾害类 3154 场、事故灾难类 6538 场、公共卫生类 878 场、社会安全类 2705 场），约 28.07 万人次参加，实现各单位全覆盖、各预案全覆盖。

电力可靠性管理。2022 年国家电网公司全口径平均供电可靠率 99.896%，同比提高 0.0241 个百分点，平均停电时间为 9.10h/户，同比减少 2.11h/户、下降 18.8%，其中平均预安排停电时间 3.23h/户，平均故障停电时间 5.87h/户。220kV 及以上电压等级架空线路可用系数为 99.448%，同比提高 0.065 个百分点，220kV 及以上电压等级变压器、断路器可用系数分别为 99.823%、99.892%，同比分别提高 0.074、0.026 个百分点。跨区直流输电系统能量可用率为 96.66%，强迫能量不可用率为 0.191%，计划能量不可用率为 3.149%，直流输电系统强迫停运由 2021 年的 12 次减少为 10 次（其中换流站设备原因 7 次，线路原因 3 次）。

技术监督。研究新形势下技术监督内涵与定位，强化提升设备质量核心定位，印发《国家电网有限公司关于进一步加强全过程技术监督工作的意见》，推进落实 21 项重点措施，优化形成 13 项监督专业，构建以“三全”（全过程管控、全专业协同、全要素保障）为特征的“平台+专业”技术监督体系，开展“项目制+第三方”监督，推动监督工作统筹化、高效化转变。修订完善特高压变压器等 39 类监督实施细则，突出各环节监督重点，强化重要问题闭环管控。强化监督权威，开展 9458 项 220kV 及以上工程全过程技术监督，落实监督硬约束要求，出具 388 份工程投产前监督报告，作为启动送电必要条件，发布 6153 张技术监督告预警单，促进重要问题闭环整改。开展通报评价，明确监督工程覆盖率、监督效率等评价指标。编制下发特高压技术监督项目制月报、全过程技术监督季报等 16 份。组织对 27 家省公司开展技术监督工作质量评价。实施特高压工程技术监督项目制，针对川渝等 11 项新建特高压交直流工程，成立 29 个技术监督项目部，实现项目制管理全覆盖，落实监督职责。启动常规工程项目制试点，组织省、市两级开展 148 项 220～750kV 新建工程项目制试点，实施 230 个环节监督。探索开展重要技改工程项目制管理，编制印发《电网生产技改项目技术监督项目制实施指导意见》，针对变电、直流、输电核心设备和关键辅助设施，明确 10 类技改项目技术监督项目制实施清单，确保改造设备“零缺陷”入网。

（余国太　杨军飞　杨鹏云　宁　昕
王金宇　王秀龙　孙立时　葛　栋　姬联涛
王　剑　金　焱　张兴辉　杜彦明　赵　峥
李晓晗　赵雪骞　张　荐）

【电力市场】电力市场建设。健全多层次统一电力市场体系。按照“统一市场、两级运作”的市场总体架构，推进省间、省内两级市场协同运行，形成中长期、现货、辅助服务等全周期、多品种交易模式。推动省间、省内中长期市场运营，发挥中长期交易保供稳价的“压舱石”作用。省间电力市场全市场形态完整运行，推动省间与省内、中长期与现货市场功能衔接。完善代理购电市场化交易机制，保障年度签约总量，明确分时段交易机制，强化市场交易与优先发用电、代理购电统筹衔接。滚动优化全国统一电力市场顶层设计，完善近中期规划建议。推动能源低碳绿色转型。健全适应新能源特性的市场机制，促进新能源大范围、高利用率消纳。创新绿色交易品种，配合国家发展改革委、国家能源局制定出台绿电、绿证交易试点工作方案，印发相关交易实施细则、管理规范，高质量服务冬奥场馆100%绿电供应。完善需求侧可调节资源参与市场交易机制。通过多种方式挖掘各类需求侧资源并组织其参与市场化需求响应。在新型市场主体培育等各方面取得成效，组织冀北、上海、浙江、河北南网、河南、山东地区的负荷聚合商、虚拟电厂运营商、综合能源服务商等，聚合包括蓄热式电采暖、电动汽车、可调节工商业、智慧楼宇、智能家居、用户侧储能等多类新型主体，聚合容量3100万kW，可调节容量约300万kW。推进零售市场建设。打造电商式“e-交易”服务平台，支持零售用户在线比对遴选售电公司及标准化套餐，促进信息公开透明和零售市场竞争，降低用户参与市场的成本。截至2022年底，在山西、山东、江苏等试点省份，“e-交易”累计下载54350次，访问量超过23万人次。落实交易机构独立规范运行要求。完善电力交易机构股权多元化下的公司法人治理。推动市场管理委员会常态化运营，2022年各市场管理委员会开展近300次交流活动，在关键问题研究、交易规则审议、市场运营协调、市场成员培训等方面发挥议事协商作用。

电力市场运营。2022年，国家电网公司经营区域完成市场化交易电量4.13万亿kWh，同比增长43.1%。其中，直接交易电量3.2万亿kWh，同比增长39.7%，占公司售电量（5.44万亿kWh）比例58.7%（同比上涨14.6个百分点）。省间交易电量1.3万亿kWh，同比增长5%。其中，清洁能源电量5365亿kWh，占比41.0%；新能源交易电量1467亿kWh，占比11.2%。扩大省间交易规模。2022年共达成省间交易1441笔，同比增加74%；完成省间交易电量1.3万亿kWh，同比增加5%。其中，特高压直流交易电量4910亿kWh，同比增长21.2%；13回在运特高压通道利用小时4088h，同比增加338h。深化中长期市场连续运营。制定省间中长期市场连续运营分阶段实施方案，在月度、月内市场灵活开展增量交易，开展省间中长期市场按工作日连续运营，响应市场主体需求。自3月启动省间中长期市场按工作日连续运营以来，共开展月内交易743笔，电量总计656亿kWh。完善中长期合同市场化调整机制，通过市场化方式促进中长期合同严格履约，省间中长期合同履约率达到95%以上。国家电网公司经营区域20省月内常态化开市，山西、山东、江西、甘肃实现按日滚动交易。扩大绿电交易规模。2022年共组织绿电交易192笔，成交绿电交易电量152亿kWh，交易均价440.20元/MWh。共21个省（区、市）参与绿电交易，其中宁夏、辽宁、浙江、上海、江苏成交量居前列。完成绿证交易开市。调研市场绿证需求，研发绿证交易平台，于9月16日正式开启绿色电力证书交易市场。截至2022年底，北京电力交易中心累计交易绿证145万张，占全国同期绿证交易量的60.57%，成为用户购买绿证的主渠道。开展可再生能源电力消纳量交易。指导各省交易中心完成2022年度国家电网公司经营区域内25个省（区）的非水消纳责任权重指标，指标完成省份数量达22个。

（纪　鹏　孙　田　于松泰　金一丁　张　楠　吕　晨　董晓亮　朱皇儒）

【科技创新】 2022年，国家电网公司围绕新型电力系统建设，加强关键核心技术攻关，在大电网安全、新能源消纳、数字转型、电网运维检修技术等领域，取得一批具有引领性、战略性、支撑性的重大科技创新成果，获得中国专利奖6项、中国标准创新贡献奖4项、中国电力科学技术奖68项、省（自治区、直辖市）科学技术奖励247项，评审授予公司科学技术进步奖199项。

技术攻关。推进特高压套管和分接开关关键核心技术攻关与工程应用。研发继电保护领域FPGA芯片、14nm高端控制芯片。±1100kV直流输电通道防雷、高精度光声光谱检测仪研制等技术取得突破。自主研制35kV/5MW全碳化硅电力电子变压器。建成投运国内首条35kV公里级超导电缆示范工程。世界首个县域级100%新能源新型电力系统——湖北广水100%新能源新型电力系统科技示范工程启动送电。世界首个35kV柔性低频输电工程——35kV台州柔性低频输电示范工程整体投运。

实验研究体系建设。国家级实验平台建设。开展全国重点实验室优化整改工作。对照全国重点实验室建设标准，组织相关单位申报，5月电网安全全国重点实验室获批，纳入首批20个全国重点实验室之一。组织公司所属其他5个国家重点实验室开展申报工作。推进野外观测站建设。西藏羊八井高海拔电气安全与电磁环境国家野外科学观测研究站获科技部批复建设。加强国家工程研究中心建设。按国家发展改革委整体部署，组织4家国家工程研究中心完成优化整改工作。做好国家能源研发创新中心建设工作。6家现有国家能源研发创新平台全部通过国家能源局评估。公司级实验平台建设。推动实验体系优化整合。印发实验室体系优化指导意见，组织编制实验室申报指南，完成第一批公司级实验室的命名。推进实验条件项目建设。印发实验条件建设项目管理办法，建设实验条件建设项目管理系统。全年共安排实验条件建设项目投入14亿元。谋划公司系统科技观测研究体系建设。开展覆冰、山火、雷电、舞动、数值天气预报等观测预测体系研究。

技术标准工作。2022年国家电网公司落实《国家标准化发展纲要》，开启技术标准工作新征程。推动成立中电联电力区块链标准化技术委员会，组建电力低碳技术标准专题工作组。牵头立项国际标准 50 项、发布 19 项；发布国家标准 120 项、行业标准 350 项、团体标准 329 项、企业标准 204 项。获中国标准创新贡献奖项目奖 3 项（连续 7 届荣获一等奖），以集团公司名义获组织奖（央企中首次），获奖数量和等级名列央企第一；蝉联电力创新奖（标准类）唯一大奖。发布《国家电网有限公司技术标准发展纲要》及《落实公司技术标准发展纲要支撑构建新型电力系统专项行动计划（2022—2025 年）》。完成新型电力系统技术标准体系专项规划，提出“8 个分支 34 个领域 120 个标准系列”的新型电力系统技术标准体系框架。加强国家技术标准创新基地（智能电网）运营，推进国家电网公司技术标准创新基地建设。印发《关于促进科研与技术标准互动发展的指导意见》，提出 5 个方面 20 项重点工作任务。完成第一批科研与技术标准互动发展试点。优化技术标准验证体系。建成以 62 个技术标准验证实验室为核心，专业领域齐全、验证能力完备的技术标准试验验证体系。印发《国家电网有限公司技术标准实施监督评价管理办法》，提升技术标准实施监督评价质量。7 家基层单位通过电力企业“标准化良好行为企业”现场确认。重点领域国际标准再获新突破。以国家电网公司名义加入国际电信联盟（ITU），统筹国家电网公司系统 ITU 国际标准工作。牵头完成 IEC SMB SEG11《未来可持续交通》技术报告，获 IEC 标准管理局一致通过。在特高压输电、大电网安全、新能源并网等多个关键领域取得新突破，累计牵头立项国际标准 157 项，获批发布 83 项，培养了大批国际化人才。8 位专家荣获 2022 年度“IEC 1906 奖”。

知识产权工作。2022 年，贯彻落实《知识产权强国建设纲要（2021—2035 年）》《“十四五”国家知识产权保护和运用规划》等文件要求，完善知识产权管理体系，推进知识产权高质量发展，提升知识产权创造、保护、管理和运用能力。国家电网公司知识产权拥有量持续提升，2022 年授权专利超过 1.2 万项，其中发明专利占比 48.1%，同比增长 23.6%。发明专利拥有量持续保持央企第一。出版科技论著 128 部，发表科技论文 7510 篇，其中发表在 SCI、EI、ISTP 和 ISR 源刊上的论文 2199 篇。组织专家完成 436 项海外专利提案集中评审，遴选 109 件具有良好国际市场前景的高质量专利完成海外专利申报，海外授权专利累计超过 690 项。推进专利运营工作，年度专利对外许可合同数 1244 项，年度专利对外转让收入 2363 万元。

科技奖励工作。试行定级评审制度，共评审授奖 200 项，其中人物奖 1 项、特等奖 1 项、一等奖 25 项。年度科技人物奖授予中国电科院盛万兴。技术发明奖 17 项（一等奖 1 项、二等奖 5 项、三等奖 11 项）。科学技术进步奖 136 项（特等奖 1 项、一等奖 19 项、二等奖 49 项、三等奖 46 项）。技术标准创新贡献奖 17 项（一等奖 2 项、二等奖 6 项、三等奖 9 项）。专利奖 29 项（一等奖 2 项、二等奖 9 项、三等奖 18 项）。

科技人才选育。完善科研人员评价标准和考核机制，评选出 2 名中国电科院院士、6 名科技研发类首席专家和 53 名科技类青年人才托举工程人选。2022 年，3 人获得国家级人才称号，2 人入选第七届中国科协青年人才托举工程，2 人获评中国电力科学技术杰出贡献奖，7 人获评中国电力优秀科技工作者奖，31 人获评电力和能源领域优秀青年科技人才奖。

（盛　兴　陈　亮　刘雯静　张晓东　周　俊　魏冠元　孙建锋　常方圆　赵海翔　李　刚　王　赞　景　龑）

【数字化发展】数字化顶层设计。完成新型电力系统标准体系电网数字化框架设计及标准布局，制订新型电力系统数字化技术重点攻关计划。发布《新型电力系统数字技术支撑体系白皮书》，明确目标思路、体系框架和发展路径，为数字化赋能新型电力系统建设提供指导。印发《企业级实时量测中心典型设计方案》，形成量测数据统一数据模型、接口和服务功能等规范。深化国网云顶层设计研究，完成国网云组件需求及应用分析报告。

数字基础设施建设。提升云、物联平台承载能力。坚持“全网一朵云”，拓展优化一体化国网云算力规模和服务能力，全网服务器节点规模达 1.4 万余台，支撑国家电网公司内外网 1300 余套业务系统全面上云部署。建成内外网两级物联管理平台，推动采集终端全局统筹和共建共享，支撑输电、配电、客户侧等 12 类传统业务场景应用，初步实现物联平台与企业级实时量测中心集成贯通，满足数据共享需求。推进业务中台建设应用。完成 27 家省级电力公司电网资源业务中台同源维护单轨应用全面落地及同源维护沿布优化，提升功能实用性；初步建成总部电网资源业务中台，完成总部及 27 家省级电力公司静态“电网一张图”构建，初步构建动态“电网一张图”。截至 2022 年 12 月 31 日，客户服务业务中台聚合用户突破 2.64 亿，实现国网天津、山东、浙江、安徽、福建电力部署应用，支撑营销 2.0 推广上线运营。迭代完善项目管理业务中台共享服务 210 余项，完成数字化管理、“网上电网”等 10 余套系统单轨改造并上线应用。

建设新型电力负荷管理系统，实现技术手段提升。6 月 30 日前实现总部、省侧系统建成贯通，国家电网公司各级依托负荷管理系统精确掌握用户负荷生产特性，调整优化资源管理策略，精准管理负荷资源。新一代应急指挥系统在总部和 27 家省（区、市）电力公司上线应用，推广应用电网故障研判等高级功能，提高国家电网公司应对突发事件的响应速度和决策指挥能力。“网上电网”全面实现单轨化、线上化、常态化运转，支撑各层级业务人员开展电网规划设计、可研前期、计划投资、电源接入、用户接入等60余项业务应用。新能源云完成全国首家覆盖地市级、省级、公司总部级碳中和支撑服务平台示范建设。

加快智慧共享财务平台、PMS3.0、营销2.0、e基建2.0、绿色现代数智供应链等建设推广。完成营销2.0在5省市上线运营，覆盖业扩、电费、计量、客服、市场、综合、运营等23大类96小类业务共1610个产品，支撑综合能源服务、电能替代、新零售等新兴业务发展。“网上国网”完成全网用户流量割接至北京数据中心，拓展电子证照数据在供电服务领域应用，实现27省“一证办”、24省“刷脸办”。深化“绿色国网”应用和运营，累计注册用户数突破69万，认证企业7.04万家，提供服务商1227家，聚合产业资源2.1万项，为285.5万高压客户推送综合能效诊断报告，触达用户120.1万户，入选工业和信息化部物联网典型示范案例。迭代优化新一代电力交易平台建设，省间新平台注册市场主体超40万家，累计交易电量达12465亿kWh，实现电力交易业务100%线上化。

上线应用人力资源管理信息系统2.0（人资2.0）组织管理、员工管理、招聘管理等11大功能，实现总部、各电网单位、37家直属单位、341个地市公司、1910个县公司全覆盖。深化线上产业链金融平台“电e金服”推广应用，平台累计注册用户超80万户，各级合作金融机构超500家，上线产品54款，帮助产业链上下游、中小微企业获得普惠金融服务超3900亿元。基于ECP2.0推进国家电网公司所有采购线上化，创新应用“云采购、云签约、云物流、云检验、云结算”新模式，实现办理业务“一次都不跑”，大大缩减投标、签约、结算各环节时间，采购业务线上率100%，物资供应及时率100%。

巩固拓展大数据应用成果，开展21个重点领域大数据应用工作。对外服务国家治理现代化，重点开展电力看经济、电力看“双碳”、电力看水资源等大数据应用，推广小微企业景气分析、电力看环保、电力助应急、智慧城市大脑4个成熟大数据应用场景，形成204项成果。

（都俊超　褚宇宁　刘　超　张朝阳　范金锋　蒋　炜　罗大勇　郝悍勇　蔡启煌　苑　帅　黄　怡　杨　芳）

【国际化发展】全球能源互联网。2022年，为服务党和国家主场外交，在联合国气候变化大会、生物多样性大会期间举办重要会议，唱响气候治理“中国声音”，为推动能源、气候、生物多样性协同治理开辟新道路。举办“一带一路”能源合作伙伴关系合作网络互联互通（电力）工作组第一次全体会议，召开以“全球能源互联网助力实现碳达峰、碳中和”为主题的座谈会。在联合国气候变化大会（COP27）期间，与联合国气变公约秘书处、世界气象组织联合举办全球能源互联网碳中和路径研讨会；在联合国生物多样性大会（COP15）期间，举办生物多样性与能源革命论坛，首次从能源视角探讨解决生物多样性问题。在联合国可持续发展高级别政治论坛上，全球能源互联网促进生物多样性治理政策建议纳入2022年联合国可持续发展高级别政治论坛政策建议报告。围绕能源电力、经济社会、气候环境等领域，组织开展多项战略与专题研究，形成系列成果。完成《中国清洁能源基地化开发研究》，出版《新型抽水蓄能与西部调水》《绿氢发展与展望》，研究旨在为发展中国家决策者提供能源部门减排核算与政策制定的技术指南，包括能源部门温室气体排放核算方法、评估减排潜力的模型工具、减排政策框架及减排行动组合，提出新型储能支撑实现碳达峰碳中和目标的发展路线图。以亚洲、非洲、欧洲等区域能源互联网建设为重点，推动清洁能源及跨国跨洲联网重点项目取得新进展。推进联合国相关资质申报，获得联合国环境规划署、工业发展组织咨商地位和生物多样性大会观察员身份。续签合作协议，加强与世界气象组织、国际水电协会沟通联络。深化全球工作体系建设，建立健全区域和国家委员会运行机制，发挥委员会本地化优势，推动联合办会、合作协议签署等重要合作事项。2022年，以委员会名义组织举办会议活动9场，邀请参加重要会议活动20余场；协助发展会员、专业联盟成员22家。

境外投资与运营。巴西CPFL公司完成收购巴西十大输电公司之一的CEEE输电公司100%股权。完成巴西恩耐肯水电站股权增持项目交割，总持股比例达52.1%。国家电网公司投资和参与运营10个国家和地区的13个能源网项目，包括菲律宾国家电网公司（NGCP）、国网巴西控股公司和CPFL公司、葡萄牙国家能源网公司（REN）、国网澳洲资产公司（SGSPAA）和南澳输电网公司、意大利国家能源网公司（CDP Reti）、希腊国家电网公司（IPTO）、阿曼国家电网公司（OETC）、智利切昆塔公司和CGE公司、巴基斯坦默拉直流输电项目、香港港灯公司，所有项目均保持稳健运营、全部盈利、无一亏损。

海外绿地项目。12月22日，正式签约印尼高级智能计量系统项目，预计2023年12月建成投运，运营期10年。国网巴西控股公司推进2020年绿地输电项目1标段建设实施；实现2022年3个扩建项目全部提前建成投运，成为11家承担巴西紧急项目的输电公司中唯一已实现全部项目提前建成投运的公司。CPFL公司投资建设的马拉卡纳乌输电项目正式完工投入商业运行。

国际合作。在境外开展电力工程总承包、设备出口、技术服务等，累计合同额超过500亿美元，带动254亿元中国电工装备及服务“走出去”。中俄、中蒙等跨国输电线路稳定运行，中俄2022年交易电量46.9亿kWh，同比增长约18%，服务中俄合作大局；对蒙古国供电1140万kWh。

国际交流。利用高端国际会议、高层对话、定期交流、国际组织与双多边合作机制等平台，推进国际交流合作，在国际舞台上讲好中国故事、提出中国倡议，推动建立公平合理、合作共赢的全球能源治理体系。参加印尼B20全球推广委员会会议、金砖国家工商论坛，围绕加快绿色转型，推动可持续发展做主题发言。参加或出席世界经济论坛、中德经济界代表座谈交流会、2022新加坡国际能源周“新加坡能源峰会”、第十届沙特智能电网论坛、中俄能源合作委员会第十九次会议和第四届中俄能源商务论坛等活动。与国际可再生能源署、世界能源理事会、全球能源互联网发展合作组织，在北京联合举办2022能源电力转型国际论坛，60多个国家和地区的700多位政府官员、企业高管、高校学者、行业专家等嘉宾出席论坛。持续深化与重要国际组织的交流与合作。深化与全球可持续电力合作组织（GSEP）、国际可再生能源署（IRENA）交流合作，参加GSEP 2022年度领导人峰会、IRENA第十二届年会、爱迪生电气协会（EEI）年度电气化论坛等。深化与国际能源电力同行的技术交流，与丹麦国家电网公司、俄罗斯国调公司、葡萄牙国家能源网公司、韩国电力公社等开展交流与合作。

（胡　波　郭一辉　安锐坚　黄　博　肖佳慧　李　明　马海洋　张　虎　刘　琪　李　杨　赵　晔　陈原子　王宁华　韩　勇　沈　亮　夏　雪　孙　超　闫　雨　雷　颖）

【节能减排】主要指标完成情况。能耗指标：2022年，国家电网公司能源消费总量3664万t标准煤，同比减少2.6%；万元产值综合能耗0.087t标准煤/万元，同比下降20.8%。线损率指标：2022年完成4.96%，同比下降0.53个百分点，节约电量321亿kWh，相当于减少电煤消耗979万t、减排二氧化碳2658万t。六氟化硫指标：2022年回收六氟化硫气体405.7t，回收率97%，相当于减排二氧化碳970万t。

主要举措及成效。推进新型电力系统构建：围绕碳达峰目标下新能源发展、电力供需平衡、新能源消纳、电网建设和创新示范等，深化能源电力“双碳”实施路径和新型电力系统建设研究。组织编制新型电力系统发展规划纲要，加强规划引领，推进源网荷储、科技、示范、市场、降碳等八方面重点工作。服务新能源发展：国家电网公司经营区域全年新增风光并网装机容量1.04亿kW，新能源累计装机容量6.4亿kW，占比31.9%，22个省份新能源成为本省第一、第二大电源；新能源全年发电量9992亿kWh，占比15%，首次超过水电，利用率保持在97%以上。深化推广应用新能源云，累计服务约3000个、装机容量4.6亿kW项目线上并网。开展消费侧清洁替代：聚焦工业、交通、建筑和居民生活等重点领域，有序实施电能替代，建成全球覆盖范围最广、车桩网协同发展的智慧车联网平台，提高终端能源消费电气化清洁化水平。为用户提供用能诊断、节能咨询等增值服务，依托网上国网，向超过420万高压客户推送能效账单，引导用户节约用电、提高能效。提升国家电网公司自身节能环保水平：印发《国家电网有限公司“十四五”节能减排综合工作方案》，完成国务院国资委第六任期央企负责人节能考核，获评北京市重点用能节能考核“优秀”单位。实施电网节能管理，加强电网规划设计、建设运行、运维检修各环节绿色低碳技术研发。健全环保管理体系和工作机制，荣获第十一届中华环境奖（企业环保类）大奖。引领推动全社会节能减排：按照国务院国资委统一工作部署，国家电网公司作为电力行业代表央企，在全国节能宣传周期间向全社会发起节能倡议。发布中央企业首份绿色低碳发展报告。组织国家电网公司全媒体平台开设“服务碳达峰碳中和推进能源低碳转型”“能源观景台”“节能减排、电网行动”等专题专栏，推出《守护绿水青山赋能低碳发展》等深度报道。

（马云高）

【农网发展】推进农村电网巩固提升工程。2022年，国家电网公司发挥电网项目稳投资、补短板、惠民生的重要作用，加大农村电网投资力度，共完成投资1314亿元（同比增长8亿元）。完成11.6万项农村电网巩固提升工程，提升580个原国家级贫困县电网设施水平，重点加大对89个国家乡村振兴重点帮扶县电网建设投资倾斜力度，巩固脱贫攻坚成果；完善农田配套供电设施，助力8000万亩高标准农田建设；保障3388项乡村电气化项目供电，惠及987万群众。

“十四五”农村电网发展规划滚动调整。按照国家“十四五”电力规划中期评估和滚动调整工作要求，结合分省电力需求预测、电源装机规划等主要边界条件变化，统筹开展“十四五”农村电网发展规划滚动调整工作。坚持问题导向和目标导向，聚焦解决农村生产生活用电中的急难愁盼问题，以“补短板、强弱项、提质量”作为解决农村电网发展不平衡不充分问题的抓手，保障农村电网供电安全；适应农村分布式光伏发展、新能源汽车下乡等新任务新要求，提升农村电网综合承载能力，推动农村电网巩固提升和农村用能清洁低碳转型。把握不同地区农村电网发展阶段，分区域、差异化合理确定农村电网发展目标，根据不同地区实际情况分类施策，在具备条件的地区以数字化技术为农村电网赋能，提升电网的感知能力和互动水平，实现农村电网智能化转型升级。

农村电网巩固提升。实施农村电网巩固提升工程，助力乡村振兴和农业农村现代化，完成939亿元11.6万项农网巩固提升配电网工程建设任务，新建改造配电变压器8.7万台，10kV配电线路11.5万km，低压线路11.2万km，改善987万人用电条件。做好北方地区清洁取暖工作，供暖季前完成24.79亿元2173项“煤改电”配套配电网建设任务，改善23.8万户居民供暖条件。实施农网抗冰专项改造，完成投资28.01亿元1314项工程，建成12个示范区，1429条线路抵御雨雪冰冻灾害能力提升。服务西藏抵边搬迁，落实政府统一规划部署，按期完成1.18亿元6项配套配电网建设，为12处集中安置点、4685户搬迁群众提供电力保障。

（李　涛　王庆杰）

【人力资源管理】人才队伍建设。实施人才强企战略，党管人才政治优势彰显，人才体制机制改革取得突破，高素质人才队伍持续壮大。出台《中共国家电网有限公司党组关于加快人才高质量发展的意见》《国家电网有限公司关于加强新时代技能人才队伍建设的意见》《国家电网有限公司专家人才管理办法（暂行）》等文件，强化各级领导班子联系服务专家制度。打造“两院”院士和中国电科院院士领衔的战略科学家队伍，构建涵盖科技研发、生产技能、专业管理三个类别，中国电科院院士、首席专家、高级专家、优秀专家、专家五个级别的“三类五级”专家序列，形成分类科学、梯次合理的人才雁阵格局。科学规划人才成长路径，在原有“领导职务”“职员职级”两条职业发展通道的基础上，开辟“专家人才”发展通道，形成三条通道并行互通、员工多元发展的职业成长体系。实施高端人才引领工程，2022年新评选2名中国电科院院士，35名首席科学家，1.14万名高级专家、优秀专家和专家。实施电力工匠塑造工程，2022年新评选20名国家电网公司级电力工匠、800名省公司级电力工匠。实施青年人才托举工程，2022年新评选200名国家电网公司级青年托举人选、2000名省公司级青年托举人选。常态开展职称评定工作，2022年通过正高级职称927人、高级职称1.33万人、中级职称2.13万人。健全完善技能等级“链条”。在现有高级技师、技师、高级工、中级工、初级工等五级的基础上，向上增设特级技师和首席技师，向下补设学徒工，形成“新八级”技能等级评价序列。2022年通过高级技师0.19万人、技师1.24万人、高级工2.05万人、中级工1.72万人、初级工0.57万人。

职工教育培训。推进学习型企业建设，实施全员培训战略，健全终身职业技能培训机制，加强实训资源共建共享，实现组织赋能、员工赋智，培养高水平专业化职工队伍。推进全岗位全专业全员教育培训，开展各类各级培训6.82万期、310万人次、1214万人天，完成1.95万名新入职员工网络培训、1.5万名新员工集中培训。落实国家职业教育法，组织实施职业教育活动周，健全1+X证书制度体系，完成3957名学生X证书考核。推进“互联网+培训”和培训数字化智慧化，发布《国家电网有限公司网络学习管理办法》，国网学堂全年登录4100万人次，网络学习总学时达4300万h，同比增长23%。修订兼职培训师认证标准，打造师资队伍，拥有专职培训师1820人、专职教师1220人、兼职培训师2.2万人。

（李　鹏　曹爱民　高　澈　张耀坤）

【党建工作】截至2022年12月31日，国家电网公司系统共有党组织47620个，其中，党委2753个、党总支1692个、党支部43175个；党员590934名。全年新增党组织4316个，74家混合所有制企业建立党组织，13683个基层党组织按期换届选举。严把发展党员“入口关”，深化“双培养一输送”，注重在青年员工和产业工人、高知识群体中发展党员，全年发展党员1.2万余人，党员队伍结构持续优化。落实党支部书记任职要求，注重选优配强基层党组织负责人，全年新任、调整党支部书记9352人。

思想政治工作。学习贯彻习近平总书记关于思想政治工作的重要论述精神，把思想政治工作作为“旗帜领航”党建工程的重要组成部分，坚持“三结合、一贯穿”思路原则，推动思想政治工作系统性谋划、整体性推进。制定下发国家电网公司党组《关于新时代加强和改进思想政治工作的实施意见》，出台《加强思想政治工作的若干措施》，召开国家电网公司思想政治工作推进座谈会，编写《党支部思想政治工作指引》，推动基层党组织把思想政治工作作为经常性、基础性工作抓实抓好。抓好全体党员经常性学习教育，以党支部为基本单位，定期开展集体学习，确保理论学习抓在日常、严在经常。利用“学习强国”“国网学堂”“云课堂”等线上平台，开展微学习、微党课、微宣讲，增强理论学习的针对性和实效性。深化理想信念教育，利用电力文化遗产等红色资源，推进爱国主义教育基地提质升级，组织开展线上、线下等多样化宣讲展示活动。弘扬社会主义核心价值观，推进以职业道德建设为重点的道德建设，开展“道德讲堂”活动，教育职工树立正确的世界观、人生观、价值观。以专题教育、形势报告、理论宣讲等方式，宣贯党和国家大政方针，讲解国际国内形势，强化公司战略、发展布局等企情教育，做到改革推进到哪一步，思想政治工作就跟进到哪一步。

选树宣传先进典型。注重发挥新时代榜样的力量，钱海军荣获“时代楷模”称号，国家电网公司成为唯一一家拥有2名“时代楷模”的中央企业。发挥先进典型示范引领作用，把钱海军先进事迹作为各级党委理论学习中心组学习的重要内容，作为“三会一课”、主题党日活动、党员干部培训的鲜活教材，在“班组微讲堂”“职工大讲堂”“道德讲堂”中开展向先进典型学习活动。推进“强国复兴有我”主题宣传教育，统筹线上、线下宣传平台，用好办公楼宇、班组站所、营业网点等场所阵地，讲好时代楷模、道德模范、最美国网人等故事。

精神文明建设。学习贯彻习近平总书记关于社会主义精神文明建设重要论述精神，落实中央企业精神文明建设工作会议要求，制定年度精神文明建设重点任务，明确5方面18项重点工作。加强文明实践，累计建成新时代文明实践基地95个、实践站（所、点）276个。建立电力好邻居、点亮黑楼道、电力爱心超市等服务模式，发动职工进村部、进站所、进田间、进学校，开展文明实践活动。弘扬志愿精神，开展“岗位学雷锋”“青春光明行”等志愿服务活动，围绕服务冬奥、推进共同富裕等重大任务，组织6300余支志愿服务队伍，共26万余名志愿者，开展“助力冬奥、央企先行”“爱满京城”学雷锋志愿服务活动，常态开展敬老助养、扶弱助困、爱心募捐等志愿服务活动。国家电网公司系统3个集体、2名个人获评第七批全国学雷锋活动示范点和岗位学雷锋标兵，12个典型荣获全国学雷锋志愿服务“四个100”先进典型表彰。10人获评“中国好人”，2人获评“最美电力人”。

（宋士豹　刘书南　李清恩　张　峰）

【国家电网有限公司华北分部】

分部概况　国家电网有限公司华北分部（简称国网华北分部）承担区域内骨干电网发展规划、调控运行、安全生产、分部输变电资产管理等方面主体职责。负责协调服务省公司和地方政府，调动区域内省公司、发电企业、地方政府等各方力量团结治网，在区域电网发展建设中实现共建共享和协同发展。负责接受总部业务管理和考核的审计、纪检、交易等机构的挂靠管理。

领导班子

国家电网公司副总工程师兼主任、党委副书记：王风雷

党委书记、副主任：刘宏新

副主任、党委委员，兼国家电网公司国家电力调度控制中心副主任：李丹

党委委员、纪委书记、工会主席：刘武能（2022年12月任职）

副主任、党委委员，兼国家电网公司华北审计中心主任：邓顺平

副主任、党委委员：牛晓民

副主任、党委委员：李庆海

一级顾问：余卫国

二级顾问：于金镒（2022年6月任职）

三级顾问：马曙光、徐钦田（2022年12月任职）

组织机构　内设办公室（党委办公室）、财务资产部、人力资源部（党委组织部）、党建工作部（党委宣传部）、纪委办公室、工会办公室、发展规划部、安全监察部、生产技术部、调度控制中心等10个部门（党建工作部（党委宣传部）与纪委办公室暂时合署办公）；设电网技术支持中心、后勤管理中心、四惠桥项目部等3个二级机构；设华北审计中心、第一纪律检查中心、北京电力交易中心市场交易二部等3个挂靠机构；设基建项目管理办公室1个临时机构。

电网概况　华北电网主网架格局为1000kV交流“两纵+品字形环网”、特高压直流“两送两受”网架、500kV“八横三纵”；华北电网区外联络为“一交六直”格局，分别通过交流特高压1000kV长南Ⅰ线与华中电网联络，通过高岭站背靠背直流、鲁固直流与东北电网联络，通过银东直流、昭沂直流与西北电网联络，通过雁淮直流、锡泰直流与华东电网联络。1000kV交流“两纵+品字形环网”和500kV“八横三纵”通道，主要承担华北电网“西电东送”“北电南送”任务。山西电网、蒙西电网分别经四个通道（9条500kV线路）和两个通道（4条500kV线路）向东部输送电力。京津唐和河北南网承担着电力枢纽核心作用，潮流特征为多方向、多通道、多落点。山东电网通过五个通道（6条1000kV线路、4条500kV线路），接受京津唐和河北南网转移电力。截至2022年年底，华北电网装机容量52743万kW，1000kV变电站18座，变压器34台，容量102000MVA；500kV变电站210座，变压器479台，容量435924MVA；1000kV输电线路48条共9098km；500kV输电线路691条共50659km。京津唐电网装机容量12312万kW，500kV变电站52座，变压器123台，容量126054MVA；500kV输电线路152条共9860km。华北电网风电装机容量10526万kW，同比增长9.8%，最大风电电力6734万kW，全年风电电量2185亿kWh；京津唐电网风电装机容量3310万kW，同比增长7.8%，最大风电电力2004万kW，全年风电电量730亿kWh。华北电网光伏装机容量11370万kW，同比增长26.2%，最大光伏电力7428万kW，全年光伏电量1287亿kWh；京津唐电网光伏装机容量1639万kW，同比增长25.3%，最大光伏电力1130万kW，全年光伏电量193亿kWh。

安全生产　全年安全生产平稳有序。全力保障大电网安全稳定运行。落实好年度制定的各项管控措施

和建议，全年高效完成输变电检修 769 项、基建启动调试 62 项。完成 46 台稳控装置改造，夯实三道防线基础，完成国产化保护改造，实现十年以上老旧装置全部“清零”。印发《华北电网新能源场站电磁暂态模型管理规定》，锡盟、张北柔性直流新能源 ADPSS 实测建模率达 93%，实现大规模新能源送出系统全电磁仿真分析，提升大电网特性认知水平。实现全息平台、柔直四维协控系统上线运行，大电网运行可观、可测、可控能力提升。保障监控系统和信息系统网络安全，高效建设网厂交互平台。

重大政治保电能力提高。始终把保电任务作为最重要的政治任务，落实国家电网公司“五个最”“四个零”保电要求，发挥政治保电常态化工作机制作用，完成北京冬（残）奥会、党的二十大、全国两会、迎峰度夏（冬）等重大保电任务，荣获国家电网公司保电突出贡献单位称号，3 个部门获评先进集体称号，10 人获评先进个人称号；推动京津冀区域一体化应急体系建设，举办 2022 年华北区域应急救援基干队伍互训互练活动，组织 6 家省公司精英队员开展实操培训和互赛交流，提升华北区域各级应急协同处置水平和实战能力。

开展年度各专项活动。统筹安全隐患大排查大整治、安全生产提升年、各级安全生产大检查等行动，完成安全生产专项整治三年行动“收官年”任务，完成海昌分区三级电网风险、昌平站短路电流超标等 6 项分部重大风险隐患验收评价。

区域安全督察管理成效显著。按照总部统一部署，完成华北区域专项整治 79 项重大风险隐患和 60 个较大风险隐患验收督查，形成问题隐患验收单 139 份；以“现场+远程视频”督查方式，组织完成区域内 6 家省公司 12 个现场“四不两直”安全督察、区域外 16 家省公司 16 个作业现场远程视频安全督查，累计发现问题 77 个、违章 49 条；统计分析华北区域安全事故事件规律，编制出版《华北电网 2021 年生产安全事故事件分析报告》，牵头编制锡泰直流双极闭锁事件调查报告，完成华北区域 2021 年五、六级事件整改评估工作；完成华北区域 67 个变电站反恐防范一级重点目标达标建设督查。

深化风险管控和隐患排查双重预防机制。建立电网风险管控例会机制，每月组织华北区域 6 家省公司和蒙西公司召开电网风险管控工作会议，汇报当月风险管控情况和下月计划风险情况，深化区域电网 500kV 及以上电网设备风险评估工作价值挖掘，开展“基于华北电网全息智能管控平台的电网设备中长期安全风险评估”软课题研究，服务支撑电网调度运行、规划建设和设备隐患排查治理；组建多专业专家组，完成江西、陕西、湖北、湖南、福建、新疆、青海等 13 家公司 1 个四级电网风险和 19 个五、六级电网风险跨区域远程督查；作为总部试点分部，率先组织开展安全隐患排查治理远程督查，完成对江西 500kV 乐平站等 8 个变电站远程督查工作；按照国家电网总部开展冬春火灾防控工作统一部署，由国网华北分部牵头抽调国网北京电力专家组建总（分）部冬春火灾防控工作专项督查工作第 1 督查组，完成对抽选的区域内国网冀北电力、高培中心开展冬春火灾防控专项督查工作；完成对国网天津、山东电力重点场所消防管理合规性专项排查治理专项督查。

提升网络安全管理水平。加强电力监控系统网络安全管理，深化可信计算、恶意代码和运维网关等技术防御功能应用工作，实现恶意代码监视功能的统一监测查杀，推动基于运维网关功能的全过程运维管控体系建设。建设调度业务网厂信息交互平台，完成安全三区业务梳理和迁移工作，督促电厂落实业务终端的安全防护措施。7 月 28 日在调度控制中心正式成立监控系统网络安全处，负责国网华北分部电力监控系统网络安全管理和关键信息基础设施保护工作。

电网调度 全力保障电力有序供应。服务区域经济社会发展，保障华北电网最大负荷达到 2.97 亿 kW，华北及各省网负荷均创历史新高。完成度夏保供任务，发挥大电网资源优化配置作用，助力山东平稳度夏，保障山东交流受电最大达到 1800 万 kW，全年组织 32 次电力支援，最大电力 385 万 kW，电量 138.3 亿 kWh，支撑山东电网负荷过亿；促成山西外送电力超过 1200 万 kW，确保华北区域电力可靠供应；跨区支援华东、华中、西南、西北电网最大电力 1537 万 kW，电量 65.7 亿 kWh，合计 67 天，应急调度支援电量占国家电网公司总量的 40%。发挥市场保障作用，支援湖南、四川、湖北、上海、浙江电力保供，累计交易电量 29.3 亿 kWh，最大电力 200 万 kW。

保障新能源发展和消纳。服务国家电网公司战略目标，保障华北新能源装机突破 2 亿 kW，成为首个新能源发电电力破亿的区域电网，最大达到 1.17 亿 kW。新能源发电量占全网发购电量的 19%，利用率 96.2%。服务区域省（市）公司和发电企业，全国首个调峰容量市场成功全年运行，65 家火电企业获得调峰容量费用 1.31 亿元，促进 35 台 1964 万 kW 火电机组完成深调改造，总改造规模达到 3455 万 kW。808 万 kW 负荷侧资源参与调峰辅助服务市场，最大出清电力 60 万 kW。组织研制国内首台高 TOV（暂时过电压）耐受性能的 500kV 避雷器，在锡盟白音查干新能源汇集站挂网试运行。

完成重大政治保电任务。落实国家电网公司“五个最”“四个零”保电要求，发挥区域组织协调优势，完成党的二十大、北京冬奥会等重大保电任务，确保电网运行、电力保供、二次系统和网络安全万无一失。冬奥保电精彩纷呈。强化科技保电特色，实现全息平台、柔性直流四维协控系统上线运行，大电网运行可观、可测、可控能力提升。优先保障北京主网16项检修计划实施，督导122家发电企业加强设备运维，组织10亿kWh绿电入京，实现冬奥会全时段100%绿电供应，完成保电力供应、保绿色冬奥、保民生供热任务。统筹协调京津冀鲁晋蒙两市三省一区电力资源，优化安排检修消缺403项，完成华北主网二次系统隐患排查治理，强化华北电网重要通道、断面运行监视，确保了党的二十大电力安全保障任务万无一失。保电工作得到北京市委市政府、国家电网公司和华北能源监管局肯定。

规划计划 开展规划研究，完成《华北电网发展格局研究》报告及《内蒙古能源基地开发外送与电网规划方案》《交直流并联输电专题研究》，完成华北区域“十四五”电网滚动规划研究，落实“十四五”滚动规划工作安排，针对国家电网公司规划与国家规划差异项目、沙戈荒基地配套送出、新纳规保障电源送出需求、新能源送出需求开展重点研究，提出纳库意见和建议，推动调增电网项目纳入地方电力规划。

开展区域内500kV跨省电网项目的可研及前期工作。加强系统谋划，组织召开华北区域“十四五”跨省500kV工程前期、建设工作启动会；建立国网华北分部前期工作双周报制度，定期通报工作进展和遇到的问题，推动跨省工程前期工作；做好政企常态化联动，向北京、河北省市级能源及规划主管部门进行专题汇报，协调解决前期工作制约因素；强化与省市公司、设计单位沟通协调，建立“实时对接、节点跟踪、纵向联动、横向协同、重点突破”的前期协同联动机制，加快推进工程可研前期工作，推动支持性文件办理。

组织开展新能源重大专题研究。开展华北电网新能源发展潜力研究、支撑源-网-荷-储协同的电网全环节多尺度碳追踪与碳管理关键技术研究、利用热网热惯量提升供热机组顶峰能力关键技术研究等支撑新能源发展的重大专题研究。开展锡盟、张北新能源场站送出能力提升措施重大专题研究，开展优化新能源故障穿越特性、加装调相机等风电场站发电能力提升措施研究，“新能源场站系统动态性能提升关键技术研究及应用”课题研究成果鉴定为国际领先水平，成果在锡盟、张北新能源基地应用。开展新型电力系统电网规划关键技术及应用研究，提出的“提升新能源承载能力的多回交直流并联通道电网规划方法”成果鉴定为国际领先水平，成果在电网发展格局研究、输电通道规划研究和锡盟二期400万kW接入系统中应用。

组织开展区域抽水蓄能规划研究并提出规划建议。组织开展华北区域、京津唐电网2030、2035年调峰规划研究，合理确定区域内各省网“十五五”“十六五”新能源发展规模、新增电力流安排、各通道送电曲线等重大边界，研究提出华北区域各省网抽水蓄能配置合理需求及规划建议，完成国家电网总部统一部署的区域抽水蓄能规划研究。开展抽水蓄能/储能配置有效性和经济性研究。

发挥区域电网枢纽作用，保障电网安全，促进新能源消纳，扩大省间交易规模。组织10亿kWh新能源电量入京，保障首都绿色冬奥电力供应；组织锡泰直流华北送江苏月度中长期交易43亿kWh，提升锡泰直流利用率，通道利用小时提高430h；推进优质低价特高压配套电源应发尽发，电量规模同比增加167亿kWh，降低下游受端省公司购电成本；国网华北分部汇报国家能源局、华北能监局和国家电网总部，推动蒙西送电京津唐电量落实，蒙西送电问题的解决为燃煤计划全面放开后省间送电无法落实的问题提供了典型解决经验。

发挥市场机制作用，探索解决新型电力系统建设过程中风火电源利益矛盾。针对锡盟地区风火矛盾突出的焦点难题，编制《锡盟地区特高压配套风火电源利益互补管理办法》，为国内第一部采用市场化机制探索解决新型电力系统建设过程中风火电源利益矛盾的办法机制，获得锡盟能源局认可和支持。该办法将为市场环境下风火电源协调发展问题提供解决思路。

电力交易 服务电力保供，彰显交易支撑作用。组织全网开展省间交易鼎力支援山东电力保供，及时跟踪华北各省供需形势、新能源预测变化情况、检修调整情况，针对时间越近新能源预测越准，可纳入平衡越多的特点，提高交易频次，交易周期缩短到周，组织时间窗口缩短到$D-3$日，累计组织支援山东交易32次，最大增送电力385万kW，增送总电量138.3亿kWh，占2022年山东总受入电量的10.4%，支撑山东电网负荷过亿并8次刷新历史纪录。全年用足用满山西东送通道，累计组织省间交易52次，度夏期间为京津唐、河北南网、山东提供增量电力260万kW，支撑京津冀鲁电力保供。度夏期间，克服华北自身平衡紧张的困难，首次通过长南线反转交易支援其他区域电网，前后支援华中、西南电网交易共计7次，电量共计4.3亿kWh，最大支援电力70万kW。拓展跨区交易方向，助力湖南、四川、湖北、上海、浙江电力保供，累计交易电量29.3亿kWh。

服务新能源发展，发挥交易平台作用。开展锡泰直流增送交易42.7亿kW，提升送电功率至400万kW以上，在检修方式下提升锡盟风电送出极限，增加消纳锡盟风电3.1亿kW。服务绿色冬奥，做好冬奥场馆绿电供应，开展新能源送北京交易，山西、东北方向共成交电量 10 亿 kWh。服务首都城市副中心绿色发展，克服价格协调困难，宣贯动员山西新能源企业积极参与，完成副中心核心办公区购山西新能源交易电量 6212 万 kWh，助力城市副中心行政办公区进入“零碳时代”。组织丰宁抽蓄电站与山西新能源企业开展跨省响应交易，首创“周预挂牌交易、日前确定需求、日内进行响应”交易模式，共计响应山西电网 224 家新能源企业交易需求，丰宁抽水蓄能侧成交电价 0.19 元/kWh，山西新能源侧成交电价 0.15 元/kWh，为充分利用抽水蓄能电站富余调峰能力，促进华北电网新能源实现全网消纳，开拓了新的交易模式。服务国网冀北电力外送新能源需求，累计组织交易 10.8 亿 kWh，扩大冀北新能源消纳。

服务分部战略目标，凸显交易综合价值。推动送端省份出台省间优先电量交易保障机制，确保省间年度交易结果逐月足额落实到电厂，超额完成跨区跨省优先计划，跨省交易电量完成 109%，锡泰直流完成 125%，高岭直流完成 140%。依托全国大电网资源优化平台，开展跨区跨省增量交易，全年完成各类跨区跨省增量交易 220.8 亿 kWh。京津唐市场化用户年度交易电量完成 1282 亿 kWh，占全年规模 91%，月度交易灵活开展，中长期市场实现连续开市，月均组织开展直接交易、电网代购、合同转让、价格换签等各类交易 20 余次，市场主体多样化交易需求得到满足。根据平衡形势，从发电企业收集燃煤中长协价格、现货价格、中长协履约率、供电煤耗等信息，开展成本价格与交易价格相关性分析，及时跟踪发电企业成本变化与交易意愿，编制《华北特高压配套电源及京津唐统调电源煤价情况快报》，为高效组织交易奠定基础。

分部管理　紧密围绕服务公司“一体四翼”发展布局，聚焦分部“四个服务”理念，提高政治站位，强化统筹谋划，围绕电力保供、服务新能源发展等重点任务，牵头组织编制值班报告 14 份，得到国家电网公司领导批示 12 次。信息报送工作“含金量”不断提高，受到国家电网公司通报表扬，积分连续三年位列各分部第一。结合能源发展形势、煤电机组“三改”等重点问题，组织柔性团队完成分部 3 期战略研究简报。严格履行合法合规性审核程序，全年服务党委会 27 次，决策议题 123 项，主任办公会 4 次，决策 8 项。全面摸排各专业执行的规章制度，明确执行国家电网公司制度 532 项、分部制度 51 项，形成国网华北分部规章制度清单。制定《国网华北分部软科学项目管理办法》，委托专业机构召开评审会并出具评审意见，组织召开软科学项目领导小组会议，印发可研评审批复，6 个部门共计 26 个项目纳入分部 2023 年软科学项目储备库。

注重在重大保电、重点工作、疫情防控等急难险重任务中发现和培养优秀干部，注重群众公认和工作实绩，把想干事、肯干事、能成事的领导人员选出来、用起来。突出优秀年轻领导人员培养，统筹使用各年龄段领导人员，发挥干部队伍整体功能。全年提任领导人员中“80”后占比达到 64%，首次选拔“90”后四级领导人员。加强激励约束机制建设，深化三项制度改革，推进岗位聘任制管理，强化“五全”综合测评，形成良好的干事创业氛围。

财务管理水平不断提高。成本监审取得良好效果，第三周期国网华北分部核定成本预计达到 54.4 亿元，较第二周期上涨 36%，为核价奠定基础。提升资金运作效益，全年财务费用支出较年初预算减少 2.02 亿元。加强资产过程管理质效，加快推进转资进度，特高压工程正式转资资产原值共计 15.87 亿元，完成 135 个资本性项目的转资工作，转资金额达 3.8 亿元。规范办理报废程序，报废资产 480 项，涉及资产原值 7.96 亿元。大力推进提质增效各项举措，完成提质增效各项任务。

审计职能全面履行。完成审计署特高压工程专项审计及经济责任审计 2 项迎审工作。落实国家电网公司 2022 年审计工作要点和审计项目部署，精心制定审计实施方案，加强工作统筹和人员调配，强化过程管控，完成国网河北电力、英大集团、英大信托和数字科技公司 4 家单位 6 个审计项目。参加区域内审计交流，加大人才培养力度，派出团队参与国网山西运城、永济供电公司经责审计项目。受国家电网公司委派，准备并参加中国内部审计协会举办的“能源领域会员单位交流活动”，交流内容彰显国家电网公司内审工作成效。深入开展并按期完成国家电网公司管理创新工程示范项目“基于全息全域感知、监督、服务的电网企业研究型内部审计体系建设与实践”，与国网山西电力合力提出“114”体系建设思路，构建“全息全域感知、监督、服务”的研究型审计体系，荣获国家电网有限公司 2022 年度管理创新成果三等奖，促进审计成果转化，实现理论与实际的有机融合。

发挥工会组织桥梁纽带作用。利用职代会、民主议事会、合理化建议征集、职工诉求服务中心、厂务公开满意度测评等民主议事平台，征集分部职工提案 13 件、合理化建议 14 条，提案完成率 100%，建议答复率 100%。组织召开团组长联席会，讨论补充医疗保险和体检疗养方案等与职工权益密切相关的问题。制（修）定《国家电网有限公司华北分部职工代表参与日常民主管理工作制度》《国家电网有限公司华北分部职工代表大会联席会议工作制度》和《国家电网有限公司华北分部工会经费审查委员会工作制度》等制度。

组织开展核酸检测筛查3万余人次。举办主题健步走、“书香国网·一起向未来”女职工主题读书活动、“携手迎冬奥 一起向未来”陆地冰壶比赛、健身达人线上挑战赛、组织职工参加国家电网公司首届文创大赛活动。

科技管理 电力系统源网荷储协同互动调度控制示范应用项目荣获国家工信部物联网示范项目，并被评为优秀案例。“提升新能源消纳能力的大电网安全稳定量化评估与控制关键技术”和“保障新能源电力系统安全的继电保护技术研究及应用”项目荣获北京市科技进步奖一等奖；“电力电子设备电磁暂态小步长实时仿真关键技术及装置”等2个项目荣获北京市科技进步奖二等奖。“保障新能源电力系统安全的继电保护技术研究及应用”项目获得2022年中国电力科技进步奖一等奖。“柔性直流电网技术研发、设备研制及工程应用” 项目获得国家电网有限公司2022年度科技进步奖特等奖；“大型新能源基地网源协调优化与送出能力提升关键技术”等3个项目获得国家电网有限公司2022年度科技进步奖一等奖；“融合人工智能的大电网严重故障诊断与运行处置关键技术及应用”项目获得国家电网有限公司 2022 年度科技进步奖二等奖；“大电网智能故障诊断与调度决策系统研制及应用”获第16届北京发明创新大赛金奖。

在全国率先开展变压器主动防御技术研究，取得突破性进展，受到国家电网公司领导和国网设备部的高度肯定，已纳入国家电网公司500kV及以上变电主设备运行可靠性提升专项行动工作方案。

牵头修编的《国家电网电力系统稳定器（PSS）装置运行管理规定》等3个国网企标列入国网科技部下达的2022年第二批项目清单。

2022年，国网华北分部共获得省部级及以上奖项27项，国家电网公司级奖项5项。

党群工作 持续掀起学习热潮。以习近平新时代中国特色社会主义思想为指引，把学习宣传贯彻党的二十大精神作为首要政治任务，第一时间组织收听收看大会盛况，及时印发学习安排和工作方案。开展“建功新时代，喜迎二十大”主题活动，激励全体职工自足本职，岗位建功。持续夯实党建基础。实施“旗帜领航”党建工程，贯彻“五强化五提升”党建工作部署，五方面22项重点任务逐项落实。推进国网华北分部党委换届选举任务，党支部按期换届率实现100%。加强党建量化计划管理，深化党建信息化应用，提升基层党组织标准化规范化建设水平。持续强化党建引领。10个专业领域13项“党建+”工程落地见效。“旗帜领航·电靓冬奥”“喜迎党的二十大 保电保供勇担当”等主题实践活动成果显著。共产党员服务队、党员示范岗、“党员身边无违章”“厂网携手 联建联创”等党建特色载体亮点纷呈。组织庆祝建团百年系列活动，推进青年精神素养提升工程和“青马”培养工程，为青年成长成才铺路搭桥。

主要事件

1月4日，国网华北分部全面完成华北区域省级及以上调控机构调度数据网建设情况审核，完成了为期4个月的专项审核工作，为华北地区涉奥线路平稳运行提供保障。

新年伊始，国网华北分部及时落实北京电力交易中心关于组织1月上中旬省间交易保障全网电力平衡的要求，发挥交易平台资源优化配置作用，1月6日开始连续开市4次，组织京津唐、山西电力支援山东省间交易，累计交易电量8.47亿kWh，高峰电力最大220万kW，其中新能源电量1亿kWh，保障山东电力稳定供应。

1月20日，国网华北分部牵头组织，联合北京市电力公司，完成山西、蒙东10亿kWh新能源电量送北京市场化交易，保障绿色冬奥电力供应。

春节期间，华北电网新能源最大电力6195万kW，农历同比增长8.2%，新能源发电量55.93亿kWh，农历同比增长4.7%。北京地区新能源最大电力60万kW，张家口地区新能源最大电力1045万kW，张北柔直电网输送新能源电力达313万kW，绿色电力源源不断送往冬奥场馆。

2月20日晚，北京冬奥会闭幕式落下帷幕，国网华北分部全体保电人员持续近一个月坚守岗位，发挥区域组织协调优势和大电网资源优化配置作用，完成保电力供应、保绿色冬奥、保民生供热任务。冬奥期间，北京电网最大负荷达到2117万kW，北京、张家口地区新能源最大出力分别达到61万、1119万kW，均创历史新高，确保三大赛区26个场馆全时段100%绿电供应，实现京张清洁能源全额消纳。

2月24日，北京市副市长谈绪祥到国网华北分部慰问北京冬奥保电一线员工，视察指导冬残奥会保电和首都供电工作。

3月1日，国家电网公司董事长、党组书记辛保安赴国网华北分部、国网北京市电力公司并视频连线国网冀北电力有限公司，检查全国两会、北京冬残奥会供电保障工作。

3月4日，华北电网新能源最大发电电力达到1.04亿kW，占新能源装机容量的56%，占同时刻华北电网总负荷的48%；当日新能源电量16.18亿kWh，占全网发购电量32.5%。华北电网成为国内首个新能源发电电力突破1亿kW的区域电网。

3月11日，全国两会落下帷幕。全国两会期间，北京周边及华北电网1000、500kV主网均未安排输变电设备计划检修，保证北京地区500kV双环网结构完整。华北全网最大负荷22579万kW，京津唐电网最大负荷 5567 万 kW。华北全网风光资源良好，华北电网新能源最大发电电力突破 1 亿 kW 大关，达到 1.04 亿 kW。

3 月 13 日 20:00～22:00，冬残奥会闭幕，冬残奥会期间，国家电网公司华北分部完成保电保供、保京张供热、保绿色冬奥等各项冬残奥会保电工作。

3 月 19—25 日，国网华北分部组织丰宁抽水蓄能电站与山西新能源企业开展跨省响应交易，首创“周预挂牌交易、日前确定需求、日内进行响应”交易模式，共计响应山西电网 224 家新能源企业交易需求，丰宁抽水蓄能侧成交电价 0.19 元/kWh，山西新能源侧成交电价 0.15 元/kWh，为充分利用抽水蓄能电站富余调峰能力，促进华北电网新能源实现全网消纳，开拓了新的交易模式。

6 月中旬以来，华北、黄淮等地经历持续性高温天气，局部地区气温超过 40℃。6 月 19 日，华北电网最大负荷达 24901 万 kW，创入夏以来负荷新高，新能源最大发电电力 7528 万 kW。

为提升北京城市副中心核心办公区可再生能源比例，国网华北分部完成 7—12 月山西新能源送北京城市副中心省间外送交易。本场交易市场反响踊跃，共有 286 家山西地区新能源企业参与，最终成交电量 6212 万 kWh，可减排二氧化碳约 6 万 t，标志着北京城市副中心核心办公区进入“零碳时代”。

6 月 27 日凌晨，国网华北分部组织 500kV 雄安东（调度名为开善）输变电工程启动调试完毕，雄安新区首座新建 500kV 变电站正式投运。工程启动涉及 3 座 500kV 枢纽变电站，新建 4 条 500kV 线路和两台 1000MVA 变压器，是华北电网 2022 年截至目前投运规模最大的基建工程。

6 月底，随着 7 月支援山东电网交易达成 6.3 亿 kWh 电量，2022 年华北电网跨区跨省增量交易电量累计突破 100 亿 kWh，达到 104.6 亿 kWh，与 2021 年全年相比翻了两番。

7 月 19 日，国家能源局党组成员、副局长余兵一行到访国网华北分部专题调研电力供需情况和保供工作。国家电网公司副总经理、党组成员庞骁刚参加调研交流。

8 月起，江西、湖北、四川、重庆相继出现电力供应紧张形势，在国网河北、山西电力支持下，国网华北分部连续配合开展 8 月山西及丹朱、湛上电厂送湖北，8—9 月长南北送水电转送江西、湖北，9 月华北送四川、重庆等 14 笔交易，总共达成电量 9.7 亿 kWh，高峰交易电力最大 133 万 kW，有效助力四省市电力保供。

9 月 27 日，国网华北分部与受端国网江苏电力开展多轮协调对接，完成四季度华北经锡泰直流送江苏跨区增量交易，两轮交易共达成电量 23 亿 kWh，日高峰电力全部超过 400 万 kW。

9 月 29 日 14:16，500kV 顺画一线、通画一线线路合环运行，标志着北京画乡（通州北）500kV 输变电工程的启动工作顺利收官。

10 月 22 日上午，中国共产党第二十次全国代表大会在人民大会堂胜利闭幕。国网华北分部全力确保首都北京电力安全可靠供应。保电期间，华北电网新能源最大发电电力 2 次突破 1.0 亿 kW，新能源电力占负荷比最大达到 55.9%，均创历史新高。

10 月 23 日上午，党的二十届一中全会在北京召开。国网华北分部完成保电任务。

12 月 12—18 日，持续性大风天气影响华北地区，风力持续 4～6 级，华北电网新能源发电电力 5 天突破 1 亿 kW，12 月 13 日发电电力最大达到 1.17 亿 kW，12 月 17 日发电量最大达到 18 亿 kWh，均创历史新高。华北电网新能源装机达到 2.0 亿 kW，同比增长 19.5%。

（李　斌）

【国家电网有限公司华东分部】

分部概况　国家电网有限公司华东分部（简称国网华东分部）于 2011 年 4 月由国家电网公司研究决定设立，是国家电网公司在华东区域的派驻机构。承担区域内骨干电网发展规划、调控运行、安全生产、分部输变电资产管理等方面主体责任。负责协调省、市电力公司服务地方政府，调动发电企业等各方力量团结治网，在区域电网发展建设中实现共建共享和协同发展。负责接受总部业务管理和考核的审计、纪检、交易等机构的挂靠管理。

组织机构　国网华东分部内设办公室（党委办公室）、财务资产部、人力资源部（党委组织部）、党建工作部（党委宣传部）、工会办公室、纪委办公室、发展规划部、安全监察部、生产技术部、调度控制中心 10 个部门，设立北京电力交易中心市场交易三部、华东审计中心、第二纪检中心 3 个挂靠机构，下设电网技术支持中心、后勤管理中心 2 个支撑保障机构和产业指导委员会办公室。

电网概况　华东电网为上海、江苏、浙江、安徽、福建四省一市提供供电服务。区域面积 47.4 万 km^2，占中国国土面积的 5%，区域人口 2.6 亿，占全国总人口的 1/5，经济总量约占全国的 1/3。华东电网是全世界单一国家内规模最大的区域电网，主干网架由 1000kV 和 500kV 交流输电网架构成，通过 14 回跨区直流与华中、西南、华北、西北、南方电网等相联。截至 2022 年底，华东电网装机容量 46985.3 万 kW，其中：火电装机容量 27160.7 万 kW，占比 57.81%；水电装机容量 3763.8 万 kW，占比 8.01%；核电装机容量 2678.4 万 kW，占比 5.7%，风电装机容量 4118.5

万 kW，占比 8.77%；光伏装机容量 7569.9 万 kW，占比 16.11%；新型储能装机容量 53.9 万 kW，占比 0.11%；其他装机容量 1640.1 万 kW，占比 3.49%。华东全网调度口径最高用电负荷 36489.5 万 kW，同比增长 4.97%。2022 年底，华东电网 1000kV 线路 23 条，长度为 3972.2km；500 线路 746 条，长度为 38235km。1000kV 厂站共 12 座，其中变电站 11 座，电厂 1 座，变压器（不含机组升压变压器）共 22 台，变电容量 66000MVA；500kV 厂站共 284 座，其中变电站 202 座，开关站 2 座（即西津渡、东明），厂站 80 座，500kV 变压器（不含机组升压变压器）共 502 台，变电容量 475800MVA。

安全生产 落实“三管三必须”，狠抓安全责任落实 32 项措施，动态修订领导班子“两个清单”和全员安全责任清单，建立健全分部安委会工作规则、隐患排查治理工作细则等基础制度，修编应急预案，协助总部编制区域一体化应急体系建设指导意见，完成安全生产专项整治三年行动等专项工作。强化电网运行管控，初步建成大电网运行风险防控体系，完成重点设备隐患治理 336 项，有力抗击强台风“梅花”，完成党的二十大、进博会重大保电任务。组建安全监督和设备技术两个专家柔性团队，高质量完成总部交办的安全督查任务，推进密集通道高标准立体防护体系建设。内部安全水平持续提升，定期开展网络信息、消防和食品等安全监督，通过反恐达标验收，投运政务内网，严格日常保密管理和个人办公终端管理。

疫情初期，第一时间启动应急响应，组织机构、工作机制、防疫物资迅速保障到位，对调度人员和后勤保障人员实施全封闭管理。封控前夜，管理人员和业务骨干逆行到岗开始封闭值守。静默期间，强化在岗值守与居家办公高效协同运转，建立工作督办专门台账，采用视频、音频会议等方式，协调布置推进工作，确保总部部署和分部重点工作有序推进，按期完成迎峰度夏各项准备工作。常态化疫情防控阶段，针对人员流动带来的防控压力上升，坚持以“防得住”稳妥推进“放得开”，抓实抓细“人、物、场所”重点举措 12 项，筑牢防疫屏障。12 月疫情防控期间，国网华东分部及时优化，科学统筹应对感染高峰，守护员工健康，各部门通力协作、灵活办公，保障迎峰度冬及各项工作不断不乱。

电网调度 坚持全网一盘棋，源－网－荷协同发力，经受住历史级持续性高温酷暑导致的用电需求超预期增长、华东及省市电网负荷 24 次创历史新高的空前严峻考验。加强机组管理，推动煤电机组临修率、出力受阻率达到历史同期最好水平，全网燃机发电出力 3174 万 kW 创历史新高。用足跨区跨省通道能力，区外来电超 6000 万 kW，吉泉直流输送功率达 1100 万 kW，均创历史记录。强化省间互济，灵活组织跨省支援 757 次，启动华东备用辅助服务市场 71 次。配合政府实施需求侧控制措施共计 112 次，保障民生用电需求。加强设备运行管理，跨区 12 回直流保持稳定运行，主要输变电设备故障率达到历史同期最低水平。严肃调度纪律，强化重要通道运行管控，做好应急处置，守牢大电网安全底线。

规划计划 完成分部战略落地和“一体四翼”工作方案重点举措 75 项。推进“十四五”规划中期评估及滚动调整研究，完成中长期调峰规划研究，开展浙西南皖南抽水蓄能大规模发展和华东电网适应性研究，牵头提出“十四五”新投运抽水蓄能电站容量分配建议，获总部肯定。重点推进“一交两直”特高压工程前期，开展外电入沪落点比选研究，做好上海北部“双改四”等主网架重点工程前期工作，服务核电、煤电等保障性电源建设。完成特高压白江、白浙工程受端换流站交流系统及 500kV 配套送出启动投运，保障闽粤联网投运，实现国家电网与南方电网电力互济互备。服务新能源装机突破 1 亿 kW，保障吉泉直流送电突破 1100 万 kW，投运新能源数据管理平台，实现对近 6000 座新能源场站全过程管理，健全新能源消纳多级协调机制，总计消纳网内新能源 1619 亿 kWh，同比增长 32%，消纳利用率保持 100%。

电力交易 落实电力市场改革部署，初步建立年、月、周定期开市制度，丰富区内省市购电途径。落实国家发展改革委煤电价格全面放开和电网企业代理购电政策，华东直调火电全部电量实现市场化定价。推进新一代电费结算系统建设，打通业务链条和网省链路。配合省间、省级现货市场建设平稳推进、有序运行，初步建立现货市场环境下华东电网安全校核和阻塞管理机制。配合华东能监局开展长三角电力市场研究，完成《长三角（华东区域）电力市场运营基本规则》等 10 份相关规则和配套机制初稿。

分部管理 发挥绩效考核“指挥棒”作用，创新设立二级指标考核机制，组织签订全员绩效合约，动态监控绩效指标完成情况，做实压力传导。技术中心支撑作用逐步增强。选优配强各层级人员队伍，职工平均年龄同比下降 0.8 岁，选树分部高级专家 2 人、青年人才 3 人，2 位员工入选国家电网公司青年人才托举工程。深化“三项制度”改革，推动分部新岗位工资制度套改，优化调度员培养机制和激励手段，制定内部主管岗位竞聘实施细则。

做好第三监管周期输配电定价成本监审配合。扎实完成国企改革三年行动各项任务。制定“五提升、五支撑”20 项措施，助力国家电网公司加快建设世界一流企业。紧密跟踪产业单位产权终极改革工作进展，加强政策研究，夯实改革基础。

科技管理 坚持创新驱动，推进科技创新重点工作 26 项，参与国家电网公司新型电力系统攻关重大专项 2 项，完成新一代调度技术支持系统自动控制闭环试运行，深入开展白江直流稳定特性、如东柔直投产后宽频振荡等研究，13 项成果获行业及国家电网公司科技奖，创近年最好成绩。发挥分部平台优势，以劳模工作室、博士论坛、海光技术论坛等为载体，强化技术交流和创新人才培育。推进大数据应用平台建设，开展分部数字化转型顶层设计，实施云租户试点验证。

党群工作 开展多形式、多层次、全覆盖的党的二十大精神学习宣传活动，掀起学习贯彻热潮。领悟“两个确立”的决定性意义，把思想和行动统一到党中央精神上来。坚持“强政治、融业务、进一线、聚人心、树正气、育文化”工作思路，深化“旗帜领航”党建工程，以工程化管理抓好 59 项年度党建重点任务，持续强化政治、思想、组织建设、意识形态和宣传工作，重点推进基层党组织书记履职能力提升和高质量“党建+”工程 8 大类 19 项，以高质量党建引领高质量发展。召开分部党员大会，平稳规范完成分部“两委”换届选举工作。履行管党治党责任，开展巡视发现问题自查自纠，完善部门党风廉政建设情况考核机制，探索建立分部特色的“五个一”体系化廉政风险防范工作法。抗疫情、保供电、学习贯彻党的二十大精神等相关工作得到系统内外媒体报道 145 篇，提升品牌影响力。发挥工会桥梁纽带作用，举办华东区域电力市场供需分析预测劳动竞赛、“沪联迎盛会、电亮微游行”和老同志“三看”等活动。关心关爱职工，落实补充医疗保险“三享计划”，开展全民阅读系列活动，丰富职工疗休养形式，推进智慧后勤建设。

（朱 文 李 曼）

【国家电网有限公司华中分部】

分部概况 国家电网有限公司华中分部（简称国网华中分部）是国家电网公司在华中区域的派驻机构，作为国家电网公司的二级单位，按分公司模式在自身职能职责范围内独立规范运作，承担区域内骨干电网发展规划、调控运行、安全生产、分部输变电资产管理等方面主体责任。负责协调服务省公司和地方政府，调动区域内省公司、发电企业、地方政府等各方力量团结治网，在区域电网发展建设中实现共建共享和协同发展。负责接受总部业务管理和考核的审计、纪检、交易等机构的挂靠管理。

领导班子 截至 2022 年 12 月 31 日，国网华中分部领导班子成员如下：

国家电网公司副总工程师兼主任、党委副书记：田博（2022 年 3 月任职

党委书记、副主任：肖黎春

副主任、党委委员：朱教新（2022 年 12 月转二级）

副主任、党委委员：晏治喜（2022 年 12 月转二级）

副主任、党委委员、纪委书记、工会主席：张小牧

副主任、党委委员：郑港（2022 年 8 月任职）

副主任、党委委员兼华中审计中心主任：陈虹（女）

副主任、党委委员兼国家电力调度控制中心副主任：周坚

组织机构 内设办公室（党委办公室）、财务资产部、人力资源部（党委组织部）、党建工作部（党委宣传部）、工会办公室、纪委办公室、发展规划部、安全监察部、生产技术部、调度控制中心等 10 个部门，设立北京电力交易中心市场交易四部、华中审计中心、第三纪检中心 3 个挂靠机构，下设电网技术支持中心、后勤管理中心 2 个支撑保障机构。

截至 2022 年底，国网华中分部共有长期职工 294 人，其中分部本部 234 人，分支机构员工 60 人，员工平均年龄 47 岁，本科及以上学历占 89%。

电网概况 华中电网覆盖湖北、河南、湖南和江西等四省，土地面积约 73.16 万 km^2，供电区域常住人口 2.7 亿人。区域内发电资源分布和电力流总体呈现“南水北煤、水火互济、西电东送、南北互供”的特点。华中能源禀赋不足，缺煤、少油、乏气，一次能源匮乏。煤、油、气基础储量分别仅占全国的 4.4%、1.9%、0.3%。水电资源相对丰富，但已开发殆尽。风电、光伏基础条件较差，技术可开发量分别仅占全国的 3.9% 和 0.75%。

华中电网呈现以湖北为枢纽，与河南、湖南和江西各省以 500kV 互联的辐射状电网。随着特高压电网加快建设，特别是 2022 年特高压 1 站 5 线交流工程建成投运，华中四省形成 E 字形结构，华中四省初步实现特高压互联。电网结构由辐射状向团状转变，特高压日字形主网架初具规模。

华中电网“得中独厚”，处于“联网中枢、安全中坚、资源中继”的重要地位，是国家电网系统跨区通道数量最多的区域电网，通过“13 直 1 交”共 14 条跨区通道，与东北电网之外的其他所有区域电网互联，是全国互联电网的中心和枢纽，是保障西北、华北新能源和川渝清洁能源优化配置的重要平台。跨区受入能力达 4051 万 kW，送出能力达 2186 万 kW。

截至 2022 年底，华中电网调度口径装机容量 301374MW（同比增加 12178MW）。其中，火电占 53.3%；水电占 21.7%；新能源及其他占 24.8%。调度口径发电量 9229 亿 kWh，同比增长 4.06%，其中火电 6109 亿 kWh（占比 66.19%，同比增长 17.42%），水电发电量 1869 亿 kWh（占比 20.25%，同比下降 8.61%），

新能源1157亿kWh（占比12.54%，同比增长18.94%）。华中电网1000kV交流输电线路11条，长度3133km；500kV输电线路472条，长度31311km；220kV输电线路3273条，长度74051km。1000kV交流变电站6座，变压器12台，总容量36000MVA；±800kV换流站3座（不含特高压豫南、武汉换流变电站）；500kV变电站145座，变压器262台，总容量240000MVA；220kV变电站1200座，变压器2397台，总容量367839MVA。

安全管理 落实安全责任。印发领导干部安全责任“两个清单”和全员安全责任清单，制定分部全面强化安全责任落实36项措施。深化华中电网“152”安全管控体系建设，建立华中—西南电网运行协同管控机制。

夯实安全基础。印发分部隐患排查治理管理细则及排查清单，立查立改285项设备隐患。安全生产专项整治三年行动、华中四省输电网和省会城市电网安全性评价收官。增设调控中心监控系统网络安全处，率先完成网厂三区业务外移工作。

提升安全风险防控水平。推动落实华中区域密集通道、重要通道风险管控措施。改造老旧继电保护320套、稳控系统26套。应对特高压建设投产高峰，多维度管控电网风险，发布风险预警46项，完成主网检修536项次。

加强应急保障能力。印发防冻融冰工作规定，开展度夏（冬）联合反事故演习，推进华中应急联动救援基地建设，完成“两奥两会”、重大节日等重要保电任务。华中电网同城调度暨应急指挥中心如期实现主体结构封顶。动态优化疫情防控措施，强化制度建设、培训演练、物资储备，适时启动调度员双场所独立值班和全封闭管理，保障员工安全健康、分部运转有序。

电网调度 打赢安全保供攻坚战。坚持“保供一盘棋”，应对历史罕见的最高温度、最少水电、最大负荷、最长时间“四最”叠加的挑战和全网及四省用电负荷42次创历史新高，主动向四省党委政府汇报工作，对接地方能源主管部门、区域能源监管机构，反映供需形势，提出的建议措施得到重视和采纳。与四省公司协同配合，“一省一策”细化保供方案。开展“一厂一策”发电能力提升行动，全网统调机组非计划停运次数和出力受阻功率实现双降。打赢了电力保供攻坚战，守住了电网安全生命线和民生用电底线。华中电网连续40年安全稳定运行。国网华中分部被评为湖北省组煤保电工作贡献突出单位。

保障重大工程按期投产。汛前投产三峡近区电网优化工程，保障度夏期间三峡电力送出。保障特高压交流“1站5线”年底投产，形成特高压E字形主网架。陕武直流能力提升等专项措施落地，全年投产“8站3机50线17变”，提升主网供电能力约1200万kW。

提升清洁能源消纳。消纳区外清洁能源671.2亿kWh，同比增长24.7%。首个直接接入华中500kV主网的新能源光伏基地投产。全网新能源发电量1241.7亿kWh，同比增长27.7%，新能源利用率98.97%，实现“量升率优”；水电实现全额消纳。推进新能源涉网性能核查与整改和新能源仿真建模分析。首次发布《华中电网新能源场站并网服务指南》。

深挖通道潜力能送尽送。建立华中—西北—西南三方电力保供联动机制、华中省间交易“日报告、日会商”制度，组织临时支援3538笔，高峰最大增供华中950万kW；跨区受电电力最大占到用电负荷的25%，全年跨区受电电量达到全网用电量的23%。首次实现五大特高压直流同时按最大能力送电华中，首次实现灵宝直流送电西北迂回转送华中，首次实现江城直流、特高压长南线汛期反送华中。

推进电力市场改革。配合省间现货市场建设，完成交易电量35.95亿kWh，同比增长162%。配合推进湖北、河南省内现货市场试运行。促成出台《华中省间电力调峰及备用辅助服务市场运营规则》，增加备用调用交易品种，辅助服务交易电量10.9亿kWh，同比增长122%。

推动数字化建设。实施新一代调度技术支持系统华中试点工程，主网分析决策中心建成上线试运行。调控云数据质量提升。老旧保护改造完成320套。华中东西走廊光传输网改造项目顺利推进。华中同城备调开工建设。确定分部数字化建设顶层设计，开展数据中台建设。

电力交易 全年实现省间交易电量1995.6亿kWh，同比增长4.9%；消纳区外清洁能源671.2亿kWh，同比增长24.7%。购电量1321.3亿kWh，同比增长0.6%；售电量1304.8亿kWh，同比增长0.7%。首次开展华北、西北送电中长期市场连续运营，经长南荆特高压交流反转年度运行方式增加送华中交易70万kW、4亿kWh。首次常态化开展与西北周交易会商和组织，增加宁夏、陕西送湖北临时交易电量13.5亿kWh。首次开展东北送华中跨区交易，落实辽宁送湖南交易电量10亿kWh。实现6大区域电网均向华中送电。配合三峡近区电网结构重构，科学调整三峡近区计量关口。理论分析与现场实验论证相结合，首创提出1000kV特高压潇江Ⅰ、Ⅱ线投产后线损异常问题解决方案。完成数智化交易大厅改造，建成交易信息综合展示平台。开通400电力交易服务热线。

规划计划 服务沙漠戈壁荒漠大型风光基地开发，开展全国电网发展格局华中区域相关研究，为中长期跨区直流落点华中创造条件。完成“十四五”电网规划中期评估，推动51项主网工程入库。推动金上一湖北、黄石特高压工程获得核准。宁夏—湖南特高压直流工程完成可研评审。组织开展华中区域抽水蓄能规划调研，研究区域中长期电网调节能力，提出华中区域抽水蓄能规划总量、布局和建设时序等一揽子优化方案。服务发电企业，推动项目业主和设计单位在项目前期阶段提前开展网源协同专题研究。首次开展区域十年电力供需逐年平衡分析研究，创新提出基于区域平衡的电力供需及新能源消纳分析方法。适应分部运作新模式，组织制定《国网华中分部综合计划管理实施细则》《国家电网公司华中分部规划咨询专项管理规定（试行）》。

分部管理 提升资产管理。完成渝鄂背靠背工程转资 43.55 亿元。制定资产全寿命周期管理提升实施方案，建立直属资产自主精益化管理体系，编制“一站一策、一线一策”。印发生产技改大修等管理规定。强化招标采购全过程线上管控，实现 ECP 采购平台使用率 100%。

经营质效增强。开展电价政策研究，推动第三监管周期成本监审与核价工作取得预期成效。开展提质增效专项行动，争取到省内首批最大退税资金 17.32 亿元，压降带息负债 15 亿元，减少财务费用 0.63 亿元。

经营风险管控。开展综合治理专项行动，落实“合规管理强化年”重点任务。修订“三重一大”决策管理办法。完成经济责任审计迎审及整改落实工作，开展分部委托运维资产管理审计。完成国家电网公司下达的 5 项审计任务，配合完成经济责任审计、特高压专项审计等迎审工作。

队伍建设。印发关键岗位人员交流、专家人才考核等管理规定，引导激励创新创效，13 人获评分部“高级专家”“电力工匠”，7 人入选国家电网公司和国网华中分部人才托举计划。选派 3 人到省公司挂职锻炼，27 名技术人才补充到生产重要岗位。举办“分部讲堂”“专家讲堂”等各类培训 46 期次，开展变电运维劳动竞赛，促进队伍素质提升。1 人被授予“国网工匠”“荆楚工匠”荣誉称号，荣获湖北省技能竞赛“十佳绝活奖”。1 人当选湖北省第十二次党代会代表。1 人荣获湖北省“五一劳动奖章”。

科技管理 科技创新取得突破。与中国电科院、华中科技大学等科研院所签订科技创新合作协议。增加科技创新投入和立项获得上级支持。首次牵头实施国家电网总部“提升直流接入能力的交流电网柔性分区技术研究”项目，首次牵头修编《杆塔工频接地阻抗测量》行业标准和《省级以上电网继电保护一体化整定计算系统技术规范》企业标准，参与国家电网总部新型电力系统重大攻关项目 3 项，参与国家电网总部指南项目 13 项。实施分部科技项目 32 项（其中续建 15 项，新开 17 项），开展分部技术服务项目 23 项；组织申报并牵头总部 2023 年第一批科技指南项目 3 项，满额申报总部 2023 年第二批科技指南需求 7 项，储备分部 2023 年研究开发项目 53 项。2022 年研究开发总投入 2611 万元，项目完成率 100%，资金完成率 100%，技术服务满意率 100%，企业负责人年度业绩考核科研任务完成率实现 100%。

科技创新成果丰硕。参与科技项目获得省部级科技奖励 10 项、取得技术创新成果 6 项，颁发国网华中分部科技进步奖 10 项。柳焕章劳模创新工作室示范点已累计获得省部级及以上科技奖励 76 项、授权专利数量 205 项。“1000kV 潇江工程投产过渡期通道能力深化研究”“±800kV 陕武直流能力提升研究”成果为重大输电工程通道能力挖掘提供理论支撑。“特高压交直流电网安全稳定控制系统智能分析及标准化关键技术研究”与“华中电网系统保护关键技术研究与应用”成果在多家网省调度投入使用，提升电网安全防控能力。“清洁能源调度运行与协同管理关键技术及应用”保障在新能源装机平均增速超过 29%情况下，华中电网新能源年利用率达到 99%以上。

党群工作 突出抓好政治建设。坚持“第一议题”制度，跟进学习习近平总书记重要讲话和重要指示批示精神，深化“再学习、再落实、再提升”主题活动。深化党组织标准化建设，规范完成国网华中分部党委和基层党组织换届工作。开展分部文明单位创建常态管理。制定分部加强思想政治工作 17 条落实措施，开展职工思想动态调研分析。意识形态工作加强，总体态势向上向好。

学习贯彻党的二十大精神。贯彻国家电网公司党组、湖北省委学习宣传贯彻党的二十大精神实施方案，细化落实 5 个方面 48 项重点任务。国网华中分部党委第一时间召开扩大会议、组织中心组学习、举办读书班、开展线上线下宣讲，示范带动各级党组织开展集体学习研讨。邀请省委宣讲团专家宣讲，开展“书记讲、党员谈、楷模评、青年说”系列宣传活动，运用大楼综合展示区、大小屏、内外网广泛宣传，掀起学习宣传党的二十大精神的热潮。

丰富党建工作载体。督导开展 8 个专业领域“党建+”重点工程，加强过程管控和成效评估，发挥党建引领保障作用。开展“党旗引领·创新突破”专项行动、党员和党员身边“安全无违章、管理无违规、廉洁无违纪”活动、“联学联创”活动，发挥“两个作用”，推动党建优势转化为发展优势。以创建国家电网公司示范点为抓手助力乡村振兴，帮扶工作得到省政府高度评价。帮扶的房县三海村入选国家电网助力乡村振兴示范村。开展庆祝建团 100 周年系列活动，举办“青春心向党、建功新时代”演讲比赛，实施分部青年精神素养提升工程。组织党员志愿服务队，76名党员分批下沉社区支援疫情防控，14名党员获评社区“最美下沉党员”。

主要事件

4月11日，国网华中分部召开干部任免宣布大会。田博任国家电网有限公司副总工程师兼国网华中分部主任、党委副书记。

4月30日，2022年国家电网公司三大重点改造工程之一——三峡近区电网优化工程投运，解决三峡近区短路电流水平偏高、电磁环网潮流穿越、电力疏散能力不足等问题，丰水期恩施地区电力外送能力最大提升80万kW，湖北西电东送通道能力最大提升95万kW，鄂西丰富的清洁能源消纳力度将加大，支撑区域“双碳”目标的落实。

6月25日，特高压潇湘站500kV母线实现分母运行，提升湖南供电能力100万kW。

6月29日，华中电网同城调度暨应急指挥中心项目建设在武汉启动。该项目的建设，对于解决华中电力调度现有调控场所空间资源不足及平台扩容难问题，有效应对疫情、恐怖袭击等各类突发情况，提升应急指挥能力具有重要意义。

8月4日6:55，灵宝直流首次实现华中电网反送西北电网，灵宝直流Ⅱ期功率反送西北10万kW；15:10，反送功率上升至70万kW，将豫西电力送至西北电网、经青豫直流送至豫南地区，在缓解豫西电力外送卡口的同时，提升豫南地区供电能力120万kW。

8月10日8:13，江城直流首次由南方电网反送华中电网，反送最大功率达到98万kW。国、网、省三级调度充分利用电力余缺，发挥大电网枢纽作用，及时开展反送稳定专题研究，提出电网运行控制措施，保障了灵宝直流、江城直流反送方式下电网安全稳定运行。

10月13日16:18，国网华中分部完成南阳—荆门特高压交流工程调试，1000kV南荆Ⅰ、Ⅱ线开始72h试运行。南荆双线是华中“日”字形特高压交流环网的重要组成部分。投运后，华中鄂豫省间断面输电能力将得到显著提升，有利于风电、光伏和水火互济，清洁能源在华中电网的统一消纳与跨区、跨省优化配置，缓解大负荷期间华中部分省份“硬缺电”的困难局面。

12月30日，1000kV荆门—武汉特高压交流工程投运，标志着华中电网形成特高压E字形网架。华中电网稳定水平和资源优化配置能力提升，为华中区域电力供应提供支撑。

2022年，华中电网实现安全稳定运行40周年。

（郭崇军　郑路遥）

【国家电网有限公司东北分部】

分部概况　国家电网有限公司东北分部（简称国网东北分部）于2011年4月在原东北电网有限公司基础上成立，是国家电网公司在东北区域的派驻机构，作为国家电网公司二级单位，按分公司模式在自身职能职责范围内独立规范运作，承担区域内骨干电网发展规划、调控运行、安全生产、分部输变电资产管理等方面主体责任。负责协调服务省电力公司和地方政府，调动区域内省电力公司、发电企业、地方政府等各方力量团结治网，在区域电网发展建设中实现共建共享和协同发展。负责接受总部业务管理和考核的审计、纪检、交易等机构的挂靠管理。

组织机构　国网东北分部内设15个部门，下设2个分支机构，直管中朝鸭绿江界河上的4家水电单位。

电网概况　东北电网覆盖辽宁、吉林、黑龙江及内蒙古东部三市一盟，是国家电网公司六大区域电网之一，供电面积128万km^2，供电人口1.12亿。东北电网是中国首个区域统一电网，早在1944年，中国水电之母——丰满水电站的3条出线便将辽、吉、黑三省电网联结在一起。东北电网建设之初就按“一张网”统一规划和调度，团结治网精神深入人心。东北电网是中国最早的跨国跨区联网电网，南与华北（京津唐、山东）电网通过高岭背靠背直流和鲁固特高压直流联网，北与俄罗斯远东电网通过黑河背靠背直流联网，在东部通过中朝界河水电站与朝鲜共享鸭绿江水力资源。东北电网以500kV电网为主干网架，覆盖主要大中城市群的负荷中心，并与区域内的煤电、风电和水电基地相联。区域内部由北起内蒙古呼伦贝尔、南至辽宁鞍山的伊穆直流与500kV交流电网形成交直流混联结构。网内潮流维持蒙东、吉林、黑龙江电源基地向辽宁负荷中心和鲁固直流扎鲁特换流站汇集的输电格局。

截至2022年底，东北电网共有500kV线路261条，长度26265km；220kV线路2376条，长度66905km；500kV变电站86座，变电容量14421万kVA；500kV发电厂升压站30座；直流换流站5座；220kV变电站724座，变电容量18984万kVA。东北电网总装机容量18942.67万kW，同比增长9.22%。其中：火电10508.96万kW，占比55.48%；风电4692.95万kW，占比24.77%；光伏1860.34万kW，占比9.82%；水电1212.91万kW，占比6.40%；核电667.52万kW，占比3.52%。全网发电量5770.83亿kWh，同比增长2.38%；全社会用电量5284.67亿kWh，同比增长1.86%；最大发电电力8250万kW、最大用电电力7463万kW。

2022年，高岭直流跨区外送电量115.78亿kWh，同比减少14.78%；鲁固直流跨区外送电量327.04亿kWh，同比增长23.24%；黑河直流受俄电量33.52亿

kWh，同比减少 3.17%。

安全生产 树立“安全第一”理念，多措并举实现“八个不发生”目标。

树牢安全发展理念。学习领会习近平总书记关于安全生产重要论述，各级安委会集体学习 17 次，安全生产月期间组织全体员工重温《生命重于泰山》纪录片，推动习近平总书记重要论述入脑入心，确保将以人民为中心、尊重安全、敬畏生命的要求贯穿工作全过程、落实到管理各环节。

强化安全管理监督。落实国务院安全生产“十五条”硬措施和公司 38 项措施，制定 57 项细则。推进安全生产专项整治“收官年”任务，消除云峰发电厂主阀老化等一批重点隐患，问题隐患整改率 100%，专项整治三年行动收官。突出“超前管理、重在预防”理念，印发“1+15”安全管理策划方案，梳理 9 个方面 204 项风险因素，制定 804 项措施，统管全年安全风险管控工作。发布电网运行风险预警 30 次，落实各项管控措施，确保风险可控在控。组织开展分部、区域及跨区层面各类安全督查 108 次，累计发现和推动整改问题 455 项。修编国网东北分部“1+21”总体预案及专项预案，针对性开展无脚本实战演练，不断提升应对各类风险和处置突发事件能力。举办“无违章班组建设、党员身边无违章”活动，推进党的建设与安全生产高度融合。

狠抓电网安全管理。督导省电力公司加强重要输电通道、重要变电站设备监测和巡视，加强运维保障和应急抢修，提升设备安全运行水平。应对系统性频率问题，推动将 410 万 kW 抽水蓄能机组和 600 万 kW 电蓄热负荷纳入低频防线。开展极端天气预警、设备升级改造、事故应急处置，抵御多轮雨雪冰冻和强寒潮来袭。实施老旧继电保护设备改造和 AGC 系统缺陷整改。落实电力监控、互联网、管理信息“三个大区”安全防护措施，网络安全通过公安部攻防检验。坚持“五个最”标准，完成各项重大保电任务，被国家电网公司授予北京冬奥会、二十大保电“先进单位”。

完成防洪度汛任务。2022 年汛期，东北地区各大水库流域降水普遍偏多，局部较历史同期偏多一倍以上。国网东北分部超前研判、周密部署，先后下达防汛调令 24 项，安排水电机组稳发满发和 4 轮水库预泄，成功应对 9 轮强降雨和云峰水库历史最强单场降雨，维护了水库、大坝和下游人民生命财产安全，得到朝方、辽宁省防汛抗旱指挥部和水利部松辽水利委员会的肯定。

电网调度 贯彻落实习近平总书记关于电力保供、能源转型等方面的重要讲话和重要指示批示精神。

满足经济社会发展用电需求。坚持政府主导、政企联动，依托“四方”保供协商机制，坚决打赢电力保供攻坚战。督导发电企业储煤，度冬期间东北电网电煤库存较 2019—2021 年同期均值多三成。推动科右中电厂等一批重要电源投运，增加电力供应能力 370 万 kW。加大火电机组发电能力现场实测和“两个细则”考核力度，火电机组非停、受阻率降至历史最低水平。统筹各大水库发电计划，增发水电电量 18.38 亿 kWh。投产红沿河核电站送出加强工程，改造区域稳控系统，为 6 台核电机组满发创造条件，核电年发电量同比增长 12.9%。发挥大电网资源优化配置作用，按照“分省平衡、余缺互济”原则调整关口联络线调度模式，设立蒙东独立控制区，夯实省电力公司“保供应、保民生”主体责任。组织省间交易和应急支援，最大限度降低分省平衡缺口。按照国家电网公司统一部署，度夏、度冬期间全力支援华东、华中、川渝等用电紧张电网，最大支援电力 950 万 kW，支援电量 57.5 亿 kWh，为国家电网公司保供大局贡献了东北力量。

促进能源清洁低碳转型。健全平衡消纳体系，建立 7 天电力平衡机制，统筹网内机组启停、设备检修、市场交易和需求响应，多维度挖掘保供、消纳潜力，相关做法入选 2022 年国家电网调度运行典型经验。严把新能源入网关，明确存量新能源场站涉网性能改造路线；完成 232 万 kW 新能源场站实测建模及 14 台火电机组深调工况涉网试验。推动 95 万 kW 抽水蓄能机组投产和 532 万 kW 火电机组灵活性改造，提高电网灵活调节能力。服务 1154 万 kW 新能源项目并网发电，截至 2022 年 12 月 31 日，东北电网新能源装机容量 6546 万 kW，发电量 1290 亿 kWh，同比分别增长 21.4% 和 25.7%；新能源利用率 97.5%，居“三北”地区首位，高于国家电网公司控制目标 1.2 个百分点。

规划计划 坚持“规划指导计划、计划落实规划”原则，推动规划与计划紧密衔接，服务构建新型电力系统。

发挥规划统领作用。开展十年电力供需平衡分析和新能源消纳能力测算，完善东北电网“十四五”规划。“东通道”北段林平二回扩建工程纳入公司规划、巴林—金沙—阜新工程取得核准，实现国网东北分部成立以来跨省电网规划建设零的突破。协调区域电网网架建设，与国网黑龙江电力、国网吉林电力就省内 500kV 电网规划、投资、建设达成共识，为建强区域电网网架、做实区域电网资产奠定了基础。安排 500kV 4 站、14 变、11 线投产，夯实主网架结构。吉林、辽宁西部新增 6 台 500kV 主变压器，提升新能源送出能力 315 万 kW；荣泰输变电工程按期投运，消除满洲里地区四级安全风险。投运科右中电厂等一批稳定电源，鲁固直流输电能力提高到 700 万 kW。深化大型新能源基地送出方案研究，满足新能源规模化发展需要。

发挥计划引领作用。深化开展综合计划各专项高质量发展评价，严抓审核管理，规范履行程序。梳理固定资产零星购置、生产辅助技改大修专项管理流程，制定专项管理细则。做好燃煤机组电量全部进入市场后生产经营计划衔接工作，保障全年经营任务及重点指标完成。优化生产计划指标，促请将鲁固直流电量计划分解到省、线损电量指标剔除抽水蓄能电站损失电量。

电力交易 探索电价改革新形势下的交易策略，满足不同市场主体交易诉求，2022 年完成跨省跨区交易电量 1182 亿 kWh，同比增长 5.85%。

创新中长期交易方式。分析多年联络线电力曲线数据，与省电力公司同向发力，推动实现东北区域内附加分月典型电力曲线的省间中长期交易方式，贯穿年度、月度及月内交易，为后续开展中长期分段电价交易、中长期市场与现货市场有效衔接奠定基础。

开展跨省跨区打捆交易。2022 年，面对年度交易电量较小、部分火电企业跨省跨区交易意愿不足等情况，国网东北分部协调市场各方，研究制定交易方案，采取“新能源火电打捆”方式，灵活设置新能源交易电量占比，调动火电企业交易意愿，提高火电企业交易电量。全年通过月度和月内打捆交易，新增跨省跨区中长期交易电量 126.55 亿 kWh，其中火电交易电量 76.68 亿 kWh。

保障鲁固配套风电送出。鲁固直流未规划配套火电项目，累计投产配套风电 300 万 kW。为平抑配套风电波动性和反调峰特性，落实配套风电电量不能本地消纳政策，实现鲁固直流按商定曲线外送，国网东北分部沟通协调市场各方，制定东北全网火电与鲁固直流配套风电“打捆交易”和“动态比例设置、灵活电价搭配”的交易策略，2022 年累计完成配套风电交易电量 45.69 亿 kWh，保障配套风电电量足额送出。

分部管理 把握国家电网公司党组进一步加强分部建设的历史机遇，推动国网东北分部管理制度化、规范化。

提升企业运转效能。健全完善“三重一大”决策机制，修订各类规章制度 70 余项，调整部门职责和岗位设置，实施办公管理提升专项整治，清晰企业内部责任界面，提高合规水平与工作效率。组织完成 15 项分部资产输电线路迁改工程前期工作，编制 14 座智慧变电站“一站一策”差异化改造方案，对 2020 年以来因雨雪冰冻灾害受损或故障停运的 500kV 线路进行抗冰防舞能力补强，提升设备安全水平。

经营业绩稳中向好。将提质增效贯穿生产经营全过程，落实 55 项增效举措，提振企业经营活力。配合第三周期输配电成本监审，争取到核定准许成本 26 亿元，环比增长 32%。落实“合规管理强化年”23 项举措，防范化解管理风险。开展综合治理专项行动自查自纠，配合国家电网公司经济责任、特高压工程审计，完成设租寻租专项整治“回头看”，开展委托运维资产管理、经济责任审计等内审工作，常态化抓好后续审计工作。

科技管理 2022 年安排研究开发自管项目投资计划 1240 万元、总部管理技术服务投资计划 672 万元，就电力系统短路容量超标、风电场一次调频能力动态估计、水电机组转轮渗漏试验、大电网频率风险防御策略等重点问题进行深入系统研究，助力高质量发展。全年发表学术论文 9 篇，其中 SCI 检索 1 篇、EI 检索 7 篇；申请专利 9 项，其中发明专利 5 项。

规范科技工作管理。印发《国网东北分部科技工作管理实施细则（试行）》，完善科技项目管理流程，建立健全科技奖励机制，激发全员参与创新热情。围绕新型电力系统建设，立足生产一线实际需求，开展项目储备与实施，2022 年新型电力系统建设研究开发项目投资占比 42.54%，2023 年储备项目投资占比 43.29%。

参与总部管理项目。牵头或参与国家电网公司管理科技指南项目和技术标准项目 7 项，特别是牵头开展国家电网公司新型电力系统科技攻关行动计划 2022 专项重大科技项目“提升高比例新能源电力系统应急保供能力的频率防御技术研究”，支撑电力安全可靠供应和能源绿色低碳转型；受总部委托组织完成 4 项指南项目验收，在总部管理科技项目参与度方面实现新突破。

党群工作 深入贯彻新时代党的建设总要求，全面提升管党治党水平。

学习贯彻党的二十大精神。坚持将学习宣贯党的二十大精神作为首要政治任务，组织“奋进新时代、团结向未来”主题系列活动，通过主题党日、党史知识竞赛、红色摄影展等多种形式，营造了喜迎党的二十大的浓厚氛围。组织全员收听收看党的二十大开幕盛况，对照国家电网公司学习贯彻工作方案，制定 5 个方面 49 项落实举措。累计开展集中学习 58 次，各级领导深入党建联系点宣讲 16 场，组织专题培训 2400 人次，将党的二十大精神传达到每个支部、每一名员工，做到一贯到底、全面覆盖。

企业党建。国网东北分部党委带头落实“第一议题”制度，跟进学习习近平总书记系列重要讲话，特别是在辽宁考察时的重要讲话精神，号召全体党员以生动实践和实在业绩，书写人民电业为人民崭新篇章。召开第二届党代会，完成“两委”换届工作。实施“党建＋”工程和青年精神素养提升工程，激励引导广大党员和团员青年立足岗位创优争先。坚持正确舆论导向，结合“强国复兴有我”等主题加强对内对外宣传。建成投产辽宁省建平县张家营子镇青山村第四期光伏电站项目，助力乡村振兴事业发展。

党风廉政建设。贯彻十九届中央纪委六次全会精神，一体推进“三不腐”。围绕电力保供、疫情防控等重点任务强化政治监督，紧盯“关键少数”，加强“一把手”和各级领导班子监督。开展国家电网公司巡视通报典型共性问题自查自纠和2018年国家电网公司党组巡视国网东北分部发现问题整改“回头看”，堵塞管理漏洞、消除风险隐患。实施“强作风、树新风”专项行动，主动约谈252人次、开展警示教育96次。

（王生龙　祁晓枫）

【国家电网有限公司西北分部】

分部概况　国家电网有限公司西北分部（简称国网西北分部）作为国家电网总部在西北区域的派驻机构，按分公司模式独立规范运作，承担西北骨干电网发展规划、调控运行、安全生产、纪检审计、分部输变电资产管理等责任，同时承担着国家黄河上中游水量调度委员会办公室职能。内设10个部门，3个挂靠机构，2个二级机构。

西北电网是国家电网的重要组成部分，覆盖陕、甘、青、宁、新五个省区，总装机容量3.6亿kW，其中新能源装机容量1.65亿kW，最大用电负荷1.2亿kW，拥有750kV变电站73座、线路220条（总长度超过2.7万km）。供电面积大，覆盖308万km²，东西跨度3000km以上，约占全国陆地面积的1/3，供电服务人口超过1亿。互济能力强，五个省级电网通过750kV骨干网架联接，省区间联络线19回，省间交换能力2730万kW，年互济电量近1000亿kWh，联网效益好。外送规模大，在运直流11条，总容量7071万kW。其中，特高压直流7条，数量及输电容量占到国家电网系统的一半，目前电力外送全国19个省市，是外送能力最强、规模最大的区域电网。“十四五”期间还将建设新增6项特高压直流工程。新能源占比高，2022年底，新能源已成为西北电网第一大电源。目前，新能源装机占西北电网总装机比例46%，年度发电量占比达到23.6%，是国内新能源装机占比和发电量占比最高的区域电网，其中新能源发电量占比已超越欧盟，达到国际领先水平。

领导班子

国家电网公司副总工程师兼主任、党委书记：王国春

副主任、党委委员、纪委书记、工会主席：来文青

副主任、党委委员：范越

副主任、党委委员兼西北审计中心主任：郭爱民

副主任、党委委员：张振宇

三级顾问：韩悌、穆银安、马放瑞

组织机构　国网西北分部内设办公室（党委办公室）、发展规划部、财务资产部、人力资源部（党委组织部）、党建工作部（党委宣传部）、安全监察部、生产技术部、纪委办公室、工会办公室、调度控制中心等10个部门，设立北京电力交易中心市场交易六部、西北审计中心、第五纪检中心3个挂靠机构，下设电网技术支持中心、后勤管理中心2个支撑保障机构。

电网概况　2022年西北电网发电设备新增机组254台（座），新增发电容量19282.2MW（净增83台，净增发电容量11629MW），较2021年年底总装机容量增长5.71%。其中新增火电机组22台，新增发电容量2502MW，增长率为1.57%（171台共7653.2MW不可调火电机组退出调度口径统计）；新增水电机组18台，新增发电容量640.6MW，增长率为1.85%；新增风电场90座，新增发电容量6751.8MW，增长率为8.84%；新增光伏电站122座，新增发电容量9336.8MW，增长率为14.13%；新增其他电源机组（含光热）2台，新增发电容量51MW。

西北网调直调发电设备新增机组2台，新增发电容量1660MW。

2022年西北电网新增220kV及以上变压器107台，新增容量43114MVA。其中750kV新增变压器9台，新增容量17700MVA，增长率为7.66%；500、330kV新增变压器62台，新增容量18620MVA，增长率为10.12%；220kV新增变压器36台，新增容量6794MVA，增长率为6.43%。

2022年西北电网220kV及以上交流输电线路净增128条，净增长度3726.8km。其中净增750kV线路12条，净增线路长度875.5km；净增330、500kV线路59条，净增线路长度1797.2km；净增220kV线路57条，净增线路长度1054.1km。

截至2022年底，西北电网调度口径装机8705台（座），容量350730.6MW，其中火电156328.1MW，占总装机容量的44.57%；水电35279.7MW，占总装机容量的10.06%；风电83087.2MW，占总装机容量的23.69%；光伏75419.1MW，占总装机容量的21.50%；光热470MW，占总装机容量的0.13%；其他146.5MW，占总装机容量的0.04%。

西北电网600MW及以上大容量机组共计79台（含国调直调），容量56960MW，占总装机容量的

16.24%。

直接接入 750kV 及以上输电网络的机组 45040MW（含国调直调），占总装机容量的 12.84%；直接接入 330（500）kV 输电网络的机组 78435.5MW，占总装机容量的 22.36%；直接接入 220kV 网络的机组 55764.8MW，占总装机容量的 15.90%；直接接入 110kV 及以下网络的机组 171490.3MW，占总装机容量的 48.90%。

截至 2022 年底，西北电网 220kV 及以上变压器容量 586609MVA，其中 750kV 变压器容量为 248900MVA（73 站 138 变压器），500、330kV 变压器容量为 218355MVA（共 392 站 809 变压器）。西北电网 220kV 及以上交流输电线路长度 96144.4km（2108 条），其中 750kV 线路长度为 27678.4km（220 条），500kV 线路长度为 885.8km（15 条），330kV 线路长度为 36912.8km（961 条）。

电网调度 2022 年，承担企业负责人 5 项关键业绩指标达标率 100%，全年 2 大类 16 项安全生产重点指标，42 大类 222 项重点任务均完成。

保障电网及流域安全。完成党的二十大等重要保电任务。完成系统特性验证试验及分析应用。保障黄河上中游防凌、防汛安全。电网安全运行 8818 天。

保障内供外送。应对度夏全网 12 次负荷新高。落实国家电网公司“一盘棋”要求，发挥“大送端、大枢纽”作用，最大外送电力（5216 万 kW）、最大日外送电量（近 12 亿 kWh）占国家电网经营区单日指标近一半，高频次、大范围转送支援 1116 次。

转型发展再上新台阶。发布促进新能源高效利用 22 条措施。实施“火电灵活性改造攻坚计划”，提升调峰能力超 500 万 kW。牵头完成新一代新能源预测应用建设。新能源发电量、利用率、发电量占比“三提升”。

筑牢二次系统防线。实施稳控全链路自检技术改造和“三道防线”全景监视系统建设。完成网厂交互业务迁移至互联网大区。

市场建设取得新成效。省间调峰辅助服务市场新增新兴主体（负荷、储能）规模 720 万 kW。省间备用辅助服务市场进入长周期试结算运行。I－GDP 平台接入可调节负荷规模近千万千瓦。

技术引领再获新突破。实施西北新型电力系统青年创新工程。完成全国首个新能源全景监控系统全链路实切试验，入选国家电网公司科技攻关行动计划重大专项。

数字化转型迈入新阶段。分部首家实现新建业务应用全量上云部署。推进数据中台深化应用，自主开发“五码贯通”“实物资产评价”等 7 项即时数据产品。保障无纸化会议 166 次，节约纸张 710617 张，减少碳排放 2.3t。

党建引领，红色引擎赋能高质量发展。1 人获评国家电网公司青年五四奖章，1 人入选国家电网公司青年托举人才。全年共获省部级奖励 10 余项。编制“五类人员＋五级响应”新冠肺炎疫情防控应急预案，2022 年全体调度员集中封闭值班 7 次，累计 134 天，保障电力生产秩序平稳。

电力交易 2022 年，全国统一电力市场体系建设稳步推进，电力市场化改革纵深发展，多元竞争主体格局逐步形成，围绕“保供应、促消纳、增外送”核心任务，完善交易机制、创新交易模式、落实重点工作，发挥电力市场对能源清洁低碳转型的支撑作用，破解供需矛盾，防范市场风险，保障电力系统安全稳定运行。

做好西北电力保供交易。组织召开保供增送电力交易工作会议，坚持全网“一盘棋”原则，达成省间互保互济共识，形成保供合力。坚持“四个统筹”，安排部署电力交易 16 项重点措施，以更高站位、更高标准、全力以赴保供电。跨区交易中，对接送受端，挖潜增送，提高输电通道利用率，发挥分部在全国电力保供工作大局中的价值。跨省交易中，强化专业协同，余缺互济，体现交流电网整体合力，发挥分部在区域内的枢纽平台作用。

发挥西北外送“主力军”作用。统筹发展和安全，统筹保供和转型，在西北电力外送中体现责任与担当。建立与华中、华东、西南等区域定期会商机制，起到了搭建合作平台、沟通交易意向、提高会商效率、促进工作交流的积极效果。面对 2022 年夏季最高温度、最少水电、最大负荷、最长时间“四最”叠加情况，发挥大送端、大枢纽作用，支援华东、华中和川渝电网，德宝直流汛期首次西北送西南，灵宝首次反转。2022 年外送电量 2952 亿 kWh，同比增长 7.6%，外送规模连续十年创历史新高。

促进西北清洁能源消纳。加大新能源与常规能源打捆外送交易力度，开展中长期月内（多日）交易，协同调度机构开展现货交易，补齐中午时段外送曲线，最大增送光伏曲线 620 万 kW，累计增送光伏 95 亿 kWh，2022 年西北电网跨省跨区交易消纳新能源 887 亿 kWh，同比增长 10.8%，占新能源发电量的三成，占国家电网系统新能源省间交易电量的六成。完成青海“绿电五周”全清洁供电，创造全清洁能源供电新纪录。

开展跨省跨区交易机制创新。基于“备用共享、调峰共用、风险共担”的原则，在新能源不确定、电煤供应有风险等情况下，开展省间弹性交易机制，提供保供“避险”工具。在柴拉直流试点弹性交易，促进西藏保供应和促消纳统筹兼顾。试点在区域交流联络线开展跨省弹性交易，累计实现增送电量 87 亿 kWh，最大增送电力 150 万 kW，最大限度发挥西北电网互保互济作用。建立西北电网省间交易价格共享平台，开展单向报价–集中匹配出清交易，实现新能源和负荷灵活匹配，稳定电力保供期间省间交易价格。

安全生产 2022 年，面对安全生产、电力保供、天气灾害等多重形势压力，学习党的二十大会议精神，贯彻习近平总书记关于安全生产重要论述，树立“人民至上、生命至上”理念，落实国家电网公司安全生产决策部署，为西北“五型”现代电网建设与长治久安提供了安全保障。

定措施，抓落实，完成重点任务。落实国家电网公司年度安全生产工作意见，印发西北电网 2022 年安全生产工作要点。统筹开展“强化安全责任落实 15 •38 项措施”“安全生产提升年”等专项行动，细化制定具体措施与任务清单。开展西北区域迎峰度夏电力保供安全生产大检查，督促 295 项问题闭环整改。完成安全生产专项整治三年行动“收官年”任务，总结专项整治过程中的先进做法与典型经验，形成措施清单 1 项、制度规范 1 项，推广典型经验 4 条。

挺规矩，明职责，安全责任压紧压实。结合国家电网公司安全生产工作意见，制定国网西北分部领导班子成员“两个清单”。按期召开国网西北分部安委会会议，安排部署安全生产重点工作。动态修订全员安全责任清单，通过开展“明职责、促提升、担使命”安全责任清单培训宣贯，拧紧全员“知责、明责、履责、督责”责任链条。印发《国网西北分部安全管理工作规范》，制定分部安全管理工作评价考核细则，将安全责任嵌入专业管理和业务流程。

查隐患，防风险，双预机制持续健全。印发《西北电网直调系统电网风险预警管理规范》，坚持电网风险“先降后控”，规范发布五级电网风险预警 58 项，完成电网风险督查 16 次。开展安全隐患大排查大整治，查治各类隐患 44 项。完成区域外隐患排查治理远程督查 5 次。针对宁夏“9 • 1”恶性误操作事故，组织开展西北电网变压器近区短路专项隐患排查与防止电气误操作专项调研，排查变电站（换流站）304 座，累计参与调研 1200 余人次。

严管控，守底线，监督检查成效显著。完成冬春火灾防控、国网陕西电力安全基础管理评估、反恐一级目标达标建设等专项督查。对新疆阜康、陕西镇安等抽水蓄能电站施工项目、陕西宁强 LNG 重大危险源以及区域内外施工检修作业现场开展“远程＋现场”督查 22 次，织密扎牢作业风险防控网。落实“四不放过”原则，完成陕西 330kV 西金线大风倒塔等六级安全事件整改评估工作。组织对 750kV 输变电设备频发故障和拉西瓦电厂机组故障进行专题分析，促升设备安全管理水平。

聚合力，促协同，应急能力提升。召开区域一体化应急体系建设会，凝聚区域应急管理合力，提升省区间应急协同配合水平。深化新一代应急指挥系统部署应用，集成各类灾害监测预警信息，全面提升应急管理与处置的数字化、信息化、智能化。启动应急常态化值班，完成党的二十大、双奥等重大活动保电任务。推进电网反恐防范重点目标达标建设，通过公安机关验收。

规划计划 2022 年，发扬“严、细、实、新、高、快”工作作风，推动西北“五型”现代电网建设，在攻坚克难中砥砺奋进，在服务大局中担当作为，发展规划工作成果丰硕。

着力于规划引领，推进西北主网架发展。聚焦电网发展核心问题，巩固“十四五”电网规划成效，形成“1+2+6”滚动规划报告体系，优化西北主网架，明确天山东环网、甘宁断面加强、陕北—关中交流第三通道等主网架项目建设方案及时序，提高电力供应安全保障能力。加强政企沟通机制，对接国家“十四五”电力规划中期评估，推动 12 项 750kV 工程纳规，10 项工程拟调整纳规。

着力于电力保供，科学分析火电发展需求。梳理西北电网各类电源分季节、分时段参与电力电量平衡能力，摸清电网调节资源家底。坚持问题导向，研究新型平衡机理，把握新能源及储能类电源特性，建立新型电力系统平衡体系，首次研究提出以电量平衡为先导的源荷双随机新型电力系统平衡方法，应用于电网规划，推动千万千瓦级火电纳规，推动 800 万 kW 火电复工复产。

着力于电力外送，推动区域外送规模破亿。立足西北电网，强化规划系统性，牵头开展新增 6 回特高压直流接入系统方案研究，推动陇东—山东、“宁电入湘”直流进入核准阶段；结合天山东环网补强，优化完善哈密北直流接入系统方案研究，加快工程可研；聚焦河西、陕北电网直流群安全稳定问题，开展“陇电入浙”、陕北—安徽、陕西—河南直流系统方案研究，推进工程预可研工作，助力区域外送再上新台阶。

着力于能源转型，服务清洁能源发展。服务 7000 万 kW 左右“沙戈荒”基地项目建设，确保新能源可靠接入、友好消纳。多维度研究提出“容量–功率联动”的储能类电源规划方法，明确中长期抽水蓄能电站、新型储能发展路线，坚持“共建、共享、共担”的发展原则。加速推进抽水蓄能电站前期进度，推动近千万千瓦抽水蓄能电站核准，宁夏牛首山、甘肃盘道山等 3 座抽水蓄能电站开工建设，逐站研究提出抽水蓄能电站接入电压等级建议，促进网源协调发展。

着力于电网格局，构建西北电网目标网架。以构建新型电力系统为目标，研究西北电网未来发展格局。把握电网特性变化，提出新规划理念，重构河西、青海电网，实现直流群合理分组，保障特高压直流群可靠接入、安全运行。构建西北电网交流南、北大通道，推动实现“北电南储、西电东送、联网互济”发展格局。完善网架结构，满足陕南、陇南、甘南、海南抽水蓄能群发展需求，提升西北电网省间资源优化配置能力。

着力于工程落地，投资项目前期工作高质量推进。克服疫情不利影响，加强关键技术论证攻关，全力以赴推进工程前期工作。乾县主变压器扩建工程可研评审、核准批复等节点用时不到常规时间的“四分之一”，展现电网前期工作的“西北速度”，为工程明年迎峰度夏前投运奠定坚实基础，保障关中地区电力供应需求。青新联网、陕甘加强工程完成可研收口评审，平凉变电站改扩建工程取得可研评审意见，为项目后续核准工作打下坚实基础。

分部管理 2022 年国网西北分部获国家电网公司业绩考核 A 级。

党建质量提升。执行“第一议题”制度，学习贯彻习近平总书记重要讲话和指示批示精神，以实际行动践行“两个维护”。把学习宣传贯彻党的二十大精神作为首要政治任务，落实党中央关于认真学习贯彻党的二十大精神的决定，制定实施方案、组织学习研讨、举办专题读书班、开展党课党日和知识竞答活动。组织召开党员大会，完成国网西北分部党委纪委换届，确定未来五年的总体工作思路，明确了方向、划定了重点。实施电力保供、能源转型等 21 项“党建 + ”工程，推动党建与业务融合并进。常态化开展党史学习教育，组织现场践学，激励干部职工担当作为。举办庆祝建团 100 周年活动，实施青年精神素养提升工程，引导团员青年听党话、跟党走。实施疫情防控、安全生产等重点领域专项监督，组织开展党风廉政谈话，纵深推进全面从严治党。

精益管理取得实效。制定分部优化经营策略 23 项重点措施。完成提质增效年度重点任务，7 项工作入选国家电网公司典型案例。配合第三监管周期核价工作，核定成本较 2021 年增加 8.5%，为实现较高准许收入打好基础。提前还贷 9.6 亿元，收回逾期债权 6700 万元，三年以上应付款项全部清零。实施严肃财经纪律综合治理专项行动，配合完成国家电网公司经济责任审计迎审工作，推进问题隐患见底销号。保障电力外送，实施中长期市场弹性交易机制，通过电力外送日均为国家电网公司创收 1.2 亿元，为发电企业带来经营收入 2.5 亿元。推动资产全寿命周期管理，750kV 郭武三线工程完成暂估转资，完成输变电资产清查处置，推进资产提“质”增“量”。

分部建设加强。完成“合规管理强化年”专项行动，提升合规管理与风险管控水平。完成重大政策落实跟踪审计，完成分部会计信息质量及内控专项审计，确保稳健经营。实施“改革实效年”，发布细化措施助力国家电网公司加快建设世界一流企业。优化完善机构和人员编制，开展多种形式补员，强化分部队伍。实施员工赋能三年行动，举办首期“内训师”培训班，履职水平进一步提升。深化三项制度改革，实现分部岗位契约化管理，加强监督考核，强化正向激励。完成定点帮扶村屋顶光伏等 3 个项目建设，在乡村振兴考评中被评价为“好”。深化民主管理，职代会和厂务公开满意率、提案答复率保持 100%。心系职工办实事，开展送温暖、保供、抗疫等专项慰问，举办新能源消纳等竞赛比武，扎实开展职工心理援助，营造向上奋进的良好氛围。

主要事件

1 月 12 日，国网西北分部召开 2022 年第一次安委会会议，贯彻国家电网公司 2022 年安委会第一次会议暨北京冬奥会保电动员会会议精神，落实公司 2022 年安全生产工作意见，安排分部年度安全生产重点工作。

1 月 24 日，国家电网有限公司第五巡回指导组对国网西北分部开展党史学习教育评估。

1 月 29 日，国家电网有限公司董事长、党组书记辛保安视频连线国网西北分部等 10 家单位，听取春节保电和冬奥保电工作安排，慰问坚守岗位的干部职工。

2 月 28 日，西北电网新能源最大发电电力突破 6000 万 kW，达到 6232 万 kW，占当时全网负荷的 61.6%，占全网总发电电力的 44.8%，这是 2 月以来新能源最大发电电力第三次创新高，西北新能源消纳实现新突破。

3 月 27 日，国网西北分部牵头的“大电网频率安全新能源承载能力提升关键技术及应用”项目成果通过中国电工技术学会组织的技术鉴定，项目鉴定委员会认为该项目总体技术处于国际领先水平。

3 月 28 日，西北电网新能源日发电量首次突破 10 亿 kWh，新能源日发电量 10.7 亿 kWh、最大发电电力 6370 万 kW、最大发电电力占比 48.0%、日发电量占比 35.1%、风电日发电量 7.84 亿 kWh、风电最大发电电力 3943 万 kW 等 6 项指标均创历史新高，西北新型电力系统先行示范区建设取得新突破。

6 月 9 日，国网西北分部组织召开 2022 年西北电网迎峰度夏电力保供电视电话会议。

6 月 17 日，西北电网最大负荷创历史新高，达到 11218 万 kW，成为夏季首个负荷创新高的区域电网。

6 月 29 日，国家电网有限公司副总工程师兼西北分部主任、党委书记王国春，分部副主任、党委委员、纪委书记、工会主席来文青，分部副主任、党委委员张振宇一行赴国网西安供电公司调度中心和国网陕西超高压公司南山 750kV 变电站调研，并对坚守一线的电力员工表示慰问。

7 月 27—28 日，国家电网有限公司副总工程师兼西北分部主任、党委书记王国春对国网宁夏电力 2022 年迎峰度夏电力保供安全生产工作进行督查指导，赴国网宁夏电力调控中心、“三中心”和国网宁夏超高压公司沙湖 750kV 变电站开展现场调研。

8 月 5 日，特高压吉泉直流输送功率首次达到 1100 万 kW，输送功率接近青海全省用电负荷，创造了世界输电线路功率输送新纪录。

9 月 21 日，中国共产党国家电网有限公司西北分部党员大会胜利召开。

10 月 13 日，国网西北分部召开网络安全与信息化工作领导小组会议。

10 月 27 日，由国网西北分部与西北电力设计院联合申报的碳中和背景下提升清洁能源发电量占比的规划方案研究项目获 2022 年中国电力、水电行业优秀工程咨询成果一等奖，海西太阳能热发电发展及其对电网安全稳定支撑研究项目获二等奖。这是分部启动西北新型电力系统青年创新工程后，研究成果首次获得省部级科技创新奖励。

12 月 1 日，第七届中国储能西部论坛召开。来自政府机构、电网公司、发电集团以及储能产业界的 29 名专家学者及企业代表集聚云上，推动储能在西北区域健康发展。

（李　征）

【国家电网有限公司西南分部】

分部概况　国家电网有限公司西南分部（简称国网西南分部）成立于 2014 年 11 月 18 日，2015 年 12 月 30 日国网西南分部开展实时调度业务、承担西南电网安全稳定运行职责。主要负责四川、重庆、西藏三省（市、区）骨干电网发展规划、调控运行、安全生产、电力交易、输变电资产管理等核心业务，承担着保障西南地区清洁低碳、安全高效、可持续电力供应和服务人民美好生活需要的重要使命，协调服务省公司和地方政府，调动区域内省公司、发电企业、地方政府等各方力量团结治网，在西南电网发展建设中实现共建共享和协同发展。

组织机构　设置职能部门 5 个（办公室、财务资产部、人力资源部、党建工作部、工会办公室）、业务部门 4 个（发展规划部、安全监察部、生产技术部、调度控制中心）、挂靠机构 3 个（西南审计中心、北京电力交易中心市场交易七部、第六纪检中心），二级机构管理的支撑保障机构 1 个（电网技术支持中心）。

电网概况　西南电网覆盖四川、重庆、西藏三省（市、区），区域面积约 180 万 km^2。东联华东和华中电网、北接西北电网，是清洁能源送端大电网、大平台。与华东电网通过±800kV 复奉、锦苏、宾金、建苏、金塘五大特高压直流相联，输电容量 3360 万 kW；与西北电网通过±500kV 德宝直流、±400kV 柴拉直流相联，输电容量 360 万 kW；与华中电网通过±800kV 雅湖直流、±420kV 渝鄂背靠背柔性直流相联，输电容量 1300 万 kW。跨区电力交换容量 5020 万 kW，省间电力交换容量 644 万 kW。

截至 2022 年底，西南电网调度口径装机容量 1.51 亿 kW。其中，水电 10904 万 kW，占 72.3%；火电 2977 万 kW，占 19.7%；风电光伏等 1212 万 kW，占 8.0%。网内 500kV 变电站 83 座，总变电容量 1.51 亿 kVA；500kV 线路 313 条，总长 2.57 万 km。国网西南分部直调 500kV 线路 90 条，电厂 4 座（装机容量 900 万 kW）。

2022 年，西南全网发电量 5610 亿 kWh，同比增长 9.6%，用电量 4465 亿 kWh，同比增长 7.4%，用电负荷最高达 8586 万 kW，同比增长 12.0%。西南区域跨区跨省交易电量总计完成 2369.4 亿 kWh，同比增加 19.9%。其中，跨区外送交易电量 1397.6 亿 kWh，同比增加 18.9%；跨区外购交易电量 663.2 亿 kWh，同比增加 19.9%；区内省间交易电量 308.6 亿 kWh，同比增加 24.4%。

安全生产　保障电网安全稳定运行。深化大电网安全稳定管理体系，巩固电网安全风险协同管控机制。收官安全生产专项整治三年行动，完成区域重大风险隐患验收，整改销号率 100%。常态化开展“四不两直”安全督察，完成重点督察调查任务。深化政企、网省和专业协同，完成 500kV 左波线抗冰改造及波林Ⅰ线倒塔抢修，500kV 塘乡“$N-2$”等重大故障处置。构建涵盖 22 个类别、共计 216 人的西南区域应急专家团队，妥善应对“雅安芦山 6.1 级”“阿坝马尔康 6.0 级”“甘孜泸定 6.8 级”地震等突发事件，保障西南主网运转平稳有序。完成党的二十大等重大保电任务。在各级网络攻防演习中“零破防、零失分”。

保障区域电力可靠供应。深化电力保供工作体系，系统制定保安全、保供应、保水位策略，召开迎峰度夏专题会议，强化检修、蓄水、储煤、购电等关键要素管控，提升保供能力 620 万 kW，实现跨区支援 35 亿 kWh，最大电力 1200 万 kW，保障迎峰度夏关键期平稳度过。加强电力交易合作，建立电力保供会商机制，协同国网四川、重庆电力建立成渝地区双城经济圈电力交易保供常态会会商机制，统筹协调超 100 次，重庆过境四川购电 27 笔，电量 39 亿 kWh。推动长江流域大水电置换，促成溪洛渡送华东和三峡送重庆互济，提升重庆保供能力 80 万 kW，实现川渝通道充分利用、渝鄂通道缓解重载、重庆保供能力提升。调减外送提升供应能力，通过合同转让等交易方式，促成川电外送回购 40 笔，电量 18.2 亿 kWh，提升四川保供能力。拓宽购电渠道，筹措全国电力资源，挖掘通道输电潜力，实现包括南方电网在内 6 大区域电网、10 个省级电网最大范围、最长路径保障网内电力供应。

电网调度 2022 年，西南全网新增装机容量 1175 万 kW，新增 220kV 及以上变电容量 1385 万 kVA，新投产 220kV 及以上线路 2234km。全网发电量 5610 亿 kWh，同比增长 9.6%，用电量 4465 亿 kWh，同比增长 7.4%，用电负荷最高达 8586 万 kW，同比增长 12.0%。西南区域跨区跨省交易电量总计完成 2369.4 亿 kWh，同比增加 19.9%。强化多级多流域水库群联合调度，合理优化攀西地区电网运行方式。消纳清洁能源 4310 亿 kWh，增长 7.4%。

规划计划 电网发展提速提级。推动西南区域“十四五”滚动规划中期评估取得实效。川渝特高压交流工程开工，西南电网发展迈出重要一步。攀西电网优化工程核准，金上—湖北、哈密—重庆等工程进展顺利，甘电入川、西南新能源开发等专题研究形成阶段成果。建苏直流、金塘直流、苏洼龙电厂等 8 项重大工程建成投运，外送能力增长超千万千瓦，水电装机容量突破 1 亿 kW。围绕“通道输送、市场配置、调度运行、就地消纳”综合施策，实现水电发电量和水能利用率“五连升”、弃水电量“五连降”。

做好生产经营计划编制。推动西南水电丰期外送消纳，推动 2023 年德宝、渝鄂通道枯期受电计划 204 亿 kWh，保障川渝负荷中心电力供应。组织开展 2023 年西南水电消纳能力测算，提前分析攀西电网改造、金上直流及川渝特高压跨越等检修对水电消纳的影响，全力缓解攀西等重点地区的消纳矛盾。

分部管理 经营管理提质增效。开展排查清理，保持民营、中小企业“零拖欠”。完成综合治理专项行动和“合规管理年”全部任务，防范化解经营风险。推动专业协同与业务顺畅联系，梳理落地 38 项精益化流程。完成 7 项总部审计任务，获评“国网审计工作优秀单位”。

疫情防控精准有力。制定疫情防控“常态管理+极端管控+应急处置”三级管控机制，开展调度生产“三场所”值班，生产运行保障人员封闭管理超 5200 人•天。推广新冠疫苗加强针接种，协调做好核酸检测、防疫医疗保障服务，应对属地多轮本土疫情，常态化下保持“双零”目标，政策调整期做到有效避峰、平稳过渡，实现“保职工健康、保分部运转”目标。

分部改革 推进“三项制度”改革，健全制度体系和执行机制。取得输电业务授权许可，完成西南电网首次独立输配电价成本监审。推动西南电力调峰辅助服务市场正式建立。省间电力现货市场实现长周期结算试运行，建立重庆电力调频辅助服务市场，健全区域电力市场体系。

科技管理 聚焦新型电力系统构建，研究制定“西南电网‘十四五’重点关键创新研究方向”，系统部署“十四五”科技工作。建立专家人才管理和学术技术带头人配套机制，推动“创新链”和“人才链”深度融合。推进科技成果培育，年度获得中国电子学会科技进步奖一等奖 1 项、四川省科技进步奖三等奖 1 项、中国标准创新贡献一等奖 1 项，首个牵头编写的行业标准《可调节负荷并网运行与控制技术规范　第 8 部分：安全稳定控制》正式发布。

学习宣传贯彻党的二十大精神 组织开展“建功新时代，喜迎二十大”习近平总书记重要指示批示精神再学习再落实再提升主题活动，成立主题活动领导小组与办公室，抓好活动方案落实，营造浓厚学习氛围。开展贯彻落实情况“回头看”，助推习近平总书记重要指示批示精神落地落实。

兴起学习宣传贯彻党的二十大精神热潮，组织收听收看党的二十大开闭幕盛况，召开专题会议、制定专项方案，细化贯彻落实措施 43 项。开设宣传专栏，制作党的二十大展板，悬挂标语，推出系列桌签、微信学习专题，举办党员先锋论坛，开展专题辅导、网络培训、现场学习等系列活动，面向 12 家在川央企、省属企业进行宣讲，推动党的二十大精神深入人心。

党群工作 召开国网西南分部党员大会，完成“两委”换届，1 人当选四川省第十二次党代会代表。推进“旗帜领航”49 项重点任务，深化丰富“党建+”工程，34 个党员示范岗、示范区、突击队全部建成。举办党性教育提升培训班，常态化开展党务“微课堂”。聚焦重点领域开展专项监督，组织专题讲座、现场参观、主题展览等廉洁文化活动，营造崇廉拒腐良好氛围。完善意识形态管理机制，细化新闻发言人、阵地管理、舆情应对等工作举措。开展西南电力调峰辅助服务市场、“父女兵”等主题宣传。

深化人才队伍建设。建立高级专家、学术和技术带头人等人才选拔机制，拓宽职工发展通道。支持劳模创新工作室建设，1 项成果获国家电网公司职工技术创新二等奖。国网西南分部获四川省应对极端灾害天气能源电力保供工作突出贡献集体，6 名干部职工获突出贡献个人，1 名职工获公司劳模，2 人获国家电网公司纪检监察工作嘉奖，3 名青年获国家电网公司团委表彰，1 项成果获国家电网公司思想文化建设三等奖。

（罗　叶）

【全球能源互联网集团有限公司】

公司概况 全球能源互联网集团有限公司（简称全球能源互联网集团）成立于 2015 年 12 月 31 日，是国家电网公司的全资子公司，注册资本 1 亿元。全球能源互联网集团推动构建全球能源互联网，以清洁和绿色方式满足全球电力需求，实现联合国“人人享有可持续能源”和应对气候变化目标，服务人类社会可持续发展。主营业务范围为：全球能源互联网集团总部管理；全球能源互联网战略规划；国际与国内电网互联互通项目开发；投融资和资产运营管理；设计、制作、代理、发布广告；出版《全球能源互联网》中、英文期刊。

组织机构 截至2022年底，全球能源互联网集团总部共设置8个部门（单位），分别为综合局、秘书局、运行局、发展局、合作局、保障局、经济技术研究院、新闻传媒中心，并设立非洲、西亚—北非、欧洲、东欧—中亚、东南亚—南亚、北美、中南美7个区域办公室。

人力资源 截至2022年底，全球能源互联网集团在岗职工 237 人，硕士及以上学历 226 人，占比96.36%；中级及以上职称207人，占比87.3%。

加强人才队伍建设。制订2022—2025年人才发展规划，以高层次人才培养为重点，打造高质量人才队伍。制订实施专家人才管理实施细则和评选方案，打造技术精湛、能力突出、结构合理的专家队伍。通过国网“云课堂”常态化组织线上外语培训，累计参训1360人次，实现处级及以下人员全覆盖。完成职称评定认定工作，新增正高级12人、副高级20人、中级7人。按照规定法律程序，分批组织 93 名员工完成劳动合同到期续订工作，依法保障企业和个人合法权益。

加强薪酬福利保障。落实新版岗位绩效工资制度，研究制订“一岗多级、绩效联动”的宽带岗级体系实施方案，实现绩优岗升、岗变薪变。落实北京市阶段性降低社保费率政策，全年减省失业保险费用 12.79万元。修订考勤和休息休假管理办法，完善产假、育儿假等假期规范，保障员工权益。推行企业补充医疗保险“三享计划”，完善境内意外伤害险方案，提升员工意外保障能力。

经营管理 提升经营质效。坚持价值引领，加强资源统筹平衡和精准调控，开展 7 个方面 28 项提质增效措施，降本节支成效明显。经营效益提升，实现利润总额较成立之初翻了一番，创历史最高水平。争取政策支持，获得政府税收减免、重点企业财政奖励，保障重点业务有序开展。完善财务制度体系，印发第六版《财务报销指导手册》，筑牢资金安全屏障。开展“两金”清理、民营企业清欠工作，实现“双零”目标。

规范董事会建设运行工作。完善制度架构，新建7项、修订5项重要制度，形成由1个总纲、4项重大决策制度、7项董事会运行制度构成的“1+4+7”制度架构。厘清权责界面，制订“三重一大”事项决策权责清单、党委前置研究讨论重大经营管理事项清单，实现党委会、董事会、经理层权责划分。实施授权决策，制订董事会授权决策管理制度和授权方案，建立由党委会议、董事会会议、董事长专题会议、总经理办公会议构成的四类决策会议体系。组建专门委员会，组建提名委员会、战略与投资委员会、薪酬与考核委员会、审计与风险委员会（监督委员会），为董事会决策提供咨询和建议。规范召开董事会会议，研究决策董事会制度和机制建设、战略规划、综合计划及预算相关议题。

安全合规 夯实安全管理基础。牢固树立“大安全”理念，健全安全管理体系，制订领导班子安全责任清单、重点任务清单，高质量开展“安全生产月”活动和安全排查整治。按季度召开安委会，常态化做好安全教育及隐患排查工作，实现全年安全零事故目标。完成电网资产清查及技改项目审核工作，累计盘点资产 12830 项，实现账卡物核对一致，三年以上技改工程清理率、已完工工程清理率、结余资金回收率均为100%。优化调整疫情防控措施，完善办公区、宿舍区应急保障预案，发放防疫物资，提高疫苗接种率。

深化风控合规融合。落实国家电网公司部署，开展“严肃财经纪律、依法合规经营”综合治理专项行动，统筹推进会计信息质量、依法纳税等 7 个专项治理工作。召开风控合规委员会会议，审议风控合规年度报告，部署推动重点工作。建立“五统一、四协同”的合规、内控、风险融合管理机制，压实“三道防线”合规审核责任，合规审查审核率达100%。提高全员法治、合规和风险意识，以境外合规风险防控、培育优秀合规文化为重点，开展合规培训 4 次。宣传风控合规融合管理创新实践成果，参评并获得中国企业联合会首届电力企业合规管理成果特等奖。

两刊一讯 建设高水平、高质量、高影响力的学术期刊。出版《全球能源互联网》中、英文期刊12期，刊载论文120篇，基金资助项目论文占比超过90%，论文下载量超6万次，年发行量超10万册。《全球能源互联网》中文期刊跨学科收录入中国人文社会科学A刊，成为电力行业唯一“双核心收录”的交叉学科期刊，并收录入国际权威期刊论文数据库Scopus和CSCD核心库。英文期刊收录入SCI、EI、Scopus、中国科技核心、CSCD等国内外知名数据库。开展“能源互联刊刊谈”学术直播活动12期，邀请专家学者在线分享研究成果，吸引观众上万人次。打造一流资讯品牌。《全球能源互联网资讯》中、英文刊出刊 12 期，策划制作新能源发展、科技创新、应对气候变化、中企助推“一带一路”建设等 12 期特色主题。拓展优质约稿专家资源，专访国际水电协会、东盟能源中心、中国三峡集团等单位12位知名专家学者，打造精品专题专刊。

党的建设和精神文明建设 贯彻落实国家电网公司党组决策部署，推进“旗帜领航”党建工程，深入实施“旗帜领航 • 提质登高”行动计划，坚持不懈强基固本，以高质量党建引领保障高质量发展，以实际行动推动党的二十大精神在全球能源互联网集团落实落地、见行见效。

深入学习宣传贯彻党的二十大精神。组织全员收听收看党的二十大直播，聆听习近平总书记在党的二十大上的报告。召开党委（扩大）会议，专题学习党的二十大精神和国家电网公司工作部署会精神，研究贯彻落实措施。第一时间印发《关于迅速兴起学习宣传贯彻党的二十大精神热潮的通知》，部署 4 方面 12 项任务，以支部为单位开展深入研学。举办集中轮训班，邀请中央党校知名教授授课，引导全体干部员工全面准确领会党的二十大精神。先后开展“建功新时代，喜迎党的二十大”习近平总书记重要指示批示精神再学习再落实再提升主题活动、“强国复兴有我”群众性主题宣教活动、“旗帜领航当先锋喜迎党的二十大”主题党日活动，激励广大干部员工担当作为，推进全球能源互联网建设和国家电网公司“一体四翼”高质量发展。

“旗帜领航·提质登高”行动计划卓有成效。高质量开展民主生活会、组织生活会、民主评议党员等政治活动，组织党委理论学习中心组集体学习 9 次（含 1 次读书班），各支部讲党课 29 次，强化党员思想淬炼、政治历练、党性锤炼。坚持“两个一以贯之”，修订全球能源互联网集团章程，明确党委在治理结构中的法定地位和法定权利；制订、修订全球能源互联网集团党委工作规则、“三重一大”管理办法、“三重一大”事项决策权责清单、党委前置研究讨论重大经营管理事项清单等制度。印发 2022 年党建工作量化计划任务清单，细化分解 8 个方面 32 项任务。规范程序，严把代表的政治关、廉洁关、身份关，完成国家电网公司直属（总部）第四次党员代表大会代表选举工作。履行团支部换届程序，选优配齐第二届团支部委员会。推进青年精神素养提升工程，组织召开青年精神素养提升工程启动会和座谈会，评选 10 名首届“青年岗位能手”。开展“党建+研究”“党建+外事”“党建+对外合作”等工作，完善运行机制、加强成效评估，推动党建与业务工作相互促进、相得益彰。

（何　川）

【国网新源集团（控股）有限公司】

公司概况　国网新源集团（控股）有限公司（简称国网新源公司）是国家电网公司专业化开发建设和经营管理抽水蓄能电站及部分常规水电站的平台企业，承担着保障大电网安全和促进新能源消纳的重要使命，在国家电网安全稳定运行中发挥着重要作用。截至 2022 年 12 月底，国网新源公司管理资产总额 1774.1 亿元；管理单位 82 家，分布在 22 个省市、自治区；管理装机容量 8535.4 万 kW（含已核准待开工项目），其中抽水蓄能电站 63 座，管理容量 8040 万 kW，常规水电厂 6 座，装机容量 495.4 万 kW。

组织机构　内设办公室（党委办公室）、发展策划部（抽水蓄能项目开发办公室）、党委组织部（人力资源部）、财务资产部、安全监察部、基建部（丰满大坝治理工作办公室）、设备管理部、科技信息部、物资部（招投标管理中心）、纪委办公室（巡察办）、审计部、党委党建部（党委宣传部）、经济法律部（研究室）、运行监控中心（运行管理部）、上市办公室（董事会办公室）15 个部门。

人力资源　截至 2022 年底，国网新源公司员工总数 7672 人，平均年龄 37.6 岁，其中本科及以上学历 6553 人，占比 85.41%；中级及以上专业技术资格人员 3573 人，占比 46.57%。贯彻新时代党的组织路线，以建设“四优五过硬”领导班子和干部人才队伍为目标，树立正确选人用人导向，加强领导班子建设，优化领导人员队伍结构，创新人才培养机制，构建特色培训体系，加速关键紧缺人才培养，提升职工队伍整体素质。开展组织管控模式优化研究，优化抽水蓄能电站定岗定员标准，构建本部、建设分公司、生产单位“纵向集散管控明晰、横向专业协同高效”的组织机构和职责管理体系，提升管理效能。推行宽带岗级岗位绩效工资制度，制定全岗位宽带岗级体系，以“一岗多级，绩效联动”为目标，按照“跨级交叉”原则，打破收入与岗位层级严格对应的限制，保障各级岗位的宽带岗级分布合理完善。加大人才培训力度，总结提炼多年培养经验，开发培训教材，制定抽水蓄能电站生产准备员工能力标准和培训规范。

项目开发　国家发展改革委、国家能源局于 2021 年正式印发抽水蓄能中长期规划，推动抽水蓄能迎来了加快发展的重大历史机遇。国网新源公司融入国家电网公司“一体四翼”发展布局，加快发展步伐，推动抽水蓄能中长期规划落地。落实国家电网公司“碳达峰、碳中和”及构建新型电力系统行动方案，制定 28 项重点举措和 82 项具体任务，支撑电力系统清洁低碳转型。深化抽水蓄能高质量发展研究，推进行业健康有序发展，行业引领和发展的影响力增强。优化发展布局，结合系统负荷特性、电网调节需求，统筹抽水蓄能站址资源分布和系统需求，优化发展布局，取得哈密西等 8 个项目开发权。推进 38 个项目可研、预可研，安化、宁国、紫云山、玉门、通山、洪屏二期和嵩县等 7 个项目取得核准，汨罗、大雅河和兴城等 3 个项目具备核准条件。推动投资合作，引入社会资本参与抽水蓄能项目开发，沟通接洽投资主体 50 家，与 6 家单位签订合作框架协议，年内引入 23 家投资方参与项目合作，推动发展成果共享，构建发展生态圈。

经营管理　总结分析电站经营期特征规律，汇报沟通电价问题，国家发展改革委正式出台《关于进一步完善抽水蓄能价格形成机制的意见》，解决制约抽水蓄能发展的瓶颈问题。反映抽水蓄能电站投资、建设、运营规律，完成首次抽水蓄能成本监审，推动建立适合行业特点的监审规则。聚焦高效率运营和高效能治理“双推进”，落实提质增效42项具体举措，提升经管效益。强化内部资金运作、盘活利用存量资产，全年共计增效超5.8亿元。开展联合授权采购、精益智能评审、数字化监督，建成运营EIP平台抽水蓄能品类管理中心，推动“云监造”平台建设及应用。开展“合规管理强化年”和综合治理专项行动，制定重大决策合法合规性审核细化清单，建立经营业务合规风险梳理台账，国网新源公司合规管理经验入选“法治央企建设百人谈”。

安全生产 落实安全生产、电力保供部署要求，应对设备运行强度高、基建作业面广、新冠疫情反复等严峻形势，实现“安全年”目标。狠抓作业风险管控和隐患排查治理，建立两级安全会商机制。全年抽水蓄能发电、抽水电量同比增加20%，迎峰度夏期间，国网新源公司华中区域电站应对南方地区最高温度、最少水电、最大负荷、最长时间“四最”叠加挑战，大负荷高强度运行，综合利用小时同比增加27%。全年保电历时204天，完成党的二十大、冬（残）奥会、全国两会等重大保电任务。面对华东涝旱急转、东北降雨偏多、南方高温干旱的复杂形势，周密部署、精准防控。富春江电厂应对上游衢江新中国成立以来最大洪水，白山、丰满电厂汛期大发电45天，发电量21.1亿kWh，降低汛期风险。新安江电厂配合“千岛湖配水工程”引水超9.49亿m^3，响洪甸、莲水、洪屏等电站累计供水9.55亿m^3。所属电站为地方防汛、抗旱、保供水作出贡献，得到国家防总和地方各级政府的肯定。

工程建设 以设计、施工、设备管理为主线，狠抓安全质量和过程管理，开展“六要素全覆盖”示范工程创建，建设管理水平持续提升。融合项目前期和工程前期，开工泰顺、奉新等6个项目共840万kW。实施工期精准管控，38个在建项目安全有序扎实推进，沂蒙、敦化、荒沟、金寨电站全面投产，全年投产15台机组共455万kW，超额完成年度任务，投产机组创历史新高。推广可视化施工工艺，滚动修编新工法，健全完善质量检测机制，清原、天池、文登等项目完成蓄水阶段达标投产自检，绩溪、沂蒙项目高水平通过达标投产验收。加大TBM技术全场景应用，小断面TBM推广，国内首台大断面TBM、斜井TBM成功试点，可变径TBM试点研究加快推进。推广地质灾害卫星遥感监测技术，深化现场安全视频监控等数字化管控应用，工程建设安全质量效率大幅提升。

科技和信息化 深化重大创新战略布局，策划新型电力系统重大科创项目，加强核心技术攻关，获得省部（行业）级科学技术奖24项，其中一等奖5项。完成抽水蓄能技术标准体系框架设计。推动科研基础试验创新基地建设，推进可逆式水泵水轮机模型实验室、水机电多场耦合仿真分析系统和变速机组动模实验平台建设，完成机组主轴振动与应力感知平台项目储备，滚动开展实验条件建设项目储备，科研实验体系完善。完成抽水蓄能技术标准体系框架设计，形成抽水蓄能标准执行明细表和建设储备库，得到行业专家认可。编制数字化智能电站建设方案，开展全链条业务应用分析、统一编码研究和标准体系建设，为数字化应用打下坚实基础。

党的建设和精神文明建设 以学习宣传贯彻党的二十大精神为主线，落实新时代党的建设总要求，全面提升管党治党水平，发挥党建引领保障作用。召开党委（扩大）会议、中心组学习和读书班，开展专题学习研讨。召开学习宣传贯彻党的二十大精神工作部署会，制定学习宣传贯彻重点任务51项，确保上下联动、整体推进。推进“旗帜领航”党建工程，规范基层单位党建工作机构设置，深化“党建+”工程。加强基层党组织建设，16个党委、45个党支部按期换届，发展党员153名。坚持严的主基调不动摇，提升执纪综合效果，检举控告、上级转办问题线索数量同比分别下降61%、44%。强化重大决策政治监督，围绕廉洁风险开展专项监督，发挥监督保执行、促执行作用。总结首轮巡察“全覆盖”经验，高质量完成党建专项巡察和巡察整改“回头看”任务。开展丰满博物馆升级改造工作，打造“双珠璀璨，群星闪耀”文化品牌建设工作格局。发布国网新源集团首份社会责任报告，乡村振兴对口帮扶、消费帮扶和专项捐赠投入达835万元，国网新源公司抽水蓄能、水电项目在冬奥会、服贸会等多项国家级展览中精彩亮相。

（王敏涛）

【国家电网有限公司信息通信分公司】

公司概况 国家电网有限公司信息通信分公司（简称国网信通公司）是国家电网公司的信息通信专业保障单位，核心业务涵盖4个方面：通信网络方面，负责一二三级骨干通信网、数据骨干网的调度监控；负责一级骨干通信网、数据骨干网的建设和运维管理，以及属地通信网络设备的运维检修。数字化业务方面，负责国网云、企业中台、统建数字化系统的调度监控；负责国网云、技术中台、物联管理平台、北京数据中心的建设、运维和运营；负责数据中台、总部侧业务中台和数字化系统的运维检修；负责统建数字化项目的建设管控。网络安全方面，负责国家电网公司网络信息安全监测分析管理；负责运维范围内信息通信系统的安全防护体系建设和运行工作；承担国家电网公司电力监控系统网络安全和国调自动化系统的运行值班；支撑国家电网公司总部开展保密检查监测和工控渗透测试工作；承担国家电网公司网络信息安全防护总指挥部职责。技术服务方面，负责国家电网公司总部电视电话会议保障、应急指挥中心专业保障，以及桌面服务、客户服务、科技奖励、科技查新、专利服务和网站运维等支撑服务工作。

2022 年，国网信通公司实现信息系统运行可靠率 100%、通信和调度自动化系统运行可靠率 100%、信息通信服务质量 100%、云及技术中台运营率 100%、网络与信息安全任务完成率 100%、数字化发展支撑任务完成率 100%，完成全年目标任务，业绩考核继续保持 A 级，为“一体四翼”发展布局提供了坚强有力的服务支撑。

人力资源 截至 2022 年底，国网信通公司共有员工 337 人。其中，中共党员 242 人，省部级突出贡献优秀专家 1 人、中央企业技术能手 2 人、公司级技术能手 3 人，高级职称 135 人（占比 40.1%），硕士、博士学位员工 301 人（占比 89.3%）。离退休人员 222 人。

国网信通公司加强选贤任能，干部职数、年龄结构实现“双突破”。实施青年素养提升工程，全员累计取得各类专业证书 480 个，6 人当选国家电网公司首批信息运行高级专家，8 人获得电力通信专业技能考查优秀奖。多种形式开展核心业务培训和竞赛比武，“比学赶帮超”氛围浓厚。

安全生产 多措并举强化安全管理。召开 6 次安委会、48 次周安全生产例会，落实国家电网公司任务部署，及时协调解决重大安全问题。开展“安全生产大家谈”“五问三问大讨论”活动，深耕“安全有我，有我安全”文化理念。加强班组“日计划”管控，执行“工作票”“十不干”等制度。印发《安全生产奖惩实施规范》，加大“四不两直”督察和通报力度，树立鲜明导向。

系统施治提升安全水平。累计完成 411 个通信机房“三封”治理，机房环境温度平均降低 2.2℃，优化了设备运行工况。完成 7 万台传输设备、73 万块传输板卡的版本归集，提升应急互济能力。完成 248 套信息系统的账号消缺，数字化系统的重大隐患治理取得实效。安全生产专项整治三年行动收官，累计挂牌督办 48 项问题，销号完成率 100%。

全力保障 570 余座通信站、1200 余套重要传输设备、1400 余条电网生产业务通道平稳运行，完成双奥、迎峰度夏、党的二十大等重大保电活动的专业保障任务。协同全网 67 家兄弟单位，监测拦截各类高危攻击超 2000 万次，“护网 2022”再创佳绩。面对严峻疫情，广大员工冲锋在前，完成 5 轮次、348 人次封闭值守任务，保证生产体系平稳运转。

助力能源转型 打造新一代通信网络平台。结合“五交十二直”特高压工程规划，编制《通信网总体设计指导意见》，推进双平面 SDH 网络建设，优化通信骨干网架构。建设新一代通信网管系统，实现对全网 1.6 万台传输设备运行状态的统一监管。调研配电网现状，梳理形成 7 类、24 项业务需求，编制完成《通信接入网技术支撑方案》。

打造新一代云网协同平台。优化“统一云管”14 项功能，纳管 1400 余项“云指标”。完成国网云“同城容灾”建设与演练，提升 23 个核心管控组件的可靠性。推动华为云大版本升级，实现 103 项功能优化和性能调优。建成 OTN 高速互联通道，完成数据通信网 SDN 改造，云网协同指数进一步提升。创新“云租户”模式，实现云算力按需调配、全网共享。

打造新一代网络安全平台。完善态势感知平台，实现空间地理信息、IT 资产信息、攻防态势数据的关联呈现。以 3 家单位为试点，推动“终端、网络、端口、业务、数据”五层防御能力标准化。升级两级情报诱捕系统，溯源“匿名者”“响尾蛇”等黑客组织 33 个。建设数据安全管理平台，有效防范“API 越权访问”风险。

践行数字战略 推动企业级能力“中台化”。开展“i 国网”能力运营、渠道运营、业务运营工作，实现“日活跃”用户最高达 63 万人，支撑会议、邮件、OA 等移动办公应用。完善“统一权限”功能，实现扫码登录、数字签名。编制完成《业务中台非功能性需求技术规范》，完成电网资源中台两级贯通、项目和财务中台一级部署等工作。

构建数字化敏捷“生产线”。深化应用研发仿真环境，支撑代码研发、仿真测试、生产准备、模块部署、迭代升级等重要环节，完成 388 个统建项目“整建制”纳管。建设硬件数字化监控工具，明确 21 项监控指标，提升故障快速定位能力。运用“微服务”编排功能，完成人资 2.0、经法 2.0 建设支撑任务，完成新一代应急指挥系统两级在线发布。

提升专业化支撑“贡献度”。历时 10 个月、检修 228 次，完成网上国网全量业务迁移，保障“充电日”活动，用心服务 2.6 亿注册用户。完成研发安全专项行动，整改典型问题 465 个。优化 ECP2.0、安监一体化等 22 套系统的架构和性能，文件解密速度、报表生成速度、数据查询速度均提升。开展北京数据中心二期建转运综合测试，发现问题 473 项，整改完成率 91%。

服务支撑保障 通信工程质效齐升。贯彻“加快四个一批”要求，克服疫情等诸多不利影响，建成白江、南荆长、闽粤联网等特高压配套通信工程，兑现了“从不掉链子”的专业承诺。牵头制订《光纤复合架空地线接头盒技术规范》等 3 项企业标准，发布《电力通信系统 G.654.E 光纤技术规范》等 5 项团体标准，建成白浙精品通信工程“样板间”，落实“六精四化”建设要求。

会议保障赢得赞誉。完成行政视频专线平台业务割接，形成“两网三平台”保障体系。完善导播、调试方案，健全无纸化会议服务机制，保障国家电网公司总部重要会议 607 场，多次获得国家电网公司肯定与表扬。全天候值守总部应急指挥中心，完成 1.5 万路国调直调厂站“视频保活”治理，支撑重庆森林火灾、四川泸定地震、台风梅花等特殊时期的抢险救灾工作。

专业服务精益求精。统筹国家电网公司总部和 27 家省电力公司的信通客服资源，建立 186 联合呼叫平台，实现全网能力共享、资源互济，保障 96 万通“用户诉求”正常受理，58 万件工单高效流转。基于联合呼叫平台，远程支撑国网蒙东、西藏电力等兄弟单位，完成“省间互济”话务 8.9 万通，工单 5.7 万件，助力疫情期间的生产秩序稳定。现场提供桌面服务 9559 次，服务金牌用户 717 次，提升专业服务品质。开展网站运维、专利运营、奖励支撑、科技查新等服务，助力国家电网公司软实力升级。

科技创新 优化科技创新机制。以自主创新能力建设为中心，围绕通信网智能运维、云网协同运营、网络信息安全等重点领域，编制自行管理项目科技指南。组织开展国网信通公司实验室评审，成立“信息技术应用创新实验室”和“电力全场景网络安全防护与监测实验室”，优化实验室体系。

开展重点科研攻关。发挥实验室“安全生产助手”作用、职工创新工作室“主力军”作用，推动形成“光纤应变检测工具”“通信站预制舱”“网络风险源一键封禁脚本”等多项创新成果，获中国电力科学进步奖一等奖 1 项、国家电网公司科技进步奖 2 项。

激发创新创效活力。组织开展职工技术创新成果评选活动，为青年职工建功立业搭建平台，相关成果获电力职工技术创新奖一等奖 1 项、二等奖 2 项。围绕专业发展需求，注册成立 24 个 QC 小组，规范有序开展 QC 小组活动，获得国家电网公司级奖项 1 项，电力行业级奖项 3 项。

企业管理 改革发展有序推进。优化机构设置，适应“基础设施运行磐稳、云网资源全域统筹、中台能力有序沉淀、用户需求敏捷响应”的数字化业务发展要求。优化岗位体系、培训体系、薪酬体系、考核体系、保障体系，实施首次各级领导干部任期考核、专家人才任期考核。完成国企改革三年行动 30 项任务，1 个案例入选首届国有企业深化改革实践成果。

内控管理更加规范。开展“合规管理强化年”“综合治理专项行动”，累计整改 11 项问题、优化 10 项流程、制修订 8 项制度。组织首次信息通信运维项目审计，健全“四挂钩”工作机制。支撑特高压专项审计，通信工程“零问题”。完成 254 套跨区资产盘点，推动资产全生命周期管理。完成青年员工宿舍装修改造任务，推进子公司注销工作。

挖潜增效可圈可点。加强计划预算统筹管控，实现利润总额较预算增长 8 倍。加强成本管控和税务筹划，优化全网信息通信资源配置，创造 7.02 亿元经济效益。推进老旧信息系统“瘦身健体”，回收 CPU 资源 1640 核、内存资源 4832G、存储资源 880T。优化北京数据中心一期机房布局，动态调优制冷策略，PUE 值由 1.6 降至 1.5。

旗帜领航 学习宣传贯彻党的二十大精神。第一时间制订专项方案，实施 59 项具体任务。国网信通公司党委以“第一议题”、中心组学习、专题读书班等形式发挥领学示范作用，各党支部通过“三会一课”、主题党日、“云课堂”等方式开展深入学习研讨，形成“头雁+全员”“线上+线下”全覆盖的“大学习”格局。党委领导深入一线，结合实际宣传宣讲。召开学习宣传贯彻党的二十大精神工作部署会，明确六个方面、17 项举措，切实把党的二十大作出的重大决策部署，付诸实践，见之成效，以实际行动坚定捍卫“两个确立”、坚决做到“两个维护”。

党的建设提质登高。召开党员大会，规范完成党委、纪委换届。发布党建工作“一本账”、党务工作指导“一手册”、党建工作解析“一要点”，加强对基层党支部的规范化指引和操作级指导。完成“旗帜领航”党建工程 60 项重点任务，实施 7 个领域“党建+”工程，党建与业务互促共进、相得益彰。举办“信通十年”发展成就展，传承光荣传统，凝聚奋进力量。

全面从严治党纵深推进。召开全面从严治党专题党委会 1 次，党委会专题研究党风廉政建设工作 9 次，中心组专题学习党风廉政建设内容 2 次，全面落实党委 32 项主体责任和纪委 40 项监督责任。推动纪检监察体制改革 39 项任务落地实施，印发《领导人员免责事项清单》。深化巡视整改“三抓三化”机制，完成“回头看”和典型共性问题对照自查自纠，一体推进“三不”建设。

2022 年，国网信通公司参建的准东—华东特高压直流工程获国家优质工程金奖，青海—河南特高压直流工程获中国电力优质工程。技术中心会议保障班组获公司工人先锋号，邓黎获得国家电网公司劳动模范称号，陈芳、丁雪伟入选国家电网公司青年人才托举工程。信通故事出现在中央电视台、人民网、学习强国、《国家电网报》等权威平台，赢得各方面认可。

（肖　磊）

【国家电网有限公司特高压建设分公司】

公司概况 国家电网有限公司特高压建设分公司（简称国网特高压公司）为非独立法人机构，是国家电网公司的分公司，负责国家电网公司直接投资或担任项目法人单位的特高压输变电工程、跨区电网重点工程的建设管理、技术统筹和管理支撑工作，特高压直流核心设备监造管理工作等。

组织机构 设有 6 个职能部门［综合管理部（党委

办公室)、人力资源部、计划部、财务部、党委党建部(纪委办)、安全质量部],五个业务部门(变电部、输电部、技术部、物资监造部、信息环保部),下设五个派出机构(华北、华中、华东、西南、宜昌工程建设部)。

人力资源 国网特高压公司坚持人才强企,做强人才"第一资源"。2022年,坚持"局部有退有进、整体退大于进",推动领导人员队伍各层级有序更替。制订交流计划,设置交流年限,选派缺乏工程现场经验的领导人员到一线历练。在兼顾解决职工长期异地工作的同时,均衡了工程建设项目专业力量。开展"强基固本·一专多能"全流程培训及针对性专项培训,全年组织19名青年员工赴沈变、南瑞继保及工程现场参加系列培训。动态优化"专家大讲堂"课程和师资,充实精品课程课件。优化专家评选及考核标准,促进专家管理与专业工作组运转有效衔接。按照"总量控制、逐年增选、好中选优"原则开展专家增选,评选高级专家5人、优秀专家3人,充实专家梯队。参与国家电网公司总部基建人才队伍建设专项工作,向上推选优秀人才。

截至2022年底,国网特高压公司现有职工253人。具有本科及以上学历人员229人,占总人数的90.51%,其中研究生及以上学历114人,占比40.06%。中共党员215人,占员工总数的84.98%。具有专业技术资格236人,占比93.28%。国家电网公司级及以上专家人才11人,国家电网公司级专家人才8人。人才当量密度1.3418。

经营管理 全年完成重点工程建设投资54.87亿元,实现"七投产、一开工、一在建"年度建设目标,完成"十二站九线"特高压工程服务支撑和"五站"设备监造管理任务。企业治理效能提升。完善"三重一大"决策制度体系,推动党委和经理班子依法决策、科学决策和民主决策。完成原华中工程建设部与郑州工程建设部重组改革。完成国企改革三年行动任务,16个工作专项36项主要任务100%完成。编制、发布2022版管理手册和程序文件,三标管理体系通过认证审核。合规管理水平提高。完成"合规管理强化年"工作任务,开展25项制度立改废,建立完善法律风险库。重大决策合法合规性审核率、业务制度化率、合规风险防控率均100%。上线应用统一车辆管理平台,优化周转房资源使用,完善办公用品管理,后勤管理日益规范。利用内外部审计检查成果,健全完善风险内控合规体系。完成"三清理两提高",组织开展综合治理专项行动,发现4大类24个问题,立行立改并建立长效监督工作机制。依托国家电网公司总部SAP管理系统,部署完成工程财务付款线上审批流程与财务报销线上流转功能应用。

电网建设 投产目标实现。统筹工程建设与疫情防控,白鹤滩二期换流站双极低端启动送电,布拖换流站、南阳扩、荆门扩(南阳—荆门—长沙、荆门—武汉)、螺山长江大跨越、蒙西扩(酸刺沟送出)工程建成投运,保障华东地区用电需求,提升华中地区电力互济能力,服务经济社会发展。

在建工程加快推进。白鹤滩二期换流站双极高端阀厅设备和极2高端换流变压器安装完成;南昌扩(武汉—南昌)11月29日开工,土建施工稳步推进。

前期工作开展。开展张北—胜利、川渝联网、金上—湖北、陇东—山东、宁夏—湖南、哈密—重庆等工程现场踏勘和建设策划,针对工程特点,分类提出设计优化建议。

管理支撑。承担总部出资跨区电网工程财务管理,精打细算控造价,推进结算标准化、流程化。牵头建立特高压工程(项目)安全管理体系。受托开展特高压线路工程安全管理评价等专项检查,累计检查项目部170个,发现问题1288项。全年开展特高压工程档案培训16次、专项检查19次。按计划实施6项在建工程环水保过程专业管控,陕北—湖北、雅中—江西和南昌—长沙3项工程通过专项验收。

设备监造管理。完成白鹤滩—江苏、白鹤滩—浙江、闽粤联网工程换流站设备监造管理任务,换流变压器一次试验通过率96.3%,GIS一次试验通过率100%。应用智慧监造管理系统,改进提升系统功能界面及移动端APP功能。

"六精四化"落地见效。制订"六精四化"工作方案,提出标准工艺应用率、设备一次投运成功率等5个关键指标,部署开展25项重点工作任务。

安全生产 树立"两个至上"安全理念,落实国家电网公司安全生产工作意见,国网特高压公司领导现场靠前指挥,提级管控高风险作业,完成党的二十大保电任务。完成安全生产专项整治三年行动,15项问题隐患清单和6项制度措施清单通过验收评价。完成三级及以上高风险作业190余项,发布预警通知单6份;明确376项隐患排查标准,治理问题隐患76项。

科技与信息化 坚持传承与创新并举,在系统梳理总结特高压工程建设经验基础上。健全完善专业体系、提升专业能力。

标准化建设。编制形成特高压工程建设管理制度、业务流程和管理评价体系,梳理管理制度186项,编制二级流程图102项,形成主要工作任务208项,实现管理制度化、业务流程化、操作标准化。编制形成27个关键工序管控表、37张工艺流程控制卡,在直管工程中全面应用"一表一卡"。依托白鹤滩二期换流站和螺山长江大跨越工程现场开展数字化标杆创建工作,在质量关键控制点实测实量、高塔组立专用抱杆状态智能监控等典型应用场景方面取得成效。建成特高压工程"五库一平台"。组织完成"五库一平台"建设及上线应用,发布移动端APP,总结形成9类专业、

4500 余项成果文件，开发跨库检索、成果推送等 12 项实用功能。印发“五库一平台”管理办法，发布应用积分规则（2022 版）。

科技创新不断突破。牵头开展特高压与 e 基建 2.0 融合建设，形成特高压核心业务框架及典型业务场景。组织 14 家省送变电公司搭建科研合作平台，开展特高压施工技术及装备调研，完成 8 项国家电网公司总部指南项目申报。协助国家电网公司总部统筹开展金上—湖北工程科研专题管理。依托长泰站开展“智慧安装”建设试点。全年复核特高压线路工程重要专项施工方案 123 个。组织发布 1 项企业标准、2 项团体标准、1 项行业标准，10 项企业标准项目完成立项，1 项国家标准、5 项行业标准修订项目通过立项审查。

党的建设和精神文明建设 落实国家电网公司党组关于学习宣传贯彻党的二十大精神工作安排，把学习宣传贯彻党的二十大精神作为首要政治任务、头等大事，引导党员干部深刻领悟“两个确立”的决定性意义，增强“四个意识”、坚定“四个自信”、坚决做到“两个维护”。国网特高压公司党委第一时间开展“第一议题”学习和中心组集体学习研讨，做到先学先行。深化“中心组带头学、党支部跟进学、党员自觉学”三级联动机制，各党支部以专题集中学、知识问答学、联系业务学等多种方式组织党员深学细悟，实现学习全覆盖。主要领导带头靠前指挥，调研基层支部学习宣传贯彻情况，推动工作责任落实。领导班子成员深入所在支部和联系点支部开展集中宣讲、讲授专题党课，推动党的二十大精神进基层、进工地、进一线。学用结合。召开学习宣传贯彻党的二十大精神专题部署会，领会“五个牢牢把握”，贯彻“八个奋力”“六个确保”，明确 6 个方面 19 项落实举措，以实际行动把党的二十大精神落到实处。

党的建设。推进党建标准化规范化建设，召开党员大会，完成“两委”成立选举。拓展“党建+”工程的广度深度，总结提炼形成典型案例经验 10 个。依托工程现场临时党支部，凝聚各参建单位力量，加强与国网特高压部、属地省电力公司党组织的联建共建，开展党建融入建运质效、联合主题党日等近 10 项活动。推进党史学习教育常态化长效化，编印 10 个分册近 110 万字党史学习教育系列成果。

党风廉政建设。国网特高压公司党委专题研究党风廉政建设议题 16 项。建立党风廉政建设和反腐败工作协调机制，推动党内监督与专业监督贯通协同。组织“廉洁文化进党支部、进工地、进家庭”主题活动，打造阳光工程，创建廉洁工地。聚焦工程建设、招投标等重点领域和关键环节，围绕“作风形象、重大决策、业务廉洁、岗位廉洁”四方面排查廉洁风险 76 项，制订防控措施 245 项。

宣传工作。统筹宣传工作力量，组建柔性团队，强化推进主题宣传，先后在央视、新华社、中国电力报等主要媒体发布新闻报道 22 篇。建设展厅，多角度、全方位、立体化展现国网特高压公司发展历程和特高压工程建设成就。

2022 年，获国家电网公司北京 2022 年冬奥会和冬残奥会电力保障先进单位、2022 年度重大电网工程建设先进单位、2022 年基建环保管理先进单位，中电联 2022 年度管理体系认证优秀企业；昌吉—古泉工程获国家优质工程金奖、2022 年度中国电力优质工程奖，张北柔直工程获第七届中国工业大奖，青海—河南工程获国家水土保持示范工程，螺山长江大跨越工程、白鹤滩二期换流站获国家电网公司 2022 年度现代智慧标杆工地。输电部获 2022 年度国家电网公司重大电网工程建设先进建设管理集体，华东工程建设部获国家电网公司北京 2022 年冬奥会和冬残奥会电力保障先进集体，西南工程建设部获国家电网公司 2022 年度安全生产工作先进集体，螺山长江大跨越业主项目部获国家电网公司工人先锋号，白鹤滩二期换流站业主项目部获 2022 年度公司重大电网工程建设优秀项目部；阎国增获“国网工匠”，张诚获国家电网公司“一体四翼”劳动竞赛劳动模范。共计 9 个集体、14 人次获得国家电网公司及以上各类表彰。

（李志强　邱小川）

【国家电网有限公司直流技术中心】

公司概况 国家电网有限公司直流技术中心（简称国网直流中心）是国家电网公司直流技术支撑机构，主要承担国家电网公司系统换流站运行集中监视和故障诊断分析、全过程技术监督、直流专业培训、省电力公司所辖换流站运检技术支撑服务，协助国家电网公司总部开展直流专业技术管理和跨区资产运营管理，提供特高压、超高压、柔性直流工程等相关技术咨询和专业支撑服务。国家电网公司跨区电网资产运营管理中心挂靠国网直流中心，负责归集跨区电网收入成本要素、参与跨区跨省电量交易结算、构建跨区输电价格体系、配合开展成本监审等。

组织机构 国网直流中心下设综合管理部、党委党建部（党委宣传部、纪委办公室、合规审计部、巡察办）2 个职能部门，运行部、技术部、工程部、培训部、统计部 5 个业务部门，以及国家电网公司跨区电网资产运营管理中心 1 个挂靠机构。国网直流中心现有正式职工 82 人，平均年龄 40.2 岁，硕士研究生及以上学历 56 人（含博士研究生 6 人），副高级及以上专业技术职称 43 人（含正高级职称 7 人），国家级专家 1 人，省电力公司级专家 5 人，中心首席工程师 1 人。

直流技术支撑服务 保障直流安全稳定运行。国家电网对公司系统在运 67 座换流站开展 7×24h 集中监视，发布信息快报 15 份，督促处理严重缺陷 252 条。启动远程诊断分析和应急技术支持工作，出具祁连站换流变压器故障等重大设备问题分析报告 20 份、书面监督意见 56 份，支撑现场故障处置和直流恢复送电。全过程参与复龙站 5 台 MR 真空有载分接开关异常产气、伊敏站极Ⅰ换流变压器有载调压开关非电量保护动作等故障分析处置工作。发挥秘书单位作用，组织召开分析会 25 次，监督白江、白浙、闽粤等工程 489 项重要设备问题整改。搭建新工程远程调试指挥系统，派专家赴现场参与验收调试，提出监督意见 143 项。牵头制订换流站运行操作“六查六禁”、防止误操作 13 项措施等管理规定。完成复奉、龙政、张北等 16 个工程 1.5 万余项控制参数分析整定工作，发现重要问题 131 项。审核批准并监督实施直流控保软件修改 693 项。研究优化换相失败预测策略，并在默拉和林枫直流应用。制订《换流站保护告警应急处置原则》，研究不停电检修处置要点。完成北京冬奥及冬残奥会、党的二十大、迎峰度夏等重大保电任务。促进直流本质安全提升。组织审查白江、闽粤、白浙工程验收作业指导书（作业卡）646 份，审查龙政、厦门柔直、葛南改造施工方案 43 份，提出完善建议 411 项，提出技术监督意见 63 项。采取“1（现场专职负责）+*N*（后方专家团队）”技术监督模式，全程参与龙政直流、厦门柔直改造技术监督，发现异常问题 109 项。总结提炼龙政直流改造经验，提出后续改造工作建议。完成葛南直流改造 10 类设备设计冻结。审查在运换流站 1820 份检修方案和 5.4 万余份作业卡。发现分接开关异常产气等重大设备隐患 94 个，提出预防和治理措施 13 项。针对鄱阳湖站、陕北站首次检修，组织开展经验交流并提供现场支撑。编制完成 27 项换流变典型检修作业流程标准化方案。编制形成换流站重点隐患清单，明确 63 类 427 项重点隐患，研究制订整改措施和治理计划，编发治理月报，督促按期销号。开展柔直工程可靠性提升专项工作，研究提出 51 项改进措施。组织完成 7 座换流站 9 组断路器的解体检查分析，针对设计制造、运行检修等阶段提出管控措施 22 项。强化直流服务能力建设。上线直流服务窗口，发布技术监督意见 119 份，出具分析报告 33 篇，发布月度例会材料及专题报告 164 份，运行规程、制度标准、培训课件、会议纪要等 1500 余项，累计服务换流站一线人员 2 万余人次。编制《直流人才队伍培养三年提升行动计划》，统筹推进直流人才队伍培养。举办国家电网公司换流站运维技能等培训班 12 期。举办国家电网公司直流检修流程技术竞赛 29 期，编制形成最优检修流程 238 项。举办 2 期换流站运行人员岗位资格考试，1238 人取得上岗资格。加强换流站运行可靠性统计分析，开展国内外直流可靠性指标对标，编制发布可靠性分析月报、直流输电系统月报 24 份。

跨区资产运营管理 支撑跨区电网安全稳健运营。界定国家电网公司总部公共费用边界，开展研究论证。推进雁淮等 5 条特高压直流完成输电价格核定，推动跨省跨区专项工程定价办法落地。《全国统一电力现货市场省间价格耦合机制研究》获国家电网公司软科学成果二等奖。制订落实特高压专项审计迎审工作方案，梳理国家电网公司总部直营 32 条跨区专项输电工程投运以来经营情况，提供 100 余份支撑资料，强化重大事项研判与沟通汇报。落实任期经济责任审计安排，完成财务管理和运营情况自查。规范编制 850 项中长期交易输电价格方案。完成 2000 余项现货路径配置。组织开展德宝、复奉等跨区专项工程应急保供电交易 500 余项、反向现货交易 1300 余项。开展新一代电费结算系统适应性改造，完成购售电交易 3000 余项、收支资金 5700 亿元。提升跨区电网资产运营管理水平。统筹跨区电网经营指标，配合总部编制完成年度预算方案。加强预算执行跟踪，落实月度损益预算管控机制，编制执行报表、报告，适时开展全年经营效益摸底，完成年中预算调整。完成张北—雄安、驻马店—南阳等工程正式决算转资以及陕北—武汉、白鹤滩—江苏、南阳—荆门—长沙等特高压工程暂估转资，新增资产 285.85 亿元。完成跨区电网 10.33 万张资产卡片、1200 亿元固定资产清查盘点。完成总部跨区电网实物资产分析评价及 2.02 亿元资产报废审批。巩固“1233”新型资金管理体系，强化现金流“按日排程”管理，全年完成跨区电网各类资金收付、合同结算超 6170 亿元。完成荆门—武汉、南阳—荆门—长沙等工程 47 亿元融资请款以及扎青划转负债等 11 个融资合同 102.63 亿元贷款到期还款工作。推进跨区电网智慧共享财务管理系统展示优化、功能拓展和数据治理。编制跨区电网资产项目全过程管理体系研究报告及工作指南。完成适应新型电力系统的跨区成本费用策略及运营模式优化研究。RPA 应用项目获评 2022 年“智匠”RPA 优秀案例。

直流技术科研攻关 科技管理体系。制订实施《科技项目管理细则》《科技奖励工作实施细则》《关于加强科技创新工作的指导意见》，全流程规范科技项目管理，为加强科技创新工作打下基础。

直流标准建设。建立贯穿全寿命周期的直流核心设备标准体系。编制新建换流站标准化验收作业指导书。编制直流工程设备手册。协助编制发布国家电网公司首部柔直反措，指导柔直工程的建设运行。牵头发布国际标准 1 项、企业标准 5 项。

科技创新。“柔性直流电网技术研发、设备研制及工程应用”项目获得国家电网公司 2022 年度科学技术进步特等奖。推进直流“卡脖子”技术攻关，“国内外分接开关制造运行经验统计分析研究”科研项目通过验收。参与网侧接入750、1000kV换流变压器关键技术、特高压换流变压器有载分接开关安全防护关键技术研究，先后获得山东省科技进步奖二等奖1项、江苏省科技进步奖二等奖1项、中国电力建设科学技术进步奖二等奖2项、国家电网公司职工技术创新三等奖1项。“特高压换流站智慧值长研究与应用”等2个项目获得中电联电力职工技术创新一等奖。“降低750kV交流滤波器场断路器异常动作次数”项目获全国电力行业质量管理小组活动“特等成果”。

经营管理改革举措 改革措施。落实国家电网公司“国企改革三年行动”计划，完成各项改革任务。深化“三项制度改革”，推进“六能”机制落地见效，实施“新跨越计划”，优化绩效工资设置，增加突出贡献加分，加大对科技创新的奖励力度。

安全管理。制订落实全面强化安全责任落实40项重点任务，开展安全生产专项整治三年行动、安全隐患大排查大整治、安全管理提升年等活动，印发标准化安全监督手册，修订中心技术监督及服务安全管理办法，开展总体预案培训和11项专项预案演练。

合规管理。开展“严肃财经纪律、依法合规经营”综合治理专项行动。落实“合规管理强化年”部署要求，对照排查违法违规问题和法律合规风险。开展保密专项整治行动和党的二十大保密保障专项检查，加强网络保密监测，防范失泄密风险。

风控能力。编制重大风险管控季度报告。修编《风险管理与内控评价手册》。提质增效11项案例入选国家电网公司通报。

党的建设和精神文明建设 学习宣传贯彻党的二十大精神。落实国家电网公司党组部署要求，把学习好、宣传好、贯彻好党的二十大精神作为首要政治任务。组织党员干部群众收听收看党的二十大盛况。中心党委第一时间召开扩大会议、开展中心组学习、举办专题读书班，示范带动各党支部开展学习研讨。制定印发专项方案，明确15个方面44项工作任务，把学习宣贯工作引向深入、落到实处。中心党委会议专题学习2次、中心组集中学习3次，领导人员累计交流研讨56人次，中心纪委、工会、各党支部、团组织及统战人士开展学习研讨16次，实现各层级全覆盖。开设“学习贯彻党的二十大精神”专题专栏，设置“先学深悟”“学思践悟”等栏目，发布中央精神、党组要求和中心动态，摄制专题宣传片，在国家电网公司媒体展播，展现党员干部学习成果。动员全员参与国家电网公司知识竞赛，推动学习宣贯走深走实。发挥党建引领保障作用。落实“第一议题”制度和中心组学习制度，开展习近平总书记重要指示批示精神再学习再落实再提升主题活动，巩固拓展党史学习教育成果。修订完善“三重一大”决策管理制度和议事制度，规范党委前置研究讨论事项清单，推进党的领导融入企业治理各环节。深化“党建+”示范工程，推进党建与业务双促进、双提升。完成党支部换届选举，做好中心党委、纪委换届筹备工作。开展支部书记抓党建工作述职评议，促进提升支部党建工作成效。开展庆祝建党101周年、建团100周年系列活动，实施青年精神素养提升工程，激励引导干部员工立足岗位创先争优。制订落实全面从严治党主体责任29项重点任务和纪检45项重点工作，压紧压实管党治党责任。开展重大保电、疫情防控、安全生产等关键领域专项监督检查，保障促进重大决策部署落实。组织签订“一卡两书”，推进廉洁风险防控嵌入日常。建成线上廉洁文化教育展，组织线下集中宣讲，开展廉洁文化“大家谈”，推动廉洁从业理念入脑入心。

（张晓亮）

中国南方电网有限责任公司

【公司概况】 中国南方电网有限责任公司（简称南方电网公司）是中央管理的国有重要骨干企业，由国务院国资委履行出资人职责。南方电网公司负责投资、建设和经营管理南方区域电网，参与投资、建设和经营相关的跨区域输变电和联网工程，为广东、广西、云南、贵州、海南五省区和港澳地区提供电力供应服务保障；从事电力购销业务，负责电力交易与调度；从事国内外投融资业务；自主开展外贸流通经营、国际合作、对外工程承包和对外劳务合作等业务。南方电网公司总部设有20个职能部门；管理南网超高压公司、南网党校（南网培训中心、南网领导力学院）、南网北京分公司3家分公司；广东、广西、云南、贵州、海南电网公司，深圳供电局、南网产业投资集团、鼎元资产公司、南网资本控股公司、南网国际公司、南网数字集团、南网供应链集团、南网能源院13家全资子公司；南网储能公司、南网能源公司、南网财务公司、鼎和保险公司、南网云南国际公司、南网科研院、广州电力交易中心、南网传媒公司8家控股子公司。员工总数近28万人。

2022年，南方电网公司全网统调最高负荷2.23亿kW，同比增长3.05%；全年完成售电量12626亿kWh，同比增长2.1%；“西电东送”电量2156亿kWh；用电营商环境持续优化，现代供电服务体系基本建成，深圳、广州、佛山、东莞入选“获得电力”标杆城市，粤港澳大湾区供电可靠性国际领先；连续16年4个任期获得国务院国资委经营业绩考核A级，连续3年获得国务院国资委党建责任制考核A级，世界500强排名89位。

【领导班子】 2022年，南方电网公司领导班子发生调整。1月20日，王宏志任董事、总经理、党组副书记。6月15日，刘启宏任董事、党组副书记，免去其副总经理职务；免去毕亚雄的董事、党组副书记职务。9月19日，唐屹峰任党组成员、副总经理；免去陈允鹏的党组成员、副总经理职务。

截至2022年12月31日，南方电网公司领导班子成员如下：

董事长、党组书记：孟振平

董事、总经理、党组副书记：王宏志

董事、党组副书记：刘启宏

纪检监察组组长、党组成员：龙飞

党组成员、总会计师：肖立新

党组成员、副总经理：张文峰

党组成员、副总经理：唐屹峰

【组织机构】 详见南方电网公司2022年组织机构图。

【电网概况】 南方电网覆盖五省区，并与香港、澳门地区以及东南亚国家的电网相联，供电面积100万km^2。供电人口2.72亿人，供电客户1.13亿户。2022年，全网统调最高负荷2.23亿kW，增长3.05%；南方五省区全社会用电量14746亿kWh，增长1.65%；非化石能源电量占比52.01%。

南方电网东西跨度近2000km，网内拥有水、煤、核、气、风力、太阳能、生物质能、抽水蓄能和新型储能等多种电源。截至2022年底，全网统调装机容量3.93亿kW（其中火电1.65亿kW、水电1.22亿kW、核电1960.8万kW、风电3774.4万kW、光伏2936.0万kW，分别占42.1%、31.1%、5.0%、9.6%、7.5%）；110kV及以上变电容量12.4亿kVA，输电线路总长度25.8万km。南方电网交直流混联，远距离、大容量、超高压输电，安全稳定特性复杂，驾驭难度大，科技含量高；掌握超（特）高压直流输电、柔性直流输电、大电网安全稳定运行与控制、电网节能经济运行、大容量储能、超导等系列核心技术，建成并运行世界第一个±800kV特高压直流输电工程，荣获国家科技进步奖特等奖，标志着南方电网在特高压输电领域处于世界领先水平。西电东送已经形成“8条交流、11条直流”(500kV天广交流四回，贵广交流四回；±500kV天广直流、江城直流、禄高肇直流、兴安直流、牛从双回直流、金中直流，以及±800kV楚穗特高压直流、普侨特高压直流、新东特高压直流、昆柳龙特高压直流）19条500kV及以上大通道，送电规模超过5800万kW。南方电网是国内率先“走出去”的电网。落实“一带一路”倡议，作为国务院确定的大湄公河次区域电力合作中方执行单位，南方电网公司加强与周边国家电网互联互通，深化国际电力交流合作。截至2022年底，累计向越南送电402.12亿kWh，向老挝送电12.28亿kWh，向缅甸购电232.79亿kWh，向缅甸送电49.69亿kWh。

【改革发展】 南方电网公司国企改革三年行动2022年度考核排名央企第一，“双百”“科改”专项考核蝉联央企第一。《国企改革三年行动简报》刊发南方电网公司典型改革经验17篇。中国特色现代企业制度更加成熟定型。召开首次股东会议，规范建立董事会。首创并全面推广7种不同治理结构公司治理范本，南方电网公司和深圳供电局被评为国资委首批国有企业公司治理示范企业。法人层级治理更加优化，总部管控事项在2021年下降53%的基础上下降12%，1/3重大经营事项由管理型行权转变为治理型行权，治理型行权流程从“线下”迁移至“线上”，提升行权效率。制度简明化专项行动收官。专业化整合有效推进，按照“一企一策”完成54家装备制造类大集体企业市场化退出、业务剥离或转型；南网供应链集团整合全网物资业务；南网数字集团整合内外数字化资源，支撑数字电网建设和数字化转型；南网鼎元公司整合全网工业物业加快推进；南网科技公司整合全网电源侧试验检验业务。“两资”“两非”剥离任务全面完成，解决历史遗留问题全面收官。法人压减、“处僵治困”长效机制有效运转。云南电网公司与云南农垦集团签署合作协议，贵州电网公司推动兴义地方电网融合发展破冰。深化任期制和契约化管理，能上能下形成常态，构建员工市场化退出“红黄牌”机制，能进能出有序推进，能增能减取得实效。南网储能公司、南网科研院、云南电力试验研究院、南网互联网公司等4家企业入选第二批“科改示范企业”。南网储能公司2022年9月登陆上交所，成为国内首个主营抽水蓄能业务的上市公司，实现近五年来A股最大规模重组融资。南网科技公司连续两年获得国资委“科改示范行动”评估最高标杆评级。南方区域电力市场启动试运行，全国统一电力市场体系率先在南方区域落地。南方（以广东起步）现货市场连续结算运行超过一年，区域调频辅助服务市场实现“五省区全覆盖”结算运行，跨省备用辅助服务市场启动试运行。发布全国首个区域绿色电力交易规则，南方区域绿色电力累计交易规模突破40亿kWh，累计核发绿证超1.5亿kWh。完善市场化电价形成机制，电网代理购电实施平稳有序。推动竞争性业务改革，广州电力设计院与南网能源院完成重组整合，公司纳入改革范围的7家装备制造企业全部完成业务剥离或退出。

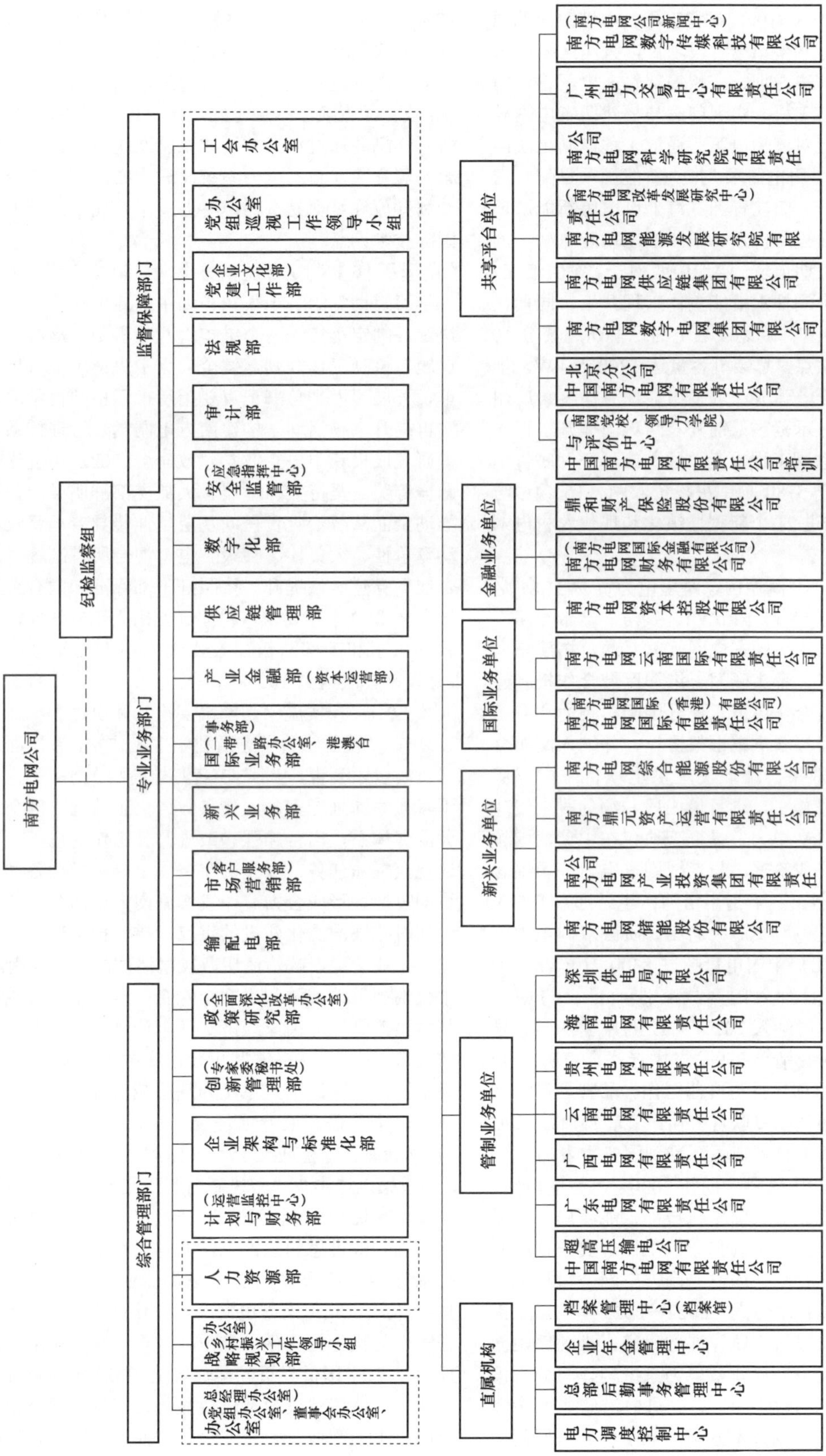

南方电网公司 2022 年组织机构图

【重大项目】投产大湾区背靠背工程、深圳中西部通道工程等广东目标网架第一阶段项目，大湾区东西部实现柔性互联，解决深圳、广州局部暂态电压稳定问题。投产闽粤联网工程，实现广东与福建两省电网异步互联。按期投运对澳输电第三通道工程，满足澳门“十四五”期间社会用电需求。推进新能源项目配套送出工程，汕尾甲子、阳江青洲三海上风电等新能源项目按期并网。提前投产梅州、阳江抽水蓄能电站，创造主体工程最短工期记录。实现广西南宁、肇庆浪江、梅蓄二期、惠州中洞抽水蓄能主体工程开工，同期在建规模达 480 万 kW。规划茂名电白、柳州鹿寨等 10 个抽水蓄能新建站点，总装机容量达 1200 万 kW。推进智能配电网建设，建成深圳福田、珠海横琴、广州知识城等高可靠性示范区。铺开农网巩固提升工程，独龙江乡 35kV 联网工程投运，独龙族群众彻底告别“电力孤岛”。投产 5780 项中央投资农网、16 项边防部队重点项目，推进 21 个新型城镇化和现代农村电网示范区建设。

【走向海外】全年与澜湄国家跨境电力贸易 31.81 亿 kWh，对澳门送电 48.73 亿 kWh。参与“一带一路”建设，重点加强与周边国家电网互联互通，拓展东南亚、拉美电力投资，牵头澜湄、港澳区域合作机制建设，拓宽对外交流合作渠道，提升国际影响力和竞争力。中缅联网项目签署供电框架协议，并纳入澜湄合作第七次外长会成果。缅北民生供电项目完成邦康 110kV 缅甸段工程施工，项目境内段和缅甸段全线建成贯通。中老 500kV 电力贸易框架协议在中老两国领导人会晤见证下完成签署。与老挝国家电力公司签署 115kV 联网购售电协议。老挝南塔河水电站通过 115kV 联网线路向云南送电，实施中老第一阶段双向电力贸易，2022 年全年出口中国电量超过 8300 万 kWh。老挝国家输电网项目列入国家战略性项目，与中老 500kV 联网项目同时纳入 2022 年 12 月中老两国领导人会晤见证签署项目清单并写入《中老联合声明》。智利 KILO 直流输电项目打造典范之作、品牌之作，完成反垄断审查，组建项目联营公司，签署换流站 EPC 合同。完成支援香港抗疫任务，受到国资委表扬。

【重大创新】参与国家科技创新 2030 –“智能电网”重大项目组织策划。对接国家科技部、能源局，选派专家全程参与实施方案编制和预算工作。实施打造原创技术策源地专项行动，印发《南方电网公司打造原创技术策源地专项行动方案（2022—2025 年）》。承接国资委原创技术研发投入统计课题研究，推动原始创新体系的构建。统筹布局新型电力系统构建与分析技术、电力人工智能与数字孪生、先进前沿储能等 4 大领域、15 个子领域原创技术方向，2022 年部署原创技术重大项目 70 余项，投资总额超过 6 亿元，占比超过 15%。完成国资委一期攻关 5 项攻关任务，推进国资委二期攻关 9 项攻关任务，完成世界首台兆瓦级漂浮式波浪能发电装置主体结构建造，并提前进入下水调试；攻克柔直换流阀用干式直流电容器全国产化技术，研制样机并通过第三方型式试验及阀组级试验。与怀柔实验室共建新型电力系统研究中心。完成央企首单专利开放许可交易签约。举办第十八届中国南方电网国际技术论坛。

【党建工作】制定实施南方电网公司党组关于全面深入学习贯彻党的二十大精神为中国式现代化作贡献的决定。制定落实“两个维护”八项机制，落实“第一议题”机制工作规则，健全向党中央请示报告事项清单，开展习近平总书记重要指示批示精神再学习再落实再提升主题活动。构建南方电网党建管理体系，相关研究成果获中央企业党建政研会 2022 年度优秀课题一等奖。坚持大抓基层、大抓支部鲜明导向，开展推动全面从严治党责任向基层延伸传导专项督查，推动竞争性、大集体、县级供电、混合所有制等“四类企业”党建质量提升。按照好干部标准和国有企业领导人员“20 字”要求，树立选人用人正确导向，加强领导班子和干部队伍建设，选人用人工作总体评价“好”率首次达到 100%。坚持党管人才，出台“南网人才 30 条”，实施“南网高层次人才引进和特殊支持计划”，设置首席科学家及科学家工作室，首次面向全球发布引才公告，申报 43 名海外高端人才，引进 8 名国家人才计划专家，入选人数居央企前列。健全完善大监督体系，出台加强和改进监督工作的意见，完成巡视全覆盖任务，以党内监督为主导，推动各类监督协同贯通、形成合力。印发实施南方电网公司党组加强新时代廉洁文化建设的重点举措，推动建设干部清正、企业清廉、政治清明、风气清朗的“清廉南网”。中央巡视反馈问题和“靠企吃企”专项整治发现问题基本整改到位，国家经济责任审计、特高压专项审计按要求完成整改。完善和出台落实中央八项规定精神、规范饮酒、整治形式主义为基层减负等一系列制度、举措。全覆盖开展专项督查，开展“强国复兴有我”“建功新时代，喜迎二十大”主题宣传，南方电网公司 6 项成果入选中央“奋进新时代”主题成就展，《最美冬夜》首获“中国新闻奖”。研究出台南方电网公司党组加强和改进思想政治工作的有关举措，开展员工思想动态线上调研，为员工提供专业的心理咨询服务 1223 人次。完善南方电网公司文化理念，培育“知行合一”的执行力文化。统一战线重要法宝作用持续发挥，1 人获中国侨界贡献奖一等奖（2022 年央企唯一）。产业工人队伍建设改革成果显著，南方电网公司入选全国“十大产业百家企业深化产业工人队伍建设改革专项行动”，实施全国“十四五”引领性劳动竞赛——

“粤港澳大湾区新型电力系统建设”劳动竞赛。坚持党建带团建，开展庆祝建团100周年活动，开展青年精神素养提升工程，青年发展规划（2019—2022年）收官，完成2000名“青马学员”培养目标，32个集体、个人获团中央表彰。

【数字化转型】 完成全域物联网顶层设计，构建统一“物联＋视联”能力，“面向新型电力系统的电力全域物联网平台建设与应用”获2022世界物联网大会金奖；“南网智瞰”荣获第三届中国工业互联网大赛领军组第一名；基于人工智能平台研发47项缺陷识别算法。数字输电大规模推广，建成网级统一机巡系统，实现线路通道数字化23.8万km，无人机自动巡检110万km，220kV以上线路全覆盖。数字变电推进标准化，99.5%变电站实现无人值守。累计建设或改造智能台区、智能配电房1.9万座，全网配电自动化覆盖率83.6%。深化“南网在线”应用，全面实现“刷脸办电”“一证办电”，互联网业务比例保持98%以上。建成电网管理平台等核心业务平台，承载90%以上电网管制业务在线化。上线云景平台一期，覆盖全业务域，贯通“网省地县所”，融合战略运行管控平台、生产指挥中心、供应链服务调配中心，实现“数字运营一张图”。移动应用“掌上南网”上线。着手建设“东数西算”核心节点——贵安中心，南网公有云入选首批国资行业云。“云、智、传奇”系列产品体系初步形成，“伏羲”实现南方电网公司中国专利金奖“零”的突破，生态合作伙伴达40余家，智能传感量产规模达4.59万套；系统打造“1＋3＋N”数据产品体系和“赫兹数智”数据品牌；联合国税总局研发“税电指数”。新增上线配电运行监控指挥、客户工单预警等300个数据产品，扩展乡村振兴、小微企业景气指数等50个服务数字政府产品。获评国家数据管理能力成熟度评估最高五级。建立数据交易管理机制，实现场内数据交易零突破。

【履行社会责任】 制定实施服务经济稳定27条重点举措，完成固定资产投资1250亿元。多措并举助力中小企业纾困解难，降低用电成本10.2亿元，减免房租1.4亿元，“欠费不停供”涉及8.7亿元，无分歧民企欠款实现“零拖欠”。服务乡村振兴和新能源汽车下乡战略，充电基础设施乡镇覆盖率92%。搭建海南全岛“一张网”平台，实现全岛充电基础设施互联互通。服务稳岗扩就业，新提供岗位近6600个。“知行书屋”入选全国首批帮扶典型案例，南方电网公司连续5年获得中央单位帮扶工作考核最高评价“好”。发布南方电网公司碳达峰行动方案，制定各省级新型电力系统建设方案，推进35项新型电力系统示范区建设，建成央企绿电消费规模最大的零碳总部基地，成立广州可再生能源结算服务公司。2021年度社会责任报告首次获得“五星佳”最高评级，国务院国资委领导出席南方电网公司社会责任报告发布会暨社会责任日（国企开放日）活动启动仪式并给予高度肯定。

（冷裕波）

【中国南方电网有限责任公司超高压输电公司】

公司概况 中国南方电网有限责任公司超高压输电公司（简称南网超高压公司），是南方电网公司的分公司，前身最早为原水利电力部于1984年成立的华南电网办公室，先后改组、更名为中国南方电力联营公司、国家电力公司南方公司。2002年底，南方电网公司成立后，改组为南方电网公司分公司，履行南方电网骨干网架和重要联络线的规划参与者、建设执行者、运行维护者、经营管理者职责。南网超高压公司在南方五省（区），建成了结构坚强、技术先进的现代化大电网，承担起了“一肩担当西电东送能源战略，一网紧联南方五省（区）”的光荣职责。

南网超高压公司所辖西电东送主网架覆盖广东、广西、云南、贵州、海南五省（区），所辖各单位及其分支机构分布在广东广州，广西南宁、柳州、梧州、百色，云南昆明、曲靖、大理，贵州贵阳、兴义，海南海口等11个地区。

截至2022年12月，南网超高压公司已建成“八交十直”共18条西电东送大通道，以及两回500kV海南联网输电线路，其中包括±800kV乌东德电站送电广东广西特高压多端直流示范工程、滇西北—广东±800kV特高压直流输电工程、糯扎渡送电广东±800kV直流输电工程、±800kV云广特高压直流示范工程、±500kV云贵互联通道工程、溪洛渡右岸电站送电广东双回±500kV直流输电工程等一批标志性项目。南网超高压公司所辖500kV及以上输电线路2.37万km，其中800kV线路6195.12km、海底电缆7×30.5km，通道送电能力5320万kW。

自成立以来，南网超高压公司及所属单位荣获全国先进基层党组织、全国“五一”劳动奖状、全国文明单位、中央企业先进集体、中央企业先进基层党组织、中央企业第一批基层示范党支部、全国“安康杯”竞赛优胜企业、全国“工人先锋号集体”等荣誉称号，以及国家科技进步奖特等奖、国家优质工程金奖、鲁班奖等多项重要奖项。

领导班子

党委书记：赵建宁

党委副书记、总经理：陈兵

党委副书记、工会主席：潘超

副总经理：蒋琨

副总经理：陈俊

党委委员、纪委书记：罗杰

总会计师：宁德稳

副总经理：刘相枪

组织机构 南网超高压公司设置办公室（党委办公室）、计划发展部、人力资源部、财务部、企业管理部、生产技术部、安全监管部（应急指挥中心）、创新与数字化部、基建部、供应链管理部、审计部、党建工作部（企业文化部）、监督部（纪委办公室）、党委巡察办、工会办公室15个职能部门。设置信息通信运维中心（数据运营与网络监控中心）、物流服务中心、项目管理中心（环境保护中心）、培训与评价中心（南网工匠大学（南网超高压公司分校）、综合服务中心5个直属机构，设法律服务中心1个挂靠机构。管辖广州局、贵阳局、昆明局、南宁局、柳州局、梧州局、百色局、天生桥局、曲靖局、大理局、电力科研院（计量中心、品控中心、机巡作业中心）、南宁监控中心12个电力生产单位（其中广州局、贵阳局、昆明局为一类企业）。有4家代管子公司，包括广东南方电力通信有限公司、广东天广能源科技发展有限公司、广东美居物业管理有限公司、广东新天河宾馆有限公司。

截至12月31日，南网超高压公司用工总量5117人，其中劳动合同制员工4008人。全口径统计，本科学历2935人，硕士研究生及以上学历531人；中级及以上职称2119人；40岁及以下员工3402人。总体而言，南网超高压公司人力资源配置较为精简，人员年轻，学历、素质较高，是一支结构优化、质量优秀的员工队伍。

安全生产运行 安全生产局面向好，连续4年取得“双A”考核成绩。南网超高压公司坚持从政治角度看待业务，发挥主网架“四个平台”作用，坚持“安全第一”，防范各项重大风险，紧绷保供意识，优化工作模式。紧盯一次能源，动态调整工作安排。确保“西电东送”通道长时间、大负荷安全可靠运行，为南方电网公司有效应对电力电量“双缺”局面提供支撑，为“两区一港”、新时代西部大开发等重大战略实施提供保障。

生产指标。2022年，南网超高压公司坚持强化问题导向、目标导向和结果导向，聚精会神抓好各项工作落实，主要生产经营指标稳中向好。全年未发生人身、电力安全和设备事故，三级以上事件数历年最低。主要技术指标再创新高。直流综合能量可用率96.47%，连续12年保持在96.4%以上。直流回均非计划停运0.36次，同比下降64%。线路百千米年跳闸0.17次，同比下降 36.4%。继电保护故障快速切除率、安稳正确动作率保持100%，生产实时控制业务通信通道连续八年保持零中断。

风险管控。坚持把安全作为一切工作的基础和前提，坚决推动十五条硬措施转化为硬成效，实行全链条质量安全管控、全链条责任追究，建立事故事件“一事双查”机制，筑牢“三不”安全防线。南宁局、柳州局、梧州局、曲靖局连续3年事故事件“双下降”，大理局保持建局以来“零事故”“零人为”。抓好安全生产专项整治三年行动和安全生产提升年专项行动，强化风险立体防控、联防联控，管住电网安全八大风险，遏制纯光电流互感器测量异常频发态势，所辖13组密集输电通道全年“零跳闸”。应对远超常规的灾害侵袭，广州局提前3天完成新东直流受损杆塔抢修复电，柳州局、百色局及时处置昆柳龙、兴安直流边坡隐患，海口分局查明海缆故障，助力南网超高压公司自主完成“大海捞针”世界性难题，提前实现重大隐患在党的二十大前“见底清零”。运转“1+N”作业风险管控机制，推进“等同管理”，牢牢守住人身安全底线。完成党的二十大等重大保供电任务以及“护网－2022”攻防演练。科学统筹疫情防控和生产经营。

设备管理。构建以“检修重点设备”抓技术、“提级管控措施”抓管理的年度检修策划与管控机制。缺陷消除率99.11%，未发生接头过热导致的直流临停，基本实现“八个零”目标。全年消除主设备隐患6类173台，纯光TA测量异常下降90%，新研发绝缘子挂网试运行平稳。实施单一元件隐患整治，昆柳龙、鲁西柔直阀控跳闸次数同比下降60%。天广换流变压器绕组、穗东站西变电站换流变压器均压管等家族性隐患得到根治。消除1537处老旧架空地线潜在隐患，历时8个月彻底解决牛从直流融冰需双回同停问题。评估25个承担地区供电任务站点安全风险，度夏前完成单失灵母线保护改造，防范双母线、双主变压器同时失电压风险。历时2年建成南方电网主干传输新网B，提升跨区域输电系统通信保障能力。

电网发展 统筹抓好电网、小基、统一建设等126项基建项目实施。提前投产穗东站解口蓄增线、花都站扩清城间隔等4项南方电网公司重点工程，并实现“零缺陷”移交。按里程碑节点管控建设进度，实现南宁局平果培训基地输变电实操设施、梧州局来梧Ⅰ线塔水淹基础改造等53项小基和统一建设项目投产。加强总结提炼和原创技术攻关，基建成果实现量增质升。昆柳龙直流工程以排名第一获得国家优质工程金质奖，并荣获国家水土保持示范工程称号。云贵互联同期获评国家优质工程奖。特高压多端混合直流输电关键技术等多项技术成果荣获省部级及以上科技奖6项，特高压柔直阀技术成果获机械工业科技进步奖一等奖。检修试验中心特高压基地二期工程荣获广东省房屋市政工程安全生产文明施工示范工地和广东省建设工程优质结构奖。攻坚工程遗留问题，探索建立“四体系、三模式”处置机制，完成滇西北、昆柳龙直流工程全线压覆矿协议签订。

供应链管理 坚持生产经营保障型定位，重点提升供应链资源保障能力、价值创造能力和风险防控能力，打造安全、稳定、高效的供应链管理体系。2022年全年累计完成936个标的、1447个标包的采购工作，累计完成288个项目的项目物资供应。编制《南网超高压公司“十四五”自主检测能力建设实施方案》，全年完成2个品类检测能力建设，实现自主检测“零”的突破。完成从西站、东方站、昆北站等6个仓库的智能化改造，减轻人力负担，提升工作效率。试点开展“先鉴定，后拆除”的报废物资现场处置方式，全年完成报废物资拍卖3098万元。开展物资合同结清款专项清理，降低结清款支付比例、提前结清款支付时间。推广应用供应链风险管理体系，建立健全南网超高压公司省、地2级供应链基准风险库，累计梳理高、中、低、极低风险4155项。建立“点对点”工作机制，本部职能管理人员与各基层单位业务人员组成工作组，通过“穿透式”管理对各单位供应链业务进行指导和监督，提升各单位业务规范性。

科技创新 贯彻新发展理念，实施创新驱动发展战略，强化顶层设计，以“两规划三方案”搭建业务发展“四梁八柱”，科研实力提升，科研产出增强。首次主导国家能源局研究课题和央企创新联合体重大项目，完成柔直穿墙套管、有载分接开关2项国家级关键核心技术攻关，被国务院授予央企攻坚突出贡献团队称号。首获中国专利优秀奖以及中国机械工业联合会、中国电力企业联合会科技奖一等奖，获南方电网科技进步奖一等奖3项。首次主导国家能源局研究课题，围绕新型电力系统发展方向，支撑藏东南重大工程科技创新，申报立项网级项目36项，数量质量显著提升。知识产权运营和成果推广成效稳步提升，全年授权发明专利183件，实施许可专利47件，年度转化收益增长率41.9%。获得网内首例专利侵权赔偿。

信息化建设 紧扣主网架数字化和企业运营数字化主攻方向，围绕“建平台、抓数据、促应用”关键任务，推进数字超高压建设量质齐升。三大域电网管理平台按期实现单轨运行，数智彩虹入选工信部大数据产业发展试点示范项目，通过国家数据管理成熟度（DCMM）4级贯标，数据管理能力达到国内先进水平。建成以昆柳龙、牛从、普侨为骨干的直流智能输电系统，完成输电线路点云一张网建设，实现西电东送“八交十直”全覆盖。坚持管理和技术两手抓，管控运行风险，筑牢网络安全防线。完成冬奥会、“护网－2022”、党的二十大网络安全保障任务，一篇技战法首次入选公安部“护网”优秀案例，连续7年未发生网络安全事件。

经营管理 改革发展。围绕加快建设世界一流企业战略部署，明确锚定“三个一流、四个典范”作为南网超高压公司一流企业建设目标。常态化做好同业对标工作，对标总分连续6年达到国际一流水平，13项对标指标呈现“七最高、三一流、两持平、一较低”的良好态势，其中直流综合能量可用率连续10年保持在96%以上。完成改革三年行动，南网超高压公司全部135项任务举措检查验收，15项改革指标达到挑战值。持续健全子企业法人治理结构，4家代管子公司全部完成外部董事占多数，规范董事会建设，董事会应建尽建率达100%。推进三项制度改革，实现经理层成员任期制和契约化管理，新提拔管理人员竞争上岗占比达80%，末等调整或不胜任退出32人次。试点推进全面质量管理，全公司通过资产全生命周期管理国际认证，获评全网首个全国质量标杆以及全国质量技术奖一等奖。4家下属单位高分通过标准化良好行为企业5A级认证，数量南方电网系统排名第一。首次编制《国网超高压公司管理创新项目申报指南》，全年立项南方电网级和公司级管理创新项目16项、软课题6项，2项成果获评南方电网公司管理创新奖二等奖。

依法治企。梳理南网超高压公司治理现状，聚焦“分公司和代管子公司、党委和党支部”等区别，编制4套本地化治理范本，形成涵盖治理主体权责清单和议事规则的南网超高压公司治理模式，获评网级公司治理示范优秀企业。完成“合规管理强化年”20项重点任务。面向南网超高压公司系统开展全级次、全领域、全方位合规风险排查，完成总共73项合规风险4项共性问题整改销号。开展知识产权专题研究，编制形成南网超高压公司第一批知识产权合规指引。全年开展决策、合同、制度三项法律审核2663项，相关工作人员持证率和法律审核率全部实现100%。按期完成电网管理平台合同系统建设，固化合同标准文本，推动合同文本结构化。发布南网超高压公司诉讼案件办理指引，明确南网超高压公司同类型案件办理流程和标准，全年10宗办结案件全部胜诉，法律人员独立代理案件率位居全网第一。总结王家坝案件经验做法，印发南网超高压公司压覆矿纠纷案件处理工作指引，处理南网首例专利主动维权诉讼案件，依法维权工作得到南方电网公司通报嘉奖，柳州局获评南方电网公司法治先进单位荣誉称号。

财务管理。抓实抓细提质增效工作举措，从增收入、降成本、提效能、激活力、防风险等五个方面发力。深化成本费用规范化和标准化管理水平，标准成本应用覆盖率100%，万元资产运维费持续保持全网最低水平。在保证资金链安全稳定的前提下，控制资金备付规模，资金存量较年初下降38.55%。强化资金集中管理，资金集中率不低于99%，实现资金“应归尽归”。完成综合治理专项行动。落实国务院国资委和南方电网公司关于综合治理专项行动工作部署，印发南网超高压公司“1+6”综合治理专项行动方案。夯实以合规管理为基础、风险管理为重点的内控体系建设，防范化解重大经营风险。

审计监督。完成审计署特高压专项审计调查配合工作。印发《南方电网公司党委进一步加强和深化内部审计工作的重点举措》，将审计监督与职能监督贯通协同落实到审计管理全过程。全年完成审计项目 30 项，揭示问题 363 个，提出管理建议 285 项。完成审计署特高压专项审计调查整改、南方电网公司经济责任审计整改再核查再推进等专项整改工作，全年整改审计披露问题 491 个，收回资金 3495.56 万元，完善制度机制 154 项，推动解决南网科研院无偿使用南网超高压公司资产等重难点问题，推动开展“三重一大”事项决策、固定资产、生产项目、合同、物资五个领域管理提升。

行政办公。2022 年，南网超高压公司行政办公领域持续强管理、转作风、促提升，各项工作稳中有进。全年向南方电网公司报送信息 163 条，采用 114 条，其中 1 篇综合信息获中央办公厅采用并呈送中央领导阅示。保持零泄密，压实各级人员保密责任，做到涉密载体全流程可追溯，构建全员全天候的大宣教格局，贵阳局获广东省保密故事大家讲活动二等奖，百色局、海口分局获南网微视频大赛三等奖。总结后勤领域优秀案例经验做法，形成管理范本并推广实施。构建“1+3+5+1”防疫工作体系，开展涉疫排查 300 余次，核酸检测 10 万人次，编制发布防疫措施单、各类提醒单、信息简报 200 余份，坚决严守防疫底线，生产经营始终平稳有序。推动安保管理由人防为主向“人防+技防”转变，完成一级重点目标安防达标建设，穗东站被列为全国首个电网企业一级重点目标示范点，打造电力反恐防范建设“南网样本”。实施交通安全管理专项提升行动，车辆出险理赔数同比下降 90%，降幅位列南方电网系统第三，理赔金额数同比下降 58%，降幅位列南方电网系统第一。提炼一批项目档案管理优秀成果，南宁局微课作品排名第二获国家档案局建设项目档案微课一类作品，昆柳龙直流工程档案管理成果获 2022 年南方电网公司管理创新三等奖。

人力资源管理　2022 年，南网超高压公司招聘高校毕业生 148 人，原 985、211 院校招聘比例达 76.3%。截至 12 月 31 日，南网超高压公司用工总量 5117 人，其中劳动合同制员工 4008 人。本科学历 2935 人，硕士研究生及以上学历 531 人；中级及以上职称 2119 人；40 岁以下员工 3402 人，员工队伍数量、质量、结构优化。

干部队伍建设。严格落实班子建设规划，开展所属单位领导班子建设规划中期评估。围绕高质量发展目标，加强领导班子政治、思想、组织、作风、能力、纪律建设，制定加强领导班子建设的 28 项重点举措，印发所属单位领导班子履职过程评价标准，明确领导班子履职要求、压紧压实班子职责。

贯彻落实南方电网公司“五个提升”工作安排，共派出 37 名交流挂职干部、11 名服务锻炼人才，外派挂职锻炼规模较 2021 年扩大 60%，超额完成南方电网公司人力资源部下达的目标任务。举办 2 期学习贯彻落实党的二十大精神研讨班，首次举办 2 期党委管理干部理论进修班，组织 4 期理想信念外出体验式教育，筑牢思想根基。开展干部专业素质能力提升系列讲座 10 期，依托“喜马拉雅轻学堂”网络培训课程，实现贯穿全年的“菜单式”在线选学，丰富干部知识储备。

动真碰硬抓实“三能”机制落地，全年共组织开展 108 个管理岗位公开竞聘，管理人员竞争上岗等三项改革指标全面达到挑战值。推进新一轮任期制和契约化管理，实施范围拓展至所有党委管理干部，实现“考核层层落实、责任层层传递、激励层层衔接”。

教育培训。开展“超越 2025”人才工程建设。专家队伍规模扩大，现有战略（杰出）级专家 8 人、领军级专家 39 人、拔尖级专家 280 人，专家人数占技术技能人员总数的 8.5%。2022 年底兼职引进国内战略级人才 2 名、领军级人才 1 名。

沉淀昆柳龙直流工程技术成果，出版《特高压多端混合柔性直流输电工程技术》，提升南网超高压公司特高压直流的品牌影响力。解决阀厅及阀冷专业“零高技”，海缆、直升机巡检专业“零技师”盲区，打通南网超高压公司直流和海缆两大核心专业技能人才成长渠道。2022 年南网超高压公司技师通过人数达到 200 人，高级技师进入南方电网公司综合评审达 162 人，人数位列南方电网系统第一。干部人才队伍培养最新成果荣获国资委央企培训联盟人才发展 2 个奖项，获奖数在央企二级单位中名列第一。

党群宣传　认真学习宣传贯彻党的二十大精神。做好党的二十大代表酝酿推荐工作，开展“建功新时代，喜迎二十大”习近平总书记重要指示批示精神再学习再落实再提升主题活动，引领全体党员干部以饱满政治热情和良好工作状态迎接党的二十大。落实南方电网公司党组“六个专题”部署制定工作方案，多形式、分层次、全覆盖推进学习宣传贯彻各项工作。第一时间组织收听收看，开展 3 次集中专题研讨，组织各党支部开展 2 轮全员式专题学习，全员通过“线下+线上”相结合方式开展学习，推动学习贯彻走深走实。

党建工作与业务工作深度融合。以发挥党支部和党员“两个作用”为导向，开展“让党旗在一线高高飘扬”、党员“双无”等活动。深化“支部建在站上”“一部门一支部”成果，具备条件的职能部门均实现“一部门一支部”设置，21 个换流站和 9 个具备条件的变电站均成立了党支部，完成所属 2 个基层党委改设支部工作。具备条件党支部全面落实“党员行政负责人进支委”要求，实现“一肩挑”的支部比例达到96%。在各层级建立党委、党支部、党员三本台账、三套党建工作量化清单，以表单的形式制定“三会一课”、主题党日、谈心谈话等三项工作指引，推动“规定动作”不走形、不变样。实施直属党委党建工作质量专项提升行动，推动本部党建走在前、作表率。

宣传工作。擦亮“西电东送”金字招牌，“西电东送”工程整体、昆柳龙直流工程分别入选中宣部等部委主办的“奋进新时代”主题成就展。海南联网《跨越琼峡》宣传片入选中央网信办、国资委“我们这十年@坐标中国”主题宣传，在人民日报等各类媒体转载报道超过1300篇次，创造2022年南方电网公司在国资系统中网络传播规格最高、覆盖最广纪录。聚焦国企改革，统筹内外部新闻宣传资源，累计在各类媒体刊登报道超过100篇次。

文化工作。做好理想信念教育西电东送路线开发，深化“四个自信”现场沉浸式教育。强化南网超高压公司“初心驿站”“初心书房”“1+1+8+N”展厅立体网络等文化阵地运用，推出昆柳龙工程系列文创。深化“知行文化”实践与西电东送优良传统传承发展，打造“知行+西电东送”特色文化实践，培育的广州局“西电头雁”、贵阳局“贵在超越”、南宁局“匠心铸安”3个文化成果，入选2022年度电力企业文化建设典型成果名单。

党风廉政建设。坚持把作风建设作为破局解题的关键之举，首次以作风建设为主题制订党委1号文引领全年工作，首次分层建立领导班子包干负责机制，首次开展作风建设专项监督，推动“雷厉风行、严勤细实”加快成为全员自觉。加强政治生态建设和思想政治工作，开通“员工意见直通车”，常态化开展谈心谈话，形成了强动力、聚合力、消阻力的良好态势。制订党建工作规范化指引，开展4轮专项督查排查以及全面“过筛子”，促进规定动作不走样。建立“1+3”干部从严监管体系、职能监督运转模式，动真碰硬追责问责，以前所未有的力度及时发现问题、纠正偏差。一体推进“三不”，常态化抓好纪律教育，干部职工遵章守纪意识不断增强。完成中央巡视整改、“靠企吃企”专项整治以及全面从严治党专项巡察。

团青工作。开展“喜迎二十大、永远跟党走、奋进新征程”主题教育实践活动，做好庆祝建团100周年各项工作，引领青年传承红色基因、坚定理想信念。开展青春建功“十四五”行动，在藏东南项目、本质安全型企业建设等重点工作中，建立青年突击队及服务队32支，选树青年岗位能手36个，在党的二十大保供电等重要任务中贡献青春力量。深化“我为青年办实事”实践活动，南网超高压公司党委书记深入一线开展青年座谈，推动解决青年急难愁盼。全年开展志愿活动17次，志愿服务超400人次。获国家“振兴杯”等“青字号”省部级以上荣誉14项。

工会工作。坚持全心全意依靠职工办企业，推进产业工人队伍建设改革，凝聚了职工力量，激发了奋斗动力。员工满意度测评位列全网管制类单位第一，职工之家建设“五有四具备”实现所有站点全覆盖，曲靖局入选提升员工生活品质网级试点，西藏清洁能源基地送电粤港澳大湾区输电工程劳动竞赛纳入全国引领性劳动竞赛。17人被授予“技术能手”、97人被授予“青年岗位能手”。3名高技能人才首次被认定为全国技能竞赛注册裁判员。彭茂兰创新工作室被认定为“广东省工匠人才创新工作室”，9个职创项目获评南方电网公司职创项目奖，4个工作室被新认定为南方电网公司级工匠人才创新工作室，2个工作室团队成功“揭榜”南方电网公司职工创新项目（全网共7个），1人被评为“南网创客”，5位一线职工评选为首届“超高压创客”，唐勇获评南方电网公司首届领军型劳模荣誉称号。

乡村振兴工作。做好巩固拓展脱贫攻坚成果同乡村振兴有效衔接工作，保障各帮扶点不发生规模性返贫现象。与金装镇签订乡村振兴中长期消费帮扶协议，超额完成南方电网公司下达的消费帮扶任务。助力乡村产业发展不断扩大，金装镇“一村千树”项目获得广东省常委高度认可，成为广东省上报国家乡村振兴局的两大典型案例之一。推进标杆示范建设，金装镇入选广东省唯一的“乡村振兴连片开发示范区”，助力所在的封开县入选全国美丽乡村重点县建设试点、中组部党建引领乡村治理试点县、广东省“乡村振兴十个示范县”。

主要事件

4月30日，南网超高压公司完成拉萨南北山（邦堆1～2号片区）725.6亩植树任务，共植树77346棵。

5月13日，南网超高压公司海口分局面对海缆“点滴级”微渗异常，实现国内首次自主完成深海海缆排查，攻克“大海捞针”世界性难题，提前111天完成国内外行业专家认为“不可能完成的任务”。

7月4日，500kV穗东站解口蓄增线路工程（500kV荔西变电站）启动成功，转入24h试运行。该工程是实现广东电网东西组团运行的重要组成部分，是南方电网公司2022年重点工程。工程包括新建500kV荔西变电站、改造穗东换流站3小组交流滤波器、迁改楚穗直流线路和接地极线路等，该工程首次在已投运的220kV配电装置厂房上方加装500kV GIS设备，建设工期紧、施工难度大、安全风险高、停电时序复杂。

8月23日，南网超高压公司完成±800kV柔性直流穿墙套管和有载分接开关两项国家关键核心技术攻关任务并通过国资委验收，攻关成果入选国资委一期攻关成效展，其中±800kV 柔性直流穿墙套管关键技术研究及应用任务团队被国务院国资委授予央企攻坚工程一期突出贡献团队称号，推动采用国产有载分接开关的换流变按期投运。攻关成果通过了中国电工技术学会组织的成果鉴定，“卡脖子”攻关案例入选南方电网公司改革成果范本，《超特高压领域“卡脖子”问题分析及发展对策建议》获中央办公厅采用并呈送中央领导阅示。

10 月 19 日，南网超高压公司《基于风险智能管控的超高压电网高质量运行维护的实践》代表南方电网公司获评 2022 年度全国质量标杆典型经验。

11 月 17 日，南网超高压公司贵阳局±500kV 高坡换流站纳入贵阳监控中心贵阳区控集中监控正式运行，标志着南方电网公司首次实现交、直流站点集中监控，贵阳监控中心贵阳区控成为南方电网首个实现交直流集中监控的区域控制中心。

11 月 24 日，昆柳龙直流工程、云贵互联通道工程荣获 2022 年度“中国电力优质工程”，并以本年度电力行业全国第一名和电力行业输变电类全国第五名分获评“国家优质工程金奖”和“国家优质工程奖”，为南网超高压公司工程建设首获“双国优”，其中昆柳龙直流工程也是国内首个免现场复查的国优金奖工程。

11 月 25 日，南网超高压公司的“基于直流运维知识包的±800kV 柔性直流穿墙套管质量技术体系”获评 2022 年度中国质量协会质量技术一等奖，是电力行业唯一获评质量技术一等奖的项目。

12 月 26 日，昆柳龙直流工程获得 2022 年度国家水土保持示范工程，实现了南网超高压公司水土保持示范工程奖项“零”的突破。

（陈　晖　刘　茜）

中国华能集团有限公司

【公司概况】　中国华能集团有限公司（简称中国华能）是经国务院批准成立的国有重要骨干企业，创立于 1985 年。中国华能因改革开放而生，伴随着改革开放不断成长壮大，是中国电力工业的一面旗帜，持续引领发电行业进步，在新时代全面开启“领跑中国电力、争创世界一流”新征程。

中国华能注册资本 349 亿元人民币，主营业务包括电源开发、投资、建设、经营和管理，电力（热力）生产和销售，金融、煤炭、交通运输、新能源、环保相关产业及产品的开发、投资、建设、生产、销售，实业投资经营及管理。

中国华能拥有 58 家二级单位、480 余家三级企业，5 家上市公司（分别为华能国际、内蒙古华电、新能泰山、华能水电、长城证券），职工 13 万人。

2022 年可控装机容量超过 2.2 亿 kW，煤炭产能超 1 亿 t/年，新能源发展再创历史最好水平，能源保供、绿色转型、提质增效、改革创新、党的建设等各项工作取得新成效。

【领导班子】　截至 2022 年 12 月 31 日，中国华能领导班子如下：

党组书记、董事长：温枢刚

董事、总经理、党组副书记：邓建玲

董事、党组副书记：王森

党组成员、副总经理：樊启祥

党组成员、总会计师：王益华

党组成员、副总经理：王文宗

党组成员、纪检监察组组长：王利民

党组成员、副总经理：李向良

党组成员、副总经理：张涛

【组织机构】　见中国华能 2022 年组织机构图。

【生产经营】　安全绩效。安全生产总体平稳，没有发生较大及以上生产安全事故，完成能源保供和党的二十大、冬（残）奥会、迎峰度夏等重要时段保障任务。

经营绩效。截至 2022 年底，资产总额 1.42 万亿元。营业收入、发电量、供热量再创历史新高。

发展绩效。2022 年可控装机容量超过 2.2 亿 kW，煤炭产能超 1 亿 t/年。

党建绩效。全面兴起学习宣贯党的二十大精神热潮。“党建引领+”有力促进了公司经营改革发展。全面从严治党深入推进。干部职工精气神进一步提振。

【能源保供】　筑牢保供防疫“双防线”。在疫情肆虐的情况下，广大干部职工坚守岗位、顶压前行，发扬“特别能吃苦、特别能战斗、特别能奉献”的作风，统筹抓好疫情防控、电热生产、燃料供应，圆满完成保供任务，得到上级部委和地方政府肯定。

安全基础不断夯实。层层压实安全责任制，狠抓安全隐患大排查大整治，扎实开展除尘器、危化品、水电站及小散远电力企业、房屋安全、防洪度汛、消防等专项排查治理。持续开展安全教育培训和班组安全管理水平“双提升”活动。突出抓好核安全保障能力建设，强化煤炭、煤化工、外包工程、水库大坝、金融、网络等领域风险防控，确保了各领域总体安全。

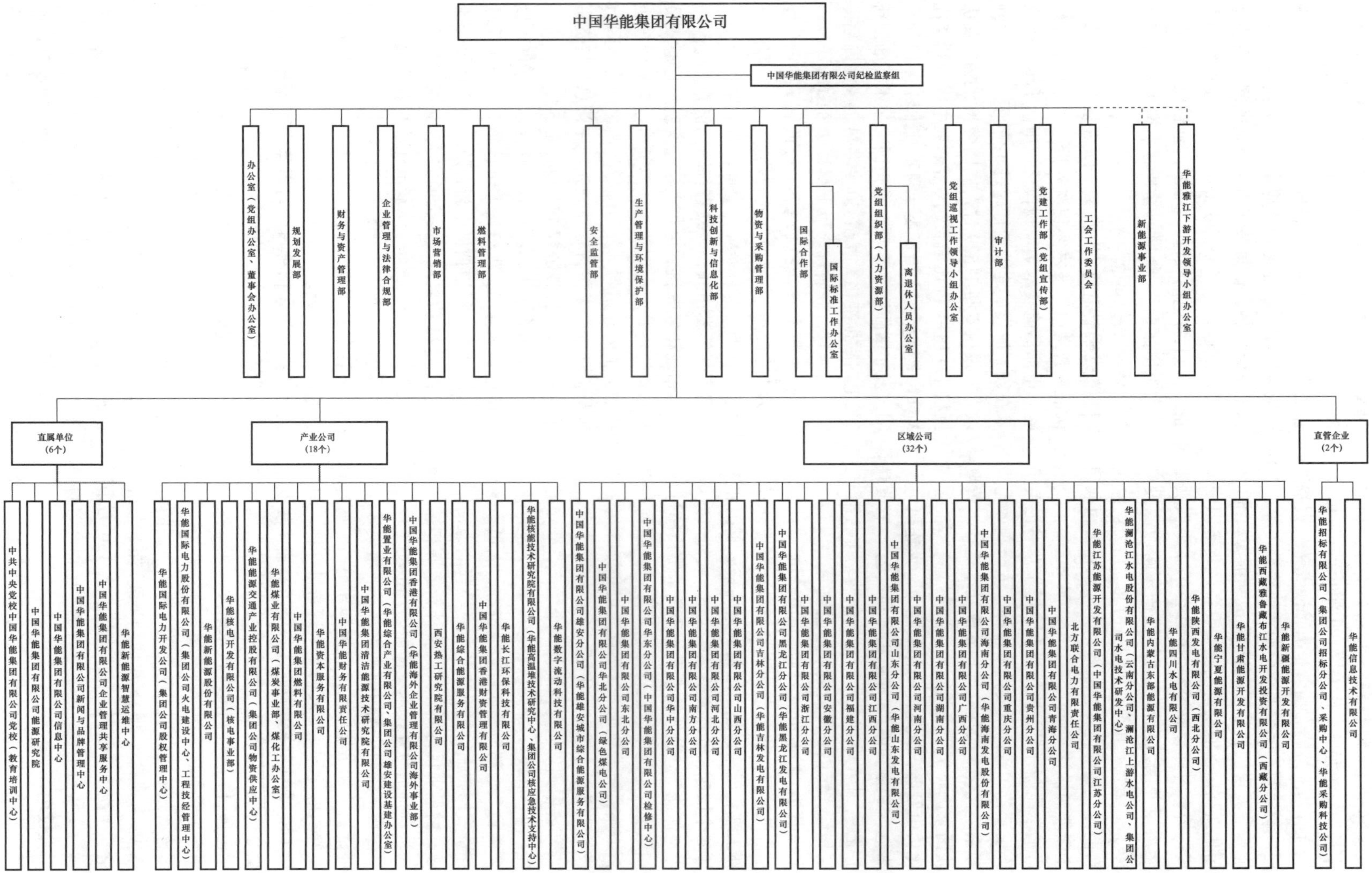

中国华能 2022 年组织机构图

【绿色低碳转型】 大基地开发取得新突破。制定中国华能中长期能源发展工作方案，明确四大开发模式、十大多能互补基地战略布局。抢抓“沙戈荒”大基地开发机遇，新能源及配套调峰电源加快建设。

新能源发展再创新佳绩。全年完成新能源核准（备案）创历史新高；克服疫情反复、设备供货等困难，开工、投产容量对标行业领先。雅江公司3个保供光伏项目全容量并网发电，实现华能在藏新能源投产“零”的突破。云南、山东、浙江、河北、南方、蒙东等公司新能源发展取得显著成效。国际工程公司取得华能首个新能源设计资质。

推进清洁能源开发。坚决贯彻习近平总书记关于高温气冷堆示范工程的重要批示精神，安全高效完成燃料装卸系统优化，实现双堆初始满功率运行。黄登水电站获国家优质工程金奖。

优化火电发展。立足提高保供能力，大连热电、董家口热电、古雷热电、洋浦燃机顺利投运。“三改联动”有序推进。中电联能效水平对标获奖率排名第一。主要能耗指标、污染物排放绩效行业领先。

【国际化经营】 截至2022年底，中国华能境外参与投资和管理的项目装机容量894.42万kW，境外资产分布在新加坡、巴基斯坦、缅甸、柬埔寨、英国和澳大利亚等6个国家，电源类型包括煤电、天然气发电、水电和电池储能等，境外技术服务和技术出口超过20个国家和地区。中国华能已设立巴基斯坦、缅甸、柬埔寨、新加坡、澳大利亚、哈萨克斯坦和英国共7个境外代表处和老挝、越南、印尼三个境外工作组。

2022年，中国华能重视境外安全生产，严守境外疫情防控“两个底线”，加强境外合规管理，从严落实境外监管要求，全部境外项目实现资产、人员、形象安全。存量资产方面，提升境外项目经营能力，化解风险隐患。增量项目方面，推进境外新能源和绿地项目开发，重点打造海外技术支撑能力，推动“投建营一体化”建设，推动实现国际化经营发展新突破。

【科技创新】在服务国家战略中展现新担当。高效灵活煤电及CCUS全国重点实验室入选首批标杆。海上风电、CCUS原创技术策源地任务全面实施。获批3项国家重点研发计划项目。启动“揭榜挂帅”国家重大科技示范项目。开展高温堆技术研发、成果挖掘、综合应用专项科研。

关键核心技术攻关取得新突破。牵头研制的世界首台2.7MW串列式双风轮风机成功下线。江苏金坛盐穴压缩空气储能项目投产。完成世界首个150万t/年CCUS示范工程自主设计。全球首套煤电耦合熔盐储热示范工程投运。

数字华能建设迈出新步伐。新能源智慧运维平台接入容量4740万kW。浙江公司联合清能院研制出中国首个电网直接调度、参与实时响应调节的虚拟电厂。瑞金二期、石洞口一厂智慧电厂系统上线运行。率先建成中国发电领域基础设施网络安全体系。伊敏露天矿成为国家级智能化示范煤矿。电力网络安全靶场获批国家级靶场。信息公司自主研发的网络态势感知平台投入试运行，华能云获批国资委“发电行业智能工业云”。上海电商入选“2022产业链供应链数字经济十大杰出案例”。长城证券智慧生态平台入选证监会“首批金融科技试点”。

【科技成果转化】 华能睿渥DCS安全可靠性获国际认证。智慧电厂技术实现对外推广“零”的突破。清能院电池储能技术实现规模化应用；重卡柔性换电技术在魏家峁煤矿连续运行超过18个月，换电2000次以上。授权专利11629件，同比增长83%，发明专利授权1217件，同比增长超3倍；获中国专利奖优秀奖3项，是唯一进入国资委专利质量排名A档的发电集团。发布国际标准6项，承担国家技术标准创新基地（发电国际标准化），培养50余名员工成为国际标准组织注册专家，获省部级以上科技奖63项。

【企业改革】国企改革三年行动收官。中国华能被选树为央企改革“大典型”。西安热工院连续两年获评“科改示范行动”标杆企业，是能源行业唯一一家。资本公司、新能泰山获评“双百行动”优秀企业。

市场化经营机制更趋完善。实现经理层成员任期制和契约化管理全覆盖，外部董事占多数的子企业、新进员工公开招聘、员工绩效考核比例均达到100%，全员劳动生产率保持行业领先。完善总部权责事项清单，向二级单位授放权151项。

依法治企水平持续提升。深化法治华能建设，全面推进合规管理，做好国家审计整改，防范化解经营风险，助力公司治理再上新台阶。对标世界一流管理提升行动26项重点任务全面完成，获国家级管理创新成果奖38项；中国华能、澜沧江公司获评中央企业公司治理示范企业。

【党建工作】开展“喜迎二十大、奋进新征程”主题实践，以及“建功新时代、喜迎二十大”习近平总书记重要指示批示精神再学习再落实再提升主题活动。深入学习宣传贯彻党的二十大精神，邀请中央宣讲团成员作宣讲报告，中国华能系统首期党的二十大精神轮训班开班，中国华能党组成员带头到二级单位和基层企业进行宣讲，在《求是》杂志发表公司党组署名文章，推动学习宣贯工作走深走实。认真落实“第一议题”制度，推动总书记重要指示批示和党中央决策部署在公司落地生根。

全覆盖开展党建责任制考核和党组织书记抓基层党建述职评议考核。加强党支部标准化规范化建设，37家二级单位完成党委换届，命名复核232个“红旗党支部”。开展庆祝建团100周年“八个一”系列活动，实施青年精神素养提升工程。

党建引领成效明显。推进“党建引领深化年”专项行动，在重要产业、重点领域、重大项目中大力实施“党建引领+”，创建党员示范“区岗队组”1.1万余个。新能源装机8000万等全国引领性劳动竞赛加速推进，高质量专利培育劳动竞赛成效明显，石岛湾“聚力攻坚杯”劳动竞赛持续深化。获全国和行业技能竞赛团体和个人一等奖4个、13人。举办集团电力交易员等六大技能竞赛，选拔“华能工匠”25名。全媒体多维度开展新闻宣传，华能美誉度持续提升。

深化全面从严治党。十九届中央巡视反馈问题基本整改到位。开展内部巡视“回头看”，对3家单位开展提级巡视。坚持上下联动，实现巡视巡察全覆盖。开展形式主义、官僚主义专项监督，深入纠治“四风”。严肃查办6起“靠企吃企”职务违法犯罪案件，深化以案促改、以案促治。

加强干部人才队伍建设。加大干部交流和优秀年轻干部选拔培养，在基层企业竞争性选拔中层干部700余人。择优引进125名核电等领域高层次技术骨干。选聘第二届首席专家38人、首席技师30人。选调41名内部基建技术人才支援陇东能源基地等重点项目建设。10个集体和个人获全国五一劳动奖和全国工人先锋号，1人荣获全国技术能手，4人荣获“大国工匠”。定点帮扶获评中央农村工作领导小组最高等级评价。

【国际合作】 中国华能响应国家“一带一路”倡议，推进“走出去”战略，开拓国际市场、优化全球布局，2003年收购澳洲电力公司50%股权，2008年收购大士能源100%股权，2011年联合收购国际电力公司50%股权，并先后投资建设缅甸瑞丽江一级水电站、巴基斯坦萨希瓦尔燃煤电站、柬埔寨桑河二级水电站、英国门迪电池储能项目。

2022年，中国华能推动国际电力公司、澳洲电力公司股权结构优化，化解经营风险，提升经营效益。新加坡大士能源2022年发电量、营收和效益均创历史最好水平，投资建设的裕廊岛海水淡化项目于2022年6月30日实现全容量出水、并网投运。缅甸瑞丽江水电站持续弥补当地电力缺口，刷新发电量纪录。巴基斯坦萨希瓦尔项目实现连续安全生产2000天，连续4年荣获巴基斯坦电网“最稳定可靠电站”奖。柬埔寨桑河水电站有效缓解当地电力供应不足，积极开展中柬跨文化融合传播活动，推动两国民心相通、文明互鉴。英国门迪电池储能项目参与英国电网调峰调频及辅助服务，助力英国绿色发展，获英国中国商会绿色合作杰出贡献奖，入选世界经济论坛2022年洞察报告案例。

（王晓茜）

中国大唐集团有限公司

【公司概况】中国大唐集团有限公司（简称中国大唐）成立于2002年12月29日，是中央直接管理的国有特大型能源企业，注册资本金370亿元，主要业务覆盖电力、煤炭煤化工、金融、环保、商贸物流和新兴产业。拥有1910年诞生的中国第一家官办电厂——金陵电灯官厂（即现今的大唐南京发电厂）、世界最大的在役火力发电厂——内蒙古大唐国际托克托发电公司、国内单体容量最大的风电场——内蒙古赤峰塞罕坝风电场、世界首台六缸六排汽百万千瓦机组——大唐东营发电公司，肩负着首都一半以上电力供应的重任，承担着“三北”地区8亿m^2供热任务。在役及在建资产分布在全国31个省区市、香港特别行政区及境外13个国家和地区，连续13年入围《财富》世界500强。

【领导班子】

党组书记、董事长：邹磊

党组副书记、董事、总经理：刘明胜

党组成员、纪检监察组组长：王瑛

党组成员、副总经理：曲波

党组成员、副总经理：张传江

党组成员、副总经理：彭勇

党组成员、总会计师：陶云鹏

【组织机构】 见中国大唐2022年组织机构图。

【党建工作】 学习宣传贯彻党的二十大精神，领导班子深入生产基建一线宣讲21次，基层领导干部宣讲1200多场次。加强思想政治建设，从严规范执行“第一议题”制度，开展解放思想、“二次创业”大学习大讨论，学深悟透习近平新时代中国特色社会主义思想。召开首次思想政治工作会议，加强对内对外宣传工作。坚持抓基层打基础，完善抓党建“五个体系”，推进基层党委规范化、党支部标准化建设，达标率分别达到100%和93.7%。开展“党建引领+”项目2198个，促进党建与生产经营深度融合。发挥群团组织作用，工会系统组织劳动竞赛1500多项，推动173家企业亮指标、赛贡献，助力提质增效。召开首次青年工作会议，实施青年精神素养提升工程，引领广大团员青年在高质量发展一线贡献青春力量。

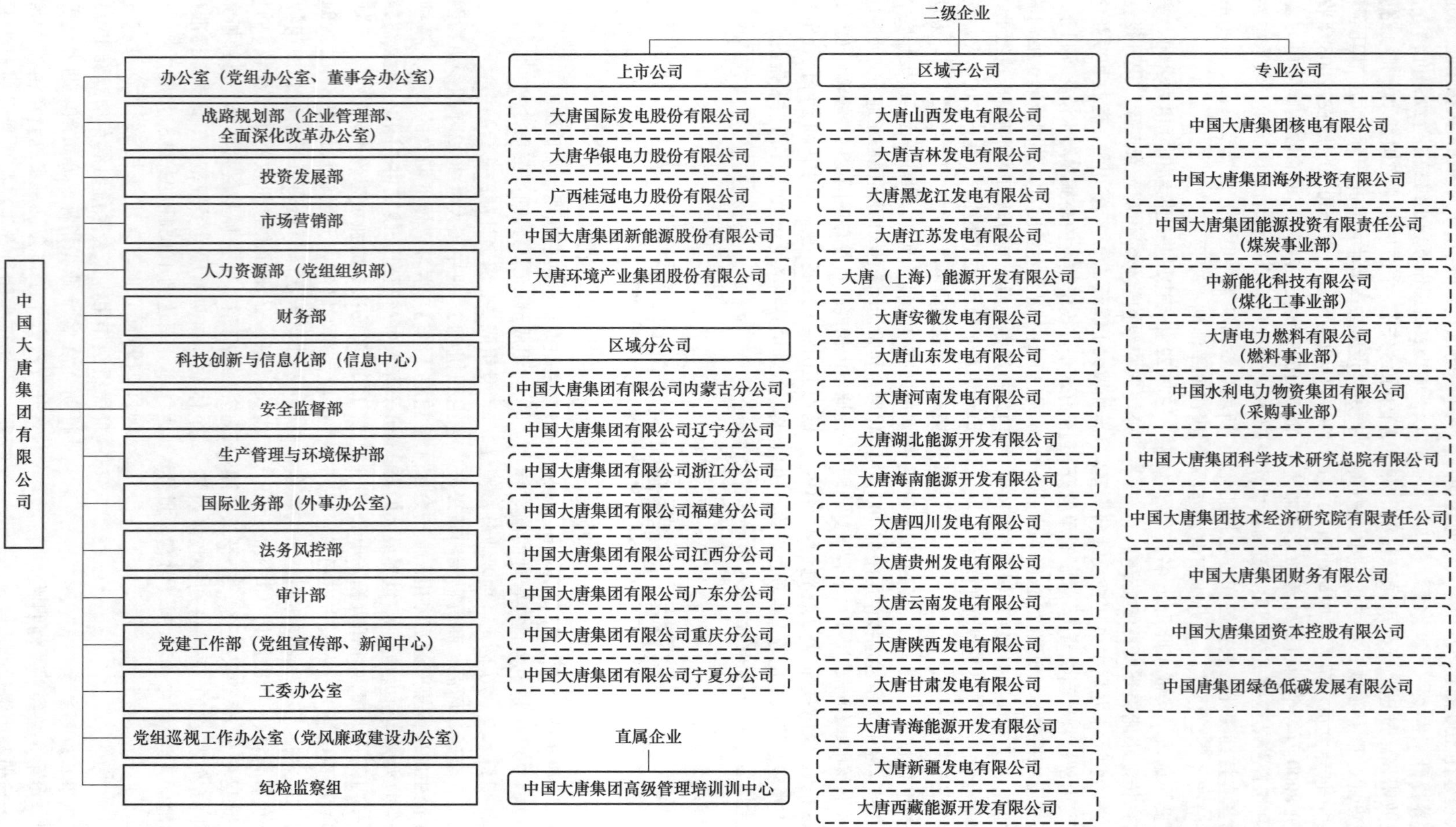

中国大唐 2022 年组织机构图

【深化改革】贯彻落实党中央、国务院决策部署，推进国企改革三年行动收官，在 2021 年完成 70%任务目标基础上，中国大唐先后召开 2 次改革领导小组会议和 2 次全系统推进会，制定印发“一台账、两清单”，建立月度推进、区域协作等工作机制，开展专项督导，上半年如期完成三年行动主体任务，到年底 64 项改革任务和 319 项改革举措全部落实到位，中国特色现代企业制度和市场化经营机制完善，各级企业“我要改”的氛围更加浓厚，经营发展动力活力增强，释放改革红利。改革生产经营、燃料物资采购、煤化工、煤炭体制机制，推进“管办”分离，促进规范运作。物资采购“管办”分离后，监管力度持续加大，处理不良供应商 1322 家，为 2021 年的 5.4 倍；采购周期逐步压降，同比缩短 29 天。调整市场营销体制机制，区域公司实施“统一策略，集中报价”管理模式，促进了现货、零售业务的发展。深化新能源管理体制改革，构建“集中监控、少人值守、区域运维、专业检修”管理模式。

【安全管理】贯彻落实习近平总书记近年以来关于安全生产、防汛、能源保供等工作的重要指示批示精神，深化“五个突出整治”，消除安全风险隐患 8000 多项。实施安全生产素质提升行动，集中培训领导干部、安监人员、基层班组长 3500 多人。设备可靠性水平明显提升，机组强制非计划停运同比减少 19 台次，14 台机组在全国电力可靠性优胜机组评比中获奖。安全生产态势明显好转，未发生较大及以上人身设备事故，一般事故同比减少 5 起。

【节能减排】精细管控、对标提升，提质增效工作成效显著。持续深化能耗诊断和优化运行工作，组织系统各企业协调电网，组织配煤掺烧，减亏增盈。推动煤电三改联动，全年完成 84 项 4260 万 kW 改造，拉动供电煤耗下降 0.659g/kWh，增加调峰能力 168 万 kW，增加供热量 1676 万 GJ/年，节能提效效果显著。推动水电梯级调度，最大化利用库容拦洪蓄水、抢发增发。深化新能源提质增效，深化风电“四个专项”整治，两个细则考核同比下降 30%，大部件下架率同比下降 10.7%，长停风机发生率降低 20%。规范生态环保管理，制定中国大唐生态环境保护“十四五”规划，完善总部生态环保责任制、生态环保监督办法等管理制度。强化生态环保风险管控，常态化开展环境影响评价查评和隐患排查，严格污染物达标排放管控，全年未发生环保舆情、通报和环境事件。

【科技创新】承担国家攻坚重任，依托扎拉工程申报的“大容量高水头冲击式水电机组”领域关键核心技术攻关首次成功入选“央企攻坚工程”。联合中国科学院等单位揭榜挂帅的“压缩空气储能关键技术及装备攻关”项目获得国家发展改革委批复。山东东营项目、西藏扎拉项目入选首批、第二批国家能源局能源领域首台（套）重大技术装备。加强科技创新成果的培育和提炼，推进标准立项，提升发明专利授权量，推进自主创新成果转化，促进企业提质增效。2022 年新增国标、行标、团标制（修）订任务 46 项。完成 161 项发明专利授权。2022 年共获得行业奖 56 项，在发电集团处于先进水平。组织完成科技成果鉴定 49 项，7 项科技成果为国际领先水平。3 项创新成果入选国资委科创局《中央企业科技创新成果推荐目录（2022 年版）》，入选成果数量位居五大发电集团第二位。2022 年新增授权专利 1155 件，连续 8 年超过 1000 件，累计 11637 件；新增授权发明专利 155 件，专利工作居同类企业先进水平。2022 年获得行业一等奖具有创新性及突破性科技成果共计 4 项。

【国际业务】截至 2022 年底，拥有柬埔寨 230kV 输变电项目、柬埔寨斯登沃代水电站、缅甸太平江水电站、印尼金光肯达里、苏姆塞、卡尔登火电厂等“一网两水三火”在役项目以及印尼米拉务在建项目，装机容量 105 万 kW，运营近 300km 的柬埔寨国家骨干电网。聚焦重点项目，北本项目停滞多年后取得重大突破，购售电协议 MOU 谈判实质性完成；米拉务项目克服种种困难，保障项目资金、设备运输、人员进场，确保工程建设进度；加大境外新能源项目资源获取力度。完成博鳌亚洲论坛、中国—东盟博览会、中国国际进口博览会等国家重大主场外事活动；2021 年协调参与国家级涉外活动 15 场，获得上级部委、地方政府高度肯定；加大与央企、国际一流能源企业的合作力度，签署 15 个项目合作协议及谅解备忘录。缅甸太平江水电站荣获国家能源局“一带一路”能源合作最佳实践案例奖项，泰国 PTG 垃圾发电项目角逐生态环保部“澜湄区域全球碳中和实践案例”和商务部“金钥匙可持续发展案例”评选，树立了良好的品牌形象。

【信息化建设】推进数字大唐建设。落实国资数字化转型要求，发布实施《网络安全和信息化“十四五”规划》，提出中国大唐数字化转型“DT633”总体框架。编制形成《数字大唐建设方案》，明确数字大唐建设愿景、目标。开展三大基础底座建设，夯实数字化转型的平台支撑、数据支撑和网络安全支撑。协同推进三大应用平台建设，实现业务全覆盖、流程全贯通、数据全汇聚、要素全管理。完成绿色资产管理平台、巡视巡查等业务平台方案设计和项目立项，实现智能视频融合平台、智慧党建平台、商旅费控系统上线运行，不断推进中国大唐管理变革和数字化转型。深入推进智慧电厂建设。总结 2020 年 6 月以来智慧电厂试点工作经验，梳理形成煤电 31 个、气电 17 个、水电 19 个、风电 29 个、光伏 13 个典型功能场景。组织系统内外专家进行深入研究，形成中国大唐智慧电厂建设顶层设计“145”框架体系。创新性制定智慧电厂的量化评价标准，推进示范建设。

【工会工作】发动组织动员职工岗位建功，开展“我为保供增效献一策”合理化建议、职工创新创效、“岗位建功工人先锋号在行动”等活动，组织 173 家企业“亮指标、赛贡献”活动。2022 年系统企业开展群众性劳动竞赛超过 1500 项，参与职工超过 7.3 万人。持续推进职工岗位创新创效，组织 25 家二级公司所属的 69 个工作室建立新能源职工创新工作室联盟，完成攻关项目 131 项，其中 9 个项目成果转化为实际应用，联盟成员工作室共获专利授权 20 个。以“六最”民生工程为主要载体，2022 年“六最”项目 560 项。建立“南、北区域职工心理服务中心”，每季度开展培训活动，197 家基层企业建立了职工心理关爱室（咨询室），超过已投入商业运营企业的 50%。大唐安徽田家庵电厂、山西阳城国际发电公司分别入选首批、第二批全国总工会“提升职工生活品质试点单位”。

（郭振天）

【大唐国际发电股份有限公司】

公司概况 大唐国际发电股份有限公司（简称大唐国际）成立于 1994 年 12 月，于 1997 年在港交所和伦交所挂牌上市，2006 年在上交所挂牌上市，是第一家在伦敦上市的中国企业、第一家在香港上市的中国电力企业，第一家同时在香港、伦敦、上海三地上市的中国企业。截至 2022 年底，累计发行股本总数 185.07 亿股。

大唐国际是中国最大的独立发电公司之一，所属运营企业及在建项目遍及全国 19 个省区，经营产业以火电、水电、风电、光伏为主的发电业务，同时涉及煤炭、交通、循环经济、售电等领域，已从单一的火力发电企业成长为涉足多个领域、多种产业的综合能源上市公司。截至 2022 年底，在职员工合计 31127 人，资产总额约为人民币 3051 亿元，总装机容量 71024MW。其中，火电煤机 47513MW，约占 66.90%；火电燃机 6100MW，约占 8.59%；水电约 9205MW，约占 12.95%；风电 5417MW，约占 7.63%；光伏发电 2789MW，约占 3.93%。

领导班子

党委书记、董事长、总经理：梁永磐

党委副书记、董事、工会主席：肖征

党委委员、副总经理：王振彪

党委委员、总法律顾问：乔阳

党委委员、纪委书记：郭红

党委委员、董事会秘书、总会计师：孙延文

党委委员、副总经理：路平

党委委员、副总经理：金日锋

组织机构 本部共有 15 个职能部门，拥有直属直管单位共 36 家；中国大唐管理的区域公司 16 家。在 36 家直属直管单位中，区域公司 3 家、专业公司 7 家、发电企业 21 家、供热企业 1 家、冶金企业 1 家、直属机构 3 家。

党建工作 坚持以习近平新时代中国特色社会主义思想为指导，全面学习、全面把握、全面落实党的二十大精神，充分发挥党建引领保障作用，以高质量党建引领高质量发展。学习宣贯党的二十大精神，印发《学习宣传贯彻党的二十大精神工作方案》，把学习宣贯党的二十大精神作为首要政治任务。认真抓好宣传宣讲，推动二十大精神直达基层、直通一线、走近职工。分期分批开展党员干部职工的全员培训，做到全员参与、全面覆盖、深入领会。持续提高党建质量，始终坚持把提高效益效率、增强企业竞争力、推进高质量发展、实现国有资产保值增值作为党建工作的出发点和落脚点，推进党建责任制考核评价结果“连乘”、述职评议等工作向基层延伸。切实抓好党建协作区、“党建引领＋”等创新机制，有效发挥系统企业基层党组织战斗堡垒和党员先锋模范作用。深化全面从严治党，以高度政治自觉推进全面从严治党，坚定不移一体推进不敢腐、不能腐、不想腐。分析敏感领域、关键岗位、问题线索，实现超前防范。坚持常态化警示教育，涵养拒腐防变能力。

安全生产 坚持目标导向、系统观念、底线思维，强化安全管控，狠抓责任落实，确保安全风险可控在控，安全生产平稳有序。总结历次重大政治保电成功经验，制定“1＋11＋2”保电方案，成立组织机构，加强组织领导，优化方案，实施最严措施，完成冬奥会、二十大等重大保电任务，诠释“顶梁柱”顶得住、“压舱石”压得住的关键作用和政治品格。推进隐患治理，巩固拓展三年专项整治、危化品治理行动成果，开展大排查大整治，推进清零见底。开展“现场三看”，实行作业现场双人监护，利用监控和现场检查，强化安全交底、监护和业主带班管理。设备可靠性提升，非停同比下降明显，为保供增效奠定基础。实施坚决果断的疫情管控措施，应对多轮次疫情挑战，防止因“疫”停机，发挥了保电主力军作用，保证秩序平稳，获得国家能源局的认可表扬。

节能减排 自觉落实国家能源安全新战略和“双碳”战略决策部署，统筹打好新能源提速增效、煤电提质优化、新产业振兴拓展攻坚战。2022 年，电源项目完成核准 1046.946 万 kW，投产 261.74 万 kW，其中新能源分别占比 66.7%、43.54%；新增装机容量 269.9 万 kW，发电装机规模突破 7100 万 kW，清洁能源比重较 2021 年提高 2.83 个百分点，绿色转型发展迈上新台阶。巩固拓展基地建设成果，托电一期、蔚县一期百万新能源基地等项目扎实建设。煤电“两个联营”加快落地，保定九期、陡河热电、新余二期等一批煤电项目高质量建设。佛山热电、宝昌燃气扩建项目建成投产发电。2022 年，25 台机组在全国火电机组能效评比中获奖，8 台机组荣获全国可靠性金牌机组。遵守环保法规，完善保护生态、防治污染、履行环境责任等方面工作。开展生态环境修复、开展环保公益宣传，保护生物多样性发展，实现公司生产经营与自然环境和谐共生。

主要事件

1 月 11 日，大唐国际与中国大唐集团科学技术研究总院、中国大唐集团新能源科学技术研究院签署战略合作协议。

1 月 17 日，大唐国际召开六届四次职代会暨 2022 年工作会、工会三届三次会员代表大会。

3 月 15 日，蔚县基地一期风光项目 100 万 kW 容量完成张家口、阳原、蔚县地方核准、备案。

3 月 25 日，宣化崞村风电项目现场开工。

4 月 28 日，承德丰宁大河西二期风电项目现场开工。

5 月 24 日，保定九期热电项目现场实质开工。

6 月 9 日，托电基地韭菜庄风电项目现场开工。

6 月 11 日，托电基地羊群沟风电项目现场开工。

6 月 28 日，大唐国际规划开发的张家口发电厂百万新能源基地和蔚县电厂基地（二期）项目，入围河北省发展改革委公示的 2022 年大型风电光伏基地清单。

7 月 1 日，曹妃甸分布式光伏项目 3.2 万 kW 容量完成唐山市备案。

7 月 30 日，保定曲阳王快光伏项目现场开工。

8 月 15 日，蓟县黑石岩光伏项目 3 万 kW 容量完成蓟州区项目备案。

8 月 25 日，蔚县基地阳原风电项目、光伏项目现场开工。

8 月 30 日，中国大唐总经理助理，大唐国际党委书记、董事长梁永磐率队拜会内蒙古自治区党委常委、呼和浩特市委书记包钢，双方就进一步加强项目合作，推进能源电力产业绿色转型发展进行深入友好交流。

9 月 7 日，中国大唐董事、总经理、党组副书记刘明胜到大唐国际本部调研。

9 月 14 日，曹妃甸分布式珠峰科技光伏项目现场开工。

9 月 19 日，怀来横岭风电 5 万 kW 容量完成张家口市核准。

9 月 22 日，中国大唐董事、总经理、党组副书记刘明胜到大唐国际所属张家口发电公司、张家口热电公司督导党的二十大能源保供工作。

9 月 29 日，石家庄平山光伏项目现场开工，于 9 月 30 日并网。

9 月 30 日，保定曲阳王快光伏项目全容量并网。

9 月 30 日，顺义大旺屋顶分布式光伏项目 0.358 万 kW 容量完成顺义区项目备案。

10 月 13 日，华北能源监管局党组书记、局长童光毅到大唐国际本部调研指导党的二十大电力保障工作。

10 月 19 日，中国大唐董事、总经理、党组副书记刘明胜到大唐国际所属北京高井热电公司督导检查党的二十大能源保供工作。

10 月 31 日，曹妃甸分布式珠峰科技光伏项目全容量并网。

11 月 17 日，北京大旺屋顶分布式光伏项目现场开工。

12 月 16 日，中国上市公司协会揭晓“2022 年度上市公司董办最佳实践”评选结果。大唐国际以优秀的企业治理水平，荣获“2022 年度上市公司董办优秀实践”奖。

12 月 19 日，在和讯网和巨浪视线联合主办，财经中国会承办的“2022 年财经中国年会暨第 20 届中国财经风云榜”上，大唐国际凭借在经营指标、科技创新等多方面的亮眼表现，荣获“2022 年度潜力成长上市公司”奖项。

12 月 20 日，以“聚力新时代 踔厉谱新篇”为主题的 2022 第十二届香港国际金融论坛暨中国证券金紫荆奖颁奖典礼在香港会议展览中心隆重举行。大唐国际荣获“最具投资价值上市公司”和“最佳投资者关系管理上市公司”两项大奖。

12 月 31 日，承德丰宁大河西二期风电项目全容量并网。

12 月 31 日，宣化崞村风电项目并网。

【大唐华银电力股份有限公司】

公司概况 大唐华银电力股份有限公司（简称华银电力）1993 年 1 月成立于湖南长沙，原名湖南华银电力股份有限公司。1996 年 9 月，华银电力股票在上海证券交易所上市。2003 年 9 月，根据电力体制改革方案，实际控制人由湖南省电力公司变更为中国大唐。2006 年 7 月，更名为大唐华银电力股份有限公司。2015 年 9 月，华银电力完成了新一轮资产重组后，中国大唐持股比例为 53.53%。华银电力经营范围涉及发电（火电、水电、风电）、煤炭开采、科技信息等领域。

截至 2023 年 3 月底，在职员工 5022 人，资产总额 208.87 亿元，总装机容量 716.29 万 kW。其中，火电 608 万 kW，水电 16.19 万 kW，风电 49 万 kW，光伏 43.10 万 kW。

华银电力多次获评“中国大唐文明单位”称号，2016 年获得“全国五一劳动奖状”殊荣。自 2012 年以来连续保持“湖南省文明行业”荣誉，2020 年获评“湖南省文明标兵单位”称号。

领导班子

党委书记、董事长：贺子波

董事、总经理、党委副书记：陈自强

党委副书记、纪委书记：苗世昌

党委委员、副总经理：李宇奇

党委委员、副总经理、工会主席：吴晓斌

党委委员、总会计师：康永军

党委委员、副总经理：曹坤龙

组织机构 本部共有 15 个职能管理部门，管理企业共 12 家，其中火电企业 5 家，水电企业 3 家，新能源企业 1 家，其他非电企业 3 家。

党建工作 深入学习宣贯党的二十大精神，领导班子成员进所在支部、进基层企业一线宣讲党的二十大精神 21 人次。认真落实两个“一以贯之”要求，推进党建“两年强基、三年提升”工程，建立“两全双百三到位”党建工作机制，推动党建融入中心服务大局，党建引领+转型发展、资本运作等一批特色项目取得成效。“两全双百三到位”党建工作机制等 2 个案例入选 2022 年全国电力能源优秀党建典型案例。推进全面从严治党，加强党风廉政建设和反腐败工作，落实中央八项规定及其实施细则精神，建立并落实全面从严治党主体责任和监督责任“两个清单”。完善“大监督”格局，健全党统一领导、全面覆盖、权威高效的监督体系，发挥党委巡察、纪委监督、内控审计协调联动的机制优势。落实党建带工建、党建带团建的工作要求，发挥工团组织作用，夯实“二次创业有我”的群众根基，团结带领干部职工群众听党话、跟党走，为华银电力高质量发展凝聚智慧和力量。

安全生产 强化安全生产责任制，落实“党政同责、一岗双责”和“三个必须”要求，开展安全生产专项整治三年行动和安全隐患大排查大整治，问题到期整改完成率 100%。完善安全生产管理体系，配齐基层单位安全生产分管领导并理顺班子分工；健全基层安全生产技术管理和指挥调度体系，充实生产人员力量；推行生产任务“日计划”管理，健全完善风险分级管控体系。开展“降缺陷、防非停”专项行动，2022 年火电机组发生非异停 9 台次，同比减少 7 台次，降幅列中国大唐前三。9 台锅炉实现全年零泄漏，株洲发电公司实现全年零非停。推进火电机组“三改联动”，售电煤耗 335.41g/kWh，同比下降 9.04g/kWh。6 台煤机获大机组竞赛标杆机组和优胜机组。弃风电量同比下降 24.7%，光伏系统效率同比上升 1.4 个百分点。2023 年以来，未发生机组非停。2023 年 2 月，国务院安委会督察组第 7 组检查张家界鱼潭电站，给予肯定，受到专家好评。打赢疫情防控攻坚战，确保了企业安全生产稳定和职工生命健康安全。

节能减排 直面严峻市场形势，注重精准决策、精益管理，扎实提质增效，加强政策争取，超额完成中国大唐下达的年度经营目标。2022 年，华银电力发电效益明显提升，结算电价 549 元/MWh，高于区域平均 4.2 元/MWh；下调电量 29.4 亿 kWh，补偿收益 2.22 亿元。燃料保供控价成果突出，全年进煤达 854 万 t，未发生缺煤停机事件；满足 85 亿元电煤采购资金需求，获得省政府电煤储备免息贷款 11.8 亿元；长协覆盖率、符合价格政策长协到位率和履约率均达 100%。增收节支潜力得到充分挖掘，财务费用 5.55 亿元，较预算目标节约 1.07 亿元；除工资、修理费外，其他费用较标准成本下降 20%；可控费用 41304 万元，较预算节约 4944 万元。固体排放物完成利润 1.18 亿元，同比增加 3434 万元，增幅 41.18%。

主要事件

1 月 22 日，株洲市政府与华银电力在株洲签订“株洲发电公司搬迁发展协议（土地协议）”。

3 月 2 日，华银电力与衡阳市珠晖区人民政府在衡阳市签订“大唐华银珠晖区耒水河岸光伏+屋顶光伏开发框架协议”。

4 月 15 日，大唐华银攸县能源有限公司发电团支部获得“全国五四红旗团支部”荣誉。

5 月 10 日，华银电力联合哈电风能有限公司与怀化市人民政府在怀化市签署“湖南省怀化市风电项目投资合作框架协议”，并与怀化市城市建设投资有限公司签署“湖南省怀化市风电项目投资合作协议”。

8 月 16 日，华银电力与长江设计集团有限公司在长沙市签订战略合作协议。

11 月 23 日，华银电力完成 2.5 亿股非公开发行 A 股股票工作，募集资金总额 8.4 亿元，发行工作取得成功。

11 月 28 日，国家首批大型光伏示范项目——大唐华银湖南娄底生态治理 100 万 kW 光伏示范项目首批方阵并网发电。

12 月 6 日，华银电力与三一重能股份有限公司在长沙市签订战略合作协议。

12 月 15 日，华银电力召开第二次党代会，总结第一届党委、纪委工作，部署了今后一个时期党的全面工作目标任务，选举产生第二届党委和纪委。

12 月 28 日，大唐华银电力股份有限公司耒阳分公司 200MW/400MWh 电化学储能电站顺利全容量投产并网。

12 月 28 日，完成全资子公司先一科技股权重组，取得处置收入逾10亿元。

12月31日，国企改革三年行动全面高质量收官，华银电力本部、基层企业分别全面完成83项、474项改革具体任务。

12月，湖南大唐先一科技有限公司获得“国家工信部专精特新‘小巨人’企业”荣誉。

2022年，湖南省发展改革委和国网湖南电力均发来感谢信，对华银电力在能源保供中发挥的突出作用表示高度肯定和衷心感谢。

（曾　康）

【广西桂冠电力股份有限公司】

公司概况　广西桂冠电力股份有限公司（简称桂冠电力）成立于1992年9月，是全国第一家以股份制形式筹集资金进行大中型水电站建设的企业。2000年3月A股在上交所上市；2002年划归中国大唐集团有限公司控股管理，中国大唐持股51.55%。

桂冠电力以水电、风电、光伏、火电的生产运营、投资建设等为核心业务，同时开展综合能源服务、电站检修、技术咨询等业务。在役机组主要分布在广西、贵州、四川、云南、山东、湖北等6个省区，共有广西装机规模最大的龙滩水电厂等13家发电企业、2家专业公司和3家专业机构，员工总人数3700人。截至2022年底，桂冠电力资产总额达到451.45亿元，发电装机规模达到1262.36万kW，其中水电1022.76万kW、火电133万kW、风电76.6万kW、光伏30万kW，清洁能源比重达89.5%。

领导班子

党委书记、董事长、总经理：李凯

党委委员、副总经理：施健升

党委委员、副总经理：田晓东

党委委员、纪委书记：赵建军

党委委员、总会计师：张克岩

党委委员、副总经理：王鹏宇

组织机构　本部共有15个职能管理部门，拥有基层发电企业13家、专业公司（机构）5家。

党建工作　系统开展“两新一迎”主题实践活动，迅速兴起党的二十大精神学习宣贯热潮，制定落实学习宣贯彻党的二十大精神42条工作任务。落实中国大唐“两年强基、三年提升”计划，实施“1841”党建工作方略，创新“四必须四融合”抓手，有效破解“两张皮”问题，书写了党建提升工程的桂冠篇章。桂冠电力系统党组织规范化标准化建设实现100%达标。从严治党，“四责”联动贯通，推动“一把手”和班子履职尽责，确保党中央决策部署落地落实；主动监督，“3+*N*”专项监督纠治突出问题，《九个重点领域正负面清单》划定履职“廉洁线”；“四风”问题“零增量”，信访、不实举报同比下降；“1+3”清廉建设体系受上级肯定。打响问题歼灭战，推动中国大唐党组巡视42项问题、任中审计49项问题以及8项历史遗留问题“清零”。

安全生产　坚持“动真碰硬、狠抓严管”，全面推进安全生产专项整治三年行动、五个突出整治等专项行动，完成党的二十大保安全保供电保稳定任务，全年实现“零”事故、“零”伤害。安全基础更牢，13家发电企业风险度均低于15%，其中红水河流6家水电均低于8%。安全管控更严，各层级反违章态度坚决，实现全员从“要我安全”到“我要安全”的转变，从“不求甚解”到“追根究底”的转变。硬核指标创建有力，115个班组创成“零违章”班组；102台机组（水、风）创成“零渗漏、零缺陷”机组。

节能减排　加强火电机组超低排放管理，全年保持了超低排放指标运行，四项污染物均达标排放。掺烧经济煤种比例41%，降标单贡献63.51元/t。优化水库梯级调度，水电实现水能利用率100%，对标五年均值提高了0.29个百分点，耗水率同比下降0.21m³/kWh，增发电量8.86亿kWh；组织开展人工增雨作业224次，增发电量约2亿kWh。风电综合施策提质增效，风机可利用率同比提高0.37个百分点，存量风场增发电量7%，山东莱州二期和广西马王一期风电场利用小时在所在区域对标中处于最优水平。

主要事件

1月16日，桂冠电力召开2022年工作会议暨三届三次职代会，总结2021年各项工作成果，分析研判面临形势，部署2022年重点任务。

4月22日，桂冠电力援建板兰村屋顶光伏发电项目顺利实现全容量并网发电。

6月24日，广西发展改革委批复同意龙滩水电站8、9号机组配套建设500万kW新能源项目。

9月15日，桂冠电力与河池市人民政府在南宁签订“进一步深化能源项目合作开发协议”。

7月31日，梧州西江机场光伏发电项目（3.75万kW）全面部投产发电。

9月24日，合山灰场光伏发电项目（8.36万kW）全面投产发电。

9月25日，隆林县者保乡林光互补光伏发电项目（4.7万kW）全面投产发电。

11月1日，桂冠电力深化改革经验交流成果《居安思危 主动求变 构建“四能”新常态 赋能高质量发展》在国资委《国企业改革三年行动简报》刊登。

12月17日，桂冠电力荣获“2022年中国上市公司百强企业奖”。

（陈星任）

【中国大唐集团新能源股份有限公司】

公司概况　中国大唐集团新能源股份有限公司

（简称大唐新能源）成立于2004年9月23日，注册资本72.737亿元，是国内最早从事新能源开发的电力企业之一，于2010年12月17日在香港联交所主板成功上市。主要从事风电等新能源的开发、投资、建设与管理，低碳技术的研发、应用与推广，新能源相关设备的研制、销售、检测与维修，电力生产，境内外电力工程设计、施工安装、检修与维护，新能源设备与技术的进出口服务，对外投资，与新能源业务相关的咨询服务等。2022年实现利润43.44亿元，经营业绩再攀新高。

领导班子

党委书记、董事长、总经理：刘光明

党委委员、总会计师：王海燕

党委委员、纪委书记、工会主席：白雪梅

党委委员、副总经理：潘孝凯

党委委员、副总经理：崔健

组织机构 本部共有6个职能管理部门，拥有分公司19家，控股子公司152家，投资参股企业19家，共有员工4174人。

党建工作 坚持以习近平新时代中国特色社会主义思想为指导，坚决捍卫“两个确立”，增强“四个意识”、坚定“四个自信”、做到“两个维护”。以党的政治建设为统领，贯彻十九届六中全会精神和党的二十大精神，贯彻执行“第一议题”制度，紧抓学习宣传贯彻党的二十大精神主线，聚焦原原本本学、深入思考学、联系实际学，把学习成效转化为做好工作的强大动力。始终坚持抓基层打基础，推进党建系统提升工程“两年强基”重点工作，制定“党建专项提升行动”路线图、党建基础专项排查整改问题清单和整改台账，抓好基层党组织规范化标准化建设，持续提升党建工作质量。

严守政治纪律和政治规矩，持之以恒正风肃纪，一体推进不敢腐、不能腐、不想腐。落实以人民为中心的发展思想，通过工会主席接待日、谈心谈话等载体，深入了解干部职工所思所想、所期所盼，推进解决合理诉求和困难，不断提升职工群众的获得感、幸福感和安全感。

安全生产 树立安全发展理念，推进本质安全型企业建设，坚决贯彻落实习近平总书记关于安全生产的重要论述和指示批示精神，开展安全生产领域专项活动，完成安全生产“大排查、大整治”、春秋检、防汛减灾、党的二十大保电等工作任务。将安全发展理念贯穿经营发展各领域全过程，本质安全水平提高。

坚持聚焦设备诊断和提效，围绕数字智能推动科技创新，提升精益化管理水平，利用大数据平台对各场站技术指标进行对标分析，查找差距，落实技改措施，将设备故障分析诊断工作深入每一个场站、每一台风机，最大限度减少设备故障台次和损失电量，制定风电、光伏成本标准管理办法，生产成本控制加强，设备可靠性提高。

节能减排 坚持绿色低碳与可持续发展的先进理念，保障安全生产和稳定的能源供应。大唐新能源通过发展风力发电、光伏发电等能源业务，推动新能源行业发展，落实节能减排。2022年，大唐新能源实现新能源发电量28787028MWh，相当于节省标准煤867.93万t，实现二氧化碳减排2383.57万t。

2022年，重点加强提效改造，组织开展2022年设备技术改造工作，以涉网安全整改、大部件隐患专项整治、低效风机专项治理为抓手进一步提高设备可靠性，提升了风机发电能力和可靠性，在全国平均风速转变为正常偏小年景，风电机组年均利用小时仍与2021年基本持平，光伏利用小时提高，提质增效成果显著，达到节能减排目的。

主要事件

1月17日，大唐新能源召开2022年工作会议，全面总结2021年工作，分析面临的形势，部署2022年工作。

3月30日，大唐新能源在北京召开三届第四十七次董事会及三届十八次监事会。

3月31日，大唐新能源在北京举行2021年度业绩发布会，以电话会议形式与香港媒体和分析师进行了深度交流。

6月23日，黑龙江绥滨三期风电项目9.9万kW全容量投产。

6月30日，大唐新能源召开2021年股东周年大会。会议审议通过董事会工作报告、监事会工作报告、财务预算报告、财务决算报告、投资计划等十二项议案。

7月4日，大唐新能源获取新疆塔城老风口风电项目10万kW建设指标。

8月23日，吉林洮南15万kW光伏项目全容量投产。

8月31日，大唐新能源在北京举行2022年中期业绩发布会，对外发布2022年上半年业绩情况。

9月5日，大唐新能源股票成功纳入“恒生综合指数”成分股和深市港股通名单。

11月7日，大唐新能源入选国务院国资委组织评选的“央企ESG先锋50指数”“治理先锋50指数”和“风险管理先锋50指数”，共426家参选，大唐新能源综合排名位列23名。

11月24日，大唐新能源获取重庆黔江区麒麟二期风电项目5万kW建设指标、南川区白杨坪风电项目5万kW建设指标。

12月10日，山西平鲁白玉山二期项目20万kW

全容量投产，与一期及扩容项目形成35万kW级别风电基地。

12月25日，内蒙古克旗浑善达克沙地光伏二期10万kW全容量投产，与本项目一期（容量10万kW）形成20万kW光伏发电基地。

12月27日，大唐新能源获取江苏睢宁凌城镇渔光互补光伏发电项目10万kW建设指标。

2022年，大唐新能源利用清洁能源的业务特性及丰富的平台资源，聚焦社会公益、扶贫攻坚等领域，积极参与公益事业，共投入社会公益金额人民币1072.78万元。

（王　健）

【大唐环境产业集团股份有限公司】

公司概况　大唐环境产业集团股份有限公司（简称大唐环境）前身为中国大唐集团科技工程有限公司，最早成立于2004年5月。2015年6月26日完成股份化改制，2016年11月15日在香港联交所上市（股票代码01272），其中中国大唐合计持股78.96%，H股公众股东持股21.04%。主营业务包括环保设施投资与运营管理、脱硝催化剂制造处置再生及检测、环保项目开发与设计施工、环保业务咨询、水处理工程及运营、风力发电、光伏发电、光热发电等新能源发电及相关储能项目的开发、投资、建设与管理、低碳技术的研发应用与推广、海外业务等。

截至2022年末，大唐环境总资产183.48亿元，主要资产分布在全国16个省、自治区、直辖市。在役装机容量6.50MW，全部为分布式光伏项目。员工共计1269人，含正式员工1008人、劳务派遣261人，其中正式员工中博士12人（含博士后10人），硕士研究生217人，大学本科及以上学历人数占比81.05%。

领导班子

党委书记、董事长：朱利明

董事、总经理、党委副书记：申镇

党委副书记、工会主席：黄源

总会计师、党委委员：陈崧

副总经理、党委委员：刘春东

党委委员、纪委书记：周策

副总经理、党委委员：梁秀广

组织机构　本部设10个职能管理部门，下辖7家业务单位，下设3个专业中心。

党建工作　发挥党委“把方向、管大局、保落实”领导作用，深化“第一议题”制度落实和“一报告两台账”要求，跟进学习习近平总书记重要指示批示精神215项，研究部署落实措施28次。全面加强党的政治建设和理论学习，举办“凝心聚力谋发展　改革创新谱新篇”专题学习研讨4次，基层单位组织开展专题中心组学习共计11次，提出关于改革发展的意见建议、改进措施等共计94项。开展4期“学习贯彻党的二十大精神‘四力’并举建设世界一流企业”大讨论活动。深入开展党建提升工程，以“八个专项提升”特色党建工程为抓手，考核验收规范化党委8个、标准化党支部43个，党组织达标率100%，提前3个月完成中国大唐下达的任务目标。发挥群团工会的桥梁纽带作用。深入开展“工会主席接待日”和“工会走访日”活动，全年共征集职工诉求28件，已解决23件，暂无法解决且已妥善答复5件。15个“六最”项目和7个“幸福大唐”重点任务已全部落实到位。开展两节“送温暖”活动，慰问一线职工、劳模先进等122人。

安全生产　2022年，全年执行各类项目64个，完成等级检修59台套；高峰期外包外委队伍112支、5500余人，全年监管高风险作业26项，监管9个液氨罐区、26个液氨储罐均为国家级重大危险源。安全生产任务重、风险高、责任大。面对安全生产、保电保供、疫情防控的三重责任与压力，以中国大唐、大唐环境1号文和工作会精神为指导，持续完善安全生产责任、制度体系，大力推进双防机制、本质安全提升工程建设，以对标提升、降本增效为重点，提升精益化管理水平，以安全生产标准化信息化为手段，实施外包工程和危大作业过程管控、动态监管，以事故教训为戒，有效开展大排查大整治、文明生产三年行动、危化品集中整治、春秋检等专项工作，提升安全生产管控水平和风险防控能力，保持安全环保局面稳定，完成党的二十大保电政治任务和全年安全生产目标。

节能减排　2022年，严格执行国家各项环保法律法规，所运营脱硫脱硝系统未发生环境污染事件，全部实现超低排放。全年累计减排二氧化硫182.00万t，减排氮氧化物21.08万t。开展生产指标管理提升专项行动，在特许经营项目开展“一企一诊，一厂一策”生产指标进行分析诊断，深层次挖掘影响指标的原因，提升生产指标管理水平，共计解决问题38项，降低能耗物耗。开展全时段对标，通过日对偏差、周对异常、月对能耗对生产指标完成情况进行评价分析，找出差距，制定措施，及时纠偏，以日偏差降低保周无异常、以周无异常保月能耗合理下降、以月能耗合理下降保年度目标实现。持续推进以湿磨机、脱水、浆液循环泵为主的达设计值活动。对湿磨机钢球装载量及钢球配比、衬板更换、水料比调整、旋流站调节等进行全方位梳理评估，促进湿磨机出力提升；对喷嘴堵塞情况进行专项治理，制定《防止喷淋层喷嘴堵塞安全生产管理指引》，完善《优化运行指导手册》，推进全系统达设计值。

主要事件

3月10日，大唐环境“三色花”志愿服务协会获得全国最佳志愿服务组织荣誉。

3月23日，签订山煤河曲烟气脱硫EPC总承包合同，金额15192万元，是大唐环境近年来承接的系统外最大规模脱硫EPC合同。

3月31日，大唐南京环保科技有限责任公司在南京与美国康美泰克（Cormetech）大唐环境连线视频会议，双方围绕深化产业合作进行深入友好交流并达成广泛共识。

5月13日，大唐环境产业集团股份有限公司呼图壁项目部获得第19届新疆维吾尔自治区“青年文明号”荣誉称号。

5月24日，签订中国华能2022年度板式脱硝催化剂框架协议采购合同，供货体积数达3578m^3，持续巩固行业领先地位。

6月7日，大唐南京环保科技有限责任公司在南京与日本日辉集团举行视频会议，就日本03号项目订单举行签字仪式，并对正在洽谈的后续订单进行了深入的交流。

7月25日，三门峡脱硫年产10万t建筑石膏粉生产线试运成功。

9月1日，“铁氧微晶体技术成果”获得中国电力技术市场协会科技成果金苹果奖一等奖，同时获得专利发明奖一等奖；“超低排放燃煤机组智能脱硝关键技术开发及工程示范”荣获第十一届中国技术市场协会金桥奖。

10月16日，大唐环境产业集团特许经营分公司许昌项目部副经理闫欢欢当选为党的二十大代表。

11月4日，大唐环境主编的《工业废水处理与回用技术评价方法》ISO国际标准成功获批北京市市场监督管理总局拨付的“首都标准化战略补助资金”。

11月28日，“超低排放燃煤机组智能脱硝关键技术开发及工程示范”荣获第十一届中国技术市场协会金桥奖。

12月6日，中标大唐昆玉清洁能源有限公司十四师昆玉40万kW光伏发电项目配套100MW/200MWh储能EPC工程总承包项目。

12月9日，大唐南京环保科技有限责任公司通过“江苏省专精特新中小企业”认定。

12月26日，大唐南京环保科技有限责任公司通过2022年“国家级高新技术企业”认定。

12月26日，大连高新万达、大连普兰店万达、大连庄河万达、大连营口鲅鱼圈万达、天津滨海万达、天津东丽万达、天津蓟州万达、天津武清万达取得开工批复。

12月29日，南京环保公司3.4MW智慧能源项目投产。

（张宇超）

【中国大唐集团能源投资有限责任公司】

公司概况 中国大唐集团能源投资有限责任公司（简称能投公司）的前身是中国大唐集团煤业有限责任公司，2009年3月在北京注册成立，截至目前，注册资本115.76亿元人民币。能投公司作为中国大唐旗下负责煤炭板块和燃料购销业务专业化运营的全资子企业，主要负责中国大唐煤炭产业项目的开发运营以及煤炭开采、购销、储运、加工、物流等业务。2020—2022年，原煤产量从1200万t稳步增长到1700万t，增幅42%，利润总额从1300万元增长至36亿元，企业盈利能力和核心竞争能力显著提升。所属企业龙王沟煤矿是国家首批智能化示范煤矿、安全生产标准化一级矿井、全国安全文化建设示范企，宝利煤矿纳入国家绿色矿山名录。

领导班子

党委书记、董事长：王海腾

董事、总经理、党委副书记：朱树来

党委委员、副总经理、工会主席：汤传金

党委委员、副总经理：李江

党委委员、副总经理：李英俊

党委委员、总会计师：杜晨辉

党委委员、副总经理：徐大伟

党委委员、纪委书记：张学政

组织机构 本部共有10个职能管理部门，管理三级企业9家，其中煤炭生产企业6家，煤炭销售专业公司2家，煤炭运输企业1家，共有员工1293人。

党建工作 坚持以高质量党建引领企业高质量发展，系统实施党建提升专项攻坚行动“四个一”工程，将党建工作与业务工作同谋划、同部署、同推进、同考评，6个党委和21个党支部全部通过“两化”达标验收。推动构建党支部联创共建新模式，紧紧围绕企业中心工作，研究确定12个“党建引领+”重点项目，创建能投党建品牌，国源公司综采党支部获得“鄂尔多斯市最强党支部”示范点称号，“智慧联盟”获得第七届“内蒙古青年五四奖章（集体）”荣誉称号，两个“党建引领+”项目获得中国大唐优秀项目称号。突出强化政治监督，深化“靠企吃企”问题专项整治，深入开展煤炭销售及保供等专项监督，实现对所属基层煤矿企业政治巡察全覆盖，一体推进不敢腐、不能腐、不想腐，驰而不息转作风、纠四风、树新风。

安全生产 坚持把确保安全稳定作为一切工作的根本前提，深入贯彻“六个必须”，落实“十五条硬措施”，全年高效统筹煤矿安全专项整治三年行动、隐蔽致灾因素普查治理等系列专项整治及专业检查活动，推动风险隐患全面起底、动态清零。宣贯《中华人民共和国安全生产法》《煤矿安全规程》等法律法规，健全完善全员安全环保履职清单及任务清单，突出“关键少数”履职能力问效考核，对考评末位的基层企业中高层管理人员集体警醒谈话，保障责任落实“零缺位”“零盲区”。提升本质安全水平，取消露天煤矿大夜班作业，建立安全生产与生态环保“双标”建设体系，注重正向激励，强化验收管理，龙王沟煤矿和宝利煤矿分别保持了国家一级和二级标准。

节能减排 落实国家部委、中国大唐关于节能减排工作部署要求，科学合理利用资源，降低成本，取得新成效。一是通过实施空气压缩机余热高效利用项目，将空气压缩机运行过程中所产生的热能充分吸收，给水加热，用于职工洗浴，提倡使用新能源电动车，改善矿区大气环境质量，降低了能耗，提高资源利用率，实现减碳目标。二是通过实施煤矿供暖锅炉改造项目，引进了螺杆式空气源热泵技术彻底代替了冬季燃煤锅炉供暖，消除了供暖锅炉烟气超标排放的风险；着力实施分布式光伏项目，每年可为电网提供清洁电能99.3MWh，可节约标准煤约32.56t，每年可减少CO_2排放量约98.98t、SO_2排放量约2.97t、氮氧化物排放量约1.49t，减少大量的灰渣及烟尘排放、废水排放，节能减排效果显著。三是开展“双碳”背景下煤矿生态系统碳汇能力提升研究，以能投公司所属煤矿为研究区，通过全面总结国内外有关煤矿生态系统碳汇研究成果，结合研究区土地复垦和生态修复现状，采用生物量法初步估算研究区现有生态系统碳汇总量，评估经济效益和社会效益，并结合研究区实际，提出煤矿生态系统碳汇能力提升方法建议，推动煤矿高效开展矿山生态修复治理，加强煤矿生态建设。

主要事件

1月17日，能投公司召开二届七次职工代表（会员）大会暨2022年工作会议，传达贯彻中国大唐会议精神，总结2021年工作，分析任务形势，安排布置2022年重点工作。

1月18日，国源公司61612工作面主运顺槽超前探在工艺上突破超前物探单次探测100m瓶颈，单次钻探探测范围达1100m、物探探测范围达925m，创造了国内“长掘长探”的最高纪录。

3月21—22日，内蒙古自治区党委书记、人大常委会主任石泰峰深入国源公司调研智慧矿山建设工作，对国源公司智慧矿井建设及“智慧联盟”在发现人才、培养人才、使用人才方面的创新做法给予了肯定和赞扬。

3月25日，胜利东二矿项目取得占用草原手续批复，实现草原手续合法化。

4月20日，国源公司被中国安全生产协会评为“2021年全国安全文化建设示范企业”。

5月13日，国家矿山安监局内蒙古局在国源公司召开煤矿智能化建设工作专班座谈会。

6月16日，能投公司与大唐国际发电股份有限公司签订股权转让协议，收购准矿公司52%股权。

8月23日，龙王沟煤矿取得国家发展改革委初核同意核增至1500万t/年的文件。

9月18—26日，《胜利东二号露天煤矿复工复产方案》于9月18日、9月20日分别通过了中国大唐总经理办公会、党组会的审议，9月26日通过了中国大唐董事会决策，完成了内部决策。

11月25日，胜利东二号露天煤矿拉开复工复产隐患治理的大幕，开始了复工复产新征程。

12月3—7日，央视《朝闻天下》《新闻联播》和东方卫视《看东方》、内蒙古卫视等国内主流媒体连续报道了龙王沟煤矿能源保供新闻。

（崔晓文）

【内蒙古大唐国际托克托发电有限责任公司】

公司概况 内蒙古大唐国际托克托发电有限责任公司（简称托克托发电公司）是中国大唐所属大唐国际发电股份有限公司旗下的控股子公司，于1995年11月在呼和浩特市注册成立，厂址位于呼和浩特市南约70km的托克托县境内。8台600MW机组和2台660MW机组接入京津唐电网，年发电量约占北京地区社会总用电量的30%，是京津唐电网重要的电源支撑点。另受呼铝电公司委托管理2台300MW机组接入蒙西电网，是托克托大型循环经济示范区的核心电厂。

托电工程是国家“十五”重点建设项目，也是“西部大开发”和“西电东送”能源战略的重点工程。早在20世纪80年代就开始前期调研筹建，历经曲折，于1995年11月在呼和浩特市注册成立。一期工程自2000年正式开工，2003年至2007年连续完成了4台600MW亚临界湿冷机组、4台600MW亚临界空冷机组的建设，2016年末至2017年初，五期工程两台660MW超超临界空冷机组也顺利投产发电，总装机容量达到6120MW，一跃成为世界最大火力发电厂，年发电能力达到350亿kWh以上。10台机组全部即投产、即稳定、即赢利。结合国家环保政策要求先后实施了脱硫、脱硝、高效除尘和超低排放改造，规模优势、治理效益和环保社会效益明显，为保障北京安全用电和地方经济发展做出贡献。

领导班子

党委书记、董事长：王长庚

副董事长、总经理、党委副书记：魏东昇

党委委员、总会计师：黄志鹤

副总经理：周常春

党委委员、纪委书记、工会主席：管际强

党委委员、副总经理：王海峰

党委委员、总工程师：郭洪义

党委委员、副总经理：周斌

党委委员、副总经理：尚雄

党委委员、总工程师：张春玉

组织机构 共有16个职能管理部门，拥有分公司1家，酒店1家，子公司2家。

党建工作 坚持党建引领，按照“一年夯基础，两年提质量，三年上台阶”的党建工作思路，打造中国大唐基层党建工作标杆企业。严格落实“第一议题”制度，学习贯彻党的二十大精神，深刻领会“两个确立”的决定性意义，通过“两学三训五讲六进”活动，掀起学习宣贯热潮。围绕“二次创业大学习大讨论”活动，开展理论有高度、情感有温度、历史有厚度、实践有深度的“四度”宣传，凝聚起奋进“二次创业”的磅礴力量。聚焦党的组织建设，成立新能源项目党总支、党支部，实现基层党组织全覆盖。深入推进“两化”建设，党组织标准化规范化达标率100%。以“党建引领+”重点项目为抓手，擦亮基层企业党建工作品牌，3项“党建引领+”项目获评中国大唐优秀攻关项目。党建成效获行业、上级单位充分肯定，党委获得中国大唐先进基层党组织称号。落实全面从严治党主体责任，开展党风廉政建设，开展中层干部廉洁评议，排查整治“靠企吃企”问题，开展新任领导人员“影子股东”和近亲属系统内从业排查，推动“心正、行正”廉洁文化建设，治“四风”、树新风。

安全生产 围绕“防风险、保安全、迎二十大”主线，推进本质安全工程建设和“五个突出整治”两项核心任务，把“大排查大整治”、安全生产专项整治调研诊断问题整改和三年行动等工作有机结合，实现重大问题隐患清零见底。开展外围系统安全管理和现场作业环境防人身事故专项隐患排查，完善防人身伤害措施，确保风险隐患可控在控。开展外委外包队伍“两压两减”，完善视频监控系统，成立高风险作业监督组，2号烟囱防腐改造项目零违章竣工，机组检修、第三煤场封闭改造、新能源接入和液氨改尿素等重大技改项目外包工程人身安全“零事故”。生产作业体系作用有效发挥，完成5台机组等级检修任务，自主检修质量实现新提升。开展文明生产治理，超额完成年度降缺陷目标，设备健康水平有效提高。3台机组在全国火电可靠性对标中获评标杆机组。完成北京冬奥会、冬残奥会、全国“两会”、党的二十大政治保电和能源保供任务，工作成效获国家能源局华北能监局高度评价和充分肯定。

节能减排 深刻理解把握“三新一高”要求，自觉服务国家“双碳”目标，坚决打好打赢煤电提质优化攻坚战，打造“清洁低碳、环保高效”火电品牌。坚持节约优先，实施节能技术改造，强化能耗精细化管理，深挖机组潜力，实现5台次机组在中电联全国火电机组能效对标中获奖，2台机组荣获AAAAA级优胜机组称号，占中国大唐AAAAA级优胜机组获奖总数的三分之一。把“三改联动”作为推进火电清洁高效利用的重要抓手，结合机组检修按计划完成1、3号机组灵活性改造，实现20%深度调峰。深化政企合作，与呼市政府、富泰热力公司分别签订了《长输供热框架协议》和《热电联产合作协议》，长输供热项目立项获中国大唐批准。树牢底线思维和系统思维，以重点环保项目为抓手，推动圐圙兔沟二期项目获中国大唐立项批复，实施雨水回收处理和再利用工程，实现全厂雨水零外排，确保了重大环保风险可控在控。获评呼和浩特市生态环境局“环保良好企业”。

主要事件

1月17日，托克托发电公司通过国家治安反恐防范一级目标单位达标验收。

1月21日，托克托发电公司召开六届三次职工（会员）代表大会暨2022年工作会。

1月21日，托克托发电公司签订新能源1700MW风电及300MW光伏项目全过程造价咨询服务合同。

2月16日，呼和浩特市城区突发新冠肺炎疫情，托克托发电公司立即启动疫情防控应急响应，全力保障疫情期间职工安全健康和冬奥保电工作万无一失。

2月24日，托克托发电公司新能源打捆外送项目招标规划取得大唐国际核准批复。

2月，托克托发电公司荣获中国大唐2021年度“仓储管理先进单位”称号，荣获呼和浩特市2021年度“能源调查单位先进集体”称号。

4月7日，内蒙古自治区应急管理厅厅长鞠树文一行对托克托发电公司安全生产工作进行“四不两直”检查。

4月，托克托发电公司荣获中国大唐能源保供先进单位称号，荣获2021年度内蒙古自治区电力行业统计先进单位称号。

5月10日，托克托发电公司召开庆祝中国共青团成立100周年大会暨“五四”表彰会。

5月，托克托发电公司荣获中国大唐五四红旗团委称号。

6月8日，在呼和浩特举行托克托发电公司与呼和浩特富泰热力股份有限公司热电联产合作签约仪式。

6月9日，托克托发电公司举办蒙西托克托外送200万kW风光基地大唐清水河百万千瓦风光项目开工仪式。

6月11日，托克托发电公司举办蒙西托克托外送200万kW风光基地大唐和林格尔百万千瓦风光项目开工仪式。

6月12日，托克托发电公司燃料质检部入场煤化验室通过中国合格评定国家认可委员会（CNAS）的扩项复评审的现场评审。

6月26日，和林格尔新能源公司羊群沟风电项目首台风机（Y20）基础浇筑完成。

6月28日，和林格尔新能源公司羊群沟光伏项目开工。

6月29日，韭菜庄风场首台风机（JF050－1）基坑开挖。

6月30日，托克托发电公司举办“迎七一 党旗红”主题党日活动暨“七一”表彰大会，庆祝中国共产党成立101周年。

6月，托克托发电公司“党建引领＋新能源发展”攻关项目荣获“党建引领＋”优秀攻关项目称号；“党建引领＋安全环保”及“党建引领＋提质增效”攻关项目荣获大唐国际优秀攻关项目称号。

7月28日，托克托发电公司召开2022年科技工作会议。

9月28日，呼和浩特市城区突发新冠肺炎疫情，托克托发电公司立即启动疫情防控应急响应，全力保障疫情期间职工安全健康和二十大保电工作万无一失。

10月31日，托克托发电公司2号烟囱防腐改造项目零违章竣工。

12月6日，托克托发电公司对外捐赠抗疫资金400万元，定向用于政府疫情防控工作。

12月23日，蒙西托克托外送200万kW风光基地项目羊群沟风电场首台风机吊装顺利完成。

（赵红梅）

中国华电集团有限公司

【公司概况】 中国华电集团有限公司（简称中国华电）是2002年底国家电力体制改革时组建的国有独资发电企业，是国务院国资委监管的特大型中央企业，也是中央直管的国有重要骨干企业。中国华电主营业务为电力生产、热力生产和供应；与电力相关的煤炭等一次能源开发以及相关专业技术服务。目前有电力、热力、煤炭、科工、金融等产业板块。资产及业务分布在全国31个省（自治区、直辖市）以及俄罗斯、印尼、柬埔寨、越南、孟加拉国等“一带一路”沿线国家。控股6家上市公司，现有职工9.3万人。截至2022年底，资产总额10272亿元，电力、热力板块装机容量1.91亿kW，其中清洁能源装机占比达47.2%，年发电量6000亿kWh以上，年供热量4亿GJ以上，是国内最大的天然气发电运营商，在国内同类型企业中水电装机最多，拥有全国首座水力发电站、全国第一家流域水电开发公司、全国首批超超临界百万千瓦机组、全国首个9H燃气冷热电三联供项目、国内首批近海深水区海上风电等一批示范电源项目。煤炭板块保供产能5860万t/年，拥有中国电力企业自主开发建设的第一座千万吨级特大型矿井等4个千万吨级煤矿，配套建设船舶运力34.8万载重吨、港口吞吐能力9250万t。科工板块拥有国家级火力发电检测、分布式能源技术、燃气轮机监测诊断及运维服务技术中心等多个科技创新平台，在国内率先构筑起覆盖煤电、燃机、水电、风电等电力全谱系“华电睿”系列工控产品，有力促进了能源电力固链补链强链。被称为“中国争气机”的中国首台全国产化F级50MW重型燃气轮机在华电广东清远正式投入商业运行，填补了中国自主燃气轮机应用领域空白。自主设计生产制造的首套1200m^3/h（标准）碱性电解槽制氢设备成功下线、首台（套）新型高效穿越式岸桥全球首发。金融板块拥有8家机构，取得财务公司、信托公司、证券、保险经纪、保理、融资租赁等6种金融（或类金融）牌照。公司连续10年获评国务院国资委年度经营业绩考核A级企业，连续11年上榜《财富》世界500强，连续3年荣登中国500最具价值品牌排行榜，连续9年荣获联合国全球契约最佳实践奖，排名2022年“中国能源企业低碳发展贡献力50强榜单”第一。

【领导班子】

董事长、党组书记：江毅

总经理、董事、党组副书记：叶向东

董事、党组副书记：祖斌

副总经理、总会计师、党组成员：邵国勇

副总经理、党组成员：王绪祥

纪检监察组组长、党组成员：张雯

副总经理、党组成员：吴敬凯

副总经理、党组成员：李旭红

副总经理、党组成员：苟伟

【组织机构】 见中国华电2022年组织机构图。

【年度业绩】 2022年，中国华电坚持以习近平新时代中国特色社会主义思想为指导，认真学习宣传贯彻党的二十大精神，全面贯彻“疫情要防住、经济要稳住、发展要安全”的重要要求，坚决贯彻落实党中央、国务院决策部署，统筹发展和安全，扎实做好能源保

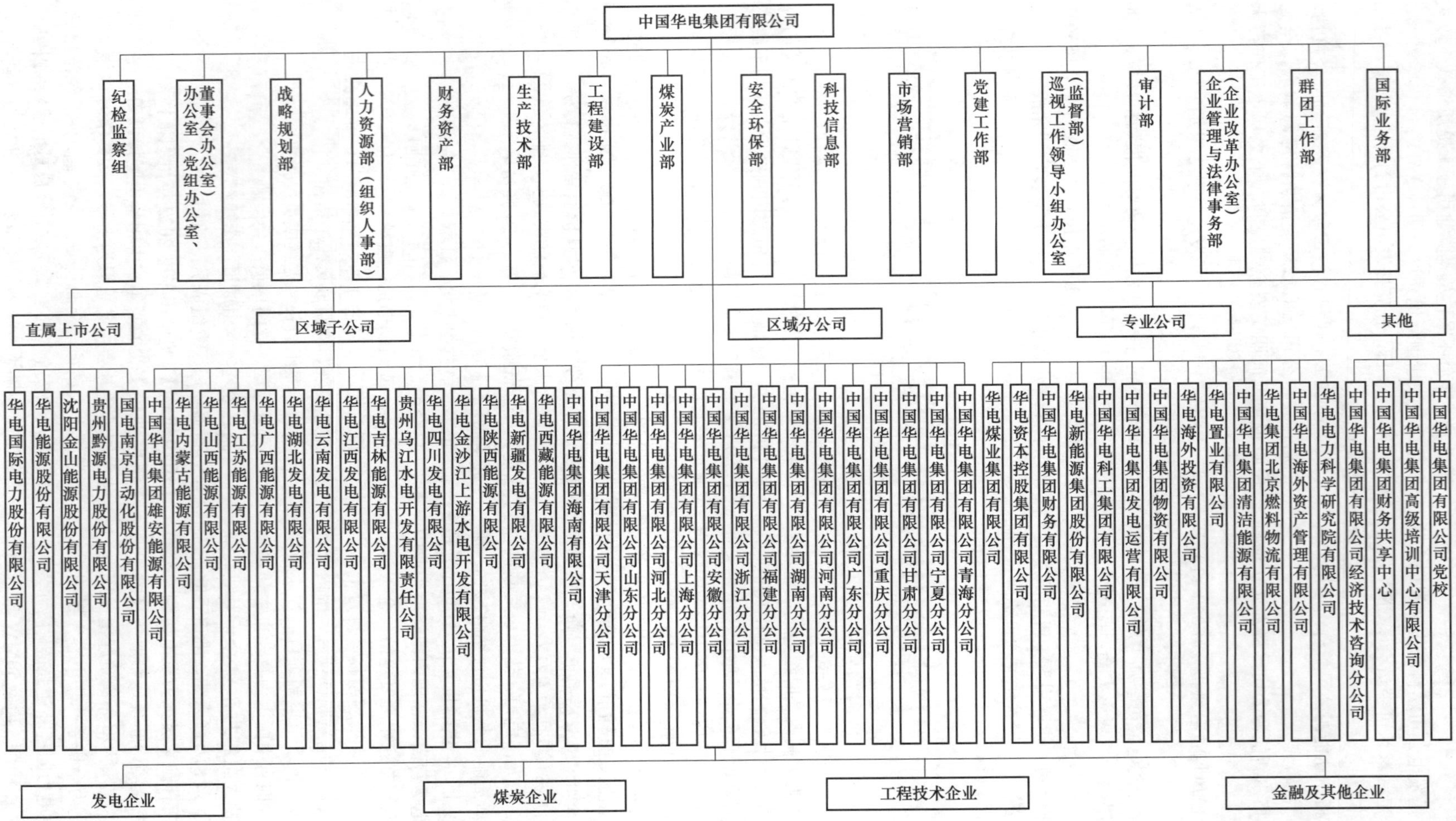

中国华电 2022 年组织机构图

注：1. 总部内设部门共计 17 个。

2. 直属企业共计 49 家，其中子公司 35 家（包括直属上市公司 5 家，区域子公司 16 家，专业公司 13 家，党校（高培中心）1 家，分公司 14 家。管理口径基层企业 430 家。

3. 财务共享中心参照总部部门管理，技经中心作为分支机构，业务上接受总部指导。

4. 虚线标注的为合署办公企业。

供、转型发展、提质增效、改革创新等各方面工作，持续加强党的建设，加快推动高质量发展，各项工作稳中有进、持续向好，超额完成国务院国资委“两利四率”“两增一控三提高”考核目标。实现利润总额208亿元，同比增长175.0%；净利润140亿元，同比增长453.7%；资产负债率69.9%；营业收入利润率6.61%，同比提高4.4个百分点；全员劳动生产率117.7万元/人，同比增加25.3万元/人；研发经费投入强度3%，同比提高0.25个百分点。完成发电量6495亿kWh，同比增长1.42%；供热量4.42亿GJ，同比增长7.93%；煤炭产量5428万t，同比增长1.3%。完成投资1143亿元，同比增长24.8%；新增发电装机容量1204万kW。供电煤耗291.6g/kWh，同比降低1.2g/kWh。

【经营管理】 出台提质增效50条强化措施，服务稳定宏观经济大盘，净利润同比增幅、国有资本保值增值率、净资产收益率等指标同业对标前列。提质增效工作经验在国务院国资委提质增效专刊和中央企业财务工作会议上交流。发电板块年度中长期市场交易电量达4200亿kWh，同比增长34%，售电公司总代理电量1660亿kWh。推动煤机电价上浮超过23%，促成金上流域“点对网”消纳和过渡期价格、新疆跨省区特高压送电价格机制落地。工业供热、煤热、气热价格联动落实到位，供热量增幅位列同行前茅。煤炭板块全力降本增效，连续2年保持在百亿元以上。科工板块新签系统外合同额133.7亿元，同比增长3.1%。金融板块实现净利润同比增长19.3%。狠抓燃料成本管控，入厂标煤单价优于同类型企业平均值36.6元/t。推进物资集约化采购，上线新能源物资保供系统，推进央企优秀商城建设。加强资金精益化管控，境内资金集约“三率”稳定在90%以上，争取低成本金融资金911亿元，到位可再生能源补贴258亿元。完成提高上市公司质量工作方案编制，获国务院国资委通报表扬。华新项目完成股改、辅导验收、上市申报、反馈意见答复和预披露信息更新等工作，推进速度创多项业内纪录。华紫项目完成锦兴能源控股权注入和配套融资，实现项目收口，化解上市公司退市风险，开启煤炭资产证券化进程。狠抓负债率管控，高负债企业户数较年初净压降17.3%。抓好减亏控亏，煤电亏损面同比下降7.8个百分点。完成新疆区域煤电资源整合、清产核资工作。压减法人企业32户，超额完成国务院国资委下达目标。盘活低效无效资产增利14.6亿元，减免小微企业和个体工商户房租8251万元。

【安全环保】 落实国家安全生产“十五条硬措施”，开展安全生产专项整治巩固提升活动，开展安全隐患大排查大整治，一体推进环保设施、危化品、自建房、水电站和小散远企业等专项治理，强化反违章和煤炭企业治本攻坚，企业本质安全水平提升。全年未发生较大及以上安全生产事故，电力、科工板块实现人身零事故。完成煤电机组“三改联动”70项。荣获2020—2021年度全国“安康杯”竞赛活动优秀组织单位。制订完善碳达峰行动方案，开展碳排放管理提升专项行动，万元产值碳排放较2020年下降12.8%。牵头编制的碳监测技术规范由国家能源局批准实施，填补了行业标准空白。完成中央生态环保督察涉及问题整改，制定落实中国华电“十四五”生态环境保护规划，完成重点时段空气质量保障任务，全年未发生较大及以上环保事件。强化生态环保合规管理，完成采煤塌陷区480hm^2生态恢复治理。打造生态文明示范工程，西藏DG水电站建成投运世界海拔最高的智慧鱼道，金上流域建成国内第一座水电流域生态环保展示馆。

【项目发展】 绿色发展加快推进，全年核准电源项目5072万kW，其中风光电4642万kW，取得风光电建设规模5311万kW。牵头开发的内蒙古1200万kW、甘肃1100万kW两个大基地项目获得国家发展改革委批复，取得“疆电外送”三通道新疆负责的新能源基地项目开发权。加快发展海上风电，海南取得60万kW开发权，浙江核准7.5万kW。金上直流送出工程已取得国家发展改革委核准，金中龙盘水电站列入国务院扎实稳住经济一揽子政策措施，完成预可研报告审查，江苏赣榆LNG接收站项目取得国家核准批复。加大力度推进水电、火电、新能源工程建设，全年开工2825万kW，投产1082万kW；其中，新能源全年开工2625万kW，投产705万kW。发电行业首个百万千瓦抽水蓄能项目福建周宁抽水蓄能电站提前5个月实现全容量投产，金沙江上游清洁能源基地首座电站苏洼龙水电站4台机组实现高质量投产，新能源大基地青海德令哈、新疆昌吉项目和西藏最大光伏保供项目那曲色尼光伏电站顺利并网发电，湖南平江首台百万千瓦超超临界燃煤发电机组正式投产。广东清远9F燃机工程项目荣获中国建筑工程鲁班奖，云南梨园、广州增城项目获评国家优质工程奖，天津军粮城六期、广州万博分布式能源站等项目获评中国电力优质工程奖，福建尤溪汤川风电项目获国家水土保持示范工程。

【科技创新】 突出创新主体地位，狠抓关键核心技术攻关，争当原创技术策源地和现代产业链链长。主动承担国家重大攻关任务，2项国家发展改革委“揭榜挂帅”项目、5项“1025”二期攻关项目、3项工业和信息化部人工智能“揭榜挂帅”项目获批，2项国家重点研发计划项目通过科技部验收，完成国家发展改革委AK项目攻关任务。成立氢能技术研究中心，推进氢能核心材料产线落地投产，自主设计生产制造的首套1200m^3/h（标况）的碱性电解槽制氢设备和气体扩散层产品成功下线。自主研发的国内首台（套）新型高效穿越式岸桥全球首发，入选国务院国资委中央企业科技创新成果推荐目录。全年累计获得授权专利2574项，其中发明专利295项，发布技术标准13项。“一种基于信息融合的智能变电站数据可靠性识别方法”荣获中国专利金奖，“大型煤电机组多元协同深度节能关键技术研究及应用”获得电力创新大奖。深化央企联合攻关，中国华电在中央企业创新联合体工作会议上作典型交流。自主研制的国内首套F级燃气轮机TCS在江苏戚墅堰电厂成功投运，在国内率先实现燃气–蒸汽联合循环发电机组全站控制系统国产化和一体化。国内首台（套）自主知识产权G50重型燃机在华电广东清远公司成功并网发电。“华电睿”系列电力工控系统累计实现集团内示范推广应用132台（套），签订集团外合同近百个，入选国务院国资委“2022年国有企业数字技术十大典型成果”，攻关团队获评国务院国资委“突出贡献团队”称号。加强协同创新，加入5G和高端分析测试仪器两个创新联合体，推进矿山5G应用攻关。

【信息化与数字化建设】 实施数字化转型行动，印发中国华电数字化转型2025行动方案，研究形成数字区域、数字流域和数字新能源试点建设方案，推动区块链+碳资产管理平台、数字电厂、智能煤矿、智能供热等数字化项目建设工作。开展数据标准化工作，完成安全可控区域新能源远程集控系统示范项目建设，开发应用“人防+技防”的工程建设安全管理“天眼”监控系统。“安全风险智能管控”项目荣获工业和信息化部第五届“绽放杯”5G应用征集大赛全国总决赛二等奖，“燃机智慧运维云平台”入选工业和信息化部2022年大数据产业发展试点示范项目，“5G在发电厂输煤栈桥机器人智能巡检系统中的应用”被中电联评为2022年电力5G应用创新典型案例，“自主可控区块链技术（长安链）与物资采购电商平台的融合研究应用”获得电力创新大奖，2项成果入选年度物联网“新技术、新产品、新应用”成果，3家国家首批智能化示范煤矿通过内部验收。

【深化改革】决战决胜国企改革三年行动，对照“三个明显成效”目标，狠抓改革三年行动台账落实，各项改革任务全面完成。获评2021年度和2022年度国务院国资委国企改革三年行动考核A级，并被国务院国资委评为公司治理示范企业，关于董事会建设、构建多元激励体系等改革经验在《国企改革三年行动简报》刊发，3篇改革典型案例入选国企改革三年行动案例集。“科改示范企业”国电南自和“双百企业”江苏公司、华电重工在国务院国资委2021年度和2022年度专项考核评估中均获评标杆或优秀。市场化经营机制进一步健全，经理层成员任期制和契约化管理实现全覆盖，管理人员竞争上岗、末等调整和不胜任退出、新进员工市场化招聘比例均高于央企平均水平。对照“产品卓越、品牌卓著、创新领先、治理现代”的世界一流企业总要求，制定方案，明确措施，加快建设世界一流能源企业。推进对标世界一流管理提升行动，全面完成对标提升重点任务，命名12家直属单位、38家基层企业为争创一流先进企业，命名19家直属单位为对标管理提升标杆企业。印发深化“三型三化551”世界一流财务体系和能力建设的意见、指引和评价标准。进一步推动直属单位董事会配齐建强，中国华电派出的外部董事专职化比例达到87.3%，符合条件的292户子企业全部实现外部董事占多数。深化法治华电建设，通过案件处置避免或挽回损失11.35亿元，新发案件数量和金额连续实现“双降”。深入开展“合规管理强化年”工作，强化重点领域合规风险排查治理，创新开展一体化管理信息平台试点建设。积极配合国家审计，抓好立行立改。

【国际业务】坚持以“四轮驱动”推动“合力出海”，克服全球疫情影响，加快推进国际业务绿色低碳转型，助力共建“一带一路”。全年国际业务收入198.5亿元，利润38.1亿元，营业收入利润率19.2%。境外在运装机容量351万kW，新投产容量70万kW；实现发电量113亿kWh，同比增长5.13%。柬埔寨西港项目实现一年“双投”，中国华电成为柬埔寨最大的发电运营商。印尼巴厘岛电厂完成G20峰会保电工作，受到中国驻印尼大使馆表彰。利用CDM机制在欧洲市场完成37.73万t碳核准减排量交易。“燃气–蒸汽联合循环电站技术——经济指标计算和分析程序”等5项成果获俄罗斯国家级专利证书。柬埔寨西港、额勒赛项目取得国家知识产权局实用新型授权专利3项。建设完成境外服务管理信息系统，通过信息化手段管理出国员工相关工作。与兄弟央企建立境外中方员工联防联保机制，与牵头国别企业对接，加强联络交流。完成境外应急指挥中心系统建设，并通过国务院国资委系统建设小组阶段性验收。

【党建工作】坚持党的领导，加强党的建设，学习宣传贯彻党的二十大精神，坚持和完善第一议题制度，在完善公司治理中加强党的领导。制定印发《关于深入学习宣传贯彻党的二十大精神的意见》，明确“四抓三聚五推进”总体安排及22项具体安排，迅速兴起学习宣贯党的二十大精神热潮，以高质量党建引领保障高质量发展。党组书记带头面向系统内开展宣讲，实现直属单位和基层企业集中宣讲全覆盖。组织7800余名党员干部收听收看国资国企系统宣讲报告会，开展“小板凳”宣讲、黄土地“流动喇叭”、新能源工地课堂等特色宣讲活动。党组会及时跟进学习贯彻习近平总书记在党的二十大、中央经济工作会议、中央财经委员会会议等重要指示批示精神 76 项。坚持服务生产经营不偏离，不断推动党建工作与生产经营深入融合。开展党建联建共建、“岗区队”创建、抓党建促乡村振兴系列活动，推进党建工作提质增效。构建具有华电特色的思想政治工作五大体系。召开公司人才工作会议，遴选首批“科技创新领军人才”“科技创新青年领军人才”和“华电工匠”。落实国务院国资委促就业工作会议精神，招录毕业生同比增加 32%。组织“聚绿色动能　助双碳目标”劳动竞赛，开展产业工人队伍建设改革提升行动，完成青年精神素养提升试点工作，举办“赓续血脉　逐梦追光”红色档案展、“喜庆二十大　奋进新征程”文艺演出。连续 3 年荣登中国 500 最具价值品牌排行榜。落实“一岗双责”加强党风廉政建设。深化中央巡视整改，优化“两个清单”，完善长效机制，开展两轮内部巡视。深化以案为鉴、以案促治，加强电煤管理和采购等重点领域廉洁风险防控，开展新能源项目、招标采购、火电生产物资管理、煤炭生产运销、法律合规等 5 个专项整治。落实中央八项规定精神，纠“四风”树新风。

履行能源保供责任，完成党的二十大、全国两会、北京冬奥会、迎峰度夏等重点时段能源保供和安全稳定任务，保障 7.82 亿 m^2 面积居民安全取暖，应对西南高温干旱、四川泸定地震和贵州严峻保供形势，保障电力供应，收到国家发展改革委、国家能源局、生态环境部和多个地方党委政府的表扬和感谢信 180 余份。落实国务院联防联控机制疫情防控优化措施，优化公司疫情防控方案。向新疆、内蒙古、四川、云南、陕西等地捐助 4216 万元支持疫情防控和抗震救灾。巩固拓展脱贫攻坚成果，全年投入帮扶资金 1.6 亿元，其中，向定点帮扶的新疆阿图什市和乌恰县投入无偿帮扶资金 3221 万元，向对口支援的新疆喀什市和青海都兰县投入无偿帮扶资金 1050 万元；采购和帮助销售脱贫地区农副产品 8322 万元，其中，在两个定点帮扶县消费帮扶 1799 万元。选派挂职和驻村帮扶干部 105 名，在 25 个省（市、自治区）的 110 个县（市）开展帮扶工作，围绕特色产业发展、民生设施改善、基层人才培养、内生动力提升等方面推进脱贫地区发展和群众生活改善，完成国家和地方政府安排的各项帮扶任务。连续 4 年获评中央单位定点帮扶工作成效考核最优等次“好”，6 个集体、12 位驻村干部获得省级帮扶工作先进荣誉，13 个乡村振兴案例入选 2022 年电力建设行业优秀案例。

（刘　超）

【华电国际电力股份有限公司】

公司概况　华电国际电力股份有限公司（简称华电国际），前身为山东国际电源开发股份有限公司（简称山国电公司），由原山东电力集团公司、山东省国际信托投资公司等五家单位发起设立，于 1994 年 6 月 28 日在济南注册成立。2002 年底，国家电力体制改革后，山国电公司控股股东变更为中国华电，是中国华电旗下最大的上市发电公司。2003 年 11 月，山国电公司更名为华电国际电力股份有限公司。2009 年 6 月，华电国际总部由济南迁至北京。

华电国际先后在境内外两地上市，1999 年 6 月 30 日，华电国际 H 股在香港联交所上市，成为亚洲金融危机之后中国第一支在香港发行的股票；2005 年 2 月，华电国际 A 股在上海证券交易所上市，成为“全国询价第一股”。截至 2022 年 12 月 31 日，华电国际普通股 9869858215 股，其中 A 股股东持有 8152624615 股，占已发行普通股总数的 82.60%；境外上市外资股股东持有 1717233600 股，占已发行普通股总数的 17.40%。中国华电为控股股东，持股 46.81%。

华电国际主营业务为建设、经营管理发电厂及其他与发电相关的产业，在运营的发电资产区域包括山东、四川、宁夏、安徽、河南、河北、浙江、天津、湖北、内蒙古、山西、广东、重庆、湖南等省区（市），发展领域涉及常规火电、水电、燃机发电、核电和煤炭产业，是一家高效煤电、可再生能源、煤炭等产业协同发展、板块优势互补的全国性、综合性能源公司。截至 2022 年底，华电国际资产规模达到 2232.62 亿元，总装机规模达到 5475.42 万 kW。

领导班子

董事长、党委书记：戴军

副董事长：倪守民

董事：彭兴宇、罗小黔、张志强、李鹏云、王晓渤、李国明

独立董事：丰镇平、李兴春、李孟刚、王跃生

监事会主席：陈炜

监事：马敬安

职工监事：张鹏

党委委员、总经理：陈斌

党委委员、副总经理：彭国泉、秦介海、武曰杰

党委委员、财务总监：李国明

党委委员、纪委书记：马敬安

董事会现有董事 12 人，2022 年内发生变化如下：8 月 24 日，选举戴军、李国明担任公司董事，分别接替原董事丁焕德、冯荣。

监事会现有监事 3 人，2022 年内未发生变化。

组织机构　本部下设“一室五部”，分别是办公室（人力资源部）、计划投资部、财务资产部、安全与运营管理部、证券法务部（内控部）、党建工作部（纪检办公室、审计部）。公司法人层级共分三级，二级子公司 63 家，三级子公司 22 家，本部及分支机构 26 家。

工作业绩　2022 年完成发电量 2209 亿 kWh，供

热量 1.67 亿 GJ，营业收入 1070.59 亿元。荣获第十七届人民企业社会责任奖“年度企业奖”、中国电力企业联合会“2022 年电力行业信用体系建设示范企业”、中国上市公司协会“2022 年上市公司董办最佳实践”奖，连续 4 年荣获中国证券金紫荆“最佳上市公司”奖，连续 8 年在上海证券交易所信息披露工作中获得 A 级评价。

经营管理 制定下发提质增效工作方案和减亏控亏强化措施，加强市场研判，强化经营督导，全年发电量可比口径同比增加 12 亿 kWh，供热量可比口径同比增长 16.08%，煤机电价上浮政策和燃机变动成本补偿落实到位，经营效益实现恢复性提升。加强煤炭市场分析与政策研判，科学把握采购时机和煤炭库存，通过增签年度长协合同、优化进煤结构、加强季节性储备等措施，控制燃料采购成本。统筹信贷资源，完成近 110 亿元的存量借款利率调整，降低资金成本 1800 万元；向基层单位投放战略型委贷，及时置换高成本贷款，年节约财务费用 2000 万元。内蒙古兴旺煤矿实现复工复产，并列入国家保供煤矿名单。

安全环保 坚决贯彻党中央、国务院关于保障能源供应的决策部署，发行全国首单能源保供公募公司债 25 亿元，落实碳减排、煤炭清洁高效利用专项贷款 45.84 亿元；制定重要时段能源保供专项应急预案，完成党的二十大等重要时段的能源安全保供任务。落实国家安全生产“十五条重要举措”，开展安全隐患排查治理、防火防汛和“安全生产月”等活动，全年未发生一般及以上人身事故、设备事故、火灾事故和交通事故。积极推进煤电机组“三改联动”，完成湖北和山东区域 9 台煤电机组的灵活性改造。加强主要能耗指标监控，推动落实各项节能降耗措施，机组能效水平不断提升。强化环保监管，确保了依法达标排放，全年未发生造成严重社会影响的安全环保事件。

项目发展 贯彻新发展理念，落实碳达峰、碳中和重大战略决策，坚持清洁低碳、绿色发展方向，按照华电国际“十四五”发展规划，加大常规能源和新兴产业投资力度，探索推进新领域新业态新模式，公司资产结构优化、资产质量提高。抽水蓄能和常规水电发展取得新突破，发起抽水蓄能项目 940 万 kW，抽水蓄能项目资源超过 1500 万 kW；与川滇两省地方政府签订捷可电站开发权协议，保障流域梯级电站整体开发权益。高效煤电和优质气电项目推进，核准湖南长沙 100 万 kW 和广东鹤山 23 万 kW 气电项目，开工建设山东龙口四期第一台 66 万 kW 煤电项目和青岛两台 9F 气电项目。加强研究新型储能技术，莱城 10 万 kW 化学储能项目列入山东省 2022 年新型储能示范项目名单。积极推进地热供暖项目，发起石家庄云杉溪谷地热综合能源项目。

改革创新 贯彻“两个一以贯之”，完善法人治理结构，推动党的领导与公司治理有机融合，确保治理主体规范高效协调运转。改革三年行动收官，市场化经营机制进一步健全，三项制度改革推进，公司经理层成员签订岗位聘任协议和经营业绩责任书，副厂级中层干部和一般管理人员实现公开竞聘。开展对标世界一流管理提升工作，完成年度对标提升重点任务，资产运营效率和偿债能力在国内可比上市公司中位居上游。研究制定华电国际《加快建设具有国际知名度的一流能源上市公司实施方案》，开展各项工作。开展“合规管理强化年”活动，加大合规培训、审查和监管力度，增强全员合规意识。

党的建设 深入学习宣传贯彻党的二十大精神，制定印发专项工作方案，组织召开专题党委会、党委理论中心组学习会、党的二十大精神宣讲会，迅速掀起学习宣贯热潮，党员干部理想信念更加坚定。严格执行“第一议题”制度，及时学习贯彻落实习近平总书记重要讲话和重要指示批示精神，确保党中央决策部署在公司一贯到底、落实见效。全面落实管党治党责任，组织开展“岗区队”创建和党建联建共建，推动党建工作与生产经营深度融合，党建工作水平提升，保持中国华电 A 级评价。常态化开展党史学习教育，编制印发相关内部读物，开展“党课开讲啦”宣讲活动。坚持党要管党、全面从严治党，抓实“一把手”和领导班子监督，开展“会商会诊式”“监督促进式”约谈，推动管党治党“四责协同、一体落实”。推进廉洁文化建设，培育打造“清和十廉”廉洁文化品牌。坚持党建带工建、团建，保持队伍和谐奋进。坚持党管干部、党管人才，开展领导干部和一般管理人员综合考评，加大考评结果与绩效薪酬的挂钩力度，激发全员干事创业热情。

【华电福新能源集团股份有限公司】

公司概况 华电新能源集团股份有限公司（简称华电新能）隶属中国华电，前身为华电福新能源发展有限公司（简称福新发展），2022 年 3 月整体变更为股份有限公司。

华电新能以风力发电、太阳能发电为主的新能源项目的开发、投资和运营为主营业务，主要资产遍布国内 31 个省（自治区、直辖市），全面覆盖风光资源丰沛和电力消费需求旺盛的区域，持有福建福清核电有限公司 39%股权、浙江三门核电有限公司 10%股权。华电新能围绕“中国华电风力发电、太阳能发电为主的新能源业务最终整合的唯一平台”战略定位，以建设“最具投资价值的世界一流智慧新能源公司”为战略愿景，以“奉献清洁能源，创造美好生活”为使命，通过新理念引领低碳化、新布局推动智慧化、新变革融入市场化，打造成长性优、规模领先、盈利良好、管理先进和社会责任感强的大型专业新能源投资运营商，装机及发电量规模均位于行业前列，是国内最大新能源公司之一。截至2022年12月31日，华电新能控股发电项目装机规模达到3490.84万kW，在运核电权益装机容量285.44万kW。

领导班子

中国华电集团有限公司副总经济师，兼华电新能党委书记、董事长：舒福平

党委副书记、董事、总经理：侯军虎

董事：吴韶华、陈朝辉、秦介海

党委副书记、工会主席、职工董事：林明双

独立董事：孙茂竹、高旭东、刘永前

党委委员、纪委书记、监事会主席：邵福生

监事：曹敏

职工监事、党建工作部（工会办公室）、纪检办公室、审计部主任：掌于昶

党委委员、副总经理、总法律顾问：张戈临

党委委员、财务负责人（总会计师）：吴豪

党委委员、副总经理：王峰

董事会秘书：黄永坚

主要领导人员变动情况：

2022年3月1日，舒福平任党委委员、书记，侯军虎任党委委员、副书记，林明双任党委委员、副书记、工会代主席，张戈临任党委委员，邵福生任党委委员、纪委书记，吴豪、王峰任党委委员；秦介海不再担任副总经理职务。2022年3月8日，改制后的第一届董事会由董事舒福平、侯军虎、吴韶华、冯荣、罗贤，职工董事林明双，独立董事孙茂竹、高旭东和刘永前组成，其中舒福平为董事长；第一届监事会由监事邵福生、曹敏和职工监事掌于昶组成，其中邵福生为监事会主席；侯军虎任总经理，张戈临任副总经理，吴豪任财务负责人（总会计师），王峰任副总经理，黄永坚任董事会秘书；原福新发展组织机构人员（即董事、监事及高级管理人员）自动免职。2022年4月28日，张戈临任总法律顾问。2022年6月28日，林明双任工会主席。2022年9月26日，罗贤、冯荣不再担任董事职务，委派陈朝辉、秦介海为董事。

工作业绩　2022年，华电新能控股发电项目装机容量为3490.84万kW，其中风电2209.11万kW，太阳能发电1281.74万kW。全年完成发电量523.07亿kWh，其中风电441.59亿kWh，太阳能发电81.49亿kWh。资产总额2698.65亿元，资产负债率71.3%；营业收入244.53亿元，归母净利润84.58亿元。

经营管理　2022年风电利用小时超过2200h，光伏利用小时超过1400h，单日最高发电量首次突破22969万kWh。31个区域全部实现盈利，新疆、甘肃、福建等区域利润同比增幅超过50%。落实国家安全生产“十五条硬措施”，组织开展安全生产专项整治巩固提升活动，加大资金投入夯实能源保供基础，全年经营发展基础稳定，企业本质安全水平提升。强化以资金成本管控为主的成本压降力度，争取国家可再生能源补贴184亿元。争取低成本金融资金430亿元，节约财务费用1.15亿元。扩大银行授信规模约300亿元，发行三期共50亿元低成本绿债，发行成本创全国同类型同期限绿色可续期公司信用类债券历史最低。

项目发展　基本全面覆盖新能源几乎所有类型项目（集中式、大基地、海上风电、分散式风电、分布式光伏、光伏“领跑者”、农林渔光互补复合项目等），是国内仅有的数家拥有核电参股权的公司之一。2022年核准（备案）超过4700万kW，云南、湖北、四川等单个区域资源获取均突破百万千瓦，取得建设规模指标超过5000万kW，在建规模超过2300万kW，设立项目公司超过100家，投产（含收购）并网超过800万kW。西藏最大光伏保供项目那曲色尼区12万kW电站全容量并网发电，每年可节约标准煤7.63万t，减少二氧化碳排放21.96万t；青海德令哈光伏制氢项目实现并网发电，带动氢能产业发展、助力当地乡村振兴；新疆昌吉木垒25万kW多能互补基地项目并网发电。

改革创新　推进A股主板上市工作，完成股份制改造、辅导验收、上市申报、招股书挂网、反馈意见答复和预披露更新工作，创下辅导最短3个月、首家“3.31”基准日申报企业、审核环节赶超3个月等多项标杆。建立健全上市公司股东大会、董事会及专门委员会、监事会协调运转和有效制衡的法人治理结构，坚持“两个一以贯之”，完善“三重一大”事项决策权责清单，所属单位“三会”管理深入落实上市合规要求。健全公司内控合规风险管理一体化组织架构，完善“1+*N*+*X*”管理制度体系，优化制度160余项。深化法治建设，履行推进法治建设第一责任人职责。获评中国企业主体绿色认证最高评级“深绿G1－AAA”，100亿元国内最大规模气候债券发行计划取得国际CBI组织认证。国企改革三年行动收官，经理层任期制契约化管理提质，管理人员竞争上岗、新进员工市场化招聘等比例高于可比公司平均水平，风光电专业人才定员同比增幅约30%。

党的建设　深入贯彻新时代党的建设总要求，以高质量党建引领风光电高质量发展。迅速掀起学习宣贯党的二十大精神热潮，组织推动。坚持党委会、董事会“第一议题”学习，全年学习部署32次共64篇、制定落实举措160余项。加强党建融合，组织开展“为党旗添红、助华电增绿”党建联建共建活动，高质量开展劳动竞赛、A股上市“百日攻坚”专项行动。坚决落实“一岗双责”加强党风廉政建设，落实中央八

项规定精神，抓“四风”树新风。2022年累计投入超过3500万元助力乡村振兴。总结宣传公司上市推动过程中形成的优秀作风，确立公司使命、愿景、精神、核心价值及发展思路，弘扬“华新”文化。

【华电煤业集团有限公司】

公司概况 华电煤业集团有限公司（简称华电煤业）成立于2005年8月，是中国华电专门从事煤炭及相关产业开发、运营的专业公司。注册资本36.57亿元，现有股东7家，中国华电及其子公司合计持股100%，其中：中国华电控股77.96%，系统内6家单位合计参股22.04%。截至目前，控股煤炭资源212.5亿t，生产运营煤矿产能5860万t/年，投产电力装机规模192万kW，参股铁路运营里程2800km，投运港口吞吐能力6800万t，自有船队运力34.7万载重吨；资产总额896.41亿元（含华电能源）。连续11年上榜中国煤炭工业50强，2022排名第20位，荣获第六届中国工业大奖表彰奖。

领导班子

党委书记、董事长：杜将武

总经理、党委副书记：王瑞

党委副书记、工会主席、总法律顾问：刘书德

党委委员、总会计师：华忠富

党委委员、副总经理：赵鹏

党委委员、副总经理：陈德杰

党委委员、纪委书记：董海秀

党委委员、总工程师：范文亮

党委委员、副总经理：杨晶

主要领导人员变动情况：2022年3月23日，杜将武任华电煤业集团有限公司董事、董事长，中共华电煤业集团有限公司委员会委员、书记。王旺旺不再担任华电煤业集团有限公司董事长、董事职务，中共华电煤业集团有限公司委员会书记、委员职务。

组织机构 本部设16个职能部门，下设4个全资子公司、11个控股公司、1家分公司，2个专业化管理煤炭企业、13个参股公司，现有员工8673人（含股东方派遣和劳务用工）。

工作业绩 2022年全年管理口径实现利润总额135.78亿元，净利润100.97亿元，归母净利润75.48亿元，超额完成中国华电下达的提质增效目标。煤炭产量5428万t，商品煤销量4691万t，接卸量1303万t，货运量3198万t，装船量3164万t，完成年度目标。

经营管理 贯彻落实党中央、国务院能源保供决策部署和中国华电工作安排，克服各种超预期因素冲击和不利影响，统筹抓好煤矿稳产增产、设备稳定运行、物流运输保障，完成年度煤炭生产和保供任务，煤炭产量同比增长1.3%，全年签约中长协量4508万t，占商品煤量的97.8%，兑现3860万t，动力煤内销量2218.6万t，内销率60.4%，同比增加19.3%，实现“保5争6”目标，保供覆盖中国华电近90%的电厂，完成山东、贵州等15个区域38家电厂紧急供煤任务，收到系统内外感谢信函50多封。提质增效业绩突出。深化细化提质增效措施，狠抓关键经营要素管控，提煤质、降成本、争政策、治亏损，财务费用同比下降2.07亿元，综合融资成本较年初下降0.51个百分点，获得国家政策资金和税收优惠10.11亿元，完成中国华电下达的100亿元净利润目标。资本运作取得重大突破。推进华紫项目，将锦兴公司51%股权注入上市公司，实现项目收口，化解上市公司退市风险，开启煤炭资产证券化进程。完成云南镇雄股权转让、不连沟公司供热资产移交、天顺煤矿关井闭坑和管理权移交。

安全环保 吸取内外部安全事故教训，严格落实国家安全生产十五条硬措施和中国华电煤炭企业安全生产十条禁令，开展安全生产专项整治攻坚行动和安全生产标准化建设，成立安全监督管理工作组、驻矿工作组，实行安全风险抵押金制度，推广应用“一岗三述”安全确认管理法。环保工作有力有序。小纪汗、肖家洼、石泉煤矿取得绿色矿山5A级认证，甜水堡二矿取得4A级认证。小纪汗矿井水增容改造项目、隆德矿井水综合利用输水管线项目取得积极进展。完成采煤塌陷区及排矸场生态综合治理7120亩。疫情防控精准有效。落实国务院联防联控机制疫情防控优化措施，妥善处置突发疫情情况，加强职工关怀，最大限度减少疫情对生产经营影响。

项目发展 产能核增和合规手续办理加力加速。抢抓国家有序释放煤炭优质产能相关政策，不连沟、肖家洼、兴旺煤矿取得产能核增批复，合计新增产能1140万t/年。隆德煤矿取得神木市扩大矿区范围及生产规模变更登记核查文件，北部扩大区和深部二水平延伸掘进全面展开。重点项目加快推进。英格玛二号矿井获得核准，西黑山一号矿井调规申请上报国家能源局，中国华电复核项目发起，高家梁煤矿可研报告修编完成，万利矿区总规完成初稿。甜水堡二矿提前3个月完成竣工验收，曹妃甸储运具备5000万t装船能力。锦兴电厂取得国家电网公司接入批复，项目开工待中国华电决策。煤矿低碳耦合项目取得积极进展。7个分布式光伏项目共计3万kW取得项目备案文件，不连沟公司6MW项目建成发电。锦兴公司20万kW、华电力拓小壕兔20万kW集中式光伏项目已经发起。

改革创新 改革赋能加力见效。国企改革三年行动圆满收官，经理层成员任期制和契约化签约工作全部完成，三项制度改革持续深化，10家单位46个管

理岗位公开竞聘，竞聘上岗比例60%。制定实施建设一流煤炭企业行动计划，本部获评中国华电财务、科技领域对标管理提升标杆企业、煤炭行业标杆案例，石泉公司入选煤炭行业标杆煤矿及标杆案例。6项管理创新成果获得行业奖，其中2项获一等奖。创新驱动深入实施。小纪汗、隆德、不连沟煤矿通过国家首批智能化示范煤矿验收，3个智能化选煤厂、2个新建智能化综采工作面开工建设，华电力拓入选2022煤炭行业信息技术企业20强。研发投入4.89亿元，同比增长99%，获得省部级、行业科技奖12项，中国华电科技奖7项，专利授权125项，6项管理创新成果在煤炭行业获奖。承担、推进国家重大科技项目和重大攻关任务，3个国家重点项目完成节点任务。合规管理全面加强。深入推进“合规管理强化年”，获评中国企业家协会一等成果。配合审计署审计和国资委专项检查，紧盯煤炭产、运、销重要领域和关键环节精准审计，统筹实施54个审计项目，审计工作综合评价在直属单位排名第一。优化劳动用工1127人。回收大连华彬案件剩余款项。

党的建设 党的建设不断强化。学习宣传贯彻党的二十大精神，坚持和完善“第一议题”制度，开展夯实党建基础工作专项治理，54个党组织与内外75个党组织党建联建共建，6项思政课题、案例获得煤炭行业、电力行业、中国华电成果一等奖，荣获“煤炭行业思想政治工作示范企业”，可持续发展（社会责任）报告首次获得“五星级”评价。举办两项技能大赛，在全国煤炭行业大赛中斩获团体赛第一、个人赛一金二银一铜。干部人才队伍建设不断加强。统筹干部资源，选优配强各级领导干部，调整厂级干部85人，优化10家企业12名主要负责人，提任“80后”厂级干部占比71.4%。建成“三基地一中心一网校”教育培训平台，建立7家煤炭行业职业技能鉴定中心，统筹推进三支人才队伍建设。从严治党纵深推进。坚持“三不腐”一体推进，2022年信访举报同比下降73%。深入开展“作风能力提升年”活动，基层企业对领导班子和本部的满意度分别提高1.33、2.25个百分点。高质量完成国家审计迎审配合工作，内部审计工作质量评估排名中国华电直属单位第一。

【中国华电集团资本控股有限公司】

公司概况 中国华电集团资本控股有限公司（简称华电资本）成立于2007年5月，目前注册资本134.58亿元。华电资本是中国华电金融发展和资本服务的核心平台，负责推进中国华电金融机构发展，管理中国华电控参股金融股权，主要业务包括投资业务、融资业务、资产管理业务、金融股权的投资与拓展。

领导班子

党委书记、董事长：刘雷

党委副书记、董事、总经理：赵远波

党委副书记、工会主席：王志平

党委委员、副总经理：江涛

党委委员、副总经理、总会计师：王晓波

党委委员、副总经理、总法律顾问：赵岩林

党委委员、副总经理：杨桦

2022年7月，中国华电发布任免通知，李红淑不再担任华电资本党委委员、纪委书记。

组织机构 参股华电财务、永诚财险、建信基金、鼎和财险，控股华鑫信托、华信保险、川财证券、融资租赁，参股金泰基金。

工作业绩 2022年，华电资本管理资产规模超过5000亿元，产融结合规模突破1000亿元，全年完成营业收入44.07亿元，同比增长24%；实现利润总额38.18亿元，同比增长26.3%；净利润29.65亿元，同比增长24.1%；管理口径合并报表净资产收益率10.9%，实现归母净利润22.73亿元，同比增长26.1%；资产负债率41.47%，同比下降20.93个百分点。年度经营考核净利润目标较中国华电下达的年度预算目标超额完成2.05亿元。

华电资本连续获评中国华电先进企业、考核A级企业、提质增效一等奖，获评中国华电党建考核A级，华电资本、华信保险继续保持中国华电文明单位标兵，华鑫信托、川财证券、华电租赁、华电保理获评中国华电文明单位，党建工作成效和高质量发展成果得到中国华电充分肯定和高度评价。在央企电力集团资本控股公司对标中，资产总额排名第三，净资产规模、利润总额、净利润均攀升至第二位，净资产收益率排名第一，经营质量优于同业，15年积淀逐渐绘就华电产业金融蓬勃发展的精彩画卷。

经营管理 本部形成以固收类和偏固收的混合类投资为主体，权益类投资补充做“+”的稳健而积极的资产配置格局，秉持组合投资的思路，在配置方向上聚焦新能源产业链，同时兼顾原则性与灵活性；全年固收类、混合类和权益类投资收益率均好于市场表现，夯实本部财务性投资的基本盘。华鑫信托实现营业收入19.91亿元，利润总额22.91亿元，同比增长47.7%；各项营业指标快速增长，管理资产规模突破4000亿元，较年初增长超过1000亿元；资本实力、抗风险能力显著增强，为全面转型升级打开更为广阔的发展空间；监管环境持续改善，营业收入、净利润指标均进入行业前列，荣获行业多项大奖，品牌影响和美誉度提升。华信保险实现营业收入2.58亿元，利润总额2.12亿元，同比增长7.1%；拓展绿色保险业务，实现绿色险种创新，完成国内首单碳收益损失、碳减排保险出单；推广投标保证保险平台，为近千家供应商出具保函1500余张，释放保证金约4亿元；实现粉煤灰产权交易代理首单落地，获得中国华电主要领导高度肯定；推广“度度关爱”保险，累计保障员工及家属6132人，协助获得理赔资金约1700万元；做优互联网平台业务，依托“华电e宝”平台、深化融融结合，升级“华信e保”功能、提升服务水平。川财证券控风险、稳队伍、拓业务、提评级、保盈利，企稳成效明显；投行业务完成科创新材IPO，实现重大历史突破，ABS、定向增发和债券承销多点开花，收入增长；固收业务高质量完成团队重建，投资能力提升，收益同比增长超过300%，成为利润重要支撑；聚焦能源行业和绿色金融，打造能源特色研究，研究所团队荣获2022年中国证券业最佳行业分析师金牛奖、东方财富公用事业（电力）“最佳分析师”奖；拓展投研合作和直销业务，代理买卖交易规模创历史新高，助力分类评级提升；经纪业务客户数量与资产规模增加，资管业务重新出发；服务主责主业能力增强，参与中国华电系统6只债券发行，分销规模15.9亿元，同比增长；合规风控能力提升，新增银行授信，获批转融通额度，监管环境得到改善，荣获四川省“护网2022”网络攻防实战演习防守单位一等奖。华电租赁资产规模突破400亿元，实现营业收入16.75亿元，利润总额7.6亿元，同比增长9.5%；应对中国华电大规模引入低成本资金带来的冲击和商业银行低利率信贷投放的残酷竞争，全年实现租赁业务投放超200亿元，中国华电系统内绿色租赁业务新增超过60亿元，绿色租赁资产占比保持在50%以上；创新业务模式，扩大银行承兑汇票使用规模，推进“直租+回租”全口径融资业务模式，针对风电、光伏项目创新推出“1+*N*”融资模式，服务中国华电主业发展的能力提升。华电保理实现营业收入2.08亿元，利润总额0.65亿元，同比增长28%；业务拓展取得积极成效，创新运费保理和银票放款模式，累计投放保理资金74亿元，e信开立规模3.8亿元，供应链金融平台累计注册用户达到1532户；发行电力行业保理公司首单5亿元永续债信托，为业务发展打开杠杆空间。金泰基金理顺公司治理与发展思路，重点发展股权投资、资产托管与投行中介业务；设立绿色能源FOF基金投资云南禄劝光伏项目，助力湖南公司完成九泽水风电项目转让与收购，拓展项目储备；资产证券化业务全年完成储架规模230亿元，发行204亿元，协助推进华电国际公募REITs及山西公司、新疆公司并表类REITs的发行工作并获得肯定。

安全环保 2022年，华电资本未发生企业经营和领导人员违法违纪案例，未发生对企业稳定和形象造成不利影响的事件，在金融风险加剧的背景下时刻保持风险可控在控。

项目发展 2022年华电资本绿色金融在服务主业中持续发力。一是完善顶层设计。成立产融结合部，深化产融结合，助推融融结合，发展绿色金融，产融结合工作打开新局面。出台《绿色金融发展专项实施方案》，明确华电资本“十四五”绿色金融发展的“7111”目标；健全考核激励机制，完善绿色金融考核体系。二是健全服务协调机制。主动对接直属单位提出的金融需求，建立服务台账，抓好跟进落实；作为GP参与中国华电能源保供特别债的资金管理，完成300亿元资金投放；面向主业，建立双向需求协调机制，与华电海投围绕深化产融结合签订战略合作协议，针对新疆、云南等区域公司需求制定专属金融服务方案，赴江西、福建、内蒙古、青海等区域公司进行组团营销，创新制定《金融服务手册》，菜单式模块化推广产融结合业务；健全日常协调机制，开展“一对一”产融结合工作专题研讨，研究分析并协调解决产融结合推进过程中存在的问题。三是加强绿色金融领域研究。及时做好形势分析和政策解读，按期编制《新能源要闻周报》《产融资讯》，与华电电科院形成战略合作，开展新能源项目专业知识培训；围绕大基地做好绿色金融服务，研究制定《中国华电新能源大基地项目绿色金融服务指引》，进一步明确服务大基地项目的机制及产品；论证必要性和可行性，研究制定绿色金融研究中心方案。四是创新融融结合工作思路。编制华电资本融融结合工作实施意见，总结前期工作经验和成果，形成华电资本系统融融结合的工作思路和七项重点任务，明确一个平台定位和“以点带面”的模式复制机制。

改革创新 2022年华电资本创新驱动的改革格局进一步深化。一是深化金融改革，健全市场化运作机制，深化职业经理人改革成果应用，完善本部及相关机构“三会”机制建设，优化本部组织结构，明晰部门职责，理顺用工管理流程，在开展干部调研基础上强化干部队伍建设，推荐各类层级干部25人，调整党委管理干部8人次。改革三年行动卓有成效，在中国华电2022年人资重点改革任务综合成效评价中排名第一，获评中国华电人力资源管理领域对标管理提升标杆企业。二是华电租赁20亿元增资工作取得实质性突破、中国华电增资到位，永诚保险、德州银行股权转让完成挂牌工作，编制华电保理、金泰基金股权调整方案，金融股权优化调整取得实质性进展。三是建立战略规划管理长效机制，印发《战略规划管理办法》，制定年度行动方案，开展年度战略执行情况复盘，实现战略规划闭环管理。四是深化对标创一流工作，23项对标创一流任务完成，推进经营对标、专项对标和管理对标工作，本部和华鑫信托获评“中国华电争创一流先进企业”。

党的建设 2022年华电资本凝心铸魂的党建格局进一步稳固。一是喜迎党的二十大胜利召开，迅速掀起学习宣传贯彻党的二十大精神热潮，制定学习宣传工作方案，多渠道、多层次、多形式开展内外部宣传，运用自主建设的党建可视化平台，突出体现“快、全、专、实”的特点，注重抓好与经营发展的“五个结合”，引领企业高质量发展，把党的二十大精神落实落细。二是建设党建“六个一流能力”，构建党建、廉洁、法治、团青等多维品牌矩阵，奠定了以“红”为特色、央企姓党的“红蕴”企业文化体系；深化党建联建共建，推动“岗区队”联动创效，开展“书记挂帅 党员先锋”、党员接旗等特色活动，开展绿色金融创新创效、绿色金融青年突击队等工作，持续建设科学规范、运行有效的党建工作体系。三是注重思想政治教育，加强思政工作与文化融合、与发展融合，打造“三强三促”思想政治工作模式，在中宣部《思想政治工作研究》杂志刊发、入选中电联优秀思想政治工作案例；开展“十分温暖工程”和青年精神素养提升工程，员工凝聚力不断增强。四是从严从紧加强政治监督，制定《巡察组工作规则》和具有金融行业特点的《巡察工作手册》，开展首轮巡察和机动式巡察工作；围绕中心工作，研究制定《绿色金融监督实施方案》，开展所属各机构现场检查，推进整改工作，发挥绿色金融监督成效得到中国华电肯定。五是深化清廉资本建设，开展“靠企吃企”“擦靓金名片”等“3+1+*N*”专项治理工作，推进年轻干部廉洁建设“五项行动”，深化“三清”双创工作，华鑫信托和华信保险继续保持、华电租赁首次获评中国华电“三清”企业创建先进单位。

信息化建设 2022年华电资本信息化水平在中国华电评价考核成绩继续保持A级，连续三年获评中国华电信息化考评A级。所属机构华鑫信托继续保持中国华电基层单位信息化考评A级，华信保险首次获评A级。一是完成本部协同工作管理平台升级方案和合同签订工作，完成系统升级工作。二是根据本部部门名称及职责调整情况，做好协同平台、OA系统等权限调整工作。三是做好疫情封控期间居家办公人员远程办公相关运维服务和技术支持工作。四是开展采购管理平台建设，根据相关制度要求，梳理采购管理流程，在协同平台增设采购管理全流程模块，优化采购项目文件归档，提高采购管理效率和信息化水平，实现对采购计划、采购方案、采购结果的科学管理和过程监督，推动公司采购管理向规范化、精益化、信息化方向发展。五是根据上级部门部署，组织开展冬残奥会、“两会”、党的二十大、中国华电网络攻防演习等期间重保工作及网络安全“日报告、零报告”工作，开展网络安全宣传教育月工作，完成2022年网络安全“春季”自查等专项工作。

【中国华电科工集团有限公司】

公司概况 中国华电科工集团有限公司（简称华电科工）是中国华电的全资企业。是中国华电科工产业板块的重要组成部分和发展平台，前身可追溯到水利电力部机械制造局。华电科工现有在职员工4243人。公司形成了投资、产品、工程“三足鼎立”的产业格局，打造了高端装备及系统工程、环保水务、电站投资建设和清洁能源四大核心业务板块，拥有国内外电站投资建设、新能源、物料输送、热能工程、噪声治理、供热改造、电力工程监理监造等多个优势专业，创新开展了氢能、生物质能、储能、绿色智慧港口、二氧化碳捕集、综合能源服务、固（危）废处理、综合能效提升、智慧供热等新产业、新产品、新业务。产品和服务涵盖了电力、化工、港口、矿业、冶金、市政、清洁能源等领域，业务遍及全国各地及东南亚、欧美、澳大利亚等国家和地区。

领导班子

党委副书记、董事、总经理、总法律顾问：彭刚平

党委副书记、董事、工会主席：刁培滨

党委委员、副总经理：单宏胜

党委委员、总工程师：沈明忠

党委委员、纪委书记：林艳

党委委员、副总经理：刘蔚、胡富钦

党委委员、总会计师：樊春艳

1. 董事会

专职董事：蒋晓明

专职董事：余建华

专职董事：黄鹏

专职董事：李红淑

党委副书记、董事、总经理、总法律顾问：彭刚平

党委副书记、职工董事、工会主席：刁培滨

2. 监事会

党委委员、监事会主席、纪委书记：林艳

监事：张永胜

职工监事：段雅丽

2022年领导人员变动情况：1月28日，刁培滨当选为中国华电科工集团有限公司第七届职工董事。段雅丽当选为中国华电科工集团有限公司第七届职工监事。5月31日，李国明不再担任中国华电科工集团有限公司党委委员、总会计师职务。6月24日，沈明忠兼任华电氢能技术研究中心主任。7月8日，余建华、李红淑任中国华电科工集团有限公司董事；杨明、应光伟不再担任中国华电科工集团有限公司董事职务。樊春艳任中国华电科工集团有限公司党委委

员、总会计师。10 月 28 日，蒋晓明任中国华电科工集团有限公司董事。李亚光不再担任中国华电科工集团有限公司董事职务。12 月 23 日，文端超不再担任的中国华电科工集团有限公司党委书记、董事长、董事职务。

组织机构 下设 16 个职能部门，高端制造及系统工程、环保水务、电站投资建设、清洁能源四个核心业务板块和其他参控股公司。截至 2022 年底，直接控股公司 60 家，参股公司 15 家。

工作业绩 2022 年，全年实现营业收入 209.10 亿元，营业收入增长率 6.19%；利润总额 17.66 亿元，净利润 14.21 亿元，经济增加值 9.93 亿元，净资产收益率 10.66%，优于科工产业中长期目标 2.66 个百分点；营业收入利润率 8.26%，资产负债率 73.67%，优于中国华电考核目标 0.5 个百分点；新签合同额 230.55 亿元，同比增长 3.32%；系统外新签合同额 89.77 亿元，国际业务收入 93.9 亿元。生产经营、党建工作连续三年双双获评中国华电 A 级，荣获中国华电科技创新特殊奖励，被评为 2022 年度对外承包工程 A 级企业，北京市首批健康企业，以及中国华电先进企业、文明单位标兵、争创一流先进企业、对标管理提升标杆企业。

经营管理 市场开拓力度更大。推进市场营销体系改革，聚焦“十地”“十企”市场布局，成立新疆、内蒙古代表处，组建莱州产业集群项目专班，发挥多专业、集团化重大客户综合协调作用，助推产业区域化、集约化、规模化发展。深化大项目跟踪协调机制，中标龙源电力射阳 100 万 kW 海上风电、海南定安整县污水处理及配套管网 EPC+O 等项目。加快补齐资质短板，工程咨询甲级等资质完成续期。成本管控质量更高。坚持开源节流，拓展转口贸易信用证及押汇、开立法人透支账户等融资渠道，压降贷款利率、保函手续费等费率，全年融资规模 222.1 亿元，同比增加 27.03 亿元。严控费用支出，全年可控费用 3.94 亿元，占主营业务收入比优于考核目标 0.51 个百分点；用足用好政策红利，享受财税补贴 4.11 亿元。坚持“降存量、控增量、强收款”，全年削减存量两金 70.67%，回收新增两金 81.55%，两金周转率 2.83 次，较目标快 0.91 次；排查支付 5059 家供应商应付账款；清理内部账款 6570 万元。严控采购成本，强化招投标过程管控，推行集中采购，节资率大幅提升。推进生产精益管理，加强技术监督，开展生产指标竞赛，在运单位节能创效能力持续提升。强化设备管理，开展隐患排查专项整治，生产设备可靠性大幅增强；健全完善境外电厂管理体制机制，制定生产运营管理总体方案，加快生产运营管理信息化平台建设，境外电厂管控水平不断提高；巴厘岛电厂排水管治理项目收官，获得各方肯定；完成 G20 期间保供任务，受到中国大使馆和印尼国家电力公司表彰。做好巴淡电厂生产运营交接，确保运营模式转变前后安全生产稳定和员工队伍稳定。

安全环保 安全环保形势稳定。贯彻落实国家安全生产“十五条硬措施”，落实安全生产责任制，开展安全生产专项整治巩固提升活动，强化安全生产标准化和本安企业创建，连续 4 年未发生一般及以上各类事故，工程建设领域连续 6 年未发生人身伤亡事故。19 家单位获评安全生产标准化企业，4 家单位被评为中国华电安全环保先进企业。坚持标本兼治，试行安全积分管理，开展反违章、春秋检、安全生产月等活动，开展总包工程安全风险专项整治活动，开展分包安全隐患、环保设施、危化品、自建房、易燃易爆区域等各类专项整治，安全隐患得到有效遏制，安全总体可控在控。落实生态环保主体责任，强化生态环保合规管理，以“三强化三提升”为重点，提升在建在运项目和单位合规建设水平，制定生态环保评价标准，编制装备制造、水务运营排污许可指南，实施生态环保奖惩制度，推进生态环保问题“一本台账”和环保春检问题闭环整改，环保治理水平显著提升。推进信访维稳、保密管理，重大活动和重要节点保持稳定，无泄密事件发生。

项目发展 产业协同成效显著。推进投资、产品、工程业务多点发力、多极增长，投资总额达到 275.36 亿元；产品销售利润 2.45 亿元，同比增长 82%；在建项目规模 474.05 亿元。按照“双碳”目标及新型能源体系建设要求，加大清洁能源项目开发力度，6 个境内项目分别通过中国华电发起或可研审查，4 个境外项目通过中国华电发起。得乐项目克服诸多困难，ABC 区 54 台风机具备并网条件；滹沱河二期项目投产。加快产品迭代升级，推动重工机械向华电（天津）高端智造科创基地转型，国内幅宽、产能最大的气体扩散层生产线投产运行；屋顶光伏建设稳步推进。自主设计建设的多孔脱硝催化剂专用生产线建成投产，填补了国内新型工艺空白。超滤膜产品种类更加丰富，实现了对诸多国际知名品牌的完全替代。以打造精品工程为目标，平江项目 1 号机组通过 168h 试运行；越南金瓯项目作为华电科工首个境外海上风电项目完成全部风机吊装。中铝几内亚项目荣获中国有色金属行业优质工程奖；广州增城项目荣获 2022 年度国家优质工程奖；广州万博、天津军粮城项目荣获 2022 年度中国电力建设优质工程奖。“三新业务”取得突破。以推动高质量发展为主题，明确核心竞争力培育方向，编制“两气一储一港”“十四五”产业专项规划。氢能业务成果显著，投资并控股深圳通用氢能，掌握质子交换膜、气体扩散层等核心材料；自主研发设计的 1200m^3 碱性电解槽正式下线，多项关键指标行业领先；签订达茂旗20万kW新能源制氢工程示范项目。丰宁生物质项目全面投产。储能分公司正式成立，自主研发的PACK产品试制成功，锂离子电池装备首台样机下线，签订内蒙古阿拉善右旗、石家庄赞皇等项目合同2.78亿元。新型岸桥产品全球首发，成果入选国资委中央企业科技创新成果推荐目录。三改联动、综合能源服务、二氧化碳捕集利用业务实现突破，获得19个综合能效提升和灵活性改造项目、5个综合能源服务项目，中标新疆锦龙神雾20万t二氧化碳捕集利用EPC项目。新能源发展步伐加快。践行“+EPC+”服务理念，主动融入区域发展战略，助力中国华电新能源产业高质量发展，制定专项行动方案，协同多个区域公司编制大基地建设方案、氢能产业方案，助力中国华电获取腾格里沙漠1200万kW风光电基地和400万kW火电开发权；承担中国华电47个631.45万kW风光电项目建设，投产容量占年度计划的61.2%，高于中国华电平均水平；华电首个百万千瓦大基地青海德令哈一期光伏项目、西藏最大光伏保供项目那曲光伏电站等并网发电。建立“移动工厂”，确保新疆281套风电塔筒供货满足工程进度要求。

改革创新 重点领域改革成效巩固。坚持高目标引领、高站位谋划、高效率推进，统筹抓好完善治理机制、规范公司运作、外部董事队伍建设、深化“三项制度”改革等重点工作，197名经理层成员实现任期制和契约化管理；管理人员竞争上岗、末等调整和不胜任退出机制全面推行，全年公开招（竞）聘管理人员78人，占新提任领导人员67.24%；末等调整、不胜任退出21人。创新多元化薪酬激励手段，制定印发三年岗位分红激励实施方案；4家单位兑现超额利润分享奖励255.37万元；累积兑现市场营销、科技研发等专业人才奖励700余万元；丰宁生物质项目实现跟投资金全部实缴。纵深推进“3+2”中长期激励政策，112项重点改革任务全部完成，华电重工在国资委“双百企业”年度专项考核中被评为优秀“双百企业”。抓实推进一流企业创建，对照“八加强八提升”要求，落实“全天候”工作机制，39项“创一流”任务全部完成，华电科工及海外分公司分别荣获中国华电直属单位和基层企业“争创一流先进企业”称号。

加大科技研发投入，全年投入研发经费10.61亿元，同比提升31.5%。加快研发平台建设，中国华电氢能技术研究中心、华电科工碳技术研究中心正式揭牌。强化重大成果顶层设计和整体推进，国家级氢能重大研发项目关键成果取得突破；“1025”生物质项目签订目标责任状；国家重点研发计划项目通过综合绩效评价；海上风电补短板项目高质量完成年度目标；2项技术成果入选“2022年中国华电十大技术突破”；承担中国华电及以上重点攻关任务21项。1项PCT国际发明专利获得印尼授权；荣获省部、行业及中国华电级奖项37项，其中一等奖8项。参与行业标准制定，主编或参编团体及以上标准78项，发布标准10项，其中参编发布国际标准1项。

党的建设 把学习宣传贯彻党的二十大精神作为首要政治任务，第一时间组织收听收看、学习宣贯、部署安排，突出学习培训、宣讲活动、新闻宣传、专题研究“四个注重”，开展多形式、分层次、全覆盖的学习教育。严格执行“第一议题”制度、党委中心组理论学习规则，第一时间跟进学习习近平总书记重要指示批示精神69项，党委中心组集中学习研讨12次。加强干部整体布局和长久谋划，全年调整厂助级及以上领导干部108名，其中新提任干部61名，“80后”年轻干部占比34.15%，引进各类人才256名。坚持严的基调不动摇，开展两轮巡察“回头看”，实现十九届中央任期内巡察整改监督检查全覆盖。加强共青团和青年工作，青年精神素养提升试点工作成果入选全国首届基层思想政治工作优秀案例。强化新闻宣传和舆论引导，1项作品荣获第四届“一带一路”百国印记短视频大赛大奖并被外交部选用；G20峰会期间巴厘岛电厂宣传工作获国内外140余家主流媒体报道。

走向海外 系统谋划国际业务改革，做深做实“六大区域”、重点“十国”市场，完善国际业务协调机制，拓宽国际市场渠道，充实国际人才力量，与越南PECC2、CMEC、中铁十七局等签署战略合作协议，4个境外项目通过中国华电发起，得乐项目克服诸多困难，ABC区具备并网条件，越南金瓯海上风电项目完成全部风机吊装；开拓生物质垃圾发电、海上风电等投资新领域，储备项目装机规模1100万kW。开拓工程承包及产品、贸易等业务国际市场，新签印尼青山工业园煤焦输送、印尼伟山煤焦料场等合同9.07亿元。推进境外电厂“投建营一体化”，制定境外电厂生产运营管理总体方案，加快生产运营管理信息化平台建设，境外电厂管控水平不断提高；巴厘岛电厂排水管治理项目顺利收官，完成G20峰会期间保供任务，受到各方高度肯定。

信息化建设 数字转型不断加速。推动数字经济和实体经济深度融合，完成智慧经营决策管理平台一期建设，完成中国华电全国新能源管理系统二次开发，数据治理水平不断提升。推进基础管理信息化建设，无纸化会议办公系统、设计管理信息平台、工程施工安全信息监管平台投入使用，协同办公、人事绩效考核、信息化管理、EM等平台持续优化。不断巩固网络安全防御体系，高质量完成北京冬奥会和冬残奥会、党的二十大期间网络安全保障、2022年国家网络攻防演习。建成数据资产安全管理平台，数据安全保障水平得到提升。

【华电海外投资有限公司】

公司概况 华电海外投资有限公司（简称华电海投）是中国华电全资控股的二级子公司，于2022年1月29日在北京市丰台区注册成立，同年4月完成业务切换并启动正式运营，注册资本金55亿元，主要从事境内外发电厂的开发、建设、运营和管理，以及电力能源、煤炭、交通、海运、进出口及相关行业的投资和融资活动。华电海投前身为中国华电香港有限公司，于2006年6月在香港注册成立，注册资本金25亿港元。截至2022年底，华电海投资产规模338.78亿元，在建在运装机规模452.1万kW，其中境外292.7万kW、境内159.4万kW。境外资产主要分布在印度尼西亚、柬埔寨、俄罗斯、越南、孟加拉等国。

领导班子

党委书记、董事长：方正

党委副书记、董事、总经理：田立

党委副书记、职工董事、工会主席：王勇

党委委员、总会计师、总法律顾问：李远志

党委委员、副总经理：周德华

党委委员、纪委书记：刘瑾

党委委员、副总经理：卢又安

专职董事：谢春旺、杨信

组织机构 内设13个职能部门，下属机构29家，并在北京、印尼设有代表处。其中，控股且实际运营子企业10家（境内2家，境外8家）。系统员工总数465人。

2022年华电海投领导人员变动情况：3月23日陈伟任华电海外投资有限公司副主任级咨询，不再担任中共华电海外投资有限公司委员会副书记、委员，华电海外投资有限公司工会主席职务；3月23日王勇任中共华电海外投资有限公司委员会副书记，华电海外投资有限公司工会代主席，不再担任华电海外投资有限公司副总经理职务，7月20日，任华电海外投资有限公司职工董事，7月26日任华电海外投资有限公司工会主席；4月13日，李远志任华电海外投资有限公司总法律顾问（兼）；10月28日，张泽星不再担任华电海外投资有限公司专职董事职务；11月25日，夏一勇不再担任华电海外投资有限公司专职董事职务。

工作业绩 2022年，全年实现管理口径发电量55.79亿kWh，完成中国华电下达目标的121.2%；利润20.93亿元，完成中国华电下达目标的115%；净利润17.83亿元，完成中国华电下达目标的115%；营业收入利润率37.8%，同比增长15.5个百分点；资产负债率48.2%，较年初增长1.7个百分点；全员劳动生产率656.7万元/人，同比增长7.1%；净资产收益率11.8%，同比下降1.4个百分点。荣获中国华电A级企业、先进企业荣誉称号，连续六年荣获中国华电特殊贡献奖。

经营管理 生产经营稳步向好。额勒赛公司加强与EDC、上游电站沟通，实施“两库联调”，实现发电量14.95亿kWh，同比增长21.2%；净利润3.39亿元，同比增加1.81亿元。捷宁公司科学优化报价策略，争发抢发效益电，发电量达33.53亿kWh，完成年度目标的114.1%；利润1.76亿元，净利润1.48亿元，实现扭亏为盈。平顺公司、华新电力发电量分别达0.77亿kWh、0.95亿kWh，完成年度目标的110.6%、100.2%。能源保供稳妥实施。贸易公司坚持量价统筹，上下游协同发力，全年与福建、江苏、广东、广西区域签订进口煤长协合同约401万t，完成进口煤交易量330万t，向柬埔寨西港项目供应21.8万t。资本运作持续发力。玻雅项目EPC和金融资产业务累计实现利润8.92亿元。捷宁公司抓住卢布汇率上涨窗口期，加快推进卢布贷款置换，再融资方案获得中国华电批复。四是政策争取有力有效。贸易公司争取国家稳外贸政策支持，获得财政扶持资金1307万元。

安全环保 疫情防控成果夯实。做好疫苗接种、物资保障、信息报告、境外公共安全衍生风险防范等，紧急采购配发防疫药品，有效保障职工健康安全和生产经营稳定。玻雅项目获得印尼劳工部颁发疫情防控杰出贡献铂金奖，额勒赛项目被柬埔寨国公省政府授予疫情防控优异奖。安全生产治理深化。贯彻落实国务院安全生产“十五条硬措施”，执行中国华电五个方面106项重点措施要求，深化大排查大整治，统筹开展继电保护、热控设备、天然气设备等隐患排查治理，完善“两个清单”，全面推进问题整改。捷宁项目循环冷却水排污超标治理基本完成，额勒赛项目上电站大坝渗漏治理工作取得预期效果。安全防范能力提升。组织公司系统及分包单位2000余人参加中央企业境外中方员工安全风险防范培训，系统开展境外单位安全风险评估及治安犯罪、暴恐袭击、人员撤离等应急演练，不断增强境外人员风险防范意识和应急处突能力。

项目发展 坚持以华电海投“十四五”规划“5251”发展目标为指引，围绕孟加拉国、印尼、厄瓜多尔等“一带一路”沿线重点国家加大境外项目拓展力度，全年通过公司级专题会113.6万kW，完成公司级立项51万kW，集团公司级立项25万kW，均为绿色能源项目。其中，孟斯哈里光伏项目完成购电协议、实施协议、土地租赁协议等主要协议谈判及小签，进入中国华电立项程序。厄瓜多尔2风15万kW项目通过中国华电立项，完成投标。推进占碑2号煤电项目退出，收回1号保函。西港项目克服新冠疫情、高温多雨、资源匮乏、物流滞后、电网薄弱等诸多困难，提前3.5个月实现双投，建成柬埔寨全国装机容量最大、环保水平最高、技术指标最优的燃煤电源项目，华电海投在柬埔寨装机规模达103.8万kW，成为柬埔寨最大发电运营商。玻雅项目完成PPA补充协议签订，推进倒送电重要节点，向投产目标迈出关键一步。捷宁项目攻坚克难实现泵房投运。

改革创新 贯彻落实中国华电改革部署，聚焦“三个明显成效”目标，提前完成各项改革任务，企业发展活力有效激发、公司治理能力提升。动态调整“三重一大”决策事项清单，决策管理体系优化。围绕“能上能下、能增能减、能进能出”改革方向，完善绩效管理办法，加强企业、部门、个人绩效指标协同联动，实施考核强制分布，释放活力动能。2022年管理人员竞争上岗率80%，较2021年提高25.8%，高出中国华电平均水平。推进科技创新，全年累计科技研发投入达3032.23万元，完成中国华电下达指标的115.1%；科技项目投入770.44万元，完成中国华电下达指标的100.8%。全年获取专利授权7项，科技成果奖2项，中电建协科学技术进步奖二等奖、三等奖各1项，中电联职工技术创新奖二等奖、三等奖各1项。

党的建设 坚持和完善“第一议题”制度，及时跟进学习贯彻习近平总书记重要讲话和重要指示批示精神，深入开展“建功新时代，喜迎二十大”再学习再落实再提升主题活动。深入学习宣传贯彻党的二十大精神，组织公司系统全体干部员工同步收听收看党的二十大开幕会，党委书记带头面向公司系统党员干部、党委副书记面向全体统战人员专题宣讲党的二十大精神，组织党委会、理论学习中心组和读书班4次，原原本本、逐字逐句学习研读党的二十大报告，班子成员立足岗位谈感悟，到所在党支部和党建联系点宣讲党的二十大精神，开展“二十大精神大家谈”，实现学习宣讲全覆盖。持续深化巡视整改，全力配合国家审计。认真贯彻落实新时代好干部标准和国有企业领导人员“20字”要求，持续加强干部队伍建设，选举产生职工董事1人，提任干部8人，引进1人，培育送出2人。开展党建联建共建，推动“七个一”系列活动，与中国华电国际部、华电科工、资本控股联建共建，推动党建工作与生产经营发展深度融合。探索境外党建创新，制定境外企业人员回国报告和集中学习制度，完成首批次回国7名党员集中教育和关键岗位28人述廉述职。深入开展“三清”企业创建，额勒赛公司、贸易公司被评为中国华电2022年度“三清”企业创建先进单位。发扬奋进精神，强化责任担当，西港公司冯英山获评中国华电十大奋进者荣誉称号。

【华电江苏能源有限公司】

公司概况 华电江苏能源有限公司（简称华电江苏公司）成立于2003年4月，原为中国华电集团有限公司江苏分公司，2013年改制为中国华电的全资子公司，2019年进行股权多元化改革，变更为合资公司。股权结构为：中国华电集团有限公司控股80%，中国石油天然气股份有限公司持股20%。主要业务为：电力生产和销售、热力生产和供应（涵盖煤机、燃机、分布式、太阳能、风力发电）；与电力相关的燃机服务、煤炭码头运营、天然气管网运营、增量配电业务运营等。荣获“全国文明单位”“全国五一劳动奖状”“中央企业先进集体”“华电集团先进企业、文明单位标兵”等称号。

截至2022年底，管理总资产410亿元。在运装机容量1385万kW，其中煤机629万kW、燃机646万kW、新能源110万kW，在职员工4325人。

领导班子

党委书记、董事长：杨惠新（2022年7月任职）

党委副书记、总经理：刘扬志（2022年7月任职）

党委委员、副总经理：王多宏

党委委员、副总经理：樊爱兵

党委委员、总会计师、总法律顾问：祝月光

党委委员、纪委书记：王迎东

党委委员、副总经理：邵松

党委委员、副总经理：潘云

组织机构 本部设有办公室、规划发展部、人力资源部、企业管理与法律事务部（改革办）、财务资产部、生产技术部、安全环保部、工程管理部、市场营销部、党建工作部（工会办公室）、监督部（纪检办公室、巡察办公室）、审计部、燃料物资部等13个部门。现辖句容发电公司、望亭发电公司、戚墅堰发电公司、扬州发电公司、新能源公司、昆山热电公司、仪征热电公司、通州热电公司、吴江热电公司、江苏电力股份公司、通州湾能源公司、华瑞燃机服务公司、金湖能源公司、华汇能源公司、仪化热电公司、扬州中燃能源公司、赣榆LNG公司、江苏能源销售公司等18家单位。

工作业绩 2022年，全年利润总额−17.34亿元，净利润−18.57亿元，资产负债率76.82%；入厂含税标煤单价1443元/t，同比上涨93元/t；完成全口径电量477亿kWh，完成年度目标的102%；供热量2930万GJ；年末总装机容量1385万kW。赣榆LNG接收站项目取得国家核准批复，望亭燃机二期2号机组核准并开工建设，望亭两台66万kW煤机顺利通过省内优选，仪化热电联产项目、江都燃气分布式项目相继开工，取得集中式光伏市场化并网指标江苏省占比10%，排名“五大”第2；中国华电党建考评保持A

级；被国务院国资委评为“双百行动”优秀企业、国有企业公司治理“示范企业”。

能源保供 深入学习贯彻习近平总书记关于能源保供的重要指示批示精神，统筹推进能源保供和疫情防控，完成党的二十大、冬奥会、冬残奥会、全国两会、迎峰度夏等重点时段安全稳定和能源保供任务。以“防非停”为抓手，狠抓设备治理，实施精品大修，强化保供消缺，煤机利用小时高于全省195h。组织贯穿全年的设备治理攻坚行动，非停次数同比下降24%。积极应对近60年来最高温天气，连续10天发电量超2亿kWh，9台煤机保持较长周期大开机方式，日负荷和月累计发电量均创历史同期最高，迎峰度夏期间煤机未发生非停事件。区域一盘棋全力配合电网做好调峰工作，燃机累计顶峰1645次，占全省燃机调峰次数的50%以上。

项目发展 坚决落实“碳达峰、碳中和”重大战略决策，融入长江经济带、长三角一体化等战略实施，坚决打好新能源发展攻坚战，一体推进天然气产业链和其他项目发展。进一步明确华电江苏公司到2025年实现“2818”目标，即：装机规模总量力争超过2300万kW；风光电装机容量力争达到800万kW；全口径供电碳排放强度指标下降超过15%，与中国华电2025年同步实现碳达峰；净资产收益率超过8%。通过加强前期沟通调研和审慎科学论证，调整形成“风光并举、气（天然气）煤互济、陆海统筹、水气（压缩空气）联调、综合示范”的转型发展思路。取得风光电项目备案135万kW，取得市场化并网指标109万kW，立项52万kW，完成收购4.95万kW。赣榆LNG接收站项目取得核准批复并完成开工准备，获批成立天然气贸易公司；江都项目完成开工，望亭二期燃机项目完成开工，望亭两台66万kW煤机进入省内优选。句容抽水蓄能项目列入国家“十五五”重点实施清单，并取得中国华电发起批复。洪泽压缩空气储能项目上报中国华电申请发起。完成31个新能源采购项目，保障工程建设。在建新能源项目14个，共35万kW；已投产新能源项目5个，共4.97万kW。

经营管理 围绕“两利四率”“两增一控三提高”的目标要求，出台提质增效工作方案强化版39条具体措施，全力做好“稳增长”服务。通过控制发电节奏和替代发电，煤机完成优化电量26亿kWh，利用小时排名省内“四大”第1。参与3次煤机现货交易试运，实现盈利1051万元。争取热价联动，平均热价76.6元/GJ，同比上升12.7元/GJ，增利3.6亿元。深入开展市场分析，完成平均交易电价468.8元/MWh，实现满格交易。强化风光电设备可靠性和能效提升，发电量同比增加6.1%，全年盈利2.46亿元。优化进煤结构，全年兑现长协煤511万t，同比增加81万t，占比同比提升6个百分点，降低燃料成本超2.7亿元，四季度完成坑口自提煤21万t，节约燃料成本7500万元。争取调峰燃机非采暖季气价优惠0.1元/m^3（标况）。置换高成本融资81.47亿元，滚动发行债券214亿元，综合资金成本3.06%，同比下降0.4个百分点，实现连续4年显著下降且始终保持中国华电发电板块第1。完成金湖陈桥光伏股权重组，泰州医药城进入破产程序，华林一二期土地调出红线范围，助力华电新能IPO上市。

安全环保 专题学习习近平总书记关于“3.21”航空事故和长沙居民自建房倒塌事故重要指示批示精神，落实“十五条硬措施”，落实16个专项工作，管控较大风险31项，自查发现隐患1065项，整改闭环1053项，闭环率98.9%。开展反违章专项行动，全覆盖查禁违章，共整治违章行为639项。望电公司、戚电公司、扬电公司荣获中国华电安全生产先进企业。启通天然气管道完成首次清管及内外检测，保持安全稳定良好态势。认真落实碳达峰、碳中和决策部署，印发江苏公司碳达峰行动方案。开展生态环保合规专项提升行动，排查生态环保风险52项，统一纳入“一本台账”管理，加大整改力度，主要污染物排放指标均完成中国华电计划。强化新能源项目生态环保合规性管理，持续加强新建、收购新能源项目环水保把关，全面提升环保水平。

改革创新 紧盯改革三年行动台账和时间节点，跟踪协助解决堵点问题，完成全部改革任务，在国资委“双百行动”专项评估中获“优秀”企业，工作经验入选国企改革三年行动案例集。加强与股东方沟通，规范授权管理，优化日常经营决策，实现董事会科学高效运行。加大本部能力作风建设，深化国企治理示范品牌。完成中国华电对标世界一流管理提升行动各项任务，本部、戚电公司、新能源公司命名中国华电争创一流先进企业。开展“合规管理强化年”工作，加大重点领域合规风险排查治理。加强涉法决策法律审核，促进业法融合。完成审计署、中国华电两级迎审，当年下达任务整改完成率100%。全年完成内部经责、投资等审计项目127个。开展数字档案馆建设，完成12个风光电项目档案验收。国内首套F级燃气轮机TCS在戚电公司成功投运，实现燃气－蒸汽联合循环发电机组全站控制系统国产化和一体化。华瑞公司自主研发的低氮燃调技术在仪征热电、通州热电成功改造运行，实现NO_x超低排放，单机减少改造成本1000万元以上。

党的建设 坚持以习近平新时代中国特色社会主义思想为指导，落实新时代党的建设总要求，以高质量党建引领保障高质量发展。把学习宣传贯彻党的二十大精神作为重大政治任务，各级党组织通过多种载体“线上＋线下”开展专题学习。按照中国华电“四抓三聚五推进”总体部署，细化目标任务，制定39条具体措施，全力做到学懂、弄通、做实。认真落实中国华电党组一号文件精神，围绕能源保供、项目发展等创建“岗区队”342个，创设党员先锋队书记领衔项目62个。推动党史学习教育常态化长效化，明确45项重点工作及责任部门，办好“四大课堂”，放大学习成效。开展系列品牌宣传行动，华电江苏公司转型案例获全国电力行业企业文化建设典型成果奖。开展“聚绿色动能、助双碳目标”劳动竞赛等主题实践和庆祝建团100周年活动，引领广大职工和团员青年岗位建功，1人获中国华电工程建设造价技能大赛个人金奖。积极响应援疆号召，选派9名骨干支援“疆电外送”配套电源项目建设。建立健全三支人才队伍考核评价机制，实现人才分类差异化考评。全年开展各类培训306期，9263人次参与，3人荣获中国华电首届“华电工匠”称号。配合完成中国华电巡视整改落实情况“回头看”工作，完成戚电公司党委和华瑞公司党支部巡察“回头看”。结合加强对“一把手”和领导班子监督，开展“小金库”清零专项整治。抓实“三清”企业创建，加强专项督导和年度检查，望电公司、通州热电、吴江热电等7家单位荣获“三清”企业创建先进单位。提炼形成“红梅”廉洁文化理念体系，推动打造基层单位各具特色的廉洁文化品牌，全面营造建设“清廉华电江苏”的浓郁氛围。

国家电力投资集团有限公司

【公司概况】 国家电力投资集团有限公司（简称国家电投）是中央直接管理的特大型国有重要骨干企业，肩负保障国家能源安全的重要使命，由中国电力投资集团公司与国家核电技术有限公司于2015年5月重组成立。

国家电投是中国唯一同时牵头实施两个国家科技重大专项（大型先进压水堆核电站、重型燃气轮机）和一个国家专项任务（能源工业互联网）的央企；是中国第一家拥有光伏发电、风电、核电、水电、煤电、气电、生物质发电等全部发电类型的能源企业；是全球最大的光伏发电企业、新能源发电企业和清洁能源发电企业。

国家电投是国务院国资委确定的中央企业规范董事会建设、国有资本投资公司、中央企业兼并重组、国有企业信息公开试点企业，注册资本金350亿元。2022年，国家电投位列世界500强企业第260位，业务范围覆盖全球46个国家和地区，资产规模1.5万亿元，员工总数14万人，所属二级单位62家，拥有5家A股上市公司、1家香港红筹股上市公司和2家新三板挂牌交易公司。截至2022年底，国家电投电力总装机规模2.12亿kW，其中清洁能源1.4亿kW，占比65.87%；风电、光伏等新能源9561万kW，位居世界首位。煤炭年产能8430万t，电解铝年产能245万t。

【领导班子】

党组书记、董事长：钱智民

党组副书记、董事：栗宝卿

纪检监察组组长、党组成员：陈维义

党组成员、总会计师：陈西

党组成员、副总经理：徐树彪

党组成员、副总经理：卢洪早

党组成员、副总经理：陈海斌

【组织机构】 见国家电投2022年组织机构图。

【党建工作】 2022年，中共国家电力投资集团有限公司党组深入学习贯彻习近平新时代中国特色社会主义思想，贯彻落实党的二十大精神、习近平总书记重要指示批示精神和党中央决策部署，以改革创新精神，抓实党的建设各项工作，党的领导全面加强，党建工作质量稳步提升，连续三年获评央企党建工作责任制考核A级。

1. 做好迎接和学习贯彻党的二十大各项工作

高质量完成迎接、服务保障党的二十大各项工作。成立迎接党的二十大专项工作领导小组，建立党组常态化工作机制，高标准组织党的二十大代表选举，制定专项工作方案，确定62个行动项并逐一落实，全面排查和督导消除风险隐患117项。开展“建功新时代、喜迎二十大”“创新驱动落地见效，迎接党的二十大胜利召开”等主题实践活动。完成党的二十大期间保供任务，克服煤价高企等不利因素，坚决做到煤电机组应开尽开，为党的二十大召开贡献国家电投力量。结合实际制定党的二十大精神学习宣传贯彻方案、集中轮训方案和宣传方案，党组成员示范带头，全系统开展宣讲85次、学习培训327次、主题活动419次。将党的二十大与中央经济工作会议精神一体学习领会、整体贯彻落实，推动党的二十大精神在国家电投落地落实。

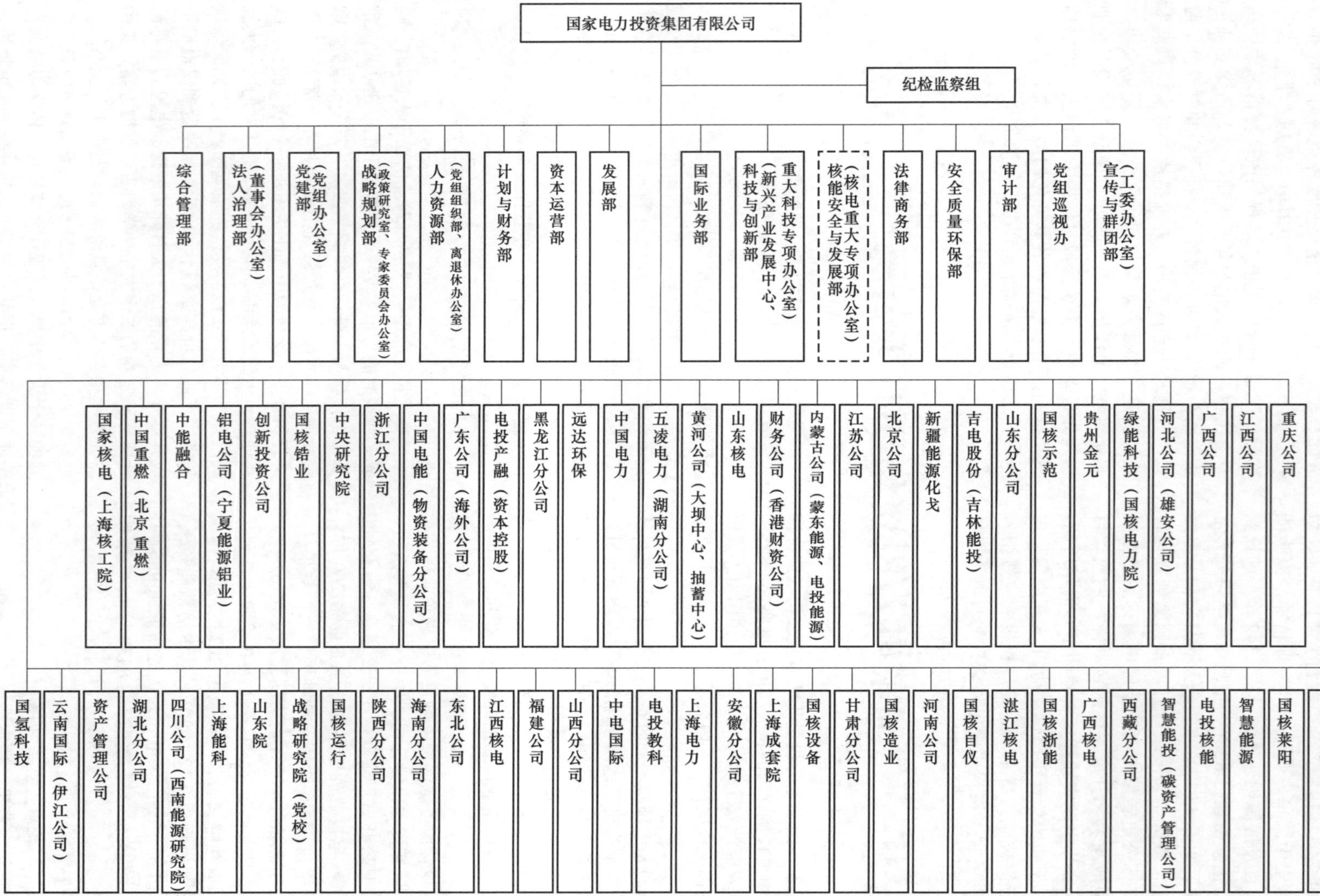

国家电投 2022 年组织机构图

2. 深化制度机制创新

突出在推进集团改革发展中发挥党的领导作用，优化完善党组班子成员“一岗双责、党内分工、齐抓共管”工作机制，党组成员通过结对共建实现对64家二级单位党建工作指导全覆盖，党组成员围绕重大战略任务、重大专项任务“齐抓共管”，解决山西“省为整体”区域管理试点改革等37项重大任务。突出在提升公司治理成效中发挥党的领导作用，印发《关于所属单位加强党的领导、提升公司治理效能的若干措施》，明确党组、董事会、经理层规范化运作“一揽子”措施，党组、董事会、经理层召开两次务虚会研究企业改革发展重大问题。突出在提升决策质量中发挥党的领导作用，建立党组会和董事沟通会、董事会联动机制，明确提交董事会的重大经营管理事项必须列示党组前置讨论意见，确保董事会在决策中全面了解党组意图，保证决策质量和效率。

3. 抓基层打基础固基本

提升党建引领、攻坚克难能力，在北京冬（残）奥保障、“一稳二保”、疫情防控、“新能源＋”等重点任务中，成立党员“尖刀班”和“专班”15000余个，开展党员攻关、“揭榜挂帅”等创先争优活动9000余项，凸显了党组织的战斗堡垒作用和党员的先锋模范作用。提升党建融入中心创造价值能力，创新总部部门党支部与二级单位党组织结对共建、区域党组织联建共建等多种联建共建形式，推动解决企业改革发展重大问题188项，攻克卡脖子技术难题136项，推动创新技术研发200项，提质增效工作245个，助力项目开工落地402个。提升党建规范化、精细化水平，编制《党支部书记工作指南》《党支部标准化规范化工作手册》和《党务干部应知应会1000题》，开展党务工作者专业资格认证，实施党建工作培训季，全系统分层分类开展专兼职党务干部和基层党组织书记培训135次，推动党务干部理论水平和业务能力不断提升。建立党建月度重点工作提示、月度调度会及季度推进会等机制，推动基层党组织全面进步、全面过硬。

【科技创新】推动国家重大专项和重大工程实施，加快关键核心技术攻关，提升自主创新能力，强化外部协同合作，取得绿色低碳发展新突破和系列标志性创新成果。

高质量实施核能、重燃、能源工业互联网等国家战略任务，取得一批标志性创新成果，实现“国和一号”重大里程碑节点目标、启动300MW级F级重型燃气轮机首台样机总装、建成覆盖电力和煤炭等领域国有企业能源工控网络安全态势感知大数据平台等。

氢能领域。氢燃料电池方面，开发出120kW燃料电池动力系统，实现核心材料和关键部件自主化，性能达到国际领先水平。自主化燃料电池投入商运，“氢腾”电池品牌在北京冬奥会等重要舞台亮相服务，实现燃料电池在客车、矿用机械、机车、船舶、无人机等多种载具全方位应用。

储能领域。液流电池方面，具有自主知识产权的全球首套铁–铬液流电池堆量产线投产。

用户侧综合智慧能源领域。以综合智慧零碳电厂为代表的用户侧综合智慧能源产业具备规模化推广条件，建成一批典型示范项目。

绿电转化领域。开工建设全球最大可再生能源制氢合成氨项目——大安项目。项目聚合风力发电、光伏发电、储能、氢能、绿氨等多种清洁能源形式，形成电–氢–氨全产业链，投产后将成为国内最大的绿氢合成绿氨创新示范项目，形成多项领先技术，对保障中国能源安全、加快推进产业结构和能源结构转型具有重要的战略引领作用和创新示范意义。

清洁供暖（供热）领域。推动核能综合利用，制定实施核能供热“三步走”策略。推进生物质能创新发展，国内首创生物质高温水洗制备绿能黑颗粒技术研发并推广应用，研发出绿能颗粒类煤燃料转化及模块化移动式生产等多项先进技术。

光伏领域。IBC电池、钙钛矿叠层电池技术行业领先；国内首条光伏组件回收中试线综合回收效率达到92%；光伏生态环境效应研究成果达到国际领先水平；投运国内首个光伏储能实证实验平台，完成首个整年度户外实证和权威数据发布。面向行业发布光伏、储能实证蓝皮书2022版。

风电领域。集风能资源评估、风电场设计、风功率预测等于一体的“御风系统”形成独家创新能力，成功为北京冬奥会提供预报服务。首创的100%静力触探技术达到国际先进水平。研发出激光雷达测风系统并实现首台产品下线。研发业内首创的县域综合智慧能源项目开发资源调查与评估平台系统“穹仪平台”。

水电领域。建设水电工业大数据平台，汇聚水电厂全业务数据并进行数据治理和挖掘，开发出包含“远程巡检、设备诊断、状态检修支持、优化运行、知识中心”5大板块的水电智能远程运维系统。突破了水电大数据挖掘、智能感知、设备诊断等关键技术，实现了水电数字化、智能化技术应用自主可控，在水电机组全工况样本获取及管理、故障征兆智能跟踪等技术方面达到国际领先水平。

电力协同领域。世界首台百吨级纯电交流传动自卸车正式投运，每年可节省直接燃料成本近100万元，减排二氧化碳超1100t。

【国际业务】践行“一带一路”倡议，秉承“创新、协调、绿色、开发、共享”五大发展理念，聚焦核心产业，突出清洁化、智慧化发展，具有鲜明的清洁发展、创新发展、协同发展和国际化发展特点，聚焦境外重点发展区域，不断优化境外业务布局，推动境外业务创新转型。

截至2022年底，国家电投境外业务分布在日本、澳大利亚、马耳他、印度、土耳其、南非、巴基斯坦、巴西、缅甸、墨西哥等46个国家和地区，其中“一带一路”沿线国家37个，投资涵盖17个国家和地区，投资权益装机容量868.3万kW，清洁能源占比63.9%；境外在建电力装机容量258万kW；所属单位在境外承担多项电站工程总承包服务（EPC）项目。国家电投境外资产达1242亿元，境外收入213亿元，利润22.3亿元。

自主研发的水电智能远程运维系统入选国际水电协会创新中心成果展示案例，“国和一号+”“暖核一号”核能供热、小岗村综合智慧能源项目等案例入选国际原子能机构（IAEA）、亚洲开发银行等推广案例。国家电投当选中欧能源技术创新合作氢能领域牵头单位、“一带一路”能源合作伙伴关系合作网络智慧能源（创新）工作组组长单位。

境外光伏：国家电投发挥全球最大光伏发电商品牌作用，着力打造境外示范型、国际一流光伏项目。境外在运光伏项目18个，装机容量105.8万kW，主要分布在墨西哥、日本、澳大利亚、哈萨克斯坦等国家；在建项目11个，装机容量164万kW，主要分布在东亚、拉美、南亚和西亚北非等地区；储备670万kW。

境外风电：依托自主可控的“御风系统”等关键核心技术和能力，开发具有规模和效益优势的风电项目。境外在运风电项目16个，装机容量168.8万kW，主要分布在澳大利亚、越南、智利、黑山等国家；在建项目4个，装机容量30万kW，主要分布在中亚俄蒙、南亚地区。

境外水电：东南亚、非洲等区域水电的技术可开发量还很大，但大规模开发受到环保、移民、政治等多方面因素的制约。境外在运水电项目12个，装机容量234.3万kW，分布在缅甸、智利、巴西和澳大利亚。

境外气电：气电相比煤电污染小，灵活性强，具有良好的调峰调频性能，在天然气和风光资源都丰富的地区作为配套调峰电源有很大发展空间。境外在运气电装机容量62万kW，分布在马耳他、巴西；在建55.5万kW（巴西GNA二期）。

境外新兴产业：推动境外新兴产业规模化高质量发展，是国家电投准确把握全球能源低碳转型历史趋势，全面建设世界一流清洁能源企业，积极打造境外差异化竞争新优势的重要战略路径选择。国家电投已围绕用户侧综合智慧能源和绿电转化在沙特、马耳他、孟加拉国、日本等20余个国家布局和储备了一批新兴产业项目，其中参股投资全球规模最大的离网式综合智慧能源项目沙特红海项目、投资建设孟加拉国首个光储充一体化综合智慧能源项目、探索建设咸海“光伏+生态治理”示范项目等已引起业界关注和肯定，初步形成支撑境外规模化高质量发展的良好势能。

境外重点项目：哈萨克斯坦札纳塔斯风电项目。9月13日，国家主席习近平在对哈萨克斯坦进行国事访问前夕，发表题为《推动中哈关系在继往开来中实现更大发展》的署名文章，提到了札纳塔斯100MW风电项目。该项目是中哈产能合作56个重点项目之一，总装机容量为100MW，安装40台单机容量为2.5MW的风机。项目投产后可缓解哈南部地区缺电情况，有效改进哈南部地区电力短缺现状。在满足20万家庭用电需求的同时，每年可节约标准煤10.95万t；减少二氧化硫排放量1031t、氮氧化物934t、二氧化碳排放量28.9万t、烟尘排放量322t，减少灰渣排放量3.29万t。

【市场建设】落实责任，做好能源保供工作。认真贯彻习近平总书记关于能源保供的重要指示精神，落实党中央、国务院关于保障能源供应各项决策部署，牢固树立大局意识，坚决履行中央企业责任使命，克服疫情冲击、煤价高企、水电蓄能不足等不利因素影响，通过加强组织领导、设立保供资金、强化设备管理等有效措施，圆满完成迎峰度夏、迎峰度冬等重点时段能源保供工作任务，相关工作得到国家有关部委的认可与表扬。

多点突破，电力指标实现提升。用好指标体系，全力提升度电收益。电、热量价齐升，发电量完成6590亿kWh，同比增长2.54%；供热量完成2.2亿GJ，同比增长1.16%；煤炭采购量1.85亿t，同比持平。

靠前发力，营销与创新发展融合路径取得新成效。立足创新转型发展需要，围绕终端用户编制“DEFC客户需求分析模型”以及综合智慧零碳电厂、绿电转化两个子模型及应用指南，形成一套标准化、规范化的通用分析工具，开创能源央企先河。编制2个售电业务标准指导性文件，2022年，签约客户10812家，签约电量1787亿kWh，自有用户电量比例74%。统筹绿电绿证交易，绿电交易增收2.1亿元，绿证销售总收入达3436万元。推行“虚拟电厂”商业模式，为用户和售电公司争取收益约7000万元。完成香港国际碳交易中心人民币场内首笔交易。

综合施策，加强队伍建设。厚植人才培养“沃土”，动态维护电力营销高潜高能人才库，选拔吸收150名优秀骨干人才；评选表彰“建功创一流”营销先进集体13个、先进个人34人。举办系统营销技能竞赛，选派6支代表队参加2022年首届行业交易员大赛，全部获奖（3支获团体一等奖，2支获团体二等奖，1支获团体三等奖，17人获个人奖，3人排名前十），获奖人数、获奖比例均排名行业第一。

【电力建设】 获奖项目包括：

（1）海南州塔拉滩一标段 1000MW 光伏电站。荣获 2022 年度国家优质工程金奖，成为自国家优质工程奖设立以来首个获得金奖荣誉的光伏项目。9 月 30 日，由青海黄河上游水电开发有限责任公司投资建设的“青豫直流”一期工程 405 万 kW 配套光伏和风电电源点项目按期并网发电，创造了当时全球一次性建设投产最大规模、最短时间的新能源发电项目纪录，开创了中国清洁能源基地产业园区开发的新模式，成为中国清洁能源建设的典范工程。

（2）河南焦作丹河电厂异地扩建 2×100 万 kW“上大压小工程”。荣获 2022—2023 年度国家优质工程奖。该项目位于河南焦作沁阳市，建设 2 台 1000MW 高效超超临界燃煤机组，是国家科技支撑计划“百万千瓦高效宽负荷超超临界机组开发与应用”课题的示范工程，是河南省 “十三五”重点电源建设项目，2 台机组于 2020 年 1 月全部建成投运。

（3）江西兴国大水山风电场项目、莲花山风电场项目。荣获 2022 年度中国电力优质工程奖。项目位于“将军故里”赣州市兴国县境内，总装机容量 274MW，分为大水山、莲花山两个区域，共用大水山中控楼及 220kV 送出线路，是江西省单体最大风电场，也是江西省重点建设项目，2020 年 12 月投产。

（4）河南尉氏 120MW 风电项目。荣获 2022 年度中国电力优质工程奖。该项目位于开封市尉氏县境内，属平原风电场，共安装 44 台风电机组，总装机容量 120MW，配套建设 110kV 升压站一座。项目采用国家重点节能低碳技术 5 项，建筑业新技术 7 项，电力建设五新技术 10 项，其他自主创新技术 5 项，科技进步奖 6 项，QC 成果 7 项，专利 6 项，参编标准 3 项。

（5）青海省海南州特高压外送基地电源配置项目海西州诺木洪一标段 100MW 风电项目、湖南江永县铜山岭风电场（50MW）一期工程获评 2022 年度中国电力中小型优质工程。

【安全生产】

1. 压实压紧安全生产责任

梳理国有资本投资公司试点改革下安全生产职责界面，明确集团总部、各产业创新中心、二级单位安全生产职责。优化安全运行监控中心，组建技术监督中心，按照“一体化组织、区域化运作、下沉式监督、常态化开展”原则，将监督检查范围拓展至三大责任体系，构建“总部+区域”的“网状”安全监督新格局。落实集团党组关于加大安全生产正向激励、从严事故追责要求，修订发布《安全生产奖惩规定》，优化安全专项加分、揭榜和登高任务等八类正向激励。

2. 构建齐抓共管安全格局

建立总部安全环保大协同事项清单，通过“周推进、月协调”大协同运作，发挥各部门、中心相关职能，推动安全生产队伍建设、新能源集中运维、环保问题治理、奖惩机制、科技兴安等方面取得积极成效。在 10 家重点省域试行开展应急大协同建设，建立省域应急大协同物资清单、应急联络和救援机制，提升应急互救能力。与纪检、人资等部门组成联合检查组、调查组，对相关重点二级单位开展安全生产督导检查和事故现场核查，为强化安全生产责任落实、深入分析事故原因、推动精准追责奠定基础。

3. 提升安全生产保障能力

聚焦安全生产工作方面存在短板和弱项，围绕“人才、技术、机制、文化”等党组重点关切，制定《安全生产改进提升实施方案》，细化形成 72 个行动项，持续跟踪落实，已完成 45 项，其他 27 项正常推进。制定发布《设备可靠性管理办法》，印发国家电投保供机组非计划停运事件典型案例汇编，开发“计划检修信息统计”功能模块，狠抓机组检修执行率和重大设备缺陷治理，全年机组非停下降 34.9%，全面完成了国资委对国家电投关于设备可靠性等考核指标。印发《班组建设安全达标标准》，分产业组织对 56 个班组开展现场验证；继续推进安健环体系建设，组织开展注安师考前和继续教育培训，国家电投安监队伍注安师人数为 1334 人，持证平均占比 39.26%。修订完善《承包商安全管理办法》，发布实施《铝产业承包商管理标准》，组织开展为期三个月的分包商专项整治。

4. 防范化解安全生产重大风险

以国务院安委会“十五条硬措施”为重点，采取自查、互查和领导带队督导检查等形式组织开展为期六个月的大检查工作。克服疫情影响，优化工作安排，开展秋冬季安全监督检查。全年完成 41 家生产型二级单位、133 家三级单位（场站）现场督导检查。通过月度通报、常态化落实督导、定期会商和考核落实四项机制，推进煤电机组除尘器强度复核和加固改造、1Cr5Mo 螺母更换、危险化学品等十大专项整治，开展脱硫脱硝等环保设施专项排查治理，推进境外风电项目设备故障处理。借鉴 TOP10 管理工具，建立重点风险清单，确定重点关注单位，制定防范行动，动态跟踪管控，着力实现超前预警防范；建立安全风险防控月度会议机制，交流工作经验，分析研判安全风险，强化管控措施部署和落实。

5. 确保特殊关键时期安全稳定

冬（残）奥期间，氢能大巴适应极端天气和高可靠性要求，安全、绿色完成运输保障任务，全程实现“零事故、零故障、零失误”，空气质量保障工作获得生态环境部充分肯定，彰显央企社会责任担当，树立绿色创新品牌形象。完成党的二十大保电保安全工作。印发《国家电投迎接党的二十大保电保安全工作方案》，成立组织机构，制定实施党的二十大保电保安全行动项、安全生产十大风险和重点隐患问题“三清单”，通过“日报告、单周推进、半月协调”机制，实现党的二十大期间重点隐患清零，确保能源供应可靠、安全形势平稳。

【节能减排】 2022 年国家电投深入践行习近平生态文明思想，统筹推进节能环保各项工作，全面完成了国资委关于供电煤耗、污染物排放等节能环保考核指标；同时强化系统治理，提升节能环保管理水平。

开展污染防治工作。贯彻落实《中共中央 国务院关于深入打好污染防治攻坚战的意见》，推进重点单位、相关产业生态环保整治，促进生态保护、污染防治、风险预控以及管理水平提升。世界首创五凌电力三板溪水电站低温水治理工程投入运行，广西公司长洲水电和黄河公司班多水电鱼道持续优化运行。全面推进节能降碳工作。组织召开节能管理工作研讨会，研讨部署节能管理工作，定期对能耗情况进行分析，确保实现节能降碳目标。河南公司平顶山发电和开封发电荣获河南省重点企业节能减排竞赛先进集体。

【信息（数字）化建设】

1. 网络安全工作取得新突破

北京冬奥会、冬残奥会网络安全保障得到国家能源局书面表扬；参加公安部组织的国家网络安全实战演习（长城行动 2022）首次取得“优异”最好成绩；能源保供、“两会”和党的二十大等重要时期网络安全保障万无一失，获得国家能源局会议通报表扬。

2. 构建“天枢体系”取得实效

联合互联网头部企业构建开放共赢的天枢体系（智慧物联平台）并取得实质性进展，天枢云、天枢一号投入运行，已接入 300 个综合智慧能源项目，初步形成能源网，支撑“三网融合”战略落地。

3. 推进 ERP 推广实施

克服疫情影响，推进统一组织建设 ERP 系统在 35 家二级单位推广实施。开展客商、物料、人资、项目、生产、财务六类主数据治理。完成二级单位 ERP 系统蓝图设计、系统开发、数据收集和上线准备，涵盖火电、水电、新能源、核电、制造等多业态，建设全集团统一 ERP 系统向前迈进关键一步。

4. 加速“电投壹”全覆盖及入口统一

电投壹用户数已达 12.5 万人，是国家电投使用人数最多的数字化平台，平均用户日活率 80%以上。通过整合各类业务，电投壹已上线 79 个统建应用和 135 个二级单位自建应用，基本实现“全业务统一入口”。

5. 建成全球最大规模新能源产业数据中台

以高比例接入、高质量数据为目标，已接入 1236 座场站、装机容量超 7023 万 kW 的新能源实时数据，能够实时监测 16645 台风机、22.4 万台逆变器。数据质量提升，具备用于各层级生产人员的对标、统计等工作。启动全产业数据汇聚和产业态势分析建设工作。

【工会工作】

1. 工会、妇女

（1）引领职工思想，推动战略实施。履行工会组织的政治责任，坚持用习近平新时代中国特色社会主义思想武装职工，用战略统领职工，用劳模先进典型引领职工，用文明向上的文化滋养职工，教育引导广大职工坚定“2035 一流战略”的信心和决心。强化政治引领。坚持把学习贯彻习近平新时代中国特色社会主义思想作为首要政治任务，组织和动员职工群众认真学习习总书记重要指示批示精神、关于工人阶级和工会工作的重要论述和重要讲话精神。通过集中宣讲、知识竞赛、体会分享等活动，推动党的十九届六中全会精神、党的二十大精神进基层、进班组、进头脑。活跃职工文化。组织开展“中国梦·劳动美——喜迎二十大、建功新时代”职工书法、绘画、摄影作品征集活动，组织参与中华全国总工会开展的“喜迎二十大”网络正能量歌曲、微视频、摄影作品、诵读作品征集活动，展现广大职工建功“十四五”、奋进新征程的时代风采，激发广大职工爱党信党向党跟党走的热情。坚持战略引领。利用各种宣传载体，加强对“绿色、创新、融合，真信、真干、真成”核心价值观的学习宣贯，用战略愿景激励引导职工，鼓励职工积极投身宏伟事业、用扎实业绩描绘发展蓝图。持续开展职工思想状况调查，强化职工队伍意识形态，把握职工队伍的心理状态和思想动态，系统了解干部职工对集团改革发展、战略认同的满意度，为党组决策提供有效支撑。唱响时代主旋律。加强先进典型选树和宣传，系统内 1 个集体获得“全国五一劳动奖状”，4 个集体获得“全国工人先锋号”，3 名同志获得“全国五一劳动奖章”。累计获得国家级技术能手 9 人，省部级、行业级技术能手 122 人，集团公司级技术能手 199 人，省部级、行业级、地市级“大国工匠”31 人。

（2）凝聚民主共识，共绘发展蓝图。坚持把党的群众路线贯彻到企业改革发展具体工作之中，完善密切联系广大职工群众的制度机制，用心走好新时代群众路线。坚持和完善以职代会为基本形式的民主管理制度。组织召开国家电投一届四次职代会，履行职责，审议决议相关议题，开展职工代表提案征集，征集提案 133 件，受理 100 件，立案办理 14 件。推进“SPIC－家园”建设。优化提报方式和途径，做好平台上线推广和操作指导，改善职工使用体验和提报流程，提高平台用户黏度和服务效能。截至 12 月底，通过“SPIC－家园”传递国家重大事件、国家电投党组声音和重要决策、新兴产业资讯、先进典型事迹等各类信息共 665 件，收集诉求建议 738 条，办理落实 580 条。改进提升合理化建议工作。畅通建议报送渠道，优化审批工作流程，打造开放式意见征集平台，调动广大干部员工服务企业发展的积极性和创造性。截至12月底，共收集常态合理化建议1172条，专项合理化建议525条。

（3）锚定战略目标，真信真干真成。贯彻落实全总关于“建功‘十四五’、奋斗新征程”劳动竞赛要求，立足新发展阶段，围绕推动高质量发展，开展劳动技能竞赛和创新创效活动。组织参与全国能源产业技能竞赛。组织承办全国光伏产业技能竞赛，共有15家发电集团和两家省级产业工会组织参赛，完成报送36支参赛队伍。组织参加全国光伏、风电劳动竞赛，26家二级单位的224家光伏电站参加全国光伏产业劳动竞赛，参赛容量2800万kW；22家二级单位的108个风电场参加全国风电产业劳动竞赛，参赛容量1700万kW。推进“领跑双碳时代、领跑绿色发展”全国重点领域劳动竞赛，做好节点任务推进工作，并向全总报送竞赛阶段性工作成果。克服疫情影响，举办“建功创一流”技能竞赛，开展了8项技能竞赛。推进全国重点工程“国和一号”劳动竞赛。推进示范班组建设。根据各单位申报第三批示范班组情况，确定19个创建班组，制定示范班组验收评估方案，联合安全尽职督查，完成申报示范班组验收工作。推进创新创效工作。开展示范创新工作室创建、职工创新成果申报活动。收到职工创新成果678项，完成评选优秀成果120项。84个工作室参与申报创新工作室，完成命名表彰32个。参与中电联第三季“班组岗位创新创效·工人先锋号在行动”活动，组织85个班组参加各类创新项目，共有18个班组获奖。

（4）情系职工群众，传递党组温暖。履行工会组织的关爱职能，坚持服务职工、尊重职工、关爱职工，不断丰富关爱职工的内容和形式，当好职工的“贴心人”和“娘家人”。做好普惠关爱。开展节假日员工普惠慰问及患病住院、生日生育、光荣退休等阶段的特殊慰问。为425名困难职工发放补助金85万元，为地处偏远和经营较为困难的8家单位发放资助金80万元。深化“我为群众办实事”实践活动，在电投壹搭建“融e车保”App，为全系统职工提供私家车保险团购服务。利用公司心能源平台和清洁心灵热线开展员工日常关心关爱工作。开展专项慰问。结合能源保供、“双奥”保障和疫情防控形势任务，加大对职工及家属的关心关爱力度。能源保供期间，对内蒙古公司、中国电力等17家能源保供期间任务繁重的单位开展专项慰问、关心关爱、实地慰问，拨付慰问金144万元，慰问职工人数2000余人。双奥保障期间，向氢能公司划拨10万元专项慰问金，用于慰问氢能公司燃料电池技术保障组29名员工；向中国电力拨付10万元专项慰问金，用于慰问延庆加氢站工作人员和电力保供人员。疫情防控时期，对受疫情影响严重的陕西分公司等7家在陕单位的46个场站、27名社区志愿者和46名医护家属进行慰问，共拨付慰问金20万元；对上海和吉林地区所属8家二级单位1699名参与志愿服务的员工和289名医护家属进行慰问，合计发放慰问金113.85万元。深化职工小家建设。根据各单位申报的66家第三批示范职工小家情况，聚焦偏远艰苦地区一线职工，确定26个示范职工小家，给予补助资金260万元。给予西藏分公司20万元专项补贴，为该公司办公室安装弥散式供氧系统，解决高原缺氧问题，最大限度保障职工身体健康。做好女职工关心关爱。2022年“三八”国际劳动妇女节期间，撰写发布国家电投党组《致全体女员工的一封信》，向广大女职工致以节日的问候。动员系统各单位工会开展丰富多样文体活动，展示女职工风采。配合做好消费扶贫。印发《关于2022年消费帮扶工作的通知》，倡议所属单位购买延川、美姑、商城三个定点帮扶县农产品，累计完成扶贫产品采购2700余万元，帮助销售280余万元。

（5）加强自身建设，服务中心工作。落实工会法、《中国工会章程》等法律法规，坚持依法建会、依法治会、依法履职，增强工会组织自身的能力，激发工会组织的创新活力。夯实工会组织基础。督促各单位依法建立工会组织，按期进行换届选举，规范、管理、协调好基层工会工作。加强工会干部队伍建设。按照专业化人才队伍建设工作统一安排，完成工会系统人才库建设，形成《国家电投工会专业人才队伍建设方案》，为开展工会人才队伍建设研究分析和决策部署打下坚实基础。加强工会制度建设。升版《国家电力投资集团有限公司工会经费管理办法》《国家电力投资集团有限公司合理化建议管理办法》《职工技能竞赛管理办法》《荣誉表彰奖励管理规定》《建功创一流先进集体、杰出奋斗者评选表彰管理办法》，使制度结构更加清晰，表述更加精准，执行更具刚性。管好用好工会经费。研究制定工会2022年度工作经费预算，并结合工作实际进行调整。完成2021年二级单位工会经费收缴，按季度向全总缴纳工会经费。规范工会经费使用，严格财务报销流程，使工会经费“取之于职工，用之于职工”。发挥文体协会作用。指导总部9个文体协会开展篮球赛、乒乓球赛和在京单位乒乓球赛、网球赛工作各类体育活动200余次，开展体育外联活动20余次，推动对内交流互动和对外资源拓展。

2. 共青团和青年工作

（1）胸怀信仰，筑牢“真信”之基。团委组织开展“喜迎二十大、永远跟党走、奋进新征程”主题实践活动，开展庆祝建团百年系列活动，举办首届“青马工程”线下培训班，引领青年争做习近平新时代中国特色社会主义思想的坚定信仰者、有力传播者和忠实践行者。面向系统 1200 余个团组织讲授主题团课，开展形势任务教育，印发《青年精神素养提升工程实施方案》《关于加强和改进青年思想政治工作的实施意见》，强化核心价值观认同。主办 12 期团青增刊《韶华》，在“SPIC 青年空间”平台开放“团青动态”发声窗口，打造国家电投青年舆论宣传阵地。

（2）干有力量，激发“真干”动能。围绕年度重点工作，连续三年开展“青春心向党、建功创一流”主题实践活动。以青年创新工作室、青年创新联盟、青年创新成果大赛、青年创新论坛等为载体，打造青年创新阵地。推动 6 家技术总成单位和区域公司之间探索建立青年职工创新联盟平台，开展第二届“3060 双碳有我”创新比赛，来自 61 家二级单位的 2100 余名青年参与了 524 个创新比赛项目。围绕国家电投 2022 年新能源项目核准目标，开展“青年先锋、项目建功”专项行动，召开誓师大会，组建 218 支青年突击队，核准项目 124 个，核准容量 1651 万 kW。围绕碳普惠平台、技术猎头平台建设，在功能测试、界面优化、意见征集、宣传推广等方面发挥作用，承办碳普惠平台“低碳 e 点”2.0 版发布会，推广《技术猎头平台用户手册》2.0 版。与国家电投党校共同选拔 120 名青年讲师，组织 20 家二级单位团组织参与国家电投软课题“加强和改进国家电投思想政治工作的抓手和措施研究”。与人资部开展结对共建，制定《国家电投“三锐”培养方案》，促进新员工快速转变、加速成长；共同编制《国家电投培养优秀共青团干部实施方案》，实施有针对性的培养措施。融入安全生产大局，下发《关于组织动员青年参与安全生产工作的指引》，开展“青安岗在行动”主题活动，在《韶华》设立“青安”专栏，牢固树立青年安全发展理念。服务保供防疫大局，号召 35 家二级单位团组织参与冬奥保障及迎峰度夏能源保供各项工作；系统 1300 余个团组织发动近 3 万名团员青年参与防疫，助力打赢疫情防控阻击战。擦亮品牌。各级团组织将“映山红”志愿服务与“3060”战略、“零碳”理念相结合，开展志愿服务活动 220 余次，履行央企责任，彰显社会担当。做好青年关心关爱。团委连续 2 年开展“For you”青年联谊活动；发布“SPIC 青年空间”，打造线上“青年之家”。

（3）成就梦想，绽放“真成”青春。开展推优入党，361 名优秀团员通过团组织推荐入党。开展评优评先，评选 20 名（2020—2021）年度“建功创一流”青年标兵，经国家电投团委推选获得的 14 项全国级荣誉。加强团干部队伍建设，不断吸纳管理、技术、技能岗位上的青年吸纳到团组织和团干部岗位上锻炼。2022 年从团的岗位转到生产经营 12 人，转到项目发展 9 人，转到行政及其他岗位 23 人。在共青团岗位受到提拔的年轻干部共 51 人，其中提拔为副科 30 人，提拔为正科 8 人，提拔为副处及以上 13 人。

（郭伟锋）

【黄河上游水电开发有限责任公司】

公司概况 黄河上游水电开发有限责任公司（简称黄河公司）于 1999 年 10 月 28 日在西安挂牌成立。黄河公司是在龙羊峡水电站和李家峡发电有限公司资产重组的基础上，由国家电力公司与西北电力集团公司、青海省电力公司、陕西省电力公司、甘肃省电力公司、宁夏回族自治区电力公司、陕西省电力建设投资开发公司、甘肃省电力建设投资开发公司、宁夏电力开发投资有限责任公司和青海省投资公司等投资方共同出资组建，主要任务是按照“流域、梯级、滚动、综合”方针，开发黄河上游龙羊峡至青铜峡河段的水电资源。2000 年 1 月 1 日开始正式运作；同日，青海省电力公司所属龙羊峡水电厂、李家峡水电厂划转黄河公司。

2002 年起，国家分步推进电力体制改革，实行厂网分开，重组国家电力公司发电资产，组建了五大发电集团公司。按照国家计委关于国家电力公司发电资产重组划分方案的批复，黄河公司作为流域开发公司划入中国电力投资集团公司。2004 年 7 月，中国电力投资集团公司印发文件，将盐锅峡、八盘峡、青铜峡水电厂划归黄河公司管理。2015 年 5 月 29 日，经国务院批准，中国电力投资集团公司与国家核电技术有限公司重组，成立国家电投，黄河公司由此隶属于国家电投。

2022 年，全年新增电力装机容量 103.05 万 kW，期末装机容量达到 2843.86 万 kW。

领导班子

1. 黄河公司董事会成员（9 人）

董事长：姚小彦

董事：于淼、程中华（职工董事）、吴连成、周杰、杨敬飚、张振平、赵琼仁、曹世伟

2. 黄河公司监事会成员（3 人）

监事会主席：郑武生

监事会成员：沈继伟（职工监事）、曹鹏

3. 经营班子

总经理：于淼

副总经理：刘柏年（新能源总工程师、总法律顾问，兼国家电投集团铝业协同中心副主任）、胡一栋、王思德（兼国家电投集团大坝中心、抽水蓄能开发中心副主任）、刘刚（援藏）、霍兵、董鹏、黄海兵

总会计师：葛明波

工会主席：程中华

纪委书记：罗东航

4. 党委成员

党委书记：姚小彦

党委副书记：于淼、程中华

党委委员：胡一栋、王思德、霍兵、罗东航、董

鹏、黄海兵

组织机构 黄河公司实行以公司本部、分（子）公司二级责任主体为基础的管控模式，公司本部为一级。共设 27 个职能部门（合并合署运作部门后共设 23 个职能部门）：办公室（党委办公室）、董事会办公室、党建部（直属党委）、人力资源部（体制机制改革办公室）、计划财务部、资本运营部、企业管理与法务部、物资采购部、科技创新部、群团部、规划发展部、国际业务部、电力营销部、工程管理部、水电生产部、新能源生产部、协同部、火电部、征地移民办公室（乡村振兴办公室）、安全质量环保部、审计部、纪委办公室、巡察办公室。12 个职能中心：档案中心、新闻中心、劳资中心、培训中心、财务共享中心、信息技术中心、法律中心、发展技经中心、海外工作组、营销中心、生产调度中心、审计中心。

下设 30 家二级单位：班多发电分公司、龙羊峡发电分公司、拉西瓦发电分公司、黄南分公司、公伯峡发电分公司、积石峡发电分公司、海北分公司、盐锅峡发电公司、青铜峡发电公司、甘肃新能源公司、陕西黄河能源公司、黑龙江黄河公司、海南风电分公司、海南分公司、格尔木分公司、海西分公司、青南分公司、西宁发电分公司、西宁热电公司、大通发电公司、鑫业公司、新能源分公司、西宁分公司、矿业公司、电力检修公司、电力技术公司、物资公司、配售电公司。

依托黄河公司设立国家电投光伏产业创新中心、储能产业创新中心、大坝中心、抽水蓄能开发中心 4 个产业中心。黄河公司员工总数为 9366 人。

战略发展 获取青海省海南州戈壁基地 1560 万 kW 牵头开发权，是国家电投首个国家“沙戈荒”大基地。获取（锁定）国家第二批、第三批风电光伏大基地 153 万 kW 开发建设指标。羊曲水电站、李家峡扩机、共和光伏、青豫直流二期、大庆基地二期、夏日哈木镍钴矿等重点项目完成年度建设目标和投资计划，新能源投产规模 57 万 kW。3 个项目获得 2022 年度中国电力优质工程荣誉及青海省“江河源杯”。塔拉滩一标段 100 万 kW 光伏项目获得国家优质工程金奖，入选“非凡十年 • 中国电力工程世界第一”典型超级工程案例。

全年锁定市场化新能源开发建设指标共 147 万 kW，新兴产业项目核准（备案）总规模 44 万 kW，开工总规模 18 万 kW。中标共和（多隆）390 万 kW 抽水蓄能开发权和配套 1000 万 kW 新能源指标，是国家电投获取规模最大、配套新能源指标最大的抽水蓄能项目。取得茨哈峡水电站开发权，龙羊峡储能项目纳入国家抽水蓄能中长期发展规划。龙羊峡水光互补发电站获得“最大装机容量的水光互补发电站”吉尼斯世界纪录。

完成青海省投重组和管理权移交，实现安全平稳过渡，为青海省投输送 27 名管理人员及专业骨干，全面构建国家电投在青海“双轮驱动”发展新格局。初步完成与青海省投产融混合型“融投业务”平台搭建，完成绿电公司 70%股权等 4 个并购项目资产运作。土地、房产办证率较 2022 年初分别提高 5.56 和 17.38 个百分点。全年科技投入 5.24 亿元，同比增长 122%。申报“多能互补绿色储能”“光伏科学与技术”全国重点实验室，参与承担“储能与智能电网技术”专项等国家重点科技任务。TBC 电池研发、BIPV 组件产品、组件回收中试线优化研发均取得积极进展。持续优化创新研发体系和工作机制，大坝、抽水蓄能、光伏、储能 4 个中心聚焦技术服务和创新创效，在大坝安全管控、技术咨询服务、创新成果转化、产业规划布局等方面发挥“倍增效应”。

区域内受托运营新能源规模 4.95 万 kW，新能源集控运行接入兄弟单位规模 58.9 万 kW。财务共享西宁中心接管兄弟单位账套 23 个。

厘清平台公司管控、创新中心管理、治理主体权责、基层单位权限“四大管理”关系。优化调整本部部门 19 个，成立 8 个区域分公司，将 4 个中心纳入公司管理体系，优化职责定位，规范决策与业务管理，全面增强经营发展活力。设立董事会办公室，推进落实董事会职权，规范授权管理，提升董事会运作水平和治理效能。扎实推进国企改革三年行动，重点任务完成率 100%，对标世界一流管理提升行动项完成率 100%，在重要领域和关键环节取得突破进展。

打造境外资本金贷款新典范，国内首笔境外资本金过桥贷款成功落地。沙特红海综合智慧能源项目施工总进度超 70%，喜获习近平总书记点名，沙特 70 万 kW 光伏项目开工建设。阿联酋、沙特等多个竞标项目通过资格预审。推动国家电投与 ACWA Power 签署绿色能源产业投资合作谅解备忘录，纳入中沙联合声明。参与国家能源局中阿氢能发展联盟组建，为深耕中东北非区域清洁能源市场开发奠定基础。

安全环保管理 面对“四期叠加”特殊时期和严峻的安全形势，明确安全风险是公司当前及今后一个时期的第一风险。配齐配强安全总监，强化安全监督穿透力。持续夯实安全生产基础，对 25 家单位 56 名领导干部开展安全管理知识抽考，生产型单位“三钻”及以上水平占比 67%，安全建设达标班组占比 78%。常态化持续开展安全生产大检查，2605 项问题和隐患全部完成闭环整改。

生态环保稳步推进。黄河上游水电梯级开发生态环境全过程监测系统运行，高原“花园式”电站＋水生生态改善示范项目、荒漠风电陆生生态治理示范项目完成创建。积石峡水电站放流鱼类 26 万尾。“光伏＋生态治理＋生态牧业”的建设模式助力草场牧场恢复。火电二氧化硫和氮氧化物单位排放绩效同比分别降低 5.95%和 4.56%。协同产业环保设施同步投运率、危险废物处置合法合规率均达到 100%。

生产经营管理 面对黄河上游来水同比减少 23.2%的不利条件，采取“秋蓄冬用”调度策略，汛末抬高龙羊峡水库水位 6.87m，拦蓄水量 25.75 亿 m^3。新能源场站持续开展耐频耐压改造，增强设备电网适应性，提升设备可靠性。6 台水电机组被评为“全国发电机组可靠性对标标杆机组”，3 座风电场获得“百日无故障风电场”称号。

羊曲水电站项目建设施工进度稳步推进，6 月上游围堰顺利填筑至设计海拔 2650m 度汛高程；9 月镶嵌混凝土坝首仓混凝土正式开始浇筑。首台机组计划于 2024 年 8 月投运。

提质增资精准发力，全年提质增资贡献效益 6.36 亿元。新能源板块开展无故障风电场、无故障光伏子阵建设、专项隐患排查治理、设备技术改造、标准化运维检修，发电利用小时同比增加 201h，检修损失电量同比减少 1.35 亿 kWh，实现提质增资 4.16 亿元。水电板块紧盯龙羊峡出库水量、人工增雨、抬升运行水位、排漂清污等措施，增发电量 15.81 亿 kWh，实现提质增资 1.79 元。协同产业板块狠抓工艺技术条件优化，提升关键技术指标、降低能耗物耗、提升精细化操作水平，实现提质增资 1.81 亿元。火电板块全力做好煤耗压降和政策争取，减亏 3000 万元。

抢抓全国统一电力市场建设契机，通过省间现货交易消纳新能源富余电量 5.07 亿 kWh，对应降低限电率 2.67 个百分点；争取汛期水电首次参与省间现货交易；绿电交易实现“零突破”，溢价体现绿电价值。全力促成青豫直流电价提升，青豫直流配套电源项目全部实现盈利。

业财融合举措有力，争取到 LPR 下浮 46%的煤炭清洁高效利用贷款 2.5 亿元，获得西部大开发、三免三减半等税收优惠 4.31 亿元，23.87 亿元留抵退税资金全部到账。土地、房产办证率分别达到 98.03%和 92.5%。与青海省投共同搭建融投业务平台，完成启明新能源项目融投业务运作。

管理创新 科技创新成效显著。科技创新助推降本增效，氧化铝浓相外补气输送技术应用，每年节约用电 1000 万 kWh；多晶硅还原尾气去除无定形硅技术应用，每年可增加经济效益 2800 余万元；班多水电站拦污栅自动清污装置研制应用，实现不停机动水清污，每年可增加发电量 1000 万 kWh。全国科普教育基地、国家光储一体化实验实证实训基地入驻海南光伏产业园区。建成首个电源侧一次调频系统，新能源场站具备一次调频主动支撑能力。全年累计申请专利 223 件，完成国家电投年度目标任务的 119%，1 项科技成果获得第二十三届中国专利优秀奖，6 项科技成果获得青海省及国家电投科技奖。

数字化赋能管理提升。公伯峡初步建成国家电投首个数字孪生水电站，实现智能巡检、智能安全管控、精确仿真和虚实交互智能培训。拉西瓦水电站预警智能监测系统建成投运，夯实果卜岸坡变形体安全管控基础。羊曲水电站采用无人驾驶自动摊铺及碾压技术，实现大坝填筑过程作业的自主决策及摊铺层厚度精准控制。创造性地将人工智能系统融入无人机巡检工作，风机叶片巡检速度提升 75%，故障识别时间由 120min 缩减至 15min。鑫业公司碳素系统实现远程集控，3D 安全生产智慧管控平台实现集中监视全覆盖和不安全行为预警。

专业中心作用凸显。大坝中心实现国家电投小水电（水库）大坝和涉坝二级单位安全检查全覆盖，完成 37 座大坝安全定检、87 座大坝巡查和 11 座大坝回访检查任务。抽水蓄能中心参与咨询项目 75 个，跟踪项目 46 个，锁定开发权项目 26 个，进入预可研、可研项目 14 个，位居发电集团第二。光伏创新中心全力支撑服务集团一流产业建设，优化晶硅组件全材料回收工艺，综合回收率达 92%。深挖光伏电站提质增效潜力。储能创新中心申报国家重点实验室、青海省先进储能创新平台。

公司治理 推进深化改革。研究制定一揽子总体改革方案，优化综合业绩考核机制，完善薪酬分配机制，增强公司发展经营活力。理顺党委、董事会、经理层行权界面，建立以章程为核心的“1+*N*”制度体系，公司法人治理建设取得阶段性重要成果。

加强合规管理。全年制订、修订规章制度 352 部。厘清公司本部与所属单位之间、黄河公司与“三省公司”之间的权责划分，提升依法治企、合规管理效能。强化领导干部经济责任审计，年内完成 16 个审计项目，揭露管理问题并提出审计意见 330 项。开展部分单位承包商安全管理和智慧科技公司专项审计。应用大数据审计工具，初步具备“远程+现场”新模式审计应用能力。

人才队伍活力激发。明确干部选拔任用“三个三”原则和“四个一批”人才队伍建设目标，择优向国家电投推荐优秀年轻干部人选 10 人，培养国家电投党组管理干部 10 人，选拔任用党委管理干部 4 人，主持工作等进一步使用 20 人，交流调整党委管理干部 100 人，其中机关本部和基层单位上下交流 34 人。开发光伏仿真培训系统，建立完善人才库常态化管理机制，明确 3 个类别、67 个专业方向的人才选拔标准，累计申报入库 375 人。

“双轮驱动”初步构建。完成青海省投公司管理权移交，实现资产、生产运营、人员队伍安全平稳过渡，构建黄河公司与省投公司“优势互补、互利共赢、双轮驱动”的协同发展新格局，全力协助省投公司成为青海重要的省属清洁能源平台、国家电投最大的轻资产运作平台、央省国企合作的典范。

党群工作 深化党建工作。组织开展“再接再厉再攀高峰”和贯彻落实习近平总书记重要指示批示精神再学习再落实再提升主题活动。启动以习近平新时代中国特色社会主义思想培根铸魂工程，承办全省基层理论宣讲活动，组建“两级宣讲团”推动学习宣贯党的二十大精神“两个全覆盖”。深化党建价值创造，建立领导班子成员“分片包干”重典治安联点机制，推动“创新驱动落地见效”党建项目化建设取得实效，青海区域党组织联建共建成功打造国家电投“样板间”。“大党建”工作质量整体实现新跃升，年度党建考核位列国家电投第四名。获得2019—2021年度青海省文明单位标兵。新闻宣传工作位居国家电投第一，对外发表6986篇次稿件和视频，10次登上《人民日报》，18次登上央视。

纪检巡察走深走实。开展贯彻落实习近平总书记重要批示指示精神“登高望远、提质增效”专项政治监督、疫情防控“八必须、八严禁”、安全生产“五查五看”、能源保供等10项专项监督，经验做法被国家电投分享。深化纪检体制改革，由派驻监督改为平行监督，进一步突出主责主业。推出《廉政大讲堂》活动，一体推进“三不腐”。实现常规巡察全覆盖、巡察整改全覆盖，一体推动巡视巡察、审计、主题教育检视问题整改清仓见底，整改率达到99%。编制《巡察典型事例汇编》，强化巡察成果运用。国家电投调研督导组对“强化‘四责协同’、坚持‘四不放过’，扎实推进巡察‘后半篇文章’落地见效”的良好工作实践给予充分认可。

群团工作亮点纷呈。疫情期间，开展关心关爱工作，慰问员工及家属19437人次，开展心理辅导302次。高质量筹备两项国家级赛事，承办两项省级赛事，带动重点领域、重点行业技能人才发展。聚焦“三力一度两保障”，不断加强“党建带团建”“青年精神素养提升工程”工作，团结带领广大团员青年为企业改革发展做出积极贡献，在建团百年之际荣获“全国五四红旗团委”称号。

社会责任扎实履行。坚决扛起央企的政治责任和社会责任，实施捐赠、帮扶项目36个，惠及农牧民群众1.3万人。定点帮扶的羊旗村生态畜牧养殖合作社年分红51万元。以新能源产业发展带动地方经济建设案例荣获“第三届全球减贫案例征集活动”最佳减贫案例。

主要事件

1月8日1:45，青海省海北藏族自治州门源回族自治县发生6.9级地震，震中距离纳子峡水电站21.2km，电站震感强烈。1:50，黄河公司总经理魏显贵、副总经理刘柏年致电负责人，安排部署抗震抢险工作。6:20，党委书记、执行董事王念仁、总经理韩品德与综合部、生产部、HSE部负责人携带生活物资到达纳子峡水电站，并将沿途路况向黄河公司进行了汇报，立即再次开展详查工作。8:00，再次检查纳子峡水电站及大通河流域其他水电站大坝、主厂房、边坡等主要水工建筑安全稳定，各项监测指标无明显异常变化。

2月16日，根据国家电力调度控制中心和北京电力交易中心统一部署，青海电力调度控制中心和青海电力交易中心联合下发通知，定于2月18—28日开展省间电力现货模拟试运行和试结算工作。

3月23日，黄河公司制定发布《黄河公司贯彻落实习近平总书记重要指示批示精神——建设一流光伏专项工作行动项（2022年）》，深入推进习近平总书记“一定要将光伏产业做好”的重要指示精神落实。

3月27日，黄河公司再登《人民日报》头版头条。黄河公司为羊曲水电站建设作出的努力，展现在全国人民面前，在这篇题为《调整能源结构 加快转型升级》的文章中讲到，黄河公司如何具体推动能源结构调整，助力中国“3060”目标实现。

5月11日，2022年德国慕尼黑国际太阳能光伏展会，黄河公司首次亮相新一代Andromeda单面单玻、双面双玻、BIPV及VIPV等系列IBC组件，可全面满足不同场景的应用需求。

5月17日，IBC产品刷新亚洲IBC制造商荣登PVEL“最佳表现”榜单记录，远销德国、瑞士、意大利、西班牙等多个欧洲国家。

5月24日，黄河公司龙羊峡发电分公司在西北院、设备厂家支持下，会同黄河电检公司、电力技术公司、禹天监理等参建前段时间的共同奋斗，自2019年12月20日开工，连续鏖战188天，完成龙羊峡水电站四机六线的割接工作，创造了国内水电站GIS系统技术改造的里程碑式的辉煌成果。

6月16日起，为破解6月临时调增龙羊出库流量、外送计划不足带来的低价强迫外送风险，黄河公司电力营销部积极争取西北网调直调水电首次纳入省间现货市场，并通过研判市场供需、优化交易策略、抢抓时空价值，实现公司水电度电最高售价4271.67元/MWh，累计成交均价797.92元/MWh，出清电量13086.74万kWh，对应提升水电收益7505万元。

6月26日，吉尼斯世界纪录认证官吴晓红代表吉尼斯世界纪录组织宣布：“海南州光伏园区光伏发电装机容量为8430MW，打破2245MW的原纪录，荣获最大装机容量的光伏发电园区吉尼斯世界纪录称号！”“国家电投黄河公司所属的龙羊峡水光互补发电站光伏装机容量为850MW，龙羊峡水电站装机容量1280MW，总计2130MW，荣获最大装机容量的水光互补发电站吉尼斯世界纪录称号！”

6月28日，中国电力建设企业协公布了2022年度中国电力优质工程评审结果，黄河公司“特高压外送基地塔拉滩一标段 1000MW 光伏”“海南基地 1000MW 风电”“诺木洪 100MW 风电”三个项目同时获证明“2022 年度中国电力优质工程”荣誉。

6 月 29 日，西北区域电力辅助服务市场建设运行和“两个细则”执行情况座谈会在黄河公司本部召开。调研组组长西北能源监管局党组成员、副局长赵立志，黄河公司及大唐、华能、华电、鲁能在青相关发电企业负责人参加座谈会。

7 月 5 日，中国电力技术市场协会运维检修分会发布《2021 年百日无故障风电场管理成果名单》，黄河公司 3 座风电场（切吉石乃亥，切吉敦曲，王圈分散式）获得“百日无故障风电场”称号。

7 月 8 日，黄河公司与华为公司再次强强联手，签订《光伏人才培训基地战略合作协议》，全力打造全国最具影响力的光伏人才培训平台、人才技术能力认证中心。

7 月，黄河公司参与省内首笔绿电交易，实现公司绿电交易“零突破”，并争取三个竞价新能源项目作为省内仅有的三个非平价项目进入绿电交易范围，全年完成绿电交易 1.16 亿 kWh，度电溢价 3 分钱，公司正式踏入绿电交易新赛道，开启清洁能源环境价值创造的新纪元。

8 月 11 日，中电联科技开发服务中心发布《2021 年度电力行业光伏、风电运行指标对标结果》，黄河公司 1 座光伏电站（实证基地）荣获 5A 级、3 座（龙羊峡水光互补、舒阳格尔木、拉西瓦光伏）荣获 4A 级、3 座（格尔木一期、永源储能光伏电站、共和特许）荣获 3A 级、4 座风电场（茶卡盐湖、大格勒北、共和 450MW、董新庄）荣获 3A 级。

9 月 6 日，黄河公司清洁能源产业再度出镜央视 CCTV－1 新闻联播《领航中国——中国经济迈上现代化新征程》，展现出黄河公司在助力绿色中国建设和中国“3060”目标实现进程中的“黄河力量”。这也是黄河公司 2022 年来，第 11 次上央视、第 9 次登上新闻联播。

9 月 20 日，《人民日报》海外版刊登《汩汩绿电，点亮能源转型之光》一文，报道了党的十八大以来，中国可再生能源实现的跨越式发展。作为首个“国字号”新能源户外实证实验平台，由黄河公司负责建设、管理的国家光伏、储能实证实验平台（大庆基地）不仅推动了新能源行业创新发展、技术进步，更是加快构建新型电力系统确保国家能源安全的重要实践。

9 月 27 日，羊曲水电站镶嵌混凝土坝首仓混凝土正式开始浇筑。这是羊曲水电站工程建设的又一重大节点，标志着大坝工程由坝肩开挖五项原则转入主体混凝土施工阶段。

10 月 9 日，黄河电力技术公司负责的“基于多种方法的发电机定子线端部绝缘状态分析研究及应用”和“仪器仪表智能管理”荣获中国电力技术市场协会 2022 年电力行业技术监督创新优秀创新成果奖。

10 月 24 日，粤港澳大湾区传来客户屋顶分布式项目成功并网发电的喜讯。该项目安装容量 45.78kW，年发电量约 5 万 kW，可节约标准煤约 20.2t，减少二氧化碳排放约 49.85t。

10 月，黄河公司先后克服了俄乌冲突、美国加息等不利因素的影响，先后与国内外 20 多家银行建立合作关系，从融资路径、成本、担保方式等方面进行多轮谈判，经过不断探索创新，引入中国信保作为内保外贷机构，加强与银行谈判，最终按照不高于财务模型成本的前提下完成了 ARS 和 Layla 项目资本金过桥贷款融资关闭，成为国内首个资本金过桥贷款成功落地的项目。

当地时间 11 月 8 日，沙特阿拉伯投资部官方宣布：在中国国家主席习近平国事访问沙特期间，35 项中沙企业投资协议签订完成。其中：黄河公司派员完成国家电投与沙特能源企业 ACWA Power 关于绿色能源产业投资合作谅解备忘录的文本交换，进一步深化了双方战略合作关系，加深了中沙可再生能源合作领域企业互信合作，从而在未来更好地服务于两国可再生能源合作项目落地。

当地时间 11 月 10 日，国家电投主办、黄河公司承办的《联合国气候变化框架公约》第二十七次缔约方大会（COP27）中国角“清洁能源发展及绿电转化应用”主题边会在埃及沙姆沙伊赫举行。

11 月，黄河公司参与中标的首个境外光伏项目——沙特第三轮光伏竞标中标项目 Ar Rass 项目以及 Layla 项目资本金过桥贷款（Equity Bridge Loan，EBL）协议签署，标志着约 6000 万美元资本金过桥贷款融资关闭，项目成为国内首个境外资本金过桥贷款成功落地案例。

12 月 12 日，黄河公司 IBC 产品销售再创佳绩，与西班牙分销商签订 2023 年 28.35MW IBC 组件销售框架合同。

12 月 20 日，羊曲水电站镶嵌混凝土面板堆石坝顺利填筑至 2600m 高程，提前完成年度计划节点目标任务。

12 月 31 日，黄河负责开发的夏日哈木镍钴矿采选项目成功完成联运试车。

12 月，海南州水风光多能互补集成优化示范工程 750kV 汇集站通过青海省产权交易市场公开挂牌，最终以 3.16 亿元成功完成转让，实现资产转让收益 980.10 万元，完成黄河公司年度资产处置工作任务。

（郑慧敏）

国家能源投资集团有限责任公司

【公司概况】 国家能源投资集团有限责任公司（简称国家能源集团）于2017年11月28日正式挂牌，是经党中央、国务院批准，由中国国电集团公司和神华集团有限责任公司联合重组成立，是集央企联合重组、国有资本投资公司改革、创建世界一流示范企业、国有企业公司治理示范企业“四个试点”于一身的中央骨干能源企业，2022年世界500强排名第85位。

国家能源集团拥有煤炭、电力、化工、运输等全产业链业务，产业分布在全国31个省区市以及俄罗斯、南非等10多个国家和地区，是目前全球规模最大的煤炭生产公司、火力发电公司、风力发电公司和煤制油煤化工公司。截至2022年底，员工总数31.1万人，资产总额1.9万亿元，煤炭产能6.5亿t/年，发电总装机2.9亿kW，自营铁路2408km，港口设计吞吐能力2.9亿t/年，煤制油品产能531万t/年。拥有中国神华、龙源电力2家A+H上市公司，国电电力、长源电力、英力特、龙源技术、西部创业5家A股上市公司，1000余家生产单位，12家科研院所，20家科技企业。

2022年，国家能源集团完成煤炭产量6.0亿t，煤炭销量7.9亿t，发电量1.1万亿kWh，铁路运量4.7亿t，含主要中间品的化工品产量2934万t，实现营业收入8162亿元，利润总额1100亿元，净利润802亿元，资产负债率58.41%。在国资委发布的2021年度中央企业负责人经营业绩考核中获得“A”级、2019—2021年任期考核A级。在2021年度中央企业党建责任制考核中获得“A”级。

【领导班子】

党组书记、董事长：刘国跃

董事、党组副书记：王敏

纪检监察组组长、党组成员：卞宝驰

党组成员、副总经理：王树民、杨鹏、冯树臣

党组成员、总会计师：冯来法

【组织机构】 见国家能源集团2022年组织机构图。

【党的建设】 提高站位，兴起学习宣传贯彻党的二十大精神热潮。2022年，国家能源集团党组把迎接和学习宣传贯彻党的二十大精神作为首要政治任务，开展“建功新时代、喜迎二十大”习近平总书记重要指示批示精神再学习再落实再提升主题活动。组织系统内近8万名党员干部职工在3702个观看点集中收看党的二十大开幕会。印发学习宣传贯彻通知和重点工作安排，召开动员部署会、推进会，组建党组宣讲团赴基层宣讲。各级党组织广泛开展微党课大赛、征文活动、青年演讲比赛等“五个一批”活动。召开战略研讨会，制定

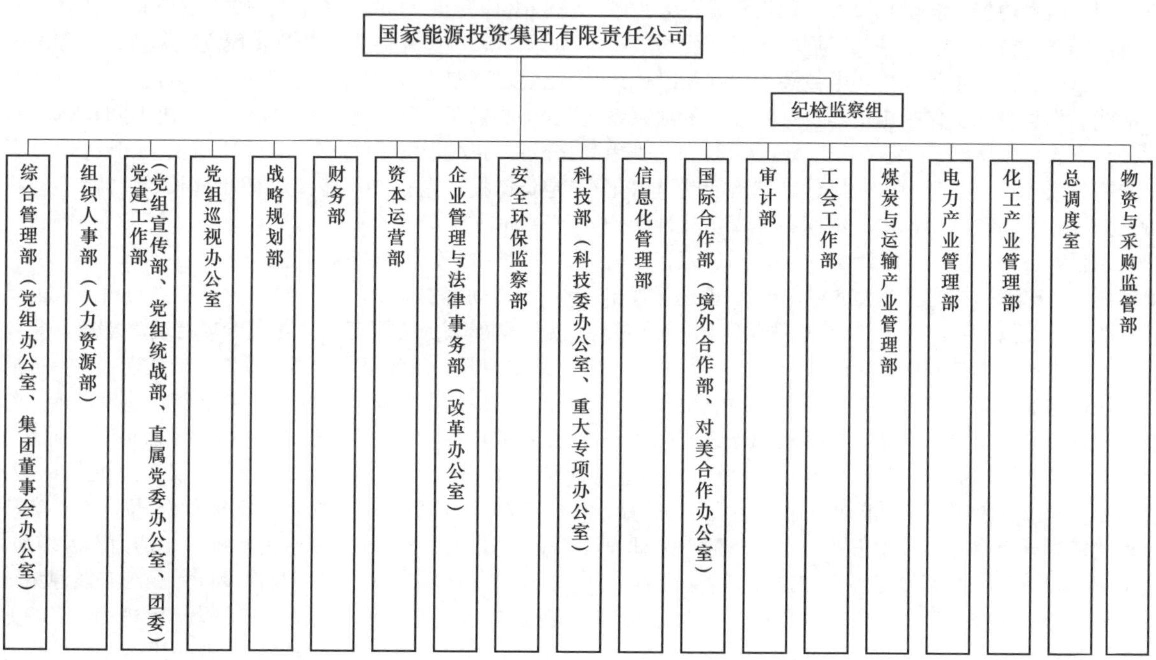

国家能源集团2022年组织机构图

全面贯彻落实党的二十大精神加快建设世界一流企业的实施意见，推动学习成果向企业高质量发展实践转化。深入学习习近平总书记视察榆林化工重要讲话精神，召开专题推进会，清单化落实29条举措和278项任务。聚焦学习贯彻党的二十大精神、《习近平谈治国理政》第四卷等开展集中学习研讨。制定党史学习教育常态化长效化23条工作措施，赴北大红楼接受红色教育，参观“奋进新时代”主题成就展，“社会主义是干出来的”经验做法入选中央宣传部党史学习教育典型案例集。

强基固本，夯实基层基础工作。国家能源集团深入践行习近平总书记“社会主义是干出来的”伟大号召，举办党的建设成就展，召开岗位建功行动表彰大会，深化“奋进十四五”党员先锋队、示范岗创建，党建引领保障作用更加彰显。建立“一报告、两提醒”党组织换届选举协调工作机制，深化党建统领型总部建设，广泛开展总部党支部与基层结对共建。组织召开党建基层基础工作推进会，深入开展清查整治突出问题规范党务工作。深入推进基层党建创新三年行动，选树47个第二批创新标杆。加强基层党建分类指导，召开科技类企业党建调研座谈会、境外党建工作座谈会。修订完善党建工作责任制实施办法、考核评价办法和党组织书记抓基层党建工作述职评议考核办法，优化调整年度党建考核指标体系，全覆盖开展党建考核，推动全面从严治党责任落实落地。

凝心聚力，统战群团工作同心同向。国家能源集团印发深化精神文明建设意见，体系化开展精神文明和企业文化先进典型评选表彰，大力选树徐博海等先进典型，用身边榜样激励身边人。积极开展重大主题宣传，《温暖这个寒冬》荣获第五届中央企业优秀故事一等奖第一名。制定贯彻落实中央关于加强新时代统一战线工作意见的工作措施，落实党员领导干部联系党外代表人士制度，编制党外代表人士名册，加强“缪平建言献策工作室”建设，开展建言献策活动。深化“奋进十四五、青年在行动”，组织召开青年精神素养提升工程动员部署会，开展“青马工程”。加强青年典型选树，评选表彰首届“十大杰出青年”，评选“青年五四奖章”“号、手、岗、队”等先进典型787个，19个青年集体和个人荣获国家级荣誉。

【企业战略】国家能源集团是国资委落实党中央培育具有全球竞争力世界一流企业的战略部署选取的“产业排头兵”。以“为社会赋能，为经济助力”为宗旨，以做好“能源供应压舱石、能源革命排头兵”为使命，全面贯彻“一个目标、三型五化、七个一流”总体发展战略，以更好落实新发展理念和能源安全新战略，更好履行保障国家能源安全的责任使命，向着行业优秀企业和标杆企业的目标不断前行。

一个目标：建设具有全球竞争力的世界一流能源集团

三型企业：打造创新型、引领型、价值型企业

五化发展：推进清洁化、一体化、精细化、智慧化、国际化发展

七个一流：实现安全一流、质量一流、效益一流、技术一流、人才一流、品牌一流、党建一流

【经营管理】

1. 提质增效方面

国家能源集团深入落实国资委2022年提质增效专项行动总体安排，坚决践行“为社会赋能，为经济助力”的公司宗旨和“能源供应压舱石，能源革命排头兵”的公司使命，统筹推进强供给增收入、降成本控支出、调存量优增量、促创新强管理、守底线防风险，煤炭、电力、化工产业主要指标均实现增长，“两利四率”目标全部实现，各项生产经营指标再创历史最好水平。

2022年，国家能源集团提质增效工作共计有六个方面14条重点举措。煤炭产量和销量、发电量、供热量、航运量、化工品产销量均刷新历史最高纪录，主要指标超额完成任务。坚决贯彻落实党中央、国务院决策部署，严格执行国家能源保供政策，以煤炭保能源安全，煤电保电力安全。克服资源紧张、节假日、降雪降温和疫情冲击等影响，常态化能源保供展现央企担当，发挥国家队作用带头稳价稳市。落实数字化转型行动计划，统一规划部署，分类分步实施，全面提升数字化转型赋能水平。优化内部定价机制，推动优质资源向边际利润高、持股比例大的企业转移，国家能源集团归母净利润占净利润比重由重组之初的38.6%提升至48.0%。在保障1923亿元新增投资需求的同时，国家能源集团带息负债规模和资产负债率同比实现“双降”，其中带息负债为7741亿元，同比减少169亿元，资产负债率58.08%，同比下降0.85个百分点。完成投资1923亿元，同比增长44.6%。其中固定资产投资完成1749亿元，同比增长53.1%；股权投资完成174亿元。

2. 建设世界一流企业方面

贯彻落实党中央关于加快建设世界一流企业的意见，落实国务院国资委“四个专项行动”部署，紧扣“产品卓越、品牌卓著、创新领先、治理现代”特征要求，加快建设世界一流企业。2022年，建设世界一流企业取得显著成效，实现营业收入8152亿元、利润总额1101亿元、净利润809亿元、全员劳动生产率127万元/人，世界500强排名提升至第85位，企业竞争力、创新力、控制力、影响力和抗风险能力不断增强。

（1）明确世界一流企业建设目标。国家能源集团到2025年总目标是创新力、竞争力、治理力、影响力和引领力显著增强，在全球同行业先进企业中的优势地位更加巩固，世界500强保持在100位以内，在中

央企业中实现“保 A 争先”，建设世界一流企业的示范引领作用更加突出。

（2）深化“六个推进、六个全面”重点任务。推进创新驱动，全面提升技术牵引和产业变革的创新力，打造原创技术策源地；推进产业升级，全面提升核心产业的全球竞争力，勇作现代产业链链长；推进布局优化，全面提升彰显自信与担当的影响力，助力加快构建新发展格局；推进深化改革，全面提升公司治理和企业管理能力，实现管理体系和管理能力现代化；推进品牌建设，全面提升优秀企业家的引领力，争做世界一流企业典范；推进对标对表，全面补短板强弱项提品质，树立更多世界一流企业标杆。

（3）优化完善创建工作机制。构建国家能源集团“1+1+*N*”创建体系，以国家能源集团加快建设世界一流企业实施方案为行动指南，以世界一流能源企业评价指标体系为指引，以各部门、子分公司行动方案为施工图，统筹推进世界一流企业创建示范行动、对标世界一流管理提升行动、对标世界一流企业价值创造行动和中央企业品牌提升行动，加快推动世界一流企业建设。

（4）构建两个层面一流企业对标评价指标体系。国家能源集团层面综合指标体系用于评价和对标分析世界一流能源企业的综合实力和核心竞争力；煤炭、电力、煤化工、运输等 4 个产业（企业）指标体系用于评价和对标分析核心产业在全球同行业中的综合实力和核心竞争力。

（5）开展“领先、创先、争先、培先、优化”五个对标行动。确定国家能源集团建设一流企业“领先行动”“创先行动”名单。其中，煤炭、煤电、风电、煤制油煤化工、智能化重载铁路等 5 个标杆产业、10 个标杆企业、20 个标杆项目纳入“领先行动”名单，进一步巩固优势，不断改革创新，持续追求卓越；50 个运营企业、在建项目纳入“创先行动”名单，全面对标同行业标杆，进一步扬长处补短板强弱项提品质，争取尽快达到世界一流水平。

3. 法治建设方面

（1）优化制度管理，夯实依法合规经营基础。2022 年结合国家能源集团“十四五”规划、国企改革三年行动等重点任务，按照“管一级看一级”的工作思路，组织各子分公司深入开展制度建设“回头看”专项工作，系统检查评估集团制度执行情况、制度管理规范性与制度体系完备性情况，推动各子分公司制度体系从“有没有”“全不全”向“好不好”转变。全年各级企业共“立改废”制度 7091 项，共开展制度宣贯培训与执行检查 896 次，保障制度落地执行，提升依法合规生产经营水平；加快健全“3+*N*+*X*”合规管理制度指引体系，制/修订合规管理基本制度和专项制度 3 项，印发煤炭、电力、化工等产业板块全业务流程合规风险预控指引，以及上市合规、劳动用工等重点领域合规风险指引共 7 项。指导各子分公司结合行业、区域合规监管要求，梳理编制“本土化”合规风险指引，制定本单位合规风险清单，并定期更新。

（2）加强业法融合，构建专业化法律风险防控体系。2022 年，国家能源集团围绕资本运作、新能源项目开发并购等重点任务加强法律审核把关，保障企业稳健发展；按照国资委工作部署，出台防控涉外法律合规风险的指导意见，梳理排查疫情、安全、合规等九个重点领域风险点，开展境外业务法律合规风险防控；修订“国家能源集团合同管理办法”，优化“重大合同提级审查”机制，建成由 106 项范本组成的、涵盖集团各板块业务的合同范本库，进一步提升合同管理标准化水平；深入实施重大案件分层挂牌督办机制，组织开展“压降法律案件 促进管理提升”专项工作，积极应对处置内蒙古煤炭资源专项整治及林草倒查十年专项行动涉及有关法律案件，全集团法律案件数量、金额同比实现“双降”；坚决落实国家能源集团党组决策部署，清理历史遗留重大风险隐患，有序推进中基地公司尽职调查、产权划转、破产清算等工作并取得节点性突破；所属各级企业定期检测排查各类假冒国企情形，一经发现便从协调市场监督部门撤销登记和推动公安机关刑事立案两个方面进行打击，发现一起，处置一起，及时肃清假冒行为可能带来的风险隐患，维护集团合法权益。

4. 内控风险管理方面

（1）内控风险管理制度及内控体系建设融入主责主业。2022 年，国家能源集团以“强内控、防风险、促合规”为目标，服务“六稳”“六保”。

内部控制机构设置及分工清晰。审计部作为内控体系建设与监督的归口职能部门，设内控风险处，负责统筹协调、组织推动、监督检查、考核评价等。各业务部门依据职责分工负责各相关领域内控风险管理工作，按照“管业务就要管风险”的原则，履行管理主体责任，协同构建内控风险管理“三道防线”。

2021 年 12 月，牵头开展“国家能源集团内控风险管理体系设计和信息系统建设项目”，按照总部先行、行业示范、子分公司全面推广的路径，梳理各业务领域重大风险和控制措施，建成“1413+7+*N*”内控风险管理体系。

9 月，上线覆盖全集团的内控风险管理信息系统。76 家国家能源集团管理的二级单位全部明确内控职能部门，全级次内控风险管理人员 1495 人，其中，专职人员 314 人，兼职人员 1181 人。11 月，国家能源集团组织了面向二级单位全方位、全过程、全覆盖的内控工作绩效评价。按照管理环境、管理组织、管理制度与程序、管理驱动与保障四大类，15 大项，41 小项的评分标准进行统一考核。经过评审认定，21 家单位获得 A 级，占比 26%；52 家单位获得 B 级；4 家单位获得 C 级，评价结果纳入企业年度业绩考核。

2022 年，国家能源集团总部层面动态“立改废”制度 67 项，制修订制度 8802 项，优化完善业务流程 3453 项。在物资与采购领域构建了覆盖全业务流程的“2+7+10”三级监管制度体系和“4+1”管理目录，创立“1+5”年度采购计划与供应链协同机制；在金融管理领域，修订《金融产业风险管理办法》，金融子企业制定配套管理制度及实施细则 50 余项，明确风险控制点 640 余个，建立风险内控矩阵近 90 个；在投资管理领域，印发《投资管理办法》等 11 个制度文件。

（2）完善内控监督评价标准。内控体系监督评价管理机制。结合内控风险管理体系设计和信息系统建设项目，完善评价标准，形成“以风险辨识为引领，以信息系统为依托，以内控评价为抓手，以缺陷整改为重点，以管理提升为目标”的内控监督评价管理机制。

一是通过内控评价标准的分层建设实现中央控制与个性化管理的协调。国家能源集团统一设计内控风险一体化业务架构，形成集团层面《内控评价手册》，并向下延伸到十大行业，76 家子分公司，各层级单位是本级评价标准体系的责任人。

二是通过监督评价的细化安排实现全面体检与重点排查的协调。国家能源集团安排自我评价和检查评价两个阶段的工作，在自我评价中实现全级次企业全业务领域一年全覆盖，在检查评价中以“三年全覆盖”为基准，结合高风险领域和重点业务，保障监督评价的点面结合。

三是通过缺陷整改与体系维护的联动实现查缺补漏与管理提升的协调。国家能源集团对评价认定的缺陷及整改情况进行汇总分析，向业务部门和子分公司提出管理建议，并在内控体系更新维护中予以落实。

内控体系监督评价开展情况。2022 年 9 月，国家能源集团组织全部 76 家子分公司开展内控自评，各单位将自评工作向基层单位延伸。内控自评全覆盖，资产总额占全集团合并报表资产总额的 100%，营业收入总额占全集团合并财务报表营业收入总额的 100%。通过内控自评价工作，识别内控缺陷 1257 项。10 月，国家能源集团聘请中介机构协同开展内控监督评价工作。纳入检查评价范围的二级子分公司 40 家，占全部二级子分公司数量比例为 51.95%，资产总额占全集团合并财务报表资产总额的 82.76%。检查组对被检查单位进行穿行测试和关键控制测试，包括访谈、现场观察、抽样检查、重新执行等工作，识别内控缺陷 527 项。

公司监督评价关注整体层面和业务层面。整体层面，主要包括管理层重视、内控职责分配和整体管控，评价子分公司内控管理工作整体情况。业务层面，全面覆盖战略管理、公司治理、资本运营、市场销售等 29 项业务领域，涉及评价点 565 项。

2022 年 4—10 月，国家能源集团围绕境外企业投资项目建设和运营、境外资金管控、境外企业公司治理和重大决策、内部制度管理、采购及合同管理、境外资产管理、境外财务管理、境外纳税、境外业务监督以及境外人力资源管理等 10 个方面，组织对国电电力、龙源电力、国华投资和国际公司等四家涉及境外业务的单位进行专项审计，并对境外项目经营合规长期遗留问题进行整改督导。

（3）加强重大风险管控。2022 年，国家能源集团结合体系设计和信息化建设项目研究。创新开展风险评估工作，一是依托内控风险一体化框架中的 39 项二级风险分类开展评估。二是引入外部行业风控专家参与评估，增加了外部专家视角。三是建立了定量风险评估标准，采用定性与定量相结合的方法进行测算、统计。

1 月，通过汇总，重大风险确定为安全环保质量风险、投资风险、市场竞争风险、工程项目管理风险、国际化经营风险。由审计部牵头，相关业务部门配合，落实重大风险季度跟踪监控机制，每季度向董事会报告重大风险监控情况。12 月，编制《国家能源集团风险监控预警手册》，设计覆盖全业务领域的 378 项指标，其中 78 项指标落实到信息系统运行。2022 年共发布 37 份风险提示函。

【深化改革】

1. 系统推进改革三年行动，实现高质量收官

国家能源集团实施改革三年行动以来，奋力攻坚、多点突破、纵深推进，从中国特色现代企业制度更加成熟定型到产业布局结构更加优化，从市场化经营机制更加健全到企业创新动力更加充足，从示范带动效应更加凸显到党的领导党的建设更加有力，改出了新活力、高效率、好机制。国家能源集团在实施改革三年行动的过程中彰显了中央企业服务“国之大者”的职责使命，形成了“六个担当”的特色亮点。

（1）担当能源基石，保障国家能源战略安全的使命更加彰显。作为骨干能源央企，国家能源集团坚决落实国家能源保供决策部署，成立保供工作专班，完善保供工作机制，深化拓展“大一体化”调运格局，持续提高生产效率，做实常态化、长效化能源保供。坚持以煤炭保能源安全，以相当于全国火力发电 1/4 的电煤供应量和不到国际动力煤 1/4 的销售价格，筑起阻断国际能源价格飙涨向国内传导“防火墙”，稳住国内煤炭市场“基本盘”。坚持以煤电保电力安全，2022 年以占全国 11% 的发电装机量，支撑全国 13%的电力用能需求，发电量同比增速高于全国平均水平 3 个百分点，发挥煤电基础

性调节性电源作用，保障好重点地区、重要时期、重大活动用电需求，守住民生用能底线。

（2）担当转型主力，绿色低碳发展方向更加坚定。对标“双碳”目标，坚持先立后破，推动各产业高质量发展和绿色转型。推进煤炭绿色开采，建成省级以上绿色矿山 53 座，煤矿智能化技术及建设覆盖率达100%。推进煤炭清洁高效利用，火电机组中超（超）临界机组占比达到 61.4%，常规煤电机组 100%实现超低排放，推动“三改联动”。加快新能源规模化发展，在首批 1 亿 kW 风光大基地项目中取得 1390 万 kW 开发容量，风电装机规模持续保持世界第一。战略性新兴产业持续发力，氢能、新型储能和抽水蓄能等项目规划编制实施，建成国内燃煤电厂规模最大 15 万 t 级 CCUS 示范工程，启动泰州电厂 50 万 t 级 CCUS 项目建设，战略布局煤化工国家级创新基地，煤炭清洁高效开发利用能力、发展动力和综合实力增强。

（3）担当经济标兵，高质量发展后劲更加充足。贯彻落实国家稳经济系列部署，推动经营业绩稳定合理增长，确保年度各项指标领先于宏观经济和行业整体增速。2022 年，实现营业收入 8152 亿元；利润总额 1101 亿元，首次突破千亿大关；净利润 809 亿元，助力保持宏观经济大盘稳定。加大固定资产投资规模，保持全年投资规模 2000 亿元不变，发挥有效投资对稳定经济发展的支撑作用。提升一体化产业链竞争优势，推动产业协同、科融协同、量价协同、区域协同，深化全系统、全要素、全产业、全周期运营效率提升，深化产业链、创新链、生态链、价值链联动融合。

（4）担当创新先锋，自主创新能力更加强劲。加快完善科技创新体系，打造 12 个国家级高水平科研机构和研发平台，推动“揭榜挂帅”“赛马”等制度，健全激励约束考核机制，激发科技创新能力和活力。聚焦主责主业，完成国家科研攻关任务，加快煤矿绿色智能开采、高端煤化工、清洁高效煤电、智慧绿色运输等领域创新应用，加大氢能、储能、氨能、核能、新材料、CCUS 等前端技术攻关力度，提升科技创新贡献度。加快打造煤炭清洁高效开发利用原创技术策源地。深度应用信息化、数字化、智能化，高标准打造智能矿山、智能电站、智能化工、智能运输新标杆。

（5）担当改革中坚，建设世界一流企业步伐持续加快。坚持“两个一以贯之”，健全完善中国特色现代企业制度，508 家子公司董事会实现应建尽建和配齐建强，占所属子分公司数量的近 50%，提升企业治理能力，推动全系统管理体系和管理能力现代化。推进信息、航运、港口 3 大产业专业化整合。健全市场化经营机制，在煤炭、电力、化工、运输等传统行业，深化三项制度改革，激活微观市场主体活力，管理人员和员工市场化退出率均高于中央企业平均水平，在国资委三项制度改革评估获评 A 级。

（6）担当党建示范，全面从严治党更加坚强有力。国家能源集团党组坚持以政治建设为统领，深刻领悟“两个确立”的决定性意义，增强“四个意识”、坚定“四个自信”、做到“两个维护”。落实“第一议题”制度，健全完善落实习近平总书记重要指示批示工作机制。强化理论武装，坚持不懈用习近平新时代中国特色社会主义思想凝心铸魂，常态化长效化开展党史学习教育。构建大党建工作格局，增强党组织政治功能和组织功能，加强基层党组织建设，开展“社会主义是干出来的”岗位建功行动，实施基层党建创新工程三年行动。

2. 加快推进国有资本投资公司试点改革

2022 年，国家能源集团对照国有资本投资公司的功能定位和已转正企业的经验，结合实际，制定了《国家能源集团深化国有资本投资公司试点改革工作方案（2022—2023 年）》，并推动各项措施落地见效。

明确深化投资公司改革的总体目标。到 2023 年底基本形成符合国有资本投资公司功能定位和国家能源集团特点的投资公司模式。在管控体系、产业培育、布局优化、资本运营、公司治理等方面取得显著成效，在服务国家战略、推动国有经济布局优化和结构调整、提升现代产业链供应链韧性和竞争力方面发挥更大作用，争取尽早正式转为国有资本投资公司。

推动“五个突出抓好、五个着力提升”。一是突出抓好战略引领，着力优化总部职能和管控体系。完善发展战略，优化总部职能，优化管控模式，加大授权放权。二是突出抓好产业培育，着力提升现代能源产业引领力。加大战略性新兴产业投入，大力发展新能源，科学发展现代煤化工，加强氢能技术研发和产业布局，加快储能技术研发和产业布局，加强低能耗低成本碳捕集应用技术研发示范，加快培育数字化智慧化产业，加快构建电商交易平台，加快打造原创技术策源地。三是突出抓好布局优化，着力提升服务国家战略能力。推进内部专业化整合，加快建设安全高效绿色智能煤矿，优化发展清洁高效煤电，打造路港航现代运输体系，做好企业瘦身健体，参与全球能源资源整合。四是突出抓好投资运营，着力提升资本运营效率和上市公司质量。提升总部资本投资运营能力，提升上市公司质量，提升资产证券化水平，做强做优做大产业金融。五是突出抓好公司治理，着力提升管理体系和管理能力现代化。完善中国特色现代企业制度，完善市场化经营机制，深入开展对标一流管理提升，提升企业风险防控水平，健全容错纠错机制。

【科技创新】科技创新提升了产业技术水平。神东上湾矿建成全球最大企业级 5G 核心网，榆家梁矿建成首个无人巡视工作面。自主研发了燃煤锅炉高比例混氨燃烧技术，在国际上首次实现 40MW 等级燃煤锅炉氨混燃比例为 35%的中试验证。国内在建规模最大的泰州电厂 50 万 t/年煤电 CCUS 项目完成水洗塔主体施工。5 万 t/年 PGA 项目建成并打通生产流程；开发煤直接液化二代技术单系列规模达 200 万 t/年，能源转化效率达 60%以上。联合动力研制 UP7000－195 风机创造了陆上组扫风面积全球纪录。铁路货车“状态修”实现 C80 全生命周期检修成本降低 20%以上。朔黄铁路打造世界首个重载调车机车自动驾驶示范工程，铁路站区综合效能可提升 18%。

承担国家级科研攻关任务居央企前列，引领了行业科技进步。积极实施国家科技部《煤炭清洁高效利用科研攻关方案》、国资委原创技术策源地建设、7 项国家能源局攻关、国资委 1025 专项和 18 项国家重点研发计划项目。70MPa 氢气压缩机研制成功，通过国资委评估并在年度考核中获得加分奖励；8 个国家重点研发计划项目通过验收，2 个项目获评优秀。东部草原区大型煤电基地生态修复与综合整治技术成果应用，使酷寒干旱的雁宝、胜利矿区植被覆盖度提高了 35%以上。高效灵活二次再热项目机组效率达 48.11%，项目核心设备和控制系统均实现自主可控。在张家口建成大规模风光互补制氢加氢示范工程，服务绿色冬奥。研制国内首套规模最大百千瓦级“CO_2 近零排放的煤气化发电（IGFC）示范系统，发电效率达 53.2%；完成蚌埠电厂#2 机组全国产化 DCS 替代并成功并网；成功开发以费托蜡为原料的润滑油基础油生产成套技术。“一种地下水库坝体及其构筑方法”专利获中国专利金奖。主导的《燃气轮机进气过滤器耐湿性能测试方法》等 3 项 ISO 国际标准正式发布。

坚持联合科技攻关，系统提升科技创新贡献度。一是高质量实施国家级科技攻关任务。全力组织实施原创技术策源地专项行动计划和“煤炭清洁高效利用科研攻关方案”，组织实施好 1025 专项二期等国家级攻关任务，确保务期必成。二是加强重大工程技术攻关，坚持战略引领、工程突破、产业融合，部署和实施一批产业转型升级的科技项目，加快科技成果产业化及价值创造。三是布局前沿战略引领科技攻关，培育氢能氨能、海上风电、新型储能、核能、CCS/CCUS 等新兴产业，提高能源领域原创技术供给能力。四是系统提升科技创新能力，优化科研院所职责定位和研发方向，做好全国重点实验室重组，加大与怀柔实验室的合作，搞好清洁能源研究院建设，承接国家重大任务，加快融入国家战略科技力量体系。五是建立完善科技创新激励约束机制，建立财务、科技、审计联合工作机制，强化研发投入统计和管理工作，推行科技项目全成本核算，确保完成国资委考核指标。六是建立研发投入长效机制，建立科技创新引导资金，引导科技创新方向和投入，系统提升研发投入效能。

【国际业务】国家能源集团境外投资项目涉及煤矿和页岩气开发、火电、风电等产业，业务主要分布在印尼、南非、澳大利亚、俄罗斯等 8 个国家。2022 年，国家能源集团境外投资项目 12 个，以电源投资为主，总装机容量 419.4 万 kW。其中在运 9 个，待建 1 个，在建 2 个。

国家能源集团以对华友好的周边及“一带一路”沿线国家为重点，熟悉掌握目标国别的政治政局、对华关系、资源禀赋、市场机制和相关政策，密切关注地缘政治变化影响，相对聚焦东南亚、中亚、非洲及中东欧等重点市场，多措并举深度挖掘合作机会。“走出去”企业高度关注所在国的安全、诚信和效率，强化风险防控意识和措施，致力于追求绿色发展，履行社会责任，力争把每一个项目都打造成“走出去”的典范。境外项目以本土化经营为基础，用好“两个市场、两种资源”，在促进“一带一路”沿线国家经济社会发展、改善民生方面发挥作用。

【安全生产】2022 年，国家能源集团完成国务院、各行业监管部门部署的系列安全专项工作，专项整治三年行动收官，全年未发生较大及以上生产安全事故，270 余家发电企业安全运行超过 1000 天。

提升安全发展理念。践行“三个第一”，将学习贯彻习近平总书记关于安全生产重要论述，作为安全生产工作“第一要务”、各级安委会“第一议题”和安全生产培训班“第一课”。全面落实“两个必学”，各级安委会必学习近平总书记关于安全生产重要论述和指示批示精神，必学事故警示案例，各级党委还将安全生产纳入巡视巡察范围。深入开展事故警示月、安全生产月、专项培训和应急竞赛等系列活动。

落实全员安全生产责任。建立覆盖各层级、各岗位的安全生产责任制，实现“一岗一清单”。以月度电力生产运营会和基建协调会为载体，集团领导和产业部门逢会必讲安全；明确子分公司领导人员下现场工作标准，跟踪督导落实情况，推动“三管三必须”走深走实。

健全安全管理体系。印发《子分公司领导下现场工作要求》《发电企业高风险作业风险管控指导意见》《电力产业高风险作业安全管理指导意见》《新能源建设工程安全监督管理指导意见》等系列标准，子分公司、基层发电企业分别制修订 1700 余项和 14000 余项；印发电力产业标准化管理办法，开展体系建设培训和达标验评，56 家电力企业获评国家能源集团标准化一级。新增河曲电厂、猴子岩水电、龚嘴水电 3 家“全国安全文化示范企业”。

开展安全生产大检查。组织开展子分公司安全互查、基建工程和大修现场安全监察、水电站大坝安全和防洪度汛等专项监察。聚焦基建、检修现场安全管控，建立重点项目施工安全巡查机制，开展重点火电项目安全检查、区域互查，海上风电、大件运输、输煤系统调试等专项治理，推行子分公司、发电企业两级视频监控全覆盖，完成对 547 个开工项目、6050 万 kW 同时在建容量和 392 台次、合计工期 13640 天机组等级检修的安全监管任务。

开展安全生产专项整治。落实国家能源局专项行动要求，开展水电站和小散远发电企业、除尘器等环保设施风险隐患排查、危化品安全风险集中治理、1Cr5Mo 螺母滑脱重大风险排查整治。推进燃煤电厂尿素替代液氨改造，消除 5 家二级重大危险源，完成 4 项挂牌督办重大隐患整改。

强化安全监管能力。编制电力产业安全管理评审手册，试点开展子分公司安全管理审计；对重点企业分类监管，对事故单位落实“回头看”。成立大坝管理中心和技术监督中心，实现全集团水库大坝集约化、专业化管理，全年对 40 余座重点水电站开展现场检查，整改隐患问题 130 项。所有电力子分公司建成了运营监控中心、16 家电力公司设置了安全监察部门、10 家设立安全监察（监理）中心，实现检修、技改、基建作业安全监察全覆盖。

推进智慧安全建设。注重科技助安，构建安全生产管控平台，推动人员定位、虚拟电子围栏、三维可视化、视频监控联动等功能应用，实现重大危险源、重要区域和高风险作业实时可视化监控。龙源电力上线运行国内首套安全生产监控系统，大渡河公司推广应用机器人智能检测、上游融雪径流预报等技术。江苏宿迁电厂等单位建成基于输煤系统本质安全智能化管控系统，各单位设备可靠性、员工劳动强度和作业风险持续改善。成功应对泸定“9·5”地震，受到各界高度评价。

【节能减排】开展污染防治攻坚战，推进节能减排各项重点工作取得积极成效。烟尘、二氧化硫、氮氧化物等主要污染物排放指标和万元产值综合能耗、供电煤耗等能源节约指标持续向优。

提升绿色低碳发展理念。深入贯彻习近平生态文明思想，系统学习党的二十大精神。以国家能源集团一号文件形式印发《关于做好 2022 年生态环境保护工作的决定》，印发《“十四五”能源节约与生态环境保护专项规划》《关于深入打好污染防治攻坚战的实施意见》，加快构建生态环境治理新格局。

打好污染防治攻坚战。推进非常规煤电机组超低排放改造，在火电机组宽负荷脱硝、脱硫废水零排放改造等一批深度治理技术研发应用方面取得重大进展；严格落实“以水定产”，强化节水治水两手抓，工业用水重复利用率稳步提升，多项新技术新工艺应用实现零的突破，在呼贝公司投运国内首台极寒地区空冷机组脱硫废水零排放项目；实施工业固废综合利用、危废固废处理处置等，在火电企业试点粉煤灰专列外运开拓“西废东用”定向消纳新模式，废脱硝催化剂资源化技术研发方面取得重大突破；推进火电产业升级，实施煤电“三改联动”，2022 年累计完成超 5000 万 kW 机组改造任务，统筹谋划京津冀火电机组碳排放在线监测全覆盖，大同公司国内首套火电 CO_2 化学链矿化利用示范项目、泰州公司国内电力行业规模最大的 50 万 t/年 CCUS 项目开工建设。

社会履责取得突破。完成冬奥冬残奥会、党的二十大、全国两会等重大活动空气质量保障任务；锦界电厂 15 万 t/年 CCS 示范工程等一批生态文明重大示范项目建成投产或取得重大进展，舟山电厂国内首台新建“近零排放”燃煤机组等多项成果亮相 2022 年“奋进新时代”主题成就展，纪录片《大国基石——乌金奇迹》以国家能源集团为例介绍煤炭开采、运输、应用，展示煤炭的清洁高效利用；国家能源集团荣获“2022 责任金牛奖”，所属准能集团、国华投资等分获“绿色环保奖”；国家能源集团及所属企业广泛开展环境日、水日、低碳日、节能宣传周等公益活动，全年新增“国家能源集团生态林”5 万余亩。

【市场营销】2022 年，国家能源集团突出“稳健、协同、赋能、提质”工作导向，围绕“555”增收目标，以创建“营销增效 1432”党建品牌为抓手，聚焦“四重一要”，高效统筹，有力有序开展“省内管、省间办”，国家能源集团电热用户 18002 家，同比增加 6494 家，增长 56%。国家能源集团所属售电公司结算电量 2300 亿 kWh，同比增长 78%。

1. 创新营销方式

稳固增收创效基本盘。围绕电价上浮、合约兑现等重要工作，落实价格政策，巩固增收创效基本盘。2022 年，国家能源集团签约电量高于容量占比 1.6 个百分点。煤电售电均价较基准价上浮约 20%。辅助服务收益 8.5 亿元，同比增加 5.8 亿元。绿电交易 28.4 亿 kWh，增收 2.9 亿元。

建立完善省间交易协同机制。强化交易全过程管控，提前谋划、主动作为，抓住省间现货交易“量增价涨”的关键期，编制下发《迎峰度夏期间电力现货交易增收创效工作方案》。邀请国调中心专家现场交流，组织召开三次省间现货交易专题会，分享市场分析与交易报价心得，指导、协调子分公司参与省间现货交易，提升交易创效能力水平。2022 年，国家能源集团省间现货交易出清电量 60.7 亿 kWh，电量份额高于容量占比 7.4 个百分点。

挖掘一体化创效潜力。整合资源要素，优化量价结构，提升发电收益。深化产业一体化协同，拉动国家能源集团煤电对标领先优势扩大 54h，增发电量 106

亿 kWh，提高经营效益 11.7 亿元。深化煤电与可再生协同，实现国家能源集团内部发电权置换 166.7 亿 kWh，增加边际收益 10 亿元。深化发售协同，促进具备条件的内部产业用户购网电量全额消纳，全年内部交易电量 140.6 亿，占购网电量的 90.8%。

推进电力营销数智化转型。在行业内率先投运电力营销信息平台，支撑电力现货、负荷聚合商等各类交易精准决策，初步形成了数字赋能、平台赋能的基本框架。

加强营销专业技能队伍建设。举办国家能源集团第二届电力交易技能竞赛。优选 18 名队员参加电力交易员行业大赛，获团体一等奖 1 项、团体二等奖 2 项、团体三等奖 3 项，6 人被授予“电力行业优秀技能选手”称号。

2. 开拓电力市场

打造国能售电品牌。发挥国家能源集团资源优势，开发建设国家能源集团售电网上营业厅，上线投运售电公众号、小程序，提供便捷服务，拓展电热市场，树立品牌形象。面对疫情冲击，采取优化购电套餐、减免中小客户电量偏差考核等措施，与用户共克时艰，充分展现国家能源集团责任担当、赋能保供的企业形象。2022 年，国家能源集团发电、供热终端用户规模显著扩大，为增供扩销夯实基础。

推进“总对总”战略合作。发挥国家能源集团规模优势，推进与中石化、中国中化、中海油、京沪高铁战略合作落实落地；巩固与益海嘉里、伊利等客户合作，代理电量规模扩大；开发新的战略用户，与特来电、博格华纳等大型用户建立合作关系；推进益科正润集团海水提钾项目与集团沿海电厂开展合作。2022 年，国家能源集团与战略客户签约电量 113 亿 kWh，为提高市场占有率提供支撑保障。

提升终端市场份额。发挥国家能源集团发售一体化优势，准确把握电力用户全面入市机遇，抢占优质客户资源，提升售电公司运营质效。推进“售电 +”的理念落实落地，组织售电公司开展分布式新能源开发、设备检测、运维托管、节能诊断、虚拟电厂、绿电绿证交易等业务，全方位满足客户增值服务需求。

【信息化建设】 2022 年，国家能源集团聚焦“一网三平台四端口”建设，全面推进数字化转型。举办首届数字化转型创新创效大赛和系列培训班，培育数字化文化。新 ERP、基石系统应用深化，新能源“一区域一集控”推行，一体化协同优势强化；风险内控、全面预算、投资项目管理等系统建成，提升精细化管控水平，支撑国家能源集团智慧管理、智慧运营。电力交易网再升级，支撑国家能源集团生态协作。持续建设完善平台底座、数据底座、云网底座，以新型 IT 基础设施和能力赋能国家能源集团数字化转型和智能化建设；落实信创要求，开展各类系统和软硬件的自主可控适配和替换，办公软件的替换率接近 100%。数据资产管理体系获得量化管理级（四级）评价，创国内一流。

1. 营造数字化转型文化氛围

秉持“数字驱动转型发展，智慧引领国家能源”理念，着力打造“智慧国家能源”品牌。组织开展 2022 年数字化转型创新创效大赛和数字化转型在线培训班，培育数字化文化，发动全员学习数字化知识、培养数字化思维、建立数字化能力，各子分公司结合工作实际提出优化流程、提升效率、变革机制、创新模式的众多优秀数字化解决方案。积极发挥“智慧国家能源”公众号和网信网站宣传作用，2022 年网信网站发布稿件 2302 篇，访问 68351 次，公众号发布推文 813 篇，订阅人数 194364 人。

2. 构建智慧管理体系

推进一体化集中管控系统深化应用。优化 ERP 实施方法和工具，新成立单位保证在 7 天内完成 ERP 系统实施，确保 232 家新能源单位及时开展项目建设任务；推进内部交易业务协同，保证购销双方业财数据的一致性、同步性和准确性，提高商流交易处理效率；加强系统流程优化，梳理排查业务管控盲区，堵漏洞、补短板，促进管理提升；内控风险管理系统将风险指标嵌入 ERP 业务前端，实现实时监控预警；审计数字化实现合同管理、物资采购、八项规定落实、薪酬福利、资金管理等 5 个领域的线上审计；完成投资项目管理系统、工程财务系统和电力基建 MIS 系统开发建设，创新性实现基建项目“一键竣决”，支撑新能源转型和大规模投资项目建设管理。深化国资在线监管。国资在线监管系统上线试运行，完成国资委新下发的监管指标库 2.0 的监管指标梳理溯源，完成战略规划、法制建设、财管运行、监督巡视、党建管理、社会责任等 16 个领域监管数据治理和监管分析建设。

3. 建立智慧运营体系

推进新能源区域集控中心建设。新能源一区域一集控建设初见成效，实现“风光水火”联动，推动属地电网政策调整，助力新型电力系统构建，推动国家能源集团品牌影响力提升，涌现多个行业内模式首创，搭建国家能源集团新型新能源生产运行的“四梁八柱”。完善电力省公司一体化运营管控系统，系统于 2022 年度全面上线，覆盖国家能源集团全部 28 家电力省公司，152 家火电站，439 台机组，建成安健环管控、生产管控、燃料管控、计划与绩效、对标分析等 8 大模块。

4. 打造生态协作体系

构建一流的国家能源集团电力交易决策支持与智能售电系统。电力营销信息化平台已支撑国家能源集团、36 家子分公司、773 家电厂、32 家售电公司的三级应用，实现电热计划执行、行业对标、合同履约、交易监控的全流程管理。现货交易辅助决策模块在山西公司、浙江公司两个试点上线试运行，成效显著。

5. 强化新型IT基础设施和能力建设

建设完善平台底座、数据底座、云网底座，以新型 IT 基础设施和能力赋能国家能源集团数字化转型和智能化建设。

6. 强化网络安全管控体系

完善网络安全纵深防御体系，国家能源集团统一互联网出口收敛至两个，减少互联网资产暴露面；完成统建态势感知平台广域网流量汇聚节点全覆盖，实现态势感知平台的一体化威胁处置和互联网攻击的自动阻断；优化广域网防火墙策略，降低广域网横向攻击风险；工控态势感知平台已覆盖 718 家生产单位，推进平台深化应用，提升工控领域网络安全水平。

【人力资源】 2022 年，国家能源集团贯彻落实中央人才工作会议精神，推进高素质专业化干部人才队伍建设，助力完成国企改革三年行动收官，为加快建设国有资本投资公司、创建具有全球竞争力的世界一流能源集团提供坚强的组织保障和人才支撑。

（1）打造高素质干部人才队伍，助力改革发展转型。坚持把政治标准放在首位，选优配强子分公司领导班子。制定印发《干部选拔任用纪实工作制度》《子分公司领导班子职数管理办法（试行）》，领导班子职数管理更加规范科学。18 家子分公司“一把手”交流任职。推进年轻干部工程三年行动。基层生产单位班子“80 后”干部占比提高至 25%。选派 100 名左右年轻干部到基层企业交流锻炼。实施新时代人才强企战略，研究制定《国家能源集团党组贯彻落实中央企业人才工作会议精神有关措施》等文件，加强高端人才引进，开展首席师评聘，落实毕业生稳就业政策。

（2）高质量推进改革攻坚任务，提升运转质量效能。深化三项制度改革，制定推进领导人员能上能下实施细则（试行），党组管理干部退出领导岗位 3 人，全系统管理人员末等调整和不胜任退出 846 人；管理人员竞聘上岗率由 47%提升至 61%。制定印发《关于深化劳动用工市场化改革的指导意见》，建立“劳动合同＋岗位协议＋绩效考核”三位一体市场化用工契约管理体系，研究成果《国家能源集团三项制度改革研究报告》，入选国资委案例汇编，在国资委首次专项评估中，国家能源集团获评一级（A 类），在中央企业中排名第四。完善组织机构职能体系，强化总部职能，提高管控效能。设立内蒙古分部，作为总部派出机构。调整优化“碳业务”管理体系，在党建工作部设立直属纪委工作处，理顺工作体制机制。印发《关于优化新能源组织机构管理模式有关问题的答复意见》，按期完成全部 73 家压减计划，有关压减经验做法在《国有企业改革动态》刊发。制定印发《关于加强科技人才激励通知》，在科研单位建立工资总额备案管理机制，聚焦煤炭清洁高效利用、新能源与装备制造、节能环保等科技创新领域，22 家单位实施中长期激励。完善全口径人工成本管理机制，建立以预算管理为基础的人工成本闭环管理机制。

（3）高标准强化能力作风建设，锤炼过硬斗争本领。强化总部能力和人才队伍建设，提升总部服务水平。遴选第五批总部到基层挂职锻炼人选，建立国家能源集团荣誉退休制度。加强干部员工专业培训，全年组织开展集中培训 48921 人；选派 243 名年轻干部参加优秀年轻干部培训班，完成年轻干部人选全员轮训。推行全员绩效考核，编制出版《全员绩效考核指引》系列丛书，涵盖 978 个关键岗位绩效考核标准和 63 个绩效考核案例，填补能源行业部分岗位绩效考核标准缺失的空白。推进子公司董事会建设，优化二级子公司董事会结构，调整补充 37 家二级子公司董事监事岗位，制定《子公司外部董事召集人管理办法》等制度，规范董事会授权管理。

【公益事业】 2022 年，基金会共捐赠支出 5.23 亿元，包括国家能源集团定点帮扶和对口支援 2.8 亿元、应急救灾 1.37 亿元、自有项目和捐赠平台项目 1.06 亿元。

开展自有爱心品牌项目，提升“国能公益”品牌形象。围绕健康医疗、文化教育、民生保障、生态环保等领域开展核心公益品牌项目，全年共实施自有项目 26 个。

全年救助困境家庭 0～18 岁先心病和白血病儿童 1249 名，项目持续 12 年，累计救助患儿 3.16 万名；在河北省筛查新生儿 1.6 万名，项目持续 7 年，累计筛查新生儿 12.3 万名。在西藏嘉黎县开展乡村医生培训、儿童先心病筛查及兜底救助，培训医生 40 名，筛查儿童 316 名，确诊 22 名。捐资 522 万元支持布拖县艾滋病防治。捐资 200 万元支持中国乡村发展志愿服务促进会开展白内障救治。通过中国煤矿尘肺病防治基金会开展煤矿工人尘肺病防治工作。

凝心聚力助推文化教育。重点围绕大凉山教育短板实施精准帮扶，捐资 1352 万元为布拖县全县中小学生购买教辅资料，惠及学生 18.8 万人次。对阿布泽鲁孤儿学校进行深度帮扶，捐资 78 万元为学校配备图书阅览、热水供应设施，给每个学生购买厚被褥。捐资 352 万元为援建的依撒小学和地洛镇第二小学共 4130 名学生购买“爱心校服”，提升学校办学形象。开展爱心助学项目，向新疆和田地区捐资 250 万元，向甘肃舟曲捐资 30 万元，受益师生 872 人。在 9 个县设立的“扶贫日”助学资金持续发放，提高学生学习和教师教学的积极性。

2022 年，国家能源集团搭建“人人公益”献爱心平台，开展“爱心图书”捐赠活动，鼓励员工将家中闲置图书捐给9个对口帮扶县的中小学生，共有1.93万人参加，捐赠图书6.36万本，丰富帮扶地区孩子课外图书资源的同时，激发员工的公益热情。助力子分公司新能源发展，捐资100万元向云南省香格里拉市和开远市共62所中小学捐赠爱心图书17万册，满足当地学生阅读需要。重点关注乡村人才振兴和基层干部素质提升，组织9个县42名基层干部到中央党校（国家行政学院）参加“国能乡村顶梁柱”干部培训班。

开展特色生态环保。践行“两山”理论，组织开展“网上植树”活动，全年参与植树1.87万人次，捐款49万元，活动累计捐款445.56万元。怀安公益林项目基本完成种植，正在进行标识牌制作安装等收尾工程，项目建设进程通过“网上植树”数字展示平台进行实时展示。与西门子能源共同捐资在右玉建设1000亩公益林，已完成协议签订、资金拨付和项目招标。

围绕“一老一小”助力民生保障。在湖南邵阳援建的54所“儿童之家”全部通过验收，为留守儿童提供了良好的成长环境和心灵港湾，捐建的隆回县建华村“儿童之家”被邵阳市民政局作为样板，湖南省委书记调研时给予高度评价。发扬传承爱国主义精神，资助在世的5位抗战老兵、1位南侨机工及黄骅烈士女儿安享晚年。扩大在西藏嘉黎县户用式光伏捐赠项目实施范围，为尼屋乡萨旺村、孜布村76户居民安装户用式光伏通电设施，有效解决高原牧民用电难的问题。

2022年，国家能源集团发挥公益基金会捐赠平台作用，深化“国能公益”品牌建设，将公益慈善与乡村振兴深度结合，本着专业示范、精准帮扶、项目效益最大化的目标导向，推进公益基金会高质量发展。

一是公益基金会公益慈善专业化水平提升，公益项目实施效率效果齐头并进，公益基金会内部治理水平受到民政部等上级单位领导和同行专家的高度评价和肯定，经验成果在全国性社会组织内部治理培训大会上进行专题分享，央企公益基金会示范引领作用得到发挥，提升国家能源集团企业形象和社会影响力。

二是搭建“人人公益”平台，鼓励员工与帮扶地区孩子共享闲置图书资源，激发员工公益热情，展现员工博爱奉献的良好精神风貌。

三是“国能公益”品牌影响力扩大，医疗救助和爱心助学帮扶模式完善巩固，爱心品牌公益项目越做越精，国家能源集团公益故事广泛传播，深入人心。

四是发挥公益基金会平台和资源优势，紧密围绕帮扶地区短板不足实施精准帮扶，赋能欠发达地区教育提升和人才振兴。引入优质社会资源，开展扶志和扶智项目，通过助力人才振兴带动提升整体帮扶成效。

五是履行央企社会责任，全年支持疫情防控和抗震救灾捐赠资金1.37亿元，捐资力度历史最高，体现集团胸怀“国之大者”和践行央企责任担当的良好形象。

【工会工作】 2022年，贯彻落实国家能源集团一届五次职代会暨2022年工作会议精神，落实国家能源集团党组各项决策部署，树牢“稳健、协同、赋能、提质”工作导向，坚持“聚心、聚力、聚才、聚效”工作主线，突出加强政治引领，加强制度建设，开展“一杯两赛”，启动实施“健康国能”工程，深化典型选树，加强工会建设和党的建设，发挥工会优势，创造工会价值，多个方面工作实现新提升新突破，得到上级单位肯定。

制度建设优化升级。对标对表新《中华人民共和国工会法》，开展制度“立改废”工作，全年制订印发工会制度9项，通过系统汇编、整合，工会制度总数压缩为15项，形成了系统完备、科学规范、精简高效的“2+9+N”工会制度体系。“2”即2项指导性意见，为加强工会建设、推动女职工工作明确方向、提出行动纲领；“9”即9项基础性制度，覆盖一杯两赛、劳模评选、职工健康、困难帮扶、班组激励等全工作链条，搭建了工会工作的“四梁八柱”；“N”即N项配套实施方案，聚焦职工群众关心关注的多项重点工作，从目标要求、工作措施、组织实施等方面做出明确安排，形成了依法建会、依法管会、依法治会的良好局面。

民主管理质效双升。坚持全心全意依靠职工办企业方针，制定印发《关于进一步加强国家能源集团职工代表大会制度建设实施方案》，深化“双路径”职工民主管理新体系，保障职工的知情权、参与权、表达权、监督权。落实职代会职权，召开国家能源集团一届五次职代会暨2022年工作会议，做好提案征集和答复落实工作，提案办复率100%，答复满意率100%。深化提案管理，明确具有全局性、前瞻性、引领性的十大重点提案进行重点办理落实，加大提案激励力度，开展重点提案和优秀提案评选奖励，激发职工参与民主管理的积极性，发挥广大职工在推动高质量发展中的重要作用。

“一杯两赛”集智赋能。坚持内赛重质量、外赛争奖项、办赛创品牌。制定印发《“一杯两赛”管理办法》，推进竞赛制度化、规范化、品牌化管理。部署2022年“一杯两赛”工作，470项子分公司级竞赛项目纳入年度竞赛目录推进实施，职工参与度、覆盖面均创历史新高。开展17个竞赛项目，实现国家能源集团主要业务全覆盖。参加上级竞赛，全年组织参加全总竞赛10项、行业竞赛1项。在全国“安康杯”竞赛活动中，48个单位和个人获奖。加强竞赛品牌建设及宣传推介，“一杯两赛”纳入国家能源集团首批优势品牌建设名录。做好全国能源化学地质系统“社会主义是干出来的”劳动竞赛和两项全国引领性劳动和技能竞赛，国家电网公司、中煤集团等单位已申报45项劳动竞赛，参赛人数达150万人次，取得阶段性成效，筹办竞赛推进会，推动竞赛走深走实，让伟大号召在能源化学地质系统落地生根。

创新创效提速加力。加强职工创新创效顶层设计，规范创新创效工作室管理，修订完善国家能源集团劳模和工匠人才创新创效工作室管理办法，推动建设具有国家能源集团特色的高端化、智能化创新创效工作室。整合现有办学实体资源，推进工匠学院建设。参加上级创新创效活动，推荐101个项目成果参加能源化学地质系统优秀职工技术创新成果评选，226个项目成果参加中电联电力职工技术创新奖评选。在第二届全国电力企业班组岗位创新创效活动中，获特等奖2项、一等奖7项、优秀奖14项、班组建设示范单位2个，在参赛单位中获奖率第一，激发职工的创新创效热情。

典型选树实现突破。建立健全典型选树工作机制，让人人尽展其才，人人皆能出彩。2022年评选表彰“巾帼文明岗”30个、“巾帼建功标兵”80名；评选表彰劳动竞赛优胜单位71个、先进个人95名；评选表彰技能竞赛工匠20名、技术能手193名。2个集体获“全国工人先锋号”，3名职工获“全国五一劳动奖章”；2名职工家庭获第十三届“全国五好家庭”，1名职工家庭获“全国最美家庭”；5名职工获全国能源化学地质系统第七季“大国工匠”；大渡河公司徐博海入选全总新时代典型人物重点培育对象。13人参加“大国工匠”和“中央企业技术能手”申报，31个集体和个人参加全国煤矿行业先进典型申报，申报数量再创新高。广泛宣传先进典型事迹，多角度展现劳模工匠风采，五一前夕向全体职工发出慰问信，让“劳动光荣、创造伟大”成为时代强音。

文化育人特色鲜明。围绕主题主线，广泛开展职工群众喜闻乐见、寓教于乐的主题文化活动。举办“喜迎二十大 建功新时代”系列歌曲、舞蹈、曲艺小品、书法、绘画、摄影、诗词、微电影等主题文化活动，征集职工优秀作品超2100余件（个），打造“嘉年华”式职工文化服务网络，满足职工多层次精神文化需求。举办首届职工报告文学创作大赛，评选出一等奖10篇、二等奖20篇、三等奖30篇、优秀奖16篇，其中6篇在《中国报告文学》《脊梁》杂志刊发。编印“绿色发展 追求卓越”职工书画摄影优秀作品集，297幅作品入册。

巾帼芳华竞相绽放。深化“巾帼建功”创建活动，注重从生产一线、基层岗位、职工身边发现典型。在“三八”国际劳动妇女节期间，开展“建功十四五 巾帼绽芳华”主题宣传，宣传受表彰的“巾帼文明岗”和“巾帼建功标兵”先进事迹，展示“女职工”半边天风采。推动和谐家庭建设，宣传荣获“全国五好家庭”“全国最美家庭”职工家庭的先进事迹，展现职工家庭良好精神风貌。组织女职工开展学习宣贯党的二十大精神专题宣传活动，筹办“同庆二十大 关爱女职工”系列主题讲座，激励广大女职工立足岗位建功立业。

关爱工程精准实施。推进“健康国能”工程，抓好普及健康知识、创建健康食堂、建设健康小屋等十项重点任务落实落地，制定出台健康小屋试点建设方案和标准，启动健康食堂申报评估，拓展职工疗休养活动范围，联合举办职业健康管理与健康中国建设专题讲座，推动职工健康素养水平稳步提升。开展“两节”送温暖活动，关注疫情严重地区生活不便的职工家庭、派驻挂职干部、革命英烈后代和海外员工家属等，共发放慰问金8951.19万元。关心困难职工，开展困难职工大病救助，向534名困难职工家庭发放救助金1989.5万元。

自身建设筑牢夯实。夯实工会组织建设，加强分类指导，督促31家子分公司完成工会组建、换届和届内补选工作，实现了应建尽建、应换尽换，具备条件的二级单位实现工会组织全覆盖。加强工会干部队伍建设，公开选聘优秀人才充实到工会干部队伍中，人员梯次结构更加合理，干事创业劲头更加充沛。开展理论创新研究，参与党建政研会课题和“揭榜挂帅”政研课题研究，工会部牵头开展的“实施四聚工程 赋能央企高质量发展研究”列入重点培育课题，在结题报告答辩中获得外部专家高度评价，推动理论创新和实践创新的良性互动、螺旋式上升。加强工会宣传，多篇文章在学习时报、工人日报、《企业管理》杂志等主流媒体刊发。加强调查研究，开展煤炭企业职工队伍情况调研和职工队伍状况调查，为党的二十大和中国工会十八大提供决策参考。

【获奖工程】

（1）国家能源集团锦界电厂三期2×660MW工程获国家优质工程金奖。项目位于陕西省榆林市神木市锦界工业园区，建设“世界首例高位布置”2×660MW超超临界直接空冷燃煤汽轮发电机组，是落实国家大气污染物防治计划的重要建设项目，也是国家“西电东送”北通道的重要电源点。项目2016年3月核准，2018年5月28日开工建设，2020年12月23日、31日两台机组相继投产。项目获得2022年度中国电力优质工程奖，2022—2023年度“国家优质工程金奖”，入选中国电力建设企业协会“电力建设40年经典工程集（金奖集）”。

（2）国家能源集团印尼爪哇7号2×1050MW燃煤发电工程获国家优质工程金奖。项目位于印尼万丹省西冷市，是印尼政府2014年制定的五年“电力发展规划”重要项目之一。项目2017年6月30日开工建设，1、2号机组分别于2019年12月、2020年9月建成投产。项目采用中国设计、中国标准、中国制造，获得2022—2023年度国家优质工程金奖、2022年度中国电力优质工程奖、2021年度亚洲电力“煤电项目金奖”及“快发能源项目金奖”等多个国内外重要奖项，是中国“一带一路”与印尼“全球海洋支点”战略对接的典范。

（3）国家能源集团国神府谷二期2×660MW工程获中国电力优质工程奖。项目位于陕西省榆林市府谷县，是国家“西电东送”北部通道主力电源项目、13条治霾跨区送电通道的配套电源点，也是陕西省“十三五”规划的重点电源项目。项目2016年3月核准，2018年6月27日开工建设。2020年12月27日、31日两台机组相继投产。项目获评中国电力规划设计协会“优秀工程设计”一等奖、2022年中国电力优质工程奖。

（4）国家能源集团龙源江苏射阳海上南区400MW风电工程获中国电力优质工程奖。项目位于江苏新洋港口至斗龙港口之间的海域，场区中心离岸约40km。项目总装机容量405MW，安装90台单机容量4.5MW风力发电机组，配套建设1座220kV海上升压站和1座陆上集控中心，通过2回220kV海缆接入陆上集控中心。项目2019年1月开工建设，2020年12月全容量投产。该项目是国内首次采用风机及基础一体化设计和PTC包覆式防腐蚀系统的海上风电场，荣获2022年度中国电力优质工程奖。

（5）国家能源集团龙源电力尚义陈所梁300MW风电工程获中国电力优质工程奖。项目位于河北省张家口市尚义县，总装机容量300MW。安装100台3.0MW风力发电机组，建设1座220KV升压站，2020年4月开工建设，12月全容量投产。工程投产后，为2022年北京冬季奥运会提供了可靠的绿色能源保障，为区域风电开发树立了成功典范，荣获2022年度中国电力优质工程奖。

（6）国家能源集团国能定边新庄100MW风电场工程获中国电力优质工程奖。项目位于陕西省榆林市定边县，总装机容量100MW，安装50台联合动力UP2000－121S型风力发电机组，配套新建1座110kV升压站。项目2018年8月开工建设，2019年12月全容量投产，荣获2022年度中国电力优质工程奖。

（7）国家能源集团国华磴口100MW光伏治沙储能竞价项目获中国安装工程优质奖。项目位于内蒙古自治区巴彦淖尔市磴口县，总装机容量为100MW，配套建设1座220kV升压站和1套5MWh储能系统，2020年11月开工建设，2021年4月30日投产，获评2022年度中国电力优质工程奖，2021—2022年度第二批中国安装工程优质奖（中国安装之星）。

（8）国家能源集团龙源彬州大佛寺50MW农光互补光伏发电工程获中国安装工程优质奖。项目位于陕西省咸阳市彬州市，总装机容量50MW，配套建设1座110kV升压站，2020年10月开工建设，12月全容量投产，获评2021—2022年度第二批中国安装工程优质奖（中国安装之星），为进一步提高行业安装工程质量水平起到了示范作用。

【国际合作】

1. 国际交流

一是配合国家外交，主动参与中德、中法、中俄、中希、中蒙等双边合作机制和“一带一路”能源合作伙伴关系合作网络相关合作。二是开拓国际交流合作新渠道，与法国电力、西门子能源、蒂森克虏伯、华为光伏、南非沙索、美国通用电气、欧洲复兴开发银行等在清洁能源、绿色化工等领域的交流合作。三是深化与世界经济论坛、国际能源署煤炭工业咨询委员会、国际氢能委员会、亚太电协等国际组织及全球行业平台的交流合作。2022年1月，推动准能集团矿区生态修复案例成功入选世界经济论坛《新自然经济》报告，成为煤炭行业清洁化发展的唯一案例；推动国华锦界电厂二氧化碳捕集、利用与封存（CCUS）示范工程、长源荆门热电厂燃煤生物质耦合发电项目案例入选国际能源署CIAB年度报告。四是加强国际科技交流，在能源局指导下，成立未来清洁能源技术（CET）中心，打造APEC地区的清洁能源技术交流国际平台，开展《东盟地区2060年碳中和路线图和投资机会研究》，促进互动交流和优质项目落地，把中国成熟的低碳环保技术和装备推向东盟及世界。2022年发布了3项国际标准。五是参与国际性、区域性会议会展活动，通过东盟博览会、进博会、中国国际清洁能源博览会及亚太电协展览会等会展活动，重点展示国家能源集团推动共建“一带一路”高质量发展、绿色低碳转型等领域的成果。

2. 国际项目

（1）南非德阿一期、二期风电项目。德阿风电项目位于南非中部北开普省德阿镇，是龙源电力在2013年南非政府可再生能源国际招标中成功中标的风电投资项目。该项目分两期建设安装163台联合动力UP86－1500风机，电力总装机容量24.45万kW，总投资22.59亿元人民币。项目于2015年10月开工建设，2015年12月15日，中国神华中标印尼国家电力公司（PLN）公开招标的印尼爪哇7号项目，由中国神华与PLN所属子公司PJBI按70%:30%的股比成立神华国华（印尼）爪哇发电公司。2017年10月投入商业运行，是中国国有发电企业在非洲首个集投资、建设、运营为一体的风电项目，被南非风能协会评选为“2014 年度优秀开发项目”。2022 年，龙源电力南非项目在海外履责方面的突出表现，荣获“海外履责奖”。

（2）爪哇 7 号燃煤电站项目。项目位于印尼爪哇岛万丹省，规模为 2×105 万 kW 超超临界燃煤发电机组，配套建设 1.4 万 t 级卸煤码头，同步建设 500kV 线路 π 接至厂址附近线路。国家能源集团（时为神华集团）于 2015 年 12 月中标该项目，并由旗下原国华电力控股 70%与 PJB 公司（PLN 的全资子公司，持股 30%）组成项目公司，按照“建设－运营－拥有－移交（BOOT）”方式运作 25 年。项目于 2016 年 11 月开工，2021 年 7 月实现双机组商业运行。印尼爪哇公司荣获“2022 年度中国国家优质工程金奖”“中国电力优质工程奖（境外工程）”和“2022 年度印尼环境和社会治理计划”荣誉。印尼爪哇公司作为第一完成单位荣获“2022 年中国安装协会科学技术进步奖一等奖”和“中施企协工程建设项目设计水平评价一等成果”等奖项。11 月 23—24 日，由中国社会责任百人论坛发起、致力于推动中国社会责任发展领域的权威奖项“2022 责任金牛奖”“ESG 金牛奖”结果公布，龙源电力在海外履责方面的突出表现，荣获“海外履责奖”。龙源电力在海外实施本地化经营，在项目开发、建设和运营过程中，建立与各地方代表的定期沟通交流等机制，努力加强与各地方政府之间的密切联系，积极采纳当地政府、企业和居民的合理建议，改善当地基础设施，推动地方新能源建设，为促进当地经济、社会和环境协调发展，打造新时代人类命运共同体作出贡献。

（3）南苏煤电一体化项目。南苏煤电一体化项目是国家能源集团（时为神华集团）在境外投资建设的第一个独立发电商项目，位于印尼南苏门答腊省巨港市穆印县境内，规模为 2×15 万 kW 燃煤机组，配套建设年产 210 万 t 煤矿和 100km 送出线路。2008 年，中国神华、EMM（印尼私企）以 70%：30%股比成立神华国华（印尼）南苏发电有限公司，以“建设－运营－拥有（BOO）”模式运营，项目总投资 3.8 亿美元。2009 年 7 月项目开工建设，2013 年 2 月实现项目商业运行。印尼南苏公司获得亚洲电力 2022 年“年度创新发电企业（印尼地区）”“年度独立发电企业（印尼地区）”和“年度煤电项目铜奖”三项大奖，连续五年在 Asian Power 电力行业评选活动中斩获殊荣。

（梁明宇　刘　骜　童梅云）

【龙源电力集团股份有限公司】

公司概况　龙源电力集团股份有限公司（简称龙源电力），前身为成立于 1993 年 1 月的龙源电力集团公司，先后隶属能源部、电力部、国家电力公司、中国国电集团公司。2009 年 7 月 9 日改制为龙源电力集团股份有限公司，现为国家能源集团旗下以开发运营新能源为主的大型综合性发电集团。

龙源电力是中国最早开发风力发电的专业化公司。率先开拓中国海上、低风速、高海拔等风电领域，率先实现中国风电“走出去”，是中国风电行业的先行者、开拓者、引领者。2009 年，龙源电力在香港主板成功上市，被誉为“中国新能源第一股”，2022 年在 A 股成功上市。拥有风电、光伏、生物质、潮汐、地热和火电等发电项目，业务遍布中国 32 个省（区、市）和加拿大、南非、乌克兰等国家。

截至 2022 年底，控股装机容量达 31107.84MW，其中，风电控股装机容量 26191.84MW，火电控股装机容量 1875MW，其他可再生能源控股装机容量 3041MW。

领导班子

截至 2022 年底，龙源电力领导班子共 8 人：

党委书记、董事长：唐坚

党委委员、总会计师：杨文静

党委委员、纪委书记：郭爱军

副总经理：丁鶄

党委委员、副总经理、工会主席：宫宇飞

党委委员、副总经理：陈强、夏晖、王琦

组织机构　共设 17 个部门：综合管理部（党委办公室）、组织人事部（人力资源部）、党建工作部（党委宣传部、团委）、纪委办公室（党委巡察办公室）、规划发展部（基地项目办公室、新能源政策研究和经济评价中心）、安全环保监督部、生产技术部、工程建设部、财务产权部、计划经营部、企业管理与法律事务部、证券事务与投资者关系部（董事会办公室）、科技部、审计部、采购与物资管理部、工会工作部、党委巡察组。

党建工作　深入学习宣贯党的二十大精神，统筹推进党史学习教育常态化长效化，通过专题宣讲、主题党日、专题党课等方式，营造浓厚学习氛围。实施“风展党旗、赋能而上”党建品牌战略，深化岗位建功行动，入选国家能源集团党建创新标杆单位。加强新闻宣传和信息报送工作，“潮光互补”项目在《新闻联播》等主流媒体播发，国资委录用信息稿件创历史新高。开展“廉洁工程”建设，建立富有龙源特色的“135”廉洁文化体系，筑牢拒腐防变堤坝。推动纪检、审计、财务等各类监督贯通协调，构建“大监督”体系。推进巡察工作，创新境外企业巡察模式，党委完成巡察全覆盖。建立“1＋N”巡察整改协作机制，努力做好“后半篇文章”。

深化改革　改革行动收官。完成国企改革三年行动，改革案例入选《国资报告》。深化任期制和契约化管理，龙源电力及所属单位 162 位经理层成员和 16 位专职纪委书记全部签约。加强定量考核，经理层经营业绩责任书定量指标超过 50%，实行新能源专项奖励，推进全员绩效考核，实现浮动工资占比 72%，收入差距倍数平均达 1.58 倍。一流企业创建取得成果，龙源电力及江苏海上等多家单位入选国家能源集团一流企业建设“领先行动”“创先行动”名单，单项和总量名列新能源板块前茅。

治理效能提升。修订决策事项清单，制定董事长专题会议事规则，进一步厘清党委、董事会、经理层权责边界。深化“四重一要”管理，通过考核、约谈、通报和《月度业绩考评告知书》等方式，推动工作落地闭环。完善法人治理体系，控股不控权、法人单位压减等专项工作取得成效。适应 A 股市场监管要求，加强董事会建设和三会管理，理顺关联交易事项，创新投资者关系维护，获评中国证券金紫荆奖“最佳上市公司奖”。推进 ESG 体系建设，获评“央企 ESG·先锋 50 指数”第 14 名。

主要事件

1 月 14 日，由龙源电力太阳能公司独立研发的拥有自主知识产权的国内首例海上半潜式光伏平台及系泊系统试验模型正式下水。这标志着海上光伏浮式设计方案已经完成模型计算和理论分析工作，正式进入试验论证阶段。

1 月 21 日，江苏省发展改革委发布《关于江苏省 2021 年度海上风电项目竞争性配置结果的通知》，确定射阳 100 万 kW 海上风电项目由国家能源集团牵头的联合体中选。

1 月 24 日，龙源电力在深圳证券交易所挂牌上市。龙源电力通过吸收合并方式登陆 A 股，A 股上市后，龙源电力将打通“A+H”资本通道，境内外融资渠道更加通畅、资产规模效应更加释放，核心竞争力与持续盈利能力得到进一步巩固和提升。

1 月 28 日，龙源电力四届五次职工代表大会暨 2022 年工作会议在北京召开。

2 月 24 日，龙源电力与山东省潍坊市临朐县人民政府签订 1130MW 项目开发协议。根据协议，龙源电力在临朐县开发新能源项目概算总投资人民币 102 亿元以上，涵盖光伏、储能、氢能、光伏材料等诸多内容。

3 月 21 日，龙源电力江苏海上公司环港风电场、海安海上风电场先后成功建成江苏省首批中近海海域海上风机 5G 基站，使得 5G 信号成功覆盖周边 50km 海域，区域网络下载速率实测达 400Mbit/s，实现了江苏海域 5G 网络从无到“优”的突破。

4 月 2 日，中国科协办公厅公布 2021—2025 年第一批全国科普教育基地认定名单，龙源电力浙江公司温岭江厦潮汐试验电站成功入选。

5 月 11 日，龙源电力碳资产公司建成行业首个燃料端碳排放在线监测系统，并正式通过 100 天试运行测试，实现 100%碳排放指标数据全自动实时采集、传输、计算和分析，全流程排除人为因素干扰，确保碳排放数据质量。

5 月 18 日，龙源电力江苏公司盱眙 10MW/20MWh 时磷酸铁锂储能电站并网运行，标志着龙源电力最大储能电站、江苏省首个新能源配套储能发电项目成功投产。此项目为国家能源集团“海陆风光储多能互补关键技术与应用研究”科技创新项目的陆上风储示范工程。

5 月 30 日，龙源电力浙江公司（浙江龙源新能源发展有限公司）实现全国首座潮光互补型智能光伏电站——浙江温岭潮光互补型智能光伏电站全容量并网发电。该电站是全国首个也是迄今为止唯一一个潮光互补智能光伏电站，位于浙江省温岭市坞根镇，总装机容量 100MW，设计布置 24 个发电单元，合计安装 18.5 万余块高效单晶硅双面组件。

5 月 31 日，福建公司漂浮式海上风电融合深海养殖关键技术研发与工程示范项目取得福建省科技厅立项批复。

6 月 2 日，龙源电力碳资产公司通过中国绿色电力证书认购交易平台完成首笔国内绿证交易。

6 月 8 日，国家能源局发布公告，由龙源电力主编的能源行业标准《智能风电场技术导则》（NB/T 10918—2022）获批准发布，并于 2022 年 11 月 13 日起正式实施。该标准是国内风电场智能化领域发布的首个行业标准，也是智能风电领域标准体系中的奠基性标准，对指导风电行业数字化、智能化转型升级具有重要意义。

6 月 9 日，龙源电力安徽公司与安徽省明光市人民政府、山东力诺阳光电力科技有限公司在山东济南签订合作协议，拟投资 101.5 亿元在明光新建 600MW 新能源项目及光伏组件、储能电池生产线、共享储能基地。

6 月 28 日，中国电力建设企业协会发布“2022 年度中国电力优质工程奖”评审结果，龙源电力江苏射阳海上南区 40 万 kW 风电项目、河北尚义陈所梁 30 万 kW 风电项目获评“2022 年度中国电力优质工程奖”。

7 月 10 日，龙源电力自主开发建设完成国内首个风电场三维设计软件——“三维数字化设计平台”，助力风电场正向三维设计，新华社等媒体进行报道，点击量突破 100 万次。

8 月 12 日，由龙源电力建设的国家能源风电运营技术研发（实验）中心西安实验室揭牌落成仪式在西安举行，国家能源局科技司对此复函并表示祝贺。

9 月 5—7 日，应国网智慧车联网技术有限公司邀请，龙源电力与中国电力企业联合会等单位共同主办的“2022 中国电动生态博览会”在江苏南京开幕，龙源电力亮相绿电生态成果展。

9 月 9 日，腾格里沙漠 3GW 新能源基地光伏复合项目开工，该项目是国家第一批沙戈荒项目、龙源电力第一个沙戈荒开工的项目。

9月19日，龙源电力在行业内首次提出并成功应用复合防覆冰技术，填补了风电机组叶片防覆冰技术空白。龙源电力碳资产公司成功与刚察县签署草原碳汇项目开发合作协议，标志着国家能源集团第一个草原碳汇开发项目的正式落地。

11月9日，龙源电力福建公司漂浮式海上风电融合深海养殖关键技术研发与工程示范项目半潜式浮体平台在浙江舟山开工建造，标志着全球首个漂浮式风电与网箱养殖融合示范项目正式开工建设。

12月1日，在中国和南非建交25周年之际，国家能源集团龙源电力与南中经贸协会、人民网南非公司联合主办的“彩虹向未来”中国—南非企业“云开放日”主题活动，同时在中国（北京、甘肃）和南非（约翰内斯堡、北开普省）以实时视频连线的方式举行。通过跨越国界的文化交流，讲述共建“一带一路”清洁能源合作故事，促进“一带一路”民心相通，展现中国企业的良好国际形象。

12月1日，龙源电力集团股份有限公司召开中层以上管理人员大会。国家能源投资集团有限责任公司董事、党组副书记王敏出席大会并讲话，国家能源投资集团有限责任公司组织人事部主任王进强宣布了集团党组关于龙源电力集团股份有限公司党委书记、董事长调整的决定：唐坚任龙源电力集团股份有限公司党委书记、董事长，免去其龙源电力集团股份有限公司总经理职务。

12月24日，宁夏公司贺兰山“以大代小”等容技改项目首台风机顺利并网发电。是全国首个备案的“以大代小”风电等容技改项目，也是龙源电力首个“以大代小”项目。

（刘智益）

【国能大渡河流域水电开发有限公司】

公司概况 国能大渡河流域水电开发有限公司（简称大渡河公司）是国家能源集团所属最大的集水电开发建设和运营管理于一体的大型流域水电开发公司。大渡河公司于2000年11月在成都高新区注册成立，截至2022年底，大渡河公司设有部门13个，基层单位22个，职工2141名。大渡河公司业务涉及常规水电、抽水蓄能等清洁能源项目和光伏、风电等新能源项目开发，积极推进碳资产业务和国际合作项目。在川投运电站有龚嘴、瀑布沟、大岗山、猴子岩等9个大渡河流域电站和12个其他流域电站，总装机容量1173.5万kW，约占四川统调水电总装机容量的27%，发电量约占四川全社会用电量的五分之一，承担四川电网主要调峰调频任务。在建水电项目有双江口、金川、枕头坝二级、沙坪一级4个电站，总装机352万kW。水电前期项目有老鹰岩一级、老鹰岩二级、丹巴、巴底、安宁5个项目，总装机容量295万kW。新能源资源获取85万kW，目前在建20万kW。大渡河公司先后荣获全国脱贫攻坚先进集体、全国“五一”劳动奖状、全国文明单位、全国模范职工之家等荣誉，创新成果获得国家科技进步奖二等奖、四川省科技进步奖一等奖等省部级以上奖项170项。

领导班子

党委书记、董事长：杨勤

党委副书记、董事、总经理：周业荣

党委委员、纪委书记：高廷源

党委委员、副总经理：李攀光、陈刚

党委委员、总会计师：计军恒

党委委员、副总经理：李林

组织机构 总部设综合管理部（乡村振兴工作办公室）、组织人事部（人力资源部）、党建工作部（党委办公室、党委宣传部、工会办公室）、纪委办公室（党委巡察办）、企业管理与法律事务部（董事会办公室）、财务产权部、安全监察部（生态环保部）、生产管理部、市场部、工程建设部（移民工作办公室）、采购与合同部、科技部、审计部等3个职能部门，拥有电力生产单位11家，电力综合单位3家、基建单位3个、筹建单位5家、其他单位3家。

企业战略 坚持以习近平新时代中国特色社会主义思想为指导，全面贯彻党的二十大精神，践行“六个担当”工作要求，把握发展主动权。加快水电和新能源发展，以高质量发展勇担绿色发展主力军使命，推动“三再”多出经验、多出人才、多出效益，世界一流水电企业建设取得新成效。

安全生产 贯彻落实安全生产十五条措施和国家能源集团一号文件要求，持续推进安全环保管理体系和能力建设。合理安排检修时序，提前20天完成2021—2022年度41台机组、31台主变及55套溢洪设施检修任务，修后设备均一次性启动成功。治理多项设备隐患，设备缺陷同比降低18.5%，设备健康水平有力提升，5台机组获中电联可靠性对标标杆机组称号。扛起能源电力保供政治责任，完成党的二十大、全国“两会”、四川高温等重要时段和重点区域保供任务。2022年，在全年天然来水同比减少14.3%的情况下，发电量同比下降5.9%。

经营管理 把加强管理、严控风险摆在重要位置，深挖产业潜力，提升管理效能。精准研判市场、电力供应形势，争取足额计划电量和优先电量指标，做好中长期市场交易及跨省跨区外送交易。精心组织省间现货交易，动态复盘优化交易策略，省间现货交易电量份额高于装机份额。以“一集中、三加强”指标管理为抓手，加强“两金”管控和现金流管理，压降存量固贷和新增借款利率。统筹金融资源，压降在建水电项目建贷利率。强化治亏扭亏，全口径14家单位均实现盈利。

工程建设 落实“两高一低”要求，加强工程管控，推进制约问题取得突破性进展，双江口大坝填筑至2277m高程，厂房开挖有序推进。金川电站主厂房有序开挖，工程地质等制约因素逐步解决，成为国内首个应用国产BIM技术水电工程示范项目。枕头坝二级、沙坪一级基坑正在进行闸坝混凝土浇筑，工程用地手续报批、砂石系统建设速度创同类项目标杆。前期工作加速向前，老鹰岩一级、二级项目核准申请报告已完成国家发展改革委委托评估，河段加深评估工作已完成审查。丹巴、巴底可研工作加快推进，核准要件完成过半，移民大纲编制完成并送审。安宁完成正常蓄水位、施工总布置审查，具备封库条件。

改革创新 落实国企改革三年行动部署，围绕战略发展大局，推进一揽子重大改革举措落地。收官改革三年行动，62项改革任务完成，实施经理层任期制和契约化管理，经理层成员“两书一协议”、纪委书记年度目标责任书应签尽签。三项制度改革发力，加快构建“能上能下、能进能出、能增能减”三大体系。推进大金源公司改革，大数据公司信息产业管控优化改革完成管理移交。推进依法治企，法律三项审核率保持100%，系统梳理制度61项，制度体系升级。完善创新体系，推进创新平台建设，科技奖项、知识产权申报量增质升，智慧企业建设成果入选世界智能大会十佳案例，荣登第五届“鼎革奖”数字化转型先锋榜，智慧企业展厅被授予“全国水电科普教育基地”。

帮扶工作 履行帮扶责任，从产业、教育、医疗卫生，再到住房、交通、环境生态，推进乡村振兴系列举措落地，累计投入帮扶资金4700万元，实施帮扶项目13项，促进乡村产业、人才、文化、生态、组织振兴，提高普格县乡村发展条件和发展能力。国家能源集团全资援建的普格县则木河小学建成投运，满足周边600余名学生就近入学需求，以则木河小学为代表的教育帮扶项目形成品牌。红军树文农旅融合产业示范园投入运营，加快农业农村现代化建设，打造产业帮扶亮点。红军树村被评为凉山州乡村振兴示范村，大渡河公司入选2022四川企业社会责任百强榜。

党的建设 大渡河公司党委坚持以习近平新时代中国特色社会主义思想为指导，以迎接、学习、宣传、贯彻党的二十大为主线，践行“社会主义是干出来的”伟大号召，推进26个“奋进十四五”党员先锋队、党员示范岗创建。组织表彰“9.5”泸定地震抗震救灾先进集体和个人，号召全系统学习徐博海和大岗山运维三值团队。组织开展“国家能源杯”5项劳动竞赛和4项技能竞赛，深化“青年先行、岗位建功”主题活动，组织实施220项惠民工程项目，做好困难职工帮扶，提升了团队凝聚力。大渡河公司党委在国家能源集团2022年度党建工作责任制考核中被评为“优秀”。1项成果获四川省政研会优秀调研成果一等奖、1个案例入选中央企业思想政治工作优秀案例、1个集体获全国工人先锋号、1个项目荣获“振兴杯”全国青年职业技能大赛技术革新类金奖。

主要事件

4月28日，全国总工会公布2022年全国五一劳动奖和全国工人先锋号的表彰名单，大渡河检修公司龚电检修项目部被授予“全国工人先锋号”。

5月7日，大渡河智慧企业展示中心获评全国水电科普教育基地。

9月5日，泸定6.8级地震中，大渡河公司第一时间启动应急预案，机组保持安全稳定运行，经受住了强震考验。参与地方应急抢险，抢通电站周边公路，临时转移安置的王岗坪乡小学师生160余人在震区率先实现复课，为600余人应急救援队伍提供后勤服务保障。

9月8日，大渡河公司获得雅安市汉源县和石棉县850MW光伏、风电资源开发权。

12月16日，国家能源局召开2022年电力可靠性指标发布会，公布了2021年度发电机组可靠性对标排名情况，大渡河公司5台机组榜上有名。其中，大岗山1号、2号机组，猴子岩3号机组获400MW及以上容量水电混流机组可靠性先进机组称号；枕头坝1号机组、深溪沟1号机组获150MW及以上容量水电轴流机组可靠性先进机组称号。

2022年，大渡河公司实现6300天长周期安全生产纪录。

2022年，面对高温、干旱、低寒、地震等极端天气和自然灾害影响，大渡河公司优化水资源调度，全年水情预报准确率95%，综合耗水率优于2021年同期1个百分点，水能利用率高于2021年同期2.5个百分点。高温保供期间，坚持“保供到最后一滴水”，拉库发电、顶峰出力，保障四川主网30%用电需求，“战高温、保供电”事迹被中央电视台、四川电视台等主流媒体报道。

2022年，大渡河公司坚持“绿水青山就是金山银山”理念，加快推动珍稀植物移栽和保护，开展黑马、猴子岩鱼类增殖研究，完成174.93万尾流域珍稀鱼类增殖放流工作，启动建设国内首例在已投运的水电站新建过鱼设施项目。开展空气质量、声环境、生态流量泄放、水土保持监测及库区水质、污水水质检测和库区漂浮物打捞工作，用实际行动践行绿色低碳发展。

（张　根）

【国电电力发展股份有限公司】

公司概况 国电电力发展股份有限公司（简称国电电力，股票代码600795）是国家能源集团控股的全国性电力上市公司，产业涉及火电、水电、风电、光电、煤炭等领域，分布在全国28个省、市、自治区。截至2022年底，国电电力资产总额4128.52亿元，控股装机容量9738.10万kW。国电电力总股本178.38亿股，其中国家能源集团持股50.68%。

1992年12月，国电电力前身东北热电有限公司在大连成立；1997年3月，在上海证券交易所上市；2000年1月，重组为“国电电力发展股份有限公司”，成为原国家电力公司直接控股的第一家全国性上市公司；2002年12月，电力体制改革后，划归原国电集团控股管理。

2017年11月国电集团与神华集团重组成立国家能源集团，明确将国电电力作为常规能源发电业务（包括火电、水电）整合平台。在国家能源集团重组过程中，为解决上市公司同业竞争问题，国电电力和中国神华各自以部分火电股权及资产出资，组建“北京国电电力有限公司”，国电电力持股57.47%，中国神华持股42.53%。2021年4月，按照国家能源集团区域电力体制改革方案，国电电力与国家能源集团原国华电力、华北公司、国源电力部分单位实施重组整合，直接管理国家能源集团在北京、天津、冀北区域所有火电企业和售电业务，部分煤电一体、跨区送电火电企业，以及海外（印尼）火电企业。

国电电力先后荣获中国上市公司百强、全景投资者关系金奖等资本市场重要奖项；荣获全国五一劳动奖状、全国文明单位等荣誉称号，连续多年被国家能源集团评为目标责任制考核先进单位。2022年7月，国电电力上榜《财富》中国500强第81位，较2021年提升8位。

领导班子

总经理、党委副书记：贾彦兵

党委书记、副总经理：罗梅健

党委副书记、工会主席：刘焱

党委委员、副总经理：张国林

党委委员、纪委书记：云天宝

党委委员、副总经理、总会计师：杨富锁

党委委员、副总经理：朱江涛

组织机构 设置本部职能部门18个，中心1个，拥有子分公司76家，参股企业20家。

企业战略 2021年重组整合以来，落实国家能源集团“一个目标、三型五化、七个一流”发展战略，根据产业布局、装机结构和管理实际，确立打造国家能源集团“常规电力能源转型排头兵、新能源发展主力军、世界一流企业建设引领者”的战略定位，明确聚焦“高端化、低碳化、服务化、数字化”四个转型，推进火电转型升级、新能源项目开发和水电有序发展，布局海上风电、抽水蓄能、储能、氢能等新兴产业，在项目规划初期注重新技术导入应用，推进数字化赋能，塑造公司转型发展专业化能力和先发优势。力争到“十四五”末，国电电力新增新能源装机3500万kW，清洁能源装机占比达到40%以上，在科技创新、管理创新、商业模式创新方面取得更多行业领先成果，打造“产品卓越、品牌卓著、创新领先、治理现代”世界一流企业建设新格局。

能源保供 国电电力大部分机组位于京津冀保供核心区实际，逐级落实包保责任，加强生产运营组织，以建设本质安全型企业为目标，推广实施涵盖21个子体系、743项关键业务的安全生产标准化管理体系，将高风险作业、远程视频监控“两个全覆盖”由火电板块扩展至新能源板块，提升企业常态化安全保供能力。全年完成发电量4633.55亿kWh，较2021年基本持平；供热量18309万GJ，同比增长0.34%。7—8月支援川渝、华东、华中等地电量2.31亿kWh，占京津唐全网支援电量的27.28%。完成冬奥、迎峰度夏、党的二十大等保供任务。

经营管理 以“净利润增长、挖潜增效、对标提升、财税筹划”四个专项行动为抓手，强化全要素经营管控，公司营收、利润均创历史新高。全年平均售电单价完成438.88元/MWh（含税），同比增长21.46%，其中火电电价较基准价上浮20.69%。实现营收1926.81亿元，同比增长14.40%；利润102.51亿元，同比增长848.36%。深入挖潜增效，利用国家能源集团一体化优势，推进燃料保供控价，国电电力入炉标煤单价同比上涨8.7%，涨幅低于北方港5500kcal（1kcal＝4.186kJ）动力煤15.50个百分点。通过置换高息贷款，节约财务费用8.51亿元。

绿色转型 推进新能源开发，全年取得建设指标1947万kW，核准备案1620万kW，开工793万kW，新增新能源装机容量398万kW。在印尼、乌兹两国开展超过100万kW新能源项目的资格预审和投标工作，中标乌兹别克斯坦15万kW光伏项目，为国家能源集团2022年度唯一海外中标项目。加快火电扩能升级，上海庙2、3号两台1000MW机组按计划投产，锦界三期、印尼爪哇7号项目获评国家优质工程金奖，全年完成63台次机组灵活性、节能降耗等升级改造，增加供热期调峰能力271万kW，供电煤耗同比降低0.39g/kWh。布局新兴产业，制订海上风电、氢能、储能等项目开发指导意见，筹备辽宁、广东、广西海上风电竞配工作，锁定广西苍梧120万kW抽水蓄能项目开发权，中标新疆和静抽水蓄能210万kW项目主体开发权。

国企改革 国企改革三年行动收官，推进各业务管理体系建设，细化完善33项创一流对标指标，被国家能源集团确定为对标世界一流“领先标杆企业”。深化“三项制度”改革，加强经理层成员任期制和契约化管理，加大专项奖励力度，强化日常风险防控，合规管理能力、全员劳动生产率提升，成为国内首批、国家能源集团及行业首家通过国际机构合规管理体系“双认证”单位。加强市值管理，截至12月31日收盘，国电电力股价涨幅分别跑赢同期上证指数、300电力49.8个百分点和46个百分点，年末国电电力市值762亿元，较年初增加196亿元。

科技创新 加快数字化改造，制订实施公司数字化转型行动方案和三年滚动规划，推进调度中心升级改造，新能源、火电、电力营销模块和全业务域智能管控平台开发，计划2023年完成基层单位与本部全量数据贯通。通过底座搭建、集成开发和场景应用，促进企业生产、安全、运营、调度各环节互联互动互补，提升全息感知能力和精准管控水平。推进科技创新，全年科技投入19.2亿元，获取授权发明专利109件，国内首套化学链矿化CCUS示范项目在大同公司投运，燃煤锅炉混氨燃烧等3项技术成果经鉴定国际领先，“燃煤电站多污染物协同控制”等3个国家级项目通过绩效评价。

党建工作 第一时间学习宣贯党的二十大精神，组建两级宣讲团深入国电电力系统宣讲，以党的二十大精神武装头脑、指导实践、推动工作。严格落实“第一议题”制度，结合实际修订党委工作规则、议事规则，开展党建“领航”行动、党建与业务“双乘数”考核评价，强化党风廉政建设，以高质量党建引领保障公司高质量发展。开展“国家能源杯”劳动竞赛，实施惠民工程，通过党建帮扶、消费扶贫、对外捐赠等投入资金9987万元，被国家能源集团评为“社会主义是干出来的”岗位建功先进集体。

主要事件

1月18日，国电电力在2021年中国上市公司百强奖评选中，获得中国百强企业奖、中国百强特别贡献企业奖、中国百强最佳管理运营奖“三项奖项”。

1月24日，国电电力召开三届三次职工代表大会暨2022年工作会议。

2月14日，国电电力印发《数字化转型行动方案》。3月4日发布《数字化转型三年行动规划》，从转型目标、实施路径、产业协同等方面，系统安排部署数字化转型工作。

5月2日，国电电力发行15亿元绿色中期票据（蓝色债券），是2022年北京地区首笔蓝色债券，也是银行间市场发行单笔金额最大的蓝色债券。

5月13日，盘山公司“现役机组延寿升级综合改造技术”被国家能源局列入2021年度能源领域首台（套）重大技术装备（项目）名单，是仅有的两项火电机组首台（套）重大技术装备示范项目之一。

6月1日，在中国电机工程学会组织的科技项目鉴定中，锦界公司三期工程“汽轮发电机组高位布置关键技术与工程应用”项目鉴定为国际领先。

7月9日，国电电力内蒙古上海庙能源公司2号机组通过168h运行，标志着国内在建最大火电项目（4×1000MW火电工程，分两期同步建设）一期两台100万kW火电机组全部投产。

7月12日，2022年《财富》中国500强排行榜发布，国电电力位列第81位，较2021年上升8位。

7月22日，在“2022金蜜蜂企业社会责任中国榜”评选中，国电电力获评最高奖“影响力•领袖型企业”。

9月5日，新华社、中国品牌建设促进会、中国资产评估协会在北京发布“2022中国品牌价值信息”榜单，国电电力品牌价值获评426.99亿元，在能源化工领域65家获评企业中位居第10位。

11月7日，国电电力首次入选“央企ESG•社会价值先锋50指数”，评分达到五星水平。

11月8日，国电电力绿色金融与碳资产数字化管理系统（碳链融项目）获评第三届国际金融论坛（IFF）全球绿色金融创新奖。

12月1日，印尼爪哇岛发生5.6级地震后，国能印尼爪哇发电公司向印尼西爪哇展玉市地震灾区捐赠2亿印尼盾，支援灾区民众战胜灾害，重建家园。

12月23日，国电电力通过合规管理体系ISO 37301:2022及国家标准GB/T 35770—2022“双认证”，成为国内首批、国家能源集团系统以及电力行业首家通过国际机构“双认证”的单位。

12月25日，国内首套化学链矿化CCUS示范项目在大同公司投运。

12月31日，国电电力内蒙古上海庙能源公司3号机组投产，4号机组（项目最后一台100万kW火电机组）计划2023年上半年投产，届时蒙西能源保供将再添主力。

（石　霖）

【国神公司】

公司概况 国神公司是国源电力有限公司（资产隶属国家能源集团）和神东电力有限责任公司（资产隶属神华集团有限责任公司，简称神华集团）的统称。国源电力有限公司前身为国网能源开发有限公司，成立于2008年4月，2012年4月从国家电网公司成建制重组并入原神华集团。神东电力公司成立于1996年11月，是神华集团最早的电力企业之一，2007年8月整体注入中国神华能源股份公司。2012年12月，神华集团对两公司进行管理整合，实行“一个平台、两个公司、一体化运营”的管理模式。国神公司作为中国最早深耕煤电一体化运营的专业化公司之一，产业及项目分布于新疆、内蒙古、陕西、山西、黑龙江、四川、宁夏、山东等9个省（市）、自治区，管理运营煤电一体化项目8

个，是国家能源集团独具特色跨区域煤电一体专业化管理公司，也是国内煤电一体化规模最大的专业化公司。

国神公司连续 6 年在年度目标责任制考核中保持国家能源集团 A 级领先，连续 5 年在党建责任制考核中保持集团 A 级领先，荣获 2022 年中国社会责任金牛奖等荣誉，获得国家科技进步奖一等奖 2 项，行业及省部级科技奖 20 余项，发布 ISO 国际标准 2 项。所属企业荣获中华全国总工会“工人先锋号”“全国模范职工之家”等称号。

截至 2022 年底，国神公司注册资本 521.10 亿元（其中国源电力 472.61 亿元，神东电力 48.49 亿元），资产总额 1053.90 亿元。拥有煤炭产能 7900 万 t/年，装机容量 1596.3 万 kW，其中火电 1507.4 万 kW，风电 62.9 万 kW，光伏 26 万 kW。

领导班子

党委书记、董事长：李侃

党委副书记、总经理：王治禄

党委委员、副总经理：徐建杰

党委委员、纪委书记：周延滨

党委委员、总会计师：周铁军

党委委员、副总经理：郧京忠

党委委员、副总经理、工会主席：辜嫦

党委委员、副总经理：白继亮、邵水才、张锋

组织机构 本部设有 16 个职能部门，下辖管理单位 35 家。拥有全资及控股企业 28 家，分公司 16 家，参股企业 12 家。管理运营 14 个电厂、9 个煤矿、3 个风电场，其中，在建 1 个电厂、1 个煤矿。共有基层党委 27 个、党总支 3 个、党支部 180 个。共有职工 10244 人。

企业战略 国神公司秉持敢想、敢闯、敢为天下先的精神，依托国家能源集团一体化产业链，坚持稳中求进总基调，完整准确全面贯彻新发展理念，落实国家能源集团“一三五七”发展战略和重要决策部署，统筹推进“1456”工作方略，着力构建产业一体化发展大格局，推动公司向更高层次、更高水平、更高质量的可持续发展迈进。

“1456”工作方略：即：紧盯“一个目标”，推进煤电联营和煤电与可再生能源联营协同发展，坚定以本质安全、绿色转型、创新创效、职工队伍“四个发展”推动公司高质量发展，提升战略落实、组织领导、机遇把握、资源整合、变革创新“五项能力”，践行能源基石、转型主力、经济标兵、创新先锋、改革中坚、党建示范“六个担当”，加快建设具有核心竞争力的煤电联营专业化企业。

人力资源 始终坚持以习近平新时代中国特色社会主义思想为指导，始终坚持党对干部人才工作的全面领导，坚决贯彻落实国家能源集团“十四五”人才发展规划等系列重要文件精神，聚焦深化三项制度改革任务，结合国神公司“煤电联营专业化”发展方向，赋能干部人才队伍，推进构建既有国神特色又有比较优势的人才发展体制机制，为国神公司加快建设煤电联营专业化企业提供坚实的组织保障和人才支撑。突出抓好干部能力建设，增强基层党委班子整体功能，提升干部队伍素质，为坚持和加强党的全面领导、坚持和推动公司高质量发展提供坚强组织保证。创新干部选拔方式，推行考试与考察“双考”遴选，组织开展副主任级岗位公开竞聘，突出任人唯贤导向，体现公平竞争，全方位考量干部素质能力。统筹研究制定干部选拔任用、调整交流计划，干部队伍年龄结构、专业结构和素质能力结构得到优化，各级班子整体合力、战斗力增强。深入学习贯彻习近平新时代人才工作新理念新战略新举措，贯彻落实中央人才工作会议精神和国家能源集团党组《关于加强新时代人才工作的决定》，培养建强 “三支队伍”人才队伍，启动实施“八大人才工程”。搭建三类人才成长“立交桥”，解决人才职业发展中“独木桥”“天花板”问题，出台《国神公司生产技术技能人才职业发展管理办法》，三支人才职业发展通道更加健全。推进劳动用工市场化改革，规范以劳动合同制用工为主体、多种用工方式并存的多元化劳动用工模式。规范劳动用工管理，推进“三定”落实，组织机构协同机制持续完善，用工管理持续优化，人力资源配置效率提升。推进“三能”机制制度化、常态化，巩固拓展三项制度改革成效，促进“三能”机制良好运行，深化绩效考核机制改革，探索全员绩效考核新机制，优化指标体系结构，提高定量指标占比至 58%，精准科学评价员工绩效水平。

安全生产 贯彻落实习近平总书记关于安全生产重要论述和指示批示精神。组织集中学习，开展安全生产“大家谈”“公开课”“当好第一责任人主题宣讲”。修订完善国神公司和各单位安全生产责任制和履职清单，逐级签订安全责任书，推广厂矿班子成员安全记分考核。修订完善安全生产应急管理办法，开展公司级、厂矿级、现场处置专项应急演练。开展安全生产专项整治“巩固提升年”行动和安全生产大检查。修订完善安全生产管理制度 45 项。立足岗位应知应会，推行精准安全培训，组织开展事故警示月、安全生产月、迎党的二十大百日安全生产专项行动。推进安全文化示范企业创建，河曲电厂荣获“全国安全文化示范企业”。推进健康企业建设，白马电厂获得省级健康企业称号，连续两年无新增职业病病例。组建安全环保监察中心，选优配强监察队伍，开展季度、半年度和迎接党的二十大等 8 次安全生产大检查、59 次专项检查，实施督办问题整改。健全风险管控机制，落实持单检查和动态危险源辨识，落实冬奥会、冬残奥会、两会、党的二十大等特殊时段能源保供专项方案和安

全管控措施，坚持高、中、低风险作业提级管控。全年安全生产形势保持稳定，未发生生产安全人身伤亡事故，未发生火灾事故，未发生恶性误操作事故，未发生一般B类以上设备事故。

经营管理 坚决落实党中央、国务院和国家能源集团党组决策部署，勇担能源保供重任，第一时间成立能源保供工作领导小组，建立5个工作专班，制定7个方面27项具体措施。合理调配一体化单位产耗销存量，确保厂矿运营步调一致，运营机组应启尽启，提前52天完成全年电量任务，增幅和超量均创历年新高。开展成本管控专项行动，制定降低物资采购成本、优化燃烧结构等六项攻坚举措，贯通降本节支“造血点”，电热单位完全成本（剔除燃料费）同比降低2.3元/MWh，吨煤完全成本（剔除资源税）同比降低0.34元/t，可控成本压降1.05亿元。一厂一策推进燃料掺烧，节约成本2.22亿元。强化资金创效，置换高利率贷款59.8亿元，带息负债余额较年初减少10.54亿元，综合资金成本率下降0.24%，全年节约财务费用1.45亿元。充分利用财税优惠政策，获取税收减免6.11亿元，保供缓交税款9.87亿元，综合税负率同比降低0.7%。主动破解历史难题，解决各类潜在非经营性损失10.49亿元，处置低效无效资产6.39亿元。彻底解决黄玉川煤矿股东8年委贷利息1.81亿元及陈欠电费1.3亿元，回收长期欠款1.78亿元。落实“六个扭亏”及领导包保责任，推进精准治亏、系统治亏，2家单位实现扭亏为盈，合计减亏7.64亿元。

科技创新 2022年，“双联营”低碳化发展新技术路线落地见效，突破5G+一体化监控平台融合应用新技术研究壁垒，管理智慧化建设深化。牵头负责承担国家重点研发计划定轨道交通“网–源–储–车”协同供能技术中2个子课题，承担国家能源集团项目“矿山机电设备数字孪生关键技术研究与示范应用”。完成国家重点研发计划“超超临界循环流化床锅炉技术研发与示范”结题验收。申请专利262件（其中发明专利100件），已受理228件（其中发明专利59件），取得授权184件（其中发明专利17件），完成国家能源集团考核指标147%。国际标准制定实现重大突破，“小角度X射线法测量多层涂层的调制周期”等2项ISO国际标准获得批准发布，填补了相关锅炉涂层领域国际、国家和行业标准空白。获得中国安全生产协会科技进步奖一等奖1项，中国职业安全健康协会科技进步奖一等奖1项。

节能减排 制定环保超标专项预控措施43项，组织对环保管理薄弱的单位开展技术帮扶，2022年烟尘、二氧化硫和氮氧化物排放浓度同比降低4.13%、0.08%和6.72%。国神公司运营火电机组全部完成超低排放改造，污染物排放小时均值超标数量下降64.5%。建立健全碳排放管理制度，组织专家开展5次培训，累计参加300人次；组织对11家发电单位碳排放管理开展现场帮扶，双碳管理水平提升。落实节能一厂一策、三改联动、加强检修质量管理、优化运行调整等系列措施，全年发电煤耗降低2.80g/kWh。

市场建设 根据电改进程和电力市场变化，坚持“集价本利”，聚焦“四重一要”，围绕电力营销年度重点工作，开展电力市场营销，落实电热价格政策。加大沟通协调力度，多次向地方政府及相关部门行文，电力营销工作取得较大突破。一是在国家能源集团大力协调下，与“哈郑直流”配套电源其他发电集团联合攻关，多次向新疆政府及国家发展改革委、河南政府行文，推动“哈郑直流”配套电源电价上调，实现在2021年度电上涨2.28分的基础上继续提升5.84分；二是与电网公司和陕西省环保厅沟通、协调，府谷电厂实现补结2021年电价上浮和2021年上半年超低排放收入约1.5亿元；三是店塔13.5万kW机组从2022年8月开始进入电力市场化交易，交易电价由313.5元/MWh调增到405.4元/MWh，成为陕北原榆林地调机组中最先实现电价调增的电厂；四是经过多次沟通协调，最终实现乌中旗热力厂热价由130元/t调增至202元/t，增长55.5%，缓解乌中旗热力厂经营亏损的困境。

2022年煤电首次全电量参与市场交易，经营性用电完全市场化，国神公司90%以上的电量通过市场交易形成，电力中长期交易已呈现规模化、常态化、专业化。国神公司所属区域发电企业共参与388批次中长期交易，落实中长期交易电量628亿kWh，成交均价344.17元/MWh，同口径同比增加52.32元/MWh。现货方面，国神公司所属区域电厂共3家参与省内现货交易，分别是山西河曲、蒙西亿利和四川白马。其中：河曲售电均价较基准电价上浮32.17%，亿利售电均价较基准电价上浮49.25%，白马售电均价较基准电价上浮21.45%。省间现货交易合计出清电量7.55亿kWh，出清均价1382元/MWh，较加权基准电价上浮350%，实现增收10.43亿元。

信息化建设 2022年，建成智慧安监系统、“掌上国神”移动应用平台，赋能全时空场景下安全生产、经营管理活动效率提升。“掌上国神”获国神公司科技进步奖一等奖。完善以“数据中台”为核心的企业级数据平台和统一数据填报平台建设，开展数据共享服务，深化推动数据治理和“厚平台、薄应用”建设。10家电厂实现重点区域智能巡检，5G+智能巡检在花园电厂上线。全部井工煤矿完成智能化“五个100%”建设。上榆泉煤矿通过山西省中级智能化煤矿验收。和丰电厂、鄂温克电厂试点建设视频高风险行为智能分析系统。河曲电厂、郭家湾家电厂完成燃料智能化建设。举办首届数字化转型创新创效大赛，并取得优异成绩，国神公司获国家能源集团优秀组织奖，三个方案获国家能源集团优秀奖。创新创效方案“ERP系统人资模块用户权限配置优化”和“基于项目管理视角的 ERP 采购计划管理创新”完成转化落地。完成2022 年国家级和国家能源集团网络安全实战攻防演练，两人获国家能源集团优秀个人荣誉称号。国神公司 2022 年网信工作水平获国家能源集团 A 级评价，在国家能源集团 76 家单位中排名第 4。

工会工作 召开国神公司二届三次职工代表大会，完成 13 件提案征集、审核和答复，提案落实满意率 100%。组织“国家能源杯”绿色发展劳动和智能建设技能大赛，系统内开展劳动竞赛 78 项，技能竞赛70 项，有效提升了一线职工专业技术技能水平。开展“我为群众办实事”民生实事计划项目，确定“五个行动”、22 个项目，解决基层的困难事、烦心事，把职工群众的好事办实，实事办好。组织召开国神公司首次“国神巾帼展风采·携手同心向未来”女职工座谈会。举办“提升履职能力，建设‘六有’工会”线上训练营，185 名专兼职工会干部参加学习交流，提升工会干部业务能力。国神公司工会荣获 2022 年度电力行业“最美职工之家”称号；一家基层单位荣获第二届电力企业“班组创新创效·工人先锋号在行动”一等奖；两家基层单位荣获全国“安康杯”竞赛优胜单位称号，两个一线班组荣获全国“安康杯”竞赛优胜班组，两家基层单位荣获“全国安全文化建设示范企业”荣誉称号；国神公司荣获“国家能源杯”绿色发展劳动竞赛优胜单位、数字化转型创新创效大赛优秀组织奖；国神公司员工获得国家能源集团“国家能源杯”绿色发展劳动竞赛能源保供劳动竞赛先进个人 1 名、新能源建设劳动竞赛先进个人 1 名、智能化采煤劳动竞赛先进个人 2 名、新能源发展资源贡献先进个人一等奖 1 名、三等奖 1 名。

党的建设 2022 年以来，国神公司坚持以习近平新时代中国特色社会主义思想为指导，以迎接和学习宣贯党的二十大为主线，深入拓展实践党建“15335”工作思路和“六强化六提升”工作措施。实施“两表一单一方案”工作模式，高质量部署落实党的二十大学习宣传贯彻工作。注重提升各级党委理论中心组学习质效，采取视频旁听+现场巡听方式，在国家能源集团系统率先完成全覆盖巡听督导。推进党建与中心工作深度融合，建立和完善习近平总书记重要指示批示精神再学习再落实再提升主题活动长效机制，擦亮“社会主义是干出来的”党建品牌，培育形成一批有型高效的党员先锋队（突击队）、示范岗、责任区，基层党组织战斗堡垒作用、党员先锋模范作用在落实中央部署、推动企业改革发展的具体实践中充分彰显。坚持文化聚力，国神公司荣获国家能源集团企业文化建设先进单位称号；三道沟煤矿、花园电厂、鄂温克电厂被国家能源集团命名为企业文化示范基地；河曲电厂、大南湖一矿获评全国安全文化建设示范企业称号。所属 4 家基层单位连续保持省级文明单位称号，14 家基层单位保持市级文明单位称号。国神公司连续 5 年获评国家能源集团党建责任制考核 A 级。

主要事件

3 月 9 日上午，科技部高技术中心组织召开煤炭清洁高效利用和新型节能技术重点专项项目综合绩效评价会议。由国神公司牵头，清华大学、中国科学院工程热物理研究所、三大锅炉厂、电力规划总院等 16 家单位参与研发的国家重点研发计划“超超临界循环流化床锅炉技术研发与示范”项目，通过项目整体综合绩效评价验收。

3 月 16 日，宝清煤电化公司喜获由黑龙江省发展和改革委员会印发的《关于做好神华国能宝清电厂新建 2×600MW 机组工程项目投产工作的函》，同意将该公司两台应急调峰机组由应急调峰储备电源转为投产项目。

4 月 14 日，国际标准 ISO/TC 107/SC9 PVD 涂层分委会发布公告，由国神公司联合安徽工业大学主导的锅炉“四管”（水冷壁、过热器、再热器、省煤器）系列国际标准中的两项标准——《小角度 X 射线法测量多层涂层的调制周期》和《冷作模具钢的等离子氮化及后续 PVD 涂层的方法和要求》，经韩国、英国、法国、德国、瑞士和日本等十二个成员国领域专家全票立项。

5 月 5 日，河曲电厂收悉国家能源局下发的《关于〈抽水蓄能中长期发展规划（2021—2035 年）〉山西省调整项目有关事项的复函》（国能函新能〔2022〕13 号），河曲电厂五寨南峰抽水蓄能（120 万 kW）项目列为国家抽水蓄能中长期规划储备项目，该项目是 2021 年 9 月国家抽水蓄能中长期规划发布后首批获得批复的新增纳规项目。

5 月 9 日，和丰电厂 30 万 kW 光伏发电项目取得备案，成为国神公司 2022 年首个集中式大规模光伏发电成功备案的项目。

5 月 24 日，府谷电厂二期工程喜获 2021 年度电力行业“优秀工程设计”一等奖。

6 月 9 日，花园电厂基于 5G 数据传输的智能巡检机器人在该厂 500kV 升压站开展巡检工作，这是国神公司首次采用 5G 通信技术实现机器人在升压站区域进行智能巡检。该项目实现了重点生产区域全天候、全覆盖、全方位的运行巡检，具备极强的前瞻性和示范性。

6 月 30 日，府谷电厂二期工程获评“2022 年度中国电力优质工程”，同时通过竣工验收。

7 月 7 日，花园电厂收到中国电力企业联合会 2021 年度电力行业火电机组能效水平对标竞赛结果，该厂 1、2 号机组被评为 600MW 超临界空冷机组竞赛 AAA 级机组。

7月7日，府谷电厂收到中国电力企业联合会2021年度电力行业火电机组能效水平对标竞赛结果，该厂4号机组获评5A级优胜机组，3号机组获评3A级优胜机组，同时2号、4号机组获评“供电煤耗指标最优”称号。

8月10日，全国“安康杯”竞赛组委会发布先进集体和优秀个人表彰人选（集体）表彰决定，亿利电厂运行部运行一值被评为2020—2021年度全国“安康杯”竞赛优胜班组。

8月，国神公司“降低直流炉受热面金属壁温月超限时长”“减少热网加热器设备发生缺陷次数”“一次调频与AGC调节方向监测系统研究及应用攻关”三项项目分别获得国家能源集团2022年QC小组成果一、二、三等奖，店塔电厂“薪火QC小组”获“国家能源集团优秀质量管理小组”称号。

9月13日，据国际标准ISO/TC 107/SC9 PVD涂层分委会消息，由国神公司联合安徽工业大学主导的ISO 24688 *Determination of modulation period of nano-multilayer coatings by low-angle X-ray methods*（小角度X射线法测量多层涂层的调制周期）国际标准获得批准发布。该标准是公司主导的火电厂锅炉四管系列国际标准中的第一部，是国际上锅炉及关键部件的热喷涂金属以及金属陶瓷涂层领域第一个ISO国际标准。

9月26日—10月1日，中国电力建设企业协会携手业内党建部门在全行业组织开展了基层党建创优典型案例征集宣传推广活动，来自府谷电厂的“创建‘1+8’党建模式，瞄准‘四个一流’建设优质工程”参与评选，并荣获“2022年电力建设行业基层党建创优”最佳案例奖。

10月8日，新疆维吾尔自治区发展和改革委员会以《关于同意〈“疆电外送”第一通道多能互补项目实施方案〉的通知》文件，将国网能源哈密一通道80万kW风电+20万kW光伏多能互补项目纳入清单（清单备案制），并赋予了项目代码。该文件的印发，标志着国网能源哈密煤电有限公司获取了100万kW新能源项目指标且取得项目备案。

11月9日，由国神公司推荐的论文《基于“克劳士比零缺陷理论”的职业技能等级认定》在2022年全国电力企业管理创新论文大赛中荣获一等奖。

11月17日，据国际标准ISO/TC 107/SC9 PVD涂层分委会消息，由国神公司联合安徽工业大学主导的ISO 24674 *Method and requirements for plasma nitriding and follow-up PVD hard coatings on cold-work mould steels*（冷作模具钢的等离子氮化及后续PVD涂层的方法和要求）国际标准获批发布。

12月25日，由中国社会责任百人论坛发起、致力于推动中国社会责任发展领域的权威奖项“2022责任金牛奖”“ESG金牛奖”结果公布，国神公司荣获金牛奖“责任供应链奖”单项奖。

12月29日，山西省能源局下发《关于下达山西省2022年风电光伏发电保障性并网年度建设计划的通知》《关于下达山西省2022年支持新能源产业发展风电光伏发电建设计划的通知》，河曲电厂喜获河曲县、岢岚县共2个100MW光伏项目建设指标，同时获得1、2号机组灵活性改造奖励指标70MW。

（任家兴）

中国核工业集团有限公司

【公司概况】 中国核工业集团有限公司（简称中核集团）是经国务院批准组建、中央直接管理的国有重要骨干企业，是国家核科技工业的主体、核能发展与核电建设的中坚、核技术应用的骨干，拥有完整的核科技工业体系，肩负着国防建设和国民经济与社会发展的双重历史使命。

中国核工业发展始于1955年，中核集团前身为第三机械工业部、第二机械工业部、核工业部、中国核工业总公司。1999年7月，在原中国核工业总公司的基础上组建了中国核工业集团公司。自2013年起，中核集团组建董事会，并建立了与董事会相配套的经营管理体制机制。2017年12月，中核集团名称变更为中国核工业集团有限公司，企业类型由全民所有制变更为有限责任公司（国有独资）。2018年1月，经中央批准，中核集团与中核建设集团实施战略重组。新的中核集团注册资本金595亿元。截至2022年年末从业人员人数18.45万人。

中核集团主要在核电、核燃料循环、核技术应用、核环保工程等领域从事科研开发、设计、建造和生产经营，以及对外经济合作和进出口业务，是国内投运核电和在建核电的主要投资方、核电技术开发主体、最重要的核电设计及总承包商、核电运行技术服务商和核电出口商，是国内核燃料循环专营供应商、核环保工程的专业力量和核技术应用的骨干，是国家核工程建设的龙头企业。

中核集团是中国核科技的开拓者，先后创造了“中国第一颗原子弹爆炸成功”“中国第一颗氢弹爆炸成功”“中国第一艘核潜艇成功下水”“中国第一座自行设计建造核电站——秦山核电站并网发电”“中国自主知识产权三代核电技术——华龙一号全球首堆开工建造”“中国自主研发的第一座快中子反应堆”等多项“新中国第一”；拓展核能应用范围，自主研发了多用途模块式小型反应堆（玲龙一号）、“燕龙”泳池式低温供热堆等多种堆型和中国环流器二号 A 核聚变研究装置；拥有极少数国家才具备的完整核科技工业体系；是中国核能发展与核电建设的主力军，自北向南建成田湾、秦山、三门、福清、昌江五大核电基地；是中国唯一的专营核燃料生产商、供应商和服务商，研制成功中国首个大型商用压水堆先进燃料元件 CF3，满足核能系列化、型谱化需求；是铀地质矿冶的国家队和主力军，建成新疆、内蒙古两大地浸采铀绿色矿山；是国家核工程建设的龙头，连续 30 余年从事核电建造，涵盖世界上几乎所有核电主流及科研堆型；是核环保产业的国家队，建成大型核设施退役和放射性废物治理基地；是国内最大的核技术应用企业，具备国内 80%的研发生产能力，核医学药物在中国市场的供应量达到 70%以上；是中国唯一并且实现批量出口核电站的企业，向巴基斯坦出口 7 台核电机组。

【领导班子】

董事长、党组书记：余剑锋

总经理、党组副书记：顾　军

董事、党组副书记：王杰之

副总经理、党组成员：曹述栋、马文军、申彦锋

总会计师、党组成员：王学军

【组织机构】 见中核集团 2022 年组织机构图。

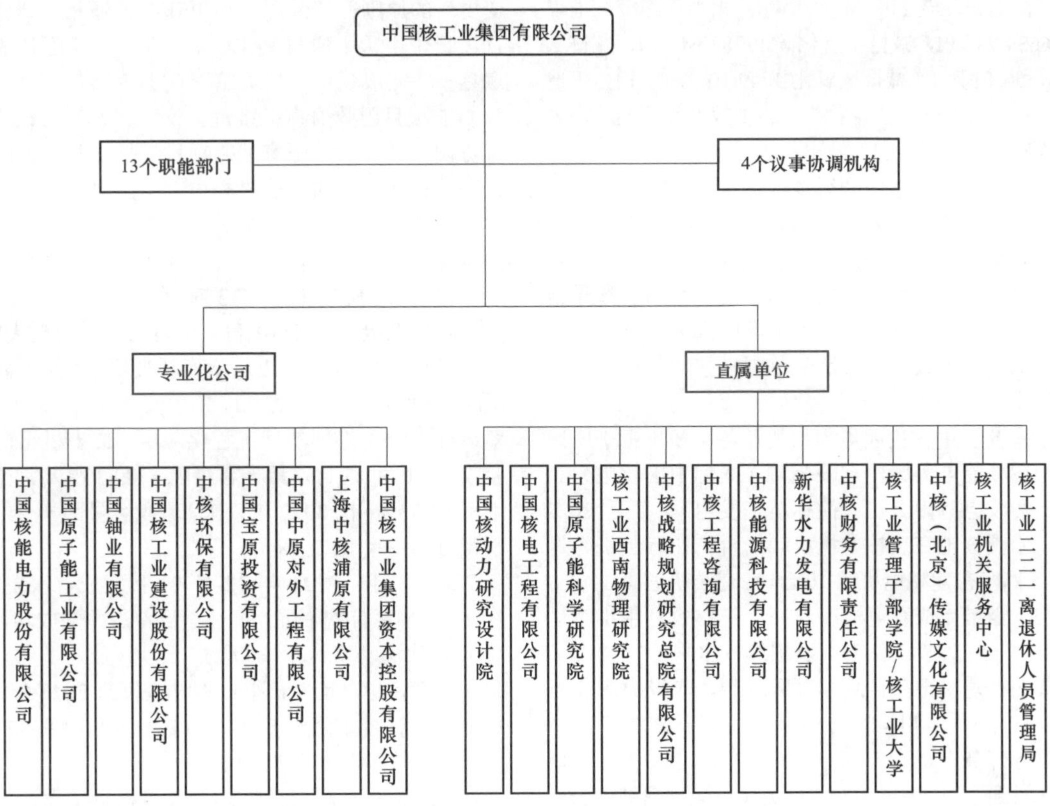

中核集团 2022 年组织机构图

【安全生产】 2022 年，全年核设施运行状况良好，处于安全受控状态，核设施流出物排放低于或远低于国家批准的限值，核设施周围辐射环境水平处于本底涨落范围，核与辐射安全保持良好记录。

2022 年，提升电力运行可靠性，旗下电厂保持安全稳定运行，保持高质量的运行水平。从核电情况看，截至 2022 年末，中国核电在运核电机组 25 台，在运装机容量 2375 万 kW，全年完成发电情况较好，年有效利用小时达到 7897.13h，为“十三五”以来最好水平；中核集团在建核电项目总体进展顺利，取得福清 6 号投运，三门 3 号、田湾 8 号和徐大堡 4 号 FCD 等多个重大里程碑节点；所有核电站未发生国际核事件分级表（INES）一级及以上事件，核安全保持良好记录，非计划紧急停机停堆事件数量与 2021 年同期相比降低。2022 年，中核集团 25 台在运控股核电机组中，18 台机组 WANO 综合指数达到满分，平均分达

到 98.35，运行业绩进入世界第一阵营，荣获国资委管理标杆企业和国资委公司治理基层示范企业。

【经营管理】 截至 2022 年末，中核集团可控发电装机容量 4577.16 万 kW，其中核电 2375 万 kW、水电 283.29 万 kW、风电 544.73 万 kW、太阳能 1374.14 万 kW。2022 年新增装机容量 754.36 万 kW，其中核电 120.1 万 kW、风电 232.31 万 kW、光伏 405.48 万 kW，控股装机容量正在逐步增长中。2022 年减少装机容量 3.53 万 kWh，主要为水电 3.53 万 kWh。

2022 年全年实现发电量 2193.38 亿 kWh，其中核能发电 1858.10 亿万 kWh、水电及新能源等发电 335.28 亿 kWh。全年发电量创历史性新高，对中核集团产业升级、能源结构改善，生态保护和美丽中国建设做出贡献。截至 2022 年底，中核集团所有电源装机全部为清洁能源，全年清洁能源发电 2193.38 亿 kWh，相当于减少标准煤消耗 6634.98 万 t，减排二氧化碳 17383.64 万 t，减排二氧化硫 56.40 万 t，减排氮氧化物 49.10 万 t，相当于造林约 59.53 万 hm^2，社会效益和环境效益优势明显，为中国“碳达峰、碳中和”做出积极贡献。

2022 年，中核集团获得多项殊荣，2021 年度中央企业负责人经营业绩考核 A 级，已连续 17 年度获评 A 级，世界 500 强排名 364 位，较 2021 年上升 7 位。全年核设施运行状况良好，处于安全受控状态，核设施流出物排放低于或远低于国家批准的限值，核设施周围辐射环境水平处于本底涨落范围，核与辐射安全保持良好记录。

【电力建设】 中核集团电力相关业务主要集中于所属单位中国核能电力股份有限公司（简称中国核电）和新华水力发电有限公司（简称新华发电）。截至 2022 年末，中国核电在运核电机组 25 台，在运装机容量 2375 万 kW，在建核电机组 10 台，在建装机容量 1007.7 万 kW，全年完成发电情况较好，年有效利用小时达到 7897.13h，为“十三五”以来最好水平。2022 年，中核集团在建核电项目总体进展顺利，取得福清 6 号投运，三门 3 号、田湾 8 号和徐大堡 4 号 FCD 等多个重大里程碑节点。

【科技创新】 中核集团持续加大发电领域科技创新，2022 年度中核集团贯彻创新驱动发展战略，在加快建设创新型集团方面做了一系列卓有成效的工作。一是立足国家战略，承接国家、部委科技需求，对标国际国内标杆，统筹谋划中核集团“十四五”科技发展规划和核科技中长期发展规划；二是推动中核集团“创新 2030 工程方案”实施，建立覆盖九大领域的型谱技术体系，与世界先进水平精准对标，发布共性基础技术体系，全面推进型号（产品）和基础技术攻关，形成重大科技项目初步策划方案和推进措施；三是“小核心、大协作”协同创新体系不断提质增效，以中核集团为主体组建创新联合体，以国内高校、科研院所和国际研究机构为两翼的“一体两翼”科技创新模式初步形成。

2022 年，中核集团电力领域获得科技奖励达到 74 项，获得各类知识产权超过 950 件，在产业领域得到具体应用，在系统集成、智能运维以及节能降耗方面取得效果。

【国际业务】

（一）境外重点项目开展情况

1. 巴基斯坦 C-5 项目

C-5 项目前方工作组重点围绕推进巴政府审批和签署延付协议开展一系列工作：10 月 29 日，巴总理召集各联邦部长主持召开访华准备会议，会议原则同意 C-5 项目纳入巴“国家战略项目”；围绕延付协议，坚持“延付协议解决融资问题，主合同核心条款不做变更”的原则，持续深入与 PAEC 沟通相关事宜。11 月 3 日，中国中原与 PAEC 就延付协议全面达成一致意见，并完成延付协议页签。11 月 9 日，与 PAEC 召开 C-5 项目巴政府审批推进会议，双方就正式签署延付协议、纳入巴“国家战略项目”批文及开工前期准备等进行深入沟通。核电委员表示巴原委会和战略规划局将尽快推动政府审批进展，力争尽快正式签署延付协议，全力推动政府批文，推动项目尽快落地。

2. 巴基斯坦 K-2/K-3 项目

K-2 机组：5 月 10 日机组进入首次换料大修；7 月 10 日，完成 K-2 机组首次换料大修，本次大修共计用时 61.425 天；7 月 22 日，K-2 机组达 1100MW 满功率运行，CF3 燃料实现工程化应用。K-2 机组自临时验收至 11 月 25 日，累计容量因子 89.30%，累计可利用率 86.93%；自 2022 年以来，累积容量因子 75.07%，累积可利用率 80.99%。

K-3 机组：2021 年 12 月 21 日完成首次装料；2 月 21 日实现首次临界；3 月 4 日首次并网成功，3 月 31 日首次满功率运行，4 月 18 日实现临时验收，提前完成年度目标。K-3 机组自临时验收至 2022 年 11 月 25 日，累计容量因子 87.57%，累计可利用率 89.70%。

3. 阿根廷压水堆项目

2 月 1 日，阿根廷阿图查 3 号核电站设计采购和施工（EPC）合同正式签署，阿图查 3 号核电站项目业主方为阿根廷核电公司（NASA），总承包方为中核集团、中国中原以及中国中原阿根廷分公司（共三方）。项目采用“华龙一号”技术，通过 EPC 模式在阿根廷首都布宜诺斯艾利斯西北方向 110km 处的利马镇建设一台压水堆机组。

5—8 月中国原子能燃料相关合同谈判团组在中国中原的协调支持下与阿根廷核电公司和原子能委员会开展合同谈判工作，并分别于 7 月 22 日、8 月 18 日和 19 日签署三个合同的谈判工作纪要。

4. ITER TAC1 项目

由中核工程牵头的国际热核聚变实验堆（ITER）托卡马克主机安装 1 号合同（TAC1），携手二三公司、西物院、中科院等离子体所、法国法马通组成中法联合体，以施工总承包的形式参与 ITER 项目主机安装工作，自开工以来，项目团队在 ITER 现场稳扎实干，克服新冠疫情、语言交流、文化差异等障碍，按期或提前完成了多个里程碑节点，获得了 ITER 组织的肯定和认可。在 ITER 组织的供应商表现评估中，中法联合体获得 8.3 分，被业主评为一级可信赖承包商。鉴于项目团队良好的现场综合表现，IO 组织通过合同变更授予了联合体多个额外任务，金额累计达 1030 万欧元，共计约合人民币 8309.25 万（汇率 1:7.5）。

2022 年度完成首个超导接头安装和绝缘工作，成功实现安全生产 1000 天，ITER 国际组织专门在 Facebook、LinkedIn 等媒体报道了相关活动。

（二）国际市场开拓

截至 2022 年底，中核集团暂无境外装机，中核集团所属中国中原对外工程有限公司、中国核能电力股份有限公司、中国核工业建设股份有限公司、中国核电工程有限公司等单位通过承揽境外核电、风光电以及国际热核聚变实验堆总承包等业务，拓展海外市场和业务。

中核集团旗下中国中原公司在疫情防控的巨大压力和国际化经营不确定性因素增多的背景下，围绕海外市场开发、工程建设和运维服务三条主线开展工作。2 月 1 日签署阿根廷阿图查 3 号核电站设计采购和施工（EPC）合同；2 月 2 日签署《中巴深化核能合作框架协议》（包含 M-1/M-2 和 K-4/K-5 项目）；推进巴基斯坦 C-5 核电项目融资工作；在海外疫情常态化的基础上有序推进工程建设，于 4 月 18 日实现巴基斯坦 K-3 机组临时验收；7 月 10 日，完成 K-2 机组首次换料大修；7 月 22 日，K-2 机组达 1100MW 满功率运行，CF3 燃料实现工程化应用；C-1 机组第十五次大修用时 24.91 天，比计划提前 10.09 天，优于 C-3 机组完成第四次大修工期，创造恰希玛核电用时最短大修工期纪录。中国中原入选 2022 年 ENR 全球最大 250 家国际承包商排名 78 位，在入围的 79 家中国企业中排名第 19 位。

中国中原设立了南亚、南美、中东欧、东盟 4 个区域总部和 10 个代表处，拥有 1 家境外子公司——中核集团中东有限公司，市场布局实现全球重点区域和重点项目全覆盖。

中国核建对外工程承包完成营收 24.27 亿元人民币。其中电力工程主要包括巴基斯坦滨佳胜三期循环电站及输变电站、泰国 9.5MW 暖武里 RDF 电厂、阿联酋阿布扎比艾尔达芙拉 PV2 太阳能电站项目，以及阿联酋、越南嘉莱久安等风电项目。

（三）参与国际交流

1. 参与国际标准制定情况

“十四五”期间，中核集团拟梳理申请 13 项国际标准提案，争取立项 2 项国际标准，拟完成编制发布 1 项国际标准。截至目前由中核工程公司牵头制定的国际电工委员会（IEC）国际标准《核电厂仪控安全重要系统-电阻式温度监测器》（IEC 62397 ED2）正式发布；编制的国际标准化组织（ISO）国际标准《压水堆核电厂应急堆芯冷却系统过滤器设计及性能验证 第一部分 总则》（ISO/AWI 17838-1）通过国际标准化组织（ISO）审查正式立项。该标准提案是中核集团首次在 ISO 国际标准核能领域的核安全技术方面承担主导角色，并实现了中国在 ISO 系列化核能国际标准的主导制定中“零”的突破。

在对外合作中，中核集团有多人在国际和国内的标准化技术委员会担任各种职务和委员。其中国际标准化组织（ISO）注册专家 1 名，国际电工委员会（IEC）注册专家 4 名，法国核岛设计、建造及在役检查规则协会（AFCEN）委员 7 名，AFCEN 中国用户组主席 1 名，副主席 2 名，技术秘书 1 名，美国 ASME 中国国际工作组委员 3 名。

2. 参加国际会议及会展情况

中核集团继续与国际组织保持密切合作，成果丰硕。2022 年度共接收 IAEA 活动通知 37 次，参会 24 人次。分别与经合组织、国际电工委员会、美国核协会、美国机械工程师协会、日报工程机械师协会、质量协会等机构组织合作。面对疫情的不利影响，开展 IAEA 小堆跨地区技术合作项目，参与核能论坛、开展国际原子能机构 TC 合作项目，开拓与其他国际组织及国外机构的合作项目，还参与了多项国际会议。

（1）多次参加和承办国际核能论坛。承办了首届中国—东盟和平利用核技术论坛，助力建设绿色家园——核技术在能源科技领域的应用分论坛、科学精神宣讲会的筹备与举办。

中核集团派中国核电参展第十二届俄罗斯索契核工展，在参展期间与安哥拉驻俄大使、缅甸电力部部长展开了核能建设运营交流，重点介绍中核集团全产业链能力，为后续核能合作打下了基层；与俄罗斯原子能海外服务公司及俄罗斯建设出口公司就中俄双方 VVER 机组运营能力与提升方面展开了交流，对后续共同开发第三国市场达成初步合作共识。

（2）IAEA 小堆跨地区技术合作项目。IAEA 小堆跨地区技术合作项目，旨在为成员国部署 SMR 提供广泛支持和论坛，通过培训和技术转让，实现 SMR 的有效能力建设。2022 年中核集团组织了该项目的协调会，针对项目后续的执行、研究计划和活动安排进行讨论研究。

（3）IAEA 小堆倡议工作组。IAEA 提出核能发展协同和标准化倡议。中核集团对该倡议高度重视，设立小堆倡议工作组支持相关工作。从5月项目启动至今，已完成小堆倡议工作组的筹备、启动、月度例会、通用用户文件编制、导则与标准等专题例会10余次。

（4）TC技术合作项目。IAEA技术合作项目是机构向成员国，特别是发展中国家提供技术援助的重要渠道，主要通过专家服务、人员科访、进修和研讨会议等方式，帮助成员国解决在核能与核技术发展中存在的问题，提升国家核基础能力，促进核事业可持续发展。中核集团连续多年入选该项目，借助机构平台，学习借鉴国外先进技术和经验，参与与IAEA及相关国家的合作。

3. 对外签署合作协议及备忘录情况

中核集团作为"华龙一号"自主三代压水堆核电技术研发主体，推动核能安全发展、创新发展，坚持扩大高水平对外开放。

（1）先进压水堆燃料性能研究方面。2016年，中核集团加入了国际经合组织核能署（OECD/NEA）规划的"反应堆包壳完整性研究项目（SCIP）"联合科研项目，项目周期为2016年6月—2024年6月，2021年，加入了国际原子能机构（IAEA）的"先进技术及事故容错燃料测试与模拟CRP"联合科研项目，项目周期为2021年8月—2024年8月。

（2）严重事故预防与缓解技术方面。2020年11月，中核集团与瑞典皇家理工学院（KTH）签署"严重事故熔融物-结构-水相互作用研究"项目合同，围绕"碎片床形成特性""碎片床演变特性""熔池传热""下封头喷淋冷却""熔融物水下扩展"5项SARNET严重事故领域前沿技术开展联合科研。项目周期为2020年6月—2024年12月。

（3）反应堆材料老化机制及性能研究方面。中核集团与瑞典斯杜斯维克公司（STUDSVIK AB）洽谈参与国际经合组织核能署（OECD/NEA）规划的"反应堆材料老化机制及性能研究（SMILE）"联合科研项目。旨在以瑞典退役反应堆拆卸下来的压力容器、堆内构件和蒸汽发生器作为试验条件，对堆内辐照、水力侵蚀之后的材料特性开展试验研究，为反应堆老化管理、延寿、退役等提供支持。

【节能减排】 中核集团强化使命担当，把推动落实生态文明建设提高到关系中华民族永续发展根本大计的战略高度，按照国资委的有关部署要求，坚持系统谋划、统筹推进节能减排各项工作。万元产值综合能耗（可比价）低于0.184t标准煤/万元，万元产值二氧化碳排放量（可比价）低于0.347t/万元。完成2022年能源节约与生态环境保护目标。

响应国家清洁低碳能源体系构建要求，优化产业政策，强化资源保障，在发展核电的同时，加大非核清洁能源发展力度，清洁能源产业规模持续大幅提升。2022年清洁能源装机规模达到4576.86万kW，同比增长18.87%；清洁能源发电量达到2193.11亿kWh，同比增长11.06%；其中核电装机容量2375.00万kW，同比增长5.33%，年发电量1858.10亿kWh，同比增长6.80%；水电、风电、光伏等清洁能源装机容量达到2201.86万kW，同比增长38.01%，年发电量335.01亿kWh，同比增长42.56%。全年清洁能源发电量相当于减少标准煤消耗6634万t，减排二氧化硫56万t，减排氮氧化物49万t，减排二氧化碳1.74亿t，造林60.12万hm^2。

【中国核能电力股份有限公司】

公司概况 中国核能电力股份有限公司（简称中国核电）由中国核工业集团有限公司作为控股股东，联合中国长江三峡集团有限公司、中国远洋海运集团有限公司和航天投资控股有限公司共同出资设立，总部设在北京。中国核电经营范围涵盖核电项目的开发、投资、建设、运营与管理；清洁能源项目的投资、开发；输配电项目投资、投资管理；核电运行安全技术研究及相关技术服务与咨询业务；售电等领域。2015年6月10日，中国核电作为A股第1家纯核电企业成功上市（股票代码601985）。

截至2022年底，中国核电拥有控股子公司28家，合营公司1家，参股公司12家，总资产超过4000亿元，公司市值超过1200亿元，员工总数超过18000人。控股在役核电机组数达到25台，控股装机容量2375万kW；控股在建核电机组9台，装机容量1012.9万kW；累计发电量超过1.35万亿kWh，安全运行累计超过240堆年。控股在运新能源装机容量1075.23万kW。

【新华水力发电有限公司】

公司概况 新华水力发电有限公司（简称新华发电）由国有重要骨干企业中核集团和水利部综合事业局共同出资，兼具中央企业管理优势和水利部行业专业优势。专注清洁能源开发与运用，主要业务包括清洁能源发电、电网、供水、咨询、机电及综合开发等，努力成为综合智慧能源运营商和一体化方案提供者。

新华发电成立于2002年，由中央直接管理的国有重要骨干企业中核集团和水利部共同出资，注册资本金12.75亿元，主要业务覆盖水电（含抽水蓄能）、新能源、综合智慧能源三大板块。所属企业包括10家区域公司，4家分公司及200多家下辖法人单位，员工总数3000余人。

2022年全年，新华发电经济运行总体态势良好，主要经营指标稳中有进。实现营业收入82.56亿元，同比增加45.87%；发电上网179.53亿kWh，同比增加45.73%；截至12月，新增在运新能源装机容量221.735万kW（水电13.2万kW、风电83.31万kW、光伏124.925万kW）。

中国长江三峡集团有限公司

【公司概况】 2022 年，中国长江三峡集团有限公司（简称中国三峡集团）主要效益指标继续位居央企前列。全年新增装机容量 1535 万 kW，可控装机容量达 1.25 亿 kW；完成发电量 3837.8 亿 kWh；实现营业收入 1462.6 亿元；税后净利润 425.3 亿元；研发投入强度 3.05%；资产总额达到 1.27 万亿元；资产负债率 53.5%，继续保持国家主权级信用评级；实现全年安全生产目标。连续多年获得央企负责人经营业绩考核 A 级，被国资委授予 2019—2021 年任期“业绩优秀企业”和“科技创新突出贡献企业”。

白鹤滩水电站全部机组投产发电，世界最大清洁能源走廊全面建成，巩固了“世界水电看中国、中国水电看三峡”的引领地位。新能源装机容量约 3200 万 kW，其中海上风电装机容量近 500 万 kW，跃居国内第一。共抓长江大保护累计完成投资近 1000 亿元，重点推进管网攻坚战和“城市智慧水管家”，探索城镇治污资源化、市场化商业模式，污水处理能力达 426 万 m^3/d，建设及投运雨污管网长度达 1.8 万 km。国际业务逆势增长，发电量、营收再创新高，巴基斯坦卡洛特水电站全面投产发电，三峡国际被国际评级机构授予相当于中国国家主权级的信用评级。国企改革三年行动圆满收官，在年度考核中获评 A 级，“双百行动”“科改示范行动”获得“三标杆一优秀”；科技创新成果丰硕，全球领先的 16MW 海上风机等重大创新成果竞相涌现；党建引领作用充分发挥，施工区“大党建”等特色品牌持续拓展，连续 3 年在央企党建考核中获评 A 级，连续 4 年在中央单位定点帮扶工作成效评价中获得最高等次“好”的评价。

（张怡然）

【领导班子】

董事长、党组书记：雷鸣山
董事、总经理、党组副书记：韩君
董事、党组副书记：李富民
副总经理、党组成员：王良友
副总经理、党组成员：范夏夏
副总经理、党组成员：张定明
纪检监察组组长、党组成员：陈瑞武
总会计师、党组成员：曾义
副总经理、党组成员：吕庭彦

（曹鹏飞）

【组织机构】 见中国三峡集团 2022 年组织机构图。

总部机构

职能部门
1 集团办公室（党组办公室、董事会办公室）
2 计划发展部
3 财务与资产管理部
4 人力资源部（党组组织部）
5 科技创新部
6 安全生产部
7 生态环保部
8 法律合规与企业管理部
9 审计部
10 党建工作部（党组宣传部）
11 党组巡视工作办公室
12 社会责任办公室

事业部
1 水电与抽水蓄能事业部（工程建设管理部）
2 新能源事业部

单设机构
工会工作部

纪检监察机构
纪检监察组

直属机构
1 战略与发展研究中心
2 投资并购中心
3 电力市场研究中心
4 国际事务中心
5 采购与物资管理中心
6 数字化管理中心
7 法务中心
8 审计中心
9 大坝安全监督管理中心
10 档案中心

分子公司
1 中国长江电力股份有限公司
2 中国三峡国际股份有限公司
三峡国际能源投资集团有限公司
3 中国三峡建工（集团）有限公司
4 中国三峡新能源（集团）股份有限公司
5 集团公司综合能源分公司
湖北能源集团股份有限公司
6 长江生态环保集团有限公司
7 三峡资本控股有限责任公司
8 集团公司北京分公司
长江三峡集团实业发展（北京）有限公司
9 中国水利电力对外有限公司
10 三峡财务有限责任公司
11 上海勘测设计研究院有限公司
12 三峡基地发展有限公司
13 长江三峡技术经济发展有限公司
14 三峡资产管理有限公司
15 三峡物资招标管理有限公司
16 中国三峡出版传媒有限公司
新闻品牌中心
17 三峡科技有限责任公司
18 集团公司西藏分公司
三峡集团西藏能源投资有限公司
19 集团公司河北分公司
集团公司河北雄安分公司
长江三峡集团雄安能源有限公司
20 集团公司上海总部
长江三峡投资管理有限公司
21 集团公司四川分公司
三峡集团四川能源投资有限公司
22 集团公司云南分公司
三峡集团云南能源投资有限公司
23 集团公司重庆分公司
三峡集团重庆能源投资有限公司
24 集团公司江苏分公司
三峡集团江苏能源投资有限公司
25 集团公司浙江分公司
三峡集团浙江能源投资有限公司
26 集团公司海南分公司
长江三峡（海南）绿色发展投资有限公司
27 集团公司福建分公司
28 集团公司广东分公司
29 集团公司青海分公司
30 集团公司内蒙古分公司
31 集团公司山西分公司
32 集团公司湖南分公司
33 集团公司贵州分公司
34 集团公司山东分公司
35 集团公司安徽分公司
36 集团公司河南分公司
37 流域枢纽运行管理中心（三峡枢纽建设运行管理中心）
38 移民工作办公室
39 中共中国三峡集团党校（中国三峡集团教育培训中心）
40 科学技术研究院
41 长江生态环境工程研究中心
42 中国三峡武汉科创园

中国三峡集团 2022 年组织机构图

（章　奔）

【重大工程项目】

1. 16MW 海上风电机组

16MW 海上风电机组由中国三峡集团联合金风科技研制，于 11 月 23 日在福建三峡海上风电国际产业园下线。该机组是目前全球范围内单机容量最大、叶轮直径最长、单位兆瓦质量最轻的风电机组，是继 10 月在三峡海上风电国际产业园下线 13.6MW 海上风电机组后的又一重要突破。

该机组叶轮直径 252m，叶轮扫风面积约 5 万 m^2，相当于 7 个标准足球场大；轮毂高度达 146m，相当于一座 50 层大楼的高度。在额定工况下，单台机组每转动一圈可发电 34.2kWh。16MW 机组在大型主轴轴承、超长轻量化叶片等关键核心部件的研发制造方面取得了重要的技术突破。机组运行状态监测的数字化水平高，能够针对台风等恶劣天气智能调整运行模式，确保风机安全和高效发电。

根据多年平均发电量设计值，单台机组每年可输出超过 6600 万 kW 的清洁电能，能够满足 3.6 万户三口之家一年的生活用电，可节约标准煤约 2.2 万 t，减排二氧化碳约 5.4 万 t，为助力中国实现“双碳”目标、促进经济社会发展全面绿色转型贡献力量。

16MW 机组的成功下线，标志着中国风电装备产业实现了从“跟跑”到“并跑”再到“领跑”的历史性跨越，创造了全球海上风电装备发展的最新标杆，标志着中国海上风电大容量机组研发制造迈入世界先进行列。

2. 库布齐沙漠鄂尔多斯中北部新能源基地项目

库布齐沙漠鄂尔多斯中北部新能源基地项目是由中国三峡集团牵头，联合内蒙古能源集团投资建设的全球最大“沙戈荒”基地工程、中国首个开工建设的千万千瓦级新能源大基地项目。

项目于 2022 年 8 月正式获批，规划建设新能源 1200 万 kW，其中光伏 800 万 kW、风电 400 万 kW，配套建设先进煤电 400 万 kW，配置多尺度、多形式储能约 400 万～600 万 kWh，总投资超 800 亿元，所产电能将依托“十四五”全国电力规划拟建的蒙西至京津冀直流输电通道，以风光火储一体化方式外送至京津冀地区。项目全部建成后，每年可向京津冀地区送电约 440 亿 kWh，其中清洁能源占比 50%以上，有效促进清洁能源高比例外送、高效率利用。

项目工程规模大、技术难度高、创新意义大，采用“新能源基地、支撑性煤电、输电通道”三位一体协同模式，打造融合“规模化新能源开发、风光火储多能互补、电力跨省外送、沙漠生态治理”四大要素的系统性工程，依托项目开展重大科技创新，解决多电源品种、多储能类型、多风光集群等重大技术挑战，打造新技术、新机制、新模式、新业态示范应用的重要载体，有效带动光伏、储能、数字化等新兴产业集群式发展。

项目将建设集发电、治沙、种植于一体的立体绿色生态系统，发挥新能源开发与生态环境保护融合发展的示范引领作用，对推动区域经济可持续发展、能源结构转型升级、加快实现“双碳”目标、支撑北方生态安全屏障建设、加快建设人与自然和谐共生的现代化具有重要意义。

（安　华　杨桂君　张泽尧）

【国际项目】

1. 墨西哥 Kinich 项目

Kinich 项目主要集中分布于墨西哥中北部，处于美洲光照条件最好的地区之一。项目包含 5 个光伏电站，总装机容量 62.8 万 kW，为墨西哥第四大运营光伏资产组合。5 月 11 日，中国三峡集团中国三峡国际股份有限公司（简称三峡国际）完成第一批 3 个光伏电站交割；11 月 9 日，完成 1 个光伏电站交割。

2. 西班牙弗洛里斯（Flores）陆上风电项目

西班牙弗洛里斯陆上风电项目持有 12 座陆上风电场，其中 11 座风电场集中在西班牙南部安达卢西亚地区，1 座风电场位于东北部加泰罗尼亚地区，总装机容量 18.1 万 kW。项目卖方为葡电新能源，向中国三峡集团出售项目 100%股权。2021 年 11 月 13 日，双方签署股权购买协议。2022 年 5 月 4 日，项目通过西班牙外商投资审查（FDI），具备交割条件。6 月 27 日，项目完成交割。

该项目是中国三峡集团与葡萄牙电力公司（EDP）签署新一轮框架合作协议后的首次合作，具有一定的示范作用，为双方未来更深层次合作打下基础。

3. 西班牙贝尔维斯（Belvis）项目

贝尔维斯项目位于西班牙西南部埃斯特雷马杜拉自治区卡塞雷斯省，该区域光照资源丰富，适合开发光伏能源。项目共含 3 座待建电站，总装机容量 10.4 万 kW，预计 2023 年年底建成投产。

12 月 23 日，三峡国际完成西班牙贝尔维斯光伏绿地项目股权交割。项目收购后，水电、风电和光伏等清洁能源领域的资产配置进一步优化，三峡集团海外光伏业务比例继续扩大，进一步加强了绿地项目开发建设力度并进一步巩固了公司在西班牙新能源市场的地位。

4. 西班牙探路者（Roadrunner）项目

探路者项目位于西班牙中部卡斯蒂利亚–拉曼查自治区和南部安达卢西亚自治区，包含 27 个光伏电站（含在开发项目），总装机容量 61.9 万 kW。12 月 23 日，13.9 万 kW 投运营资产和 5.23 万 kW 在建资产顺利完成交割，待建资产及绿地资源将在未来两年分别达到投产运营、在建状态时陆续进行交割。

5. 秘鲁圣加旺水电站项目

秘鲁圣加旺水电站项目是中国三峡集团中国水利电力对外有限公司（简称中水电）在秘鲁承建的第一个 EPC 总承包水电站项目，项目由中国三峡集团（CTG）与葡萄牙电力（EDP）共同投资开发。

项目位于秘鲁东南部普诺大区，合同额 3.53 亿美元，合同内容包括电站首部枢纽、引水隧洞、竖井、地下厂房、主变压器室、尾水洞、地面开关站等。电站装机容量 2×104.65MW，设计年发电量 12.5 亿 kWh，项目于 2017 年 9 月 1 日开工建设。

秘鲁圣加旺水电站预计在正式投产后，可为秘鲁南部地区约 3.5 万户家庭 14 万人提供清洁能源。项目还将改善秘鲁南部地区欠发达地区通信、运输等基础设施，带动当地经济、社会的发展，在秘鲁南部地区及普诺大区具有重要意义，被秘鲁政府列为“关乎国家利益”的关键工程。

2022 年，秘鲁圣加旺水电站项目多项施工建设工作取得突破性进展。其中，项目首部枢纽二期倒流施工圆满完成，尾水隧洞实现全线贯通，TBM 隧洞开挖单月突破 1000m 进尺，全年引水隧洞开挖累计完成约 64%，主厂房桥机、水轮机埋件安装已完成。

6. 哈萨克斯坦图尔古松水电站项目

中国三峡集团承建的图尔古松水电站项目位于哈萨克斯坦图尔古松河上，是该流域梯级规划的第一座电站，也是在“一带一路”倡议框架下，中哈两国在水电领域落地的第一个合作项目。项目装机规模 24.9MW，总合同额 5062.36 万美元，项目投产发电后，年平均发电量达 7980 万 kWh，每年可减少二氧化碳排放约 7.2 万 t。

图尔古松项目于 2017 年开工建设，2021 年 7 月 31 日投产发电。项目的投产，填补了东哈州阿勒泰地区一半的电力缺口，缓解了该地区电力紧缺的状况，促进了东哈州经济社会发展。2022 年 4 月 28 日，中水电哈萨克斯坦有限责任公司收到业主颁发的哈萨克斯坦图尔古松水电站项目（临时）竣工通知，确认项目于 2022 年 4 月 28 日（临时）竣工，进入为期 24 个月的缺陷责任期。

7. 几内亚苏阿皮蒂水利枢纽项目

几内亚苏阿皮蒂水利枢纽工程项目是中水电承建的 EPC 总承包项目，合同额 13.83 亿美元。项目主体工程为碾压混凝土重力坝，坝顶高程 215.5m，最大坝高 120m，坝轴线长 1164m。大坝水库正常蓄水位为 210m，对应库容 63.17 亿 m^3，电站装机容量 450MW，多年平均发电量为 20.16 亿 kWh。苏阿皮蒂水利枢纽工程是孔库雷河流域梯级开发中最大的水电站，也是几内亚装机最大的水电站，被誉为几内亚的“三峡工程”。

苏阿皮蒂项目于 2016 年 4 月 1 日开工建设，2020 年 11 月 8 日首台机组投产发电，2021 年 3 月 25 日 4 台机组全面投产发电，2021 年 6 月 24 日通过临时竣工验收。2022 年 6 月 24 日，项目提前合同工期 68 天通过业主组织的最终竣工验收工作，获得工程履约证书。

项目建成后，对下游电站（凯乐塔水电站）发电用水起到了很好的调蓄作用，也将几内亚全国电力总装机规模提升约 60%，极大地缓解了几内亚电力供应不足的现状。

（安华　范凡　王曼）

【节能减排与生态环保情况】 2022 年，中国三峡集团推动乌东德、白鹤滩重大项目环保措施落实，开展长江干流梯级电站生态调度、珍稀特有鱼类增殖放流和植物保护，推动环境管理体系平稳有效运行。

做好乌东德、白鹤滩水电站环保工作。中国三峡集团资助开展长江上游珍稀特有鱼类国家级自然保护区建设，打造黑水河鱼类保护替代生境，开展乌东德水电站库尾鱼类栖息地保护与修复，实施水生生物保护与水生态修复等综合性策略，改善水生生物生存环境、保护水生生物多样性。中国三峡集团通过开展集运鱼系统建设运行，解决了高坝大库过鱼问题，推进乌东德和白鹤滩水电站水生生态保护；建设松新鱼道，帮助长江上游特有鱼类和重要经济鱼类完成生活史与遗传交流，促进长江生态持续向好。连续 12 年开展长江三峡至金沙江下游梯级水库多目标生态调度。6 月 23—28 日，三峡水库第二次促进葛洲坝下游产漂流性卵鱼类自然繁殖的生态调度试验期间，宜都断面鱼类总产卵规模约为 153 亿粒，其中，四大家鱼产卵量约为 89 亿粒，创 2011 年三峡水库生态调度试验以来最高纪录。参加“全国放鱼日”、迎接 2022 年世界环境日水电行业鱼类增殖放流联合行动等活动，在长江干流及金沙江下游开展了大规模增殖放流活动，全年共放流珍稀特有鱼类 220 万余尾，包括中华鲟 30 万余尾、长江鲟 41.83 万尾、圆口铜鱼 18.74 万尾、其他珍稀特有鱼类 130.86 万尾，增殖放流数量创历史新高。截至 2022 年底，累计迁地保护长江流域特有珍稀资源性植物达 1380 种 2.98 万余株。建成占地 100 万 m^2 国内最大的三峡特有珍稀植物保育科普基地，建设运行向家坝、白鹤滩珍稀植物园。

长江经济带生态环境国家工程研究中心建设取得阶段性进展。高质量筹建长江经济带生态环境国家工程研究中心，聚焦“4+1”环境污染治理工程，优化环保技术及装备研发团队架构，已形成环境政策研究所、管网研究所、城市环境研究所、绿色流域研究所、系统仿真研究所、生物多样性研究中心，即“5所1中心”科研部门，挂牌成立宜兴、九江、重庆和六安四个技术验证基地。申报并承担28项长江大保护领域国家级科研项目，其中牵头承担“长江黄河等重点流域水资源与水环境综合治理”等重点专项项目4项，参与承担课题2项、子课题16项、国家自然基金课题6项。

高效运转生态环境保护管理体系，系统披露生态环境保护绩效。构建并运行覆盖环境保护标准、制度、规划与计划、投资决策环境保护审查、信息统计与报送、监督检查、协调指导、内部控制、风险防控、绩效考核以及与环境保护相关各级行政主管部门的沟通协调等内容的环境保护管理体系。中国三峡集团环境体系连续多年通过新版ISO14001环境管理体系认证。经过20多年的不断探索和实践，中国三峡集团逐步形成了全流域、全生命周期、交流开放、科技创新的环境保护理念，形成较为完善的大水电环境保护管理组织体系。

中国三峡集团已连续第17年发布环境保护年报、连续第12年发布可持续发展报告，2022年首次发布生物多样性保护报告，系统披露生态环境保护成效。11月，中国三峡集团生物多样性保护和长江大保护自主承诺在联合国生物多样性保护公约（CBD）网站正式上线，成为中国进行自主承诺的首家央企。12月，中国三峡集团提供的“中国三峡：覆盖业务区的生物多样性保护及其扩展”案例纳入联合国《生物多样性公约》缔约方大会第十五次会议第二阶段会议最佳实践案例，在中国角边会上发布。

（贾焯越）

【科技创新】 2022年，中国三峡集团发挥在清洁能源、长江生态环保创新发展中的引领作用，以重大工程为载体，以引领行业科技进步为目标，加大科技攻关力度，科技创新工作取得显著成效，被国资委评为“科技创新突出贡献企业”。

1. 积极承担重大科研任务

2022年，中国三峡集团获批16项国家级重点科技项目，获财政资金支持近2亿元。其中，科技部国家重点研发计划3项，国资委央企攻关工程6项，国家发展改革委“揭榜挂帅”项目1项，国家发展改革委关基项目1项，水利部重大科技项目计划5项。

2. 重大创新成果竞相涌现

“自主可控的大型可编程逻辑控制器（S·CTG）”在三峡左岸电站12号机组投运并实现“零缺陷”稳定运行，项目首次实现700MW混流式水轮发电机组LCU自主可控，形成可复制的水电站机组LCU自主可控方案，总体技术达到国内领先水平。“全面国产化自主可控核心系统水轮发电机组调速器”在全球单机容量最大的白鹤滩百万千瓦机组中示范应用。“额定短路开断电流170kA发电机断路器成套装置”在白鹤滩水电站正式挂网运行，标志着百万千瓦水电机组配套的高压电气设备实现了全面国产化。“全球单机容量最大的16MW海上风电机组‘率先号’样机”在福建三峡海上风电国际产业园成功下线，并入选2022年度央企十大国之重器，创造了海上风电装备新标杆。“乌兰察布风光储一体化场站项目”由电网调度直控模式切换为场站调度集控模式，是全国首套适用于大规模风光储一体化电站的智慧联合集控系统。“全业态智慧水务调度系统”在安徽六安“水管家”建成，为国内首个自主研发的“业态全覆盖、数据全监视、操作全远控”的智慧水务调度系统。“新概念水厂——凤凰桥污水处理厂”二期正式投运，以“还市民一座花园”为目标建设环境友好型水质净化厂。国内首个大型绿色零碳数据中心——“三峡东岳庙数据中心建设项目”一期投产。全球载电量最大的纯电动游轮“长江三峡1”号投入运营。全球首艘新一代2000t级海上风电安装平台“白鹤滩号”和国内首艘“运输+起重”一体化深远海海上风电施工船“乌东德号”交付使用。国内首艘内河氢燃料电池动力工作船“三峡氢舟1号”开工建造。全球首条1GWh钠离子电池生产线建成、产品下线。

加大科技成果总结力度、开展科技奖励活动，2022年共有53项成果获省部、行业学（协）会科技奖项，2项成果获国际奖项，其中，乌东德水电站荣获“菲迪克高度赞扬奖”，向家坝水电站荣获第三届高混凝土坝国际里程碑工程奖。“大坝混凝土长期性能演变与耐久性保障关键技术”探明了大坝混凝土宏观性能长期发展规律，提出了宏观性能演变的两阶段性能演变模型，研发了在役大坝混凝土耐久性修复提升新材料和新装备，形成了大坝混凝土原位修复成套技术，成果已应用于三峡、白鹤滩、乌东德等20多个国家重大水利水电工程，并推广至桥梁、核工业等领域，经济、社会、生态环保等综合效益巨大。“适应长江洪水时空演变的水库群防洪精准调控关键技术”创建了一整套适应长江洪水时空演变的水库群防洪精准调控理论与方法体系，解决了“洪水演变智能模拟－防洪库容精准调控－洪水资源协同利用－调度运行智慧决策”四个方面的关键技术难题，构建了长江干支流洪水“时空演变分期分类－智能模拟”的全景预测体系。“复杂环境条件下海上风电机组地基基础设计关键技术及应用”构建了复杂环境条件下海上风电机组地基基础创新结构体系，研究成果填补了台风、深厚软土、浅覆盖层、海冰等复杂环境条件下海上风电场设计和工程实践空白。“梯级开发背景下长江上游重要鱼类资源保护关键技术及应用”围绕长江上游重要鱼类关键栖息地保护、物种增殖和资源养护开展了攻关研究，突破了多种长江上游重要鱼类人工繁育关键技术，为重要鱼类自然种群维持奠定了应用基础，人工繁育关键技术推广为武汉“先锋1号”新品种开发提供了重要支撑，具有重要的科技引领和示范作用。“长江经济带城镇排水系统效能提升关键技术与工程应用”研制了适合于复杂环境下的排水管道缺陷精准检测装备，实现了排水管道检测设备的国产化和产业化，研发了适合于特殊条件下的排水管道缺陷成套非开挖修复方法，开发了适合于全过程管控的排水管道数字化系统及应用平台，实现了管道探测、检测、设计、施工与验收、运营等全过程数字化管控。

3. 重大技术装备获得新突破

（1）6项技术装备入选能源领域首台（套）。在国家能源局公布的2021年度能源领域首台（套）重大技术装备清单中，中国三峡集团共有“1000MW混流式水轮发电机组”“10MW 海上风力发电机组”“国产抗台风半潜浮动式海上风力发电系统成套装备”“并网友好型风光储场站群智慧集控与运维系统”“适用于新能源电站惯量和调频支撑的兆瓦级飞轮储能系统”“海上风电柔性直流输电成套装备”等6项技术装备入选，占总量（75项）的8%，居发电央企第一。

（2）申报能源领域首台（套）。开展2022年度能源领域首台（套）申报评选及推荐报送工作，中国三峡集团一共向国家能源局提出了16项重大技术装备申请，其中，中国三峡集团推荐“600r/min，350MW抽水蓄能机组成套设备”等13项，通过四川省能源局推荐“ZHN10－30 170kA 发电机断路器成套装置”等2项，通过东方电气推荐“13MW 海上风力发电机组”1项。

4. 科技成果首次入选中央企业科技创新成果推荐目录

“大型工业可编程智能控制器”“抗台风半潜浮动式海上风力发电系统成套设备”“±400kV 海上风电柔性直流输电系统”3项科技成果入选国资委发布的中央企业科技创新成果推荐目录（2022年版），这是中国三峡集团科技成果首次入选该目录。

（张学礼）

【信息化建设】数字赋能生产，促进业务提质增效。围绕电力生产、新能源开发、长江生态环保等重点业务，持续推进数字化与业务深度融合。通过加快建设数字孪生三峡，优化工业互联网平台，试点建设甘肃武威光晟、协合光伏智能场站，自主研发国内首个“业态全覆盖、数据全监视、操作全远控”的城市水管家智慧调度平台等手段，提升生产运营效率。

支撑经营管理，促进治理效能提升。开展人力资源系统、新一代司库系统、生产综合管理系统、法律与合规管理系统等信息系统建设或升级改造，数字化基本覆盖经营管理及国资监管的各领域，支撑中国三峡集团管控能力与管控效率提升。

畅通数据资源，发挥数据价值。基本建立数据管理制度，提升数据采集、应用及共享能力。升级大数据平台，实现对IT和OT数据的实时、周期性采集和统一存储；深入建设清洁能源工业互联网平台，实现对中国三峡集团生产运营信息的全方位监测、分析和展示。

夯实数字基础，打造融合坚实底座。数字基础设施建设全面覆盖各分支区域，为生产运营提供基础保障。深化系统上云，三峡私有云平台正式投运，搭载完整的自主可控基础资源生态，为各类业务系统提供充足的底层资源环境。推进 IPv6 规模化部署，完成27个集团级应用系统的双栈适配改造。

构筑安全屏障，保护大国重器。优化网络安全技防体系，开展网络安全风险专项排查，提升网络安全应急能力，确保全年未发生重大网络安全事故。重要时期网络安全保障工作受到公安部等国家部委肯定。

聚焦创新实践，助推技术驱动发展。持续开展自主可控应用实施，开展关键核心技术攻关，自主研发的大型工业可编程智能控制器试点投运。推进北斗应用，开展授时设备改造，启动一批北斗试点示范项目。

（韩月琪）

【党建工作】深入学习宣传贯彻党的二十大精神。开展“建功新时代 喜迎二十大”群众性主题实践活动，谋划部署学习宣传“十个一”工作安排，印发《全面贯彻党的二十大精神 为推进中国式现代化作出三峡贡献的决定》，党组领导深入基层宣讲13场次，组织基层党组织累计开展“三会一课”、主题党日3000余次，在全集团开展大学习、大讨论、大落实，推动党的二十大精神在中国三峡集团落地生根。

深化党建工作体系建设。坚持“两个一以贯之”，推动811家子企业完成党建入章应入尽入，规范党组和子企业前置研究清单及决策程序，有效保障党的领导融入公司治理。完善党建工作责任、落实、保障、评价工作机制，推动层层压紧压实党建责任，初步形成以“15684”为核心内容的“高质量党建引领保障高质量发展”工作体系。

强化党的组织体系建设。开展基层党组织建设对标提升行动，推动242个基层党组织按期换届，累计消除132个空白班组，对近三年入司的3567名党员档案进行核查，夯实基层基础，打通“最后一公里”。围绕产业链、创新链、供应链开展施工区“大党建”、精益党建、党建引领指数体系等创新做法，推进党建工作与生产经营深度融合，以改革发展成果检验党建工作成效。

弘扬践行“三峡精神”。在习近平总书记致信白鹤滩水电站首批机组投产发电等重要节点开展主题活动，推动习近平总书记指示批示见行见效。白鹤滩水电站投产发电，白鹤滩建设者团队被评为“央企楷模”。亮相《新闻联播》45次，三峡品牌形象、影响力和美誉度提升。

（杨文芬）

【中国长江电力股份有限公司】

公司概况 中国长江电力股份有限公司（简称长江电力）是由中国三峡集团作为主发起人设立的股份有限公司。长江电力创立于2002年9月29日，2003年11月在上交所IPO挂牌上市，股票代码600900。2020年9月，长江电力所发行的“沪伦通”全球存托凭证在英国伦敦证券交易所上市交易。

长江电力主要从事水力发电、投融资、新能源、智慧综合能源、抽水蓄能、配售电和国际业务等，在中国、秘鲁、巴西、巴基斯坦等多个国家开展相关业务。长江电力现拥有长江干流乌东德、白鹤滩、溪洛渡、向家坝、三峡、葛洲坝六座电站的全部发电资产，是中国最大的电力上市公司和全球最大的水电上市公司。

经营情况 2022年，长江电力运营管理的长江干流六座梯级电站年度累计发电量2622.49亿kWh。长江电力全年实现营业收入520.60亿元，加权平均净资产收益率11.73%。市值年内最高攀升至5747亿元，获评中国证监会“2022年度A股最佳治理实践上市公司”。

（1）迎难而上、挖潜增效，高水平巩固大水电基本盘。挖潜增效彰显基础保障作用。应对长江来水丰枯急转、极端高温等严峻挑战，提高水资源利用效率，长江电力全年发电量1855.81亿kWh，节水增发电量85.98亿kWh，综合耗水率创2015年以来历史同期最好水平。

科学调度发挥梯级综合效益。针对历史特枯灾情，优化蓄水方案，按期完成白鹤滩电站825m试验性蓄水任务，确保金沙江下游四座梯级水电站实现年度蓄水目标。梯级水电站向下游补水超320亿m^3，为缓解流域旱情做出突出贡献。梯级水电站生态调度试验次数、成效再创新纪录。向家坝船闸货运量创历史新高。

推动白鹤滩水电站全面投产。部署白鹤滩水电站机组并网调试，精心组织接机发电准备，实现剩余10台百万千瓦机组年内全部投产发电目标，标志着世界最大清洁能源走廊全面建成，长江流域“六库联调”新格局形成。

精益运行平稳应对电力保供。完成迎峰度冬、冬奥保电、迎峰度夏等多轮次保供任务，保供高峰期梯级水电站单日最大发电量超13亿kWh，年内累计48天每日发电量超10亿kWh，缓解华中、华东、华南及川滇两省供电紧张局面。

强化安全管控生产态势良好。创建抽水蓄能、新能源及境外业务安全管控模式，完成安全生产专项整治三年行动等专项工作。连续13年实现“零人身伤亡、零设备事故”目标。乌东德、溪洛渡、向家坝、三峡、葛洲坝5座水电站实现年度“零非计划停运”，白鹤滩水电站投产后稳定运行。

推进梯级电站增容扩机。编制完成溪洛渡、向家坝水电站单机容量调整工作方案，完成葛洲坝水电站扩机工程预可研报告复核及相关专题研究，向家坝水电站扩机前期工作有序推进。葛洲坝水电站19台12.5万kW机组增容改造胜利收官，最大装机容量增加47.5万kW，增长17.37%。

（2）锐意进取、突破瓶颈，高质量拓展新赛道新空间。新能源差异化优势渐显。聚焦“水风光储”多能互补，推进金沙江下游“水风光储”一体化基地研究，发挥优势，谋取优质资源，助力公司新能源业务快速发展。

抽水蓄能业务发展有序布局。首座抽水蓄能电站——甘肃张掖抽水蓄能电站开工，抽水蓄能电站投资建设取得实质性进展。坚持优中选优原则，锁定抽水蓄能项目资源3000万～4000万kW，“抽水蓄能+新能源”等一体化开发模式斩获佳绩。

智慧综合能源开局顺利。发展智慧综合能源业务，建成投运上海市规模最大的分布式光伏项目和容量最大的用户侧电化学储能项目、实施天津市首个公共建筑能源托管示范项目、开工建设华中最大用户侧光储智慧综合能源项目。全球载电量最大的纯电动船“长江三峡1号”投入运营，氢燃料动力船“三峡氢舟1号”船体建造合拢，“中国三峡绿电绿氢示范站”调试产出超99.9%的高纯度氢气。

国际业务实现提质增效。强化秘鲁路德斯公司管控，企业治理规范有效，经营业绩稳健增长，全年实现净利润约1.7亿美元，同比增幅超20%。推进境外运维咨询等业务。

（3）创新引领、改革赋能，高标准塑造新优势新动能。体系建设取得新突破。制定科技创新改革方案、科研板块组织机构优化改革方案，组织体系建设日臻健全。建设水资源高效利用与工程安全国家工程研究中心、湖北省智慧水电技术创新中心、建设水风光多能互补联合实验室，获批建设首个博士后科研工作站，科研平台建设取得重大进展。

科技创新获得新发展。新增科研项目370余项，年度科技投入达6.74亿元，创历史新高。工业互联网平台正式上线运行，并获得国家级认可。统筹谋划公司自主可控应用行动方案，基于自主可控PLC（可编程逻辑控制器）的70万kW混流式机组和轴流转桨机组LCU（现地控制单元）投入运行。荣获2022年度湖北省科学技术一等奖2项。全年获授权专利373项，其中发明专利跃升3倍达81项，创历史新高。《水电站设备检修管理导则》《水电站设备检修规程》等重要行业标准获批，标准引领站上新台阶。

内部改革赢得新成效。国企改革三年行动各项任务全面完成，入选国资委“国有企业公司治理示范企业”名单，在国资委第一次“双百企业”专项考核中获得“标杆”评价。综合改革案例分别入选国资委《改革攻坚：国企改革三年行动案例集》和“学先进、抓落实、促改革”专项工作第三批改革典型经验，发挥了改革标杆作用。

合规经营构建新格局。以“合规管理强化年”为契机，围绕公司发展需求，通过健全组织保障、优化制度体系、完善运行机制等方式，构建法律、合规、风险、内控“四位一体”相互融合的工作体系，合规管理水平提高，全体员工合规意识提升，合规经营两项成果荣获2022年（首届）电力企业合规管理成果特等奖。

（4）积极作为、精打细算，高基数下实现稳经营稳发展。推进资产重组。推进乌东德、白鹤滩水电站重大资产重组预案研究、尽职调查、确权办证、审计评估、内外部审批等各项工作。10月重组事项获证监会无条件审核通过。总装机容量实现跨越式发展。

公司价值广受认可。长江电力股价最高达25.27元，市值最高达5747亿元，稳居中国A股电力板块首位、全球电力上市公司前列。获中国证监会“2022年度A股最佳治理实践上市公司”、第四届新财富“最佳上市公司”、上交所年度信息披露A类单位等荣誉。维持惠誉国际A+、穆迪A1级国际评级、中诚信国际AAA级主体评级，在国内、国际资本市场知名度和认可度提升。

资本运作贡献增量。开展对外投资，围绕清洁能源、区域能源平台、产业链上下游等领域，稳健开展资产轮动，有序推动参股股权资产向主责主业集中，全年新增对外投资约35亿元。有效实施上市股权动态市值管理。全年实现投资收益46亿元。

（王锦瑞）

【中国三峡国际股份有限公司】

公司概况 中国三峡国际股份有限公司（简称三峡国际）成立于2011年，承载着中国三峡集团实施“走出去”战略和打造世界一流清洁能源集团的重要使命，通过绿地投资、股权并购等形式，参与境外清洁能源合作，服务和践行“一带一路”倡议。

经营情况 三峡国际先后成立了欧洲公司、南亚公司、巴西公司、拉美公司和亚非公司五大区域公司，分别负责相关市场的投资、开发和运营管理，业务遍及全球近20个国家和地区，主要分布在欧洲、巴基斯坦、中东（埃及、约旦）、巴西、墨西哥等地，业务涉及水电、陆上风电、海上风电和光伏等清洁能源发电领域。2022年，实现营业收入146.54亿元，利润总额57.98亿元，净利润42.49亿元，净资产收益率8.03%。截至2022年底，三峡国际资产总额达1172.24亿元，发电总装机容量1883万kW。

（王　曼）

【中国三峡建工（集团）有限公司】

公司概况 中国三峡建工（集团）有限公司（简称三峡建工）在建设三峡、向家坝、溪洛渡、乌东德和白鹤滩等大国重器中孕育而生、发展壮大，是中国三峡集团的二级子企业，是中国三峡集团水电业务核心能力的主要载体。

三峡建工贯彻创新、协调、绿色、开放、共享的新发展理念，按照专业化、市场化、现代化和国际化的要求，打造成为国际一流的项目投资、建设、管理和咨询公司。二十多年来，三峡建工扎根长江干流，优质、高效建成三峡、溪洛渡、向家坝、乌东德、白鹤滩5座巨型水电站。这5座世界级巨型水电站，均排名全球前11位，装机容量近7000万kW。多年来，三峡建工获得国家级荣誉18项，省部级、行业协会荣誉162项。建设管理的溪洛渡水电站2016年获得有国际工程咨询领域“诺贝尔奖”之称的“菲迪克工程项目杰出奖”，乌东德水电站2022年获得“菲迪克高度赞扬奖”，向家坝水电站2022年获得第三届高混凝土坝国际里程碑工程奖。

生产经营情况 2022年，白鹤滩水电站全部机组投产发电，世界最大清洁能源走廊建成；乌东德水电站完成965m蓄水任务，补充环评报告通过外部咨询。同时，抽水蓄能项目开发建设迈上新台阶，长龙山抽水蓄能电站6台机组全部安全准点投产；天台抽水蓄能电站实现主体工程开工；6个抽水蓄能项目取得核准文件，其中，浙江松阳、安徽石台、湖北远安抽水蓄能项目开工建设。清洁能源重点区域布局优化，全面风险管控落实，科技创新能力提质增速，国企改革三年行动收官。全年新增投产装机容量1118.5万kW，自有电站累计完成发电量27.16亿kWh，完成全年改革发展和生产经营目标。

截至2022年12月底，全资及控股子企业44户，职工1107人，资产总额达到352.90亿元，资产负债率39.22%，各项经营指标良好。

（杨桂君）

【中国三峡新能源（集团）股份有限公司】

公司概况 中国三峡新能源（集团）股份有限公司（简称三峡能源，股票代码600905）是中国三峡集团新能源业务的战略实施主体，承载着发展新能源的历史使命。

三峡能源前身是1980年成立的水利部水利工程综合经营公司。1985年9月，改组为中国水利实业开发总公司；1991年12月，更名为中国江河水利水电开发公司。1997年12月，更名为中国水利投资公司。1998年11月，与水利部脱钩，移交中央企业工委管理。2003年4月，纳入国务院国资委管理。2006年10月，更名为中国水利投资集团公司。2008年10月，经国务院批准，并入中国三峡集团。2010年6月，更名为中国三峡新能源公司。2015年6月，改制为中国三峡新能源有限公司。2018年3月，成功引进8家战略投资者，实现股权多元化。2019年6月，完成股份制改造，整体变更为中国三峡新能源（集团）股份有限公司。2021年6月，正式在沪市主板上市，是国内电力行业历史上规模最大IPO。

近年来，三峡能源发展陆上风电、光伏发电，大力开发海上风电，加快推进以沙漠、戈壁、荒漠为重点的大型风电、光伏发电基地建设，推动源网荷储一体化和多能互补发展，开展抽水蓄能、储能、氢能、光热等业务。同时，投资与新能源业务关联度高、具有优势互补和战略协同效应的相关产业，基本形成风电、太阳能、战略投资等相互支撑、协同发展的业务格局。

生产经营情况 2022年，三峡能源实现营业收入238.12亿元，营业利润92.17亿元，利润总额90.69亿元。全年完成发电量483.5亿kWh，同比增长46.21%。截至2022年末，三峡能源并网装机容量超2600万kW，合并资产总额超2600亿元。

2022年，三峡能源聚焦基地化布局，推动高比例新能源外送、风光火储一体化、煤电与新能源联营千万千瓦级新能源大基地项目开发建设，全年工程开建超1000万kW，首批685万kW新能源大基地项目和全球最大规模“沙戈荒”风电光伏基地项目先导工程开工建设，一批具有创新示范意义的项目并网发电；巩固“海上风电引领者”优势，新增获取资源215万kW，上海、海南、天津相继实现“零”突破，当期全球单机容量最大16MW海上风电机组下线；推广新能源+乡村振兴、生态治理模式，在促进共同富裕、建设人与自然和谐共生的现代化中展现央企担当。

（张泽尧）

【中国水利电力对外有限公司】

公司概况 中国水利电力对外有限公司（CWE，简称水电对外公司）是拥有60多年发展史的国际工程企业，前身可追溯到20世纪50年代的水利电力部援外机构。经过60余年的发展，水电对外公司逐步成长为基于卓越项目管理能力的工程建设公司、基于独特项目培育能力的绿地开发公司、基于全球资源整合能力的工程领域综合服务商，为合作伙伴提供世界一流的清洁能源发展一揽子方案。

CWE已成为全球水利水电、新能源和基础设施领域的优质品牌，连续33年荣登ENR全球最大250家国际承包商榜单，连续25年荣登ENR全球最大225家国际工程设计公司榜单，中国企业信用评级AAA级。

水电对外公司在亚、非、欧、美80多个国家和地区建设了800多项优质项目，不仅推动了当地经济社会发展，增进了中国与所在国人民间的友谊和情感。紧跟“一带一路”倡议，在“一带一路”沿线的老挝、菲律宾、尼泊尔、哈萨克斯坦、苏丹、几内亚、加纳、乌干达、秘鲁、玻利维亚等近20个国家，开发和承建了60余个项目，促进当地经济繁荣，以实际行动践行“构建人类命运共同体”理念，为推动共建“一带一路”贡献力量。

生产经营情况 2022年，水电对外公司紧跟国家“走出去”和“一带一路”倡议，发挥水电专业化集成能力和技术、管理、品牌及资金优势，带动国内相关行业编队出海，在“走出去”过程中实现合作共赢、优势互补，推进境外项目建设，秘鲁圣加旺水电站项目多项施工建设工作取得突破性进展，哈萨克斯坦图尔古松水电站项目通过临时竣工验收，几内亚苏阿皮蒂水利枢纽项目通过最终竣工验收。

2022年，水电对外公司控股电站全年发电量269501.82万kWh，实现营业收入29.93亿元，资产总额217.90亿元，资产负债率51.85%；完成中国三峡集团安全考核指标；科技活动经费1702.61万元，其中研究与试验发展（R&D）费用投入为370.53万元，科技服务经费1332.08万元，研发投入主要集中在科研项目类、信息系统开发类等研发投入，科技服务经费均为技术咨询类。

（范　凡）

中国广核集团有限公司

【公司概况】2022年，中国广核集团有限公司（简称中广核）坚持以习近平新时代中国特色社会主义思想为指导，以学习宣传贯彻党的二十大精神为主线，坚决贯彻党中央、国务院决策部署，落实国务院国资委工作要求，深入践行“严慎细实”工作作风，严守核安全，开拓创新，团结奋进，圆满完成系列重大保电保供任务，全面实现关键业绩指标。总资产超9000亿元，在运总装机容量超7800万kW，在国务院国资委经营业绩考核中连续9年荣获A级，党建责任制考核首获A级，综合效益稳居央企前列。

【领导班子】

党委书记、董事长：杨长利

党委副书记、董事、总经理：高立刚

党委副书记、董事：李历

党委常委、副总经理：施兵

党委常委、纪委书记：程永平

党委常委、副总经理：庞松涛

党委常委、总会计师：何海滨

党委常委、副总经理：郭利民、李亦伦

【组织机构】 总部设置1个独立咨询机构、11个部门、1个纪委办公室和1个党委专设机构，包括战略与科技咨询委员会、综合管理部、战略规划部、科技数字化部、安全质量环保部、核能管理部、产业发展部、人力资源部、财务资产部、审计法务部、党群工作部、纪委办公室、党委巡视办、中广核党校（管理培训中心）。二级管理公司共25家，主要分布在核能、核燃料、新能源、非动力核技术、数字化、科技型环保、产业金融等产业，以及相关配套服务行业。

【党建工作】党的政治建设全面加强。中广核把学习宣传贯彻党的二十大精神作为当前和今后一个时期的首要政治任务，成立领导小组和四个巡回指导组，迅速集中研讨，迅速动员部署，迅速组织宣讲。领导班子先学一步、学深一层，赴成员公司、党建业务联系点、所在党支部讲授党课22次，实现动员部署100%全覆盖、理论学习100%全覆盖。中广核和二级公司党委开展“第一议题”学习644次，按照“有学习研讨、有贯彻落实、有督导推动、有跟踪问效”要求，确保中央各项要求落地生根。落实“一把手抓一把手”制度，与二级成员公司“一把手”谈心谈话实现全覆盖。党的三基建设和宣传阵地建设持续强化。健全党的基本制度建设，以高质量党建引领保障高质量发展。组织召开中广核第一次党员代表大会、中广核直属党员大会。成立1078支党员攻坚队，在最吃劲的岗位建功立业。强化党建带团建，实施“青马工程”，扎实提升青年精神素养。选树先进典型，发挥模范人物引领作用。加强统战工作。强化意识形态和舆论阵地建设，加强品牌宣传，精准预警、稳妥化解相关舆情风险。全面从严治党引领保障作用发挥。以高度的自我革命精神纵深推进全面从严治党，严肃查处一批重特大案件。深入开展纪律教育学习月活动，用身边事教育警醒身边人，效果获驻国资委纪检监察组领导肯定。加强反腐败协调小组工作职能，紧盯重点领域冲锋发力，巡视利剑作用更加彰显，国资委党委巡视整改任务完成率99%。

【安全生产】安质环态势稳中向好。推进安全生产专项整治三年行动全面收官，实现“两个杜绝、六个零”。完成冬奥会、冬残奥会、党的二十大期间重大保电任务。领导班子成员带队开展安全生产大检查，安质环异常事件数量同比下降。核电工程20万工时事故事件率呈下降趋势，阳江核电雨污分流进入施工阶段，海上风电安质环水平明显改善，网络安全持续强化。生产运营业绩稳中有进。在运核电机组79.2%的WANO指标达到世界先进值。CPR机组平均能力因子93.6%，连续五年达到WANO先进值。全年完成19次大修，CPR机组年度大修平均工期达到26.2天。岭澳1号机连续安全运行近6000天，继续刷新世界纪录，大亚湾基地率先平稳完成中系运行技术规范切换。狠抓境内外新能源设备健康管理，推进德令哈光热示范项目技术改进，跻身行业领先水平，境外新能源项目全部发电设备非计划停机率创近三年最好水平。

【科技创新】 2022年，中广核按照“三位一体”总体布局，面向核能领域前瞻性技术，继续实施华龙一号、铅铋快堆、小型压水堆、燃料、智能核电“五大战略专项”，突破一批关键核心技术，掌握未来先进生产力，总体进展符合预期。为解决“卡脖子”问题，全力攻克自主化专项，实现核电领域关键核心设备全面自主可控，掌握自身发展主动权。为提升生产、工程经营业绩，支撑产业发展，实施尖峰计划，取得一系列成果。

在国家科研项目方面，各类项目整体进展顺利。其中，核能开发项目：“电子束处理环境污染的关键技术装备研发及产业化推广示范”“医疗废物辐照应急处理科技示范装置”和“冷链食品外包装表面新冠病毒的电子束辐照灭活新技术及装置”等3个项目通过国防科工局组织的验收，评价结果均为“优秀”。国家重点研发计划：中广核首个定向国家重点研发计划“智能机器人”重点专项项目获得工业和信息化部正式立项。

在科技成果方面，2022 年，申请专利 1899 项，获得授权专利 1221 项，荣获中国专利银奖 2 项，中国专利优秀奖 6 项，获省部级、全国性行业协会科技奖 60 余项。其中，“核电厂 LOCA 工况下碎片源项对堆芯冷却影响关键技术研究及产业化”获广东省科技进步奖二等奖，“百万千瓦级商运核电站乏燃料水池密集贮存关键技术及应用”获深圳市科技进步奖一等奖，“激光去污技术在核设施放射性去污中的工程应用”获中国能源研究会能源创新奖一等奖。

【国际合作】

（1）海外核电开发方面。推进国际合作，多方面、多渠道、多形式保持同各方密切合作。2022 年度，参加国家能源局组织的 IFNEC 会议，包括 IFNEC 秘书处组织的网络研讨会及 IFNEC 相关的工作会议；推荐并完成各目标市场国核电人员参加清华大学 TUNEM 项目的联合培养工作；参加第 19 届中国—东盟博览会等。

2022 年，面对新冠疫情和国际形势变化影响，中广核坚持国际化战略，推进东南亚、中东欧等传统重点核能市场开发工作，与相关国家合作伙伴保持交流和联系。同时，加强内部协同，探索和扩大与外部伙伴的合作领域，跟踪西亚、中亚、非洲和南美等潜在市场动态，开展市场研究和前期开发，寻求合作机会，为后疫情时期国际核能市场开发奠定基础。

（2）核燃料保障方面。2022 年，中广核斯科公司汇总历年来在纳米比亚践行的良好实践，向国际传播发展中心联合国务院国资委新闻中心、人民日报社国际部和中国外文局文化传播中心共同发起的“2022（第五届）中国企业国际形象建设案例征集活动”申报案例“湖山铀矿，以属地化发展实现共赢共融”，被评为“共促全球发展类”优秀案例。

斯科公司湖山铀矿项目位于纳米比亚中西部的纳米布沙漠地区，资源储量约 29.3 万 t，位列世界第三，是中广核自主投资、建设和管理运行的特大型铀矿，同时也是中国在非洲最大的实体投资项目。湖山铀矿的建设是全球大宗商品市场不景气背景下纳米比亚经济的一个亮点，为纳米比亚带来巨大的经济和社会效益。纳米比亚总统哈格·根哥布多次到访湖山铀矿，并表示：“该项目作为在纳米比亚表现突出的投资项目之一，对于我国矿业领域和国民经济意义重大。这个矿山给以前失业的纳米比亚人的生活带来了意义和希望，我们欢迎这样的项目。”

经济建设方面，“以属地化发展实现共赢共融”是斯科公司一直坚持的运营策略，湖山项目在建设过程中为当地提供了 5000 个建设就业岗位，投产后更是积极培养并任用本地人才，适应当地法律，加上就业连带关系，给纳米比亚带来几万个就业岗位。湖山项目还投资修建了 21km 的矿山公路，现任根哥布总统曾称赞其是在贫瘠的山丘与山脉中，建设了一条通向现代化的高速公路。

普惠帮扶方面，湖山项目专门成立斯科基金会，从 2018 年至今，斯科基金会通过各类途径累计捐赠超过 1200 万纳元。

疫情防控方面，为响应所在国防疫需要，湖山项目积极履行企业社会责任，先后向纳米比亚警察局、国防部队、医院、相关政府机构、弱势群体等捐赠价值 200 多万纳币的防疫物资。根哥布总统在讲话中表扬了瑞莱博斯临时病房的迅速建立并投入运行，这与湖山项目的贡献是分不开的。

6 月，斯科公司牵头举办迎“七一”埃龙戈省中资企业党建联席活动暨湖山项目中资单位党委、党支部联席会议，会议建立了后续工作联系机制，强调各中资企业要积极响应国家“一带一路”倡议，加强互相联系和沟通，互相合作开展在纳在非的跨文化融合活动，努力维护好国家形象。

2022 年 11 月，由斯科公司承办的 2022 年纳米比亚矿业行业运动会在斯瓦科普蒙德市 Vineta 体育场主办，来自纳米比亚采矿行业的 13 家企业共 1500 余人参加了本次活动。斯科公司通过开幕式表演、专项互动等方式开展中华文化推广活动，弘扬中国传统文化和体育精神，纳米比亚矿业协会对本次活动表示支持与赞赏。运动会加强矿业企业之间的交流与合作，为当地矿业的复苏与发展带来活力，彰显了中国企业的担当和领导力。

（3）海外非核清洁能源开发方面。2022 年全球通胀高企、供应链受阻、利率水平上升和新兴市场货币贬值等问题尤为突出，导致境外投资压力倍增。面对不利变化，中广核能源国际审慎决策，着力向绿地发展转型，聚焦东南亚、南亚、南美等重点区域，开拓中东、北非、南非等新区域，推动实现多个绿地大项目、新项目落地，绿地转型发展取得突破。全年新增在运、在建和绿地储备项目装机规模在央企同行中排名前列。

2 月 28 日，中广核能源国际下属埃德拉公司投资建设的东南亚最大联合循环燃气发电项目马六甲电站建成投产，实现 1400 万工时无安全事故记录，投资结余率 2.5%。投产以来，马六甲电站成为马来西亚发电效率最高、调度次序最优的明星电站。

10 月 17 日，中广核能源国际与老挝政府签署老挝北部 500 万 kW 开发项目排他性谅解备忘录，是老挝迄今为止规模最大的能源投资项目，迈出了中广核能源国际绿地转型发展里程碑的一步。

12 月 7 日，在习近平主席出访沙特之际，中广核能源国际与沙特 AlJomaih 集团签署框架合作协议，携手在多个国家合作开发约 1500 万 kW 能源项目。

12 月 14 日，在菲律宾总统马科斯出访中国前夕，中广核能源国际与菲律宾 Century Peak 公司签署 200 万 kW 清洁能源项目开发合作协议。

12 月 30 日，中广核韩国大山二期 55.7 万 kW 燃气发电项目通过投资决策审批，标志着大山二期项目正式落地，迈出了在韩业务自我滚动发展的重要一步。

【社会责任】 在守护核安全方面，2022 年中广核 26 台在运核电机组保持安全稳定运行，群厂 79.2%的 WANO 指标进入世界先进水平，CPR 机组平均能力因子 93.6%，连续五年达到 WANO 先进水平。岭澳 1 号机连续安全运行近 6000 天，刷新世界纪录。经过近四年准备，大亚湾核电基地率先完成中系技术规格书切换，标志着中国核电二代运行技术规范走出自主发展新路。红沿河核电 6 号机组实现高质量投产，中广核第九个核电基地陆丰项目开工，全国最大平价海上风电汕尾甲子项目投产，东南亚最大气电项目马来西亚 EMPP 电厂建成，中国南方原子能科学与技术创新中心开工建设。

在能源保供方面，坚持“安全第一、质量第一、追求卓越”基本原则，按照党中央、国务院部署和上级单位要求，从“增量”“增发”“增质”三方面落实能源保供，以最高规格、最高标准、最严措施对保电工作进行全面细致部署，完成党的二十大、冬奥会、冬残奥会等一系列重大专项保电任务。在能源保供关键时期，各在运机组能发尽发、多发满发，同步推进辽宁红沿河核电、内蒙古兴安盟 300 万 kW 风电项目一期等重大项目落地，为经济社会发展和民生需求提供清洁能源保障。

在助力“双碳”方面，发挥国家清洁能源发展主力军作用，推进核能项目发展、抢占新能源前沿，为社会提供安全、可靠、清洁、经济的能源。2022 年，中广核全年实现上网电量 3104 亿 kWh，较 2021 年增长超过 124 亿 kWh。全年清洁能源上网电量对应减排二氧化碳超 2.4 亿 t，环保效益相当于种植了超过 69.8 万 hm^2 森林，为践行国家“双碳”目标和应对气候变化作出贡献。

在生物多样性保护方面，秉持人类命运共同体理念，创新提出“共生、互生、再生”生态核电理念，探索出一条独具特色的“避免–减少–减缓–补偿”的“阶梯型”生物多样性保护实践路径，确保项目与周边自然环境和谐发展。“避免”即“科学规划，避免影响”。在生产运营全生命周期贯彻“避免”优先原则，将对生物多样性产生的负面扰动降至最低。尤其是涉及生物多样性保护重点区域的项目，坚持严格识别、严守红线、科学避让，尽可能避免对施工区域生物栖息地和物种多样性的影响。“减少”即“全面保护，减少扰动”。在生产运营中坚持开展生态环境和生物多样性监测，完善放射性废弃物管理，采取针对性措施保护陆地和海洋物种。“减缓”即“生产清洁能源，减缓气候变化”。应对气候变化，发展企业优势，通过发展清洁能源助力能源结构向清洁、低碳转型。采取创新管理方式，降低运营过程能源消耗，提升能源使用效率，减缓气候变化对生物多样性的潜在风险。“补偿”即“生态补偿，提升丰度”。在项目建设和运营过程中，通过人工修复、技术修复、植被补偿和动物补偿等措施，对生态环境进行主动的修复和补偿，确保当地的生物多样性水平不降低，甚至实现生物多样性丰度的提升。

在透明沟通方面，遵循“透明之道”特色公众沟通工作体系，创新与利益相关方的沟通形式，加强信息公开，开展公众沟通活动，与社会各界构建互动互信、和谐友好的关系。8 月 7 日—11 月 30 日，中广核开展以“绿色发展 双碳必达”为主题的万名志愿者清洁能源科普行活动。4 个月期间，中广核策划举办十大系列超过 300 余场次科普活动，线上线下公众参与超 500 万人次，将绿色低碳生活理念融入每个人的日常生活中，汇聚起实现“双碳”目标的磅礴力量。

在乡村振兴方面，坚持“扶志、扶智、扶技”相结合，推动产业发展和乡村振兴深度融合。2022 年，中广核发挥电子束处理特种废物技术的优势，解决了乐业县垃圾渗滤液治理难题；百色电子束农产品保鲜产业帮扶项目累计开展 10 余种农副产品保鲜工艺研究，为周边 200km 范围农户超过 200t 农副产品提供服务，入选国家乡村振兴局首批社会帮扶典型案例；乐业风电项目一期实现首次分红，63 个村共计分红 458 万元，平均每个村集体增收超 7 万元，入选第三届全球最佳减贫案例。中广核连续四年在中央单位定点帮扶成效考核中获得“好”的评价。

在社区发展方面，秉持“建设一个项目、带动一方经济、造福一方百姓”的理念，时刻不忘回报社会和帮扶周边社区发展，实现周边社区与业务发展深度融合。3 月，中广核响应深圳市政府号召，组建 18 人青年突击队星夜驰援深圳疫情防控，动员 3000 余名志愿者开展 270 余次战疫保供服务，受到人民日报等报道和地方政府表扬。苍南核电与苍南县政府签订交通项目合作补充协议，出资 20.5 亿元支持地方灵沙公路、228 国道等交通建设。防城港核电让光坡镇大坡社区主干道上亮起 21 盏柱式 LED 太阳能路灯。中广核还投入资金 70 余万元，协调支持资金 800 万元，对黄石市吴东城村进行高标准农田、路桥改造建设，让乡村道路焕然一新。

在责任传播方面，2022 年在《学习时报》刊发两篇党委书记署名文章，全年获人民日报、新华社等主流媒体报道 6000 余篇次，4 次登上央视《新闻联播》。提炼“安全、绿色、担当”品牌内涵，精心录制“强国担当・国资央企通识课”，传播量超 5000 万人次，品牌辨识度和影响力提升。提炼形成中广核使命引领、透明驱动型 NICER 社会责任管理模式，编制发布第 11 份企业社会责任报告，彰显中广核责任担当企业形象。组织上万名志愿者在全国近 20 个省区及欧、非、南美等国家开展 300 余场科普活动，全网曝光量 1.5 亿人次，清洁能源科普不断深化。海外社交账号总阅读量达 5000 万人次，Tiktok 账号获“央企国际形象建设创新奖”。

在员工关爱方面，推进“我为群众办实事”实践活动常态化长效化，团结奋斗合力有效凝聚。2022 年，中广核统筹开展百余场员工荣退活动，开展 30 余场次青年员工交友联谊，因地制宜举办员工子女暑期夏令营，走进项目现场为基层一线职工“送清凉”，全年办成 969 件实事好事，基层反映突出的“急难愁盼”问题逐步解决，获得感、幸福感、安全感提升。

（王　爽）

中国电力建设集团有限公司

【公司概况】 中国电力建设集团有限公司（简称中国电建）是经国务院批准，于 2011 年 9 月在原中国水利水电建设集团公司、中国水电工程顾问集团公司和国家电网公司、中国南方电网有限责任公司所属 14 个省（区、市）勘测设计、施工、装备修造企业基础上重组而成跨国经营的综合性特大型中央企业。中国电建注册资本金 319 亿元，现拥有员工 18 万人，业务遍及全球 130 多个国家和地区，是全球清洁低碳能源、水资源与环境建设的引领者，全球基础设施互联互通的骨干力量，服务“一带一路”建设的龙头企业，可在工程领域为全球客户提供投融资、规划设计、施工承包、装备制造、管理运营全产业链一体化集成服务、一揽子整体解决方案。根据国家有关部委安排，承担相关领域战略规划、政策研究、标准制定等工作。多年来为世界各国、全球客户交付了一系列代表行业领先水平、令世人瞩目的精品工程。

中国电建位居 2022 年《财富》世界 500 强第 100 位，实现连续十年排名上升；在 2022 年 ENR 全球工程设计公司 150 强中排名第一，连续三年蝉联榜首；在 2022 年 ENR 全球承包商 250 强和国际承包商 250 强排名中分别位列第 5 位、第 6 位，两项排名在电力行业领域均居全球第一。在全球电力建设行业（规划、设计、施工等），中国电建的能力和业绩始终位居首位。中国电建现有中国工程院院士 1 人，全国工程勘察设计大师 5 人；拥有 9 个国家级研发机构，116 个省部级研发平台，9 个院士工作站，11 个博士后工作站；获得国家科学技术奖 112 项、省部级科技进步奖 3192 项，拥有授权专利 28317 项，其中发明专利 3569 项；260 个项目荣获国家级优质工程荣誉奖项，其中，国家优质工程金奖 55 个，鲁班奖 62 个，国家优质工程奖 143 个。2022 年荣获国资委 2021 年度及 2019—2021 年任期经营业绩考核双 A 级企业，被授予 2019—2021 年任期“业绩优秀企业”。2022 年妥善处置境外滞留人员接返工作，疫情海外接返工作受到国资委通报表扬。

【领导班子】

1. 中国电力建设集团有限公司

党委书记、董事长：丁焰章

党委副书记、董事、总经理：王斌

党委副书记：李燕明

党委常委：刘源

党委常委、纪委书记：黄埔

党委常委：杨良、徐鹏程、王小军

2. 中国电力建设股份有限公司

党委书记、董事长：丁焰章

党委副书记、副董事长、总经理：王斌

党委副书记、董事：李燕明

党委常委、副总经理：刘源

党委常委、纪委书记：黄埔

党委常委、总会计师：杨良

党委常委、副总经理：徐鹏程、王小军

【组织机构】 见中国电建 2022 年组织机构图。

【党建工作】 2022 年，中国电建党委全面贯彻落实习近平总书记关于国有企业改革发展和党的建设重要论述，以迎接和学习宣传贯彻党的二十大为主线，持续巩固深化党史学习教育和全国国企党建会精神落实成果，深入实施“双引双建”党建工程，高质量党建引领保障公司高质量发展成效显著。

1. 坚持政治引领，把“两个维护”落到实处

一是坚决贯彻落实习近平总书记重要指示批示。以党委会“第一议题”形式跟进学习习近平总书记重要指示批示 55 项，制定贯彻落实措施 123 项，每月定

期督办，实现办结率100%。开展“建功新时代，喜迎二十大”习近平总书记重要指示批示精神再学习再落实再提升主题活动，汇编习近平总书记关于本企业本行业本领域重要指示批示233项，制定贯彻落实措施741项并全部落实。二是深入学习宣传贯彻党的二十大精神。统筹抓好迎接和服务保障党的二十大各项工作。组织集中收看收听党的二十大开幕会，参加中央宣讲团报告会和国资央企传达学习贯彻视频会。召开学习贯彻落实党的二十大精神工作部署会、“学习二十大 冲刺四季度 决胜全年度”动员部署会。举办党的二十大精神专题辅导讲座和专题读书班，以学习贯彻党的二十大精神为主题召开中国电建改革发展工作研讨会，班子成员深入基层开展宣讲，党委中心组带头开展专题学习研讨，各级党组织开展党的二十大精神学习培训1965次，培训10万人次；宣讲3675次，参与11万人次。三是围绕服务国家战略发挥“顶梁柱”作用。主动把“两个维护”的政治自觉体现在坚决贯彻党中央决策部署的具体行动上。服务绿色低碳发展，聚焦“水、能、砂、城、数”战略，2022年新增新能源建设指标、投资立项、开工项目及累计投产装机规模等均突破1000万kW，控股投资的7个抽水蓄能电站实现年内开工，绿色砂石资源储量达到84亿t。推动大国重器建设，白鹤滩水电站实现全部机组投产发电，习近平总书记在2023年新年贺词中再次点赞；中国在建规模最大水利工程——引江济淮一期试通水通航，中国首个海上风电+海洋牧场项目首批机组并网发电。服务共建“一带一路”高质量发展，习近平总书记亲自见证雅万高铁试验运行，见签的孟加拉国达舍尔甘地污水处理项目正式投产；印尼明古鲁电站为G20峰会保驾护航，卡塔尔阿尔卡萨光伏电站闪耀世界杯赛场。承建的22项工程获国家优质工程奖，6项工程获鲁班奖。助力乡村振兴，实施产业帮扶、消费帮扶、医疗帮扶，定点帮扶工作连续四年获国家主管部门考核“好”的评价。

2. 坚持思想铸魂，理想信念根基筑牢

一是中心组学习质量提升。实施党委中心组学习质量提升专项行动，举办中国电建党委与子企业党委中心组联学会，学好用好《习近平关于发展国有经济论述摘编》等书目，邀请国家部委领导作“碳达峰碳中和”专题讲座。以巡听、旁听形式督导子企业提升中心组学习质量，系统内全年组织开展党委中心组学习687次，学习内容4225项，集体研讨512次。中国电建党委中心组署名文章荣获国资委优秀理论研究成果。二是党史学习教育常态长效。系统总结党史学习教育工作，巩固、拓展党史学习教育成果，建立常态化长效化工作机制。组织召开党史学习教育专题民主生活会、组织生活会。挖掘红色资源，命名第二批8个公司级爱国主义教育基地。三是思想政治工作成效凸显。加强和改进思想政治工作，深入64家子企业开展职工思想动态调研，组织“两优一先”评选，表彰“最美电建人”20名。中国电建作为3家典型单位之一在中央企业精神文明建设工作会议上交流经验。多项成果获中电联、中电建协、中国文化管理协会表彰。四是党建理论研究成果丰硕。7篇署名理论文章在《人民日报》《党建》《学习时报》等党报党刊发表。中国电建连续3年当选国资委央企政研会牵头单位。“双引双建”课题分别荣获国资委央企党建政研会优秀成果一等奖、央企党校智库优秀课题一等奖。6项课题成果、1个案例获评电力政研会优秀研究成果和优秀案例。

3. 坚持强基固本，党建基础工作夯实

一是“双引双建”党建工程实施。召开动员部署会，深入64家子企业开展调研督导，印发工作简报34期。“双引双建”立足高站位、高标准、高要求，坚持系统集成、上下贯通，做到工作任务明确、执行路径清晰、评判标准具体、过程管控精准，注重部署、实施、评估、纠偏、总结各环节的全程督导。聚焦基层标杆选树和经验创造，涌现出400多个可借鉴、可复制、可推广的基层典型案例，为基层党组织谋党建、抓党建、强党建找到了接口和抓手。“双引双建”党建工程得到中央党建工作领导小组、中央组织部党建研究所、中央党校、国资委党建局有关专家领导肯定和公司上下认可。二是机关党的建设加强。建设“站位高、反应快、作风硬、能力强、服务优”的一流机关，巡视总部机关党支部，召开总部作风建设大会，完成公司机关党委换届。印发《关于进一步加强公司各级机关党的建设的实施意见》《机关党建责任制考核评价办法》，强化总部党支部党建责任落实。三是基层党建质量提升。落实党建工作责任制，对子企业党委进行全覆盖现场考核，将考核结果与领导人员薪酬挂钩。加强子企业党委换届提醒和督导，15家子企业党委按期换届。建立8个党建协作区，推动子企业互学互鉴。组织开展党支部标准化验收，4074个党支部全面达标。四是智慧党建系统上线应用。探索“党建管理+互联网”新模式，自主研发、建设应用具有电建特色的模块化、可视化、专业化智慧党建系统。所属5027个党组织、6.7万名党员在线开展党建活动10万次，推动基层党建在线展示、在线服务、在线学习、在线考核。

4. 坚持党管干部，干部人才队伍富有活力

一是规范选人用人工作。选拔满足企业转型发展需要的干部，完成45家子企业领导班子、18个总部部门及内设机构负责人换届考核或调整补充考察，累计调整干部240人次，交流任用干部45人，选人用人满意度不断提高。扩围提质任期制和契约化管理，实现全

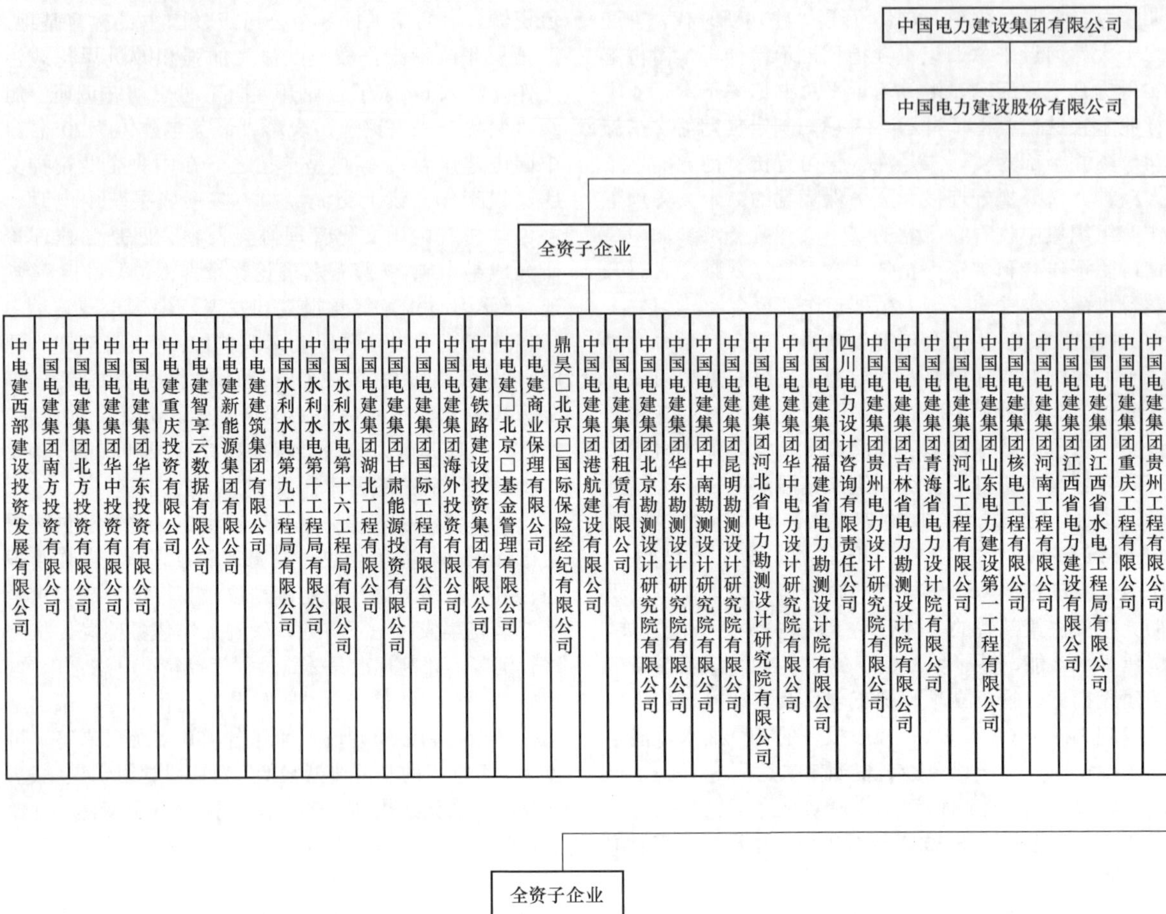
中国电力建设集团有限公司
中国电力建设股份有限公司
全资子企业
中电建西部建设投资发展有限公司
中国电建集团南方投资有限公司
中国电建集团北方投资有限公司
中国电建集团华中投资有限公司
中国电建集团华东投资有限公司
中电建重庆投资有限公司
中电建智享云数据有限公司
中电建新能源集团有限公司
中电建建筑集团有限公司
中国水利水电第九工程局有限公司
中国水利水电第十工程局有限公司
中国水利水电第十六工程局有限公司
中国电建集团湖北工程有限公司
中国电建集团甘肃能源投资有限公司
中国电建集团国际工程有限公司
中国电建集团海外投资有限公司
中国电建铁路建设投资集团有限公司
中电建□北京□基金管理有限公司
中电建商业保理有限公司
鼎昊□北京□国际保险经纪有限公司
中国电建集团港航建设有限公司
中国电建集团租赁有限公司
中国电建集团北京勘测设计研究院有限公司
中国电建集团华东勘测设计研究院有限公司
中国电建集团中南勘测设计研究院有限公司
中国电建集团昆明勘测设计研究院有限公司
中国电建集团河北省电力勘测设计研究院有限公司
中国电建集团华中电力设计研究院有限公司
中国电建集团福建省电力勘测设计院有限公司
四川电力设计咨询有限责任公司
中国电建集团贵州电力设计研究院有限公司
中国电建集团吉林省电力勘测设计院有限公司
中国电建集团青海省电力设计院有限公司
中国电建集团河北工程有限公司
中国电建集团山东电力建设第一工程有限公司
中国电建集团核电工程有限公司
中国电建集团河南工程有限公司
中国电建集团江西省电力建设有限公司
中国电建集团江西省水电工程局有限公司
中国电建集团重庆工程有限公司
中国电建集团贵州工程有限公司
全资子企业
水电水利规划设计总院有限公司
中国水利水电建设集团有限公司
山东电力建设第三工程有限公司
中国电建地产集团有限公司
北京华科软科技有限公司
中电建装备集团有限公司
上海电力建设有限责任公司
中国电建集团山东电力建设有限公司
中国电建集团山东电力管道工程有限公司
北京飞悦临空科技产业发展有限公司
常德海建电力科技有限公司
南昌科盛建筑质量检测有限公司
中国水利水电第九工程局海南公司

中国电建2022年

- 托管企业
- 控股子企业
  - 中国水利水电第一工程局有限公司
  - 中国水利水电第三工程局有限公司
  - 中国水利水电第四工程局有限公司
  - 中国水利水电第五工程局有限公司
  - 中国水利水电第六工程局有限公司
  - 中国水利水电第七工程局有限公司
  - 中国水利水电第八工程局有限公司
  - 中国水利水电第十一工程局有限公司
  - 中国水利水电第十二工程局有限公司
  - 中国电建市政建设集团有限公司
  - 中国水利水电第十四工程局有限公司
  - 中国水电建设集团十五工程局有限公司
  - 中国水电基础局有限公司
  - 中电建水电开发集团有限公司
  - 中电建路桥集团有限公司
  - 中电建生态环境集团有限公司
  - 中国电建集团财务有限公司
  - 中国电建集团西北勘测设计研究院有限公司
  - 中国电建集团成都勘测设计研究院有限公司
  - 中国电建集团贵阳勘测设计研究院有限公司
  - 中国电建集团江西省电力设计院有限公司
  - 上海电力设计院有限公司
- 区域总部
  - 中国电建东南非区域总部
  - 中国电建中西非区域总部
  - 中国电建中东北非区域总部
  - 中国电建欧亚区域总部
  - 中国电建亚太区域总部
  - 中国电建美洲区域总部
  - 中国电力建设集团有限公司西部区域总部
  - 中国电力建设集团有限公司南方区域总部
  - 中国电力建设集团有限公司北方区域总部
  - 中国电力建设集团有限公司华东区域总部
  - 中国电力建设集团有限公司华中区域总部
- 分公司

- 控股子企业
  - 中国水务投资有限公司
  - 中电建招商□天津□投资合伙企业
  - 广德中电建泰康投资合伙企业
  - 四川美姑河水电开发有限公司
- （分公司）
  - 中国电力建设股份有限公司疏浚分公司
  - 中国电力建设股份有限公司成都分公司
  - 中国电力建设股份有限公司洛阳分公司
  - 中国电力建设集团有限公司海南分公司

组织机构图

级次 2600 余名经理层成员任期制和契约化管理全覆盖。二是加强年轻干部队伍建设。建立由 666 名年轻干部组成的人才库，组织 724 名优秀年轻干部开展线上培训，选拔首批 56 名子企业优秀年轻干部到总部学习锻炼，选派 17 名年轻干部到基层一线、艰苦偏远地区、援藏援疆地区锻炼。2022 年中国电建党委新提拔直管干部中，45 岁以下占比 52.38%，同比提升 5.05 个百分点。三是完善人才发展体系。召开中国电建人才工作会议，建设世界一流企业的人才发展体系。发布《中国电建“百千万”科技人才培养工程实施方案》，1 人入选国家万人计划。明确院士推荐人选及配套措施，聘任中国电建首席科学家 2 名，评聘中国电建首届首席技术专家 25 名。建立技能大师工作室制度，评选中国电建特级技师 10 名。5 人获评全国技术能手，1 个单位获评国家技能人才培育突出贡献单位。

5. 坚持宣传引导，主流思想舆论巩固壮大

一是主题宣传出新出彩。聚焦“喜迎二十大、建功新时代”宣传主线，开展“电建这十年”主题宣传。全年在《人民日报》、新华社、央视等主流媒体刊发公司报道 421 篇，国资委《宣传工作简报》4 期刊发公司党建经验。持续做好巴基斯坦、老挝跨文化融合专项工作，受到中宣部和国资委宣传局高度评价。二是媒体阵地建强筑牢。开通运营 10 个自有媒体，电建微言粉丝数上升至 25 万人，多篇微信作品、抖音号点击量突破 10 万 +。拍摄制作通识课，在国资 E 学、国资小新播出后获点赞数第一。三是舆情管控落实落细。严格落实意识形态工作责任制，建立重大舆情和突发事件舆论引导机制，融媒体系统上线运行。加强新闻宣传三支队伍建设，建立完善四级宣传网络。编发境外舆情简报 25 期，高质量完成国资委网评任务。

6. 坚持全面从严治党，风清气正氛围愈加浓厚

一是落实“两个责任”坚强有力。中国电建党委常委会专题研究党风廉政建设和反腐败工作 15 次。严格落实“一把手”谈话制度，开展境外腐败治理、“靠企吃企”问题整治“回头看”，一体推进境外“五个专项整治”，制约企业发展的“顽瘴痼疾”得到较好治理。开展问责案件 6 起，追责问责党员领导干部 33 人。二是深化“三不腐”一体推进。强化正风肃纪反腐，受理信访举报 841 件次，谈话函询 100 件；党政纪处分 104 人，组织处理 377 次；运用“四种形态”批评教育帮助和处理 758 人次，“不敢腐”的震慑持续增强。制修订党风廉政建设制度 9 项，“不能腐”的制度机制更加健全。开展警示教育和实施行贿人黑名单制度，“不想腐”的思想自觉深化。三是巩固作风建设。常态化开展教育提醒，通报 21 件典型违规违纪违法案件，组织监督检查 42 次，对 64 个项目开展明察暗访和重点抽查。开展整治形式主义官僚主义为基层减负“回头看”，一体推进治“四风”、树新风，教育督促党员干部带头弘扬党的光荣传统和优良作风。四是发挥巡视利剑震慑作用。完成对 8 家子企业党委常规巡视，推动问题整改。开展“成效评估年”活动，完成巡视巡察整改评估全覆盖。深化“五用联动”机制，启动巡察考核，开展项目交叉互巡，12 家子企业探索完成 50 个海外项目巡察。紧盯国资委党委巡视反馈问题整改，常规巡视 225 项整改措施全部落实，完成专项巡视整改任务。

7. 坚持群团共建，和谐企业建设成果丰硕

一是职工群众主力军作用彰显。加强党对工会工作的领导，开展“建功十四五、奋进新征程”“当好主人翁、建功新时代”主题劳动竞赛，全年开展劳动竞赛 1498 次，参加人数 22 万人次。开展群众性创新创效活动，57 项成果获全国总工会、中电联、全国能源化学地质系统职工技术创新成果奖。3 名职工获得全国五一劳动奖章，1 个集体获得全国工人先锋号，2 名职工荣获全国总工会能源化学地质系统“大国工匠”称号。二是职工民主权益得到保障。推进厂务公开，鼓励和引导职工有序参与企业管理。做好党的二十大信访维稳工作，提前完成 30 件积案化解专项任务，受到国资委通报表扬。常态化开展日常帮扶、大病救助、“两节”困难职工慰问等活动，向子企业拨付“两节”困难职工补助金 1233.9 万元。三是发挥团员青年生力军作用。深化党建带团建，推进青年精神素养提升工程，国资委党建局主要领导出席中国电建动员部署会，中国电建党委主要领导讲授青年素养提升工程第一课。评选表彰第五届“十大杰出青年”，举办第八届青年论坛，参加“振兴杯”全国青年职业技能大赛荣获 5 个奖项。深化“青”字号品牌建设，6 个集体和个人获评全国青年文明号、青年岗位能手、青年安全生产示范岗，青年志愿服务项目获第六届中国青年志愿服务项目大赛银奖并在全国志愿服务交流会上做经验交流。作为十家创始单位之一参加团中央“央企海外青年联盟”，现场参加世界青年发展论坛。团青工作被《中国青年报》《中华儿女》等主流媒体报道。

【科技创新】

1. 科技创新规划与建设

一是联合相关职能部门和子企业，发布《中国电力建设集团有限公司科技体制机制改革三年攻坚实施方案》和任务清单，系统部署了未来三年中国电建在新型举国体制下 4 大方面 32 项科技创新工作。二是贯彻落实国资委关于央企打造原创技术策源地建设任务，推进清洁能源基地、新能源、水资源与环境、地下工程等领域原创技术策源地建设。三是落实国务院 2030 年前碳达峰行动方案，制定发布中国电建“碳达

峰、碳中和”目标行动方案。

2. 重大科技攻关

组织统筹“1025”专项攻关高质量推进，按期完成4项第一批“1025专项”攻关任务，获得0.5分GZW考核奖励加分和1.47亿元国有资本金补助。第二批攻关任务已成功获批5项，获批数量位居同类央企前列。实现多项攻关任务“零”的突破，首次主持新能源、水生态和海水淡化等领域3项国家重点研发计划，实现牵头国家科技计划任务“零”的突破，首次成功揭榜FGW核心攻关项目，为自主投资的首座大规模深远海漂浮式海上风电场——万宁漂浮式海上风电试验项目建设提供支撑。集合科创要素创新开展集团级核心攻关“揭榜挂帅”，针对四大策源地领域强优势、补短板目标，在重大科技专项、重点研发项目上，推出集团级核心技术攻关“揭榜挂帅”“赛马制”，加快水风光储一体化、抽水蓄能电站及压缩空气储能等9项重点环节目标设定和任务攻关，夯实原创技术策源地建设。

3. 科技创新体制机制

以《中国电力建设集团有限公司科技体制机制改革三年攻坚实施方案》为指导，建立突出创新导向的考核制度，完善子企业经营业绩考核办法，配合制定子企业任期业绩考核办法，加大经营实体子企业的科技创新权重，压实子企业创新主体责任；强化重大技术攻关和核心技术攻关任务激励，研究制定新版科技项目管理办法指导；调研指导“科改示范”企业建设。

4. 研发平台建设

统筹中国电建技术中心能力建设，规划围绕“十四五”主业发展需要和科技规划的总体部署，推动技术中心功能定位、职能职责、组织架构、运行机制等系统性变革，推动中心建设成为相对独立的研发主体和资源统筹主体，压实中心研发主体责任和考核要求，推动中心“脱虚向实”。组织布局清洁能源基地重点平台，新能源领域高端研发平台，加快推进西藏自治区水风光储能源技术创新中心、陕西省风光发电与多元储能工程技术研究中心等一批专业研发平台建设工作，为主导YX流域开发及藏东南水风光储一体化基地、黄河流域清洁能源基地建设，打造清洁能源基地策源地提供有力支撑。组织推进中国电建科技大会，研讨确立海上风电及抽水蓄能电站专业主题，邀行业顶级专家参会座谈，提升中国电建在新能源领域的领军地位。2022年度新增国家级平台1家，省部级研发平台14家，累计拥有国家级平台10家、省部级平台130家。

5. 科技标准与工法

组织子企业参加国际、国家、行业和团体标准制修订，保持行业技术领先优势；新增国家标准立项计划2项，行业标准立项计划90余项，编制完成国家及行业标准80余项；参与绿色砂石技术标准建设。

6. 科学技术奖励

完成“深厚软土地层大直径桥梁长桩基近接盾构隧道施工关键技术”等20余项科技成果评定工作，为申报行业学协会科技奖项奠定重要基础。组织开展2022年度中国电建科学技术奖评审，共评选出获奖项目125项，其中特等奖4项、一等奖30项、二等奖36项、三等奖55项。

7. 知识产权成效

加强核心技术知识产权布局，推动国家知识产权示范企业和国家知识产权优势企业建设，2022年，3家子企业获国家知识产权示范企业，3家获国家知识产权优势企业。新增授权专利8077项，发明专利985项，PCT途径进入国家阶段的专利申请量29项。截至2022年底，中国电建累计授权专利数量增长到31503项，其中发明专利4152项。

8. 科技兴安成果转化

研究制定《关于进一步加强公司“科技兴安”专项工作的实施方案》。围绕海上风电等重大事故隐患治理、重大危险源监测预警、应急救援等开展技术攻关和技术标准制定。完成年度科技兴安立项10项。发布首批10项科技兴安成果，推动科研成果转化，提高本质安全水平。

9. 双碳工作

开创性地组织开展“碳达峰碳中和”工作。制订《中国电力建设股份有限公司关于践行“碳达峰、碳中和”目标的指导意见》并印发实施。根据国资委要求，完成《中国电力建设集团公司碳达峰行动方案》编制工作并报备。开发上线中国电建“双碳”宣传网页，报道中国电建“双碳”业务开展动态、各业务领域践行“双碳”目标的优秀案例、先进技术和成功经验。研究“双碳”政策、市场交易流程，以及中国电建能源消耗、碳排放现状与未来趋势，提出一整套碳资产管理工作思路。

【国际业务】 2022年，中国电建国际业务新签、营收、净利润分别为2184.46亿、917.88亿、27.96亿元，中国电建占比分别为19.39%、13.68%、18.67%。中国电建在137个国家或地区执行项目合同3534份，合同总金额9854.63亿元，同比增长4.98%。境外中外员工总计131311人。

2022年，中国电建在《财富》世界500强位居100位，较2021年上升7位。在ENR全球工程设计商150强和ENR全球承包商250强排名中，分别位列第1位和第5位；在国际工程设计商225强、国际工程承包商250强中分列第15位和第6位，在电力建设领域继续保持全球第一，水利保持全球前5，交通首次进入前10；连续多年在亚太、中东、非洲区域进入前10。海外2个项目荣获鲁班奖，2个项目荣获国家优质工程奖。

1. 国际经营

在模式创新方面，夯实现汇基础，2022年大口径新签现汇项目1606.46亿元，占比73.5%；“以现场促市场”，香港和新加坡等中高端市场通过良好履约获取新项目；拓展融资模式，伊拉克达宾水泥厂、塞尔维亚贝尔格莱德新桥、安哥拉库内内抗旱项目等创新组合使用中外资金和信保，实现项目落地；紧抓稀缺“两优”机会，签约马达加斯加快速路项目和水电站项目；首个境外DOBT模式的巴西玛瑞蒂光伏项目正式投资立项，肯尼亚年金公路LOT32达到实质性融资关闭条件；构建境外新能源投资“电建国际公司+电建海投公司”2+*N*格局。在行业布局方面，中国电建在菲律宾、越南、南非、肯尼亚抢占抽水蓄能资源，与苏伊士环境集团在全球水务与环境领域紧密合作，做强“水”；抢抓新能源发展窗口期，在埃及、老挝、越南签约一系列风电项目，多次牵头策划组织氢能论坛，携手氢能头部企业布局巴基斯坦、越南、阿根廷、毛里塔尼亚等国别绿氢项目，做优“能”；房建基础设施成效显著，学校、医院、城市综合开发和轨道交通等领域取得进展，拓展“城”；举办海外矿山业务专题研讨会，与中国矿业大学建立产学研用联动机制，以矿电一体化推动矿山业务爆发式增长，做专“矿”；开展贸服业务，开展光伏组件“垂直一体化”供应链穿透采购试点。

2. 国际履约

提升履约监管水平。修订升级境外工程承包项目履约管理制度，进一步强化项目履约子企业的主体责任，明确总部各相关部门对境外项目的监管职责分工，境外重大风险项目风险处置工作取得较好成效。

3个项目荣获2021年度中国建设工程鲁班奖；2个项目荣获2022年度国家优质工程奖；3个项目营地荣获优秀营地奖；8个项目荣获2022年境外可持续基础设施奖。

3. 国际商务

2022年共完成审批和办理出国（境）团组10338批次、25223人次，办理因公证照5819本，办理公证和领事认证4486份；全年中国电建共出国（境）13387人次、回国（境）23210人次，在中央企业中继续名列第一。

4. 国际重大工程承包和投融资项目

（1）巴基斯坦巴沙大坝及唐吉尔水电项目。该项目是巴基斯坦2022年在建的最大水利枢纽工程，也是中国电建牵头承建的单个合同额最大的水电站项目，合同金额27.52亿美元，总装机容量4500MW。大坝为碾压混凝土重力坝，最大坝高272m，设计浇筑总方量1860万m^3，建成后将成为世界上最高、最大的碾压混凝土重力坝。6月12日，项目2号导流隧洞贯通。

（2）伊拉克鲁迈拉火电站项目。该项目位于伊拉克南部巴士拉省，为联合循环改造项目，共两台机组，装机容量730MW，EPC合同总价10.26亿美元。4月26日，2号机组获得业主颁发的TOC证书，标志着该机组正式移交业主，进入质保阶段。

（3）津巴布韦旺吉燃煤电站三期扩机项目。该项目位于津巴布韦首都哈拉雷西约485km的旺吉镇，是中国电建在非洲的首个投建营一体化项目。项目为新建2×335MW亚临界燃煤机组及配套附属设施，同时配套建设368km输电线路。项目建成后将满足津巴布韦全国用电50%的需求，缓解津巴布韦用电短缺局面。该项目由电建国际公司与津巴布韦电力公司以BOO模式共同投资开发，总投资约14.88亿美元，是中资企业在津巴布韦最大火电项目。6月30日，项目八号机组锅炉水压试验成功。

（4）赞比亚下凯富峡水电站项目。该项目总装机容量为750MW，是赞比亚40年来投资开发的第一个大型水电站项目，由公司以EPC总承包+融资模式承建，合同金额约为15.65亿美元。6月16日，水电站—卢萨卡南330kV高压输电线路成功送电，标志着下凯富峡电力送出项目施工取得了阶段性的进展。

（5）老挝南屯1水电站项目。该项目位于老挝波利坎赛省的坎丁河上，是南屯—南卡丁流域梯级水电站中的最后一级，拦河坝为碾压混凝土大坝，最大坝高177m，可蓄水约30亿m^3，装机容量为650MW，合同额3.23亿美元。2022年8月3日，项目获得移交证书，标志着该项目正式完工并移交业主。

5. 国际重大投融资项目

（1）印度尼西亚北苏三燃煤电站。该项目由电建国际参股投资开发并承担EPC总承包，主要工作内容为2台循环流化床锅炉、2台60MW汽轮机发电机组及厂房、辅助设备系统BOP、8000t的泊位码头、2个开关站以及约5.5km输电线路。被列为印尼北苏拉威西区域发展重点保障项目，也是印尼国家电力公司重点发电示范项目，2021年7月1日整体进入商业运行，2022年实现分红。

（2）津巴布韦旺吉燃煤电站三期扩机项目。该项目装机规模为2台335MW的亚临界燃煤发电机组，由电建国际公司与津巴布韦电力公司以BOO模式共同投资开发，项目总投资约14.88亿美元，该项目是中资企业在津最大火电项目。在中方强力斡旋下实现了津巴内阁会议特批项目全美元支付，6月21日项目公司与购电方签署《购电协议补充协议》锁定了美元计价美元支付的合同约定，为项目的长期可持续发展奠定基础。

（3）波黑伊沃维克风电项目。该项目由中国电建与通用技术中技公司共同投资，总装机容量 84MW，是波黑首个以外商特许经营方式投资建设的能源项目。12 月 6 日首台风机完成整机吊装工作，进入风机安装调试阶段。

6. 中国电力建设集团有限公司驻外机构

2022 年，中国电建有 50 家子企业参与境外工程承包和投资业务，在 117 个国家和地区设有 481 个驻外机构。其中在“一带一路”沿线 65 个国家中的 45 个国别设有 256 个驻外机构。

按性质划分为 61 个代表处、193 个分公司、150 个全资子公司、66 个控股公司、11 个参股公司。

按地域划分为非洲 41 个国家 121 个驻外机构、亚洲 39 个国家 258 个驻外机构、美洲 20 国家 60 个驻外机构、欧洲 14 个国家 36 个驻外机构、大洋洲 3 个国家 6 个驻外机构。

【信息化建设】

1. 管理数字化保障中国电建运行管理一体化高效协同

管理数字化建设坚持“业务梳理、流程再造、管理提升、信息固化”，逐步实现中国电建管理和核心业务管控集中统一全覆盖。一是综合办公业务信息化服务广泛普及形成示范。构建“一体化”网上办公服务，建成党、工、团、群、纪检、巡视、法律、科技、战略、外事等综合管理系统，所有子企业均实现基于 OA 系统的公文交互，提升了效率降低了运行成本。建成智慧党建系统，集成 23 类功能模块，服务 5034 个党组织、67327 名党员，实现党建在线展示、在线服务、在线学习、在线考核的全级次全流程管理。互联网宣传体系融合发展，建成融媒体指挥平台，与国资委打通，实现“管导向、管内容、管阵地、管队伍”目标。二是数据体系全面支持各级监管及决策分析。以国资监管数字化建设、智能化提升为牵引，建成“集团管控”数据应用分析体系，支撑公司全级次三重一大决策、经济运行分析、法人机构压减、重大项目履约、投资运营管理、安全节能环保等 18 项专业决策分析。三是 ERP 体系促进核心资源配置优化与效益提升。集团级人力资源系统全面应用，18.4 万正式职工纳入系统管理。落实公司财务共享及全球司库体系建设的战略布局，推进系统建设运行，完成 55 家二级子企业、5133 家各级次核算单位系统上线，用户数量超过 13.2 万，为公司新型财务共享模式的推进树立了标杆。

2. 业务数字化支撑“投建营”产业链健康发展

业务数字化建设主动适应工程建设全产业链一体化发展需求，形成贯通“规划 – 设计 – 建造 – 运营”的投建营“数字建造”体系，提升工程质量和效率。一是数字化平台全面支撑“投建营”一体化转型。中国电建重大专项“水电工程勘测设计施工一体化平台”以辽宁清原抽水蓄能电站 EPC 项目为试点，形成了大型抽水蓄能电站设计施工一体化的数字化解决方案，增强项目总策划、资源总配置、过程总控制等关键能力。20 多家子企业上线工程 EPC 平台，应用于青海共和光热发电等 300 多个项目。二是项目管理 PRP 系统应用持续推进。中国电建于 2015 年启动项目管理 PRP 系统建设，整合公司内部资源和最佳项目管理实践，实现设计企业、施工企业、平台公司全面上线运行，促进项目管理规范化、标准化、专业化。

3. 产品数字化引领“水、能、砂、城”业务升级

强化数字技术与“水、能、砂、城”业务深度融合，打造一批针对复杂场景的数字化、智能化、智慧化平台，实现多专业、多组织协同，推进业务形态升级换代。一是数字化平台做强“水”。发挥传统主业优势，构建一批水资源开发利用、水生态环境治理、水流域防灾减灾平台。二是智慧能源平台做优“能”。引领能源转型大势，搭建了产出能、运用能、节约能的平台体系。三是智慧矿山平台做精“砂”。推动砂石资源行业绿色发展数字转型，构建了矿山开采、加工、仓储、运输全数字化服务体系。四是智慧城市类平台做大“城”。构建规划城、建设城、运维城的平台体系。

4. 数字基础设施支撑数字化发展

坚持“统一规划、统一标准、统一技术、统一组织实施”，构筑稳定、高效、易用的“云、网、通”数字基础设施。一是夯实电建云支撑能力。构建“1 个电建云底座，*N* 个朵朵云服务”的电建云生态体系，提供云主机、云数据库、云认证等服务。二是完善数字高速公路。升级公司专线广域网，建成云联网，将 300 多个互联网出口统一到北京、成都、杭州三个出口，网络安全防护能力显著提升，网速更快、费用更低，年均节省费用约 5000 万元。三是提升电建通移动办公能力。打造集“统一通信、统一身份管理、统一移动门户、统一信息发布”于一体的电建通，实现办文、办事、办会的全面移动应用，注册用户 10 万余人，日均用户超 8 万人，发布综合办公、生产经营等移动应用 259 个，助力跨地域、跨时空的沟通协作。新冠疫情以来，“硬视频为主、云视频为辅、电话会议应急备用”的多级视频会议系统，成为保障公司生产经营必不可少的工具，年均召开线上会议 6900 余次，节约差旅和会务等费用超 5 亿元。

5. 提升数字安全能力为数字化保驾护航

推进数字安全的组织、制度、技防、检查、考核、运维、教培七大体系建设。一是网安组织与制度全覆

盖。建立健全数字安全工作组织机构，形成“单位－部门－专责”网格化管理机制。以“电建威客”为核心，从单兵作战向集团作战转型。建立健全“1＋11＋X”的数字安全制度体系，推动数字安全治理工作标准化、规范化。二是数字安全综合能力提升。落实数字安全与信息系统“同步规划、同步建设、同步运行”要求，电建云堤、电建云盾、电建终端安全、电建眼、电建云身份认证等系统建设，形成较为完备的纵深防御技防体系。三是常态化网安检查成效显著。建立健全隐患“测试－通报－整改－复查”的闭环管理机制，不定期组织电建威客进行现场检查和远程渗透检测，近三年共消除各类高危隐患65次，中危隐患214次。

6. 数字产业化成为新的业务增长极

依托数字化能力创新服务、创新产品、创新市场。近三年，中国电建纯数字化技术服务新签市场合同实现快速增长，2020年完成25亿元，2021年完成41亿元，2022年跃升到71亿元。一是数字技术创新开拓业务新市场；二是数字化平台提升市场影响力；三是工程数据产品助力传统能力新提升；四是数字化能力助推海外业务新发展。创新攻坚数字建造“卡脖子”技术，推动科技创新自立自强，取得一系列标志性成果。完成2022年“1025专项”2项数字化攻关的验收，获得主管部委高度评价。

中国电建数字化建设应用水平位居央企前列。在国资委数字化转型典型案例评选中，中国电建入选案例总数两次第一、一次第二。在第二届国资委熠星创新创意大赛中，中国电建取得建筑行业最好成绩。在国资监管信息化建设验收中成绩位列央企第六，建筑板块第一。中国电建入选中电联电力创新大奖，在11项信息化大奖中中国电建独占4项。

【工会工作】

（1）推进铸魂育人工程，坚定正确政治方向，在夯实思想政治基础上走深走实。迎接学习贯彻党的二十大行动有力。中国电建各级工会以迎接学习宣贯党的二十大为主线，开展多种形式的主题宣传教育活动，引导广大职工听党话、跟党走的信念更加坚定。工会组织开展“喜迎二十大、永远跟党走、建功新时代”微电影微视频创作，评选出一等奖10部、二等奖15部、三等奖20部，营造喜迎党的二十大浓厚氛围。党的二十大胜利闭幕后，迅速印发《关于认真学习宣传贯彻党的二十大精神的通知》，对工会系统学习贯彻落实党的二十大精神进行部署。举办第四届网络春晚，以“奋进新征程、建功新时代、再创新辉煌”为主题，以歌舞、说唱、小品等形式，接地气、树正气、鼓士气，展现电建人在党的二十大精神指引下，勇立潮头、敢当先锋的豪迈气概。中国电建各级工会系列活动的开展，掀起宣传贯彻党的二十大的热潮，引导职工群众把思想和行动统一到党的二十大精神上来，把智慧和力量凝聚到党的二十大确定的各项目标任务上来，转化为指导实践、推动工作的强大力量。

（2）实施建功立业工程，激发职工创新活力，推动公司高质量发展。劳动竞赛活动品牌特色突出。中国电建党委、中国电建、中国电建工会联合印发了《关于广泛深入开展劳动竞赛活动的指导意见》，开展以“建功十四五、奋进新征程”为主题的劳动竞赛，聚焦“水、能、砂、城、数”五大领域，突出时代特征、区域特色、行业特性、电建特点，让竞赛活动立足工作岗位、突出技术含量、紧跟科技前沿。中国电建工会作为金沙江流域水电工程劳动竞赛组委会成员，组织参建单位开展以“当好主力军、建功金沙江”为主题的劳动竞赛，并在2022年7月召开的2020—2021年度表彰会上，荣获全国五一劳动奖状1个、全国五一劳动奖章1名、全国工人先锋号3个，荣获川滇两省五一劳动奖状2个、五一劳动奖章2名、工人先锋号3个，为推动金沙江流域水电工程建设、提高职工素质、促进科技创新、打造大国重器做出了突出贡献。2022年，各级工会共组织开展各种劳动竞赛1498次，海外项目开展劳动竞赛196次。

群众性创新创效活动成果显著。发挥工会组织在职工创新创效活动中的引领作用，做好群众性创新创效“百项”成果评审活动，激发广大职工的创新潜能和创造活力，取得了众多创新成果，培育了大批创新人才，促进了企业经营效益提升。2022年，各级工会群众性创新创效活动共获得专利4883项，获得公司及省部级以上先进操作法（工法）601项；新成立创新工作室248个，成员2913人，创新成果1541项，直接经济效益约4.44亿元。中国电建先后获得中国职工技术协会职工技术成果特等奖1项、一等奖2项、二等奖3项、三等奖8项；全国电力职工技术创新一等奖4项、二等奖5项、三等奖15项；中国能源化学地质系统优秀职工技术创新成果一等奖3项、二等奖6项、三等奖10项；在2022年电力企业班组创新创效优秀项目评选中获得班组建设示范单位称号，并获得一级奖7项、优秀奖7项。

安全生产监督活动持之以恒。以“安康杯”竞赛为载体，开展群众性安全监督检查活动，夯实安全生产和职业病防治基础，保障职工群众生命安全和职业健康权益。上海院、河北工程公司等子企业荣获全国“安康杯”竞赛优胜单位荣誉称号。

（3）实施素质提升工程，引导职工成长成才，在促进职工队伍建设上积极作为。职工技能竞赛“显成效”。各级工会多层次多渠道开展岗位练兵、技能比武、技能大赛等活动，搭建职工成长交流平台。水电六局工会以技能比武、岗位练兵、导师带徒，内部视频课件培训等形式，提升职工的综合素质和业务水平。2022年，各级工会共开展技能大赛 682 次，参加人数 2.3万人，获得市级以上表彰 2139 人，30 人破格晋升技师，70 人破格晋升高级技师，278 人转为正式职工。全年开展技术比武（岗位练兵）937 次，参加人数 3.65万人，产生岗位能手 1797 名。中国电建工会推荐的水电五局范欣言、水电十一局王少鹏获得全国能源化学地质系统“大国工匠”称号。2023 年 2 月 28 日晚，由中华全国总工会、中央广播电视总台联合举办的 2022 年“大国工匠年度人物”发布活动揭晓评选结果，中国电建所属水电四局职工田得梅榜上有名，并成为此次“大国工匠年度人物”唯一一名女工匠，也是最年轻的一位。

（4）实施履职维权工程，促进公司民主管理，在构建和谐稳定劳动关系上担当勇为。完善职工代表大会制度。坚持以职工为中心的工作导向，健全以职工代表大会为基本形式的民主管理制度，探索职工参与管理的有效方式。2022 年各单位通过职工代表大会评议企业领导人员 1248 人次，征集职工代表提案 2161件，立案 1452 件，已经办结提案 1421 件，有力推进了职工代表大会制度的建设。

推进厂务公开工作。各级工会加强民主建设，推进厂务公开、业务公开，采取职代会、公开栏、协同系统等形式，向职工亮家底、亮政策。2022 年，各级工会共组织厂务公开 16149 次。

构建和谐劳动关系。各级工会积极推行平等协商和集体合同制度，坚持把职工关心的劳动关系方面的热点、难点问题作为工作重点，增强针对性和实效性。推动涉及职工切身利益的规章制度修订完善，从制度上源头上保障职工群众利益。电建市政公司工会会同人力资源部对《工资协议》进行修订续签，健全了协调劳动关系的各项机制，实现企业与职工的双赢，促进劳动关系和谐稳定。

（5）实施关爱职工工程，坚持以人为本理念，在增强服务能力水平上用心倾力。关心关爱职工，拓展幸福空间。中国电建工会自觉践行以人民为中心的发展思想，树立以职工为中心的工作导向，做好服务职工工作。中国电建向子企业工会拨付“两节”困难职工补助金 1233.9 万元，将中国电建党委的关怀和温暖送到困难职工手里和心里。2022 年，各级工会开展扶贫帮困活动 3886 次，支出帮扶资金 2064 万元，23219人次得到资助，支出助学资金 247.4 万元。

关爱职工生活，营造“职工之家”。实施人文关怀工程，通过建家活动，赢得了生产一线职工和海外职工的信任和支持，彰显工会组织的生机活力。2022 年，各级工会建立职工书屋共 453 个（含电子书屋），购买各类书籍 8 万册。

（6）实施固本强基工程，强化工会自身建设，加强工会组织建设。中国电建工会召开三届一次全委会，选举产生工会第三届委员会和第三届经费审查委员会，研究部署工会今后五年的工作思路和主要任务。2022 年指导 24 家成员企业工会的换届选举工作，扩大工会组织覆盖面，实现工会组建工作和企业发展同步。

加强工会创优建设。强化互学互鉴，拓展工作成果，开展工会工作优秀项目展示活动，围绕建功立业、素质提升、履职维权、关爱职工、固本强基等五大工程，各子企业工会申报 42 项工会优秀项目，推动新时代工会工作再上新台阶。中国电建工会参加全国总工会、国资委“喜迎二十大 建功新时代”文艺作品征集活动，《筑梦海投》入选“全国企（行）业歌曲征集优秀作品”。中国电建 3 个基层工会被全国总工会授予“全国模范职工小家”荣誉称号，5 个基层工会组织被省市总工会授予“模范职工之家”荣誉称号。

（郁颂东）

【中电建路桥集团有限公司】中电建路桥集团有限公司（简称电建路桥公司）成立于 2006 年 12 月。2006年 3 月 19 日，根据企业发展需要，中国水利水电建设集团公司成立中国水电建设集团路桥工程有限公司筹建工作领导小组，同年 12 月 28 日，电建路桥公司正式挂牌成立。2007 年 6 月，中国水利水电建设集团公司重新确定基础设施事业部职责和机构设置，基础部与电建路桥公司合署办公。2014 年 5 月，在中国电建集团两级总部整合的背景下，电建路桥公司剥离原基础设施事业部职能，整合旗下 17 个全资/控股子公司组建并更名为中电建路桥集团有限公司，注册地为北京市海淀区车公庄西路 22 号海赋国际大厦 A 座 10 层，截至 2022 年 12 月 31 日，电建路桥公司资产总额2236.5 亿元，注册资本金 90 亿元。

2022 年，电建路桥公司连续五年保持 AAA 主体信用评级，创建成为国家高新技术企业。津石高速等 4 个项目荣获省部级优质工程奖，西安昆明路等 5 个项目荣获“电建优质工程奖”。济潍高速项目获全国交通行业五星级现场（国家级），巩义生态水系等 4 个项目获省级安全文明工地。在云南、重庆、浙江、山西、陕西、新疆等 6 个省市获得 AA 级公路信用评价。

【中国电建集团北京勘测设计研究院有限公司】中国电建集团北京勘测设计研究院有限公司（简称中国电建北京院）始建于 1953 年，是中国水利水电行业最早成立的部直属大型勘测设计研究院，2002 年成为中国水电顾问集团全资子公司，2011 年划归中国电力建设集团有限公司管理，现为中国电力建设集团有限公司的全资子公司。主要从事水电、水利、工民建、新能源（风电、光伏）、市政、路桥、生态环境及文物保护等领域的规划、测绘、勘察、设计、科研、咨询、监理、环境保护、水土保持、监测、岩土治理、工程总承包及投资等业务。截至 2022 年 12 月底，注册资本金 8 亿元，资产总额 48.47 亿元，正式员工 1301 人，各类注册执业资格证书 380 余个，涵盖 15 个专业。北京院地址位于北京市朝阳区定福庄西街 1 号。

2022 年，中国电建北京院统筹防疫情与保生产、促发展与守底线、抓短期与谋长远，加大公司资源统筹协调力度，应对超预期因素冲击，党的领导坚强有力，改革创新成果丰硕，生产经营再创新高。2022 年度，中国电建北京院取得工程监理综合甲级、城乡规划甲级（建筑院）资质，成为“三综一甲”企业，并入围“科改示范企业”；第 10 次入围 ENR/建筑时报“中国工程设计企业 60 强”，排名 35 位；特级技术专家王建华获评“最美电建人”荣誉称号。全年共获得各类社会荣誉 25 余项、外部科技成果奖 56 余项。

【中国电建集团成都勘测设计研究院有限公司】

中国电建集团成都勘测设计研究院有限公司（简称中国电建成都院），其历史可追溯至 1950 年成立的燃料工业部西南水力发电工程处。1955 年 12 月起隶属电力工业部，1963 年 3 月起隶属水利电力部，1999 年 6 月起隶属国家电力公司，2004 年 8 月起隶属水电顾问集团，2014 年 4 月起正式隶属中国电建。经过 70 余年发展，业务覆盖能源电力、水务环境、基础设施等领域，涵盖规划咨询、勘测设计、总承包、投融资、运营维护全产业链。现有 2 名（在站）院士、2 名国家勘察设计大师、2 名国家百千万人才专家、7 名全国行业大师、15 名四川省勘察设计大师；拥有 4 个国家级研发机构、13 个高端创新科研中心，70 多项国内国际领先技术成果、200 多项国家与行业标准、800 多项国家级省部级奖项、1800 余项国家专利技术。先后荣膺“全国五一劳动奖状”“中央企业先进集体”“国家认定企业技术中心”“全国用户满意企业”“四川省质量奖”“四川省最佳文明单位”等称号。

2022 年，中国电建成都院位列 ENR 中国承包商 80 强、工程设计企业 20 强，排名“川企百强”57 位、四川服务业第 19 位、四川数字经济企业第 10 位；牵头建成西藏自治区水风光储能源技术创新中心，首获四川省专利奖、西藏科技进步奖一等奖、“龙图杯”BIM 大赛一等奖，6 项重点工程分获菲迪克工程奖、国家优质工程金奖、天府杯金奖等；取得城乡规划编制甲级资质、公路工程监理甲级资质、软件 CMMI 5 级认证；取得工程咨询单位综合资信甲级，成为勘察、设计、咨询、监理“四综甲”企业。

【中国电建集团华东勘测设计研究院有限公司】

中国电建集团华东勘测设计研究院有限公司（简称中国电建华东院）1954 年在上海建院，1978 年在杭州恢复重建。2011 年 9 月，成为中国电建水电顾问集团的子公司。2013 年 9 月完成公司制改建。2014 年 6 月成为中国电建直属全资子公司。注册地点位于浙江省杭州市潮王路 22 号。

2022 年，中国电建华东院基本完成中国电建下达的经营责任目标和院十届一次职代会确定的各项任务，企业继续保持了平稳发展势头。新获批成立 5 个省级研发平台；新获国家优质工程奖 5 项，鲁班奖 1 项；新获省部级及以上优秀成果奖 130 项；新获授权发明专利 194 项、软件著作权 135 项；入选全国优秀企业家 1 人、中国电建集团首席科学家 1 人和首席技术专家 2 人、浙江省工程勘察设计大师 2 人、全国电力勘测设计大师 2 人。

【中国电建集团山东电力建设第一工程有限公司】

中国电建集团山东电力建设第一工程有限公司（简称山东电建一公司）始建于 1952 年，前身是电力部上海基本建设局第 22 工程处，1956 年落户山东。2011 年划归中国电力建设集团（股份）有限公司管理，2017 年 12 月完成公司制改建，是中国电建全资 A 级子公司。公司注册资本金 16.08 亿元，注册地为山东省济南市高新区汉峪金融商务中心二区 6 号楼。

2022 年，山东电建一公司全年完工项目 207 个，投产机组 64 台套/座，装机容量 4490.27MW，架设输电线路总长度 953km，基础设施建筑面积 62.68m^2，非基础设施类建筑面积 22.40 万 m^2，市政道路 58.28km。承建的印度克罗美尼项目获首个境外“鲁班奖”，承建的兖矿鲁南化工项目获首个化工行业“5A”级优质精品工程奖，承建的缅甸皎漂燃气电站项目获“外商投资最佳履约卓越贡献奖”，6 个项目获“中国电力优质工程”奖。入选“山东省建筑业 30 强”和国务院国资委“科改示范企业”，获评“国家知识产权示范企业”和“山东省科技领军企业”，在股份公司党建责任制考核中获评优秀等级，荣获中国电建集团有限公司先进基层党组织和“质量管理先进企业”称号，继续保持全国文明单位和省级文明单位称号。

中国能源建设集团有限公司

【公司概况】 中国能源建设集团有限公司（简称中国能建）成立于2011年9月29日，是经国务院批准、由国务院国资委直接管理的特大型能源建设集团公司，注册资本260亿元。2014年12月19日，中国能建与全资子公司电力规划总院有限公司共同发起设立了中国能源建设股份有限公司（中国能建持股99.53%）；2015年12月10日，中国能源建设股份有限公司首次公开发行H股在香港联合交易所有限公司主板挂牌上市（股票代号3996.HK）；2021年9月28日，中国能源建设股份有限公司在上海证券交易所主板挂牌上市（股票代码601868.SH）。

中国能建是一家为中国乃至全球能源电力、基础设施等行业提供系统性、一体化、全周期、一揽子发展方案和服务的综合性特大型集团公司，主营业务涵盖传统能源、新能源及综合智慧能源、水利、生态环保、综合交通、市政、房建、房地产（新型城镇化）、建材（水泥、沙石骨料等）、民爆、装备制造、资本（金融）等领域，具有集规划咨询、评估评审、勘察设计、工程建设及管理、运行维护和投资运营、技术服务、装备制造、建筑材料为一体的完整产业链。连续9年进入世界500强，在ENR全球工程设计公司150强、国际工程设计公司225强、全球承包商250强和国际承包商250强排名中位居前列，在90多个国家和地区设立了200多个境外分支机构，业务遍布世界140多个国家和地区。

截至2022年底，中国能建拥有4个院士专家工作站、13个博士后科研工作站、4个国家级和63个省级研究机构、120家高新技术企业；取得国家科技进步奖48项，重大科技成果2500余项，有效专利11372项，制定和修订国家标准和行业标准1300余项。中国能建作为能源电力和基础设施建设领域的主力军和排头兵，先后承建了三峡工程、南水北调、西气东输、西电东送、三代核电等一系列关系国计民生的重大工程，铸造了如乌东德、白鹤滩、华龙一号等一批享誉全球的大国重器，在大规模风光储输工程、特高压多端混合直流工程、高海拔输变电工程、1240MW高效超超临界燃煤发电工程等领域创造了卓著业绩，并在海外打造了一批具有能建特色的中国坝、中国电、中国网、中国城、中国路、中国桥。

【领导班子】

1. 中国能源建设集团有限公司

党委书记、董事长：宋海良

党委副书记、总经理、董事：孙洪水

党委副书记、工会主席：马明伟

党委常委：吴春利

党委常委、安全总监：周厚贵

党委常委、纪委书记：李子勇

党委常委、首席信息官：吴云

党委常委：陈晓华

党委常委：李丽娜

2. 中国能源建设股份有限公司

党委书记、董事长：宋海良

党委副书记、总经理、副董事长：孙洪水

党委副书记、董事、工会主席：马明伟

党委常委、副总经理：吴春利

党委常委、副总经理、安全总监：周厚贵

党委常委、纪委书记：李子勇

党委常委、副总经理、首席信息官：吴云

党委常委、副总经理：陈晓华

党委常委、总会计师：李丽娜

【组织机构】 见中国能建2022年组织机构图。

【企业战略及体制改革】

1. 发展战略——“1466”战略

“1”个愿景：行业领先、世界一流。

“4”个前列：在践行国家战略上走在前列；在推动能源革命上走在前列；在推动高质量发展上走在前列；在建设美好生活上走在前列。

“6”个一流：一流的能源一体化方案解决商；一流的工程总承包商；一流的基础设施投资商；一流的生态环境综合治理商；一流的城市综合开发运营商；一流的建材、工业产品和装备提供商。

“6”个突破性进展：在推动能源革命和能源转型发展上取得突破性进展；在加快高质量发展上取得突破性进展；在深化系统改革上取得突破性进展；在全面加强科学管理上取得突破性进展；在全面提升企业核心竞争力与组织力上取得突破性进展；在加强党的全面领导和党的建设上取得突破性进展。

2. 战略重组

中国能建于2021年11月发布《布局优化调整和组织结构重组整合总体方案》，以专业化、集约化整合为重点，以做强优化业务板块为主线，以优化生产力和产业布局、市场与区域布局、资源与资本布局“三大布局”为关键，对专业化整合的目标、路径、举措进行了细化设计，明确了公司专业化整合的任务书、责任单、施工图和时间表。

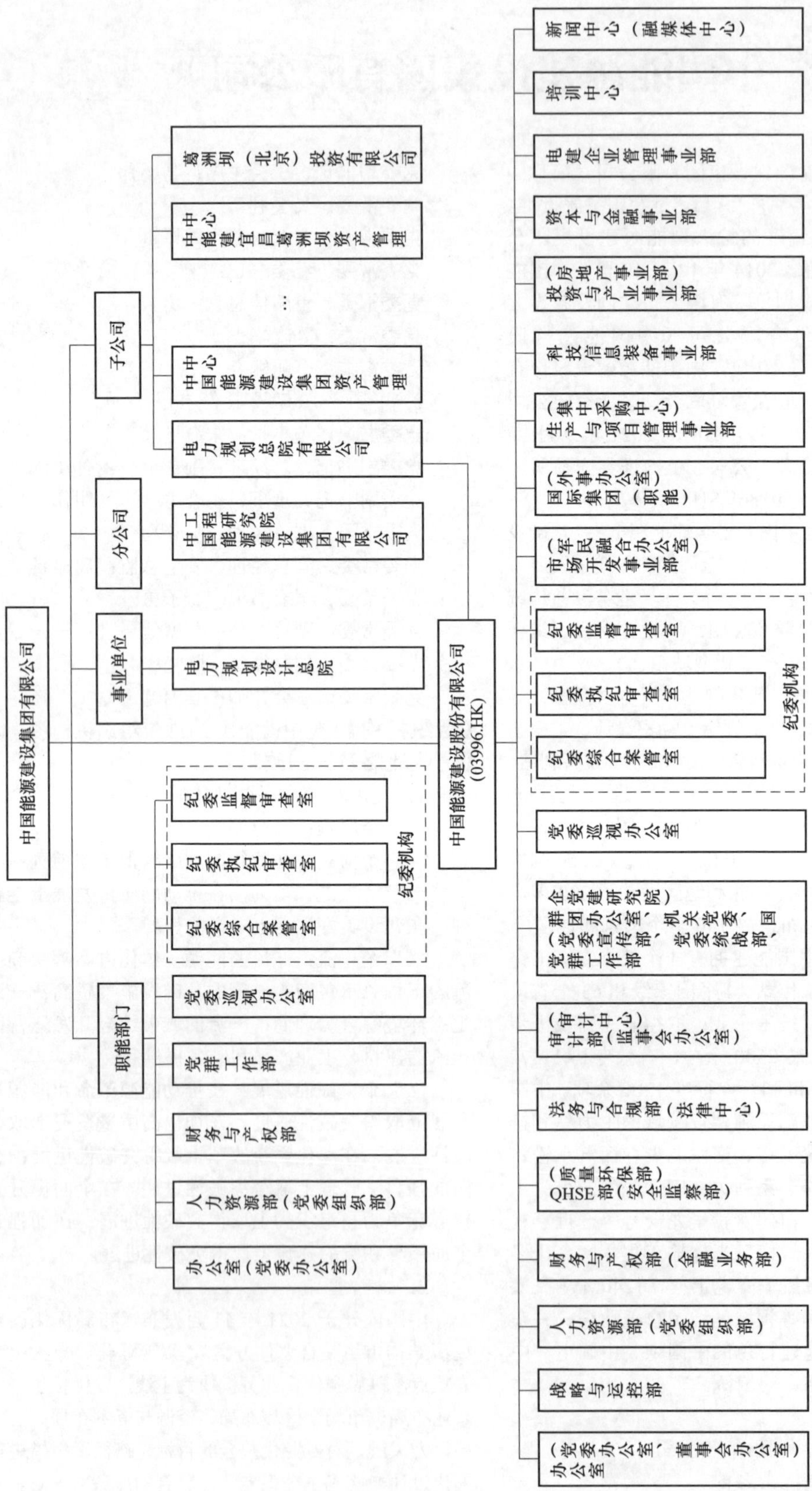

中国能建 2022 年组织机构图（按法人层级编制）

2022年，中国能建围绕打造以新能源、新基建、新产业为核心的高质量发展“三新”能建战略目标，突出实业、聚焦主业、做精专业，一手抓重组企业的产权划转、管理关系调整，一手抓新设平台的组建赋能、动态评估、过程纠偏，推进专业化整合工作。全年完成内外部专业化整合共17项，调整国际、装备、金融、电建、民爆、生态环保等业务板块子企业管理关系30户、子企业产权关系13户。外部方面，推进央地专业化整合；参与央企间专业化整合，以“两非”剥离为契机，将所属西安回天血液制品有限责任公司整合进入国药集团。内部方面，践行“1466”战略，聚焦布局结构中存在的突出问题，围绕“锻长板、补短板、优存量、升品质”和“调结构、转方式、拓增量、开新局”两条主线，重组海外业务平台，改组整合装备板块，推进葛洲坝集团调整重组，重构金融业务组织体系和管理体系，推动电建企业优化调整、转型升级，组建国际集团、数科集团、绿色建材、装配式建筑、氢能、轨道交通等多个专业化平台公司。

3. 体制改革

一是高质量快节奏高效率打好改革三年行动决胜战。围绕决战决胜改革三年行动，出台87项重点任务清单，举行高质量收官专题培训，强化各单位、各部门完成改革“军令状”的责任担当和素质能力。针对决战决胜三年行动重点任务质效和标志性成果，聚焦短板弱项，优化三年行动总体考核规则，加大奖惩激励，树立以“考”促“改”的鲜明导向。聚焦国资委2022年考核的22项定量指标和公司改革三年行动工作台账232项指标，保持各项重点任务有序有效推进势头；对已经完成工作，做好巩固提升；对基本完成工作，做好全面扫尾；对尚未解决“硬骨头”任务，出台举措、定点爆破、靶向攻关。

二是系统谋划建设世界一流新能建的实施路径。深入研究党中央、国务院关于加快建设世界一流企业的指导意见，组织专班开展多轮头脑风暴，编制以“1466”战略为基础，承接既定战略规划、兼顾发展变化的世界一流“三新”能建方案提纲。

三是推进公司亏损（困难）企业专项治理工作。强化公司领导班子包保责任，推进12户重点亏损（困难）子企业专项治理工作。跟踪、督导各专项工作组推进方案实施工作，促进各工作组步调一致、一体推进。

四是抓深抓细抓实改革试点和改革专项工程。结合企业实际情况，向国家发展改革委推荐广东院和北京设备公司作为混合所有制改革试点企业，并完成方案上报备案工作。对重点推进的混改企业进行综合评估，将葛洲坝勘测设计公司等6户企业纳入重点推进名单。研究出台所属混合所有制企业差异化管控方案，赋予企业自主经营空间，激发企业活力。推进改革专项工程。葛洲坝易普力公司等5家企业入围国资委“科改示范企业”扩围名单，综合改革方案及工作台账（2022—2025年）正式上报国务院国资委备案。出台关于支持科改示范企业加大改革力度的指导意见，支持所属“科改”企业聚焦市场化改革、自主创新这两个维度，实现人才机制、激励机制、核心技术攻关、创新成果转化“四大突破”，打通从科技强到主业强、企业强的通道。

五是以推进供给侧结构性改革为主线，消化处理历史遗留问题。开展组织机构管理和企业“压减”工作，按照“能压尽压、能减尽减”的原则，修订公司《法人单位及分支机构管理办法》，全年完成53户存量法人企业的压减工作。推进“两非”企业剥离工作，50户“两非”企业均达到国务院国资委“基本完成剥离”标准，其中29户企业已实现全面剥离。按照“放得下、接得住、管得好、动态调”的原则，编发《关于新设新能源项目公司审批授权的通知》，授权所属有关企业自行决策设立有关新能源项目公司，并定期开展检查，将设立一年以上、无法获取预期指标的新能源项目公司纳入“压减”范围，确保新设新能源项目公司取得实效，发挥功能作用。

【人力资源】 2022年末，员工总数116001人，在岗职工104872人，不在岗职工11129人，劳务派遣人员8026人。管理人员40933人、工程技术人员40538人、技能操作人员20021人；博士研究生564人，占比0.48%；硕士研究生14929人，占比12.91%；大学本科49329人，占比42.52%。正高级职称2983人，高级职称17244人；高级技师2389人，技师6813人。员工年龄结构情况，55岁及以上12299人，占比10.60%；51～54岁15693人，占比13.53%；41～50岁32106人，占比27.68%；36～40岁15223人，占比13.12%；35岁及以下40680人，占比35.06%。

2022年末，享受国务院政府特殊津贴专家35位，全国工程勘察设计大师7位，全国核工业工程勘察设计大师2人，新世纪百千万人才工程国家级人选5位，国家级突出贡献中青年专家2位，全国技术能手24位；各类国家注册执业资格人才19336人。

【安全生产】 2022年，全年未发生较大及以上生产安全事故，一般生产安全事故降低，质量强企稳步推进，环保指标可控在控。

1. 扛起党的二十大安全保障政治责任

将党的二十大安全保障作为全年重大政治任务、头等大事，贯彻落实习近平总书记重要论述和指示批示精神，紧扣国务院安委会和国资委系列部署要求，出台刚性落实“十五条硬措施”实施方案和二十大安全保障工作方案，13名公司领导、高管全部下沉项目一线开展督导，推动各项措施落实落地；开展安全生产大检查，坚持风险“周警示、月分析、季研判”，落实“TOP 3”清单管控、值班值守和“零报告”制度，保证了党的二十大、两奥两会期间安全稳定。

2. 深化 QHSE 治理体系建设

紧扣“大安全”体系建设，出台《“十四五”安全生产行动计划》，实施“九安行动”，落实年度各行动项；紧扣适应性组织建设，升级 QHSE 制度体系和“1+14+N”预案体系，明确布局优化调整及组织结构重组整合安全生产责任界面；紧扣管理穿透，根据主营业务特点、生产经营规模、风险程度，确定 3.0 级以上企业 QHSE 监管分类，将 QHSE 目标任务直接细化分解至二、三级企业，差异化开展监督管理和指导服务。

3. 破解 QHSE 沉疴顽疾

破解“风险想不到”问题，出台《重点领域安全风险卡控清单》，聚焦 99 个关键作业过程，确定 170 条风险卡控红线；破解“问题查不出”问题，出台《工程项目 QHSE 违章清单》，明确 244 条Ⅰ、Ⅱ级违章情形，作为监督检查、“反违章”工作依据；破解“问责简单化”问题，升级事故管理和奖惩制度，持续开展项目督查巡查，全年直接对违规违章行为的 167 名责任人进行了经济处罚，对 2 家责任单位比照一般事故问责追责。

4. 夯实本质安全基础

聚焦“关键少数”，推行企业负责人安全生产公开承诺，开展企业负责人安全生产履职督察，严格事故企业主要负责人“说清楚”，推动企业负责人履职尽责；聚焦 QHSE 进过程，导入“1+7”过程安全管理机制，推行首件样板、举牌验收、实测实量，从根本上斩断事故传导链条、提升质量水平；聚焦专项整治，开展自建房、小散远发电项目、消防安全等 27 项专项排查整治，从源头上管控风险、消除隐患。

5. 推动 QHSE 铸精创优

围绕素质能力，开展安全生产提升年行动，一体化推进专项整治三年行动和“234”工程建设巩固提升，建设集团级隐患排查治理“一张网”；围绕品牌影响，7 家企业创建并保持全国安全文化建设示范企业称号，创建国家级优质工程奖 21 项、省部级优质工程奖 814 项、优秀勘察设计和咨询成果奖 287 项、其他质量奖 271 项，4 项工程通过绿色建造施工水平评价。

【经营管理】2022 年，完成新签合同额人民币 10498.7 亿元，同比增长 19.7%；实现营业收入人民币 3703.2 亿元，同比增长 14%；实现利润总额人民币 146.5 亿元，同比增长 6.2%；实现净利润人民币 112.4 亿元，同比增长 9.6%；综合实力、影响力和品牌价值大幅提高，在《财富》世界 500 强排名位列第 269 位，较 2021 年跃升 32 位。所属股份公司在 ENR 全球工程设计公司 150 强中排名位列第 2 位，较 2021 年上升 1 位。

【电力建设】

（1）1 月 14 日，中国能建江苏电建一公司、江苏电建三公司承建的国家能源集团宿迁 2×660MW 机组工程荣获第十九届中国土木工程詹天佑奖。宿迁项目是首个获得詹天佑奖的火电项目，该工程于 2016 年 9 月开工建设，被国家科技部列为“高效灵活二次再热发电机组研制及工程示范”科技项目，同时承担国家能源集团“智能火电关键技术研究与示范应用”课题研究，自工程开工建设至投产竣工，采用国家重点推广节能新技术 17 项、建筑业“十项”新技术 8 大项 21 子项、电力建设五新技术 55 项，取得发明专利 5 项、实用新型专利 32 项、省部级科技进步奖 10 项、省部级工法 1 项、QC 成果奖 14 项，荣获电力行业优秀工程设计一等奖，荣获“2021 年度中国电力优质工程奖”，两台机组分别于 2018 年 12 月 31 日、2019 年 6 月 4 日建成投产。该项目投产后，机组能耗、发电效率和环保指标创造了 660MW 等级机组一系列世界之最，发电效率达 48.11%，实现污染物排放水平远优于国家超低排放标准。

（2）3 月 25 日，中国能建华东院承担常规岛设计、安徽电建二公司参与建设的“华龙一号”示范工程第二台机组、福清 6 号机组完成 168h 性能试验，具备商业运行条件，该机组于 2015 年 12 月 22 日正式开工建设，标志着“华龙一号”示范工程建成投运。福清核电 5、6 号两台机组是“华龙一号”全球示范工程，总装机容量 232.2 万 kW，每年可发电近 200 亿 kWh，能满足中等发达国家 200 万人口的年度生产和生活用电需求；同时相当于每年减少标准煤消耗 624 万 t、减少二氧化碳排放 1632 万 t，相当于植树造林超过 1.4 亿棵。作为中国核电走向世界的“国家名片”，“华龙一号”是当前核电市场接受度最高的三代核电机型之一，是中国核电企业研发设计的具有完全自主知识产权的三代压水堆核电创新成果，满足国际最高安全标准，已成为中国为世界贡献的三代核电优选方案。“华龙一号”在采用经工程验证的成熟技术基础上，独创性地采用“177 堆芯布置”和“能动与非能动相结合”的安全设计理念，首堆设备国产化率 88%。

（3）当地时间 4 月 18 日，由中国能建华东院承担常规岛及 BOP 设计、江苏电建三公司参建的中国自主三代核电华龙一号全球第四台、海外第二台机组——巴基斯坦卡拉奇 K3 机组通过临时验收。至此，由中国能建设计承建的海外“华龙一号”示范工程两台机组全面建成投产，这是两国核能合作的又一重要里程碑，K3 机组于 2016 年 5 月开工，建成后两台机组每年将为当地提供清洁电力近 200 亿 kWh，对优化巴基斯坦能源结构、推动实现全球碳达峰碳中和目标和共同应对全球气候危机具有重要意义。

（4）4月26日，中国能建华北院设计的福建神华罗源湾2×100万kW储煤发电一体化项目建成。该项目为国家能源局节能减排升级与改造的首个示范项目，于2015年3月动工建设，是新一代清洁高效、安全低碳、智能智慧煤电机组的典型代表，也是集工程设计和技术研发于一体的国家级科技创新工程。项目采用世界首创的二合一变频中心技术、带安全阀功能的100%高压旁路、零号高加弹性回热、100%工况下FCB功能等系列集成技术等先进技术方案，是目前国内厂用电率最优秀、深度调峰能力最强、跟随负荷变化最灵活、低负荷运行效率最高、总平面布局最紧凑、功能安全评估最全面、全寿命周期最智慧的100万kW等级火电厂。

（5）4月30日，中国能建广东院EPC总承包、安徽电建二公司承建的东莞中堂燃气热电联产二期工程2号机组汽轮机、燃机并网发电。东莞市中堂燃气热电联产二期项目2×460MW机组工程为蒸汽联合循环发电供热机组，是全国首例采用背压机组的9F级热电项目，其中2号机组为全背压机组。项目于2018年12月动工建设，年供电量46亿kWh，年供热量高达142亿MJ，实现北海产业园集中供热，打造清洁能源产业园区，为中堂经济高质量发展注入新动能。

（6）5月11日，中国能建云南院设计的独龙江乡35kV联网工程投运，标志着地处祖国西南边陲的独龙江乡结束独立电网的历史，实现了独龙江乡与南方五省区大电网联网，被人民日报、央视新闻等关注。独龙江联网工程于2020年3月开工建设，全长52km的联网线路85%以上途经原始丛林和高山无人区，最低海拔1449m，最高海拔3693m，新建的联网线路送电容量为16000kVA，10倍于原独立电网的供给能力，数千名独龙江乡群众用上稳定可靠的电能，解决了独龙江乡电力供应不足等问题。

（7）5月25日，由中国能建设计建设的世界上容量最大、首次在电网负荷中心实现分区互联的粤港澳大湾区柔性直流背靠背电网工程投产。大湾区直流背靠背广州工程于2020年12月30日开工建设，该工程实现了一系列技术突破与创新，工程拥有世界上控制链路延时最短的柔性直流换流站，工程把链路延时控制在200μs以内，是世界最低水平，结合控制策略优化，能够有效消除工程面临的谐振风险，据测算，以直流背靠背电网工程为标志的系列工程全部投产后，粤港澳大湾区的供电能力将提升80%。该工程应用水冷柔直变等新技术，使工程声环境指标不超过48.5dB，达到国际领先水平，打造“超静音”换流站。

（8）5月26日，中国能建江苏院设计的江苏金坛盐穴压缩空气储能国家试验示范项目一号机组并网并稳定运行，完成连续满负荷“储能－发电”试运行后正式投运，成为新型储能技术发展的里程碑。该项目是世界首创工程，于2017年获得国家能源局批复，2020年开工建设，是中国空气储能领域唯一的国家示范项目和首个商业电站项目，是国家能源局和江苏省重点推进项目，是世界首座非补燃式压缩空气储能电站，也是国内首次利用盐穴资源的发电项目。项目一期储能功率和发电装机容量均为60MW，储能容量300MWh，远期建设规模1000MW。

（9）6月16日，浙江院设计的全国首个柔性低频输电示范工程在台州投运。该柔性低频输电示范工程首创海岛低频互联技术，为全球首条35kV低频海底电缆，并结合了风机低频接入技术，项目于2021年7月立项。项目实现了大陆侧电网和大陈岛间的电能高效互济，改善风电经海缆送出存在的充电无功大、损耗高等问题，减少风电资源的浪费，对大陈岛推进“零碳岛”建设，打造共同富裕海岛样板具有积极作用。同时，该示范工程的相关技术可应用于中远距离海上风电高效送出、陆上新能源汇集与送出、多岛屿互联及电缆化城网供电、偏远地区长距离输电等场景，是实践新发展理念、构建高弹性电网的重要探索，也是高质量实现“双碳”目标的重大举措，对未来大规模开发中远海风电资源具有里程碑意义。

（10）6月17日，中能建建筑集团承建的世界首台垃圾焚烧高参数机组——广州市第七资源热力电厂二期工程投入商运。项目于2020年3月开工建设，配套2台13MPa/485℃/420℃超高压带炉内再热垃圾焚烧余热锅炉，1台额定进汽压力为12.6MPa、50MW高压汽轮发电机组，该参数在垃圾焚烧领域为世界最高参数。

（11）6月23日，由中国能建广东院参与设计、东电一公司参与建设的红沿河核电站二期工程6号机组（于2015年开工建设），通过168h试运行，标志着东北地区首座核电站和最大的能源建设项目以及国内在运装机容量最大（总装机容量671万kW）核电站全面投运。

（12）9月28日，全球最大规模350MW盐穴压缩空气储能项目——山东泰安2×300MW级压缩空气储能创新示范工程开工。该项目由中国能建联合泰安市泰山新能源发展有限公司等单位共同投资建设，一期工程计划投资22.3亿元，建设一台350MW/140万kWh机组，提出了325℃低温熔融盐储热高温绝热压缩系统方案，设计储能/充电时间8h，释能/放电时间4h。两期全部投运后年发电量约10亿kWh。该项目将采用全球首创低熔点熔融盐高温绝热压缩技术，并实现百分百国产化设备系统，建成后将在压缩空气储能领域实现单机功率全球第一、转换效率全球第一、储能规模全球第一，有助于推动新型储能技术高端发展，促进可再生能源大规模并网消纳和废弃盐穴资源再利用。

（13）10月3日，由中国能建华东院设计、中能建建筑集团承建、浙江火电钢结构制造的中资企业在土耳其最大的直接投资项目——土耳其胡努特鲁项目实现“双投”。胡努特鲁燃煤电厂工程于2019年9月正式开工，是“一带一路”倡议和土耳其“中间走廊”计划对接的重点项目，被誉为“一带一路”土耳其旗舰项目，项目为2×660MW超超临界机组，同步建设的烟气脱硫和 SCR 脱硝装置排放将优于欧盟标准和燃机标准。每年可为土耳其供应电力 90 亿 kWh，将成为土耳其最稳定的能源保障。其中国产设备供货率超过90%，实现了中国设计、标准、设备、技术、管理和服务的全面“走出去”。

（14）11月30日，由中国能建天津院参与设计的具有中国首个全自主知识产权的电力10kV“雪花网”首批试点工程在天津建设完成，正式投运。该项目于2022年7月6日启动建设，对于推动中国配电网建设向高质量发展、打造国际领先型城市配电网迈入新阶段具有重要意义。10kV“雪花网”搭建了更大更坚强的能源配置平台，构建起交直流系统并存的混合运行方式，能够抵御新能源不确定特性给电网带来的负荷冲击，可适应新能源、储能、电动汽车等多元化负荷高比例接入电网，相比传统10kV电网，“雪花网”在单环网、双环网等基础上，升级更为可靠的“雪花形”电缆主干网，供电可靠率提升至 99.99965%，电网使用效率提升近30%。

（15）12月1日，中国能建广东院EPC总承包建设的国家电投揭阳神泉二海上风电项目首批11MW风电机组成功实现并网发电。国家电投揭阳神泉二海上风电场项目于2022年3月开工建设，是中国首个开工建设的单机容量在10MW以上的海上风电项目，也是“十四五”时期粤东地区首个核准的海上风电项目，项目总装机容量为502MW，布置34台11MW风力发电机组和16台8MW风力发电机组，同时配套建设1座220kV海上升压站。此次并网的11MW风机，是目前世界上批量化生产单机容量最大的风电机组，单台风机年设计发电量达3820万kWh，可满足1.9万户家庭一年的用电需求。项目每年可提供清洁电能 17.34 亿 kWh，与同等规模燃煤电厂相比，每年可节省标煤消耗约52.73万t，减少二氧化碳排放140.29万t，将推动粤东千万千瓦级海上风电基地建设，为广东实现碳中和目标注入新动力。

【科技创新】

1. 2022年科技创新总体情况

（1）狠抓关键核心技术攻关，科技创新成果竞相涌现。持续加大新型电力系统、风光新能源技术、压缩空气储能、电化学储能、氢制储运用、建能交能数能融合、碳捕集封存利用（CCUS）、智能建造等关键核心技术研发应用力度，圆满完成“1025专项”一期任务“535kV 耦合负压式直流断路器”研制，顺利推进“揭榜挂帅”重大科技项目并取得一批阶段性重要成果。围绕数能融合、低碳能源、高端装备等前瞻性、全局性、系统性方向，立项部署18项“揭榜挂帅”重大科技项目，持续强化关键核心技术攻关布局。全年研发投入113.07亿元，同比增长11%，研发投入强度达到3.05%，获得省部级、行业级科技类奖励230项，获专利授权2100项，主编并发布的IEC国际标准《塔式太阳能光热发电站设计总体要求》填补世界空白。

（2）瞄准国家级主通道发力，争创原创技术策源地和现代产业链链长。承担4项国资委“1025专项”二期攻坚任务，涵盖压缩空气储能、高空风能发电、新能源并网、汽轮发电机基础等领域核心装备。发挥特色技术优势，参与怀柔国家实验室“高效灵活燃煤发电技术”重大课题。参建的国家建筑绿色低碳技术创新中心获得科技部批复。新建智慧交通、核电常规岛技术、能源与建筑工程检测试验、压缩空气储能 4个公司研发平台；与清华大学联合成立电力电子装备研发平台，开工建设大型碱性电解水制氢机组稳暂态试验检测平台。召开科技创新专项行动启动大会，围绕关键核心技术攻关、建设国家级研发平台、打造原创技术策源地和现代产业链链长部署了 54 项攻关任务，坚决打赢科技创新专项行动攻坚战。牵头成立中国新型储能产业创新联盟，联合电网、发电、储能、科研院所等62家行业代表单位，从“国家、行业、产业、技术、市场”五端共同发力，为推动新型储能行业高质量发展、打造储能现代产业链作出贡献。与中国科协、清华大学、天津大学签订战略合作框架协议，加大产学研合作力度。

（3）加强产技融合，引领支撑新业务高质量发展。持续强化科技成果转移转化，高标准推进示范项目建设。国内首创的安徽绩溪一期 2×2.4MW 高空风能发电新技术示范项目即将并网发电。开工建设湖北应城300MW、山东泰安350MW、甘肃酒泉300MW、辽宁朝阳 300MW 四个压缩空气储能示范项目，项目装机容量、工艺参数、系统效率均为世界第一，引领中国压缩空气储能技术快速发展。全力推动电化学储能电池研制，合作成立电化学储能电芯研发平台公司，“高安全、长寿命280Ah磷酸铁锂方形铝壳电池”方案通过中国科学院陈军院士主持的专家评审会评审，被评定为达到国际先进水平。推进重大装备首台（套）推荐评定工作，研发的新型大开口槽式集热器、世界首台大型电站自然通风直接空冷（NDC）系统列入国家能源局“2021年度能源领域首台（套）重大技术装备项目”。

（4）开展工程技术管理，发挥“铁三角”协同支撑作用。全面推进重大工程技术方案评审工作，全年围绕重大项目、创新项目、一体化项目，完成了6项一级、23项二级、342项三级工程技术方案评审，支撑市场开发和投资决策，保障项目高质量履约，助力项目打通实施障碍。系统建设技术标准体系，印发了公司技术标准体系建设方案，深化“双碳”和数字化转型领域技术标准体系，提出首批66项企业技术标准编制计划并启动编制。开展工法评定，组织完成首批22项公司工法评定，开发具有可推广性、先进性、可靠性、能创造价值的工法，促进提升整体工程技术水平。

（5）完善体系与制度建设，夯实科技创新管理根基。成立由33位知名院士专家组成的高级技术咨询委员会，为科技创新提供咨询和决策支持。印发《科技成果管理办法》《知识产权管理办法》《工法管理办法》《专利管理办法》《首台（套）重大技术装备评定管理办法》《重大装备技术方案和装备技术引进评审管理办法》，完善科技创新制度体系。

2. 2022年重点科技项目

（1）灵活高效的二次再热机组关键设计技术及工程应用。揭示二次再热机组全工况能耗时空分布特性及节能潜力，通过提高初参数和优化热力系统大幅提高了机组循环热效率；发明汽电双驱引风机技术，使给水泵汽轮机在宽负荷工况下高效运行，实现灵活供热，并解决二次再热机组再热器欠温的难题。发明了“BEST给水泵汽轮机”技术，实现了给水泵汽轮机全工况无节流进汽，减少不可逆㶲损失，拓宽了机组运行的高效区。提出兼顾节能和快速响应的综合一次调频技术，解决了二次再热机组热惯性大和调节响应滞后的难题，满足了高效运行条件下的变负荷速率要求。填补了国内外大容量、高参数、灵活高效的二次再热超超临界燃煤发电机组的设计技术空白，获得一系列的具有自主知识产权的成套核心技术，技术成果属世界首创，达到世界领先水平。该成果获得中国能建集团科学技术进步奖特等奖。

（2）苏通长江隧道特高压气体绝缘金属封闭输电线路工程关键技术及应用。攻克了特高压GIL高可靠绝缘难题，突破了隧道GIL柔性设计与高可靠气体密封技术，解决了GIL安装与检测难题，首次研制出1100kV GIL设备，建成世界上电压最高、距离最长、容量最大的GIL工程。项目推动电工装备企业跨越式发展，形成全自主产业链；实现华东特高压电网合环，接受外电能力显著提升；开创了跨江越海和特殊环境下的新型输电方案，推动了全球GIL技术进步。该成果获得电机工程学会行业科学技术进步奖一等奖。

（3）高压大容量柔性直流输电关键技术研究与应用。解决了多直流集中落点带来的受端电网安全稳定风险问题，满足大规模电网互联、可再生能源对高电压大容量柔性直流输电技术的迫切需要，攻克并掌握了±800kV、±500kV柔性直流换流站设计技术、柔性直流背靠背换流站设计技术等7种技术，为高电压大容量柔性直流输电工程提供技术支撑，提升了柔性直流工程领域的自主可控能力，依托研究成果共申请发明专利8项，发表论文10篇，部分研究成果已应用于张北柔性直流、乌东德直流、渝鄂背靠背等多项电网工程。该项目形成了完整的柔性直流输电设计技术体系，将为高压柔性直流输电工程的推广起到重大推动作用。该成果获得中国能建集团科学技术进步奖特等奖。

（4）盐渍土地区输电线路基础耐久性设计与长寿命保障技术。改变了利用混凝土“高强度”达到“高耐久性”的传统耐久性设计思路，提出了中低强度、高耐久性混凝土制备技术，研发了新型掺合料混凝土制备与适应性调控技术，建立了不同腐蚀环境下多重防护技术。项目成果推广到昌吉—古泉±1100kV特高压直流输电线路工程（2019年9月26日投运，新疆段）等30余项重大电力工程，经济和社会效益显著，推动了中国沙戈荒地区的电力工程建设。该成果获得中国能建集团科学技术奖科技进步奖一等奖。

（5）清洁能源密集馈入长链式交直流电网协同规划与调控关键技术及应用。针对高比例清洁能源出力不确定性带来的消纳困难及长链式分布交直流混联系统存在的安全稳定问题，提出了交直流混联电网源网荷储协同规划技术，构建了西南电网源网可视化协同规划平台，消除风光水等新能源出力不确定性的影响，解决了西南地区风光水的长链式分布的电压稳定、频率稳定问题。项目成果已被广泛应用于四川、重庆、西藏等电网，提升清洁能源消纳能力。该成果获得四川省科学技术进步奖二等奖。

（6）多技术兼容的二氧化碳捕集测试平台研究与应用。开发了不同吸收剂下的二氧化碳捕集工艺，开发了基于活性炭吸附剂的蒸汽吹扫变温吸附二氧化碳捕集工艺，开发了基于渗透气再循环的三级串联膜分离与冷却干燥工艺，基于吸收剂/吸附剂/膜材料特性，设计了二氧化碳捕集工程集成方案，解决了碳捕集装置对不同吸收剂和工艺及捕集方法兼容性问题。基于项目成果设计建成了亚洲首个多技术兼容的碳捕集测试平台，2019年在华润海丰电厂投运。该成果获中国能建科技进步奖一等奖。

（7）海上风电集成技术研究与应用。首创了海上风电深水区大跨距水下定位导向沉桩技术，创新性地提出了完整主柱的海上升压站上部组块整体式建造技术，研发了基于中点电压偏移的特定谐波消除脉宽调制法（SHEPWM）和断续脉宽调制法（DPWM）动态切换控制策略、基于主变压器励磁涌流的海底电缆差动保护校验方法。主要技术成果先后应用于浙江、广东等地区 10 多个海上风电工程建设，对降低海上风电工程建设成本、缩短建设工期发挥了积极作用，经济和社会效益显著。该成果获得中国电力联合会电力创新奖一等奖。

（8）100MW 塔式光热发电机组集热器整体滑移、吊装技术。该技术在地面将集热器本体设备组装，采用液压滑移系统将其整体滑移至集热塔内，用液压提升系统吊装就位。提出了 100MW 塔式光热发电机组集热器整体滑移监视、支撑环定位、集热器液压提升整体吊装及防碰撞、集热器整体就位等一系列新技术；研发、设计并制作了 5 套专用装置，通过迪拜工程集热器整体滑移、吊装进行了过程验证。已取得 4 项发明专利、2 项实用新型专利授权。本成果的成功应用，大大缩短塔式光热发电机组的整体施工工期，降低施工安全风险，提高施工效率，节约施工成本，为同类塔式光热发电机组集热器的安装提供了工程示范。该成果获得中国电力技术市场协会科技进步奖一等奖。

（9）高位布置汽轮发电机组施工技术研发与应用。创新性采用双次梁生根托运平台方法和主厂房双行车抬吊吊装方案，成功解决了汽轮发电机组高位布置难题，形成了完整的高位布置理论与技术体系，并实现国际首创施工应用，为高位布置技术的推广应用奠定了基础。该成果推广应用于国华锦界电厂三期扩建项目，项目建设了两台世界首例全高位布置 660 兆瓦超临界直接空冷燃煤汽轮发电机组，于 2020 年 12 月双机投运，为中国发展更高参数先进机组提供了宝贵的技术储备和工程建设经验，整体技术达到国际领先水平。该成果获得中国安装协会科技进步奖一等奖。

（10）白鹤滩水电站百万千瓦机组安装及地下厂房施工关键技术。首创研发了百万千瓦巨型机组快速高精安装技术、特大跨度不良地质条件地下厂房深层锚索快速支护技术、特大跨度不良地质条件地下厂房浅层锚杆快速支护技术、特大型地下厂房混凝土快速优质施工技术，创造了百万千瓦机组安装历史最优记录，实现了百万千瓦巨型机组一年五投的发电目标和首稳百日运行目标。该技术获发明专利 9 项，实用新型专利 18 项，软件著作权 1 项，省部级工法 2 项，成功将白鹤滩水电站工程打造成为真正的大国重器，习近平总书记对白鹤滩首批机组发电发来贺信。该成果获得电机工程学会科技进步奖三等奖、中国能建科技进步奖一等奖。

（11）高混凝土坝功能分区结构变形协调控制关键技术与应用。提出了考虑材料性能协调的高混凝土坝功能分区材料优化设计技术，构建了高混凝土坝功能分区结构变形协调指标体系与优化分析技术，开发了高混凝土坝分区结构施工及运行期安全协调控制与评价技术，发表学术论文 77 篇，授权专利 49 项，编制标准 4 件和施工工法 3 件，并在乌东德（投运时间 2021 年 6 月，位于金沙江干流）等世界级特大高坝枢纽工程中成功应用，总体技术达到了国际领先水平。该成果获得天津市科学技术进步奖一等奖。

（12）“华龙一号”三代压水堆核电站用 1E 级电动执行机构。解决了三代核电机组关键阀门驱动装置的卡脖子难题，实现对进口产品的全面替代。产品具有自主知识产权，攻克 1E 级 K1 类 60 年设计寿命、承受最大地震加速度 SSE（SL2）为 7.2*g*、最高温度 156℃、最大压力 0.65MPa 严重事故工况等难题，主要技术指标达到国际同类产品先进水平。该装备在“华龙一号”示范机组福清核电 5、6 号机组、中广核防城港 3、4 号机组上大量应用。该成果被认定为中国能建首台（套）重大技术装备。

（13）白鹤滩水电站万吨级水压力横向三支臂弧形钢闸门制造关键技术研究及应用。解决了白鹤滩水电站泄洪洞“万吨级水压力横向三支臂弧形钢闸门”在制造过程中的三支铰中心线的同轴度偏差控制、弧门面板弧度及直线度偏差及弧门面板外缘曲率半径精度控制等关键技术难题，并首次在水工金属结构制造行业内利用焊接机器人工作站开展闸门智能化生产实践，助力白鹤滩水电站高质量完成工程建设，并为 2021 年 6 月完成首台机组安装调试和投产发电提供保障。获发明专利 3 项，实用新型专利 4 项，成果在多个项目推广应用，促进了中国水工金属结构行业在生产设备智能化改造升级，高端装备制造技术水平的发展。

（14）复杂海况 500kV 海缆带电智能检测系统关键技术研究与应用。攻克了大功率海缆检测机器人设计、海缆带电检测、智能巡检控制、非动力定位平台匹配性设计及作业技术等关键技术难题，开展了复杂海况下 500kV 海缆带电智能检测系统研制，取得了多项具有自主知识产权的原创性研究成果，填补了国内外空白，项目总体研究成果达到国际领先水平。成功应用在 2019 年的海缆带电检测、2021 年海底电缆抛石保护检测等重大项目中，为海底电缆受损检测提供了有力的技术支撑。该成果获得中国电力建设企业协会科技进步奖一等奖。

（15）“无人机＋”物联网大数据智能分析技术在架空线路基建的智慧应用研究。通过深化拓展研究三维 GIS 平台，结合无人机巡检技术、物联网技术、大数据管理技术，实现工程建设过程安全、质量、进度等全过程监、控、管一体化业务流程及全信息化的多维度创新，创新建设了一套适合架空线路工程管理的高效、智能、科学的智慧工地管理模式，加速信息化技术与电网基建现场的深度融合，提高架空输电线路施工管控的精细化程度与智能化水平。授权发表专利、行标、软著、论文共17项，项目成果在500kV博贺电厂送出工程成功应用，并推广到发电、电网、市政、水务等多个行业领域，充分验证其科学性、实用性、创新性。该成果获得中国能建科技进步奖一等奖。

（16）全国增量配电业务改革试点监测评估平台。该平台是国内首个针对增量配电业务改革试点项目管理开发的信息化平台，全面剖析了增量配电试点的推进全流程各个环节，为试点项目业主提供了反映问题、提供建议的窗口，实现了试点项目进展情况精准收集、滚动跟踪评估分析以及把握增量配电业务改革发展整体推进情况等功能，是利用信息化手段推进电力体制改革的样板。全国增量配电业务改革试点监测评估平台，采用JAVA技术搭功能后台，通过HTML模板、JS框架技术构建前端展示，实现前后端分离开发模式；通过MD5、对称加密技术对用户敏感数据进行加密处理，结合多线程和高速缓存技术实现系统高并发功能，同时通过日志功能实现系统的用户行为统计；业务上构建试点项目评价指标体系的方法，通过业务模型驱动开发模式，实现了试点项目进展情况精准收集、滚动跟踪评估分析以及把握增量配电业务改革发展整体推进情况等功能。

【市场建设】市场签约再攀新高。全年境内签约8100亿元，同比增长23%，创历史最好水平；境外签约2399亿元，同比增长10%，增幅稳居“走出去”中央企业前列。

全业务领域蓄力成势。坚持战略性、一体化、集团化营销，全电力业务优势持续巩固，全城市业务签约取得重大进展，全交通业务积极推进，全水和全生态业务积极拓展，全数字业务起步成势，市场经营成果丰硕。

新能源与储能开发延续强劲势。强化集团统筹、内外联动、专班推进、硬性考核等多重措施，全年新获取新能源与储能开发指标2676万kW，其中风光指标1624万kW，名列央企前茅。

体系布局更加优化。成立20余个工作专班，推进千亿级项目包和一批综合性、引领性重大项目。聚焦补链、延链、强链，积极融入“三大经济形态”，顺应“三大发展趋势”，牵头成立“三新”联盟、中国新型储能产业创新联盟等4个联盟，围绕核心技术、核心装备、核心产品提质升级，系统打造全要素、全产业链、全生命周期的综合一体化竞争优势；围绕“七网”深度交融，协同打造以万物相联、百行相通、多业相融为特征的新业态和新模式；围绕“六全”领域，协同打造要素共享、价值共生、聚合裂变的“共赢链”“能量场”。

高端营销全面发力。境内主动策划实施80余次高层互访，覆盖上海、广东、新疆、福建等50个省市，以及中国融通、国家电网、中国林业等30家行业重点企业，境外建立全球战略大客户库，与外国元首、驻华大使、政府部门、行业协会等开展多场次高层会晤，与国际多边及中外金融机构“总对总”对接20余场次。先后与30余家境内外地方政府和企业签订战略合作协议，湖北、广西、乌兹别克斯坦、沙特等地合作成果丰硕。

【国际业务】

1. 国际业务总体情况

截至2022年底，中国能建境外资产总额约992亿元，已在全球90多个国家和地区设立各类驻外机构300多个，业务覆盖147个国家和地区，在“一带一路”沿线57个国家开展业务，设立了100多个市场开发类机构，形成了以亚洲、非洲为主，辐射美洲、中东欧、大洋洲的市场格局。在执行国际项目520个，合同金额超过4000亿元，分布在73个国家和地区，业务范围涵盖传统能源、新能源及综合智慧能源、水利（水务）、生态环保、市政、建材、民爆等12大业务，业务模式涵盖BOT、EPC、EPC+F、EPC+OM、供货安装、设计咨询、检修运维等。中国能建投资业务涉及传统能源、水务、水泥、新能源等领域及功能型并购，形成境外资产超过300亿元，主要分布在越南、巴基斯坦、哈萨克斯坦、乌兹别克斯坦、巴西等国别地区。2022年，投资项目和境外工程承包项目进展顺利，安全、质量和环保工作情况良好，无安全质量环保事故和投诉发生。

2022年，中国能建国际业务实现签约2398亿元，再创历史新高；实现利润总额29.8亿元，营业收入457亿元，海外投资34.3亿元，指标完成水平稳居行业前列，整体实现稳中有升。在2022年“国际承包商250强”中排名第17位，在“全球承包商250强”中排名第11位，在“国际工程设计公司225强”中排名第16位，在“全球工程设计公司150强”中排名第2位。

2. 重点国际项目情况

（1）巴基斯坦苏基克纳里（SK）水电站投资项目。项目总装机容量884MW，总投资约132.69亿元，其中EPC合同金额约合80.55亿元，以BOOT的模式开发，特许经营30年（不含建设期），合同工期72个月，目前已累计完成投资超过70%，进展情况顺利。项目作为“中巴经济走廊”第一批优先项目清单中的重点项目，是迄今为止中国企业在境外绿地投资的最大水电项目。水电站建成后，将发挥发电、灌溉、防洪等综合效益，对造福当地百姓、改善民生进程，推动当地经济发展都具有十分重要的意义。项目先后荣获巴基斯坦电监会授予的 HSE 卓越奖第一名、巴基斯坦 KPK省渔业部颁发的社会责任和环境发展突出贡献奖等，同时连续三年获得中国大使馆颁发的中巴经济走廊优秀巴方员工奖和 2021 年度工商银行最佳合伙人奖等。

（2）越南永新燃煤电厂一期 2×620MW 机组工程项目。项目工作内容为建设一座超临界 W 型火焰锅炉发电厂，总装机容量为 2×620MW，由中国南方电网有限责任公司、中国电力国际有限公司和越煤电力有限责任公司投资，中国能建作为 EPC 总承包方参与了从前期厂址规划、机组技术选型到项目总承包建设的全过程。项目于 2015 年 7 月 18 日正式开工，2018 年 11 月 27 日全厂投入商业运营，年发电量逾 85 亿 kWh，为越南南部重点经济区发展提供了重要的能源保障。项目获得 2022 年中国建设工程鲁班奖（境外工程）。

（3）阿根廷圣克鲁斯吉赛水电站项目。项目工作内容为建设两座相距 65km 的水电站（总装机容量 1310MW）和一条 173km 500kV 输变电线路，合同类型为 EPC+FM，项目业主为阿根廷能源整合公司，项目资金来源为业主自筹 15%+中国融资 85%，中国能建与阿根廷 EISA 公司、阿根廷 HIDROCUYO 公司组建联营体负责项目实施，作为联营体牵头方承担建设期的设计、采购和施工等工作。项目于 2015 年 2 月 15 日开工，目前项累计完成约 50%，现场施工稳步推进。项目建成后的年均发电量可达 49.5 亿 kWh，预计可满足 150 万阿根廷家庭的日常用电并出口周边国家。

（4）安哥拉凯凯水电站项目。项目被誉为安哥拉的“三峡工程”，建成后将成为非洲最大的水电站。项目工作内容为建设一座主电站和一座生态电站（总装机容量 2172MW）以及配套的输变电工程，合同类型为 EPC，项目业主为安哥拉能源水利部，其中土建及输变电工程资金来源为中国融资，机电工程资金来源为德国融资，中国电建作为 EPC 总承包商负责项目整体的设计、施工、采购、调试、运行管理培训及移交等工作。项目于 2022 年 11 月正式进入主体工程建设阶段。

3. 重大国际合作情况

中国能建秉持开放性、渐进性理念，积极落实国家总体外交战略，构建“一体两翼”海外优先优质协同发展体系，全面推进带动 12 大业务与全产业链“走出去”，为构建人类命运共同体贡献中国智慧、中国方案。定期向国务院国资委、商务部等有关上级主管部门汇报市场开发、项目履约、风险防控以及境外疫情防控等方面的工作进展。搭建了完善的第三方市场合作机制，从政策把握、平台支撑、资源整合等多维度加强与国外知名设计咨询公司、设备技术供应商、投融资机构的务实合作，推动共建了一批标志性项目，与 ACWA 合作的世界最大的阿联酋乌姆盖万海水淡化项目已投入商业运营，所属广东火电与德国西门子合作的世界最大的约旦阿拉塔特油页岩电站项目已顺利实现 COD 目标。

2022 年，中国能建克服疫情困难，坚持稳中求进，主办、承办，以及参与高端峰会论坛 10 余场次［北京冬奥会（2 月，北京）］、博鳌亚洲论坛（4 月，琼海）、“一带一路”媒体合作论坛（8 月，西安）、中国国际服务贸易交易会（8 月，北京）、中国—东盟博览会（9 月，南宁）、澳门论坛（9 月，澳门）、第五届进口博览会（11 月，上海）、第 27 届联合国气候大会［11 月，沙姆沙伊赫）、连云港论坛（11 月，连云港）等］。中国能建领导与外国元首、驻华大使、政府部门、行业协会等开展多场次高层会晤，与国际多边及中外金融机构“总对总”对接 20 余场次。以线上线下相结合方式，与中国驻外大使、参赞和国外政府部门进行交流会晤累计 200 余场次。

【节能减排】 2022 年，全年没有发生环境事件和节能环保违法违规报告事项，能源消耗及污染物排放符合要求。

贯彻落实上级各项决策部署。印发《关于进一步加强生态环境保护工作的通知》，贯彻落实习近平生态文明思想和国务院国资委有关节能环保工作要求。贯彻落实上级各项节能减排要求，组织所属企业深入开展“节能宣传周”“低碳日”等专题活动。组织开展碳排放数据质量问题排查整治，加强碳排放数据统计报送工作，强化台账管理，建立长效机制。组织参加中施企协 2022 年绿色建造施工水平评价，引导工程板块深入推行绿色建造。组织参加能源管理及碳达峰碳中和、中央企业环保低碳等业务培训，增强各级环保人员履职能力和尽责意识。

谋划年度节能环保目标任务。按照国资委《关于做好 2022—2024 年任期中央企业节能减排考核工作有关事项的通知》要求，对照“十四五”期间中央企业节能、降碳、环保总体目标，总结梳理“十三五”期间能源消耗、污染物排放等情况，结合企业发展规划，科学设定任期节能减排目标建议值，提出 2022 年度万元产值综合能耗、万元产值（收入）二氧化碳排放较 2021 年分别下降 3.2%和 3.9%。与 68 家直属企业及所属企业签订 2022 年 QHSE 工作责任书，细化分解节能环保目标，分类分级明确工作要求，层层传导责任压力，并将考核结果纳入企业经营业绩考核。

规范节能环保制度体系和监管分类。坚持从严管理与穿透管理并重，紧扣“十二个到位”修订《环境事件管理办法》《QHSE奖惩办法》等制度，进一步健全与生产经营深度融合的节能环保制度体系。依据国家法律法规和公司有关管理规定，结合所属企业实际，将所属企业分为环保节能一类、二类、三类企业，分类明确节能环保管理部门，配备专（兼）职管理人员，并根据企业业务范围、节能环保指标变化情况，动态调整监管类别。

加强重点行业节能环保过程监管。结合中央企业环保节能数据报送工作，做好所属企业节能数据监测统计、结果分析和警示提醒等工作，督促问题整改，促进绿色发展。结合水泥板块能耗总量占比高、影响大的实际情况，加强对葛洲坝水泥公司节能降碳工作的定期提醒和督导，开展能耗监测和预警，督促其大力开展节能技术改造和管理提升。水泥板块能源消费总量较2021年同比下降5.39%，每吨水泥熟料综合能耗105.85kg标准煤，接近水泥行业国际能耗先进水平（100kg/t，以标准煤计）。强化工程领域节能环保监督管理，对川藏铁路、深大城际铁路等35个重点项目开展巡查督查，排查整治环保问题隐患65项，推进绿色发展进项目、进现场。

加快转变绿色低碳生产经营方式。打造“三新”能建平台，以“能源＋”“数字＋”“绿色低碳＋”为切入点，倡导绿色低碳发展理念，全年新能源新签合同额同比增长90%，获取风光新能源开发指标超过前五年总和。坚持开发建设和自主开发双模式并举，投资建设的广西崇左一体化能源基地、湖北应城压缩空气储能项目、甘肃兰州氢能产业园、山东枣荷交能融合等一批战略性、示范性、引领性项目落地。截至2022年底，可再生能源装机比重达到85%，完成国资委任期考核可再生能源装机比重76.55%的年度目标任务。

实施节能环保科技创新。聚焦节能环保，开展关键核心技术攻关、新技术示范项目建设、高端研发平台创建等工作。围绕煤炭清洁高效利用、海上风电集成、地热能高效开发利用、冰蓄冷空调系统、能源管理大数据、物联网技术、绿色智慧露天矿山开采修复、水泥窑协同处置固体废物、污水厂剩余污泥热水解碳源反硝化利用技术等环保节能领域开展科技创新，形成一批重大科技成果，取得良好的经济效益和环保效益。高标准建设安徽绩溪高空风能发电、300MW级压缩空气储能、电化学储能电池等新技术示范项目，推进环保产业化发展。组织召开科技创新专项行动启动大会，创建高端研发平台，争创绿色低碳原创技术策源地和现代产业链链长。

【信息化建设】 加强制度建设与激励考评，健全完善数字化转型管理体系。完成《信息化工作管理规定》等4项制度修订，规范信息化建设与管理工作；组织开展数字化转型评先活动，选树典型，营造奋力争先的氛围，共评选19家先进单位、28名先进个人、46个典型案例；建立管控系统统筹投资、统筹建设工作机制，避免重复建设、同质化建设、重复投资等突出问题；组织召开了数字化自主能力研讨会，统一数字化自主能力建设工作思路；联合组建中央建筑企业数字化转型协同创新平台，聚焦工程数字化，强化央企间战略协作与资源共享。

管理数字化迈上新台阶，支撑集团管控和科学管理。管理数字化成果丰硕，构建以业财一体化总体架构“殿堂图”为代表的信息化战略地图，启动建设了51个信息化项目（其中集团级42个），已完成上线31个（其中集团级25个）。其中业财一体化等“四大平台”建设取得里程碑进展。一是财务一体化平台（包含预算系统、报账平台、资金系统、核算系统、税务系统等8个子系统）在极短时间内上线，在145家重点三级以上单位全面应用，凭证数量突破224万，报账单据突破110万笔，月均新增20万笔，累计活跃用户6万人，日均在线1万人。二是业财一体化工作取得重大进展，在4家试点单位顺利上线，业财集成接口达162个，推送数据19万余条，具备在全集团推进的条件。三是项目一体化平台完成“三横四纵”架构设计，成立了联合项目组，完成了数据指标梳理，完成项目基本信息管理子系统上线，管理14万余个项目。四是供应链管理一体化平台完成云商子系统、客商基本信息管理子系统和商旅平台上线，推动供应链、产业链上下游企业间数据贯通、资源共享和业务协同，提升产业链优化配置和动态协调水平。五是共享平台完成以主数据平台、数据交换平台和接口标准注册发布平台为主体的数据中台建设，累计完成127余万条主数据、162个接口注册管理工作。此外建成并上线了一批管理信息系统，包括投资管理系统、市场信息系统、合同基本信息管理子系统、编外人员管理子系统、能建学习平台、监督追责系统、无纸化会议、新内网门户、新邮箱、新OA公文系统、科技创新管理系统等信息系统；开展了数字人资、安监系统等3个系统升级改造工作。

产业数字化打开新布局，助力业务能力提升。一是完成BIM中心组建工作。组建BIM中心和5个分中心，形成了“$1+5+N$”的BIM中心架构，致力于打造BIM应用的管理中心、数据汇聚与赋能中心和技术引领与倡导中心，共建基于BIM的数字化转型生态圈，提升BIM技术应用水平和创新能力。召开BIM中心启动会，统一思想、凝聚共识。二是组织完成智慧工地样板建设。组织完成5个智慧工地样板建设验收，建成发电、输电、新能源、交通、房建等领域的智慧工地样板，促进工程现场“人、机、料、法、环”

管控融合，增强自动化建造、数字建造、绿色建造能力，提高项目现场管理水平。三是推进所属企业“新基建”、智慧电厂、智能电网、数字孪生等产业数字化发展。组织开展数字化产品全面调研摸底工作，收集并公布自主数字化产品126个。

数字产业化取得新进展，创造新的经济增长点。一是推动数字化平台继续深化。电规总院新建了全国新型储能大数据平台，已集中管理800多个新型储能项目，促进新型储能行业健康、平稳、有序发展；电规总院全国电力规划实施监测预警平台深度整合各渠道电力数据资源构建电力规划数据库，创新升级电力规划方法和仿真技术并封装成电力规划分析工具箱；电规总院全国新能源电力消纳监测预警平台开展促进新能源发展、加快新能源可靠替代、优化新能源利用水平的方向优化升级；广东院海上风电大数据平台扩展了电厂电站覆盖范围，基于广东省海上风电规划数据、建设数据、运营数据等海量数据，开发了系列智能应用，为海上风电行业提供全生命周期智慧解决方案，为政府监管提供数据支撑；湖南院湖南省能源大数据已整合电力、煤炭、油气、新能源等行业的信息资源，覆盖全省各类能源资源、规划、建设各环节信息，并接入国民经济、交通运输、环境、天气等数据，支撑湖南省能源“三力”规划。二是推动数字化自主产品创新。西南院、中南院等企业加快智慧工地产品向外输出，增加数字化产品合同份额；中南院、西南院、广西院等企业加强项目管理系统研发，共筑设计板块企业项目管理平台；广东院研发“驾驭”数字化输电设计平台，实现横向专业间与纵向设计流程的数据贯通，实现了线路设计手段的革命性改变；北自公司依托物联网平台，开发智能装备，应用于智慧园区、智慧城市等场景。三是推动数字化能力提升。依托统建项目建设，培养锻造数科集团、西南院贝斯特、葛洲坝通信等内部数字化队伍，提升数字化自主能力。

数字基础设施提升新层次，网络安全取得新成果，夯实数字化转型基础。一是建成全集团“一张网”。通过SD-WAN技术建立连接90家所属企业的内部网络，建成北京、武汉两个网络汇聚中心，国内二三级企业应接尽接，形成内部信息高速公路，为内部沟通协同、信息系统、视频会议等构建快捷、安全的基础网络环境。二是基本建成“一朵云”。具备1.55万个vCPU算力、43TB内存和1000TB存储空间，提供了近600台服务器，环比提升了3倍，为财务一体化平台等统建系统提供算力和存储。三是基本建成“一片湖”。建设以Oracle一体机、数据资产平台、数据仓库为主干的“一片湖”，为数据存储提供底层支撑。四是健全网络信息安全技术防护体系。建成安恒态势感知平台并在集团内各级单位完成部署，健全数据中心纵深、多维的网络安全防护措施，完善上下主动、动态监测及应急机制，完成冬奥会期间网络安全保障、国家级网络安全攻防演练、二十大期间网络安全保障，其中冬奥会网络安全保障工作获得了能源局的书面表扬，网络安全防护能力提升。

规范数据管理，推进数据共享，数据治理取得初步成效。一是完成127万余主数据梳理。依托主数据平台，完成了公司合同、项目、客商、组织人员等核心数据的统一管理，已梳理完成合同47.6万个、项目14.5万个、客商29.5万户、组织6.6万个、人员19.7万名，客商银行9.7万等共计127万余主数据，实现数据的同源、同步和统一，支撑统建系统基础数据的共享共用；二是基本建成能建驾驶舱。建设了合同主数据驾驶舱、项目主数据驾驶舱、客商主数据驾驶舱、人员主数据驾驶舱，搭建能建驾驶舱基本框架，实现各类主数据的集中展示与分析，为挖掘数据价值和辅助科学决策打下基础。

推动新基建、数字孪生、智慧电厂、智慧电网等重点领域产业数字化创新。推进甘肃庆阳等“东数西算”全国一体化算力枢纽节点项目建设方案优化，为项目建设提供技术支撑，启动“超大型数据中心智慧运维系统”等核心关键技术攻关工作。组织收集所属企业产信融合典型案例326个，以交流会、研讨会、对外推介等手段，促进所属单位产业数字化发展，其中具有较大影响力的典型成果有：西南院“面向电网数智设计的大数据平台”入选工信部大数据产业发展试点示范项目，广东院“基于物联网的营销项目施工管控系统及应用”入选工信部物联网示范项目，西南院“E+电网BIM数智综合解决方案”、中南院“变电数字化设计平台”入选国资委中央企业首届BIM应用典型案例，中南院“火电建设中智慧工地的研究与示范项目建设”获电力建设工程智慧工地管理一等奖，葛洲坝电力公司“BIM+”在高速公路特超高压输电线路迁改项目中的应用”获第三届工程建设行业BIM大赛一等奖，中南院“电控设备定位及电缆敷设软件”、西北院“塔式熔盐光热电站仿真机验证培训平台”分获电力行业优秀计算机软件一等奖。

【党建工作】学习宣贯党的二十大精神。一是坚持学在前列，认真贯彻国资委喜迎二十大主题实践活动有关要求，开展献礼二十大联学联建·融通融合“六个一”主题行动，在中国能建总部大楼举办喜迎二十大主题展，开展能建干部职工精神素养提升行动及青马班培训工程，党的二十大召开过程中，组织4.6万名党员干部职工集中收听收看；会后组织中国能建党委中心组集体学习，班子成员带头谈认识、谈体会、谈思路，并深入分管领域、所属企业、所在支部宣讲二十大精神，发挥引领示范作用；党的二十大召开前后，中国能建党委和主要领导署名文章在《人民日报》《学习时报》《党建》《旗帜》等党报党刊发表，实现包括党建在内的各项工作在中央媒体全面亮相的新突破。二是坚持悟在前列，高起点组织实施能建干部党的二十大精神轮训班，举办“行大道、明大德、谋大同”学习贯彻党的二十大精神专题研讨会、党的二十大精神宣讲报告会，将党的二十大及十九届七中全会、二十届一中全会等系列会议精神贯通学习，纳入各级党委中心组学习、“三会一课”、各类培训班重点宣讲内容，推动党的二十大精神落实落地。三是坚持干在前列，明确全面系统学、专题重点学、联学联建创新学、结合能建实际落地转化学的“四学”要求，研究提出贯彻落实的具体思路方法、目标路径、抓手载体，提出“十个坚持”基本原则，具化五个方面33条特色举措。

召开中国能建第二次党代会。紧扣“习近平新时代中国特色社会主义思想伟大旗帜，奋进全面建设社会主义现代化国家伟大征程，以党的二十大精神为指引，践行《若干意见》与‘1466’战略，系统打造‘三新’能建，为实现高质量发展、建成世界一流企业而努力奋斗”的主题。

打造党建经营融合创效品牌特色。始终坚持党建工作融入生产经营，生产经营对标党建要求，推动党建工作融入生产经营各环节。一是开展联学联建·融通融合“六个一”主题行动。创造性贯彻国资委关于党委中心组学习质量提升行动的要求，实施由一家党委中心组自己学，拓展为两家或多家党委（党组织）联合一起学、交流分享学、相互督促学，采取上下直通、平行互动、定向开展、内外联动等多种方式，搭建一个联学平台、建立一套联动协调机制、破解一系列突出难题、办成一组暖心实事、建强一座战斗堡垒、培育一批先进典型，推动党建工作与生产经营深度融合，推进中国能建业态发展深度融合，实现思想通、战略通、数字通、文化通、人心通。一年来，所属各级党组织结成1462对，开展联学4373次，形成特色党建研究课题成果204项，为职工群众办实事2294件，解决380项“硬骨头”难题，推动各级企业和广大党员干部职工的思想理念、战略认知、工作作风和精神面貌发生深刻变化，汇聚起再造一个高质量发展新能建的思想伟力。二是打造重点领域特色党建品牌。聚焦工程项目、混合所有制企业、境外机构（项目）和困难企业四个重点领域，构建项目党建“新体系”，做到协同发力、精准施力、创效添力；激发混企党建“新动力”，做到发展融合、文化融合、监督融合；塑造境外党建“新形象”，做到业务有国界、党建无盲区、作用不减弱；展现困难企业党建“新作为”，真正成为推动治亏脱困、转型升级的“重要法宝”。境外党建聚焦“高、宽、深、厚、温”五个维度，相关经验做法在中组部、外交部等部委海外党建工作联席会议上作现场交流。项目党建聚焦“增效”，定向指导推进川藏铁路等重大项目党建工作，策划推出开展“项目书记谈”，项目党组织书记征文185篇，30多名一线项目书记分享项目党建与项目建设融合创效的体会和做法。完善混合所有制企业党组织设置，推动混合所有制企业党组织“应设尽设”、党建制度“应建尽建”，形成了易普力等一批重大典型。相关重点领域党建特色做法得到人民网、光明网、党建网、国资委网站关注报道。三是推进国企党建理论研究和实践研究。建强研究平台，发挥国企党建研究院的主阵地作用，配强工作力量，构建“1+2+N”“强平台、大政研、专业化、开放型”党建研究体系；用好中国社科院等高端“外脑”，申报中央企业首个党建博士后科研工作站。依托项目化党建课题研究机制，组织所属企业结合党建实践，申报和推出200项研究成果；中国能建7项课题分获央企政研会、电力政研会优秀研究成果主要奖项，被评为电力政研会“2021年度优秀研究成果推荐组织工作先进集体”。

聚焦重点任务，提升党建价值创造。强化责任管理，持续健全抓党建强党建工作链责任链价值链。完善“集团党委、子企业党委、基层党支部”党建三级责任，建立党群工作例会制度，强化管理适应性和穿透性，贯通“开头一公里”到“最后一公里”。筑牢工作闭环，印发中国能建党委2022年党的领导党的建设工作要点，从六方面27项工作对年度重点工作作出结构化安排和责任分解。完成国资委中央企业2021年度党建考核迎检并获评A级，总计4年获评A级的优异成绩。严格党建考核，对所属50家直管班子企业2021年度党建工作责任制落实情况开展差异化和穿透考核，在实现分级考核“全覆盖”的同时，注重综合企业业务类别、规模体量、党员员工数量等因素差异化设置指标，提升考核科学性精准性。推进结果应用，组织召开考核结果发现问题“一对一”反馈会和C级企业约谈会，压紧压实党建主体责任，推动考核发现问题整改到位；推进党建考核与业绩考核相衔接，与干部任免、薪酬、奖惩挂钩，实现管党治党政治责任、治企兴企经营责任“一肩挑”。突出价值创造，推进党建工作与生产经营融合创效。强化制度设计，制定《“大党建”管理办法》，贯通“三级责任”，构建“一体领导、模块管理、融入运行、协同推进”工作模式，明确16项具体工作机制，从制度层面推动企业改革发展和党的建设同向发力。构建载体平台，开展“六个一”主题行动、“实践在支部”创先争优活动等，突出抓好习近平总书记亲自谋划推动的川藏铁路项目等重大工程、重点项目，印发关于成立川藏铁路指挥部党组织和加强重大项目党建工作、加强川藏铁路联学联建工作的通知，理顺项目现场三级党建管理架构，配强现场党建专职工作力量，完善重大项目考核管理体制机制，以强有力的党建支撑力，促进项目建设有序推进。

【工会工作】

（1）“健康能建”行动落地生根见实效。制定指导意见并推动落实，构建职工“大健康”管理体系，走在央企前列。葛洲坝集团、国际集团、广东火电等7家试点单位先行先试，探索建设路径和有效模式，开局良好。实施以来，打造出钦州北高速公路项目、海南儋州航运大厦项目等十余个示范项目营地，百余个项目建成标准化营地，298个项目部建成了职工书屋，403个配备基础健身娱乐设施，516家企业开展健康关爱主题文体活动1374次。

（2）心理疏导和人文关怀平台建设取得新成果。在宜昌和武汉两地正式设立“心灵港湾”示范基地。华中区域总部、中南院、山西电建以中南院心理关怀援助小组为平台，合力构建“心灵港湾”示范点。三峡电院建设领导力开发工作室，引入心理教练技术，通过搭建人文关怀和心理疏导培训体系、开发专业课程、常态化开展团体辅导、举办骨干队伍和志愿者专业培训等活动。

（3）扩大试点中国馆建设实现阶段性进展。按照“有场地、有标识、有展架、有展板、有设备、有人员”的“六有”标准，推进葛洲坝安哥拉凯凯电站项目、中电工程西班牙公司、国际集团西北非区域总部、投资公司越南海阳项目等7个项目部试点建设“中国馆”。馆内设置“中国书架”与“中国博古架”，悬挂独具国家和企业特点的统一展板，开展中国特色文体活动，打造中华文化传播平台、中国能建推介平台和中外职工交融平台，扩宽能建声音海外传播渠道，展现中国能建形象，扩大中华文化影响力。

（4）先进典型选树推介成果丰硕。规范群团系列荣誉评选表彰工作内容和程序，完成能建工匠、标杆班组评选。1人荣获全国五一劳动奖章，1人被评为全国优秀共青团员，3个集体荣获全国“振兴杯”青年技能大赛铜奖，1人荣获中电联2022年度“最美电力人”称号，1个集体被央企团工委推荐参加全国青年安全示范岗评选，3人入选“身边的大国工匠”活动（第八季），33人被评定为中国能源化学地质工会电力行业劳动和技能竞赛裁判员。

（5）群团特色活动亮点纷呈。召开庆祝中国共青团成立100周年暨“五四”表彰大会，主要领导讲团课，表彰56个先进青年集体和57名先进青年。实施青年精神素养提升工程和青年马克思主义者培训工程，锻造新时代高素质能建青年。举办“传承红色家风，弘扬革命精神”庆祝“三八”妇女节主题报告会，邀请周恩来侄女周秉德作主题报告，2000余名职工聆听。

（吴文超）

【中国葛洲坝集团股份有限公司】

公司概况 中国葛洲坝集团股份有限公司（简称葛洲坝公司）是由中国葛洲坝水利水电工程集团公司作为独家发起人设立的股份有限公司，于1997年在上海证券交易所挂牌上市，是国内水电行业第一家上市公司；2007年换股吸收合并控股股东，完成主业资产整体上市。2021年，中国能源建设股份有限公司换股吸收合并中国葛洲坝集团股份有限公司，葛洲坝股票终止上市，中国葛洲坝集团股份有限公司成为非上市股份有限公司。

葛洲坝公司是大型基础设施投资建设领域的重要力量，是水利水电建设的“全球名片”，创造了5000余项精品工程和100多项世界之最。葛洲坝公司坚持承包投资双轮驱动、国际国内协调发展、绿色建材集成创新、贸易装备强链增效，形成了新的战略格局。

坚持与国家战略同频共振，参与“一带一路”建设，深度融入京津冀协同发展、雄安新区建设、粤港澳大湾区、长三角一体化、中部崛起、长江经济带、成渝地区双城经济圈、黄河流域生态保护和高质量发展、海南自由贸易港建设等国家区域发展战略，在服务国家战略和经济社会进步中实现高质量发展。

坚持科技创新引领发展，是国家创新型企业和国家高新技术企业。葛洲坝公司拥有1个国家级企业技术中心、2个院士专家工作站、3个博士后工作站，主编或参编国家及行业标准119项、国家级工法52项，国家授权专利3700余项，各类资质资格400余项，在水利水电、公路交通、特种水泥、混装炸药、环境治理、装备制造等领域具有核心技术，荣获国家科技进步奖特等奖、国家科技进步奖一等奖、国家优质工程金奖、鲁班奖、詹天佑奖、大禹奖、李春奖等高等级奖项140余项。

经济指标 2022年，葛洲坝公司市场签约、营业收入、利润总额、净利润、投资规模、资产总额均创历史新高。国际业务逆势突破，风险化解成效显著。市场签约快速增长，国际业务逆势突破。投资业务稳步推进。

全年签约同比增长23%。营收保持千亿水平。创效能力显著增强。风险处置成效显著。法律手段回款13.3亿元。企业品牌不断彰显。乌东德水电站等十大工程创近20项“世界第一”和“全球首次”纪录，白鹤滩水电站创百万千瓦机组“一年六投”新纪录。职工收入提高，全年人均工资同比增长8.7%。

党的建设 抓牢思想政治建设。全覆盖、多形式学习贯彻党的二十大精神。通过“第一议题”研讨学习习近平总书记重要讲话和指示批示精神60余篇。打造3个国企党建研究试点基地，开展混企党建、项目党建、思想政治工作、党务干部培养等重大课题理论研究，葛洲坝公司荣获“湖北省宣传思想工作先进集体”称号。抓细基层组织建设。开展联学联建·融通融合“六个一”主题行动，办实事、解难题800余项。建立基层党建“网格化”管理机制，开展60家基层党组织“飞检”，发放“一书一册”千余份，推动基层党组织标准化规范化建设。抓严党风廉政建设。深入开展“5·17”专案警示教育，向35个重大项目派驻纪检员、监察员26名，发现并督促整改问题1045个。组织30名纪检干部赴40个项目蹲点，经验被《中国纪检监察报》推广。抓实新闻宣传工作。聚焦学习党的二十大精神、国企改革、稳增长等主题，策划开展系列宣传活动，600余篇作品被国内外主流媒体刊发，13篇作品获国资委“国企好新闻”等奖项。公司在国资委新媒体传播力指数榜首次进入前20位。

市场开发 优化市场体系。优化国内六大区域市场布局，在31个省和78个市配置700余人，构建了“三位一体+三级递进”市场开发体系，与中国能建大市场体系深度融合、上下联动、高效衔接。加强项目运作。深化“四部曲”机制，组建大项目专班近20个，推动海南文昌航天城、安徽和襄高速等重大项目落地，总金额超2600亿元。强化重点市场深耕，在海南、保定等地实现滚动签约，打造了5个签约过千亿的省域和3个签约超500亿的市域市场。出台新能源业务指导意见，全年获取新能源指标264.8万kW，取得32个抽水蓄能项目开发权。深耕国际市场。44个重点国别签约数量和金额占比分别达95%和98%，其中16个国别实现连续签约，生效项目188亿元。创新商业模式。积极探索“产业+”模式，带动签约640亿元。采用投资人+EPC+资源补偿模式落地中国能建首个EOD项目——峨眉山生态环境试点项目。通过能源网+产业网+水网融合发展模式，落地“十四五”规划最大“源网荷储”一体化项目——青海多隆项目。创新投资与现汇项目“捆绑招标”模式，签约黑龙江铁科高速项目。

项目管理 体系建设取得突破。推进项目管理“334”工程和“十化”建设，完成8个项目管理手册、7个成本定额库和21个管理范本编制工作，获中国能建系统重构项目管理体系突出贡献奖。重点项目优质履约。完善重点项目监管机制，领导高管带队督导履约，创新项目巡查方式，推动39个重点项目稳产高产。经营质效持续提升。新开工投融资项目总投和收益可控受控，承包项目未出现亏损。压降43个存量项目融资利率，提高项目收益0.66个百分点，全生命周期节约费用约140亿元。9个重大项目实现低成本融资落地，较决策节约全生命周期财务费用139亿元。完善项目治亏机制，64个项目减亏3.4亿元。尾工项目关闭232个，回收账款33亿元。

改革创新 强化重点改革攻坚。助推易普力重组成为国内民爆行业龙头，创国内分拆借壳上市首单。深化专业化建设，新增和升级资质43项，建筑子企业高等级资质实现全覆盖。经理层任期制和契约化管理全覆盖，项目部超额利润分享全面规范，虚拟股权激励在项目实现破冰，2家单位实施科技型企业岗位分红激励。优化适应性组织建设。系统重构两级本部机构设置和职责边界，人员精简26%，降低管理费用1.3亿元。完成397名国际从业人员和49个国际项目划转。打造轨道交通、生态环保、文旅康养等新平台。理顺8家划入划出子企业管理关系。持续完善治理体系。完善决策体系、授权放权事项清单、领导审批流程，优化决策管理事项74%，精简管理制度13%。完善子企业治理体系，优化管理事项近60%。大力转变文风会风，文件和会议数量分别压减12%、16%。

服务社会 坚持人民至上、生命至上，抓严抓实抓细精准防疫工作，三年来实现了疫情零死亡。积极稳岗扩就业，全年签约毕业生2000余人，扩招应届高校毕业生360余人。巩固脱贫攻坚成果，向湖北秭归、陕西镇巴、西藏八宿等地捐赠约1500万元，在打赢脱贫攻坚战中展现了葛洲坝之为。精准实施困难帮扶，提升困难职工帮扶标准，帮扶慰问支出2000余万元。推进宜昌基地自建房安全隐患排查整改，彻底消除了历史遗留安全隐患。统筹解决基地住宅遗留办证难题，累计近8000户群众长期关心关切的急难愁盼问题得到解决。强力推进建设41个标准化营地。完成“1014”专项工作，做法和成效得到国资委高度肯定。

主要事件

1月1日，葛洲坝公司投资建设的新疆大石峡水利枢纽工程发电厂房首仓混凝土开始浇筑。

1月2日，文登抽水蓄能电站下水库正式开始蓄水。

1月3日，白鹤滩水电站16号百万千瓦机组完成72h试运行，正式投入商用。

1月4日，葛洲坝公司党委书记、董事长宋领与来访的国家开发银行湖北分行党委书记、行长李少民座谈，就加强综合交通、生态环境、城市更新、国际业务等领域的合作坦诚交流。双方表示，将在更深层次、更广领域开展全面合作，推动共赢发展。

1月6日，宋领赴成都拜会四川省副省长尧斯丹，双方就进一步深化水利水电建设、生态环境治理、清洁能源开发、基础设施建设等领域的全方位务实合作坦诚交流，并达成广泛共识。

1月13日，葛洲坝公司分别与河北农业大学、雄县人民政府、保定农发集团、河北云乡居集团签署战略合作框架协议。

1 月 18 日，白鹤滩水电站最后一台百万千瓦水轮发电机组转子完成吊装，标志白鹤滩水电站机组转子吊装工作全部完成，全面投产发电进入倒计时。

1 月 20—21 日，葛洲坝公司五届一次职代会暨 2022 年工作会在汉召开。

2 月 11 日，葛洲坝公司首次入选湖北百强高新技术企业。

3 月 11 日，葛洲坝公司承建的锦屏一级拱坝、向家坝重力坝 2 项工程获第三届高混凝土坝国际里程碑工程奖。

3 月 18 日，葛洲坝公司参建的中国海拔最高的百万千瓦级水电站雅砻江两河口水电站正式投入商业运行。

3 月 26 日，葛洲坝公司签约越南天新 3.1 号 130MW 光伏项目。项目位于越南宁顺省顺南县二河乡，总装机容量 130MW，年均发电量 28 万 MW，主要工程包括地面光伏电站的设计、土建、供货、安装及调试等。

3 月 29 日，山东沂蒙抽水蓄能电站四台机组全部实现并网发电目标，电站的全面建成投产将发挥调峰、储能、顶出力等功能，每年可节约标准煤 8.82 万 t，减少二氧化碳排放量 29.67 万 t、二氧化硫排放量 0.20 万 t，将为增强山东电网调节能力、助力能源转型和实现碳达峰碳中和目标发挥积极作用。

4 月 1 日，葛洲坝公司与湖北恩施土家族苗族自治州人民政府签署战略合作协议。双方约定，深化在水利水电、综合交通、新能源及抽水蓄能、新型城镇化、乡村振兴、绿色建材及矿产等领域的务实合作。

5 月 5 日，葛洲坝公司中标浙江磐安抽水蓄能电站水库施工项目。该电站是华东地区构建新型电力系统的重点工程，总装机容量 120 万 kW，枢纽工程由上水库、下水库、输水系统、地下厂房和开关站等组成，计划于 2028 年竣工投产。

5 月 8 日，广西钦州钦南风门岭二期 100MW 风电场实现全容量并网。该项目是 2021 年广西壮族自治区“能源网”重点工程之一，预计年上网电量 2.5 亿 kWh，每年可节约标准煤约 7.5 万 t、减少二氧化碳排放量约 21.75t，对推动当地经济效益、社会效益和生态效益多赢有着重要作用。

5 月 22 日，公司投资建设的青海省果洛州玛多县花石峡镇（一期）200MW 牧光互补复合型光伏发电项目、玛多县分布式光伏整县推进项目正式开工。

6 月 17 日，葛洲坝公司与印尼 LGE 公司在印尼首都雅加达正式签署吉能当 1 号水电站项目 EPC 合同协议。

7 月 1 日，在安哥拉经济计划部主办的 2022 年安中商会上，中国能建葛洲坝集团被授予“杰出工程承包商”单项奖。

7 月 19 日，葛洲坝公司承建的“十四五”清洁能源重点工程苏洼龙水电站首台机组正式实现投产发电。苏洼龙水电站是金沙江上游清洁能源基地第一个投产发电的项目，将有效带动当地经济发展，大幅改善沿江群众生产生活条件。

7 月 21 日，在安哥拉公共工程和国土规划部举办的第二届年度咨询委员会上，葛洲坝公司获评“优秀企业”奖项。

8 月 19 日，葛洲坝公司签署江西赣州营口水库及安远抽水蓄能项目投资意向协议。

9 月 1 日，葛洲坝公司与留坝县政府签订王家坪抽水蓄能电站项目投资合作框架协议。

9 月 18 日，白鹤滩水电站 13 号机组正式投产发电。

9 月 19 日，葛洲坝公司在上海证券交易所成功发行 30 亿元“科创转型＋低碳挂钩”双贴标可续期公司债券。

10 月 12 日，葛洲坝公司与江西省上饶市横峰县签署抽水蓄能电站项目投资建设协议。

10 月 14 日，白鹤滩水电站右岸 12 号机组结束 72h 试运行正式投产发电。

11 月 5 日，白鹤滩水电站 10 号机组通过 72h 试运行，正式投产发电。

11 月 8 日，葛洲坝公司与江西省瑞昌市签订高泉抽水蓄能电站项目投资建设协议。

11 月 14 日，葛洲坝公司与安哥拉能源水利部宽扎河流域中游开发办公室（GAMEK）签署安哥拉凯凯输变电项目 EPC 合同，合同总金额 14.01 亿美元。

12 月 3 日，浙江磐安抽水蓄能电站水库工程正式开工，电站总装机容量 120 万 kW，安装 4 台单机容量 30 万 kW 可逆式水泵水轮发电机组，为日调节纯抽水蓄能电站，计划于 2028 年竣工投产。

12 月 20 日，全球在建规模最大、技术难度最高、单机容量最大水电工程——白鹤滩水电站 16 台百万千瓦水轮发电机组全部投产发电，标志着中国在长江之上全面建成世界最大清洁能源走廊。

12 月 27 日，安徽亳州市万事通谯城区万通风电场项目 20 台风机吊装全部完成。该项目是安徽省“十四五”规划的重点项目，同时也是国内混塔最高，安徽省首个批量使用 160m 混塔方案的陆上风电场项目。项目规划建设 20 台 5.0MW 风电机组，总装机容量为 100MW，投产后，预计可实现年上网电量 2.72 亿 kWh，按火电每度电耗标准 320g/kWh 计，每年可节约标准煤 8.7 万 t。

中国电气装备集团有限公司

【公司概况】 中国电气装备集团有限公司（简称中国电气装备）2021 年 9 月在上海成立，由中国西电集团与许继集团、平高集团、山东电工电气集团等单位重组整合而成。中国电气装备聚焦建设“世界一流智慧电气装备集团”战略目标，围绕“智慧电气、系统服务、高效能源”总体布局，致力于高端电气装备制造和新型电力系统建设。拥有 9 家子企业，控股上市公司 4 家，所属各级法人户数 180 户。注册资本金 300 亿元；资产总额 1441 亿元，净资产 668 亿元；员工总数 3.9 万人。

中国电气装备拥有国家级创新平台 16 个、国家级质量检测中心 8 个、3 个院士工作站和 4 个博士后科研工作站。承担着国内输配电行业标准归口管理工作，以及国际电工委员会（IEC）等多个技术委员会（分技术委员会）的国内归口工作。累计获得有效专利 8800 余项，产品技术综合性能达到国际先进水平。产业基地遍及全球，产品、技术、标准和服务已出口到上百个国家和地区，形成了着眼全球市场的输配电产业布局。

中国电气装备落实国家碳达峰碳中和部署，推动构建新型电力系统，聚焦源网荷储一体化，应用“大云物移智链”等先进技术，开展高端技术研究，重点突破超、特高压等关键技术壁垒，实现国内首台套设备的研制和应用。先后为国内特高压建设、三峡工程、白鹤滩工程等国家级重点工程提供成套装备和服务，有力支撑了关键装备的国产化，打破了多项国外技术垄断，创造了多项世界第一。

【领导班子】

党委书记、董事长：白忠泉

党委副书记、董事、总经理：周群

党委副书记、董事：裴振江

党委常委、副总经理：成卫

党委常委、副总经理：张旭升

党委常委、总会计师：徐鸿

党委常委、副总经理：朱安珂

党委常委、纪委书记：孟汉峰

【组织机构】 见中国电气装备 2022 年组织机构图。

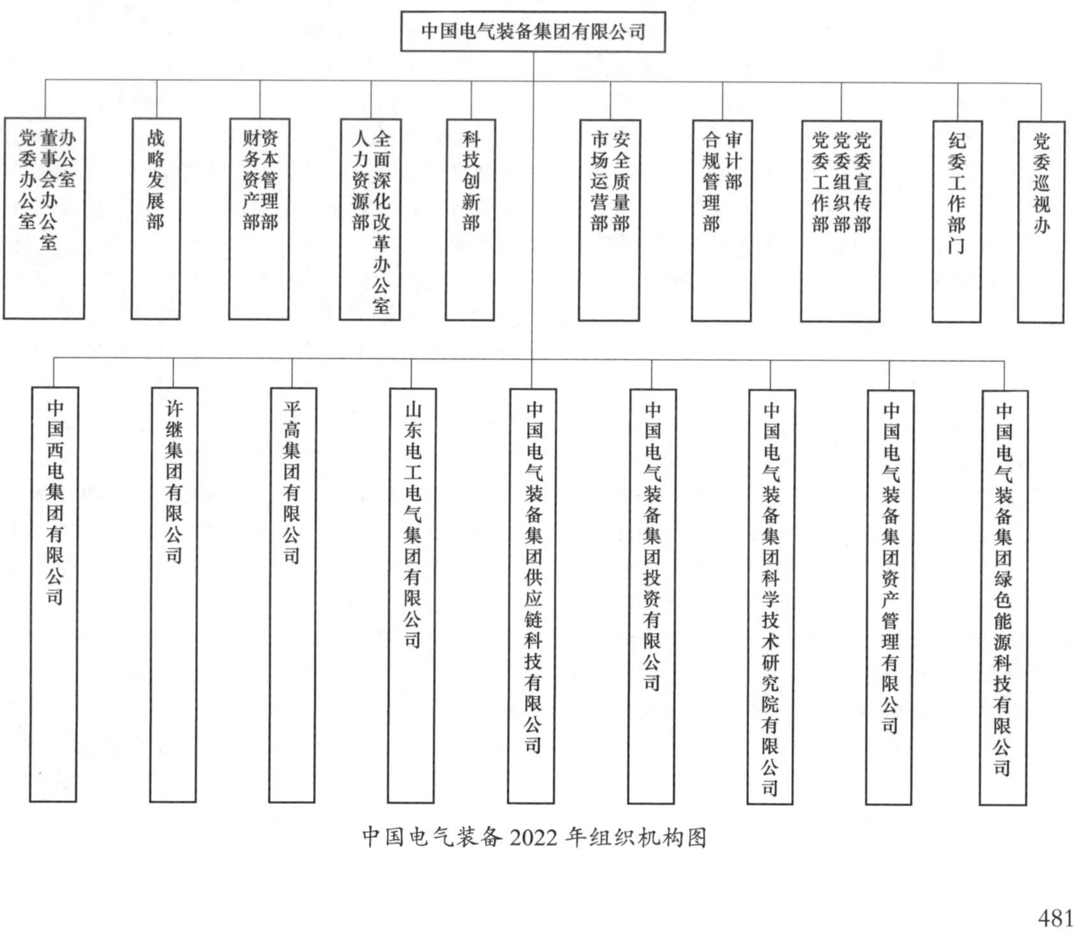

中国电气装备 2022 年组织机构图

【市场开拓】 落实国家稳定宏观经济大盘部署，应对疫情冲击、经济下行等压力，加大市场开拓力度，新签合同额同比增长 27.93%。市场结构出现新变化，电网装备业务新签合同额同比基本持平，稳住市场基本盘。新兴业务新签合同额同比增长 93.60%，其中新能源业务同比增长 44.67%，综合能源业务同比增长 265.34%，储能及充换电业务同比增长 244.18%。新业务市场增量占全年市场增量的 57.46%，成为拉动业务增长的“生力军”。市场结构更均衡，抵御风险的能力更强大。

【国际业务】 紧跟“一带一路”建设和世界能源电力行业发展趋势，坚持“造船出海”与“借船出海”并重。制定《境外机构协同发展方案》，开展埃及、孟加拉国、印度、乌兹别克斯坦的试点国别协同。保持设备出口等传统优势，紧盯跨区域、跨国电力、能源互联等工程项目，探索发展水电、光伏、风电等可再生能源发电等新兴业务领域，推动优势技术装备“走出去”。中标智利±600kV 直流输电等国际项目，打破欧美企业在国际高端市场的封锁。国际业务新签合同额同比增长 54.45%。

【深化改革】完成国企改革三年行动收官。健全“三会一层”运行机制和配套制度，厘清治理主体权责边界。建立股东会、董事会授权事项清单。强化外部董事履职保障，规范高效实施董事会决策。推动 29 户重要子企业落实董事会 6 项主要职权，64 户子企业实现董事会应建尽建。各子企业优化治理体系，实现董监事及高级管理人员交叉任职，治理水平和治理能力极大提升。发挥 3 家“双百行动”企业和 6 家“科改示范行动”企业示范引领作用，形成标杆效应。4 家单位完成混合所有制改革。实施优秀企业培育专项行动，打造 9 家专精特新“小巨人”企业、3 家制造业单项冠军企业（产品）。西高院 IPO 通过交易所审核、宏盛华源上市按计划推进。压缩管理链条，将管理层级控制在 4 级以内。推行市场化竞聘机制，总部部门领导人员竞聘上岗占比 88.2%，内设机构负责人及员工 100%竞聘上岗。实现子企业经理层成员任期制和契约化管理全覆盖。10 家子企业试点推行职业经理人制度。健全市场化用工机制，分类安置富余人员 2000 余人。完善薪酬分配机制，构建“1+4”综合考核评价体系，将业绩贡献与员工收入挂钩。30 家企业灵活开展股权激励、岗位分红、超额利润分享等中长期激励。

【经营管理】加强经营计划管理，强化运营过程管控，健全周报、月报、季报、年报机制，确保各项指标可控在控。搭建运营监控指标体系，初步实现可视化展示。实施两级规模集中采购，实现采购降本 3.60 亿元。强化运营风险防控，开展毛利率、“两金”、中标未签等核心经营问题自查。全口径应收账款周转率提升 0.26 次，存货原值周转率提升 0.38 次。健全预算制度，强化过程管控，完成年度预算目标。推进成本对标，提升产品盈利水平，首批 28 类对标产品毛利率平均提升 2.36 个百分点。搭建资金池，实现资金集中统一管理，带息负债成本率同比压降超过 1.3 个百分点，财务费用同比下降 91%。统一 25 类主要会计政策，确保财务信息同质可比。搭建三层制度体系，印发管理制度 249 项，把内控合规要求转化为治理效能。发布《合规手册》，建立“合规风险、重点岗位、关键业务流程”三张清单，制定风险防控措施 1864 条。设立首席合规官。健全总法律顾问工作机制，新增专职总法律顾问 11 名。加强内控体系建设，形成年度风险评估、季度预警报告工作机制。完善新能源、工程总包、国际业务等风险管控机制。完成资产负债损益专项审计，摸清家底，督促整改风险问题 545 项，促进降本节支 7830 万元。

【安全环保】 落实安全生产“十五条硬措施”，强化安全生产责任落实，防范遏制重特大事故。开展安全生产培训“走过场”专项整治。强化重大安全风险防范化解，实施安全生产大排查大整治，以问题表象促根源治理，提升本质安全水平。构建一体化网络安全防护体系，在“护网 2022”网络攻防实战演习中取得“优异”成绩。加强与重要客户联系，提供优质服务，协助做好工程调试、运维检修等服务。全力配合重大政治活动安全保电，树立良好的品牌形象。提升质量管理水平，支撑电网安全运行。开展“强基固本、提质创优”产品质量提升行动。质量损失降低 24%，不良行为通报事件和较大质量损失事件实现 100%整改。产品一次合格率 99.8%。开展特高压产品质量“回头看”，保障特高压项目安全稳定运行。开展群众性质量活动，增强全员质量意识。坚持绿色发展理念，支撑新型电力系统建设，完善新能源、综合能源、储能等系统解决方案，2022 年实现清洁电力替代 35.5 亿 kWh，减少二氧化碳排放 355 万 t。

【科技创新】召开科技创新暨人才大会，发布科技创新与人才激励十大举措。印发自筹类研究开发项目指导意见，鼓励开展优势技术、产品、生产工艺成果共享。研发投入同比增长 28.16%。发布总部第一批 19 项科技指南项目。完成“央企攻坚工程”一期 4 个项目攻关，申报 6 项牵头的二期任务。国内首套 170kA 发电机断路器成功在白鹤滩水电站投入运行。500kV 天然酯绝缘油变压器、550kV 高速开断断路器等多款世界首台套高端装备研制成功。国内首套海上风电柔直换流阀、直流 GIS、低频变压器等新型装备研制成功。国产化 800kV 绝缘拉杆、数字换流站系统、配网故障主动防御系统、巡检机器人等一批重点新产品和关键零部件实现首台套应用。建设首个县域级湖北广水 100%新能源示范工程，突破新型电力系统源网荷储协同控制技术难题。推进配网技术成果共享应用，完成 110kV 变压器标准设计方案及样机验证。加大新兴业务联合攻关，形成海上风电双极柔性直流并网解决方案及核心装备等创新成果。15 种产品入选国家能源局首台套重大技术装备名单。108 项科技成果通过鉴定，84 项达到国际领先。荣获省部级及以上科技奖励 115 项。制修订标准 87 项。申请专利 1532 项，新增授权专利 1006 项。推进研发资源共享、优势互补，建立科技成果共享和收益分享机制。

【党建工作】开展“建功新时代、喜迎二十大”习近平总书记重要指示批示精神再学习再落实再提升主题活动，牢记“国之大者”，勇担“大国重器”的责任和使命。领会“两个确立”的决定性意义，增强“四个意识”，坚定“四个自信”，做到“两个维护”。将党的建设与国企改革、科技创新和企业高质量发展深度融合。聚焦重点难点问题，创建“促改革、勇创新、强融合”党建品牌。围绕市场拓展、工程建设开展联建共建、联合攻坚，针对攻关项目、履约任务实施揭榜挂帅、承诺践诺，推动改革创新深化、整合融合纵深发展。系统内 35 人当选地市级以上党代表、人大代表及政协委员，其中 1 人当选党的二十大代表、2 人通过全国人大代表推荐考察，14 人当选省级代表（委员）。坚持党管干部原则，构建“$1+N$”干部管理制度体系，建立鼓励激励、容错纠错、能上能下机制。党委管理干部 45 岁及以下占比 41%，硕士及以上占比 74%，高级及以上职称占比 75%。建立 140 名优秀干部储备库。举办首期干部领导力提升培训班，推荐 3 名干部参加国资委干部培训班。完善“上挂下派”等机制，择优选派 19 名年轻干部开展挂职锻炼。充分发挥基层党组织的战斗堡垒作用和党员的先锋模范作用，命名 17 个基层示范党支部，组建 347 支党员服务队、810 个党员示范岗、633 个党员责任区，成立 52 支重点工程青年突击队，服务保障国家重大工程、重点研发项目，以及质量保障、安全生产、疫情防控等急难险重任务。

【社会责任】推进定点帮扶，完成 500 万元无偿资金投入，实现同比翻番，建成投运生物质颗粒加工厂和有机肥加工厂，在“央企消费帮扶”平台成立“中国电气装备馆”，上架麟游县农产品，组织开展直播带货活动，消费帮扶同比增长 58%。发挥各重组单位资源优势，利用食堂、职工福利采购等渠道，助推村集体收入稳步增长。上海突发大规模疫情后，中国电气装备第一时间为地方政府筹措防疫物资 1100 万件。党员干部、团员青年参加抗疫，助力大上海保卫战取得重大阶段性胜利。

（韩永权）

国投电力控股股份有限公司

【公司概况】 国投电力控股股份有限公司（简称国投电力公司），是国家开发投资集团有限公司旗下的沪市 A 股上市公司(股票简称国投电力，股票代码 600886)。英文名 SDIC Power Holdings CO.，LTD，发电业务是公司的核心业务。国家开发投资集团有限公司（简称国投）是国投电力公司第一大股东。总股本 7454179797 股，其中，国投持股 3825443039 股，占公司总股本的 49.18%。

国家开发投资集团有限公司（简称“国投”）成立于 1995 年，是中央直接管理的国有重要骨干企业，2022 年 6 月正式转为国有资本投资公司。国投注册资本 338 亿元，截至 2022 年末，资产总额 7950 亿元，员工约 5 万人。2022 年实现营业总收入 2114 亿元，利润总额 233 亿元，连续 18 年在国务院国资委经营业绩考核中荣获 A 级，连续 6 个任期获得业绩优秀企业。

国投电力公司合并报表范围内子公司 135 家，员工 9500 余人，经营范围主要包括投资建设、经营管理以电力生产为主的能源项目；开发经营新能源项目、高新技术、环保产业；开发和经营电力配套产品及信息、咨询服务。其中，大力开拓以新能源为主的清洁能源业务，在水电、风电、光伏、火电方面均有突破；能源新业务稳妥推进。

截至 2022 年底，国投电力公司已投产控股装机容量 3776.42 万 kW，同比增加 154.59 万 kW。其中，水电 2128 万 kW，占比 56.35%；火电 1188.08 万 kW（含垃圾发电），占比 31.46%；风电 294.94 万 kW，占比 7.81%；光伏 165.40 万 kW，占比 4.38%。清洁能源装机容量总计 2588.34 万 kW，同比增加 1.34 个百分点。

从装机结构来看，国投电力公司是一家以清洁能源为主、水火风光并济的综合型电力上市公司，水电控股装机容量为 2128 万 kW，为国内第三大水电装机规模的上市公司，处于行业领先地位。截至 2022 年底，清洁能源装机占比稳步提升至 68.54%。

从业务分布来看，国投电力公司是一家国内为主、海外开拓的电力上市公司，境内项目主要分布在四川、天津、福建、广西、云南、甘肃、新疆、贵州、青海、安徽、陕西、江苏、浙江、宁夏、江西、海南、河北、辽宁等省区。

从盈利能力来看，在市场竞争加剧和面临较大节能环保压力的背景下，国投电力公司以清洁能源为主的电源结构优势明显，经济效益和社会效益突出，抗风险能力强。

【领导班子】

董事长、党委书记：朱基伟

总经理、党委副书记：张文平

党委副书记：赵风波

副总经理：于海淼

董事会秘书：杨林

副总经理：张凯洪（2022 年 9 月 6 日离任）

副总经理：周长信

纪委书记：王立民

【组织机构】国投电力设有综合部（党委办公室）、法律合规部、人力资源部（党委组织部）、计划财务部、运营管理部、国际业务一部、国际业务二部、业务发展部、生产管理部、安健环管理部、商务管理部、党群工作部（党委宣传部）、纪律检查部、审计部、证券部等 15 个职能部门。

【经营管理】

1. 主要经营成果

2022 年，国投电力公司实现营业收入 504.89 亿元，同比增加 15.36%；归属于上市公司股东的净利润 40.79 亿元，同比增加 66.11%；基本每股收益 0.5213 元，同比增加 61.45%。截至 2022 年底，国投电力公司总资产 2582.54 亿元，较上期期末增加 168.49 亿元；资产负债率 63.75%，同比增加 0.24 个百分点。

2022 年，国投电力公司实现发电量 1567.21 亿 kWh，同比增加 1.86%；上网电量 1527.24 亿 kWh，同比增加 2.07%；上网电价 0.351 元/kWh，同比增加 10.03%。

2. 业务发展情况

清洁能源增量显著。年内雅砻江两河口水电站全部投产，卡拉项目进入在建阶段，孟底沟项目进入施工准备阶段，牙根一级项目提交项目核准申请，雅砻江流域水风光一体化基地项目推进取得阶段性成果。在新疆、甘肃、四川、云南、广西、贵州等区域完成了一定规模的新能源项目核准（备案），并新增了一批优质新能源项目储备。

电力新业务取得新进展。年内雅砻江两河口混蓄项目获得核准，吉林敦化、湖南安仁等抽水蓄能项目完成预可研评审工作；广西浦北共享储能项目列入广西壮族自治区首批共享储能示范项目并且完成项目备案。

火电转型发展，区域竞争力提升。浙江舟山燃气发电项目获得核准，首个燃机示范项目取得实质进展；钦州三期火电项目 2、3、4 号超超临界热电联供机组获得核准，区域影响力增强；湄洲湾三期 2 台机组获得开发指标，大容量高参数、清洁环保的燃煤机组比例提升。

推进国际业务。印尼巴塘水电项目稳步开发建设中，成为国投电力公司“十四五”期间实现控股开发建设的第一个大型海外绿地项目。在 OECD 地区稳步推进存量项目开发建设，实现项目的高端化、精品化。

3. 运营管理情况

加大市场营销力度，实现收入水平提升。平均综合电价稳中有升，电价上浮成果显著，收入规模有所扩大。通过合理制定营销策略，部分火电企业利用省间现货交易争取高价电量，带动短期交易价格上升，实现增利。

压控物资燃料成本，全方位降本增效。强化供应链管理，跟踪市场价格动态，主动开展合同谈判，降低物资采购成本。加强长协煤各类渠道供应和合同调运管理，加大进口煤采购力度，全力压降煤炭成本。加大厂内燃料管理效能提升力度，控制好入厂入炉煤热值差。

加强资金统筹力度，重点提高保障能力。围绕“管理降本、技术降本”做工作，统筹争取各类税收优惠，压降可控费用成本。优化融资管理，综合利率较基准利率降低数十个基点。开展综合治理专项行动，保障了经营环境的平稳健康。

4. 生产基建情况

基建工作发力。务实高效推进工程建设，两河口水电站、甘肃北七风电、辽宁阜新光伏等项目全容量投产发电；加强基建制度建设，制定相关建设指导意见和项目自查表，夯实过程管控能力。

生产指标保持领先。推进节能降耗，万元产值综合能耗同比下降；强化生态环保主体责任，固体废物、危险废物依法合规处置率 100%。

生产管理持续提升。组织开展国投电力火电企业生产管理标准化体系建设，为企业高效管理提供了系统、科学的解决思路；编制发布《新能源场站管理指南》，指导投资企业对新能源场站实现精准高效管理；编制发布《能源保供、降非停工作指导意见》，加强设备可靠性管理，提高能源保供能力。

坚持科技创新引领。加强科技创新工作力度，推进产学研深度融合，科技投入增长；落实科技创新成果奖励，激发企业创新动力，企业 QC 成果质量明显提升，发明专利授权数量有较大增长。

【发展战略】以高质量发展为主线，贯彻新发展理念，坚持稳中求进、转型升级、创新驱动，按照资产结构优化、管理水平优秀、投资业绩优良的标准，谱写国投电力高质量发展的新篇章。

具体路径上，聚焦清洁能源、能源新产业两大领域，以落实卓越党建、强化安全生产、加大市场营销、深化改革授权、创新人才激励、完善合规体系、提升财务管理、严格风险管控等为抓手，完善绿地开发、兼并收购、资本投资三种投资模式，将国投电力打造成为全球信赖的综合能源投资运营商。

（冯　晔）

地区电力

华 北 地 区

【国家能源局华北监管局】

基本情况 国家能源局华北监管局（简称华北能源监管局）是国家能源局的派出机构，设于北京市，负责北京、天津、河北和内蒙古（西部地区）的能源监管工作，及对山西、山东能源监管办的业务指导。2013年11月21日成立，前身是国家电力监管委员会华北监管局。

主要职责：监管电力市场运行，规范电力市场秩序；监管电网和油气管网设施的公平开放；监管电力调度交易，监督电力普遍服务政策的实施；负责电力等能源行政执法工作，依法查处有关违法违规行为，监督检查有关电价；负责除核安全外的电力运行安全、电力建设工程施工安全、工程质量安全的监督管理以及电力应急和可靠性管理，依法组织或参与电力事故调查处理；负责组织实施电力业务许可以及依法设定的其他行政许可；负责协调有关跨省跨区能源监管业务，以及对山西、山东能源监管办进行业务指导；负责法律法规授权以及国家能源局下达或交办的有关事项监管。

领导班子

党组书记、局长：王思强（至2022年4月15日）、童光毅（自2022年4月15日起）

党组成员、副局长：程裕东（至2022年8月23日）、吴冰、代方涛（自2022年3月21日起）

党组成员、纪检组长：代方涛（至2022年3月21日）、张彦文（自2022年8月23日起）

组织机构 内设综合处、市场监管处、行业监管处、电力安全监管处、资质管理处、稽查处和机关党委（机关纪委）办公室，天津、河北和内蒙古业务办公室。

主要工作 2022年，华北能源监管局以习近平新时代中国特色社会主义思想为指导，深入贯彻落实党的十九大和二十大精神，全面贯彻全国能源工作会议和监管工作会议精神，紧扣“六个坚持、六个提升”基本原则，围绕“服务大局、提质增效、狠抓落实”工作思路，顺利完成各项监管任务。

1. 突出政治使命，确保能源可靠供应

一是稳字当头，保障区域能源安全。建立与地方政府的能源保供协商机制，强化从项目投产到稳定运行的督导检查。建立区域能源保供分析系统，组织区域迎峰度夏、迎峰度冬等工作会议，确保能源可靠供应。建立电煤长协、天然气长协和电力中长期交易“三个长协”监测预警机制，做到保供形势可控、在控、能控。协调解决蒙西电网送京津唐电力、大秦铁路电煤储运受阻，天津市、河北省天然气供应缺口等紧急能源供应问题。在区域度夏负荷峰值接近3亿kW，各省级电网屡创新高的情况下，辖区内各省区未发生有序用电。二是贯彻总体国家安全观，完成各项政治保电任务。制定并组织实施重大活动保电“两案一措”，组织保电动员会，对重点保电企业、重要用户开展多轮次检查，完成北京冬奥会、“两会”、党的二十大等各项保电任务，相关工作得到国家能源局、地方政府领导的肯定。三是强化电力安全风险管控，在双重预防机制建设方面多重发力，对大坝安全、重大危险源等实施清单化管理。提升监管能效，创新性地组织开展班组安全大讲堂，发挥智慧检查系统在现场检查和综合评价中的重要作用，确保区域电力安全生产形势的总体稳定。

2. 围绕中心任务，加大能源监管力度

一是开展可再生能源补贴核查工作，完成1560个项目的可再生能源发电补贴核查工作，涉及违规资金近360亿元，保障绿色转型行稳致远。二是开展电煤中长协履约监管，建立电煤中长协保障监管工作机制和电煤履约信息报送机制，对电煤量、质、价等突出问题开展重点整治，推动华北区域电煤中长协实现“三个100%”。三是发挥区域能源监管优势，组建规划评估监管专业队伍，牵头开展国家“十四五”能源规划、电力规划实施情况监管。四是组织开展蒙西地区第一批沙戈荒大型风电光伏基地建设情况监管，推动以新能源为主体的新型电力系统构建。五是在天津、蒙西地区开展燃煤发电上网电价市场化情况重点监管，推进市场化改革进程，缓解燃煤电厂经营压力。六是开展生物燃料乙醇生产和乙醇汽油使用专项监管，规范生物燃料乙醇生产企业和石油销售企业生产经营行业，维护乙醇汽油和燃料乙醇市场稳定。

3. 推进市场化建设，提升资源配置效率

一是推进京津冀电力现货市场建设，提出分步走设想，为京津冀电力市场建设引路导航。二是以问题为导向对蒙西电力现货市场试运行情况进行监管，为长周期开跑保驾护航。三是规范中长期交易市场秩序，修订市场条款，缓解火电企业经营压力，提升能源保供能力。四是推进绿电交易，通过市场机制促进新能源体系建设，冬奥场馆绿电交易电量达9亿kWh，北京市城市副中心行政办公区全年绿电交易量达6072

万 kWh。五是深化调峰辅助服务市场规则制修订，累计挖掘调峰资源 647 万 kW，实现电网之间调峰资源余缺互济，促进新能源消纳。六是积极扩展第三方独立主体和虚拟电厂、储能等新品种，汇集第三方调节能力 758 万 kW。七是试点开展调峰容量市场，2022 年以来，仅在京津冀地区就挖掘低谷调峰能力 350 万 kW，提高新能源年消纳空间 140 亿 kWh。

4. 坚持人民立场，寓服务于监管

一是维护群众利益与行政执法并举。开展北方清洁取暖专项监管，协助河北省衡水市 15 个村庄 3060 户居民及时恢复天然气供应，督促内蒙古自治区 4 个盟市加快边远地区平价供暖煤的配售，保障了群众温暖过冬。通过 12398 热线解决群众“急难愁盼”问题，全年共处理投诉举报 4126 件。加大违规问题惩处力度，对 33 起“获得电力”综合监管发现的违法行为予以立案，发挥监管利剑作用。二是巩固提升电力业务资质许可告知承诺制。为企业提供许可办理“零跑腿、零证明、零时限”服务，全年共为近 2000 家企业办理许可业务。优化许可办理服务，落实“好差评”制度，900 余家企业进行评价，整体满意率 100%。

5. 创新监管机制，推进能源监管工作转型

一是构建服务地方能源高质量新定位。与各省（市、区）政府领导深度沟通，与地方主管部门在能源保供、项目规划、安全生产、市场运行等领域加强协调，区域能源高质量发展协调机制逐步完善。二是探索建立“三个平台、一套机制”。聚焦能源监管工作重点和行业难点，常态化组织区域能源保供动员会、形势分析会、工作协调会等，遵循理论指导，大胆创新实践，提出了建设“能源规划建设监管、能源供应保障协调、电力应急处置”三个平台和配套机制建设的总体思路。三是丰富监管手段，打造数字化监管平台。在汇集整理能源信息方面谋实招、走新路，搭建能源监管信息平台，为实施精准监管、数字化监管提供支撑。

（王维娟）

【国家能源局山西监管办公室】

基本情况 国家能源局山西监管办公室（简称山西能源监管办）是国家能源局派驻山西的正厅级能源监管机构，按照“三定”方案和国家能源局授权，在山西省域内依法履行能源监管职责。是山西省安委会、能源革命综合改革试点、推进碳达峰碳中和、煤电油气运协调保障领导小组成员单位。2007 年被山西省直工委授予山西省直文明单位，2012 年被授予山西省直文明单位标兵，并保持至今。

领导班子

党组书记、监管专员：谢康

党组成员、监管副专员：王毅敏

组织机构 内设综合处、市场监管处、行业监管处、电力安全监管处、资质管理处、稽查处六个职能处室。

主要工作 新一届山西能源监管办党组，深入学习贯彻党的二十大精神，深刻领会“两个确立”的决定性意义，自觉增强“四个意识”、坚定“四个自信”、做到“两个维护”。以“四个革命、一个合作”能源安全新战略为根本遵循，全面落实国家能源局党组的各项决策部署，完成各项监管任务。

1. 党建引领

一是将学习宣传贯彻党的二十大精神作为首要政治任务。制定工作方案。研究制定工作方案和学习计划，明确 15 项重点任务，细化责任落实。办党组书记带头领学促学。为全办党员干部讲授《团结奋进　担当作为　以二十大精神引领山西能源监管工作》党课，促使监管工作方向正确、目标明确。组织开展多层次多维度学习。开展支部书记讲党课、“二十大报告怎么看、能源监管工作怎么干”主题学习讨论、知识竞答等活动，深学细悟党的二十大理论创新和精神实质。二是推动习近平新时代中国特色社会主义思想入脑入心。坚持以习近平新时代中国特色社会主义思想凝心铸魂。坚持“第一议题”制度，组织开展中心组学习研讨 11 次，推动理论学习走深走实。巩固党史学习教育成果。组织参加中国共产党人精神谱系宣讲报告会 10 场，集体观看《榜样 6》等节目，从“铁人精神”“煤炭精神”“人民电业为人民”的精神财富中汲取奋进力量。落实意识形态工作责任制。分析研判排查风险隐患，在敏感时间节点，开展思想教育，加强正向引导。向国家能源局和省直工委报送意识形态工作报告 6 份。

2. 市场建设

一是推进电力市场建设和规范，实现“三个全国最早”：最早开展二次调频辅助服务市场交易，最早实现辅助服务费用向用户分摊，最早出台一次调频市场化交易规则。并在全国率先开展电储能和用户负荷侧调峰交易。为保障系统安全稳定运行和促进新能源消纳发挥了“调节器”作用。二是电力中长期市场方面，山西已建成全电量参与的中长期市场，交易周期涵盖年度、多月、月度、旬和日，市场主体可通过双边协商、集中竞价、挂牌、滚动撮合等多种方式参与。发挥电力供应保障“压舱石”作用。三是电力现货市场方面，山西省是国内结算试运行时间最长的双边现货市场。参与现货市场规则制定修订，推进“试验田”建设，促进电力调节资源和用户负荷的优化配置。四是向国家能源局建议加大跨省区市场建设步伐，统一区域内的电能量市场和辅助服务考核交易标准和限价区间，丰富跨省区的交易品种、交易方式和交易频次，

融入全国统一大市场建设。

3. 依法监管

一是督促电网企业提升"获得电力"服务水平。"三零""三省"服务惠及 27.47 万各类用户，降低用户办电成本 19.97 亿元。二是受理 12398 能源监管热线投诉举报 274 件，解决小微企业、民营企业和人民群众用电成本高、停电时间长、抢修不及时等"急难愁盼"问题。三是加大行政处罚力度，2022 年立案查处电网企业指定设计施工单位、发电企业违反电力安全法律法规等 31 个案件，罚没金额 329.18 万元，利用调解机制为用户追回电费 6080 万元，震慑违法行为，规范市场秩序。

4. 为民服务

一是开展农村低电压、频繁停电专项整治。督促山西地方电力公司完成配电网改造投资 1.43 亿元，同比增长 23.3%，缓解 107 个农村低电压问题。二是资质许可落实"放管服效"要求。推进"告知承诺制""一网通办""一次不用跑"改革，激发市场主体活力，351 家符合条件的企业通过告知承诺制方式申领了电力业务许可证，占全年发证总数的 40.44%；抗疫期间，紧急开通许可服务专线，安排专人在线答疑解惑，保证许可服务不停滞。三是化解大面积停电安全风险，挂牌督办朔州市朔城区单电源运行风险隐患，解决 45 万老百姓用电安全问题；彻底消除吕梁、阳泉区域电网安全风险，保证电力安全可靠供应。

5. 勤政廉洁

一是完善"三不"一体推进机制，建设清廉机关。组织开展"明底线知敬畏常警醒"廉洁教育活动，办党组书记讲授"廉政建设"专题讲座。机关党委排查与能源企业交往的廉政风险 24 条，制定防控措施 63 条。二是建立廉政建设工作报告制度，掌握监管工作中廉洁自律情况。加强对"一把手"和领导班子监督，加强对风险岗位人员监管，落实工作人员过问打探工作的规定，按期报告领导干部插手干预重大事项、案件线索情况、监督执纪情况。三是推进巡视"回头看"整改。办党组坚持从对党忠诚的高度深刻认识巡视整改工作，以上率下推动落实。党组书记坚持"四个亲自"，班子成员履行"一岗双责"，坚持以"钉钉子"精神抓整改。围绕"三个清单"建立整改台账，机关纪委进行督导检查，推动落实。四是建章立制固化成果。结合巡视"回头看"问题整改新建制度 18 项，修订完善制度 10 项。

（龙　颖）

【国家能源局山东监管办公室】

基本情况　国家能源局山东监管办公室（简称山东能源监管办）于 2013 年 12 月 2 日挂牌成立。

主要职责：山东能源监管办依据国家能源局的授权，履行山东省内的能源监管职责。具体履行以下监管职责：监管电力市场运行，规范电力市场秩序；监管电网和油气管网设施的公平开放；监管电力调度交易，监督电力普遍服务政策的实施；负责电力等能源行政执法工作，依法查处有关违法违规行为，监督检查有关电价；负责除核安全外的电力运行安全、电力建设工程施工安全、工程质量安全的监督管理以及电力应急和可靠性管理，依法组织或参与电力事故调查处理；负责组织实施电力业务许可以及依法设定的其他行政许可；负责法律法规授权以及国家能源局下达或交办的有关事项监管。

领导班子

党组书记、监管专员、机关党委书记：左卫华（至 2022 年 11 月）

党组成员、监管副专员：张锐（自 2022 年 1 月）

党组成员、行业监管处处长：卢延国

组织机构　内设综合处［机关党委（机关纪委）办公室］、市场监管处、行业监管处、电力安全监管处、资质管理处、稽查处。

主要工作

1. 聚焦"国之大者"，以监管工作实际成效践行"两个维护"

以能源安全保供为发力点，超前分析预测迎峰度夏和今冬明春能源供需形势，采取针对性监管措施，向国家能源局和山东省政府提交煤炭、天然气、电力保供多项对策建议。在电力负荷突破 1 亿 kW、多次刷新历史极值的情况下，守住"绝不拉闸限电"红线；面对复杂严峻的天然气供需形势，避免天然气供应发生系统性风险。开展可再生能源发电补贴核查，逐一核查 875 个项目并向国家提出赋码建议，摸清了全省底数，为可再生能源发展打下基础。开展统调电厂电煤库存情况核查，为上级决策提供了"活的资料"。实施电煤中长协履约监管，推动煤炭企业履约率由 95.5%提高至 101.4%、发电企业履约率由 72%提高至 77.14%，为电力可靠供应提供基础。开展国家油气管网基础设施重点工程项目建设专项监管，成功保障日濮洛管道、董东管道、中俄东线山东段建成投运。实施裕龙岛炼化一体化项目监管，督促全面落实承诺事项，为山东省新旧动能转换推进、炼化行业转型升级提供支撑。

2. 服务和融入新发展格局，推进能源体制改革

推动山东电力市场建设，初步建成了以中长期市场为"压舱石"、以现货市场为"指挥棒"、以辅助服务市场为"调节器"的较为完整的市场体系。现货市场经过一年的连续结算试运行，分时价格信号明显，日内最大峰谷价差达到 1.58 元/kWh，引导超过 300 万 kW

的高峰负荷转移至低谷时段，发挥保障电力供应、提升系统安全、促进可再生能源消纳的多重作用。优化电力市场规则体系，制定市场调整文件4份，优化规则条款70余项，新增了“连续撮合”交易品种，形成基于动态分时价格的零售套餐，调整了中长期交易偏差收益回收机制，建立完善政府授权合约、分布式电源参与交易、虚拟电厂及可调节负荷入市等市场机制。市场主体范围和交易规模持续扩大，售电公司及直接参与交易用户数量居全国前列。积极支持储能发展，在全国率先建立了储能项目参与市场交易机制，入市储能规模超过510MW。加强油气管网设施公平开放监管，提升管网设施运行效率与油气资源多元化供应保障能力。

3. 贯彻总体国家安全观，推动电力安全生产领域治理体系和治理能力现代化

压实电力安全监管属地责任，以落实《山东省电力行业安全生产分级分类监督管理的意见》为主线，向全省推广济宁、潍坊等地典型经验，定期向地方电力安全监管部门发布较大以上风险提示，推动全省16市制定分级分类监管对象清单，13市制定执法检查计划，9市制定差异化监管措施，落实属地监管责任。夯实企业的生产安全主体责任，印发《山东省电力行业安全生产包保办法》，对重点企业实行“一对一”蹲守驻点式监管，督导省级发电企业下沉驻点重点建设项目，落实了企业主体责任。做好“三抓一保”，以抓风险管控、抓系统稳定、抓网络安全、保人身安全为重点，打好防范化解电力安全生产领域重大风险攻坚战。推进“三个专项行动”，督导域内发电企业完成了危化品摸排并建立风险隐患台账，完成除尘器等设备设施风险隐患排查整治，推动各市形成本行政区域“小散远”名单和所有发电企业名单。开展安全生产大检查，组织各市主管部门和电力企业对照10方面31项具体要求自查整改，与山东省能源局共同对部分在建核电、抽水蓄能项目和在运火电、“小散远”项目实施了现场检查，责令整改到位问题192项。开展安全生产月、安全生产万里行活动，组织电力企业学习习近平总书记重要论述和“八抓20条”创新举措等相关政策规定11万人次，开展《安全生产法》专题培训740场、“进门入户送安全”活动562次，提升安全文化建设成效。

4. 坚持人民立场，持续加强民生领域监管

推动“获得电力”走深走实，印发施行《关于进一步提升“获得电力”服务水平　持续优化用电营商环境有关工作的通知》，督导供电企业完成了“获得电力”全部34项可量化任务，“政企协同办电平台常态化应用”等典型经验被国家能源局向全国推广，累计节省用户投资17.92亿元，受益居民25.38万户、受益企业5.88万家。助力中小企业纾困解难，督促供电企业贯彻落实支持性两部制电价政策，为8654家企业变更了计费方式，减轻电费负担9913万元。发挥12398热线“知民情、察民意、纾民困、解民忧”作用，处理有效信息11978件，其中投诉举报748件，印发监管意见书2份，针对频繁停电等局部地区群众急难愁盼问题开展了专项整治，提升群众用能的获得感与幸福感。

5. 秉持法治思维，以严格监管执法维护能源市场秩序

加大监管执法力度，约谈企业13家次，向103家未保持许可条件的企业下达了整改通知书，撤回14家企业的承装（修、试）电力设施许可，公告撤销87台机组电力业务许可，依法作出行政处罚6起，罚没金额178万元，震慑各类违法违规行为。加强市场运营机构监管，提高电力交易机构、调度机构披露信息数据的全面性、及时性和准确性。严格施行发电调度“两个细则”，迎峰度夏期间火电机组非停率和降出力率分别控制在0.44%和3.13%以下，达到历史最好水平，保障电力供应。优化完善电力现货市场的事前和事后市场力监管机制，对垄断性交易行为自动识别并采取监管干预措施，累计触发干预108次，稳定用户价格，保障市场公平竞争。

6. 推进“放管服”改革，建设以信用为基础的新型能源监管机制

落实国家能源局关于各类取消下放行政审批事项后续监管的工作部署，开展能源“十四五”规划、大型风电光伏基地建设、乙醇汽油推广等监管工作，保障国家政策在地方落实。推进行政许可告知承诺制改革，推行许可审查及后续监管标准化，制定完善了“好差评”、绿色通道等制度机制，在落实行政许可“零跑腿、零超时、零差错”基础上，向社会公布“三零”服务九项承诺，全年累计作出各类许可1544项，承诺制占比37.9%，许可工作效能提升。深化能源领域信用监管，根据信用状况分类办理电力业务许可，对2家严重失信企业实施了现场核查，为3家存在失信行为的企业依规办理信用修复，将信用监管贯穿企业全生命周期。

7. 落实“两个责任”，推进全面从严治党向纵深发展

坚持党组会“第一议题”制度，组织开展中心组学习14次、党组书记讲授专题党课2次，高质量完成党的二十大、十九届历次全会和国家能源局部署的各项学习任务，全办党员干部持续将学习成效转化为履行能源监管职责的务实举措。以党建统领能源监管全面工作，以党小组作用发挥为着力点打造机关党建品牌，全办6个处室的党建品牌建设暨党小组攻坚目标

全部完成。树立大抓基层的鲜明导向，巩固“我为群众办实事”成效，将“周二法律咨询日”“电力业务许可开放日”固定下来形成了长效机制。做实政治监督，建立了围绕“国之大者”履行职责情况政治监督机制，办党组按季度调度进展、机关纪委适时提醒督办，保障了各项重点工作全部如期完成。

（刘　伟）

【国网北京市电力公司】

企业概况　国网北京市电力公司（简称国网北京电力）是国家电网公司的全资子公司。其前身是 1905 年创建的京师华商电灯股份有限公司；2003 年以前作为华北电力集团公司的直属单位，按地市公司管理；2003 年成为华北电力集团公司授权经营、独立核算的分公司，由国家电网公司按省公司直接管理；2008 年起作为独立法人企业运营；2013 年更名为国网北京市电力公司，并沿用至今。

作为首都能源骨干企业和最大的公用事业单位，国网北京电力以电网规划建设、运行管理、电力销售和供电服务为主营业务，供电范围覆盖全市 16 个区、1.64 万 km^2，服务客户 900 余万户。

2022 年，国网北京电力售电量 1199.52 亿 kWh，实现利润总额 0.65 亿元，资产总额 1194.56 亿元，资产负债率 62.25%。国网北京电力业绩考核位列国家电网公司第 4 名。当年业绩考核位列 A 段，职工劳动生产率为 173.69 万元/人。国网昌平供电公司王月鹏新当选国家电网首席专家，5 人入选国家电网青年托举人才。

完成两节、两奥、两会保供保电任务，奥运史上首次实现所有场馆 100%绿电供应，以“九个精彩”捍卫了“双奥”荣誉。党中央、国务院授予国网北京电力“北京冬奥会、冬残奥会突出贡献集体”荣誉称号，32 个集体、229 名个人获得省部级及以上表彰。

领导班子

董事长、党委书记：王昕伟

董事、总经理、党委副书记：张铁恒（2022 年 6 月任职）

董事、党委副书记：李百顺（二级单位正职级）

副总经理、党委委员：周建方

党委委员、纪委书记：任峰

副总经理、党委委员：刘明志

副总经理、党委委员，通州供电公司总经理、党委副书记：闫承山

副总经理、党委委员：王鹏

总会计师、党委委员：张钺

总工程师、党委委员：史景坚（2022 年 8 月当选党委委员）

职工董事、党委委员、工会主席：齐小伟（2022 年 3 月提任）

二级顾问：万志军（2022 年 6 月任职）

副总经理、党委委员，城区供电公司总经理、党委副书记：陈守军（2022 年 3 月离任）

组织机构　国网北京电力本部设 22 个部门，下辖 16 家供电公司、12 家业务支撑机构、3 家合资公司、3 家其他单位，用工总量 21261 人。

电网概况　北京电网现有 110kV 及以上变电站 537 座、变电容量 1.49 亿 kVA，线路长度 1.22 万 km，形成了“500kV 扩大双环网、220kV 分区供电、110kV 辐射状供电”的坚强网架结构。北京电网是典型的超大型城市电网，从供给侧看，外受电比例超过 60%，本地装机以燃气发电为主，占比约 80%；从消费侧看，电能在终端能源消费占比 46.62%，其中第三产业和居民用电占比近 75%；城市供电可靠率 99.997%，处于国内领先水平。

人力资源　至 12 月底，共有长职工 8716 人，其中研究生及以上学历 2797 人，本科学历 4412 人，专科学历 1069 人；高级职称 2245 人，中级职称 2261 人；技师及以上职业资格 3272 人，高级工 1521 人，中级工 1082 人。

对照国家电网公司部门调整，优化本部部分机构职责、编制和排序；成立发展研究中心；平稳实施承发包管理模式优化调整；组建新客户服务中心（营销中心、计量中心）。为服务国家“六稳”“六保”工作大局，完成高校毕业生招聘，完成供电服务职工专项补员，深化岗位聘任制管理，完成劳动合同电子化管理。

建立“三类五级”专家人才体系，评选首席专家 1 人、高级专家 15 人、优秀专家 53 人，选拔国家电网公司级青年托举人才 5 人、省公司级 124 人。绘制核心岗位成长地图，建立企业新型学徒制，推进设备运检全业务核心班组高素质人才队伍建设，员工培训力度提升。

强化业绩考核“双争先”管控，优化所属单位业绩考核，全面推行经理层成员任期制和契约化管理，2022 年业绩考核位居国家电网第 4，2019—2021 年首个任期考核获评国家电网 A 段。深化全员绩效管理，绩效工作评价位列国家电网第 1。发挥薪酬分配激励导向，持续加大工资总额分配与各单位业绩考核、效益效率的挂钩力度，挂钩比超过 50%。

电网建设与发展　落实《北京市碳达峰实施方案》决策部署，聚焦推动首都能源低碳转型、保障首都电力安全供应，从“开源、引电、强网、调荷、降碳、建制”6 个方面，研究制定 30 项落地重点工作措施。参与北京市新型储能规划建设，服务本地可再生能源并网，制定分布式光伏并网服务指导意见，推进安定

及顺义垃圾焚烧工程规划建设和大规模屋顶分布式光伏开发试点。完成220kV及以上主网中期评估和滚动修编，优化西南部500kV网架，优化西北部、房山地区、延庆地区220kV分区网架，满足城市发展用电需求。开展坚强局部电网规划建设实施方案校核，统筹推进重要用户“生命线”通道29项配套电网工程规划建设；推进一级开发及重大项目配套电网规划，批复怀柔科学城产业转化示范项目等34项配套电网规划报告，为电网发展预留规划资源。

全年累计开工40项，线路462.24km，变电容量934万kVA，规模为年初计划的109.2%；投产24项，线路96.4km，变电容量456万kVA，均按计划投产。CBD变电站开工建设，画乡变电站按期投运，京唐铁路等配套迁改工程、西马扩建等13项度夏工程按期投产，环保督查项目草六线工程完成入地改造。开展“抓责任、精管理、固基础”安全主题活动，推广电建钻机、气垫运输等创新工法，全过程风险精益管控率82%、线路工程安全风险压降率88%，均超年度目标。严抓全过程质量管理，获得现代智慧标杆工地国家电网公司级2项、区域级2项。张北柔直北京换流站——昌平线路工程荣获中国电力行业优质工程奖，4项工程参评国家电网优质工程金银奖。35kV及以上输变电工程全面实行绿色建造，通州北500kV变电站获评中电建协“电力建设工程智慧工地”。创新大营站绿建融合数字化零碳变电站设计方案。研发应用电缆有限空间智能管控一体机、外骨骼机械人等系列智能装备。建成BIM三维可视化管理平台。220kV通用型GIS试验套管、电缆隧道智能设计系统等3项成果获得电力行业科技进步奖。实施基建提质增效“百项”工程攻坚行动，全年完成工程结算54项、金额25.6亿元，完成率100%。完成外部资金项目结算37项，金额15.32亿元，长期挂账工程销项40项。完善公司、属地两级环水保管理体系，建立电网环境保护责任清单，完成环保验收39项、水保验收38项，完成变电站噪声监测140座、外排废水监测36座，六氟化硫气体回收率97.6%，实现年度环保重点指标。冬奥配套绿色电能供应工程争创国家水土保持示范工程。坚持党建引领，打造基建工程特色党支部，深入社区、乡村，助力工程建设。遴选12名专业骨干人才，跨单位支援项目建设；拓展青年人才成长通道，37名员工参加“三跨”培养；全年开展基建专业培训1500余人次。

经营管理 主动向政府沟通汇报，争取到政府支持资金41.89亿元。新增接电814.6万kVA，实现综合能源收入1.49亿元，盘活房地、杆塔、数据资源增收1.8亿元。多措并举降本，综合线损率降至3.96%，营销稽查和反窃查违堵漏增收8966.66万元。深化传统业务延展、工程业务提质和新兴业务拓展，省管产业实现营收137亿元，利润3.52亿元。建立季度与月度相衔接、专题研究与常态分析相结合的经济活动分析机制，迭代优化经营管理策略。开展退役资产清查处置专项行动，全年处置报废物资1.06亿元。处置争议纠纷137件，挽回经济损失6922.5万元。开展“学案例，防风险”主题活动，实现典型案例警示教育“全覆盖”。配合审计署3项延伸审计，完成国家电网2项离任审计迎审配合，全年整改内外部检查发现问题409项。完成“合规管理强化年”各项任务，3项成果获得首届电力企业合规管理成果特等奖，3篇论文入选中国电力企业法治合规建设优秀论文。完成交易中心股份制改革，引入6家外部股东，国网北京电力占股比由100%降至43%，形成多元制衡的法人治理结构。推进世界一流示范企业建设，国网北京电力“6S”管理模式等5项典型案例入选国家电网公司“三个标杆一个示范”优秀案例。

安全生产 编制各级领导班子成员“两个清单”，动态修订全员安全责任清单。落实“四结合”重点任务，全年开展清单学习培训932次、监督检查1084次，督促整改问题214项，促进安全责任落地。首次实施安委会“议题制”，将各专业安全重点工作任务以安委会议题的形式部署推进，推动重大问题研究解决。贯彻国家电网公司安全责任落实38项措施，开展安全生产大检查、隐患大排查大整治，推进46方面313项重点任务。完成安全生产专项整治三年行动，问题隐患治理率和风险管控率均达到100%。开展16家单位安全巡查，发现并督促整改问题283项，巡查工作的深度和广度扩展。强化月度安全评价机制运转，引导各单位贯彻落实国网北京电力安全工作部署。开展风险管控措施审核和现场督查，全年审核三级及以上作业风险9099项，开展现场把关3.8万余人次。坚持安全巡检“全覆盖、无死角、零容忍”，全年巡检现场2.4万个，下发红色违章通知单5张、黄色33张、蓝色424张，将2家严重违章单位列入负面清单，安全监管始终保持高压态势。完善“1+34”应急预案体系，组织冬奥会、党的二十大、防汛度夏、迎峰度冬应急演练，配置Mesh自组网通信、液压排水泵等先进应急装备，加强应急体系和能力建设。组织开展常态化应急值班工作。建立警企、军企联合安保防护体系，在重大保电任务期间联合武警官兵、属地警力共同值守，军、警、企三方合力保卫重要活动，完成安保防恐工作任务。

完成冬奥会、冬残奥会和党的二十大等重大活动保电任务。全年完成各项保电任务219项，保电天数365天。未发生换流站单极强迫停运及500kV变电故障，发生500kV输电线路故障1起，实际停运率为0.027次/（百km·年）。全口径供电可靠率99.995%，同比提升 0.004 个百分点，用户平均停电时间 0.44h/户，同比减少 0.38h/户。年度城网供电电压合格率累计 99.998%，农网供电电压合格率累计 99.912%。创新电缆设备“精益化状态检测+精细摸排”新方法，首创隧道电缆精细化测温操作工法，完成国内首条运行 20 年的电缆缓冲层烧蚀缺陷检测，累计消除缺陷 115 处，该工法已推广至国内多个省市应用。在田府站、王四营站引入变电巡视操作双功能机器人及消防机器人，提升变电运维及消防灭火智能化水平。自主研发 5G+电力设备状态检测边缘代理装置，融合 5G、边缘计算、物联感知等技术，推进配网设备状态检测数字化转型。提升配电自动化实用化水平，馈线自动化动作正确率 91.2%，加装台区智能融合终端 16576 套，实现城市核心区全覆盖。

营销工作 优化电力营商环境，促请政府出台市政接入“五联”服务和高压接电“非禁免批”政策，全年服务“三零”客户 9.26 万户，节省客户投资超 8 亿元。推行全量用户购售电自然月同期抄表，售电量管理得到根本性规范。落实北京助企纾困缓缴电费政策，涉及企业 6147 户，金额 4055 万元。克服疫情反复及冬奥保障等诸多因素影响，研究制定电费回收九方面攻坚措施，全年实现电费回收率 99.95%。推广“一台区一指标”管理模式，台区线损率降至 2.52%。国家电网系统内率先开展计量箱数字化建档，创新“四全”管理模式。

完成 2430 户液化石油气改电及核心区 36 户燃油锅炉改电工作，全年完成电能替代电量 13.9 亿 kWh。构建“线上+线下”能效服务体系，完成 1.6 万户电能能效账单解读，推送综合能效诊断报告 9000 户。完成 7000 余台充电桩技改升级和 384 台低效充电桩迁址优化，实现充电电量 1.98 亿 kWh。开展充换电设施委托经营，全年实现经营收入 5000 万元。完成车网互动平台建设，接入充电设施 4.05 万台，可调负荷容量 14.9 万 kW。

科技与信息化 构建与政府部门、科研院所、高等院校、高科技企业合作的“四大科技资源环”，与清华大学、华北电力大学等签署合作协议，成立科技咨询委员会；科学研究开发费投入 2.39 亿元；获批牵头高等级科技项目 13 项，牵头承担 1 项国家重点研发项目课题；在冬奥核心赛区建成国内首座“发充储放”一体化充电站，落地应用大功率氢能源发电车等 12 项涉奥科研项目产出成果；获得省部级及以上科技奖励 21 项，参与获北京市科学技术奖一等奖 1 项，牵头获二等奖 3 项，参与获国家电网公司科学技术奖特等奖 1 项，牵头获二等奖 3 项；获发明专利授权 191 项，较国家电网指标翻了两番，首次获得海外专利授权 1 项；“大型城市电网承载力及供电可靠性提升技术实验室”获得国家电网首批实验室命名；国际标准实现“零的突破”，获批立项 2 项 ITU 标准和 2 项 IEEE 标准；国网海淀供电公司作为国家电网公司首家单位获评中电联“5A 级标准化良好行为企业”；在国家电网公司双创平台转化科技成果 4 项；完成 5 大板块系列科技主题活动，打造“两委、两站、两库、六大团队”科技创新专家人才支撑体系。

完成冬奥、党的二十大供电网络安全保障任务，提升全场景技防能力，开展 5 轮次全网段、全系统隐患排查，组织攻防、应急演练 186 次，以“零关停”通过国家“护网”演习检验。建成首都碳排放监测服务平台，上线 8 大场景和 150 个数据模型，在城市副中心落地应用。国家电网公司和国网北京电力两级综合示范同向发力、对表推进，示范经验 5 次在国家电网层面交流展示。建成 935 节点云平台，电网资源业务中台实现全域同源维护单轨应用，企业级实时量测中心初步建成，物联平台累计接入终端 2.4 万台，新一代应急指挥、BIM 建设管理等重要业务系统取得良好建设成效，i 国网 12 项移动应用部署上线。推进数据业务化，构建电网生产数据图谱和 3 项典型应用。海淀“城市大脑”6 大场景在国家电网系统推广。新建人工智能 RPA 74 款场景，基于区块链实现能源计量、代理购电等 6 项特色应用。全面加强数字化建设统筹和技术路线管控。组建 11 支专业化骨干团队。举办大数据应用、人工智能技能竞赛。评选特级专家 1 人，晋级国家电网网络安全蓝队指挥官和信息运行高级专家各 1 人。

优质服务 提升首善服务水平，推出“网上国网”线上发票预约、同城送票、特殊人群“关爱码”等服务举措，开展交费优惠等 235 次线上推广活动，全年线上渠道新增客户 202 万户。推动政企服务网格有机融合，推广“电力枫桥”模式，35 个乡镇用电政企共建共管。建立全市首个“心桥·电力驿站”。持续完善“接诉即办”工作机制，95598 客户投诉同比下降 80.65%，业务诉求一次解决率 99.15%，业务处理满意率 98.55%，12345 排名保持全市前列。全力推进 169 个老旧小区供电设施改造，完成 31 个、1.79 万户改造项目，12 项长期挂账工程完工。

党的建设和精神文明建设 以学习宣传贯彻党的二十大为主线，制定印发工作方案，细化形成 43 项重点任务。召开学习宣传贯彻党的二十大精神工作部署会，明确“五个坚定不移”“九个全力”的具体落实措施，各级党组织累计开展学习研讨 657 次、专题读书班 37 期。发挥“三个一百”先锋骨干作用，累计开展集中宣讲和专题党课 92 次、辅导培训 104 期。巩固党史学习教育成果，依托首都红色资源优势，开展“书记讲党史”“先锋讲党课”等特色活动，前往香山革命纪念馆、中国共产党历史展览馆等红色教育基地参观。严格“三项例会”制度，全覆盖实施党组织书记述职评议、党建绩效考核，推动党建责任层层传递、落实落地。落实“四同步、四对接”要求，完成国网北京电力党委及28家基层党委换届选举工作。规范优化党组织设置，梳理供电服务用工党员组织关系，遴选第一批重点建设支部，基层党组织建设实现提质进阶。在16个专业全覆盖实施“党建+”工程31项，建立“通用指标”+“专业指标”的综合评价体系，让党的旗帜在一线高高飘扬。

落实国家电网公司“文化铸魂、文化赋能、文化融入”专项行动，深化“红色基因、电力传承”主题实践，巩固提升国家电网级和国网北京市电力公司级企业文化示范点建设水平。承办国家电网公司首届职工文创大赛，取得4金3银。国网城区供电公司荣获全国五一劳动奖状、国网通州供电公司荣获首都劳动奖状、3人荣获首都劳动奖章，6个集体、6名同志荣获国网先进集体、工人先锋号、劳动模范，22个青年集体和个人获省部级及以上荣誉奖项。

主要事件

1月7日，国家电网公司正式表彰2021年度科学技术奖获奖项目，国网北京电力牵头完成的“城市高压电缆局放监测关键技术、装备及工程应用”“大型城市高压电缆网火灾感知和处置关键技术及应用”成果荣获科学技术进步奖二等奖，“协同控制方法和装置”成果荣获专利三等奖。

1月13日，国家电网公司第四届职工代表大会第二次会议暨2022年工作会议公布了首席专家评选结果，北京电力工程有限公司张磊当选生产技能类电网建设专业电缆施工分支专业首席专家，并在大会上被授予首席专家证书。

1月27日，国网北京电力通过北京电力交易中心电力交易平台，达成北京地区2022年冬奥期间10亿kWh的绿电市场化交易，首次实现了北京地区绿电大规模跨区跨省交易。

1月28日，北京市委书记、北京冬奥组委主席蔡奇来到国家电网2022北京冬奥供电保障北京赛区现场指挥部，检查供电保障工。

2月2日，北京冬奥会火炬传递活动正式举行，国网北京电力9名火炬手分别参加了在奥林匹克森林公园和北京冬奥公园的火炬传递活动。分别是王月鹏、魏世岭、何彦彬、陈春光、袁卫东、刘秀兰、张磊、李森、徐向东。

2月3日上午，市委书记、北京冬奥组委主席蔡奇检查北京冬奥会、冬残奥会城市运行、交通组织和开闭幕式服务保障工作。市委副书记、市长、北京冬奥组委执行主席陈吉宁，市委副书记、市人大常委会副主任张延昆，市领导崔述强、谈绪祥一同参加。国网北京电力董事长、党委书记王昕伟作供电保障工作汇报。

2月4日，在2022年冬奥盛会开幕上，全国劳动模范、国家体育场应急发电车团队副队长、国网北京昌平供电公司配电带电作业班班长王月鹏，参与国旗传递。

2月20日晚，国网北京电力完成北京2022年冬奥会闭幕式保电任务。

2月24日，IEEE标准协会（IEEE-SA）函告，由国网北京电力提交的2项电缆方向的标准提案获批立项，这是公司首次主导国际标准编制工作。

3月2日、4日，国网北京电力5名冬残奥火炬手分别在大运河漕运码头、八达岭古长城、天坛公园、北京冬奥组委驻地参加了北京冬残奥会火炬传递活动。分别是肖永立、赵志华、曹宇平、李勇、张琳。

3月4—5日，国网北京电力完成2022年全国两会开幕式供电保障任务。

3月10日，国际奥委会技术能源部部长约翰·保罗到访冬奥电力运行中心，对冬奥赛事期间电力运行工作进行了全面回顾，并转达了国际奥委会奥运会部执行主任克里斯托弗·杜比对场馆电力保障团队的感谢。

3月13日晚，国网北京电力完成北京2022年冬残奥会闭幕式保电任务。

3月24日，全国政协副主席、致公党中央主席、中国科协主席万钢率致公党中央调研组赴国家电网张北柔性直流电网示范工程北京延庆换流站，围绕“构建现代能源体系，统筹推进碳达峰碳中和”开展重点调研。

3月25日，国家电网公司召开北京2022年冬奥会和冬残奥会电力保障工作总结表彰会议，对北京冬奥会和冬残奥会电力保障过程中涌现出的一大批先进单位和集体、先进个人进行了表彰。国网北京电力被授予国家电网公司北京2022年冬奥会和冬残奥会电力保障突出贡献单位称号，辛保安为国网北京电力颁授奖牌，董事长、党委书记王昕伟代表公司上台领奖，并作交流发言。

3月29日，国网北京电力召开北京2022年冬奥会、冬残奥会暨全国两会供电保障总结会议，北京市副市长谈绪祥，国家电网公司副总经理、党组成员陈国平出席会议并讲话。

4月6日，董事长、党委书记王昕伟主持召开党委扩大会议，通报了国家电网公司党组关于公司领导班子调整的决定：张钺任国网北京电力党委委员；齐小伟任国网北京电力党委委员、工会主席；免去李百顺兼任的国网北京电力副总经理、工会主席职务；免去陈守军的国网北京电力副总经理、党委委员，城区供电公司总经理、党委副书记职务。

4月8日上午，北京冬奥会、冬残奥会总结表彰大会在人民大会堂隆重举行，习近平等党和国家领导人出席。党中央、国务院授予公司“北京冬奥会、冬残奥会突出贡献集体”称号，国网北京电力董事长、党委书记王昕伟代表公司参加此次大会接受表彰；授予冬奥电力运行中心运行团队场馆秘书长张岩突出贡献个人称号。

4月28日，中华全国总工会召开大会表彰2022年全国五一劳动奖和全国工人先锋号获得者，国网城区供电公司荣获全国五一劳动奖状。

5月21日，国网北京电力主导发起的2项国际电信联盟（ITU）标准提案《光配线架（ODF）现场智能维护需求》《电信管理网络的用户身份和访问管理需求》正式获国际电信联盟批准立项，这是国网北京电力首次主导立项ITU标准，填补了相关领域国际标准空白，提升了在相关领域的国际话语权。

5月26日，2022中国国际大数据产业博览会（简称数博会）领先科技成果发布活动在线上举办。国网北京电力申报的“基于区块链的冬奥绿色电力交易及溯源关键技术与应用”项目荣获2022数博会领先科技成果奖“新技术”奖项。

7月4日，应急管理部前往国家电网公司拜访，并向国家电网公司、国网北京电力颁发冬奥安保应急救援集体和个人表彰奖状及证书。应急管理部授予国网北京电力安监部冬奥安保应急救援集体三等功，授予国网石景山供电公司安监部主任王晶冬奥安保应急救援个人三等功。

7月12日，中国电力企业联合会和国家电网公司到国网海淀供电公司开展“AAAAA级标准化良好行为企业”现场评价。国网海淀供电公司通过认证，获评电力企业“AAAAA级标准化良好行为企业”，是新体系下国内首家通过评价的单位。

8月17日晚，接到国家电网公司紧急命令，国网北京电力在紧急调配、选拔检修公司和国网昌平供电公司17人组成应急发电车支援团队，携带3000kW中压发电车、1600kW中压发电车、辅助车、应急物资装备、防暑防疫物资等以最快速度集结，支援团队出征四川。

8月23日，中国共产党中央军事委员会机关事务管理总局副局长魏翔一行专程到国网北京电力赠送锦旗，对国网北京电力大力支持军委重要工程项目建设，以及长期以来提供的优质服务表示感谢。

9月12日，画乡500kV变电站正式投运。该工程属于北京市“3个100”重点工程（100个重大科技创新及高精尖产业项目、100个重大基础设施项目和100个重大民生改善项目），也是国网北京电力2022年服务“六稳”“六保”加快推进“四一个批”（加快开工一批、投产一批、建设一批、储备一批）重大项目建设的首个投产项目。

9月16日，由国家能源局、中国科协科普部指导，中国电机工程学会、国家电网公司等12家单位主办，国网北京电力承办的2022年第五届“电力之光”中国电力科普日主场活动，在位于石景山新首钢园区内的国家电网公司冬奥电力保障服务中心拉开帷幕。

9月23日，国家电网公司召开党的二十大电力安全保障动员暨迎峰度夏电力保供总结电视电话会议。董事长、党委书记王昕伟代表公司在分会场作表态发言。

10月9日，党的十九届七中全会在北京召开，国网北京电力按照特级保电标准严格落实各项保障措施，完成大会开幕保电任务。

10月12日，党的十九届七中全会在京闭幕，国网北京电力完成重要会议活动保电。

10月16日，中国共产党第二十次全国代表大会在北京隆重开幕，国网北京电力完成大会开幕会保电任务。

10月22日，党的二十大在京胜利闭幕。国网北京电力北京电力触动21889名干部员工和285名外省支援人员，按照特级保障标准坚决守牢保电阵地，完成了党的二十大闭幕会供电保障任务。

12月13日，北京市首个“光储直柔”零碳营业厅——环球供电服务营业厅竣工投产。

12月28日，北京市重点工程北京鲜活农产品流通中心供电项目完成送电。

（邢　蕊）

【国网天津市电力公司】

企业概况　国网天津市电力公司（简称国网天津电力）是国家电网公司的子公司，负责天津电网规划、建设、运营和供电服务，致力于为天津经济社会发展提供清洁低碳、安全高效的电力能源供应。供电面积1.19万km^2，供电户数735.9万户。截至2022年底，资产总额838.2亿元，资产负债率45.25%；2022年售电量837.25亿kWh，领导班子和领导人员三年任期考核获评“优秀”，2019—2021年任期业绩考核排名国家电网系统第四，2022年省公司对标排名国家电网系统第四。

天津是中国最早用电的城市之一，电力工业起始于1888年，至今已有134年的历史。截至2022年底，天津电网共接入各类电厂121座，发电装机容量2131.01万kW；建成1000kV变电站1座，500kV变电站10座，220kV变电站91座，电网保持安全稳定运行。

历时三年建成“1001 工程”，提前一年完成“煤改电”和农网改造升级，建成首批国际领先的 10kV“雪花网”试点，供电可靠性达到世界先进；打造全国首个政企合作的电力“双碳”先行示范区，建设集能源大数据中心、电力营商环境运营服务中心等十大功能于一体的电力双碳中心，挂牌天津碳达峰碳中和运营服务中心；配网带电作业机器人实现产业化突破、立项首个国际标准，建成国际领先的智慧能源小镇等一批示范，培育了“时代楷模”“改革先锋”“二十大代表”张黎明等一批重大典型；迭代推出“电十条”“双十条”“36 项新举措”等服务措施，助力天津市连续两年获评全国营商环境标杆城市。国网天津电力党委获评中央企业先进基层党组织，国网天津电力获评国务院国资委“创建世界一流示范企业”管理标杆，入选国企改革三年行动典型案例集，首获国家技能人才培育突出贡献单位。

电网概况 天津电网是华北电网的重要组成部分，位于华北电网负荷中心京津唐电网的东部，除了负责本地负荷供电，还承担华北电网“北电南送”任务。天津电网通过 6 回 1000kV 线路与华北特高压交流主网联络，其中胜利—锡盟—廊坊—海河—泉城双回 1000kV 交流线路及鄂尔多斯—北岳—保定—海河双回 1000kV 交流线路在海河站交汇，海河站是华北特高压主网重要的枢纽变电站。通过 9 回 500kV 线路与华北主网联络，其中通过新航城—南蔡双回、盘山—安定单回 500kV 交流线路与北京电网相联，通过吴庄—孝彩双回、芦台—裕丰双回 500kV 交流线路与冀北电网相联，通过静海—黄骅双回 500kV 交流线路与河北南网相联。

截至 2022 年 12 月 31 日，天津电网共有 1000kV 变电站 1 座，1000kV 主变压器 2 组，变电容量 6000MVA；500kV 变电站 10 座，500kV 主变压器 22 组，变电容量 22053MVA；220kV 公用变电站 90 座，220kV 主变压器 218 台，容量 41916MVA。天津电网共有交流 1000kV 线路 8 条，天津维护段长度 578.65km；直流±800kV 线路 2 条，天津维护段长度 391.916km；500kV 线路 35 条，天津维护段长度 1322.362km；220kV 线路 286 条，线路长度 4386.943km。

人力资源 服务大局增动能。发挥业绩考核“指挥棒”作用，优化业绩考核指标体系，2022 年业绩考核位列国家电网系统第五，2019—2021 年任期业绩考核排名国家电网系统第四。服务“一体四翼”高质量发展，优化营销服务中心机构设置和电动汽车公司管控模式，组建津门湖运营管理中心，强化组织赋能。稳中有进促改革。经理层成员一人一岗签订年度和任期经营业绩责任书，各级机构负责人岗位聘任制实现全覆盖，管理岗位竞聘比例 60%以上，形成“能上能下”良好格局。国家电网系统首批试点实施新版岗位绩效工资制度，建立一岗多级、绩效联动的宽带岗级体系，健全“能增能减”长效机制。旗帜领航育人才。深入实施人才培养“三大工程”，出台加快培养专家人才 12 项举措，2 人当选国家电网首席专家，聘任首批高级专家 37 名、优秀专家 130 名，遴选技能骨干 347 名，建立“四级三类”专家人才梯队。首次承办全国行业级技能竞赛，首次获评省部级竞赛团体一等奖，14 人获全国电力行业和天津市技术能手，72 人获省部级及以上竞赛表彰。国网天津电力作为国家电网系统唯一代表，获评技能人才培养领域国家级最高荣誉“国家技能人才培育突出贡献单位”。

领导人员队伍建设成效显著。政治素质提升。组织开展学习贯彻党的二十大会议精神专题培训，引导广大干部深刻领悟“两个确立”的决定性意义，坚决做到“两个维护”。做深做实政治素质考察，一批政治过硬的干部被选拔出来、使用起来。三年来，政治素质“零负面评价”的领导班子占比累计提升 52.9 个百分点，“零负面评价”的领导人员占比累计提升 25.6 个百分点。选用导向鲜明树立。统筹专业、年龄、来源等要素，对干部队伍进行优化调整。五年来，三级领导人员平均年龄下降 1.32 岁，“80 后”干部由 3 人增加至 46 人，具有多岗位经历干部占比由 47.58%增长到 70.92%，国家电网公司考核反馈的 2022 年度选人用人总体评价满意率、新提拔人员认同率分别提升 15.97 和 16.07 个百分点。作风建设深化。组织召开干部作风大会，出台《奋进新征程　展现新担当》实施意见，创新实施作风建设量化评价，健全多部门协同联动的日常考核机制，深入本部部门进行调研诊断，推动各级干部队伍作风形象提档升级。领导班子在首届任期考核中获评“优秀”等次。国家电网公司考核反馈的从严监督干部满意率五年来累计提升 12.33 个百分点。本部部门满意率和基层班子优秀率五年来累计提升超过 10 个百分点。改革创新纵深推进。落实国企改革三年行动计划，推动子企业董事会应建尽建、经理层应聘尽聘，作为 16 家试点单位之一落实董事会职权，企业内生活力动力释放。出台《国网天津电力本部三项制度改革推进方案》，纵深推进本部“三项制度”改革，机构负责人聘任率达到 100%，进入本部竞聘率超过 50%。专业管理提质增效。修订印发《领导人员管理办法》等 5 项制度文件，“1+N”组织人事制度体系持续完善。创新年轻干部教育管理监督方式，相关经验获天津市管理创新成果一等奖，组织工作调研成果二等奖。开展干部人事档案专项审核督查，促进基层单位提升档案管理水平。首次制定组工干部三年培养计划，加大监督指导力度，基层单位选人用人满意率提升。

电网建设与发展 加快推进重点工程建设。全年35kV及以上电网基建项目开工58项，开工变电容量913万kVA，输电线路1006km；投产52项，投产变电容量514万kVA，输电线路665km，完成投资57亿元，天津主网在运变电站达到101座，主网输电线路6219km。统筹铁路跨越与停电方案，完成板滨线工程第一阶段停电工作，为500kV双环网全面建成奠定基础；投产滨海扩建、杨柳青、津霸路、昆纬路扩建等重点工程，区域供电能力持续提升；大港、南港东等工程加速推进，为大乙烯等重要用户投运奠定基础；周良、宝坻南高铁电源线工程如期送电，超前谋划京滨高铁二期、津潍高铁电源线前期工作，加速推动天津港集疏运等重大迁改工程建设，为京津冀高铁、高速路网赋予动能。

推动电网建设高质量发展。推动基建"六精四化"三年行动计划落地实施，启动"十五项重点攻坚"。全面实施三个一体化，扩大主网工程属地化建管试点，加强量化考核体系建设。深化政企协同，争取外部审批政策支持，推动政府部门出台多项支持政策。适应"双碳"发展格局，发布标准化设计深化成果，强化绿色设计技术应用。开展首个专用新能源汇集站工程规划设计，立足电网创新开展SVG选型及优化布置方案研究，推动新能源跨区消纳。强化基建技术创新，施工技术取得突破，自立式跨越装备研究课题完成型式试验，现场作业向"机械化换人"持续性推进，从施工技术上提升安全管控能力。

新型电力系统加速构建。作为主要成员编制完成《天津市能源中长期发展规划》《天津市新型储能发展"十四五"规划》。天津北特高压工程率先落实站址和线路选址方案，取得沿线全部6个区政府通过协议；天津南特高压扩建及500kV北郊重建、吴庄重建、板桥间隔扩建等一批工程取得核准。500kV滨海扩建、220kV杨柳青重建等一批重点项目竣工投运。建成首批国际领先的10kV"雪花网"试点。服务华电海晶等一批百万千瓦级新能源并网，提升新能源配储比例得到政府支持。

经营管理 经营业绩实现稳中向好。优化经营策略，推进提质增效巩固提升专项行动72项任务，保持稳健经营。稳住主业基本盘。克服疫情影响，出台业扩项目管理办法，超额完成年度接电目标。实现自然月购售同期抄表结算，全年代理购电291亿kWh。首次开展用户侧合同转让交易，全年中长期直接交易电量345.97亿kWh，同比增长19.54%；省间现货售电实现零突破，购电量同比增长5.4倍。反窃稽查挽回损失1.15亿元。投运国内首个新一代电能表柔性自动检定线。初步建成系统首家"采检储运"一体化供应链园区，存储资源纳入国家电网应急储备体系。

激活产业新动能。省管产业营收82.8亿元，利润4亿元。中标市政务服务中心能源托管、建成武清高村数据中心余热回收等一批项目，综合能源市场化盈利能力提升。搭建首家省级新能源汽车充电设施综合服务平台，电动汽车业务营收3.38亿元。思极公司合同额、营收、利润分别同比增长127%、85%、40%。

织密风险防护网。全面完成"三清理、三提升"，超期工程见底清零。开展"合规管理强化年"专项行动，创新开展规章制度合规审计，打造具有辐射和带动示范效应的"党建+法治"实践品牌，推出法治宣传教育动漫形象"津电小法"。法治成果入选国务院国资委典型案例，5项合规经验成果荣获首届电力企业合规管理实践成果奖。完成审计署可再生能源电价补贴、特高压专项、国家电网公司经济责任审计迎审任务，企业治理效能提升。

改革创新实现多点突破。坚持改革创新双轮驱动，释放发展强劲动能。用好改革"关键一招"。加快建设世界一流企业，高质量收官国企改革三年行动，作为省公司唯一案例入选国务院国资委案例集，荣获首届国企深化改革实践成果特等奖。健全"1+*N*"治理制度体系，承接首批董事会职权试点，入选国家电网公司典型案例。完成省内现货市场首次模拟试运行。

安全生产 完成安全生产专项整治三年行动"收官年"各项任务，开展安全隐患大排查大整治等重点工作，强化现场安全管理，防控人身、电网、设备等各类风险，应对1771万kW历史最大负荷考验，完成党的二十大、冬奥会等重大保电任务，确保安全生产稳定局面。

专项整治收官。完成安全生产专项整治三年行动"收官年"各项任务，按照项目化管理1297项问题隐患，全部完成整改。开展安全隐患大排查大整治等重点工作，深入排查、整治各专业领域安全隐患，防范安全风险。

强化双预机制建设。电网风险管得更实。坚持"全面评估、先降后控"原则，完善和深化周风险督查会议机制，召开34次风险督查会议，严格电网风险分析和措施制定的审核和落实，实行作业、电网风险分级管控，管控529项五、六级电网风险，安全执行作业计划14719项。作业风险盯得更紧。推进安全督查的数字化转型，配置视频监控终端521台，实现四级以上作业现场视频监控全覆盖；健全违章查纠整改闭环机制，全年查处违章1283起，5支队伍和27名人员列入负面清单管理，2271名人员受到安全教育和经济处罚。缺陷隐患治理成效显著。发布重大、较大、一般安全隐患排查清单（16个专业，640项排查内容），完成一轮全面排查，发现隐患354项，全部纳入闭环管控。实现特高压密集通道市、区两级"两个纳入"，完成40条线路防舞动、防风偏以及27项输电线路“三跨”隐患治理，更换KP终端、沈古接头81支，金布电缆1.95km，解决北辰常庄子区域长期树线矛盾问题，完成特高压海河站开关合闸电阻螺丝松动、定河一二线防风偏等866项电网设备重点缺陷隐患治理。

安全应急筑牢防线。入选首批新一代应急指挥系统建设试点单位，实现7×24h应急指挥中心常态化值班。把握疫情新阶段特征，建立关键岗位备岗、驻守办公等机制，有效削峰、平稳渡峰，维护生产经营秩序。

营销工作 保障电力安全可靠供应。经政府授权成立市区两级负荷管理中心，组建专业班组。推动政府印发《天津市负荷管理预案》，开展专项演练。上线新型电力负荷管理系统，负荷控制能力达到177万kW。相关工作三次获得国家电网公司肯定。

服务乡村振兴亮点纷呈。提升电网供电能力，服务农村一二三产业融合发展，300个农村人居环境整治示范村实现电力“十化”落地，建成农村“电力便民服务站”200余个，首获“国家电网助力乡村振兴示范村”表彰，“大山里行走的红马甲”产业助农志愿服务项目荣获省部级及以上荣誉12项。相关工作得到天津市委市政府、天津市农委（乡村振兴局）肯定。

电力营商环境愈益清朗。发布“稳经济、保供电、促发展”36条措施，开展“助企纾困、服务企业复工复产”走访服务，获鸿忠书记、张工市长等领导批示肯定；深化“阳光业扩”，服务保障国家会展中心、环晟新能源等一批大项目送电，两级班子带头走访服务，70余家企业发来感谢信。

助力“双碳”成果丰硕。充换电业务持续保持国内领先，承接车网互动国家重点研发计划；津门湖充电站获评“国际领先”并获2022年天津市科技进步奖一等奖。推动出台《天津市进一步推进电能替代实施方案》，中标市政务服务中心能源托管、港航桩业分布式光伏等综合能源项目。

营销2.0上线运行。国家电网首次实现本地费控上线和云组件适配应用，业务割接用时最短，系统上线运行平稳；创新设计27项本地费控业务产品，填补业务空缺，为后续推广上线积累经验节省时间；优化割接实施工序，实现系统割接期间本地费控售电对外不停机，7×24h高质量保障用户购电服务。六是营销技术能力持续提升。“大规模电动汽车安全充放电与车网智能互动关键技术”申报国家重点科技研发计划，“基于智能电表状态评价的在线监测及高效运维技术研究与应用”获中国电力发展促进会科学技术奖一等奖。

科技与信息化 激活创新“第一动力”。首次与市科技局设立联合基金，发布10项新型电力系统前瞻课题。全年获省部级科技奖励22项，电力网络安全、城市大型充电站成果分获国家电网公司和天津市科技进步奖一等奖，电采暖与电网供需互动成果获中电联科技创新一等奖。1个团队入选国家电网公司首批新型电力系统科技攻关团队，1项成果获第九届“创青春”中国青年创新创业大赛金奖，3项成果获国际质量管理小组发表赛金奖，首获国家电网公司职工技术创新优秀成果“全满贯”。成果转化收益超600万元。“水泥制品快检仪”在国家电网物资系统推广应用，意向合同额超1800万元。

“双碳”示范引领。“双碳”实践在国务院国资委《环保低碳专刊》刊登，1项案例入选“新华信用金兰杯”碳达峰碳中和领军案例。电力双碳中心主体封顶，首个政府授权的天津碳达峰碳中和运营服务中心揭牌，新能源云碳中和支撑服务平台接入企业超1.7万家。基本建成滨海能源互联网综合示范区，宝坻“一园一村”“双碳”实践在人民日报刊登。“电–碳”分析模型纳入政府指南性文件。入选国家电网首批绿证交易试点，绿电交易同比增长超5倍。

优质服务 优化营商环境。推动政府优化电力工程建设审批流程，打通政电数据流转壁垒；针对1.5万批量用户实施“无感实名制”；开展“助企纾困、服务企业复工复产”常态走访，走访服务企业6579户、解决诉求2322项，获市委、市政府肯定；深化“阳光业扩”，完成中环半导体智慧工厂、京唐铁路等项目送电，服务天津地方经济发展；创新服务举措，实现首次“零临柜”购电，集团客户缴费“一次都不跑”，提升客户办电满意度。开展用电安全服务，完成世界职业技术教育发展大会等300余项重要活动客户侧保电任务。配合开展100户制造业企业“双随机”执法检查；推动市工信局和13个行政区出台用电安全支持政策，完成283户重要客户“一户一册”修订，指导2581户高层建筑、1445户涉热涉暖客户开展隐患排查治理。提升供电服务能力，坚持“铁腕治安”的精神抓服务，实施“供电服务百日攻坚行动”，严控供电服务工单处置质量、严抓重要服务事项提级管理、严格客户投诉、不满意率、重复诉求事件考核，客户服务满意率完成96.66%，同比提升1.62个百分点，一次解决率98.01%，同比提升1.91个百分点，投诉数量同比下降94.04%。加强优质服务体系建设，构建“全覆盖”优质服务责任体系，坚持“管专业就要管服务”，建立服务风险常态化提示机制，实现专业“全覆盖”；明确从单位主要负责人到专责、班组长各层级的供电服务责任，做到人员“全覆盖”。打造“多维度”优质服务支撑体系。做好特殊事项报备，有效缓解供电服务压力；建立收集解决服务问题机制，联合运检、建设等专业协同解决；及时、准确更新知识库，精准解答客户诉求；开展“场景互动式”服务技能培训，提升服务人员技能水平。建立“三严”优质服务考核体系。以铁腕治军精神，严控供电服务工单处置质量、严抓重要服务事项提级管理、严格客户投诉、不满意率、重复诉求事件考核；深化网格服务体系，明确网格服务责任到人，确保外溢服务问题发送到人，实现网格服务质量问题考核到人。

党的建设和精神文明建设 理论武装取得新成效。兴起学习宣传贯彻党的二十大精神热潮，开展“五学四讲三实践”学习活动，印发专题学习方案，细化57项工作措施，推动党的二十大精神走深走实。

基层基础实现新提升。开展基层基础互查互学，党建基础持续筑强。打造党建内训师队伍，深化党员发展、党组织作用发挥机制建设，创新编印《“党建+”工程工作指引》，形成“11个本部专业方案+79项基层党委重点任务+448个党支部项目”的“党建+”工程任务体系，基层党建质效提升。

融入融合积聚新优势。开展党组织党员冬奥会保电、建功二十大等专项行动，集中实施红色引擎促安全、保供电、稳经济等主题实践47项，发挥党建优势推动生产经营的经验做法在新华社等中央媒体刊发26篇。

“群体先进”展现新风貌。“时代楷模”张黎明获评全国基层理论宣讲先进个人，并当选党的二十大代表，首次实现国家电网公司代表走上“党代表通道”并接受采访。零能耗智慧建筑成果亮相“奋进新时代”主题成就展。实施“看旗争优 对标黎明”等主题实践，涌现出全国向上向善好青年、青年岗位能手标兵等一批全国先进典型，“大山里行走的红马甲”获评全国学雷锋志愿服务活动示范点。

抢抓中宣部开展“党的二十大代表风采”“沿着总书记的足迹”等宣传契机，首次实现国家电网代表在“党代表通道”接受记者采访及中央电视台新闻联播播发1分40秒专题报道。首次实现全年发稿量破万，特别是三大央媒发稿同比增长30%。首次荣获天津市新闻奖三等奖。创新实施“三基四力”工作体系，首次纳入市政法委舆情监测处置联动体系。实践研究分别荣获全国电力企业管理创新论文大赛一等奖、天津市网络文明建设十大优秀案例。品牌实践成果入选国务院国资委品牌建设典型案例。推进“零能耗智慧建筑”成果和张黎明人物图片入选国家“奋进新时代”主题成就展。首次实现第十届全国品牌故事大赛所有参赛类别全部获奖，3项作品斩获一等奖，7项作品分获二、三等奖，2项成果获评创新成果奖，获奖总量及一等奖数量均实现历史性新突破。首次获评中央网信办2022年网评工作“创四优”竞赛表现突出个人。

管党治党从严从紧。以清单督导、跟踪问效推动政治监督具体化、精准化、常态化。创新履责监督和业务监督工作模式，建立巡视巡察问题整改评价体系，推动明责、促履责，治理效能提升。持之以恒正风肃纪，探索“全周期管理”机制，评查案件质量、下发纪律检查建议书，推进以案促改常态化、规范化。大力弘扬新时代廉洁文化建设，打造“1+1+N”多维廉教矩阵，崇廉氛围日益浓厚。

（王 媛）

【国网河北省电力有限公司】

企业概况 国网河北省电力有限公司（简称国网河北电力）是国家电网公司的全资子公司，负责河北南部电网的规划建设和运营管理，营业区域覆盖石家庄、邯郸、保定、沧州、邢台、衡水六市及雄安新区。2022年全年发展总投入165.4亿元，其中电网投资151.04亿元；售电量2192.54亿kWh，同比增长2.75%；营业收入1376.4亿元，同比增长19.62%；线损率4.8%，同比降低1.03个百分点；资产总额1097.76亿元，资产负债率61.78%，同比下降1.67个百分点；利润总额7.5亿元，净利润4.78亿元。

抗疫保供 2022年面对严峻保供形势，坚持政企用、源网荷统筹协调，健全“一人一厂”服务、跨省支援互济、关键设备差异运维等工作机制，推动省级需求响应市场和省市县三级负荷管理中心启动运行，负荷预测准确率、网内电厂出力、外受电力规模、跨省应急支援均创最好水平，成功经受负荷5创历史新高、12轮恶劣天气等考验，实现了“无拉路、不限电”，完成冬奥会、二十大等重要保电任务，河北省委省政府多次给予表扬嘉奖，并向国家电网公司致信感谢。

面对多轮疫情侵袭，坚持分层分域防控，迅速驰援吉林、上海，广大干部职工团结一心，省市县公司协同作战，各级专班高效运行，调度、生产、建设、服务、后勤等各条战线持续坚守，“国网绿”“工装蓝”“沙哑音”“口罩脸”连续奋战，构筑起保运转、保供电、保职工健康的坚固防线。

人力资源 注重在急难险重任务中考察识别干部，提拔重用一批实绩突出、年富力强的优秀干部。实施“三全一创”计划，构建“1+3+N”制度体系，创新跨省域、跨专业、跨层级外派内挂机制，提升人才薪酬待遇，高标准评选资深、高级专家梯队，“大人才”体系初见雏形。1人获评国家电网首席专家，1人首获国家电网工匠，7人获评青年托举人才。30余个集体和个人荣获全国五一劳动奖状和奖章、全国工人先锋号、全国优秀共青团员等荣誉，在全国运维技能大赛、可靠性竞赛、BIM技术应用大赛，国家电网公司数字化及数据应用技能大赛和河北省网络安全、职工职业技能大赛上连创佳绩。

电网建设 电网发展实现跨越式升级。坚持发展是第一要务，累计投资近1500亿元，建成特高压“两站三通道”，500kV形成“四横两纵”，220kV实现六分区供电，各级变（配）电容量增长近1倍，相当于再造了一个河北南网。持续提升电力供应能力，网内电源规模增加135.3%，长期“外电入冀”达到1729万kW，同比翻了两番，冬夏最大负荷双破4000万kW，电网连续安全运行超过1.1万天。

电网发展多点突破。配合河北省政府建立跨省区输电通道协调机制，开创了前期工作“保西速度”，陇东—山东直流河北段取得全部省级支持性文件。率先打造电子化结算技经管理新模式，实现110kV及以上工程投产进度、规模“双超额”。石家庄“1+4”落地解决了17年来省会主城区仅一座220kV变电站的困局，保定110kV大桥工程投产结束了主城区14年未投运输变电工程的历史，邯郸市中工程实现了主城核心区第一座220kV变电站的突破，实施配网工程攻坚行动，全面补强建管力量，在施工窗口较常年压减30%的情况下，提前完成6323项建设任务。15项主网工程荣获省部级奖励，5家县供电公司获评国家电网公司配网施工转型升级“百强县”。

经营管理 提升运营管理。推进提质增效，落实国家多轮减税降费政策，配合完成三轮次输配电价成本监审，资金收支规模突破3500亿元，实现100%“省级集中”，经营管理迈入购售同期新阶段。售电量突破2000亿kWh，资产总额、营业收入双超1000亿元，综合线损由8%降至4.8%，连续三年保持国家电网公司业绩考核A段。

2022年面对严峻经营形势和严格监管要求，在拓展内涵和外延上下功夫。健全综合计划和预算前置审查机制，成本投入实现公司级统筹。制定实施适应监管近远期“两个清单”，第三监管周期成本监审结果符合预期。推进管理创效，自然月抄核机制全面建立，政策节税、外包管控、反窃查违等节支降耗16亿元，清理长期挂账工程17项、历史遗留应收账款2.03亿元。综合线损率接近理论线损，高损线路、台区较年初减少92.98%和78.82%，促请政府出台公共机构合同能源管理支持政策，综合能源服务收入3.93亿元。开展基础资源专项治理，杆塔资源共享实现增收2600余万元。承接全省新能源汽车综合服务平台运营，服务电动汽车16万辆，建成邯郸、雄安南北两个重卡充换电基地，充电量同比增长52%。开展综合治理专项行动，完成审计署可再生能源电价附加审计、特高压专项审计、经济责任审计三大任务，创新数字化预警审计监督方式，推进52家县供电公司经营管理审计“回头看”，解决一批突出问题。深入实施县供电公司合规管理达标工程，推进省管产业财务收支审计、制度体系完善和县域单位管理，基层合规管理体系更加完善。

安全生产 安全生产保持平稳。研究制定强化安全责任46项重点措施，安全管理体系全面试运行。专项整治三年行动收官，特高压GOE套管隐患、500kV主变压器抗短路能力不足、线路“三跨”问题全面销号，主网跳闸下降42%、故障率创近十年最低。率先实现直升机作业类型全覆盖，建成首家省级资产全寿命周期管理实验室，取得特高压密集通道“两个纳入”支持政策，特高压保定站通过国家反恐办达标验收。建成二次系统标准化作业体系，新一代调度技术支持系统上线运行，主网继电保护迈入全国产时代。完善“远程+现场+第三方”督查体系，高危重要用户细分保障机制初步形成，完成国家电网公司安全巡查迎检、“护网2022”演习等任务。

电力改革 改革创新实现多领域突破。治理体系和治理能力现代化水平提升，完成公司制改制、县供电公司“子改分”、退休人员社会化管理、“两供一业”分离移交等国企改革任务，交易中心完成两轮股份制改造，5批15个增量配电项目试点落地。建成公司级协同创新体系，加大科技奖励和人才建设，荣获省部级科技奖189项。信息化发展迈入数字化阶段，信息设备数量增长140%，业务数据量增长693%，推动运营管理转型。

重点改革纵深推进。完成国企改革三年行动任务，8个项目入选总部案例集。完善电力市场体系，促请河北省发展改革委出台中长期交易方案，实现新能源纳入中长期交易、全电量分时段结算等突破，电力现货市场完成模拟试运行，全年市场化交易电量达到1874亿kWh。建成省、市两级生产管控中心并规范运转。管理变革深化。完成董事会职权首批试点任务，分层分级建立“三重一大”权责清单，决策体系运转更加规范高效，推进“三项制度”改革，优化业绩考核指标体系和特殊贡献奖，供电所运营模式优化、岗位聘任制管理实现全覆盖。深化多维精益管理和“数立方”智慧价值中心建设，设备、物资试点数智场景加速推进。打造雄安、正定等12家数字化综合示范，建成企业级实时量测中心，上线流程机器人（RPA）平台，采集2.0系统、电网资源同源维护系统全面单轨应用。科技创新成果丰硕。深入实施新型电力系统科技攻关行动，投运世界首座35kV碳化硅柔性变电站，完成雄安能源互联网标准化试点建设，打造了张雄新一代科技示范线路、配网工程数字化管控系统等先行示范。首次牵头承担国家级科技课题，参与编制国内首批数字孪生电网行业标准，3家单位获评国家知识产权优势企业。荣获中国专利奖、省部级科技一等奖等27项，国际QC最高奖3项，创新奖项再创新高。

优质服务 践行宗旨，展现驻冀央企责任担当，坚持电力先行，推动重大战略部署落地。服务保障民生，2022 年办成 42 个脱贫县配套电网建设、5989 个老旧小区改造、9.8 万项农配网改造升级等民生实事，打赢抗击疫情、抢险救灾、重大保电等一系列攻坚战。

制定服务稳经济 29 项措施，主动助企纾困解难，深入开展千企百项大走访，推动出台阶段性降低中小微企业和个体工商户用电成本政策，完成集中采购超过 213 亿元，推广“电 e 金服”金融服务 93.8 亿元，减免房租降低成本 318 万元，激发市场活力。优化营商环境成效突出。实施 20 项举措，完成业扩流程优化试点，全域实现“一证办”“刷脸办”，促成全省推广电网投资项目政企数字交互平台，在石家庄建成省内首个“水电气热信”一站式营业厅，保障 252 个省级重点项目用电。深入开展涉企违规收费自查整改，出台客户服务事件严抓严管九项措施，提升供电服务品质。对接城市更新、乡村振兴等重要部署，完成 2729 个老旧小区电力改造，高标准打造 14 个电力爱心超市、100 个电靓美丽乡村和 100 个惠农富民电气化项目，在省乡村振兴考评中被评为“好”。推动建立社会自备应急电源统一调配机制，建成河北首个“零计划停电”示范区，保障群众生产生活。

主题教育 贯彻全国国企党建会精神，推进“旗帜领航”党建工程，开展党内集中教育，“两个维护”更加坚定。加强基本组织、基本队伍、基本制度建设，深化“党建+”工程、共产党员服务队建设，打造了全国、中央企业先进基层党组织等多个党建标杆，涌现出全国道德模范、中国好人等一批先进典型。持之以恒全面从严治党，创新构建“三全”监督体系，锲而不舍整治“四风”，营造了风清气正的政治生态。

开展“强国复兴有我”群众性主题宣教活动，推出数字看发展、图片看发展、员工看发展、媒体看发展系列报道，第一时间召开扩大会议，组织理论中心组、读书班等专题学习，示范带动省市县三级党委、党支部开展集中学习、主题党日等活动 4900 余次，各级领导干部、赶考讲师团开展宣讲 430 余次，推动党的二十大精神进基层、进班组、进现场。明确“八个深刻领悟”落实重点，部署开展“学讲宣研访”五项实践，细化制定专项工作方案，确保党的二十大部署落地见效。

雄安建设 服务京津冀协同发展，雄安电网逐步从规划蓝图变为现实样板，国网雄安供电公司进入全业务运营新阶段，实现“双花瓣”高可靠配电网、智慧城市融合站等一系列突破。促成雄安新区出台首批 3 项电力地方标准及分阶段补偿迁改政策，实现首座 500kV 变电站、首条电缆主送通道、首个主配一体通信网等一系列突破，雄安电网进入全电压等级投产的新阶段。紧跟新区大规模建设，建成容东供电服务中心，完成 304km 电力迁改，保障 70 个重点项目、30 座开关站、278 个配电室及 8.29 万用户快速接电。服务新区绿色发展，“双系统”上线，“双中心”挂牌成立，实现光伏降碳、森林固碳合同“双突破”，雄安高铁站光伏项目在联合国气候变化大会上发布。建成雄安数字运营驾驶舱，配电物联感知系统上线试运行。

（郑雪胜）

【国网冀北电力有限公司】

企业概况 国网冀北电力有限公司（简称国网冀北电力）隶属国家电网公司，于 2012 年 2 月 9 日独立运作。国网冀北电力注册地在北京，本部设 22 个部门（中心）及冬奥办，所属供电、施工、培训等基层单位 22 家及合资公司 3 家，职工总人数 23086 人。由于独特的地理区位和历史沿革，肩负着“一保两服务”的特殊职责使命。

电网概况 冀北电网连接东北和华北电网，供电面积 10.41 万 km^2，供电人口约 2351 万，设备分布京、津、冀、晋、蒙、辽六个省（区、市）。运维 1000kV 变电站 3 座，线路 1197.6km；±800kV 线路 577.9km；±500kV 换流站 3 座，线路 662.7km；500kV 变电站 34 座，线路 12595.8km；220kV 变电站 154 座，线路 13453.6km。截至 2022 年底，冀北电网统调装机容量为 4859 万 kW，其中新能源装机占 71.02%，位居系统第一。

人力资源 完成国企改革三年行动各项重点任务。推进省管产业改革，形成改革实施方案。推动超高压属地化管理，形成“十四五”重点任务实施计划。研究电科院管理体制优化相关问题。建成 142 个设备运检核心班组，6 个班组获评国家电网标杆。深化“三项制度”改革，三级以上领导人员全部实现任期制和契约化管理。1 家单位荣获“全国五一劳动奖状”，3 名职工分获“全国五一劳动奖章”和“首都劳动奖章”。强化经营管理各项工作，发展的平衡性、增强协调性和可持续性，企业负责人业绩考核连续 3 年保持国家电网公司 A 段。

电网建设与发展 “十四五”及 2035 年远景规划 500kV 及以上电网项目纳入国土空间规划，2 项特高压、6 项 500kV 重点项目纳入河北省电力规划。张北—胜利工程在“三交九直”特高压工程中取得核准；大同—天津工程争取到承德落点；4 项 500kV 工程取得核准。承德北等 23 项工程开工，丰宁抽水蓄能二期送出等 36 项工程竣工投产，全年投产 35kV 及以上线路 904km，变电容量 519 万 kVA。大城输变电工程荣获中国安装工程优质奖、中国电力优质工程奖。促成河北省政府明确坝上地区市场化并网新能源 20%储能配置比例。完成张雄特高压、御道口工程新能源场站调相机部署、涉网性能改造提升等4项措施，输电通道外送能力提高109万kW。累计完成38个集中式新能源项目并网，新增容量377万kW，总装机容量达到3773.2万kW，占比超过70%；全年发电量684亿kWh，同比增长23.9%，利用率保持在95%以上。制定新型电力系统建设数字化支撑方案。建成企业级实时测量中心。人工智能百余种模型在输变电缺陷、安全违章、营销表计计量识别等方面实现应用。开展基层数据服务专区示范建设，实现冀北全域供电所推广应用，发挥数据赋能基层价值。打造财务、物资、营销等57个业务流程机器人，建成“零投诉”“智慧保电”等示范样板。电力看塞罕坝等大数据应用成果获得省部级领导批示28人次。

经营管理 全年发展总投入78亿元，其中固定资产投资70亿元；售电量1619亿kWh，同比增长0.71%。

搭建“四率五度”精准投资评价体系，综合线损率下降0.8个百分点，节约购电成本5.8亿元。强化成本类项目全寿命周期管控，压减非生产非必要支出5.27亿元。唐山“换电重卡”投运量位居全国第一，年增售电量7200万kWh。建立“三清理两提高”奖惩机制，增加优质资产68亿元。设立反窃电专项奖励。首家中仓协认证电力物资“零碳仓库”挂牌成立。

安全生产 专项整治三年行动收官，配合国家电网公司安全生产巡查，累计整改各类问题1154项。实施“明责任、除隐患、查违章、保稳定”专项行动，完成3方面60项重点任务。完成800kV鲁固瓷质绝缘子大修等19项重点检修项目。柔性直流换流站实现全年零闭锁，能量可用率96.33%。建成“1+7”省地两级全覆盖的输电集中监控体系，变电运维“两个替代”初显成效。实现国内阀厅空载加压工况下的无人机试飞。拦截网络攻击近3万次，连续3年在国家网络安全实战演习中保持“零失分”。

营销工作 执行助企纾困政策，绿电精准匹配机制降低中小微企业用电成本2.2亿元。全年累计对80.99万用户实施“欠费不停供”，减免小微企业和个体工商户房租362万元。“电e金服”助力中小微企业低成本融资1.77亿元。深化保证金“保险替代”，释放供应商资金6.2亿元。

科技与信息化 以构建新型电力系统建设为核心，实施科技支撑计划、“2599”支撑方案。谋划实施新型电力系统全域综合示范行动计划，制定一揽子方案。主导编制的虚拟电厂IEC国际标准获批发布，牵头立项IEC标准《面向互联电力系统的绿色电力获取——国际通用准则》得到肯定。完成全球首次自同步电压源型光伏场站实证测试，实现“新能源+储能+调相机”模式。牵头成立中国电促会区块链专委会。绿链实践入选工信部中国绿色供应链发展报告，实现电力企业零的突破。张北柔性直流工程荣获第七届中国工业大奖。全年获得省部级科技奖42项，管理创新成果51项。2个实验室被命名为国家电网公司级实验室，1个团队获评国家电网公司新型电力系统首批科技攻关团队。5项成果分获国际QC成果铂金奖、金奖，连续3年荣获国际质量大奖。

优质服务 健全保障指挥体系，动态升级供电保障方案、应急预案和处置方案，完成党的二十大等重大活动供电保障任务。抓实迎峰度夏电力保供34项重点任务，强化政企协同联动、源网荷储协同发力，守住大电网安全和民生用电底线。做好迎峰度冬工作，巩固“三道防线”，管控五级及以上电网风险819次。强化防疫保电，确保了357家重点单位用电无忧。实施供电服务提升两年行动，客户投诉同比降低77%。深化“阳光业扩”，实现居民用户“刷脸办”、企业用户“一证办”，160kW及以下小微企业“三零”服务城乡全覆盖，营业窗口入驻所有县（区）行政审批大厅，电力营商环境发展指数同比上升3个名次，位列公司第四位。完成1763项农配网工程和162个乡村电气化项目，配电网频繁停电线路降幅超70%，1个项目参展全国首届农村能源发展大会。“孟家堡”品牌入驻“惠农帮”APP，10家电力爱心超市挂牌运营，驻村帮扶工作连续6年被河北省评为“优秀”。

党的建设和精神文明建设 实施“旗帜领航”党建工程，成立21个临时党支部。完成新一届党委、纪委以及232个党组织换届选举。开展庆祝建团100周年系列活动，推进青年精神素养提升工程。聚焦“四优五过硬”要求，推进各级领导班子建设，用好各年龄段干部，“81后”年轻干部占比达到16.1%。选拔各级专家178人，国网冀北电力唐山供电公司李征荣获第十六届中华技能大奖。推进“三不”机制建设，规范处置问题线索159件，依规依纪给予6人纪律处分、140人次组织处理。强化权力运行监督制约，抓好“一把手”监督和年轻干部教育管理监督。开展警示教育活动292次，打造廉洁阵地81个。

（王　颖）

【国网山西省电力公司】

企业概况 国网山西省电力公司（简称国网山西电力）是国家电网公司的子公司，以投资建设运营电网为核心业务，肩负着保障山西省人民电力供应的基本使命，承担着向京津唐、河北、江苏、湖北等地外送电力的重要任务，外送省份达到22个。截至2022年底，国网山西电力共有全口径用工总量47943人，全员劳动生产率完成80.69万元/（人•年），同比增长7.5%；下设11个市供电公司、108个县（区）供电公司，供电区域覆盖117个县（市、区）中的105个（其余12个县为地方电网区域)，服务客户1570万户。2022年净增接电容量1501.71万kVA，全年完成省内售电量2133.45亿kWh，同比增长3.66%，完成送出电量552.43亿kWh，电费回收率实现100%。

电网概况 山西电网以“三交一直特高压+14回500kV外送通道”连接华北、华东、华中三大区域的省级电网，是国家跨区“西电东送”“北电南送”和特高压“三交四直”输电通道汇集点，全省外送能力约3062万千瓦，年外送电量占全省发电量的1/3。省内形成了以500kV“三纵四横”为骨干网架，220kV七分区运行，110kV及以下电网等级覆盖全部城乡的供电网络格局。

截至2022年底，山西全省总装机容量120795.192MW。其中，江苏直调装机容量3300MW（阳城电厂）；河北直调装机容量2000MW（温池电厂）；华北直调装机容量15930MW（含西龙池抽水蓄能电站）；山西直调装机容量88245.0733MW；地区小电厂合计容量11320.1187MW。山西省调装机以火电为主，常规火电厂68座、机组165台，容量50685W，占比57.4%；燃气、煤层气电厂10座，容量2401.956MW，占比2.7%；水电站3座，容量868MW，占比1.0%；风电场214座，容量22160.05MW，占比25.1%；光伏电站203座，容量12130.0673MW，占比13.7%。

截至2022年底，山西电网共有220kV及以上电压等级变电站308座，主变压器694台（含换流变压器24台），变压器电容量169854.694MVA（含换流变压器容量9723.12MVA）。其中，1000kV交流特高压变电站3座，变压器7台，容量21000MVA；±800kV直流特高压换流站1座，换流变压器24台，容量9723.12MVA；500kV变电站30座（含榆社开闭站、苗山开闭站），主变压器58台，容量52500MVA；220kV变电站274座，主变压器605台，容量86631.574MVA。共有110kV变电站1053座，主变压器2219台，容量94002.44MVA；其中用户站490座，主变压器1036台，容量40499.34MVA。35 kV变电站1837座，主变压器3841台，容量34155.31MVA；其中用户站1267座，主变压器2695台，容量22354.055MVA。

截至2022年底，山西电网共有220kV及以上输电线路1070条，线路长度30794.3895km（不含过境跨省输电线路）。其中1000kV交流特高压线路13条，境内长度1984.083km；±800kV直流特高压双极线路2条，境内长度615.822km；500kV线路119条，长度7243.924km；220kV线路936条，20950.5605km。共有110kV线路2197条，线路长度26787.01km；其中用户线路811条，长度9332.738km。35kV线路3442条，线路长度30127.848km；其中用户线路2119条，长度17225.15km。

安全生产 牢固树立“人民至上、生命至上”理念，构建大安全格局，确保安全生产良好局面。专项整治取得实效。推进安全生产专项整治三年行动，健全双预机制，累计整治隐患风险2153条，消除特高压GOE套管等22项重点隐患，管控9项重大风险。开展林区35kV直配400V、零散用户光伏离网供电试点，全年实现“零火”目标。完成老旧保护改造465套。安全基础持续夯实。开展安全责任年活动，修订领导班子成员安全生产“两个清单”和全员安全责任清单，层层压实安全责任。健全安全管理体系，建成三级应急指挥中心、两级生产管控中心，严格落实“四个管住”，“明白人”到岗到位，现场作业平稳有序。修订《安全工作奖惩实施办法》，对22家县公司开展安全生产巡查，中断15家单位安全记录。全业务核心班组建设完成40.37%，核心业务可自主实施率89.14%，技改大修自主实施率27.24%。完成国家网络安全专项演习。现代设备管理体系加快建设。促请政府建立特高压密集通道联防联控机制，首座属地化500kV变电站投运，超高压输电通道属地化巡视覆盖率100%。实施变电运维“两个替代”和输电“立体巡检”，35座220kV变电站实现“一键顺控”实用化，特高压和500kV输电通道可视化覆盖率分别达到100%、53%。市公司D5000系统全面上线，配网感知度超85%。优化调整配网规划管理职责界面。实施配网“四大攻坚”行动，中低压设备运维一体化强力推进，复杂不停电作业次数突破2万次，同比增加103%，352条高跳闸线路得到有效治理，10kV线路停运率和用户停电时长分别下降31.6%、36.9%。疫情防控科学精准。应对省内多轮次疫情，保障方舱医院、定点医院等重点用户可靠供电，筑牢电力抗疫防线。因时因势优化调整疫情防控措施，最大限度守护职工身体健康。

经营管理 坚持稳字当头、稳中求进，开展提质增效专项行动，实现了效益效率双提升。挖潜增效成果显著。开展电能替代、线损治理等工作，治理三相不平衡、低压及重载配电变压器9101台，低效设备综合占比降至25.22%。推动新能源联合送出，电网间隔利用率提升60%。雁淮直流特高压利用小时达4637h。电费回收保持100%。21家县公司、44家供电所进入国家电网线损管理月度百强。联合六厅局建立投资界面延伸政企共担机制，地市级配套政策出台。创新基建仓现场物资管控，退库率压降15.6%。服务水平提升。开展“获得电力”综合监管和涉企违规收费自查整改，体外流转、三指定等问题持续压降，95598投诉同比下降63.82%，客户满意率达97.62%，同比提升3.04个百分点。深化三级服务调度体系运转，市县政务大厅入驻率100%，“一证办”成功率超90%，居国家电网系统首位。启动供电所管理提升专项行动，融合对接5470个社区网格。规范物资采购管理，子公司和省管产业单位所有采购“上平台”。完成首次现货市场整年度不间断试运行，建立全国首个一次调频市场机制，电力市场建设成效得到国家发展改革委、能源局肯定。

电网发展 推进各级电网协调发展，提升资源配置能力和供电保障能力。规划和前期工作取得积极进展。滚动调整“十四五”电网规划，推动岚县新建等3个项目纳入国家规划。促成政府成立“一交四直”项目联合工作组，推动9个地市出台简化电网项目审批流程政策，4个地市出台新能源联合送出实施细则，提前取齐陇东—山东（山西段）核准支撑文件，阳涉、集大原等一批重点工程取得核准。重点工程建设提速加力。制定“六精四化”三年行动落地实施方案，以“最小单元”过程管控为抓手，实施创优管控模式，成立山西基建调度管控中心，克服疫情等诸多挑战，500kV大同新荣等一批重点工程按期投运，投产110kV及以上线路838km，变电容量941万kVA，超额完成全年目标。晋中东500kV变电站工程获中国电力优质工程。推进新型电力系统建设。制定服务能源革命、新型电力系统建设重点任务清单，推动政府出台新能源、源网荷储一体化等支持政策，依托新能源云平台实现购售电合同线上管理，一站式提供新能源和储能接网服务，完成432.54万kW新能源并网，新能源利用率98.6%。推进煤电机组“上大压小”“三改联动”，服务干熄焦余热发电项目并网。探索山西新型电力系统建设路径，优选7个项目先行示范，批复800万kW独立储能接入，推动1150万kW抽水蓄能项目纳入国家“十四五”规划。服务乡村振兴和城市更新。制定加快农网现代化建设助推乡村振兴工作方案，57项农网巩固提升、9项老旧小区改造工程按里程碑计划推进，6项配网工程入选国家电网百佳，4个县公司获评国家电网配网施工转型升级县。“先接入后改造”服务18.8万户“煤改电”用户接电。

科技创新 坚持以改革创新解难题、添动力，国企改革三年行动收官，创新成果取得历年最好成绩。携手知名院校、骨干企业及社会团体，首次开展创新联盟签约，举办职工技术创新论坛，打造产学研用协同创新生态圈，获得省部级职工技术创新成果奖16项。建成投运能源互联网科研实证平台，实现光储直柔等10大场景模拟验证。实施新型电力系统技术攻关，大规模风电网源协调等5项关键技术取得突破。新增授权发明专利205项，获得省部级科技奖31项（其中一等奖4项），荣获第二十九届全国企业管理现代化创新成果二等奖1项，第47届国际质量管理小组会议（国际ICQCC大会）金奖2项。

人力资源 积极服务稳岗就业，提供就业岗位2600个，首次开展供电服务公司员工社会招聘，关注困难群体就业，将定向招聘偏远县公司由8个增加到20个。推进经理层成员任期制、契约化管理，岗位聘任协议“应签尽签”。深化“三项制度”改革，强化工资分配模型应用，供电单位全部实现“增人不增资、减人不减资”，“两个不一样”的导向更加鲜明。实施“旗帜领航·组织登高”工程，优化调整三级领导人员191人次，畅通职务、职员、专家三条通道，选拔聘任首批18名高级管理专家、7名高级科研专家、30名高级技能专家，优选52名优秀青年上挂下派。对西藏、新疆等地选派长、短期帮扶人员42人。印发规范员工配置管理、规范劳动合同管理的通知，充分激发内部人力资源市场活力，累计盘活存量2677人次。深入实施高端人才引领、电力工匠塑造、青年人才托举“三大工程”，培养造就更多“大家”“大师”“大工匠”和优秀青年人才，形成尊重劳动、尊重知识、尊重人才、尊重创造的鲜明导向。成立山西电力工匠学院，三级工匠梯队达到350人，2人获国家电网工匠、1人获三晋工匠。7个集体、12名个人荣获全国和山西省五一劳动奖状、奖章，4人入选国网青年人才托举工程。

党建工作 以党的二十大精神为引领，落实新时代党的建设总要求，持之以恒强根铸魂。迅速兴起学习宣传贯彻党的二十大精神热潮。第一时间召开党委扩大会议、组织中心组学习、举办读书班，专题研讨175次，明确60项落实举措，示范带动各级党组织全面学习、全面把握、全面落实党的二十大精神。采取专家学者集中宣讲、专题党课常态辅导等形式，推动党的二十大精神进基层、进班组。召开学习宣传贯彻党的二十大精神工作部署会，明确“三个全力”具体措施，把党的二十大精神转化为推动公司改革发展的实际行动。国网山西电力党委获评山西省理论学习“双一百”示范点。党建质量提升。落实“旗帜领航·提质登高”行动计划，深化“党建+”工程。推进党建标准化规范化建设，召开国网山西电力第二次党员代表大会，选举产生新一届公司党委、纪委，344个基层党组织完成换届。全力塑造“亮旗工程”特色品牌，擦亮“太行黎明”共产党员服务队金色名片，典型做法入选全国企业党建创新优秀案例。党风廉政建设不断深化。持续加强政治监督，开展安全生产、供电服务等17项监督任务。加强清廉晋电建设，各级单位开展警示教育、廉洁风险说讲425场次，推动廉洁理念贯穿经营管理各方面。

主要事件

1月17日，国网山西电力举行支援北京2022冬奥会保电突击队出征仪式，党委书记、董事长王政涛，副总经理、党委委员张军六参加。

1月31日（除夕），受山西省委副书记、省长蓝佛安委托，省委常委、常务副省长张吉福到国网山西电力调研慰问，国网山西电力党委书记、董事长王政涛陪同。张吉福在调度大厅详细听取了山西电网运行概况及山西公司春节保供、冬奥会保电、应急值班、灾害预警等工作汇报，对国网山西电力各项工作给予肯定，向国网山西电力全体员工致以节日的问候。

2月8—11日，国网山西电力党委举办2022年党史学习教育读书班，弘扬伟大建党精神，巩固拓展党史学习教育成果。读书班集中学习共设主会场1个，分会场198个，4800余名党员干部职工参加，各级党组织以支部为单位分别组织交流研讨。

2月12日，山西省委常委、常务副省长张吉福一行到国网山西电力调研。国网山西电力党委书记、董事长王政涛，副总经理张涛、张军六，太原公司总经理、党委副书记武登峰，党委书记、副总经理任智卿参加。

4月26日，国网山西电力举办“弘扬劳模精神 争做时代楷模”2022年劳模工匠风采展示活动，党委书记、董事长王政涛，总经理、党委副书记祁太元等参加活动。王政涛为活动致辞。

5月25日，国网山西电力召开学习贯彻习近平总书记在庆祝中国共产主义青年团成立100周年大会上重要讲话精神暨青年精神素养提升工程部署会议，党委书记、董事长王政涛参加会议并讲话。

6月24日，国网山西电力举行山西电网220kV七分区运行启动仪式，标志着山西电网由四分区正式调整为七分区运行，党委书记、董事长王政涛出席仪式并宣布山西电网220kV分区正式运行。

8月31日，国网山西电力召开应急指挥中心、生产管控中心成立启动会，党委书记、董事长王政涛出席会议并宣布启动，副总经理张军六参加会议。

9月2日，内蒙古自治区党委常委、自治区常务副主席黄志强一行到国网山西电力调研。山西省政府副秘书长向弟海，省国资委主任贠钊，省能源局副局长王茂盛陪同调研，国网山西电力党委书记、董事长王政涛，副总经理张军六参加。

9月14—15日，中国共产党国网山西省电力公司第二次党员代表大会召开，选举产生国网山西电力新一届党委和纪委。

9月16日上午，山西电力工匠学院揭牌仪式在山西电力职业技术学院举行。山西省人大常委会副主任、省总工会主席王纯，国网山西电力党委书记、董事长王政涛，山西省总工会党组书记、常务副主席王蕾，省总工会党组成员、副主席谭立新，省人力资源和社会保障厅副厅长吴海亮，国网山西电力党委委员、工会主席薛建虎等领导出席仪式。王纯、王政涛为山西电力工匠学院揭牌。

9月16日上午，由山西省总工会、省人力资源和社会保障厅主办，国网山西电力等承办的2022年山西省职工数字化应用技术技能大赛在山西电力职业技术学院开幕。山西省人大常委会副主任、省总工会主席王纯，国网山西电力党委书记、董事长王政涛，山西省总工会党组书记、常务副主席王蕾，省总工会党组成员、副主席谭立新，省人力资源和社会保障厅副厅长吴海亮，国网山西电力党委委员、工会主席薛建虎出席开幕式。王纯宣布比赛开幕，谭立新主持开幕式并讲话，薛建虎致欢迎辞。

9月16日，国网山西电力举办以“技能强国 创新有我”为主题的2022年职工技术创新论坛。国网山西电力党委书记、董事长王政涛，山西省总工会党组成员、副主席谭立新，国网山西电力职工董事、党委委员、工会主席薛建虎，山西省电业工会联合会常务副主席李波，山西省总工会经济部副部长高伟等领导参加活动。

9月27日下午，国网山西电力与山西省水利厅签署框架合作协议。国网山西电力党委书记、董事长王政涛，山西省水利厅党组书记、厅长常建忠出席签约仪式。

9月29日，警企联动工作启动会在国网山西电力召开。国网山西电力党委书记、董事长王政涛，山西省公安厅党委委员、副厅长李文平，治安总队总队长李泽清出席会议并讲话，国网山西电力总工程师郭贺宏主持会议。

10月16日上午10:00，中国共产党第二十次全国代表大会在北京隆重召开，习近平总书记代表十九届中央委员会向大会作报告。国网山西电力本部及系统所属各单位998个基层党组织、4万余名干部职工通过多种形式收听收看党的二十大开幕会。

10月17日，国网山西电力党委召开党委会、党委理论学习中心组专题学习会，深入学习领会习近平总书记在中国共产党第二十次全国代表大会上所作的报告，第一时间统一思想、凝聚力量，落实部署、见诸行动。

10月19日，山西省发展改革委党组成员、副主任、省太忻经济一体化发展促进中心主任张翔，太原理工大学党委副书记、副校长（主持行政工作）、山西能源互联网试点首席科学家孙宏斌到国网山西电力调研。山西省发展改革委、省太忻一体化发展促进中心有关部门负责人陪同。国网山西电力党委书记、董事长王政涛等参加。

11月3—4日，国网山西电力召开学习宣传贯彻党的二十大精神工作部署会，党委书记、董事长王政涛出席会议并作题为《学习宣传贯彻党的二十大精神 高质量完成全年目标任务》的讲话，公司领导班子成员，国网太原供电公司主要负责同志参加会议。中共中央党校（国家行政学院）教授竹立家作了党的二十大精神专题辅导。国网山西电力各部门、各单位围绕学习宣传贯彻党的二十大精神进行了分组讨论。

（龙　云）

【国网山东省电力公司】

企业概况　国网山东省电力公司（简称国网山东电力）是国家电网公司的全资子公司。本部设22个部门，下辖17家地市级供电企业、17家业务支撑单位和综合单位，3家新兴产业单位及98家县供电公司。服务电力客户5347万户。2022年，全省全社会用电量7559.19亿kWh，公司完成售电量4878亿kWh，同比增长4.8%。2022年，建成四批28个新高地，98项专业制高点国网领先，实现了从“高地”向“高原”的跨越，新高地获评全国首届国有企业深化改革实践成果特等奖。荣获世界5G大会融合应用一等奖，荣获第二十三届中国专利奖银奖，荣获国网和山东省科技奖17项，省部级及以上职工创新成果奖86项，2项管理创新获国家级表彰，3项成果获国际QC最高奖。职工创新创效基地影响力持续扩大，全国总工会多次调研并给予肯定。

电网概况　山东电网现已形成“五交三直一环网”特高压交直流为骨干网架、500kV为省域电网主网架、220kV为市域电网主网架，发、输、配电网协调发展的交直流混联大型受端电网，通过6回特高压线路、4回500kV线路与华北电网交流联网，通过银东、鲁固、昭沂3条直流通道接受西北、东北电网电力。2022年最大接受外电达到2937.7万kW。截至2022年底，山东电网电源总装机容量18957.78万kW，拥有110kV及以上变电站（换流站）2325座、变电（换流）容量5.38亿kVA（亿kW），线路9.36万km。

人力资源　截至2022年底，国网山东电力全口径用工总量为127167人，同比减少2176人。全员劳动生产率完成96.63万元/（人·年），同比增长5.23%。人才当量密度1.1321，同比增长0.64%。胸怀大局彰显责任担当。助力“双碳”目标和电力保供，挂牌碳资产管理办公室，成立全国首个省市县三级电力负荷管理中心。深入落实“抗疫情、保供电、稳经济、为人民”八项措施，提供各类就业岗位3000余个。支撑“宜商三电”推广落地，开展供电服务指挥中心等6批机构效能评估，优化前端客户服务班组和岗位，完成合资公司分支机构规范运作。人才强企增添发展动能。健全高端人才选拔培育机制，新增高端人才49人，7人当选国家电网首席专家，实现评选专业全覆盖。精心组织各类竞赛调考，斩获5项团体第一、3项个人第一，实现总成绩“五连冠”。新增高级技师310人。冯新岩当选党的二十大代表，入选“大国工匠年度人物”。创新机制激发干事活力。3家试点单位岗位绩效工资制度优化稳妥落地。健全复合型人才培养激励体系，2742人纳入培养计划，“一专多能、精一会二”的人才队伍不断壮大。加强职工关心关爱，职工幸福感持续提升。持续优化供服员工职位、职级、星级员工发展通道，2423人实现晋升，2.9万人获评星级员工。

电网建设与发展　推进规划建设。完成山东电网“十四五”规划中期调整，编制黄河流域配电网高质量发展专项规划，推动市域电网规划全部纳入政府规划。完成陇东—山东特高压直流工程可研前期工作。35～500kV工程建成投产289项，线路4979.2km，变电容量3118.7万kVA；开工216项，线路4405.02km，变电容量2567.2万kVA，其中500kV工程实现“8投产、6开工”。500kV观龙站荣获2021—2022年度中国安装工程优质奖（中国安装之星），500kV观龙站、220kV日照韩家站2项工程获评中国电力优质工程，淄博宫保220kV输变电工程荣获国网优质工程金奖。山东送变电工程有限公司是国家电网公司唯一单位荣获全国水土保持工作先进集体。山东齐河—德州500kV线路工程等5项工程获评国网公司2022年度现代智慧标杆工地。临沂交流特高压站500kV送出线路工程、菏泽孙膑（冀庄）220kV输变电工程、临沂3×300Mvar调相机工程三项工程荣获2022年度山东省水土保持优秀示范工程奖。“数智化工具在电网工程施工和全过程造价管控中的应用”获评中国电力建设企业协会电力建设工程智慧工地管理成果奖一等成果。“输变电工程数字化档案一键移交技术研究与应用”荣获中国电力企业联合会2022年度电力科技创新一等奖。会同政府部门建立重要输电通道联合防控机制，110kV及以上线路无人机自主巡检和通道可视化实现全覆盖。服务新能源发展，推动省市县政府出台风电光伏、新型储能发展等支持政策，新能源装机容量突破7000万kW，新型储能规模全国第一。

经营管理　实现售电量4878亿kWh，同比增长4.8%；营业收入3245亿元，同比增长20.1%。综合能源业务收入19.52亿元、电能替代电量200亿kWh，自营充换电量4.6亿kWh。率先应用“远程异地、网络协同”采购模式，全年完成招标采购375.5亿元，节约资金24.9亿元。构建12+102+3667仓储网络，打造1.5h供应圈，水陆联运、接棒运输，确保供应“不断链”，物资采购供应保障率100%。率先建立“云监造”体系，打造“一主多备、各具特色、1小时车程”检测网络，投运全网首条数字柔性“质检线”，1项经验入选工信部质量管理典型方案，1项成果荣获中电联2022年度电力创新奖。1项成果被《国网绿色低碳发展报告》收录。印发“保供应、助企纾困12项创新举措”，创新开展“云见面、云服务”模式，推进保险替代保证金等产融协同业务，释放供应商资金17.3亿。综合线损率下降0.2个百分点，高损台区数量下降82%。国网首家落地运行智慧共享财务平台，建成首个全场景无纸化会计主体。国企改革三年行动收官。完成董事会“六项重点职权”试点。三家省合资公司股权结构实现优化。配合完成第三监管周期输配电成本监审，争取最优核价结果。完成胜利公司股权无偿划转和吸收合并，构建东营“一张网”融合发展新格局。“外电入鲁”交易电量1318亿kWh，同比增长10.8%，节约标煤4217万t，减排二氧化碳1.1亿t、二氧化硫13.3万t。市场建设获得认可，市场运营成效显著，山东电力市场现货模式连续平稳运行，实现中长期、现货、零售和辅助服务四类市场同时连续运行。市场主体数量3万余家，市场化交易电量达3714亿kWh，占国网山东电力售电量76.1%。作为全国唯一一家电力市场建设综合改革试点省份，完成阶段性改革任务。

安全生产 印发45个方面166项安全履责重点任务，制定领导干部、管理和一线人员安全履责“同频共振”十项硬措施，对市县两级104家单位开展“下沉式”安全履责督查。发布安全管理体系文件1396份，形成过程文件、改进措施和修订制度“三个清单”。健全双重预防机制制度体系，印发风险分级管控和隐患排查治理“两个实施细则”、6个专业风险管控工作规范和典型隐患排查清单。完成专项整治三年行动任务，逐级完成5279项问题、隐患、风险验收销号。“现场+远程”全覆盖督查作业现场16.41万处，从严从快查纠通报各类违章4392起。推进“党建+安全生产”工程，开展党员“亮身份、践承诺、做表率”反违章专项行动，典型做法在国家电网系统推广。健全“正反双向”激励考核机制，开展“无违章员工、无违章班组”创建，保证体系查违章数量同比上升194%，作业现场“安全生态”持续优化。推进智能查违章，研发“吊车吊钩未闭锁”等32种典型违章自动识别并在系统内推广应用，安全监督加快智数转型。健全应急保障机制，修编省市县应急预案3672项，全面完成山东省及全部16个地市政企联合大面积停电演练。990户重要客户全部实现供电电源、自备应急电源配置合格率“双100%”。印发应急物资装备全过程管理办法和储备定额标准。重点隐患“最高级”保障，项目最先落实，停电计划最先安排，特高压GOE套管吊检、备用相恢复、新东北断路器排查等重点隐患全部销号。完成42台主变压器低压侧绝缘化治理、27台主变压器短路能力不足等设备专项提升工作，完成332组老旧蓄电池组更换等隐患改造。应用“集中监控+”建设成果，特高压GIS在线局放、SF_6气体压力等7类数据全部实现在线监测，完成569座站蓄电池内阻在线监测加装。创新“五级五控”数字化管控。标准化匹配“一表一库”，数字化管控作业流程，确保无计划不开票、无方案不审核、无勘察不提报，全专业、全流程上线运行，全力守牢现场安全底线。1170座Ⅰ、Ⅱ类防汛站补强阻水、排水措施，989处防汛区段杆塔实现全可视，治理地下配电室防汛隐患4451处，累计开展城市“生命线”用户专项巡视3700余次。建成“智慧应急”新高地，上线应用ECS系统，完成“零基础”故障研判、灾损智能研判高级功能开发。开展智慧电力气象系统研究，形成气象灾害预警、作业安全影响分析等数字气象支撑能力。完成2022年北京冬（残）奥会、党的二十大等保电任务。

营销工作 持续推广“供电+能效服务”，向61万高压客户推送能效账单，建成青岛中德多能互补、莱芜孟家储能电站等示范工程；电动汽车业务高质量发展，充换电量连续13年位居国家电网系统首位。数字化供电所建设指南24项重点任务及场景全部建设完成，1337个数字化供电所全部达到标准型建设标准。17家市级营销稽查监控中心建成投运，营销业务风险防范“三道防线”筑牢，“三位一体”营销稽查常态化开展，异常问题数量总体下降80%。营销稽查、反窃查违、台区降损贡献经济效益11.6亿元。115.84万低压分布式光伏实现15min级可观可测可控，全部实现刚性控制，20.58万户实现柔性控制，初步建成德州低压分布式光伏群调群控示范区和威海初村等17个低压可视化透明台区。计量设备基础档案持续完善，完成全量计量箱数字化建档，全省充电设施资产普查率100%。

科技与信息化 牵头获批立项国家重点研发计划“极高渗透率分布式光伏发电自适应并网与主动同步关键技术”项目。建成青岛中德生态园多能互补综合能源示范工程，自主研发5大创新技术、7个国内首台（套）装备。拓展实施新型电力系统长线框架，累计开展17个方向研究。柔性配网核心装备、工控网络安全防御技术等15项成果被院士专家鉴定为国际领先。新增山东省电能智慧应用技术创新中心和综合能源工程研究中心，获批省级新型电力系统技术标准创新中心。科技后评估体系获国家电网公司软科学成果二等奖。牵头12项成果获国家电网公司科技奖，5项成果获山东省科技奖，其中一等奖3项。共拥有有效发明专利7366项，完成110项专利挂牌交易。《山东电力技术》入选国家电网重点科技期刊培育目录。1项IEEE标准和1项ITU标准提案获得通过，牵头发布国家标准2项、行业标准12项。入选国网科研与技术标准互动发展综合试点并通过验收，荣获中电联标准化管理先进会员企业称号。1名员工当选国家电网公司科研类首席专家，1 名员工荣获山东省优秀发明家，1 名员工入选国家电网科技类青年人才托举工程。“火石”工业互联网平台入选工信部国家级“双跨”工业互联网平台名单，电力看环保等数据产品获省部级及以上领导批示 55 次。5G 应用成果入选世界移动通信大会十大典型案例，两项成果获第六届“绽放杯”5G 应用征集大赛全国总决赛二等奖。建成多维多态“电网一张图”，实现全省常规电厂、新能源场站等数据一图汇聚。连续 11 年获山东省网络安全保护先进单位，连续 4 年包揽“泰山杯”山东省网络安全大赛个人、团体双冠军。

优质服务 开展“电力赋能 • 乡村振兴”行动，建成 275 个乡村电气化示范项目，打造助力乡村振兴的“电力样板”。7 个帮扶村入选国家电网公司助力乡村振兴示范点，数量位列第一。政企协同办电典型经验全国推广，推进“物流式”办电、“零证办电”等政企协同办电措施常态化应用，相关做法获国家能源局全国推介。构建“宜商三电”服务体系，以客户视角梳理流程、职责、任务“三清单”，优化前端客户服务典型岗位 156 个，发布全国首个电力用户走访服务团体标准，庞骁刚副书记评价“‘软任务’制定了‘硬标准’”。服务“六稳六保”工作大局，“三零”“三省”全年节省客户投资 19.47 亿元，助力小微企业平稳健康发展。稳步推进延伸投资落地，实施细则实现全省覆盖。深化线上办电服务，“网上国网”用户率先突破 2100 万户，进入数字化便民时代。推广“水电气暖”联办服务，联合省住建厅等 8 部门印发《关于推动水电气暖信等联动服务的指导意见》，各市供电窗口入驻政务服务大厅，建成水电气暖共享营业厅 129 个。完成 147 个“村网共建”电力便民服务点示范点培育，打造可复制、可推广的“村网共建”服务模式，补齐乡村供电服务短板，助力建设宜居宜业和美乡村。

党的建设和精神文明建设 坚持以习近平新时代中国特色社会主义思想为指导，纵深推进“旗帜领航”党建工程，“大党建”和基层党建工作绩效考评首获国家电网“双第一”。围绕深入学习宣传贯彻党的二十大精神，细化制定 60 项重点任务，引领各级党委专题学习 468 次、各级党支部主题党日 1 万余次、各类专题宣讲及党课 570 余场次，推动大学习、大宣讲、大落实走深走实，“电力彩虹”宣讲团经验做法在央视《新闻联播》《焦点访谈》栏目播出，党的二十大代表冯新岩深入一线开展宣讲。研究构建“党建+”深化实践抓党建促发展逻辑关系图、“党建+”工作思维导图、“党建+”工具清单“两图一清单”，建立 50 个工具应用典型场景和“2332”评价体系，得到中央党校专家“对解决国企党建与业务‘两张皮’问题提供了一整套科学的思维范式、实用的解决办法”评价。深入基层开展蹲点调研，建立党支部书记能力素质模型，举办党建专业认证培训师训练营，形成专家人才、专业课程“两个一批”成果。创新开展“党支部书记在现场”8.6 万次，深入实施共产党员“亮身份 践承诺 做表率”反违章专项行动，推动基层党建工作阵地前移、重心下移。连续 4 年实施“彩虹连心”专项行动，培育 148 项“彩虹实事”，建成 260 个“电力彩虹驿站”，形成系列特色实践。建立“三全三化”大思政体系，“三四五”工作法获评中国政研会优秀成果一等奖，5 项经验在中宣部《思想政治工作研究》刊发推广。牵头完成全国党建研究会、国企党建专委会等课题研究，承担模范机关建设“三级联动”试点工作。建立党员空白班组线上管控机制，规范完成 1500 余个党支部集中换届，“两个覆盖”质量持续提升。迭代升级“三型一化”智慧党建平台，依托完成 4.9 万名党员群众满意度测评，树立党建为民鲜明导向。建立“共青团+青工委”新型青年工作体系，6 名员工分获全国向上向善好青年、全国青年岗位能手和“中国好人”称号，2 个集体和项目分获全国学雷锋示范点和最佳志愿服务项目。

（张志伟）

【内蒙古电力（集团）有限责任公司】

企业概况 2022 年，内蒙古电力（集团）有限责任公司（简称内蒙古电力集团）以习近平新时代中国特色社会主义思想为指导，深入学习贯彻党的二十大和中央经济工作会议精神，全面落实自治区党委十一届四次全会、五次全会暨全区经济工作会议部署要求，坚持“责任蒙电、绿色蒙电、数字蒙电、开放蒙电”发展定位，聚焦改革提质增效，众志成城拼搏进取，在极不平凡的年度里取得了极不寻常的成绩。内蒙古电力集团是自治区直属国有独资特大型电力企业，同时向华北、陕西榆林和蒙古国提供跨省区、跨国境供电。负责建设运营自治区中西部电网，供电区域 72 万 km^2，承担着自治区 8 个盟市工农牧业生产及城乡 1429 万多居民生活供电任务。

2022 年，内蒙古电力集团全年售电量 2383.28 亿 kWh，全网最大供电负荷突破 3560 万 kW，位列全国省网公司第 10。发展总投资 195.61 亿元，增长 60.3%。线损率 3.08%。营业总收入 1079 亿元，成为自治区第二个“双千亿”国有企业。利润总额 12.5 亿元。累计固定资产 1554 亿元。资产负债率 54.5%。综合电压合格率 99.72%，同比提升 0.15 个百分点。城市用户平均停电时间 3.95h，同比减少 2.14h。百万客户投诉量 55 次，同比下降 6.78%。全员劳动生产率 45.28 万元。连续 11 年获评自治区国资委经营业绩考核 A 级企业，位列中国企业 500 强第 255 位，能源企业 500 强第 47 位。

领导班子

党委书记、董事长、电力管理工程专家委员会主任委员：贾振国

董事、总经理、党委副书记、电力工程技术专家委员会主任委员：郝智强

党委副书记、董事，机关党委书记、政研会（文协）会长：王晓燕

党委委员、纪委书记，内蒙古自治区监委驻内蒙古电力公司监察专员：马金柱

董事、总法律顾问、电力管理工程专家委员会副主任委员：李普强

党委委员、副总经理、电力工程技术专家委员会副主任委员：闫军

党委委员、总会计师：张卫江

党委委员、副总经理：白凤英

董事、工会主席：白格平

外部董事、电力管理工程专家委员会副主任委员：潘瑛

外部董事：周建军、石凯、刘志宏、赵清、张泽恒

组织机构 2022 年，总部部门 17 个。其中综合业务部门 13 个：综合管理部、计划发展部、企业管理部、生产科技部、安全质量监察部、数字化部、营销服务部、工程建设部、财务资产部、产业产权部、人力资源部、审计部、物资管理部；党群部门 4 个，党委组织部、党委宣传部（党委统战部）、纪委（监察专员办公室）、工会。

直属机构 21 个。其中党委监督机构 3 个，党委巡查办公室、党委巡查一组、党委巡查二组；董事会工作机构 8 个，电力管理工程专家委员会、电力工程技术专家委员会、安全生产督察组、优化营商环境督察组、工程建设督察组、外部董事工作组、第一监事会、第二监事会；支撑保障机构 10 个，新闻中心、财务共享中心、职工社会保障管理中心（住房资金管理中心）、机关事务中心、管理科学研究中心、质量监督检测中心、蒙电乌兰牧骑、企业管理协会、政研会（文协）、电机工程学会。

所属单位 36 个。其中供电分公司 12 个，呼和浩特供电公司、包头供电公司、鄂尔多斯供电公司、乌兰察布供电公司、巴彦淖尔供电公司、乌海供电公司、锡林郭勒供电公司、阿拉善供电公司、薛家湾供电公司、内蒙古超高压供电公司、乌海超高压供电公司、锡林郭勒超高压供电公司；业务分公司 11 个，内蒙古电力科学研究院、内蒙古电力经济技术研究院、内蒙古电力调控公司、内蒙古电力信通公司、内蒙古电力培训中心（内蒙古电力党校）、内蒙古电力航检公司、内蒙古电力营销服务公司、电能计量公司、内蒙古电力物质供应公司、内蒙古蒙电项目建管公司、包头美岱抽水蓄能电站筹备处；全资子公司 9 个，内蒙古电力交易公司、内蒙古电力财务公司、内蒙古电力综合能源公司、内蒙古国合电力公司、内蒙古蒙电信产公司、内蒙古蒙电控股公司、内蒙古康远监理公司、内蒙古蒙电资产运营公司、京蒙大厦公司；控股子公司 4 个：呼和浩特抽水蓄能公司、乌海抽水蓄能公司、内蒙古蒙能招标公司、内蒙古足球产业公司。

企业战略 2022 年，内蒙古电力集团把握公司“十四五”和中长期发展战略目标，贯彻落实中央、自治区决策部署，初步形成“1469”中长期发展战略体系。即要始终聚焦聚力“一个战略目标”：建设世界一流现代化能源服务企业，要始终坚持“责任蒙电、绿色蒙电、数字蒙电、开放蒙电”发展定位，要大力推进集团化、集约化、市场化、数字化、生态化、国际化“六化战略路径”，要全面实施党建引领工程、电网跃升工程、服务升级工程、产业支撑工程、治理提升工程、创新驱动工程、数字赋能工程、改革攻坚工程、开放生态工程“九大战略工程”。未来五年，公司总投资规模预计将突破 2000 亿元，较“十三五”增加 800 亿元左右，其中电网投资将达到 1450 亿元左右。

社会责任 2022 年，内蒙古电力集团紧紧围绕“贯彻新发展理念，推动高质量发展”工作思路，上下合力共为、多措并举确保了大电网安全，守住了民生用电底线，有效缓解了电力供需矛盾。

坚决贯彻“疫情要防住、经济要稳住、发展要安全”的重要要求，全力服务稳增长工作大局，研究制定 26 项具体举措。完成党的二十大和北京冬奥会等 73 项重大政治保电任务。全年累计整改问题隐患 3240 项，全网实现安全稳定运行 25 年长周期记录。用电营商环境不断优化，为 13.7 万客户节省办电成本 12.2 亿元。获评国务院“地方国有企业社会责任先锋 100 指数”第 8 位，并入选全国“诚信兴商”社会责任优秀案例。

人力资源 推进改革工作走深走实。完成国企改革三年行动人力资源主体任务。完成健全市场化用工制度深入推行分级分类公开招聘、人力资源管理“员工能进能出、收入能增能减”、调整优化工资总额管理方式和实行全员绩效考核 4 项改革任务，通过国企改革专项督导查验。坚持将“总部机关化”专项治理工作向支撑保障机构延伸，支撑保障机构人员编制和内设机构压减率分别为 10%和 11%。

优化劳动组织管理。优化调整营销服务体系，调整营销服务公司内设机构设置，撤销供用电稽查公司，成立电能计量分公司。完成 53 名一般管理人员划转工作。此外，完善全业务劳动定员及全口径用工总量管控体系建设。

多措并举开展教育培训。采用“线上+线下”相结

合培训模式，全年举办各类培训4361期，培训量43.97万人•天。

安全生产 2022年，内蒙古电力集团以“1234”安全工作思路为引领，以防范各类事故为重点，下大力气控风险、除隐患、建机制、强管理，持续推进安全生产治理体系和治理能力现代化，安全生产形势保持总体平稳。

顶住疫情压力考验。面对多轮突发新冠疫情，干部职工牢牢坚守岗位，确保各项工作正常运转，打赢了疫情防控保卫战。第一时间为方舱医院、集中隔离点等抗疫前线筑起了“光明防线”，推出“欠费不停供”等6项服务措施，确保了疫情期间民生用电需求。

守稳守好安全发展底线。安全生产专项整治三年行动成功收官，形成制度成果374个、典型经验31项。建立安全管理“双提级”机制，提级处置安全事件4次、治理违章行为1792起。顶住两轮迎峰保供压力，全年组织需求侧响应19次、与华北互济95次，满足了经济社会发展需要。

筑牢筑实电网安全基础。开展“消缺陷、除隐患、控风险”专项行动，消除缺陷隐患5万余项，输、变、配和通信设备故障率大幅下降。深入推进电网智能运检，投运172座变电站辅控系统，直升机、无人机航检突破6万km，巡检效率提高7倍。建成鄂尔多斯省级备调系统，实现“异地双活、一键切换”。开展抽水蓄能黑启动试验，电网应对重大灾害能力提升。拦截处置网络攻击21.2万次，计算机病毒数量从“十万级”下降到“个位数”。

电网建设与发展 2022年，内蒙古电力集团突出绿色发展，推进电网转型升级。超前研究电网技术路线，完成蒙西电网2030年发展格局方案。统筹衔接、优化调整500kV“十四五”电网规划，协助自治区确定蒙西沙戈荒大型风光基地开发布局，纳入国家规划。积极探索配电网智能化升级路线，试点建设数字化配电变压器台区、数字孪生变电站、智慧变电站，配电自动化覆盖率超过92%。

重点工程推进有力。落实国家、自治区重点项目建设要求，主动适应用户工程快速投产节奏，下达14批政策性保障和5批应急投资计划，87项110kV及以上电网工程如期投产，电网投资创历史新高。克服施工难、窗口期短等困难，攻坚完成金山热电二期等4项国家特急能源保供工程。伊和乌素新能源汇集外送、集通铁路电气化改造供电工程按期投运。265天建成英华500kV输变电工程，创造“当年开工、当年投产”的新纪录，满足包头光伏新材料制造业用电需求。

项目管理创新高效。实施重点项目简政放权、挂牌督办、专班推进，前期费用“即报即销”，电网建设绿色通道效果明显。积极应用先进工艺，采用智能化设计变电站65座，采用可研设计一体化等模式建设工程47项，首次采用BIM技术开展大数据中心设计施工，缩短建设周期，提高工程质量。巨宝庄等12项工程荣获省部级以上优质工程奖，托克托500kV变电工程获评国家优质工程奖。

经营管理 2022年，内蒙古电力集团突出节约集约，增强企业质量效益。

挖潜增收提效益。适应电力市场改革需要，实现自然月供售同期。深挖子公司经营潜力，实现利润9.5亿元，同比增长19%。盘活积压物资5.18亿元，废旧物资处置收益6130万元。健全企业年金市场化运营机制，累计收益率28.84%，同行业收益领先，实现职工年金保值增值。

降本增效质量升。实现资本性预算全面集中支付，提升资金效益2100万元。财务公司首次牵头组织乌蓄银团贷款业务，有效降低了融资成本。带电作业和无人机作业实现自主取证，节约教育经费627万元。

经营风险防控严。强化风险防控体系建设，合法合规性审查纳入决策议事规则。发挥审计“治已病，防未病”作用，完成22个审计项目。

科技管理 落实“科技兴电”行动，2022年发布三年攻关申报指南，修订科技创新奖励管理办法，完善科技创新“顶层设计、重点攻关、机制保障、成果转化”全链条管理。加入全国新型电力系统技术创新联盟，牵头申报自治区“双碳”领域揭榜挂帅项目2项，牵头编制国家重大专项2项，参与国家重点研发计划1项。

用电营商环境 2022年，内蒙古电力集团突出为民宗旨，全面构建新型电力市场和现代服务体系。

优化用电营商环境。深化“三零三省”服务成效，梳理重塑服务流程，推动业扩配套项目全流程上线；优化周转金机制，实现服务高效联动、投资“周结月清”。抓好配电网“三高一长”问题治理，优化设备检修策略，持续提高“两率”水平。深化“一网通办”成效，降低中小企业办电成本。建立客户分层分类标签，满足多元化用能需求。

推进营销业务升级。开展“三分三推进、两立一建设”专项行动，推动营销管理提档升级。强化营销专业定制化管理、差异化考核，激发工作活力。

服务电力市场发展。健全交易体系，加强中长期与现货市场衔接，畅通价格传导渠道，引导市场主体合理参加交易。完善现货市场管理体系和配套机制，实现正式运行。

国际合作 2022年，内蒙古电力集团与蒙古国家电网OT《购售电协议》续签项目谈判工作取得关键突破。与蒙古国家电网公司、OT公司共同签署了《关于电力供应之谅解备忘录》，并就签署长周期、固定期限合同达成基本共识。

数字化建设 2022年，内蒙古电力集团数字化转型初见成效。新型基础设施建设全面提速，内网一期云平台、新门户系统上线投运，人工智能平台支撑作用明显，“数字底座”初步建成。数字应用取得突破，全年上线21个业务系统，生产精益化管理平台实现单轨运行，蒙电e联、商旅平台、移动运检助手等广泛应用，有效赋能业务转型。数据价值加速释放，建成数据中台，能源（电力）大数据平台上线运行，数据集成、共享和服务能力大幅提升。

党建工作 内蒙古电力集团坚持旗帜领航，在强根铸魂中锤炼蒙电铁军。以迎接宣传贯彻党的二十大为主线，深刻领会“两个确立”的决定性意义，不断增强践行“两个维护”的思想自觉和行动自觉。深化“四强四优”创建和“最强党支部”提质升级。配齐配强各级领导班子，加大年轻干部培养选拔力度，开展两批次盟市公司级干部选拔竞聘，27名干部赴南网、三峡等先进企业挂职交流。严格落实意识形态责任制，宣传思想工作亮点纷呈。“把草原绿电送出国门”等作品在央视等主流媒体播放，黑鹰山供电所荣获“北疆楷模”称号。民族团结工作成果丰硕，5家单位获评全区民族团结进步示范单位。认真落实党风廉政建设责任制，扎实推进以案促改集中整治、巡察问题整改及突出问题专项治理，健全完善容错纠错机制，激励干部担当作为。

主要事件

1月7日，呼和浩特供电公司承建的和林盛乐二站220kV输变电工程，乌兰察布供电公司承建的丰镇律字220kV输变电工程、生产调度楼工程，锡林郭勒供电公司承建的镶黄旗与锡林浩特北郊（博日特）220kV输变电工程荣获2021至2022年度第一批中国安装工程优质奖（中国安装之星）。

1月10日，内蒙古电力集团党委书记、董事长贾振国与日立ABB电网有限公司全球执行副总裁、大中华区总裁张金泉在呼和浩特交流座谈，党委副书记、总经理郝智强参加。

1月12日，内蒙古自治区电力行业协会荣获“全国先进社会组织”荣誉称号。

2月4日，国家能源局召开全国冬奥会保电视频会议，内蒙古电力集团董事长、党委书记贾振国，总经理、党委副书记郝智强，副总经理、党委委员闫军参加。

2月12日，自治区党委副书记、自治区主席王莉霞分别与华为技术有限公司轮值董事长徐直军、华润集团董事长王祥明在深圳举行会谈。自治区副主席艾丽华参加。会谈后，内蒙古电力集团党委书记、董事长贾振国代表内蒙古电力集团与华为公司签订合作协议。

2月，在印度举办的第46届国际质量管理小组会议上，内蒙古电力集团QC成果荣获国际质量管理QC成果铂金奖。

3月16日，内蒙古电力集团召开国企改革委员会2022年第一次会议，贯彻落实中央和自治区国企改革三年行动工作部署，研究有关工作。

3月31日，内蒙古电力集团首批12项230万kW保障性风电、光伏项目接网工程获得核准。

3月，内蒙古电力集团荣获国家版权局2021年度“全国版权示范单位（软件正版化）”称号，为内蒙古自治区唯一获此殊荣单位。

4月14日，内蒙古智慧运维新能源有限公司揭牌仪式在呼和浩特市举行。自治区副主席艾丽华出席。

4月22日，内蒙古电力集团总经理、党委副书记郝智强参加在北京召开的新型电力系统技术创新联盟成立大会。

5月26日，第二批24项440万kW保障性风电、光伏项目接网工程获得核准。

5月27日，内蒙古电力集团国家重点实验室、A级大数据中心项目开工仪式在公司总部举行。内蒙古电力集团董事长、党委书记贾振国出席，总经理、党委副书记郝智强，中建三局集团西北分公司党委书记、董事长卢华勇分别致辞。

5月31日，内蒙古电力集团与国家电投内蒙古公司签署战略合作框架协议。

6月27日，内蒙古电网首次参与省间日前现货市场。

6月，在内蒙古自治区庆祝“五一”国际劳动节暨自治区“五一”劳动奖表彰大会上，包头供电公司李继强荣获全国“五一”劳动奖章，鄂尔多斯供电公司修试管理一处“E修创新工作室”和巴彦淖尔供电公司“破茧创新工作室”荣获自治区工人先锋号，鄂尔多斯供电公司连常胜、锡林郭勒供电公司陈华、乌海供电公司戚凌铭荣获自治区“五一”劳动奖章。

6月，巴彦淖尔供电公司青年员工杨浩元荣获“全国向上向善好青年”。

7月13日，内蒙古电力集团党委副书记、总经理郝智强与国家能源集团内蒙古电力有限公司党委副书记、总经理尹朝忠在呼和浩特交流座谈，党委委员、副总经理闫军，国家能源集团内蒙古电力有限公司党委委员、副总经理任义明，党委委员、副总经理刘舜奇参加。

7月15日，浙江大学科学技术研究院副院长吴勇军，电气工程学院院长盛况、党委书记汤海旸，工程师学院副院长吕朝晖一行到访内蒙古电力集团，董事长、党委书记贾振国，总经理、党委副书记郝智强，党委副书记、董事王晓燕，副总经理、党委委员闫军参加。

7月25日，中国工程院院士、华北电力大学原校长、新能源电力系统国家重点实验室主任刘吉臻一行到访内蒙古电力集团，董事长、党委书记贾振国，总经理、党委副书记郝智强，副总经理、党委委员白凤英，内蒙古自治区能源局相关同志参加。

7月26日，中国电力企业联合会举办2022年“中国电力主题日”活动，阿拉善供电公司额济纳供电分公司黑鹰山供电所营配工苏依勒图获“最美电力人”提名奖。

8月1日，内蒙古电力集团电网统调装机突破8000万kW。

8月2日，内蒙古电力集团与浙江大学在浙江杭州签署新一轮校企战略合作协议、共建可再生能源电力系统联合研发中心协议、产教融合联合培养产业人才合作协议，并举办可再生能源电力系统联合研发中心、研究生联合培养基地揭牌仪式。

8月11—12日，在2021年度中国能源传媒优秀传播案例（电网类）复评工作会上，阿拉善供电公司的“改革‘破冰’ 激活人才‘一池春水’”、巴彦淖尔供电公司的“媒企互融，‘智’造企业宣传融媒矩阵新引擎”获评“十佳管理创新传播案例”；锡林郭勒超高压供电公司的“以志愿服务为载体加强基层单位新时代文明实践中心建设”、乌海超高压供电公司的“真理的味道非常甜”获评“十佳党建文化传播案例”。

8月18日，内蒙古电力集团党委书记、董事长贾振国一行赴华北能源监管局汇报交流。华北能源监管局党组书记、局长童光毅，党组成员、副局长代方涛，内蒙古电力集团党委委员、副总经理闫军参加。

8月18日，锡林郭勒白音华煤电高精铝板带产品项目220kV供电工程宝华Ⅰ、Ⅱ线全线送电。

8月25日，以财政部党组成员、副部长夏先德为组长的国务院第九次大督查第二督查组到内蒙古电力集团调研。内蒙古自治区党委常委、自治区常务副主席黄志强陪同。内蒙古电力集团党委副书记、总经理郝智强参加。

8月，在天津举行的2022年全国电力行业职业技能竞赛上，由内蒙古电力集团选派的信息专业（电力信息系统运行检修员）队伍取得了团体三等奖（团体第六名），包头供电公司的赵欣然取得个人赛第九名，并获“电力行业优秀技能选手”称号。

8月，《内蒙古电力技术》杂志进入国际知名数据库DOAJ。

8月，乌海超高压供电公司“基于500kV变电站复杂技术环境的全站技防系统与一体化运维管理平台”荣获全国设备管理与技术创新成果二等奖。

9月6日，中国企业联合会、中国企业家协会发布了“2022中国企业500强”榜单，内蒙古电力集团位列中国企业500强第255位、中国服务业企业500强第95位。

9月16日，内蒙古电力集团总经理、党委副书记郝智强出席在广西南宁举办的2022中国—东盟电力合作与发展论坛。

9月19—21日，在包头举办的内蒙古自治区民族团结进步创建互观互学活动经验交流会上，内蒙古电力集团、巴彦淖尔供电公司、鄂尔多斯供电公司、乌海超高压供电公司、锡林郭勒超高压供电公司获评“第八批全区民族团结进步示范单位”荣誉称号。

9月23日，内蒙古电力集团联合巴彦淖尔市人民政府在巴彦淖尔供电公司举办“迎接党的二十大 筑牢安全北疆 践行责任蒙电”中蒙跨国供电联合应急演练活动。

9月24日，鄂尔多斯蒙泰东胜热电厂二期扩建配套500kV送出工程投运，列入2022年国家特级能源保供规划的蒙泰宋家渠热电厂升压站成功接入500kV主网。

9月24日，丰泰电厂2号机通过202开关与黑启动系统准同期并网，内蒙古电网黑启动试验成功。

9月27日，在西安举办的第十三届全国电力行业职业技能（变配电运行值班员）竞赛上，由内蒙古电力集团选派的变电运行参赛队荣获团体二等奖。锡林郭勒供电公司的朱藏荣获“电力行业技术能手”称号，包头供电公司的周云航、鄂尔多斯供电公司的郭晨光、乌海供电公司的姚婷婷荣获“电力行业优秀技能选手”称号。

10月24日，敖瑞、乌兰察布新一代电网友好型示范电站项目等2项500kV输变电工程获得核准。内蒙古电力集团承担国家第一批大型风电光伏基地配套电网工程已全部完成核准。

11月18日，乌兰察布远景能源关键节点电网侧储能电站示范项目接网工程成功并网。该项目为自治区首个电网侧独立储能项目。

11月23日，在中国质量协会举办的2022年全国QC小组成果交流会（第二期）上，巴彦淖尔供电公司荣获全国QC成果“示范级”项目称号。

11月30日，500kV鸿沁湖变电站2号主变压器试运行结束，内蒙古电网首座外送特高压新能源汇集站与西北电网输送通道正式贯通。

12月1日，太阳沟抽水蓄能电站项目勘探平硐开工。

12月4日，阿拉善供电公司完成神舟十四号载人飞船返回舱着陆保电任务。

12月11日，内蒙古电网最大发电出力4476万kW，最大供电负荷3109万kW，发供电负荷再创新高。最大风电出力1592万kW。

12月20日，由国务院国资委社会责任局主办的"新征程 新责任——《中央企业社会责任蓝皮书（2022）》《国资国企社会责任蓝皮书（2022）》发布活动"在京召开。大会发布了《国资国企社会责任蓝皮书(2022)》，《蓝皮书》中首次发布"地方国有企业社会责任·先锋100指数"，内蒙古电力集团位列榜单第8名，同时，1篇履责案例《招投标利益相关方沟通机制构建》上榜了"地方国企社会责任优秀案例"。

12月20日，内蒙古电科院完成了京海电厂1、2号机组的灵活性改造验收工作，标志着内蒙古电网燃煤机组灵活性改造进入实质化运行。

12月23日，自治区党委宣传部授予黑鹰山供电所"北疆楷模"荣誉称号。

12月29日，内蒙古电力电能计量公司正式揭牌成立。

12月，耳字壕500kV输变电工程获得核准。

（包丹阳）

【北京能源集团有限责任公司】

企业概况 北京能源集团有限责任公司（简称京能集团）前身是北京国际电力开发投资公司，成立于1993年，随后2004年与北京市综合投资公司重组、2011年与北京市热力集团有限责任公司重组、2014年与北京京煤集团有限责任公司进行合并重组。京能集团是北京市国资委管理的国有独资企业，注册资本220.82亿元人民币。

2022年，京能集团位居中国企业500强第259位，中国服务业企业500强排名第98位。截至2022年末，京能集团资产规模达到4216亿元，净资产达到1489亿元，国有资本保值增值取得成效。2022年京能集团实现营业收入918亿元，利润72.68亿元，盈利水平长期稳居北京市属企业前列，连续4年被市国资委评为A级企业，为国家、北京及投资地区的社会经济发展做出积极贡献。京能集团控股京能清洁能源（00579.HK）、京能电力（600578.SH）、昊华能源（601101.SH）、京能置业（600791.SH）、京能国际（00686.HK）、华通热力（002893.SZ）六家上市公司。

经过多年的资本积累和资产整合，京能集团形成了煤、电、热一体化的大能源格局，主要业务涵盖电力能源、热力供应、煤炭经营、地产置业、节能环保和金融证券、健康文旅等多个板块。截至2022年末，京能集团控股电力装机容量达到3868万kW，风光等可再生能源发电装机容量1489万kW，占比38.5%；拥有亚洲最大的供热管网，供热面积约5.59亿m^2；煤炭产能2430万t/年；房地产施工面积176.13万m^2；现有养老机构18家，可运营养老床位1260张。

领导班子

党委书记、董事长：姜帆

党委副书记、董事、总经理：阚兴

党委副书记、工会主席：孟文涛

党委常委、副总经理：王永亮

副总经理：关天罡

党委常委、副总经理：李育海

副总经理：陈国高

党委常委、纪委书记：李锋

副总经理：隋晓峰

组织机构 京能集团总部设有17个部室，拥有全资及控股企业624家，参股企业132家。

企业战略 目前，京能集团已形成电、热、煤的能源产业链。在"十四五"时期，京能集团坚持以服务首都为宗旨，聚焦能源主业，把握能源革命大趋势，加快转型升级、低碳发展，定位为"打造成为具有中国特色国际一流的首都综合能源服务集团"。

在产业布局上，京能集团首先要保障首都能源安全供给，助力首都能源结构调整；其次要把握京津冀能源一体化发展、雄安新区建设等机遇，深入拓展华北区域业务；再次要面向全国，着重拓展国内长三角、珠三角等成熟市场，探索"一带一路"沿线及澳洲等市场。

京能集团优先发展清洁能源、综合能源服务、氢能等业务，尤其是风光等新能源，在"十四五"规划目标中，设定可再生能源发电装机占比超过50%的目标；坚持清洁低碳、安全高效的发展理念，稳慎优化发展煤电，抓好现有煤电机组的"三改联动"，提升煤电机组的清洁性、稳定性、可靠性，提高机组竞争力，适应新型电力系统；深入开展煤炭与煤电、煤电与新能源"两个联营"，发挥好煤电机组"压舱石"和"稳定器"作用。

安全管理 京能集团坚持"安全是技术、安全是管理、安全是文化、安全是责任"的理念，严格落实安全生产责任制，未发生各类电力安全生产事故，高质量完成北京市国资委安全考核目标，在北京市安委会对市属工贸企业安全生产综合考核中被评定为优秀；开展安全生产专项整治三年行动及各专项整治，推进安全文化"六安工程"建设和"五精"管理，所属京西热电等6家电力企业获得"国家级安全文化建设示范企业"称号；开展安全巡视检查和专项监察，加快推进"科技兴安"，强化安全风险管控和隐患排查治理工作，完成北京冬奥会、党的二十大等重大活动安全保障任务。

经营管理 截至 2022 年末，京能集团总资产 4216 亿元，同比增长 5.4%；所有者权益 1489 亿元，同比增长 5.7%。2022 年实现营业总收入 918 亿元，同比增长 14.7%；实现利润总额 72.68 亿元，同比增长 20.7%。

2022 年完成发电量 1263 亿 kWh，同比增长 12%，发电企业完成供热量 1.03 亿 GJ，同比增长 13.6%；热力企业供热面积 5.59 亿 m^2，同比增长 7.6%；煤炭产量 1490 万 t，同比增长 8.6%；房地产销售面积 21.44 万 m^2，可运营养老床位 1260 张。

电力建设

1. 项目开工

（1）涿州二期（2×1000MW）项目规划在一期工程扩建端建设 2×1000MW 热电联产机组及附属设施，计划 2 回 500kV 线路就近接入电网，设计供热能力 2070MW，供热量 1956 万 GJ。项目建成后可有效改善京津冀区域电源结构，提高电网安全和抵御风险能力，加快京涿两地集中清洁供暖目标推进速度。

（2）岱海风电项目（1500MW）项目位于乌兰察布市凉城县，建设规模 1500MW。项目衔接京津唐电网，将提高北京市可再生能源消纳比例，助力北京实现“双碳”目标。

2. 项目投产

（1）巴彦淖尔市乌拉特后旗京能 200MW 风电项目位于内蒙古巴彦淖尔市乌拉特后旗境内，总装机容量 200MW，主要建设安装 40 台 5MW 风力发电机组。项目建设后直接接入蒙西电网。

（2）内蒙古京能集宁二期扩建 2×660MW 热电联产项目规划建设两台 660MW 超超临界热电联产机组，供热能力 2200 万 m^2，将成为乌兰察布地区可靠的电源支撑点和乌兰察布中心城区的主力热源。

（3）京泰二期项目规划建设 2×660MW 国产高效超超临界、空冷、纯凝式汽轮发电机组，接入蒙西至天津南特高压外送通道，作为特高压配套电源项目之一，建成后将电能直接外送至华北电网，将为华北电网电力供应提供保障。

（4）京能查干淖尔煤电风光储氢一体化项目。项目由煤矿、火电及可再生能源三个独立能源项目组成，是京能集团首个“煤－电联营”和“火电－清洁能源联营”完整的一体化项目，是锡盟至山东特高压工程配套的电源点之一。火电及可再生能源项目计划于 2023 年投产，其中，火电为京能查干淖尔电厂 2×660MW 项目，建设两台 660MW 高效超超临界间接空冷机组；可再生能源为建设 800MW 风电、200MW 光伏及相应储能、氢能项目。

科技创新 京能集团坚持以服务首都高质量发展为统领，聚焦北京市科技创新发展战略需求，推进“绿色京能、数字京能、创新京能”建设，统筹科技布局，坚持问题导向，推动科技创新工作全面发力、多点突破，夯实以科技创新专项规划为引领的“1+1+N”科技创新政策体系。2022 年度，科技投入达到 28.3 亿元，科技投入强度达到 3.10%，连续 4 年保持科技研发投入强度高于同行业优秀值水平。2022 年，获得社会力量科技奖 8 项，获得专利授权 312 项（其中发明专利 19 项），完成 16 项科技成果转化，如：涿州热电“超临界间接空冷机组全工况冷端优化试验与研究”科技成果分别在京秦热电、京宁热电和京欣发电完成了推广应用，宁东发电、盛乐热电正在推广中；京海发电“输煤智能巡检与控制系统”项目成果陆续在盛乐热电、吕临发电完成推广；北京热力“智慧供热推广与实践项目”成果在 5 座锅炉房开展示范应用。

国际业务 京能集团国外投资区域主要为澳大利亚及越南，均为可再生能源业务。其中，澳大利亚投产装机容量 28.7 万 kW，开辟越南第二个境外投资市场，投产装机容量约 5 万 kW。在澳大利亚和越南已签约投资意向项目约 50 万 kW。

节能减排 京能集团切实履行首都国企责任，巩固超低排放改造成果，降低大气污染物排放。通过对所属燃煤机组的超低排放改造，实现大气污染物排放低于燃机排放标准的 50%；京内燃气机组持续开展低氮改造，降低氮氧化物排放浓度，实现氮氧化物排放低于北京市排放标准限值（30mg/m^3，标况）一半以下。2022 年度，京能集团督导所属企业积极推进重点环保改造项目，从源头推进节能减排，北京热力完成 7 座燃油锅炉房改造；京能电力所属 18 家企业完成煤场封闭改造；清洁能源高安屯热电完成全预混燃烧 PMP 燃烧器改造；昊华能源国泰化工完成政府督办的高盐水分盐结晶项目等。

人力资源 截至 2022 年末，京能集团人力资源总量为 39037 人，其中管理人员 11971 人。本科及以上学历的人员占 52%；专业技术人才 11173 人，其中具有中级及以上职称的占比约 60%；工勤技能人才约 2 万人，其中高技能人才占比约 28%。

工会工作 京能集团组织召开融合改革以来首次会员代表大会，成立新一届工会组织。坚决贯彻落实党委对新一届工会提出的具体要求，在深化产改措施落地方面，深化产改，“选、育、评、树、奖”五位一体的成长机制更加完善，全系统 7 万余人次参与“京能杯”劳动竞赛活动，评选劳模先进 79 人。在构建和谐劳动关系方面，召开一届五次职代会，职工提案落实率、满意率 100%，年度征集立项“实事项目”396 件，全部完成。在推进智慧工会建设方面，“智慧工会”注册人数超过 3.2 万，开通服务职工 7 个“运通道”，服务覆盖全系统各地区职工。在丰富职工文化生活方面，围绕喜迎二十大主题举办各类文体活动，职工参与超过15万人次。在夯实工会自身建设方面，夯实工会组织建设的“四个升级”，各项工作成效显著。

党建工作 京能集团党委坚持以习近平新时代中国特色社会主义思想为指导，全面贯彻落实党的二十大精神，深入贯彻习近平总书记对北京一系列重要讲话精神，坚持“看北京首先要从政治上看”的要求，坚持和捍卫“两个确立”，增强“四个意识”，坚定“四个自信”，做到“两个维护”。坚持党的领导，加强党的建设，把党建工作总体要求纳入企业章程，修订完善党委会、“三重一大”决策制度及清单，发挥党委把方向、管大局、保落实作用，把握企业发展方向，确保中央、市委市政府和市国资委党委决策部署贯彻落实。坚持大抓基层的鲜明导向，深化党建与“三个京能”建设有机融合，提升“党建+双碳”国企党建品牌效应。推动党建考核管理系统在党建工作全领域、各层级党组织使用全覆盖，构建党建闭环管控体系。开展党支部星级评定工作，优化考评体系和奖惩机制，促进基层党支部创造力、凝聚力、战斗力持续增强。实施党员先锋工程，激发党员发挥先锋模范作用。坚持党管干部人才原则，深化干部队伍建设，加强战略性高层次人才建设，统一建立覆盖全集团各级企业的干部人才库，全面加强年轻干部培养使用力度。以“五个下沉”为抓手，压实全面从严治党主体责任，牢牢把握意识形态主动权。统筹推进“三不腐”一体化建设，纠正“四风”，深化以案为鉴、以案促改警示教育，严肃查处违纪违法案件，营造风清气正的良好政治生态。

主要事件

1月27日，国家能源局党组书记、局长章建华赴京能集团清洁能源京阳热电，就冬奥能源保供工作进行检查调研。

3月10日，京能集团联合华北电力大学、北京工业大学共同发起创建北京碳中和学会，共同打造碳中和领域高水平、跨学科、综合性的非营利社会团体组织，为北京“双碳”目标的实现贡献力量。

4月19日，北京冬奥会、冬残奥会北京市·北京冬奥组委总结表彰大会召开，京能集团所属北京热力及3名个人分别获得“先进集体”和“先进个人”称号。

4月28日，京能集团与中国大唐签署战略合作协议，双方将就深化能源合作开发、推进能源绿色低碳转型等方面进行深入合作。

6月21日，时任中共中央政治局常委、国务院总理李克强调研京能集团所属京能电力涿州热电。要通过扩建、改造有序增加高效清洁煤电产能，加快建设抽水蓄能项目。

7月13日，京能集团取得中国证券登记结算有限责任公司出具的《证券过户登记确认书》，标志着集团完成收购华通热力股权一揽子工作的主要部分，成为北京华远意通热力科技股份有限公司（股票代码002893）单一股份表决权比例最大的股东，后续定向增发完成后最终实现控股。

8月19日，京能集团获评北京市国资委国企改革三年行动市属国企第一名。京能集团第三次入选国务院国资委“双百企业”名单。

8月23日，北京碳中和学会第一次会员大会在京召开，京能集团党委书记、董事长姜帆当选为第一届理事会理事长。

8月25日，京能集团与华北电力大学签署战略合作框架协议，双方将共同构建推动“双碳”领域发展新技术、新产品、新业态、新模式的创新平台，建设首都清洁低碳、安全高效的能源体系，努力打造能源低碳革命“北京样板”。

8月31日，京能集团与中商集团签署战略合作协议，双方将共同探索光伏发电与氢能产业、现代农业设施、冷链物流基地的结合。

9月14日，京能集团召开科学技术协会成立暨第一次会员代表大会。

9月27日，内蒙古自治区党委书记孙绍骋会见京能集团党委书记、董事长姜帆，双方就“绿电进京”、绿电制氢制氨、新能源+等方面开展深入交流。

11月1日，京能科技所属北京博尔节能设备开发有限责任公司作为第三方独立主体，成功申报为华北地区发电企业调峰辅助服务聚合商，正式开始参与华北电力调峰辅助服务。

12月初，京能集团所属京能电力锡林发电通过国家高新技术企业认定。这是继11月24日锡林发电一号机组获“2021年度全国发电机组可靠性对标标杆机组”荣誉称号以来，又一次在科技创新方面取得的优异成绩。

12月20日，由国务院国资委社会责任局主办的《中央企业社会责任蓝皮书（2022）》《国资国企社会责任蓝皮书（2022）》发布活动成功举办。京能集团社会责任优秀案例成功入选《国资国企社会责任蓝皮书（2022）》。

（徐皓鹏）

东 北 地 区

【国家能源局东北监管局】

基本情况 国家能源局东北监管局（简称东北能源监管局）于 2013 年 12 月 13 日正式挂牌，是国家能源局在东北区域的派出机构，负责辖区内电力等能源的监督管理、行政执法及电力安全监管工作。

主要职责：在东北区域内，监管电力市场运行，规范电力市场秩序；监管电网和油气管网设施的公平开放；监管电力调度交易，监督电力普遍服务政策的实施；承担电力等能源行政执法工作，依法查处有关违法违规行为，监督检查有关电价；承担除核安全外的电力运行安全、电力建设工程施工安全、工程质量安全的监督管理以及电力应急和可靠性管理，依法组织或参与电力生产安全事故调查处理；实施电力业务许可以及依法设定的其他行政许可；承办法律法规授权以及国家能源局交办的其他事项。

领导班子

党组书记、局长：郭建宇

党组成员、副局长：张志平、李艳

党组成员、纪检组长：李德刚

组织机构 东北能源监管局内设 9 个职能处室：综合处、市场监管处、行业监管处、电力安全监管处、资质管理处、稽查处、机关党委（机关纪委）办公室、吉林业务办、黑龙江业务办。全局编制 48 人，现有在职人员 45 人。

主要工作

1. 保障能源供给平稳

一是组织形成保供合力，成立能源保供工作领导小组，密切协同地方政府有关部门，压实能源企业保供主体责任。二是强化分析预判预警，对电煤库存、电力供需、运行安全等情况开展日跟踪、周分析、月总结，多次及时形成信息报送国家能源局和省政府。三是加大保供监管力度，火电机组非停容量、受阻容量减少，电煤中长协签订率、履约率保持高位，保障了电煤供应。四是提升能源保供能力，协调全国最大核电厂红沿河核电实现机组满发，推进并发挥在役火电机组应急容量调用作用。获得三省一区领导肯定和吉林省领导专门致函感谢。

2. 维护电力系统安全

一是强化风险隐患排查治理，共排查各类隐患近 2 万项，督办较大以上事故隐患风险梳理整治，完成党的二十大等重大保电任务。二是加强与政府有关部门汇报沟通，推动属地安全责任落实，完善了齐抓共管机制。三是完成全国电力安全生产大检查等 7 个专项行动，共发现问题 739 项。四是与辽宁省气象局建立完善天气会商预警机制，推动电力企业做好应急准备。五是重点强化燃煤发电厂贮灰场、水电站大坝、大电网、大基地工程等安全监管，坚决遏制较大以上安全事故发生。六是加强安全提醒，强化安全培训，加大处罚力度，首次实现全年电力安全事故起数和死亡人数双零。

3. 促进市场化改革不断深化

一是完善电力市场制度体系，围绕加快建设全国统一电力市场体系、绿电交易、电力中长期交易规则补充规定、电力需求响应、调峰辅助服务市场与现货市场融合、“两个细则”等制定一系列文件，推动全国统一电力市场机制在东北落地。二是发挥和规范市场作用，辅助服务市场促进新能源多发电量超过 500 亿 kWh，风电、光伏利用率分别超过 97%和 98%；电力中长期交易电量同比增长近 40%；辽宁省参加首次绿电交易成交规模位居全国首位。

4. 实现服务水平持续提升

一是不断提升许可管理效能，严格执行许可告知承诺制，开展信用监管，全面推行 “一次都不用跑”的工作方式，企业许可申请按时办结率 100%，好评率 100%。二是充分发挥能源监管热线作用，累计办结投诉举报 1585 件，办理满意率达到 93.1%，保障了人民群众用能权益。三是推动 1479 号文件落地，高质量完成国家能源局转来 “获得电力” 案件线索调查处置，督促 “获得电力”任务台账全面落实，“三零”“三省”服务惠及近 15 万用户，合计节省费用超 13 亿元。

5. 推动国家能源政策落地

一是行政处罚创新高，累计罚款超过 320 万元，高于前两年总和，未发生行政复议或行政诉讼。二是完成可再生能源补贴核查。三是开展 “十四五” 能源规划目标任务落实情况综合监管等 7 项监管任务，促成了规划内项目按期完成核准开工，清洁取暖目标如期达成。

（何运鹏）

【国网辽宁省电力有限公司】

企业概况 国网辽宁省电力有限公司（简称国网辽宁电力）成立于 1999 年，是国家电网公司的全资子公司。国网辽宁电力以建设运营辽宁电网为核心业务，供电营业区域覆盖全省。本部设 21 个部门（含调控中心），下属 34 家单位，全口径用工 6.25 万人；截至 2022

年底，资产总额1192亿元。辽宁电网拥有66kV及以上输电线路63649.11km；变电站1914座、开关站26座、换流站2座，变电容量24282.37万kVA。2022年，国网辽宁电力经营保持稳健，全年完成售电量2114.02亿kWh，同比基本持平；营业收入1311.71亿元，同比增长18.34%；利润总额2.67亿元，较2021年翻了一番。

近年来，国网辽宁电力坚持以习近平新时代中国特色社会主义思想为指导，深入贯彻习近平总书记关于东北、辽宁振兴发展重要讲话和指示批示精神，坚决落实国家电网公司党组和辽宁省委省政府决策部署，全面实施“一体四翼”发展布局，经营能力、管理水平、综合实力全面提升。国网辽宁电力先后荣获全国五一劳动奖状、全国文明单位、辽宁省先进基层党组织和辽宁省省长质量奖金奖等多项荣誉。

领导班子

董事长、党委书记：董天仁

董事、总经理、党委副书记：唐如海（自2022年8月）

董事、党委副书记、中共国网辽宁电力党校校长，中共国家电网有限公司党校大连分校校长，本部党委书记：刘富家（自2022年8月）

党委委员、纪委书记：苗强

总会计师、党委委员：范士新

副总经理、党委委员：刘波（自2022年8月）

副总经理、党委委员：王爱华

副总经理、党委委员：陈刚（自2022年8月）

职工董事、党委委员、工会主席：张凤舜

总工程师：谷毅（自2022年8月）

组织机构 截至2022年12月31日，本部机构：办公室（党委办公室、董事会办公室）、发展策划部（碳资产管理办公室）、党委组织部（人事董事部）、人力资源部（社保中心）、财务资产部、设备管理部、安全监察部（保卫部、应急管理部）、市场营销部（农电工作部、乡村振兴工作办公室）、科技数字化部、建设部、物资管理部（招投标管理中心）、审计监管部、后勤保障部、法律合规部（体改办）、离退休工作部、党委党建部（思想政治工作部、本部党委、团委）、工会、纪委办公室（巡察办）、党委宣传部（对外联络部）、企业管理部、调度控制中心。地市供电企业：国网沈阳供电公司、国网大连供电公司、国网鞍山供电公司、国网抚顺供电公司、国网本溪供电公司、国网丹东供电公司、国网锦州供电公司、国网营口供电公司、国网阜新供电公司、国网辽阳供电公司、国网盘锦供电公司、国网铁岭供电公司、国网朝阳供电公司、国网葫芦岛供电公司。控股县公司：凌海供电有限责任公司。业务单位：国网辽宁省电力有限公司电力科学研究院、国网辽宁省电力有限公司经济技术研究院、辽宁送变电工程有限公司、国网辽宁省电力有限公司建设分公司（监理公司）、国网辽宁省电力有限公司超高压公司、国网辽宁省电力有限公司信息通信公司、国网辽宁电力党校（国网辽宁电力管理培训中心）、国网辽宁省电力有限公司技能培训中心、国网辽宁省电力有限公司物资分公司、辽宁电力交易中心有限公司、国网辽宁省电力有限公司综合服务中心、国网辽宁省电力有限公司营销服务中心、国网辽宁综合能源服务有限公司、国网辽宁电动汽车公司、辽宁思极科技服务有限公司、辽宁电能发展股份有限公司、国网辽宁电力实业公司、北方国际公司、产业管理有限公司（产业管理事业部）。

电网建设 2022年，国网辽宁电力克服“疫情频发前所未有、连续降雨历史罕见、电力保供异常严峻”三大困难，全年建设目标超额完成，投资额度和投产规模均创历史新高。2022年，完成基建投资101.25亿元，同比2021年增加59.7%。66kV及以上工程新开工111项，开工线路2451km，变电731万kVA；投产137项，投产线路3627km，变电1850万kVA，投产规模是2021年的近两倍。

完成主网架工程竣工投产。大连红沿河核电站500kV送出工程4月建成投产，新增181万kW供电能力；7月投产的沈阳盛京—滂江电缆隧道工程和滂江变电站，是东北首条自主投资建设的盾构式电缆隧道，标志着历时4年的盛京系列工程全部建成投产；9月500kV大连冷家工程建成投产，实现庄河地区海上输送能力提高一倍，打造辽宁千万千瓦级海上风电基地迈出坚实一步；12月500kV鞍山析木工程投产，满足菱镁制造业之都负荷增加需求，整体供电能力提升145万kW左右。

服务迎峰度夏度冬保供需要。践行基建为生产服务理念，为保供保电提供基建支撑。强化目标引领和过程管控，实现盘锦化工、沈阳韩屯、鞍山英落、大连万宝、盘锦盘山、铁岭开原等高风险、长周期施工作业项目在迎峰度夏前安全投产，为电网提供坚强保障。克服罕见连续降雨困难，投产沈阳辽中—高花、辽中—顾屯、空港—文成线路、近海输变电、阜新来虎输变电、营口蓝东、盘锦南环扩建等工程，为迎峰度冬贡献基建力量。

服务新能源项目并网需求。开展电网建设百日攻坚，以“目标化、清单化、责任化”的方式，推动480万kW新能源项目配套工程建设。年底克服疫情感染扩散、冬季低温作业等困难，集中投产朝阳川州、阜新扩建和宽邦扩建等500kV工程，以及阜新丰田、紫都、朝阳常新、葫芦岛杨和沟等220kV工程。30项480万kW新能源配套送出工程进度总体适度超前电源本体项目进展，26项实现当年开工、当年竣工，剩余4项结合电源本体顺延至2023年投产。

安全生产 2022年，国网辽宁电力统筹力量和资源，保供电、保安全、保稳定。配合制定全省电力保供方案，督促发电企业及时完成机组消除缺陷，保障180万kW稳定电源并网投运。建成东北规模最大、客户最多的省级电力负荷管理中心，联合开展省内首次以保供电为主题的合成演练，保障电力安全可靠供应，扭转了拉闸限电造成的被动局面。加强大电网余缺互济，支援川渝、湖南等用电紧张省区。

完成安全生产专项整治三年行动任务，累计排查问题隐患风险共计3704项，整改率99.38%。开展电网生产技术改造项目1327项，竣工1045项；加强设备全寿命周期管理、可靠性管理、技术监督和电力设施保护工作，提高辽宁电网设备安全稳定运行水平。2022年，国网辽宁电力未发生一般及以上人身、电网及设备事故，安全生产局面保持平稳。

2022年，国网辽宁电力应对70年一遇特大汛情，累计投入人员5402人次、车辆1293台次，以最快的速度抢修受损电力设施，尽快恢复供电。做好疫情防控和供电保障，确保定点医院、防疫用品生产企业等重点部位可靠用电。派出供电保障队伍支援吉林抗击新冠疫情。履行企业政治责任和社会责任，完成中央领导到辽宁调研、北京冬奥会、党的二十大等重大保电任务。

经营管理 2022年，国网辽宁电力强化经营管理，推进稳经济工作。落实稳增长一揽子政策措施，制定实施22项具体举措，实施辽宁省重大工程供电保障专项行动，对小微企业和个体工商户实行“欠费不停供”等举措。拓宽中小企业融资渠道，“电e金服”规模超195亿元，位居全国前列。优化电力营商环境，推行“窗口无否决服务”，推广企业“一证办电”和居民“刷脸办电”，沈阳和大连200kW、其他城市160kW及以下小微企业实现“三零”服务城乡全覆盖。

开展提质增效专项行动，对冲减利影响10.63亿元。完成“三清理两提高”，清理长期挂账工程，盘活存量资产303项、释放价值2.27亿元。深化供应链管理，实现将本增效2.61亿元。开展增供扩销、降损增效“百日攻坚”行动，增供电量14.72亿kWh。开展“合规管理强化年”和“以案促管”专项行动，强化大案处置，避免和挽回经济损失1.85亿元。深入开展“严肃财经纪律、依法合规经营”综合治理专项行动，发现并整改问题141项。

国企改革三年行动收官，制定加快建设世界一流企业五个方面28项重点任务。理清党委会、董事会、总经理办公会制度，建立健全董事履职保障机制。优化生产管理模式，在国家电网系统率先完成500kV输电设备属地化管理。促成辽宁省政府出台推动建设全国统一电力市场体系的实施意见，完成国家第二批省级现货市场建设试点任务，绿色电力交易量29.03亿kWh。构建“四全”绩效管理体系，创建KPI和OKR“双向”驱动考核模式，形成省、市、县、班所四级考核评价网络，月度考核实现各业务层级全覆盖。

深化对标管理、卓越绩效、信用管理、管理创新等工作。开展QC小组活动，全年共立项987项课题。荣获第47届国际质量管理小组大会金奖4项、全国优秀质量管理小组3个、全国QC小组成果发表赛专业级以上奖项5项、全国电力行业优秀QC小组成果17项、辽宁省优秀质量管理小组成果91项。

科技创新 2022年，加大科技投入，落实国家电网公司“揭榜挂帅”工作部署，发布两批4项“揭榜挂帅”项目榜单，首次发布3项“揭榜挂帅”群众性创新项目榜单，首次设立1项青年专项。截至2022年底，国网辽宁电力在研国家项目11项（牵头3项），国家电网公司项目61项（牵头19项）。落实辽宁清洁能源强省电力发展思路，布局首批12项清洁能源发展子课题。攻克一批核心关键技术，突破规模化储能参与电网调峰技术，全球功率最大、容量最大的百兆瓦级液流电池储能调峰电站并网运行，解决了大规模可再生能源并网稳定性问题；突破复杂电磁环境高可靠性设计技术瓶颈，世界首套66kV直挂型高压静止无功发生装置在大连500kV冷家变电站投运，解决了大规模海上风电并网点动态无功支撑不足问题。新型导线研制与应用、数据安全屋、区块链+供应链等关键技术应用推进，在解决电力行业的“卡脖子”技术方面取得突破。

国网辽宁电力所属技术经济研究院获批省级重点新型智库，所属电力科学研究院实验室获批首批国家电网实验室。国网辽宁电力系统获得省部级科技奖励20项、国际QC小组大赛金奖4项。全年获得专利授权657项。出版科技论著8部，在中文核心期刊发表论文57篇、SCI论文31篇、EI论文92篇。设立科技成果孵化项目18项，资金400万元，成果转化收益首次突破1000万元。

市场建设 截至2022年底，辽宁电力交易平台已注册的市场成员5453家，其中发电企业592家，同比增加40家；售电公司84家，同比增加5家；电力用户4774户，同比增加198户；电网企业3家。交易中心已开展省内电力直接交易、电网代理购电交易、发电权交易、用电权交易、绿电绿证交易、电供暖交易等多个交易品种。

2022年，辽宁电力交易中心有限公司累计完成省内中长期交易电量1175.18亿kWh，比2021年增长31.5%，连续7年高速增长；省间购电量全年完成642.02

亿 kWh，为辽宁省电力保供打下坚实基础；跨区外送交易电量累计完成 88.14 亿 kWh，增加省内有关市场主体经济效益的同时，历史性实现东北向西南电网、湖南电网送出电力，支援南方缺电省区电力保供。

数字化建设 截至 2022 年底，辽宁电网完成 2022 年数字化项目投资计划。推进大数据、工业互联网、5G、人工智能等 61 个项目建设。构建"国网辽电 •135"大数据产品体系，打造电力"双碳"检测服务平台。创新"区块链＋供应链"多方合作新模式，国网辽宁电力成为东北首家接入"星火 • 链网"的能源企业。首个牵头的区块链 TIU 国际标准获批立项。初步建成企业中台，完成 89 套应用系统云上运行，发布数据服务 1203 个，支撑 PM3.0、智慧财务共享中心、数字化审计、新一代应急指挥等 161 个应用建设。"电力云业务应用计算仿真平台"入选 2022 年辽宁省重点培育省级工业互联网平台。"5G＋无人机"对 220kV 线路自主巡检，提高巡检效率；"5G＋菱镁工业互联网示范应用"项目入选中电联电力 5G 应用典型案例。国网辽宁电力大数据服务地方政府、电力服务"双碳"、5G＋工业互联网等科技创新成果在 2022 年全球工业互联网大会上展出。

服务乡村振兴 国网辽宁电力贯彻落实辽宁省第十三次党代会、辽宁省委农村工作会议部署要求，与辽宁省农业农村厅、辽宁省乡村振兴局于 6 月 1 日共同签署"乡村振兴、电力先行"服务辽宁省乡村振兴战略合作协议；政企三方约定进一步扩大电力在"三农"领域投资，提升电力服务"三农"水平，为辽宁省全面推进乡村振兴、加快农业农村现代化增添强劲动力。为确保合作协议有效实施和落地落实，国网辽宁电力与辽宁省农业农村厅、辽宁省乡村振兴局共同协商，出台 12 项服务辽宁省乡村振兴合作项目，以清单化、项目化、工程化推进协议落实。

发挥省、市、县公司三级供电所管理综合协调机制作用，聚焦乡镇供电所突出问题治理、指标提升等方面，通过优化管理体系、强化综合协调、加强人才队伍建设，推升乡镇供电所综合管理水平。2022 年前三季度，全省各层级共召开专题会议 264 次，解决问题 178 个。

提升供电所网格化工作效率。推广"专属电保姆"服务，落实台区经理制，推广移动作业终端，实现营配业务末端融合、"一口对外"和"一站式"服务。加强政企网格协同。按照"整合资源、优势互补、互利共赢"的原则，推行"村委网格员＋电力网格员"的"双网融合"网格化服务机制，实现村民用电"一次都不跑"。加强农时保供电。开展"防疫情，保供电'辽 • 亮'服务助春耕"和 2022 年秋粮生产供电保障工作专项行动，推行"五个全面加强"保障举措，履行"五大员"服务职责，为全省统筹推进疫情防控和春耕备耕、秋粮生产提供坚强的供电服务保障。

工会工作 推进职工民主管理。完成国网辽宁电力五届四次职工代表大会暨 2022 年工作会议的筹备和组织召开工作，召开集体协商会议，签订《2022—2024 年集体合同》。职代会质量评估获得 104 分，职代会工作职工满意率 99%。组织开展"喜迎二十大、当好主人翁"合理化建议活动，共征集建议 1707 条，93 条建议在网站发布展示，9 条建议受到国家电网公司表彰。

开展"党建＋班组建设"样板工程示范单位和"党建＋班组建设"党支部百佳精品项目评选活动，投入 940 万元用于班组建设。通过开展以"比拼四种能力、突出两个成效"为主题的设备运检全业务核心班组建设劳动竞赛，班组核心业务自主实施能力、技改大修自主实施能力、业务外包管控能力、作业支撑保障能力均显著提高。

投入 960 万元资金用于职工创新工作室建设，实现创新工作室质量升级。2022 年，国网辽宁电力 9 个创新工作室、3 个创新工作室联盟获评辽宁省劳模、职工创新工作室和创新联盟称号。2022 年，国网辽宁电力获得国家电网公司职工技术创新一等奖 1 项、三等奖 1 项；获得职工电力企业联合会职工技术创新一等奖、二等件、三等奖各 1 项。

坚持文化赋能，推进"家文化"建设。组织开展辽电"家文化"课题研究，编撰《向上向善　守正创新　和合致远——辽电"家文化"建设指导手册》。举办"喜迎二十大　永远跟党走"——辽电"家文化"系列文体活动。组织各级工会完善文体活动场所，深入基层班组开展"菜单式"主题文化活动。通过全面深化辽电"家文化"建设，为职工办实事、办好事，开展送健康、送文化、送温暖活动，职工队伍凝聚力上升。

党建工作 2022 年，国网辽宁电力党委落实新时代党的建设总要求和新时代党的组织路线，全面提升管党治党水平。召开中国共产党国网辽宁省电力有限公司第二次党代会，选举产生中共国网辽宁电力第二届党的委员会和纪律检查委员会，全面部署未来五年党委重点任务。深入实施"旗帜领航"和"党建＋"工程。2000 多个基层党组织、2.8 万名党员在电力保供、防汛救灾、重大保电等大战大考中冲锋在前，让党旗始终在一线飘扬。坚持以实绩选人用人，加大干部交流力度，一批想干事、能干事、干成事的干部走上关键岗位。实施人才培养三大工程，一批优秀人才脱颖而出，一批先进典型受到上级表彰。

学习贯彻党的二十大精神，在第一时间召开党委会、专题部署会，明确学习宣贯党的二十大精神目标任务。各级党组织跟进召开专题部署会议 141 次，形成上下联动的一体推进格局。各级党委开展“第一议题”传达学 179 次、理论学习中心组集中学习研讨 296 次、专题读书班系统学 130 期，各党支部开展专题学 4600 余次，3.2 万余名党员干部职工参加了学习研讨。组建党的二十大精神宣讲团，印发“党的二十大精神”宣讲活动实施方案，建立“五统一”宣讲机制、省市两级督导反馈机制和赛讲评优机制，开展“六讲”，做到“七个讲清楚”，推动党的二十大精神实现“五进”。各级党委领导班子成员带头讲 670 余人次，党的二十大代表刘传波履责宣讲 6 场，宣讲队伍开展集中宣讲 290 余次，受众 2.7 万余人次。

全面从严治党持续深化。坚持严的主基调，一体推进“三不腐”，加强对“一把手”和领导班子监督，完成一届任期内巡察全覆盖。实施“两整治一整改”专项行动，重点治理“靠企吃企”和微腐败问题，不断提升监督质效。深化纪律检查体制改革，推动省纪监委与国网驻组签署省内央企首份《协作配合意见》。开展廉洁文化建设深化年系列活动，全面营造风清气正的政治生态。

主要事件

1 月 16 日，国网辽宁电力第五届职工代表大会第四次会议暨 2022 年工作会议召开，董事长、党委书记董天仁作题为《坚决保障电力供应，全力推动能源转型，以优异成绩迎接党的二十大胜利召开》的工作报告。

1 月 17 日，国网辽宁电力集结 13 家单位 15 台应急发电车、122 名人员，组成 2022 年北京冬奥会供电保障支援团队在朝阳出征，全面开启 2022 年北京冬奥会供电保障工作。

3 月 3 日，国网抚顺供电公司党委党建部主任郑献春被中宣部评为“第七批全国岗位学雷锋标兵”。3 月 4 日，国网辽宁电力本部举行“传承雷锋精神 • 提升青年素养”主题活动启动仪式，董事长、党委书记董天仁为“本部雷锋共产党员服务队”和“本部雷锋青年志愿者服务队”授旗并寄语公司广大青年职工。

3 月 16 日，国网辽宁电力召开应对新冠肺炎疫情防控工作领导小组会议，会议通报了近期全国、全省疫情动态，对下一步疫情防控工作进行再强调、再部署、再落实，董事长、党委书记董天仁主持会议并讲话。

4 月 15 日，国网辽宁电力董事长、党委书记董天仁在本部与支援吉林抗疫保电队伍视频连线，了解部署援吉保电工作，代表党委向援吉人员表示亲切问候和崇高敬意。25 日，国网辽宁电力援吉抗疫保电团队完成各项支援保电任务。

6 月 1 日，国网辽宁电力与省农业农村厅、省乡村振兴局签署《“乡村振兴　电力先行”服务辽宁省乡村振兴战略合作协议》，辽宁省副省长王明玉出席签约仪式并讲话。国网辽宁电力董事长、党委书记董天仁，省委农办主任，省农业农村厅党组书记、厅长陈健，省乡村振兴局党组书记、局长潘东波代表三方签署协议。

7 月 23 日，国网辽宁电力大数据柔性团队在第五届数字中国建设峰会上获得能源大数据子赛道——污染源超限排放研判赛题优胜奖，这是该赛题全国唯一获奖的电力行业团队。

7 月 26 日，国网辽宁电力与大连理工大学签署《融汇优势资源力量，夯实校企协作根基，推进新型电力系统建设，助力“双碳”目标实现校企合作协议》，大连理工大学校长、党委副书记郭东明，国网辽宁电力董事长、党委书记董天仁见证双方签约。

8 月 19 日，国网辽宁电力举行辽宁省电力负荷管理中心揭牌仪式，辽宁省政府副省长姜有为，国网辽宁电力董事长、党委书记董天仁共同为辽宁省电力负荷管理中心成立揭牌并讲话。

8 月 25 日，国网辽宁电力召开干部大会，国家电网公司党组组织部副主任杨浩宣读干部任免文件：根据工作需要，经国家电网公司党组研究并征得中共辽宁省委同意，唐如海任国网辽宁电力董事、总经理、党委副书记；刘富家任国网辽宁电力董事、党委副书记；刘波任国网辽宁电力副总经理、党委委员；陈刚任国网辽宁电力副总经理、党委委员；谷毅任国网辽宁电力总工程师；董恩伏任国网辽宁电力三级顾问；免去鲁海威国网辽宁电力董事、总经理、党委副书记职务，另有任用；免去袁骏国网辽宁电力副总经理、党委委员职务，另有任用。

9 月 8 日，国家电网公司董事长、党组书记辛保安在沈阳拜会辽宁省委书记张国清，辽宁省委副书记、省长李乐成。双方签署“十四五”战略合作框架协议，共同出席辽宁省重大电网工程攻坚暨国家电网公司庄河抽水蓄能电站开工动员大会。

9 月 27 日，国网辽宁电力承办 2022 年辽宁大面积停电应急处置暨党的二十大供电保障应急演练。

10 月 24 日，国网抚顺供电公司高湾供电所所长刘传波作为出席党的第二十次全国代表，并参加党的二十大会议。

10 月 26 日，辽宁电力交易中心有限公司组织完成辽宁首笔“绿证”交易，成交电量 2000 万 kWh，折合绿证 2 万张，全部用于公司本部 2022 年生产经营用能，实现全年百分之百绿色用能，在全国省级电网企业和省内大中型企业中均为首次实现。

11 月 4 日，国网辽宁电力召开学习宣传贯彻党的二十大精神工作部署会，董事长、党委书记董天仁出席会议并作题为《学习宣传贯彻党的二十大精神　团结奋斗推动各项工作再上新台阶》的讲话。

12 月 5 日，国网辽宁电力 4 项 QC 成果荣获国际质量管理小组大赛金奖。

12 月 15—16 日，中国共产党国网辽宁电力第二次党员代表大会在沈阳召开。

（王　宁）

【国网吉林省电力有限公司】

企业概况　国网吉林省电力有限公司（简称国网吉林电力）是以经营、管理、建设电网为主营业务的国家大一型企业，是国家电网公司全资子公司，对所属企业和单位的国有资产承担保值增值责任，依法对省内及相关电网实施调度管理，承担着保障安全、经济、清洁、可持续的电力供应的使命。供电营业面积 16.2 万 km^2，供电服务人口 2375 万人。本部设置职能部门 22 个，省业务单位 15 家，省合资公司 3 家，地市供电公司 9 家，县公司 49 家。

2022 年是党的二十大胜利召开之年。国网吉林电力推进“1445”工作思路落地生根，电力保供、稳定经济、助力振兴、能源转型、政企合作、创新创效、队伍建设等诸多方面取得新成绩、实现新突破。企业负责人业绩考核排名提升至 B 级 20 名，领导班子三年任期履职评价获评优秀。全年发展总投入 109.1 亿元，同比增长 50.32%；售电量 694.58 亿 kWh，同比增长 2.77%；营业收入 546.44 亿元，同比增长 24.81%；利润总额－7.25 亿元，缴税 17.85 亿元，同比增长 26%；资产总额 592.46 亿元；资产负债率 61.05%；用工总量 30568 人，职工劳动生产率 48.31 万元/（人·年）。

领导班子

董事长、党委书记：王志伟

董事、总经理、党委副书记：陈守军

董事、党委副书记：党晓峰

副总经理、党委委员：李国辉

副总经理、党委委员：孙文胜

副总经理、党委委员：李大勇

总工程师、党委委员：杨军

总会计师、党委委员：周成城

党委委员、纪委书记：宫庆申

职工董事、工会主席、党委委员：姜兴涛

电网概况　吉林电网位于东北电网的中部，北连黑龙江电网，南接辽宁电网，西临内蒙古东部电网，在满足吉林省电力供应的同时，还是东北电网北电南送的重要通道。截至 2022 年底，吉林省电网共有 500kV 变电站 17 座，变电容量 3106 万 kVA，线路总长度 5667km；220kV 变电站 102 座，变电容量 2808 万 kVA，线路总长度 13969km。66kV 变电站 943 座，变电容量 2765 万 kVA，输电线路 20374km。经过多年建设，吉林省 500kV 电网已形成以合心、包家、东丰、梨树为支撑的两横两纵“井”字形电网结构，“北电南送、东西互济”的能力得到提高；各地区 220kV 电网以 500kV 变电站为依托形成环网结构，长春、吉林、延边已经形成城市双环网。电力交换能力和资源优化配置能力提高，电网供电能力和运行可靠性增强。

吉林省电源分布特点是水电主要分布在东部，西部以风电为主，火电以城市热电联产机组为主。吉林省新电源建设快速发展，新能源装机容量突破 1500 万 kW。2022 年末全省发电总装机容量 4029.64 万 kW，其中：水电装机容量 645.52 万 kW，占比 16.02%；火电装机容量 1854.75 万 kW，占比 46.03%；风电装机容量 1142.73 万 kW，占比 28.36%；太阳能发电装机容量 386.64 万 kW，占比 9.59%。各类型装机构成情况见图 1。

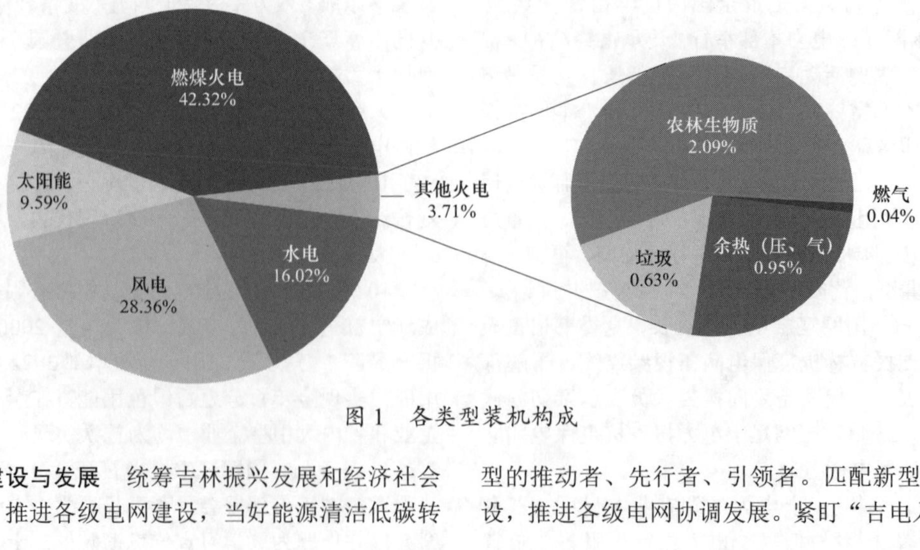

图 1　各类型装机构成

电网建设与发展　统筹吉林振兴发展和经济社会用电需求，推进各级电网建设，当好能源清洁低碳转型的推动者、先行者、引领者。匹配新型电力系统建设，推进各级电网协调发展。紧盯“吉电入京”，开展送端电源组织、受端电价承载能力等专题分析，促成京津唐电网接入吉林电力合作意向。推动吉林西部200万kW煤电基地纳入电网规划，500kV布苏扩建、乐胜、傅家新建等5项工程补充纳入国家“十四五”电网规划。开展“大美长白山绿电百日行”创新活动，实现长白山周边11个县区、全省1/4面积连续100天全绿电安全稳定供应，绿电实践东北地区率先迈出关键第一步。与市州政府签订提升电网发展质量合作协议，争取政府投资42亿元。促成政府利用容缺机制，超常规完成500kV双阳工程核准及复核工作。超额完成全年建设任务，500kV龙凤扩建、新能源送出等84项工程按期投产，中车66kV雅达虹变电站提前7个月投运；落实乡村振兴战略，农村电网巩固提升工程完工率100%。220kV洋浦、经开工程分获国家电网优质工程金奖、银奖。吉林中部网架完善等4项工程获评国家电网智慧标杆工地，获奖数量位居东北区域首位。加快送出工程建设，服务新能源并网，简化服务流程，推行“一站式”在线办理接网业务，超常规开展方案编制、并网验收等工作，全年累计新建500、220kV新能源送出线路454.55km，增加变电容量320万kVA，确保全省27个新能源项目按计划并网发电。风光装机容量全年新增519万kW，达到1529万kW，同比增长51%，投产规模超过“十三五”新增总和。新能源发电260亿kWh，同比增长36.7%。风电最大电力733.2万kW，日发电量1.53亿kWh；开展千万千瓦级抽水蓄能基地接入影响专题研究，提出适应大规模抽水蓄能开发的吉林东部电网加强方案。

2022年累计建运253个充电桩，完成充电量310万kWh，沿京哈、珲乌高速公路6个服务区建设24个高速公路服务区充电桩，填补高速公路充电站空白。建成77座换电站，服务中国一汽换电车辆换电需求，自2021年11月投运以来，累计完成换电6300万kWh。旗E春城项目已推广12786台车，完成178万次换电。

人力资源 打造“创新学堂”品牌。发力人才培训。聚焦小众高端，实施十大精品培训项目，优中选优选拔参培人才，以靶向培训提升创新人才理论功底和创新理念。聚力人才培养。坚持实践出真知，实施四大人才培养举措，精中选精选拔可塑之才，以现场锻炼培养创新人才实践功力和创新底气。协力高端培育。对内，建好“一校三基地”；对外，与中大院签订合作协议。累计实施精品培训项目25期，培训2013人次；落实人才培养举措3项，培养299人。能进能出方面，规范开展大学生招聘，完成2022年毕业生招聘，入职接收535人；完成2023年毕业生第一批招聘，共计招聘441人。刚性执行法律法规和规章制度，单位主张解除劳动合同11人。能上能下方面，落实国家电网公司内部市场通用制度，明确3、5、8政策和五级正副职转协理等关键事项管理要求。优化人力资源配置，跨单位调动家庭困难职工15人，跨单位组织调配、岗位竞聘24人。能增能减方面，开展新岗位绩效工资制度改革试点，变薪级单渠道晋升为岗级、薪级双渠道晋升。推进中长期激励，电科院3个项目创效381万元，18名项目人员兑现57.61万元。优化业绩考核模式。构建“四全四到位”激励机制，将关键业绩指标按月度、季度、半年度分解，实现周期性考核，及时纠偏补短，2022年累计奖励310项，兑现581万元，问责86项，扣罚102万元。修订省市县三级经理层成员经营业绩考核和薪酬管理办法，378名经理层成员签订任期经营业绩考核责任书，实现“一人一表”精准考核。完善组织运行模式。解决27个县域“两家管电”历史难题，顶层设计《指导方案》，省市县三级协同联动、稳妥实施，精简网格化县供电中心，同域县公司整体接收县供电中心全业务，农供电领导班子整合成一套，提升县公司生产经营能力，实施“一口对外”客户优质服务，实现“一县一公司”管控模式。优化组织运行模式，调整本部机构设置，筑牢上级机关组织体系；推进省市县三级代理购电、现货交易、电力负荷、生产管控、职业卫生、环保水保等业务组织模式优化，推动业务纵深开展、精细管控；明确84个非常设机构设置，加强专项重点工作组织保障。

经营管理 树立过紧日子思想，优化经营策略，实现稳增长、提效益既定目标。提质增效深化。重塑迁改补偿机制增效7.15亿元，资金集约创效1.69亿元；电能表失准更换节支1.66亿元；营销稽查、反窃查违挽回损失5600万元；公网通道租用统签节支1600万元；回收杆塔资源使用费500余万元；获得网损补偿快报收入4.28亿元，首次跃升东北首位。实现同期线损治理“十强市”零的突破，“百强县、百强所”荣誉称号质量与数量均创历史新高。产业发展壮大。所属子公司克服不利因素全部实现盈利，推广“户用光伏+全电农户”等优势产业，实现营收7.9亿元；发挥基础资源运营优势，实现营收2.06亿元；推动新能源汽车产业发展，实现营收5102万元；所属风力、水力发电上网电量突破9亿kWh，实现利润1.01亿元；省外境外工程中标金额7.5亿元。风险管控加强。开展“合规管理强化年”活动，整改17项合规风险，完成“五家电业局”等企业注销。发挥规业融合作用，处理法律纠纷案件172起，挽回经济损失4879万元。完成审计署、国家电网公司内外部审计迎审配合工作。各项改革全面落实。国企改革三年行动收官，配合完成第三监管周期输配电成本监审。“四全四到位”考核机制兑现奖励问责683万元。省管产业改革清算注销84户长期歇业企业，提前半年退出房地产业务。实施农电工养老保险补缴、公积金业务移交。优化调整市县公司管理机制，破解 27 个县域“两家管电”历史难题。

安全生产 强基固本、严抓严管，安全生产达到新水平。树立“大安全”理念，抓实“四个必须”“四个加强”，推动由“被动安全”向“主动安全”转变。安全基础持续夯实。开展“素养、技能”双提升工程，专项整治收官，销号整改隐患 1310 项。修订工作票实施细则，现场、远程查纠违章 1102 项。完成 152 个全业务核心班组建设，覆盖率 38.1%，业务自主实施比率提升至 76.7%。度夏度冬安全有序。应对夏季高温、新能源接入等挑战，加固“三道防线”。完成 10kV 及以上春秋检作业，按期投产 500kV 合松 1、2 号线等 32 项防冰防舞改造项目。首次承办国网 2022 年雨雪冰冻灾害示范性应急演练，总部给予“最好一次演练”评价。应对雷暴大风、雨雪冰雹等极端天气，完成党的二十大、冬奥会等重大保电任务。各领域始终保持平稳。深化森林草原火灾防治“五化”工作法，立查立改隐患 3268 处。获评“中国电力行业消防安全管理示范单位”，在“护网 2022”攻防演习中实现零失分，舆情、后勤、保密等各领域均保持平稳态势。连续实现第 17 个安全年。

营销工作与优质服务 紧扣吉林省“止跌、回升、增长”目标，多措并举促进经济复苏。搭建跨界合作大平台。促成一汽集团与国家电网公司举行高层会谈，策划开展“一汽红旗走进国网”系列活动。与中车长客、中石油吉林公司、中石化吉林公司、中大院等企业单位签订协议。构建主动服务大格局。出台助力复工复产、保障春耕等 45 项举措，全省城乡 160kW 及以下小微企业全部实行“三零”服务。第一时间出台极端天气下新能源汽车换电站服务保障八条措施，建设换电站占全省比例超过 70%，示范引领全国汽车产业换电模式发展。实现服务能力大跃升。开展供电服务争先创优“十百千”专项活动，推广企业“一证办电”、居民“刷脸办电”，全省 1568 万客户实现购售同期。深化服务企业大调研，靠前解决吉林化纤、通化中溢等企业用电问题。推进配网“双提升”活动，频繁停电故障压降 35%，投诉同比降低 87.95%。

推进长春、吉林、辽源、白山 4 个国家清洁取暖示范城市建设，推动政府以集中供热清洁改造为主，将电供暖作为补充方式，在电网资源富裕地区开展建设，2022 年共新建电能清洁供暖项目 8 个，合计容量 6.5 万 kW。

争取政策支持，促成政府出台《吉林省电力需求响应实施方案》，科学测算补贴价格，拓宽奖补资金渠道，确保方案有效落地。深入挖掘负荷资源，累计签约需求响应负荷 183 万 kW，达到最大供电负荷的 15%。配合政府编制《吉林省负荷管理应急工作预案》累计梳理迎峰度冬负荷管理用户 2.78 万户，合计负荷 366 万 kW。促请政府授权设立省市县三级负荷管理中心，提升负荷管理权威性。开展新型电力负荷管理系统建设，高压用户负荷监测能力实现“全覆盖”。

科技与信息化 完成国家电网公司“科技创新”关键业绩指标、专业考核指标，同比提升 108%。研发费计划完成率 100%；完成 4 个牵头总部项目、14 个公司级重大项目验收任务，项目验收计划完成率 100%。申请专利 347 项，获得授权 271 项，其中申请发明专利 222 项，获得授权发明专利 105 项，均创历史新高；牵头、参与制修订各级技术标准 19 项。

创新实践取得实效。印发党委 2 号文件；召开创新大会；发布 88 项重点工作；一系列创新实践成效突出。承担重大项目实现双突破。首次牵头承担国家重点研发计划项目和吉林省重大科研专项。重大成果培育又创新佳绩。共获省部级及以上科学技术奖奖项 24 项，获奖数量、等级再刷纪录；时隔 6 年，再次牵头获吉林省科技进步奖一等奖。科技支撑能力实现新提升。建成“省、市、县”三级科技创新工作管理体系；成立由中国科学院和中国工程院院士参与的科技咨询委员会；科技成果转化合同额 237 万元；电科院实现收益分红 58 万元。新型电力系统构建再推新举措。依托“大美长白山　绿电百日行”活动开展绿色科技攻关；聚焦“科技兴安”“绿色发展”，策划 12 个“揭榜挂帅”项目；首次获国家电网公司 1106 万元实验室专项资本经费支持；联合省科技厅举办吉林省新能源产业创新发展高峰论坛。

数字化建设赋能作用得到实践检验。推广电力看经济、看环保、助力应急等大数据应用，释放数据价值。深化“技术+业务”双牵头机制，完成电网资源业务中台同源维护单轨应用，实现“电网一张图”。i 国网日使用量最高达 1.8 万人，疫情期间支撑双轨管理体系高效运转。通过“企业级工单中心+RPA”，让基层员工从“报表产生者”转变为“数据应用者”。数字化审计、区块链电子合同两项数字化成果获评为中电联 2022 年新型电力系统数字技术优秀案例。

大数据应用实现规模化。建立大数据应用产品标准化资料清单，“省 – 市 – 县”同步向各级政府输出分析产品，分析成果共计得到国家电网公司、省委省政府、市县政府领导批示 39 次。“电力看经济”等成果入选国家电网公司一季度、二季度优秀成果名单，在国家级、省级新闻媒体上宣传 29 次，释放数据价值。加速建设吉林省能源清洁利用工业互联网平台。平台已向中小型新能源发电企业提供集中监控服务，向 456 家大型用电企业提供设备代维服务。平台入选了工信部新一代信息技术与制造业融合发展试点示范名单，实现对吉林省新能源产业链条的上下贯通，现有 91 家新能源企业和方案供应商在平台上匹配需求，发布解决方案 157 项。促进新兴业务提质增效。公网通道租用统谈统签每年可节支 1300 万元。完成移动公司“家宽工程”光缆敷挂 6000km，非公司产权光缆清理每年回收杆路资源使用费 500 余万元。网络安全及人才队伍建设呈现新局面。参加省工业控制系统网络安全大赛取得优异成绩。承办省网络安全宣传周开幕式活动。2 名专家到现场参加冬奥会网络安全保障。1 人当选国家电网公司首席专家。

党的建设和精神文明建设 强根铸魂、凝心聚力，党的建设呈现新风貌。学习宣贯党的二十大精神，发挥党建引领作用。党的二十大精神学习热潮迅速兴起。明确“八个奋力”落实举措。各级党委通过第一议题、理论中心组、读书班等方式先学一步、学深一层，累计开展集中宣讲 135 次、专题党课 440 次、辅导培训 54 期。贾春贺成为国家电网系统党的二十大后首位登陆央视党代表。政治建设更加牢固。坚持“第一议题”制度，开展“三个一”活动，迈好“开局第一步”。实施“旗帜领航 · 提质登高”行动，修订政治建设 5 个方面 30 项措施，5 家单位规范完成党委纪委换届。从严治党持续深入。紧盯“关键少数”强化政治监督，提升年轻干部监督和派出监督质效。系统内首家实现市州公司与属地纪委监委协作全覆盖，“室组地”协作机制延伸至县公司。完成 11 家单位巡察任务，实现党委一届任期内巡察全覆盖。运用“四种形态”382 人次；立案 43 件、处分 45 人。作风建设成效明显。开展“作风建设年”活动，发布电力文化遗产、吉送“506”之魂；狠抓会风会纪、文明办公等问题整治，全年会议压减 11.8%、发文减少 10.42%，“严细实早”深入人心、蔚然成风。意识形态领域主基调自信自强、大环境清新清朗，重要媒体发稿量位居东北首位。队伍建设更具活力。树立正确用人导向，一批在抗疫保电等重点任务中担当作为、靠前指挥、作出贡献的好干部得到提拔重用。实施四大人才培养举措，新增省部级及以上人才 10 人；两年聘任职员 1189 人，三批委派人员 672 人，“星火”工程选拔学员 106 人，跨专业挂岗锻炼 81 人；召开柔性团队建设工作启动会，员工职业发展六条通道畅通。2 个集体、2 名员工在全国、省五一劳动奖和吉林工匠评选中获奖，4 名员工获得年度“中国好人”荣誉，5 名员工、5 个集体在国家电网公司“两会”上受到表彰，首次蝉联国家电网工匠。

主要事件

1 月 19 日，国网吉林电力召开七届二次职代会暨 2022 年工作会议。

3 月 10 日，国网吉林电力举行“创新学堂”启动大会暨培训基地揭牌仪式。董事长、党委书记王志伟出席会议，为“创新学堂”培训基地揭牌并讲授开班第一课。

4 月 15 日，国网吉林电力举行“大美长白山　绿电百日行”活动启动仪式。

4 月 24 日，国网吉林电力在绿园培训中心举行隆重欢送仪式，为完成任务、即将凯旋的国家电网公司 10 家省公司赴吉林抗疫保电支援队伍送行。吉林省委常委、常务副省长吴靖平出席仪式并讲话。

5 月 9 日，国网吉林电力举行复工复产工作全面启动仪式。

6 月 30 日，在中国共产党 101 周年华诞即将来临之际，国网吉林电力举办“电耀吉林 · 文化赋能”首批电力文化遗产发布会，回顾吉林电力百年沧桑巨变，缅怀电力先辈丰功伟绩。

7 月 29—30 日，国家电网公司董事长、党组书记辛保安到国网吉林电力调研，检查迎峰度夏电力保供工作，看望慰问一线干部员工。

8 月 22 日，吉林省委书记景俊海到国网吉林电力就全省电力能源保供情况开展调研。

9 月 13 日，国网吉林电力董事长、党委书记王志伟拜会吉林省委常委、延边州委书记胡家福，共同见证公司与延边州政府签订合作框架协议。

9 月 22 日，在出席中国一汽红旗 E－QM5 梅河口交车仪式暨“梅河红旗示范市”创建启动仪式前，省委副书记、省长韩俊到梅河口市会展中心充换电站调研，对国网吉林电力助力“旗 E 春城、旗动吉林”项目在全省落地，全力服务新能源汽车产业发展工作给予高度评价。省政府党组副书记、副省长吴靖平，中国一汽董事长、党委书记徐留平，中国一汽总经理、党委副书记邱现东，省政府秘书长安桂武参加调研。国网吉林电力董事长、党委书记王志伟参加调研，并向韩俊省长汇报了国网吉林电力充换电站建设、运营有关情况。

9 月 26 日，国网吉林电力举行吉林省电力保供监督中心揭牌仪式，国网吉林电力董事长、党委书记王志伟与省能源局局长赵彦峰出席仪式并讲话，共同为吉林省电力保供监督中心揭牌。

11 月 9 日上午，国网吉林电力完成 2022 年雨雪冰冻灾害示范性应急演练工作。

11 月 22 日，2022 年吉林省新能源产业创新发展高峰论坛在国网吉林电力举行，论坛由国网吉林电力和省科技厅共同举办。

（李青春）

【国网黑龙江省电力有限公司】

企业概况 国网黑龙江省电力有限公司（简称国网黑龙江电力）是国家电网公司全资子公司、特大型国有骨干企业，承担着建设、运行维护黑龙江电网和全供电区安全可靠供电的任务。国网黑龙江电力供电面积 47 万 km^2，占东北供电区域总面积的 58.3%，服务各类客户 1810 万户，供电人口 3185 万。直接管理单位 33 个，其中地（市）级供电企业 18 个，合资公司 4 个，全口径用工 5.1 万人。2022 年售电量完成 865.1 亿 kWh，同比增长 4.5%；资产总额 683.23 亿，资产负债率 73.48%。

领导班子

董事长、党委书记：鲁海威（自 2022 年 8 月）、李永莱（至 2022 年 8 月）

董事、总经理、党委副书记：朱薪志

董事、党委副书记、副总经理：吴德义（至 2022 年 3 月）

董事、党委副书记：许传辉（自 2022 年 3 月）

职工董事、副总经理、党委委员、工会主席：许传辉（至 2022 年 3 月）

职工董事、党委委员、工会主席：李战平（自 2022 年 3 月）

副总经理、党委委员：李长林（至 2022 年 12 月）

党委委员、纪委书记：王韬

总会计师、党委委员：陈国平

副总经理、党委委员：陈殿军、梁岩、吴凤春

总工程师：乔君

组织机构 本部设置职能部门 22 个，直接管理单位 33 个，其中地（市）级供电企业 18 个。

电网概况 黑龙江电网地处东北电网的最北部，以 500kV 电网为主网架，南部与吉林电网相联，西部与蒙东电网相联，北部与俄罗斯电网互联。电源集中在东部电网，负荷集中在中、西部电网，省内潮流呈东电西送格局。

截至 2022 年末，黑龙江省电网共有 500kV 厂站 23 座（含 500kV 七台河厂、鹤岗 B 厂、双 B 厂、宝清厂），主变压器 25 组，运行容量为 20416MVA。220kV 变电站 153 座（未包括 44 个铁路牵引变电站、北钢三总降变电站、建龙变电站、轧钢变电站、宁钢变电站、米都变电站、丰盛变电站），主变压器共 247 台，运行容量为 33006MVA。共有 500kV 线路 52 条（省调调度 4 条），线路总长度为 7071.06km（省调调度 309.82km）；220kV 线路 542 条，线路总长度为 16880.68km。

截至 2022 年末，黑龙江省网调度口径运行管理电厂 1177 座，总装机容量为 40459.5MW。其中火电厂 212 座，装机容量为 25477.8MW，占比 62.97%；水电厂 83 座，装机容量为 1103.2MW，占比 2.73%；风电场 165 座，装机容量为 9889.2MW，占比 24.44%；光伏电站 717 座，装机容量为 3989.25MW，占比 9.86%。

人力资源 全口径用工 5.05 万人，同比减少 5.25%；职工劳动生产率 34.2 万元/（人·年），同比提升 11%；教育培训投入 1.1 亿元，全员培训率 96.8%；人才当量密度提升至 1.0016。

持续深化“三项制度”改革。推行任期制、契约化、岗位聘任制管理，实施经理层成员年度和任期经营业绩考核。开展“四类人员”常态精准治理，共清理 108 人。完成新版岗位绩效工资制度改革。在国家电网公司系统内率先完成工资制度套改试点，建立宽带岗级体系。建立“双浮动+双挂钩”差异化薪酬分配机制，实现收入与劳动效率“硬挂钩”。完善全员绩效考核评定体系。系统优化各单位业绩考核体系，增设“四翼+省管产业”和“获得电力”专项考核。取消企业负责人业绩考核和绩效考核 C、D 级强制分布，完善员工绩效考核 C、D 级负面清单，清单事项由 11 项增至 23 项。健全人才选用育留机制。制定专家人才管理指导意见，形成人才选拔、培养、使用、评价、待遇一体化管理机制。开展地市与农垦公司间“上挂下派”人才交流，明确支边、竞赛调考、绩优人员、专家人才等在竞聘中的优先条件，引导员工内部流动 2552 人。

电网建设与发展 2022 年完成电网建设投资 11.118 亿元。35kV 及以上工程开工 30 项、投产 35 项。35kV 及以上线路开工 151.62km，变电容量 280.33 万 kVA；35kV 及以上线路投产 409.12km，变电容量 178.78 万 kVA。未发生基建安全质量事故（事件），保持基建安全稳定局面。

加快电铁配套工程建设，佳鹤铁路供电工程竣工投产。35kV 及以上农村电网巩固提升工程新开工 14 项，投产 20 项，为服务“三农”做好电力保障。青梅—磨刀石甲线 π 入五林变电站 220kV 线路工程获得国家电网公司优质工程奖银奖。安北变电站—克山变电站 220kV 线路工程被评为国家电网公司级智慧标杆工地，安北 500kV 变电站等 3 项工程被评为东北区域级标杆工地。

经营管理 深化落实电价市场化改革，有序实施电网企业市场化代理购电机制，完善峰谷分时电价政策，建立尖峰电价机制。做好第三监管周期成本监审，推进输配电价改革。深化巩固提质增效“八机制”，提出 42 项增效举措，提升公司经营效益，推动“一体四翼”协同发展。完成“两金”压降工作任务。推进“三清理两提高”专项行动，清理长期挂账工程 134 项，有效夯实工程管理基础。深化产融协同，实现“电 e 金服”线上化率达到 75%以上，为产业链上下游企业发展注入源头活水。拓宽资金融资渠道，灵活运用 10 亿元的存量应收票据。

完成县公司收付款“省级集中”，现金流“按日排程”全面上线应用。推动财务数字化转型，灵活搭建运用数据工具，提升精益管理水平。常态化运行风险防控及内部监督机制，落实综合治理专项行动，完成各专业自查自纠发现问题全部整改，完善制度及流程

104 项。落实 2022 年农电上划财政贴息 4.51 亿元，龙煤集团“三供一业”供电设施改造中央财政补助资金 26.8 亿元全部到位。争取电力保供应急建设 6.1 亿元贷款的财政贴息资金支持，实现增值税留抵退税 1.69 亿元，缓解经营压力，助力经营质效提升。

安全生产 健全安全责任体系，落实国家安全生产 15 条和国家电网公司 38 项措施，细化制定公司 60 项细则及实施方案。修订领导班子“两个清单”和全员安全责任清单，制定主要负责人安全生产工作评估 68 项标准，完成“一把手”履责评估工作。持续完善“双预”机制，完成专项整治三年行动，累计整治问题 1519 项，整改投入 16 亿元，问题隐患销号率和重大隐患整改完成率均达到 100%。发布 9 个专业 690 项安全隐患排查标准，深入开展安全生产大检查及安全隐患再排查、再梳理专项行动，梳理各类问题隐患 1250 项。组织召开三级周安全风险管控督查会议 349 次，有效管控高风险作业 583 项。持续加强反违章工作，印发《反违章考评方案》及补充措施，强化管理人员未落实安全责任惩处，实行重复性严重违章企业负责人业绩考核扣分。常态开展“四不两直”安全督察 63 次，“远程+现场”督查作业现场 11051 次，查纠违章 2482 起，平均每个作业现场被上级查纠违章数量低于国家电网公司平均水平，自查力度远高于各省公司平均水平。夯实安全基础管理，组织召开 6 次安全生产委员会会议、4 次安全生产电视电话会议，组织 15 次专题安全警示教育，开展“三个一”“五问三问”大讨论等专题活动。各级领导班子带头开展全员安全大讲堂 1.3 万场，完成 2 次全员安规考试，开展安全等级评价，修订《安全工作奖惩实施细则》。开展全国安全生产月活动，获得安全知识竞赛优秀组织奖。

推进新一代应急指挥系统建设和应用，建立“日检查、周通报、月评价”工作机制，常态化开展值班管理、日常操练、“四要素”资源核查。吸取历年灾害处置经验，完成“1+29”项应急预案和《应急响应工作实施细则》修订。加强与气象部门沟通联系，发布电力气象预警 1339 次，组织应急演练 869 场，签订《三省一区应急救援基干分队协调联动协议》，开展应急基干队伍互训互练活动。开展 23 家地市级单位新一轮应急能力评估专家查评和 65 家单位安全生产标准化自评工作。完成全国两会、北京冬奥会、党的二十大等重大活动保电任务，获得国家电网公司北京 2022 年冬奥会和冬残奥会电力保障先进单位荣誉。

营销工作 2022 年，售电量 865 亿 kWh，同比增长 4.54%；售电平均单价 630.11 元/MWh，同比上升 37.08 元/MWh；电费回收率 99.96%；业扩容量净增 682.61 万 kVA，同比降低 21.48%，增速同比降低 55.92 个百分点；新装增容申请容量 886.63 万 kVA，同比减少 51.01%；供电服务“十项承诺”兑现率 100%，95598 投诉 428 件，同比下降 40.56%；未发生造成重大社会影响的供电服务事件。

牢记初心使命，坚决落实上级重大部署。电力负荷管理精准有力。加强保供机制，经政府授权成立省市两级电力负荷管理中心，超前完成迎峰度夏和度冬负荷管理演练，需求响应签约规模 156 万 kW，有序用电方案纳入负荷 545 万 kW，可控负荷 92 万 kW，负荷在线监测率 100%。齐齐哈尔、牡丹江、鸡西等供电公司打造负荷控制用户侧样板工程，发挥示范带动作用。供电保障高效可靠。开展高危及重要客户安全隐患整治，重要客户外电源配置合格率提升至 94.2%，推动 17 个重要用户完成自备应急电源配置，自备应急电源配置合格率 93.7%，位列国家电网第 7。完成 5G 大会、绿博会、2201 特级保电、省百大项目开工仪式等各类保电任务 456 次。代理购电平稳实施。深度参与相关政策、规则的制定，争取到代理购电暂不考核偏差等有利政策。有序承接省间现货交易业务操作，促成政府出台省间现货申报规则和信息保密规定。完善市场化交易用户退市入市工作流程，规范执行无正当理由退市、拥有燃煤自备电厂用户 1.5 倍价格政策，按时发布代理购电公告，优化预测模型，各月代理购电量预测准确率均在 95%以上。

践行使命担当，筑牢稳健经营基础。增供扩销逆势突破。坚守市场份额，制定《黑龙江》省企业自备电厂管理办法》，推动省级政府出台自备电厂发电机组出口装表支持政策，发电机出口采集覆盖率 100%。超前对接，主动服务 500 个省“百大项目”快速达产，业扩结存容量压降至 412 万 kVA，年内新投产项目增供电量 4 亿 kWh。售电量同比增长 4.54%，增速东北三省第一。电费回收改善。严格执行“欠费不停供”、免收滞纳金等助企纾困政策，结合疫情防控形势，动态调整电费回收策略，最大限度保障经营成果颗粒归仓。计量支撑稳步增强。采集 2.0 系统提前 6 个月实现双轨运行，采集成功率 99.41%，较年初提升 1 个百分点。全年 24 万只合格电能表延期使用，节约资金 7000 万元。完成 5 万台老旧终端、180 万只 2009 版电能表轮换，HPLC 模块换装 56 万只，HPLC 覆盖率 59%。取得国家电网系统首家省级电动汽车充电桩计量检定授权。营销基础夯实。优化抄核收账省级集约，实现全量用户按自然月抄表发行，电费自动发行率 99.13%，电费结算全过程时限达标率 100%。治理高损台区 7724 个，台区线损率下降 0.66 个百分点。完成营销现场普查，普查数据合格率 99%。

科技与数字化建设 牵头获得省部级科技奖 3 项，参与获得省部级科技奖 13 项。全年共申请发明专利 317 项，授权发明专利 130 项；发表科技论文 101

篇，共获得软件著作权13项。参与制定并发布2项国际标准，牵头承担1项行业标准、1项国家电网公司企业标准，参与承担4项行业标准的制修订任务。完成2022版《国网黑龙江省电力有限公司技术标准体系表》编制，实现技术标准全业务覆盖。宣传技术成熟度高具有推广价值的成果，共完成科技成果转化745万元。完成国网黑龙江电力科技项目验收52项。牵头申报的2项国家电网总部管理项目立项。命名8个国网黑龙江实验室，成立4个双创中心。2022年获批国家电网公司青年托举人才1人，开展国网黑龙江青年托举人才遴选10人。与哈尔滨工业大学联合申报的创新平台——“寒地电化学储能与碳中和教育部工程研究中心”获教育部批复。该平台重点围绕“新能源发电基础理论与新技术”“数字化与智能化新型电力系统”“先进储能与电力变换技术”三个领域协同攻关，面向应对电力系统转型过程中所带来的结构、形态、特性、方法等方面的颠覆性变化，提供科技支撑并实现学术引领。

打造全场景纵深防御及网格化防护体系，建设成果被列为工信部网络安全技术应用试点示范项目。在国家电网系统内首次使用嵌入式安全漏洞挖掘技术，降低系统运行及网络安全风险。荣获2022年黑龙江省网络安全挑战赛社会组一等奖。创新自动化监测技术，实现自动化运维覆盖率达100%，节约运维资金500万元，综合效率提升300%以上。强化大数据监测服务，异动问题总量下降60%以上。率先在国家电网系统内开展人工智能数据质量治理研究实践。打造面向基层的一站式数据服务。能源大数据中心建设获得省发展改革委正式批复，打通政府、企业数据壁垒，支撑营商环境“无感过户”，便民举措得到省政府领导认可。完成“电力看水资源”试点工作，水电台账到村匹配率100%，为政府“以电折水”测算奠定基础。加强数字化建设统筹管理，全年规避低效无效项目125个。完成19项总部数字化试点任务。建成数字化能力开放平台i国网移动端，实现数字化成果的精准归集和推广。构建基层服务宣传新阵地，推进电力微视频运营，打造“秒懂数字化”系列短视频；开展基层减负“先锋行动”，实现成果和能力下基层。推进电网一张图数据质量提升，实现大兴安岭地区配网设备状态实时动态查看。开展PMS3.0等核心业务系统建设，实现企业级实时量测中心上线应用。在中国最北端实现无公网地域杆塔状态监测，实时可视化展现杆塔监测数据。完成信息机房智慧物联体系建设，实现各级信息机房数字化管理全覆盖。打造数字化转型样板，完成10个数字化示范项目建设，4家示范单位获得国家电网公司表彰，2项示范成果获评国家电网公司数字化综合示范优秀成果。

优质服务 恪守为民宗旨，打造高品质供电服务。电力营商环境持续优化。推动全省13个市（地）全部出台用户红线外电力接入工程资金分摊政策和电力接入工程并联（免）审批政策，市级政策覆盖率100%。实现大中型企业办电“三省”服务、160kW及以下小微企业办电“三零”服务城乡全覆盖。开展“窗口无否决服务”专项行动，印发落实业扩配套工程管理办法，电网配套工程建设出资得到制度性规范。深化电子证照应用，实现“刷脸办”“一证办”，“房产+用电”联合过户做法得到省长表扬。客户满意度稳步提升。坚持闭环严管，按周推进投诉突出问题治理。构建客户诉求问题风险防控、调查整改、考核奖惩管控机制，修订供电服务考核管理办法，压紧压实各级责任。自主开发台区停复电事件在线监测平台，95598业务诉求一次解决率提升至98.92%，全渠道客户投诉量同比降低13.2%，全渠道业务处理满意率同比提高3.35个百分点。全国率先试点本地复电新模式，每月减少居民客户停电时长4.6万h。“网上国网”广泛推广应用。累计注册用户817万，注册率较年初提升12个百分点。推广应用“能效服务e助手”“市场化售电e助手”，丰富“网上国网”线上办电、线上交费功能，“网上国网”月活用户超过130万户，全渠道线上交费占比93.51%。

推进服务乡村振兴。建成3个“电力爱心超市”、8个乡村电气化项目和3个国家电网乡村振兴示范点。完成“爱心订购”消费帮扶471万元。生德库村扶贫零碳能源示范项目入选首届全国农村能源发展大会成果展。累计结算光伏扶贫电费及补贴22亿元，惠及12.3万脱贫户。成立997支农时保供电服务队，建立农田机井管理台账，规范农田机井供电设施管理，全力保障农业生产用电，助力黑龙江省实现粮食“十九连丰”。深化乡镇供电所管理提升，发挥乡镇供电所综合协调机制作用，召开各级协调会183次，研究解决乡镇供电所突出问题518项。建成6个五星级乡镇供电所、40个四星级乡镇供电所。绥化公司太平供电所、牡丹江公司兴隆供电所荣获“国家电网公司2022年管理提升典型供电所”荣誉称号。

党的建设和精神文明建设 强化思想政治引领。运用《习近平谈治国理政》（第四卷）、习近平总书记《论“三农”工作》等重要读本，开展“寻找身边朗读者”专题活动，通过“三会一课”等形式确保创新理论在广大党员中学习落实全覆盖。制定加强思想政治工作20项措施，组织开展安全生产、能力作风建设及意识形态专题思想动态调研，发现倾向性问题12个，提出建议13项，为党委决策提供有力参考。通过“第一议题”专题传达学习贯彻党的二十大及习近平总书记重要讲话精神，召开学习宣传贯彻党的二十大精神工作部署会议、邀请省委二十大宣讲团成员作专题辅导报告、印发应知应会“口袋书”，不断将学习宣贯工作引向深入、落到实处。

压实党建工作责任。制定党委 1 号文件、党建工作要点，实施“旗帜领航”党建工程 80 项年度重点任务，建立过程督导和提醒机制，推动重点工作落地落实。通过巡视巡察审计问题整改回头看、省管产业单位专项整治等工作，重点督导各级班子成员“一岗双责”履职情况，形成齐抓共管、各负其责的良好局面。发挥党建工作领导小组及其办公室指挥协调作用，完成党委换届选举，494 个基层党组织“应换尽换”，确保“两个覆盖”。

深化精神文明建设。开展《企业文化建设工作指引 2022》学习应用，组织企业文化宣贯培训 118 次，确保优秀企业文化进班组、进站所、进管理。开展春耕保电、疫情防控等多个专项志愿服务活动，“善小常为　点亮冰城”项目荣获 2021 年度全国志愿服务“四个 100”最佳志愿服务项目。8 家单位获评黑龙江省文明（标兵）单位称号，所属二级单位文明单位获评率达 100%。深化“红色基因、电力传承”特色实践，开展黑龙江党史、“四大精神”课题研究。“国网 53° 红色电力”主题教育基地荣获首批“黑龙江新时代文明实践示范点”称号。镜泊湖红色教育基地通过黑龙江省爱国主义教育基地验收。

主要事件

1 月 4 日，国家电网公司召开 2022 年安委会第一次会议暨北京冬奥会保电动员会。国网黑龙江董事长、党委书记李永莱，总经理、党委副书记朱薪志，副总经理、党委委员李长林，党委委员、纪委书记王韬，副总经理、党委委员陈殿军，副总经理、党委委员梁岩，副总经理、党委委员吴凤春，在本部分会场参加会议。

1 月 17—18 日，国网黑龙江电力召开国网黑龙江省电力有限公司第五届职工代表大会第二次会议暨 2022 年工作会议。

1 月 29 日，黑龙江省副省长、省政府党组成员王一新一行莅临国网黑龙江开展春节前调研慰问，向广大电力员工致以新春的问候。董事长、党委书记李永莱陪同调研。

2 月 16 日，国网黑龙江电力召开 2022 年党风廉政建设和反腐败工作会议。党委书记、董事长李永莱参加会议并讲话。

2 月 25 日，国网黑龙江电力召开全国两会保电暨 2022 年春检动员电视电话会议。董事长、党委书记李永莱参加会议并讲话。

6 月 2 日，黑龙江省委常委、宣传部部长何良军到国网黑龙江电力（李庆长）共产党员服务队，实地调研指导新时代文明实践点建设工作。

7 月 14—16 日，国网东北分部副主任、党委委员王斌带领国网东北分部迎峰度夏电力保供安全生产督查组到国网黑龙江电力督导迎峰度夏电力保供工作。

7 月 31 日，国网黑龙江电力最北端“团青之家”——大兴安岭供电公司“团青之家”揭牌仪式成功举行。国家电网公司党组党建部副主任、团委书记赵东来，国网黑龙江电力党委副书记许传辉，共青团大兴安岭地委书记周欣炎出席揭牌仪式。

8 月 1 日，共青团中央书记处书记徐晓到国网大兴安岭供电公司“团青之家”调研。共青团黑龙江省委副书记张涛，国家电网公司党组党建部副主任、团委书记赵东来，国网黑龙江电力党委副书记许传辉陪同调研。

8 月 3—5 日，国网黑龙江电力董事长、党委书记李永莱出席国网黑龙江电力与国网大兴安岭地区行署“十四五”电网建设发展合作协议签约仪式并到国网大兴安岭供电公司调研指导迎峰度夏保供电工作。大兴安岭地委书记徐向国，地委副书记、行署专员范庆华，行署党组成员、副专员孙旭东出席签约仪式并陪同调研。

8 月 26 日，国网黑龙江电力在二楼报告厅召开干部任免宣布大会。国家电网公司副总经济师、党委组织部主任张俊利宣读了国家电网公司党组关于国网干部任免的决定并讲话，任命鲁海威为国网黑龙江电力董事长、党委书记，免去李永莱的国网黑龙江电力董事长、党委书记职务。

9 月 9 日，国网黑龙江电力董事长、党委书记鲁海威拜会省委常委、哈尔滨市委书记张安顺。哈尔滨市委秘书长冯延平参加会见。

9 月 21 日，国网黑龙江电力董事长、党委书记鲁海威会见省发展改革委党委书记、主任张亚中。省发展改革委党委委员、副主任，省能源局局长石剑飞参加会见。

10 月 13 日，国网黑龙江电力召开安全生产大检查督查“回头看”暨党的二十大保电督查情况汇报会。国网黑龙江电力董事长、党委书记鲁海威参加会议并讲话。

11 月 15 日，省委常委、副省长王一新到国网黑龙江电力宣讲党的二十大精神并开展调研。省政府副秘书长李明春，省工业和信息化厅副厅长王冰陪同。国网黑龙江电力董事长、党委书记鲁海威，总经理、党委副书记朱薪志参加活动。

12 月 13—14 日，国网黑龙江电力召开 2023 年基层单位工作谋划调研座谈会和工作务虚会，会议以视频方式召开。国网黑龙江电力董事长、党委书记鲁海威主持会议。

12 月 31 日，省委副书记、代省长梁惠玲一行到 220kV 哈尔滨变电站调研元旦期间电力保供工作，并看望慰问国网干部职工。哈尔滨市委副书记、市长、党组书记张起翔，省政府秘书长常城陪同调研。国网黑龙江电力董事长、党委书记鲁海威陪同调研。

（谢恩哲）

【国网内蒙古东部电力有限公司】

企业概况 国网内蒙古东部电力有限公司（简称国网蒙东电力）是国家电网公司的全资子公司，担负着内蒙古东部电网的建设运营与蒙东四盟市的供电服务等任务，担负着内蒙古特高压送端汇集电网的建设运行和电力外送等任务。供电面积 47 万 km^2（占内蒙古总面积的 40%），供电人口 1164 万（占内蒙古总人口的 44%），服务客户 722 万户。国网蒙东电力全口径用工 2.4 万人、其中长期职工 1.4 万人。国网蒙东电力先后获得“全国全面质量管理 40 周年杰出推进单位”、国家电网公司文明单位、内蒙古文明单位、内蒙古“五一”劳动奖状、内蒙古“最具社会责任感企业”、内蒙古“百佳诚信企业”等荣誉。

领导班子

董事长、党委书记：张成松

董事、总经理、党委副书记：毛光辉

董事、党委副书记：罗汉武

职工董事、党委委员、工会主席：石志忠

副总经理、党委委员：李岩

副总经理、党委委员：李彦吉

总会计师、党委委员：于哲

党委委员、纪委书记：刘德田

总工程师、党委委员：张国力

组织机构 截至 2022 年底，国网蒙东电力设置省、市、县三级单位 59 家，其中省公司本部 1 家，设置 20 个本部部门；省公司业务单位 8 家，分别是国网蒙东经研院、国网蒙东电科院、国网蒙东建设分公司、国网内蒙古超特高压公司、国网蒙东信通公司、国网蒙东物资公司、国网蒙东综合服务公司和国网蒙东供电服务监管与支持中心；全资子公司 3 家，分别是国网蒙东招标公司、国网蒙东设计院、新正公司，股份制公司 2 家，分别是内蒙古东部电力交易中心有限公司和国网蒙东综合能源服务公司，盟（市）供电公司 4 家，旗（县）供电公司 41 家。下设职能部门 320 个，业务机构 181 个，处室 7 个，班组 783 个（不含供电所），供电所 250 个，供电所班组 212 个。

电网概况 截至 2022 年末，国网蒙东电力拥有 500kV 变电站 12 座，变电容量 2010 万 kVA，500kV 线路 86 条，总长 7810km；拥有±800kV、±500kV 换流站各 1 座，直流线路各 1 条。220kV 变电站 85 座，线路 346 条。并网装机容量 4145 万 kW，其中火电 2289 万 kW、新能源 1832 万 kW，新能源装机占比 44%。蒙东电网装机大、负荷小，与东北电网强联系，是典型的送端型电网。

内蒙古特高压送端汇集电网包括“四交三直”特高压外送通道、±800kV 换流站 3 座、1000kV 特高压站 3 座及在锡林郭勒盟、鄂尔多斯市的 500/220kV 汇集电网。汇接于蒙东电网的扎鲁特至青州特高压直流通道外送能力 1000 万 kW，设计年送电量 500 亿 kWh。锡林郭勒盟、鄂尔多斯特高压送端电网外送能力 3600 万 kW，设计年送电量 1700 亿 kWh；并网装机容量 2084 万 kW，其中火电 1394 万 kW、新能源 690 万 kW，新能源装机占比 25%。

蒙东经济适用型配电网坚持与地域实际、市场负荷、发展需求相匹配，精准投资，精准建改，最大限度发挥经济效益、市场效益、社会效益。现辖 10kV 配电线路 3182 条，线路总长 11.94 万 km，配电变压器 8.18 万台，总容量 1521 万 kVA。

安全生产 保障经济社会发展用电需求，坚定履行央企政治责任、经济责任和社会责任，把电力保供作为重要政治任务，守住大电网安全和民生用电底线。对接各级政府部门及相关能源企业，配合出台一系列保供措施，克服新能源大规模并网、用电负荷屡创新高等挑战，优质完成各项重大保电任务。特别是党的二十大期间，坚持“五个最”（最高的标准、最有效的组织保障、最可靠的技术措施、最饱满的精神状态、最严明的工作纪律）工作标准，1.4 万名干部职工恪尽职守，实现了“四个零”（设备零故障、客户零闪动、工作零差错、服务零投诉）的目标。筑牢抢险救灾光明防线，积极应对春秋沙尘大风、夏季高温洪涝、冬季雨雪冰冻等挑战，快速恢复受损电力设施。全面发挥大电网运行优势，统筹平衡电力电量，蒙东电网、特高压送端电网平稳运行，既保证了本地生产生活用电，又支撑了全国电力保供大局，最大外送电力突破 2500 万 kW。维护安全生产平稳局面，深入研究大电网运行特性，动态优化运行方式，持续巩固“三道防线”。专项整治三年行动收官，打赢锡盟“五站五线”消缺攻坚战，设备安全水平提升。慎终如始推进疫情防控，因时因势优化防控举措，保障营业区内定点医院、隔离场所供电，守牢疫情防控阵地。

电网建设 聚焦习近平总书记交给内蒙古的五大任务，加快新型能源体系建设，利用并发挥内蒙古“两个基地”能源资源禀赋优势，服务国家能源战略，助力内蒙古能源资源优势转化为经济发展优势。内蒙古党委政府与国家电网公司高层举行会谈，在携手推动沙戈荒超大型风光基地开发等方面取得共识。核准锡盟特高压外送二期 400 万 kW 风光项目接网工程，服务鄂尔多斯库布齐沙漠基地 400 万 kW 新能源项目接网。加速建设特高压送端汇集型电网、蒙东超高压平台型电网，核准张北—胜利特高压、巴林—金沙—阜新等 43 项工程，开工珠日河、平川输变电等 74 项工程，投运中广核风电一期送出、奈曼主变压器扩建等 28 项工程，电网优化配置资源能力大幅提升。超常规推进特急保供重点工程，克服时间紧、任务重、环境艰苦等困难，解决汇能长滩电厂送出、京泰酸刺沟电厂送出等工程压覆矿难题，投运蒙能科右中、汇能长滩、国能上海庙、长城上海庙、国电长滩电厂送出等特急保供重点工程。“两个率先”“两个超过”加速落地，建成“新能源云”平台，提供快速并网、补贴申报、交易结算等一站式全流程线上服务。蒙东电网首个百万千瓦级风电项目并网发电，累计接入风电、太阳能装机容量 2600 万 kW，新能源装机占比 42%，利用率 96.9%。推动用能电气化清洁化，电热供暖、充电桩用电量同比增长 60.8%、17.3%。坚决守护祖国北方重要生态安全屏障，构筑森林草原电气火灾的“六重防线”（思想认识防线、责任落实防线、隐患清查防线、运维保障防线、技术措施防线、政企联动防线）。制定涉林涉草线路 14 类差异化技术措施，与 24 个属地林业局签订停电避险协议。投入 1.2 亿元专项技改增补资金完成全量重点林区线路的新型一二次融合开关深度覆盖。完成 7367 处森草电气火灾隐患治理，防火期内实现重要涉林涉草线路零故障。

优质服务 落实国家电网公司“四个服务”（服务党和国家工作大局、服务电力客户、服务发电企业、服务社会发展），牢记人民电业为人民的企业宗旨，以一流服务架起党和人民群众的“连心桥”。主动作为助力“六稳”“六保”大局，研究出台 18 项具体措施，为用电企业纾困解难。设立 6 个月的电费缓缴期并免收滞纳金，提供短期电费融资 3000 余万元。发挥“电 e 金服”平台作用，为中小企业提供低成本融资 13 亿元。带动产业链上下游共同发展，做到采购“不断档”、合同“不断签”、付款“不断线”。电力营商环境不断优化，把供电服务视为电网企业产品，践行“电力营商环境再提升”10 项承诺、20 项举措，出台高压业扩提速 6 项措施，“三零”“三省”（大中型企业省力、省时、省钱，小微企业零上门、零审批、零投资）降低客户办电成本 2.4 亿元。推行“房产＋电表”联合过户、跨盟市电费服务，实施居民“刷脸办电”、企业“一证办电”，推进办电线上线下融合、政企平台贯通，线上办电率 80%。深化配网“三高”（停用率高、低电压频次高、客户投诉率高）治理，客户投诉量下降 88%。服务乡村振兴成效显著，开展“电力＋产业”“志智双扶”专项行动，建成 5 家电力爱心超市，完成消费扶贫 345 万元。实施乡村振兴、农村电网巩固提升工程 2500 余项。

改革创新 优战略、建体系，在改革创新中增强了发展动能。研究确立中长期战略愿景和目标任务。提出携手构建内蒙古能源电力互联网，畅通内蒙古绿色电力双循环，推进公司治理体制、管理体系、运营机制现代化，开创高质量发展新格局，打造“小而强小而优”现代电力公司的总目标、总任务，明确“两强四优”（电网互联平台强、电力吞吐功能强、公司服务品质优、价值创造优、经营业绩优、体制机制优）特征内涵，确定三个阶段的奋斗目标（局部突破阶段、重点跨越阶段、全面建设阶段），强化公司发展的愿景激励和目标引领。改革攻坚顶层垂范整体突破。国企改革三年行动收官。聚焦“战略管理中心、调配指挥中心、协调服务中心、监督考评中心、示范导向中心”功能定位，国网蒙东电力本部及 4 家驻呼单位组织结构、机构编制与人员配置机制的系统化改革平稳有序，管理人员能上能下、能进能出机制初步形成，管理机关去行政化取得重要突破，市场化岗位聘任制落到了实处，组建 3 个职能型事业部、4 个业务中心及档案馆。赋能五大单位调整优化了电网建设、通信运维责任体制。全部旗县公司建成“职能大部门＋中心供电营业所＋电工站”组织体系。超特高压公司迁址入锡，配套综合改革顺利告捷，展现国网蒙东电力主动融入和服务锡盟新能源产业发展的担当，推动新能源加速成为电力系统装机和电量的主体，让锡盟“绿色矿山、绿色发电、绿电外送”的优势更加凸显，服务地方经济发展落地生根。构建安全质量督查监理一体协同平台。6 座火电厂调度关系回归蒙东调度，建立蒙东调度控制区，国网蒙东电力电网调控能力提升。为满足日益增长的产消一体、源荷一体市场化新能源项目接网并网需求，国网蒙东电力研究制定市场化新能源项目接网并网、运行交易等事项与业主平等协商订约的工作意见，从经济契约、技术规定等方面进行了合理的约定，促进项目遵循市场化原则与公网和谐运行、互济共生、合作共赢，保障蒙东地区市场化新能源项目健康有序发展。创新活力全面激发。提升产教融合、工学结合，校企合作入选自治区示范案例，初步构建了院士站、教研室等人才链、产业链、创新链对接的平台与机制。加强技术攻关，自主编制《特高压高抗质量提升通用措施》等 3 项企业标准，参与 10 项行业标准编制，荣获省部级科技奖励 6 项。支持基层首创，3 项成果在“振兴杯”全国青年职业技能大赛获奖。

党的建设 抓党建、强队伍，在旗帜领航中转变工作作风。深入学习党的二十大精神。发挥党委“把方向、管大局、保落实”作用，明确“增强党建工作实践性、群众性、生活性”和“构建思想指引型、政治统领型、组织带动型、作风润化型”大党建工作体系的“三性四型”党建工作策略，一以贯之坚持党的领导、加强党的建设，统筹推进党的建设和企业改革发展各项工作。国网蒙东电力党委第一时间召开扩大会议、组织中心组学习、举办读书班，示范带动各级党委中心组、基层党支部集体学习研讨482次。各级领导干部结合实际开展宣讲，推动党的二十大精神进基层、进班组、进现场。组织落实学习宣传贯彻5方面12项工作任务。正风肃纪从严治党。狠抓党员干部、两级本部的思想、作风建设，专项纠治十种不良作风倾向，铲除本部滋生不良作风的组织土壤，为本部“权责清、职能强、效能高、作风优”培了新土、施了新肥，党风、政风、作风、党群关系、干群关系明显好转。高质量完成供电服务、省管产业专项巡视、特高压工程专项审计、原董事长离任审计等迎审任务，推进屡巡屡犯、屡审屡犯问题源头治理，制定巡视巡察、审计监管红线15项。开展4家盟市公司专项巡察，实现一届任期内巡察全覆盖。

实施人才培养“三大工程”、青年精神素养提升工程，5人入选国家电网首批青年人才托举工程。劳模工匠精神得以弘扬，1人获评全国青年岗位能手；1家单位、2个集体被授予国家电网公司先进集体和工人先锋号，3人获得国家电网公司劳动模范；1家单位、3人获得自治区五一劳动奖状、奖章，3个集体被授予自治区工人先锋号。

主要事件

1月20日，国网蒙东电力召开三届二次职工代表大会暨2022年工作会议。

3月24日，蒙能科右中电厂500kV送出工程正式开工。

4月13日，内蒙古自治区党委书记、人大常委会主任石泰峰到国网蒙东电力±800kV锡盟换流站调研指导工作。

4月25日，汇能长滩电厂1000kV送出工程正式开工。

5月17日，长城上海庙电厂500kV送出、国能上海庙电厂500kV送出工程开工建设。

6月9日，内蒙古自治区党委常委、常务副主席黄志强到国网蒙东电力调研指导工作。

6月26日，兴安中广核风电一期500kV送出工程投运。

7月26日，国网内蒙古超特高压公司迁址入锡，正式开启全面服务锡林郭勒盟高质量发展的新征程。

8月23日，京泰酸刺沟电厂1000kV送出工程正式开工建设。

9月15日，国家发展改革委核准批复张北—胜利1000kV特高压输变电工程。

9月22日，内蒙古自治区党委书记、人大常委会党组书记孙绍骋专门听取国网蒙东电力工作汇报。

10月24日，国网蒙东电力完成党的二十大保电工作。

11月22日，科右中电厂500kV送出工程投运。

11月24日，满洲里500kV输变电工程投运。

12月9日，汇能长滩电厂1000kV送出工程、国电长滩电厂500kV送出工程全线贯通。

12月19日，国能上海庙电厂500kV送出工程投运。

12月24日，国电长滩500kV送出工程投运。

12月26日，汇能长滩电厂1000kV送出工程投运。

12月29日，内蒙古长城上海庙电厂500kV送出工程投运。

（任天羿）

华 东 地 区

【国家能源局华东监管局】

基本情况 国家能源局华东监管局（简称华东能源监管局）是国家能源局在华东地区设立的区域监管机构，履行辖区内跨省、跨区能源监管以及上海市和安徽省能源监管和能源行政执法职责。2013年10月，华东能源监管局由“国家电力监管委员会华东监管局”变更为“国家能源局华东监管局”。

主要职责：监管电力市场运行，规范电力市场秩序；监管电网和油气管网设施的公平开放；监管电力调度交易，监督电力普遍服务政策的实施；负责电力等能源行政执法工作，依法查处有关违法违规行为，监督检查有关电价；负责除核安全外的电力运行安全、电力建设工程施工安全、工程质量安全的监督管理以及电力应急和可靠性管理，依法组织或参与事故调查处理；负责组织实施电力业务许可以及依法设定的其他行政许可；负责协调有关跨省、跨区能源监管业务；负责法律法规授权以及国家能源局下达或交办的有关事项监管。

领导班子

党组书记、局长：邱水录

党组成员、副局长：郑逸萌（正司局长级）

党组成员、副局长：朱晓艳

党组成员、纪检组长：娄杰海

组织机构 设综合处、市场监管处、行业监管处、电力安全监管处、资质管理处、稽查处、机关党委（机关纪委）办公室和安徽业务办公室（办公地点设在安徽省合肥市）共 8 个处室。

主要工作

1. 全力做好能源电力保供监管

4 月 1 日—6 月 1 日上海实施封控管理期间，及时向电力行业发出倡议书、召开区域电力保供会议，部署电力系统开展抗疫保供战，为打赢大上海保卫战作出贡献。针对冬夏高峰电力缺口大、煤电企业经营困难的严峻形势，通过年报、季报、月报和日报提前监测揭示风险矛盾、及时发布 5 份红色预警单，做好区域协调和网厂协调，开展电煤中长协签订履约情况监管，强化对厂网电费结算、发电机组故障非停、有序用电执行等情况的监管，确保电力安全平稳度峰。对夏季高峰期各省市在省间现货市场上恶性竞争高价购电的情况进行了总结分析，向有关方面提出了从供需两侧同时发力破解高尖峰电力供需平衡矛盾的建议，安徽省委主要领导对此作了批示。

2. 持续强化电力安全监管

围绕保障党的二十大等重大活动电力安全，对电网运行安全风险进行梳理排查，代表国家能源局对华东特高压密集输电通道安全进行专项督查，确保大电网运行安全。学习贯彻国务院安全生产工作“十五条硬措施”，组织开展电力安全大检查，检查企业 101 家次，责令整改问题隐患 253 项，推进水电站、小散远发电企业、除尘器改造、电力行业危化品、基建施工等领域问题治理。做好上海外高桥电厂“2.15”除尘器坍塌较大事故应急处置和调查处理工作，成为新《中华人民共和国安全生产法》颁布后由能源监管机构对电力人身伤亡事故的责任单位、责任人实施行政处罚的首个案例。

3. 加强能源规划政策落地监管

按时保质完成“十四五”能源规划实施、重点煤电气电项目规划建设、第一批大型风光基地建设、发电项目接入电网暨电网公平开放等专项监管任务。组织开展上海、安徽可再生能源发电补贴核查，核查 603 个，核实上报“绿码项目”364 个，在全国范围内公示未收到异议。

4. 加强电力市场建设运行监管

及时修订华东区域跨省和上海、安徽电力中长期交易规则，确保燃煤发电上网电价市场化改革顺利实施。探索实施华东跨省和安徽省内绿电交易试点工作，实现新能源企业与绿电用户互利双赢。按照《国家发展改革委 国家能源局关于加快建设全国统一电力市场体系的指导意见》要求，加快推进长三角区域电力市场建设。

5. 进一步优化行政许可服务

通过全面推行行政许可告知承诺制进一步方便人民群众办事创业，实施一年来监管辖区持证发电企业数量增长 8%、持证承装（修、试）企业数量增长 17%，新增主体大部分为新能源企业和小微企业。建立许可服务“好差评”监督机制，实现全年服务无差评。建立企业信用档案并根据信用等级实行分级分类监管，确保市场运行有序。

6. 持续深化“获得电力”综合监管

2022 年重点开展提升“获得电力”服务水平专项监管，狠抓 2021 年国家能源局现场督导发现问题整改闭环、任务台账落实和查短板补弱项工作，推动“三零三省”各项改革措施落地生效，全面完成《国家发展改革委 国家能源局关于全面提升“获得电力”服务水平 持续优化用电营商环境的意见》（发改能源规〔2020〕1479 号）的目标任务，用电营商环境进一步持续优化，用户办电更省时、更省心、更省钱、用电更可靠。

7. 当好“能源警察”强化监管执法

通过 12398 热线、局长信箱等渠道受理群众诉求 1451 件，及时办结率 100%，回访用户满意率 84.93%。充分发挥行政执法“利剑”作用，坚决打击违反安全生产法律法规、用户受电工程“三指定”、违反许可制度等行为，全年共实施行政处罚 48 件，罚没金额共计 797.8 万元。

（陈 杰）

【国家能源局江苏监管办公室】

基本情况 国家能源局江苏监管办公室（简称江苏能源监管办）是国家能源局在江苏省设立的派出机构，依据国家能源局的授权，履行江苏省能源监管和行政执法职责。2013 年 10 月单位名称由国家电力监管委员会江苏省电力监管专员办公室变更为国家能源局江苏监管办公室。

主要职责：监管电力市场运行，规范电力市场秩序；监管电网和油气管网设施的公平开放；监管电力调度交易，监督电力普遍服务政策的实施；承担电力等能源行政执法工作，依法查处有关违法违规行为，监督检查有关电价；承担除核安全外的电力运行安全、电力建设工程施工安全、工程质量安全的监督管理以及电力应急和可靠性管理，依法组织或参与电力生产安全事故调查处理；实施电力业务许可以及依法设定的其他行政许可；承办法律法规授权以及国家能源局交办的其他事项。

领导班子

党组成员、专员：杨梦云

党组成员、副专员：王勤

党组成员、机关党委副书记、机关纪委书记：张合

组织机构 下设综合处（机关党委〈机关纪委〉办公室）、市场监管处、行业监管处、电力安全监管处、资质管理处和稽查处六个处室。

主要工作

1. 坚持党对能源监管工作的全面领导，不断增强推进能源革命的政治自觉

（1）坚守政治机关鲜明本色。一是强化理论武装。深入学习宣传贯彻党的二十大精神，制定《学习宣传贯彻党的二十大精神实施方案》并抓好贯彻落实。发挥党组中心组领学促学作用，制定年度学习计划，深入学习贯彻习近平总书记系列重要讲话精神和《习近平谈治国理政》第四卷，专题学习习近平总书记关于碳达峰、碳中和等重要论述，已集中学习16次。二是践行"两个维护"。自觉用习近平新时代中国特色社会主义思想武装头脑、指导实践、推动工作，制定年度《党建工作要点》《监管工作要点》，统筹抓好疫情防控、巡视整改、能源保供等重点工作，推进能源安全新战略走深走实。召开意识形态工作专题会，制定《意识形态工作责任制实施细则》《网络安全工作责任制实施细则》，召开座谈会和青年干部面对面交流引导，压实意识形态工作责任。三是增强政治意识。办党组书记在全办讲授专题党课，引导党员干部坚定理想信念。严格执行"三重一大"集体决策制度，定期研究重要事项，已开展18次集体研究。加强请示报告，每半年向国家能源局党组报告全面工作，及时报告电网企业代理购电价格偏低、区外电力现货市场价格偏高等重要情况，为决策提供参考。

（2）全面加强机关党的建设。一是健全党建工作机制。履行主体责任，每月听取支部书记、处室主要负责人抓党建工作汇报。开展支部换届，选优配强支委。开展"学查改"专项工作，班子带头学习贯彻工作要求。落实"三会一课"制度，规范评优等议事决策程序，提升党建工作规范性。开展机关工会换届，举办迎新春趣味运动会等系列活动，营造良好机关文化氛围。二是推进党建和业务工作融合。指导各支部开展系列共建活动。一支部与国网江苏经研院联合开展党日活动，交流"十四五"江苏新能源及电网发展情况；二支部与华能江苏能源公司基层支部结对共建，交流党建工作经验；可再生能源发电补贴核查组临时党支部在茅山新四军纪念馆开展党日活动，赓续红色血脉。推动各处立足监管实际常态开展"我为群众办实事"，巩固深化党史学习教育成果。落实乡村振兴战略，购买农产品3.5万元，捐资助学8人合计4000元。指导办青年理论学习小组联合电力司等开展"打通居民小区电动汽车充电最后100米"的"关键小事"调研攻关，获中央和国家机关工委一等奖。三是加强干部队伍建设。印发《干部人事管理办法》，提升干部管理规范性。优化设置青年理论学习小组，举办"请党放心、强国有我"主题演讲比赛，引导青年干部健康成长。建设"能源监管讲堂"和"能源青年讲堂"，强化政策理解掌握，不断提升工作能力，已举办13期讲座。树立正确选人用人导向，激励干部担当作为，晋升1名一级调研员、1名四级调研员、3名三级主任科员，交流轮岗干部5人次，1名党员被省级机关工委评为"巾帼建功标兵"。

（3）不断深化全面从严治党。一是抓实巡视整改。办党组坚决扛起主体责任，成立巡视整改工作领导小组，多次召开会议研究部署，制定巡视整改工作方案，持续跟踪督办整改任务完成情况，保障巡视整改取得实效。统筹"当下改"与"长久立"，针对反馈的32个问题已整改到位，制、修订《贯彻落实中央八项规定精神实施细则》《公务用车管理办法》等28项管理制度，持续深化巡视整改成果。二是强化监督执纪。召开党风廉政建设工作会和全面从严治党专题会，制定《党风廉政建设和反腐败工作要点》，逐级签订党风廉政建设责任书。制定《关于加强对领导班子和各处主要负责人监督的实施办法》，提升监督质效。突出政治监督，加大对局党组决策部署贯彻落实及重点任务完成情况的督办力度。做实资质许可廉政监督，严格落实廉政随访、回访机制，通过执法记录仪全过程记录现场核查情况。三是加强风险防控。深入开展"明底线、知敬畏、常警醒"廉洁教育活动，组织全办干部职工赴省廉政文化教育基地开展廉政警示教育，集中观看清廉中国、鉴史问廉微视频14期，开展廉洁文化知识竞赛答题，印制廉洁文化书签，布置廉政警示长廊，营造浓厚廉洁文化氛围。完善廉政风险防控"一表多图"，新增中风险点2个，优化防控措施8项。开展保密安全教育，及时与新进人员签订保密承诺书，构建"全覆盖"保密责任体系。

2. 切实提升能源监管效能，为推动能源高质量发展提供坚强保障

（1）提升监督保障效能，当好国家能源规划政策落实的"监督者"。一是扛牢能源保供监管责任。加强能源供需监测预警，深入重点能源企业开展调研，协调解决电力供需、电煤储运、机组运行管理等问题。建立发电机组非停及出力受阻原因分析机制，推动迎峰度夏期间主力煤电机组健康水平历史最好，应对全省用电负荷累计72天过亿、最高负荷达1.31亿kW的严峻挑战。做好电煤中长协监管，及时报告相关电煤

合同兑现进度滞后等问题。加强天然气发电合同履约保障监管，推动中石油等上游供气企业与电网气电协同，保障合同有效执行。推动构建上游供气企业对江苏省城燃企业居民气量常态化核查的长效机制，实现当年全省新增居民气量 6.1 亿 m^3。二是加强规划政策监管。做好可再生能源补贴核查工作，联合 6 家省级部门组成工作组，发挥市县能源主管部门作用，依法依规完成江苏省 778 个项目的梳理排查及赋码工作。加强“十四五”能源规划重点任务落实情况监管和重点煤电气电规划建设监管，推动中俄东线（江苏段）、白鹤滩入苏工程及省内重点煤电项目等规范建设。首次会同江苏省能源局、江苏省商务厅联合发文开展生物燃料乙醇生产和乙醇汽油使用监管，推动乙醇汽油推广地区加油站全部完成经营范围变更、95%以上加油站完成乙醇汽油置换销售。三是推动能源绿色低碳发展。开展储能项目发展情况调研，协调解决金坛盐穴压缩空气储能国家试验示范项目建设、并网及电费结算事宜，保障项目健康运行。全程监督江苏海上风电项目竞争性配置工作，科学提出监管意见。开展整县屋顶分布式光伏开发试点推广情况调研，推动试点有序有效实施。对 27 家统调煤电企业开展节能减排现场督查，促进发电企业强化节能减排运行管理。

（2）提升安全发展效能，当好电力安全稳定的“守护者”。一是完善电力安全监管工作机制。推动江苏省安委办印发《关于进一步落实电力安全监督管理责任的通知》，构建分层分级、上下联动的电力安全监管机制。推动江苏省安委办等七部门印发《关于加强海上风电项目安全风险防控工作的意见》，明确地方政府海上风电安全管理责任。加强施工安全风险防控，联合地方电力管理部门对 12 个电力建设工程开展“四不两直”安全督查，对 6 家电力企业开展“回头看”督查。加强电力系统涉网安全管理，建立二次系统安全管理月度报告制度。二是保障系统安全稳定运行。梳理电网安全运行风险，对±800kV 虞城换流站、苏通 GIL 管廊等加强安全督查。对 37 家火电企业、10 家新能源企业开展技术监督检查，整治安全隐患 697 项。开展电力安全大检查，联合地方电力管理部门开展水电站和小散远发电企业、除尘器等专项行动摸底排查 29 次。督促江苏省 133 台煤电机组全部完成尿素系统投运，提前一年消除江苏电力行业危险化学品重大危险源。对射阳港电厂、句容抽水蓄能电站开展质监检查，督促企业加强工程质量管理。三是夯实电力安全生产基础。对 13 个设区市发展改革委、164 家电力企业开展安全培训，推动提升安全管理水平。对 2 家企业开展监管约谈，对 4 家企业进行行政处罚，不断加大安全监管执法力度。应对台风“梅花”等极端天气对电力系统影响，督促第一时间恢复 18.1 万用户供电。协调解决 21 家电力企业储灰消纳难题。探索实施电力安全信用监管，通过分类监管促进企业安全生产。

（3）提升改革攻坚效能，当好能源市场化改革的“推动者”。一是完善电力市场机制。修订《江苏省电力中长期交易规则》，推进中长期分时段交易，构建供需双侧分时段能量块交易模式，并做好与电力现货市场有效衔接。修订“两个细则”，规范江苏电力系统并网运行管理，推进电力辅助服务市场机制建设。督促中石油如东 LNG 接收站和广汇启东 LNG 接收站切实做好公平开放，完善申请用户遴选办法，按月公开设施剩余能力。二是更好发挥市场作用。突出电力中长期市场“压舱石”作用，推动一般工商业用户全部进入市场，全年江苏直接交易电量 3854 亿 kWh。加强电力辅助服务市场管理，年形成调峰补偿费用约 15.3 亿元，同比增长 246%，调频补偿费用约 4.7 亿元，同比增长 109%。推动国庆期间华东调峰、省内调峰和可调负荷辅助服务等 3 个市场首次联合运行，提供最大调峰能力 530 万 kW。督促省电力交易中心按月常态开展绿电双边协商交易，年累计成交电力达 32.2 亿 kWh。三是强化市场秩序监管。推进助企纾困，减免市场主体受疫情等影响产生的用电偏差考核费用约 1.8 亿元。加强电网企业代理购电监管，督促电网企业严格执行差别化代理购电价格，严格按国家规则要求对退市用户执行 1.5 倍代理购电价格。做好电力交易与市场秩序约访约谈，听取企业意见建议。

（4）提升为民服务效能，当好人民群众用能权益的“维护者”。一是加强“获得电力”优质服务监管。落实国家能源局监管任务书部署，针对涉及江苏的 97 个问题，通过督导调研、现场检查、座谈交流等方式督促相关单位加强整改，各项问题基本整改到位，并推动省有关部门联合印发《关于进一步加强电力设施保护工作的通知》。梳理江苏省“获得电力”优质服务情况，发布 2021 年度《江苏供电企业优质服务情况监管报告》。印发《关于进一步加强频繁停电治理工作的通知》，构建频繁停电问题治理闭环机制。二是加大问题查处力度。发挥 12398 热线民生通道作用，全年共受理投诉举报事项 480 起、办结率 98.3%。加强“三指定”问题整治，针对南京溧水供电公司指定设计单位等问题进行严肃查处，对电网企业开出“三指定”首张罚单。全年共下发整改通知书 50 份、监管意见书 5 份，查处企业 15 家，罚款 241 万元，同比增长 92.4%。三是提升许可服务水平。制定《资质许可一般程序规定》等制度，提升许可规范化水平。全面推行告知承诺制，全年通过告知承诺制办理资质许可 945 家次，全部当天受理、当天办结。推进资质许可及管理全过程信用监管，完成 640 家持证企业的资质和信用信息系统数据完善工作，对 39 家信用不良企业开展全覆盖检查，注销18家许可条件不能保持的企业，推动提升企业诚信意识。

（褚立杰）

【国家能源局浙江监管办公室】

基本情况 国家能源局浙江监管办公室（简称浙江能源监管办）组建于2005年4月22日。

主要职责：监管电力市场运行，规范电力市场秩序；监管电网和油气管网设施的公平开放；监管电力调度交易，监督电力普遍服务政策的实施；负责电力等能源行政执法工作，依法查处有关违法违规行为，监督检查有关电价；负责除核安全外的电力运行安全、电力建设工程施工安全、工程质量安全的监督管理以及电力应急和可靠性管理，依法组织或参与电力事故调查处理；负责组织实施电力业务许可以及依法设定的其他行政许可，组织开展电力业务许可持续性监管以及相应的市场准入监管；负责法律法规授权以及国家能源局下达或交办的有关事项监管。

领导班子

党组书记、监管专员：赵一农

党组成员、综合处处长：应华泉

组织机构 设综合处、市场监管处、行业监管处、电力安全监管处、资质管理处、稽查处。

主要工作

1. 做好能源保供监管，助力能源供应安全稳定

把保障能源安全稳定供应作为重要政治任务，成立保供工作专班，制定了四个方面14项监管工作任务措施，为能源保供夯实基础。加强电网安全风险管控，开展安全保供应急演练，督促指导燃煤机组在负荷高峰前“应修尽修”；加大发电机组非停、检修超期考核力度，督促供电企业做好有序用电信息公开，推动“不拉闸限电”目标落实落地。通过有效监管，快速扭转迎峰度夏初期电煤平均可用天数达不到20天的被动局面，促进燃煤机组缩出力程度减少76%，在2022年浙江省电力负荷破亿创历史新高的情况下，为浙江省电力可靠供应做出应有贡献。

2. 做好国家交办的重点监管任务，确保工作取得实效

组织开展可再生能源补贴核查，对10多年来超过80万条可再生能源数据系统整理，核查可再生能源项目392个。组织开展电煤中长协签订履约情况监管，全面收集并梳理汇总煤电企业月度电煤中长协签订履约情况，前往重点煤电企业开展调研，梳理浙江省电煤中长协履约方面存在的问题及时上报。通过监管，目前浙江省内电煤中长协合同量已实现签订100%，履约率稳步提升，创近年来最好水平。

3. 拓展能源行业监管广度深度，做好国家能源规划政策落实的“监督者”

开展国家“十四五”能源规划重点任务落实情况专项监管，推动国家能源规划、政策执行不跑偏走样。发挥一线监管“探头”作用，针对浙江省抽水蓄能规划建设容量过大问题，向浙江省政府提出谨防“一窝蜂”式建设的建议并及时上报国家能源局。建立重大项目台账，动态更新项目进展信息，对多个重点项目开展现场监管；协调解决西二线、川气东送嘉兴站连通工程项目用地困难问题，推进项目用地手续办理全部完成。按照油气运营机制改革部署，推进浙江“全省一张网”，率先实现以市场化方式融入国家管网，为全国树起标杆样板。

4. 加强能源稽查和行政执法，做好人民群众用能权益的“维护者”

优化投诉举报事项办理会商机制，提高办理效率，在全年12398热线转办事项1092件，同比增长146.5%的情况下，实现百分百受理、办理、回访，属实事项得到群众百分百认可。深挖12398热线数据价值，高度关注民生用能堵点，向供电企业提出监管意见并督促整改。发挥执法“利剑”作用，对27起违法违规行为作出行政处罚决定，罚没金额310万元，创历史新高；重点加强对“三指定”行为的处罚，首次对国家电网公司、五大发电集团和浙能集团下属企业进行处罚，行政执法质、量提升。

5. 提升市场监管质量效率，做好市场化改革的“推动者”

与浙江省有关部门共同修订市场交易规则，对交易方案存在的市场“回退”风险等问题提出意见建议。切实加强市场交易监管，对浙江省有关部门不当干预市场行为敢于动真碰硬，坚决“叫停”截留发电企业25亿元、售电公司3.89亿元合法收益等行为，在行业内引起了强烈反响。推动新型储能、虚拟电厂等第三方独立主体参与电力辅助服务，探索辅助服务用户分担共享机制。加强制度建设，编制市场信息披露实施细则、运营机构监管指引，为全国提供参考。做细做实用户“获得电力”优质服务水平监管，开展督导调研，督促供电企业落实整改要求。推动杭州列入世行电力营商环境评价样本城市，助力浙江提前完成优化营商环境目标任务。

6. 夯实电力安全监管基础，做好电力安全稳定的“守护者”

抓好党的二十大保电工作，制定保电方案，召开动员部署会，开展“四不两直”监督检查，完成保电任务。监督落实密集输电通道联合防控、海上风电安全管理等属地职责，完善齐抓共管、各司其职的电力安全监督管理体系。做好防汛防台和应急管理，完成

台风“轩岚诺”“梅花”防御工作。开展电力安全生产大检查等11项专项行动，发现问题1600多条，全部建立整改清单实行销号式管理；组织排查安全隐患14352条，年度整改率96.27%。加强电力建设工程施工和质量安全监管，完成施工安全措施备案151项。创新性开展电力安全审计试点，探索电力安全监管新手段。

7. 进一步提升资质许可服务水平，做能源监管转型探索的“领跑者”

截至2022年底，浙江省承装（修、试）电力设施许可证共颁发1630本，累计注销235本，持证1395本，持证企业中，一级企业15家，二级企业24家，三级企业172家，四级企业792家，五级企业392家。

浙江省电力业务许可证（发电类）共颁发1301本，累计注销731本，持证570本，持证企业按发电容量划分，25MW及以上企业246家，6（含）～25MW企业310家，1（含）～6MW企业9家，1MW以下企业5家。浙江省电力业务许可证（输电类）共颁发1本。浙江省电力业务许可证（供电类）共颁发110本，累计注销20本，持证90本，持证企业中9家为增量配电试点项目。

探索事中事后监管线上核查新模式，实现核查全程网络化、可视化、数字化，共核查许可企业268家次。组织开展“送政策、送服务”活动，累计对191家企业进行温馨提醒和事前告知。推进信用归集、修复工作，开展以信用为基础的电力业务资质许可专项监管。利用浙江数字化改革先行优势，初步研究制定能源监管数字化改革方案，将数字化贯穿到能源监管全业务全流程各方面，形成“1614”能源监管智慧大脑体系建设思路，力争为全国能源监管领域数字化改革提供可复制可推广的经验成果。

（朱　筠）

【国家能源局福建监管办公室】

基本情况　国家能源局福建监管办公室（简称福建能源监管办）是国家能源局派驻福建、对能源行业实施统一的专业化监管的正局级管理机构。福建能源监管办依据国家能源局的授权，在福建省范围内履行能源监管、行政执法的职能。福建能源监管办的前身是国家电力监管委员会福建省电力监管专员办公室（简称福建电监办），根据国务院机构改革的要求和中央编办发〔2013〕130号文件精神，于2013年11月变更为现名。

主要职责：监管电力市场运行，规范电力市场秩序；监管电网和油气管网设施的公平开放；监管电力调度交易，监督电力普遍服务政策的实施；承担电力等能源行政执法工作，依法查处有关违法违规行为，监督检查有关电价；承担除核安全以外的电力运行安全、电力建设工程施工安全、工程质量安全的监督管理以及电力应急和可靠性管理，依法组织或参与电力生产安全事故调查处理；实施电力业务许可以及依法设定的其他行政许可；承办法律法规授权以及国家能源局交办的其他事项。

领导班子

党组书记（兼机关党委书记）、监管专员：唐艺艳

党组成员、监管副专员：丁勇军

党组成员、二级巡视员：曹祥云

组织机构　设六个处，即综合处（机关党委、机关纪委办公室）、市场监管处、行业监管处、电力安全监管处、资质管理处、稽查处。

主要工作

1. 电力安全监管

完成电力安全生产专项整治三年行动任务，全年组织各类督导检查73次，累计发现问题938项，整改完成率94.8%，下发整改通知书73份、停工令3份，要求“说清楚”和监管约谈15家企业，行政处罚2家企业，安全监管保持高压态势。围绕能源保供，开展了电煤中长协签订履约专项监管，督导企业确保电煤库存不少于15天。先后组织26个安全专项监管检查组，完成涉电安全重点专项督查5项，发现问题519个，整改完成率98.4%。完成党的二十大、全国“两会”“冬奥”等重大活动的安全保供电监管任务。督促指导企业做好电力防汛保供工作，及时完成61万户用户灾后复电。推动解决火电厂非停非降问题，提高设备可靠性，保障平稳发供电。协同监管、合力推动各专项行动和重要活动保电落地见效，属地电力安全监督管理责任更加明确，在打造“齐抓共管”工作格局上取得新突破。

2. 市场监管

贯彻落实国家重大决策部署，2022年参与省内市场化交易主体已达1.78万家，较2021年增加16%；省内中长期直接交易成交电量1897亿kWh，占全社会用电量的65.4%；跨省外送电量177亿kWh，同比增长86.6%；辅助服务总费用11亿元，促清洁能源增发2.4亿kWh；燃煤机组平均上网电价上浮19.1%；完成可再生能源电力消纳责任权重24.5%，超国家下达年度计划5个百分点。推进电力市场体系建设，完成调峰、调频辅助服务和电力中长期交易以及绿电交易规则条款的制修订，扶持推动新型独立储能电站参与调频辅助服务市场。规范电费结算，实现信息披露常态化。开展电力市场秩序专项监管，下发4份整改通知书并督促完成整改。减免省内电力市场交易用户偏差考核费用2亿元。完成203个可再生能源发电项目补贴核查，查核涉嫌违规资金4.82亿元。

3. 能源行业规划、政策和项目执行情况监管

完成福建省“十四五”能源规划重点任务 2022 年度落实情况和重点煤电气电规划建设专项监管，就 3 个项目建设进展不及预期向业主单位下发整改通知书。推进漳州 LNG 接收站、闽粤联网等 5 个重点工程按期投运，协助推动永泰抽水蓄能 1～2 号、周宁抽水蓄能 3～4 号、国能罗源湾 2 号等机组提前投产。强化能源供需形势分析，强化年度供气合同签订和保供履约监管，完成供暖季天然气供需监测工作。完善省内煤炭生产和消费、能耗“双控”目标完成情况日常监测机制。主动认领中央生态环境保护督查报告反馈问题整改 14 个方面 27 项任务，已全部完成整改并“销号”。督促 2021 年煤电淘汰落后产能监管发现煤耗不达标机组整改。完成福建实现“碳达峰、碳中和”目标路径等 7 项课题研究报告。

4. 资质许可和信用监管

深入推进许可告知承诺制，全年累计 479 家企业当场办结取得许可证；对 114 家企业及时下发书面提醒告知书。全年完成 194 家许可告知承诺制企业事中事后核查工作，对 39 家企业开展现场核查工作，其中对问题企业下发整改通知书 4 份，监管约谈 6 家，对 4 个涉嫌违规案件进行立案调查。深化许可信用监管，印发信用信息管理工作规定，完善归集共享、信用修复等内部流程，全年归集信息 540 条，其中许可信息 506 条，行政处罚信息 7 条，行政检查信息 27 条，信用修复 7 条。

5. 行政执法

发挥 12398 热线服务民生作用。全年办理投诉举报 249 件，对 8 起信访件和 34 起投诉举报件进行调查核实，对 12 家供电企业、27 家承装（修、试）电力设施企业开展监管约谈，对 4 家供电企业下发整改通知书。强化行政执法，全年立案调查违法违规案件 18 件，监管约谈 7 家企业，对 10 家能源企业和 2 名法人作出行政处罚，合计罚金 104.5 万元。推动解决企业群众“急难愁盼”问题，先后协调解决发电企业用水用煤、电费结算等问题，督促拖欠农民工工资 200 余万元问题的解决。

（刘丽君）

【国网上海市电力公司】

企业概况 国网上海市电力公司（简称国网上海电力）是从事上海电力输、配、售的特大型企业，统一调度上海电网，参与制定、实施上海电力、电网发展规划和农村电气化等工作，并对上海市的安全用电、节约用电进行监督和指导。国网上海电力管辖的上海市电网位于长江三角洲的东南前缘，北靠长江，东临东海，与江苏、浙江两省接壤。供电营业区覆盖整个上海市行政区。截至 2022 年底，国网上海电力管辖各类电网企业、发电企业、施工、科研、能源服务、培训中心等单位 28 家，共有职工 13031 人。服务客户 1164.76 万户。

2022 年，国网上海电力在国家电网首次企业负责人任期业绩考核中获评 A 段，连续 8 年保持企业负责人业绩考核 A 级，连续 22 年保持市政风行风和 12345 市民热线绩效考核第一。

电网建设与发展 推动电网高质量发展。2022 年，电网发展总投入 149.42 亿元，110kV 及以上线路开工 671.7km、投产 444.17km；变电容量开工 445 万 kVA、投产 665 万 kVA；线损率 3.09%，同比下降 1 个百分点。全员劳动生产率 189.22 万元/（人•年），同比增长 3.14%。全口径供电可靠率 99.9923%，城市核心区达到 99.9992%。做好电网建设工程。推进项目前期。加快落实高层会谈精神，开展外电入沪、新型电力系统规划等专题研究，崇明西越江隧道专项规划完成编制。51 项 35kV 及以上项目获得核准。500kV 临港重燃送出等 99 项 35kV 及以上重点工程完成可研批复。与临港新片区管委会以及松江、宝山、奉贤区政府签订“十四五”发展合作协议。推进重点工程。500kV 杨行、静安增容等 61 项 35kV 及以上工程竣工投产。220kV 综合、万祥等 56 项 35kV 及以上工程开工建设。220kV 泰日等 12 项受阻工程取得突破。制定“六精四化”十个方面、39 条重点任务、101 项工作清单，获评国家电网优质工程金银奖各 1 项、国家电网和区域级现代智慧标杆工程各 2 项。连续四个月蝉联国家电网三率合一“十强市”榜首。夯实配网升级工程措施。启动配网升级改造三年行动，完成开关站双侧电源改造 110 座、架空线入地 120km。实现城市 A+区域变电站馈线配电自动化覆盖率 100%。全力加强服务新能源发展成效。投运全国首个交通领域组合光伏发电项目。全年新增太阳能发电设备容量 26.52 万 kW，保持 100%全额消纳。成立行业协会新能源和综合智慧能源专委会，推动行业绿色转型发展。

安全生产 安全管理体系高效率运转。修订完善全员安全责任清单 8119 份。编制各级安全管理手册 4 部、程序文件 143 份、风控手册 17 部，有防控各级各类电网风险 1394 项、作业风险 1255 项。落实“四个管住”，开展远程督查、“四不两直”督查 7 万余次，查处违章近 6000 起，开展警示约谈 31 次。安全生产专项整治高质量收官。开展安全生产大检查、安全生产提升年和“悟教训、防风险、反违章、保安全”等专项活动，整治问题隐患 598 条，实现重大隐患“见底清零”，形成制度措施清单 19 项、隐患排查标准 575 项。安全事件同比下降 3.78%。发放安全奖励 5007.92 万元。电力保供高水平应对挑战。面对夏季最高温度、最少水电、最大负荷、最长时间“四最”叠加挑战，

落实国网公司电力保供30项工作要点和32项重点措施，紧紧依靠政府保供协调机制，推进余缺互济和负荷管理，压控本地机组非停率、受阻率至历史最好水平，开展规模化需求响应2903.47万kWh，经受住了迎峰度夏负荷六创新高等极端考验。全年落实省间中长期购电92亿kWh。应对73年来登陆上海最强台风“梅花”，影响较2021年“烟花”台风下降。重大活动保电高标准完成。坚持“五个最”标准，坚定“六零三确保”目标，落实重大保电“1+11”专项预案体系，打造数字孪生、全景智慧保电系统，完成党的二十大、第五届进博会等电力保障任务。完成国家网络安全攻防演习，获评国资委“优秀冬奥网络安全卫士”。

优质服务 优化营商环境实现新提升。坚持“先接入、后改造”，推出全周期“四早”办电服务体系，“契约制”项目管控、临电“即插即用”、土地“带站出让”等创新服务举措率先落地。“能源管家”通过“上海品牌”认证。完成17项市重大项目配套供电。配合完成世行宜商环境新评价体系调研，完成国家能源局“获得电力”综合监管问题整改。强化政企协同再上新台阶。促请政府发布接入工程投资界面、业扩报装容量约束机制等4项政策文件。深化与政府“一网通办”“联审平台”互联互通，实现居民“刷脸办电”、企业“一证办电”，推动实现“水电气网联合报装”一件事，综合能源智慧管控平台、地下管网数据信息系统率先上线。服务质效取得新突破。从严加强诉求监督检查和压降管控，95598全年投诉量同比下降87.5%。争创市文明典范行业，完成营业窗口服务水平专项检查与整改提升。电子账单用户突破857万户，“网上国网”新增注册11.75万户。能效账单覆盖1.5万户，出具能效诊断报告7万份。配合加装老旧小区电梯1842台。完成农产品消费帮扶578.7万元。

科技与信息化 科技攻关持续深化。牵头立项国家重点研发计划“储能与智能电网”专项项目2项、国家电网总部科技项目21项。入选国家电网新型电力系统科技攻关行动计划2023年专项示范工程2项。世界首条35kV千米级超导电缆示范工程平稳运行一周年。发布1项、立项4项IEC国际标准。1人获“IEC 1906奖”。牵头发布国内首个电力行业创新型企业建设标准。获国家电网公司科技进步奖一等奖2项，获国家电网公司命名实验室2个、攻关团队1支。数字化转型持续加快。企业数字化架构基本建成，业务中台“营配调、规建运”贯通。网上电网、PMS3.0、营销2.0、智慧共享财务运营平台、基建全过程综合管控平台、上海碳排放监测服务平台等业务应用纵深推进。首家构建企业级元数据管理体系。建设5大专业、34类数字化班组。形成国家电网数字化示范成果74项、典型案例71项。管理创新成果发力。入选“上海品牌”十大卓越贡献品牌企业。获国家和上海市管理创新奖14项、上海市质量技术奖3项。QC成果获全国优秀质量管理小组等4项全国大奖。发布全国首个公交充电运维服务地方标准。

党的建设和精神文明建设 坚持把党建工作落到实处。完善习近平总书记重要指示批示贯彻落实台账22类254条。深化“党建+”工程特色实践，突出抓好51个工程项目、84个一线党支部落地案例。动态更新“智慧党建+十大专业”应用场景，深化“i国网”APP应用，开发“党员先锋码”，创建“数字化党员责任区”。开展“践行二十大、明灯惠民生”党员服务队专项行动，289个党团组织与基层社区街道党建联建，开展抗疫协作499次，惠及居民46万人次。坚持把全面从严治党贯穿始终。围绕党中央重大决策部署落实情况，开展疫情防控和复工复产政治监督，探索开展“双碳”政治监督。完成巡视反馈问题整改42个，落实整改措施163项。对3家供电公司开展常规巡察和供电服务专项巡察，对8家产业单位开展巡视巡察整改“回头看”，完成一届任期内巡察全覆盖任务。落实“室组地”联动，与上海市16个区纪委监委建立区企协作“廉”建机制。用好监督执纪“四种形态”，查处一批违规违纪问题。坚持把队伍建设抓细抓强。各1人当选党的二十大代表、市第十二届纪委委员。实施“千优工程”，建立“成长档案”，实施“精准滴灌”。固化“赛马制”，完成312个专职及以上岗位竞争上岗。到国家电网总（分）部、政府锻炼17人，支援西部1人，基层上挂48人、本部下派30人。加大员工教育培训力度，“线上+线下”培训超过12万人次。5人入选国家电网青年托举工程。2人获评全国电力行业能手。坚持把企业氛围引领向上。切实为职工办实事，启用首批30套青年人才公寓，惠及12家单位42名青年员工，完成第二批20套闲置公有住房再利用。完成60位离退休老同志“口述历史”，采编发布《追光岁月》。1人和4人分获全国、上海市五一劳动奖章，6个集体获上海市五一劳动奖状、工人先锋号，9人获评上海工匠、国家电网工匠、国网劳模。信访、维稳、保密、宣传、意识形态等工作加强，维护安全稳定局面。

主要事件

1月10日，由全国信标委智慧城市标准工作组组织，国网上海电力等41家产学研单位共同编制的《城市数字孪生标准化白皮书（2022版）》发布。

3月，国网上海电力发布首个全户内变电站一体化光伏屋面系统（BIPV）设计技术规范。

5月13日，国网上海电力、香港电灯公司和国网国际公司在线举办2022“碳”索之路·构建新型电力系统合作交流论坛。

5月13日，上海2020年度“获得电力”指标在80个参评城市中排名跃居第2名，取得历史性突破。

5月16日，2022年国际大城市供电组织年会（IUWG2022）在美国芝加哥召开，会议围绕“全球气候变化影响”“绿色低碳”等主题开展深入研讨。国网上海电力通过线上方式参会。

6月24日，国网上海电力新型电力负荷管理系统实现与国网总部平台的数据贯通并完成全部本地部署工作，上线投入运行。

8月26日，由国网上海电力牵头的IEC国际标准IEC TS 62933－2－3《电力储能系统　设备参数和测试方法—电力储能系统运行性能测试》以100%的赞成率获得IEC TC120标委会11个成员国同意，成功立项。

11月18日上午，国网上海电力与国网安徽电力签订2023年电力电量置换互济协议。

11月21日下午，国网上海电力与上海广播电视台（文广集团）座谈交流会暨合作共建协议签约仪式在国网上海电力举行。

11月29日，国网上海电力与中国移动研究院、中国移动上海公司、华为技术有限公司共同举行了新型电力系统5G－A创新应用实验室成立仪式。

（陈予欣）

【国网江苏省电力有限公司】

企业概况　国网江苏省电力有限公司（简称国网江苏电力）隶属于国家电网公司，从事江苏省境内电网建设、运行与管理，经营江苏电力销售业务。辖13个市、58个县（市）供电分公司和17个业务单位，服务全省4823万电力客户。拥有35kV及以上变电站3354座、输电线路10.89万km。满功率安全运行锦苏特高压直流，建成±800kV雁淮、锡泰、建苏直流和1000kV淮南—上海交流工程，形成“一交四直”特高压混联、“七纵七横”500kV输电网的坚强网架。创新构建大规模源网荷储友好互动系统，建立起中国特有的柔性精准控制负荷形成的“虚拟电厂”。贯通1000kV苏通GIL综合管廊工程隧道。投运苏州500kV UPFC示范工程。客户满意率保持99%以上，供电质量全国领先，是年户均停电时间最少的省份之一。

2022年，江苏全社会用电量7399.5亿kWh，同比增长4.2%。售电量6461.2亿kWh，同比增长4.3%。营业收入4181亿元，同比增长15.3%。综合线损率下降至3.07%。电费回收率100%。全年全网最大负荷86天过亿，最高1.31亿kW。业绩考核连续11年保持国家电网系统第1。

领导班子

董事长、党委书记：谢永胜（2022年12月任）、唐屹峰（2022年9月调任）

董事、总经理、党委副书记：马苏龙

董事、党委副书记（二级单位正职级）：姚国平（2022年6月任）

党委委员、纪委书记：李作锋（2022年3月任公司三级顾问）

副总经理、党委委员：张龙

总会计师、党委委员：王小兵

职工董事、党委委员、工会主席：吕文杰

副总经理、党委委员：王之伟

副总经理、党委委员：夏勇（2022年6月调任）

党委委员、纪委书记：陈水军（2022年3月任）

副总经理、党委委员：陈宏钟

副总经理、党委委员：吴争

总工程师、党委委员：王肃

组织机构　本部设有22个职能部室：办公室（党委办公室、董事会办公室）、发展策划部（碳资产管理办公室）、财务资产部、党委组织部（人事董事部）、人力资源部（社保中心）、党委党建部（思想政治工作部、本部党委办公室、团委）、党委宣传部（对外联络部）、纪委办公室（巡察办）、安全监察部（应急管理部、保卫部）、设备管理部、市场营销部（农电工作部、乡村振兴工作办公室）、科技创新部、数字化工作部、建设部、物资管理部（招投标管理中心）、审计监管部、法律合规部（体改办）、后勤保障部、离退休工作部、企业管理部、工会、电力调度控制中心。下辖13个市、58个县（市）供电分公司和17个业务单位。

电网概况　江苏电网是华东电网重要组成部分。拥有35kV及以上变电站3354座（含换流站、开关站、UPFC站），输电线路10.89万km（含直流线路、GIL设备），其中：1000kV特高压变电站3座，容量2700万kVA，线路长度1045.09km；±800kV特高压直流换流站4座，容量4100.34万kVA，线路长度638.78km；±500kV特高压直流换流站1座，容量340.44万kVA，线路长度150.98km；500kV变电站（开关站）73座，变电容量17308万kVA，线路长度13788.43km；220kV变电站（开关站）633座，变电容量21865.5万kVA，线路长度33677.07km；110kV及以下变电站（开关站）2640座，变电容量23034.16万kVA，线路长度59576.72km。

截至2022年末，江苏共有统调电厂331座、机组30078台（其中风电机组7755台，光伏机组21762台）。总装机容量13184.57万kW（其中火电机组9609.27万kW、核电机组660.8万kW、抽水蓄能机组260万kW），接入500kV电网装机容量5107.53万kW，接入220kV及以下电网装机容量8077.04万kW。江苏电网新能源装机容量5090.15万kW，占全省总装机容量的31.51%，全省新能源发电904.25亿kWh，同比增长21.30%，连续17年实现省内新能源全额并网、全额消纳。

人力资源 强化干部队伍建设。省市县一体推进干部队伍“十四五”规划落地，建立各级优秀干部人才选调培养机制，完成2批次127人次现职领导人员调整，选派53名三四级领导人员实践历练，提拔重用三级领导人员29人，80后三级正副职数量居国家电网系统前列。制定本部队伍建设“十四五规划”，设定正、副处长任职时长“红线”，设置公开招聘、组织选调两种补员方式，提拔重用32人，调入21人，调出11人，本部队伍平均年龄下降1.5岁。首创“四优”班子评价体系和领导人员素质特征评价辞典，构建班子36项、干部53项关键特征表述和典型行为库。智慧知事识人体系建设获中组部调研肯定。

深化人才队伍培养。有序应对新冠疫情影响，完成各项招聘任务，招聘长期职工、供电服务职工人数同比增长16.9%。试点“苏电见习生”，试行“人才保温计划”，着力提升引才质量。健全优秀新进毕业生一线工作年限放宽机制，优化一般管理人员任职条件。制定班组长队伍建设三年实施方案，35岁以下班组长人数占比提高至24%。实施人才培养“三大工程”，新增省部级及以上人才75名，其中全国技术能手1名、全国青年岗位能手2名，省333人才22名。选拔聘任高级专家34名、四至七级专家321人，托举支持青年人才59名。采用视频直播形式公开招聘17名本部员工。打造“赛马制”练兵比武平台，在7项上级竞赛中，获4项团体第一、2项第二。获全国电力行业供电可靠性竞赛团体第一。

优化组织运行质效。服务“五强三优”本部建设，调整部门职责和机构岗位设置。优化500kV输变电运检业务组织模式，成立徐州勘测设计分公司，组建国家电网营销系统培训创新基地。推动苏州城研院管理模式改革，指导基层因地制宜优化法律、供电服务等机构设置。开展一线业务洞察分析，制定江苏新版劳动定员标准，推进构建“1+*N*”劳动定员管理体系。强化总部考核承接，改进小组标杆设置，加强安全生产“事前”管控，突出电力保供“一票否决”。加强全面激励，试点“一岗多级”新版岗位绩效工资制度，推进建设非物质激励体系。

电网建设与发展 支撑绿色发展。服务“双碳”目标，配合政府编制《江苏省碳达峰实施方案》。发布全国首个省级电力系统碳排放分析平台和全国首个碳服务品牌。研究论证重要交流断面“交改直”规划方案，促扬镇直流输电示范工程按期取得核准批复，为跨越式提升北电南送过江断面输电能力创造条件。请政府建立全省新能源储备库、实施库，促成“政网源”三方按月调度机制在市级层面有效落地，配合开展海上风电、光伏、新型储能等实施方案研究，营造“源网荷储”协调发展新局面。全年新增并网光伏595万kW，推进市场化并网光伏发电项目接入。推进自有建筑屋顶光伏建设，建成自有屋顶光伏959处，覆盖面积67.4万m^2，容量68.8MW。

落实电网规划。完成“十四五”电网规划中期评估及滚动调整研究。省内“先立后改”支撑性电源规划落地。服务新增1000万kW支撑性煤电规划布局。500kV西一通道扩建、东通道加装串抗等工程纳入国家电力规划和国家电网公司规划。500kV车坊变电站超规模扩建等93项35kV及以上电网项目获得核准。配电网规划发展新思路切实落地。适应大规模分布式电源接入配电网带来的新要求，形成适合江苏省情的有源配电网规划设计导则初步研究成果。

推进重点项目。按期投产白鹤滩—江苏±800kV特高压直流工程及其配套送出工程，新增区外清洁电力800万kW。凤城—梅里大跨越段顺利建成。扬镇直流输电工程开工建设。完成8475项农网巩固提升工程和3783项城市配网更新改造工程。苏州南部500kV电网加强工程获国家水土保持示范工程奖；无锡南500kV变电站获国家优质工程奖；苏通GIL综合管廊工程获全国质量奖卓越项目奖。被评为中电建协优秀企业，白江线等3项工程参评中电建协绿色建造，267项工程通过达标投产考核复检，20项工程命名“绿色低碳优秀示范工程”。

经营管理 管理水平精益。配合完成第三监管周期输配电监审工作，核定成本规模实现预期目标。内部模拟市场实现全级次、全主体覆盖。试点完成电子发票电子化报销入账归档工作，通过财政部、商务部、国家税务总局、国家档案局四部委验收。完成电费代收渠道数字人民币缴费功能部署，拓展数字人民币支付场景，实现“数字人民币+智能合约”支付新模式，落地供应链金融、光伏结算新场景。全年业务预算825.93亿元实现决策合规、投入精准、执行规范。提质增效“六个常态化”70项重点任务、“九大再提升”攻坚工程落地见效，应对各类超预期因素冲击，全年实现增收节支145亿元。完成“三清理两提高”，清理工程往来16.59亿元，促进增资49.18亿元，盘活资产667项。落实研发加计费扣除等10项税收优惠政策，减免、缓交税额33亿元。

合规经营加强。印发“三重一大”、董事会运行12项制度、2个清单和1个方案，董事会运转规范高效。完成“合规管理强化年”各项任务，整改经营业务违法违规问题11项。促成出台国家电网系统首个涉电协助执行司法文件。推动成立市县两级电力行政执法机构48家。完成可再生能源电价附加资金、特高压专项审计、经济责任延伸审计等迎检配合工作。组织经济责任、电商物资专项整治等专项审计93项。国企改革三年行动9方面34个专项工作收官。江苏电力交易中心在省级交易中心中首家通过ISO 37301合规管理体系认证。印发《加快建设世界一流企业行动计划》，2022年98项重点任务全部完成。国家电网系统首家建设改革信息管理系统并在i国网（江苏）平台上线试运行。聚焦前端业务组织模式调整、治理体系优化等9方面开展“揭榜挂帅”课题研究，形成系列理论成果。

产业发展平稳有序。完成国家电网省管产业专项整治“回头看”和“促夯提”专项行动。提升产业运维检修、电网建设、应急保障等支撑能力，建立运维检修业务承接机构。主网施工机械化率保持95%以上，31个县级不停电作业中心通过复杂类作业验收。苏电产业科创园项目获国家电网公司批准。新兴产业营业收入、利润均保持国家电网前列。

安全生产 电网运行安全平稳。强化姑苏换流站分阶段调试启动的交圈地带管控，保障直流高、低端设备调试及投运工作完成。打造政平换流站直流控保改造工程国家电网示范样板。全年治理各类设备隐患10376条，处置泰州换流站换流变压器乙炔异常增长等危急缺陷。完成500kV输变电业务属地化运维调整。落实《作业现场安全履责二十条》，重点监督建管、总包、监理、运检单位到现场履责。完成泰州数字换流站建设，实现重点区域智能巡检覆盖率100%。建设全省7200km^{2}无人机协同巡检示范区，故障巡视、验收巡视无人机应用率100%。完成66座一键顺控、93座远程智能巡视变电站建设。推动供电可靠性争先创优，深化不停电作业应用，完成不停电作业18.53万次，同比增长15.18%。加大配电自动化建设力度，新增三遥线路7392条、分级保护线路1.2万条，用户平均停电时间2.09h，同比减少38.35%。荣获首届全国电力行业供电可靠性竞赛团体第一。应对盐城“7.20”风灾等14轮恶劣天气，得到省市政府和社会各界的肯定。完成冬奥会、“二十大”、国家公祭日等重大保电任务。

夯实安全基础。安全生产专项整治三年行动收官，专项整治实现重大风险有效管控、重大隐患见底清零，问题隐患整改率达99.5%。协同江苏省安委办完成730余处历史遗留外破顽疾隐患治理。承接国家电网公司总部ECS系统建设集中攻坚任务，率先上线运行，首次实现全网故障跳闸实时感知、灾损停电户数在线统计、应急资源“四要素”在线管控、定位跟踪。理清设备租赁、综合能源、电动汽车等基建、生产、产业交圈地带安全职责，消除横向空档、纵向脱节。落实《作业现场安全履责二十条》，重点监督建管、总包、监理、运检单位到现场履责。建立省市县三级常态化应急管理机制，承办2022年江苏省大面积停电应急演练，提升应急能力建设。对运行变电站内作业，推行作业区域与运行区域围栏硬隔离、吊车定置管理。开展作业计划与工程项目、总包单位关联大数据分析，推动违规转分包治理。实施工作票全量线上流转、工作票违章预审管理。双向激励市县公司违章自查自纠。推行电化学储能电站“购买服务”商业模式。拦截处置网络攻击226.8万次，完成国家网络安全专项演习保障。

营销工作与优质服务 电力保供保障有力。应对2022年夏天前所未有的持续高温天气，经受住72天负荷过亿、最高负荷达到1.31亿kW考验。建立最优精准管控机制，率先建成新型电力负荷管理系统，精准实施需求响应18天，单日最大错峰1068万kW。坚持省市县、政电企协同，省内燃煤燃气出力达到历史最高水平。全年净受入省外电量1450.6亿kWh，同比增长17.6%。推动政府授权成立省市“1+13”电力负荷管理中心，地市级需求响应补贴政策实现全覆盖。首次实现省市两级叠加补贴。

营商环境做实做优。推动省市县三级政府全部出台国办关于清理规范供电行业收费政策的实施细则，全面落实红线外电力接入工程政电共担机制。“水电气讯”业务联办省市县政策全覆盖，落地全国首个“水电气讯”联办服务厅。低压“三零”服务标准提高至200kW。建成65个“开门接电”示范区，实现省级及以上园区全覆盖，先进经验入选国务院营商环境创新试点专刊。“网上国网”注册客户数2135万户。

优质服务领先率先。率先实现营业厅柜台业务受理“跨省通办”。建成营销业务风险数字化内控体系，万户异常率同比下降39%，95598投诉意见同比下降超40%，工单处理满意率同比提升2.86个百分点。关转9家自备电厂，年增售电量20.7亿kWh，推动实施最大规模页岩油开采电气化项目，年增售电量1200万kWh。完成高速公路充电桩快充改造。创新应用灵活费率电能表7.5万只，支撑尖峰电价政策实施。获评全国用户满意五星级企业。

支撑乡村振兴。完成消费帮扶3589万元。实施“百镇千村”工程，累计推广乡村电气化项目13975个。开展保障春耕春灌、秋粮生产用电等专项行动。建成5个“国家电网助力乡村振兴示范村”和14个“电力爱心超市”。连续十次获评“五方挂钩”帮扶先进单位。

科技与信息化 重大奖励高位突破。形成“选－育－产”一体的高质量成果培育江苏模式，获省部级科技一等奖10项，实现双位数突破。获中国专利优秀奖1项。代表国家电网公司填补了中国电力奖火电技术组一等奖的空白。牵头国家电网新型电力系统攻关计划2022重大专项。“中低压直流配用电”国家重点项目高分通过工信部验收，新牵头 2 项国家重点研发计划。代表国家电网公司成功申报“基础科研与重大科学仪器”国家重大专项“光学麦克风”项目，填补该专项空白。同时成功申报“智能电网”国家重大专项“图计算”项目。首次立项 2 项国际电信联盟（ITU）标准，发布首个国际大电网会议（CIGRE）标准。创新成果累计转化 2.8 亿元。试点国家知识产权局专利开放许可，开拓国家电网公司知识产权运营新途径。突破原有定期立项模式，开展共性需求分析，实施常态化需求征集。完善后评估指标体系，拓展科技项目全寿命周期管理链条。优化实验室体系，新获批 3 个国家电网实验室、6 个省工程研究中心。

挖掘数据价值赋能企业智慧运营。打通数据断点，实现 PO、PM、PS、AA 互联（PO 互联，电网主设备模型生产、调度贯通；PM 互联，分布式电源生产、营销同源维护；PS 互联，检修计划数据生产、安监共享；AA 互联，财务、审计项目资料共享共用）。贯通跨专业系统业务流程，提升管理质效，完成数据接入、申请、共享与应用全过程在线监控，构建数据分析产品，服务多维精益管理、智慧供应链、数字化审计、智慧监督等企业管理应用，提升代理购电预测、营销稽查等客户服务管理水平。赋能基层一线，发布面向生产、营销等核心班组的共性数据集 100 余项，实现全省 936 个供电所、160 个配电班组和台区经理全面开放，研发实时数据“拖拉拽”自助分析工具，构建电网实时信息查询、超容自动告警等移动作业应用，让基层一线数据主人看到数、用到数、会用数。

率先建成企业级实时量测中心。汇集实时数据，实现全电网量测、拓扑、事件等数据 5min 实时接入、解析、校核和共享，构建“电网一张图”。护航电力保供，基于实时量测中心汇集数据，实现全网动态拓扑实时可见和各级潮流逐层展现，为精准预测海量分布式能源和负荷、负荷精准控制、配网智能抢修指挥提供支撑服务。实现配网透明计算，基于人工智能计算推演，在国内首次实现全省 4 万余条配电线路 15min 周期大规模自动在线计算，电气计算误差小于 0.5%，支撑线损精益化管理、可靠性在线诊断、分布式光伏承载力评估、配网网架评估及规划方案校核。

党的建设和精神文明建设　党的建设全面加强。严格落实党委会“第一议题”和理论中心组学习制度，党委中心组连续 3 届获评全省理论学习中心组示范点。从严从实开展庆祝建党 101 周年“八个一”系列活动和“旗帜领航当先锋”主题党日等活动。深入实施“丹心•领航、提能、堡垒、为民、先锋”五位一体教育培训“丹心行动”，精心编写 3 部专著，1 部获评江苏省党员教育培训优秀教材奖。实施“党建+”工程项目 1400 余个。举办首届“6.18”共产党员服务队统一活动日。建成 14 个党外人士“建言献策”工作室，获全省统战工作实践创新成果奖，1 名员工当选台盟第十一次全盟代表大会代表。4 项成果亮相中宣部“奋进新时代”主题成就展。4 个先进典型入选新时代江苏重大先进典型主题影像展。3 项课题成果获中国政研会表彰。建成新时代文明实践阵地 900 余个。

宣传工作富有成效。在中央三大权威媒体及其他重要党媒发稿 730 余篇，其中新华社及人民日报 380 篇（含 12 篇内参清样），央视报道 294 条（含 26 条联播）。联合新华社开展“奋进复兴路　绿动新未来”新闻行动。社会责任管理成果获联合国表彰。2 件作品获国资委“国企好新闻”一等奖。完成年度意识形态专项督查。强化协同联动，舆情形势保持平稳。

从严治党纵深推进。打造“横向到边、纵向到底、上下联动、内外结合、管理先进”的苏电清风履责监督体系。优化七维政治生态监测评价体系，输出二级单位政治生态报告 13 份，辅助提供党风廉政建设意见 411 项。针对巡视反馈的 32 个问题，制定整改措施 168 项，建立完善制度 39 项。采用“1+N”提级交叉方式，围绕供电服务、省管产业管理两个领域，完成 6 家地市公司党委及其所属 32 家县公司党委专项巡察。开展被巡察单位党委政治生态评价和班子成员“画像”。拓展完成 9 个重点领域智慧监督主题孵化，处置苏电清风数智纪检平台预警信息 101 条。开展典型问题线索集中攻坚“清风行动”，运用监督执纪“四种形态”734 人次。组织“以案促改千所行”警示教育活动 800 余场。

发展氛围更加和谐。组织开展 5 项群众性劳动竞赛和 16 项“赛马式”练兵比武活动。全年实施 227 个职工创新项目，17 项成果参展首届大国工匠创新交流大会。推进职工服务 5980 工程，实施 40 个服务项目。构建多层次服务保障体系，全年慰问帮扶困难职工 3000 余人次，在女职工集中区域实现康乃馨服务站全覆盖。完善 110 位离休干部“一人一策”服务保障清单。面对常态化疫情防控形势，推行职工心理援助计划（EAP），重点关注交流及特殊岗位职工。实施全员“悦读行动”，5 家单位被命名为全国工会职工书屋示范点。参与国家电网首届职工文创大赛，3 项作品获金奖，获奖总量位列国家电网系统第一。修订完善工会经费管理工作规范，试点应用工会财经管控系统。1 家单位获全国五一劳动奖状，1 个集体获评全国学雷锋示范点，1 个集体获评全国五四红旗团委。5 人被授予全国五一劳动奖章，1 人获评全国三八红旗手，1 人当选联合国可持续发展目标全球先锋。

主要事件

3 月 3 日，国家电网江苏电力（金湖飞虎）共产党员服务队获评“全国学雷锋活动示范点”。

4月15日，白鹤滩—江苏±800kV特高压直流输电线路工程江苏段全线贯通。

4月28日，国网江苏电力1个集体获得“全国五一劳动奖状”，5名员工获得“全国五一劳动奖章”，3个集体获评“全国工人先锋号”，获奖数量位居国家电网系统首位。

6月13日，江苏凤城—梅里500kV线路长江大跨越工程结束第八次即最后一次架线封航作业，完成大跨越段的全部架线施工任务。

9月16日，全国首座城市级同城通换重卡换电站——南京龙潭新能源重卡换电站建成投运。

9月23日，国网江苏电力获评国家知识产权优势企业。

11月6日，国网江苏电力“基于无人机全自主巡检技术的电网设备协同运维”项目获中国工业互联网大赛专业赛一等奖。

11月11日，国网江苏电力13个QC小组荣获全国优秀质量管理小组，4个小组故事获第六届全国QC小组故事演讲比赛总决赛一等奖。

12月5日，中国管理科学学会公布2022年（首届）国有企业深化改革实践成果推介结果，国网江苏电力选送的“以混改为突破口打造高质量发展引擎”案例获评特等成果。

12月9日，苏通GIL综合管廊工程获第二十届全国质量奖（2022—2023年）卓越项目奖。

12月15日，扬州—镇江±200kV直流输电工程（简称扬镇直流工程）正式开工。这是国内首个由交流输电改造为直流输电的工程，建成后也将成为全球输电容量最大的交改直工程。

12月27日，国网江苏电力获评用户满意五星级企业，是唯一一家上榜的电网企业。

12月28日，苏州南部500kV电网加强工程获评国家水土保持示范工程，是国网江苏电力首次获此殊荣。

（余冠霖）

【国网浙江省电力有限公司】

企业概况 国网浙江省电力有限公司（简称国网浙江电力）是国家电网公司的全资子公司。截至2022年底，国网浙江电力下辖杭州、宁波、嘉兴、湖州、绍兴、衢州、金华、温州、台州、丽水、舟山11家地市供电企业，其中杭州、宁波为大型供电企业，69家县供电企业，20家业务单位，本部设21个职能部门。

2022年，完成固定资产投资500.1亿元；110kV及以上线路开工2849.7km，变电容量1952.3万kVA，投产2565.7km，2046.5万kVA。售电量5020.9亿kWh，同比增长4.5%，营业收入3416.8亿元，同比增长20.6%，利润39.67亿元；资产总额3457.5亿元，资产负债率64.5%，全员劳动生产率165.86万元/（人·年）。

领导班子

董事长、党委书记：尹积军

董事、总经理、党委副书记：黄晓尧

董事、党委副书记、副总经理（二级单位正职级）：李海翔

副总经理、党委委员：史兴华

副总经理、党委委员：杨玉强（2022年4月任职）

总会计师、党委委员：陈树国

副总经理、党委委员：王凯军

副总经理、党委委员：徐嘉龙（2022年6月任职）

党委委员、纪委书记：卞蓓蕾（2022年8月任职）

总工程师、党委委员：吴至复（2022年6月任职）

职工董事、党委委员、工会主席：张浩（2022年8月任职）

组织机构 本部部门21个，分别为办公室（党委办公室、董事会办公室）、发展策划部（碳资产管理办公室）、财务资产部、党委组织部（人事董事部）、人力资源部（社保中心）、党委党建部（思想政治工作部）、党委宣传部（对外联络部）、纪委办公室（巡察办）、安全监察部（应急管理部、保卫部）、设备管理部、市场营销部（农电工作部、乡村振兴工作办公室）、科技创新部、数字化工作部、建设部、物资管理部（招投标管理中心）、审计监管部、法律合规部（体改办）、后勤工作部（离退休工作部）、工会、企业管理部、电力调度控制中心。

地市供电公司11家，分别为国网浙江省电力有限公司杭州供电公司、国网浙江省电力有限公司宁波供电公司、国网浙江省电力有限公司嘉兴供电公司、国网浙江省电力有限公司湖州供电公司、国网浙江省电力有限公司绍兴供电公司、国网浙江省电力有限公司衢州供电公司、国网浙江省电力有限公司金华供电公司、国网浙江省电力有限公司温州供电公司、国网浙江省电力有限公司台州供电公司、国网浙江省电力有限公司丽水供电公司、国网浙江省电力有限公司舟山供电公司。

公司层面业务单位20家，分别为国网浙江省电力有限公司经济技术研究院、国网浙江省电力有限公司电力科学研究院、浙江省送变电工程有限公司、国网浙江省电力有限公司超高压分公司、国网浙江省电力有限公司信息通信分公司（国网浙江省电力有限公司数据中心）、国网浙江省电力有限公司培训中心、国网浙江省电力有限公司物资分公司（国网浙江浙电招标咨询有限公司）、国网浙江省电力有限公司综合服务中心、国网浙江电动汽车服务有限公司、国网浙江省电力有限公司综合服务分公司、国网浙江省电力有限公司紧水滩水力发电厂、浙江华电器材检测研究院有限

公司、国网浙江省电力有限公司建设分公司（浙江电力建设工程咨询有限公司）、国网浙江综合能源服务有限公司、国网浙江省电力有限公司双创中心（国网浙江新兴科技有限公司）、国网浙江省电力有限公司营销服务中心（计量中心）、浙江浙电产业管理有限公司、国网浙江电力投资运营有限公司、浙江电力交易中心有限公司、浙江思极科技服务有限公司。

人力资源 根据开展新型电力系统建设业务发展需要，做好本部及所属单位职能部门名称和职责调整，明确全资子公司及控股参股企业股东行权牵头部门。试点开展县级供电企业大部制改革，研究批复浙江华电研究院设立子公司。做好2022年定员测算核定及下达分解，协同开展班组承载力课题研究。根据《国家电网有限公司内部人力资源市场管理办法》，制定并实施差异化条款，明晰员工内部流动导向，规范退二线管理。规范劳务外包管理，更新《业务外包负面清单》与《典型外包业务清单》，统筹全口径用工配置及业务外包费用管控。强化新员工岗位技能培训，通过复合岗位技能培养，引导"一专多能"转型。参加浙江省人社厅职业技能等级"新八级"制度试点工作，蒋卫东、倪钱杭分别获评浙江省首席技师、特级技师。

构建争先创效的考核体系，将各单位业绩考核指标加分上限与国家电网公司考核排名挂钩，本部部门考核结果与国家电网公司指标排名挂钩。树立"人少绩优薪酬高"导向，强化全口径用工配置率与薪酬分配、绩效考核的挂钩力度。研究制定新岗位绩效工资实施细则，构建一岗多级、绩效联动的宽带岗级体系。规范开展任期制及契约化管理工作，编制经理层成员经营业绩考核与薪酬管理办法以及业绩责任书。组织浙江送变电公司首次开展超额利润分享兑现、浙江华电研究院、国网浙江双创中心继续做好（虚拟）项目收益分红，在综合能源试点项目跟投，多项目拓宽中长期激励方式。完善补充医疗保险办法，发挥集团优势，依照员工自愿原则，探索定制可供职工及直系亲属个人购买的重大疾病商业保险。

截至2022年末，主业用工总量达38516人，较2021年末减少133人。全员劳动生产率165.86万元/(人·年)，完成国家电网公司年度计划的109.4%；人事费用率为4.73%，人工成本利润率23.47%；全员培训率97.94%；人才当量密度1.1897，较2021年同期提高0.08%。

电网建设与发展 浙北换流站交流系统及500kV配套接入工程启动一次成功，500kV丽西输变电、妙西扩、涌潮扩、乐清电厂三期送出工程及乔司短路电流控制工程建成投运。阶段性完成瓶窑变电站主变压器增容改造工程、浙西南网架优化加强华双华龙线增容等单项工程建设并启动投运。基建涉及亚运保供110kV杭州丰北变电站、师大变电站等9项工程均已按计划建成投运。开工浙江华电上余65MW农业林业光伏生态产业园、温州大唐瑞安马屿镇50MW农光互补光伏发电项目110kV送出工程、中电工程浙江缙云80MW风光储多能互补复合利用发电（一期）项目等工程，建成投产华润1号、中广核象山涂茨海上风电220kV送出等新能源配套工程。按期投运湖杭铁路杭州桐庐东、杭州西、湖州南园牵引站220kV外部供电工程，满足湖杭铁路供电需求。根据甬金、杭温、杭衢电铁建设节点，开工8个牵引站配套供电线路工程，满足电铁配套工程建设满足铁路送电需求。

迭代升级新型电力系统省级示范区建设方案，构建"省域一端四强、全域八景八图"示范格局，发布全国首份电力高质量"双碳"行动报告。滚动优化浙江电网"十四五"规划，统筹支撑沿海电源群协调发展。完成甘浙直流浙江段预可研，取得绍兴中北部电网优化、长兴输变电等500kV项目核准。全年并网新能源748.8万kW。投运世界首个高压大容量柔性低频换频站杭州220kV亭山站，建成宁波等4个氢电耦合工程、嘉兴数字孪生配电网规划系统、丽水全域零碳能源互联网工程、绍兴中压直挂式储能电站等全国首创示范项目。

500kV甬港变电站荣获国家优质工程奖，220kV五圣变电站荣获中国电力中小型优质工程奖，220kV昆东变电站、协丰变电站220kV线路工程分别荣获国家电网公司输变电优质工程奖金奖、银奖，220kV新围变电站等四个工程荣获浙江省建设工程钱江杯。2项工程入选国家电网公司级智慧标杆工地，3项工程入选区域级标杆工地。岑山220kV变电站工程获2022年中电建协智慧工地一等奖。"基于输变电工程绿色建造评价指标体系的高质量电网建设"课题获浙江省企业管理现代化创新成果一等奖。国网湖州供电公司绿色建造场景课题获得第五届浙江省青工创新创效大赛金奖。

经营管理 修订国家电网战略落地实施方案，深化战略评估及闭环改进，完成12项重大战略课题研究。加强智库建设，国网浙江省经研院入选浙江省新型智库名单，成为浙江省唯一得到政府认可的企业智库。深入开展提质增效专项行动，全年提质增效89.8亿元，新增有效资产435亿元，盘活存量资产11亿元。推进输配电价改革，促进优化成本结构，提升投资效益。完善代理购电价格预测机制和全电力市场清算机制，落实国家减负降本要求，减免小微企业分摊费用约5亿元，促成省级财政疏导总理调电增量成本约3.4亿元。开展确权研究，探索将省管产业用于监管业务的资产划入监管单位的方式和途径。推动出台电网侧储能示范项目充放电价机制，优化省内光伏电费结算机制。开具和接收国网首张电子专票，累计生成各类型无纸化财务凭证 102 万份。首家成立“电 e 金服”省级中心，设立国家电网系统首个“专精特新”企业培育基地窗口。完成国家电网公司风险内控合规管理操作手册修编，综合治理专项行动典型经验做法入选国资委专项行动简报在央企层面交流。促成《浙江省电力条例》颁布，《浙江省电力条例》在浙江省十三届人大常委会第三十八次会议上获全票通过。案件管理卓有成效，避免或挽回经济损失 2.52 亿元。推进省送变电“双百改革”激励政策落地执行。牵头完成全国电力行业数字化审计工作手册管理部分编制，出台中介质量评价管理办法。

财务无纸化获全球管理会计“最佳数字化管理会计创新”大奖，入选国家档案局科技项目。产业链金融服务获全球产业经济数字创新十佳杰出案例奖、工信部工业互联网大赛一等奖。4 名选手在全国工会财务知识竞赛中获全国一等奖，国网浙江电力获 2022 年（首届）电力企业合规管理成果推介特等奖 2 项、一等奖 3 项、二等奖 4 项。“以双百行动为牵引构建‘三位一体’市场化经营机制”和“坚持‘科创+体制’双轮驱动深化体制机制创新实践”改革实践成果获首届国有企业深改实践成果一等奖。

安全生产 安全生产专项整治三年行动收官，2220 项问题隐患全部整改。克服极端天气和电网高强度运行等压力，做好极限工况下电网设备运维管控。加强特高压密集通道安全管控，推动政府联防联控“两个纳入”。建设安全管理体系，完成全专业全领域试点和企业中台安全域推广，实现数字工作票无纸化智能管理。成立独立运作的安全质量管控中心，11 家地市公司组建了安全质量管控分中心，常态化执行四级及以上管理人员每日带班检查制度。推进国家电网数字化安全管控技术中心建设，建成杭州云栖、湖州东衡展示验证基地。研发应用数智安全督查车、智能安全工器具库房等系列新型安全管控智能装备。

参加冬奥会、党的二十大等重要活动电力保障安全检查，完成国家网络安全专项演习，调整优化疫情防控策略，提前做好医药用品等保障，守护职工生命健康。推行省市县三级安全督查中心一体化运作，完成省市县应急预案体系修订，推进新一轮应急能力建设评估。明确省管产业“五方”管理职责，界定综合能源服务、租赁项目、合资公司等多元主体安全责任，实施省管产业分级分类“同质化”管理。制定综合能源服务类、电动汽车服务类企业安全生产标准化建设评价标准和电化学储能电站安全监督管理规范。

营销工作 电费发行时长由 7 天缩短为 5 天，电费回收率 100%。完成 1669 万户老旧采集设备改造。开展非统调燃煤电厂电力市场计量采集适应性改造，实现 96 点冻结电量采集。研发国内首款低频电能表、低频互感器及其配套检测装置，填补国内低频电能计量器具技术空白。推动 2 家自备电厂转公用，5 家自备电厂关停，每年可减少自发自用电量 2.89 亿 kWh。建成营销业务风险数字化内控体系，部署营销 2.0 系统“门禁”校验规则 1607 项。治理存量高损台区 1499 个，同期线损率降至 1.95%。营销稽查及反窃电挽回经济损失 2.7 亿元。实施用户受电工程领域合规管理提升，建成营销业务风险数字化内控体系，按月发布“从严从实 综合治理”评价报告，营销业务稳健发展。

实施能效服务“个十百千万”专项工程、综合能源服务“揭榜挂帅”专项行动，成立“能效创新实验室”，全省推广“工业碳效码”，推动政府实施用能预算化管理，举办首届节能降碳劳动竞赛，能效账单覆盖 20.3 万户企业用户，推送科学用电建议书 78.4 万份。促成全部区县政府发布公共充电设施布局规划，建成国家电网系统规模最大的高速公路充电网络，上线“浙里办”个人充电桩线上报装服务，推行小区充电桩供电配套“整体加装”改造，充电设施单日充电量创历史新高，全年实现充电量 6.1 亿 kWh，同比增长 26.7%。新增分布式光伏并网容量 657 万 kW，同比增长 212%。

科技与信息化 发布“浙江构建新型电力系统重点技术问题与攻关计划”。投产世界首个柔性低频输电示范工程，建成杭州、宁波、台州、丽水四个氢电耦合示范工程。深化国家绿色技术交易中心建设运营，累计上架绿色技术 2000 余项。牵头竞得国家重点研发计划 1 项，牵头国家电网公司新型电力系统重大专项 1 项。2022 年申请发明专利 1762 项，授权发明专利 1568 项。获得省部级及以上科技奖励 64 项，其中牵头一等奖 5 项。全年主导或联合主导发布国际标准 4 项，主导立项国际标准 8 项。立项首个 ITU 标准，成为国家电网系统首个在 ISO、IEC、ITU 三大国际标准组织均主导立项的省公司。

编制并印发数字化牵引新型电力系统建设方案，推进数字化牵引重点场景建设。完成禾城数据中心一期建设，有序整合分散算力。率先建成企业级实时量测中心，日均接入数据约 29 亿条，实现全电压等级量测数据汇聚。能源大数据中心完成全省 3 万余家重点用能企业数据接入，汇聚煤炭、石油、天然气等重要品类能源数据 476.42 亿条。数字化牵引工作、能源大数据中心、量子技术应用实践等工作获国家电网公司肯定。代表央企单位第一次获“保尔森可持续发展奖——绿色创新”国际大奖，获得全国企业管理现代化创新成果一等奖等国家级奖励 11 项。编制发布电力知识图谱领域首个 IEEE 标准。获得国家电网公司数字化专项示范标兵单位、综合示范标兵单位、综合示范成效突出单位、优秀管控服务单位等 7 项表彰，2 项数字化专项示范和3项综合示范入选国家电网数字化示范优秀成果，获奖数量位列第一。

优质服务 成立省级电力负荷管理中心并实现地市分中心全覆盖，建成全国规模最大的需求响应资源池，打造“一键响应”三大业务场景，实现用电负荷精细精准管理。精细实施需求响应和有序用电，实现全社会发用电曲线高度重合，支撑全社会用电量5.2%的较快增长。推出服务浙江省经济稳进提质一揽子举措，促成电力接入工程费用分担政策省市县全覆盖。建成全省统一数字化零售平台，推动建立零售套餐制，创新构建购售一体化数智结算体系，巩固用户电费结算权，推动零售市场价格更加公开透明。完成党的二十大、世界互联网大会乌镇峰会等重大保电任务。探索空调负荷柔性调控，研究制定空调负荷管理三年行动方案、四大技术路线、“三舱六模块”系统架构，改造接入空调用户5200余户，具备60万kW响应能力。重要用户、高考考点供电电源合格率分别提升至96.5%、90.4%。

试点上线“网上国网”水电气讯联办业务，深入开展助企纾困专项活动，杭州提升“获得电力”做法入选国家能源局工作专刊。国家电网首家完成营销2.0示范推广、采集2.0单轨制运行，全国首创电力“营销大脑”。整合形成“三码一指数一平台”数字产品体系，创新研发电力透视产业链、税电指数等产品，推广建设无人营业厅、“电力光明驿站”，网上国网使用客户超过2500万户。完成数智化供电所全覆盖，打造i国网“掌上数供”，联动政府推出“电力表后报修”微应用，9家供电所获评国家电网公司2022年管理提升典型供电所。建成助力乡村振兴示范村4个、新时代乡村电气化村1015个、电气化示范项目152个。服务乡村振兴工作获得全国人大常委会副委员长吉炳轩肯定，被评为“浙江省2022年度山区26县结对帮扶工作成绩突出集体”。

党建工作 召开第二次党代会，明确今后五年的总体要求和“三个高地”奋斗方向。深入实施“建功新时代 喜迎二十大”习近平总书记重要指示批示精神再学习再落实再提升主题活动。实施党员教育“百千万素质大提升”工程，组织3万余名党员参加“学习宣传贯彻党的二十大精神公开班”。打造“书记开讲”品牌，举办“旗帜领航程 喜迎二十大”微型党课竞讲。实体化运作党建（领导力）研究中心，出台专家管理办法，选聘党建研究专家36名。完善各级党组织责任清单和履责清单，完成493个党组织换届工作。印发加强和改进省管产业单位党建工作的意见，创新功能型党支部建设。推进本部作风建设，深化本部党支部“1+1”基层联建，提升本部党组织政治功能和组织功能。建立“党建+”工程评价体系和应用场景，一体推进“党建+”十大工程和1个专项行动，培育评选15个“旗帜领航 勇立潮头”基层党建示范点。配齐配强党务工作力量，首创党建员培养发展选用机制，2608名党建员通过“持证上岗”资格认证。严把党员“入口关”，发展党员719名，实现所有班组均有党员。开展红船党员服务队15周年建设成果巡礼活动，组织红船共产党员服务队“全面体检”、培训交流和成果展示活动，评选出20支优秀（金牌）服务队和优秀分队。

组建3个巡察组，对6家单位组织开展供电服务和产业单位管理专项巡察，检查发现供电服务、省管产业领域问题178。对2021年被巡察4家单位开展“回头看”，督导整改问题10项，提出工作建议12项。组织各级纪检机构开展正风肃纪监督检查970次，派出2275人次，发现并督促整改问题540个。组建直属单位“钱江潮”劳模工作室联盟。创建劳模创新工作室示范点20家、工作室60家，4家劳模创新工作室被命名为省“高技能人才（劳模）创新工作室”。举办中国有电140年（1882—2022）浙江电力寻迹”大型档案展览，统筹开展“时代楷模”钱海军先进事迹巡回报告会16场。研究制定《本部员工“能进能出”实施意见》，构建柔性培养和刚性约束的“3+6”种“能出”情形，交流至基层11人。调整三级领导人员139人次，新提任领导人员中“80后”占比35%，配备“80后”班子成员的单位为20家。

绿色低碳履责项目代表央企首次斩获中美联合颁发的“保尔森可持续发展奖”年度大奖。钱海军当选“时代楷模”，徐川子当选党的二十大代表。2个集体受到全国总工会表彰（全国工人先锋号），1个单位获浙江省五一劳动奖状，1人获浙江省五一劳动奖章，2个集体获浙江省工人先锋号，28人上榜“浙江工匠”。1个集体和1名队长分获全国学雷锋志愿服务“四个100”最佳志愿服务组织、全国岗位学雷锋标兵。1个项目和1人分别入选“中华慈善奖”“中华慈善楷模”。团委获评全国五四红旗团委，1人获评全国青年岗位能手，2个项目获第六届中国青年志愿服务项目大赛金奖，3个青创项目获第十七届全国青年职业技能大赛决赛金奖。3项课题分获中国政研会二类研究成果、全国基层思想政治工作优秀案例、中国电力政研会优秀研究成果。”以人民为中心的新时代信访工作机制创新”管理创新项目，获中电联管理类电力科技创新和中国能源研究会能源创新二等奖。3堂党课分获浙江省第十三届微型党课总决赛一、二等奖。

（丁　静）

【国网安徽省电力有限公司】

企业概况 国网安徽省电力有限公司（简称国网安徽电力）是国家电网公司的全资子公司，以建设和运营电网为核心业务，承担着保障能源安全、服务人民美好生活的重要使命，是安徽省能源领域的骨干企业。截至2022年12月底，国网安徽电力下辖16个市、71个县公司和16家直属单位，管理各类员工6.5万人，服务电力客户3568万户。

2022年，全年售电量2471亿kWh，增长11.5%；综合线损率5.35%，下降0.45个百分点；企业负责人业绩考核居系统第6。

电网概况 安徽电网拥有±1000kV换流站1座，1000kV变电站2座，1000kV变压器4台、容量1200万kVA；500kV变电站38座，变压器79台，容量7060万kVA；220kV公用变电站273座，变压器531台，容量9270万kVA；220kV用户站17座，用户铁路牵引站41座。1000kV线路9条，境内总长度1232km；500kV线路129条，境内总长度7034km；220kV线路944条，境内总长度20332km。

截至2022年底，安徽省全社会口径新能源年累发电323.4亿kWh，同比增加23.7%，其中：风电117.3亿kWh，同比增加9.7%；光伏206.1亿kWh，同比增加33.4%；全年风电、光伏消纳率保持100%。

人力资源 截至2022年底，国网安徽电力共有长期职工30566人，其中：研究生学历4710人、大学本科学历16031人、大学专科学历6452人、中等职业教育学历2280人、高中及以下学历1093人，高级职称5162人、中级职称8028人、初级职称8768人，高级技师8475人、技师9105人、高级工4425人、中级工516人。全员劳动生产率97.83万元/（人•年），同比增长11.4%。

完善人才开发体系，建成省市县三级专家人才梯队，新增省部级及以上高端人才28人。实行“一年一大调、日常动态调”的优秀年轻领导人员动态调整机制，三级副职、四级正职动态更新率分别达到40%和33%。首次开展技能等级自主评价，完成7058人次评价工作，取得高级技师资格114人、技师资格1161人。拓展“三跨”岗位实训，建设全省人才“需求池”“匹配池”，42人满足需求匹配，参加交流培养锻炼。深化“引才聚智”孵化平台，首次实施青年人才托举，建成省部级技能大师工作室10个，在站博士后规模扩大到6人。理顺“1+3+N”实训体系管理关系，推动4个专业实训基地建设，培训专项投入4380万元，同比增长120%。签订皖沪人才培养协议，建立常态交流合作机制，共享优质人才、实训资源。

统筹电力体制改革和新兴业务发展，深化“五型一流”本部建设，规范设置92个处室，明确机构规格和名称，实现机构职能上下相对统一、流程运转顺畅。实现16家市公司3类专业班组整合全覆盖，共优化整合班组219个，精简比例8.6%。实施重点岗位聘任制7168人，完成“四个全覆盖”。完善薪酬分配激励政策，建立“定基础、挣业绩”工资总额核定新机制，兑现首批柔性团队、创新成果转化激励，推动中长期激励试点。全年完成全口径员工社保补缴，实现系统首家人员覆盖率、签字覆盖率、整改通过率三个100%。

电网建设与发展 优化中长期电网发展策略，完成“十四五”电网规划中期调整，锁库、楚江等17项500kV输变电工程纳入规划。构建“1+N”政企联动专班机制，“陕电入皖”工程安徽段完成预可研任务。推进“十四五”规划项目前期工作，潘集、金牛等13项500kV输变电工程获得核准。可研初设实质性一体化融合，全年共完成110、220kV输变电工程可研批复166项、核准121项。

投运白鹤滩—江苏±800kV特高压直流输电工程和白鹤滩—浙江±800kV特高压直流输电工程，优化能源结构，促进清洁能源消纳，助力“碳达峰、碳中和”。

构建新型电力系统，提出建设“一型三力”皖美电网发展目标。结合国家风光电基地开发及远景年全省经济社会发展需求，研究华东特高压补强网架，打造枢纽型电网。配合安徽省能源局编制抽水蓄能电站中长期规划安徽实施方案、抽水蓄能电站项目投资主体优选方案等，协助加快推动抽水蓄能前期工作，“十四五”抽水蓄能重点实施项目全部完成预可研评审。

经营管理 完成电能替代电量40亿kWh；电动汽车充电量1.23亿kWh；电费回收率99.99%；日均采集成功率99.9%；台区线损2.52%；高损台区压降23.78%；稽查和反窃电挽回损失1.5亿元。投诉总量压降79%，营销类万户投诉率进入国家电网公司前4，“网上国网”累计注册用户突破1114.39万。

推进融资预算与现金流“按日排程”一体化闭环管理，短期借款占比较年初上升2.8个百分点，累计节约财务费用0.76亿元。以资产卡片为载体，动态开展多维数据质量监测，资产信息规范率达到99%以上。内部五级市场典型实践经验入选国资委《国有企业经济运行动态——提质增效专刊》交流，获得2022年（首届）国有企业深化改革实践成果二等奖、2022年中电联电力科技创新奖二等奖。建设新能源结算综合服务平台，管理补贴资金规模477亿元，累计转付补贴资金98亿元，国资委《中央企业能源电力保供周刊》刊发国网安徽电力新能源结算典型经验，呈报国务院领导参阅。

安全生产 集中治理古泉换流站直流系统隐患16项、特高压GOE套管重大隐患12项等一批重点隐患，完成吉泉直流负荷首次达到1100万kW并稳定运行18天，获评全国质量奖卓越项目奖和2022年国家电网公司精益管理红旗站。修订电网运行风险管控规范，制定生产检修、配电网工程等领域现场作业风险管控规范，开展专家督查7批次，查纠问题120余项。

对标对表22项重点措施，推动密集通道安全运行提档升级。系统首家完成境内6处密集通道“两个纳入”全覆盖，沿线地市全部成立警企联勤办公室；部署应用密集通道智慧管控平台，完成密集通道垂起固定翼无人机智能巡检示范区建设，打造密集通道“空天地”全天候安全管控体系；配合总部完成密集通道安全管理行业标准制定。

加大作业现场“四不两直”稽查力度，累计督查三级及以上高风险现场10.6万个，同比增长130%。高风险现场督查覆盖率63.5%，同比提升119%；查处严重及以上违章188个，同比提升43.5%。推进“党建＋安全生产”工程，开展“无违章班组、党员身边无违章”创建活动。建立“1＋19＋*N*”省市县三级安全督查网络，配备督查人员600余人。深化风险监督平台建设应用，完成平台向互联网大区迁移，开发“分段施工监督法”、倒闸操作督查等功能模块，推进安全管理数字化转型。对1802项六级及以上电网风险预警进行监督管控，确保电网安全稳定运行。

围绕“现场违章”“质量缺陷”等10项评价指标，对外包队伍履约过程进行多维度、全方位评价，8支外包队伍列入“黑名单”、27支外包队伍列入“重点关注名单”，外包队伍违章数量下降30%。编印《电网企业安全生产巡查工作手册》，制作视频教学微课，对各单位出现的安全生产苗头性问题、重复性严重违章等事项开展安全警示约谈。完善应急协调联动机制，承办2022年华东区域应急基干队伍互训互练技能比武。加强应急专家队伍建设，1人入选首届长三角应急管理专家组成员。完成党的二十大、冬奥会等重大活动供电保障任务。

营销工作 制定业扩三十条负面清单，完成国家1479号文件任务。促成政府出台创优营商环境对标提升举措，推动全部市县出台“投资到红线”共建政策。联合住建部门优化接入工程建设模式、小区配电设施建设标准。建立省市县“获得电力”专班，组建政企客户服务部，打通行政审批、工改系统，实现“刷脸办”“一证办”“跨省办”“联合办”。实施配套工程契约服务，保障“约时送电”；加大放权赋能，建立投资计划按需下达与动态调剂机制。创新“平台＋契约”服务，实现业扩报装自动取证、并联审批、限时办结、自动反馈。服务介入平均提前43天，全流程接电压减18.4天。“不动产＋用电”联合过户实现全域覆盖；试点开展水电气讯业务联办。

全网首批建成省级负荷管理中心和市级班组，实现负荷管理政府支持政策省市县全覆盖。应用负荷管理系统，应对持续时间最久、缺口规模最大、单日时长最长的迎峰度夏挑战，累计实施负荷管理25天，单日最大调控负荷1024万kW，累计发放需求响应补偿2.6亿元。完成现货交易人员补充和现场实训，实现市场化用户“一次算费”变革，发行时间压缩近60%。完成全量3400万用户购售同期调整。出台省级购电制度和省间购电损益分摊（共享）机制。

建成营销安全风控平台，推进《重要电力客户供用电管理规范》省地标立项，推动《安徽省实施〈中华人民共和国电力法〉办法》立法颁发。整合现有业务应用、档案管理等22套系统，集中解决系统融合、数据迁移中出现的业务规则差异等问题，实现营销2.0统一软件验证成型。承接编制国家电网公司十大调研课题“国家电网有限公司经营区内小水电自供区现状调研报告”及各类课题7篇，相关工作在省级及以上媒体宣传报道17篇。完成195万在库计量资产全量盘点，规范终端SIM卡管理，每年减少支出1700万元。

科技与信息化 全年荣获省部级及以上科技奖励26项，其中：获中国专利金奖1项，获国家电网公司科技奖励奖二等奖4项、三等奖2项，获安徽省专利优秀奖6项。主导研制的世界首台量子电流互感器和国内首座兆瓦级氢能综合利用示范工程亮相全国双创周、亚太电协CEO会议；“高精度光声光谱检测仪研制及应用示范”项目入选国家电网公司年度十大优秀科技项目。2项科技成果在“振兴杯”全国青年职业技能大赛上获银奖。

组建科技创新中心班，成立7个专业工作组，开展5次科技大讲堂活动，累计发布19个课题预研成果。建立“月度普刊＋季度专刊”科技情报收集发布体系，累计发布8期普刊、4期专刊。牵头承担国家电网公司指南项目13项，参与国家电网公司新型电力系统科技攻关行动计划2022重大科技专项项目4项，参与1项国家重点研发专项、1项安徽省重点专项。朱姗获得中国博士后科学基金会资助。

打造“一切以创客为中心”的全过程创新链服务，探索一揽子体制机制创新举措，获2022年唯一一个新批准公司双创示范中心。遴选21项优秀成果纳入转化推广目录，双创产品销售规模超1000万元。特高压换流变压器压缩空气泡沫灭火成套装备系列成果，在海内外19个直流工程中得到应用，新建及改造特高压直流工程应用覆盖率100%。与中国电科院合作研发的C_4环保气体，实现中国在SF_6环保替代技术方面由跟跑向国际领跑的跨越。

举办双创周安徽电力专场活动，成为第一个在国家双创周期间举办专场展出的省级电网公司，相关工作在人民网、新华网等多家媒体发稿20余篇。完成首批2名科研类高级专家、9名科研类青年托举人才评选，赵跃获评国家电网公司科研类青年托举人才；滕越、张晨晨等多位青年科技先模人物先后登上央视新闻、焦点访谈等栏目；傅中、冯玉分别荣获“中国电力企业联合会2021—2022年度先进个人（企业科技创新）”称号和“中国能源研究会2022年度能源创新奖优秀青年能源科技工作者”称号。

优质服务 探索公共服务业改革，将“最多跑一次”模式向公共服务领域延伸。推进政务服务“一件事一次办”要求，打通“网上国网”全渠道服务平台与“皖事通办”平台数据接口，建立供电企业与省、市、县三级政务服务平台共享链路，实现“不动产+供电”联合过户全域覆盖。

贯通供电用电报装系统与工程建设项目审批系统，线上搭建全流程网办平台，实现涉电行政办理“一套资料、全程网办”。探索低压小微企业审批告知承诺制，推动审批结果自动反馈，审批流程公开透明。线下建设综合服务窗口，实行“一个窗口”统一受理、出具办理结果。

拓展不停电作业范围，结合配电网运行工况全景监测和故障智能研判，推动16个市建成“零计划停电示范区”，推广建设全省294km^{2}不停电作业示范区。全年开展城市配网不停电作业8778次、县域配网不停电作业32230次，城市、农村用户停电时长同比分别压减50.4%、46.9%。

党的建设和精神文明建设 落实党委会“第一议题”制度，学习习近平总书记重要讲话和重要指示批示精神43次。开展党委理论学习中心组学习12次、研讨发言56人次。举办“习近平法治思想”“中国式现代化”等5场大型辅导讲座，通过“现场听学+线上直播”，提升党员干部理论素养。用好“学习强国”“国网学堂”等线上平台，推动大学习大培训大普及。许启金宣讲作品《丹心写忠诚　热血筑丰碑》荣获中组部举办的第十六届全国党员教育电视片观摩交流活动优秀作品三等奖。

举办“皖美这十年”成就展、“喜迎二十大·皖美启新程”讲述竞赛等活动，营造迎接保障党的二十大胜利召开的浓厚氛围。举办“学习宣传贯彻党的二十大精神”专题读书班，组织开展辅导报告、集中研学、专题讲座等学习活动。建立学习宣贯主题党日活动机制，组织各基层党支部开展专题学习研讨5900余次。对照党的二十大决策部署，开展专题研讨，形成5个方面50项具体举措，确保把党的二十大精神转化为推动公司高质量发展的生动实践。

围绕“五型”一流本部建设目标，制定印发25项重点工作任务，推动各项重点任务落地见效。常态开展本部“大讲堂”活动，构建“四类四形”工作模式，组织引导本部全员“上台授课”。示范举办“大讲堂”暨全国“两会”专题宣讲报告会，累计面向基层开展宣贯解读28场、学习分享31次。开展“本部+基层”党组织联建共创、结对帮扶行动，本部22个党组织与基层25个党组织缔结联建协议，提升协作能力。

发布系统首个“党建+”工程工作指引，创新构建“（7项）组织生活+（N类）典型载体”工具箱和“典型场景应用库”，推动党建与业务融合流程化、规范化、制度化。聚焦年度324个重大工程、重点任务，以“本部+基层”联动方式，推进实施“党建引领·安全入心”等38个“党建+”年度项目，助力265个热点、难点问题有效解决。强化典型示范带动，分类评选“党建+”工程优秀项目22个，6个融入融合实践做法入选全国第六届基层党建创新典型案例。

实施党建供给侧能力提升工程，举办“能力素质提升”专题培训4期；邀请国网江苏、浙江电力先进基层党组织书记分享交流，提升基层党务工作者履职能力和业务水平。加强党员日常教育，以“规定+自选”模式，组织2000多个党支部统一开展“迎峰度夏电力保供”等主题党日活动6次；固化“学、研、讲、行”等动作，1个组织生活案例入选全省优秀案例。开展“党课开讲啦”活动，1部微党课获全国党员教育电视片观摩交流活动三等奖，3部精品党课在全省展播。

以“皖美”统一命名全省共产党员服务队，举行授旗仪式，建成全省首个服务队实践基地。举办“喜迎二十大　皖美启新程”主题讲述竞赛，评选服务队“十佳”作品，开展“皖美连心”专题报道8期。《人民日报》、新华社等中央媒体报道国网安徽电力为民惠企鲜活实践218次，2支服务队获评安徽省文明单位创建“十佳（优秀）”品牌。2人荣获全国“五一”劳动奖章，3人分获“全国技术能手”“全国青年岗位能手”称号，17人获评安徽省劳动模范。

拓展文明实践，建成金寨大湾村、马鞍山薛家洼等新时代文明实践基地，探索形成大鼓书宣讲等特色文明实践。深化志愿服务，形成宿州“启金”、淮北“燕飞来智慧助老”等知名志愿服务品牌。1个项目荣获第六届中国青年志愿服务项目金奖，2个家庭分别获评全国最美家庭、全国“五好”家庭。获评2022年度电力行业文化品牌影响力企业。1项文化成果荣获2020—2021年度全国企业文化优秀成果一等奖，1项文化成果获评2022年度电力行业文化创新优秀案例。

（詹绪海）

【国网福建省电力有限公司】

企业概况 国网福建省电力有限公司（简称国网福建电力）是国家电网公司的全资子公司，以建设和运营福建电网为核心业务，承担着保障福建省清洁、安全、高效、可持续电力供应的重要使命。经营区域覆盖全省9个设区市及平潭综合实验区，员工5.7万人，资产1419.51亿元，客户2121.9万户。

领导班子

董事长、党委书记：阮前途（自2022年6月起）、谭永香（至2022年6月）

董事、总经理、党委副书记：蔡鸿贤

董事、党委副书记：姜启亮（自2022年8月起）

董事、党委副书记、副总经理、工会主席：李学军（至2022年6月）

副总经理、党委委员：李功新（至2022年6月）

副总经理、党委委员：郑佩祥

副总经理、党委委员：黄惠英

副总经理、党委委员：徐福聪（自2022年6月起）

副总经理、党委委员：周刚（至2022年3月）

总会计师、党委委员：林世友

党委委员、纪委书记：成宝强

职工董事、党委委员、工会主席：邹永增（自2022年8月起）

总工程师：刘宝宏（自2022年12月起）

总工程师：陈玉树（至2022年8月）

电网概况 截至2022年底，福建电网通过两路1000kV浙北—福州特高压输电线路和两路500kV输电线路与华东电网相连，通过闽粤联网直流换流站及两路500kV输电线路与广东电网相连，省内形成“全省环网、沿海双廊”500kV主干网架。

截至2022年底，国网福建电力有1000kV特高压变电站1座，容量600万kVA，输电线路342km；500kV变电站27座，容量5515万kVA（含水口升压站），输电线路6055km；220kV公用变电站227座，容量8169万kVA，输电线路14739km；110kV变电站822座，容量7534万kVA，输电线路20446km；35kV变电站530座，容量695万kVA，输电线路12643km。2022年，全省用电量2900亿kWh，用电最高负荷4882万kW。

电网建设与发展 统筹各级电网建设，加快智能化数字化转型。坚持电网建设标准先行，质量强网迈出关键一步。

推进合作协议落实，完成与福州、龙岩市政府合作协议签订，实现九地市全覆盖，合力推进新型电力系统建设、打造政企合作新模式。推动“一体四翼”落地实施，按月跟踪推进。主网规划成果丰硕。深化电网规划专题研究，完成“十四五”主网架规划中期调整报告编制，开展饱和网架、海上风电输电规划及走廊初步可行性研究，完成保供电源输电规划，完成闽赣电力联网初步研究。配电网规划深入变革。提高发展标准，围绕强化“高标意识、超前意识、迭代意识”，编制《福建电网若干技术原则》《福建配电网规划设计技术导则》，推动电网发展质量提升。深化规划管理，制定《配电网网格化规划指导手册（试行）》《110kV及以下电网规划管理实施细则（试行）》，明晰配电网网格化规划工作体系。首次贯穿“源网荷储”全环节，实现全方位诊断，围绕补强短板、标准提升的要求，配电网三年提升规划年均投资100亿元以上。强化专题研究，开展配电网目标网架研究、城乡供用电同质化研究，提出适应福建城乡发展、山海发展特点的差异化目标网架。

竣工投产闽粤电力联网工程，打通跨省联网新通道；全线开工福厦特高压工程，多年卡脖子问题取得实质突破；投运水口坝下主体工程，推动闽江航运加速复兴；承办第五届数字中国建设峰会智慧能源分论坛，展现数字化转型成效。

在国家电网系统率先推行开工、进度“双计划”储备库管理，全年35kV及以上输变电工程开工1626km，1642万kVA，投产1752km，1099万kVA，分别完成年度计划的101%和107%，提前开工71项、投产76项，完成投资114.65亿元，同比增长57.5%。推进重点项目，开工三明桃源等174个项目，投产泉州洋荷等185项工程，动工茶园二期等30个小型基建项目；投产28项革命老区能源保障、9.83亿农村电网巩固提升等重点工程。配电网建设全面起势，系统部署配电网提升三年行动，突出强化管理力量，完成追加投资项目，并实现75%转资目标，为来年扩大投资坚实基础。

加强示范建设，首批30个示范项目有效落地，建成4类微网示范工程，形成5项标准规范，“湄洲湾零碳岛”项目获联合国可持续发展目标企业最佳实践。深化政企联动，联合厦门市政府共建厦门市新型电力系统研究院，出版全国首部新型电力系统省级示范区建设科技专著。优化顶层设计，滚动修编新型电力系统省级示范区实施方案，明确“东南沿海清洁能源基地”“高能级配电网平台”两大示范主线，形成重点任务清单。

安全保供 筑牢安全生产底板。安全生产专项整治三年行动收官。整改问题隐患1466项，整改率99.5%，固化制度规范51项，推广典型经验22条。开展安全生产大检查、隐患大排查大整治，治理隐患1775项，35kV及以上输变电设备故障率同比分别下降30.4%、22.2%。加强安全管理。落实国家安全生产15条重要举措和国网福建电力50项措施，建立健全“五大核心机制”，推进“三大工程建设”，在国家电网安全管理体系建设推进会上作典型经验发言。

保供尽心尽责。有序应对疫情反复、极端天气、负荷三创新高、供给侧多不确定性等考验，户均年停电时间 3.7h，同比下降 11.8%，实现“不限电、少停电”目标。首次细化重要时段保电标准，完成党的二十大保安全、保供电、保稳定工作。

防疫抗灾不辱使命。面对多轮疫情冲击，高效运转应急体系，从快从细抓实防控，确保了生产不乱、员工生命健康以及重点单位可靠供电。建成并应用在国家电网公司系统领先的闽电应急 ECS 系统，面对 60 年一遇持续降雨，以最快速度恢复 54 万户停电客户供电，最大限度减少灾害影响。

经营管理 树立“效益靠自己盘出来”的理念，深挖管理潜力，激发活力动力，巩固稳健经营良好态势。内模市场、提质增效典型做法纳入国资委专刊。代表国家电网公司在中国供应链管理年会上作交流发言。

财务状况改善。压降负债收实效，电费预收比例同比提升 10.12 个百分点，资产负债率 63.9%，下降 0.79 个百分点，腾出投资空间 32 亿元。增收降耗显力度，度电必争劳动竞赛增供电量 21.4 亿 kWh，优化资金调度节约财务费用 3.8 亿元，营销稽查及反窃查违金额 1.9 亿元。

产业发展稳中有进。亿力集团荣获 2022 福建百强企业第 46 名、同比提升 4 名。

改革创新蹄疾步稳。国企改革三年行动收官，6 个典型案例入选国家电网成果汇编。电力改革纵深推进，中长期市场按周连续开市，首次开展绿电、绿证、需求侧响应交易，省内交易电量 1897 亿 kWh，同比增长 57%。内部变革深化，深化三项制度改革，“能下、能出、能减”多点突破；优化全员绩效管理，价值创造能力提升，聚焦“少、精、准”优化关键业绩指标，以资产为核心优化内模考核，经理层任期制和契约化实现全覆盖，实施新版岗位绩效工资制度。科技创新成效明显，获省部级科技奖、软科学奖 39 项，取得历史最好成绩；双创中心获批省知识产权优势企业，转化成果收益 1224 万元。

依法治企更加深入。开展合规管理强化年活动，创新构建“C510”合规管理体系。完成审计署经济责任审计、特高压专项审计等迎审任务。开展“严肃财经纪律、依法合规经营”综合治理专项行动。

营销与优质服务 新时代电力“双满意”工程连续两年纳入福建省委省政府为民办实事项目。助力“六稳”“六保”展现担当。出台促进经济平稳增长 10 项举措，支撑福建省经济增速稳居前列。开展“百千万”客户大走访，携手助企共渡难关，落地“电 e 金服”149 亿元，落实电费缓交、房租减免等政策，减少企业客户成本 3.5 亿元；深化“三零”“三省”服务，助力 15.62 万户小微企业接电投产；组织外送电量 173 亿 kWh，同比增长 82%，增加发电企业收入 123 亿元。创新电力大数据服务，动态跟踪分析全省及各地市用电情况，深化周、旬、月及专题用电分析，助力党委政府精准调度经济运行，助力“开门红”“战疫情”，省委书记评价“最精细、最准确、最客观”。

营商环境优化。坚持以客户为中心，把快接电摆在首位，实施优化业扩工程管理 27 项措施，业扩净增容量 2458 万 kVA。落实“深化提升年”十项服务举措，创新低压办电“一键通”，推行“一键下单、现场办结”模式，推广“供电能力可视化”、竣工检验“云上办”。便民服务推陈出新，实现“水电气讯”一站联办、企业“一证办电”、居民“刷脸办电”，95598 百万客户投诉量在国家电网正向排名第二。国网福建电力“政企共享优化电力营商环境”以及国网福州供电公司“水电气讯”一窗联办等 2 个案例入选《全国优化营商环境简报》。厦门提升供电可靠性经验获全国质量标杆，是国家电网系统唯一入选单位。

服务渠道更加多元。深化“三个一”机制建设，完善网格“五率”评价体系，政企协同“双长融合”覆盖率 100%。提升线上服务能力，“网上国网”办电率 98.66%，上线数字人民币缴费功能，建设区域集中网上营业厅。推进营业厅“融合”“自助”建设，年度撤并低效营业厅 58 个，入驻行政便民中心窗口 33 个，供电服务功能累计融入政务终端 1853 台。

助推“双碳”服务新能源发展，“新能源云”接入发电企业 1.2 万家，清洁能源装机、发电量占比分别达 60.3%、54.5%，同比分别提高 2.3 个、6.0 个百分点。探索开展碳排监控服务，承建省级“双碳”管理平台，实施 153 家企业碳能力评估。推进节能提效，实施电能替代 65 亿 kWh，向 11.7 万高压客户推送能效账单。

助力乡村振兴取得实效。推动九地市出台乡村电气化建设评价标准，命名示范乡镇 44 个。建成乡村电气化项目 265 个，受益群众 11.4 万，5 个村获评“国家电网助力乡村振兴示范村”。排查治理农田机井通电问题。助力龙岩新罗区建设百亿级能源互联网产业园。全口径消费帮扶 859 万元。打造“让电传递爱”公益品牌，建成 5 个“电力爱心超市”。建立全省统一的供电所综合评价指标体系；出台星级供电所管理办法，三星级及以上供电所占比提升至 97.9%。

科技与数字化建设 核心技术研发攻坚发力。超前布局关键核心技术，在海上风电、光伏、储能等重点领域获批 8 项省部级以上重大研发项目，牵头国家电网总部指南项目 13 项。推进新型电力系统科技攻关，依托“4 大 4 新”（4 项国家重点研发计划项目，4 项国家电网新型电力系统科技攻关重大项目）及 46 个省控新电项目，攻破无人机超近距自主巡检技术，开发新型配电网储能应用新装备，柔直驱动芯片等国产化替代取得突破。打造特色科技示范工程，重点建设厦门柔性储能换流系统示范应用，核心装置“智慧能量立方”参展第五届数字中国建设峰会；布局宁德三都澳海上养殖微网、莆田湄洲岛五端低压柔直、泉州石狮台区交直流混联等系列示范项目。

夯实科研基础。加强实验室建设，人工智能实验室列入国家电网“赛马制”实验室，海上风电并网技术实验室列入国家电网培育实验室。

优化科研体制机制。深化科研立项改革，实施科研“揭榜挂帅”制，设立生产需求类科研专项，深化群众性创新项目“放管服”。完善成果转化激励，修订《孵化转化项目成本核算管理办法》，精准实施项目分红。开展成果转化后评估，建立应用成效评价指标。

科技成果推广应用提升。双创平台完成 72 项成果转化，7 项成果率先在国网福建电力系统外市场化推广，10 项成果入围国家电网公司职工创新成果推广库，首创“站内蜗壳”无人机巡检技术推广至港口、船舶、林业等行业；“箱式变压器可调拼装式基础”广泛应用于泉州地区方舱医院建设。获批福建省知识产权优势企业，入选福建省首批专利开放许可试点单位，国家电网系统内完成首单专利开放许可。投运国家电网首个科技成果试制验证基地，承接成果试制、验证和挂网试运行业务，17 项创新产品完成试制。

数字转型步伐加快。夯实数字基础，投运省级智慧数据中心，系统云化率 80%；建成企业级实时量测中心，实现采集数据秒级共享；创新构建数据主人制管理体系，数据管理能力取得量化级认证。业务赋能提速加力，PMS3.0 关键业务单轨运行，营销 2.0 平稳上线，开通数字人民币缴费功能；推广流程机器人场景 2000 余个，平均缩短作业时长 60%。开展数字化人才培育评价，首创“2211”数字化人才培育评价体系，打造“双百师资队伍”，选拔数字化专家 28 名、专家型人才 261 名、应用型人才 1523 名。

健全现代设备管理体系。推进智能运检，220kV 及以上线路适航区无人机自主巡检率 100%，变电运维“两个替代”覆盖率分别达 95.5%、43.7%，实物“ID”嵌入 27 项典型业务。

荣获福建省科技进步奖一等奖、中国电力科技奖二等奖各 1 项，国际 QC 小组金奖 5 项。

人力资源 重构适应数字化转型的组织体系，组织运转更加高效。“大班组”方面，运检专业结合全业务核心班组建设，基本完成“大运维”“大一次”“大二次”班组建设，营销专业加快“低压综合服务班”“供电＋能效服务班”能力提升，调控专业推进“继保＋自动化”“信息＋通信”工种融合，全年共组建 544 个大班组。“大区域”方面，探索“市县集约”“县县联合”模式，8 个县供电公司业务集约至市供电公司、10 个县供电公司“两两联合、共享资源”。中台组织方面，10 家单位组建面向设备的生产管控中心，整合要素资源，为一线班组赋智赋能，提供技术、资源与信息化支撑，运检业务质效稳步提升。搭建省公司级“智慧大脑”，构建“智库、双创、大数据”中心共享中台，打造智库、科创、数据、人才、技能五大“策源高地”。国网福建经研院入选中国智库索引。“大部制”方面，7 家县供电公司探索构建大部制职能后台，减少职能部门 12 个。

建设高素质职业化队伍，自主作业水平大幅提升。出台加强高素质职业化自主作业队伍建设的意见，建立工作推进和管控机制，每季度开展评价，纳入企业负责人年度业绩考核评价。设备运检全业务核心班组覆盖率 42.3%（国家电网第二），技改大修自主实施率 33.5%（国家电网前三），Ⅲ级及以上岗位能力等级占比提升 7.8 个百分点，复合型认证占比提升 29.4 个百分点，新增自主作业队伍 319 支。

深化人才培养，队伍素质提升。突出高端人才引领，印发加快高端人才培育的意见，新增省部级及以上高端人才 25 人、国家电网首席专家 1 人，新增 5 个福建省技能大师工作室。强化电力工匠塑造，取得中国机器人大赛、福建省无人机竞赛等技能比武历史最好成绩，配网调度专业技术技能竞赛获国家电网团体总分第 2 名，变配电运行值班员全国电力行业职业技能竞赛获团体二等奖。推进第二轮技能人员“进阶式”岗位能力培训认证。首次获评福建省劳动与技能竞赛示范单位，33 个集体、22 名个人获省部级以上综合性表彰。国网福建技培中心获中国民航局批准无人机垂直固定翼（全省首家）、多旋翼考点（国家电网第 2 家）福建省考点资质。加速青年人才托举，创新青马、青优、青干联合培养体系。

党的建设和精神文明建设 弘扬“支部建在连上”光荣传统，打造坚强红色堡垒，发挥独特优势。开展“非凡十年”“建功新时代，喜迎二十大”等主题活动，组织红色教育 1913 场次，爱党爱国爱企豪情更加激昂。第一时间召开学习宣贯部署会，印发工作方案，细化重点任务 55 项，举办读书班 94 次、辅导报告 87 场次、宣讲 739 场次，推动党的二十大精神进一线进班组，并转化为实际行动。

党建引领作用不断强化。完成党委、纪委、工会、团委换届。开展“打造红色堡垒”主题实践，推进支部对标提升，统一建设 274 支“双满意”共产党员服务队，统筹开展10个专业“党建+”工程，党建基层基础有力夯实，党组织战斗堡垒作用充分彰显。完成6项为职工办实事项目，“三必贺、三必访、三必帮”覆盖率100%，广大员工幸福感归属感持续增强。

党风廉政建设标本兼治。细化政治监督工作任务清单93条，上线365“数”廉智慧监督平台，推动监督常态长效。部署开展“正心念、严规矩、强担当”党风建设主题教育，打造闽电“数”廉廉洁文化品牌。

主要事件

1月13日，福建省发展和改革委员会印发《关于福建北电南送特高压交流输变电工程项目核准的批复》，核准建设福建北电南送特高压交流输变电工程。

1月17—18日，国网福建电力四届五次职代会暨2022年工作会议在福州召开。

3月13日，500kV棠园（福鼎）输变电工程投运。500kV棠园变电站是福建省“十四五”期间投运的第二座500kV变电站，也是福鼎地区首座500kV变电站。

3月24日，国家电网公司召开福州—厦门、驻马店—武汉1000kV特高压交流工程开工动员大会，启动两项重大工程。

3月31日上午，时任国网福建电力董事长、党委书记谭永香主持召开国网福建电力领导人员任免宣布会议。根据工作需要，经国家电网公司党组研究，决定：周刚任国网福建电力三级顾问，免去其国网福建电力副总经理、党委委员职务。

3月31日下午，福建省副省长康涛到国网福建电力调研，了解2022年以来全省用电、疫情对全省各地市各行业用电影响等工作情况。

4月28日上午，福建北电南送特高压交流线路正式开建。

5月30日，福建闽江水口水电站枢纽坝下水位治理与通航改善工程的主体工程竣工。

6月24日上午，国网福建电力召开领导人员任免宣布大会。国家电网公司副总经济师、党组组织部主任张俊利宣读国家电网公司党组任免决定并讲话，福建省委组织部副部长陈学平出席会议并讲话。谭永香、阮前途作表态发言，国网福建电力总经理蔡鸿贤主持会议并作表态发言。根据工作需要，经国家电网公司党组研究并征得中共福建省委同意，决定：阮前途任国网福建电力董事、董事长，党委委员、书记；免去谭永香的国网福建电力董事长、董事，党委书记、委员职务；徐福聪任国网福建电力副总经理、党委委员；免去李学军的国网福建电力董事、党委副书记、副总经理、工会主席职务，免去李功新的国网福建电力副总经理、党委委员职务，李学军、李功新任国网福建电力三级顾问。

7月7日，国家电网公司迎峰度夏电力保供安全生产大检查督查组到国网福建电力督查。

7月23日下午，由国家电网公司主办，国网福建电力、福州市人民政府承办的第五届数字中国建设峰会智慧能源分论坛，在福州海峡国际会展中心举行。福建省人民政府副省长李建成，国家电网有限公司副总经理、党组成员庞骁刚，中央网信办信息化发展局副局长、一级巡视员张鹏，国家工信部信息技术发展司副司长杨蔚玲出席论坛并致辞。国家电网公司副总信息师王继业主持论坛。中国科学院院士梅宏、中国工程院院士郭剑波，及参会专家分别发表了主旨演讲。

7月29日，由国家电网公司和南方电网公司共同投资建设的闽粤电力联网线路工程全线贯通，实现福建电网与广东电网物理“牵手”。

8月29日，国网福建电力董事长、党委书记阮前途主持召开国网福建电力领导人员任免宣布会议。根据工作需要，经国家电网公司党组研究，决定：姜启亮任国网福建电力董事、党委副书记；免去陈玉树的国网福建电力总工程师职务；邹永增任国网福建电力党委委员、工会主席，职工董事人选；孙轶群任国网福建电力三级顾问。

9月16日下午，福建省副省长康涛到国网福建电力调研，了解2022年以来全省工业用电情况、各地区各产业用电特点、供电保障等方面情况。

9月20日，国网福建电力党委印发《关于开展“打造红色堡垒”主题实践的意见》，部署开展“打造红色堡垒”主题实践。

9月30日，闽粤电力联网工程竣工投产大会召开。国家电网公司董事长、党组书记辛保安，南方电网公司董事长、党组书记孟振平，福建省副省长黄海昆，国家能源局监管总监黄学农，广东省政府副秘书长胡洪出席大会并讲话，共同为工程启动送电。

10月19日，国网厦门供电公司“通过构建‘115全业务、全流程质量管控模式’提升供电可靠性的经验”获评2022年“服务业”类全国质量标杆。

11月7日，国网福建电力召开学习宣传贯彻党的二十大精神工作部署会。

11月28日，国家“十四五”电网规划项目、福建电网500kV骨干网架的关键性工程——福建洋荷500kV输变电工程顺利投产。

12月17日，国网福建电力公司智库单位——国网福建经研院入选中国智库索引。

12月26日，国网福建电力董事长、党委书记阮前途主持召开国网福建电力领导人员任免宣布会议。根据工作需要，经国家电网公司党组研究，决定刘宝宏任国网福建电力总工程师。

（黄　睿　陈春福　刘丹青）

【浙江省能源集团有限公司】

企业概况 浙江省能源集团有限公司（简称浙能集团）成立于 2001 年，由原浙江省电力开发公司和浙江省煤炭集团公司合并组建。在习近平总书记 9 次调研集团重要指示精神的指引下，在历届浙江省委省政府的坚强领导下，浙能集团始终坚持“发展能源为浙江”的宗旨，成功由单一发电企业拓展为电力、油气、能源服务三大产业齐头并进，氢能、储能和先进能源装备制造等培育主业稳步推进，跨区域、全品类的现代综合能源集团，是浙江省委省政府发展能源产业的主抓手、能源合作的主平台、能源供应的主渠道、保障能源安全的主力军、能源科技创新的主引擎和环境保护的主战场。集团首创的燃煤机组超低排放关键技术研发及应用荣获国家技术发明奖一等奖，是全国首个全面实现清洁化生产的大型发电集团。

浙能集团共设电力、石油、煤炭、天然气、可再生能源、科技工程服务、金融和西北区域八个板块，拥有浙能电力、宁波海运、浙江新能三家国内 A 股上市公司和一家新加坡上市公司浙能锦江环境。截至 2022 年底，浙能集团的资产总额达到 3008.9 亿元，所有者权益为 1377.7 亿元，控股管理装机容量 3905 万 kW，累计建成综合供能站 237 座。浙能集团统调煤机发电量和煤炭供应量常年占省统调发电量和电煤消耗量的一半以上，天然气供应量近八成。2022 年，浙能集团荣列中国企业 500 强第 188 位，入选国务院国资委创建世界一流专精特新示范企业名单，荣获浙江省“高质量发展领军企业”称号。

领导班子

截至 2022 年 12 月 31 日，浙能集团领导班子成员如下：

董事长、党委书记：胡仲明

董事、总经理、党委副书记：刘盛辉

董事、党委副书记：陆翔

党委委员、纪委书记：龚平

副总经理、党委委员：王建堂、倪震、柴锡强、杨敬东

党委委员、工会主席、职工董事：胡斌

党委委员、总经理助理：陶晓东

组织机构 浙能集团本部设有 17 个职能部门，1 个专题建设和应用办公室，1 个事业部，1 个筹建处。下属控股、管理企业 500 余家。

党建工作 坚持以习近平新时代中国特色社会主义思想为指导，认真学习宣传贯彻党的二十大和省第十五次党代会精神，以坚定捍卫“两个确立”、坚决做到“两个维护”的政治站位，不断增强“四个意识”、坚定“四个自信”，自觉当好“红色根脉”的坚定守护者。始终把政治建设放在首位，把深入学习贯彻习近平总书记系列重要讲话和重要指示批示精神作为第一任务，牢记习近平总书记调研指导浙能集团重要指示精神，深入落实习近平总书记“四个革命、一个合作”能源安全新战略，紧扣“疫情要防住、经济要稳住、发展要安全”要求，全面落实党中央、省委省政府和省国资委党委各项决策部署，为全省深入实施“八八战略”、奋进“两个先行”提供坚强的能源保障。

高站位抓好党的二十大精神学习宣传贯彻。立足浙能集团独特“红色资源”，围绕“六学六进六争先”，发挥“浙能红”1+X 宣讲团和基层政治宣传员作用，实施“浙能宣讲百千万”行动，开展“六学六讲”“三训三赛”学习实践活动，深刻领悟“两个确立”的决定性意义，坚决做到“总书记有号令、党中央有部署，省委有要求、浙能见行动”。

强化“红色根脉强基工程”和“全企一体、双融共促”工程，出台实施《进一步推动党建工作高质量发展实施举措》，开展“五大试点”“八大行动”，推进党建“三强”建设，评选表彰“一体双融”优秀案例，推动党的建设引领企业高质量发展。推进省委高质量全面落实意识形态工作责任制综合试点工作，因地制宜制定浙能“1+3+*N*”意识形态制度体系和“浙能基层思政四十条”“构建 6S 思想导航体系，筑牢国企意识形态根基”系列特色做法获评 2022 年度浙江省“国企党建创新案例”，基层政治宣传员获评 2022 年度浙江省“基层理论宣讲成绩突出个人”荣誉称号。创新思维全力培育浙江国企新风尚，被评为 2022 年度 26 家全国电力行业企业文化建设典型实践单位之一。

数智赋能勇担国企重任助力“两个先行”。实施产业助富行动，发布实施《助力高质量发展建设共同富裕示范区总体方案（2021—2025）》及助力山区 26 县行动计划，在“产业帮扶、绿色发展、项目带动、农民增收”多点发力，打造企地合作共赢国企样板。“数智+低碳”助力共同富裕的浙能模式获 2022 年度浙江省改革突破奖银奖。“以能赋能、共享共赢，打造企地合作双赢国企样板”获浙江国资国企服务共同富裕最佳实践名单。

严格落实全面从严治党政治责任，强化贯彻习近平总书记重要指示批示和上级重大决策部署闭环落实机制，深入贯彻“四责协同”和加强对“一把手”和领导班子监督“五张责任清单”，建立领导履责滚动式工作清单，强化党建统领重大决策落地、重大工作推进、重大风险防控。全面深化“清廉浙能”建设，集团获评“第三届基层清廉建设（浙江）十大创新经验创新奖”，所属天然气集团公司荣获“全省清廉建设成绩突出单位”，成为具有浙能标志性、辨识度的全面从严治

党“金名片”。

战略体系 在坚定推进“4568”一流战略的基础上，紧扣“承担好责任、发挥好功能、发展好企业，打造具有国际竞争力的一流综合能源服务商”要求，立足“六四三工程”战略定位，按照“创效益、促转型、聚合作、强保障”的十二字工作方针，坚持稳字当头、稳中求进，统筹做好能源安全保供和企业转型发展。

坚持运用战略眼光和系统思维，开展重大问题研究，与外部智库加强协作，研究浙能集团中长期发展规划，开展“大讨论大谋划大行动”专项活动，谋划产业绿色低碳转型路径。研究制定浙能集团未来五年战略方案，同步开展“十四五”规划中期调整，锚定保供能力更强、产业结构更优、创新能级更高、质量效益更好、竞争水平更佳五大目标，加快推进浙能集团产业体系、服务体系、治理体系“三个现代化”建设。坚持服务战略大局，落实浙江省深入实施“八八战略”强力推进创新深化改革攻坚开放提升工作部署，实施能源科技创新主引擎打造、国企改革新一轮攻坚、世界一流专业领军示范企业建设、浙里国资国企新风尚培育“四大行动”，推进“三个一号工程”，落实能源“三个有为有效”，在强力推进创新深化改革攻坚开放提升中打头阵、作示范、勇争先，为浙江加快打造高水平创新型省份、高质效改革先行省、高能级开放之省贡献浙能力量。“数智+低碳”助力共同富裕的浙能模式获省改革突破银奖，切实扛起“两个先行”大场景中浙能的使命担当。

企业发展 贯彻新发展理念，发布实施浙能集团绿色低碳发展和保供稳价三年行动方案，加快构建新型能源体系。绿色低碳能源产业快速发展。派出20余个工作专班抢抓项目，签订新能源项目合作协议近百份。取得浦江、临安等抽水蓄能项目开发权，填补浙能集团控股抽水蓄能项目的空白。获得新疆、甘肃等省区风光电项目开发权，实现新能源项目市场化配置零的突破。台州1号海上风电建设稳步推进，参股的三门核电二期、徐大堡核电二期开工建设，宁夏宁东15万kW光伏、浙能长电厂外屋顶光伏等一批新能源项目建成或投产。传统清洁能源产业有序推进。滨海热电8号机组、温州供热二期、滨海热网四期等项目建成投产，乐清三期、六横二期、镇电燃机搬迁改造、镇海联合迁建等项目建设稳步推进，嘉兴四期取得项目赋码。累计建成综合供能站237座。黄泽山—鱼山原油管道项目全线贯通，刷新原油管道海对海定向钻穿越管线最长、管径最大、水位最深三项世界纪录。黄泽山油库二期、温州LNG接收站、兰溪油库等项目建设进展顺利，六横LNG接收站项目获得国家发展改革委核准。战略新兴培育产业取得突破。收购中来股份，布局先进光伏装备制造。控股伏打科技，培育“快充型”储能电池产业。首台国产吨级氢液化装置成功投产，国内首座液氢加氢站建成调试，省内首个大型电网侧和电源侧储能示范项目建成投运。浙能产业园新招商入园项目5个，园区累计投资超33亿元，年产值超40亿元。嘉兴工业园区等3个综合能源项目有序推进。

人力资源 截至2022年末，浙能集团共有员工22992人。其中硕士研究生及以上学历1487人，本科学历10869人；高级职称1254人，中级职称4316人。

2022年，浙能集团完善中国特色现代企业制度，把党的领导融入公司治理各环节实现制度化、规范化。在省属国企率先试点开展董事会授权工作，实现董事会授权董事长、总经理决策事项清单化。深化用工体制机制改革，修订《劳动用工管理办法》，打通各类人员横纵向发展的壁垒。构建统一岗位职级体系，打造适用不同板块、业态间的人力资源管理标准，打通职工各序列发展通道。建全定员动态管理机制，推动企业用工管理和经营发展同步同频。实施人才强企战略，贯彻落实“人才新政”，加大高端人才引育力度，全年引进院士1名、国家级海外高层次人才1名，培育省“万人计划”专家2名、新时代浙江杰出工匠2名。开展人才评价工作新增6个职业（工种）自主认定资质、2个技能等级认定站，高水平技术技能人才评审通过人数超670人。构建分层培养体系，启动第一届管培生选拔培养工作。

安全生产 树立安全发展理念，弘扬“生命至上、安全第一”的思想，健全全员安全生产责任制，统筹推进安全生产、能源保供和疫情防控工作，完成安全生产各项目标。

党管安全政治基础更加牢固。完善党管安全机制，把党的领导贯穿到安全生产工作各方面、全过程，浙能集团党委和各级党组织将习近平总书记关于安全生产的重要论述和重要指示精神作为党委会“第一议题”，定期研究安全生产工作，推进党建与安全生产深度融合。

安全生产体制机制更加完善。编制浙能集团《安全生产“十四五”专项规划》，安全生产总体蓝图和行动指南进一步明确，浙能集团及各单位分别制修订安全生产管理制度7项和1507项，监督管理制度体系完善。首次推行电力企业配备安全总监，结合安全生产新形势、新要求，形成“13313”“能本”安全文化体系，安全文化凝练。

安全生产专项行动成效显著。完成安全生产专项整治三年行动，三年来，浙能集团所属125家企业共召开重点难点问题现场推进会373次，组织攻关225

次，聘请外部专家159人次，排查问题隐患3490项，整改完成率98.7%，整治工作效果明显。推动国15条、省25条落地，浙能集团以及系统各单位分别开展3轮次安全生产大检查，发现问题20064项，整改完成率99.1%。

双重预防机制建设注重实效。开发高风险作业管控平台，及时跟踪掌握所有高风险作业。对29家单位开展安全稽查，通报典型问题128项，发出整改通知书9份，合计考核97.5万元，提高了安全稽查威慑力。消除滨海热电1Cr5Mo材质高温螺母断裂、温州电厂8号炉顶大罩钢结构严重变形等隐患，完成21台煤电机组的液氨改尿素，实现液氨二级重大危险源年度整治目标。

网络安全防控能力提升。编制浙能集团《网络安全十四五行动计划》，建成网络安全管控中心，构建集团网络安全纵深防御体系，推广17家单位态势感知平台建设，增强动态防御能力，以零失分、多项加分的成绩完成“护网2022”网络攻防实战演练，连续两年获得国家网络攻防实战演练优秀称号。

全省能源稳定供应有力保障。完成北京冬奥会、党的二十大和迎峰度夏期间能源保供任务，优化能源保供具体措施，加强机组非计划停运和出力受阻管理，统筹安排48台机组完成计划性检修，突破纪录完成268台次磨煤机轮修，优化锅炉风烟系统布局，提升发电、供热设备保障能力。把好煤用在关键时刻，确保高峰不短供。

经营管理 浙能集团应对市场环境变化，在上游资源价格高位运行和保供形势愈发严峻的情况下，克服两头承压的困境，坚决扛起稳住经济大盘的责任，坚持稳中求进、强化提质增效，促进企业发展。

截至2022年底，浙能集团资产总额达到3008.9亿元，所有者权益为1377.7亿元。2022年，营业总收入1676.5亿元，利润总额59.84亿元，分别同比增长22.5%与54.8%。完成发电量1776.3亿kWh、电煤供应6107万t、供热量1.2亿GJ，分别同比增长2.8%、3.7%和5.7%，天然气供应量150.2亿m^3，完成党的二十大、全国“两会”、省第十五次党代会和北京冬奥会、冬残奥会等重大会议、重大活动期间的能源保供任务。

参与电力市场，签约用户5400余家，成交电量1205亿kWh，完成绿电交易3.1亿kWh，售出国际绿证66.7万张。争取煤炭长协量，落实换签、新增年度长协煤炭合同672.5万t。

增强资本运作能力，推进浙能燃气上市和浙能锦江环境回归A股工作。浙能电力完成股份回购，浙江新能再融资通过证监会审批。收购中来股份，布局先进光伏装备制造。控股伏打科技，培育储能电池产业。成立浙能巨化基金等产业基金，全年累计投成项目9个。

强化资金高效管理。推广“零余额”账户管理模式，累计覆盖单位415家。财务共享平台累计上线单位393家，基本实现“能上则上”。努力压降融资成本，新发行债券融资利率同比下降36个基点，部分超短融、中票利率创历史最低水平。

科技创新 以强平台、聚资源、优机制为着力点，持续提升科技创新能力，加快释放创新驱动效能。2022年浙能集团共申请专利及软件著作权495项、获授权专利462项、获省部级科技奖13项，其中浙江省科技进步奖一等奖2项、三等奖1项。

重大平台建设再获突破。2022年5月，由浙能集团牵头领建的白马湖实验室获省政府批复建设，成为省委省政府全力推动建设的“十大省实验室”之一。白马湖实验室重点聚焦能源清洁低碳利用、氢能、储能、太阳能等能源与碳中和领域重点方向开展基础性、前瞻性、引领性科研攻关，将为浙江省能源产业高质量发展提供坚实的战略科技力量支撑。作为常任理事长单位，浙能集团牵头完成全省国资国企创新联合会组建工作，首批吸纳省内各类国企会员单位近60家，先后与之江实验室、浙江大学等多家省内一流科研院所达成战略合作，支撑全省国资国企创新生态建设深入推进。

创新体系提档升级。打通基础研究+应用技术研究+示范应用+成果转化的创新链条，初步构建了以白马湖实验室为牵引、技术研究院和企业研究院为支撑、产业化公司为落脚点、战略合作为协同的科技创新体系，既发挥白马湖实验室“开放型、枢纽型、平台型”高能级载体作用，又将科技型企业作为打通成果与市场的加速器、各产业公司成为链接技术与需求的试验场。

创新生态持续优化。越华检测及宁夏银川、山东高密垃圾发电等3企业新认定为国家高新技术企业。天地环保省级博士后工作站获批。船舶尾气净化关键技术、高效钙钛矿/晶硅叠层太阳能电池、高安全低能耗氢液化系统关键技术入选浙江创新馆展品。承办省青创赛，浙能集团所获金奖数和获奖总数均列省属国企第一。

技术攻关加快突破。承担国家重点研发计划3项，新立项省“尖兵”“领雁”项目9项。研制出氢液化装置、液氢流量计量装置、沸石分子筛脱硝催化剂等一批产品，并成功示范，实现国产替代。水系锌锰储能电池、镍氢电池、钙钛矿太阳能电池等前沿技术性能指标行业领先，建成水系储能电池中试生产线，为发展能源高端装备制造奠定基础。

科技成果加速转化。“主动抑爆型智能化模块式加氢站系统”“用户侧低品位蒸汽驱动的空压机成套装置”获省内首台（套）装备认定。迈领公司新签船舶脱硫合同77个，手持订单数位居全球前列。首个煤电CO_2捕集与矿化利用全流程耦合示范项目在浙能兰溪电厂开工建设。研发的3个机器人产品获得省工业新产品认定，在钢铁行业实现推广应用。

节能减排 推动企业绿色低碳转型发展，节能减排工作稳步推进。2022年未发生因节能减排工作被政府或部门通报、批评或被媒体作为负面报道曝光，未发生重大环保事故（事件），各项节能指标均居国内同行业较好水平，5台机组获得全国火电机组能效对标竞赛“优胜机组”称号，5台机组获得全国发电机组“可靠性对标标杆机组”称号，浙能集团以3.4%的煤机装机容量占比获得10%可靠性对标标杆机组称号。

清洁低碳转型加快推进。贯彻“双碳”战略决策，组建“双碳”领导小组和8个专项工作组开展相关工作，加快构建以低碳为统领的高质量发展新格局。以发布风光电发展行动计划吹响“一流绿色强企”冲锋号，推动可再生能源发展。2022年，浙能集团可再生能源装机规模达592.4万kW，同比上升13.3%，占总装机容量的15.2%；可再生能源发电量141.0亿kWh，同比增长48.2%。兰溪电厂CCUS示范项目建设正在稳步推进。浙江首个大型电网侧独立储能示范项目在萧山电厂投运。

节能减排走向纵深。成立“三改联动”第一阶段工作专班，制定五年工作规划着力推进降低能耗技术改造，系统策划“三改联动”稳步实施。浙能集团首台百万机组增容升级改造项目嘉华发电8号机完成改造进入试生产。瞄准一流企业先进水平，制定《火电企业节能评估细则》，以数据化、可视化的方式横向对标，企业学有目标、赶有方向。

环保指标控制向好。贯彻“双碳”目标决策，开展碳排放数据管理专项核查，细化企业数据内部质量控制和质量保证要求，定期公开披露信息，接受社会监督。深入开展环保设备运维和达标排放管理，完善机组超标排放报警机制，二氧化硫、氮氧化物、烟尘三项污染物达标率均99.9%以上，排放绩效分别为66、120、6mg/kWh，继续维持在低值，各项指标均处于国内同业领先。燃煤机组启停阶段氮氧化物超标时间由108h下降至44h，同比下降59.3%。

数字化建设 以浙能集团“一流数字强企”战略为引领，聚力数字化改革“132”工程建设，“平台+大脑”“数字+管理”“数字+生产”“数字+服务”“数字+安全”建设再上台阶。“一网智防”入选2022年浙江省数字化改革“最佳应用”、全省数字经济系统“最佳应用”，浙能集团“数字赋能严把采购、资金、监督关”入选“基层清廉建设（浙江）十大创新经验”，“大型能源企业基于数据中台的态势感知平台建设”入选2022年浙江省数字化改革网络安全优秀案例。

建设一体化数字平台。构建了“1+4+N”数据资源中心，即1个大数据仓库、4个大数据应用平台（标签画像、AI、数据开发、数据治理）和N个经营服务场景，建成了具有5大专题、11个场景的数字驾驶舱和运营管控平台，有效支撑集团管理、生产和服务的全领域改革创新。迭代升级技术中台，实现认证、鉴权、消息、待办、监控、影像等16项统一服务能力。持续推进浙能APP能力建设，集成上线87个应用。

推进智能化生产。智能电厂在完成台二电厂示范项目建设的基础上，推广至萧山、滨海、乐清、六横等电厂，并取得阶段性成果。新能源智能管控平台完成嘉海风电全部机组的数据接入，实现了远程监控和调度。

构筑数字化运营。建设了具有浙能特色的数字党建系统，实现党建工作各领域统筹、多方面联动、全区域推进，将“堡垒指数、先锋指数”有效量化。持续ERP、财务共享等信息系统推广和完善，新成立单位应上尽上。稳步推进智慧供应链、数字人资、智慧法务、新OA等系统建设，实现整体智治、高效协同。构建了数字化风控平台，运用大数据分析技术，将风险防控渗入业务链的全过程，严把“采购关”“资金关”“监督关”。

打造敏捷化服务。助力全民减碳，上线全国首个省级碳普平台“浙江碳普惠”应用，成为全国用户量最高的省级平台，入选2022年度全省绿色低碳转型典型案例。开通“浙里电”网上营业厅，用户业务办理更加便捷。深化石油综合销售系统应用，打造线上服务、线下体验、深度融合的现代物流综合供能服务站零售新模式，在全国率先实现加油“车牌付”，实现了支付方式“无感化”。

开拓数字产业业务。数字党建、智能机器人、“一网智防”燃气安全等数字化成果成功实现市场化输出，数字产业化成效显著。

筑牢网络安全防线。编制了网络安全“十四五”发展规划，建成网络安全综合防护平台，参加公安部组织的“护网2022”攻防实战演练取得优异成绩，网络安全防护能力提升。

工会工作 持续推进工会“1+2+5X”改革创新体系建设，助力服务企业高质量发展和服务职工高品质生活。1位职工获省五一劳动奖章；2位职工入选浙江杰出工匠；7位职工入选“浙江工匠”；30位职工入选浙江青年工匠；浙能集团荣获第七届“浙江慈善奖”机构捐赠奖；浙能集团入围浙江省2022年“幸福共同体企业领头雁行动”名单；石油销售杭州科海路综合供能服务站入选中华全国总工会2022年“最美工会户外劳动者服务站点”名单；嘉华发电公司职工书屋入选 2022 年全国工会职工书屋建设典型成果；阿克苏热电“浙屋苏香”职工书屋获评“2022 年全国工会职工书屋示范点”称号。

深化产业工人队伍建设改革工作，落实产改“红色引领、职业技能、班组建设、创意创新创业、职工生活品质”等 5 大提升行动、19 项改革任务和 41 条具体举措，组织编写《浙江省能源集团有限公司新时代产业工人队伍建设改革（2019—2021）白皮书》；评选产生 10 名第四届浙能集团劳模和 50 名第二届浙能工匠，举办浙能集团“献礼二十大　劳动共富路”庆祝五一国际劳动节暨劳模工匠表彰大会；启动并推进第一届浙能集团职工职业技能运动会各项工作，2022 年共开展 160 项技能竞赛活动；联系传化集团、万事利集团、美多模具公司推进非公企业产改工作；与新业态头部企业阿里巴巴开展结对共建联系活动，就工会组织体系、制度机制作了展开交流指导；深化美丽学堂、心悦俱乐部、文艺志愿服务、“浙工缘　青春同行　浙么能约”青年交友活动等品牌项目，开展文艺名家走进浙能暨《浙能文艺》创刊 5 周年座谈会，邀请文艺名家与劳模工匠面对面，建立“工匠书坊”并启动 No.1 浙能工匠漂流书架；推进第二届职工运动会，举办以“礼赞二十大　奋进新征程”为主题的第二届职工运动会开幕式；举办第二届职工运动会田径比赛、网球比赛、棋牌比赛、乒乓球比赛、足球比赛；坚持“三化”工作方法，总结提炼并组织编写《浙能集团工会工作品牌矩阵》，形成具有浙能标志性的工会品牌成果；成立 6 个区域片组开展“共建共享共富”区域化联盟工作；持续推进“智慧工会”平台建设，依托平台组织开展具有影响力的职工互动活动；开展“5·8 人道公益日”线上宣传活动，参与“大病儿童人道需求关怀”“为生命救援赋能”项目，共计 6454 人次筹集资金 15 余万元；开展 2022 年“浙能有爱”慈善公益周活动，组织开展捐款活动，共有 67 家单位 17735 名职工捐款 151 余万元；开展“温暖浙能情”线上运动会、元旦春节“两节”送温暖、防暑降温和高温慰问，共计下拨慰问金近 500 万元，慰问困难职工、驻外干部和劳模工匠等 800 余人；“浙江能源娘家人”微信公众号影响力不断提升，2022 年有 10 个月在浙江省工会系统微信号排名前十，42 篇推文进入浙江省工会微信原创热文榜单前十。

国际合作　5 月，浙能集团下属天地环保斩获海外煤电领域大型基建项目订单——印尼莫罗瓦利青山工业园区 6×380MW 电厂总承包项目合同，实现海外电厂脱硫业务零突破。浙能集团下属迈领公司多措并举出海拓展市场，2022 年累计新签合同 95 艘，合同金额约 2.5 亿美元，船舶脱硫改造完成订单数约占全球 25%，居全球船舶脱硫市场第一。8 月，浙能集团以特别合作方的身份参与了第五届世界油商大会。由浙能集团主办的“绿色低碳背景下油气行业发展的机遇和挑战论坛”汇聚全球油气全产业链相关企业、专家，共探油气产业未来，成为大会焦点。“一带一路”项目：2022 年浙能集团共跟踪项目 30 多个，其中，巴西 Belenos 光伏项目等通过了浙能集团审议并进入合同谈判阶段。海外电力项目开发迈入新台阶。

主要事件

2 月 25 日，浙能集团 2022 年度工作会议暨二届七次职代会在杭州召开。党委书记、董事长胡仲明作题为《加快转型塑造变革为扎实推动共同富裕示范区建设提供坚强能源保障》的工作报告。

3 月 10 日，浙江省重点研发计划，全国首个煤电二氧化碳捕集与矿化利用全流程耦合示范项目——浙能兰溪 CO_2 捕集与矿化利用集成示范项目在浙能兰溪发电公司建设现场举行。项目设计规模为每年捕集 1.5 万 t 二氧化碳。项目投运后，将实现在全球首次把低能耗二氧化碳两相吸收剂及污染物协同控制装置应用于工业示范，捕集二氧化碳能耗项目处于国际先进水平，具有较好的科技示范意义和市场推广意义。

4 月 6 日，浙能集团所属甘肃省嘉峪关正泰和金昌帷盛两个光伏发电站的绿色电量通过灵州—绍兴±800kV 特高压直流输电工程输送到浙江杭州 2022 年亚运会各场馆，为所有竞赛场馆赛事 100%用上绿色电能贡献浙能力量。

4 月 27 日，浙江省委副书记、省长王浩调研浙能集团。他充分肯定浙能集团为全省经济发展大局特别是能源保供作出的贡献。

6 月 7 日，白马湖实验室（能源与碳中和浙江省实验室）成立大会在杭州高新区（滨江）物联网小镇举行。时任浙江省副省长高兴夫出席。白马湖实验室由浙能集团牵头，联合浙江大学、西湖大学共建，获地方政府及国资国企支持，民资民企参与。

6 月 14 日，时任浙江省委书记袁家军到浙能集团调研指导工作。

7 月 6 日，浙能集团甘电入浙筹建处在兰州举行揭牌仪式，时任浙江省副省长高兴夫、时任甘肃省副省长李沛兴和浙能集团总经理刘盛辉共同为筹建处揭牌。

9 月 6 日，中国企业联合会、中国企业家协会向社会发布了“2022 中国企业 500 强”榜单，浙能集团荣列第 188 位，较 2021 年上升 18 位。

11 月 10 日，浙能电力收购苏州中来光伏新材股份有限公司签约仪式在浙能大厦举行。浙能电力拟受让中来股份 9.7%的股权，并受托 10%的表决权，成为中来股份的控制方，全面布局新能源高端装备制造业，推动实现双主业跨越，促进实现转型升级。

12 月 23 日，由浙江省委、省政府主办的第六届世界浙商大会在省人民大会堂开幕。开幕式上颁发了“高质量发展领军企业”，浙能集团榜上有名。浙江省委副书记、省长王浩向浙能集团党委副书记、总经理刘盛辉颁发了奖牌。

2022 年，浙能集团完善了具有中国特色的现代企业制度，把党的领导融入公司治理各环节实现制度化、规范化。聚焦打造一流现代强企，在省属国企率先试点开展董事会授权工作，实现董事会授权董事长、总经理决策事项清单化。系统构建“1+2+*X*”的改革格局，以数字化改革为牵引，提质扩面，推进产业数字化“132”工程建设。持续深化各领域改革，形成一批具有浙能特色的标志性改革成果，国企改革三年行动收官。

2022 年，浙能集团坚持党的领导、强化双融共促，持之以恒健全党建统领智治体系，将党建优势转化为创新优势、竞争优势和发展优势，努力在高质量党建引领企业高质量发展上展现更大作为。“6S 思想导航体系强根铸魂”荣获浙江省 2022 年度“国企党建创新案例”。

（韦晓丹　王　瑾　杨天颖　周起凡　王桂峰　孙杨涛　王坚毅　黄坤昌　史学海　张　琦　关　键　周志杰　黄一岚　顾明杰　董盈艳）

【申能股份有限公司】

企业概况　申能股份有限公司（简称申能股份）前身为创立 1987 年的申能电力开发公司，1993 年 4 月公司股票上市（股票代码 600642），为全国电力能源行业第一家上市公司，总股本 49.12 亿股。主要从事电力、石油天然气的开发、投资、建设和运营业务，为综合能源供应商。截至 2022 年底，总资产 899 亿元，净资产 382 亿元。

电力产业：电力项目涉及燃煤发电、天然气发电、抽水蓄能、核电、风电及光伏发电等领域。截至 2022 年底，申能股份控股装机容量达 1611.4 万 kW，其中非水可再生能源控股装机容量 428.8 万 kW，占总装机比重的 26.6%；控股火电企业各项技术经济指标及节能环保指标居于行业领先地位，其中上海外高桥第三发电有限责任公司于 2014 年荣获国家能源局唯一颁发的“国家煤电节能减排示范基地”称号，平山二期 135 万 kW 机组国家示范项目，是当今全球单机容量最大、能耗最低的火电机组，在国际上首创高低位布置方式的双轴二次中间再热发电机组，同时采用申能股份旗下上海申能电力科技有限公司一系列具有自主知识产权及专利的节能减排创新技术，机组设计供电煤耗为 251g/kWh，为全球最节能的火电机组，2018 年被国际电力大会授予“全球清洁煤领导者奖”，上海申能崇明发电有限公司荣获亚洲电力“2019 年度最佳环保升级奖”。

油气产业：公司控股的上海石油天然气有限公司负责东海平湖油气田项目的建设和经营，曾连续 15 年被认定为上海市高新技术企业；自投产至 2022 年底，累计生产原油、凝析油 469.35 万 t、天然气 73.68 亿 m^3。公司投资的上海天然气管网有限公司负责上海地区唯一的天然气高压主干管网系统的建设和运营，高压管道总长度超过 800km，年供气量近 100 亿 m^3。全资子公司新疆申能石油天然气有限公司负责新疆塔里木盆地柯坪南 2566km^2 油气区块的勘查和开发，正在实施勘探开发。

其他业务：控股的上海申能电力科技有限公司通过推广应用煤电节能减排系列专利技术，为新建和存量机组提供节能优化服务，其中徐州华润一台 320MW 亚临界机组实施高温亚临界综合升级改造后供电煤耗降低至 281.9g/kWh，且实施的深度调峰技术实现了 19%负荷下连续安全、稳定、环保运行；控股的 2 家售电公司推进售电业务和“售电+综合能源服务”业务，售电业务推广至宁夏、安徽、新疆等多个省份，分布式供电项目多个已投产或在建；介入上游煤炭贸易、运输等领域，相继组建燃料公司及航运公司，形成煤炭购销、运输专业化管理；参股中天合创煤化工项目，进一步拓宽能源产业链；寻找、稳步推进差异化国际贸易和海外能源项目投资开发。

领导班子

董事长：华士超

党委书记：刘炜

副董事长：奚力强

党委副书记、副总裁（主持工作）：陈涛

副总裁、党委委员：余永林

副总裁、党委委员、董秘：谢峰

党委副书记、纪委书记、系统工会主席：刘先军

副总裁、党委委员：舒彤

党委副书记：怡晓玲

组织机构　本部设有 14 个职能部门，共有全资和控股企业 24 家，参股企业 26 家。

企业管理　2022 年，在做好安全保供、疫情防控的基础上，申能股份制定一系列优化调整和体制机制改革，推进高质量发展。内强管理外拓市场，坚持精简高效，坚守能源安全底线。

产业高质量发展取得成效。新能源发展迈上新台阶，加快电源结构清洁绿色转型；清洁高效电力增添新动能，“135”国家示范项目再创新标杆；稳步推进油气勘探开发，油气资源接替取得新突破。

深化管理改革，助推转型发展提质增效。深度实施集约化转型，开展管理体制优化工作；深化标准化体系建设，推动管理效能提升；科技创新驱动力不断

增强，制定数字化转型方案，推进智慧应用项目建设。

安全管理 2022 年，系统内未发生人身死亡事故、设备事故、火灾事故、环境污染事故和交通事故，未发生对社会造成不利影响的事件，未发生网络安全事件。2022 年巩固安全生产专项整治三年行动成果，完成安全生产专项整治三年行动重点项目，并做好总结，提炼经验，结合风险分级管控和隐患排查治理双重预防机制，落实长效管理，提升防范与化解事故风险的能力，保障了电力、供热和石油天然气等能源的连续生产和稳定供应。安全生产标准化达标评级全面展开，控股的火电企业均实现了标准化一级达标。上海外高桥第二发电有限责任公司获得“全国安全文化建设示范企业”称号，上海吴泾第二发电有限责任公司获得“上海市安全文化建设示范企业”称号。

生产经营 在电煤价格高企、煤电发电量创新高的情况下，申能股份 2022 年营业收入同比增长，取得较好的经营业绩，实现营业收入 281.93 亿，归母净利润 10.82 亿元。

2022 年完成控股发电量 537.4 亿 kWh，同比增长 10.9%；市场化交易电量 414.9 亿 kWh，同比增长 168.6%；上海地区控股发电量占上海市发电市场的 33.6%，同比上升 0.4 个百分点；控股供热量 1116 万 GJ；油气产量 17.7 万 t 油当量。

2022 年新增非水可再生能源控股装机容量 83.9 万 kW，累计达 428.8 万 kW，同比增长 24.3%；拓展分布式光伏发电项目，投产装机容量同比增长 168.3%。

电力建设 4 月，平山二期 135 万 kW 机组国家示范项目正式投产，转入商业化运行，其先进的设计理念和创新技术对引领电力绿色低碳发展起到良好的示范作用。

发展非水可再生能源，培育发展新的经济增长点，2022 年一批电力项目建成投产，风力发电项目新增控股装机容量 170MW，光伏发电项目新增控股装机容量 669.1MW，投产多个新型储能项目，另有多个新能源、新兴能源在建及前期项目。

市场交易 做好市场交易工作，完善控股售电公司市场开拓工作，两家控股售电公司新增多家优质电力用户，2022 年实现代理电量市场份额全市第一。推进跨省跨区清洁电力输送至上海交易，用户黏性高，市场影响力大，市场认可度高。

响应低碳号召参加碳市场，是全国碳排放权交易市场首批交易企业。

科技创新 通过优化创新体制机制，激发企业内生动力，研发电力改造技术、电力新兴业务关键技术，巩固能源技术创新高地，助力能源产业高质量发展，推广高温亚临界综合升级改造“上海方案”，2022 年共取得各类知识产权 30 项。

“广义回热技术及实施项目”“海上风电场关键技术研究与综合示范”等 12 个项目列入上海市科委课题研究项目。申能股份平山二期项目采用首创的“双轴汽轮机高低位布置技术”被列入国家示范工程；“超超临界机组节能环保技术”荣获上海市科技进步奖三等奖。2017 年 1 月成立的混合所有制上海申能电力科技有限公司推广煤电节能减排创新技术，凭借一系列创新技术成为国际能源署清洁煤中心（IEACCC）首批“知识伙伴”，其实施的徐州华润电力有限公司高温亚临界综合升级改造项目获 2021 年上海市重点产品质量三等奖，“高温亚临界综合升级改造技术”入选《上海市绿色技术目录（2022 版）》。

加强产创融合、产学结合，深化重点院校合作，以试验和示范项目为依托，培育新兴业务领域研发团队，重点研发和应用碳捕集与利用、微网与储能、分布式供电、海上风电等关键技术。

国际业务 2022 年新冠疫情给全球各行各业带来巨大冲击，市场供需侧双边走弱，申能股份在克服重重困难的情况下跟进海外新能源项目，为后疫情时代及时打开海外市场奠定了良好的基础。

信息化建设 加强信息化建设，加快数字化转型，编制数字化建设规划，统筹构建“1+2+*N*”架构的智慧数字新格局，实现数字技术与实体业务的深度融合。推进工业互联网创新发展项目、智慧燃料管理系统和风光储信息系统的建设，风光储信息系统共计完成 46 个新能源场站的接入工作，接入装机容量 3222.6MW，覆盖率 79%，并入选了多个优秀案例和示范工程。网络安全管理方面，建立自查和现场检查相结合的常态化管理机制，完成多项网络安全自查和监督检查工作，加强重要信息系统的安全保障能力。通过加强培训和演练，提升安全技术和管理水平，并采取多种措施保障网络安全。基础设施管理方面，加强了硬件监测，确保办公系统的安全稳定。应用深化和安全运维方面，建立稳定的访问机制，保障业务开展。通过综合管理的提升，增强了工作效能。

节能环保 坚持“大环保”工作理念，切实增强责任意识和风险意识，建立环保监督网络，健全以排污许可为核心的环保监督管理体系，明确系统单位各部门环境保护管理和监督职责，落实企业各级环保的主体责任。2022 年，控股火电企业实现污染物超低排放，各个发电机组脱硫、脱硝、除尘设备全部运行正常，烟尘、二氧化硫、氮氧化物全年平均排放浓度均优于国家排放标准，全年供电标准煤耗 286.2g/kWh，烟尘平均排放浓度为 1.59mg/m^3，二氧化硫平均排放浓度为 17.81mg/m^3，氮氧化物平均排放浓度为 25.67mg/m^3。推进节能环保技改项目，有效降低污染物排放总量，2022年控股火电企业共减排二氧化硫约21.56万t、氮氧化物约2.4万t，综合脱硫效率98.3%以上，综合脱硝效率83%以上。助力生态文明建设，控股煤电企业持续实施污泥掺烧工作，实现了城市污泥减量化、无害化、资源化处理。

响应国家“双碳”目标，践行低碳环保理念，探索二氧化碳减量研究，完成“耦合二氧化碳烟气资源化利用的脱硫废水零排放”的研究和探索，并开展“烟气二氧化碳捕集制甲醇万吨级中试示范项目”。

人力资源管理 深化改革创新。坚持业绩和目标导向，建立健全“一司一策”经营业绩考核体系，推进任期制契约化管理和目标责任书签约全覆盖，强化年度重点工作任务的推进落实。加大专项激励考核力度，差异化定制激励约束指标，推动企业市场化发展。深化“三能机制”建设，组织开展多个重要岗位公开竞聘，推动实施系统企业领导干部退出及调整机制。制定《申能股份有限公司系统招聘管理办法》，加强统一管理，规范申能股份系统社会招聘、校园招聘、内部招聘工作，夯实人才梯队建设基础。

优化人才配置。锚定申能集团党委“四个达到、一个下降”人才工作目标，建立健全干部人才选育管用全链条机制。选优配强系统企业干部，持续加大优秀年轻干部的培养使用力度，40周岁及以下占比提升3.5%，充实系统企业85后、90后中层干部，优化队伍结构。

丰富培养措施。加大优秀年轻人才培养力度，组织“跨岗位、跨部门、跨专业”轮岗锻炼，安排多名年轻员工至股份本部、申能燃料、海南新能源等企业交流锻炼，组织系统企业安全专职“90后”赴有关央企轮岗交流学习，加强人才实践锤炼。探索建立人才能力提升培养特色品牌，举办系统首届技术比武，组织“申享未来，赋能发展”论文征集，开设“人才汇申堂”展示专栏，加强对各类人才的关注和跟踪。加强与重点院校的合作交流，启动“菁才计划”，为校企双方人才交流创建机制、拓宽渠道、双向融合。开展系统人才盘点，下沉式发现人才，组织核心骨干、年轻干部、博士、“90后”重点院校高潜员工等多批次人才交流座谈会，逐步构建“穿透式发现、跟踪式培养、常态化选拔”工作体系。

工会工作 围绕生产经营管理中心工作，发挥工会职能优势，突出重点，兼顾全面，团结带领广大员工克服疫情不利影响，以劳动竞赛、技能练兵和岗位建功等为载体，聚力能源保供主业，助推深化改革大局，促进各项重点工作均衡推进、高效落实。

围绕中心服务大局。坚持以习近平总书记关于工人阶级和工会工作的重要论述为工作遵循，认真学习贯彻党的二十大、习近平总书记致首届大国工匠创新交流大会贺信等最新精神。发挥劳模工匠的技术优势和示范作用，引导广大员工应对煤炭价格高企、电力需求攀升、新冠疫情等多重压力，挑重担、讲奉献、比作为，完成党的二十大、进博会、夏冬负荷高峰等重要时段的能源保供任务。

立足岗位建功立业。以“排查整治安全隐患、共促安全健康发展”为主题，开展2022年度“安康杯”竞赛，结合“安全生产月”活动，推动系统工会组织举办“双赛双比双提升”“三比一创”“三零三手”等各具特色的劳动竞赛，3个集体荣获全国、市级“安康杯”竞赛荣誉。弘扬劳模、工匠精神，选派39名员工参加系统内外的各类技能竞赛，1人荣获“上海工匠”称号，1人荣获“上海市五一劳动奖章”称号，1个集体荣获“上海市五一劳动奖状”称号。

提升民主管理效能。指导17家系统单位工会克服疫情影响，多形式召开职工（代表）大会，确保集体劳动合同、工资专项、女职工专项等集体合同按时完成续订，维护职工民主管理权利。重视职业健康保护工作，按季度开展“查隐患、防疫情、献计策”等系列活动，落实劳动保护和疫情防控措施，充分保障职工健康权益。

完善机制强化职能。配合做好申能集团党委巡察工作，通过“即知即改”“立行立改”，推动工会管理提质增效。制定《进一步规范申能股份系统职工疗休养工作的意见》《关于发挥职工会员监督作用的实施办法（试行）》等规章制度，指导淮北发电基地、化工售电、绿电科技3家系统单位启动工会组建，持续推动工会工作制度化、组织规范化、服务精准化。

以人为本凝心聚力。常态化开展“送温暖”帮扶慰问，解员工所困所急。疫情封控期间，举办线上心理健康讲座，下拨防疫专项经费并配发物资3250份，加强对员工的精神关怀和物质保障。推进女职工风采展示、主题作品征集和健康跑等文体活动，提升广大员工的身体素质和精神状态，员工的幸福感和归属感增强。

党建工作 坚持以习近平新时代中国特色社会主义思想为指导，深入贯彻党的二十大和市第十二次党代会精神，以党的政治建设为统领，围绕能源保供大局和深化改革主线，推进全面从严治党，在各项重点工作中开创新局面、取得新突破，为建设“绿色电力先锋企业”提供强大动能。

加强政治理论学习。深化中心组首学和班子成员领学导读机制，以学深悟透党的二十大精神为目标，全年共开展中心组学习14次，专题研讨9次，学习党中央和上级党委关于节能减排、电力改革和安全生产等领域的决策部署和工作要求，加强发展形势的分析研判，提高党委研究解决改革发展稳定重大问题的能力和水平。

服务企业中心工作。把党的领导融入公司治理各环节，全年共召开党委会28次、书记会15次，实现党委对事关公司改革发展重大事项的把关定向。持续发挥党建领航作用，坚决守住能源供应安全底线，保障夏冬负荷高峰、党的二十大、进博会等重要时段能源供应平稳有序。各级党组织和党员坚决扛起“双碳”责任，在推进“上海方案”示范项目、135万国家示范工程高标准达标过程中，为构建绿色电力先锋版图贡献智慧和力量。

夯实党建工作基础。坚持党建工作与中心工作同轨并向、深度融合，紧扣能源保供、项目开拓、管理优化和人才培养等重点工作，组织开展“聚力奋进勇创先锋，党建赋能低碳转型”年度党建主题活动。构建“1+*N*”品牌矩阵，拓展党建品牌内涵和外延，凝炼形成“申先锋”党建品牌。深化直属党组织“党建工作责任制考核”和基层党支部“达标考核”双模式考核机制运用，提升系统内党建工作规范化水平。

推动全面从严治党。牢牢抓住管党治党责任的“牛鼻子”，首次制定《申能股份有限公司党委年度全面从严治党、党风廉政建设和反腐败重点工作及责任分工》，细化十方面、37项工作任务，推动“四责协同”机制贯通联动、一体落实。配合申能集团党委巡察，将边查边改、即知即改贯穿巡察全过程，实现整改落实工作立竿见影、见行见效。组织开展“四责协同”机制落实情况、非公开招标采购管理、落实中央八项规定精神情况等专项检查，推动全面从严治党严在日常、抓在经常。

加强干部人才建设。锚定申能集团党委“四个达到、一个下降”人才工作目标，发布《关于进一步加强申能股份有限公司系统优秀年轻干部人才发现培养选拔工作的实施方案》《申能股份有限公司系统见习助理管理办法》等，建立健全干部人才选育管用全链条机制。选优配强系统企业干部，加大优秀年轻干部的培养使用力度，干部平均年龄逐步降低。深化“三能机制”建设，组织开展岗位公开竞聘、系统人才盘点、人才交流座谈会等工作，搭建轮岗锻炼、挂职交流的平台，启动“菁才计划”，逐步构建“穿透式发现、跟踪式培养、常态化选拔”工作体系。

传承优秀企业文化。坚持构建积极向上、勤于进取的优秀企业文化，组织第二季“申能故事”征集与展示，通过坚守初心、开拓奋斗的10个感人故事，回顾改革发展历程，汇聚起团结奋进、携手前行的强大动能。参加申能集团“一‘申’有你，赋能同行”申能成立35周年企业文化系列活动，7个“初心故事”入选《引领价值创造　赋能美好生活:35个初心故事》。支持团青工作，指导开展“共HUA安全”“红五月青年说”“追寻奋进印记　传递时代力量”等特色活动，营造讲奉献、比担当的工作氛围。履行国有企业社会责任，开展“爱心助学”、乡村振兴等活动，用实际行动弘扬新时代文明新风。

主要事件

2月9日，上海市国资委党委副书记董勤带队赴申能股份开展“促发展、保安全”大走访、大排查，详细了解申能股份能源保障、安全生产、经营发展、党的建设等相关工作情况，面对面倾听企业需求，零距离帮助解决发展难题。市国资委综合处、组织处相关负责人陪同调研。申能集团党委书记、董事长黄迪南，集团党委副书记、总裁倪斌，党委副书记、工会主席张芊，申能股份班子成员等参加调研。

2月12日，生态环境部党组书记孙金龙一行赴外三发电进行考察调研。上海市副市长刘多，市政府副秘书长陈鸣波，市政府副秘书长、浦东新区区长杭迎伟，市生态环境局党组书记、局长程鹏等陪同调研。申能集团党委书记、董事长黄迪南，申能股份党委书记刘炜等接待来访。

2月24日，国务院安委办第八督导检查组孙文德巡视员一行在上海市应急管理局副局长沈伟忠、华东能监局副局长郑逸萌及政府相关职能部门人员的陪同下，对外三发电进行安全生产督导检查。申能集团党委委员、副总裁周赤忠，申能股份党委副书记、副总裁陈涛，副总裁余永林等陪同迎检。

2月24日，上海市政协副主席黄震、副秘书长花蓓一行走访外三发电，对其生产经营情况进行调研，了解企业发展需求和困难。浦东新区一级巡视员王正泉及政协相关部门人员陪同调研。申能集团副总裁、申能股份董事长华士超，申能股份党委书记刘炜等参加调研。

6月1日，海南省省长冯飞带队调研洋浦申能电气风电新能源装备产业园项目，省委常委、儋州市委书记杨晓和，副省长倪强，省政府秘书长符宣朝与儋州市领导陪同调研。

6月28日，浦东新区区委常委、副区长杨朝一行赴申能股份走访，调研公司生产经营情况以及发展需求与困难。浦东新区商务委副主任张浩，陆家嘴管理局局长肖健等陪同调研。申能集团副总裁、申能股份董事长华士超等接待来访。

8月9日，上海市人大常委会主任、党组书记蒋卓庆一行来到外三发电开展走访调研工作，并与申能集团党委书记、董事长黄迪南、申能股份、绿电科技及外三发电领导进行座谈，就绿色低碳煤电技术的推广情况进行交流和探讨。

12 月 20 日，市人大常委会副主任肖贵玉率部分常委会组成人员赴外三发电，就“双碳”工作推进情况进行走访调研，市发展改革委副主任周强、市生态环境局副局长吴启洲陪同调研，申能集团副总裁、申能股份董事长华士超等出席接待。

2022 年，申能海南 CZ2 海上风电示范项目正式获得海南省发展改革委核准，这是“十四五”期间海南省首个通过核准的海上风电项目，标志着申能股份在海南省海上风电开发上的重大突破。项目的海上风电场建设地点为儋州市西北部海域，建设总装机规模 120 万 kW。

（高理想）

华 中 地 区

【国家能源局华中监管局】

基本情况 国家能源局华中监管局（简称华中能源监管局）是国家能源局在华中区域的派出机构，接受国家能源局的垂直领导，依据国家能源局的授权履行区域电力等能源行政执法职能。经中编办批准，原华中电监局于 2013 年 11 月更名为华中能源监管局（2014 年 1 月正式挂牌），设于武汉市，目前主要负责湖北、江西、重庆、西藏四省（市、区）的电力等能源监管工作。

主要职责：在所辖区域内，监管电力市场运行，规范电力市场秩序；监管电网和油气管网设施的公平开放；监管电力调度交易，监督电力普遍服务政策的实施；负责电力等能源行政执法工作，依法查处有关违法违规行为，监督检查有关电价；负责除核安全外的电力运行安全、电力建设工程施工安全、电力工程质量安全的监督管理以及电力应急和可靠性管理，依法组织或参与电力安全生产事故调查处理；负责组织实施电力业务许可以及依法设定的其他行政许可；负责协调有关跨省、跨区能源监管业务，负责法律法规授权以及国家能源局下达或交办的有关事项监管。

领导班子

党组书记、局长：宋宏坤

党组成员、一级巡视员：罗毅芳

党组成员、一级巡视员：葛才胜

党组成员、副局长：周思杨

党组成员、副局长：庞猛

党组成员、纪检组长：黄锟宁

主要工作 2022 年，在国家能源局党组正确领导下，华中能源监管局党组坚持以习近平新时代中国特色社会主义思想为指导，认真贯彻落实国家能源局党组决策部署，以全面提升监管效能为主线，牢记“四个角色”定位，推进区域监管三个“主阵地”建设，团结带领华中局全体干部职工，锐意进取、担当作为，各项工作取得新成绩。

1. 监督能源政策规划落实，服务国家能源工作大局

发挥能源监管机构站位优势，推动国家能源政策规划项目有效落实。一是监督可再生能源补贴政策落实。组织地方有关部门集中开展可再生能源补贴核查，核查项目 854 个，核减 198 个问题项目补贴资金 15.5 亿元。二是监督电煤中长协签约履约政策落实。采取发文督办、现场督查、跨省跨区协同监管等方式提升电煤中长协履约率，湖北、江西、重庆履约率分别从上半年 72%、74%、81%提升到 89%，85%和 91%，节省发电成本 27 亿元。三是监督能源规划有效落实。开展“十四五”能源规划重点任务、电力规划中期评估调整和煤电气电规划建设情况监管，督促重点项目建设滞后、跨省输电通道作用发挥不充分等问题整改，提出新增布局支撑性电源项目、引导抽水蓄能电站有序发展等政策建议。四是推动西藏能源高质量发展。制定加强监管促进西藏能源高质量发展实施意见，提出七方面重点监管任务措施，助力西藏能源高质量发展。

2. 加强能源安全保障监管，有效应对电力紧缺形势

将保障能源安全作为首要政治任务，全年召开七次能源保供领导小组会议，成立四个督导组，加强问题导向、条块联动，全力保障能源安全可靠供应。一是保障重要时期电力可靠供应。应对迎峰度夏（冬）历史极端高温干旱天气和区域性大规模缺电局面，分省召开保供座谈会。对 31 家电力企业开展保供督查，督导落实保供主体责任。发挥市场机制作用，强化机组非停和出力受阻考核，恢复出力 1350 万 kW。开展多流域、多梯级水电联合优化调度监管，促进跨省跨区电力交易，提升电网顶峰能力，保障民生用能底线。二是全力确保大电网安全运行。建立区域电网重大安全风险联合管控机制，组织开展五省（市）跨省跨区密集输电通道安全专项督查，压实地方政府属地安全管理责任。牵头编制《防止直流输电系统安全事故的

重点要求》，提升直流输电系统本质安全水平。开展新能源并网电厂涉网安全和电力监控系统安全防护专项督查，强化关键基础设施信息安全防护。三是筑牢安全风险防控藩篱。推进安全生产三年行动计划和“安全生产月”活动，宣传贯彻安全生产十五条措施，培育浓郁安全文化。落实“季会周报”机制，督导电力企业闭环整改风险隐患 90969 项，重点完成鄂州电厂垂直烟道下沉等 24 起较大风险督办，防范各类事故风险。四是妥善应对突发事件。紧急处置江西永新除夕上万户农村居民停电事件，督促指导尽快恢复供电，推动省电力公司对偏远地区 461 条农网线路大修补强。妥善处置迎峰度夏负荷高峰期重庆山火导致线路和机组被迫停运等多起突发事件，确保民生用电安全。

3. 加快推进电力市场化改革，推动市场红利持续释放

加强区域市场顶层设计，完善规则体系，着力维护市场秩序，促进电力资源在更大范围共享互济、优化配置。一是加快市场体系建设。研究华中区域电力市场建设方案，组织制修订 17 项市场规则，实现中长期交易规则全覆盖，建立储能、虚拟电厂等新型主体参与市场机制，打造多元化竞争体系。启动川渝一体化电力调峰辅助服务市场运行，实现两地水火互济、资源共享，提升电力保障能力。修订华中省间电力调峰及备用辅助服务市场运营规则，提升华中省间互济能力和清洁能源消纳空间，实现跨省调峰电力 369 万 kW，促进清洁能源消纳 88 亿 kWh。二是维护市场秩序。完成江西和西藏电力市场管委会组建，推动有效发挥市场管理作用。约谈江西、重庆地方能源主管部门、电网企业和交易机构，督促解决违规干预市场、重复考核等痼疾。做好清洁能源消纳专项监管问题整改闭环，解决限制清洁能源跨省跨区交易、拖欠新能源企业数亿元电费等突出问题。稳妥处置江西和惠增量配电网与主网互联争议，巩固改革成果。开展电力业务资质许可信用监管，行政处罚 3 家企业，撤销 5 家企业许可证。

4. 全力维护群众合法权益，强化民生用能监管

一是提升群众用电获得感。复核“获得电力”综合监管发现问题整改落实情况，督促地方主管部门和供电企业按时完成 174 个问题整改，确保各项惠企便民措施落实到位。二是发挥 12398 民生通道作用。组织开展 12398 投诉举报突出问题重点监管，现场督导 13 家供电企业，处理乱收费、三指定、频繁停电等问题 96 项，妥善解决各类用能诉求。全年办结投诉举报事项 993 件，投诉满意率 92.6%。三是强化执法监督力度。严肃查处“三指定”、违规向虚拟货币“挖矿”供电等典型违法案件，全年作出行政处罚 22 起，罚没金额 452 万元，同比增长 9 倍，有效扭转行政执法“宽松软”问题。

（郑路遥）

【国家能源局河南监管办公室】

基本情况 国家能源局河南监管办公室（简称河南能源监管办）是国家能源局派驻河南省的监管机构。

主要职责：监管电力市场运行，规范电力市场秩序；监管电网和油气管网设施的公平开放；监管电力调度交易，监督电力普遍服务政策的实施；负责电力等能源行政执法工作，依法查处有关违法违规行为，监督检查有关电价；负责除核安全外的电力运行安全、电力建设工程施工安全、工程质量安全的监督管理以及电力应急和可靠性管理，依法组织或参与电力生产安全事故调查处理；负责电力业务许可及依法设定的其他行政许可；负责法律法规授权以及国家能源局下达或交办的有关事项监管。

领导班子

党组书记、专员：王笃奎

党组成员、副专员：王朝晖

党组成员、资质管理处处长：韩红林

组织机构 内设综合处、市场监管处、行业监管处、电力安全监管处、资质管理处、稽查处。

主要工作

1. 电力安全监管工作

一是做好党的二十大电力安全保障工作。会同省发展改革委制定印发工作方案，健全保电机制，明确工作要求，确保党的二十大期间全省电力安全生产形势稳定。二是强化电网运行安全风险管控。专题听取电网运行方式情况汇报，组织电力供应和电网安全形势分析研判，对密集输电通道开展督查。三是开展小散远发电企业和电除尘改造专项整治、电力行业危险化学品专项整治，加强水电站大坝安全监管，行业本质安全水平得到有力提升。四是强化电力建设施工安全和工程质量监管。加强重大建设项目风险管控，实现在建抽水蓄能安全检查全覆盖。加强新能源建设项目监管力度，保障施工安全和质量安全。五是推进电力应急能力建设。编制实施《河南能源监管办突发事件综合应急预案》。加强电力企业应急预案备案管理，推动开展全省大面积停电事件应急演练，做好防汛抗旱和灾害天气防范应对。

2. 电力市场准入监管

一是落实告知承诺制，开展资质许可审核工作。依托新许可信息系统，持续优化许可服务。落实“放管服”要求，采用多种形式，回应解答企业关注热点问题。采取企业承诺、容缺受理、事后核查等方式切实帮助企业解决疫情期间实际困难。办理各类许可申

请 1075 件次，持证发电企业达到 522 家、供电企业 151 家、承装（修、试）企业 2353 家。二是加强和规范事中事后监管。加强事中核查，开展告知承诺制证后核查，加大问题企业处理力度。三是落实以信用基础的新型能源监管机制，强化信用监管在电力业务许可中的运用。强化和落实全办信用信息汇总和归集工作机制，强化信用结果应用，分级分类采取差别化监管措施，发挥守信激励和失信惩戒的社会效果。

3. 电力交易监管

一是推进电力中长期交易。推进开展发电侧和售电侧各自开展合同电量转让交易，推进落实电网代理购电政策，沟通省发展改革委、省电力公司及市场主体，规范代购电交易规模和价格机制。二是深化电力辅助服务市场。扩大交易主体范围，将 10kV 及以上电压等级并网的分散式风电、分布式光伏纳入市场范围。利用市场激励机制利用市场激励机制促进火电机组技术升级改造，提高灵活性调节能力，河南省电网调峰能力明显增强。电力调峰补偿费用合计 18 亿元，市场机制挖掘调峰能力最高到 450 万 kW，促进新能源消纳电量年度约 45 亿 kWh。三是强化市场秩序监管。对省电力公司和交易中心开展现场检查，督导落实市场监管规定，规范市场准入、交易组织、交易出清、电量结算和电费结算等行为，对于发现问题及时督导整改。落实国家关于燃煤发电企业上网电价改革政策。四是开展电煤中长期合同履约情况监管，重点协调解决发电企业电煤长协补充签订、铁路运力不足、郑煤集团履约率偏低等问题，提高电煤履约率。

4. 供电监管

一是开展“获得电力”服务水平监管。向省电力公司下发文件提出整改要求，确保《国家发展改革委 国家能源局关于全面提升“获得电力”服务水平 持续优化用电营商环境的意见》（发改能源规〔2020〕1479 号）各项任务指标在河南落地落实。完成国家能源局下发的提升“获得电力”服务水平综合监管发现案件线索处置。会同省发展改革委赴济源、安阳等地对“获得电力”综合监管发现问题整改情况进行实地核查，形成合力提升基层供电企业“获得电力”服务水平。二是推动低电压等共性问题处理。通过印发通知、现场督导、定期会商等形式，推动电力企业在迎峰度夏大负荷前完成 1592 个低电压问题治理，实施动态清零，取得了良好的工作成效。

5. 电力监管行政执法

一是把加强能源民生供应保障监管、发挥 12398 能源监管热线民生通道作用作为“我为群众办实事”的重要着力点。全年累计接收投诉举报 709 件，同比增加 120.19%；办结满意率 90.73%。相关工作受到地方政府和人民群众的肯定，12398 能源监管热线被省直工会授予“工人先锋号”荣誉称号。二是加强和改进行政处罚工作。加强执法能力培训，坚持依法依规，注重全过程记录。

（冯延革）

【国家能源局湖南监管办公室】

基本情况 原国家电力监管委员会华中监管局长沙监管办公室于 2006 年 4 月 26 日挂牌成立；2010 年 7 月，更名为国家电力监管委员会湖南省电力监管专员办公室（简称湖南电监办）；2013 年国务院机构改革，将原国家能源局、国家电力监管委员会的职责整合，重新组建国家能源局，2013 年 12 月 7 日国家能源局湖南监管办公室（简称湖南能源监管办）挂牌成立。

主要职责：负责监管能源规划、计划、产业政策和重大项目的执行情况，负责对取消和下放的能源行政审批项目的后续监管，监管节能减排和资源综合利用等工作；监管电力市场运行，规范电力市场秩序；监管电网和油气管网设施的公平开放；监管电力调度交易，监管电力普遍服务政策的实施；负责电力等能源行政执法工作，依法查处有关违法违规行为，监督检查有关电价；负责除核安全外的电力运行安全、电力建设工程施工安全、工程质量安全的监督管理以及电力应急和可靠性管理，依法组织或参与电力事故调查处理；负责组织实施电力业务许可以及依法设定的其他行政许可；负责法律法规授权以及国家能源局下达或交办的有关事项监管。

领导班子

党组书记、专员：银车来

党组成员、副专员：陈显贵

党组成员、综合处处长：刘志成

组织机构 下设综合处［机关党委（纪委）办公室］、市场监管处、行业监管处、电力安全监管处、资质管理处、稽查处。

主要工作

1. 落实能源保供政治责任

面对夏秋冬连旱天气，加强监测预警，专题听取运行方式汇报，开展典型负荷日研究分析，及时向国家局报告情况，向省委省政府建言献策，从压实调煤保电主体责任、出台火电企业调煤保电支持措施、争取外部支援等方面提出具体可行建议。启动高耗能企业市场交易、加大火电机组考核力度、对重点企业一线督导、开展电煤中长协签订履约监管等一系列措施，省委省政府、电网企业争取外购电支持，全年最大外来电力达到历史最高的 1139 万 kW，外电电量突破 500 亿 kWh，成功应对最高负荷 4043 万 kW 的夏季用电高峰，全年电网运行平稳有序，未出现拉闸限电情况。

2. 加强能源规划政策落实监管

建立月度监测机制，按月收集掌握湖南 26 个能源规划重点项目建设动态及存在问题困难，督促相关主体按规划推进项目建设，每月编制发布《湖南“十四五”能源规划重点项目建设进度监测信息》。持续跟踪推进重点项目建设，1 月鲤鱼江电厂实现灵活送电、10 月荆潇 1000kV 交流投运、11 月平江电厂 1 号机组投运。组织开展可再生能源发电补贴核查工作，历时 5 个月完成 6 个任务单 352 个项目核查工作。

3. 稳步推进电力市场建设

适应电力市场新形势新要求，加强与省政府有关部门、电力市场主体沟通交流，印发新版中长期交易规则，保障电力中长期市场平稳运行，全年中长期合同电量 1121.5 亿 kWh，增长 53.8%。推进电力辅助服务市场提质升级，启动用户侧可调节负荷参与调峰辅助服务市场，参与华中区域调峰辅助服务市场和省间现货市场，以市场机制促进清洁能源消纳，全年全省消纳清洁能源超过 1000 亿 kWh，占全社会用电量超过 45%。坚持月度会商、厂网联席会议机制，加强电网调度和市场交易监管，针对电网企业代理购电出现的新情况新问题，对接地方政府有关部门，推动出台代理购电实施细则。

4. 维护电力安全稳定局面

坚持抓三个关键点的思路措施，推进电力安全监管取得新进展。一是抓关键少数，印发《关于全面落实电力安全生产责任　切实筑牢电力安全生产防线的通知》，明确企业每半年书面报告主要负责人安全法定职责落实情况，组织 9 家中央在湘和地方电力企业主要负责人召开座谈会，围绕“遵守安全生产法　当好第一责任人”主题开展交流研讨，明确监管要求，取得良好效果。二是抓工作合力，推动电力安委会实体化运行，利用企业专业力量，组织 41 家水电企业安全交叉检查、35 家并网电厂网络安全检查，联合应急、发改等部门开展安全综合督查、小散远发电企业安全专项行动，联合执法效果逐步凸显。三是抓机制建设，完善电力安全隐患排查治理和风险管控月报制度，突出问题导向，办领导带队赴一线开展督查，对现场安全隐患突出问题企业采取严厉追责措施，全年印发风险提示函 3 份、整改通知书 18 份、监管约谈企业 6 家、通报 4 次，对 1 家企业重大危险源隐患治理挂牌督办。完成年度安全目标。

5. 加大稽查执法力度

紧盯《国家发展改革委　国家能源局关于全面提升“获得电力”服务水平　持续优化用电营商环境的意见》（发改能源规〔2020〕1479 号）目标任务，建立 14 个市州任务指标完成情况月报机制，对 8 个市州开展现场督导，推动“获得电力”38 项任务全部完成。建立 12398 投诉举报情况通报机制，全年完成 1029 件工单办理。探索“低电压”“频繁停电”等共性问题“点面结合”整治工作方法，建立问题清单实施销号管理，对共性问题突出地区开展现场督导，相关投诉下降 45%。推行电力业务许可告知承诺制，办理许可 587 项，承诺制占比 68%，许可服务“好差评”共计 365 件，满意度 100%。加强事中事后监管，开展电力业务许可信用专项监管，对 128 家告知承诺制企业开展现场核查、网络核查，对 4 家企业作出撤销许可决定，23 家企业纳入信用不良记录，依法依规对 11 件违法违规案件调查处理，罚没金额 192.42 万元，维护了企业群众的合法权益。

（李红艳）

【国家能源局四川监管办公室】

基本情况　国家能源局四川监管办公室（简称四川能源监管办）是国家能源局派驻四川的机构，因国家机构改革，在原国家电力监管委员会四川监管办公室基础上设立，于 2013 年 12 月 16 日正式挂牌。

主要职责：作为国家能源局派驻在四川的能源监管机构，代表国家能源局履行国家层面监管事权，负责四川省辖区范围内能源监管工作的具体实施，履行电力市场监管、电力安全监管、能源行业监管三项基本职责。具体职责：监管电力市场运行，规范电力市场秩序；监管电网和油气管网设施的公平开放；监管电力调度交易，监管电力普遍服务政策的实施；负责电力等能源行政执法工作，依法查处有关违法违规行为，监督检查有关电价；负责除核安全外的电力运行安全、电力建设工程施工安全、工程质量安全的监督管理以及电力应急和可靠性管理，依法组织或参与电力事故调查处理；负责组织实施电力业务许可以及依法设定的其他行政许可；负责法律法规授权以及国家能源局下达或交办的有关事项监管。

领导班子

党组书记、专员：何淑兰

党组成员、副专员：程裕东

党组成员：张毅

组织机构　综合处、市场监管处、电力安全监管处、行业监管处、资质管理处、稽查处。

主要工作　2022 年，四川能源监管办紧紧围绕“效能提升年”主题，履行“四个角色”定位，乘势而上，勇毅前行，努力当好“能源警察”，重点抓好四个方面业务工作。

1. 筑牢安全防线，构建齐抓共管电力安全监管新格局

深刻汲取“1·12”关州电站事故教训，在国家能源局和省委省政府坚强领导下，四川能源监管办全力推动构建上下联动、横向协同的安全监管体系，提升

四川电力行业本质安全水平。一是参与“1·12”事故调查，发挥专业优势，科学准确查明事故真相，维护事故调查的专业性和公正性。二是以问题整改为抓手，落实电力行业“三管三必须”要求。水电站安全由省经济和信息化厅、省水利厅、省交通厅、省能源局分别履行属地监管责任；电网、火电、新能源发电站运行安全由省经济和信息化厅履行属地监管责任；电力建设项目安全由省能源局履行属地监管责任。三是推动属地监管责任落实。建立省级电力安全监管联席会议制度，建立信息共享和应急联动长效机制，构建横向协调、纵向畅通的工作体系。编制四川省在役中小水电站安全生产制度与关键岗位操作规程，指导地方行业监管部门加强“小散远”发电企业和超期服役机组监管，提升地方行业监管部门履职能力。统筹属地力量，开展水电站安全生产大检查和电力联合执法检查，开展督导检查。全年累计开展四轮督导检查，发现问题2600余项，整改率96%，初步形成齐抓共管的工作新格局。

2. 围绕中心大局，切实做好能源保供工作

直面四川首次出现丰水期电力电量“双缺”的考验，把能源保供作为第一要务，在国家能源局大力支持下，助力打赢“迎峰度夏”能源保供攻坚战，被省委省政府评为“2022年应对极端灾害天气能源电力保供工作突出贡献集体”。一是发挥“探头”作用。加强对能源供需形势的监测分析预警，向国家能源局报送16期电力保供工作专报。二是稳住电煤供应基本盘。以提高电煤中长协履约率为目标，建立健全工作机制，成立专项督导工作组，开展电煤中长协履约情况现场核查和整改工作，提高全省电煤中长协履约率。三是发挥火电兜底保障作用。强化保供期间非停考核和生产经营情况监管，非停次数同比减少3次，非停天数同比减少19天。严格执行火电交易价格上限提高20%政策，向用户侧疏导燃煤机组发电成本约17.6亿元。四是守住民生用电“底线”。及时妥善处置四川达州、三台民生限电问题，迅速开展专项督查，在国家能源局、省政府的协调支持下，供区内民生用电在第一时间恢复。

3. 主动纠偏扶正，确保国家能源政策不跑偏越线

针对地方政府部门对新能源项目落地设置障碍的行为，在国家能源局指导帮助下，顶住各方压力，克服诸多困难，以“咬定青山不放松”的勇气和毅力，先后2次会同省能源局约谈地方发展改革委，下发监管意见书，督促全部清退企业缴纳款项，改正新能源配置方案中加重新能源企业负担的条款。省发展改革委和省能源局联合发文，要求各市州能源主管部门不得违规以任何名义增加新能源企业的不合理投资成本，不得将配套产业作为项目开发建设的门槛，严禁项目建设中利益捆绑、私设门槛“搭便车”等行为，规范风光资源开发建设。通过纠偏扶正，维护法治化营商环境，确保国家能源政策在四川落实。

4. 发挥“利剑”作用，展现“能源警察”职责担当

四川能源监管办把当好“能源警察”作为贯彻国家能源局工作要求的重要抓手，坚持发扬斗争精神，努力提升监管效能，不断树立监管权威。一是持续保持行政执法高压态势。完成可再生能源补贴核查清理和国家能源局综合监管移交的两批次违法违规案件线索查处等工作，2022年共约谈41家单位，发出整改通知书和监管意见书30份、通报1份，立案调查28件，处罚27家。二是狠抓“重复投诉率”考核机制。针对12398热线“同一事项多人投诉”和“同一事项多次投诉”问题，建立健全考核机制，着力解决频繁停电、低电压等群众反映强烈的共性问题，2022年重复投诉率同比减少20.27%。三是维护市场公平竞争秩序。全面落实许可申请办理简政便民改革措施，以告知承诺制申办许可占比由不足20%上升到60%以上。加强事中事后监管，加大对违法违规企业的惩戒力度，2022年共开展证后核查458家次，约谈22家次，许可降级14家，注销许可36家，行政处罚16家。

（柳　伟）

【国网湖北省电力有限公司】

企业概况　国网湖北省电力有限公司（简称国网湖北电力）是国家电网公司的全资子公司，以电网建设、管理和运营为核心业务，负责电网安全稳定运行，为湖北地区经济发展和人民生活提供电力保障。至2022年底，有直属单位35家、直供直管县级供电企业84家；用工总量74472人，用电客户3046.01万户。2022年，国网湖北电力企业负责人业绩考核首次进入系统A段，位列第7。完成发展投入349.68亿元，同比增长22.31%；售电量2218.11亿kWh，同比增长7.36%；线损率4.60%，同比下降0.10个百分点；职工劳动生产率72.40万元/（人·年），同比增长10.20%。

电网概况　湖北电网是三峡外送的起点、“西电东送”的通道，是国家电力资源优化配置的大平台，通过6回直流和18回交流共计24回线路连接省（区）外电网，5回±800kV直流从湖北穿境而过。鄂西（含鄂西北）与鄂东电网形成了2回1000kV、9回500kV联络通道，整体呈现西电东送格局。鄂东电网形成连接6地市（武汉、鄂州、黄石、黄冈、孝感、咸宁）的受端双环网结构，鄂西“葛洲坝＋三峡”双层重构电网初见雏形，鄂西北整体呈现“十”字结构，内部形成单环网。截至2022年底，共有1000kV

特高压变电站2座，500kV变电站35座，220kV公用变电站224座，110kV及以上公用变压器电容量20958万kVA，输电线路5.71万km。负责运维换流站8座，运维跨区电网设备规模居系统第一。湖北全口径发电装机容量9436.97万kW（含三峡2240万kW），同比增长7.04%。其中，水电、火电装机容量分别占40.05%和37.76%，风电占8.25%，太阳能占13.94%。全年发电量3105.67亿kWh，同比下降5.64%。

人力资源 推进“作风建设年”活动，实施本部“抓学习、提素质、优作风”三年行动，建立作风建设监督考核、追责问责机制，见人见事曝光问题267件。开展“班组建设年”活动，优化班组设置569个，配齐配强班组长5724名、技术员3474名、安全员3398名、绩效员3358名，班组核心业务自主实施比率89.9%，开展班组、班组长、工作负责人星级评选。建立省、市、县、班组四级技术管理体系和覆盖全业务的“1+8+*N*”技术制度体系，28家主要生产单位配齐总工程师、成立技术委员会。开展任期综合考核，评选13家“担当作为好班子”和30名“干事创业好干部”。实施优秀年轻干部“蓄水池计划”，“80后”三级领导人员达到58人，遴选70名年轻干部员工开展本部、基层双向挂职和赴江浙沪挂职。推进“3+1”人才体系建设，累计选聘各级职员518人、工匠1666人，首次评聘领军人才7人，“人人皆可成才、人人都有舞台”成为共识。

电网建设与发展 完成“十四五”国网湖北电力规划、电网规划修编，金上—湖北、黄石特高压变电站工程完成核准。坚持“向特高压聚焦、为特高压让路”，全年完成特高压建设投资153.05亿元，白鹤滩—江苏、白鹤滩—浙江、南阳—荆门—长沙、荆门—武汉线路工程和武汉特高压变电站建成投产，驻马店—武汉、武汉—南昌工程开工建设。全年开工110～500kV线路1581km、变电容量1070万kVA，投产三峡近区优化、220kV徐东变电站等重点工程117项，线路1734km，变电容量1293万kVA。完成配电网投资53.77亿元。推动两批21个新型电力系统示范工程，随州广水100%新能源工程成功送电，黄州低压交直流混合配电系统建成投运。500kV鄂州变电站、220kV闵集变电站、35kV段江变电站等3项工程荣获中国电力优质工程奖。

经营管理 完善提质增效8项机制，完成121项重点任务，建成三级内模市场体系。配合第三周期输配电价监审核价，足额报送投资规模。优化购电策略，降低购电成本7.95亿元。完善代理购电损益传导机制，推动下调水电标杆电价。严抓线损治理，10kV高损线路条数下降33.8%，台区线损率下降0.4个百分点。盘活存量资产293项，集中采购节约资金13.3亿元，处置废旧物资1.59亿元。完成特高压审计等3项迎审工作，完成审计项目235项，促进降本增收1.36亿元。推进“合规管理强化年”活动，诉讼案件处置避免和挽回损失2.17亿元。实施两次电力现货市场模拟试运行和结算。

安全生产 推动“1+9+*N*”安全文化体系建设，建成安全文化阵地，地市公司级单位安全文化室、班组安全文化墙建设完成率达到87%。建立违章“一事一分析”机制，开展“一把手”和安全总监安全履责监督季度量化评价。推进作业人员轨迹APP应用，各级管理人员现场履责频次提高34%。修订安全奖惩办法，增设安全生产即时奖。深化“防误操作、防外破、二次系统防误”三个三年专项行动，实施作业票实效化、严肃性专项治理。完成安全生产专项整治三年行动任务。推进500kV超高压设备属地化管理，优化输电“立体巡检+集中监控”管理和变电监控、运维一体化运作模式，构建建运一体配电网管理体系，防御网络攻击58.43万次，滚动优化疫情防控策略，湖北电网连续安全稳定运行40周年。

应对迎峰度夏电网负荷十创新高(最高4861.6万kW)、日用电量七创新高（最高10.37亿kWh）的考验，执行19次需求侧响应，最高响应负荷达到510.26万kW，实现“不拉闸、不限电”。开展度夏总结分析，研究优化保供电机制，组建湖北省电力企业联合会，成立省市两级负荷管理中心，推动完善分时电价机制，凝聚政企社整体合力。做好迎峰度冬准备，服务仙东电厂等190.79万kW火电机组按期投产，423.96万kW新能源和15.74万kW储能“应并尽并”。完成世界湿地公约大会、抗疫援陕援吉等重大供电保障任务。

数字化转型与新兴产业发展 完善企业级数字基础平台，建成华中区域首个物联及人工智能实验室，投运全国首张5G电力专网卡。完成用采系统2.0上线，推进新一代集控系统建设，完成169座变电站“一键顺控”改造，建成远程智能巡视变电站53座。签署全国首份电–碳市场协同发展合作框架协议，绿电交易电量15.2亿kWh。建立新兴产业跨越式发展机制，推广“11010”能源托管项目2826个，推进“两江四岸”岸电项目规划建设。完成国企改革三年行动114项工作任务。推进湖北省送变电公司改革发展，开展省管产业施工、设计、监理企业管理提升。开展重点领域科技攻关，新型电力系统实验室初步建成，牵头项目获得省部级及以上科技奖15项，2项技术标准获ITU、IEC立项，科技成果转化收益达1.2亿元。

优质服务 开展两轮供电服务指挥体系建设评估，完成供指系统中台化改造，上线“业扩、停电、诉求”三大模块指挥平台，推进配电网“两降一升”攻坚行动，不停电作业次数同比增长 67.63%，用户平均停电时间同比压降 39.24%，95598 投诉量同比下降 90.38%。组织开展高层住宅小区、高危及重要客户供电电源隐患排查治理，供电电源、自备应急电源配置合格率同比提升 7.48 个、22.97 个百分点。制定落实稳经济保供电 20 项措施，实现居民和报装容量 160kW 及以下小微企业用电报装“零投资”，挂牌成立“电 e 金服”湖北中心，为产业链上下游企业提供金融服务 84.02 亿元，累计提供就业岗位 2223 个。制定落实助力“三县一区”乡村振兴“十四五”规划，实施赋能乡村振兴·电网绿色行动。

党的建设和精神文明建设 举办“喜迎二十大 奋进新征程”主题成就展、职工文化精品展，领导班子成员带头到基层宣讲党的二十大精神，各级党组织开展专题学习 3000 余场次。升华新时代红领党建特色实践，创建 46 个“党建+”示范工程。推动 21 项“大监督”重点任务落地落实，各级纪检机构受理信访举报、越级信访同比下降 43.6%、41.2%。加强主题宣传，在三大央媒发稿 213 篇。培育“说了就办、定了就干、干就干好”的执行文化，“务实尽责、共享平安”的安全文化，“以客户为中心”“你用电、我用心”的服务文化，打造特色文化谱系，举办首届职工文化艺术节。深化为职工办实事，挂牌成立职工健康管理中心。1 个单位获全国五一劳动奖状，2 人获全国五一劳动奖章，1 人被列入新中国劳模典型代表，1 人获评国家电网公司特等劳模。

（童 敏）

【国网湖南省电力有限公司】

企业概况 国网湖南省电力有限公司（简称国网湖南电力）是国家电网公司的全资子公司，以建设和运营电网为核心业务，担负着保障湖南省电力可靠供应的重大责任。现设职能部门 19 个，下辖市（州）供电公司 14 家、县级供电公司 98 家，全口径员工总数 7 万余人。供电范围覆盖全省 14 个市（州），营业区面积占全省总面积的 96%，营业区人口占全省总人口的 98%。2022 年完成售电量 1837.81 亿 kWh，同比增长 6.05%。

电网概况 截至 2022 年底，湖南电网发电设备装机容量 5841.3 万 kW，比年初新增装机容量 428.4 万 kW。其中水电装机容量 1720.8 万 kW，占 29.5%；火电装机容量 2521.9 万 kW，占 43.2%；风电装机容量 900 万 kW，占 15.4%；太阳能发电装机容量 635.9 万 kW，占 10.9%。拥有 35kV 及以上输电线路约 8.4 万 km，变电容量 2.19 亿 kVA。

人力资源 深化“三项制度”改革，推行“全体起立、竞聘上岗”，各单位共计竞聘上岗 4900 人。推行移动考勤打卡，开展隐性不在岗和跨单位违规借用人员清理。坚持“向缺员单位、偏远地区、核心岗位倾斜”原则，实施“教育+就业”电力励志工程，并入选全国“雨露计划+”典型经验。

构建基于定额承包制的省、市、县、所农电业绩考核体系，消除“大锅饭”“平均主义”，系统内全部 952 个供电所站签订年度承包协议，收入分配最大差距超 45%，激发基层员工队伍活力。构建“职务+职级+工匠+专家”的职业发展“四通道”。完善大培训体系，强化教培计划管理，加强师资队伍建设，优化实训基地资源，在 14 家试点县公司开展“精准滴灌”培训实践。

电网建设与发展 提前两个月完成 1000kV 南荆长交流特高压工程建设任务，完成“宁电入湘”工程湖南段支持性文件获取。投运 500kV 边城、红光等 288 项重点输变电工程，建成株洲白关 220kV 智慧能源示范站，国内首次实现“能源流、数据流、业务流”三流合一。

攻克线路山地硬岩成孔、高塔组立、变电预制件智能装配等技术难题，研制专用施工装备，“全地形电建旋挖钻机”获国家电网公司年度职工技术创新优秀成果一等奖，配套形成典型工法和安全操作规程，实现“全过程、全地形、全天候”机械化作业，施工效率提高 50%以上。1000kV 长沙特高压变电站工程被公司推荐参评 2023 年度鲁班奖，500kV 望城变电站工程荣获 2022 年度中国电力优质工程、中国安装工程优质奖。推进“新能源+储能”，益阳安化等抽水蓄能项目按期开工建设，湖南省“十四五”抽水蓄能重点实施项目规模位居全国第二。

经营管理 围绕提质增效八个重点领域和 40 项重点措施发力，经营效益稳中有进，效率稳步提升，质量稳健向好，消除 2018—2020 年实施阶段性降价政策以来形成的累计亏损。推行燃煤市场化改革，7 月 1 日起所有用户实施购售同期。完成第三监管周期成本监审。完善市场化交易电量和优发电量分配机制，全额疏导省间现货交易价差，避免资金垫付风险。高损台区治理和反窃查违减少电量损失 7.5 亿 kWh。盘活闲置土地房产和专利技术增收 0.41 亿元。开展“三类项目”、递延收益、长账龄往来、民企清欠、资产数据治理。完善深化改革工作规则，制定年度深化改革任务清单并按月度细化分解为任务因子，根据最新形势和要求开展动态调整。按照“综合+专项”方式，实施改革后评估，开展改革微课题研究。加强法治企业建设，聚焦重点领域强化合规专项建设，推进合规管理体系高效运转，落实重大决策合法合规性审核闭环管理要求，全年未发生重大及以上级别违规事件。推进制度“学讲考”活动，推进管理创新、质量管理等企业基础管理工作。培育打造特色管理创新成果，全年斩获国家级二等奖 1 项，中电联二等奖 1 项，省级管理创新奖 32 项，在湖南省各行业实现“九连冠”。推进质量管理小组活动，荣获国际质量管理小组大赛金奖、全国优秀质量管理小组等奖项，在湖南省第 43 次质量管理小组活动表彰大会上共获得 300 余项荣誉。

安全生产 紧扣依法治安要求，优化体系、完善机制、深化监管、细化手段，开展本质安全实践，湖南电网连续安全稳定运行 42 周年，获评湖南省安全生产和消防工作优秀单位，连续 12 年保持“湖南省平安单位”称号。提升设备本质安全水平，特高压线路连续 9 年大功率运行期间“零故障”；宾金直流地线融冰工作得到国家电网公司总部批示肯定；完成柘溪、凤滩首台老旧机组改造，综合性能达到国内同类机组最优。“向配电网开战”收官，频繁停电、用户投诉等突出问题得到有效治理，首次实现“除夕夜配电网零停运、配电变压器零烧损、服务零投诉、舆情事件零发生”。经受住迎峰度夏负荷九创历史新高考验，防冻融冰和防汛抗旱工作得到国家电网公司总部和省政府表扬。完成党的二十大、首届湖南旅发大会等重大活动供电保障任务。

现代设备管理体系纵深推进，在系统内率先实现地市级生产管控中心实体化全覆盖；长株潭地区 220kV 变电站检修业务全面移交，111 家县（支）公司建成配电网技术中心班组；加快全业务核心班组建设，通过总部年度验收，位列华中第一、系统领先位置。作为国家电网系统首家试点单位，完成 PMS3.0 统推应用试点部署相关工作。

营销工作 累计推动 11000 余户高压代理购电用户直接参与市场交易，代理购电业务保持平稳，承接省间现货购电业务。实现全量客户电费核算省级集约，电费实时回收率保持在 95%以上，连续 14 年“结零”。推进能源转型，推动湖南省政府八部门联合出台《湖南省“十四五”电能替代工作实施方案》。完成 31 个园区能效服务站推广建设。开发光伏运营监测应用，实现湖南省 6.65 万余光伏用户、648 万 kW 运行容量的可观、可测、可控。拓展源荷聚合互动应用新场景，借助省内水电、风电发电富余契机，组织用户参与辅助服务，促进清洁能源消纳 1445 万 kWh。推进全域现代营销建设，获中国管理科学学会“2022 年（首届）国有企业深化改革实践成果”一等奖。

科技与信息化 实体化运作双创中心，建立从高端专家到青年创新人才的培养体系。试运营湖南电商平台科技创新专区，设立成果孵化专项资金，产品数量扩充 200%。争取首批“科创中国”创新基地，斩获多项省政府、国家电网公司年度科技奖项。牵头研究并获批 3 项国际标准、2 项行业标准，探索实践知识产权专业化价值评估及公开市场挂牌许可交易。

新型电力系统数字技术支撑体系加速落地。数据中台全量接入涵盖人、财、物等十大业务领域的系统数据，数据量、应用数量及用户数相较 2018 年提升 4 倍，数据中台应用成效指数排名系统第一。数据网络完成“万兆到市，千兆到县”升级提速，无线专网基本实现全省核心地区覆盖，智慧物联体系纳管智能化边缘设备 48 万余台，形成了云网融合、泛在感知、云边协同、快速迭代的互联网数字化服务架构，数据的采集、传输、存储和计算能力实现几何式增长。初步建成企业级实时量测中心，强化企业中台、物联平台等数字基础设施，推进营销 2.0、新一代应急等核心业务系统建设应用。全省 900 余家供电所（服务站）实现 RPA、“零报表”工具全覆盖，现场作业和巡检工作的机器智能替代规模化发展，作业和办公的移动化成为主流，提升工作效率。

优质服务 促成政府授牌成立“1+14”省、市电力负荷管理中心，成立省、市、县三级 135 个负荷管理工作专班，守住民生用电底线和不拉闸限电红线。促成湖南省能源局进一步简化电力外线接入工程审批流程，推广居民“刷脸办电”和企业“一证办电”，实现 160kW 及以下小微企业“三零”服务城乡全覆盖，“三零”“三省”惠及高低压用户 10 万余户。开展干部联企行动，走访帮扶 1831 家重点企业，解决涉电诉求 2600 余条。

推进线上线下服务渠道融合发展，“网上国网”注册户数达 1316 万，客户线上交费率、线上办电率分别达 97.2%、98.3%。发挥供电所管理综合协调机制作用，解决供电所问题 423 项。推进乡村振兴驻村管理，组织选派新一轮驻村帮扶人员，建成一批“电力爱心超市”，推动建成乡村电气化项目 400 余个。连续 4 年获评湖南省“脱贫攻坚”“乡村振兴”工作先进单位。

党的建设和精神文明建设 学习贯彻党的二十大精神。召开第二次党员代表大会并完成党委换届。开展“县所党建提质年”活动。建优“六个储备库”，选派优秀领导人员驻外锻炼、赴国家电网公司总部及分部挂职挂岗、援藏，组织省市县青年人才开展内部挂职挂岗，实施本部岗位集中交流。深化“六型本部”建设，推动服务基层“三个一”活动走深走实，举办两期“六型本部”大讲堂并延伸至基层单位。组织实施“党建引领·村网共建”工程，与永州东安县签订新时代文明实践中心建设合作协议。

评选第一批基层党建领军人才 32 人。成立青年马克思主义学院，举办建团百年成就展。实施“献礼二十大·聚光这十年”“永远跟党走·奋进新征程”等重大主题传播活动。央视“非凡十年·湖南篇”等 6 次报道宁电入湘、安化抽水蓄能等重点工程，新华社专题介绍南昌—长沙 1000kV 特高压交流工程，湖南日报推出《湖南电力新力量》等 7 篇头版（头条）报道。多平台宣传塑造“电力励志工程”特色品牌，相关实践经验在湖南省委“改革调研专报”刊发。推进视频联播系统三期建设，实现市州、县（市、区）“千屏联播”全覆盖。成立“周斌摄影摄像创新工作室”，打造电网时评、快评、综述报道等拳头产品和“电网观察”“内部参考”等金牌栏目。文明实践典型经验在发展改革委《改革内参》刊发，东方红（电雷锋）共产党员服务队获评全国最佳志愿服务组织。团委获评全国五四红旗团委。2 家单位获评国家电网社会责任管理示范基地，2 个品牌故事获评中央企业优秀故事奖。

（刘逸群）

【国网河南省电力公司】

企业概况 国网河南省电力公司（简称国网河南电力）是国家电网公司的全资子公司，现辖 18 家市供电公司、110 家县级供电企业和 21 个直属单位，服务客户 4570.9 万户。截至 2022 年底，国网河南电力用工总量 12.2 万人，全年售电量 3367.6 亿 kWh。国网河南电力先后荣获国家电网公司抗洪抢险保供电突出贡献单位、河南省政府营商环境建设先进单位等荣誉称号，五获河南省脱贫攻坚考核“好”的最高等级评价，四获服务河南经济社会发展优秀中央驻豫单位最高荣誉。

电网概况 河南电网处于全国联网的枢纽位置，是华中电网的重要组成部分。河南电网通过天中直流、青豫直流、灵宝直流背靠背换流站与西北电网相联，通过长治—南阳—荆门特高压交流试验示范工程在南阳特高压站与华北、华中电网联网，通过 4 回 500kV 线路与华中主网相联，通过 1 回 500kV 线路（停运）同华北电网相联。截至 2022 年底，河南电网拥有 1000kV 南阳特高压变电站 1 座、驻马店特高压变电站 1 座，主变压器总容量 1200 万 kVA；±800kV 天中直流中州换流站 1 座、青豫直流换流站 1 座，输送总容量 1600 万 kW；500kV 变电站（开关站）48 座，主变压器容量 9067 万 kVA；公用 220kV 变电站 374 座，主变压器容量 12481 万 kVA；公用 110kV 变电站 1406 座，主变压器容量 11307 万 kVA；公用 35kV 变电站 1471 座，主变压器容量 2425 万 kVA；公用 10kV 配电变压器 53 万台，配电变压器容量 13641 万 kVA。220kV 及以上输电线路重要区段实现在线监测全覆盖，智能电能表覆盖率 100%。地市配电自动化主站系统全覆盖，调度自动化省地县一体化 D5000 调控系统全覆盖，35kV 及以上厂站调度数据网双平面全覆盖。

人力资源 加强领导班子选配，完善领导人员管理监督机制，强化干部员工队伍建设。制定/修订《领导人员交流管理办法》等 9 项制度，组织人事制度扩充至 40 余项。2022 年共调整领导人员 246 人次，其中新提拔 52 人，“80 后”占比 21%，综合推荐率均在 90%以上。首次选聘专业管理类高级专家 53 人，开展领导人员交流任职 175 人次，各层级挂职（岗）锻炼人数突破 200 人次，选调基层单位优秀年轻四级正职 8 人充实到本部处室。

全口径用工总量下降，职工劳动生产率增长。加大招聘规模，实行职工退休预审制度。运作内部人力资源市场，盘活存量。落实国家电网公司东西人才帮扶要求，向西藏、新疆、青海、蒙东、甘肃等地选派多名优秀人才。优化企业负责人业绩考核指标体系，应用“四度”量化评价，建立“四区两线”工资模型，实现工资分配与劳动效率的紧密挂钩。建立“三类三级六层”专家人才体系，构建领导职务、职员职级、专家人才并行互通、多元发展的职业成长体系。制定实施补充医疗保险“三享计划”，减轻罹患重特疾病和门诊慢性病人员医疗费负担。成立河南省医保电力分中心，最大化保障职工利益。对低收入退休人员群体开展重点关心关怀。

电网建设与发展 完成国网河南电力“十四五”电网滚动规划和多个专项规划，服务河南电网高质量发展。落实灾后重建战略协议，全年发展总投入 315 亿元，连续 8 年超过 300 亿元。推进各级电网建设，以坚强网架支撑近千万千瓦负荷增长。推动安全保供能力建设，向河南省政府提报近中期保供八个方面建议，推动河南省发展改革委出台“十四五”新型储能实施方案，制定 2023 年保供能力提升方案，提出“源网荷储制”5 方面 25 条措施。建设户用光伏“群调群控”有源配电网，总投资 1.9 亿元即可实现河南省户用光伏 15 分钟级“可观可测可控”。建设城市“星型”智慧配电网，在郑州 45km^2 A+区域，投入 4.8 亿元即可实现“5 个 9”供电可靠率。促成河南省发展改革委出具纳规文件，第三监管期输配电价核定投资规模与规划基本一致。制定上报“稳经济、促增长、优服务”9 项举措，首家建立驻豫央企直报省委省政府的专报机制，以高质量电力数据服务政府决策。

以基建“六精四化”为指引，全年完成 35kV 及以上工程投资 131.7 亿元，按期投产 43 项度夏、29 项度冬、7 项大别山革命老区脱贫攻坚等重点工程，全年开工主网工程 165 项、投产 220 项，分别完成年度计划的 102.2%和 102.7%。发布“1+19”三年落地实施方案，全国首家采用单锚杆倾斜角方式施工，综合机械化率达到 97.5%，居系统第二位。特高压豫南站荣获中国建设工程鲁班奖，许昌树海、焦作妙乐工程分获国家电网有限公司优质工程金奖、银奖，商丘沙盟等 5 项工程夺取国家电网公司和区域级“智慧标杆工地”。

2022 年，10kV 及以下配电网工程共建设完成 14942 项单体工程，新建改造配电变压器 17476 台，新增配电变压器容量 304.63 万 kVA，新建改造 10kV 及以下线路 26230.51km。其中：2022 年中央预算内项目下达资金 3.4 亿元，657 项单体工程，新建改造配电变压器 660 台，配电变压器容量 12.28 万 kVA，新建改造 10kV 及以下线路 1382.37km；高标准农田配套工程下达项目资金 9.38 亿元，2026 项单体工程，新建改造配电变压器 5950 台，配电变压器容量 62.33 万 kVA，10kV 及以下线路 1814.96km；老旧小区改造工程下达项目资金 0.71 亿元，214 项单体工程，新建改造配电变压器 95 台，配电变压器容量 3.88 万 kVA，10kV 及以下线路 95.91km；省级乡村振兴重点帮扶县、巩固脱贫攻坚成果挂牌督办县以及大别山革命老区等重点地区下达项目资金 23.05 亿元，3207 项单体工程，新建改造配电变压器 5003 台，配电变压器容量 70.72 万 kVA，10kV 及以下线路 7253.67km。

经营管理 经营状况改善，发展质效稳中向好，全年同比减亏超过 40 亿元，完成全年财务经营目标。细化落实 100 项重点措施，25 项典型事例得到总部通报表扬，3 项典型经验做法入选国家电网公司“云课堂”交流推广。建成应用集资金归集、资金调度、精准融资和安全管控于一体的资金调度系统，实现资金运作效益 6.6 亿元。实施供电所经营质效评价，搭建涵盖经营成果、内模效益等 12 个场景的分析模型，量化评价投入产出，激发一线创效活力。发挥“电 e 金服”河南中心聚合作用，全年服务产业链上下游规模 31.64 亿元。实施配电网投资备案“三规范、三必审”，全年投资提效 9 亿元，其中配电变压器利旧 2443 台、节约投资 2.2 亿元。深化同期线损应用，高损线路已实现动态清零，高损台区数量较年初下降 58.8%，年度综合线损率完成 5.6%，同比下降 1.45 个百分点。完成登电地方电网收购，解决近 30 年的孤网运行问题；明确新能源并网线路收购的 13 项要件，得到监管机构认可，推进已融入公共电网的相关线路收购工作，明晰安全生产责任。

开展智能采购、质量监督和实物资源管理提升专项行动，建成并发挥商丘新一代评标基地效能，全年采购金额同比增长 26%，物资供应金额同比增长 12%。建成现代智慧供应链平台，构建“5 个省周转库+124 个市县终端库+655 个专业仓”的仓储网络架构，平均配送时长缩短 30%，库仓物资周转率提升 20%，全年利库金额同比增长 20%。建成河南首座电网退役物资拆解中心，占地面积 1.5 万 m^2，配电变压器可拆解能力达 6000 台/年。完成高效能变压器全检试验能力和电力电缆等 8 类物资 A 级检测能力建设，A 级检测能力达到 13 类，基本实现大宗物资 A 级检测能力全覆盖。全年累计检测各类样品 3.98 万件，同比增加 1386.18%，物资综合合格率 98.83%，同比提高 4.11 个百分点。应用两级 ESC 风险监控平台，加强 63 项关键业务在线监督；创新物资监督检查模式，牵头完成国家电网公司远程监督检查重点工作。

做好国家电网公司权责事项清单和授权放权事项清单承接落实，研究下发国网河南电力“两项清单”。健全常态化管控机制，制定《授权管理办法》，确保授权行为依法合规，发挥管理效能。开展“合规管理强化年”行动，组织全员签署合规承诺书，推动“合规人人有责”理念深入人心。打造集法治文化墙、专题普法区、图书角、法治长廊“四位一体”法治文化宣传微阵地，开展宪法、民法典、反垄断及业务合规等法治宣传教育，提升河南电网法治软实力。

安全生产 制定国网河南电力生产管控中心建设指导意见，完成生产管控中心试点建设。以全过程技术监督和资产全寿命周期管理推动设备实物和价值两个运动加速落地落实。建立“332”和大负荷日管控机制，加强负荷“预测－监视－预警－处置”全流程管控，实现重过载设备就地平衡闭环管控，完成河南省设备设施防汛风险及抗灾能力评估，建成 372 座变电站“三道防线”、384 条输电线路和 6620 座地下配电站房差异化提升改造，应对 5 轮次高温大负荷和 15 次强对流天气。推进隐患治理。完成南阳站豫阳Ⅰ线 B 相高抗异常产气、南阳站 GIL 管母二氧化硫超标、灵宝站换流阀光纤更换等 47 项重点隐患治理，其中国家电网公司督办的 20 项重点隐患全部见底清零。举办国家电网公司防汛和河南省大面积停电应急演练，完成党的二十大等 25 项重大活动，及赴陕西、吉林、四川、北京支援等 63 项专项供电保障任务，实现“四零一确保”保电目标。加强特高压密集通道保护，制定实施重点措施 27 项，将密集通道安全保障责任纳入省公司、运维单位和沿线 6 市 11 县供电公司领导班子成员“两个清单”，制定“一道一策”，组建三级护线网络。

实施负荷就地平衡、灵宝直流功率反转迂回调整等硬核举措，度夏电煤日均库存达 863 万 t，机组非停、受阻率降至 1.2%、7.6%，应对连续 42 天的异常高温天气和7792万kW负荷新高考验；深化多边界下电网运行特性研究，完成194项电网五级风险管控，保障特高压南荆Ⅱ线等重点工程投产和直流高功率运行下电网安全稳定运行；推动火电机组调相功能改造等示范试点工作落地，服务9座新能源配建储能并网运行，新能源装机容量达4236万kW，全年消纳省内外新能源超800亿kWh的情况下，2022年度新能源利用率98.7%。完成安全专项整治、现货市场建设等攻坚任务，开展"双核心、四出口"通信光缆网架、网厂交互业务外移等基础建设，排查治理豫南站稳控功率提升功能存在拒动风险、电力监控系统超危漏洞等重大隐患。

制定强化安全责任落实146项重点任务，修订《安全生产述职管理规范》，发文明确新兴产业公司及分支机构安全管理职责。专项整治三年行动收官，5231项问题隐患全部整改，完善相关制度34个，固化典型做法10项，制定722项隐患排查清单。印发《安全工作评价考核办法》，完成10家单位安全生产巡查和4家单位"回头看"，部署安全生产大检查、防汛度夏等14个专项行动。印发《反违章工作指导意见》，修订《反违章实施细则》，督查现场61403个，查纠违章6091起，8家地市单位进行"说清楚"。应急能力取得新提升，以"7·20"灾害级别为场景，修订河南省市县防汛预案173个、现场处置方案6824个，累计开展应急演练361场，参演人员14707人次。

营销工作 打造"电等企业"服务典范，创新供电方案答复"三色单"，投资主体清晰明确。贯通9个专业系统，上线"阳光业扩一站通"平台，实现协同事项线上自动推送、限时办结。首家实现"水电气暖讯"全线上联办，贯通政府办电数据资源，实现居民用户"刷脸办"、企业用户"一证办"。构建政企边界对应、营配融合的全省城区服务网格3357个。实现购售同期抄表、电厂省级结算，解决发用电侧电量数据不同期问题。承接省间日前现货交易，服务省内现货平稳试运行。提升HPLC覆盖率超过60%，克服疫情困难，30天完成全省87万只电能表的分时参数调整，支撑尖峰电价政策平稳落地。台区线损率完成2.73%，同比下降0.15个百分点，存量高损台区全部清零。度夏期间规范刚性执行负荷管理措施，守住大电网安全和民生用电底线，营销战线超13万人次开展驻场服务，未发生相关投诉和舆情。"1+18"（省级+18个地市）负荷管理中心取得政府批复授权，度冬（夏）方案被国家电网公司首家提前足额批复，开展专项演练，确保各级负荷管理方案能用管用。成立国网河南电力"新型电力系统需求侧业务重点科技攻关团队"，牵头立项国家电网公司科技指南项目2项。服务政府节能降碳，推广能效账单，应用线上线下渠道推广综合能效诊断报告4.3万份，展示企业能耗水平，提出用能优化建议。在兰考桐乡建成国网河南电力首家零碳供电所，打造绿色用能样板。绿色出行更加惠民生，完成电动汽车充电站"百站工程"，新（扩）建充电站129座、充电桩512台，实现全省"十三纵十三横"国家级高速公路全覆盖，获新华社等多家主流媒体报道。完成809根低效充电桩治理，年度充电量同比增长83.75%，强化节日值守，保障群众绿色出行。客户安全更加有保障，完成机井春灌、煤矿、地下配电设施和重要用户应急自备电源、客户用电依法合规性等"四大排查"，推广"一手册两平台"，居民小区停复电监测系统建成推广，党的二十大期间保障重点用户客户侧用电万无一失，客户安全提升三年行动收官。

科技与信息化 首次牵头承担国家重点研发计划子课题1项，首度获批国家自然科学基金面上项目1项。参与承担国家电网公司新型电力系统重大专项2项，新获批3个省部级实验室，"河南省农村能源互联网技术工程技术研究中心""河南省低碳能源服务协同互动技术与应用工程研究中心"分别被河南省发展改革委和河南省科技厅命名，获批国家电网公司实验室1项。荣获33项省部级科技奖，其中"输变电设施环境影响控制关键技术与工程应用"荣获电力科技创新奖一等奖。针对电网运行、设备运维、数字化等专业的"堵点""痛点"问题，开展科技创新和技术攻关，产出一批创新成果，攻克火电机组增加调相功能改造关键技术，助力国内首个示范工程投运；创新复合绝缘子酥朽断裂检测及诊断技术，支撑国家电网公司在运复合绝缘子检测工作；开发输电线路无人机自主巡检微应用平台，提升线路智能运检水平。

通过中国电子信息行业联合会数据管理能力成熟度（简称DCMM）四级认证，成为河南省首家DCMM四级认证单位。与河南省工业和信息化厅签署战略合作协议，联合构建"河南工业用电指数"并通过河南省政府新闻办发布，服务全省工业经济形势研判。获得"强网杯"网络安全挑战赛三等奖。在第六届"强网杯"决赛中，国网河南电力代表队荣获三等奖，位列全国能源行业第1名。电力大数据产品上线郑州数据交易中心，现场签约电力数据交易产品5个，金额超1500万元，占总交易金额41.7%。

优质服务 2022年，河南电力交易中心直接参与交易的市场主体达到26312家，其中发电企业60家、售电公司215家、电力用户26037家；省内成交电量2275亿kWh，购入省外电量600亿kWh，其中新能源电量超过244亿kWh。编制《河南省内中长期连续运营工作方案》，新增"双挂双摘"和"合同回购"等交易方式，实现中长期交易由年度、月度、月内定期开市，延伸至按工作日常态化连续开市，工作成效获

《国家电网报》《河南日报》等主流媒体报道。建立健全多维度信息披露工作机制，多渠道向政府主管部门、市场主体等发布市场信息 1.59 万条，同比增加 35.2%，推动市场主体信息对称。设计应用电力零售市场套餐模式，明确零售用户用电价格构成及形成方式，为售电公司与零售用户规范签约提供便利条件。发电企业上网电量实现线上采集、多方互认，全年出具市场主体结算单 25.9 万份，结算准确率、及时率 100%。分专业开展市场主体培训 6.72 万人次，同比增加 15.5%，就市场形势、交易规则、平台应用等问题进行解读释疑。推进“400”统一交易服务热线，克服疫情影响提供线上服务，河南电力市场主体满意度排名居国家电网公司华中区域首位。

助企惠民措施有效，升级“万人助万企”20 项措施、建立“两稳一保”问题协同办理机制，问题办结率、满意率实现双 100%，“获得电力”指标连续四年获评河南营商环境优势指标。落实特困行业电费 95 折、“欠费不停供”等助企政策以及低保五保、煤改电等惠民举措。保障粮食安全更加可靠，保障 756 万亩（1 亩 $=6.6667\times10^2m^2$）高标准农田配套电网建设，完成年度 5000 个台区改造任务。落实农田机井用电设施建设、管理、收费相关政策，执行抗旱保收用电保障八项措施，排查台区 13.93 万个、机井 108.28 万眼，保障灌溉用电。助力乡村振兴取得实效，发挥综合协调机制作用，建成电力服务乡村振兴管理平台，开展 1.71 万个光伏扶贫电站在线监测，全年支付购电费及政府补贴资金 25.43 亿元。实施富民捐赠项目 129 个，完成消费帮扶 971.1 万元。建成 100 个乡村电气化项目、33 个电力爱心超市。7 个帮扶村入选国家电网公司百村示范，数量位居国家电网系统第一。供电服务水平提升，制定供电质量服务问题专项治理 16 项措施，建立“13720”闭环管理机制，推动存量问题“见底清零”、新增问题“动态清零”，全年未发生一般及以上供电服务质量事件。

党的建设和精神文明建设 组织开展“喜迎二十大”主题活动，印发学习宣贯实施方案，各级党委中心组、读书班开展集体学习 740 期次。万余名党员集中接受省委宣讲团及国网河南电力二十大代表视频辅导。开展“三会一课”、主题党日、“青马行”等学习宣讲 1.6 万余次。落实 76 项“提质登高”重点任务，完成国网河南电力党委和 367 个基层支部按期换届。开启支部功能发挥专项调研，制定本部支部建设指导意见，示范带动支部建设向功能质效发力。牵头编写《河南省国企基层党组织工作手册》，获中直工委“全国机关基层党建新成就”十佳。加强供电所党建等 2 项成果入选全国企业党建创新优秀案例。聚焦“大而强”发展目标，1082 个“党建+”工程项目化推进，“党员+”六大先锋行动应势而兴，党员“三带三有”活动全面叫响。细化落实加强思想政治工作 18 项措施，全覆盖开展企业文化示范点现场考评，推进党建、思政、青马、统战“3+1”平台建设。实施“豫电青马”专项行动，系统内首家开展青马骨干培养合作，与国网能源院、清华大学、国网党校开展联学联建。

国网河南电力洛阳供电公司学习宣贯党的二十大精神典型做法被新华社《国内动态清样》刊发。跟进报道党的二十大代表陶留海先进事迹等。展现“红旗渠精神”在国网河南电力薪火相传，组织稿件在人民网、新华网等多家媒体集中刊发；设置负荷创新高、抗旱保秋等话题策划宣传，6 月保供新闻一周内四次被央视报道，新华社三篇保供通稿浏览量突破百万人次；聚焦抗疫保电实践，组织重点宣传，央视新闻、中国国际电视台直播报道国网河南电力保障新建隔离病房可靠供电，同时通过中国国际电视台客户端等平台在海外发声；紧抓驻武特高压建设、度夏工程全部投运等关键节点，实施融合传播，相关报道被央视《新闻联播》、新华社及人民网等各类媒体刊发；国网河南电力兰考、栾川供电公司被国家电网公司命名为“社会责任示范基地”。2021 年以来共计 5 个社会责任根植项目获评国家电网有限公司重点项目。提升公益品牌价值。落实公司公益项目品牌建设实施方案，兰考“电力爱心超市”在系统首批挂牌运营。“青豫特高压直流工程驻马店站阀厅”入选“奋进新时代”主题成就展。

规范职代会运行，组织召开国网河南电力八届二次职代会，闭会期间召开 4 次代表组长联席会议，审议通过 5 项议案，职代会各项职权有效落实。征集八届三次职代会职工代表提案 358 件，经提案工作专门工作委员会研究审查，将 116 件提案合并为 13 件并予以立案，其余 242 件列为建议。推进产业工人队伍建设改革，围绕职工思想引领、建功立业、素质提升、地位提高、权益保障等重点任务，细化并开展 20 项重点举措，打造出一系列具有国家电网公司特色的“产改样板”，得到河南省产业工人队伍建设改革领导小组来信表扬；实施 44 个揭榜项目集中攻关，2 个项目入选国家电网公司揭榜榜单。开展“安全有我”合理化建议活动，征集建议 4.2 万条，30 条获国家电网公司优秀建议。召开董事长联络员座谈会，发挥联络员“上情下达、下情上传”作用，搭建领导与基层职工畅抒心意、共谋发展的平台。为职工办实事，深化“1661 职工诉求管理直通车”机制拓展与应用，开发心理课程 23 门，开通咨询热线 146 条，帮助解决职工合理诉求，服务职工 2.7 万人次。

（张　申）

【国网江西省电力有限公司】

企业概况 国网江西省电力有限公司（简称国网

江西电力）是国家电网公司的全资子公司，是以电网建设、管理、运营为核心业务的国有特大型能源供应企业，承担着为江西省经济社会发展和人民生产生活提供电力供应与服务的重要使命。经营区域覆盖全省，供电客户2471.29万户。

2022年，国网江西电力发展总投入完成176亿元，其中固定资产投资完成155.15亿元；售电量1646.39亿kWh，同比增长6.61%；营业收入1115.79亿元，同比增长20.99%；利润总额5.68亿元，同比增加0.5亿元；同期综合线损率3.83%；资产总额1178.76亿元，同比增长3.77%；资产负债率68.14%，同比下降0.04个百分点。

组织机构 本部设22个部门，所属单位124家，其中市级供电公司11家、直属单位16家、县级供电公司97家，用工总量5.24万人。

电网概况 江西一次能源缺乏，电源以火电为主，水电资源开发潜力有限，近年新能源发展迅猛。截至2022年12月底，江西统调发电装机容量3902万kW。其中，火电2523万kW，占64.65%；风电529万kW，占13.56%；光伏500万kW，占12.82%；水电345万kW，占8.85%。

江西电网通过南昌—长沙1000kV特高压交流工程与湖南联网，通过雅中—江西±800kV特高压直流线路与四川联网，通过3回500kV交流线路与湖北联网；±800kV特高压直流宾金线过境江西。现有1000kV特高压交流变电站1座，变电容量600万kVA，输电线路2条，长度454km；±800kV特高压换流站1座，变电容量996万kVA，输电线路2条，长度769km；500kV变电站30座，变电容量4128万kVA，输电线路91条，长度5892km，“一核四翼五环网”骨干网架已经形成；220kV变电站192座基本实现“县县覆盖”、变电容量6149万kVA，输电线路656条，长度16808km；110kV变电站643座，变电容量5212万kVA，线路1449条，长度19978km。

人力资源 深化人力资源管理变革。以优化岗位管理为主线，开展融合型组织和复合型岗位建设，构建宽带岗级体系；推广新岗位绩效工资制度，推进考核分配由单位“靠业绩争工资”向全员“靠贡献挣工资”延伸，实现员工与企业共同进步。

精简岗位设置。市公司创新组建技术中心、数字中心、负荷管理中心。县公司融合组建行政部、党建部。县公司职能部门精简22%，市、县公司班组类型精简40%、岗位精简58%，直属单位职能部门精简19%、岗位精简42%。基本建立融合型组织架构和复合型岗位体系。

优化岗级设置。试点实施新岗位绩效工资制度改革，建立“基准岗级+发展岗级”的宽带岗级体系，打破“一岗一级”天花板，按照“跨级交叉”设置原则，每岗位层级设置6～10岗发展岗级，薪档（薪级）上限由6档提高至12档，纵横双向拓展员工收入发展空间。

规范岗位层级聘任。岗位层级聘任与岗位复合程度、任职条件，以及工作强度难度、工作质效正向匹配。下放班组分类、专责班员岗级认定及比例控制权限。简化薪档（薪级）积分管理，体现业绩导向。统一岗位竞聘程序，推进管理技术和核心班组长聘任制管理，在县公司“全体起立、竞聘上岗、岗变薪变”。

队伍建设推出新举措。加强“一专多能”复合型专业技能人才培养，推进全业务核心班组建设，建立高、中、初三级核心能力认证机制，开展作业层关键人员差异化抽考，初步建成覆盖全业务岗位的数字化知识体系。完善高层次人才培养平台，举办10期“赣电高层次人才之家”技术论坛，全年优选高级专家27名，2人列入江西省高层次高技能领军人才重点培养。围绕“四优五过硬”领导班子和领导人员队伍建设，开展四级领导人员履职能力评级，规范五级及以下职员岗位和县公司安全总监、财务总监管理，各级领导班子凝聚力和战斗力提高。

电网建设与发展 全年发展总投入176亿元。开工建设江西省第3项特高压工程（武汉—南昌交流工程），建成投产第30座500kV变电站（南昌富广）等131项输变电工程。全面加强配电网建设并启动“123”工程，新建改造10kV线路7200km，配电台区5000余个。出台10kV网架类管理办法等规程规范。加强工程质量管理，2项工程分获2022年度中国电力优质工程和国家电网输变电优质工程金奖。

规划工作质量提升。出台《易受灾地区电网补强方案》《农村地区35kV电网规划技术原则》《35kV配电化技术指导意见》《10kV网架类管理办法》《10kV间隔资源管理办法》等一系列专题研究成果和管理办法，严格要求10kV网架类工程投资每年不低于60%，确保目标网架有效落地。制定问题库对应项目清册，梳理35～110kV电网问题共计658项，对应安排项目193个，总投资42.89亿元。依据项目清单梳理成果，35～110kV“123”工程中解决设备过载问题项目均已纳入2022年电网项目前期工作计划。

新型电力系统建设加快推进。推动能源云平台升级，全面开展全电源（含储能）线上接网服务，编制的新能源云二级部署试点方案获得国家电网总部认可并纳入全国8家试点单位之一。依托国网新能源云平台，开展新能源消纳能力分析，参与全省新能源纳规和年度竞争优选工作，关于源网荷储协调发展的意见建议得到政府重视。

计划经营管理加强。组织编制《国网江西电力“十四五”节能减排综合工作方案》，提升节能减排水平，编制《国网江西电力碳排放核算报告》，科学研判排放趋势，助力实现碳达峰碳中和目标。

发展业务数字化水平提高。利用同期线损系统助力降损增效，克服电网资源中台建设和同源维护工作冲击，指导相关单位精准降损，实现全省 35kV 及以上高损线路条数减少 63.16%，10kV 高损线路条数减少 25%，高损台区个数减少 25.5%。提高电量统计的及时性和准确性，实现了日电量“$T+8h$”计算；创新推动省政府“惠企稳岗保运行”电量实时监测。深入推进“网上电网”深化应用，在国家电网公司系统第一家实现“网上电网”发供用统计业务模块单轨运行。推进“网上电网”深化应用，在国家电网公司系统第一家实现“网上电网”发供用统计业务模块单轨运行，得到国家电网总部肯定。

经营管理 优化经营管理策略，针对制度执行中的问题，优化调整经营评价指标，强化依法合规经营。营销稽查及反窃查违整治问题 1.48 万个，挽回损失 2.56 亿元。完成全省全量用户电费核算省级集约。推行工程审计“自己干”，审减金额 1.52 亿元。加强实物资源管理，盘活退库物资金额 17.8 亿元，废旧物资处置收益 3 亿元。推进采购设备“好中选优”，物料精简 40%。加强依法维权，被诉案件总量下降 46%，通过法律诉讼挽回经济损失 9176 万元。完成第三监管周期输配电价成本监审工作，定价成本较上一监管周期增长 29.12%。

优化经营评价体系。严格政府奖励等收益认定，取消核定性收益，优化自主实施成本安排，持续完善直属单位评价指标体系。加大省管产业单位应收账款回收考核力度，印发《省管产业单位固定资产投资监督管理办法》，完成省管产业单位固定资产投资计划 2022 年调整及 2023 年安排审定，切实防范省管产业经营风险。

发挥成本保障作用。统筹安排各单位保障性可控成本、五个批次省控专项成本，切实保障各单位正常生产运行，及时解决配电网迎峰度冬过载和“低电压”问题、生产设备防雷防汛防冰及消防整治、特高压雅湖直流首检、“七个自动化”等数字化建设、二十大保电、抗旱用电接入等专项任务成本需求。储备 2023 年省控专项成本项目，促进专项任务完成及专项问题治理。

安全生产 开展各级领导及管理人员安全履职能力评价，促使各级人员主动履责。完成安全生产专项整治三年行动，集中开展电缆沟道火灾等消防隐患治理。实体化运作三级安全督查中心，严格高风险及“小、临、散”作业现场管控。加强设备精益化运维，特高压站线和 500kV 主变压器“零跳闸”，500kV 线路故障停运率下降 42.7%，220kV 及以上线路故障停运率下降 21.4%，10kV 线路故障停运率下降 34%。

完成安全管理体系年度建设任务。编印国网江西电力安全体系建设工作方案，成立各专业工作组、统筹推进体系进度，督导各单位体系建设，完成 1+45 体系文件编制、评审、发布，在第三批国家电网公司推广单位中，国网江西电力体系建设排前三。

严肃安全考核。修订《国网江西电力反违章工作管理规定》，加强作业现场反违章力度、频度，通过各类安全稽查和“四不两直”安全督察查处违章 12073 起。全省累计发布“安全黑名单”7 批，约谈责任单位 9 家，对 13 家外部单位采取停止中标资格半年，27 名外部人员采取清退出场半年的管控措施，形成有效的震慑作用。

推进应急能力建设。成立应急管理部和应急中心，完善预警、应急响应及应急装备管理等应急制度。与省应急厅建立战略合作共享机制，完成江西省应急救援综合演练参演及国网江西电力本部调度大楼应急供电保障演练。编制国网江西电力应急演练 26 项标准化模块，组织各级单位开展实战操练 58 场。完成新一代应急指挥系统建设部署，开展实用化应用，开展各级应急指挥中心常态化应急值班，应用系统发布各级预警 706 次，开展预警行动 1915 次。

强化人身安全管控。规范特种作业人员持证上岗管理，明确国网江西电力生产相关特种作业 3 大类共 9 项。加强系统外作业人员准入管理，依托风险监督平台开展人员健康情况线上审核。编写出版《电网企业典型违章人身风险图册》（中国电力出版社），深化全员安全生产警示教育。

营销工作 2022 年，深化营销基础巩固提升，累计挽回经济损失 2.14 亿元；百万客户投诉指标暂列国家电网系统第 1 位。全年未发生配网工程、营销作业人身伤亡事故和重大质量事故。

数智赋能提升服务质效。采集 2.0 双轨上线，效率提升 70%，全省 2009 版电能表实现“清零”和 HPLC 全覆盖，贯通营配系统数据，推出故障精准研判、停电范围自动扫描、停电信息自动推送、拓扑自动校核、可靠性自动统计等“5 个自动”应用，构建“站－线－变－户”停复电监测体系，微信机器人快速推送基层，实现基于电网一张图的抢修指挥和主动服务，95598 报修意见工单同比下降 31%。

推进配电网 123 工程有序实施。一是构建 123 工程指标体系，加强规划技术管理，完成“十四五”配电网规划滚动修编，编制印发《配网设备全过程技术管控要点》等 12 项技术标准和指导手册和供用电技术监督工作方案。强化精准立项和设计审查，运用数字化转型成果开展项目“线下＋云视频”评审，滚动修编储备项目。编制配网典型施工工艺图册，分区域打造典型样板工程，提升现场施工工艺水平。推动供电质量问题治理，对客户反映的供电质量问题溯源分析，挂牌督办，建立增量问题动态治理机制。

配网精益化运维水平提升。应用新装备拓展不停电作业类型和范围，加快低压不停电作业推广应用。优化调整台区平均停电时长指标体系，推进频繁停电线路整治，2022 年累计完成 930 条 10kV 线路整合治理，故障次数同比下降 45%。

优化用电营商环境。提升“获得电力”水平，落实国家电网公司和省政府稳经济发展若干措施，研究出台 9 条具体举措及 20 条细化任务，助力企业纾困解难。促成省政府及 11 个设区市政府全部出台接入工程费用分担机制。优化业扩配套工程管理，出台《进一步简化 10kV 及以下业扩配套电网项目管理流程加快工程建设速度实施方案》，贯通营销业务系统和配网工程建设管控系统。

深化量价费损精益管理。强化计量精益管理，率先在国内建设先进理念的“五线一库一系统”，规范构建代理购电业务体系，推动政府出台代理购电交易规则，确保代理购电业务合规开展。优化抄核收管理，9 月份实现全省采抄一体化，全量 260 万工商业用户电费结算省级集约，完成 2400 余万全量客户电费核算省级集约。挖潜增效成效显著，整改问题 1.22 万个，挽回经济损失 2.14 亿元。

科技与信息化 以实用实效为原则推进数字化建设，建成电网资源业务中台，在国家电网系统第三个省份实现 HPLC 智能电表全覆盖。初步实现“动态电网一张图”和“七个自动化”数据应用，提升工作效率，减轻了基层负担。落实江西省数字经济“一号发展工程”，主动承建全省能源（电力）大数据中心，建成本部数字化展厅。开展“惠企稳岗保运行”电量实时监测、“电力看经济”等大数据分析，为政府决策提供精准数据支持。输电数字化运维关键技术等 11 项科研成果荣获省部级和国家电网公司奖励。

优质服务 应对夏季最高温度、最少水电、最大负荷、最长时间“四最”叠加考验，在全国十余个省份缺电的情况下，江西省夏季仅实施 5 天错峰避峰用电。建成新型电力负荷管理系统，政府授权设立省、市两级电力负荷管理中心。提升“获得电力”水平，全省 160kW 及以下用电容量小微企业“三零”服务全覆盖，节约社会办电成本 7.87 亿元。服务“六稳”“六保”，出台保安全、稳经济、促发展 9 条具体举措及 20 条细化措施。服务乡村振兴，实施农网巩固提升工程和乡村电气化项目，“电力爱心超市”典型做法得到中央乡村振兴考评组肯定。保障抗疫抗旱用电，完成党的二十大等保电任务。

党的建设和精神文明建设 认真学习宣传贯彻党的二十大精神，迅速掀起学习宣贯热潮。深入实施“旗帜领航”党建工程，深化专业领域“党建+”工程。推进“五型五优”一流本部建设，健全公司党校管理制度。关心关爱员工，累计建成职工诉求中心 122 个。严格落实离休干部、新中国成立前老工人相关政策，开展电力保供等主题传播。

2022 年，1 人荣获“全国职工职业道德建设标兵个人”称号，1 人被评为全国青年岗位能手，1 人被评为国家电网公司特等劳模。同时，1 人当选党的二十大代表，1 人当选全国人大代表，1 人当选省政协常委，4 人分别当选省人大代表和省政协委员。

深化大学习大运用。贯彻中央部署，落实国家电网公司党组、江西省委工作要求，深入开展党的二十大精神学习研讨、宣传宣讲、教育培训、研究阐释工作。坚持运用党的创新理论蕴含的立场观点方法，破解“八新一保持”发展路径落地实践中的突出问题，推动使命任务、发展愿景、方略、路径和目标成为干部员工普遍共识和自觉行动。

健全完善党建协同机制。建立健全以落实“责任制”为龙头的党建协同机制，实施党建工作分层分级管理，实现工作上下贯通、左右协同联动。优化党建综合考评体系、党组织书记抓党建履责评价体系。实施党建重点工作里程碑节点计划管理。

增强支部组织力、战斗力。落实同质化管理要求，着力加强省管产业单位党的建设。丰富方式载体，推进党建赋能，坚定“八新一保持”发展路径，压实各专业部门、基层党支部“党建+”工程责任，加强党员突击队建设，开展党员服务队“一月一服务活动”，创建党员责任区、示范岗，凝聚党员智慧力量攻坚克难、创新创效。

提升党委领导力、公信力。围绕建设“四优”领导班子，深入贯彻党委加强领导班子作风建设意见，制定修订领导班子和领导人员政治素质考察办法、年度综合考评办法，促进履职担当。加强组织人事制度体系建设，优化领导班子运行机制，健全议事规则和决策程序，提升领导班子运行水平。扎紧管理监督“铁篱笆”，发挥纪检监察、巡视巡察、审计信访、档案检查作用，落实重大事项报告制度，促进各级领导班子做到依法合规、公平公正、廉洁从业。

提升“三支队伍”建设水平。围绕建设“五过硬”领导人员队伍，落实党委关于加强领导人员队伍建设意见，坚持鲜明的选人用人导向，优化领导人员队伍结构、培养路径。加强专业技能队伍建设，围绕融合型机构及复合型岗位体系，提升员工承担核心业务的履职能力。加强专家人才队伍建设，实施高端人才引领、电力工匠塑造、青年人才托举“三大工程”，常态化运营“赣电高层次人才之家”。

深化纪律作风建设。坚持纪律作风从严的工作基调，突出加强对“两个红线规定”执行情况的监督检查，综合运用“四种形态”，坚决查处领导人员和关键岗位人员虚列项目、虚套建设资金、违规收费、违规经商办企业等问题，严肃查处工程项目、工作业绩、指标数据弄虚作假以及应付执行党委决策部署等问题。制定党委巡察工作五年规划。

提升各类监督协同贯通水平。落实协同监督工作规则（试行），凝聚监督合力。围绕工程建设、供电服务、省管产业等重点领域，剖析整治违规违纪共性问题，形成更多的管理机制、制度固化成果。

（钱　冰）

【国网四川省电力公司】

企业概况　国网四川省电力公司（简称国网四川电力）是国家电网公司的全资子公司，主要负责四川境内国家电网的规划建设、运营管理和电力供应。2022年，国网四川电力全年发展总投入290亿元；售电量2923亿kWh，同比增长5.9%（以下均为同比）；营业收入1593亿元，增长19%；利润2.08亿元，实现翻番；资产总额1808亿元，增长3%；资产负债率68.34%，下降0.5个百分点；线损率6.79%，下降0.4个百分点；职工劳产率67.6万元/（人·年）。

领导班子　2022年，国网四川电力领导班子成员有部分调整。3月24日，原董事、党委副书记、副总经理刘勇调离，杜蜀薇由国网大数据中心调任董事、党委副书记（二级单位正职级），原党委委员、副总经理王永平转任三级顾问，明自强提任总工程师；12月7日，陈强由国网成都供电公司调任党委委员、副总经理，明自强调整为党委委员、副总经理。

调整后的领导班子成员为：

董事长、党委书记：谭洪恩

董事、总经理、党委副书记：胡海舰

董事、党委副书记（二级单位正职级）：杜蜀薇

副总经理、党委委员：谭志红

总会计师、党委委员：温振龙

副总经理、党委委员：陈云辉

职工董事、党委委员、工会主席：左宇龙

党委委员、纪委书记：寇剑波

副总经理、党委委员：肖杰、陈强、明自强

组织机构　截至2022年底，国网四川电力本部职能部门24个，全资二级单位40家（其中发供电企业24家、直属单位16家）；控股单位1家，参股单位3家，上市公司3家；县级供电企业152家（全资县供109家、控股县供43家）。

人力资源管理　队伍素质稳步提升。健全高端人才选拔培育机制，新增19名省部级及以上高端人才，其中全国技术能手1人、国家电网首席专家3人，实现零的突破。在国家电网系统首家试点开发5大专业、56个技能岗位能力标准，首家完成首席和特级技师在省人社厅试点备案，首家建成可独立招收博士后研究人员的工作站，院士工作站被授予“四川省优秀院士（专家）工作站”。开展“大培训、大比武、大提升”活动，克服疫情、高温保供电等因素影响，完成99.23万人天培训，超额完成国家电网计划11%，全员培训率指标居国家电网系统第三。

组织岗位持续完善。优化本部部门管理职能与处室设置、社保和应急管理模式调整，完成成都地区500kV属地化机构优化，成立特高压交流分部，组建特高压工程等实体化柔性团队，推动“村网共建”创新农村供电服务组织模式，典型经验入选国网工作动态。制定囊括7类大项、13个中项、42个小项的新版定员定额标准，科学制定各级关键岗位参考目录，核定600个非领导职务关键岗位。

用工配置持续优化。实施“技能定向”补员计划，不断优化侧重不同、各有所长的“三支柱”用工体系，2022年补充常规高校毕业生873人、技能定向生70人、藏区彝区三定生154人、三新供电服务公司定向生168人。选派63人赴藏区彝区开展新一轮对口帮扶，滚动保持内地劳务协作援助甘孜112人。将“人效”指数纳入业绩考核和县供综合能力提升指标体系，客观评价劳动效率。在国企改革三年行动期间通过竞聘方式完成1706个岗位配置，压减全口径用工6127人。

绩效考核更趋精准。将经理层成员经营业绩考核与各级单位业绩考核有机衔接，省市县三级859名经理层成员“一人一书”签订年度和任期经营业绩责任书，抓实“三项制度”改革的“牛鼻子”。修订印发各类业绩考核办法和方案，细化“电力保供”等关键指标，持续开展业绩分析，优化“人资看板”，加强指标过程监控，促进各专业常态化开展业绩冲刺、靶向发力。承接国家电网绩效专业揭榜任务，作为柔性团队组长单位牵头开展国家电网员工奖惩方面的系列工作。

薪酬激励不断深化。在国家电网系统首批试点新版岗位绩效工资制度，明确各级专家人才薪酬待遇新标准，加大生产一线、艰苦边远和关键核心岗位专项激励，典型经验在《国家电网报》宣传推广。出台创新成果转化激励实施细则，规范了转化范围、流程、激励标准，形成转化激励长效机制。岗位分红中长期激励纳入国资委科技型企业激励机制试点，激励技术研究、工程建设、科技管理3大专业、10类岗位、175人，典型经验入选国家电网国企改革三年行动案例集。

福利保障更暖人心。福利计划总额实现较高水平增长，福利项目结构优化，修订完善食堂经费、体检、

疗养管理办法，实施福利预下达机制，福利项目实施时序优化。试点建设国家电网“健康职场”，获国家卫健委优秀案例奖。首创“大健康”管理体系，建成企业级“健康管家”，典型经验在国家电网层面推广。修订完善企业补充医保办法，适度加强关键人才、一线人员的医疗保障。用好用足国家惠企利民社保政策，完成全员社保账户风险自查互查。

人资数字化初现成效。开展人资数据融合、共享服务、业务协同、决策辅助四大数字化工程顶层规划，制定“三年跃升”工作计划，夯实人资数字底座、业务动态贯通和运营决策支撑。初步建成专家人才应用系统，在资阳、超高压、信通公司试点开展数据规则完善和数据采集。建成业绩考核管理及数字化应用系统，提高对考核指标数据的精准综合分析。

电网建设与发展 凝聚各方共识，加快推进特高压枢纽电网和500kV“立体双环网”。

发展环境持续优化。促成四川省委书记、省长多次研究电力发展问题并向国务院书面报告，四川省委十二届二次全会专题部署能源保供和转型工作，四川省政府组织召开全省电网重大工程项目推进会、印发2022—2025年四川省电源电网发展规划，德阳、眉山、达州、泸州、宜宾、广元、巴中等地出台电网建设支持政策，电力发展得到各级党委政府的重视。

前期工作取得突破。具有里程碑意义的川渝特高压交流工程创造最快核准纪录并开工建设，阿坝特高压交流完成预可研，成都、川南“立体双环网”方案得到政府认可，金上—湖北特高压直流、攀西电网优化等106项110kV及以上工程取得核准、增长1.5倍。

重点工程全面提速。白鹤滩—江苏、白鹤滩—浙江两条“西电东送”大动脉投产，新成昆铁路供电工程提前半年建成，19项迎峰度冬保供工程如期投运。实施农村电网巩固提升工程，4个项目入选“国家电网百佳标准化示范工程”。国网四川电力送变电建设有限公司承建的2个项目获中国电力优质工程奖、1个项目获国家优质工程金奖。国网四川电力物资公司、国网四川电力建设分公司克服困难，保障重点工程建设投产。

经营管理 推进“质效共建、强优川电”精益管理工程，全年增效近30亿元。

增收节支成效明显。促成政府建立省间外购电成本疏导机制，疏导购电成本超80亿元。业扩报装净增容量2737万kVA、增长6.1%，电能替代电量166亿kWh，增长9.5%。压降带息负债节约利息超1.7亿元。三年以上长期挂账工程见底清零。物资利库利仓19.8亿元。稽查管控、反窃查违、高损台区治理增效7.3亿元。电费回收率保持100%。提质增效案例入选国务院国资委首批世界一流财务管理典型经验。国网成都供电公司、国网绵阳供电公司、国网内江供电公司、国网广安供电公司、国网遂宁供电公司等单位加强成本管控，投入产出效率提升。

产业发展稳步推进。省管产业实现营业收入265亿元，利润近5亿元，增长1.6倍。综合能源售电业务规模实现翻番。电动汽车充换电量23亿kWh，增长68%。成立国家电网公司首批“电e金服”中心，产融协同规模超590亿元，居国家电网公司前列。

各类风险防控有力。完成“三审计一巡视”迎审迎检任务，整改成效得到国家电网公司督导组肯定。开展“合规管理强化年”专项行动，业务合规风险、违法违规问题防控实现全覆盖。严肃财经纪律，排查整改问题102项。开展省管产业专项整治“回头看”，整改重点问题313项。统筹研究，强化督办，推动小水电治理、农电体制改革等历史遗留问题“破冰”。政企协同，加强引导，化解抗旱保电等重要时间节点舆情稳定风险。

安全生产 学习贯彻习近平总书记关于安全生产的重要指示批示精神，坚持“人民至上、生命至上”理念和安全发展主线，严格落实全国、全省安全生产电视电话会议、国家电网公司安全生产工作会部署，按照国网四川电力七届一次职代会暨2022年工作会等具体安排，落实国网四川电力2022年度安全生产工作实施意见，克服持续反复的疫情、60年不遇的极端高温干旱灾害、连续三次6级及以上强震等困难挑战，以及上半年眉山“4·16”人身事故带来的负面影响，采取一系列硬措施，全力抓安全、稳安全，迅速扭转安全生产被动局面，完成电力保供、抗震救灾等急难险重任务，确保电网安全稳定运行和电力可靠供应。

保供大考展现担当。顶住迎峰度夏“四最”叠加压力，坚持人民至上，发挥集中力量办大事的体制优势，全力以赴保障大电网安全和民生用电。未雨绸缪、多向发力，确保迎峰度冬形势总体平稳。国网成都供电公司、国网乐山供电公司、国网绵阳供电公司、国网天府新区供电公司、国网南充供电公司等21家单位建成政府牵头、企业履责、社会助力的保供电协调机制，国网四川省电力公司特高压直流中心、国网四川省店里公司超高压分公司、国网四川映秀湾电厂加强安全管理，共同守护万家灯火。

抗疫救灾有力有效。高效应对芦山、马尔康、泸定三次强震，以及雨雪冰冻、山火等灾害，以最快速度恢复受损电力设施，得到中央领导、四川省委省政府和国家电网公司党组的肯定，作为唯一基层企业在全国电力安全生产会议上得到国家能源局的点名表扬，电力应急中心参与国家电力应急能力建设督查调研，国网雅安电力（集团）公司、国网阿坝供电公司、国网泸州供电公司获评省抗震救灾先进集体。因时因势调整疫情防控措施，做到“两保三不断”。

安全管理持续加强。开展“向违章开战、向陋习说不，反麻痹、守纪律，保人身安全”专项行动，保持违章检讨、末位剖析惩戒的高压态势，迅速扭转安全生产被动局面。安全生产专项整治三年行动收官。预警管控五级及以上电网风险509项、二级作业风险270项。信息通信公司加强网络防护，拦截网络攻击322万次。完成北京冬奥会、冬残奥会、党的二十大等重大保电任务。

营销工作 2022年，面对前所未有的电力保供压力、突如其来的暴雨山洪、地震灾害和多轮疫情袭扰，营销系统深入践行“12333”发展战略，多措并举保供电、优服务、提质效、拓市场，推动营销工作实现新提升，取得新成绩。全年完成售电量2923亿kWh，同比增长5.9%。疫情影响下，近三年售电量平均增速仍达10.26%。全年业扩报装净增容量2737万kVA，同比增长6.1%。电能替代电量166亿kWh，同比增长9.5%。市场占有率93.86%。实现当年电费回收100%。

国家重大决策部署落实。旗帜鲜明讲政治，履责担当促发展。服务“六稳”“六保”大局，对受疫情影响经营困难的小微企业和个体工商户推行“欠费不停电”做好客户侧保电，完成成都世乒赛等重大保电任务。平稳应对疫情期间多地静态管理，保障2000余个防疫场所用电，未发生服务舆情。高效应对芦山、泸定、马尔康强震，迅速开展用电安全隐患排查，保障指挥部、安置点等重点场所用电需求。有效治理服务问题短板，开展国家能源局“获得电力”综合监管问题整改，清理供电环节不合理收费，开展供电服务领域突出问题专项整治，“三指定”“体外循环”等沉疴顽疾得以纠治。

电力营商环境优化。以政企贯通、服务线上为抓手，以实际行动做好电力先行官。做实“三省”“三零”服务，深化“放管服”改革，国网四川电力范围内160kW及以下小微企业“三零”服务实现全覆盖。提高办电速度，高、低压办理环节分别从7个、4个压减至4个、2个。形成全国首个跨省办电样板，实体化运行川渝高竹新区供电服务中心，推行“一口对外、一站办理、一体化服务”，实现“渝电业务四川办”。实现政企数据融合贯通，实现居民刷脸办、企业一证办、涉电审批并联办、水电气联合报装，实现数据多跑路、群众少跑腿，获评四川省“一件事一次办”服务样板工程。

完善现代供电服务体系。构建以人民为中心的现代供电服务体系。服务手段不断丰富，首创“村网共建、社网共建”服务模式，配置2万余名客户经理驻点178个市县政务大厅、2303个乡镇便民服务中心和2.5万个党群活动中心，推动与政府基层治理双长融合。线上办电率、交费率分别达到99%、93%，在国家电网公司排名前列。

助力乡村振兴发力。立足资源禀赋，服务新时代“三农”工作。夯实乡村电气化基础，近三年投入129亿元补齐农网“历史短板”，培育出雅安“蒙顶茶”电气化园区、攀西电烤烟等乡村电气化示范点。建成郫都区战旗村、喜德县阿吼村等53个国家电网和省公司级示范村。实现村民稳定增收，首创在彝族地区成立农业公司，指导发展川贝母、彝绣等特色项目，“丽火”“彝兴”绿色品牌获国家电网示范项目，年销售额突破千万，阿吼村帮扶产业分红大会两次在央视直播。助力乡村人才振兴，创新组建“连心桥智援团”，被表彰为“四川省十佳志愿服务组织”，帮扶村69名学子圆梦大学，智援团事迹拍摄为TVB纪录片《无穷之路》。国网四川电力定点帮扶连续6年被四川省委评为“优秀”，2个集体和1名个人被表彰为全国脱贫攻坚先进，数量居国家电网公司第一。

科技管理与创新 围绕发展大局，坚持创新引领，助力四川电网转型发展，各项工作取得显著成效。获得省部级及以上科技奖励21项，其中第二十三届中国专利奖优秀奖1项；2022年度中国电力科技进步奖一等奖1项，二等奖1项；2021年度四川省科技进步奖一等奖1项，二等奖2项，三等奖7项；2022年度国家电网公司科学技术二等奖3项，三等奖5项。申请专利673件，其中发明专利524件，获得专利授权550件，其中发明专利239件。牵头制定的2项IEEE标准、4项国家标准、4项电力行业和团体标准获批发布，另发布23项参与技术标准。

优化创新体系，激发创新活力。健全科技管理规章制度，编制印发《进一步规范科技项目负责人制的实施意见（试行）》等规章办法，将科技项目分为重点攻关、常规科技和青年人才项目，进行分类管理，试行重点攻关项目指南申报和“揭榜挂帅制”，探索群创项目申领制，建立好中选优的项目立项申报机制，营造公平竞争的环境氛围，激发科研人员创新积极性。

攻关重点项目，取得重大突破。牵头的“分布式光伏与梯级小水电互补联合发电技术研究及应用示范”国家重点研发计划项目以“优秀”成绩通过国家工信部产业促进中心综合绩效评价，项目成果入选2022年度四川省十大科技新闻。首次参与国家电网公司新型电力系统科技攻关行动计划2022专项重大项目2项，牵头立项国家电网公司科技项目10项。

发掘内外潜力，搭建创新平台。成立全国首个省级新型电力系统研究平台——四川省新型电力系统研究院。按照四川省委省政府将天府永兴实验室打造为全国领先的碳中和技术创新策源地和产业发展“引擎”要求，作为天府永兴实验室理事单位，国网四川电力参与其新型电力系统研究中心建设。“输变电设备地震及地质灾害运行与检测技术实验室”和“中小型变速抽水蓄能运行控制及多能互补技术验证实验室”获得第一批国家电网公司实验室命名，数量位于省级公司前列。

培育重大成果，促进专利转化。“电力科普系列著作及其多维作品推广普及”“基于先进磁电传感器件的电气设备状态感知关键技术及应用”2 项重大科技成果连续 2 年获得四川省政府科技进步奖一等奖。发明专利“共用远程增益单元的双向遥泵传输系统”获得第二十三届中国专利奖优秀奖。推进 36 件专利的成果转化应用，签订转化合同 30 项。完善科技成果转化机制，制定并发布《创新成果转化激励机制建设指导意见》。

建设标准基地，推进国际标准。制定并发布国家标准 4 项；获批立项 2 项 IEEE 国际标准，正式发布 2 项 IEEE 国际标准，其中《输电通道地质稳定性评价导则》是首部跨电网和地质领域的国际标准。IEC“极端自然环境及灾害下的电力设备标准化”系统评估组完成国际工作组的组建，IEC PC127“电力厂站低压辅助系统”向国家市场监督管理总局提报 2019—2021 年工作考评报告，自评结果为最高等级一级。“电力系统厂站低压用电技术”全国标准化工作组（SWG21）首次发布 2022 年“全国电力系统厂站低压用电技术”标准体系。

优质服务 加强客户诉求渠道服务质量管理，强化网格化服务及电子渠道服务质量管理，充分发挥 95598 热线及网站、网上国网服务主渠道功能，规范网格化服务渠道和自建电子渠道服务行为，持续提升服务质量，延伸服务半径，促进信息沟通到位。夯实“线上服务入户、线下服务进村进社区”现代供电服务新体系建设，实现网格化驻点服务全覆盖。

党的建设和精神文明建设 学习贯彻党的十九届六中、七中全会和党的二十大精神，贯彻落实国家电网公司党组决策部署，深化实施“旗帜领航”党建工程，扎实推进“旗帜领航　提质登高”行动计划，大力建设新时代“先锋川电”，党建工作取得显著成效。牢记党的宗旨，坚定人民立场，川电铁军全力以赴、全员应战，全面打赢迎峰度夏“高温干旱”“抗震救灾”“疫情防控”三大战役，得到国家电网公司党组和四川省委省政府主要负责同志高度肯定。1 名党员当选党的二十大代表，3 名党员当选四川省第十二次党代会代表，2 个组织获评全国“最佳志愿服务组织”，1 名员工获评全国“最美志愿者”，18 个青年集体和 18 名个人受到省部级以上团内表彰，布拖换流站青年集体获辛保安董事长回信赞许和鼓励。

主要事件

1 月 10 日，全国首个省级新型电力系统研究平台——四川省新型电力系统研究院有限公司成立。

1 月 17 日上午，国网四川电力支援北京冬奥会供电保障队在公司本部举行出征仪式。保障队将对口支援国网北京石景山、大兴供电公司开展保电工作。

1 月 25 日，国网四川电力获评全国“七五”普法先进单位。

1 月 29 日上午，四川省委书记彭清华到 110kV 吉庆变电站慰问电力员工。四川省委常委、成都市委书记施小琳，四川省人大常委会副主任、省委秘书长王一宏，四川省副省长陈炜；国网四川电力董事长、党委书记谭洪恩陪同慰问。

3 月 2 日，四川省委常委、常务副省长罗文带领省直相关部门负责人前往国网四川映秀湾电厂，实地调研指导国网四川电力系统水电安全管理工作。

3 月 9 日 20:00，CCTV－12 综合频道播出由中央广播电视总台和国家乡村振兴局联合摄制的《奋斗新征程——2022 年全国乡村振兴特别节目》，国网凉山供电公司员工王小兵登上央视舞台。

3 月 22 日，在中央宣传部、中央文明办等部门和单位共同组织开展的 2021 年度全国学雷锋志愿服务“四个 100”先进典型宣传推选活动中，国网四川电力“张思德服务联盟”“小桔灯”青年志愿者服务队获评全国“100 个最佳志愿服务组织”，员工蒋小康获评全国“100 个最美志愿者”。

3 月 25 日，国网四川电力 10 项科技成果获得 2021 年度四川省科技进步奖，其中独立申报的“电力科普系列著作及其多维作品推广普及”项目荣获科技进步奖一等奖，这是四川省科普类项目首次获得科技进步奖一等奖。董事长、党委书记谭洪恩作为获奖项目代表参加会议。

3 月 30 日，四川骨干电网 58 座 500kV 变电站全部纳入集中监控，四川电网结构再次优化，四川夏季用电高峰及大运会电力可靠供应得到保障。

4 月 11 日，国网四川电力召开干部任免宣布会。董事长、党委书记谭洪恩主持会议并讲话，总经理、党委副书记胡海舰及在蓉公司领导出席会议。谭洪恩宣读了国家电网公司党组干部任免文件：杜蜀薇任国网四川电力董事、党委副书记（二级单位正职级）；免去刘勇的国网四川电力董事、党委副书记、副总经理职务；王永平任国网四川电力三级顾问，免去其国网四川电力副总经理、党委委员职务；明自强任国网四川电力总工程师。

4 月 15 日，成都大运会赛事场馆的电力配套建设工作全部完成，比赛涉及的 53 个场馆实现 100%清洁用电，最大程度践行“绿色大运”理念。

4 月 21 日，由国网四川电力主持编制的国际标准《IEEE 输电通道地质稳定性评价导则》由 IEEE（国际电气与电子工程师协会）正式发布，这是国际首部跨电网和地质领域的国际标准，填补了国际上输电通道地质稳定性标准化的空白。

4月24日，新华社发布英文版通稿《世界大运会主办地四川的绿色动力》。

4月30日—5月4日，在白鹤滩—江苏±800kV特高压直流输电工程送端站±800kV建昌换流站内，国网四川电力科学研究院顺利完成站内500kV GIS设备增强型耐压试验和雷电冲击试验，标志着国网四川电力首次完成了国内高原地区500kV GIS设备增强型绝缘性能检验。

5月13日，全球首个梯级水光蓄互补电站在阿坝藏族羌族自治州小金县并网运行。作为国家重点研发计划项目的示范工程，该系统的投产，实现了国内首台变速恒频可逆式抽蓄机组全功率运行，攻克了梯级水光蓄互补联合发电系统容量优化配置及接入、联合运行控制与智能调度等世界性难题。

6月13日16:00，四川电网±800kV复奉、锦苏、宾金三大特高压直流输电线路及±500kV德宝直流（四川段）输电线路为期40天的隐患排查工作全部结束。

6月13日，国家电网公司董事长、党组书记辛保安，总经理、党组副书记张智刚，副总经理庞骁刚，副总经理陈国平对国网四川电力在四川省阿坝藏族羌族自治州马尔康发生多次地震后，积极开展抗震救灾及高考保电等工作表示肯定。

6月14日，川渝首个跨省办电机构——川渝高竹新区供电服务中心正式运行。

6月23日4:10，苏洼龙水电站500kV送出工程成功送电。

7月1日，途经四川、重庆、湖北、安徽、江苏5省市，全长2080km的白鹤滩—江苏±800kV特高压直流工程（简称白鹤滩—江苏工程）竣工投产。从此，位于川滇交界之处的白鹤滩水电站发出的绿色电能，仅需7ms便能到达千里之外的江苏。

7月31日24:00，国网四川电力完成7月售电量290.87亿kWh，同比实际增长19.79%，刷新了公司单月售电量最高纪录。

8月16日，国家电网公司董事长、党组书记辛保安，总经理、党组副书记张智刚视频连线国网四川、重庆、安徽、湖北电力，了解当前保供电形势和工作情况，慰问奋战在一线的干部职工，部署下一步保供电工作。

8月17日，四川省委书记王晓晖前往国网四川电力调研全省电力供应保障、迎峰度夏工作情况，省领导陈炜、罗强、田庆盈等参加调研。

8月21日，四川启动突发事件能源供应保障一级应急响应，国家电网公司调集13省（市）驰援四川的大容量应急发电车和自有发电车至地方电力供区，与地方电力公司一道开展应急供电保障，确保全省居民生活用电。

8月29日0:00，国网四川电力负荷管理措施全部清零，四川省恢复正常电力供应。

8月29日，四川省委副书记、省长黄强视频拜会国家能源局党组书记、局长章建华，双方就能源保供工作进行交流探讨。国网四川电力董事长、党委书记谭洪恩作工作汇报，总经理、党委副书记胡海舰参加视频拜会。

8月30日，国家电网公司董事长、党组书记辛保安与四川省委副书记、省长黄强举行视频会谈。

9月5日12:52，四川甘孜泸定县发生6.8级地震。国网四川电力立即启动地震Ⅱ级应急响应。22:50，地震二级应急响应升级为一级应急响应。

9月6日下午，四川省“9·5”泸定地震抗震救灾省市（州）县前线联合指挥部成员、国网四川电力抗震救灾应急指挥部总指挥谭洪恩前往雅安市石棉县指导公司抗震救灾工作，现场向四川省委书记王晓晖汇报电力抢险救灾情况，并看望慰问奋战在抗震救灾一线的电力员工。

9月8日，四川省委副书记、省长黄强赴雅安市石棉县指导抗震救灾工作，肯定国网四川电力反应敏捷、行动迅速、措施有力，为抗震救灾工作提供了有力的用电保障。

9月9日，国家电网公司董事长、党组书记辛保安，副总经理、党组成员陈国平视频连线国网四川电力，了解抗震救灾保供电进展情况，慰问一线干部员工。

9月12日19:00，国网四川电力终止泸定地震Ⅰ级应急响应，转入后续抗震保电和电网灾后重建工作。

9月29日，中国西南地区首个特高压交流工程——国家电网公司川渝1000kV特高压交流工程正式开工。工程新建四川甘孜、天府南、成都东和重庆铜梁4座特高压变电站，变电容量2400万kVA。新建双回特高压线路658km，总投资288亿元，计划于2025年夏季高峰前投运。

10月13日，金上、川渝特高压工程及攀西电网优化工程区域项目部授牌仪式在国网四川电力建设分公司举行，标志着四川电网“两特一优”工程建设准备工作拉开帷幕。

10月16—22日，中国共产党第二十次全国代表大会在北京胜利召开，国网四川电力党委书记、董事长谭洪恩作为党的二十大代表参加大会。大会闭幕后，国网四川电力党委迅速兴起学习宣传贯彻党的二十大精神热潮。

10月20日，国网四川电力全电磁暂态超算中心揭牌仪式在国网四川电力科学研究院举行，这标志着国内首个基于云计算架构，省级电网规模最大、算力最强的全电磁暂态仿真平台正式投入运行。

11 月 7 日，川渝 1000kV 特高压交流工程、金上—湖北±800kV 特高压直流工程推进会在甘孜藏族自治州人民政府举行。

11 月 15 日，国家电网白鹤滩—浙江±800kV 特高压直流输电工程全线贯通。

11 月 23 日，国网四川电力和华为技术有限公司举行基于数字化转型的深化合作框架协议签署仪式。

12 月 1 日，四川省人民政府印发《四川省电源电网发展规划（2022—2025 年）》，明确四川省未来三年电源电网发展的主要任务、重大工程和改革举措。

12 月 5 日，国网四川电力召开援藏援彝十年工作总结及推进会，全面总结十年工作成效，启动新一轮帮扶人员选派工作，推进“三州”地区供电企业管理水平再提升。

12 月 30 日，国家电网公司召开白鹤滩—浙江±800kV 特高压直流工程竣工投产大会，白鹤滩—浙江工程起于四川省凉山州白鹤滩换流站，止于浙江省杭州市浙北换流站，途经四川、重庆、湖北、安徽、浙江等 5 省（市），额定输电容量 800 万 kW，线路全长 2121km，总投资 299 亿元。

12 月 30 日，四川省委常委、常务副省长李云泽前往国网四川电力，调研全省电力供应保障、迎峰度冬工作情况，并看望慰问公司干部员工。

（李　庆）

【国网重庆市电力公司】

企业概况　国网重庆市电力公司（简称国网重庆电力）于 1997 年 6 月 6 日随重庆直辖成立，是国家电网公司的全资子公司，负责重庆电网规划建设、运行管理、电力销售和供电服务工作。经营区域覆盖全市 38 个区县，供电面积 7.9 万 km^2，服务人口约 3000 万人，用电客户 1734.3 万户。本部设 22 个部门，下设二级单位 45 个，其中供电公司 31 个，业务支撑和实施机构 14 个，员工约 3.1 万人。2022 年售电量 1108 亿 kWh，同比增长 5.6%；完成发展投入 97.97 亿元；营业收入 657.2 亿元，同比增长 18.5%；资产总额 873.4 亿元，同比增长 11.4%。

2022 年，出台电力资源统筹调度、工商业分时电价、电力设施保护等一系列有利政策，服务民生改善。川渝特高压工程正式核准开工，特高压白江线、白浙线工程重庆段建设持续领先并率先贯通。经营业绩实现历史性提升，创新小微企业“用电套餐”和水电气讯“四个一”联合报装服务。打造“渝中半岛全景感知山城电力动脉”等 8 大典型示范场景，在解放碑、江北城、长嘉汇建成西南地区首个计划停电零感知区，投运西南规模最大客户侧储能站、重庆首个零碳供电所等试点示范工程。1 人当选党的二十大代表，因公殉职的刘军入选 2021 年度“感动重庆十大人物”，1 家单位荣获“全国职工职业道德建设标兵单位”称号，500kV 金山站荣获中国建设工程鲁班奖，“获得电力”指标入选“全国标杆”。

领导班子

董事长、党委书记：周雄

董事、总经理、党委副书记：胡江溢

董事、党委副书记：徐韬

职工董事、党委委员、工会主席：何建军

副总经理、党委委员：何永胜

副总经理、党委委员，国网重庆市区供电公司总经理、党委副书记：张捷

副总经理、党委委员：朱晓岭

党委委员、纪委书记：王文周

总会计师、党委委员：毛育冬

副总经理、党委委员：刘欣宇

总工程师：胡可

三级顾问：李随东

电网建设与发展　重庆电网是国家电网和西南电网的重要组成部分，也是西部水电外送唯一的超高压交流通道，对国家资源优化配置起着重要的支撑作用。重庆电网东部通过四回 500kV 线路与湖北电网联系，西部通过六回 500kV 线路与四川电网相连，每年约 1/3 的电力电量需要从外部购入。电网负荷主要集中在中西部，形成渝东北、渝南火电和渝东南水电三大电源中心以及川渝联络线向渝西负荷中心供电的格局。500kV 分为 11 个片区运行，220kV 中西部集中了网内大部分重载设备，网络联系相对紧密。近年来，重庆 500kV、220kV 电网规模持续扩大，形成了以 500kV 网络为骨干结构的省级电网，以 220kV 网络为支撑的地区电网，呈“两横三纵”结构，具备较强的抵御安全风险能力。

截至 2022 年底，重庆电网有五条±800kV 特高压直流输电线路（复奉线、锦苏线、祁韶线、建苏线、金塘线）过境，总长 1338.2km。500kV 变电站 18 座（含奉节串补站），变电容量 3428.4 万 kVA；220kV 变电站 110 座，变电容量 4488 万 kVA；220kV 及以上线路长度 13629.7km，其中 500kV 线路长度 3775.6km，220kV 线路长度 8515.9km。

国网重庆电力调度全年发受电量 1194 亿 kWh，同比增长 6.28%；发电量 848 亿 kWh，同比增长 2.74%；外购电量 349.6 亿 kWh，同比增长 16.9%。最大负荷 2856 万 kW（8 月 24 日），同比增长 15.02%；实施负荷管理措施后实际最高负荷 2564 万 kW（7 月 13 日），同比增长 5.3%；日最高用电量（7 月 13 日）5.4 亿 kWh，同比增长 8.51%；日最高负荷和用电量均创历史新高。最大峰谷差 1004.96 万 kW（7 月 26 日），同比降低 33.62%；用电平均峰谷差 568.57 万 kW，同比降低

43.58%；最大降温负荷 1313 万 kW，同比增长 19.36%，降温负荷占最高负荷的比重为 51.2%。

围绕重庆发展“新蓝图”，为建设社会主义现代化新重庆提供坚强的能源支撑。全国正处于新一轮缺电周期，重庆电力电量存在双缺，必须统筹发展和安全、保供和转型，满足全市保供电、惠民生、促转型、助发展对电力的需求。

科学编制“十四五”电力滚动规划，高质量开展重庆中长期电力保障方案研究。按照重庆特色新型电力系统建设规划，着眼成渝地区双城经济圈布局，推动以新能源为主体的新型电力系统构建。以特高压入渝为重点，构建源、网、荷、储多维协同的可调节资源库，促进能源绿色低碳转型。依托新一代信息技术和数据支撑，推动发、供、用设备互联。把握重庆电网低碳转型起步期，推动建设虚拟电厂、新能源运维等省级平台，结合网源特性及网架构建，科学规划新能源规模和电网布局。

川渝 1000kV 交流特高压工程获得核准并开工建设，铜梁 1000kV 变电站成为首个落地重庆的特高压站点。完成白鹤滩—江苏、白鹤滩—浙江特高压线路重庆段 662km 特高压线路工程建设，并一次性带电成功。“疆电入渝”的新疆哈密北—重庆特高压直流工程启动可研，各项设计论证工作已进入尾声。加快电网重点工程建设，新开工 110kV 及以上线路长度 1155.87km，变电容量 1152.8 万 kVA；投产 110kV 及以上线路长度 578.03km，变电容量 345.4 万 kVA。电网大中型输变电工程开工 71 项，投产 73 项。建成投运雨台山度夏工程及重庆发电厂 500kV 送出工程、220kV 圣双线增容改造等重点工程，投产垫江荣昌垃圾发电、奉节水电站以及丰都莲花山风电送出工程，建成投运东环线统景、郭家沱牵引站外部供电工程。金山 500kV 变电站荣获中国建设工程最高奖“鲁班奖”，镇安 220kV 变电站荣获中国电力行业优质工程，科兰 110kV 变电站获国家电网优质工程金奖。

安全生产 2022 年度夏期间，重庆遭遇极端高温干旱天气，最高温度、最少水电、最大负荷、最长时间“四”叠加，在此期间突发疫情、山火等灾害。国网重庆电力依托新型电力负荷管理系统，率先在全国实现省级层面中央空调负荷统一管理、统一调控，累计实施 28 天、39 万户次负荷管理措施。加强电煤协调，优化电网调度和机组检修安排。在来水历史最枯形势下，坚持“以水定电”控制水电发电量，维持水电顶峰出力。加强与国家电网公司及国网西南分部沟通协调，外购电力 860 万 kW。在国家电网公司的统筹指挥下，成功应对度夏期间历史罕见的高温、缺电、山火、疫情叠加冲击，确保全市电力供电有序平稳，守住了民生用电底线和电网安全生命线，得到市委市政府主要领导和国务院国资委、国家能源局等领导的充分肯定和高度评价。

2022 年，国网重庆电力全年发展投入 97.97 亿元，其中固定资产投资 87.4 亿元，同比增长 9.7%。开工投产一批重大电网工程，特高压白江线、白浙线工程重庆段建设持续领先并率先贯通。白鹤滩—浙江±800kV 特高压直流输电工程重庆段完成长江大跨越架线作业，白浙线重庆段渝 1 标段 92.3km 线路架线施工全部完成。西南地区首条交流特高压工程——川渝 1000kV 特高压联网工程开工建设，疆渝特高压工程即将完成可研，“特高压入渝”将在“十四五”期间得以实现。累计投入 1008 亿元，500kV“两横三纵”环网向“双环两射”过渡，110kV 及以上变电容量及输电线路长度分别增加 74%、59%，渝西 220kV 电网有力保障成渝双城经济圈建设，各级配网有效支撑新能源发展。国内首座架空平台式全户内 500kV 变电站——金山 500kV 变电站工程竣工投运，工程荣获中国建设工程“鲁班奖”。

2022 年，国网四川电力增强农村供电保障能力，投资 18.9 亿元巩固提升农村电网，新建和改造 10kV 线路 1392km，低压线路 1618km，配电变压器 1635 台，容量 29.44 万 kVA。工程惠及 16 个区县，137 个乡镇，310 个行政村，60 万余人。开展高故障线路、低电压台区治理和配网不停电作业等，减少停电 36.32 万 h • 户，惠及 82 万人。派出驻村干部 42 人，定点帮扶 23 个镇（村），惠及 18603 户共 70180 人。实施 23 个产业振兴项目，帮助转移就业 426 人，培训干部、技术人员 570 人次，采购农特产品 180 万元。引进城口、巫山等地区 83 个农产品上架“慧农帮”APP 线上销售，完成消费帮扶 1121 万元。建成 258 个数字化供电所，推广 500 个乡村电气化项目，挂牌成立 53 个红岩为民服务站，获评 4 个国家电网公司助力乡村振兴示范村，“高竹新区”初步建成成渝农电服务示范。2 个供电所入选国家电网公司百强供电所，长寿天桥 2 号台区等低压改造工程被授予国家电网公司配电网百佳工程，1 个集体和个人荣获重庆市乡村振兴定向帮扶先进。

人力资源 截至 2022 年末，全口径用工总量 30912 人，人才当量密度 1.08，现有国家电网公司级及以上专家人才 50 人，省公司级专家人才 73 人，正高级工程师 73 人、高级工程师及工程师 7916 人、技师及以上技能人才 8676 人，高技能人才比例 85.07%。

深化电力改革，组建国企改革三年行动高质量收官柔性团队，抓好国企改革三年行动收官工作，对 40

家基层单位同质化开展国企改革三年行动验收检查。总结国企改革三年行动和世界一流企业建设开展情况及成效，12 篇专业领域典型经验入选国家电网总部国企改革三年行动案例集。构建公司治理“1+12+2”制度体系，优化本部机构职责，探索组建渝东南、北区域分部组织新模式。开展全国统一电力市场建设相关研究。推动市内电网融合发展，统筹研究分析实施路径。推进电网支撑业务，推广“建设+运维”增值服务模式。推动人力资源数字化转型，借助人资 2.0 系统上线契机，整改完善机构人员系统数据累计 2 万余条。优化业绩考核体系，构建两级绩效“资金池”，常态开展全面绩效抽查和现场评价。坚持分类差异化设置指标，优化基层单位绩效考核结果分级规则。国家电网公司首批实现省公司级–地市公司级单位业绩考核指标的穿透监控。以三项制度改革助推“收入能增能减”，加强绩效日常管控，“点对点”穿透奖励考核。持续深入推进新一轮全员竞聘，范围拓展至中层领导、核心班组技能高岗。

推进全员全职业生涯管理，编制并实施《人才队伍培养建设纲要》。组织实施班组“千名骨干”培养，为特高压运维、信息数字化等专业培养业务骨干 233 名。持续加大线上、片区、外送等精准培训，全年开展培训约 10.96 万人天。推进“1+6+N”实训基地建设，建成以 1 个培训中心、2 个区域分部与 4 个业务单位为核心的全专业实训基地，实现主要工种实训场地全覆盖。实施人才“成蹊”行动，开展一线班组“千名骨干”培养，新增高级工及以上人员 3844 人。承办成渝双城经济圈等劳动和技能竞赛 19 项，10 人获评重庆市第六届“供电服务之星”。创建市级首席大师工作室 1 个，国家电网公司首席专家工作室 2 个；新增 2 名国家电网首席专家，1 名国家电网工匠；6 人被授予电力行业技术能手，1 人被授予国家电网公司技术能手，6 人入选重庆英才计划，累计新增省部级高端人才 31 名。

安全生产 压紧压实各级安全责任，落实 38 项措施，分解细化 56 项重点任务，全面完成全年 136 项重点工作。实施“1236”工程，完成整改专项整治三年行动问题隐患 3698 项。落实“签字画押”式问题隐患风险整改验收评价，提炼形成“2+9”专题专项整改报告，专项整治三年行动圆满收官。实施安全生产管理精益化提升年活动，启动安全管理体系（SGSMS）建设工作，形成 43 个程序文件，1300 余份运行手册及风险控制卡。运用安全生产大检查督查 14 个方面 391 条评价标准，督促整改各类管理问题 1976 项。建立省级高压输电通道联防联控工作机制，在国家电网系统率先将密集通道保护“两个纳入”延伸至 220kV 电压等级。建成两级安全警示教育基地，实体化运转两级生产管控中心。组织开展安全教育培训 12 期，培训安全总监、安监管理人员 1300 余人次，开展“五问三问”讨论等警示教育 412 场，参与 5 万余人次。

健全风险综合防控体系，建立综合量化评估模型，完善“3R”风险监督检查机制。创新以“五要素”为核心的综合风险防控机制，持续深化“远程+现场”督查，全覆盖三级及以上作业风险现场，查处违章 13126 起，全年安全管控 599 项五级电网安全风险。应用新一代应急指挥系统，常态开展应急“四要素”和视频监控操练，开展历时 36h 的“全地域、全流程、全时段”极端暴雨灾害双盲应急演练。应对迎峰度夏极端高温和大范围森林山火突发事件，管控 500kV 南隆一二同停等高风险作业。严格落实基建复工“五项条件”和基建复工“七步法”，安全有序推进 781 工程项目安全复工。完成党的二十大等 31 项重大活动保电任务。

2022 年，国网重庆电力持续开展“三零”“三省”“三公开”服务，创新业务服务方式，客户满意度和获得感持续提升，“获得电力”指标入选“全国标杆”，世行评价指标（环节、时间、成本）达到京沪水平。构建供电服务会商等“四个机制”，细化供电服务“四项措施”，以“六个反思”为纲要，设定十类供电服务问题 22 个管控要点 30 条管控措施。建设“网格服务助手”微应用，赋能网格服务“最后一公里”智慧升级。深化“1223”“供电+能效服务”服务体系，为客户提供能效提升一站式服务。构建“95598”业务数智应用场景，西部首个上架“E 电慧通”数据交易中心。助力“六稳”“六保”，“电 e 金服”提供上下游企业金融服务规模超 13 亿元，同比增长超 40%。创新小微企业“用电套餐”和水电气讯“四个一”联合报装服务，经验做法获得国家能源局肯定。助力民生改善，完成 502 个老旧小区居民供电设施改造，建成 684 个安全用电示范镇（街），消费帮扶和光伏助力增收 2000 余万元。“智慧后勤”APP 消费帮扶模块应用经验获国家电网公司推广。“三零”服务覆盖乡村，为 9372 个小微企业节省投资 2.89 亿元。

2022 年，国网重庆电力立足成渝地区双城经济圈布局，推动以新能源为主体的新型电力系统构建。与国网四川省电力公司签署战略合作框架协议，合力推动在川渝电网一体化发展、促进干部交流和人才培养、加强电网建设业务合作等十个方面深化合作。创新打造川渝一体化智慧服务前台，建成网上国网 PC 版，落实“服务、通知、报告、督导”四到位。举行川渝一体化电力调峰辅助服务市场启动仪式，通过日前市场成交交易 118 万 kWh，川渝两地调峰资源首次实现跨省优化配置。川渝市场预计年交易规模达上亿千瓦时，减少二氧化碳排放约 11 万 t，增加火电调峰收益 2000 万元，惠及 200 余家电力企业。

2022 年，国网四川电力构建新型电力系统“1+N+M”研究示范体系，形成“1+8+8”建设方案，打造“渝电特色”示范场景。西南地区目前最大兆瓦级客户侧电化学储能站重庆长寿恩力吉储能站正式并网投入运行。打造“渝中半岛全景感知山城电力动脉”等 8 大典型示范场景。西南地区首个“零停电”感知示范区在“重庆城市会客厅”在长嘉汇建成，片区配电网正式进入秒级“自愈”时代，供电可靠性提升至 99.999%，年均停电时长小于 5min。建成重庆首个零碳供电所等试点示范工程，在国家电网系统首家完成移动应用全量回迁 i 国网，企业级工单中心等 3 项数字化成果在国家电网系统部署应用，率先实现 HPLC 省级全覆盖。完成国家电网公司配网项目智慧管理平台试点，建成国家电网“五市十县”能源互联网示范区。编著《新型电力系统 100 问》正式发布。联合国网四川电力建立智库研究体系并开展课题互评。推动国家电网公司与重庆大学战略合作落地，共建武隆国家野外科学观测研究站。全年获得省部级科技奖共计 17 项，其中一等奖 2 项、二等奖 7 项、三等奖 8 项。管理创新成果获国家级二等奖 1 项，QC 成果获国际质量管理（ICQCC）金奖 2 项，国家电网公司一等奖 1 项，4 个 QC 小组荣获“全国优秀 QC 小组”称号，大足万古供电所入选国家电网公司十个可持续性管理微场景。

经营管理 面对保供压力和艰巨任务，主动作为、躬身入局，经济运行呈现“量价双高、质效双升”的特点。全年实现营业收入 657.2 亿元，同比增加 18.5%。深化内模市场，构建以提质增效为核心、以内部模拟市场等为支柱，以多维精益管理等为基础的“一核四柱两基础”长效机制。制定提质增效专项行动方案，明确 66 项重点任务，制定 33 项量化清单。深化精益管理，构建“经营收益+管理收益”双轮双效评价体系，开展覆盖全量电网资产的效能评估，深挖投入产出质效潜力。全年入选国家电网提质增效通报典型经验 15 项，入选国家电网“云课堂”典型案例 2 项，内模市场经验入选国务院国资委专刊。通过供应链运营平台（ESC）动态跟踪和监控预警，支撑重点工程物资保障。研发智能采购机器人，率先在 10kV 隔离开关开展“赋码”应用，开展物资招标采购专业数字化场景功能设计和开发。开展仓储网络优化及数智化转型，周转库平均配送距离减少 50%。推动优化分时电价机制，促成工业、商业分时电价政策出台，实现削峰填谷。在度夏时期，通过价格信号，引导商业用户调整用电习惯。深化省管产业转型发展，打造智能运维、“光伏+”等新型商业模式，智网信通、渝电质检等实现跨越式增长。针对审计中的重点问题和重大风险，下发督导函 3 份，管理建议书 2 份，整改提示函 9 份，与 8 家基层召开整改约谈会。开展“合规管理强化年”专项行动，完善重大决策“应审必审”事项。开展“以案促管”专项行动，制定 6 大类 8 条风险防范措施。严肃责任追究，完成 2 起违规事件整改，落实责任追究 55 人次。

深化管理创新，组建创新团队，深挖“双创”项目储备池资源。加强内部管理提升对标，以量化评价“努力程度和提升水平”为核心，创新实施指标“目标完成度、提升值、提升幅度”三维立体评价，促进专业管理水平“双提升”。实施对标典型检验推广应用，推广典型经验共 75 项，累计应用典型经验 312 项次。支撑国际对标及外部结对对标试点，输出《高比例新能源电网安全国际比较》专题对标分析报告。管理创新成果获省部级及以上荣誉 64 项，其中国家级二等奖 1 项，电力行业级一等奖 1 项，重庆市级一等奖 21 项。2 个 QC 小组荣获国际质量管理小组（ICQCC）发表赛金奖，4 个 QC 小组荣获“全国优秀 QC 小组”称号。2 项成果分获国家电网公司一、三等奖，25 项 QC 成果在全国电力行业及全国 QC 小组发表赛获奖，76 项 QC 成果在重庆市获奖。

营销工作 推进营销业务数智转型，攻克业务痛点和积弊 47 项，构建 95598 紧急事件处置、充电站智慧运维等业务数智应用场景 26 项，全年节约工作量超 1.3 万 h，获评数智服务示范基地。西部首个上架“E 电慧通”数据交易中心。打造川渝一体化智慧服务前台，助力成渝双城经济圈战略落地。建成网上国网 PC 版，落实“服务、通知、报告、督导”四到位。打造“极翼”数据产品服务重庆电信。建设“网格服务助手”微应用，赋能网格服务“最后一公里”智慧升级。打造“手机+背夹”营销移动作业新模式，实现营销现场作业平台实用化，提升现场作业安全管控能力。落实“一户一策”，电费回收率完成 99.965%。巩固提升“一台区一指标”精益台区线损管理，全年分压线损率 2.54%，同比下降 0.17 个百分点。加强营配调深化应用推广，做到先于客户感知故障信息，综合研判准确率达 95.24%。开展基于大数据的台区物理拓扑识别模型验证，试点台区准确率超过 99%。完成反窃电监控系统本地模型部署，研判准确率提升至 85%。累计协助解决窃电案件 13 件，查处违约用电及窃电客户 2481 户，追补电量 1380 万 kWh。

推进电能替代，全年新增替代项目 862 个，累计推动 2185 个电能替代项目落地，实现替代电量 7.38 亿 kWh。推进长江港口岸电建设，完成 25 个码头 49 个泊位新建，累计建成 33 个码头 64 个泊位岸电，实现岸电电量 137.68 万 kWh。开拓分布式能源在运项目

152 个，在建项目 30 个，项目被纳入《2022 年燃气分布式能源产业报告》作为典型全国推广。全市参加市场化直接交易共 6775 家电力客户、10 家电厂和 62 家售电公司，签约电量 455.08 亿 kWh，同比增长 19.78%。全年累计结算电量 444.28 亿 kWh，同比增长 18.54%。

优质服务 坚持"以人民为中心"和"以问题为导向""管业务必须管服务"的原则，设定十类供电服务问题 22 个管控要点 30 条管控措施。深化"1223""供电+能效服务"服务体系，为客户提供能效提升一站式服务。全面完成"三省一更"目标任务，迭代升级"获得电力"十项服务举措。推进"三零""三省""三公开"服务，创新小微企业"用电套餐"和水电气讯"四个一"联合报装服务。创建"渝快办电"服务品牌，推广运用"房产+电力"线上联动过户，实现居民"刷脸办电"、企业"一证办电"。全年为小微企业接电 1.4 万户，节省投资 4.4 亿元；为高压客户接电 0.44 万户，节省投资 6.93 亿元。"电 e 金服"金融服务规模超 13 亿元，同比增长超 40%。服务双城经济圈建设，实施川渝电网一体化等十个方面服务举措。落实国家电价政策，全年降低企业用电成本 75.91 亿元。面对夏季高温、年末情，出台"欠费不停供"系列政策，减免小微企业房屋租金超 1000 万元。

助力民生改善，完成 502 个老旧小区居民供电设施改造，建成 684 个安全用电示范镇（街），消费帮扶和光伏助力增收 2000 余万元。"智慧后勤"APP 消费帮扶模块应用经验获国家电网公司推广。"三零"服务覆盖乡村，为 9372 个小微企业节省投资 2.89 亿元。低压平均接电时间缩短至 2.82 天，抢修时间缩短 24%。建成 258 个数字化供电所，推广 500 个乡村电气化项目，挂牌成立 53 个红岩为民服务站，获评 4 个国家电网公司助力乡村振兴示范村，"高竹新区"初步建成成渝农电服务示范。1 个集体和个人荣获重庆市乡村振兴定向帮扶先进称号。

科技与数字化 开展高水平科研合作，推动国家电网公司与重庆大学战略合作落地，成立联合研究中心，共建武隆国家野外科学观测研究站。组建"科学联盟"柔性团队，完成重点科技项目专家指导服务。开展高幅值窄宽度电脉冲地线除冰、特高压交直流通道与受端电网交互作用及稳定等重大课题研究及应用。新立项国家电网公司总部项目 7 项，申报 2023 年第一批国家电网总部项目 6 项。

组建新型电力系统建设研究中心，加强智库业务支撑。加快数智转型，在国家电网系统首家完成移动应用全量回迁 i 国网，建设成果在国家电网系统推广。企业级工单中心等 3 项数字化成果在国家电网系统应用，在国家电网系统率先实现 HPLC 省级全覆盖。完成配网项目智慧管理平台试点，建成"五市十县"能源互联网示范区。完成实时量测中心国家电网试点建设任务，时效性达到全量分钟级。引入数字化服务采购模式，云平台实现 234 套业务系统上云。建成生产管控中心，新一代数智应急指挥系统上线应用。推进 RPA 赋能基层，在国家电网系统首家试点人工智能技术赋能移动作业并大规模推广应用。"基于视觉识别的配网无人机自主巡检助力数字电网建设"入选 2022 年新型电力系统优秀数字技术案例。建成国家电网首批电力北斗时频服务网二级节点。完成 5G 虚拟专网建设，优秀成果获第五届"绽放杯"重庆区域赛多项大奖。打造"渝中半岛全景感知山城电力动脉"等 8 大典型示范场景，在解放碑、江北城、长嘉汇建成西南地区首个计划停电零感知区。投运西南规模最大客户侧储能站、重庆首个零碳供电所等试点示范工程。建成国家电网公司首个省公司级智慧后勤监控中心，打造本部和智网大厦智能楼宇示范，"泛泛助手"建设成果在国网总部推广应用。投运可再生资源循环利用中心，率先开展报废物资再利用。全年接电充电桩 6.25 万个，规模 123.33 万 kW。建成运营重庆市新能源汽车与充电基础设施监测平台，实现对全市电动汽车和充电桩的实时监测。自主研发"智能插座+移动充电桩"组合设备，提升充电服务能力超 50%。在渝北、南岸及渝中区试点开展充电设施"统建统营"工作有效缓解市民"充电焦虑"。研究智能有序充电桩、V2G、超级充电、"光储充"等新技术，建成重庆市首座"光储充换检"一体站（铜梁玉泉）等多个示范充电站。

全年获得省部级科技奖共计 17 项，其中一等奖 2 项、二等奖 7 项、三等奖 8 项。大足万古供电所入选国家电网公司十个可持续性管理微场景。新申请专利 415 项，其中申请发明专利 221 项；授权专利 373 项，其中授权发明专利 138 项。累计拥有授权发明专利 778 项，占授权专利总量的 31.7%。

工会工作 深化民主管理，职代会质量评估满意率 100%，职工代表提案答复率、办理率均达到 100%。建立健全职工代表"3+*X*"推荐机制和董事长联络员述职机制。创建重庆市总工会职工心理服务体系建设示范单位，完成 60 项为职工办实事举措。开展五星级红旗班组创建工作，实施班组减负清单 38 条。打造"渝电之光·职工文化节"建设品牌，举办"渝电之光"职工文化节系列活动，"喜迎二十大　永远跟党走"职工书画篆刻作品展览，开展特高压长江大跨越摄影采风活动，组织到特高压施工现场和基层慰问一线职工。组织作家协会骨干，创作一部微电影话剧、一部话剧剧本，原创一首长诗、一首歌曲，释放"渝电之光"品牌效应。组织重庆市第六届供电服务之星劳动竞赛，承办"川渝电网一体化发展　助力成渝双城腾飞"成渝地区双城经济圈劳动和技能竞赛，参加重庆市“建功‘十四五’奋进新征程”网上劳动和技能竞赛活动。3家单位获安康杯竞赛优胜单位，获得全国能源化学地质系统优秀职工技术创新成果一等奖2项，中电联职工技术创新二等奖2项，国家电网公司职工技术创新优秀成果二等奖2项，重庆市能源系统“五小”创新劳动和技能竞赛表彰21项，一等奖2项。1家单位荣获“全国职工职业道德建设标兵单位”称号，获全国五一劳动奖章1人，全国工人先锋号1个，重庆五一劳动奖状3家，重庆五一劳动奖章7人，重庆市劳模和工匠人才创新工作室3个。荣获国家电网公司先进集体2家，国家电网公司劳动模范4人。

党建工作 深入学习宣传贯彻党的二十大精神，开展党的二十大精神进一线、进站所、进班组活动。各级党组织集中学习研讨916次，领导班子成员赴党建联系点开展宣讲23次。组建“百人宣讲团”深入基层一线宣讲。通过“5门必修+17门选修+理论考试”，开设党的二十大精神线上培训班。邀请中国政法大学郭继承教授等专家学者开展专题辅导16次，组织先进典型向职工群众宣讲253次，宣贯覆盖18218人次。

深化“旗帜领航·提质登高”行动计划，完善“四四”党建责任落实机制，工作实践入选国家电网公司国企改革三年行动案例集。打造“渝电党建慧”数智平台，构建“1+2+X”的党建绩效考核指标体系，下达党建绩效考评指标12类380余项。深化星级党支部建设，评选五星级四星级党支部。深入实施“党建+”红岩先锋工程，在“战高温、防山火、保供电”专项行动中成立临时党组织、党员突击队。建设“水电气讯”红岩共产党员服务队，成立首批53个红岩为民服务站，评选表彰5支金牌服务队，10支优秀服务队。推进从严治党，坚持“治病于未病”，建立“5+N”大监督体系。创新实施“亲清渝电”专项行动，开展内部巡察，抓好12398投诉管控，联合市纪委监委开展协同监督。获评国家电网公司5类党建专业标杆，涌现出149个省部级及以上先进基层党组织和优秀党员。

聚焦统一价值和行为信条，推进“向光而行”企业文化建设。承接实施国家电网思想文化建设示范项目，开展思想文化项目一体化建设。围绕新型电力系统建设，实施49个文化项目。深挖“百年电力”文化遗产，拍摄《凉亭记忆》，打造《何以盘溪》系列文化成果。组建“百名先进典型宣讲团”，开展“青春光明行”志愿服务。“家乡的志愿画像”项目荣获第六届中国青年志愿服务项目大赛铜奖。开展“向光而行·最美人物”主题传播，开展刘军、瞿秀泉、杨云飞等先进人物事迹宣传。组织大党建课题研究56项，1项获全国思想政治工作年度优秀成果二等奖，1项获全国电力行业优秀政研成果一等奖，工作实践入选全国企业党建创新优秀案例。深入实施“青马”工程，建立“千人三库双平台”常态交流机制，创建“立岩学社”，1个集体获评“全国青年文明号”。围绕“非凡十年”“代表发声”，推出新闻宣传策划“1260”路径，中央媒体上稿量同比增长近6倍，品牌建设经验入选国务院国资委典型案例。创建“国家电网社会责任示范基地”，举办履责实践发布会暨社会责任沟通日活动，助力重庆稳增长六项行动和18项举措，典型案例首次亮相联合国气候变化大会。“渝电青松”品牌在国家电网系统领先示范，“渝电青松·党建共建”经验作为国家电网离退休专业唯一典型案例呈报中央领导。

（曹　冉）

西　北　地　区

【国家能源局西北监管局】

基本情况 国家能源局西北监管局（简称西北能源监管局）于2013年12月12日正式挂牌成立。

主要职责：监管电力市场运行，规范电力市场秩序；监管电网和油气管网设施的公平开放；监管电力调度交易，监督电力普遍服务政策的实施；负责电力等能源行政执法工作，依法查处有关违法违规行为，监督检查有关电价；负责除核安全外的电力运行安全、电力建设工程施工安全、工程质量安全的监督管理以及电力应急和可靠性管理，依法组织或参与电力事故调查处理；负责组织实施电力业务许可以及依法设定的其他行政许可；负责协调有关跨省、跨区能源监管业务；负责法律法规授权以及国家能源局下达或交办的有关事项监管。

领导班子

党组书记、局长：何昌群

党组成员、副局长：张志平（至2022年10月）

党组成员、副局长：赵立志

党组成员、纪检组长：徐连科

组织机构 内设综合处、市场监管处、行业监管处、电力安全监管处、资质管理处、稽查处、机关党委（机关纪委）办公室。同时向宁夏回族自治区、青海省分别派驻监管业务办公室。

主要工作

（1）聚焦新形势新要求，加强监管能力建设提升监管效能。一是认真落实国家能源局党组部署要求。细化制定具体举措，健全监管成果运用机制，完善全局同频共振“一盘棋”监管格局，打破部门界限，实现融合监管和执法。持续推进区域协同监管和与地方政府联合监管。二是加强能源监管重要事项报告。高标准做好简报工作，及时反映能源监管重要情况。三是强化法律服务保障。建立法律顾问每月坐班机制，开展专题法律培训，加强执法案件会商。

（2）聚焦保障辖区能源安全供应首要任务，加强保供监管。一是加强保供重点监管。落实国家能源局保供系列部署，加强针对性、精准性监管。强化能源“三性”问题会商研判，加大对影响保供的电力安全、电网运行、电煤履约、燃气保障、民生用能等重点监管，及时协调解决用能难题。二是加强迎峰度夏度冬保供有力监管。推进落实重点工作，加强保供重点薄弱地区监管督导。

（3）聚焦特殊年份电力安全保障政治任务，推进安全生产形势平稳向好。一是研究部署特殊年份安全监管工作。成立由西北能源监管局主要负责同志任组长的辖区党的二十大保电领导小组，部署推进保电工作，完成保电任务。二是加强电力安全风险管控。排查整治各类风险隐患。三是加强重点薄弱领域监管。建立分类监管机制，深化齐抓共管机制，强化清单式监管，强化问题企业重点监管，深入开展小散远发电企业专项监管、外包队伍安全管理专项治理。四是探索“互联网+监管”新模式。强化非现场监管，召开辖区基建安全现场交流会，监管效能提升。

（4）聚焦服务西北能源高质量发展，有力推进国家能源规划政策项目有效落实。一是加强能源规划政策落实情况监管。落实能源监管重点任务清单，开展各项专项监管，保障国家能源规划政策落地见效。二是加强“双碳”目标下能源高质量发展重大问题研究推进。深化西北能源区域性、行业性、系统性、民生性问题研究，在统筹区域能源资源优化配置、构建新型电力系统、助推“双碳”目标落实等方面发挥引导和推动作用。三是高质量完成可再生能源发电补贴核查。成立由西北能源监管局主要负责同志任组长的工作领导小组，举全局之力，担当作为，完成核查工作。

（5）聚焦深化电力市场建设和秩序，推进市场功能更加全面秩序更加规范。一是健全完善电力市场体系。修订印发电力中长期交易规则，加快电力辅助服务市场建设，健全完善市场体系和交易品种，研究形成下一步市场建设的总体思路和方案。二是强化市场秩序有力监管。严肃纠正地方政府干预市场行为。严肃查处违法行为，维护市场秩序更加规范。

（6）聚焦民生用能安全和获得感，推进各项目标任务落实。一是做好民生用能保障监管。加强民生用能预警分析和协调监督，强化疫情防控特殊时期能源保供监管和服务，保障夏季连续极端高温下西安地区民生用电可靠供应。二是推进“获得电力”三年行动目标任务落地落实。督促地方政府切实落实责任破解难题，推动问题闭环整改，实现目标任务基本完成。三是解决群众反映突出问题。持续开展明察暗访。集中开展投诉举报和西安电网频繁停电等突出问题专项整治，开展民生问题两项“关键小事”调研攻关。

（7）聚焦“放管服”改革，发挥资质管理保障作用。一是深化告知承诺制。多渠道加强宣传引导、主动服务，推进深化资质承诺制。二是强化事中事后监管。开展电力业务许可信用专项监管和人员冒用、虚假申请等专项核查，常态化证后开展核查。三是加快推进信用监管提升工作。制定信用信息归集使用和修复管理暂行办法，加强信用监管实践应用，推动监管机制加快转型。

（8）聚焦从严行政执法，发挥监管利剑作用。强化能源监管“警察”定位，重点围绕“安全质监、用户工程‘三指定’、安全事故迟报、违反调度指令”等加大执法力度。综合运用监管函询、约谈、挂牌督办、警示通报、责令停产停工等措施，从严治理，监管威慑力明显增强。

（郑星辰）

【国家能源局甘肃监管办公室】

基本情况 国家能源局甘肃监管办公室（简称甘肃能源监管办）组建于：2013 年 12 月。主要负责所辖区域内电力等能源的监督管理和行政执法工作，以及电力安全监管工作。

主要职责：监管电力市场运行，规范电力市场秩序；监管电网和油气管网设施的公平开放；监管电力调度交易，监督电力普遍服务政策的实施；负责电力等能源行政执法工作，依法查处有关违法违规行为，监督检查有关电价；负责除核安全外的电力运行安全、电力建设工程施工安全、工程质量安全的监督管理以及电力应急和可靠性管理，依法组织或参与电力事故调查处理；负责组织实施电力业务许可以及依法设定的其他行政许可；负责法律法规授权以及国家能源局下达或交办的有关事项监管。

领导班子

党组书记、监管专员：赵国宏

党组成员、监管副专员：谢康

党组成员、二级巡视员：金涛

组织机构 行政编制 19 人，下设综合处（机关党委〈机关纪委〉办公室）、市场监管处、行业监管处、电力安全监管处、资质管理处和稽查处等六个职能部门。

主要工作 甘肃能源监管办坚持以习近平新时代中国特色社会主义思想为指导，深入学习宣传贯彻党的二十大精神，学习落实甘肃省第十四次党代会精神，聚焦“效能提升年”工作主线，努力克服新冠肺炎疫情影响，推进能源保供、能源监管和乡村振兴等方面的16项重点任务完成、取得实效，确保能源监管“效能提升年”走深走实。

1. 市场监管

建立调峰容量市场和辅助服务费用向电力用户分摊机制，通过市场化手段形成新能源增发、火电增收、污染减排多方共赢局面，确保全省新能源在装机同比增长21%、占比达到53.8%的情况下，利用率保持在95%以上。开展甘肃可再生能源发电补贴核查，完成“建档立卡”任务427项，查出问题187项。全年向华东、华中等21个省市外送电量560亿kWh，同比增长8%，促进甘肃跨区跨省输电能力提升至3200万kW。深化“碳达峰、碳中和”重点难点问题应对研究，组织召开第二次领导小组会议推进研究工作和成果应用，为省委省政府和国家能源局科学决策提供监管政策建议。

2. 行业监管

开展“十四五”能源规划重点任务落实情况、重点煤电气电规划建设、清洁取暖等专项监管，推动陇东—山东±800kV直流输电工程及配套电源、河西新能源基地等重大能源项目有序建设。及时应对涩宁兰天然气管道泄露突发事件，协调解决民营城燃企业气源问题，有效保障甘南、临夏等少数民族地区15万居民和高台县1.7万居民民生活用气。

3. 电力安全监管

科学研判能源供需形势，全程监管迎峰度夏、度冬和电煤中长协履约情况等，加强煤电机组非计划停运和出力受阻监管，力保甘肃连续2年未发生“拉闸限电”。统筹电力安全监管“一行动”“一检查”“三专项”，督导电力企业整治问题隐患4528项，处置网络安全风险问题699项，确保甘肃电力系统安全稳定、可靠运行。首次开展特高压直流国产首台套设备事故调查，初步查明事故原因，督导有关单位全面排查相关隐患，预防同种设备同类事故。开展电煤中长期合同履约情况监管，确保甘肃无存煤低于20天的电厂，无缺煤停机电厂。

4. 资质管理

推进简化许可、深化信用、强化监管、优化服务，发布监管公告11期，涉及组建工作群、打击非法中介、提醒许可续期、疫情线上办公、提醒信用修复、助企纾困解困等；深化信源管理，在能源行业信用信息平台归集行政处罚不良信息9条，归集行政检查信息31条；规范信用修复机制，依法依规指导3家市场主体开展信用修复工作；开展电网企业和发电企业工作人员违规兼职挂证专项整治，确保依法合规生产经营。2022年，累计通过告知承诺制申请许可业务事项291项，告知承诺占比近88.5%，实现资质许可办理“一次不用跑”。许可证新申请100项、许可事项变更56项、登记事项变更106项、续期24项、注销42项、许可撤销4项、许可降级1项、补换证2项。

5. 电力稽查

2022年开展现场、非现场检查143次，综合施策印发《整改通知书》等监管文书75份，开展监管约谈63次，督促问题整改185项，立案查处违法违规案件17起，罚没金额307.8万元，同比增长106%。发挥12398热线民生通道作用，依法依规解决停电抢修不及时等人民群众用能方面“急难愁盼”问题213件。疫情期间督导供电企业采取居民和中、高风险区其他电力用户欠费不停供措施，为全省抗击疫情提供坚强电力保障。

（孔德玮）

【国家能源局新疆监管办公室】

基本情况 2010年12月，根据国家电力监管委员会《关于派出机构设置和人员编制调整的通知》（电监人函〔2010〕56号），设立国家电力监管委员会新疆维吾尔自治区电力监管专员办公室，核定机关参照公务员法管理事业编制18名。根据《中央编办关于国家能源局派出机构设置的通知》（中央编办发〔2013〕130号）和国家能源局《关于印发〈国家能源局派出机构主要职责内设机构和人员编制规定〉的通知》（国能人事〔2013〕438号），2013年10月起，国家电力监管委员会新疆维吾尔自治区电力监管专员办公室更名为国家能源局新疆监管办公室（简称新疆能源监管办）。

主要职责：监管电力市场运行，规范电力市场秩序；监管电网和油气管网设施的公平开放；监管电力调度交易，监督电力普遍服务政策的实施；负责电力等能源行政执法工作，依法查处有关违法违规行为，监督检查有关电价；负责除核安全外的电力运行安全、电力建设工程施工安全、工程质量安全的监督管理以及电力应急和可靠性管理，依法组织或参与电力事故调查处理；负责组织实施电力业务许可以及依法设定的其他行政许可；负责法律法规授权以及国家能源局下达或交办的有关事项监管。

领导班子

党组书记、监管专员：潘军（自2022年2月起）、李悠勇（2022年2月）

党组成员、监管副专员：师建中（至 2022 年 12 月）

党组成员、稽查处处长：符开建

党组成员、行业监管处处长：王宏飞

组织机构 新疆能源监管办内设 6 个处室，分别是综合处、市场监管处、行业监管处、电力安全监管处、资质管理处、稽查处。

主要工作

（1）把学习宣传贯彻党的二十大精神作为首要政治任务。领导班子成员带头学习党的二十大精神，及时组织全办党员干部收听收看党的二十大盛况，学习领会党的二十大精神，制定新疆办学习宣传贯彻党的二十大精神实施方案，以线上线下相结合的方式，组织专题学习 6 次，支部学习研讨 4 次，更新宣传板 5 块，撰写心得体会 17 篇，在全办掀起了学习贯彻落实党的二十大精神的热潮。班子成员分三个小组，赴喀什电厂、阿克苏供电公司等能源企业宣讲二十大精神 6 次。

（2）开展可再生能源补贴核查。新疆办会同自治区发展改革委、兵团发展改革委、自治区审计厅、财政部新疆监管局等单位，成立新疆可再生能源补贴核查小组，新疆能源监管办党组主要负责同志任组长，党组成员任副组长，严守核查纪律，狠抓工作作风，创新工作方法，以网络会议、视频核查和现场检查等方式，完成各阶段核查工作、任务。

（3）加强电力安全监管。共开展全疆范围电力安全检查 10 次，发现问题 98 项，下发问题隐患整改通知 1 份，督促整改完成 93 项，整改完成率 94.9%；排查电力系统安全隐患 23186 条，已整改隐患 21984 条，整改率 94.82%，是全年无电力行业人身伤亡事故的 8 个省（市、区）之一。

（4）提升“获得电力”服务水平。召开新疆区域提升“获得电力”服务水平综合监管工作推进会，通过现场座谈、视频会议和电话交流等方式，督促自治区发展改革委和兵团发展改革委履行主体责任，推动各级供电企业完成整改，并全面推广“三零”“三省”“临电租赁”等服务。全年累计受理 12398 能源热线有效信息工单 383 件，其中受理投诉类 158 件、举报 6 件、咨询类 17 件、其他类 202 件，办结率 100%。

（5）强化能源行业监管。持续推动石油天然气基础设施重点工程建设，督促有关煤炭企业严格履行煤炭中长期合同，跟踪新疆成品油销售、库存情况，持续扩大可再生能源消纳，确保能源稳定供应。开展第一批以沙漠戈壁荒漠地区为重点的大型风电光伏基地建设情况、国家“十四五”能源规划及重大项目落实情况、重点煤电气电规划建设情况、北方地区冬季清洁取暖和煤层气（煤矿瓦斯）开发利用重点任务推进情况等 5 个专项监管，加强淘汰落后产能及节能减排监管，协调有关部门推动可再生能源消纳责任权重落实，促进新疆能源行业的健康发展。

（6）深入开展市场监管。加强电力调度、电力交易、电力成本价格、电网运行方式监管，有效规范电力市场交易行为，督促清退超收疆内输电费和违规结算自备电厂上网电费 1 亿元。配合自治区发展改革委开展新疆第三周期输配电定价成本监审工作，并与自治区发展改革委（能源局）、兵团发展改革委等部门联合印发新疆电力中长期市场交易实施细则。严格执行“两个细则”考核与补偿，依法依规，妥善处理和田华威电厂等电力企业的免考核申请。开展电力现货市场建设研究，推动电力辅助服务市场机制完善，新疆电力市场交易规模较 2021 年增长 48%。

（7）规范开展资质管理。推行告知承诺制，实现新疆区域职称信息实时网上查询，深化减材料、减流程、减时限等“三减措施”，推动资质管理从最多跑一次到一次都不跑的转变。全年共计为 341 家电力企业颁发资质许可（其中，履行告知承诺制的企业有 198 家），办理完成 131 台发电机组的延期运行手续，并依法依规对 4 家承装（修、试）企业降低许可等级。

（甘洪亮）

【国网陕西省电力有限公司】

企业概况 国网陕西省电力有限公司（简称国网陕西电力）是国家电网公司的控股子公司，由国家电网有限公司、陕西省国资委共同出资设立，注册资本 353 亿元人民币。其中，国家电网公司持股占比 72%，陕西省国资委持股占比 28%。2021 年 7 月 20 日，正式完成工商登记并取得营业执照；2021 年 8 月 6 日，正式揭牌成立。

国网陕西电力负责陕西省行政区域内电网建设、管理和运营，为陕西经济社会发展和城乡广大电力客户提供安全可靠电力供应。截至 2022 年底，全省电网发电装机容量 8110.4 万 kW，35kV 及以上变电站（开关站、高抗站）1409 座，变电容量 15846.7 万 kVA，35kV 及以上输电线路总长 6.3 万 km；全省电网最大用电负荷 3976 万 kW，最大日用电量 8.5 亿 kWh。

领导班子

董事长、党委书记：胡卫东

董事、总经理、党委副书记：张薛鸿

监事会主席：邹满绪

董事、党委副书记：林一凡（至 2022 年 3 月）、孙强（自 2022 年 3 月）

总会计师、党委委员：李英

董事、副总经理、党委委员：周军义

副总经理、党委委员：陶轶华

副总经理：刘爱文

职工董事、党委委员、工会主席：杨桦

副总经理：冯建宇（2022 年 3 月转任三级顾问）

副总经理、党委委员：史高琦、刘太洪、孙毅卫

党委委员、纪委书记：崔利民

董事：刘岩

副总经理、党委委员：王晓刚、窦晓军（2022 年 3 月由总工程师转任，2022 年 6 月调离）

董事：梁倩

副总经理、党委委员：岳红权

组织机构 本部设置部门 24 个、内设处室 112 个；所辖直属单位 35 个，包括 11 个地市供电公司（下辖 115 个县区供电公司，其中大型县供电公司 13 个）、省级业务单位 22 家、控股公司 2 家。另有合资公司 3 个（综合能源公司、电动汽车公司、陕西思极科技公司）。用工总量 5.26 万。

电网概况 陕西省位于中国西北最东部，国土面积 20.56 万 km^2，是黄河流域生态保护和高质量发展承接上游、中下游的关键区域，是实施共建“一带一路”的重要节点和新时代西部大开发的战略支点。陕西电网通过 4 回 750kV 线路与甘肃电网相联、通过±800kV 陕北—武汉特高压直流及 330kV 交流至河南灵宝直流背靠背与华中电网联网，通过±500kV 德宝直流与西南电网联网。另外，在陕北通过 1000kV 榆横—潍坊特高压输电线路以及 500kV 锦界、府谷两座电厂送出线路以点对网方式直供华北电网，电力外送能力达 2235 万 kW。

陕西电网整体呈现“北电南供、西电东送、关中强网、陕南强联”的格局，750kV 在关中、陕北形成“两纵双环”骨干网架，通过 4 回 750kV 线路与西北主网相联络。2022 年底，陕西电网建成“两交三直”外送通道，外送能力 2235 万 kW。

人力资源 优化调整本部 24 个部门，指导各单位规范内设机构设置，11 家地市公司、24 家省级单位及 98 家县公司融合调整到位。完成 6 家子公司机构调整，实现机构标准管理全覆盖。编制融合后 901 家组织机构清册“字典”，摸清各层级、各类型组织基本信息。制定新版定员定额标准，构建适应融合发展新形势的定员管理体系。开展岗位体系优化，梳理典型岗位 6012 项，全员编制岗位说明书 4.8 万份，推动全员明责、知责、履责、尽责。

印发《关于进一步加强劳动用工管理的通知》，规范融合用工计划、入口、配置、退出管理机制。开展划转人员备案，完成 54172 人整建制划转。清理长期不在岗人员 267 人，堵塞用工管理漏洞，防范用工法律风险。确立“四全六大”工作定位，推进 8 大板块 3264 项培训计划，掀起全员“大培训”热潮。上线运行“国网学堂陕西专区”，人均学习积分位列国家电网第一。

构建业绩考核“体系图”，实现指标“一盘棋”分类别、考核“一张网”全覆盖。制定工资制度实施方案、薪酬套改工作指引，推进长期职工薪酬并轨；实施供电服务职工薪酬激励方案，完成工资套改。完成职工基本养老保险、住房公积金、补充医疗保险融合，专业管理、合并缴费、待遇标准实现“三统一”。

开展“全员大培训”，强化夏练冬训“全员大练兵”，锤炼提升员工技能水平。建立专家工匠序列，形成“管理专家、技术专家、技能工匠”三个人才通道，为更多员工搭建成长平台。建立高端人才“储备库”，选拔公司级青年托举工程人才 71 人、“工匠种子”97 名，拓展高端人才托举通道。开创“以赛促培”新局面，员工参加行业级竞赛取得历史最好成绩。

电网建设与发展 滚动调整“十四五”电网规划。蒲白、大保当、乾县扩、信义扩等 4 项 750kV 项目、21 项 330kV 项目纳入国家电网公司规划项目库。协助陕西省能源局将相关项目上报国家能源局，纳入国家“十四五”电力滚动规划。开展两网融合背景下 35kV 电网优化研究、县域配电网精益规划示范研究、榆林 110kV 电网目标网架研究等专题研究工作。开展“十四五”新能源输电规划、陕西主网加强方案、电网短路电流超标治理方案、陕西抽水蓄能中长期规划与陕西电网发展适应性分析研究等专题研究，指导未来陕西电网发展方向。与安康市政府签订抽水蓄能项目投资开发框架协议。研究成立安康抽水蓄能工程建设领导小组和建设管理办公室，组织完成安康混合抽水蓄能电站预可研工作、启动可研工作。开展陕北—安徽、陕西—河南特高压直流外送工程配套电源输电规划，研究制定电源汇集方案。提前开展外送项目专项评估，加快电网配套工程接入方案研究等前期工作，促成政府预留建设用地及通道资源，构建结构清晰、功能明确的送端电网主网架。推动送受端政府对接，洽谈长期合作协议签订。促成陕西省省长主持召开全省电力建设推进会，成立陕西省电力领导小组电力保供专班，携手陕西省生态环境厅成立环评联合推进小组。由陕西省政府出面压实各级政府领导组织责任，实现市县政府召开电力建设推进会全覆盖，多地出台支持政策，将重点电网项目纳入政府督办体系，项目协调明显提速。

按期完成西郊、滈河、玄泾Ⅱ线等 38 项迎峰度夏工程建设。落实“四个加快一批”工作部署，多措并举推进工程建设。全年 35kV 及以上工程开工 108 项，投产 78 项，完成基建工程投资 83.03 亿元。准东—华东±1100kV 特高压工程获国家电家优质工程金奖、西安北 750kV 变电站工程获“中国安装之星”奖，汉中明珠 110kV 变电站工程获中国电力优质工程奖、

宝鸡川陕路110kV变电站工程获国网公司优质工程金奖。店头电厂750kV送出、咸阳西330kV变电站等2项工程获“国家电网公司智慧标杆工地”称号，杨伙盘电厂750kV送出、蓝田330kV变电站等2项工程获“西北片区智慧标杆工地”称号，咸阳西330kV变电站获中电建协智慧工地建设二等奖。推进“先签后建”示范。红墩界电厂1000kV送出工程年内开工年内建成。

750kV西安东等多项重点工程开工，杨伙盘电厂750kV送出等省级重点工程按期投产。推进企业行业协同。渭南潼关等输变电工程密集跨越高速、铁路施工作业完成。启动乾县等7项750、330kV变电站主变压器扩建工程。基建现场保持安全平稳态势。全年完成投资规模较2021年增长近1倍，带动产业链上下游共同发展，在全省“六稳”“六保”大局中展现了基建担当。

经营管理 部署60个量化指标，细化制定135项任务举措，逐任务落实“路线图、时间表、责任书”。设立专项考核，依托“大经营”月度例会跟踪督导任务落实，召开专题推进会议8次，保障任务推进。深入实施“党建+提质增效”工程，推动党建工作与提质增效同向聚合、相融并进，引导广大党员在提质增效中当先锋、作表率。

面对持续高温大负荷、多轮突发疫情考验，面对融合发展艰巨任务，主动作为、攻坚克难，以“抓融合、稳经营、防风险”为主线，统筹疫情防控和经营发展，开源增收方面，推进营业区扩容和竞争性大客户落地，接收岐星热力等5个供电营业区。聚焦新兴市场，综合能源重点业务领域收入占比大幅提升。降本降耗方面，“量价费损”治理成效显著，促成税务局出台房产土地权属变更免税等文件，农网还贷基金调整为“一省一贷”，释放资金占用。资源配置方面，推进存量资产盘活利用，盘活收益超亿元。清理长期挂账和遗留项目，收回大额历史欠费，完成“两金压降”“三清理两提高”“民企清欠”等专项任务。改革提效方面，完成227个会计主体融合并账、760万客户营销信息系统切割、全省电费实收业务全量融合，实现全省“一本账”、预算“一盘棋”、资金“一个池”管理。2022年经营难中企稳、稳中向好，扭转亏损局面。

“陕西经验”扩大影响，国网陕西电力内部模拟市场经验做法登上国资委专刊，32项典型案例被总部通报采纳。通过工作月报、纪实手册、财务家园等多种载体，深度挖掘各专业、各单位创新实践，总结提炼典型经验，促进各单位交流互鉴和共同提升。工作月报、年度纪实手册挖掘推广各单位141项典型做法，国网陕西电力网站、财务家园发表基层专题稿件超150篇，2项创新实践入选国家电网“云课堂”。

安全生产 夯实安全管理基础，实现“六杜绝三防范”安全目标，确保陕西电网融合安全发展，荣获国家电网公司安全生产工作先进单位称号。全年春秋季两次开展5.3万人的全员安全培训和普考。选拔培养1006名兼职安全培训师，依托“陕电大讲堂”直播间鼓励干部、员工“上讲台授知识”。研发集装箱式移动教学车，开展“送培上门”和巡回式安全警示教育。做实省市县三级领导班子安全生产“责任清单”和年度“工作清单”的动态修订工作，公示基层单位主要负责人季度安全履职报告，领导班子三轮次带队深入基层开展安全督导，压实领导安全责任。坚持“三管三必须”，规范安委会下8个专业委员会运转，增设专业部门安全履责业绩指标并开展季度评价考核，强化专业安全主体责任落实。开展“抓班组、控现场、保安全”专项行动，部署21个大项71个小项重点任务。持续两年实施“四双”管理，推动管理人员重心下沉。把班组打造成“想安全、懂安全、会安全、能安全”的钢铁防线。完善安全督查体系，建成省市县督查中心115家，配置督查人员784人，实现“远程+现场”督查全覆盖，重拳整治严重违章，出台加强安全生产管理若干组织措施，对发生严重违章和重复性典型违章的，纳入业绩考核，违章单位主要领导在周一大早会上“说清楚”。主要领导约谈严重违章单位，形成了严抓严管、铁腕治安的强力震慑。2022年查处违章1.1万起，表彰无违章现场772个。建立“陕电同质”安全平台，将外包队伍人员纳入统一培训。严肃准入培训、资信报备、安规考试、现场管控、安全资信评价等管理措施的执行，2022年，20家外包单位和44名人员被纳入黑名单和负面清单。

营销工作 电力保供工作。建成“政府牵头、电网实施、企业参与”负荷管理新体系，推动省政府出台6项支持文件，省市负荷管理中心获得政府授权，建立401万kW需求响应资源池，应对西安等8个地区电网负荷累计45次创新高，打造“政企协同、专业协作、靶向施策、数字赋能”的陕西保供特色模式。创新居民保供“五五三”举措，推广“三先三后”模式，发挥政府牵头“供电应急突击队”和营销牵头“居民保供办公室”作用，将居民小区200户以上停电纳入省级监控。组织“煤改电”打包交易19.89亿kWh，保障群众温暖过冬，打赢电力保供攻坚战，守住民生用电底线。完成新一届中央政治局常委来陕、党的二十大、省十七运会等重大保电任务。优化电力营商环境。开展优化电力营商环境“深化提升年”活动，整治涉企违规收费问题。在国家电网系统首家从异地数据链路获取企业营业执照，实现居民“刷脸办电”、企业“一证办电”和“房产+电力”联合过户。“三零、三省”服务覆盖全省，节约客户办电成本11.77亿元。

提升供电服务水平。聚焦客户急难愁盼问题和深层次管理问题，开展八大供电服务攻坚战，建立营配舆联动机制，实施供电质量服务问题专项治理，推动供电质量服务问题见底清零。构建“营销牵头+专业推进”的工单驱动业务供电服务模式，强化省级预警督办、地市核查追责、区县约谈三级管控机制。推行“政企网格化服务”，建成“微服务”群 12.3 万个，确保工单“事不过夜、日清日结、当日闭环”，95598、12398 投诉、意见工单同比下降 8.14%，平均处理时长同比缩短 25.63h。

科技与信息化 国家电网公司科技项目申报取得新突破。首次参与国家电网公司新型电力系统重大科技攻关项目（3 项）；国网陕西电科院配电网故障处理与可靠性提升团队入选国家电网公司首批新型电力系统科技攻关团队。牵头国家电网公司项目 4 项；2 个实验室入选国家电网公司培育实验室。±1100kV 特高压直流输电线路避雷器与在线监测成套装置通过中电联新产品技术鉴定，填补国内外空白，研制国内首套特高压线路移动带电融冰装置并投运，研制防电晕导电橡胶并应用于 6 个超特高压变电站，研制箱式一体化降膜蒸发变电站污水零排放处理装置并在 330kV 古渡变电站试运行，自主研发的移动式单相接地测试平台、水土保持在线监测系统在多地应用。依托科改示范平台，建立专业主导的科技成果转化模式，20 项优秀科研成果被纳入 2023 年技改、基建项目储备库，国网西咸新区供电公司“电力辅助能效分析”科技成果依托西安环保中心实现转化，“基于超声、光敏测量技术的水土保持在线监测系统”入选水利部先进实用技术重点推广目录。

获得中国标准创新贡献奖一等奖 1 项、二等奖 1 项；获得国家电网公司科技奖一等奖 1 项、二等奖 2 项、三等奖 7 项；获得中国电力科技奖三等奖 1 项；获得陕西省科学技术奖一等奖 1 项、二等奖 1 项、三等奖 4 项；申请发明专利 105 项，实用新型专利 6 项；授权发明专利 122 项，实用新型 165 项。

网络信息融合先行，建成一张“信息网”，全面覆盖原南区市县所；迁移原南区 42 套系统，营销系统顺利割接，78 套核心系统分 3 批实现覆盖应用，支撑同质化管理、一体化运作。推进“五个一”“四个数字化”建设，总结西安临潼、铜川耀州 2 家试点县公司建设成效，按照“2 年 3 梯队 4 阶段”开展全域推广。数字化工作台在 115 家县公司和 1125 个供电所覆盖应用，“一平台、一终端”实现电网信息“一图尽览”、现场作业“一机通办”。完成新一代应急指挥、人资 2.0 系统建设。落实国家电网公司“四统一”要求，初步建成中台架构体系，印发数字化架构管理实施方案、数字化建设技术指导意见，夯实数字化转型基础。统一视频平台纳管视频终端 5500 个，移动应用平台“i 国网”实现全员覆盖，日活用户 2 万余人，汇聚移动应用 54 个，支撑移动办公、移动作业，为疫情期间远程工作、线上会议提供重要保障。通过中台架构消除业务和数据壁垒，初步形成以中台为核心的数字化架构体系，中台承载能力增强。完成数字化县公司 20 项重点任务年度推广目标，建成 115 家县公司“电网一张图”、27 个“示范型、标准型、基础型”数字化县公司、18 个国家电网示范型供电所，数字化县公司“五个一”目标初步建成、理念深入全员、应用覆盖全域。完成国家电网总部下达的 2 个专项、10 个综合数字化示范任务，在国家电网公司 2022 年度数字化示范先进单位表彰中，国网陕西电力荣获省级专项示范标兵单位，国网铜川、西安临潼供电公司和铜川照金供电所、汉中定军山供电所分别荣获市、县、所示范先进单位，人资专业薪酬全流程穿透性监控分析入选总部数字化转型实践案例集，配网专业配电网全景监测及可视化交互应用入选总部数字化示范优秀成果。

优质服务 提升办电便利度。上线“不动产登记+电力”联合过户功能，在西安市、宝鸡市探索“水电气讯联合”服务，推进“统一规划、一表受理、联合勘察、联合验收”。完成居民“刷脸办电”、企业“一证办电”等数字化办电功能，全网首次创新性对接国家代码中心、国网大数据中心，获取国内工商企业用户营业执照信息，打破企业工商信息跨区域共享数据壁垒，实现了全国工商信息共享贯通。将“网上国网”APP 嵌入陕西省政务服务“秦务员”APP，丰富用户办电渠道。电力窗口入驻市县各级政务大厅，探索与公共服务单位建设综合服务窗口，共享服务资源，提升客户业务办理便利度。实现与各地市工改系统贯通应用，及时获取项目赋码和用电需求信息，提前对接中省市重点项目用电需求，超前开展配套工程建设。拓展“网上国网”应用功能，实现电力服务全业务线上办理，服务便捷化水平大幅提升。发挥电力大数据服务效能，开展通用数据分析模型提炼与成果共享，构建“陕西省企业复工复产电力指数”，深入研究各行业企业生产特征，建立周、月长效分析机制，为政府复工复产决策提供数据支撑，提升服务政府、客户的数字化水平。

压缩办电时间。落实《国家发展改革委 国家能源局关于全面提升“获得电力”服务水平 持续优化用电营商环境的意见》（发改能源规〔2020〕1479 号）业务办理时限要求，取消普通客户设计审查和中间检查环节，合并现场勘查与供电方案答复环节、外部工程施工与竣工检验环节、合同签订与装表接电环节。高、低压客户办电环节分别压减至 4、3 个。建立投资项目调整备案灵活机制，建成全省统一的现代（智慧）

供应链体系和“两库一平台”（市县两级实物储备库和省级可视、开放的物资调配平台），高、低压业扩报装平均办电时间缩减至45.7、1.51天。建立业扩全流程监控平台，对报装工单及时预警、督办，业扩报装时限规范率提升至99.12%。

降低用电成本。推进“三零”“三省”服务举措，提升小微企业低压接入容量标准至160kW，小微企业“零成本”接电实现城乡“全覆盖”，2022年累计为8.25万户用户节约办电成本11.77亿元。免费为大中型企业开展接入系统设计，累计为企业节约资金约1500万元。落实陕西省疫情防控期间支持性电价政策，对为疫情防控直接服务新建、扩建的医疗场所免收取高可靠性供电费623.18万元。延伸国家批准的省级及以上各类园区、充电站桩、电能替代、光伏扶贫项目业扩配套电网工程投资界面至客户红线外，降低客户接电成本。开展“送服务、解难题、促发展”客户大走访活动，与广大企业零距离、心贴心沟通，主动对接企业用电需求，用心用情用力做好供电服务工作。组织多专业组建业扩报装柔性团队，一周内完成陕西省高速公路84个服务区充电站报装现场勘查和供电方案答复工作，压缩供电方案答复时长约66%。促成铜川市、旬邑县等1市24区县政府因地制宜，出台投资界面延伸配套政策，建立城镇范围内电力延伸投资政企共担新模式。

优化服务品质。落实融合发展优质服务保障及“两网”融合95598渠道服务整合方案，以工单驱动业务为抓手，开展八大供电服务攻坚战，将工作推进、督导纳入同质化常态管控机制，实现品牌形象、服务标准、服务行为、信息公开、检查标准、专业化管理“六统一”。对于客户服务意见做到“事不过夜、日清日结、当日闭环”，实施“先接入、后改造”“先复电、后抢修”“先转供、后检修”模式，推广带电作业和发电车参与抢修新模式，提升供电可靠性。95598、12398投诉同比分别下降88.32%、52.73%，做到优质服务温暖人心。

党的建设和精神文明建设 全面掀起学习贯彻党的二十大精神热潮。开展“建功新时代 喜迎二十大”习近平总书记重要指示批示精神再学习再落实再提升主题活动，营造浓厚氛围。集中收听收看大会，印发学习贯彻通知，明确53项任务，建立“百日行动”清单。各级党委通过中心组学习、读书班等方式，带头学习研讨。举办辅导报告会，组建宣讲团，带动掀起大宣讲大学习热潮。旗帜领航党建工程成效显著。推进“旗帜领航”党建工程，完成党建专业83项任务，举办“旗帜领航”实践成果展，经验入选国家电网公司《旗帜领航强党建调研督察通报》。落实“第一议题”制度，实施中心组学习质量提升行动，各级领导班子带头讲党课（团课）534次，提升理论学习质效。发挥党建引领保障作用。围绕中心工作，建立党建引领保障重大攻坚任务高质量推进工作机制，实施11个专业“党建+”项目915个，联动开展“党员双带头”，党建与业务融合更加紧密。实施共产党员服务队建设提升三年行动，建设经验在国家电网党组管理人员培训班专题交流。弘扬“支部建在连上”传统，在党的二十大保电、重大项目建设等前沿阵地，组建临时党组织，建强战斗堡垒。基层党建工作质量提升。动态优化党组织设置，党建工作要求写入子公司、产业单位企业章程，专项整顿软弱涣散基层党组织，全年发展党员274名，党委和党支部标准化建设全部达标，党建工作穿透到基层一线，党的组织和工作覆盖扩大。举办微党课网络竞赛，建成数字化党性体检中心，形成陕西红色资源现场教育图谱，党员教育基础夯实。汇聚职工团结奋进力量。发挥思想政治工作传家宝作用，部署加强思想政治工作10个方面20项举措，企业文化全员认知率和宣贯覆盖率100%。召开庆祝建团百年大会，实施青年精神素养提升工程，增强党建带团建质效，青年创新项目首次荣获全国青年创新创效大赛金奖。

工会工作 坚持民主管理、民主参与、民主监督，主动参与公司融合发展，先后六次召开职代会团组长联席会，审议原两家公司融合方案、吸收合并方案等融合发展重要文件。召开第一次会员代表大会，组建工会组织体系。创新创效激发职工创造活力。围绕“抓班组、控现场、保安全”主题，开展劳动竞赛217项。推出职工技术创新成果113项，参与职工2.4万人。推进“班组建设新跨越、战略落地争先锋”主题活动，举办116期班组长培训班，开展职工大讲堂262期，培训班组长1098名。开展班组同质化管理课题研究，制定创建“六型”班组标准。关心关爱构筑职工温馨家园。全年完成为职工办实事项目278个，惠及3.46万职工。先后投入942万元建成“职工之家”和偏远站所“职工小家”54个。疫情期间，成立“陕电暖阳”职工幸福计划柔性团队，开展心理直播课21次，心理咨询服务3000余人次，收听收看直播讲座的职工超过4万人次。开展“送温暖、送清凉、送文化”活动，在抗击疫情、迎战高温、以及“双节”期间走访慰问班站、工地1216个，慰问职工5.46万人次，慰问金额962.86万元，帮扶困难职工268人，发放慰问金102万元。开展职工文化成果展示、演讲、创作、读书分享等活动20余场，形成书画、音乐、征文、舞蹈、曲艺、微视频等职工文艺作品480余个。开展职工足球、篮球、乒乓球、羽毛球、瑜伽、健步走等比赛活动198个。荣获陕西省职工舞蹈及曲艺小品大赛优秀组织奖。举办“喜迎二十大、建功新时代”职工文化成果展示活动。研究制定工会数字化转型三年行动计划，推进“智慧工会”云平台建设，拓展工会服务职工新渠道，提升职工的服务体验。举办 8 期工会干部培训班，对基层单位新任工会主席和工会干部开展培训。修订并印发工会经费收支实施细则等 4 个制度。实行工会经济活动全面预算管理，促进工会经费更多向基层倾斜，向普惠服务职工倾斜。组织对各单位工会开展经费收支审计和职工之家建设专项审计，提高工会经费的规范化管理水平。

主要事件

1 月 7 日，由国网陕西电力投资建设，陕西送变电工程公司承建的西安北（泾渭）750kV 变电站工程获得中国机电安装工程质量最高荣誉，实现了陕西电网工程中国安装之星奖“零”的突破。

1 月 14 日，国网陕西电力制定支持复工复产供电服务八项举措，为助力复工复产提供优质供电服务和可靠供电保障。

1 月 18 日，国网陕西电力召开第一届职工代表大会第一次会议暨 2022 年工作会议。

3 月 31 日，330kV 汤峪主变压器扩建工程投运归调，解决了汤峪变电站长期以来单主变压器运行可靠性低的问题。

4 月 9 日，陕北—湖北±800kV 特高压工程完成双极高端系统调试，进入 168h 试运行，并于 4 月 16 日正式投运。

5 月 10 日，超高压公司完成祁韶线 2497～2505 号光缆（地线）恢复及 2484～2509 号区段防冰改造。该项工程是国家电网公司系统内“首次”Ⅰ级作业风险现场，也是陕西电网“首次”特高压线路防冰改造工程。

5 月 12 日，330kV 郡朔线路工程投运归调，解决了长期以来陕北神木地区与主网联系薄弱的问题。

6 月 10 日，陕西省省长赵一德召开全省电力建设推进视频会议并到西安调研电力建设工作。

6 月 19 日，国网安康水电厂 2 号机组完成增容改造。

6 月 19 日，由国网陕西电力建设的准东—华东（皖南）±1100kV 特高压直流工程，汉中明珠 110kV 变电站工程获中国电力优质工程奖。

7 月 31 日，原南区所属 70 个县区公司、760 万客户接入国网陕西电力营销信息系统，实现全省购售同期和量价费核心业务统一标准管理，标志着国家电网供电服务全面惠及 3954 万三秦百姓。

8 月 5 日，国网陕西电力董事、总经理、党委副书记张薛鸿和董事梁倩为陕西电力储能有限公司揭牌，标志着原陕西发电集团有限公司更名为电力储能公司，正式迈入转型发展新征程。

8 月 6 日，陕西省第十七届运动会开幕式在榆林市体育中心体育场隆重举行。国网陕西电力董事、总经理、党委副书记张薛鸿，职工董事、党委委员、工会主席杨桦在榆林参加开幕式并慰问现场指挥部保电人员，国网陕西电力董事、党委副书记孙强在公司本部保电总指挥部参加保电应急值守。

9 月 28 日，第十三届全国电力行业职业技能竞赛（变配电运行值班员）在国网陕西电力管培中心收官。国网陕西电力代表队取得团体第一名、竞赛特殊贡献奖、优秀组织奖，刘彤昊、李鹏聪、王朵、张元炳分别获得竞赛个人第 1 名、第 5 名、第 6 名、第 8 名的优异成绩。

10 月 26 日，国网陕西电力印发《国网陕西省电力有限公司关于设立省市两级生产管控中心的通知》（陕电人资〔2022〕74 号），启动省、市两级生产管控中心建设。

11 月 28 日，大保当 2 号主变压器扩建工程投运归调，新增变电容量 270MVA。

11 月 30 日，330kV 正聂线、正池线投运归调，关中北部电网方式优化工作基本完成，750kV 乾县、泾渭供电区首次实现解环运行，关中北部供电能力提升 100 万 kW。

12 月 31 日，国内首套特高压线路移动带电融冰装置在±800kV 祁韶线（陕西段）投运。

（毕鹏翔）

【国网甘肃省电力公司】

企业概况 国网甘肃省电力公司（简称国网甘肃电力）是国家电网公司的全资子公司，承担着建设、运营、发展甘肃电网的任务，为甘肃地方经济社会发展提供安全持续可靠的电力保障。

2022 年，国网甘肃电力发挥电网支撑、带动、服务作用，在服务大局中走在了前列、作出了示范，得到省委、省政府主要领导高度评价，省部级领导同志批示 156 次，地方党委政府领导调研批示 195 次。坚持全省一盘棋，推动甘谷、连城电厂 66 万 kW 煤电复产，电煤库存和机组出力好于 2021 年，争取跨省区互济交易消除硬缺口，省内电力供应始终保持平稳局面。成立省市电力负荷管理中心，需求侧响应能力达 265 万 kW，占最大负荷的 15%。支援湖南、四川等省份保供电量 128 亿 kWh，为全国电力保供作出甘肃贡献。获国家电网公司党的二十大保电工作先进单位。服务稳住经济大盘作出了新贡献。落实稳住经济一揽子措施，全年投资超百亿，市场化交易降低用电成本 7 亿元，减少市场结算偏差考核 2.9 亿元，减免小微企业房租 2600 万元，提供就业岗位 5000 余个，“电 e 金服”帮助上下游企业获得普惠金融服务 18.9 亿元。电力营商环境得到国家能源局肯定，线上办电率 99%，客户服务满意度99.8%，“获得电力”服务水平提升至国网经营区第七位。获甘肃省优秀企业突出贡献奖和优秀企业家表彰。保障改善民生彰显了新作为。服务乡村振兴，建成农村实用电工培训示范基地，捐赠和消费帮扶2678万元，帮扶工作考核被评价为“好”。投资4362万元，完成生态及地质灾害避险搬迁安置点配套电网建设。坚持保职工健康、保重点场所、保公司运营，有效应对疫情冲击。

领导班子

董事长、党委书记：叶军

董事、总经理、党委副书记：林一凡

董事、党委副书记：王海涛

总会计师、党委委员：朱皑绿

副总经理、党委委员：路民辉

党委委员、纪委书记：严光升

副总经理、党委委员：张祥全、行舟

总工程师：李学军

职工董事、党委委员、工会主席：杨尔欣

三级顾问：李俭

安全生产 2022年，国网甘肃电力安全生产持续稳定，连续安全稳定运行超12000天。从严履职尽责，安全生产总体保持平稳。保供电、保安全、保稳定，安全综合评价排国家电网前三。开展专项整治。安全生产专项整治三年行动收官，累计整改问题隐患2241项。开展“零容忍”反违章专项行动。整治煤矿、危化品等高危客户用电隐患，重要客户自备电源合格率提升至99.5%。现代设备管理体系加快构建。省市两级指挥中心实体化运作。打造甘肃特色数字化集控站，完成8家单位新一代集控系统建设和58座变电站一键顺控接入。建成全省配网自动化系统，配网“盲调”问题基本解决，跳闸同比降低71.8%。大电网安全水平持续提升。密集输电通道安全管控实现“两个纳入”，警电联合巡视执法。及时处置祁连换流站突发设备故障、武胜变电站2号主变压器异常，完成刘家峡电厂2号机组整机改造。应急管理加强。策划组织“1+3”大型政企协同联动实战应急演练，完成国家“应急使命·2022”演习。13个反恐一级重点目标通过达标验收。“零失分”完成“护网2022”国家级网络安全演习。产业单位取得公安部网络安全等保测评认证资质。对外协作取得新进展。完成警电合作年度8方面22项重点任务，出台重要输配电通道警企联合巡护等3份支持性文件。推动政府出台密集输电通道安全管控“1+8”联合管控机制，联合执法整治21处隐患。省、市、县三级与属地消防部门全覆盖签订深化合作协议。平安甘肃建设连续三年获评优秀。安监部荣获全省应急管理、安全生产和防灾减灾先进集体。

疫情防控科学精准，守住高质量发展的底线。适时编制《疫情防控应急防控预案》，动态优化本部及各园区防控措施，确保疫情处置科学、有效、快速。国家电网系统内首家融合“健康码+行程码+核酸报告+体温”“四码合一”门禁系统查验功能，实现重点人群、重点环节、精准管控。疫情静默期间，克服困难、多方筹措采购做好抗原检测试剂、防护服、消毒剂、口罩、行军床、被褥等各类物资保障。安全生产平稳有序，奠定了高质量发展的基础。组织“无脚本”防汛、防空、消防、防震综合应急演练、驾驶员车辆应急竞赛及安全专项培训、防范电信网络诈骗咨询等活动，提升应急保障能力。内保建设获兰州市公安局肯定。结合后勤业务调整，升级安全管理体系，印发安全保卫管理办法等8项规章制度，为规范化开展安全管理工作提供支撑。

人力资源 提升组织人事工作的科学化、制度化和专业化水平。首次建立领导班子和领导人员研判体系。采用“日常了解、季度监测、年度评估”的模式，建立领导班子一体化研判体系，提高领导班子运行分析、综合研判的精细化水平；以领导人员“能力特点、专业经历、性格特质、工作实绩”为重点，多层次、多维度、真实具体的为领导人员精准“画像”。首次建立以“储备库”为载体的精准培养体系。建立全面覆盖的监督检查机制。深度聚焦组织人事工作的重点难点问题，采取日常检查、专项检查、定期检查相结合，经常性开展整改情况“回头看”、选人用人工作片区互查等活动，促进监督检查目标更加聚焦，工作流程更加清晰。组织机构改革优化成效突出。持续加强卓越本部建设，深入实施“放管服”改革。首家探索职能型事业部制改革，内设机构压减1/3，人员编制精简1/8。在省公司层面组建人资、财务、后勤3家共享中心，实现契约化、标准化服务。率先建成省市两级指挥中心，实现安全生产部门直接对一线设备状态精准感知、风险精准预判、应急精准预警、现场精准可控；组建新能源并网服务中心、电力负荷管理中心，推动能源转型更好履行电力保供责任；优化兰州供电公司与新区供电公司管理关系，支持新区供电服务高质量发展。

经营管理 高标站位，推动决策部署落实坚决有力。发展环境持续优化。促成14家市（州）政府主要领导与国网甘肃电力领导座谈交流并签订合作协议。首次邀请省市两级领导共同召开电网建设项目集中开工动员大会，推动重点工程项目建设。政策研究深入开展。修订国家电网战略甘肃落地实施方案，3项研究成果获国家电网公司软科学成果二等奖及以上奖项。督察体系持续健全。作为四家在甘央企之一，获评2021年办理回复省政府主要领导批示“好”的单位。

深入实施卓越绩效管理。遴选数字化专业、3个市公司和 4 个县公司创建国家电网公司“三个一”卓越管理工程。8 个项目入选国家电网公司年度管理创新计划。1 项成果挂帅国家电网公司 2022 年管理创新重大项目。14 项成果获评全国电力行业优秀成果，2 项成果获评国家电网公司三等奖，1 个项目斩获第六届全国 QC 小组故事演讲比赛总决赛二等奖，国网甘肃电力获甘肃赛区优秀组织奖。首次组织开展质量信得过班组建设工作，23 个班组获评 2022 年“甘肃省质量信得过班组”称号，国网甘肃电力首次获评优秀企业，4 个班组被推荐参加“全国质量信得过班组”评选；首次选派 5 个班组参加全国质量信得过班组建设成果发表交流活动，2 个班组荣获“专业级”奖项，3 个班组荣获“改进级”奖项，班组建设工作实现历史性突破。践行可持续发展理念。2 个项目荣获 2022 年“金钥匙·国家电网主题赛”铜奖，另有 2 个项目入选《全球可持续发展商业案例库：绿色低碳典范案例》，1 个项目入选《面向 SDG 的国网行动》优秀案例。科技创新生态初步显效。发挥咨询委员会和技术专家委员会技术把关作用，重大工程与科技项目“三同步”（同步策划、同步实施、同步验收）的共识深入人心。专业部门积极主导、各单位主动作为，在项目、成果、标准的申报、凝练、沟通、答辩、实施等方面协同有力，业科融合的创新体系逐步建立。重大项目成绩斐然。在院士、专家团队的指导下，专业部门主导凝炼重大项目 30 项，其中进入国家电网公司科技项目指南 12 项。获批省重大专项（A 类）1 项，输出省重大专项（B 类）3 项和省重点研发项目 5 项。承担政府部门重大科技项目 4 项，获得科研资助 684 万元。首次落地国家电网公司新型电力系统行动计划重大示范工程 1 项。实施中国工程院和中国科协咨询项目各 1 项。国家重点项目取得历史性突破。“无常规电源支撑的大规模新能源发电基地稳定运行及直流送出关键技术”等 3 项国家重点项目示范工程落地公司，在稳定机理、新能源与储能构网型控制、安全稳定控制技术等方面开展科技攻关，以科技创新助力甘肃大型风电光伏基地开发及特高压工程项目实施，大幅提升陇电外送规模。成果培育转化成效显著。制定并落实成果培育三年行动计划，形成重大成果目录，申报奖励 42 项。自主研制的大功率牵张机、深基坑一体化装置等 120 多项创新成果，当年转化形成经济效益 1.2 亿元。国企改革三年行动收官。培育 3 个国家电网级“创一流”标杆项目，创新选树 34 个省级示范项目，确立“一核四色五优”落实创一流行动部署。“管业务必须管合规”要求初步落地，初步构建联防联治新格局。依法维权以案促管实现提质增效。新发案件总量同比压降 32%，法纪协同、明察暗访联合整治触电隐患。依法强身夯基垒台实现补短升级。国家电网系统唯一经政府授权，同时主导修订两项涉电地方法规，进入人大审议阶段，获得突破性进展。引导建设“零违规”单位，创新建设“满天星”法治合规文化阵地，1 项合规成果获得（首届）电力企业合规管理成果特等奖。1 篇法治成效稿件被人民政协网收录。

信息化建设　出台数字化统筹指导意见，全年统筹项目 821 项，否决不合理、重复建设需求 456 项，形成了业务部门管需求、抓应用，数字化部门管技术、抓架构的工作新界面。建立重大任务网格化管控机制，组织“业务+数字化”统筹例会 36 次，确保总部 375 项数字化转型工作执行有力、质量高效，解决业务问题 98 项。新建系统严格遵照国家电网统一上云架构建设，杜绝新的“信息孤岛”和“数据烟囱”。制定数字化转型落地指导意见等 24 项举措，明确转型的定位方向。实行省市县三级责任包干制，领导带头分片下沉基层推进“10+1”示范建设，启动全员数字化素养提升 3 年行动，建立“以上带下，以下促上，统筹协同”的转型工作新格局，市县“抓应用、促融合、争创新”的效果越来越好。构建“以运营为核心”的数字化工作新体系，印发运营专项通报 19 期、公司大早会通报 3 期，从工作组织、流程等 12 个环节建立运营关键节点监控，通过运营下线“空载”系统 11 套；上线 RPA 流程机器人 3300 个、报表 500 个，节省工时 3.7 万 h，基层数字化“获得感”越来越高。新一代应急指挥系统上线试运行，实现图上作战；基层班组巡检业务全流程线上流转，效率提升 80%以上。通过国家 CNAS 资质认证，“零失分”完成“护网 2022”国家级演习，3 人当选国家电网高级专家，与甘肃省公安厅深化警电合作开展联防共治行动 4 期。坚持党建引领，推进数字化“党建+”工程，先后与定西供电公司等开展支部联建活动 3 次，嘉峪关获国家电网数据治理“十强市”。实现能源大数据中心、双碳监测中心实体运作，与省发展改革委等建立“电眼看”系列大数据应用，推进碳排放监测平台建设，获省部级领导批示 8 次，“空心村”成果推广至山西等 12 个省份，签订数据增值合同 1568 万元，产业数字化发展进入全省第一引领梯队。在数字化强基层、提质效方面齐心协力、真抓实干，国网甘肃电力作为西部唯一一家单位在国家电网数字化工作座谈会上作典型经验发言。

营销及优质服务　“城乡用户平均停电时间”“配网工程高质量建设水平”同比提升。11 家县（区）公司、10 项工程分别申报国家电网公司施工转型升级验收、优质工程评价，质量评价进入 A 段。10kV 线路故障、供电服务投诉、故障报修工单，同比压降 73.58%、27.35%、34.18%，全省实现“零投诉”186 天，2 个市（州）、27 个县（区）公司实现年度“零投诉”。发挥供电服务指挥中心作用，主动工单驱动业务覆盖率 100%。综合治理配网故障、投诉、故障报修，实现存量重过载、低电压台区“见底清零”。2.89 亿元成本治理 2494 个台区“最后 100 米”供电顽疾。可靠性停电时户数预算式管控和不停电作业减少停电 5.29h/户。完成 30265 台配网智能终端技术监督检测，首次开展配电箱技术监督。完成长效帮扶提升年度任务。成立 457 支营销应急服务保障队伍，确保党的二十大期间供电服务形势平稳。详细制定党的二十大电力保供工作方案和应急响应预案。完成党的二十大、中央领导视察甘南等重大供电保障工作。

促请省市两级政府出台加强电力设施保护及供用电安全等 53 项支持政策。零差错服务保障在甘全国人大代表调研、国家审计署领导调研、参演国家“应急使命•2022”演习等重大会议活动组织。获批成立甘肃省电力负荷管理中心，构建 395 户共 265 万 kW 可调节资源库。坚守初心、砥砺前行，彰显为民服务的责任担当。开展优化营商环境“深化提升年”活动，打造“6543”阳光服务体系，得到国家能源局高度评价。推行“双格共建、双网融合”，22 个县公司、328 个供电所实现全口径零投诉。开展深化乡村产业“八要素”富民强村行动，建成 123 个乡村电气化项目、21 个“电力爱心超市”。与甘肃省乡村振兴局携手共建全省农村实用电工培训示范基地，得到国家电网公司、甘肃省政协副主席和甘肃省乡村振兴局的肯定。实事求是、善谋善战，迈出了转型发展的坚实步伐。开展需求响应市场建设，推进直购电用户全量进入现货市场。研究虚拟电厂模式，推动解决宝丰、酒钢等新型用电主体源荷互动需求。打造西北首个“零碳”绿色供电所，充换电平台接入率排名国家电网系统前三。建成 16 个智慧档案保管中心和档案资源共享中心，实现全省 8000 余名台区（客户）经理“手机+背夹”全覆盖。真抓实干、稳中求进，保障稳健经营的良好态势。主动服务重点项目建设、力促企业复工复产、多领域推进电能替代，保持售电量正增长态势。搭建电费回收风险预警平台，完成高低压用户预付费模式全覆盖，电费自然回收率 70%。通过落实智能表状态评价、盘活计量资产，累计节约电能表购置成本 2.16 亿元。建立营销“四横八纵”指标体系，启动营销基础管理提升两年行动，建立“十项重点关注问题”销存扼增责任追究机制，制定强基提质措施 135 项。累计完成营销基础数据治理 986 万条，销号问题 26 项 2.37 万条。

电力市场交易　甘肃电力交易中心 2022 年组织成交省内直购电量 640.46 亿 kWh；代理购电电量 154.59 亿 kWh；自备电厂置换电量 22.84 亿 kWh。全年外送电量 560.65 亿 kWh，同比增长 8.33%。督办及任务管控重点工作 172 项，办结率 92%，全年无逾期任务。全面把握市场动态，多措并举服务全国保供。实现发电侧合同电量转让 D+3 日滚动交易上线运行，成为国家电网经营区域内唯一一个完全意义上实现按日不间断连续运营的省份。全年外购电量 33 亿 kWh，有效缓解省内时段性平衡紧张困局。最大限度盘活了省内电力资源，7—8 月支援西南、华中、华东等省份电力供应 128 亿 kWh，应急增供电量 5.26 亿 kWh，迎峰度夏期外送创甘肃历史最高。首批成交绿证 1.2 万张，为国家电网首家超额完成绿证交易指标的单位。实现规则重大突破，全面提升服务质效。推动修订甘肃电力中长期交易实施细则出台（甘肃是国家电网公司范围内第五家完成省内交易规则修订的省份），研究建立电力市场中长期连续运营方案、绿电交易要点等 14 项市场运行机制和 7 项管控机制。组织市场成员培训、座谈，上线 400 热线电话和交易服务热线工单流转系统，市场满意度 94.45%，较 2021 年评价结果提高 6.38 个百分点，处于“很满意”区间。现货日数据交互量达 2671 万条，日访问量达到 1.2 万人次。打造电力交易数字化平台，支撑业务快速发展。发挥“技术+业务”双牵头专班作用，推动互联网出口安全设备由千兆升级至万兆，更替上架 6 台安全隔离设备和 2 台负载均衡设备，提升内外网数据交换能。甘肃华为云平台和交易性能提升专项工作入选国家电网对标典型经验。实现交易业务全年按日不间断连续运营，有力支撑甘肃中长期连续运行。加强交易结算精益化管理，夯实市场运营基础。建立适应甘肃五级结算科目，统一结算凭证，实现发电企业交易电量线上结算，数据交互及结算准确率 100%。市场主体结算单领取“零见面”和“一趟不用跑”，成为电力市场建设又一程碑式的突破。发挥结算环节审核把关作用，提质增效。全年协调受入新能源 9.37 亿 kWh，推动全省可再生能源消纳指标提升约 0.63%。强化电力交易合规管理，防范市场风险。在省级交易机构中率先开展法律合规前置性审查，优化法治工作体系。搭建新一代电力交易平台合规监测模块，完成功能部署。与甘肃省经济研究院通力合作，完成中长期直接交易相关字段的加密推送及标识反馈，真正实现交易合同见签落地。配合特高压工程建设运营专项审计、国家电网公司企业负责人经济责任审计等专项检查工作。完善运营机制，提升综合能力水平。建立“三重一大”决策实施细则、董事会授权决策管理办法等，成立专委会，组织外部董事赴陇东、河西、兰州开展电源建设、“新业态”等专项调研。建立经营、财务、人资、法治、数字化工作体系。研究多股东经营模式，提升综合管理水平。

科技创新　荣获省部级科技奖励 14 项，行业级奖励 6 项，其中，甘肃省科技进步奖一等奖 1 项。发明专利申请 276 项，同比增长 124.4%；发明专利授权 157

项，同比增长157.4%。国家电网公司下达的科技创新专项工作任务完成率100%。参编出版《电力北斗创新应用发展》，发行期刊《能源科技情报》，发布报告《元宇宙与电力信通融合发展专题报告》。

科技创新生态初步显效。发挥咨询委员会和技术专家委员会技术把关作用，重大工程与科技项目“三同步”（同步策划、同步实施、同步验收）的共识深入人心。专业部门积极主导、各单位主动作为，在项目、成果、标准的申报、凝练、沟通、答辩、实施等方面协同有力，业科融合的创新体系逐步建立。在院士、专家团队的指导下，专业部门主导凝炼重大项目30项。其中：进入国家电网公司科技项目指南12项，同比增长240%；获批甘肃省重大专项（A类）1项，输出甘肃省重大专项（B类）3项和甘肃省重点研发项目5项；7项进入国网甘肃电力“揭榜挂帅”项目。承担政府部门重大科技项目4项，获得科研资助684万元。首次落地国家电网公司新型电力系统行动计划重大示范工程1项。实施中国工程院和中国科协咨询项目各1项。国家重点项目取得突破。“无常规电源支撑的大规模新能源发电基地稳定运行及直流送出关键技术”等3项国家重点项目示范工程落地国网甘肃电力，在稳定机理、新能源与储能构网型控制、安全稳定控制技术等方面开展科技攻关，以科技创新助力甘肃大型风电光伏基地开发及特高压工程项目实施，大幅提升陇电外送规模。制定并落实成果培育三年行动计划，形成重大成果目录，申报奖励42项。自主研制的大功率牵张机、深基坑一体化装置等120多项创新成果，当年转化形成经济效益1.2亿元。制定科技创新减税降费方案，在同兴智能、陇能科技公司享受税收优惠985.35万元的基础上，组织同兴智能、综合能源和白银银珠公司获得高新技术企业认定。7个领域中8个团队入选第一批新型电力系统攻关团队，其中“沙漠戈壁荒漠巨型风光电基地构网与送出”攻关团队及其实验室入选国家电网公司重点培育计划。入选首批中国科协“科创中国”创新基地。首次聘任科研类三级专家5名、青年托举人才30名；1人进入省青年人才托举工程。筹办2022年省级一类暨“科技保安”创新技能竞赛。

党建及工会　旗帜领航、合作共赢，打造和谐奋进的甘肃电力名片。1人当选党的二十大代表，并成为省委宣讲团成员。党的二十大胜利召开后，国网甘肃电力坚持把学习宣传贯彻党的二十大精神作为首要政治任务，第一时间召开党委扩大会、中心组学习、专题读书班，示范带动各级党组织开展学习研讨。组建“光明先锋”百人宣讲团，领导带头到基层宣讲，推动党的二十大精神进基层、进班组、进现场。“旗帜领航·三年登高”行动扎实落地，国网甘肃电力党委获甘肃省先进基层党组织，193个集体和个人获上级党团表彰，劳模、工匠等获奖数量、等级创新高。1项提案首获全国优秀职工代表提案。3家单位获全国“安康杯”竞赛优胜单位。3项成果分获中国职工技术创新成果二等奖1项、三等奖2项。甘肃电力集邮协会荣获全国先进基层集邮组织，1名职工获全国集邮工作先进个人。2个职工书屋获“全国示范性职工书屋”。2项成果分获2022年国家电网公司职工技术创新优秀成果一等奖、三等奖。国网甘肃电力获国家电网首届职工文创大赛和工会财务知识竞赛决赛优秀组织奖。1名职工获全国五一劳动奖章。1个集体获甘肃省五一劳动奖状、9个集体获甘肃省工人先锋号、4名职工获甘肃省五一劳动奖章。围绕迎接宣传贯彻党的二十大工作主线，突出氛围营造和学习贯彻，向省委宣传部汇报沟通，“电沙成金”模型作为国家电网7件展品之一亮相“奋进新时代”主题成就展，成就报道在三大央媒“非凡十年”“二十大时光”主题宣传实现全覆盖。“刘天关”输变电工程投运50周年、陇电“最美奋斗者”宣讲等系列活动引起热烈反响。党风廉政建设树立新风正气，构建“四防六廉五清单”工作体系。建成“卓越之路”展厅，人民日报头版刊发4条、整版1条，“电沙成金”模型入选“奋进新时代”成就展。

旱厕改造、“五小”建设、高原氧吧等深入人心，县公司和供电所发展面貌焕然一新。建设西和县巩固脱贫攻坚成果服务于中国式现代化乡村振兴示范县工程。推进甘南临潭、夏河“以所带县”长效帮扶提升示范建设。健全防返贫监测帮扶机制，巩固拓展脱贫攻坚成果。深化乡村产业“八要素”法推动富民强村。不回避问题、不遮掩矛盾，“一县两公司”整合、三新员工转签、积案化解、遗留项目清理、驾驶员转岗、农电工社保等历史遗留问题彻底解决。

主要事件

1月11日，甘肃酒泉风电基地二期第二批500万kW项目330kV送出工程的330kV高佑线一次启动成功，开始接纳风电上网，标志着±800kV祁韶特高压直流配套500万kW风电送出工程历时3年全部建成投运。

1月26日，国家电网“电e金服”甘肃中心挂牌成立，同时召开国网甘肃电力2022年“电e金服”工作推进会。总会计师朱皑绿出席活动。

2月23日，国网甘肃电力能源大数据中心及双碳监测中心揭牌。

2月26日，国网平凉供电公司米祥仁供电所获得了由北京绿色交易所认证颁发的《碳中和证书》，认定该供电所通过可再生能源交易方式，将2021年全年所有办公经营活动产生的碳排放量全部抵消，成为西北首家通过碳中和认证的“零碳”绿色供电所。

4 月 25 日，兰州市永登县河桥镇 G2014－G2020 区段最后一根光缆架设完成，青海郭隆—甘肃武胜第三回 750kV 线路工程（甘肃段）全线贯通。

5 月 27 日，2021 年度平安甘肃建设责任制考评结果正式发布，国网甘肃电力荣获优秀并位居中央在甘企业排名第一，这是自省委、省政府 2019 年开展平安甘肃建设责任制考评以来，国网甘肃电力连续三年获评该称号。

5 月 30 日，中国共产党甘肃省第十四次代表大会举行第三次全体会议。会上，国网甘肃电力董事长、党委书记叶军当选为党的二十大代表。

6 月 5 日，长征二号 F 遥十四运载火箭腾空而起，神舟十四号载人飞船在酒泉卫星发射中心发射升空。国网甘肃省电力公司圆满完成航天发射保供电任务。

6 月 7 日，刘家峡水电厂全国爱国主义教育示范基地揭牌。

6 月 16 日，中国第一条超高压输电线路 330kV 刘家峡—天水—关中输电线路正式投运 50 周年。

6 月 29 日上午，2022 年甘肃中部电网大面积停电协同联动应急演练在白银市开展。

7 月 1 日，国网甘肃电力 6 月完成售电量 96.28 亿 kWh，同比增长 5.64%。

7 月 15 日，国家能源局正式复函甘肃，同意甘肃省上报的“十四五”第一批新能源配套电网项目中金塔 750kV 输变电工程和河西 750kV 变电站第三台主变扩建工程纳入国家“十四五”电网主网架规划，电网规划工作取得了新的突破，为两项工程加快开展前期工作提供了规划依据。

7 月 17 日，国网甘肃电力 750kV 沙洲变电站 1～4 号 SVC 联调工作全部结束，设备 72h 试用运行正常，标志着世界单站最大容量动态无功补偿装置正式投入运行。

8 月 18 日，国家电网“电 e 金服”甘肃中心兰州服务站揭牌活动在国网兰州供电公司举行。

11 月 12 日，甘肃电网首次实施特高压线路直升机吊篮法带电作业，由国网甘肃超高压公司和国网电力空间技术有限公司联合开展。

11 月 15 日，随着 110kV 卓尼变电站 165 开关顺利合闸，标志着甘肃甘南卓尼 110kV 输变电工程启动投产。

12 月 31 日，国网甘肃电力单月完成售电量首次突破百亿千瓦时大关，达到 103 亿 kWh，再创历史新高。

（柳晓萌　张　民）

【国网青海省电力公司】

企业概况　国网青海省电力公司（简称国网青海电力）成立于 2002 年，是国家电网公司全额出资的有限责任公司，以建设运营电网为核心业务，承担着保障安全、经济、清洁、可持续的电力供应的基本使命，供电面积 72 万 km^2，是具有普遍服务特征的国有企业、国家电网公司的骨干企业、全省能源领域的核心企业。国网青海电力注册资本 165 亿元，资产总额 618.07 亿元，全口径用工总量 1.4 万人，位列青海企业 50 强第三位。

领导班子

董事长、党委书记：杨勇

董事、总经理、党委副书记：钱庆林

董事、党委副书记、副总经理：毕红卫

副总经理、党委委员：李生、郭顺宁、杨明凯、朱罡

职工董事、党委委员、工会主席：辛志刚

总会计师、党委委员：袁世胖

党委委员、纪委书记：林以东

三级顾问：高浦

组织机构　本部设职能部门 20 个，地市供电公司 8 家，县级供电公司 42 家（含 1 家控股单位），16 家业务单位（含 2 家合资公司）、1 个省管产业集团，服务全省 199 万电力客户，供电人口 595 万。

电网概况　青海电网位于西北电网中西部，南北跨距 800km，东西跨距 1200km，东接甘肃、南联西藏、西引新疆和直通中原的交直流混合型、多端枢纽电网，通过±800kV 青豫直流与河南电网相联，通过±400kV 柴拉直流与西藏电网相联，承担着西北乃至全国资源优化配置的重要任务。截至 2022 年底，750kV 电网基本形成东部“日”字形、西部“8”字形骨干网架，330kV 电网形成东部双环网，中西部单环网、南部辐射供电网架，主要电压等级为 750/330/110kV，现有±800kV、±400kV 换流站各 1 座，750kV 变电站 11 座，330kV 变电站 46 座，110kV 变电站 172 座，变电容量 8291 万 kWh，35kV 及以上线路 4.53 万 km。

2022 年最高负荷 1206 万 kW，同比增长 7.4%，最大峰谷差 126 万 kW，同比下降 39%，平均负荷率 97%。售电量 867.5 亿 kWh，同比增长 8.8%，线损率 3.08%，同比降低 0.81%。社会用电量 922.5 亿 kWh，比 2021 年上升 7.56%，其中第一产业 1.28 亿 kWh，比 2021 年增长 5.87%；第二产业 822.44 亿 kWh，比 2021 年上升 9.06%；第三产业 55.05 亿 kWh，比 2021 年下降 11.88%；城乡居民生活用电 43.69 亿 kWh，比 2021 年增长 9.65%。完成供电可靠性为 99.8146%，综合电压合格率 99.82%，农村配电容量 3kVA/户。

截至 2022 年底，全省发电装机容量 4468.26 万 kW，比 2021 年增长 4.28%，其中：水电 1261.44 万 kW，占比 28.23%；火电 393.04 万 kW，占比 8.8%；新能源 2813.78 万 kW（太阳能 1842.13 万 kW、风电 971.65 万 kW），占比 62.97%。全省发电量达到 992.69

亿 kWh，同比增长 0.34%，其中水电发电 426.78 亿 kWh，同比下降 15.48%；火电发电 154.18 亿 kWh，同比增长 7.35%；太阳能发电 255.94 亿 kWh，同比增长 21.45%；风电发电 155.79 亿 kWh，同比增长 19.81%。

人力资源　截至 2022 年底，长期职工人数 8784 人。其中，研究生及以上学历 347 人，大学本科学历 6328 人，大学专科学历 1623 人，中等职业教育学历 323 人，高中及以下学历 163 人；高级职称 1497 人，中级职称 2580 人，初级职称 3426 人；高级技师 478 人，技师 1999 人，高级工 1566 人，中级工 805 人，初级工 391 人。人才当量密度达到 1.0732，同比增长 0.15%，全员劳动生产率 65.03 万元/（人·年），同比增长 14.33%。

队伍建设更加优化，提任、交流领导人员 4 批、161 人次，提任人员推荐率均值 98%，营造风清气正、干事创业的良好氛围。遴选具有发展潜力的 10 名四级领导人员和骨干赴果洛、玉树公司历练成长，选拔 10 名有发展潜力的年轻干部到艰苦偏远地区“墩苗”“壮骨”。开展基层单位优秀年轻领导人员专项调研，建立优秀年轻领导人员“蓄水池”。“线上+线下”相结合，高质量举办 4 期三级领导人员轮训班、5 期四级领导人员培训班、1 期青年领导人员培训班、1 期青年骨干培训班、1 期党的二十大精神学习班，培训效果显著提升。开展“化公为私”领导人员亲属经商办企业行为专项整治，进一步加强领导人员监督管理。深化“知事识人”平台三期建设，打造“1+3+N”考核管理体系，以高质量的考核工作促进高素质专业化领导人员队伍建设，激励领导人员担当作为。

机构支撑更加有力，优化调整本部有关部门职责和机构，深化“五个模范”本部建设。组建产业事业部、抽水蓄能项目领导小组和筹建办，成立新型储能“四统一”发展、能耗“双控”、绿色电力交易机制建设等领导小组及工作组，支撑新型电力系统建设。优化调整相关单位职责和机构编制，强化业务支撑能力。推进合资公司实体化运营，优化调整股权结构和管控模式，理顺权责界面，健全法人治理体系，促进新兴产业高质量发展。

员工动力更加充沛，强化职员职级管理，对一至四级职员充分赋责赋能，减少五至七级职员晋升年限 1～4 年，增设绩优人员差异化晋升条件，激发员工争先创效的动力。有序开展本部、东西部和基层单位公开竞聘，选拔优秀员工 38 人，并选派 10 名优秀年轻四级领导人员、技术能手赴果洛、玉树供电公司开展为期 2 年的帮扶，打造“干部东部上、员工西部来”的良性循环。稳妥开展德坤集团公司本部及直管分、子公司人员调配工作，推动德坤集团公司高效运作及省管产业业务优化整合。推行“校招揽英、统招择优、三定固边”招聘策略，“线上+线下”双渠道开展 2023 年校招，与优质生源签订应聘意向书 98 人，同比增长 40%。争取多方政策支持，2023—2025 年“三定”培养计划获批增加 50%，为艰苦地区单位高质量发展提供更加坚实的人力资源保障。

考核导向更加清晰，承接国家电网考核目标，建立与国网青海电力重大部署、重点任务紧密联动的指标体系，实施全周期过程管控，逐级传递考核压力，推动公司整体业绩指标固强补短。修订印发本部部门和基层单位考核实施细则，优化考核模式，突出业绩贡献，完善正向激励与负向考核机制，牵引各单位、各部门始终与公司同频共振。落实国企改革任务，修订印发经理层成员经营业绩考核和薪酬管理细则，“一人一岗”逐级签订年度和任期经营业绩考核责任书，实现省、市、县三级单位全覆盖。推进多元化考核，开展经验交流分享，组织绩效专刊 2 期，获评省级管理创新成果 3 项。强化考核结果应用，A 级员工绩效工资倍比提升至 1.15，评优评先优先率提升至 85%。

薪酬分配更加精准，推进新版工资制度改革试点，畅通职工岗级、薪级“双晋升”通道，优化薪酬分配与绩效结果、专业成果、资质等级等多要素挂钩机制，拓宽薪酬成长空间，激发员工队伍活力。构建内部模拟市场考核激励机制，建立内模考核结果与基层企业负责人考核年薪 10%、员工绩效工资总额 5%的“双挂钩”关联应用，增强各单位开拓市场、降本节支的内生动力。优化工资总额分配机制，推动工资总额进一步向业绩优、贡献大的组织和员工倾斜。向国家电网公司争取落实绿能公司中长期激励 61.57 万元，8 名核心骨干纳入激励范围，最高分红 11.86 万元，强化关键核心人才靶向激励，束牢人才成长与企业发展的纽带。

人才培养质效提升，夯实人才基础，承接国家电网公司人才培养“三大工程”，实施人才培育“三大行动”，储备基础人才 245 人，遴选青年人才托举人选 38 人，选拔优秀专家 63 名，高级专家 6 名，推荐青海省“昆仑英才”9 名，打造符合公司发展需求的人才梯队。加快推进培训赋能平台建设，完成第一批 87 个主体功能的开发，推动培训模式的变革，助推培训数字化转型。制定印发《兼职培训师管理实施细则》《员工培训积分管理规定》，培养初、中、高级兼职培训师 553 人，牵引员工主动参与学习，提升培训质效。响应运检全业务核心班组建设需要，开展运检专业标准化精品课程体系建设，开发完成涵盖 4 大专业（输、配、变、直），13 个分支专业的 167 门、887 课时的标准课程资源。完成输配电带电作业实训基地”资质认证工作，推进高技能人才培训基地（场所）建设。

电网建设与发展　2022 年全年完成固定资产投

资 79.38 亿元，其中：电网基建投资 65.84 亿元；开工 110kV 及以上线路 1745km，变电容量 1688 万 kVA；投产 110kV 及以上线路 1142km，变电容量 1334 万 kVA；2022 年受 4 轮疫情影响，高峰时段有 47 项工程停工停产，基建形势异常严峻，国网青海电力上下统筹协调，发挥属地优势，集中区域资源打歼灭战，协调 1200 多人，上万吨物资及时进入现场，确保重大项目按期推进和投产，电网建设里程碑计划完成 100%，年度开工投产任务完成 100%，年度投资任务完成 100%。

推动国家电网公司与青海省政府会谈成果落地，成立抽水蓄能项目建设领导小组和筹建办，青海首座、全国单期规模最大的哇让抽水蓄能电站获得核准；回购 750kV 香加变电站，扩建后可支撑 400 万 kW 新能源接入。750kV 郭隆—武胜三回线路工程建成投运，省际联络通道增加至 7 回，省间互济能力提升；750kV 杜鹃、托素—鱼卡双回线路等工程建成投运，省内东部“日”字形、西部“8”字形 750kV 骨干网架基本形成。青海省政府关注的平北零碳产业园区首个绿电工程 110kV 古驿变电站建成投运，为园区负荷用电提供坚强电力保障。服务新能源并网消纳，出台新能源电站并网接入意见，首批委托代建汇集送出工程国能、华电、天茫新能源送出工程 6 月 16 日启动，12 月 28 日完成首批 3 个项目的并网发电，重构电力秩序效果逐步显现。

严格执行“六精四化”三年行动方案，青豫特高压工程首获国家水土保持示范工程，750kV 海南变电站获中国安装之星，750kV 德令哈变电站和 110kV 旱台、达玉变电站分获国家电网公司优质工程金银奖，110kV 前河变电站获中国电力优质工程，750kV 日月山—西宁北线路等 4 项工程分获国家电网公司现代智慧标杆工地。

经营管理 2022 年全年营业收入 532.91 亿元，同比增长 55.49%；利润 −9.85 亿元，五年首次实现回升；资产总额 618.07 亿元，同比增长 5.87%；资产负债率 50.81%，同比上升 2.1 个百分点。

推进提质增效，2022 年 3 月高标准谋划 18 个方面、75 项具体任务、19 项量化指标，按照“单位+专业”维度，逐层、逐级细化分解，形成任务、责任、成效“三个清单”，推进任务落地，实现增量效益超 6 亿元。健全价值引领机制，制定印发内模市场指导意见，838 项内部无偿服务有偿化，同时将内模利润纳入企业负责人关键业绩指标评价，激发全员创效活力。累计开展一级内模交易结算 2830 笔、金额 24.14 亿元，传导成本 153 亿元。迭代优化数智预算编审模型，融合预算编制和审核工具，分板块、分业务搭建 16 个模型，建立编制逻辑库 349 条、审核规则库 169 条，已被国家电网公司深度应用。

“三清理、两提高”三年行动收官，完成任务目标。长期挂账在建工程清理 65 项，在建余额压降 14.47 亿元；工程物资余额压降 2.13 亿元，压降幅度 95.95%；工程往来款余额压降 60.05 亿元，压降幅度 80.85%；完成暂估转资 4085 项合计 123.04 亿元，转资及时率、折旧计提准确率均 100%；完成竣工决算 3561 项 101.70 亿元。

增值税留抵“应退尽退”，主动与税务、财政等政府部门沟通汇报，克服疫情等不利影响，全年争取增值税留抵退税 17.53 亿元，实现存量与增量留抵税额双清零目标，缓解经营压力。

全面管控带息负债指标，2022 年 159.51 亿元，完成国家电网公司管控目标，为电网建设提供资金保障。有序开展电 e 宝电费直达工作试点任务，电费网银、“网上国网”代收电费资金按照对公、对私特点实现实时和 T+1 日直达，资金流转路径缩短。拓展应用 PRA 技术，提高电费收入与其他收入业务自动化处理水平。深度融合电费收款业务和票据结算业务，各电费账户回单和票据结算信息与收付款凭证自动匹配、自动整合，实现凭证套打，提升业务处理效率。

安全生产 2022 年，国网青海电力贯彻国家电网公司安全生产工作意见，落实国网青海电力党委安全生产决策部署，严格“四个管住”工作要求，不断夯实安全基础，各项工作稳步推进，完成年度工作目标和重点任务，安全生产形势总体平稳。统筹推进安全生产重点任务，将习近平总书记安全生产重要论述列为各级安全教育培训必学内容，落实国务院安委会安全生产“十五条”硬措施，制定强化安全责任落实 50 条实施细则。严格安全生产责任制的落实、监督和考核，统筹推进安全生产专项整治、输变配运维管理提升等 11 项行动，查改问题隐患 1849 项，输变配电故障分别同比下降 8.5%、22%、18%。克服风险等级高、治理难度大、送出受限多等挑战，组织开展“百日大会战”，彻底消除 750kV 西宁变电站 GIS 母线重大隐患，阶段性完成 750kV 日月山变电站 5 台断路器增容改造，总结形成多专业、多单位协调工作的标准化工作流程。

保障电网安全稳定运行，突出安全风险专业协同、会商研判，严格落实“五级五控”，管控六级及以上电网风险 321 项、三级及以上作业风险 7226 项。组织开展大面积停电、消防火灾等应急演练，全力推进电网反恐防范重点目标达标建设。联合政府相关部门印发开展林区牧区输配电设施火灾隐患专项排查治理工作的通知、推进省市县三级电气消防安全管理协作机制。应对“1·08”门源地震、“8·18”大通山洪等重大自然灾害和疫情防控保供要求，及时启动自然灾害应急响应，快速恢复11853户受灾居民供电，完成136处疫情防控重要场所通电工作，完成党的二十大和省内重大活动保电工作。

保障全省电力电量供应，密切跟踪电力供需形势变化，滚动测算电力电量平衡，滚动修订青海电网紧急负荷控制序位表。组织召开迎峰度夏、度冬电力保供工作会，促成政府多次召开能源保供专题会，协调推进外购电、电煤供应。调整储能电站放电时段，发挥现有储能电站顶峰能力20万kW，通过省间现货市场、区内备用等市场化手段，短期购电57亿kWh，保证了电力可靠供应，全年未采取负荷管理措施。

营销管理 2022年，完成售电量867.5亿kWh，同比增长8.8%，保持高速增长，指标排名国家电网系统第5。全量发、售电客户实现购售同期，电费回收率100%。高负损台区治理减少电量损失2300万kWh。0.4kV线损率3.4%，较指标值低2.43个百分点。反窃查违和营销稽查成效3686万元。新一代用电信息采集系统正式上线，实现双轨运行。新型电力负荷管理系统上线运行，接入可调节负荷94.6万kW。乡村振兴指数排名国网第6位，定点帮扶玛多县成效连续五年在中央单位考评中评价为“好”，营销专业工作考核列国家电网公司第18。

营销基础管理再上新台阶，制定《营销基础管理提升三年行动方案》，明确17个方面32项重点工作任务，印发《业扩报装管理规范》《电价执行规范》《代理购电工作指南》《电能计量业务规范》等10项细则；完成42.86万户营销普查，基础数据合格率99.4%，完成购售同期，7个地市实现工商业客户电费核算省级集中。发布新型电力系统智慧用能方案，推动用能侧高质量发展、灵活互动能力提升、节能降碳服务等4方面18项重点工作任务落地。成立以公司主要领导为组长的服务重点负荷项目领导小组，高位推动，力促15家163.7万kW重点负荷早投快运；完成省综合能源、电动汽车公司一体化运营，组建8家综合能源市（州）分公司并实体化运营。

电力保供措施有力，推动铁合金需求响应70万kW，实施有序用电19天，单日最大避峰规模达到185.8万kW，限制“两高”企业电量3.21亿kWh，保供工作得到国家电网公司保供督导组的高度评价。优化营商环境取得新进展，完成与政务“青松办”、住建厅工改系统互联互通，实现与产权交易中心的“联合过户”，相关工作获得省发展改革委书面表扬。电价市场化改革稳步推进，按期完成10kV及以上高压客户代理购电合同签订，准确开展代理购电量预测，首次实施19万户代理购电业务，客户购售同期抄表例日调整工作如期完成。新兴业务发展不断突破，建成投运国内首座机器人侧换式重卡换电站，打破京藏高速兰西段电动汽车出行壁垒，布局7座油电一体综合能源站，建成全省首个智慧校园示范项目。夯实营销管理基础，超额完成营销普查与规范目标，线上核查居民基础档案24.98万户，玉树供电公司9.08万户客户实现采集覆盖，青海省第一部地方计量检定规程《在用电子式交流电能表》完成发布，完成省级智慧能源服务平台及售电市场智能分析预测系统建设。

科技创新 2022年，科技研发专项投入7649万元。2项国家级项目通过综合绩效评价，4项总部项目通过验收和中期督导，获得省部级科技奖励13项，牵头获得青海省科技奖3项，其中一等奖1项、三等奖2项，牵头获得国家电网科技奖二等3项。启动双创项目10项，出孵9项，承接国家电网前瞻性技术研究项目2项，成果转化9项。主导编制行业标准2项、国家电网企标2项、省公司企标31项。立项地方标准3项，申报团体标准5项。申请发明专利112项、海外专利2项，授权发明88项。

开展新型电力系统科研攻关布局，从源网荷储四个方向提出20项攻关任务，统领新型电力系统科技攻关工作。承担青海省“科技助力青海打造国家清洁能源产业高地建设”编制任务，开展清洁能源科技创新的顶层设计。将构建青海新型电力系统示范区和打造清洁能源产业高地科研需求充分结合，推动“省域长周期绿电关键技术”申报国家重点研发项目。参与“高功率锂离子电池储能技术”等国家重点研发项目3项、国家自然科学基金项目2项，承担国家电网前瞻性技术研究项目2项，牵头承担青海省基础研究项目3项。

关键核心技术攻关成效显著，国家重点研发项目“多能源电力系统互补协调调度与控制”通过工信部综合绩效评价，解决了不确定场景下可再生能源最大化消纳和电网安全风险协调的难题。加快推进新型电力系统项目研究，“新能源友好并网、源荷协同技术及关键装备研究”等2个项目通过国家电网公司中期督导，从源荷两侧发力攻关双高电力系统带来的供需平衡及电网安全稳定问题。“面向大型新能源富集地区的储能电站优化调度运行关键技术研究及应用”等2个项目通过国家电网公司验收，实现优化调度策略支撑储能产业大规模高质量发展。

发挥双创示范中心示范引领作用，承办2022年“全国双创周”青海分会场活动，并与青海省科技厅签订“以双创助推国家清洁能源产业高地建设科技合作协议”。开展成果转化和推广应用，9项成果实现转化，11项产品上架国网电商平台，转化金额超过600万元。

开展技术标准和实验室管理工作，完成国家电网科研与技术标准互动发展试点任务，制定新型电力系统技术标准路线图，开展零碳产业园区、氢电耦合等领域的技术标准体系化应用。构建技术标准实施监督评价“233”工作方法，建立技术标准主体系、专业子体系和各单位技术标准体系，识别有效标准3870项，修订作业卡、指导书511项。遴选3家单位推进“5A级标准化良好行为企业”创建。制定实验室管理办法，健全实验室管理机制，完成首批实验条件建设项目，新型电力系统领域试验研究能力提升。

数字化建设 2022年，完成32项年度数字化重点试点任务，系统梳理工作中好的做法，所提炼典型案例获国家电网总部认可并推广7项；获省部级表彰奖励7次，在2次国家及省级重大会议会展中发布4项工作成果，与政府企业签订合作协议9份，推荐入选“国网工匠”1人，数字化部荣获国家电网公司“一体四翼”劳动竞赛先进集体称号，申报的“基于区块链技术的共享储能业务研究和实践”荣获2021年度电力科技创新二等奖。

数字化赋能新型电力系统示范区建设推进，制定数字化赋能青海新型电力系统示范区建设方案，涵盖新型数字化支撑体系建设、源网荷储协同数字化能力提升等6方面21项任务。完成新一代交易、新一代应急指挥、电网资源中台同源维护实施部署应用，全力推进企业级实时量测中心建设。完成基建全过程、安全风险管控平台等7套系统数据中台非结构化资源目录构建，提升数据快捷检索和智能分析能力。联合中国电信建成全国首个全清洁能源可溯源的绿色大数据中心，得到省委书记、省长批示肯定，被中国信通院评为“碳中和数据中心创新者4A”称号。

深化“电力看双碳”工作，作为国家电网公司试点单位，推进“电力”看双碳专项示范，配合完成“电–碳分析模型”构建及验证，为全面构建“国家级碳排放监测平台”提供支撑。联合发展改革委制定能源（双碳）大数据中心三年行动方案，构建重点企业电–碳监测服务、园区碳排放监测分析、省域碳达峰预测分析、全网用能结构溯源等大数据分析模型，为政府、企业落实能碳双控目标提供决策支撑。落实总部指导意见，完成基于能源大数据中心的储能云方案设计。

数字化示范促进基层减负，建立员工RPA任务抢单机制，完成异常用电监测、停复电指令自动下发等66个典型场景，打造数字化县公司多维管控场景，提升一线相关工作效率5倍以上，有效赋能业务、服务基层。高质量推进运维生态圈建设，实现20余项信息调运检流程线上流转，开展移动运维研究探索，提升信息调运检人员工作效率。强化检修规范管理，不停运检修数量和时长占比分别达到66.67%、48.78%。

推进新技术实践应用，促进人工智能技术与电网业务深度融合，构建高海拔地区输配线路隐患识别模型112项，识别精度达85.13%，在36条线路试点应用，发现缺陷3405处。开展数字孪生电网专题研究，发布数字孪生电网框架体系设计方案，实现±800kV青南换流站50种关键设备数字孪生模型构建和模拟仿真研究，为电网数字化转型提供有力支撑。

数据价值作用加速显现，构建“三个常态、一个服务”机制，根治源端问题12.8万条，数据可用率99.98%，成果入选全国智慧企业创新案例。深化运营分析，发现问题5028条，治理高负损台区670个、反窃查违挽回损失336万元。培育大数据成果8项，获省部级以上领导批示肯定6次，获中国电促会二等奖2项、三等奖1项，中电联优秀案例1项，国家电网科技进步奖二等奖1项，4项产品在数字中国等平台发布。

电力市场与优质服务 2022年，国网青海电力克服黄河来水偏枯、电网全时段缺电、外购电难度加大、新冠疫情反复等困难，完成电力市场建设、新能源消纳和电力保障供应各项工作。修订编制《电力跨区跨省交易存在的壁垒和对策建议》，配合青海省政府修订印发《青海省关于落实加快建设全国统一电力市场体系指导意见的实施方案》《2023年电力市场交易方案》。完成第三届市场管理委员会换届选举工作，确保青海电力市场健康向上发展，严格按照国务院国资委、国家电网公司、省电力公司相关文件和交易公司章程要求，按时规范召开董事会3次，审议《交易公司“三重一大”决策管理办法》等17项议案，制（修）订《交易公司“三重一大”决策管理办法》等14项制度，董事会定战略、作决策、防风险的经营决策主体作用有效发挥。6月25日—7月29日组织“绿电5周”全清洁能源供电，首次开展绿电交易和绿电认证，度电碳排放量等5项指标达到全国领先，省内23家新能源电站与42家电力用户签订2022—2027年绿色电力交易多年框架协议，签约总电量62.7亿kWh，引导全社会绿电消费理念，助力能源清洁低碳转型。

全年外购电量139.6亿kWh，同比增加20.8%，外送电量208.7亿kWh，同比减少15.2%，完成市场化交易电量约810亿kWh，占公司售电量93%。全年清洁能源上网电量838.8亿kWh，同比下降0.6%，在水电降低的情况下，采取多种措施促进新能源消纳，在有效外送高峰时段送出富裕新能源，并在其他时段全力协调周边省、区加大外购，保障全省电力供应。

坚持人民电业为人民，优质服务管理取得新成效，全面建成城区低压网格化综合服务体系，客户经理信息挂牌公示、敏感区域微信群覆盖、行政服务大厅入驻100%，完成35个B级营业厅转型升级，6个营业厅功能优化；12398、12345转办问题率先实现全流程线上管控。建成新型负荷管理系统，成立政府授权的1+8电力负荷管理中心，推动政府首次出台电力需求响应工作方案，可调节资源库负荷达到最大负荷的15.5%，推动避峰企业削峰填谷 56 万 kW。推进政企平台信息贯通，与青海政务服务网、“青松办”APP、房产交易等系统互联互通，实现居民客户“刷脸办”、企业客户“一证办”、政企平台“一网通办”、“房产＋电力”联合过户。

服务乡村振兴工作展现新作为，消费帮扶 335 万元，新建“电力爱心超市”3 座，完成 6 个基础型数字化供电所建设，推动实施电气化项目 16 项，打造“国家电网助力乡村振兴示范村”4 个，互助县班彦新村能源转型成果荣获全球优秀减贫案例。深入落实乡村振兴战略，玉树、果洛二回线路纳入中央预算内资金项目清单，2 个离网光伏乡通大电网列入国家电网计划，受政府委托运维 420 座独立光伏电站、8 万套户用电源，保障 10.7 万户牧民群众用电需求。

党的建设和精神文明建设 旗帜领航，强根铸魂，政治建设取得新突破，把坚持党的领导、高举习近平新时代中国特色社会主义思想伟大旗帜作为立企之“根”、强企之“魂”，突出深入研学习近平总书记关于国有经济、国有企业改革发展、党的建设和能源电力等重要论述精神，持续开展专题学习、专题党课、辅导讲座。以高度政治责任感迎接和学习贯彻党的二十大精神，广泛开展“奋进新征程建功新时代”“强国复兴有我”等主题宣传教育活动。完成党的二十大代表候选人推荐提名，钱建华光荣当选为党的二十大代表。采取集中宣讲、专题研讨、辅导培训等多种方式学习宣传贯彻党的二十大精神，原原本本学、联系实际学、线上线下学。

深植根脉、传承基因，精神文化建设收获新成果，深入挖掘青海红色精神根脉，将新型电力系统作为新时代的电力“两弹一星”工程，用伟大红色精神激励广大干部职工勇攀高峰。实施“两弹一星·电力传承”主题实践，与“两弹一星”教育学院签署战略协议，建成“从东方巨响到绿色交响”党性暨理想信念教育基地。开发主题党课，首次登上国家电网公司中青班课堂，获得全体学员一致好评，国网党校专门致信感谢。出版发行《解码四分厂》报告文学、《传承》主题曲、《清澈的爱只为祖国》广播剧等系列红色作品，彰显公司赓续红色血脉的时代担当。其中报告文学获评全省“五个一”工程奖，列入国网党校及“两弹一星”学院培训教材，被推荐申报全国第六届党员培训教材；广播剧被评为 2022 年能源奥斯卡音频单元一等奖。

主动融入、锤炼本领，党建质效得到新提升，坚持“党委抓统领、专业抓融合、支部抓落实、党员争先锋”路径，探索“党建＋”工程规律，研究制定“党建＋”工程实施意见，为生产经营全面赋能。实施“岗区队”跨越提升行动，老载体迸发新活力。探索建立先进典型培育新机制，开展“英才赋能”行动，推动建立“个人成长＋组织培育”双轮驱动模式，1 名职工获评“中国好人”荣誉，国网青海电力作为全省唯一上榜企业彰显了文明标高与央企担当。确定“从点亮光明到点亮文明”定位，挂牌成立全省首家政企联建的新时代文明实践中心和实践站，形成独具电网特色的文明实践中心新样本，得到国家电网公司高度评价。推动“青马工程”，推进青年精神素养提升九项行动，1 个基层团委获评国家电网公司五四红旗团委，1 人获评全国青年岗位能手称号。

工会工作 2022 年，工会以“喜迎二十大·建功新时代”为主线，紧扣“一体四翼”高质量发展，坚持以职工为中心，组织动员职工在推动新型电力系统省级示范区建设中建功立业。

政治思想引领实现新进步，深入学习党的二十大精神和习近平总书记关于工人阶级和工会工作重要论述，组织召开劳模先进学习宣传贯彻党的二十大精神座谈会，通过“劳模讲堂”“班组大讲堂”，引领广大职工不断增强政治认同、思想认同、情感认同。全国劳模钱建华当选党的二十大代表、青海省第十四届省委候补委员。弘扬劳模精神、劳动精神、工匠精神，3 名职工荣获国家电网劳模、2 个集体荣获国家电网先进集体、2 个班组分别获评国家电网公司、青海省“工人先锋号”、1 人获评青海省五一劳动奖章。

职工素质提升得到新加强，承办青海省第十八届职工职业技能大赛暨青海省电力系统第十届职工职业能力竞赛，4000 余名职工参加培训练兵，完成 77 个项目的初赛选拔。打造“1＋*N*”创新工作室体系，范广勤创新工作室、艺博创新工作室等得到了国家电网公司和青海省总工会的肯定和高度评价。征集评选 2020—2021 年度职工技术创新优秀成果 40 项。落实职工技术创新帮扶资金 65.6 万元，完成年度创新成果 200 余项。修订印发《国网青海省电力公司综合性先进评选管理办法》，增设电力工匠评选项目，选树首批 5 名“电力工匠”。组队参加青海省第十八届运动会、青海省第四届全民健身大会，11 个项目进入前 8，2 个集体及 11 名个人获评体育道德风尚奖，国网青海电力被评为优秀组织单位。参加上级工会组织的书画摄影、文学创作等活动，4 项作品在国家电网公司“永远跟党走”文艺创作中获奖。原创歌曲《逆光》获全国总工会“劳动颂歌献给党”十大金曲。

服务职工获得新赞誉，坚持以职工需求为导向，重心下移，推进“职工心理援助”“悦读行动”“高原氧吧建设”“关爱女职工”4 件实事。筹措资金 400 余万元，新建和完善职工文体场所、创新工作室、职工小家等项目 20 个，改善基层生产生活条件。引导职工 100%参加青海省生活互助保障计划，541 人结报补助金 71.03 万元，缓解职工医疗负担。下拨 120 万元防疫专项补助，两级工会开展“抗疫保电有你，慰问服务有我”主题慰问活动，因地因时开展小型多样的文体活动，开通 24h 服务热线分层分阶段开展心理援助，举办“建立一个好关系、培养一个好情绪、调整一个好状态”专题讲座 7 次，服务职工 2000 余人次，为疏导职工心理压力、稳定生产经营秩序发挥了重要作用。推进女职工各项工作，信通公司雷晓萍荣获“国网工匠”称号，以李楠芳、吴嘉楠为代表的优秀女职工创造了“巾帼不让须眉”的闪光业绩。

双碳与新型电力系统建设 贯彻习近平总书记关于“碳达峰、碳中和”系列重要讲话和指示，准确把握国家电网公司战略目标的丰富内涵，全面落实国家电网公司行动方案，全力构建新型电力系统省级示范区，助力青海“碳达峰、碳中和”目标实现，为全国输出清洁电力、先行模式、技术标准。

围绕建设新型电力系统省级示范区，坚持“省内高水平转换消纳+省外大规模输送”双轮驱动发展思路，形成“1+8”方案体系，国家电网公司与青海省委省政府签署《加快新型电力系统建设，打造国家清洁能源产业高地》战略合作协议。促成政府牵头成立青海省新型电力系统示范区构建方案编制、能源承载型绿氢产业等工作专班，将国网青海电力能源承载型绿氢产业的研究思路、方向等纳入《青海省氢能产业发展中长期规划（2022—2035）》，全面助力国家清洁能源产业高地建设，服务全国“双碳目标”。开展“十四五”电网规划滚动调整，推动亟需工程调整纳入国家电力规划；加快推动第二条直流外送通道建设，配合省能源局完成海南州戈壁共和县和贵南县新能源基地电源组织方案，并取得国家发展改革委批复。提升电力供应保障能力，完成桥头 3×66 万 kW 火电接入系统及送出线路工程和羊曲水电站接入系统复核和玛尔挡水电站送出线路升压工程可研，推动新增 552 万 kW 清洁煤电建设指标纳入国家“十五五”规划。

加快构建分层分区主干网架，年内建成郭隆—武胜三回线路及托素—鱼卡双回 750kV 线路，提升省间及省内东西部送电能力，开工建设红旗、昆仑山 750kV 输变电工程。完成哇让抽水蓄能电站可研核准工作，完成弘柳“四统一”储能电站可研并开工建设。开展“支撑新型电力系统构建的新能源友好并网、源荷协同技术及关键装备研究”“基于特高压直流外送的吉瓦级共享储能区块链关键技术及直流升压装置研发及应用”，取得阶段性成果。探索开展光储荷一体配网建设，在西宁、海北果洛藏贡麻安置新村、三江源地区分别建设智慧、高效用能示范，探索和验证适合青海不同供电区域新型配电系统方案，在果洛州开展蓄热式电锅炉错峰运行，构建了可调节负荷库、弹性负荷响应库。推动能源（双碳）大数据中心转型升级，牵头开展全国碳排放监测平台“电－碳分析模型”构建及验证，通过国家双碳办委托国家电网公司组织召开的评审。

电力体制改革 开展第三周期输配电价核定工作，促成青海省发展改革委向国家发展改革委争取符合青海实际情况的监审政策，争取电网投资纳入核价范围，输配电成本核定额较第二周期核定额增长 31%，成本核定率提高 10.4 个百分点。推动青海省发展改革委成立建设青海清洁能源产业高地价格机制工作专班，研究新型电力系统价格疏导策略。落实政策要求，全年完成 20 余万用户 65 亿 kWh 代理购电量的价格测算发布，确保目录电价政策到代理购电政策的平稳过渡，以及代理购电价格全年平稳。完成青海电力交易公司产权登记变更，成为西北首家完成产权变更的单位。

贯彻落实国家电网公司“改革实效年”工作部署，聚焦国企改革抓收官，建立健全问题会商、信息报告、监督考核等工作机制，国企改革三年行动 99 项任务按期完成。因地制宜加快建设世界一流企业，所属西宁供电公司、青海绿能数据公司分别被国家电网公司选树为标杆企业和示范基地。聚焦内部管理抓成效，将党组织建设写进公司及所属各类子公司章程，把党的领导融入公司治理各环节。在国家电网公司“放管服”“规定动作”框架下，“自选动作”多管齐下，分别在新能源工程代建、优化营商环境等领域形成典型做法 46 个。推进新型规章制度体系建设，制定印发授权管理基本制度，建立健全“三类授权、四个程序、五个机制”。

（陈　耀）

【国网宁夏电力有限公司】

企业概况 国网宁夏电力有限公司（简称国网宁夏电力）是国家电网公司全资子公司，是关系宁夏经济社会发展和能源安全的国有重要骨干企业，主要从事宁夏境内电网的建设、运行、管理和经营，为宁夏经济社会发展提供充足、稳定的电力供应和优质、高效的服务。截至 2022 年底，供电面积 6.64 万 km^2，服务人口 725 万人；全口径用工总量 13804 人，其中职工 9324 人、劳务派遣用工 106 人、农电用工 3339 人，产业单位用工 1035 人。

领导班子

董事长、党委书记：衣立东

董事、总经理、党委副书记：陈红军

董事、党委副书记、副总经理：张智民

职工董事、副总经理、党委委员、工会主席：赵大光

副总经理、党委委员：赵强、季宏亮

党委委员、纪委书记：甘涛

总会计师、党委委员：王忻

总工程师：闫志彬

副总经理、党委委员：潘勇

组织机构 设置本部部门 20 个，下辖 6 个地市供电公司、12 个业务支撑单位、3 个合资公司、4 个配售电公司、27 个县（区）供电公司。

电网概况 宁夏电网是国家“西电东送”战略的重要送端，目前已形成了风电、光电、火电、水电多能互补、稳定安全的电力电网体系，是典型的“强电网、大送端”。主网由 750kV、330kV、220kV 三个电压等级构成，通过 4 回 750kV 线路与西北电网相联；通过 3 回 750kV 线路与内蒙古伊克昭换流站相联；通过宁东—山东±660kV 直流输电工程向山东送电，输电容量 4000MW；通过宁东—浙江±800kV 特高压直流输电工程向浙江送电，输电容量 8000MW。截至 2022 年底，宁夏境内有 5 条特（超）高压输电线路，其中，宁夏作为送端的有 2 条，分别是宁东—山东±660kV 直流输电工程、宁东—浙江±800kV 特高压直流输电工程；接入宁夏电网的有 1 条，即上海庙—山东±800kV 特高压直流输电工程；过境宁夏的有 2 条，分别是哈密—郑州±800kV 特高压直流输电工程、昌吉—古泉±1100kV 特高压直流输电工程。宁夏电网统调总装机容量为 60112.8MW，其中火电 29710.4MW，占比 49.08%；水电 422.3MW，占比 0.70%；风电 14567.4MW，占比 24.06%；光伏 15835MW，占比 26.16%，新能源总装机容量 30402.4MW，占比 50.22%。宁夏电网统调 220kV 及以上变电站 102 座，容量 84460MVA。其中 750kV 变电站 10 座，容量 35400MVA；330kV 变电站 45 座，容量 28900MVA；220kV 变电站 47 座，容量 20164MVA。220kV 及以上电压等级交流线路共计 314 条：其中 750kV 线路 42 条，330kV 线路 126 条，220kV 线路 146 条。

电力保障与安全生产 秉承“全网一盘棋、国网一家亲”，坚决扛起电力保供首要责任，坚持内供外送“双线作战”，促成自治区政府出台《能源保供方案（2022 年—2025 年）》，制定《国网宁夏电力 2022 年电力保供指导意见和保障电力外送工作方案》，出台并落实迎峰度夏电力保供 24 项重点举措、防止拉闸限电“十项措施”和预警问责实施办法，强化政企协同联动、源网荷储协同发力，加大省间余缺互济和负荷管理力度，灵绍直流首次实现满功率运行，直流能量可用率保持全国领先，应对最高温度、最大负荷、最长时间“三最”叠加考验，既保证了宁夏区内可靠供电，又支援了山东、浙江等东部省份及四川、重庆等西南缺电省市，服务全国保供大局。贯彻国家安全生产 15 条硬举措和国家电网公司 38 项措施，开展安全隐患大排查大整治大检查大治理，落实安全基础管理提升十二项措施，安全生产专项整治三年行动收官，电网保持安全稳定运行。统筹疫情防控和供电保障，确保区内医疗机构等重点单位可靠供电，守护人民群众生命健康。完成党的二十大、北京冬奥会、自治区第十三次党代会等重大保电任务，荣获国家电网公司党的二十大保电先进单位，连续 7 年获自治区网络安全等级保护工作先进单位称号。

电网建设与发展 全年完成发展投入 70.33 亿元，同比增长 7.90%，其中固定资产投资 64.41 亿元，同比增长 7.87%。加快推进“宁电入湘”前期工作，国家电网公司、宁夏回族自治区、湖南省签订三方输电协议，仅用 3 个月时间完成可研并通过评审，工程从 2020 年动议到具备核准开工条件，成为国家“十四五”规划建设的“三交九直”输电工程中前期工作最快、开工条件最好的项目，也是中国第一条以输送新能源为主、服务“沙戈荒”风光大基地开发的标志性工程。加快电网规划建设，750kV 沙湖主变压器扩建等重点项目纳入国家规划，建成投运 750kV 青山等重点工程，妙岭工程获国家电网公司推荐参评中国建设工程鲁班奖，沙湖—平罗电厂 750kV 线路工程获中国电力优质工程。完成 1672 个城市配电网和农网改造升级项目。召开全国性的院士专家评审会，争取率先建成宁夏新型电力系统和新能源供给消纳体系。新能源发电量占比 23.4%，是全国平均水平的 2 倍。支持新型储能发展，新增储能并网容量 90 万 kW/180 万 kWh。2022 年，国网宁夏电力 35kV 及以上新开工项目共计 52 项，线路 954.53km，变电容量 5521.3MVA，分别完成年度计划的 131.4%和 156.1%；累计投产 41 项，线路 752.63km，变电容量 6726MVA，分别完成年度计划的 122.6%和 102%。

经营管理 国网宁夏电力资产总额达到 441.93 亿元，同比增长 10.13%。深化提质增效，挖潜创效 7.74 亿元。争取增值税留抵退税 18.41 亿元，缓解资金压力。开展控“两金”降杠杆专项行动，严格带息负债管控。坚持“一聚焦、两主动、两积极”，推动“一体”和“四翼”握指成拳、协同联动、相互赋能，省管产业营收 35.03 亿元，综合能源、电动汽车、思极科技等营收 2.34 亿元。赴阿曼国家电网公司开展技术支撑，国际业务实现突破。“电 e 金服”累计为产业链上下游企业提供金融服务 10.06 亿元。推进“严肃财经纪律、依法合规经营”专项行动，排查发现问题整改率 100%。开完成审计署经济责任、特高压和可再生能源补贴专项审计迎审配合，内外部审计发现问题有效整改。国企改革三年行动收官，启动加快建设世界一流企业行动。完成“1+*N*”治理制度体系建设，董事会高效运行，子企业董事会应建尽建，各级经理层成员全部纳入任期制和契约化管理。配合完成第三周期输配电成本监审。优化生产管理模式，完成银川地区超高压设备和新建330kV变电站属地化管理。深化“三项制度”改革，完成国家电网公司首批岗位绩效工资改革试点。

营销工作 开拓市场，宁夏全社会用电量1249.84亿kWh，同比增长7.89%；国网宁夏电力区内售电量881.47亿kWh，同比增长7.52%。电费回收率100%。营销稽查及反窃查违经济成效4908万元。存量高负损台区全部清零，28家县公司和供电所进入国网线损“百强”，银川、石嘴山供电公司获国家电网线损管理“十强市”。编制《宁夏统一电力市场（2022—2025年）建设方案》，推动中长期、现货、辅助服务等市场建设，市场化交易电量759亿kWh、同比增长48%，省间现货交易增送电量67亿kWh。在全国率先发布绿电交易规则，交易电量32亿kWh。持续扩大电力外送规模，累计外送电量944.48亿kWh，同比增长4.53%，再创历史新高。其中宁夏外送山东电量全年累计216.69亿kWh，同比降低40.09%；外送浙江电量全年累计526.07亿kWh，同比增加16.65%。另外，现货交易和日前实时交易电量63.15亿kWh，送陕西、甘肃、青海、四川、重庆等电网电量138.57亿kWh。

科技与信息化 强化新型电力系统科技攻关，首次牵头国家重点研发计划“煤电与新能源综合调节及系统优化运行关键技术”项目，是宁夏回族自治区多年来高新技术领域唯一牵头企业。首次牵头国家电网公司新型电力系统科技攻关计划“煤电与新能源发电协调优化调度关键技术研究”重大科技项目，是国家电网公司系统仅有的三家牵头省公司之一，也是中西部唯一牵头省公司。年度新增牵头11项国家电网科技指南项目，数量位居西部网省公司第一。深入推进“宁夏‘风光储输一体化’及‘源网荷储一体化’示范工程关键技术研究及应用”重大专项，部分成果在“宁电入湘”等重大工程和电网运行中应用。获国家电网公司新型电力系统科技攻关团队和实验室首批命名，连续5年获自治区科技进步奖一等奖。建设现代“双一流”推动治理体系和治理能力现代化成果获中国管理科学学会一等奖。首获全国电力企业管理创新论文大赛特等奖，3项成果获国际质量管理大赛金奖。年度授权发明专利144项，较2021年增长41.18%，累计拥有发明专利516项。

供电服务 坚决贯彻国家稳增长要求，落实国家电网公司服务稳住经济26项具体举措和自治区稳保促“50条”政策措施，制定实施服务自治区经济社会平稳运行八方面40项重点举措，发挥电力在稳经济保增长促发展中的重要支撑作用，为自治区经济增长保持全国第一方阵发挥“压舱石”作用，得到自治区党委政府肯定。制定落实提升供电服务水平十项举措，开展供电质量提升专项行动，严肃供电服务专项考核问责，建成营销全业务监控系统，客户投诉同比下降94.71%，频繁停电、低电压、抢修工单压降。推行优化营商环境29项措施，实现160kW及以下小微企业“三零”服务、居民“刷脸办电”、企业“一证办电”“房产+办电”联合过户全覆盖。出台用户受电工程“三指定”行为15项红线禁令，开展涉企违规收费问题自查整改和业扩报装“体外循环”问题治理。促成5个地市、宁东管委会及5个县政府出台延伸投资支持政策。多措并举服务能源清洁发展，全年新增并网新能源2000MW，新能源装机容量突破30000MW，年发电量489.46亿kWh，同比增长6.4%，其中就地消纳67%、外送消纳33%，利用率持续保持在97%以上。服务乡村振兴，开展卓越供电所建设，组建中心供电所和农电业务管控中心，创新共享用电成为国家乡村振兴简报刊发的首个宁夏经验，闽宁镇原隆村、红寺堡区团结村、隆德县冯碑村、沙坡头区乐台村4个村荣获“国家电网助力乡村振兴示范村”称号。

党的建设和精神文明建设 深入学习宣传贯彻党的二十大精神，在全面学习、全面把握、全面落实上下功夫，深刻领悟“两个确立”的决定性意义，坚决做到“两个维护”。深入实施“旗帜领航”党建工程，抓基础、抓融合、抓特色、创先争优，持续打造“红色六盘山”“闽宁山海情”“民族一家亲”“塞上好江南”四大区域特色共产党员服务队，深化“党建+”工程，培育“旗帜领航·电亮梦想”党建品牌，主要负责同志当选党的二十大代表。加强意识形态工作，开展电力保供等主题传播，中央和地方主要媒体报道再创新高。促成签订《驻国网纪检监察组与自治区纪委监委协作意见》。开展巡视巡察整改“回头看”，完成二级单位、县公司和省管产业巡察，国家电网党组巡视反馈问题整改取得实效。坚持事业为上、人事相宜，加强本部部门和基层单位领导班子建设，一批工作业绩突出、群众测评优秀的好干部得到重用。开展本部与基层双向挂职挂岗锻炼，选派3人到自治区厅局及银川市挂职锻炼。开展统战团青、信访保密等工作。为职工办实事。再获自治区文明行业称号，一批个人和单位荣获全国五一劳动奖章、全国电力行业技术能手、自治区五一劳动奖状及国网工匠、劳模等称号。

主要事件

2月8—9日，宁夏回族自治区政府与湖南省政府在湖南长沙举行会谈，就“宁电入湘”中长期合作协议、加快湘宁新能源装备制造产业园建设、加大招商引资力度、拓展多领域合作等达成了共识。

2月19日，国家电网公司总经理、党组副书记张智刚在自治区副主席陈春平的陪同下，来国网宁夏电力调研指导电力能源保供、北京冬奥会及全国“两会”

保电、“宁电入湘”输电工程等相关工作，并看望慰问一线干部员工。

2月20日，湖南宁夏区域经济合作座谈会在银川举行，共商能源合作大事、共谋湘宁协作大计。宁夏回族自治区党委书记、人大常委会主任陈润儿，湖南省委副书记、省长毛伟明，国家电网公司总经理、党组副书记张智刚讲话，自治区党委副书记、自治区主席咸辉主持会议。

3月18日，国网发展部组织召开“宁电入湘”特高压直流工程预可行性研究报告评审会，一致同意预可研通过评审，标志着“宁电入湘”工程正式迈入可研阶段。

4月14日，国网宁夏电力在银川以“云会议”方式召开宁夏新型电力系统和新能源供给消纳体系技术实施方案专家评审会议，邀请中国工程院院士郭剑波、中国电科院院士郑玉平等国内院士专家问诊把脉，积极争取、率先建成新型电力系统和新能源供给消纳体系，得到院士专家充分肯定。

5月19日，国家电网公司召开新型电力系统科技攻关行动计划2022专项重大科技项目责任状签订视频会议，国网宁夏电力牵头承担国家电网公司2022十大专项重大科技项目“煤电与新能源发电协调优化调度关键技术研究”。

5月28日，宁夏电网统调最大用电负荷1487万kW，同比增长6.98%；日用电量34460万kWh，同比增长9.03%。

6月7日，宁夏回族自治区党委书记、人大主任梁言顺履新后首次赴国网宁夏电力调研电网发展、电力保供、电力数据看经济、电力服务稳经济等情况，肯定国网宁夏电力为自治区稳经济、保增长、促发展所作的大量工作。

6月12日，泉眼330kV输变电工程正式启动投运，该站是宁夏境内第28座330kV变电站。

6月13日，在宁夏回族自治区第十三次党代表大会上，国网宁夏电力党委书记、董事长衣立东当选为宁夏出席党的二十大代表。

至6月30日，宁夏区内累计成交绿电电量18亿kWh，绿电交易规模跃居国家电网公司系统第二名，树立宁夏绿色电力交易典型示范。

7月20日，国网国际公司与国网宁夏电力联合工作团队出发前往阿曼国家电网公司开展技术支持。

8月5日，在自治区副主席吴秀章、国家电网公司副总经理潘敬东的共同见证下，宁夏电网建设史上的又一重要里程碑——青山750kV输变电工程成功投运。

8月9日，国家电网公司董事长、党组书记辛保安在银川拜会宁夏回族自治区党委书记梁言顺，自治区党委副书记、主席张雨浦。自治区党委副主席赵永清、国家电网公司副总经理庞骁刚代表双方签署“十四五”战略合作框架协议。

8月10日，国家电网公司董事长、党组书记辛保安赴国网宁夏电力公司调研，检查迎峰度夏电力保供工作，看望慰问一线干部员工。

11月29日，国家重点研发计划“储能与智能电网技术”重点专项2022年度立项项目正式下达，国网宁夏电力申报的“煤电与新能源综合调节及系统优化运行关键技术”项目获批，实现牵头国家重点研发计划项目“零”突破，也是自治区工业企业多年来首次牵头承担科技部国家重点研发计划项目。

12月4日，宁夏“西电东送”累计外送电量突破6000亿kWh，助力全国电力保供的同时实现了宁夏新能源高质量就地消纳和大范围优化配置，有力推动宁夏资源优势向经济优势的转化。

12月31日，宁夏电网新能源装机超过3000万kW，达到3040万kW，装机占比突破50%，成为全国第四个新能源装机占比突破50%的省级电网，新能源已超越煤电，成为宁夏第一大电源。

（郭　辉）

【国网新疆电力有限公司】

企业概况　国网新疆电力有限公司（简称国网新疆电力）是国家电网公司的全资子公司，是以经营新疆电网为核心业务的国有企业，承担着贯彻落实新时代党的治疆方略，保障新疆维吾尔自治区安全、经济、清洁、可持续电力供应的基本使命。截至2022年底，本部下设23个部门，下属15家地（州、市）供电公司、14家业务单位、81家县公司和1家省管产业单位，共有员工3万余人。

领导班子

董事长、党委书记：司为国

董事、总经理、党委副书记：开赛江

董事、党委副书记、副总经理：张龙钦

副总经理、党委委员：白伟　赵青山

职工董事、副总经理、党委委员、工会主席：钟永泰

副总经理、党委委员：吕新东　季斌炜

党委委员、纪委书记：杨畅

总工程师、党委委员：李渝

总会计师、党委委员：李彦峰

注：2022年12月7日，董事长、党委书记谢永胜调离；2022年3月24日，副总经理、党委委员阿斯卡尔调离；2022年3月24日，总会计师、党委委员郭爱民调离。

组织机构　设办公室（党委办公室、董事会办公室）、发展策划部（碳资产管理办公室）、财务资产部、

党委组织部（人事董事部）、人力资源部（社保中心）、党委党建部（思想政治工作部）、党委宣传部（对外联络部）、纪委办公室（巡察办）、安全监察部（应急管理部）、设备管理部、市场营销部（农电工作部、乡村振兴工作办公室）、科技数字化部、建设部、配网管理部、物资管理部（招投标管理中心）、审计监管部、法律合规部（体改办）、后勤保障部、工会、离退休工作部、公安保卫部（武装部）、电力调度控制中心、企业管理部23个职能部（室、中心）。

电网概况 截至2022年底，国网新疆电力拥有750kV线路62条9075.42km，750kV变电站25座7635.20万kVA；500kV线路9条281.66km；220kV线路610条25212.13km，220kV变电站145座4906.30万kVA；110kV线路1176条28600.27km，110kV变电站551座4144.03万kVA。

人力资源 深化“四优五过硬”（建设政治素质优、功能结构优、工作业绩优、作风形象优的领导班子，建设政治过硬、本领过硬、担当过硬、作风过硬、廉洁过硬的干部人才队伍）领导班子和干部人才队伍建设，树立正确用人导向，一批敢担当善作为、在艰苦复杂环境和生产一线重要岗位中经受过考验的人员得到提拔重用。推进队伍年轻化，“80后”领导人员达到45人，65%的基层班子配备“80后”、同比提升7个百分点。工作负责人及以上岗位青年员工占比超50%。积极为职工办实事，疫情期间慰问职工4万余人次，解决诉求1704件。1人当选党的二十大代表。1个班组获全国工人先锋号。3个集体、4人获国家电网公司表彰，其中1人当选国网公司特等劳模。1个集体、1人获开发建设新疆奖。国网新疆电力及所属2家单位获新疆维吾尔自治区产业工人队伍建设改革“最佳实践单位”。

电网建设与发展 750kV甘泉堡工程调增纳入国家规划，±800kV哈密—重庆特高压直流工程新疆段率先取得全部可研协议，750kV石河子等101项工程取得核准。开工750kV塔城—乌苏等167项、投产750kV乌渠同杆双线改造等157项重点工程。边防部队、抵边新村如期供电，“煤改电”二期配套电网工程与政府户内改造工程同步推进。±1100kV准东—皖南特高压直流工程获国家优质工程金奖，750kV博州变电站获中电建协优质工程奖。

开展塔克拉玛干沙漠南部综合能源基地等研究论证，向新疆维吾尔自治区党委政府呈报系列专报，向国家争取新增400万kW煤电指标，配合出台新能源7条发展路径等支持政策。编制南疆新型电力系统示范区建设方案，提出整装构网型风电场等一批示范性工程。参与国家电网公司新型电力系统规模化充电设施示范项目研究。完成新能源接网审批3094万kW，喀什莎车等17项送出工程建成投产，实现404万kW新能源应并尽并。全年消纳新能源768亿kWh，同比增长4.95%，新能源利用率96.4%，同比提升2.4个百分点。完成可再生能源电力超额消纳量交易1600万元。促成新疆绿证交易30万张，占国家电网公司绿证交易的19.2%。

经营管理 新增110kV及以上业扩容量366万kVA，争取留抵退税、东西帮扶等资金62.5亿元。加强物资服务集中招标采购，深化绿色现代数智供应链建设应用，降本增效7.74亿元。省管产业营收75亿元，利润3.8亿元。国企改革三年行动收官。完成克拉玛依油田电网社会化资产收购。深化“三项制度”改革，试点5家单位宽带岗级工资套改。

安全管理体系和现代设备管理体系加快建设。“合规管理强化年”和“以案促管”专项行动稳步实施。世界一流企业建设、“明定位、强要素、促提升”基础管理提升行动稳步推进。审计署可再生能源补贴专项审计、特高压专项审计、经济责任审计等迎审工作完成。

安全生产 做好电网调控和设备运维，完成昌吉换流站、天山换流站等年度检修工作，落实水电应急、储能顶峰和自备电厂调峰能力260万kW。促成政府印发需求响应支持政策、签约容量279万kW。兵团地方首次联合印发有序用电方案。通过应急调度、省间现货等方式组织跨省区交易8次，入疆支援200万kW，实现疆内供电平稳有序。吉泉直流功率首次提升至1100万kW，服务全国保供大局。疫情期间，集结9600名供电保障人员、1235辆应急抢修车辆24h待命，1.3万名员工封闭在岗，保障了电网安全运行和服务有序开展。完成46处新建方舱、277处新增防疫场所接电任务，保障1559处防疫重点场所可靠供电。收官安全生产专项整治三年行动，整改问题隐患4750项。输、变、配电设备故障停运率分别降低27%、8.8%、9%。建立安全生产包抓责任制，加强无违章激励和反违章查纠，创建无违章员工7.5万人次、班组8343班次。拦截处置网络攻击490万次。与新疆消防救援总队签订合作协议。完成习近平总书记视察新疆等重大保电任务。全年未发生人身事故和六级及以上电网设备事故。

营销与优质服务 通过“三零”“三省”（零上门、零审批、零投资，省力、省时、省钱）节约客户办电成本6.72亿元，居民“刷脸办电”、企业“一证办电”全面实现，“房产+用电”联合过户覆盖9个地州。供电可靠性提升三年行动完成，户均停电时间下降68.6%。全口径百万户投诉13.09件，同比压降81.58%，管控成效位居国家电网公司第5位。落实稳经济一揽子政策措施，为52万户小微企业缓交电费38亿元、免收滞纳金 1.23 亿元，减免房租 1741 万元。通过“电 e 金服”授信 1.43 亿元、发放低息贷款 1413 万元，帮助企业渡过难关。主动服务稳岗扩就业，提供岗位 1500 余个。

科技与信息化 实施“4+185”项数字化示范应用，2 篇经验入选国家电网公司优秀案例，4 家示范单位获得国家电网公司示范标兵、先进等表彰。数据管理能力新疆维吾尔自治区首家通过国家成熟度 4 级认证。2 项成果获第五届“绽放杯”5G 应用大赛三等奖，2 项成果获中电联电力北斗应用创新大赛“优秀创新应用奖”。13 项成果获省部级及以上科技奖，3 项成果获国际质量管理小组金奖，2702 项职工创新成果获新疆维吾尔自治区表彰。双创中心成果转化金额达到 482 万元。获得国家知识产权局颁发的“2022 年度国家知识产权优势企业”称号。

党的建设和精神文明建设 国网新疆电力党委“第一议题”学习研究、第一时间贯彻落实，制定 50 项落实党的二十大精神措施。两级党委开展中心组集体学习 57 次、读书班 26 次、“线上+线下”专题学习 112 次，各级党组织开展主题党日 1758 次。获全国职工学习党的二十大精神知识竞赛团体一等奖。邀请党校专家专题宣讲 17 场，组织党的二十大代表宣讲等各类活动 5000 余次，开展“奋进新征程、建功新时代”“喜迎二十大、永远跟党走”等主题宣传活动，推动党的二十大精神深入基层、深入人心。召开学习宣传贯彻党的二十大精神工作部署会，努力做到“九个奋勇争先”（在坚决做到“两个维护”、推动高质量发展、保障电力安全、推进能源转型、科技创新和人才队伍建设、提升服务质效、依法治企、凝心铸魂增强精神力量、推进新时代党的建设新的伟大工程上奋勇争先）。

实施“旗帜领航”党建工程 66 项举措，巩固深化“党委抓主体责任、支部抓达标创优、党员抓三亮三比”党建工作体系，完成首批“六好”党支部创建，推动劳务派遣公司成立党组织并开展联建。实施“党建+”工程融合项目 573 个，创建党员责任区、示范岗 734 个。

党风廉政建设 建立落实国网新疆电力党委部署监督问责机制。以“四常举措”（惩戒常严、监督常在、教育常新、一体常态）一体推进“三不三机制”（不敢腐的惩戒机制、不能腐的约束机制、不想腐的自律机制）建设，精准运用“四种形态”（党内监督必须把纪律挺在前面，运用监督执纪“四种形态”，经常开展批评和自我批评、约谈函询，让“红红脸、出出汗”成为常态；党纪轻处分、组织调整成为违纪处理的大多数；党纪重处分、重大职务调整的成为少数；严重违纪涉嫌违法立案审查的成为极少数）处理 255 人次。完善廉洁风险防控措施 87 项，通报违规违纪案例 62 件次，开展沉浸式警示教育 600 余场次。配合完成国家电网公司供电服务和省管产业专项巡视，推动 28 项问题整改、153 项措施落实。完成一届任期巡察全覆盖任务。

主要事件

1 月 4 日，新疆维吾尔自治区党委书记马兴瑞到±1100kV 昌吉换流站调研。在昌吉换流站，马兴瑞了解了工程运行情况，强调要采取多项措施提升疆电外送能力，提升新疆清洁能源开发与消纳及煤炭资源高效利用水平。

1 月 25 日，国网新疆电力智慧用能及能效服务数字物理混合仿真实验室建成。此次建成的智慧用能及能效服务动能仿真实验室系国内首次建成的此类专业实验室，该实验室作为新兴电力技术和设备投运前的模拟验证平台，采用数字物理混合仿真方法，将用电信息采集系统数据包与客户重要负荷设备运行仿真计算结果实时有序整合。

2 月 24 日，国网新疆电力发布《服务新疆经济社会高质量发展履责实践书（2021）》。

3 月 29 日，750kV 鄯善（吐哈）输变电工程建成投运。该工程打通了鄯善、十三间房地区新能源送出通道，鄯善地区新能源接纳能力从 30 万 kW 提升至 200 万 kW，增长 6 倍多，新能源送出受阻问题得到全面解决。

4 月 18 日，±800kV 哈密南—郑州天山换流站年度综合检修工作正式启动。本次年度综合检修历时 7 天，共有 24 家单位 1020 余人参加，涉及检修内容 5607 项。

5 月 20 日，国网新疆电力开展“世界计量日”系列宣传活动。

6 月 17 日，国网新疆电力召开“明定位、强要素、促提升”基础管理提升三年行动启动会。

6 月 17 日，新疆电网首个智慧示范台区在库尔勒市和什力克乡上和牧业队建成投运。智慧台区采用物联网、互联网技术，通过加装众多新型智能设备，使得电网具备超强感知、故障告警、智慧决策和快速执行功能，可实现台区运维“状态可视、远程可控、自动调节”。

6 月 25 日，国网新疆电力员工左热古丽·尼亚孜当选中国共产党第二十次全国代表大会代表。

7 月 21—22 日，由新疆维吾尔自治区党委网信办、公安厅等单位联合举办的 2022 年新疆“天山固网杯”网络安全技能竞赛线下总决赛在乌鲁木齐举行，国网新疆电力最终荣获团体一等奖、个人一等奖和最佳组织奖。

7 月 26 日，全国首个具有低压自愈、负荷智能迁移功能的数字化新型低压配电网在新疆乌鲁木齐市奇台路正式投入使用，区域内平均故障停电时长由原来的6～10 h下降至3 s，提高了供电可靠性。

8月4日，国网新疆电力举办2022年新疆电网迎峰度夏暨大面积停电事件联合反事故演练。通过演练锻炼了各级调度机构协同处置重大电网事故能力，检查网络安全及大面积停电应急处置预案的部署和落实情况，检验各单位应对突发事件的快速响应和应急管理水平，加强专业联动，强化政企联动及省地公司的处置协同能力。

9月28日，±800kV哈密—重庆特高压直流输电工程配套的4×100万kW煤电基地项目在新疆哈密巴里坤县三塘湖矿区启动建设。

10月3日，±1100kV准东—皖南昌吉换流站年度综合检修工作正式启动。本次年度综合检修历时10天，共有39家单位1100余人参加，涉及检修内容8439项。

10月19日，750kV乌渠乌彩改接工程正式投运。该工程历时130天，投运后可提升乌昌城网及南、北疆地区200万kW的受电能力，送电能力提升至600万kW，保障以上地区过冬期间用电负荷需求。

（高　阳）

【国网西藏电力有限公司】

企业概况　国网西藏电力有限公司（简称国网西藏电力）是国家电网公司和西藏自治区人民政府为加快西藏电力工业建设，促进西藏自治区经济社会发展，由国家电网有限公司控股、西藏自治区人民政府参股组建的有限公司，也是国家电网公司系统唯一一家发供一体的网省公司。注册资本30亿元人民币。国网西藏电力统一规划、统一建设、统一管理地市电网，经营相关的发输配电业务；按照国家统一规划，合理有序开发西藏电力资源，投资或参与投资建设相关电源项目，促进国家规划电源基地的开发和前期工作的开发；制定并组织实施公司的发展规划和重大生产经营决策；开展电力建设项目前期工作和其他工作。

组织机构　截至2022年12月31日，国网西藏电力本部设立20个部门，管理地市供电单位7个，发电及业务单位15个，合资单位3个，县供电单位66个。全口径用工总量9429人，其中全民职工8832人。现有各级党组织343个，党员3543名。

电网概况　2022年完成固定资产投资64.07亿元，新开工110kV及以上线路1018.90km，变电容量130.08万kVA；投产110kV及以上线路171.28km，变电容量14.6万kVA。西藏地市电网总装机容量达到522.80万kW，地市电网发电量127.07亿kWh，国网西藏电力管理机组完成发电量16.34亿kWh，售电量100.51亿kWh。

供电服务　坚持“特事特办、急事急办”，有力保障1058个防疫场所安全可靠供电。发挥“一盘棋”优势，成功应对“10·25”藏东南暴雨雪自然灾害，恢复6.3万余户供电。坚决贯彻落实《关于稳经济若干临时性措施》政策文件要求，实施“欠费不停供”政策，累计为13.68万用户减免滞纳金938.9万元，助力企业复工复产。“一证办、刷脸办”功能全面实现，并得到深化应用和全面推广；“房产+电力”联合过户办理窗口先后在七地市政务中心分别设立，国务院“一件事一次办”的工作要求有效落实。“三零”服务实现城乡全覆盖，惠及用户1278户，累计为用户节省投资276.75万元。“网上国网”新增注册客户13万，累计达到20.8万。巩固拓展脱贫攻坚成果，完成森布日极高海拔生态搬迁安置点二期工程的电力配套建设任务，有效保障2.63万搬迁群众安全可靠用电。扶贫光伏完成消纳电量927.53万kWh，支付电费34.12万元，补贴329.58万元。“电力爱心超市”实现实体化运作。落实“三优三降”政策，招聘西藏籍大学生490人，供电服务工180人，完成消费扶贫1203.12万元。建成底亚乡电力驿站，解决边境4个乡1300余户抢修服务不及时、电费回收困难等实际问题，实现抢修及时率、电费回收率双百目标。玉麦村荣获“国家电网助力乡村振兴示范村”荣誉称号。

经营管理　争取财税价政策，累计到位中央预算资金等75.07亿元。促请自治区出台跨区购电新增成本疏导政策，累计疏导1.06亿元。深化资金集约管理，电费集中收款率、资金集中支付率、资金自动对账率分别达100%、98%、100%。低效资产实现盘活收益8167万元。营销稽查及反窃查违挽回经济损失1243万元。推行状态评价，智能电能表延期使用节约资金337万元。台区线损达标率88.05%，较年初提升17.78%，降损增效约363万元。“电e金服”西藏中心实体运营，订单融资2496万元，释放保证金保险7.23亿元。开展大数据应用，完成“电力助应急”“电力看环保”等应用部署及本地化功能完善。签订基础资源运营合同19项1055万元。完成审计署对国家电网公司经济责任审计延伸审计、川藏铁路配套供电工程跟踪审计等迎审任务。开展综合治理专项行动，发现治理问题158项。新发案件数量下降67%，有效处置办结案件22起，挽回经济损失6679万元。

安全生产　编制领导班子成员“两个清单”和全员岗位安全责任清单，健全、细化管理制度28项，建立安全画像机制，做到“照单履责”。专项整治三年行动收官，开展安全生产提升年、安全基础夯实年、平安护航党的二十大等活动，累计发现问题隐患1243项，整改1014项，设备故障停运率下降23.7%，拦截处置网络攻击29万余次。完成4家单位安全生产深化巡察。排查清理输配电线路树障隐患4.1万余棵，提升林区线路防火水平。累计投入资金 8385 万元，全力保障各项安全举措落实到位。推进浸润式安全文化建设，安全专项督办、“早喊话、晚总结”等机制形成常态。两级安全督查中心扩充至 178 人，累计出动督查人员 1.56 万人次、督促现场 1.41 万个，查处各类违章 1579 项，问责党组织 17 家、责任人 100 人，核减工资 423 万元，48 家外包单位被纳入负面清单，问责次数同比增加 368%。深化“131”应急体系建设，实现“1+26”应急预案体系全覆盖、区市县三级全参与的新格局。完成党的二十大、疫情防控等各类保电活动。

发展规划 2022 年固定资产投资 64.09 亿万元，同比增加 86.36%；交易电量 36.75 亿 kWh，同比减少 6.68%；综合线损率完成 14.99%，同比下降 0.68 个百分点。完成电网“1+2”规划报告及中长期电力保供方案研究，成果纳入国家电网公司和自治区滚动规划。配合国家电网公司深化电网发展格局研究，优化藏东南清洁能源基地开发外送方案。藏东南—粤港澳、青藏铁路电气化外电配套工程、青藏直流二期工程等前期工作取得进展。金上—湖北特高压直流输电工程获得核准，并成立建设指挥部。西藏清洁能源创新发展中心运营良好，组织完成 10 项清洁能源发展课题研究，推动多源储能项目和阿里“光热+光储”一体化能源供应示范项目建设。印发西藏城、农网配电网规划技术实施细则和西藏电网项目可研评审工作手册、技术手册。构建“1+3+7+N”区市县三级线损管理专项治理工作体系，制定两年提升行动计划，提升市县经营管理水平。

项目建设 新（续）建综合计划下达电网基建工程 96 项，总投资 63.1 亿元，年度投资 35.55 亿元，开工率 100%，投产率 96%，年度投资完成率 100%。川铁供电二期工程建设疫情期间不停不歇，4500 余名参建人员实现“零感染、零确诊”。克服疫情影响，拉康、湘河水电送出工程启动建设，拉康工程过渡段线路 2023 年 2 月启动投运，湘河工程 2 月全线贯通。昌都、那曲、阿里、日喀则 4 地市“光伏+储能”送出工程疫情期间逆行开工，超前完成自治区“11·30”建设目标。疫情期间各地区在建工程就地成立基建应急基干队（20 支队伍 2700 余人），协助完成主电网 500kV 波林、左波线路抢修抢险。西藏电网定额修编取得初步成果，实现造价管理新突破。阿里联网工程 500kV 查务变电站工程获得国家电网公司输变电优质工程银奖。

党的建设 党的建设提质登高，认真落实“第一议题”制度。制定实施党史学习教育常态化长效化方案。深入巩固“党建+”工程，党建引领优势不断转化为发展优势。牢固树立“两旗精神”，选树两旗标兵 231 人。开展 5 期党员教育培训，覆盖党员 3543 人。消除党员空白班组。队伍建设不断加强，坚持“非功不侯”选人用人导向，交流干部 31 人，提拔优秀领导人员 55 人。掌握了解疫情、重大应急抢修期间表现优秀人员 246 名，择优 159 名补充至公司“两个 120”储备库。有序实施“县公司筑基、青年人才托举、优秀专家孵化”三大工程，选派 150 名业务骨干赴县公司开展帮扶提升。从严治党持续深化，加强对基层单位党组织班子和书记“两谈一述”工作。构建纪检、组织、审计、法律监督联动机制，围绕全年重点工作开展监督。持续规范执纪审查，运用第一种形态处理 46 人，占 86.79%；第二种形态处分 6 人，占 11.32%；第三种形态处分 1 人，占 1.89%。开展警示教育活动 298 次，实现全覆盖。配合完成国家电网公司党组专项巡视，整改完成率 97.7%。提级巡察 4 家县公司。保持和谐稳定，“藏电故事”打响宣传品牌。《点亮阿里》等作品深入人心。为职工办实事，搭建基层单位信息直报平台，发挥董事长联络员作用，全年受理答复职工诉求 413 件，办结 410 件。深化职工关怀，发放补助金、互助金 66 万元。统筹加强驻村、信访、维稳、保密等工作。1 家单位和 1 人获评自治区民族团结进步模范集体、先进个人，2 人获评自治区五一劳动奖章，4 人获评国家电网公司劳模，2 个班组获评国家电网公司工人先锋号，1 家单位获评国网电网公司“先进集体”。

（杨旭涛）

南 方 地 区

【国家能源局南方监管局】

基本情况 国家能源局南方监管局（简称南方能源监管局）于 2013 年 12 月 20 日挂牌成立，是国家能源局派驻南方区域的监管机构，依法履行对广东、广西、海南三省（区）电力等能源行业的监管和行政执法，以及电力安全监督管理职责，指导云南、贵州省能源监管业务，负责协调有关跨省、跨区能源监管业务。

领导班子

党组书记、局长：郑毅

党组成员、副局长：纪庆磊

党组成员、纪检组长：余保东

组织机构 内设机构有综合处、市场监管处、行业监管处、电力安全监管处、资质管理处、稽查处、机关党委（机关纪委）办公室，同时在广西壮族自治区、海南省派驻监管业务办公室。

主要工作

（1）完整准确全面贯彻新发展理念，持续推动能源绿色低碳转型南方实践。突出国家机关政治属性，落实党中央关于“双碳”目标和绿色低碳转型重大战略决策，加快推动南方区域能源低碳转型取得阶段性成效。一是推进“十四五”能源规划专项监管与常态化监管相结合，强化约谈、整改、通报及移送处理，督促整改问题40余项，推动国家能源规划政策落实到位。二是发挥市场化机制作用，编制全国首个新版“两个细则”，出台风光储荷4个实施细则，建立用户分担辅助服务新机制，支持新业态发展。三是加强清洁能源并网消纳监管，消除新能源并网不合理门槛，全年应用区域市场和应急调度手段，增加消纳清洁能源129亿kWh，减少用煤387万t，减排二氧化碳1081万t，并总结形成监测预警、区域消纳、披露统计等监管长效机制。四是开展可再生能源发电补贴核查，发现问题759个，涉及核减补贴约80亿元，促进行业规范有序发展，两次作经验交流发言，率先完成海南核查，得到国家核查组肯定。五是以许可促转型升级，推动61台87.3万kW机组完成延寿改造、31台2.6万kW落后产能机组退役，数量排在全国前列。

（2）统筹好能源发展与安全的关系，积极推进南方能源安全保障体系建设。坚持系统观念，抓好能源监管工作首要任务，为南方经济社会高质量发展提供坚强能源保障。一是强化能源供应保障监管，建立供需日会商机制，加强能源供需监测预警研判，向国家能源局及三省（区）政府报送月报12份、专报14份，提供决策参考并获认可；发挥区域市场保供协同，推动开展跨省区常态化周交易31次，建立全国首个跨省区电力应急调度机制，发挥区域平台兜底保障作用；开展电煤、天然气履约监管，协调琼粤气电矛盾促进保供稳价。二是强化电力安全监管，聚焦系统安全，建立区域电网安全风险联防联控机制，防范“西电东送”通道自然灾害等风险170余次，确保大电网安全；聚焦遏制事故，严格“四不放过”，加大执法力度，探索安全审计，守牢安全红线；聚焦应急能力，创新坚强局部电网安全评估，高效防范应对多轮强寒潮、强降雨和强台风影响，推动地方提升应急水平；聚焦健全体系，健全齐抓共管分级分类工作机制，联合召开贯通省市县安全会议并开展督查40余次，推动地方落实属地监管职责；聚焦本质安全，建立“抓总部、总部抓”机制，开展企业总部互学互督，清单式开展专项整治三年行动，创新行业技术监督评价，助力行业安全发展。

（3）深化南方区域电力市场建设，助推构建双循环新发展格局。落实建设全国统一大市场意见，构建南方区域多层次统一电力市场体系，为南方区域能源高质量发展提供体制机制支撑。一是推进南方区域市场建设，协调形成区域市场实施方案，编制首个区域市场运营规则，推动构建“$1+N+5X$”规则体系，区域市场于7月试运行、12月开展调电运行；牵头建设区域辅助服务市场，构建五省（区）全覆盖的区域调频市场，推动省间备用市场进入试运行，上述实践获中国电机工程学会鉴定为国际领先。二是深化省（区）市场功能，推进南方（以广东起步）现货市场1年长周期连续运行，督促逐步缩短交易周期、丰富省间省内中长期交易品种，推动风光气电首次进入市场，支持开展绿电、需求响应等新型交易品种。三是强化电力调度交易与市场秩序监管，研究编制系列监管指引，指导建立市场自律与政府监管相结合的工作机制。四是积极推进增量配电试点改革，指导和支持试点工作，协调解决海口桂林洋试点接入问题，推动玉林福绵试点合规经营，三省（区）增量配电持证企业总数达到25家。

（4）坚持以人民为中心的发展思想，以监管为民的具体实践不断提高人民群众用能品质。落实监管为民理念，推进监管体系和监管能力现代化，提升群众用能获得感、幸福感。一是强化“获得电力”监管，建立横向联动会商机制，督导压实政企责任，抓实综合监管问题整改和三年行动落地，2020—2022年累计节约用户投资536亿元；开展农村供电质量提升专项治理，推动三省（区）完成农网投资101亿元，低电压和频繁停电台区明显减少，海岛同网同价有序推进；发挥12398热线群众“连心桥”作用，督导做好疫情期间民生保电工作，接收12398投诉举报799件、查实167件，并查处2起热线标识公开案件确保渠道畅通。二是深化“放管服”改革，告知承诺制许可办理同比增长40%，办理平均时限压缩至3.4天、连续两年压缩50%，并实现100%好评，探索开展2家港澳电力施工企业资质采认。三是创新开展部门协同执法，全年行政处罚42起，罚没金额904.55万元，并“以案促改”，推动广西百色区域电网历史遗留问题“一揽子”解决取得实质性进展。四是丰富信息化监管手段，编制《“十四五”数字政府建设规划》，全国率先接入电力企业智慧工地及南网业务系统，深化远程视频非现场监管，探索完善区域市场动态监测、远程电力安全应急处置、12398 与 95598 热线数据互联和分析预警等功能。

（彭希韵）

【国家能源局云南监管办公室】

基本情况 国家能源局云南监管办公室（简称云南能源监管办）组建于 2013 年 10 月，是国家能源局派驻云南的正厅级行政机构，代表国家能源局履行中央监管事权，履行法律法规授权职责以及国家能源局交办事项，负责云南省内电力等能源的监督管理和行政执法工作。

主要职责：监管电力市场运行，规范电力市场秩序；监管电网和油气管网设施的公平开放；监管电力调度交易，监督电力普遍服务政策的实施；负责电力等能源行政执法工作，依法查处有关违法违规行为，监督检查有关电价；负责除核安全外的电力运行安全、电力建设工程施工安全、工程质量安全的监督管理以及电力应急和可靠性管理，依法组织或参与电力事故调查处理；负责组织实施电力业务许可以及依法设定的其他行政许可；负责法律法规授权以及国家能源局下达或交办的有关事项监管。

领导班子

党组书记、监管专员：郝瑞锋（自 2022 年 9 月）

党组成员、监管副专员：高进

党组成员，兼任综合处处长：邵先海（自 2022 年 7 月至今）

党组书记、监管专员：郑毅（至 2022 年 9 月）

党组成员：纪庆磊（至 2022 年 6 月）

组织机构 内设综合处、市场监管处、行业监管处、电力安全监管处、资质管理处、稽查处等六处室。

主要工作

1. 云南电力总体形势

截至 2022 年 12 月底，云南省全口径装机容量 11117.51 万 kW，其中水电 8111.59 万 kW、火电 1531.85 万 kW、风电 919.89 万 kW、太阳能 553.98 万 kW、其他 0.20 万 kW，电力运行总体呈现供需紧张局面。发电方面，全省累计完成发电量 4009.15 亿 kWh，同比增长 6.48%；用电方面，受经济持续恢复发展及新增铝硅用电的明显拉动，全社会用电量 2389.51 亿 kWh，同比增长 11.8%；西电东送方面，云南省西电东送电量完成 1436.48 亿 kWh，同比降低 2.48%。在电力供应紧张的形势下，市场运行总体平稳。

2. 2022 年能源监管工作情况

一是坚持政治引领，坚决走好“第一方阵”。以学习宣传贯彻党的二十大精神为主线，组织“第一议题”学习 43 次。制定印发学习宣贯方案，细化具体措施 25 条。建立办党组“带头学”、机关党委（机关纪委）“集中学”、各党支部“持续学”、党员“自主学”、青年理论学习小组“互动学”的“五学”模式，结合实际开展学习研讨 30 次。持之以恒推进全面从严治党，以“八个聚焦”深入推进党的建设，引领全办干部职工深刻领悟“两个确立”的决定性意义，不断增强“四个意识”，坚定“四个自信”，将“两个维护”体现在具体工作中。坚持以严的基调强化正风肃纪，制定印发《云南能源监管办进一步提升监管效能的通知》，有效防止工作拖沓等问题。修订完善廉政风险防控手册，改进廉政回访制度，对回访表进行编号，建立收发台账，定期对廉政情况进行回访，扎紧制度的笼子。组织开展“明底线知敬畏常警醒”廉洁警示教育活动，制定出台“一二三四五”廉洁规定，推动干部涵养定力、健康成长。

二是压实政治责任，毫不松懈做好能源电力保供。及时成立能源保供监管领导小组，密切跟踪供需形势，加强预测分析研判，加强一次能源供应、电煤中长期履约等监管，督促各方扛牢能源保供责任，积极参加省保供专班工作会议，提出意见建议，配合加强用能管理、需求侧响应、能效管控。开展电煤中长协履约情况监管，赴重点产煤市县开展现场调查核实，组织专班人员进行驻矿监管，督促企业加快开展问题整改，切实提升电煤中长协履约兑现率，确保电煤可靠有序供应。

三是主动担当作为，助推云南能源行业高质量发展。落实好国家能源政策，结合云南省实际，围绕云南能源产业发展、电力经营情况、电价市场化改革等向云南省委省政府有关领导汇报 8 次，上报意见建议报告 13 份，从推进电力市场化改革、加快新建机组建设、推进风光新能源发展、压减新能源并网办理时限等方面提出合理化意见建议，为推动云南省能源产业高质量发展积极建言献策。牵头开展云南省可再生能源核查工作，严格贯彻落实国家补贴政策规定和有关解释，摸排可再生能源项目基本情况，汇总梳理问题线索，及时向国家核查组报送核查总结报告，完成各项工作任务。加大对重点工程监管力度，保障乌东德、白鹤滩水电站和西电东送输电通道安全稳定运行，监管白鹤滩 16 台机组全部建成安全投运。推动独龙江乡联网工程建成投运，结束了独龙江乡 8 年的孤网运行历史，7000 多名独龙江乡群众用上了稳定可靠的电能。

四是紧密协调配合，推进云南火电市场化改革。推动出台《云南省燃煤发电市场化改革实施方案（试行）》。督促指导云南电力交易中心及时制定具体落实工作方案，细化交易工作流程和交易工作安排，确保燃煤市场化改革落实落地。云南燃煤发电市场化改革工作的落地实施，建立煤电市场化价格向用户疏导和容量市场建设，理顺燃煤发电价格市场化形成机制，推动煤电健康发展和后续新建煤电建设。

五是抓牢电力安全，监管职责高效履行。抓实电网安全监管，健全完善“1+16”电网安全风险联防联控机制，推动云南省安委办开展单一大用户用电安全专项检查和“百日攻坚”督促开展4项二级电网风险整治工作。推动云南省中小水电理顺监管职责，加强与云南省安委办沟通协调，推动省政府召开专题会议，明确地方能源、水利行业主管部门分别负责装机容量5万kW以上、5万kW以下水电站属地安全监管职责，建立健全责任清晰的水电站安全监管机制。完成北京冬奥会、党的二十大等重大活动电力安全保障任务，有效应对涉电灾害突发事件，保障电网安全运行和电力可靠供应。

六是加强许可监管，规范电力市场准入秩序。强化许可证事中事后监管。综合采取“双随机、一公开”、信用分集分类差异化监管、“互联网+监管”等手段，针对许可事项和信用状况，分类确定核查比例和核查方式，统筹做好告知承诺制和一般流程许可事项核查工作。规范承装（修、试）市场。新增持证企业87家，注销持证企业33家。依法依规撤销3家企业的行政许可（不包括未续期注销和主动申请注销），降低2家企业的资质等级，对1家企业立案调查，责令14家企业限期整改，规范电力市场准入秩序。

七是切实服务民生，组织开展“获得电力”监管。组织召开全省提升“获得电力”服务水平、优化用电营商环境攻坚工作推进视频会，督促云南省能源局和供电企业做好综合监管发现问题的整改工作，完成全面整改65项，占比92.86%。会同省能源局协调推进，现场检查督导，确保“获得电力”三年行动计划圆满收官，平均接电（办电）时长持续降低，互联网业务办理比例达99.9%。督促各供电企业加大配网投入，对频繁停电线路挂牌督办，督促开展161条80km以上10kV配电线路频繁停电问题整治。加大行政处罚力度，办理案件21起，处罚金额167.99万元，案件数、处罚金额继续保持增长，规范能源行业健康发展。

（祝　寅）

【国家能源局贵州监管办公室】

基本情况　国家能源局贵州监管办公室（简称贵州能源监管办）是国家能源局在贵州设立的派出机构。2013年11月21日单位名称由国家电力监管委员会贵州省电力监管专员办公室变更为国家能源局贵州监管办公室。

主要职责：监管电力市场运行，规范电力市场秩序；监管电网和油气管网设施的公平开放；监管电力调度交易，监督电力普遍服务政策的实施；负责电力等能源行政执法工作，依法查处有关违法违规行为，监督检查有关电价；负责除核安全外的电力运行安全、电力建设工程施工安全、工程质量安全的监督管理以及电力应急和可靠性管理，依法组织或参与电力事故调查处理；负责组织实施电力业务许可以及依法设定的其他行政许可；负责法律法规授权以及国家能源局下达或交办的有关事项监管。

领导班子

党组书记、专员：任育之

党组成员、副专员：刘畅

党组成员：杨新红

组织机构　内设综合处、市场监管处、行业监管处、电力安全监管处、资质管理处、稽查处六个职能处室。

主要工作　2022年，贵州能源监管办以习近平新时代中国特色社会主义思想为指导，深刻学习领会党的二十大精神，推进落实“四个革命、一个合作”能源安全新战略，紧盯“四个角色”“三个关系”工作要求，锚定“效能提升年”工作目标，团结协作，踔厉奋发，推进党务业务同频共振、深度融合，忠诚履职，感恩奋进，推动贵州能源高质量发展，为谱写多彩贵州现代化建设新篇章提供坚强能源保障。

1. 电力安全监管

2022年，贵州能源监管办全力当好电力安全稳定的“守护者”，严格落实电力安全监管责任，全年实现“零事故、零伤亡”，电力安全生产形势稳中向好。一是推动形成齐抓共管新局面。组织召开2022年贵州电力安全生产工作会议和电力安全生产委员会会议，压紧压实企业主体责任、地方属地责任、行业监管责任，初步形成上下协调、政企联动、齐抓共管、共建共治的电力安全生产管理新格局。二是深入推进风险隐患排查整治。认真开展电力安全生产大检查和安全生产“打非治违”专项行动，围绕“小散远”发电企业、电力行业危化品等开展安全监管4项，开展电力安全大检查3轮，共下发监管整改通知书26份、监管整改意见书4份。三是筑牢大电网安全底线。召开年度运行方式汇报会，分析研判新形势下大电网安全风险，加强并网安全管理和电力行业网络安全管控，督促电网企业优化电网运行方式，提升电网本质安全水平。四是强化重点输电通道安全管理。召开专题督导会议，督促建立省市县乡联防联控工作机制，健全通道内安全隐患治理清单。会同省有关部门开展重点通道联合巡查，解决通道内违规施工、建房、种植等难点问题隐患，确保西电东送输电通道运行万无一失。五是压紧压实保电工作责任。通过印发工作方案、召开座谈会、现场督查、联合督导等方式，建立重要时段安全生产日报机制和值班值守“零报告”制度，对重点厂（站）、重要线路、重要用户等开展现场督查，切实落实落细各项保电工作措施，完成党的二十大贵州保电任务，电力安全生产连续2年“零事故”“零死亡”。

2. 电力市场监管

2022年，贵州能源监管办当好能源市场化改革的“推动者”，加强电力市场建设，规范市场行为和市场秩序，促进贵州电力工业高质量发展。一是稳步推进电力中长期市场建设。按照《关于进一步深化燃煤发电上网电价市场化改革的通知（发改价格〔2021〕1439号）和《关于组织开展电网企业代理购电工作有关事项的通知》（发改办价格〔2021〕809号）相关要求，牵头组织修订并印发了新版《贵州电力中长期交易规则》，明确燃煤发电上网电量全部进入市场，上网电价按“基准价+上下浮动”方式形成，推动全部工商业用户进入电力市场。二是深化电力辅助服务市场建设。修订调峰辅助服务市场交易规则，通过增大调峰补偿力度、建立容量补偿机制、建立用户侧参与费用分摊机制等完善规则体系，确保清洁能源消纳和电力系统安全稳定运行，推动电力调频融入南方区域调频市场开展结算试运行。三是配合推进省内电力现货市场建设。按照分工，贵州能源监管办负责编制监管规则，同时配合贵州省能源局完成《贵州电力现货市场建设实施方案》编制并报送国家发展改革委。四是配合区域电力市场建设。配合推进南方区域电力现货市场试运行，参与相关规则编制及征求意见工作，同时督导调度机构、交易机构按日做好试运行相关工作。推进区域协商，推动“十四五”“黔电送粤”价格机制形成，调动贵州火电企业积极性。五是落实燃煤发电上网电价市场化改革。落实交易电价上浮20%的政策要求，完成电力市场交易合同更换，以市场化方式推动高载能企业主动减产限产。据调度测算，省内“两高”行业因市场环境和购电成本影响消减用电负荷150万kW。

3. 行业监管

2022年，贵州能源监管办全力当好能源规划政策落实的“监督者”，着力加强对煤炭、油、气等能源行业的监管，重点督导“十四五”重大能源项目建设，有效推进国家规划政策在贵州落地落实。一是全力做好能源保供工作。为应对贵州煤矿安全事故和60年一遇的枯水季引起的供电紧张问题，多次主动专题汇报、听取调度情况、深入企业调研，分析研判机组非停及减出力原因，帮助煤电企业纾难解困，提高煤电企业电煤库存，推动非停容量由最高峰1227万kW下降至90万kW。二是加强市场运行监测，确保油气市场平稳运行。与地方能源主管部门高效沟通，强化齐抓共管，协同配合开展工作。掌握贵州主要油气管网企业开放服务、互联互通等方面情况，应对能源产品涨价及低温天气带来的保供压力，全省油气市场运行保持稳定运行，供需总体平衡。三是加强重大项目监管，推进国家规划任务正确落实。建立“十四五”能源项目监管台账，实现37个重大项目和215个新能源项目的动态式台账管理。推动9个重点电网项目建成投产，实现220kV电网县域全覆盖，县县通达“电力高速”。围绕沙戈荒大型风电光伏基地建设、煤层气（瓦斯）开发利用等开展专项监管4项，梳理能源项目落地难、并网难、用电难等问题并跟踪协调。四是落实《国务院关于支持贵州在新时代西部大开发上闯新路的意见》（国发〔2022〕2号）要求，助力贵州能源行业健康快速发展。立足监管职能，发挥专业优势，为贵州能源发展争取国家政策支持，推动贵州两条流域多能互补一体化发展规划纳入全国主要流域可再生能源一体化规划研究。

4. 电力稽查和供电监管

2022年，贵州能源监管办全力当好人民群众用能权益的“维护者”，加强能源稽查力度，拓展畅通12398民生通道，及时处理群众关注的重点、难点、热点问题，调解电力争议纠纷，妥善处理解决突出问题，维护人民群众合法用能权益。一是发挥12398能源监管热线作用，及时处理能源行业投诉举报事项，督促能源企业提高服务质量和服务水平，解决民生用能问题，群众满意度不断提升。二是深入贯彻落实《国家发展改革委　国家能源局关于全面提升“获得电力”服务水平　持续优化用电营商环境的意见》（发改能源规〔2020〕1479号），督促贵州省能源主管部门及有关电力企业按要求推进各项目标任务。贵州提前半年完成“获得电力”各项工作目标任务，贵州“刷脸办电”“一证办电”得到国家能源局肯定。三是开展“获得电力”综合监管发现问题整改落实，听取电网企业分管领导汇报整改情况3次，赴有关供电企业开展现场督导5次，接入供电企业专门开发的“获得电力”综合监管发现问题整改信息管理系统，实时查看并掌握整改推进情况。6月底，贵州省能源主管部门及有关供电企业已按要求完成整改。四是加大行政处罚工作力度，主动担当作为，责成有关供电企业清退违规收取的带电作业费约5370万元，依法依规对违规转包电力施工业务、超越许可范围承揽工程、无证从事电力业务、用户受电工程“三指定”、拒绝或者阻碍电力监管机构及其从事监管工作的人员依法履行监管职责等8起违法违规案件开展行政处罚，共计处罚227.69万元，同比增长366%，是历年罚没总额的2.6倍，树立监管权威，维护市场秩序和群众的合法权益。五是牵头开展贵州300个可再生能源项目补贴核查，在全国率先实现合规性审查进度“三个百分之百”，核查工作进度长期位居全国前列，得到国家核查组的肯定。在核查工作中为贵州争取补贴资金 57.76 亿元。

5. 电力业务许可监管

2022 年，贵州能源监管办全力当好能源企业发展的“服务者”，深化“放管服”改革，推行资质许可告知承诺制，开展电力业务资质许可信用监管机制建设，资质许可水平实现新提升。一是落实惠企便民要求，推行告知承诺制。引导守信企业通过告知承诺制办理资质许可业务，开展事中事后核查，营造规范有序、诚实守信的市场环境。全年办理许可 296 件，告知承诺办理占比达 93%。二是深化信用体系建设，构建信用监管机制。实施信用差异化分类监管，及时对失信企业开展提醒约谈，持证企业信用状况持续改善。开展资质管理和信用工作培训，帮助企业做好信用信息归集和修复工作，完成信用信息归集 6 家，信用修复 5 家。三是聚焦监管效能提升，提高资质许可质量。坚持依法许可，运用局资质和信用信息系统，创新方式方法，强化基础管理，规范“互联网+监管”许可模式，有效提升监管精度。落实告知承诺制事中事后核查全覆盖要求，开展事中事后核查 125 家。四是坚持寓监管于服务，持续提升许可服务水平。开展“我为群众办实事”活动，强化服务意识，主动靠前服务，落实首问负责制、“一次不用跑”等举措，群众办事满意度持续提升。加强证前辅导，依法依规颁发增量配电业务许可证 3 家，贵州增量配电试点改革取得新突破。

（翟　斌）

【广东电网有限责任公司】

企业概况　广东电网有限责任公司（简称广东电网公司）是南方电网公司（目前世界 500 强排名第 89 位）的全资子公司，注册资本 668 亿元。前身为广东省广电集团有限公司，2005 年 3 月 31 日更名为广东电网公司，2014 年 6 月 4 日更名为广东电网有限责任公司。广东电网公司拥有变电站 2773 座（其中 500kV 变电站 67 座），变电容量 5.8 亿 kVA，输电线路总长度 9.487 万 km，资产总额 4441.35 亿元，是全国规模最大的省级电网公司之一。

广东电网公司管辖的广东电网，以珠江三角洲地区 500kV 主干环网为中心，向东西两翼及粤北延伸。通过“八交十直”高压输电线路与中西部电网联网；通过 2 回 500kV 海底电缆与海南电网相联；通过 4 回 400kV 线路与香港中华电力系统联网；通过 8 回 220kV 线路和 4 回 110kV 线路向澳门地区供电。

广州电网公司秉承“人民电业为人民”的企业宗旨，负责投资、建设和经营管理广东省 20 个地级市（不含深圳市）的电网，供电面积 17 万 km^2，供电客户 4739.38 万户，供电人口超过 1 亿人，并为香港、澳门提供电力供应。2016 年，广东电网成为全国首个统调负荷突破 1 亿 kW 的省级电网，超过韩国、澳大利亚等发达国家全国电力负荷。

领导班子

1. 党委会

书记：廖建平

副书记：李建设（至 2022 年 7 月）、黄蔚亮（自 2022 年 7 月）、齐文京

纪委书记：杨恒

委员：张昆、杨恒、李铭钧、王昌照、阮绵晖、莫锦和（至 2022 年 7 月）

2. 董事会

董事长：廖建平

副董事长：胡帆（至 2022 年 11 月）

董事：李建设（至 2022 年 7 月）、黄蔚亮（自 2022 年 7 月）、宫宇（至 2022 年 7 月）、于俊岭（至 2022 年 11 月）、罗辑（自 2022 年 7 月）、陈雄一（自 2022 年 12 月）、龚建平、徐兵、胡子珩

职工董事：齐文京

3. 监事会

主席：孙世奇

监事：林辉

职工监事：何胜（至 2022 年 8 月）、梁敏杰（自 2022 年 8 月）

4. 经理层

总经理：李建设（至 2022 年 7 月）、黄蔚亮（自 2022 年 7 月）

副总经理：莫锦和（至 2022 年 6 月）、张昆、李铭钧、王昌照、阮绵晖

总会计师：莫锦和（至 2022 年 6 月）、王永斌（自 2022 年 6 月）

一级职员：齐文京、莫锦和

二级职员：李剑辉

组织机构　2022 年广东电网公司组织机构调整情况如下：6 月，成立纪委监督执纪组。11 月，电力科学研究院增挂“生产指挥中心”检修管理中心。

电网发展

1. 电网规划

推动广东省发展改革委、广东电网公司、相关地市人民政府和发电集团完成 41 个 3994 万 kW 骨干电源项目“四方协议”签订，开展广东“十四五”新增规划煤电及海上风电统一输电规划研究，保障“十四五”新增的 2518 万 kW 支撑性和保障性煤电项目并网提升供应能力。建立省地两级源网规划建设联席会议机制，完成目标网架分阶段实施方案研究，推动广东省政府优化出台电源接入系统工程申报纳规的新模式。制定“十四五”电网发展规划研究报告，相关成果全部纳入广东省电网发展“十四五”规划。

印发《广东电网有限责任公司35kV及以上输变电工程可研数字化成果移交指导原则》，规范广东电网公司35kV及以上输变电工程可研数字化成果移交工作要求，做好项目前期与建设环节的衔接。加快推进目标网架工程前期工作，取得粤港澳大湾区500kV外环东段、西段、陆丰输变电、惠州—演达线路等15项500kV重点工程核准批复，保障项目按期投产。

修编并印发《110kV及以下配电网规划技术指导原则》，构建含配电网一二次各专业、满足电源和用户接入、保障人身和设备安全的配电网规划技术原则体系，支撑全面规划建设适应分布式新能源接入的新型配电网，提升配电网水平。

2. 电网建设

闽粤联网工程提前投产，大湾区直流背靠背、外环中段等目标网架第一阶段工程按期投产，深圳中西部受电通道投产并获广东省委、广东省政府肯定批示，全省电力供应保障能力和电网安全稳定水平提升。迎峰度夏前，提前投产雷霞线单改双、罗北线增容、芷回线、卧天乙线增容等17项保障电力供应工程。落实“能并快并”要求，汕尾甲子海上风电、阳江青洲三海上风电接入系统工程等新能源送出工程与电源同期投产。500kV韶关北、崇焕站等9项工程获2022年度中国电力优质工程奖，广东电网公司连续三年中国电力优质工程奖省级电力企业获奖数量排名第一。

围绕配网工程点多面广、业务工作量大、管理不规范等痛点，以精细管控、精准投资为目标，依托电网管理平台，实现配网项目估算、预算、结算、财务支付等数据全过程透明化管控，促进工程进度与投资完成、资金支付高度匹配。推动智能配电项目建设，累计建成智能配电台区12000个，全网占比73%，智能网关在线率超80%，支撑配电智能运维。在广州、佛山、河源等单位率先开展营配终端融合示范建设，终端在线率和数据准确率均100%。

3. 绿色发展

全年新建充电桩6782支，投资建设分布式光伏446.46MW，新增用户侧储能项目8个，累计开发持有储能项目34个，建成全网首条年产能1亿Wh的储能PACK自动化生产线。聚合资源规模7392MW，最大可调节能力达到101万kW。

优化电网运行方式，全省发受电量化石能耗同比减少10.5g/kWh。建立新能源调控预警管理机制，发布12项新能源参与调控的预警。通过优化省内机组发电安排，挖掘机组调峰能力，落实节能发电调度，保障低谷期富余水电消纳，5、6月超计划消纳西电电量90亿kWh，相当于减少燃烧标准煤266万t，减排二氧化碳706万t。联合地方国资打造区域性绿电绿证服务平台企业，实现绿电交易规模0.7亿kWh。

严格落实国家“两个千分之三”的节能管理目标，2022年累计完成节约电量18.38亿kWh，完成节约电力47.86万kW，超额完成年度目标任务。推动6个年电量超过5 000万kWh的电窑炉项目落地投产，建成4个年电量超过千万kWh的冰蓄冷项目。2022年，完成电能替代电量268.92亿kWh。

4. 乡村振兴

巩固脱贫攻坚成果同乡村振兴有效衔接工作体系持续完善，制定广东电网公司服务巩固拓展脱贫攻坚成果同乡村振兴有效衔接工作方案和专项方案（“1+3”方案）、广东电网公司捐赠管理规定。开展帮扶点规划编制。协同组团单位编制茂名化州新安镇和新安村帮扶规划、新安镇新型城镇化配电网行动计划，推动帮扶点乡村振兴示范建设。加大定点帮扶支持力度。全年完成定点帮扶捐赠2516万元，落实帮扶项目82项，重点支持产业帮扶，打造特色产业，为帮扶点带来年收益超180万元。

安全生产运行

1. 电网运行

2022年，全年统调最高负荷1.42亿kW，较2021年同期最高负荷增长4.9%；全社会用电量7870亿kWh，同比增长0.05%；统调发受电量7616亿kWh，同比减少1%。广东电网主网频率、电压合格率指标保持100%，未发生误调度、误操作等有人员责任事件，连续安全稳定运行9876天。执行调度操作3万余次，实现调度操作100%在线安全校核，均实现零差错。未发生调度原因的停电延误。

依靠南方电网大平台，强化西电东送交易协议执行，动态开展区内外调剂。闽粤联网工程实现首次电力交易，累计互送电量6.2亿kWh。建成全国规模最大、品种最多、市场机制最灵活的省级电力市场，南方（以广东起步）电力现货市场连续平稳运行超一周年，全年疏导发电成本超170亿元。市场化需求响应能力达到600万kW，单日最大执行量超270万kW。

2. 生产技术

承接制定资产管理全面提升三年行动方案。打造在中山市火炬开发区打造南方电网范围内首座LCC采购示范站，完成蓄电池、变压器油中溶解气体在线监测装置等设备的省级集中LCC框架采购。参加中国资产管理标委会等三家单位联合举办的全国资产管理优秀案例申报，“导入ISO 55001标准 提升电网资产效能”“锻造基于大部制改革的强管控资产全生命周期管理体系”等7项案例入选优秀案例（全国共20个）。

全面推广巡视全流程自动管控，初步实现“策略–计划–执行–数据–缺陷–闭环”六环节自动化运转。精心打造数字示范区，落实《广东电网公司生产域数字化转型行动计划》，完成广州南沙、佛山高明、茂名高州、珠海横琴等 10 个差异化特色数字示范区建设。

供电可靠性保持全国领先水平，供电可靠性领先单位数量连续 13 年领跑全国，粤港澳大湾区用户平均停电时间保持世界主要湾区先进水平。

3. 安全管理

印发《关于全面贯彻国务院安委会“十五条硬措施”进一步加强公司安全生产工作的通知》，统筹抓好“十五条措施”与安全生产专项整治三年行动、南方电网公司安全生产提升年行动等重点工作的融合开展。落实南方电网公司 2022 人身风险分析及重点管控措施。制定广东电网公司 1+7 年作业现场人身安全风险管控提升工作方案。完成党的二十大等重要保供电任务，成立以董事长为组长、总经理为常务副组长的保供电领导小组等组织机构，精细化落实 213 项保电措施。及时启动社会突发事件供电保障、突发公共卫生事件等预警响应。

优化 1+N 作业风险管控机制，完成作业风险“三统一”建设。构建现场作业数据中台，有效管控各专业作业计划 330 万项，提高作业风险管控水平。优化《现场作业风险管控业务指导书》。印发《施工类新兴业务企业现场作业风险管控工作指引（试行）》，施工企业作业计划波动指数同比减少 58.2%。组织开展 33 项安全生产风险管理研究课题攻关，推动解决安全风险管理重点难点问题。树立健康示范企业标杆，全省一半单位取得健康企业示范单位称号，数量居南方电网系统范围内最多。

电力市场与营销

1. 现代供电服务体系建设

推动城市营业厅与普惠金融业务融合发展，自主研发全国首个电力需求响应责任保险、用电无忧保险等产品并落地广州。重点推进“前中后台+柔性团队”组织模式，依托固有的前中后台进行常态化运作，以项目为单元组建柔性团队攻关重点难点任务。依托客服中心（省级业务中台）在全网率先对南方电网公司客户开展统一服务，实现分类分层级差别化服务。完善生态圈运营规则，进一步明确生态伙伴准入、退出机制。与南网能源公司形成共建机制，促成与地方人民政府签订区域光伏开发合作协议 17 个，推动总规模约 500MW 光伏项目落地。

2. 客户服务及优化营商环境

制定印发《2022 年用电营商环境创新领先专项行动实施方案》，部署提升“获得电力”服务水平工作。推动 20 个地市建立用电负荷提前获取机制、实现“南网在线”渠道“刷脸办电”功能、建立政企联席运作机制、建立“电水气+”联办模式。助力小企业纾困解难，对困难小微企业和个体工商户实行阶段性“欠费不停供”，累计惠及客户 12.99 万户次。

印发《广东电网有限责任公司 2022 年投诉管控重点举措》《关于进一步强化客户服务保障的通知》，动态完善优化投诉管控体系。采取“一投诉，一分析，一问责”与投诉管控责任约谈相结合的方式，逐单开展问题调查，对典型投诉问题严肃按月进行通报，警醒各单位规范做好客户服务。截至 2022 年底，广东电网公司连续 14 年获广东省地方政府公共服务公众评价调查第一名，第三方客户满意度 88 分。

3. 营销基础管理

2022 年“南网在线”完成“企业客户一证办电”“居民客户刷脸办电”的全渠道覆盖，完成与广州局在线客服入口融合、用电日历跨档提示等 20 项功能优化提升，客户服务数字化转型指数达到 90.7%。初步建成智慧核算监控系统，对 21 个关键参数和核心指标的全过程监控，实现关键指标智能统计，业务问题智能定位。6 月，广州供电局购电业务融合单轨切换上线，7 月起实现全省 20 个地市供电局购电业务省侧统一管控。

打造数字化计量资产集约管控体系。实现智能一、二级计量包全覆盖，全国首创基于需求主动响应的计量设备省级直配供电所模式，综合配送成本同比下降 49%；全网率先实现电能表由“到期轮换”到“状态更换”转变，实现本年度科学减少电能表轮换数量约 125 万只。建成应用场景丰富的新一代智能量测体系示范区，新一代单三相智能电能表、智能量测终端产品入围南网新技术（产品）推广应用目录。结合企业架构转型，承接南网唯一试点，启动建设“全息感知、随需采集、灵活开放、智能高效、安全可靠”的新一代计量自动化系统主站。

科技与数字化

1. 科技创新

2022 年，年度研发经费投入总额 43.4 亿元，同比增长 5.6%，其中创新项目投入 14.8 亿元，同比增长 7.87%；累计有效发明专利拥有数 6699 件，增长 41%；亿元科技研发投入新增发明专利拥有数 43 件/亿元，年度新增发明专利 1948 件，同比增长 45%，位居全国省级电网首位。首次牵头承担国资委央企攻坚任务 2 项、示范任务 1 项，首次承担国家重点研发计划青年科学家项目，分别竞得“十四五”国家重点研发计划“氢能”专项项目、国家能源局储能课题研究任务各 1 项。4 项“十三五”国家重点研发计划攻关任务高分通过项目综合绩效评价。

2022 年，转化效率与转化收入同步快速提升，337 项创新成果实现向现实生产力转化，同比增长 37%；累计实现年度成果转化收入 3.60 亿元，同比增长 30%。

"预制化终端快速密封装置"等176项科技成果新产品纳入南方电网公司年度挂网试运行计划。"新一代单相智能电能表"等15项新产品纳入网公司新技术推广应用目录，纳入网级目录的产品数位居全网首位（全网占比 56%）。19 项科技成果新产品上架南网商城科创专区。38项产品化孵化成果出孵毕业后即与系统全资公司、大集体企业、系统外企业签订转化合同。

2. 数字化建设

2022年，广东电网公司全面完成南方电网公司9项试点建设任务，数字化创新发展指数 84.73 分。实现电网管理平台三大域全面单轨运行，全面完成协同转资、业财协同"两大攻坚"任务，实现资产全生命周期管理全面贯通，获得南方电网公司嘉奖。数据要素市场化流通初具规模，能源投资公司取得全国电力领域首个"数据经纪人"牌照，年度新增对外数据服务合同15单。建成广东省能源经济大数据中心，融入广东数字经济建设，支撑广东省能源局开展决策。

完成冬奥会、"HW2022"攻防演习和"二十大"网络安全保障任务，3 篇技战法入选公安部优秀，排名南方电网第一，2 人被冬奥会组委会授予"冬奥网络安全卫士"称号。5 月，牵头召开网络空间安全联合实验室建设启动会议，审议通过实验室管理委员会章程、学术委员会章程、实验室管理细则。制定《安全生产风险管理体系建设指南（数字化专业部分）》，网络安全进一步融入安全生产体系。

改革与新兴业务

1. 深化改革

修订董事会授权管理规定，创新董事会授权，有效解决授权标准不明难题。修编出资企业外部董事监事行权履职管理制度，完善法人层级权责清单，优化治理型行权路径。分层分类打造治理示范企业，珠海局、南网科技公司荣获网级优秀企业称号。能源发展公司、南网科技公司获评国资委专项评估最高"标杆"等级。汕头万丰电厂提前完成"两非"剥离任务，作为先进典型案例在国资委刊物刊发，获南方电网公司通报嘉奖。

推动政府完善电力市场化需求响应交易规则，不断丰富交易品种和模式，通过市场化方式引导工商业负荷、充电桩、储能等资源参与系统调节，需求响应注册用户数超5.7万户，储备需求响应能力600万kW。启动广东新能源试点参与电力现货市场结算试运行。配合南方电网公司推动南方区域统一电力现货市场建设，全面完成2户国有及17户大集体装备制造企业、2户国有设计企业、1户国有施工类企业改革任务，助力构建有效竞争的市场结构和市场体系。

2. 产业发展

完成南网大数据公司35%股权整合。支持网级公司新兴业务合同额超过 70 亿元，供应链金融规模超160亿元，普惠金融业务覆盖全省42个营业厅，业务规模达3.29亿元。按期完成第一批5家大集体企业工业物业试点整合，累计整合业务金额超9亿元。推动科改双百企业深化三项制度改革，能源发展公司三年完成两轮股权多元化改革，广东电网公司持股比例降至49%，实现多元股东治理，成为全国电建企业第一家。南网科技公司蝉联国务院科改双A评级，能源发展公司获评国务院双百最高标杆评级和南方电网公司管理提升标杆示范企业。全面完成2家国有和19家大集体企业装备制造业务退出，在南方电网公司系统内率先完成装备制造业务改革。

经营管理

1. 人力资源管理

完成864名经理层成员、3507名非经理层成员的契约签订，改革亮点被人民日报刊登。构建"1224"交流锻炼体系，开展与南方电网公司总部、西部单位、专业公司134人次，以及广东电网公司内1600余人次的交流锻炼，案例被国务院国资委网站刊登。试点开展粤西区域专业技术类岗位公开选聘，构建省、区域、地市三级人才市场新格局。扩大人才市场交易品类，将干部人才挂职锻炼、学习锻炼、服务锻炼、专班选项等纳入人才市场运作范围。收入能增能减经验案例入选国务院国资委三项制度改革专刊。建立现代供电服务体系激励机制并穿透覆盖至基层一线。出台科技创新激励保障有关举措，形成"政策包""工具箱"。首次开展夏季校园招聘，共组织3.51万人参加笔面试，荣获智联招聘"最具社会责任雇主"荣誉称号。

2. 财务经营

出台并落实现代经营管理体系建设方案，实施增收入、控成本、稳电价策略，全年净利润同比增长60%。依托战略运行管控平台开展监测预警纠偏和闭环管控，实现 179 个指标闭环管控，6 个经营指标提升，推动广东电网公司战略和年度经营目标任务落地。配合政府开展第三监管周期输配电价核价工作，成本监审结果反映电网公司实际，向政府反映电网公司核价诉求。完成12期代理购电价格信息的发布，建立起"能涨能跌"的市场化电价机制，保证电力稳定供应。建成应用省地区所"四级一体"战略运行管控平台，成果获南方电网公司四类项目嘉奖和南方电网公司2022年优秀电力大数据应用与产品经营管理类第一名。完成南方电网公司电网管理平台（计财域）"两大攻坚"试点任务，全省推广协同应用，解决账卡物不一致、数据不统一等问题，基本实现从规划到建设、运维、退役报废资产全生命周期数据全贯通。作为全国首批试点单位参加国家财政部等八部委会计数据标准试点工作，全流程处理了全国第一张符合会计数据标准的银行电子对账单，促成全国首批银行回单、航空运输电子客票行程单落地。

3. 供应链管理

2022 年，广东省平均库存下降率 27.89%，库存常规储备物资周转率 1378.37%。全省统筹再利用各类闲置物资，再利用率 92.26%。印发大集体采购工作指引、长期协作采购方案及框架协议范本，指导完成 153 份大集体采购制度编制。全面推广供应链风险管理体系落地应用，形成覆盖省、地两级 513 项风险的供应链风险库。6 月 26 日，4 项创新成果获 2021 年度全国电力行业物资管理创新成果奖。8 月 2 日，印发《广东电网公司“十四五”供应链规划》，建设南方电网特色的现代数字供应链体系。9 月 25 日，南网供应链（广东）公司与茂名供电局正式以合作模式开展茂名区域仓运营。11 月 9 日，南方电网广东佛山周转仓获《碳中和证明书》，成为全网首个电力物资“零碳仓库”。广州局、东莞局、茂名局入选“中物联全国数字化仓库企业（第五批）试点企业”。

4. 审计监督

高标准严要求完成国家审计、南方电网公司审计和广东电网公司内部审计共 5061 项问题整改，到期整改完成率 100%，其中高质量完成 28 项国审整改任务。印发《审计整改动态清零工作方案》，组织开展两轮审计整改“回头看”，推进问题再整改 2095 个，举一反三、自查自纠新增整改问题 937 个。创新建立“一报告 + 四清单”审计报告体系（审计报告、“屡审屡犯”清单、风险提示函清单、移交问题线索清单、管理建议书清单）。创新建立“屡审屡犯”负面清单机制，对广东电网公司近三年内外部审计发现问题进行大数据分析，将“屡审屡犯”问题纳入组织绩效考核扣分项，对相关单位进行考核兑现。

5. 法规建设

专职法治人员配置向四级单位延伸，占比达 3.62‰。制定严肃整治酒驾醉驾十条举措。深化南方电网系统首个法治报表系统应用，升级“云上法律顾问”系统。上线省级电力法治知识库，提供“13 万 +”电力法治数据资源。法治央企建设经验入选国资委案例集。“蓝公益·蒲公英”志愿普法项目入选年度电力行业企业文化建设典型成果。

开展上网电费质押、代缴电费诈骗、数据与知识产权合规等专项风险治理，编制形成全网推广的规范指引。将重大经营决策法律审核要求融入清单、流程，全年共出具法律意见书 1135 份、法律风险尽调报告 31 份。全网率先出台规范大集体企业合同管理指导意见，大集体企业基本建立合同管理制度体系，近八成大集体企业实现合同管理信息化。

6. 行政后勤

承接制定《广东电网公司党委贯彻落实南方电网公司党组关于健全“两个维护”八项机制意见的工作举措》，全年安排党委会第一议题学习 33 次。组织开展贯彻落实习近平总书记重要指示批示“回头看”，专题向南方电网公司党组报告。全年向南方电网公司报送信息 400 篇，南网综合信息刊物采用 195 篇，获得国家部委及上级采用 35 篇。

印发《广东电网公司“十四五”档案工作发展规划》，明确广东电网公司“十四五”档案工作发展目标和重点任务。500kV 广东电网直流背靠背广州工程（大湾区中通道直流背靠背工程）获广东省建设项目档案金册奖。持续提升电子文件全生命周期管理水平，工作成效获得广东省电子文件管理工作联席会议通报肯定。

全面推动警企协作网格化、实体化安保防范体系建设，在电力设施保卫方面取得实效，2022 年，广东电网公司系统未发生特大电力设施案件。

党的建设

1. 政治建设

将学习宣传贯彻党的二十大精神作为首要政治任务，统筹开展“六个专题”工作。广东电网公司系统共开展中心组集体学习研讨 305 次，开展专题读书班 197 次，各级领导班子成员开展二十大精神宣讲 116 次，推动党的二十大精神直达基层、直通一线、走近员工。严格落实党委会“第一议题”机制，策划开展广东电网公司党委会“时政学”和“一月一专题学”，全年累计向各单位传递第一议题学习材料 88 篇。

2. 组织建设

坚持大抓基层大抓支部，做实做细“党支部建设全面提升年”工作。修编《党支部工作一本通》，在广东电网公司系统培育 83 个党支部示范点（含大集体企业），组织 3553 个支部制定议事清单。动态消除无党员班组。开展以“学、考、培、践”为主要内容的专项行动，汇编党务人员制度库和知识库，逐级开展业务能力测试和党务实操演练，按照“应知应会 + 案例 + 情景模拟”模式，分层分类开展党务干部培训。制定党员违章问题专项整治 10 条举措。推进党群结对保安全，党员违章率同比下降 17 个百分点，下降幅度最大的供电局达 44 个百分点。广东电网公司党支部建设经验做法获国务院国资委《国企》杂志封面报道。

3. 作风建设

印发《关于认真学习贯彻党的二十大精神　锲而不舍落实中央八项规定精神的通知》，系统梳理广东电网公司近年来查处违反中央八项规定精神的问题表现，及时组织各单位对照自查，强化新形势、新要求。印发《广东电网公司弘扬求真务实精神、杜绝弄虚作假行为工作举措》，组织各部门针对 29 个可能存在指标、任务弄虚作假的情形制定有针对性的专项举措，建立长效机制。坚持领导干部下基层进班组，要求广东电网公司本部领导干部下基层调研要深入基层、深入现场，主动到困难和矛盾集中、员工和客户意见多、条件和基础较差的地方。根据基层反馈意见，督促相关业务部门针对人力资源供需矛盾、施工承包商作业班组“2+*N*”管控机制应用、施工类大集体企业分包管理、配网抢修工作管理机制和基层实际现状不匹配等问题优化管理制度，切实为基层减负，得到基层的高度认可。

4. 宣传及意识形态工作

2022 年，广东电网公司在“一报一社一台”上稿 156 篇次，在南网全媒体平台上稿 2637 篇次，保持南方电网系统领先。与政务信息联动，全年互通信息 134 条。运用“实践范本+工作指引+训练工具”，打造南沙数字输电运维中心等 8 个“知行”文化落地范本。规范升级“四个自信”宣传教育阵地，打造粤港澳大湾区特色线路，全年累计 348 人参培。围绕“国之大者铭于心　万家灯火践于行”主题开展“国企开放日”活动。发布《广东电网公司 2021 年社会责任实践报告》，连续 3 年获五星等级认证。广州电力展示馆（华安楼）品牌展示窗口获国务院国资委“央企品牌建设典型案例”。“‘四维’文化培育新模式的研究与实践”获中国企业联合会全国企业文化优秀成果一等奖。

5. 监督执纪

围绕服务高质量稳增长、推进本质安全型企业建设等 7 个方面做实政治监督，推动党中央重大决策部署落到实处。根据疫情形势发展调整监督重点，及时开展监督检查，牢牢守住不发生聚集性疫情的底线。加强安全生产监督，建立“安监+纪检”的工作机制，印发《广东电网公司安全生产责任事故党内问责工作指引（试行）》，以失责必问推动有责必尽。

6. 巡察与整改

高质量开展两轮巡察工作，完成十九届中央任期内广东电网公司巡察全覆盖。3—6 月，广东电网公司党委开展 2022 年第一轮巡察，完成对 1 个党组织（南网科技公司党委）的常规巡察以及 2 个党组织（江门、揭阳供电局党委）的巡察整改“回头看”。9—11 月，开展 2022 年第二轮巡察，对 2 个党组织（珠海供电局党委、广东创成建设监理咨询有限公司党委）开展“机动式”巡察。到 2022 年底，十九届中央任期内广东电网公司层面巡察覆盖率 100%，直属各供电单位巡察覆盖率 100%，全面实现了十九届中央任期广东电网公司系统巡察全覆盖。

7. 群团建设

召开三届二次职工代表大会，听取企业生产经营管理方面的重要事项，审议通过广东电网公司工作报告。首次采用线上方式召开三届三次、四次职工代表大会，选举产生广东电网公司职工监事，推荐南方电网公司新一届职工代表，保障职工代表民主权利和企业健康发展。举办 2022 年直属单位工会主席、副主席、女工干部培训班，加强工会干部思想政治教育，提升业务水平和履职能力。

开展庆祝建团 100 周年系列活动，举办“五月的鲜花”主题团日。推进青年精神素养提升工程，聚焦“三个问题”开展青年大讨论 851 场次。持续推进青马工程，选拔培养二级、三级青马学员 300 名、669 名。夯基固本推进全面从严治团。坚持党建带团建“四带四提升”，连续 9 年开展青年思想状况调研分析。落实“命脉工程 2.0”，规范调整 164 个基层团组织设置。13 个团组织被评为省部级以上红旗团委、红旗团支部，茂名茂南局团支部获评全国五四红旗团支部。

主要事件

3 月，广东电网公司承建的“西电东送”核心枢纽工程——白鹤滩—江苏±800kV 特高压直流输电工程（鄂 5 标段）全线贯通，完成主体建设。

5 月 25 日，世界上容量最大、首次在电网负荷中心实现分区互联的柔性直流背靠背电网工程在粤港澳大湾区竣工投运。该工程分别在广州增城、东莞沙田各新建一座柔性直流换流站，将粤港澳大湾区电网一分为二，形成两个“背靠背”的独立智能电网。

6 月 13 日，2022 年国际电工委员会 IEC TC 10/TC 14（电工流体及应用/电力变压器）国际标准化工作会议在斯洛文尼亚召开。会上，经国家标准委创新司批准，广东电网公司代表中国提出新标准提案《矿物油变压器新型绝缘液再填充技术导则》并做专题宣讲。

6 月 24 日，南方电网公司在南方五省区同时举办南方区域首批绿色电力证书（简称绿证）颁发仪式，广东省首批绿证在广东电力交易中心颁发，腾讯、百威、巴斯夫、万国数据、壳牌、广州供电局等 9 家企业获得绿证。

7 月 19 日，广东梅州市五华电网侧独立储能项目成功竞得位于五华县河东工业区的一块建设用地，标志着广东首个百兆瓦级电网侧独立储能项目正式进入建设阶段。该项目由南方电网调峰调频（广东）储能科技有限公司投资建设，建设规模为 70MW/140MWh，占地面积约 19 亩，总投资约 4 亿元。

9 月 30 日，“十四五”电力发展规划重点项目闽粤联网工程竣工投产，标志着广东、福建两省电网首次实现互联互通。该工程开创了两网合作开展电网建设运营的先河，输送容量 200 万 kW，线路全长 303km，进一步优化粤港澳大湾区与海峡西岸经济区能源结构，助力闽粤两省能源绿色低碳转型。

10月10日，广东集中式的风电、光伏新能源“发力”，最大电力达1156万kW，同比增长67%，持续时间接近300min。是继9月27日受“奥鹿”台风影响首次破千万千瓦（1064万kW）之后广东集中式的风电、光伏新能源的再创历史新高，为广东电网电力供应提供了有力支撑。

11月1日，南方（以广东起步）电力现货市场连续结算运行满一周年，中长期电量累计约2769亿kWh，现货电量累计约200亿kWh，占市场化交易电量约6.7%，截至2022年底，现货均价约0.59元/kWh，较燃煤基准价上浮28%，与电力供需和一次能源成本基本匹配。

11月8日，广东电网公司广州供电局牵头承担的国家重点研发计划“工商业企业智慧能量管理和控制关键技术”项目通过国家工信部综合绩效评价，该项目成果在南投大厦低碳智慧能源等典型示范项目中得到有效实践应用。

11月25日，粤澳联网220kV第三通道（简称第三通道）暨北安变电站投产仪式在澳门举行。第三通道由南方电网公司和澳门电力股份有限公司共同投资建设，由珠海220kV烟墩变电站、澳门220kV北安变电站及两站之间长约10.3km的电缆线路组成，是粤澳合作框架协议重点项目。

（刘葳蕤　张　涵）

【广西电网有限责任公司】

企业概况　广西电网有限责任公司（简称广西电网公司）是南方电网公司的全资子公司，前身为广西壮族自治区电力工业局，2004年10月，更名为广西电网公司，2014年4月，更名为广西电网有限责任公司。主要负责广西电网的投资、建设和经营管理，负责输配电管理、电力购销、电力交易与调度、电力资源优化配置等业务，承担着为广西经济社会发展提供可靠优质电力保障的重任。截至2022年底，广西电网公司供电面积23.67万km²，供电客户数2167万户；累计拥有35kV及以上输电线路7.2万km，公用变电容量12437万kVA。

2022年12月27日，广西电网公司首获广西壮族自治区主席质量奖（第六届），在广西公共服务行业满意度评价中继续十年排名第一，连续6年获广西壮族自治区安全生产考核最高等级“优秀”，定点帮扶工作连续5年获得自治区最高等级评价。

领导班子

1. 党委

书记：揣小勇（至2022年11月）、胡帆（自2022年11月）

副书记：马辉（至2022年6月）、吴国沛（自2022年11月）、陈邦宇

委员：尚涛、夏筠、彭宇翔、顾济江（自2022年1月）

纪委书记：夏筠

2. 董事会

董事长：揣小勇（至2022年11月）、胡帆（自2022年11月）

董事：马辉（至2022年6月）、吴国沛（自2022年11月）、何朝阳、陈涛、毛时杰、唐广学（至2022年7月）、唐炜（自2022年10月）

职工监事：陈邦宇（自2022年1月）

3. 监事会

主席：陈坚（至2022年6月）、胡伏秋（自2022年6月）

监事：邹志敏

职工监事：李芳琳

4. 经理层

总经理：马辉（至2022年6月）、吴国沛（自2022年11月）

副总经理：尚涛、刘宪明、彭宇翔、顾济江

总会计师：王永斌（至2022年6月）、杜铁良（自2022年6月）

组织机构　截至2022年，本部设19个职能部门，1个挂靠机构，直接管辖13个直属机构，分公司60个、全资子公司3个、控股子公司5个。

电网规划　2022年，完成广西电网公司“十四五”电网发展规划，配合广西区发展改革委完成广西电力发展“十四五”规划和广西“十四五”110kV及以上电网规划，结合广西电力供需形势变化，提出将满足电源送出、负荷发展和网架完善新增500kV输变电工程调整纳入国家电力规划。完成广西14个地市“十四五”配电网（含农村电网）规划项目库2022年滚动调整，满足新能源发展及社会经济发展的用电需要，完成提升供电可靠率、电压合格率、分布式新能源接入能力，以及“十四五”重点县区分布式屋顶光伏接入配套电网专项规划、桂林世界级旅游城市绿色低碳现代电网规划研究等重点规划专题研究。促成广西壮族自治区工信厅印发《关于落实广西壮族自治区人民政府　南方电网公司进一步加强战略合作会谈备忘录任务分工清单的通知》。建立广西电网公司党委挂点联系各地市党委政府工作机制，进一步延伸与99个县（区）级政府签订电力合作协议，初步构建区、市、县三级政企合作机制。完成广西电网公司电网规划建设发展环境评价与优化研究工作。

电网建设　2022年完成基建投资113.94亿元，投资完成率100.2%。项目进度计划完成率100%。110kV及以上主网项目累计开工83项，投产87项，新增主变压器容量558万kVA，线路1017km。35kV及以下

农配网项目累计开工 11609 项，投产 9998 项，投产率 106.7%。小型基建项目累计竣工 6 项，竣工率 100%。110kV 碧莲站工程获得广西首个 110kV 工程中国电力优质工程奖，实现 110kV 项目行业级奖项“零突破”；220kV 里明—贝江（融水）Ⅱ回线路工程等 18 项工程荣获 2022 年南网优质工程、110kV 碧莲变电站工程等 18 项工程获南网优秀设计、“新型电缆长度测量装置的研制”等 16 项成果荣获南网优秀 QC 成果奖；“研制便携式快速检测通风装置”12 项成果等荣获中国水利电力质量管理协会 QC 成果奖（其中特等奖 1 项、一等奖 2 项、二等奖 5 项、三等奖 4 项）。

电网运行 2022 年，广西电网公司全年未发生有责任的三级及以上电力安全事故事件，完成林村站开关更换、220kV 城田Ⅰ线与田鳌Ⅱ线短接等重点工程项目，化解 4 项较大、2 项一般电力安全事故风险。2022 年广西统调最高负荷 30507MW，日电量 3 次创新高，最大达 6.48 亿 kWh。全力以赴保障电力供应，联动发展改革委建立燃煤油气管控协调机制，全面跟踪管控燃煤燃气储运，应对“1 月印尼煤炭出口限制”“2 月国际地缘政治冲突事件”，确保电煤供应总体稳定，避免煤电机组大规模缺煤停机及受限，煤电出力受限同比减少 100 万～200 万 kW。面对“丰枯急转”的不利因素，在保障电力有序供应的前提下全力回蓄水位，完成水电蓄能两大节点考核目标。连续五年实现清洁能源全额消纳，清洁能源消纳率在南网五省区中位列第一。

生产技术 2022 年，全年客户平均停电时间（中压）、客户平均停电时间（低压）分别为 13、10.92h，分别同比下降 27.54%、23.58%，优于南方电网公司年度目标挑战值。综合电压合格率累计完成 99.607%，同比提升 0.207 个百分点，优于年度目标 99.15%，资产报废净值率累计完成值为 12.01%，达到创一流目标要求。深查细排三大短板“新电力人身、生产作业‘1+*N*’落地、涉电隐患”，分类施策、扎实推进，坚决守牢人身安全底线。启动新电力“春蕾行动”，安排 179 名供电局骨干到新电力供电所挂实职、管现场，新电力安全管理得到全面规范。优化生产管理体系，省地县三级生产指挥中心实现实体化运作。抗冰灾、战汛情、防山火，以“技术+实干”擦亮防灾救灾，安全、有序应对低温雨雪冰冻天气、“龙舟水”等，有力保障电网安全。深耕设备管理，抓实技术引领、自主创新，多项主设备创新成果荣获省部级奖励。年度技术标准考核得满分，新增技术标准立项 28 项。大力推进生产数字化应用，建成南方电网首个配电网实境试验平台，多措并举持续提升安全生产支撑能力。

安全管理 2022 年，未发生一般及以上电力安全、设备事故，发生外单位一般电力人身事故 1 起，没有发生网络安全Ⅲ级及以上事件，首次实现融合以来新电力区域人身“零事故”。连续 6 年荣获广西壮族自治区重点企业安全生产工作考核最高等级“优秀”。安风体系评级指标三钻比例 100%、四钻比例 47.06%、五钻比例 11.76%，连续 7 年保持南方电网公司西部第一。广西电网公司系统自暴露各类违章行为 34836 起，间接制止可能造成人身死亡、影响电网安全稳定等事故事件的 AB 类违章 2745 起，累计违章问责经济处罚超 1.1 万人次，外包项目 AB 类违章经济扣罚 757 项，给予 390 名承包人员禁入作业现场 6 个月处罚。在安全生产巡查方面，广西电网公司或委托供电局共派出 45 个巡查组 1015 人次，完成 6 家供电局（含所辖 15 家县局）第二轮全面巡查和“回头看”、20 家新电力集团县级供电企业巡查、2 家建安类企业安全巡查、17 家改革后企业安全巡查，累计发现问题 29594 项，问责 8189 人次。开展安全生产大检查，领导班子带队下基层督查 160 次，带动各单位领导班子开展安全生产检查督查 4657 次，发现并整治问题隐患 11936 项，其中“主要隐患治理清单”122 项，为党的二十大召开营造良好的安全稳定环境。完成党的二十大保供电及应急供电保障任务。迅速响应、高效完成“3·21”东航坠机事故搜救供电保障，成功应对新中国成立以来最严重的“龙舟水”、2008 年以后最严重的冰灾，以及 2019 年以来最强的台风“暹芭”，完成党的二十大、北京冬奥会、冬残奥会等重大保供电任务，连续 19 年确保中国—东盟博览会保供电万无一失。突出抓好安全教育培训和安全文化建设工作。完善“安监+专业部门”“静态+动态”保命教育培训评价机制，完成广西电网公司系统内一线作业人员和承包商（分包商）作业人员“保命”技能静态评价共 8.1 万人次，持续强化作业人员“保命”意识和技能的提升。从严组织安规考试，把安规考试合格作为进场作业的准入资质。强化安全文化引领，深入实施公司安全文化“十四五”建设方案，积极培育 3 家全国、6 家全区安全文化建设示范单位。

电力供应及市场交易 2022 年，煤炭价格高企，火电机组受限反复，水电丰枯转换快，风电出力波动大，电力供应面临多重矛盾交织的复杂局面。广西电网公司抓住煤炭这个“牛鼻子”，推动广西壮族自治区油电煤气运厅际协调机制高效运转。政企联动疏导燃煤发电成本增加发电能力 400 万 kW，有效平抑新能源发电超过 600 万 kW 的大幅波动，连续 5 年实现“零弃水、零弃风、零弃光”。首次开展广西市场化需求响应，调节负荷 96 万 kW，实现无感调节。开展 2 次电力供应保障综合应急演练，有效提升应急保供能力。全年电力电量四创新高，未发生拉闸限电，未实施有序用电。有力保障“3·21”东航飞行事故搜救供电，高效处置新中国成立以来最严重“龙舟水”、桂北重大山火等突发应急事件，完成党的二十大、东博会等重大活动保供电服务。

抓紧抓早部署，快速制定方案和激励措施，层层传递责任，解决难点堵点91个，推动165个重大项目超过500万kVA容量提前投产，拉动负荷增长68万kW，增加售电量38亿kWh。通过区域合作供电、拓展电网承载能力等方式加快电解铝恢复产能62万kW，增加电量23亿kWh。推动政府出台富余电量消纳、能效重评等系列政策降低企业用电成本，累计5000家企业复产增产，增加售电量超40亿kWh，增加广西工业产值130亿元。全年区内售电量1741亿kWh，同比增长0.7%，电费收入同比增长19%。广西壮族自治区蓝天立主席等主要领导批示赞扬。

融入南方区域统一电力市场建设，建成广西电力现货市场“1+4”规则体系，推动中长期市场和现货市场、省间市场与省内市场有序衔接，现货市场模拟试运行成功接入。首次推动风电、光伏进入市场，新增绿电交易成交电量22.27亿kWh，首批绿证核发量领跑南方区域。促成广西壮族自治区政府发布《百色电网改革发展工作专题协调会议纪要》，厘清最初被划分到区域电网但属广西电网公司供电的17家企业，维持广西电网公司在右江区供电现状，保障年售电量约60亿kWh，规范百色区域的供电秩序。

营商环境和优质服务 落实“三零三省”和“四办”举措，在“南网在线”、政务服务平台实现“实名认证”“电子签章”和“刷脸办电”，实现“电水气讯”申请“一网联办”和不动产转移同步水电气过户，南网首创工程规划许可证在全区共享，用电报装业务从“等上门”变“主动办”，“南网在线”关注客户数突破1000万，全年远程业务办电占比达到99.5%，实施业扩延伸30多万户，用户节约办电成本。充电桩“集中表箱预装”和自贸区（南宁片区）“插电式”服务模式获得南方监管局充分肯定，并推荐为全国示范典型。完成桂林漓江绿色供电中心实体化运作，打造桂林世界级旅游城市供电服务示范样板，突出“绿色低碳智能”品牌。打造“供电服务城乡一体化藤县样板”得到南方监管局在南方区域推广。

完善现代供电服务体系前中后台协同机制，实现省、地两级中台实体化运作。建立涵盖能源产业链各环节、各业务场景的生态伙伴体系，制定产品、生态伙伴、前中后台服务能力3个维度评价机制。全区入驻“南网在线”增值服务商达到119家，上线27项增值服务产品，累计成交额3.58亿元，同比增长近4倍。“快捷电工”纳入《南方区域提升“获得电力”服务水平典型案例汇编》。

创新管理 聚焦战略开展重大项目策划，紧盯国家部委发布的重点专项申报指南，3个项目获批国家重点研发计划，是广西电网公司“十二五”以来首批牵头国家重点科技项目子课题；1个项目获批广西电网公司首个广西壮族自治区重大专项，年度获批广西壮族自治区重点研发计划项目支持3项，广西壮族自治区人才类项目1项。科技攻关精准布局，在电力防灾减灾领域、无线电能传输领域等8个领域系统谋划新型电力系统示范区科技项目23个。建成国内首个无线充电无人机自主巡检示范工程，实现无人机高可靠无线充电续航，引领国内无线充电技术研发和应用领域技术发展。投产南方电网公司首个配电网物理实境仿真平台，集科学研究、检验检测、挂网试运行、技术培训与交流于一体，提升智能配电领域研发能力。专利成果“配网架空线路故障自愈方法及系统”获中国专利优秀奖、广西壮族自治区专利一等奖（金奖），实现广西电网公司在国家级科技奖项上“零”的突破。首次牵头获广西壮族自治区技术发明一等奖，7项成果获广西科学技术奖，是广西壮族自治区获奖数量最多的企业。加强高价值专利培育，8项成果获得国内等知名专家学者的高度评价。加快遴选优秀科创产品推荐到南网商城双创专区，推进重点成果的转化，已获得年度转化收入1041万元。以创奖评誉为契机，导入卓越绩效理念，在南方电网范围内推行全面质量管理，系统整合各专业领域管理提升特色成果，实现多管理体系协同融合。组织申报广西壮族自治区（省级）人民政府设立的最高质量荣誉奖，在144家参评单位中首家荣获省级（自治区）最高质量荣誉的单位，在广西壮族自治区有效提升广西电网公司质量品牌和标杆示范影响力。

数字化建设 2022年，全年未发生有责任的三级及以上网络安全事件，连续4年达成“三不一零”网络攻防演习目标。年度信息化投资4.88亿（含新电力），同比增长13%，投资计划完成率100.3%。推广业务“三级数字化网”运营模式，业务数字化指数从45.3提高到80.94。云平台服务器总体规模扩展到600台，支撑应用上云240个；汇聚融合内外部能源数据，累计接入电力及油气煤等新能源数据3亿条；物联网感知终端设备接入110万台，人工智能图标标注新增超过120万张，发布电力特色算法68个，云大物移智等新一代数字平台技术赋能、数据赋能能力增强。完成电网管理平台和客户全过程管理系统推广上线，建成智慧保供电指挥系统，接入保供电场所“500kV～400V”全电压等级设备运行、通信、巡检实时数据，实现保供电场所“一张图”可视化管理；建立健全数据资产管理体系，精简数据管理流程，整体工作效率提升80%以上。建成“桂林漓江绿电生态数字化全景展示平台”，以数字赋能五个示范区数字化建设；以新能源为主体，构建“柳州综合能源互联管控平台”，广泛联接政府机构、电源业主和用电客户、产业链上下游企业、供应商和服务商，以数字赋能能源产业新生态初步形成；融入政府数字经济发展，首创“广西电力经济大数据指数（MBI）”，为政府现代化治理能力提供数据服务支撑，并荣获全国鲲鹏应用创新大赛数字政府赛道银奖。

改革发展　2022 年，广西电网公司高质量推进改革三年行动 150 项任务收官，总结形成 120 项典型案例，其中 22 项案例入选国务院国资委、南方电网公司优秀案例，广西南宁供电局三项制度改革实践得到国资委改革办认可，3 家单位获评“标杆企业”。推进装备制造业务改革，完成铁塔厂资产转让、天湖设备公司及南宁耀天公司装备制造业务改革任务。应对百色“区域电网”供电营业区区域划分问题，维护南网合法权益，争取公平规范统一市场环境。加速加力推进新电力集团县级企业融合发展，实现地市供电局党委“全面领导”、新电力集团本部“资本管控”的管控模式的有效运转，推动 16 家新电力县级子公司属地政府少数股东同意将所持股权无偿划转公司。组织开展 2 批次 14 个软课题项目研究，其中“广西能源行业现状调研及生态系统构建研究”成果入选南方电网公司 2022 年成果汇编，“广西电力现货市场主体范围及不平衡资金研究”等三个成果入选《南方电网公司优秀政策研究成果集》。“广西主电网与地方电网央地融合发展模式的创新与实践”改革成果，获评 2022 年中国企业改革发展优秀成果二等奖、2022 年中国管理科学学会（首届）国有企业深化改革实践成果特等奖、2022 年南方电网公司管理创新二等奖。

贯彻落实习近平总书记 2021 年 4 月 27 日视察广西讲话精神，启动广西电网公司打造桂林世界级旅游城市供电服务示范样板建设，完成顶层设计方案和总体规划蓝图，创新组建广西电网公司漓江绿色供电中心并实体化运作，打造旅游专属前中台优化现代供电服务体系，完成 3 条 10kV 跨江线路整改和 21 个泊位岸电全覆盖，构建广西首个绿色用能评价标识并在 24 家酒店民宿试点应用，完成桂林漓江绿电生态数字化展示平台建设，全力服务和支撑打造桂林世界级旅游城市。

新兴业务　2022 年，广西电网公司网级新兴业务企业合同额累计 6.53 亿元，同比增长 144.63%；充电桩建设完成 4538 支，超额完成全年考核指标；省级新兴业务企业全年净利润占比和净利润增长率指标均全面完成。在支持金融业务发展方面，供应链金融支持规模累计完成 72.2 亿元，完成南方电网公司下达年度考核挑战值的 136.7%。打造武鸣平陆大容量电源侧共享储能站，为南方电网公司储能业务发展提供标杆。武鸣储能站容量 50MW/100MWh，12 月带电试运行，属于南方电网“四类项目”、广西“重大项目”的双示范项目。与国家电投签订租赁合同，树立仅靠租赁费就覆盖项目成本并有基础收益的新商业模式，为南方电网公司电源侧储能业务发展提供标杆引领。创造有利政策技术条件，开创南方电网公司东西部、上市公司与属地企业之间合作典范，推动南方电网公司电化学储能产业链的聚合发展，实现“走在前、做表率”。打造鹿山综合能源南网旗舰站，为南方电网充电业务发展提供引领示范样本。“风光储充换+混业经营”的鹿山综合能源站月充换电量达 55 万 kWh，是南方电网首个综合能源旗舰站，得到央视、人民网、广西日报等主流媒体的专题报道。与智能车企合作打造生态圈，率先突破出租车换电业务，已在柳州建成投运 7 座出租车换电站，服务 1100 辆东风柳汽换电版出租车，电能替代近 1000 万 kWh。完成全年三个批次 4538 个充电枪建设任务，实现广西电网供电区域的 1120 个乡镇全覆盖，为乡村振兴贡献南网蓝。超额超前完成供应链金融考核指标，产业金融发展打开新局面。累计完成供应链金融支持规模 72.2 亿元，完成南方电网公司考核挑战值的 136.7%，南网 e 链融资额 12.7 亿元，完成网公司考核挑战值的 165.3%，提前三个月完成全年目标，位列全南方电网系统第一。强化与南网各金融单位、本地金融服务企业协作，创新类供应链产品推广应用成效显著，信用证缴费、电费融资业务等创新品类业务规模累计超过 11 亿元，受到南方电网公司多次表扬。深化“等同管理”要求，纵深推进大集体企业综合整治专项工作取得突出成效。以“等同管理”为抓手，印发综合整治专项行动方案等系列举措，不断完善工作推进机制，加强整治发现问题的立行立改、举一反三，完成 1415 个问题整治见效，并带动形成一批制度性成果。细化权责界面，推动能汇集团和属地供电局“双考核”机制有效落地，各专业管理力量对大集体企业实施穿透式延伸管理力量有效加强，“等同管理”责任链条从主业各层级向大集体企业全面延伸。聚力攻坚专业化整合，在南网率先完成全省工业物业整合改革任务。完成南宁、柳州 2 个首批试点网区整合工作，规范业务及人员合同换签，改革平稳有力推进。以试点引领全区工业物业专业整合全面铺开，完成剩余 11 个网区招标工作，标志广西电网公司工业物业整合全部完成。同步推进以能科公司为主体协同南网专业公司参与改革后企业的数字化、检测专业整合，取得阶段性成果。

供应链管理　2022 年，抓好供应链管理改革重点任务落地，完成物资公司股权无偿划转事项；供应链服务调配中心有效运转，“供应链控制塔”作用逐步显现；“区域仓+周转仓+急救包”和“云仓”模式有效运作，累计退出规划外仓库 40 个，提前超额完成较

2020 年仓库数量压降 40%目标；完成物资品控 7502 件次，缺陷处理及时率 100%；品控中心创新发展，建成集“科学研究、技术验证、挂网试运行”于一体的配电网实境试验研究平台；实现电网管理平台（供应链域）单轨上线并稳定运行。全力防范物资“断供”风险，克服电网投资高位和疫情影响，完成采购金额 196 亿元，强化物资储备管理，保障生产、经营、基建物资供应。坚持唯真唯实，严肃严格，抓实巡视及审计整改，不断夯实供应链基础管理。强化供应链“三基”建设，推进班组“双星联创”，所有 90 个班组达到二星及以上水平。助推新电力“一张网”融合，以“一联双带”提升 40 家新电力县级企业供应链业务管理水平。规范专业子公司、大集体企业采购管理，指导能汇集团建立健全采购制度体系，推进大集体企业采购项目“上平台、进商城、进基地”，“上平台”采购 7.25 亿元，“进商城”采购 5.14 亿元，完成南方电网公司大集体企业采购项目“进基地”试点任务。

财务管理 2022 年，全年完成营业收入 1046.29 亿元，同比增长 11.4%；年末资产总额 1483 亿元；利润总额、净利润等“两利四率”主要指标全面完成南方电网公司下达的考核目标，广西电网公司全口径一流指数同比提高 5.85 分，提质增效团队荣获南方电网公司集体三等功。推动自治区优化峰谷分时电价政策，全年降低企业用电成本 5.23 亿元，推动超 10%的大工业高峰时段电量移至低谷时段，增加新能源电量消纳空间约 24 亿 kWh，缓解电力供需矛盾，促进能源绿色低碳发展。助力中小微企业纾困解难更有力度、更显温度，及时足额支付到期款项 124 亿元，落实只分享不承担居民农业新增损益政策降低用电成本 0.78 亿元，减免房租 0.07 亿元。在上网侧与用户侧价格矛盾日益加深和区内售电量增长低迷的情况下，实现输配电收入同比增长 5.2%。成本费用精益管理体系加快构建，有保有压优化调整不合理成本预算 4.27 亿元，推动生产性费用占比提升至 71.85%，管理费用同比下降 5.49%。财务直接创效能力增强，多措并举压降融资利率节约利息支出 1.7 亿元，落实各项税收优惠政策依法合规为公司节税和办理增值税留抵退税共 6.82 亿元。稳妥平衡好稳投资与稳杠杆的关系，在支撑全年固定资产投资 145 亿元、带息负债同比增加 77 亿元的基础上，资产负债率总体保持稳定。严格落实国资委和南方电网公司综合治理专项行动，围绕“四个一批”排查整改问题 366 项，挽回损失 107 万元，降低损失风险 4500 万元。解除武鸣供电局以及能汇集团下属钦州钦能公司、河池创元公司等 3 项历史遗留担保事项，避免经济损失近 3800 万元。财务监督效能明显提升，累计发现并整改前端业务问题 935 个，提出管理建议 189 条，追回多报费用或避免损失近 2000 万元。

审计管理 2022 年，广西电网公司强化政治责任担当，完成国家审计配合及整改工作任务。坚持以经济责任审计为主线，专项审计为重点补充的审计监督模式，2022 年实施审计项目 137 项，全面完成南方电网公司提出的近一轮审计全覆盖的目标。严肃严格抓好内部审计整改，构建审计整改责任落实工作机制，强化审计整改过程、质量管控及考核问责，推动公司治理效能和治理能力持续提升。深化审计成果多方位应用，健全“1+*N*”审计成果应用体系，促进内部审计在公司监督体系中发挥更大的作用。加快推进审计数字化创新，以数字化运用服务审计管理转型发展，以数字化技术推动审计监督提质增效。年内荣获南方电网公司内部审计先进集体、广西审计促发展突出贡献集体等内外部表彰荣誉 96 项。

合规管理 2022 年，广西电网公司承接《中央企业合规管理办法》设置合规官，由总法律顾问兼任，负责组织协调各方力量健全完善公司内控体系。完成各项“合规管理强化年”暨深化内控体系建设工作任务，修编印发《内控管理手册》等 5 份内控文件，建成法规监督预警平台，开展两轮覆盖 41 家单位风险防控现场检查，排查整治经营业务违法违规问题及合规风险 27 项，5 项合规成果在首届电力企业合规管理成果评选活动中获奖。印发实施《2022 年重大风险防控计划》，发布风险提示函 33 份，有效防范安全生产、经营效益、数字化管理、科技创新、国际业务、法律、513 等 7 项重大风险。开展行政处罚、境外合规风险专项治理，印发《进一步深化行政处罚法律风险防范工作“1+*N*”实施方案》《行政处罚法律风险防范手册》，督促整改境外业务合规检查发现问题 25 项，开展多边银行制裁规则和风险应对研究，不断提升公司依法合规经营能力。针对新电力历史遗留产权办证问题开展专项治理，应办未办的不动产存量下降 53%，有效防范资产流失、权属纠纷风险。举办内控合规宣传月活动并延伸至三四级单位与大集体企业，推动合规意识入心入脑。

人力资源 打造“五个班子”，开展领导班子建设中期评估，按照经验能力互补、性格气质相容为原则选优配强领导班子；加快年轻干部进班子力度，动态实现三级单位“80 后”领导班子全覆盖，四级单位“85 后”领导班子同比翻番。建强年轻干部队伍。首次开展三级副及以下所有层级干部的专题调研，分层级、分专业发现储备一批年轻干部及表现优秀的其他年龄段干部；深化干部人才实践锻炼，选派 200 多名干部人才到东部地区单位、供电所等挂职锻炼，以一座谈一总结的形式检验实践锻炼成效。聚焦监督重点，突出政治标准，突出关键少数，加强对各级主要负责人和领导班子的监督。建立覆盖年轻干部的领导人员日常重要监督信息报告台账，动态把握干部日常监督事项变化情况，领导干部讲纪律守规矩意识不断增强，领导干部的权力运行规范制约管理机制不断健全。

加大高层次人才引进和培养力度，在高层次人才引进、专家提质增量等方面均取得突出成效。在南方电网系统二级单位率先组织召开人才工作会议，印发“一规定一意见一计划”（《广西电网公司人才工作管理规定》《广西电网公司党委关于贯彻落实新时代人才工作新理念新战略新举措的实施意见》《落实广西电网公司党委人才工作实施意见2022—2023年行动计划》），明确广西电网公司人才工作2025、2030、2035“三步走”发展目标，制定八个方面26项工作举措，压实各级人才工作责任，完善人才工作机制。通过对外发布全球诚聘英才公告、内部广泛荐才、高层次引进人才以才引才等方式，吸引高层次人才推荐人选35人，完成国家相关计划引才任务，在南方电网系统首批次与4名高层次人才签订引进协议，与1名海外战略级人才签订就业保证协议，首次刚性引进领军级高层次人才1人（调度中心陈权崎），完成南网经营业绩考核指标。新增技术技能专家321人，专家队伍规模达到1625人，其中专业技术专家701人、技能专家924人，新电力集团专家人数突破100人，实现专家队伍专业、地域“全覆盖”，初步形成“金字塔”型的人才梯队。实施各类培训6315期、培训14.4万余人次，组织岗位胜任能力评价1.6万余人次，评价合格率95.6%；研究制定《新电力集团县级供电企业员工能力提升工作方案》，实施新电力员工能力提升工程，新电力高技能人才占比提升5个百分点达68%。培训基地等资源建设：完成桂林培训评价基地无人机实训场建设，并取得民航局颁发的培训资质；完成500、220、110kV智能站实训室建设；累计完成建设简易配电实训场326个、营销实训室362个，县级供电企业“一所一场”覆盖率94%。完成变电运行、用电检查等15个工种技能人员培训课程体系建设，覆盖业务事项1332项，开发能力单元474项，课程单元857项。

党的建设　深入实施广西电网公司党建工作“十四五”规划，构建完善以规划为引领、以提质为支撑、以融合为抓手的广西电网公司党建管理体系。推进“四类企业”党建提质，压实属地供电局直接管理责任，推动大集体企业党建工作“同等管理”要求落实落地。首创党建指导员派驻机制，向新电力县级供电企业选派40名党建指导员，加快党建融合提升。制定印发基层党委、党支部、党建部门“三个规定动作清单”，把责任落实到岗位、明确到人头，层级式清单化推进责任向基层延伸传导。编制《在防范人身安全风险中充分发挥党支部战斗堡垒作用和党员先锋模范作用的工作指引》，构建完善党支部保安全思想政治工作机制。3个案例入选南方电网系统党的建设工作与改革发展生产经营深度融合第一批典型示范案例。

落实党风廉政建设责任主体责任，召开党风廉政建设和反腐败工作会议、监督委员会会议，推动政治生态持续向上向好。印发《广西电网公司党委加强和改进监督工作实施方案》，运用“全周期管理”健全完善监督体系，规范“五项机制”运转，推动各类监督更加协同贯通。制定加强新时代廉洁文化建设重点任务清单，开展纪律教育学习月“十个一”活动，增强不想腐的思想觉悟。深化酒驾醉驾及“黄赌毒”涉法问题专项整治，新增酒驾醉驾及“黄赌毒”涉法案件数量同比2021年明显下降。首次开展三、四级单位多维度政治生态调研评价，倒逼各级党委和领导干部履职尽责。

开展监督工作。印发广西电网公司2022年政治监督实施方案，聚焦6个方面进行全覆盖监督检查。围绕南方电网公司党组巡视公司、南宁供电局、新电力集团党委反馈问题整改强化监督，发现问题108个、发出监督和督办建议14份。强化对“一把手”和领导班子的监督，完成361名处级干部、1859名科级干部的“一对一”调研访谈监督。监督和督促各级党委、纪委班子成员与党员、员工开展“一对一”谈心谈话。监督推动整治酒驾醉驾及“黄赌毒”等涉法问题，全覆盖签订“一状两书”（党组织责任状、干部员工承诺书和家属告知书），推行因私聚餐“桌长制”及“三不吃一提倡”（不吃公款、不吃老板、不吃下属，提倡AA制），新增酒驾醉驾等涉法问题下降。

主要事件

4月29日，广西壮族自治区政府发布2021年度科学技术奖励名单，广西电网公司“变压器状态智能感知与自维护关键技术及应用”成果获广西壮族自治区技术发明一等奖，此外还有6项成果分获技术发明二、三等奖。

11月8日（第二十三个中国记者节），广西电网公司马华斌拍摄的新闻摄影作品《最美冬夜》荣获中国新闻奖三等奖，是南方电网公司成立以来在问鼎国内新闻界最高奖项方面取得的重大突破，也是全国电力行业媒体首次获得中国新闻奖新闻摄影类奖项。

12月27日，广西电网公司荣获第六届广西壮族自治区主席质量奖，成为南方电网公司首家荣获省级（自治区）最高质量荣誉奖的单位。

2022年，广西电网公司改革三年行动收官，三项制度改革经验成为南网示范，23项改革实践入选国务院国资委和南方电网优秀案例，其中央地融合改革创新实践荣获中国企业改革发展优秀成果二等奖、首届国有企业深化改革实践成果特等奖。

2022 年，广西电网公司有力保障“3·21”东航飞行事故搜救供电，高效处置新中国成立以来最严重“龙舟水”、桂北重大山火等突发应急事件，完成党的二十大、东博会等重大活动保供电，连续 4 年“零失分”完成“护网行动”，连续 5 年获广西壮族自治区安全生产考核最高等级“优秀”。

2022 年，广西电网公司制定碳达峰行动方案，成立新能源服务中心，全力推进“零弃水、零弃风、零弃光”，清洁能源消纳电量超 889 亿 kWh，再创历史新高，连续 5 年实现清洁能源全额消纳，是南方五省区唯一实现连续 5 年清洁能源全额消纳的省区。

2022 年，广西核发绿色电力证书，实现绿色电力的全生命周期追踪溯源，广西电力交易中心完成绿证核发量近 4.3 亿 kWh，累计核发绿证约 43 万个，首次推动风电、光伏进入市场，绿电交易电量及绿证核发量均为南方区域第一。

2022 年，广西电网公司投资 85 亿元实施农村电网巩固提升专项行动，定点帮扶工作投入项目资金 2900 万元，推动定点帮扶村村集体经济快速发展，牢牢守住了防返贫监测底线，为自治区实施乡村振兴战略贡献了电网力量，连续 5 年获自治区定点帮扶工作最高评价。

（秦诗琼）

【云南电网有限责任公司】

企业概况 云南电网有限责任公司（简称云南电网公司）是云南省域电网运营和交易主体，是云南省实施“西电东送”“云电外送”和培育电力支柱产业的重要企业。前身是 1950 年 7 月，国家成立的云南省电力工业局。1993 年，成立云南省电力公司，与云南省电力工业局实行两块牌子、一套人马管理。1998 年 10 月，云南省电力公司改制为云南电力集团有限公司，成为国家电力公司子公司。2002 年 12 月，国家进行电力体制改革，云南电力集团有限公司成为南方电网公司全资子公司。2004 年 11 月，云南电力集团有限公司更名为云南电网公司。2014 年 9 月，云南电网公司更名为云南电网有限责任公司。截至 2022 年底，云南电网公司员工总数 8.1 万人（包含大集体企业），拥有 35kV 及以上电压等级变电站 1867 座、10kV 及以上输配电线路 39.5 万 km。全省发电装机（含向家坝）11177.43 万 kW，其中以水电为主的清洁能源装机 9643.39 万 kW（水电 8145.69 万 kW、风电 912.36 万 kW、光伏 585.35 万 kW），占比 86.28%；火电 1534.04 万 kW，占比 13.72%。

2022 年，完成固定资产投资 154.1 亿元；实现营业收入 1193.94 亿元，同比增长 12%。实现净利润 19.05 亿元（剔除原文山电力资产重组投资收益 16.32 亿元后，净利润 2.73 亿元）。截至 2022 年底，资产总额达到 1495.53 亿元，资产负债率 69.36%。

2022 年，完成售电量 2993 亿 kWh，同比增长 10.31%。其中，省内售电量 2086 亿 kWh，同比增长 15.2%；西电东送电量 885.95 亿 kWh，同比降低 3.87%；对国外送电 12.9 亿 kWh，同比增加 124.29%。云南省西电东送电量 1436.48 亿 kWh，同比降低 2.48%。

领导班子 2022 年 3 月、7 月，南方电网公司对云南电网公司领导班子进行了 2 次调整。调整后，云南电网公司领导班子成员如下：

1. 党委

党委书记：甘霖

党委副书记：高孟平（2022 年 7 月职务调整）

专职党委副书记、工会主席：江北

党委委员：张虹

党委委员、纪委书记：邱国峰

党委委员：李瑞锋、陈玮（2022 年 5 月调整担任）、姚捷（2022 年 12 月调整担任）

2. 董事会

董事长：甘霖（法定代表人）

董事：高孟平（2022 年 7 月职务调整）、何朝阳、陈雄一（2022 年 3 月职务调整）、余文奇、徐　兵

职工董事：江北

3. 监事会

监事会主席：陶先文（2022 年 11 月退休）

监事：侯君

4. 经理层

总经理：高孟平（2022 年 7 月职务调整）

总会计师：孙宏兵

副总经理：张虹、李瑞锋、陈玮、姚捷（2022 年 7 月职务调整）

组织机构 2022 年云南电网公司组织机构调整情况如下：3 月 14 日，将企业管理部（全面深化改革领导小组办公室）更名为政策研究与企业管理部（全面深化改革领导小组办公室）。12 月 5 日，在市场营销部增挂客户服务部的牌子、部门名称由市场营销部调整为市场营销部（客户服务部），将党委巡察工作领导小组办公室的部门简称由“巡察办”更名为“党委巡察办”，在电网规划建设研究中心（云南电网改革发展研究中心）增挂“新能源服务中心”的牌子、名称变更为电网规划建设研究中心（云南电网改革发展研究中心、新能源服务中心），撤销纪委派驻纪检组并成立监督执纪组。

云南电网公司管辖单位 149 家，其中三级单位 31 家（含供电单位 18 家）、四级单位 118 家（含供电单位 112 家）。云南电网公司本部设办公室（与党委办公室、董事会办公室、总经理办公室合署）、规划发展部

（与乡村振兴工作领导小组办公室合署）、人事部、人力资源部、计划与财务部、政策研究与企业管理部（与全面深化改革办公室合署）、生产技术部、市场营销部（与客户服务部合署）、基建部、新兴业务部、供应链管理部、系统运行部（与云南电力调度控制中心合署）、科技创新与数字化部、安全监管部（与应急指挥中心合署）、审计部（与监事会办公室合署）、法规部、党建工作部（与企业文化部合署）、监督部（与纪委办公室合署）、党委巡察工作领导小组办公室、工会办公室20个部门；设云南电力调度控制中心（与系统运行部合署）、电网规划建设研究中心（与云南电网改革发展研究中心、新能源服务中心合署）、云南省公安厅防范和打击涉电违法犯罪中心（与保卫处合署）、综合服务中心（与离退休服务中心合署）、新闻中心、社保（年金）中心、财务共享服务中心（与云南电网资产运营监控中心合署）、生产运营监控中心、电力客户服务中心（与产品运营中心合署）、计量中心、审计中心、法治与合规共享中心12个直属机构；设节约用电服务中心、监督执纪组（直属纪委）2个挂靠机构。

落实中央决策部署

1. 落实中央及上级决策部署坚定有力

落实服务经济稳增长举措，欠费不停供等惠及企业3万余户，业扩投资全面延伸减少客户办电成本5.3亿元。感召总书记回信精神，建成独龙江乡35kV联网工程（获评国务院国资委央企10大超级工程），彻底结束独龙江乡孤网运行历史。投资93亿元助力乡村振兴，定点帮扶成效连续5年获考核最高等级“好”。完成国家级新型电力系统先行示范区联合申报，清洁能源发电量占比连续8年保持90%左右，市场化交易电量占比70%。服务建设面向南亚东南亚辐射中心，完成临沧网架加强工程和缅甸跨境联网供电项目，首次实现中老双向电力贸易，护航中老电铁安全运行一周年。

2. 学习宣传贯彻党的二十大热烈隆重

深入开展“建功新时代、喜迎二十大”主题活动，在南方电网公司“七一”主题党日活动上作专题交流。组织开展包含学习体验、红色基因传承教育、知行榜样故事会等系列活动的“强国复兴有我”群众性主题宣传教育，相关经验在《南方电网报》刊载。统筹开展专题学习、培训、宣讲、宣传、调研等，快速掀起学习宣贯热潮。吴长碧当选党的二十大代表。组织开展专题读书班、主题党日，党委领导班子带头，推动广大党员原原本本学习研读党的二十大报告和党章。各级党委书记带头开展专题宣讲“第一讲”，班子成员深入分管领域、基层开展宣讲，推动党的二十大精神进一线、进班组。

3. 各项改革

完成国企改革三年行动收官，考核排名南方电网系统前三，30余篇改革成果获中央、行业权威媒体报道，县级供电企业“标杆动态”管理、三项制度改革、云南电网公司章程管理等入选国务院国资委典型案例。“能下、能出、能减”市场化机制初步构建，辞退劝退率、降岗降级率等指标居南方电网前列。全员劳动生产率同比增长22%，增速领跑全网管制业务单位。创新推行大集体企业等同管理专业延伸，作为改革范本在全网推广。完成文山电力资产重组，农垦电力专业化整合纳入国资委央地合作样板（南方电网公司及云南省唯一入选项目），全省“一张网”加速迈进。助力南方区域电力市场稳定试运行，昆明电力交易中心成为全国首批“区块链+能源”特色领域试点。

安全生产运行

1. 主网安全

投资154.1亿元用于电网建设，全面落实38项重点工作，通过电网安全稳定专委会强化467项里程碑节点任务过程管控，消除一般及以上电网事故风险4项，防控三级事件及以上电网风险1359项，系统运行十大风险可控在控。完成涉及Ⅰ级防拒动的78套保护装置、3个区域稳控系统“高保真”传动试验，成功防控开关、保护及稳控系统拒动导致的系统失稳风险。实现500kV宝峰变电站、和平变电站的集中高周切机功能，防控直流闭锁云南异步电网频率失稳风险。完成全部15家电解铝大用户错峰试验，并全部纳入低频低压减载措施，电网风险管控能力提升。

2. 配网安全

坚持“3个导向”（问题导向、目标导向、结果导向），用好“三个工作法”，确定5个核心领域（保重点、守底线、优体系、强支撑、带队伍），完成28个重点方面100项重点举措。精准治理高故障线路，加快推进低压户表空气开关专项治理，治理高故障线路781条、高故障台区20317个，中压线路故障率同比降低21.36%，低压台区故障率同比降低18.8%。开展带电作业，累计开展配网不停电作业11.6万次，同比增幅80.78%，实现数量、质量双提升。开展配电自动化专项提升，累计投运自愈线路5148条，较2021年增加3747条，自愈覆盖率57.4%，自愈线路数量及自愈覆盖指标均位居南方电网西部省区第一。

3. 设备安全

坚持以资产全生命管理为主线，编制印发云南电网2022年输变电设备运行方案，评估16大风险66项风险点。做好西电东送主通道、关键厂站设备运行维护，完成开关防拒动风险治理、变电站汛期及内涝隐患排查、主通道设备运维及预试检修，设备风险隐患治理有效。常态化开展“一跳闸一分析”“一事一分析”，找准问题根源，因症施策，制定有效整改防控措施，策划并组织落实防主变突发故障、防断路器拒动、防站用交直流故障等专项工作方案，五年来首次实现110kV及以上变压器故障“零损坏”、110kV及以上开关“零拒动”、110kV及以上站用交直流系统“零故障”。

4. 人身安全

制定人身风险分析及重点管控措施，推动“1+7+1”现场作业风险管控机制全面落地应用，创新推行“金盾奖”“筛子奖”评选、作业现场准军事化管理等，有效构筑全领域全过程人身风险立体防控体系。三级运监中心全面嵌入作业全流程，推动作业视频“3个100%”落地，多层级“四不两直”全面深化。推行大集体企业安全生产等同管理，避免一起小水电群死群伤事故。抓实基建安全管理提升专项行动，强化外包项目安全管理一揽子措施落实落地，制定九大高危场景风险防控措施，严格执行作业风险防控“十个严查”。探索形成一套符合云南实际的“四位一体”现代安全管理体系，近16年首次实现连续3年人身零事故。

5. 应急管理

组织修编云南电网公司地震灾害、防冰抗冰等应急预案修编，提升应急管理体系。规范应急队伍、应急装备物资管理，突出做好“灾前防”、科学做好“灾中守”、高效开展“灾后抢”，不断优化卫星技术在山火监测、地震沉降及通道隐患排查等领域的应用，提升突发事件监测预警、灾情评估、响应处置、信息报送等全方位应急能力，实现强机制、强队伍、强能力。应对“1·2”丽江宁蒗5.0级、“11·19”红河州红河县5.0级等9次4.0级以上地震灾害，处置“4·2”怒江独龙江、“5·27”文山丘北、“7·7”怒江独龙江、“7·11”昭通盐津、“9·16”红河绿春等突发山洪、泥石流事件。化解昆明两次大面积停电风险，高效处置多起泥石流、洪涝等自然灾害。

电网发展

1. 规划研究

编制印发《云南电网“十四五”发展规划》《云南电网“十四五”电网发展规划》，统筹开展各专项规划研究，增强电网应对严重自然灾害、大面积停电的风险能力。促成南方电网公司联合云南省政府完成云南省国家级新型电力系统先行示范区申报，编写《关于支持云南打造国家级新型电力系统示范区的建议》提交全国人大研究办理。开展“2+4”（两个地州级、4个县区级）新型电力系统示范研究，制定《云南电网2022年新型电力系统建设重点任务及第一批示范项目清单》等方案，形成高海拔深度贫困地区水光储微电网示范等一批示范成果。启动现代化配电网规划研究，开展“十四五”重点县区分布式屋顶光伏接入配套电网、配电自动化全覆盖、“十四五”供电可靠性等配网专项规划，形成电解铝负荷需求侧响应等一批示范成果。

2. 电网建设

纵深推进“降低电网风险　解决配网突出问题”三年攻坚行动，高效运转精准投资管理体系，固化运规合一、一县一可研、预计划管理、要素保障、内外部协同等工作机制。深化“1+5+16”供电可靠性管理体系，客户平均停电时间连续两年降幅超36%，可转供电率、中压配电网联络率、配电自动化有效覆盖率分别达78%、83%、90%，10个可靠性管理示范区建设全面启动。首个“四类项目”李棋“多站融合”示范工程投产。全国范围内首次开展3000m以上的高海拔地区现场重载无人机运输。

3. 重点工程建设

建成投产独龙江乡35kV联网工程，获评2022年央企十大超级工程。服务全省新能源产业布局，制定新能源并网工程建设24点工作举措，全年投产48项新能源配套电网工程。提前完成6个牵引变电站外部供电工程建设，助力新成昆铁路通车运营。共建“一带一路”，建成临沧西南网架优化工程，点亮缅北人民万家灯火。聚集资源攻坚防范电网风险、中小水电送出等重点项目，建成兰城扩建、天星扩建、玉溪扩建等防范电网风险重点工程12项，投产解决中小水电送出受阻问题项目9项。

4. 供应链管理

深化开展供应链管理改革，基本建成现代数字供应链管理体系。开展民营企业和中小企业账款清理，提前结清物资货款13亿元。优化重点项目工程物资“并联式”管控模式，重点项目物资全部供应到位。在全网率先建成仓库可视化应用平台。加快建设现代物流体系，优化“云仓”和“区域仓+周转仓+急救包”模式，实现仓储物流资源全省统一管理和统筹调配。落实“全集中、零授权、全部上平台”管控要求，推进大集体企业采购100%“上平台、进商城”。

营销服务

1. 用电营商环境

高标准推行“三零”“三省”服务，全面实现160kW及以下小微企业接电“零投资”，为用户节约办电成本约6.6亿元。创新拓展“四办”举措，实现居民“刷脸办电”、企业“一证办电”，“线上共享联办+线下政电融合”服务模式获国家发展改革委推介。严格落实疫情期间电价政策，为用户节省用电成本6.2亿元。构建并高效运转用户需求驱动的前中后台业务模式，基本建成现代供电服务体系，“解放用户”云南方案获南方电网公司领导批示肯定。“南网在线”用户数突破1000万，上线服务增值产品33项、入驻服务商113

家，累计交易金额 5.9 亿元。第三方客户满意度连续 6 年西部领先，首次实现地市级单位得分均达 80 分以上。

2. 电力供应

建言献策当好电力参谋，获上级领导批示 63 次，促成省委省政府多次专题研究电力保供，省长挂帅组建全国首个省级能源委。政企联动、厂网协作等机制高效运转，应对长期电力电量"双缺"、一次能源大幅波动等多重挑战，实现了电网安全运行、省内供电有序、西电东送履约的扎实成效。全省发电量 4009 亿 kWh，省内售电量 2086 亿 kWh，逆势增长 15.2%，增速居全国第二，为全网售电量增长 2.1%发挥决定性作用。构筑云南特色用能管理"四道防线"，及时启动 300 万 kW 规模能效管理，避免东北拉闸限电、四川大范围限电在云南重演，获国务院国资委、云南省委省政府肯定。

3. 营销基础管理

开展抄核收转型、线损管理、项目管理、基础数据提升等 4 个专项行动，电子化结算率连续两年保持 99.9%以上，智能缴费覆盖率 90.32%，综合自动抄表率 99.45%，量价费率异常数同比降低 94.5%，10kV 及以下综合线损率两年下降 4.9 个百分点。查违反窃追回电费 1.2 亿元，2022 年电费回收率历史首次达 100%。省级计量检定中心实体化运转，计量检定效率提升 3 倍。依法合理延期使用电能表 89 万只，节约投资 2.4 亿元。推广应用营销融合 APP 等工具。

经营管理

1. 经营管理成效

"两利四率"实现"两增一降三提高"，提质增效 28 项指标全面完成。管制业务挖潜成效明显，营业收入首次突破 1000 亿元（1192 亿元），同比增长 12%。多措并举增利 15 亿元，追回保山电力、隆基硅业历史欠费 11 亿元。通过改善经营、强化两金管控，资产负债率自 2005 年以来首次降至 70%以下（69.36%）。促成全面取消铝硅用户优惠电价，实现全省工商业"同网同价"，居民用电套餐、光亮工程优惠电价全面取消，推动燃煤发电上网电价市场化改革落地实施。"三个标杆"净利润增长 41%，大集体企业盈利 2.7 亿元。以法治手段避免和挽回损失 2.7 亿元，获南方电网公司肯定并要求推广。深入推进"严肃财经纪律、依法合规经营"综合治理，国家审计发现问题到期整改完成率 100%。

2. 新兴业务

破除体制障碍、优化产业布局、夯实管理基础，提升市场化经营的能力和水平。配合南方电网公司完成原文山电力重大资产重组工作任务，确保南网储能公司顺利按期更名上市。结合云南实际，先行先试，将"等同管理"工作部署转化为实践落地成果，率先制定《改革后企业等同管理专业延伸管理手册》。构建"123"专业延伸管理模式，将大集体企业纳入云南电网公司现有管理体系实施专业管理延伸和专业监督覆盖，补齐监督管理短板，促进企业健康发展，形成改革范本。推动充换电服务业务落地发展，充电基础设施区域市场占有率常年省内保持第一。支持网级供应链金融发展，试点构建了城市营业厅与普惠金融融合发展新模式。

3. 依法治企

董事会工作计划在南方电网全面推广，党委前置研究讨论课题成果获南方电网优秀成果一等奖。章程管理经验入选国资委百个法治央企建设典型案例。党委前置研究讨论三种方式落地应用课题成果获南方电网公司党建思想政治工作研究优秀成果一等奖。南方电网首家建立法律减损增利专项奖励机制。应用支付令等法律武器追损挽损 4.43 亿元。运用诉讼、先予执行、"政企""检企"合作等方式，解决涉电公共安全隐患治理难题。三级单位总法律顾问配置实现零的突破。促成政府出台全国首个由政府主导制定的电力用户信用分类评价办法。连续 3 年作为云南省唯一示范点举办"宪法进企业"示范活动，连续 10 年举办"云电法治周"活动。普法工作获评云南电网公司十大最暖心实事之一。法治重点任务连续两年获南方电网公司评价满分。

科技信息 推进国家战略科技力量和创新管理体系建设，立项国家重点项目 1 项、参加示范 1 项。获评国家知识产权优势企业，牵头发布国家标准 2 项，连续 3 年获省部级科学技术一等奖、中国专利优秀奖，连续 2 年获南方电网公司管理创新一等奖。省级能源大数据中心入选工信部试点示范项目，成为国家发展改革委"电力看能耗"大数据分析应用试点。建成昆明白邑、楚雄鹿城变电智能运维示范区。9 万 km 输电线路实现无人机自主巡检，实现 35kV 及以上输电线路非禁飞区自动巡检航线全覆盖，输电分公司机巡技术行业领先。"云景"平台场景建设绩效全网最高。作为南方电网公司"靶心"单位完成"护网 2022"网络攻防演习保障任务，实现"三不一零"和"零失分"目标。

人力资源管理

1. 干部队伍

南方电网公司关心关爱力度增强，先后 5 次到云南电网公司推荐考察干部，推荐考察次数及提拔人数均创历史新高。年轻干部培养机制健全，建立优秀年轻干部能力素质模型，入库优秀年轻干部 100%制定"一人一策"，27 家三级单位班子 100%配备 80 后干部，三级单位 80 后正职占比 9.6%，新提拔 80 后三级副干部 17 人，同比增长 30.4%，新提拔 90 后四级干部 33 人，同比增长 32%。三项制度改革推进力度加大，89.3%的新提拔管理人员通过竞争上岗方式产生，对 7.2%的管理人员实施末等调整或不胜任退出。选人用人满意度保持 100%，总体评价“好”率连续 2 年上升，高于南方电网公司均值。落实南方电网公司“百千人才去基层到西部计划”，选派 31 名优秀干部人才到南方电网公司总部及东部单位挂职历练，深化“四个一批”交流挂职，组织 85 名干部人才开展跨层级、跨专业交流挂职。

2. 员工队伍

新增南网战略技术专家 2 名，10 人入选云南省“兴滇英才支持计划”，2 人获聘南网杰出级技能专家，1 人获云南省技能大奖表彰。技能实训点“一所一点”全覆盖，在聘技能专家数量保持全网第二，李辉获中华技能大奖。4 人当选云南省第十四届人大代表。印发《云南电网有限责任公司省级人才市场运营方案》，初步建成省地县三级内部人力资源市场。首次印发新员工入职“第一个十年”培养工作实施方案，构建新员工培养中长期发展体系。评选 197 名金牌班站所长，培养 200 名“将才”班站所长，班站所长队伍三年建设目标完成。

党群宣传

1. 党建工作

制定“两个维护”八项机制 81 条举措，构建党建业务管理框架，滚动完善党委工作指引、党支部“两册”，创造性推行党建业务清单、党务人员全员普考调考，全面从严治党责任向基层延伸。实现十九届任期内巡察全覆盖，中央巡视整改基本到位，南方电网公司巡视集中整改成效评估为“好”。

2. 宣传思想工作

规范执行“第一议题”“第一内容”，党委理论学习中心组学习制度，印发《关于进一步规范主题党日学习内容的通知》，推动主题党日有质量、有实效。举办庆祝建党 101 周年主题党日、庆祝建团 100 周年主题团日等活动。深化“央企+央媒”合作机制，主流媒体上稿 4094 篇、其中三大央媒 110 篇。制作展现干部员工接力探索不懈奋斗的微电影《接力》。以“党委巡回讲+支部集中讲”形式，分层级开展“理论面对面－千堂报告进基层”理论宣讲 6637 场次。推进“三感一力”（提升员工获得感、幸福感、安全感，激发内生动力）、员工关爱等专项行动，连续 4 年将工资增量向基层倾斜，完成 5.2 万余人谈心谈话，员工满意率实现 2 年连升。

3. 党风廉政建设

对政治监督任务探索项目化管控，推行底稿制度。紧盯电力保供、服务高质量稳增长、乡村振兴等党中央决策部署建立健全监督重点台账 21 项，监督发现问题 135 个。网格化监督将全面从严治党有效落实到基层班、站、所，全覆盖设置监督网格 3133 个。全年网格监督发现问题 2.5 万个，挽回经济损失 591 万元，节省支出 2100 余万元。率先推行“禁酒”要求，员工非职务违法案件连续两年平均降幅达 50%。纪监类信访举报实现 2 年连降，案件数、处分人数见顶下降，政治生态评价在南方电网 8 家参评单位中排名第 2。

4. 共青团工作

制定并推进团校 2022—2024 年建设实施方案，举办基层团干部等重点培训班 8 期，为党培养政治合格的青年人才。集体和个人荣获全国级、省级青年荣誉，MV《逐梦星辰》荣获团中央 2022 年青年新媒体国际传播作品优秀音乐作品，青年精神素养提升经验做法被中央企业青年工作简报刊载。将共青团工作底线红线事件纳入党建业务“规定动作”负面清单，连续 6 年开展团组织负责人述职评议，深化从严治团。固化“我为青年办实事”机制，“云电新青年”elink 公众号推送“青马微课堂”42 期。推进“南网蓝公益·云电 UI 行”志愿服务活动，引导团员在实践锻炼中增强本领、增长才干。

5. 工会工作

产业工人队伍建设改革“四个三”工作模式富有成效，连续 2 年在云南省总考核结果为最高等级“优秀”，《工人日报》头版 3 次报道典型经验。探索形成可视化“云南电网公司产业工人队伍建设改革实践共享平台”，收录 24 家地市级单位 75 个产改实践示范点经验材料。职工建功立业活动蓬勃开展，“三保障三提升”工程劳动竞赛列入全国引领性劳动竞赛项目。获全国、省级“五一”表彰数量创历史新高，西双版纳供电局获全网唯一全国五一劳动奖状，普洱供电局李卫获全国五一劳动奖章。

主要事件

2 月，云南电网公司“关于支持云南打造国家级新型电力系统示范区的建议”被列作全国人大云南省代表团 19 件全团建议之一，提交全国人大研究办理。

5 月 11 日，独龙江乡 35kV 联网工程正式投产，中国境内独龙族的唯一聚居地——独龙江乡实现了大电网互联、智能微电网运行的“双电源”保障，独龙族同胞实现了从“用上电”到“用好电”的历史性转变。

5 月 12 日，云南电网公司与怒江州政府完成战略合作协议签订，标志着云南电网公司与 16 个州市政府实现了战略合作协议签订的全覆盖，为积极营造良好发展外部环境、深度融入地方经济社会发展打下坚实基础。

6 月 20 日，老挝南塔河水电站成功通过 115kV 老挝那磨变电站—云南东盟变电站跨境线路向中国云南输送电力，最大输送容量 4 万 kW，首次实现了老挝雨季富余电力输送中国、中老两国电力余缺互济，标志着中老联网第一阶段 115kV 双向电力贸易顺利实施，为下一阶段推进 500kV 中老联网、深化澜湄国家电力合作、实现更大范围电网互联互通打下基础。

7 月，云南省政府和南方电网公司正式向国家发展改革委上报将云南省列为国家级新型电力系统示范省的申请。

10 月 31 日，在国务院国资委组织的中央企业专业化整合项目集中签约仪式上，云南电网公司与云南农垦集团正式签署《新时代深化改革合作协议》，就打造央地合作样板、加快电网专业化整合、农垦电力委托管理等事项达成共识，西双版纳地方电网融合发展全面提速，标志着云南全省电力“一张网”再迈出关键一步。

11 月 17 日，云南电网公司在迪庆州德钦县海拔 4200m 的白马雪山，采用无人机对 35kV 永德（德钦—明永）线路进行自主巡检，标志着云南 35kV 及以上输电线路无人机自主巡检全覆盖，9 万 km 输电线路均可采用无人机自主完成巡检，更科学更智能的自主化巡检将有效推动电网运行维护的数字化转型升级，极大地减少人员劳动强度，提高工作效率。

2022 年，云南电网公司历史上首次获得年度党建工作责任制、经营业绩考核“双 A”。经营业绩方面，9 项考核指标（共 10 项）、23 项（共 28 项）重点任务得分达到挑战值，6 个事项获认定加分，未发生各类触及红线底线事项；党建工作责任制方面，紧扣迎接保障和学习宣贯党的二十大这一主线，推动全面从严治党向纵深发展，为实现“守底线、冲双 A、强基础”提供了坚强保障。

2022 年，云南电网公司用时 3 年全面打赢安全生产翻身仗。有效防范异步“五高”、长期缺电、新能源占比攀升等全局性风险，有力应对山火、冰灾、泥石流等轮番侵袭，大电网连续 26 年保持安全稳定运行。深化“1+7+1”作业风险管控机制运转，创新推行“金盾奖”“筛子奖”评选、作业现场准军事化管理等，强化外包项目安全管理一揽子措施落实落地，全面深化多层级“四不两直”，近 16 年首次实现连续 3 年人身零事故。

2022 年，以现代供电服务体系为统领，初步建成以用户问题为驱动的前中后台业务架构并有效运转。

2022 年，云南电网公司坚决扛起电力保供责任，统筹保安全、保供应与稳增长，有力应对电力电量双缺不利局面。强化政企联动、厂网协作，协同各方有力应对全省电力电量双缺不利局面，构筑云南特色用能管理“四道防线”（能效管理、调度压负荷、需求侧响应、有序用电），守住了不发生拉闸限电的底线。根据供应情况，动态优化负荷管理方案，将供应短缺对经济稳增长的影响降至最低，省内售电量 2086 亿 kWh，同比增长 15.2%，增速位居全国第二。坚持“全网一盘棋”，加强省间资源互济，有效缓解省内缺电压力。

（李亚飞　刘天然）

【贵州电网有限责任公司】

企业概况　贵州电网有限责任公司（简称贵州电网公司）为南方电网公司的全资子公司，注册资本 185.75 亿元，负责贵州电网的统一规划、建设、管理和调度，经营中央在黔国有电网资产，承担着贵州省内电力供应和西电东送双重任务。截至 2022 年底，贵州电网已形成“三横两联一中心”的 500kV 主网，500kV 电网实现市州全覆盖、220kV 电网实现县域全覆盖，通过“五交三直”向广东送电，黔电送粤能力 1000 万 kW，以数字电网为关键载体的新型电力系统基本形成。贵州电网公司拥有 35kV 及以上输电线路 3059 回、长度 5.51 万 km，变电站 1551 座，主变压器 2632 台，容量 12864 万 kVA，年末供电户数 1859 万户。

2022 年，贵州电网公司售电量 1680.6 亿 kWh，同比降低 4.6%。其中：省内售电量完成 1369.9 亿 kWh，同比增长 1.3%；西电东送 310.8kWh（黔电送粤 297.1 亿 kWh），同比降低 24.0%。统调最高负荷 2779 万 kW。完成固定资产投资 99.9 亿元。截至 2022 年底，资产总额 1115.13 亿元，资产负债率 74.04%。全网统调装机容量 6068.3 万 kW，其中煤电 2754 万 kW（45.4%），水电 1721.9 万 kW（28.4%），风电 545.7 万 kW（9.0%），光伏 1006 万 kW（16.6%），生物质及其他 40.7 万 kW（0.7%）。

贵州电网公司先后荣获全国脱贫攻坚先进集体、全国五一劳动奖状、全国文明单位、全国工人先锋号、全国模范劳动关系和谐企业、中央企业先进基层党组织等荣誉。连续两年供电可靠性排名西部第一，连续两年在省直单位营商环境测评中排名第一。

领导班子　截至 2022 年 12 月 31 日，贵州电网公司领导班子成员如下：

1. 党委

书记：邓恩宏（至 2022 年 4 月）、陈晔（自 2022 年 4 月起）

副书记：陈晔（至 2022 年 4 月）、李志强（自 2022 年 6 月起）、谢旭

党委委员：杜鹏（至 2022 年 11 月）、刘强（至 2022 年 8 月）、颜朋、李毅

纪委书记：李毅

工会主席：谢旭

2. 董事会

董事长：邓恩宏（至 2022 年 4 月）、陈晔（自 2022

年4月起）

董事：林涛（至2022年6月）、佀蜀明（自2022年11月起）、李志强（自2022年6月起）、娄山、余文奇、徐兵

职工董事：谢旭（自2022年3月起）

3. 监事会

主席：王静辉

监事：林辉

职工监事：廖勇

4. 经理层

总经理：陈晔（至2022年4月）、李志强（自2022年6月起）

副总经理：杜鹏（至2022年11月）、刘强（至2022年8月）、李志强（至2022年6月）、张衡（自2022年12月起）、鲁万坤、段荣华（自2022年10月起）

总会计师：颜朋

组织机构 截至12月31日，贵州电网公司设办公室（党委办公室、董事会办公室）、战略规划部（乡村振兴办、深改办）、人力资源部、计划与财务部（运营监控中心）、创新管理部、生产技术部（生产指挥中心）、市场营销部、基建部、产业部、供应链管理部、系统运行部（电力调度控制中心）、数字化部、安全监管部（应急指挥中心）、审计部、法规部（法律服务中心）、党建工作部（企业文化部）、监督部（纪委办公室）、党委巡察工作领导小组办公室、工会办公室、综合服务中心（离退休服务中心）、新闻中心、审计中心、客户服务中心、计量中心、社保年金中心、财务共享服务中心等职能部门，贵阳供电局、遵义供电局、六盘水供电局、安顺供电局、凯里供电局、都匀供电局、兴义供电局、毕节供电局、铜仁供电局、贵安供电局、电力调度控制中心、电网规划研究中心等地市级分公司，信息中心、培训与评价中心、物流服务中心、输电运行检修分公司、电力科学研究院、门诊部、建设分公司、贵州送变电有限责任公司、贵州黔能企业有限责任公司、贵州贵龙饭店酒店管理有限责任公司、贵州电力建设监理咨询有限责任公司、贵州电网物资有限公司、贵州电力交易中心有限责任公司等地市级子公司及84家县区级分公司。

人员状况 2022年，贵州电网公司年末用工总量37465人，其中：劳动合同制用工35549人，占比94.89%；劳务派遣制用工1347人，占比3.60%；非全日制用工569人，占比1.51%。

国企改革和一流企业建设

1. 国企改革三年行动

构建汇总分析+实地督导、全面督办+重点督办、会议提醒+书面提醒工作机制，如期完成184项改革任务，总体任务进度完成率100%，各项改革指标均达到满分值120分。开展“创先进树典型”8类24项标杆选树，有关改革工作受到省部级正职及以上领导肯定性批示6次。全年9项改革经验做法入选国务院国资委改革简报及国企改革三年行动专栏，95篇改革典型案例刊发在中央三大媒体及全国行业媒体，4项改革成果获评2022年中国电力企业合规管理成果特等奖、中国企业改革发展优秀成果等奖项。

2. 一流企业建设

制定“十四五”发展规划和2035年远景目标展望，统筹“十四五”规划实施和一流企业建设。构建“e+4”战略运行管控平台实施指标监控，对标一流管理提升三年行动总体任务完成率100%，一流评价指数71.39分，同比提升3.84分。新增贵安供电局达到国内一流，镇远、钟山、正安供电局等8家分县局实现提档。贵阳供电局、凯里麻江供电局荣获南方电网公司管理提升“标杆企业”。

电网规划与建设

1. 电网规划

编制印发《贵州电网有限责任公司关于贯彻落实〈中共贵州省委贵州省人民政府贯彻落实国务院关于支持贵州在新时代西部大开发上闯新路的意见的实施意见〉行动计划》《贵州电网“十四五”电网发展规划》《贵州电网公司碳达峰行动实施方案》及16个县区级及以下新型电力系统示范区建设等方案。建立“一户一策”动态保障机制，快速响应将500kV磷都等38个配套电网项目纳入省级规划启动前期工作，定期跟踪69个项目用电推进情况，开展4个电池产业用户业扩项目，保障服务贵州新能源电池及材料产业发展。促成贵州省政府、广东省政府及南方电网公司三方签订《“十四五”黔电送粤框架协议》。

2. 节能减排

倡导绿色低碳的生产、办公、生活方式，发展绿色低碳的新技术、新产业、新业态，2022年线损率4.65%，其中，10kV及以下有损线损率4.26%，同比减少0.17%；全年消除有损线损率高于6%的高损分县局23个、有损线损率高于7%的高损供电所210个。成立贵州电网公司新能源服务中心，推广应用新能源管理信息系统，新受理项目100%线上办理。

3. 乡村振兴工作

实施农村电网巩固提升工程，完成41.78亿元投资，实现220kV电网县域全覆盖。邀请省级“三农”工作专业团队研究制定贵州电网公司定点帮扶村“十四五”期间产业发展规划，指导帮扶村产业高质量发展。采购脱贫地区农副产品2018万元，消费帮扶年度任务完成率113%。贵州电网公司乡村振兴亮点举措和工作成效在中央权威媒体、省级重点媒体、南方电网

公司媒体报道 438 条次。

4. 电网建设

完成电网项目投资 73.87 亿元、小型基建投资 4.3 亿元。全年投产 35kV 及以上项目 57 项、10kV 配网项目 4479 项。投产南方电网公司重点工程 500kV 习水变电站、奢鸭Ⅰ线、兴独Ⅰ线，打通风光清洁能源送出大通道。加快推进 500kV 威赫电厂送出、奢鸭Ⅱ回、乌撒主变压器扩建等保障电力供应项目，电力科创园一期计量中心项目开工。开展工程创优，500kV 八一（深溪）变电站工程获中国安装工程优质奖，1 个项目获电力行优工程奖，8 个项目获网优工程奖。

5. 供应链管理

多措并举实现库存压降，平均库存下降率 55.25%，连续两年全网排名第一。优化仓网布局，率先实现“区域仓+周转仓”实体化运作，省级跨区域调拨 3709.48 万元，完成退出仓库 79 个，节约租赁费用 375 万元，节约人力成本 86 人。“安顺周转仓仓储班”获得五星班组称号。“供应链风险管理体系研究与建设项目”获南方电网公司管理创新一等奖。

电网运行

1. 概况

截至 2022 年底，贵州电网输变电设备情况见表 1。

表 1　贵州电网输变电设备情况

电压等级	变电站座数	变压器台数	变压器容量（MVA）	线路条数	线路长度（km）
500kV	20	95	29000	95	4494
220kV	148	265	42270	529	13485
110kV	622	1052	43862.15	1168	18827
合计	790	1412	115132.15	1792	36806

注　500kV 不含超高压公司青岩变电站、黎平变电站及独山变电站，含八河开关站。

2. 主要运行指标

2022 年，生产设备运行总体稳定可靠，34 项生产技术指标均优于计划值。其中，客户平均停电时间（中压）11.89h/户，同比减少 12.64h/户。综合电压合格率 99.913%，同比增加 0.103%。报废资产净值率 7.73%，同比减少 0.25%。

3. 电网运行管理

贵州电网共有 112 座集控或巡维中心。500kV 变电站 5 座无人值守，15 座有人值守，无人值守率 25%。220kV 变电站 127 座无人值守，21 座有人值守，无人值守率 85.81%。110kV 及以下变电站 1326 座无人值守，17 座有人值守，无人值守率 98.73%。

截至 2022 年底，全省共有 10kV（20kV）公用配电线路 9028 回、全长 22.79 万 km，其中架空线路 20.81 万 km，架空线路绝缘化率 43.75%，电缆线路 1.97 万 km，电缆化率 9.47%。共有 10kV 公用配变 20.89 万台，同比增长 4.70%。

安全生产　2022 年，贵州电网公司牢固树立安全发展理念，完成年度安全目标。连续三年实现系统内人身“零死亡”，百万工时工伤意外率 1.05。全年安全生产形势总体保持平稳，未发生电力安全、设备事故及系统内人身事故，未发生对公司和社会造成重大不良影响的涉电公共安全事件，未发生三级及以上网络安全事件。发生电力安全生产事件 12 起（同比增加 5 起），其中，一级事件 1 起（同比持平），二级事件 1 起（同比持平），三级事件 4 起（同比增加 4 起），四级事件 5 起（同比增加 3 起），五级事件 1 起（同比减少 2 起）。

科技创新

1. 科技项目

科技研发投入 11.80 亿元，研发经费投入强度 1.35%。科技项目投入 3.76 亿元，创新项目投入强度 0.43%。牵头承担“基于光储直柔的低碳园区多能协同与碳管控技术研究与应用”国家重点研发计划项目 1 项，省部级科技项目 6 个、南方电网重点科技项目 54 个。国家重点研发计划课题“数字电网电力专用边缘计算芯片研究与设计”通过国家科技部组织的中期检查。“贵州省多能源安全接入与输送保障工程研究中心”成功获批，成为贵州电网公司首个省部级技术创新平台。

2. 科技成果

2022 年共申请发明专利 1320 件，获得 370 件发明专利授权，累计有效专利达 3600 件（发明专利 1190 件、外观专利 13 件、实用新型专利 2397 件）。开展自主实施和合作实施的成果转化，实现转化收入 3034 万元，同比增长 1219%。获得贵州省科技进步奖一等奖 1 项，首次获贵州省 2021—2022 年度专利金奖。

数字化建设　数字化投资 2.93 亿元，投资计划完成率 100%。关键应用系统运行率 100%、信息网络运行率 100%。全年未发生四级及以上网络安全事件和影响电力供应的运行事件。完成重大活动网络安全保障任务，连续四年实现护网攻防演习“三不一零”目标。

“基于 DSMM 国家标准的数据安全治理应用实践”获得全国信息安全标准化技术委员会优秀实践案例一等奖。“打造电网企业数字化转型新标杆——贵州电网移动应用的研究与创新实践”获得中国企业改革发展优秀成果三等奖。

市场营销

1. 概况

2022 年购电 1753.5 亿 kWh，同比降低 4.2%。其中购火电 1054.6 亿 kWh，同比降低 2.9%；购水电 465.5

亿 kWh，同比降低 15.3%；购风电 103.9 亿 kWh，同比增长 3.2%；购光伏电 105.2 亿 kWh，同比增长 37.3%；购生物质、瓦斯等电量 24.3 亿 kWh，同比增长 41.2%。

2. 电费回收

2022 年电费回收率 99.59%；陈欠电费回收率 14.94%，其中 1 年期电费回收率 75.84%，2～3 年期电费回收率 50.34%，3 年期电费回收率 13.79%。

3. 需求侧管理

2022 年实施需求响应 33 次，最高响应负荷 128 万 kW，实现贵州电力需求响应“零”的突破。按照“以水定电、以发定供、今超明还”的原则连续实施负荷管理，最大负荷管理 450 万 kW。实施电力需求侧管理节约电量 3.41 亿 kWh，完成指标任务的 108.25%；节约电力 8.7 万 kW，完成指标任务的 122.95%。完成电能替代电量 48.17 亿 kWh，同比增长 9.94%，电能替代随器计量电量占比达 79%。

4. 电能计量

推动营销数字化转型，贵州省级需求响应平台在西部首家上线。省级计量检定中心开工建设，贵州电网计量自动化系统实用化评价水平持续保持 A 级。全面完成南方区域首批参与现货交易的燃煤电厂关口计量点“双表＋双终端＋双通道”、10kV 及以上一般工商业用户计量装置改造任务。

5. 用电检查及营销稽查

2022 年累计完成客户用电检查 53.29 万户，查处客户违约、窃电案件 2570 宗，共计追回金额 2909.23 万元。强化职能监督作用发挥，查处营销差错 1243 宗，挽回电量损失 494.38 万 kWh，挽回经济损失 685.31 万元。探索现代化稽查技术应用，追回电量 301.42 万 kWh，追回电费 341.02 万元。

6. 客户服务

6 月实现全省 160kW 及以下的小微企业用电报装“零投资”，贵阳、遵义、兴义实现用电报装容量 200kW 及以下小微企业用电报装“零投资”，为客户节省接电成本 14 亿元。2022 年共收到 12398 投诉 243 件，累计投诉量排名全国第 20 位，12398 投诉举报办理满意率全国第 3 位；第三方客户满意度 82 分，连续六年提升。

产业投资 2022 年，贵州电网公司新兴业务单位完成营收 29 亿元，实现利润总额 0.25 亿元；大集体企业完成营收 73.5 亿元，实现利润总额 1.06 亿元。

完成 2250 个充电枪的建设任务，贵州区域充电桩市场占比达 38.21%，实现全省 84%的乡镇充电基础设施全覆盖。围绕能源产业链和现代供电服务体系建设拓展新兴业务，新上架 12 个增值服务产品，27 个增值服务产品共成交 120 万单，赢单金额 3.21 亿元。打造贵州特色“电酿酒”增值产品，全年签约 14 家酿酒企业，合同金额 1300 万元。电力医院业务迈入正轨，实现营收 1.74 亿元。

经营管理

1. 资金管理

开展高息存量贷款置换工作，2022 年提前归还外部存量高息贷款 6.2 亿元，完成 59.84 亿元贷款的利率下调，节约财务费用约 0.22 亿元。提升资金计划管控能力，强化“高周转、低备付”，合理压降货币资金余额。积极争取南方电网公司低利率统一融资款，2022 年综合融资成本率 3.27%，较 2021 年同比减少 0.40%。

2. 电价管理

按照国家发展改革委要求，配合开展第三监管周期输配电成本监审工作，合理认定第三监管周期基期输配电成本。按月开展代理购电价格测算并按程序报贵州省发展改革委，配合政府主管部门完善代理购电价格形成机制，确保工商业用户从目录电价到市场形成价格的平稳过渡。配合政府主管部门推动完善黔电送粤价格形成机制，妥善解决“十三五”期间黔电送粤历史电价问题。

3. 资产管理

开展资产效能提升专项行动，截至 2022 年底，在建工程余额 77.15 亿元，固定资产原值余额 1740.01 亿元，增加固定资产原值 78.28 亿元。加快推进用户资产移交协议签订及资产评估，接收用户资产 3.65 亿元。

4. 产权管理

贵州电网公司纳入合并范围总户数 11 个，其中全资子公司 8 个，控股公司 2 个，事业单位 1 个。完成安泰鑫建设有限公司和贵州电研特种设备检验中心有限责任公司关闭注销，贵州电网物资有限公司无偿划转至南方电网供应链集团有限公司。

5. 税收管理

2022 年共计缴纳税费 20.18 亿元（含个人所得税），其中增值税 15.38 亿元、企业所得税等其他税费 3.5 亿元、代扣代缴个人所得税 1.3 亿元。

6. 会计核算

夯实财务数字化基础，提升会计信息质量，2022 年凭证自动生成率 97.39%，商旅通使用率 90%，凭证协同生成率、预算受控率、资金计划受控率均达 100%。持续加强长期挂账款项清理，一年以上应收款项同比减少 0.59 亿元，非正常“两金”超额完成压控目标。

7. 成本管理

持续加强过“紧日子”，严格执行南方电网公司可控成本管控要求，从严从紧管控非生产性成本，生产性投入占比逐年提高，2022 年占比超 66%。在资源约束条件下，运用对标结果强化资源投入与指标改善联动，2022 年安排 95.62 亿元提升综合电压合格率、客户平均停电时间、第三方客户满意度等标杆指标，投入资金占比超过 80%。

8. 统计与运营监控

建立健全统计运监体制机制建设，构建具有贵州特色的“e+4”数字化战略运行管控体系，实现省、地、县、所 4 级穿透式运营管控。一流指数同比增加 4.13 分，首次完成年度规划目标。2 家地市供电局达到国内一流水平，23 家县区局达国内一流水平，75 家县区局达国内平均水平。

9. 审计工作

完成经济责任审计及专项审计项目 77 项，其中贵州电网公司统筹项目 68 项，实现对 106 家主业单位审计全覆盖。审计发现问题 1958 个，提出审计建议 1965 条，纠正违规资金 2584.63 万元，查处损失浪费 5116.34 万元；通过整改追回资金 6935.76 万元。全年开展工程项目竣工决算审计 15136 项，审计发现问题 946 个，审减工程成本 3347.11 万元，审增工程成本 1034.21 万元。

10. 法律工作

三项法律审核率持续保持 100%，其中：审核重要经营决策 35 项；审核经济合同 18794 份，涉及金额 376.71 亿元。法律案件保持“一杜绝，两下降”，新发案件 255 宗，涉案金额 1.7 亿元，办结 243 宗，胜诉 235 宗，胜诉率 96.7%。合同管理指标稳定可控，合同签订及时率 99.01%，合同标准文本使用率 96.71%，合同倒签率 0.05%，从招标开始到合同审批完毕平均天数 78.19 天。内控风险合规一体化成果获首届电力合规成果“特等奖”。贵州电网公司入选首批电力行业信用体系建设示范企业。

人力资源管理

1. 领导班子建设

优先在生产一线、基层一线选拔干部，全年组织 2 个批次，273 人次参与 18 个党委管理岗位选聘。共调整公司党委管理干部 5 个批次 78 人次，其中新提拔任用党委管理干部 25 名，进一步使用 8 名。加大优秀年轻干部队伍建设力度，举办 2022 年优秀年轻干部培训班和青藤成长计划培训班，选拔 99 名优秀年轻干部参加培训。落实南方电网公司“百千人才去基层到西部计划”，选派 29 名优秀干部到南方电网公司总部和东部地区单位挂职。各单位向下派出交流挂职干部 84 名。

2. 干部监督管理

对所属 17 家基层单位及 1 家省级大集体平台公司常态化开展选人用人“一报告两评议”工作。完成 1 家地市级单位选人用人专项检查整改情况进行“回头看”，提级检查 1 家县级供电局及 1 家地市级大集体平台公司。完成 2021 年度所属 23 家单位领导班子和公司党委管理 299 名领导人员考核评价工作，评定领导班子优秀等级 5 家、优秀等级领导人员 70 名。

3. 人才队伍建设

选聘各等级技术技能专家 465 名，推荐 16 人参加南方电网公司西部优秀创新人才培养计划，选拔 26 人参加贵州电网公司 2022 年科技创新人才进修培养计划，遴选 15 人参与南网高层次人才特殊支持计划。举办工匠精品培训班 5 期、技术技能专家提升培训 2 期，依托创新工作室、星级班、站，在全省建立 30 个工匠充电站，促进工匠型技能人才培养。2022 年新增高级技师 55 人、技师 541 人。

党的建设和精神文明建设

1. 党建工作

强化三、四级单位延伸管理。按期完成 61 个党员人数不足 100 人设立党委的规范工作。有力推动党支部书记“一肩挑”，比例达 86.4%。承接制定四类企业党建质量提升举措，实施党支部三年强基计划，统筹推进标杆党支部与星级班站所联创联建、双融互促。建立基层党组织按期换届提醒、发展党员审核把关等 13 项机制，开展非党员从事党务工作、规范党员组织关系等专项排查和整改。实现“一把手”全部由党员担任，新发展党员数量同比增长 31.8%。

率先开展安全领域、生技领域、供应链领域深度融合试点工作，创新形成党建与业务深度融合风险分析“五步法”诊断工具，3 个案例入选南方电网公司深度融合典型案例汇编。聚焦重点难点任务设立书记项目 1811 个、党支部行动计划 766 个。

2. 宣传思想工作

以迎接、宣传、贯彻党的二十大为主线，制定贵州电网公司《2022 年重大主题宣传工作方案及重点选题计划》。围绕践行战略服务大局、深化改革勇立潮头、服务双碳引领先行等八大宣传主题开展 164 个重点选题宣传，持续打造新闻精品。在中央三大媒体上稿 90 篇/条（人民日报 37 篇、新华社 29 条、央视 24 条），反映贵州电网公司防冰科技成就的报道入选央视纪录片《征程》，成为全国电力系统唯一入选的典型故事。意识形态与舆情防控团队荣获南方电网公司党的二十大安全保障工作先进集体。

3. 纪检监察工作

组织开展安全生产专项监督，发现并督促整改问题 126 个，对“4·30”一般电力人身事故负有管理责任的 4 名党员干部严肃问责。围绕国企改革三年行动开展专项监督，发现并督促整改问题 138 个。深化运用领导干部廉洁自律测评系统，增加供应商测评维度，组织员工 20916 人次对贵州电网公司党委管理干部 614 人次廉洁履职情况进行评价，对评价反映的潜在性问题及时向相关领导干部进行提醒。2022年，各级纪检机构处置问题线索243件，立案56件，处分26人次。2022年，各级纪检机构收到的信访总量同比降低8.8%。

4. 巡视巡察工作

深入开展中央巡视、南方电网公司巡视、贵州电网公司巡察整改，严格落实“两审一评”整改销号制度，中央巡视整改措施完成率100%、南方电网公司巡视整改措施完成率为94.87%、贵州电网公司党委第九、第十轮巡察整改措施完成率为93.3%。建成巡视巡察整改信息管理系统，实现省、地、县三级穿透式运用全覆盖。第九轮、第十轮巡察共对21个共性和突出问题点名道姓通报。综合运用专项巡察、交叉巡察、延伸检查等方式，分层分级完成公司系统1031个非职能部门党支部巡察全覆盖。组织开展巡视整改专项巡察，对9家地市供电局党委开展落实南方电网公司党组巡视整改情况专项巡察。贵州电网公司拟党委巡察追责党委管理干部11人、四级管理人员60人，有效发挥震慑作用。

工会团青

1. 工会工作

组织开展党的二十大精神主题宣讲418场次，推送“每周一讲”主题宣传48期。代表贵州省总工会组队参加全国职工学习党的二十大精神知识竞赛，获团体三等奖。开展公司级劳动和技能竞赛12项，地县级技能竞赛200余项，班站所“三小”岗位PK赛400余场次。发挥职工创新工作室、创新协会作用，建设职工创新工作室188个、职工创新协会7个，评选表彰创客20名，职工技术创新成果奖45项。获国家级综合荣誉2个、省部级综合荣誉21个、南方电网公司综合荣誉25个，其中全国五一劳动奖章1个、全国技术能手1个、全国能源化学地质系统“大国工匠”1个，南方电网公司领军型劳模1个，贵州省“最美劳动者”186名。

开展困难职工帮扶811人次，慰问患重大疾病职工或家属127名。贵州电网公司22个户外劳动者综合服务站获中华全国总工会2022年“最美工会户外劳动者服务站点”称号。

2. 共青团工作

完成青年发展实施规划五大领域17类重点举措、58项工作任务。实施青年精神素养提升工程，376名基层党组织书记分层分级为广大青年上好精神素养提升“第一课”，各级团组织累计开展主题团日1049次。推进“青马工程”，完成第二批161名青马学员培养工作。5个集体和2名青年获得团中央表彰，29个集体、个人获得省部级表彰。

主要事件

4月19日，贵州省国资委通报2021年度乡村振兴工作考核结果，贵州电网公司以满分成绩获最高评价等次“好”。

5月7日，贵州电网公司印发《贵州水风光火协同新型电力系统建设方案（2022—2025年）》，制定26项具体措施。

6月28日，贵州电网省级共享中台进入实体化运作。

10月9日，贵州电网公司获得工业和信息化部委托中国电子信息行业联合会颁发的“数据管理能力成熟度（DCMM）量化管理级（4级）认证证书”。

11月24日，贵州电网运检公司分别与毕节供电局、遵义供电局签订移交接收协议，标志着220kV及以上输电线路属地化管理移交接收工作全面完成，生产组织模式优化工作取得阶段性成果。

12月28日，贵州电网剑河（柳川）220kV变电站顺利投运，贵州实现220kV电网县域全覆盖。

2022年，贵州电网公司落实“强省会”要求制定19项行动举措、落实《推动毕节高质量发展规划》制定20项重点举措，制定贵州电网公司“十四五”电网发展规划，推进“三横两联一中心”500kV网架建设。

2022年，贵州遭遇多轮长时间、大范围低温降雪和多年不遇的大面积、大范围干旱，来水严重偏枯，电煤供应紧张，多地疫情突发。在此严峻形势下，贵州电网公司坚决扛起电力保供政治责任，多措并举有效应对复杂局面，加强预测预警预报、持续优化调度、统筹资源调剂，全力保障电力供应，全年未发生拉闸限电事件，为人民群众生产生活和经济社会发展提供有力支撑。

（蔡靖波）

【海南电网有限责任公司】

企业概况 海南电网有限责任公司（简称海南电网公司）是南方电网公司的全资子公司，负责经营南方电网在海南投资的国有电网资产，对海南电网实行“统一规划、统一建设、统一调度、统一管理”，承担国有资产保值增值责任，负责全省电网的安全生产工作，直接为海南经济发展和人民生活提供电力保障。

海南省已建成220kV“目”字型环岛双环网主网架，并通过联网Ⅰ、Ⅱ回500kV海底电缆（总容量120万kW）与南方电网主网双回路相联，建成投运35kV及以上变电站326座，变电总容量2565万kVA。输电线路总长1.19万km，配电线路总长4.68万km。全省统调装机总容量1164.8万kW，其中清洁能源装机占比（含气电）76.3%。乡镇、行政村和自然村通电率均达100%。供电户数388.34万户。2022年，完成固定资产投资40.48亿元，完成售电量339.6亿kWh，同比增长 2.4%；全省户均停电时间（低压）7.1h，同比下降 19.3%；综合电压合格率 99.92%，同比提升 0.02 个百分点；营业收入 229.04 亿元，同比增长 12.79%。

领导班子

1. 党委

书记：宋新明

副书记：王志勇

专职副书记、工会主席：赵有铖

委员：叶雄、陈东、林潮光、杨兹波、高军（自 2022 年 9 月 20 日起）

纪委书记：童亮

2. 董事会

董事长：宋新明

董事：王志勇、刘静萍、唐炜（自 2022 年 10 月 10 日起）、黄家林、龚建平

职工董事：赵有铖

3. 监事会

主席：莫锦和（自 2022 年 6 月 20 日起）

监事：侯君

职工监事：张靖

4. 经理层

总经理：王志勇

副总经理：叶雄、陈东（自 2022 年 9 月 20 日起）、杨兹波

副总经理、总法律顾问：林潮光（自 2022 年 9 月 20 日起）

总会计师：高军（自 2022 年 9 月 20 日起）

组织机构 海南电网有限责任公司实行省公司直管地、县供电局两级管理，本部设置 18 个职能部门，包括办公室（党委办公室、董事会办公室、总经理办公室、督查办公室）、战略规划部（全面深化改革办公室、服务自贸港建设办公室、乡村振兴工作领导小组办公室）、计划与财务部（运营监控中心）、人力资源部、创新管理部、生产技术部（标准化部）、市场营销部、基建部、新兴业务部、供应链管理部、数字化部、安全监管部（应急指挥中心）、审计部、法规部、党建工作部（企业文化部、直属党委办公室）、监督部（纪委办公室、直属纪委办公室）、党委巡察工作领导小组办公室、工会办公室。设置直属机构 14 个，包括海南电网电力调度控制中心、培训与评价中心（党校，与海南省电力学校合属）、信息中心（与信通分公司合署）、综合服务中心、社保（年金）中心、新闻中心、海南能源发展研究院（电网规划设计研究中心、海南低碳能源研究中心）、客户服务中心（新能源服务中心）、电能计量中心、财务共享中心、审计中心、法律服务中心、电网安全监察中心、营销稽查中心。下辖单位 32 个，包括 25 个分公司、7 个子公司。

人员状况 截至 2022 年 12 月 31 日，海南电网公司员工共 8765 人。其中，博士研究生 10 人，硕士研究生 328 人，大学本科 4054 人，大学专科 2270 人，中专及以下 2103 人；高级职称 315 人，中级职称 1473 人，初级职称 4095 人；高级技师 13 人，技师 378 人，高级工 4778 人，中级工 521 人，初级工 287 人；离退休人员 5189 人。其中党员 4033 人，占比 46.01%。

电网发展

1. 电网规划

衔接海南省可再生能源“十四五”规划，结合新能源快速发展形势，完成“十四五”新能源接入系统规划，新增 15 项新能源配套网架加强工程（合计投资约 7.8 亿元）纳入规划；完成输电网规划调整，推动新能源配套网架工程纳入省电力发展规划。紧扣自贸港建设用电需求和可靠性要求，修编“十四五”配电网规划，并考虑电网接入分布式光伏和充电桩等方面的远期需求，支撑海南电网公司“十四五”规划年度各项关键指标完成。编制海口、三亚智能配电改造升级示范区建设、琼海市现代化农村电网示范县建设以及海口秀英和儋州那大新型城镇化配电网示范区建设等系列方案，引领现代化配电网建设。

2. 新型电力系统建设

制定并发布《海南自贸港新型电力系统建设方案》。出台海南新能源发电项目绿色通道服务指南，实现风、光等新能源电力全额消纳，新能源发电装机、电量分别占比约 27%和 14%。整合搭建充换电“一张网”监管与运营服务平台，实现全省公共充电桩平台接入率达 100%；基本建成博鳌东屿岛零碳新型电力系统示范区，实现 2022 年博鳌论坛期间所有场所 100%绿电供应。完成数字电网平台二期项目建设及电网管理平台单轨上线，建成海南应对气候变化智慧管理平台并推动其成为全国第一批生态文明建设优秀案例。

3. 电网建设

探索海南新型电力系统发展电网工程新技术，完成槟榔城新一代智能变电站试点建设。创新承包商驻地化管理新模式，实行基建、生产、营销施工一体化框架招标，解决施工人员流动性大、配网施工与应急抢修时效性差、管理耗能高等突出问题，《推行以施工队伍职业化管理模式改革驱动本质安全管理能力现代化》获评南方电网公司国企改革三年行动“创先进、树典型”范本案例。实施项目“1+1+3”全过程管控，通过正向激励、差错问责、绩效牵引等手段，落实各层级管理责任。全年完成电网建设投资 32.45 亿元，累计投产项目 3203 个，提前投产儋耳、凯润、美安三大新建重点电源配套送出工程，累计服务 15 个集中式光伏项目投产并网，建成 16 个主网和 369 个配网迎峰

度夏重点项目，保障电网安全稳定和电力有序供应。

4. 供应链管理

按照专业化、集约化运作及资源共享的工作思路，完成供应链集约化改革及海南物资公司股权整合等工作。全省运作“区域仓+周转仓+急救包”模式，由供应链（海南）公司统筹调配全部物资资源共享共用，提高库存物资周转效率，并通过仓储专业化团队运作，提升规范化管理水平，为全网仓储集约化探索经验。物资供应保障平稳有序，全年完成物资供应金额20.65亿元，项目物资准时供货率99.73%。规范属地化采购业务，完成省级采购金额38.69亿元，在南方电网内率先完成专业公司和大集体企业“上平台、进商城、进基地”任务目标。全年累计完成货款支付金额25.44亿元，无新增逾期货款产生。推广履约保证保险、投标保证保险应用，为供应商释放保证金约1亿元。通过“南网e链”业务融资4072万元。

安全生产运行

1. 电网调度

坚持主电网安全底线意识，强化电网风险分层分级联防联控，落实海南电网系统运行七大风险38项预控措施、防全黑25项举措，管控496项四级及以上事件风险。安全自动装置正确动作合格率、继电保护正确动作率均为100%，220kV生产实时控制业务通信通道零中断。运用省级保供专班机制，开展供需形势分析和汇报，推动各能源企业同向发力，成功应对印尼1月禁止煤炭出口、7月及9月下旬一次能源供应不足等多轮电力供应紧张风险。推动万宁电厂2号机组、美安电厂1号机组、儋耳热电厂1号机组、凯润电厂两套机组于年内投产，提升省内电力供应能力，保障海南全年无错峰限电。调度领域核心能力得到提升，海口调度机构运行方式班荣获“南方电网五星班组”称号，实现调度领域五星班组“零的突破”。

2. 安全管理

落实防范系统风险38项重点工作，深化大负荷分析成果应用，投产2项重点关键项目，消除5项三级事件风险，大电网持续保持安全稳定运行。统筹实施“保命”教育培训、“看护行动”和“铁腕行动遏事故”等一系列硬举措，累计督查发现问题735项，曝光613人次。强化作业人身安全风险管控，刚性执行“两票三制”，严肃查处违章行为1123起。打造配网生产、基建、营销一体化承包商驻点新模式，夯实本质安全生产基础。集中力量整治涉电公共安全隐患，促成海口市政府出台“三线交叉”问题整治工作指导意见并以滨濂村为试点开展整治。开展机动巡视1.19万人次，改造穿越槟榔林的10kV裸导线442km，推广使用“防触电采摘槟榔装置”，事件起数同比下降62%。安全指标平稳向好，连续4年实现系统内人身“零死亡”，未发生三级及以上事件。

3. 供电可靠管理

出台“1+19”客户停电时间管理提升工作方案，落实15个方面80项提升举措，2022年海南全省户均停电时间（低压）7.08h/户，同比下降19.33%，其中三亚户均停电时间（低压）降至0.93h/户，首次达到世界一流水平。频繁停电用户数同比降幅48.07%，配网故障跳闸次数6323条次，同比下降23.06%，故障停电持续时间2.72h，同比下降9.71%，供电可靠性管理水平持续提升。推进配电自动化智能化应用和自愈功能落地，配电自动化有效覆盖率提升至78.38%，投入自愈线路545条（开环513条、闭环32条），自愈覆盖率提升至23.13%，其中闭环自愈线路数量实现“零的突破”。按照“能转必转、能带不停、能保则保”的原则，带电作业累计完成1.52万次，同比增长14.66%。

4. 保供电与应急管理

围绕“防风险、保安全、迎二十大”主线，聚焦重点、把握关键，推进保供电各项工作。承接“十五条硬措施”，常态化开展“四不两直”现场飞行检查，推动安全生产工作重心下沉到基层，排查发现安全隐患4707项，整改4537项，整改率96.39%。党的二十大会议召开期间，海南进入主汛期和疫情防控关键时刻，海南电网提级管控，成功应对暴雨和台风“奥鹿”“桑卡”“纳沙”等突发事件，确保了电网安全和电力可靠供应。加强值班值守，强化风险闭环管控，完成党的二十大、博鳌论坛年会、文昌航天发射等10项特级重大保供电任务。

科技信息

1. 信息化与网络安全

电网管理平台全面单轨上线，建成投运智慧保供电、数字监督等一批特色应用，业务数字化指数从45分提升至74分。依托“南网在线”上线多项增值服务，客户办电业务“7×24小时”线上开展，实现“一次都不跑”。联合海南省生态环境厅发布全国首个政企合作建设的省域“应对气候变化智慧管理平台”，支撑政府收集和发布碳排放数据，成果获得中国能源行业信息化成果管理创新奖。对接数字政府工作，实现用电服务进驻省政务服务网、海口市“椰城市民云”等多个政务服务平台。初步建成“网省协同、省内集中”数字化安全运行体系，全年网络安全零事件，数字化核心能力得到提升。

2. 科技创新

获批设立海南省院士团队创新中心，引进陈维江等四位院士及其领衔的科研团队，批量柔性引进38位高层次人才。启动全面质量管理工作，系统导入全面质量、卓越绩效理念和方法，荣获“海南省质量管理工具应用优秀企业”称号。“户外分接箱可触摸电缆头接地装置”项目专利在海南国际知识产权交易所实现挂牌成交，打通成果转化外循环的“最后一公里”。举办涉电公共安全创新产品新闻发布暨交易会，推进打造海南电网公司“防触电采摘槟榔装置”等“秦琼”系列创新成果品牌，科技成果转化直接收益突破百万元。核心技术攻关及管理创新取得一系列成果，累计获得省部级及网级奖项共18项，其中中国机械工业联合会科技进步奖一等奖1项、海南省科技进步奖二等奖1项，首次获得南方电网公司价值创造一等奖1项、管理创新二等奖2项。

3. 节能减排与绿色发展

持续推进节能减排工作，印发服务保障清洁能源消纳专项行动考核评价方案，通过支持新能源发展、完善新能源项目服务机制、优化电网调度运行等16项工作内容，最大限度消纳风电、光伏等清洁能源。2022年消纳非化石能源178.7万kWh（含受入云南水电），占统调发受电量47.47%，比年度目标高9.47个百分点，相当于节约标准煤530.7万t，减少二氧化碳排放1411.8万t，减少二氧化硫排放10.2万t。统调发受电化石能耗146.67g/kWh，同比降低9.34g/kWh。探索建立电网代理购电企业绿色电力交易机制，4月，博鳌亚洲论坛大酒店通过南方区域绿色电力交易系统与光伏企业达成绿电认购交易，为全国首次面向中小企业用户开展绿电交易，结算交易电量143.86万kWh，实现博鳌亚洲论坛全部场馆用电100%“绿电”保障。

营销服务

1. 营销管理

利用省级保供专班平台，促成“以电定气”重要原则达成共识，化解能源供应严重不足等风险。统筹省间资源互济，首次与广东建立电力交易互济机制，在多地区限电的严峻形势下，海南全年未发生错峰限电，支持地方经济恢复发展。克服低温天气、疫情多发等不利影响，开展“快送电、增动能”行动，努力扭转售电量下滑态势。率先在南方电网内实现电费“营销－财务”两翼省级集中对账，自动对账比例达到99.9%以上。现货市场正式启动试运行，海南电力市场体系初步建成。采取措施推动减少低压计量装置故障，低压计量装置故障停电抢修工单同比减少30%以上。

2. 客户服务与电力营商环境

服务稳经济增长，多举措为中小微企业纾困解难，全年降低企业用电成本约2.5亿元，缓交电费涉及金额3.1亿元。因地制宜打造“一地区一特色”用电营商环境，实现工程建设项目用电极简办理。“重点项目电力服务五项机制”典型经验得到国家部委认可，“获得电力”指标位列省营商环境测评第一梯队。优化客户经理服务体系，重构“客户经理＋智慧用能顾问”的“基础＋增值”服务模式，推行一对一的专业化服务。增值服务交易额达1.6亿元，初步形成聚拢生态伙伴、政企联动的用电用能生态圈，入驻增值产品服务商51家。小区抄表到户工作取得历史性突破，全省抄表到户比例提升至70.5%，人民群众用电体验提升。

3. 电力市场交易

探索开展省间“点对点”交易，4月完成海南送广东“点对点”周交易，实际成交电量1040万kWh，8月海南送广东“点对点”交易成交电量995.9万kWh，发挥区域平台省间余缺调剂作用，引入售电公司参与区域市场，为推动形成多元竞争的市场格局、促成省间“点对点”直接交易积累经验。省内全年中长期交易总成交电量173.39亿kWh，占全年售电量的55.9%，同比增长3倍多。其中电力市场直接交易59.21亿kWh，占比34.1%，同比增加45.98%；电网代理购电114.18亿kWh，占比65.9%。截至2022年底，海南累计注册市场主体688家，同比增长49.5%，实际参与市场化交易536家，同比增长29.5%，按用电户号口径统计，海南实际参与市场交易电力用户突破1万户。

经营管理

1. 企业改革与合规管理

企业改革工作深入推进，国企改革三年行动完成144项改革举措验收，改革总体验收率100%。开展“创先进、树典型”活动，印发标杆示范创建行动方案，打造海南特色标杆示范，建立改革“案例库”制度，累计收集92篇改革案例，其中3篇入选南方电网公司“创先进、树典型”案例汇编，2篇入选南方电网公司基层单位优秀改革成果。强化改革新闻宣传报道，累计在国务院国资委网站、中国能源报、南方电网报等媒体刊登公司改革新闻20余篇，电力体制改革、海南省充换电“一张网”平台建设工作得到海南省主要领导批示肯定。内控管理工作提质升级，印发内控管理“两手册两清单”等管理工具，推动“法律、合规、内控、风险”四位一体的合规管理体系建设。以“横向到边、纵向到底”方式开展经营业务违法违规问题排查和重点领域合规风险排查，推进基层单位合规管控和大集体企业合规管理，按季度跟踪监测九大领域重大风险，牢牢守住不发生重大风险的底线。

2. 新兴业务

服务国家战略落地，整合建成全省统一充换电基础设施智能服务平台和政府多功能监管平台，推动全省充换电基础设施互联互通。完善新兴业务市场化经营机制，将工资总额与净利润等指标挂钩，用工与劳动生产率等因素联动，激发企业发展活力。克服疫情影响，扭转业务量下滑态势，实现国资新兴业务企业非股东业务收入1.85亿元，同比提升23.88%，利润总额0.2亿元，同比增加11.72%。深入挖掘和培育新的利润增长点，以监理、临电租赁为代表的增值业务实现“零的突破”，中标海南首个电网侧储能 EPC 总承包项目，电力迁改业务和增值业务逐步打开市场。新兴业务企业增值服务产品体系丰富，在售增值服务产品 28 个，签约金额达 1.59 亿元。落实南方电网在琼经营策略，支持网级专业公司业务规模同比增长 25.1%。

3. 财务管理

推动将燃气基数电量发电成本全额通过市场化机制疏导，解决了高价气电制约公司发展的历史问题，拓展输配电价空间，支撑公司经营稳增长。2022 年营业收入完成 228.99 亿元，同比增长 12.76%。剔除联网二回公司并表影响，净利润同口径同比减亏 1.59 亿元。开源节流、提质增效，细化压降投保资产基数、降低融资成本等措施，全年取得南方电网公司低成本统一融资 149 亿元，节约利息支出 0.6 亿元。利用税收优惠政策，取得增值税预征税额留抵退税 1.69 亿元；实现所属物业公司清算注销，完成“处僵治困”工作整改。2022 年一流对标评价指数 68.49 分。

4. 审计与监督工作

完成审计业务海南省内集约化改革，充分发挥“上审下”的作用，构建审计监督新格局。全年共审计项目 21 个，开展工程项目竣工决算审计 9805 个，审计共发现问题 1673 个，提出审计意见及建议 1096 条，促进增收节支 675.36 万元。统筹各级纪委开展融入和服务海南自贸港建设政治监督，提出建议措施 10 项并督促整改。开展安全生产和疫情防控常态化监督，督促整改防疫问题 144 个，严肃追究安全生产事故责任 1 起，问责 2 人，发送安全生产相关督办建议书 17 份。参与党委会等议事决策会议，提出意见建议 36 项，对 4 名尚在影响期内人员参与评先选优、选人用人及参选党代表等予以“一票否决”。结合纪委工作联系制度，公司纪委约谈下级党组织主要负责人和领导班子 126 人次，所属单位纪委约谈提醒 412 名下级“一把手”和班子成员，督促落实“一岗双责”。

5. 法治工作与公司治理

完成法律业务集约化改革，实行“一体化”管理，推行“标准化”审核，提供“项目式”服务。开展主动维权，案件胜诉率 94.55%，避免和挽回经济损失 5766.09 万元，主动维权案件数量同比提升 2.5 倍，涉案金额同比增长 4 倍多。合规强化年建设形成“攻坚解决一批共性难点问题，优化修订一批管理制度、主动化解一批风险隐患、问责警示一批违规行为”四个“一批”成果。连续 9 年组织近万人参加“送法进校园、进社区、进乡村、进基层”等专题活动，普法宣传工作得到海南省司法厅认可。推动公司治理等领域制度建设，形成更加完善的公司治理结构和“1+2+*N*”治理制度体系，创新针对“四个是否”“四个分析”制定决策事项分析规范及评价标准，成为南方电网首家开展相应分析论证的单位。落实“例外管理”理念，探索“1+*N*”框招项目合同签署新模式，印发 42 类 55 份范本和 5 类新业态合同范本。

人力资源管理

1. 队伍建设

加强所属单位领导班子建设，从年龄结构、专业结构、经历结构、能力匹配等方面合理优选干部。32 家所属单位，配备“80 后”班子的有 25 家（占比 78.1%），配备“80 后”班子正职的有 13 家（占比 40.6%），配备“85 后”班子的有 5 家（占比 15.6%），配备“90 后”班子的有 1 家（占比 3.1%），实现“零的突破”。创新采用“线上线下推优+行为和能力素质测评+现场访谈”调研工作方式，研判所属单位班子以及 605 名干部，建立涵盖安全生产、规划基建、市场营销、财务金融、党的建设等专业无职级至三级正共 170 余人的年轻干部库。加强年轻干部选拔培养，按要求实施“百千人才去基层到西部计划”，接收挂职干部人才 76 人、外派 58 人，组织内部挂职 52 人，乡村振兴一线挂职 2 人、政府挂职 3 人，促进干部在实践中锻炼成长。1919 人入选人才库，4 人入选海南省“南海系列”育才计划。289 人认定海南自由贸易港高层次人才。6 人入选南方电网高层次人才特殊支持计划。招收 1 名博士后人才、1 名博士。

2. 教育培训

加速干部员工能力提升，全业务领域开展管理人员“大练兵、大比武”和一线技能人员能力提升专项工程。加快技术技能专家培养，建立“尖兵－准专家－专家”成长梯队，组织选聘尖兵 110 人，直聘准专家 52 名，选聘专家 7 人。打造“天涯系列”人才培养计划，实施新入企大学生“天涯英才”、青年员工“天涯俊才”、专业技术技能人员“天涯匠才”、管理人员“天涯帅才”人才培养，77 名人才跨单位实施精准培养。分层分类分专业推进干部员工培训教育，全年完成各类培训班 1116 期次，培训评价 4 万余人次。

党群宣传

1. 党建工作

以“五学五讲五宣五转化”20 项举措深入学习宣传贯彻党的二十大精神，组织各级党委理论学习中心组集体学习 25 次、举办专题读书班 32 期；开展“送党章、传精神”交互式宣讲活动 10 期；编制专刊《海声》，集中展示各级党组织学习宣传贯彻党的二十大精神的做法和成效，推动党的二十大精神学习宣传贯彻走深走实。完成中共海南电网有限责任公司第二届委员会和纪律检查委员会换届选举工作。推进全面从严治党责任向基层延伸专项督查整改，梳理形成各类党组织239项规定动作，建立党支部议事清单，紧盯“四类企业”，落实“等同管理”要求，穿透式推动管党治党责任有效落地。完善联系群众机制，梳理党建领域亟待解决的21个突出问题，创新“揭榜挂帅”方式组织基层单位主动认领、专项攻关。编制《党务工作差错责任追究管理细则（试行）》，推动党内法规制度刚性执行。引入全面质量管理理念，1306个创优创效项目提升“融合”赋能增效，“两创两争”项目位列海南省国资系统党建十大成果之首。党支部“三级登高”（标准、过硬、先锋）带动五星班站所同比增长88%，2个支部被评为海南省国资系统基层组织建设示范点。

2. 党风廉政建设

一体推进“三不”建设，聚焦私设“小金库”、工程项目“四虚”、不良供应商腐蚀围猎等突出问题加强监督整治，出台19项差错问责管理规定，追责问责304人次。严查违反中央八项规定精神问题案件2件、处分3人，通报曝光典型案例10件。开展“五个真”作风建设专项行动，累计通报执行不力的单位23家、员工36人次，通报典型案例7期。发挥“不敢腐”的震慑作用，运用监督执纪“四种形态”批评教育帮助和处理240人次，营造风清气正的政治生态。牢牢把握政治巡察定位，采取“常规巡察+回头看”方式对3家所属单位党组织开展巡察，紧盯被巡察党组织职能责任、全面从严治党阶段性特征、“一把手”和关键少数，共反馈巡察问题101个。深化巡视整改，对2家所属单位党组织开展巡视整改专项督查，共反馈巡视整改工作重视不足、巡视难点重点问题推进缓慢等34个问题，并跟进问题整改落实。

3. 工会工作

推进职代会规范化建设，职工代表向海南电网公司职代会提交议案122件，立案办理31件；基层单位职代会征集议案212件，立案办理114件；向南方电网公司职代会报送提案6件。召开职代会联席会议4次，审议通过《海南电网公司员工处分管理办法》等8项制度方案。开展职工代表巡视，组织173名职工代表培训学习，提升履职能力；围绕“落实海南电网公司职代会决议的执行情况”等方面，对28个基层单位、36个供电所开展专项巡视，收集职工意见和建议，形成专项巡视报告向海南电网公司党委汇报，推动问题整改见效。全年共有52个集体（个人）荣获各级荣誉称号，琼海供电局变电管理所荣获“全国工人先锋号”称号，文昌供电局荣获“海南省五一劳动奖状”。

4. 文化宣传工作

推动“知行”文化落实落地，协同开展安全、服务、廉洁、法治文化建设，打造“南平无难事”等一批特色班站所文化标杆，论文《企业文化建设的“五个视角”和“四把钥匙”》在央企党建政研会会刊《企业文化》刊登。制定海南电网公司品牌建设行动方案，开展“消博会·海南电网品牌时刻”等品牌活动，推出“奋楫勇进破浪行·建功自贸港”成果电子图片展和纸质精品图册，以4个篇章52幅图片全景展示海南电网公司五年来融入和服务海南自贸港建设的生动实践。2022年对外发稿2172篇（条），在人民日报、新华社、央视等重点央媒平台发稿69篇（条），展现企业发展成就，巩固和壮大主流思想舆论。省域智能电网示范区入选中央“奋进新时代”主题成就展；“高空筑巢，想给你一个温暖安全的家”入选国务院国资委“2022年度央企十大暖镜头”；短视频《安全帽》荣获全国能源行业优秀影视作品微电影一等奖、第三届平安中国“三微”比赛三等奖；微电影《星星点灯》荣获第五届中央企业优秀故事创作展示活动三等奖。

5. 团青工作

深化党团共建，组织开展“学习二十大、永远跟党走、奋进新征程”主题教育实践活动，83个团组织1166名团员完成组织化学习和实践建功活动。实施青年精神素养提升工程，开展“五大课堂”学习99场次，对标大讨论65场次，形成“五少五多五提升”讨论成果。39名学员完成“青马工程”集中学习，46名团员通过“推优”加入中国共产党。以“学、创、宣、练”引领青年助力建设本质安全型企业，全年11个集体获评省（部）级及以上“青年文明号”，52支“青年突击队”、28支青年志愿服务队在“0801”疫情中冲锋在前，42名青年出色完成抗疫志愿服务工作，获得海南省委组织部和三亚市通报表彰。做实青年工作，为团员青年办好思想上解惑、成长上解困、生活上解难、婚恋上解愁等“四类实事”。团组织建设务实推进，各级团组织获得省（部）级及以上荣誉27项。

主要事件

3月1日，海南省生态环境厅与海南电网通过“政府指导、电网主建”方式共同打造的全国首个政企合作建设的省域“应对气候变化智慧管理平台”上线。

5月25日，海南省充换电一张网服务有限责任公司在海口揭牌成立，海南省充换电“一张网”监管与运营服务平台上线。

5月，海南智能电网综合示范省建设成果总结会以及新型电力系统建设推进会在海南琼海召开，标志着海南基本建成智能电网综合示范省。

6月4日，海南电网公司110kV 5G移动变电站接入海口110kV桂林洋站并送电成功，桂林洋区域供电能力提升约30%。这是国内首次利用5G网络实现移动变电站无线安全接入，也是海南首次完整成套应用110kV移动变电站。

11 月 30 日，中国共产党海南电网有限责任公司第二次代表大会召开。大会听取和审议中共海南电网有限责任公司第一届党委工作报告，审议中共海南电网有限责任公司第一届纪委工作报告，选举产生中共海南电网有限责任公司第二届委员会和第二届纪律检查委员会。

2022 年，海南电网公司牵头编写的 IEC 国际标准《国际电工词汇（IEV）—第 417 部分：海洋能源—波浪、潮汐和其他水流转换器》在国际电工委（IEC）官方网站上发布，实现“零的突破”。

2022 年，海南电网公司把学习宣传贯彻党的二十大精神作为当前和今后一个时期的首要政治任务抓好抓实，研究制定工作方案，实施定期会商沟通和项目化、清单化管控，坚持“五学、五讲、五宣、五转化”。

2022 年，海南电网公司启动“1+15+18”组织机构改革，完成供应链、审计、法规、纪检、电费结算业务全省集约，建成生产指挥中心、营销稽查中心、新能源服务中心，成立海口变电运检、三亚变电运检和海南输电运检 3 家专业分公司，并以临高、澄迈局为试点推进供电局组织机构改革，初步形成适应战略转型、前中后台分工明确的组织架构。

2022 年，海南电网公司把供电可靠性作为一把手工程抓紧抓实，深入开展“四个大幅度减少”专项行动。海口、三亚户均停电时间（低压）为 2.13、0.93h/户，同比分别下降 39.07%和 46.47%。实现城镇规划建设用地、重点园区内客户全延伸和全省范围小微企业低压供电“零投资”，累计为客户减少办电成本 2.12 亿元，“获得电力”指数跻身海南营商环境前列。

2022 年，海南电网公司出台 30 条重点举措帮助市场主体纾困解难。全年累计为 4 万户小微企业、个体工商户实施“欠费不停供”，降低企业用电成本约 2.5 亿元，缓交电费涉及金额 3.1 亿元，助力海南经济企稳回升。

（王庭军）

【广东省能源集团有限公司】

企业概况 广东省能源集团有限公司（简称广东能源集团）成立于 2001 年 8 月 8 日，其前身广东省粤电资产经营有限公司是全国第一家因“厂网分开”电力体制改革而组建的发电企业，2003 年更名为广东省粤电集团有限公司，2019 年 2 月 18 日，正式更名为广东省能源集团有限公司。广东能源集团注册资本 230 亿元人民币，由广东省政府和中国华能分别持有 76%和 24%股权。

广东能源集团核心产业涉及火电、水电、风电、太阳能发电、生物质发电、核电、天然气等，上下游产业涉及煤矿、航运、港口、金融业、综合能源服务等，遍布广东全境并延伸至省外和海外，已形成以能源产业为核心、上下游产业链协同发展的产业格局。截至 2022 年底，广东能源集团资产总额超 2200 亿元，在职员工 1.5 万人，可控装机容量超 4400 万 kW，可控航运运力近 190 万载重吨；全年实现营业收入约 740 亿元，上网电量超 1400 亿 kWh，售电交易电量和用户规模连续 7 年居广东省第一，年采购天然气量近 27 亿 m^3、煤炭供应量近 5000 万 t；拥有全资、控股、参股单位 503 家，控股 1 家 A 股上市公司（粤电力）。在 2022 年中国企业 500 强位列第 343 位。

领导班子

党委书记、董事长：李灼贤

党委副书记、董事、总经理：黄镇海

党委副书记、纪委书记、省监委驻省能源集团监察专员：黎凯生

党委副书记、工会主席、董事、直属党委书记：胡军梅

党委委员、副总经理：周玉明、杨新力、姚纪恒、高振、文联合

副总经理：刘波

组织机构 股东会、监事会、董事会、党委会，下设综合部（党委办公室）、人力资源部（党委组织部）、战略发展部、财务部、安全监管部、生产科技部、经营管理部、法律事务与资本运营部（董事会办公室）、审计部（集团审计中心）、纪检监察室、党委工作部（党委宣传部）、工会等职能部门。

主要事件

7 月 25 日 10:00，广东能源集团所属花都热电项目第二套机组通过 168h 满负荷试运，正式投入商业运营，标志着广东能源集团在粤港澳大湾区布局的又一个天然气热电联产项目建成投产。花都热电项目是广东省、广州市重点建设工程，建设两套 460MW 燃气－蒸汽联合循环热电联产机组，总投资约 33 亿元，预估年上网电量约 38 亿 kWh，年供热量约 815 万 GJ。

11 月，为贯彻落实第三次中央新疆工作座谈会精神和广东省对口援疆工作部署，推动新疆地区能源战略布局，启动组建广东能源集团第十二个板块——新疆板块，统筹新疆区域新能源和传统能源项目的开发建设和生产运营工作，全力推进新疆千万千瓦级风光大基地建设。

2022 年，党的二十大召开后，广东能源集团深入开展学习贯彻党的二十大精神系列活动，组织收听收看开幕会，召开传达学习贯彻党的二十大精神会议，部署宣传贯彻工作。印发学习宣贯通知和工作方案，组织专题学习、专题宣讲会等。广东能源集团领导班子成员赴基层一线宣讲党的二十大精神，推动大会精

神深入基层、深入群众。广东能源集团党委结合实际，提出“六要六好”工作要求和“1+1+3+N”工作思路。组织开展广东能源集团党的二十大代表粤江发电公司侯金彦宣传宣讲工作，并在各类主流媒体上开展相关宣传报道。

2022 年，广东能源集团在省国资委 2021 年经营业绩考核再次获评“优秀”等级，实现广东能源集团三年任期（2019—2021 年）经营业绩考核“A”等级目标。

2022 年底，广东能源集团完成国企改革任务责任书 30 项任务及 27 项国企改革实施措施，国企改革三年行动收官。

2022 年，广东能源集团所属大埔电厂二期、博贺电厂二期、惠来电厂 5、6 号机组和汕尾电厂 5、6 号机组等合计 800 万 kW 清洁高效绿色煤电项目取得国家新增煤电建设规模，纳入政策性开发性金融工具项目并获得核准建设，是广东能源集团有史以来煤电核准规模最高的一年（大埔电厂二期、博贺电厂二期和惠来电厂 5、6 号机组实现了当年核准当年开工建设）。

2022 年，在抽水蓄能布局开发上，省内云浮水源山、汕尾陆河以及省外贵阳等合计 410 万 kW 抽水蓄能项目取得核准，其中云浮水源山和汕尾陆河抽水蓄能电站纳入政策性开发性金融工具项目，是广东省“十四五”首两个核准的新站点抽水蓄能项目；贵阳抽水蓄能电站是贵州省“十四五”首个完成核准的抽水蓄能项目。

2022 年，广东能源集团坚持以习近平新时代中国特色社会主义思想为指导，贯彻落实省第十三次党代会精神、省委省政府工作部署及省国资委工作要求，保障重点时段电力安全供应，完成系列重大保电保供任务。

2019—2022 年上半年，新丰江水库遭遇百年一遇罕见旱情，蓄水比多年平均值偏少六成。广东能源集团成立工作专班，制定专项工作方案和实施方案，多次召开抗旱保供水专题会议，分析旱情、部署抗旱工作；为有效保证下游供水，严格按照“电调服从水调”原则，强化日会商、日调度机制，精细调度，及时调整出库流量。从 2022 年 1 月 27 日起，新丰江水库在死水位以下机组非正常工况安全运行 25 天，出库水量超 2 亿 m^3，保证下游正常用水需求，抗旱保供水工作得到省政府和省水利厅的肯定和表彰。

2022 年，面对煤炭、天然气一次能源供应紧张、价格高企等不利市场环境，广东能源集团千方百计争政策、抓市场、抢机遇，提升发电收益，严控燃料成本，实现上网电量 1446.68 亿 kWh，完成计划目标的 105.6%，营业收入、利润总额等指标均超额完成。在燃料供应上，推动满足合规监管前提下的煤炭“精准库存”管理，降低燃料成本 82 亿元；在天然气采购上，落实气源、优化天然气采购策略，实现天然气国际贸易量 4.4 亿 m^3。

2022 年，广东能源集团所属开发公司先后投产佛山市首个大型集中式地面光伏项目——广东能源佛山三水南山镇光伏复合项目、广东省单体容量最大的光伏发电站——广东能源友好五一农场光伏复合项目等 7 个自建项目，收购河北康保 200MW 项目等 5 个光伏项目，实现 2022 年度光伏新增装机容量突破 1200MW、板块光伏总装机容量突破 3200MW。

2022 年，广东能源集团科技研究院牵头申报的“基于大功率固体氧化物燃料电池的发电系统研发与示范应用”“生物质电厂原始烟气的微藻固碳减排及资源化利用关键技术研究与应用示范”“海上风电场全寿命周期安全监测、预警、防控及保护措施系统等研究及应用”等三个科研项目均获广东省科学技术厅立项。

（郑旭波）

【（香港）中电控股有限公司】

企业概况 （香港）中电控股有限公司（简称中电），在香港联交所上市，是亚太区规模最大的私营电力公司之一。中电通过成立于 1901 年的中华电力有限公司（香港最大的电力公司）在香港经营涵盖发电、输电、供电及客户服务的纵向式综合服务，香港业务约占总营运盈利约七成，中电业务扩展至亚太区其他活跃的能源市场，包括中国内地、印度、东南亚及中国台湾地区、澳大利亚。中电在亚太地区不同市场拥有约 521 万个客户和超过 80 项发电资产，发电及购电容量超过 23068MW，其中可再生能源占总发电容量的 15.7%。2022 年，中电总收入 1010 亿港元，市值约 1990 亿港元（截至 2022 年 12 月 31 日）。

领导班子

董事会主席：米高·嘉道理

执行董事、首席执行官：蓝凌志

香港业务总裁：蒋东强

内地业务总裁：罗嘉进

投资策略 2014 年初，中电修订了投资策略，策略可归纳为专注、成效、增长。策略涵盖四个方面：继续以香港为主要市场并作为策略核心，致力长期在香港建立和扩展业务；中国内地和印度是全球发展最蓬勃的两个市场，能源领域具有发展潜力和投资机遇，中电在当地具有有利的发展条件，以及多元化和基础稳固的业务，将为未来增长提供良好的平台；部分东南亚国家未来数年对发电容量的需求将保持强劲势头，密切留意相关国家情况，寻找发展机会，把握投资机遇；致力于重新体现澳洲业务的资产价值。

业务发展

1. 香港业务

香港的电力行业受管制计划协议规管，中电在香港营运纵向式综合电力业务，为九龙、新界、大屿山及大部分离岛约271万客户（即全港八成人口）提供可靠度逾99.999%的世界级电力服务，客户数目约占本港八成人口。中电在香港经营青山发电厂、龙鼓滩发电厂及竹篙湾燃气轮机发电厂。这三家电厂属青山发电有限公司所拥有，总发电容量为8268MW（截至2022年12月31日）。中电所拥有的电缆总长度超过16600km，变电站数目超过15000个。2022年，新冠病毒疫情相关限制措施延长实施，全球利率飙升，宏观经济环境充满挑战，使香港经济持续受压。作为主要的公用事业，中华电力有限公司克尽己任，推出措施纾缓顾客及普罗大众的经济压力，同时维持安全可靠的电力供应。

2. 内地业务

中电是中国内地有影响力的外资发电公司之一，投资分布在十六个省、自治区和直辖市，与五大发电集团、两大电网公司、中广核、中国能建、中国电建等能源企业均有良好的业务合作。至2022年底，中电在内地的发电权益及购电容量约为7029MW，其中火电容量1777MW、核电2685MW（含购电）、水电及抽水蓄能1089MW（含购电）、风电1070MW（含储能）、光伏发电408MW，零碳能源占比74.8%。2022年，中电继续扩大其服务范畴，以满足大湾区及其他地区对可持续及综合能源方案日益增长的需求。中电控股旗下全资附属公司中电源动已推出多项举措，旨在协助客户迈向低碳业务及生活模式，在大湾区能源及基础设施方案上，成为值得客户信赖的合作伙伴。

3. 印度业务

中电印度是当地领先的独立发电外资公司，也是最大的风电开发公司。加拿大国际投资集团CDPQ增加在Apraava Energy的策略投资，由40%提高至50%，从而加深与中电自2018年建立的合作伙伴关系。印度强大的国内需求及大量外商投资带动经济于2022年强劲增长，巩固了宏观经济基础，并有助经济在新冠病毒疫情减退下急速反弹。在该背景下，Apraava Energy继续聚焦投资和开发洁净能源及输电项目，以配合印度的能源转型。Apraava Energy位于印度中央邦的邦内输电项目（Satpura Transco Private Ltd）及位于印度东北部的跨邦郡输电项目（Kohima Mariani Transmission Ltd）2022年的营运表现均稳定可靠，可用率接近100%。

4. 东南亚及中国台湾业务

中电从20世纪90年代初期开始拓展东南亚电力市场，持有中国台湾和平电厂和泰国Lopburi太阳能光伏发电项目的权益。2022年，和平电厂维持安全可靠运作，但因燃料成本高企，尤以上半年为甚，影响对业绩的贡献；在泰国，Lopburi太阳能光伏电站的表现稳定，但随着电价优惠期结束后令其中一期电站的电价下调，贡献因而减少。

5. 澳洲业务

中电早于21世纪初已踏足澳洲市场。2011年完成收购位于新南韦尔斯省的EnergyAustralia零售业务。作为澳洲规模最大的综合能源公司之一，EnergyAustralia经营包括自有和外购发电容量的均衡业务组合，包括燃煤和天然气发电设施，以及风电、太阳能和储能系统等新能源。截至2022年12月31日，EnergyAustralia发电及储能容量包括长期购电协议共5786MW。同时，EnergyAustralia为维多利亚省、南澳省、新南韦尔斯省、澳洲首都领地及昆士兰省的250万用户提供电力和燃气零售服务。2022年，澳洲能源市场遭受多方面冲击，极端天气事件、发电商发电量波动不稳，加上乌克兰冲突影响煤炭和天然气价格，均对供应面造成震荡，导致能源供应紧张及需求失衡，大幅推高电力和天然气价格。

气候愿景2050　中电全力支持气候行动。中电于2007年订立《气候愿景2050》，定下了2010—2050年的一系列目标，包括按中电电力供应的碳强度所量度的减碳目标，以及按可再生能源及零碳排放能源占中电发电组合比例计算的洁净能源目标。《气候愿景2050》为中电的业务策略提供了路线图，为中电发展奠定基石，指引中电妥善管理气候相关的风险和机遇。多年来，中电应地方政策的转变和技术的发展而检讨及更新中电的目标。

2010、2020年，中电达成减碳目标，分别把发电组合的碳强度降低至每千瓦时电0.8、0.6kg二氧化碳以下。2021年，中电公布《气候愿景2050》修订版，承诺于2050年底前全部业务实现净零排放，把全面淘汰燃煤发电资产的日期提前至2040年，较之前的承诺提早10年。在过渡期间，中电又为2030年订下了新的科学基础目标，并强化2040年的目标，配合把全球暖化控制在较工业化时代前远低于2℃的目标。

作为亚太区规模最大的综合公用事业公司之一，中电在应对气候变化的威胁上有两大重点：在业务营运中逐步减碳，同时提供可持续及商业上可行的能源方案，以协助当今及未来世代达致净零排放目标。电力行业成功减碳，将有助其他行业如运输及制造业，通过增加使用电力减少碳足迹。中电2021年承诺投入大额度的资本开支，主要在香港、中国内地、澳洲及印度作出减碳投资。这些投资除了反映中电对减碳的承诺坚定不移，和对业务市场的经济前景充满信心，亦凸显缔结合作伙伴关系对提供庞大资本的重要性。

转型“新世代的公用事业” 当下，全球面临减碳的迫切需求，中电凭借120年来在电力行业的经验，充分利用自身优势和资源，于2022年正式提出转型成为“新世代的公用事业”。

“新世代的公用事业”旨在扩建一个新的中电：成为香港、大湾区以致亚太区值得信赖的合作伙伴，共同构建低碳未来；带领能源转型进程，提供尖端能源解决方案，以及洁净、可靠和可负担的电力服务；为员工提供更多机会，让他们能够发挥所长，承担合理的风险，并推动充满活力的新文化，同时保持共同的价值观；继续推动可持续增长，创优增值。

作为中电发展策略中的重要区域，中国内地是中电未来发展和转型的重要支撑。“新世代的公用事业”的目标，与2030碳达峰和2060碳中和目标一致，未来内地业务将持续扩展可再生能源组合，积极应对气候变化，发挥数码化效益，建立创新活力的员工队伍，为中电转型创优增值。

（胡星明）

【港灯公司】

企业概况 港灯公司（简称港灯）成立于1889年，于1890年开始营运，是香港两大发输配售垂直一体化公司之一，主要服务区域为香港岛和南丫岛。也是当前世界上历史最悠久的电力公司之一。港灯作为香港特区两大电力服务供应商之一，为香港岛及南丫岛约110km^{2}营业区内用户提供从发电到供电的垂直一体化电力服务。港灯负荷以商业为主（71.5%），其次为居民（25.7%）和工业（2.8%）。

截至2022年底，港灯拥有发电装机容量3402MW，输配电线路6853km，电力用户约58.6万户。2022年，港灯售电量为99.41亿kWh，全网最大负荷2384MW，最低负荷582MW，负荷率52.8%，供电可靠性99.99994%，连续第三年超过6个9，用户年平均非计划停电时间小于20s。

2022年，港灯供电可靠性（不含计划停电）超过99.9999%，每名客户全年非计划停电时间小于30s。全年收到1961封表扬信并妥善处理全部6宗投诉（4宗输配电科、2宗工程建设科，全部集中于输配电网建设改造等工程领域），达到或超过全部18项客户服务指标。连续12年获得香港零售管理协会“最佳优质服务零售商—零售（服务）组别”荣誉，连续5年获得“卓越服务零售商—旗舰店”奖项。

截至2022年年底，港灯资产总额1210.02亿港币，实现净利润29.54亿港币，全口径职工总数1853人。

组织机构 港灯董事总经理直接管理的客户服务科主要承担港灯客户服务职能，港灯营运董事分管的输配电科、系统控制部（调度中心）也承担各自专业相关的客户诉求处理及反馈工作。

客户服务科下设四个部门：客户供电服务部、客户业务发展部、电表计量部以及客户装置部。

此外，还设有客户联络小组，成员包括港灯客户、社区领袖、利益相关方和非政府组织代表。

输配电资产情况

1. 线路

港灯的输电电压等级❶为275kV和132kV（高压），配电电压等级为22kV及11kV（中压），380V和220V（低压），输配电线路总长6853km。

其中，275kV线路总长173km；132kV线路总长272km（包括架空线路7km）；22kV线路总长967km；11kV线路总长3216km；380V和220V线路总长2225km（包括架空线路32km）。港灯275kV、22kV、11kV电压等级线路电缆化率达到100%，输配电网络整体电缆化率超过99%，充油电缆占比小于6%。相关信息详见表1。

表1　　线路信息统计表

电压等级	长度（km）
275kV电缆（充油）	165
275kV电缆（交联聚乙烯）	8
132kV电缆（充油）	236
132kV电缆（交联聚乙烯）	29
132kV架空线路	7
22kV电缆	967
11kV电缆	3216
11kV以下	2225
合计	6853

2. 高压变电设备

港灯共有275kV和132kV区域变电站31个，总变电容量5703MVA，变压器128台❷。其中，充油变压器44台，占比34%，气体绝缘变压器84台，占比66%。相关信息详见表2。

❶ 港灯为香港地铁供电，电压等级为33kV/25 kV，但供电线路不属于港灯资产，因此未纳入统计。

❷ 包含向香港地铁供电的变压器。

表 2　　高压变电设备信息统计表

输电变压器	容量（MVA）	数量（台）
区域变压器		
275/132kV	4615*	13
275/22/11kV	240	4
275/22kV	320	8
275/11kV	720	12
132/22/11kV	240	4
132/11kV	3520	74
港铁变压器		
275/33kV	200	2
132/33kV	410	9
132/25kV	53	2
总计	5703	128

* 该值不计入 275kV 及 132kV 变电容。

3. 低压变电设备

港灯共有 22kV 和 11kV 配电变电站 3810 个，总变电容量 8408MVA，配电变压器 6199 台。其中，充油（包括其他类型）变压器 145 台，占比 2.2%；气体绝缘变压器 6054 台，占比 97.8%。相关信息详见表 3。

表 3　　低压变压器设备信息统计表

配电变压器	容量（MVA）	数量（台）
11kV	7266	5408
22kV	1142	791
总计	8408	6199

除一般信息收集整理外，团队从制造厂家、介质、容量等维度对变压器信息进行专门梳理。从制造厂家来看，港灯超过 93%配电变压器为日本三菱产品。相关信息详见表 4。

4. 跨海互联电缆

港灯与中华电力通过三回 132kV 独立液体填充式（SCLF）海底电缆互联，每回海缆（两条电缆并联）的输送容量为 240MVA，直埋深度为海床以下 3.5m。

表 4　　变压器设备信息统计表

项目	1000kVA 以下			1000～1500kVA			1500～2000kVA			2000kVA	总计			总计	容量（kVA）
	充油	六氟化硫	其他	充油	六氟化硫	其他	充油	六氟化硫	其他	六氟化硫	充油	六氟化硫	其他		
AICHI（日本爱知）		6			98			110				214		214	270000
BET（英国制造商）															
DTL（英国制造商）	1										1			1	500
GEC（美国通用电器）	5										5			5	2813
MEIDEN（日本明电舍）	9			11	11		94	52			114	63		177	245500
MELCO（日本三菱）		173		3	1666	1	4	3571	5	367	7	5777	6	5790	7878040
PAUW EL（比利时制造商）	1			2			2				5			5	5500
SIEMEN（德国西门子）									1				1	1	1500
T&R（英国制造商）	4										4			4	2340
TYREE（澳洲制造商）							1				1			1	1500
WODEN（英国制造商）	1										1			1	585
配电变压器数量总计	21	179		16	1775	1	101	3733	6	367	138	6054	7	6199	8408278
配电变电站数量总计											105	3716	6	3810	

海底电缆两端陆上部分分别由两家电力公司各自所有并各自负责运维；海底部分由两家电力公司共同所有并共同负责运维。跨海互联电缆投运至今，由于大部分时间作为事故备用通道，交换电力有限，因此两电均未组织对海缆部分巡查。

2009 年，港灯委托电缆制造商（日本住友）、西安交大等单位对电缆抽样进行了可用寿命测试，测试得出的可用寿命为 60 年；2021 年，港灯组织住友对电缆介质、电缆抽样和连接头抽样再次进行了可用寿命测试，认为电缆可用寿命大于 10 年。

5. 应急检查调研

为做好资产调研工作，结合香港将于 6 月进入风季特点，对港灯专业部门专题布置应急检查调研工作要求并于 4 月 14 日开展第一轮调研。调研内容包括电缆桥边坡治理、临海变电站防水浸措施、应急指挥系统建设情况，并对港灯低周减载方案、发电厂低周切机方案、港灯－中华电力联络线过负荷应急方案等三套方案进行专题交流。

输配电运营工作

1. 可靠性

克服“第五波”疫情带来的冲击和影响，供电可靠性在 2022 年达到历史第二高的 99.99994%，是自 2017 年以来第四次可靠性指标超过 6 个 9。非计划停电时间小于 20s，是自 2009 年以来非计划停电时间连续第 14 年小于 1min。2022 年未出现导致跳闸的 275kV 和 132kV 线路故障。通过使用各种电缆状态监测设备和技术，避免 6 起潜在的 11kV 电缆故障，并及时更换健康指数较差的 39 个 11kV 电缆薄弱组件，全年出现 42 起 11kV 电缆相关故障，是港灯在电缆资产老化情况下取得的第三好成绩。

2. 供电质量

制定缩短平均电网供应恢复时间（GSRT）的措施，年平均 GSRT 达到 53.71min，高于管制计划协议中的最高标准，并获得该指标的最高奖励。2022 年电能质量指标 SARFI90（发生短时低压骤降至 90%以下的平均次数）为 0.164，是自 2003 年引入该指标以来的最低纪录。

3. 安全管理

实现输配电运营历史上第二个未发生员工损时工伤（LTI）事件的年份。截至 2022 年底，连续无 LTI 天数 575 天。在香港品质保证局进行的多项续期审核、监察访问及安全审核中，输配电的健康、安全及环境管理（HSE）及品质管理系统有效运作，无任何不符合规定的情况发生。通过参加各种 HSE 方面的竞赛，加强和完善员工对 HSE 的知识储备，从过去的事故和行业最佳实践中吸取经验教训，并在 2022 年获得来自外部机构的各种安全类奖项共计 10 项。

客户服务　香港经济传统上以金融服务、贸易物流、专业服务和其他工商业服务以及旅游等四大产业为其支柱和主要动力。为适应新的发展形势，香港经济逐步聚焦于更优服务、更高增值和以科技创新为中心的方向，对整个经济体的服务水平和质量提出了更高要求。电力作为关键基础设施行业，其服务质量不仅直接关系四大支柱产业发展，同时也对香港经济转型产生深远影响。香港电力行业客户服务监督和管理体系架构可分为以下四个层面。

1. 政府层面

香港环境及生态局作为电力行业监管机构，通过与港灯、中华电力签订为期 15 年的《管制计划协议》（2019—2033）对电力企业实施监管。监管机构在协议中设置“平均服务可用指数（供电可靠性）、接驳及供电表现指数、预约项目准时指数、平均电网恢复供电时间”等四个指标评价电力企业服务质量并据此给予奖励或罚金。

香港政府 1989 年起设立独立合格评定机构－香港品质保证局负责对企业执行质量管理体系标准的情况进行年审验证。

2. 行业层面

香港独立第三方机构每年会针对包括电力在内的主要行业客服情况进行多次“背靠背”评测并公开排名情况。

3. 企业层面

港灯、中华电力在监管要求、行业评测基础上，逐步建立完善企业内部客户服务团队、制度和流程并设置专项绩效考核指标。

4. 社会层面

包括电力在内的公共服务历来是香港立法会议员、新闻媒体关注的重点领域。在发生影响客户服务质量的重大事件时，立法会议员公开质询和新闻媒体持续报道往往对政府、企业和第三方机构造成较为明显的影响。

关键指标体系　30 年前，港灯出台了 18 条客户服务标准，成为香港首家推出该类标准并成立面向客户联络工作团队的公用事业机构。2022 年，港灯完成或超越全部客户服务标准，客户问卷调查满意度获得 4.71 分（总分 5 分）。

客户诉求服务情况

1. 渠道

每年有超过 38 万名客户通过客户服务热线、客户服务中心、线上申请、虚拟助理（AI）、电邮、传真、信件以及发送手机短信等方式联系港灯，提出相关诉求并由三个专业部门分别负责处置。

（1）客户服务科：客户服务热线。客户服务热线开通时间为工作日 9:00～18:00，由 16 人专人接听，主要负责用电账户查询、报装更换电表、电费计量等电力账户问题。非工作时间该热线提供自动语音播报，客户可选择通过网上自助办理相关申请、查看资料，如有紧急事项可致电联系客户紧急服务中心。2022年，客户服务热线受理业务约 20 万宗，占全部来电的93%。

（2）调度中心：24h 紧急联络电话。调度中心下属客户紧急服务中心 11 名员工按照三值 24h 轮换方式，通过跨部门信息分享综合管理平台受理客户紧急诉求。2022 年，客户紧急服务中心受理业务共 14775 宗，占全部来电的 6.8%。

（3）输配电科：港灯施工及低压停电热线。该热线号码主要张贴在港灯施工现场以及预告停电通知书当中。输配电科建设维护部设一名专人在工作时间接听该热线。非工作时间该热线将切转至输配电科运营部门代为接听。2022 年，施工及低压停电热线受理业务共 1367 宗，占全部来电的 0.6%。

港灯客户可随时通过任何热线提出服务诉求。港灯内部设立可实时分享来电及工作记录的综合平台，通过内部工单流转，处理来电并提供支援。客户也可在工作日时间到客户服务科客户服务中心办理业务，客户服务中心日常至少有两个工作窗口对外服务，并视情况随时新增窗口以减少客户等待时间。

2. 制度

港灯获得 ISO 9001 质量管理体系认证，并遵循其中有关客户服务、检查服务、仪表测试等相关规定，同时严格遵守香港电力管制计划协议（即监管规则）。通过设立一系列客户服务政策、客户服务标准、供电则例、接驳电力供应指南以及客户个人数据指南指导客户服务相关工作。

3. 管理

港灯客户诉求管理主要节点包括受理、处置和回访等环节。

（1）受理。港灯通过上述不同渠道为客户提供服务。如通过电话方式，谈话内容将全程录音，可以即时解答的问题，即由接线员进行回复。如涉及其他专业领域或需后续处理，将由接线员将情况记录系统，并通过系统进行工单派发至不同专业部门。

（2）处置。港灯根据客户服务相关制度以及 18 项客服标准，在规定时限内处理完成工单。港灯采取“单程”方式，涉及其他专业部门的工单完成后由相关专业直接反馈客户，不另将结果反馈客户服务科。

（3）回访。不同科室针对客户诉求服务自行制定回访机制，通过客户满意度调查问卷等方式对客户进行回访。客户评价分别计入各科室关键绩效指标考核中（简称 KPI），客户满意度综合评分由客户服务科加权平均得出，其他客户表扬信及与客户服务有关的外部奖励由客户服务科汇总并在公司年报中披露。

服务质量评价机制

1. 客户满意度调查

（1）主动开展。由港灯发起的客户服务满意度以 5 分制进行，覆盖所有联系渠道及关键服务。客户服务科相关部门主管每月通过电话联系开展问卷调查，从全月接通电话中抽样选取 50 份进行回访，每年完成 600 份问卷调查。输配电科建设维修部每月完成 15 份问卷调查，分别涵盖电缆坑道挖掘、计划非计划停电以及报装扩容等业务。

（2）第三方测评。香港第三方机构通过问卷调查、神秘顾客、公众投票等方式对包括电力在内的香港企业进行服务质量测评并开展评比工作。至今港灯客户电话中心已连续 12 年获得“神秘客户评审大奖　公共服务及公用事业”金奖，客户紧急服务中心连续 8 年获得“神秘客户评审大奖—公共服务及公用事业”金奖。2022 年，港灯获得公司级奖项还包括香港零售管理协会颁发年度卓越服务零售商旗舰店、最佳优质服务零售商，以及由亚太顾客服务协会颁发的最佳公共服务等公司奖项。

2. 服务质量监督及风险防范

（1）监管风险。因未达到监管指标遭受监管处罚。

（2）隐私风险。隐私数据泄露导致客户索赔诉讼。

（3）舆情风险。客服负面舆情对资本市场形象和市值造成负面损害。

（4）信息风险。现有多头对外机制下，导致公司－客户、公司内部多部门间存在信息不对称风险。

针对以上风险，一是依据 ISO 国际标准组织认证体系制定完善客服工作指南、流程和规范夯实风险防控制度基础；二是加强员工培训，通过上岗培训、工作中即时培训、建立知识管理平台（内部电子图书馆、测试评估）等方式更新提高相关人员知识技能水平；三是业务负责人会监控电话录音评估业务人员水平，不同科室建立不同的员工考核绩效指标对员工进行激励监督；四是作为上市公司，客户服务不当引发负面舆情将直接影响港灯在资本市场形象。对此，港灯公共关系科实时监控舆论情况，如遇突发问题及时处理并上报；五是为避免多头对外导致信息不对称状况发生，港灯建设并运行全平台统一客户服务系统。

3. 数据管理机制

港灯在所有涉及客户信息收集表上列明个人数据收集声明并将所需个人资料种类、收集目的、记录形式、保留期限、资料处理机制以及资料保护措施以清单形式向客户披露。

港灯不定期进行客户隐私数据泄露风险评估，在锁定因涉及收集、维护、处理、披露和处置个人数据产生的潜在风险后立即采取措施避免或缓解。

对于授权进入数据系统员工，港灯实行权限年审制度并与相关人员签署保密协议，确保授权人员充分了解客户数据隐私的机密性和重要性，并承担相应责任。作为技术防范手段，港灯开发运行数据丢失及防护系统，防止员工有意或无意泄露客户个人数据。

客户延伸服务 2022 年，港灯在维持高可靠供电和优质客户服务工作的同时，通过善尽社会责任和提供增值延伸服务以塑造公司形象，优化企业运营外部环境和维护客户关系。

一是在 2022 年第 5 波新冠疫情暴发之际，港灯制定面向中小型餐馆的“延交电费计划”，符合条件的企业客户可以延迟两个月缴付 3—5 月的电费。该项政策在疫情高峰期共帮助港灯营业区 441 家中小餐馆减轻经营压力。

二是在 2021 年发放共计 1000 万港币饮食券基础上，2022 年按照每户 200 港币标准面向低收入群体客户发放“关怀有膳”饮食券。共有 5 万户家庭可在 200 余家参与计划的餐馆使用该券就餐。

三是在港灯“智惜用电电动车充电方案”的支持下，在技术和管理方面支持客户于 2022 年 11 月建成港灯营业区内首个私人楼宇电动车充电基础设施，该充电设施共涵盖 35 个停车位。全年为客户在 58 个停车场自设电动车充电设施提供技术咨询服务。

四是除政府电费补贴外，港灯为每月用电量不超过 300kWh 的客户提供每度电减免 9.5 港分的特别补贴，并针对新开通网络缴费业务客户提供一次性 30 港币的激励。

五是通过“网上通”“商企一站通”及人工智能虚拟助理、电力装置设计锦囊等电子服务为客户提供开户、电力消费数据分析、能效咨询等大数据增值服务。

【澳门电力股份有限公司】

企业概况 澳门电力股份有限公司（简称澳电）是拥有对澳门特别行政区输送、分配及出售高中低压电力的供电公共服务专营机构。1906—1972 年，该服务由总部设于香港的澳门电灯公司提供。1972 年转为由澳电提供。1982 年，澳电得到澳葡政府支持，重整架构。1984 年，澳门电网通过两回 110kV 架空线与广东电网建立联网；并先后于 2006、2007、2008、2012、2015 年数度改造升级和增加联网通道，目前共有 6 回 220kV 电缆联络线路及 4 回 110kV 备用电缆联络线路。2010 年 11 月，澳门特别行政区与澳电签订延续 15 年的供电专营合同，新的合同于 2010 年 12 月 1 日起生效。1987 年起，澳门政府由原来澳电最大股东转为仅占 8%股份，目前南光发展（香港）有限公司占有 42%股份，亚洲能源顾问有限公司占有 21%，Polytec Industrial Limited 及亚洲投资有限公司各占 11%及 10%，澳门特区政府占 8%，中国电力国际有限公司占 6%，余下的 2%由本地的小股东占有。

澳电发电设施主要由位于路环岛的路环发电厂 A 厂及 B 厂两座发电厂组成，其额定装机容量分别为 271.4MW 和 136.4MW。路环发电厂 A 厂使用低速柴油发电机组，B 厂使用复式循环燃气轮机组，设备容量分别占澳电总设备容量的 66.6%和 33.4%。

2022 年，澳电供电可靠度创历史新高。系统平均停电时间指数（SAIDI）及系统平均停电频率指数（SAIFI）均低至 0.35min 及 0.04 次，基于澳电责任的供电可靠度连续三年达至 99.9999%世界顶尖水平，整体客户满意度同创历史新高至 89.75%。

受全年疫情的不稳定性影响，加上平均气温较低，总用电量为 5441.7GWh，同比下跌 3.7%。供电来源仍以输入电力为主，输入的电力为 4873.7GWh，同比下跌 6.1%，占总用电量的 89.6%。本地发电量为 406.2GWh，同比上升 41.6%，占总用电量 7.5%，从澳门焚化炉购买的电量则为 161.7GWh，下跌 4.7%，占总用电量的 3%。

澳电于年内加大基建投资至 74400 万澳门元，占总投资额的 64%，保障本澳稳定供电。

领导班子

董事长：傅建国

执行委员会主席：梁华权

执行委员会执行董事：施雨林

执行委员会首席顾问：岳宗斌

组织机构 设输配电部、发电部、客户服务部、电力系统调度部、人力资源及可持续发展部、财务部、资讯系统部、采购及总务部、监管事务及企业传讯办公室。

企业战略 澳电致力于成为亚洲领先的能源服务供应商，为客户提供可靠、安全、可持续和环保的能源服务，为股东和社会创造价值。

澳电专注于不断提升自身的技术能力和改善客户的体验，结合先进的科学与技术，更智慧地管理能源。澳电坚持“以人为本”作为企业发展的宗旨，优化管理，服务好澳门市民和社会，为本地市民与企业带来最人性化的优质服务是澳电的愿景。

发展规划 助力智慧城市发展建设，配合澳门特区政府的各项政策，为澳门提供清洁、低碳、安全、高效的电力供应和培训本地人才，并持续优化建设输配电网，保障澳门的稳定供电度。

深度融入粤港澳大湾区，澳门正在智慧城市的建设之路上全速前进，这给澳电的低碳长期发展战略带来了更多可能。澳电将采取以清洁能源天然气发电为主的本地发电策略，深度开发光伏发电，并推动粤澳清洁电能新合作，善用自然资源，向社区提供清洁能源。深化各项智慧化系统建设，包括逐步更换智能电能表、配合特区政府的电动车推广计划，完善电动车充电网络和基础设施等策略，提升城市能源效益，协助社区节约能源，协力打造澳门成为更精彩多元的绿色宜居城市。

人力资源

（1）持续培训提升职效。为使各阶层员工的能力获全面提升，澳电于2022年按四大范畴开展培训，包括核心技能、业务能力、职业安全与健康及领导能力发展培训。核心技能旨在向年轻员工传授电力工程方面的知识和技能，掌握低压带电工作、上锁挂牌、车床和铣床操作等技术。业务能力是为提升团队的客户服务、沟通技巧、英语语言能力和团队建立。职业安全与健康培养日常营运中的安全文化，提升员工的职业健康与安全意识，主题包括紧急应变程序、事故防范及处理、高处工作、急救及消防等。领导能力发展培训则是为高级管理人员而设，培育具潜力的员工成为高瞻远瞩的领袖，为其将来担任领导角色作好准备。

（2）协力提升业界标准。澳电于2021年推出电业工程人员技能评估，目标为提升电力工程人员的专业知识和技能水平，促进业界技术水平标准化，确保工程施工质量符合安全标准。自计划推出以来，已有128位业界工程人员通过评估并获颁授证书。2022年共有68位从业员参加评估。为配合课程发展及提供更理想的教学环境，澳电在2022年内不断优化培训中心及设施，已完成的项目包括增设变电站数字控制系统等。为鼓励更多业界人士参与电业工程人员技能评估，澳电于11月与劳工事务局合办讲座，向电力工程从业员介绍课程框架，超过40位业界人士出席。

安全生产　澳电非常重视员工的职业安全和健康，于2022年举办多个活动作推广宣传，以强化内部安全文化，提升员工的安全意识，并加强各部门间的互动和沟通。包括3月的安全标志设计比赛、4月举办的安全问答比赛和“安全BINGO”。在2022年，管理层共收到30份来自各部门的安全报告、29份质量及7份环保建议书。

澳电安全工程师及专员会不定期走访发电厂、变电站或仓库等工作场所，作安全巡查，视察现场工作环境并与前线员工交流，讨论施工环境及安全意见等事宜，加深与前线人员之间的沟通，确保员工在日常工作中落实执行各项安全措施，年内共巡查84次。

客户服务

（1）全方位客服升级。为提升客户体验，澳电全新客户关怀系统项目于10月上线，覆盖业务全生命周期，涉及范围包括客户服务、计费、收费及设备管理等，协助管理和监控业务流程，提高营运效率。

为方便客户缴费，澳电分别于4月及6月在“一户通”及“支付宝澳门”推出电费缴付服务。澳电客服柜台于6月推出“聚易用”及“澳门通”缴费服务，并于7月扩展至水费代收。客户可通过中银智慧付及工银e支付在澳电网上服务APP及澳电网上服务中心缴费。

为提供更优质的网上服务体验，全新的澳电企业网站和网上服务于9月推出。通过崭新的版面设计及更强大的搜寻功能，客户能更快捷地找到所需资讯。澳电简化了用户注册流程及新增以社交媒体账号登入，完善各个申请流程并增设网上缴费功能。

（2）优化充电体验。为提供优质的电动车充电服务，澳电收集客户回馈及对充电体验进行用户调研，以全面检视整个电动车充电体验。2022年推出全新的“电动车充电手机应用程式”，操作界面更简单易用，客户无需逐次登入，直接扫描充电插头上的二维码即可开始充电，同时增设了多个新功能，包括实时充电数据更新、充电状态提示、电子钱包充值等，为车主提供更便捷的充电体验。

（3）提升低层旧厦用电安全。为提升市民的用电安全，澳电股东于2020年底出资3000万澳门元推出低层旧厦公共电力装置安全升级资助计划，协助楼龄超过30年7层以下，且存有即时用电危险和安全隐患的低层旧厦升级公共电力装置，包括更换低压总配电柜、上升总掣板、电表箱、上升总线及上升线分线箱，有关装置于升级后将符合现行的澳电电力技术规范及满足未来用电加增需要。大厦住户可于升级后申请加大电能表，添置更多新式家电，提升生活质量。截至2022年底，合共向703幢老化楼宇发出12488封信函。其中，56幢楼宇已完成升级或正在施工或进行前期规划，共涉及约1486个住户，澳电资助的工程总金额约1700万澳门元。

（4）客户满意度创历史新高。2022年的客户满意度89.7%。大多数受访者表示供电更可靠，对整体服务满意。当中，客户通讯的满意度有显著提升，显示澳电举办的活动及与客户的沟通获市民的肯定和认同。

大气排放　根据第24/2019号行政法规《发电厂的空气污染物排放标准》要求，发电厂机组分别5月、10月进行烟气检测，该检测服务由获取中国合格评定国家认可委员会认可证书的机构提供，所有烟气检测结果均符合行政法规内所规范的排放标准。

澳电自2010年起连续13年获得ISO 14064－1温室气体管理证书。为协助本澳实现“双碳目标”，澳电已做好准备支持澳门特区政府净零排放目标，而减少温室气体的排放量亦是澳电重要承诺之一。

社会责任　2022年为澳电成立50周年，澳电亦于金禧之年荣获2022年度“专业功绩勋章”，为回馈澳门市民一直以来的支持，澳电除了举办社区关爱及环保推广活动，还开展一系列志庆活动。

（1）多元志庆活动。年初推出的50周年大抽奖，分“玩微信游戏抽大奖”及“全澳一齐抽”两个环节。联同澳门青年联合会及澳门工会联合总会举办的“魔力桥大赛”，通过活动唤起社会对长者及失智症群体的关注。同场设有澳电纪念品义卖区，所有收益不扣除开支全数捐赠予澳门失智症协会。为践行澳电企业口号“源源带动你生活”，推出“CEM与你6am Yoga”活动和“源源带动健康”等体能竞技比赛，鼓励公众多做运动及关注健康。澳电吉祥物新面貌亮相，宣传澳电在环保、科技及专业方面的核心价值。

（2）关爱社会共融。6月，在疫情和台风的双重考验下，澳电前线同事坚守岗位，确保稳定供电及维持客户服务，并派出义工队伍无私支援全民核酸检测工作，协助流动采样车的人流管理、秩序等，共同守护澳门，展现澳电良好的企业形象和员工的无私大爱。澳电开展多项公益活动，包括澳门乐施会的“乐施米义卖大行动”及澳门宣明会的“饥馑一餐”。中秋节期间为氹仔菩提园的80位长者理发及送赠低糖月饼，奉献爱心及祝福。在澳门公益金百万行”线上行”中，澳电展现出对社会的善心及无比坚韧的团队精神。“电力×文创”系列活动再度与澳门科技大学（简称科大）合作，14位学生为低压配电箱进行艺术创作，美化社区环境并丰富视觉享受。

（3）推广环保节能。澳电举办“澳电洁净能源城市挑战赛”，提高中学生对环保及洁净能源应用的兴趣及启发科研创新人才，鼓励学生们在产品、服务或装置上构思与洁净能源设施相结合的理念，共有来自23所中学的54支队伍参加，公众投票10000人次。

为鼓励市民实践绿色生活，澳电于婆仔屋文创空间庭园首办”环保市集×地味Cosplay大赛”，除邀请澳门扶康会作慈善摆卖，澳门乐施会、绿色未来及澳门培正中学义工队举办环保工作坊，也邀请商家售卖环保产品。

为推广绿色出行，澳电于12月首办“小城北南行”活动，参加者可锻炼体能和毅力，并沿途探访了解户外电力设施。开办倡导低碳生活的“绿色工作坊”及“电器化烹饪班”，联同各大社团合办“知悭惜电及安全用电”讲座，推广家居用电安全及节能小贴士、大厦公共电力装置定期保养维修的重要性及澳电客户服务等。

主要事件

11月，粤澳联网220kV第三通道及北安变电站投产。

2022年，路环发电厂新海水冷却系统及离岸入水口项目主体工程基本完成。

2022年，新焚化炉变电站和东方明珠变电站项目完成建造和内外饰面工程，计划分别于2023年和2024年通电。

2022年，上葡京变电站已完成110kV馈线部分的扩建工程。

2022年，完成对澳门特区政府项目的供电，包括松山行人隧道、离岛医院及友谊大马路连接至新城A区的行车天桥等。

2022年，位于圣安多尼堂区旧区的一座集客户变电站及垃圾收集站为一体的公共设施，荣获2022年联合国教科文组织亚太区文化遗产保护奖。

2022年，完成智慧变电房试点项目，实时监测变电房以有效减低故障等风险及有助于风暴潮期间按实际水浸情况实施相应预案。

2022年，电动车充电设施的建设，目前已覆盖全澳93%的公共停车场，并引入国标充电标准，对新建筑物内的停车位制定电动车充电的基建及电量要求。

（王　莹）

大事记

1月1日22:35:38 中国自主三代核电华龙一号迎来新年“开门红”：中核集团旗下中国核电控股的福清核电6号机组首次并网成功，开始向电网送出第一度电，成为全球第三台、中国第二台“华龙一号”并网发电机组。经现场确认，各项技术指标均符合设计要求，机组状态良好，为后续正式投入商业运行奠定坚实基础。

1月4日 中国大唐党组书记、董事长邹磊主持召开中国大唐能源保供工作领导小组2022年第1次会议，进一步深入学习贯彻落实习近平总书记重要讲话和重要指示批示精神，认真落实党中央、国务院决策部署，号召全体干部职工在新的一年持续攻坚克难、深化改革、创新发展，坚定扛好能源央企保供责任，为奉献一届奥运盛会贡献大唐力量。寇伟、时家林、刘广迎、曲波、张传江、彭勇、陶云鹏参加会议。

同日 河南省政府第三期“三个一批”(签约一批、开工一批、投产一批）活动在郑州举行。中国华电作为6家能源企业之一，应邀参加活动并与河南省政府签署战略合作协议。河南省委书记楼阳生出席活动并讲话。

1月5日 南方电网公司党组印发《关于进一步推进本质安全型企业建设的意见》，提出2035年全面建成本质安全型企业。

同日 中国电建在北京召开2022年工作会议，总结2021年工作，部署2022年重点工作任务。

1月6日 中国华电与远景能源有限公司在华电总部签署战略合作协议。中国华电党组书记、董事长温枢刚，远景科技集团CEO张雷出席并见证签约。

1月7日 国家能源局印发《电力业务资质许可流程规范》《电力业务资质许可服务规范》《电力业务资质许可监督与评价规范》（国能发资质规〔2022〕3号）。

1月8日 南方电网公司召开党史学习教育总结会议。

1月10日 南网碳资产管理（广州）有限公司在广州揭牌成立。

同日 吉林省委书记、省人大常委会主任景俊海一行到访中国大唐，受到中国大唐党组书记、董事长邹磊热情接待。双方围绕深化战略合作关系，共叙友谊、共谋发展，就推进能源产业深度合作等进行深入友好沟通并达成共识。吉林省委常委、省委秘书长胡家福，副省长李伟，省委副秘书长李晓辉；中国大唐党组副书记、董事时家林，党组成员、副总经理彭勇参加会谈。

当地时间1月10日 马达加斯加总统拉乔利那率能源与燃油部长安德里·拉马鲁松等相关人员到中国电建承担施工任务的安德卡勒卡电站视察。

1月11日 全国电力安全生产委员会表扬中国华电坚决贯彻党中央、国务院关于电力安全生产的各项决策部署，扎实落实国家能源局电力安全有关工作要求，在关键时刻充分发挥国家能源供应的“稳定器”“压舱石”作用，以实际行动践行“国之大者”，展现能源央企“顶梁柱”的责任担当。

同日 “中国梦杯 中国经济新闻人物——2021十大经济年度人物”颁奖盛典在北京举行，中国能建党委书记、董事长宋海良获评“2021十大经济年度人物”。

1月12日 由中电联和日本煤炭新领域机构（原日本煤炭能源中心）共同主办的2021年度中日联合委员会工作会议以视频方式召开。中电联常务副理事长杨昆、日本煤炭新领域机构理事长塚本修出席会议并讲话。

同日 广东清远抽水蓄能电站获中国土木工程詹天佑奖。

同日 国家能源局印发《2022年能源监管工作要点》（国能发监管〔2022〕4号）、《2022年能源监管重点任务清单》（国能发监管〔2022〕5号）、《关于2022年电力安全监管重点任务的通知》（国能综通安全〔2022〕1号）。

同日 国家能源局在北京召开2022年全国电力安全生产电视电话会议，贯彻落实党中央、国务院关于安全生产工作决策部署以及中央经济工作会议和全国能源工作会议精神，总结2021年电力安全生产工作，分析当前面临形势，部署2022年各项重点任务。

1月13日 《民政部关于表彰全国先进社会组织的决定》正式发布，中电联等281个社会组织获得“全国先进社会组织”荣誉称号，中国电力思想政治工作研究荣获“全国先进社会组织”称号。

同日 国家能源局印发《2022年资质管理和信用工作要点》（国能综通资质〔2022〕2号）。

同日 中国华电与临汾市人民政府在山西临汾签订战略合作框架协议。根据协议，双方将按照“新能源+储能”“光伏+”等发展思路，重点推进风电、光伏发电、抽水蓄能等新能源项目，积极开发“农光互补”复合新能源项目，推进生态农业与新能源发展融合，助力地方乡村振兴计划再上新台阶，共同实现高质量发展。

同日 中国华电青年精神素养提升试点工作启动大会在华电科工召开。中央企业团工委副书记、中央企业青联秘书长张蕾蕾，中国华电党组副书记、董事祖斌出席会议并讲话。

同日　由中国电建投资的、中资企业首个境外投资水电项目——柬埔寨甘再水电站实现连续安全稳定运行 3650 天，再次刷新安全生产纪录，成为中柬两国能源合作的典范项目。

1 月 14 日　国家能源局印发《2022 年能源行业标准计划立项指南》。

同日　第十九届中国土木工程詹天佑奖评选结果公布。中国能建江苏电建一公司、江苏电建三公司承建的国家能源集团宿迁 2×660MW 机组工程，山西院承建的太古供热项目荣获第十九届中国土木工程詹天佑奖。

同日　中电联党委书记、常务副理事长杨昆在中电联本部会见了来访的丝元投资有限责任公司执行董事、党委书记韩红梅一行，双方就更好服务电力企业“走出去”、开拓境外市场投资机会进行了深入探讨与交流。丝元投资副总裁佟庆、中电联监事长潘跃龙参加会见。

同日　中国华电党组召开党史学习教育总结会议，深入学习贯彻习近平总书记关于党史学习教育的系列重要讲话和重要指示精神，贯彻落实中央党史学习教育总结会议精神和国资委党委部署要求，总结中国华电系统党史学习教育成效经验，对巩固拓展党史学习教育成果进行安排部署。党组书记、董事长温枢刚讲话，中央企业党史学习教育第三指导组组长徐平出席会议并讲话。党组副书记、董事、总经理叶向东，党组成员邵国勇、王宏志、王绪祥、张雯、吴敬凯、李旭红出席会议。会议由党组副书记、董事祖斌主持。

同日　由龙源电力太阳能公司独立研发的拥有自主知识产权的国内首例海上半潜式光伏平台及系泊系统试验模型正式下水。

1 月 15 日　中国大唐召开 2022 年工作会议。

同日　中国华电党组召开领导班子党史学习教育专题民主生活会。中央企业党史学习教育第三指导组组长徐平等到会指导并对会议进行了点评。温枢刚代表领导班子作对照检查，带头认领班子对照检查发现的问题并做个人对照检查发言。党组副书记、董事、总经理叶向东和其他班子成员逐一认领班子对照检查发现的问题，并进行对照检查发言。

1 月 17 日　国家能源局在北京召开能源监管工作会议。会议贯彻党的十九大和十九届历次全会精神，落实中央经济工作会议和全国能源工作会议要求，总结 2021 年能源监管工作，部署 2022 年能源监管任务。

同日　中国华能集团有限公司二届三次职工代表大会暨 2022 年工作会议在北京召开。

同日　中国华能集团有限公司在北京召开党的建设工作会议，总结 2021 年党的建设工作，安排 2022 年工作。

1 月 18 日　中国华电职工健康管理服务云平台上线启动会在北京召开。中国能源化学地质工会主席、分党组书记张波，中国华电党组副书记、董事祖斌出席会议并讲话。

同日　国电电力在 2021 年中国上市公司百强奖评选中，获得中国百强企业奖、中国百强特别贡献企业奖、中国百强最佳管理运营奖“三项奖项”。

1 月 19 日　国家能源局印发《关于发布 2022 年核电重大专项科研设施及验证平台开放共享的通知》（国能综通核电〔2022〕7 号）。

同日　南方电网公司召开第三届职工代表大会第五次会议暨 2022 年工作会议。

1 月 20 日　国家电投拥有自主知识产权的“容和一号®”铁-铬液流电池堆量产线投产，每条产线每年可生产 5000 台 30 千瓦“容和一号®”电池堆，标志着量化供货的最后堵点已彻底打通。

1 月 24 日　国家能源集团在北京发布燃煤锅炉混氨燃烧技术开发成果。中国工程院院士黄其励、岳光溪、刘吉臻，国家发展改革委、国家科技部、国务院国资委等有关部委领导，中国华能、中国大唐、中国华电、国家电投等企业科技部门负责人或代表出席会议。国家能源集团党组成员、副总经理冯树臣，中国电力企业联合会党委委员、专职副理事长安洪光出席发布会并致辞，会议由国家能源集团党组成员、副总经理杨吉平主持。

同日　龙源电力在深圳证券交易所挂牌上市。

当地时间 1 月 24 日　由中国电建承建的阿曼最大可再生能源项目——阿曼伊卜里光伏项目竣工。

1 月 25 日　中电联召开 2021 年度代管协会党支部书记抓党建述职评议考核会，党委书记、常务副理事长杨昆主持会议并作总结讲话，党委委员、专职副理事长于崇德，党委委员、秘书长郝英杰，党委委员、纪委书记江宇峰出席会议。

1 月 26 日　中电联本部 2022 年工作会议在北京召开，会议以习近平新时代中国特色社会主义思想为指导，深入贯彻党的十九大、十九届历次全会、中央经济工作会议、全国能源工作会议精神，全面落实中电联 2021 年理事长会议和 2022 年第一次理事长办公会议要求，总结经验，分析形势，表彰先进，部署任务，积极履行职责使命，充分发挥功能作用，全力促进电力工业高质量发展。中电联理事长、国家电网公司董事长、党组书记辛保安出席会议，并发表题为“凝聚全行业奋进力量，促进电力高质量发展，以优异成绩迎接党的二十大胜利召开”的讲话。中电联常务副理事长、党委书记杨昆作题为“砥砺奋进，勇毅前行，奋力开创国际一流协会建设新局面”的工作报告。专职副理事长、党委委员于崇德、安洪光，秘书长、党委委员郝英杰，纪委书记江宇峰出席会议。

同日 中国华能党组召开党史学习教育专题民主生活会。会上，舒印彪代表领导班子通报了会议准备情况、征求意见情况和上年度民主生活会整改措施落实情况，并代表领导班子做对照检查，认真查摆突出问题，深刻剖析原因，明确整改措施。

同日 中国能建“30·60”研究院、数科集团在京揭牌正式成立。

1 月 27 日 国家能源局印发《关于深刻汲取事故教训切实加强电力安全生产工作的通知》(国能综通安全〔2022〕11 号)、《水电站和小散远发电企业安全风险隐患排查整治专项行动方案》(国能综通安全〔2022〕12 号)。

同日 中国电力企业联合会举办新闻发布会，中电联秘书长、新闻发言人郝英杰发布《2021—2022 年度全国电力供需形势分析预测报告》，人民日报、中央广播电视总台、经济日报等近 20 家新闻媒体的记者参加发布会。

同日 南方电网公司和深圳供电局入选首批“国有企业公司治理示范企业”。

1 月 28 日 国家能源局印发《电力行业危险化学品安全风险集中治理实施方案》(国能发安全〔2022〕21 号)。

同日 南方电网公司与中国建筑集团签署战略合作协议。

同日 辽宁省人民政府副省长、党组成员王明玉一行到华电金山所属丹东热电公司视察“保供”等工作，并走访慰问坚守岗位的一线员工。

1 月 29 日 国家发展改革委、国家能源局联合印发《“十四五”新型储能发展实施方案》(发改能源〔2022〕209 号)。

同日 水利部、国家能源局联合印发《关于全面开展水电站等水利设施风险隐患排查整治工作的通知》(水监督〔2022〕50 号)。

同日 云南省副省长杨斌到华电昆明公司就生产经营、能源保供等工作进行调研。

1 月 30 日 国家发展改革委、国家能源局联合印发《关于完善能源绿色低碳转型体制机制和政策措施的意见》(发改能源〔2022〕206 号)。

2 月初 国务院国资委发布了国有企业公司治理示范企业名单，中国三峡集团及所属长江电力均入选。

2 月 1 日 阿根廷核电公司与中核集团以及中核集团中国中原、中国中原阿根廷分公司正式签署阿根廷阿图查三号核电站项目设计采购和施工合同。阿根廷布宜诺斯艾利斯省省长基希洛夫、阿根廷驻华大使牛望道、阿根廷核电公司总裁安图内斯；中国驻阿根廷大使邹肖力，中国国家原子能机构国际合作司副司长黄平；中核集团董事长余剑锋、纪检监察组组长王杰之、副总经理申彦锋、总会计师王学军，总法律顾问李朝晖、副总经济师王安民以及战略咨询委员会委员李晓明等出席。

同日 山西省委常委、常务副省长张吉福到华电山西公司调研能源保供工作。

2 月 2 日 《中巴深化核能合作框架协议》签字仪式在巴基斯坦驻华大使馆举行。巴基斯坦驻华大使穆因·哈克，中核集团党组成员、副总经理申彦锋分别代表巴基斯坦原子能委员会和中核集团在协议上签字。巴基斯坦驻华大使馆副馆长艾哈迈德·法鲁克、科技公使阿谢德·马哈穆德；中国国家原子能机构国际合作司副司长黄平；中核集团产业开发与国际合作部副主任申立新；中国中原董事长王永福、总经理张国良、总会计师程磊等出席仪式。

2 月 4 日 北京 2022 冬奥会开幕之际，由中核集团旗下中国核电冠名的以“核能助力双碳目标、清洁赋能美好生活”“核力碳达峰、助力碳中和”为主题的“零碳号”高铁冬奥线专列发车。

2 月 5 日 中国电建党委书记、董事长丁焰章在北京与巴基斯坦总理伊姆兰·汗举行视频会谈。双方围绕进一步加强国际合作、实现共同发展进行了深入交流并达成共识。

2 月 7 日 中国大唐党组书记、董事长邹磊主持召开能源保供工作领导小组 2022 年第 5 次会议，深入学习贯彻落实习近平总书记重要讲话和重要指示批示精神，要求全体干部职工以饱满的精神状态、扎实的工作作风，坚决做好节后能源保供、冬奥保电等各项工作，不断推动“二次创业”走深走实，努力实现一季度“满堂红”。寇伟、时家林、刘广迎、王瑛、曲波、张传江、彭勇、陶云鹏参加会议。

当地时间 2 月 7 日 由中广核牵头的中国自主三代核电技术“华龙一号”英国通用设计审查（GDA）设计认可确认（DAC）和设计可接受性声明（SoDA）颁证仪式在英国伦敦举行，标志着“华龙一号”通过英国通用设计审查。

2 月 8 日 南方电网公司董事长、党组书记孟振平，董事、总经理、党组副书记王宏志与广东省委常委、广州市委书记林克庆，市委副书记、市长郭永航一行举行会谈。

同日 南方电网公司与哈尔滨电气集团有限公司签署战略合作协议。

同日 中国电力企业联合会发布“2021 年度全国

电力行业党建创新典型案例”，中国华电系统“中国华电党的建设与生产经营‘四融入、四发力’创新实践案例”等6项案例入选。

2月10日 南方电网公司董事长、党组书记孟振平与云南省委副书记、省长王予波一行举行会谈。

同日 中国电建党委书记、董事长丁焰章与亿利集团党委书记、董事长王文彪举行会谈，并见证双方战略合作协议签署。中国电建党委常委、副总经理刘源与亿利集团执行董事、总裁尹铖国代表双方签约。

2月14日 国家电网公司和美国McDermott公司组成的联合体中标BorWin6海上风电柔性直流输电工程换流站项目。BorWin6海上风电柔性直流输电工程海上风电场位于德国北海海域，是该区域目前装机容量最大的风电并网配套工程，计划于2027年底投运。

同日 中国华电党组书记、董事长温枢刚，党组副书记、董事、总经理叶向东在呼和浩特拜会内蒙古自治区党委书记、人大常委会主任石泰峰和自治区党委副书记、自治区主席王莉霞，并赴华电内蒙古公司调研。内蒙古自治区党委常委、常务副主席黄志强，党委常委、秘书长于立新参加会见，中国华电党组成员、副总经理吴敬凯参加会见和调研。

2月16日 国家能源局印发《关于做好2022年度电力建设工程开复工安全管理有关工作的通知》(国能综通安全〔2022〕16号)。

2月17日 中国华电党组副书记、董事、总经理叶向东在总部会见新疆国资委党委书记、副主任王刚一行。双方就进一步加强合作交换了意见。党组成员、副总经理吴敬凯参加会见。

同日 中国三峡集团董事长、党组书记雷鸣山，总经理、党组副书记韩君在青海省西宁市拜会青海省委副书记、省长信长星。双方举行座谈并共同见证签署共同打造生态文明和清洁能源产业高地合作协议。

2月18日 中国华电2022年形势任务教育读本《我与时代同奋进——2022年形势任务教育读本》正式发布。该读本深入解读党的十九届六中全会精神，全面展示中国华电2021年工作业绩，深入分析当前面临的内外部形势任务，着重对中国华电2022年重点工作任务特别是“六个更加注重”的部署要求进行全面解读。

2月21日 由中央广播电视总台举办的第二届“中国品牌强国盛典”活动在北京举行。本届盛典以“中国信心 品牌力量”为主题，推选出十大“国之重器”品牌、十大“国品之光”品牌以及“年度特别贡献”品牌。中国三峡集团获选十大“国之重器”品牌。

2月22日 国务院安委会办公室春节冬奥期间安全生产督导检查组组长、国家能源局副局长余兵，国家能源局电力安全监察司发电处副处长秦王玉一行到华电河南公司督导检查春节冬奥期间安全生产工作。

同日 中核集团在北京举办综合智慧能源发展论坛暨同方智慧能源集团成立大会。会上，中核集团碳达峰碳中和研究中心、同方智慧能源集团和碳中和创新研究院成立揭牌，同方智慧能源集团与多家战略合作伙伴进行签约。

同日 上海证券交易所向中国能建颁发了2021年度“资产证券化创新业务优秀发起人”和“公司债券优秀发行人”奖项，这是中国能建首次在上交所同时荣获双项“优秀发行人”荣誉。

2月23日 国务院国资委公布国有企业公司治理示范企业名单，中国能建作为中央企业入选。

2月24日 中电联专家委员会2022年工作座谈会在北京召开。中电联党委书记、常务副理事长、专家委员会主任委员杨昆出席会议并讲话，专家委员会副主任委员郭剑波、雷宪章、魏昭峰、王志轩及首席专家、特聘研究员出席会议。党委委员、专职副理事长于崇德、安洪光，党委委员、秘书长郝英杰，党委委员、纪委书记江宇峰出席会议。

同日 “中国能谷”(启动区)项目在南京开工。该项目由中国华能与南京市人民政府携手合作，位于南京市麒麟片区，总投资约300亿元，建筑面积约160万m^2。该项目以建设能源领域全产业链产业集群为目标，将构筑集技术研发、资本孵化、示范应用、机制创新于一体的产业生态圈，打造具有国际影响力的“能源科技策源地、能源产研创新园、能源应用示范区、低碳智慧未来城”。

同日 中国大唐乡村振兴领导小组召开2022年第1次会议，深入贯彻习近平总书记重要讲话和指示批示精神，认真学习中央一号文件(《中共中央国务院关于做好2022年全面推进乡村振兴重点工作的意见》)精神，总结2021年工作，研究部署2022年乡村振兴工作。党组书记、董事长、乡村振兴领导小组组长邹磊主持会议并讲话。寇伟、时家林、刘广迎、王瑛、曲波、张传江、彭勇、陶云鹏参加会议。

2月25日 中电联在北京召开2022年电力行业可靠性管理工作研讨会。会议介绍了2022年电力行业可靠性管理重点工作及秘书处挂靠可靠性管理中心的中电联分支机构的情况，并广泛听取了各企业的意见建议。中电联党委委员、专职副理事长于崇德，中电联副秘书长许松林，各企业分管可靠性工作的部门负责人及可靠性专业人员等参加了会议。

同日 南方电网公司印发《南方电网公司关于加快推进世界一流企业建设的实施方案》。

同日 中俄核能合作项目中核集团田湾核电站8

号机组核岛反应堆厂房筏基底板开始浇筑第一罐混凝土（FCD），标志着8号机组正式开工，中俄核能合作项目田湾核电站7、8号机组双双进入全面建设阶段。

同日 由中国电建所属电建新能源集团10个新能源项目同时开工，总装机容量达907.4MW，实现了开年工程建设“开门红”。

2月26日 南方电网全国首个变电站景观及功能设计国际竞赛院士论坛、成果发布会在广州变电站科普中心举办。

2月28日 2020年迪拜世博会中国馆线上特别活动——中核集团核燃料开放日以多语种形式面向全球观众在线上直播举行，这是中国核燃料产业首次以直播方式向全球进行展示。

同日 中广核成员公司能源国际所属埃德拉公司马六甲项目3号机组投入商业运行，标志着东南亚规模最大的联合循环燃气发电厂建成投产，中广核成为马来西亚第二大独立发电商，在马来西亚、埃及、孟加拉国等“一带一路”沿线国家的总装机规模达726.08万kW，境外清洁能源总装机容量达1322.02万kW。

同日 由国家电投主办的“国和一号”产业链联盟成立大会暨首届会员大会在上海举办。大会发布了产业链联盟宣言。宣言指出，“国和一号”产业链联盟将全面提升“国和一号”产业链完整性、安全性和先进性，到2023年，全面实现100%设备国产化能力，到2025年，建成“技术上最先进最安全、装备上完全自主可控、经济上有显著竞争优势”的三代核电产业链，成为具有全球竞争力的核电产业联盟。

2月 作为北京2022年冬奥会和冬残奥会官方合作伙伴，中国三峡集团践行北京冬奥精神，积极保障北京2022年冬奥会和冬残奥会顺利举办，助力北京冬奥场馆实现奥运史上首次100%绿电供应，用清洁能源赋能北京冬奥，以优质服务彰显北京冬奥精神。

3月1日 由中国电建所属华东院全过程勘测设计，水电十二局、十四局承建的浙江长龙山抽水蓄能电站4号机组投入商业运行。

3月3日 中国大唐党组书记、董事长邹磊，总经理、党组副书记寇伟在总部会见哈尔滨电气集团有限公司（简称哈电集团）党委书记、董事长曹志安，总经理、党委副书记吴伟章一行，双方就进一步深化合作，更好服务“碳达峰”“碳中和”目标，推进能源产业深度合作等进行深入友好沟通并达成广泛共识。中国大唐党组成员、副总经理曲波、彭勇，哈电集团党委常委、副总经理吕智强、沈同参加会见。

3月4日 全国政协十三届五次会议在北京开幕。全国政协委员、中国大唐党组书记、董事长邹磊认真履职尽责，积极参政议政。会议期间，邹磊向大会提交了《壮大能源绿色低碳技术及关联产业，培育经济发展新动能》等提案。

同日 由中广核工程设计院仪控所牵头申报的国际标准PNW 45A-1418 ED1：*Nuclear power plants-Control rooms-General requirements of operational management data processing and operator supporting system*（*Project leader：Gu Hai Xia*）（《核电厂控制室运行管理层数据处理与运行支持系统总体要求》）正式通过IEC（International Electrical Commission国际电工委员会）立项，该标准是中广核工程在核能领域牵头主编的首个国际标准。

同日 由中国能建华东院、江苏电建三公司联合负责设计、施工的“华龙一号”海外示范工程——巴基斯坦卡拉奇核电工程3号机组首次并网成功。

3月10日 中电联召开本部2022年新闻宣传工作会议，中电联党委书记、常务副理事长杨昆出席会议并讲话，会议传达了国资委宣传思想工作会议有关精神，党委委员、专职副理事长于崇德、安洪光，党委委员、纪委书记江宇峰出席会议，党委委员、秘书长郝英杰主持会议。

同日 由南方电网公司牵头承担的国家重点研发计划项目“海水抽水蓄能电站前瞻技术研究”通过验收。

3月11日 中国华电自主研制的国内首套F级燃气轮机控制系统（TCS）在江苏华电戚墅堰电厂2号机组成功投运。这是继2021年投运国内首套E级燃机TCS之后，中国华电再次取得燃机控制领域关键核心技术的重大突破，实现了从E级到F级的新跨越。

3月12日 新疆与中央企业产业兴疆恳谈会在北京举行。中国华电党组书记、董事长温枢刚出席会议，并代表中国华电与新疆维吾尔自治区人民政府签署项目合作协议。

3月14日 南方电网公司党组召开第十轮巡视动员部署会。本轮巡视对北京分公司临时党委、产业投资集团党委开展常规巡视，对广西新电力集团党委开展提级巡视，并首次采用巡视带巡察方式对广东电网公司中山供电局、云南电网公司红河供电局、南网数字集团深圳数研院党委开展提级巡视。

同日 中国华电党组书记、董事长温枢刚在总部会见哈电集团董事长、党委书记曹志安一行。中国华电党组成员、副总经理吴敬凯，哈电集团党委常委、副总经理吕智强、沈同参加会见。

同日 中国电建党委副书记、总经理王斌在总部会见了到访的明阳智慧能源集团党委书记、董事长张传卫一行。双方就积极服务国家战略，推进新能源领域合作等事项展开友好会谈，并共同见证签署战略合作框架协议。

3月15日 广州电力交易中心组织开展了南方区域2021年度跨区跨省可再生能源电力消纳量交易，共计成交可再生能源电力消纳量105亿kWh，交易规模创新高。

同日 随着最后一批冬残奥会工作人员乘坐搭载国家电投全自主研发“氢腾”燃料电池系统的大巴，踏上返程之路，国家电投保障北京冬奥会冬残奥会工作全部完成。保障期间，“氢腾”大巴行驶总里程89万km，执行接驳任务7205车次；中关村延庆园加氢、充电站为692辆次氢燃料电池客车加氢7.68t，充电54辆次；各风光场站累计发电4.7亿kWh；“御风”系统气象监测到报率和及时率均为100%；“灵雀-H”等无人机累计巡检30余架次。

3月16日 中国华能主导制定的国际标准《消毒剂使用时金属腐蚀防护指南》（ISO TR 7655：2022）正式发布，填补了消毒剂腐蚀领域国际标准的空白，是中国华能在国际标准化工作中取得的又一次重大突破。

同日 中国华电党组书记、董事长温枢刚在总部会见中能传媒党委书记、董事长樊剑英一行。党组副书记、董事祖斌参加会见。

同日 由中国电建EPC总承包的“一带一路”沿线西非区域的大型基础设施建设项目马里古伊那水电站首台机组正式并网发电。

3月17日 国家能源局印发《2022年能源工作指导意见》（国能发规划〔2022〕31号）。

同日 国家电网公司召开浙江泰顺、江西奉新抽水蓄能电站项目开工动员大会，两座抽水蓄能电站总投资147亿元，总装机容量240万kW。

同日 华电乌鲁木齐100万kW风光电基地项目正式开工投建。

同日 由中国电建所属电建国际公司与中国电力工程公司联合体中标的尼日利亚宗格鲁水电站首台机组成功发电。

3月18日 中国海拔最高的百万千瓦级水电站——国家开发投资公司投资、中国电建设计建设的雅砻江两河口水电站最后一台机组完成72h试运行，正式投入商业运行。至此，两河口水电站6台50万kW机组全部投产发电。

3月19日 由中国电建承建的被誉为尼泊尔“三峡工程”的最大水电站——上塔马克西水电站全面投产。

3月20日 由中国电建所属水电十六局与成都院共同实施的塔吉克斯坦格拉夫纳亚水电站技改项目，总统埃莫马利·拉赫蒙再次亲临现场，亲手按下了第四台机组的启动按钮正式发电。

3月21日 由中国能建东电一公司总承包建设的孟加拉国最大发电项目——帕亚拉2×660MW超超临界燃煤电站项目落成典礼举行，孟加拉国总理哈西娜出席揭牌并致辞。

3月22日 经国家能源局批准，电力行业标准《火电厂烟气二氧化碳排放连续监测技术规范》（DL/T 2376—2021）正式实施。该标准作为首个二氧化碳排放连续监测行业技术标准，填补中国发电领域碳排放连续监测技术行业标准空白，进一步完善了发电行业碳排放监测核算技术体系，从技术标准层面为做好碳达峰、碳中和工作奠定了核心基础。

3月23日 中电联党委书记、常务副理事长杨昆主持中电联党委理论学习中心组2022年第一次学习（扩大）会，专题学习习近平总书记“两会”期间重要讲话精神和全国“两会”精神。党委委员、专职副理事长于崇德、安洪光，党委委员、秘书长郝英杰，党委委员、纪委书记江宇峰参加会议。

同日 生态环境部部长黄润秋一行到华电四川宝珠寺电厂调研生态建设、环境保护等工作。

3月23日21:19 中广核“华龙一号”首堆示范项目——防城港核电站3号机组热态功能试验正式开始。

3月24日 中电联在北京举办以“聚焦新形势服务碳达峰”为主题的“2022年经济形势与电力发展分析预测会”，中电联党委书记、常务副理事长杨昆出席会议并作主旨演讲。会议采用“现场＋视频”相结合的方式召开，中电联党委委员、专职副理事长于崇德、安洪光，党委委员、秘书长郝英杰，党委委员、纪委书记江宇峰及监事长、副秘书长出席会议，中电联理事长单位、在京副理事长单位有关负责人参加现场会议，中电联京外副理事长单位、常务理事和会员单位、科研院校领导及有关人员以视频方式参加会议，会议期间各类浏览量超过35万人次。

同日 国家电网公司召开福州—厦门、驻马店—武汉1000kV特高压交流输变电工程开工动员大会，福州—厦门工程新建长泰变电站，扩建榕城、集美变电站，新增变电容量600万kVA，建设双回1000kV输电线路238km，驻马店—武汉工程新建双回1000kV输电线路287km。

同日 中国大唐与中国安能建设集团有限公司（简称中国安能）在北京签署战略合作协议。中国大唐党组书记、董事长邹磊，总经理、党组副书记寇伟；国务院国资委党委委员、中国安能党委书记、董事长周国平，中国安能总经理、党委副书记周庆丰出席并见证签约。中国大唐党组成员、副总经理彭勇，中国安能党委常委、副总经理吴汉明分别代表双方签署战略合作协议。

同日 中国华电党组书记、董事长温枢刚在总部视频会见日立能源总裁方秦（Claudio Facchin）。党组成员、副总经理李旭红参加会见。

3 月 25 日 山西省人民政府党组成员、副省长于英杰一行赴华电山西公司调研科技创新工作并开展座谈交流。山西省政府副秘书长赵光国、省科技厅副厅长张其光陪同调研。

同日 中核集团福清核电 6 号机组具备投入商业运行条件，标志着中国自主三代核电“华龙一号”示范工程全面建成，中国能建华东院、安徽电建二公司联合参与设计、建设。

3 月 28 日 中广核研究院自主研发的新燃料运输容器获得哈萨克斯坦发明专利。ANT-12A 型新燃料运输容器是国家“一带一路”重点项目——中哈组件厂顺利投产的关键设备，本次在哈成功申请的发明专利包括新燃料运输容器及其核心部件，经国际 PCT（专利合作条约）组织机构在其 152 个成员国或地区进行系统检索，均获得新颖性和创造性认可。

3 月 29 日 中国核学会公布了第四批全国核科普教育基地，全国范围内共有 6 家单位获评，中广核阳江核电基地是本次唯一获评的核电企业，中广核研究院首次获得第四届中国核学会科普奖先进单位（全国共计 10 家）。

同日 由中国电建设计和承担主体工程建设、中国能建葛洲坝市政公司参与建设的山东沂蒙抽水蓄能电站 4 号机组投产发电。电站比国家核准工期提前一年全面投入商业运行。

同日 由中国能建设计建设的世界单元容量最大的背靠背柔直换流站——粤港澳大湾区直流背靠背广州工程正式投产。

同日 全球载电量最大、智能化最先进、安全保障最全面、推进负载最丰富的新能源游轮——“长江三峡 1”号纯电动游轮在宜昌茅坪港举行首航仪式，正式投入使用。

同日 国内首个大型绿色零碳数据中心——三峡东岳庙数据中心一期工程竣工投产。该项目是中国三峡集团落实国家“双碳”目标，主动融入国家“东数西算”布局，推进“十四五”数字化转型的重大项目。

3 月 30 日 国家能源局召开 2022 年提升“获得电力”服务水平工作推进会，贯彻落实党中央、国务院关于深化“放管服”改革优化营商环境工作的决策部署，对“获得电力”工作进行再动员、再部署、再落实。

同日 甘肃省产能最大的华能核桃峪煤矿建成投产。煤矿位于甘肃省庆阳市，是华能陇东多能互补综合能源基地的组成部分。

同日 致公党中央召开“构建现代能源体系，统筹推进碳达峰碳中和”重点调研座谈会，研讨双碳背景下的能源发展问题。全国政协副主席、致公党中央主席、中国科协主席万钢，全国政协常委、副秘书长，致公党中央常务副主席蒋作君出席会议。中国大唐党组书记、董事长邹磊作为四家受邀中央企业代表之一参加会议并作交流发言。

3 月 31 日 中国华电党组书记、董事长温枢刚赴华电科工开展专题调研，出席中国华电氢能技术研究中心揭牌仪式和中国华电青年精神素养提升试点工作专题调研座谈会。党组成员、副总经理王绪祥参加调研。

3 月 中广核玉屏低温供热堆科技创新示范项目列入 2022 年贵州省重大工程和重点项目名单。

3 月 由中国能建工程研究院主编的两项国家标准《塔式太阳能热发电站吸热器技术要求》和《塔式太阳能热发电站吸热器检测方法》正式发布，两项标准的发布填补了国内该领域技术标准的空白。

4 月 1 日 中国大唐党组书记、董事长邹磊，总经理、党组副书记寇伟在总部会见中国南水北调集团有限公司党组书记、董事长蒋旭光，党组副书记、总经理张宗言一行，双方围绕服务国家重大战略实施、推进产业合作等进行深入沟通交流并达成广泛共识。中国大唐党组成员、副总经理彭勇，中国南水北调集团有限公司党组成员、副总经理孙志禹参加会见。

4 月 2 日 国资委以视频形式召开中央企业创新联合体工作会议，深入学习贯彻习近平总书记关于科技创新重要论述，回顾总结两年来中央企业创新联合体实践探索，研究部署下一步工作。中国华电党组书记、董事长温枢刚参加会议并作交流发言，党组成员、副总经理王绪祥参加会议。

同日 中国科学技术协会官网正式发布《2021—2025 年第一批全国科普教育基地名单》，中广核五家清洁能源基地——中广核红沿河核电基地、中广核宁德核电基地、中广核大亚湾核电基地、中广核阳江核电基地、中广核磨豆山新能源基地成功入选。

4 月 6 日 中国华电党组成员、副总经理吴敬凯在总部会见中国南水北调集团党组成员、副总经理孙志禹一行。

4 月 7 日 国家能源局印发《全国电力安全生产大检查工作方案》（国能发安全〔2022〕44 号）。

4 月 8 日 “中国国际经济交流中心——联合国

开发计划署氢能产业高峰论坛”以线上线下相结合的方式举行。中国华电党组书记、董事长温枢刚出席会议并在“央企氢能布局与双碳战略”闭门会中作交流发言。

同日 北京冬奥会、冬残奥会总结表彰大会在人民大会堂举行。国家能源集团党组书记、董事长王祥喜参加冬奥会、冬残奥会总结表彰大会。国网北京电力、国网冀北电力张家口供电公司荣获“北京冬奥会、冬残奥会突出贡献集体”称号，冬奥电力运行中心运行团队场馆秘书长张岩荣获“北京冬奥会、冬残奥会突出贡献个人”称号。

同日 国防科工局科技委副主任张建华等专家出席“华龙一号首堆工程国防科技成果鉴定会”。会议一致认为“华龙一号”首堆工程技术创新特别显著，经济和社会效应特别明显，对带动中国先进核能技术研发、高端设备制造业发展和国防建设的意义特别重大，一致同意该项目通过国防科技成果鉴定。下一步，将瞄准国防科技进步奖特等奖为目标，做好后续国防奖和国家奖申报组织工作。

4月10日 中国电建所属山东电建宁夏公司承建的华能清港滩涂渔光互补光伏电站项目实现全容量并网。该项目是全国首座潮间带全渔光互补项目。

4月12日 国家能源局印发《核电厂消防验收评审实施细则》(国能发核电规〔2022〕45号)。

同日 中电联2022年党建暨纪检监察工作会议在北京召开。国资委协会党建局史彩言到会指导，中电联党委书记、常务副理事长杨昆出席会议并作党建工作报告，会议传达了国资委2022年党建工作会议有关精神，组织学习了党的十八大以来习近平总书记关于社会组织的重要论述，党委委员、专职副理事长于崇德、安洪光，党委委员、秘书长郝英杰出席会议，党委委员、纪委书记江宇峰出席会议并作纪检监察工作报告。

同日 中国华能召开一季度经济活动分析会。

同日 中国电建党委书记、董事长丁焰章在杭州拜会浙江省委副书记、省长王浩，并共同见证签订全面战略合作框架协议。浙江省委常委、常务副省长陈金彪，省政府秘书长暨军民；中国电建党委常委、副总经理刘源等出席活动。

4月14日 国家能源局印发《关于切实做好2022年电力行业防汛抗旱工作的通知》(国能综通安全〔2022〕33号)。

4月15日 中央组织部组织开展的第十六届全国党员教育电视片观摩交流活动圆满结束，中国华电选送的典型事迹片《临危驰援》荣获二等奖。

同日 国家能源欧洲研究院正式在德国注册成立，位于德国首都柏林。

4月16日 中国能建中南院、华东院、东北院参与设计的陕北—湖北特高压输电工程正式投运。

4月18日 由中国中原对外工程有限公司总承包建设的华龙一号全球第四台、海外第二台机组——卡拉奇3号机组通过临时验收。至此，“华龙一号”海外首个工程两台机组全面建成投产。中核集团总经理顾军、巴基斯坦原子能委员会主席阿里·拉扎出席活动并致辞，中国中原董事长王永福、巴基斯坦原子能委员会核电委员赛义德•雷哈曼、中国中原副总经理兼卡拉奇核电项目总经理赵立东、卡拉奇核电站总经理穆赫辛·费亚兹签署文件。

4月19日 第十九届中央候补委员，西藏自治区党委副书记，区政府党组书记、主席严金海到金沙江上游华电苏洼龙电站调研，现场了解金上清洁能源基地开发建设情况。

4月20日 国务院总理李克强主持召开国务院常务会议，对已纳入国家规划的浙江三门、山东海阳、广东陆丰（采用“华龙一号”三代核电技术）3个核电新建机组项目予以核准。

4月21日 国家能源局印发《关于2021年可再生能源电力消纳责任权重完成情况的通报》(国能发新能〔2022〕47号)。

4月22日 2022年全国电力行业统计与分析工作会议暨电力行业统计年报会审会议在北京召开。会议贯彻落实党中央、国务院关于统计工作的决策部署，总结工作、交流经验、部署任务。中电联副秘书长沈维春主持会议，中电联统计与数据中心负责人作2021年全国电力行业统计与分析工作报告，有关工作人员通报2021年电力统计年报审查情况，与会代表交流了统计工作经验和论文成果。

同日 南方电网公司召开“建功新时代，喜迎二十大”习近平总书记重要指示批示精神再学习再落实再提升主题活动动员部署会暨南方电网公司党组和各二级单位党委理论学习中心组联学会。

同日 中国大唐党组书记、董事长邹磊在北京出席新型电力系统技术创新联盟成立大会并致辞。中国大唐党组成员、副总经理曲波出席成立大会。

同日 中国三峡集团在武汉召开总部机构和直属机构调整改革动员部署会。

4月23日 南方电网公司与中国扶贫基金会在北京举办“南网知行书屋”世界读书日系列活动。

同日 中国能建数科集团与应城市政府签订了世界首台、首套300MW级压缩空气储能示范工程投资协议，该示范工程项目是国内单机规模最大的绿色能源项目。

4 月 24 日 北京市人大常委会主任、党组书记李伟一行到天宁 1 号文化科技创新园，察看老旧厂房更新改造利用成效。中国华电党组成员、副总经理王绪祥陪同调研。

4 月 25 日 国家能源局印发《2022 年全国水电站大坝管理单位安全责任人名单》（国能综通安全〔2022〕36 号）。

同日 第十八届中国南方电网国际技术论坛举行，主题为"新型电力系统与数字电网建设"。

同日 中国华能 10 万 kW 湖南江口风电项目完成全容量并网运行。

同日 由中国能建工程研究院负责的"太阳能光热发电及热利用关键技术标准研究"通过综合绩效评价，该项目为中国能建首个牵头承担的国家重点研发计划。

4 月 26 日 国家能源局印发《风电场利用率监测统计管理办法》（国能发新能规〔2022〕49 号）、《关于加强电化学储能电站安全管理的通知》（国能综通安全〔2022〕37 号）。

同日 中国华能举行 2022 年二季度新能源项目集中开工仪式，超 1300 万 kW 新能源项目实现实体开工和施工准备，其中实体开工近 600 万 kW。

4 月 27 日 由南方电网公司党组主管，南方电网公司党建思想政治工作研究会主办的党建内刊——《南网党建》创刊发行。

同日 中华全国总工会公布"2022 年全国五一劳动奖和全国工人先锋号名单"。云南电网公司西双版纳供电局被中华全国总工会授予全国五一劳动奖状，池莲庆等 5 名员工被授予全国五一劳动奖章，广西电网公司来宾供电局主网调控班等 3 个集体被授予全国工人先锋号。中国华能 10 个集体和个人上榜，其中，3 个集体获全国五一劳动奖状，4 人获全国五一劳动奖章，3 个集体获全国工人先锋号。

同日 中国大唐与北京能源集团在北京签署战略合作协议。中国大唐党组书记、董事长邹磊，总经理、党组副书记寇伟；北京能源集团党委书记、董事长姜帆，党委副书记、总经理阚兴出席并见证签约。中国大唐党组成员、副总经理刘广迎，北京能源集团副总经理隋晓峰分别代表双方签署战略合作协议。

4 月 29 日 国家能源局印发《关于进一步加强电力行业地质和地震灾害防范应对工作的通知》（国能综通安全〔2022〕42 号）。

5 月 1 日 由中国电建所属水电十四局设计承建的布隆迪胡济巴济水电站首台机组投产发电仪式在项目现场举行，标志着电站首台机组正式进入运营阶段。

同日 国投钦州发电有限公司安健环管理部被授予"全国工人先锋号"荣誉称号。

5 月 5 日 余剑锋在中核集团总部与国际原子能机构（IAEA）总干事格罗西举行视频会谈，重点就 IAEA 提出的"核能发展协同和标准化倡议"深入交换意见，双方充分肯定了该倡议对世界小堆协同统一发展和部署应用的重要意义。余剑锋表示，希望 IAEA 继续发挥引领作用，促进各国核行业、企业团结起来，加强合作，推动世界核能可持续发展，为人类社会减排减碳、应对气候变化作出应有贡献。

同日 国家能源集团河曲电厂五寨南峰抽水蓄能（120 万千瓦）项目被列为国家抽水蓄能中长期规划储备项目，该项目是 2021 年 9 月国家抽水蓄能中长期规划发布后首批获得批复的新增纳规项目。

5 月 6 日 中共中央宣传部以云发布的方式，向全社会宣传发布国家电网公司员工钱海军的先进事迹，授予他"时代楷模"称号。

同日 国家能源局印发《国家能源局 2022 年深化"放管服"改革优化营商环境重点任务分工方案》（国能综通法改〔2022〕45 号）。

同日 福建省委书记尹力到华电周宁抽水蓄能电站调研视察。福建省委常委、常务副省长郭宁宁，省委常委、秘书长吴偕林，宁德市委书记梁伟新参加调研。

5 月 7 日 国家能源局发布 2022 年第 2 号公告，决定将"300MW 级变速抽水蓄能机组成套设备"等 75 个技术装备（项目）列为 2021 年度能源领域首台（套）重大技术装备项目。南方电网公司 6 个项目入选，数量排名第二。

此外，长缆科技参与研制的"基于自主绝缘和屏蔽材料的 500kV 直流陆缆系统"入选。该系统依托张北可再生能源柔性直流电网试验示范工程应用。张北柔性直流电网试验示范工程是国家电网公司贯彻落实"四个革命、一个合作"能源安全新战略的重大标志性工程，是世界上首个柔性直流电网工程，突破了柔性直流组网、容量提升与可靠性提升等三大技术难题，创造了 12 项世界第一。

同日 国家能源局公布《电力建设工程质量监督机构名录》（国能综通安全〔2022〕48 号）。

同日 大渡河智慧企业展示中心获评全国水电科普教育基地。该中心先后被授予清华大学"管理创新实践基地"、四川省企业联合会"智慧企业示范基地"、中国水力发电工程学会"梯级水电站群智能运行创新实践基地"等称号。

5 月 9 日 南方电网公司和工商银行、兴业银行、广发银行、中信银行、民生银行等 5 家银行在广州联合举办南方电网联名卡试点上线发行仪式，并正式签署合作协议。

同日 南方电网公司获评国家数据管理能力成熟度评估最高等级优化级（5级）。

5月11日 南方电网独龙江乡35kV联网工程正式投运，独龙江电网正式接入南方电网主网络，告别孤网供电历史。

同日 全国总工会召开2022年庆祝"五一"国际劳动节暨全国五一劳动奖和全国工人先锋号表彰大会，中国华电系统4个集体和2名个人荣获表彰。

同日 中央农村工作领导小组通报了2021年中央单位定点帮扶工作成效考核情况，中国华电获评最优等次"好"。

同日 2022年德国慕尼黑国际太阳能光伏展会在德国慕尼黑新国际展览中心盛大开幕。作为全球唯一量产双面IBC（叉背接触电池及组件技术）产品的光伏企业，黄河公司携最新的Andromeda（仙女座）系列多款IBC组件盛装亮相，聚焦了众多参展者的目光，引起欧洲市场的热烈关注。

同日 龙源电力碳资产公司建成行业首个燃料端碳排放在线监测系统，并通过100天试运行测试，实现100%碳排放指标数据全自动实时采集、传输、计算和分析。

5月13日 国家能源局发布2022年第4号公告：批准《智能风电场技术导则》等209项能源行业标准、*Specification for Preparation of Feasibility Study Report for Photovoltaic Power Projects*等23项能源行业标准外文版、《水电工程天然建筑材料勘察规程》等2项能源行业标准修改通知单。

同日 国家能源电科院"燃气发电氮氧化物全流程减排关键技术研究及应用"科技项目成果通过江苏省环境科学学会组织的技术成果鉴定，该成果整体达到国际先进水平，部分内容达到国际领先水平。

5月15日 国家能源集团甘肃公司首个130MW大型山地光伏项目全容量并网发电。

5月16日 新疆维吾尔自治区党委书记马兴瑞到华电轮台热电有限公司调研，自治区党委常委、政法委书记王明山，党委常委、统战部长祖木热提·吾布力，党委常委、秘书长哈丹·卡宾参加调研。

同日 由中国能建东北院、天津电建设计、承建的迪拜哈斯彦4台60万kW电站项目3号机组首次并网一次成功。

5月18日下午 中共中央政治局常委、国务院总理李克强视察中国三峡集团昆明调控中心，视频连线白鹤滩电厂，详细了解一线电力生产人员工作生活情况，充分肯定中国三峡集团在能源保供、防洪度汛等方面所作的贡献，希望中国三峡集团为保障能源安全、促进能源绿色低碳转型作出更大贡献。

同日 国家能源局发布2022年第3号公告：决定废止《国家电力监管委员会办公厅关于印发〈风力发电场并网安全条件及评价规范〉的通知》（办安全〔2011〕79号）等6件行政规范性文件。

同日 国家能源集团召开2022年电力项目集中开工仪式。

5月19日 中国华能成功发行交易所市场首单20亿元低碳转型挂钩债券。

5月20日 国家发展改革委办公厅印发《关于山西离柳矿区肖家洼煤矿项目调整建设规模的复函》，同意中国华电肖家洼煤矿及选煤厂建设规模由800万t/年调整为1200万t/年，标志着中国华电又一重点保供煤矿成功跨入千万吨级矿井行列。

5月23日 南方电网公司首个服务区域外参股投建抽水蓄能项目——乌海抽水蓄能项目在内蒙古开工。

同日 新疆维吾尔自治区党委副书记，区政府主席、党组书记艾尔肯·吐尼亚孜到华电伊犁煤电有限公司调研，详细了解企业安全管理、生产经营、技术创新、民族团结等工作开展情况。自治区人民政府党组成员、副主席孙红梅参加调研。

同日 贵州省人民政府副省长郭锡文一行到华电乌江公司思林发电厂对通航保畅、安全生产、防洪度汛和通航工程建设等方面工作进行视察调研。

5月24日 国家发展改革委、国家能源局联合印发《关于进一步推动新型储能参与电力市场和调度运用的通知》（发改办运行〔2022〕475号）。

同日 国家能源局印发《关于开展2022年电力行业"安全生产月"和"安全生产万里行"活动的通知》（国能综通安全〔2022〕52号）。

5月25日 由中国能建广东院、广东火电参与设计建设的世界上容量最大的粤港澳大湾区柔性直流背靠背电网工程投产，该工程将大幅提升粤港澳大湾区电力供应保障能力。

5月26日 江苏金坛盐穴压缩空气储能国家试验示范项目投产。这是中国压缩空气储能领域唯一国家示范项目，也是世界首个非补燃压缩空气储能电站。该项目由中国华能、中盐集团和清华大学三方共同开发，系统主设备均为国产首台套，标志着中国压缩空气储能技术实现从"理论实验"到"工程应用"质的飞跃。项目投产后可为地方电网提供6万kW调峰能力，一个储能周期可存储电量30万kWh，每年增加调峰电量约1亿kWh。项目远期规划100万kW，将打造中国大规模清洁物理储能基地。

同日 中国大唐召开学习贯彻习近平总书记在庆祝中国共产主义青年团成立100周年大会上重要讲话精神座谈会暨青年精神素养提升工程动员部署会，激励和带动广大团员青年在“二次创业”新征程上建功立业，在建设世界一流能源供应商新赛道上奋勇争先，以实际行动迎接党的二十大胜利召开。党组书记、董事长邹磊出席会议并讲话。党组副书记、总经理刘明胜出席会议，党组副书记时家林主持会议，刘广迎、曲波、张传江、彭勇参加会议。

同日 国家能源局公布了2021年度能源领域首台（套）重大技术装备名单，由中国能建西北院创新研发并总承包的“世界首台大型电站自然通风直接空冷（NDC）系统”荣列其中。

同日 中国能建江苏院设计的世界首个非补燃压缩空气储能电站——江苏金坛盐穴压缩空气储能国家试验示范项目正式投运，成为新型储能技术发展的里程碑。

同日 国内首艘“运输+起重”一体化深远海海上风电施工船——“乌东德”号，在江苏南通顺利出坞，标志着该船坞内建造及安装工作结束，将转入码头调试、系泊试验阶段。该船投运后将成为国内同类级施工船中甲板装载能力最强（1万t以上）、甲板面积最大（6200m^2）的船型。

同日 国家能源电科院创新成果“双碳背景下燃煤机组灵活运行安全经济关键技术研究与应用”通过由中国电机工程学会组织的技术鉴定，该项目成果总体技术达到国际先进水平，其中高温承压部件检测评估与控制技术和超低背压运行技术处于国际领先水平。

5月27日 国家能源局印发《2022年电力行业班组安全建设专项监管工作方案》(国能综通安全〔2022〕54号)、《燃煤发电厂贮灰场安全监督管理规定》（国能发安全规〔2022〕53号）。

同日 中电联发布中国电力企业管理党建创新优秀实践论文征集结果，中国华电《中国华电党的建设与生产经营“四融入、四发力”创新实践研究》等15篇论文入选《中国电力企业党建管理创新实践论文集》。

同日 华电龙游公司1号燃气机组及配套汽轮机组完成控制系统国产化改造并网发电，标志着中国华电在国内首次实现了燃气-蒸汽联合循环发电机组全站控制系统100%国产化。

5月28日 广东梅州、阳江两座百万千瓦级抽水蓄能电站全面投产，南方电网公司建成抽水蓄能装机容量最大、电网调节能力最强、清洁能源消纳比重最高的世界级湾区电网。

5月30日 由中国电建所属华东院总承包的中国首座潮光互补型光伏电站——龙源电力浙江公司（浙江龙源新能源发展有限公司）浙江温岭100MW潮光互补智能电站，实现全容量并网发电。这是中国首次将太阳能和潮汐能互补开发，标志着中国在海洋能源综合利用领域取得新成效。

5月31日 中电联党委召开迎接国资委党委巡视工作专题扩大会议。本次巡视是在中电联完成脱钩改革后，国资委党委对中电联党委的首次巡视。中电联党委书记、常务副理事长杨昆主持会议并对迎巡工作提出要求。党委委员、专职副理事长于崇德、安洪光，党委委员、秘书长郝英杰，党委委员、纪委书记江宇峰，党委委员王思强出席会议。会议印发了《中电联党委迎巡工作方案》。中电联成立党委迎巡工作领导小组，组长杨昆，副组长江宇峰，成员于崇德、安洪光、王抒祥、郝英杰、王思强。设置中电联党委迎巡工作领导小组办公室，以及6个中电联党委迎巡专项工作小组。

同日 中国大唐党组书记、董事长邹磊，董事、总经理、党组副书记刘明胜在总部会见国家电投党组书记、董事长钱智民，董事、总经理、党组副书记江毅一行，双方深入交流、共谋发展，就进一步深化战略合作达成广泛共识。中国大唐党组副书记、董事时家林，党组成员、副总经理彭勇，国家电投党组成员、副总经理卢洪早参加会见。

同日 国家能源集团福建公司漂浮式海上风电融合深海养殖关键技术研发与工程示范项目取得福建省科技厅立项批复。在世界上首次实现漂浮式风电与网箱养殖融合示范。

5月 中央农村工作领导小组通报了2021年中央单位定点帮扶工作成效考核评价情况，中国华能集团有限公司获评最高等次，在中央企业中排名前30%，在同类型能源企业中排名第一。

5月 第五届APEC ESCI最佳实践奖（APEC能源工作组下设唯一的项目奖）结果揭晓：国家电投“换电重卡-正在推动中国重型卡车运输的智慧低碳转型”项目从来自澳大利亚、加拿大、美国等17个经济体的65个项目中脱颖而出，一举荣获智慧交通金奖。

5月 国投甘肃售电有限公司与甘肃宗盛商贸有限公司共同签订了林业碳汇资源项目开发合作协议，央企与民企发挥各自优势，采取“合作开发、费用共担、利益共享”模式，首期共同新开发林业碳汇林地640亩，这标志国投甘肃售电在业务领域展开新布局。

6月1日 四川省雅安市芦山县、宝兴县相继发生6.1级、4.5级地震，华能四川公司积极应对尾水倒灌等险情，全力开展抢险救灾，迅速排查全域水电站安全隐患，陆续恢复电站供电。

同日 中央宣传部《思想政治工作研究》杂志“企业风采”专栏刊发中国华电党组题为《构建五大思政工作体系创建世界一流能源企业》的理论文章。

同日 辽宁省电力保供重点项目——华能大连热电厂3号机组投入商运。

同日 中广核研究院“广东省核电安全企业重点实验室”通过广东省科技厅验收及公示，正式挂牌成立。

同日 由中国电建所属华东院负责勘测设计，水电五局、十二局承担主要施工任务的世界额定水头最高的浙江天台抽水蓄能电站开工。

6月2日 金沙江溪洛渡水电站累计发电量突破5000亿kWh。

6月5日 由中国电建设计施工的布隆迪胡济巴济水电站最后一台机组完成72h试运行，至此，电站三台机组全部并网发电目标，标志着电站全部建成投产。

6月7日 由中国电建所属成都院EPC总承包的国家首批大型风电光伏基地项目、雅砻江流域水风光互补绿色清洁可再生能源示范基地标志性项目——位于四川省凉山州德昌县的腊巴山风电项目正式开工建设。

6月8日 江苏华电赣榆LNG接收站项目正式获得国家发展改革委核准批复，标志着中国华电首个LNG接收站项目前期工作取得重大突破。

同日 中国三峡集团董事长、党组书记雷鸣山，总经理、党组副书记韩君在南京市拜会江苏省委书记吴政隆，省委副书记、省长许昆林。双方举行座谈并共同见证签署共建美丽江苏全面战略合作协议。

同日 龙源电力主编的能源行业标准《智能风电场技术导则》（NB/T 10918—2022）获批准发布，并于11月13日起正式实施。

6月9日 国家能源局电力安全监管司司长苑舜一行莅临中电联，对中电联可靠性管理、电力工程质量监督工作进行调研指导。

同日 中国华电党组书记、董事长温枢刚在乌鲁木齐拜会新疆维吾尔自治区党委书记马兴瑞，自治区党委副书记、自治区政府主席艾尔肯·吐尼亚孜，双方就进一步深化政企合作、推动共赢发展进行深入交流。自治区党委常委、常务副主席陈伟俊，党委常委、总工会主席伊力扎提·艾合买提江，党委常委、秘书长、办公厅主任哈丹·卡宾，中国华电党组成员、副总经理吴敬凯参加会谈并与东方电气党组书记、董事长俞培根交流座谈，双方就进一步深化务实合作，助力新疆高质量发展达成共识。中国华电党组成员、副总经理吴敬凯，东方电气党组成员、副总经理张继烈参加座谈。

6月10日 中国大唐与中国核工业集团有限公司在北京签署战略合作协议。中国大唐党组书记、董事长邹磊，董事、总经理、党组副书记刘明胜；中核集团党组书记、董事长余剑锋出席并见证签约。中国大唐党组成员、副总经理彭勇，中核集团党组成员、副总经理申彦锋分别代表双方签署战略合作协议。

6月13日 中国华电首笔碳配额捐赠案例诞生。华电潍坊公司自愿注销20t碳配额，用于抵销6月15日“全国低碳日”主场活动部分温室气体排放，为中国有效控制和减少碳排放作出积极贡献。

同日 由中国能建华东院、中能建建筑集团设计、承建的中资企业在土耳其最大的直接投资项目——土耳其胡努特鲁2×66万kW燃煤电厂工程一号机组首次并网一次成功。

6月14日 南方电网公司受邀在国务院国资委第十六期国企改革讲堂作专题授课，介绍南方电网公司治理优秀经验。

同日 国务院国资委党委委员、副主任翁杰明到中国华电专题督导调研“稳增长、防风险、促改革、强党建”工作。中国华电党组书记、董事长温枢刚主持召开座谈会并作工作汇报。叶向东、祖斌、邵国勇、张雯、吴敬凯、李旭红、苟伟参加调研。

同日 《人民日报》刊发南方电网公司董事长、党组书记孟振平署名文章《在能源强国建设中笃行不怠》。

同日 中国华电分别与中国石油、中国海油在北京签署战略合作协议。中国华电党组书记、董事长温枢刚分别与中国石油董事长、党组书记戴厚良，中国海油董事长、党组书记汪东进举行会谈并见证签约。中国华电党组成员、副总经理吴敬凯、苟伟，中国石油副总经理、党组成员焦方正、黄永章，中国海油副总经理、党组成员周立伟参加会谈和签约仪式。

6月15日 国务院国资委党委委员、副部长级干部周国平率国资委第七督促指导组赴中国三峡集团开展“稳增长 防风险 促改革 强党建”综合集中督促指导，开展调研和座谈交流。

同日 甘肃省委书记，省人大常委会主任、党组书记，省军区党委第一书记尹弘到华电甘肃万胜矿业有限公司调研，了解煤矿生产经营和区域新能源产业发展情况。

同日 山西省委书记林武到华电山西公司所属朔州热电公司调研飞轮储能科技项目，详细了解飞轮储能项目施工进展。

6月16日 余剑锋在中核集团总部以视频形式会见阿联酋核电公司总裁穆罕默德·哈马迪，双方就华龙一号、高温气冷堆、模块式小型堆、核燃料供应等方面合作进行深入交流，就后续行动计划达成共识。

6月17日 中国华电召开改革三年行动工作推进会，通报工作情况，交流改革经验，部署改革任务，对改革三年行动工作进行再强化再落实，推动各项任务目标按期高质量完成，坚决打好打赢改革三年行动收官战。党组成员、副总经理李旭红出席会议并讲话。

6月18日 国家能源局印发《关于防止电力建设工程施工安全事故三十项重点要求的通知》（国能发安全〔2022〕55号）。

6月20日 老挝电网通过115kV东盟—那磨线与中国云南省西双版纳地区电网联网运行，中老双向电力贸易开启。

同日 中国华能集团有限公司发行2022年度第十六期20亿元超短期融资券。本次募集的低成本资金将用于保障煤电兜底保供的资金安全，为煤电企业迎峰度夏平稳发电保驾护航。

6月21日 南方电网公司发布《南方电网“十四五”农村电网巩固提升规划》，规划投资1870亿元，到2025年基本建成现代化农村电网。

同日 中国华能建设运营的柬埔寨桑河二级水电站举办以“幸福花开向未来”为主题的“云开放日”活动。

同日 中国华能建设运维的甘肃首个风光储一体化项目——安北风光储一体化项目在酒泉并网运行。该项目位于甘肃省酒泉市瓜州县，建设20万kW风电、5万kW光伏和1万kW/2万kWh储能，投产后预计年总发电量68997万kWh。

6月22—24日 中国华电党组成员、副总经理吴敬凯在福州拜会福建省委常委、常务副省长郭宁宁。双方就进一步加强能源绿色转型、综合能源服务等进行深入交流。

6月23日21:35 中国能建广东院及东电一公司参与设计、建设的国内在运最大核电站——辽宁红沿河核电站6号机组正式具备商业运行条件，标志着红沿河核电站一期和二期工程共六台机组全面投产，并成为国内在运装机容量最大的核电站。

同日 中国电建党委副书记、总经理王斌在石家庄与河北省委常委、石家庄市委书记张超超，市委副书记、市政府党组书记、市长马宇骏举行会谈，并见证签署了战略合作框架协议。石家庄市副市长郑巍、市政府秘书长宋国宏、市城发投集团董事长赵继军；公司党委常委、副总经理徐鹏程参加会谈。

6月24日 国家能源局和中国电力企业联合会在北京通过视频会议联合发布2021年电力可靠性指标，粤港澳大湾区供电可靠性达世界先进水平，年平均停电时间首次进入1h内。

同日 南方区域电力交易机构联合颁发首批绿色电力“双证”——绿色电力证书和绿色电力消费凭证。

同日 中国三峡集团董事长、党组书记雷鸣山在北京和中国建设科技集团股份有限公司党委书记、董事长文兵，中国建筑学会理事长修龙，中国建科党委副书记、总裁孙英座谈，共同见证签署战略合作协议。并和中国国际工程咨询有限公司党委书记、董事长、总经理苟护生座谈，共同见证签署战略合作协议。

6月26日 青海海南州光伏园区荣获最大装机容量的光伏发电园区吉尼斯世界纪录称号，国家电投为园区内装机规模最大的企业；国家电投所属龙羊峡水光互补发电站荣获最大装机容量的水光互补发电站吉尼斯世界纪录称号。

6月27日 南方电网公司发布行业首个新型电力系统技术标准体系表和行动路线图。

同日 中国华电党组成员、副总经理苟伟在总部会见华阳集团副总经理聂建民一行，双方就进一步深化合作交换了意见。

6月28日 南方电网公司推荐申报的乌东德电站送电广东广西特高压多端直流示范工程等18项获誉“2022年度中国电力优质工程”。

同日 中越电力合作项目越南小中河水电站二期扩建项目投运。

截至6月28日 内地通过南方电网累计向香港输送电量突破3000亿kWh，达到3043亿kWh。

6月28日 中电联2022年第一次理事长会议在北京召开。中电联理事长、国家电网公司董事长、党组书记辛保安，南方电网公司董事长、党组书记孟振平，中国华能党组书记、董事长舒印彪，中国大唐党组副书记、总经理刘明胜，中国华电党组副书记、总经理叶向东，国家电投党组副书记、总经理江毅，华北电力大学校长杨勇平等副理事长单位负责人，中电联本部驻会负责人、党委委员出席会议，中电联本部有关负责人、监事会有关人员列席会议。国务院国资委党委第五巡视组有关负责人到会指导。

同日 中电联第七届理事会第二次会议在北京召开，中电联常务副理事长杨昆出席会议并作工作报告。会议以现场+视频方式召开。会议表决通过了中电联工作报告，以及关于成立亚太电协活动组委会、发展会员的议案，对中电联第七届理事会部分常务理事单位、理事单位出任常务理事、理事的代表进行了变更调整。增补中国电气装备集团等9家单位为理事单位，白忠泉等10人为理事；增补中国安能建设集团有限公司、中国电气装备集团为常务理事单位，周庆丰、白忠泉、王抒祥为常务理事；增补中国安能建设集团有限公司为副理事长单位，增补（调整）韩君、周庆丰、王抒祥为副理事长。

同日 中国华电党组成员、副总经理吴敬凯在总部会见陕西省咸阳市委副书记、市长冷劲松。双方就进一步深化央地合作，共同实现高质量发展进行交流座谈。

同日 中国华电党组成员、副总经理李旭红在赣州参加赣南等原中央苏区振兴发展战略实施十周年座谈会。

同日 三门核电二期工程正式开工。

同日 龙源电力江苏射阳海上南区40万kW风电项目、河北尚义陈所梁30万kW风电项目被中国电力建设企业协会评为“2022年度中国电力优质工程奖”。

6月29日 中广核内蒙古兴安盟300万kW风电项目一期100万kW并网发电，标志着中国首个单体百万千瓦级陆上风电基地正式投产。

同日 由中国电建所属水电一局、电建建筑公司、水电三局、水电六局、水电十六局承建，北京院监理的国内纬度最高荒沟抽水蓄能电站4号机组正式投入商业运行，标志着黑龙江省首座抽水蓄能电站全面投产发电。

同日 由中国电建所属中南院设计的中广核兴安盟300万kW风电项目一期100万kW工程并网发电，标志着中国首个单体百万千瓦级陆上风电基地正式投产。

同日 “中巴经济走廊”首个水电投资项目——巴基斯坦卡洛特水电站全部机组投产发电。

同日 国内首艘“运输+起重”一体化深远海风电施工船——“乌东德”号正式揭幕交付，实现中国海上风电施工装备核心作业系统跨越式发展，突破国内现有同类船机施工吊装和载荷能力，为中国海上风电集中连片规模化开发、深远海大功率风电安装提供有力支撑。

6月30日 国家能源局印发《核电厂操纵人员培训和再培训大纲编制规范》（国能发核电规〔2022〕60号）。

同日 中电联党委书记、常务副理事长杨昆主持中电联党委理论学习中心组2022年第二次学习（扩大）会，深入学习习近平总书记关于全面从严治党重要论述，以理论学习的方式迎接和庆祝党的生日。党委委员、专职副理事长于崇德、安洪光，党委委员、秘书长郝英杰，党委委员、纪委书记江宇峰，党委委员王思强出席会议。

同日 由中国电建所属华东院全过程勘测设计，水电十二局、水电十四局承建的浙江长龙山抽水蓄能电站举行了全部机组投产发电仪式。该电站是国内已投运机组额定水头最高的抽水蓄能电站，也是华东地区最大抽水蓄能电站。

同日 华东地区最大抽水蓄能电站——浙江长龙山抽水蓄能电站全面投产发电，创造三项世界第一和四项国内第一。

同日上午 泰国劳工部在曼谷蒙通他尼会展中心举办第34届全国安全、职业健康和工作环境管理体系标准发展评选大会，泰国境内近60万家企业及机构参加本次大会评选。国投电力控股投资企业新源（中国）在泰子公司创冠环保的农垦垃圾电厂荣获最高奖项——“铂金奖”，成为本次获该奖项的唯一一家中国在泰企业及垃圾发电企业。

当地时间6月30日 由中国电建投资建设的哈萨克斯坦谢列克风电项目首批发电机组顺利实现并网发电。

7月1日上午 中共中央政治局常委、全国人大常委会委员长栗战书视察三峡工程，强调三峡工程促进了水资源高效利用，在长江独特的生态系统中占据重要位置，发挥极为特殊的作用。

同日 国家电网公司召开白鹤滩—江苏±800kV特高压直流输电工程竣工投产大会。

同日 南方电网公司与中国农业银行签署战略合作协议。

7月4日 国家能源局召开水电站大坝运行安全和防洪度汛专题视频会议。

同日 深交所通报2021年度上市公司信息披露考核结果，南网能源公司获得最高评级A级（优秀）考评。

同日 贵州省委书记、省人大常委会主任谌贻琴到华电乌江公司所属构皮滩发电厂调研，详细了解乌江流域开发、通航工程投运、电站安全生产等情况。

同日 新疆维吾尔自治区发展改革委印发2022年第二批市场化并网新能源项目清单，国投新疆新能源有限公司在新疆哈密、昌吉、巴州等地州获得总计187.5万kW光热、储能、光伏配套项目，在新能源增量规模、业态和区域布局上实现了新的突破。

7月5—6日 国家电投分别与阿里巴巴、京东签署战略合作暨三网融合全面合作协议，标志着国家电投三网融合发展进入新阶段。

7月6日 中电联发布《中国电力行业年度发展报告2022》，向全社会发布2021年电力行业基本数据。

同日 中电联党委书记、常务副理事长杨昆在中电联本部会见中能传媒党委书记、董事长樊剑英一行。双方就新形势下行业媒体与社会团体之间交流合作、资源共享、优势互补开展深入探讨。会上，中能传媒党委委员、副总经理姜晓澜与中电联党委委员、秘书长郝英杰代表双方签署战略合作协议。签约仪式由中电联监事长潘跃龙主持。

同日 中国华电党组成员、副总经理李旭红赴国机集团调研并会见国机集团党委常委、副总经理、总法律顾问白绍桐。双方就加强国际业务合作、创新合作模式等方面进行深入交流。

同日 中国华电党组成员、副总经理、总会计师邵国勇在总部会见四川省宜宾市委副书记、市长廖文彬。双方就进一步深化央地合作进行了深入友好交流。

同日 中广核工程公司设计院与 BILFINGER PIPING TECHNOLOGIES UK LIMITED公司（简称BUK）正式签署关于英国欣克利角C核电站项目（简称 HPC）HK4291 核岛管道支吊架设计合同。

7月7日 中电联与中华全国工商业联合会新能源商会签署战略合作协议。在中电联党委书记、常务副理事长杨昆，全国工商联新能源商会专业副会长、秘书长曾少军等领导的见证下，中电联秘书长郝英杰与全国工商联新能源商会常务副秘书长史利民分别代表双方签署战略合作协议。签约仪式由中电联监事长潘跃龙主持。

同日 中国华能主导研发的首台全国产火电机组励磁系统在华能九台电厂成功投运。

同日 第二十八届中国兰州投资贸易洽谈会暨丝绸之路合作发展高端论坛在甘肃兰州开幕，中国华电党组副书记、董事、总经理叶向东应邀出席开幕式。当日下午，甘肃省政府组织召开 2022 年央地合作发展座谈会，叶向东参会并作交流发言。

同日 巴基斯坦总理夏巴兹·谢里夫在伊斯兰堡会见中国三峡集团所属三峡国际董事长吴胜亮，并表示希望中国三峡集团继续加大在巴投资，积极参与巴太阳能发电计划，巴政府将一如既往全力支持中国三峡集团在巴发展，推动双方在清洁能源领域合作取得更大成果。

7月8日 南方电网公司参赛作品“面向新型电力系统的数字孪生电网建设及生态运营解决方案”获第三届中国工业互联网大赛领军组一等奖。

同日 由中国电建所属成都院勘测设计的全球最大水光互补电站、雅砻江流域水风光互补绿色清洁可再生能源示范基地标志性项目——柯拉光伏电站开工建设。该项目由雅砻江流域水电开发有限公司建设，是世界最大的“水光互补”项目，项目分布在川西高原海拔 4000～4600m 的区域，装机规模达 100 万 kW，施工面积超 16km^2。

7月9日18:08 中广核汕尾甲子一 50 万 kW 海上风电项目实现首批风机并网发电，成为国内首个实现风机并网发电的平价海上风电项目。

同日 国电电力内蒙古上海庙能源公司 2 号机组通过 168h 运行，标志着国内在建最大火电项目（4×1000MW 火电工程，分两期同步建设）一期两台 100 万千瓦火电机组全部投产。

7月10日 南方电网公司获 2021 年度广东扶贫济困红棉杯金杯。

同日 新华发电所属新疆叶尔羌河流域水光储一体化——莎车 80 万 kW 光伏项目前期工程开工。

同日 由中国电建所属水电八局安装的尼日利亚尼宗格鲁水电站 2 号机组顺利发电，实现“半年两台机组发电”目标。

同日 龙源电力自主开发建设完成国内首个风电场三维设计软件——三维数字化设计平台。

7月11日 中电联《2021 年社会责任报告》正式发布，这是继 2017 年以来，中电联面向社会公开发布的第 5 份社会责任报告。

7月11—13日 全国政协副主席兼秘书长李斌率全国政协人口资源环境委员会调研组一行到华电山西能源所属企业围绕“加快推动新型储能发展”开展调研。

7月12日 南方电网公司青年技术专家廖梦君获国际大电网委员会青年专家突出贡献奖，成为中国首位获此殊荣的青年技术专家。

同日 中国华电 1200m^3/h（标况）碱性电解槽产品下线暨气体扩散层（GDL）成果发布推广仪式在天津北辰区华电（天津）高端智造科创基地举行。标志着中国华电在电解水制氢装备及氢燃料电池关键技术的道路上迈出了关键一步，为大规模绿氢制取及燃料电池分布式发电提供了坚实保障，对氢能行业发展具有里程碑意义。

7月13日 中国电力企业联合会正式发布 2022 年度“最美电力人”的通知，中国华电职工艾尔肯·买买提获全国电力行业 2022 年度“最美电力人”称号。

同日 中国大唐党组书记、董事长邹磊在总部热情接待来访的东方电气集团的党组书记、董事长俞培根一行，双方畅叙情谊，共话协作、共谋发展，并就进一步加强战略合作达成广泛共识。中国大唐党组成员、副总经理彭勇，东方电气集团党组成员、副总经理张继烈参加座谈。

7月13—14日 贵州省委副书记、省长李炳军一行到华电乌江构皮滩发电厂调研通航工作。

7月14日 国家电投举行海阳核电二期工程暨 900MW 远距离跨区域核能供热工程启动仪式，标志着海阳核电两大工程正式开工。

7月15日 国务院国资委印发 2021 年度中央企业改革三年行动重点任务考核结果，南方电网公司 2021 年度改革考核位居央企第二。

同日 中国华能控股建设的首座大型压水堆核电站——华能海南昌江核电二期工程3号机组核岛安装正式开工。项目由中国华能控股，规划建设3号、4号两台120万kW核电机组，均采用具有中国自主知识产权的“华龙一号”技术方案，是“十四五”开局中国首个开工的核电项目，也是海南自贸港建设以来最大能源投资项目、海南清洁能源岛建设支柱电源。项目预计总投资368.5亿元，建设周期60个月，计划于2027年初全部投运。

同日 由华能清洁能源技术研究院牵头研制的世界单机容量最大高压直挂电池储能系统在广州下线。本次下线的“35kV 2万kW/4万kWh高压直挂电池储能系统”实现了无变压器直挂35kV电网，单机容量远大于全球同行，预测充放循环效率超91%。

同日 国家能源局在中国华电组织召开了央企总部层面的2022年电力调度交易与市场秩序厂网联席会。国家能源局党组成员、副局长林山青出席会议并讲话。中国华电党组副书记、董事、总经理叶向东在会前会见了参会嘉宾。中国华电党组成员、副总经理、总会计师邵国勇代表中国华电参会并作交流发言。

同日 由中国电建所属中南院牵头承担全阶段勘察设计，水电七局、水电八局、水电十四局、水电十六局承担部分施工任务，贵阳院承担工程监理；中国能建广西院参与设计、广西工程局参与建设的广西首个抽水蓄能电站——南宁抽水蓄能电站项目主体工程正式开工。电站总装机容量120万kW，总投资约80亿元。

同日 中国三峡集团董事长、党组书记雷鸣山在北京和中国安能建设集团有限公司董事长、党委书记周国平，总经理、党委副书记周庆丰座谈，并共同见证签署战略合作框架协议。

同日 国家能源集团召开践行“社会主义是干出来的”伟大号召，岗位建功表彰大会。

7月16日 国家能源局印发《能源行业市场主体信用数据清单（2022年版）》和《能源行业市场主体信用行为清单（2022年版）》（国能发资质规〔2022〕75号）。

7月17日 国务院国资委公布了2021年度和2019—2021年任期中央企业负责人经营业绩考核A级企业名单。南方电网公司连续16个年度和4个任期业绩考核均获国务院国资委考核A级；中国华电蝉联年度、任期考核“双A”，并被授予2019—2021年任期“业绩优秀企业”；中国三峡集团2021年度和2019—2021年任期经营业绩考核结果双双进入中央企业A级，并获得任期“业绩优秀企业”和“科技创新突出贡献企业”双称号。

7月18日 中国华能集团有限公司与保定市人民政府签署战略合作框架协议。根据协议，双方将按照“优势互补、合作共赢”的原则，围绕清洁能源开发、高新技术产业等领域开展合作，开发建设千万千瓦级风电、光伏、储能等应用示范基地，助力保定高质量发展。

7月19日 民政部社会组织管理局下发通知，对外公布了中电联等10家2021年荣获“全国先进社会组织”称号的全国性行业协会商会先进事迹，并于7月18日举办了2022年首场“走进行业协会商会”媒体开放日活动，邀请媒体记者感知了解行业协会，推介首批10家行业协会商会的典型材料。

同日 中国电力企业联合会召开亚太电协技术委员会2022年第一次会议总结会，会议采用“线上+线下”相结合的方式召开，来自亚太电协国内会员单位的46名代表出席本次会议。

同日 2022年电力行业职业技能竞赛（电力交易员）初赛落下帷幕，来自34家初赛通过单位的55支参赛队共同角逐20个决赛参赛名额，来自10家单位的21支练兵队伍同时参加了本次考试。鉴于疫情防控形势需要，本次竞赛首次采用线上理论考试和线上监考模式，各参赛队在属地参加考试，开创了疫情防控形势下电力行业职业技能竞赛新模式。

同日 全国十大产业百家企业深化产业工人队伍建设改革专项行动在北京启动。中国华电作为能源化学地质系统国资央企代表参加行动。

7月19日19:00 由中国电建所属北京院全过程勘测设计，水电一局、水电三局、水电四局、水电十局施工建设，贵阳院监理的金沙江上游清洁能源基地首个开工项目、国家“西电东送”接续能源基地的先导工程——华电苏洼龙水电站4号机组完成72h试运行，正式投产发电。

7月20日 “央企消费帮扶兴农周”活动在北京启动，活动以“央企携手 兴农惠民”为主题，由国务院国资委、国家发展改革委、国家乡村振兴局联合41家央企电商平台共同开展，旨在加强中央企业协同合作，打造央企消费帮扶品牌，助力稳定经济大盘和推进乡村振兴。中国华电党组成员、副总经理吴敬凯出席活动启动仪式并作交流发言。

同日 中国华电党组成员、副总经理吴敬凯在总部会见河北省承德市委书记柴宝良，市委副书记、市长王亚军。双方就进一步深化央地合作、推动共赢发展进行深入友好交流。

同日 由中国电建所属西北院投资建设的陕西白水100MW光伏项目正式开工。

7 月 21—22 日 中国华电党组副书记、董事祖斌应邀出席第 23 届中国·青海绿色发展投资贸易洽谈会、第二届中国（青海）国际生态博览会及集体会见活动，并拜会青海省委常委、常务副省长王卫东。

7 月 22 日 南方电网公司自主研发的国内首款电力主控芯片相关专利——“用于并行冗余协议网络中的时钟输出控制方法和系统”首获中国专利金奖。

同日 第四届中国西部国际投资贸易洽谈会暨2022 陆海新通道国际合作论坛在重庆开幕，中国华电党组成员、副总经理吴敬凯应邀出席开幕式。21 日下午，吴敬凯应邀同重庆市委、市政府有关领导集体会见。

7 月 22—26 日 中国华能亮相第五届数字中国建设成果展。

7 月 23 日 南方区域电力市场启动试运行。

同日 第五届数字中国建设峰会在福州开幕，中国华电关键核心技术攻关成果——“华电睿”系列电力工控系统入选“2022 年国有企业数字技术十大典型成果”，并在峰会上重磅发布。中国华电党组书记、董事长温枢刚殷殷寄语“华电睿”系列：自主华电“睿”，澎湃中国“芯”，握牢关键核心技术，保障国家能源安全。中国华电党组成员、副总经理王绪祥出席峰会。

7 月 24 日 南方电网公司完成问天实验舱发射特级保供电任务。

7 月 25 日 南方电网统调最高负荷达 2.23 亿 kW，比 2021 年最高负荷增加 645.9 万 kW，增幅为 3.05%。

同日 中国华能召开 2022 年年中工作会议。

同日 中国大唐与陕西煤业化工集团有限责任公司在京签署战略合作协议。中国大唐党组书记、董事长邹磊和陕煤集团党委书记、董事长杨照乾出席并见证战略合作协议签约。

同日 国务院国资委发布 2021 年度中央企业改革三年行动重点任务考核结果，中国华电获评 A 级。中国华电所属 2 户“双百企业”和 1 户“科改示范企业”在国资委专项改革考核中全部荣获优异成绩。其中，“双百企业”华电江苏公司和华电重工获评优秀，“科改示范企业”国电南自获评标杆。

同日 国投吉能（舟山）燃气发电有限公司的 2×745MW 级燃气发电项目获得浙江省发展改革委核准。该项目总投资约 37 亿元人民币，拟于浙江省舟山市高新技术产业园区内建设 2 台目前世界最先进的 H 级燃气-蒸汽联合循环发电机组，达到超净排放标准，是浙江省“十四五”建设的清洁火电重点项目。舟山燃机项目是国投电力的第一个燃气发电项目，同时也是国投电力在浙江省内投资的第一个大型电力项目。

7 月 26 日 由世界品牌实验室（World Brand Lab）主办的 2022 年（第十九届）世界品牌大会在北京举行。会上发布 2022 年“中国 500 最具价值品牌”排行榜。国家电网品牌以 6015.16 亿元的品牌价值蝉联本年度最具价值品牌榜首，品牌价值较 2021 年增长 438.21 亿元，连续 16 年攀升，这是国家电网品牌连续第七年位居该榜榜首。中国华电以 1115.68 亿元的品牌价值连续三年荣登中国 500 最具价值品牌排行榜，位列第 57 位，品牌价值较 2022 年增长 147.33 亿元。

同日 在喜迎党的二十大召开之际，中电联、上海市人民政府以“守护万家灯火、赋能美好生活”为主题，联合举办了 2022 年“中国电力主题日”，与广大电力企业共同庆贺中国有电 140 周年纪念日，内容包括“夯实行业责任、服务转型发展”主旨演讲、发布《中国电力工业史》丛书、发布“最美电力人”等三个环节，并在线上线下同步举办了纪念中国有电 140 周年书法展、摄影展，广泛宣传中国电力工业取得的辉煌成就，贯彻电力清洁低碳转型发展战略，以最美典型为示范引领，激发广大电力职工奋进新征程的精神力量。本次“中国电力主题日”活动在新华网、新华社视频平台、央视 5G 平台、中电联官方微博、中能传媒视频号等同步进行线上直播，社会各界和广大电力职工共两百余万人次在线观看了本次直播活动。上海市委常委、常务副市长吴清、中电联理事长，国家电网公司董事长、党组书记辛保安发表致辞、中电联党委书记、常务副理事长杨昆作主旨演讲。

同日 第二十三届中国专利奖公布，国核设备和国家核电（上海核工院）联合申报的“封头模块、大型容器及两者的制造方法”获得中国专利奖金奖；国家能源集团作为第一专利权人，由神东煤炭和低碳院发明的专利“一种地下水库坝体及其构筑方法”荣获中国专利金奖。

同日 国家能源局印发《关于进一步加强电力业务资质许可监管有关事项的通知》（国能发资质规〔2022〕79 号）。

同日 国家能源局党组书记、局长章建华出席国新办“加快建设能源强国 全力保障能源安全”新闻发布会。

7 月 27 日 南方电网公司党组召开第十一轮巡视动员部署会，本轮巡视对象是广西电网公司党委和南宁供电局党委。

7 月 28 日 由中电联主办，贵州电网公司协办的中电联理事长、副理事长单位联络部门负责人及联络员座谈会在贵州平塘成功召开。中电联党委委员、秘书长郝英杰，党委委员王思强出席会议并讲话，中电联监事长潘跃龙传达七届二次理事会、2022 年第一次理事长会议精神，贵州电网公司副总经理刘强致辞。会议由中电联会员与企业文化建设部主任毕湘薇主持。

同日 中国大唐与山东省人民政府在济南签署战略合作协议。山东省委书记、省人大常委会主任李干杰，中国大唐党组书记、董事长邹磊出席仪式并见证战略合作协议签约。山东省委常委、秘书长张海波，副省长、省政府党组成员凌文，中国大唐党组成员、副总经理彭勇参加仪式。凌文、彭勇分别代表双方在战略合作协议上签字。

7月29日 中电联在厦门举办了以“融通驱动新发展 协同聚力创未来”为主题的电力行业大中小企业融通发展论坛。论坛由中国电力企业联合会主办，中电联中小企业分会、中国国际贸易促进委员会电力行业委员会、中电联人才评价与教育培训中心承办，福建省电力企业协会、福建省电机工程学会、清华海峡研究院、华数（厦门）信息有限公司协办。国家电网公司、中国华电、国家能源集团、清华海峡研究院等领导参加论坛，各省级电力行业协会、能源电力行业中小企业、金融界、媒体界代表180余人现场参加论坛并开展交流活动，通过网络直播形式在线参与论坛互动人员达4万余人。中电联党委书记、常务副理事长杨昆，国家工业和信息化部一级巡视员叶定达，福建省厦门市政协副主席李钦辉，国网福建电力党委书记、董事长阮前途，中国华电福建分公司党委书记、执行董事林文彪，国家能源集团福建能源有限责任公司党委书记、董事长钟儒耀等出席论坛并致辞。中电联党委委员、纪委书记江宇峰主持论坛活动。

同日 由中电联主办，贵州省电力行业协会协办的中电联2022年省级电力行协秘书长座谈会在贵州平塘成功召开。中电联党委委员、秘书长郝英杰，党委委员王思强出席会议并讲话，中电联监事长潘跃龙介绍中电联电力应急管理分会（筹）、法律分会有关工作情况，贵州电网有限责任公司副总经理刘强致辞。会议由中电联会员与企业文化建设部主任毕湘薇主持。

同日 第二届南方电网供应链合作伙伴大会在广州举行，主题为“构建数字供应链畅通产业大循环”。

7月 中国华能获国资委年度考核和任期考核“双A级”，经营效益、科技创新、奖励加分、年度排名、任期排名在同类发电企业中实现“五个第一”。

7月 国务院国资委发布2021年度中央企业改革三年行动重点任务考核结果，中国华能获评改革考核A级企业。

7月 国资委发布2021年度中央企业专利质量评价结果，中国华能排名第23位，首次进入A档，是发电行业央企中唯一进入A档的企业。

7月 中国电力建设企业协会公布2022年度中国电力优质工程评审结果，中广核阳江南鹏岛海上风电项目荣获“2022年度中国电力优质工程奖”，中国能建参建的59项工程上榜。

7月 国务院国有企业改革领导小组办公室发布2021年度中央企业改革三年行动重点任务考核结果，中国三峡集团获得A级，名列中央企业第12名。

7月 国投电力控股股份有限公司与爱尔兰电力公司共同开发的英国Inch Cape海上风电项目成功中标英国第四轮差价合约（简称CfD）竞争性配置。Inch Cape项目位于苏格兰北部，距Angus海岸约14km，总规划装机容量108万kW，总投资约25亿英镑（约合200余亿人民币），项目预计在2025—2026年分三期并网发电。

8月1日 中电联党委委员、专职副理事长安洪光，中电联副秘书长、标准化中心主任刘永东一行，到中国品牌建设促进会交流座谈。中国品牌建设促进会理事长刘平均，国务院原参事、电力品牌集群拟任首席专家张纲，中国品牌建设促进会秘书长郑志受，中国国家品牌网总裁吴为参加交流座谈。双方就新形势下，推进电力品牌集群建设，形成电力行业品牌建设合力深入交换了意见。

同日 中国科学技术协会公布2022年“科创中国”创新基地（产学研协作类）首批132个试点建设单位，调峰调频公司、南网数字集团分别被认定为“科创中国”抽水蓄能与新型储能创新基地和“科创中国”数字技术创新基地。

8月2日 中国华电党组成员、副总经理李旭红赴电规总院调研并会见电规总院党委书记、院长杜忠明，双方就加强国际业务合作、国内大基地开发、创新合作模式等方面进行深入交流。

8月3日 国家能源局、国家发展改革委、市场监管总局联合印发《关于进一步提升煤电能效和灵活性标准的通知》（国能综通科技〔2022〕81号）。

同日 2022年度《财富》世界500强最新榜单发布，南方电网公司排名第89位，较2021年跃升2位；中国华能排名第215位，较2021年跃升33位；中国华电排名第326位，较2021年跃升26位；国家电投位列第260位，较2021年上升33位；中国电建位列第100位，连续10年实现排名上升；中国能建位列第269位，较2021年排名大幅提升32位。

同日 中国大唐党组书记、董事长邹磊在总部会见了中国能建党委书记、董事长宋海良，双方围绕深化全面战略合作伙伴关系、推进能源电力产业高质量发展进行深入友好交流，并共同见证中国大唐与中国能建战略合作协议签约。中国大唐党组成员、副总经理彭勇，中国能建党委常委、副总经理吴春利参加会见并代表双方签署战略合作协议。

同日 中国华电政研会推荐的华电科工“‘4C模式’：深化青年思想政治引领”，经中宣部中国政研会基层思想政治工作优秀案例编审委员会评选，并报中宣部领导审定，被评为60个基层思想政治工作优秀案例之一，综合排名第5，位居各央企和地方政研会前茅，也是同类型央企唯一被表彰的案例成果。

8月4日 全国电力职业教育教学指导委员会（2021—2025）成立大会在郑州电力高等专科学校召开。中电联党委书记、常务副理事长、电力行指委主任委员杨昆，国网河南省电力公司总经理钟筱军，河南省教育厅二级巡视员董玉民，国网河南电力副总经理程乐园，以及来自全国各职业院校、电力行业协会、企业的60余名委员参加了此次会议。会议搭建多维度交流平台，共同讨论电力行业职业教育高质量发展，共同营造健康向上的发展环境。

8月5日 中国华电党组成员、副总经理李旭红在总部会见中国国际商会秘书长孙晓一行，双方就加强国际合作、推动共赢发展交换了意见。

同日 世界规模最大的水电工程专题博物馆——三峡工程博物馆，在湖北省宜昌市三峡坝区开馆。三峡工程博物馆位于三峡枢纽工程右岸下游，距离三峡大坝1km，是三峡工程全国爱国主义教育示范基地、全国水电科普教育基地和电力科普基地的核心场馆。

同日 中国三峡集团董事长、党组书记雷鸣山在汉与来访的中国科学技术协会常委、党组成员、书记处书记束为座谈，并共同见证签署全面战略合作协议。

8月8日 中国大唐党组书记、董事长邹磊，董事、总经理、党组副书记刘明胜在总部会见了中广党委书记、董事长杨长利，总经理、党委副书记高立刚，双方就深化核电、新能源产业合作进行深入友好交流，并共同见证中国大唐与中广核合作协议签约。中国大唐党组成员、副总经理彭勇，中广核党委常委、副总经理庞松涛参加会见并代表双方签署合作协议。

8月8—12日 由中国核学会、美国机械工程师学会（ASME）、日本机械工程师学会（JSME）联合主办的以“核能创新助力碳中和未来”为主题的第二十九届国际核工程大会（The 29th International Conference on Nuclear Engineering，ICONE29）在北京、深圳两地召开，中广核承办。中广核董事长杨长利和中核集团董事长余剑锋担任大会总主席。中广核研究院舒睿获本届国际核工程大会“长期杰出贡献奖”。中国核学会理事长、大会主席王寿君，中国科协国际合作部部长罗晖，国家原子能机构秘书长邓戈，国家核安全局副局长汤搏，国际原子能机构、中核集团、国家电投、清华大学、美国机械工程师学会、日本原子能机构、日本机械工程师学会、法国电力集团等相关单位和机构人员参加了本次大会。

8月9日 国务院国资委总会计师、财务监管与运行评价局局长赵世堂赴中国三峡集团调研，并召开座谈会听取中国三峡集团改革发展、能源保供和稳增长等工作情况汇报。

同日 中国华电党组书记、董事长温枢刚在总部会见中电联党委委员、中电建协主要负责人王思强。中国华电党组成员、副总经理王绪祥，中电建协常务副会长李斌，副会长兼秘书长王军，郝继红参加会见。

同日 中国电建与武汉长江新区举行座谈，并签署战略合作协议。中国电建党委书记、董事长丁焰章，武汉市委常委、长江新城工委书记张俊勇出席会议。

8月10日 南方电网公司与深圳市人民政府签订“十四五”全面深化战略合作框架协议。

同日 中国华电线上发布《2021可持续发展报告》。这是中国华电连续15年发布年度社会责任报告（可持续发展报告），中国社会科学院中国企业社会责任报告评级专家委员会给予该报告“五星佳”（典范级别）最高评级。

8月11日 广东省委书记李希调研南方电网清远抽水蓄能电站。

同日 南方电网公司成立广州可再生能源发展结算服务有限公司。

同日 ENR发布了2022年度“全球工程设计公司150强”和“国际工程设计公司225强”双榜排名。其中，中国电建排名分别位列榜单的第1位和第15位。

同日 由中国电建所属华东院负责全过程勘测设计及监理工作，水电十四局与水电十六局联合承建的福建永泰抽水蓄能电站首台机组提前20天投产发电并投入商业运行。

8月15日 南方电网公司在广州举行2021年社会责任报告发布会暨2022年社会责任日（国企开放日）活动启动仪式。

8月16日 由中电联指导、中国广核能源国际控股有限公司主办的全球燃机发电论坛成功举办。论坛为期2天，在马来西亚吉隆坡、中国北京、深圳和法国巴黎四地联动举行。中电联党委书记、常务副理事长杨昆出席论坛开幕式并致辞。

8月16—17日 中国华电党组书记、董事长温枢刚在长春拜会吉林省委书记景俊海，省委副书记、省长韩俊，出席中国华电与吉林省政府合作框架协议签署仪式并赴吉林公司调研。吉林省委常委、常务副省长蔡东，省委常委、省委秘书长李伟，省政府秘书长安桂武，中国华电党组成员、副总经理、总会计师邵国勇参加会见及签约仪式。

8月17日 中央政治局常委、国务院副总理韩正到国家电网公司调研并主持召开座谈会，认真贯彻习近平总书记有关重要讲话精神，研究进一步做好能源电力供应保障工作。国务委员王勇参加调研座谈活动。

同日 国家能源局印发《能源领域首台（套）重大技术装备评定和评价办法》（国能发科技〔2022〕81号）。

同日 国资委党委第五巡视组对中电联党委进行了巡视现场反馈。反馈会议结束后，中电联党委立即组织召开巡视整改专题会议。会议由中电联党委书记、常务副理事长杨昆主持，党委委员、专职副理事长于崇德，党委委员、秘书长郝英杰，党委委员、纪委书记江宇峰，党委委员王思强出席会议。

同日 首个中国—芬兰能源合作示范项目——广州南沙"多位一体"微能源网示范工程投产。

8月18日 全国首个电力大数据专区在贵州省贵阳大数据交易所上线。

同日 中国大唐党组书记、董事长邹磊在总部会见了上海电气集团股份有限公司（简称上海电气）党委书记、董事长冷伟青，党委副书记、总裁刘平。双方就进一步深化战略合作关系、共同推进"十四五"科技创新合作和能源电力产业发展进行深入友好交流。中国大唐党组成员、副总经理刘广迎，上海电气党委委员、副总裁金孝龙参加会见。

同日 中国华电党组书记、董事长温枢刚在哈尔滨拜会黑龙江省委书记、省人大常委会主任许勤，出席中国华电与黑龙江省政府战略合作协议签约仪式，并赴华电能源调研。黑龙江省委常委、副省长沈莹，省政府秘书长于洪涛，中国华电党组成员、副总经理、总会计师邵国勇参加会见及签约仪式。

同日 中国华电党组书记、董事长温枢刚与哈电集团董事长、党委书记曹志安会谈，双方就进一步深化合作关系、更好服务碳达峰碳中和目标进行深入交流。哈电集团董事、总经理、党委副书记吴伟章，党委常委、副总经理沈同，中国华电党组成员、副总经理、总会计师邵国勇参加会见。

同日 福建省副省长林文斌到华电周宁抽水蓄能电站调研视察，现场了解电站安全生产、工程建设等情况。

8月18—19日 中国华电党组成员、副总经理苟伟赴山东参加 2022 年燃煤电站生产运营管理第五十一届年会暨能效管理对标发布会。

8月19日 中国华能和南京市政府联合成立低碳城市研究院。

同日 江苏省政协副主席、党组副书记杨岳调研组一行就"大力推动能源企业绿色低碳转型发展"到江苏华电戚墅堰发电有限公司调研视察。

同日 由中国电建投资的首座百万千瓦级抽水蓄能电站——重庆云阳建全抽水蓄能电站项目正式开工。中国电建党委副书记、总经理王斌出席仪式并致辞。新华社、人民日报、中央电视台、中央人民广播电台等 13 家媒体记者现场采访报道。

8月20日 以"国际标准化支撑碳达峰碳中和"为主题的 2022 国际标准化大会在南京开幕。开幕式上，IEC 在中国设立的首个分支机构——IEC 国际标准促进中心（南京）正式成立。

8月22日 南方电网公司设立饶宏科学家工作室。

8月23日 2022 年《财富》中国 ESG 影响力榜揭晓，中国华电凭借在积极响应"双碳"政策发展清洁能源中的突出贡献，入选该榜单。

同日 中广核研究院收到国家核安全局来函，确认中广核燃料棒性能分析软件（JASMINE）、自主堆芯入口温度分布分析软件（WILLOW）许可应用范围涵盖防城港 3、4 号机组（华龙一号），标志着 JASMINE 软件和 WILLOW 软件正式通过国家核安全局的审查，并获批在华龙一号设计中使用。JASMINE 软件成为中国首款通过国家核安全局安全评价的燃料棒性能分析软件，WLLOW 软件为国内首款通过国家核安全局评价的自主堆芯入口温度分布软件。

8月23—26日 由中国华能、澜湄水资源合作中心、云南省人民政府外事办公室、华能澜沧江水电股份有限公司联合举办的"感知澜沧江　共话澜湄情"澜湄青年走访澜沧江活动在云南开展。

8月24日 2022 年全国电力行业职业技能竞赛（电力通信设备运检员、电力信息系统运行检修员）开幕式在天津举行。本次竞赛由中电联主办，由国网天津电力承办。中电联会党委委员、纪委书记江宇峰，国网天津电力总经理、党委副书记韩冰出席仪式并致辞。宝坻区人大常委会副主任、总工会主席刘玉玲，中电联人才评价与教育培训中心主任张慧翔，国网天津电力副总经理、党委委员陈竟成等出席仪式，开幕式由张慧翔主持。电力相关企业单位代表、裁判组成员及参赛队成员参加开幕式。

同日 由国家能源局指导、中国电力企业联合会主办、国家电网公司承办、国网江苏电力协办的 2022 年电力行业职业技能竞赛（供电可靠性管理员）在江苏苏州隆重开幕。国网设备管理部副主任吕军致欢迎辞，国家能源局电力安全监管司司长苑舜作了视频讲话，国家能源局电力可靠性管理和工程质量监督中心主任陈平、中电联党委委员、秘书长郝英杰出席开幕式并讲话，中电联副秘书长沈维春主持开幕仪式。

同日 中国华能与内蒙古自治区政府在呼和浩特签署战略合作框架协议。根据协议，中国华能将在新能源外送基地建设、风光氢储和综合能源产业发展等方面与内蒙古开展更深层次的战略合作。

同日 中国华电党组书记、董事长温枢刚在总部会见共青团中央组织部部长张传慧，国资委党建工作局局长、中央企业团工委书记、中央企业青联主席姚焕一行，中国华电党组副书记、董事、工委主任祖斌参加会见。

8月24日 由中国电建所属水电八局联营体EPC总承包的云南巧家县240MW光伏电站项目并网发电。

同日 中国三峡集团与内蒙古自治区政府在呼和浩特签署战略合作框架协议。内蒙古自治区党委副书记、主席王莉霞，中国三峡集团总经理、党组副书记韩君等见证签约。

8月25日 ENR发布2022年度“全球承包商250强”和“国际承包商250强”双榜排名。中国电建在全球承包商排名第5位，与2021年排名持平；在国际承包商排名第6位，较2021年提升1位。

同日 中电联太阳能发电分会、风力发电分会成立大会在北京召开。国家发展改革委经济运行调节局相关同志莅临指导，中电联党委书记、常务副理事长杨昆出席会议并致辞，会议宣读太阳能发电分会、风力发电分会成立文件并揭牌，交流座谈两个分会未来工作规划和发展趋势，有关会员单位100余人通过现场和视频等形式参加会议，会议由中电联监事长潘跃龙主持。

同日 中电联党委召开巡视整改工作部署会议，深入学习贯彻习近平总书记关于巡视工作的重要讲话精神，宣读了《中电联党委落实国资委党委第五巡视组反馈意见整改工作方案》，全面部署中电联党委巡视整改工作。中电联党委书记、常务副理事长杨昆作工作部署讲话，党委委员、专职副理事长安洪光，党委委员、纪委书记江宇峰出席会议。

同日 中国华电党组书记、董事长温枢刚在成都拜会四川省委书记王晓辉。四川省委常委、常务副省长李云泽，省委常委、秘书长陈炜，中国华电党组成员、副总经理、总会计师邵国勇参加会见。

同日 中国华电党组书记、董事长温枢刚在成都拜会四川省委常委、成都市委书记施小琳。成都市委常委曹俊杰，市委常委、秘书长杜海波，副市长鲜荣生，中国华电党组成员、副总经理、总会计师邵国勇参加会见。

同日 低碳院以加氢站和加氢机知识产权入股的中天华氢有限公司注册成立，低碳院加氢站技术正式进入产业化阶段。

8月26日上午 中广核上海市崇明区港西镇128兆瓦渔光互补光伏发电项目开工仪式在项目现场举行。该项目是迄今为止上海市最大的集中式光伏项目，被列为2022年上海市及崇明区重点能源建设项目。

同日 国家电投启动“雪炭行动”。“雪炭行动”通过建设“综合智慧零碳电厂”，实现对各类分布式能源、储能和负荷的整合调控，并鼓励各市场主体积极参与电力市场和需求侧响应，实现“需求有弹性、供需齐协同”，降低高峰时段用电负荷、增加低谷用电量，通过改变用电时段降低用电成本，最终实现电力系统供需平衡和安全平稳运行。

同日 2022年电力行业供电可靠性管理员职业技能竞赛完成全部赛事项目，竞赛闭幕式在国网江苏电力技能培训中心隆重举行。

同日 中国华电党组副书记、董事、总经理叶向东在总部会见青海省副省长刘超一行，双方就进一步深化央地合作、加快打造国家清洁能源产业高地建设等交换了意见。中国华电党组成员、副总经理吴敬凯参加会见。

同日 中国华电党组书记、董事长温枢刚率队拜访东方电气党组书记、董事长俞培根，双方畅叙友谊、共话协作、共谋发展，并就进一步加强战略合作达成广泛共识。东方电气党组副书记、总经理徐鹏，纪检监察组组长、党组成员袁明刚，党组成员、副总经理张彦军、李忠军，中国华电党组成员、副总经理、总会计师邵国勇参加会谈。

同日 福建省与央企深化合作座谈会在福州举行，中国华电党组成员、副总经理李旭红应邀参会并作交流发言，同时见证华电4个项目签约。

8月28日 由中国电建所属华东勘测设计院承担电站设计，水电四局、水电十二局、水电十六局承建，中南勘测设计院承担电站工程监理的中国华电福建周宁抽水蓄能电站全面投产发电，标志着中国华电首座、“十四五”期间福建省首个抽水蓄能电站全面投产发电。

8月30日 华能甘肃酒泉风电公司完成与华能国际新加坡大士能源零售公司的国际绿证交割，成交量为1万张绿证（对应电量1000万kWh）。这是中国华能首例新能源国际绿证销售业务。

8月31日 中国华电党组书记、董事长温枢刚在总部会见福州市市长吴贤德一行，双方就进一步深化政企合作、推动共赢发展进行了深入交流。福州市副市长兰文、林长远，中国华电党组成员、副总经理吴敬凯参加会见。

同日 由中国能建投资建设的崇左一体化能源基地首个新能源项目——天等县驮堪乡牛舍“牧光互补”屋顶光伏项目并网发电。

同日 国际标准化组织发布了 ISO 29461-2 燃气轮机进气过滤器耐水雾性能测试方法，这是由国家能源电科院主持的国家能源集团首个 ISO 国际标准，也是中国在 ISO/TC142 主导提出的第一个 ISO 国际标准。

8 月 上海证券交易所发布《关于 2021—2022 年度信息披露工作评价结果的通报》，信息披露工作再次获评 A 级，这是国投电力控股股份有限公司自 2016 年以来连续六年获此殊荣。

9 月 1 日 国务院第九次大督查第十五督查组组长、农业农村部党组成员、副部长张兴旺一行到华电西藏公司所属项目 DG 水电站开展实地督查，现场了解雅江中游清洁能源开发、电站疫情防控、复工复产及能源保供等情况。

同日 中国华电党组书记、董事长温枢刚在总部会见中国信达党委书记、董事长张卫东一行，双方就加强合作交流交换了意见。中国华电党组成员、副总经理、总会计师邵国勇，中国信达副总裁李洪江参加会见。

同日 由国资委宣传局、人民网联合主办的“砥砺辉煌十年 强国复兴有我”第五届中央企业优秀故事发布活动在北京举行。中国华电报送的作品《胶州湾畔的温暖守护》荣获一等奖，《大山里的追光者》荣获三等奖，《西港里的华电故事》《心若向阳，无畏艰难》荣获优秀奖。

9 月 1—2 日 “2022 中国能源企业低碳发展贡献力 50 强榜单”在太原能源低碳发展论坛发布，中共中央政治局常委、国务院副总理韩正 9 月 1 日以视频形式出席 2022 年太原能源低碳发展论坛开幕式，发表主旨演讲并宣布论坛开幕。中国华电凭借在能源领域的低碳发展贡献力位列榜单第一名。

9 月 2 日 2022 中国国际服务贸易交易会“智汇合作，绿创未来——绿色保险助推能源低碳转型”专题论坛在国家会议中心举办。论坛由中国电力企业联合会、中国保险行业协会支持，中国太保产险主办。中电联党委书记、常务副理事长杨昆出席活动并致辞。

同日 中国电建党委书记、董事长丁焰章在福州拜会了福建省委书记、省人大常委会主任尹力，省委副书记、省长赵龙，双方围绕共谋深入合作、共商协同发展进行座谈交流。福建省委常委、秘书长吴偕林，副省长林文斌，省政府秘书长吴南翔；中国电建党委常委、副总经理王小军参加座谈。

同日 国家能源集团召开中层以上管理人员大会，中央组织部有关同志宣布中央决定：刘国跃任国家能源集团有限责任公司董事长、党组书记，免去其国家能源集团有限责任公司总经理职务。

9 月 5 日 12:52 四川甘孜藏族自治州泸定县发生 6.8 级地震，造成重大人员伤亡和财产损失。华能四川公司第一时间全面巡视，排查受灾情况，确保正常安全生产秩序，为抗震救灾提供稳定可靠的电力保障。国家能源集团第一时间启动应急预案，机组保持安全稳定运行，经受住了强震考验，涌现出以大岗山“央企楷模”徐博海和运维三值团队为代表的抗震救灾先进典型。南方电网公司向四川泸定地震灾区捐赠 1000 万元。

9 月 6 日 中国企业联合会在北京发布“2022 中国企业 500 强”榜单，这是中国企业联合会连续第 21 次向社会发布该榜单，国家电网公司位居中国企业 500 强、服务业企业 500 强首位。

同日 由中国华能牵头的发电领域电力基础设施网络安全创新联合体在北京成立。

同日 为进一步发挥机制功能作用，扩大工作覆盖，提升工作实效，经与中央企业团工委等有关方面沟通，并报团中央书记处同意，确定中国华电等 16 家企业为第二批团中央直接联系在京重点企业。

同日 由国际原子能机构（IAEA）总干事格罗西倡导成立的维也纳集团召开 2022 年会议。中国、美国、俄罗斯、英国、法国、芬兰、加拿大、巴西、阿根廷等 9 国 12 家核工业企业领导参加会议。会议围绕全球核能行业发展现状和未来面临的机遇挑战，以及维也纳集团在促进小堆标准协调和安全可靠部署等方面进行了深入交流。

9 月 7 日 国家发展改革委、国家能源局、生态环境部、国资委、国防科工局联合召开核电安全质量工作会议暨新一轮核电行业安全质量提升行动动员会议，深入学习领会习近平总书记等中央领导同志关于核电安全的重要指示批示精神，总结党的十八大以来核电建设运行情况，研究部署进一步加强核电安全质量工作。

同日 以“后疫情时代全球经济可持续发展”为主题的 2022 庐山全球商界领袖大会在江西庐山隆重开幕。大会由中国国际贸易促进委员会和江西省人民政府共同主办，国务院发展研究中心指导。江西省委书记易炼红，中国贸促会会长任鸿斌，国务院发展研究中心副主任王安顺等致辞，江西省省长叶建春主持开幕式。中国大唐党组书记、董事长邹磊受邀线上出席大会，并做主旨发言。

同日 中国华电党组书记、董事长温枢刚在总部会见中国进出口银行党委书记、董事长吴富林一行，双方就进一步深化战略合作达成广泛共识。中国华电党组成员、副总经理、总会计师邵国勇，中国进出口银行党委委员、副行长张邵辉参加会见。

9月8日 南方电网公司分别与香港理工大学、澳门大学签署合作协议并揭牌成立绿色安全电网联合研究院、碳中和智慧能源电力联合实验室。

同日 梅州抽水蓄能电站二期工程开工，总装机容量120万kW，安装4台30万kW机组，总投资约47亿元。

同日 中国大唐党组书记、董事长邹磊在总部会见来访的中国中车集团有限公司（简称中国中车）党委书记、董事长孙永才一行，双方就推进能源绿色低碳转型、促进高端制造业创新发展等进行深入友好交流，达成广泛共识。中国大唐党组成员、副总经理曲波，中国中车副总裁余卫平参加会见。

同日 中国华电向四川灾区捐款1000万元，支持四川省抗震救灾及灾后重建工作。

同日 工业和信息化部发布2022年大数据产业发展试点示范项目，华电电科院“基于大数据技术的燃机智慧运维云平台”是中国华电唯一成功入选工信部2022年大数据产业发展试点示范项目。

同日 由中国电建所属水电八局承建的东北地区最大抽水蓄能电站——辽宁清原抽水蓄能电站下水库下闸蓄水，标志着清原抽水蓄能电站全面进入投产发电阶段。

9月9日 中电联公布2022年度全国电力行业企业文化建设典型成果及典型实践单位获奖名单，由中国华电推荐的“中国华电传承红色基因、弘扬革命文化的探索与实践”等14项成果荣获2022年度全国电力行业企业文化建设典型成果奖，中国华电等2家单位荣获2022年度全国电力行业企业文化建设典型实践单位。

当地时间9月12日 国际咨询工程师联合会（英文简称FIDIC）在瑞士日内瓦举办的FIDIC全球基础设施大会，正式揭晓了2022年度“菲迪克工程项目奖”，由中国三峡集团建设管理运行的乌东德水电站获“高度赞扬奖”。这也是中国三峡集团继三峡水利枢纽、三峡升船机和溪洛渡水电站后，第四次获得“菲迪克”相关奖项荣誉。

9月13日 国务院总理李克强主持召开国务院188次常务会议，会议决定核准已列入规划、条件成熟的福建漳州二期和广东廉江一期核电项目，要求强化全过程监管，确保建设和运行安全万无一失。

同日 新疆维吾尔自治区党委书记马兴瑞，党委副书记、自治区主席艾尔肯吐尼亚孜一行到达坂城华电雪湖风场调研，现成了解新能源项目建设和能源保供工作。自治区党委常委、常务副主席陈伟俊，党委常委、乌鲁木齐市委书记杨发森，党委常委、副主席玉苏甫江·麦麦提，党委常委、秘书长哈丹·卡宾陪同调研。

同日 辛保安董事长主持召开国家电网公司2022年党组扩大会，通报了中央关于庞骁刚任国家电网有限公司董事、党组副书记，免去其国家电网有限公司副总经理职务的决定。

同日 国家发展改革委、国家能源局联合印发《关于促进光伏产业链健康发展有关事项的通知》（发改办运行〔2022〕788号）。

同日 国家能源集团召开深入学习贯彻习近平总书记视察榆林化工重要讲话精神工作推进会。

同日 国神公司联合安徽工业大学主导的ISO 24688《小角度X射线法测量多层涂层的调制周期》国际标准获得批准发布。该标准是国际上锅炉及关键部件的热喷涂金属以及金属陶瓷涂层领域第一个ISO国际标准。

9月13—16日 由全国政协常委、经济委员会副主任、调研组组长曹培玺，全国政协常委、调研组秘书长穆占英，全国政协常委、经济委员会委员黄丹华、王寿君、胡晓炼、葛红林组成的全国政协调研组到中核集团秦山核电、三门核电调研指导工作。中核集团总经理、党组副书记顾军，党组成员、副总经理马文军等陪同调研。调研组成员对中核集团及成员单位取得的成绩表示高度肯定。

9月15日 中国大唐党组书记、董事长邹磊率队到广西大化县开展乡村振兴定点帮扶专题调研，深入贯彻落实党中央关于巩固拓展脱贫攻坚成果同乡村振兴有效衔接的部署，持续把教育帮扶放在更加突出位置，做深做实“三扶三真，五位一体”大唐特色帮扶体系，加快推进大化县实现全面振兴。中国大唐党组副书记、董事时家林，河池市委副书记、市长王军等陪同调研。

同日 中国华电纪检监察组组长、党组成员张雯在总部会见北京市西城区人民检察院党组书记、检察长祁治国一行，双方就加强检企合作、深化法治教育进行交流。

同日 中国三峡集团董事长、党组书记雷鸣山在汉与武汉大学党委书记韩进，校长、党委副书记、中国科学院院士窦贤康座谈，并共同见证签署校企合作协议。

同日 中国—东盟电力合作与发展论坛在广西南

宁开幕。

9月16日 由广西壮族自治区人民政府和中国电力企业联合会、中国南方电网有限责任公司共同举办的2022中国—东盟电力合作与发展论坛在南宁开幕。作为第十九届中国—东盟博览会的重要活动之一，本届论坛聚焦区域全面经济伙伴关系协定（RCEP）机制下“碳达峰、碳中和”主题，交流中国—东盟能源电力可持续发展，探讨双方清洁能源和绿色产业合作。中国国家能源局副局长林山青、广西壮族自治区政协副主席费志荣、中电联专职副理事长安洪光、南方电网公司副总经理陈允鹏和东盟能源中心政策研究与分析部主任贝尼·苏亚迪出席论坛并致辞。越南驻南宁总领馆陈金榜领事、缅甸驻南宁总领馆温美图参赞应邀出席论坛。

同日 以“共享RCEP新机遇，助推中国—东盟自由贸易区3.0版”为主题的第19届中国—东盟博览会和中国—东盟商务与投资峰会在南宁开幕。中共中央政治局常委、国务院副总理韩正发表主旨演讲。广西壮族自治区党委书记、自治区人大常委会主任刘宁代表中国—东盟博览会永久举办地致欢迎辞。广西壮族自治区主席蓝天立主持开幕式。中国大唐党组书记、董事长邹磊，党组成员、副总经理彭勇应邀出席开幕式。中国华电党组成员、副总经理吴敬凯应邀出席开幕式。

同日 由《国企》杂志举办的2022年度“国企党建创新优秀案例”征集推选活动落幕，中国华电推荐报送的2个党建创新案例入选。

9月19日 国家能源局印发《关于进一步明确电网企业与发电企业电费结算有关要求的通知》(国能综通法改〔2022〕92号)。

同日 由中国电建所属中南院承担全阶段勘察设计工作的“十四五”粤港澳大湾区首个抽水蓄能电站——梅州抽水蓄能电站二期工程开工。

同日 龙源电力在行业内首次提出并成功应用复合防覆冰技术，填补了风电机组叶片防覆冰技术空白。

9月20日 南方电网公司员工朱博等5人被共青团中央、人力资源和社会保障部授予第21届全国青年岗位能手称号。

同日 中国华能玉环电厂3、4号机组（30MW/30MWh）电化学储能调频项目首次成功并入厂用6kV系统，标志着华能首个百万千瓦机组储能调频项目，浙江省“十四五”期间容量最大、首个百万千瓦机组电源侧储能调频项目成功并网。

9月21日 甘肃省委副书记、省长任振鹤一行到华电甘肃公司武威九墩滩（50+20）万kW光伏治沙项目调研，详细了解项目建设、光伏治沙情况。

同日 由中国电建投资，所属中南院承担全阶段勘察设计工作的第二座大型抽水蓄能电站——湖南炎陵抽水蓄能电站项目举行开工仪式。

9月22日 国家能源局党组书记、局长章建华带队在北京开展党的二十大保电工作专项调研。

9月23日 云南文山电力股份有限公司更名为南方电网储能股份有限公司，按照南方电网公司控股子公司管理。

同日 中国神华入选主板上市公司价值100强榜单。

9月26日 南方电网物资有限公司更名为南方电网供应链集团有限公司。

同日 为贯彻落实习近平总书记关于做好新时代档案工作的重要指示批示精神，迎接党的二十大胜利召开，中国华电“赓续血脉 逐梦追光”红色档案展正式揭幕。中国华电党组书记、董事长温枢刚，国家档案局副局长、中央档案馆副馆长付华出席揭幕仪式，发表致辞并为展览揭幕。中国华电领导祖斌、邵国勇、王绪祥、张雯、吴敬凯出席揭幕仪式。

同日 中核战略规划研究总院与法国电力集团战略部在北京举行合作协议签署仪式。

同日 中国电建党委书记、董事长丁焰章，党委副书记、总经理王斌在济南拜会山东省委书记、省人大常委会主任李干杰，省委副书记、省长周乃翔，并签署战略合作协议。山东省副省长范波与王斌代表双方在协议上签字。山东省委常委、秘书长张海波，中国电建党委常委、副总经理徐鹏程参加活动。

9月27日 中央对中国华能集团有限公司董事长、党组书记进行调整：温枢刚任中国华能集团有限公司董事长、党组书记，免去其中国华电集团有限公司董事长、党组书记职务；免去舒印彪的中国华能集团有限公司董事长、党组书记职务。

同日 中国华电召开中层以上管理人员大会。中央组织部有关负责同志宣布了中央关于中国华电集团有限公司董事长、党组书记调整的决定：江毅任中国华电集团有限公司董事长、党组书记，免去其国家电力投资集团有限公司董事、总经理、党组副书记职务；免去温枢刚的中国华电集团有限公司董事长、党组书记职务，另有任用。相关职务任免按有关法律和章程的规定办理。

同日 昆柳龙直流工程等6项重大发展成果入选“奋进新时代”主题成就展。

同日 中国华能上都百万千瓦级风电基地首批机组成功并网。该基地是中国首批大型新能源基地项目之一，也是基地型规模化“风光火储”综合能源项目，总投资108亿元，建设200万kW风电和30万kW储能电站，建成后每年可为京津唐地区输送清洁电力 65 亿 kWh，相当于减排 CO_2 约 400 万 t。

同日 中国大唐党组书记、董事长邹磊在总部会见了北京市西城区委副书记、区政府代区长刘东伟，双方就深化政企沟通协作进行深入交流。中国大唐党组成员、副总经理彭勇，西城区委常委、副区长聂杰英，副区长李翰阳参加会见。

9 月 28 日 中电联党委书记、常务副理事长杨昆主持召开中电联党委理论学习中心组 2022 年第三次学习（扩大）会，深入学习贯彻《习近平谈治国理政》第四卷、《习近平经济思想学习纲要》，重点学习领会习近平总书记关于能源工作的重要论述，以理论学习的方式迎接党的二十大胜利召开。党委委员、专职副理事长安洪光讲专题党课，党委委员、秘书长郝英杰，党委委员、纪委书记江宇峰，党委委员王思强出席会议。

同日 南方电网储能股份有限公司在上海证券交易所重组更名上市，证券简称南网储能，证券代码 600995。

同日 中国华能 135MW 级机组 COAP 技术（低温法污染物一体化脱除技术）首套验证工程在临沂电厂开工建设。COAP 技术是“国际首创、华能原创”的颠覆性技术，采用低温氧化吸附工艺，可实现烟气多污染物一体化脱除，于 2021 年 5 月在华能岳阳电厂通过中试验收，建成后将成为国际首套低温法污染物一体化近零排放工程。

同日 “疆电入渝配套电源”“西气东输四线”重大项目开工仪式以现场和视频方式在北京、新疆、重庆等地同步举行。新疆维吾尔自治区党委书记马兴瑞出席开工仪式，自治区党委副书记、自治区主席艾尔肯•吐尼亚孜，重庆市委副书记、市长胡衡华，国家能源局党组成员、副局长林山青出席开工仪式并致辞。中国华电董事长、党组书记江毅以视频形式出席开工仪式并致辞，副总经理、党组成员王绪祥以视频形式出席开工仪式。

同日 由中国电建所属水电八局EPC总承包的云南省小羊窝 50MW 光伏电站项目正式投产，这是金沙江下游国家级大型水风光储示范基地首个实现投产发电的光伏项目。

同日 由中国能建投资设计建设的全球最大规模 350MW 盐穴压缩空气储能示范工程——山东泰安 2×300MW 级压缩空气储能创新示范工程开工。

同日 由中国三峡集团投资建造的全球首艘新一代 2000t 级海上风电安装平台——“白鹤滩”号在广州南沙正式交付投运。“白鹤滩”号是目前全球范围内起吊能力最强（2000t）、作业水深最深（70m）、可变载荷最大（6500t）、甲板面积最大（4200m²）的自升自航式一体化风电安装平台，升降系统、起重系统等核心作业装备均实现全国产化，为中国海上风电集中连片规模化开发、深远海大功率风电安装提供有力支撑。

9 月 29 日 中国华电董事长、党组书记江毅带领党组理论学习中心组成员集体赴北大红楼，以“深入学习宣传贯彻党的十九届六中全会精神”为主题开展现场学习、交流研讨。党组领导叶向东、祖斌、张雯、吴敬凯、李旭红、苟伟参加学习研讨，邵国勇、王绪祥作了交流发言。

同日 国家电投湖北分公司荆门绿动燃机电厂 2 号机组实现 30%掺氢燃烧改造和运行，这是继 2021 年 12 月成功实现 15%掺氢运行后的又一重大技术突破，是中国首次在重型燃机商业机组上实施高比例掺氢燃烧改造试验和科研攻关，也是全球范围内首个在天然气联合循环、热电联供商业机组中进行高比例掺氢燃烧的示范项目，标志着国内已掌握一套完整的燃气轮机电站掺氢改造工程设计方案，为加速国内自主氢燃机开发、运行积累了宝贵的经验。

9 月 30 日 闽粤联网工程竣工投产大会召开，两省电网首次实现互联互通。

10 月 1 日 西藏墨脱县第二条交通要道——华能派墨公路全线建成。建成的华能派墨公路与原有的扎墨公路共同组成进出墨脱的交通环线，彻底解决了墨脱“单双号”限行历史，从根本上改变了墨脱百姓外出难题。

同日 新疆维吾尔自治区党委副书记、人民政府主席艾尔肯•吐尼亚孜，自治区党委常委、常务副主席陈伟俊到新疆华电米东热电公司开展调研。自治区人民政府党组成员、秘书长牙生•司地克，乌鲁木齐市市委副书记、市长买买提明•卡德参加调研。

当地时间 10 月 1 日 中广核欧洲能源公司与法国阿萨克（Assac）市政府在位于该市南部的中广核阿萨克风电场联合举行开放日活动。2022 年的开放日主题是“从风电场到风车磨坊 —— 6 公里徒步活动”，这也是该条徒步路线正式被法国当地旅游局纳入“工业旅游”推广项目后迎来的首次公众徒步活动。

10 月 2 日 中国大唐党组书记、董事长邹磊率领在京 102 名党员干部职工代表到北京展览馆参观“奋进新时代”主题成就展，回望党和国家发展的伟大历程中，共同感悟新时代十年来的辉煌成就，汲取前进力量、笃定前行决心。时家林、王瑛、曲波、张传江、彭勇参加上述活动。

当地时间 10 月 3 日 国家电投上海电力土耳其胡

努特鲁项目2号机组正式进入商业运行，比原计划提前了3个月。至此，该项目2台机组均已投产，每年可向土耳其供应电力约90亿kWh。该项目位于土耳其阿达纳省尤穆尔塔勒克市，是中国“一带一路”倡议和土耳其“中间走廊”战略相对接的重点项目。

10月8日 国家能源局印发《关于下达2022年能源领域行业标准制修订计划及外文版翻译计划的通知》（国能综通科技〔2022〕96号）。

同日 学习贯彻党的二十大精神中央宣讲团报告会在国资国企系统举行。中央宣讲团成员、中央政策研究室副主任田培炎作了宣讲报告。国务院国资委党委书记、主任郝鹏主持报告会。报告会采取现场和视频相结合的形式，国资委党委委员，副秘书长，驻委纪检监察组和国资委各厅局、巡视组、直属事业单位、直管协会负责同志在国务院国资委主会场，各中央企业、地方国资委及地方国有企业33万多名党员干部在2万多个分会场共同听取报告，深入学习贯彻党的二十大精神。中国大唐党组书记、董事长邹磊，中国大唐领导时家林、刘广迎、王瑛、曲波、张传江、彭勇，总部各部门副主任级及以上干部在总部视频会场参加报告会，各二三级企业领导班子成员、部门主要负责人、党员干部代表在中国大唐系统332个分视频会场参加报告会。

10月10日 由中国能建中南院设计的巴基斯坦塔尔煤田Ⅱ区块二期TEL燃煤电站项目正式投运，巴基斯坦总理夏巴兹·谢里夫一行莅临项目视察。

10月11日 中电联党委书记、常务副理事长杨昆在中电联本部会见三六零安全科技股份有限公司（简称360集团）创始人、董事长兼CEO周鸿祎一行。双方就当前国内外信息安全形势和电力企业数字安全工作开展深入交流和探讨。

同日 龙源电力国内首套安全生产监控系统正式运行，龙源电力成为国内唯一一家拥有完全自主知识产权的安全生产监控系统新能源运营商。

10月12日 中国华能集团有限公司召开2022年三季度经济活动分析会。

10月13日 中国华电副总经理、党组成员李旭红在中国华电总部会见中国出版集团有限公司党组成员，中国出版传媒股份有限公司董事、副总经理茅院生一行，双方就法治企业建设等相关工作进行了交流。

10月14日 国家能源局印发《关于建立〈“十四五”能源领域科技创新规划〉实施监测机制的通知》（国能综通科技〔2022〕99号）。

同日0:30 中广核广西乐业风电帮扶项目二期逻西区域送出工程110kV妙雪线一次带电成功，由此带动中广核广西乐业风电帮扶项目172.2MW全容量投产，标志着中广核在乐业地区的风电产业帮扶工程建设任务完成。

同日 全球首个超高海拔光伏实证基地——国家电投四川甘孜州兴川实证光伏电站首批发电单元并网发电。该电站总装机600MW，全容量并网后年平均发电量12.68亿kWh，每年可节约标准煤约39万t，减排二氧化碳约107万t。电站应用“云大物移智”新兴数字化技术，实施智慧施工管理、光伏电站数字孪生生产运维管理、逆变器智能诊断等数字化系统，投运后将填补中国光伏实证基地在超高海拔、中纬度地区的空白。

10月16日 中国共产党第二十次全国代表大会在北京召开，中国华能广大党员干部职工集中收看收听开幕会。党组书记、董事长温枢刚在人民大会堂列席会议，党的二十大代表郜时旺、纪洁虹在现场参加会议。

10月16—22日 南方电网公司党组书记、董事长孟振平、云南电网昭通彝良供电局总经理助理吴长碧、贵州电网兴义供电局作业员龙福刚3名代表出席党的二十大。

同日 由中国电建所属湖北工程公司设计院参建的南阳—荆门1000kV特高压交流线路工程投入运行。

10月17日 国家能源局印发《电力二次系统安全管理若干规定》（国能发安全规〔2022〕92号）。

同日 在中国驻老挝大使姜再冬、老挝计划投资部部长坎坚、中广核副总经理李亦伦等的共同见证下，中广核能源国际与老挝政府在老挝万象签署老挝北部中老电力互联互通清洁能源基地合作谅解备忘录，标志着老挝迄今规模最大的能源投资项目正式启动前期工作。

10月17—21日 国家能源集团董事长、党组书记刘国跃列席中国共产党第二十次全国代表大会。

10月18日 由中国电建所属成都院、华东院、中南院、水电五局、水电六局、水电七局承担该项目所有标段的设计施工总承包任务，四川院承担电站220kV送出总承包任务，贵阳院参与总承包监理任务的雅砻江两河口水电站水光互补一期项目——水光牧互补光伏电站建设动员暨合同签字仪式在成都锦江宾馆隆重举行。该项目是四川省即将建成的最大光伏电站、全球最大水光牧互补电站。

同日 南网知行书屋入选国家乡村振兴局首批典型案例。

同日 中国华能首单20亿元能源保供特别债成功发行。

当地时间10月18日 由中国电建所属贵州工程

公司 EPC 总承包的卡塔尔阿尔卡萨 800MW 光伏电站举行投产仪式，卡塔尔埃米尔（国家元首）塔米姆、首相兼内政大臣哈立德、能源事务国务大臣卡比等官员出席仪式。

10 月 19 日 国家能源局印发《水电站大坝工程隐患治理监督管理办法》（国能发安全规〔2022〕93 号）。

10 月 20 日 在中国电力建设企业协会举办的基层党建工作创优典型案例征集宣传活动中，中国华电被评为案例组织工作先进单位，中国华电系统 30 个案例获评 2022 年“电力建设行业基层党建创优典型案例”。

10 月 22 日 南方电网公司完成党的二十大特级保供电任务。

同日 由华能清能院自主研发的全球首座百兆瓦级精细化分散式控制的储能电站在山东完成并网性能测试工作，效率最高达 87.8%，创造了电化学储能电站效率新高。

同日 6 尾身担“中华鲟海洋生活史研究”重任的子二代中华鲟在上海长江口水域被放归大海。

10 月 24 日 国家电投党组召开理论学习中心组学习（扩大）会议，认真传达学习贯彻党的二十大精神，紧密结合国家电投实际深入学习领会，研究部署学习宣传贯彻落实工作。

同日 由中国电建全过程勘测设计并承担主要施工任务的世界在建规模最大，技术难度最高的水电工程——白鹤滩水电站首次达到正常蓄水位。

同日 随着世界首台大直径超小转弯硬岩掘进机“抚宁号”成功出洞，由中国电建所属水电十一局完成了河北抚宁抽水蓄能电站交通洞和通风洞的掘进施工任务，这也标志着大直径小转弯 TBM 工法在中国抽水蓄能电站工程建设领域的首次应用获得成功。

10 月 25 日 “特高压±800kV 混合多端柔性直流输电关键技术”通过中国机械工业联合会鉴定，昆柳龙直流工程科技成果达国际领先水平。

10 月 26 日 “氢动吉林”行动暨大安风光制绿氢合成氨一体化示范项目启动活动在吉林西部（大安）清洁能源化工产业园举行，标志着国家电投开启绿电转化产业新篇章。

同日 中国三峡集团召开全系统会议，传达学习贯彻党的二十大精神，部署学习宣传贯彻工作，推动党的二十大精神在中国三峡集团落地生根。

10 月 27 日 在近期闭幕的第九届亚洲微电影艺术节上，由中国华电工委选送的 8 部职工微电影作品从 5327 部中突围获奖，这次也是中国华电连续两年在亚洲微电影艺术节上斩获大奖。

同日 甘肃省抽水蓄能电站项目集中开工活动在中国三峡集团所属张掖盘道山抽水蓄能电站下水库坝址举行，甘肃省委副书记、省长任振鹤出席。

10 月 28 日 中国华电通过内蒙古自治区粮食和物资储备局捐赠 1000 万元抗疫资金，支援当地疫情防控工作。

同日 国家电投在香港国际碳市场 Core Climate 交易平台完成了首笔以人民币结算的场内绿色权益交易，为推动国家电投参与多种国际碳减排产品交易奠定重要基础。

10 月 29 日 由中国电建所属中南院 EPC 总承包的山东能源渤中海上风电 A 场址工程首批机组并网发电成功，发出了全国海上风电平价时代首个核准项目的第一度“绿电”。

当地时间 10 月 29 日 由中国电建在孟加拉国投资的首个电站巴瑞萨电站并网发电一次成功。

10 月 30 日 山东省副省长、烟台市委书记江成到华电莱州发电有限公司港务码头和生产数字中心调研，现场了解华电莱州发电有限公司数字电厂建设情况。

10 月 31 日 中国公共外交协会、国务院国资委新闻中心、环球网和中共江苏省委网信办联合主办的第四届“一带一路”百国印记短视频大赛获奖名单出炉，经过组委会初审、公众投票以及专家评选三轮角逐，由中国华电策划选送，华电科工承制的作品《求职记》，从全球近百个国家和地区，超千部作品中脱颖而出，荣获最佳创意奖。

11 月 1 日 南方（以广东起步）电力现货市场连续结算运行满一周年，现货电量累计约 200 亿 kWh，占市场化交易电量约 6.7%。

同日 16:00 中国华电柬埔寨西港项目首台机组通过柬埔寨国家电力公司要求的满负荷性能试验。标志着中国华电在柬投资兴建的最大火电项目首台机组正式投产发电。

同日 第 23 届太平洋地区核能大会（PBNC）在北京、成都两地同时开幕，中核集团董事长余剑锋出席开幕式并作了题为“坚持创新驱动 推动绿色发展 构建人类核能发展命运共同体”的致辞发言。

同日 红沿河核电站核能供暖示范项目正式投运供热，该项目是东北地区首个核能供暖项目，覆盖大连市瓦房店红沿河镇，惠及当地近两万居民。

同日 国家电投河北公司（雄安公司）保定“综合智慧零碳电厂”一期工程在唐县正式开工。这是国家电投首个开工的“综合智慧零碳电厂”项目，标志着“雪炭行动”迈出重要一步。如今，“综合智慧零碳电厂”已在各个县域、市域、省域逐步铺开，形成燎原之势。

同日 中国电建所属水电八局承建的广西大藤峡水利枢纽右岸首台（1号）机组投产发电。

11月2日 中国华能首个主导立项的国际标准——《火电厂腐蚀控制工程全生命周期要求》（ISO 24239：2022）正式发布，填补了国内外火力发电领域腐蚀控制标准的空白。

11月3日 中国华电党组成员、副总经理王绪祥拜会中国船舶集团有限公司党组成员、副总经理盛纪纲。双方围绕进一步加强交流合作、服务国家战略，携手推动行业高质量发展进行了深入交流。

同日 青海省首个绿电制氢项目——“华电德令哈3MW光伏制氢项目”正式开工建设，标志着氢能产业在高海拔地区迈出重要一步。

同日14:07 在生态环境部华东核与辐射安全监督站的监督指导下，三澳核电项目1号机组完成穹顶吊装，标志着1号机组从土建施工阶段全面转入设备安装阶段。

11月4日 国家能源局印发《关于进一步加强海上风电项目安全风险防控相关工作的通知》（国能发安全〔2022〕97号）。

同日 国家能源局发布2022年第5号公告：批准《风力发电场维护规程》等237项能源行业标准、《*Code for design of pumped storage power stations* 等15项能源行业标准（外文版）。

同日 福建省委书记尹力到华电古田溪水电厂调研，详细察看国家“一五”计划重点工程的工业遗址保护情况。福建省委常委、常务副省长郭宁宁，省委常委、秘书长吴偕林参加调研。

同日 中国华电首座露天开采煤矿华通瑞盛兴旺露天矿再传喜讯，建设规模由300万t/年调整为500万t/年。这是兴旺露天矿继9月22日取得复工复产批复，10月20日被国家发展改革委列入保供煤矿名单后，取得的又一重大突破。

同日 中国华电党组书记、董事长江毅与上海证券交易所党委书记、理事长邱勇在沪举行会谈，出席中国华电与上交所战略合作备忘录签约仪式。上交所党委副书记、总经理蔡建春，党委委员、副总经理董国群，中国华电党组成员、副总经理、总会计师邵国勇参加会谈及签约仪式。

同日 中国大唐党组书记、董事长邹磊参加第五届中国国际进口博览会开幕式。

同日 在紧邻三峡大坝右岸的中国三峡集团长江生物多样性研究中心长江珍稀植物培育基地，“天选之种”丰都车前幼苗下地栽种，标志着其科学实验进入新阶段。这批丰都车前种子，曾搭载神舟十三号载人飞船遨游太空183天。

11月5日 中国华电党组成员、副总经理王绪祥参加由国务院国资委和商务部等共同举办的第五届虹桥国际经济论坛“践行全球发展倡议、建设世界一流企业”分论坛。11月6日上午，王绪祥到第五届进博会展馆巡馆，与GE、三菱等参展企业负责人进行洽谈交流。

11月6日 中国华能在第五届中国国际进口博览会上举办高端智能设备及服务采购签约活动，共签约14个项目，总金额近29亿元。

11月6—7日 中国华电党组成员、副总经理吴敬凯赴济南参加第五届中国企业论坛，以“中国企业新征程新跨越”为主题与部分央企负责人和企业家代表展开深入交流。

11月7日 南方电网公司党组举办学习贯彻党的二十大精神专题读书班开班式暨党的二十大精神宣讲会。

同日 由国务院国资委社会责任局指导、中国社会责任百人论坛（ESG专家委员会）承办的“共建ESG生态 共促可持续发展——ESG中国论坛2022冬季峰会”在第五届中国企业论坛上召开。会议上发布了《中央企业上市公司ESG蓝皮书（2022）》及“央企ESG•先锋50系列指数”。在426家参与评级的央企控股上市公司中，国投电力控股股份有限公司入选“央企ESG·先锋50指数”，成为国投集团首家入选该系列指数的公司。此外，国投电力在2022年新增的“央企ESG·社会价值先锋50指数”中荣获第一名。

11月8日 中电联在海口召开临时会员代表大会、第七届理事会第五次会议。会议以现场+视频方式召开，中电联党委书记、常务副理事长杨昆主持会议。专职副理事长安洪光、王抒祥，秘书长郝英杰，监事长潘跃龙、副秘书长丁永福报告了有关议案。本次临时会员代表大会共749名代表出席会议，会议听取并审议通过了《中电联章程（修改草案）》，以及授权理事会届中增补、罢免部分理事的议案，增补了第七届理事会有关理事单位和理事，调整了第七届监事会监事。第七届理事会第五次会议共310名理事出席会议，会议增补了第七届理事会常务理事单位和常务理事、副理事长单位和副理事长，听取并审议通过了关于增聘中电联第七届理事会副秘书长等议案。

同日 中电联2022年年会在海南海口举行。会议认真学习宣传贯彻党的二十大精神，深刻领悟“两个确立”的决定性意义，坚决维护习近平同志党中央的核心、全党的核心地位，全面贯彻习近平新时代中国特色社会主义思想，心往一处想、劲往一处使，推动绿色发展，推进能源革命，全力做好电力保供工作，团结奋斗开创电力事业发展新局面，为全面建设社会主义现代化国家、全面推进中华民族伟大复兴作出积极贡献。中电联理事长，国家电网有限公司董事长、党组书记辛保安主持大会并讲话。国家能源局副局长、党组成员余兵，国务院国资委有关领导出席会议并讲话。中国南方电网有限责任公司董事长、党组书记孟振平发表视频致辞，中电联党委书记、常务副理事长杨昆作主旨报告，有关会员代表发言，会议宣读了2021—2022年度先进会员企业、先进个人表彰决定。中电联理事长、副理事长单位，理事单位有关负责同志及会员代表，中电联本部驻会负责人、党委委员，监事长、副秘书长出席会议，中电联本部有关负责人、监事会有关人员列席会议，共计1200余名会议代表通过线上线下方式出席本次行业年度盛会。

同日 国电电力绿色金融与碳资产数字化管理系统（碳链融项目）获评第三届国际金融论坛（IFF）全球绿色金融创新奖。

11月8—10日 2022亚太电协CEO会议和中电联临时会员代表大会暨2022年年会在海南海口召开。中国华电党组成员、副总经理李旭红应邀出席会议，拜会海南省省长冯飞和常务副省长沈丹阳。

11月9日 由东亚及西太平洋电力工业协会、中电联以及国内主要电力企业联合主办的2022亚太电协CEO会议在海南国际会展中心成功召开。本次大会聚焦“绿色低碳、电亮未来”主题，为能源领袖们探讨域内能源未来、分享技术创新和优秀实践、制定合作发展战略搭建独特交流平台。来自政府部门、亚太电协会员单位、国际组织、驻华使领馆和国内外能源电力企业的代表应邀出席会议，共同商讨能源务实合作与可持续发展。亚太电协主席、中电联理事长、国家电网有限公司董事长辛保安，海南省省长冯飞和南方电网有限责任公司董事长孟振平分别代表会议主办方、会议支持单位和电力企业致欢迎辞。国家能源局副局长余兵，亚太电协副主席、新加坡电力集团首席执行官黄天源和世界能源理事会秘书长兼首席执行官安吉拉·威尔金森向会议致贺词。海南省委常委、常务副省长沈丹阳、海南省政府秘书长符宣朝以及国资委有关领导出席会议。

同日 中电联2022年理事单位联络员工作会议在海南海口召开。中电联党委委员、秘书长郝英杰出席会议并讲话，海南电网有限责任公司总经理王志勇致辞，会议由中电联会员与企业文化建设部主持。会议采取“线下+线上”方式举行，国家电网公司、华能集团、大唐集团、华电集团、国家能源集团、国家电投集团、中能建、全球能源互联网发展合作组织、协鑫集团、内蒙古电力集团、中国安能建设集团、中国电气装备集团等理事长、副理事长单位，常务理事单位、理事单位联络部门负责人和联络员，以及中电联会企部有关负责同志和相关处室负责人共210余人参加会议。

11月10日 中国华电与中交集团在华电大厦签署战略合作协议。中国华电党组书记、董事长江毅，党组成员、副总经理王绪祥、吴敬凯；中交集团党委书记、董事长王彤宙，党委常委、副总经理裴岷山，中国交建副总裁李茂惠出席并共同见证签约。

同日 鄂西首个获得核准的抽水蓄能项目湖北能源长阳清江抽水蓄能项目暨配套工程正式开工。

当地时间11月10日 在尼泊尔中国商会年度股东大会上，尼泊尔副总统南达·巴哈杜尔·普恩向中国电建尼泊尔上马相迪项目颁发“水电行业特殊贡献奖”，表彰中国电建成功开发上马相迪A水电站，为尼泊尔水电行业做出的突出贡献。

11月12日 华能柬埔寨桑河二级水电站报送的《圆梦的“魔法”》短视频在第四届“一带一路”百国印记短视频大赛上，获“最佳技术奖”。

当地时间11月13日 中国电建所属江西电建公司承建的苏里南村庄微电网光伏项目（二期）开工仪式在项目现场隆重举行。苏里南共和国副总统布林斯韦克、自然资源部部长戴维阿比亚莫夫等人出席仪式。

11月14日 由全国总工会劳动和经济工作部主办，工人日报社承办的“喜迎二十大 建功新时代”劳动和技能竞赛短视频征集活动评选结果揭晓。中国华电系统《用奋斗向时代致敬》《经略海洋 向海而兴——广东省海上风电项目建设劳动和技能竞赛》两部作品双双荣获一等奖。

同日 中国华电党组书记、董事长江毅在总部会见清华海峡研究院常务副院长郭樑，双方就进一步深化产业技术应用与研究进行了深入交流。

同日 中国电建所属山东电建三公司承建的全国陆上首台8.5MW风力发电机组——山东昌邑柳疃三峡风电场金风样机成功吊装就位。

11月15日 在埃及沙姆沙伊赫召开的联合国气候变化大会第27次缔约方会议中，中电联成功主办“中国角”活动中的“中国电力行业应对气候变化行动与展望”边会。本次边会邀请了国内外政府、企业、研究机构、非政府组织等机构的代表参会。中电联常务副理事长杨昆出席会议并发表致辞。

同日 第二十四届中国国际高新技术成果交易会全球清洁能源科技创新博览会在深圳国际会展中心开幕，中国华电受邀参展，携20余项科技创新成果集中亮相。

同日 中核集团首个智慧水生态一体化产品

(Atoms）在北京发布，国内首个智慧水生态示范项目落地“华龙一号”全球首堆福清核电。

同日 国内最大核能供热项目——国家电投“暖核一号”正式开始供暖，为全国首个“零碳”供暖城市山东海阳市20万居民送上冬日的温暖。作为中国最大的核能供热项目，“暖核一号”的供热能力占目前全国核能供热总能力的92.8%。

同日 中国电建所属西北院设计，水电三局、水电七局、水电十局、水电十五局等单位承建的陕西旬阳水电站下闸蓄水。

11月16日 国家能源局印发《电力行业网络安全管理办法》(国能发安全规〔2022〕100号)、《电力行业网络安全等级保护管理办法》(国能发安全规〔2022〕101号)。

同日 中国华电党组书记、董事长江毅赴唐山拜会河北省委常委、唐山市委书记武卫东，双方就全面深化战略合作，推进“双碳”目标实现等进行深入交流，并共同见证中国华电自主研发的首台套新型高效穿越式岸桥全球首发。唐山市委常委、市政府常务副市长乔朝英，中国华电党组成员、副总经理吴敬凯参加会见，出席首发仪式并致辞。

11月17日 在2022辽宁国际投资贸易洽谈会开幕前夕，中国华电党组书记、董事长江毅拜会辽宁省委副书记、省长李乐成，双方就深化能源产业合作、推动经济社会高质量发展进行深入交流。

同日上午 厦门市岁末攻坚重大项目集中开工暨华夏电力一期600MW机组等容量替代项目动工仪式在厦门华夏国际电力发展有限公司举行。华夏电力一期机组等容量替代项目通过建设1台600MW等级超超临界燃煤机组，替代一期即将退役的2台300MW国产引进型亚临界燃煤机组，实现高效节能清洁环保电力生产。

11月18日 中电联常务副理事长杨昆一行在法国巴黎访问国际能源署总部，并同国际能源署（IEA）署长法提赫·比罗尔举行会谈。双方就绿色低碳转型、数据信息交换、课题联合研究、国际标准制定、人员交流培训及能力建设等共同关心的话题进行了深入交流。

同日 南方电网公司与老挝国家电力公司签署交流合作谅解备忘录。南方电网公司董事、总经理、党组副书记王宏志，老挝国家电力公司总经理占塔本·苏阿伦签署谅解备忘录。

同日 第三届辽宁国际投资贸易洽谈会在沈阳开幕，中国华电党组书记、董事长江毅应邀出席辽洽会系列活动，并赴华电金山宣讲党的二十大精神。中国华电党组成员、副总经理吴敬凯参加开幕式及宣讲，代表中国华电与辽宁省政府签署战略合作框架协议。

同日 中国华电党组副书记、董事祖斌在总部会见北京市西城区发展改革委党组书记、主任邴浩一行，双方就近期疫情防控工作、政府服务驻区企业发展等情况进行深入交流。

同日 中国华电与全国总工会文工团联合在北京举行“喜庆二十大 奋进新征程”主题文艺演出，以丰富多彩的艺术形式宣传党的二十大精神。全国总工会副主席、书记处书记、党组成员、中华全国妇女联合会副主席马璐，中国能源化学地质工会主席、分党组书记蔡毅德，中国华电董事长、党组书记江毅，总经理、董事、党组副书记叶向东，领导班子成员，总部和在京单位干部员工代表共同观看演出。

11月19日 中国电建所属湖北工程公司设计的世界首个县域级100%新能源新型电力系统在随州广水市启动送电，供电区域内预计超20万人全年都将用清洁能源。

11月22—25日 以“软件赋能，智造强国”为主题的2022中国工业软件发展大会在南京隆重举办，国电南自代表中国华电，携重要技术成果亮相展会，受到了产业链上下游企业和与会人员的广泛关注。

11月23日 国家能源局印发《水电站大坝运行安全应急管理办法》(国能发安全规〔2022〕102号)。

同日 中国华能与中国盐业集团有限公司签署战略合作框架协议。根据协议，华能新能源股份有限公司和中盐盐穴综合利用股份有限公司发挥各自领域的优势互补性，建立长期合作关系，开发榆林盐穴压缩空气储能项目，促进双方高质量发展。

同日 中核集团在北京正式发布中国先进压水堆用户要求文件（CUR）。

同日 由中国三峡集团与金风科技联合研制的16MW海上风电机组，在福建三峡海上风电国际产业园下线。标志着中国风电装备产业实现了从“跟跑”到“并跑”再到“领跑”的历史性跨越。

11月24日 南方电网公司召开首次股东会会议。会议审议并同意了关于南方电网公司理顺股权关系和增资确权方案的议案、关于确认广东省人民政府、海南省人民政府所持股权单位方案的议案、关于南方电网公司2021年度利润分配方案的议案、关于修订南方电网公司章程的议案，选举南方电网公司董事和监事，签署首次股东会决议。

同日 随着华能睿渥继电保护系统在小湾水电站正式投运，中国水电机组核心控制系统首次实现100%全国产化，标志着中国大型水电站拥有了完全自主可控的“国产大脑”。中国华能成为全国唯一一家掌握水电机组计算机监控系统、调速器、励磁系统和继电保护设备四大核心控制系统关键技术的电力企业。

同日 国务院国资委以线上线下结合方式组织召开 2022 年度研究课题启动会，宣布课题承担单位名单，研讨国资国企重大课题研究推进工作。中国华电成功中标国务院国资委揭榜挂帅重大软课题，这是继 2021 年取得尽职合规免责事项和防范化解重大风险课题研究后获得的又一重要成果。

同日 由中国社会责任百人论坛发起致力于推动中国社会责任领域发展的社会责任权威奖项“2022 责任金牛奖”在北京发布。中国华电凭借在绿色发展和环境保护方面的突出表现，荣获“2022 责任金牛奖 —绿色环保奖”，华电煤业、华电海投分别荣获“责任品牌奖”“海外履责奖”。在同期发布的《企业社会责任蓝皮书（2022）》中，中国华电社会责任发展指数位居“2022 中国企业 300 强社会责任发展指数第六名、国企十强、中国电力行业三强”。

11 月 25 日 粤澳联网 220kV 第三通道暨北安变电站投产仪式在澳门举行。

同日 广东肇庆浪江抽水蓄能电站开工，总装机容量 120 万 kW，安装 4 台 30 万 kW 机组，总投资约 86 亿元。

同日 华能浙江虚拟电厂 1 号机组完成 72h 试运行，标志着全国首台（套）接入调度系统参与实时响应调节的虚拟电厂正式投产。

同日 由中国建筑业协会主办的 2020—2021 年度中国建设工程鲁班奖颁奖暨行业技术创新大会在广西南宁举行，中国电建 5 项工程荣获该年度中国建设工程鲁班奖。

同日 中国电建所属中南院 EPC 总承包的全国首个海上风电与海洋牧场项目——莱州市海上风电与海洋牧场融合发展研究试验项目首批机组顺利并网发电。

11 月 26 日上午 由生态环境部（国家核安全局）指导，中国核能行业协会主办，中广核承办的 2022 年核能行业核级阀门检修职业技能竞赛正式落下帷幕。中广核运营公司胡振和、严纪超、樊斌荣获竞赛个人一等奖，运营公司代付兵获二等奖，运营公司卢正伟、大亚湾公司李宇航、姜祥获三等奖，中广核六队、七队获团队冠亚军。

11 月 27 日 国内首台采用国产有载分接开关的换流变压器在溪洛渡右岸电站送电广东±500kV 同塔双回直流输电工程的受端从西换流站投运。

11 月 28 日 国家能源局印发《关于防止直流输电系统安全事故的重点要求的通知》（国能综通安全〔2022〕115 号）。

同日 第八轮中日企业家和前高官对话以视频方式举办。中国华能党组书记、董事长温枢刚应邀出席并做了题为“深化中日数字化转型与气候融资合作”的专题发言。

同日 中国华电党组书记、董事长江毅，党组副书记、董事、总经理叶向东在总部会见中国大唐党组书记、董事长邹磊，党组副书记、董事、总经理刘明胜一行，双方就进一步深化合作交换了意见。中国华电党组成员、副总经理、总会计师邵国勇，中国大唐党组成员、总会计师陶云鹏参加会见。

同日 怒江老窝 40MW 农光互补光伏发电项目、永仁立竜（观音岩）100MW 光伏项目相继成功并网发电。

同日 防城港核电站 3 号机组首次装料完成。

11 月 29 日 第四届中俄能源商务论坛以线上与线下结合的方式在北京召开。中国国家主席习近平与俄罗斯总统普京分别向论坛发来贺信。国务院副总理韩正出席论坛并致辞。中国国家能源局局长章建华主持论坛开幕式并发布《中俄能源合作投资指南（中国部分）》。中国华电党组成员、副总经理李旭红应邀出席开幕式及分论坛活动。

同日 中国华电在北京召开改革三年行动高质量收官暨深化对标提升工作部署会。会议坚持以习近平新时代中国特色社会主义思想为指导，深入学习宣传贯彻党的二十大精神，贯彻落实党中央、国务院决策部署以及国务院国资委工作要求，围绕抓重点、补短板、强弱项，对改革三年行动再梳理、再推动、再落实，推动各项改革任务按期高质量圆满完成。党组书记、董事长江毅出席会议并讲话，党组副书记、董事、总经理叶向东主持会议，党组成员、副总经理李旭红通报改革三年行动进展情况，安排部署改革重点工作。

同日 由中广核苏州院核安全与运行技术中心提出的“非能动脉冲冷却方法以及系统”专利收到日本专利厅正式授予的发明专利证书。此前，该项技术已获得国内发明专利授权，PCT 国际专利申请已在 WIPO（世界知识产权组织）公告，并已收到欧洲专利局授权通知。标志着该项专利技术获得国际认可。

11 月 30 日 老挝国家输电网项目和中老 500kV 联网项目在中老两国元首见证下签署相关协议。

同日 国家能源局印发《关于加强直流输电系统安全管理的通知》（国能发安全〔2022〕103 号）、《光伏电站开发建设管理办法》（国能发新能规〔2022〕104 号）。

同日 中国电建所属北京院全过程勘测设计，水电一局、水电三局、水电四局、水电十局施工建设，贵阳院监理，昆明院负责工程安全监测的西藏首个百万千瓦级水电站——苏洼龙水电站 1 号机组完成 72h 试运行考核，正式投入商业运行，至此，华电苏洼龙水电站 4 台机组共 120 万 kW 全部投产，金沙江上游清洁能源基地建设取得重大标志性进展。

同日 中国能建天津院参与设计的具有中国首个全自主知识产权的电力 10kV“雪花网”首批试点工程建设完成正式投运。

11 月 中国科技新闻学会在北京召开“2022 中国新时代 100 大建筑”新闻发布会，会议发布了“2022 中国新时代 100 大建筑”的最终名单，中广核阳江公司入选。

12 月 1 日 国家能源局印发《关于做好岁末年初电力安全生产工作的通知》(国能综通〔2022〕114 号)。

同日 2022 年全国电力工程造价与定额管理工作会议在北京召开。国家能源局电力司行业管理处处长谭洪江，中电联专职副理事长安洪光、监事长潘跃龙，中国建设工程造价管理协会副理事长兼秘书长王中和，国家电网有限公司电力建设定额站站长张宁，南方电网公司输配电部副总经理叶煜明出席会议并讲话。会议由电力工程造价与定额管理总站主持，有关负责人作工作报告。

同日 第十七届“振兴杯”全国青年职业技能大赛（职工组）创新创效竞赛全国决赛公布获奖名单，南方电网公司获 2 项金奖、1 项银奖、3 项铜奖。

同日 中国电建与上海市崇明区政府以视频方式举行战略合作协议签约仪式。中国电建党委副书记、总经理王斌出席仪式并致辞，上海市崇明区委书记缪京主持仪式，崇明区委副书记、区长李峻共同见证双方战略合作协议签署。

同日 中国能建广东院 EPC 总承包建设的世界批量化生产单机容量最大的风电机组——国家电投揭阳神泉二海上风电项目首批 11MW 风电机组成功并网发电。

12 月 2 日 国家发展改革委、国家能源局联合印发《关于做好 2023 年电力中长期合同签订履约工作的通知》（发改运行〔2022〕1861 号）。

同日 国务院稳住经济大盘督导和服务工作组以现场连线方式了解新疆政策性开发性金融工具（基金）和新能源项目进展情况，按照自治区发展改革委安排部署，华电新能木垒四十井子 80 万 kW 风电项目现场连线汇报。

12 月 4 日 瓜州县北大桥第七风电场甘肃北七 A 区 200MW 风电项目首台机组并网发电。甘肃北七风电项目是在国内首批采用陆上单机规模最大的 6.25MW 双馈风电机组的风力发电项目，继 B 区全部投产后，A 区首台风机的投产发电是该项目开发建设的又一重大工程节点。

12 月 5 日 国家能源电科院武汉分公司研发的“马氏体耐热钢在超临界高温蒸汽下氧化膜厚度的计算方法”获日本国际发明专利授权。

12 月 6 日 国家科技部公布 2022 年国家重点研发计划名单，由华电电科院申报的项目获得立项，项目周期 48 个月。

12 月 7 日 辽宁省电力保供重点项目——华能大连热电厂 4 号机组投运。至此，该厂 4 台燃煤机组实现全面投产。

同日 在沙特投资部部长哈立德·法利赫的见证下，中广核能源国际与 AlJomaih 集团在沙特利雅得签署框架合作协议，将携手在沙特、老挝、孟加拉国、阿塞拜疆等多国打造超 1000 万 kW 能源项目。

12 月 8 日 国家主席习近平在沙特阿拉伯《利雅得报》发表题为《传承千年友好，共创美好未来》的署名文章，指出双方合作建设的苏丹麦洛维大坝、罗赛雷斯大坝加高、上阿特巴拉水利枢纽等重大项目是“中阿友好地标”。

同日 由人民日报社主办的 2022 中国品牌论坛在北京举行，论坛以“推动中国品牌建设高质量发展”为主题，开展多领域、深层次、高水平对话交流。全国人大常委会副委员长白玛赤林致辞，中宣部、发展改革委、科技部、工信部、商务部、国资委等部委领导及部分知名企业负责同志出席。中国华电党组副书记、董事祖斌出席论坛并作题为“培育一流品牌　推进高质量发展”的主旨发言。

同日 国氢科技与 11 家新引入投资方完成了 45 亿元的 B 轮融资签约，投后估值达 130 亿元，并一举打破三项纪录——完成了国内氢能行业迄今为止单轮融资规模最大的股权融资，成为国内氢能行业目前估值最高的独角兽企业，国家电投首个独角兽企业由此诞生。

12 月 9 日 国务院副总理韩正出席 2022 能源电力转型国际论坛并致辞。本次论坛由国家电网公司与国际可再生能源署、世界能源理事会、全球能源互联网发展合作组织共同主办，以“清洁低碳的能源未来”为主题，世界经济论坛创始人兼执行主席施瓦布、国际可再生能源署总干事拉卡梅拉等 700 多位国内外政府官员、企业负责人、专家学者和国际组织代表通过线上线下结合方式参加论坛。

同日 南方电网公司“‘基于 5G+全栈国产化+人工智能’城市数字电网”“珠海多端柔性直流配电网示范工程”获第二十届全国质量奖卓越项目奖。

同日 国家科技重大专项华能石岛湾高温气冷堆示范工程反应堆达到初始满功率，实现了“两堆带一机”模式下的稳定运行。

同日 中国华电收到中国驻印尼大使馆的感谢信，对中国华电巴厘岛电厂在二十国集团领导人第十七次峰会（G20 峰会）期间出色完成保障服务工作表示感谢。

12 月 12 日 中国建筑业协会 2022—2023 年度第一批中国建设工程鲁班奖（国家优质工程）入选工程公示期满。清远公司建设的华电顺德清远（英德）经济合作区热电联产（2×9F 级）项目作为唯一入选的发电类工程项目，获得这一中国建筑行业工程质量的最高荣誉。

12 月 13 日 中国三峡集团董事长雷鸣山、总经理韩君，与葡电董事会主席塔洛内通过视频出席三峡—葡电合作指导委员会会议暨青年骨干交流计划谅解备忘录签约仪式，并见证签约。

12 月 14 日 国家能源电科院作为第一完成单位牵头完成的“双碳背景下燃煤机组安全经济灵活运行关键技术研究与应用”项目获中国电力科学技术进步一等奖。

12 月 15 日 华能粤东千万千瓦级“风光水火储一体化”能源基地的标志性工程——华能汕头勒门海上风电项目开工。

12 月 16 日 南方区域首个大容量独立共享储能电站——平陆储能电站在南宁市武鸣县并网运行。

同日 8:00 华电海外投资有限公司所属柬埔寨西哈努克港燃煤电站 2 号机组通过试运行，正式投产发电标志着柬埔寨总装机容量最大的发电项目全部建成投产，至此中国华电在柬装机总量将达到 103.8 万 kW，成为柬埔寨最大的发电运营商。

同日 13:10 由国电南自、华电浙江新能、中国电科联合研发的，国内首套嵌入式全栈国产化控制系统，在华电弁山风场成功投运。

12 月 17 日 10:18 湖南华电平江项目 1 号机组通过 168h 满负荷试运行正式投入商业运营。试运期间各项经济指标均达到国内领先水平。

同日 国家能源集团董事长、党组书记刘国跃同志参加怀柔国家实验室清洁能源研究中心签约暨揭牌仪式。

12 月 20 日 中电联以线上线下相结合的方式召开电力应急管理分会成立大会。国资委党委委员、中国安能集团党委书记、董事长周国平，中电联党委书记、常务副理事长杨昆，应急管理部救援协调与管理局副局长颜彬，国家能源局安全监管司司长苑舜出席会议并致辞，中电联党委委员、秘书长郝英杰宣读分会成立文件。大会由中电联监事长潘跃龙主持。中船应急、三一重工、中联重科、长沙迪沃、山河智能、贵州詹阳、上海华测、东方国信、深圳乐惠等应急类企业相关负责同志及中国安能相关负责同志参加了成立大会。

同日 中国能源化学地质工会发布第八季“大国工匠”名单，南方电网公司何满棠、龙福刚两名高技能人才上榜。

同日 9:38 随着汕尾甲子二 40 万 kW 海上风电项目最后一台风电机组并网发电，中广核汕尾甲子 90 万 kW 海上风电场正式实现全容量并网发电，标志着全国最大的平价海上风电场建成投运。

同日 由中国电建全过程勘测设计并承担主要施工任务、中国能建参建的总装机容量 1600 万 kW 的世界在建规模最大、综合技术难度最高的水电工程——金沙江白鹤滩水电站 16 台机组全部投产发电，标志着世界最大清洁能源走廊全面建成，也标志着中国金沙江下游水电基地全面建成。

同日 中国能建广东院勘察设计的中广核汕尾甲子 900MW 海上风电场全容量投运，标志着粤东首个超百万千瓦级海上风电基地正式建成。

同日 国家能源集团电研公司作为第一完成单位牵头完成的“超超临界二次再热机组安全低碳运行的关键技术及应用”项目荣获中电联 2022 年度电力科技创新奖一等奖。

12 月 21 日 全球单体规模最大、综合利用采煤沉陷区闲置水面最多的漂浮光伏电站——安徽阜阳南部 120 万 kW 风光储基地项目首批机组顺利并网。

12 月 22 日 国家电网公司中标印尼国家电力公司的高级智能计量项目。项目采用“建设、拥有、运营和移交”模式，将新建一套用电信息采集系统，并安装 121 万只智能电能表，以及集中器、光纤及配套设备。

同日 由中能传媒、中国电力报刊协会主办的 2022 年“能源奥斯卡”优秀影视作品展评及颁奖典礼在新华社现场云平台举行，中国电力企业联合会形象宣传片《同心前行》被评为宣传片一等奖。

同日 华电山东公司“莱热入泰”长输供热工程在泰安举行启动仪式，标志着山东省首个跨地市行政区域的工业余热利用项目正式落地。

12 月 23 日 惠州中洞抽水蓄能电站开工，总装机容量 120 万 kW，安装 3 台 40 万 kW 机组，总投资约 83 亿元。

同日 由中国华电、中国电科联合研制的“构建以密码技术为核心的新能源内生安全防护体系”项目通过中国电机工程学会组织的科技成果鉴定。

同日 国电电力通过合规管理体系 ISO 37301:

2022及国家标准GB/T 35770—2022“双认证”，成为国内首批、电力行业首家通过国际机构“双认证”单位。

12月24日 中央电视台财经频道《对话》节目邀请南方电网公司董事长、党组书记孟振平讲述能源保供。

12月25日 华能大安“吉电入鲁”50万kW风电项目成功并网。

同日11:30 随着最后一组逆变器直流开关的闭合，西藏最大光伏保供项目——华电那曲色尼区12万kW光伏电站实现全容量并网发电。

同日 国内首套化学链矿化CCUS示范项目在国家能源集团大同公司投运。

12月26日 安徽金寨抽水蓄能电站四号机组结束15天考核试运行，全面投产发电，超额完成年度目标任务。

同日 中国华电党组书记、董事长江毅率队拜访国家能源集团党组书记、董事长刘国跃，双方就进一步深化合作等事宜深入交流。中国华电党组成员、副总经理吴敬凯、苟伟，国家能源集团党组成员、副总经理王树民、冯树臣参加会谈。

同日 随着全球最大商业化漂浮式海上风电项目——中电建海南万宁百万千瓦漂浮式海上风电项目正式开工建设、贵州省盘州集中式光伏项目群集中开工，中国电建所属新能源集团在重组成立首年新开工建设项目规模突破1000万kW。

同日晚 国投内蒙古新能源有限公司综合楼内灯火通明，全体职工都在焦急等待着，伴随着现场一阵欢呼，国投电力在内蒙古首个风电项目——杭锦旗风电场（150MW）于20:18并网发电。标志着国投电力在内蒙古地区新能源建设开发实现了零的突破，为区域内新能源项目发展打下了坚实基础。

12月27日 中国华电党组书记、董事长江毅在呼和浩特市拜会内蒙古自治区党委书记孙绍骋，出席中国华电与内蒙古自治区政府战略合作框架协议签约仪式。自治区党委副书记、自治区主席王莉霞，自治区党委常委、自治区常务副主席、政府党组副书记黄志强，自治区党委常委、自治区党委秘书长于立新参加会见及签约仪式。中国华电党组成员、副总经理吴敬凯参加会见，代表中国华电与内蒙古自治区政府签署协议。

12月27、31日 西藏自治区今冬明春及“十四五”期间电力保供重点项目——华能阿里普兰帮仁2万kW、昌都江达索日3万kW、日喀则仲巴帕羊2万kW光伏项目先后全容量并网发电。

12月28日 荆门—武汉1000kV特高压交流输变电工程投产送电。该工程是国家“十三五”重点项目，历时20个月建设完工。工程新建1000kV武汉变电站，该站通过234km的1000kV输电线路与中国第一座特高压变电站——1000kV荆门变电站相连。

同日 在中华全国供销合作总社主办，财政部、农业农村部、国家乡村振兴局协办的2022脱贫地区农副产品产销对接会暨“832平台”年货节启动仪式上，中电联获评政府采购突出贡献奖。

同日10:56 国家首批大型光伏发电项目——华电德令哈大基地50万kW和华电德令哈揭榜挂帅首批20万kW光伏项目成功并网发电，标志着华电青海区域装机容量突破100万kW。

同日 中国电建党委书记、董事长丁焰章在北京与中国节能党委书记、董事长宋鑫举行会谈，并共同见证双方战略合作框架协议签署。中国电建党委常委、副总经理王小军与中国节能党委常委、副总经理曹华斌代表双方签约。

同日 全球最大“沙戈荒”基地工程、中国首个千万千瓦级新能源大基地——内蒙古库布齐沙漠鄂尔多斯中北部新能源基地项目先导工程开工建设。

同日 中国三峡集团举行2022年重大项目集中开工仪式，宣布规划总投资超千亿元的27个新能源和长江大保护项目集中开工。

同日 国家能源技经院“煤炭清洁高效利用2030重大项目”先导项目研究成果获中国煤炭工业协会科学技术奖一等奖。

当地时间12月28日 由中国电建海外控股投资总装机容量40.28MW，年平均上网电量6464.14万kWh的首批光伏项目——缅甸京荣光伏电站成功并网发电，实现当年开工、当年投产。

12月29日 国家能源局印发《电力安全隐患治理监督管理规定》（国能发安全规〔2022〕116号）、《重大电力安全隐患判定标准（试行）》（国能综通安全〔2022〕123号）、《电力安全事故应急演练导则》（国能综通安全〔2022〕124号）。

同日 中电联召开本部2022年工作座谈会，会议以习近平新时代中国特色社会主义思想为指导，认真学习贯彻党的二十大、中央经济工作会议精神，落实中电联2022年年会、临时会员代表大会有关工作要求，全面总结2022年工作，深入思考、认真分析研判当前面临的形势与任务，明确2023年主要工作任务，积极履行职责使命，促进电力工业高质量发展。

同日 国家原子能机构核能开发科研项目验收会在江苏苏州召开。中广核所属核技术公司联合清华大学核能与新能源技术研究院共同研发的电子束技术在环境污染治理、医疗废物处理，以及快速杀灭新冠病毒研究和应用等 3 个核能开发科研项目通过国家原子能机构验收。

12 月 29—30 日 南方电网公司召开 2022 年各单位各部门主要负责人座谈会。

12 月 30 日 国家电网公司召开白鹤滩—浙江±800kV 特高压直流输电工程竣工投产大会，标志着白鹤滩水电站电力外送通道工程全面建成，清洁电能通过白鹤滩—江苏、白鹤滩—浙江特高压直流输电工程送入江浙。

同日 随着华能阿拉善左旗巴彦诺日公 30 万 kW 风电项目实现全容量并网发电，中国华能新能源装机规模突破 5000 万 kW。

同日 中国华电正式发布《中国华电越南可持续发展报告》，这是中国华电在越南发布的第一份可持续发展报告，详细阐述了中国华电根植越南，促进当地经济社会繁荣发展与民生福祉改善的责任行动与成效。

同日 顾军在秦山核电出席核工业数据中心投用暨中国核电安全生产管理平台（ASP-1）发布会。

12 月 31 日 国家主席习近平在二〇二三新年贺词中点赞白鹤滩水电站全面投产。

同日 02:16 被誉为“新时代争气机”的首台全国产化 F 级 50MW 重型燃气轮机发电机组在广东华电清远华侨园燃气分布式能源站项目点火成功，填补了中国自主燃气轮机应用的空白，标志着中国在自主重型燃气轮机领域步入运行阶段。

同日 天广直流阀控完成国产化改造，攻克 3 项阀控关键技术“卡脖子”难题，7 项关键性能指标达国际领先水平。2022 年，南方五省区全社会用电量 14746 亿 kWh，增长 1.65%。

同日 浙江省舟山潮流能示范工程建设项目成功并网发电，标志着国产桩柱式一体化潮流能双向发电系统成套装备完成调试并正式投产运行。

12 月底 三峡国际首次国际信用评级分别获得惠誉、穆迪和标普授予的“A+”“A1”和“A”评级，展望均为稳定。惠誉和穆迪信用评级结果与中国国家主权信用评级结果一致，为亚太地区电力企业已获得的最高独立信用评级。

2022 年 国家能源集团发电总装机容量 2.9 亿 kW，发电量 1.14 万亿 kWh，同比增长 3.3%。全面推进煤电“两个联营”，常规煤电机组全部实现超低排放，清洁高效百万千瓦机组占全国近 30%，风光火储、水风光、源网荷储等一体化大基地高质量发展，新能源新增装机连续两年突破千万千瓦，可再生能源装机占比达 31%，风电装机保持世界第一。取得年度经营业绩、党建责任制、三年任期、改革三年行动、三项制度改革考核 A 级，董事会考核优秀和任期科技创新突出贡献企业的“五 A 一优一贡献”优秀成绩。世界 500 强排名升至第 85 位。

文献

国务院文件

国务院办公厅转发国家发展改革委、国家能源局关于促进新时代新能源高质量发展实施方案的通知

（国办函〔2022〕39号）

各省、自治区、直辖市人民政府，国务院各部委、各直属机构：

国家发展改革委、国家能源局《关于促进新时代新能源高质量发展的实施方案》已经国务院同意，现转发给你们，请认真贯彻落实。

国务院办公厅

2022年5月14日

关于促进新时代新能源高质量发展的实施方案

国家发展改革委　国家能源局

近年来，我国以风电、光伏发电为代表的新能源发展成效显著，装机规模稳居全球首位，发电量占比稳步提升，成本快速下降，已基本进入平价无补贴发展的新阶段。同时，新能源开发利用仍存在电力系统对大规模高比例新能源接网和消纳的适应性不足、土地资源约束明显等制约因素。要实现到2030年风电、太阳能发电总装机容量达到12亿kW以上的目标，加快构建清洁低碳、安全高效的能源体系，必须坚持以习近平新时代中国特色社会主义思想为指导，完整、准确、全面贯彻新发展理念，统筹发展和安全，坚持先立后破、通盘谋划，更好发挥新能源在能源保供增供方面的作用，助力扎实做好碳达峰、碳中和工作。按照党中央、国务院决策部署，现就促进新时代新能源高质量发展制定如下实施方案。

一、创新新能源开发利用模式

（一）加快推进以沙漠、戈壁、荒漠地区为重点的大型风电光伏基地建设。加大力度规划建设以大型风光电基地为基础、以其周边清洁高效先进节能的煤电为支撑、以稳定安全可靠的特高压输变电线路为载体的新能源供给消纳体系，在土地预审、规划选址、环境保护等方面加强协调指导，提高审批效率。按照推动煤炭和新能源优化组合的要求，鼓励煤电企业与新能源企业开展实质性联营。

（二）促进新能源开发利用与乡村振兴融合发展。鼓励地方政府加大力度支持农民利用自有建筑屋顶建设户用光伏，积极推进乡村分散式风电开发。统筹农村能源革命与农村集体经济发展，培育农村能源合作社等新型市场主体，鼓励村集体依法利用存量集体土地通过作价入股、收益共享等机制，参与新能源项目开发。鼓励金融机构为农民投资新能源项目提供创新产品和服务。

（三）推动新能源在工业和建筑领域应用。在具备条件的工业企业、工业园区，加快发展分布式光伏、分散式风电等新能源项目，支持工业绿色微电网和源网荷储一体化项目建设，推进多能互补高效利用，开展新能源电力直供电试点，提高终端用能的新能源电力比重。推动太阳能与建筑深度融合发展。完善光伏建筑一体化应用技术体系，壮大光伏电力生产型消费者群体。到2025年，公共机构新建建筑屋顶光伏覆盖率力争达到50%；鼓励公共机构既有建筑等安装光伏或太阳能热利用设施。

（四）引导全社会消费新能源等绿色电力。开展绿色电力交易试点，推动绿色电力在交易组织、电网调度、价格形成机制等方面体现优先地位，为市场主体提供功能健全、友好易用的绿色电力交易服务。建立完善新能源绿色消费认证、标识体系和公示制度。完善绿色电力证书制度，推广绿色电力证书交易，加强与碳排放权交易市场的有效衔接。加大认证采信力度，引导企业利用新能源等绿色电力制造产品和提供服务。鼓励各类用户购买新能源等绿色电力制造的产品。

二、加快构建适应新能源占比逐渐提高的新型电力系统

（五）全面提升电力系统调节能力和灵活性。充分发挥电网企业在构建新型电力系统中的平台和枢纽作用，支持和指导电网企业积极接入和消纳新能源。完善调峰调频电源补偿机制，加大煤电机组灵活性改造、水电扩机、抽水蓄能和太阳能热发电项目建设力度，推动新型储能快速发展。研究储能成本回收机制。鼓励西部等光照条件好的地区使用太阳能热发电作为调峰电源。深入挖掘需求响应潜力，提高负荷侧对新能源的调节能力。

（六）着力提高配电网接纳分布式新能源的

能力。发展分布式智能电网，推动电网企业加强有源配电网（主动配电网）规划、设计、运行方法研究，加大投资建设改造力度，提高配电网智能化水平，着力提升配电网接入分布式新能源的能力。合理确定配电网接入分布式新能源的比例要求。探索开展适应分布式新能源接入的直流配电网工程示范。

（七）稳妥推进新能源参与电力市场交易。支持新能源项目与用户开展直接交易，鼓励签订长期购售电协议，电网企业应采取有效措施确保协议执行。对国家已有明确价格政策的新能源项目，电网企业应按照有关法规严格落实全额保障性收购政策，全生命周期合理小时数外电量可以参与电力市场交易。在电力现货市场试点地区，鼓励新能源项目以差价合约形式参与电力市场交易。

（八）完善可再生能源电力消纳责任权重制度。科学合理设定各省（自治区、直辖市）中长期可再生能源电力消纳责任权重，做好可再生能源电力消纳责任权重制度与新增可再生能源不纳入能源消费总量控制的衔接。建立完善可再生能源电力消纳责任考评指标体系和奖惩机制。

三、深化新能源领域“放管服”改革

（九）持续提高项目审批效率。完善新能源项目投资核准（备案）制度，加强事前事中事后全链条全领域监管。依托全国投资项目在线审批监管平台，建立新能源项目集中审批绿色通道，制定项目准入负面清单和企业承诺事项清单，推进实施企业投资项目承诺制，不得以任何名义增加新能源企业的不合理投资成本。推动风电项目由核准制调整为备案制。以新能源为主体的多能互补、源网荷储、微电网等综合能源项目，可作为整体统一办理核准（备案）手续。

（十）优化新能源项目接网流程。地方能源主管部门、电网企业要结合新能源项目发展需要，及时优化电网规划建设方案和投资计划安排。推动电网企业建立新能源项目接网一站式服务平台，提供新能源项目可用接入点、可接入容量、技术规范等信息，实现新能源项目接网全流程线上办理，大幅压缩接网时间。接网及送出工程原则上由电网企业投资建设，电网企业要改进完善内部审批流程，合理安排建设时序，确保送出工程与电源建设的进度相匹配；由发电企业建设的新能源接网及送出工程，电网企业可在双方协商同意后依法依规回购。

（十一）健全新能源相关公共服务体系。开展全国新能源资源勘查与评价，建立可开发资源数据库，形成县级以上行政区域内各类新能源资源详查评价成果和图谱并向社会发布。建立测风塔及测风数据共享机制。完善新能源产业防灾减灾综合服务体系。加快推动新能源装备标准和检测认证等公共服务体系建设，支持建设国家新能源装备质量公告平台和关键产品公共检测平台。

四、支持引导新能源产业健康有序发展

（十二）推进科技创新与产业升级。建立产学研一体化平台，建设国家级新能源实验室和研发平台，加大基础理论研究投入，超前布局前沿技术和颠覆性技术。推行“揭榜挂帅”“赛马”等机制，推动企业、科研院所、高校等针对新能源占比逐渐提高的电力系统安全稳定可靠等问题开展系统性研究，提出解决方案。加大对产业智能制造和数字化升级的支持力度。编制实施智能光伏产业发展行动计划，提升产品全周期智能化、信息化水平。推进高效太阳能电池、先进风电设备等关键技术突破，加快推动关键基础材料、设备、零部件等技术升级。推动退役风电机组、光伏组件回收处理技术和相关新产业链发展，实现全生命周期闭环式绿色发展。

（十三）保障产业链供应链安全。出台推动能源电子产业发展的指导意见，加快电子信息技术与新能源产业融合创新。推动强链补链，依照新能源产业链分工对供应链上下游实施科学统筹管理。增加扩产项目信息透明度，增强设备、材料企业对产业供需变化的响应能力，防控价格异常波动，增强新能源产业链供应链韧性。指导地方政府做好新能源产业规划，落实光伏产业规范条件。优化新能源产业知识产权保护环境，加大侵权惩罚力度。规范新能源产业发展秩序，遏制低水平项目盲目发展，及时纠正违反公平竞争的做法，破除地方保护主义，优化新能源企业兼并重组市场环境和审批流程。

（十四）提高新能源产业国际化水平。加强新能源产业知识产权国际合作，推动计量、检测和试验研究能力达到世界先进水平，积极参与风电、光伏、海洋能、氢能、储能、智慧能源及电动汽车等领域国际标准、合格评定程序的制定和修订，提高计量和合格评定结果互认水平，提升我国标准和检测认证机构的国际认可度和影响力。

五、保障新能源发展合理空间需求

（十五）完善新能源项目用地管制规则。建立自然资源、生态环境、能源主管部门等相关单位的协同机制。在符合国土空间规划和用途管制要求基础上，充分利用沙漠、戈壁、荒漠等未利用地，布局建设大型风光电基地。将新能源项目的空间信息按规定纳入国土空间规划“一张图”，严格落实生态环境分区管控要求，统筹安排大型风光电基地建设项目用地用林用草。地方政府要严格依法征收土地使用税费，不得超出法律规定征收费用。

（十六）提高国土空间资源利用效率。新建新能源项目要严格执行土地使用标准，不得突破标准控制，鼓励推广应用节地技术和节地模式，用地节约集约化程度必须达到国内同行业先进水平。优化调整近岸风电场布局，鼓励发展深远海风电项目；规范设置登陆电缆管廊，最大程度减少对岸线的占用和影响。鼓励“风光渔”融合发展，切实提高风电、光伏发电项目海域资源利用效率。

六、充分发挥新能源的生态环境保护效益

（十七）大力推广生态修复类新能源项目。坚持生态优先，科学评价新能源项目生态环境影响和效益，研究出台光伏治沙等生态修复类新能源项目设计、施工、运维等标准规范，支持在石漠化、荒漠化土地以及采煤沉陷区等矿区开展具有生态环境保护和修复效益的新能源项目。

（十八）助力农村人居环境整治提升。因地制宜推动生物质能、地热能、太阳能供暖，在保障能源安全稳定供应基础上有序开展新能源替代散煤行动，促进农村清洁取暖、农业清洁生产。深入推进秸秆综合利用和畜禽粪污资源化利用。制定符合生物质燃烧特性的专用设备技术标准，推广利用生物质成型燃料。

七、完善支持新能源发展的财政金融政策

（十九）优化财政资金使用。加强央地联动，按照以收定支原则用好可再生能源发展基金。全面落实税务部门征收可再生能源发展基金的有关要求，确保应收尽收。利用好现有资金渠道支持新能源发展。研究将新能源领域符合条件的公益性建设项目纳入地方政府债券支持范围。

（二十）完善金融相关支持措施。在依法合规、风险可控、商业可持续前提下，金融机构可以自主确定是否对已纳入可再生能源发电补贴清单的项目发放补贴确权贷款，金融机构和企业可自主协商确定贷款金额、期限、利率、还款计划等。充分发挥电网企业融资优势，积极拓展资金来源，推动可再生能源发电延续补贴资金年度收支平衡。支持符合条件的金融机构提供绿色资产支持（商业）票据、保理等创新方案，解决新能源企业资金需求。

（二十一）丰富绿色金融产品服务。合理界定新能源绿色金融项目的信用评级标准和评估准入条件。加大绿色债券、绿色信贷对新能源项目的支持力度。研究探索将新能源项目纳入基础设施不动产投资信托基金（REITs）试点支持范围。支持将符合条件的新能源项目温室气体核证减排量纳入全国碳排放权交易市场进行配额清缴抵销。

国家发展和改革委员会文件

国家发展改革委等部门关于进一步提升电动汽车充电基础设施服务保障能力的实施意见

（发改能源规〔2022〕53 号）

各省、自治区、直辖市、新疆生产建设兵团发展改革委、能源局、工业和信息化厅（委、局）、财政厅（局）、自然资源主管部门、住房和城乡建设厅（委、管委、局）、交通运输厅（局、委）、农业农村厅（局、委）、应急厅（局）、市场监管局（厅、委）、消防救援总队，国家能源局各派出机构，国家电网有限公司、中国南方电网有限责任公司：

“十三五”期间，我国充电基础设施实现了跨越式发展，充电技术快速提升，标准体系逐步完备，产业生态稳步形成，建成世界上数量最多、辐射面积最大、服务车辆最全的充电基础设施体系。但快速发展的背后仍存在居住社区建桩难、公共充电设施发展不均衡、用户充电体验有待提升、行业质量与安全监管体系有待完善等突出问题，亟需加快相关技术、模式与机制创新，进一步提升充电服务保障能力。

为全面贯彻落实《国务院办公厅关于印发新能源汽车产业发展规划（2021—2035 年）的通知》（国办发〔2020〕39 号），支撑新能源汽车产业发展，突破充电基础设施发展瓶颈，推动构建新型电力系统，助力“双碳”目标实现，制定如下实施意见。

到“十四五”末，我国电动汽车充电保障能力进一步提升，形成适度超前、布局均衡、智能高效的充电基础设施体系，能够满足超过 2000 万辆电动汽车充电需求。

一、加快推进居住社区充电设施建设安装

（一）完善居住社区充电设施建设推进机制。各地发展改革、能源部门应加强与住房和城乡建设等部门的统筹协作，共同推进居住社区充电设施建设与改造。居住社区管理单位应积极配合用户

安装充电设施并提供必要协助。业主委员会应结合自身实际，明确物业服务区域内充电设施建设的具体流程。

（二）推进既有居住社区充电设施建设。各地发展改革、能源、住房和城乡建设部门等应制定既有居住社区充电设施建设改造行动计划，明确行动目标、重点任务和推进时序，结合城镇老旧小区改造及城市居住社区建设补短板行动，因地制宜推进。具备安装条件的，居住社区要配建一定比例的公共充电车位，建立充电车位分时共享机制，为用户充电创造条件。

（三）严格落实新建居住社区配建要求。新建居住社区要确保固定车位100%建设充电设施或预留安装条件。预留安装条件时需将管线和桥架等供电设施建设到车位以满足直接装表接电需要。各地相关部门应在新建住宅项目规划报批、竣工验收环节依法监督。

（四）创新居住社区充电服务商业模式。鼓励充电运营企业或居住社区管理单位接受业主委托，开展居住社区充电设施“统建统营”，统一提供充电设施建设、运营与维护等有偿服务，提高充电设施安全管理水平和绿电消费比例。鼓励“临近车位共享”“多车一桩”等新模式。

二、提升城乡地区充换电保障能力

（五）建立健全规划工作机制。各地发展改革、能源部门要积极会同工业和信息化、自然资源、住房和城乡建设、交通运输等部门，科学编制省级充电基础设施“十四五”专项规划，指导地市以区县为基本单元编制布局规划。优先利用存量停车场等土地资源，以新增土地供应方式建设的公共充电场站，应加强论证。涉及布局、土地利用和用途管制等方面的内容，应与相关规划做好衔接。

（六）优化城市公共充电网络建设布局。进一步优化中心城区公共充电网络布局，加大外围城区公共充电设施建设力度，因地制宜布局换电站，提升公共充电服务保障能力。充分考虑公交、出租、物流等专用车充电需求，结合停车场站等建设专用充电站。鼓励充电运营企业通过新建、改建、扩容、迁移等方式，逐步提高快充桩占比。

（七）加强县城、乡镇充电网络布局。按照全面推进乡村振兴有关要求，结合推进以县城为重要载体的城镇化建设，加快补齐县城、乡镇充电基础设施建设短板，加快实现电动汽车充电站“县县全覆盖”、充电桩“乡乡全覆盖”。优先在企事业单位、商业建筑、交通枢纽、公共停车场等场所配置公共充电设施。

（八）加快高速公路快充网络有效覆盖。加快制定各省高速公路快充网络分阶段覆盖方案。明确高速公路快充站建设标准规范，将快充站纳入高速公路服务区配套基础设施范围，加强高速公路快充站项目立项与验收环节管理，做好建设用地和配套电源保障工作。力争到2025年，国家生态文明试验区、大气污染防治重点区域的高速公路服务区快充站覆盖率不低于80%，其他地区不低于60%。

（九）提升单位和园区内部充电保障。政府机关、企事业单位、工业园区等内部停车场加快配建相应比例充电设施或预留建设安装条件，满足公务用车和职工私家车充电需要。鼓励单位和园区内部充电桩对外开放，进一步提升公共充电供给能力。

三、加强车网互动等新技术研发应用

（十）推进车网互动技术创新与试点示范。支持电网企业联合车企等产业链上下游打造新能源汽车与智慧能源融合创新平台，开展跨行业联合创新与技术研发，加速推进车网互动试验测试与标准化体系建设。积极推进试点示范，探索新能源汽车参与电力现货市场的实施路径，研究完善新能源汽车消费和储放绿色电力的交易和调度机制。探索单位和园区内部充电设施开展“光储充放”一体化试点应用。

（十一）鼓励推广智能有序充电。各地发展改革、能源部门要引导居民参与智能有序充电，加快开展智能有序充电示范小区建设，逐步提高智能有序充电桩建设比例。各地价格主管部门要抓好充电设施峰谷电价政策落实。鼓励将智能有序充电纳入充电桩和新能源汽车产品功能范围，加快形成行业统一标准。

（十二）加强充换电技术创新与标准支撑。加快大功率充电标准制定与推广应用，加强跨行业协作，推动产业各方协同升级。推进无线充电、自动无人充电等新技术研发。推动主要应用领域形成统一的换电标准，提升换电模式的安全性、可靠性与经济性。完善新能源汽车电池和充电设施之间的数据交互标准。

（十三）加快换电模式推广应用。围绕矿场、港口、城市转运等场景，支持建设布局专用换电站，加快车电分离模式探索和推广，促进重型货车和港口内部集卡等领域电动化转型。探索出租、物流运输等领域的共享换电模式，优化提升共享换电服务。

四、加强充电设施运维和网络服务

（十四）加强充电设备运维与充电秩序维护。充电运营企业要完善充电设备运维体系，通过智能化和数字化手段，提升设备可用率和故障处理能力。鼓励停车场与充电运营企业创新技术与管理措施，引导燃油汽车与新能源汽车分区停放，维护良好充电秩序。

（十五）提升公共充电网络服务体验。加快推进充电运营企业平台互联互通，实现信息共享与跨平台、多渠道支付结算，提升充电便利性和用户体验。鼓励停车充电一体化等模式创新，实现停车和充电数据信息互联互通，落实充电车辆停车优惠等惠民措施。

五、做好配套电网建设与供电服务

（十六）加强配套电网建设保障。电网企业要做好电网规划与充电设施规划的衔接，加大配套电网建设投入，合理预留高压、大功率充电保障能力。各地自然资源、住房和城乡建设部门要对充电设施配套电网建设用地、廊道空间等资源予以保障，加大工程建设协调推进力度。

（十七）加强配套供电服务和监管。电网企业要全面提升"获得电力"服务水平，优化线上用电保障服务，落实"三零""三省"服务举措，为充电运营企业和个人业务办理提供契约式服务、实施限时办结。国家能源局派出机构要加大供电和价格政策执行情况监管力度，配合地方政府市场监管部门规范转供电行为，做好配套供电服务保障工作。

六、加强质量和安全监管

（十八）建立健全行业监管体系。推动建立充电设备产品质量认证运营商采信制度。建立"僵尸企业"和"僵尸桩"退出机制，支持优势企业兼并重组、做大做强。严格按照"三管三必须"要求，落实各方安全责任。强化汽车、电池和充电设施生产企业产品质量安全责任，严格建设、设计、施工、监理单位建设安装质量安全把关。在加油站、加气站建设安装充电设施应布置在辅助服务区内。充电设施业主、居住社区管理单位、售后维保单位等应加强充电设施安全管理，及时发现、消除安全隐患。各地能源、住房和城乡建设、消防部门结合职责，加强配套供电、规划建设及集中充电场所的消防安全监督管理。建立完善各级安全管理机制，加强充电设施运营安全监管，强化社区用电安全管理。建立火灾事故调查处理、溯源机制，鼓励相关安全责任保险推广应用。

（十九）加快建立国家、省、市三级监管平台体系。扩大监管平台覆盖城市范围，逐步建成纵向贯通、横向协同的国家、省、市三级充电设施监管平台体系，完善数据服务、安全监管、运行分析等功能，推进跨平台安全预警信息交换共享。加快充电设施监管平台与新能源汽车监测平台数据融合，探索构建车桩一体化监管体系。政府监管平台应保持立场公正，定期向社会发布本省充电基础设施运行情况。

七、加大财政金融支持力度

（二十）优化财政支持政策。对作为公共设施的充电桩建设给予财政支持。鼓励地方建立与服务质量挂钩的运营补贴标准，进一步向优质场站倾斜。鼓励地方加强大功率充电、车网互动等示范类设施的补贴力度，促进行业转型升级。

（二十一）提高金融服务能力。创新利用专项债券和基金等金融工具，重点支持充电设施以及配套电网建设与改造项目。鼓励各类金融机构通过多种渠道，为充电设施建设提供金融支持。鼓励保险机构开发适合充电设施的保险产品。

请各有关单位按照上述要求，严格落实责任分工，结合本地区实际完善相关管理工作机制。本实施意见自印发之日起施行，有效期5年。

国家发展改革委
国家能源局
工业和信息化部
财政部
自然资源部
住房和城乡建设部
交通运输部
农业农村部
应急部
市场监管总局
2022年1月10日

国家发展改革委　国家能源局关于加快建设全国统一电力市场体系的指导意见

（发改体改〔2022〕118号）

各省、自治区、直辖市人民政府，国务院各部委、各直属机构，国家电网有限公司、中国南方电网有限责任公司、内蒙古电力（集团）有限责任公司，中国核工业集团有限公司、中国华能集团有限公司、中国大唐集团有限公司、中国华电集团有限公司、国家电力投资集团有限公司、中国长江三峡集团有限公司、国家能源投资集团有限责任公司、国家开发投资集团有限公司、华润（集团）有限公司、中国广核集团有限公司：

党中央、国务院部署实施新一轮电力体制改革以来，我国电力市场建设稳步有序推进，多元竞争主体格局初步形成，市场在资源优化配置中作用明显增强，市场化交易电量比重大幅提升。同时，电力市场还存在体系不完整、功能不完善、交易规则不统一、跨省跨区交易存在市场壁垒等问题。为加快建设全国统一电力市场体系，实现电力资源在更大范围内共享互济和优化配置，提升电力系统稳定性和灵活调节能力，推动形成适合中国国情、有更强新能源消纳能力的新型电力系统，经国务院同意，现提出以下意见。

一、总体要求

（一）指导思想。以习近平新时代中国特色社会主义思想为指导，全面贯彻党的十九大和十九届历次全会精神，完整、准确、全面贯彻新发展理念，遵循电力运行规律和市场经济规律，适应碳达峰碳中和目标的新要求，更好统筹发展和安全，优化电力市场总体设计，健全多层次统一电力市场体系，统一交易规则和技术标准，破除市场壁垒，推进适应能源结构转型的电力市场机制建设，加快形成统一开放、竞争有序、安全高效、治理完善的电力市场体系。

（二）工作原则。

总体设计，稳步推进。做好电力市场功能结构的总体设计，实现不同层次市场的高效协同、有机衔接。坚持问题导向，积极稳妥推进市场建设，鼓励因地制宜开展探索。

支撑转型，安全可靠。完善体制机制，创新市场模式，促进新能源的投资、生产、交易、消纳，发挥电力市场对能源清洁低碳转型的支撑作用。协同推进市场建设与电网运行管理，防范市场建设风险，确保电力系统安全稳定运行。

立足国情，借鉴国际。立足我国能源资源禀赋、经济社会发展等实际国情，借鉴国际成熟电力市场建设经验，发挥国内市场优势，适应电力行业生产运行规律和发展需要，科学合理设计市场模式和路径。

统筹兼顾，做好衔接。统筹考虑企业和社会的电力成本承受能力，做好基本公共服务供给和电力市场建设的衔接，保障电力公共服务供给和居民、农业等用电价格相对稳定。

（三）总体目标。到 2025 年，全国统一电力市场体系初步建成，国家市场与省（区、市）/区域市场协同运行，电力中长期、现货、辅助服务市场一体化设计、联合运营，跨省跨区资源市场化配置和绿色电力交易规模显著提高，有利于新能源、储能等发展的市场交易和价格机制初步形成。到 2030 年，全国统一电力市场体系基本建成，适应新型电力系统要求，国家市场与省（区、市）/区域市场联合运行，新能源全面参与市场交易，市场主体平等竞争、自主选择，电力资源在全国范围内得到进一步优化配置。

二、健全多层次统一电力市场体系

（一）加快建设国家电力市场。充分发挥北京、广州电力交易中心作用，完善电力交易平台运营管理和跨省跨区市场交易机制。根据电力基础设施建设布局和互联互通情况，研究推动适时组建全国电力交易中心，引入发电企业、售电公司、用户等市场主体和有关战略投资者，建立依法规范、权责分明的公司法人治理体系和运营机制；成立相应的市场管理委员会，完善议事协调和监督机制。

（二）稳步推进省（区、市）/区域电力市场建设。充分发挥省（区、市）市场在全国统一电力市场体系的基础作用，提高省域内电力资源配置效率，保障地方电力基本平衡。贯彻京津冀协同发展、长三角一体化、粤港澳大湾区建设等国家区域重大战略，鼓励建设相应的区域电力市场，开展跨省跨区电力中长期交易和调频、备用等辅助服务交易，优化区域电力资源配置。

（三）引导各层次电力市场协同运行。有序推动国家市场、省（区、市）/区域电力市场建设，加强不同层次市场的相互耦合、有序衔接。条件成熟时支持省（区、市）市场与国家市场融合发展，或多省（区、市）联合形成区域市场后再与国家市场融合发展。推动探索组建电力交易中心联营体，并建立完善的协同运行机制。

（四）有序推进跨省跨区市场间开放合作。在落实电网安全保供支撑电源电量的基础上，按照先增量、后存量原则，分类放开跨省跨区优先发电计划，推动将国家送电计划、地方政府送电协议转化为政府授权的中长期合同。建立多元市场主体参与跨省跨区交易的机制，鼓励支持发电企业与售电公司、用户等开展直接交易。加强跨省跨区与省内市场在经济责任、价格形成机制等方面的动态衔接。加快建立市场化的跨省跨区输电权分配和交易机制，最大程度利用跨省跨区富裕通道优化电力资源配置。

三、完善统一电力市场体系的功能

（一）持续推动电力中长期市场建设。进一步发挥中长期市场在平衡长期供需、稳定市场预期的基础作用。完善中长期合同市场化调整机制，缩短交易周期，提升交易频次，丰富交易品种，鼓励开展较长期限的中长期交易，规范中长期交易组织、合同签订等流程。推动市场主体通过市场交易方式在各层次市场形成分时段电量电价，更好拉大峰谷价差，引导用户削峰填谷。

（二）积极稳妥推进电力现货市场建设。引导现货市场更好发现电力实时价格，准确反映电能供需关系。组织实施好电力现货市场试点，支持具备条件的试点不间断运行，逐渐形成长期稳定运行的电力现货市场。推动各类优先发电主体、用户侧共同参与现货市场，加强现货交易与放开优先发用电计划、中长期交易的衔接，建立合理的费用疏导机制。

（三）持续完善电力辅助服务市场。推动电力辅助服务市场更好体现灵活调节性资源的市场价值，建立健全调频、备用等辅助服务市场，探索用户可调节负荷参与辅助服务交易，推动源网荷储一体化建设和多能互补协调运营，完善成本分摊和收益共享机制。统筹推进电力中长期、现货、辅助服务市场建设，加强市场间有序协调，在交易时序、市场准入、价格形成机制等方面做好衔接。

（四）培育多元竞争的市场主体。有序放开发用电计划，分类推动燃气、热电联产、新能源、核电等优先发电主体参与市场，分批次推动经营性用户全面参与市场，推动将优先发电、优先购电计划转化为政府授权的中长期合同。严格售电公司准入标准和条件，引导社会资本有序参与售电业务，发挥好电网企业和国有售电公司重要作用，健全确保供电可靠性的保底供电制度，鼓励售电公司创新商业模式，提供综合能源管理、负荷集成等增值服务。引导用户侧可调负荷资源、储能、分布式能源、新能源汽车等新型市场主体参与市场交易，充分激发和释放用户侧灵活调节能力。

四、健全统一电力市场体系的交易机制

（一）规范统一市场基本交易规则和技术标准。发展改革委、能源局组织有关方面制定市场准入退出、交易品种、交易时序、交易执行结算等基本交易规则，以及统一的交易技术标准和数据接口标准。各地组织省（区、市）电力交易中心依照基本交易规则制定本地交易细则。推动交易中心之间在技术和数据标准方面有效衔接、总体一致。

（二）完善电力价格形成机制。改革完善煤电价格市场化形成机制，完善电价传导机制，统一规范各地电力市场价格规则，有效平衡电力供需。有序推动工商业用户全部进入电力市场，确保居民、农业、公益性事业等用电价格相对稳定。鼓励清洁取暖用户通过参与电力市场降低采暖成本。强化电网输配电准许收入监管，推动电网企业输配电业务和购售电业务分开核算，妥善处理政策性交叉补贴。提升跨省跨区输电价格机制灵活性，探索跨省跨区交易按最优路径组合等方式收取输电费用。

（三）做好市场化交易与调度运行的高效衔接。在保障电网安全运行和电力可靠供应的前提下，统筹优化电力市场运行与电网调度运行，健全完善电网企业相关业务流程和制度标准。加强电力交易中心与电网企业业务协同，推动规划、营销、计量、财务、调度等信息的互通共享。提升电网智能化水平，加强电力运行调度和安全管理，依法依规落实电力市场交易结果。

（四）加强信息共享和披露。推动全国电力市场主体注册信息共享。落实信息披露制度要求，规范披露流程，依法依规披露电网安全约束条件、跨省跨区可用输电能力等关键信息。建设统一信息披露平台，健全信息安全保障机制，确保电力运行信息安全可控。

五、加强电力统筹规划和科学监管

（一）健全适应市场化环境的电力规划体系。统筹可再生能源和常规电源规划布局，加强全国电力规划与地方电力规划、电源规划与电网规划、电力规划与市场建设之间的衔接，注重发挥市场价格信号对电力规划建设的引导作用。

（二）完善现代电力市场监管体制。提升对电力市场科学监管能力，加强监测预警，强化电力交易机构和调度机构的运营监控和风险防控责任，做好对电力市场信息披露情况的监督和评价。加强对电网企业自然垄断性业务的监管，健全电网公平开放监管制度，强化运行安全和服务质量评价。

（三）健全电力市场信用体系。健全市场主体自律和社会监督机制，完善电力市场信用评价体系，开展市场主体信用评价工作，推动分级分类监管，实现市场主体信用信息共享，健全守信激励和失信惩戒机制，构建以信用为基础的新型监管机制。

（四）完善电力应急保供机制。加快应急备用和调峰电源能力建设，建立健全成本回收机制，通过容量成本回收机制、辅助服务市场等实现合理经济补偿。健全市场应急处置机制，优先保障民生用电供应，确保电力供应安全。

六、构建适应新型电力系统的市场机制

（一）提升电力市场对高比例新能源的适应性。严格落实支持新能源发展的法律法规和政策措施，完善适应高比例新能源的市场机制，有序推动新能源参与电力市场交易，以市场化收益吸引社会资本，促进新能源可持续投资。建立与新能源特性相适应的中长期电力交易机制，引导新能源签订较长期限的中长期合同。鼓励新能源报量报价参与现货市场，对报价未中标电量不纳入弃风弃光电量考核。在现货市场内推动调峰服务，新能源比例较高的地区可探索引入爬坡等新型辅助服务。

（二）因地制宜建立发电容量成本回收机制。引导各地区根据实际情况，建立市场化的发电容量成本回收机制，探索容量补偿机制、容量市场、稀缺电价等多种方式，保障电源固定成本回收和长期电力供应安全。鼓励抽水蓄能、储能、虚拟电厂等调节电源的投资建设。

（三）探索开展绿色电力交易。创新体制机制，开展绿色电力交易试点，以市场化方式发现绿色电力的环境价值，体现绿色电力在交易组织、电网调度等方面的优先地位。引导有需求的用户直接购买绿色电力，推动电网企业优先执行绿色电力的直接交易结果。做好绿色电力交易与绿证交易、碳排放权交易的有效衔接。

（四）健全分布式发电市场化交易机制。鼓励分布式光伏、分散式风电等主体与周边用户直接交易，完善微电网、存量小电网、增量配电网与大电网间的交易结算、运行调度等机制，增强就近消纳新能源和安全运行能力。

七、加强组织实施

（一）强化组织落实。要始终坚持和加强党的领

导，把党的领导贯穿全国统一电力市场体系建设全过程。要加强电力统筹规划、政策法规、科学监测等工作，科学指导电力规划和有效投资。发展改革委、能源局要加强对统一电力市场体系建设的总体指导，统筹考虑能源资源禀赋、电价水平、电网安全运行等条件，加强系统研究、协调推进，健全应急调控预案和保障供应机制，完善相关配套政策，强化组织协调、监督管理和风险防范。各省（区、市）政府要明确牵头部门和任务分工，按照总体部署扎实做好本地电力市场建设，推进综合协同监管。

（二）营造改革氛围。组织开展电力市场建设的专项研究培训，鼓励引导相关市场主体发挥各自优势，主动适应新型电力系统建设和市场化方向，积极参与电力市场建设。通过新闻发布会等形式，加强对全国统一电力市场体系建设的宣传引导和政策解读，凝聚电力市场发展共识，营造良好改革氛围。

（三）及时跟踪评估。电力交易机构和调度机构按照职责分工做好市场运行信息的记录、汇总、分析和披露等工作，及时准确反映电力市场运行状况。发展改革委、能源局对电力市场运行状况开展定期评估，及时总结经验，加强对各地电力市场建设的督促指导。

国家发展改革委
国 家 能 源 局
2022 年 1 月 18 日

国家发展改革委办公厅关于开展抽水蓄能定价成本监审工作的通知

（发改办价格〔2022〕130 号）

北京市、河北省、山西省、内蒙古自治区、辽宁省、吉林省、江苏省、浙江省、安徽省、福建省、江西省、山东省、河南省、湖北省、湖南省、广东省、海南省发展改革委，国网新源控股有限公司、南方电网调峰调频发电有限公司、内蒙古呼和浩特抽水蓄能发电有限责任公司、宁波溪口抽水蓄能电站有限公司、江苏沙河抽水蓄能发电有限公司、江苏国信溧阳抽水蓄能发电有限公司、湖北正源电力集团有限公司：

为科学核定容量电价，促进抽水蓄能电站加快发展，根据《政府制定价格成本监审办法》（国家发展改革委令第 8 号）和《关于进一步完善抽水蓄能价格形成机制的意见》（发改价格〔2021〕633 号）等有关规定，决定对在运抽水蓄能电站开展定价成本监审。现将有关事项通知如下：

一、成本监审对象

全国 31 家在运抽水蓄能电站（附件 1）。

二、成本监审范围和期间

（一）范围：抽水蓄能电站成本费用支出及相关参数指标。

（二）期间：2015 至 2020 年度。2015 年以后投运电站监审期间为成立以来至 2020 年度。

三、工作组织和安排

本次成本监审工作由国家发展改革委统一组织实施，国家能源局配合，必要时请地方发展改革委支持。国家发展改革委组织相关地方同志组成专班和第三方会计师事务所在北京集中审核，相关省份发展改革委根据需要负责现场抽查当地电站提供的资产卡片、会计凭证等材料。具体人员组成在实地审核工作时另行通知。监审组将视疫情形势变化，采用“线上+线下”等方式灵活履行资料初审、实地审核、意见告知、出具报告等程序。

四、工作要求

（一）对抽水蓄能电站要求。各抽水蓄能电站要加强统筹协调，按照要求准备相关基础资料（附件 2），填报调查表（附件 3）。审核过程中积极做好配合工作，及时提供所需佐证材料。请于 2022 年 3 月 4 日前将相关资料通过邮箱报送我委（价格司）。拒绝提供成本监审所需资料，或提供资料不真实、不完整的，将按照《政府制定价格成本监审办法》有关规定严肃处理。

（二）对监审人员要求。监审人员要严守工作纪律，完整记录工作进展，保存审核过程表和工作底稿，遇到重要问题要及时上报，通过集体讨论决定。要做好与企业的沟通，广泛听取意见建议，确保监审结果客观、公正、合理。

联系人：张希圆　010-68502853

电子邮箱：chengbenchu@ndrc.gov.cn

附件：1. 成本监审抽水蓄能电站名单（略）

2. 资料清单（略）

3. 抽水蓄能电站定价成本监审调查表（略）

国家发展改革委办公厅
2022 年 2 月 22 日

国家发展改革委　国家能源局关于完善能源绿色低碳转型体制机制和政策措施的意见

（发改能源〔2022〕206 号）

各省、自治区、直辖市人民政府，新疆生产建设兵团，国务院有关部门，有关中央企业，有关行业协会：

能源生产和消费相关活动是最主要的二氧化碳排放源，大力推动能源领域碳减排是做好碳达峰碳中和工作，以及加快构建现代能源体系的重要举措。党的十八大以来，各地区、各有关部门围绕能源绿色低碳发展制定了一系列政策措施，推动太阳能、风能、水能、生物质能、地热能等清洁能源开发利用取得了明显成效，但现有的体制机制、政策体系、治理方式等仍然面临一些困难和挑战，难以适应新形势下推进能源绿色低碳转型的需要。为深入贯彻落实《中共中央、国务院关于完整准确全面贯彻新发展理念做好碳达峰碳中和工作的意见》和《2030年前碳达峰行动方案》有关要求，经国务院同意，现就完善能源绿色低碳转型的体制机制和政策措施提出以下意见。

一、总体要求

（一）指导思想。

以习近平新时代中国特色社会主义思想为指导，全面贯彻党的十九大和十九届历次全会精神，深入贯彻习近平生态文明思想，坚持稳中求进工作总基调，立足新发展阶段，完整、准确、全面贯彻新发展理念，构建新发展格局，深入推动能源消费革命、供给革命、技术革命、体制革命，全方位加强国际合作，从国情实际出发，统筹发展与安全、稳增长和调结构，深化能源领域体制机制改革创新，加快构建清洁低碳、安全高效的能源体系，促进能源高质量发展和经济社会发展全面绿色转型，为科学有序推动如期实现碳达峰、碳中和目标和建设现代化经济体系提供保障。

（二）基本原则。

——坚持系统观念、统筹推进。加强顶层设计，发挥制度优势，处理好发展和减排、整体和局部、短期和中长期的关系，处理好转型各阶段不同能源品种之间的互补、协调、替代关系，推动煤炭和新能源优化组合，统筹推进全国及各地区能源绿色低碳转型。

——坚持保障安全、有序转型。在保障能源安全的前提下有序推进能源绿色低碳转型，先立后破，坚持全国“一盘棋”，加强转型中的风险识别和管控。在加快形成清洁低碳能源可靠供应能力基础上，逐步对化石能源进行安全可靠替代。

——坚持创新驱动、集约高效。完善能源领域创新体系和激励机制，提升关键核心技术创新能力。贯彻节约优先方针，着力降低单位产出资源消耗和碳排放，增强能源系统运行和资源配置效率，提高经济社会综合效益。加快形成减污降碳的激励约束机制。

——坚持市场主导、政府引导。深化能源领域体制改革，充分发挥市场在资源配置中的决定性作用，构建公平开放、有效竞争的能源市场体系。更好发挥政府作用，在规划引领、政策扶持、市场监管等方面加强引导，营造良好的发展环境。

（三）主要目标。

“十四五”时期，基本建立推进能源绿色低碳发展的制度框架，形成比较完善的政策、标准、市场和监管体系，构建以能耗“双控”和非化石能源目标制度为引领的能源绿色低碳转型推进机制。到2030年，基本建立完整的能源绿色低碳发展基本制度和政策体系，形成非化石能源既基本满足能源需求增量又规模化替代化石能源存量、能源安全保障能力得到全面增强的能源生产消费格局。

二、完善国家能源战略和规划实施的协同推进机制

（四）强化能源战略和规划的引导约束作用。以国家能源战略为导向，强化国家能源规划的统领作用，各省（自治区、直辖市）结合国家能源规划部署和当地实际制定本地区能源规划，明确能源绿色低碳转型的目标和任务，在规划编制及实施中加强各能源品种之间、产业链上下游之间、区域之间的协同互济，整体提高能源绿色低碳转型和供应安全保障水平。加强能源规划实施监测评估，健全规划动态调整机制。

（五）建立能源绿色低碳转型监测评价机制。重点监测评价各地区能耗强度、能源消费总量、非化石能源及可再生能源消费比重、能源消费碳排放系数等指标，评估能源绿色低碳转型相关机制、政策的执行情况和实际效果。完善能源绿色低碳发展考核机制，按照国民经济和社会发展规划纲要、年度计划及能源规划等确定的能源相关约束性指标，强化相关考核。鼓励各地区通过区域协作或开展可再生能源电力消纳量交易等方式，满足国家规定的可再生能源消费最低比重等指标要求。

（六）健全能源绿色低碳转型组织协调机制。国家能源委员会统筹协调能源绿色低碳转型相关战略、发展规划、行动方案和政策体系等。建立跨部门、跨区域的能源安全与发展协调机制，协调开展跨省跨区电力、油气等能源输送通道及储备等基础设施和安全体系建设，加强能源领域规划、重大工程与国土空间规划以及生态环境保护等专项规划衔接，及时研究解决实施中的问题。按年度建立能源绿色低碳转型和安全保障重大政策实施、重大工程建设台账，完善督导协调机制。

三、完善引导绿色能源消费的制度和政策体系

（七）完善能耗“双控”和非化石能源目标制度。坚持把节约能源资源放在首位，强化能耗强度降低约束性指标管理，有效增强能源消费总量管理弹性，新增可再生能源和原料用能不纳入能源消费总量控制，合理确定各地区能耗强度降低目标，加强能耗“双控”政策与碳达峰、碳中和目标任务的衔接。逐步建立能源领域碳排放控制机制。制修订重点用能行业单位产品能耗限额强制性国家标准，组织对重点用能企业落实情况进行监督检查。研究制定重点行业、重

点产品碳排放核算方法。统筹考虑各地区可再生能源资源状况、开发利用条件和经济发展水平等，将全国可再生能源开发利用中长期总量及最低比重目标科学分解到各省（自治区、直辖市）实施，完善可再生能源电力消纳保障机制。推动地方建立健全用能预算管理制度，探索开展能耗产出效益评价。加强顶层设计和统筹协调，加快建设全国碳排放权交易市场、用能权交易市场、绿色电力交易市场。

（八）建立健全绿色能源消费促进机制。推进统一的绿色产品认证与标识体系建设，建立绿色能源消费认证机制，推动各类社会组织采信认证结果。建立电能替代推广机制，通过完善相关标准等加强对电能替代的技术指导。完善和推广绿色电力证书交易，促进绿色电力消费。鼓励全社会优先使用绿色能源和采购绿色产品及服务，公共机构应当作出表率。各地区应结合本地实际，采用先进能效和绿色能源消费标准，大力宣传节能及绿色消费理念，深入开展绿色生活创建行动。鼓励有条件的地方开展高水平绿色能源消费示范建设，在全社会倡导节约用能。

（九）完善工业领域绿色能源消费支持政策。引导工业企业开展清洁能源替代，降低单位产品碳排放，鼓励具备条件的企业率先形成低碳、零碳能源消费模式。鼓励建设绿色用能产业园区和企业，发展工业绿色微电网，支持在自有场所开发利用清洁低碳能源，建设分布式清洁能源和智慧能源系统，对余热余压余气等综合利用发电减免交叉补贴和系统备用费，完善支持自发自用分布式清洁能源发电的价格政策。在符合电力规划布局和电网安全运行条件的前提下，鼓励通过创新电力输送及运行方式实现可再生能源电力项目就近向产业园区或企业供电，鼓励产业园区或企业通过电力市场购买绿色电力。鼓励新兴重点用能领域以绿色能源为主满足用能需求并对余热余压余气等进行充分利用。

（十）完善建筑绿色用能和清洁取暖政策。提升建筑节能标准，推动超低能耗建筑、低碳建筑规模化发展，推进和支持既有建筑节能改造，积极推广使用绿色建材，健全建筑能耗限额管理制度。完善建筑可再生能源应用标准，鼓励光伏建筑一体化应用，支持利用太阳能、地热能和生物质能等建设可再生能源建筑供能系统。在具备条件的地区推进供热计量改革和供热设施智能化建设，鼓励按热量收费，鼓励电供暖企业和用户通过电力市场获得低谷时段低价电力，综合运用峰谷电价、居民阶梯电价和输配电价机制等予以支持。落实好支持北方地区农村冬季清洁取暖的供气价格政策。

（十一）完善交通运输领域能源清洁替代政策。推进交通运输绿色低碳转型，优化交通运输结构，推行绿色低碳交通设施装备。推行大容量电气化公共交通和电动、氢能、先进生物液体燃料、天然气等清洁能源交通工具，完善充换电、加氢、加气（LNG）站点布局及服务设施，降低交通运输领域清洁能源用能成本。对交通供能场站布局和建设在土地空间等方面予以支持，开展多能融合交通供能场站建设，推进新能源汽车与电网能量互动试点示范，推动车桩、船岸协同发展。对利用铁路沿线、高速公路服务区等建设新能源设施的，鼓励对同一省级区域内的项目统一规划、统一实施、统一核准（备案）。

四、建立绿色低碳为导向的能源开发利用新机制

（十二）建立清洁低碳能源资源普查和信息共享机制。结合资源禀赋、土地用途、生态保护、国土空间规划等情况，以市（县）级行政区域为基本单元，全面开展全国清洁低碳能源资源详细勘查和综合评价，精准识别可开发清洁低碳能源资源并进行数据整合，完善并动态更新全国清洁低碳能源资源数据库。加强与国土空间基础信息平台的衔接，及时将各类清洁低碳能源资源分布等空间信息纳入同级国土空间基础信息平台和国土空间规划“一张图”，并以适当方式与地方各级政府、企业、行业协会和研究机构等共享。提高可再生能源相关气象观测、资源评价以及预测预报技术能力，为可再生能源资源普查、项目开发和电力系统运行提供支撑。构建国家能源基础信息及共享平台，整合能源全产业链信息，推动能源领域数字经济发展。

（十三）推动构建以清洁低碳能源为主体的能源供应体系。以沙漠、戈壁、荒漠地区为重点，加快推进大型风电、光伏发电基地建设，对区域内现有煤电机组进行升级改造，探索建立送受两端协同为新能源电力输送提供调节的机制，支持新能源电力能建尽建、能并尽并、能发尽发。各地区按照国家能源战略和规划及分领域规划，统筹考虑本地区能源需求和清洁低碳能源资源等情况，在省级能源规划总体框架下，指导并组织制定市（县）级清洁低碳能源开发利用、区域能源供应相关实施方案。各地区应当统筹考虑本地区能源需求及可开发资源量等，按就近原则优先开发利用本地清洁低碳能源资源，根据需要积极引入区域外的清洁低碳能源，形成优先通过清洁低碳能源满足新增用能需求并逐渐替代存量化石能源的能源生产消费格局。鼓励各地区建设多能互补、就近平衡、以清洁低碳能源为主体的新型能源系统。

（十四）创新农村可再生能源开发利用机制。在农村地区优先支持屋顶分布式光伏发电以及沼气发电等生物质能发电接入电网，电网企业等应当优先收购其发电量。鼓励利用农村地区适宜分散开发风电、光伏发电的土地，探索统一规划、分散布局、农企合

作、利益共享的可再生能源项目投资经营模式。鼓励农村集体经济组织依法以土地使用权入股、联营等方式与专业化企业共同投资经营可再生能源发电项目，鼓励金融机构按照市场化、法治化原则为可再生能源发电项目提供融资支持。加大对农村电网建设的支持力度，组织电网企业完善农村电网。加强农村电网技术、运行和电力交易方式创新，支持新能源电力就近交易，为农村公益性和生活用能以及乡村振兴相关产业提供低成本绿色能源。完善规模化沼气、生物天然气、成型燃料等生物质能和地热能开发利用扶持政策和保障机制。

（十五）建立清洁低碳能源开发利用的国土空间管理机制。围绕做好碳达峰碳中和工作，统筹考虑清洁低碳能源开发以及能源输送、储存等基础设施用地用海需求。完善能源项目建设用地分类指导政策，调整优化可再生能源开发用地用海要求，制定利用沙漠、戈壁、荒漠土地建设可再生能源发电工程的土地支持政策，完善核电、抽水蓄能厂（场）址保护制度并在国土空间规划中予以保障，在国土空间规划中统筹考虑输电通道、油气管道走廊用地需求，建立健全土地相关信息共享与协同管理机制。严格依法规范能源开发涉地（涉海）税费征收。符合条件的海上风电等可再生能源项目可按规定申请减免海域使用金。鼓励在风电等新能源开发建设中推广应用节地技术和节地模式。

五、完善新型电力系统建设和运行机制

（十六）加强新型电力系统顶层设计。推动电力来源清洁化和终端能源消费电气化，适应新能源电力发展需要制定新型电力系统发展战略和总体规划，鼓励各类企业等主体积极参与新型电力系统建设。对现有电力系统进行绿色低碳发展适应性评估，在电网架构、电源结构、源网荷储协调、数字化智能化运行控制等方面提升技术和优化系统。加强新型电力系统基础理论研究，推动关键核心技术突破，研究制定新型电力系统相关标准。推动互联网、数字化、智能化技术与电力系统融合发展，推动新技术、新业态、新模式发展，构建智慧能源体系。加强新型电力系统技术体系建设，开展相关技术试点和区域示范。

（十七）完善适应可再生能源局域深度利用和广域输送的电网体系。整体优化输电网络和电力系统运行，提升对可再生能源电力的输送和消纳能力。通过电源配置和运行优化调整尽可能增加存量输电通道输送可再生能源电量，明确最低比重指标并进行考核。统筹布局以送出可再生能源电力为主的大型电力基地，在省级电网及以上范围优化配置调节性资源。完善相关省（自治区、直辖市）政府间协议与电力市场相结合的可再生能源电力输送和消纳协同机制，加强省际、区域间电网互联互通，进一步完善跨省跨区电价形成机制，促进可再生能源在更大范围消纳。大力推进高比例容纳分布式新能源电力的智能配电网建设，鼓励建设源网荷储一体化、多能互补的智慧能源系统和微电网。电网企业应提升新能源电力接纳能力，动态公布经营区域内可接纳新能源电力的容量信息并提供查询服务，依法依规将符合规划和安全生产条件的新能源发电项目和分布式发电项目接入电网，做到应并尽并。

（十八）健全适应新型电力系统的市场机制。建立全国统一电力市场体系，加快电力辅助服务市场建设，推动重点区域电力现货市场试点运行，完善电力中长期、现货和辅助服务交易有机衔接机制，探索容量市场交易机制，深化输配电等重点领域改革，通过市场化方式促进电力绿色低碳发展。完善有利于可再生能源优先利用的电力交易机制，开展绿色电力交易试点，鼓励新能源发电主体与电力用户或售电公司等签订长期购售电协议。支持微电网、分布式电源、储能和负荷聚合商等新兴市场主体独立参与电力交易。积极推进分布式发电市场化交易，支持分布式发电（含电储能、电动车船等）与同一配电网内的电力用户通过电力交易平台就近进行交易，电网企业（含增量配电网企业）提供输电、计量和交易结算等技术支持，完善支持分布式发电市场化交易的价格政策及市场规则。完善支持储能应用的电价政策。

（十九）完善灵活性电源建设和运行机制。全面实施煤电机组灵活性改造，完善煤电机组最小出力技术标准，科学核定煤电机组深度调峰能力；因地制宜建设既满足电力运行调峰需要、又对天然气消费季节差具有调节作用的天然气“双调峰”电站；积极推动流域控制性调节水库建设和常规水电站扩机增容，加快建设抽水蓄能电站，探索中小型抽水蓄能技术应用，推行梯级水电储能；发挥太阳能热发电的调节作用，开展废弃矿井改造储能等新型储能项目研究示范，逐步扩大新型储能应用。全面推进企业自备电厂参与电力系统调节，鼓励工业企业发挥自备电厂调节能力就近利用新能源。完善支持灵活性煤电机组、天然气调峰机组、水电、太阳能热发电和储能等调节性电源运行的价格补偿机制。鼓励新能源发电基地提升自主调节能力，探索一体化参与电力系统运行。完善抽水蓄能、新型储能参与电力市场的机制，更好发挥相关设施调节作用。

（二十）完善电力需求响应机制。推动电力需求响应市场化建设，推动将需求侧可调节资源纳入电力电量平衡，发挥需求侧资源削峰填谷、促进电力供需平衡和适应新能源电力运行的作用。拓宽电力需求响应实施范围，通过多种方式挖掘各类需求侧资源并

组织其参与需求响应，支持用户侧储能、电动汽车充电设施、分布式发电等用户侧可调节资源，以及负荷聚合商、虚拟电厂运营商、综合能源服务商等参与电力市场交易和系统运行调节。明确用户侧储能安全发展的标准要求，加强安全监管。加快推进需求响应市场化建设，探索建立以市场为主的需求响应补偿机制。全面调查评价需求响应资源并建立分级分类清单，形成动态的需求响应资源库。

（二十一）探索建立区域综合能源服务机制。探索同一市场主体运营集供电、供热（供冷）、供气为一体的多能互补、多能联供区域综合能源系统，鼓励地方采取招标等竞争性方式选择区域综合能源服务投资经营主体。鼓励增量配电网通过拓展区域内分布式清洁能源、接纳区域外可再生能源等提高清洁能源比重。公共电网企业、燃气供应企业应为综合能源服务运营企业提供可靠能源供应，并做好配套设施运行衔接。鼓励提升智慧能源协同服务水平，强化共性技术的平台化服务及商业模式创新，充分依托已有设施，在确保能源数据信息安全的前提下，加强数据资源开放共享。

六、完善化石能源清洁高效开发利用机制

（二十二）完善煤炭清洁开发利用政策。立足以煤为主的基本国情，按照能源不同发展阶段，发挥好煤炭在能源供应保障中的基础作用。建立煤矿绿色发展长效机制，优化煤炭产能布局，加大煤矿“上大压小、增优汰劣”力度，大力推动煤炭清洁高效利用。制定矿井优化系统支持政策，完善绿色智能煤矿建设标准体系，健全煤矿智能化技术、装备、人才发展支持政策体系。完善煤矸石、矿井水、煤矿井下抽采瓦斯等资源综合利用及矿区生态治理与修复支持政策，加大力度支持煤矿充填开采技术推广应用，鼓励利用废弃矿区开展新能源及储能项目开发建设。依法依规加快办理绿色智能煤矿等优质产能和保供煤矿的环保、用地、核准、采矿等相关手续。科学评估煤炭企业产量减少和关闭退出的影响，研究完善煤炭企业退出和转型发展以及从业人员安置等扶持政策。

（二十三）完善煤电清洁高效转型政策。在电力安全保供的前提下，统筹协调有序控煤减煤，推动煤电向基础保障性和系统调节性电源并重转型。按照电力系统安全稳定运行和保供需要，加强煤电机组与非化石能源发电、天然气发电及储能的整体协同。推进煤电机组节能提效、超低排放升级改造，根据能源发展和安全保供需要合理建设先进煤电机组。充分挖掘现有大型热电联产企业供热潜力，鼓励在合理供热半径内的存量凝汽式煤电机组实施热电联产改造，在允许燃煤供热的区域鼓励建设燃煤背压供热机组，探索开展煤电机组抽汽蓄能改造。有序推动落后煤电机组关停整合，加大燃煤锅炉淘汰力度。原则上不新增企业燃煤自备电厂，推动燃煤自备机组公平承担社会责任，加大燃煤自备机组节能减排力度。支持利用退役火电机组的既有厂址和相关设施建设新型储能设施或改造为同步调相机。完善火电领域二氧化碳捕集利用与封存技术研发和试验示范项目支持政策。

（二十四）完善油气清洁高效利用机制。提升油气田清洁高效开采能力，推动炼化行业转型升级，加大减污降碳协同力度。完善油气与地热能以及风能、太阳能等能源资源协同开发机制，鼓励油气企业利用自有建设用地发展可再生能源和建设分布式能源设施，在油气田区域内建设多能融合的区域供能系统。持续推动油气管网公平开放并完善接入标准，梳理天然气供气环节并减少供气层级，在满足安全和质量标准等前提下，支持生物燃料乙醇、生物柴油、生物天然气等清洁燃料接入油气管网，探索输气管道掺氢输送、纯氢管道输送、液氢运输等高效输氢方式。鼓励传统加油站、加气站建设油气电氢一体化综合交通能源服务站。加强二氧化碳捕集利用与封存技术推广示范，扩大二氧化碳驱油技术应用，探索利用油气开采形成地下空间封存二氧化碳。

七、健全能源绿色低碳转型安全保供体系

（二十五）健全能源预测预警机制。加强全国以及分级分类的能源生产、供应和消费信息系统建设，建立跨部门跨区域能源安全监测预警机制，各省（自治区、直辖市）要建立区域能源综合监测体系，电网、油气管网及重点能源供应企业要完善经营区域能源供应监测平台并及时向主管部门报送相关信息。加强能源预测预警的监测评估能力建设，建立涵盖能源、应急、气象、水利、地质等部门的极端天气联合应对机制，提高预测预判和灾害防御能力。健全能源供应风险应对机制，完善极端情况下能源供应应急预案和应急状态下的协同调控机制。

（二十六）构建电力系统安全运行和综合防御体系。各类发电机组运行要严格遵守《电网调度管理条例》等法律法规和技术规范，建立煤电机组退出审核机制，承担支持电力系统运行和保供任务的煤电机组未经许可不得退出运行，可根据机组性能和电力系统运行需要经评估后转为应急备用机组。建立各级电力规划安全评估制度，健全各类电源并网技术标准，从源头管控安全风险。完善电力电量平衡管理，制定年度电力系统安全保供方案。建立电力企业与燃料供应企业、管输企业的信息共享与应急联动机制，确保极端情况下能源供应。建立重要输电通道跨部门联防联控机制，提升重要输电通道运行安全保障能力。建立完善负荷中心和特大型城市应急安全保障电源体系。完善电力监控系统安全防控体系，加强电力行业

关键信息基础设施安全保护。严格落实地方政府、有关电力企业的电力安全生产和供应保障主体责任，统筹协调推进电力应急体系建设，强化新型储能设施等安全事故防范和处置能力，提升本质安全水平。健全电力应急保障体系，完善电力应急制度、标准和预案。

（二十七）健全能源供应保障和储备应急体系。统筹能源绿色低碳转型和能源供应安全保障，提高适应经济社会发展以及各种极端情况的能源供应保障能力，优化能源储备设施布局，完善煤电油气供应保障协调机制。加快形成政府储备、企业社会责任储备和生产经营库存有机结合、互为补充，实物储备、产能储备和其他储备方式相结合的石油储备体系。健全煤炭产品、产能储备和应急储备制度，完善应急调峰产能、可调节库存和重点电厂煤炭储备机制，建立以企业为主体、市场化运作的煤炭应急储备体系。建立健全地方政府、供气企业、管输企业、城镇燃气企业各负其责的多层次天然气储气调峰和应急体系。制定煤制油气技术储备支持政策。完善煤炭、石油、天然气产供储销体系，探索建立氢能产供储销体系。按规划积极推动流域龙头水库电站建设，提升水库储能、运行调节和应急调用能力。

八、建立支撑能源绿色低碳转型的科技创新体系

（二十八）建立清洁低碳能源重大科技协同创新体系。建设并发挥好能源领域国家实验室作用，形成以国家战略科技力量为引领、企业为主体、市场为导向、产学研用深度融合的能源技术创新体系，加快突破一批清洁低碳能源关键技术。支持行业龙头企业联合高等院校、科研院所和行业上下游企业共建国家能源领域研发创新平台，推进各类科技力量资源共享和优化配置。围绕能源领域相关基础零部件及元器件、基础软件、基础材料、基础工艺等关键技术开展联合攻关，实施能源重大科技协同创新研究。加强新型储能相关安全技术研发，完善设备设施、规划布局、设计施工、安全运行等方面技术标准规范。

（二十九）建立清洁低碳能源产业链供应链协同创新机制。推动构建以需求端技术进步为导向，产学研用深度融合、上下游协同、供应链协作的清洁低碳能源技术创新促进机制。依托大型新能源基地等重大能源工程，推进上下游企业协同开展先进技术装备研发、制造和应用，通过工程化集成应用形成先进技术及产业化能力。加快纤维素等非粮生物燃料乙醇、生物航空煤油等先进可再生能源燃料关键技术协同攻关及产业化示范。推动能源电子产业高质量发展，促进信息技术及产品与清洁低碳能源融合创新，加快智能光伏创新升级。依托现有基础完善清洁低碳能源技术创新服务平台，推动研发设计、计量测试、检测认证、知识产权服务等科技服务业与清洁低碳能源产业链深度融合。建立清洁低碳能源技术成果评价、转化和推广机制。

（三十）完善能源绿色低碳转型科技创新激励政策。探索以市场化方式吸引社会资本支持资金投入大、研究难度高的战略性清洁低碳能源技术研发和示范项目。采取“揭榜挂帅”等方式组织重大关键技术攻关，完善支持首台（套）先进重大能源技术装备示范应用的政策，推动能源领域重大技术装备推广应用。强化国有能源企业节能低碳相关考核，推动企业加大能源技术创新投入，推广应用新技术，提升技术水平。

九、建立支撑能源绿色低碳转型的财政金融政策保障机制

（三十一）完善支持能源绿色低碳转型的多元化投融资机制。加大对清洁低碳能源项目、能源供应安全保障项目投融资支持力度。通过中央预算内投资统筹支持能源领域对碳减排贡献度高的项目，将符合条件的重大清洁低碳能源项目纳入地方政府专项债券支持范围。国家绿色发展基金和现有低碳转型相关基金要将清洁低碳能源开发利用、新型电力系统建设、化石能源企业绿色低碳转型等作为重点支持领域。推动清洁低碳能源相关基础设施项目开展市场化投融资，研究将清洁低碳能源项目纳入基础设施领域不动产投资信托基金（REITs）试点范围。中央财政资金进一步向农村能源建设倾斜，利用现有资金渠道支持农村能源供应基础设施建设、北方地区冬季清洁取暖、建筑节能等。

（三十二）完善能源绿色低碳转型的金融支持政策。探索发展清洁低碳能源行业供应链金融。完善清洁低碳能源行业企业贷款审批流程和评级方法，充分考虑相关产业链长期成长性及对碳达峰、碳中和的贡献。创新适应清洁低碳能源特点的绿色金融产品，鼓励符合条件的企业发行碳中和债等绿色债券，引导金融机构加大对具有显著碳减排效益项目的支持；鼓励发行可持续发展挂钩债券等，支持化石能源企业绿色低碳转型。探索推进能源基础信息应用，为金融支持能源绿色低碳转型提供信息服务支撑。鼓励能源企业践行绿色发展理念，充分披露碳排放相关信息。

十、促进能源绿色低碳转型国际合作

（三十三）促进“一带一路”绿色能源合作。鼓励金融产品和服务创新，支持“一带一路”清洁低碳能源开发利用。推进“一带一路”绿色能源务实合作，探索建立清洁低碳能源产业链上下游企业协同发展合作机制。引导企业开展清洁低碳能源领域对外投

资，在相关项目开展中注重资源节约、环境保护和安全生产。推动建设能源合作最佳实践项目。依法依规管理碳排放强度高的产品生产、流通和出口。

（三十四）积极推动全球能源治理中绿色低碳转型发展合作。建设和运营好“一带一路”能源合作伙伴关系和国际能源变革论坛等，力争在全球绿色低碳转型进程中发挥更好作用。依托中国—阿盟、中国—非盟、中国—东盟、中国—中东欧、亚太经合组织（APEC）可持续能源中心等合作平台，持续支持可再生能源、电力、核电、氢能等清洁低碳能源相关技术人才合作培养，开展能力建设、政策、规划、标准对接和人才交流。提升与国际能源署（IEA）、国际可再生能源署（IRENA）等国际组织的合作水平，积极参与并引导在联合国、二十国集团（G20）、APEC、金砖国家、上合组织等多边框架下的能源绿色低碳转型合作。

（三十五）充分利用国际要素助力国内能源绿色低碳发展。落实鼓励外商投资产业目录，完善相关支持政策，吸引和引导外资投入清洁低碳能源产业领域。完善鼓励外资融入我国清洁低碳能源产业创新体系的激励机制，严格知识产权保护。加强绿色电力认证国际合作，倡议建立国际绿色电力证书体系，积极引导和参与绿色电力证书核发、计量、交易等国际标准研究制定。推动建立中欧能源技术创新合作平台等清洁低碳能源技术创新国际合作平台，支持跨国企业在华设立清洁低碳能源技术联合研发中心，促进清洁低碳、脱碳无碳领域联合攻关创新与示范应用。

十一、完善能源绿色低碳发展相关治理机制

（三十六）健全能源法律和标准体系。加强能源绿色低碳发展法制建设，修订和完善能源领域法律制度，健全适应碳达峰碳中和工作需要的能源法律制度体系。增强相关法律法规的针对性和有效性，全面清理现行能源领域法律法规中与碳达峰碳中和工作要求不相适应的内容。健全清洁低碳能源相关标准体系，加快研究和制修订清洁高效火电、可再生能源发电、核电、储能、氢能、清洁能源供热以及新型电力系统等领域技术标准和安全标准。推动太阳能发电、风电等领域标准国际化。鼓励各地区和行业协会、企业等依法制定更加严格的地方标准、行业标准和企业标准。制定能源领域绿色低碳产业指导目录，建立和完善能源绿色低碳转型相关技术标准及相应的碳排放量、碳减排量等核算标准。

（三十七）深化能源领域“放管服”改革。持续推动简政放权，继续下放或取消非必要行政许可事项，进一步优化能源领域营商环境，增强市场主体创新活力。破除制约市场竞争的各类障碍和隐性壁垒，落实市场准入负面清单制度，支持各类市场主体依法平等进入负面清单以外的能源领域。优化清洁低碳能源项目核准和备案流程，简化分布式能源投资项目管理程序。创新综合能源服务项目建设管理机制，鼓励各地区依托全国投资项目在线审批监管平台建立综合能源服务项目多部门联审机制，实行一窗受理、并联审批。

（三十八）加强能源领域监管。加强对能源绿色低碳发展相关能源市场交易、清洁低碳能源利用等监管，维护公平公正的能源市场秩序。稳步推进能源领域自然垄断行业改革，加强对有关企业在规划落实、公平开放、运行调度、服务价格、社会责任等方面的监管。健全对电网、油气管网等自然垄断环节企业的考核机制，重点考核有关企业履行能源供应保障、科技创新、生态环保等职责情况。创新对综合能源服务、新型储能、智慧能源等新产业新业态监管方式。

国家发展改革委
国家能源局
2022 年 1 月 30 日

国家发展改革委　国家能源局关于印发《“十四五”新型储能发展实施方案》的通知❶

（发改能源〔2022〕209 号）

各省、自治区、直辖市及新疆生产建设兵团发展改革委、能源局，国家能源局各派出机构，有关中央企业：

为深入贯彻落实“四个革命、一个合作”能源安全新战略，实现碳达峰碳中和战略目标，支撑构建新型电力系统，加快推动新型储能高质量规模化发展，根据《中华人民共和国国民经济和社会发展第十四个五年规划和 2035 年远景目标纲要》《国家发展改革委国家能源局关于加快推动新型储能发展的指导意见》有关要求，我们组织编制了《“十四五”新型储能发展实施方案》，现印发给你们，请遵照执行。

国家发展改革委　国家能源局
2022 年 1 月 29 日

❶ 《“十四五”新型储能发展实施方案》（摘要）见“电力发展与改革”篇目中的“电力规划”栏目。

国家发展改革委　国家能源局关于印发《“十四五”现代能源体系规划》的通知❶

（发改能源〔2022〕210号）

各省、自治区、直辖市人民政府，新疆生产建设兵团，中央和国家机关有关部门，中央军委后勤保障部，有关中央企业：

《“十四五”现代能源体系规划》已经国务院批复同意，现印发给你们，请认真贯彻实施。

国家发展改革委

国家能源局

2022年1月29日

中华人民共和国国家发展和改革委员会令

（第50号）

《电力可靠性管理办法（暂行）》已经2021年11月23日国家发展和改革委员会第19次委务会议审议通过，现予公布，自2022年6月1日起施行。

主任：何立峰

2022年4月16日

电力可靠性管理办法（暂行）

第一章　总　则

第一条　能源安全事关国家经济社会发展全局，电力供应保障是能源安全的重要组成部分。党中央、国务院高度重视电力供应保障工作，习近平总书记多次作出重要指示批示。为充分发挥电力可靠性管理在电力供应保障工作中的基础性作用，促进电力工业高质量发展，提升供电水平，满足人民日益增长的美好生活需要，依据《中华人民共和国电力法》《电力供应与使用条例》《电网调度管理条例》《电力设施保护条例》和《电力监管条例》等法律法规，制定本办法。

第二条　电力可靠性管理是指为提高电力可靠性水平而开展的管理活动，包括电力系统、发电、输变电、供电、用户可靠性管理等。

第三条　电力企业和电力用户依照本办法开展电力可靠性管理工作。国家能源局及其派出机构、地方政府能源管理部门和电力运行管理部门依据本办法对电力可靠性管理工作进行监督管理。

第四条　国家能源局负责全国电力可靠性的监督管理，国家能源局派出机构、地方政府能源管理部门和电力运行管理部门根据各自职责和国家有关规定负责辖区内的电力可靠性监督管理。

第五条　电力企业是电力可靠性管理的重要责任主体，其法定代表人是电力可靠性管理第一责任人。电力企业按照下列要求开展本企业电力可靠性管理工作：

（一）贯彻执行国家有关电力可靠性管理规定，制定本企业电力可靠性管理工作制度；

（二）建立电力可靠性管理工作体系，落实电力可靠性管理相关岗位及职责；

（三）采集分析电力可靠性信息，并按规定准确、及时、完整报送；

（四）开展电力可靠性管理创新、成果应用以及培训交流。

第六条　电力用户是其产权内配用电系统和设备可靠性管理的责任主体，做好配用电系统和设备的配置与运行维护。

第七条　鼓励电力设备制造企业充分应用电力可靠性管理的成果，加强产品可靠性设计、试验及生产过程质量控制，依靠技术进步、管理创新和标准完善，提升设备可靠性水平。

第八条　充分发挥行业协会等的作用，开展行业自律和服务，提供技术支持，推动可靠性信息应用，开展交流与合作。

第二章　电力系统可靠性管理

第九条　电力系统可靠性管理指为保障电力系统充裕性和安全性而开展的活动，包括电力系统风险的事前预测预警、事中过程管控、事后总结评估及采取的防范措施。

第十条　电网企业应当对电力供应及安全风险进行预测，对运行数据开展监测分析并评估电力系统满足电力电量需求的能力。在系统稳定破坏事件、影响系统安全的非计划停运事件和停电事件发生时，电网企业应当依据《电网调度管理条例》果断快速处置；开展事后评价，对发现的风险进行闭环管控。

第十一条　电网企业应当根据电力系统风险和自然灾害影响，制定风险管控措施，完善输电系统网络结构。对发现的风险和隐患按规定向政府有关部门和相关电力企业预警。

❶ 《“十四五”现代能源体系规划》（摘要）见“电力发展与改革”篇目中的“电力规划”栏目。

第十二条 发电企业和配置自备发电机组的其他企业要根据政府有关部门和电力调度机构的要求做好电力供应保障工作，提高设备运行可靠性，不得无故停运或隐瞒真实原因申请停运。

发电企业应当做好涉网安全管理，加强机组燃料、蓄水管控，制定重要时期的燃料计划与预案，制定水库调度运行计划，对发现的风险和隐患及时报电力调度机构。

新能源发电企业应当加强发电功率预测管理。

第十三条 积极稳妥推动发电侧、电网侧和用户侧储能建设，合理确定建设规模，加强安全管理，推进源网荷储一体化和多能互补。建立新型储能建设需求发布机制，充分考虑系统各类灵活性调节资源的性能，允许各类储能设施参与系统运行，增强电力系统的综合调节能力。

第十四条 各级能源管理部门应当科学制定并适时调整电力规划，优化配置各种类型的电源规模和比例，统筹安排备用容量，合理划分黑启动区域。国家能源局派出机构应当对辖区省级电力规划的执行情况进行监管。

负荷备用容量为最大发电负荷的 2%～5%，事故备用容量为最大发电负荷的 10%左右，区外来电、新能源发电、不可中断用户占比高的地区，应当适当提高负荷备用容量。每个黑启动区域须合理配置 1～2 台具备黑启动能力且具有足够容量的机组。

第十五条 经国务院批复的国家级城市群，应当适当提高电力可靠性标准，加强区域电力系统的统筹规划和项目建设衔接，优化资源配置，推进电网协调有序发展。

第十六条 国家能源局及其派出机构应当按照权限和程序，指导有关单位制订大面积停电应急预案，组织、协调、指导电力突发安全事件应急处置工作，对电力供应和运行的风险管控情况进行监管。地方政府电力运行管理部门应当会同有关部门开展电力需求侧管理，严格审核事故及超计划用电的限电序位表，严禁发生非不可抗力拉闸限电。

第三章 发电可靠性管理

第十七条 发电可靠性管理是指为实现发电机组及配套设备的可靠性目标而开展的活动，包括并网燃煤（燃气）、水力、核能、风力、太阳能等发电机组及配套设备的可靠性管理。

第十八条 燃煤（燃气）发电企业应当对参与深度调峰的发电机组开展可靠性评估，加强关键部件监测，确保调峰安全裕度。电力调度机构应当优化调峰控制策略，综合考虑发电机组的安全性和经济性。

第十九条 水电流域梯级电站和具备调节性能的水电站应当建立水情自动测报系统，做好电站水库优化调度，建立信息共享机制。

第二十条 核电企业应当对常规岛和配套设备（非核级设备）开展设备分级、监测与诊断、健康管理、全寿命周期可靠性管理、动态风险评价等工作。

第二十一条 沙漠、戈壁、荒漠地区的大规模风力、太阳能等可再生能源发电企业要建立与之适应的电力可靠性管理体系，加强系统和设备的可靠性管理，防止大面积脱网，对电网稳定运行造成影响。

第二十二条 发电企业应当建立发电设备分级管理制度，完善事故预警机制，构建设备标准化管理流程。发电企业应当基于可靠性信息，建立动态优化的设备运行、检修和缺陷管理体系，定期评估影响机组可靠性的风险因素，掌握设备状态、特性和运行规律，发挥对机组运行维护的指导作用。

第二十三条 地方政府能源管理部门和电力运行管理部门应当对燃煤（燃气）发电企业的燃料库存、水电站入库水量情况进行监测分析、协调处理，保障能源供应。

第四章 输变电可靠性管理

第二十四条 输变电可靠性管理是指为实现输变电系统和设备的可靠性目标而开展的活动，包括交流和直流的输变电系统和设备的可靠性管理。

第二十五条 电力企业应当合理安排变电站站址和线路路径，科学选择主接线和站间联络方式，增加系统运行的安全裕度。

第二十六条 电力企业应当加强线路带电作业、无人机巡检、设备状态监测等先进技术应用，优化输变电设备运维检修模式。

第二十七条 鼓励电力企业基于可靠性数据开展电力设备选型和运行维护工作，建立核心组部件溯源管理机制，优先选用高可靠性的输变电设备，鼓励开展状态检修，提高设备运行可靠性。

第二十八条 地方政府能源管理部门和电力运行管理部门按职责组织指导开展电力设施保护工作。

第五章 供电可靠性管理

第二十九条 供电可靠性管理是指为实现向用户可靠供电的目标而开展的活动，包括配电系统和设备的可靠性管理。

第三十条 供电企业应当加强城乡配电网建设，合理设置变电站、配变布点，合理选择配电网接线方式，保障供电能力。

第三十一条 供电企业应当强化设备的监测和分

析，加强巡视和维护，及时消除设备缺陷和隐患。

第三十二条　供电企业应当开展综合停电和配电网故障快速抢修复电管理，推广不停电作业和配电自动化等技术，减少停电时间、次数和影响范围。

第三十三条　地方政府能源管理部门应当将供电可靠性指标纳入电力系统规划，并与城乡建设总体规划衔接。

第三十四条　地方政府发展改革部门可依据本地区供电可靠性水平，按照合理成本和优质优价原则，完善可靠性电价机制。

第六章　用户可靠性管理

第三十五条　用户可靠性管理是指为保证用电的可靠性目标，减少对电网安全和其他用户造成影响，对其产权内的配用电系统和设备开展的活动。

第三十六条　电力用户应当根据国家有关规定和标准开展配用电工程建设与运行维护，消除设备隐患，预防电气设备事故，防止对公用电网造成影响。

第三十七条　电力用户配用电设备危及系统安全时，应当立即检修或者停用。因用户原因导致电力企业无法向其他用户正常供电或造成其他严重后果的，应当承担相应责任。

第三十八条　重要电力用户应当按规定配置自备应急电源，加强运行维护，容量应当达到保安负荷的120%。地方政府电力运行管理部门应当确定重要电力用户名单，对重要电力用户自备应急电源配置和使用情况进行监督管理。国家能源局派出机构对重要电力用户供电电源配置情况进行监督管理。

第三十九条　供电企业应当按规定为重要电力用户提供相应的供电电源，指导和督促重要用户安全使用自备应急电源。对重要电力用户较为集中的区域，供电企业应当科学合理规划和建设供电设施，及时满足重要用户用电需要，确保供电能力和供电质量。

第七章　网　络　安　全

第四十条　电力网络安全坚持积极防御、综合防范的方针，坚持安全分区、网络专用、横向隔离、纵向认证的原则，加强全业务、全生命周期网络安全管理，提高电力可靠性。

第四十一条　电力企业应当落实网络安全保护责任，健全网络安全组织体系，设立专门的网络安全管理及监督机构，加快各级网络安全专业人员配备；落实网络安全等级保护、关键信息基础设施安全保护和数据安全制度，加强网络安全审查、容灾备份、监测审计、态势感知、纵深防御、信任体系建设、供应链管理等工作；开展网络安全监测、风险评估和隐患排查治理，提高网络安全监测分析与应急处置能力。

第四十二条　电力企业应当强化电力监控系统安全防护，完善结构安全、本体安全和基础设施安全，逐步推广安全免疫。电力企业应当开展电力监控系统安全防护评估，并将其纳入电力系统安全评价体系。电力调度机构应当加强对直接调度范围内的发电厂涉网部分电力监控系统安全防护的技术监督。

第四十三条　电力用户是其产权内配用电系统和设备网络安全责任主体，应当根据国家有关规定和标准开展网络安全防护，预防网络安全事件，防止对公用电网造成影响。电力企业应当在并网协议中明确网络安全相关要求并监督落实。

第四十四条　国家能源局依法依规履行电力行业网络安全监督管理职责，地方各级人民政府有关部门按照法律、行政法规和国务院的规定，履行网络安全属地监督管理职责，国家能源局派出机构根据授权开展网络安全监督管理工作。

第八章　信　息　管　理

第四十五条　电力可靠性信息实行统一管理、分级负责。国家能源局负责全国电力可靠性信息的统计、分析、发布和核查，国家能源局派出机构负责辖区内电力可靠性信息分析、发布和核查。

根据工作需要，国家能源局及其派出机构可以委托行业协会、科研单位及技术咨询机构等协助开展电力可靠性信息统计分析、预测、评估、评价等工作。

第四十六条　国家能源局应当建立电力可靠性监督管理信息系统，实施全国范围内电力可靠性信息注册、报送、分析、评价、应用、核查等监督管理工作，通过电力可靠性监督管理信息系统实时向国家能源局派出机构、省级政府能源管理部门和电力运行管理部门推送辖区内电力可靠性信息。

第四十七条　电力企业应当建立电力可靠性信息报送机制和校核制度，准确、及时、完整报送电力可靠性信息。

供电企业应当按国家有关规定定期公布供电可靠性指标。

第四十八条　电力企业应当通过电力可靠性监督管理信息系统向国家能源局报送以下电力可靠性信息：

（一）发电设备可靠性信息，包括100MW及以上容量火力发电机组、300MW及以上容量核电机组常规岛、50MW及以上容量水力发电机组的可靠性信息，总装机50MW及以上容量风力发电场、10MW及以上集中式太阳能发电站的可靠性信息；

（二）输变电设备可靠性信息，包括110（66）kV及以上电压等级输变电设备可靠性信息；

（三）直流输电系统可靠性信息，包括±120kV 及以上电压等级直流输电系统可靠性信息；

（四）供电可靠性信息，包括 35kV 及以下电压等级供电系统用户可靠性信息；

（五）其他电力可靠性信息。

第四十九条 电力可靠性信息报送应当符合下列期限要求：

（一）每月 8 日前报送上月火力发电机组主要设备、核电机组、水力发电机组、输变电设备、直流输电系统以及供电系统用户可靠性信息；

（二）每季度首月 12 日前报送上一季度发电机组辅助设备、风力发电场和太阳能发电站的可靠性信息。

第五十条 电力企业应当于每年2月15日前将上一年度电力可靠性管理和技术分析报告报送所在地国家能源局派出机构、省级政府能源管理部门和电力运行管理部门；中央电力企业总部于每年 3 月 1 日前报送国家能源局。

省级电网企业应当于每年 1 月份将上一年度电力系统可靠性的评估和本年度的预测情况，报国家能源局派出机构、省级政府能源管理部门和电力运行管理部门；中央电网企业总部于每年 2 月份报送国家能源局。

系统稳定破坏事件、非计划停运事件、停电事件的等级分类、信息报送内容和程序由国家能源局另行规定。

第五十一条 国家能源局应当定期发布电力可靠性指标。

第五十二条 电力可靠性监督管理信息系统中的原始信息、统计分析信息及年度电力可靠性评价、评估、预测结果等须按程序经国家能源局审核后对外发布或使用。

第九章 监督管理

第五十三条 国家能源局负责以下电力可靠性监督管理工作：

（一）研究起草电力可靠性监督管理规章、制定电力可靠性监督管理规范性文件和电力可靠性行业技术标准，并组织实施；

（二）建立健全电力可靠性监督管理工作体系；

（三）对国家能源局派出机构、地方政府能源管理部门和电力运行管理部门、电力企业、电力用户贯彻执行电力可靠性管理规章制度的情况进行监督管理；

（四）组织建立电力可靠性监督管理信息系统，统计分析电力可靠性信息，组织实施电力可靠性预测、评估和评价工作；

（五）组织开展电力可靠性管理工作检查、核查；

（六）发布电力可靠性指标和电力可靠性监管报告；

（七）对特别重大系统稳定破坏事件、特别重大非计划停运事件、特别重大停电事件进行分析、核查；

（八）推动电力可靠性理论研究和技术应用；

（九）组织电力可靠性技术和管理培训；

（十）开展电力可靠性国际交流与合作。

第五十四条 国家能源局派出机构负责辖区内以下电力可靠性监督管理工作：

（一）建立健全电力可靠性监督管理工作体系；

（二）对电力企业贯彻执行电力可靠性管理规章制度的情况进行监督管理；

（三）分析、发布可靠性信息，组织实施电力可靠性预测、评估和评价工作；

（四）开展电力可靠性管理工作检查、核查、处罚；

（五）对重大系统稳定破坏事件、重大非计划停运事件、重大停电事件进行分析、核查；

（六）监督指导电力企业排查治理电力可靠性管理中发现的风险和隐患；

（七）发布电力可靠性指标和电力可靠性监管报告。

第五十五条 地方政府能源管理部门和电力运行管理部门按各自职责负责辖区内以下电力可靠性监督管理工作：

（一）建立健全地方政府电力可靠性监督管理工作体系；

（二）对电力系统的充裕性进行监测协调和监督管理，保障电力供应；

（三）对电力用户贯彻执行电力可靠性管理规章制度的情况进行监督管理；

（四）组织落实国家乡村振兴、优化营商环境、电网升级改造等工作中相关电力可靠性要求；

（五）监督指导重要电力用户排查治理电力可靠性管理中发现的风险和隐患；

（六）支持和配合国家能源局派出机构开展相关电力可靠性监督管理工作。

第五十六条 国家能源局派出机构应当会同地方政府能源管理部门和电力运行管理部门建立电力可靠性联席协调机制，定期分析、通报电力供需和电网运行情况，协调解决电力供应和电力系统稳定运行面临的问题。

第五十七条 国家能源局及其派出机构、地方政府能源管理部门和电力运行管理部门对电力可靠性管理规章制度落实情况进行监督检查，可以采取以下措施：

（一）进入电力企业进行检查并询问相关人员，要求其对检查事项作出说明；

（二）查阅、复制与检查事项有关的文件、资料和信息。

第五十八条　国家能源局及其派出机构、地方政府能源管理部门和电力运行管理部门对电力企业报送的信息和报告存在疑问的，应当要求作出说明，可以开展现场核查。

第五十九条　任何单位和个人发现电力可靠性管理不到位或存在弄虚作假情况的，有权向国家能源局及其派出机构、地方政府能源管理部门和电力运行管理部门举报，国家能源局及其派出机构、地方政府能源管理部门和电力运行管理部门应当及时处理。

第十章　奖　惩　措　施

第六十条　鼓励电力企业、科研单位和电力用户等根据电力规划、建设、生产、供应、使用和设备制造等工作需要，研究、开发和采用先进的可靠性科学技术和管理方法，对取得显著成绩的单位和个人给予表彰奖励。

第六十一条　国家能源局及其派出机构、地方政府能源管理部门和电力运行管理部门未按照本办法实施电力可靠性监督管理有关工作并造成严重后果的，依法追究其责任。

第六十二条　电力企业有下列情形之一的，由国家能源局及其派出机构根据《电力监管条例》第三十四条的规定予以处罚：

（一）拒绝或者阻碍国家能源局及其派出机构从事电力可靠性监管工作的人员依法履行监管职责的；

（二）提供虚假或者隐瞒重要事实的电力可靠性信息的；

（三）供电企业未按照本办法规定定期披露其供电可靠性指标的。

第六十三条　国家能源局及其派出机构、地方政府能源管理部门和电力运行管理部门按照电力行业信用体系规定，对电力可靠性监督检查过程中产生的约谈、通报、奖励、处罚等记录依法依规进行归集、共享和公示，对相应的责任主体依法实施守信激励与失信惩戒。

第十一章　附　　则

第六十四条　本办法自 2022 年 6 月 1 日起施行，《电力可靠性监督管理办法》（国家电力监管委员会令第 24 号）同时废止。

国家发展改革委办公厅　国家能源局综合司关于进一步推动新型储能参与电力市场和调度运用的通知

（发改办运行〔2022〕475 号）

各省、自治区、直辖市、新疆生产建设兵团发展改革委、经信委（工信委、工信厅、工信局、经信厅）、能源局，北京市城市管理委员会，国家能源局各派出机构，国家电网有限公司、中国南方电网有限责任公司、中国华能集团有限公司、中国大唐集团有限公司、中国华电集团有限公司、国家电力投资集团有限公司、中国长江三峡集团有限公司、国家能源投资集团有限责任公司、国家开发投资集团有限公司、华润（集团）有限公司：

为贯彻落实《中共中央、国务院关于完整准确全面贯彻新发展理念做好碳达峰碳中和工作的意见》，按照《国家发展改革委、国家能源局关于加快推动新型储能发展的指导意见》（发改能源规〔2021〕1051 号）有关要求，进一步明确新型储能市场定位，建立完善相关市场机制、价格机制和运行机制，提升新型储能利用水平，引导行业健康发展，现就有关事项通知如下。

一、总体要求

新型储能具有响应快、配置灵活、建设周期短等优势，可在电力运行中发挥顶峰、调峰、调频、爬坡、黑启动等多种作用，是构建新型电力系统的重要组成部分。要建立完善适应储能参与的市场机制，鼓励新型储能自主选择参与电力市场，坚持以市场化方式形成价格，持续完善调度运行机制，发挥储能技术优势，提升储能总体利用水平，保障储能合理收益，促进行业健康发展。

二、新型储能可作为独立储能参与电力市场

具备独立计量、控制等技术条件，接入调度自动化系统可被电网监控和调度，符合相关标准规范和电力市场运营机构等有关方面要求，具有法人资格的新型储能项目，可转为独立储能，作为独立主体参与电力市场。鼓励以配建形式存在的新型储能项目，通过技术改造满足同等技术条件和安全标准时，可选择转为独立储能项目。按照《国家发展改革委、国家能源局关于推进电力源网荷储一体化和多能互补发展的指导意见》（发改能源规〔2021〕280 号）有关要求，涉及风光水火储多能互补一体化项目的储能，原则上暂不转为独立储能。

三、鼓励配建新型储能与所属电源联合参与电力市场

以配建形式存在的新型储能项目，在完成站内计量、控制等相关系统改造并符合相关技术要求情况下，鼓励与所配建的其他类型电源联合并视为一个整体，按照现有相关规则参与电力市场。各地根据市场放开电源实际情况，鼓励新能源场站和配建储能联合参与市场，利用储能改善新能源涉网性能，保障新能源高效消纳利用。随着市场建设逐步成熟，鼓励探索同一储能主体可以按照部分容量独立、部分容量联合两种方式同时参与的市场模式。

四、加快推动独立储能参与电力市场配合电网调峰

加快推动独立储能参与中长期市场和现货市场。鉴于现阶段储能容量相对较小，鼓励独立储能签订顶峰时段和低谷时段市场合约，发挥移峰填谷和顶峰发电作用。独立储能电站向电网送电的，其相应充电电量不承担输配电价和政府性基金及附加。

五、充分发挥独立储能技术优势提供辅助服务

鼓励独立储能按照辅助服务市场规则或辅助服务管理细则，提供有功平衡服务、无功平衡服务和事故应急及恢复服务等辅助服务，以及在电网事故时提供快速有功响应服务。辅助服务费用应根据《电力辅助服务管理办法》有关规定，按照“谁提供、谁获利，谁受益、谁承担”的原则，由相关发电侧并网主体、电力用户合理分摊。

六、优化储能调度运行机制

坚持以市场化方式为主优化储能调度运行。对于暂未参与市场的配建储能，尤其是新能源配建储能，电力调度机构应建立科学调度机制，项目业主要加强储能设施系统运行维护，确保储能系统安全稳定运行。燃煤发电等其他类型电源的配建储能，参照上述要求执行，进一步提升储能利用水平。

七、进一步支持用户侧储能发展

各地要根据电力供需实际情况，适度拉大峰谷价差，为用户侧储能发展创造空间。根据各地实际情况，鼓励进一步拉大电力中长期市场、现货市场上下限价格，引导用户侧主动配置新型储能，增加用户侧储能获取收益渠道。鼓励用户采用储能技术减少自身高峰用电需求，减少接入电力系统的增容投资。

八、建立电网侧储能价格机制

各地要加强电网侧储能的科学规划和有效监管，鼓励电网侧根据电力系统运行需要，在关键节点建设储能设施。研究建立电网侧独立储能电站容量电价机制，逐步推动电站参与电力市场；探索将电网替代型储能设施成本收益纳入输配电价回收。

九、修订完善相关政策规则

在新版《电力并网运行管理规定》和《电力辅助服务管理办法》基础上，各地要结合实际、全面统筹，抓紧修订完善本地区适应储能参与的相关市场规则，抓紧修订完善本地区适应储能参与的并网运行、辅助服务管理实施细则，推动储能在削峰填谷、优化电能质量等方面发挥积极作用。各地要建立完善储能项目平等参与市场的交易机制，明确储能作为独立市场主体的准入标准和注册、交易、结算规则。

十、加强技术支持

新型储能项目建设应符合《新型储能项目管理规范（暂行）》等相关标准规范要求，主要设备应通过具有相应资质机构的检测认证，涉网设备应符合电网安全运行相关技术要求。储能项目要完善站内技术支持系统，向电网企业上传实时充放电功率、荷电状态等运行信息，参与电力市场和调度运行的项目还需具备接受调度指令的能力。电力交易机构要完善适应储能参与交易的电力市场交易系统。电力企业要建立技术支持平台，实现独立储能电站荷电状态全面监控和充放电精准调控，并指导项目业主做好储能并网所需一、二次设备建设改造，满足储能参与市场、并网运行和接受调度指令的相关技术要求。

十一、加强组织领导

国家发展改革委、国家能源局总体牵头，各地要按照职责分工明确相关牵头部门，分解任务，建立完善适应新型储能发展的市场机制和调度运行机制，对工作推动过程中有关问题进行跟踪、协调和指导。地方政府相关部门和国家能源局派出机构要按照职责分工落实储能参与电力中长期市场、现货市场、辅助服务市场等相关工作，同步建立辅助服务和容量电价补偿机制并向用户传导。充分发挥全国新型储能大数据平台作用，动态跟踪分析储能调用和参与市场情况，探索创新可持续的商业模式。

十二、做好监督管理

地方政府相关部门和国家能源局派出机构要研究细化监管措施，加强对独立储能调度运行监管，保障社会化资本投资的储能电站得到公平调度，具有同等权益和相当的利用率。各地要加强新型储能建设、运行安全监管，督促有关电力企业严格落实《国家能源局综合司关于加强电化学储能电站安全管理的通知》（国能综通安全〔2022〕37 号）要求，鼓励电力企业积极参加国家级电化学储能电站安全监测信息平台建设，在确保安全前提下推动有关工作。

各地要根据本地新型储能现状和市场建设情况，制定细化工作实施方案，并抓好落实。有关工作考虑和进展情况请于9月30日前报送国家发展改革委、国家能源局。

国家发展改革委办公厅
国家能源局综合司
2022年5月24日

国家发展改革委关于核定宁绍、酒湖、锡泰特高压直流工程输电价格的通知

（发改价格〔2022〕558号）

江苏省、浙江省、湖南省、内蒙古自治区、甘肃省、宁夏回族自治区发展改革委，国家电网公司：

根据《跨省跨区专项工程输电价格定价办法》（发改价格规〔2021〕1455号），经研究，现就宁绍、酒湖、锡泰特高压直流工程输电价格有关事项通知如下：

一、宁绍特高压直流输电价格为每千瓦时4.88分（含税，含输电环节线损，线损率4.26%）。

二、酒湖特高压直流输电价格为每千瓦时6.37分（含税，含输电环节线损，线损率4.14%）。

三、锡泰特高压直流输电价格为每千瓦时4.83分（含税，含输电环节线损，线损率3.32%）。

四、上述工程实际运行中输电线损率超过定价线损率带来的风险由电网企业承担，低于核价线损率产生的收益由电网企业和电力用户各分享50%。

五、电网企业要于每年6月底前，向我委报送上一年度工程资产、运维成本、收入、输送电量、线损率、线损收益分享、可再生能源增量现货交易等与输电价格相关的数据及有关情况。

本通知自2022年5月1日起执行。

国家发展改革委
2022年4月8日

国家发展改革委　国家统计局　生态环境部印发《关于加快建立统一规范的碳排放统计核算体系实施方案》的通知

（发改环资〔2022〕622号）

各有关单位，各省、自治区、直辖市及计划单列市、新疆生产建设兵团发展改革委、统计局、生态环境厅（局）：

《关于加快建立统一规范的碳排放统计核算体系实施方案》已经碳达峰碳中和工作领导小组审议通过，现印发给你们，请认真抓好贯彻落实。

国家发展改革委
国 家 统 计 局
生 态 环 境 部
2022年4月22日

关于加快建立统一规范的碳排放统计核算体系实施方案

碳排放统计核算是做好碳达峰碳中和工作的重要基础，是制定政策、推动工作、开展考核、谈判履约的重要依据。为贯彻落实《中共中央　国务院关于完整准确全面贯彻新发展理念做好碳达峰碳中和工作的意见》和《2030年前碳达峰行动方案》部署要求，加快建立统一规范的碳排放统计核算体系，制定本方案。

一、总体要求

（一）指导思想。以习近平新时代中国特色社会主义思想为指导，全面贯彻党的十九大和十九届历次全会精神，深入贯彻习近平生态文明思想，全面贯彻落实党中央、国务院关于碳达峰碳中和的重大战略决策，立足新发展阶段，完整、准确、全面贯彻新发展理念，构建新发展格局，推动高质量发展，坚持系统观念，加快建立统一规范的碳排放统计核算体系，完善工作机制，建立科学核算方法，系统掌握我国碳排放总体情况，为统筹有序做好碳达峰碳中和工作、促进经济社会发展全面绿色转型提供坚实的数据支撑与基础保障。

（二）工作原则

——坚持从实际出发。立足于国情实际和工作基础，围绕我国碳达峰碳中和工作的阶段特征和目标任务，加快建立统一规范的碳排放统计核算体系。

——坚持系统推进。加强碳达峰碳中和工作领导小组对碳排放统计核算工作的统一领导，理顺工作机制，优化工作流程，形成各司其职、协同高效的工作格局。

——坚持问题导向。聚焦碳排放统计核算工作面临的突出困难挑战，深入分析、科学谋划，推动补齐短板弱项、强化支撑保障，筑牢工作基础。

——坚持科学适用。借鉴国际成熟经验，充分结合我国国情特点，按照急用先行、先易后难的顺序，有序制定各级各类碳排放统计核算方法，做到体系完备、方法统一、形式规范。

二、主要目标

到2023年，职责清晰、分工明确、衔接顺畅的部门协作机制基本建立，相关统计基础进一步加强，各行业碳排放统计核算工作稳步开展，碳排放数据对碳

达峰碳中和各项工作支撑能力显著增强，统一规范的碳排放统计核算体系初步建成。

到2025年，统一规范的碳排放统计核算体系进一步完善，碳排放统计基础更加扎实，核算方法更加科学，技术手段更加先进，数据质量全面提高，为碳达峰碳中和工作提供全面、科学、可靠数据支持。

三、重点任务

（三）建立全国及地方碳排放统计核算制度。由国家统计局统一制定全国及省级地区碳排放统计核算方法，明确有关部门和地方对能源活动、工业生产过程、排放因子、电力输入输出等相关基础数据的统计责任，组织开展全国及各省级地区年度碳排放总量核算。鼓励各地区参照国家和省级地区碳排放统计核算方法，按照数据可得、方法可行、结果可比的原则，制定省级以下地区碳排放统计核算方法。

（四）完善行业企业碳排放核算机制。由生态环境部、市场监管总局会同行业主管部门组织制修订电力、钢铁、有色、建材、石化、化工、建筑等重点行业碳排放核算方法及相关国家标准，加快建立覆盖全面、算法科学的行业碳排放核算方法体系。企业碳排放核算应依据所属主要行业进行，有序推进重点行业企业碳排放报告与核查机制。生态环境部、人民银行等有关部门可根据碳排放权交易、绿色金融领域工作需要，在与重点行业碳排放统计核算方法充分衔接的基础上，会同行业主管部门制定进一步细化的企业或设施碳排放核算方法或指南。

（五）建立健全重点产品碳排放核算方法。由生态环境部会同行业主管部门研究制定重点行业产品的原材料、半成品和成品的碳排放核算方法，优先聚焦电力、钢铁、电解铝、水泥、石灰、平板玻璃、炼油、乙烯、合成氨、电石、甲醇及现代煤化工等行业和产品，逐步扩展至其他行业产品和服务类产品。推动适用性好、成熟度高的核算方法逐步形成国家标准，指导企业和第三方机构开展产品碳排放核算。

（六）完善国家温室气体清单编制机制。持续推进国家温室气体清单编制工作，建立常态化管理和定期更新机制。由生态环境部会同有关部门组织开展数据收集、报告撰写和国际审评等工作，按照履约要求编制国家温室气体清单。进一步加强动态排放因子等新方法学在国家温室气体清单编制中的应用，推动清单编制方法与国际要求接轨。鼓励有条件的地区编制省级温室气体清单。

四、保障措施

（七）夯实统计基础。加强碳排放统计核算基层机构和队伍建设，提高核算能力和水平。强化能源、工业等领域相关统计信息的收集和处理能力，逐步建立完善与全国及省级碳排放统计核算要求相适应的活动水平数据统计体系。加强行业碳排放统计监测能力建设，健全电力、钢铁、有色、建材、石化、化工等重点行业能耗统计监测和计量体系。

（八）建立排放因子库。由生态环境部、国家统计局牵头建立国家温室气体排放因子数据库，统筹推进排放因子测算，提高精准度，扩大覆盖范围，建立数据库常态化、规范化更新机制，逐步建立覆盖面广、适用性强、可信度高的排放因子编制和更新体系，为碳排放核算提供基础数据支撑。

（九）应用先进技术。加强碳排放统计核算信息化能力建设，加快推进5G、大数据、云计算、区块链等现代信息技术的应用，优化数据采集、处理、存储方式。探索卫星遥感高精度连续测量技术等监测技术的应用。支持有关研究机构开展大气级、场地级和设备级温室气体排放监测、校验、模拟等基础研究。

（十）开展方法学研究。鼓励高校、科研院所、企事业单位开展碳排放方法学研究，加强消费端碳排放、人均累计碳排放、隐含碳排放、重点行业产品碳足迹等各类延伸测算研究工作。推动对非二氧化碳温室气体排放、碳捕集封存与利用、碳汇等领域的核算研究，进一步夯实方法学基础。加强碳排放核算领域国际交流，积极参与碳排放国际标准制定。

（十一）完善支持政策。做好全国及省级地区碳排放统计核算、国家温室气体清单编制的资金支持，按照分级保障原则合理安排财政经费预算。各地区要高度重视碳排放统计核算工作，切实提供保障支持。统筹各行业统计核算人才，组建碳排放统计核算专家队伍，研究解决重点难点问题，提供政策、理论和技术咨询服务。加强行业机构资质和从业人员管理，全面提升从业人员专业水平。

五、工作要求

（十二）加强组织协调。碳达峰碳中和工作领导小组加强对碳排放统计核算工作的统一领导。全国及省级地区碳排放统计核算方法、重点领域和行业碳排放统计核算方法、重点产品碳排放核算方法、国家温室气体清单编制方案等，须报碳达峰碳中和工作领导小组审核。碳排放权交易、绿色金融、绿色采购、固定资产投资等领域涉及碳排放的统计核算方法、指南、标准等，须报碳达峰碳中和领导小组办公室备案。各有关部门要密切加强配合，充分发挥碳排放统计核算工作组作用，强化工作协调，形成推进合力。

（十三）严格数据管理。全国及省级地区碳排放数据、重点行业碳排放数据和国家温室气体清单须报碳达峰碳中和工作领导小组审核。各有关单位要高度重视数据管理。省级以下地区碳排放数据由所在省级地区碳达峰碳中和工作领导小组负责管理。

（十四）加强成果应用。合理利用各级各类碳排放核算成果，稳妥有序做好国内碳排放现状分析、达峰形势预测等工作，为碳达峰碳中和政策制定、工作推进和监督考核等工作提供数据支撑。

国家发展改革委办公厅　国家能源局综合司关于促进光伏产业链健康发展有关事项的通知

（发改办运行〔2022〕788号）

各省、自治区、直辖市、新疆生产建设兵团发展改革委、能源局，有关企业：

为完整、准确、全面贯彻新发展理念，做好碳达峰、碳中和工作，抢抓新能源发展重大机遇期，巩固光伏行业发展取得的显著成果，扎实推进以沙漠、戈壁、荒漠为重点的大型风电光伏基地建设，纾解光伏产业链上下游产能、价格堵点，提升光伏发电产业链供应链配套供应保障能力，支撑我国清洁能源快速发展，现就有关事项通知如下。

一、多措并举保障多晶硅合理产量

多晶硅在光伏产业链中居于重要环节，发挥着关键作用，同时产能形成周期相对较长。要保障多晶硅生产所需的原材料供应、用电用水用工等，合理安排检修、技术改造等计划，确保已有产能开工率。

二、创造条件支持多晶硅先进产能按期达产

支持多晶硅企业加强技术创新研发，提升生产线自动化、数字化、信息化、智能化水平，降低能耗水平，提高生产效率与产品优良率。推动建设项目按期投产达产。鼓励上下游一体化、战略合作、互相参股、签订长单，支持建设光伏产业园区。鼓励国有、民营等各类资本参与产业链各环节，有效限制低端产能无序扩张。

三、鼓励多晶硅企业合理控制产品价格水平

在遵循公平竞争原则前提下，结合市场供需形势、生产成本及合理利润水平等因素，引导多晶硅等产品价格维持在合理区间，相关企业可享受政府支持政策，纳入政府及行业重点企业支持政策清单。

四、充分保障多晶硅生产企业电力需求

对于主动控制多晶硅等产品价格水平的企业，有条件的地方，特别是绿电资源丰富的地方，支持其通过市场化方式降低多晶硅生产用电成本。目前，对于产品价格控制在合理区间的多晶硅生产用电负荷，各地暂不纳入有序用电方案。

五、鼓励光伏产业制造环节加大绿电消纳

鼓励多晶硅生产企业直接消纳光伏、风电、水电等绿电进行生产制造，支持通过微电网、源网荷储、新能源自备电站等形式就近就地消纳绿电。使用绿电进行多晶硅生产的，新增可再生能源消费不纳入能源消费总量控制。

六、完善产业链综合支持措施

落实相关规划部署，突破高效晶体硅电池、高效钙钛矿电池等低成本产业化技术，推动光伏发电降本增效，促进高质量发展。推动高效环保型及耐候性光伏功能材料技术研发应用，提高光伏组件寿命。

七、加强行业监管

严格贯彻落实价格法、反垄断法，加强市场监测，发现扰乱市场秩序的问题线索，及时约谈相关市场主体，推动依法合规经营；从严查处散布虚假涨价信息、囤积居奇等哄抬价格行为，以及达成垄断协议、滥用市场支配地位等垄断行为，有力遏制资本过度炒作，维护行业公平竞争秩序。

八、合理引导行业预期

各有关部门、企业应理性分析光伏产业发展预期，充分考虑产业链已有产能与不同生产环节间扩产周期的差异，根据新能源发展规划、市场需求预测等情况引导企业提前谋划布局、合理安排投产扩产增产计划，推动上中下游平衡协调发展，有序推进光伏产业链建设，推动光伏产业链的平稳、健康发展。

请各地方、企业按照本通知要求抓好落实，积极推进光伏产业链各环节健康有序发展，遇到的重大问题及时反馈国家发展改革委、国家能源局，我们将会同有关部门积极协调。

国家发展改革委办公厅
国家能源局综合司
2022年9月13日

国家发展改革委等部门关于印发《涉企违规收费专项整治行动方案》的通知

（发改价格〔2022〕964号）

各省、自治区、直辖市人民政府，国务院各部委、各直属机构，中国国家铁路集团有限公司：

《涉企违规收费专项整治行动方案》已经国务院同意，现印发给你们，请认真贯彻落实。

国家发展改革委
工业和信息化部
财　政　部
市场监管总局
2022年6月23日

涉企违规收费专项整治行动方案

整治涉企违规收费，坚决查处乱收费、乱罚款、乱摊派，是为市场主体特别是中小微企业和个体工商户减负的重要举措。为贯彻落实党中央、国务院决策部署，按照《政府工作报告》要求，推动降费减负各项政策落到实处，支持助企纾困，进一步优化营商环境，经国务院同意，决定在全国集中开展涉企违规收费专项整治行动。

一、总体要求

以习近平新时代中国特色社会主义思想为指导，全面贯彻党的十九大和十九届历次全会精神，完整、准确、全面贯彻新发展理念，坚持问题导向和目标导向，全面排查交通物流、水电气暖、地方财经、金融、行业协会商会等领域涉企违规收费问题，专项整治乱收费、乱罚款、乱摊派，建立协同治理和联合惩戒机制，重点查处落实降费减负政策不到位、借疫情防控违规设立收费项目、不按要求执行国家和地方已出台惠企收费政策等行为，坚持对违法违规收费行为“零容忍”，切实减轻各类市场主体的不合理负担。

专项整治要强化协同治理，加强部门配合、上下联动，发挥社会监督作用，形成监管合力；强化联合惩戒，加大查处力度，发挥警示作用，营造自律守法氛围；强化标本兼治，推动完善长效监管机制，全面规范各类收费行为。

二、重点任务

（一）交通物流领域涉企违规收费问题专项整治。重点整治水运、公路、航空、铁路等领域落实助企纾困有关降费优惠政策不到位、继续收取已明令取消的费用或重复收费、为规避政策规定拆分收费项目、不执行或推迟执行政府指导价等问题。查处部分企业利用承担疫情防控任务巧立名目违规收取多种费用、随意提升收费标准、扩大收费范围等行为，严禁有关单位以疫情防控为名向交通物流企业实行强制摊派等，切实保障货运物流畅通高效。加大海运收费监管力度，督促船公司、港口、船代、货代、堆场、报关等环节严格执行价格法律法规和相关政策，严格执行收费项目和标准公示制度，依法查处不按公示价格标准收费、随意增加收费项目或价格欺诈等价格违法行为。

（二）水电气暖领域涉企违规收费问题专项整治。加强供水供电供气供暖领域红线内外接入、建设安装、更新改造、维护维修领域等价格监管，重点整治不执行政府定价和政府指导价、利用垄断地位转嫁应由自身承担的费用、自定标准自设项目收取费用、对计量装置及强制检定违规收费等行为。重点整治非电网直供电环节不合理加价、违规加价等问题，查处以用电服务费等名义向用户重复分摊收费、未落实电价收费公示制度、清退已收取的不合理费用不彻底不及时等行为，严禁供电价格上涨超过政策规定的最大允许上浮幅度。

（三）地方财经领域涉企违规收费问题专项整治。重点整治降费减负助企纾困政策未有效落实、采取打折扣搞变通方式侵蚀降费减负红利、相关政策红利未及时有效惠及市场主体等问题，严禁违反收费基金立项审批权限自立名目收费、扩大收费范围、提高征收标准等，确保取消、停征、免征及降低征收标准的收费基金落到市场主体。督促指导地方政府和下属单位加强财政收支预算管理，严肃查处违规下达收入目标任务、违规以财政支出方式实施与企业缴纳税费挂钩的返还政策、征收过头税费、集中开展逐利式乱检查乱罚款、向市场主体强制或变相摊派等加重市场主体负担的行为，坚决禁止乱收费、乱罚款、乱摊派等问题。

（四）金融领域涉企违规收费问题专项整治。重点整治商业银行未按规定披露服务价格信息、超出价格公示标准收费、只收费不服务或少服务、未提供实质性服务而收费等问题，查处利用优势地位转嫁应由银行承担的费用、贷款强制捆绑金融产品或服务、未落实国家对小微企业和个体工商户等市场主体银行服务收费优惠政策和措施、执行内部减免优惠政策要求不到位等行为，督促银行不折不扣落实减免服务收费、减轻企业负担等政策要求，规范服务价格管理和收费行为，进一步加强服务合作管理，提升金融服务质效。

（五）行业协会商会及中介机构涉企违规收费问题专项整治。在已有清理整治工作基础上，开展行业协会商会违规收费问题“回头看”，重点整治行业协会商会利用行政委托事项及其他行政影响力强制或变相强制企业入会并收取会费、擅自设立收费项目或提高收费标准，以及强制或诱导企业参加会议、培训、展览、考核评比、表彰、出国考察等收费活动，强制市场主体为行业协会商会赞助、捐赠，强制市场主体付费订购有关产品等行为，督促行业协会商会进一步规范会费、经营服务性收费标准等。严肃查处中介机构超过政府定价和政府指导价违规收费、向市场主体转嫁应由政府部门承担的费用、将行政审批事项转为中介服务并收费等行为。

三、组织实施

专项整治行动分为四个阶段：

（一）部署准备（2022 年 6 月）。由工业和信息化部、发展改革委、财政部、市场监管总局牵头，制定专项整治行动新闻宣传工作方案，以国务院减轻企业负担部际联席会议名义召开全国电视电话会议进行部署。相关行业主管部门和各地区全面梳理本领域、本地区出台的涉企收费政策，同步做好已出台涉企收费优惠措施的政策解读，加强涉企违规收费问题摸排。通过12381、12315等热线电话接受社会投诉举报，设立专门渠道收集有关问题线索和意见建议，在涉企收费政策情况梳理和投诉举报反映问题等基础上，建立涉企违规收费问题台账。

（二）自查自纠（2022年7月—9月）。由交通运输部、发展改革委、财政部、银保监会、民政部分别会同有关方面制定工作方案，对交通物流、水电气暖、地方财经、金融、行业协会商会等领域的相关收费主体开展自查自纠，深入摸排投诉举报线索及相关领域存在的突出问题，及时纠正规范乱收费、乱罚款、乱摊派行为，督促做好问题整改落实。其中，民航、铁路领域的自查自纠工作分别由民航局、国家铁路集团公司牵头负责，海运口岸收费清理规范工作按照既定职责分工落实。同时，各地区重点围绕借疫情防控名义违规收费、社会中介机构不合理收费以及变相截留涉农资金等问题开展自查自纠。工业和信息化部、发展改革委要通过企业调查、媒体报道、明察暗访等多种方式，积极推动收费主体自查自纠、主动规范整改。有关牵头部门和各地区要认真分析自查自纠发现的问题，研究提出有针对性的意见建议，形成自查自纠情况报告，送工业和信息化部、发展改革委、财政部、市场监管总局。

（三）联合检查（2022年10月）。由市场监管总局牵头会同发展改革委、工业和信息化部、财政部、审计署等部门组成联合检查组，根据有关问题线索和自查自纠情况，对重点部门、重点地区、重点领域涉企收费情况实地开展抽查检查。对实地抽查发现的涉企违规收费项目要严肃整改、坚决取消，对违规收费主体综合采取市场监管、行业监管、信用监管等方式予以联合惩戒，对情节严重、性质恶劣的典型案例公开曝光。总结有关部门和各地区落实降费减负、推动收费政策惠企利民好的经验做法，加大宣传推广力度。

（四）总结评估（2022年11月）。由发展改革委、工业和信息化部会同财政部、市场监管总局等部门系统梳理总结专项整治行动成果，对发现问题和整改落实情况等开展评估，深入分析涉企违规收费问题深层次原因，研究提出建立完善长效监管机制的意见建议，有关情况汇总形成报告报国务院。

四、工作要求

（一）加强组织领导。依托国务院减轻企业负担部际联席会议机制，建立由发展改革委、工业和信息化部会同财政部、市场监管总局等部门牵头的专项工作机制，加强对专项整治行动的统筹协调。机制下设综合业务、行业监管、财经纪律、监督检查等专项小组，统筹推进专项整治行动各项工作。各省（区、市）建立相应专项工作机制，加强对专项整治行动的领导。

（二）强化责任落实。各地区、各有关部门要深刻认识专项整治行动对做好“六稳”“六保”工作的重要意义，按照专项整治行动部署统一开展工作，密切协作配合，以整治过程中发现的问题为导向，坚持边整边改、标本兼治，积极研究解决乱收费、乱罚款、乱摊派问题，着力抓好专项行动任务落实。

（三）加强督促交流。专项整治行动期间要加强工作调度，建立动态工作交流制度，每旬通报有关工作情况，加强重点难点问题协调，及时交流专项整治工作经验做法，发现的重大问题和线索要及时按程序移交有关部门，确保各项任务稳步推进、按期落实。

国家发展改革委办公厅关于进一步做好电网企业代理购电工作的通知

（发改办价格〔2022〕1047号）

各省、自治区、直辖市及计划单列市、新疆生产建设兵团发展改革委，国家电网有限公司、中国南方电网有限责任公司、内蒙古电力（集团）有限责任公司，中国核工业集团有限公司、中国华能集团有限公司、中国大唐集团有限公司、中国华电集团有限公司、国家电力投资集团有限公司、中国长江三峡集团有限公司、国家能源投资集团有限责任公司、国家开发投资集团有限公司、华润（集团）有限公司、中国广核集团有限公司：

《国家发展改革委办公厅关于组织开展电网企业代理购电工作有关事项的通知》（发改办价格〔2021〕809号，以下简称“809号文件”）印发实施以来，各地电网企业代理购电制度全面建立、平稳运行，为煤电上网电价市场化改革落地见效提供了有力保障，对加快构建“能涨能跌”市场化电价机制、推动电力市场建设发展、保障电力安全稳定供应发挥了重要作用。在继续执行809号文件、保持政策稳定性的基础上，为进一步做好电网企业代理购电工作，现就有关事项通知如下：

一、保障用户安全可靠用电

电网企业要落实809号文件要求，保障代理购电制度平稳运行，确保居民、农业用户和代理购电工商业用户电力安全可靠供应；坚持低价电量（含偏差电费）优先匹配居民、农业用电，保持居民、农业用电价格基本稳定。

二、逐步优化代理购电制度

各地要适应当地电力市场发展进程，鼓励支持10

千伏及以上的工商业用户直接参与电力市场，逐步缩小代理购电用户范围。优化代理购电市场化采购方式，完善集中竞价交易和挂牌交易制度，规范挂牌交易价格形成机制。

三、加强事中事后监管

各地、各相关单位要严格按照国家政策要求，切实执行好电网企业代理购电制度，不得对代理购电用户电价形成进行不当干预。电网企业要加强力量配置，不断提升代理购电用户用电规模预测的科学性、准确性，预测偏差情况每季度报省级价格主管部门。省级价格主管部门要密切跟踪电网企业代理购电制度执行情况，及时牵头解决制度执行中出现的新问题，确保代理购电制度平稳运行。

本通知自2023年1月1日起执行。809号文件及其他现行政策相关规定与本通知不符的，以本通知规定为准。

国家发展改革委办公厅

2022年12月23日

国家发展改革委　住房城乡建设部　国家能源局　关于开展水电气暖领域涉企违规收费自查自纠工作的通知

（发改价格〔2022〕1116号）

各省、自治区、直辖市发展改革委、住房城乡建设厅（住建委、城管委）、能源局：

为贯彻落实国务院决策部署，切实减轻企业不合理负担，按照国家发展改革委等部门关于印发《涉企违规收费专项整治行动方案》的通知（发改价格〔2022〕964号）要求，决定开展水电气暖领域涉企违规收费自查自纠工作，现就有关要求通知如下。

一、政策依据

（一）《国务院关于印发扎实稳住经济一揽子政策措施的通知》（国发〔2022〕12号）。

（二）《国务院办公厅转发国家发展改革委等部门关于清理规范城镇供水供电供气供暖行业收费促进行业高质量发展意见的通知》（国办函〔2020〕129号）。

（三）各省（区、市）制定出台的清理规范城镇供水供电供气供暖行业收费的具体实施方案和政策措施。

二、重点任务

（一）清理规范建筑区划红线外接入工程收费。在城镇规划建设用地范围内，供水供电供气供暖企业的投资界面应延伸至用户建筑区划红线，除法律法规和相关政策另有规定外，不得由用户承担建筑区划红线外发生的任何费用。从用户建筑区划红线连接至公共管网发生的入网工程建设，按规定由政府承担的部分，应及时拨款委托供水供电供气供暖企业建设，或者由政府直接投资，不得转嫁企业和用户。地方政府采取特许经营协议等方式授权供水供电供气供暖企业以入网费、集中管网建设费、并网配套费等名目收取专项建设费用补偿企业收入的，应结合理顺水电气暖价格、建立健全补贴机制逐步取消，明确取消时间，不得无限期收取。

（二）清理规范建筑区划红线内有关收费。建设项目建筑区划红线内的建设安装费用，由建设单位承担，建设单位自愿委托供水供电供气供暖企业施工建设的，除正常建设安装费外，不得收取其他不合理费用。建筑区划红线内供水供电供气供暖管网的建设安装、更新改造、维修维护等费用已由政府承担的，不得再向用户收取。新建商品房、保障性住房等建筑区划红线内供水供电供气供暖管线及配套设备设施的建设安装费用统一纳入房屋开发建设成本，不得另外向买受人收取。

（三）清理取消已纳入定价成本的相关收费。供水供电供气供暖企业在建筑区划红线内运行维护等方面正常产生的费用，明确计入定价成本后，不得另行向用户收取。供水供电供气供暖企业及其所属或委托单位不得利用垄断地位获取不合理收益，特别是在用户工程竣工后，以检验费、试验费、验收费、开通费、接入费、增容费等各种形式、名目收取费用。

（四）清理规范非电网直供电环节不合理加价。对具备表计条件的终端用户要按照政府规定的销售电价执行，对不具备表计条件的终端用户电费要由终端用户公平分摊，非电网直供电主体不得在终端用户电费中加收其他费用。非电网直供电主体不得将自用电费转嫁给终端用户，将公共部位、共用设施和配套设施用电电费、运行维护费等费用在电费中加价，以及超过规定的允许最大上浮幅度提高供电价格等。

（五）清理规范其他不合理收费。严禁政府部门、相关机构对供水供电供气供暖计量装置强制检定收费。严禁向用户收取水电气热计量装置费用。任何单位代收供水供电供气供暖费时，严禁向用户加收额外费用。对供水供电供气供暖企业暂未直抄到户的终端用户，严禁任何单位或者个人在收取水电气暖费用中加收其他费用。物业公共部位、共用设施和配套设施的运行维护费用等，应通过物业费、租金或公共收益解决，严禁以水电气暖费用为基数加收服务类费用。规范政府定价和经营者价格收费行为，对保留的收费项目实行清单制管理，严禁在收费清单外收取其他费用。

三、组织实施

水电气暖领域涉企违规收费自查自纠工作由各省（区、市）发展改革部门牵头，会同住房和城乡建设、能源部门组织实施并制定具体实施方案。要层层压实责任，紧盯水电气暖企业严格执行相关政策，确保取得实效。自查自纠工作具体分为三个阶段。

（一）调查摸排（2022 年 7 月底前）。深入企业开展调查研究，全面掌握了解本行政区域内水电气暖领域涉企违规收费具体情况和问题，摸排查清投诉举报线索，系统梳理，逐项分析，并填写附表 1、2。

（二）集中整改（2022 年 8 月底前）。根据调查摸排情况，取消不合理收费项目，降低偏高的收费标准，依法查处各类违法违规价格行为，举一反三提出整改措施。

（三）工作总结（2022 年 9 月底前）。各省（区、市）于 9 月 10 日前将自查自纠情况及对建立健全长效监管机制的意见建议形成报告，上报国家发展改革委、住房和城乡建设部、国家能源局。国家发展改革委将会同有关部门汇总分析各地自查自纠工作情况，形成水电气暖涉企违规收费自查自纠报告上报。

请各地全面统计国办函〔2020〕129 号文实施以来（2021 年 3 月 1 日至今）清理规范水电气暖收费项目和金额情况，并填写附表 3。

附件：1. ××省（区、市）问题自查自纠情况明细表（略）
2. ××省（区、市）问题自查自纠情况汇总表（略）
3. ××省（区、市）清理规范水电气暖收费项目及金额统计表（略）

国家发展改革委
住房城乡建设部
国家能源局
2022 年 7 月 16 日

国家发展改革委　国家统计局　国家能源局　关于进一步做好新增可再生能源消费不纳入能源消费总量控制有关工作的通知

（发改运行〔2022〕1258 号）

各省、自治区、直辖市、新疆生产建设兵团发展改革委、统计局、能源局，江苏省工业和信息化厅：

新增可再生能源电力消费量不纳入能源消费总量控制，是完善能源消费强度和总量双控制度的重要举措，对推动能源清洁低碳转型、保障高质量发展合理用能需求具有重要意义。为贯彻落实党中央、国务院决策部署和中央经济工作会议精神，落实《"十四五"节能减排综合工作方案》有关要求，有序推进新增可再生能源电力消费量不纳入能源消费总量控制，现就有关事项通知如下。

一、准确界定新增可再生能源电力消费量范围

（一）不纳入能源消费总量的可再生能源，现阶段主要包括风电、太阳能发电、水电、生物质发电、地热能发电等可再生能源。

（二）以各地区 2020 年可再生能源电力消费量为基数，"十四五"期间每年较上一年新增的可再生能源电力消费量，在全国和地方能源消费总量考核时予以扣除。

二、以绿证作为可再生能源电力消费量认定的基本凭证

（一）可再生能源绿色电力证书（以下简称"绿证"）是可再生能源电力消费的凭证。各省级行政区域可再生能源消费量以本省各类型电力用户持有的当年度绿证作为相关核算工作的基准。企业可再生能源消费量以本企业持有的当年度绿证作为相关核算工作的基准。

（二）绿证核发范围覆盖所有可再生能源发电项目，建立全国统一的绿证体系，由国家可再生能源信息管理中心根据国家相关规定和电网提供的基础数据向可再生能源发电企业按照项目所发电量核发相应绿证。

（三）绿证原则上可转让，绿证转让按照有关规定执行。积极推进绿证交易市场建设，推动可再生能源参与绿证交易。

三、完善可再生能源消费数据统计核算体系

（一）夯实可再生能源消费统计基础。电网企业和有关行业协会要加强对可再生能源省内和省间交易、消费和结算等数据的统计核算，加强对相关数据的收集、分析、校核，确保可再生能源消费数据真实准确。

（二）开展国家与地方层面数据核算。国家能源局依据国家可再生能源信息管理中心和电力交易机构数据核算全国和各地区可再生能源电力消费量。国家统计局会同国家能源局负责核定全国和各地区新增可再生能源电力消费量数据。

四、科学实施节能目标责任评价考核

（一）统筹做好各地能耗双控考核。在"十四五"省级人民政府节能目标责任评价考核中，将新增可再生能源电力消费量从各地区能源消费总量中扣

除，但仍纳入能耗强度考核。

（二）有效衔接地方节能目标任务。各省（区、市）节能主管部门要根据“十四五”国家确定的节能目标任务，综合考虑新增可再生能源扣减等因素，科学确定本地区“十四五”节能目标任务并做好组织实施。

五、做好组织实施

（一）规范数据报送与核算。每年1月底，国家能源局向国家统计局提供全国和各地区可再生能源电力消费量初步数，4月底前，提供最终数。6月底前，国家统计局会同国家能源局最终核定各地区上一年度新增可再生能源电力消费量数据。

（二）切实加强绿证管理。国家发展改革委、国家能源局建立健全绿证交易管理的制度体系，加强对各地区绿证交易工作的跟踪指导。地方有关部门要加强对本地区绿证交易工作的监督管理，对开展虚假交易、伪造和篡改数据的企业要依法依规严肃处理。

（三）建立健全支撑体系。充分利用已有工作机制与核算体系，健全可再生能源电量认定与统计支撑体系。建立符合规定的可再生能源电量消费复议制度。各地区、各部门、各单位要严格遵守可再生能源消费核算制度，坚决杜绝数据造假。

国家发展改革委
国家统计局
国家能源局
2022年8月15日

国家发展改革委　国家能源局　财政部　自然资源部　生态环境部　住房和城乡建设部　农业农村部　中国气象局　国家林业和草原局关于印发“十四五”可再生能源发展规划的通知❶

（发改能源〔2021〕1445号）

各省、自治区、直辖市、新疆生产建设兵团发展改革委、能源局、财政厅、自然资源厅、生态环境厅、住房和城乡建设厅、农业农村厅、气象局、林业和草原局，国家能源局各派出机构，有关中央企业：

为深入贯彻“四个革命、一个合作”能源安全新战略，落实碳达峰、碳中和目标，推动可再生能源产业高质量发展，根据《中华人民共和国国民经济和社会发展第十四个五年规划和2035年远景目标纲要》和《“十四五”现代能源体系规划》有关要求，我们组织编制了《“十四五”可再生能源发展规划》。现印发给你们，请遵照执行。

国家发展改革委
国家能源局
财政部
自然资源部
生态环境部
住房城乡建设部
农业农村部
中国气象局
国家林业和草原局
2021年10月21日

国家发展改革委关于闽粤联网工程临时价格的通知

（发改价格〔2022〕1604号）

福建省、广东省发展改革委，国家电网有限公司、南方电网有限责任公司：

参照《跨省跨区专项工程输电价格定价办法》（发改价格规〔2021〕1455号），经研究，现就闽粤联网工程临时价格有关事项通知如下：

一、闽粤联网工程临时价格实行单一容量电价制，容量电费为2.3亿元/年［折算容量电价为115.0元/（千瓦·年），含税］，输送电量不再单独收取费用。

二、闽粤联网工程容量电费由福建电网、广东电网各分摊50%，即各分摊1.15亿元，并相应纳入当地省级电网输配电价疏导。

三、本通知自印发之日起执行。闽粤联网工程具备成本监审条件后，在成本监审基础上核定正式价格。

国家发展改革委
2022年10月19日

中华人民共和国国家发展和改革委员会 中华人民共和国商务部令

第52号

《鼓励外商投资产业目录（2022年版）》已经2022年7月29日国家发展和改革委员会第22次委务会议

❶《“十四五”可再生能源发展规划》（摘要）见“电力发展与改革”篇目中的“电力规划”栏目。

审议通过和商务部审签，并经国务院同意，现予以发布，自2023年1月1日起施行。

国家发展和改革委员会主任：何立峰

商务部部长：王文涛

2022年10月26日

鼓励外商投资产业目录（2022年版）

为落实外商投资法及其实施条例，根据国民经济和社会发展需要，鼓励和引导外国投资者在特定行业、领域、地区投资，制定本目录。

本目录共包括两部分，一是全国鼓励外商投资产业目录，二是中西部地区外商投资优势产业目录。

2020年12月27日国家发展改革委、商务部发布的《鼓励外商投资产业目录（2020年版）》自2023年1月1日起废止。

全国鼓励外商投资产业目录（摘要）

一～三（略）

四、电力、热力、燃气及水生产和供应业

397. 采用单机60万kW及以上超超临界机组的支撑性和调节性电源建设、经营

398. 采用背压型热电联产、热电冷多联产、30万kW及以上超（超）临界热电联产机组电站的建设、经营

399. 单机30万kW及以上，采用循环流化床、增压流化床、整体煤气化联合循环发电等洁净煤发电项目以及利用煤矸石、中煤、煤泥等低热值煤发电项目的建设、经营

400. 发电为主的大型水电站及抽水蓄能电站建设、经营

401. 核电站的建设、经营

402. 新能源电站（包括太阳能、风能、地热能、潮汐能、潮流能、波浪能、生物质能等）建设、经营

403. 气源落实地区天然气调峰电站、天然气分布式能源站的建设、经营

404. 燃气发电与可再生发电互补系统开发与应用

405. 垃圾焚烧发电厂建设、经营

406. 清洁能源微电网的建设、经营

407. 使用天然气、电力和可再生能源驱动的区域供能（冷、热）项目的建设、经营

408. 海水利用（海水直接利用、海水淡化）、苦咸水利用

409. 供水厂的咨询设计、投资、建设、经营

410. 再生水厂的咨询设计、投资、建设、经营

411. 污水处理厂的咨询设计、投资、建设、经营，污泥处理与处置设施的咨询设计、投资、建设、经营

412. 机动车充电站、电池更换站建设、经营

413. 加氢站建设、经营

414. 生物天然气项目建设、经营

415. 绿色植物绝缘油的研发、应用、生产

416. 新型储能装备研发、制造、建设和运营（含锂离子电池、液流电池、压缩空气、飞轮、氢储能等各类储能技术）

417. 电力源网荷储一体化和多能互补电源建设

五～十三（略）

中西部地区外商投资优势产业目录（略）

国家发展改革委关于核定雁淮、扎青特高压直流工程输电价格的通知

（发改价格〔2022〕1777号）

陕西省、内蒙古自治区、辽宁省、吉林省、黑龙江省、江苏省、山东省发展改革委，国家电网有限公司：

根据《跨省跨区专项工程输电价格定价办法》（发改价格规〔2021〕1455号），经研究，现就雁淮、扎青特高压直流工程输电价格有关事项通知如下：

一、雁淮特高压直流工程输电价格为每千瓦时3.59分（含税，含输电环节线损，线损率2.77%）。

二、扎青特高压直流工程输电价格为每千瓦时4.12分（含税，含输电环节线损，线损率2.69%）。

三、上述工程实际运行中输电线损率超过定价线损率带来的风险由电网企业承担，低于核价线损率产生的收益由电网企业和电力用户各分享50%。

本通知自印发之日起执行。

国家发展改革委

2022年11月23日

国家发展改革委　国家能源局关于做好2023年电力中长期合同签订履约工作的通知

（发改运行〔2022〕1861号）

各省、自治区、直辖市发展改革委、能源局，天津市工业和信息化局、内蒙古自治区工业和信息化厅、辽宁省工业和信息化厅、上海市经济和信息化委员会、重庆市经济和信息化委员会、四川省经济和信息化厅、

甘肃省工业和信息化厅，北京市城市管理委员会，国家能源局各派出能源监管机构，中国核工业集团有限公司、国家电网有限公司、中国南方电网有限责任公司、中国华能集团有限公司、中国大唐集团有限公司、中国华电集团有限公司、国家电力投资集团有限公司、中国长江三峡集团有限公司、国家能源投资集团有限责任公司、华润集团有限公司、国家开发投资集团有限公司、中国广核集团有限公司：

为深入贯彻党的二十大精神，落实党中央、国务院决策部署，加强能源产供储销体系建设，规范有序做好电力中长期合同签订履约工作，充分发挥中长期合同压舱石、稳定器作用，保障电力平稳运行，现就2023年电力中长期合同签订履约工作有关事项通知如下：

一、确保市场主体高比例签约

（一）坚持电力中长期合同高比例签约。市场化电力用户2023年年度中长期合同签约电量应高于上一年度用电量的80%，并通过后续季度、月度、月内合同签订，保障全年中长期合同签约电量高于上一年度用电量的90%。燃煤发电企业2023年年度中长期合同签约电量不低于上一年实际发电量的80%，月度（含月内）及以上合同签约电量不低于上一年实际发电量的90%。水电和新能源占比较高省份签约比例可适当放宽。对于足额签订电力中长期合同的煤电企业，各地应优先协调给予煤炭和运力保障，支撑电力中长期合同足额履约。

（二）鼓励签订多年中长期合同。各地政府主管部门要积极引导市场主体签订一年期以上的电力中长期合同，对多年期合同予以优先安排、优先组织、优先执行。探索建立多年合约价格调整机制，合同签约价格较实际市场价格偏离较大时，引导市场主体平等协商调整合同执行价格。

（三）推动优先发电计划通过电力中长期合同方式落实。各地要将本地优先发电计划转化为电力中长期合同或差价合约，鼓励高比例签订年度中长期合同或差价合约，明确分月安排及责任落实主体，确保优先发电计划刚性执行。

（四）推进电力中长期合同电子化运转。全面推进中长期合同签订平台化和电子化。在签约形式上，市场主体在参与交易前签订交易承诺书，视为同意在交易平台签订交易电子合同；具备条件的地区，可通过“电子签章”或具有同等法律效力的方式履行电子签约手续。在市场主体已授权的前提下，可通过交易平台自动履行电子签约手续，并形成规范的电子合同制式文本。

二、强化分时段签约

（一）优化时段划分方式。各地政府主管部门要会同电网企业、电力交易机构，根据电源结构变化、近三年电力供需形势及电力现货市场试运行计划，考虑2023年本地区电力供需形势，进一步优化时段划分方式，交易时段数量由3—5段增加至5段以上，结合各地实际用电负荷与新能源出力特性，按需明确划分尖峰、深谷时段。各地要充分考虑电力现货市场试运行安排，做好与现货市场的衔接，约定在现货市场运行期间的负荷曲线形成方式和调整方式。进一步扩大分时段交易范围，2023年分时段签约规模、比例均不得低于上一年度。

（二）完善分时段交易组织方式。采取双边协商、集中交易（包含竞价交易、滚动撮合交易和挂牌交易）等多种方式灵活组织开展分时段交易，交易周期包含年度、季度（多月）、月度等。鼓励年度、季度（多月）分时段交易以双边协商为主，月度分时段交易以集中竞价为主，电网企业代理购电市场化采购方式按国家相关政策执行。具备条件的省份，进一步将分时段交易逐步细化至月内，实现按旬、周定期开市，现货试点地区应实现按工作日连续开市。

三、优化跨省区中长期交易机制

（一）送受端政府主管部门加强对接。送受端政府主管部门要加强对接，鼓励签订多年、年度送受电协议，明确年度及分月电量规模、分时曲线（或形成方式）和市场价格形成机制。地方政府主管部门指导本地区发电企业、电网企业、交易机构采用市场化方式，落实政府间送受电协议内容。

（二）坚持跨省区中长期合同高比例签约。推动跨省区优先发电计划全部通过中长期交易合同方式落实，对于配套电源等明确送电主体的优先发电计划，年度市场应按照年度计划足额签约。对于未明确送电主体的优先发电计划，年度签约比例不得低于年度送电规模的90%，剩余电量通过月度或者月内中长期交易确定，如交易未达成，可先行安排送电，待价格协商一致后结算或清算。配套电源在优先落实省间送电计划、满足国家明确消纳省份购电需求的基础上，如仍有富余电力，可参与其他市场化交易。

（三）健全跨省区中长期交易机制。完善跨省区中长期交易机制，进一步缩短交易周期，实现按旬、周定期开市，具备条件的按工作日连续开市。通过双边协商、集中交易（包含竞价交易、滚动撮合交易和挂牌交易）等方式确定送电价格、规模和分时曲线（或形成方式），年度签约时需确定分月电量规模及曲线（或形成方式），进一步拉大峰谷价差。对于跨省跨区煤电（包括跨省区输电通道配套煤电），要严格落实国家煤电上网电价“基准价＋上下浮动”市场化价格机制相关要求。

四、完善市场价格形成机制

（一）引导市场交易电价充分反映成本变化。充分考虑燃料生产成本和发电企业承受能力，鼓励购售双方在中长期合同中设立交易电价与煤炭、天然气价格挂钩联动条款，引导形成交易电价随煤炭、天然气市场价格变化合理浮动机制，更好保障能源稳定供应。

（二）合理拉大峰谷价差。各地应结合实际情况，制定同本地电力供需和市场建设情况相适应的中长期合同分时段价格形成机制，合理拉大峰谷价差，加强中长期与现货价格机制衔接。在日内平段价格和加权平均交易价格均不超过国家允许的价格浮动范围的前提下，鼓励探索自行约定日内各时段价格。

（三）健全高耗能企业市场交易电价形成机制。基于国家出台的高耗能行业重点领域能效标杆水平和基准水平，各地电力主管部门应推动相关职能部门及时出台并动态完善本地区高耗能企业目录清单。高耗能企业交易价格不受燃煤基准价上浮20%限制。高耗能企业与其他企业同场交易的，供应紧张时可优先出清其他企业交易电量。优先推动高耗能用户落实可再生能源消纳责任权重，通过参与绿电交易或购买绿证方式完成消纳责任权重。

（四）完善绿电价格形成机制。鼓励电力用户与新能源企业签订年度及以上的绿电交易合同，为新能源企业锁定较长周期并且稳定的价格水平。绿色电力交易价格根据绿电供需形成，应在对标当地燃煤市场化均价基础上，进一步体现绿色电力的环境价值，在成交价格中分别明确绿色电力的电能量价格和绿色环境价值。落实绿色电力在交易组织、电网调度、交易结算等环节的优先定位，加强绿电交易与绿证交易衔接。

五、建立健全中长期合同灵活调整机制

（一）推动中长期交易连续运营。各地要加强市场模式、交易品种、交易方式等的系统设计，完善年度、月度、月内等多周期协同交易体系，创新交易机制、缩短交易周期、提高交易频次，积极探索推进中长期交易向日延伸，加快推动中长期交易连续运营。2023年各地应做到按周或旬常态化开市，可在电能量交易时同步开展合同转让、回购交易，提高市场主体交易便捷性。

（二）完善新能源合同市场化调整机制。完善与新能源发电特性相适应的中长期交易机制，满足新能源对合同电量、曲线的灵活调节需求，鼓励新能源高占比地区探索丰富新能源参与市场交易品种，不断完善新能源中长期合同市场化调整机制，丰富市场主体调整合同偏差手段。

（三）完善偏差电量结算机制。各地应按照“照付不议、偏差结算”原则，加快建立和完善偏差结算机制，引导市场主体按照合同电量安排发用电计划。偏差结算价格机制及偏差资金的分配方式应在市场规则中予以明确并提前向市场主体发布。电力现货市场运行期间，中长期偏差电量按照现货市场规则结算。针对新能源高占比地区可适当放宽分时段偏差电量结算要求，并视市场建设进程逐步收紧。电网企业代理购电用户偏差电量电费按国家相关政策执行。

六、强化中长期合同履约和监管

（一）做好中长期合同调度执行。电力调度机构应根据负荷预测、可再生能源发电等情况合理安排电网运行方式，做好中长期交易合同执行。因电力供需、电网安全、可再生能源消纳等原因需要调整生产计划的，优先通过市场化方式进行。不断完善应急调度机制，在市场化手段用尽的情况下，通过应急调度保障电网安全、电力平衡和清洁能源消纳，由于实施应急调度影响原有中长期合同执行的，根据实际情况进行责任划分。

（二）强化电力中长期合同履约。各地结合本地实际进一步修订完善分时段结算规则和流程，保障分时段合同正常履约。若一定时间内购售双方无法自主协商达成一致，将优先按照有关市场平均价格结算，待协商一致后进行统一清算。对于跨省跨区中长期交易，送受端市场主体签订合同后，需严格按照合同约定的送电规模、曲线、价格执行，政府相关部门不得干预。

（三）推进各级信用中心见证签约。电力交易机构负责归集市场主体签约、履约等市场主体非私有信息并传递至各级信用中心，确保信息传递安全性。国家公共信用信息中心归集北京、广州电力交易中心中长期合同信息，省级信用中心归集省级电力交易中心中长期合同信息，并共享至全国信用信息共享平台，同时纳入诚信履约保障平台开展监管。各级信用中心要建立信用记录，做好风险提示。相关单位要配合各级信用中心完成见证签约流程。

（四）健全市场主体信用评价体系。各地政府主管部门要健全完善市场主体信用评价制度，丰富评价维度和指标，探索信用评价方法，拓展评价结果应用，建立全面、规范的市场主体信用档案。加大对违约行为的追责力度，提高违约成本，促进市场主体诚信履约，持续改善市场信用环境。提升市场监督能力，落实市场主体信用情况定期披露。根据市场主体信用状况开展分级履约监管，对于未完成履约责任，或违法失信行为影响电力安全和市场秩序的市场主体，要依法依规开展失信惩戒。

七、强化保障措施

（一）按时完成中长期合同签订工作。各地要充分考虑市场建设进度及市场主体承受能力，做好组织协调，稳步推动中长期合同签订工作，避免市场价格大幅波动。在时段划分段数、偏差结算机制、交易频次和周期等方面分阶段推进实施，与现货市场建设有效衔接。各地应在12月20日前完成2023年年度中长期合同签订工作，并于年底前向国家发展改革委、国家能源局报送2023年年度中长期合同签订情况。

（二）做好市场信息披露工作。有关各方应严格落实电力市场信息披露相关制度办法，切实做好信息披露工作，保障市场公开透明。进一步加强零售市场信息披露管理工作，采取有效措施提升零售市场透明度。持续完善信息披露制度，提高交易信息披露的完整性、及时性和准确性，加强信息披露跟踪评价、监管通报。

（三）加强市场主体引导和培训。充分尊重市场主体意愿，引导市场主体主动签约、诚信履约。加强政策规则宣贯培训，强化各类主体对电力市场的正确认识和对政策规则的理解，促进电力市场高效运转。

国家发展改革委

国家能源局

2022年12月2日

国家发展改革委　科技部印发《关于进一步完善市场导向的绿色技术创新体系实施方案（2023—2025年）》的通知

（发改环资〔2022〕1885号）

教育部、工业和信息化部、财政部、人力资源社会保障部、自然资源部、生态环境部、住房城乡建设部、水利部、农业农村部、商务部、人民银行、国务院国资委、税务总局、市场监管总局、银保监会、证监会、国家能源局、国家林草局、国家知识产权局，各省、自治区、直辖市及计划单列市、新疆生产建设兵团发展改革委、科技厅（委、局）：

为深入贯彻落实党的二十大精神，进一步完善市场导向的绿色技术创新体系，加快节能降碳先进技术研发和推广应用，国家发展改革委、科技部会同有关部门研究制定了《关于进一步完善市场导向的绿色技术创新体系实施方案（2023—2025年）》。现印发给你们，请遵照执行。

国家发展改革委

科　技　部

2022年12月13日

关于进一步完善市场导向的绿色技术创新体系实施方案（2023—2025年）

为深入贯彻落实党的二十大精神，进一步完善市场导向的绿色技术创新体系，加快节能降碳先进技术研发和推广应用，充分发挥绿色技术对绿色低碳发展的关键支撑作用，根据《国务院关于加快建立健全绿色低碳循环发展经济体系的指导意见》和《科技支撑碳达峰碳中和实施方案（2022—2030年）》，制定本实施方案。

一、总体要求

（一）指导思想

以习近平新时代中国特色社会主义思想为指导，深入贯彻落实党的二十大精神，完整、准确、全面贯彻新发展理念，坚定不移实施创新驱动发展战略，进一步完善市场导向的绿色技术创新体系，强化企业创新主体地位，完善转化应用市场机制，加强创新服务保障，推动形成各类创新主体活力竞相迸发、产学研用衔接高效、创新效能持续提升的绿色技术创新工作格局，为加快发展方式绿色低碳转型、推动高质量发展提供有力科技支撑。

（二）主要目标

到2025年，市场导向的绿色技术创新体系进一步完善，绿色技术创新对绿色低碳发展的支撑能力持续强化。企业绿色技术创新主体进一步壮大，培育一批绿色技术领军企业、绿色低碳科技企业、绿色技术创新领域国家级专精特新“小巨人”企业。各类绿色技术创新主体创新活力不断释放，协同创新更加高效。绿色技术供给能力显著提升，形成一批基础性、原创性、颠覆性绿色技术创新成果。绿色技术交易市场更加规范有序，先进适用的绿色技术创新成果得以充分转化应用。绿色技术评价、金融支持、人才培养、产权保护等服务保障全面优化。绿色技术领域国际交流和对外开放持续深化。

（三）工作原则

——目标引领，创新驱动。坚持目标导向、问题导向，聚焦实现发展方式绿色低碳转型目标，着力解决绿色低碳发展科技支撑不足的问题。把体制机制创新作为重要驱动力，进一步完善市场导向的绿色技术创新体系，提升绿色技术研发水平，畅通转化路径。

——市场主导，政府引导。充分利用市场化手段，发挥市场在绿色技术创新中的主导作用，增强市场在配置资源和连接创新各环节中的功能，吸引创新要素向绿色领域集聚。加大政策支持力度，强化绿色技术创新保障，激发各类创新主体活力。

——研用并举，突出应用。围绕绿色低碳发展重点领域，组织开展绿色技术攻关，增加绿色技术供给。加大绿色技术成果转化综合服务平台建设，强化创新各环节和要素的衔接，加快推进创新成果转移转化和产业化发展。

——压实责任，系统推进。聚焦绿色技术创新的关键环节，加强部门间配合，推动形成工作合力，协调解决重大问题。加大对地方推进绿色技术创新工作的评估指导力度，鼓励地方结合实际探索创新，确保各项任务落实。

二、重点任务

（一）强化绿色技术创新引领

明确绿色技术创新方向。定期向各地区、行业协会、重点企业等征集共性技术难点和技术需求，以能源节约与绿色低碳转型、污染治理、资源节约集约循环利用、低碳与零碳工业流程再造、生态系统固碳增汇、负碳及温室气体减排等领域为重点，采用“揭榜挂帅”“赛马”等机制，引导各类主体参与绿色技术创新。

强化关键绿色技术攻关。组织实施“碳达峰碳中和关键技术研究与示范”“大气与土壤、地下水污染综合治理”“循环经济关键技术与装备”“长江黄河等重点流域水资源与水环境综合治理”等重点专项技术攻关，鼓励绿色技术创新主体积极参与，研发一批具有自主知识产权、达到国际先进水平的关键核心绿色技术。

（二）壮大绿色技术创新主体

培育绿色技术创新企业。培育绿色技术创新领军企业，支持领军企业及其联合体承担国家科技计划支持的绿色技术研发项目。从国家高新技术企业、科技型中小企业、全国技术合同登记企业和技术进出口合同登记企业中，遴选发布绿色低碳科技企业，引导各类创新要素集聚。培育绿色技术创新领域专精特新中小企业、专精特新“小巨人”企业，加大对中小微绿色技术创新企业的支持力度。

加强创新平台基地建设。以满足市场需求为导向，优化绿色技术领域全国重点实验室、国家工程技术研究中心、国家技术创新中心、国家能源研发创新平台等创新平台基地布局，加大对绿色技术创新平台基地建设的培育和支持力度。持续优化整合国家科技资源共享服务平台，进一步完善绿色技术资源共享服务体系，加强与绿色技术创新平台基地的衔接。

激发科研单位创新活力。进一步完善事业单位工作人员考核管理机制，加大绿色技术创新成效在考核评优中的比重，提高科研人员绿色技术创新积极性。支持高校、科研院所等事业单位科研人员按国家有关规定兼职参与企业绿色技术创新、成果转化、技术咨询和服务等工作，继续实施绿色技术创新成果发明人或团队持有股权、成果转化净收入占比以及成果转化奖励收入不受本单位绩效工资总量限制且不纳入绩效工资总量核定基数等相关激励政策。

（三）促进绿色技术创新协同

推进创新主体协作融合。引导绿色技术创新企业、高校、职业院校、科研院所等主体与中介机构、金融资本等联合，形成优势互补、利益共享、风险共担的“产学研金介”合作机制，促进共性技术研发和成果转化应用。支持建立一批专注于绿色技术创新的企业孵化器、众创空间等公共服务平台，加快绿色技术创新突破。

更好发挥协同机构作用。发挥好绿色技术融资合作中心（原绿色技术银行，下同）在推进金融资源与绿色技术创新融合方面的协同作用，在有条件的地区进一步推进绿色技术融资合作中心建设。

完善绿色技术融资合作中心运行管理机制，强化绿色技术信息平台、转移转化平台、金融服务平台功能。鼓励绿色技术创新联盟推动相关产业绿色升级改造，充分发挥其对绿色技术推广应用中的作用。建立健全动态调整机制，适时对现有绿色技术创新联盟开展评估工作。

（四）加快绿色技术转化应用

推进绿色技术交易市场建设。根据区域绿色技术发展优势和应用需求，布局建设若干国家绿色技术交易平台。健全绿色技术交易平台管理制度，完善基础甄别、技术评价、供需匹配、交易佣金、知识产权服务和保护等机制，提升绿色技术交易服务水平。

健全绿色技术推广机制。以节能降碳、清洁能源、资源节约集约循环利用、环境保护、生态保护修复等领域为重点，适时遴选先进适用绿色技术，发布绿色技术推广目录，明确技术使用范围、核心技术工艺、主要技术参数和综合效益。规范绿色技术遴选条件、遴选程序，加强目录内绿色技术跟踪管理，建立动态调整机制。通过向国家绿色技术交易平台和产业知识产权运营中心推送、组织开展绿色技术交流等方式，加快绿色技术推广应用。

鼓励绿色技术产品应用。推进首台（套）重大技术装备保险补偿机制试点建设，鼓励绿色技术创新装备生产企业申报保险补偿项目。鼓励国有企业采购、使用绿色技术首台（套）装备，推动绿色技术首台（套）装备应用和产业化。推动修订《政府采购法》，完善绿色采购制度。加大政府绿色产品采购力度，进一步扩大绿色产品采购范围，推动各类机关、事业单位及社会团体按规定优先采购绿色产品。完善绿色产品认证与标识体系，稳步扩大绿色产品认证范围，推动认证结果广泛采信。

（五）完善绿色技术评价体系

建立健全绿色技术标准。在年度国家标准制修订计划中加大对绿色技术标准的支持力度，加强绿色技术创新与标准化工作联动，强化能源、工业、建筑、生态系统固碳增汇、非二氧化碳温室气体排放控制、污染治理和资源节约集约循环利用、河湖生态环境复苏等重点领域共性绿色技术标准制修订，及时将先进适用绿色技术创新成果融入标准，为绿色技术推广应用提供支撑。

推进绿色技术评价。指导推动企事业单位、行业协会加快制定发布本领域绿色技术评价方法，提升绿色技术评价水平。支持绿色技术创新领军企业、高校、科研院所、检验检测机构、认证机构等建立绿色技术验证服务平台，申报产业技术基础公共服务平台，为绿色技术创新和转化应用提供定制试制、检验检测、认证评价等服务。

（六）加大绿色技术财税金融支持

加大金融支持力度。加强绿色技术创新的股权支持力度，实施“科技产业金融一体化”专项，引导各类天使投资、创业投资、私募股权投资等支持绿色技术创新和成果转化。充分发挥国家科技成果转化引导基金作用，进一步扩大绿色技术领域创业投资子基金托管银行范围，积极支持绿色技术创新成果转化应用项目。综合应用绿色信贷、绿色债券、绿色基金、绿色保险等方式支持绿色技术创新，鼓励信用评级机构依规对绿色技术创新企业开展主体评级、债项评级服务。鼓励地方政府性融资担保机构为符合条件的从事绿色技术创新成果转化和示范应用的中小微企业提供融资增信支持。鼓励保险机构结合绿色技术应用场景，运用首台（套）保险等险种为绿色技术创新提供风险保障。

强化财税政策保障。各级财政对符合条件的绿色技术攻关项目予以积极支持，鼓励有条件的地区对绿色技术创新成果推广应用予以支持。落实环境保护、节能节水、资源综合利用等企业所得税优惠政策以及科技人员绿色技术创新成果转化收入个人所得税优惠政策，促进绿色技术、装备和产品研发应用。

（七）加强绿色技术人才队伍建设

加大绿色技术研发人才培养。持续加大对高校、职业院校、科研院所设置绿色技术相关专业的指导支持力度，引导有条件的职业院校开设绿色技术相关专业，进一步优化专业布局，提升专业建设水平。鼓励地方政府联合高校、职业院校、科研院所、骨干企业共同实施绿色技术领域产学合作协同育人项目，联合培养绿色技术创新专业人才、高素质技术技能人才。

强化绿色技术经纪人队伍建设。培养专业、高效的绿色技术经纪人队伍，充分发挥桥梁纽带作用，促进绿色技术先进成果与产业需求精准链接。在《国家技术转移专业人才能力等级培训大纲》中增加绿色技术相关课程，提高绿色技术经纪人队伍专业服务能力。引导企事业单位在薪酬待遇、股权分配、人才评价等方面加大对绿色技术经纪人的激励支持力度。

（八）强化绿色技术产权服务保护

提高知识产权服务水平。提高绿色技术创新领域专利、商标审查业务精细化管理水平，加强智能化技术运用，提高审查效能，缩短审查周期。加强知识产权保护中心建设，进一步强化快速预审、快速确权、快速维权“一站式”知识产权综合保护，为绿色技术产业提供知识产权服务支撑。加大对产业知识产权运营中心的指导和支持力度，促进绿色技术知识产权高质量创造、高水平布局和高效益运用。聚焦绿色技术创新成果，构建绿色技术与国际专利分类参考关系表，开展国内外及分区域绿色专利统计监测分析。围绕绿色低碳发展重点领域，建设知识产权专题数据库，提升绿色技术企业知识产权信息检索分析利用能力。

加强绿色技术知识产权保护。严格规范绿色技术创新专利申请、商标注册行为，严厉打击不以保护创新为目的的非正常专利代理行为。组织开展打击侵犯知识产权专项行动，加大对侵犯绿色技术知识产权侵权行为的打击力度。

（九）深化绿色技术国际交流合作

推动绿色技术“引进来”。充分发挥双多边国际合作机制作用，积极引进境外先进技术、管理理念和商业模式，鼓励外资投向绿色技术高端装备制造。

鼓励绿色技术“走出去”。以推进绿色投资、绿色产业、绿色能源、绿色基建、绿色交通、绿色贸易等领域国际合作为契机，积极开拓先进绿色技术和装备的国际市场，延伸绿色技术创新成果的领域和应用场景，携手其他国家和地区解决资源环境约束突出问题，共同推进绿色低碳发展。

三、组织实施

（一）加强组织协调

国家发展改革委、科技部持续加大对绿色技术创新工作的统筹，会同各有关部门做好年度重点工作安排部署，抓好各项重点任务落实落地。充分发挥绿色技术创新部际协调机制作用，进一步加强合作，协调解决重大问题。适时对绿色技术创新工作进行调度，确保实现各项任务目标。

（二）抓好贯彻落实

各地区要加大对绿色技术创新工作的推动力度，结合实际细化完善各项政策举措，制定相关行动计划或实施方案，压实工作责任，优化创新环境，进一步完善市场导向的绿色技术创新体系，扎实推进绿色技术研发和推广应用。

（三）营造良好氛围

国家发展改革委、科技部将总结各地区绿色技术创新管理制度的有效模式，及时宣传可复制可推广的先进做法和典型经验。积极组织开展各类创新创业大赛、创新论坛等活动，在全社会营造绿色技术创新良好氛围。

水利部文件

水利部　国家能源局关于全面开展水电站等水利设施风险隐患排查整治工作的通知

（水监督〔2022〕50号）

各省（自治区、直辖市）水利（水务）厅（局）、能源局，新疆生产建设兵团水利局，有关省（自治区、直辖市）及新疆生产建设兵团发展改革委、经信委（工信委、工信厅），北京市城市管理委员会，水利部各流域管理机构，国家能源局各派出机构，国家能源局大坝安全监察中心，全国电力安委会各企业成员单位，各有关单位：

2022年1月12日，四川省甘孜州丹巴县关州电站厂房发生透水事故，造成9人遇难。为深刻吸取事故教训，加强水电站等水利设施安全管理，有效防范各类事故发生，按照党中央、国务院要求，水利部会同国家能源局，商有关部委，决定立即在全国范围内开展水电站等水利设施风险隐患排查整治。现将有关事项通知如下：

一、整治范围

对全国范围内水电站、水库、水闸、堤防运行安全和在建水利工程度汛开展风险隐患排查整治。

二、整治内容

（一）指导有关单位做好事故调查和善后处置工作。调查分析关州电站事故发生原因，提出措施建议，有针对性地防范类似事故发生。（责任单位：水利部；完成时限：2022年2月28日）

（二）开展水利设施风险隐患排查整治专项行动。各地区全面开展水电站、水库、水闸、堤防运行安全和在建水利工程度汛风险隐患排查整治，水利部、国家能源局进行重点抽查。工作方案见附件。（责任单位：水利部、国家能源局分工负责，完成时限：2022年5月31日，在建水利工程度汛排查整治可延长至6月10日）

三、有关要求

各地区各单位要吸取事故教训，提高政治站位，充分认识开展水利设施风险隐患排查整治工作的重要性和紧迫性，加强组织领导，精心组织实施，把排查整治作为深入推进安全生产专项整治三年行动、提升本质安全水平的一项重要手段，落实到每个县区、每个工程，达到管控风险、整治隐患、防控事故的目的。要加强对重点地区、重点工程、重点部位和薄弱环节的督促检查和指导，对重大隐患实行挂牌督办，确保排查不留死角、整改不留隐患，坚决防止排查整治工作中的形式主义、官僚主义问题。

联系人及电话：成鹿铭（水利部）010-63206148

王晗（国家能源局）010-81929635

附件：水电站等水利设施风险隐患排查整治专项行动方案

水利部　国家能源局

2022年1月29日

附件

水电站等水利设施风险隐患排查整治专项行动方案

为吸取关州电站事故教训，加强水电站等水利设施安全管理，防范各类事故发生，水利部会同国家能源局在全国范围内开展水电站等水利设施风险隐患排查整治专项行动，方案如下。

一、排查整治内容

（一）开展水电站运行安全风险隐患排查整治。大中小型水电站风险隐患排查整治由水利部、国家能源局按照职责分工组织开展。水利部组织地方各级水行政主管部门对辖区内所有小水电站进行全面排查，重点排查挡水堰坝、压力管道（压力钢管）、调压设施、压力前池、厂房、闸门等构（建）筑物和金属结构是否存在安全隐患；水轮发电机等主要设备维修养护是否到位，特种设备是否定期检验，特种作业人员是否持证上岗；维修养护安全防范措施是否到位，“两票三制”是否执行；应急预案是否编制、报批和演练，防汛备用电源、应急（防汛）物资、消防器材、绝缘装备是否按规定配备齐全；水电站安全生产主体责任、监管责任、行政责任是否落实并公示责任人。

国家能源局监管的水电站风险隐患排查整治工作由国家能源局统一组织实施，制定排查整治具体实施方案，并将排查整治结果送水利部汇总。

（二）开展水库、水闸、堤防工程运行安全风险隐患排查整治。水利部组织地方各级水行政主管部门对辖区内所有水库、水闸、堤防工程进行全面排查。有关部委组织指导各省级主管部门对监管的水库进行排查。各省级水行政主管部门做好统筹协调工作。重点排查水库"三个责任人"落实情况，水闸、堤防防汛责任人和管理主体责任落实情况，水库大坝、溢洪道、放空设施和水闸闸室、闸门、启闭机以及堤防险工险段、穿堤建筑物等关键部位是否存在安全隐患。对发现的问题限期整改，汛前不能完成整改的，要落实临时安全度汛措施。

（三）开展在建水利工程度汛风险隐患排查整治。水利部组织地方各级水行政主管部门对辖区内所有在建水利工程进行全面梳理和排查，对存在度汛任务的穿（破）堤施工建筑物逐级上报至水利部，实行清单式管理。开展全覆盖、拉网式、穿透式度汛检查，重点关注穿（破）堤施工建筑物、施工导流建筑物、挡泄水建筑物、水下工程等重点部位及险工险段，特别关注工期滞后影响安全度汛的重点项目和重点部位。

（四）开展水利设施风险隐患排查整治抽查。在地方各级水行政主管部门对辖区内所有小水电站、水库、水闸、堤防和在建水利工程进行全面排查整治的基础上，水利部组织各流域管理机构及部直属有关单位，对地方上报隐患排查整治发现问题的小水电站、水库、水闸、堤防和在建水利工程，按照不低于10%的比例进行"回头看"抽查，水利部直管工程和各流域管理机构管理的工程由部督查办组织抽查。

上述排查整治具体实施方案另行印发。

二、时间安排

（一）全面排查。各省级水行政主管部门组织开展本地区风险隐患排查整治工作，于4月15日前将排查整治报告及问题台账报送水利部（在建水利工程度汛风险隐患排查整治工作延长至5月31日，问题台账于5月31日前补充报送）。

（二）重点抽查。水利部于5月31前对各地区排查整治工作开展情况及风险隐患整改情况进行抽查（在建水利工程度汛抽查顺延至6月10日）。印发"一省一单"督促整改，视情况实施责任追究。

三、工作要求

（一）高度重视，认真组织。各地区各单位要坚决贯彻落实习近平总书记重要批示精神，深刻吸取关州电站透水事故教训，迅速组织开展隐患排查整治工作，坚持领导带头、深入一线，加大排查整治力度，层层压实责任，严防类似事故发生。

（二）全面排查，不留死角。各地区各单位要按照分工，对辖区内水电站、水库、水闸、堤防运行安全和在建水利工程度汛进行全面排查，认真查找风险隐患。对于主体责任和监管责任尚不明确的水利设施，要主动向当地党委和政府汇报，尽快明确责任主体并开展排查整治，确保全覆盖、无遗漏。

（三）彻底整改，消除隐患。各地区各单位要建立排查整治问题台账，能立即整改的立即整改，不能立即整改的要做到整改责任、措施、资金、时限、预案"五落实"，重大隐患必须挂牌督办，确保排查整治不走过场、取得实效。

（四）加强督导，严肃问责。各地区各单位要按照分工，强化对辖区内风险隐患排查整治工作的检查和指导，发现问题及时处理，对排查整治工作推进不力、敷衍塞责或风险隐患整改不到位的地区和单位，要予以严肃追责问责。

国家能源局文件

国家能源局综合司关于深刻汲取事故教训切实加强电力网络安全管理办法安全生产工作的通知

（国能综通安全〔2022〕11号）

各省（自治区、直辖市）能源局，有关省（自治区、直辖市）及新疆生产建设兵团发展改革委、经信委（工信委、工信厅、工信局），北京市城市管理委，各派出机构，大坝中心、电力可靠性和质监中心，全国电力安委会各企业成员单位，各有关单位：

2022年1月12日，四川省甘孜州关州水电站在机组检修过程中发生一起透水事故，造成9人死亡。事故暴露出部分电力企业依然存在安全意识不牢固、责任落实不到位、风险辨识不全面、隐患排查不彻底、作业方案不完善、检查监护不认真、应急管理不扎实等突出问题。为深入贯彻落实习近平总书记及党中央国务院领导同志重要指示批示精神，深刻汲取事故教训，以案为鉴，举一反三，切实加强发电安全生产工作，重点加强对规模小、分布散、地处偏远、基础薄弱等发电企业的安全监督管理，强化风险管控和隐患查治，防范遏制各类事故发生，坚决杜绝重特大事故发生，现就有关要求通知如下。

一要始终坚持"人民至上、生命至上"。各单位要进一步深入学习贯彻习近平总书记关于安全生产重要论述，始终坚持“人民至上、生命至上”，真正将人民群众生命安全摆在最突出位置；贯彻“四个安全”理念，真正将安全责任记在心里扛在肩上抓在手中，坚决把确保人民生命安全放在第一位要求落到实处，无缝衔接，不留漏洞；统筹好发展和安全，不断谋划实招硬招，大力提升本区域、本企业安全生产总体水平，共同推动全国电力安全生产形势稳定向好。

二要扎实开展风险隐患排查整治。各电力企业要再检查、再落实。要不断强化忧患意识，结合做好电力安全生产专项整治三年行动巩固提升工作，持续推进安全生产双重预防机制建设，严格落实电力安全风险管控“季会周报”工作要求，健全安全风险管控体系机制，系统排查整治安全风险；要扎实开展缺陷隐患排查治理，及时彻底消除人的不安全行为、物的不安全状态和环境上的不安全因素，从根本上消除事故隐患。各派出机构、地方政府电力管理部门要督促企业扎实开展风险隐患排查整治，紧盯辖区内较大及以上电力安全风险隐患，不定期对电力企业安全风险管控和隐患排查治理工作开展督查，对风险管控不到位、隐患治理不彻底的单位要依法从严采取通报、约谈和处罚等监管措施。

三要完善安全生产人力资源配备。各电力企业的主要负责人、技术负责人和安全生产管理人员必须具备与本单位生产经营活动相应的安全生产知识和管理能力。要遴选具有相应从业经验、专业技能的主要负责人、技术负责人等人员承担安全生产工作，增强业务能力，消除管理短板；要加强对所属单位和人员的风险隐患排查、教育培训和监督指导，提升员工风险管控和隐患治理能力，有效解决“辨识不出、整治不了”等突出问题；要强化安全生产知识和技能的培训，提高技术素质，未经安全生产教育和培训合格的人员，不得上岗作业。

四要全面加强检修作业安全和技术监督管理。各单位要清醒认识检修环节已成为发电事故“重灾区”，要用“技术保安全”，高度重视检修安全管理，严格执行相关规章制度、标准规范和管理流程。各电力企业要合理安排检修时间和作业工期，严禁在环境恶劣、条件不具备的情况下冒险检修；要加强检修作业方案审查，依规履行审批把关程序，全面排查危害因素，保证安全措施落实到位，并留有足够安全裕度，必要时组织开展安全论证评估，坚决做到“不安全、不作业”；要加强备品备件和安全工器具检查校验，确保核心部件和关键工器具符合规定的质量安全要求；要加强检修作业现场巡查检查，强化作业监护，及时发现处理“三违”行为。水电站要加强技术监督管理，配备技术监督力量，完善技术监督制度，执行技术监督标准。严格执行水电站反事故措施。各派出机构、地方政府电力管理部门要加强对辖区内电力企业检修作业的监督检查，要特别关注检修方案制定、评估、论证、审查和实施等环节的安全风险识别和管控情况。

五要切实加强外包安全管理。各电力企业要加强对外包项目、外协队伍、外来人员的安全管理，把牢准入关口。严格审查外来队伍人员的资质资格、技能水平、管理状况、安全生产历史业绩等情况，坚决将资质不符、管理混乱、事故多发的队伍人员清退出场，坚决清理违法转包和违法分包，从源头防范化解外包安全风险。要加强外包人员安全教育，认真开展技术交底，督促其了解安全管理规定和工作要求，熟悉设备性能和作业环境；要加强外包作业全过程管控，鼓励推行业主派员带班、跟班等方式，强化技术指导和安全管理。

六要积极推进应急能力建设。各电力企业要严格按照国家和行业有关要求，积极推进应急能力建设，加强事故灾害预想，及时制定修订预案方案，提升预案的针对性和有效性；要加强应急预案宣贯培训，教育员工掌握应急知识和预案内容；要结合实际及时开展演练，检验应急队伍，提升处突能力。

七要完善电力安全监管体系。各省级电力管理有关部门和各派出机构要加强协同配合，在当地省级安委会的统筹指导下，积极推动成立省级电力安委会或在省级安委会下成立电力专委会，并协调推动市、县级政府成立同级电力安委会，压实基层的属地安全监管责任。地方各级政府电力管理有关部门和各派出机构要充分发挥电力安委会平台作用，完善监管机制，充实监管力量，共享监管信息，部署监管任务，强化监管检查，采用多部门联合检查、联合挂牌督办、联合行政执法等方式，督促区域内电力企业切实落实安全生产主体责任。

国家能源局综合司

2022 年 1 月 27 日

国家能源局综合司关于印发《水电站和小散远发电企业安全风险隐患排查整治专项行动方案》的通知

（国能综通安全〔2022〕12 号）

各省（自治区、直辖市）能源局，有关省（自治区、直辖市）及新疆生产建设兵团发展改革委、经信委（工信委、工信厅、工信局），北京市城市管理委，各派出机构，大坝中心，全国电力安委会各企业成员单位，各有关单位：

为深入贯彻习近平总书记重要指示批示精神，深刻汲取四川省甘孜州关州水电站事故教训，切实加强水电站和各类规模小、分布散、地处偏远、基础薄弱发电企业（以下简称小散远发电企业）的安全生产工作，我局研究制定了《水电站和小散远发电企业安全风险隐患排查整治专项行动方案》，现印发你们，请结合实际认真贯彻落实。

国家能源局综合司

2022 年 1 月 27 日

水电站和小散远发电企业安全风险隐患排查整治专项行动方案

2022 年 1 月 12 日，四川省甘孜州关州水电站在机组检修过程中发生透水事故，造成 9 人死亡，事故损失巨大、教训惨痛。为深入贯彻落实全国安全生产电视电话会议精神，深刻汲取教训，切实加强水电站和各类规模小、分布散、地处偏远、基础薄弱发电企业（以下简称小散远发电企业）的安全生产工作，国家能源局决定在全国范围内开展水电站和小散远发电企业安全风险隐患排查整治专项行动，现制定如下方案。

一、总体目标

全面贯彻党中央、国务院关于安全生产工作的决策部署，扎实做好电力安全生产专项整治三年行动计划巩固提升工作，切实落实企业安全生产责任，深入排查风险隐患，加强和改进水电站和其他小散远发电企业的安全生产和监督管理工作，实现监管全覆盖，确保“四个安全”理念落实到基层，防范各类事故发生。

二、工作原则

（一）强化协同配合。各派出机构、地方政府电力管理部门要加强协同配合和信息共享，严格落实新《安全生产法》“三个必须”的要求，联合开展督导核查，共同督促企业落实安全责任。

（二）突出工作重点。坚持底线思维，以工作基础差、安全意识弱的水电站和小散远发电企业为重点对象，以检修安全管理为重点领域，对企业存在的安全意识不牢固、责任落实不到位、风险辨识不全面、隐患治理不彻底等突出问题开展全面整治。

（三）坚持全面覆盖。坚持“横向到边、纵向到底”，全面摸排发电企业情况，在摸清家底的基础上，对水电站安全生产实现监督管理全面覆盖，加强生产全过程安全管理，不留盲区死角。

三、重点排查内容

（一）安全生产法律法规和全员安全生产责任制落实情况

习近平总书记关于安全生产重要论述学习贯彻情况；新《安全生产法》宣贯执行情况；安全生产法规和政策文件贯彻执行情况；全员安全生产责任制健全落实情况；企业主要负责人和班子成员履职尽责情况；企业安全生产委员会建立和运转情况；安全生产管理机构建立和运转情况；安全管理人员配备情况；安全生产事故事件教训吸取和追责问责情况。

（二）双重预防机制建设落实情况

安全风险分级管控和隐患排查治理双重预防机制建设情况；电力安全风险管控“季会周报”工作要求落实情况；运行安全风险评估开展情况；风险预控措施落实情况；隐患排查治理情况；对于涉及周围非生产区的风险隐患与地方相关单位协调联动情况；风险隐患台账建立管理情况。

（三）检修运维安全管理和技术监督情况

作业方案制定、评估、论证、审查和实施等环节的安全风险识别和管控情况，特别是留足安全裕度情况；作业现场监护规程制度执行情况；“两票三制”执行情况；作业安全措施落实情况，尤其是高处作业、动火作业、封闭空间等危险作业以及三人以上同时作业时安全措施落实情况；外包队伍安全管理情况；外包项目纳入本单位安全生产体系统一管理情况；外包作业队伍安全教育和技术交底情况；“三违”行为和违法分包转包行为查处情况；水工金属结构等设备（含临时设备）采购质量控制、日常维护等情况；技术监督体系运行情况，技术监督力量配备情况，技术监督标准执行情况；水电站反事故措施落实情况。

（四）大坝安全管理情况

大坝安全注册备案申请及时性情况；大坝安全注册、定检整改意见落实情况；大坝安全监测系统运行管理、监测数据分析及报送情况；坝高 100m 以上的大坝、库容 1 亿 m^3 以上的大坝和病险坝的大坝安全在线监控系统建设及运行情况；大坝工程缺陷隐患治理情况；大坝安全检查规程编制及日常巡视检查、特殊情况巡视检查、专项检查、年度详查情况。

（五）防汛管理情况

防汛管理制度编制发布情况；防汛组织机构及人员、装备物资、抢险队伍等保障情况；防汛相关预案编制情况，包括水库调度运用计划、水库防汛抢险应急预案的编制、报批情况；洪水预报系统建设及运行维护情况；防汛重点部位、设备检查情况，特别是闸门及启闭机性能、泄洪及放空建筑物安全状况、应急电源可靠性、重大关键设备防误操作措施落实等的检查情况；防范水淹厂房安全检查开展情况及问题闭环整改情况；水电站淹没范围综合分析情况；往年汛前、汛中、汛后安全检查开展情况及其发现问题的闭环整改情况，以及防汛总结开展情况、防汛值班情况、汛情信息报送及获取情况。

（六）应急能力建设情况

应急预案、现场处置方案制定完善情况，特别是水电站大坝运行安全应急预案编制情况；应急演练计划制定和实施情况；应急资源调查开展情况；车辆、材料、工具、通信设施等应急物资及装备配备情况、档案管理情况、定期检测和维护情况；应急抢险队伍建设情况；安全生产事故事件统计报告制度建设情况；安全生产信息报送情况；重要时段值班值守和领导带班情况。

四、工作安排

专项行动从本方案印发之日起至2022年6月，具体如下。

（一）摸底阶段（方案印发之日—2月底）

1. 摸清家底。各省级电力管理部门要将专项行动方案传达至市、县级电力管理部门和各电力企业，组织市、县级电力管理部门系统梳理本行政区域内发电企业情况，摸清家底，实施清单化管理，2月28日前汇总本行政区域内发电企业情况，与派出机构共享信息。

2. 明确重点。派出机构要制定工作计划，加强与省级电力管理部门的沟通协作，根据电力管理部门摸底情况，系统梳理辖区内小散远发电企业，综合考虑企业规模小、监管困难、安全工作要求传达落实不畅通、企业安全工作基础薄弱等因素，建立小散远发电企业清单，作为重点抽查对象，并与省级电力管理部门共享信息。

（二）水电站自查督查阶段（方案印发之日—3月底）

1. 水电企业自查。各水电企业要立即动员部署，制定具体实施方案，明确责任分工和工作步骤，系统排查安全生产风险和隐患，建立问题清单和整改计划，及时制定落实整治措施，于2月28日前将自查情况报告所在地省级电力管理部门和派出机构。

2. 水电站现场督查。3月，各省级电力管理部门要组织市、县级电力管理部门对本行政区域内水电站开展全覆盖现场监督检查，于3月31日前汇总督查情况和问题报国家能源局电力安全监管司。派出机构要会同省级电力管理部门，对辖区内水电站开展现场抽查，其中每省（自治区、直辖市）抽查数量原则上不少于水电站总数量的20%。各派出机构于3月31日前将抽查情况和问题汇总报送国家能源局电力安全监管司。国家能源局视情况选择部分省份进行督导检查。大坝中心提供专业技术支持。

（三）小散远发电企业自查督查阶段（方案印发之日—5月底）

1. 小散远发电企业自查。按照派出机构确定的小散远发电企业清单，小散远发电企业开展自查，并于4月30日前将自查情况报告所在地省级电力管理部门和派出机构。

2. 小散远发电企业督导检查。各省级电力管理部门要组织市、县级电力管理部门对本行政区域内小散远发电企业开展全覆盖现场监督检查，于5月31日前汇总督查情况和问题报国家能源局电力安全监管司。派出机构要会同省级电力管理部门，对辖区内小散远发电企业开展现场抽查，其中每省（自治区、直辖市）抽查数量原则上不少于小散远发电企业总数量的20%。各派出机构于5月31日前将抽查情况和问题汇总报送国家能源局电力安全监管司。国家能源局视情况选择部分省份进行督导检查。

（四）督导总结（3月—6月）

各电力企业要对此次专项行动发现的问题进行全面总结，针对问题清单制定详细的整改方案，逐一整改落实。国家能源局会同派出机构和各省级电力管理部门，根据各单位自查情况和现场督查、抽查结果，分析梳理发现的问题，督促闭环整改。

五、工作要求

（一）加强组织领导，确保取得实效。各单位要充分认识此次专项行动的重要性和必要性，企业主要负责人要亲自组织制定工作方案，严格落实自查和整改要求，对专项行动过程中发现的问题，及时整改。地方电力管理部门要细化检查内容和方式，开展监督管理，派出机构要按照“四不两直”要求，依法依规开展抽查和监管执法。

（二）巩固行动成果，建立长效机制。各电力企业要以专项行动为契机，消除堵塞盲区漏洞，完善规程制度、拧紧责任链条，健全风险隐患排查治理的长效机制。派出机构和地方电力管理部门要打通信息共享堵点，动态更新辖区企业名录，及时掌握家底，充分发挥地方安委会等平台机制作用，推进实现平台机制省市县全覆盖，以机制保证全方位监管。

（三）落实有效措施，强化监督管理。派出机构和地方电力管理部门要研究制定有效措施强化安全生产监督管理。针对工作基础差、安全意识弱的水电站和小散远发电企业重点施策，监督管理与服务并举，切实增强责任落实的穿透力。加强信息化建设，充分运用非现场手段实现风险隐患有效监控，大力推进先进技术装备应用，以技术进步提升本质安全水平。

国家能源局综合司关于做好2022年度电力建设工程开复工安全管理有关工作的通知

（国能综通安全〔2022〕16号）

各省（自治区、直辖市）能源局，有关省（自治区、直辖市）及新疆生产建设兵团发展改革委，北京市城管委，各派出机构，全国电力安委会企业成员单位：

为深入贯彻全国安全生产电视电话会议精神，全面落实党中央、国务院关于安全生产和疫情防控的决策部署，有效防范电力建设工程施工安全风险，现就2022年度电力建设工程开复工安全管理有关要求通知如下。

一、严格落实安全生产主体责任

2022年是党的二十大召开之年，是“十四五”规划实施的关键之年，做好今年的电力安全生产工作意义重大。电力建设工程各参建单位（以下简称“各参建单位”）要切实提高政治站位，认真学习习近平总书记关于安全生产工作的重要论述，严格贯彻党中央、国务院重大决策部署要求，进一步落实安全生产主体责任，切实把管控措施落实到工程建设的每个环节、把安全责任落实到每名人员，坚决遏制电力建设领域事故发生。

二、科学制定开复工方案

2022年是新能源及配套送出项目密集建设期，电力工程风险点和作业面快速增加，点多面广情况复杂。各参建单位要针对节后开复工特点，以及部分地区阶段性低温和雨雪天气可能对建设施工造成的影响，严格制定并执行开复工方案，科学合理设置开复工应当具备的前提条件，制定和落实各项安全措施。开复工前，建设单位要牵头组织参建单位评估工程安全生产情况，对于不具备开复工条件的工程，一律不得开复工。

三、加强安全教育培训

开复工前，建设单位要结合工程实际制定安全教育专项方案，牵头组织参建单位开展安全生产再教育、再培训，确保进场作业人员培训全覆盖，未经安全教育培训合格的人员，不得上岗作业。特种作业人员必须持有效证件上岗，坚决杜绝无证上岗和“人证不符”现象发生。

四、强化现场安全管理

各参建单位应根据工程实际合理安排工期，杜绝抢工期现象发生。要加强施工现场安全管控，优化施工作业方案，特别要加强隧洞开挖、施工起重机械和脚手架使用、高大模板施工等高风险作业管控。强化施工用电管理，严格落实安全防护和安全技术保障措施。

五、做好疫情防控

各参建单位要严格落实所在地方疫情防控管理要求，在开复工前组织力量对工程有关区域、部位和人员进行一次全面的疫情风险分析评估，摸清抓准薄弱环节、问题漏洞，制定切实可行的防控措施并抓好落实。

六、加强施工安全监管

地方各级电力管理部门要做好辖区内电力建设工程开复工情况的排查梳理，对于开复工过程中的违规行为要及时予以纠正；各派出机构要会同省级电力管理部门，结合当前的安全生产检查（督查）工作，抽取一定比例的电力建设工程开展“四不两直”督查，对于违法违规行为要及时进行处罚，公开通报，并将处罚结果纳入信用管理体系。

国家能源局综合司

2022年2月16日

国家能源局关于印发《电力行业危险化学品安全风险集中治理实施方案》的通知

（国能发安全〔2022〕21号）

各省（自治区、直辖市）能源局，有关省（自治区、直辖市）及新疆生产建设兵团发展改革委、经信委（工信委、工信局），北京市城市管理委，各派出机构，大坝中心，全国电力安委会各企业成员单位，各有关单位：

为深入贯彻习近平总书记关于安全生产重要论述精神，加强电力安全生产工作，防范化解安全风险，推动电力安全生产形势稳定向好发展，为迎接党的二十大胜利召开营造安全稳定社会环境，现在全国范围内组织开展电力行业危险化学品安全风险集中治理。根据国务院安委会近期印发的《全国危险化学品安全风险集中治理方案》（安委〔2021〕12号），并结合电力安全监管工作实际，特制定《电力行业危险化学品安全风险集中治理实施方案》，现印发给你们，请认真遵照执行。

国家能源局

2022年1月28日

电力行业危险化学品安全风险集中治理实施方案

为深入贯彻落实习近平总书记关于安全生产重要指示批示精神，防范危险化学品（以下简称危化品）安全风险，遏制危化品事故发生，根据中共中央办公厅、国务院办公厅《关于全面加强危险化学品安全生产工作的意见》、国务院安委会《全国危险化学品安全风险集中治理方案》及国家能源局《电力安全生产专项整治三年行动方案》等，制定本方案。

一、总体目标

通过一年的危化品安全风险集中治理（以下简称

集中治理），电力安全生产责任有效落实，双重预防机制持续健全，“四个安全”工作理念不断强化。到2022年底，集中治理电力企业覆盖率达到100%，危化品重大危险源依规备案率达到100%，全国公用燃煤电厂液氨一级、二级重大危险源尿素替代改造工程完成率达到100%。

二、集中治理的突出问题和重大风险

各单位要对照《危险化学品安全管理条例》（国务院令第 591 号）、《关于进一步加强电力安全风险分级管控和隐患排查治理工作的通知》（发改办能源〔2021〕641 号）、《燃煤发电厂液氨罐区安全管理规定》（国能安全〔2014〕328 号）等规定深入排查危化品安全风险，重点围绕以下两类突出问题和四个环节重大安全风险开展排查整治。

（一）安全发展理念未牢固树立问题

1. 政治站位不够高，学习贯彻习近平总书记关于安全生产重要论述精神不深入，管理人员不了解法规标准规定要求，不掌握危化品安全生产问题，未制定落实针对性措施。

2. 未统筹好发展和安全，片面追求发展效益而未充分考虑安全生产需要，存在安委会运转不正常、党组织会议和办公会未定期研究安全生产工作等问题。

3. 对安全管理重视不够，液氨等危化品重大危险源治理推进迟缓。

（二）电力企业主体责任未真正落实问题

4. 责任体系不完善，责任分配不清、履职标准不一、违规追究不严。

5. 安全投入无保障，以各种理由减少危化品安全生产和劳动保护经费。

6. 人员能力不过硬，管理人员的安全意识、操作技能等不满足危化品安全生产需要。

7. 教育培训不到位，未对关键岗位人员开展危化品安全教育和业务培训，未经考核合格就上岗作业。

8. 应急力量不充足，未建立危化品应急预案体系，未开展应急演练，未与当地相关单位建立协调联动机制等。

（三）储存重大安全风险

9. 登记备案不合规，企业储存超过临界量的液氨、天然气、柴油、氢气、液氯等危化品，未按照《危险化学品重大危险源辨识》（GB 18218）规定开展重大危险源辨识和安全评估，未准确评定重大危险源等级，未按照有关规定履行危化品重大危险源备案程序等。

10. 安全设施不完备，危化品储存区域未装设监测报警、视频监控、防火防爆、防护隔离等安全设施，或设施失效。

11. 专用场所管理不当，危化品专用仓库或专用场地的堆放区域划分不清，存在多品种混合堆放的问题；未建立出入库核查登记制度，造成危化品来源不可溯、去处无法查。

12. 本质安全水平低下，危化品外部安全距离不达标，老旧装置泄漏风险大，未向周边单位人群告知失事后果和防范应对措施等。

（四）使用操作重大安全风险

13. 使用管理不规范，未建立健全使用危化品的安全管理制度和安全操作规程。

14. 操作管理不严格，“两票”制度执行不到位，操作步骤不明晰，安全措施落实不认真。

（五）运输接卸重大安全风险

15. 运输安全责任不明确，危化品运输工具进入电力企业管理范围后的安全管理界面不明，责任划分不清；未严格审查外委运输单位的资质许可或管理能力，未及时制止危化品运输超装超载等违规行为。

16. 接卸管理不严格，接卸危化品时未检查产品安全技术说明书和安全标签，违规在天气恶劣、环境复杂或周围有明火的情况下开展接卸作业。

（六）废弃处置重大安全风险

17. 废弃堆放管理混乱，长期堆放危化品废弃物，贮存和处置设施未经安全评估。

18. 废弃处置违反规定，未主动申报废弃危险化学品，存在非法转移、倾倒、丢弃、处置等问题。

三、重点工作

（一）全面开展摸底排查

各电力企业要严格按照《危险化学品目录（2015 版）》，全面梳理本企业各领域、各品种的危化品情况，掌握危化品位置、品名、数量、危害特性等信息，做到底数清、情况明。

（二）依规开展辨识评估

各电力企业要严格按照《危险化学品安全管理条例》（国务院令第 591 号）和《危险化学品重大危险源辨识》（GB 18218）等规定，对本企业危化品开展重大危险源辨识及安全评估，准确确定重大危险源等级；按照《关于进一步加强电力安全风险分级管控和隐患排查治理工作的通知》（发改办能源〔2021〕641 号），排查评估危化品运输、接卸、储存、使用、废弃等环节的安全风险等级。

（三）实施分类清单管理

各电力企业要对危化品安全风险实行分类管理，根据情况分别采取“消、降、控”策略，即能够立即消除的，要通过治理及时彻底消除；不能立即消除的，要采取措施，降低风险等级，增加安全系数；暂时无法消除或降低等级的，要落实严格管控措施，防止风险升级、隐患恶化。电力企业要建立危化品安全管理台账，详细记录危化品安全风险管控情况。其中，对于构成重大以上安全风险或重大危险源的，电力企业要建立风险隐患和治理措施清单（以下简称“两个清单”，格式见附件），实施清单化管理，治理一个、销号一个；对于不构成重大安全风险、重大危险源的，电力企业要落实责任和措施，严格管控。各电力企业要定期将“两个清单”报送省级电力管理部门和管辖的国家能源局派出机构。

（四）强化安全监督指导

国家能源局统一领导电力行业危化品安全风险集中治理工作。各省级电力管理部门、各派出机构要严格按照“三管三必须”规定，落实电力行业危化品安全监督管理责任，在治理期间，随机抽取一定比例的电力企业，开展“四不两直”检查，督促指导企业加快推进危化品安全风险治理、特别是尿素替代液氨改造工程，对存在集中治理推进不力等问题的企业严肃处理，并加强与应急管理等部门沟通协调，及时移送问题线索。

四、进度安排

本次集中治理自2022年1月开始，到2023年1月结束，分4个阶段进行。

（一）动员部署阶段（2022年1月）

2022年1月，国家能源局印发本方案。1月底前，各单位根据本方案并结合实际，制定印发具体工作方案，对本单位的集中治理工作进行动员部署。

（二）自查摸排阶段（2022年2月）

2022年2月，各电力企业要完成自查工作，摸清搞准危化品情况，建立危化品台账和“两个清单”；2月底前，将自查情况及“两个清单”报告省级电力管理部门和国家能源局相关派出机构。

（三）集中治理阶段（2022年3—12月）

各电力企业要制定危化品安全风险隐患治理计划，明确目标任务、责任人员、完成时限、资源保障等，加快推进治理工作，务必实现闭环管理。其中，全国公用燃煤电厂的液氨一级、二级重大危险源尿素替代改造工程要于2022年12月底前完成，液氨三级、四级重大危险源尿素替代改造工程要于2024年底前完成。在重大危险源完成改造之前，电力企业要健全制度、完善措施、落实责任，严格管控安全风险。2022年3月20日、6月20日和9月20日前，全国电力安委会各企业成员单位、各派出机构要分别将集中治理阶段性情况及最新“两个清单”，报送国家能源局电力安全监管司。

（四）总结验收阶段（2022年12月—2023年1月）

各单位要全面系统总结集中治理工作，及时发现典型经验和成熟做法，大力推广先进应用，并形成制度性成果，建立危化品安全风险管控长效机制。2023年1月15日前，全国电力安委会各企业成员单位、各派出机构要将集中治理总结报告和最终的“两个清单”，报送国家能源局电力安全监管司。

各单位要切实提高政治站位，深刻认识习近平总书记亲自批准部署危化品安全风险集中治理的重大意义，加强组织领导和统筹协调，齐心协力、齐抓共管，共同推动集中治理工作有序高效开展，按时高质量完成各项任务，进一步夯实电力安全生产基础，提升全国电力安全生产总体水平。

附件：危化品重大安全风险、重大危险源及治理措施清单

附件：

危化品重大安全风险、重大危险源及治理措施清单

填报单位：　　　　填报时间：

联系人及电话：

序号	企业名称	地理位置	所属集团	涉及危化品名称	重大安全风险或重大危险源简述	治理措施简述	计划进度	当前治理进展情况	是否备案
1									
2									
3									
…									

说明：

1. 如危化品构成重大危险源，则在“重大安全风险或重大危险源简述”栏中，填写重大危险源相关情况，并在“是否备案”栏中填写备案情况；如不构成重大危险源但属于重大安全风险的，则在“重大安全风险或重大危险源简述”栏中填写重大安全风险相关情况，并在“是否备案”栏中统一填写“不构成”。
2. 在“治理措施”栏中，简要填写治理措施的主要内容。
3. 在“计划进度”栏中，填写重要形象进度时间节点。
4. “地理位置”填写到县级区域。

国家能源局关于印发《2022年能源工作指导意见》的通知

（国能发规划〔2022〕31号）

各省（自治区、直辖市）能源局，有关省（自治区、直辖市）及新疆生产建设兵团发展改革委，各派出机构，中核集团、中国石油、中国石化、中国海油、国家管网、国家电网、南方电网、中国华能、中国大唐、中国华电、国家电投、中国三峡集团、国家能源集团、国投、华润集团、中煤集团、中广核：

为深入贯彻落实党中央、国务院有关决策部署，扎实做好 2022 年能源工作，持续推动能源高质量发展，国家能源局研究制定了《2022 年能源工作指导意见》，现予发布，请结合各地、各单位实际情况，抓好落实，并将执行情况于 2022 年 12 月底前函告我局。

附件：《2022 年能源工作指导意见》

国家能源局

2022 年 3 月 17 日

2022 年能源工作指导意见

2022 年是进入全面建设社会主义现代化国家、向第二个百年奋斗目标进军新征程的重要一年，是落实"十四五"规划和碳达峰目标的关键一年，做好全年能源发展改革工作至关重要。为深入贯彻落实党中央、国务院决策部署，持续推动能源高质量发展，制定本意见。

一、总体要求

（一）指导思想

以习近平新时代中国特色社会主义思想为指导，全面贯彻党的十九大和十九届历次全会精神，深入落实中央经济工作会议和政府工作报告的部署，坚持稳中求进工作总基调，完整、准确、全面贯彻新发展理念，加快构建新发展格局，坚持系统观念，深入落实能源安全新战略，统筹能源安全和绿色低碳转型，全面实施"十四五"规划，深入落实碳达峰行动方案，以科技创新和体制机制改革为动力，着力提升能源供给弹性和韧性，着力壮大清洁能源产业，着力提升能源产业链现代化水平，加快建设能源强国，以优异成绩迎接党的二十大胜利召开。

（二）基本原则

保障供应，增强储备。统筹国内外能源资源，适应能源市场变化，充分考虑可能面临的风险和极端天气，适度超前布局能源基础设施，加大储备力度，保持合理裕度，化解影响能源安全的各种风险挑战。

绿色发展，平稳降碳。坚持以立为先，通盘谋划，加快发展非化石能源，夯实新能源安全可靠替代基础，加强化石能源清洁高效利用，推动煤炭和新能源优化组合，稳步推进能源绿色低碳发展。

创新引领，改革赋能。增强能源科技创新能力，狠抓绿色低碳技术攻关，加快能源产业数字化和智能化升级。深化能源体制机制改革，加快能源市场建设，完善市场监管体系。积极培育新增长点、新动能。

服务民生，共享发展。坚持以人民为中心，加快能源民生保障工程建设，持续优化营商环境，大力提升能源服务水平，推动能源发展成果更多更好惠及广大人民群众，为实现人民对美好生活的向往提供坚强能源保障。

强化预警，压实责任。加强各地区能源供需监测预测和风险预判，做好应对预案，压实能源保供地方政府属地责任和企业主体责任，充分发挥大型企业在能源保供中的支撑托底作用，特别是国有企业要带头做好保供稳价。

（三）主要目标

增强供应保障能力。全国能源生产总量达到 44.1 亿 t 标准煤左右，原油产量 2 亿 t 左右，天然气产量 2140 亿 m^3 左右。保障电力充足供应，电力装机达到 26 亿 kW 左右，发电量达到 9.07 万亿 kWh 左右，新增顶峰发电能力 8000 万 kW 以上，"西电东送"输电能力达到 2.9 亿 kW 左右。

稳步推进结构转型。煤炭消费比重稳步下降，非化石能源占能源消费总量比重提高到 17.3%左右，新增电能替代电量 1800 亿 kWh 左右，风电、光伏发电发电量占全社会用电量的比重达到 12.2%左右。

着力提高质量效率。能耗强度目标在"十四五"规划期内统筹考虑，并留有适当弹性。跨区输电通道平均利用小时数处于合理区间，风电、光伏发电利用率持续保持合理水平。

二、夯实能源供应保障基础

以保障能源安全稳定供应为首要任务，着力增强国内能源生产保障能力，切实把能源饭碗牢牢地端在自己手里。

加强煤炭煤电兜底保障能力。统筹资源接续和矿区可持续发展，有序核准一批优质先进产能煤矿。加快推进在建煤矿建设投产，推动符合条件的应急保供产能转化为常态化产能。以示范煤矿为引领，加快推进煤矿智能化建设与升级改造。深化煤矿安全改造。科学规划建设先进煤电机组，按需安排一定规模保障电力供应安全的支撑性电源和促进新能源消纳的调节性电源，保持装机合理余量，新建项目要严格执行煤耗等最新技术标准。推动落实煤电企业电价、税收、贷款等支持政策，鼓励煤电企业向"发电＋"综合能源服务型企业和多能互补企业转型。

持续提升油气勘探开发力度。落实"十四五"规划及油气勘探开发实施方案，压实年度勘探开发投资、工作量，加快油气先进开采技术开发应用，巩固增储上产良好势头，坚决完成2022年原油产量重回2亿吨、天然气产量持续稳步上产的既定目标。积极做好四川盆地页岩气田稳产增产，推动页岩油尽快实现规模化效益开发。以沁水盆地、鄂尔多斯盆地东缘煤层气产业基地为重点，加快煤层气资源探明和产能建设，推动煤系地层多气综合勘探开发。稳妥推进煤制油气战略基地建设。

积极推进输电通道规划建设。结合以沙漠、戈壁、荒漠等地区为重点的大型风电光伏基地规划开发及电力供需发展形势，积极推进规划已明确的跨省跨区输电通道前期工作，条件具备后，抓紧履行核准手续。加快建设南阳—荆门—长沙、驻马店—武汉、荆门—武汉、白鹤滩—江苏、白鹤滩—浙江等特高压通道。推进重点输电通道配套的电网、电源工程建设，着力提升输电通道利用效率和可再生能源电量占比。

三、加快能源绿色低碳转型

坚持以立为先，深入落实碳达峰、碳中和目标要求，深入落实《"十四五"可再生能源发展规划》，大力发展非化石能源，着力培育能源新产业新模式，持续优化能源结构。

大力发展风电光伏。加大力度规划建设以大型风光基地为基础、以其周边清洁高效先进节能的煤电为支撑、以稳定安全可靠的特高压输变电线路为载体的新能源供给消纳体系。优化近海风电布局，开展深远海风电建设示范，稳妥推动海上风电基地建设。积极推进水风光互补基地建设。继续实施整县屋顶分布式光伏开发建设，加强实施情况监管。因地制宜组织开展"千乡万村驭风行动"和"千家万户沐光行动"。充分利用油气矿区、工矿场区、工业园区的土地、屋顶资源开发分布式风电、光伏。健全可再生能源电力消纳保障机制，发布 2022 年各省消纳责任权重，完善可再生能源发电绿色电力证书制度。

有序推进水电核电重大工程建设。推动雅鲁藏布江下游水电开发前期工作，建成投产白鹤滩、两河口水电站全部机组，加快推动雅砻江孟底沟、黄河羊曲水电站建设，推进旭龙水电站核准，水电装机达到 4.1 亿 kW。建成投运福清 6 号、红沿河 6 号、防城港 3 号和高温气冷堆示范工程等核电机组，在确保安全的前提下，积极有序推动新的沿海核电项目核准建设。

积极发展能源新产业新模式。加快"互联网＋"充电设施建设，优化充电网络布局。组织实施《核能集中供热及综合利用试点方案》，推进核能综合利用。因地制宜开展可再生能源制氢示范，探索氢能技术发展路线和商业化应用路径。开展地热能发电示范，支持中高温地热能发电和干热岩发电，积极探索作为支撑、调节性电源的光热发电示范。加快推进纤维素等非粮生物燃料乙醇产业示范。稳步推进生物质能多元化开发利用。大力发展综合能源服务，推动节能提效、降本降碳。

四、增强能源供应链弹性和韧性

坚持底线思维和问题导向，加强能源储运、调节和需求侧响应能力，有力有效保障能源稳定供应。

加强能源储运能力。推进中俄东线南段、西三线中段、西四线、川气东送二线、龙口 LNG—文 23 储气库等重大管网工程建设，加快管输瓶颈互联互通补短板和省际联通通道建设，加强油气管道保护，巩固跨境油气进口通道安全稳定运营水平。加快沿海 LNG 接收站及储气设施，华北、西北等百亿方级地下储气库扩容达容等项目建设。加强煤炭产能储备，在煤炭消费集散地、铁路运输枢纽和重点港口布局建设一批煤炭储备基地。

加快电力系统调节能力建设。加快龙头水库建设，提升流域调蓄能力，缓解部分地区枯水期缺电量、汛期缺调峰容量的问题。推动制定各省抽水蓄能中长期规划实施方案和"十四五"项目核准工作计划，加快推动一批抽水蓄能电站建设。在保障电力稳定供应、满足电力需求的前提下，积极推进煤电机组节能降耗改造、供热改造和灵活性改造"三改联动"。落实"十四五"新型储能发展实施方案，跟踪评估首批科技创新（储能）试点示范项目，围绕不同技术、应用场景和重点区域实施试点示范，研究建立大型风电光伏基地配套储能建设运行机制。扎实推进在沙漠、戈壁、荒漠地区的大型风电光伏基地中，建设光热发电项目。

提升能源需求侧响应能力。健全分时电价、峰谷电价，支持用户侧储能多元化发展，充分挖掘需求侧潜力，引导电力用户参与虚拟电厂、移峰填谷、需求响应。进一步优化有序用电及天然气"压非保民"的管理措施，加强可中断负荷管理，梳理业务流程及标准，精准实施用能管理。优化完善电网主网架，在关键节点布局电网侧储能，提升省间电力互补互济水平，鼓励用户投资建设以消纳新能源为主的智能微电网。统筹兼顾和综合利用源网荷储各类主体的调节能力，规划建设一批源网荷储一体化和多能互补项目。

五、提升能源产业现代化水平

加大能源技术装备和核心部件攻关力度，积极推进能源系统数字化智能化升级，提升能源产业链现代化水平。

加强能源科技攻关。加快实施《"十四五"能源领域科技创新规划》。继续抓好核电科技重大专项和《核电技术提升行动计划》，加快推进小型堆技术研发示范。以"揭榜挂帅"方式实施一批重大技术创新项目，巩固可再生能源、煤炭清洁高效利用的技术装备优势，加快突破一批新型电力系统关键技术。持续推动能源短板技术装备攻关，重点推动燃气轮机、油气、特高压输电、控制系统及芯片等重点领域技术攻关。推进深远海海上风电技术创新和示范工程建设，探索集中送出和集中运维模式。加快新型储能、氢能等低碳零碳负碳重大关键技术研究。

加快能源系统数字化升级。积极开展煤矿、油气田、管网、电网、电厂等领域设备设施、工艺流程的智能化升级。推动分布式能源、微电网、多能互补等智慧能源与智慧城市、园区协同发展。加强北斗系统、5G、国密算法等新技术和"互联网＋安全监管"智能技术在能源领域的推广应用。适应数字化、自动化、网络化能源基础设施发展，建设智能调度体系，实现源网荷互动、多能协同互补及用能需求智能调控。实施“区块链+能源”创新应用试点。

推动完善能源创新支撑体系。开展能源领域碳达峰、碳中和标准提升行动计划，加快构建能源领域碳达峰、碳中和标准体系。围绕新型电力系统、新型储能、氢能和燃料电池、碳捕集利用与封存、能源系统数字化智能化、能源系统安全等6大重点领域，增设若干创新平台。开展创新平台优化整改工作，积极承担国家能源科技创新任务。开展2022年度能源领域首台套技术装备评定并推广示范应用。完善依托工程推动能源技术装备创新和示范应用的政策措施。

六、提高能源服务水平

持续优化营商环境，统筹安排好煤电油气运保障供应，加大民生用能保障力度，不断提升全社会用能水平。

持续深化“放管服”改革。推进能源领域许可告知承诺制，促进“证照分离”改革全覆盖。全面提升“获得电力”服务水平，大力推广居民用户和160kW及以下小微企业用户报装“三零”服务和高压用户报装“三省”服务。出台《电力可靠性管理办法（暂行）》，促进可靠性工作向规划建设、设备制造、运行维护等环节深度延伸。优化涉企服务，打通堵点，为分布式发电就近交易、微电网、综合能源服务等新产业新业态新模式发展创造良好环境。

着力改善用能条件。继续实施农村电网巩固提升工程，提高农网供电保障水平。充分发挥可再生能源供暖作用，持续推进北方地区清洁取暖，做好清洁取暖专项监管。出台推进电能替代的指导意见，扩大电能替代的深度和广度。深入推进成品油质量升级国家专项行动，确保2023年1月1日全国全面供应国六B标准车用汽油。提升城镇电网智能化水平，满足分布式电源就地消纳与电动汽车充电设施、新型储能等多元化负荷的灵活接入。

七、增强能源治理能力

强化立法、规划、改革和监管的作用，加强能源形势监测预测，不断完善能源治理制度，增强能源治理效能。

加强能源形势分析和需求预测。推进能源供需分析体系建设，强化苗头性倾向性潜在性问题研判，健全能源数据信息报送机制。组织分省区滚动开展月度、季度能源需求预测，可能出现时段性、区域性供需紧张的地区，要从资源落实、基础设施布局、新建产能等方面提前谋划应对措施，保障能源稳定供应，防止市场供应和价格大起大落。

加大能源监管力度。深化电网、油气管网等自然垄断环节监管，加大公平开放、调度交易、价格成本、合同履约、电网代购电等方面的监管力度，加强电煤库存、非计划停机、机组出力受阻、有序用电的监管。强化能源行政执法工作，健全完善监管执法体系，严肃查处用户受电工程“三指定”、向虚拟货币“挖矿”项目违法供电等行为。充分发挥12398能源监管热线作用，畅通互联网等投诉举报新途径，及时研究解决人民群众反映的突出问题。

强化电力安全管控。贯彻“四个安全”治理理念，构建科学量化的监督管理指标体系，试点开展电力安全生产标准化建设，推动安全新技术研究应用，开展安全文化建设，构建安全审计工作机制和培训体系。深化“季会周报”电力安全风险分级管控和隐患排查治理挂牌督办通报机制，推进能源重大基础设施安全风险评估，强化直流系统、重要输电通道安全风险管控，开展在建重点工程施工安全和新能源发电项目安全监管，加强水电大坝隐患排查治理。推进电力应急指挥中心、态势感知平台和网络安全靶场建设，组织开展关键信息基础设施安全保护监督检查，推进大面积停电事件应急演练。细化完善重大活动电力保供方案，确保党的二十大等重大活动用电安全。

加快能源立法和规划实施。推动能源法制定，推进电力法、可再生能源法、煤炭法、石油储备条例制修订。抓好《“十四五”现代能源体系规划》以及各分领域规划的实施，落实《推动能源绿色低碳转型　做好碳达峰工作的实施方案》《关于完善能源绿色低碳转型体制机制和政策措施的意见》明确的任务举措。加强规划政策衔接协同，强化能源规划、政策和重大项目实施情况监管，推进政策落地见效。结合新形势新要求，加强落实能源安全新战略的政策储备研究。

深化重点领域市场化改革。推动全国统一电力市场体系建设，做好南方、长三角、京津冀等区域电力市场建设。健全中长期交易、现货交易和辅助服务交易有机衔接的市场体系，推动具备条件的电力现货试点转入长周期运行。积极推进分布式发电与用户就近直接交易。完善电力调度交易机制，推动电网和油气管网设施公平开放。支持引导省级管网以市场化方式融入国家管网，积极推进油气干线管道建设和互联互通，推动省级管网运营企业运销分离，鼓励用户自主选择供气路径和供气主体。

八、深入推进高质量能源国际合作

以高标准、可持续、惠民生为目标，巩固能源合作基础，拓展能源合作空间，扎实风险防控网络，努力实现更高合作水平、更高投入收益、更高供给质量、更高发展韧性。

扎实推进能源务实合作。在有效防范对外投资风险的前提下加强同有关国家的能源资源合作。大力支持发展中国家能源绿色低碳发展。巩固深化传统能源领域合作和贸易，务实推动核电领域海外合作，建设运行好海外能源合作项目，深化周边电力互联互通。加强与各国在绿色能源、智慧能源等方面的交流合作。建成一批绿色能源合作示范项目，让绿色切实成为共建“一带一路”的底色。

深化国际交流和合作。秉持共商共建共享原则，弘扬开放、绿色、廉洁理念，打造绿色、包容的“一带一路”能源合作伙伴关系。加强与能源国际组织交流与合作。积极为国际规则和标准制定贡献力量，推动建立公平合理、合作共赢的全球能源治理体系。

加强境外项目风险管控。落实风险防控制度，压紧压实企业主体责任和主管部门管理责任。统筹推进疫情防控和能源国际合作，全力保障境外相关资产和人员安全。规范各类企业境外经营行为，杜绝恶性竞争，维护国家利益和形象。

各省（区、市）能源主管部门、国家能源局派出机构和有关能源企业，要依据本指导意见，结合本地区和企业的实际情况，采取有力有效措施，全力抓好各项任务落实，保障能源安全稳定供应，推动能源低碳转型和高质量发展，为全面建设社会主义现代化国家提供稳定可靠的能源保障。

国家能源局综合司关于切实做好2022年电力行业防汛抗旱工作的通知

（国能综通安全〔2022〕33号）

各省（自治区、直辖市）能源局，有关省（自治区、直辖市）及新疆生产建设兵团发展改革委、经信委（经信厅、工信厅、工信局），北京市城市管理委，各派出机构，大坝中心，全国电力安委会各企业成员单位，有关单位：

为深入贯彻习近平总书记关于安全生产重要论述和“两个坚持、三个转变”防灾减灾救灾理念，全面落实全国安全生产电视电话会议统一部署，牢固树立安全发展理念，坚持人民至上、生命至上，秉持“四个安全”治理理念，严格按照国家防总办公室《关于对照问题教训　查补短板弱项　切实做好汛前准备工作的通知》（国汛办〔2022〕2号）要求，切实做好2022年电力行业防汛抗旱工作，有效防范应对各类自然灾害和突发事件，最大限度降低损失和影响，现就有关要求通知如下。

一、全面落实防汛抗旱责任

气象部门研判，今年汛期我国气候年景总体偏差，极端天气偏多，区域性和阶段性旱涝灾害明显；登陆我国的台风个数比往年增多，台风强度偏强、影响偏重。各单位、特别是单位主要负责人要切实提高政治站位，清醒认识防汛抗旱严峻复杂形势，立足于防大汛、抗大旱、抢大险、救大灾，增强做好电力行业防汛抗旱工作的责任感、使命感和紧迫感；要加强组织领导，强化动员部署，明确任务目标，细化落实责任，保障资源投入；要健全防汛抗旱领导指挥机构，完善工作机制制度，制定完善预案方案，妥善应对灾害险情，确保电力行业安全度汛。

二、深入开展汛前安全排查

电力企业要结合生产经营实际和地域环境特点，深入开展汛前排查，及时发现并治理度汛安全风险隐患。水电企业要重点排查水库调度运用计划管理情况，规范履行报批备案等程序，汛期严格执行经批准的调度运用计划，杜绝擅自超汛限水位运行现象；排查工程枢纽区和上下游地质灾害，加强对不稳定体的监测预警和管控防范；排查各类挡（泄）水建筑物、闸门、启闭机及其应急电源、通信系统等重要设施设备，及时消除工程缺陷和设备故障，确保大坝行洪安全。燃煤发电企业要重点排查厂房、灰库、灰场、煤场、液氨油气罐区等重点部位，确保排水泵机和防雷设施安全可靠。核电企业要研究掌握台风生成演进和周边海洋生物繁殖发展规律，排查整治电站冷源安全风险，有效避免发生海水倒灌或冷源堵塞导致的停机停堆事件；加强电站保安电源设备运维，保障异常情况下应急电源稳定可靠。电网企业要加强对重要输变电线路和低洼场站设备的巡查，防范倒杆断线造成的大面积停电事件发生。电力工程各参建单位要重点排查工程周边地质灾害及基坑、渣场、工程边坡、施工营地等安全隐患，防范滑坡塌方、泥石流等引发人身伤亡事故。

三、全力做好汛中险情应对

电力企业要加强与应急、气象、国土、水利等部门的沟通联系，积极主动建立灾害信息共享和会商研判机制，第一时间掌握极端天气、地质灾害等预测预报情况，分析可能遭受的影响，立即向所属单位和部门发出预警，并落实相应防范管控措施；要全面掌握本企业度汛安全形势，遭遇灾害险情或突发事件时，要按照预案规定立即启动应急响应，迅速组织抢险处置，全力控制事态恶化发展；在灾害险情超出本企业处置控制能力范围时，要及时向地方政府和周边单位申请支援，共同做好应对处置工作；灾害险情和突发事件结束后，在确保安全的前提下，抓紧开展受损设备抢修维护工作，尽快恢复电力系统安全稳定运行。

四、严格落实应急值守制度

各单位要加强防汛抗旱应急管理工作，健全预案体系，完善制度措施，提升预案措施的针对性和有效性；要加强应急能力建设，配备抢险救援精干力量，储备充足应急物资装备，确保队伍拉得出、装备用得上、事态控得住。汛期，各单位要加强值班值守，严格执行领导带班和重要岗位24小时在岗值班制度，严肃查处脱岗、离岗等擅离职守行为；要加强防汛抗旱信息报送工作，严格落实零报告制度，按照有关文件规定的时限、方式、内容等要求，及时向上级单位和有关部门报告突发事件信息，杜绝迟报、漏报、瞒报现象发生。

五、加强防汛抗旱监督检查

各派出机构和地方各级政府电力管理等有关部门要加强对电力企业防汛抗旱工作的监督指导，通过现场督导、随机抽查等方式，检查企业动员部署、汛前排查、应对处置、带班值班等工作开展情况，及时通报发现的问题，督促企业落实整改，确保企业对防汛抗旱的思想认识到位、动员部署到位、责任措施到位。国家能源局将结合开展全国电力安全生产大检查等活动，适时对部分地区和重点企业的防汛抗旱工作开展“四不两直”检查，严肃查处责任不落实、工作不到位的单位和人员。

六、及时开展总结评估工作

主汛期结束后，各单位要及时开展防汛抗旱评估总结。认真开展灾损核查核验，准确评估设备设施受损情况，抓紧开展维修更换、除险加固、恢复重建等工作，灾损后果构成重大风险隐患的要实施挂牌督办，限期完成治理。要系统梳理分析本年度防汛抗旱工作，组织开展交流学习，推广先进经验，深刻汲取教训，制定落实有效举措，进一步加强和改进防汛抗旱工作。各派出机构、全国电力安委会各企业成员单位要于2022年5月10日前，将本辖区、本企业防汛抗旱动员部署、汛前排查、重大风险隐患清单、整改落实措施及下一步工作安排等情况报送国家能源局电力安全监管司；于2022年10月25日前，将本年度防汛抗旱工作总结报送国家能源局电力安全监管司。

国家能源局综合司
2022年4月14日

国家能源局综合司关于加强电化学储能电站安全管理的通知

（国能综通安全〔2022〕37号）

全国电力安全生产委员会各企业成员单位，有关电力企业：

为深入贯彻习近平总书记重要指示批示精神，认真落实党中央、国务院关于安全生产的重大决策部署，进一步加强电化学储能电站安全管理。现就有关事项通知如下。

一、高度重视电化学储能电站安全管理

（一）提高思想认识。随着能源转型的不断深入，电化学储能电站已成为电力系统稳定运行的重要组成部分。各单位要深入贯彻落实总体国家安全观和“四个革命、一个合作”能源安全新战略，统筹发展和安全，坚持“人民至上、生命至上”，以高度的责任感和使命感加强电化学储能电站安全管理工作，坚决遏制电化学储能电站安全事故发生。

（二）落实主体责任。业主（项目法人）是电化学储能电站安全运行的责任主体，要将纳入备案管理的接入10kV及以上电压等级公用电网的电化学储能电站安全管理纳入企业安全管理体系，健全安全生产保证体系和监督体系，落实全员安全生产责任制，健全风险分级管控和隐患排查治理双重预防机制，依法承担安全责任。其他电化学储能电站也要按照相关规定加强安全管理。

二、加强电化学储能电站规划设计安全管理

（三）加强风险评估。在电化学储能电站项目规划过程中，要坚持底线思维，加强安全风险评估与论证，合理确定电化学储能电站选址、布局和安全设施建设。要保障安全生产投入，确保安全设施与主体工程同时设计、同时施工、同时投入运行和使用。

（四）加强设计审查。应当委托具备相应资质的设计单位开展设计工作，并组织开展设计审查。设计文件应符合有关法律法规、国家（行业）标准，安全设施的配置应满足工程施工和运行维护安全需求。要按照档案管理规定保存好全过程的档案资料。

三、做好电化学储能电站设备选型

（五）严格设备把关。坚持质量第一，选用的设备及系统应当符合有关法律法规、国家（行业）标准要求，并通过具备储能专业检测检验资质的机构检验合格。要根据相关技术要求，优选安全、可靠、环保的产品。

（六）加强到货抽检。开展电化学储能电站的电池及其管理系统等到货抽检应当委托具备储能专业检测检验资质的机构。抽检选样要满足批次和产品一致性抽样要求。抽检结果应当满足国家（行业）标准安全性能技术要求。

四、严格电化学储能电站施工验收

（七）加强施工管理。电化学储能电站建设应当依法委托具备相应资质等级的施工单位。要按照有关法律法规、国家（行业）标准保障电站安全建设投入，规范安全生产费用提取和使用。要加强施工现场管理，对重点部位、重点环节加强监控，定期组织开展施工现场消防安全检查。

（八）严格施工验收。电化学储能电站投产前，要组织开展工程竣工验收，应当按照国家相关规定办理工程质量监督手续，通过电站消防验收。

五、严格电化学储能电站并网验收

（九）做好并网准备。开展电化学储能电站并网检测应当委托具备储能专业检测检验资质的机构。并网验收前，要完成电站主要设备及系统的型式试验、整站调试试验和并网检测。

（十）加强并网验收。电网企业要积极配合开展电化学储能电站的并网和验收工作，对不符合国家（行业）并网技术标准要求的电站，杜绝"带病并网"。应当优化调度运行方案，在并网调度协议中明确电站安全调度区间，并严格执行。

六、加强电化学储能电站运行维护安全管理

（十一）明确委托责任。在委托运维单位进行电化学储能电站运行维护时，应当明确双方的安全责任，并监督运维单位严格执行运行维护相关的各项法律法规与国家（行业）标准，履行相关安全职责。

（十二）强化日常管理。将电化学储能电站的运行维护纳入企业安全生产日常管理，严格落实安全管理规定。要制定电站运行检修和安全操作规程，定期开展主要设备设施及系统的检查，开展电池系统健康状态的评估和检查。

（十三）规范信息报送。积极配合参与电化学储能电站安全监测信息平台建设，按照有关规定报送电池安全性能、电站安全运行状态、隐患排查治理、风险管控和事故事件等安全生产信息，提升电站信息化管理水平。

（十四）加强人员培训。定期组织电化学储能电站从业人员开展教育培训，不断提升业务技能，确保熟悉电站电池热失控、火灾特性，掌握消防设施及器材操作规程和应急处置流程。电站控制室、电池室等重点部位的工作人员应当通过专业技能培训和考核，具备消防设施及器材操作能力。

（十五）加强退役管理。应当按照电化学储能电站设计寿命、安全运行状况以及有关国家（行业）标准，规范电站、电池的退役管理。

七、提升电化学储能电站应急消防处置能力

（十六）落实消防责任。明确电化学储能电站消防安全责任人和消防安全管理人，履行消防安全管理职责，定期进行防火检查、防火巡查和消防设备维护保养，确保消防设施处于正常工作状态。

（十七）开展应急演练。结合电化学储能电站事故特点，组织编制应急专项预案和现场处置方案，配备专业应急处置人员和满足电站事故处置需求的应急救援装备，定期组织开展电解液泄漏处置、电池热失控、火灾等应急演练。

（十八）建立联动机制。加强沟通协调，主动向本地区人民政府应急管理部门、消防救援机构报备电化学储能电站应急预案，做好应急准备，与本地区人民政府有关部门建立消防救援联动机制。

请各电力企业高度重视，加强电化学储能电站安全管理。本通知执行过程中，如有问题和建议，请及时反馈国家能源局电力安全监管司。

联系人：张锐

联系方式：010-81929643，传真：010-81929607

电子邮箱：grid@nea.gov.cn

国家能源局综合司

2022 年 4 月 26 日

国家能源局综合司关于进一步加强电力行业地质和地震灾害防范应对工作的通知

（国能综通安全〔2022〕42 号）

全国电力安全生产委员会各企业成员单位，有关电力企业：

为深入贯彻习近平总书记关于防灾减灾救灾重要指示精神，积极践行"两个坚持、三个转变"防灾减灾救灾理念，进一步提升电力行业防范应对地质和地震灾害能力，最大程度减轻灾害风险，降低灾害对电力系统的影响，全力保障电力系统安全稳定运行和电力可靠供应，现就有关事项通知如下。

一、加强组织管理，健全制度体系

（一）完善组织体系。电力企业（指以发电、输电、供电和电力建设为主营业务的企业）要将灾害防范应对工作纳入安全生产日常管理工作之中，加强地质和地震灾害防范应对工作的组织领导，健全组织机构，明确工作职责，形成分工明确、职责清晰的工作组织体系，科学有序做好企业灾害防范工作。

（二）健全制度机制。电力企业要建立以防为主、防抗救相结合的新型灾害防范应对制度机制，明确灾情防范应对全链条程序规范，细化监测预警、隐患排查、信息报送、联防联控、应急处突、指挥协调、会商研判、力量调派、物资调拨、教育培训、资金保障、科技支撑、物资储备等各环节工作机制，提升防范应对地质和地震灾害能力。

二、强化建设工程管理，切实提高防灾能力

（三）严格建设工程前期论证。电力企业要按照国家地质灾害防治和防震减灾有关法律法规规范性文件要求以及国家建设工程核准有关规定，依据国家及地方政府发布的地质灾害防治规划、抗震设防要求以及国家和行业有关标准，开展电力工程建设前期工作，科学论证项目选址，尽量避开地质灾害易发区、地震高烈度设防地区和地震重点监视防御区（以下统称为灾害重点防范区）。

（四）适当提高灾害重点防范区设防标准。对确实需要在灾害重点防范区内建设的电力工程，应当在充分论证的基础上，采取差异化措施，进一步优化电力设施设计，适当提高重要电力设施设防标准。减少同一灾害重点防范区内重要输电通道的数量，对于同一方向的重要输电通道要尽可能分散走廊。

（五）加强建设工程防灾措施。对于存在地质灾害风险以及可能引发地质灾害的电力建设工程，应当加强地质勘察并建设灾害防治工程，灾害防治工程的设计、施工和验收应当与主体工程的设计、施工、验收同时进行，必要时同步设置永久监测措施。电力企业应当将灾害防治工程资金纳入项目预算内，并监督施工单位按规定足额使用。对于施工方案变更后产生地质灾害风险的，电力企业应当组织电力建设工程勘察（测）、设计、施工、监理等参建单位（以下统称为工程参建方）进行充分的论证，必要时委托专业评估机构提出防治措施。鼓励在电力建设工程中采用隔震减震等技术，提高抗震性能。

（六）做好施工现场和营地的灾害规避。电力企业应优化施工方案，防止和减少施工造成地表环境变化引发的灾害风险隐患。施工单位要严格按照设计方案和施工组织设计进行施工，不得随意更改设计和擅自扩大施工范围，严防施工诱发次生地质灾害；对施工营地选址布置方案要进行风险分析和评估，生活办公营地应当选择在地形平坦开阔区域，避开灾害多发区。电力企业要定期对工程施工营地的灾害风险防范工作进行监督检查，督促施工单位开展灾害风险辨识，最大限度降低风险。

三、定期开展排查工作，加强风险隐患整治

（七）定期开展灾害风险隐患排查。电力企业要结合生产实际，定期组织专业人员对电力设施和电力建设工程及周边进行地质灾害风险辨识和抗震减灾安全检查，全面排查灾害风险隐患，建立风险隐患底数台账，实行清单化管理。发现严重地质和地震灾害风险隐患或地质灾害监测数据发生突变，以及附近地区发生地震等重大自然灾害后，相关单位要对电力设施或电力建设工程进行全面的灾害风险隐患排查分析，及时采取防范治理措施。

（八）加强风险隐患整治工作。对于地质或地震灾害风险隐患，相关责任单位要立即进行整治。对于重大以上风险隐患，要进行专门勘察分析，提出治理方案，及时完成整治，并严格落实挂牌督办机制。对短期内难以完成整治的重大以上风险隐患，要采取针对性防治措施，加强跟踪监测，确保人身和设备安全，分批分类推动除险整治工作。对非防范工作责任范围内且对电力设施和建设工程项目构成威胁的风险隐患，相关电力企业要及时向地方政府报告，并配合地方政府开展整治工作。要重视流域梯级水电站地质灾害风险的防范，加强大坝及近坝库岸边坡的除险加固，强化大坝安全监测管理，防止地质或地震灾害引发漫坝、溃坝风险。对出现地质灾害前兆、可能造成人员伤亡及重大经济损失的区域，应当立即划定灾害警戒区，加强观察警戒，指定疏散路线及临时安置场所等。

四、加强灾害监测预警，畅通信息传递渠道

（九）加强灾害监测预警工作。电力企业要结合地质灾害风险隐患点分布情况，科学开展监测工作。对于已经发现的风险隐患点，按照国家有关防治监测规定，合理布设监测点，定期进行监测，并及时汇总、分析、上报监测信息。要重点强化汛期以及恶劣天气发生期间的监测预警工作，增加监测频次，及时发现新增风险隐患，划定危险区域，设置警示标识；安排专人值守，加强巡视检查，强化重点区域监测预警，研判灾害前兆，及时发出预警信息，并采取有效防范措施。要充分发挥专业机构作用，紧紧依靠当地群众，共同做好群测群防工作，发现险情及时向有关部门报告。

（十）健全完善监测预警机制。电力企业要加强与地方政府自然资源、气象、水利、地震、应急等部门的联系沟通，明确地质和地震灾害监测预警工作程序，畅通灾害预警信息和应急信息传递渠道，落实责任单位和人员，及时接收、传递监测预警信息，并按照要求上传有关监测信息。在接到有关部门发布的地质或地震灾害预警信息，或者对本单位监测信息研判后认为可能发生地质灾害时，要立即通知灾害可能影响到的有关单位，并及时有序组织人员安全转移。

五、完善灾害应急体系，提高应急响应能力

（十一）完善灾害应急体系。电力企业要将地质和地震灾害防范应急管理纳入本单位应急体系，建立快速反应、处置有效的应急响应机制。重大电力建设工程和灾害重点防范区内的电力建设工程，电力企业要组织成立各工程参建方参加的灾害应急工作指挥协调小组，统一开展应急救援、抢修恢复等工作，及时传递应急响应信息。

（十二）加强应急预案编制和演练。健全完善各项应急预案和保障方案，保证各项预案之间上下贯通、左右衔接，并根据地质条件变化情况及时修订。专项应急预案要按照有关规定报国家能源局派出机构和地方政府有关部门备案。定期组织应急演练，对演练效果进行评估，及时完善应急预案，地质灾害应急

演练应在每年汛期来临前开展。对于灾害重点防范区内的重要电力设施和电力建设工程，相关单位应开展功能性演练和实战性演练，具备条件的还应开展联合演练。对于灾害可能威胁到人身安全的情况，还应编制人员避险逃生方案，定期组织全部相关人员开展避险逃生演练。

（十三）及时开展应急抢险救援。地质或地震灾害发生后，电力企业要及时做出应急响应，开展先期电力应急抢险救援工作，并按规定在地方政府或其建立的抢险救灾领导机构统一指挥协调下，及时调集应急救援队伍和抢险物资等力量资源，开展应急值班、设备抢修、灾情调查、险情分析、次生灾害防范等应急工作。要按照电力安全信息报送有关规定，及时向地方电力管理部门和国家能源局派出机构报送险情和灾情信息。

（十四）加强应急物资储备和队伍基地建设。根据灾害重点防范区分布情况，积极推动电力应急物资储备库和物资装备体系建设，优化储备布局和方式，合理确定储备品种和规模，完善跨地区、跨单位的电力应急物资装备生产、储备、调拨、紧急配送机制。加强电力应急救援队伍建设，强化地质和地震灾害应对专业技能，重点提升在生命搜救、装备使用、专业协同等方面的能力。鼓励有条件的企业建立电力应急基地，充分发挥基地对电力应急工作的强大支撑作用。

六、加强科技支撑和教育培训，不断提高专业能力

（十五）不断完善科技支撑机制。电力企业要统筹协调灾害防范应对科技资源和力量，充分发挥专家学者的技术支撑作用，加强地质和地震灾害防范应对人才培养，探索建立科技支撑长效机制。进一步完善产学研协同创新机制和技术标准体系，推动相关科研成果的集成转化、示范和推广应用。

（十六）提高灾害防范应对科技水平。要不断探索推进“互联网+”、大数据、物联网、云计算、人工智能、区块链、卫星遥感、无人机等现代科技手段融入地质和地震灾害防范应对体系，建立相应规模的灾害监测自动化预警系统，提高灾情信息获取、模拟仿真、预报预测、风险评估、隐患排查、应急抢险、通信保障等各方面能力。

（十七）积极开展灾害教育培训。积极组织开展地质和地震灾害识灾防灾、灾情报告、避险自救等知识的宣传普及，以提升相关人员防范意识和自我保护能力为重点，提高防灾宣传教育培训工作的实效性和针对性。灾害重点防范区内的电力企业要定期组织全体人员重点开展灾害防范应对和临灾避险技能培训。

国家能源局综合司

2022 年 4 月 29 日

国家能源局关于印发《核电厂消防验收评审实施细则》的通知

（国能发核电规〔2022〕45 号）

中国核工业集团有限公司、中国华能集团有限公司、国家电力投资集团有限公司、中国广核集团有限公司：

为进一步加强核电厂消防安全管理，规范核电厂消防验收工作，保障核电厂安全，根据《中华人民共和国消防法》《核电厂消防安全监督管理暂行规定》《国家能源局关于进一步规范核电厂消防设计和验收审批有关工作的通知》等有关规定，我局制定了《核电厂消防验收评审实施细则》，现印发你们，请遵照执行。

国家能源局

2022 年 4 月 12 日

核电厂消防验收评审实施细则

第一章　总　　则

第一条　为规范核电厂消防验收工作，保证消防验收工作的科学性、公正性和规范性，根据《中华人民共和国消防法》《核电厂消防安全监督管理暂行规定》（国能核电〔2015〕415 号）《国家能源局关于进一步规范核电厂消防设计和验收审批有关工作的通知》（国能发核电〔2019〕84 号）等相关规定，制定本细则。

第二条　核电厂消防验收评审范围包括核岛工程、常规岛工程和核电厂控制区单围墙内的所有辅助厂房与配套设施，以及消防站和应急指挥中心。

第三条　核电厂控股企业集团负责督促、检查和指导核电厂消防验收评审工作，向国家能源局申请消防验收。核电厂营运单位负责组织核电厂消防验收评审工作并承担全面责任，应当依法自主、规范、择优选择符合条件的专业机构，承担核电厂消防验收评审工作。专业机构应当依法依规开展评审工作，独立提交评审报告，并对评审结论承担相应的法律责任。

第四条　核电厂消防验收评审主要依据国家有关法律法规和消防技术规范标准，经批准的核电厂消防初步设计文件、安全分析报告中防火部分（含火灾危害性分析报告），和经审查的消防设计变更、施工图设计文件等。

第五条　专业机构应当组建项目评审专家组，由总体（含建筑防火）、给水排水、电气仪控、供热通风、消防管理等专业人员组成，每个专业一般不少于 2 人，相关人员应当具有高级专业技术职称。专家组成员应当以专业机构本单位人员为主，外部专家数量比例不得超过40%，被评审工程的本单位及其上级管理单位人员不能作为专家参加评审工作。

第二章　专业机构全过程参与

第六条　专业机构应将评审工作贯穿到核电厂消防工程的设计、建设、验收全过程，提高评审工作深度、质量和效率。要制定全过程参与工作计划，明确具体工作内容和时间节点，在核电项目主体工程开工后3个月内报核电厂营运单位。核电厂营运单位应当为专业机构开展工作提供便利条件。

第七条　专业机构负责审查核电厂消防施工图设计和消防设计变更。在消防单项工程施工前，应当完成该单项工程施工图设计审查工作。

第八条　专业机构应当对核电厂消防设备安装活动进行现场抽查和见证。主要包括：

（一）消防设施设备集中安装的区域，如消防控制室、消防泵房、消防系统阀门间、气体灭火系统气瓶间、排烟机房、加压送风机房等；

（二）核岛厂房辐射控制区等机组运行期间不能进入的区域，如反应堆冷却剂泵区域等；

（三）验收时通过常规方法无法判定是否满足消防功能的隐蔽工程，如吊顶内的喷头和火灾探测器，主控室架空地板下的电缆防火措施和火灾探测器等。

第九条　专业机构应当对核电厂消防系统重要试验进行现场抽查和见证。主要包括：

（一）灭火系统（包括消防水生产系统）；

（二）火灾自动报警系统；

（三）可燃气体探测系统；

（四）防排烟系统；

（五）其他消防相关设施，如防火卷帘、防火阀、消防应急照明、消防电梯等。

第十条　核电厂所有消防工程均需进行自验收，每个建构筑物及设施在正式投入使用前，应当完成该单项工程的消防自验收。核电厂营运单位应当在首个单项工程自验收前成立专门的组织机构负责消防自验收，消防重点部位和机组运行期间不能进入区域的消防工程，应当在自验收现场检查前10个工作日，将有关工作安排报专业机构，专业机构根据情况选点实施见证检查。

第十一条　核电机组首次装料前，核电厂营运单位应当全面实施对核岛、常规岛等有关消防工程自验收工作，保证有关消防工程满足核安全要求，并通过专业机构的评估和国家核安全局的装料前审查。专业机构的评估意见和国家核安全局对消防相关系统的审查意见，在申请消防验收时一并提交。

第三章　验收方式和内容

第十二条　核电厂消防验收评审采取资料审查、现场检查、功能性测试等方式进行。

第十三条　资料审查主要内容及要求：

（一）消防初步设计评审意见问题单整改实施情况，全数检查；

（二）消防施工图审查问题单整改实施情况，全数检查；

（三）最终安全分析报告（含火灾危害性分析评价报告）与消防相关的审查问题单及整改实施情况，全数检查；

（四）经审查的消防设计变更，全数检查；

（五）核电厂消防自验收报告，全数检查；

（六）核电厂消防验收专项报告，全数检查；

（七）设计、施工、监理、检测单位资质证明文件，全数检查；

（八）消防系统调试报告或消防自动装置检测报告及其问题单、整改记录，抽查数量不少于10处；

（九）消防产品清单及质量证明文件，抽查数量不少于10处；

（十）消防产品鉴定、检验报告，抽查数量不少于10处；

（十一）消防产品认证证书或型式认可证书，抽查数量不少于10处。

第十四条　现场检查采取目视检查、现场测量和工程技术文件核对相结合的方式。对建筑防火、消防设施的外观质量、安装质量等进行现场查看，对涉及距离、空间要求的消防工程进行现场测量。每台机组至少抽查2个核岛建构筑物或设施、2个常规岛建构筑物或设施、3个BOP建构筑物或设施，抽查对象的选取应当结合机组的设计特点，原则上应当覆盖下述部位：

（一）核岛辅助系统相关厂房、电气系统相关厂房、应急柴油发电机厂房等；

（二）常规岛汽轮发电机厂房、电气房间、网控楼/网络继电器室、润滑油房间、主变压器等；

（三）BOP区域含有甲、乙类火灾危险性物质的厂房和仓库，以及集中消防控制室和消防泵房等。

第十五条　功能性测试通过专用检查工具、仪器对消防设施进行检测。核电厂营运单位应当配合提供经标定的专用检查工具、仪器。功能性测试的项目包括火灾自动报警系统、灭火系统、防排烟系统、消防电气、防火分隔、火警响应等单项试验或相互之间的联动试验，每台机组功能性测试抽查数量应当不少于8项。

第四章 验 收 整 改

第十六条 专业机构在资料审查、现场检查、功能性测试的基础上，认真审查和质询，形成《核电厂消防验收记录表》，针对验收发现的问题，填写《核电厂消防验收问题单》。

第十七条 对验收中发现的问题，核电厂营运单位应当对可能存在的同类问题进行全面排查，专业机构应当对排查结果进行抽查。专业机构在评审过程中如发现重大问题和风险隐患，应当第一时间通知企业整改，企业未予整改的，应当在评审报告中特别说明。

第十八条 核电厂营运单位应当对所有验收问题单进行认真答复与整改，并报专业机构现场确认。

第十九条 对验收中发现的需现场整改的问题，核电厂营运单位要按照应改尽改、能早尽早的原则，及时开展工程改造、设备更换等工作。对于确需较长时间整改且对核安全没有重要影响的问题，核电厂营运单位可对问题整改作出承诺，明确整改时限和整改完成前的临时管控措施，经专业机构评审认可后，向国家能源局申请消防验收。整改时限原则上不得超过一个换料周期。

第二十条 专业机构在综合考察核电厂消防工程设计、建设、自验收、验收各项结果以及核电厂营运单位整改落实情况等基础上，研究提出验收意见，形成《核电厂消防验收评审报告》（参考格式见附件）。

第二十一条 核电厂营运单位要严格履行承诺，按期完成整改并经专业机构确认。承诺事项整改情况及专业机构确认意见，于事后报国家能源局及其派出机构备案。

第五章 附 则

第二十二条 专业机构在评审过程中如遇到特殊情况或没有明确规定的重大问题，可提请国家能源局核电厂消防专家委员会进行技术咨询。

第二十三条 本细则由国家能源局负责解释，自发布之日起施行，有效期5年。《国家能源局关于印发〈核电厂初步设计消防专篇内容及深度规定〉〈核电厂消防工程竣工验收管理办法〉和〈运行核电厂消防安全管理实施细则〉的通知》（国能发核电〔2018〕82号）中的《核电厂消防工程竣工验收管理办法》同时废止。此前规定中涉及核电厂消防设计变更审查和消防施工图设计审查的相关要求与本细则规定不一致的，以本细则为准。

附件：核电厂消防验收评审报告

附件

核电厂消防验收评审报告

工程名称：

评审单位：（印章）

完成日期：

一、项目概况

（一）项目基本情况

本项目地理位置、厂址规划、建设规模、各参建方基本信息及工作范围、厂址功能区划分、主要里程碑节点等。

（二）消防工程基本情况

核电厂消防设计方针与原则、主要消防系统及其组成、消防初步设计的评审情况等。

二、评审依据和范围

（一）评审依据

列出本次验收评审的依据文件，包括法律法规、规范性文件、技术标准、经批准的核电厂消防初步设计文件、安全分析报告中防火部分（含火灾危害性分析报告），和经审查的消防设计变更、施工图设计文件等。

（二）评审范围

描述消防验收评审工作范围，以附表形式列出本次验收评审范围内所有建筑子项名称、代码等信息。

三、组织实施

（一）组织管理

说明评审工作组织情况，评审专家组成员情况等。

（二）全过程参与工作开展情况

1. 消防设计变更审查。说明消防设计变更审查数量、主要内容等。

2. 消防施工图设计审查。说明消防施工图设计的审查数量、主要内容等，以及落实初步设计审查意见情况。

3. 消防设备安装现场抽查见证。说明消防设备安装现场抽查见证工作开展情况，包括见证时间、见证内容等。

4. 消防系统试验现场抽查见证。说明消防系统试验现场抽查见证工作开展情况，包括见证时间、见证内容等。

5. 消防自验收现场抽查见证。说明消防自验收现场抽查见证工作开展情况，包括见证时间、见证内容等。

6. 装料前消防评估。说明装料前消防评估工作开展情况，包括评估时间、评估内容、评估结论等。

（三）验收评审工作开展情况

1. 资料审查。对照本细则第十三条规定内容，逐项说明评审情况。

2. 现场检查。对照本细则第十四条规定内容，说明核岛、常规岛、BOP 建（构）筑物消防单项抽查情况等。

3. 功能性测试。对照本细则第十五条规定内容，说明现场抽取测试的消防系统及原理、试验验证的预期功能及试验结果等。

四、验收评审意见

（一）验收问题单情况

按专业分组对验收中发现的问题进行统计和分析。

（二）同类问题排查情况

对验收中发现的问题，说明核电厂营运单位对可能存在同类问题进行排查的情况。

（三）问题整改和关闭情况

说明验收中发现的问题及澄清答复、现场整改及问题单关闭等情况。

（四）承诺整改项情况

对企业作出的整改承诺，逐项评估该问题是否适用于整改承诺的方式，以及临时管控措施的有效性和整改时限的合理性等。

五、验收评审结论

提出明确的总体性评审结论，明确核电厂消防工程设施设计、施工安装、设备检验和系统调试检测等是否符合国家相关法规标准的要求，是否同经审查的设计变更和施工图设计一致，消防系统功能是否满足核电厂运行安全有关要求，评审是否通过等结论等。

附表：1. 核电厂消防验收评审专家组名单

2. 核电厂消防验收记录表

3. 核电厂消防验收问题单

4. 核电厂消防验收问题整改承诺项清单

附表 1

核电厂消防验收评审专家组名单

序号	专业	姓名	单位	职务/职称	签字
1					
2					
3					
4					
5					
6					
7					
8					
9					
10					
11					
12					
13					
14					
15					
16					
17					

附表 2

核电厂消防验收记录表

<table>
<tr><td>工程名称</td><td colspan="2"></td><td>评审单位</td><td colspan="2"></td><td>验收日期</td><td></td></tr>
<tr><td>核电厂营运单位</td><td colspan="2"></td><td>验收组长</td><td></td><td>联系人</td><td></td><td>联系电话</td></tr>
<tr><td>机组</td><td>建筑名称</td><td></td><td>消防验收意见</td><td colspan="4"></td></tr>
<tr><td colspan="3">单项名称</td><td>评审结论</td><td colspan="4" rowspan="12"></td></tr>
<tr><td colspan="3">□建筑类别、耐火等级、总平面布局或平面布置</td><td></td></tr>
<tr><td colspan="3">□建筑保温及外墙装饰防火、建筑内部装修防火</td><td></td></tr>
<tr><td colspan="3">□防火防烟分隔、防爆</td><td></td></tr>
<tr><td colspan="3">□安全疏散与消防电梯</td><td></td></tr>
<tr><td colspan="3">□消防水生产系统</td><td></td></tr>
<tr><td colspan="3">□灭火系统（包括消火栓、自动喷水、泡沫、气体灭火等）</td><td></td></tr>
<tr><td colspan="3">□火灾自动报警系统</td><td></td></tr>
<tr><td colspan="3">□防烟排烟系统及通风、空调系统防火</td><td></td></tr>
<tr><td colspan="3">□消防电气</td><td></td></tr>
<tr><td colspan="3">□建筑灭火器</td><td></td></tr>
<tr><td colspan="3">□消防验收资料审查</td><td></td></tr>
<tr><td>核电厂营运单位代表签字</td><td colspan="3"></td><td>验收专家组长签字</td><td colspan="3"></td></tr>
</table>

附表 3

核电厂消防验收问题单

<table>
<tr><td>问题单编号</td><td colspan="4"></td><td>第　页　共　页</td></tr>
<tr><td>问题名称</td><td colspan="5"></td></tr>
<tr><td>问题描述</td><td colspan="5"></td></tr>
<tr><td>专业机构</td><td>签字</td><td></td><td>日期</td><td colspan="2"></td></tr>
<tr><td>整改落实情况</td><td colspan="5"></td></tr>
<tr><td>营运单位</td><td>签字</td><td></td><td>日期</td><td colspan="2"></td></tr>
<tr><td rowspan="2">专业机构</td><td>签字</td><td></td><td>日期</td><td colspan="2"></td></tr>
<tr><td>备注</td><td colspan="4"></td></tr>
</table>

注　问题单后应附问题整改关闭的相关材料。

附表 4

核电厂消防验收问题整改承诺项清单

核电厂营运单位（盖章）：　　　　　　　　　　　　专业机构（盖章）：

序号	问题名称	问题描述	整改措施	完成时间	临时管控措施	专业机构意见
1						
2						
3						
4						

国家能源局关于 2021 年可再生能源电力消纳责任权重完成情况的通报

（国能发新能〔2022〕47 号）

各省（自治区、直辖市）能源局，有关省（自治区、直辖市）和新疆生产建设兵团发展改革委，各派出机构，国家电网有限公司、中国南方电网有限责任公司、内蒙古电力（集团）有限责任公司：

根据《国家发展改革委　国家能源局关于 2021 年可再生能源电力消纳责任权重及有关事项的通知》（发改能源〔2021〕704 号，以下简称 704 号文），经商国家发展改革委，现将 2021 年可再生能源电力消纳责任权重完成情况通报如下。

一、全国可再生能源电力发展总体情况

截至 2021 年 12 月底，全国可再生能源发电累计装机容量 10.6 亿 kW，占全部电力装机的 44.8%，其中水电装机 3.91 亿 kW、风电装机 3.28 亿 kW、太阳能发电装机 3.06 亿 kW、生物质发电装机 3798 万 kW。2021 年全年，全国水电新增装机 2349 万 kW、风电新增装机 4757 万 kW、太阳能发电新增装机 5488 万 kW、生物质发电新增装机 808 万 kW。2021 年全年，全国可再生能源发电量达 24853 亿 kWh，其中水电发电量 13401 亿 kWh、风电发电量 6556 亿 kWh、太阳能发电量 3259 亿 kWh、生物质发电量 1637 亿 kWh。

二、可再生能源电力总量消纳责任权重完成情况

2021 年下达全国最低可再生能源电力总量消纳责任权重为 29.4%。2021 年实际完成值为 29.4%，与 2020 年同比增长 0.6 个百分点，与 2021 年下达的最低总量消纳责任权重 29.4%持平。

综合考虑各省（自治区、直辖市）本地生产和利用、外来电力消纳、超额消纳量交易等情况，除西藏自治区免考核外，28 个省（自治区、直辖市）完成了 704 号文明确的最低可再生能源电力总量消纳责任权重，其中 13 个省（自治区、直辖市）达到激励值，甘肃、新疆未完成最低可再生能源电力总量消纳责任权重，分别相差 2.6 和 1.8 个百分点。2021 年各省（自治区、直辖市）可再生能源电力总量消纳责任权重完成情况见附件。

三、可再生能源电力非水消纳责任权重完成情况

2021 年下达全国最低可再生能源电力非水消纳责任权重为 12.9%。2021 年实际完成值为 13.7%，与 2020 年同比增长 2.3 个百分点，超出 2021 年下达的最低非水消纳责任权重 0.8 个百分点。

综合考虑各省（自治区、直辖市）本地生产和利用、外来电力消纳、超额消纳量交易等情况，29 个省份完成了 704 号文明确的最低非水可再生能源电力消纳责任权重，其中 19 个省（自治区、直辖市）达到激励值；新疆未完成最低可再生能源电力非水消纳责任权重，相差 0.6 个百分点。2021 年各省（自治区、直辖市）可再生能源电力非水消纳责任权重完成情况见附件。

2021 年全国可再生能源发展取得诸多里程碑式的新成绩，各省（自治区、直辖市）可再生能源电力消纳责任权重完成情况较好。请各单位继续保持，进一步压实责任，积极采取有效措施，推动可再生能源发展再上新台阶。请甘肃省能源局、新疆维吾尔自治区发展改革委和新疆生产建设兵团发展改革委研究提出未完成消纳责任权重的解决措施，4 月 29 日前正式报国家能源局。

附件：2021 年各省（自治区、直辖市）可再生能源电力消纳责任权重完成情况

国家能源局

2022 年 4 月 21 日

附件

2021 年各省（自治区、直辖市）可再生能源电力消纳责任权重完成情况

省（区、市）	本地电量（亿 kWh）				总量净受入（亿 kWh）		非水净受入（亿 kWh）		全社会用电量（亿 kWh）	总量消纳责任权重			非水消纳责任权重		
	风电	光伏	生物质	水电	物理消纳量	超额消纳量	物理消纳量	超额消纳量		2021 年最低值	2021 年激励值	2021 年实际值	2021 年最低值	2021 年激励值	2021 年实际值
北京	4	6	26	14	75	0	78	0	1233	18.0%	19.8%	19.8%	17.5%	19.3%	19.4%
天津	18	20	18	0	56	0	52	0	982	17.0%	18.7%	19.5%	16.0%	17.6%	18.4%
河北	511	279	67	24	72	0	64	0	4294	16.5%	18.2%	17.6%	16.0%	17.6%	16.8%
山西	469	189	30	39	−77	0	−77	0	2608	20.0%	22.0%	24.9%	19.0%	20.9%	23.4%
山东	409	310	180	12	254	0	200	0	7383	13.0%	14.3%	15.8%	12.5%	13.8%	14.9%
内蒙古	967	212	12	62	−298	0	−299	0	3957	20.5%	22.6%	24.1%	19.5%	21.5%	22.5%
辽宁	227	55	30	78	100	0	49	0	2576	15.5%	17.1%	19.1%	13.5%	14.9%	14.0%
吉林	138	52	31	105	−74	0	−44	0	843	28.0%	30.9%	29.9%	21.0%	23.1%	21.0%
黑龙江	162	51	80	27	−65	0	−40	0	1089	22.0%	24.2%	23.3%	20.0%	22.0%	23.2%
上海	18	15	35		489	0	22	0	1750	31.5%	35.0%	31.9%	4.0%	4.4%	5.2%
江苏	416	195	134	31	541	0	118	0	7101	16.5%	18.2%	18.6%	10.5%	11.6%	12.1%
浙江	49	155	144	238	456	0	126	0	5514	18.5%	20.5%	18.9%	8.5%	9.4%	8.6%
安徽	107	155	117	81	100	−36	85	−30	2715	16.0%	17.6%	19.3%	14.0%	15.4%	16.0%
福建	152	25	53	274	0	36	0	30	2837	19.0%	21.0%	19.0%	7.5%	8.3%	9.1%
江西	104	80	52	136	175	0	9	0	1863	26.5%	29.3%	29.3%	12.0%	13.2%	13.1%
河南	328	136	79	116	397	0	236	0	3647	21.5%	23.7%	29.0%	18.0%	19.8%	21.4%
湖北	134	83	42	1599	−834	0	11	0	2472	37.0%	41.0%	41.5%	10.0%	11.0%	10.9%
湖南	150	38	47	583	182	0	67	0	2155	45.0%	49.9%	46.4%	13.5%	14.9%	14.0%
重庆	22	5	24	283	276	0	7	0	1341	43.5%	48.3%	45.5%	4.0%	4.4%	4.3%
四川	109	30	73	3724	−1302	0	19	0	3275	74.0%	82.0%	80.4%	6.0%	6.6%	7.1%
陕西	176	141	24	141	44	0	11	0	1966	25.0%	27.6%	26.7%	15.0%	16.5%	17.9%
甘肃	288	150	7	452	−196	0	−164	0	1495	49.5%	54.8%	46.9%	18.0%	19.8%	18.9%
青海	130	211	0	505	−184	0	−90	0	858	69.5%	77.0%	77.1%	24.5%	27.0%	29.3%
宁夏	281	183	3	21	−155	0	−164	0	1158	24.0%	26.4%	28.8%	22.0%	24.2%	26.2%
新疆	548	196	9	286	−326	0	−332	0	3527	22.0%	24.3%	20.2%	12.5%	13.8%	11.9%
广东	137	103	207	224	1560	49	29	−28	7867	29.0%	32.2%	29.0%	5.0%	5.5%	5.7%
广西	161	28	65	517	192	0	0	0	2236	43.0%	47.7%	43.1%	10.0%	11.0%	11.4%
海南	5	16	17	18	15	0	0	0	405	16.0%	17.7%	17.5%	8.0%	8.8%	9.4%
贵州	105	83	18	734	−312	0	−34	0	1743	35.5%	39.4%	36.1%	8.5%	9.4%	9.8%
云南	231	51	12	3028	−1616	−49	0	28	2138	75.0%	83.0%	77.5%	15.0%	16.5%	15.0%
西藏	0	17	1	93	−16	0	3	0	101	不考核	不考核	不考核	不考核	不考核	不考核

注 1. 西藏不参与考核。

2. 湖南已计入贵州点对网 45.5 亿 kWh 水电。

国家能源局综合司关于公布电力建设工程质量监督机构名录的通知

（国能综通安全〔2022〕48号）

各省（自治区、直辖市）能源局，有关省（自治区、直辖市）及新疆生产建设兵团发展改革委，北京市城市管理委，各派出机构，全国电力安委会各企业成员单位，水电总院，中电联，各电力建设工程质量监督机构：

根据《国家能源局关于进一步明确电力建设工程质量监督机构业务工作的通知》（国能函安全〔2020〕39号）精神，现将《电力建设工程质量监督机构名录》（见附件）予以公布。

各电力建设工程质量监督机构要按业务范围认真履行质量监督职责，各省电力管理部门、各派出能源监管机构要加强对电力建设工程质量监督机构的业务监督指导，更好发挥质量监督对工程质量的保障作用。

附件：电力建设工程质量监督机构名录

国家能源局综合司

2022年5月7日

附件：

电力建设工程质量监督机构名录（摘要）

序号	质监机构名称	举办单位	质监范围
1	电力工程质量监督站	中国电力企业联合会	负责国家电力试验示范工程、跨区域电网工程质监工作，兜底负责全国火电工程、农林生物质发电工程、太阳能热发电工程质监工作（内蒙古自治区内工程和中国华能投资的工程除外）
2	可再生能源发电工程质量监督站	水电水利规划设计总院	负责国务院或国务院投资主管部门审批、核准的水电工程质监工作，兜底负责全国地方审批、核准或备案的水电工程质监工作（贵州省内工程除外），兜底负责风力、光伏发电工程质监工作（内蒙古自治区、贵州省、陕西省、冀北电网区域内工程，中国华能投资的工程，辽宁省陆上风力、光伏发电工程除外），兜底负责全国电源、电网侧储能电站工程质监工作（内蒙古自治区内工程和中国华能投资的工程除外），可承担农林生物质、太阳能热发电等其他可再生能源工程质监工作
3	核电常规岛工程质量监督站	中国核工业集团有限公司	负责全国核电（核岛除外）工程质监工作
4	华能电力建设工程质量监督中心站	中国华能集团有限公司	负责中国华能投资的电源工程质监工作（水电、核电工程除外）
5	南方电力建设工程质量监督中心站	中国南方电网有限责任公司	负责南方电网区域内跨省电网工程质监工作
6	北京电力建设工程质量监督中心站	国网北京市电力公司	负责北京市内电网工程质监工作
7	天津市电力建设工程质量监督中心站	国网天津市电力公司	负责天津市内电网工程质监工作
8	河北省电力建设工程质量监督中心站	国网河北省电力有限公司	负责河北省内电网工程质监工作（冀北电网区域除外）
9	华北电力建设工程质量监督中心站	国网冀北电力有限公司	负责冀北电网区域内的电力工程（水电、核电工程除外）质监工作
10	山西省电力建设工程质量监督中心站	国网山西省电力公司	负责山西省内电网工程质监工作
11	内蒙古电力建设工程质量监督中心站	内蒙古电力（集团）有限责任公司	负责蒙西区域内电力工程（水电、核电工程除外）质监工作

续表

序号	质监机构名称	举办单位	质监范围
12	蒙东电力工程质量监督中心站	国网内蒙古东部电力有限公司	负责呼伦贝尔市、兴安盟、通辽市、赤峰市内电力工程（水电、核电工程除外）质监工作
13	辽宁省电力建设工程质量监督中心站	国网辽宁省电力有限公司	负责辽宁省内电网工程，陆上风力、光伏发电工程的质监工作
14	吉林省电力建设工程质量监督中心站	国网吉林省电力有限公司	负责吉林省内电网工程质监工作
15	黑龙江省电力基本建设工程质量监督中心站	国网黑龙江省电力有限公司	负责黑龙江省内电网工程质监工作
16	上海市电力建设工程质量监督中心站	国网上海市电力公司	负责上海市内电网工程质监工作
17	江苏省电力工程质量监督中心站	国网江苏省电力有限公司	负责江苏省内电网工程质监工作
18	浙江省电力建设工程质量监督中心站	国网浙江省电力有限公司	负责浙江省内电网工程质监工作
19	安徽省电力工程质量监督中心站	国网安徽省电力有限公司	负责安徽省内电网工程质监工作
20	福建省电力建设工程质量监督中心站	国网福建省电力有限公司	负责福建省内电网工程质监工作
21	江西省电力建设工程质量监督中心站	国网江西省电力有限公司	负责江西省内电网工程质监工作
22	山东电力建设质量监督中心站	国网山东省电力公司	负责山东省内电网工程质监工作
23	河南省电力建设工程质量监督中心站	国网河南省电力公司	负责河南省内电网工程质监工作
24	湖北省电力建设工程质量监督中心站	国网湖北省电力有限公司	负责湖北省内电网工程质监工作
25	湖南省电力建设工程质量监督中心站	国网湖南省电力有限公司	负责湖南省内电网工程质监工作
26	广东省电力工程质量监督中心站	广东电网有限责任公司	负责广东省内电网工程质监工作
27	广西电力建设工程质量监督中心站	广西电网有限责任公司	负责广西壮族自治区内电网工程质监工作
28	海南省电力建设工程质量监督中心站	海南电网有限责任公司	负责海南省内电网工程质监工作
29	重庆市电力建设工程质量监督中心站	国网重庆市电力公司	负责重庆市内电网工程质监工作
30	四川省电力建设工程质量监督中心站	国网四川省电力公司	负责四川省内电网工程质监工作
31	贵州省电力建设工程质量监督中心站	贵州电网有限责任公司	负责贵州省内电网工程，风力、光伏发电工程质监工作
32	云南省电力建设工程质量监督中心站	云南电网有限责任公司	负责云南省内电网工程质监工作
33	西藏电力建设工程质量监督中心站	国网西藏电力有限公司	负责西藏自治区内电网工程质监工作

续表

序号	质监机构名称	举办单位	质监范围
34	陕西省电力建设工程质量监督中心站	国网陕西省电力有限公司	负责陕西省内电力工程（水电、核电工程除外）质监工作
35	甘肃省电力工程质量监督中心站	国网甘肃省电力公司	负责甘肃省内电网工程质监工作
36	青海省电力建设工程质量监督中心站	国网青海省电力公司	负责青海省内电网工程质监工作
37	宁夏电力工程质量监督中心站	国网宁夏电力有限公司	负责宁夏回族自治区内电网工程质监工作
38	新疆电力建设工程质量监督中心站	国网新疆电力有限公司	负责新疆维吾尔自治区内电网工程质监工作
39	贵州水电工程质量监督站	中国电建集团贵阳勘测设计研究院有限公司	负责贵州省能源局审批、核准或备案的水电工程质监工作

国家能源局关于印发《风电场利用率监测统计管理办法》的通知

（国能发新能规〔2022〕49号）

各省（自治区、直辖市）能源局，有关省（自治区、直辖市）和新疆生产建设兵团发展改革委，各派出机构，国家电网、南方电网，中国华能、中国大唐、中国华电、国家电投、中国三峡集团、国家能源集团、中核集团、中广核，内蒙古电力（集团）有限公司，水电水利规划设计总院、电力规划设计总院、风能专委会：

为进一步规范完善风电场受限电量和利用率监测统计工作，促进风电消纳和风电行业高质量发展，我们组织制定了《风电场利用率监测统计管理办法》，现印送你们，请遵照执行。

国家能源局

2022年4月26日

风电场利用率监测统计管理办法

第一条 为进一步规范完善风电场受限电量和利用率的监测统计工作，促进风电消纳和风电行业高质量发展，制定本办法。

第二条 本办法适用于全国各级电网企业及并网风电场。

第三条 本办法中风电场受限电量是指排除场内设备故障、缺陷或检修等自身原因影响后，风电场可发而未发出的电量。

第四条 风电企业应在风电场开发建设、运行等方面，电网企业应在电网规划建设和调度运行管理等方面，分别落实有效措施，共同促进风电消纳。风电场出力受限时，风电企业和电网企业应相互配合做好受限电量统计工作。

第五条 风电场每日受限电量按如下公式计算：

受限电量＝受限时段风电场可用机组可发电量–受限时段风电场实发电量

其中，风电场可用机组可发电量指风电场内除受场内设备故障、缺陷或检修等因素影响风电机组外，剩余可用风电机组在所处自然条件和设备状态下（不考虑电力系统运行因素影响），在相应时间内理论上可发出的电量。

系统原因受限电量＝受限电量–特殊原因受限电量

其中，系统原因受限电量是指风电场受电力系统用电负荷及调峰能力、网架约束、安全稳定运行等因素影响可发而未能发出的电量。

特殊原因受限电量包括以下情况：

（一）因台风、地震、洪水、覆冰、泥石流等不可抗因素导致的风电场出力受限；

（二）风电场处于并网调试阶段或自动发电控制系统（AGC）测试阶段、风电场以临时方案接入系统时输送功率超过输变电设备送电极限、风电场出力超出场站并网调度协议载明的装机容量等情况下造成的出力受限；

（三）风电场由于并网技术条件不满足相关标准要求，或违反并网管理要求等原因进行整改造成的出力受限；

（四）由于风电场送出输变电设备正常计划检修造成的出力受限；

（五）市场化方式并网风电场因未落实并网条件

导致的出力受限；

（六）风电场因市场化交易决策不当导致的出力受限；

（七）因风电场外重大工程施工、重大社会活动、执行特殊保电任务导致的出力受限。

多种特殊原因同时产生受限电量时，统计时按照主要原因归纳为上述某一类情况。

第六条 风电受限电量计算方法主要采用机舱风速法，各地区风电场根据设备条件差异也可结合实际采用样板机法、测风塔外推法等其他经过验证的计算方法；具体可由风电企业与所属电网调度机构协商确定。

机舱风速法是指基于风电机组实际风速-功率曲线，通过实测的机舱风速得出风机理论发电功率，进而计算风电场受限电量的方法。样板机法是指根据风电场风机地理位置和地势分布，在选定一定数量“样板机”（一般不超过风电场全部风机数量的10%，“样板机”不限电）基础上，通过“样板机”电量推算得出限电风机理论发电功率，进而计算受限电量的方法。测风塔外推法是在测风塔优化选址基础上，根据风电场所处区域的地形、地貌，采用微观气象学、计算流体力学理论，将测风塔风速、风向推算至风电场每台风机轮毂高度处的风速、风向，并通过风速-功率曲线得出风机理论发电功率，进而计算受限电量的方法。

第七条 风电场受限时段以电力调度机构下达限电指令和解除限电指令时间为准，或以调度自动化系统自动控制时段为准。电力调度机构和风电场均应准确记录限电时间、出力限值和原因。

第八条 风电场定期向电力调度机构提供风电场受限电量计算所需的基础数据和满足质量、精度要求的实时运行数据。电力调度机构定期对风电场所提供数据的准确性、合理性进行校核。电力调度机构和风电场定期在风电场出力不受限时段（不少于 6 小时）对所采用计算方法的准确性进行测试，偏差较大时应及时调整相关方法策略。

第九条 风电场利用率和地区风电利用率区分两种情况按如下公式计算：

（一）考虑全部原因受限电量情况

风电场利用率＝风电场实际发电量/风电场可用机组可发电量

地区风电利用率＝Σ风电场实际发电量/Σ风电场可用机组可发电量

（二）仅考虑系统原因受限电量情况

风电场利用率＝（风电场可用机组可发电量－系统原因受限电量）/风电场可用机组可发电量

地区风电利用率＝Σ（风电场可用机组可发电量－系统原因受限电量）/Σ风电场可用机组可发电量

第十条 风电场发电数据报送以单个风电场为单元。各风电场于每月 5 日前将风电场上月月度发电信息表（附件 1）报送至相应电力调度机构，同时在国家可再生能源信息管理平台和全国新能源电力消纳监测预警平台填报。

第十一条 省级电网企业对其调度机构调度范围内风电场每月报送数据进行汇总、整理、分析和校核，在每月 15 日前向国家能源局当地派出机构报送各省（区、市）风电场月度发电信息报表（附件 2），同时在国家可再生能源信息管理平台和全国新能源电力消纳监测预警平台填报，并向其调度机构调度范围内各风电场披露。

第十二条 风电场如对省级电网企业每月披露结果存在异议，可及时联系相应电力调度机构进行校验修正，并向电力调度机构提供相关依据；对校验修正结果仍有异议的，可申请国家能源局当地派出机构督促进一步校核。

第十三条 国家能源局派出机构对风电企业、电网企业执行本办法的相关情况开展监督检查，并依照有关法规对违规行为予以处理。

第十四条 相关单位应严格按照本办法计算风电场消纳情况，如实完整报送统计数据，未按要求报送、弄虚作假、谎报、瞒报的，由国家能源局派出机构按照《电力监管条例》有关规定进行处理。

第十五条 国家能源局组织全国新能源消纳监测预警中心按月监测、按季评估，滚动公布各省级区域风电场消纳情况。

第十六条 风电场消纳情况发布需遵循国家相关法律法规和保密规定。

第十七条 国家能源局派出机构可依据本办法制定当地实施细则。

第十八条 本办法由国家能源局负责解释，自发布之日起施行，有效期暂定为 5 年，原《风电场弃风电量计算办法（试行）》（办输电〔2012〕154 号）同时废止。

附件：1. ××风电场月度发电信息表

2. ××省（区、市）风电月度发电信息表

附件 1

××风电场月度发电信息表

××××年××月　　单位：万 kWh、万 kW

电站名称	项目所在地			并网容量	受限电量计算方法	本月可用机组可发电量	本月实际发电量	本月受限电量	本月特殊原因受限电量	主要受限原因	备注
	省	市	县								
××风电场											

附件 2

××省（区、市）风电月度发电信息表

××××年××月　　单位：万 kWh、万 kW

序号	电站名称	项目所在地			并网容量	受限电量计算方法	本月可用机组可发电量	本月实际发电量	本月受限电量	本月特殊原因受限电量	本月系统原因受限电量	受限原因	本年累计受限电量	本月利用率	本年累计利用率	备注
		省	市	县												
1	××风电场															
2	××风电场															
…																
合计			—			—										

注　表中风电场利用率为仅考虑系统原因受限电量情况下的利用率。

国家能源局关于印发《燃煤发电厂贮灰场安全监督管理规定》的通知

（国能发安全规〔2022〕53 号）

各省（自治区、直辖市）能源局，有关省（自治区、直辖市）及新疆生产建设兵团发展改革委、经信委（经信厅、工信厅、工信局），北京市城市管理委员会，各派出机构，全国电力安委会各企业成员单位，有关单位：

为进一步加强燃煤发电厂贮灰场安全监督管理，管控安全风险，消除安全隐患，防范贮灰场安全事故发生，我们修订了《燃煤发电厂贮灰场安全监督管理规定》，现印发给你们，请遵照执行。

附件：燃煤发电厂贮灰场安全监督管理规定

国家能源局

2022 年 5 月 27 日

燃煤发电厂贮灰场安全监督管理规定

第一条　为了进一步加强燃煤发电厂贮灰场安全监督管理，预防贮灰场安全事故，根据《中华人民共和国安全生产法》《中华人民共和国电力法》《电力监管条例》《电力安全事故应急处置和调查处理条例》等法律法规，制定本规定。

第二条　燃煤发电厂贮灰场（以下简称贮灰场）建设、运行、闭库和闭库后的安全监督管理，适用本规定。

本规定所称贮灰场，是指筑坝拦截谷口或者围地形成的具有一定容积、主要用以贮存粉煤灰和石膏的专用场地，包括灰坝（含灰堤）、场内粉煤灰排放系统、排水系统、排渗系统、喷淋系统、回水泵站、贮灰场管理站等建（构）筑物和设备设施。

第三条　燃煤发电厂（以下简称发电企业）是本厂贮灰场安全生产的责任主体，应当遵守国家有关法律法规和标准规范，坚持以人为本，坚持人民至上、生命至上，落实全员安全生产责任制，加强安全生产标准化建设，保障安全生产投入，构建安全风险分级管控和隐患排查治理双重预防机制，明确贮灰场安全管理机构，配备熟知贮灰场安全知识、具备贮灰场相应专业技能的管理人员、技术人员和作业人员。

第四条 贮灰场（含构筑子坝）的勘察设计、建设施工、运行管理、安全评估等单位应当具备相应能力，并承担相应的安全责任。

第五条 勘察设计单位应当按照国家有关标准开展贮灰场勘察（测）、设计工作，对贮灰场及灰坝稳定性、防排洪能力、安全设施可靠性、环境保护、坝基适用性等进行充分论证。

贮灰场的安全设施应当与主体工程同时设计、同时施工、同时投入使用，并符合电力安全生产设施有关规定要求。

第六条 施工单位应当严格执行国家有关法律法规和标准规范的规定，按照贮灰场设计图纸施工，确保贮灰场工程质量，并做好施工技术资料的管理和归档工作。

贮灰场施工过程中需要对设计做局部修改时，应当经原设计单位进行设计变更。

第七条 发电企业应当在贮灰场建成投运后的一个月内，向所在地的国家能源局派出机构和地方政府电力管理等有关部门报告。报告应当提交以下资料：

（一）贮灰场的地理位置、面积及下游（或者周边）村庄、建筑物、居民等情况；

（二）贮灰场建设时间、参建单位以及建设期间曾经出现过的重大问题、处理措施、处理结果；

（三）贮灰场主要技术参数，包括灰坝轴线位置、灰坝高、总库容、灰坝外坡坡比、灰坝结构、筑坝材料、筑坝方式、灰渣堆积量等；

（四）灰坝坝体防渗、排渗及反滤层的设置；

（五）防排洪系统的型式、布置及主要技术参数；

（六）贮灰场工程设计审批文件、施工质量及竣工验收相关资料；

（七）贮灰场的安全管理机构、安全管理责任人以及安全管理制度；

（八）其他需要报送的材料。

第八条 贮灰场以下事项发生变化的，发电企业应当及时报告所在地的国家能源局派出机构和地方政府电力管理等有关部门：

（一）加筑子坝；

（二）灰坝筑坝方式；

（三）灰坝轴线位置、贮灰场库容、灰坝外坡坡比、灰坝坝型、最终堆积标高；

（四）灰坝坝体防渗、排渗及反滤层的设置；

（五）防排洪系统的型式、布置及主要技术参数；

（六）贮灰场闭库。

第九条 贮灰场的运行管理单位应当建立运行管理制度，对灰坝坝体、除灰管路及排水设施等进行经常性检查，认真开展隐患排查治理工作，建立健全隐患排查治理档案。贮灰场重大及以上隐患的治理应坚持专项设计、专项审查、专项施工和专项验收的原则。

贮灰场存在重大及以上隐患且无法保证安全的，应当立即停止继续排灰，及时采取有效措施予以控制，并报告所在地的国家能源局派出机构和地方政府电力管理等有关部门。

贮灰场的运行管理单位应当在有较大危险因素的坝体和有关设施、设备上设置规范的安全警示标志。

第十条 运行管理单位应当加强贮灰场运行管理，完善贮灰场排灰和取灰方案，优化贮灰场运行方式，依据设计文件控制贮灰场灰水位、堆灰坡向、预留安全加高等，保持满足安全运行的干滩长度。

第十一条 运行管理单位应当保持坝体观测设施齐全、完好，并定期进行坝体位移、坝体沉降、坝体浸润线埋深及其出溢点变化情况等安全监测：

（一）坝体位移监测。在贮灰场竣工三年内，每月监测一次；竣工三年后，一般情况下，每季度监测一次。

（二）坝体沉降监测。一般情况下，每季度监测一次。

（三）浸润线监测。正常情况下，每月测量一次。根据浸润线监测数据，应当及时绘出坝体浸润线。

（四）地下水位变化监测。地下水位监测应当重点监测其变化幅度及与地表水的联系。系统动态监测时间不少于 1 个水文年，并每月监测一次，雨季应当增加监测次数。

（五）蚁穴、兽洞观测。根据当地气候特点，每年春季、秋季应当对坝体蚁穴、兽洞等进行全面检查。

鼓励采用北斗卫星高精度变形监测等先进技术监测坝体位移、沉降等变化情况。

第十二条 在汛期或者发生地震、暴雨、洪水、泥石流以及其他可能影响贮灰坝安全等异常情况时，运行管理单位应当加强巡视检查，并增加监测频次和监测项目。

第十三条 运行管理单位应当加强安全监测数据分析和管理，发现监测数据异常或者通过监测分析发现坝体有裂缝、滑坡征兆等严重异常情况时，应当立即采取措施予以处理并及时报告。

第十四条 发电企业和运行管理单位应当加强贮灰场防汛安全管理。每年汛期前应当对贮灰场排洪设施进行检查、试运、维修和疏通。汛期后应当对贮灰场坝体和排洪构筑物进行全面检查与清理，发现问题及时处理。

第十五条 发电企业和运行管理单位应当加强贮灰场堆灰和取灰管理，制定完善堆灰和取灰方案。堆灰和取灰工作不得影响贮灰场安全。

第十六条 运行管理单位应当做好贮灰场喷淋设

施运行维护管理，以及贮灰场植被和贮灰场周边的防尘绿化带维护管理，防止扬尘污染。运行管理单位应当按照《一般工业固体废物贮存和填埋污染控制标准》（GB 18599）对贮灰场排放灰水及渗漏水定期进行水质监测。

第十七条　运行管理单位发现贮灰场安全管理范围内存在爆破、打井、采石、采矿、取土等危及贮灰场安全的活动时，应当及时制止，采取应对防范措施，并报告有关单位和地方政府有关部门，请求协调解决。

第十八条　发电企业应当加强贮灰场闭库工作及闭库后安全管理工作。对于解散或者关闭破产的发电企业，贮灰场安全管理由资产所有者或者其上级主管单位负责。

第十九条　发电企业应当对运行以及闭库后的贮灰场定期组织开展安全评估，形成评估报告。安全评估原则上每三年进行一次。

发生以下情形之一的，发电企业应当及时开展专项安全评估：

（一）加筑子坝后；

（二）遭遇特大洪水、破坏性地震等自然灾害；

（三）发生贮灰场安全事故后或者重大及以上隐患治理完成后；

（四）其他影响贮灰场安全运行的异常情况。

不具备安全评估能力的发电企业可以委托具有相应能力的企业开展，评估单位对评估报告的真实性负责。发电企业应当及时将安全评估报告和专项安全评估报告报送所在地的国家能源局派出机构和地方政府电力管理等有关部门。

第二十条　贮灰场安全等级分为正常贮灰场、病态贮灰场、险情贮灰场。

具备下列条件，评定为正常贮灰场：

（一）设计标准：符合现行规范要求；

（二）防洪能力：满足灰坝设计级别所规定的洪水标准，运行贮灰标高不超过限制贮灰标高，有足够的防洪容积和安全加高；

（三）排水设施：排水系统（含排洪系统）设施符合设计标准要求，运行工况正常；

（四）坝体结构：坝体结构完整、沉降稳定、未发现裂缝和滑移现象，抗滑稳定安全系数满足规范要求；

（五）渗流防治：排渗设施有效，渗透水量平稳、水质清澈，没有影响坝体渗透稳定的状况。防渗设施完好，没有造成地下水位抬高和地下水水质污染。

存在下列情况之一，评定为病态贮灰场：

（一）设计标准：不符合现行规范要求，已限制贮灰场运行条件；

（二）防洪能力：安全加高不满足设计洪水标准要求；

（三）排水设施：排水建（构）筑物出现裂缝、钢筋腐蚀、管接头漏泥或者局部损坏的状况；

（四）坝体结构：坝体整体外坡陡于设计值，坝坡冲刷严重形成冲沟，或者坝体抗滑稳定安全系数小于规范允许值但不小于 0.95 倍规范允许值；

（五）渗流防治：坝体浸润线位置过高，有高位出溢点，坡面出现湿片。渗透水对地下水位抬高和地下水水质造成一定影响。

存在下列情况之一，评定为险情贮灰场：

（一）设计标准：低于现行规范要求，明显影响贮灰场安全；

（二）防洪能力：无安全加高或者防洪容积不满足设计洪水标准要求；

（三）排水设施：排水系统存在局部堵塞、排水不畅的情况，存在大范围破损状况，严重影响排水系统安全运行，甚至丧失排水能力的情况；

（四）坝体结构：坝体出现裂缝、坍塌、浅层滑坡现象，或者坝体抗滑稳定安全系数小于 0.95 倍规范允许值；

（五）渗流防治：坝坡存在大面积渗流，或者出现管涌流土现象，形成渗流破坏；渗透水对地下水位抬高和地下水水质造成严重影响。

第二十一条　评定为险情贮灰场的，发电企业和运行管理单位应当在限定的时间内采取工程措施消除险情，情况危急的，应当立即停运，并进行抢险；评定为病态贮灰场的，发电企业和运行管理单位应当在限定的时间内按照正常贮灰场标准进行整治，及时消除缺陷或者隐患。

第二十二条　发电企业和运行管理单位应当加强贮灰场应急管理工作，制定针对灰坝垮坝、洪水漫顶、水位超警戒线、坝坡滑动、防排洪系统失效等运行安全事故，以及可能影响贮灰场安全运行的台风、洪水、地震、地质灾害等自然灾害的应急预案，并定期开展应急培训和演练。

贮灰场遇有险情时，应当按照规定启动应急预案，采取有效措施，确保贮灰场安全。

第二十三条　贮灰场发生安全事故或者出现异常情况时，发电企业应当立即启动应急预案，进行抢险，防止事故扩大或者异常情况升级为安全事故，避免和减少人员伤亡及财产损失，并立即报告上级主管单位、所在地的国家能源局派出机构以及地方政府电力管理等有关部门。

第二十四条　地方政府电力管理等有关部门按照“管行业必须管安全、管业务必须管安全、管生产经营必须管安全”原则，落实地方安全管理责任，国家能源局派出机构负责贮灰场安全监督管理工作。

第二十五条　本规定下列用语的含义：

（一）灰坝：挡粉煤灰和水的贮灰场外围构筑物，常泛指贮灰场初期坝和分期加高坝的总体。

（二）贮灰场安全设施：主要指贮灰场观测设施及其他用于保证贮灰场安全的设施。

（三）浸润线：水沿着粉煤灰颗粒间隙向坝体下游渗透形成的稳定渗流自由水面。

（四）排洪设施：包括截洪沟、溢洪道、排水井、排水管和排水隧洞等构筑物。

（五）干滩长度：垂直坝轴线的断面上，贮灰场水面与灰面的交点至灰面与上游坝坡交点间的水平距离。

（六）限制贮灰标高：各期设计坝顶标高所允许的最高贮灰标高。

（七）安全加高：贮灰场在限制贮灰标高条件下蓄洪水位至灰坝坝顶之间的高度。

（八）闭库：为使一座停用的贮灰场能够满足长期安全稳定的要求而开展的一系列工作的全过程。包括两种情况：

1. 贮灰场已达到设计最终堆积高程并不再进行继续加高扩容的；

2. 贮灰场尚未达到设计最终堆积高程但由于各种原因提前停止使用的。

（九）贮灰场安全事故或者异常情况：发生《中华人民共和国安全生产法》《生产安全事故报告和调查处理条例》和《电力安全事故应急处置和调查处理条例》规定的生产安全事故，以及其他导致严重后果的运行安全异常情况，如灰坝溃决、严重断裂、倒塌、滑移；洪水漫顶、淹没；排洪设施严重破坏；近坝库岸及边坡大规模塌滑等。

第二十六条 本规定自印发之日起施行，有效期5年。原国家电力监管委员会《燃煤发电厂贮灰场安全监督管理规定》（电监安全〔2013〕3号）同时废止。

国家能源局关于印发《防止电力建设工程施工安全事故三十项重点要求》的通知

（国能发安全〔2022〕55号）

为切实做好电力建设工程施工安全监管，有效防范电力建设工程施工安全事故，国家能源局组织电力行业有关单位、协会及专家，根据近十五年来电力建设施工领域各类事故的案例分析以及经验教训，结合已颁布的标准规范，提炼出在电力建设施工中需要重点关注的一些措施和要求，形成了《防止电力建设工程施工安全事故三十项重点要求》（参照行业习惯称谓，以下简称《施工反措》），现予以印发，并提出以下工作要求。

一、各电力企业要加强领导，认真组织，将《施工反措》作为安全生产管理、施工现场安全管控的主要内容，切实保证有关要求在电力建设施工中落实到位，有效防范事故的发生。

二、各电力企业要结合工作实际，采取多种方式，做好《施工反措》的宣传培训工作，“以案为鉴、警钟长鸣”，确保各项反事故措施入脑入心。

三、地方政府各级电力管理部门、各派出机构要加强监督管理，督促指导电力企业落实《施工反措》有关要求。

附件：《防止电力建设工程施工安全事故三十项重点要求》（略）

国家能源局综合司
2022年6月18日

国家能源局综合司 国家发展和改革委员会办公厅 国家市场监督管理总局办公厅关于进一步提升煤电能效和灵活性标准的通知

（国能综通科技〔2022〕81号）

为深入贯彻落实《中共中央 国务院关于完整准确全面贯彻新发展理念做好碳达峰碳中和工作的意见》等文件精神，在现有基础上进一步提升煤电能效和灵活性标准，以标准支撑和规范煤电机组清洁高效灵活性水平提升，现就有关工作通知如下。

一、推动“三个一批”标准制修订

（一）组织制修订发布一批考核约束性标准

有关标准化技术委员会抓紧整合修订《常规燃煤发电机组单位产品能源消耗限额》（GB 21258—2017）、《热电联产单位产品能源消耗限额》（GB 35574—2017）等煤电能效和灵活性相关考核约束性标准，将循环流化床燃煤发电机组相关内容纳入强制性国家标准中。

重点修订新建机组的设计供电煤耗门槛要求、对应的负荷率基准，以及现役机组的运行供电煤耗要求、对应的修正方式（尤其50%以下负荷率的修正系数）等。有关标准制修订工作原则上在2023年底前完成。

（二）组织制修订发布一批关键配套标准

各有关标准化技术委员会加快推动制修订一批考核约束性标准的关键配套标准，主要包括明确机炉耦合机组的能效指标计算边界及计算方法，灵活性调节下机组能源消耗量或节约量、经济性指标计算（或计量）方法等14项指标计算、能效评价、经济性评价标准（具体见附表）。有关标准制修订工作原则上在2023年底前完成。

（三）持续推动其他配套标准制修订

根据第一、二批标准及项目的实施经验，持续组织推进设计改造、电厂运行、设备与试验、监督环保等其他配套标准制修订（具体见附表）。重点推动《燃煤发电机组供热改造技术条件》《火电机组低压缸零出力系统改造和运行规范》等20项在编标准加快制定；组织《燃煤火电机组汽轮机及其辅助设备节能改造技术导则》《燃煤机组中调门参调供汽适配性改造及运行优化导则》等3项标准计划开展立项和制修订；根据产业发展和技术创新需求持续完善燃煤发电机组节能改造、灵活性改造、燃煤掺烧优化、改造延寿后评价等24项配套标准；持续关注当前无需修订、继续有效的24项标准，及时开展制修订工作。

二、依托“三改联动”组织开展先进适用标准示范

依托“三改联动”有关工程项目，项目业主单位、装备制造企业、技术研发单位和标准化管理机构可联合申报并开展先进适用标准试点示范。在工程策划、设计、建设、验收、运行全阶段与相关标准制修订紧密协同，实现技术研发、项目建设和标准化联动发展，切实发挥标准在煤电“三改联动”过程中的引领、支撑和规范作用。

我们将采用“揭榜挂帅”等方式，择优遴选并严格控制示范项目数量，重点开展考核约束性标准和关键配套标准打包示范，并于项目投运1年后组织验收。符合条件的示范项目可享有《国家发展改革委　国家能源局关于开展全国煤电机组改造升级的通知》（发改运行〔2021〕1519号）、《国家能源局关于促进能源领域首台（套）重大技术装备示范应用的通知》（国能发科技〔2018〕49号）相关支持政策。

三、工作要求

（一）各有关标准化管理机构和标准化技术委员会要按照职责分工抓紧按程序组织推进相关标准的制修订。要联合项目业主、设备制造企业和有关研发机构积极开展技术交流和标准示范，切实以标准化工作有力支撑煤电机组改造升级。我们将加强督促协调，加快标准立项审批，确保有关工作按期推进。

（二）各省级能源主管部门、有关中央企业负责组织地方和本企业示范项目申报。示范项目须由项目业主单位与标准化管理机构及其他单位联合申报，申报材料需包括依托项目可研报告、标准化示范任务等内容，有关材料于2022年9月30日前报送至国家能源局（科技司）。我们将按照规定委托第三方机构组织专家对申报项目进行评审，择优遴选示范项目。

联系人：贺涛（010-81929212）

黄河清（010-81929296）

附件：“三个一批”煤电能效和灵活性相关标准（略）

国家能源局综合司
国家发展和改革委员会办公厅
国家市场监督管理总局办公厅
2022年8月3日

能源领域首台（套）重大技术装备评定和评价办法

（国能发科技〔2022〕81号）

第一章　总　　则

第一条　为落实《关于促进首台（套）重大技术装备示范应用的意见》（发改产业〔2018〕558号）和《国家能源局关于促进能源领域首台（套）重大技术装备示范应用的通知》（国能发科技〔2018〕49号）等文件要求，规范能源领域首台（套）重大技术装备的评定和评价工作，制定本办法。

第二条　能源领域重大技术装备是国之重器，事关综合国力和能源安全。能源领域首台（套）重大技术装备是指国内率先实现重大技术突破、拥有自主知识产权、尚未批量取得市场业绩的能源领域关键技术装备，包括前三台（套）或前三批（次）成套设备、整机设备及核心部件、控制系统、基础材料、软件系统等。

第三条　本办法所称评定是指对申报的能源技术装备进行审查，确定能源领域首台（套）重大技术装备清单。本办法所称评价是指能源领域首台（套）重大技术装备依托工程投产运行一年后，对示范效果进行评价，提出评价意见。

第四条　能源领域首台（套）重大技术装备评定和评价工作由国家能源局组织实施，主要包括申报、委托第三方机构评审、公示、公告、示范及效果评价。

第二章　工　作　程　序

第五条　能源领域首台（套）重大技术装备原则上由用户企业牵头联合研制单位申报，尚未确定依托工程的技术装备，由研制单位根据技术装备突破情况申报。

第六条　各省（自治区、直辖市）及新疆生产建设兵团能源主管部门负责组织本地区的申报工作，根据有关行业规划、依托工程建设条件、支持政策等确定推荐名单并进行公示后，统一上报国家能源局。中央企业相关技术装备通过依托工程所在省级能源主管部门和中央企业集团总部同步申报。

第七条 国家能源局委托第三方机构组织开展能源领域首台（套）重大技术装备评审工作，评审工作过程如下：

（一）第三方机构对申报材料进行形式审查，审查合格的项目进入专家评审环节。

（二）第三方机构组织能源技术装备领域资深专家，组建不同专业领域的专家组，召开评审会，对申报的技术装备进行评审，形成评审意见。视需要可以组织企业答辩或实地考察。

（三）评审会结束后，第三方机构负责形成书面评审意见，并以正式文件上报国家能源局。

第八条 国家能源局根据行业规划、产业政策等有关文件要求，对第三方机构评审的技术装备及其依托工程可行性进行评定。

第九条 国家能源局负责对评定结果进行公示。如有异议，应在公示期内以书面形式，实名向国家能源局反映，并提供所反映问题的佐证材料。异议提出者对所提供材料内容的真实性负责。

第十条 决定受理的异议，由国家能源局转送原第三方机构，对异议内容进行调查核实，必要时应组织专家复审，复审专家组由原评审专家和相关专业小同行专家构成，视需要可以组织企业答辩或实地考察。国家能源局根据第三方机构意见，形成最终复审意见。

第十一条 经复审认为异议不成立或不足以影响首台（套）评定结果的，维持原评定结果；认为异议成立或存在其他问题的，不予列入能源领域首台（套）重大技术装备清单。

第十二条 经公示无异议，或相关异议处理程序结束后，国家能源局以公告形式，发布能源领域首台（套）重大技术装备清单，并负责定期更新。

第三章 工作要求

第十三条 能源领域首台（套）重大技术装备申报需要提供的材料包括：企业基本情况介绍、研发及售后保障能力、技术装备自主创新情况、技术装备适用范围、国内外技术装备发展现状及应用前景、主要技术规格参数和技术水平、运行安全风险评估、科技成果鉴定（或评价）材料、科技查新报告、自主知识产权证明等。对于尚未应用或应用时间少于半年的技术装备可不提供科技成果鉴定（或评价）材料，由具有资质的第三方权威机构出具的技术方案评审意见或产品检测（测试）报告代替。[具体格式见技术装备申请报告（参考）]

第十四条 申报材料应按上述要求整理，内容完整、格式清晰，能够真实、准确、充分地反映申报单位和技术装备的有关情况。

第十五条 能源领域首台（套）重大技术装备从以下方面评审：技术先进程度、技术复杂程度、市场推广前景、知识产权情况、社会和经济效益以及制造企业资质、研发与生产能力、质量与售后保障能力等。

第十六条 能源领域首台（套）重大技术装备评审专家要求具有高级职称，且从事相关领域技术工作超过10年，专家组成员要涵盖所评审项目的所有相关专业方向，专家组人数不少于7人，并回避前期技术方案评审专家。

第十七条 国家相关科技项目支持研制的能源技术装备和能源领域“短板”技术装备经评定优先纳入能源领域首台（套）重大技术装备清单。

第十八条 对于能源领域亟需的重大技术装备，可根据技术装备研制进展“成熟一个，评定一个”。

第四章 支持政策

第十九条 国家能源局将基于用户意愿，积极协调用户企业承担能源领域首台（套）重大技术装备示范任务。

第二十条 能源领域首台（套）重大技术装备及其依托工程，含应用该技术装备前三台（套）或前三批（次）的其他能源项目，享受《关于促进首台（套）重大技术装备示范应用的意见》（发改产业〔2018〕558号）和《国家能源局关于促进能源领域首台（套）重大技术装备示范应用的通知》（国能发科技〔2018〕49号）中明确的相关支持政策。

第二十一条 鼓励能源领域首台（套）重大技术装备示范单位利用商业保险、首台（套）重大技术装备保险补偿机制等，加强风险保障。

第五章 监管和评价

第二十二条 能源领域首台（套）重大技术装备依托工程承担单位应及时向国家能源局报告项目执行情况和影响项目实施的重大事项等。确定依托工程的技术装备，自能源领域首台（套）重大技术装备清单发布之日起，三年内依托工程未开工建设且未上报说明理由的，自动取消其首台（套）资格。如发现存在材料造假等虚假申报不良行为，国家能源局将取消其能源领域首台（套）重大技术装备资格，相关单位三年内不得再次申报。

第二十三条 能源领域首台（套）重大技术装备依托工程投产运行一年后，用户单位应联合技术装备研制单位，委托具有资质的权威机构开展示范应用自评价，形成自评价报告，并通过原申报省级能源主管部门上报国家能源局。自评价内容包括：依托工程完成情况、示范效果、技术装备运行情况、安全可靠性评价等。

第二十四条 国家能源局适时组织开展能源领域首台（套）重大技术装备示范效果评价，委托第三方机构组织专家，根据自评价报告，对能源领域首台（套）重大技术装备示范应用情况进行评价，作出最终评价意见。

第二十五条 经评价示范成功的首台（套）重大技术装备列入“能源产业技术装备推广指导目录”，相关地方、企业可据此在后续能源项目建设中推广应用。

第六章 附 则

第二十六条 本办法由国家能源局负责解释。

第二十七条 本办法自发布之日起施行，有效期为五年，《能源领域首台（套）重大技术装备评定和评价办法（试行）》同时废止。

附件：1. 能源领域首台（套）重大技术装备申请报告（参考）（略）

2. 能源领域首台（套）重大技术装备申请材料承诺书（略）

国家能源局关于印发《能源碳达峰碳中和标准化提升行动计划》的通知

各省（自治区、直辖市）能源局，有关省（自治区、直辖市）及新疆生产建设兵团发展改革委，有关中央能源企业，有关标准化管理机构：

为深入贯彻党中央、国务院关于碳达峰、碳中和的重大战略决策，认真落实《中共中央 国务院关于完整准确全面贯彻新发展理念做好碳达峰碳中和工作的意见》《国务院关于印发2030年前碳达峰行动方案的通知》《中共中央 国务院关于印发〈国家标准化发展纲要〉的通知》，充分发挥标准推动能源绿色低碳转型的技术支撑和引领性作用，我局组织编制了《能源碳达峰碳中和标准化提升行动计划》，现印发给你们，请结合实际贯彻落实。

国家能源局

2022年9月20日

附件：

能源碳达峰碳中和标准化提升行动计划

推动能源绿色低碳转型是贯彻落实党中央、国务院关于碳达峰、碳中和重大战略决策的关键举措，标准是能源绿色低碳转型的技术支撑和基础性制度。为贯彻落实《中共中央 国务院关于完整准确全面贯彻新发展理念做好碳达峰碳中和工作的意见》《国务院关于印发2030年前碳达峰行动方案的通知》《中共中央 国务院关于印发〈国家标准化发展纲要〉的通知》，进一步提升能源标准化水平，有力支撑能源碳达峰、碳中和，制定本行动计划。

一、总体要求

（一）指导思想

以习近平新时代中国特色社会主义思想为指导，全面贯彻落实党的十九大和十九届历次全会精神，立足新发展阶段，完整、准确、全面贯彻新发展理念，构建新发展格局，围绕碳达峰、碳中和目标，深入贯彻落实“四个革命、一个合作”能源安全新战略，紧密结合能源领域做好碳达峰工作有关实施方案，突出能源绿色低碳转型、新兴技术产业发展、能效提升和产业链碳减排等重点方向，与技术创新和产业发展协同联动，完善有关能源技术标准规范，加大新兴领域标准供给，加快标准更新升级，不断提升标准质量，为能源碳达峰、碳中和提供有力支撑。

（二）工作原则

需求牵引、重点推进。紧密围绕党中央、国务院重大决策部署，切实支撑能源领域做好碳达峰、碳中和工作，突出重点推进能源绿色低碳转型、技术创新、能效提升和产业链碳减排等直接相关领域标准化。

共性先立、急用先行。加快推进能源绿色低碳转型和碳减排相关共性基础标准制修订，抓紧完善能源碳达峰急需标准，进一步提升节能降碳标准要求和标准质量，有效满足能源转型标准需求。

协同联动，务求实效。围绕能源绿色低碳转型发展需求，坚持技术研发、标准研制与产业发展协同联动，切实发挥标准在协同创新、成果转化过程中的引领、支撑和规范作用。

系统布局，协调一致。系统谋划布局涵盖能源领域碳达峰、碳中和全产业链标准体系，统筹推进能源行业标准与国家、团体相关标准协调一致的新型标准体系建设。

（三）工作目标

到2025年，初步建立起较为完善、可有力支撑和引领能源绿色低碳转型的能源标准体系，能源标准从数量规模型向质量效益型转变，标准组织体系进一步完善，能源标准与技术创新和产业发展良好互动，有效推动能源绿色低碳转型、节能降碳、技术创新、产业链碳减排。

——建立完善以光伏、风电为主的可再生能源标准体系，研究建立支撑新型电力系统建设的标准体系，加快完善新型储能标准体系，有力支撑大型风电光伏基地、分布式能源等开发建设、并网运行和消纳利用。

——制定一批新兴技术和产业链碳减排相关技术标准，健全相关标准组织体系，实现能源领域碳达峰产业链相关环节标准全覆盖。

——修订一批常规能源生产转化和输送利用能效相关标准，提升标准要求和水平，助推和规范资源综合利用、能效提升。

到2030年，建立起结构优化、先进合理的能源标准体系，能源标准与技术创新和产业转型紧密协同发展，能源标准化有力支撑和保障能源领域碳达峰、碳中和。

二、重点任务

（一）大力推进非化石能源标准化

加快完善风电、光伏等可再生能源标准。抓紧完善沙漠、戈壁、荒漠地区大型风电光伏基地建设有关技术标准，加快制定海上风电开发及多种能源综合利用技术标准，推动分散式风电、分布式光伏、户用光伏等就近开发利用相关标准制修订，建立完善光伏发电、光热发电标准体系。制定风电机组、光伏组件退役回收与再利用相关标准。

完善水电和抽水蓄能相关标准体系。围绕重大水电工程进一步完善升级相关技术标准，加快推进高水头、大容量水电开发相关技术标准储备，持续完善水电智能建造、信息化和数字化、水电机组设备更新改造、增效节能等方面的技术标准。加快推动流域梯级综合调度与安全应急、水电可持续发展后评估相关标准制定。完善抽水蓄能及水电梯级融合改造技术标准。结合水风光综合能源开发利用需求推进相关标准制修订。

推动各类可再生能源综合利用标准制修订。继续推动生物质能源（含生物质发电、生物制气、纤维素燃料乙醇、生物柴油、生物航煤、生物成型燃料等）转化利用、地热能开发利用、海洋能开发利用等技术标准制修订，开展生物质能、太阳能、热泵、清洁炉具等清洁供暖标准研制。

进一步完善核电标准体系。打造先进三代压水堆核电标准体系并推进自主标准应用实施，开展高温气冷堆、快堆等具有四代特征核电技术以及模块化小型堆、海上浮动式核动力平台等技术标准体系研究，重点提升核安全相关技术标准水平。

专栏1　非化石能源标准化专项行动

1. 风电光伏标准体系完善行动。依托大型风电光伏基地建设及海上风电基地、海上光伏项目建设，设立标准化示范工程，充分发挥国家新能源实证实验平台的作用，抓紧补充完善一批标准，形成完善的风电光伏技术标准体系。

2. 水风光综合能源开发利用标准示范行动。依托水电站及抽水蓄能电站建设，结合水风光综合能源基地开发，推动相关标准制修订并开展示范。

3. 抽水蓄能专项标准完善和示范行动。结合抽水蓄能电站大规模建设以及各种新形式抽水蓄能技术研发和项目建设，完善抽水蓄能标准体系，加快相关标准制修订并开展示范。

4. 先进三代压水堆核电标准应用实施行动。依托后续三代压水堆核电工程项目建设及在运核电厂，组织自主核电标准应用实施和采标率检查。

（二）加强新型电力系统标准体系建设

开展新型电力系统安全稳定运行标准需求和现有标准的适应性研究，持续完善涵盖新型电力系统分析认知、规划设计、运行控制、故障防御、网源协调等重点领域标准，加强新能源发电涉网安全标准建设。

进一步优化完善特高压交、直流标准体系建设，为主干网架和跨省区输电通道建设提供标准支撑。大力推进智能配电网标准化，完善分布式电源就地消纳与多元化负荷灵活接入等标准，提升配电网智能调控和双向互动能力。加紧完善以消纳新能源为主的微电网标准，加强多能互补、多能转化及综合利用、源网荷储协同控制等标准制定。推动构网型柔性直流技术标准体系建设，开展构网型直流性能及检测等方面核心标准研制。

持续推动电力需求侧资源开发、应用等配套标准研制，有效拓展电力系统调节资源。建立和完善虚拟电厂标准体系，推进虚拟电厂领域重点标准制修订。推动电动汽车、换电站等可控充电负荷纳入电网优化控制，推进电动汽车充电等灵活性调节标准制修订。持续推进能源消费终端电气化水平提升，推动用能侧电气化标准制定，助推建筑、交通等领域电气化协同发展。

推进电力市场标准体系建设，推进电力市场基础及通用标准、市场接入技术标准、电力市场业务技术标准、电力市场运营技术标准等重点标准制定。

专栏2　新型电力系统标准体系专项行动

5. 新型电力系统标准体系专项研究和示范行动。围绕新型电力系统研究和建设，开展新型电力系统标准体系研究，形成标准体系框架和体系表，在电力系统安全稳定运行、输配电网、微电网、构网型柔性直流、需求侧响应、电气化提升、电力市场等领域制定一批标准，推动新型电力系统建设及相关产业发展，结合新型电力系统示范工程开展标准化示范。

（三）加快完善新型储能技术标准

完善新型储能标准管理体系，结合新型电力系统建设需求，根据新能源发电并网配置和源网荷储一体化需要，抓紧建立涵盖新型储能项目建设、生产运行全流程以及安全环保、技术管理等专业技术内容的标准体系。

细化储能电站接入电网和应用场景类型，完善接入电网系统的安全设计、测试验收等标准。加快推动储能用锂电池安全、储能电站安全等新型储能安全强制性国家标准制定。

结合新型储能技术创新和应用场景拓展，及时开展相关标准制修订，全面推动各类新型储能技术研发、示范应用和标准制定协同发展。

专栏3　新型储能标准化专项行动

6. 新型储能标准体系建设完善行动。完善储能标准管理体系，建设完善新型储能标准体系，印发《新型储能标准体系建设指南》，结合产业试点示范项目经验，推进相关标准制修订。

（四）加快完善氢能技术标准

进一步推动氢能产业发展标准化管理，加快完善氢能标准顶层设计和标准体系。开展氢制备、氢储存、氢输运、氢加注、氢能多元化应用等技术标准研制，支撑氢能“制储输用”全产业链发展。

重点围绕可再生能源制氢、电氢耦合、燃料电池及系统等领域，增加标准有效供给。建立健全氢能质量、氢能检测评价等基础标准。

专栏4　氢能标准化专项行动

7. 全产业链绿氢标准完善行动。完善氢能标准管理体系，开展氢能全产业链标准体系研究和标准化顶层设计，形成标准体系框架和体系表，开展氢能“制储输用”全链条安全标准研究，结合产业试点示范项目经验，推进相关标准制修订。

（五）进一步提升能效相关标准

组织推进煤炭、石油和天然气绿色高效生产转化和利用相关标准制修订。重点推动煤炭清洁高效生产、利用和石油炼化等领域节能降碳相关标准提升，进一步提升煤电、煤炭深加工能效相关标准，完善和提升石油炼化能效相关标准。

进一步提升煤炭和油气相关资源综合利用标准水平，完善煤矸石、粉煤灰和尾矿综合利用相关技术标准，加强煤炭和油气开发、转化、储运等环节余热、余压和冷能等资源回收利用相关标准要求。推动完善煤炭和油气开发生态环境治理相关标准。

进一步完善和提升电力输送能效标准，结合新型电力系统标准体系研究，推动一批新型节能环保电力设备和材料相关标准制修订，进一步提升电力输送关键设备的能效标准。推动负荷侧再电气化能效标准提升。

加快推动综合能源服务标准体系建设及基础性标准研制，重点推动综合能源服务规划设计、能源综合利用、能源服务、能效监测与诊断、能源托管与运营、系统运行质量、服务质量评价及能源与多领域融合等标准研制。

专栏5　能效标准提升专项行动

8. 煤电能效标准提升行动。进一步完善和提升煤电机组能效和灵活性等标准，明确考核约束和关键配套有关技术标准要求，结合煤电“三改联动”开展先进适用标准试点示范。 9. 煤炭深加工能效标准提升行动。依托现代煤化工产业升级和技术改造，进一步完善和提升煤炭深加工能效标准，结合煤化工大气污染物排放要求开展先进适用标准试点示范。 10. 石油炼化能效标准提升行动。依托炼油行业“能效领跑者”行动和技术改造，进一步完善石油炼化领域资源综合利用、炼化产业技术改造标准，持续推进炼油行业能效提升。 11. 电力输送能效标准提升行动。进一步提升电力输送有关能效标准，依托电网建设和技术改造开展示范，助推电网线损率进一步降低。 12. 综合能源服务标准提升行动。开展综合能源服务标准体系研究，形成标准体系框架和体系表，结合试点示范项目，推动相关标准制修订。

（六）健全完善能源产业链碳减排标准

与国家标准协调加快构建能源领域碳减排标准化管理、顶层设计和标准体系。研究制定能源分行业产业链碳足迹核算标准，完善能源领域碳排放核算核查、碳减排量化评估、减污降碳控制监测等标准，研究开展能源装备重要产品全生命周期碳足迹标准研制。服务建立国家碳市场机制需求，加快能源企业碳交易、抵消机制等关键标准研制。

围绕能源领域二氧化碳捕集利用与封存（CCUS）有关技术研发和项目建设需求，加快推进相关标准管理体系和标准体系完善，推进二氧化碳捕集、输送、封存监测、泄漏预警、驱油等关键环节标准制修订。

加快完善能源产业链数字化相关技术标准体系，推进能源各领域数字孪生、能源大数据、智能化等技术标准制修订。

专栏6 能源产业链碳减排标准专项行动

13. 能源产业链碳减排标准体系建设行动。开展能源产业链分行业碳减排标准体系研究和标准化顶层设计，形成标准体系框架和体系表，根据产业发展需求制定一批碳减排标准。

14. CCUS标准体系完善和示范行动。依托重点CCUS项目，有序开展CCUS、二氧化碳管道输送、循环降碳等技术标准研制和示范。

15. 能源装备碳足迹标准体系完善和试点示范行动。开展能源装备全生命周期碳足迹标准体系研究，有序制定分行业典型装备碳足迹核算、评价标准，针对典型能源装备开展试点示范。

三、组织实施

（一）加强组织实施。设立能源领域碳达峰、碳中和标准化领导小组和专家咨询委，准确把握和科学高效推进能源领域碳达峰、碳中和标准化工作。针对涉及面较广的重点领域标准制修订，由国家能源局牵头成立跨标委会的标准工作组，切实加强相关标委会间的沟通协调。各能源标准化管理机构根据分工职责，组织相关标委会制定各领域碳达峰、碳中和标准化工作落实方案，细化明确责任分工和工作要求。鼓励并充分吸纳能源企业、科研机构、高等院校依托能源建设项目、重大科研项目等参与标准制修订和示范。

（二）加大政策支持。加大能源领域碳达峰、碳中和标准供给，年度标准立项数量向相关领域标准重点倾斜。各领域标准化相关行业、企业要进一步加大标准化经费支持力度，重点工程和科研项目根据实际需求列支标准化经费，统筹政府标准工作经费，加大相关领域标准经费支持力度。加快重点标准制修订，有关标准制修订周期缩短至18个月以内。对能源领域“双碳”优秀标准和人才表彰奖励。

（三）开展标准示范。围绕各专项行动任务，依托有关工程项目设立示范，采用“揭榜挂帅”形式，组织项目业主、研发制造单位和标准化机构联合，开展先进适用标准试点示范。根据实际情况，经报能源行业主管部门批准，有关示范项目享受能源领域首台（套）重大技术装备示范应用有关支持政策。切实加强工程策划、设计、建设、验收、运行全阶段与相关标准制修订的紧密协同，推动技术研发、项目建设、产业发展和标准化联动发展。

（四）强化统筹协调。加强与国家标准、团体标准的衔接协调，推动形成国标、行标、团标有机衔接的新型标准体系。深化能源领域标准国际合作，拓宽标准国际化渠道，提高与国际相关标准体系的对接与兼容度，推动重点标准走出去，提升标准国际化水平。

（五）加强监督评估。建立标准实施信息反馈和评估机制，加强能源领域标准实施情况统计分析，开展动态评估，及时掌握情况、发现问题，根据反馈和评估情况加强标准制修订和复审。加强标准有关示范项目过程监管和验收，有关示范项目需制定明确工作计划，并在投运1年后组织验收。

国家能源局综合司关于进一步明确电网企业与发电企业电费结算有关要求的通知

（国能综通法改〔2022〕92号）

各派出机构，中国核工业集团有限公司、国家电网有限公司、中国南方电网有限责任公司、中国华能集团有限公司、中国大唐集团有限公司、中国华电集团有限公司、国家电力投资集团有限公司、中国长江三峡集团有限公司、国家能源投资集团有限责任公司、国家开发投资集团有限公司、华润（集团）有限公司、中国广核集团有限公司、内蒙古电力（集团）有限责任公司，有关电力企业：

为贯彻党中央、国务院关于深化“放管服”改革决策部署，落实《优化营商环境条例》《保障中小企业款项支付条例》《电力监管条例》有关规定，维护电力市场秩序，保障电费结算公平及时，进一步规范电网企业与发电企业电费结算行为，现就有关要求通知如下。

一、电网企业与发电企业签订购售电合同未事先明确约定使用非现金结算支付的，应使用现金结算支付，不得使用承兑汇票（包括银行承兑汇票、财务公司承兑汇票、商业承兑汇票）、国内信用证，以及业务规则、业务形式、应用场景与票据类似的应收账款电子凭证等企业自设电子债务凭证工具延期支付。

二、电网企业如确需使用承兑汇票等非现金支付工具延期支付电费的，应采取买方付息等方式承担资金成本和兑付风险，由双方协商一致以书面形式明确支付条件，并遵守《发电企业与电网企业电费结算办法》（国能发监管〔2020〕79号）第十八条有关规定。

三、电网企业应进一步加强信息报送工作，每半年向所在地能源监管机构报送电费结算使用承兑汇票等情况。

特此通知。

国家能源局综合司

2022年9月19日

国家能源局关于印发《电力二次系统安全管理若干规定》的通知

（国能发安全规〔2022〕92号）

各省（自治区、直辖市）能源局，有关省（自治区、直辖市）及新疆生产建设兵团发展改革委、工业和信息化主管部门，北京市城市管理委员会，各派出机构，全国电力安全生产委员会企业成员单位，各有关电力企业：

为贯彻落实习近平总书记关于安全生产重要论述，进一步加强电力系统安全监管，提升电力二次系统安全管理的针对性、有效性，更好地服务电力行业安全高质量发展，国家能源局对《电力二次系统安全管理若干规定》（电监安全〔2011〕19号）进行了修订。现将修订后的《电力二次系统安全管理若干规定》印发你们，请遵照执行。

国家能源局

2022年10月17日

附件：

电力二次系统安全管理若干规定

第一章　总　　则

第一条　为加强电力二次系统安全管理，确保电力系统安全稳定运行，依据《中华人民共和国电力法》《中华人民共和国网络安全法》《电力监管条例》《电网调度管理条例》《关键信息基础设施安全保护条例》《电力监控系统安全防护规定》等相关法律法规、规章，制定本规定。

第二条　电网调度机构（以下简称调度机构）、电力企业及相关电力用户等各相关单位依据本规定开展电力二次系统安全管理工作。

第三条　本规定所称电力二次系统包括继电保护和安全自动装置，发电机励磁和调速系统，新能源发电控制系统，电力调度通信和调度自动化系统，直流控制保护系统，负荷控制系统，储能电站监控系统等（以下简称二次系统）；涉网二次系统是指电源及相关电力用户中与电网安全稳定运行相关的二次系统。

第四条　国家能源局及其派出机构依法对二次系统管理工作实施监督管理。

第五条　电力企业及相关电力用户是二次系统安全管理的责任主体，应当遵照国家及行业有关电力安全生产的法律法规、规章制度和技术标准，负责本单位的二次系统安全管理工作。

第六条　调度机构应加强调度管辖区域内电力企业及相关电力用户二次系统技术监督工作的指导，定期统计和汇总分析电力企业及相关电力用户技术监督工作开展情况，并将有关问题和情况及时报送国家能源局及其派出机构。调度机构按照国家相关规定负责调度管辖范围内涉网二次系统的技术监督工作。

第七条　调度机构、电力企业及相关电力用户应当配备足够的二次系统专业技术人员，具备设备运维、故障排查处置等工作能力。

第八条　调度机构应按照有关法律法规和国家能源局监管要求组织并督促二次系统专业技术培训和技术交流工作；应组织各相关单位贯彻执行国家和行业有关二次系统的标准、规程和规范；应组织制定（修订）调度管辖范围内二次系统的规程、规范和相关管理制度，并将与电力监管相关的事项报告国家能源局及其派出机构；应定期组织召开二次系统专业会议；组织开展二次系统运行统计分析工作，及时发布分析报告。

第九条　电力企业及相关电力用户应保障二次系统网络安全投入，并遵循“同步规划、同步建设、同步使用”的原则。

第十条　国家能源局及其派出机构加强对调度机构技术监督工作的监督管理，建立二次系统安全管理情况书面报告制度。省级、区域调度机构按月向国家能源局相关派出机构报告二次系统安全管理情况，国家电力调控中心和南方电网电力调控中心按季度向国家能源局报告二次系统安全管理情况，南方电网电力调控中心同时报南方能源监管局。相关二次系统安全管理情况按有关规定，在并网电厂涉网安全管理联席会议上通报。

第十一条　国家能源局及其派出机构可以依据相关规定对二次系统管理工作中的有关争议进行调解，经调解仍不能达成一致的，由国家能源局及其派出机构依照《电力监管条例》裁决。

第二章　规划建设管理

第十二条　二次系统规划设计应满足国家和行业相关技术标准和有关规定。

第十三条　二次系统规划设计应满足电网安全稳定运行和网络安全的要求。

第十四条　二次系统设备选型及配置应满足国家和行业相关技术标准，以及设备技术规程、规范的要求。涉网二次系统规划设计、设备选型及配置还应征求调度机构意见，并满足调度机构相关技术规定及电网反事故措施的有关要求。

第十五条　电力企业及相关电力用户应按国家相关部门、调度机构要求配置网络安全专用防护产品，并报调度机构备案。

第十六条 二次系统设备应选择具备相应资质的质检机构检验合格的产品。

第十七条 二次系统安装、试验、验收应满足国家和行业相关标准、规范，及调度机构有关规程和管理制度的要求。涉网二次系统应按照有关规定进行并网安全评价，确保满足并网条件。

第十八条 二次系统项目建设完成应由项目监理单位出具相关质量评估报告，其中涉网二次系统应经调度机构确认。

第十九条 二次系统网络安全防护应满足《电力监控系统安全防护规定》要求。

第二十条 电力企业及相关电力用户的数字证书、密码产品等应满足国家相关部门、调度机构对二次系统密码应用管理的相关要求。

第三章 运行维护管理

第二十一条 电力企业及相关电力用户应按照国家、行业标准及调度机构相关规程和管理制度组织二次系统的定期检查和日常维护工作。

第二十二条 电力企业及相关电力用户各自负责所属电力通信、调度自动化及网络安全系统的运行维护工作。

第二十三条 相关电力用户应按政府有关要求和调度机构相关规程落实负荷控制、稳定控制、低频减负荷、低压减负荷等控制措施。

第二十四条 二次系统设备、装置及功能应按照相关规定投退，不得随意投入、停用或改变参数设置。属调度机构调度管辖范围的二次系统设备、装置及功能因故需要投入、退出、停用或改变参数设置的应报相应调度机构批准同意后方可进行。

第二十五条 电力企业及相关电力用户应对不满足电力系统安全稳定运行要求的二次系统及时进行更新、改造，并进行相关试验。需要进行联合调试的，调度机构负责安排相关运行方式，为联合调试创造条件。

第二十六条 已运行的二次系统（包括硬件和软件）需要改造升级的，应满足本规定关于规划设计、设备选型、网络安全防护等要求。

第二十七条 电力企业及相关电力用户所进行的影响电力系统安全及二次系统运行的重要设备投运和重大试验工作，应严密组织，防止引发电网事故和设备事故，调度机构应提前将有关投运和试验安排通知相关单位。

第二十八条 电力企业及相关电力用户应加强二次系统网络安全监视，当发生危害网络安全的事件时应立即采取措施，影响涉网二次系统安全的应同时向调度机构报告。

第二十九条 电力企业及相关电力用户应建立二次系统安全双重预防体系，加强二次系统安全风险管控和隐患排查治理。

第三十条 电力系统发生异常与故障后，各相关单位应依据调度规程和现场运行有关规定，正确、迅速进行处理，保全现场文档，并及时向调度机构报告设备状态和处理情况。

第三十一条 各相关单位应加强沟通，互相提供有关资料，积极查找异常与事故原因，配合相关部门进行电力安全事故调查工作，并根据调查情况分别制定措施，落实整改。

第三十二条 调度机构负责组织或参与涉网二次系统的安全检查工作，参与涉网二次系统的电力安全事故调查、事故分析工作，并制定反事故措施。

第三十三条 电力二次系统网络安全专用防护产品的使用单位应督促研发单位和供应商按国家有关要求做好保密工作，防止关键技术泄露。严禁在互联网上销售、购买电力二次系统网络安全专用防护产品。

第四章 定值和参数管理

第三十四条 与电网安全稳定运行紧密相关的继电保护及安全自动装置定值由调度机构负责管理。调度机构下达限额或定值，发电企业及相关电力用户按调度机构要求整定，并报调度机构审核和备案。

其他与电网安全稳定运行相关的继电保护及安全自动装置定值由发电企业及相关电力用户自行管理，并负责整定，定值应报调度机构备案。

第三十五条 继电保护及安全自动装置整定工作原则上应由本企业专业人员具体负责；如需委托外单位，应委托具备相应专业能力的单位承担。

第三十六条 调度机构应及时将影响涉网二次系统运行和整定的系统阻抗等有关变化情况，书面通知发电企业及相关电力用户；发电企业及相关电力用户应及时校核定值和参数，在调度机构指导下及时调整二次系统的运行方式和有关定值。

第三十七条 发电企业应按调度机构要求提供系统分析用的发电机励磁系统（包括电力系统稳定器PSS）和调速系统、新能源发电控制系统等二次设备的技术资料和实测参数，以及继电保护整定计算所需的发电机、变压器等主要设备技术规范、技术参数和实测参数等资料。

第三十八条 发电企业的发电机励磁系统和调速系统定值和参数应报送调度机构备案。

第三十九条 发电企业的涉网试验方案、试验结果和试验报告应经调度机构确认。

第四十条 发电企业应根据电力系统网络结构变

化、发电机励磁系统和调速系统等主要设备变化、相关控制系统发生重大改变，重新进行相关试验，并根据试验结论和调度机构的技术要求调整发电机励磁系统和调速系统定值参数，满足电力系统安全稳定运行要求。

第四十一条　调度机构应指导发电企业做好发电机励磁系统与调速系统等参数优化和管理工作，并配合发电企业进行相关试验工作。

第四十二条　涉网调度通信设备的数据配置、运行方式由调度机构或受其委托的通信运维单位下达，发电企业及相关电力用户应按要求执行，执行结果向相关单位报备。

第四十三条　发电企业及相关电力用户调度数据网设备的配置参数由调度机构负责管理，按调度机构下达的参数要求配置，并报调度机构备案。

第五章　附　　则

第四十四条　本规定所称相关电力用户是指农林水利、工矿企业、交通运输、公共服务等具有二次系统的大负荷用户，以及能够响应调度指令的负荷聚合商等。

第四十五条　本规定所称发电企业是电力企业的一种类别，是指并入电网运行的火力（燃煤、燃油、燃气及生物质）、水力、核能、风力、太阳能、抽水蓄能、新型储能、地热能、海洋能等发电厂（场、站）。

第四十六条　本规定所称“与电网安全稳定运行紧密相关的继电保护及安全自动装置”，是指电源及相关电力用户中主要为电网安全稳定运行服务的继电保护与安全自动装置。

第四十七条　本规定所称“其他与电网安全稳定运行相关的继电保护及安全自动装置”，是指电源及相关电力用户中主要为保护电源及相关电力用户而配置的，与电网存在配合关系的继电保护与安全自动装置。

第四十八条　国家能源局各派出机构可根据情况制定相应的实施细则。

第四十九条　电力企业及相关电力用户应按照本规定和相关实施细则及时修订相关规程和管理制度。

第五十条　本规定自发布之日起施行，有效期5年。原国家电力监管委员会《电力二次系统安全管理若干规定》（电监安全〔2011〕19号）同时废止。

国家能源局关于印发《水电站大坝工程隐患治理监督管理办法》的通知

（国能发安全规〔2022〕93号）

各省（自治区、直辖市）能源局，有关省（自治区、直辖市）及新疆生产建设兵团发展改革委、工业和信息化主管部门，北京市城市管理委，各派出机构，大坝中心，全国电力安委会各企业成员单位：

为加强水电站大坝运行安全监督管理，规范水电站大坝工程隐患的排查治理工作，我局对《水电站大坝除险加固管理办法》（电监安全〔2010〕30号）进行了修订，形成《水电站大坝工程隐患治理监督管理办法》。现印发给你们，请遵照执行。

附件：《水电站大坝工程隐患治理监督管理办法》

国家能源局

2022年10月19日

水电站大坝工程隐患治理监督管理办法

第一章　总　　则

第一条　为了加强水电站大坝运行安全监督管理，规范水电站大坝工程隐患的排查治理工作，根据《中华人民共和国安全生产法》《水库大坝安全管理条例》《水电站大坝运行安全监督管理规定》等法律、法规和规章，制订本办法。

第二条　本办法适用于按照《水电站大坝运行安全监督管理规定》纳入国家能源局监督管理范围的水电站大坝（以下简称大坝）。

第三条　电力企业是大坝工程隐患排查治理的责任主体，其主要负责人为大坝工程隐患排查治理的第一责任人。

电力企业应当明确大坝工程隐患排查治理的目标和任务，制定隐患治理计划和治理方案，落实人、财、物、技术等资源保障。

第四条　国家能源局对大坝工程隐患治理实施综合监督管理。国家能源局派出机构（以下简称派出机构）对辖区内大坝工程隐患治理实施监督管理。承担水电站项目核准和电力运行管理的地方各级电力管理等有关部门（以下简称地方电力管理部门）依照国家法律法规和有关规定，对本行政区域内大坝工程隐患治理履行地方管理责任。国家能源局大坝安全监察中心（以下简称大坝中心）对大坝工程隐患治理提供技术监督和管理保障。

第五条　大坝工程隐患按照其危害严重程度，分为特别重大、重大、较大、一般等四级。

大坝较大以上（含较大，下同）工程隐患的治理应当进行专项设计、专项审查、专项施工和专项验收。

第二章　隐　患　确　认

第六条　大坝特别重大工程隐患，是指大坝存在以下一种或者多种工程问题、缺陷，并且经过分析论证，即使在采取控制水库运行水位措施、尽最大可能降低水库水位的条件下，在设防标准内仍然可能导致溃坝或者漫坝的情形：

（一）防洪能力严重不足；

（二）大坝整体稳定性不足；

（三）存在影响大坝运行安全的坝体贯穿性裂缝；

（四）坝体、坝基、坝肩渗漏严重或者渗透稳定性不足；

（五）泄洪消能建筑物严重损坏或者严重淤堵；

（六）泄水闸门、启闭机无法安全运行；

（七）枢纽区存在影响大坝运行安全的严重地质灾害；

（八）严重影响大坝运行安全的其他工程问题、缺陷。

大坝重大工程隐患，是指大坝存在本条第一款规定的一种或者多种工程问题、缺陷，并且经过分析论证，在采取控制水库运行水位措施、尽最大可能降低水库水位的条件下，在设防标准内一般不会导致溃坝或者漫坝的情形。

大坝较大工程隐患，是指大坝存在本条第一款规定的一种或者多种工程问题、缺陷，并且经过分析论证，无需采取控制水库水位措施，在设防标准内一般不会导致溃坝或者漫坝的情形。

大坝一般工程隐患，是指大坝存在工程问题、缺陷，已经或者可能影响大坝运行安全，但其危害尚未达到较大工程隐患严重程度的情形。

第七条 大坝工程隐患，可由电力企业自查确认，也可由派出机构、地方电力管理部门、大坝中心在日常监督管理或者大坝安全定期检查、特种检查等工作中确认。确认标准按照本办法第六条以及电力安全隐患监督管理相关规定执行。

第八条 大坝工程隐患确认时间，是指电力企业自查确认的时间；派出机构、地方电力管理部门在监督管理过程中提出明确意见的时间；大坝中心印发大坝安全定期检查、特种检查审查意见的时间，以及提出大坝其他工程隐患督查意见的时间。

第九条 电力企业对自查确认的大坝较大以上工程隐患，应当立即书面报告派出机构、地方电力管理部门以及大坝中心。派出机构、地方电力管理部门以及大坝中心对各自确认的大坝较大以上工程隐患，除了应当及时通知电力企业之外，还应当同时相互抄送告知。

大坝较大以上工程隐患涉及防汛、环保、航运等事项的，隐患确认单位还应当同时告知地方政府相关主管部门。

第三章 隐患治理

第十条 大坝工程隐患确认之日起的两个月内，电力企业应当将隐患治理计划报送大坝中心；对于较大以上的工程隐患，电力企业还应当将治理计划报送派出机构和地方电力管理部门。

第十一条 电力企业应当委托大坝原设计单位或者具有相应资质的设计单位，对大坝较大以上工程隐患的治理方案进行专项设计。

第十二条 电力企业应当委托大坝设计方案的原审查单位或者具有相应资质的审查单位，对大坝较大以上工程隐患的治理方案进行专项审查。

第十三条 大坝较大以上工程隐患治理方案专项审查通过后的一个月内，电力企业应当将通过审查或者按照审查意见修改后的治理方案报请大坝中心开展安全性评审。通过安全性评审后，电力企业应当将治理方案报送派出机构和地方电力管理部门。

第十四条 大坝较大以上工程隐患的治理方案涉及大坝原设计功能改变或者调整的部分，电力企业应当依法依规报请项目核准（审批）部门批准。

第十五条 大坝较大以上工程隐患的治理，应当由电力企业委托具有相应资质的制造、安装、施工、维修和监理单位实施。

第十六条 电力企业应当严格按照大坝工程隐患治理计划和治理方案明确的时限、质量等要求开展治理工作，并定期将进展情况报送大坝中心，其中较大以上工程隐患的治理情况还应当报送派出机构和地方电力管理部门。

第十七条 大坝较大以上工程隐患的治理，应当在要求的时限内完成；一般工程隐患原则上应当立即完成治理，治理工作量大、受客观条件限制的，可适当延长完成时间。

第十八条 大坝较大以上工程隐患治理完成并经过一年运行后，电力企业应当及时组织开展专项竣工验收。派出机构、地方电力管理部门以及大坝中心应当按照职责和分工参加竣工验收。通过专项竣工验收之日起的一个月内，电力企业应当将验收报告以及相关资料报送大坝中心、派出机构和地方电力管理部门。

第四章 风险防控

第十九条 大坝较大以上工程隐患确认后，电力企业应当加强水情监测、水库调度、防洪度汛、安全监测以及大坝巡视检查等工作，并采取有效措施保证大坝运行安全。构成特别重大工程隐患或者重大工程隐患的，电力企业还应当采取降低水库运行水位、放空水库等安全保障措施。

第二十条 大坝较大以上工程隐患确认后，电力企业应当及时制定或者修订专项应急预案，按照有关规定完成预案评审和备案，加强预报预警，健全应急协调联动机制，积极开展应急演练。

第二十一条 大坝存在工程隐患，采取治理措施仍然不能保证运行安全的，应当按照《水电站大坝运行安全监督管理规定》有关规定退出运行。

第五章　监　督　管　理

第二十二条　大坝中心收到电力企业报送的特别重大工程隐患、重大工程隐患治理专项竣工验收资料后，应当及时重新评定大坝安全等级，并将评定结果报告国家能源局，同时抄送派出机构和地方电力管理部门。

第二十三条　派出机构、地方电力管理部门、大坝中心应当依照法律法规和相关规定，加强对大坝工程隐患治理的监督管理。

国家能源局负责对大坝特别重大工程隐患的治理实施挂牌督办，必要时可以指定有关派出机构实施挂牌督办。派出机构负责对大坝重大工程隐患实施挂牌督办。地方电力管理部门依照法律法规和相关规定做好大坝隐患治理挂牌督办有关工作。大坝中心为挂牌督办提供技术支持。

第二十四条　派出机构、地方电力管理部门以及大坝中心应当加强协同配合，联合开展相关监督检查，督促指导电力企业按时、高质量完成大坝工程隐患治理各项工作。

第二十五条　国家能源局、派出机构、地方电力管理部门应当依照国家法律法规和有关规定，调查处理大坝工程隐患治理责任不落实的企业和相关人员。

第二十六条　电力企业应当积极配合国家能源局、派出机构、地方电力管理部门以及大坝中心对大坝工程隐患治理开展的监督管理工作。

第六章　附　　则

第二十七条　本办法自发布之日起施行，有效期五年。原国家电力监管委员会颁布施行的《水电站大坝除险加固管理办法》（电监安全〔2010〕30 号）同时废止。

国家能源局关于进一步加强海上风电项目安全风险防控相关工作的通知

（国能发安全〔2022〕97 号）

天津市、河北省、辽宁省、上海市、江苏省、浙江省、福建省、山东省、广东省、广西壮族自治区、海南省发展改革委、能源局，华北、东北、华东、南方能源监管局，山东、浙江、江苏、福建能源监管办，全国电力安委会有关企业成员单位：

为贯彻落实《国务院安委会办公室　自然资源部　交通运输部　国务院国资委　国家能源局关于加强海上风电项目安全风险防控工作的意见》（安委办〔2022〕9 号，以下简称《意见》），促进海上风电安全可持续发展，现就电力行业加强海上风电项目安全风险防控有关事项通知如下。

一、严格落实企业主体责任

（一）海上风电项目的业主单位是安全生产责任主体，应履行以下责任：

1. 依法依规办理项目核准、许可等相关手续。

2. 建立健全安全生产组织管理、投入保障、风险管控、隐患排查治理、应急处置等机制。

3. 加强对海上风电项目参建及运维单位的组织、协调和监督，并加强与海事、应急、能源等有关部门以及国家能源局有关派出机构的衔接。

4. 对勘察、设计、施工、安装调试、监理、运维、船舶运营等单位的资质进行审核，与相关单位签订安全生产协议，督促其落实各项安全保障措施。

5. 主要负责人和安全生产管理人员应具备与海上风电建设施工、运行维护相适应的安全生产知识和管理能力。

6. 法律法规规定的其他安全生产责任。

（二）海上风电项目的勘察、设计、设备制造、施工、安装调试、监理、监造、运维、船舶运营等单位，依法依规承担相应的安全生产责任。

（三）电网企业应落实电网安全生产主体责任，加强海上风电项目的接入、运行监测等涉网安全管理，保障电网运行安全。

二、加强施工安全管理

（四）海上风电项目的施工单位，应当在作业前取得施工所在地海事机构的许可，并按要求做好安全保障。

（五）海上风电作业人员，应按规定持有《海上设施工作人员海上交通安全技能培训合格证明》或相应等效的培训合格证，参加内部安全教育及培训，确保出海前熟悉作业区域的气象海况、工况条件和安全要求等。

（六）海上风电项目的各参建单位，应建立出海人员动态管理台账，业主单位应当建立总台账，对出海作业各类人员（船员、海上风电作业人员、临时性出海人员）进行动态管理。

（七）海上风电项目的安全设施，必须与主体工程同时设计、同时施工、同时投入生产和使用。

（八）海上风电项目的参建单位，应加强地质勘测工作，重点防范因地质勘测不准确造成溜桩、穿刺等导致作业船舶或海上设施失稳。

（九）海上风电项目的施工单位，应科学制定施工方案，根据作业需要应开展船舶稳性、系泊、强度、压载作业、插拔桩、船舶载荷工况、风浪载荷等相关计算。

（十）海上风电项目的施工单位，应加强重点作业管理，沉桩作业应落实防溜桩工作措施，吊装作业应明确吊装系数，确保起重机、起吊点、吊梁、索具合格，海缆敷设作业应落实警戒及防止走锚措施。

（十一）海上风电项目的施工单位，应明确船机设备管理的责任部门或责任人，建立相应的管理制度，保证船机设备的适用性。

（十二）海上风电项目的施工、运输单位，应建立船舶值守制度，施工过程中船机抛锚期间，应当安排船员值守瞭望，避免船机走锚发生安全事故。

（十三）海上风电项目施工单位，应加强天气和海浪预报管理，根据气象、海浪预报信息，合理安排海上作业窗口期，保障施工安全风险可控。加强与政府相关部门的衔接，按照政府部门发布的各类海上气象预警，及时启动相应的应急预案。

（十四）海上风电项目的业主单位，应按照国家和行业有关规定，科学确定项目合理工期并严格组织实施，严禁擅自压缩合同约定的工期。

（十五）海上风电项目的业主单位，应加强工程质量管控，按规定办理电力建设工程质量监督注册手续。相关电力建设工程质量监督机构应按照国家能源局发布的质量监督检查大纲的要求，认真开展质量监督工作。

三、加强运维安全管理

（十六）海上风电项目的业主单位和运维单位，应根据场站规模、海洋水文气象特点，编制综合安全管理、人员安全管理、设备设施安全管理、船舶安全管理等各类安全规章制度。

（十七）海上风电运维人员，应当参加海上交通安全技能培训，取得相关培训证明，确保掌握海上救生消防基本知识，熟悉作业区域的气象海况、工况条件和安全要求。

（十八）海上风电项目的业主单位和运维单位，应加强海上运维交通工具的管理，严格船舶调度，明确允许出海和必须返航的气象、水文条件。

（十九）海上风电机组、海缆、升压站等相关一次设备、二次设备经验收合格后方可投运，并定期进行巡视和维护。发现安全隐患，应及时整改，问题严重的应当停产整顿。

（二十）海上风电项目的业主单位和运维单位，应在海上风机基础、升压站、海缆等设备、区域处设置符合国家及行业要求的安全监测仪器，监测不均匀沉降、倾斜、应力应变、腐蚀老化等参数，发现异常情况及时处理。

（二十一）海上风电项目的业主单位和运维单位，应加强动火作业管理，严格执行动火作业审批制度；应按照国家、行业有关规定在海上升压站、风电机组机舱和塔架等海上设备设施内配备消防设备、设施。

（二十二）海上风电项目的业主单位和运维单位，应在海上升压站、风电机组、船舶内配备符合国家、行业相关标准规范要求的逃生与救生设备，定期进行检验检测，并组织培训和演练。

（二十三）海上风电项目的业主单位和运维单位，应依法依规明确电力设施保护范围，采取有效措施确保电力设施安全，必要时应利用信息化手段进行自动监视监测。

（二十四）海上风电项目的业主单位，应与地方政府以及渔业、海事等主管部门建立协调联动机制，做好海上风电场区渔船、运输船只的安全管理，有效防范设备和人身伤亡事故的发生。

四、加强涉网安全管理

（二十五）海上风电场设备的参数选择、涉网保护和自动装置的配置和整定等，应与所接入电网相协调，性能应满足电力系统安全稳定运行要求。

（二十六）海上风电场应具备一次调频能力、快速调压能力，且满足相关标准要求。

（二十七）海上风电场的风电机组及无功补偿设备的电压和频率耐受能力原则上应与同步发电机组的电压和频率耐受能力一致。

（二十八）新能源并网发电比重较高地区的海上风电场应根据接入电网的需求，提供必要的惯量与短路容量支撑。

（二十九）海上风电场应按国家、行业标准要求开展并网测试与仿真模型准确性评价工作，确保模型参数准确性。当海上风电场发生容量变更、设备改造、软件升级、参数修改和控制逻辑变更等影响并网测试和仿真建模结果的，应重新测试和评价。

（三十）海上风电场应按照电力监控系统安全防护等相关规定开展电力监控系统安全防护工作。

（三十一）海上风电场应严格执行电力调度机构的调度指令。未经调度机构同意，不得擅自改变电力调度管辖范围内设备的状态。发生风电机组大面积脱网时，应立即向电力调度机构报告，未经允许不得擅自并网。

五、加强应急管理

（三十二）海上风电项目的业主单位，应建立海上风电项目应急管理体系，组织施工、运维单位针对海上突发事件的性质、特点制定各类安全事故应急预案，加强培训并定期组织演练。

（三十三）海上风电项目的业主单位，应与地方政府及有关部门建立协调联动机制，确保应急工作有效实施。施工、运维单位宜与相邻施工、运维单位签订应急救援互助协议，提高应急处置效率。

（三十四）海上风电项目的施工、运维单位，应加强应急队伍建设和应急物资装备的配备及管理。

（三十五）发生突发事件时，海上风电项目的业主单位应及时启动应急响应，按照相关规定向海事、应急、能源以及国家能源局派出机构等有关部门报告，并配合做好应急救援、事故调查等工作。

六、加强监督管理

（三十六）地方各级能源管理部门和国家能源局有关派出机构要严格按照《意见》要求，落实海上风电安全监督管理职责，并加强与海事、应急等相关部门的协调联动，形成工作合力，不断提升海上风电项目的安全生产水平。

国家能源局
2022 年 11 月 4 日

国家能源局关于印发《电力行业网络安全管理办法》的通知

（国能发安全规〔2022〕100 号）

各省（自治区、直辖市）能源局，有关省（自治区、直辖市）及新疆生产建设兵团发展改革委、工业和信息化主管部门，北京市城市管理委，各派出机构，全国电力安全生产委员会各企业成员单位，有关电力企业：

为深入贯彻习近平总书记关于网络强国的重要思想，加强电力行业网络安全监督管理，规范电力行业网络安全工作，国家能源局对《电力行业网络与信息安全管理办法》（国能安全〔2014〕317 号）进行了修订。现将修订后的《电力行业网络安全管理办法》印发你们，请遵照执行。

附件：电力行业网络安全管理办法

国家能源局
2022 年 11 月 16 日

电力行业网络安全管理办法

第一章　总　　则

第一条　为加强电力行业网络安全监督管理，规范电力行业网络安全工作，根据《中华人民共和国网络安全法》《中华人民共和国密码法》《中华人民共和国数据安全法》《中华人民共和国个人信息保护法》《中华人民共和国计算机信息系统安全保护条例》《关键信息基础设施安全保护条例》及国家有关规定，制定本办法。

第二条　电力行业网络安全工作的目标是建立健全网络安全保障体系和工作责任体系，提高网络安全防护能力，保障电力系统安全稳定运行和电力可靠供应。

第三条　电力企业在中华人民共和国境内建设、运营、维护和使用网络（除核安全外），以及网络安全的监督管理，适用本办法。

本办法所称网络是指由计算机或者其他信息终端及相关设备组成的按照一定的规则和程序对信息进行收集、存储、传输、交换、处理的系统，包括电力监控系统、管理信息系统及通信网络设施。

本办法不适用于涉及国家秘密的网络。涉及国家秘密的网络应当按照国家保密工作部门有关涉密信息系统管理规定和技术标准，结合网络实际情况进行管理。

第四条　电力行业网络安全工作坚持“积极防御、综合防范”的方针，遵循“依法管理、分工负责，统筹规划、突出重点”的原则。

第二章　监 督 管 理 职 责

第五条　国家能源局及其派出机构、负有电力行业网络安全监督管理职责的地方能源主管部门（以下简称行业部门）在各自职责范围内依法依规履行电力行业网络安全监督管理职责。

第六条　电力行业网络安全监督管理工作主要包括以下内容：

（一）组织落实国家关于网络安全的方针、政策和重大部署，并与电力生产安全监督管理工作相衔接；

（二）组织制定电力行业网络安全等级保护、关键信息基础设施安全保护、电力监控系统安全防护、网络安全监测预警和信息通报、网络安全事件应急处置等方面的政策规定及技术规范，并监督实施；

（三）组织认定电力行业关键信息基础设施，制定关键信息基础设施安全规划，建立关键信息基础设施网络安全监测预警制度，组织开展关键信息基础设施网络安全检查检测，指导关键信息基础设施运营者做好网络安全事件应对处置；

（四）组织或参与网络安全事件的调查与处理；

（五）督促电力企业落实网络安全责任、保障网络安全经费、开展网络安全防护能力建设等工作；

（六）组织开展电力行业网络安全信息通报等工作；

（七）指导督促电力企业做好网络安全宣传教育工作；

（八）推动网络安全仿真验证环境（靶场）建设，组织建立网络安全监督管理技术支撑体系；

（九）电力行业网络安全监督管理的其他事项。

第七条 电力调度机构负责直接调度范围内的下一级电力调度机构、集控中心、变电站（换流站）、发电厂（站）等各类机构涉网部分的电力监控系统安全防护的技术监督。主要包括以下内容：

（一）自行组织或委托电力监控系统安全防护评估机构开展调度范围内电力监控系统的自评估工作，配合开展电力监控系统的检查评估工作，负责统一指挥调度范围内的电力监控系统安全应急处理，参与电力监控系统的网络安全事件调查和分析工作；

（二）组织并督促各相关单位开展电力监控系统安全防护技术培训和交流工作，贯彻执行国家和行业有关电力监控系统安全防护的标准、规程和规范；

（三）负责对电力监控系统专用安全产品开展监督管理，制定电力监控系统专用安全产品管理办法并监督实施；

（四）将并网电厂涉网部分电力监控系统网络安全运行状态纳入监测；

（五）每年 11 月 1 日前将技术监督工作开展情况报送行业部门。

第三章 电力企业责任义务

第八条 电力企业是本单位网络安全的责任主体，负责本单位的网络安全工作。

第九条 电力企业主要负责人是本单位网络安全的第一责任人。电力企业应当建立健全网络安全管理、评价考核制度体系，成立工作领导机构，明确责任部门，设立专职岗位，定义岗位职责，明确人员分工和技能要求，建立健全网络安全责任制。

电力行业关键信息基础设施运营者的主要负责人对关键信息基础设施安全保护负总责，要明确一名领导班子成员（非公有制经济组织运营者明确一名核心经营管理团队成员）作为首席网络安全官，专职管理或分管关键信息基础设施安全保护工作；为每个关键信息基础设施明确一名安全管理责任人；设立专门安全管理机构，确定关键岗位及人员，并对机构负责人和关键岗位人员进行安全背景审查。

第十条 电力企业应当依法依规开展关键信息基础设施信息报送工作，关键信息基础设施发生较大变化，可能影响其认定结果的，关键信息基础设施运营者发生合并、分立、解散等情况的，应当及时将相关情况报告行业部门。

第十一条 电力企业应当按照国家网络安全等级保护制度、关键信息基础设施安全保护制度、数据安全制度、网络安全审查工作机制和电力监控系统安全防护规定的要求，对本单位的网络进行安全保护，并将网络安全纳入安全生产管理体系。

第十二条 电力企业应当选用符合国家有关规定、满足网络安全要求的网络产品和服务，开展网络安全建设或改建工作。接入生产控制大区的涉网安全产品需经电力调度机构同意。

第十三条 电力行业关键信息基础设施运营者应当优先采购安全可信的网络产品和服务，并按照有关要求开展风险预判工作，评估投入使用后可能对关键信息基础设施安全、电力生产安全和国家安全的影响，形成评估报告。影响或者可能影响国家安全的，应当按照国家网络安全规定通过安全审查。

第十四条 电力企业规划设计网络时，应当明确安全保护需求，保证安全措施同步规划、同步建设、同步使用，设计合理的总体安全方案并经专业技术人员评审通过，制定安全实施计划，负责网络安全建设工程的实施。网络上线前，电力企业应当委托网络安全服务机构开展第三方安全测试。

第十五条 电力企业应当按照国家有关规定开展电力监控系统安全防护评估、网络安全等级保护测评、关键信息基础设施网络安全检测和风险评估、商用密码应用安全性评估和网络安全审查等工作，未达到要求的应当及时进行整改。

第十六条 电力企业不得委托在近 3 年内被行业部门通报有不良行为或被相关部门通报整改的网络安全服务机构。

第十七条 电力企业应当按照国家有关规定开展网络安全风险评估工作，建立健全网络安全风险评估的自评估和检查评估制度，完善网络安全风险管理机制。发现风险隐患可能对电力行业网络安全产生较大影响的，应当向行业部门报告。

第十八条 电力企业应当依据国家和行业相关标准、规程和规范开展网络安全技术监督工作，可委托网络安全服务机构协助开展。

第十九条 电力企业应当建立健全网络产品安全漏洞信息接收渠道并保持畅通，发现或者获知存在安全漏洞后，应当立即评估安全漏洞的影响范围及程度，及时对安全漏洞进行验证并完成修补。

第二十条 电力企业应当建立健全本单位网络安全监测预警和信息通报机制，及时掌握本单位网络安全运行状况、安全态势，及时处置网络安全威胁与隐患，定期向行业部门报告有关情况。

电力行业关键信息基础设施运营者应当建立 7×24 小时值班值守制度，建设网络安全态势感知平台，并与行业部门、公安机关等有关平台对接。

第二十一条 电力企业应当按照电力行业网络安全事件应急预案，制修订本单位网络安全事件应急预案，每年至少开展一次应急演练。制修订电力监控系统专项网络安全事件应急预案并定期组织演练。定期组织开展网络攻防演习，检验安全防护和应急处置能力。

第二十二条 电力企业应当在国家重要活动、会议期间结合实际制定网络安全保障专项工作方案和应急预案，成立保障组织机构，明确目标任务，细化措施要求，组织预案演练，确保重要信息系统、电力监控系统安全稳定运行。

第二十三条 电力企业发生网络安全事件后，应当立即启动网络安全事件应急预案，对网络安全事件进行调查和评估，采取技术措施和其他必要措施，消除安全隐患，防止危害扩大，注意保护现场，并按照规定向有关主管部门报告。

第二十四条 电力企业应当按照国家有关规定，建立健全容灾备份制度，对重要系统和重要数据进行有效备份。

第二十五条 电力企业应当建立健全全流程数据安全管理和个人信息保护制度，按照国家和行业重要数据目录及数据分类分级保护相关要求，确定本单位的重要数据具体目录，对列入目录的数据进行重点保护。

第二十六条 电力企业应当建立网络安全资金保障制度，安排网络安全专项预算，确保网络安全投入不低于信息化总投入的5%。

第二十七条 电力企业应当加强网络安全从业人员考核和管理，建立与网络安全工作特点相适应的人才培养机制，做好全员网络安全宣传教育，提高网络安全意识。从业人员应当定期接受相应的政策规范和专业技能培训，并经培训合格后上岗。

第二十八条 电力企业应当督促电力监控系统专用安全产品研发单位和供应商按照国家有关要求做好保密工作，防止关键技术泄露。严禁在互联网上销售、购买电力监控系统专用安全产品。

第二十九条 电力企业应当于每年11月1日前，将当年网络安全工作的专项总结报行业部门。总结内容应当包括但不限于网络安全工作开展情况、网络安全等级保护情况、电力监控系统安全防护评估情况、数据安全情况、安全监测预警情况、风险隐患治理情况、网络安全事件应对处置情况、应急预案及演练情况、网络产品和服务采购情况、下一年度工作计划等。

电力行业关键信息基础设施运营者应当于每年11月1日前，将当年关键信息基础设施安全保护工作的专项总结报行业部门。总结内容应当包括但不限于关键信息基础设施的运行情况、认定报送情况、安全监测预警情况、网络安全检测和风险评估情况、网络安全事件应对处置情况、应急预案及演练情况、网络产品和服务采购情况、密码使用情况、下一年度安全保护计划等。

第四章 监 督 检 查

第三十条 行业部门在各自职责范围内依法依规对电力企业网络安全工作进行监督检查，定期组织开展电力行业关键信息基础设施网络安全检查检测。

第三十一条 行业部门进行监督检查和事件调查时，可以采取下列措施：

（一）进入电力企业进行检查；

（二）询问相关单位的工作人员，要求其对有关检查事项作出说明；

（三）查阅、复制与检查事项有关的文件、资料，对可能被转移、隐匿、损毁的文件、资料予以封存；

（四）对检查中发现的问题，责令其当场改正或者限期改正。

第三十二条 行业部门在履行网络安全监督管理职责中，发现网络存在较大安全风险或者发生安全事件的，可以按照规定的权限和程序对该电力企业法定代表人或者主要负责人进行约谈，情节严重的依据国家有关法律、法规予以处理。

行业部门可就网络安全缺陷、漏洞等风险，网络攻击、恶意软件等威胁，网络安全事件开展行业通报，电力企业应当及时排查并采取风险防范措施。

第三十三条 行业部门工作人员必须对在履行监督管理职责中知悉的国家秘密、工作秘密、商业秘密、重要数据、个人信息和隐私严格保密，不得泄露、出售或者非法向他人提供。

第五章 附 则

第三十四条 本办法由国家能源局负责解释。

第三十五条 本办法自发布之日起施行，有效期5年。《电力行业网络与信息安全管理办法》（国能安全〔2014〕317号）同时废止。

国家能源局关于印发《电力行业网络安全等级保护管理办法》的通知

（国能发安全规〔2022〕101号）

各省（自治区、直辖市）能源局，有关省（自治区、直辖市）及新疆生产建设兵团发展改革委、工业和信息化主管部门，北京市城市管理委，各派出机构，全国电力安全生产委员会各企业成员单位，有关电力企业：

为深入贯彻习近平总书记关于网络强国的重要思想，规范电力行业网络安全等级保护管理，提高电力行业网络安全保障能力和水平，国家能源局对《电力行业信息安全等级保护管理办法》（国能安全〔2014〕318号）进行了修订。现将修订后的《电力行业网络安全等级保护管理办法》印发你们，请遵照执行。

附件：电力行业网络安全等级保护管理办法

国家能源局

2022年11月16日

电力行业网络安全等级保护管理办法

第一章　总　　则

第一条　为规范电力行业网络安全等级保护管理，提高电力行业网络安全保障能力和水平，维护国家安全、社会稳定和公共利益，根据《中华人民共和国网络安全法》《中华人民共和国密码法》《中华人民共和国计算机信息系统安全保护条例》《关键信息基础设施安全保护条例》《信息安全等级保护管理办法》等法律法规和规范性文件，制定本办法。

第二条　电力企业在中华人民共和国境内建设、运营、维护、使用网络（除核安全外），开展网络安全等级保护工作，适用本办法。

本办法所称网络是指由计算机或者其他信息终端及相关设备组成的按照一定的规则和程序对信息进行收集、存储、传输、交换、处理的系统，包括电力监控系统、管理信息系统及通信网络设施。

本办法不适用于涉及国家秘密的网络。涉及国家秘密的网络应当按照国家保密工作部门有关涉密信息系统分级保护的管理规定和技术标准，结合网络实际情况进行管理。

第三条　国家能源局根据国家网络安全等级保护政策法规和技术标准要求，结合行业实际，组织制定适用于电力行业的网络安全等级保护管理规范和技术标准，对电力行业网络安全等级保护工作的实施进行指导和监督管理。国家能源局各派出机构根据国家能源局授权，对本辖区电力企业网络安全等级保护工作的实施进行监督管理。

电力企业依照国家和电力行业相关法律法规和规范性文件，履行网络安全等级保护的义务和责任。

第二章　等级划分与保护

第四条　根据电力行业网络在国家安全、经济建设、社会生活中的重要程度，以及一旦遭到破坏、丧失功能或者数据被篡改、泄露、丢失、损毁后，对国家安全、社会秩序、公共利益以及公民、法人和其他组织的合法权益的危害程度等因素，电力行业网络划分为五个安全保护等级：

第一级，受到破坏后，会对相关公民、法人和其他组织的合法权益造成一般损害，但不危害国家安全、社会秩序和公共利益。

第二级，受到破坏后，会对相关公民、法人和其他组织的合法权益造成严重损害或特别严重损害，或者对社会秩序和公共利益造成危害，但不危害国家安全。

第三级，受到破坏后，会对社会秩序和公共利益造成严重危害，或者对国家安全造成危害。

第四级，受到破坏后，会对社会秩序和公共利益造成特别严重危害，或者对国家安全造成严重危害。

第五级，受到破坏后，会对国家安全造成特别严重危害。

第五条　电力行业网络安全等级保护坚持分等级保护、突出重点、积极防御、综合防范的原则。

第三章　等级保护的实施与管理

第六条　国家能源局根据《信息安全技术　网络安全等级保护定级指南》（GB/T 22240）等国家标准规范，结合电力行业网络特点，制定电力行业网络安全等级保护定级指南，指导电力行业网络安全等级保护定级工作。

第七条　电力企业应当在网络规划设计阶段，依据《信息安全技术　网络安全等级保护定级指南》（GB/T 22240）等国家标准规范和电力行业网络安全等级保护定级指南，确定定级对象（网络）及其安全保护等级，并在网络功能、服务范围、服务对象和处理的数据等发生重大变化时，及时申请变更其安全保护等级。

对拟定为第二级及以上的网络，电力企业应当组织网络安全专家进行定级评审。其中，拟定为第四级及以上的网络，还应当由国家能源局统一组织国家网络安全等级保护专家进行定级评审。

第八条　全国电力安全生产委员会企业成员单位汇总集团总部拟定为第二级及以上网络的定级结果和专家评审意见，报国家能源局审核。各区域（省）内的电力企业汇总本单位拟定为第二级及以上网络的定级结果，报国家能源局派出机构审核。

第九条　电力企业办理网络安全等级保护定级审核手续时，应当提交《电力行业网络安全等级保护定级审核表》（详见附件），含各定级对象的定级报告及专家评审意见。

国家能源局或其派出机构应当在收到审核材料之日起30日内反馈审核意见。

第十条　电力企业应当在收到国家能源局或其派出机构审核意见后，按照有关规定向公安机关备案并按照第八条规定的定级审核权限向国家能源局或其派出机构报告定级备案结果。

第十一条　电力企业应当采购、使用符合国家法律法规和有关标准规范要求且满足网络安全等级保护需求的网络产品和服务。

对于电力监控系统，应当按照电力监控系统安全防护有关要求，采购和使用电力专用横向单向安全隔离装置、电力专用纵向加密认证装置或者加密认证网关等设备设施；在设备选型及配置时，禁止选用经国家能源局通报存在漏洞和风险的系统及设备，对已经投入运行的系统及设备应及时整改并加强运行管理和安全防护。

采购网络产品和服务，影响或可能影响国家安全的，应当按照国家网络安全规定通过安全审查。

第十二条　电力企业在网络规划、建设、运营过程中，应当遵循同步规划、同步建设、同步使用的原则，并按照该网络的安全保护等级要求，建设网络安全设备设施，制定并落实安全管理制度，健全网络安全防护体系。

第十三条　网络建设完成后，电力企业应当依据国家和行业有关标准或规范要求，定期对网络安全等级保护状况开展网络安全等级保护测评。第二级网络应当每两年进行一次等级保护测评，第三级及以上网络应当每年进行一次等级保护测评。新建的第三级及以上网络应当在通过等级保护测评后投入运行。

电力监控系统网络安全等级保护测评工作应当与电力监控系统安全防护评估、关键信息基础设施网络安全检测评估、商用密码应用安全性评估工作相衔接，避免重复测评。

电力企业应当定期对网络安全状况、安全保护制度及措施的落实情况进行自查。第二级电力监控系统应当每两年至少进行一次自查，第三级及以上网络应当每年至少进行一次自查。

电力企业应当对自查和等级保护测评中发现的安全风险隐患，制定整改方案，并开展安全建设整改。

电力企业应当要求网络安全等级保护测评机构（以下简称测评机构）组织专家对第三级及以上网络的等级保护测评报告进行评审，并随测评报告提交专家评审意见。

第十四条　电力企业应当按照第八条规定的定级审核权限，每年向国家能源局或其派出机构报告网络安全等级保护工作情况，包括网络安全等级保护定级备案、等级保护测评、安全建设整改、安全自查等情况。

第十五条　国家能源局及其派出机构结合关键信息基础设施网络安全检查，定期组织对运营有第三级及以上网络的电力企业开展抽查。开展网络安全检查时应当加强协同配合和信息沟通，避免不必要的检查和交叉重复检查。

检查事项主要包括：

（一）网络安全等级保护定级工作开展情况，包括定级评审、审核、备案及根据网络安全需求变化调整定级等情况；

（二）电力企业网络安全管理制度、措施的落实情况；

（三）电力企业对网络安全状况的自查情况；

（四）网络安全等级保护测评工作开展情况；

（五）网络安全产品使用情况；

（六）网络安全建设整改情况；

（七）备案材料与电力企业及其网络的符合情况；

（八）其他应当进行监督检查的事项。

第十六条　电力企业应当接受国家能源局及其派出机构的安全监督、检查、指导，根据需要如实提供下列有关网络安全等级保护的信息资料及数据文件：

（一）网络安全等级保护定级备案事项变更情况；

（二）网络安全组织、人员、岗位职责的变动情况；

（三）网络安全管理制度、措施变更情况；

（四）网络运行状况记录；

（五）电力企业对网络安全状况的自查记录；

（六）测评机构出具的网络安全等级保护测评报告；

（七）网络安全产品使用的变更情况；

（八）网络安全事件应急预案，网络安全事件应急处置结果报告；

（九）网络数据容灾备份情况；

（十）网络安全建设、整改结果报告；

（十一）其他需要提供的材料。

第十七条　针对网络安全检查发现的问题，电力企业应当按照网络安全等级保护管理规范和技术标准组织整改。必要时，国家能源局及其派出机构可对整改情况进行抽查。

第十八条　电力企业选择测评机构进行网络安全等级保护测评时，应当遵循以下要求：

（一）测评机构应当获得由国家认证认可委员会批准的认证机构发放的《网络安全等级测评与检测评估机构服务认证证书》（以下简称测评机构服务认证证书）；

（二）从事电力监控系统网络安全等级保护测评的机构应当熟悉电力监控系统网络安全管理和技术防护要求，具备相应的服务能力和经验。从事电力监控系统第二级网络等级保护测评的机构应当具备近2年内30套以上工业控制系统等级保护测评或风险评估服务经验；从事电力监控系统第三级网络等级保护测评的机构应当具备近3年内50套以上电力监控系统等级保护测评或安全防护评估服务经验；从事电力监控系统第四级及以上网络等级保护测评的机构应当具备近5年内90套以上电力监控系统等级保护测评或安全防护评估服务经验；

（三）对属于电力行业关键信息基础设施的网络，选择测评机构时应当保证其安全可信，必要时可要求测评机构及其主要负责人、技术骨干提供无犯罪记录证明等材料；

（四）不得委托近3年内被国家能源局通报有本办法规定不良行为，或被认证机构通报取消或暂停使用测评机构服务认证证书，或被国家网络安全等级保护工作主管部门、行业协会通报暂停开展等级保护测评业务并处于整改期内的测评机构；

（五）电力企业应当采取签署保密协议、开展安全保密培训和现场监督等措施，加强对测评机构、测评人员和测评过程的安全保密管理，避免发生失泄密事件。

第十九条 国家能源局及其派出机构在开展电力企业网络安全检查工作时，可同步对测评机构开展的测评工作情况进行监督检查。

第二十条 国家能源局鼓励电力企业按照国家有关要求开展测评机构建设、申请测评机构服务认证，支持电力企业参与制定电力行业网络安全等级保护技术标准。

第四章 网络安全等级保护的密码管理

第二十一条 电力企业采用密码进行等级保护的，应当遵照《中华人民共和国密码法》等有关法律法规和国家密码管理部门制定的网络安全等级保护密码技术标准执行。

第二十二条 电力企业网络安全等级保护中密码的配备、使用和管理等，应当严格执行国家密码管理的有关规定。运用密码技术进行网络安全等级保护建设与整改时，应当采用商用密码检测、认证机构检测认证合格的商用密码产品和服务。涉及商用密码进口的，还应当符合国家商用密码进口许可有关要求。

第二十三条 电力企业应当按照有关法律法规要求，开展商用密码应用安全性评估工作。

第二十四条 各级密码管理部门对网络安全等级保护工作中密码配备、使用和管理的情况进行检查和安全性评估时，相关电力企业应当积极配合。对于检查和安全性评估发现的问题，应当按照要求及时整改。

第五章 法律责任

第二十五条 电力企业违反国家相关规定及本办法规定，由国家能源局及其派出机构按照职责分工责令其限期改正；逾期不改正的，给予警告，并向其上级部门通报情况，建议对其直接负责的主管人员和其他直接责任人员予以处理，造成严重损害的，由公安机关、密码管理部门依照有关法律、法规予以处理。

第二十六条 有关部门及其工作人员在履行监督管理职责中，玩忽职守、滥用职权、徇私舞弊的，依法给予行政处分；构成犯罪的，依法追究刑事责任。

第二十七条 测评机构违反有关法律法规和规范性文件要求，发生以下不良行为时，国家能源局可向国家有关部门、认证机构、行业协会等提出限期整改、取消/暂停使用测评机构服务认证证书等建议，并向电力企业通报相关风险信息：

（一）提供不客观、不公正的等级保护测评服务，出具虚假或不符合实际情况的测评报告，影响等级保护测评的质量和效果；

（二）泄露、出售或者非法向他人提供在服务中知悉的国家秘密、工作秘密、商业秘密、重要数据、个人信息和隐私，非法使用或擅自发布、披露在服务中收集掌握的数据信息和系统漏洞、恶意代码、网络入侵攻击等网络安全信息；

（三）由于测评机构从业人员的因素，导致发生网络安全事件；

（四）未向公安机关报备，测评机构从业人员擅自参加境外组织的网络安全竞赛等活动；

（五）其他危害或可能危害电力生产安全或网络安全的行为。

第六章 附 则

第二十八条 本办法自发布之日起施行，有效期5年。《电力行业信息安全等级保护管理办法》（国能安全〔2014〕318号）同时废止。

附件：电力行业网络安全等级保护定级审核表

附件

电力行业网络安全等级保护定级审核表

填表日期：　年　月　日

一、单位信息					
单位名称					
单位地址					
联系人		职务		联系电话	
二、网络安全等级保护定级情况					
定级对象名称	定级对象概况			拟定级结果（SAG）	
三、本单位网络安全管理部门审核意见					
部门：（公章） 日期：年　月　日					
四、行业主管/监管部门审核意见					
审核部门：（公章） 日期：年　月　日					

注　1. 拟定级结果需填写拟定业务信息安全保护等级和系统服务安全保护等级。

2. 每个定级对象需单独提交定级报告（包含网络概况、定级分析、定级结果）及专家评审意见。

国家能源局关于印发《水电站大坝运行安全应急管理办法》的通知

（国能发安全规〔2022〕102号）

各省（自治区、直辖市）能源局，有关省（自治区、直辖市）及新疆生产建设兵团发展改革委、工业和信息化主管部门，北京市城市管理委，各派出机构，大坝中心，全国电力安委会各企业成员单位：

为规范水电站大坝运行安全应急管理工作，我们制定了《水电站大坝运行安全应急管理办法》。现印发给你们，请遵照执行。

附件：水电站大坝运行安全应急管理办法

国家能源局

2022年11月23日

水电站大坝运行安全应急管理办法

第一章　总　则

第一条　为了规范水电站大坝（以下简称大坝）运行安全应急管理工作，提高电力企业防范、应对大坝运行安全突发事件（以下简称突发事件）能力，保障大坝运行安全和社会公共安全，根据《中华人民共和国突发事件应对法》《水库大坝安全管理条例》《生产安全事故应急条例》《电力安全事故应急处置和调查处理条例》和《水电站大坝运行安全监督管理规定》等法律、法规和规章，制定本办法。

第二条　本办法适用于按照《水电站大坝运行安全监督管理规定》有关要求纳入国家能源局监督管理范围的大坝运行安全应急管理工作（以下简称大坝应急管理）。

大坝发生突发事件，地方政府及其相关部门启动预案、开展应急响应的，电力企业应当遵从其指令和规定。

第三条 电力企业是大坝应急管理的责任主体，其主要负责人对本企业的大坝应急管理全面负责。电力企业应当按照法律法规的规定以及与地方政府有关部门划定的管理界面，加强大坝应急管理。

第四条 国家能源局负责大坝应急管理的综合监督管理。国家能源局派出机构（以下简称派出机构）负责本辖区大坝应急管理的行业监督管理。地方政府电力管理等有关部门（以下简称地方电力管理部门）根据法律法规以及有关规定，负责本行政区域内大坝应急管理的地方管理。国家能源局大坝安全监察中心（以下简称大坝中心）对电力企业的大坝应急管理实施技术监督和指导。

第二章 突发事件预防

第五条 电力企业应当建立健全大坝安全风险分级管控机制，定期辨识评估可能影响大坝运行安全的自然灾害、事故灾难和社会安全事件等突发事件风险，落实防范管控措施。

第六条 电力企业应当按照规定，加强运行管理，做好日常监测、巡视检查和维护检修，排查治理大坝存在的工程缺陷和隐患，提升大坝本质安全水平。

第七条 电力企业应当加强大坝安全在线监控系统建设，已在国家能源局安全注册登记或者登记备案的大坝应当在本办法实施后的二年内具备安全在线监控功能。新建大坝在办理安全注册登记或者登记备案时，应当具备安全在线监控功能。

第八条 电力企业应当在大坝遭遇超标准洪水或者可能影响大坝运行安全的地震、滑坡、泥石流等自然灾害和其他突发事件后，对大坝进行专项检查。

第九条 电力企业应当及时开展病坝治理和险坝除险加固。大坝病险情形消除前，电力企业应当开展大坝运行方式安全评估论证，并根据评估论证结果修订运行规程、汛期调度运用计划和相关应急预案，采取有效措施确保病坝、险坝治理期间运行安全。

第十条 电力企业应当加强大坝防洪管理，确保大坝度汛安全。主要包括以下内容。

（一）电力企业应当建立健全防汛抗旱管理制度，设立以主要负责人为第一责任人的防汛抗旱组织机构。

（二）电力企业应当按照规定编制、报批水库汛期调度运用计划，计划批准后应当严格执行，严禁擅自超汛限水位运行。

（三）电力企业应当按照规定开展汛前、汛中、汛后大坝安全检查，对发现的隐患及时整改。较大及以上隐患和相应的整改措施应当报送地方政府防汛抗旱指挥机构、派出机构、地方电力管理部门和大坝中心，涉及环保、航运等事项的，还应当同时告知地方政府相关主管部门。

（四）电力企业应当于汛前对大坝上游库区和下游泄洪影响区的生产生活设施、建筑物和地质灾害点进行排查，对排查出的较大及以上隐患及时报告地方政府防汛抗旱指挥机构、派出机构、地方电力管理部门和大坝中心，涉及环保、航运等事项的，还应当同时告知地方政府相关主管部门。

（五）电力企业应当于汛前对泄洪建筑物闸门进行启闭试验，确保闸门及其启闭设施正常运行；应当配置独立可靠的大坝泄洪闸门启闭应急电源或者应急启闭装置，定期检查、试验和维护，确保应急电源以及启闭装置可靠。

（六）电力企业应当根据工程运行特性和大坝泄洪消能方式，辨识评估泄洪消能设施结构破坏、工程边坡垮塌、库岸边坡失稳等风险，采取工程或者非工程措施管控风险。

（七）电力企业应当严格执行汛期 24 小时值班和领导带班制度。

第十一条 电力企业应当建立水情测报系统，建立与政府相关部门、上下游水库和水电站的信息共享机制，及时获取水情信息以及气象、洪水、地震、地质灾害等预警信息。

第三章 应急准备

第十二条 电力企业应当根据现行有效的大坝应急管理有关法律法规和技术标准，建立并及时完善大坝应急管理规章制度和组织体系，健全大坝应急管理工作机制，设立以主要负责人为第一责任人的大坝应急管理机构。

第十三条 电力企业应当根据国家和行业有关技术标准，结合本企业实际，组织编制大坝运行安全应急预案（以下简称大坝专项预案）。大坝专项预案应当涵盖大坝运行全生命周期可能遭遇的各类突发事件，并与本企业的综合预案、其他专项预案，以及地方政府的相关预案衔接。大坝专项预案重点明确以下事项。

（一）根据法律法规的规定和突发事件可能造成的危害程度、影响范围等，对突发事件进行分类分级。

（二）根据突发事件的紧急程度、发展势态、可能造成的危害程度等，明确预警级别。

（三）明确预警发布、调整、解除的责任部门、权限和程序。

（四）根据突发事件可能造成的危害程度、影响范围和本企业应急资源状况、控制事态能力、应急处置权限，对应急响应进行分级。

（五）明确应急响应组织机构及其职责，应急响应程序和处置措施。

（六）明确紧急情况下的应急调度方案。

（七）确定可能的溃坝洪水淹没范围，绘制溃坝洪水淹没图。

（八）制定紧急情况下的人员撤离方案和逃生路线图，针对不同情况规划建立应急避难场所。

（九）信息报送的部门、渠道和联系方式。

第十四条　电力企业应当按照《电力企业应急预案管理办法》（国能安全〔2014〕508号）对大坝专项预案组织评审、发布实施、办理备案和修订。大坝专项预案的评审应当邀请地方政府相关部门人员参加，审核与地方政府相关预案的衔接情况。电力企业应当按照地方政府有关规定要求，将大坝专项预案向地方政府相关部门报告或备案。

电力企业应当按照规定开展大坝专项预案的宣贯培训，每年应当至少组织一次演练，并根据演练情况及时修订预案。

第十五条　电力企业应当加强应急资源保障，储备必要的应急物资和装备并妥善保管，定期开展检查，确保应急物资和装备完好。为应对突发事件可能导致的常规通信手段中断，电力企业应当于本办法实施之日起的一年内，在水电站现场配备卫星电话、北斗短报文终端等可靠的卫星通信设备。

电力企业需要外部应急支援的，应当与有关单位签订应急支援协议。

第十六条　电力企业应当组建常备专（兼）职应急抢险和专家队伍。专（兼）职应急抢险人员应当具备必要的专业知识、技能和素质，并定期组织训练。

第十七条　电力企业应当与地方政府有关部门和相关单位建立应急协调联动机制，积极参加地方政府及其相关部门、大坝所在流域管理机构组织开展的应急演练，或者与上述单位开展联合应急演练，检验评估大坝专项预案的实用性、衔接性和可操作性。

第十八条　电力企业应当加强大坝应急管理信息化建设，强化与地方政府防汛抗旱指挥机构、派出机构、地方电力管理部门和大坝中心的互联互通，及时获取、报送和共享突发事件信息。

第四章　监测预警与应急响应

第十九条　电力企业应当建立健全突发事件监测预警制度和工作机制。发生或者可能发生突发事件时，电力企业应当按照规定权限和程序及时发布预警信息，采取相应的预警行动。涉及上下游社会生产生活安全的突发事件监测预警信息，应当立即向地方政府防汛抗旱指挥机构、派出机构、地方电力管理部门和大坝中心报告。

第二十条　发生突发事件后，电力企业应当立即按照大坝专项预案启动应急响应，采取先期处置措施，控制事态发展，防止发生次生、衍生事件。

第二十一条　发生突发事件后，电力企业应当按照防汛抗旱指挥机构的指令采取调度措施。紧急情况下，电力企业按照大坝专项预案确定的应急调度方案进行应急调度的，应当及时向防汛抗旱指挥机构补报调度措施。

第二十二条　发生突发事件后，电力企业应当加强对事件要素及其发展情况、水文气象、大坝运行性态等的监测，预判事件发展趋势以及对大坝运行安全的影响。

第二十三条　电力企业应当根据监测和预判结果，及时调整响应级别和处置措施。突发事件持续发展，可能超出大坝设防标准，或者事件危害程度超出本企业自身处置能力时，电力企业应当在开展先期处置的同时，立即报告地方政府，提请地方政府及其有关部门提供应急支援，并通报上下游相关单位。

第二十四条　在突发事件应急处置过程中，电力企业应当密切关注周边环境和事件态势变化，落实安全防护措施，必要时立即撤离人员，确保人员安全。

第五章　总　结　评　估

第二十五条　电力企业应当在突发事件应急响应结束后，总结事件发展演变过程，分析事件发生的原因和后果，评估大坝安全状态以及后续风险。

第二十六条　电力企业应当开展突发事件应急处置评估，详细回溯事件处置全过程，分析各个响应环节和各项处置措施的效果，评估应急制度、工作体系和应急处置措施的有效性。

第二十七条　电力企业应当根据事件总结和处置评估结果制定整改措施，必要时修订大坝应急管理制度和大坝专项预案，完善大坝应急管理工作机制。

第六章　信　息　报　送

第二十八条　电力企业应当按照有关规定建立大坝应急管理信息报送工作制度，明确信息报送的责任部门、责任人员和报送方式。

第二十九条　发生较大及以上突发事件，电力企业应当按照有关规定，在1小时内向地方政府防汛抗旱指挥机构、派出机构、地方电力管理部门和大坝中心报告。报告内容主要包括企业信息、事件概况、初判原因、损失及处置情况等。突发事件的后续发展、演变情况应当及时报告。

第三十条 较大及以上突发事件应急处置评估结束后，电力企业应当在30个工作日内将事件总结、处置评估报告报送地方政府防汛抗旱指挥机构、派出机构、地方电力管理部门和大坝中心。

第七章 监督管理

第三十一条 派出机构和地方电力管理部门应当加强对电力企业大坝应急管理工作的监督检查，对未按照法律法规和本办法规定开展工作的电力企业，依法依规采取相应的监管、行政处罚等措施。大坝中心应当加强对电力企业大坝应急管理的技术监督和指导。

第八章 附则

第三十二条 本办法下列用语的含义。

（一）大坝运行安全突发事件，是指突然发生，造成或者可能造成大坝破坏、上下游人民群众生命财产损失和严重环境危害，需要采取应急处置措施予以应对的紧急事件，主要包括以下几类：

1. 自然灾害类

（1）暴雨、洪水、台风、凌汛、地震、地质灾害、泥石流、冰川活动等。

2. 事故灾难类

（2）漫坝、溃坝。

（3）上游水库（水电站）大坝溃坝或者非正常泄水。

（4）水库大体积漂浮物、失控船舶等撞击大坝或者堵塞泄洪设施。

（5）大坝结构破坏或者坝体、坝基、坝肩的缺陷隐患突然恶化。

（6）泄洪设施和相关设备不能正常运用。

（7）工程边坡或者库岸失稳。

（8）因水库调度不当或者水电站运行、维护不当导致的安全事故。

3. 社会安全类

（9）战争、恐怖袭击、人为破坏等。

4. 其他类

（10）其他突发事件。

（二）较大及以上突发事件，是指电力企业启动Ⅰ、Ⅱ、Ⅲ级应急响应的突发事件。

第三十三条 本办法自发布之日起施行，有效期五年。

国家能源局综合司关于积极推动新能源发电项目应并尽并、能并早并有关工作的通知

各省（自治区、直辖市）能源局，有关省（自治区、直辖市）及新疆生产建设兵团发展改革委，国家电网有限公司、中国南方电网有限责任公司、内蒙古电力（集团）有限责任公司、有关中央发电企业：

今年以来，我国新能源发电持续快速增长并保持较高利用水平，第四季度新能源投产并网较为集中。保证新能源发电项目及时并网，既有利于增加清洁电力供应，发挥新能源在“迎峰度冬”期间的保供作用，也有利于促进能源清洁低碳转型，助力实现碳达峰碳中和目标。为进一步做好2022年底前新能源发电项目并网接入工作，现就有关事项通知如下。

一、请各电网企业在确保电网安全稳定、电力有序供应前提下，按照“应并尽并、能并早并”原则，对具备并网条件的风电、光伏发电项目，切实采取有效措施，保障及时并网，允许分批并网，不得将全容量建成作为新能源项目并网必要条件。

二、请各单位加大统筹协调力度，加大配套接网工程建设，与风电、光伏发电项目建设做好充分衔接，力争同步建成投运。

三、请各单位科学组织力量，优化工作流程，合理安排工期，在确保安全生产和做好疫情防控工作的前提下，做好各项工作，为能源电力供应保障发挥积极作用。

四、对于第一批、第二批大型风电光伏基地项目，请各省级能源主管部门梳理本行政区域内尚未提交接网申请、接网送出工程建设滞后及接网送出工程未纳入国家或省级电力规划情况；请各电网企业梳理本供电营业区内尚未提交接网申请及接网送出工程未纳入国家或省级电力规划情况；请各发电企业梳理本企业接网送出工程建设滞后情况，形成清单，并于2022年12月5日前将清单反馈我局新能源司。

联系电话：010-81929505 传 真：010-81929501

邮箱：cuigs@nea.gov.cn

附件：1. ×××省（自治区、直辖市）“新能源项目等电网”统计表

2. ×××省（自治区、直辖市）“电网等新能源项目”统计表

3. ×××省（自治区、直辖市）“电网等纳规”统计表

国家能源局综合司

2022年11月25日

附件 1

××× 省（自治区、直辖市）“新能源项目等电网”统计表

序号	省份	地市	电网项目名称	电压等级	现状及必要性说明	建设进度	电网工程滞后原因	对应电源项目名称	电源项目业主	电源立项依据	装机容量（万 kW）

附件 2

××× 省（自治区、直辖市）“电网等新能源项目”统计表

序号	省份	地市	电源项目名称	接入电压等级（35kV 及以上）	项目业主	装机容量（万 kW）	是否已开工	是否提交接入系统方案

附件 3

××× 省（自治区、直辖市）“电网等纳规”统计表

序号	省份	地市	配套电网工程名称	电压等级	是否需要纳入国家规划	是否需要纳入省级规划	目前进展

国家能源局关于加强直流输电系统安全管理的通知

（国能发安全〔2022〕103 号）

各省（自治区、直辖市）能源局，有关省（自治区、直辖市）及新疆生产建设兵团发展改革委、工业和信息化主管部门，北京市城市管理委，各派出机构，全国电力安全生产委员会各企业成员单位，有关电力企业：

为深入贯彻习近平总书记关于安全生产的重要指示批示精神，认真落实党中央、国务院关于电力安全风险管控决策部署，进一步加强直流输电系统安全管理，现就有关事项通知如下。

一、高度重视直流输电系统安全管理

（一）充分认识直流输电系统安全的重要性。随着直流输电技术的快速发展，直流输电系统已经成为主要的跨区跨省能源传输通道，直流输电系统安全已成为大电网安全的重要一环。各单位要深入贯彻落实总体国家安全观和“四个革命、一个合作”能源安全新战略，坚持人民至上、生命至上，统筹发展和安全，以高度的责任感和使命感加强直流输电系统安全管理工作，坚决遏制直流输电系统安全事故发生。

（二）压实直流输电系统安全管理责任。国家能源局及其派出机构要统筹负责辖区内的直流输电系统安全监管工作，重点完善政策法规和标准规范体系。电力相关管理部门要加强对直流换流站等直流输电重点电力设施的安全管理，针对将重要直流输电通道纳入有关联合防控机制的有关措施开展研究，协调解决电力设施保护、输电通道规划、新能源配套支撑电源建设、电力用户电能质量管控等方面问题。电力企业要落实主体责任，将直流输电系统安全管理纳入企业安全生产管理体系，完善直流管理规章制度，加强直流输电专业机构及人员力量，落实全员生产责任制，健全安全生产保障体系，促进直流输电系统全过程管理体系机制的有效运转。

二、加强直流输电系统规划设计安全管理

（三）加强网源统筹规划和交直流协调发展。电力相关管理部门应重视大规模新能源通过直流外送的网源统筹规划，在直流工程的送、受端同步规划布局一定规模的配套常规电源或调相机、静止无功补偿装置等支撑性资源，并督促相关项目业主按期建成投产，确保交流系统具有充足的惯量和电压支撑。电力企业应坚持结合输电需求和送、受端交流系统条件，

论证采用先进成熟的直流输电技术和换流站接入系统方案，送受端系统的直流短路比、多馈入直流短路比以及新能源多场站短路比应满足有关国家（行业）标准的要求。

（四）加强直流输电新技术应用风险评估。电力企业应组织设计、科研单位在规划设计过程中优选直流输电系统的技术路线，加大力度支持新技术、新设备科研攻关与推广应用。为降低应用风险，涉及新型拓扑、首台首套、与电网耦合密切的新技术与新设备要进行充分的系统适应性与运行可靠性评估，相关评估报告应经具备工程设计、咨询等甲级资质的权威评审机构评审，相关样机应经具备CMA、CNAS等资质的权威检测机构鉴定和检验，并向地方政府质量技术监督部门报备后方可开展工程建设。

（五）优化直流线路规划设计。电力相关管理部门应充分考虑大电网安全需要，优化输电通道路径，避免造成输电通道过于密集。电力企业应合理规划线路路径，避让地质灾害易发区、极端气候环境区、可能引起杆塔倾斜沉陷的采动影响区，确实无法避让时应采取必要措施。加大直流通道设施本体对强覆冰、台风等极端自然灾害设防标准的研究力度，建立健全适合直流通道所处地理环境的电力建设标准和规范，适当提高输电线路设计标准，切实提升直流通道设施自然灾害抵御能力。受地形等因素限制存在输电通道趋于密集风险时，应向有关联合防控工作机制报告。

（六）做好直流设备技术方案设计。电力企业要加强直流设备在生产前的设计管理，防止存在性能设计缺陷，强化设备的选型工作，做好直流设备的入网质量把关。在设计阶段对运行风险较高的充油类设备等应开展安全专题评估，督促生产制造企业对处于特殊运行环境的设备研究制定针对性的防护方案，对运行负荷较重的直流设备应强化电气安全裕度要求。强化对直流系统与重要设备的控制保护方案设计审查，避免测量装置和控制保护装置等单一设备故障或保护误动引起系统性风险。

（七）加强直流换流站消防设计。电力企业在设计阶段应根据换流站站址公共消防资源配置、火灾应急处置能力、地区自然气象等条件，合理确定消防系统设计方案，明确降低消防设施故障、快速灭火、防止火灾扩大三个方面的防范措施。应按照消防管理部门的有关要求，强化对消防系统设计方案的审查，确保消防设施的配置满足火灾事故应急处置及运维检修的要求。建设阶段应严格落实消防管理部门的制度规定，加强对消防设备的监管，消防系统主要设备应通过国家认证，产品名称、型号、规格应与认证证书一致，新研制的尚未制定国家标准、行业标准的消防设备应具备技术鉴定证书。

（八）加强涉电公共安全风险管控。电力相关管理部门应组织电网和油气管网、交通网络（高铁供电网络、地铁供电网络）等相关单位研究制定直流系统设施与油气管网、交通网络相互影响评估和防护标准，建立管道与直流入地设施的规划设计信息沟通机制，加强直流输电系统涉电公共安全风险管控。

三、做好直流设备选型、质量管控与技术监督

（九）保障产业链供应链自主可靠。电力企业要加强与生产制造企业的数据共享，积极稳妥推进国产化首台套设备示范应用，联合开展“卡脖子”关键技术攻坚，提升直流关键设备自主化水平。建立直流设备供应链追溯体系，开展设备质量安全溯源管理，依法建立产品质量安全“黑名单”制度，及时向社会公布运行环节出现的设备质量不合格情况。

（十）做好设备制造质量管控。电力企业要做好设备质量管控，关口前移，突出源头防范治理，督促生产制造企业优化生产工艺流程，加强对换流变压器、换流阀、直流穿墙套管等关键组部件内部质量监督，严把原材料入库验收、制造过程关键点和成品出厂检验质量关。落实产品质量终身负责制，监督生产制造企业提供优质维保服务，加强运行产品质量安全风险信息收集与研判，积极防范设备质量安全风险。

（十一）开展全过程技术监督。电力企业应建立覆盖直流系统可研规划、选型制造、设备采购、招标监理（监造）、工程建设、运行维护、退役报废等全过程技术监督体系，严格按照国家（行业）标准和防止直流输电系统安全事故的重点要求，落实各环节质量监督责任，建立定期报告、闭环管控等工作机制，重点加强换流变压器等关键设备设计校核监督、关键组部件的试验检测监督、制造和安装环节工艺质量监督，强化设备质量检验检测，确保设备持续达到设计目标能力要求。

四、加强直流工程建设过程管控

（十二）严控工程建设质量。电力企业要严格执行工程质量检查、控制、检测和验收制度，提高工程质量管理标准化水平，按照国家有关规定确定质量控制点，不得随意压缩工期。建立健全隐蔽工程、特殊工艺、对安全质量有影响的重要部位施工的现场见证规章制度。明确安装环境控制要求，现场洁净度不满足要求不得进行二次设备安装。及时总结共性质量问题，形成经验反馈机制，举一反三制定纠正措施，防范问题重复发生。

（十三）系统开展交接验收。电力企业要严格按照国家、行业相关标准组织验收，重点开展漏油、漏水、漏气、接头发热、端子盒进水专项验收，验证固定消防灭火系统联动实喷范围。电力企业应向消防

管理部门申请将换流站纳入消防重点单位管理。换流站建筑物消防和电力设备设施消防验收未通过、重大质量问题未整改或未通过启动验收不得投入试运行。

（十四）加强调试全方位管控。电力企业要强化现场调试各阶段的安全管理，厘清各方职责界面，做好现场安全隔离措施。完善厂内联调和现场调试试验项目，建立直流工程标准化调试项目清单，覆盖运行过程中可能出现的各种运行工况，重点开展直流大负荷试验考验设备实际荷载能力、开展短路等扰动试验检验交直流系统故障响应特性，加强调试期间典型试验场景数据实测，根据调试试验结果合理安排直流系统运行方式。

（十五）周密组织试运行消缺。电力企业应在工程调试带电考核通过、无重大设备隐患与安装质量问题的前提下，启动直流系统试运行，按照新设备投运标准组织带电检测和特巡特护。试运行满足要求后，电力企业要组织集中消缺，暂时无法消除的缺陷应形成工程遗留问题清单，落实责任单位及整改时限要求。

五、加强直流输电系统运行安全管理

（十六）加强直流对大电网影响机理研究。电力企业要持续深化直流系统对大电网安全稳定特性影响的认知，加强直流输电系统送受端之间、直流馈入各级电网之间相互影响及耦合特性的研究分析，优化直流无功特性，提升直流集中馈入地区的电压调节能力。开展抑制直流换相失败的新型拓扑与预测控制技术研究，强化对交直流连锁故障、多回直流同时换相失败的风险管控，防止多回直流同时闭锁，坚决避免“小事故引起大破坏”安全风险。研究交流电网故障下的柔性直流故障穿越技术，防止柔性直流接入引起电网短路电流超标，研究准同步机特性的先进柔性直流控制技术，提升高比例电力电子设备下的系统惯量水平。

（十七）加强系统稳定计算分析工作。电力企业应结合特高压直流输电工程建设及特高压直流送受端近区电网结构变化情况，滚动开展直流输电系统稳定计算分析，重点关注直流系统与送受端电网的相互影响以及直流设备对交流电网谐波耐受等问题，研究直流系统次同步振荡、超同步振荡与柔性直流高频振荡风险，针对存在振荡风险的情况及时制定针对性的防范措施。对发现的重点问题与重大运行风险，定期在电力系统运行方式汇报分析会上向国家能源局作专题汇报。

（十八）加强直流近区电网运行管控。电力企业要加强直流近区风电、光伏集中地区的电网运行管理，配合国家能源局研究制定防止新能源机组大面积脱网的反事故措施。根据常规电源、新能源开机方式及负荷水平合理安排直流运行方式，加强对直流安全稳定控制系统运行状态监视，合理安排直流近区电网交流线路停电检修，避免因交流线路检修问题对直流系统安全运行产生影响。电网企业要加强对发电企业与电力用户并网点的谐波含量监测，对于超出《电能质量　公用电网谐波》（GB/T 14549—1993）的谐波源用户，及时向电力相关管理部门报告。电力相关管理部门要督促超标谐波源用户开展治理。

（十九）提升直流系统安全防护应急处置能力。电力企业要建立健全保障直流输电系统安全运行的应急体系，针对大面积停电、山火、冰冻等突发事件或自然灾害建立应急预案，向国家能源局派出机构报送预案，并与本地区电力相关管理部门应急体系做好衔接。电力企业应确保备品备件充足，根据直流输电系统突发事件应急处置的特点，加大对先进技术、装备的研发投入和应用，电力相关管理部门应定期牵头组织开展包含直流安全突发事件等内容的大面积停电联合应急演练，在重大灾害发生时，及时与政府各部门联动，调配物资、队伍、专家等应急资源，快速有序开展抢修复电。

（二十）提升直流设备运检智能化水平。电力企业要积极推进直流输电系统数字化升级，鼓励应用智能传感与智能量测、机器人、大数据与云计算、人工智能等新技术，提升换流阀、换流变、直流开关等直流关键设备状态感知能力，科学评估直流设备健康状态，差异化制定运检策略和管控措施，及时消除设备缺陷，建立人机协同的智能运检模式，全面提升直流输电系统运行指标。

（二十一）强化防误操作管理。电力企业应建立健全直流输电系统防误操作管理规定，明确直流一极运行另一极检修（调试）、多端直流和直流电网方式转换、直流控制保护置位整定等易发生误操作环节的风险防控措施，严格执行操作票和工作票制度，强化现场作业监护，切实履行防误闭锁装置的解锁批准程序，加强防误闭锁装置的配置及日常维护，确保直流设备五防功能完善，加强防误闭锁装置的培训，确保运维人员对防误闭锁装置做到“懂原理、会操作、能维护”。

（二十二）加强现场运检人员管理。电力企业要加强直流输电系统调度、运检专业人员配备，确保人员数量及素质满足直流运行管理需求。建立现场运检人员资质管理体系，强化资质全过程管理，健全相关规章制度，重点加强安全意识及安全技能教育，落实作业现场到岗到位和现场管控要求。

（二十三）加强直流设施外部隐患治理。电力相关管理部门要积极协调公安、自然资源、住建、交通、林业等相关部门，全面清理威胁直流通道的树障隐患及违章建筑，严厉打击偷盗、破坏直流设施等违法行为，督促大件设备运输、安装单位做好运输过程安全防护，严防外部隐患导致直流输电系统停运，提升直流通道运行安全联合防控保障能力。

六、加强直流标准化工作管理

（二十四）持续开展直流技术标准体系建设。电力企业应定期开展对防止直流输电系统安全事故的重点要求条款梳理，选择性、分阶段推动相关条款纳入有关标准体系。应按照国家制定的直流技术标准体系，定期组织梳理直流输电系统安全相关标准，制定直流输电技术标准路线图，形成覆盖全面的技术标准体系。应积极推动标准化与直流技术创新应用深度融合，加强先进技术领域新技术和新设备的标准研究制定，引领新技术新装备的示范应用，提高直流技术创新应用的安全性。

七、加强直流系统监督管理

（二十五）强化职责分工与信息报送。省级以上电网企业应会同发电企业、电力用户等直流输电系统运行安全相关单位，于每季度首月10日前向所在地国家能源局派出机构和省级人民政府电力相关管理部门报送直流输电系统运行安全风险管控情况，包括但不限于以下内容：直流系统主要运行指标、直流设备及线路故障情况、主要风险隐患、针对性的风险管控措施和建议等。相关发电企业、电力用户应配合落实电网企业提出的风险管控措施。涉及直流系统间连锁故障、多回直流同时闭锁等可能直接危及大电网安全运行的系统性故障或安全风险，电网企业在报送派出机构同时报送国家能源局。

（二十六）加强监督检查。国家能源局派出机构和电力相关管理部门应当加强对企业上报的直流输电系统运行安全风险管控情况进行跟踪监视，不定期对风险管控措施落实情况开展监督检查或重点抽查。对于不配合工作、未按要求报告或未及时采取措施导致电力安全事故事件的，国家能源局及其派出机构、电力相关管理部门将依据有关法律法规对责任单位和人员从严处理。

本通知执行过程中，相关单位如有问题和建议，请及时反馈国家能源局（电力安全监管司）。

国家能源局

2022年11月30日

国家能源局关于印发《光伏电站开发建设管理办法》的通知

（国能发新能规〔2022〕104号）

各省（自治区、直辖市）能源局，有关省（自治区、直辖市）及新疆生产建设兵团发展改革委，各派出机构，中国核工业集团有限公司、国家电网有限公司、中国南方电网有限责任公司、中国华能集团有限公司、中国大唐集团有限公司、中国华电集团有限公司、国家电力投资集团有限公司、中国长江三峡集团有限公司、国家能源投资集团有限责任公司、中国广核集团有限公司、内蒙古电力（集团）有限责任公司，有关发电企业，电力规划设计总院、水电水利规划设计总院，国家可再生能源信息管理中心、全国新能源消纳监测预警中心，中国光伏行业协会：

为规范光伏电站开发建设管理，促进光伏发电持续健康高质量发展，我们对《光伏电站项目管理暂行办法》进行了修订，形成了《光伏电站开发建设管理办法》，现印送你们，请遵照执行。

附件：光伏电站开发建设管理办法

国家能源局

2022年11月30日

光伏电站开发建设管理办法

第一章 总 则

第一条 为规范光伏电站开发建设管理，保障光伏电站和电力系统清洁低碳、安全高效运行，促进光伏发电行业持续健康高质量发展，根据《中华人民共和国可再生能源法》《中华人民共和国电力法》《企业投资项目核准和备案管理条例》《电力监管条例》《国务院关于促进光伏产业健康发展的若干意见》《国务院办公厅转发国家发展改革委 国家能源局关于促进新时代新能源高质量发展实施方案的通知》等有关规定，制定本办法。

第二条 本办法适用于集中式光伏电站的行业管理、年度开发建设方案、项目建设管理、电网接入管理、运行监测等。分布式光伏发电管理另行规定。

第三条 国家能源局负责全国光伏电站开发建设和运行的监督管理工作。省级能源主管部门在国家能源局指导下，负责本省（区、市）光伏电站开发建设和运行的监督管理工作。国家能源局派出机构负责所辖区域内光伏电站的国家规划与政策执行、资质许可、公平接网、电力消纳等方面的监管工作。电网企业承担光伏电站并网条件的落实或认定、电网接入、调度能力优化、电量收购等工作，配合各级能源主管部门分析测算电网消纳能力与接入送出条件。有关方面按照国家法律法规和部门职责等规定做好光伏电站的安全生产监督管理工作。

第二章 行 业 管 理

第四条 国家能源局编制全国可再生能源发展规划，确定全国光伏电站开发建设的总体目标和重大布局，并结合发展实际与需要适时调整。

第五条　国家能源局依托国家可再生能源发电项目信息管理平台组织开展并网在运光伏电站项目的建档立卡工作。建档立卡的内容主要包括项目名称、建设地点、项目业主、装机容量、并网时间、项目运行状态等信息。每个建档立卡的光伏电站项目由系统自动生成项目编码，作为项目全生命周期的唯一身份识别代码。

第六条　国家能源局加强对光伏电站项目开发建设及运行的全过程监测，规范市场开发秩序，优化发展环境，根据光伏电站发展的实际情况及时完善行业政策、规范和标准等，并会同有关部门深化“放管服”改革，完善相关支持政策。

第三章　年度开发建设方案

第七条　省级能源主管部门负责做好本省（区、市）可再生能源发展规划与国家能源、可再生能源、电力等发展规划和重大布局的衔接，根据本省（区、市）可再生能源发展规划、非水电可再生能源电力消纳责任权重以及电网接入与消纳条件等，制定光伏电站年度开发建设方案。涉及跨省跨区外送消纳的光伏电站，相关送受端省（区、市）能源主管部门在制定可再生能源发展规划、年度开发建设方案时应充分做好衔接。

第八条　省级能源主管部门制定的光伏电站年度开发建设方案可包括项目清单、开工建设与投产时间、建设要求、保障措施等内容，其中项目清单可视发展需要并结合本地实际分类确定为保障性并网项目和市场化并网项目。各地可结合实际，一次性或分批确定项目清单，并及时向社会公布相关情况。纳入光伏电站年度开发建设方案的项目，电网企业应及时办理电网接入手续。鼓励各级能源主管部门采用建立项目库的管理方式，做好光伏电站项目储备。

第九条　保障性并网项目原则上由省级能源主管部门通过竞争性配置方式确定。市场化并网项目按照国家和各省（区、市）有关规定确定，电网企业应配合省级能源主管部门对市场化并网项目通过自建、合建共享或购买服务等市场化方式落实的并网条件予以认定。

第十条　各省（区、市）光伏电站年度开发建设方案和竞争性配置项目办法应及时向国家能源局报备，并抄送当地国家能源局派出机构。各级能源主管部门要优化营商环境，规范开发建设秩序，不得将强制配套产业或投资、违规收取项目保证金等作为项目开发建设的门槛。

第四章　项 目 建 设 管 理

第十一条　光伏电站项目建设前应做好规划选址、资源测评、建设条件论证、市场需求分析等各项准备工作，重点落实光伏电站项目的接网消纳条件，符合用地用海和河湖管理、生态环保等有关要求。

第十二条　按照国务院投资项目管理规定，光伏电站项目实行备案管理。各省（区、市）可制定本省（区、市）光伏电站项目备案管理办法，明确备案机关及其权限等，并向社会公布。备案机关及其工作人员应当依法对项目进行备案，不得擅自增减审查条件，不得超出办理时限。备案机关及有关部门应当加强对光伏电站的事中事后监管。

第十三条　光伏电站完成项目备案后，项目单位应抓紧落实各项建设条件。已经完成备案并纳入年度开发建设方案的项目，在办理完成相关法律法规要求的各项建设手续后应及时开工建设，并会同电网企业做好与配套电力送出工程的衔接。

第十四条　光伏电站项目备案容量原则上为交流侧容量（即逆变器额定输出功率之和）。项目单位应按照备案信息进行建设，不得自行变更项目备案信息的重要事项。项目备案后，项目法人发生变化，项目建设地点、规模、内容发生重大变更，或者放弃项目建设的，项目单位应当及时告知备案机关并修改相关信息。各省级能源主管部门和备案机关可视需要组织核查备案后 2 年内未开工建设或者未办理任何其他手续的项目，及时废止确实不具备建设条件的项目。

第五章　电 网 接 入 管 理

第十五条　光伏电站配套电力送出工程（含汇集站，下同）建设应与光伏电站建设相协调。光伏电站项目单位负责投资建设项目场址内集电线路和升压站（开关站）工程，原则上电网企业负责投资建设项目场址外配套电力送出工程。各省级能源主管部门负责做好协调工作。

第十六条　电网企业应根据国家确定的光伏电站开发建设总体目标和重大布局、各地区可再生能源发展规划和年度开发建设方案，结合光伏电站发展需要，及时优化电网规划建设方案和投资计划安排，统筹开展光伏电站配套电网建设和改造，鼓励采用智能电网等先进技术，提高电力系统接纳光伏发电的能力。

第十七条　光伏电站项目接入系统设计工作一般应在电源项目本体可行性研究阶段开展，在纳入年度开发建设方案后 20 个工作日内向电网企业提交接入系统设计方案报告。电网企业应按照积极服务、简捷高效的原则，建立和完善光伏电站项目接网审核和服务程序。项目单位提交接入系统设计报告评审申请后，电网企业应按照电网公平开放的有关要求在规定时间内出具书面回复意见，对于确实不具备接入条件的项目应书面说明原因。鼓励电网企业推广新能源云等信息平台，提供项目可用接入点、可接入容量、技术规范等信息，实现接网全流程线上办理，提高接网申请审核效率。

第十八条 500kV 及以上的光伏电站配套电力送出工程，由项目所在地省（区、市）能源主管部门上报国家能源局，履行纳入规划程序；500kV 以下的光伏电站配套电力送出工程经项目所在地省（区、市）能源主管部门会同电网企业审核确认后自动纳入相应电力规划。

第十九条 电网企业应改进完善内部审批流程，合理安排建设时序，加强网源协调发展，建立网源沟通机制，提高光伏电站配套电力送出工程相关工作的效率，衔接好网源建设进度，确保配套电力送出工程与光伏电站项目建设的进度相匹配，满足相应并网条件后“能并尽并”。光伏电站并网后，电网企业应及时掌握情况并按月报送相关信息。

第二十条 电网企业建设确有困难或规划建设时序不匹配的光伏电站配套电力送出工程，允许光伏电站项目单位投资建设。光伏电站项目单位建设配套送出工程应充分进行论证，并完全自愿，可以多家企业联合建设，也可以一家企业建设，多家企业共享。光伏电站项目单位建设的配套电力送出工程，经电网企业与光伏电站项目单位双方协商同意，可由电网企业依法依规进行回购。

第二十一条 光伏电站项目应符合国家有关光伏电站接入电网的技术标准规范等有关要求，科学合理确定容配比，交流侧容量不得大于备案容量或年度开发建设方案确定的规模。涉网设备必须通过经国家认可的检测认证机构检测认证，经检测认证合格的设备，电网企业非必要不得要求重复检测。项目单位要认真做好涉网设备管理，不得擅自停运和调整参数。

第二十二条 项目主体工程和配套电力送出工程完工后，项目单位应及时组织项目竣工验收。项目单位提交并网运行申请书后，电网企业应按国家有关技术标准规范和管理规定，在规定时间内配合开展光伏电站涉网设备和电力送出工程的并网调试、竣工验收，并参照《新能源场站并网调度协议示范文本》《购售电合同示范文本》与项目单位签订并网调度协议和购售电合同。对于符合条件且自愿参与市场化交易的光伏电站，项目单位按照相关电力市场规则要求执行。

第二十三条 除国家能源局规定的豁免情形外，光伏电站项目应当在并网后 6 个月内取得电力业务许可证，国家能源局派出机构按规定公开行政许可信息。电网企业不得允许并网后 6 个月内未取得电力业务许可证的光伏电站项目发电上网。

第二十四条 电网企业应采取系统性技术措施，合理安排电网运行方式，完善光伏电站并网运行的调度技术体系，按照有关规定保障光伏电站安全高效并网运行。光伏电站项目单位应加强运行维护管理，积极配合电网企业的并网运行调度管理。

第六章 运行监测

第二十五条 光伏电站项目单位负责电站建设和运营，是光伏电站的安全生产责任主体，必须贯彻执行国家及行业安全生产管理规定，依法加强光伏电站建设运营全过程的安全生产管理，并加大对安全生产的投入保障力度，改善安全生产条件，提高安全生产水平，确保安全生产。

第二十六条 国家能源局负责全国光伏电站工程的安全监管（包括施工安全监管、质量监督管理及运行监管），国家能源局派出机构依职责承担所辖区域内光伏电站工程的安全监管，地方政府电力管理等部门依据法律法规和相关规定落实“管行业必须管安全、管业务必须管安全、管生产经营必须管安全”的相关工作。光伏电站建设、调试、运行和维护过程中发生电力事故、电力安全事件和信息安全事件时，项目单位和有关参建单位应按相关规定要求及时向有关部门报告。

第二十七条 国家能源局依托国家可再生能源发电项目信息管理平台和全国新能源电力消纳监测预警平台开展光伏电站项目全过程信息监测。省级能源主管部门应督促项目单位按照有关要求，及时在国家可再生能源发电项目信息管理平台和全国新能源电力消纳监测预警平台报送相关信息，填写、更新项目建档立卡内容。

第二十八条 电网企业要会同全国新能源消纳监测预警中心及时公布各省级区域并网消纳情况及预测分析，引导理性投资、有序建设。对项目单位反映的有关问题，省级能源主管部门要会同电网企业等有关单位及时协调、督导和纠正。

第二十九条 鼓励光伏电站开展改造升级工作，应用先进、高效、安全的技术和设备。光伏电站的拆除、设备回收与再利用，应符合国家资源回收利用和生态环境、安全生产等相关法律法规与政策要求，不得造成环境污染破坏与安全事故事件，鼓励项目单位为设备回收与再利用创造便利条件。

第三十条 各省级能源主管部门可根据本办法，制定适应本省（区、市）实际的具体管理办法。

第七章 附 则

第三十一条 本办法由国家能源局负责解释。

第三十二条 本办法自发布之日起施行，有效期 5 年。《光伏电站项目管理暂行办法》（国能新能〔2013〕329 号）同时废止。

国家能源局综合司关于印发《防止直流输电系统安全事故的重点要求》的通知

（国能综通安全〔2022〕115 号）

各派出机构，全国电力安全生产委员会各有关企业成员单位，有关电力企业：

为认真落实党中央、国务院关于电力安全风险管控的重大决策部署，进一步加强直流输电系统安全管理，在全面梳理总结直流工程规划、建设、运行经验与事故教训的基础上，国家能源局编制形成《防止直流输电系统安全事故的重点要求》（以下简称《要求》），现予以印发，即日起生效，同时提出以下工作要求：

一、各电力企业要高度重视《要求》内容，聚焦直流近区电网、直流输电线路、换流站重要设备及人员规范管理等各方面，全面加强直流输电系统安全管理工作，切实保证有关要求在直流工程规划设计、选型制造、基建安装、调试验收、运维检修等全过程各个环节有效执行。

二、各电力企业要做好宣贯培训，保证企业内部相关直流安全管理主体逐级传达到位，并做好《要求》学习培训工作。

三、各电力企业在实施过程中要及时总结分析，持续提炼运行经验和事故教训，如有相关意见建议请及时反馈国家能源局（电力安全监管司）。

国家能源局综合司

2022 年 11 月 28 日

附件：防止直流输电系统安全事故的重点要求（略）

国家能源局关于印发《电力安全隐患治理监督管理规定》的通知

（国能发安全规〔2022〕116 号）

各省（自治区、直辖市）能源局，有关省（自治区、直辖市）及新疆生产建设兵团发展改革委、工业和信息化主管部门，北京市城市管理委，各派出机构，大坝中心，全国电力安委会各企业成员单位：

为强化电力安全隐患排查治理和监督管理有关工作，有效防范遏制电力事故事件发生，国家能源局对《电力安全隐患监督管理暂行规定》（电监安全〔2013〕5 号）进行了修订，形成《电力安全隐患治理监督管理规定》。现印发你们，请遵照执行。

附件：电力安全隐患治理监督管理规定

国家能源局

2022 年 12 月 29 日

电力安全隐患治理监督管理规定

第一章　总　则

第一条　为贯彻落实“安全第一、预防为主、综合治理”方针，规范电力安全隐患（以下简称隐患）排查治理工作，建立隐患监督管理长效机制，防范电力事故和电力安全事件发生，依据《中华人民共和国安全生产法》《电力监管条例》等相关法律法规和电力行业相关规定，制定本规定。

第二条　本规定所称隐患是指电力企业（含电力建设施工企业）违反安全生产法律、法规、规章、标准、规程和安全生产管理制度的规定，或者因其他因素在电力生产和建设施工过程中产生的可能导致电力事故和电力安全事件的人的不安全行为、设备设施的不安全状态、不良的工作环境以及安全管理方面的缺失。核安全隐患除外。

第三条　电力企业负隐患排查治理主体责任，按照本规定开展隐患排查治理工作。国家能源局及其派出机构、地方电力管理部门依据相关法律法规和相关规定负隐患监督管理责任，在职责范围内按照本规定对电力企业隐患排查治理工作开展相关监督管理。

第四条　国家能源局及其派出机构、地方电力管理部门依法对重大隐患进行督办。重大隐患判定标准由国家能源局负责制定。其他隐患判定由电力企业负责。

第二章　隐患排查治理

第五条　电力企业主要负责人是本单位隐患排查治理的第一责任人，对隐患排查治理工作全面负责，组织建立并落实隐患排查治理制度机制，督促、检查本单位隐患排查治理工作，及时消除隐患。

第六条　电力企业应当建立包括下列内容的隐患排查治理制度：

（一）主要负责人、分管负责人、部门和岗位人员隐患排查治理工作要求、职责范围、防控责任；

（二）隐患排查事项、具体内容和排查周期；

（三）重大隐患以外的其他隐患判定标准；

（四）隐患的治理流程；

（五）重大隐患治理结果评估；

（六）隐患排查治理能力培训；

（七）资金、人员和设备设施保障；

（八）应当纳入的其他内容。

第七条　电力企业应当定期组织安全生产管理人员、专业技术人员和其他相关人员根据《防止电力生产事故的二十五项重点要求》《防止电力建设工程施工安全事故三十项重点要求》等电力安全生产相关法规、标准、规程排查本单位的隐患，对排查出的隐患应当进行登记。

登记信息应当包括排查对象、时间、人员、隐患级别、隐患具体描述等内容，经隐患排查工作责任人审核确认后妥善保存。

第八条 电力企业应当建立重大隐患即时报告制度，发现重大隐患立即向国家能源局派出机构、地方电力管理部门报告，涉及水电站大坝安全的重大隐患应同时报送国家能源局大坝安全监察中心。涉及消防、环保、防洪、航运和灌溉等重大隐患，电力企业要同时报告地方人民政府有关部门。重大隐患信息报告应包括：隐患名称、隐患现状及其产生的原因、隐患危害程度和治理难易程度分析、隐患的治理计划等（详见附件）。

第九条 隐患涉及相邻地区、单位或者社会公众安全的，电力企业应及时通知相邻地区、单位，并报告地方人民政府有关部门，现场进行必要的隔离并设置安全警示标志。

第十条 电力企业要建立隐患管理台账，制定切实可行的治理方案，落实治理责任、治理资金、治理措施和治理期限，限期将隐患整改到位。在隐患治理过程中，应当加强监测，采取有效的预防措施，确保安全，必要时应制定应急预案，开展应急演练。

隐患治理工作涉及其他单位的，电力企业应协调相关单位及时治理，存在困难的应报告国家能源局及其派出机构、地方电力管理部门协调解决。

第十一条 在重大隐患排除前或者排除过程中无法保证安全的，电力企业应当停产停业，或者停止运行存在重大隐患的设备设施，撤离人员，并及时向国家能源局派出机构、地方电力管理部门报告。

第十二条 重大隐患治理工作结束后，电力企业应当组织对隐患的治理情况进行评估。电力企业委托第三方机构提供隐患排查治理服务的，隐患排查治理的责任仍由本单位承担。

第十三条 对国家能源局及其派出机构、地方电力管理部门检查发现并责令停产停业治理的重大隐患，生产经营单位完成治理并经评估后，符合安全生产条件和检查单位要求的，方可恢复生产经营和使用。

第十四条 电力企业应如实记录隐患排查治理情况，通过职工大会或者职工代表大会、信息公示栏等方式向本单位从业人员通报。重大隐患排查治理情况应当及时向职工大会或者职工代表大会报告。

第十五条 鼓励电力企业建立隐患排查治理激励约束制度，对发现、报告和消除隐患的有功人员，给予奖励或者表彰；对排查治理不力的人员予以相应处理。

第十六条 电力企业应当定期对本单位隐患排查治理情况进行统计分析，相关情况及时向国家能源局派出机构、地方电力管理部门报送。

第三章 监 督 管 理

第十七条 对发现的重大隐患，国家能源局派出机构、地方电力管理部门应于10个工作日内将隐患情况（详见附件）逐级报送至国家能源局。

国家能源局派出机构、地方电力管理部门应依照法律法规和相关规定对重大隐患治理进行督办，国家能源局认为有必要的，可直接督办。督办可采用督办通知单的方式，内容主要包括：督办名称、督办事项、整改和过程防控要求、办理期限、督办解除程序和方式。

第十八条 任何单位或者个人发现隐患或者隐患排查治理违法行为，均有权向国家能源局及其派出机构、地方电力管理部门报告或者举报。

第十九条 国家能源局派出机构、地方电力管理部门应加强信息化建设，定期统计分析电力企业隐患排查治理情况，并将重大隐患纳入相关信息系统管理。

第二十条 国家能源局及其派出机构、地方电力管理部门对检查中发现的隐患，应当责令立即治理；重大隐患排除前或者排除过程中无法保证安全的，应当责令从危险区域内撤出作业人员，责令暂时停产停业，或者停止使用相关设备设施。

第二十一条 电力企业有下列情形之一的，由国家能源局及其派出机构、地方电力管理部门依照法律法规和相关规定进行处罚，并将涉及的违法违规行为纳入信用记录，实施失信惩戒；构成犯罪的，转相关部门追究刑事责任。

（一）电力企业未将隐患排查治理情况如实记录或者未向从业人员通报的；

（二）电力企业主要负责人未履行隐患排查治理相应职责的；

（三）未建立隐患排查治理制度或者重大隐患排查治理情况未按照规定报告、未采取措施消除隐患的；

（四）其他违反隐患排查治理相关规定应予处罚的情形。

第四章 附 则

第二十二条 本规定自2023年2月1日起施行，有效期5年。《电力安全隐患监督管理暂行规定》（电监安全〔2013〕5号）同时废止。

附件：重大电力安全隐患信息报告单

附件

重大电力安全隐患信息报告单

填报单位（签章）：

填报时间：年 月 日

隐患名称：	
隐患所属单位：	
隐患评估时间： 年 月 日	
安全第一责任人：	电话：
治理负责人：	电话：
隐患现状：	
隐患产生的原因：	
隐患危害程度和治理难易程度分析：	
防控措施：	
治理措施：	
隐患治理计划：	
应急预案简述：	

注 信息报告单内容以简要叙述为主，文字超过本表内容的，可单独附页说明。

国家能源局综合司关于印发《重大电力安全隐患判定标准（试行）》的通知

（国能综通安全〔2022〕123号）

各省（自治区、直辖市）能源局，有关省（自治区、直辖市）及新疆生产建设兵团发展改革委、工业和信息化主管部门，北京市城市管理委，各派出机构，全国电力安委会各企业成员单位：

为强化重大电力安全隐患排查治理和监督管理有关工作，依据《中华人民共和国安全生产法》《电力安全隐患治理监督管理规定》等有关规定，国家能源局制定了《重大电力安全隐患判定标准（试行）》。现印发你们，请遵照执行。

附件：重大电力安全隐患判定标准（试行）

国家能源局综合司

2022年12月29日

重大电力安全隐患判定标准（试行）

第一条 为准确认定、及时消除重大电力安全隐患（以下简称重大隐患），有效防范和遏制重特大生产安全事故，根据《中华人民共和国安全生产法》《电力安全隐患治理监督管理规定》以及有关法律法规、规章、政策文件和强制性标准的相关规定，制定本判定标准。

第二条 本判定标准适用于判定国家能源局电力安全监督管理范围内的重大隐患。危险化学品、消防（火灾）、特种设备等有关行业领域对重大事故隐患判定标准另有规定的，适用其规定。

第三条 本判定标准所指电力设备设施范围为330kV及以上电网设备设施，单机容量300MW及以上的燃煤发电机组和水力发电机组、单套容量200MW及以上的燃气发电机组、核电常规岛及核电厂配套输变电设施、容量300MW及以上风力发电场和光伏发电站；所指施工作业工程为《电力建设工程施工安全管理导则》（NB/T 10096—2018）规定的超过一定规模的危险性较大的分部分项工程。特殊情形在具体条款中另行规定。

第四条 有下列情形之一的，应判定为重大隐患：

电网安全稳定控制系统以及直流控制保护系统参数、策略、定值计算和设定不正确；直流控保、直流配套安全稳定控制装置未按双重化配置。

特高压架空线路杆塔基础出现较大沉陷、严重开裂或显著上拔，塔身出现严重弯曲形变，导地线出现严重损伤、断股和腐蚀。

特高压变压器（换流变）乙炔、总烃等特征气体明显增高，内部存在严重局部放电，绝缘电阻和介损试验数据严重超标。

燃煤锅炉烟风道、除尘器、脱硝催化剂装置、渣仓、粉仓料斗（含灰斗）、输煤栈桥等重点设备设施的钢结构、支吊架、承重焊接部位总体强度不满足结构强度要求。

电力监控系统横向边界未部署专用隔离装置，或者调度数据网纵向边界未部署电力专用纵向加密认证装置，或生产控制大区非法外联。

《水电站大坝工程隐患治理监督管理办法》中规定的大坝特别重大、重大工程隐患；燃煤发电厂贮灰场大坝未开展安全评估，贮灰场安全等级评定为险态灰场。

建设单位将建设项目发包给不具备安全生产条件或相应资质施工企业，所属工程专项施工方案未按规定开展编、审、批或专家论证，开展爆破、吊装、有限空间等危险作业未履行施工作业许可审批手续或无人监护。

第五条 对其他严重违反电力安全生产法律法规、规章、政策文件和强制性标准，或可能导致群死群伤或造成重大经济损失或造成严重社会影响的隐患，有关单位可参照重大隐患监督管理。

第六条 本判定标准由国家能源局负责解释。

国家能源局综合司关于印发《电力安全事故应急演练导则》的通知

（国能综通安全〔2022〕124号）

各省（自治区、直辖市）能源局，有关省（自治区、直辖市）及新疆生产建设兵团发展改革委、工业和信息化主管部门，北京市城市管理委，各派出机构，全国电力安委会各企业成员单位：

为深入贯彻党中央、国务院关于安全生产和应急工作决策部署，有效落实《安全生产法》《生产安全事故应急条例》《电力安全事故应急处置和调查处理条例》等法律法规，进一步推动电力安全事故应急演练规范化开展，参照《生产安全事故应急演练基本规范》等标准规范，我局组织制定了《电力安全事故应急演练导则》，现印送你们，供工作参考。

附件：电力安全事故应急演练导则

国家能源局综合司

2022年12月29日

电力安全事故应急演练导则

1 总则

为指导和规范电力安全事故应急演练的组织与开展，提高应急演练的实效性和科学性，依据《安全生产法》《突发事件应对法》《生产安全事故应急条例》《电力安全事故应急处置和调查处理条例》《生产安全事故应急演练基本规范》《生产安全事故应急演练评估规范》等有关法律法规和标准规范制定本导则。

1.1 适用范围

本导则对《电力安全事故应急处置和调查处理条例》所定义的电力安全事故（电力生产或者电网运行过程中发生的影响电力系统安全稳定运行或者影响电力正常供应的事故，包括热电厂发生的影响热力正常供应的事故）应急演练（以下简称应急演练）作出一般性规定，适用于各级政府及有关部门、国家能源局派出机构、有关电力企业、电力用户组织开展的应急演练活动。其他类型电力事故事件的应急演练可参考。

1.2 应急演练分类

应急演练按照演练内容分为综合演练和单项演练，按照演练形式分为实战演练和桌面演练，按照目的与作用分为检验性演练、示范性演练和研究性演练，不同分类标准的演练可相互组合。

1.3 应急演练工作原则

应急演练应遵循以下原则：

（1）遵守国家相关法律法规、标准及有关规定；

（2）结合电力安全风险及电力安全事故的特点，依据应急预案组织开展；

（3）以提高指挥协调能力、应急处置能力和应急准备能力为主要目标；

（4）保证参演人员、设备设施及演练场所安全，并遵守相关保密规定。

1.4 应急演练基本流程

应急演练实施基本流程包括计划、准备、实施、评估总结、持续改进五个阶段。

2 应急演练计划

2.1 需求分析

全面分析和评估电力安全事故应急预案、应急职责、应急处置工作流程和指挥调度程序、应急技能和应急装备、物资的实际情况，提出需通过应急演练解决的问题，有针对性地确定应急演练目标，提出应急演练的初步内容和主要科目。

2.2 明确任务

确定应急演练的事故情景类型、等级、发生地域，演练方式，参演单位，应急演练各阶段主要任务，应急演练实施的拟定日期。

2.3 制订计划

根据需求分析及任务安排，组织人员编制演练计划文本。

3 应急演练准备

3.1 成立演练组织机构

综合演练成立以应急预案发布单位主要负责人（或分管负责人）为组长，相关部门（单位）人员参加的应急演练领导小组。应急演练领导小组下设策划与导调组、保障组、评估组、宣传组（可根据应急演练的类型、规模等实际需要选择性成立其他小组），并明确各小组演练工作职责、分工。

单项演练由演练组织单位结合演练的类型、规模等实际需要选择性成立领导小组。

3.1.1 领导小组

（1）负责应急演练筹备和实施过程中的组织领导工作；

（2）审批应急演练工作方案和经费使用；

（3）审批应急演练总结评估报告；

（4）决定应急演练的其他重要事项。

3.1.2 策划与导调组

（1）负责编制应急演练工作方案、演练执行方案和演练观摩手册；

（2）负责演练活动筹备、事故场景布置；

（3）负责演练进程控制、参与人员调度以及与相关单位、工作组的联络和协调；

（4）负责提供信息发布的内容；

（5）负责针对应急演练实施中可能面临的风险进行评估，并审核应急演练安全保障方案。

3.1.3　保障组

（1）负责应急演练安全保障方案制订与执行；

（2）负责所需物资的准备，以及应急演练结束后物资清理归库；

（3）负责提供应急演练技术支持，主要包括应急演练所涉及的调度通信等；

（4）负责应急演练的后勤保障；

（5）负责演练人员管理及经费使用管理。

3.1.4　评估组

（1）负责编制应急演练评估方案；

（2）跟踪和记录应急演练进展情况，发现应急演练中存在的问题并做好过程评估；

（3）演练结束后，及时向演练单位或演练领导小组及其他相关专业组提出评估意见、建议，并撰写演练评估报告。

3.1.5　宣传组

（1）负责编制演练宣传方案；

（2）负责整理演练信息、组织新闻媒体并开展新闻发布。

3.2　编写演练文件

对于综合演练，应编写演练文件；对于单项演练，可根据实际选择编制需要的演练文件。

3.2.1　应急演练工作方案

工作方案主要内容包括：

（1）应急演练目的及要求、时间与地点；

（2）事故情景设置，对演练过程中应采取的预警、应急响应、决策与指挥、处置与救援、保障与恢复、信息发布等应急行动与应对措施的预先设定和描述；

（3）参演单位、参与人员，以及对应任务和职责；

（4）技术支撑及保障条件，参演单位联系方式；

（5）评估内容、准则和方法，总结与评估工作的安排。

3.2.2　应急演练执行方案

演练执行方案一般可分为应急演练脚本和演练控制方案两类：

（1）应急演练脚本是指应急演练工作方案的具体操作手册，帮助参演人员掌握演练进程和各自需演练的步骤。一般采用表格形式，描述应急演练每个步骤的时刻及时长、对应的情景内容、处置行动及责任人员、指令与报告对白、适时选用的技术设备、视频画面与字幕、解说词等。应急演练脚本主要适用于示范性演练；

（2）演练控制方案是指演练策划导调或控制人员的具体操作手册，帮助策划导调或控制人员控制演练发展、掌握演练进程以及操作演练展示。一般采用表格形式，按照演练实施步骤或顺序描述应急演练每个步骤的计划时刻及时长、对应的情景和演练内容、触发的背景信息、处置行动及责任人员、需要发布的指令、适时选用的技术设备、视频画面与字幕展示安排、组织步骤等。演练控制方案主要适用于设备丰富、技术复杂的演练，可根据实际需求增加、减少演练控制方案中相关要素。

3.2.3　评估方案

根据需要编写演练评估方案，主要包括：

（1）应急演练目的和目标、情景描述，应急行动与应对措施简介；

（2）应急演练准备、应急演练方案、应急演练组织与实施、应急演练效果等；

（3）应急演练目的实现程度的评判指标；

（4）主要步骤及任务分工；

（5）演练评估项目（一般采用表格形式）。

3.2.4　保障方案

主要包括：

（1）可能发生的意外情况、应急处置措施及责任部门；

（2）应急演练的安全设施与装备；

（3）应急演练非正常中止条件与程序；

（4）安全注意事项。

3.2.5　观摩手册

根据演练规模和观摩需要，可编制演练观摩手册。演练观摩手册通常包括应急演练时间、地点、情景描述、主要环节及演练内容、安全注意事项。

3.2.6　宣传方案

编制演练宣传方案，主要包括宣传目标、宣传方式、传播途径、主要任务及分工、技术支持。

3.3　落实保障措施

3.3.1　组织保障

落实演练总指挥、现场指挥、策划导调、宣传、保障、评估、演练参与部门（单位）和人员等，必要时考虑替补人员。

3.3.2　资金与物资保障

明确演练工作经费及承担单位，明确各参演单位所准备的演练物资和器材。

3.3.3　技术保障

落实演练场地设置和演练实施有关技术条件，既满足演练活动需要，又尽量避免影响企业和公众正常生产、生活；落实演练情景模型制作；采用多种公用或专用通信系统，保证演练通信信息畅通；落实应急电源保障等。

3.3.4 安全保障

采取必要的安全防护措施，进行必要的系统（设备）安全隔离，确保所有参演人员、观摩人员、现场群众生命财产安全及运行系统安全。

3.3.5 宣传保障

根据演练需要，对涉及演练单位、人员及社会公众进行演练预告，宣传电力应急相关知识。

3.4 其他准备事项

根据需要准备应急演练有关活动安排，进行相关应急预案培训，必要时可进行预演。

4 应急演练实施

4.1 现场检查

确认演练所需的工具、设备、设施、技术资料以及参演人员等要素到位。对应急演练安全设备、设施进行检查确认，确保安全保障方案可行，所有设备、设施完好，电力、通信系统正常。

4.2 演练简介

应急演练正式开始前，应对参演人员进行情况说明，使其了解应急演练规则、场景及主要内容、岗位职责、演练过程中可能存在的风险点及危险有害因素和注意事项。

4.3 启动

应急演练总指挥负责演练实施过程的指挥控制，条件具备后，由总指挥宣布演练开始。

4.4 执行

实战演练或桌面演练主要参照以下步骤执行，可根据需要选择部分环节开展。

4.4.1 实战演练执行

按照应急演练工作方案和演练执行方案，政府及有关部门、国家能源局派出机构、电力企业、电力用户、社会救援力量等所有参演单位和人员有序推进各个场景。

演练策划与导调组对应急演练实施全过程指挥控制，按照应急演练执行方案向参演单位和人员发出信息指令，传递相关信息，控制演练进程。

应急演练过程中，策划与导调组人员（以下简称“导调人员”）应随时掌握应急演练进展情况，并向领导小组组长报告应急演练中出现的各种问题。

各参演单位和人员，根据导调信息和指令，依据应急演练工作方案规定流程，按照发生真实事故时的应急处置程序，采取相应的应急处置行动；参演人员按照应急演练方案要求，作出信息反馈。

演练评估组跟踪参演单位和人员的响应情况，进行评估并做好记录。

实战演练一般包括以下内容：

（1）监测与风险分析

参与单位模拟开展针对电力设施、设备和燃料供应等监测行动，并与气象等部门开展信息共享活动，对可能的风险后果和灾情发展走向进行分析评估。

（2）预警信息发布及应急准备

相关单位对事态进行科学研判，必要时发布预警信息，参演单位做好各项应急准备工作。根据预案要求，可由预警发布单位及时调整或宣布解除预警。

（3）启动响应

按照电力安全事故严重程度，相关单位启动应急响应并开展应急指挥或应对处置。

（4）信息报告

相关单位按《电力安全事故应急处置和调查处理条例》及有关文件规定开展事故信息报告。

（5）电力抢修与恢复运行

电力企业采取合理安排运行方式、恢复电力设备运行、组织力量抢修受损设备设施、提供电力支援、做好机组并网准备等系列抢修与恢复运行的相关模拟动作或实战活动。重要电力用户或其他可能受到影响的单位模拟开展启动自备应急电源等行动。

（6）城市生命线、社会治安等保障

相关参演单位模拟开展关于重点单位保障、交通、通信、供排水等各个方面的救援、救助、保障、调度和恢复等任务和活动，模拟做好受灾群众临时安置、商业运营、物资供应、金融、医疗、教育、广播电视等社会民生系统的各项保障任务和应对行动。公安等有关部门模拟开展对涉及国家安全和公共安全的重点地点和单位的安全保卫工作，维护应急处置救援现场的秩序，必要时对事故可能波及范围内的相关人员进行疏散、转移和安置。

（7）信息发布

必要时开展面向社会公众的信息发布和舆情引导工作，包括做好社会提示、开展舆情收集、回应社会关切、澄清不实信息等。

4.4.2 桌面演练执行

演练导调人员按照应急预案或应急演练方案发出信息指令后，参演单位和人员依据接收到的信息，回答问题或模拟推演的形式，完成应急处置活动。通常按照四个环节循环往复进行：

（1）注入信息：导调人员通过多媒体文件、沙盘、消息单、实时通讯、VR/AR 等多种形式向参演单位和人员展示应急演练场景，展现电力安全事故发生发展情况；

（2）提出问题：在每个演练场景中，由导调人员在场景展现完毕后根据应急演练方案提出一个或多个问题；

（3）分析决策：根据导调人员提出的问题或所展现的应急决策处置任务及场景信息，参演单位和人员开展思考讨论，形成处置决策意见；

（4）表达结果：在组内讨论结束后，各组代表按要求提交或口头阐述本组的分析决策结果，或者通过模拟操作与动作展示应急处置活动。

各组决策结果表达结束后，导调人员可对演练情况进行简要讲解，接着注入新的信息。

4.5 演练结束

完成演练内容后，参演人员进行人数清点和讲评，演练总指挥宣布演练结束。

4.6 其他事项

4.6.1 演练解说

在演练实施过程中，演练导调人员进行解说。内容包括演练背景描述、进程讲解、案例介绍、环境渲染等。

4.6.2 演练记录

演练实施过程中，安排专人采用文字、图片和声像记录演练过程，其中文字记录内容主要包括：

（1）演练开始和结束时间；

（2）现场实际执行情况；

（3）演练人员表现；

（4）出现的特殊或意外情况及其处置；

（5）参演人员签字记录。

4.6.3 演练中止

在应急演练实施过程中，出现特殊或意外情况，经应急演练领导小组评估认为短时间内不能妥善处理或解决时，应急演练总指挥按照事先规定的程序和指令中断应急演练，并立即组织应对特殊或意外情况，并可由应急演练领导小组视情况决定是否恢复演练。

5 评估总结

5.1 评估

按照AQ/T 9009—2015《生产安全事故应急演练评估规范》中7.1、7.2、7.3、7.4或其更新条款要求的演练点评、参演人员自评、评估组评估、编制演练评估报告等进行演练评估，撰写评估报告。

5.2 总结

5.2.1 撰写演练总结报告

应急演练结束后，演练组织单位宜撰写总结报告，可包括以下内容：

（1）应急演练工作的概况；

（2）应急演练工作的经验和教训；

（3）应急管理工作的建议。

5.2.2 演练资料归档

应急演练活动结束后，将应急演练方案、应急演练评估报告、应急演练总结报告等文字资料，以及记录演练实施过程的相关图片、视频、音频等资料归档保存；对主管部门要求备案的应急演练，演练组织单位将相关资料报主管部门备案。

6 持续改进

6.1 预案修订

根据演练评估报告中对应急预案的改进建议，由应急预案编制单位按程序对预案进行修订完善。

6.2 应急管理工作改进

（1）应急演练结束后，各演练参演单位应根据应急演练评估总结提出的相关问题和建议，对本单位的电力应急管理工作（包括应急演练工作）进行持续改进；

（2）各参演单位应督促本单位相关责任部门和人员，制定整改计划，明确整改目标，制定整改措施，落实整改资金，并跟踪督查整改情况。

附录：定义和术语

附录

定义和术语

下列定义和术语适用于本导则。

1 事故情景

针对可能导致电力安全事故的风险而预先设定的事故状况（包括事故发生的时间、地点、特征、波及范围及变化趋势等）。

2 应急预案

针对可能发生的事故，为最大程度减少事故损害而预先制定的应急准备工作方案。

3 综合演练

针对应急预案中多项或全部应急响应功能开展的演练活动。

4 单项演练

针对应急预案中某一项应急响应功能开展的演练活动。

5 实战演练

针对事故情景，选择（或模拟）事故应急处置涉及的电力设备、设施、装置或场所，利用各类应急器材、装备、物资，通过决策行动、实际操作，完成真实应急响应的过程。

6 桌面演练

针对事故情景，利用图纸、沙盘、流程图、计算机模拟、视频会议等辅助手段，进行交互式讨论和推演的应急演练活动。

7　检验性演练

为检验应急预案的可行性、应急准备的充分性、应急机制的协调性及相关人员的应急处置能力而组织的演练。

8　示范性演练

为检验和展示综合应急救援能力，按照应急预案开展的具有较强指导宣教意义的规范性演练。

9　研究性演练

为探讨和解决事故应急处置的重点、难点问题，试验新方案、新技术、新装备等而组织的演练。

10　应急演练评估

围绕演练目标和要求，对参演人员表现、演练活动准备及其组织实施过程作出客观评价，并编写演练评估报告的过程。

统计资料

2022 年度电力统计基本数据一览表

项　　目	单位	2022 年	2021 年	同比增长（%）
一、发电量	**亿 kWh**	**88487**	**85343**	**3.70**
水　　电	亿 kWh	13522	13390	1.00
火　　电	亿 kWh	58888	58059	1.40
核　　电	亿 kWh	4178	4075	2.50
风　　电	亿 kWh	7627	6561	16.20
太阳能发电	亿 kWh	4273	3258	31.20
二、全社会用电量	**亿 kWh**	**86369**	**83358**	**3.61**
A. 全行业用电合计	**亿 kWh**	**73000**	**71595**	**1.96**
第一产业	亿 kWh	1147	1039	10.43
第二产业	亿 kWh	56991	56330	1.17
其中：工业	亿 kWh	55991	55296	1.26
第三产业	亿 kWh	14862	14226	4.47
B. 城乡居民生活用电合计	**亿 kWh**	**13369**	**11763**	**13.65**
城镇居民	亿 kWh	7360	6623	11.12
乡村居民	亿 kWh	6009	5140	16.91
三、发电装机容量	**万 kW**	**256798**	**237777**	**8.00**
水　　电	万 kW	41406	39094	5.91
其中：抽水蓄能	万 kW	4579	3639	25.83
火　　电	万 kW	133329	129739	2.77
其中：燃煤	万 kW	112434	110962	1.33
燃气	万 kW	11565	10894	6.16
燃油	万 kW	164	165	−0.61
其中：生物质发电	万 kW	4135	3807	8.64
核　　电	万 kW	5557	5326	4.34
风　　电	万 kW	36564	32871	11.24
太阳能发电	万 kW	39268	30654	28.10
其　　他	万 kW	675	94	621.06
非化石能源发电装机容量	**万 kW**	**127605**	**111845**	**14.09**
四、35kV 及以上输电线路回路长度	**km**	**2286830**	**2228138**	**2.63**
1. 交流	**km**	**2231612**	**2179595**	**2.39**
其中：1000kV	km	16089	14626	10.00

续表

项　　目	单位	2022 年	2021 年	同比增长（%）
750kV	km	28161	26754	5.26
500kV	km	219274	211042	3.90
330kV	km	37023	35569	4.09
220kV	km	520929	508091	2.53
110kV	km	803413	778479	3.20
35kV	km	606723	605033	0.28
2. 直流	**km**	**55219**	**48544**	**13.75**
其中：±1100kV	km	3903	3903	0.00
±800kV	km	32517	27304	19.09
±660kV	km	1441	1441	0.00
±500kV	km	16033	14590	9.89
±400kV	km	1031	1031	
五、35kV 及以上变电设备容量	**万 kVA**	**907903**	**862767**	**5.23**
1. 交流	**万 kVA**	**857165**	**813542**	**5.36**
其中：1000kV	万 kVA	20700	19800	4.54
750kV	万 kVA	22945	21175	8.36
500kV	万 kVA	174714	165100	5.82
330kV	万 kVA	17814	16209	9.90
220kV	万 kVA	271116	258784	4.77
110kV	万 kVA	279973	265295	5.53
35kV	万 kVA	69903	67179	4.06
2. 直流	**万 kVA**	**50738**	**49225**	**3.07**
其中：±1100kV	万 kVA	2867	2867	0.00
±800kV	万 kVA	31766	30558	3.95
±660kV	万 kVA	884	884	
±500kV	万 kVA	13025	12720	2.40
±400kV	万 kVA	1245	1245	0.00
六、新增发电装机容量	**万 kW**	**20298**	**17908**	**13.35**
水　　电	万 kW	2371	2349	0.96
其中：抽水蓄能	万 kW	880	520	69.23
火　　电	万 kW	4568	4939	-7.51
其中：燃煤	万 kW	2920	2937	-0.60
燃气	万 kW	649	771	-15.84
其中：常规燃气	万 kW	610	758	-19.57
煤层气发电	万 kW	25		

续表

项　　目	单位	2022 年	2021 年	同比增长（%）
燃油	万 kW			
其他	万 kW	999	1230	－18.78
其中：余温、余气、余压	万 kW	614	388	58.15
垃圾焚烧发电	万 kW	286	630	－54.62
秸秆、蔗渣、林木质发电	万 kW	99	212	－53.28
核　　电	万 kW	228	340	－32.90
风　　电	万 kW	3861	4765	－18.98
太阳能发电	万 kW	8821	5454	61.75
其　　他	万 kW	449	62	628.50
七、火电机组退役和关停容量	**万 kW**	**704**	**499**	**41.25**
八、年底主要发电企业电源项目在建规模	**万 kW**	**26983**	**18307**	**47.39**
水　　电	万 kW	7708	7454	3.41
火　　电	万 kW	6236	4896	27.37
核　　电	万 kW	2232	1970	13.30
风　　电	万 kW	3886	2354	65.10
九、新增直流输电线路长度及换流容量				
1. 线路长度	**km**	**2223**	**2840**	**－21.73**
其中：±1100kV	km			
±800kV	km	2080	2840	**－26.77**
±660kV	km			
±500kV	km	143		
±400kV	km			
2. 换流容量	**万 kW**	**1800**	**3200**	**－43.75**
其中：±1100kV	万 kW			
±800kV	万 kW	1600	3200	－50.00
±660kV	万 kW			
±500kV	万 kW	200		
±400kV	万 kW			
十、新增交流 110kV 及以上输电线路长度及变电设备容量				
1. 线路长度	**km**	**60170**	**51984**	**15.75**
其中：1000kV	km	1451	690	110.17
750kV	km	1242	2235	－44.44
500kV	km	8676	8144	6.53
330kV	km	1284	823	56.03

续表

项　　目	单位	2022 年	2021 年	同比增长（%）
220kV	km	23812	17420	36.69
110kV（含 66kV）	km	23706	22671	4.56
2. 变电设备容量	**万 kVA**	**35320**	**33686**	**4.85**
其中：1000kV	万 kVA	600	1800	－66.67
750kV	万 kVA	2370	1800	31.67
500kV	万 kVA	11395	10348	10.12
330kV	万 kVA	861	576	49.48
220kV	万 kVA	10784	9774	10.34
110kV（含 66kV）	万 kVA	9310	9388	－0.82
十一、本年完成电力投资	**亿元**	**12470**	**10786**	**15.61**
1. 电源投资	**亿元**	**7464**	**5870**	**27.15**
水　　电	亿元	872	1173	－25.72
火　　电	亿元	895	708	26.38
核　　电	亿元	785	539	45.74
风　　电	亿元	2011	2589	－22.32
太阳能发电	亿元	2865	861	232.73
其　　他	亿元	37	0.8	4678.37
2. 电网投资	**亿元**	**5006**	**4916**	**1.83**
输变电	亿元	4851	4764	1.83
其中：直流	亿元	316	380	－16.98
交流	亿元	4505	4383	2.78
其　他	亿元	155	153	1.74
十二、单机 6000kW 及以上机组平均单机容量				
水电：单机容量	万 kW/台	7.08	6.53	0.55
机组台数	台	5388	5269	2.26
机组容量	万 kW	38151	34431	10.81
火电：单机容量	万 kW/台	13.78	13.72	0.05
机组台数	台	9330	9079	2.76
机组容量	万 kW	128539	124597	3.16
十三、6000kW 及以上电厂供热量	**万 GJ**	**575054**	**567114**	**1.40**
十四、6000kW 及以上电厂发电标准煤耗	**g/kWh**	**283.7**	**284.8**	**－1.09**
十五、6000kW 及以上电厂供电标准煤耗	**g/kWh**	**300.7**	**301.7**	**－0.96**
十六、6000kW 及以上电厂厂用电率	**%**	**4.49**	**4.36**	**0.13**
水　　电	%	0.25	0.26	－0.012
火　　电	%	5.78	5.59	0.19

续表

项　　目	单位	2022 年	2021 年	同比增长（%）
十七、6000kW 及以上电厂发电设备利用小时数	**h**	**3692**	**3813**	**−121**
水　　电	h	3417	3606	−189
其中：抽水蓄能	h	1181	1162	19
火　　电	h	4388	4444	−56
其中：燃煤发电	h	4593	4601	−8
燃气发电	h	2426	2688	−261
核　　电	h	7616	7802	−186
风　　电	h	2218	2231	−12
太阳能发电	h	1340	1282	59
十八、6000kW 及以上电厂燃料消耗				
发电消耗标煤量	万 t	148984	148207	0.52
发电消耗原煤量	万 t	231543	225019	2.90
供热消耗标煤量	万 t	22290	22132	0.71
供热消耗原煤量	万 t	33862	33336	1.58
十九、供、售电量及线损				
供电量	亿 kWh	74676	72344	3.22
售电量	亿 kWh	71074	68541	3.70
线损电量	亿 kWh	3602	3803	−5.29
线损率	%	4.82	5.26	−0.43
二十、发用电设备比				
发电装机容量：用电设备容量		1:4.21	1:4.30	
二十一、电力弹性系数				
电力生产弹性系数		1.18	1.25	
电力消费弹性系数		1.20	1.28	

注　1. 电源投资完成额口径为全国主要发电企业。

2. 发电量数据来源于国家统计局。

2022 年分地区发电装机容量

地区	合计		水电		火电		风电		太阳能发电		其他
	2022 年（万 kW）	同比增长（%）	2022 年（万 kW）	同比增长（%）	2022 年（万 kW）	同比增长（%）	2022 年（万 kW）	同比增长（%）	2022 年（万 kW）	同比增长（%）	2022 年（万 kW）
全　国	**256798**	**8.00**	**41406**	**5.91**	**133329**	**2.77**	**36564**	**11.24**	**39268**	**28.10**	**675**
北　京	1361	1.57	102	2.59	1137	0.04	24		95	18.97	3

续表

地区	合计		水电		火电		风电		太阳能发电		其他
	2022年（万kW）	同比增长（%）	2022年（万kW）	同比增长（%）	2022年（万kW）	同比增长（%）	2022年（万kW）	同比增长（%）	2022年（万kW）	同比增长（%）	2022年（万kW）
天　津	2262	3.18	1	16.00	1896	0.65	145	11.21	221	24.09	0
河　北	12459	12.46	393	116.51	5383	−0.77	2797	9.83	3855	31.97	31
山　西	12091	6.64	224	0.19	7842	4.10	2318	9.16	1696	16.33	11
内蒙古	16915	9.22	241		10503	6.80	4568	14.31	1568	11.03	35
辽　宁	6595	7.00	305	−0.13	3835	2.62	1173	7.86	601	25.76	15
吉　林	4030	15.62	646	4.22	1855	−0.04	1143	71.93	387	11.78	
黑龙江	4180	5.69	230	36.03	2531	−0.01	943	13.03	475	13.22	
上　海	2830	1.59			2528	0.71	107		195	15.75	
江　苏	16156	4.77	265	0.04	10437	1.12	2254	0.90	2508	30.93	30
浙　江	11810	8.78	1384	8.24	6534	1.12	423	16.24	2539	37.85	14
安　徽	9254	9.31	622	22.70	5853	1.96	590	15.38	2154	26.20	35
福　建	7531	7.84	1538	11.01	3681	2.37	742	0.95	465	67.83	3
江　西	5490	13.28	686	1.29	3026	11.60	555	1.55	1202	31.97	21
山　东	18958	9.37	227.9	35.79	11753	1.32	2302	18.52	4270	27.71	155
河　南	11959	7.61	439	7.72	7272	−0.39	1903	2.83	2333	49.98	13
湖　北	9438	7.06	3780	0.23	3563	5.66	778	8.11	1316	38.12	1
湖　南	5774	8.05	1587	0.62	2588	3.44	900	12.12	636	41.45	63
广　东	17212	8.80	1912	10.12	10741	4.73	1357	13.48	1590	55.89	
广　西	6277	13.44	1832	3.62	2757	11.14	946	25.21	520	66.51	5
海　南	1307	23.77	153	0.21	750	25.32	29		246	67.74	
重　庆	2685	4.31	790	0.12	1644	5.87	182	7.67	69	9.24	
四　川	12390	8.35	9746	9.67	1840	0.82	598	13.45	206	5.26	0
贵　州	8087	6.79	2282	−0.04	3793	6.16	592	1.98	1420	24.91	
云　南	11177	5.10	8146	4.13	1534	0.29	912	3.02	585	47.42	0
西　藏	540	12.41	292	0.06	42	−2.34	3		179	28.84	25
陕　西	8110	6.21	350	0.29	5080	2.59	1164	13.95	1516	15.41	
甘　肃	6810	10.69	972	0.48	2313	0.16	2073	20.20	1417	23.71	35
青　海	4519	9.86	1261	5.75	393	0.01	972	8.42	1842	12.89	51
宁　夏	6477	4.23	43		3304	−0.87	1457	0.14	1584	14.44	90
新　疆	12112	4.89	957	2.40	6924	1.16	2614	8.55	1578	16.53	39

2022年分地区新增发电装机容量

单位：万kW

地　区	合计	水电	火电	风电	太阳能发电	其他
全　国	**20298**	**2371**	**4568**	**3861**	**8821**	**449**
北　京	19	3	0		15	
天　津	67	0	12	15	40	0
河　北	1370	152.35	14	250	934	20
山　西	763	0.4	331	195	237	
内蒙古	1375		641	551	151	32
辽　宁	465	0.0	140	90	123	
吉　林	559	37	3	478	41	
黑龙江	308	91	52	109	56	
上　海	119		93		27	
江　苏	766	0.14	111	50	593	12
浙　江	995	108	106	83	697	
安　徽	973	135	312	79	447	
福　建	612	166	131	11	188	
江　西	748	21	385.5	8	315	19
山　东	1911	60.1	431	359	927	134
河　南	917	4	84	52	778	
湖　北	759	16	199	59	456	30
湖　南	487	15	139	98	185	51
广　东	1322	170	421	161	570	
广　西	719	44	271	191	208	5
海　南	254	0	155		99	
重　庆	140	13	92	29	6	
四　川	852	731	34	74	14	
贵　州	320		25	12	283	
云　南	870	507	8	109	246	
西　藏	43	2			41	
陕　西	595	42	193	142	218	
甘　肃	630	6	4	349	272	
青　海	370	5.6	14	88	262	
宁　夏	451		123	10	200	118
新　疆	517	43	43	209	193	29

2022 年分地区发电量

单位：亿 kWh

地　区	合计	水电	火电	风电	太阳能发电
全　国	**85343**	**13390**	**58059**	**6561**	**3258**
北　京	473	14	449	4	6
天　津	800	0.2	762	18	20
河　北	3513	24	2699	511	279
山　西	3926	39	3229	469	190
内蒙古	6120	49	4892	967	212
辽　宁	2258	78	1497	227	55
吉　林	1026	105	731	138	52
黑龙江	1201	39	749	162	51
上　海	1003		969	18	15
江　苏	5969	31	4841	416	195
浙　江	4222	238	3049	49	155
安　徽	3083	81	2741	107	155
福　建	2951	274	1722	152	25
江　西	1563	136	1244	104	80
山　东	6210	12.4	5281	409	310
河　南	3039	116	2459	328	136
湖　北	3292	1599	1476	134	83
湖　南	1742	538	1017	150	38
广　东	6306	224	4639	137	103
广　西	2082	517	1195	161	28
海　南	391	18	254	5	16
重　庆	991	283	681	23	5
四　川	4530	3724	667	109	30
贵　州	2368	734	1447	105	83
云　南	3770	3028	455	235	51
西　藏	113	93	3	0	16
陕　西	2740	141	2282	176	141
甘　肃	1897	452	1007	288	150
青　海	996	505	150	130	211
宁　夏	2083	21	1598	281	183
新　疆	4684	276	3676	548	184

注　分地区发电量数据来源于《中国能源统计年鉴》。

2022年度分地区全社会用电量

地　区	用电量（亿 kWh）	同比增长（%）
全　国	**86369**	**3.61**
北　京	1281	3.88
天　津	991	0.91
河　北	4344	1.15
山　西	2721	4.33
内蒙古	4200	6.12
辽　宁	2551	−0.97
吉　林	852	1.08
黑龙江	1139	4.59
上　海	1746	−0.23
江　苏	7400	4.20
浙　江	5799	5.17
安　徽	2993	10.23
福　建	2900	2.22
江　西	1983	6.47
山　东	7559	2.39
河　南	3908	7.16
湖　北	2648	7.13
湖　南	2236	3.76
广　东	7870	0.05
广　西	2217	−0.93
海　南	415	2.46
重　庆	1404	4.74
四　川	3447	5.26
贵　州	1743	0.04
云　南	2390	11.71
西　藏	119	17.38
陕　西	2376	6.18
甘　肃	1501	0.40
青　海	922	7.56
宁　夏	1250	7.89
新　疆	3466	−0.52

2022 年度全国分行业用电量

指 标 名 称	用户个数（个）	用户用电装接容量（kW）	用电量（kWh）		
			2022 年	2021 年	同比增长（%）
全社会用电总计	**700400664**	**10802360324**	**863687495**	**833579484**	**3.61**
A. 全行业用电合计	84709792	6826620485	730000959	715948456	1.96
第一产业	9777698	187826100	11470104	10386975	10.43
第二产业	15372452	3949800569	569907934	563300629	1.17
第三产业	59559642	2688993818	148622921	142260851	4.47
B. 城乡居民生活用电合计	615690872	3975739839	133686536	117631028	13.65
城镇居民	282201862	2053270189	73598077	66232610	11.12
乡村居民	333489010	1922469652	60088459	51398418	16.91
全行业用电分类	**84709792**	**6604499432**	**730000959**	**715948456**	**1.96**
一、农、林、牧、渔业	**16284987**	**303659185**	**17567243**	**15898630**	**10.50**
1. 农业	6336717	112475762	5314072	4998789	6.31
2. 林业	134772	3646093	186001	192634	−3.44
3. 畜牧业	2409050	51355783	3841088	3300991	16.36
4. 渔业	773848	18144965	2128944	1894562	12.37
5. 农、林、牧、渔专业及辅助性活动	6630600	118036586	6097139	5511655	10.62
其中：排灌	5529961	94145931	4816833	4405459	9.34
二、工业	**13545677**	**3709649165**	**559908220**	**552956901**	**1.26**
（一）采矿业	260753	213559775	26644693	26405848	0.90
1. 煤炭开采和洗选业	39202	82447979	9507003	9257999	2.69
2. 石油和天然气开采业	16444	40462582	5571363	5462180	2.00
3. 黑色金属矿采选业	22719	24682898	4328683	4636515	−6.64
4. 有色金属矿采选业	25974	18050934	3395486	3139450	8.16
5. 非金属矿采选业	95310	28321303	2189251	2287170	−4.28
6. 其他采矿活动	61104	19594080	1652906	1622533	1.87
（二）制造业	11109029	2163667062	424113365	420168932	0.94
1. 农副食品加工业	3467234	90485758	7799692	7603077	2.59
2. 食品制造业	400843	33975467	4681418	4549049	2.91
3. 酒、饮料及精制茶制造业	251182	37200853	1709677	1683238	1.57
4. 烟草制品业	100033	4378809	393159	387741	1.40
5. 纺织业	604016	63017253	16692197	17751308	−5.97
6. 纺织服装、服饰业	396611	23328004	3676976	3815823	−3.64

续表

指 标 名 称	用户个数（个）	用户用电装接容量（kW）	用电量（kWh）		
			2022 年	2021 年	同比增长（%）
7. 皮革、毛皮、羽毛及其制品和制鞋业	193117	15817734	2205520	2300184	−4.12
8. 木材加工和木、竹、藤、棕、草制品业	666304	32447494	3876716	4131087	−6.16
9. 家具制造业	225919	16448319	1847427	1972917	−6.36
10. 造纸和纸制品业	114795	31711219	9006417	8483982	6.16
11. 印刷和记录媒介复制业	78351	11119086	1428023	1478910	−3.44
12. 文教、工美、体育和娱乐用品制造业	175362	12524157	1700355	1802857	−5.69
其中：体育用品制造	10565	1613445	236130	262939	−10.20
13. 石油、煤炭及其他燃料加工业	25449	89418017	16974699	15175880	11.85
其中：煤化工	4257	23991800	4935103	4523287	9.10
14. 化学原料和化学制品制造业	96100	220089503	55018435	51883522	6.04
其中：氯碱	932	20946629	6838379	6421897	6.49
电石	378	25316522	10592240	8741629	21.17
黄磷	304	6392905	1143509	1021435	11.95
肥料制造	11992	42456237	7114465	7265021	−2.07
15. 医药制造业	50662	37120353	5233829	4834237	8.27
其中：中成药生产	7682	3972786	478556	443911	7.80
生物药品制品制造	5644	9605800	1082346	1026707	5.42
16. 化学纤维制造业	20642	18210378	4544708	4633667	−1.92
17. 橡胶和塑料制品业	522502	92477557	16085512	16559800	−2.86
其中：橡胶制品业	85492	23803436	3975220	4318607	−7.95
塑料制品业	434771	68058258	12109402	12237676	−1.05
18. 非金属矿物制品业	442677	235525467	40186729	41395790	−2.92
其中：水泥制造	20705	55321331	12630554	14987615	−15.73
玻璃制造	9215	10941597	1994377	1856346	7.44
陶瓷制品制造	43098	18956153	3644091	3910397	−6.81
碳化硅	784	6078814	1088847	1161020	−6.22
19. 黑色金属冶炼和压延加工业	17042	264424193	60655791	63968826	−5.18
其中：钢铁	13053	219949498	42527597	44719368	−4.90
铁合金冶炼	3224	40100700	17014702	17362205	−2.00
20. 有色金属冶炼和压延加工业	35732	171323072	74213687	72126733	2.89
其中：铝冶炼	997	107197106	54680173	52146963	4.86
铅锌冶炼	564	5393614	1834606	1876019	−2.21
稀有稀土金属冶炼	702	2762716	987900	980897	0.71

续表

指 标 名 称	用户个数（个）	用户用电装接容量（kW）	用电量（kWh）		
			2022 年	2021 年	同比增长（%）
21. 金属制品业	1248472	163720225	23126874	24337442	−4.97
其中：结构性金属制品制造	303352	39277209	5711266	5840082	−2.21
22. 通用设备制造业	435262	78681354	11041170	11395173	−3.11
其中：风能原动设备制造	328	436778	66225	61377	7.90
23. 专用设备制造业	99908	31945409	4257350	4338727	−1.88
其中：医疗仪器设备及器械制造	8777	3375927	436870	385364	13.37
24. 汽车制造业	44406	52556899	6823189	6513880	4.75
其中：新能源车整车制造	855	3288475	299500	180364	66.05
25. 铁路、船舶、航空航天和其他运输设备制造业	46314	28015553	3343647	3485495	−4.07
其中：铁路运输设备制造	3215	4226119	308861	310687	−0.59
城市轨道交通设备制造	836	1287500	104896	115097	−8.86
航空、航天器及设备制造	1069	4573356	409469	361987	13.12
26. 电气机械和器材制造业	139049	82558427	13744775	11409253	20.47
其中：光伏设备及元器件制造	1920	10544187	2252238	1033920	117.83
27. 计算机、通信和其他电子设备制造业	111639	125598919	23126919	21860953	5.79
其中：计算机制造	1129	2846189	519736	626764	−17.08
通信设备制造	20469	8682491	1235302	1248457	−1.05
28. 仪器仪表制造业	20875	5226661	935224	910147	2.76
29. 其他制造业	768480	66863029	7155278	6826045	4.82
30. 废弃资源综合利用业	121848	17459093	1716895	1571100	9.28
31. 金属制品、机械和设备修理业	188203	9998811	911077	982090	−7.23
（三）电力、热力、燃气及水生产和供应业	2175895	1332422329	109150163	106382122	2.60
1. 电力、热力生产和供应业	1646350	1256724820	99613825	97264707	2.42
其中：电厂生产全部耗用电量	367642	355759595	54992605	53520101	2.75
线路损失电量	93600	45179344	30628822	32479456	−5.70
抽水蓄能抽水耗用电量	5549	15643502	5880039	4202695	39.91
2. 燃气生产和供应业	54734	15492827	1929790	1837316	5.03
3. 水的生产和供应业	474811	60204685	7606547	7280098	4.48
三、建筑业	**2009591**	**250017823**	**10910794**	**11325818**	**−3.66**
1. 房屋建筑业	1061123	95500083	3957119	4332582	−8.67
2. 土木工程建筑业	215683	74385115	3389148	3259987	3.96
3. 建筑安装业	204018	17554845	788097	825165	−4.49
4. 建筑装饰、装修和其他建筑业	528765	62577789	2776430	2908085	−4.53

续表

指标名称	用户个数（个）	用户用电装接容量（kW）	用电量（kWh）		
			2022年	2021年	同比增长（%）
四、交通运输、仓储和邮政业	**819617**	**363532688**	**20414056**	**19923840**	**2.46**
1. 铁路运输业	27196	211114777	9851753	10081595	−2.28
其中：电气化铁路	4355	166850755	7638112	7871569	−2.97
2. 道路运输业	167867	70133889	4584965	4264921	7.50
其中：城市公共交通运输	44346	43766573	2956790	2706701	9.24
3. 水上运输业	20878	6449039	477734	471527	1.32
其中：港口岸电	901	924503	43694	43127	1.31
4. 航空运输业	9659	9866437	614554	616159	−0.26
5. 管道运输业	7301	8285585	817669	749769	9.06
6. 多式联运和运输代理业	14573	3359537	311112	351758	−11.56
7. 装卸搬运和仓储业	511777	51198968	3435620	3089279	11.21
8. 邮政业	60366	3124463	320650	298831	7.30
五、信息传输、软件和信息技术服务业	**6194880**	**141156549**	**13443594**	**13118203**	**2.48**
1. 电信、广播电视和卫星传输服务	4225246	59496845	6370530	5717284	11.43
2. 互联网和相关服务	1742179	53445705	4979016	4624991	7.65
其中：互联网数据服务	56943	25279100	2106597	1918064	9.83
3. 软件和信息技术服务业	227456	28214004	2094049	2775928	−24.56
六、批发和零售业	**23635295**	**493031520**	**30834064**	**29338238**	**5.10**
其中：充换电服务业	1543576	61602529	3021325	2186065	38.21
七、住宿和餐饮业	**3239024**	**135992510**	**9595204**	**9353893**	**2.58**
八、金融业	**300213**	**28137058**	**2059806**	**1991005**	**3.46**
九、房地产业	**4580328**	**417647917**	**16577530**	**15999997**	**3.61**
十、租赁和商务服务业	**1560445**	**239036115**	**7469158**	**7034949**	**6.17**
其中：租赁业	240649	12216382	649143	568306	14.22
十一、公共服务及管理组织	**12539734**	**744759957**	**41221291**	**39006981**	**5.68**
1. 科学研究和技术服务业	126438	37528092	2314811	2233337	3.65
其中：地质勘查	7295	1018242	51466	50594	1.72
其中：科技推广和应用服务业	23946	5574312	351803	333109	5.61
2. 水利、环境和公共设施管理业	4203435	155946445	7131939	6880136	3.66
其中：水利管理业	221442	23621035	954544	977206	−2.32

续表

指 标 名 称	用户个数（个）	用户用电装接容量（kW）	用电量（kWh）		
			2022年	2021年	同比增长（%）
其中：公共照明	2471579	74764952	3635113	3555062	2.25
3. 居民服务、修理和其他服务业	4075105	89973012	4673753	4584693	1.94
4. 教育、文化、体育和娱乐业	1338347	203463182	11578473	11273742	2.70
其中：教育	828180	152991242	9465795	9216853	2.70
5. 卫生和社会工作	463960	117952579	6944935	6170916	12.54
6. 公共管理和社会组织、国际组织	2332448	139896662	8577380	7864157	9.07

注 从2018年5月份开始，三次产业划分按照《国家统计局关于修订〈三次产业划分规定（2012）〉的通知》（国统设管函〔2018〕74号）调整，为保证数据可比，同期数据根据新标准重新进行了分类。

分地区6000kW及以上电厂发电技术经济指标

地 区	利用小时（h）					厂用电率（%）			发电标准煤耗（g/kWh）	供电标准煤耗（g/kWh）	发电消耗原煤量（万t）	发电消耗标煤量（万t）
	合计	水电	火电	风电	太阳能发电	合计	水电	火电				
全 国	**3692**	**3417**	**4388**	**2218**	**1340**	**4.49**	**0.25**	**5.78**	**284**	**301**	**231543**	**148984**
北 京	3607	944	3886	1864	1334	2.71	0.88	2.77	211	216	21	913
天 津	3430		3689	1852	1343	5.45		5.50	272	288	2121	1848
河 北	3098	1189	4224	2237	1330	4.43	1.07	5.81	270	286	8877	5688
山 西	3618	1577	4489	2044	1393	5.83	0.73	6.73	292	312	17434	9619
内蒙古	3991	1776	5007	2506	1610	6.02	1.18	6.74	288	310	29232	14668
辽 宁	3430	2598	3395	2276	1523	5.23	0.42	5.95	283	301	5917	3329
吉 林	2738	1743	3442	2312	1657	5.35	0.77	7.19	271	291	3413	1702
黑龙江	2925	1868	3297	2559	1724	5.16	0.90	6.73	294	316	4192	2360
上 海	3541		3627	2296	1221	4.79		4.85	285	299	3221	2565
江 苏	3986	1182	4439	2287	1286	4.32	0.07	4.56	279	292	17039	12755
浙 江	4384	1742	4720	2399	1255	4.88	0.51	5.02	280	294	10645	8266
安 徽	3978	1359	4894	2142	1235	4.11	0.17	4.20	282	295	11703	7369
福 建	4449	2622	4370	3132	1033	4.24	0.36	4.60	292	306	6069	4220
江 西	3731	2350	4833	2320	1051	4.42	0.72	5.09	283	296	4636	3209
山 东	3882	1257	4416	2070	1261	5.25	0.90	5.68	272	288	18812	12982
河 南	3150	2982	3626	2050	1049	4.45	0.28	5.27	289	305	10877	7106

续表

地 区	利用小时（h）					厂用电率（%）			发电标准煤耗（g/kWh）	供电标准煤耗（g/kWh）	发电消耗原煤量（万 t）	发电消耗标煤量（万 t）
	合计	水电	火电	风电	太阳能发电	合计	水电	火电				
湖 北	3510	3281	4623	2191	1207	2.84	0.15	5.14	277	292	5524	3980
湖 南	3328	3110	4129	2144	1102	3.88	0.79	5.51	294	310	3742	2721
广 东	3980	1313	4275	2182	1003	4.72	0.64	4.96	279	292	14864	11502
广 西	3570	3581	3928	2367	1066	3.37	0.38	5.97	291	308	3050	1904
海 南	3623	1597	3839	1699	1184	6.36	0.30	7.14	269	288	783	597
重 庆	3922	2712	4760	1945	836	5.40	0.49	6.70	285	306	2872	2276
四 川	4091	4214	4325	2286	1573	0.64	0.02	3.86	292	308	2642	1772
贵 州	3050	2947	3865	1921	1038	5.02	0.22	7.62	300	323	7588	3971
云 南	3768	4220	2988	2395	1245	1.17	0.14	7.80	308	332	2395	1100
西 藏	2772	3755	277	3044	1392	0.31	0.35					
陕 西	3840	2852	4825	1931	1375	6.09	0.92	6.85	299	319	9000	6051
甘 肃	3233	3886	5081	1898	1506	3.21	0.51	5.56	295	313	5473	3129
青 海	2298	3386	4062	1614	1498	1.93	0.47	5.74	305	325	638	418
宁 夏	3447	4358	4918	1887	1552	6.37	1.59	7.83	288	313	7798	4384
新 疆	3984	3597	5131	2384	1413	5.87	1.71	6.96	290	313	10967	6581

2022 年度分地区 35kV 及以上输电线路回路长度

单位：km

地 区	总计
全 国	**2286830**
北 京	11434
天 津	15941
河 北	123003
山 西	91116
内蒙古	133703
辽 宁	70099
吉 林	43297
黑龙江	65812
上 海	10496

续表

地 区	总计
江 苏	112836
浙 江	75612
安 徽	93521
福 建	58995
江 西	67049
山 东	130630
河 南	99904
湖 北	85098
湖 南	82968
广 东	90385
广 西	84373
海 南	11605
重 庆	42959
四 川	122676
贵 州	62644
云 南	99060
西 藏	37234
陕 西	74534
甘 肃	81892
青 海	45939
宁 夏	32715
新 疆	105596
跨 区	23707

2022 年度分地区 35kV 及以上变压器情况

地 区	座数（座）	组数（组）	铭牌容量（万 kVA）
全 国	**81695**	**166612**	**907903**
北 京	754	1852	15647
天 津	1492	4377	15253

续表

地　区	座数（座）	组数（组）	铭牌容量（万kVA）
河　北	4515	9652	50553
山　西	3055	6488	29191
内蒙古	2716	5143	38887
辽　宁	2917	5699	30305
吉　林	1451	2391	9612
黑龙江	2305	3883	11174
上　海	2686	6086	26862
江　苏	5850	13107	78817
浙　江	3617	7702	57645
安　徽	3691	7506	32653
福　建	2028	3976	25400
江　西	2055	3779	19727
山　东	7226	16612	72361
河　南	4249	8008	44287
湖　北	3026	5421	29073
湖　南	2861	5087	24746
广　东	3583	8213	72306
广　西	2741	5987	17555
海　南	374	737	2803
重　庆	1433	2805	15698
四　川	3386	5913	37781
贵　州	2645	5024	19754
云　南	2694	4934	20558
西　藏	558	694	2129
陕　西	2227	4705	21615
甘　肃	1774	3550	16639
青　海	752	1447	13483
宁　夏	765	1794	13841
新　疆	2228	3848	24787
跨　区	41	192	16762

2022年度分地区35kV及以上交流变压器情况

地区	座数（座）	组数（组）	铭牌容量（万千伏安）
全 国	**55653**	**106393**	**727311**
北 京	597	1516	14711
天 津	601	1357	10635
河 北	3326	6933	43198
山 西	1479	3022	21510
内蒙古	2037	3605	29006
辽 宁	1916	3799	24285
吉 林	1113	1802	8303
黑龙江	1600	2632	8727
上 海	1034	2331	18435
江 苏	3292	6567	64908
浙 江	2545	5356	50850
安 徽	2255	4473	26786
福 建	1615	3104	22498
江 西	1710	3133	17036
山 东	3867	7748	56427
河 南	3304	5793	36464
湖 北	2261	3825	22231
湖 南	2104	3606	20858
广 东	3075	7169	65698
广 西	2076	3633	13337
海 南	329	659	2625
重 庆	999	2050	13985
四 川	2565	4426	29578
贵 州	2106	3852	16526
云 南	2129	3652	17343
西 藏	551	683	2043
陕 西	1488	2887	16830
甘 肃	1217	2398	12823
青 海	456	807	8943
宁 夏	403	813	7911
新 疆	1583	2702	17925
跨 区	20	60	4875

附　录

2022 年发布的电力相关国家标准

序号	标准编号	标准名称	代替标准号	实施日期	发布日期
1	GB/T 19749.2—2022	耦合电容器及电容分压器　第 2 部分：接于线与地之间用于电力线路载波（PLC）的直流或交流单相耦合电容器		2022-10-01	2022-03-09
2	GB/T 19749.3—2022	耦合电容器及电容分压器　第 3 部分：用于谐波滤波器的交流或直流耦合电容器		2022-10-01	2022-03-09
3	GB/T 41235—2022	能源互联网与储能系统互动规范		2022-10-01	2022-03-09
4	GB/T 41236—2022	能源互联网与分布式电源互动规范		2022-10-01	2022-03-09
5	GB/T 41240—2022	户用光储一体机测试		2022-10-01	2022-03-09
6	GB/T 41241—2022	核电厂工业控制系统网络安全管理要求		2022-10-01	2022-03-09
7	GB/T 41303—2022	塔式太阳能热发电站吸热器技术要求		2022-10-01	2022-03-09
8	GB/T 41307—2022	塔式太阳能热发电站吸热器检测方法		2022-10-01	2022-03-09
9	GB/T 41308—2022	太阳能热发电站储热系统性能评价导则		2022-10-01	2022-03-09
10	GB/T 41369—2022	小型水电站机组运行综合性能质量评定		2022-10-01	2022-03-09
11	GB/T 1094.11—2022	电力变压器　第 11 部分：干式变压器	GB/T 1094.11—2007	2022-10-01	2022-03-09
12	GB/T 1094.14—2022	电力变压器　第 14 部分：采用高温绝缘材料的液浸式电力变压器	GB/Z 1094.14—2011	2022-10-01	2022-03-09
13	GB/T 4109—2022	交流电压高于 1000V 的绝缘套管	GB/T 4109—2008	2022-10-01	2022-03-09
14	GB/T 18380.11—2022	电缆和光缆在火焰条件下的燃烧试验　第 11 部分：单根绝缘电线电缆火焰垂直蔓延试验　试验装置	GB/T 18380.11—2008	2022-10-01	2022-03-09
15	GB/T 18380.12—2022	电缆和光缆在火焰条件下的燃烧试验　第 12 部分：单根绝缘电线电缆火焰垂直蔓延试验　1 kW 预混合型火焰试验方法	GB/T 18380.12—2008	2022-10-01	2022-03-09
16	GB/T 18380.13—2022	电缆和光缆在火焰条件下的燃烧试验　第 13 部分：单根绝缘电线电缆火焰垂直蔓延试验　测定燃烧的滴落（物）/微粒的试验方法	GB/T 18380.13—2008	2022-10-01	2022-03-09
17	GB/T 18380.31—2022	电缆和光缆在火焰条件下的燃烧试验　第 31 部分：垂直安装的成束电线电缆火焰垂直蔓延试验试验装置	GB/T 18380.31—2008	2022-10-01	2022-03-09
18	GB/T 18380.35—2022	电缆和光缆在火焰条件下的燃烧试验　第 35 部分：垂直安装的成束电线电缆火焰垂直蔓延试验 C 类	GB/T 18380.35—2008	2022-10-01	2022-03-09
19	GB/T 18380.36—2022	电缆和光缆在火焰条件下的燃烧试验　第 36 部分：垂直安装的成束电线电缆火焰垂直蔓延试验 D 类	GB/T 18380.36—2008	2022-10-01	2022-03-09
20	GB/T 18494.2—2022	变流变压器　第 2 部分：高压直流输电用换流变压器	GB/T 18494.2—2007	2022-10-01	2022-03-09
21	GB/T 30580—2022	电站锅炉主要承压部件寿命评估技术导则	GB/T 30580—2014	2022-10-01	2022-03-09
22	GB/Z 41237—2022	能源互联网系统　术语		2022-10-01	2022-03-09

续表

序号	标准编号	标准名称	代替标准号	实施日期	发布日期
23	GB/Z 41238—2022	能源互联网系统　用例		2022-10-01	2022-03-09
24	GB/T 12350—2022	小功率电动机的安全要求	GB/T 12350—2009	2022-11-01	2022-04-15
25	GB/T 17466.21—2022	家用和类似用途固定式电气装置的电器附件安装盒和外壳　第 21 部分：用于悬吊装置的安装盒和外壳的特殊要求	GB/T 17466.21—2008	2022-11-01	2022-04-15
26	GB/T 17466.22—2022	家用和类似用途固定式电气装置的电器附件安装盒和外壳　第 22 部分：连接盒与外壳的特殊要求	GB/T 17466.22—2008	2022-11-01	2022-04-15
27	GB/T 17466.23—2022	家用和类似用途固定式电气装置的电器附件安装盒和外壳　第 23 部分：地面安装盒和外壳的特殊要求	GB/T 17466.23—2008	2022-11-01	2022-04-15
28	GB/T 18380.32—2022	电缆和光缆在火焰条件下的燃烧试验　第 32 部分：垂直安装的成束电线电缆火焰垂直蔓延试验 A F/R 类	GB/T 18380.32—2008	2022-11-01	2022-04-15
29	GB/T 18380.33—2022	电缆和光缆在火焰条件下的燃烧试验　第 33 部分：垂直安装的成束电线电缆火焰垂直蔓延试验 A 类	GB/T 18380.33—2008	2022-11-01	2022-04-15
30	GB/T 18380.34—2022	电缆和光缆在火焰条件下的燃烧试验　第 34 部分：垂直安装的成束电线电缆火焰垂直蔓延试验 B 类	GB/T 18380.34—2008	2022-11-01	2022-04-15
31	GB/T 25296—2022	电气设备安全通用试验导则	GB/T 25296—2010	2023-02-01	2022-07-11
32	GB/T 41577—2022	核电厂应急操作干预水平		2023-02-01	2022-07-11
33	GB/T 41576—2022	压水堆核电厂装料后机组性能试验要求		2023-02-01	2022-07-11
34	GB/T 17465.6—2022	家用和类似用途器具耦合器　第 3 部分：标准活页和量规		2023-02-01	2022-07-11
35	GB/T 41579—2022	核设施应急准备分类		2023-02-01	2022-07-11
36	GB/T 41586—2022	核电厂应急评价基础输入参数和输出结果		2023-02-01	2022-07-11
37	GB/T 41580—2022	核与辐射应急响应人员的照射控制		2023-02-01	2022-07-11
38	GB/T 41581—2022	核电厂应急撤离时间估算		2023-02-01	2022-07-11
39	GB/T 41582—2022	核电厂事故源项快速估算方法		2023-02-01	2022-07-11
40	GB/T 41583—2022	核电厂堆芯损伤评价方法		2023-02-01	2022-07-11
41	GB/T 41584—2022	压水堆核电厂装料前热态性能试验要求		2023-02-01	2022-07-11
42	GB/T 41587—2022	压水堆核电厂装料前冷态性能试验要求		2023-02-01	2022-07-11
43	GB/T 41585—2022	压水堆核电厂调试大纲编写规范		2023-02-01	2022-07-11
44	GB/T 41527—2022	家用和类似用途服务机器人安全通用要求		2022-07-11	2022-07-11
45	GB/T 41589—2022	电动汽车模式 2 充电的缆上控制与保护装置（IC-CPD）		2023-02-01	2022-07-11
46	GB/T 20632.2—2022	电气用钢纸　第 2 部分：试验方法		2023-02-01	2022-07-11
47	GB/T 41591—2022	压水堆核电厂反应堆首次临界试验		2023-02-01	2022-07-11
48	GB/T 20632.3—2022	电气用钢纸　第 3 部分：平板钢纸		2023-02-01	2022-07-11

续表

序号	标准编号	标准名称	代替标准号	实施日期	发布日期
49	GB/T 1303.12—2022	电气用热固性树脂工业硬质层压板　第 12 部分：典型值		2023-02-01	2022-07-11
50	GB/T 17465.1—2022	家用和类似用途器具耦合器　第 1 部分：通用要求	GB/T 17465.1—2009，GB/T 17465.2—2009	2023-02-01	2022-07-11
51	GB/T 41629.1—2022	额定电压 500kV(U_m=550kV)交联聚乙烯绝缘大长度交流海底电缆及附件　第 1 部分：试验方法和要求		2023-02-01	2022-07-11
52	GB/T 41629.2—2022	额定电压 500kV(U_m=550kV)交联聚乙烯绝缘大长度交流海底电缆及附件　第 2 部分：大长度交流海底电缆		2023-02-01	2022-07-11
53	GB/T 41631—2022	充油电缆用未使用过的矿物绝缘油		2023-02-01	2022-07-11
54	GB/T 4207—2022	固体绝缘材料耐电痕化指数和相比电痕化指数的测定方法	GB/T 4207—2012	2023-02-01	2022-07-11
55	GB/T 2900.105—2022	电工术语　纳米技术电子产品和系统		2023-02-01	2022-07-11
56	GB/T 41633.2—2022	绝缘液体　酸值的测定　第 2 部分：比色滴定法		2023-02-01	2022-07-11
57	GB/Z 41634—2022	电磁兼容检测用设备期间核查指南		2023-02-01	2022-07-11
58	GB/T 5019.10—2022	以云母为基的绝缘材料　第 10 部分：耐火安全电缆用云母带	GB/T 5019.10—2009	2023-02-01	2022-07-11
59	GB/T 41635—2022	高海拔电气设备电场分布有限元计算导则		2023-02-01	2022-07-11
60	GB/T 21221—2022	绝缘液体　以合成芳烃为基的未使用过的绝缘液体	GB/T 21221—2007	2023-02-01	2022-07-11
61	GB/T 13002—2022	旋转电机　热保护	GB/T 13002—2008	2023-02-01	2022-07-11
62	GB/T 41629.3—2022	额定电压 500kV(U_m=550kV)交联聚乙烯绝缘大长度交流海底电缆及附件　第 3 部分：海底电缆附件		2023-02-01	2022-07-11
63	GB/T 15022.9—2022	电气绝缘用树脂基活性复合物　第 9 部分：电缆附件用树脂		2023-02-01	2022-07-11
64	GB/T 20111.6—2022	电气绝缘系统　热评定规程　第 6 部分：在诊断试验中增加因子的多因子评定		2023-02-01	2022-07-11
65	GB/T 37047—2022	基于雷电定位系统（LLS）的地闪密度　总则	GB/T 37047—2018	2023-02-01	2022-07-11
66	GB/T 997—2022	旋转电机结构型式、安装型式及接线盒位置的分类（IM 代码）	GB/T 997—2008	2023-05-01	2022-10-12
67	GB/T 1094.10—2022	电力变压器　第 10 部分：声级测定	GB/T 1094.10—2003	2023-05-01	2022-10-12
68	GB/T 2099.3—2022	家用和类似用途插头插座　第 2－5 部分：转换器的特殊要求	GB/T 2099.3—2015	2023-05-01	2022-10-12
69	GB/T 2900.19—2022	电工术语　高电压试验技术和绝缘配合	GB/T 2900.19—1994	2023-05-01	2022-10-12
70	GB/T 4728.6—2022	电气简图用图形符号　第 6 部分：电能的发生与转换	GB/T 4728.6—2008	2023-05-01	2022-10-12
71	GB/T 4728.7—2022	电气简图用图形符号　第 7 部分：开关、控制和保护器件	GB/T 4728.7—2008	2023-05-01	2022-10-12
72	GB/T 4728.8—2022	电气简图用图形符号　第 8 部分：测量仪表、灯和信号器件	GB/T 4728.8—2008	2023-05-01	2022-10-12

续表

序号	标准编号	标准名称	代替标准号	实施日期	发布日期
73	GB/T 4728.9—2022	电气简图用图形符号　第 9 部分：电信：交换和外围设备	GB/T 4728.9—2008	2023-05-01	2022-10-12
74	GB/T 4728.10—2022	电气简图用图形符号　第 10 部分：电信：传输	GB/T 4728.10—2008	2023-05-01	2022-10-12
75	GB/T 4728.11—2022	电气简图用图形符号　第 11 部分：建筑安装平面布置图	GB/T 4728.11—2008	2023-05-01	2022-10-12
76	GB/T 4728.12—2022	电气简图用图形符号　第 12 部分：二进制逻辑元件	GB/T 4728.12—2008	2023-05-01	2022-10-12
77	GB/T 4728.13—2022	电气简图用图形符号　第 13 部分：模拟元件	GB/T 4728.13—2008	2023-05-01	2022-10-12
78	GB/T 5169.19—2022	电工电子产品着火危险试验　第 19 部分：非正常热　模压应力释放变形试验	GB/T 5169.19—2006	2023-05-01	2022-10-12
79	GB/T 5169.31—2022	电工电子产品着火危险试验　第 31 部分：火焰表面蔓延　总则	GB/T 5169.31—2008	2023-05-01	2022-10-12
80	GB/T 5169.44—2022	电工电子产品着火危险试验　第 44 部分：着火危险评定导则　着火危险评定	GB/T 5169.44—2013	2023-05-01	2022-10-12
81	GB/T 14048.22—2022	低压开关设备和控制设备　第 7-4 部分：辅助器件　铜导体的 PCB 接线端子排	GB/T 14048.22—2017	2023-05-01	2022-10-12
82	GB/T 17285—2022	电气设备电源特性的标记　安全要求	GB/T 17285—2009	2023-05-01	2022-10-12
83	GB/T 18451.1—2022	风力发电机组　设计要求	GB/T 18451.1—2012	2022-10-12	2022-10-12
84	GB/T 19072—2022	风力发电机组　塔架	GB/T 19072—2010	2022-10-12	2022-10-12
85	GB/T 21205—2022	旋转电机　修理、检修和修复	GB/T 21205—2007	2023-05-01	2022-10-12
86	GB/T 26866—2022	电力时间同步系统检测规范	GB/T 26866—2011	2023-05-01	2022-10-12
87	GB/T 28567—2022	电线电缆专用设备技术要求	GB/T 28567—2012	2023-05-01	2022-10-12
88	GB/T 29312—2022	低压无功功率补偿投切器	GB/T 29312—2012	2023-05-01	2022-10-12
89	GB/T 30370—2022	火力发电机组一次调频试验及性能验收导则	GB/T 30370—2013	2023-05-01	2022-10-12
90	GB/T 30966.1—2022	风力发电机组　风力发电场监控系统通信　第 1 部分：原则与模型	GB/T 30966.1—2014	2022-10-12	2022-10-12
91	GB/T 30966.2—2022	风力发电机组　风力发电场监控系统通信　第 2 部分：信息模型	GB/T 30966.2—2014	2022-10-12	2022-10-12
92	GB/T 30966.3—2022	风力发电机组　风力发电场监控系统通信　第 3 部分：信息交换模型	GB/T 30966.3—2014	2022-10-12	2022-10-12
93	GB/T 30966.5—2022	风力发电机组　风力发电场监控系统通信　第 5 部分：一致性测试	GB/T 30966.5—2015	2022-10-12	2022-10-12
94	GB/T 30966.6—2022	风力发电机组　风力发电场监控系统通信　第 6 部分：状态监测的逻辑节点类和数据类	GB/T 30966.6—2015	2022-10-12	2022-10-12
95	GB/T 31517.1—2022	固定式海上风力发电机组　设计要求	GB/T 31517—2015	2022-10-12	2022-10-12
96	GB/T 32877—2022	变频器供电交流电动机确定损耗和效率的特定试验方法	GB/T 32877—2016	2023-05-01	2022-10-12
97	GB/T 5169.47—2022	电工电子产品着火危险试验　第 47 部分：与低压电工产品起燃和着火概率相关的电功率和能量分级导则		2023-05-01	2022-10-12
98	GB/T 13542.5—2022	电气绝缘用薄膜　第 5 部分：双轴定向聚萘酯薄膜		2023-05-01	2022-10-12

续表

序号	标准编号	标准名称	代替标准号	实施日期	发布日期
99	GB/T 14048.23—2022	低压开关设备和控制设备　第 9－1 部分：电弧故障主动抑制系统　灭弧电器		2023-05-01	2022-10-12
100	GB/T 20840.14—2022	互感器　第 14 部分：直流电流互感器的补充技术要求		2023-05-01	2022-10-12
101	GB/T 20840.15—2022	互感器　第 15 部分：直流电压互感器的补充技术要求		2023-05-01	2022-10-12
102	GB/T 37141.1—2022	高海拔地区电气设备紫外线成像检测导则　第 1 部分：变电站		2023-05-01	2022-10-12
103	GB/T 41717—2022	核电厂老化管理与寿命管理术语		2023-05-01	2022-10-12
104	GB/T 41718—2022	核电厂关键设备状态监测管理导则		2023-05-01	2022-10-12
105	GB/T 41759—2022	接地网降阻材料用缓蚀剂技术规范		2023-05-01	2022-10-12
106	GB/T 41911—2022	家用和类似用途的工频过电压保护电器（POP）		2023-05-01	2022-10-12
107	GB/T 41982—2022	电站用高合金耐热钢厚壁管道和锻件　通用技术条件		2022-10-12	2022-10-12
108	GB/T 41986—2022	全钒液流电池　设计导则		2023-05-01	2022-10-12
109	GB/T 41992—2022	太阳能热发电站运行指标评价导则		2023-05-01	2022-10-12
110	GB/T 41995—2022	并网型微电网运行特性评价技术规范		2023-05-01	2022-10-12
111	GB/T 41999—2022	港口岸电设施术语		2023-05-01	2022-10-12
112	GB/T 42001—2022	高压输变电工程外绝缘放电电压海拔校正方法		2023-05-01	2022-10-12
113	GB/T 42006—2022	高原光伏发电设备检验规范		2023-05-01	2022-10-12
114	GB/T 42008—2022	试验用变频电源通用规范		2023-05-01	2022-10-12
115	GB/T 42009—2022	滤波器用高压交流断路器		2023-05-01	2022-10-12
116	GB/Z 41909—2022	低压开关设备和控制设备　开关设备和控制设备及其成套设备的 EMC 评估		2023-05-01	2022-10-12
117	GB/Z 41912—2022	低压开关设备和控制设备　嵌入式软件开发指南		2023-05-01	2022-10-12
118	GB/Z 42004—2022	确定电气设备（每相额定电流小于或等于 75A）骚扰特性用的参考阻抗和公用供电网络阻抗的考虑		2023-05-01	2022-10-12
119	GB/T 40815.5—2022	电气和电子设备机械结构　符合英制系列和公制系列机柜的热管理　第 5 部分：户内机柜的冷却性能评估		2023-06-01	2022-11-08
120	GB/T 41633.3—2022	绝缘液体　酸值的测定　第 3 部分：非矿物绝缘油的试验方法		2023-06-01	2022-11-08
121	GB 17625.1—2022	电磁兼容　限值　第 1 部分：谐波电流发射限值（设备每相输入电流≤16A）	GB 17625.1—2012	2024-07-01	2022-12-29
122	GB 42295—2022	电动自行车电气安全要求		2024-01-01	2022-12-29
123	GB 42296—2022	电动自行车用充电器安全技术要求		2023-07-01	2022-12-29
124	GB/T 2820.1—2022	往复式内燃机驱动的交流发电机组　第 1 部分：用途、定额和性能	GB/T 2820.1—2009	2023-07-01	2022-12-30

续表

序号	标准编号	标准名称	代替标准号	实施日期	发布日期
125	GB/T 2820.8—2022	往复式内燃机驱动的交流发电机组　第 8 部分：对小功率发电机组的要求和试验	GB/T 2820.8—2002	2023-07-01	2022-12-30
126	GB/T 9651—2022	单相异步电动机试验方法	GB/T 9651—2008	2023-07-01	2022-12-30
127	GB/T 13957—2022	大型三相异步电动机基本系列技术条件	GB/T 13957—2008	2023-07-01	2022-12-30
128	GB/T 13958—2022	小功率永磁同步电动机试验方法	GB/T 13958—2008，GB/T 22672—2008	2023-07-01	2022-12-30
129	GB/T 15166.5—2022	高压交流熔断器　第 5 部分：用于电动机回路的高压熔断器的熔断件选用导则	GB/T 15166.5—2008	2023-07-01	2022-12-30
130	GB/T 17626.19—2022	电磁兼容　试验和测量技术　第 19 部分：交流电源端口 2kHz~150kHz 差模传导骚扰和通信信号抗扰度试验		2023-07-01	2022-12-30
131	GB/T 17799.7—2022	电磁兼容　通用标准　第 7 部分：工业场所中用于执行安全相关系统功能（功能安全）设备的抗扰度要求		2023-07-01	2022-12-30
132	GB/T 18802.352—2022	低压电涌保护器元件　第 352 部分：电信和信号网络的电涌隔离变压器(SIT)的选择和使用导则		2023-07-01	2022-12-30
133	GB/T 25308—2022	高压直流输电系统直流滤波器	GB/T 25308—2010	2023-07-01	2022-12-30
134	GB/T 26863—2022	火电站监控系统术语	GB/T 26863—2011	2023-07-01	2022-12-30
135	GB/T 31464—2022	电网运行准则	GB/T 31464—2015	2023-07-01	2022-12-30
136	GB/T 42141—2022	压水堆核电厂事故工况核岛厂房辐射防护设计准则		2023-07-01	2022-12-30
137	GB/T 42142—2022	压水堆核电厂辅助系统及二回路系统辐射源项分析准则		2023-07-01	2022-12-30
138	GB/T 42143—2022	压水堆核电厂钢制安全壳设计建造规范		2023-07-01	2022-12-30
139	GB/T 42150.1—2022	就地化继电保护装置检测规范　第 1 部分：通用部分		2023-07-01	2022-12-30
140	GB/T 42151.5—2022	电力自动化通信网络和系统　第 5 部分：功能和装置模型的通信要求		2023-07-01	2022-12-30
141	GB/Z 42153—2022	波浪能转换装置预样机测试规程		2023-07-01	2022-12-30
142	GB/T 42154—2022	配电网电能质量监测技术导则		2023-07-01	2022-12-30
143	GB/T 42207.5—2022	电子设备用连接器　产品要求　矩形连接器　第 5 部分：额定电压直流 250 V 额定电流 30 A 卡扣锁紧可重复接线电源连接器详细规范		2023-07-01	2022-12-30
144	GB/T 42236.1—2022	电动自行车集中充电设施　第 1 部分：技术规范		2023-07-01	2022-12-30
145	GB/T 42287—2022	高电压试验技术　电磁和声学法测量局部放电		2023-07-01	2022-12-30
146	GB/T 42288—2022	电化学储能电站安全规程		2023-07-01	2022-12-30
147	GB/T 42290—2022	压水堆核电厂气载放射性源项分析和控制规范		2023-07-01	2022-12-30
148	GB/T 42291—2022	压水堆核电厂控制区门窗辐射防护设计准则		2023-07-01	2022-12-30
149	GB/T 42292—2022	压水堆核电厂职业照射剂量评价		2023-07-01	2022-12-30

2022 年发布的电力行业标准

序号	标准编号	标准名称	代替标准	采标号	出版机构	批准日期	实施日期
1	NB/T 10918—2022	智能风电场技术导则			中国电力出版社	2022-05-13	2022-11-13
2	NB/T 10919—2022	风电场无人值守技术规范			中国电力出版社	2022-05-13	2022-11-13
3	NB/T 10920—2022	风电场工程风电机组基础安全监测设计规范			中国水利水电出版社	2022-05-13	2022-11-13
4	NB/T 10921—2022	风电场监控系统信息安全防护技术规范			中国电力出版社	2022-05-13	2022-11-13
5	NB/T 10922—2022	风力发电机组风速风向仪检验与维护规程			中国电力出版社	2022-05-13	2022-11-13
6	NB/T 10923—2022	风力发电机组　变流器　安全要求			中国电力出版社	2022-05-13	2022-11-13
7	NB/T 10924—2022	风力发电机组　变桨电机　技术规范			中国电力出版社	2022-05-13	2022-11-13
8	NB/T 10925—2022	风力发电机组　电动变桨控制系统可靠性技术规范			中国电力出版社	2022-05-13	2022-11-13
9	NB/T 10926—2022	风力发电机组　液压变桨控制系统可靠性技术规范			中国电力出版社	2022-05-13	2022-11-13
10	NB/T 10927—2022	海上风力发电机组电器设备　服役环境评价导则			中国电力出版社	2022-05-13	2022-11-13
11	NB/T 10928—2022	风力发电机组　协作联动控制系统　设计技术规范			中国电力出版社	2022-05-13	2022-11-13
12	NB/T 10929—2022	风力发电机组　变流器　可靠性技术规范			中国电力出版社	2022-05-13	2022-11-13
13	NB/T 10930—2022	光伏发电站组件监造导则			中国电力出版社	2022-05-13	2022-11-13
14	NB/T 10931—2022	光伏发电站跟踪系统及支架监造导则			中国电力出版社	2022-05-13	2022-11-13
15	NB/T 10932—2022	核电厂电动机运行维护与检修试验导则			中国电力出版社	2022-05-13	2022-11-13
16	NB/T 10933—2022	核电厂常规岛汽轮机技术监督导则			中国电力出版社	2022-05-13	2022-11-13
17	NB/T 10934—2022	压水堆核电厂常规岛重要泵（组）样机试验导则			中国电力出版社	2022-05-13	2022-11-13
18	NB/T 10935—2022	除氧器技术条件	JB/T 10325—2002		北京科学技术出版社	2022-05-13	2022-11-13
19	NB/T 10936—2022	电加热锅炉技术条件	JB/T 10393—2002		北京科学技术出版社	2022-05-13	2022-11-13

续表

序号	标准编号	标准名称	代替标准	采标号	出版机构	批准日期	实施日期
20	NB/T 10942—2022	10kV 及以下有源型电压暂降治理设备通用技术要求			中国标准出版社	2022-05-13	2022-11-13
21	NB/T 10943—2022	10kV 及以下有源型电压暂降治理设备检测规程			中国标准出版社	2022-05-13	2022-11-13
22	NB/T 10966—2022	水库放空技术导则			中国水利水电出版社	2022-05-13	2022-11-13
23	NB/T 10967—2022	水电工程环境保护技术通则			中国水利水电出版社	2022-05-13	2022-11-13
24	NB/T 10968—2022	水电工程勘察设计费计算标准			中国水利水电出版社	2022-05-13	2022-11-13
25	NB/T 10969—2022	水电工程泥沙监测系统技术规范			中国水利水电出版社	2022-05-13	2022-11-13
26	NB/T 10970—2022	水轮机进水液动蝶阀选用试验及验收规范	DL/T 1068—2007		中国水利水电出版社	2022-05-13	2022-11-13
27	NB/T 10971—2022	水电工程信息采集规范			中国水利水电出版社	2022-05-13	2022-11-13
28	NB/T 10972—2022	塔式太阳能热发电厂集热系统设计规范			中国计划出版社	2022-05-13	2022-11-13
29	NB/T 10973—2022	太阳能热发电厂发电量及厂用电率计算导则			中国计划出版社	2022-05-13	2022-11-13
30	NB/T 10974—2022	线性菲涅耳式太阳能热发电厂集热系统设计规范			中国计划出版社	2022-05-13	2022-11-13
31	NB/T 10975—2022	封闭式贮煤设施安全防护设计规程			中国计划出版社	2022-05-13	2022-11-13
32	NB/T 10976—2022	高压电气设备减隔震设计规程			中国计划出版社	2022-05-13	2022-11-13
33	NB/T 10977—2022	输电线路在线监测设计规程			中国计划出版社	2022-05-13	2022-11-13
34	NB/T 10978—2022	增量配电网规划技术导则			中国计划出版社	2022-05-13	2022-11-13
35	NB/T 10979—2022	发电厂海水淡化工程设计规范			中国计划出版社	2022-05-13	2022-11-13
36	NB/T 10980—2022	变电工程结算报告编制导则			中国计划出版社	2022-05-13	2022-11-13
37	NB/T 10981—2022	架空输电线路工程结算报告编制导则			中国计划出版社	2022-05-13	2022-11-13
38	NB/T 10982—2022	电缆输电线路工程结算报告编制导则			中国计划出版社	2022-05-13	2022-11-13
39	NB/T 10983—2022	20kV 及以下配电网工程结算报告编制导则			中国计划出版社	2022-05-13	2022-11-13
40	NB/T 10984—2022	风电机组检修安全工作规程			中国电力出版社	2022-05-13	2022-11-13
41	NB/T 10883.5—2022	水电工程制图标准 第 5 部分：电气	DL/T 5350—2006		中国水利水电出版社	2022-05-13	2022-11-13

续表

序号	标准编号	标准名称	代替标准	采标号	出版机构	批准日期	实施日期
42	NB/T 31026—2022	风电场工程电气设计规范	NB/T 31026—2012		中国水利水电出版社	2022-05-13	2022-11-13
43	NB/T 31063—2022	海上永磁同步风力发电机技术规范	NB/T 31063—2014		中国电力出版社	2022-05-13	2022-11-13
44	NB/T 31064—2022	海上双馈风力发电机技术规范	NB/T 31064—2014		中国电力出版社	2022-05-13	2022-11-13
45	NB/T 31072—2022	风电机组风轮系统技术监督规程	NB/T 31072—2015		中国电力出版社	2022-05-13	2022-11-13
46	DL/T 261—2022	火力发电厂热工自动化系统可靠性评估技术导则	DL/T 261—2012		中国电力出版社	2022-05-13	2022-11-13
47	DL/T 264—2022	油浸式电力变压器（电抗器）现场密封试验导则	DL/T 264—2012		中国电力出版社	2022-05-13	2022-11-13
48	DL/T 271—2022	330kV～750kV 油浸式并联电抗器使用技术条件	DL/T 271—2012		中国电力出版社	2022-05-13	2022-11-13
49	DL/T 272—2022	220kV～750kV 油浸式电力变压器使用技术条件	DL/T 272—2012		中国电力出版社	2022-05-13	2022-11-13
50	DL/T 300—2022	火电厂凝汽器及辅机冷却器管防腐防垢导则	DL/T 300—2011		中国电力出版社	2022-05-13	2022-11-13
51	DL/T 322—2022	火电厂烟气脱硝（SCR）装置检修规程	DL/T 322—2010		中国电力出版社	2022-05-13	2022-11-13
52	DL/T 328—2022	真空激光准直位移测量装置	DL/T 328—2010		中国电力出版社	2022-05-13	2022-11-13
53	DL/T 367—2022	火力发电厂大型风机的检测与控制系统技术条件	DL/T 367—2010		中国电力出版社	2022-05-13	2022-11-13
54	DL/T 382—2022	火电厂环境监测管理规定	DL/T 382—2010		中国电力出版社	2022-05-13	2022-11-13
55	DL/T 414—2022	火电厂环境监测技术规范	DL/T 414—2012		中国电力出版社	2022-05-13	2022-11-13
56	DL/T 469—2022	电站锅炉风机现场性能试验	DL/T 469—2004	ISO 5802：2001，MOD	中国电力出版社	2022-05-13	2022-11-13
57	DL/T 502.1—2022	火力发电厂水汽分析方法　第 1 部分：总则	DL/T 502.1—2005		中国电力出版社	2022-05-13	2022-11-13
58	DL/T 560—2022	电力安全工作规程　高压试验室部分	DL 560—1995		中国电力出版社	2022-05-13	2022-11-13
59	DL/T 561—2022	火力发电厂水汽化学监督导则	DL/T 561—2013		中国电力出版社	2022-05-13	2022-11-13
60	DL/T 589—2022	火力发电厂燃煤锅炉的检测与控制系统技术条件	DL/T 589—2010		中国电力出版社	2022-05-13	2022-11-13
61	DL/T 590—2022	火力发电厂凝汽式汽轮机的检测与控制系统技术条件	DL/T 590—2010		中国电力出版社	2022-05-13	2022-11-13

续表

序号	标准编号	标准名称	代替标准	采标号	出版机构	批准日期	实施日期
62	DL/T 591—2022	火力发电厂汽轮发电机的检测与控制系统技术条件	DL/T 591—2010		中国电力出版社	2022-05-13	2022-11-13
63	DL/T 592—2022	火力发电厂锅炉给水泵的检测与控制系统技术条件	DL/T 592—2010		中国电力出版社	2022-05-13	2022-11-13
64	DL/T 618—2022	气体绝缘金属封闭开关设备现场交接试验规程	DL/T 618—2011		中国电力出版社	2022-05-13	2022-11-13
65	DL/T 634.5101—2022	远动设备及系统 第5-101部分：传输规约基本远动任务配套标准	DL/T 634.5101—2002		中国电力出版社	2022-05-13	2022-11-13
66	DL/T 701—2022	火力发电厂热工自动化术语	DL/T 701—2012		中国电力出版社	2022-05-13	2022-11-13
67	DL/T 733—2022	输变电工程用机动绞磨	DL/T 733—2014		中国电力出版社	2022-05-13	2022-11-13
68	DL/T 985—2022	配电变压器能效技术经济评价导则	DL/T 985—2012		中国电力出版社	2022-05-13	2022-11-13
69	DL/T 989—2022	直流输电系统可靠性评价规程	DL/T 989—2013		中国电力出版社	2022-05-13	2022-11-13
70	DL/T 1002—2022	低浓度溶解氧仪标定方法	DL/T 1002—2006		中国电力出版社	2022-05-13	2022-11-13
71	DL/T 1029—2022	发电厂水质分析仪器实验室质量管理导则	DL/T 1029—2006		中国电力出版社	2022-05-13	2022-11-13
72	DL/T 1086—2022	光电式（CCD）静力水准仪	DL/T 1086—2008		中国电力出版社	2022-05-13	2022-11-13
73	DL/T 1138—2022	发电厂水处理用粉末离子交换树脂	DL/T 1138—2009		中国电力出版社	2022-05-13	2022-11-13
74	DL/T 1242—2022	特高压直流线路带电作业技术导则	DL/T 1242—2013		中国电力出版社	2022-05-13	2022-11-13
75	DL/T 1310—2022	架空输电线路旋转连接器	DL/T 1310—2013		中国电力出版社	2022-05-13	2022-11-13
76	DL/T 5190.1—2022	电力建设施工技术规范 第1部分：土建结构工程	DL 5190.1—2012		中国电力出版社	2022-05-13	2022-11-13
77	DL/T 5190.9—2022	电力建设施工技术规范 第9部分：水工结构工程	DL 5190.9—2012		中国电力出版社	2022-05-13	2022-11-13
78	DL/T 793.7—2022	发电设备可靠性评价规程 第7部分：光伏发电设备			中国电力出版社	2022-05-13	2022-11-13
79	DL/T 2025.4—2022	电站阀门检修导则 第4部分：球阀			中国电力出版社	2022-05-13	2022-11-13
80	DL/T 2025.7—2022	电站阀门检修导则 第7部分：调节阀			中国电力出版社	2022-05-13	2022-11-13
81	DL/T 2473.1—2022	可调节负荷并网运行与控制技术规范 第1部分：资源接入			中国电力出版社	2022-05-13	2022-11-13

续表

序号	标准编号	标准名称	代替标准	采标号	出版机构	批准日期	实施日期
82	DL/T 2473.2—2022	可调节负荷并网运行与控制技术规范　第2部分：网络安全防护			中国电力出版社	2022-05-13	2022-11-13
83	DL/T 2473.3—2022	可调节负荷并网运行与控制技术规范　第3部分：负荷调控系统			中国电力出版社	2022-05-13	2022-11-13
84	DL/T 2473.4—2022	可调节负荷并网运行与控制技术规范　第4部分：数据模型与存储			中国电力出版社	2022-05-13	2022-11-13
85	DL/T 2473.5—2022	可调节负荷并网运行与控制技术规范　第5部分：负荷能力评估			中国电力出版社	2022-05-13	2022-11-13
86	DL/T 2473.6—2022	可调节负荷并网运行与控制技术规范　第6部分：并网运行调试			中国电力出版社	2022-05-13	2022-11-13
87	DL/T 2473.7—2022	可调节负荷并网运行与控制技术规范　第7部分：继电保护			中国电力出版社	2022-05-13	2022-11-13
88	DL/T 2473.8—2022	可调节负荷并网运行与控制技术规范　第8部分：安全稳定控制			中国电力出版社	2022-05-13	2022-11-13
89	DL/T 2473.9—2022	可调节负荷并网运行与控制技术规范　第9部分：调度信息通信			中国电力出版社	2022-05-13	2022-11-13
90	DL/T 2473.10—2022	可调节负荷并网运行与控制技术规范　第10部分：仿真计算模型与参数实测			中国电力出版社	2022-05-13	2022-11-13
91	DL/T 2473.11—2022	可调节负荷并网运行与控制技术规范　第11部分：调控运行规程			中国电力出版社	2022-05-13	2022-11-13
92	DL/T 2473.12—2022	可调节负荷并网运行与控制技术规范　第12部分：调度命名			中国电力出版社	2022-05-13	2022-11-13
93	DL/T 2473.13—2022	可调节负荷并网运行与控制技术规范　第13部分：电力系统二次接口			中国电力出版社	2022-05-13	2022-11-13
94	DL/T 2474.1—2022	电力物联网传感器网络　第1部分：总体技术规范			中国电力出版社	2022-05-13	2022-11-13
95	DL/T 2475.1—2022	电气设备电压暂降及短时中断耐受能力测试技术规范　第1部分：低压变频器			中国电力出版社	2022-05-13	2022-11-13
96	DL/T 2476.3—2022	港口岸电系统运营与运维技术规范　第3部分：运营服务平台			中国电力出版社	2022-05-13	2022-11-13
97	DL/T 2477—2022	电力调度自动化在线监视与管控技术要求			中国电力出版社	2022-05-13	2022-11-13
98	DL/T 2478—2022	智能远动网关检测规范			中国电力出版社	2022-05-13	2022-11-13

续表

序号	标准编号	标准名称	代替标准	采标号	出版机构	批准日期	实施日期
99	DL/T 2479—2022	变电站 SCD 模型映射到电网 CIM 模型技术导则			中国电力出版社	2022-05-13	2022-11-13
100	DL/T 2480—2022	调度自动化主站远方操作一体化防误技术要求			中国电力出版社	2022-05-13	2022-11-13
101	DL/T 2481—2022	电站炉水循环泵电机运行导则			中国电力出版社	2022-05-13	2022-11-13
102	DL/T 2482—2022	消弧线圈并联低电阻接地装置技术条件			中国电力出版社	2022-05-13	2022-11-13
103	DL/T 2483—2022	发电机出口侧电压互感器技术导则			中国电力出版社	2022-05-13	2022-11-13
104	DL/T 2484—2022	天然酯绝缘油电力变压器选用导则			中国电力出版社	2022-05-13	2022-11-13
105	DL/T 2485—2022	电力变压器用无励磁分接开关选用导则			中国电力出版社	2022-05-13	2022-11-13
106	DL/T 2486—2022	变压器振荡型操作冲击感应耐压试验导则			中国电力出版社	2022-05-13	2022-11-13
107	DL/T 2487—2022	电力燃煤机械名词术语			中国电力出版社	2022-05-13	2022-11-13
108	DL/T 2488—2022	电站锅炉给水泵最小流量阀应用导则			中国电力出版社	2022-05-13	2022-11-13
109	DL/T 2489—2022	电站安全阀选型导则			中国电力出版社	2022-05-13	2022-11-13
110	DL/T 2490—2022	电站截止阀闸阀订货与验收导则			中国电力出版社	2022-05-13	2022-11-13
111	DL/T 2491—2022	自动疏水器选型导则			中国电力出版社	2022-05-13	2022-11-13
112	DL/T 2492—2022	电站汽轮机旁路阀订货与验收导则			中国电力出版社	2022-05-13	2022-11-13
113	DL/T 2493—2022	供热用减温减压装置运行导则			中国电力出版社	2022-05-13	2022-11-13
114	DL/T 2494—2022	电站锅炉动力驱动泄放阀检修导则			中国电力出版社	2022-05-13	2022-11-13
115	DL/T 2495—2022	电站减温减压装置选型导则			中国电力出版社	2022-05-13	2022-11-13
116	DL/T 2496—2022	电站汽轮机旁路阀技术条件			中国电力出版社	2022-05-13	2022-11-13
117	DL/T 2497—2022	燃煤机组锅炉深度调峰能力评估试验导则			中国电力出版社	2022-05-13	2022-11-13
118	DL/T 2498—2022	循环流化床锅炉耐磨耐火材料选型导则			中国电力出版社	2022-05-13	2022-11-13
119	DL/T 2499—2022	电站锅炉烟气余热利用系统技术规范			中国电力出版社	2022-05-13	2022-11-13
120	DL/T 2500—2022	电站锅炉烟气余热利用系统运行导则			中国电力出版社	2022-05-13	2022-11-13
121	DL/T 2501—2022	电站煤粉锅炉风冷干式排渣机性能试验方法			中国电力出版社	2022-05-13	2022-11-13

续表

序号	标准编号	标准名称	代替标准	采标号	出版机构	批准日期	实施日期
122	DL/T 2502—2022	燃煤电站烟风参数均匀性现场试验规程			中国电力出版社	2022-05-13	2022-11-13
123	DL/T 2503—2022	直流输电系统单极大地回线运行方式下变压器直流偏磁测试导则			中国电力出版社	2022-05-13	2022-11-13
124	DL/T 2504—2022	半干法烟气脱硫系统检修规程			中国电力出版社	2022-05-13	2022-11-13
125	DL/T 2505—2022	半干法烟气脱硫系统运行规程			中国电力出版社	2022-05-13	2022-11-13
126	DL/T 2506—2022	燃煤电厂环保设施节能运行优化技术导则			中国电力出版社	2022-05-13	2022-11-13
127	DL/T 2507—2022	火电厂水效指标计算方法			中国电力出版社	2022-05-13	2022-11-13
128	DL/T 2508—2022	直接空冷煤电机组高背压供热经济运行导则			中国电力出版社	2022-05-13	2022-11-13
129	DL/T 2509—2022	SF_6/CF_4 混合气体绝缘设备气体监督导则			中国电力出版社	2022-05-13	2022-11-13
130	DL/T 2510—2022	六氟化硫混合气体净化处理技术规范			中国电力出版社	2022-05-13	2022-11-13
131	DL/T 2511—2022	SF_6/N_2混合绝缘气体回收工作规程			中国电力出版社	2022-05-13	2022-11-13
132	DL/T 2512—2022	输电线路高空救援技术导则			中国电力出版社	2022-05-13	2022-11-13
133	DL/T 2513—2022	地下电力电缆光缆安全预警系统技术导则			中国电力出版社	2022-05-13	2022-11-13
134	DL/T 2514—2022	高压试验区域保护技术规范			中国电力出版社	2022-05-13	2022-11-13
135	DL/T 2515—2022	电气试验接地实时监控与预警技术规范			中国电力出版社	2022-05-13	2022-11-13
136	DL/T 2516—2022	电力应急充电方舱技术规范			中国电力出版社	2022-05-13	2022-11-13
137	DL/T 2517—2022	电力应急移动照明灯技术要求			中国电力出版社	2022-05-13	2022-11-13
138	DL/T 2518—2022	电网企业应急预案编制导则			中国电力出版社	2022-05-13	2022-11-13
139	DL/T 2519—2022	电力建设企业应急预案编制导则			中国电力出版社	2022-05-13	2022-11-13
140	DL/T 2520—2022	电力管道有限空间作业安全技术规范			中国电力出版社	2022-05-13	2022-11-13
141	DL/T 2521—2022	电力应急数据采集技术规范			中国电力出版社	2022-05-13	2022-11-13
142	DL/T 2522—2022	电网企业应急演练导则			中国电力出版社	2022-05-13	2022-11-13
143	DL/T 2523—2022	电力应急电源装备通用技术要求			中国电力出版社	2022-05-13	2022-11-13
144	DL/T 2524—2022	电力应急电源装备测试导则			中国电力出版社	2022-05-13	2022-11-13

续表

序号	标准编号	标准名称	代替标准	采标号	出版机构	批准日期	实施日期
145	DL/T 2525—2022	汽轮机组双背压双转子互换循环水供热改造技术导则			中国电力出版社	2022-05-13	2022-11-13
146	DL/T 2526—2022	热电厂智能热网运行技术规程			中国电力出版社	2022-05-13	2022-11-13
147	DL/T 5851—2022	大坝安全视频监控系统技术规范			中国电力出版社	2022-05-13	2022-11-13
148	DL/T 5852—2022	电气装置安装工程接地装置施工及验收规范			中国电力出版社	2022-05-13	2022-11-13
149	DL/T 5853—2022	火力发电厂烟囱工程施工与验收规范			中国电力出版社	2022-05-13	2022-11-13
150	DL/T 5202—2022	电能量计量系统设计规程	DL/T 5202—2004		中国计划出版社	2022-05-13	2022-11-13
151	DL/T 5203—2022	火力发电厂煤和制粉系统防爆设计技术规程	DL/T 5203—2005		中国计划出版社	2022-05-13	2022-11-13
152	DL/T 5479—2022	通信工程建设预算项目划分导则	DL/T 5479—2013		中国计划出版社	2022-05-13	2022-11-13
153	DL/T 5480—2022	火力发电厂烟气脱硝系统设计规程	DL/T 5480—2013		中国计划出版社	2022-05-13	2022-11-13
154	NB/T 10985—2022	风力发电场维护规程			中国电力出版社	2022-11-04	2023-05-04
155	NB/T 10986—2022	风电机组控制与保护参数运行管理规范			中国电力出版社	2022-11-04	2023-05-04
156	NB/T 10987—2022	风力发电机组叶片气动组件规范			中国电力出版社	2022-11-04	2023-05-04
157	NB/T 10988—2022	海上风力发电机组基础附属构件设计要求			中国电力出版社	2022-11-04	2023-05-04
158	NB/T 10989—2022	海上风力发电机组偏航系统防腐设计要求			中国电力出版社	2022-11-04	2023-05-04
159	NB/T 10990—2022	海上风力发电机组变桨距系统防腐设计要求			中国电力出版社	2022-11-04	2023-05-04
160	NB/T 10991—2022	风力发电机组塔架升降机			中国电力出版社	2022-11-04	2023-05-04
161	NB/T 10992—2022	风力发电机组发电量评估折减系数取值方法			中国电力出版社	2022-11-04	2023-05-04
162	NB/T 10993—2022	风力发电机组焊接机架			中国电力出版社	2022-11-04	2023-05-04
163	NB/T 10994—2022	海上风力发电机组外平台起重设备规范			中国电力出版社	2022-11-04	2023-05-04
164	NB/T 10995—2022	风力发电机组高速轴联轴器技术规范			中国电力出版社	2022-11-04	2023-05-04
165	NB/T 10996—2022	风力发电场并网安全条件及评价规范			中国电力出版社	2022-11-04	2023-03-04
166	NB/T 10997—2022	光伏发电站并网安全条件及评价规范			中国电力出版社	2022-11-04	2023-03-04
167	NB/T 10998—2022	小水电发电机组并网安全条件及评价规范			中国电力出版社	2022-11-04	2023-03-04

续表

序号	标准编号	标准名称	代替标准	采标号	出版机构	批准日期	实施日期
168	NB/T 10999—2022	海上风电场工程工程量清单计价规范			中国水利水电出版社	2022-11-04	2023-03-04
169	NB/T 11000—2022	陆上风电场工程工程量清单计价规范			中国水利水电出版社	2022-11-04	2023-03-04
170	NB/T 11001—2022	海上风电场工程基础防撞设施技术规程			中国水利水电出版社	2022-11-04	2023-05-04
171	NB/T 11002—2022	海上风电场工程嵌岩桩基设计规程			中国水利水电出版社	2022-11-04	2023-05-04
172	NB/T 11003—2022	水电站桥式起重机基本技术条件			中国水利水电出版社	2022-11-04	2023-05-04
173	NB/T 11004—2022	水轮机和水泵水轮机模型验收试验规程			中国水利水电出版社	2022-11-04	2023-05-04
174	NB/T 11005—2022	国有资产投资境外水电工程建设用地移民安置设计技术导则			中国水利水电出版社	2022-11-04	2023-05-04
175	NB/T 11006—2022	水电工程金属结构设备报废标准			中国水利水电出版社	2022-11-04	2023-05-04
176	NB/T 11007—2022	水电工程钢闸门技术条件			中国水利水电出版社	2022-11-04	2023-05-04
177	NB/T 11008—2022	水电工程清污机技术条件			中国水利水电出版社	2022-11-04	2023-05-04
178	NB/T 11009—2022	水电工程清污机制造安装及验收规范			中国水利水电出版社	2022-11-04	2023-05-04
179	NB/T 11010—2022	水电工程信息模型分类与编码规程			中国水利水电出版社	2022-11-04	2023-05-04
180	NB/T 11011—2022	水工混凝土结构设计规范	DL/T 5057—2009		中国水利水电出版社	2022-11-04	2023-05-04
181	NB/T 11012—2022	水电工程等级划分及洪水标准	DL 5180—2003		中国水利水电出版社	2022-11-04	2023-05-04
182	NB/T 11013—2022	水电工程可行性研究报告编制规程	DL/T 5020—2007		中国水利水电出版社	2022-11-04	2023-05-04
183	NB/T 11014—2022	水电工程混凝土预冷和预热系统设计规范	DL/T 5179—2003、DL/T 5386—2007		中国水利水电出版社	2022-11-04	2023-05-04
184	NB/T 11015—2022	土石坝沥青混凝土面板和心墙设计规范	DL/T 5411—2009		中国水利水电出版社	2022-11-04	2023-05-04
185	NB/T 11016—2022	水电工程生产运行文件收集与归档规范			中国水利水电出版社	2022-11-04	2023-05-04
186	NB/T 11017—2022	光伏发电工程工程量清单计价规范			中国水利水电出版社	2022-11-04	2023-03-04
187	NB/T 11018—2022	水电工程退役设计导则			中国水利水电出版社	2022-11-04	2023-05-04
188	NB/T 11019—2022	水电工程闸门和启闭机运行维护规程			中国水利水电出版社	2022-11-04	2023-05-04
189	NB/T 11020—2022	智能电厂设计规范			中国计划出版社	2022-11-04	2023-05-04
190	NB/T 11021—2022	发变电工程勘测数据交换标准			中国计划出版社	2022-11-04	2023-05-04

续表

序号	标准编号	标准名称	代替标准	采标号	出版机构	批准日期	实施日期
191	NB/T 11022—2022	架空导线用绞合型碳纤维复合材料芯			中国电力出版社	2022-11-04	2023-05-04
192	NB/T 11023—2022	绞合型碳纤维复合材料芯架空导线			中国电力出版社	2022-11-04	2023-05-04
193	NB/T 11024—2022	大跨越工程用架空导线技术规范			中国电力出版社	2022-11-04	2023-05-04
194	NB/T 31003.1—2022	风电场接入电力系统设计技术规范　第1部分：陆上风电	NB/T 31003—2011		中国电力出版社	2022-11-04	2023-05-04
195	NB/T 31003.2—2022	风电场接入电力系统设计技术规范　第2部分：海上风电	NB/T 31003—2011		中国电力出版社	2022-11-04	2023-05-04
196	NB/T 31003.3—2022	风电场接入电力系统设计技术规范　第3部分：分散式风电	NB/T 31003—2011		中国电力出版社	2022-11-04	2023-05-04
197	NB/T 31005—2022	风电场电能质量测试方法	NB/T 31005—2011		中国电力出版社	2022-11-04	2023-05-04
198	NB/T 31030—2022	陆上风电场工程地质勘察规范	NB/T 31030—2012		中国水利水电出版社	2022-11-04	2023-05-04
199	NB/T 31046—2022	风电功率预测系统功能规范	NB/T 31046—2013		中国电力出版社	2022-11-04	2023-05-04
200	NB/T 31047.1—2022	风电调度运行管理规范　第1部分：陆上风电	NB/T 31047—2013		中国电力出版社	2022-11-04	2023-05-04
201	NB/T 31047.2—2022	风电调度运行管理规范　第2部分：海上风电	NB/T 31047—2013		中国电力出版社	2022-11-04	2023-05-04
202	NB/T 31055—2022	风电场理论发电量与弃风电量评估导则	NB/T 31055—2014		中国电力出版社	2022-11-04	2023-05-04
203	NB/T 31078—2022	风电场并网性能评价方法	NB/T 31078—2016、NB/T 31077—2016		中国电力出版社	2022-11-04	2023-05-04
204	NB/T 35018—2022	QPG 型高扬程卷扬式启闭机系列参数	NB/T 35018—2013		中国水利水电出版社	2022-11-04	2023-05-04
205	NB/T 35019—2022	卧式液压启闭机系列参数	NB/T 35019—2013		中国水利水电出版社	2022-11-04	2023-05-04
206	NB/T 35026—2022	混凝土重力坝设计规范	NB/T 35026—2014、NB/T 10332－2019		中国水利水电出版社	2022-11-04	2023-05-04
207	DL/T 269—2022	钢弦式锚索测力计	DL/T 269—2012		中国电力出版社	2022-11-04	2023-05-04
208	DL/T 270—2022	钢弦式位移计	DL/T 270—2012		中国电力出版社	2022-11-04	2023-05-04
209	DL/T 575.1—2022	电力调度控制大厅设计导则　第1部分：术语	DL/T 575.1—1999		中国电力出版社	2022-11-04	2023-05-04
210	DL/T 654—2022	火电机组寿命评估技术导则	DL/T 654—2009		中国电力出版社	2022-11-04	2023-05-04
211	DL/T 845.6—2022	电阻测量装置通用技术条件　第6部分：接地引下线导通电阻测试仪			中国电力出版社	2022-11-04	2023-05-04
212	DL/T 882—2022	火力发电厂金属专业名词术语	DL/T 882—2004		中国电力出版社	2022-11-04	2023-05-04

续表

序号	标准编号	标准名称	代替标准	采标号	出版机构	批准日期	实施日期
213	DL/T 940—2022	火力发电厂蒸汽管道寿命评估技术导则	DL/T 940—2005		中国电力出版社	2022-11-04	2023-05-04
214	DL/T 991—2022	电力设备金属发射光谱分析技术导则	DL/T 991—2006		中国电力出版社	2022-11-04	2023-05-04
215	DL/T 1043—2022	钢弦式测缝计	DL/T 1043—2007		中国电力出版社	2022-11-04	2023-05-04
216	DL/T 1044—2022	钢弦式应变计	DL/T 1044—2007		中国电力出版社	2022-11-04	2023-05-04
217	DL/T 1045—2022	钢弦式孔隙水压力计	DL/T 1045—2007		中国电力出版社	2022-11-04	2023-05-04
218	DL/T 1134—2022	大坝安全监测自动采集装置	DL/T 1134—2009		中国电力出版社	2022-11-04	2023-05-04
219	DL/T 1136—2022	钢弦式钢筋应力计	DL/T 1136—2009		中国电力出版社	2022-11-04	2023-05-04
220	DL/T 1137—2022	钢弦式土压力计	DL/T 1137—2009		中国电力出版社	2022-11-04	2023-05-04
221	DL/T 1399.5—2022	电力试验/检测车　第5部分：电力变压器局部放电试验车			中国电力出版社	2022-11-04	2023-05-04
222	DL/T 2144.3—2022	变电站自动化系统及设备检测规范　第3部分：测控装置			中国电力出版社	2022-11-04	2023-05-04
223	DL/T 2527—2022	电力物联网信息模型管理与认证规范			中国电力出版社	2022-11-04	2023-05-04
224	DL/T 2528—2022	电力储能基本术语			中国电力出版社	2022-11-04	2023-05-04
225	DL/T 2529—2022	电力物联网信息模型规范			中国电力出版社	2022-11-04	2023-05-04
226	DL/T 2530.1—2022	电力电缆测试设备通用技术条件　第1部分：电缆故障定位电桥			中国电力出版社	2022-11-04	2023-05-04
227	DL/T 2531—2022	继电保护远程智能运行管控技术导则			中国电力出版社	2022-11-04	2023-05-04
228	DL/T 2532—2022	高压直流保护装置现场试验导则			中国电力出版社	2022-11-04	2023-05-04
229	DL/T 2533—2022	发电厂继电保护和安全自动装置现场工作安全措施规范			中国电力出版社	2022-11-04	2023-05-04
230	DL/T 2534—2022	电力系统安全稳定控制系统测试技术规范			中国电力出版社	2022-11-04	2023-05-04
231	DL/T 2535—2022	电力用卫星遥感影像产品分类分级标准			中国电力出版社	2022-11-04	2023-05-04
232	DL/T 2536—2022	架空输电线路临时锚体			中国电力出版社	2022-11-04	2023-05-04
233	DL/T 2537—2022	架空输电线路施工用纤维绳索			中国电力出版社	2022-11-04	2023-05-04
234	DL/T 2538—2022	架空输电线路网套连接器			中国电力出版社	2022-11-04	2023-05-04
235	DL/T 2539—2022	架空输电线路施工提线器			中国电力出版社	2022-11-04	2023-05-04
236	DL/T 2540—2022	大面积导线压接工艺导则			中国电力出版社	2022-11-04	2023-05-04

续表

序号	标准编号	标准名称	代替标准	采标号	出版机构	批准日期	实施日期
237	DL/T 2541—2022	架空输电线路货运索道			中国电力出版社	2022-11-04	2023-05-04
238	DL/T 2542—2022	同步调相机变压器组继电保护整定计算导则			中国电力出版社	2022-11-04	2023-05-04
239	DL/T 2543—2022	高压直流输电控制保护仿真试验规范			中国电力出版社	2022-11-04	2023-05-04
240	DL/T 2544—2022	继电保护装置状态检修导则			中国电力出版社	2022-11-04	2023-05-04
241	DL/T 2545.1—2022	发电厂继电保护及安全自动装置检验规程　第1部分：燃煤发电厂			中国电力出版社	2022-11-04	2023-05-04
242	DL/T 2546—2022	旋转型转子接地保护装置通用技术条件			中国电力出版社	2022-11-04	2023-05-04
243	DL/T 2547—2022	交流断面失电监测装置技术规范			中国电力出版社	2022-11-04	2023-05-04
244	DL/T 2548—2022	电力行业云应用设计与技术要求			中国电力出版社	2022-11-04	2023-05-04
245	DL/T 2549—2022	电力数据脱敏实施规范			中国电力出版社	2022-11-04	2023-05-04
246	DL/T 2550—2022	大型油浸式电力变压器（电抗器）充气存放技术要求及评价方法			中国电力出版社	2022-11-04	2023-05-04
247	DL/T 2551—2022	油浸式电力变压器用光纤测温装置试验方法			中国电力出版社	2022-11-04	2023-05-04
248	DL/T 2552—2022	油浸式电力变压器用光纤测温装置技术规范			中国电力出版社	2022-11-04	2023-05-04
249	DL/T 2553—2022	电力接地系统土壤电阻率、接地阻抗和地表电位测量技术导则			中国电力出版社	2022-11-04	2023-05-04
250	DL/T 2554—2022	接地装置短路暂态特性参数测试导则			中国电力出版社	2022-11-04	2023-05-04
251	DL/T 2555.1—2022	配电线路旁路作业工具装备　第1部分：旁路电缆及连接器			中国电力出版社	2022-11-04	2023-05-04
252	DL/T 2556.1—2022	电力行业电磁兼容检测辅助设备　第1部分：通用要求			中国电力出版社	2022-11-04	2023-05-04
253	DL/T 2556.2—2022	电力行业电磁兼容检测辅助设备　第2部分：电磁兼容检测用电能表检验装置			中国电力出版社	2022-11-04	2023-05-04
254	DL/T 2557—2022	换流变压器阀侧交流外施耐压及局部放电现场试验导则			中国电力出版社	2022-11-04	2023-05-04
255	DL/T 2558—2022	循环流化床锅炉基本名词术语			中国电力出版社	2022-11-04	2023-05-04
256	DL/T 2559—2022	灯泡贯流式水轮机状态检修评估技术导则			中国电力出版社	2022-11-04	2023-05-04

续表

序号	标准编号	标准名称	代替标准	采标号	出版机构	批准日期	实施日期
257	DL/T 2560—2022	灯泡贯流式水轮发电机状态检修评估技术导则			中国电力出版社	2022-11-04	2023-05-04
258	DL/T 2561—2022	立式水轮发电机状态检修评估技术导则			中国电力出版社	2022-11-04	2023-05-04
259	DL/T 2562—2022	抽水蓄能电站库盆检测技术规程			中国电力出版社	2022-11-04	2023-05-04
260	DL/T 2563—2022	分布式能源自动发电控制与自动电压控制系统测试技术规范			中国电力出版社	2022-11-04	2023-05-04
261	DL/T 2564—2022	水力发电厂轴流转浆机组振动评定导则			中国电力出版社	2022-11-04	2023-05-04
262	DL/T 2565—2022	基于 IEC 60870-5-104 的水电网络通信协议扩充导则			中国电力出版社	2022-11-04	2023-05-04
263	DL/T 2566—2022	水电厂直流系统技术监督规程			中国电力出版社	2022-11-04	2023-05-04
264	DL/T 2567—2022	火电机组除尘系统运行优化技术导则			中国电力出版社	2022-11-04	2023-05-04
265	DL/T 2568—2022	电力行业数字化审计平台功能构件与技术要求			中国电力出版社	2022-11-04	2023-05-04
266	DL/T 2569—2022	水电厂励磁系统技术监督规程			中国电力出版社	2022-11-04	2023-05-04
267	DL/T 2570—2022	水力发电厂水轮机技术监督导则			中国电力出版社	2022-11-04	2023-05-04
268	DL/T 2571.3—2022	水电站公用辅助设备检修规程　第 3 部分：水系统			中国电力出版社	2022-11-04	2023-05-04
269	DL/T 2572—2022	水轮发电机及其辅助设备技术改造导则			中国电力出版社	2022-11-04	2023-05-04
270	DL/T 2573—2022	水轮机现场焊接修复导则			中国电力出版社	2022-11-04	2023-05-04
271	DL/T 2574—2022	混流式水轮机维护检修规程			中国电力出版社	2022-11-04	2023-05-04
272	DL/T 2575—2022	灯泡贯流式水轮发电机定子绕组改造技术规范			中国电力出版社	2022-11-04	2023-05-04
273	DL/T 2576—2022	水轮机主阀运行检修规程			中国电力出版社	2022-11-04	2023-05-04
274	DL/T 2577—2022	轴流转浆式水轮发电机组检修规程			中国电力出版社	2022-11-04	2023-05-04
275	DL/T 2578—2022	冲击式水轮发电机组启动试验规程			中国电力出版社	2022-11-04	2023-05-04
276	DL/T 2579—2022	参与辅助调频的电源侧电化学储能系统并网试验规程			中国电力出版社	2022-11-04	2023-05-04
277	DL/T 2580—2022	储能电站技术监督导则			中国电力出版社	2022-11-04	2023-05-04

续表

序号	标准编号	标准名称	代替标准	采标号	出版机构	批准日期	实施日期
278	DL/T 2581—2022	参与辅助调频的电源侧电化学储能系统调试导则			中国电力出版社	2022-11-04	2023-05-04
279	DL/T 2582.1—2022	水电站公用辅助设备运行规程　第 1 部分：油系统			中国电力出版社	2022-11-04	2023-05-04
280	DL/T 2582.2—2022	水电站公用辅助设备运行规程　第 2 部分：气系统			中国电力出版社	2022-11-04	2023-05-04
281	DL/T 2582.3—2022	水电站公用辅助设备运行规程　第 3 部分：水系统			中国电力出版社	2022-11-04	2023-05-04
282	DL/T 2583—2022	电网项目全过程工程咨询服务导则			中国电力出版社	2022-11-04	2023-05-04
283	DL/T 2584—2022	增量配电网接入电力系统技术规定			中国电力出版社	2022-11-04	2023-05-04
284	DL/T 2585—2022	工业园区综合能源系统规划技术导则			中国电力出版社	2022-11-04	2023-05-04
285	DL/T 5037—2022	轴流式水轮机埋件安装工艺导则	DL/T 5037—1994		中国电力出版社	2022-11-04	2023-05-04
286	DL/T 5437—2022	火力发电建设工程启动试运及验收规程	DL/T 5437—2009		中国电力出版社	2022-11-04	2023-05-04
287	DL/T 5580.2—2022	燃煤耦合生物质发电生物质能电量计算　第 2 部分：农林废弃物直燃耦合			中国计划出版社	2022-11-04	2023-05-04
288	DL/T 5854—2022	水电水利工程深埋地下洞室开挖施工规范			中国电力出版社	2022-11-04	2023-05-04
289	DL/T 5855—2022	水电水利工程环氧树脂类表面修补材料试验规程			中国电力出版社	2022-11-04	2023-05-04
290	DL/T 5856—2022	水电工程泄水建筑物水力学数值模拟技术规程			中国电力出版社	2022-11-04	2023-05-04
291	DL/T 5857—2022	架空输电线路水土保持设施质量验收规程			中国电力出版社	2022-11-04	2023-05-04
292	DL/T 5858—2022	冲击式水轮发电机组安装工艺导则			中国电力出版社	2022-11-04	2023-05-04

索 引

内 容 索 引

说 明

本索引是全书条目和条目内容的主题分析索引。索引主题按先数字大小，再字母顺序，最后汉语拼音字母的顺序，并辅以汉字笔画、起笔笔形顺序排列。同音时，按汉字笔画由少到多的顺序排列，笔画数相同的按起笔笔形一（横）、丨（竖）、丿（撇）、丶（点）、𠃍（折，包括㇆、𠃊、㇛等）顺序排列。第一字相同时，同原则按第二字排列，余类推。

A

B

C

D

F

G

H

J

K

L

M

N

P

Q

R

S

T

W

X

Y

Z

企业风采

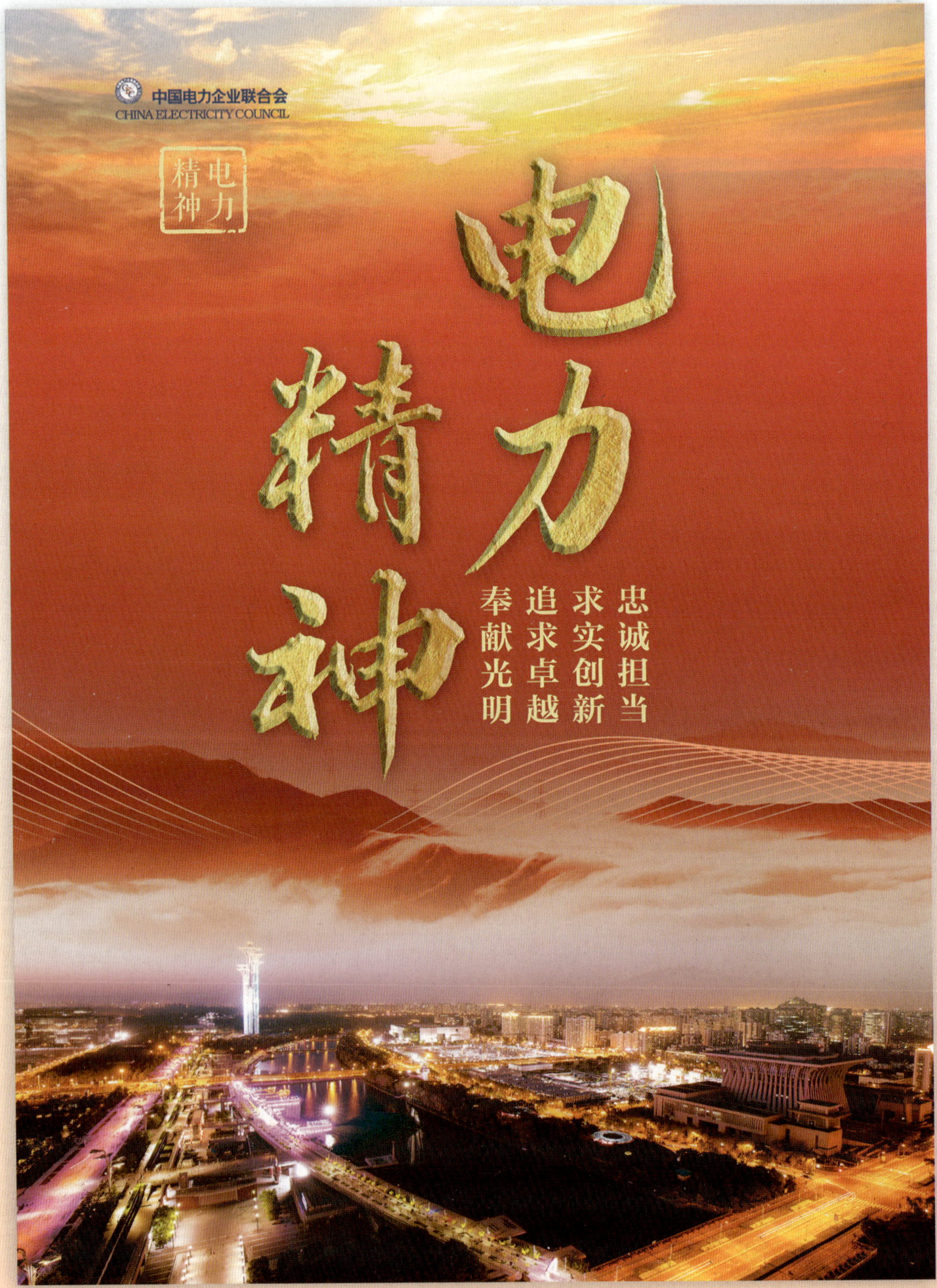
中国电力企业联合会
CHINA ELECTRICITY COUNCIL
电力精神
电力精神
忠诚担当
求实创新
追求卓越
奉献光明

中国电力企业联合会
CHINA ELECTRICITY COUNCIL
电力精神
电力精神
忠诚担当
忠诚担当
是电力行业的政治品格
忠诚，就是坚持旗帜领航，胸怀“国之大者”，拥戴领袖、维护核心，忠于党、忠于国家、忠于人民、忠于电力事业。
担当，就是勇担责任使命，坚持电力先行，统筹好发展和安全、保供和转型，奋发有为、攻坚克难，努力成就无愧于党和人民、无愧于历史和时代的事业。

中国电力企业联合会
CHINA ELECTRICITY COUNCIL
电力精神
电力精神
求实创新
求实创新
是电力行业的行为准则
求实，就是坚持实事求是、一切从实际出发，尊重电力发展规律、市场经济规律，坚定道路自信、理论自信、制度自信、文化自信，笃定前行、拼搏实干，走中国特色电力发展道路。
创新，就是解放思想，更新观念，打破常规，大力实施电力理论创新、科技创新、管理创新、文化创新等各方面创新，不断完善创新体系，提高创新能力，推进行业质量变革、效率变革、动力变革。

中国电力企业联合会
CHINA ELECTRICITY COUNCIL
电力精神
电力精神
追求卓越
追求卓越
是电力行业的信念愿景
追求卓越，就是以高站位、高标准、高要求推动各项工作，精益求精、持续改善，不断超越、追求极致，永不自满、永不懈怠、永不停顿，矢志不渝向更高质量发展、向更高目标迈进，努力创造国际领先的一流业绩。

中国电力企业联合会
CHINA ELECTRICITY COUNCIL
电力精神
电力精神
奉献光明
奉献光明
是电力行业的使命价值
奉献光明，就是电力行业始终践行以人民为中心的发展思想，不忘初心、牢记使命，想人民之所想、急人民之所急，以满足人民群众美好生活用电需要为己任，不断提升人民群众的获得感、幸福感、安全感；电力人大力弘扬劳模精神、劳动精神、工匠精神，在平凡岗位上恪尽职守，在急难险重任务中冲锋在前，不辱使命、不负重托。

NARI 南瑞集团有限公司
NARI GROUP CORPORATION

能源保障和安全事关国计民生，是须臾不可忽视的“国之大者”。要加快推动关键技术、核心产品迭代升级和新技术智慧赋能，提高国家能源安全和保障能力。

你们企业对国家整个电网系统安全、效率、智能化，发挥了很大作用，要继续办好。

勉励年轻研发人员说，大家意气风发、朝气蓬勃，要立志高远、脚踏实地，一步一步往前走，以十年磨一剑的韧劲，以“一辈子办成一件事”的执着，攻关高精尖技术，成就有价值的人生。

——2023 年 7 月 6 日，习近平总书记在南瑞集团考察调研时的重要指示

南瑞集团有限公司（国网电力科学研究院有限公司）是国家电网有限公司直属科研产业单位，是我国能源电力及工业控制领域领先的高科技企业集团，是国际知名的智能成套装备及整体解决方案提供商。以保障电力可靠供电、维护国家能源安全、推动高科技产业发展为己任，主要从事电力自动化及保护、信息通信、电力电子、发电及水利自动化、轨道交通及工业自动化等领域产品的研发、设计、制造、销售、工程服务与总承包业务。

现有资产总额超900亿元，员工1.4万余人，2017年，南瑞集团完成重大资产重组，实现集团核心业务资产整体上市，在南京、北京、上海、天津、武汉、深圳等10多个地区建有研发和产业基地，拥有40余条产品线、500多种具有自主知识产权的高新技术产品和“NARI”“NR”等著名商标，产品和服务覆盖全球110多个国家和地区。

上市公司

国电南瑞（SH600406）

入选“央企ESG·先锋100指数”（第35位）

资产总额超

900 亿元

员工

14000 余人

研发和产业基地

10 多个地区

产品线

40 余条

自主知识产权的高新技术产品

500 多种

产品和服务覆盖全球

110 多个国家和地区

地址：江苏省南京市江宁区诚信大道19号
邮编：211106

NARI 南瑞集团有限公司

NARI GROUP CORPORATION

人才队伍

中国工程院院士 **2**名

国家级人才 **47**人次

博士后科研站 **2**个

省部级和国家电网公司级人才 **308**人次

硕博士 **5000**多名

薛禹胜院士

稳定性理论及能源电力专家

沈国荣院士

电力系统保护和控制专家

实验室—研究中心

- **1**个全国重点实验室

  电网运行风险防御技术与装备全国重点实验室

- **1**个国家级质检中心

  国家输配电安全控制设备质量检验检测中心

- **2**个国家级工程中心

  国家电力自动化工程技术研究中心

  电力系统自动化－系统控制和经济运行国家工程研究中心

创新实践

南瑞集团坚决贯彻国家能源战略和国家电网战略部署，深刻领会习近平总书记考察调研时的重要指示精神，聚焦新型电力系统建设及能源低碳转型、工业互联发展中的难点痛点，充分发挥科研产业“双重支撑”优势，立志高远、脚踏实地，不断创新实践，全力支撑新型能源体系建设。

国网经济技术研究院有限公司

企业概况

企业简介

国网经济技术研究院有限公司是国家电网有限公司直属的全资子公司，是国家电网有限公司电网规划和工程设计技术归口单位，主要承担电网规划、重大工程设计、项目评审、技术经济及相关领域的研究创新工作，具有工程勘察、设计、咨询三个甲级资格，是国家发展改革委认定的承担国家委托投资咨询评估任务的咨询机构，拥有“国家能源特高压直流输电工程成套设计研发（实验）中心”，负责对国家电网有限公司经研体系进行技术指导，具备从特高压交直流到配电网、一二次、通信、信息专业齐备的规划设计研究体系，拥有“新世纪百千万人才工程”国家级人选、享受国务院政府特殊津贴专家、国家电网有限公司“科技领军人才”等专家人才队伍，培育了规划、设计、评审等核心业务能力，形成了从特高压交直流到配电网各专业齐备的全业务体系。

“七个领先”发展目标

奋楫笃行

业务领域

01 电网规划

- 输电网规划
- 配电网规划
- 智能化规划
- 信息化规划（数字化规划）
- 通信网规划

02 工程设计

- 特高压设计牵头
- 直流成套设计
- 配电网设计
- 设备监造
- 通信工程设计

03 咨询评价

- 工程咨询
- 项目评审
- 技经研究
- 管理评价

04 国际业务

- 跨国联网规划及工程预可研
- 国际工程设计咨询
- 海外设备监造

主要业绩

A 服务能源电力发展和“双碳”目标中奋勇争先

B 强化支撑能力建设，全力服务国家电网有限公司保供和转型

C 支撑国家及国家电网有限公司战略决策，多篇专报获国家领导批示

D 全面承担国家电网有限公司“十一五”至“十四五”电网发展规划研究

E 全面牵头重大交直流工程前期研究

F 引领高海拔特高压工程设计技术发展

G 开展直流工程标准化研究

H 连续三届入选国家发展改革委投资咨询机构“短名单”，累计承担国家部委委托的咨询项目和研究课题 52 项

科技赋能

构建涵盖实验、标准、期刊全环节的科研架构

建成包括 1 个国家能源研发中心、3 个国家电网有限公司级实验室、2 个院级实验室的三级实验体系，打造规划设计 - 系统成套 - 工程联调 - 设备监造全过程直流核心研发技术体系。

统筹基础前瞻性研究和工程应用型研究投入

获批国家自然科学基金和北京市自然科学基金依托单位。

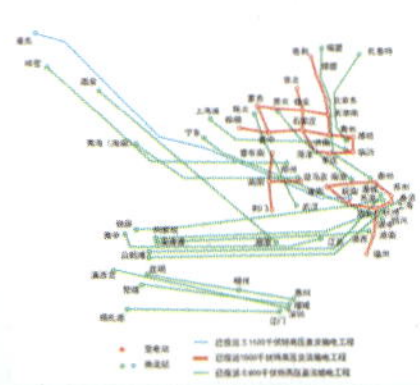

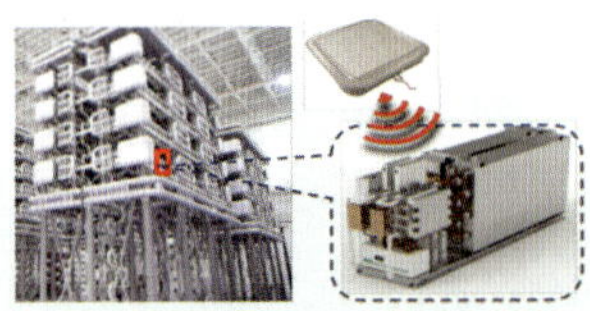

深入推进业务数字化转型

做好国家电网有限公司数字化顶层设计支撑，提出公司数字化发展模式和演进策略；全力建设“数字经研院”，以咨询研究工作“上线作业”为目标，首创“零调研” 模式，成功举办经研体系“网上电网”创新应用大赛，充分释放数字化平台海量电网运行数据价值。

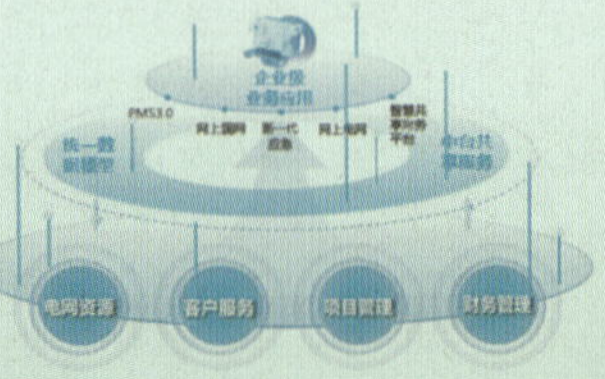

支撑国家电网有限公司统推平台建设

可研设计一体化协同管控平台

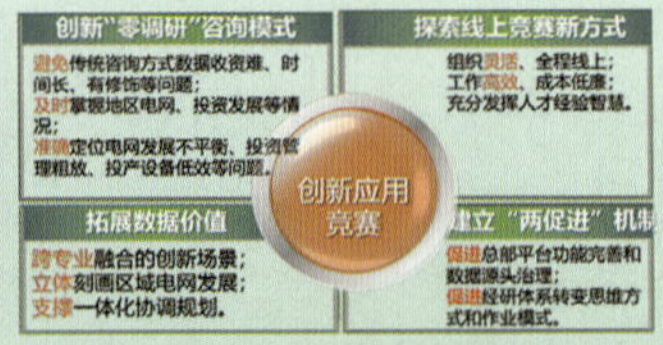

“网上电网”创新应用大赛

凝心聚力

凝聚经研体系合力，共建美好未来

经研体系建设，历经十二年发展历程，为支撑国家电网高速发展发挥了重要作用，收到良好成效，发展成就鼓舞人心。经研体系将持续为更好地服务“一体四翼”发展布局，打造具有中国特色国际领先的能源互联网企业，凝聚起高质量发展合力，为服务公司和电网高质量发展蓄势赋能，作出新的更大贡献。

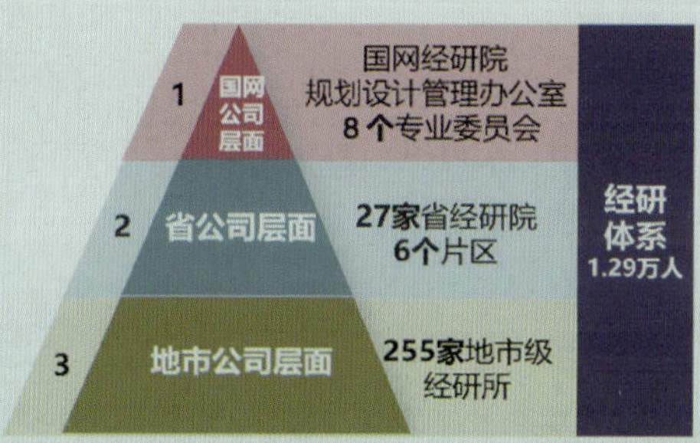

中国水利水电第十四工程局有限公司

中国水利水电第十四工程局有限公司（简称水电十四局）成立于 1954 年 5 月，是国务院国资委直属央企（世界 500 强企业）中国电力建设集团有限公司的控股子公司。

成立七十年来，从云南到全国，从中国到世界，从水电到多领域，从建筑施工到全产业链，水电十四局已逐步发展成为以建筑业（水、能、城，国际业务）为主、“一主多元”（装备制造、运营服务、勘察设计、物资供应链、砂石混凝土供应）业务共同发展格局和“投、建、营”全产业链一体化发展，经营范围覆盖国内外的大型综合建设投资企业。

水电十四局先后参建长江三峡、黄河小浪底、南水北调、溪洛渡、白鹤滩、滇中引水等多项国家重大水利水电工程，被誉为“地下铁军”“水电劲旅”“抽蓄王牌”，其中，承建的鲁布革水电站工程、黄河小浪底水利枢纽工程获评“庆祝中华人民共和国成立 70 周年经典工程”，水电十四局被评为“庆祝中华人民共和国成立 70 周年功勋企业”。在公路、铁路、地铁、市政、环保、电力工程、水资源与环境等领域承建参建多项重大工程，如建元、宜昭、郑西、斯里兰卡南部高速、刚果（布）国家一号公路，京沪、贵广高铁、中老铁路等，参建了广州、天津、无锡、西安、深圳、成都、武汉、昆明、郑州等多地城市轨道交通和马来西亚、新加坡等地城市轻轨工程，在天津、贵州、上海、杭州、重庆等地逐步深耕市政城建业务，更率先拉开云南新能源投资开发序幕，投资建设西南最大盾构装备制造基地，参与了深圳茅洲河等多项水资源与环境工程和地下综合管廊等业务。

作为国家最早获得对外承包工程资质的

● 水电十四局电建科研大厦

● 研制的世界引调水工程最大直径 TBM——弘毅号

● 投资建设的大理者磨山风电场

承建的雅砻江两河口水电站引水发电系统和机组安装工程

建筑企业之一，国际业务遍及亚洲、非洲、南美洲的 20 多个国家和地区，多年荣膺“云南外经企业第一名”。作为高原风能开发的先行者，投资开发了者磨山等多个风电场。目前投资控股或参股各类公司 33 个，涉及风电光伏、高速公路、水环境、水利枢纽、市政道路、装备制造、市政公用、工程检测、房地产、矿山工程等多领域，总投资额逾 1150 亿元。

水电十四局拥有水利水电工程施工总承包特级，市政公用工程、建筑工程和机电工程施工总承包壹级，隧道工程专业承包壹级，工程设计水利行业甲级和承包经营国际工程等资质，资产总额 660.59 亿元，注册资本金 24.73 亿元。造就了以中国工程院院士马洪琪为代表的 1000 余名高级专业技术人才，培育出擅长大型复杂地下洞室工程施工、大断面长隧洞 TBM 快速掘进、高水头大容量（含可逆式）水轮发电机组安装及金属结构制安等国际领先水平的核心竞争力。至今已摘取 390 余项省部级以上重大科技成果，获评鲁班奖 13 项、詹天佑奖 16 项、大禹奖 5 项、国家级和国际“优质工程奖”27 项（不含鲁班奖）、省部级“优质工程奖”170 项。

水电十四局累计荣获 8 项“全国五一劳动奖章”、5 项“全国工人先锋号”，有 8 位“全国劳动模范”和 152 位省部级劳动模范，被授予“全国五一劳动奖状”“全国优秀施工企业”“中国建筑业百强企业”“全国电力建设优秀施工企业”“守合同、重信用企业”等荣誉称号，是中国工程建设 AAA 级信用企业、全国电力行业首批 AAA 级信用企业和中国工程建设诚信典型企业，具备多领域、全产业链服务的雄厚实力。

承建成都地铁 18 号线海昌路站

承建的川藏铁路色季拉山隧道出口

承建厄瓜多尔辛克雷水电站

参建的白鹤滩水电站工程

参建的深圳茅洲河水资源综合治理工程

山东电建一公司

简　介 INTRO

山东电建一公司始于 1952 年，是世界 500 强中国电力建设集团有限公司骨干成员企业，注册资本金 16.08 亿元。山东电建一公司主动服务国家"双碳"目标，加快推进绿色转型，构建起以清洁能源、基础设施、电网工程为核心，带动设计咨询、检修运维、调试运行、物流设备等相关产业共同发展，国内国际互为补充的新发展格局。承建项目遍布全国及巴西、巴基斯坦、印尼等 18 多个国家和地区，以卓越工程建设业绩被誉为全国"电建铁军。

核心业务 CORE BUSINESS

能源工程

山东电建一公司在电力工程建设领域始终勇立潮头，安装了全国第一台 50MW 到 1250MW 各类型机组，创造了 100MW、200MW、300MW、600MW、1000MW 等机组安装全国同期最好纪录，承建工程荣获国家优质工程金奖 5 项、鲁班奖 8 项，国家优质工程奖、省（部）优工程奖等 100 余项。

基础设施

山东电建一公司注重发挥全产业链优势，聚焦新基建、城市更新、生态环境改善等新业态，积极拓展土壤治理、生态保护、5G 产业、航天科技、工业与民用建筑等领域，先后建成东方航天港、高端封测厂房、中荷智慧农业产业园等标志性工程，不断打造新名片、创造新精品。

电网工程

山东电建一公司拥有丰富的输变电工程全过程专业管理经验，建成了南美第一条、世界第四条 ±800kV 特高压直流输电工程，建设了雄安新区、胶东国际机场、四川雅中换流站等一批国内重点工程，建成投运 230kV 以上输电线路 6000km 左右，各类变电站 90 余座。

新能源工程

山东电建一公司紧跟国家能源政策，大力拓展风电、垃圾发电、光伏光热电站等清洁工程建设，先后建成风电场 140 余座，总装机容量超 9600MW；光伏电站 60 余座，装机容量超 2660MW；建成生物质及垃圾发电机组 30 余台套，为社会提供源源不断的清洁能源，助力国家"3060"目标实现。

世界首台630℃国家电力
示范项目推进大会
世界首台630℃国家电力示范项目推进大会
中国大唐集团有限公司
China Datang Corporation Ltd.

Puro

40 大潮起珠江
1978~2018 广东改革开放40周年展览
彻习近平新时代中国特色社会主义思想主题教育
——山东电建一公司党委主题党日活动

东方航天港

国网辽宁电力冬奥保供电

国网宁夏电力奋楫扬帆新征程

国网新疆电力 2022 年发展成就

上海市绿色低碳城市产业联盟成立

中国新型储能产业创新联盟成立